ARTIFICIAL ELEMENTS

Uranium, atomic number 92, is the heaviest element found on Earth. Heavier elements are inherently unstable, because the nuclei of their atoms are too large to hold together. the transuranic elements, atomic numbers 93 to 109, are only produced artificially in the laboratory.

NOBLE GASES

Group 18, on the right of the table, have filled outer electron shells. [illegible] ...ments whose atoms [illegible] are inert elements, reacting with other [illegible] conditions, and so forming few c[illegible]

Atomic number — 5
Chemical symbol — «B»
Name of element — Boron
Relative atomic mass — 10.8

Group 10	*Group 11*	*Group 12*	*Group 13*	*Group 14*	*Grou*			*Group 18*
								2 «He» [illegible]m [illegible]
			5 «B» Boron 10.8	6 «C» Carbon 12.0	7 «N» Nitrogen 14.0	[illegible] «O» Oxygen 16.0	[illegible] Fluori[illegible] 19.0	10 «Ne» Neon 20.2
			13 «Al» Aluminium 27.0	14 «Si» Silicon 28.1	15 «P» Phosphorus 31.0	16 «S» Sulphur 32.1	17 «Cl» Chlorine 35.5	18 «Ar» Argon 40.0
28 «Ni» Nickel 58.7	29 «Cu» Copper 63.5	30 «Zn» Zinc 65.4	31 «Ga» Gallium 69.7	32 «Ge» Germanium 72.6	33 «As» Arsenic 74.9	34 «Se» Selenium 79.0	35 «Br» Bromine 79.9	36 «Kr» Krypton 83.8
46 «Pd» Palladium 106.4	47 «Ag» Silver 107.9	48 «Cd» Cadmium 112.4	49 «In» Indium 114.8	50 «Sn» Tin 118.7	51 «Sb» Antimony 121.8	52 «Te» Tellurium 127.6	53 «I» Iodine 126.9	54 «Xe» Xenon 131.3
78 «Pt» Platinum 195.1	79 «Au» Gold 197.0	80 «Hg» Mercury 200.6	81 «Tl» Thallium 204.4	82 «Pb» Lead 207.2	83 «Bi» Bismuth 209.0	84 «Po» Polonium 210.0	85 «At» Astatine (211)	86 «Rn» Radon 222.0

d-block *p-block*

Different blocks of the periodic table contain elements whose atoms have different orbitals in their outer electron shells

Lanthanides and actinides placed separately from rest of periods six and seven

Moving to the adjacent element along a period, atomic number increases by one

63 «Eu» Europium 152.0	64 «Gd» Gadolinium 157.3	65 «Tb» Terbium 158.9	66 «Dy» Dysprosium 162.5	67 «Ho» Holmium 164.9	68 «Er» Erbium 167.3	69 «Tm» Thulium 168.9	70 «Yb» Ytterbium 173.0	71 «Lu» Lutetium 175.0
95 «Am» Americium (243)	96 «Cm» Curium (247)	97 «Bk» Berkelium (247)	98 «Cf» Californium (251)	99 «Es» Einsteinium (254)	100 «Fm» Fermium (253)	101 «Md» Mendelevium (256)	102 «No» Nobelium (254)	103 «Lr» Lawrencium (257)

f-block

A New Dictionary of Scientific & Technical Terms

Arabic - English

Compiled & Edited by

Ahmad Sh. Al-Khatib

Fellow – Arab Academies of Cairo, Amman, Damascus & Jerusalem
Chairman, Dictionaries Division, Librairie du Liban *Publishers - Beirut*

Librairie du Liban *Publishers*

Lapedes (Daniel), Editor, **McGraw-Hill Dictionary of Scientific & Technical Terms,** MacGraw-Hill Book Company, 1978.

Little (R. John), Jones (C. Eugene), **A Dictionary of Botany,** Van Nostrand Reinhold Company, 1980.

Longley (Dennis), Shain (Michael), **Macmillan Dictionary of Information Technology,** Macmillan Press, London, 1985.

Longman Dictionary of the English Language, Longman Group Ltd., Harlow, Essex, 1984.

The Macmillan Encyclopedia - New Edition, Market House Books Ltd., Aylesbury, 1986.

Markus (John), **Electronics Dictionary,** McGraw-Hill Book Co., New York 1978.

Miall (L.M.), **A New Dictionary of Chemistry,** 5th Ed., Longman Group Ltd., 1981.

Morris (Christopher) (Editor), **Academic Press Dictionary of Science & Technology,** Harcourt Brace Javonvich (Publishers), London, 1992.

The New Webster International Encyclopedia, Trident Press International, 1999.

Oxford University Press, **Dictionary of Computing,** Oxford, 1990.

Perry (Robert) & Green (Don), **Perry's Chemical Engineering Handbook,** MacGraw-Hill 1998.

Plant (Malcolm), **Dictionary of Space,** Longman Group Ltd., 1986.

Science Encyclopedia, Dorling Kindersley Ltd., London 1994.

Scott (John), **A Dictionary of Building,** 2nd Ed., Penguin Books, 1974.

Scott (John), **The Penguin Dictionary of Civil Engineering,** 3rd Ed., Penguin Books, 1980.

Sharp (D.W.), **The Penguin Dictionary of Chemistry,** Penguin Books, 1983.

Sipple (Charles) & Mayer (J.C.), **The Essential Computer Dictionary & Speller,** Prentice-Hall, Englewood Cliffs, New Jersy, 1980.

Sipple (Charles), **Macmillan Dictionary of Microcomputing,** 3rd Ed., Macmillan Press, London, 1985.

Sittl (J. Charles), **Micro Computer Dictionary,** Howard Sams & Co., Indiana, 1981.

Slesser (Malcolm), **Macmillan Dictionary of Energy,** Macmillan Press, London, 1985.

Spencer (D. Donald), **The Illustrated Computer Dictionary,** Charles E. Merril Publishing Co., U.S.A., 1983.

Turner (Rufus), **The Illustrated Dictionary of Electronics,** 2nd Ed., Tab Books Inc., 1982.

Tver (David), Berry (Richard), **The Petroleum Dictionary,** Van Nostrand Reinhold Co., 1980.

Walker (Peter) (Editor), **Chambers Science & Technology Dictionary,** Cambridge University Press, 1988.

Walker (Peter) (Editor), **Dictionary of Science & Technology,** Larousse, 1995.

Yule (John), **The Concise Encyclopedia of Science & Technology,** Peerage Books, 1985.

BIBLIOGRAPHY المَراجع الأجنبيّة

Anderson (R.G.), **A Dictionary of Data Processing Computer Terms,** Macdonald & Evans, London, 1982.

Angelo (J.A.), **The Dictionary of Space Technology,** Van Nostrand Reinhold Company, New York, 1983.

Barker (J.A.), **Dictionary of Concrete,** Construction Press, London & New York, 1983.

Belle-Isle (J-Gérald), **English-French General Technical Dictionary,** Routledge & Kegan Paul, 1978.

Bennet (H.), **Concise Chemical & Technical Dictionary,** Chemical Publishing Co. Inc., New York, 1974.

Burki (Lisa), **Personal Computers,** Que, 1997.

Calabria (Jane), **Windows,** Que Corporation, 1997.

The Cambridge Encyclopedia, Cambridge University Press, 3rd Ed. 1997.

Chandor (Anthony), Graham (John) & Williamson (Robin), **The Penguin Dictionary of Computers,** 3rd Ed., Penguin Books, 1985.

Collocott (T.) & Dobson (A.) (Editors), **Chambers Dictionary of Science & Technology,** W & R Chambers, Edinburgh, 1978.

The Computer & Business Equipment Manufacturer's Association, **American National Dictionary for Information,** New York, 1977.

Corbeil (Jean Claude), **The Macmillam Visual Dictionary,** Macmillan Company, 1995.

Counihan (Martin), **A Dictionary of Energy,** Routledge & Kegan Paul, London, 1981.

Emiliani (Cesare), **Dictionary of the Physical Sciences,** Oxford University Press, 1987.

Fleming (John), Honour (Hugh) & Pevsner (Nikolaus), **The Penguin Dictionary of Architecture,** 3rd Ed., Penguin Books, 1985.

Gibilisco (Stan), **Electricity & Electronics,** 2nd Ed., MacGraw-Hill, 1997.

Giles (Ronald), **Fluid Mechanics and Hydraulics,** Schaum Outline Series, MacGraw-Hill, 1994.

Gove (Philip) (Editor), **Webster's Third New International Dictionary** (Unabridged), G. & C. Merriam Co., Springfield, Massachusetts, 1993.

Hampel (Clifford), Hawley (Gessner), **Glossary of Chemical Terms,** Van Nostrand Reinhold Co., 1976.

Harris (Cyril), **Dictionary of Architecture and Construction,** McGraw-Hill Inc., 1975.

Hartmann-Peterson (P.), Pigford (J.V.), **Dictionary of Science,** Edward Arnold, London, 1984.

IBM Corporation, **Vocabulary for Data Processing Telecommunications & Office Systems,** New York, 1981.

Illingworth (V.), Glaser (E.) & Pyle (I.), **Dictionary of Computing,** 3rd Ed., Oxford University Press, 1990.

James (G.) & James (R.), **Mathematics Dictionary,** 4th Ed., Van Nostrand Reinhold Co., 1976.

Kamp (Robert), **The Illustrated Petroleum Reference Dictionary,** Pennwell Books, 1994.

Kamp (Robert), **Handbook of Oil Industry Terms & Phrases,** 5th Ed., Pennwell Publishing Company, 1994.

مجمع اللغة العربيّة، **مجموعة المصطلحات العلمية والفنية التي أقرّها المجمع**، إنجليزي - عربي، (المجلّدات ١، ٢، ٣... ٣٢)، القاهرة ١٩٥٧-١٩٩٣.

مجمع اللغة العربية، **معجم البيولوجيا**، إنجليزي - عربي، القاهرة، ١٩٨٤.

مجمع اللغة العربية، **معجم الجيولوجيا**، إنجليزي - عربي، الطبعة الثانية، القاهرة، ١٩٨٢.

مجمع اللغة العربية، **معجم الفيزيقا النووية والإلكترونيات**، إنجليزي - عربي، القاهرة، ١٩٧٤.

مجمع اللغة العربية، **معجم الفيزيقا الحديثة**، إنجليزي - عربي، القاهرة، ١٩٨٦.

مجمع اللغة العربية، **معجم الهيدرولوجيا**، إنجليزي - عربي، القاهرة، ١٩٨٤.

مجمع اللغة العربية الأردني، **مصطلحات الأرصاد الجوية**، إنجليزي - عربي، عمّان، ١٩٨١.

مجمع اللغة العربية الأردني، **مصطلحات التجارة والاقتصاد والمصارف**، إنجليزي - عربي، عمّان، ١٩٨٢.

مجمع اللغة العربية الأردني، **مصطلحات زراعية**، إنجليزي - عربي، عمّان، ١٩٨١.

مجمع اللغة العربية الأردني، **المصطلحات العسكرية** (١-١٠)، إنجليزي - عربي، عمّان، ١٩٨٤-١٩٨٧.

محمود (عبدالعزيز)/ البرعي (محمود)/ ريحان (حسن)، **معجم المصطلحات العلمية**، إنجليزي - عربي، القاهرة، ١٩٦٠.

معهد الإنماء العربي، **معجم مصطلحات العلم والتكنولوجيا**، إنجليزي - عربي، بيروت، ١٩٨٨.

منظمة الأقطار العربية المصدِّرة للبترول، **مصطلحات الطاقة**، عربي - إنجليزي - فرنسي، الطبعة الثالثة، القاهرة، ١٩٩٤.

المنظّمة العربية للتربية والثقافة والعلوم، **معجم الجيولوجيا**، إنجليزي - فرنسي - عربي، الرباط، ١٩٧٣.

المنظمة العربية للتربية والثقافة والعلوم ومنظمة الصِّحة العالمية، **المعجم الطبي المُوَحّد**، إنجليزي - عربي - فرنسي، الطبعة الثالثة، ١٩٨٣ (طبع في مِدلثنت، سويسرا).

المنظمة العربية للتربية والثقافة والعلوم، **معجم الفيزياء**، إنجليزي - فرنسي - عربي، الرباط، ١٩٧١.

المنظمة العربية للتربية والعلوم، **معجم الكيمياء**، إنجليزي - فرنسي - عربي، الرباط، ١٩٧٣.

المنظمة العربية للتربية والثقافة والعلوم، **المعجم المُوَحَّد للمصطلحات العلمية في مراحل التعليم العام**، إنجليزي - فرنسي - عربي، الرباط، ١٩٧٧.

المنظمة العربية للعلوم الإدارية، **المعجم العربي المُوَحَّد لمصطلحات الحاسبات الإلكترونية**، إنجليزي - عربي - فرنسي، عمّان، ١٩٨١.

مؤسسة الكويت للتقدم العلمي، **معجم الرياضيات**، إنجليزي - عربي، الكويت، ١٩٨٣.

مؤسسة الكويت للتقدم العلمي، **معجم الكيمياء**، إنجليزي - عربي، الكويت، ١٩٨٣.

هاريسون/ الخطيب، **قاموس الفيزياء المصوّر**، إنجليزي - عربي، مكتبة لبنان، بيروت، ١٩٩٥.

واط، أ/ الخطيب، أ، **قاموس الجيولوجية المصوّر**، إنجليزي - عربي، مكتبة لبنان، بيروت، ١٩٨٤.

مراجع عربيّة

اتحاد الناشرين العرب، **الناشر العربي** - العدد الأول، طرابلس - ليبيا، ١٩٨٣.

بطرس البستاني، **محيط المحيط**، مكتبة لبنان، بيروت، طبعة ١٩٧٧.

الخطيب (عدنان)، **العيد الذهبي لمجمع اللغة العربية**، دار الفكر، دمشق، ١٩٨٦.

الشهابي (الأمير مصطفى)، **المصطلحات العلمية في اللغة العربيّة في القديم والحديث**، القاهرة، ١٩٥٥.

فهمي (حسن حسين)، **المرجع في تعريب المصطلحات العلمية والفنية والهندسية**، مكتبة النهضة المصرية، القاهرة، ١٩٥٨.

مجمع اللغة العربية، **مجموعة القرارات العلمية في خمسين عامًا**، الهيئة العامة لشؤون المطابع، القاهرة، ١٩٨٤.

مجمع اللغة العربية، **المعجم الوسيط**، الطبعة الثالثة، القاهرة، ١٩٨٥.

موسى (حسين يوسف)/ الصعيدي (عبدالفتاح)، **الإفصاح في فقه اللغة**، الطبعة الثانية، دار الفكر العربي، القاهرة، ١٩٦٠.

المَراجع العَربيَّة (بالترتيب الألِفبائي)

مراجعُ أجنبيَّة المداخل - عربيَّة المُرادفات

إدارة التدريب المهني للقوات المسلَّحة، **معجم المصطلحات الفنية**، إنجليزي - عربي، القاهرة، ١٩٦٢.

الأكاديميَّة العربيَّة للنقل البحري، **معجم المصطلحات البحريَّة**، إنجليزي - فرنسي - عربي، مكتبة لبنان، بيروت، ١٩٨٩.

بديڤيان (أرمناك)، **المعجم المصوّر لأسماء النباتات**، متعدِّد اللغات، القاهرة، ١٩٣٦.

البعلبكي (منير)، **المورد**، إنجليزي - عربي، دار العلم للملايين، الطبعة الثانية عشرة، بيروت، ١٩٧٨.

التوني (يوسف)، **معجم المصطلحات الجغرافية**، إنجليزي - عربي، القاهرة، ١٩٦٤.

الجامعة الأميركية في القاهرة، **المعجم العلمي المصوّر** (بإشراف دائرة المعارف البريطانية)، إنجليزي - عربي، دار المعارف، القاهرة، ١٩٦٣.

جبرييل/الخطيب، **قاموس علم الحيوان المصّور**، إنجليزي - عربي، مكتبة لبنان، بيروت، ١٩٩٥.

جُرداق (منصور)، **القاموس الفلكي**، إنجليزي - عربي، بيروت، ١٩٥٠.

حِتّي (يوسف)/الخطيب (أحمد شفيق)، **قاموس حِتي الطبي الجديد**، إنجليزي - عربي، مكتبة لبنان، الطبعة الثالثة، بيروت، ١٩٩٦.

حدّاد (ايلي وديع)، **معجم مصطلحات الكومبيوتر والمعلوماتية**، إنجليزي - فرنسي - عربي، مكتبة لبنان، بيروت، ١٩٨٧.

الخطيب (أحمد شفيق)، **معجم مصطلحات البترول والصناعة النفطية**، إنجليزي - عربي، مكتبة لبنان، الطبعة الثانية، ١٩٩٠.

رِدْبات / الخطيب، **قاموس الفلك والفضائيات المصوّر**، إنجليزي - عربي، مكتبة لبنان، بيروت، ١٩٨٧.

سغدن، أ/الخطيب، أ، **قاموس علم النبات المصوّر**، إنجليزي - عربي، مكتبة لبنان، بيروت، ١٩٨٦.

سِلكيرك، ك/الخطيب، أ، **قاموس الرياضيات المصوّر**، إنجليزي - عربي، مكتبة لبنان، بيروت، ١٩٩٣.

شرَف (محمد)، **معجم العلوم الطبية والطبيعيَّة**، إنجليزي - عربي، الطبعة الثانية، القاهرة، ١٩٢٨.

الشهابي (الأمير مصطفى)/الخطيب (أحمد شفيق)، **معجم الشهابي في مصطلحات العلوم الزراعية**، إنجليزي - عربي، مكتبة لبنان، الطبعة الثانية، بيروت، ١٩٨٢.

الصالح (محمد أمين)، **الحاسبات الإلكترونية**، منشورات وزارة الثقافة والارشاد القومي، دمشق ١٩٨١.

غالب (ادوار)، **الموسوعة في علوم الطبيعة**، عربي - إنجليزي - فرنسي، دار المشرق، الطبعة الثانية، بيروت، ١٩٨٦.

غودمان/الخطيب، **قاموس العلوم المصوّر**، إنجليزي - عربي، بيروت، ١٩٨١.

غودمان/الخطيب، **قاموس الكيمياء المصوّر**، إنجليزي - عربي، بيروت، ط٦، ١٩٩٠.

الكرمي (حسن)، **المُغني الأكبر**، إنجليزي - عربي، مكتبة لبنان، بيروت، ١٩٨٧.

كنغستن، ج/الخطيب، أ، **قاموس الجغرافية المصوّر**، إنجليزي - عربي، مكتبة لبنان، بيروت، ١٩٩١.

كوانتن، ر/الخطيب، أ، **قاموس علم الكومبيوتر المصوّر**، إنجليزي - عربي، مكتبة لبنان، بيروت، ١٩٨٩.

كوزك، د، **معجم مصطلحات المعلوماتية والحاسبات**، إنجليزي - إنجليزي - عربي، مكتبة لبنان، بيروت، ١٩٨٨.

كيرتس، ن/الخطيب، أ، **قاموس علم الأحياء المصّور**، إنجليزي - عربي، مكتبة لبنان، بيروت، ١٩٨٦.

الكيلاني (تيسير وَمازن)، **معجم الكيلاني لمصطلحات الحاسب الإلكتروني**، إنجليزي - إنجليزي - عربي، مكتبة لبنان، بيروت، ١٩٩٦.

لايت/الخطيب، **قاموس علم التغذية المصور**، إنجليزي - عربي، مكتبة لبنان، بيروت، ١٩٩٩.

لجنة الترجمة والتعريب الأردنية، **معجم الرياضيات**، إنجليزي - عربي، مكتبة لبنان، بيروت، ١٩٨٠.

لجنة توحيد المصطلحات للجيوش العربية، **المعجم العسكري المُوَحَّد**، إنجليزي - عربي، القاهرة، ١٩٧٠.

المجمع العلمي العراقي، **مصطلحات علمية**، إنجليزي - عربي، بغداد، ١٩٨٤.

مُعجم المُصطلحات
العِلميّة وَالفنّيّة وَالهندسيّة

A New Dictionary of
Scientific & Technical Terms

مُعجَمُ المُصْطلحات
العِلْمِيَّة وَالفَنِّيَّة وَالهَنْدَسِيَّة

عَرَبي - إنجليزي

إعـداد
أحمد شفيق الخطيب

زميل في مجامع اللغة العربيّة في القاهرة وعمّان ودمشق والقدس
رئيس قسم المعاجم، مكتبة لبنان ناشرون، بيروت

مكتبة لبنان ناشرون

Librairie du Liban *Publishers* S.A.L
Zokak El Blat, B.P.: 11-9232 Beyrouth, Liban

Associated companies, branches and representatives throughout the world

website: www.ldlp.com
e-mail: info@ldlp.com

New Impression, 2003

Printed in Lebanon

ISBN 9953-33-197-9

مكتبة لبنان ناشرون ش.م.ل

زقاق البلاط - ص.ب: ١١-٩٢٣٢
بيروت - لبنان

website: www.ldlp.com
e-mail: info@ldlp.com

وكلاء وموزعون في جميع أنحاء العالم

الطبعة الأولى ٢٠٠٣

ISBN 9953-33-197-9

طبع في لبنان

A New Dictionary of
Scientific & Technical Terms

Arabic - English

Compiled & Edited by

Ahmad Sh. Al-Khatib

Fellow – Arab Academies of Cairo, Amman, Damascus & Jerusalem
Chairman, Dictionaries Division, Librairie du Liban *Publishers - Beirut*

Librairie du Liban *Publishers*

الإهداء

إلى

جميع العاملين في المجالات العلميّة والثّقافيّة والهندسيّة

وجميع من يتهيّأون للعمل في المجالات

العلميّة والثّقافيّة والهندسيّة

وجميع من يرغبون في التّواصل مع العاملين في المجالات

العلميّة والثّقافيّة والهندسيّة

TABLE OF CONTENTS محتويات المعجم

SCIENTIFIC COLOURED PLATES اللوحات العلميّة الملوّنة

بِسْمِ اللَّهِ الرَّحْمَنِ الرَّحِيمِ

مُقَدِّمَة

مُعجَم المُصْطَلَحات العِلميَّة وَالفنِّيَّة وَالهندَسيَّة

فِكرةُ هذا المعجم «معجم المصطلحات العلمية والفنية والهندسية» «عربي - إنكليزي» ظَلَّت تُراوِدُني مُنذ صُدور الطبعة الأولى من سَليفه الإنكليزي - العربي بالعنوان نفسه، على مدى عُقودٍ ثلاثة أُعيد فيها طبعُ المعجم ثماني مرّات بتعديلاتٍ كانت تَزيدُ أو تنقصُ تَبعًا للظروف.

وكان معجم المصطلحات العلمية والفنية والهندسية طوالَ هذه المُدة المرجعَ المُصطلحيَّ الأوفى والأوثقَ لِدارسي العلوم الهندسية والتِّقانية - كما لِلمترجمين والمثَقَّفين في الوطن العربي وخارجِ الوطن العربيّ. ونذكُر أن لجنة التعليم الهندسي المُنبَثِقة عن المجلس الأعلى لاتّحاد المهندسين العرب أوصَت باتّخاذه، منذ طبعاته الأولى، أساسًا لتعريب التعليم الهندسي في العالم العربي.

وحين أعَدْنا إصدار «معجم المصطلحات العلمية والفنية والهندسية الجديد» «إنكليزي - عربي» مُجَدَّدًا ومُوَسَّعًا أوائلَ القَرن الحادي والعشرين، بعد عِدَّة سنوات من العمل المُجِدِّ، مُستعينين بأحدث المعجمات الأجنبيَّة المُتخصِّصة وما جَدَّ فيها من مُصطلحات غزَت سائرَ اللغات، فغدت ضرورةً حضارية للمثقّف العادي كما للعالم المُتخصِّص في عصر انفجار المعلومات - كما يُسَمُّون عصرَنا الحاضر، ومُطَبِّقين الخِبرات المَجمعيَةَ والمُعجمية والمِنهجيات التي توفّرت خِلال العقود الثلاثة السَّالِفة وعَبْرَ طبعات المعجم المُتكَرِّرة، ارتأيتُ، بكامل الاقتناع، أن مجموعة المصطلحات العربية التي استقرَّت لدينا في مختلف المجالات العلمية والفنية والهندسية على مدى قُرابة قَرْنٍ من الصَّحوةِ العِلمية المُعاصرة غدَتْ تستأهِلُ بجَدارة أن تَصْدُرَ في معجم عربي - إنكليزي ينْتَظِمُها مُقابِلَ مرادفاتِها الأجنبية كمرجعٍ مرافِقٍ ومُكَمِّل لنظيره الإنكليزي العربي في خِدمةِ المُصطلح العربي بخاصةٍ، واللغة العربية بِعامَّة.

فنحنُ نرى أن مَعرفَة المُصطلَح الأجنبي المُقابِلِ للمُصطلح العربي تُعَمِّقُ المعرفةَ به والتوكيدَ على مَدلوله؛ كما نرى في المُصطلح العلمي والتقاني، مَهما كان سبيلُ صياغته، ثراءً لِلُّغة وتوسيعًا لآفاقها وتِقاناتها المُستَجِدّة - ثَراءً يُنعِشُ العربيةَ ويجعلُها قادرةً على استيعاب العلوم المُتطوِّرة الحديثة ويدفعُها في مُواكَبة الرَّكبِ الحضاري المُتسارع، ويَسُدُّ الطريقَ على مُعَرقلي مَسيرةِ التعريب - تعريبِ العلوم بخاصةٍ، وجعلِ العربية، لا لُغَةَ تدريس العلم فقط بل لُغةُ البَحث العلمي والإبداعِ العلمي معًا.

المُصطلحاتُ أصبَحت اليومَ جُزءًا مُهمًّا من اللغة - من أيِّ لغة، باعتبارها مفاتيحَ للمعرفة الإنسانية في

شتّى فروعها ووَسيلةَ التفاهُم والتواصُلِ بين الناس، بخاصةٍ بين من يعملُون في المَجالات نفْسِها. ومِمّا لا شكَّ فيه أن هذا التواصُل يتيَسَّرُ ويتعَمَّقُ فَهْمًا وتَفْهيمًا بمَعرفة المُصطلح المُقابِل في اللغة الأجنبية التي قد تكونُ هي لُغَةَ التخصّصات العاليةِ لاحقًا.

لقد ظلَّت السياسيةُ المُتَّبعة في أُسلوب العمل ودِقَّته وطرائقه وأهدافه في المُستوى الرَّفيع نفسِه الذي سَبق لنا تطبيقُه في المعجم النَّظير المُجَدَّد وطبَعاتِه السالفة من حيث المنهجيَّةُ والجدَّةُ والشمولُ واستِنسابُ المصطلح الرَّديف الدقيق، مُراعينَ قدْرَ الإمكان إبرازَ اللفظِ المُوَحَّدِ الواحد، في السِّياق الواحد، تفاديًا لِلَّبس والاضطراب.

ولنا وطيدُ الأمل أن معجمَ المُصطلحات العلمية والفنية والهندسية، العربي - الإنكليزي، مع نَظيره الإنكليزي - العربي المُجَدَّد، سيعملان مُتكامِلين على الوفاءِ باحتياجات المترجمين والمؤلّفين والدارسين وجُملةِ المُثَقَّفين، مُوَفِّرين معًا جِسرًا حضاريًّا مَرجعيًّا رائدًا وافِيًا ومُوحِّدًا، في مجالاتِ الترجمة والتأليف والدِّراسة، يستجيبُ لِمُتطلَّبات الحضارة المُتجدِّدة ومُستلزَماتها في آفاقٍ تُسايرُ العَولَمة دونَ الرُّضوخِ لِطُغيانها.

وختامًا يطيبُ لي أن أُنوِّه بِجهود فريق العمل المؤازِر في دائرة المعاجم - مكتبة لبنان، بخاصةٍ جهودُ الأستاذ الفنان رازق أنتيباس والخبير الطباعي الأستاذ أنطوان الديك والملازم المُتقاعد عبد المجيد الساعاتي. كما لا يفوتُني أن أُسدي الشُّكر جَزيلًا إلى السادة خليل وجورج وحبيب وبطرس صائغ أصحاب مؤسسة مكتبة لبنان على ما تبذُله مؤسَّستُهم الرائدة في خِدمة لُغَتِنا العربية وثقافة أجيالنا - بخاصةٍ في المجال المُعجمي البالغ الأهمية، بحيث غدا اسمُ مكتبة لبنان مُقترَنًا بالمعاجم والمُعجميَّة على الصعيدين الإقليمي والعالمي.

«وقل اعملوا فسيرى الله عملَكُم ورسولُه والمؤمنون». والله وليُّ التوفيق

بيروت في ٢٠٠٣/٣/٧

أحمد شفيق الخطيب

رئيس دائرة المعاجم، مكتبة لبنان
عضو مجامع اللغة العربية في القاهرة ودمشق وعمان والقدس

إيضاحات

- مواد المعجم مرتّبة ألفبائيًّا وَفقًا لحروفها الأولى دون تجريد - مع مراعاة الأمور التالية:
  - الألف الممدودة اعتبرت أَلِفَيْن،
  - الحرف المُشدَّد اعتُبر حرفًا واحدًا،
  - الأَلِف المقصورة اعتُبرت اِلفًا،
  - اعتُبرت الهمزة حسب كُرسيِّها - فالهمزة المكتوبة على ألف اعتبرت أَلِفًا، والمكتوبة على واو اعتبرت واوًا، والمكتوبة على كرسي الياء ياءً.

- الأفعال ترِدُ بصيغة الماضي، والمُسمَّيات ترِدُ بالمفرد وبالمذكَّر - إلّا ما هو خاصٌّ بالإناث.

- الوضعُ الصرفي للمداخل يتَّضِحُ من نَصِّها العربي - مع مُلاحظة أنّا حاولنا تقديمَ الوضع الصرفي الأشهر للكلمة.

- الكلماتُ المحصورة بين حاصرتين صغيرتين مُزْدوِجتين هي أسماءُ أعلام، وهي جُزء أساسي من المصطلح - كما في زجاج «يينا» وقنطرة «هويتستون»؛ أما الكلمات المحصورة بين قوسين، تحديدًا للمعنى، كما في

كاسر (للأشعة)،	قوَّم (التيارَ)،
كرَّر (التقطير)،	نقطة (توزيعِ) التغذية،
تقارُن وثيق (بين دائرتين)،	سِلعة متوسطة (الحجمِ أو الجودة)،

فليسَت بالضرورة جُزءًا من المدخل بل هي لتحديد السِّياق (والمعنى).

- المداخل لا تقتصر على الألفاظ التقنية فقط، بل تتناول أيضًا تلك الألفاظ التي قد تكون مألوفةً للمُراجِع في سياقاتٍ عاديّة، لكنها هنا تحمل معاني مُبايِنةً في سياقٍ علميّ أو تقني مُختَلف - كما في كلمة Hard، مثلًا.

- إذا كان المدخل المطلوب هو من المُشترك اللفظي أو ذي المعاني أو المشتقّات المتباينة، فإن تفصيلَ المقابِلات لكُلِّ معنًى يرِدُ في مدخلٍ مُستقِلّ، مثلًا:

أ: روَّض، درَّب	train, drill ،
~، دجَّن	tame, domesticate ،
~ (المحركَ)	break in, season -- أو

ب: رُكام، كومة	heap, pile ،
~، سحابٌ ركامي	cumulus cloud ،
~ تُرابي	tumulus (Geol.) ،
~ جليدي	moraine ،
~ موضعي	eluvium ،
~: رملٌ وحصى الخرسانة	aggregates (Civ. Eng.) ،
~ السَّفح	scree, talus (Geol.) .

- العلامة المُتمَوِّجة ~ (تِلْدَه) تُشير إلى تكرارية المَدخل السابق في سِياقٍ مُختلف أو اشتقاق تابع، مثلًا:

عتَبة: جائز	beam, lintel ،
~: مدخل، مَبدى	threshold ،
~ الباب (أو النافذة)	sill ،
~ مُستَعرِضة (فوق باب أو نافذة)	transverse architrave ،
~ مُشَفَّهة	flanged beam ،
~ المُصطَلى	mantel tree ،

- العناصرُ الكيماوية، أو رُموزها، أتبَعناها بالرمز الكيماوي (أو بالعنصر الذي يُمثِّله الرمز). وبالإمكان الاستِزادةُ عن خصائص العنصر المطلوب بالرجوع إلى الجداول الخاصة الملحقة بهذا المعجم (ص ٦٤٠).
- المُختصرات الإنكليزية المُدْرَجة إلى جانب المُقابل الإنكليزي تُعَيِّن فرعَ العِلم الذي تتّصِلُ به هذه المادة. وهذه المختصرات مُوضّحة في الصفحة «س» من المعجم.

اختصارات استعملت في هذا المعجم

ABBREVIATIONS USED IN THE DICTIONARY

(Acous.)	Acoustics
(*adj.*)	adjective
(*adv.*)	adverb
(Aero.)	Aeronautics
(Agric.)	Agriculture
(Arch.)	Architecture
(Astron.)	Astronomy
(Astrophys.)	Astrophysics
(Autos.)	Automobiles
(Biol.)	Biology
(Bot.)	Botany
(Build.)	Building
(Carp.)	Carpentry
(Chem.)	Chemistry
(Chem. Eng.)	Chemical Engineering
(Civ. Eng.)	Civil Engineering
(Comp.)	Computing & Computers
(Ecol.)	Ecology
(Elec.)	Electricity
(Elec. Comm.)	Electrical Communication
(Elec. Eng.)	Electrical Engineering
(Electron.)	Electronics
(Eng.)	Engineering
(Geog.)	Geography
(Geol.)	Geology
(Geophys.)	Geophysics
(Gen.)	Genetics
(Geom.)	Geometry
(Hyd.)	Hydraulics
(Hyd. Eng.)	Hydraulic Engineering
(I.C. Engs.)	Internal Combustion Engines
(Illum.)	Illumination
(Magn.)	Magnetism
(Maths.)	Mathematics
(Mech.)	Mechanics
(Mech. Eng.)	Mechanical Engineering
(Med.)	Medicine
(Met.)	Metallurgy
(Meteor.)	Meteorology
(Mil.)	Military Science
(Min.)	Mineralogy
(*n.*)	noun
(Naut.)	Nautical
(Nuc. Eng.)	Nuclear Engineering
(Ocean.)	Oceanography
(Opt.)	Optics
(Paint.)	Painting
(Pet. Eng.)	Petroleum Engineering
(Photog.)	Photography
(Phys.)	Physics
(pl.)	Plural
(Plumb.)	Plumbing
(Print.)	Printing
(San. Eng.)	Sanitary Engineering
(Stat.)	Statistics
(Surv.)	Surveying
(Teleg.)	Telegraphy
(Teleph.)	Telephony
(Telev.)	Television
(Typog.)	Typography
(*v.*)	verb
(Zool.)	Zoology

أ

أ: الرمزُ الكيماويّ لِلأُكسِجين — O (oxygen)
آب: الشهر الثامن في التقويم الغريغوري — August
آبِقيَّة: نَزعةُ الغاز إلى التمدُّد والانفلات — fugacity (Phys.)
آبنوس — ebony
آتٍ — forthcoming, coming
آثار (أُنظر: أثر، تأثير) — effects
~: بقايا — remnants, remains
الـ ~ الجِسميَّة لِلإشعاع — somatic effects of radiation (Med.)
~ قديمة — antiques, antiquities
~ النفط — oil shows (Pet. Eng.)
عالِمُ ~ — arch(a)eologist
عِلْم الـ ~ — arch(a)eology
آثاريّ، أثريّ: لا وظيفيّ حاليًا — vestigial (Zool.)
آجُرّ، قِرميد — brick
~ حراريّ — fire brick
~ غضّ — green brick
~ مُفْرَغ — hollow tiles, air brick (Build.)
آجُرّيّ اللون — brick red
آجِن، آسِن — stale, eutrophic (Ecol.)
آح: بياضُ البَيض — albumen, egg white
~، طِلاءٌ آحِيّ — glair (Paint.)
آخِذة: تخشُّب العضَلات — catalepsy (Med.)
آخِر، أخير — last
~، نِهاية — end, termination
~ الخَطّ — terminus (Comm.)
آداب «السلوك» — manners
~ «المِهنة» — ethics
آذى — harm, injure, hurt
آذار: الشهر الثالث في التقويم الغريغوري — March

آر: وحدةُ مِساحة = ١٠٠ متر مربَّع — are (Surv.)
آزَرَ — help, back up, support
آزوت، نتروجين — nitrogen, azote (Chem.)
آس، رَيحان — myrtle (Bot.)
آصِرة، رابطة — bond, tie
~، عَلاقة — relation(ship), connection
آفة: عَطَبٌ جَسَديّ — lesion (Med.)
~: حَشَرة أو نبتة مُؤذية — pest (Agric.)
~ زراعية — blight (Bot.)
آكِل — eater
~ البكتريا — bacteriophage
~ الثَّمر — fructivore; fructivorous (Zool.)
~ الحَبّ — granivore; granivorous (Zool.)
~ الحَشَرات — insectivore; insectivorous (Zool., Bot.)
~ الخَشَب — xylophage; xylophagous (Zool.)
~ الطين — limivore; limivorous (Zool.)
~ العُشْب، عاشِب — herbivore; herbivorous (Zool.)
~ قارِت — omnivore; omnivorous (Zool.)
~ اللحم، لاحِم — carnivore; carnivorous (Zool., Bot.)
آكِلَة، تَقَرُّح — canker, cancrum (Med.)
آلة، أداة — instrument, tool, implement, gadget
~، مَكَنة — machine (Mech.)
~ إيجادِ الاتجاه — direction finder
~ بسيطة — simple machine (Phys.)
~ بَصَريَّة — optical instrument
~ تابعة — slave machine
~ تثقيب — keypunch (Eng.)
~ تحديدِ المَركز — centring machine (Eng.)
~ تَحزيم البالات — baler, baling machine
~ تحميل — loader (Eng.)
~ تسجيل — recording instrument, recorder (Elec. Eng.)
~ ~ شَريطيَّة — tape recorder
~ ~ النقد — cash register
~ تَسْوِية — facing tool (Eng.)
~ تشكيل — forming tool (Eng.)
~ تصوير، مُصَوِّرة — camera (Photo.)
~ ~ جَوِّي — aerial camera
~ تصوير سِينمائي — ciné camera, motion picture camera
~ ~ عاكِسة — reflex camera
~ جَلْفَطة — ca(u)lker (Eng.)
~ حاسِبة — calculating machine, calculator
~ حَفر، حَفّارة — excavator (Civ. Eng.)
~ دِراس — thresher, threshing machine
~ دَمْغ الرسائل — franking machine
~ رافِعة — hoisting machine (Eng.)
~ رَسْم — drawing instrument
~ ~ هَندسيّ — mathematical instrument
~ رَصْدٍ جَوِّي — meteorological instrument, weather instrument
~ السُّدس — sextant (Surv.)
~ طابِعة — printer, printing machine
~ عَرْض سِينمائيَّة — film projector
~ فَكّ البالات وتَنْفيشها — bale breaker
~ قياس — measuring instrument
~ ~ بحديدةٍ مُتحرِّكة — moving-iron instrument (Elec. Eng.)
~ ~ بالسِّلك الحراري — hot-wire instrument (Elec. Eng.)
~ ~ بُعاديَّة: تقيس (وتُقرأ) عن بُعد — distant-reading instrument (Eng.)
~ ~ ضَغط الدم (الشرياني) — sphygmomanometer (Med.)
~ كاتِبة — typewriter
~ ناسِخة — mimeograph, duplicator
~ نَفْخ (موسيقية) — wind instrument
~ نَقْر (موسيقيَّة) — percussion instrument
~ وَتَريَّة (موسيقيَّة) — stringed instrument
آلَفَ: دَجَّنَ — tame, domesticate
~: عَوَّدَ — accustom, habituate, familiarize
آلَمَ — smart, ache
آليّ: وَسائليّ — instrumental *(adj.)*
~: مُتعلِّق بالآلات — instrumental, mechanical *(adj.)*
~: تِلقائي — automatic *(adj.)*
~: مُجَهَّز بالآليّات، مؤلَّل، مُمَكْنَن — mechanized, motorized *(adj.)*
~ الإدارة — power-driven (Eng.)
آلِيَّة: تركيبةُ تشغيل — mechanism, mechanical device

آلِيَّة (تابع)

~: أجهزةُ ومُعَدّاتُ وطرائقُ تشغيلٍ أو إدارة — machinery
~ُ الإدارة أو التدوير — drive mechanism (Eng.)
~ُ إسقاط — drop mechanism (Aero.)
~ُ إعاقة زَمنيَّة — time-delay mechanism (Eng.)
~ُ إعتاق — release mechanism (Eng.)
~ ~ أوتوماتيَّة — trip(ping) mechanism
~ ~ السَّيْر — belt tripper (Eng.)
~ ~ عند انخفاض الفُلطيَّة — low-voltage (or undervoltage) release (Elec. Eng.)
~ُ اقتِداح القَوس — arc striking mechanism (Elec. Eng.)
~ُ إقفال أو زَنْق — locking mechanism
~ُ إلقام — loading mechanism (Mil.)
~ُ أوتوماتية — automechanism (Eng.)
~ُ إيقاف — stop mechanism (Eng.)
~ُ تحَكُّم (وضَبْط) — control mechanism
~ ~ (وقيادة) — steering mechanism
~ ~ بُعاديّ — telemechanism (Eng.)
~ ~ في تغذيةِ الوقود — fuel-feed control mechanism (Eng.)
~ُ تحويل أو نَقْل — transfer mechanism (Eng.)
~ُ ترابُط أو تقارُن — link mechanism (Eng.)
~ُ بتُرسٍ وسُقّاطة — ratchet mechanism
~ُ تَزامُن المُسَنَّنات — gear synchronization mechanism (Eng.)
~ُ تسجيل — recording mechanism
~ُ تشغيل — actuating mechanism (Eng.)
~ُ ~ الصِّمامات — valve actuating mechanism (Eng.)
~ُ الـ ~ — operating mechanism (Eng.)
~ُ تغذية — feed mechanism, feed gear (Eng.)
~ ~ زُنبركيَّة — spring-feed mechanism
~ُ تَوجيه — steering mechanism (Eng.)
~ُ تَوقيت — timing mechanism (Eng.)
~ُ الحاكِم — governor mechanism (Eng.)
~ُ الحَدبات — cam mechanism (Eng.)
~ُ الحركة — drive
~ُ خَفْض السُّرعة بالمُسَنَّنات — gearing down mechanism (Eng.)
~ُ الدَّرْء أو الصَّد — buffer mechanism
~ُ دِفاعيَّة — defence mechanism
~ُ الرَّفع — lifting mechanism (Eng.)
~ُ رُكبيَّة (مُتَمفصِلة) — toggle mechanism
~ُ الساعة، ~ُ ساعيَّة — clockwork
~ُ سريعةُ الإعتاق — quick-release mechanism (Eng.)
~ُ (ترَدُّديَّة الحركة) سريعة العَودة — quick-return mechanism
~ُ سَيطرة بُعاديَّة — remote control mechanism (Eng.)
~ُ ضَبْطِ الاستواء — levelling mechanism (Surv.)
~ ~ العُمق — depth adjusting mechanism (Eng.)
~ ~ الوَضع — setting mechanism
~ُ عَكْس الحركة — reversing mechanism (Eng.)
~ُ الغَلْق — lock(ing) mechanism
~ُ فَصْل — disengaging mechanism (Eng.)
~ُ فَصْل عندَ انخفاض الفُلطية — low-volt release (Elec. Eng)
~ُ القَدْح — striking mechanism, trigger mechanism
~ُ المُزامَنة — synchronizing mechanism
~ُ مُعادِلة — compensating mechanism (Eng.)
~ُ مُعَوَّقة الفِعل — delayed action mechanism (Eng.)
~ُ مَفصِليَّة — toggle mechanism (Eng.)
~ُ مُقَيَّدة — constrained mechanism (Mech.)
~ُ المِكبَح — brake mechanism (Eng.)
~ُ مؤازِرة — servo-mechanism (Eng.)
~ُ نَقْل الحركة — transmission mechanism (Eng.)
~ُ الوَصْل والقَطْع — make-and-brake mechanism (Elec. Eng.)

آمِر — commander, commandant
آمِن، مأمون — secure, safe
غيرُ ~ — insecure
آنِفُ الذِّكر — above-mentioned
آنيّ: حاليّ — current, present(-day)
~: فَوريّ، تَوّيّ — immediate, simultaneous, instant(aneous)
آنِيَة (أُنظر: إناء) — vessel, container
~ُ فَخّاريَّة — earthenware
آنيسون — anise
آهِل، مَسْكون — inhabited, populated
آوَى — house, lodge, shelter
آونْس (٢٨,٣٥غم–أفْوار ديْبوا) — ounce
~ سائليّ (٢٩,٥٧سم^{3}) — fluid ounce
أباجور: ساتِر تَفاريجي — abat-jour (Build.)
أبادَ، أفْنَى، اِستأصَلَ — annihilate, eradicate, exterminate
إبادة — annihilation (Phys.)
~ُ الجِنْس — genocide
~ُ الأعشاب الضارَّة — weeding (Agric.)
إباضة — ovulation (Biol.)
إبّالة — bale
أبأمبير: أمبير مُطْلَق (١٠ أمبير) — abampere (Elec. Eng.)
أبانَ، بَيَّنَ — indicate, show, demonstrate
أبأوم: أوم مُطلَق (١٠$^{-9}$ أوم) — abohm (Elec. Eng.)
اِبتداء، بدء — beginning, commencement, starting
اِبتِداع، نَبيطة — contrivance, device, contraption
اِبتِدائيّ — elementary, primary, initial
أبْتَر، مَقْطوط — truncate, clipped, curtailed
~: عَديمُ الذنَب — acaudal, acaudate, anural (Zool.)
اِبْتَزَّ — extort
~ بالتهديد — blackmail
اِبتِعاث — emission, emanation, emittance (Phys.), evolution (Chem.)
~ُ اِبتِدائي — primary emission (Phys.)
~ُ الإشعاع — emission of radiation (Phys.)
~ُ إشعاعيّ — radioactive emission, radiant emittance
~ُ الإلِكترونات بتأثير الضوء — photoemission
~ُ إلِكتروني — electron emission
~ُ اِنتِقائي — selective emission (Electron.)
~ُ أوَّليّ — primary emission (Electron.)
~ُ بارِد — cold emission = autoemission
~ُ ثانَويّ — secondary emission
~ُ ذاتيّ — autoemission
~ُ شَبَكيّ — grid emission
~ ضوئيّ — photoemission
~ُ عَكْسيّ — back (or reverse) emission

إبتعاث (تابع)
~ كهرضوئيّ — photoelectric emission
~ كهرمغنيطيّ — electromagnetic emission
~ المَجال — field emission (Phys.)
~ مُستَثار — stimulated emission (Phys.)
~ مُضيء — luminous emittance (Phys.)
~ مَهبِطي — cathode emission (Elec.)
~ نَوَويّ — nuclear emission (Phys.)
الإبتعاثيّة: بالنِّسبة إلى الجسم الأسود — emissivity (Phys.)
إبتعاد، رَحيل — departure
~، بُعد — remoteness
~ عن — avoidance
إبتكَرَ — invent, innovate, improvise *(v.)*
إبتِلال، بَلَلٌ — wetness
إبتلَعَ، إزدَرد — ingest, swallow
~: غمَرَ — engulf
إبتِناء: أيضٌ بِنائي — anabolism (Biol.)
أبجَدي، ألِفبائي — alphabetical *(adj.)*
أبْجَديَّة — alphabet
أبَحّ، أجَشّ (الصوت) — hoarse
إبحار — sailing
~: مِلاحة — navigation
أبْحَرَ — sail
أبَدٌ — eternity
~: حُقْب — aeon, eon (Geol.)
أبْدَأ: بَدَأ — initiate, start
~: خَلَق — create, originate
أبْدَى، أظهَرَ، عرَضَ — show, exhibit, demonstrate
~: كَشَفَ — disclose, reveal
إبداع — creativity, ingenuity, originality
إبدال — substitution, exchange
~: تعويض الجزء المفقود — prosthetics (Med.)
~ التتابُع أو الترتيب — permutation (Maths.)
أبَرَ، أبَّرَ — pollinate (Bot.)
أبْرَأ: شَفَى — cure, heal (v.)
~: أعفَى — acquit (v.)
إبْرار: نُزولٌ (أو إنزالٌ) إلى البَرِّ — disembarkation, landing
إبْراز، تَبَرُّز — egestion, excretion (Zool.)
~ (بالطِّلاء الأفتَح أو الإنارة) — highlighting
~ الحِدَّة — accentuation

~ المعالِمِ المِعماريَّة — articulation (Arch.)
إبْراق — telegraphy, keying
~ أرضيّ — earth telegraphy
~ بإزاحة الطور — phase-shift keying (Elec. Comm.)
~ بَصَريّ — visual telegraphy (Elec. Comm.)
~ بِتردُّدين — two-tone keying (Elec. Comm.)
~ لاسِلكي — radiotelegraphy, wireless telegraphy (Elec. Comm.)
إبرام — conclusion, ratification
~ (الثَّمر) — setting (of fruit)
إبْرَة — needle, pin
~ آلَةِ القياس — needle, pointer, indicator needle
~ البوصَلة — compass needle
~ الحاكي — stylus, style
~ الحَشَرة، حُمَة — sting, dart (Zool.)
~ ذات طَرَفَين — double-ended needle
~ رَفو — darning needle
~ سَكينيَّة — astatic needle (Phys.)
~ الصِّمام — valve needle
~ القادِح — striker needle
~ القَدح — percussion needle
~ لااتجاهيَّة أو لاقَراريَّة أو مُعطَّلة — astatic needle (Phys.)
~ مُعايرة — metering pin
~ مِغنَطيسيَّة — magnetic needle
~ المَيل المِغنطيسيّ — dip needle, dip circle
أبْرَدَ: أرسَلَ بالبريد — mail
أبْرَزَ: أكَّدَ أو شَدَّدَ على — emphasize, stress *(v.)*
~: أنتأ — emboss, protrude *(v.)*
~ (وَثيقَةً) — present, exhibit, produce *(v.)*
أبْرَش، أرقَطُ — spotted, speckled *(adj.)*
أبْرَقَ: لَمَع — flash *(v.)*
~ (برقيَّةً) — telegraph, cable, wire *(v.)*
أبرقٌ، خَرَسانة — concrete *(Build.)*
أبرَمَ: أضجَرَ — bore *(v.)*
~ (عَقْدًا) — conclude, ratify *(v.)*
إيروم: ذاكِرة قِرائيَّة قابِلة لِلبرمَجة والمَحْو — EPROM (Comp.)
إبريّ — acicular, needle-shaped, acerate, acerose *(adj.)*
إبريجة: مِمْخَضة — churn

إبريسَم، حرير — silk
إبريق — pitcher, jug
إبزيم — buckle, clasp, snap, fastener
أبْسِيمِنْز: أبْمُوء — absiemens (Elec. Eng.)
إبصار — vision, eye(sight)
~، إدراك — perception, discernment
~ الألوان — colour vision
~ سَوِيّ أو صَحيح — emmetropia (Med.)
الـ ~ الشيخوخي — presbyopia
~ بالعَينَيْن — binocular vision
إبْط — axilla, armpit (Zool.)
~ (الورقة) — axil (Bot.)
أبطَأَ — retard, decelerate, slacken, slow down
إبطاء — retardation, slowing down, idling
إبطال — annulment, abolition, cancellation, revocation, rescission
~ الفاعليَّة — deactivation (Chem.)
~ فوريّ (للمُفاعِل) — scram (Nuc. Eng.)
~ المَفعول — counteraction, neutralization
أبْطَلَ — abolish, annul, cancel, rescind, countermand, revoke
~ (المَفعولَ أو الأثَر) — counteract, neutralize
أبعاد (أُنظُر: بُعْد) — dimensions
~ حَرِجة — critical dimensions
الـ ~ الرئيسيَّة — leading dimensions
إبعاد، إستِثناء، استبعاد — exclusion
~: إقصاء — repulsion
~: نَفْيٌ — exile, banishment
أبْفاراد: فارادٌ مُطلَق (١٠^٩ فاراد) — abfarad (Elec. Eng.)
أبَق، مَوزُ النَّسيج — Manilla hemp, abaca (Bot.)
أبْقَى: تَرَكَ — leave
~: إستَبقى — retain, reserve, keep
أبْقَعُ، أرْقَط — spotted, mottled, speckled, piebald
إبكار: في النَّشأة أو النُّضج — precocity
~ الأُنوثة — prot(er)ogyny (Biol.)
~ الذُّكورة، ~ المِئبر — prot(er)andry (Biol.)
أبْكَمُ، أخرس، صامِت — dumb
أبكولوم: كولوم مُطلَق (١٠ كولوم) — abcoulomb (Elec. Eng.)

أَبْلَى (بالاستعمال) — wear (out or away)
إبلاغ، إخبار — notification, information, communication
إبلال — recovery
أَبْمُوء: مُوء مُطلَق (١٠^{٩} مُوء) — abmho (Elec. Eng.)
اِبنُ مِقرَض، نِمْس — ferret (Zool.)
أَبنة، بُرعم — bud, eye (Bot.)
اِبنة: بِنت — daughter
إبهام: غُموض — ambiguity, vagueness
إبهام (اليَد) — thumb, pollex
~ (القدَم) — big toe, hallux
الأَبْهَر — aorta (Med.)
أَبْهنْري: هِنري مُطْلَق (١٠$^{-٩}$ هنري) — abhenry (Elec. Eng.)
أَبْواط: واط مُطلَق (١٠$^{-٧}$ واط) — abwatt
أبواغ (ج: بوغ) — spores (Biol.)
أبيض — white
~: لالَونيّ (أو خالٍ من الكِتابة) — blank
~ التيتانيوم: تَيْتانيا — titanium white
~ الزِّنك: أُكسيد الزنك الأبيض — zinc white (Paint.)
~ بشِدَّة الحرارة — white-hot
اِبيضاضُ الدم — leukemia (Med.)
إتاء، جَنى، غَلَّة — harvest
إتآم: وِلادةُ التوائم — twinning
إتاحِيَّة، مُتاحيَّة — availability
إتالون: مِقياسُ تداخُل — etalon (Phys.)
إتاوَة: رَيْع — royalty
~: ضريبة — tax
اِتِّباع — following
~ النظامِ العَشريّ — decimalization
اِتِّجاه — direction, sense; course
~: نَزْعة، مَيْل — trend, tendency
~ (الإبرة) — (needle) bearing
~ الانتشار — direction of propagation (Phys.)
~ التيّار — set *(n.)*
الـ ~ الحَقيقيّ — true heading (Aero.)
~ (الخطّ المُستقيم) — sense (Maths.)
~ الريح — wind direction (Meteor.)
بـ ~ ~ — leeward, downwind
~ زاويّ ثابت — fixed bearing
~ ~ شامِل — omnibearing (Naut.)
~ ~ مِغنَطيسيّ — magnetic bearing
~ السَّحْب (ومُقاوَمة الريح) — drag direction (Aero.)
~ عِرْقِ التعدين — bearing (or line) of load (Mining)
~ اللَّف (أو الدُّرور) — spin orientation (Phys.)
~ مِغنطيسيّ — magnetic heading, magnetic bearing (Aero.)
~ الهَوائيّ — antenna bearing
إتجاهاتٌ مُتَقاطِعة — cross bearings
اِتِّجاهيّ — directional
~: تَوجيهيّ — directional, directive
اِتِّحاد — union
~: اِئتلاف كيماويّ — combination (Chem.)
~: تحالُف — confederation
~: وَحدة — unity
~ الأمشاج — syngamy (Biol.)
~ جُمركيّ — customs union
الـ ~ الدوليّ لِلمواصلات السِّلكيَّة واللاسِلكيَّة — International Telecommunication Union
~ شَرِكات — trust
~ عُمّاليّ — labour union
~ كيماويّ — chemical combination
~ المِحْوَر — coaxiality
~ المركَز — concentricity
~ النغمات — unison
اِتَّخَذَ — take up, assume
~ التدابيرَ اللازِمة — take the necessary measures
~ مَوضِعًا — take position, take up a position
~ وَضْعًا مُعَيَّنًا — pose
أتخمَ، أغرقَ (الأسواق) — glut
أتربة: فُتاتٌ معدنيّ عَديمُ القيمة — dirt (Mining)
~ طباشيريَّة (أو كِلسيَّة) — chalky soils
الـ ~ النادرة — rare earths (Chem.)
أُتْرُج — citron, Citrus medica (Agric.)
الإتْريوم: عُنصر فِلِزِّي رَمزُه (يت) — yttrium (Y) (Chem.)
اِتِّزان — equilibrium, balance
~ أيونيّ — ionic equilibrium (Chem.)
~ حراريّ — heat (or thermal) balance
~ حَراكيّ، ~ ديناميّ — dynamic balance (or equilibrium)
~ دائم (طويل المدى) — secular equilibrium (Phys.)
~ سَعَويّ — capacity balance
~ سُكونيّ سائليّ (أو هَيدروستاتي) — hydrostatic balance
~ غيرُ مُستقِرّ — unstable balance (Mech.)
~ القِشرة الأرضيَّة (أو توازُنُها) — isostasy (Geol.)
~ قنطريّ — bridge balance (Elec. Eng.)
~ كهربائيّ — electric balance
~ مُستقِرّ — stable equilibrium
اِتِّساع، اِمتِداد — expanse, extension
~: مَدى — scope, extent, range
~: عَرْض — width, breadth
~ (الذُّروة) — amplitude (Phys.)
~ السِّكَّة — track gauge (Railways)
اِتِّساعيَّة: قابليَّةُ الامتداد — dilatability, expansibility
اِتِّساق، اِنسِجام — harmony, coherence, consistency
اِتَّسَعَ — widen, expand, dilate
~ لِـ — take, hold, accommodate
اِتِّصال: تتابُع واستِمرار — continuity
~: وَصْل أو وُصلة — connection, junction
~ (بوسائل الاتصال عمومًا) — communication, contact
~ أرضيّ — earth connection (Elec. Eng.)
~ ~ وَثيق — dead earth, dead ground (Elec. Comm.)
~ بَصَريّ — visual communication
الـ ~ البُعادي — telecommunication
~ بَيْنيّ — interconnection
~ تَسَلْسُليّ أو تَعاقُبيّ — concatenation, concatenated connection (Eng.)
~ تلغرافيّ — telegraphy
~ تلفونيّ — telephony
~ ~ داخِليّ — interphone
~ تَوازٍ — parallel connection (Elec. Eng.)
~ ~ وتَوالٍ — parallel-series connection (Elec. Eng.)
~ جَوِّي أرضيّ — earth ground communication (Elec. Eng.)
~ راداريّ — radar contact (Elec. Comm.)

اِتّصال (تابع)
~ُ راديويّ — radio contact (Elec. Comm.)
~ ~ سِلكيّ — wired radio (Elec. Comm.)
~ُ زاويّ — angle connection (Eng.)
~ُ شَبَكيّ — mesh connection (Eng.)
~ُ صاعِد (من الأرض إلى المركَبة الفضائيّة) — uplink (Elec.Comm.)
~ُ فيديويّ — video link
~ُ بالقَمْط — clamp connection
~ُ قنطريّ — bridge connection
~ُ لاسِلكيّ — radio communication
~ُ مُباشَر — direct communication (Teleph.)
~ُ مُتعَدِّدُ التوالي — series-multiple connection (Elec. Eng.)
~ُ مُثَلَّثيّ — delta connection (Elec. Eng.)
~ ~ مَفتوح — open-delta connection (Elec. Eng.)
~ ~ نجميّ — delta-star connection (Elec. Eng.)
~ مِرْفَقيّ — elbow connection (Eng.)
~ُ بالمسامير المُلولبة — bolted connection (Eng.)
~ُ نَجميّ — star connection (Elec. Eng.)
~ ~ ثلاثيّ — Y (or wye) connection
اتصالاتٌ بُعاديَّة — telecommunications
~ فَضائيَّة — space communications
اِتَّصَلَ — contact, communicate, get in touch
~: اِرتَبَط — join, link
~: تَعَلَّقَ (بِـ) — correlate, relate, pertain
أتعَبَ — tire, weary, fatigue
اِتِّفاق — agreement
~، توافُق — conformity
~، تعاقُد — contract
~، مُصادَفة — coincidence, chance
~ُ تمهيديّ — protocol
~ُ شَرَف — gentleman's agreement
~ُ مُناصَفةِ الأرباح — fifty-fifty agreement
~ُ وَسَط — compromise
اِتِّفاقيّ، عَرَضيّ — accidental
~، مُصطَلَحيّ — conventional
اِتِّفاقيَّة — agreement, accord
~، عَقْد — contract
~، مُعاهَدة — treaty, compact
~، مِيثاق — convention
~ُ تمديد (العَقد) — extension agreement

~ (عَمَل) جَماعيَّة — collective (labour) agreement
~ُ مِن عِدَّة نُسَخ — indenture
اِتِّقاء، تَفادٍ — avoidance, parrying
~، حَذَر — caution
~، وِقاية — protection
~، مُعالَجة أو تدابير وِقائيَّة (صحيَّة) — prophylaxis
اِتِّقاد — burning, combustion
إتقان — perfection, excellence, mastery
~، دِقَّة — precision, accuracy, exactitude
عَدَمُ الـ ~ — imperfection, inaccuracy
اِتَّكَلَ (على) — rely, depend
إتلاف — impairment, spoiling, damaging
أتلَفَ — waste, impair, ravage, damage
أتَمَّ — complete, finish
إتمام — completion
أتْمَتَ: شَغَّلَ أو صَيَّرَ آليًّا — automate, automatize
أتْمَتَة — automation (Eng.)
~ُ البيانات — datamation (data automation) (Comp.)
~ُ حاسوبيَّة — cybernation (Electron.)
اِتِّهام — accusation, charge, indictment
أتول: جزيرة مَرجانية حلقية — atoll (Geog.)
أتُون: فُرن، تنُّور — kiln, oven, furnace
~ُ جافّ (لِتَجفيفِ الأخشاب) — dry kiln
أثاث — furniture
أثارَ: اِستَثارَ — excite, stimulate, provoke, foment
~: هَيَّجَ — agitate, irritate
~ (مسألةً أو مَوضوعًا) — raise, bring up
إثارة — excitation, fomentation
~، تَهييج — agitation, irritation
~ُ توافُقيَّة — harmonic excitation
~ُ حراريَّة — thermal agitation, thermal excitation
~ُ دَفعيَّة أو نبضيَّة — impulse excitation
~ُ ذاتيَّة — auto-excitation
~ُ بالصَّدم — impact excitation
~ُ المَجال — field excitation
~ُ مُعادَلة — compensated excitation
إثبات، بُرهان — proof, evidence
~، بَرْهَنة — verification, proving
أثبَتَ — prove, verify

~، أيَّدَ (بِبُرهانٍ إضافيّ) — corroborate, confirm
أثَّثَ — furnish
أثَر — trace, tinge, tint
~، تأثير — effect, influence
~، اِنطِباع — impression, imprint
~ (المَسِير) — track, trail
~ُ الثني — crease
~ُ دائم (لانفعالٍ تجاوزَ حَدَّ المُرونة) — permanent set
~ رَجعيّ — retroaction
ذو ~ ~ — retroactive
~ُ السفينة الماخرة، خَضْرَبة — wake
~ُ الصدمة — shock effect
~ُ العَجَلة أو الدولاب — rut
~ُ كهربائيّ حركيّ — electro-kinetic effect
~ُ كهرضوئيّ — photoelectric effect
~ُ لاحِق أو مُتخلِّف — aftereffect
~ُ مُصطَنَع (لا مُقابِلَ له في الأصل) — artifact (Photog.)
~ُ مِغنَطيسيٌّ حراريّ — magnetocaloric effect (Phys.)
أثَّرَ في — affect, influence, impress
إثراء، إغناء — enrichment (Phys.)
أثَريّ: مُتخَلِّفٌ بدائيّ — rudimentary
~: مُتخَلِّف لاوَظيفيّ — vestigial (Biol.)
إثغار، تَسْنين — dentition, teething (Zool.)
إثقال، تثقيل — weighting
أثقَلُ مِن الهَواء — heavier-than-air (Aero.)
أثلَجَ، ثَلَجَ — snow
~: جَمَّدَ — freeze, ice
إثمار — fructification, fruition, fruitage
اِثنا عَشَريّ — duodecimal (Maths.)
الـ ~ ~، العَفَج — duodenum (Med.)
الـ ~ ~ الأضلاع — dodecagon (Geom.)
الـ ~ ~ السّطوح — dodecahedron (Geom.)
أثير: سَيّالٌ اِفتِراضيّ يملأُ الفضاء — aether, ether
~، إيثر — ether (Chem.)
~ُ ثُنائيُّ الإثيل — diethyl ether (Chem.)
~ ~ الفَيْنِيل — divinyl ether (Chem.)
~ ~ المثيل — dimethyl ether (Chem.)
~ُ كِبريتيّ — thioether (Chem.)
إثيل: شِقٌّ عُضويّ أحاديُّ المُكافِئ — ethyl (Chem.)

أَثْيَلَة: مُعالَجة بالكحول الإثيليّ — ethylation (Chem.)
إثيلين — ethylene (Chem.)
~ ثُلاثيُّ الكلور — trichloroethylene
~ رُباعيُّ الكلور — tetrachloroethylene
أَجَّ، اِلتَهَب — blaze, deflagrate
أجابَ — answer, reply
~، اِستَجاب — respond
إجابة — reply, answer, response
أُجاج — salty, bitter
إجادة — mastery, proficiency, skill
إجارة، إيجار — lease, rent
~ تعدين — mineral lease
~ مُستمِرَّة — durable lease
أجازَ، سَمَحَ بِـ — permit, allow
~: سَمَحَ بِدُخول — admit
~: رَخَّصَ — license
~: أقَرَّ — approve, sanction, endorse
إجازة، رُخصة — licence, license, permit
~: إذْن — leave, permission
~: تفويض — authorization
~: شهادة جامعيَّة — degree
~: إقرار — approval, sanction, endorsement
~: عُطلة — vacation, holiday
~ استِثمار — exploitation permit
~ استيراد — import licence
~ تصدير — export licence
~ سَنويَّة — annual leave
~ سَوق — driver's license
~ عُبور — wayleave
~ مَرَضيَّة — sick leave
~ مُرور — pass
إجّاص — pear (Bot.)
إجبار، إكراه — compulsion, coercion
إجباريّ، قَسريّ، إلزاميّ — compulsory, coercive, obligate
أجبَرَ — compel, obligate, coerce, oblige
اِجتاحَ — invade
~، اِكتَسَحَ — overrun
اِجتازَ — cross, traverse, pass (or go) through
~ (عَقَبةً) — surmount
~ (امتحانًا) — pass
اِجتِثاث — eradication, uprooting
~ الحراج — deforestation

اِجتذاب — attraction
اِجتذَبَ — attract, draw
~ (بالطُّعم) — lure (with bait)
~ (بالإغراء أو الخَديعة) — entice, decoy
اِجترار — rumination (Zool.)
اِجتِراف، تَحاتّ — erosion
~: جَرْف — wash, rake, sweep
~ جانبيّ — sidewash (Aero.)
~ خلفيّ — backwash (Aero.)
~ سُفليّ — downwash (Aero.)
~ عُلويّ — upwash (Aero.)
~ النِّيران (عندَ وَقْفِ العمل في الفُرن) — drawing fires (Eng.)
اِجترَفَ: اِكتسَحَ — sweep
~: جَرَفَ — wash away (or out) (Geol.)
اِجتَزَّ، جَزَّ — clip, cut off, shear
اِجتَزَأَ — curtail, cut short
اِجتِزاز، قَصّ — clipping, shearing
اِجتِفاء: إزالةُ الجُفاء — scorification (Met.)
اِجتماع — meeting, assembly, gathering
اِجتماعيّ — social
اِجتِناب — avoidance, evasion, keeping clear of
اِجتِهاد — diligence, endeavor
اِجتِياح: غَزو — invasion
~: تَدمير — devastation, destruction, annihilation
اِجتياز — passing, crossing, traversing
~: عُبور — transit (Astron.)
~ (العَقَبات) — surmounting, overcoming
~ عابِر — fly-by (Space)
إجداب (المُحَرِّك) — starving (the engine) (Eng.)
أَجْدَبُ: مُجْدِب — barren, arid
أَجَرَ: اِستأجَرَ — rent, hire, take lease on (or of)
أَجْر: راتِب — pay, wage, salary
~: أُجرة — fee, rate, charge
~: مُكافأةُ أتعاب — recompense, remuneration
الـ ~ الأدنى — minimum wage
~ أساسيّ — basic wage, base pay
~ إضافيّ — surcharge
~ زَمَنيّ — time-rate, time wage
~ شَهريّ — monthly wage

~ بالقطعة — piece rate
~ مُتدَرِّج (حسَبَ المسافةِ أو البُعد) — tapering charge
~ يَوميّ — daily wage
أَجَّرَ — rent out, let, hire out
أجرى: قامَ بِـ — perform, carry out, do, transact
إجراء: تدبير — measure
~: نَهْج — procedure
~: تنفيذ — performing, carrying out
~ تأديبيّ — disciplinary measure
~ تصحيحي — corrective action, corrective measure
~ شكليّ — formality
~ مُتَّبَع — common practice
~ مُناسِب — appropriate action
~ مُؤَقَّت — temporary measure
إجراءاتٌ أمنيّة — safety measures
~ الطوارئ — contingency procedures
~ قانونية — legal proceedings
~ المُراقبة — control procedures
~ المُكافَحة — control measures
~ وِقائيَّة — protective measures
أجرامٌ سَماويّة — celestial bodies (Astron.)
أُجرة: رَسْم — fee, charge
~: كِراء، راتِب — wage, pay
~: إيجار — rent(al), hire
~ البريد — postage
~ الرَّفْع (بالمِرفاع) — cranage
~ السَّفَر — fare
~ الشَّحن — freight
~ النَّقل — carriage, portage
~ ~ الجَوِّي — air freight
~ ~ بالشاحنات — truckage
~ ~ بالصنادِل — lighterage
~ ~ بالمُعدِّية — ferriage
~ ~ على المُشتري — carriage forward
الـ ~ اليوميَّة — daily wage
أجرَدُ: لا شَعْرَ فيه — bald, hairless (Zool.), glabrous (Bot.)
~: لا نَبْتَ فيه — arid, without vegetation
أجزاءٌ دَوّارة (مِن عجَلاتٍ وتُروس) — running gear (Eng.)
~ مُصَنَّعة قبلًا (جاهِزة لِلتركيب) — prefabricated parts (Eng.)

أجزاءٌ نَزوعة: يُمكِنُ فَصلُها — detachable parts
أجسامٌ ساقِطة — falling bodies (Mech.)
~ صُلبة، مُجَسَّمات — solids
~ طائرة مَجهولة — UFO (unidentified flying objects) (Astron.)
أجَّلَ، أرجأَ — postpone, adjourn, defer, put off
أجَل، مُدَّة — time, term, period, duration
طَويلُ الـ ~ — long-term
إجلاء، إخلاء — evacuation
أجلَسَ، وَضَعَ — seat, set
أجَمّ: عَديمُ القُرون — polled, pollard
إجماد — hardening, solidification
~ الزُّيوت (بالهَدرجة مثلًا) — hardening of oils (Chem.)
إجماع — unanimity
~، موافَقة إجماعيَّة — consensus
إجماعيّ — unanimous
إجمال — summation, summing up
إجمالًا — generally, in general, on the whole
إجماليّ — overall, gross, all up
~، شامِل — comprehensive, global
أجَمة — brush, copse, thicket, jungle
أجمَلَ — outline, sum up, summarize
الأجميَّة، البُرداء — malaria (Med.)
أجنبيّ — foreign, alien, extraneous
~ المَنْشأ، دَخيل — xenogenous (Biol.), allochthonous (Geol.)
أجَنَة، إزميل — chisel (Build.)
~ تخديد — cape chisel
~ تهذيب — trimming chisel
~ جَذّ — chipping chisel, flogging chisel
~ قطعٍ على البارد — cold chisel (Eng.)
~ مُستَعرِضةُ المَقطَع — cross-cut chisel
~ مُعَيَّنيَّةُ الحَدّ — diamond-point chisel
~ مُفَلْطحة — flat chisel
~ نَفْخيَّة: بالهواء المَضغوط (أُنظُر أيضًا: إزميل) — pneumatic chisel
أجنِحة (أُنظر: جَناح) — wings
~ أماميَّة — forewings
إجْنِيْترون: صِمامُ تقويمٍ قَوسيّ زِئبقيّ — ignitron (Elec. Eng.)
إجهاد — stress (Phys.)
~: إرهاق — exertion
~ الاحديداب — buckling stress (Eng.)
~ الارتكاس — reaction stress
~ الإعجاز — crippling stress
الـ ~ الأقصى — maximum (or ultimate) stress (Eng.)
~ الانضغاط، ~ بالضغط — compression stress
~ التبريد — cooling stress (Mech. Eng.)
~ التسارُع — acceleration stress (Space)
~ التشغيل (المَسموح به) — (allowable) working stress (Eng.)
~ التصادم — impact stress
~ التنفُّخ — bulging stress (Eng.)
~ الثَّني — flexural (or flexional) stress
~ حراريّ — thermal stress, thermostress, thermal shock (Phys., Mech. Eng.)
~ الحِناية — bending stress (Eng.)
~ الخُضوع — yield stress (Mech.)
~ داخِليّ — internal stress (Met.)
~ رئيسيّ — principal stress (Mech.)
~ الشَّد — tensile stress, pulling stress (Eng.)
~ الصدم — impact stress (Eng.)
~ طولانيّ — longitudinal stress (Mech.)
~ العازل — dielectric stress (Elec. Eng.)
الـ ~ الفَعّال — effective stress (Eng.)
~ القَصّ — shear(ing) stress (Mech.)
~ ~ الحَرِج — critical shear stress
~ الكسر — breaking stress
~ الكَلال — fatigue stress (Eng.)
~ كهربائيّ — electric stress (Elec. Eng.)
~ كهروستاتيّ — electrostatic stress (Elec.)
~ اللَّيّ — torsional (or twisting) stress (Mech.)
~ مُتخَلِّف — residual stress (Mech.)
~ مُتعامِد — normal stress (Eng.)
~ مُتناوِب — alternate stress (Eng.)
~ مِحوَريّ — axial stress
~ مُحيطيّ — circumferential stress
~ مُستَعرِض — transverse stress
الـ ~ المسموحُ به — allowable stress
~ مفرِط — overexertion
~ مُوَحَّد — combined stress (Eng.)
~ الهَصْر — crushing stress
إجهاداتٌ مُتَوازِنة — balanced stresses (Mech.)
إجهاض — abortion, miscarriage (Med.)
~: وَقفُ أو تَوقفُ العملية أو المشروع قبل نهايته — abort (Eng.)
أجهَدَ — strain (Mech.)
~: أتعَبَ — tire, exert, overwork, overdrive, exhaust, fatigue
أجهِزة (أُنظر: جهاز) — apparatus, instruments, appliances, rigs, gears
~ الإعاشةِ (لِلرائد في الفضاء) — life support (Space)
~ بَصَريَّة — optical instruments (Phys.)
~ التحكُّم — control instruments (Eng.)
~ الرَّفع — hoisting apparatus (Eng.)
~ ~ أو السَّحب — draw works (Pet. Eng.)
~ الطيرانِ الأعمى — blind flying instruments (Aero.)
~ الغَوص — diving apparatus
~ فوهةِ المنجم — pit-head gear (Mining)
~ القَطعِ والوَصْل — switchgear (Elec. Eng.)
~ القيادَة، مَضابِط — controls (Eng.)
~ مُختبريَّة — laboratory apparatus
~ مُساعدة — auxiliary equipment (Comp.)
~ مَنزليَّة — household appliances
أجوَف، مُجَوَّف — hollow, hollowed
أجيالُ الحواسيب — computer generations
أجيج — blaze, deflagration
أجير — employee
أُحاديّ — mono-, uni-, single-
~ الاتجاه — unidirectional, simplex (Elec. Comm.)
~ الإثمار — monocarpic (Bot.)
~ البزرة — monospermous (Bot.)
~ التأثير — single-acting
~ التغذية — monotrophic (Zool.)
~ التكافؤ — monovalent, univalent (Chem.)
~ الجانِب — unilateral, one-sided
~ الجُزَيء — unimolecular (Chem.)
~ الجِنْس: ذَكَري أو أنثَوي — unisexual (Biol.)
~ ~: تحوي أزهارُه أسْدِيةً ومِدقّاتٍ معًا — monoclinous (Bot.)
~ الحَدّ — monomial (Maths.)
~ الحلقة، ~ الحويَّة — monocyclic
~ الخليَّة — unicellular (Biol.)
~ الذرَّة — monoatomic (Chem.)
~ السَّداة — monandrous (Bot.)

أُحاديّ (تابع)
~ُ السَّطح uniplaner (Geom.)
~ُ السُّكريد monosaccharide (Chem.)
~ُ السِّلْسِلة uniserial
~ السلك unifilar
~ُ السَّمْع monaural (Acous.)
~ُ الشكل monomorphous, monomorphic (Biol.Chem.)
~ُ الصِّبغيّات haploid (Gen.)
~ُ الصيغة الصبغيَّة monoploid (Gen.)
~ُ الطرفيَّة: جُزوؤهُ الرئيسيُّ العامِل في طرَفٍ واحدٍ فقط single-ended (Eng.)
~ُ الطَّور monophase, single phase
~ُ العَينيَّة monocular (Opt.)
~ُ الفِلْقة monocot(yledon) (Bot.)
~ُ القاعِديَّة monobasic (Chem.)
~ُ القُطب unipolar
~ُ اللون monochromatic (Light)
~ُ اللونيَّة monochrome (Photog.)
~ُ مجمَع الأُسطوانات monoblock (Eng.)
~ المحور uniaxial, monaxial
~ُ المَسْكن: ذو أزهار أُنثوية وذكرية في النبتَةِ نفسها monoecious (Bot.)
~ ~، خُنثى monoecious, hermaphrodite (Bot., Zool.)
~ُ المَيْل monoclinic (Chem.)
~ُ النَّبضة monopulse (Radar)
~ُ نِصفيّ sesqui-
~ُ النَّمط monotypic, unimodal
~ُ النواة uninucleate (Biol.)
~ُ الهَيكل monocoque (Aero.)
~ُ الوَليد monotocous (Zool.)
أحاطَ، طَوَّقَ، إكتنفَ encompass, encircle, surround
~ بشكلٍ أو رَسْم circumscribe (Geom.)
أحافير، حَفريّات fossils
~ُ دالَّة، حَفريّاتٌ دَليليَّة index fossils (Geol.)
عِلْمُ الـ ~ pal(a)eontology
أحالَ، غَيَّرَ transform, change, transmute, turn
~ إلى refer, remit
~ ~ (أو على) المعاش pension, retire
~ اللون، نصَلَ discolo(u)r
إحالة reference, cross reference

إحباط frustration
أحبَطَ frustrate, thwart, ba(u)lk, baffle, foil, defeat
أُحبولة net, web
~، شَرَك snare, trap, decoy
إحتاجَ need, want, require
~، إفتقَر إلى lack
إحتاطَ take precautions
إحتِباس retention, detainment, trapping
~، إحتجاز، إرتاج occlusion
إحتجاب occultation (Astron.)
إحتِجاج protest
~، إعتِراض objection
إحتجاز retention
~، توقيف detention, arrest
إحتِدام deflagration, blazing, flaring up
إحتِراز، إحتِراس caution, precaution, cautiousness
إحتِراق burning, combustion (Chem.)
~: بأرتفاع القُلطيَّة burnout (Electron.)
~: استِهلاك الوقود النوويّ burnup (Nuc. Eng.)
~ُ بَطيءٌ داخِن (بلا لَهَب) smo(u)ldering
~ُ تِلقائيّ spontaneous combustion
~ُ داخليّ internal combustion (Eng.)
~ُ عديمُ اللهب flameless combustion
~ُ فُجائيّ (مصحوبٌ بفَرقعة) deflagration (Chem.)
~ُ كامِل complete (or perfect) combustion (Eng.)
~ُ لاحِق: خِلال شوط التمدُّد afterburning (Mech. Eng.)
~ُ لادُخانيّ smokeless combustion
~ُ لَحظيّ instantaneous combustion
~ُ مُتَقدِّم precombustion (Eng.)
~ُ مُضطَرِب (لِلوقود الداسِر) screeching (Aero.)
إحتِراقيَّة: قابليَّةُ الاحتراق combustibility
اللا~ incombustibility
إحترقَ burn, take fire, catch fire
إحتِساب computation
إحتَشَّ mow
إحتشاء infarction (Med.)
إحتشَدَ congregate, cluster, crowd, swarm
~، تجمَّعَ gather, assemble

إحتِضان incubation, brooding (Zool.)
إحتِفاظ retention, preservation, keeping
الـ ~ بالصورة (فيظهرُ أثرُها في الصورة التالية) image retention (Telev.)
الاحتفاظيَّة retentivity (Phys.)
~ُ بالماء water retentivity
إحتِفال celebration
إحتِقان congestion, engorgement (Med.)
إحتقَرَ despise, disdain
إحتكار monopoly, monopolizing, cornering (a commodity)
إحتِكاك friction, rubbing against
~، تماسّ contact
~ُ أجزاء المحرِّك engine friction
~ُ إستاتيّ أو قَراريّ static friction (Eng.)
~ُ إنزلاقيّ sliding friction
الـ ~ُ البدئيّ starting friction, static friction
~ُ التحميل bearing friction (Mech.)
الـ ~ُ الحَدِّيّ limiting friction (Mech.)
الـ ~ُ الحرَكيّ kinetic friction (Mech.)
~ُ داخِليّ internal friction (Mech.)
~ُ الدروج rolling friction (Mech.)
الـ ~ُ السطحيّ surface (or skin) friction
~ُ السُّكون stiction, static friction (Phys.)
~ُ مائع، ~ُ الموائع fluid friction (Phys.)
الـ ~ُ الهوائيّ air friction (Phys.)
إحتِكاكيّ frictional
لا~ frictionless
إحتَلَّ occupy
إحتِلال occupation
إحتَمى shelter, take refuge
إحتِمال، إحتِماليَّة probability, likelihood
~، تحَمُّل endurance, bearing, toleration, durability
~ُ الاختِراقيَّة penetration probability (Phys.)
~ُ عكسيّ inverse probability (Maths.)
احتماليَّةُ التأيُّن probability of ionization (Phys.)
~ُ التحوُّل transition probability (Phys.)
إحتمَلَ bear, stand, withstand, tolerate, endure
~، حمَلَ bear, support, sustain
لا يُحتمَل unbearable, intolerable

اِحتَوى contain, include, hold
اِحتِواء containment, inclusion, nesting
اِحتياجات needs
~، لَوازِم requirements, necessities
اِحتياط reserve(s)
~، حِيطة precaution, provision
اِحتياطيّ reserve, stand-by, back-up, spare; auxiliary
~، اِحتِرازيّ precautionary, provisional
ـ الأمان، هامِشُ أمان safety margin (Eng.)
ـ الزيت الخام crude oil reserves (Pet. Eng.)
ـ الطوارِئ contingency reserve
ـ الغاز الطبيعيّ gas reserves (Pet. Eng.)
ـ القُدرة power reserve (Eng.)
ـ مُثبَت proved reserves (Mining)
ـ مُفتَرَض hypothetical reserves (Mining)
ـ النفط oil reserves (Pet. Eng.)
اِحتيال fraud, trickery, deception
اِحتياليّ fraudulent
إحجام refrainment, abstention
أحجارٌ شِبهُ كَريمة semi-precious stones (Min.)
ـ كريمة precious stones (Min.)
أحجَمَ، اِمتنَعَ refrain, abstain
~، نكَصَ shrink, flinch
أُحجيَّة puzzle, riddle, enigma
أحَدُ أوجُهِ قاعِدة العمود dado (Arch.)
ـ الزَّوجين mate
إحدى حكمتَي المِجذاف tholepin (Naut.)
~ نِقاطِ البوصلة rhumb (Surv.)
إحداث creation, production, effectuation, causation
ـ الشَّرر sparking (Elec. Eng.)
إحداثيّ co-ordinate (Maths.)
الـ ـ الأُفقيّ (أو السِّينيّ) X-co-ordinate, abscissa (Maths.)
الـ ـ الرأسيّ (أو الصاديّ) Y-co-ordinate, ordinate (Maths.)
ـ الزمن time base (Electron.)
إحداثيّاتٌ أُسطوانيَّة cylindrical co-ordinates (Maths.)
ـ جُغرافيَّة geographic co-ordinates (Geog.)
ـ ديكارتيَّة Cartesian co-ordinates (Maths.)
ـ سَماويَّة celestial co-ordinates (Astron.)
ـ قُطبيَّة polar co-ordinates (Maths.)
ـ كرويَّة spherical co-ordinates (Maths.)
ـ لوغاريتميَّة logarithmic co-ordinates
الـ ـ اللونيَّة chromaticity co-ordinates (Phys.)
ـ مائلة oblique co-ordinates (Maths.)
ـ مُتجانِسة homogeneous co-ordinates (Maths.)
ـ مُتعامِدة (أو مُستطيلة) rectangular co-ordinates
ـ مُثلَّثيَّة trigonometric co-ordinates
ـ مُنحنية curvilinear co-ordinates (Maths.)
أحدَثَ produce, bring about, effect, cause
أحَد عشَر eleven
الـ ~ ~ eleventh
ذو الـ ~ ~ ضِلعًا undecagon (Maths.)
أحدَقَ بـ encircle, encompass, surround
أحَديّ: لا يتجزَّأ monistic
إحديداب camber (Eng.)
~، تحدُّب convexity, gibbosity
أحراجيّ: اِختصاصيُّ حِراج silviculturist (Agric.)
إحرار heating, thermalization (Phys.)
إحراريّ thermic
إحراق burning, combustion
ـ الفخّاريّات firing of pottery
ـ مُراقَب controlled burning
أحرَجَ embarrass
أحرَزَ attain, acquire, achieve
أحْرُف (أُنظُر: حَرْف) letters, characters
ـ الطباعة الصغيرة lower case (Print.)
ـ مائلة italics
أحرَقَ burn, incinerate, set fire to
~ سَطحيًّا، سَفَعَ scorch, singe
أحزِمة، حمائل harness
ـ أمان safety belts
~ ~ طاقَم الطائرة harness (Aero.)
ـ تَثبيت steadying bands
ـ المَقاعِد seat belts
أحَسَّ sense, feel
إحساس، حِسّ sensation, sense, feel
~، شُعور feeling
ـ باللون colour sensation (Opt.)
أحسَبُ، مُغرِب albino (Bot., Zool.)
أحْسَرُ (البَصَر) myopic, short-sighted, myope (Med.)
أحشاء viscera (Zool.)
أحصى count, enumerate
لا يُحصَى innumerable
إحصاء، عَدّ counting, enumeration, count
~: عِلْمُ الإحصاء statistics
ـ السُّكّان census
ـ الكَمّ، الإحصاء الكَمِّيّ quantum statistics
إحصائيّ statistical
~: خَبيرٌ بالإحصاء statistician
إحصائيّات statistics
أحضَرَ bring, fetch, get
أُحفور، أُحفورة fossil (Geol.)
ـ حَيّ: كائنٌ أُحفوريٌّ اِكتشِفت منه أنواعٌ حَيَّة فيما بعد living fossil (Geol.)
ـ دالٌّ، حَفريَّة مُرشِدة guide fossil (Geol.)
ـ صُغريّ (أو مِجهريّ) microfossil (Geol.)
أُحفورة، حَفيرة excavation (Civ. Eng.)
~، مُستحجِرة، حَفريَّة fossil
ـ أثَر trace fossil (Geol.)
ـ تشخيصيَّة diagnostic fossil (Geol.)
ـ زائِفة pseudo-fossil (Geol.)
~ نِطاقيَّة zone fossil (Geol.)
إحكام، دِقَّة exactitude, accuracy, precision, perfection
ـ التوافُقِ بالتجليخ grinding in (Eng.)
ـ السدِّ، سَدّ sealing (Chem.)
أحكَمَ الرَّبط chock, tighten
أحَلَّ (جُزءًا من البَرنامَج مكانَ آخر) overlay, replace, substitute
~ (من اِلتزام أو دَين) absolve
إحلال، استبدال replacement, substitution
ـ تَراكُبيّ: تخبو فيه صورةٌ على الشاشة وتبزُغُ أخرى lap dissolve (Electron.)
ـ عَبْر بِلَّوريّ diadochy (Chem.)
~ (أو تحوُّل) معدنيّ metasomatism (Geol.)
إحليل، مَبال urethra (Zool.)

إحماء heating, warming
~، تحميص roasting
~ البلازما plasma heating (Nuc. Eng.)
~ رَنينيّ resonance heating (Phys.)
~ صَدْميّ shock heating
~ بالموجات الصُّغريَّة microwave heating (Phys., Food Sc.)
أحماضٌ (أُنظر: حَمْض) acids
~ أمينيَّة aminoacids (Chem.)
~ ثُنائيَّةُ القاعِدة dibasic acids
~ دُهنيَّة fatty acids
~ عُضويَّة، حَوامِضُ عُضويَّة organic acids (Chem.)
~ الفَصْل parting acids (Chem.)
إحماض acidization (Chem.)
~ الآبار acidization of wells (Pet. Eng.)
أحمَرُ red
~ بُرتُقاليّ vermilion
~ بُنّيّ، كُمَيت brown-red
~ داكِن ruby
~ صَفراويّ maroon
~ الصَّقل rouge (n.)
~ الفينول: كاشِفٌ كيماويّ phenol red
~ قانٍ cardinal red
~ كامِد dull red
~ كَرَزيّ cherry red
~ المِثيل methyl red (Chem.)
~ وَرْديّ pink
تحتَ الـ ~، دونَ الـ ~ infra-red, ultra red
إحمِرار redness
أحمَضَ، إحمَضَّ acetify, acidize (Chem.)
~ قليلًا، إستحمَضَ acidulate
أحمق fool(ish), idiot
أحواض (تبخيرٍ أو تبَلْورٍ) خَوائيَّة vacuum pans
أحوال، ظُروف conditions
~ التشغيل operating conditions (Eng.)
الـ ~ الجَوِّيَّة atmospheric conditions, weather (or meteorological) conditions (Meteor.)
الـ ~ المُناخيَّة climatic conditions (Meteor.)
أحوَلُ squint-eyed, cross-eyed (Med.)
أحيا، أنعَشَ vivify, revive, resuscitate

~: حَرَّكَ بحَيَويَّة animate
أحياء living things (Biol.)
~ البيئة: وَحيشُها ونَبيتُها biota (Biol.)
عِلمُ الـ ~ biology
عِلمُ الـ ~ المِجهريَّة microbiology
أحيائيّ biotic
~، بيولوجيّ biological
~، عالِمُ أحياء biologist
أخ brother, sibling
أخاديد (أُنظر: أُخدود) grooves
أخّاذ fascinating, captivating
أخْبى، أخمَدَ extinguish, put out
أخبار (أُنظر: خَبَر) news, tidings
إخبار information, notification
أخبَرَ tell, inform, notify
إختارَ choose, select
إختِبار، إمتِحان examination, testing
~، تجرِبة trial, test, try
~: تجرِبةٌ مِخْبَريَّة experiment
~: خِبرة experience
~ «آيزُود» الصَّدميّ Izod (impact) test (Eng.)
~ إتلافيّ destructive test (Chem.)
~ الإجهاد المُتكَرِّر repeated stress test
~ الاختِراقيَّة penetration test (Eng.)
~ الأداء performance testing (Eng.)
~ أرضيّ ground test (Aero.)
~ الاستِحلاب بالبُخار steam emulsion test (Chem.)
~ الاستِقرار stability test (Elec. Eng.)
~ الإصلاد hardening test (Met.)
~ إطاريّ: لِتَعيينِ العُطل في الكَبْل loop test (Elec. Eng.)
~ الإطاقة endurance test (Eng.)
~ إقرارِ التشغيل (لاعتماد الصلاحية للخدمة) commissioning test
~ الإلتحاميَّة welding test (Met.)
~ الإلتِواء torsion test
~ الإمالة: لِتعيينِ ارتفاع مركزِ ثِقل الجِسم الطافي inclining experiment (Hyd. Eng.)
~ (أنابيب التصريف) بالدُّخان: لاكتِشافِ مَوضِعِ التسَرُّب smoke test (San. Eng.)
~ الإنحناء bend test (Eng.)
~ ~ بالطَّرْق blow-bending test
~ الإنضِغاط compression test (Eng.)

~ انعِكاسِ النَّبْض (لتحديد الخلل في كبل الاتصال) pulse reflection test (Elec.Comm.)
~ على البارِد cold test (Eng.)
~ التآكُل corrosion test (Met.)
~ تجريبيّ (لِسَفينةٍ أو طائرة جديدة) shakedown test (Eng.)
~ التحقُّق، ~ تدقيق checking, check test (Comp.)
~ التحَمُّل endurance test (Eng.)
~ التخريم punching test (Met.)
~ تشخيصيّ diagnostic test
~ التشغيل running test, working test (Eng.)
~ التشكيلِ الحِداديّ forge test (Met.)
~ التشميس: لاختبارِ استِقرارِ لَون الزيت sun test (Pet. Eng.)
~ التطايُريَّة volatility test
~ التطبيع temper test (Eng.)
~ التعادُليَّة neutrality test (Chem.)
~ (تعيين نِسبةِ) الرَّماد ash test (Chem.)
~ التقاصُر retardation (or deceleration) test (Elec. Eng.)
~ التقَصُّف embrittlement test (Eng.)
~ التقطير distillation test
~ التمَزُّق rupture test, tear test (Eng.)
~ بالتيّارات الدوّاميَّة eddy-current testing (Elec. Eng.)
~ ثانٍ retest
~ الثِّقلِ الساقِط drop weight test, falling weight test (Eng.)
~ الثَّلْم: لِقياسِ الصلادة indentation test (Eng.)
الـ ~ الجافّ dry test (Chem.)
~ الجَدْوى feasibility test (Eng.)
~ بالحامِض acid test
~ ~ والحرارة acid heat test (Eng.)
~ حَدِّيّ: لِلتأكُّدِ من حُدودِ التشغيل لِلمُعَدّات marginal test (Elec. Eng.)
~ حرارةِ التَّشْغيل heat run (Elec. Eng.)
~ الحَفْر: الاختبارُ بالحَفْر drill test
~ الحَلْقةِ البُنِّيَّة brown ring test (Chem.)
~ الحِناية bend(ing) test
~ ~ على البارِد cold bend test (Eng.)
~ ~ على الساخِن hot-bend test (Eng.)

إختِبار (تابع)

~ الحِنايَة العَكْسيَّة — reverse bend test (Eng.)
~ في الخِدمة — service test (Eng.)
~ الخَرَزة — bead test (Chem.)
~ بِخرزة البَورق — borax bead test (Chem.)
~ دارةِ «ڤارْلي»: لِتحديد الخَلَل في كَبلٍ كهربائيّ — Varley loop test (Elec. Eng.)
~ على دارةٍ مُقصَّرة — short-circuit testing (Elec. Eng.)
~ بالدُّخان — smoke test (Civ. Eng.)
~ بالدَّسْر — drifting test
~ الدِّقة — accuracy test(ing)
~ الدَّواميَّة — duration test
~ الدَّورانِ البَطيء — idling test (Eng.)
~ الذَّكاء، رائزُ الذكاء — intelligence test
~ رَدِّ الفِعل — reaction test
~ رَقابة، تجربةٌ ضابِطة — control test
~ السَّحج — abrasion test (Eng.)
~ السُّقوط — drop test
~ الشَّدّ — tensile test (Eng.)
~ الصَّدْم — impact test (Eng.)
~ ~ المُتكرِّر — repeated impact test
~ صَدَويّ: إختبارٌ بالصَّدى — echo check
~ الصِّفرِ الكاذِب: على قنطرة كهربائية — false zero test (Elec. Eng.)
~ الصَّلادة البرينليَّة — Brinell hardness test (Eng.)
~ ~ لِـ «رُوكويل» — Rockwell hardness test (Met.)
~ ~ بالكُرة — ball hardness test
~ ~ بِمِكشاف الصَّلادة النسبيّة — scleroscope hardness test (Eng.)
~ ~ بالهَرَم الماسِيّ — diamond pyramid hardness test (Met.)
~ الصُّمود لِلثَّقْب — puncture-withstand test (Elec. Eng.)
~ بالضَّغْط — pressure test(ing) (Eng.)
~ الطبيب: لِمقدار الكِبريت في الزيت — doctor test (Pet. Eng.)
~ الطَّرْق — hammer test (Eng.)
~ (على) الطريق (لِلسيّارات) — road test
~ الطيران الحُرّ — free-flight test (Aero.)
~ العازِل — dielectric test (Elec. Eng.)
~ عالي الجُهْد — hi-pot (high-potential) test
~ العَزْل — insulation test (Elec. Eng.)
~ العُمرِ (لِتَقْدير عُمْرِ التجهيزات) — life test
~ العِوَل — reliability test (Eng.)
~ عَيِّناتٍ للقبول — acceptance sampling (Eng.)
~ غُفْل، تَجربةٌ ضابِطة — blank test
~ غير مُتْلِف — non-destructive testing
~ فَرْطِ الفُلطيَّة المُستحثَّة — induced-overvoltage test (Elec. Eng.)
~ بالفُلطيَّة العالية (لِلتأكُّدِ من سَلامة العَزْل) — high voltage test (Elec. Eng.)
~ «ڤيكَرْز» لِلصَّلادة: بواسِطة الهَرَم الماسيّ — Vickers hardness test (Eng.)
~ القَبول — acceptance test
~ القَصّ — shear test (Eng.)
~ قَصٍّ باللَّيّ — torsion shear test (Eng.)
~ قِصَرِ الدارة — short-circuit test (Elec. Eng.)
~ قَفْزِ الشَّرارة — spark-over test = flash-over test (Elec. Eng.)
~ القيمة الحراريّة — thermal value test (Eng.)
~ كَثافةِ الزيت الخام — crude oil gravity test (Pet. Eng.)
~ الكَزازة: لِقياسِ مَدى أنقباض الإسمنت عندَ الصَّبّ — slump test (Civ. Eng.)
~ الكَسْر — breaking test (Eng.)
~ الكَشْف (عن التشَقُّق) بالجُزَيئات المُمَغْنَطة — magnetic particle inspection test (Eng.)
~ كَيْفِيّ — qualitative test (Chem.)
~ لاحِمْليّ (بِدون حِمْل) — no-load test
~ اللَّهَب: كَشفٌ عن وُجودِ العُنصر بِتَلَوُّن اللَّهب — flame test (Chem.)
~ اللَّيّ: إختبارٌ باللَّيّ — twisting test
~ اللياقة — aptitude test
~ ~ البدَنيَّة — physical efficiency test
~ مَبْدَئيّ — preliminary test
~ المُرونة — elasticity test (Eng.)
~ مُسْبَق — pretest
~ المَطيليَّة — ductility test (Met.)
~ مُعايرة — titer test (Chem.)
~ المُعايَرة، ~ التدريج — calibration test
~ مَعْمَليّ، تَجربةٌ مَخْبَريَّة — laboratory test
~ (مُقاوَمة) التَّزَحُّف — creep test (Met.)
~ مَيْدانيّ — field test (Eng.)
~ نُقطةِ الانصِباب — pour point test (Chem.)
~ ~ التلَيُّن — softening point test (Chem.)
~ ~ العَقْد — setting point test (Chem.)
~ نَوعيّ أو كَيفيّ — qualitative test
~ هُبوطِ الجُهْد — fall-of-potential test (Elec. Eng.)
~ ~ ~ (في لَفّات المُبَدِّل) — drop test
~ الهَصْر — crushing test (Civ. Eng.)
~ هَيدروليّ: إختِبارُ التحَمُّل بالضَّغط الهيدروليّ — hydraulic test (Eng.)
~ وَتيريّ — routine test
~ وَثّابيّ: بَرنامَجٌ لِفَحْصِ عَمَلِ الحاسُوبِ داخِليًّا في عِدَّةِ مَواقِع — leap-frog test (Comp.)
~ الوَميض (لاختبارِ مُقاوَمة العَزْل) — flash test (Elec. Eng.)
~ اليُود: لِلكَشْفِ عن النَّشا — iodine test

إختِباراتُ الأعماقِ (المائيَّة) — hydroscopic tests
~ التَّقْييم — evaluation tests
~ مِهنيَّة — occupational tests

إختِباريّ، تَجريبيّ — experimental, experiential
~، تجريبيّ (لانَظَريّ) — empirical (adj.)

إختبَرَ: أجرى أختبارًا (على) — experiment (with)
~، خَبَرَ — experience, try
~: فَحَصَ — test, examine
~ مُجَدَّدًا — retest
~ مُقدَّمًا — pretest

إختِراع — invention
~، نَبيطة — contrivance (n.)

إختِراق — breakthrough (n.)
~، نُفوذ — penetration, permeation (n.)

إختِراقيّ — penetrative

إختِراقيَّة: إمكانيَّةُ الاختِراق — penetrability (Eng.)
اللا ~ — impenetrability

إختَرَعَ، اِبتَدَعَ، اِبتَكَر — invent, contrive, devise, create

إختَرَقَ، نَفَذَ عَبْرَ — penetrate, pierce, break through
لا يُختَرَق — impenetrable

إختِزال: خَفْضُ الأكسَدة — reduction (Chem.)

إختِزال (تابع)
~: تبسيطٌ بالحَذْف والاختِزال reduction, cancellation (Maths.)
~: إختِصار abridgement, abbreviation
~: كِتابةٌ بالاختِزال shorthand, stenography
~: إنقِسام إختزاليّ (مُنَصِّف) meiosis (Gen.)
~ وأكسَدَة redox = oxidation reduction (Chem.)
~ الأكسيد (قبلَ اللحام بالنُّحاس) killing (Eng.)
~ الكُسُور reduction of fractions (Maths.)
~ مُرَكَّباتِ الحَديد (بنَزع الحديد منها) deferrification (Chem.)
~ بِمَسحوقِ الألومنيوم aluminothermic process (Chem.)
إختِزان، خَزْن storage, storing
~، تَخزين hoarding, stowage
~ الحَرارة heat storage
إختَزَلَ reduce *(v.)*
~، إختصَر abbreviate, abridge
إختِصار abbreviation, abridgement
~، مُوجَز summary, synopsis
إختِصاص، تخَصُّص specialization
~، صَلاحيّة competence = competency
~، مَجالُ اختصاص speciality *(n.)*
إختِصاصيّ، أخِصّائيّ specialist *(n.)*
~ تحليل analyst
~ بِتَنظيمِ التَّغذية dietician (Med.)
~ الزَّلازِل seismologist
~ مَعادِن mineralogist
إختصَرَ summarize, condense, abridge, shorten
إختَطَّ plan, scheme
إختَطَفَ grab, snatch
~، خَطَفَ kidnap, hijack
إختَفى، إختبَأَ hide
~، تَلاشَى disappear, vanish
إختِفاء disappearance
إختَلَّ: ساءَ أداؤه malfunction
~ توازُنُه lose balance
إختِلاج، تشَنُّج convulsion, spasm (Zool.)
إختِلاس embezzlement, misappropriation

~، سَرِقة theft, larceny
إختِلاط mingling, intermixing
~، تشَوُّش confusion, disorder
~ الألوان (في الصُّورة) colo(u)r bleeding (Photog.)
إختِلاف، تَبايُن variation, disparity, dissimilarity
~، تَنَوُّع diversity
~، خِلاف disagreement, discord
~، فَرق difference
~، مُغايَرة، تَناقُض discrepancy *(n.)*
~ التركيب الصخريّ structural discordance (Geol.)
~ السُّرعة velocity variation
~ الطَّور phase difference (Phys.)
~ العائِل heteroecism (Biol.)
~ المُحاذاة misalignment *(n.)*
~ المركز eccentricity
~ المَنْظَر (بتغَيُّر المَوقِع) parallax
~ ~ الأرضيّ المَركَز geocentric parallax (Astron.)
~ ~ الأُفُقيّ horizontal parallax
~ ~ البَصَريّ optical parallax (Opt.)
~ ~ الرأسِيّ vertical parallax (Surv.)
~ ~ الشَّمْسيّ solar parallax (Astron.)
~ ~ الطَّيفيّ spectroscopic parallax
~ ~ القَمَريّ lunar parallax
~ ~ النَّجميّ stellar parallax
~ المُواءَمة mismatch(ing)
~ يَوميّ diurnal variation (Astron.)
الاختِلافاتُ الزمنيّة time variations
إختِلاق، تَلْفيق fabrication
إختِلال، إضطِراب disorder, disturbance, chaos, disorganization
~، خَلَل defectiveness, fault(iness), imperfection
~ التراصُف misalignment
~ التشغيل أو الأداء malfunction, trouble
~ التناسُب disproportion
~ التوازُن disequilibrium, imbalance (Phys.)
~ عَقْليّ alienation, madness
~ المُحاذاة أو المُصافّة disalignment
إختَلَجَ twitch, quiver, tremble

إختَلَسَ embezzle, steal, pilfer, misappropriate
إختَلَطَ mix, intermix, blend
لا يختَلِطُ، لاخَلُوط immiscible
إختَلَفَ differ, vary, diverge
~، خالَفَ disagree, contradict
إختلَقَ fabricate, invent
إختِمار، تَخَمُّر fermentation, zymosis (Biol., Chem.)
إختَمَرَ ferment
~ (العَجين) rise
إختِناق asphyxia, suffocation, asphyxiation, strangulation (Med.)
إختَنَقَ suffocate, asphyxiate, strangulate
إختِيار option, choice
~، إنتِقاء selection
~ العَيِّنات sampling
~ المسار routing (Comp.)
~ الوقت timing
إختياريّ optional
~، طَوعيّ، إراديّ voluntary
~: نَقيض (مُجْبَر obligate) facultative (Biol.)
أُخدود crevasse, graben, gullet, gully
~، تَلْم furrow, groove
~، خانِق: وادٍ سَحيق canyon (Geol.)
~، خَنْدَق trench
~ تَصريفٍ شَقَفيّ spall drain (Civ. Eng.)
~ تقويض jad (or jud) (Mining)
أَخَذَ take
~ عُدَّتَه، إستَعَدَّ prepare, get ready
~ لَقْطةً بانُوراميّة pan (Photog.)
أَخذُ عيِّنات sampling, taking samples
أَخَّرَ، أعاقَ delay, impede, retard, detain, hinder
إخراج، طَرْد، إزاحة dislodgment, removal, eviction, expulsion
~، إستِخراج extraction
~، إنبِعاث emission (Phys.)
~، إطِّراح، إفراغ elimination, discharge, excretion, egestion (Biol.)
~ (مَسْرَحيّ أو سينمائيّ) direction, staging
~ عن السِّكّة derailment (Railways)
أَخرَسُ dumb, mute

awkward, clumsy **أَخْرَقُ**
redox (Chem.) **أَخْسَدة**: اختزالٌ وأكسَدة
structural timber **أخشاب الإنشاءات**
crib, cribbing (Civ. Eng.) ~ دِعامِيَّة، ~ دَعْم
shaft timbering ~ ~ لِجَوانِبِ المَهوى
wrought timber (Carp.) ~ مَسْحوجَةُ السَّطح
dressed stuff = dressed timber (Build.) ~ مُشَكَّلَةٌ أو شِبْهُ جاهِزة
sclerosis (Med., Bot.) **إِخْشِيشاب**. تَصَلُّب
fertilization, fecundation (Biol.) **إخصاب**
enrichment (Phys.) ~، إغناء
allogamy (Bot.) ~ (أو تَلْقيح) خَلْطيّ
autogamy (Biol.) ~ أو تَلْقيح ذاتيّ
cross-fertilization (Biol.) ~ تَهْجينيّ
self-fertilization, autogamy (Biol.) ~ ذاتيّ
specialist **إخصائيّ، اِختِصاصيّ** (أنْظُر: اِختِصاصيّ)
biochemist ~ الكيمياءِ الحيويَّة
fertilize, fecundate (Biol.) **أَخْصَبَ، أَلْقَحَ**
subjection **إخضاع**
green **أَخْضَرُ**
viridian green (Paint.) ~ زَبَرْجَديّ
emerald green ~ زُمرُّديّ
subdue, subject **أَخْضَعَ**
assess ~ لِلضريبة
errata **أخطاء، أغلاطٌ كِتابيَّة أو مَطبعيَّة**
cumulative errors ~ تَراكُميَّة
running faults ~ التشغيل
systematic errors (Maths.) ~ رَتيبة
residual errors ~ مُتَبَقِّية
compensating errors (Eng.) ~ مُتَكافِئة أو مُتَعادِلة
dangers, hazards **أخطار** (أنْظُر: خَطَر)
exposure hazards (Phys.) ~ التَعَرُّض (لِلإشعاع)
health hazards ~ صِحِّيَّة
industrial hazards ~ الصناعة
notification, notice, information **إخطار، إشعار**
warning ~، إنذار
octopus (Zool.) **أُخْطُبوط**
conceal, hide **أَخْفَى، خَبَأَ، سَتَرَ**
iris in (Cinema) ~ دائريًّا
blind ~ بِسِتْر

hiding, concealment, secretion **إخفاء**
muting, deadening (Acous.) **إخفات**
failure **إخفاق، فَشَل**
fiasco ~، خَيْبَة، فَشَلٌ مُطْبَق
ignition failure (Eng.) ~ الإشعال
misfire ~ ~ (أو الانطلاق)
misfeed (Eng.) ~ التغذية، سُوءُ الإلقام
elastic failure (Eng.) ~ مَرِن: يَزولُ بِزَوالِ المؤثِّر
mistuning (Elec. Eng.) ~ المُوالَفة
abort, fail, flop **أَخْفَقَ، فَشِلَ**
violate, break, contravene **أَخَلَّ بِـ، خالَفَ**
upset, disturb ~ بالتوازُن
empty, void **أَخْلَى، أفرَغَ**
vacate, evacuate ~، جَلا عن
clear (or open) the way for ~ السَّبيلَ لِـ
release, discharge ~ سَبيلَ . . .
acquit, absolve, exonerate ~ (من المسؤوليَّة)
evacuation, emptying, clearing, release **إخلاء**
aggregates **أخلاط**
manners **أخلاق**
ethics عِلْمُ الـ ~
moral, ethical **أخلاقيّ**
violation, breach, infringement, contravention **إخلال**
disorder(ing) ~ (بالنِّظام)
breach of contract ~ بالعَقْد
infection (Med.) **إخماج**
extinction, extinguishing, quenching **إخماد، إطفاء**
damping (down), deadening, killing, deactivation ~، إهماد
stifling, smothering ~ بالحَجْب
suppression, quelling ~ قمعيّ
inactivation (Chem.) **إخمال**: إخمادُ الفاعليَّة
extinguish, quench, put out, smother, stifle **أَخْمَدَ** (النار)
dampen, deaden, suppress, subdue ~ (الحِدَّة)
evacuate, empty, deflate **أَخْوَى، أفرَغَ**
last, final, terminal **أخير**
perform, do, carry out, render **أَدَّى**: قامَ بِـ
pay, settle ~: وَفَى

lead (to), cause, conduce, result (in) ~ (إلى)
performance, doing, action, carrying out **أداء**
well performance (Pet. Eng.) ~ البِئر
two-position action (Elec. Eng.) ~ ذو وَضْعَيْن
standard performance (Eng.) ~ عِياريّ
engine performance (Eng.) ~ المُحَرِّك
functional performance ~ وَظيفيّ
tool, instrument, implement **أداة، آلة**
device, gadget ~، نَبيطة
instrument, means ~: وَسيلة
article ~: شيء
appliance, apparatus ~: جِهاز
artifact ~ أثَريَّة (من صُنْع الإنسان)
input device (Comp.) ~ إدخال
software tool (Comp.) ~ برمجة
screw fastener (Eng.) ~ تَبْييتٍ مُلَولَبة
bordering tool (Eng.) ~ تَحْفيف
control device ~ تحكُّم، نَبيطةُ تحكُّم
routing tool ~ تَخْديد
broach (Eng.) ~ تَخليق الثقوب (اللادائرية غالبًا)
counter-bore (Eng.) ~ تَخويش أُسطُوانيّ
truing tool, dressing tool ~ تَسْوِية
fullering tool ~ جَلْفَطة، جِلْفاط
boring tool ~ الحَفْر، ~ التجويف
graving tool ~ حَفْر أو نَقْش
keen-edged tool ~ شَحيذةُ الحَدّ
strainer ~ شَدّ أو مَطّ
scraper, scraping tool ~ قَشْط
measuring instrument, gauge ~ قِياس
calibrating instrument ~ مُعايَرة
ustensil ~ مَنزِليَّة
turn, rotate, revolve **أدارَ، دَوَّرَ**: جعلَهُ يدور
operate, run, start (up), actuate, drive ~، شَغَّلَ
lead, conduct, steer, command ~، قادَ
administer, run, manage ~، تَوَلَّى إدارة
power-driven (Eng.) يُدارُ آليًّا، يُدارُ بِمُحَرِّك
air-driven (Eng.) ~ بالهَواء

إدارة، إشراف إداريّ — administration, management, directorship, command, control
~، تَدْوير — turning, rotation, revolving
~، تَشْغيل — operation, drive, running, working
ـ~ بالاحتِكاك — friction drive (Eng.)
ـ~ الأعمال — business administration
ـ~ بِتُرسٍ دُوديّ — worm drive (Eng.)
~ ~ صغير — pinion gear (Eng.)
ـ~ بالجَريدة المُسَنَّنة والتُّرس — rack-and-pinion drive (Eng.)
ـ~ جَماعيَّة — collective drive (Elec. Eng.)
ـ~ بالحاكِم — governor drive (Eng.)
ـ~ بالحِبال — rope drive (Eng.)
ـ~ بالزِّنْجير — caterpillar drive
ـ~ بِسِلْسِلةٍ مُضَرَّسة — pintle chain drive
ـ~ سِلْسِليَّة، ~ بِسِلْسِلة — chain drive (Eng.)
الـ ـ~ بالسُّيور — belt drive (or driving), belting (Eng.)
ـ~ (شُؤون) المُوَظَّفين — personnel management
ـ~ بعاتِقٍ أو ذِراع — beam drive (Eng.)
ـ~ بالعَجلاتِ المُسَنَّنة — gear-wheel drive
ـ~ بعمودٍ أجوَف — quill drive
~ ~ التدوير (مُباشَرةً) — shaft drive
ـ~ قَدَميَّة (بالدوّاسات) — pedal drive (Eng.)
ـ~ كَبْليَّة — cable drive (Eng.)
ـ~ بالكهرباء — electric drive (Elec. Eng.)
ـ~ بالماء — water drive (Eng.)
ـ~ مائعيَّة — fluid drive (Eng.)
ـ~ مُباشِرة — direct drive, straight drive (Eng.)
ـ~ مُتعَدِّدةُ المَحاوِر — multi-axle drive (Eng.)
ـ~ مُجَمَّعة — group drive (Elec. Eng.)
ـ~ بالمِحْوَرِ الخلفيّ — rear-axle drive (Eng.)
ـ~ مِحْوَريَّة مُستقِلَّة — independent axle-drive, individual axle-drive (Eng.)
ـ~ مدَنيَّة — civil administration
ـ~ بالمِدْوَس — treadle drive
ـ~ مُستَقِلَّة — independent drive (Radio)
ـ~ بالمُسَنَّنات — gear drive (Eng.)
ـ~ الملفات — file management (Comp.)
ـ~ بِنابِض — spring drive (Eng.)
ـ~ بالهَواء — air drive (Eng.)

ـ~ هَيدروليَّة، ـ~ سائليَّة — hydraulic drive
ـ~ باليَد، ـ~ يَدويَّة — hand drive (or driving)
إداريّ — administrative
إدافة، مَزْج — admixture
~، مَرْس، نَقْع — maceration
أدالَ: أدارَ المَدالةَ (في تلفونٍ أو جِهاز) — dial (Elec. Comm.)
~: جعَلَ مُتَداوَلًا — circulate, make current
إدالة حَلْقيَّة: بإدارةِ القُرص — loop dialling (Teleph.)
ـ~ بِكَبْس الأزرار — pushbutton dialing, touch call (Teleph.)
أدامَ — maintain, keep
إدانة، شَجْب — condemnation
~، تجريم — conviction
أدَبٌ — literature
أدَّبَ — discipline, educate
إدْبار — turning away, retreat
~ (الرِّيح) — veering away (Meteor.)
أدَبيّ، مَعْنَويّ، أخلاقيّ — moral
اِدِّخار — saving(s)
إدخال، قَبول — admission
~، إدراج — inclusion
~، إقحام، إيلاج — insertion
~، جَلْب — introduction
~، دَخْل — input (Eng.)
ـ~ بُعادي (عن بُعد) — remote entry (Comp.)
ـ~ البَياناتِ المُباشر — direct data entry (Comp.)
ـ~ بالدَّقّ — driving in
ـ~ الطَّوق (في الكَبّاس بالشَّدّ) — jumping-in (Eng.)
ـ~ لاحِق — after-admission
ـ~ مُتأخِّر — late admission (I.C. Engs.)
ـ~ مُتقَدِّم — preadmission (Eng.)
ـ~ مُعَوَّق — retarded admission (Eng.)
ـ~ الهَواء — air induction
اِدَّخَرَ — reserve, save
أدخَلَ — enter, let in, admit, induct, insert, drive in
~، بَيَّتَ — inset
~ بَين — interpose
~ في قائمة الحِساب — bill
أدْخِنة (أُنظر: دُخان) — fumes
ـ~ حامِضيَّة — acid fumes

إدراج — enrollment (or enrolment)
إدرار البَول — diuresis (Med.)
إدراك، دِراية، مَعْرِفة — cognition
~، فَهْم — comprehension
~، رُشْد — maturity
~، نُضْج — ripeness
~، وَعْي — consciousness, awareness
~ (حِسِّيّ) — perception
ـ~ ذِهنيّ، تصَوُّر — conception
أدرَكَ، حصَلَ على — attain, get
~، فَهِمَ — comprehend, conceive
لا يُدْرَكُ — indiscernible, imperceptible
~، لَحِقَ — catch, overtake, catch up with
أدرينالين، كُظْرين — adrenaline (Chem.)
إدِّعاء، اِتِّهام — accusation, charge
~، دَعوى — allegation, claim
~، تظاهُر — pretension, pretense
أدغال (أُنظر: دَغَل) — forests
إدماج — amalgamation, merger, incorporation, integration
ـ~ ضَئيلُ المَدى: حتّى ١٠ بوّابات منطقيَّة — small-scale integration (Comp.)
ـ~ مُتوَسِّطُ المَدى — medium-scale integration (Comp.Electron.)
إدمان — addiction (Med.)
أدَمة، باطِنُ الجِلْد — corium, dermis (Zool.)
ـ~ باطِنيَّة — endoderm, entoderm (Zool.), endodermis (Bot.)
ـ~ خارِجيَّة — epidermis (Bot., Zool.)
أدمَجَ، اِندَمَجَ — amalgamate, merge
أدَمَنْت: حجَرٌ شبهُ ماسيّ، أدمنتين: خُرْدُقٌ صَلْدٌ — adamant (Min.)
أدْنى، أخْفَض — lower
~، أقَلُّ جُودة — inferior
~، أصْغَريّ — minimal, minimum
~ تأيُّن — minimum ionization (Phys.)
أدهانٌ عِطْريَّة أو طَيّارة — volatile oils, aromatic oils
أدهَشَ — astonish, surprise, amaze
أدْهَمُ — black, dark
أدَوات (أُنظر: أداة) — tools, instruments
ـ~ حَديديَّة، حَدائد — ironware
ـ~ رَسْم — drawing instruments
ـ~ الرسم الهَنْدَسيّ — mathematical instruments

أدوات (تابع)
~ صِحِّيَّة (من الصِّينيّ المَصْقول) sanitary ware (San. Eng.)
~ قَشْر paring tools (Carp.)
~ القَطْع cutlery
أدياباتي، مَكْظومُ الحَرارة: ثابت الحرارة adiabatic (Phys.)
أدياباتيًا: دُونَ تَبادُلٍ حَراريّ adiabatically
أَدِيم، سَطح surface
~، جِلْد skin
الـ ~ الظاهِر ectoderm (Zool., Geol.)
الـ ~ المُتَوسِّط، ميزودِرْم mesoderm, mesoblast (Zool.)
أذى injury, harm, damage
إذابة، ذَوَبان dissolving, dissolution, solution (Chem.)
~، صَهْر melting
إذابيَّة، قُوَّةُ الإذابة solvency (Chem.)
أذاعَ، أعلَنَ announce, proclaim
~، نَشَرَ publicize, propagate
~، بَثَّ broadcast, telecast
إذاعة، بَثّ broadcast (Elec. Comm.)
~ تلفزيونيَّة telecast
إذْخِر، طِيبُ العَرَب lemon grass (Bot.)
أذْرُع (أنظُر: ذِراع) arms, levers, rods
~ الاتِّزان القَنْطَري bridge arms (Elec. Eng.)
~ الحاكِم governor arms (Eng.)
~ دَليلِيَّة guide bars (Eng.)
~ الكُتَيفة bracket arms (Elec. Eng.)
أذْعَنَ yield, comply, submit, give in
أذكَى، أوقَد stoke, kindle, flare up
أذَلَّ humiliate, debase
إذْن permission
~، إجازة leave
~، تَرخيص licence, permit
أُذُن ear
الـ ~ الخارجيَّة external ear
الـ ~ الداخليَّة inner ear (Zool.)
الـ ~ الوُسطى middle ear (Zool.)
أُذَنَة، زَنَمة stipule (Bot.)
أُذُنِيّ aural
أُذُنِيَّة (المُستَقبِل) ear-piece
أذْهَلَ، أدهَشَ astonish, amaze, astound, stun
أذوَى، أذْبَلَ wilt, wither

~ (بِحَجْب نورِ الشمس) etiolate (Bot.)
أذِيَّة harm, injury
أُذَينُ القَلْب atrium, auricle (of heart) (Zool.)
أُذَينة، طَرَف، عُروَة lug
~، صِيوانُ الأُذُن auricle (Zool.)
أراحَ relieve, rest, comfort
إرادة will, volition
~، رَغبة wish, desire
إرادي voluntary, volitional
أراضٍ (أُنظر: أرض) land
~ مُستَصْلَحة (بالتجفيف والسُّدود) innings (Civ. Eng.)
أراضي الغَسْل: على جانِبَي النَّهر washlands
أراقَ، أهرَقَ spill, shed
إربَدَّ cloud (Meteor.)
أربِطة (أُنظُر: رِباط) bandages, lashings, ligaments
أربَعَةُ أضعاف quadruple
أرْبَكَ perplex, embarrass, baffle, confuse
إرْبيان، رُوبيان prawn, shrimp (Zool.)
الإربيوم: فِلِزٌّ نادِرٌ رَمزُه (ير) erbium (Er) (Chem.)
إرتاب، شَكَّ doubt, suspect
إرتاج occlusion, locking, bolting
إرتادَ، إستَطلَعَ explore, survey
إرتِباط، إتِّصال connection, link(age)
~، عَلاقة correlation, relation
~، إلتِزام obligation, commitment
~، إتِّصالٌ مُتَبادَل liaison
~ جُزئيّ partial correlation (Maths.)
إرتَبَطَ connect, engage, correlate
أرْتَجَ bolt, lock, bar
إرْتَجَّ jolt, shake, vibrate
إرتِجاج، إهتِزاز shaking, jolting, vibration
~، إهتِزازٌ عَنيف concussion (Med.)
~ اضطرابيّ، دَقْدَقة buffetting (Aero.)
~ مَطَبّاتي: بالجيوب الهوائية bumpiness (Aero.)
إرتجاح، تَراوُح swing, pendulation
~ الشبكة grid swing, grid sweep
إرتجاف tremor
إرتِجالي extemporaneous, impromptu, offhand

إرتَجَفَ، إرتَعَش shiver, tremble, quiver
إرتحال migration, departure
~ الأيونات migration of ions (Chem.)
~ الزَّيت oil migration (Pet. Eng.)
~ شَعْريّ capillary migration (Phys.)
إرتَخى loosen, slacken, sag
إرتخاء، إستِرخاء laxity, relaxation
~، تَدَلٍّ sag, sagging
إرتَدَّ، عادَ revert, return
~ (كالكُرة) bounce, rebound, bound, recoil (Mech.)
~ نابِيًا ricochet
إرتَدى put on, wear, dress
إرتِداد، رُجوع return, reversion
~، إنحِسار refluence, reflux
~ (ردّ فِعْليّ) bounce, recoil, rebound, flyback (Mech.)
~، تَراجُع regression, retreat
~، ترجيع مُتعاقِب repercussion
~: رُجوعٌ إلى نُقطةِ بَدْء المَسْح retrace (Surv.)
~، نُبُوّ ricochet
~ الاشتِعال lighting back, pop-back (Eng.)
~ حُرّ free recoil (Phys.)
~ الصِّمام valve bounce
~ لِسانِ المُرَحِّل kick of relay (Teleg.)
~ اللهب flareback, back-fire, back flash (Autos.)
~ ~ أو الدُّخان (لِتَعطُّل السَّحْب) back draft
~ بالمُرونة restitution, spring, resilience (Phys.)
~ مُضادّ counter-recoil
~ المَوج (بعدَ انكِسارِه على الشاطِئ) backwash
~ نابِضيّ springback
إرتِسام: إسقاط projection
إرتِشاح، نَشْع seepage, leakage
~، تَرَشُّح infiltration
~، نَضْح transpiration, exudation, sweat
~ طَمْيِيّ illuviation (Geol.)
~ مائيّ zigger (Mining)
~ مَصْليّ oedema (Med.)

اِرتشاف suction, imbibition
اِرتشَحَ infiltrate, transpire, sweat, exude
اِرتِطام، اِصطِدام، صَدْمة bump, collision, crash, impact
~ الرأس head crash (Comp.)
~ (السفينة) بالأرض grounding (Naut.)
اِرتِعاش، اِرتِجاف shiver(ing), quiver, trembling, tremor
~، تَقَلْقُل الإرسال jitter (radio)
اِرتعاشيّ: نَخْعيُّ الارتِجاج jerky
اِرتِفاع، عُلُوّ altitude, elevation, height
~، صُعُود rise, up-lift (Geol.)
الـ ~ الإجماليّ overall height
الـ ~ الأدنى minimum elevation
~ الأرض land up-lift (Geol.)
الـ ~ الأقصى maximum elevation, maximum ceiling (Aero.)
~ باروِمتري barometric height (Meteor.)
~ تَخَطِّي التضاريسِ الأرضيَّة terrain-clearance altitude (Aero.)
~ تَدريجيّ في جَهارة الصوت crescendo (Acous.)
الـ ~ الحَرِج critical altitude (Aero.)
~ (في) درجةِ الحَرارة temperature rise
~ درجةِ السُّلَّم raiser = riser (Build.)
الـ ~ الذّرويّ peak rise (Elec. Eng.)
~ زاويّ: فوقَ الأُفُق angle elevation, angular height
~ السِّعر advance
~ السَّقف headway = headroom
~ سَماويّ celestial altitude (Astron.)
~ شَعري capillary rise (Phys.)
~ الصوت، جَهارة loudness
~ الضَّغط pressure rise (Phys.)
الـ ~ الظاهِريّ apparent altitude (Astron., Surv.)
~ ظَهْر السَّفينةِ عن خَطِّ الماء freeboard (Naut.)
~ عالٍ high altitude
الـ ~ الفَعّال effective height
الـ ~ المائِل (لِلمَخروط) slant height (Maths.)
الـ ~ المُبَيَّن indicated altitude (Eng.)
الـ ~ المَحسوب computed altitude (Aero.)

~ المَدّ flood tide
~ مُزَيَّد superelevation (Surv.)
~ مُستوى الماء (بالنسبةِ لِمَصَبِّه) elevation head (Hyd.)
~ المَصّ suction head (Mech.)
~ مُصَحَّح corrected altitude
~ مِعياريّ standard height
~ مُفاجِئ upsurge, zoom
~ المُقَدَّمة: أثناءَ الخَطَران (نقيض pitching) scending (Naut.)
~ نُقطةِ التجَمُّد elevation of freezing point (Phys.)
~ ~ الغَلَيان elevation of boiling point (Phys.)
~ الهَوائيّ الفَعّال effective antenna height (Elec. Comm.)
~ ~ المُكافِئ equivalent height of antenna (Radio)
اِرتِفاق easement
اِرتَفَعَ، عَلا ascend, rise, soar, go up
اِرتِقاء، صُعود ascent, rise, going up, climbing
~، تَقَدُّم advance, progress
~: اِنطلاق (الصاروخ) مِن المِنَصَّة lift-off (Aero.)
~، تطَوُّر development
~ حَراريّ بالحَمْل convectional ascent (Phys.)
اِرتِكاز support
نُقطةُ ~ fulcrum (Phys.)
اِرتِكاس: اِرتِدادٌ إلى الأصل reversion (Biol.)
~: رَدّ فِعل reaction (Mech.)
اِرتِكاض: حركةُ الجنين quickening (Med.)
اِرتِكام، تراكُم، تَزايُد accretion
اِرتكَبَ commit, perpetrate
اِرتكَزَ على، اِتَّكأ على abut on, lean on
اِرتكَمَ accumulate
ارتوازيّ artesian (Geol.)
ارتياب doubt, suspicion, uncertainty
ارتياد، رِيادة exploration
إرج: وَحدةُ الشُّغل المُطلَقةُ في النظام المِتري (وتُساوي داين سم) erg (Mech.)
إرجاء postponement, deferment, putting off, suspension

إرجاس، سَبْر sounding, probing
إرجاع return(ing), restitution, restoration
~، إعادة إلى الوَضع الطبيعيّ reduction (Med.)
~ (أثناء التشغيل) roll-back (Comp.)
~ (إلى بُرج التجزئة) refluxion (Pet. Eng.)
أرجَحَ (وأفقَدَ التوازُن) overbalance
أرجَحِيَّة odds, likelihood
أرجَعَ، رَدَّ return, restore, reduce
~ (إلى) refer
~ الصَّدى re-echo (Acous.)
أرجُل (أنظر: رِجل) legs
~ زائفة أو كاذبة pseudopodia (Zool.)
أُرجُوانيّ purple
~، أحمرُ قانٍ cardinal red
~ الإبصار visual purple (Zool.)
~ أغبَسُ أو شاحِب dusky purple, lavender
أُرجوحة see-saw, swing
~ الجمباز trapeze
إرجومِتر: مِقياسُ الشُّغلِ أو الطاقة ergometer
الأرجون: عُنصرٌ غازيّ نادِرٌ رَمْزُه (غو)، **أرغون** argon (Ar) (Chem.)
أرجيَّة، اِستِهداف allergy (Med.)
أرَّخَ (رِسالةً أو شيكًا) date
~ بِتاريخ سابِق antedate, predate
~ ~ لاحِق postdate
أرخى، أفلتَ قليلًا slacken, loosen, ease off, pay out, release
~، لَيَّنَ soften, relax
~ الكابِحة release the brake
~ الكَبْلَ pay out cable
أرخَبيل: مجموعةُ جُزُر مُتقارِبة archipelago (Geog.)
أُرخِيَّة (تُسْدَلُ لِتَدفئة) **الأُذُن** ear-flap
أُردُواز: صَخرٌ صَفائحيٌّ مُتحَوِّل slate (Geol.)
~ طِينيّ clay slate (Geol.)
~ عُقَديّ knotted slate (Geol.)
أرَذَّ، رَذَّ drizzle
أرز، أرُز rice (Food Sc.)
~ (صَنوبَريّ) cedar (Bot.)
أرزاق، جِرايات، مؤن rations, supplies (Mil.)

إرزَبّة: مِطرقةٌ ضَخمة — aboutsledge (Eng.)
أرسَى — anchor, moor
إرساء، رُسُوّ — anchorage, anchoring
إرساب — deposition, precipitation, sedimentation (Chem.)
إرساباتٌ فُوَيق حراريَّة — epithermal deposits (Geol.)
~ هَوائيَّة — (a)eolian deposits (Geol.)
إرسال — despatch = dispatch, sending
~، إبتِعاث — emission
~، بَثّ — transmission (Elec. Comm.)
~ على أربعة أسلاك — four-wire transmission (Elec. Comm.)
~ أو استِقبالٌ لاسِلكيّ — radioacoustics
~ أو نَقلٌ كهربائيّ — electric transmission
~ (بَرْقيٌّ) مُتَوازٍ — parallel transmission
~ بَرقيٌّ مُزدَوجٌ مُتزامِن — diplex telegraphy
~ بَصَريّ — visual transmission
~ البيانات — data transmission (Comp.)
~ تَزامُنيّ — synchronous transmission
~ تَعاقُبيّ — sequential transmission (Telev.)
الـ ~ التلغرافيّ — telegraphy
الـ ~ ~ المُزدَوِج — duplex telegraphy
~ تلفزيونيّ — television transmission
~ (تلفزيونيّ) مُباشر: دونَ تسجيلٍ مُسْبَق — direct pickup
~ ~ مُتعدِّد الأقنية — multi-channel television
الـ ~ التلفونيّ — telephony
الـ ~ ~ المُتعدِّد (في اتّجاهٍ واحد على الخطِّ ذاتِه) — multiple telephony
الـ ~ ~ ~ المُتَقابِل — multiplex telephony
~ حامِليّ: نَقْلٌ بِتيّارٍ حامِل — carrier transmission (Elec. Comm.)
~ حُزْميّ — beam transmission (Radio)
~ حَيّ — live transmission
~ راديويٌّ مُزدَوِج (على نفسِ الموجةِ الحامِلة) — duplex radio transmission (Radio)
~ سِلْكيٌّ بالمَوجات اللاسلكيَّة — wired wireless (Radio)
~ الصُّوَر — picture transmission (Telev.)
~ ~ باللاسِلكيّ — radio-photo transmission (Radio)
~ ~ تِلغرافيًّا — phototelegraphy (Teleg.)

~ غيرُ مُشَوَّه — undistorted transmission (Elec. Comm.)
الـ ~ الفَعّال — effective transmission
~ قَفْزيّ — hop (Elec. Comm.)
~ لاسِلكيّ — radio (or wireless) transmission
~ مائِلُ السُّقوط — oblique incidence transmission (Elec. Comm.)
~ مُتَعَدِّد — multiple transmission, multiplex transmission (Radio)
~ ~ الانعِكاسات (بينَ الأرض والأيونوسفير) — multiple-hop transmission (Radio)
الـ ~ المُتعدِّد الزَّمَنيُّ التقسيم — time-division multiplex(ing) (Elec. Comm.)
الـ ~ ~ المُتَقابِل — multiplex transmission (Elec. Comm.)
~ مُزدَوِج (في نفسِ الوقت والاتّجاه) — double transmission (Teleg.)
~ مَضبوطُ الحامِلة — controlled carrier tansmission (Elec. Comm.)
~ مُفْرَد — simplex transmission (Elec. Comm.)
~ مَكبوتُ الحامِلة — suppressed-carrier transmission (Radio)
~ مُوَجَّه — directional transmission (Radio)
~ نِصفُ مَوجيّ — half-wave transmission
الـ ~ بنطاقٍ جانبيّ مُفْرَد — single-side-band transmission (Radio)
~ نِطاقيّ جانِبيّ أُحاديٌّ نِصْفيّ — sesquisideband transmission (Elec.Comm.)
~ هامِدُ الموجةِ الحامِلة: تُكبَتُ فيه الحامِلةُ في غياب التضمين — quiescent carrier transmission (Elec. Comm.)
إرساليَّة — consignment
إرسْتِد: وَحدةُ الشِّدَّة المِغنطيسيَّة، أورستِد — oersted (Phys.)
أرسَلَ — despatch = dispatch, send, forward, transmit
~ (بِضاعةً لِلعميل أو الشاري) — consign
~ على عَجَل — rush
~ لاسِلكيًّا — radio
~ بالمُبرِقة الكاتِبة — teletype, telex
~ ناسوخيًّا — fax
إرشاد — guidance

~ (عبرَ الممَرّات) — pilotage
إرشادات — directives, instructions, directions, guidance
أرْشَدَ — guide, direct, pilot, lead
~: بالإشارات اللاسِلكيَّة أو الضوئيَّة — beacon (Radio)
أرصادٌ جَوِّيَّة — meteorology
~ ~ مائيَّة — hydrometeorology
أرصاديّ: إخصائيُّ أرصادٍ جَوِّيَّة — meteorologist
أرصِفةُ التحميل — wharfage
أرَض (جَمعُ أرَضَة): نَمْلٌ أبيضُ — termites (Zool.)
أرْض — earth, ground, land, terrain = terrane
~، تُراب — earth, soil
الـ ~ — Earth (Astron.)
~ - ~ — ground-to-ground, surface-to-surface
~ بِكْر — unbroken ground
~ بُور — fallow land, uncultivated land
~ التأريض — earth (Elec. Eng.)
~ جَرداء — bare ground, barren land
~ جُموديَّة: دائمةُ التجَمُّد — permafrost
~ - جَوّ — ground-to-air
~ حَرام — no man's land
~ داخِليَّة — inland
~ رَخْوَة — loose ground
~ (رَخْوة) مُنزَلِقة — hover ground (Geol.)
~ رَديئة، حَزن — badland (Geol.)
~ رَغاب (مُنفِذة) — permeable soil
~ زالِقة، ~ سُواخ — running ground
~ السُّبات (مَتروكة حَولًا بِلا زَرع) — fallow (land) (Agric.)
~ عَراء — open ground
~ الغُرفة — floor
~ الغَطاء — soil cap (Mining)
~ فِعليَّة (لا وَسيلة تأريضٍ اصطناعيَّة) — true ground (Elec. Eng.)
~ قَفْر — wasteland
~ كَتوم (أو كَتيم: غيرُ مُنفِذة) — impermeable soil
~ مُتَموِّجة — undulating ground
~ مَحروثة — tillage
~ مُستأجَرة — tenancy

أرْض (تابع)
~ مُسْتَحالة (مَتروكةٌ حَولًا بِلا زَرْع) — fallow (Agric.)
~ مُستَوِية — level country
~ مُشبَعة بالماء — water-logged ground
~ مُشجَّرة — wooded ground
~ المُقَدَّمة — foreland
~ مَكشوفة، ~ عَراء — open country
~ مَوات: لا رِكازَ ذا قيمةٍ فيها — dead ground
~ المُؤَخَّرة — hinterland
~ وَعِرة — rough terrain, broken ground
~ وَعْسَة: سَريعةُ الانهيار — floating earth, quick ground
إرضاء، رِضا — satisfaction, gratification
إرضاع — suckling, nursing
أرَضة — termite, white ant (Zool.)
أرضيّ — terrestrial
الـ ~: سِلْكُ التأريض — ground (Elec. Eng.)
~ شَوكي، خَرْشَف — artichoke (Bot.)
~ المَركز — geocentric (Astron.)
~ المَنشأ — terrigenous (Geol.)
أرضيّاتٌ قِلْويَّة — alkaline earths (Chem.)
أرضِيَّة — floor, flooring, ground
~: أساس، طبقة تحتيَّة — substrate (Chem., Biol.)
~ خشَبيَّة مُزَخرَفة — parquet floor(ing)
~ السَّبْك — moulding floor (Foundry)
~ سُفليَّة — subfloor(ing)
الـ ~ الطبيعيَّة (لِلطريق المَرصوفة أو المَبنى المُشَيَّد) — subgrade (Civ. Eng.)
~ عازِلة لِلصوت — dead floor (Build.)
~ عائمة (لِعَزْل الصوت) — floating floor
~ من القَوالِب المُفرَغة — hollow-block floor
~ لامَفْصِليَّة — jointless flooring (Build.)
~ مُبَلَّطة — tile floor
~ مُزدَوِجة — double floor (Build.)
~ مُقابِلة: أرضيةٌ رَخيصة لأُخرى فاخرة — counter-floor (Carp.)
~ مَنجَم الفَحْم — thill (Mining)
~ ناتِئة، أعلى ممّا حولها — pace (Build.)
~ نُخروبيَّة — waffle floor (Civ. Eng.)
أرْعَدَ — thunder
أرْغى — lather, foam, froth

إرْغاء — lathering, frothing, foaming
~: تَنَفُّخُ المِلاط — blub (Build.)
~ الزيت — oil foaming (Pet. Eng.)
إرْغام — impulsion, coercion
أرْغُن — organ
أرْفَأ — harbo(u)r, berth
إرْفاء — berthing (Naut.)
أرَقٌ — insomnia, sleeplessness (Med.)
إرْقاء: وَقفُ نَزيف الدَّم — hemostasis
إرْقاد — layering (Agric.)
أرقام (أنظُر: رَقْم) — digits, numerals, figures
الـ ~ الثُّنائيَّة المُعادِلة — equivalent binary digits (Comp.)
~ دَليليَّة، ~ مُمَيِّزة — index numbers
الـ ~ العربيَّةُ (المُستعمَلة في اللغات الإفرنجيَّة حاليًّا) — Arabic numerals
~ مَعنَويَّة — significant figures (or digits)
أرْقَة: حَشَرةُ المَن — aphid = aphis, plant louse (Zool.)
أرْقَشُ، أرْقَط — speckled, spotted, flecked
أركان (أنظُر: رُكْن) — staff (Mil.)
أركيولوجية، عِلْمُ العاديّاتِ والآثار — archaeology
إرْلَنغ: الوحدةُ الدوليّة لِتَدَفُّق المُكالَمات التلفونيّة — erlang (Elec. Comm.)
أرْمَدُ — ash-gray
أرْمَشَ، رَمَشَ — blink
أرنَب — rabbit (Zool.)
~ تَسْليك — rabbit (San. Eng.)
إرهاب: أعمالٌ إرهابيَّة — terrorism
~، إخافة — intimidation, terrorizing, scaring, frightening
إرهاق — exhaustion, overstrain
أرهَقَ، أنهَكَ — overstrain, exhaust, wear out
~ بِحِمْلٍ زائد — overload, overburden
إرواء، رَيّ — watering, irrigation
أروز، إسباتٌ شَتَويّ — hibernation (Zool.)
أرومة، أصْل — stub, stump, butt (Bot.)
~، جَذَعة — -blast (Biol.)
~ الشيك (أو الإيصال) — counterfoil, stub
أرياش (أنظُر: ريشة) — blades, vanes
~ التُّربين — turbine blades (Eng.)
~ الدوّار — rotor blades (Eng.)

~ العادِم — exhaust vanes (Eng.)
~ ناشِرة — diffuser vanes (Eng.)
أريب، مُثَقَّف — intellectual
أرِيج — fragrance
الإريديُوم: عُنصُرٌ فِلِزِّيّ نادِر رَمزُه (يد) — iridium (Ir) (Chem.)
أريكَة، مَقْعَد — couch, sofa
أُرَيْمَة، جُرَيْثمة، بلاستُولة — blastula (Biol.)
أرينة: صالِبُ القاعدة — keel (Naut.)
~ مُفَلْطَحة — flat keel (Naut.)
أزَّ — whiz (or whizz), buzz, hum, zip, zoom
~، نَشَّ، طَشَّ — fizz, hiss, sizzle, simmer
إزاء، مُقابِل — facing, opposite, in front of
أزاحَ — displace, dislodge
~ عن المَركز — de-center or decentre
إزاحة، اِنزياح — displacement, shifting, shift, translation (Mech.)
~ أيونيَّة — ionic displacement (Chem.)
الـ ~ التحميليَّة — load displacement (Naut.)
~ التردُّد — frequency translation (Radio)
~ تقديريَّة — virtual displacement (Mech.)
~ جانِبيَّة — lateral displacement
~ حلزونيَّة — screw displacement (Mech.)
~ حَلْقيَّة — ring shift (Comp.)
~ دائريَّة — circular shift (Comp.)
~ دوَرانيَّة — rotational shift
~ رأسيَّة (عموديَّة) — vertical displacement
الـ ~ الرأسيَّة لِلطبقات — vertical throw (Geol.)
~ زاويَّة — angular displacement (Mech.)
~ ~، البُعْدُ الزاويّ لِلمُتَحرِّك — argument (Math.)
~ صاعِدة — upcast (Geol.)
~ الطَّور، إزاحة طوريَّة — phase displacement, phase shift (Phys.)
~ طيفيَّة — spectral shift
~ عُلْويَّة — upthrow (Geol.)
~ عموديَّة — perpendicular throw, vertical displacement (Geol.)
~ ~ (في تصَدُّع أرضيّ) — drop (Mining)
~ الكَبّاس — piston displacement (Eng.)
الـ ~ الكُلِّيَّة — total displacement
~ كهربائيَّة — electric displacement (Elec. Eng.)
~ مِحْوَريَّة — axial displacement

إزاحة (تابع)
~ مُوازِيَة — parallel displacement
الـ ~ نحوَ الأحمَر — red shift (Phys., Astron.)
~ نظيريَّة — isotope shift (Phys.)
~ الهَواء — air displacement
إزار — apron, covering
~ الحائط: بينَ الجُدران والأرضيَّة — baseboard, mopboard = skirting (board), washboard (Build.)
~ العَمود — column skirt
~ مُهايَأة — adapter skirt (Eng.)
أزّاز، طَنّان، زَنّان — buzzer (Elec. Comm.)
~: جِهازٌ لِقياسِ الأعماق — pinger (Geophys.)
أزّازة — whizzer
أزالَ — remove, clear, eliminate, de-, un-
~ الأخشابَ (الدّاعِمة) — untimber
~ الأعشابَ الضارَّة — weed (Agric.)
~ الاِنفِعال — unstrain (Mech.)
~ أو خَفَّفَ الاِنضِغاط — decompress
~ (أو نَزَعَ) الماء، نزَحَ الماء — dewater
~ الأيونات: بِخاصَّةٍ لِتَنْقيةِ الماء — deionize (Chem.)
~ البِرشام — unrivet
~ التجَمُّد، أذابَ الجَمَد — defreeze
~ تَجنيبَ المِروَحة — unfeather the propeller (Aero.)
~ بِجَرّافة آليَّة — bulldoze
~ حاجِزًا — clear an obstacle
~ الحسّاسِيَّة — desensitize
~ الرائحة — deodorize
~ الرُّطوبة، خَفضَ الرطوبة — dehumidify
~ الرَّغوة، نزَعَ الرَّغوة — defoam
~ الشَّحْم — degrease
~ الشَّعْر، سَمَطَ، نَتَفَ، مَرَطَ — depilate
~ الصَّقيع — defrost
~ الغاز، اِستأصَلَ الغاز — degas (Electron.)
~ قُشورَ المِرجَل على السّاخِن — hot tap
~ القِلْوِيَّة — dealkalize (Chem.)
~ الكَرْبَنة، نزَعَ الكربون (من سَطح الفولاذ المُكَرْبَن) — decarburize (Chem.)
~ الماء، أنكَزَ — dehydrate (Chem.)
~ المادّةَ الصَّمْغيَّة، نزعَ التصَمُّغ — degum
~ بالمَسْح — wipe (out)
~ المَغْنَطة — demagnetize (Magn.)
~ المُؤثِّر الطاقيّ — de-energize
~ النُّحاس — decopper (Chem.)
إزالة — removal, elimination, clearing
~ الاِستِقطاب، زَوالُ الاِستِقطاب — depolarization (Chem., Elec. Eng.)
~ الأُكسِجين — deoxygenation (Chem.)
~ الأكسَدة — deoxidization, deoxidation
~ الألغام — mine clearing
~ الأملاح المَعدِنيَّة (لِتَنقيةِ الماء) — demineralization (Chem. Eng.)
~ الاِنضِغاط أو تَخفيفُه — decompression
~ الأُوزون، نَزْعُ الأُوزون — deozonization (Chem.)
~ البَلْمَرة — depolymerization (Chem.)
~ التأيُّن — deionization (Chem. Eng.)
~ التداخُل — interference elimination
~ التشَبُّع — desaturation (Phys.)
~ التضمين — demodulation, detection (Elec. Eng.)
~ التفحُّم، ~ الكربون — decarbonization (Chem.)
~ التلَوُّث، تَطْهير — decontamination
~ التمَغْنُط — demagnetization (Elec. Eng.)
~ الجَراثيم — degerming
~ الجَليد — de-icing (Aero.)
~ الحَجْب — unblanking (Electron.)
~ الحَمضيَّة — deacidizing, deacidification (Chem.)
~ الدَّرْز — deseaming (Met.)
~ الراتينَج — deresination (Chem.)
~ الرائحة — deodorization
~ الرائش (بالبرد أو التجليخ) — deburring
~ الرطوبة — dehumidification
~ الرغوة — defoaming (Chem.)
~ الركائِز (لاستِثمارِ خاماتِها) — robbing
~ الرَّماد — deashing
~ الشحوم — degreasing (Chem. Eng.)
~ الشمع — dewaxing
~ الشوائب السطحية: من الصُّبَب أو النورات — deseaming (Eng.)
~ الصَّقْل — depolishing
~ الصقيع — defrosting
~ «صَنْدَقة» الخَرَسانة — striking (Build.)
~ الطبقاتِ السطحيَّة — desurfacing
~ عُسْرِ الماء — water softening (Chem. Eng.)
~ الغازات — degassing (Electron.)
~ الفُسْفور — dephosphorization (Met.)
~ الفَلْكَنة — devulcanization
~ القالَب (عن المَصبوبة) — stripping (Met.)
~ القُشور، نَزْع القُشور — de-scaling, scaling, defurring (Eng.)
~ القَصدير — detinning (Met.)
~ الكربون — decarburization (Eng.)
~ المَعدِن الزائد — metal routing (Met.)
~ المَغْنَطة، ~ المغنطيسيَّة — demagnetization (Phys.)
~ ~: بإمرارِ تيّارٍ مُتناوِبٍ مُتناقِصٍ في المُوَصِّل المُحيط — degaussing (Elec. Eng.)
~ المِلح، ~ المُلوحَة — desalting, desalination (Chem.)
~ النَّتْرَدة، ~ النتريت — denitriding (Met.)
~ النَّشاء (من المنسوجات) — desizing
~ نُفاياتِ الخام — muck shifting (Mining)
~ الهَيكل المُؤقَّت — striking, shifting (Civ. Eng.)
أزَبّ: زَغِب — pilose (Bot.)
~: أشعَر — hirsute (Zool.)
إزباد — foaming, frothing
أزْبَدَ، أرْغَى — foam, froth, scum, spume
أزّة — ping
ازْدادَ — increase, augment, multiply
اِزدِحام — crowding, congestion, jam
~ السَّير — traffic congestion
اِزدَرَى، اِستَخَفَّ بِـ — slight, belittle
اِزدِراء، اِحتِقار — contempt, scorn, disrespect
اِزدِراد — swallowing, ingestion
أزدِك: سونار غَوّاصات — asdic (Mil.)
اِزدِهار — bloom, prosperity
اِزدَهَرَ، اِزدَهى — bloom, flourish, thrive, prosper
اِزدِواج، إزواج — pairing
~، تضاعُف — doubling, pair formation, duplication
~، مُزدَوِجة — couple (Mech.)
~ البَصَر — diplopia (Med.)
~ التشاكُلِ البِلَّوريّ — isodimorphism (Chem.)
~ التلَوُّن — amphichromatism (Chem.)
~ الرُّؤية — diplopia, double vision (Med.)

إزدِواج (تابع)
~ الجنسيّة — dual nationality
~ الشَّكل، ~ الهَيئة — dimorphism (Chem.)
~ الطبقات — duplication of beds (Geol.)
~ قطبيّ — dipole (Phys.)
إزْدِواجيّ، مُزدَوج — duplex
إزدِياد — increase, enhancement, augmentation, growth
~ تراكُميّ — accretion
~ الشِّدّة أو الحِدّة — intensification
~ الفُلطيّة التدريجيّ — electrical build-up
أزرق — blue
~ الأنيلين — aniline blue (Chem.)
~ سَماويّ — sky blue, azure blue
~ فاتِح — pale blue
~ الفينول (كاشِف كيماويّ) — phenol blue (Chem.)
~ الكُوبَلْت: أزرقُ داكِن — cobalt blue
~ مُسْوَدّ — livid
~ الميثيلين — methylene blue (Chem.)
~ نِيليّ — indigo blue
إزرِقاق، زُرْقة — blueing = bluing
إزعاج — disturbance, annoyance, discomfort, trouble
أزْغَب — pubescent, downy, fuzzy
إزفترأيون: أيون ثنائيّ القُطب — zwitterion, dipolar ion (Chem.)
أزمة، شِدّة، مِحْنَة — crisis (pl. crises)
أزْمَرة، أيسُومريّة — isomerism (Chem.)
الأزموزيّة — osmosis
أزمومِتر، مِقياسُ الضَّغط التناضُحيّ (الانتشاريّ) — osmometer (Chem.)
إزميل، أَجَنَة — chisel
~، سَفِين، أَجَنةُ تعدين — gad
~، مِنقاش — graver, burin
~ تَحزيز — grooving chisel (Eng.)
~ تَخْديد، أجَنةُ تَخْديد — cape chisel (Eng.)
~ تفريض — mortise chisel (Build.)
~ جانِبيُّ القَطْع — side chisel (Eng.)
~ جَلْفَطة — packing (or yarning) chisel
~ حَتّ مَشطوب — firmer chisel
~ خِراطة — turning chisel (Carp.)
~ خَلْع — ripping chisel
~ دَقّ — driving chisel
~ زَخرَفة أو تَرصيع — chasing chisel
~ طَروقُ الرأس — hammer-headed chisel
~ عَريض (لِلنَّحْت) — broad tool (Build.)
~ قَشْر — paring chisel
~ قَطْع (مِطْرَقيُّ الشَّكل) — sett (Eng.)
~ ~ على البارِد — cold chisel
~ ~ على الساخِن — hot sate = hot set
~ مائِلُ الحَدِّ القاطِع — skew chisel
~ مُتَصالِبُ الحَدّ — X-chisel (Eng.)
~ مُجَنَّبُ الطرَف — skew point chisel
~ مُجَوَّفُ النِّصاب — socket chisel (Carp.)
~ مُدَوَّرُ الطرف — round (nose) chisel
~ مَرْكَزة، أجَنةُ تعليمِ المركَز — centre chisel
~ مُسَطَّح — flat chisel
~ مَشطوبُ الحافّة — cant chisel (Eng.)
~ مِظفاريّ — gouge chisel (Carp., Eng.)
~ النحّات — boaster = boasting chisel
~ نَحْت — carving chisel (Build.), firmer chisel (Carp.)
~ ~ عَريضُ النَّصْل — bolster (Build.)
~ نَقْر — mortise chisel = heading chisel, framing chisel (Carp.)
~ نَوافِذ — sash chisel
الأَزميوم: عُنصُرٌ فِلِزّيّ رَمزُه (مز) — osmium (Os) (Chem.)
إزهار، إزهِرار، تَنْوير — bloom, efflorescence, florescence (Bot.)
أزهَرَ — bloom, blossom, flower, effloresce
إزْهِرار، نِظامُ الإزهِرار — inflorescence
~ خَيميّ — umbel (Bot.)
~ ~ مُرَكَّب — compound umbel (Bot.)
~ سُنْبُليّ — spike
~ سَنَميّ — cyme = cymose inflorescence
~ عِذْقيّ — corymb (Bot.)
~ عُنقوديّ — panicle (Bot.)
~ ~ شِمراخيّ — raceme (Bot.)
إزواج — coupling, doubling, pairing
~، تَزْويج — pairing, mating (Biol.)
~ قَسْريّ — press fit (Eng.)
أزوت، نِتروجين — azote = nitrogen (N)
أزوتات — azotate, nitrate (Chem.)
أزوتومتر: مِقياسٌ لِتقدير كمّيّة أكاسيد النتروجين — nitrometer (Chem.)
أزوتيّ — nitrogenous
أزوتيد — nitride (Chem.)
آزُويّ: خاصٌّ بالصِّبْغ الآزُويّ الأمينيّ التركيب — azoic (Chem.)
أزيز — buzz, whiz(z), hum, ping
~، نَشيش — fizz, hiss
~ تَداخُليّ — squeal (Electron.)
~ المُحَوِّل — transformer hum (Elec. Eng.)
أُسّ، أساس — foundation, basis
~، دَليلُ القُوّة الجَبْرِيّة — exponent, index, power (Maths.)
الـ ~ الثاني — second power (Maths.)
~ صَحيحٌ مُوجَب — positive integral index (Maths.)
الـ ~ الهدروجينيّ — pH (Chem.)
أساءَ الإدارة أو التدبير — mismanage
~ الاستِعمال — misuse, abuse
~ التصَرُّف — misbehave
~ التفسير — misinterpret
~ التوقيت — mistime
~ المُعالَجة أو التدبير — mishandle
~ المُواءَمة — mismatch
إساءة — offense = offence
إسابة، إماعة (مزجُ الغاز أو البُخار بمواد صلبة لإماعته) — fluidification, fluidization
إسارٌ — strap, thong
أساس — foundation, basis, ground(s), base, groundwork, footing
~، بِنْيَة تحتيّة — infrastructure (Civ. Eng.)
~، جَذْر — radix, root; base (Maths.)
~، طبقة تحتيّة — substratum (Geol.), substrate (Chem.)
~، قاعِدة (كيماوية) — base (Chem.)
~ راسِخ — solid ground
~ طبيعيّ — natural foundation (Civ. Eng.)
~ العَدّ — modulo (Maths.)
~ العمود — shaft base (Eng.)
~ اللوغاريتم — base of logarithm (Maths.)
~ مُتآلِف أو مُتَواحِد (يُصَبّ سَوِيّة) — monolithic foundation (Build.)
لا ~ لَهُ — unfounded, groundless
إساس (أُنظُر: أُسّ) — indices (Maths.)
~ كَسْريّة — fractional indices
أساسيّ، قاعِديّ — basic, fundamental
~، رَئيسيّ — cardinal, principal, main, major, prime

أساسيّ (تابع)
~، إبتدائيّ — elemental, primary, primordial
~، ضَروريّ — substantial, essential
أسالَ — liquefy
إسالة — liquefaction (Phys.)
~ الغازات — liquefaction of gases (Phys.)
~ الهَواء، تَسْيِيلُ الهواء — air liquefaction (Phys.)
أساليب (أُنظُر: أسلوب) — methods, ways
~ الانحلال — modes of disintegration (Phys.)
~ حِفظِ سِرِّيَّةِ المُخابرات — secrecy systems (Elec. Comm.)
إسبات، إشتاء، كُمُونُ الشِّتاء — hibernation (Zool.)
إسباري: شبيه بمعدن السپار السَّهل التشقّق — sparry, spathic (Min.)
أسبَتَ — hibernate
أسبَسْتُوس — asbestos
~ خشَبانيّ — mountain wood (Min.)
~ مُبَلْتَن — platinized asbestos (Chem.)
أسبَقيَّة، أولَويَّة — precedence, priority
اسپكتروسكوب، مِطياف — spectroscope (Phys.)
اسپكترومتر، مِطيَف — spectrometer (Phys.)
أُسبُوعيّ، أُسبُوعيًّا — weekly
إسبيداج: كربونات الرَّصاص القاعديَّة — white lead, ceruse (Chem.)
إسْت — anus (Zool.)
إستاتيّ — static
إستاتيّاتُ المَوائع — hydrostatics
الإستاتيكا، الإستاتيّات — statics (Phys.)
~ المِغنَطيسيَّة — magnetostatics (Phys.)
~ الهَوائيَّة — aerostatics
الأستاتين: عُنصُر اصطِناعيّ رَمزُه (ست) — astatine (At) (Chem.)
إستأجَر — rent, hire, lease
~ (مَركَبًا أو مَركَبةً) لِفترةٍ مُحَدَّدة أو لِغَرَضٍ مُعَيَّن — charter
~ مِن الباطِن — sublease
إستأصَلَ — eradicate, uproot, exterminate
~ (بالقَطْع) — excise, - ectomize (Med.)
إستأنَفَ: تابَعَ — resume, continue
~ (الحُكْمَ) — appeal

إستأهَلَ — deserve, merit
إستِبار، سَبْر — sounding
إستِباق — anticipation, forestallment
~ جيروسكوبيّ، مُبادَرة جيروسكوبيَّة — gyroscopic precession (Phys.)
إستَبانَ — detect, discern, resolve
إستِبانة — detection, definition; resolution (Phys.)
~ أُفُقيَّة — horizontal resolution (Telev.)
إستِبداد — despotism
إستِبداديّ — despotic
إستِبدال — substitution, replacement; exchange; commutation
إستِبطان — introspection
إستِبعاد، إبعاد، إستِثناء — exclusion
إستبعَدَ — exclude, rule out
إستبَقَ — forestall, anticipate
إستَبقى — retain, keep, reserve
إستِبقاء، إحتِفاظ — reservation, retention
~ الصُّورة — image retention (Phys.)
الإستِبقائيَّة، المُحتَفِظيَّة — retentivity (Magn.)
إستِبيان، أسئِلَةُ آستِفتاء — questionnaire
إستِتار — concealment
~، إحتِجاب — occultation (Astron.)
إستِتْباب — homeostasis (Biol., Ecol.)
إستَتَرَ — hide, take cover
إستِثارة — excitation, stimulation
~ على التوالي — series excitation
~ بِدارةِ تَوازٍ — shunt excitation (Elec. Eng.)
~ ذاتيَّة — self-excitation (Elec. Eng.)
~ شراريَّة — spark excitation (Phys.)
~ صَدميَّة — shock excitation (Radio)
~ مُنفَصِلة، إثارةٌ مُنفَرِدة — separate excitation (Elec. Eng.)
إستِثمار — exploitation; utilization
~ (ماليّ) — investment
~ أنباريّ: بِطريقةِ الحُجُرات — magazine mining (Mining)
~ تَراجُعيّ — homewards working (Mining)
~ مِن جانِبَيْن — two-sided winning (Mining)
إستِثناء، إبعاد، إستِبعاد — exception, exclusion
~، حالةٌ شاذَّة — exception
إستِثنائيّ — exceptional, unusual
إستَجابَ (لِفِعل أو تأثير) — react, respond

إستِجابة، إجابة — response, answer
~، إطاعة — compliance
~ اتّجاهيَّة — directional response (Radio)
الـ ~ الإجماليَّة — overall response
~ أصداء — reverberation response (Acous.)
~ لِتَرَدُّد الصُّورة — image response (Elec. Comm.)
~ تردُّديَّة — frequency response (Acous.)
~ تَوافُقيَّة — harmonic response (Elec. Eng.)
~ تيّار المجالِ الحُرّ — free-field current response
~ ردّ فِعليَّة — reaction
الـ ~ الصوتيَّة — acoustic response
~ طُفَيليَّة — spurious response
~ عابِرة — transient response (Elec. Eng.)
~ عَرَضيَّة — spurious response (Radio)
~ عَشوائيَّة — random response (Acous.)
~ فُلطيَّة (جُهد) المَجال الحُر — free-field voltage response
الـ ~ الكُليَّة — total response
الـ ~ اللونيَّة — colo(u)r response
~ المِجهار — loudspeaker response (Acous.)
~ المُستقبِل — receiver response (Radio)
~ مُعاقة — delayed response
~ الميكروفون — microphone response
~ نِسبيَّة — relative response
إستِجذاب، امتِزاز — adsorption (Chem.)
إستِجلاء، تبَيُّن — clarification, elucidation, clearing up
~ البَيْض — candling (of eggs)
إستِجمام — recreation
إستِجْميّ — stigmatic (Med.)
لا~ — astigmatic
الإستِجْميَّة، النُّقطيَّة: تركُّز الأشعَّة تمامًا في بؤرة المنظومة البصرية — stigmatism (Opt.)
استجواب — interrogation, questioning, cross-examination
إستَجْوَبَ — interrogate, examine, cross-examine
~ (بإشارةٍ لاسِلكيَّة) — challenge (Elec. Comm.)
إستِحاثة: استِحجارُ بقايا النبات والحيوان — fossilization (Geol.)
إستِحالة، تحَوُّلٌ نوعي — transformation, transmutation, transition (Chem.)

إستِحالة (تابع)
~، تَحوُّل الشَّكْل metamorphosis (Biol., Geol.)
~: كَونُ الشَّيءِ مُحالًا impossibility, inconceivability
استِحثاث، مُحاثة inductance (Elec. Eng.)
إستَحَثَّ urge, prompt, stimulate
~، حَرَّضَ induce (Phys.)
إستِحجار، تحَجُّر petrifaction, petrification, lithification (Geol.)
~ الأحافير، استحاثة fossilization (Geol.)
استَحْدَثَ innovate, create, originate
إستِحرار: مُعالَجة بالإحرار الكهربائيّ diathermy (Med.)
استِحرام: فترة الشبق الحيواني rut, estrus (Zool.)
إستِحسان approval, appreciation, commendation
استَحْضَرَ produce, prepare
إستِحفار، استِحاثّة fossilization (Geol.)
إستَحَقَّ deserve, merit
إستِحقاق، جَدارة worth(iness), merit
~، حُلُولُ الأجَل maturity
استِحكام، مِتْراس barricade, bulwark, rampart
إستِحلاب emulsification (Chem.)
إستِحلابيَّة، قابليَّةُ الاستِحلاب emulsibility
استحلَبَ، حوَّلَ إلى مُستحلَب emulsify
إستَحْمَضَ acidulate (Chem.)
استِحواذ engrossment, preoccupation, obsession
إستِخبار inquiry, investigation
إستِخبارات intelligence
إستِخدام، إستِعمال use, utilization; application
~، تَوظيف employment, hiring
إستَخدَمَ، استعمَلَ، وَظَّفَ employ
~، ~، إنتَفَعَ بِـ use, utilize
إستِخراج، إستِخلاص extraction, eduction
~، إستِنباط deduction, derivation
~، سَحْب drawing out
~ الجُذور extraction of roots (Maths.)
~ سائليّ (هَيدروليّ) hydroextraction
إستخرَجَ، إستخلَصَ educe, extract
~، إستنتَجَ deduce, infer, draw

~، حَرَّرَ، خَلَّصَ extricate
~ (الخام) mine, win, dig out
استِخْلاب chelation (Chem., Med.)
إستِخلاص، إستِخراج extraction, digging out, winning, eduction
~، إستِعادةٌ بالاستِخلاص reclamation, recovery
~، إستِنتاج deduction, inference
~ بالإغلاء decoction
~ إنتِقائيّ selective extraction (Chem.)
~ بالتجميد freeze-out
~ بالدُّهن البارِد enfleurage (Chem.)
~ الذبذبة (المُضَمَّنة) demodulation, detection (Elec. Eng.)
~ سائليّ liquid extraction (Chem.)
~ بالصَّهْر smelting (Met.)
الـ ~ الكَهرليّ، ~ كَهربائيّ (كَهْروكيماويّ) electrowinning = electroextraction (Chem.)
الـ ~ بالمُذيب الانتِقائيّ selective solvent extraction (Chem.)
~ بُمذيبٍ مُفرَد single-solvent extraction (Chem.)
~ بالمُذيبات solvent extraction (Chem.)
~ من المُخلَّفات waste recovery
~ بالهَواء air lift (Pet. Eng.)
إستَخْلَصَ، إستخرَجَ extract, draw out, educe, abstract
~، إستنتجَ deduce, infer, conclude
~، استَعادَ recover, reclaim (Eng.)
~ (بالإذابة) render (Chem.)
~ (الخام) dig out, mine, win (Mining)
إستِدارة circularity, roundness
إستِدراجُ عُروض (أو عَطاءات) invitation to bid
إستَدعى، تطَلَّبَ require, call for
~: قَدَّمَ استِدعاءً petition, move
~ (لِلحُضور)، جمَعَ call, summon, convene
~ (من مُهِمَّةٍ) recall
إستِدعاء call
~: نَقْلُ التحكُّمِ مِن رُوتين أساسيّ إلى آخَرَ call-in (Comp.)
إستَدَقَّ taper
إستِدقاق taper(ing), draft

~ حَلَزونيّ spiral taper
~ السَّحْب draw taper
إستَدَلَّ، إستَنْتَجَ infer, conclude, deduce
إستِدلال inference, conclusion, deduction
~ راديويّ radiolocation
إستِدلاليّ a posteriori, inferential, deductive
إستِذابة dissolving, solution
إسْتَر: مِلحُ الكُحول (من حامضٍ عُضويّ) ester (Chem.)
أسْتَرَ، تأستَرَ esterify (Chem.)
إسترات حامِضيَّة acid esters (Chem.)
إستراتيجْرافيّ: طبَقاتيّ stratigraphic
إستراتيجرافية، عِلْمُ (وَصْفِ) طَبَقات الأرض stratigraphy (Geol.)
~ حَيَوِيَّة biostratigraphy
الـ ~ الزمَنِيَّة chronostratigraphy
إستراتيجيّ strategic
إستراتيجيَّة، عِلْمُ الخُطَط الحَربيَّة strategy
إستَراحَ rest
إستِراحة rest, repose
~ الأرض fallowing, fallow break (Agric.)
إستِراقُ السَّمْع eavesdropping
~ ~ التليفونيّ wire tapping (Teleph.)
أسْتَرة esterification (Chem.)
إستِرجاع recovery, recuperation, retrieval, reclamation, regaining
~ الإلكتروليت regeneration of electrolyte (Elec. Eng.)
~ البَيانات data retrieval (Comp.)
~ المُذِيب recovery of solvent (Chem.)
~ النَّبَضات pulse regeneration (Elec. Eng.)
إسترجَعَ، إستَعادَ retrieve, recover, regain, recuperate, reacquire
~، إستَرَدَّ (مَوقِعًا) recapture
إستِرخاء relaxation; laxity, looseness, slackeness, sag
~ حَراريّ thermal relaxation (Phys.)
~ العازِل dielectric relaxation (Elec. Eng.)
~ اللفّ في الشبيكة spin-lattice relaxation (Electron.)
إستِرداد recovery, recuperation, regaining, recapture
إستِرضاء appeasement, placation

استرطابيّ، مُسترطِب — hygroscopic (Chem., Phys.)
استرطابيّة — hygroscopicity (Phys.)
إسترلينيّ — sterling
إسترواح: وجود ريحٍ أو غازٍ في موقع من الجسم شذوذًا — pneumatosis (Med.)
~ الصدر — pneumothorax (Med.)
إستروبوسكوب — stroboscope (Electron.)
إستَرْوَح، شَمَّ — smell, scent
استرونشيوم: عُنصرٌ فِلِزّيّ إشعاعيّ رمزه «سر» — strontium (Sr) (Chem.)
استريديان: زاويةٌ نِصفُ قُطريّة مُجَسَّمة — steredian (Maths.)
إستِسقاء — (o)edema, anasarca, dropsy, hydrops (Med.)
استِسلام — surrender, capitulation
إستَشارَ، شاوَرَ — consult
استِشارة — consultation, advice
استِشاريّ — advisory
إستِشْراب، فَصْلٌ كروماتوغرافيّ — chromatography (Chem.)
~ تَفريقيّ — partition chromatography
~ غازيّ — gas chromatography
الـ ~ الكَهْروكيماويّ — electrochromatography
الـ ~ الوَرَقيّ — paper chromatography
إستِشْراد: رَحَلانُ الجُزَيئاتِ المُعَلَّقة في مَجالٍ كهربائيّ — electrophoresis (Chem.)
استِشْعار: إدراك بالحواسّ — feeling, sensing, perception
~ بُعاديّ — remote sensing (Electron.)
الاستِشْعاع، المُداواةُ بالأشِعَّة — radiotherapy, radiation therapy
إستَشَفَّ — trace, look through
إستِشفاء — hospitalization
إستِشْهاد: اقتِباس — citation, quotation
~: مَوتُ الشهادة — martyrdom
إستَشْهَد (بـ) — quote, cite
استِصْباح، استِضاءة — illumination, lighting
إستِصْراد: دِراسةُ نُقطةِ تجَمُّد المَحاليل — cryoscopy (Phys.)
استِصلاح — reclamation
~ الأراضي — land reclamation (Agric.)
~ الزَّيت — oil reclamation (Pet. Eng.)
إستِصواب — approval

إستِضاءة — illumination (Phys.)
استِضواء: شِدَّةُ الضِّيائيَّة — luminance
~ ثابت — constant luminance (Telev.)
إستَطارَ، تفَرَّقَ — scatter
استِطارة، تشَتُّت — scattering (Phys.)
~ إستِقطابيَّة — polarization scattering
~ الأشِعَّة السِّينيَّة — X-ray scattering
~ أماميَّة — forward scatter(ing) (Radio)
~ انتِشاريَّة — diffusion scattering
~ تَفاضُليَّة — differential scattering
~ جُهْديَّة — potential scattering (Phys.)
~ خَلفيَّة — backscattering (Phys.)
الـ ~ الذاتيَّة — self-scattering (Phys.)
~ رنّانة — resonant scattering
~ صَوتيَّة — acoustic scattering
~ الضَّوء — scattering of light
~ لامُترابِطة — incoherent scattering (Phys.)
~ لامَرِنة — inelastic scattering (Phys.)
~ مُترابِطة — coherent scattering
~ مَرِنة: لا تُفقَدُ فيها الطاقة — elastic scattering (Phys.)
إستِطاعة — ability, capability, capacity
~، مُواسَعة: سَعَةُ المُكثِّف — capacitance (Elec. Eng.)
إستَطالَ، طالَ — elongate, lengthen
~، إمتَدَّ — extend, stretch
استِطالة — elongation, extension; stretch
~ التمَغْنُط — magnetic elongation
~ بالشَّدّ — tensile elongation
الـ ~ النِّسبيَّة — relative elongation
الـ ~ النِّهائيَّة — ultimate elongation
إستِطراد — digression
إستِطلاع، إستِكشاف — reconnaissance, exploration, scouting
~، استِقصاء، سَبْر — survey, investigation, fact-finding, sounding
~ أرضيّ — ground reconnaissance
~ إلكترونيّ — electronic reconnaissance
~ جَوِّي — air or aerial reconnaissance, aerial survey (Surv.)
~ على الخَريطة — map reconnaissance
إستَظْهَر: حَفِظَ غَيبًا — memorize, learn by heart
إستَعادَ — recover, regain, retrieve
لا يُستَعادُ — irretrievable

إستِعادة — recovery, recuperation, retrieval, reclamation
~ أوَّليَّة — primary recovery (Pet. Eng.)
~ التسجيل — play-back
~ الجِرَّة — regurgitation (Zool.)
~ الحامِض — acid recovery (Chem. Eng.)
~ الحَرارة المَهدورة — waste-heat recovery
~ الزيت — oil reclamation (Pet. Eng.)
~ الصَّوت (المُسَجَّل) — sound reproduction, reproduction of sound (Acous.)
~ صَوتيَّة — acoustic reproduction
~ القُطارة — distillate recovery (Chem.)
استِعار، كالُوريّة — calorescence (Phys.)
إستِعارة — borrowing
~ (لُغَويَّة) — metaphor
إستِعاضة — replacement, substitution; exchange
~ الرُّطوبة — moisture regain
استِعجال — haste, expedition
~ (لِلأهميَّة)، إلحاحيَّة — urgency
~ النُّموّ اصطِناعيًّا — forcing
إستعجَلَ، أسرَعَ — hurry, speed, make haste
~، سَرَّعَ — expedite, accelerate, hasten, quicken
استِعداد — preparedness, readiness
~، إعداد — preparation
~ سابِق، تأهُّب — predisposition
~ فِطريّ، أهليَّة — aptitude, talent
استِعداديّ — preparatory
إستَعَرَ — flame, flare, blaze
~ (بالأشعة تحت الحمراء) مُصدِرًا نورًا — caloresce (Phys.)
~، احتَدَم، أجَّ — deflagrate
إستِعراض — review, survey
~، عَرْض — exhibition, exposition
~ (عَسكريّ) — parade
~ (مَسْرَحيّ) — show, revue, review
~ تَدقيقِ النظام: بينَ المُصَمِّم والمُحَلِّلين — walkthrough (Comp.)
إستَعْرَضَ — review, survey, inspect, examine, consider, discuss
~ مُقَدَّمًا — preview
إستَعْصى، تقَسَّى — indurate
~، لَصِبَ — jam, get jammed

إستِعصاء، شِدَّة — induration, tenacity
~ (اِلتِصاقي)، لَصَب — jam(ming), locking, sticking
الـ ~ الأقصى — maximum tenacity, ultimate strength
~ الصِّمام — sticking (or jamming) of valve (Eng.)
الـ ~ النوعيّ: نِسبةُ مُقاوَمةِ الشدِّ إلى الكَثافة — specific tenacity (Phys.)
إستِعطار، تَعطير: التحَوُّلُ (أو التحويلُ) إلى مُرَكّبات أروماتيَّة — aromatization (Chem. Eng.)
إستَعفى، إستَقالَ — resign
استِعلاء — superiority
مُرَكّب الـ ~ — superiority complex
استِعلام — inquiry, enquiry
استِعلامات — information
إستِعلائيّ، مُتَسامٍ — transcendental
إستِعمار — colonization
استِعمال — use, usage, utilization
~ خَشِن — rough handling, rough usage
~ شخصيّ — personal use
~ عاديّ — common use
إستعمَلَ — use, employ, utilize, apply
إستغرَقَ — occupy, engross
~ (زَمَنًا) — take, last
إستِغلال — utilization, exploitation
~ (المنجم) — development or working (a mine)
~ جَشِع — profiteering
~ الوَظيفة — jobbery
إستَغْنى، غَنِيَ — become rich
~ عن — dispense with, do without
لا يُستَغْنَى عنه — indispensable
إستَفادَ — profit, benefit
إستِفادة — utilization, use
الـ ~ الحَراريَّة — thermal utilization (Eng.)
إستِفتاء — poll, referendum, plebiscite
استِفراغ، تَقَيُّؤ — vomiting (Med.)
استِفزاز — provocation, incitement
إستِفسار، إستِعلام — inquiry
~ حول الأداء (في المطارف المختلفة) — polling (Comp.)
إستِفهام — enquiry, question
إستِقالة — resignation

استِقامة — straightness
~، صِحَّة — rightness, correctness, soundness
~ خُلُقيَّة — righteousness, integrity, probity
~ خَطِّيَّة — linearity (Phys.)
إستِقبال — reception, receiving
~، تقابُل — opposition (Astron.)
~ إتِّجاهي — directional reception (Radio)
~ الأمواجِ الحامِلة العاليةِ المَنسوب — exalted-carrier reception (Radio)
~ تَضارُبيّ (هترودايني) — beat reception
~ التنَوُّع: نِظامُ استقبالٍ (مُتعَدِّد الهوائيّات) يَمْنَعُ الخُبُوّ — diversity reception (Radio)
~ دَقيقُ الأداء (عالي الأمانة) — high fidelity reception (Elec. Eng.)
~ الصَّوت — sound reception (Acous.)
~ عَديمُ الضربات — endodyne reception = zero-beat reception (Radio)
~ بالفِعل الذاتيّ — autodyne reception
~ ~ المُتَغايِر الفَوقيّ — superheterodyne reception (Radio)
~ لاتَضارُبيّ — non-beat reception
~ لاسِلكيّ — radio reception
~ مُتَعَدِّدُ المَسارات — multipath reception
~ مَحَلِّي — local reception (Radio)
~ مُزدَوِج — double reception (Radio)
إستِقباليَّة — receptibility
إستَقَرَّ، إستَوطَنَ — settle
~، إتَّزَنَ — stabilize, steady
~، إستكَنَّ — repose, subside
إستِقراء، إستِنتاج — induction
~ رياضيّ — mathematical induction
إستِقرابيّ — approximate
إستِقرار، إستيطان — settling, settlement
~، ثَبات — stability, steadiness (Phys.)
~ إتِّجاهيّ — directional stability (Aero.)
~ إستاتيّ — static stability (Aero., Elec. Eng.)
~ الإشعاع — radiation stability
~ التحكّمِ الأوتوماتيّ — automatic control stability (Eng.)
~ الترَدُّد — frequency stability (Radio)
~ تِلقائيّ — automatic stability (Eng.)
~ جانبيّ — lateral stability (Aero.)
~ جَوِّي — meteorological stability

~ حَراريّ: عدَمُ الانِحلال بالتسخين — thermostability, thermal stability
~ داخِليّ، الِاستِتْباب — homeostasis (Biol.)
~ دَوريّ — cyclic stability
الـ ~ الديناميّ — dynamic stability
~ ذاتيّ — intrinsic stability, autostability
~ سُكونيّ — static stability (Elec. Eng.)
~ الطور — phase stability
~ طُولانيّ — longitudinal stability (Mech.)
~ عابِر — transient stability
~ عَموديّ — vertical stability
~ كيماويّ — chemical stability
~ لاارتجاجيّ — dead-beat stability
~ لامُتَماثِل — asymmetric stability
~ اللون — colour stability
~ مُتَعادِل — neutral stability
~ مَرِن — elastic stability (Mech.)
~ مُستَعْرِض — transverse stability (Mech.)
~ مِغْنَطيسيّ — magnetic stability
~ ميكانيكيّ — mechanical stability
~ نَوَويّ — nuclear stability (Phys.)
إستِقراريَّة أُوتوماتيَّة — autostability (Eng.)
إستِقرائيّ — inductive
إستَقْصى — investigate, explore, survey
إستِقصاء — investigation, exploration, inquiry, survey, fact-finding
~ (عِلْميّ) — research
~ بالأشِعَّة السِّينيَّة — X-ray investigation
~ دَوريّ — periodic survey
إستِقطاب: إنفصالُ شِحنات الجُزَيء السالبة والموجِبة بتأثير عامِلٍ خارجي — polarization (Phys., Chem.)
~ استِوائيّ — plane polarization (Phys.)
~ أُفُقيّ — horizontal polarization (Radio)
~ الانتِشار — diffusion polarization
~ أنوديّ — anodic polarization (Eleg. Eng.)
~ إهليلَجيّ (ناقِصيّ) — elliptic polarization
~ تِلقائي — spontaneous polarization (Phys.)
~ بالحَثّ — induced polarization (Phys.)
~ الخَليَّة (الكهربائيَّة) — cell polarization
~ دائريّ — circular polarization
~ دَورانيّ — rotary polarization (Phys.)
~ رأسِيّ — vertical polarization (Phys.)
~ شَبَكيّ — grid polarization

استِقطاب (تابع)
~ الضَّوء — polarization of light (Phys.)
~ العازِل — dielectric polarization (Elec. Eng.)
~ كَهربائيّ — electric polarization
~ كَهْرَليّ — electrolytic polarization
~ مُستحَثّ — induced polarization (Phys.)
~ مِغْنَطيسيّ — magnetic polarization
~ ~ بَصَريّ — optical magnetic polarization (Phys.)
~ مَهْبطيّ — cathodic polarization
~ ناقِصيّ (إهليلَجيّ) — elliptical polarization
استِقطابيَّة — polarizability (Chem.)
الـ ~ التوجيهيَّة — orientational polarizability
استِقطار — distillation
استِقطاع — deduction
~ إطاري (للعَرض الجُزئي) — windowing, scissoring (Comp.)
استَقْطَبَ، تَقَطَّبَ — polarize
استِقلاب، أيض — metabolism (Biol.)
استِقلال — independence
~ ذاتيّ، حُكْم ذاتيّ — autonomy
استِكشاف، اكتِشاف — discovery
~، استِطلاع — exploration, prospecting, reconnaissance
~ جَوِّي — air reconnaissance
~ جيوفيزيائيّ — geophysical prospecting
~ بالطريقةِ الزّلزاليّة، ~ مِرجافيّ — seismic exploration, seismic prospecting
~ المَغاوِر — potholing
~ مِغنَطيسيّ من الجو — aeromagnetic prospecting
~ المَوقِع — site exploration
استِكشافيّ — exploratory
استَكْشَفَ، ارتادَ — explore, prospect
استِكمال: استِكمالٌ من الداخِل — interpolation (Maths.)
~ (بالاستِقراء): من الخارِج — extrapolation (Maths.)
~ ماء الخَليَّة الثانويَّة — topping up a secondary cell (Elec. Eng.)
استَكمَلَ بالاستِقراء أو القياس — extrapolate (Maths.)

أسْتَلَ: أدخَلَ شِقًّا أسيتيليًّا على — acetylate (Chem.)
استَلَّ — draw, pull out
استِلام، تَلَقٍّ — receipt, reception
أسْتَلة — acetylation (Chem.)
استَلْزَمَ — require, call for, necessitate, entail
استِلاريتُور، مُوَلِّدة نَجميَّة — stellarator (stellar generator) (Nuc. Eng.)
استَلَمَ، تسَلَّم — receive
استِمارة — form
~ طَلَب — application form, order blank
استِماع — audition, hearing; listening
استَمَدَّ — derive, draw, get
استمَرَّ، امتَدَّ — continue
~، دامَ — last, persist, stay
استِمرار، دَوام — continuation; persistence
~ الأثَر في العَين — persistence of vision (Phys.)
استِمراريَّة — continuity; permanence
الاستِمطار: الإمطارُ الاصطِناعيّ — rainmaking (Meteor.)
استَمَعَ لِلتَّسجيل (استِعادة) — play-back
استِملاك (اكتِسابيّ) — acquisition
~ (مُصادَرة) — expropriation; seizure
استِناد، ارتِكاز — leaning
~، اعتِماد — reliance, dependence
استِنبات — culture, cultivation
استِنباط، ابتِداع — invention, discovery
~، استِخراج — extraction, drawing out
~، استِنتاج — deduction, inference, conclusion
استِنباطيّ، استِنتاجيّ — deductive
استَنبَتَ — culture, cultivate
استَنبَطَ، ابتَكَرَ، اختَرَعَ — devise
~، استخرَجَ — extract, draw out
استِنتاج — inference, conclusion, deduction
الـ ~ الرياضيّ — mathematical induction
استَنتَجَ — conclude, infer, deduce
استَنَدَ، ارتكَزَ — lean, rest (on)
~، اعتمَدَ — depend, rely
استِنزاف — depletion, exhaustion, attrition; bleeding
استنزَفَ — deplete, use up; bleed
استِنساخ — duplication, copying
~ بالدَّلك (لِلنُّقوش البارِزة) — frottage

~ ضَوئيّ (فوتوغرافيّ) — photocopying
~ لاتزاوجي — cloning (Biol.)
استِنسِل، رَوْسَم — stencil
استِنشاق، تَنَشُّق — inhalation
استِنْصال — stripping
~ بالبُخار — steam stripping (Chem.)
استِنطاق، استِجوابٌ (دَقيق) — interrogation, questioning, cross-examination
استِنفاد، استِنزاف — depletion, exhaustion; consumption
استَنفَدَ، استَنْزَفَ — deplete, consume, exhaust, drain
استنفَرَ، أنذَرَ (أو أمَرَ) **بالتأهُّب** — alert
استنكَرَ، استَهْجَنَ وشَجَبَ — condemn, denounce
استِهداف، أُهبة (لِلمَرَض) — diathesis (Med.)
~، حَساسية أرجيَّة — allergy
استِهدافيَّة — susceptibility
استِهزاء — irony, ridicule
استَهَلَّ — start, begin, commence
استِهلاك — consumption
~ (بالاستِعمال) — wear and tear
~ (الأُصول) — depreciation
~ (الدَّين) — amortization
~ الزيت — oil consumption
~ الطاقة — energy consumption
~ القُدرة — power consumption
الـ ~ المَحلّي — home (or local) consumption
~ مُفرِط — excessive consumption
الـ ~ النَّوعيُّ لِلوَقُود — specific fuel consumption (Eng.)
~ الهَواء — air consumption
استَهْلَكَ، استَنْفَدَ — consume, exhaust
استِهواء — appeal, fascination
~، استرواح — pneumatosis (Med.)
استَوى — level; straighten; flatten
~ (مع السَّطح) — flush
~، نَضِجَ — ripen
استِواء — evenness, levelness
~، استِقامة — straightness
~، تَساوٍ — equality
~ أُفُقيّ — horizontality
استوائيّ — equatorial
استَوجَبَ، استَحَقَّ — deserve, merit

إسْتَوْجَبَ (تابع)
~، إستَلْزَمَ require, necessitate
إستَوْرَدَ import
~ ثانيةً reimport
إستَوطَنَ settle, inhabit
إستَوعَبَ، إحتَوى hold, contain
~، إمتَصَّ assimilate, absorb
~، فَهِمَ comprehend, grasp, understand
إستَولى على capture, seize, take over
~ ~ (للمصلحةِ العامة) requisition
~ ~، صادَرَ confiscate
إستَولَدَ breed
~ داخِليًّا inbreed
إستياء، إمتِعاض resentment, displeasure
إستيثاق authentication
إستِئجار rent(ing), hire, leasing, tenancy
~ مِن الباطِن subleasing
~ زَمَنيّ time charter
~ المَرْكَبَة (لِفَترةٍ أو سَفْرة) chartering
إستيراد import, importation
إستيزاء collineation, collimation (Surv.)
إستِئصال، إزالة removal
~ (جِراحي) excision, ablation, -ectomy (Med.)
~، إجتِثاث uprooting, eradication
~ الحِراج deforestation
~ الغاز (من الصِّمامات) gettering (Electron.)
إستيطان settlement
إستيعاب، سَعَة capacity
~، إدراك comprehension, perception
~ حَرَكَة المُرور traffic capacity
الـ ~ السَّمْعيّ المُجسَّم auditory perspective, stereophony (Acous.)
إستيلاءٌ على capture, seizure
إستيلاد breeding (Biol.)
~ داخِليّ inbreeding (Biol.)
~ خارِجيّ، تَهْجين outbreeding (Biol.)
إستِمارة، إستِمارة form
~ طَلَب application form, order blank
إستِئناف، مُتابَعة resumption, continuation
~ (الحُكم) appeal
إسْثين، كيلو نيُوتُن sthene (Phys.)
أسْحَمُ: أصفرُ بُنّيّ tawny

أسَدٌ lion (Zool.)
بُرج الـ ~ Leo (Astron.)
الـ ~ الأصغَر Leo Minor (Astron.)
أسْدِيَة: (أنظُر: سَدَاة) stamens (Bot.)
~ بارِزة exserted stamens (Bot.)
~ مُكتنِفة included stamens (Bot.)
أسَرَ capture
أسْر capture; captivity
~ إشعاعيّ radiative capture (Phys.)
~ إلكترون ك k-capture (Phys.)
~ إلكترونيّ electron capture (Phys.)
~ پروتونيّ proton capture (Phys.)
~ رَنينيّ resonance capture (Chem., Phys.)
~ طُفَيليّ (لِلنيوترونات) parasitic capture
~ لاانشِطاريّ non-fission capture (Phys.)
~ مُشِعّ radiative capture (Phys.)
~ نَهريّ river capture, stream capture (Geol.)
~ النيوترونات neutron capture (Phys.)
إسراج harnessing
إسراع speed-up, hastening, hurry(ing)
~، تعجيل acceleration (Phys.)
~ القَلْب tachycardia (Med.)
إسراف extravagance, immoderateness
~، مُبالَغة exaggeration
أُسرة family, household
أسْرَجَ harness, saddle
أسْرَعَ hurry, speed, hasten
أسرَعُ من الصَّوت supersonic (Phys.)
إسْرَنْجُ السَّحج reddle (Min.)
أسروع، سُرفة caterpillar (Zool.)
أسَّسَ found, establish
~، وَضَعَ كأساس base
أسِسَة، قَعِدة: إلْفُ الأصباغ القاعدية basophil(e), basiphil (Zool.)
إسْطَبْل stable
أسْطُح (أنظُر: سَطح) surfaces
~ تَوجيه flying controls (Aero.)
~ ~ مُتَوازِنة balanced controls (Aero.)
~ ~ مُعاقَة الحَرَكة locked controls (Aero.)
أسْطُرلاب astrolabe (Astron.)
اسطمبة: لقمة لولبيّة die (Eng.)
أُسْطُوانات (أُنظُر: أسْطُوانة) cylinders
~ تَرادُفيّة tandem cylinders (Eng.)

~ مُزدَوِجة paired cylinders, twin cylinders (Eng.)
~ النَّفْخ blowing cylinders (Mining)
أسطوانة، مُجَسَّمٌ أسطُوانيّ cylinder; drum, roll
~ آنِيَّة: يُمكِنُ استِعادةُ محتوياتِها فورًا بعدَ التسجيل instantaneous disk (Acous.)
~ (أو طَبْلَةُ) تجفيف drying drum
~ تجميع الحمأة mud drum
~ تحميص roasting drum (Met.)
~ تخميد dash pot (Eng.)
~ التسجيل الأصليَّة master disc
~ تَشْغيل actuating cylinder (Eng.)
~ تغذية feed roller (Eng.)
~ الحاكي، ~ حاكِيَة gramophone record
~ خَلْط mixing drum
~ خَيشوميَّة gilled cylinder
~ الدَّلْفَنة (أو الترقيق) muck roll (Met.)
~ رَئيسَة master cylinder (Eng.)
~ صُلْبة hard disk (Comp.)
~ غَرْبَلة screening drum (Mining)
~ قائمة right cylinder (Eng.)
~ مِن قِطعةٍ واحِدة: لا يُفْصَلُ رأسُها solid head (I.C. Engs.)
~ كَسْح scavenging cylinder (Eng.)
~ لَفّ winding drum
~ مَرايا المَسْح mirror drum (Telev.)
~ المِرْجَل boiler drum (Eng.)
~ المِرْفاع hoist drum (Mining)
~ مَركَزيَّة stele (Bot.)
~ مُزدَوِجةُ الفِعل double-acting cylinder (Eng.)
~ مُزَعنَفة gilled cylinder (Eng.)
~ مُسَجِّلة phonogram (Acous.)
~ مُشَفَّهة flanged cylinder
~ المِصَدّ buffer cylinder
~ مُعادِلة، ~ مُعادَلة compensating cylinder
~ مغنطيسيَّة magnetic drum (Comp.)
~ مُفرَدةُ الفِعل single-acting cylinder
~ المِكْبَح brake drum (Eng.)
~ هواءٍ مَضْغوط air bottle, compressed-air bottle
أسطوانيّ cylindrical

أُسطُوانيّ (تابع)
~ مَخروطيّ cylindroconical
الأُسطُوانيّات: الديدانُ الأُسطُوانيَّة Nemathelminthes (Zool.)
أُسطُورة legend
أُسطُوريّ legendary
أُسطُول (بَحريّ أو جَوِّيّ)، عَمَارة fleet
~ بَحريّ navy
~ تجاريّ merchant marine
~ صَغير flotilla (Naut.)
أسعار (أُنظُر: سِعْر) prices
الـ ~ السائِدة prevailing prices, ruling prices
الـ ~ المَحَليَّة local rates
إسعاف aid, relief, help
~ أوَّلي first aid
أسْعَفَ aid, help
أسَفَّ skim, sweep
~ في الطيران hedgehop (Aero.)
إسفاناخ، رَخَى spinach (Bot.)
إسفَغْنون: طُحْلُبُ خُثِّ المَناقِع Sphagnum, bog moss (Bot.)
أسفل، سُفليّ lower, inferior
أسفَلْت، زِفت asphalt, asphaltum
~، قِيرٌ مَعدِنيّ earth pitch, mineral pitch (Pet. Eng.)
~ بَطيءُ الجُمُود slow-curing asphalt
~ سَريعُ الجُمود rapid-curing asphalt
~ السُّطوح roofing asphalt (Build.)
~ طَبيعيّ natural asphalt (Pet. Eng.)
~ (تَزْفيتِ) الطُّرُق road asphalt
~ مُخَفَّف cut-back asphalt
~ مَدْكوك tamped asphalt
~ لِمَنْع التسَرُّب waterproofing asphalt
~ نَقِيّ refined asphalt (Pet. Eng.)
أسْفَلْتيت، الزِّفتُ الطبيعيّ asphaltite
إسفَنْج، إسفَنْجة sponge
~ مَطّاطيّ rubber sponge (Chem.)
إسفَنْجِيّ، لَيِّنٌ كثيرُ المَسام spongy
~ البِنْية cancellous, cancellated (Zool.)
الإسفَنْجيّات، المُثقَّبات Spongiae, Porifera (Zool.)
إسفَنْجيَّة sponginess
إسفَنْدان، قَيْقَب maple (Bot.)

إسفِيداج، الرَّصاصُ الأبيض white lead (Chem.)
إسْفِين، سَفين wedge
~: تِيْتَنايت sphene, titanite (Min.)
~ (إغلاقِ) الصِّمام valve wedge (Eng.)
~ تكسير: يُدَقُّ في الشُّقوق buster
~ خابوري cotter
~ دَعْم quoin
~ ريشيُّ الشَّكْل feather
~ زَنْق tightening wedge, cotter pin (Eng.)
~ ضَبْط adjusting wedge (Eng.)
~ كُرَويّ spherical wedge, spherical ungula (Maths.)
~ مُباعَدة shim (Eng.)
~ مُتَعَدِّدُ السُّطوح multiple wedge
~ مُرتَفَعٍ جَوِّي wedge of high pressure (Meteor.)
~ مَنْعِ الانزِلاق scotch
إسفينانِ مُتَضادّان (لِضَبْطِ الاستِواء) striking wedges (Civ. Eng.)
إسفينيُّ (أو وَتَديُّ) الشَّكْل cun(e)iform, wedge-shaped, sphenoid
إسقاء، رَيّ irrigation
~ بالرَّش spray irrigation
~ بالرَّشْح furrow irrigation
~ بالغَمْر submerging, flooding
~ المِضَخَّة pump priming (Eng.)
إسقاطٌ (ضَوئيّ أو هَندَسيّ) projection, (Maths., Phys.)
~، إجهاض abortion (Zool.)
~، سُقوط dropping
~، حَذْف elimination, omission
~ أماميّ front projection, reflex projection (Cinema)
~ أيسومتريّ isometric projection (Arch.)
~ ثُلاثيُّ الأبعاد trimetric projection
~ خَلفيّ back projection (Cinema)
~ رأسيّ vertical projection
~ سَمْتيّ azimuthal projection
~ ~ مُتَساوي الأبعاد azimuthal equidistant projection (Geog.)
~ الصُّوَر الصُّغْريَّة microprojection
~ عَمُوديّ orthogonal projection (Geom.)
~ قُطْبيّ polar projection
~ مائِل oblique projection (Surv.)

~ مُتَساوي المَقاييس isometric projection (Surv.)
~ مُتَعامِد orthographic projection (Geom.)
~ مُتَوازٍ parallel projection
~ مُجَسَّم stereographic projection
~ مِركاتوريّ (أُسطُوانيّ) Mercator projection (Geol.)
~ مَنظوريّ perspective projection
~ هَندَسيّ geometrical projection
إسقالة، سِقالة scaffold (or scaffolding), staging
~ سُلَّمِيَّة ladder scaffold
الإسْقَربوط scurvy (Med.)
أسقَطَ، سَقَّطَ drop
~ (لِتَخفيفِ الحِمْل) jettison
~، حَذَفَ omit, cancel, eliminate
~، طَرَحَ subtract (Maths.)
~ (ضَوئيًّا أو هندَسيًّا) project
إسْقُمْري mackerel (Zool.)
إسكابَة، سِداد spile, bung
إسكات silencing
إسكاف cobbler, shoemaker
إسكان housing
أُسْكُفَّة، عَتَبة sill
~ (دَعْم) العمود patand, patin (Build.)
~ النافِذة، عَتَبةُ النافِذة window-sill
أُسكوبة، سِداد، إسكابَة bung, spile
أسلاك (أُنظُر: سِلْك) wires, wiring
~ أو تَمديداتٌ كهربائيَّة electric wiring
~ التوصيل connecting wires, leads (Elec. Eng.)
~ رَصاصيَّةٌ رَفيعة (لِقياسِ الخُلوص) leads (Eng.)
~ شائِكة barbed wire
~ مَحجوبة screened wiring (Elec. Eng.)
~ مَسْحُوبة (داخِلَ أنابيب) fished wires
أَسَلَة، سَفاة، شَوكة barb
~، طَرَفٌ مُستَدِق tip
أسلِحة weapons, arms, armament, weaponry
أسلَكَ: أسلَكَ الحَبْلَ في ثَقبٍ أو حَلقة reeve, thread
أُسلوب mode, style; manner
~، طَرِيقة method, process

أُسلوب (تابع)

~ بَسِمَر — Bessemer process (Chem. Eng.)
~ تحليليّ — analytical approach (Maths.)
~ التعويم — floatation process
~ تِقْني أو فَنّي — technic
~ التلامُس: لتحضير حامض الكبريتيك — contact process (Chem. Eng.)
الـ ~ العِلْمي — scientific method
الـ ~ القاعِدي (في صُنْع الفولاذ) — basic process (Met.)
~ الكربون والبروميد (للطباعة الملوّنة) — Carbro process
~ المَجمَرةِ المَكشوفة — open-hearth process (Chem. Eng.)
اِسمٌ — name (Chem.)
~، شُهرة — reputation
~، لَقَب — title
~ تجاريّ — trade name
~ تَقْليديّ — traditional name (Chem.)
~ جِنْس — generic name (Biol.)
~ ~ (في اللغة) — generic noun
~ رَمزيّ — code name
الـ ~ العاديّ (لِمُرَكَّب كيميائيّ) — trivial name
~ مُستَعار — pseudonym, alias
~ مَنْهَجيّ (كما في أُكسيد الحَديد III بترقيم ستُوك) — systematic name (Chem.)
أسْمِدة (أُنظُر: سَماد) — fertilizers
أسمَرُ — brown, tawny
~ مُصْفَرّ — tan
~ نُحاسيّ — auburn
اِسمِرار: مرضٌ نباتي سافِع — scald (Bot.)
إسمَلت، مينا كُوبَلْتيَّة — smalt (Chem.)
إسْمَنْت، مِلاط — cement
~ الأسبَسْتُوس — asbestos cement
~ بَطيءُ الشَّك — slow-setting cement (Civ. Eng.)
الـ ~ الحَديديّ — iron cement
~ حَراريّ: صامِدٌ لِلنّار — refractory cement, fire cement
~ ذاتيُّ ٱلإجهاد — self-stressed cement
~ رَخْوٌ — cement slurry
~ سائِب (غيرُ مُعَبَّأ) — bulk cement
~ سَريعُ الشَّك — quick-setting cement, quick or rapid-hardening cement
~ صامِدٌ لِلماء — waterproof cement (Civ. Eng.)
~ طَبيعيّ، مِلاطٌ طَبيعيّ — natural cement (Build.)
~ مانِعٌ لِلتسَرُّب — anti-leak cement
~ مائِع — grout
~ مَدُود — expanding cement (Civ. Eng.)
~ مُسَلَّح — reinforced concrete (Civ. Eng.)
~ مُؤَخَّرُ الشَّكّ — retarded cement
~ هُلاميّ (غَرَوانيّ) — gel-cement
~ هَيدروليّ، ~ مائيّ: يتصَلَّبُ تحتَ الماء — hydraulic cement, water cement (Build., Civ. Eng.)
أسموزيّة — osmosis (Chem.)
~ لِلخارج — exosmosis
~ لِلداخِل — endosmosis
~ كَهربائيّة — electro-osmosis
اِسمِيّ — nominal
اللا~ — innominate (Zool.)
إسناد، مَرجِعُ إسناد — reference
~، دَعْم — support
إسناديّ: مُتَّخَذٌ كأساس مرجعي — fiducial
إسنان — dentition; teething (Zool.)
أسنان (أُنظُر: سِنّ) — teeth
~ التُّرس — whelps, gear teeth (Eng.)
~ حَلزونيَّة — helical teeth (Eng.)
~ خارِجيَّة — external teeth (Eng.)
~ دائمة — permanent teeth (Zool.)
~ دُوَيريَّة — cycloidal teeth (Eng.)
~ عَميقةٌ مُفَلَّجة — rake(r) teeth (Eng.)
~ اللبَن — milk teeth (Zool.)
~ اللولَبةِ ٱلموَحَّدةُ القياسات — unified screw threads (Eng.)
~ لَولَبيَّة — helical teeth, spiral teeth (Eng.)
~ مائِلة — skew teeth (Eng.)
~ مُتلَفِّفة: إلى الداخِل — involute teeth (Eng.)
~ مُخَلَّصة — relieved teeth (Eng.)
~ مَنْحُولة (ٱلتَّسْنين) — stripped teeth (Eng.)
أسنَدَ، سَنَدَ — support, prop
~، عَزا أو نَسَبَ إلى — ascribe, attribute, refer
إسهاب، تَنْميق — elaboration
إسهال، زُحار — diarrhea (or diarrhoea) (Med.)
إسهام، اِكتِتاب — contribution
~، مُساهَمة — participation, sharing
أسْهَر، الأسْهَرُ — vas deferens (Med.)
أسْهَل (البَطْنَ) — purge
أسْهَمَ — share, contribute, participate
أسهُم (أُنظُر: سَهْم) — shares, stocks
~ رأسماليَّة — capital shares
~ ماليَّة، سَنَدات — stocks, bonds
~ مُسَجَّلة — inscribed stock
~ ناريَّة، مُفَرقِعاتٌ استِعراضيَّة — fireworks
أسواقٌ مُحتَمَلة — potential markets
أسوَد — black
~ الأسيتيلين — acetylene black (Chem.)
~ الأنيلين — aniline black
~ البْلاتين — platinum black (Chem.)
~ حالِك — jet black, pitch-black
~ العاج — ivory black
~ العِظام، الفَحْمُ العَظْميّ — bone black
~ الغاز، سِناجُ الغاز — gas black (Paint.)
~ القار — pitch-black
اِسوِداد — blackening (Illum.)
إسويّ، مُساوٍ — iso-, equal
~ الأصل، مُتَماثِلُ الأصل — isogenetic (Zool.)
~ التوَتُّر، مُتَساوي الضَّغْط التناضُحيّ — isotonic = iso-osmotic (Biol., Chem.)
~ الضَّغط، متساوي الضغط — isopiestic (Phys., Chem.)
~ ~ (الجَوّيّ) — isobaric
~ ~ التناضُحيّ (الأزموزي) — isosmotic (Phys.)
~ المَيْل — isoclinal
أُسِّيّ، دَليليّ — exponential (Maths.)
أسيتات، خَلّات — acetate (Chem.)
~ (أو خَلّات) الرَّصاص — salt of Saturn, sugar of lead
~ الكالسيوم — calcium acetate (Chem.)
أسيتالدهَيْد، أَلْدهَيْد خَلِّي — acetaldehyde (Chem.)
أسيتامَيْد، أميدُ الخَلّ — acetamide (Chem.)
أسيتانِليد، أنيليد الخَلّ — acetanilide (Chem.)
أسيتون، خَلُّون — acetone (Chem.)
أسيتيل، خَلّيل — acetyl (Chem.)
أسيتيلين — acetylene (Chem.)
أسير — prisoner

أسير (تابع)
~، مُقَيَّد — captive
أُسَيْطِينة — roller (Eng.)
أَسْيَلَ، أَسَّلَ، حَمْضَلَ — acylate (Chem.)
أَسْيَلة — acylation (Chem.)
أُسَيْلة، شُوَيكة — barbule (Bot.)
أشابَ، مَزَجَ (السبيكة) — alloy
~: عالَج بالشوائب — dope (Electron.)
أُشابة، سَبيكة، خَليطٌ مَعدِنيّ — alloy (Chem.)
~ إشعال — pyrophoric alloy (Chem.)
~ تصَلُّديّة — eutectic alloy (Chem.)
~ صَهور — fusible alloy
~ فِضيّة تِبريّة — dore silver
~ لِحام صَلْد — brazing alloy
~ مُضادّةٌ لِلاحتِكاك — anti-friction alloy (Phys.)
~ نَفّاذة — permalloy
إشابة — doping (Electron.)
أشارَ (إلى)، دَلَّ — point, indicate, signal
~ (بِـ)، نَصَحَ — advise, counsel
إشاراتُ تَنظيمِ المُرور — traffic control signals
~ تَوجيهٍ لاسِلكيّة أو ضَوئيّة — beacon (Radio)
~ السَّير — traffic signs (Civ. Eng.)
~ ~ (الضَّوئيّة) — traffic lights, traffic signals
~ مُقَوَّمة — rectified signals (Elec. Eng.)
~ الوقتِ اللاسِلكيّة — radio time signals
إشارة — indication
~، عَلامة — sign, signal; mark
~ إجابة — answer signal
~ استِغاثة — distress signal, SOS
~ انتِهاء الإنذار — all-clear signal
~ ~ المُحادَثة — clearing signal (Teleph.)
~ إنذار — warning signal
~ الانشِغال — busy signal (Teleph.)
~ أو عَلامةٌ مُضادّة — opposite sign
~ بَدْء — cue
~ البُعْد (على شاشةِ الرادار)، عَلامةُ المَسافة — distance mark (Radar)
~ تأطير — framing signal (Elec. Comm.)
~ تحكُّم — control signal
~ تَزامُنِ ٱلمَسْحِ التليفزيونيّ — television synchronizing signal (Telev.)

~ تَعامُديّة — Q-signal
~ تَنْبيه — alarm, alerting signal (Teleph.)
~ تَوقيت — timing signal
~ الجَمْع (+) — plus sign
~ حامِلة — carrier signal (Elec. Comm.)
~ حامِلةٌ لِلصُّوَر — video signal (Electron.)
~ الخَطأ — error signal
~ الخَطَر — alarm (signal)
~ دَخيلة (مُشَوِّشة) — noise (Electron.)
~ دَليليّة — pilot signal
~ رَفْعِ السَّمّاعة — off-hook signal (Teleph.)
~ زَمَنيّة — time-signal
~ زَوالِ الخَطَر — all-clear signal
~ سمعيّة — aural signal (Elec. Comm.)
~ سُؤاليّة — Q-signal
~ شارِدة — stray signal (Radio)
~ صُوَريّة — picture signal (Telev.)
~ (ضَبْطِ) الوَقت — time-signal
~ ضَوضائيّة — noise signal
~ ضَوئيّة — light signal
~ ~ رادارية — blip (Radar)
~ عَشْوائيّة — random signal
~ فَصْل — break signal
~ فيديو، ~ رُؤيَويّة: ناتِجة عن مَسْحِ الصورة — video signal (Electron.)
~ اللاإرسال: إشارةٌ غيرُ مُضَمَّنة لا تحمِلُ رِسالةً أو معلومات — mark hold (Teleg.)
~ اللاانشِغال — dial tone (Teleph.)
~ لاسِلكيّة — radio signal (Radio)
~ لَونيّة (تلفزيونيّة) — colour signal (Telev.)
~ مُؤلَّفة — composite signal (Elec. Comm.)
~ المَبْدَى — threshold signal (Radio)
~ مُزامِنة — sync(hronizing) signal (Telev.)
~ المَسْح — sweep signal (Electron.)
~ مُضيئة، ~ مُتَوَهِّجة — flare signal
~ مُطاوِرة — phasing signal (Telev.)
الـ ~ المُمَيَّزةُ الدُّنيا — minimum discernible signal (Radio)
~ مُوالَفة — tuning signal
~ (المَوجة) الحامِلة — carrier signal (Radio)
~ نَبْضيّة — impulse signal, pulse signal (Elec. Eng.)
~ نِداء لاسِلكيّة — radio-call signal (Radio)
~ نُصُوع — Y-signal (Telev.)
~ وارِدة — incoming signal

~ وَضْعِ السَّمّاعة — on-hook signal (Teleph.)
~ وَمْضيّة — flash signal
أشاطَ — singe, sear, scorch
أشاعَ — rumour
إشاعة — rumour, hearsay
أشَبَّ: وَجَّهَ (الطائرةَ) إلى أعلى — nose up (Aero.)
أَشَّبَ: مَزَجَ (المعادِنَ) — alloy (Chem.)
إشباب — rejuvination
أشباحٌ طَيْفيّة — spectral ghosts (Phys.)
إشباع، تشَبُّع — saturation (Chem., Phys.)
~ البَياض — white saturation
~ لَونيّ — colour saturation
~ بالمِلح — salting (Mining)
أشباهُ الإنسان — anthropoids (Zool.)
~ الفِلِزّات — semimetals (Chem.)
~ المَعادِن — mineraloids
~ الموصِّلات — semiconductors (Electron.)
أشبَعَ، شَبَّعَ — saturate
إشتِباك، عِراك — clash, engagement
~، تشابُك — entanglement, involvement, intertwining
إشتِباه، شَكّ — suspicion
إشتَبَهَ بِـ — suspect
إشتَدَّ: قَوِيَ — intensify, strengthen
~: تَفاقَمَ — aggravate
~: صَلُبَ وجَسُؤ — harden, stiffen
إشتِداد: إزديادُ الشِّدّة أو الحِدّة — intensification, exacerbation, hardening, aggravation
إشتِراب: إمتزازٌ أو إمتِصاص — sorption
إشتَرَطَ — condition, provide, stipulate
إشتَرَعَ — legislate, enact
إشتَرَكَ — participate, partake, take part
إشتِعال — ignition, kindling, combustion
~ بالانضِغاط، ~ انضِغاطيّ — compression ignition (Eng.)
~ تِلقائيّ — spontaneous ignition or combustion (Build.)
~ خَلْفيّ — back-fire (Eng., Autos.)
~ ذاتيّ — auto-ignition (Autos.)
~ غيرُ مُنتَظِم — irregular ignition
الـ ~ بِقَفْزِ الشَّرارات — jump-spark ignition
~ مُبَكِّر — early ignition

إشتِعاليَّة، شَعُوليَّة — ignitability, combustibility
إشتَعَل — ignite, kindle, burn, catch fire
~ خَلْفيًّا — back fire (Autos.)
~ بِنورٍ ساطِع — flare
إشتِغال — working, operation
~ عاديّ — normal performance (Eng.)
~ المُحَرِّك — engine performance
~ مُنتظِم — smooth running, smooth working
إشتغَلَ — work, operate, function
~ على نَوبَتَين — to work double shifts
إشتَقَّ — derive
إشتِقاق، إستِخراج — derivation
إشتكى — complain
إشتَمَّ. أدرَكَ — smell; feel, realize
إشتِمال — embodiment, containment
إشتَمَلَ، إحتَوى — contain, include
أشجار (أنظُر: شجرة) — trees
~ دائمةُ الخُضرة — evergreens (Bot.)
~ الصِّناعة — industrial plants
~ مُثمِرة، ~ الفَواكِه — fruit trees (Bot.)
~ مُعْبِلة أو نَفْضيَّة — deciduous trees (Bot.)
~ مَقطوعة — timber
الـ ~ النامِيَة — standing timber
الأشخاصُ المُهِمُّون — key personnel
أشدَفُ — bevel
أشَّرَ، سَنَّنَ — serrate
~ (إلى) — point
~ (على) — tick, mark
إشراب — impregnation
~ خَوائيّ (تحتَ التفريغ) — vacuum impregnation (Elec. Eng.)
~ بالكربون — carbonization (Eng.)
إشراد (أو رَحَلان) كَهربائيّ — electrophoresis (Chem.)
إشرار، تفريغٌ شَراريّ — sparking (Elec. Eng.)
إشراف، مُراقَبة — supervision, control, oversight
إشراق، تألُّق — radiance, brightness, luminosity
أشْرَبَ، شَرَّبَ — impregnate, imbue, infuse
أُشْرَة، مِرزَّة — ovipositor (Zool.)
~، سِنٌّ أو حَزّ — serration, sawtooth (Eng.)

أشرِطة (أُنظُر: شَريط) — tapes, stripes, bands
أشرَفَ، راقَبَ — supervise, superintend, control
~، أطَلَّ (على) — overlook, command
أَشْرَقَ — rise
أشْرَمُ، مَشْقوق — bifid (Bot.)
أشَعَّ: أصدَرَ إشعاعاتٍ — radiate
شَعَّعَ: عَرَّضَ لِلإشعاع — irradiate
إشعار، تَبْليغ — notification, note
~ إرسال — advise of dispatch
~ تَسْليم — delivery note
إشعاع — radiation (Phys.)
~، تألُّق — radiance
~ أبيض (مُتَّصِلُ الطَّيْف) — white radiation (Phys.)
~ أُحاديُّ الطاقة — monoenergetic radiation (Phys.)
~ أُحاديُّ اللون — monochromatic radiation (Phys.)
~ أرضيّ — earth radiation, terrestrial radiation (Phys.)
~ أكتينيّ — actinic radiation (Phys.)
~ ألفيّ — alpha radiation (Phys.)
~ انتقائيّ — selective radiation
~ أوَّليّ: ~ مُباشِر — primary radiation
~ بائيّ — beta radiation (Phys.)
~ تامّ — full radiation (Phys.)
~ ثانَويّ — secondary radiation (Phys.)
~ الجِسْمِ الأسود — black-body radiation (Phys.)
~ جُسَيميّ — corpuscular radiation (Phys.)
~ حَراريّ، ~ الحرارة — heat (or thermal) radiation
~ ذَرِّي — atomic radiation (Phys.)
~ رَنينيّ: له ترَدُّد الإشعاع الساقِط المُسَبِّب له — resonance radiation (Phys.)
~ شارِد — stray radiation (Phys.)
~ شَديدُ النَّفاذيَّة، ~ صَلْد — hard radiation (Phys.)
~ شَمْسيّ — solar radiation (Astrophys.)
~ ~ (على موقع) — insolation (Meteor.)
~ الصَّدْم — bremsstrahlung (Phys.)
~ صَلد: عالي الاختراقيّة — hard radiation (Phys.)

~ طُفَيليّ — spurious radiation (Elec. Comm.)
~ غيرُ مُضيء — non-luminous radiation (Phys.)
~ غيرُ مَنْظور — obscure radiation; black light (Phys.)
~ الفناء: عند اصطدام جُسيم بضَديده — annihilation radiation (Phys.)
الـ ~ فوقَ البَنَفْسَجيّ — ultraviolet radiation (Phys.)
~ كامِلٌ — complete radiation (Phys.)
~ كَهْرَمغنطيسيّ — electromagnetic radiation (Phys.)
~ كَوني — cosmic radiation (Astrophys.)
~ لَيِّن (ضَعيفُ الاختِراقيَّة) — soft radiation (Phys.)
~ مُتَجانِس — homogeneous radiation
~ مُتَخَلِّف — residual radiation
~ مُتَّصِل — continuous radiation
~ مُتَطاوِق: ذو جُسَيماتٍ مُتماثلةِ النوع والطّاقة — monoenerg(et)ic radiation (Phys.)
~ مُتَغايِر، ~ غير مُتَجانِس — heterogenous radiation (Phys.)
~ مُخَفَّف — reduced radiation (Phys.)
~ مُداوِم — persistent radiation (Phys.)
~ مُؤَيِّن — ionizing radiation (Phys.)
~ نَفّاذ — penetrating radiation (Phys.)
~ نَوَويّ — nuclear radiation
إشعاعاتٌ مَرْئيَّة: الأمواجُ الضوئيَّة بينَ ٧٨٠ وَ ٣٨٠ نانومتر — visible radiations (Illum.)
إشعاعيّ، مُشِعّ، ذو فاعليَّة إشعاعيَّة — radioactive
~ المَنْشَأ: مُوَلَّدٌ بالإشعاع — radiogenic (Phys.)
الإشعاعيَّة، كَثافةُ الفَيضِ الإشعاعيّ — irradiance = radiation flux density
~، النشاطُ الإشعاعيّ، الفاعِليَّة الإشعاعيَّة — radioactivity (Phys.)
~ الذاتيَّة — intrinsic radiance (Phys.)
~ (المُجَسَّمة): في وَحدةِ الزاوية المُجَسَّمة — radiance = steradiancy (Illum.)
إشْعال، إيقاد، إضرام — ignition, kindling, lighting, firing
~ أوتوماتيّ — automatic ignition (Eng.)

إشْعَال (تابع)

~ بالبُصَيلةِ السّاخِنة — hot-bulb ignition
~ بالبَطّاريَّة — battery ignition (Elec. Eng.)
~ ثُنائيّ — dual ignition (I.C. Engs.)
~ بالجُهْد العالي — high-tension ignition (Elec. Eng.)
~ بالجُهد المُنخَفِض — low-tension ignition (Elec. Eng.)
~ ساكِن (لاختِبارِ دَفْعِ الصاروخ أو قوّةِ مِنَصّةِ الإطلاق) — static firing (Eng.)
~ سَطْحيّ — surface ignition (Eng.)
~ بِشَرارَتَين — double ignition (Eng.)
~ بالشَّرَر — spark ignition (Elec. Eng.)
~ بالضَّغْط — ignition by compression
~ غيرُ مُنتظَم — irregular ignition, erratic firing
~ (الفُرْن) — blowing-in (Eng.)
~ القَوس — arc ignition, striking (Elec.)
~ مُزدَوِج — twin ignition (Eng.)
~ مُسْبَق — advanced ignition (Eng.)
~ مُعَوَّق أو مُؤخَّر — delayed or retarded ignition
الـ ~ بِمِغْنيط — magneto ignition (Eng.)
~ بالمِلَفات — coil ignition (Elec. Eng.)

أشِعَّة (أُنظر: شُعاع) — rays
~ أكْتينيَّة — actinic rays
~ إكْس، الـ ~ السِّينيَّة — X-rays = Roentgen rays (Phys.)
~ ألفا، الـ ~ الألفيَّة — alpha-rays (Phys.)
~ أنوديَّة، ~ الأنود — anode rays (Electron.)
~ بيتا، الـ ~ البائيَّة — beta rays (Phys.)
الـ ~ دُونَ الحَمراء — infra-red rays, ultra-red rays (Phys.)
~ «رونْتجِن»، ~ إكْس — Roentgen rays
~ غاما — gamma rays (Phys.)
~ غير مَرئية — invisible (or ultraphotic) rays (Phys.)
الـ ~ فوقَ البَنفْسَجيَّة (إشعاعاتٌ غيرُ مَرئيَّةٍ طولُها المَوجيُّ بينَ ٣٨٥٠ وَ ٢٠٠ انجِستروم) — ultraviolet rays (Phys.)
~ قَنَويَّة (مُوجَبَة) — canal rays (Electron.)
~ كاثوديَّة — cathode rays (Electron.)
~ الكبح «برِمْزشترالنْج» — bremsstrahlung (Nuc. Eng.)
~ كَونيَّة — cosmic rays
~ لُبِّيَّة — medullary rays (Zool.)
~ «لينارد»: ~ كاثوديَّة — Lenard rays (Phys.)
~ مُتَماثِلةُ التمركُز — homocentric rays (Phys.)
~ مُنكَسِرة — refracted rays (Phys.)
~ المَهْبِط (الكاثود) — cathode rays
~ مُوجَبَة (أو قَنَويَّة) — positive rays = canal rays (Phys.)
~ نَفّاذة — hard rays

أشْعَلَ — ignite, kindle, light

إشْغال — occupation

أشْغال (أُنظر: شُغْل) — work(s)
~ استِكْماليَّة — fill-in-works
~ التركيباتِ الخَشَبيَّة — joinery work (Carp.)
~ الخَشَب — woodwork
~ خَشَبيَّة — joinery
~ ~ مُشَكَّلة مِن الوَجهَين — double measure (Carp.)
~ شاقَّة — hard labo(u)r
الـ ~ العامَّة — public works (Civ. Eng.)
~ مَعدِنيَّة — metalwork
~ مَكشوفة — open workings (Mining)
~ نَضَديَّة — bench-work (Carp. Eng.)

أشْغَلَ — engage, occupy; busy

أُشَّق: صَمْغٌ راتينَجيّ طِبِّي — gum ammoniac

أشْقَرُ، فاتِحُ اللون — fair

إشكال — problem, ambiguity, misunderstanding

أشكال (أُنظر: شَكْل) — figures, diagrams
~ مُتَطابِقة — congruent figures (Geom.)
~ مُتَكافِئة — equal figures, equivalent figures (Maths.)
~ مُستَقيمةُ الأضلاع — rectilinear figures

أُشْنات، أُشْنَة (تُطلَقُ في الشام على الحَزازيات) — lichens (Bot.)

إشهار — declaration, proclamation

أشْهَب — gray, grey

أصابَ (هدفًا) — hit
~، إنتابَ — befall, afflict

إصابة: شَخصٌ مُصاب — casualty
~: أذًى، ضَرر — injury
~، حادِثة — accident, case
~ (هَدَف) — hit
~ بالِغة (أو خَطيرة) — serious injury
~ مُباشِرة — direct hit
~ مُفتَعَلة — self-inflected injury

أصابع (أُنظر: إصْبَع) — fingers
~ العَجَلة أو الدولاب، برامِق — spokes
~ كَربون مُتَّحِدةُ المِحوَر — coaxial carbons (Elec. Eng.)

إصار: شَريحةُ تَقْوِيَة — shroud (Eng.)
~ مُصالَبة — bracing wire

أصالة — originality, authenticity

أصباغ (أُنظر: صِبْغ) — dyes, pigments
الـ ~ الأوَّليَّة: الأحمر والأصفر والأزرق — primary pigments (Phys.)
~ حائلة: غيرُ ثابتة — fugitive dyes (Chem.)
~ قاعِديَّة — basic dyes (Chem.)
~ مُباشِرة — substantive dyes, direct dyes
~ مُظَهَّرة: تُثَبَّتُ على الخُيوط كيماويًّا — developed dyes (Chem.)
~ نَباتيَّة — vegetable dyes (Chem.)
~ نِتروزُويَّة — nitroso-dyes (Chem.)

إصْبَع — finger, digit (Zool.)
~ التُّرسِ الفانُوسيّ — rundle
~ الدولاب، بَرمق — spoke
~ القَدَم — toe
~ مُفرقِعة — petard (Chem.)
~ المُقاوَمةِ اللانِهائيَّة: في صُندوقِ المُقاوَمة — infinity plug (Elec. Eng.)
~ وَصْل، قابِس — plug (Elec. Eng.)

إصْبَعيّ — digital

أصْبِغة (أُنظر: أصباغ) — dyes

أصْدَأَ — rust, corrode

أصْدَى: أرجَعَ الصَّدَى — echo, reverberate

إصْداء — echo (Acous., Radar)
~، تَرجيعُ الصوت — reverberation

أصداءٌ راداريَّةٌ غيرُ مُحَدَّدة — angels (Radar)

إصدار، اِبتِعاث — emission, issuance (Phys.)
~، صُدور — issue
~ الصوت — sound production

أصدافٌ رَقْطاء — punctate shells (Geol.)

إصدائيّ، تَرديدي — reverberatory (Acous.)

أصدَرَ، بَعَثَ — issue; emit
~ الشَّرَر — sparkle

أصْدَفُ، أرْوَحُ الرُّكبَتَين — knock-kneed (Med.)

أصَرَّ — insist

أُصُر (أُنظر: إصار) — shrouds, bracing (Eng.)

إصرار — persistence, insistence

اِصطادَ hunt
~ السَّمكَ fish
~ بِشَرَك (en)trap
اصطباغ staining (Biol., Chem.)
اِصطِدام collision; bump, clash
~ مُحَوِّلٌ لِطَبيعةِ الذرَّة knock-on collision (Phys.)
~ مَرِن elastic collision (Phys.)
اِصطَدَمَ collide, bump (into)
اِصطِرابة، وَمْضَةٌ إلِكترونيَّة strobe (Electron.)
أَصطَرْك، لُبنَى storax (Bot.)
اِصطِفاء selection
~ طبيعيّ natural selection (Biol.)
اِصطَكَّ، لَقْلَق chatter
اِصطِكاك، لَقْلَقة chatter(ing) (Eng.)
~ الصِّمام chattering of valve (Eng.)
اِصطِلاح، مُصطَلَح term
~، عُرْف convention, practice
اِصطِلاحات، مُصطَلَحات فَنِّية terminology
اِصطِلاحيّ، تقليدي conventional
اِصطِناع، تَخْليق synthesis (Chem.)
~، تَصَنُّع affectation, pretense, simulation
اِصطِناعيّ، مُصْطَنَع artificial
~، تَركيبيّ، تَخْليقيّ، صُنْعيّ synthetic
اِصطِهار، اِلتِهامٌ صُهاريّ stoping (Geol.)
اِصْطِياف estivage
إصغاء listening
~، تَسَمُّع auscultation (Med.)
أَصْغَرُ minor, junior, smaller
الـ ~ minimum
~ مِن المُعَدَّل undersize
إصفاق transfusion (Med.)
أَصْفَرُ yellow
~ تِبْنِيّ straw yellow
~ الزِّنك: كُرُوماتُ الزِّنك zinc yellow (Paint.)
~ الكروم chrome yellow
~ لَيمونيّ lemon yellow
اِصفِرار yellowing
أَصْل، مَصْدَر، مَنشأ origin, source
~، جَذْر root
~، نَسَب lineage, descent, stock, pedigree

~، أساس basis, foundation
~: أحَدُ المَوجوداتِ ذات القيمة asset
~ الأنواع origin of species (Biol.)
إصلاح repair, mending, restoration
~، تَصْحيح correction, redressing
~، تَحْسين improvement, betterment, reform
~، تَقويم redress(ing), rectification
~ اجتماعيّ social reform
~ أو تَرميمٌ كامِل complete overhaul
~ جُزئيّ partial overhaul
~ (الحال)، إعادة التأهيل rehabilitation
~ ذاتِ البَيْن reconciliation
الـ ~ الزِّراعيّ land reform, agrarian reform
~ في الوَرْشة (لا في المَوقع) shop repair (Eng.)
~ النَّسل eugenics (Biol.)
إصلاحات repairs
~ طَفيفة minor repairs
~ كُبرى major repairs
إصلاحيّ corrective, remedial
إصلادٌ (تقسيةٌ بالتبريد) hardening (Eng.)
~ (زيادة النفاذية) hardening (Phys.)
~ (تقسية بالحرارة والضغط) induration (Geol.)
الـ ~ الإنفعاليّ strain-hardening (Met.)
~ (أو تصَلُّد) بالزَّمَن، ~ بالتعتيق age hardening (Met.)
~ بالترسُّب: ترسُّب طورٍ من مُكَوِّنات السبيكة في آخر precipitation hardening (Met., Eng.)
~ حَراريّ مَرْتِنْزيتيّ maraging (Met.)
~ السَّطح surface hardening (Met.)
الـ ~ بالطَّرْق hammer hardening (Met.)
~ طيفي spectral hardening (Phys.)
~ بالهَواء air-hardening (Met.)
أَصَلَة python (Zool.)
أَصلَحَ repair, mend, fix, reform
~، حَسَّنَ improve
~، عَدَّلَ adjust, redress, rectify
~، رَمَّمَ overhaul, restore
~ ذاتَ البَيْن reconcile, conciliate
لا يُصلَح irreparable, beyond repair
أَصْلَعُ bald

أَصليّ original, genuine
~، أساسيّ fundamental, primary, basic, principal, cardinal
أَصَمَّ deafen
~: جَعَلَ عازِلًا لِلصوت soundproof (Acous.)
أَصَمُّ irrational, surd (Maths.)
أَصَمُّ deaf
~، أطْرَش deaf
~، كَتيم impervious
~: باطِنيُّ الإفراز endocrine (Zool.)
~ أبْكَم deaf-mute
~ لِلطبقات الصوتيّة tone-deaf
إصمات: عَزْلُ الصوت noise insulation, sound-proofing (Acous.)
إصماغ، تَصَمُّغ gummosis, resinosis (Bot.)
أَصْهَريّ: ذو نُقطةِ اَنصِهارٍ دُنيا eutectic
أُصول (أُنظُر: أصل) principles, fundamentals, assets
~ مَحْسُوسة physical assets
~ وَخُصوم assets and liabilities
أَصيص flowerpot
أَصِيل، حَقيقيّ، غيرُ مُصْطَنَع genuine, authentic, original, real
~، مَحَلِّيُّ النَّشأة native, autochthonous (Geol.)
~ اللَّون idiochromatic
أَضاءَ، أنارَ light, illuminate
إضاءَة illumination, lighting (Phys.)
~ أجهزةِ القِياس instrument illumination
~ إصطِرابيَّة strobe lighting
~ اصطِناعيَّة artificial lighting
~ تَزْيِينيَّة decorative lighting
~ الخَلفيَّة background illumination
~ شَديدةُ التبايُن hard lighting (Photog.)
~ لِلطَّوارِئ emergency lighting
~ غامِرة flood-lighting (Illum.)
~ غيرُ مُباشِرة indirect lighting, indirect illumination (Illum.)
~ فاتِحة high-key lighting
~ قَوسيَّة: بالقَوسِ الكهربائيّ arc lighting
~ مائِلة oblique illumination (Illum.)
~ مُباشِرة direct lighting, direct illumination (Illum.)
~ مُتفاوِتةُ الشِّدَّة uneven illumination

إضاءة (تابع)
~ مُنتَشِرة diffused lighting (Illum.)
أضاعَ lose
~، بَدَّدَ waste, squander
أضافَ add
~، أَلْحَقَ affix, append, annex
~ إلكترونًا أو أكثرَ إلى electronate
~ خميرةً إلى leaven
إضافات additions, addenda, additives
~ تكميليَّة finishings
~ غِذائيَّة food additives (Food Sc.)
~ مَنْعِ الخَبْط anti-knock additives (Autos.)
إضافة addition, augmentation
~، إلحاق annexation, appending, supplementation
~، مُلحَق appendix, addendum
~، شَيءٌ مُضاف additive (Chem.)
~ الألوان colo(u)r addition (Phys.)
~ بالتراكُب superposition
~ تَزْليق slip additive (Chem. Eng.)
~ سِواغيَّة لِدَواءٍ أو مَزيج excipient
~ لِضَبْطِ الاشتِعال ignition control additive (Eng.)
~ مانِعة لِلتأكسُد، ~ مُضادة للتأكسد anti-oxidant additive (Chem.)
~ ~ لِلترَسُّب الحَمئيّ antisludge additive
~ مُحَسِّنة improver (Chem.)
~ مُضادَّةٌ لِلأحماض anti-acid additive (Chem.)
~ ~ لِلانحِلال anti-decomposition additive (Chem.)
~ ~ لِلتأكُّل anti-corrosive additive
~ لِمُعالَجةِ البنزين gasoline additive (Pet. Eng.)
~ ~ الوَقود fuel dope (Pet. Eng.)
~ مُعَزِّزة لِلترابُط bonding additive
إضافيّ additional, accessory; auxiliary
~، تكميليّ supplementary, supplemental
~، ثانَويّ secondary, subordinate, subsidiary, ancillary
~، زائِد extra
إضباب fogging, clouding
~ حَراريّ thermofogging

إضبارة، مِلَفّ file, folder, dossier
~ أوراق binder
~ سائِبةُ الأوراق loose-leaf
أضْبَطُ: أعسَرُ يَسَر ambidextrous
إضجاع embedding, bedding in, laying
أضجَرَ bore
أضْجَعَ imbed, embed, lay
أضَرَّ harm, injure, damage
إضراب strike
~ (جُلوس) sit-down strike
~ (خُروج) walkout
~ غيرُ مَشروع: فُجائيّ ولا تَدعمُه النقابة wildcat strike
أضرار، عُطْل وضَرَر damage(s)
أضراس (أُنظُر: ضِرْس) molars
~ العَقل، نَواجِذ wisdom teeth (Zool.)
أضْرَبَ strike
أضرَمَ، أشعَلَ enkindle, kindle, ignite
اِضطجَعَ lie, recline, repose
اِضطِراب turbulence, disturbance; unrest, turmoil
~، فَوضَى confusion, disarray, disorganization
~، خَلَل trouble, disorder
~ (في الانسياب) burble (Hyd.)
~ أيونُوسفيريّ ionospheric disturbance (Meteor.)
~ التشكيل malformation
~ دُوّاميّ turbulence
~ الشخصيَّة personality disorder
~ لَحظي momentary disturbance
~ مَجموعةِ الذيل buffeting (Aero.)
~ مِغْنَطيسيّ magnetic disturbance
اِضطِراباتٌ جَوِّيَّة atmospheric disturbances (Meteor.)
اِضطِرار exigency, necessity, emergency
~، إجبار compulsion, coercion
اِضطِرام، اِستِعار deflagration, blaze (Chem.)
اِضطَرَبَ، تَلاطَمَ، تَمَوَّرَ billow, surge
اِضطِلاعٌ بِـ undertaking, taking-over
إضعاف، توهين attenuation (Phys.)
~، وَهَن debilitation (Med.)
أضعَفَ weaken, enfeeble, debilitate
~، أخفَتَ soften, subdue

~، أوهَنَ attenuate
~ المَعنَويّات demoralize, lower the morale, dispirit
أضْفَى impart, confer
أضَلَّ mislead, misguide, delude
أضلاع (أُنظُر: ضِلْع) ribs
الـ ~ الطولانيَّة (في رَحَويَّة) whelps (Eng.)
~ كاذِبة false ribs (Zool.)
~ مُتَناظِرة corresponding sides (Maths.)
~ الهَيكلِ الإنشائيّ لِلجَناح wing trussing (Aero.)
اِضمَحَلَّ vanish, fade (away), decay, disintegrate
اِضمِحلال: تلاشٍ vanishing, fading away
~، تفَكُّك decay, disintegration (Phys.)
الـ ~ الإشعاعيّ radioactive decay, radioactive disintegration (Phys.)
~ ألفيّ (أو ألْفاوي): جَرّاءَ انطِلاق جُسَيماتِ ألْفا alpha decay = alpha disintegration (Phys.)
~ بائيّ مُزدَوِج double beta decay
~ تِلْقائيّ spontaneous decay (Phys.)
~ الضِّيائيَّة luminescence decay (Phys.)
~ نَوويّ nuclear disintegration (Phys.)
~ النيوترونات neutron decay (Phys.)
أضواء (أُنظُر: ضَوء) lights
~ الإنذار warning lights
~ تَحديدِ المَوضِع position lights
~ التعَرُّف recognition lights (Aero.)
الـ ~ الجَنوبيَّة، الشَّفَقُ القُطبيُّ الجَنوبيّ Southern Lights = Aurora Australis
~ الحَطّ landing lights (Aero.)
الـ ~ الشماليَّة، الشَّفَقُ القُطبيُّ الشماليّ Northern Lights = Aurora Borealis (Astron.)
~ لَوحةِ أجهزةِ القِياس dash lights
~ المُرور traffic lights
~ مَشارِفِ المَدْرَج threshold lights
~ المِلاحة navigation lights
إطار، برواز frame, rim, cadre, casement, sash
~، نِطاق framework, domain
~، طَوق girdle, hoop
~ (العَجَلة أو الدولاب) tyre, tire
~ اِحتِياطيّ spare tyre (Autos.)

إطار (تابع)

~ الأحرُفِ المَرصُوصة — form(e) (Print.)
~ الإسناد — frame of reference (Surv.)
~ الألواحِ الزجاجيّة في نافِذة — window sash (Build.)
~ (أو هَيكَلٌ) مُستَعْرِض — transverse frame
~ (بابيٌّ) قائِم — standing panel (Build.)
~ البَكَراتِ العُلويّ — headgear (Mining)
~ التثبيت — setting (Eng.)
~ تَزْيين، جُلْبَةٌ زِيانيَّة — escutcheon (Build.)
~ تشكيلِ المُقاوَمة — element-former (or carrier) (Elec. Eng.)
~ (تَشكيل) المِلَفّ — coil former (Elec. Eng.)
~ تَكْتيف — girt
~ تَوزيع — distribution frame (Teleph.)
~ التوزيعِ الرئيسيّ — main distribution frame
~ حَزْم — bailing loop
~ خارجيّ — tyre = tire, tire casing (Autos.)
~ داخِليّ — (inner) tube (Autos.)
~ دَوّار — swinging frame
~ الرَّبْط — bracing frame
~ الرُّؤية — vision panel
~ زُجاج (النافذةِ أو الباب) — sash
~ شَبَكيّ — lattice framework
~ صامِدٌ لِلثَّقب — punch-proof tyre (Autos.)
~ طولانيّ — longitudinal frame (Naut.)
~ العَجَلةِ الخارجيّ — tire casing (Autos.)
~ ~ الداخِليّ — tyre tube
~ لاأُنبوبيّ — tubeless tyre (Autos.)
~ اللوح — plate-frame (Elec. Eng.)
~ مُتَرَجِّح — rocking frame (Eng.)
~ المَجال — field frame (Elec. Eng.)
~ مُجَدِّدُ كُسْوَةِ السَّطح — retread (Autos.)
~ المَجْمَرةِ الوِقائيّ — hearth casing
~ المُصطَلَى — mantle
~ مُصْمَت — solid tyre
~ مُضادٌّ لِلانزلاق — non-skid tyre (Autos.)
~ (مَطاطيٌّ) لِلطوارِئ — emergency tyre
~ مُعَيَّني: على شَكْلِ مُعَيَّن — diamond frame
~ المِغنَطيس — magnet frame (Elec. Eng.)
~ مُنزَلِق: يتحَرَّكُ أُفقيًّا — sliding sash (Build.)
~ المِنشار — saw frame
~ مَنْعِ التراوُح — sway frame (Civ. Eng.)
~ مُنفَجِر — burst tire
~ (نافِذةٍ) ثُنائيُّ المَنْوَر — two-light frame
~ ~ صُندوقيّ — box frame
~ ~ مُعَلَّق — hanging sash (Carp.)
~ ~ بِمُفَصَّلاتٍ عُلْويَّة — top-hung sash
~ هَيْكَليّ مُتَشابِك — web frame (Build.)

إطاراتُ سَحْبٍ وفَتْل (في عمليّة النَّسيج) — roving frames
إطاعة — compliance, yielding, obedience
إطاقة، تحَمُّل، اِحتِمال — endurance, tolerance
~ الخَلَل: العمَلُ بشكلٍ مُرضٍ رُغمَ عُطلٍ طارئ — fault tolerance (Comp.)
~ الطَّيّ — folding endurance (Eng.)
إطالة — elongation, lengthening, prolongation
~، مَدّ — extension, stretching, protraction
~ الجُرعة — dose protraction (Med., Phys.)
~ مَدى الإشاراتِ حامِلةِ الصوَر — video stretching (Electron.)
إطباق — snap, clamp
~، سَدّ — closure, closing
~ (الأسنان) — occlusion (Med.)
~ بِحركةٍ خاطِفة — snap
أطبَقَ — close, shut
~ (على) — snap, clamp, grip
أطَّرَ: أحاطَ بإطار — frame, rim
~: وَضَعَ إطارًا لِـ — tire
إطراء — compliment, praise, commendation
اِطِّراح — discarding, elimination, rejection, jettisoning
~ (الفَضَلات) — excretion (Zool.)
اِطِّراد — continuity, uninterrupted sequence
~ رَتيب — monotone, monotony
أطراف (أنظُر: طَرَف) — terminals, extremities
~ أسنانِ المِنشار — saw points
~ توصيلٍ لِلاختبار — test terminals
أُطرة: إكليلُ الحافِر — coronet (Zool.)
اِطَّرَدَ — continue steadily or uniformly
أطرَشُ — deaf
أُطروحة — thesis, dissertation
إطعام — feeding

أطعَمَ، غَذَّى — feed
أطفَأَ، أخمَدَ — extinguish, quench, blow out, put out
~ (الأنوار) — douse (or dowse), switch off, turn off
~ (الجِيرَ أو الكِلْس) — slake (Chem.)
~ (اللون) — deaden, dull
~ اللمعة — mat, deluster (Paint.)
إطفاء (النار) — extinguishing, quenching, putting out
~، إهماد — blow-out (Elec. Eng.)
~ الأنوار (لانقِطاعِ التيّار أو لِلتعتيم ضِدّ الغارات) — blackout
~ الجِير بالهَواء — air-slaking (Build.)
~ الفُرْنِ العالي — blowing-out (Met.)
إطفائيّ — fireman, fire-fighter
~ حِراجيّ — fireguard
~ مِظَلّي — smoke jumper
إطفائيَّة: مَركزُ إطفاء — fire department
~: فَريقُ إطفاء — fire brigade
أطْفَحَ — overfill, brim (over)
اِطِّلاع، رؤية — sight
~: مَعرِفة — knowledge, cognizance
إطلاق، اِبتعاث — emittance, emission
~، إعتاق — release, liberation, discharge
~ الحَرارة — heat release (Phys.)
~ (الصاروخ أو المَقذوف) — launching, launch
~ الطّاقة — liberation of energy
~ النار — firing, shooting
أطلال — ruins
أطْلَس، مُصَوَّر جُغرافيّ — atlas (Geog.)
~ ألوان — colour atlas
أطْلَعَ (على) — acquaint, inform
اِطَّلَعَ (على) — become acquainted (with), see, inspect
اِطَّلِعْ (على مكان في الذاكرة) — peek (Comp.)
أطلَقَ، اِبتعَثَ — emit, emanate
~، أعتَقَ — release, liberate, discharge
~ تَفاعُلًا — trigger, set off
~ مَقذوفًا — launch
~ النار — shoot
إطماء: تَرَسُّبٌ غِرينيّ أو طَمْييّ — alluviation (Geol.)
أطْنَبَ — exaggerate, overdo

أطوم، بقرة البَحر sea cow, dugong (Zool.)
أطياف (أنظُر: طَيْف) spectra, spectrums
~، حالِق، عَنَمة tendril (Bot.)
أُظفور، كُلّاب أظفوري crampon
~، حالِق، عَنَمة tendril (Bot.)
~، ظُفْر، مِخْلَب nail; talon, claw
إظلال shading
إظلام، إعتام، تَعْتيم darkening, blackout
~ أُفُقيّ: أثناءَ ارتِداد المَسْح الأُفُقيّ horizontal blanking (Telev.)
أظلَمَ، عَتَّمَ darken, black out
إظهار demonstration, manifestation, show
~، تَظهير developing (Photog.)
أظهَرَ، بَيَّنَ reveal, show, manifest
~ دائريًّا: بِفَتحِ الحاجزِ القُزَحيّ iris out (Cinema)
أعادَ، أرجَعَ return; bring back
~، كَرَّرَ repeat, reiterate
~ (باختصار) recapitulate
~ الإنتاجَ reproduce
~ أو رَدَّ (المالَ) إلى refund
~ البِناءَ rebuild
~ التجميعَ reassemble
~ التَّحْريجَ reforest
~ التدويرَ recycle (Phys.)
~ التركيبَ rebuild
~ التسجيلَ، دَبْلَجَ dub
~ التسخينَ reheat
~ تَسويةَ السَّطح reface
~ التشكيلَ reform, reshape
~ تشكيلَ القَدِّ resize (Eng.)
~ التقويرَ أو التجويفَ rebore
~ التلبيسَ بالمعدِن remetal
~ التنظيمَ rearrange, reorganize
~ الحَفْرَ redrill
~ الدَّلْفَنَةَ reroll (Eng.)
~ رَصفَ (الطريق) remetal (Civ. Eng.)
~ السَّبْكَ recast
~ الشَّحْنَ، شَحَنَ مُجَدَّدًا recharge
~ الصَّوغَ أو التشكيلَ reforge (Eng.)
~ الطبعَ reprint
~ الغَرْبَلَةَ، صَفَّى (أو نَخَلَ) ثانيةً rescreen
~ اللَّفَّ rewind
~ مِنَ المَدار deorbit (Space)
~ المَغْنَطَةَ remagnetize (Magn.)
~ (إلى مَكانِه) replace
~ إلى وَضعٍ سابِق restore, reset
إعادة، إرجاع restitution, restoration
~، تكرار repetition, reiteration
~ (أو عَودة) الاتِّحاد (أو الالتئام أو الالتحام) recombination
~ الاستِعمال reutilization
~ إقعاد (الصِّمام) reseating (a valve)
~ الإنتاج reproducting, reproduction
~ الانتِشار redeployment
~ البَثّ rediffusion (Radio)
~ البدء restart
~ بَدْءِ البرنامج cold starting (Comp.)
~ البناء، ~ الإنشاء reconstruction
~ التأمين reinsurance
~ التأهيل rehabilitation
~ التبريد recooling
~ التبَلْوُر recrystallization
~ التجليخ regrinding
~ التجميد، عودةُ التجَمُّد refreezing
~ التحريج reforestation
~ التحميص resuperheating (Eng.)
~ التجربة (في الظُّروف نفسها) replication
~ التدوير recycling
~ الترسيب redeposition (Geol.)
~ التركيب أو الإنشاء reerection
~ التسجيل re-recording (Acous.)
~ التسَلُّح rearmament
~ تَسْنين (المِنشار) retoothing (a saw)
~ التصدير reshipping; reexporting
~ التصليد rehardening
~ تَصْوير المَشْهَد retake (Photog.)
~ التطبيع (بالمعالجة الحرارية) retempering (Met.)
~ تَطْرِية الخَرَسانة retempering (Build.)
~ التظهير redevelopment (Photog.)
~ التغليف repacking (Eng.)
~ التقطير redistillation, rerun (Pet. Eng.)
~ ~ تحتَ التفريغ vacuum rerun
~ التَّلبيس (بالمَطّاط) recapping
~ التنشيط reactivation, rejuvenation
~ تَنشيطِ الفَتيلة filament reactivation
~ التنظيم rearrangement, reorganization
~ توزيعِ القُوى redistribution of forces
~ توليدٍ لأعلى super-regeneration (Elec. Comm.)
~ الحَشْو repacking (Eng.)
~ حَقْن (الغازِ) reinjection (of gas)
~ الشَّحْذ resharpening
~ الشَّحْن reshipping
~ الصَّهْر refusion
~ الضَّبْط (أو التعديل) readjustment, reset(ting)
~ ~ تِلقائيًّا automatic resetting
~ ضَبْطِ المُصافَّة realignment (Civ. Eng.)
~ الضَّغط، تَضْغيط repressuring
~ الطبع reprinting
~ الطِّلاء replating (Elec. Eng.)
~ الكَرْبَنة (أو السَّمْنَتة) recarburization = recarbonization
~ اللَّفّ rewind
~ اللَّولَبة rethreading
~ مُختَصَرة، تَلْخيص recapitulation
~ المُعالَجة reprocessing
~ المَغْنَطة remagnetization, remagnetizing
~ المَلْء refilling, replenishing
~ النَّظَر reconsideration
أعارَ lend, loan
~ (مُوظَّفًا إلى مَصلحةٍ أُخرى) second
إعارة lending, secondment
إعاشة، جِراية ration
~، عَيْش subsistence, sustenance
أعاقَ delay, detain, hamper, hinder, impede, retard, restrain
إعاقة hindering, delay(ing), retardation, impeding, blockage, hindrance
~ إلِكتروستاتيَّة electrostatic retardation
~ تجَسُّميَّة: أثَرُ التوزيع الفَراغيّ لِلجُزَيئات في إعاقةِ التفاعُل steric hindrance (Chem.)
~ زمَنيَّة time-delay
~ هَوائيَّة air drag (Mech.)
أعالي البِحار high seas, open sea
~ (أو مَنابع) النهر، مياهُ الأعالي head-waters

أعانَ، ساعَدَ — aid, assist, help
~ (ماليًّا) — subsidize
إعانة — assistance, aid, help, succour
~ ماليَّة — subsidy
إعبال: نَفْضُ الورَق — shedding of leaves (Bot.)
الأعْبَل، غرانيت — granite (Geol.)
إعتاق، تحرير — release, freeing, liberation
~، تَسْييب — tripping
~ إضطراريّ — emergency release (Elec. Eng.)
~ أُوتوماتيّ أو تِلقائيّ — automatic tripping, automatic release (Eng.)
~ مُؤَخَّر — retarded release (Eng.)
إعتام — darkening, blackout, blanking
~ الارتِداد: طَمْسُ الشعاعِ الراجع — retrace blanking (Telev.)
~ عَدَسةِ العَين، سادّ — cataract (Med.)
~ مُحَرَّض — tenebrescence (Phys.)
إعتِبار — consideration, regard
~، أهمِّيَّة — worth, significance
إعتبارًا مِن — effective from, as of
إعتَبَرَ — consider, regard, count
إعتِداء — aggression, assault
إعتِدال — moderation
الـ ~ الخَريفيّ (في ٢٣ أيلول) — autumnal equinox (Astron.)
الـ ~ الربيعيّ (في ٢١ آذار) — spring equinox, vernal equinox (Astron.)
إعتِذار — apology, excuse
إعترى — befall, afflict
إعتِراض — intercept, interception
~، مُعارَضة — objection
~ أرضيُّ التحَكُّم — ground-controlled interception (Radio)
إعتِراف — admission, confession
إعتَرَضَ (على)، عارَضَ — object (to), veto
~ (كحائِل فيما بَين) — interpose, intercept
إعتَرَفَ — admit, confess, acknowledge
إعتَزَلَ، تقاعَدَ — retire
~، إنعَزَلَ — isolate or seclude oneself
إعتَزَمَ — intend, determine
إعتَصَرَ — squeeze
أعتَقَ، حَرَّرَ — free, release, liberate
~، سَيَّبَ — trip, release (Eng.)

إعتِقاد — belief, conviction
إعتِقال — arrest, detention, internment
إعتقَدَ — believe
~، إفتكَرَ — think, deem
إعتَلَّ — fall ill, fall sick
إعتَلَى — mount, surmount, rise
اعتلاج، انتروبيا — entropy (Phys.)
إعتِلال، مَرَضٌ — illness, sickness, -pathy (Med.)
~، خَلَل — disorder, defectiveness
أعتَمَ — darken, blackout, obscure
إعتِماد — dependence, reliance
~ (تَصْديق) — approval, accreditation
~ (ماليّ) — credit
~ مَصْرِفيّ — bank credit
~ مَفْتوح — open credit
إعتِماديَّة — reliability, dependability
إعتمَدَ (على) — depend (on), rely (upon)
~، صَدَّقَ — approve, sanction
إعتَنى بِـ — look after, take care of, attend to
إعتِناء — care, attention
إعتِياديّ — ordinary, usual
اعتِيان: أخذُ العيِّنات أو اختبارها — sampling
أعجَزَ: جعله عاجزًا — incapacitate, cripple
أعجَلَ، سَرَّعَ — hasten, speed up, accelerate
أعجوبة — miracle, marvel, wonder
أعَدَّ، هَيَّأَ — prepare, ready
~، جَهَّزَ — equip, fit, rig
~ خُطَّةً — plan
~ العُدَّة — make preparations
~ بالمَزْج — concoct
أعدى (بِمَرَض) — infect (with a disease)
أعداد (أنظُر: عَدَد) — numbers
~ حقيقية — real numbers (Maths.)
~ شَكليَّة — figurate numbers
~ صحيحة — whole numbers
~ طبيعيَّة: الأعدادُ الصَّحيحة المُوجَبَة — natural numbers
~ مُتتابِعة — consecutive numbers
~ مُتَحابَّة — amicable numbers
~ مُرَكَّبة — complex numbers (Maths.)
~ مُوَجَّهة — directed numbers (Maths.)
إعداد، تحضير — preparation, readying

~، تجهيزٌ بالمُعدّات — equipping, equipment, rigging
~ (بالمُعالَجةِ المُتعاقِبة) — processing (Chem.)
~ ألواحِ الطِّباعة — plate making (Print.)
~ البَيانات — data preparation (Comp.)
~ تَمهيديٌّ لِلدِّراسةِ المِهْنيَّة — prevocational preparation
~ الخام — ore dressing
~ الخرائط التليفزيونيّ — video mapping
~ لِلشتاء — winterization
~ طِباعيّ: ترتيبُ المَوادِّ الطِّباعيَّة المُنضَّدَةِ في أعمِدةٍ أو صَفحاتٍ — make-up, page or column setting (Print.)
~ مَجْمَرَةِ الفُرن — fettling (Eng.)
~ المَوقِع — site development
~ الميزانيَّة — budgeting
إعداديّ، تمهيديّ — preparatory, preliminary
إعدام — execution
~ بالكهرباء — electrocution
إعذابُ الماء، تَحْلِيةُ الماء — desalination of water (Chem.)
إعراب: تحليلُ عِبارات البَرمَجة المُعَقَّدةِ خِلالَ عمليَّةِ الترجَمة — parsing (Comp.)
أعراض (أنظُر: عَرَض) — symptoms
~ مُتَلازِمة — syndrome (Med.)
إعراض (عن)، **تجنُّب** — avoidance
أعرجُ — lame
أعزَل — unarmed
إعسار: عجزٌ عن وَفاء الديون — insolvency
أعْسَرُ — left-handed
أعْسَرُ يَسَرٌ، أضْبَطُ: يُحسِنُ العملَ بِكِلتا يدَيه — ambidextrous, ambidexter
أعْشَى — nyctalopic, night blind
أعشاب (أُنظُر: عُشْب) — herbs, grass(es)
~ بَحْريَّة، طَحالِبُ بَحْريَّة — seaweeds
~ ضارَّة — weeds (Agric.)
~ مُعَمَّرة — perennial herbs (Bot.)
أعصاب (أُنظُر: عَصَب) — nerves
إعصار — hurricane, windstorm (Meteor.)
~ استوائي — typhoon (Meteor.)
~ حَلَزونيّ — cyclone (Meteor.)
~ دُوّاميّ أو قمعيّ — tornado (Meteor.)
~ مائيّ دُوّاميّ — waterspout (Meteor.)

إعصار (تابع)

~ مُضادّ أو مُعاكِس — anticyclone (Meteor.)

الأعضاءُ التناسُليَّة — genitals, genitalia (Zool.)

أعطى — give, hand

~، مَنَحَ — grant, offer, donate

~ (دَواءً) — administer

~ أو عَرَضَ (سِعرًا) — bid

أعطال (أُنظُر: عُطْل) — faults, troubles

~ عُضوِ الإنتاج — armature faults (Elec. Eng.)

~ لاسِلكيَّة — radio troubles

أعظَمُ — greatest, utmost, paramount, maximum, major, super-

أعفى — exempt, relieve, exonerate

إعفاء، مُسامَحة، تَخْلِية — exemption, release

~، إبراء — acquittal

~، عَفو — pardon

~ أو تسريحٌ (مِن وَظيفة) — discharge, dismissal

إعقام، تَعقيم — sterilization

أعقَبَ، تَلا — follow, succeed

~ (كَنتيجَةٍ) — ensue, result

أعقَدَ: غَلَّظَ أو جَمَّدَ — congeal

أعْقَفُ، خُطّافيّ — hamate, hooked

أعلى، عُلوي — higher, superior

إعلام — information

~، إشعار — notification, notice,

إعلان — declaration, announcement, proclamation

~، نَشرةٌ إعلانيَّة — advertisement, poster

~، لَوحةُ إعلان — placard

~ طَلَب: لِلوَظائف أو المُوَظَّفين — want ad

أعلَنَ — declare, announce, proclaim

~، أذاعَ — announce

~ بُطْلانَ، شَجَبَ — denounce

~ عَن — advertise, publicize

~ بِنَشَرات — billboard (Naut.)

أعمى، كَفيف — blind *(adj.)*

~، عَمَّى — blind, obscure *(v.)*

~ الألوان — achromat, colour blind (Med.)

إعمار — construction, building, development

أعماقُ البِحار — deep-sea, sea-bed depths

~ سحيقة — abyssal depths (Geol.)

أعمال (أُنظُر: عَمَل) — works

~ إنشائيَّة هَيكليَّة — carcassing (Civ. Eng.)

~ الإنقاذ — rescue-work

~ تُرابيَّة — earthworks

~ التنقيب — search work, prospecting (Mining)

~ الحَفْر الهَندسيَّة — earthwork (Civ. Eng.)

~ الخِراطة — lathe-work (Eng.)

~ الصِّيانة — workover operations

~ هَدّامة — subversive activities

أعمِدَة (أُنظُر: عَمود) — columns, pillars, poles

~ إدارةٍ (عُلْوِيَّة) — shafting (Eng.)

~ مُناوَلَة عُلْوِيَّة — line shafting (Eng.)

إعوار، تَأَق: فَرطُ الحَساسيَّة — anaphylaxis (Med.)

أعوَجُ — crooked, warped

إعوِجاج — crookedness, warping, tortuosity, sinuosity

~، اِلتِواء — twisting

الأعْوَرُ، المِعَى الأعور — cecum = caecum (Zool.)

أعيا، أنهَكَ — exhaust, fatigue, weary

~، حَيَّرَ ولَبَّكَ — baffle, perplex

إعياء — exhaustion, fatigue, weariness

أغاثَ — relieve, succour, help

أغارَ — raid

أغار أغار (مادةٌ اضافية لتغليظ الأطعمة لاستِنْباتِ البَكتِريا) — agar-agar (Food Sc.)

أغاظَ — vex, infuriate

أغْبَرُ — glaucous (Bot.)

~، مُغْبَرّ — dusty

أغْبَسُ — dusky

أغْبَشُ — dim

~، مُضِبّ — hazy, cloudy

اِغتَذى — feed

اِغتِذاء — nourishment, nutrition

اغتراس — transplantation (Med., Zool.)

اِغترَفَ، نَزَح (بالدَّلْو) — bail

اِغتِصاب — extorsion, forcible seizure

~ (العِرْض) — rape

~ (السُّلطة) — usurpation (of power)

اغتِناء، غِنى — richness

اِغتَنَم (الفُرصة) — seize (the opportunity), avail oneself of (the opportunity)

أغْثَى: أرغَى غُثاءً — scum, froth

أغرى — tempt, lure, induce, entice

~ (لِشَهادةِ زُور) — suborn

إغراب، مَهَق — albinism (Biol.)

إغراق، غَمْر — drowning, inundation, flooding

~ السُّوق — dumping

أغرَقَ — drown

~، غَمَرَ — inundate, flood, swamp

~ المُكَرْبِن — tickle (Eng.)

إغريض: قُنابةُ أزهِرارٍ غَليظة — spathe (Bot.)

أغشِيَة (أُنظُر: غِشاء) — membranes

~ جَنينيَّة — embryonic membranes (Zool.)

~ رَقيقة — thin films

~ ساقِطيَّة — membranae deciduae (Med.)

~ مُخاطيَّة — mucous membranes (Zool.)

أغطِيَة — sheeting, shrouding

~ المُحَرِّك — engine cowling (Eng.)

إغفال — oversight, non-observance

~، إهمال — negligence, ignoring, disregard, omission

أغَلَّ — pay, yield, produce, return

أغلَى (السائِلَ) — boil (a liquid)

~، سَلَق — seethe

~ (السِّعر) — raise or increase (the price)

إغلاء، غَلْي — boiling (Phys.)

إغلاق — shutting, closure, fermeture

~، إرتاج — locking, fastening, bolting

~، سَدّ — occlusion

~: مِن قِبَل صاحِبِ العَمَل — lockout

~ تِلقائيّ — self-locking, automatic closing (Eng.)

~ لَولَبيّ — screw fermeture

~ المَشغَل (مِن قِبلِ صاحِبِ العمل) — lockout

إغلال — productivity, yield

~ التُّربة — soil productivity

أغلَبيَّة — majority

أغلَقَ — close, shut, lock, bolt

~، سَدَّ — occlude

~ بِعُنْف — slam

إغماء، غَشَيان — fainting, unconsciousness, syncope (Med.)

أغمَدَ (وَضَعَ في غِمد) — sheathe

~، أدخَلَ أو أغْرَزَ في — thrust, plunge

أُغمِيَ عليه faint, swoon, lose consciousness
أغنَى enrich
~ عن suffice or serve as a substitute for, spare
إغناء، إثراء، تَزويد enrichment
~ الخام ore enrichment (Met.)
~ مَعدِنيّ mineral enrichment (Geol.)
إغواء، إستِدراج lure, temptation, enticement
أُفّ (الأُذُن) cerumen, earwax (Zool.)
أفادَ، إستَفادَ benefit, profit
~، صَرَّحَ report, state; testify
~، نَفَعَ benefit, help, be useful or advantageous
إفادة، فائِدة benefit, advantage; use
~، بَيان statement; report
~ بالتسلُّم acknowledg(e)ment
إفاضة، إسهاب prolixity; detailedness, exhaustiveness
~، إطفاح flooding, overfilling
أفاقَ recover
إفتِتاح opening, inauguration
إفتِتاحيّ opening, introductory
إفتِتاحيَّة editorial
إفتَتَحَ open, inaugurate
إفْتَخَر، تَباهى boast
إفتِراز قُرنيّ rabbeting, rebating (Carp.)
إفتِراض assumption, supposition
~، فَرَضيَّة hypothesis, postulate, proposition (Maths.)
إفتِراضيّ، مُفتَرَض assumed, presumed; hypothetical
~، تقديري virtual
~ (خَياليّ) fictitious
إفتِراق parting; separation
إفتَرَزَ لِتعشيقٍ طَرفيّ rabbet, rebate (Carp.)
إفتَرَضَ assume, presume, suppose; postulate, hypothesize
إفتَرق part, separate
افتِسال propagation by cuttings (Agric.)
افتِصاص husking; shelling (Agric.)
افتِعال fabrication; forgery, falsification
افتِقار lack, want
~ الاتزان lack of balance (Mech.)
~ الانتظام lack of uniformity
إفْجيج، مَسِيل، وادٍ صغير ravine (Geol.)
إفراج release, discharge
إفراخ incubation; hatching
إفراد، عَزْل isolation
أفراد، موظفون personnel
~ أرضيُّون ground staff (Aero.)
إفراز secretion, excretion; exudation
~، مادَّة مُفْرَزة secretion, exudate
~ العَرَق، تعرُّق sweating, perspiration
إفرازيّ secretory; excretory
إفراط excess, exaggeration, immoderation
~ الإنتاج overproduction
~ النمُوّ overgrowth
إفراغ، تفريغ emptying, vacating; dumping
~، إفراز، إخراج excretion (Biol.)
~ اِنتِقائيّ selective dump (Comp.)
~ أو تَفريغُ الحُمولة unloading, disembarkation, debarkation
إفراق (النحل)، تطريد swarming (of bees)
أفران (أُنظُر: فُرْن) furnaces, ovens
~ تكويك coke ovens
أفرخَ، فقَسَ hatch (Zool.)
~، أنتشَ germinate (Bot.)
أفرَدَ isolate; set apart or aside
أفرزَ secrete, excrete
أفرطَ overdo, exaggerate
~ الاحماء overheat
~ التحميلَ: أرهَقَ بحِمْلٍ زائد overload
~ التزليق overlubricate
~ الشحن surcharge, overcharge
أَفْرَغَ empty, void, vacate, evacuate
~، أَنْضَبَ، اِستَنفدَ exhaust, deplete
~ (بالإمالة أو القلب) dump
~ (الحُمولة) unload, unlade
~ بالغَرْف scoop
~ المعدِنَ (من الفُرن العالي) tap (Met.)
~ بالمِمَصّ siphon
إفريز frieze, cornice, eave, curb(ing), cope, moulding
~ إطاريّ casement (Carp.)
~ تاجيّ بارِز (فوقَ بابٍ أو شُبّاك) hood mould
~ حجريّ جِداريّ belt course (Build.)
~ خشبِيّ زاويّ angle-staff (Build.)
~ زاويّ staff bead; angle bead, angle shaft
~ قارِّي continental shelf (Geol.)
~ القَطْر drip mould, drip(ping) eave, drip
~ مائِل coping (Civ. Eng.)
~ مُجَوَّف cove
~ مُسَنَّمُ الظَّهر saddle-back coping (Build.)
إفساحُ خُلوص (لأسنان الفَرّازة) backing-off (Eng.)
إفساد، إتلاف spoiling, impairment; damaging, vitiation
~ الطبيعة، مَسْخ denaturing, denaturation (Chem.)
أفسَدَ spoil, impair, vitiate, corrupt
~، لَوَّثَ taint, mar
~ (خُطَّةً أو مَسعًى) frustrate, thwart, foil
أفسَنْتين absinth(e), wormwood (Bot.)
أفشى disclose, reveal; divulge
إفشاء disclosure
أفشَلَ foil, thwart, frustrate
أفضَل، أمثَل optimum
أفضَليَّة، أولَويَّة priority
~، تَفْضيل preference
أُفطورة mycelium (Bot.)
أفْعَى snake, viper, adder
أفعَمَ fill up, overfill; stuff
أُفُق horizon
~، مَجال vista, field, range
~ إسناد datum horizon (Surv.)
~ اصطِناعي artificial horizon (Surv.)
~ تُربيّ: طَبَقةٌ تُربيَّةٌ أُفُقِيَّة soil horizon (Geol.)
الـ ~ الجُغرافي (الـ ~ المَرْئي) apparent horizon, natural horizon (Geog.)
~ جِيُولوجي (يتميَّزُ بنوعٍ مُعَيَّن من الأحافير) geologic(al) horizon
الـ ~ الحَقيقي (أو السَّماويّ) rational horizon
~ سَماوي celestial horizon (Astron.)
الـ ~ الطبيعي (أو الجُغرافي) physical horizon
الـ ~ اللاسِلكي radio horizon (Radio)

أُفُق (تابع)	
الـ ~ المَحسوس أو المَنظور	sensible horizon
الـ ~ المَرئيّ	visible horizon (Surv.)
~ مُنتِج، طَبَقة مُنتِجة	pay horizon (Mining)
~ وَهمِيّ	phantom horizon (Surv.)
أفقَدَ الأهليّة	disqualify
أُفقِيّ، مُوازٍ لِلأُفُق	horizontal, zero elevation
أفَلَ، غابَ	set, go down (Astron.)
إفلات	escape; slippage
~ تِلقائي	automatic release
إفلاس	bankruptcy
~، عَجزٌ عن وَفاءِ الدُّيون	insolvency
~ احتيالي	fraudulent bankruptcy
أفلَحَ: نَجح	succeed, thrive, prosper
أفلَح: ثُنائيّ الشّق، أشرَمُ	bifid, cleft
أفنَى	annihilate, destroy, exterminate
أفنتُورين: زُجاجٌ (أو مَرْوٌ) ذو دَقائقَ بَرّاقة	aventurine (or avanturine)
أفوغرام: وِحدةُ وَزْن تُساوي ١,٦٦٠٥٤ × $١٠^{-٢٤}$ غرام	avogram
أُفول	setting; decline
~ أو خُبُوٌّ تَدْريجيٌّ	fade-out (Cinema)
أفيون	opium (Med.)
أقاقيا	acacia (Bot.)
أقامَ، رَكَّبَ، نَصَبَ	erect, set up, install
~، أنشأ، أسَّسَ	institute, found
~، سكَنَ	reside, abide, lodge
~ (جِسرًا)	construct (a bridge)
~ حافَةً أو إفريزًا	curb
~ الدليلَ على	substantiate, prove
إقامة، سكَن	residence; stay, lodging
~، إنشاء	setting up, erection; installation, construction (Civ. Eng.)
إقبال	advent; approach
~ (الرِّيح)	veering towards (Meteor.)
~: إهتِمام ورَغبة	interest (in), demand (for)
إقتام	darkening
اِقتِباس	quotation
اِقتِحام	breaking in, intrusion
الـ ~ (عَنوةً)	storming
اِقتِراب	approach, accession
~ أرضيُّ التحكُّم	ground-controlled approach (Aero.)
~ أعمى	blind approach (Aero.)
الـ ~ والحَطُّ الآليّ (بأجهزة القِياس)	instrument approach and landing (Aero.)
اِقترابية: معكوسُ البُعد البؤري	vergency (Opt.)
اِقتِراح	proposition, suggestion, proposal, motion
اِقترارٌ ضوئيّ: عَدمُ تأثُّر المادّة بالضوء	photostability (Chem.)
اِقتِراض	borrowing
اِقتِراع	ballot, poll, voting
اِقتِران، تقارُن	coupling, union, linkage
~، دالَّة	function (Maths.)
~، زَواج	marriage
~ بَوغي	syzygy (Zool.)
~ خَلَوي	conjugation (Biol.)
~ زمانيّ أو مكانيّ	conjunction
~ الصبغيّات	synapsis (Gen.)
~ فلكي: كَونُ جِرمَين على خَطٍّ مستقيم	conjunction (Astron.)
~ القمر (أو استقباله)	syzygy (Astron.)
~ مُتبادل	cross coupling
اِقترَبَ، قارَبَ، دنا، تقدَّمَ نحو	approach, draw near
اِقتَرَح	propose, suggest; move
اِقترَض	borrow
اِقترَعَ	vote, poll
اِقترَف	commit
اِقترَنَ	couple, pair; join, link; marry, conjugate
اِقتِسام	sharing
~ الزَّمَن	time sharing (Comp.)
اِقتصاد	economy
الـ ~ الإحصائي: تطبيقُ الأساليب الإحصائية على الدراسات الاقتصادية	econometrics (Stat.)
~ راكِد	static economy
الـ ~ السِّياسيّ	political economy
~ مُختلِط	mixed economy
~ مُوَجَّه	controlled economy, planned economy
اِقتصاديّ	economic(al)
اِقتصَدَ	economize, save
اِقتضَى	necessitate, require
اقتِضاء، ضَرورة	necessity, exigence
اقتِضاب	shortening, clipping
~ الإشارة	clipping of signal (Elec. Eng.)
~ الذُّروة	peak clipping (Elec. Eng.)
اِقتِطاع	deduction, cut, curtailment
اِقتَطَع، طرحَ	cut, deduct
~ بالتقطير التفاضُلي	cut (Pet. Eng.)
اِقتَفَى، تتَبَّعَ	track, trace, follow
اقتِفاء، تتبُّع	tracing, tracking; following
~ الشُّعاع	ray tracing (Opt.)
اِقتِلاع	plucking, extraction, pulling out
~: انتزاع (إلكترون من ذَرَّةٍ مثلًا)	stripping (Phys.)
~ (بِفعل الأنهارِ الجليدية)	plucking, gouging (Geol.)
اِقتِناء	acquisition, possession
اقتِناع	satisfaction
إقحام	insertion, intercalation; forcing
~ بين الطبقات	interstratification (Geol.)
~ بينَ السُّطور	interlineation
~ بَينيّ	interjection (Geol.)
~ الزروع	intercropping (Agric.)
أقحَمَ	insert, force
~ في ما بَين	intercalate
أُقحُوان، لُؤلؤيَّة	chrysanthemum, daisy
أقدَميَّة، أسبَقِيَّة	seniority
أقَرَّ، اعترفَ	admit, confess
~، رَسَّبَ	deposit
~، رسَّخَ، ثبَّتَ	stabilize, steady
~، صَدَّقَ	approve, sanction, ratify
إقرار، اِعتِراف	confession, admission
~، مُصادَقة	sanction, ratification
~، تَثبيت	stabilization
~ التردُّد	frequency stabilization (Radio)
~ ثُقالي	gravity stabilization (Astrophys.)
~ ثُلاثيُّ المَحاوِر (لا تَبَرُّم معه المركَبةُ الفَضائيَّة)	three-axis stabilization (Eng.)
~ جُمركي	customs declaration
أقراص	tablets (Med.)
أقْرَباذين، دُستُور الأدوية	pharmacop(o)eia, materia medica
أقرَضَ، أعارَ	loan, lend
أقسام (أنظُر: قِسْم)	divisions, parts, departments, sections

أقسام (تابع)
~ البوصلة points of compass
~ المِقياس الرئيسية main scale divisions
أُقْسومة (أو تَقْسيمة) المِقياس scale division, scale spacing
أقصى utmost, extreme, maximal, ultimate
~ ارتفاع السَّحاب cloud ceiling (Meteor.)
~ الجَزْر low water, low tide
~ الحِمْل، الحِمْلُ الذُّروي peak load (Elec. Eng.)
~ المَدِّ high tide
الـ ~ نحوَ الداخِل innermost, inmost
~ الوراء rearmost
إقصاء، إبعاد sending away
~، إزالة removal, elimination
~، طَرْد dismissal, expulsion
أقطاب (أُنظُر: قُطْب) poles
~ مُتَخالِفةٌ أو غيرُ مُتَشابِهة unlike poles
~ مُتَشابِهة like poles, similar poles (Magn., Elec.)
~ مُتَضادَّة opposite poles (Elec., Magn.)
~ المَجال field poles (Elec. Eng.)
أَقْطَعُ: مَقطوعُ الطَّرَف truncate
إقعاد، إجلاس seating
~، داءٌ مُقعِد disablement
~ حلقي annular seating
~ الصِّمام seating of valve
إقفال closure, shutting; locking; bolting
~ مُزدوج double shut-off
أَقَلّ less, fewer
الـ ~ least, minimum
~ أسموزية hypotonic (Chem.)
~ جرعة شافية minimum curative dose
إقلاع، تَرك، كَفٌّ عن refrainment, abstinence, giving up
~، انطلاق setting off, launch
~ بلا دُروج non-run take-off
~ الحُمَّى، إبلال تَدْريجيّ lysis
~ السفينة sailing, departure
~ الطائرة take-off, departure
~ مُعَزَّز أو مُعَضَّد assisted take-off (Aero.)
~ ~ بالدَّفْع النَّفاث jato, jet-assisted take-off (Aero.)
~ ~ صاروخيًّا rocket assisted take-off

~ وهُبوطٌ عموديّان VTOL, vertical take-off and landing (Aero.)
أقلقَ، أزعَجَ trouble, annoy, upset, disturb
أقلَم، تأقلَم acclimatize; acclimate
أقلَمَة، تأقلُم، تَواؤم بيئيّ acclimation = acclimatization (Biol.)
أقلّية minority
إقليدسيّ، إقليدي Euclidean (Geom.)
إقليم، مِنطَقة region, province, territory
~ بيئي ecoclimate (Ecol.)
~ داخِليّ hinterland
~ مُحاط enclave
إقليميّ regional, territorial
أقمار (أُنظُر: قَمَر) moons
~ اصطناعية satellites
~ كاذِبَة mock moons = paraselenae
أقَنْثوس acanthus (Bot.)
أقنَعَ convince, persuade; satisfy
~ بالحُجَّة reason
أقواس (أُنظُر: قَوس) arcs; brackets
~ مُتَّحِدةُ المَركَز concentric arcs (Maths.)
أكاديمية، مَجْمَع academy
أكاسيد (أُنظُر: أكسيد) oxides
~ العناصِر الأرضية النادرة rare earths (Chem.)
أكّال، حاتٌّ corrosive (Chem.)
أُكال، حِكَّة itch, prurigo (Med.)
أكبر، أعظَم major, greater
أُكتان (أُنظُر: أوكتان) octane (Chem.)
إكتتبَ subscribe
إكتَرى hire, rent
إكتِراث، إنتِباه heed
~، مُبالاة regard, care
إكتَزَّ، جسَأ stiffen
إكتساب acquisition, acquirement, gain
إكتِساح sweep
الـ ~ الأُفُقي: لِلحُزمةِ الإلكترونيَّة horizontal sweep (Electron.)
إكتسَبَ gain, acquire
إكتِشاف discovery
~، كَشْف detection, disclosure
~، استِكشاف exploration
~ الأخطاء ذاتيًّا automatic error detection (Comp.)
~ الخَلَل fault detection (Eng.)

~ الخَلَل بالتَّمَوُّجات فوقَ السَّمعِيَّة ultrasonic flaw detection (Eng.)
~ مُفاجِئ (للنفط أو المَعادِن بخاصةٍ) strike, find
إكتَظَّ، عَجَّ بِـ teem, gorge
إكتِظاظ congestion, cramfullness
إكتِفاء sufficiency
~ ذاتيّ self-sufficiency
أكتِلْيُون: $١٠^{٢٧}$ (في فرنسا وَأمريكا) أو $١٠^{٤٨}$ (في انكلترا وَألمانيا) octillion
إكتِمال completion
إكتِناز turgor (Biol.)
إكتِنافٌ طَبَقيّ interbedding (Geol.)
إكتِنانٌ شَتَويّ hibernation (Biol.)
إكتنَفَ encompass, surround, enclose
إكتوبلازم: جِبلة خارجيَّة ectoplasm (Biol.)
أُكتُود: صِمامٌ ثُمانيُّ الإلكترودات octode (Electron.)
إكتِئاب، غَنَص: ضِيقُ الصَّدر depression (Med.)
أكتينومتر، مِقياسُ الطاقةِ الإشعاعية actinometer (Phys.)
أكتينون: نظيرُ الرادون actinon (Phys.)
الأكتينيَّة: فَعاليةُ الضوء الكيميائية actinism (Chem.)
الأكْتِينْيوم: عُنصرٌ مُشِعّ رَمزُه (كت) actinium (Ac) (Chem.)
أكْتِينْيوم مُشِعّ radioactinium (Chem.)
إكتيول ichthyol (Chem.)
أكثَريَّة، أغلَبيَّة majority, plurality
أكَّدَ، تأكَّدَ affirm, confirm, assure
~، شَهِدَ بصِحَّة attest, certify
~ على stress, emphasize
أُكذوبة lie, falsehood
إكراميَّة bonus
~، أتعابُ المِهنة honorarium
إكراه coercion, compulsion
أكروباتيّات هَوائية acrobatics (Aero.)
أكروماتيَّة: لالَونيَّة achromatism (Phys.)
~: عدسَة لالَونية achromat (Opt.)
أكزيما: نَمْلَة eczema (Med.)
إكْسايْترون: مُقوِّمٌ ذو قَوسٍ زِئبَقيّ excitron (Electron.)
أكسَبَ مَناعةً immunize

أكْسَجَ: مَزجَ أو أشبَعَ بالأُكسِجين — oxygenate (Chem.)
أُكسِجين: عُنْصُر غازي رَمزُه (أ) — oxygen (O) (Chem.)
~ سائِل — lox (liquid oxygen) (Chem.)
~ مُنَشَّط — activated oxygen (Chem.)
أكسَدَ، تأكسَدَ — oxidize (Chem.)
~ ثانيةً — reoxidize (Chem.)
أكسَدة — oxidation (Chem.)
~ أنُودية — anodic oxidation (Elec. Eng.)
~ ذاتيَّة — auto-oxidation (Chem.)
~ واختزال، أخسَدَة — redox = (oxidation-reduction) (Chem.)
اكسنتريك: دولابٌ لاتمركُزيّ — eccentric (Eng.)
إكْسوثِرميّ، مُطلِقٌ (أو طارِدٌ) لِلحرارة — exothermal = exothermic (Chem.)
أُكْسيد — oxide (Chem.)
~ أُحادِيّ، أوَّلُ أُكسيد — monoxide (Chem.)
~ ~ نِصْفيّ — sesquioxide (Chem.)
~ الأَلُمنيوم — alumina, aluminium oxide (Chem.)
أوّل ~ الكربون — carbon monoxide
ثاني ~ ~ — carbon dioxide
~ حامِضيّ، ~ لافِلِزّي — acid(ic) oxide
~ الحَديد — iron oxide (Chem.)
~ الحَديديكِ الأحمرُ — haematite, crocus (Chem.)
~ ~ ~ البَرّاق — iron glance
~ خامِل — inert oxide (Chem.)
~ خُماسيّ — pentoxide (Chem.)
~ الديوتريوماً الماء الثقيل — deuterium oxide, heavy water (Chem.)
~ الرصاص الأحمر، سيلقون — red lead (Chem.)
~ فِلِزّيّ (قاعِديّ) — metallic oxide, basic oxide (Chem.)
~ (فِلِزّي) مُمَيَّأ، هِدْروكسيد — hydrous oxide, hydroxide (Chem.)
~ قاعِدي (فِلِزي) — basic oxide (Chem.)
~ الكالسيوم — burnt lime, calcium oxide (Chem.)
~ الكرُوم: أخضَرُ الكروم — chromic oxide
~ مُتقلِّب (امفوتيري) — amphoteric oxide (Chem.)

~ النيتروز (أو الأزوتوز) — nitrous oxide, laughing gas (Chem.)
~ النيتريك (أو الأزوتيك) — nitric oxide
~ الهِدْروجين، الماء — hydrogen oxide
إكْسير — elixir
اِكفِهْرار، إظلام — darkness, gloominess
~: تَضَبُّبٌ كَثيف عاتِم — cloudiness (Meteor.)
أكَلَ — eat
يُؤكَلُ — edible
~، حَتَّ — corrode, erode, eat away
أكْل: عملية الأكل — eating
~، طعام — food
أكَلَّ (الحِدَّة) — dull, blunt
~، أتعَبَ — tire, fatigue, weary
أكلة، وَجْبَة — meal
إكليل — crown; corona
~ الحافِر، أُطرة — coronet (Zool.)
~ الدرابزون — wreath (Build.)
~ الزهرة، تُوَيج — corolla (Bot.)
~ زيني — wreath, coronet (Arch.)
~ الظُّفر — cuticle (Zool.)
~ هاليّ — corona (Astron.)
إكماح: تَفَتُّح البَراعِم — bud-bursting (Bot.)
إكماد: إزالةُ لَمْعةِ اللون — dislustering, matting
إكمال، إتمام — completion, consummation
أكَمَة، رابِيَة — hillock, mound, knoll, hump
أكْمَدُ — lusterless, dull, matt
أكمَلَ، أنهَى — complete, finish
~، كَمَّل — supplement, complement; replenish
أكَنَّ، أرفأ — harbo(u)r
إكنان، إدراج — nesting (Comp.)
أكُورديُون — accordion
أكول: صالِحٌ لِلأكل — edible
أكيد، مُحقَّق — sure, positive, certain
أكّي دُنيا — loquat (Bot.)
إلى الخَلْف، نحوَ المُؤخّرة — abaft
إلى ما لانهاية، إلى اللانهاية — ad infinitum
إلى الوَراء، نحوَ مُؤخَّر السفينة — astern
إلّا: عَلامةُ الطَّرْح (-) — minus
~: إستِثناء — except
ألابامين، (أستاتين) — alabamine = astatine (Chem.)
ألباتا: فِضَّة ألمانيَّة — albata (Met.)

إلْباس — clothing, dressing
إلْبان، دَرُّ اللبَن — lactation (Zool.)
ألْبَسَ — dress, clothe
ألْبِسة — clothes, clothing
~ واقية — protective clothing
ألبُومينات — albumins (Chem.)
ألبيدو: قُدرةُ السطح على عَكْسِ النور — albedo (Phys.)
اِلتَأمَ، اِلتحَم — solder, weld, be welded or soldered (Eng.)
~، اِندَمَل — heal (Med.)
~، توافَق — match, fit; harmonize
اِلتِباس — equivocality; ambiguity; obscurity
اِلتَبَد (بالحرارة أو الضغط) — sinter (Min.)
اِلتجأ — resort, recourse, take refuge
اِلتِحام — welding; fusion (Eng.)
~: تلاحمٌ بالتنامي — coalescence, symphysis (Biol.)
~، اِقتِرانٌ تَلاحُمي — docking (Space)
اِلتِحاميَّة: قابليةُ الاِلتحام — weldability (Eng.)
اِلتحَقَ — join, enter
اِلتَحَم — solder, weld
~، تَضامَّ — coalesce, fuse
ألْترافاكْس: ناسوخٌ فائِقُ السُّرعة — ultrafax (Elec. Comm.)
ألْترامارين، لازَوَرْد — ultramarine (Min.)
ألترامِيكروسكوب — ultramicroscope (Phys.)
اِلتِزاز، تراصّ — compactness
اِلتِزام، تعَهُّد — obligation, commitment
~، مَشروع — undertaking, enterprise
~ تعاقُدي — contract (Civ. Eng.)
~ بموجِب عَقْد الاِمتياز — concessional obligation
اِلتزم: تَعهَّد بتنفيذ التِزام — undertake, be committed to
~ بِـ: راعى — abide by, comply with; observe
اِلتِصاق، تَلاصُق — adhesion, adherence, sticking
~ جُزَيئي — molecular adhesion (Phys.)
~ الصِّمامات — sticking of valves (Eng.)
اِلتِصاقية — adhesivity
اِلتصَقَ — adhere, cling, stick
~ (وتكَتَّل) — agglutinate
~ (ولَصِبَ): لِنَقصِ التزليق — seize (Eng.)

اِلتَطَم، تَلاطَم buffet, collide
اِلتَفَّ entwine, coil; curl, wind
~ إلى الداخِل involve, infold
~ حَولَ encircle, encompass, surround
اِلتِفاف winding, coiling, rolling, involution; surrounding, encirclement
⁓ مُتَمَعِّج slue, twining
اِلتِقاء concurrence, meeting
⁓ في نُقطة convergence
اِلتِقاط catch(ing), picking up
~، إستِقبال reception (Elec. Comm.)
~ (إعتِراضيّ) interception
⁓ السقائِط fishing (Civ. Eng.)
اِلتِقاف grab(bing), capture
⁓ الإلكترونات electron capture (Phys.)
اِلتقَطَ pick (up), catch
~ (صورةً) snap, shoot, take
~ (بملقط) tong
~ (تنَصُّتًا) tap (Teleph.)
اِلتِماس petition, plea, request, application
اِلتِهاب، اِشتِعالٌ مُتأجِّج conflagration (Chem.)
~: اِلتِهابٌ مَرضيّ inflammation, -itis (Med.)
⁓ الأدَمة dermatitis (Med.)
⁓ الأُذُن otitis (Med.)
⁓ الأمعاء enteritis (Med.)
⁓ بِطانةِ القَلْب endocarditis (Med.)
⁓ الجِلْد dermatitis (Med.)
⁓ الجُيوب sinusitis (Med.)
⁓ الزائدةِ الدوديَّة appendicitis (Med.)
⁓ السَّحايا (الدِّماغيَّة) meningitis (Med.)
⁓ سِنْجابيَّة الدِّماغ poliomyelitis (Med.)
⁓ الشُّعَب bronchitis (Med.)
⁓ الصِّفاق peritonitis (Med.)
⁓ القَصَبات، الـ ⁓ الشُّعَبيّ bronchitis
⁓ الكُلْيَة nephritis (Med.)
⁓ اللِّثة gingivitis (Med.)
⁓ اللوزَتَين tonsillitis (Med.)
⁓ المَعِدة gastritis (Med.)
⁓ مَفصِلي arthritis (Med.)
⁓ المُلتحِمة conjunctivitis (Med.)
⁓ الوَريد phlebitis (Med.)
اِلتِهام swallowing, gulping, devouring

⁓ صُهاري magmatic stoping (Geol.)
اِلتهَبَ، أَلْهَبَ blaze, flare, inflame
اِلتَوَى twist, warp, wind
~، تلَوَّى wriggle, writhe, squirm
~، انعطَفَ bend, curve
اِلتِواء twist(ing), torsion; volution
~، إنعِطاف bending, flexure, warp; inflection
⁓ الطبَقات contortion of beds (Geol.)
⁓ مِغنَطيسيّ magnetic twist (Phys.)
⁓ المَفصِل sprain (Med.)
أَلْتُور: أنودٌ ثانٍ في صمامِ المُذبذِب أو التلفاز ultor = second anode (Electron.)
اِلتِئام، اجتماع meeting, convening
~، اِلتِحام junction, fusion
~ (الجُرح) healing (Med.)
إلحاح insistence; urgency
إلحاق appending, attachment; annexation, joining
⁓ تكميلي supplementation
ألحقَ (بالضَّمِّ أو الإضافة) affix, annex; append
ألديهَيْد، أَلْدَهيد aldehyde (Chem.)
⁓ خَلِّي acetaldehyde (Chem.)
أَلْديهَيْدات ثُنائيَّة dialdehydes (Chem.)
إلزام، إرغام coercion, compulsion, constraint
إلزاميّ، إجباريّ compulsory, obligatory, mandatory
أَلزَمَ bind, obligate
~، أرغَمَ force, compel, constrain
~، أوجَبَ necessitate
ألسِنة (أُنظُر: لِسان) tongues
⁓ الشمس، اِندِلاعٌ شَمسيّ solar flares
ألصَقَ affix, stick, glue, paste, cement, conglutinate
ألعاب games
⁓ رياضية athletics
⁓ جمنازية gymnastics
⁓ القُوى (الرياضية) track and field sports
⁓ نارية fireworks
ألغَى abolish, annul, cancel, countermand, revoke
~ (أو أجَّلَ) عمَليَّةَ الإطلاق scrub (Space)

إلغاء abolition, cancellation, annulment, revocation
لا يُمكِنُ إلغاؤه (أو تغييرُه) irrevocable
ألْف thousand, kilo-
في الـ ~ per mil(l), per mille
~ إلِكترون فُلط kilo-electron volt, keV (Elec. Eng.)
إلْف intimate, lover, -phil(e)
⁓ الأرض: أرضيُّ العيش geophilous (Biol.)
⁓ الأصباغ القاعِديَّة basophil (Chem.)
⁓ الرطوبة hygrophilous (Biol.)
⁓ الرِّيح، رِيحيُّ الانتِشار aelophilous (Bot.)
⁓ الزَّيت: مادَّةٌ ماصَّةٌ لِلزَّيت oleophil (Chem.)
⁓ الشمس heliophile (Bot.)
⁓ الكِلْس calicole; calciphile (Agric.)
⁓ اللون chromophil(ic) (Biol.)
⁓ الماء: مادَّة ماصَّةٌ لِلماء hydrophile
⁓ المِلْح halophile; halophytic (Bot.)
أَلَّفَ، كَوَّنَ constitute; form, synthesize
~، وضَعَ compile, write; compose
~ بَين reconcile; unite
ألفا alpha
ألِفباء: مَبادِئُ عِلمٍ أو فَنّ ABC
ألِفبائي، أبْجَدي alphabetic(al)
أُلْفَة: تعارفٌ أو انسجام حَميم familiarity; intimacy
~، تآلُف concord, harmony
~، مَيْلٌ لِلتفاعُل affinity (Chem.)
~ إلِكترونيَّة electron affinity (Chem.)
~ كِيميائيَّة chemical affinity (Chem.)
ألْقَى، رَمَى، أسقَطَ cast, throw; drop
إلقاء، رَمْي throwing, casting; discarding
⁓ الحُمولة (تخفيفًا عندَ الشدائِد) jettison (Aero., Naut.)
إلقاح، أَبْر fecundation; pollination (Bot.)
~، إخصاب fertilization, insemination (Zool.)
~، تحصين، «تَطعيم» vaccination; inoculation (Med.)
⁓ تَهْجينيّ cross-pollination (Bot.), cross-fertilization (Zool.)

القالي، قِلْي alkali (Chem.)
إلقام feed(ing), loading, charging
≈ أُحادِيّ: طَلْقَةً فطَلْقة single loading
≈ أو تَعبِئَةٌ من الطرَف end loading
≈ فُوّهيّ muzzle loading (Mil.)
≈ لادَوريّ acyclic feeding (Comp.)
≈ يَدَويّ، تَغْذِية يَدَويَّة hand feed (Eng.)
أَلْقَحَ impregnate, fecundate, fertilize (Biol.)
~، أبَّرَ pollinate, fertilize (Bot.)
أَلْقِيَّة، فَلْوَريَّة fluorescence (Phys.)
أَلْكانات: فِئَةُ المُرَكَّباتِ الهِدْروكَربونيَّةِ الدُّهنيَّة المُشْبَعة alkanes (Chem.)
إلكترود electrode (Elec. Eng.)
≈ (أرضيّ) شَريطيّ strip electrode
~ إسناديّ reference electrode (Elec. Eng.)
≈ تَعْجيل accelerating electrode (Electron.)
≈ التَّلامُس، ~ تلامُسيّ contact electrode (Elec. Eng.)
~ ثُنائي القطب bipolar electrode (Elec. Eng.)
≈ حارِف deflecting electrode (Elec. Eng.)
≈ ذَوّاب soluble electrode (Elec. Eng.)
≈ زَنْد (أو قَدْح) pilot electrode (Electron.)
≈ سالِب، كاثود negative electrode
≈ صادّ (أو عاكِس) repeller (Electron.)
≈ الصِّمام valve electrode (Electron.)
≈ عارٍ: لِلِحام bare electrode (Elec. Eng.)
≈ غازيّ gas electrode (Elec. Eng.)
≈ الغَمْر immersion electrode
≈ القَدْح trigger electrode (Electron.)
≈ قَضيبيّ rod electrode (Elec. Eng.)
≈ لِحام welding electrode (Elec. Eng.)
≈ مُبَطِّئ decelerating electrode (Electron.)
≈ مُتَقطِّر drop electrode (Elec. Eng.)
≈ مُستَقْطَب polarized electrode (Elec. Eng.)
≈ مُضَمِّن modulating electrode (Electron.)
~ مُعزِّز intensifier electrode (Electron.)
~ مُغْمَد sheathed electrode
~ مكسُو coated electrode
~ مؤلَّف composite electrode
≈ نُحاسيّ copper electrode (Elec. Eng.)
≈ الهَدْروجين العِياريّ (ذو جُهْدٍ صِفْريّ) standard hydrogen electrode (Phys., Chem.)

إلكتروستاتي electrostatic
الإلِكتروستاتيّات، الكهروسكونيّات electrostatics (Elec. Eng.)
إلكتروسكوب، مِكشافٌ كهربائي electroscope (Elec. Eng.)
≈ ذَهَبيُّ الورقَتَين gold-leaf electroscope (Elec.)
≈ كُرَة البَيْلَسان (أو البَلَسان) pith-ball electroscope (Elec. Eng.)
إلكتروفور: مُوَلِّد الشحناتِ الكهربائية بالحَثّ electrophore
إلكتروليت، كَهْرَل: المُنْحَلُّ بالكهرباء electrolyte (Chem.)
إلكترومتر electrometer (Elec. Eng.)
~ خَيطيّ string electrometer (Elec. Eng.)
~ ذو قُرصين مُتجاذبين attracted-disc electrometer (Elec. Eng.)
~ مُفْرَدُ الخَيْط unifilar electrometer (Elec. Eng.)
الإلِكترومغنطيسيّات، الكَهرمغنيطيّات electromagnetics (Phys.)
إلكتروموبيل، سَيّارة كهربائية electromobile
إلكترون electron (Phys.)
≈ التكافؤ valence electron (Chem.)
≈ التَّوصيل conduction electron (Elec.)
≈ جامِح runaway electron (Electron.)
≈ حُرّ (أو طليق) free electron (Phys.)
≈ حَراريّ (مُبْتَعَثٌ بالحرارة) thermoelectron (Electron.)
~ خارجي outer electron (Phys.)
≈ ضَوئيّ (مُبْتَعَثٌ بالضوء) photoelectron (Phys.)
~ فُلْط eV = electron-volt (Phys.)
≈ مُحيطيّ خارِجيّ peripheral electron
≈ مَداريّ orbital electron (Phys.)
≈ مُقَيَّد bound electron (Elec.)
~ مُوجِب positive electron, positron (Phys.)
إلكترونات أَوَّليَّة primary electrons
≈ تَساهُميَّة shared electrons (Chem.)
≈ التكافؤ valence electrons (Chem.)
≈ ثانَوية: تُبْتَعَثُ بالصَّدْم secondary electrons (Phys.)
~ غير رابطة non-bonding electrons

≈ كَوكَبِيَّة planetary electrons (Phys.)
≈ مُزْدَوِجة paired electrons (Chem.)
الإلِكترونيّات electronics = radionics
≈ البَصَريَّة optoelectronics
≈ الجُزَيئيَّة molelectronics
≈ الحَيويَّة bioelectronics, bionics (Electron.)
≈ الراديويَّة radio-electronics
≈ الشَّمسيَّة: عِلمُ تَحويلِ حَرارةِ الشَّمس إلى طاقةٍ كَهرَبائيَّة helionics = helio-electronics
≈ الصُّغْريَّة microelectronics
≈ الصوتيَّة acousto-electronics = pr(a)etersonics
≈ الضوئية photoelectronics
إلكترونيّاتُ الطَّيران avionics (aviation electronics) (Aero.)
الإلكترونيّاتُ الفيزيائيَّة physical electronics
إلكترونيّات الكَمّ quantum electronics (Phys.)
أَلْكَلَ: ضَمَّ شِقًّا أَلْكِيلِيًّا إلى alkylate (Chem.)
ألكلاد: صَفائحُ ديورالومين مُغشاةٌ بالألومنيوم alclad (Met.)
أَلْكَلة alkylation (Chem.)
~ حَراريَّة thermal alkylation (Chem.)
≈ بالحَفْز catalytic alkylation (Pet. Eng.)
أَلْكِيل: شِقٌّ أليفاتيّ هِدروكَربونيّ أُحاديُّ التكافؤ alkyl (Chem.)
أَلْكيلين: شِقٌّ هِدروكَربونيّ ثُنائيُّ التكافؤ alkylene (Chem.)
أَلْكينات: فِئَةُ المُرَكَّباتِ الهِدْروكَربونيَّةِ الدُّهنية غيرِ المُشْبَعة alkenes (Chem.)
أَلَم pain, ache, -algia
~ رَجيع referred pain (Med.)
~ عَصَبيّ neuralgia (Med.)
ألماس diamond
≈ أسوَد، كَربونادو: يُستعمَلُ لِلسَّنْفَرة black diamond = carbonado (Min.)
≈ الصِّناعة industrial diamond = bort
أَلْمَحَ، أَلْمَعَ (إلى)، لَمَّحَ imply, allude
أَلْمَنة: معالجةٌ أو تصفيح بالألومنيوم aluminizing
أَلْمَندين: مَقيقٌ أُرجواني almandine (Min.)

ألَنْدُم: مادّةُ سَحْج صامِدة لِلحرارة — alundum (Eng.)
ألنيكو: سَبيكةٌ مِغنَطيسيَّة — alnico (Met.)
ألْهَى، صرَفَ عن — distract
إلْهاب، إشعال — inflammation, ignition, kindling
إلْهام — inspiration
ألْهَبَ — inflame, ignite
ألواح (أُنظُر: لَوح) — slabs, boards, plates
~ أردُواز (تُباعُ وَزْنًا لا عَدًّا) — ton slates
~ الأرضيَّة — floor boards
~ الأنابيب — tube plates (or tube sheets)
~ بِناءٍ أليافيَّة — beaverboard (Build.)
~ تَبْطين — lagging boards (Civ. Eng.)
~ تَسْقيف أو تَكْسِيَة — sarking (Build.)
~ التَّغطية — boarding (Carp.)
~ ~ الانسِيابيَّة — fairing plates (Eng.)
~ ~ الخارِجية — outside plating (Build.)
~ التلبيسِ المُتراكِب — clap-boarding
~ الجُدران الخشبيَّة — siding
~ حارِفة — deflecting plates
~ حَديد — sheet iron
~ ~ مُغشّاةٌ بالرصاص والقصدير — terne (plate)
~ حَديديّةٌ مُمَوَّجة — corrugated sheet iron
~ خشبية: لِدَعم جوانب الحَفْر — timbering (Civ. Eng.)
~ ~ مُكَتَّفة قُطْريًّا (مَنْعًا لِلتشَوُّه) — racked timbering (Carp.)
~ السَّقْف — roofers = roof boards (Carp.)
~ الغَلّايات — boiler plates
~ متوافِقةٌ بالتَّعْشيق — match-boarding
~ مَعْدِنيَّة — sheet metal
~ من الورَق المكبوس — pressboard
ألوان (أُنظُر: لَون) — colo(u)rs
~ الأتربةِ الطبيعية — earth colours (Paint.)
الـ ~ الأساسيَّة — primary colours
الـ ~ الأوَّليَّة: الأحمرُ والأخضرُ والأزرق — elementary colours = primary colours (Phys.)
~ التداخُل — interference colours (Opt.)
~ ثانَويَّة — secondary colours (Phys.)
~ مائيَّة (تذوبُ في الماء) — water colours
~ مُتَتامَّة، ~ مُكَمِّلة — complementary colours (Phys.)
~ مُعتَمدة — certified colours
ألوَة، صَبِر، مَقْر — aloe (Bot.)
ألوف — sociable
الألومنيوم، الألُمِنْيُوم: عُنصُر فِلِزّي رَمزُه (لم) — aluminium (or aluminum) (Al) (Chem.)
~ الـ نيكليّ — nickel aluminium (Met.)
ألومينا، أُكسيد الألومنيوم — alumina (Min.)
~ مُنَشَّطة — activated alumina
ألونَيْت: خامُ الشَّبّ، حجَرُ الشَّبِّ الطبيعيّ — alunite (or alumstone)
ألياف (أُنظُر: لِيفة) — fibers (or fibres)
~ الأسبستوس — asbestos fibers
~ أكريليَّة — acrylic fibres (Chem.)
~ الخشَب — wood fibres
~ خَلّاتيَّة — acetate fibres
~ زُجاجيَّة — glass fibres
~ قصيرةُ التيلة — staple fibers
~ القِنَّب — hemp fibres
~ الكتّان — flax
~ مَعدنية (لافِلِزّيَّة) — mineral fibres
ألْية — buttock, natis (Zool.)
ألِّرجيا: فَرْطُ الحَساسية، أرجيَّة — allergy (Med.)
أليزارين: صِباغٌ أحْمَر — alizarin (Chem.)
أليفٌ، داجِن — tame, domestic
~ الأكسجين، ~ الأكاسيد والمعادن السليكاتية — oxyphile (Geol.)
~ الإلِكترونات — electrophile (Chem.)
~ الإيوسين — eosinophil(c) (Biol.)
~ البِحار، بَحريُّ العَيْش — maricolous (Ecol.)
~ البروتونات — protophilic (Chem.)
~ التلَوُّن، سَهْلُ الاصطِباغ — chromophil(ic) (Biol.)
~ الجَفاف — xerophil(e) (Biol.)
~ الحَرارة — thermophile (Biol.)
~ السوائِل: ذوّاب أو غرواني — lyophile (Chem.)
~ الصِّبْغ، إلْفُ اللَّون: شَديدُ التأثُّرِ بالصِّباغ — chromophil = chromophilic (Biol.)
~ الصَّخر: يتواجد في المعادن السليكاتية لا في الكبريتيدات — lithophile (Chem., Geol.)
~ الصُّخور: يعيش بين الصخور — saxicole = saxicolous (Ecol.)
~ الكِبريت — chalcophile (Chem.)
~ الكِلْس — calcicole; calciphile (Biol.)
~ الماءِ الراكِد — stagnicolous (Bot.)
~ المُلوحة، ~ المِلح — halophile, halophytic (Ecol.)
~ المِياه الجارية — lotic (Ecol.)
~ النَّواة: يتفاعل مع المراكز الموجبة — nucleophile (Chem.)
~ الوَحْل: يعيش في الوحل — limicolous (Zool.)
أليفاتيّ — aliphatic (Chem.)
~ حَلَقيّ — alicyclic, cycloaliphatic (Chem.)
أَلِيل، مُوَرِّثة مُضادةُ الصفات — allele (Gen.)
أَلِّيل: مَجموعةٌ أَلِّيليَّة غير مشبعة وحيدة المكافئ — allyl, allyl group (Chem.)
إم: قياسٌ طِباعيّ= ١٢/ ٥ سم — em (Print.)
أُمّ — mother
~ أربع وأربعين — centipede (Zool.)
~ التلافيف: في مَعِدة المُجترّات — omasum, manyplies (Zool.)
الـ ~ الحَنون: مِن أغشية الدِّماغ — pia mater (Zool.)
~ الدم — aneurysm (Med.)
~ اللؤلؤ — mother of pearl = nacre (Min.)
أماتَ، أهمَدَ — kill, deaden
أمارة، عَلامة — mark, sign, token
~، عَرَض — symptom
أماعَ — fluidify, liquefy, melt (Phys.)
إماعة، إسالة — fluidification, liquefaction
~ الصَّخْر: جعله لَدْنًا قابلًا للتدفق — mobilization (Geol.)
أمالَ — incline, tilt, tip
~ (السفينةَ) لِلترميم أو التنظيف — keel, careen (Naut.)
~ القَطْعَ — bevel
~ عن الخَطِّ العَموديّ — rake
~ مُقدّمةَ الطائرةِ إلى أعلى — nose-up
~ ~ ~ إلى أسفَل — nose-down
إمالة — inclination, tilt(ing)
إمام، مِعيارٌ قياسيّ — standard
أماميّ — anterior, frontal
أماميَّة (الصورةِ أو المَنْظر) — foreground
أمان — safety, security

أمانة honesty
~، وَديعة deposit
~: دِقَّةُ الإستِعادة أو الأداء fidelity (Elec. Comm.)
~ السِّر secretariat
إماهة، تمَيُّؤ hydration (Chem.)
أمبير: الوحدةُ العَمليَّة لِقياسِ شِدَّةِ التيّارِ الكهربائيّ ampere (Elec. Eng.)
~ ثانية: كولوم ampere-second (Elec. Eng.)
~ دَوليّ international ampere
~ ساعة ampere-hour (Elec. Eng.)
~ قياسيّ standard ampere
~ لَفّات مَجاليَّة field ampere-turns (Elec. Eng.)
~ لَفَّة ampere-turn (Elec. Eng.)
~ مِتر، مِقياسُ الأمبير = ampere-meter = ammeter (Elec. Eng.)
~ مُطلَق: ١٠ أمبير absolute ampere; abampere (Elec. Eng.)
أمبيريَّة، شِدَّةُ التيّارِ بالأمبيرات amperage (Elec. Eng.)
إمبيق، إنبيق alembic (Chem.)
إمتَثَلَ comply, obey
إمتِحان، فَحص، إختِبار examination, exam, test
~ التأهيل qualifying exam
~ حاسِمٌ أو قاسٍ acid test
~ القبول entrance examination
إمتحَنَ examine; test; try
إمتَدَّ، إستَطالَ extend, stretch; elongate
~، إنتشَرَ spread, propagate, sweep
~ (كَجِسْرٍ) فوقَ span
إمتِداد، تمَدُّد expansion, dil(at)ation
~، إستِطالة extension, elongation, stretch(ing)
~، انتِشار propagation, spread(ing)
~، مَدَى extent; span; sweep
~ ظاهِريّ superficial extent
~ مُتَماثِل symmetrical stretch
إمتِداديَّة، مَدُوديَّة extensibility, expansibility
إمتدَحَ commend, praise
إمتَزَّ، مَزَّ، إستجذَبَ adsorb (Chem.)
إمتِزاج، مَزيج commixture, blend, mixture
إمتزاجيَّة، مَزوجيَّة miscibility

إمتِزاز adsorption, sorption (Chem., Phys.)
~ إنتِقائيّ selective adsorption (Chem.)
~ جُزَيئيّ molecular adsorption
~ شَديدُ الفَعّاليَّة persorption (Chem.)
~ كيماويّ chemisorption (Chem.)
~ مُنَشَّط activated adsorption (Chem.)
إمتِزازي، ماز adsorptive
إمتزَجَ mix, blend, mingle, commingle
إمتَصَّ، مَصَّ absorb, suck
~، إمتَزَّ، نَشَفَ sorb
~، تشَرَّب imbibe
~ (الصَّدمَةَ) absorb (Eng.)
إمتِصاص، مَصّ absorption, suction
الـ ~ الأرضيّ ground absorption (Radio)
~ (إشعاعيٌّ) ذاتيّ self-absorption (Phys.)
~ إنتِقائيّ selective absorption (Phys.)
الـ ~ الجَوِّي atmospheric absorption (Phys.)
~ الحَرارة heat absorption (Phys.)
~ رَنينيّ resonance absorption (Phys.)
~ كَهرضَوئي photoelectric absorption (Phys.)
إمتِصاصيّ، مَصّاص absorbent, absorptive
إمتِصاصيَّة absorptivity, absorbing power, absorptance (Phys.)
~ الإشعاع الكُلِّيَّة، المُمتَصِّيَّة radiant total absorptance = absorptivity (Phys.)
~ العازِل dielectric absorption (Elec. Eng.)
إمتَطَّ، إمتطَلَ stretch, extend
إمتِعاض displeasure, resentment
أمتِعَة، عَفْش luggage
~ شَخصيَّة personal effects
إمتلأ، إحتَشَى fill
إمتِلاء، إحتِشاء fullness; repletion
~ (عَكسُ الخَواء) plenum (Phys.)
إمتِلاخ، وَثْء sprain (Med.)
إمتِلاك possession, ownership
إمتِلاكيّ، خاصّ proprietary
إمتِناع، كَفٌّ عن refrainment, abstention
~، إستِحالة impossibility
~ الرؤية invisibility
إمتياز، رُخصة استِثمار concession
~، تفَوُّق excellence, distinction
~، حَقٌّ خاصّ prerogative, privilege
~ (استِثمارِ) الأرض land patent

~ بِتروليّ oil concession
~ تنقيبٍ عن الزَّيت oil lease (Pet. Eng.)
أمْثَل، مُثْلَى optimal, optimum
أمَد، أجَل: مُدَّةُ بَقاء duration, time-span
~ الانتِصاف half-life (Phys.)
~ انتِصافِ القيمة half-value period (Phys.)
~ النبضة pulse duration
أمَدَّ، زَوَّدَ supply, provide, furnish
~ بالطّاقة energize
إمداد provision, supply
~ جَوِّيّ air supply (Aero.)
~ حَراريّ heat supply
~ الزيت oil supply
الـ ~ المائيّ water supply
~ الهَواء air supply
إمدادات supplies, provisions
~، تعزيزات reinforcements
أمَرَ order, command, instruct, bid
أمْر order, command, injunction
~ (تَوجيهيّ) instruction, directive
أوامِرُ ساريةُ المَفعول standing orders
~، شَأن matter
~ استدعاء call instruction (Comp.)
~ بالتسليم delivery order
~ تفتيش search warrant
~ تفريع branch instruction (Comp.)
~ حذف delete, DEL (Comp.)
~ مَحو clear instruction (Comp.)
~ مُعَقَّد مُلْتَبِك intricacy
~ مُنافٍ لِلمَنطِق، سُخف absurdity
~ واقِع (accomplished) fact
أمَرَّ pass; conduct
إمرار passing, passage
~ إنتقائي gating (Elec. Eng.)
~ في دَورة circulation
~ في دَورةٍ ثانية recirculation, rerun (Pet. Eng.)
~ السفينةِ عبرَ هَويساتِ القناة lockage (Naut.)
~ ماءِ الدِّثار jacket-water circulation
أمراض (أُنظُر: مَرَض) diseases, illness
~ حَشَريَّةُ الانتشار insect-borne diseases (Med.)
~ زُهَريَّة venereal diseases (Med.)
~ مِهنيَّة occupational diseases (Med.)

أمريّ magistral
الأمريسيوم، الأمريشيوم: عُنصر إصطناعيّ مُشِعّ رَمزُه (مر) americium (Am) (Chem.)
إمساك constipation (Med.)
~، اِمتِناع abstinence, refrainment, cessation
~، مَسْك، قَبْض holding, grasping, catching, grabbing
إمساكيّ: مُعَدٌّ للإمساك والقَبْض prehensile (Zool.)
أمسَكَ، مسَكَ catch, grip, hold, seize, grasp
~، اِمتنَعَ refrain, abstain, stop, cease
أمشاج (أُنظُر: مَشيج) gametes (Biol.)
~ مُتَشابِهة isogametes (Biol.)
~ مُتغايرة heterogametes (Biol.)
إمضاء، تَوقيع signature
أمطَرَ rain
~ بِوابِلٍ من shower, hail
أمعاء، مصارين intestines, bowels (Zool.)
الـ ~ الدِّقاق small intestines
الـ ~ الغِلاظ large intestines (Zool.)
أمْغَرُ، أسمَرُ مُحْمَرّ rufous; russet
أمفوليت، كَهْرَلٌ حَمْضيّ قِلْويّ ampholyte (Chem.)
أمفيبولات، الحائِرات amphiboles (Min.)
إمكانيّات resources; potentialities
إمكانيّة، اِحتِمال probability, possibility, prospect
~، قُدرةٌ كامِنة potentiality, potential, capability
~ الاِستِثمار gettability, exploitability
~ الاِستِعادة (بنتائجَ مُتَطابِقة) reproducibility
~ إعادةِ الاِستِخدام reusability (Space)
~ التسارُع acceleration potential
~ التشغيل، صَلاحيَّةٌ لِلعَمل workability
~ التعليل (أو الشَّرح) accountability
~ (التنفيذ) feasibility
أملاح (أُنظُر: مِلْح) salts
~ حامِضيَّة acid salts (Chem.)
~ الحَديد iron salts
~ سَـوِيَّة normal salts
~ الشَّم smelling salts, ammonium salts
~ قاعِديَّة basic salts
~ مَعدنيَّة mineral salts
أملاك property; lands, estate
~ الدولة state property
~ عامَّة public property
أمْلَسُ، ناعِم smooth
~ صَقيل sleek
~ زَلِق slick
أمَّمَ nationalize
أُمَميّ international, cosmopolitan
أمْن security, safety
الـ ~ الداخِلي internal security
الـ ~ القَومي national security
أمَّنَ (ضِدَّ الخَسارة) assure, insure; underwrite
إمناء، إخصابُ البُوَيضةِ بالمَنيّ insemination (Zool.)
~ اِصطِناعيّ artificial insemination
إمهال، إرجاء delay, respite, grace
أمْهَقُ، مُغْرِب albino (Biol.)
أمهَلَ، أرْجَأَ grant a delay or respite
أمواج (أُنظُر: مَوجة) waves
~ التردُّد الفَوقي hyperfrequency waves
~ حَراريَّة thermal waves (Phys.)
~ ديكامتريَّة: أطوالُها من ١٠ إلى ١٠٠ مِتر decametric waves (Elec. Comm.)
~ «رايْلي»: أمواجٌ زِلزاليَّة سَطحيَّة تَمَوَّجُ سطحَ الأرض Rayleigh waves (Geophys.)
~ زِلزاليَّة، ~ رَجْفيَّة seismic waves (Geophys.)
~ سنتيمترية: أطوالُها من ١ إلى ١٠ سم centimetric waves (Radio)
~ سِينيَّة: مُوازِيَةٌ لِلمِحور السِّينيّ X-waves
~ شديدةُ القِصر ultra-short waves (Phys.)
~ صادِيَّة: مُوازِيَةٌ لِلمِحور ٱلصاديّ Y-waves
~ صَوتيَّة sound waves (Phys.)
~ ضَوئيَّة light waves (Phys.)
~ طُوليَّة أو طُولانيَّة longitudinal waves
~ فَوقَ ٱلسمعيَّة supersonic waves (Phys.), ultrasonic waves (Acous.)
~ (كَهْرمغنَطيسيَّة) طَويلة: أطوالُها مِن ألفٍ إلى عَشرةِ آلافِ مِتر long waves (Radio)
~ كَهْرمِغْنيطيَّة electromagnetic waves
~ كِيلُومتريَّة: أطوالُها بينَ الألفِ والعشَرةِ آلافِ مِتر kilometric waves (Radio)
~ مِتريَّة (أطوالُها من ١ إلى ١٠ أمتار) metric waves
~ مُتَواصِلة continuous waves
~ ~ مَحْضَة (لا مُضَمَّنَة ولا مُجَزَّأة) pure continuous waves (Radio)
~ ~ مُقَطَّعَة interrupted continuous waves (Radio)
~ مُتَوسِّطةُ الطول (مِن ٢٠٠ إلى ١٠٠٠ مِتر) medium waves (Radio)
~ مُستَعرِضَة shear waves (Phys.)
~ مُستَقْطَبَة polarized waves (Radio)
~ ميريامِتريَّة: تزيدُ على العشرة كيلومترات طولًا myriametric waves (Radio)
~ هِرتزيَّة Hertzian waves (Radio)
أموال fund
~ ثابتة real estate, realty
~ عَقاريَّة real estate
~ غيرُ مَنقولة immovables
~ مَنقولة movables, movable property
أمونيا، غازُ النُّشادِر ammonia, spirits of hartshorn (Chem.)
~ مائيَّة: مُذابة في الماء aqua ammonia (Chem.)
أمونيت: صَدَفة مُتَحَجِّرة ammonite (Geol.)
أمونيُوم، مجموعةٌ نُشادرية ammonium (Chem.)
أُمِّيّ illiterate
أميانت (حَريرٌ صَخري ناعم) amianthus = amiantus, asbestos (Min.)
أميبا، مُتموِّرة ameba = amoeba (Zool.)
الأُمِّيَة illiteracy
أمِّيتَر: مِقياسُ شِدَّة التيار الكهربائي ammeter (Elec. Eng.)
~ أُحاديُّ الارتِكاز unipivot(ed) ammeter (Elec. Eng.)
~ بُعاديّ teleammeter (Elec. Eng.)
~ لِلتيّار المُستَمِر direct current ammeter (Elec. Eng.)
~ حَراريّ thermoammeter (Elec. Eng.)
~ بِذِراعٍ لاقِط tong tester = tong-test ammeter (Elec. Eng.)
~ ذو رَقيقةٍ مُستَقطبَة polarized vane ammeter (Elec. Eng.)
~ ذو سِلْكٍ ساخِن hot-wire ammeter (Elec. Eng.)

أَمِّيتَر (تابع)
~ ذو مِلَفٍّ مُعَلَّق — suspended-coil ammeter (Elec. Eng.)
~ بِمُزْدَوِجة حراريَّة — thermocouple ammeter
~ بِمُمَغْنَطٍ مُتحَرِّك، ~ ذو حَديدةٍ مُتحَرِّكَة — moving-iron ammeter (Elec. Eng.)
أمِيدات، أَلْكانامِيدات — amides (Chem.)
~ حامِضيَّة — acid amides (Chem.)
أميرُ البَحر، مُشيرٌ بَحريّ، أميرال — admiral
أميغدالين: غلوكوسيد اللوز — amygdalin (Chem.)
أميل: شِقٌّ أميليّ — amyl- (C_5H_{11})
أميلاز: خَميرةٌ نَشَويَّة — amylase (Chem.)
أميلوبسين: خَميرةٌ في عُصارة البنكرياس — amylopsin (Chem., Zool.)
أمين، مأمون — safe, secure
~، مَوثوقٌ بِأمانَتِه — honest, trustworthy
~، قَيِّم — trustee, keeper
~ الخِزانة — treasurer
~ السِّر — secretary
~ صُندوق، صَرّاف — treasurer, cashier
~ عامّ — secretary-general
~ المستودع — storekeeper, storeman
~ مَكتبة — librarian
أمينات: مُشتَقّاتٌ عُضويَّة مِن النُّشادِر — amines (Chem.)
إن: قياسٌ طِباعيّ = ٥/٢٤ سم — en (Print.)
إناء — container, vessel
~ تَبريد — cooler
~ تَخمير — fermentor
أناب — delegate
أنابيب (أُنظُر: أُنبوب) — tubing, pipes, tubes
~ الإرجاع الرئيسيَّة — return mains (Eng.)
~ تَحويلٍ أو تَحويد — by-pass piping (Eng.)
~ حَديديَّة (لِلغَلّايات) — iron tubing (Eng.)
~ دِعاميَّة — stay tubes (Eng.)
~ رَفيعة — macaroni tubing (Eng.)
~ مُتَداخِلة (تلسكوبيَّة) — nested tubes
~ مِن النُّحاس الأصفر — brass-tubing (Eng.)
أنار — illuminate, light
إنارة، إضاءة — lighting, illumination
~ ضَعيفةُ التبايُنيَّة — soft lighting (Cinema)
~ طبيعية — natural lighting
~ كَهربائيَّة، إضاءة بالكهرباء — electric lighting
~ مُباشرة — direct lighting
~ مُنعَكِسة — reflected lighting
~ نَفْحيَّة: بِواسِطَةِ مُوَلِّد يُدارُ بالهَواءِ المَضْغوط — pneumatic lighting (Mini.)
أناناس — pineapple (Bot.)
إنانتيوتروبيَّة: وُجودٌ (بلّوريّ) ثُنائيُّ الصورة — enantiotropy (Chem.)
أَنَب، باذنجان — aubergine, eggplant (Bot.)
أَنْبَأ — inform, tell, report, notify
أنباء — news
إنباء — information, notification
إنبات، إنتاش — germination (Bot.)
أنبار — warehouse, storehouse
~ الحُبوب — granary
~ السفينة — ship hold (Naut.)
أَنْبَتَ — grow, sprout (Bot.)
~، أَنتَشَ — germinate (Bot.)
اِنبثاق، اِنبِجاس — efflux, effusion, outpour, gushing
~، انبعاث — emanation (Phys.)
~، بُزوغ — emersion, emergence
~، تنبُّط — extrusion (Geol.)
اِنبَثَقَ، اِنبَجَسَ — spout, squirt, effuse, efflux, shoot, gush out
اِنْبِجار: اِنفجارٌ إلى الداخِل — implosion
اِنبِجاس، اِنبِثاق — effusion, efflux, squirt(ing), spirt = spurt
انبِجاسيّ — effusive (Geol.)
اِنْبَجَسَ، تَدَفَّقَ فَجأةً — spirt = spurt, gush out
اِنبرَى: بَلِيَ بالحَتّ — wear away, abrade
اِنبِساط، اِمتِداد — expansion, dil(at)ation, extension
~: اِنبساطُ العُضو أو تَمَدُّده — diastole (Biol.)
~ المَجال — flatness of field
انبعاث — emanation, emission
~ إشعاعيّ — radioactive emanation (Phys.)
~ الغاز: خِلالَ تَصْليد الفِلِزّات — gas evolution (Met.)
~ مَجالي — field emission (Electron.)
اِنبعاثيَّة — emittance (Phys.)
اِنبِعاج، تَحْديب، اِحْديداب — buckling
~ التزَحُّف — creep buckling (Eng.)
~ مَرِن — elastic buckling
اِنبعَث — emanate, evolve, efflux
أُنبوب — tube
~، ماسُورة — pipe
~ اختِبار — test tube (Chem.)
~ إدخال — inlet pipe
~ اَستِخراج العَيِّنات التُّربيَّة — soil sampler
~ إشعاع (حَراريّ) — radiant tube
~ أَشِعَّةِ إكس — X-ray tube, Roentgen tube (Phys.)
~ الأشِعَّة الكاثوديَّة — cathode-ray tube, CRT (Electron.)
~ إطالة — extension tube (Eng.)
~ (أُفُقيٌّ) نَضّاح — sparge pipe
~ الِانسياق: في مُسارعٍ خَطِّيّ — drift tube (Electron.)
~ انفِلاتِ الهَواء — air exhaust (Eng.)
~ (أو أنابيبُ) مِن المَطّاط — rubber tubing
~ بُخارِ الزئبق — mercury-vapour tube
~ بَيان — sight tube
~ ~ التغذية (بالزيت) — sight-feed glass
~ ~ زُجاجيّ (لِقياسِ مُستوى الماء في المِرجَل) — gauge glass (Eng.)
~ «پيتو»: لِقياسِ سُرعة السوائل (في الضغط الحَرَكي) — Pitot tube (Aero., Hyd.)
~ تَرشيح — screen pipe (Pet. Eng.)
~ تزويدِ المِرجَل — boiler feed pipe (Eng.)
~ تَصريف (أو توصيل) — conductor pipe, delivery pipe (Eng.)
~ تَصْريفٍ أو تَفْريغ — purge pipe
~ ~ سُفْليّ — down comer, down-take (Eng.)
~ ~ الفَضَلات — cesspipe (San. Eng.)
~ التغذية — feed pipe, supply pipe or tube
~ ~ بالبُخار — steam feed pipe (Eng.)
~ تَغْليف — casing pipe (Pet. Eng.)
~ تَفرُّع — by-pass pipe
~ تَفْريغ، ~ تَصْريف، ~ أو صمام تفريغ — discharge tube (Eng., Electron.)
~ تَنْفيس — vent pipe (San. Eng.)
~ تَهوِيَة — ventilation pipe, vent tube, air pipe, ventube
~ تَوصيل — connection (or connecting) tube, junction pipe, delivery pipe
~ (تَوليدِ) الأشِعَّة السِّينيَّة — X-ray tube (Phys.)

أُنبوب (تابع)

~ جِبالِ الإرساء — mooring pipe (Naut.)
~ حَفر، ماسورةُ حَفْر — drill(ing) pipe (Civ. Eng.)
~ الحَقْن — injection pipe (Eng.)
~ خِدمةٍ (فَرعيّ): لإمدادِ المنزل بالماء أو الغاز — service pipe (Civ. Eng.)
~ خَزَفيّ — porcelain pipe
~ خَيْشوميّ — gilled pipe
الـ ~ الداخِليُّ لِلإطار — inner tube, tire tube (Autos.)
~ دُخولِ الزيت — oil-inlet tube (Eng.)
~ دَفقٍ عائد — return flow tube (Eng.)
~ الدلالة، ~ دَليليّ (في الحَفْر) — guide tube
~ زُجاجيّ — glass tube (Chem.)
~ الزيت، خَطُّ (أنابيب) الزيت — oil line (Pet. Eng.)
~ ~ الفائض — oil overflow pipe (Eng.)
~ (سائِل) المِسواة — vial
~ السَّبْر — sounding tube (Civ. Eng.)
~ السَّحْب — intake pipe
~ سَفْطٍ (سَدودٌ لِلهواء) — draft tube (Eng.)
~ سِنانيّ: أُنبوبٌ رَفيعٌ طويل — thistle tube
~ شَعْريّ — capillary tube (Phys.)
~ صَغير، أُنَيْبيب — tubule (Biol.)
~ ٱلضغط السُّكونيّ — static (pressure) tube
~ ضَغطيّ، ~ ضَغْط — pressure pipe
~ العادِم — exhaust pipe (Eng.)
~ عاديّ: غيرُ مُلَولَب — plain conduit
~ العَصْف الرئيسيّ — blast main (Met.)
~ الغازِ الرئيسيّ — gas main
~ غِرْبالي (أو مُنخلي) — sieve tube (Bot.)
~ غَمْر — dip pipe
~ غيرُ تامِّ التفريغ — gassy tube = soft tube (Elec. Eng.)
~ غيرُ مُلَحَّم — weldless tube, seamless pipe (Eng.)
~ فائضِ المُشِعّ — radiator overflow tube (Elec. Eng.)
~ فُقّاعةِ المِسواة — level-vial (Surv.)
~ كَسْح — scavenger pipe (San. Eng.)
~ كلوريد الكالسيوم: لتجفيف الغازات — calcium chloride tube (Chem.)
~ لامِثْعَبيّ — antisiphon pipe (Eng.)
~ اللَّقاح — pollen tube (Bot.)
~ اللهبِ (أو الغازاتِ الساخِنة) في المِرجَل — boiler flue (Eng.)
~ الماءِ الرئيسيّ — water main
~ مُتَداخِل — telescopic tube
~ مُتدرِّجُ القُطر (لِوَصْلِ أُنبوبَين) — taper pipe
~ مُتَشعِّبُ المَسالِك — bus pipe (Eng.)
~ مُتفرِّع، ~ فَرْعيّ — branch pipe (Civ. Eng.)
~ مُتوهِّج — glow tube (Electron.)
~ المَجرور — gully, gulley
~ مُخَرَّز: لِعَزْل الناقِلِ الداخلي — beaded tube (Elec. Eng.)
~ مُرجِع — return pipe (Eng.)
~ مِرفقيّ — elbow pipe
~ مُزَعنَف — finned tube (Civ. Eng.)
~ المِسواة (الفُقّاعيَّة) — bubble tube (Surv.)
~ مُشَفَّه — lip tube, flanged tube
~ مُضَلَّع — ribbed tube (Eng.)
~ مَطّاطيّ — rubber tubing
~ مَفتوح: مِن طَرَفَيْه — open pipe (Acous.)
~ مُفَلَّج (مُوَسَّعُ الفوّهة) — flared tube (Eng.)
~ مُلتَفّ — coiled tube, coiled pipe (Eng.)
~ مُلَسَّنٌ: (لِلتَّمْتين) بالشرائح أو الحُيود الطولانيَّة — reeded tube (Eng.)
~ نازِل — fall pipe (Build.)
~ نافِخِ الزُّجاج — bunting iron
~ النِّيون — neon tube (Illum.)
~ وَصْل (قابِل لِلثني) — connecting tube (Eng.)
~ ذو وُصلةٍ مُجانِبة — offset pipe (Eng.)
~ ~ ~ مَفتوحة — open-joint tube

أُنبوبة — tube
~ اختِزانِ الصورة — image storing tube (Electron.)
~ حَلقية، طارة — toroid, torus (Maths.)
~ المِسواة — level tube (Surv.)
~ مَصٍّ مُدَرَّجة — pipette (Chem.)
~ نُقطةِ الانصِهار — melting point tube (Phys.)

أُنبوبيّ — tubular

أُنبورة — ampulla (Zool., Med.)

إنبيق، إمبيق، كَرَكة: جِهازُ تَقطير — alembic, retort (Chem.)
~، مِقْطَر — still (Chem.)

إنتاج — production
~، توليد — generation (Eng.)
~، نِتاج — produce, yield, output
الـ ~ الأدنى — minimum output (Eng.)
~ الأزواج — pair production (Phys.)
الـ ~ الأقصى — ultimate production
الـ ~ الأوَّلي — initial yield, primary production
الـ ~ الجُمْليّ — mass production
~ حَدِّي — marginal production
~ خَطِّيّ، ~ سِلْسِليّ — line production (Eng.)
~ على دُفعات — batch production (Eng.)
~ زائِد — overproduction
~ الزيت — oil production (Pet. Eng.)
~ الغاز — gas production (Pet. Eng.)
الـ ~ القَوميّ الإجماليّ — gross national product
الـ ~ الكُلِّيّ — total production
~ مُتَعَدِّد — multiple production
الـ ~ المَسموحُ به — allowable production
~ المِصْفاة — refinery yield (Pet. Eng.)
~ مُفرِط — excessive production
~ مُوَحَّد — standard make (Eng.)
~ ~ المَقاييس — standard production
الـ ~ اليَوميّ، الخَرْجُ اليوميّ — daily output

إنتاجيَّة، مُنتِجيَّة — productivity
الـ ~ — throughput = thruput
~ البِئر — well yield (Pet. Eng.)

إنتاش، إنبات، تَفريخ — germination (Bot.)

إنتان، خَمَج، تَعَفُّن — sepsis (Med.)

اِنتِباج، تَنَفُّخ — intumescence (Chem., Med.)

اِنتِباذ، نَبْذ: بالطرد المركزي — centrifugation (Eng.)

اِنتِباه — attention, heed

اِنتِشار — dissemination, dispersal, dispersion, diffusion

انتِثارية، انتشارية — diffusivity

أَنْتَجَ، أثمرَ، أغَلَّ — bear, produce, bring forth, yield
~، سَبَّبَ — bring about, result in
~، صَنَعَ — make, manufacture
~، وَلَّدَ — generate

انتحاء، انحياز، انجذاب taxis (Biol.)
~، تأوُّد tropism, taxis (Biol.)
~ أرضيّ: بِفعل جاذبيّة الأرض geotropism = geotaxis (Biol.)
~ ~ مُستقيم orthogeotropism (Bot.)
الـ ~ الأقصى run-out (Eng.)
~ الجاذبيّة، ~ أرضي gravitropism
~ جدوليّ rheotropism
~ حراريّ thermotaxis = thermotropism (Biol.)
~ رأسيّ (أو عموديّ) orthotropism
~ شمسيّ heliotropism, heliotaxis
~ ضوئيّ phototropism (Bot.)
~ ظلاميّ nyctitropism
~ غلفانيّ: استجابةُ الكائنِ الحيّ لِلكهرباء galvanotaxis = galvanotropism (Biol.)
الـ ~ الكهربائي electrotropism (Zool.)
~ كيميائي chemotropism (Biol.)
~ لَمْسِيّ thigmotaxis or thigmotropism (Bot.)
~ مائيّ hydrotropism = hydrotaxis
~ مَسِّ الجوامِد stereotaxis = stereotropism (Biol.)
~ مُستعرِض diatropism (Biol.)
~ مَسّيّ أو ضغطيّ haptotropism (Bot.)
~ مُضاد لِلضوء aphototropism (Biol.)
~ مغنطيسيّ magnetotaxis
~ هوائيّ aerotropism (Biol.)
انتحاريّ suicidal
انتحائيّ tropic
~ ضغطي barotropic
انتخاب، انتقاء selection, choice
الـ ~ الطبيعيّ natural selection (Biol.)
انتخابيّة، انتقائيّة selectivity
انتخَبَ select, choose
~ لِمنصِب elect
انتدابيّ mandatory
إنتروبيا، القُصورُ الحراريّ entropy (Phys.)
انتزاع extraction, removal, stripping; pulling out, wrenching
~ الغاز degasification, degassing (Electron., Eng.)
انتزَعَ extract, remove, pull out
~ بحركةِ التوائيّة wring
~ بعُنف rend, wrench, wrest
انتساب affiliation, relation
انتساخ transcription
انتسال ravelling
أنتشَ germinate (Bot.)
انتشار، انتثار diffusion, dispersion (Chem., Phys.)
~، امتداد propagation, proliferation, spread(ing)
~ استطاريّ scatter propagation (Radio)
~ الأمواج اللاسلكيّة radio wave propagation (Radio, Phys.)
~ البؤرة diffusion of focus (Opt.)
~ الجوامِد (كالكربون في الفولاذ) solid diffusion (Phys., Met.)
~ حراريّ thermal diffusion (Phys.)
~ الحُزمة band spread
~ في خطوط مُستقيمة rectilinear propagation (Phys.)
~ دوّاميّ eddy diffusion (Chem., Meteor.)
~ بالرّياح wind dispersal (Bot.)
~ الصّوت sound propagation (Phys.)
~ الضوء diffusion of light (Phys.)
~ غازيّ gaseous diffusion
الـ ~ الغِشائيّ osmosis (Chem.)
~ قياسيّ standard propagation (Radio)
~ كامِل complete diffusion
~ اللهَب flame propagation
~ موجيّ wave propagation (phys.)
~ هوائي wind dispersal (Bot.)
الانتشاريّة، الانتثاريّة diffusivity
انتشَرَ diffuse; spread; propagate; deploy
~ في interfuse, permeate, pervade
انتصاب erection (Zool.)
انتصار triumph, victory
انتصاف halving
~: انقسام مُنصِّف meiosis (Biol.)
انتضاح: تنافُذ داخِليّ endosmosis (Chem.)
~ حراريّ thermo-osmosis (Geophys.)
انتظام، اتِّساق uniformity, regularity
انتعاش revival, invigoration
~، ازدِهار boom, prosperity
انتفاخ inflation, distension, bulging
~، تضخُّم، تورُّم intumescence; tumefaction; swelling (Med.)
~، اكتِناز turgor (Biol.)
~، بُروز bulge, protuberance
~ البطْن flatulence, meteorism (Med.)
~ (الجِدار) heaving (Mining)
~ الرئة emphysema (Med.)
انتِفاع utilization, use
انتفَخَ inflate, distent, swell, bulge
انتفَضَ، ارتجَفَ tremble, shiver, shudder
~ مُرتدًّا bounce, rebound
انتقى select, choose, pick
انتِقاء choice, selection
~ ترادُفيّ tandem selection (Teleph.)
~ الترَدُّدات frequency selection (Radio)
~ مُسبَق preselection (Elec. Comm.)
انتِقاد criticism, critique
انتِقاص lessening, impairment
انتِقاض: أيضٌ هَدْميّ katabolism, catabolism (Biol.)
انتِقاع soakage
انتِقال، تحرُّك locomotion, movement
~، تحوُّل shift, switch
~، زَحْزحة translation, displacement (Mech.)
~، نَقْل transfer(ence), transition; transmission; transportation
~ (النُّسْغ) translocation (Bot.)
~ (إلى العَمل ومنه) commutation
~ إشعاعي، ~ بالإشعاع radiative transfer (Phys.)
~ الإلِكترونات electron transition (Phys.)
~ انتِشاريّ diffuse transmission (Phys.)
~ أيسومري isomeric transition (Chem.)
~ الأيونات ion(ic) migration (Chem.)
~ التدريب transfer of training
~ التسجيل print-through = transfer
~ الحَرارة heat transfer, heat transmission
~ ~ بالحمل heat convection (Phys.)
~ الزيت (عبرَ الطبقات) oil migration (Pet. Eng.)
~ قَفْزيّ saltation
~ نَوَويّ nuclear transition (Phys., Chem.)
انتِقاليّ، عابِر، مُؤقَّت transitory; interim, provisional
~، مُتحَرِّك mobile

انتِقام retaliation, reprisal, revenge
اِنتِقائيّ، اصطِفائيّ electic, selective
الانتقائية: الاستجابة لِذَبذباتٍ مُعيَّنة selectivity (Radio)
~ الاتجاهية directional selectivity (Radio)
اِنتقَدَ criticize, censure
اِنتقَصَ belittle, deprecate
~، نقَصَ lessen, diminish
انتقَلَ move, transfer, shift; switch
اِنتِكاس relapse (Med.)
~، اِنقِلاب inversion (Geol., Phys.)
~، تَراجُع deterioration, retrogression
انتِكاسيّ degenerative
اِنتِكاص slideback
انتكَسَ relapse
اِنتماء affiliation; belonging
اِنتَهى end, terminate
~ (إلى) culminate
انتِهاء termination, end, conclusion
~، اكتِمال completion
~، اِنقِضاءُ الأجَل expiration, expiry
اِنتِهازيّ opportunist
اِنتِهاك، تجاوُزٌ مُخِلّ violation, breach; infringement, transgression
اِنتِهائيّ final, terminal
انتهَكَ، أخَلَّ، خَرَقَ، خالَفَ violate, transgress
الأنتيمون، إثْمد: عُنصُر فلِزّيّ أبيض رَمْزُه (نت) antimony (Sb) (Chem.)
أُنثى female
~ القالب die block
إنثالبيا، السَّخانة enthalpy (Phys.)
اِنثَجَّ squirt
أنثراسيت، فَحمُ الأنثراسيت anthracite (Chem.)
اِنثعَبَ siphon
انثقَبَ puncture, be pierced or staved
اِنثلَمَ be blunted or indented, become furrowed or grooved
اِنْثنى bend, flex, fold
اِنثِناء، اِنعِطاف، ثَنْي bending, flexion, folding
انثِنائيّة، قابليّة الانثِناء flexibility
أُنثِيّ female (Eng.)
إنجاب procreation (Zool.)
~ الأحياء viviparity (Zool.)
إنجاز accomplishment, completion; achievement
~ فائِق: مُتَناهي الدِّقَّة superfinishing (Eng.)
~ ناجِح wrap-up
اِنجِذاب taxis (Biol.)
~، تجاذُب gravitation, attraction (Phys.)
~ ضَوئيّ phototaxis (Biol.)
~ كيماويّ chemotaxis (Biol.)
اِنجذَبَ gravitate
أَنْجَر، مِرساة، مِخطاف anchor
اِنجَرَّ drag, trail; drift
اِنجِرادُ الأوراق defoliation
انجِراف drift, driftage; sweep
~، اِنجِتات erosion (Geol.)
الـ ~ القارّي continental drift (Geol.)
أنجَزَ، أنهى، أتَمَّ complete, carry out; conclude
أنجستروم (١٠$^{-١٠}$ متر) angstrom, (tenth meter) (Phys.)
اِنجِماد، انعِقاد setting, congelation
~، تجَمُّد freezing
~ انتِقائيّ selective freezing
اِنجِتات detrition, erosion, fretting
انحِدار slope, slant; descent; dip, tilt, inclination; declivity, pitch(ing), rake
~، انحِطاط decline, decadence, deterioration
~ انسِيابيّ glide, gliding (Aero.)
~ ثابت أو مُنتَظَم constant slope
~ شَديد heavy gradient; sheer
~ صاعِد up-dip (Geol.)
~ مُتَوازٍ parallel descent (Geol.)
اِنحَدَرَ، مالَ slope, slant, dip, incline
~، هبَطَ، انحطَّ descend; decline; deteriorate
انحِراف، حُدور، مَيْل inclination, slope, skew, slant, declivity
~، انعِطاف deviation, deflection = deflexion (Phys.)
~، حَيَدان digression, driftage; swerve
~، زَيْغ aberration; deviation (Phys.)
بـ ~ aslant, askew, sidelong
الـ ~ الأدنى minimum deviation (Phys.)
~ (الأشِعَّة الكاثوديَّة) بالتأثيرِ المِغْنَطيسيّ magnetic deflection (Electron.)
~ إيجابيّ (فوقَ الصِّفر) deflection up
~ البوصَلة compass deviation (Magn.)
~ التردُّد frequency deviation = frequency departure (Elec. Eng.)
~ التسامُت grid declination
~ جانِبيّ lateral deviation
~ حادّ hooking (Aero.)
~ رأسيّ أو شاقوليّ vertical deflection
~ زاويّ aberration
~ سَلْبيّ (دونَ الصِّفر) deflection down
~ الطَّور phase deviation (Phys.)
~ طُولانيّ longitudinal deviation
~ عَموديّ vertical deviation
الـ ~ العِياريّ (أو المِعياري) standard deviation (Maths.)
~ بفِعل الرِّيح windage, wind drift (Naut.)
~ المَدى، مَحيدُ المَرْمَى range deviation
~ المَسار driftage
الـ ~ المُطلَق absolute deviation
الـ ~ المِعْياري المِئَوي percentage standard deviation
الـ ~ المِغنطيسي magnetic deviation (Surv.)
اِنحَرَفَ deviate, deflect, swerve, drift
~ (عن المَسار) yaw, gybe, jibe (Naut.)
~ (عن الوَضْع العمودي) hade (Geol.)
اِنحِسار ebb, recess(ion); abatement; subsidence, refluence, regression, retrogression
~ جَليديّ deglaciation (Geol.)
~ المَدّ ebb tide
اِنحَسَر recede, abate, subside, reflow
اِنحَطَّ، ترَدَّى degenerate, deteriorate, regress
انحِطاط، ترَدٍّ degeneration, regression, decadence (or decadency), decline
اِنْحَلَّ، اِرتَخى slacken, loosen
~، اِنْفَكَّ untie, unreel, unravel, unwind, unlay, unscrew
~، تحَلَّل resolve (Maths.)
~، أصابَهُ الانحِلال decompose, disintegrate, decay, degenerate, deteriorate

اِنْحَلَّ (تابع)
~ (بالذوبان) — dissolve (Chem.)
~ (بالنَّقْع) — macerate
أنْحَلَ: أهْزَلَ — waste away, emaciate, thin
اِنحِلال — decomposition, breakdown, decay; dissolution (Chem., Phys.)
~، فَساد، تفَسُّخ — degeneration, deterioration, decay, decadence, disintegration; putrefaction (Chem., Phys.)
~، ذَوَبان — dissolution
~، ارتخاء — slackening, loosening
~، وَهَن — weakness, frailty, debility
~ إشعاعي — radioactive decay or disintegration (Phys.)
~ (أو تحلل) بالإشعاع — radiolysis (Chem.)
~ ألفا، ~ ألفي أو ألفاوي — alpha decay (Phys.)
~ إلكتروليتي — electrolytic decomposition (Chem.)
~ الأنسِجَة — histolysis (Biol.)
~ أيونيّ — ionic dissociation (Chem.)
~ البادِرات (لِتعَفُّن سُوقها بالفُطر) — damping-off (Agric.)
~ بيتا، اِضمِحلالٌ بائيّ أو بيتاوي — beta decay = beta disintegration (Phys.)
~ تفَسْفُريّ — phosphorescent decay (Phys.)
~ تَماثُليّ — homolysis (Chem.)
~ بالحَتّ الكيماويّ — corrosional decay
~ حراريّ — pyrolysis, thermolysis (Chem.)
~ الحَياة، تحَلُّل حَيَوي — biolysis
~ الخلايا (الحيَّة) — cytolysis (Biol.)
~ الدُّهون (أثناءَ الهَضْم) — lipolysis
~ ذاتيّ — autolysis (Biol.)
~ بالضوء — photodisintegration (Phys.)
~ الغلوكُوز — glycolysis (Biol.)
~ الكاثود — cathode disintegration (Phys.)
~ كهربائي — electrolysis, electro-dissolution (Chem.)
الـ ~ الكهربائي المُزدَوِج — bielectrolysis
~ كَهْرَليّ — electrolytic decomposition (Chem., Phys.)
~ مُتعَدِّد (أو مُتشَعِّب) — multiple decay = multiple disintegration (Phys.)
~ مُزدَوِج: تتبادَلُ فيه المُتفاعِلاتُ بعضَ مُقَوِّماتِها — double decomposition (Chem.)
~ نَواةِ الخَليَّة — karyolysis (Biol.)
~ الهَيُولى — plasmolysis (Biol.)
اِنحنَى — bend, flex, curve
~، اِحدَودَبَ — stoop
اِنحِناء، حنِيَّة، تقَوُّس — bend; flexure, curvature
~ تساوُقِيّ — synclastic curvature (Maths.)
~ التضَاد — anticlastic curvature (Maths.)
~ خَلفي، اِنكِفاء — retroflexion
~ إلى الدّاخِل — incurvature
~ عائد، تحَجُّن: اِنعِقاف — recurvature
~ مِرفقي — elbow bend
~ مُزدوج — double curvature
انحناءة، قوس — bow, bend, curve
انحنائية: قابلية الانحناء — flexibility
انحِياز — bias (Elec. Eng.)
~، تحَيُّز — prejudice, bias, partiality
~ أماميّ — forward bias (Electron.)
~ ذاتيّ، ~ أُوتوماتي (للشبكة) — self-bias, automatic grid bias (Electron.)
~ سالِب — negative bias (Elec. Eng.)
~ الشبكة — grid bias (Electron.)
~ شبَكيّ مُباشِر — direct grid bias (Elec. Eng.)
~ صِفريّ — zero bias (Radio)
~ عَكْسيّ — reverse bias (Electron.)
~ كَهربائيّ — electrical bias (Teleg.)
~ مَهبِطيّ أو كاثوديّ — cathode bias (Electron.)
اِنحيازيّ — bias
انخِداع — delusion, deception, illusion
اِنخِراط، تَخْويشٌ مَخروطيّ — coning
~ (في) — joining, enrolment
اِنخِراق: اِنهيارُ قُلْطيَّة المُجَمِّع المُبتعِث في الترانزستور — punch-through (Electron.)
اِنخِساف، هُبوط — subsidence (Geol.)
انخِفاض — depression; drop, lowering
~، نَقْص — diminution, reduction
~ الأسعارِ تدريجيًّا — sag
~ الأُفُق — dip of the horizon (Phys.)
الـ ~ الجُزَيئيّ — molecular depression (Chem.)
~ الجُهد — voltage drop (Elec. Eng.)
~ درجةِ الحرارة — fall of temperature
~ دَرَجةِ الغَلَيان — depression of boiling point (Phys.)
~ الضغط — pressure decline (Phys.)
~ ضغطِ الدم — hypotension (Med.)
~ ~ الهواء — air pressure drop (Meteor.)
~ المَرتبة — degradation
~ مَنسوب الماء — low water
~ نُقطةِ التجَمُّد — depression of freezing point (Phys.)
اِنخفَضَ — fall, drop; lessen, diminish, decline, subside
~ (السِّعرُ) تدريجيًّا — sag
اِنخِلاع — dislocation, disarticulation, disjunction
~ (المفصِل) — luxation, dislocation (Med.)
اِنخلَعَ — dislocate
اِندِبال، تدَبُّل — humification (Bot.)
اندبَغَ — tan
اِندِثار — extinction
اندِحار — defeat
أندروميدا: سَديمُ المرأةِ المُسَلْسَلة — Andromeda (Astron.)
أندريد، أنهدريد، لامائيّ — anhydride (Chem.)
~ حامِضيّ: أكسيد لافِلِزّي — acid anhydride (Chem.)
~ الخَلِّيك — acetic anhydride
اِندِساس — intrusion (Geol.)
~ أُفُقيّ — sill (Geol.)
~ شَريطيّ — ribbon injection (Geol.)
~ طَبَقيّ — sheet-like intrusion (Geol.)
~ عُلْويّ — uptrusion (Geol.)
اِندِساساتٌ صَخريَّة — rock intrusions (Eng.)
أندِسِليون: العدَد $١٠^{٣٦}$ — undecillion
اِندِغامُ الشُّدَف — desegmentation (Zool.)
اِندِفاع — dash, rush, outburst, lunge, drive
~ غازيّ — blow, gas blast
~ لاتمركُزيّ — eccentric drive (Eng.)
~ مُفاجِئ — surge
اِندِفاعيّ أماميّ: عكس التراجعي أو الارتكاسي — posigrade (Astronautics)
اِندِفاق — effusion, effluence, efflux, outpour
اِندفَعَ فَجأةً — pop, surge; lunge
اِندَفَقَ — effuse, burst forth, flow out
اِندِلاع — outbreak; flare-up; eruption
~ شمسيّ — solar flare (Astron.)

إندلاق، إنسِكاب — spill
إندماج — fusion; coalescence
~، اِتّحاد — union, combination
~، إدماج — incorporation, merger, amalgamation
~ الدقائقِ المُترسِّبة — flocculation (Chem.)
~ نَوويّ — nuclear fusion (Phys.)
اِندَمَجَ، اِنضَمَّ، اِلتحَمَ — coalesce, fuse, merge, amalgamate
اِندَمَل — heal (up) (Med.)
إندودِرْم، الأديمُ الباطِن — endoderm (Zool.)
إندوسپرم، سُوَيداءُ البِزرة — endosperm (Bot.)
اِندِيالُ النَّبْض — pulse droop (Elec. Comm.)
~ الجُنَيْح — aileron droop (Aero.)
الإنديوم: عُنْصُر فِلِزِّيٌّ نادِر رَمزُه (ند) — indium (In) (Chem.)
إنذار — alarm, warning, forewarning, alert
~ الحَريق — fire alarm
~ كاذب (أو زائِف) — false alarm
~ مُبكِّر — early warning
~ نِهائيّ — ultimatum
~ وِقائيّ — precautionary alert
اِنذِواب، اِنصِهار — melting
إنزال، تخفيض — lowering, reduction
~ إلى البَرّ — landing, disembarkation
~ جَوّي (بالمِظَلّات) — airdrop
~ الحُمولة — unloading
~ (السَّفينة) إلى البحر — launching
~ مِن شاحِنة — detrucking
~ في مَنازِل — quartering
اِنزِعاج — discomfort, inconvenience, bother, trouble
أنزَلَ، خَفَّض — lower, reduce
~، أسقَط — drop
~ أو أرخَى بِسُرعة — douse (or dowse)
اِنزلاق — skid, slide, slip, slippage, sliding
~، اِنحِدارٌ انسِيابيّ — glide (Aero.)
~، اِنزِياحٌ سُفْليّ — downcreep (Geol.)
~ الإطار — tire slippage
~ أرضي — landslide, landslip (Geol.)
~ انفِعاليّ — strain slip (Geol.)
~ التُّربة — earth slide, solifluction (Geol.)
~ على الجَليد (الشَّديد الانحِدار) — glissade
~ حُطاميّ — debris slide

~ صَخريّ — rockslide (Geol.)
~ القابِض (أو الفاصِل) — clutch slip (Eng.)
~ القَصّ — shear slide (Eng.)
اِنزلاقيّ — sliding, slippery
لا ~ — non-skid *(adj.)*
اِنزلَق — skid, slip
~ (على الجَليد)، تزَحلَقَ — ski, skate
اِنزلَقَ، اِنسابَ سافًا — glide (Aero.)
اِنزِياح — displacement
~ زاويّ — angular displacement (Phys.)
الـ ~ شَمالًا — northing (Surv.)
~ صَدعيّ — heave (Geol.)
~ مُوازٍ — parallel displacement
~ نظائريّ — isotope shift (Phys.)
~ وَمضيّ ظاهريّ — wander (Radar)
أنزيم، خميرةٌ كيميائيَّة — enzyme (Biol.)
~ مُحَلِّل — lysozyme (Biol.)
~ مُساعِد — coenzyme (Chem.)
أنزيماتٌ نَوَويَّة، خمائرُ نَوَويَّة — nucleases (Chem.)
اِنسابَ — coast, glide, move smoothly
~، تدَفَّق — flow, stream
اِنساقَ، اِنجَرَف — drift
إنسال، إنجاب — reproduction, procreation (Biol.)
~ شِقِّي، تكاثُر جنسيّ — sexual reproduction (Biol.)
~ لاشِقِّي، تكاثُر لاجنسيّ — asexual reproduction, monogony (Biol.)
إنسان — human being, man (Zool.)
الـ ~ (كنوع) — homo sapiens (Zool.)
~ آليّ — robot (Comp.)
~ العَين، بؤبؤ — pupil (Zool.)
إنسانيّ — human
~: مُحِبٌّ لِلخَير — humanitarian, philanthropist
اِنسَبَكَ — cast; mold
اِنسِجام، تَساوُق — harmony, accord(ance), compatibility
~ (التَّمْويه)، اتصالٌ مُترابِط — linking
~، توافُق — concordance
اِنسَجَمَ — match, harmonize, tune with
اِنسِحاب — withdrawal, retreat, pulling out
~ اِمتِعاضِيّ — walkout
اِنسِحابيَّة، سَحُوبيَّة — drawability (Eng.)

اِنسِحاج — abrasion (Eng., Geol., Med.)
قابليَّةُ الـ ~ — abradability
اِنسَحَجَ، تأكَّلَ — abrade (Eng.)
اِنسَدَّ — occlude, clog
اِنسِداد، سَدّ — blockage; clogging, obstruction, occlusion
~ بُخاريّ — vapour lock(ing) (Eng.)
~ خِلْقيّ — atresia (Med.)
~ بالغِرْيَن المُترسِّب — silting
~ المُرَشِّحات الشبكيَّة — screen clogging
اِنسِكاب؛ إراقة — effusion
~: الكَمِّيَّةُ المُراقَة — spillage
نُقطةُ ~ — pour point (Phys.)
اِنْسَلَّ — sneak, slip, slink
اِنسِلاخ — ecdysis; sloughing, molt(ing), moult(ing), exuviation (Zool.)
اِنسَلَخ — slough, sluff; mo(u)lt, exuviate
اِنسِمام، تَسَمُّم — toxicosis, poisoning, intoxication (Med.)
إنسولين — insulin (Med.)
إنسِيّ: صَوْبَ الوَسَط (أو نَحو الداخِل) — medial (Med.)
اِنسِياب، جَرَيان، تدَفُّق — flow, streaming
~ البَيانات — data flow (Comp.)
~ حُرّ، تدَفُّق حُرّ — free flow (Phys.)
~ دَورانيّ (أو دُوّاميّ) — rotational flow
الـ ~ السَّطحيّ (غير المتسرِّب إلى باطن الأرض) — surface run-off (Meteor.)
~ سُفليّ — underflow
~ طَبَقيّ أو صَفْحيّ — laminar flow, lamellar flow (Hydr.)
~ لَدْن — plastic flow (Phys.)
~ لَزِج — viscous flow (Hyd.)
~ مِحوري — axial flow
~ مُختنِق — choked flow
~ مُطَّرِد — steady flow (Phys.)
~ مُنْتَظِم — uniform flow
~ الوَحْل — mud rush = mud run
اِنسِيابيّ، مَشِيق، مَمْسُود — streamlined, fairing (Phys.)
اِنسِياق، اِنجِراف (انسياقًا مع التيّار) — drift
~ الإبرة — drifting of needle (Phys.)
~ إلِكترونيّ — electron drift (Elec. Comm.)
~ التردُّد — frequency drift
~ مع التيّار — drifting

إنسياق (تابع)
الـ ~ الجانبيّ (معَ الرِّيح أو التيّار) — leeway (Naut.)
~ ريحيّ — wind drift (Aero.)
~ المُذبذِب — oscillator drift (Radio)
إنْش، بُوصَة: ٢,٥٤ سم — inch
~ دائريّ: مساحةُ دائرةٍ قُطرها إنْش — circular inch
أنشأ، أقامَ — set up, build, construct, erect
~، ألَّفَ (نَثرًا أو شِعرًا أو لَحْنًا) — compose
~، أسَّسَ — establish, found; originate
إنشاء، تأليف — composition, compilation, writing
إنشاء، تَشْييد — construction, building, setting up, erection
~، مُنشَأة — installation; foundation; establishment
~ إطاريّ — framework
~ ~ قَنْطَريّ — gauntry = gantry (Eng.)
~ إنجازيّ: يُسَلَّمُ جاهِزًا لِلاستِعمال بِتَسليمِ المَفاتيح — turnkey construction (Eng.)
~ تَشابُكيّ — trellis-work
(~) ثُلاثيُّ الأسطُح — three-decker
~ جاسِئ — rigid structure (Civ. Eng.)
~ جافّ — dry construction (Build.)
~ خَشَبيٌّ بِكامِله — all-wood construction
~ خَطِر: بِناءٌ قضَت السلطاتُ المَحليَّةُ بِخُطورةِ استِعماله — dangerous structure (Build.)
~ سُفليّ أو قاعِديّ — substructure, understructure (Eng.)
~ سِلْسِليٌّ مُرَكَّب — compound-catenary construction (Elec. Eng.)
~ ~ مُزدَوِج (لِرَفعِ سِلْكِ الجَرِّ الكَهربائيّ) — double-catenary construction (Elec. Eng.)
~ طِباقيّ — stratified structure
~ عُلْويّ — superstructure
~ فَجَويّ — vesicular structure
~ فولاذيّ — steel structure (Eng.)
~ ~ بكامِله — all-steel construction
~ قَنْطَريٌّ بُرجيّ — tower gantry (Eng.)
~ ~ نَقّال: لانزلاقِ كَبّاشِ المِرفاع — traveller (or travelling) gantry (Eng.)
~ مُجهَدُ الغِشاء — stressed-skin construction (Aero.)
~ مُرَكَّب أو مُؤلَّف — composite construction (Eng.)
~ المَصاطِب (الترابيَّة) — banking (Civ. Eng.)
~ مُفَرَّغ أو أجوَف — shell (Eng.)
~ مُلَبَّس — veneered construction (Build.)
~ مُؤَقَّت — temporary structure (Eng.)
~ هَيْكَليّ — skeleton construction, framework (Build.)
إنشاءاتٌ صِناعيَّة — industrial installations
~ عُلْويَّة — upper works (Mining)
~ كهربائيَّة — electrical installations
~ مائيَّة — water works
إنشائيّ، بَنّاء — constructive
~، بِنائيّ — structural
إنشِطار — fission; split(ting), cleavage
~ تِلقائيّ — spontaneous fission (Phys.)
~ ثُنائي — binary fission (Biol.)
~ (خَلَويّ) — (cell) division (Biol.)
الـ ~ الحَراري — thermal fission (Phys.)
~ ضَوئي: ناتجٌ عن امتصاص النواةِ فُوتونًا — photofission (Phys.)
~ طُولي أو طولاني — longitudinal fission (Biol.)
~ مُحَرَّض (أو مُستَحَث) — induced fission (Phys.)
~ نَوَوي — nuclear fission (Phys.)
إنشِطاريّ، شَطُور — fissile (Phys.)
إنشَطَر — split, fission, divide
إنشَعَب — bifurcate, ramify
إنشِغال — preoccupation
إنشَقَّ — fissure, cleave, split
إنشِقاق — cleavage, split, schism
~ قاعِدي — basal cleavage (Min.)
~ كاذِب — pseudo-cleavage (Geol.)
أُنشوطة — loop; noose, slipknot
~ مُنْزَلِقَة — slipknot, slip noose
~ مَنكوسَة — inverted loop (Aero.)
إنْصات — listening; attention
إنصاغ — model; mold
إنصاف — fairness, justice, equity
إنصال — stripping (Pet. Eng.)
~ اللون — decolour(iz)ation
إنصَبَّ — effuse, outflow, outpour
إنْصِباب — effusion, effluence; influx, inflow, (out)pour
إنصِداع — cracking, splitting
~ حَلقي — cup shake, ring shake (Bot.)
إنصِراف، خُروج — exit, egress
إنْصَرَف، غادَر — leave, depart
~: في مَجرى أو بالوعة — drain, flow off
~ (بقيمة) — exchange (for)
إنصقَلَ — burnish, polish
~ بالحَكّ — secour (Geol.)
أنْصَلَ، قَصَرَ اللّون — decolourize = decolorize
~: إستَخْرَجَ القُطارات الخَفيفة — strip (Pet. Eng.)
إنصِمام، إنسِداد — embolism (Med.)
إنصِهار — melt(ing), fusion (Phys.)
~ الصَّهيرة — blow-out, blow(ing) (Elec. Eng.)
~ ضَغطي، ~ بالضغط — pressure melting (Phys.)
~ نِطاقيّ — zone melting (Phys.)
إنْصِهاريَّة: قابليةُ الانصهار — fusibility (Eng.)
إنصهَرَ — melt, fuse
~ (المِصهَر أو الصَّهيرة) — blow (out) (Elec. Eng.)
إنضاج — maturation, ripening
~ (الإسمَنْت) — curing, maturing (Civ. Eng.)
~ (المَصبوبات) بالبُخار — steam curing
~ مائيّ (للخشب) — water seasoning
أنْضَب — deplete, drain, exhaust, dry up
انضِباط: تَكَيُّف تعديلي — adjusting, adjustment
~: تقيُّدٌ بالأنظمة — discipline
الـ ~ الذاتيّ — self-discipline
ذاتيُّ الـ ~ — self-adjusting, self-setting (Eng.)
قابِلُ الـ ~، ضَبُوط — adjustable, adaptable
أنضَجَ (الإسمَنْت) — cure, mature (Civ. Eng.)
إنضِغاط، تضاغُط — compression
~ ثابِتُ الحرارة، ~ كَظيم — adiabatic compression (Phys.)
~ ~ درجة الحرارة — isothermal compression (Phys.)
~ مُتقدِّم — precompression (Eng.)

~ مُرَكَّب (على مَراحِل) — compound compression
~ مُزامنة — synchronizing compression (Telev.)
~ الهَواء، ضَغطُ الهواء — air compression
~ يعقُبُه انبساط — companding (Elec. Comm.)
انضِغاطيَّة، ضَغوطيَّة: قابليَّةُ الانضِغاط — compressibility (Phys.)
انضَغَط — compress, be pressed or squeezed
انضَفَر — interlace
انضَمَّ — conjoin, join
~، اتَّحَد — unite, coalesce, merge
~ إلى — join, affiliate with, accede to
انضِمام — joining; union; merger; affiliation (with), accession (to)
~ العربةِ السُّفلَى (عند الإقلاع) — undercarriage retraction (Aero.)
انْطاعَ — yield, comply
~ (لِلضَّغْط أو الشَّد) — give
إنطاقُ العَوامِل: حذْفُ جُذور العَوامِل أو إزالَتُها — rationalization of factors (Maths.)
انْطِباع — impression
الانطِباعيَّة (في الأدب أو الفنّ) — impressionism
انطِباق، تَطابُق، مُطابَقة — coincidence, congruence; tally
انطَبَقَ: ناسَبَ — hold, apply; fit
~: انسدَّ — close, shut
انطِفاء — extinction, extinguishing
~: لَحظةُ نفادِ الوَقود (في الصاروخ أو العَرَبة الفَضائيَّة) — all-burnt (Aero., Space)
~ اللهَب: تَوَقُّفُ مُحرِّك الطائرة النفّاثة — flameout (Aero.)
~ اللون — matting
أنطَقَ: حَذَفَ الجُذور — rationalize (Maths.)
انْطِلاق: إقلاع — takeoff (Aero.)
~: تحَرُّر — release
~ (البِداية) — start, launch
~ (بِعُنف) — outburst, outbreak, blast-off
~ أوتوماتي — automatic release (Eng.)
~ (الصاروخ) من المِنصَّة — liftoff (Eng.)
انطلَقَ — set out, start, dash off, take off
~ بِعُنف — break forth, burst out (or forth), discharge

انطِماس — obliteration, expunction
انطَوى، انثَنَى — fold, flex
~: تطَوَّى — coil, convolute
~ على — involve
انطِوائيّ، ذو شخصيَّة مُنطَوِيَة — introvert
انطِياع، خُضُوع — yield(ing), compliance
أنظِمة (أنظُر: نِظام) — systems; regulations
~ بلّورية — crystal systems (Chem.)
أُنظومة: نظام مُتَرابِط — syntax, orderly arrangement
إنعاش — revival, invigoration
~ (المُختَنِق أو المُغمَى عليه) — resuscitation (Med.)
إنعال، حَذْو — shoeing
إنعِتاق — release, liberation
ذاتيُّ الـ ~ — self-releasing (Eng.)
إنعِدام — lack, want, absence
~ الارتِفاع — zero elevation
~ الإشارات — zero signal (Radio)
~ الانحِياز — zero bias (Radio)
~ الأهلية (أو الكَفاءَة) — ineligibility
~ التتابُع الطَّوري — zero-phase sequence
~ الترابُط — irrelevance
~ الترَدُّد — zero frequency (Elec. Comm.)
~ الحرَكَة، خُمُود — inaction
~ الدَّفْع — zero thrust (Eng.)
~ الرَّفْع — zero lift (Aero.)
~ الضَّربات — zero beat (Phys.)
~ الضغط — zero pressure (Eng.)
~ ~ المُعَزِّز — zero boost (Eng.)
~ الطاقة — zero energy (Phys.)
~ العُيوب — zero defects
~ الفُلطيَّة — zero voltage (Elec. Eng.)
~ اللمعة — sheariness (Paint.)
~ المَسؤوليَّة — irresponsibility
~ الوَزْن — weightlessness (Phys.)
انعِراج، حيُود — diffraction (Phys.)
~: انحِرافُ الصاروخ لاتِّخاذِ مَدارِه — pitchover (Astronautics)
~: الإزاحةُ الزاويَّة حولَ المِحوَر العموديّ — yaw (Aero., Naut.)
انعرَجَ، انحرَفَ — yaw (Aero., Naut.)
انعِزال — isolation, segregation, detachedness

انعِزاليّ (في السياسة أو الاقتصاد) — isolationist
انعزَلَ — detach, segregate
أنعشَ — revive, resuscitate, invigorate, refresh
انْعِطاف — inflection, inflexion; turn(ing); deviation, deflection, flexure
~، مَيل — inclination, bending
~ حادّ — sharp turn
انعطَفَ — turn, deflect, bend, incline; deviate; meander
انْعِقاد، اجتماع — convening, meeting; session
~، تَجَمُّد: تغلُّظ القَوام — congealment, congelation, coagulation, thickening
~ (الثَّمَر) — setting (of fruit) (Agric.)
~ (الدِّهان): فلا يعودُ صالحًا — feeding up
~، تعَنْقُد — coacervation (Chem.)
انعَقَد، اجتَمَع — convene, assemble
~: غَلُظَ قوامُه — congeal, coagulate, thicken
انعَقَفَ — hook, become hooked or crooked
انعِكاس — reflection, reflexion (Phys.)
~، إنقلاب — inversion, reversion, reversal
الـ ~ على الأرض — ground reflection (Radar)
~ الأمواج — wave reflection (Phys.)
~ انتِشاريّ (أو مُنْتَشِر) — diffuse reflection (Phys.)
~ انتِقائيّ — selective reflection (Phys.)
~ تراجُعي أو رَجعي — retroreflection (Phys.)
~ داخِليّ — internal reflection
~ ~ كُلِّيّ — total internal reflection (Phys.)
~ شبَحيّ — ghost reflection
~ الطَّور — phase reversal (Phys.)
~ غيرُ مُنتَظَم — irregular reflection (Phys.)
~ لاإرادي، مُنعَكَس — reflex (Med.)
~ لامِرآوي — non-specular reflection (Phys.)
~ مُتَعَدِّد، ~ مُتَكَرِّر — multiple reflection
~ مِرآويّ (مُنتَظَم) — specular reflection
~ مُنتَشِر — diffuse reflection (Phys.)
انعِكاسات — reflections; reverberations; repercussions
~ ثانَوِيَّة — secondary reflections (Phys.)

انعكاسات (تابع)

~ شاذّة — abnormal reflections (Radio)

انعكاسي — reflexive (Maths.)

~، عَكُوس — reversible

انعكاسيّة — reflectivity, reflectance; reflexivity (Phys.)

الـ ~، العَكُوسيّة — reversibility

~ نوعيّة — specific reflectivity

انعكس — reflect

~، انقلب — reverse; invert

أنعمَ على — award

~ النظر — examine carefully, scrutinize

إنغال، تهجين — hybridation (Gen.)

انغراس — implantation (Biol.)

~ البَيْضة في الرَّحِم — nidation (Zool.)

أنغستروم (10^{-10} متر) — angstrom, (tenth meter)

انغلاف: انغماد معَوي — intussusception, invagination (Med.)

انغلاق — closure, occlusion

انغمار — submersion, inundation, plunging

انغمر — submerge, plunge

انغمس — dip, plunge

أنف، خَطْم — nose, conk

إنفاذ، إمرار. إرسال — transmission

~، تنفيذ — execution, carrying out

~ انتقائي — selective transmission (Phys.)

~ الحَرارة — diathermy, heat transmission, thermal transmission (Phys.)

إنفاذيّة، نُفوذيّة — permeability (Phys.)

~، إمراريّة — transmission (Elec. Comm.)

~ الإشعاع الحَراري — diathermancy

الـ ~ الأوليّة — initial permeability (Elec. Eng.)

~ البُخار: مُعدَّلُ إنفاذيّة الورق لِلبُخار — vapour permeability

~ تزايُديّة — incremental permeability (Elec. Eng.)

الـ ~ التفاضُليّة — differential permeability (Elec. Eng.)

~ مِرآويّة — specular transmittance (Phys.)

الـ ~ المِغْنَطيسيّة — magnetic permeability

الـ ~ النِّسبيّة، المُنفِذيّة النسبيّة — relative permeability = permittivity (Elec. Eng.)

الـ ~ النوعيّة — transmittivity (Phys.)

إنفار: سَبيكةٌ ضَئيلةُ التمدُّد جدًّا بالحرارة — Invar (Met.)

إنفاق — spending

~، نَفَقة، مَصروفات — expenditure, outlay

انفتاح — opening, unfolding

انفتال — warp(ing), torsion

انفتق — rupture, rend, slit

انفتلَ (أو برَمَ) بِعُنف، لَفَّ، التَفَّ — (en)twine, twist, slew

انفجار، تفجُّر — blast, burst, outburst, explosion

~، تَفجير — blowing up, detonation

~ الى الداخل — implosion

~ تحتَ الماء — underwater burst, hydroexplosion

الـ ~ السُّكاني — population explosion

~ مُستَحثّ — induced detonation

~ نَوَوي — nuclear explosion (Phys.)

انفجَرَ، تفجَّر — explode, burst (up), detonate

~ إلى الداخِل — implode

إنْفحة — abomasum, rennet (Zool.)

أنْفَذَ، نَفَّذَ — carry out, execute

~: جعلَهُ يخترق — drive in, pierce, thrust

~: أرسَلَ، أوصَلَ — dispatch, convey, transmit

انفراج، انشِعابٌ وتَباعُد — divergence, divarication

~، انقِشاع وفَرَج — clearing up; remission

~، فُرجَة — gap

~ التماسّ — contact gap (Elec. Eng.)

~ الطيّات المتوازية، تفرُّعٌ صَدعي — virgation (Geol.)

انفراد، عُزلة — seclusion, isolation; loneness; privacy

انفرادي — solitary

~، مُتَفرِّق — sporadic

إنفرتاز، إنفرتيز: خميرةُ سُكَّر القَصَب، خميرةٌ قالِبة — invertase (Chem.)

انفرجَ — diverge, gape, divaricate, split; ease; clear up, remit

انفصال — separation, disengagement, disjunction, disconnection, detachment, secession

~، انفكاك — decollement (Med.)

~، فِصالُ الورق — abscission; abstriction (Bot.)

~ ثَلْجي (أو مَثلَجي) — calving (Geol.)

~ زيتِ الشحوم (المُختَزَنة) — syneresis

انفِصالي — separatist, breakaway, schismatic

انفِصام — split(ting), cleavage

~، انفِصال — abstriction (Bot.)

~ الشخصيّة، فُصام — schizophrenia (Med.)

انفَصَد — bleed (Med.)

انفصَل — separate, disengage, disjoin, secede, break off

انفَضَّ — disband, disperse, break up

انفضاض — dissolution, break up; end, adjournment

انفِعال — strain (Phys. Eng.)

~ (نَفسانيّ) — excitement, commotion, emotion

~ الاحديداب — buckling strain

الـ ~ الأقصى — ultimate strain (Mech.)

~ إلتوائيّ، ~ الالتواء — torsional strain, twisting strain (Mech.)

~ الانحِناء — bending strain (Eng.)

~ الانضِغاط — compression or compressive strain (Eng.)

~ حَجْميّ — volumetric strain (Mech.)

~ الحِناية — bending strain (Eng.)

~ الخُضوع — yield strain (Mech.)

~ خَطّيّ — linear strain (Mech.)

~ دائم — permanent set

~ رَئيسيّ — principal strain (Mech.)

~ زائِد — overstrain

~ الشدّ — tensile strain (Mech.)

~ العازِل — dielectric strain (Elec. Eng.)

~ غيرُ مُنتَظم — non-uniform strain

~ القَصّ — shear(ing) strain (Mech.)

~ كَهروستاتي — electrostatic strain (Elec.)

~ لامُرونيّ — anelastic strain (Mech.)

~ لَدْن — plastic strain (Phys.)

~ محوريّ — axial strain (Eng.)

~ مَرِن: يزول بزَوال الإجهاد — elastic strain (Eng.)

~ مُستعرِض — transverse strain (Mech.)

~ مُماسّ — tangential strain (Mech.)

~ نَفْسيّ — emotion; excitement

أَنفَقَ spend, expend, outlay
اِنفَكَّ disengage, untie, unfasten
~، تفكَّك break up, disassemble, come apart
اِنفكاك، اِنفِصال breakaway, disjunction, disengagement, detachment
~، تَفكُّك decomposition, break-up, disintegration (Chem., Phys.)
~ الشبَكيَّة decollement of the retina (Med.)
اِنفلات escape
~ الغازاتِ المُستَهلَكة exhaust gases (Eng.)
~ الهواء air exhaust (Eng.)
اِنفِلاج، اِنشِقاق cleavage, split(ting)
~، فالِج hemiplegia, semiparalysis (Med.)
اِنفِلاق، انشِطار fission, split(ting), dehiscence, scission
~، صَدع rent (Geol.)
اِنفلَتَ escape, break loose
اِنفلَقَ split, cleave, crack
~ وتفَتَّح (القَرنُ أو السِّنفة) dehisce (Bot.)
إنفلُوَنْزا flu, influenza, grippe (Med.)
أنْفِيّ nasal (Zool.)
~ بُلْعوميّ nasopharyngeal (Zool.)
أنفِيَّة، أنفيَّةُ المِجْهَر nose-piece (Opt.)
~، أنفيَّةُ اللجام noseband
~ دَوّارة (في المِجْهَر) revolving nose-piece (Opt.)
اِنقادَ (لِـ) follow, obey, comply, yield
إنقاذ، تَخْليص rescue, deliverance, salvaging, saving
إنقاص reduction, diminution, lessening, decreasing
إنقاصة: كمية الإنقاص decrement
أنقاض debris, rubble
اِنقِباض، تقَلُّص contraction, shrinking
~ الأوعية vasoconstriction (Zool.)
~ البَطْن، إمساك constipation
~ الصّدر low spirits, dejection
~ القلب أو الفَجوات القَلوصة systole (Zool., Bot.)
اِنقِباضيّ، قَلوص contractile
اِنقبَضَ contract, shrink, constrict
أنقَذَ، خلَّصَ rescue, save, deliver; salvage
اِنقِذاف ejection

اِنقِراض، اِندِثار extinction, dying out (Biol.)
اِنقِسام division, fission (Biol.)
~ اختِزالي reduction division (Biol.)
~ ثُلاثيّ (لِنواةٍ ثقيلة) tripartition (Phys.)
~ ثُنائي binary fission (Biol.)
~ فَتيلي (خَيطيّ) mitosis, karyokinesis (Biol.)
~ لافَتيلي (بسيط) amitosis, direct division (Biol.)
~ مُنَصِّف (~ اختِزالي) meiosis, reduction division (Biol.)
اِنقِساميَّة، قابليَّةُ الانقِسام أو القِسمة divisibility (Math.)
اِنقسَمَ divide
اِنقِشار، تقَشُّر exfoliation (Geol., Bot.), spalling (Build., Eng.)
اِنقِشاع dispersal, dispersion (of clouds, darkness), clear-up
اِنقشَرَ exfoliate, peel off, scale off
أنقَصَ، قَلَّلَ decrease, diminish, reduce, lessen
اِنقَصَفَ break, snap
اِنقَضَّ pounce; storm, charge, swoop
~ (بالطائرة) dive (Aero.)
~ ~ رأسيًّا nose-dive (Aero.)
اِنقِضاء، فَوات lapse
~، انتِهاء expiry, expiration, termination, end
اِنقِضاض storming, swoop, downrush
~ انهياري stall dive (Aero.)
~ حادّ steep dive (Aero.)
~ بالمُقدِّمة nose-dive (Aero.)
اِنقِطاع break (off), discontinuance, interruption, discontinuity, disjunction, stop(page), rupture
~، توَقُّف cessation, break; halt
~: فترة الانقطاع outage
~ التيّار (الكهربائي) current-break; power failure (Elec. Eng.)
~ الحيض، إياس menopause (Med.)
~ طَبَقيّ stratigraphic(al) break (Geol.)
~ كَمّي (أو كُموميّ): في اَبتِعاث الطاقةِ أو اَمتِصاصِها quantum discontinuity (Phys.)
~ المواصَلات disruption of communications

الـ ~ الموهُوروفيسي Moho(rovicic discontinuity) = M-discontinuity (Geol.)
~ النفس apnea (Med.)
انقطَعَ cease, stop, discontinue
انقَفَلَ shut, lock
اِنقِلاب coup (d'état), upheaval
~، انعِكاس inversion, reversal
~، تحَوُّل turn-over, alteration, transformation
~، منقَلَب الشَّمس solstice (Astron.)
~ التضاريس inversion of relief (Geol.)
~ على الجَناح wing-over (Aero.)
~ لِجهةِ المقدِّمة nose-over (Aero.)
~ حَراريّ: اِزدِيادُ درجةِ الحرارةِ بالارتفاع عن سطحِ الأرض temperature inversion (Meteor.)
~ بحركةٍ عُرويَّة somersault (Aero.)
~ خَلْفيّ: اِرتِدادٌ إلى الخَلْف retroversion
الـ ~ الشتَويّ: في ٢٢ كانون الأول (دِيسمبر) winter solstice (Astron.)
الـ ~ الصيفيّ (في ٢٢ حزيران) summer solstice (Astron.)
~ نِظامِ الحُكم coup d'état
اِنقَلَبَ capsize, turn over, topple, tip over
~، اِنعَكَسَ be inverted or reversed
~، تحَوَّلَ alter, change, transform
أنْقَليس، ثُعبانُ الماء eel (Zool.)
أُنقُور، سُرَّة البزرة hilum (Bot.)
اِنقِياد، مُطاوَعة compliance, yielding; obedience
إنكار denial, negation, repudiation
إنكاز، نَزْعُ الماء dehydration (Chem.)
اِنكَبَّ، اِندَلَقَ spill, pour out
~ على apply oneself to, concentrate on (a task)
اِنكِسار break, breakage, fracture
~: اِنحِرافٌ بالانكسار refraction (Phys.)
~: هَزيمة defeat
~ اِلتِوائيّ flexure fault (Geol.)
الـ ~ الجَوّي atmospheric refraction (Phys.)
~ طَبَقيّ bedding fault (Geol.)

إِنكِسار (تابع)

~ مُزدَوِج birefringence (Min.), double refraction (Phys.)

~ مُقَعَّر concave fracture (Geol.)

~ مُنتَشِر diffuse refraction (Phys.)

الـ ~ النوعيّ، الانكِساريَّة specific refraction, refractivity (Phys., Chem.)

الانكِساريّات: بَصَريّاتُ الانكِسار dioptrics (Phys.)

إِنكِساف eclipse (Astron.)

إِنكسَرَ، تحطَّم break, fracture, shatter

~ (الشُّعاعُ) refract (Phys.)

انكِشاف disclosure, exposure

إِنكِفاء retroflexion (Med.)

إِنكِماش، تقَلُّص contraction, shrinkage, shrinking

~، انضِمامٌ وتَراجُع retraction

~ (اقتصادي) deflation, recession

~ التزَحُّج: عن الجِسم المَطليّ grazing

~ التصَلُّب solidification shrinkage (Phys.)

~ جِبْلةِ الخَليَّة plasmolysis (Biol.)

~ السطح surface shrinkage (Phys.)

انكمَشَ shrink, contract

أُنَلْپِنْتيوم: العُنصر ١٠٥ unnilpentium, joliotium, neilsbohrium (Chem.)

أُنَلْسِپتيوم: العُنصر ١٠٧ unnilseptium, bohrium (Chem.)

أُنَلْكْتيوم: العُنصر ١٠٨ unniloctium, hahnium (Chem.)

أُنَلْكُواديوم: العُنصر ١٠٤ unnilquadium, dubnium (Chem.)

أُنَلْهِكسيُوم: العُنصر ١٠٦ unnilhexium, rutherfordium (Chem.)

أُنَلِينيُوم: العُنصر ١٠٩ unnilenium, meitnerium (Chem.)

أَنْمَى grow, cultivate, develop

إنماء development

أنماطُ التَّضْمين modulation patterns (Elec. Eng.)

أُنموذَج model, example

~، عَيِّنة sample, specimen

~، نَمَط pattern, type

~ أوّلي (أو بدائي) prototype

~ طَلَب order form

أنهَى end, terminate, conclude

~، أتَمَّ finish, complete

إنهاء، إِنتِهاء termination, end(ing), windup, conclusion

~ المَبْنَى هَيكَليًّا topping out

إِنهارَ collapse, fall (down), tumble (down), slump

~، هَوَى stall (Aero.)

إِنهاض arousing, awakening; stimulation to progress

~: نِظامُ مُداوَمةٍ تِلقائيّ bootstrap (Eng.)

~ بالجَنْق catapult launching (Aero.)

إِنهاك exhaustion, wearing away, tiring out

~، إستِنفاد exhaustion, depletion, consumption

~ التُّربة soil exhaustion (Agric.)

أنهدريت anhydrite (Chem.)

أنهدريد قاعِديّ basic anhydride (Chem.)

~ الكبريتيك sulphuric anhydride (Chem.)

إِنهرس squash, crush

إِنهِمار downpour, outpour

~ إلكتروني electron avalanche (Phys.)

~ نَيزكي meteoric shower (Astron.)

إِنهِماك (pre)occupation, engrossment

إِنهِمال downpour, avalanche

~ نَوَوي nuclear fall-out (Phys., Ecol.)

إِنهمَرَ fall heavily, pour down, shower

إِنهِيار collapse, breakdown, (down)fall, failure, slump(ing)

~، ~ الرَّفع stall, stalling (Aero.)

~ إنشائيّ structural failure (Civ. Eng.)

~ أيونيّ ionic breakdown

الـ ~ البِلَّوريّ البَيْني intercrystalline failure (Min.)

~ الثُّغرة gap breakdown (Electron.)

~ ثَلجيّ snow slide, avalanche (Geol.)

~ جَوانِب الحَفْر cave-in (Civ. Eng.)

~ بالحَرارة thermal breakdown

~ حَلزونيّ بالذَّيل tail-spin (Aero.)

~ السَّقف roof fall

~ ~ (في منجم) crup (Mining)

~ بالضَّغط compression failure (Eng.)

~ طَرَفيّ tip stall (Aero.)

~ العازِل dielectric breakdown (Elec. Eng.)

~ العَزْل insulation breakdown (Elec. Eng.)

~ عَصَبيّ nervous breakdown (Med.)

~ كَلاليّ fatigue failure (Met., Eng.)

إِنهِيال، حَرَكة كُتْليَّة slide, mass movement (Geol.)

~ أرضيّ landslide, landslip (Geol.)

~ ثَلجيّ snow-slide = snow-slip (Geol.)

أنوار (أنظُر: نُور) lights

~ الطوارِئ emergency lighting

~ المُرور traffic lights

~ الهُبوط contact lights (Aero.)

إِنوَجَد exist

أنُود، مَصْعَد anode, plate (Electron.)

~ إضافيّ (في عمليَّة الطِّلاء بالكَهرباء) supplementary anode (Elec. Eng.)

~ تجميع focusing anode (Electron.)

~ ذَوّاب soluble anode (Elec. Eng.)

~ فَعّال، مَصْعَدٌ ذَوّاب (لِحماية جسم السفينة الفولاذيّ) reactive anode, sacrificial anode (Elec. Eng.)

~ مُطَوَّق أو مُقَلْنَس hooded anode (Elec. Eng.)

~ مُكَرْبَن carbonized anode (Elec. Eng.)

~ مُوالَف tuned anode (Radio)

أنْوَدَ: عالَجَ أو وَقَى بالأنْوَدة anodize (Eng.)

أنْودة، مُعالَجة أنوديَّة anodic treatment = anodizing (Eng.)

أنوفيليس، بَعوضةُ الأجميَّة anopheles (Zool.)

أُنَيْبيب tubule

أنيسون anise (Bot.)

أنيق elegant, fashionable, smart

أنيلين، صِبْغُ النِّيل aniline (Chem.)

أنيمْيَه، فَقْرُ الدم anemia = anaemia (Med.)

أنْيُون، صاعِدة: أيونٌ سالِبُ الشِّحْنة anion, negative ion (Phys.)

إهاب، جِلْد integument, skin (Biol.)

إهانة insult, affront; disrespect

أُهبة، قابليَّة، نَزْعة disposition (Med.)

اِهترَى، بَلِيَ wear out or away

اهتِراء wear, wearing away

اِهتَزَّ shake, quiver; tremble; jolt; jog

~، تَذَبذَبَ vibrate, oscillate

~، ترَجَّح sway, swing, rock

اِهتِزاز، اِرتِجاف shaking, tremor, quiver(ing)

~، ذَبْذَبة vibration, oscillation (Phys.)

اِهتِزاز (تابع)

~ بالتأثير — sympathetic vibration (Phys.)
~ تَضاغُطيّ — compressional vibration (Phys.)
~ تَوافُقي — harmonic vibration (Phys.)
~ حُرّ، ~ طَليق — free vibration (Phys.)
~ حَراريّ — thermal vibration (Phys.)
~ رَنينيّ — resonance vibration (Radio)
~ طُولاني — longitudinal vibration (Phys.)
~ الفاصِل — clutch chatter(ing) (Eng.)
~ قَسْري — forced vibration (Phys.)
~ الكابِحة، لَقْلَقةُ المِكبَح — brake chatter (Eng.)
~ مُخَمَّد — damped vibration (Phys.)
~ مَرِن: اهتزاز جسم مَرِن — elastic vibration
~ مُزدَوِج — double vibration (Acous.)
~ مُستَعرِض — transverse vibration (Phys.)
~ مُستَقِرّ — stationary vibration (Phys.)
~ مُضاءَل — damped oscillation (Phys.)
اِهتِزازاتٌ اِلتوائيَّة — torsional vibrations (Mech.)
~ رأسيَّة — vertical vibrations
~ سَطحيَّة عارِضة — ground roll (Geol.)
~ صَوتيَّة — sound vibrations (Phys.)
~ مُتزامِنة — synchronous vibrations (Elec. Eng.)
~ مُتضائلة أو مُضاءَلة — damped vibrations, damped oscillations (Phys.)
اِهتِزازيّ — vibratory, oscillatory
~، زِلزالي — seismic (Geol.)
اِهتَضَم — digest
اهتِمام — care, attention, heed; interest, concern
أهْداب، هُدْب (ج. هُدبَة) — cilia (pl. of cilium) (Biol.)
أهداف (أنظُر: هَدَف) — targets, goals, objectives
أهَّلَ: جَعل صالِحًا أو لائِقًا — qualify, make fit or suitable
أهْل — people, folks; relatives
~ لِـ — qualified, fit or suited (for)
~ الخِبرة (والاختصاص) — experts, specialists, authorities
~ الفِكر — intelligentsia

إهلاك — destruction, annihilation
أهليّ — native, indigenous; domestic
أهليَّة، جَدارة — aptitude, qualification; capacity
~، صَلاحية — fitness, eligibility, competence
إهليلَج، قَطْعٌ ناقِص — ellipse (Maths.)
~ اَختِلافِ المَنْظَر — parallactic ellipse (Astrophys.)
إهليلَجيّ — elliptic (or elliptical)
إهليلَجيَّة — ellipticity (Phys.)
إهماد — inactivation, deactivation; suppression (Chem., Phys.)
~ مِغنطيسيّ (لِلقَوس) أو مِلفّ الإهماد نفسُه — magnetic blow-out
إهمال، إغفال، تهاوُن — negligence, neglect; derelection
يُمكنُ إهمالُه، تافِه — negligible
أهمَدَ، أخمَدَ — deactivate, extinguish
~، هَدَّأ — mitigate, calm down; allay
أهمَلَ — neglect, disregard
أهَميَّة — importance, significance
الأوالي، الحَيواناتُ ~ — Protozoa (Zool.)
أوان: حِينُ الشَّيءِ ووَقْتُه — season, time
~: بُرْهةٌ جيولوجيَّة — hemera (Geol.)
أوانٍ (أنظُر: إناء) — vessels, containers
~ خَزَفيَّة — pottery, earthenware, crockery
~ زُجاجيَّة — glassware
~ مُسْتَطرِقة — communicating vessels (Phys.)
أواني «پَسْكال»، جهازُ الأواني المُستَطرِقة — liquid-level apparatus = Pascal's vases
أوپال: حجَرُ عَيْنِ الشمس — opal (Min.)
~ شَفّاف — water opal = hyalite (Min.)
~ عَقيقي — opal agate (Min.)
أوپالي، مُتَلألِئ، مُتخايِف — opalescent
أوپالين، زُجاجٌ أوپالينيّ غيرُ شَفّاف — opaline
أوپتار: جهاز راديوي لإرشادِ العُمْيان — optar (Radio)
أوپتوفون، مِصوات ضَوئيّ — optophone (Electron.)
أوپتومِتر: مِقياسُ البَصَر — optometer (Med.)
أوپدار: رادارٌ بَصَريّ — opdar (opticradar)
أوبو: نِظامٌ راديويّ لِلمِلاحة — oboe
أوتاد (أنظُر: وَتَد) — pegs, stakes, pickets
~ المَمال — grade (or gradient) pegs (Surv.)

أوتار (أنظُر: وَتَر) — chords, tendons, cords
~ صَوتيَّة — vocal cords (Zool.)
أوتوداين، فِعْلٌ ذاتيّ — autodyne (Radio)
أوتُوسْتراد، طَريقٌ رئيسيٌّ كَبير — superhighway, motorway, speedway
أوتوكلاف: فُرنٌ موصَد — autoclave
أوتوماتون: جِهازٌ ذاتيُّ التشغيل — automaton (Eng.)
أوتوماتيّ، تِلقائيّ، ذاتيّ — automatic, self-acting
~ بالكامِل — fully-automatic
أوتوموبيل — motor car, automobile
أوتومي، مُؤتْمَت: مُشَغَّل أُوتوماتيًّا — automated
أُوتوميَّة، أتْمَتَة — automation (Eng.)
أوتوهترودايْن، فِعلٌ مُتغايِر ذاتيّ — autoheterodyne = autodyne (Radio)
أوثَق — fasten, bind; tie firmly
~ بالتَّسليك أو اللَّف — reeve
أَوْج، قِمَّة، ذُروَة — acme, peak, apex, pinnacle; climax; culmination
~: أبعَدُ نقطةٍ في مَدار القمرِ عن الأرض — apogee (Astron.)
~ النشاط، حَرَكةٌ نَشِطة — full swing
أوجَبَ، اِستَلْزَم — necessitate, require
أوجَدَ — create, make, bring about
~ التفاضُلَ — differentiate (Maths.)
أوجَزَ — abridge, summarize, brief, outline
أَوْجُه (أنظُر: وَجه) — faces
~ البلّورة — crystal faccs
~ القَمَر — phases of the moon (Astron.)
أوحَى — inspire, suggest
أوحَلَ — mire
أَوْد، اِنعطاف — deflection
أودَعَ — deposit, consign
~ في الجُمرك (ريثما تُدفَعُ الرُّسوم) — bond
~ مالًا في مَصرِف — bank
أُودُوغراف: مِرسَمةُ مَسارٍ أُوتوماتيَّة — odograph (Surv.)
أُودُومِتر: عَدّادُ مَسافاتٍ ذو بَكرةٍ دَوّارة — odometer (Surv.)
أورَى، أوقَدَ — ignite, (en)kindle
أوراق (أنظُر: ورَقة) — papers; leaves, foliage
~ اَعتِماد — credentials

أوراق (تابع)
~ الصَّرف من الخِدْمة — walking papers
~ الغَلَق (في الكتاب) — end-papers (Print.)
~ النَّبات — foliage (Bot.)
أورانوس: كَوكَبٌ سيّار بينَ زُحَل ونِبْتون — Uranus (Astron.)
أورَثَ: استَتْبَعَ كنتيجَةٍ — cause; entail
أورثيكون: صِمامٌ تِلفزيونيّ لاقِط — orthicon
أورَد: ذكَر — state, cite, bring forth
أورستِد، إيرستِد: وَحدةُ شِدَّة المَجال المِغنطيسيّ — oersted (Phys., Elec. Eng.)
الأورطي، الأبهر — aorta (Zool.)
أورَقَ — leave (Bot.)
أورلون: أليافٌ صُنعيَّة — Orlon (Chem.)
أورومِتر: مِقياسُ ارتفاع الجِبال — orometer
أوزَى، سامَتَ — collimate (Surv., Phys.)
أوزان (أنظُر: وَزْن) — weights
~ عِيارِيَّة — standard weights
إوزَّة، وزَّة — goose (Zool.)
الأوزميوم: أنظر: **الأزميوم** — osmium (Chem.)
أوزمومتر، أزمومتر — osmometer (Chem.)
أوزون: شَكلٌ تآصُليّ لِلأكسِجين — ozone
أوساخ — dirt, filth
~ مُتَرسِّبة — fouling
أوساط (أنظُر: وَسَط) — media
~ تجارية — business circles
~ تصليد — hardening media
أوسَط — middle, mid; median; central
أوسِّيلَترون: أُنبوبُ الأشِعَّة الكاثوديَّة لِرَسْمِ التذبذُبات — oscillatron (Electron.)
أوسِّيلُسكوب، كاشِفُ الذبذبة — oscilloscope (Elec. Eng.)
أوسيلوغراف، مِخطاطُ الذبذبة — oscillograph (Elec. Eng.)
أوصَدَ — close, shut
أوصَلَ — conduct, lead; transmit, communicate; convey, deliver
أوضَحَ — clarify, explain, elucidate, clear up, expound
~ (بالأمثِلة)، بَيَّنَ عَمَليًّا — demonstrate, show, illustrate
أوعَزَ — direct, command, instruct
~ بالإشارة، أرسَلَ إشارةً — signal

أوعية (أنظُر: وِعاء) — vessels, receptacles, containers
أوفَى — fulfil(l), keep; satisfy
~ على — exceed, be more than
أوفَدَ — delegate, send, depute
أوفسِت — offset (Print.)
أوقَدَ — kindle, ignite; stoke
أوقَعَ؛ أسقَط — fell, throw down, drop
~ (إصاباتٍ أو أضرارًا) — inflict, cause
أوقفَ، كبَحَ — arrest
~، تَوَقَّفَ — stop, halt, cease; stall
~، اعتقَلَ — detain, arrest
~ (التقدُّم أو الهُجوم) — check
~ (في مَوقف) — park
~ (مؤقَّتًا)، عَلَّقَ — suspend
أوقيانوس، مُحيط — ocean (Geol.)
أوقيانوسيّ — pelagic, oceanic
أوقية — ounce
أوكالِبْتوس، شَجَرُ الكافُور — eucalyptus (Bot.)
أوكتان: هِدروكربون سائلي بَرافينيّ يَحوي جُزَيْئُه ثَمانيَ ذَرّاتٍ كربونيَّة — octane (Chem.)
أوكسالات: مِلحُ حامِضِ الأوكساليك — oxalate (Chem.)
أوكسين: هُرمون نباتي مُنَمٍّ — auxin (Bot.)
أوْكَلَ — charge, entrust
أوْل: كُلُّ عددٍ صحيح أصغرُ من عدد أوليّ مُعَيَّن هو أوْلٌ لذلك العدد الأولي — totitive (Maths.)
أوَّلَ: فَسَّر — interpret, construe, explain
أوَّل — first, foremost
~ أُكسيدِ الرَّصاص، لِيثارْج — lead monoxide
~ ~ الكَرْبُون — carbon monoxide (Chem.), white damp (Mining)
~ طَلْيَة: طلية بِطانة — dead colouring
أوْلَجَ، أقحمَ، أدْخَلَ (في ما بين) — insert, drive in, intromit
~ البيانات (في الحاسوب) — read in (Comp.)
الأولَفينات: الهِدْروكربونات الإثيلينيَّة — olefins, alkenes (Chem.)
~ الثُّنائيَّة — diolefins, dialkenes (Chem.)
~ الحَلْقيَّة — cyclo-olefins (Chem.)
أولوية — priority, precedence; preference

أوَّليّ، أساسيّ — prime, primary, elemental, fundamental
~، اِبتدائيّ — elementary
~، بدئيّ — initial, first
~، تمهيديّ — introductory, preliminary
~، رِياديّ — pioneer
~، خام — raw, crude
~ النشأة — protogenic
عددٌ ~ — prime number (Maths.)
أوَّلِيّات — fundamentals
الـ ~، الكائناتُ الأوَّليَّة — Protista (Bot.)
~ الإرسال — transmission primaries (Telev.)
أوليت، حَجَرٌ سَرْئيّ — oolite (Geol.)
أوليفين، زَبَرْجَد زَيتوني — olivine (Min.)
أوليوم: حامِضُ الكِبريتيك المُدَخِّن — oleum (Chem.)
أولَيين: استر غليسرينيّ لِحامِض الأولييك — olein (Chem.)
أوم: وَحدةُ المُقاوَمة الكهربائيَّة — ohm (Elec. Eng.)
~ سنتيمتر — ohm-centimeter (Elec. Eng.)
~ صَوتيّ — acoustic ohm (Acous.)
~ قِياسيّ — standard ohm (Elec. Eng.)
~ مُطلَق (١٠^-٩ أوم) — abohm (Elec. Eng.)
أومَأ — signal, beckon, gesture
أومِتر، مِقياسُ الأوم — ohmmeter (Elec. Eng.)
أومتيمتر: مِقياسُ اللَّولَبة — omtimeter (Eng.)
أومَض، وَمَضَ — blink, glimmer
أومنيغراف: مِنْسَخةُ رُسوم — omnigraph (Arch.)
أوميَّة: المُقاومةُ بالأوم — ohmage (Elec. Eng.)
أوميغا — omega
أوندوسكوب، مِكْشافُ الإشعاع العالي — ondoscope (Phys.)
أوندوغراف، مِرسَمةُ أمواج — ondograph (Electron.)
أوندومتر: مقياسُ ذَبْذَبةِ الأمواج — ondometer (Electron.)
أوهَنَ، أضعَفَ — weaken, enfeeble
~، خَفَّفَ — attenuate (Phys.)
~ (الذبذبة) — damp (Phys.)
أوَيِّل، پروتون — proton (Phys., Chem.)
إياب — return
أيّار: الشهر الخامس في التقويم الغريغوري — May

إياس، اِنقطاعُ الحَيْض menopause (Med.)
أيامُ التأخير (في المِيناء) lay days (Naut.)
إئتكال corrosion (Chem., Eng.)
ائتِلاف، اتحاد coalition, association, union
~، تَوافُق harmony, concord
~، أُلفة affinity (Chem.)
إئتلَف harmonize, conform (or be compatible or in tune) with, agree
ائتمان trust, credit
ائتمانيّ fiduciary
إيتيربيا: أُكسيد الإيتيربيُوم ytterbia (Chem.)
الإيتيربيُوم: عُنصرٌ فِلزِّي رَمزُه (تر) ytterbium(Yb) (Chem.)
إيثار preference
~، إيثاريَّة altruism
إيثان ethane (Chem.)
~ ثُلاثيُّ الكلُور trichloroethane (Chem.)
إيثانول، كُحولٌ إثيليّ ethanol (Chem.)
إيثاين، أسيتيلين ethyne = acetylene
إيثَر: مُركَّبٌ عُضوِيٌّ مُخَدِّر ether (Chem.)
~ المِثيل، مِثيل إيثَر methyl ether (Chem.)
إيثين، إثيلين ethene (or ethylene) (Chem.)
إيجابيّ positive; affirmative
~ لِصِبْغ «چرام» Gram-positive (Biol.)
~ لِلضَّوء: تزدادُ مُوَصِّليَّتُه بالتعرُّض لِلضَّوء light-positive (Elec. Eng.)
إيجابيَّة، صُورةٌ مُوجَبَة positive (Photog.)
~ شَفّافة diapositive (Photog.)
إيجاد find, finding
~، تكوين creation; making
~ المَدى ranging, range finding
إيجار rent, rental
~ (أو تأجيرُ) الأرض leasing of land
~ ساترٌ لِلبَيْع، شراءٌ بالتقسيط hire purchase
~ فَرعيّ، ~ مِن الباطِن sublease
إيجارة (عَقاريَّة) leasehold
إيجاز brevity; abstraction
إيحاء suggestion
~ ذاتيّ autosuggestion
إيحائيّ suggestive
أيَّدَ، سانَدَ، عَزَّز confirm, corroborate; support, endorse
~، ثَنّى مُؤَيِّدًا second

أيْدٍ (أُنظر: يَد) hands
~ عامِلة labo(u)r, labor force
~ ~ زِراعيَّة farmhands
إيداع depositing; storage; consignment
إيدز: مُتلازِمة العَوَز المَناعي المُكتسَب AIDS (Acquired Immuno-Deficiency Syndrome) (Med.)
إيدوغراف، مِنْساخُ رُسومات eidograph (Surv.)
إيديومتر: مِقياسٌ مُدَرَّج لِتحليل الغازات eudiometer (Chem.)
إيذاء injury, harm(ing)
~ ذاتيّ مُتعمَّد self-inflected injury
إيراء، إيقاد igniting, ignition
إيراد، استيراد import(ation), importing
~، دَخْل income, revenue
~، رِبْح dividend
~ (السَّهم) dividend
~، ذِكْر mention(ing)
إيرادات earnings, proceeds, revenues
إيراق foliation, leafing (Bot.)
دائمُ الـ ~ indeciduous, evergreen
إيروسُول: ذَرورُ رَشٍّ يحملُه غازٌ مَضغوط aerosol (Chem.)
الإيرولوجية، عِلْمُ الأجواء العُليا aerology (Aero., Meteor.)
إيزاء، مُسامَتة collimation (Phys., Surv.)
أيْسَرُ: أسهل easier, simpler
~: ضِدّ أيمَن left-hand, left, sinistral, l(a)evo-
~ الدوران: دائرٌ بِعَكسِ اتِّجاهِ عَقْرَب الساعة levorotatory (Chem.)
أيسُوبار: خَطٌّ تَساوي الضَّغط isobar (Meteor.)
أيسوبيُوتان: مُماكِبُ (أو زَميرُ) بيوتاني isobutane (Chem.)
أيْسُوترون، فَرّازَةُ النَّظائر isotron (Phys.)
أيسُومِر، زَمير isomer (Chem.)
~ بِنْيَوي structural isomer (Chem.)
~ فَراغي stereoisomer (Chem.)
الايسُومرية، التزامر: تَشابُه التركيب مَعَ اختِلاف الخَواصّ isomerism (Chem.)
~ البَصَريَّة optical isomerism (Chem.)
~ الفَراغيَّة stereo-isomerism (Chem.)

إيصال، توصيل conduction, transmission; delivery; communication
~، تَسَلُّم receipt
أيض، اِستِقْلاب metabolism (Biol.)
~ بِنائيّ، اِستِقلاب بِنائيّ anabolism (Biol.)
~ هَدْميّ، اِنتقاض catabolism (Biol.)
إيضاح clarification, explanation
~ (بالأمثِلة أو الرسوم) illustration
إيضاحيّ explanatory, explicatory; illustrative
إيعاء: دَفنُ الدّارة (أو الجِهاز) في مادةٍ لَدائنيَّة أو شَمعيَّة في وِعاءٍ حافِظ potting (Elec. Eng.)
إيعاز، إلماع hint, suggestion, intimation
~، أمْر instruction, order, command
إيغار، سَمْطٌ بالماءِ الغالي scalding
إيقاد ignition, kindling; firing
الـ ~ بالزيت oil firing (Eng.)
الـ ~ بالغاز gas firing (Eng.)
~ المِرجَل boiler firing
إيقاع cadence, rhythm; consonance, tempo
إيقاف stopping, halting; checking; discontinuation; shut-off
~، احتجاز arrest, detention
~ (بالمِكْبَح) braking
~ (مُؤقَّت)، تعليقُ العَمل shut-down
~ (في مَوقِف) parking
~ عن الطيران grounding (Aero.)
أيقَظ wake, awaken, arouse
الإيكوسفير: الغِلافُ البِيئيّ ecosphere (Ecol.)
أيكونُوسكوب: كاميرا تِلفزيونيَّة iconoscope (Electron.)
إيَّل، ذكَرُ الوَعْل buck (Zool.)
إيلاج، إدخال (في ما بين) insertion, intromission; interposition
آيْلِم، هَيُولى العناصِر: مادَّةُ الانفجارِ العَظيم ylem (Phys.)
إيلِنْفار: سَبيكةٌ ثابِتةُ المُرونة بِتغَيُّر درجةِ الحرارة لِنوابِض الساعات Elinvar (Eng.)
أيلول: الشهر التاسع في التقويم الغريغوري September
إيماءَة، إشارة gesture, signal, sign
إيمان belief, faith

إيمائيّ pantomime

أيمَنُ، يَمينيّ right, right-hand, dextro-

~ الدَّوران dextrorotary (Phys.)

~ السفينة (أو الطائرة) starboard

أيَّنَ، تأيَّنَ ionize (Chem.)

إيناع، نُضْج ripening, ripeness, mellowing

~، إثمار fructification (Bot.)

الأيْنشتَيْنيُوم: عُنصرٌ اِصطناعيّ مُشِعّ رَمزُه (ين) einsteinium (Es or E) (Chem.)

إيهام delusion, make-believe

إيهامي illusive, illusory, make-believe

إيواء housing, accommodation, lodgement = lodgment, quartering

إيواكس: نِظامُ مُراقبةٍ وإنذار مُجَوقَل AWACS (Airborne Warning And Control System) (Aero.)

إيوان dais, estrade (Arch.)

إيُوسين، يُوزين eosin (Chem.)

الـ ~، عَصْر الـ ~: ثاني عُصور حقب الحياة الحديثة Eocene (Geol.)

أيُون، شارِدة ion (Chem.)

~ الأُكزونيُوم: بروتون مُؤتلِفٌ مع جُزَيءٍ من الماء oxonium ion (Chem.)

~ أمفوتَريّ، ~ ثنائيّ القُطب أو الشِّحنة dipolar ion = zwitterion = dual ion (Chem.)

~ سالِب negative ion, anion (Chem.)

~ غرامي: وَزنٌ جُزَيئيّ أيونيّ gram ion

~ غَروي micelle (Chem.)

~ مُعَقَّد أو مُتَراكِب complex ion (Chem.)

~ مُغايِر heteroion (Chem.)

~ مُمْتَزّ adion (Chem.)

~ مُمَيًّأ (أو مُمَيَّه): مُحاطٌ بِجُزيئات الماء hydrated ion (Chem.)

~ مُوجَب positive ion = cation (Chem.)

~ هِدْروجينيّ hydrion, hydrogen ion

~ الهيدروكْسيل hydroxyl ion (Chem.)

~ الهَيدرونيوم hydronium ion (Chem.)

أيونات (أو شَوارِدُ) طَليقة free ions

الأيونُوسْفير، الغِلافُ الجَوِّيُّ المُتَأيِّن ionosphere (Geophys., Radio)

أيونيّ حَراريّ thermoionic (Electron.)

~ مِغنيطيّ magneto-ionic (Phys.)

الأيونيّاتُ الفَضائيَّة astrionics

ب

ب: الرمزُ الكيماويّ لِلبورون B (boron)
با: الرمزُ الكيماويّ لِلباريوم Ba (barium) (Chem.)
باءَ، رجَع return, come back
~ بالفشل fail, be unsuccessful
باءَة coition, coitus (Med.)
باب door, gate, port
~ (من كِتاب) section, chapter
~ُ أرضيَّة أو سَقف trapdoor
~ُ إلقام charging door
~ُ بألواحٍ زُجاجيَّة glazed door (Build.)
~ُ انزِلاقيّ sliding door
~ُ تفتيش inspection door (Eng.)
~ُ (حَصيريّ) لَفّاف roller (or rolling) door
~ُ خاصّ: خَلفيّ أو جانبيّ postern (Build.)
~ُ خَلفيّ (في شاحنة) tail gate (Autos.)
~ُ الخَيمة tent flap
~ُ دَرّابي: مؤطَّر (بألواحٍ زُجاجية) sash door (Build.)
~ُ دَوّار rolling door, swing door
~ ~: يَعبرونَه فُرادًا (أو فُرادَى) turnstile
~ُ ذو خَوخة Dutch door
~ُ السّافِلة (في سَدٍّ أو هَويس) tail gate
~ُ شُرْفيّ، نافِذة فَرَنسيَّة French door = French window (Arch.)
~ُ شَكليّ (لا ينفتحُ) blank door (Build.)
~ُ صامِدٌ لِلنيران fire door (Build.)
~ُ الصَّرْف discharge port
~ُ طَوِيٌّ أو طَوَويّ foldaway door, folding door (Carp.)

~ُ عُلويُّ التعليق overhead door, up-and-over door
~ُ قَلّابيّ أو قَلّاب flap door
~ُ مُترَجِّح swing(ing) door
~ُ مِطوائي أو مُنطوٍ accordion (door)
~ُ مُنزَلِق sliding door
~ُ مُؤطَّر (بألواحٍ زُجاجية) sash door
~ُ المَوقِد: بابُ فُرن المِرجَل fire door
بابِت: مَعدِنُ أو سَبيكةُ بابِت Babbitt's metal (Eng.)
بابُونَج camomile (Bot.)
بابِيّ portal
باتّ، قاطِع categorical, definitive, unqualified
غيرُ ~ inconclusive
باثولوجية: المَرَضيّات pathology
باثومتر: مِقياسُ أعماق، مِعماق bathometer = bathymeter (Geol.)
باحَ، أفشى reveal, disclose, divulge
باحَة open space or area, plaza
~ُ الوقوف parking lot
باحِث researcher, investigator
باخَ، بهتَ لَونُه fade, discolour
باخِرة steamer, steamboat, steamship
~ (تعملُ على خَطٍّ نِظامي) liner
بادَ perish, die, be extinct
بادٍ، ظاهِر (بِوضوح) evident, apparent
~ لِلعِيان visible
بادَر be the first to, take the initiative
بادِرة indication, prospect, outlook
~: نَبْتة صغيرة seedling (Bot.)
بادَل exchange, barter, substitute
بادِئ initiator
~، إبتدائي incipient
~ُ إدارة (أو تشغيل) starter
~ ~ (يَعمَلُ) بالغاز gas starter (Aero.)
~ُ تشغيل أوتوماتيّ automatic starter
~ ~ ذاتيّ auto-starter (Elec. Eng.)
~ ~ طَبْليّ drum starter (Elec. Eng.)
~ ~ مُتعَدِّد المَفاتيح multiple-switch starter (Elec. Eng.)
~ُ تَفجير primer (Mining)
~ ~ كهربائي electric primer
~ُ حركةٍ تُربينيّ turbo-starter (Aero.)

~ حَرَكةٍ خُرطوشيّ cartridge starter (Eng., Aero.)
~ ~ ذاتي self-starter
~ ~ بالقُصور الذّاتي inertia starter
~ ~ كُلّابي dog starter
~ ~ المُحَرِّك engine starter
~ ~ بالهواء المضغوط compressed-air starter (Eng.)
~ ~ هَوائي air starter, compressed-air starter (Eng.)
~ُ دَوَران المُحَرِّك motor starter (Elec. Eng.)
بادِئة prefix
~ بِمَعنى: أبيض، لالَونيّ leuco-
~ ~: أُحادي، واحِد، مُفرَد uni-, mono-
~ ~: أربعة، رُباعيّ tetra-
~ ~: إسْويّ، مُساوٍ iso-
~ ~: إشعاعيّ، مُشِعّ radio-
~ ~: أصْفَر، صَفراوي xanth(o)-
~ ~: أكثر أو أزْيَدُ plei(o)-, pleo-, plio-
~ ~: أوَّل، أوَّليّ، بِدائيّ proto-
~ ~: بِدُون، لا، غَيْر a-, an-
~ ~: بَعْد أو ما وَراء meta-
~ ~: بَعْد، تالٍ أو لاحِق post-
~ ~: بَعيد، بُعاديّ، عن بُعد tele-
~ ~: بَعيدًا عَن أو مِن، مُطْلَق (في تَسمية الوحدات) ab-
~ ~: بَيْن، مُتَبادَل، في ما بَيْن inter-
~ ~: تَحتَ، دُونَ sub-, infra-
~ ~: تَحت، أقَلّ، هَبْط hypo-
~ ~: ثُلاثيّ، ثَلاثة tri-
~ ~: ثَمانية، ثُماني oct(a)-
~ ~: ثُنائي bi-, di-
~ ~: جافّ، جَفافي xer(o)-
~ ~: جُزء من ألفِ مِليون nano-
~ ~: جَميع، كُلّ، شامِل pan-
~ ~: حَرارة، حَراريّ thermo-
~ ~: حَراري، ناري pyro-
~ ~: حَول أو مُحيط (بـ) circum-
~ ~: حَول، حَوالَى، قُرْب peri-
~ ~: حياة، حَيَويّ، أحياء bio-
~ ~: خَلْفيّ، إلى الخَلْف retro-
~ ~: خماسيّ penta- (or pent-)
~ ~: داخِل، ضِمن، في داخِل intra-
~ ~: دَخيل، أجنبي، غريب xen(o)-
~ ~: دُون أو تَحْت infra-, sub-

بادِئة (تابع)

~ بِمَعْنى: ذاتيّ أو تِلقائيّ — auto-

~ ~: رُطوبة — hygro-

~ ~: سَبْعة — hepta-

~ ~: سِتّة — hexa-

~ ~: سَمْعيّ — audio-

~ ~: سَيّئ أو خاطِئ — mis-

~ ~: سُيوبة، اِنسِياب، تيّار — rheo-

~ ~: شِبْه — quasi-

~ ~: شَمْس — helio-

~ ~: صُغْريّ، دِقّيّ، مِجْهَريّ — micro-

~ ~: ضِدّ، مُضادّ، عَكْسيّ — counter-

~ ~: ضَوء أو نُور، ضَوئيّ — photo-

~ ~: طَبَقيّ — strato-

~ ~: عَبْر، ما وراء، ما بَعْد — trans-

~ ~: عَشرة آلاف — myria-

~ ~: عَقِب، بَعد — post-

~ ~: فائق، مُتجاوِز الحدّ — ultra-

~ ~: فَرْط، شِدّة، فَوقَ المألوف — hyper-

~ ~: فُطر أو فُطريّ — myco-

~ ~: فَوق، أعلى، أعْظَم — super-

~ ~: فَوق، فَوقيّ — per- (Chem.)

~ ~: فَوق، ما فَوق، فَوْت، فائق — ultra-

~ ~: قَبْل، سابِق (لِـ)، مُتقدِّم — pre-

~ ~: قَبْل، أمامي — fore-

~ ~: قَديم — palaeo- = paleo-

~ ~: قشرة، حَرْشَفة، كِسْفَة — lepido-

~ ~: قليل أو قِلّة — oligo-

~ ~: كاذِب، زائِف — pseudo-

~ ~: كامِل، تامّ، كُلّيّ — holo-

~ ~: كِبريت، كِبريتيّ — thio- (or thi-)

~ ~: كبير، ضَخْم، كُبْريّ — macro-

~ ~: كثير أو مُتعدِّد، عَديد — multi-, poly-

~ ~: كُلّ، جَميع، شامِل، عامّ — pan-

~ ~: كُلّ، شامِل، لاحَصْريّ — omni-

~ ~: لا، غَير — non-

~ ~: مائيّ — hydro-

~ ~: مُتجانِس، مُتَناظِر، مُتَشابِه — homo-

~ ~: مُتَزامِن، تَزامُنيّ — synchro-

~ ~: مُتَساوٍ — equi-

~ ~: مُتَساوٍ، مُتَعادِل — iso-

~ ~: مُتَعدِّد — poly-

~ ~: مُتَغايِر — hetero-

~ ~: مُجَسَّم — stere- (or stereo-)

~ ~: مُحيط — circum-

~ بِمَعْنى: مَرّة ونِصْف، أُحاديّ نِصْفيّ — sesqui-

~ ~: مُضادّ أو مُعاكِس (لِـ) — contra-

~ ~: مُضادّ، مُقاوِم — anti-

~ ~: مُضاعَف أو مَثْنَويّ — bis- (Chem.)

~ ~: مَع، معًا — sym-(or syn-)

~ ~: مُغايِر، غيرُ مُتَجانِس — hetero-

~ ~: مَقلوب، مُنعَكِس — ob-

~ ~: ناريّ، حَراريّ — pyro-

~ ~: نَزَعَ، أزالَ — de-

~ ~: نِصْف — demi-, hemi-

~ ~: نِصف، شِبْه — semi-

~ ~: نَقْص، هَبْط، تحتَ السَّويّ — hypo-

~ ~: نَواة — kary-, karyo-

~ ~: واحِد ونِصْف — sesqui-

~ ~: يَساريّ، بَتّيّ — levo- = laevo-

~ ~: يَمينيّ، شَزْريّ — dextro-

باذِلُ بروتونات — proton donor

باذِنجان — aubergine, eggplant (Bot.)

بَأَرَ: رَكَّزَ في بُؤرة — focus, focalize

بار (وَحدةٌ لِقياسِ الضغط تُعادِلُ مِليون داين على السنتيمتر المربع) — bar = 10^6 barye (Meteor.)

پارا: بادئة بِمَعنى مُجانِب، مُقابِل — para- (Chem.)

بارَى، نافَسَ — compete, rival, contest

باراد (وَحدةُ ضَغط تُعادِلُ دايناً واحِدًا على السنتيمتر المربع) — barad (Phys.)

باراشوت، مِظَلّةُ هُبوط — parachute, chute (Aero.)

بارافين: هِدروكربون أليفاتيّ مُشبَع — paraffin (Chem.)

البارافيناتُ الحَلْقيّة — cyclo-paraffins (Chem.)

بارامتر، وَسيط: كمّيّةٌ مُتغيِّرةُ القيمة — parameter (Maths.)

بارامِغنطيسيّ: مُتَسامِتٌ (أو مُسامِتٌ) المِغنطيسيّة — paramagnetic (Magn.)

بارامِغنَطيسيّة — paramagnetism

باراهِدروجين: جُزَيءٌ هِدروجينيّ مُتَعاكِسُ تَدويمِ النَّواتَين — parahydrogen (Chem.)

بارِجة — battleship (Naut.)

~ حَرْبيّة — man-of-war (Naut.)

بارِد، مُعتَدِلُ البُرودة — cool

~ جِدًّا — gelid

~ الدم — cold-blooded, poikilothermic

بارِز (بأهمِّيّته) — outstanding, eminent, distinguished

~، ناتِئ — protruding, prominent, projecting, salient

بارِض: نَسيجٌ إنشائي — meristem (Bot.)

بارِع — skilful, skilled, proficient, dexterous

بارِقة، لَمْحَة — glimpse

بارِمة شَرائحيّة — twister (Radar)

بارْن: 10^{-28} متر مربَّع — barn (Phys.)

باروترموغراف: مِرسَمةُ الحرارة والضغط — barothermograph (Meteor.)

بارود — gunpowder, powder

~ لااستِرطابي — non-hygroscopic powder (Chem.)

~ لاوَميضي — flashless powder (Chem.)

باروغراف: مِرسَمةُ الضغط الجوّي — barograph (Meteor.)

~ بُعادي: مِرسمةُ الضغطِ البَعيدةُ عن جهاز القياس — telebarograph (Meteor.)

~ لاسائلي: مِرسَمةٌ مَعدِنيّة لِلضغطِ الجَوّي — aneroid barograph (Meteor.)

~ مُسَجِّل — recording barograph

بارومتر، مِقياسُ الضغطِ الجَوّي — barometer, weatherglass (Meteor.)

~ بُعاديّ — telebarometer (Meteor.)

~ زِئبقي — mercury barometer (Phys.)

~ «طورِشِلّلي» — Torricellian barometer

~ العُلُوّ: لِقياس الارتفاع في الجوّ عن سَطح البحر — altitude barometer, hypsobarometer (Phys.)

~ مَعدِنيّ — aneroid barometer (Meteor.)

بارومتري — barometric

باري، ميكروبار: وَحدةُ الضغطِ المُطلَقة = داين على السم^2 — barye = microbar

باريتا: أكسيد الباريوم — baryta, barium oxide (Chem.)

الباريوم: عُنصرٌ فِلِزّي رمزُه (با) — barium (Ba) (Chem.)

باريون: جُسَيمٌ أوَّلي نيوكليوني — barion = baryon (Phys.)

باز — falcon, goshawk (Zool.)

بازِلّا، بِسِلّى — peas (Bot.)

بازَلْت، نَسَفٌ، نَشَفٌ — basalt (Geol.)

بازوكة: قاذِفةٌ صاروخية مُضادة لِلدُّروع

bazooka (Mil.)
بازي — hawk (Zool.)
باسِط — extensor, expandor
باسِطة، ناشِرة — spreader (Eng.)
~، عَضَلة باسِطة — supinator (Zool.)
باسِق: مُرتفِع، شاهِق — high, tall, towering
باسِنة (المُنطاد) — nacelle (Aero.)
~ جانبيَّة — wing car (Aero.)
باسُور (ج. بَواسير) — pile, hemorrhoid (Med.)
باشَرَ: بَدَأ — start, commence
~: تَوَلَّى — undertake, assume
~: لامَسَ — touch, be in direct contact with
باشِق — sparrow hawk (Zool.)
باصّ، حافِلة: سَيّارةُ رُكّاب كبيرة — bus
باضَ — lay (eggs)
باطِلٌ، لاغٍ — null, void; invalid
~، كاذِبٌ، زائِف — false, untrue
باطِن — interior, inside
∽ القَنْطَرة (أو العَقْد) — intrados, soffit (Arch.)
باطِنةُ الإفريز، باطِنُ عُضْوٍ ناتِئ — planc(h)er, plancier (Civ. Eng.)
باطِنيّ — internal, inner, endogenous
~، جَوفيّ — hypogene or hypogenic, plutonic (Geol.)
∽ الأصل، بلوتونيّ — plutonic (Geol.)
∽ التَّبَلْوُر — intratelluric (Geol.)
باطون، خَرَسانة — concrete, béton (Civ. Eng.)
~ مُسَلَّح — reinforced concrete (Civ. Eng.)
باعَ — sell, vend
~ بالجُملة — wholesale
~ بالمَزاد — auction(eer)
~ بالمُفَرَّق — retail
باعٌ: مَدى الباع — span
∽ الجَناح — wingspan (Aero.)
الـ ∽ المُعَلَّق (من قَنطَرةٍ كابُوليَّة) — suspended span (Civ. Eng.)
∽ المِلَف — coil span (Elec. Eng.)
باعِث، حافِز، دافِع — incentive, motive, drive, impetus
~، مُبتَعِث — emitter (Phys.)
~، مُسَبِّب — causative, conducive
∽ ألبوزِترونات — positron emitter (Phys.)
~ (جُسَيمات) ألفا — alpha-emitter (Phys.)

∽ ضَوئيّ: يَبتَعِثُ إلِكتروناتٍ بتعَرُّضِه لِلضَّوء — photoemissive, photoemitter (Electron.)
∽ طاقة — energizer
باعَدَ — space, spread
~ ما بَين — interspace
باغَتَ — surprise, take unawares
باقٍ، مُتَبَقٍّ — remanent, remnant; residue
~، مُستمِرّ — continuing, persistent
باقة — bouquet, bunch
باقِلّى، باقِلاء: فُول — broad beans (Bot.)
الباقي: باقي الطَّرْح — remainder (Maths.)
باقي طَرْحِ المُتجِهات — vector difference (Maths.)
باكْفُونج، نُحاسٌ أبيض — packfong (Met.)
باكِر — early
∽ النُّضج — precocious, early ripening
باكليت: راتينَج صِناعي — Bakelite (Chem.)
باكورة — early produce, firstling
پال: خَطُّ التناوب الطوري — PAL (phase-alternation line) (Telev.)
بالَ — urinate (Zool.)
بالٍ، داثِر — worn, worn out
~ بالتعرية الجوية — weatherworn (Geol.)
بالَى (بِـ) — heed, mind; care about
بَالَة، إبّالة، حُزْمَة، رِزْمَة — bale
بالِسْتيّ، قِذافيّ، قَذْفيّ، قَذيفيّ — ballistic
البالِستيّات — ballistics (Phys.)
~ الكهربائية — electro-ballistics
بالَغَ، غالَى — exaggerate, overdo
بالِغ، راشِد — adult
∽ الأثَر — far-reaching, serious
∽ الدِّقَّة والشُّمول — rigorous (Maths.)
بالْمِتين، نَخْلين — palmitine (Chem.)
بالوعة — drain, sink, sump, sewer
∽ حَراريَّة — heat sink (Eng.)
~ (السَّفينة) — scupper
∽ قَطْر — drip sink (Build.)
~ المَجاري — cesspit = cesspool (Build.)
بالون — balloon
∽ الارتفاعِ الأقصى – لقاعدةِ السَّحابة — ceiling balloon (Aero., Meteor.)
∽ رَصْدٍ جَوِّي — weather balloon (Meteor.)
∽ سَبْر — sounding balloon (Meteor.)
~ ~ راديُويّ — balloon sound (Meteor.)

∽ مُرشِد، ∽ كَشّاف — pilot balloon
الپاليُوسين، العَصرُ الحَديث الأسْبَق — Palaeocene (Geol.)
بامية — okra, gombo (Bot.)
بانَ، ظَهَر، اتَّضَح — appear, be evident
بانٌ، زيتُ ألبان — ben, behn, be(h)n oil
پانتوغراف، مِنساخ — pantograph (Eng.)
پانتومِتر، مِزواةٌ عامَّة — pantometer (Surv.)
پانثَلاسّا، أبو المُحيطات — Panthalassa (Geol.)
بانْجو: آلةُ البانجو أو ما يُشابِهُها — banjo
پانجيا، أمُّ القارّات — Pangaea (Geol.)
پانكرُوماتيّ: حَسّاسٌ لِجميع ألوانِ الطَّيف المَرْئيَّة — panchromatic (Photog.)
پانوراما، مَنْظَر شامِل — panorama
باهَى، فاخَر — boast, pride oneself on
باهِت — faint, fading, pale, dull
باهِر — bright, brilliant
باهِظ — excessive, exorbitant
∽ الثَّمن — costly, expensive
پاهُوهو، لابَة حَبْليَّة — pahoehoe (Geol.)
پاوْند: ٤٥٣,٦ غم — pound
~ لِلبُوصة المُربَّعة — pound per square inch
~ قَدَم — foot-pound (Eng., Phys.)
~ كالوري — pound calorie (Eng.)
~ وَزْن: ٣٢,١٧ پاوندَلًا — pound-weight
پاوْنْدَل: وَحدةُ القوّة المُطلقةِ في النظام الانكليزي — poundal (Phys.)
پاي ميزُون، پَيُون — pi-meson = pion (Phys.)
بايْت: وَحدةُ تَخْزينٍ حاسُوبيّ — byte (Comp.)
بائِد، مُنقرِض — extinct
پايرِكْس: زُجاجٌ صامِدٌ لِلحرارة — Pyrex
بائِع — seller, vendor, salesman
∽ تَجزِئة (بالمُفَرَّق) — retailer
∽ بالجُملة — wholesaler
∽ خَضراوات — greengrocer
∽ مُتجَوِّل — pedlar, peddler, travelling salesman
بائِكة — stock barn
بائِن، بَيِّن — evident, obvious, clear
بايَنَ — vary, differ; contradict
پاينْت: ثُمْنُ غالون — pint
بَبْر — tiger (Zool.)
پِپْسين، هَضْمين: خَميرة مَعِديَّة — pepsin (Biol.)

بت: الرمزُ الكيماوي لِفلزِّ البلاتين — Pt (platinum) (Chem.)
بَتَّ: حَسَمَ، جَزَمَ (الأمرَ) — decide
~: قَطَعَ — sever, cut
بِتّ: رقمٌ ثُنائي — bit (Maths.)
~: وَحدةُ معلوماتٍ رَقمية — bit (Comp.)
~ التكافؤ (أو التماثُل) — parity bit (Comp.)
~ عَلاميّ: صِفرٌ لِلموجَب وَ واحِدٌ لِلسّالِب عادةً — sign bit (Comp.)
بَتًّا: ضِدَّ اتجاهِ عَقارب الساعة — anticlockwise
بَتَرَ — amputate (Med.)
بَتْر، قَطٌّ: قَطُّ الكسرِ العشريّ — truncation (Maths.)
البُتر، البَتْراوات: البرمائيّاتُ عَديماتُ الذَنَب — Anura, Salientia, Batrachia
بتروجرافية: عِلمُ وَصْفِ الصخور وتَصنيفِها — petrography (Geol.)
بتروكيماويّات، كيماويّات نفطيّة — petrochemicals
بترول، زَيتُ البِترول، النِّفط — petroleum, oil
الـ ~ الخام — crude petroleum (Chem.)
بِتْشبلنْد: مَعْدِنُ اليورانينيت — pitchblende, uraninite (Min.)
بَتَلَة، تُوَيجيّة — petal (Bot.)
بَتول، عَذراء — virgin
البَتُولا: شجرُ القُضبان — birch, Betula (Bot.)
بَتّي: ضِدَّ اتجاهِ حركةِ عَقارب الساعة — anticlockwise
بِتيومين، قارٌ أو قِير — bitumen (Chem.)
بَثَّ، نَشَرَ — broadcast, propagate, diffuse; disseminate
~ بالألوان — colour cast (Telev.)
~ بالتلفزيون — televise, telecast (Telev.)
~ بالراديو — broadcast (Elec. Comm.)
بَثّ، ابتِعاث، إصدار — emission
~، إرسال — transmission, broadcasting
الـ ~ السِّلكي — wire broadcasting (Elec. Comm.)
بَثْر، تنفُّطُ السَّطح المَصبوب — buckle (Met.)
بَثْرة، مَجْلة — bleb, pimple (Med.)
~، نَفْطة — blister, pustule (Med., Geol.)
البَثَع، الحَفَر، الإسقَربوط — scurvy (Med.)
بَثْق، اِنبِثاق: تشكيلٌ (أو تشَكُّلٌ) بالكبس — extrusion (Eng.)
~ الأنابيب — tube extrusion (Eng.)
~ صَدْميّ — impact extrusion (Eng.)
~ على البارِد — cold extrusion (Eng.)
بَجادي، عَقيقٌ أحمر — garnet (Min.)
بَجَسَ، ثَجَّ، اِنبَجَس — squirt, gush out
بَجع، بَجعة — pelican (Zool.)
بَجّنَ، بَرْشَم — rivet (Eng.)
بَحّار — sailor
بَحّارة — crew
بَحْت، صِرْف — pure, unmixed, absolute
بُحّة — hoarseness, raucedo (Med.)
بَحْث: دِراسة — discussion, study, research
~: إستِطلاع — inquiry, quest, survey, exploration
~: إستِقصاء — investigation, search
~: تَنقيبٌ وتقليب — rummage
~: رِسالة (في مَوضوعٍ مُعَيَّن) — treatise
~ دَقيق؛ تَعَقُّب — hunt
بَحْر — sea
~ داخِليّ: مُحاطٌ باليابِسة — inland sea, landlocked sea (Geog.)
~ ساكِن — calm (or smooth) sea
~ قَمَريّ — mare (Astron.)
~ هائج — rough (rolling, surging or heavy) sea
بُحران — climacterium, crisis (Med.)
بَحْريّ — marine, maritime
~، أوقيانوسيّ، مُحيطيّ — pelagic, thalassic
~ غَوْريّ — abyssopelagic (Ocean.)
بُحُوث (أنظُر: بَحْث) — research
~ العمليّات — operations research
بُحَيرة — lake (Geol.)
~ بُركانيّة — volcanic lake
~ جَوفيّة — underground lake (Geol.)
~ شاطِئيّة ضَحْلَة — lagoon
~ (فُوَّهيّة) بُركانيّة — crater lake (Geol.)
~ قَوسيّة، ~ مُقْتَطَعة — ox-bow (lake)
~ مِلْحيّة، مَلّاحة — salina, salt lake
بُحَيْرة — lakelet (Geol.)
بُحَيري، خاصٌّ بالبُحَيرات — limnal, lacustrine (Geol.)
بَخَّ: رَشَّ خَفيفًا — spurt, spray, sprinkle
بَخّاخة، ثَجّاجة — squirt, spray can, atomizer
بُخار — vapo(u)r, steam (Phys.)
~ جافّ — dry steam (Eng.)
~ حَيّ (منَ المِرجَل مُباشَرةً) — live steam (Eng.)
~ رَطْب (أو بَليل) — wet steam (Phys.)
~ الماء (المُغْلَى) — steam, water vapour
~ مُحَمَّص (مُفرِطُ الإحماء) — superheated steam (Eng.)
~ مُشبَع: في حال توازنٍ مع الماء — saturated steam (Eng.)
~ مُنصَرِف — spent steam (Eng.)
بَخَر: نَفَسٌ كريهُ الرائحة — halitosis (Med.)
بَخَّرَ، تَبَخَّرَ — vaporize, evaporate
~ (بالأبخِرة المُعالِجة) — fumigate (Food Sc.)
البَخْرُ والنَّتح — evapotranspiration (Ecol.)
بَخْس، رَخيص — cheap
بَخَسَ: نَقَصَ، نَقَّصَ — diminish, lessen
~ التقدير — underestimate, undervalue
بَخَص: تَسَمُّم بالطعام الفاسِد — botulism (Med.)
بَخُور — incense
~ مَريَمَ — cyclamen (Bot.)
بَدْء، اِبتِداء — start, commencement, beginning
~، بِداية — inception, onset, outset
~، تَدْشين، اِفتِتاح — initiation
~ الإدارةِ على البارِد — cold starting (Eng.)
~ تشغيلٍ بالتوصيل المُباشر — direct-on-line starting (Elec. Eng.)
~ الحركة كهربيًّا — electric starting
~ ~ يَدَويًّا — hand starting (Eng.)
~ مُعاوَد — restart
~ وَإيقاف — start-stop (Elec. Comm.)
بَدَأ — initiate
~ الحَفْرَ (الإنشائيّ) — break-ground
~ مُجَدَّدًا، اِستأنَفَ التشغيل — restart
بَدا (لِلحَواسِّ) — seem, look, appear, sound
بِدار — precession (Astron.)
بَدّال — grocer
بَدّالة — exchange, switchboard, central (Teleph.)
بَدانة — obesity, corpulence
بَداهَة — intuition, spontaneity
بَداهَةً، بَداهي — a priori
بَداوة: حياةُ التَّرحال — nomadism (Ecol.)

بداية، مُستَهَلّ — onset, beginning, start, outset
بِدائيّ، عَتيقُ الطِّراز — primitive
بُدائيّ، بَدائيّ، أوّليّ — primordial, rudimentary
بَدَأَ، مَهَّدَ أو أعَدَّ (الحاسوبَ) لِلبَدْء — initialize (Comp.)
بَدَّدَ، ضَيَّعَ — waste, squander; dissipate
~ (الوقتَ) — dawdle
بَدْر، قَمَرٌ مُكْتَمِل — full moon (Astron.)
بِدْعَة، نَبيطة — contraption, innovation
~، هَرْطَقَة — heresy
بَدَّلَ، غَيَّر، حَوَّل — alter, change; convert
~، عَدَّل — modify, commute
~، اِستَبْدَل — exchange, replace, substitute
~ (الوَضْع أو الموقِع) — shift
~ (لِيُوَحِّدَ اتّجاهَ التيّار) — commutate (Elec. Eng.)
~ السُّرعة — change gear (Eng.)
~ المَوضِع (أو الوَضْع) — transpose
بَدَلٌ، بَديل — alternative, substitute, replacement
~، عِوَض — allowance
~، مُقابِل — equivalent; fee, rate
~ اشتِراك — participation fee, subscription rate
~ انتِقال — transportation allowance
~ إيجار — rent(al)
~ سَكَن — lodging allowance
~ عَمَل ساعاتٍ إضافية — recompense for overtime
بِدْلة (اصطِناعية) — prosthesis (Med.)
~ سِنِّيَّة — denture, dental prosthesis
بَدَن — body
~، جِذع — trunk, torso (Zool.)
~ أُحاديُّ الهَيكل — monocoque fuselage (Aero.)
~ الأُسطوانة — cylinder barrel (Eng.)
~ (السَّفينة أو الطائِرة) — hull (Eng.)
~ المِسْحاج — stock
بَدُول: يُمكِنُ استِبدالُه — replaceable, exchangeable, interchangeable
بَديل، خِيارٌ بَديل — alternative, substitute, replacement

~، بَديلٌ احتياطيّ — back-up
~، بَديلة — substituent (Chem.)
~ البطارية — battery eliminator (Radio)
~ الزُّجاج — glass substitute (Chem.)
~ مُؤقَّت — makeshift, stopgap
~ ~ (أو اختِباريّ) — lash-up (Elec. Eng.)
بَدين، سَمين — obese, fat
بَديهة — intuition, spontaneity, inspiration
بَديهي — axiomatic; intuitive, self-evident, a priori
بَديهيَّة، مُصادَرة، مُسَلَّمة — axiom (Maths.)
بَدْئي، بادِئ — incipient, beginning to happen
~، اِبتدائي — initial
بَذَّ، فاقَ — excel, surpass, outdo; beat, overcome
بَذّارة — seed drill, seeder (Agric.)
بَذْر — seeding, sowing (Agric.)
~، بِزْر — seeds
~ الكتّان — linseed (Bot.)
بَذَّرَ، بَدَّد — squander
بِذْرة — seed, germ (Biol.)
~ بلّورية — crystallite (Geol.)
بِذْلة — suit, costume
~ الشُّغْل، ~ الوَرْشة — overalls = overall
بُذَيرات: عَناقيدُ غِشائيَّة في البلاستيدات الخُضر — grana (pl. of granum) (Biol.)
بُذَيرة، بُيَيْضَة — ovule (Bot.)
بر: الرمزُ الكيماوي لِلبروم — Br (bromine)
بُرّ، قَمْح — wheat
بَرّ، يابِسة — land
الـ ~ الرئيسيّ — mainland
بَرًّا — overland
بَرَى، سَحَج — abrade, wear away; fray (Geol., Eng.)
~ (الطَّرَف) — sharpen, taper off
بَراءَة — innocence
~، تَبْرِئة — acquittal
~ الاختِراع — patent
بَرّاد، ثَلّاجة — refrigerator, fridge, icebox
~، ميكانيكيُّ تَجميع — fitter (Eng.)
~ أدَوات — millwright
~ مَناشير — saw fitter
~ مَواسير — pipe fitter
بُرادَة — filings

~، نُفاية، خَبَث — scobs
~ الحَديد — iron filings
بِراز، غائِط — faeces = feces, stools, excrement (Zool.)
البراسيوديميوم: عُنصُرٌ فِلِزّي رَمزُه (بس) — praseodymium (Pr) (Chem.)
بَراعة، مَهارة — skill, proficiency, dexterity
~ يَدَويَّة — handicraft
بَرافين — paraffin (Chem.)
~ مُهَدْرَج — hydrogenated paraffin
البَرافينات، سِلْسِلةُ البرافين — paraffin series (Chem.)
بَرّاق، لامِع — lustrous, shining, refulgent
~، مُتَلَألِئ — opalescent
~، صَقيل (كالمِرآة) — specular
بَرّاقة، مانِعةُ صَواعِق — lightning conductor, lightning rod (Elec. Eng.)
بَرامِج (أنظُر: بَرنامَج) — programs
~ خِدمة — service routines (Comp.)
~ مُبَيَّتة — firmware (Comp.)
~ نُظُم — systems software (Comp.)
بَرامِجيّات: بَرامِجُ الحاسُوب — software (Comp.)
برامِيسيوم: حُيَيْوِنٌ أُحاديُّ الخَليَّةِ نَعْليُّ الشكل — paramecium (Zool.)
بَرّانيّ — exterior, external; ecto-
بُرايَة — whittling, shavings
~ خَشَب — wood shavings
~ لَدائنيَّة — swarf
بَرْبَخ: مَنفَذُ المَنيّ — epididymis (Zool.)
~: مَجرى سُفليّ بالوعيّ — culvert (Civ. Eng.)
~: قناةُ ضَبْطِ جريان الماء — penstock (Eng.)
~ صُندوقي — box culvert (Civ. Eng.)
بُرتُقالة، بُرتُقاليّ — orange
بُرتُقاليُّ المِثيل — methyl orange (Chem.)
بُرْثُن — claw, talon (Zool.)
~ داخِليّ، دابِرة — dewclaw (Zool.)
بُرْج، حِصْن، قَلْعة — tower, castle
~، صُورةٌ فلكيَّة — sign of the zodiac (Astron.)
~ آليُّ الحركة أو التدوير — power-operated turret (Eng.)
~ الإرساء (لِلمَناطيد) — mooring tower (Aero.)
~ ~ أو التثبيت — anchor(ing) tower

بُرْج (تابع)

~ إرسال — transmission tower (Radio)
~ الأسَد — Leo (The Lion) (Astron.)
~ إطلاق — launching ramp (or tower)
~ إعادةِ التَّقطير — rerun column (Pet. Eng.)
~ اَمتِصاص — absorption tower, absorption column (Pet. Eng.)
~ بِئرِ النِّفط — oil-well derrick (Pet. Eng.)
~ تَبريد — cooling tower, quench tower
~ ~ بتيّارٍ مُستحَثّ — induced-draft cooling tower (Eng.)
~ تَجزِئة — fractionating tower (or column) (Pet. Eng.)
~ ~ بالتقطيرِ الخَوائي — vacuum fractionating column (Pet. Eng.)
~ تَجفيف — drying tower (Eng.)
~ تَكْرير — rectifying column (Pet. Eng.)
~ التَّنقيةِ بالغَسْل — wash tower (Chem. Eng.)
~ ثُلاثيُّ الأعمِدَة — three-pole derrick
~ الثَّور — Taurus (The Bull) (Astron.)
~ الجَدْيِ أو التَّيس — Capricornus (The Goat) (Astron.)
~ الجَوزاء أو التَّوأمان — Gemini (The Twins) (Astron.)
~ جَوِّي لِلتقطير التفاضُلي (التَّجْزئي) — atmospheric fractionating tower (Pet. Eng.)
~ الحَفْر — derrick (Build., Civ. Eng.)
~ (حَفْرِ) بِئر النفط — oil-well derrick (Pet. Eng.)
~ حَفْرٍ عائِم — floating derrick (Pet. Eng.)
~ الحَمائِم — pigeon loft, dovecote
~ الحَمَل أو الكَبْش — Aries (The Ram) (Astron.)
~ الحُوت أو السَّمكة — Pisces (The Fishes) (Astron.)
~ (خزّاناتِ) الماء — water tower (Civ. Eng.)
~ الدلْوِ أو السّاقي — Aquarius (The Water Bearer) (Astron.)
~ دَوّار — swivel-turret (Eng.)
~ ذو جَرَس (أو أجراس) — belfry (Build.)
~ رَشّ — spray tower (Chem. Eng.)
~ الرَّصْد — lookout tower
~ السَّرَطان — Cancer (The Crab) (Astron.)

~ صَغير (دَوّارٌ عادةً): في سَفينةٍ أو طائرة أو دَبّابة — turret
الـ ~ الطَّرَفي (في خطٍّ نَقلِ القُدرة الكهربائية) — dead-end tower = terminal tower (Elec. Eng.)
~ طَوِيّ — jack-knife derrick (Civ. Eng.)
~ العَذْراء أو السُّنْبُلَة — Virgo (The Virgin) (Astron.)
~ عَريضُ القاعِدة (لِحَمْل الخَطِّ الكَهربائي) — broad-base tower
~ العَقرب — Scorpius (The Scorpion) (Astron.)
~ فولاذي — steel tower, pylon (Elec. Eng.)
~ القَوس أو الرّامي — Sagittarius (The Archer) (Astron.)
~ القِيادة — bridge (Naut.)
~ المِدفَع — gun turret (Mil.)
~ مُراقَبة — observation tower, watchtower
~ ~ (في غَوّاصة أو سَفينة) — conning-tower (Naut.)
~ ~ في مَطار — airport control tower
~ المِرفاع — crane tower, king tower (Eng.)
~ المُعالَجة — treating tower (Chem. Eng.)
~ المُفاعِل — reactor column (Nuc. Eng.)
~ الميزان — Libra (The Balance) (Astron.)
~ نَقْل، ~ إرسال — transmission tower (Elec. Comm.)
بَرْجل، فِرجار — compass(es)
بُرْجُمة: مَفصِلٌ بينَ سُلامَيات الأصابع — knucle, finger joint (Zool.)
بُرْجيّ، مُبَرَّج — castellated
بُرَحاء: أوجُ الحُمَّى — fastigium (Med.)
بَرْخان: كَثيب رَمليّ — dune (Geol.)
~: ~ ~ نقّال — burchan, shifting dune
بَرَدَ، بَرَّدَ — cool, chill
بَرْد، بُرودة — coolness, chillness
~: نَزْلَةُ بَرْد — cold, catarrh (Med.)
بَرَّدَ، ثَلَّجَ — refrigerate
~ بإفراط — supercool
~ فَجأةً، بَرَدَ فَجأةً — chill
~ بالهَواء — air-cool
بَرَدٌ: حُبَيباتُ البَرَد — hail, hailstones (Meteor.)
~ دَقيق: البَرَدُ الرِّخو — graupel, soft hail (Meteor.)
بَرَدَ (بالمِبرد)، سَحَلَ — rasp, file

بَرْدٌ: سَحْلٌ بالمِبرَد — filing, rasping
~ شَريطيّ، ~ بالشريط — band filing (Eng.)
~ مُستَعرِض — cross filing (Eng.)
بُرَداء، قُشَعريرة — ague (Med.)
الـ~، حُمَّى الملاريا — malaria (Med.)
بَردعة، سَرْج — saddle
بَرْديّ، وَرق البَرديّ — Papyrus
بَرَّرَ: أعطى سَبَبًا لِـ — justify
~: أعطى مُسَوِّغًا لِـ — rationalize
بَرَزَ: نَتَأَ — protrude, jut out, project
~: طَلَع — emerge, come out (or up), crop up
~: تَمَيَّز عن سِواه — be prominent, conspicuous, or outstanding
بَرْزة، ناتِئة — prominence, boss
بَرْزَخ — isthmus, neck (Geog.)
~ رَمْليّ جَزيريّ — tombolo (Geol.)
بِرسيم، نَفَل — clover, trefoil (Bot.)
~ حجازي — alfalfa (Bot.)
بَرْش: قُشارة نُدفيَّة — flakes
بِرْشامة، بِرشانة — cachet, capsule (Med.)
~: مِسمارُ بِرشام — rivet (Eng.)
~ أنبوبيَّة — tubular rivet
~ ذاتُ شُعبتَين — bifurcated rivet (Eng.)
~ غاطِسة — countersunk rivet (Eng.)
~ مُتَساطِحةُ الرأس — flush-head rivet
~ مُتفَجِّرة — explosive rivet (Eng.)
~ مَخروطيَّةُ الرأس — cone-head rivet
~ مُسَطَّحةُ الرأس — flush-head rivet
~ مُقبَّبةُ الرأس — pan-head rivet (Eng.)
~ مَوقِع: تُثَبَّتُ في المَوقِع — field rivet = site rivet (Eng.)
~ وَرْشة — shop rivet (Eng.)
بُرْشة، بُقعَة صغيرة — speck
~، نَمشَة — freckle
بَرْشَمَ — rivet
بَرْشَمة — riveting (Eng.)
~ آليَّة — machine riveting, power riveting
~ على البارِد — cold riveting (Eng.)
~ تَناكُبيَّة — butt-riveting (Eng.)
~ خِلافية التدريج — staggered riveting
~ على السّاخِن — hot riveting (Eng.)
~ مُتَساطِحة — flush riveting (Eng.)
~ مُتعَرِّجة — zigzag riveting
~ مُحكَمة — tight riveting (Eng.)

بَرْشَمة (تابع)
~ مُحيطيَّة circumferential riveting
~ مَكَنيَّة machine riveting (Eng.)
بَرْشيا، بَريشة: كُسارةٌ صَخريَّة مُتلاحِمة breccia (Geol.)
بَرَص، جُذام leprosy (Med.)
بَرْطَل. برطيل bribe
بُرطُلة (أو قَلنسوةُ) العازِل insulator cap (Elec. Eng.)
بَرَعَ be skil(l)ful or proficient, excel
بَرْعَمَ، تبرْعَم bud *(v.)* (Bot.)
بُرْعُم، بَرْعَمة، أُبْنَة bud *(n.)* (Bot.)
~ إضافي accessory bud
~ انتِهائي (أو طَرَفي) terminal bud (Bot.)
~ مُتفتِّح sprout (Bot.)
~ هاجِع أو راقِد dormant bud (Bot.)
بَرْعَمة، تَبرعُم budding
بَرْغَشة gnat, mosquito (Zool.)
بُرْغُل: مُوَسِّعُ ثُقوب reamer (Eng.)
بَرْغَلة، تحَبُّب granulation
~، تَظليلٌ مُرَقَّط stippling (Paint., Build.)
بُرغوث flea (Zool.)
~ البَحر، قُرَيدِس prawn, shrimp (Zool.)
بُرْغي screw, bolt, screw-bolt (Eng.)
~ إبهاميّ: يُشَدُّ بالإبهام والسبّابة thumb bolt
~ إحكام، لَولَبُ زَنْق lock screw
~ تَثْبيت securing bolt, set bolt (Eng.)
~ (تَثْبيت) السِّكَّة track bolt (Railways)
~ تجميع assembling bolt, tack bolt
~ رَبْطٍ أو قَمْط clamping screw, tie bolt (Eng.)
~ (أو مِحزاقُ) الشِّكال shackle bolt
~ بِصَمُولة screw-bolt (Eng.)
~ ضَبْط jack bolt, adjusting bolt (Eng.)
~ عَديمُ الرأس: مُلَولَبُ الطرفَين عادةً stud bolt, stud (Eng.)
~ عَرَبات coach bolt, lag bolt, lag screw
~ عُرْوِيُّ الرأس، مِحزاقٌ عُرْوِيّ lug bolt
~ قَمْط clamping screw (Elec. Eng.)
~ (أو مِسمارٌ مُلَولَب) مُجَنَّح wing screw
~ مُجَوَّفُ الرأس socket-head screw
~ مُخَصَّر waisted bolt (Eng.)
~ مُدَوَّرُ الرأس round-head(ed) bolt
~ مَكَنات: بدُون صَمُولَة machine screw (Eng.)
بَرَقَ، لَمَعَ flash (up), glitter
~ ت (السَّماء) emit bolts of lightning
بَرْق lightning (Meteor.)
~ خُلَّب، ~ صيفيّ summer lightning
~ صَفْحيّ sheet lightning (Meteor.)
~ كُرَويّ ball (or globular) lightning
~ مُتشَعِّب forked lightning (Meteor.)
~ مُتعَرِّج zigzag lightning (Meteor.)
بَرْق، إبراق telegraphy (Elec. Comm.)
~ راديوي (لاسلكي) radiotelegraphy
~ سِلكي wire telegraphy
بَرْقَشَ mottle, variegate
~، زَخْرَفَ garnish
بَرْقَشة mottling; garnishing
~ (بإزالةِ الطَّلية الأخيرة جُزئيًّا) scumbling (Paint.)
بُرقوق: خَوخ plum (Bot.)
~، مَنثور: زَهرةٌ خَشخاشية corn poppy
بَرقيّ telegraphic
بَرقيَّة، رِسالة تِلغرافيَّة telegram, cable, cablegram, wire
~ لاسِلكيَّة radiogram, radiotelegram
~ لَيْليَّة (بِسعرٍ مُخَفَّض) night letter
~ هاتفيَّة phonogram, telephone message
بِركار، فِرجار compasses, dividers (Eng.)
~ أُفُقي trammels, beam compasses
~ تقسيم bow dividers (Eng.)
~ الثِّخن cal(l)ipers (Eng.)
~ ذو نابِض bow compass, spring bow
البِركار: كوكبة جنوبية Circinus, The Compasses (Astron.)
بُركان volcano (Geol.)
~ خامِد extinct volcano (Geol.)
~ طِيني mud volcano (Geol.)
~ فتِيّ young volcano (Geol.)
~ هامِد dead volcano, dormant volcano, quiescent volcano
بُركانيّ volcanic
~ كاذِب pseudovolcanic
~ المَنْشأ volcanogenic (Geol.)
البُركانية: الطبيعةُ البُركانية volcanicity
بِرْكة pool, pond
~ تَهدِئة: لِتَخفيفِ سُرعة المَجرى stilling pond (Hyd. Eng.)
~ سِباحة swimming pool
~ صغيرة ضَحْلة puddle
~ الهَويسات pond = pound (Hyd. Eng.)
بَرْكَرَ: غَطَّى (الفولاذَ) بِطبقةٍ واقيةٍ من فُسفات الحَديد parkerize
بَرْكَرة parkerization (Met.)
بِرْكلورات، فَوق كلُورات perchlorate (Chem.)
البركليوم: عُنصُرٌ فِلِزّيّ إشعاعيّ رَمزُه (بك) berkelium (Bk) (Chem.)
بَرْكَنَ، فَلْكَنَ: عالَجَ لِلتصليد vulcanize
بَرْكَنة vulcanization (Chem.)
بِرليت، صَخرٌ لُؤلُؤي perlite (Geol.)
بَرَمَ، فَتَلَ twist, twine
~: دَوَّمَ whirl, swivel, gyrate
~ لِتَصغير المَقطع (أثناء الدلفَنة) screw down (Eng.)
بِرْم: وَحدةُ نَفاذيَّة المَكْمَن المَساميّ perm (Geophys.)
بِرمالُّوي، أُشابةٌ نَفّاذة: عالية الإنفاذية المغنطيسيَّة permalloy (Eng.)
بَرمائيّ: يَصلُح للتنقُّل بَرًّا وبَحْرًا amphibian
~، قازِب: بَرمائيُّ العَيش amphibian, amphibious (Biol.)
البرمائيّات، القَوازِب Amphibia (Zool.)
بَرْمَجَ program(me)
~، جَدْوَلَ schedule
بَرْمَجة programming
~ بِنْيَوِيَّة structured programming
~ تَفسيريَّة interpretive programming
~ تكامُليَّة integral programming (Maths.)
~ خَطِّيَّة linear programming (Maths.)
~ صَحيحةُ الأعداد integer programming
~ مُتعَدِّدة: مُعالَجةُ عِدَّةِ بَرامِج آنيًّا multiprogramming (Comp.)
~ مُتَواقِتة concurrent programming (Comp.)
بَرْمَق: شُعاعُ الدولاب، قَضيبٌ شُعاعيّ spoke
~ دَرابزين banister = baluster (Arch., Carp.)
~ الدُّولاب wheel spoke

بَرْمَل: عَبَّأَ في بَراميل — barrel (Eng.)
بِرمَنْجَنات، فَوق مَنْجَنات — permanganate
~ البوتاسيوم — potassium permanganate
برميل — barrel (Eng.)
~، وِعاءٌ أُسطوانيّ — cask, drum
~ خَشَبيّ — wood barrel, keg
~ دَوّار (لإزالةِ الرَّملِ من الخام) — rumbler (Min.)
~ ~ (لِصَقل المعادن) — tumbler (Eng.)
~ الغَلّاية أو المِرجَل — boiler drum (Eng.)
~ كَبير — hogshead, tun
بَرنامَج، مِنهاج — programme = program
~ اختبار، ~ فحص — test program, checking program (Comp.)
~ الإنتاج — production schedule (Eng.)
~ تَحديد (وتَشْخيص) الخَطَأ — post-mortem (Comp.)
~ تَحْرير — editor, edit program (Comp.)
~ تَحَكُّم — control program; driver (Comp.)
~ تَخصيص — allocation routine (Comp.)
~ تدريب — training program
~ تَشْخيص — diagnostic routine (Comp.)
~ تِلقائيٌّ (أو ذاتيٌّ) التناسُخ — virus, worm (Comp.)
~ تنفيذيّ — executive program (Comp.)
~ حاسُوبيّ — computer program
~ خِبْرَويّ — heuristic program (Comp.)
~ دِراسيّ — syllabus, curriculum
الـ ~ الرئيسي — main program (Comp.)
~ صُغريّ — microprogram (Comp.)
~ الصيانة — maintenance routine (Comp.)
~ فَرعيّ — subprogram, subroutine (Comp.)
~ مُتَرجِم — interpreter (Comp.)
~ (مُحَدِّدُ المَواعيد) — schedule
~ مُشرِف — supervisor (Comp.)
~ مُعالِجة — processor (Comp.)
~ مُقيم: دائِمُ الاختِزانِ في ذاكِرة الحاسوب — resident program (Comp.)
~ مَكْتَبيّ — library program (Comp.)
~ مُؤلِّف — compiler (Comp.)
~ نَقُول — relocatable program (Comp.)
الـ ~ الهَدَف — object program (Comp.)
بَرْنَتَة: مُعالَجةُ الخَشَبِ بِكلوريد الزنك لِحِفْظِه — burnettizing (Chem.)
بِرُنْز (أُنظُر: بِرُونز) — bronze (Chem.)

بَرْنَزة: رَشٌّ بِمَسحوقٍ (أو سائِلٍ) بَرْنَزة — bronzing
بُرْنُس — cape
بَرْنَق: طَلَى بالوَرنيش — varnish
بَرنيق: وَرنيش — varnish (Build.)
~ أو وَرْنيشٌ زَيتي — oil varnish
~ (ورنيشٌ) أَسْفَلتيّ — asphalt varnish
~ جَفُوف — drying varnish
~ الخَرائط — map varnish
~ عازِل — insulating varnish (Elec. Eng.)
بُرهان، حُجَّة — proof, evidence
~ اختباري — experimental proof
الـ ~ بالاستنفاد — proof by exhaustion (Maths.)
~ بِنَقْض النقيض — reductio ad absurdum (Maths.)
بُرْهة: فَترةٌ زَمنيَّة — time, period, while
~ جيولوجيَّة — hemera
بَرْهَنَ، أَثْبَتَ — prove
برواز، إطار — frame
بُروبان: هدروكربون ألكاني — propane (Chem.)
بروبانول، كُحُول بِرُوبيليّ — propanol (Chem.)
بروبانون، أسيتون — propanone = acetone (Chem.)
البروتكتينيوم: عُنصُرٌ فِلِزّيّ إشعاعيّ رَمزُه (بكت) — protactinium (Pa) (Chem.)
بروتوبلازم، جِبْلة، هَيُولى — protoplasm (Biol.)
بُروتوكول، مَراسِم — protocol
~ اتصال — communication protocol (Comp.)
~ ربط البيانات — data-link protocol (Comp.)
بروتون، أُوَيْل: نَواةُ ذَرَّة الهِدروجين — proton (Phys.)
~ سالِب، مُضادُّ البروتون — negative proton, antiproton (Phys.)
~ ضَوئيّ — photoproton (Phys.)
بروتياز: أنزيمٌ حالٌّ لِلبروتينات — protease (Chem.)
بِرُوتين — protein (Chem.)
بروتينات نَوَويَّة — nucleoproteins (Chem.)
بُرُوتيوم: الهِدروجين العادي — protium (Chem.)
بُروجيّ — zodiacal (Astron.)

بُرود: فُتور الهِمّة أو الاهتمام — coldness, disinterest, half-heartedness
~: بُرودة — coolness, chillness; frigidity
بُروز، تَنَفُّخ — bulge
~، نُتوءٌ صَخْريّ — crop, outcrop (Geol.)
~، بُزوغ — emergence, emersion
~، نُتوء — prominence; protrusion, projection, protuberance
~ رِكازيّ — basset (Geol., Mining)
~ صَخريّ (فَوقَ سَطح الأرض) — rock outcrop (Geol.)
بروڤة: تجربة طِباعية — proof (Print.)
~ أخيرة (قَبلَ الطبع) — press proof
البروم: عُنصُر لافِلِزّي رَمزُه (بر) — bromine (Br) (Chem.)
بِرُوم: ذاكِرةٌ قابلة لِلبَرمَجة — PROM = PROgrammable Memory (Comp.)
بَرْوَمة: مُعالَجة بالبروم — bromination (Chem.)
البروميثيوم: عُنصرٌ فِلِزي رَمزُه (بم) — promethium (Pm) (Chem.)
بُرُوميد: مِلحُ حامِض الهِدروبرُوميك — bromide (Chem.)
~ الفِضَّة — silver bromide (Photog.)
~ الهِدْروجين — hydrogen bromide (Chem.)
برونز – الـ ~: سَبيكةٌ من النُّحاس والقصدير — bronze (Eng.)
~ ألفا — alpha bronze (Met., Eng.)
~ ألوميني — aluminium bronze (Met.)
~ ذَهَبيُّ المَظْهَر — pinchbeck (Met.)
~ رَصاصيّ — lead bronze (Met.)
~ السِّليكون — silicon (or silicium) bronze (Met., Eng.)
~ فُسْفوري — phosphor-bronze (Met.)
~ فولاذي — steel bronze (Met.)
~ المَحابِس — cock metal (Eng.)
~ المَدافِع — gunmetal (Eng.)
بَرْي، بِلًى أو تأكُّل احتكاكي — attrition, abrasion (Eng.)
~، نَجْر، إنقاصٌ بالكَشْط — whittling
~ الاحتِكاك — friction wear, abrasion wear (Eng.)
~ كيميائي — chemical wear (Chem.)
بَرِّيّ — terrestrial, land, overland
~، وَحْشيّ، غيرُ أليف — wild, undomesticated (Biol.)

بَرِيء — innocent
بَري بَري: داءُ عَوز فيتامين ب — beriberi (Med.)
بريتِكتي، صُلبي ذَوبي: غيرُ مُتَطابِق الانصِهار — peritectic (Chem.)
بَريتون، صِفاق — peritoneum (Zool.)
بُرَيْج، بُرجٌ دَوّار (في سفينةٍ أو دَبّابة) — turret
بَريد — mail, post
~ إلكتروني — electronic mail (Comp.)
~ جَوِّي — airmail
~ سَطحي — surface mail
~ صادِر — outgoing mail
~ مَوسُوم (بِدَمغةٍ) — metered mail
~ وارِد — incoming mail
بَريديّ — postal
بريسكوب، مِئفاق — periscope (Opt.)
بَريشة، برشيّا — breccia (Geol.)
~ الانهيار — collapse breccia (Geol.)
~ بُركانيّة — volcanic breccia (Geol.)
~ صَدْعيّة — fault breccia, ruttles (Geol.)
~ الهَصْر — crush breccia (Geol.)
بُرَيعِمٌ، بُرَيعِمٌ بَوغيّ — gemma (Biol.)
بَريق، لَمَعان — luster = lustre, gloss, shine, burnish, sheen
~ حَريريّ — silk sheen
~ زُجاجيّ — vitreous lustre
~ شِبْهُ فِلِزّي — submetallic lustre (Met.)
~ صَمْغيّ أو راتينَجي — resinous lustre
~ فِلِزّي — metallic lustre (Min.)
~ لُؤلُئي — pearly lustre
بُرَيْكَةٌ ضَحْلة — puddle
بَريل: حَجَرٌ كريم — beryl (Min.)
بْريل – طَريقةُ ~: لِلطِّباعة بالنُّقَطِ النافِرة — braille
البريليوم: عُنصُر فِلِزّي رَمزُه (بي) — beryllium (Be) (Chem.)
بَريم، شَريط — lace, gimp; cordon
بَريمَة — auger, wimble, drill, gimlet, bit
~ اتساعيّة — expansion bit (Eng.)
~ أُسطوانيّة — cylinder bit (Carp.)
~ حَفر (لِلمناطِق الرَّطْبة) — miser (Civ. Eng.)
~ ~ أرضيّ — ground auger
~ الحَفر الطيني — clay auger (Civ. Eng.)
~ دُوديّة — worm (Eng.)
~ سِدادات — corkscrew
~ لَولبيّة — screw auger (Carp.)
~ مَجاري حلقيّة — annular bit, annular auger (Carp.)
~ نِصْفيّةُ اللَّولَبة — half-twist auger (Carp.)
بز: الرمزُ الكيماوي لِفلِزِّ البزموث — Bi (bismuth) (Chem.)
بِزال — gimlet (Carp.)
~، مِبْزَل — troc(h)ar (Med.)
بَزْباز — spout, nozzle, a(d)justage
~ مَخروطي — cone nozzle
~ ~ مِرْوَحي — cone-fan nozzle (Eng.)
~ (التَّربيج) — snout
بِزّة — suit, outfit, garment, uniform
~ الجاذِبيّة — g-suit = anti-g suit (Aero.)
~ الشُّغل — fatigue uniform
~ ضَغطيّة: مُكَيَّفةُ الضغط — pressurized suit, pressure suit (Space)
~ الطيران، لِباسُ الطيران — flying suit (Aero.)
~ عَسْكَريّة — military uniform (or suit)
~ فَضائيّة — space suit
~ مُقاوِمةِ الجاذبية، بِزّة الجاذبيّة — antigravity suit =g-suit (Aero.)
~ المِيدان — battledress (Mil.)
بِزر (أُنظُر: بزرة) — seeds
~ القِنَّب — hemp-seed
~ الكَتّان — linseed, flaxseed
~ اللفت — colza, rape seed
بِزرة، بِذْرة، حَبَّة — seed (Bot.)
~ أو ثمرةٌ أُحفوريّة — carpolith (Geol.)
بَزَغَ — emerge, come out, rise, break forth
بَزْغٌ أُكسِجيني: تَغذيةُ مِنطقةِ القَطْع بالأُكسِجين عَبْرَ أنبوبٍ فولاذيّ — oxygen lancing (Eng.)
بَزَلَ — broach, puncture, tap
بَزْل — centesis, puncture (Med.)
البِزموث: عنصرٌ فِلِزيّ رَمزُه (بز) — bismuth (Bi) (Chem.)
بُزوغ — emergence, emersion, appearance; eruption
~ تَدريجيّ — fade-in (Cinema)
بس: الرمزُ الكيماويّ لِعُنصر البراسيوديميوم — Pr (praseodymium)
بِساط — carpet, rug
بَساطة — simplicity, plainness
بَسالة — valo(u)r
بُستان — orchard, garden; grove
بَسْتَرٌ: هَيْصَم — alabaster (Min.)
بَسْتَرَ: عَقَّمَ — pasteurize
بَسْتَرة، تَعْقيم — pasteurization (Food Sc.)
بَسْتَنَة: فِلاحةُ أو زِراعةُ البَساتين — horticulture, gardening
بُسَّذ: مَرجان — coral (Zool.)
بَسْط، صُورةُ الكَسْر — numerator (Maths.)
بَسَطَ، عَرَضَ — state, present, expound
~، مَدَّ، نَشَرَ — spread, unroll, unfold
بَسَّطَ: يَسَّرَ، سَهَّلَ — simplify; facilitate
بَسْطة، اِمتِداد — spread, extension
~: وَفْرة، سَعَة — abundance, affluence
~ أو مَدَى الجُنَيْح — aileron span (Aero.)
~ (أو مِنَصَّةٌ) بينَ درَجَيْن — half-(s)pace (Build.)
~ الجَناح — wingspread (Aero.)
~ الدَّرَج — landing (Build.)
~ دَرَجٍ بِعَرْضِ الدَّرجات (في مُنْتَصَف الدَّرَج) — half-landing (Build.)
~ ~ رُبعيّة: يَدورُ بِها الدَّرج ٩٠° — quarter-space landing (Build.)
~ الماء (بينَ هَويسَين) — pound = pond
بَسْكال: وَحدةُ ضغط = نيوتُن على المِتر المُرَبَّع — pascal (Phys.)
بِسِلّى، بازِلاء — pea (Bot.)
بِسِلّيّ: بِسِلِّيُّ البِنْيَةِ الحُبَيبيّة — pisolitic (Geol.)
بَسُوط، مَدُود — expandable, extensible
بَسيط، واضِح — plain, simple
~: طَفيف — slight, little & insignificant
~ (غيرُ مُرَكَّب أو يعملُ في اتجاهٍ واحِد) — simplex (Elec. Eng.)
بُشارة، كُشاطة — shavings, scrapings
بَشّارة: فَراشة ليلية — moth (Zool.)
بَشَرَ — shave off, scrape; flake
البَشَرُ — human beings, mankind
بَشَرة، أدَمة خارِجيّة — epidermis (Biol.)
بَشَروس، نُحام — flamingo (Zool.)
بَشِع، قَبيح — ugly, nasty
بَشَّمَ: ثَنى سِنَّ المِسمار بعدَ دَقِّه لِلتَّثْبيت — clinch, clench (Eng.)
بَشْمَلَة: أكِّي دنيا — loquat (Bot.)
بَشير — herald, forerunner
بُصاق — spit, spittle; sputum (Med.)

بَصَرٌ — sight, vision
بُصْرَة: تُربةٌ حَمراء — laterite, terra rossa (Geol.)
بَصَرِيّ — optic(al); visual, ocular
البَصَرِيّات — optics (Phys.)
~ الإلكترونيَّة — electron optics (Phys.)
~ الأليافيَّة — fibre optics (Phys.)
~ الفيزيائيَّة — physical optics (Phys.)
~ الكَهربائيَّة — electro-optics (Phys.)
~ المَوجيَّة — wave optics (Phys.)
~ الهندَسيَّة — geometrical optics (Light)
بَصَق — spit
بَصَلة — onion (Bot.)
الـ ~: النُّخاعُ المُستَطيل — medulla oblongata (Zool.)
~، بُصَيلة. صَمَجة — bulb (Elec. Eng.)
~ الترمومتر — thermometer bulb
~ مِصباح — lamp bulb
~ ~ كهربائي — electric bulb
بَصْمة — imprint, impression
~ الإصبَع — finger-print
بَصيرة، حَصافة، بُعْدُ نَظَر — foresight, discretion, insight
بَصِيص (أملٍ أو نور) — glimpse, glimmer, gleam
بُصَيلة — bulb, bulbil, bulbule
~ نُور: بُصَيلةُ مِصباحِ الإضاءة — light bulb
بَضٌّ (أوتارِ العُود) — tuning
بَضَّ، دَوزَن — tune
بِضاعة، بَضائع — merchandise, goods
~ استِهلاكية — consumer goods
~ عُبور — transit goods
~ مُهَرَّبة — contraband
~ نِصفُ مُنجَزة — semi-manufactured goods
بَضائعُ مُحتجَزة (في الجُمرك) بانتظارِ دَفْع الرُّسوم — bonded goods
بَضْعٌ، شَقّ — incision, cut, -tomy
بُطْء — slowness, brady-
~ القَلب — bradycardia (Med.)
~ النبض — bradysphygmia (Med.)
بَطَّأَ: خَفَّضَ السُّرعة — decelerate, slow down
بِطاء: تخَلُّفُ المَغنَطة (أو أثَرِ المُؤثِّر) — hysteresis (Phys.)
~ العازِل — dielectric hysteresis (Elec. Eng.)

بَطّاريَّة: مَجموعةٌ مُتماثِلة (من المُوَلِّداتِ أو المَدافِع أو الصَّهاريج) — battery (Eng.)
~، حاشِدة كهربائيَّة — battery (Elec. Eng.)
~ أ: بَطّاريَّةٌ خفيضةُ التوتُّر — A-battery (Electron.)
~ أُحاديَّةُ السائل — single-fluid battery
~ إحتياطيَّة (تُوَصَّلُ على التوازي بالدارة الكهربائية) — floating battery (Elec. Eng.)
~ الإشعال — ignition battery (Elec. Eng.)
~ الإقلاع — starting battery (Autos.)
~ انحيازِ الشبكة — grid-bias battery (Electron.)
~ الأنود، ~ الصَّفيحة — anode battery, plate battery
~ أوَّلية: من خلايا أوّلية غير قابلة لإعادة الشحن — primary battery (Elec. Eng.)
~ التحَكُّم — control battery (Elec. Eng.)
~ ثانَويَّة: من خلايا ثانوية مِركمِيَّة — secondary battery
~ جافَّة — dry battery, dry pile (Elec. Eng.)
~ جَرّ (المَركَبات) — traction battery, vehicle battery (Elec. Eng.)
~ الجُهد العالي — high-tension battery, B-battery (Elec. Eng.)
~ الجُهد المُنخَفِض — low-tension battery (Elec. Comm.)
~ حراريَّة (من المُزدَوِجات الحراريَّة) — thermopile, thermal battery (Phys.)
~ الخَطّ (الرئيسيّة) — line battery (Teleg.)
~ خَلايا — cell battery (Elec. Eng.)
~ ذَرِّيَّة — atomic battery (Phys.)
~ الشبكة — grid battery (Radio)
~ شَحُون: بَطّاريَّةٌ يُمكِنُ (إعادةُ) شَحْنِها — chargeable battery (Elec. Eng.)
~ شَمسيَّة — solar battery, sun battery (Electron.)
~ الصَّفيحة، ~ الجُهد العالي — B-battery
~ صَهاريج، مجموعةُ صَهاريج — tank battery
~ الفَتيلة — filament battery (Electron.)
~ اللوح، ~ الأنُود — plate battery
~ مائيَّةُ التفعيل — water-activated battery (Elec. Eng.)
~ مَحطَّةِ الإرسال — home battery (Teleg.)

~ مُزدَوِجاتٍ حرارية — thermal battery (Phys.)
~ مَشحونة — charged battery (Elec. Eng.)
~ دارئة: تُمِدُّ عند اشتداد الطلب وتَنْشَحِنُ عند انخفاضه — buffer battery (Elec. Eng.)
~ مَيدان: مِدفعيَّةُ مَيدان — field battery (Mil.)
~ نِصفيَّة: إلكترودُ الخلية الإلكتروليتيَّة والسائلُ المُحيط به — half-element (Elec. Eng.)
~ نَوَويَّة: تعملُ بِنَظيرٍ مُشِعّ — nuclear battery (Phys.)
~ النِّيكل والحديد (القِلْويَّة) — Ni-Fe battery (Elec. Eng.)
بَطاطا، بطاطس — potato (Bot.)
بِطاقة — card, fiche; slip
~، عَلامةٌ مُمَيِّزة — label, tab, tag
~، تَذكِرة — ticket
~ اشتِراك (لِعِدَّةِ رحلاتٍ على خَطٍّ مُعَيَّن) — commutation ticket
~ انتِقال — transition card (Comp.)
~ الانحِراف — deviation card (Naut.)
~ بَريديَّة — postcard
~ بَيانات — data card (Comp.)
~ تثقيب، ~ مُثَقَّبة — punch card (Comp.)
~ تَحقيقِ الشخصيَّة — identity card
~ تحَكُّم — control card (Comp.)
~ تَصْحيح — correction card (Comp.)
~ تَعْريف — identification card (or slip)
~ تعليمات — docket
~ تَموين، ~ إعاشة — ration card
~ الدوام — attendance card, time card
~ مُثَقَّبة (أو مُخَرَّمة) — punched card (Comp.)
~ مَعلومات — data card, information card
~ مِغْنَطيسية، ~ مُمَغْنَطة — magnetic card (Comp.)
~ الهُويَّة — identity card
بَطّال: عاطِلٌ عن العَمل — unemployed
~: خامِل — idle, inactive
بِطالة — unemployment
~ مُقَنَّعة — disguised unemployment
بِطان: حِزامُ السَّرْجِ تحتَ البَطْن — girth
بِطانة: حاشية — entourage, retinue
~: قَميصُ تَبْطين — lining, liner (Eng.)
~ احتِكاك — friction lining (Eng.)
~ الأُسطُوانة — cylinder lining (Eng.)

بطانة (تابع)
~ أسفَلْتيّة — asphalt primer (Paint.)
~ تَقوية — packer
~ حامِضيّة — acid lining (Met.)
~ لِلدِّهان — primer, couch
~ الرَّحِم — endometrium (Med.)
~ رَصاصيّة — lead lining (Eng.)
~ الشّريان — intima (Med.)
~ صامِدةٌ لِلحامض — acid-proof lining (Eng.)
~ ~ لِلحرارة — refractory lining (Eng.)
~ من الطُّوب — brick lining
~ طَوقِ المِكْبَح — brake band lining
~ عَزْلِ الصَّوت — deafening, pugging (Acous.)
~ الفُرْن — furnace lining (Met.)
~ القابِض، ~ الفاصِل — clutch-lining (Eng.)
~ ~ الجِلْدية — clutch leather (Eng.)
~ لُقمةِ المِكْبَح — brake-shoe lining
~ المُحَوِّل — converter lining (Met.)
~ المُخَمِّد — buffer lining
~ المِكبَح — brake lining (Eng.)
~ نُحاسيّة — brass-lining (Eng.)
~ نِصفيّة — half-liner (Eng.)
~ النَّفَق — tunnel lining (Civ. Eng.)
~ وِعائيّة — endothelium (Zool.)
بَطّانيّة — blanket
بَطّة — duck (Zool.)
بَطحاء — plain, level land; open country
بَطَلٌ — champion
بُطْلان، زَيْفٌ، تَلْفيق — falsity, falsehood, fallacy
~، لاشَرْعيّة — invalidity
بَطْلينوس — limpet (Zool.)
بَطْن، جَوْف — abdomen, belly (Zool.)
~ (المَوجة) — antinode, trough, loop (Phys.)
بَطَّنَ — line, pad
~ بأطواقٍ فُولاذية — tub
~ بالألواح الخَشَبيّة — lag
~ ثانيةً — reline
~ (أو زَوَّدَ) بِطَبقةٍ سُفليّة — underlay
~ بِمَعدِن بابِت — babbitt (Eng.)
بَطْنيّ، جَوفيّ — abdominal, c(o)eliac (Zool.)
~: نقيض ظَهريّ — ventral (Zool.)
بَطْنيّاتُ الأقدام — Gastropoda (Zool.)

بَطْنيّة، بَطْن — belly
بَطُؤ — slow down, idle
بُطولة — bravery, heroism
~ (رياضيّة) — championship
بَطيء، ثَقيلُ الحَرَكة — slow, tardy, sluggish, slack
بَطّيخة — watermelon (Bot.)
~ الدولاب — hub, wheel hub (Eng.)
بُطَيْن — ventricle (Zool.)
بَظْر — clitoris (Zool.)
بُعادي: عَن بُعْد — remote, tele-
بَعَثَ، أرسَلَ — send, despatch, dispatch
~، اِبتعَثَ — emit, evolve
~ على — prompt, cause, trigger
بَعْث، إرسال — dispatching, sending, emission
~: إنهاضٌ بعدَ هُمود — revival, renaissance
بَعْثة — mission, delegation
~ استِكشافية — expedition
بَعْثَر — scatter, disperse, dissipate
بَعْد — post-, after
~ جَليدي — postglacial (Geol.)
~ الظُّهر — post meridiem (p.m.)
~ المَوت — post-mortem
بُعْد: أحَدُ الأبعاد — dimension
~: مَسافة — distance
الـ ~ الأدنى لِلرُّؤيةِ الجَليّة (حوالى ٢٥ سم) — least distance of distinct vision (Opt.)
الـ ~ الأقْصى (طُولًا أو عَرْضًا) — out-to-out (Build.)
~ بُؤريّ — focal distance, focal length (Light)
الـ ~ الثالِث: الارتفاع — third dimension
الـ ~ الرابع: هو الزمَنُ في النظريَّة النِّسْبيَّة — fourth dimension (Phys.)
الـ ~ الزاوي — angular distance
الـ ~ شمالًا: بعد النقطة شمالًا — northing, latitude (Surv.)
~ الصُّورة — image distance (Light)
الـ ~ القُطبيّ: بينَ الجِسم ومدارِه الإهليلَجيّ — radius vector (Astron.)
~ لانِهائيّ — infinite distance (Maths.)
الـ ~ المُتَوسِّط الهندَسيّ — geometric mean distance

~ النَّظَر — hypermetropia, long-sightedness, farsightedness (Med.)
~ ~: بَصيرة — farsightedness, foresight, insight
بَعْديّ — a posteriori, posterior
بُعْديّ، أبعاديّ — dimensional
بَعْر: رَوْث — droppings, dung
بَعْل: زَوج — husband, spouse
~: غيرُ مَسْقيّ (إلّا بالمَطَر) — unirrigated (Agric.)
بَعُوضَة — mosquito (Zool.)
~ الأجَميّة، أنوفِليس — Anopheles (Zool.)
بَعيد، ناءٍ — remote, distant, far
~: أقصى (نقيض أدنى «proximal») — distal (Biol.)
~ المَدى — long range
~ النَّظَر — farsighted
بَعير، جَمَل — camel (Zool.)
بَغْتيّ، فُجائيّ — abrupt, sudden, unexpected
بُغْض — hatred, hate; antipathy
بَغْل — mule (Zool.)
بَغيض، مُثيرٌ لِلاعتِراض — repugnant, objectionable
~، كَريه — hateful, abominable, detestable (Phys.)
بِف: بِليون (10^9) إلكترون فُلْط — Bev = Gev (Phys.)
بق: الرمز الكيماوي للزئبق — Hg (Mercury) (Chem.)
بَقّ — bug (Zool.)
~ الفِراش — bedbug (Zool.)
بَقاء: عَيش — survival, existence
~، اِستِمرار — continuance; duration
~: دَوامٌ مُصان — conservation (Ecol.)
~ الأصلَح — survival of the fittest (Biol.)
~ الزَّخم، ~ كميَّة التحَرُّك — conservation of momentum (Phys.)
~ الطاقة — conservation of energy (Phys.)
~ المادَّة — conservation of matter (Chem.)
بَقّال — grocer, greengrocer
بَقايا — remnants, leavings, residue
~: فضَلات — wastes, scrap
~ (أو مُتخلِّفاتٌ) شَمْعيَّة — wax tailings
بَقْبَقَ، أخرَجَ الفَقاقيع — bubble, sputter
بَقْبَقة — bubbling, sputter, gurgle

بَقدونِس parsley (Bot.)
بَقَرة cow (Zool.)
~ حَلُوب milch cow, dairy cow
بَقَريّ bovine
بَقْس، خشَبُ البَقْس boxwood
بَقَّع stain; smear
بُقعة، لَطخة spot, blotch, patch; stain
~: مَكان، مَوقع spot, place, site
~ أو غِشاءٌ زَيتيّ (على سطح الماء) oil slick
~ شَمسيَّة sunspot (Astron.)
~ صغيرة fleck, speck
الـ ~ الصفراء (في شَبَكيَّة العين) yellow spot (Zool.)
~ طامِسة: سَيِّئةُ الاستِقبال الراديوي blind spot (Radio)
~ عَمياء: على الشبكية blind spot (Zool.)
~ المَسْح scanning spot (Telev.)
~ مُظلِمة، ~ داكِنة dark spot (Telev.)
~ مَوات: الاستقبالُ فيها خافِتٌ جدًّا لِمَدًى من الترَدُّدات dead spot (Elec. Comm.)
بَقْل، نَباتٌ عُشبيّ herb (Bot.)
~، بَقلةٌ من الخُضَر legume, vegetable, pulse (Bot.)
بَقَلة، قُدّ cod, codfish (Zool.)
بَقِيَ، دامَ last, remain; stay
~ حَيًّا (بعدَ حادثٍ مُعَيَّن) survive
بَقِيَّة remainder, remnant, rest
~: فَضْلة residue, tailings
~ المُتَوازي: بعدَ اقتِطاع مُتَوازي أضلاع مِن إحدى زَواياه gnomon (Maths.)
بك: الرمزُ الكيماويّ لِعُنصُر البركليوم Bk (berkelium) (Chem.)
بِك: وَحدةُ حَجْم = ٢ غالون (حوالى ٩٠٩٢ سم^3 أو ٩,٠٩٢ ليترًا) peck
بَكارة، عُذْرَة virginity
الـ ~، غِشاءُ البَكارة (في اللبونات) hymen (Zool.)
بَكّارة، ذاتُ البَكَر: مجموعةُ بكرات block, pulley block, sheave block, block-and-tackle (Eng.)
~ تَفاضُليَّة differential block (Eng.)
~ ثُلاثيَّةُ البَكَرات three-sheave block, triple block, triple-sheaved block

~ بِحَبْل rope block (Mech.)
~ رافِعة، ~ رَفْع hoisting tackle, lifting block, burton (Eng.)
~ بِسِلْسِلة، ~ جَنْزيريَّة chain (pulley) block
الـ ~ العُلْويَّة crown-block (Civ. Eng.)
~ فارِقيَّة، ~ تفاضُليَّة differential pulley, burton (Eng.)
~ لَوَلَبيَّة worm-geared tackle or block
~ مُزدوِجة double block (Mech.)
~ «وِسْتون» التفاضُليَّة Weston's differential pulley (Mech.)
~ يَدويَّة gin (Eng.)
بكت: الرمزُ الكيماويّ لِعُنصُر البروتكتنيوم Pa (prot(o)actinium) (Chem.)
بَكتِريا، بَكتيريا، جراثيم bacteria, Bacteria (Biol.)
~ التآزُت azotobacter (Biol.)
~ النترجة nitrifying bacteria (Biol.)
البَكتِريات الحقيقية Eubacterialis (Biol.)
بَكتِريولوجية: عِلمُ الجَراثيم bacteriology
بَكتيريّ bacterial
بِكْر virgin
~: مِنَ الخام مُباشرةً virgin (Mining)
بِكْرات: مِلحُ حامِض البِكريك picrate (Chem.)
بَكَرة، مَفصِلٌ بَكَريّ trochlea (Zool.)
~، مِكَبّ bobbin = spool, reel, swift
~، قَعْو pulley, sheave; wheel
~ إدارة driving pulley (Eng.)
~ إرجاع return sheave (or pulley)
~ استِقبالِ الفِلم film take-up spool
~ تحَكُّم control pulley
~ تخفيض reducing pulley
~ التغذية feed reel (Comp.)
~ تغذيةِ الفِلم film feeder spool
~ التلَقّي take-up reel
~ ثابِتة standing pulley, fixed pulley
~ الحافِلة: بَكَرةُ التماسِّ بينَ الحافِلة والخَطِّ الكهربائيّ trolley wheel (Elec. Eng.)
~ الحَبْل، ~ بِحَبْل rope sheave (Mech.)
~ وَحَبْل: بَكّارة block and tackle (Eng.)
~ دَليليَّة guide pulley (Eng.)
~ ذاتُ سُرعَتَين two-speed pulley (Eng.)

~ رافِعة hoisting sheave, tackle or pulley (Eng.)
~ سائِبة (أو وَسِيطة) loose pulley, idle pulley (Eng.)
~ سَحْب tug pulley (Civ. Eng.)
~ ~ (مُحَزَّزة) traction sheave (Eng.)
~ شَدِّ السَّير binder pulley
~ شَدّادة jockey (pulley), tension pulley, tightening pulley (Eng.)
~ الشريط tape reel
~ عُلْويَّة (over)head pulley (Eng.)
~ عَودة return pulley (or sheave)
~ (أو أُسطوانةُ) الكَبْل cable drum
~ مُتَحَرِّكة movable pulley, running block (Mech.)
~ مُتَدرِّجة stepped pulley
~ مُثَبَّتة fast pulley, fixed pulley (Eng.)
~ مُجَزَّأة split pulley (Eng.)
~ مُحَزَّزة scored pulley (Mech.)
~ مُخَدَّدة sheave, grooved pulley (Eng.)
~ ~ دَليليَّة guide sheave
~ مَخروطيَّة conical pulley, cone pulley (Eng.)
~ ~ مُدَرَّجة: مُتَعَدِّدة السُّرعات step(ped) cone, speed cone (Eng.)
~ مُخَفِّضة reducing pulley (Eng.)
~ مُدارة driven pulley (Eng.)
~ مُدَلّاة fall block (Mech.)
~ مُدَوِّرة driving pulley (Eng.)
~ مَشْطورة split pulley (Eng.)
~ مُشَفَّهة flanged pulley
~ مُفردةٌ ثابتة single fixed pulley
~ ~ مُتَحَرِّكة single movable pulley
~ مَقطوعة: ذاتُ فُتحةٍ جانِبيَّة snatch block
~ مَقُودة، ~ مُدارة driven pulley (Eng.)
~ وَسِيطَة idler pulley (Eng.)
بَكْرَم: قُماشٌ قاسٍ (لِلتجليد) buckram
بَكَم، خَرَس dumbeness, mutism, aphrasia (Med.)
بِكْنُومتر: مِكثافُ الكُتلة النوعيَّة pycnometer, pyknometer (Phys.)
بَكور، مِبكار precocious (Bot.)
بُكورُ النَّضج precocity, early ripeness, rare ripeness

بل: الرمزُ الكيماوي لِفلزِّ البلوتونيوم
Pu (plutonium) (Chem.)
بِل: وَحدةُ التفاوُت في مُستوى الشدَّة بينَ صَوتَين مُتَساوِيَي التردُّد
bel (Elec. Comm.)
بَلَّ، بَلَّل wet, moisten
بِلى wear, wearing (away or down or out), decay
~، تأكُّل abrasion, fretting (corrosion)
~ بالاحتِكاك attrition, scuffing
~ بالاستعمال العادي wear and tear
~ البَرْي attrition wear (Eng.)
~ لاتمَركُزيّ eccentric wear (Eng.)
~ مُنتظِم uniform wear (Eng.)
بَلاء scourge, disaster, misfortune; plague, calamity
بَلاته: صَمْغُ لَزِج جَيِّد العَزْل balata (Chem.)
البلاتين: عُنصُر فِلِزيّ رَمزُه (بت) platinum (Pt) (Chem.)
بلاتينوَيْد: سَبيكةٌ من النحاس والزنك والنيكل والتَّنْجستن عاليةُ المُقاومة الكهربائية
platinoid (Elec. Eng.)
بلاتينيّ platinic (Chem.)
بلاتينَيْت: سَبيكة من الحديد والنيكل مُعامِلُ تمدُّدِها كالپلاتين
platinite (Eng.)
پلاجْره، حُصاف، حَصَف pellagra (Med.)
پلاجيُوكلاز: ضَربٌ من الفلسپار
plagioclase (Min.)
بَلادة dullness, stupidity
~ الحركة ponderosity
البَلاديوم: عُنصرٌ فِلِزّي رمزه (لد)
palladium(Pd) (Chem.)
بلازْما: مَصْلُ الدّم plasma (Med.)
~: مادةٌ غلزية عاليةُ التأيُّن plasma (Phys.)
~ النَّواة nucleoplasm (Biol.)
بلاستيسين، طِينٌ لَدائنيّ plasticine
بلاستيك، لَدينة – لَدائن plastic(s) (Chem.)
~ بترولِيّ petroplastics (Chem.)
بَلاط (أنظُر: بَلاطة) tiles (Build.)
~ أرضيَّة floor tiles (Build.)
~ الرَّصْف paving tiles, slab-stones, flagstones (Civ. Eng.)
بَلاطة tile, slab
~ أسفَلت asphalt tile
~ رَصْف (أو تبليط) pavior = paviour, quarry tile (Build.)
~ صَوتية: عازِلةٌ لِلصوت acoustic tile (Build.)
بَلاعِم: خَلايا بلْعميَّة phagocytes, phagocytic cells (Biol.)
بَلاغ communiqué; declaration
~ أخطاء error message (Comp.)
~ مُشْتَرك joint communiqué
بَلاغة eloquence; rhetoric
بِلّان Poterium spinosum (Bot.)
بلانك: وَحدةُ الفِعل = جُول ثانية planck (Phys.)
ثابتُ ~: ٦,٦٢٤٩ × ١٠^-٣٤ جول ثانية
Planck's constant (Phys.)
بَلاهة foolishness; idiocy
بُلْبُل bulbul, nightingale (Zool.)
~، بُلْبُلَة، بَزْباز spout, ajutage
بَلْبَل confuse, confound; mix-up
بَلْبَلة، اِضطِراب confusion, disarray, perturbation
بَلْتَنة، معالجةٌ بالبلاتين أو أحد مركَّباته
platinating, platinization (Elec. Eng.)
«پلْتييه» - ظاهِرةُ ~: إطلاقُ أو امتِصاصُ الحرارةِ عبرَ وصلةٍ بين معدنَين مُختلِفَين
Peltier effect (Phys.)
بَلَح dates (Bot.)
~ البَحر mussel (Zool.)
بَلَخْش، سْپايْنِل: خامٌ بِلَّوريّ مَعدِنيّ spinel (Min.)
بَلَد town, city
~، بِلاد country
~ المَنْشَأ country of origin
بَلَّدَ، أقْلَمَ acclimatize
بُلْدان (أنظُر: بَلَد، بِلاد) countries
~ مُتطَوِّرة developed countries
الـ ~ النامية developing countries
بَلَديّ: أصيلُ النشأة indigenous, native
~: خاصٌّ بالبلدية municipal
بَلَديَّة municipality
بَلْسا - خَشَبُ الـ ~ balsa wood
پلْسار: نَبّاضٌ راديُوي كَوني pulsar (Astron.)
بَلَسان، بيلسان elder (Bot.)
بَلْسَم balm, balsam (Chem.)
~ كندا Canada balsam, balsam of fir, Canada turpentine (Chem.)
بَلَشون، مالِكُ الحزين heron (Zool.)
بَلَّطَ tile, pave (with tiles or flagstones)
بَلْطة ax(e), hatchet
~ قَشْر (اللحاء) bark spud
بَلَعَ، اِزدَرَد swallow, gulp
بُلْعة: كُتْلة ابتلاع bolus
بَلْعَمٌ: خليَّةٌ بَلعميَّة كبيرة macrophage (Zool.)
بَلْعَمة: خليَّة بلعميَّة phagocyte (Biol.)
~: بَلْعمة خَلَوية phagocytosis (Zool.)
بلعميَّة صغيرة microphage (Zool.)
بُلْعُوم pharynx (Zool.)
بَلَغَ: وَصَل reach, arrive
~: تَوَصَّل إلى achieve, attain
بَلَّغَ inform, report
بَلْغَم phlegm (Med.)
بَلَق mica (Min.)
بَلَّلَ، رَشَّ، نَدَّى moisten, wet; dabble
بَلْمَرَ polymerize (Chem.)
بَلْمَرة: تَضاعُف (أو مُضاعَفةُ) الأصل
polymerization (Chem.)
~ إسهاميَّة copolymerization (Chem.)
~ انتِقائيَّة selective polymerization (Chem.)
~ تكاثُفيَّة condensation polymerization (Chem.)
~ مُحَفَّزة catalytic polymerization
بَلَنْك، بَكّارةُ رَفْع hoisting tackle (Eng.)
~ (بَكّارةٌ) بسِلْسِلة chain hoist, chain (pulley) block (Eng.)
~ (رَفع) المِرساة cat (Naut.)
بَلَه idiocy, foolishness, imbecility
بلهارسْيا bilharzia(sis) (Med.)
پْلُوتُو: أبعدُ السيّارات عن الشمس Pluto (Astron.)
بلوتونيّ: جَوفيُّ التصَلُّدِ والمَنشأ plutonic (Geol.)
البْلُوتونيُوم: عُنصرٌ فِلِزّيّ رَمزُه (بل)
plutonium (Pu) (Chem.)
بَلْوَرَ، تَبَلْوَر crystallize
بِلَّور، بَلُّور crystal
~، زُجاج بَلُّوريّ crystal glass (Chem.)
~ صَخريّ، مَرْوٌ شَفّاف rock crystal (Min.)
بِلَّورات (أنظُر: بِلَّورة) crystals
~ إبرية acicular crystals, needle crystals
~ سائلة liquid crystals (Chem.)
~ صَفْحيَّة tabular crystals

بلّورات (تابع)

~ مُتَشاكِلة — isomorphic crystals (Chem.)
~ مُكتَمِلةُ الشَّكْل — idiomorphic crystals
~ نجميَّة — rosette crystals (Min.)
~ اليَحمور — blood crystals (Zool.)

بَلّورانيّ — crystalloid

بَلْوَرةٌ، تَبَلْوُر — crystallization (Chem.)
~ تَفاضُليَّة — fractional crystallization (Chem.)

بِلَّورة، بَلُّورة — crystal
~ أُحاديَّةُ المِحور — uniaxial crystal (Min.)
~ إسهاميَّةُ الترابُط — covalent crystal (Chem.)
~ أصيلةُ الخَصائصِ الكهرَضَوئيَّة — idiochromatic crystal = intrinsic crystal (Phys.)
~ ~ الخَواصّ — intrinsic crystal (Phys.)
~ أيونيَّة — ionic crystal (Chem.)
~ بارِزة: في وطاء صخر ناريّ — phenocryst (Geol.)
~ بَذْءِ التبَلْوُر — seed crystal (Chem.)
~ تامَّة — perfect crystal
~ تذَبْذُبيَّة — oscillating crystal (Electron.)
~ تَرشيح: تُمِرُّ تردُّداتٍ مُعَيَّنة — filter crystal (Elec. Eng.)
~ تكعيبيَّة: مُتَعامِدةُ المحاوِر الثلاثة — cubic (or isometric) crystal (Chem.)
~ تَوأميَّة، ~ تَوْأم — macle, twin, twin crystal (Min., Chem.)
~ ثَلْجيَّة أو جَليديَّة — ice crystal
~ ثُنائيَّةُ اللون — dichroic crystal (Chem.)
~ ~ المِحور (البصريّ) — biaxial crystal (Phys.)
~ دَخيلة — xenocryst (Min.)
~ ذاتُ قَطْعٍ صِفْرِيّ — zero-cut crystal (Radio)
~ رُبعيَّةُ الأوجُهِ — tetrahedral crystal
~ عَينيَّةُ القَطْع — Z-cut crystal (Electron.)
~ كاذِبة — phantom crystal (Min.)
~ كامِلةُ الأوجُه — euhedral crystal, idiomorphic crystal (Geol.)
~ ~ السُّطوح — holohedral crystal
~ كَهرَضَغْطيَّة (أو كَهروإجهاديَّة): تُحوِّلُ طاقةَ الضغط إلى طاقةٍ كهربائيَّة — piezoelectric crystal (Phys.)
~ كوارتْزيَّة — quartz crystal (Elec. Comm.)
~ مُتَباينةُ الخَواصّ — anisotropic crystal
~ مُتَعامِدةُ المَحاوِر — orthogonal crystal
~ مُتميِّزة (الحُدود) — idioblast (Min.)
~ مِثاليَّة — ideal crystal (Chem.)
~ مُكَعَّبة (أو تكعيبيَّة) — isometric crystal, cubic crystal
~ نِصفُ مُنتَحِية — hemitropic crystal (Min.)
~ وَميضيَّة: تُومِضُ بتعَرُّضِها لِلإشعاع — scintillating crystal (Phys.)

بِلَّوريّ — crystalline

البِلَّوريّات – عِلْمُ ~ — crystallography

بَلُّوط — quercus (Bot.)

بَلُّوطة، ثَمرةُ (أو جَوزة) البَلُّوط — acorn (Bot.)

بُلوغ، حُلْم — puberty, adolescence
~، وُصول — arriving, reaching
~، حُصولٌ (على) — attainment, achievement
~ الحَفْرِ مِنطقةً مُنتِجة — drilling in (Pet. Eng.)
~ الذُّروة — culmination

بَلول: قابِلٌ لِلْبَلَل — wettable

بَلِيَ — wear (out), fret, corrade

بَلِيَّة — calamity, disaster, misfortune

بَليد (الذِّهن) — stupid, dull
~ (الحَركة) — sluggish, ponderous, slow

بُلَيرة: بَلّورةٌ دَقيقة — microlite, crystallite (Geol.)

ألبليسْتُوسين، العصرُ الحَديث الأقرب — Pleistocene (period) (Geol.)

بُلَيْطَة (لِقَطْعِ الخَشَب) — hatchet, hacket
~ مِخلَبيَّة — claw-hatchet

بليُوترون: صِمامٌ ثُلاثيٌّ مِصماد — pliotron (Electron.)

بِليون: ألفُ مِليون — billion
~ سَنَة — aeon = eon

بم: الرمزُ الكيماويّ لِلپروميثيوم — Pm (promethium) (Chem.)

بن: الرمزُ الكيماويّ لِلپولونيوم — Po (polonium) (Chem.)

بُن — coffee (Bot.)

بَنَى، شادَ — build, construct, erect

بِناء، مَبْنًى — building, construction, masonry
~: اِبتِناء، أيضٌ بِنائيّ — anabolism (Biol.)
~ بالإرساب، تَطَمٌّ — aggradation (Geol.)
~ الجُسور — bridgework (Eng.)
~ بحِجارةٍ مُختلِفةِ الأحجام — coursed rubble (Build.)
~ السُّفن — shipbuilding
~ بالطُّوب أو الآجُرّ — bricklaying; brickwork
~ بِطُوبٍ غيرِ مُنتظم — skintled brickwork
~ بالمُقَوِّماتِ المُصَنَّعة — system building
~ مُلْحَق — annex
~ مُلَهْوَج: رَخيصٌ رَكيك — jerry-building

بَنّاء — builder, mason
~: ضِدُّ هَدّام — constructive

بنادورى، طَماطم — tomato(es) (Bot.)

بِنائيّ — structural

بِنْت، اِبنَة — daughter
~ وردان — cockroach (Zool.)

بِنْتان: بَرافين هِدْروكربونيّ — pentane (Chem.)

بِنْتود: صِمامٌ خُماسيّ — pentode (Electron.)

بِنتوز: سُكَّرٌ خُماسيّ — pentose (Chem.)

بِنْثوس: الأحياءُ القاعيَّة — benthos, benthon (Ecol.)

بَنْج — an(a)esthetic (Med.)

بَنَّجَ — an(a)esthetize

بَنْجَرُ (أو شَمَنْدَرُ) السُّكَّر — sugar beet (Bot.)

بَنْد — item, clause, article
~ شَرطيّ — stipulation, provision

بَنْدَرة: طِلاءٌ بالفوسفات لِمَنع الصدأ — bonderizing (Chem.)

بُنْدُق — hazel, filbert (Bot.)

بُنْدُقة — hazelnut

بُنْدُقيَّة — gun, rifle
~ تكراريَّة، ~ بِخَزْنة — repeating rifle, magazine rifle; magazine gun
~ رَشّ، ~ صَيْد — shotgun
~ فَكُوك: قابِلة لِلتفكيك — takedown rifle
~ مُضادة لِلدبّابات — antitank rifle (Mil.)
~ هَوائيَّة — air gun

بَندورة، طماطم — tomato(es) (Bot.)

بَنْدول، نُواس — pendulum (Phys.)
~ اِلتِوائيّ — torsional pendulum
~ إيقاع — metronome (Phys.)
~ دُوَيْري: لا يتوقَّفُ زمنُ ذبذبتهِ على سَعة الذبذبة — cycloidal pendulum (Phys.)
~ قَذفي (أو بالِستي) — ballistic pendulum (Phys.)
~ مُضاءَلُ الخطَران — damped pendulum

بَنْدول (تابع)
~ مُعادَل: لا يتغيَّر طوله بتغيُّر درجةِ الحرارة compensated pendulum (Phys.)
بَندوليّ pendular
بِنْزول: بِنْزينٌ خام benzol (Autos.)
بِنْزوين، لُبانٌ جاويّ benzoin (Chem.)
بِنزيل، شِقُّ البِنزيل benzyl (Chem.)
بِنزين، بِنْزول benzene = benzol (Chem.)
~، بِنزينُ النِّفط benzine (Chem.)
~، بنزينُ السيّارات، غازولين petrol (or gasolene), gas
~ اصطِناعي synthetic gasoline (gasolene)
~ حَذيق: ذو فِعلٍ حامِضيٍّ أكّال sour gasoline (Pet. Eng.)
~ خَفيضُ الأوكتان wide-cut gasoline, avtag
~ ~ التطايُرية low-test gasoline
~ طائرات avgas (aviation gasoline)
~ عاديّ (الدرجة) Q-gasoline (Pet. Eng.)
~ عالي التطايُرية high-test gasoline, wild gasoline
~ غيرُ مُرَصَّص unleaded gasoline (Pet. Eng.)
~ فائقُ الجودة supergasoline (Pet. Eng.)
~ مُبَلْمَر أو مَكثور polymerized gasoline (Chem.)
~ المِثيل، تولُوين methylbenzene (Chem.)
~ مُحَرِّكات motor spirit
~ ~، ~ السيّارات mogas (motor gasoline)
~ مُرَصَّص leaded gasoline (Pet. Eng.)
الـ ~ المُستَقْطَرُ مُباشرةً straight-on gasoline
~ مُمتاز premium gasoline (Pet. Eng.)
~ مُنخفِضُ التطايُريَّة low-test gasoline
~ مُهَذَّب reformed gasoline (Chem. Eng.)
~ مُؤَلَّف blended gasoline (Pet. Eng.)
البِنِسِلين penicillin (Med.)
بُنْطٌ (طِباعي): $\frac{١}{٧٢}$ من البوصة point (Print.)
بنطال، بَنْطلون trousers, slacks
بَنْغَلو: بيتٌ من طابقٍ واحد bungalow (Arch.)
بَنَفْسَجيّ violet
فَوق الـ ~ ultraviolet (Phys.)
~ الجَنْطَيانا gentian violet (Chem.)

بَنْك: مِنضَدةُ عَمَل bench, workbench
~، مَصرِف bank
~ الإصدار، الـ ~ المَركَزي central bank
~ بَيانات data bank (Comp.)
~ تَسْليف credit bank
~ دَم blood bank (Med.)
~ عَقاريّ land bank
~ مَعلومات data bank, information bank (Comp.)
بَنْكام: ساعةٌ رَمْليَّة sand-glass
~ ساعيّ hour-glass
~ مائيّ، ساعةٌ مائية water clock
البنكرياس، المِعْقَد، المُعَثْكَلة pancreas (Zool.)
بُنِّيّ brown, coffee-coloured
~ داكِن fuscous, taupe
~ مُحْمَرّ auburn, reddish brown
بِني وِيت (١,٥٥٥ غم) pennyweight
بُنْيان structure; construction; building
بِنْيَة، تَرْكيب، قِوام constitution, structure, make-up
~، سَحْنَة habit (Min.)
~، قِوام؛ نَسْجَة texture
~ الأساس، ~ تحتيَّة infrastructure
~ أساسيَّة basic structure, primary structure (Aero.)
~ أَصْهَريَّة eutectic structure (Met.)
~ إنسيابيَّة flow-structure (Geol.)
~ (أو تكوينُ) الجِسم physique
~ بِلّورية crystal(line) structure (Chem.)
~ تحتيَّة infrastructure
~ تَشابُكيَّة، نَسيجٌ شَبَكيّ lattice structure or texture (Geol.)
~ تَهَشُّميَّة cataclastic structure (Geol.)
~ جُزَيئيَّة molecular structure (Chem.)
~ الجِسم physique, physical constitution
~ الحاسوب: تركيبُه وأنظمتُه وتصميمُه computer architecture
~ حُبَيْبيَّة grain structure, granular structure
~ حَشْويَّة boudinage (Geol.)
~ حُوَيصليَّة vesicular structure (Geol.)
~ خَفّافيَّة pumiceous structure (Geol.)
~ خَلَويَّة cellular structure

~ دَرَنيَّة concretionary structure (Geol.)
~ دَقيقة أو دِقِّيَّة microstructure (Eng.)
~ دونَ ٱلمِجهَريَّة submicrostructure
~ ذَرِّيَّة atomic structure (Phys.)
~ رَقائقيَّة laminated structure (Geol.)
~ زُجاجيَّة vitreous structure (Geol.)
~ سَرْئيَّة oolitic structure (Geol.)
~ شَبَكيَّة network structure (Met.), reticulate structure (Geol.)
~ الصخر، نَسيجُ الصخر rock texture (Geol.)
~ صُغْريَّة، ~ مِجهَريَّة microstructure
~ صَفائحيَّة أو صَفيحيَّة platy structure, lamellar structure (Geol.)
~ طِباقيَّة layered structure (Geol.)
~ عَدَسيَّة phacoidal structure (Geol.)
~ عَمَديَّة أو عِماديَّة mullion structure, columnar structure (Geol.)
~ عِيانيَّة macrostructure (Met.)
~ فَوقيَّة superstructure
~ قُشَيريَّة flake structure (Geol.)
~ كيماويَّة chemical structure, chemical constitution (Chem.)
~ لُؤلؤيَّة perlitic structure (Geol.)
~ مُتجانِسة homogenous structure or texture (Geol.)
~ ~ الرَّوابِط homodesmic structure
~ مُتَراكِبة imbricate structure
~ مِجهريَّة microstructure
~ مَخروطيَّة مُتَداخِلة conc-in-cone structure (Geol.)
~ مُخطَّطة banded structure (Geol.)
~ نَخروبيَّة honeycomb structure (Aero.)
~ وِراثيَّة genotype (Gen.)
~ وِساديَّة pillow structure (Geol.)
بُنِّين، كافَيين: مادةٌ مُنَبِّهة caffeine (Med.)
بِنْيَويّ structural; textural
بَهار spice
بُهاق، بَهَق vitiligo (Med.)
بَهِتَ: دَهِش be amazed, astonished or surprised
~: شَحَبَ لَونُه fade, lose colour, become faint
بُهْر: (اختناقي) اِنقطاعُ التنفُّس apnea = apnoea (Med.)

بُهْر (تابع)
~ (زُلّي): عُسْر التنفُّس — dyspnea (Med.)
بَهْر، بَهَرٌ، جَهَر — glare, dazzlement
~ العُيون (بشِدَّة الإضاءة) — Kleig eye (Med.)
بَهَق، وَضَح — vitiligo (Med.)
بَهلَوانيّات — acrobatics
~ جَوِّيَّة — aerial acrobatics
بَهْو، رَدْهة — lobby, reception hall (Build.)
~ (المَدْخَل) — vestibule (Build.)
~ مُعَمَّد — gallery, peristyle (Arch.)
بَهِيٌّ، رائع — gorgeous, splendid
بو: الرمزُ الكيماويّ لِلبوتاسيوم — K (potassium) (Chem.)
بُواء، أصَلَة — boa (Zool.)
بَوّاب — doorman, gateman, janitor, gatekeeper
البَوّاب: صِمامُ المَعِدة السُّفليّ — pylorus (Zool.)
بَوّابة — gate
~ الإلقام (في الفُرن العالي) — charging door (Eng.)
~ «أو» — OR gate (Comp.)
~ تَحْصيل — turnpike
~ تَحَكُّم، ~ ٱلهَويس — sluice gate (Hyd. Eng.)
~ التدَفُّق، مَولِجُ التدفق — flux gate (Elec. Eng.)
~ رَفْع: تُفْتَح عَموديًّا لا أُفُقيًّا — lift gate
~ زَمَنِيَّة — time gate (Electron.)
~ السَّدِّ الرئيسية — head gate (Civ. Eng.)
~ سَعَوِيَّة: تُمِرُّ الذبذباتِ من سَعةٍ مُعيَّنة — amplitude gate (Elec. Eng.)
~ سُفلِيَّة — tail gate (Hyd. Eng.), bottom gate (Foundry)
~ الصَّبّ — pouring gate, running gate, drop gate (Foundry)
~ الصِّمام — valve gate (Hyd. Eng.)
~ ضَبْطِ التدفُّق (في قَنالٍ أو نَهر) — floodgate (Hyd. Eng.)
~ عدم التطابق — non-equivalence gate, XOR gate (Comp.)
~ قَلّابة — tilting gate, flopgate (Min.)
~ «لا» — NOT gate (Comp.)
~ «لا أو» — NOR gate (Comp.)
~ «لا و» — NAND gate (Comp.)
~ المَبْدى — threshold gate (Comp.)
~ المَنسوبِ العالي — head gate, crown-gate (Hyd. Eng.)
~ الهَويس — sluice gate, lock gate (Hyd. Eng.)
~ «و» — AND gate (Comp.)
بُواز: وَحدةُ قياسِ اللُّزوجة المُطلَقة — poise (Phys.)
بَواسير — hemorrhoids, piles (Med.)
بَوّاق — bugler, trumpeter
بَوَّب — tabulate, classify
بُؤبُؤ: إنسانُ العَين — pupil (Zool.)
بوتاس: أُكسيدُ البوتاسيوم — potash (Chem.)
البُوتاسا الكاوية — caustic potash (Chem.)
البوتاسيوم: عُنصرٌ فِلزّي رَمزُه (بو) — potassium, kalium (K) (Chem.)
بوتاغاز: بيُوتان القَوارير (اسمٌ تجاري) — Butagas (Chem.)
بَوْتَقة — cupellation (Eng.)
بُوتَقة، بُودَقةُ صَهْر — crucible (Chem.)
~ ٱجتِفاء — scorifier
~ ٱختِبارٍ أو رَزْن — assay crucible (Chem.)
~ ٱختِزال — reduction crucible (Chem.)
~ رَزْن: تُصنع من رماد العظام — cupel (Met.)
بُوجيه: شَمعةُ شَرَر — spark(ing) plug (Autos.)
بود: وَحدةُ قياسِ سُرعةِ إرسال الإشارات — baud (Teleg., Comp.)
بُور — fallow, uncultivated
~: أرضٌ بُور — wasteland, wild ground
بُورات: أحَدُ أملاحِ حامض البوريك — borate (Chem.)
بُورت، ماسُ عُدَد القَطْع — boart = bort (Min.)
بُؤرة — focus, focal point (Phys.)
~ تقديرية — virtual focus
~ ثانويَّة — secondary focus
~ رئيسيَّة — principal focus (Phys.)
بوردو - مَحلولُ ~: مُبيدٌ لِلفُطريّات — Bordeaux mixture (Chem.)
بوردون - مِقياسُ ~: لِضَغْط السوائل — Bourdon gauge (Eng.)
بُورْصَة، سوقُ الأوراقِ المالية — exchange, bourse, stock exchange, stock market
بَوْرَق، بُوراتُ الصوديوم المائية — borax (Min.)
البورون، البُور: عُنصرٌ لافِلزّيٌّ رَمزُه (ب) — boron (B) (Chem.)
بُوري: سمكٌ بُوري — mullet (Zool.)
بُؤريّ — focal
بُؤريَّة: تَركُّزٌ في بُؤرة — stigmatism, focalization (Phys.)
بُوريطِس: كِبريتور الحَديد الطبيعي — iron pyrite (Min.)
بُوزِتْرون: إلكترون مُوجَبُ الشِّحنة — positive electron = positron (Phys.)
بوزِتْرونيوم: تجَمُّعٌ لَحظيّ لِبُوزِتْرون وإلِكترون — positronium (Phys.)
بوزون: جُسَيمٌ نَوويّ كالفوتون والبِيُون — boson (Phys.)
بُوزونات مِعياريَّة: تتَوَسَّطُ التفاعُلَ بين جُسَيمَين أساسيَّين — gauge bosons (Phys.)
بُوشِل: مِكيالٌ سَعَتُه حوالى ٣٥ لِترًا — bushel
بُوص — reed, ditch reed (Bot.)
بُوصَة، إنْش: ٢,٥٤سم — inch
~ دائريَّة — circular inch
~ مائية: دَفيقُ فُتحةٍ قُطرُها بُوصة على عُمقٍ مُعَيَّن (مِقياسٌ مائيّ قديم) — water-inch
بُوصَلَة، حُكّ — compass (Surv.)
~ الإنحِراف — declination compass
~ بَحْرية — mariner's compass
~ بُعاديَّة: مؤشِّرُها بَعيدٌ عن آليَّةِ الحِسّ — telecompass, distant-reading compass
~ تَحريضيَّة — induction compass (Phys.)
~ التَّوجيه — steering compass
~ جافَّة — dry compass (Naut.)
~ الجَيْب — pocket compass
~ جَيروسكُوبيَّة — gyroscopic compass, gyro compass (Naut.)
~ حَثِّيَّة — induction compass (Phys.)
~ الحُدور — declination compass (Magn.)
~ دُمْيَة — pelorus, dumb compass
~ سائِلِيَّة — liquid compass (Naut.)
~ سَمْتية — azimuth compass (Surv.)
~ شمسيَّة — sun compass
~ عامَّةُ الأغراض — universal compass
~ عَمودية — vertical compass (Aero.)
~ قياسِ الانحِراف — deflection compass
~ كُحوليَّة — spirit compass
~ لاإرتِجاجية — dead-beat compass (Naut.)
~ المَسّاح — surveyor's compass (Surv.)

بُوصَلَة (تابع)

~ مُعايَرة — swinging compass (Naut.)
~ مِغنَطيسيَّة — magnetic compass
~ ~ جَيْرُوسكُوبيَّة: جَيْروسكوبيَّةُ الاستِقرار — gyromagnetic compass (Aero.)
~ المَلّاح: كوكبة جنوبيّة — The Mariner's Compass, Pyxis Nautica (Astron.)
~ مِلاحيَّة — mariner's compass
~ مَوشوريَّة — prismatic compass (Surv.)
~ المَيْل المِغنَطيسيّ — dip compass, dip circle, inclination compass (Phys.)
~ نجميَّة — astro-compass (Aero.)
~ وَرْنيَّة — vernier compass (Surv.)
بَوْغ، بَوْغة — spore (Bot.)
~ حيَوانيّ — zoospore (Bot.)
~ دِعاميّ — basidiospore (Bot.)
~ زِقّيّ — ascospore (Bot.)
~ مُغَلَّف — pycnidium (Bot.)
بَوَّغَ: أنتجَ الأبواغ — spore
بُوق، نَفير — horn, bugle, trumpet; tuba
~: مُنَبِّهٌ كهربائيُّ التشغيل — klaxon
~: مُنْحَنٍ بُوقيّ — lituus (Maths.)
~ الأذُن، النَّفير — Eustachian tube (Zool.)
~ تكبيرِ الصوت — megaphone (Acous.)
~ الرَّحِم، البوق — uterine tube, oviduct (Zool.)
~ الضَّباب — foghorn (Naut.)
بَوَّقَ — hoot, toot, blow a horn
بُوقيُّ الشَّكل — horn-shaped
بوقيصا، دردار — elm (Bot.)
بُوكْسيت: أشهرُ خاماتِ الألومنيوم — bauxite (Geol., Chem.)
بَوْل — urine (Zool.)
بُولارويد: غِشاءٌ مُستقطِب — Polaroid
كاميرا ~: مُصوِّرة آنِيَّة — Polaroid camera (Photog.)
بُولاريمتر، مِقطاب: مقياس الاستقطاب — polarimeter (Chem., Phys.)
بُولة، يُوريا، كرباميد — urea (Chem.)
بُولْدَر: مِنطَقةٌ مُنخفِضة مُستَصلَحة (أو مَحميَّةٌ) من البحر — polder (Civ. Eng.)
بُولْدوزَر: جَرّارةُ تَسْوية — dozer, bulldozer, angledozer (Civ. Eng.)
بُولِسْتَيْرين: مَكْثورُ الستايرين — polystyrene (Chem.)
بُولومتر: مِقياسُ الطاقةِ الإشعاعيَّة الحراريَّة — bolometer (Elec. Eng.)
البُولونيوم: عُنصُرٌ فِلِزي إشعاعي رَمزُه (بن) — polonium (Po) (Chem.)
بَوليّ — uric (Chem.), urinary (Zool.)
بُولي، بولاني: مَنسوبٌ إلى جورج بُول (أنظر: الجَبر البُولي) — Boolean
بُوليثين، بوليثيلين: ضَرْبٌ من البلاستيك (مَكْثورُ الإثيلين) — polyethylene = polythene (Chem.)
بُوليس؛ شُرطة — police
~ حَربيّ — military police
~ سِرِّيّ — secret police
~ مُرور — traffic police
بُولِيسْتَر، مَكْثورُ الإسْتَر — polyester (Chem.)
بُوليصة: عَقدُ تأمين — policy, insurance policy
~ شَحْن — bill of lading
بُوليمَر، مَكْثور: مُرَكَّبٌ مُضاعَف الأصل — polymer (Chem.)
~ ضَوئيّ: حَسّاسٌ لِلضَّوء — photopolymer (Chem.)
بُومة — owl (Zool.)
بَوْن، فُرْجةٌ بينَ شَيئَين — interspace, interval
~ الأعمِدة — intercolumniation (Arch.)
بُونا، مَطّاطُ البونا — Buna (rubber)
بُوند: غرام قُوّة — pond, gram force (Phys.)
بُوَيْب، خَوْخة — wicket (gate)
~ (في أرضيَّةٍ أو سَقْف) — trapdoor, hatch
~، نَقير (البِزرة) — micropyle (Bot.)
بُويَة، طِلاء، دِهان — paint
بُوَيضة — ovum, ovule (Biol.)
بُوَيغ — microspore (Bot.)
بي: الرمزُ الكيماويّ لِفلِزّ البريليوم — Be (beryllium) (Chem.)
بياز: وَحدةُ ضَغْط تُساوي كيلونيوتن على المتر المُرَبَّع — pièze (Phys.)
بَياض: نَقيضُ السَّواد — white, whiteness
~: ما لا كِتابةَ عليه، بياضَة — blank
~ البَيض، آح — egg white, albumen (Zool.)
~ ~ (كَطِلاء) — glair (Build.)
~ صِينيّ: طِلاءٌ بُورسلينيّ لَمّاع — blanc de chine
البَياض: قياسُ قُدرةِ سَطحٍ على عَكس النُّور — albedo (Astron.)
~: مرضٌ عفَني فُطري — mildew, mould, mold (Bot.)
بَيّاع، بائع — vendor, seller, salesman
بَيان: إيضاح — clarification, explanation
~ (بالأمثِلة) — demonstration, illustration
~: تصريح — statement, declaration
~: لائِحة — bill, list
~: دَلالة — indication
~: عِلْم البَيان — rhetoric
~ التكاليف — bill of costs
~ الحِساب — statement of account
~ الحُمولة أو أسماء الرُّكّاب — manifest
~ الشَّحْن، مُستنَدُ شَحْن — waybill
بَيانات، مُعْطَيات — data (pl. of datum)
~ خام — raw data (Comp.)
~ (أو مُعطَياتٌ) وارِدة — incoming data
بَيانيّ، دَليليّ، دالٌّ (على) — indicative
~: رَسمٌ بَيانيّ — diagram, graph (Maths.)
~ شَجَريّ — tree diagram (Maths.)
بيانيّاتٌ حاسوبيَّة — computer graphics
بيب: إشارةٌ صَوتية — beep (Elec. Comm.)
بَيْت — home, house
~: غِطاء، قِراب — case, housing, sheath
~ البِزْرة — locule = loculus (Bot.)
~ الدَّرَج — staircase, stairway (Build.)
~ المِصْعَد — elevator shaft (Eng.)
بَيَّتَ — house, inlay
~ في تَجويف — recess
بيتا: سابِقة بِمَعنى 10^{15} — peta-
بيتا — beta
~: صُفْرُ بيتا — beta brass (Eng.)
بيتاتْرُون، جِهازُ البيتاتْرُون: مسارعُ الكترونات فائق — betatron (Phys.)
بيتومتر: مِقياسُ دَفْق متعاكِس يتألف من أنبوبي «بيتو» متعاكسين — pitometer (Phys.)
بَيْتيّ — domestic, home
~: داجِن — tame, domestic(ated)
بيج: بُنِّيٌّ مُصْفَر — beige
بيجا: بادِئة بمعنى ألف مليون — bega- (or beg-)
بيد: الرمزُ الكيماويّ لِفلِزّ الروبيديوم — Rb (rubidium) (Chem.)
بَيداء، صَحراء — desert (Geol.)
بَيْدَر — threshing ground
بِئر — well

بئر (تابع)

~ اتجاهية directional well (Civ. Eng.)
~ اختبارية test well or pit, proving hole, trial hole (Pet. Eng.)
~ أرتوازية artesian well, bore well (Civ. Eng.)
~ استغلال exploitation well (Pet. Eng.)
~ استكشافية exploratory (or discovery) well
~ ~ عَشوائية wildcat (Pet. Eng.)
~ أنبوبيَّة tube well, driven well (Civ. Eng.)
~ بترولية oil well
~ ~ ثابتةُ الإنتاج stayer (Pet. Eng.)
~ ~ غزيرةُ التدفّق gusher, spouter
~ ~ مُنتِجة oiler (Pet. Eng.)
~ التأكُّد: بِئرٌ ثانية في حَقلٍ جَديد confirmation well
~ تَصريف: عبرَ طبقاتٍ نَفيذة dead well (Civ. Eng.)
~ تَقْييميَّة appraisal well
~ تَنْفيس relief well (Civ. Eng.)
~ تَهْوية ventilation shaft
~ تَوأميَّة: مُزْدَوجةُ الطبقاتِ المُنتِجة twin well (Pet. Eng.)
~ جامِحة wild well (Pet. Eng.)
~ جافَّة dry well, dry hole
~ الجُهد: نُقطةٌ خَفيضةُ الجُهد تَعملُ مصيدةً لِلجُسَيمات potential well (Phys.)
~ حَدِّيَّةُ الإنتاج: نَفقاتُ ٱستثمارِها تُعادِلُ إنتاجَها marginal well, stripper (well) (Pet. Eng.)
~ الحَقْن injection (or input) well
~ الدَّرَج stairwell (Build.)
~ دُمْيَة (لأغراضٍ هَنْدَسيَّة) dumb well
~ الرَّحَويَّة whim well (Mining)
~ الصَّرْف، ~ ماصَّة: عبر طبقاتٍ نفيذة absorbing well (Civ. Eng.)
~ ضَحْلة، ~ نَزُوع shallow well (Civ. Eng.)
~ ضَخّ: تُنتِجُ بالضَّخ pumping well
~ عَقيم barren well, dead well
~ عكسيَّة (لِتَصريفِ الماءِ عبرَ طبقةٍ مَسيكة) negative well (Civ. Eng.)
~ غازٍ طبيعيّ gas well, blue whistler
~ غَمْريَّةٌ مُشاطِئة، ~ بَحْريَّة offshore well (Pet. Eng.)

~ غيرُ مُغَلَّفة، ~ غيرُ مُنَبَّبة uncased well
~ غيرُ مُنَبَّبة open hole (Pet. Eng.)
~ غيرُ مُنتِجة duster, dry hole (Pet. Eng.)
~ قَليلةُ الإنتاج dripper (Pet. Eng.)
~ قليلةُ العُمْق posthole
~ ماء water well
~ مُبطَّنة، ~ مَطْويَّة lined well, lined shaft
~ مُبَقْبِقة: تدفُّقُ بِتيّارٍ مُتقطِّع gurgling well
~ مُتَدفِّقة: بالضَّغْط الذاتيّ flowing well
~ مُتَمَوِّرة surging well (Pet. Eng.)
~ المِرحاض cesspool, septic tank (Civ. Eng.)
~ المِصْعَد lift shaft, lift well, well hole (Build.)
~ مُغِلَّة paying well (Pet. Eng.)
~ مُغَلَّفة (أو مُنَبَّبة) cased well (Pet. Eng.)
~ مِغنطيسيَّة: لاحتِواءِ البلازْما في تجارِبِ الاندِماج النَوَويّ magnetic well (Phys.)
~ مَكْشوفة open hole
~ مُنتِجة producing well, producer (Pet. Eng.)
~ ~ لِلغاز gasser (Pet. Eng.)
~ ~ لِلنَّفط barreler (Pet. Eng.)
~ المَنْجَم pit, mine shaft
~ مَهْجورة abandoned well, junked hole
~ مُوَجَّهة directional hole (Pet. Eng.)
~ ناضِبة exhausted well, dud (Pet. Eng.)
بيرانومتر: مِقياسُ الإشعاعِ السَّماويّ pyranometer, solarimeter (Phys.)
بيرة، جِعة beer, ale (Food Sc.)
بيرت: أُسلوبُ تقييمِ البَرامِجِ ومُراجعتِها PERT (Comp.)
بيرجيُومتر: مِقياسُ الإشعاعِ الأرضيّ pyrgeometer
بيرش: حَوالى ٢٤,٧٥ قَدَمًا مُكَعَّبة perch
بَيْرَق flag, banner
بَيْركس: زُجاجٌ صامِدٌ لِلنّار pyrex glass
بَيْرلَيت: ضَرْبٌ من الفولاذ pearlite (Eng.)
بيرليُومتر: مِقياسُ الإشعاعِ الشمسيّ pyrheliometer (Meteor.)
بَيْروب، عَقيق أحمر pyrope (Geol.)
بَيروترون: جهازُ حَصْرِ الغازِ المُحمى بالمَجالاتِ المِغنطيسيَّة pyrotron (Phys.)
بَيْروستات، مُنَظِّمُ الحَرارةِ العالية pyrostat

بَيْروسفير: الغِلافُ المُلْتَهِب pyrosphere, sima (Geol.)
بيروكْسِلين، قُطْنُ البارود pyroxylin(e), guncotton
البيروكَهرَبيَّة: اِستِقطابُ البِلّورات نِصْفِ الوَجهيَّة بِتبايُنِ درَجةِ الحرارة pyro-electricity (Min.)
بَيرومِتر، مِضْرَم: مِقياسُ دَرجاتِ الحرارة العالية (فوق ٥٠٠° مِئوية) pyrometer (Phys.)
~ إشعاعيّ radiation pyrometer (Phys.)
~ بَصَريّ optical pyrometer (Phys.)
~ كَهرضَوئيّ photoelectric pyrometer
~ لَونيّ colour pyrometer (Met.)
~ مُقاوَمة resistance pyrometer
البَيرومترية: قياسُ درجاتِ الحَرارة المُرتفعة pyrometry (Phys.)
بَيْريت (الحديد) pyrite (or iron pyrites)
~ الحَديد الزِّرنيخيّ mispickel (Min.)
البيزوكهربية: كهربائيةُ الإجهاد piezo-electricity (Phys.)
بيزُومِتر: مِقياسُ ٱنضغاطيَّةِ السَّوائل piezometer (Phys.)
بَيَّضَ، قَصَّر، بَلَّجَ bleach (Chem.)
~ بِمَحلولٍ جِيريّ whitewash (Build.)
بَيْضَة، بُوَيضة، بُيَيْضة egg, ovum (Biol.)
بَيْضَويّ، بَيْضِيّ، إهْلِيلَجيّ oval, ovoid, egg-shaped
بَيْضيٌّ مَقلوب obovoid (Bot.)
بَيْطار farrier, shoeing smith
بَيْطَريّ veterinary, veterinarian
بَيْع sale
~ تَصْفية clearance sale, clearing sale
~ تقسيط instal(l)ment sale
~ الجُملة wholesale
~ القطاعي retail
~ المَزاد العَلَنيّ auction sale, hammer
الـ ~ نَقدًا cash sale
~ وَهْمِيّ: لِتَنْشيط السُّوق الماليَّة wash sale, simulated sale
بيفاترون: مُسارِعٌ نَوَويّ Bevatron (Phys.)
بِيْقَة، بيقية vetch (Bot.)
بيكار، فِرجار compasses (Eng.)
بيكرات: مِلحُ حامِضِ البِكريك picrate (Chem.)

بِيكَربونات bicarbonate (Chem.)
~ ٱلبوتاسيوم potassium bicarbonate
~ الصودا sodium bicarbonate, bicarbonate of soda
بيكرو: بادِئة بمعنى جُزء من بليون bicro-
بيكرومات dichromate (Chem.)
بيكرون: جُزء من البِليون من المتر bicron
بيكريل: وَحدةُ إشعاع = ٢٧ × ١٠^-١١ كُوري becquerel (Phys.)
بِيكُو: جُزء من مِليون مِليون (١٠^-١٢) pico-
بِيكُوفاراد: ميكرو ميكرو فاراد picofarad (Elec. Eng.)
بِيلَة: أمبولة ampoule, ampulla (Med.)
~، بَوْل urine, -uria (Med.)
~ سُكَّرية glucosuria, glycosuria (Med.)
بَيْن between, inter-
~ الأطوار interphase (Phys., Bot.)
~ البِلَّورات intercrystalline (Chem.)
~ الجُزَيئات intermolecular (Chem.)
~ الحُبيبات intergranular
~ خَلَويّ، بَينَ الخَلايا intercellular
~ طوريّ interphase (Phys.)
~ الكواكِب interplanetary (Astron.)
~ مرحلَتَيْن جليديتَيْن interstadial (Geol.)
بَيِّن: واضِح clear, evident
~ بِذاتِه self-evident
بَيَّنَ: أوضَح show, demonstrate, clarify
~ بالأمثِلةِ أو الصُّوَر illustrate
بَيِّنة، بُرهان، دَليل، شاهِد evidence, proof
~ ظَرْفيَّة circumstantial evidence
بَيْنُونَة interval
بَيْنيُّ التَّنامي symplectic (Geol.)
بَيْنيَّة interface
~ الماء والزَّيت oil-water interface (Pet. Eng.)
البيوتان butane (Chem.)
بِيُوتَر: سَبيكةٌ قصديريَّة في مُعظَمِها pewter (Met.)
بيوتيت: الميكا السوداء biotite (Min.)
بَيُوض oviparous (Zool.)
~ وَلود: تَفْقِسُ بيوضُها في الرَّحم ovoviviparous (Zool.)
بَيُوع: يُباع salable
بَيُولوجيّ، أحيائيّ biologic(al) (Biol.)
بَيُولوجية: عِلْمُ الأحياء biology
الـ ~ الإشعاعيَّة radiobiology (Biol.)
~ ٱلفَضاء space biology
بِيُون pion = pi-meson (Phys.)
بيونيُوم، ذَرَّةٌ باي مِيزونيَّة pionium (Chem.)
بِيئة، مُحيط، وَسَط environment, medium (Ecol.)
~، مَثْوَى habitat (Ecol.)
~: وَسَطٌ مُحيط أو مُكتَنِف surrounding medium = surroundings
~ اجتماعيَّة society
~ بَحْريَّة pelagic environment (Ecol.)
~ بُحَيريَّة lacustrine environment (Ecol.)
~ سَحيقةٌ أو غَوريَّة abyssal environment (Ecol.)
~ قاعِيَّة benthic environment (Ecol.)
~ مُستَنقَعيَّة paludal environment (Ecol.)
~ مُلائمة، مَرْقَد niche (Ecol.)
بُيَيْضات، بَيْض ova (pl. of ovum) (Biol.)
بُيَيْضة، بُذَيرة ovule (Bot.)
بِيئيات، عِلم البِيئة ecology

ت

ت : الرمزُ الكيماويّ لِفِلزِّ التيتانيوم — Ti (titanium) (Chem.)
تا : الرمزُ الكيماويّ لِفِلزِّ التنتالوم — Ta (tantalum) (Chem.)
تاءُ الريح : دَوّارةٌ بِشَكل T لِبيانِ اتجاه الريح — wind T (or tee)
تآثُر : تأثيرٌ أو تَفاعُل مُتبادَل — interaction (Phys., Chem.)
تآزُر — mutual assistance, cooperation
~ تَفعيليّ — synergism (Biol.)
تآصُل : تَعَدُّدُ الأشكالِ المُتآصِلة (للعُنصر الواحد) — allotropism, allotropy (Chem.)
تآصُليّ : مُختلِفُ الشكل ومُتماثِلُ التركيب الكيماويّ — allotropic
تآلَفَ، إئتلَف — harmonize, tune
تآلُف — harmony, concord; tuning
~ ، أُلفة — affinity (Chem., Maths.)
~ الأنغام : تَطريب — euphony
تآلُفيّ — affine (Maths.)
تآمُر — conspiring, plotting, scheming
تابَعَ — continue, carry on
~ (بعدَ توَقُّف) — resume, proceed
~ (مُلاحِقًا) — follow, pursue
تابِع، تالٍ — consequent, following
~، غَير مُستقِلّ — dependent (Maths.)
~، مُلْحَق — auxiliary, accessory; addendum
~، ثانَويّ — secondary, minor
~، مَرؤوس — subordinate
~، ساتِل : قمرٌ اصطِناعيّ — satellite (Astron.)
~ تزامُنيّ : ثابتُ الوَضع بالنسبةِ لِلأرض — synchronous satellite (Elec. Comm.)
~ خَطّيًّا — linearly dependent (Maths.)
~ الكامة، ~ الحَدَبة — cam follower (Eng.)
~ الكَبّاس — piston follower (Eng.)
تابِعيّة : جِنسيّة — nationality, citizenship
تابِل — spice, condiment, seasoning
تأبير — pollination (Bot.)
~ تَهجينيّ أو مُختلِط — cross pollination
~ حَشَريّ — insect pollination (Bot.)
الـ ~ الذاتيّ — self-pollination (Bot.)
~ ريحيّ، تَلقيحٌ بالرِّياح — wind pollination (Bot.)
~ بالفَراشات — psychophily (Bot.)
تأثُّر — affection, sensitivity
تأثُّريّة : مَعكوسُ المُفاعلة، تقبُّليّة — susceptance (Phys.)
~ : مُتأثِّريّة، قابليّة — susceptibility (Elec. Eng., Med.)
تأثُّل أيونيّ : تكثُّر أيونيّ تِلقائيّ — avalanche (Phys.)
تأثير، أثَر، مَفعول — influence, effect, impact, impression, bearing, action
~ : حَثّ، تَحريض — induction (Phys.)
~، فاعِليّة — efficacy, effectiveness
~ الأرض — ground effect (Elec. Comm.)
~ الأيونِ المُشترَك على التعادُل الكيماويّ — common-ion effect (Chem.)
~ تَراكُميّ — cumulative effect (Chem.)
~ التقارُبيّة — proximity effect (Phys.)
~ جانبيّ — side-effect
~ الجُدران — wall effect (Nuc. Eng.)
~ الجَدْل — stranding effect (Elec. Eng.)
~ الحَجْب — screening effect (Elec. Eng.)
~ خارجيّ — external influence
~ (خطّ) الشاطئ — shore effect (Radio)
~ ضِغاطيّ — ram effect (Eng.)
~ فسيولوجيّ — physiological effect (Med.)
~ فُلْطائيّ ضَوئيّ — photovoltaic effect (Phys.)
~ الكُتلة : ظاهِرةُ نُقصانِ صَلابةِ الفُولاذ من السَّطح نحوَ المَركز — mass effect (Eng., Met.)
~ كهرَضَوئيّ — photoelectric effect (Phys.)
~ لاحِق — after-effect
~ مُباشر — direct effect
~ مُتبادَل — interaction
~ مُثبِّط — retarding effect
~ المَحلولِ المُنظِّم — buffer effect (Chem.)
~ المَدخَنة : في توليدِ تيّارِ السَّحب — chimney effect (Phys.)
~ مُعادِل — counterbalance, counterpoise
~ المَغنَطةِ الحَراري — magnetocaloric effect (Phys.)
~ مِغنَطيسيّ — magnetic effect
~ الهَوائيّ — antenna effect (Radio)
تأثيريّ، حَثّيّ — inductive
تأثيريّة، مُحاثّة — inductance (Elec. Eng., Phys.)
تاج — crown
~ العمود — capital, chapiter (Arch.)
~ الكَبّاس — piston crown (Eng.)
تأجُّج — blaze, flare; deflagration
تاجَرَ — trade, deal, do business
تاجِر — trader, dealer, merchant, tradesman
تأجَّل — be postponed, deferred or put off
تاجِيّ، إكليليّ — coronary (Med.)
تأجير — rental, renting, hire, leasing
تأجيل، إرجاء — postponement, determent, remission, putting off, adjournment
تأخُّر، تخلُّف — underdevelopment; backwardness
~، تعَوُّق — delay, lag, retardation, lateness
~ الاحتِراق — combustion lag (Eng.)
~ الإشعال، تعَوُّقُ الاشتِعال — ignition lag (Eng.)
~ التطوُّر أو الإزهار — serotinity (Biol.)
الـ ~ الشبَكيّ — grid retardation (Radio)
~ المَجموعة — group retardation (Radio)
تاخَمَ، ناكَبَ — abut, border on
تأخير، إرجاء — deferment, putting off
~، تَبطِئة — retardation, delay
أيّامُ الـ ~ في الميناء — lay days (Naut.)
تأديب — discipline
تأديبيّ — disciplinary
تأدِيَة، أداء — performance
تأرجُح — oscillation, vacillation, fluctuation
~ ارتجاجيّ، دَفْدَفة — buffeting (Aero.)
تأرُّض — earthing, being earthed
~ عَرَضيّ — earth fault (Elec. Eng.)
تارْماك، حَصْباءُ مُقيَّرة لِرَصفِ الطُّرُق — tarmac(adam) (Civ. Eng.)
تأريخ، تَوقيت — date

تأريخ (تابع)

الـ ~ (خاصةً بالكَربون المُشِعّ) — dating

الـ ~ الإشعاعيّ: بِتَقديرِ نسبةِ النظير المُشِعّ في العَيِّنة — radioactive dating

الـ ~ بالسترنشيوم — strontium dating (Geol.)

~ العُمْر، تحديدُ العُمر الجيولوجيّ — age dating (Geophys.)

الـ ~ بالقياسِ الإشعاعيّ — radiometric dating

الـ ~ بالكربون المُشِعّ — carbon dating, radiocarbon dating

الـ ~ بالنظائر — isotopic dating (Phys.)

الـ ~ باليورانيوم والرَّصاص — uranium-lead dating (Geol.)

تاريخ: عِلْمُ التاريخ — history

~ أدوارِ نُمُوِّ الفَرْد — ontogeny (Biol.)

~ الاستِحقاق — term day, due date

~ انتِهاءِ الصَّلاحيَّة — expiry date

~ بَدْءِ التنفيذ — effective date

~ التسريح (أو الصَّرْف) — discharge date

~ تطَوُّرِ السُّلالة — phylogeny = phylogenesis

~ الحَياة — life history, biography

~ حياةِ الفَرْد — ontogeny (Biol.)

~ السَّرَيان، ~ بَدْءِ التنفيذ — effective date

الـ ~ الطبيعيّ: عِلْمُ الحيوان والنبات والمعادِن وسِواها — natural history

تأريض: وَصْلٌ بالأرض — earthing, grounding (Elec. Eng.)

~: إيقافٌ عن الطَّيَران — grounding (Aero.)

~ أُحاديُّ الاتصال — single-point earthing (Elec. Eng.)

~ جُزئيٌّ عارِض — partial earth (Elec. Eng.)

~ مائيّ — water ground

~ مُتَعدِّد — multiple earthing (Elec. Eng.)

~ مُتَقطِّع: يصعُبُ تَحديدُه — intermittent earth (Elec. Eng.)

~ مُصْمَت: مُباشر ضَئيلُ المُقاوَمة — solid earthing (Radio)

تأزُّت: تحَوُّلٌ إلى أزوتات «نِترات» — nitrification (Chem.)

تأسْتُر — esterification (Chem.)

تأسُّل، وِراثةٌ راجِعة — atavism (Biol.)

تأسِيس — establishment, foundation, founding, setting up; institution

تَأشُّر، تشَرْشُر — serration

تأشيب — alloyage, alloying (Met.)

تأشِير: تَسْنينٌ لِلتعشيقِ لاحِقًا — toothing (Carp.)

~: في فم الحَشَرة — mandible (Zool.)

تأشيرة، سِمَة — visa

~ عُبور، ~ مُرور — transit visa

تَأصُّل — innateness, rootage, inveteracy

تأصيص: وَضعٌ في أصِيص أو أُصُص — potting (Bot.)

تأطِير: إحاطةٌ بإطار — framing

~: ضَبْطُ الطَّور — phasing

~ الصورةِ التلفزيونية — television framing

التأفُّق: اِنتِقالٌ أُفُقيّ — advection (Phys.)

تافِه — trifling, trivial, negligible, insignificant

تَأقٌ: فَرْطُ الحَسّاسيَّة، تَحَسّاس — anaphylaxis (Med.)

تاقَ إلى — want, desire, aspire to

تَأقْلَم — acclimatize, acclimate; adapt, adjust

تأقلُم — acclimatization; adaptation

~ بيئيّ — ecesis, naturalization

تاكان: نِظامٌ راديويّ لِلمِلاحة الجَوِّيَّة — tacan (tactical air navigation system) (Radio)

تأكُّد — certainty, sureness; confirmation, verification

تأكسَدَ — oxidize

لا يتأكسَدُ — non-corrodible

تأكسُد، أكسدَة — oxidation

~ ذاتيّ، أكسَدة ذاتيَّة — auto-oxidation, autoxidation

تأكُّل، بَرْي — abrasion, fretting, wear, corrosion; erosion

~ إجهاديّ — stress corrosion (Met.)

~ أو بَرْيٌ بالسَّحج — abrasive wear (Eng.)

~ بالحامِض — acid corrosion (Chem. Eng.)

الـ ~ بينَ الحُبيبات — intergranular corrosion

~ بالحَكِّ أو الاحتكاك — attrition

~ السَّطح — scouring

~ العَزْل — abrasion of insulation (Eng.)

~ بالعَوامِلِ الجَوِّية — atmospheric corrosion

~ مَهبِطيّ — cathodic corrosion (Elec. Eng.)

~ مَوضِعيّ — local action (Elec. Eng.)

تأكُّلية: قابلية التأكُّل — corrodibility, abradibility (Chem.)

تاكومِتر، مِقياسُ السُّرعة — tachometer (Eng.)

تأكيد، تحَقُّق، إثبات — confirmation, verification, assurance, assertion; emphasis

~ البيانات — data verification (Comp.)

~ الصلاحية أو الصوابيَّة — validation

تاكيمِتْر، مِزْواةٌ تِلسكوبيَّة لِمَسْح الأبعاد — tacheometer = tachymeter (Surv.)

تاكيون، سَرَعُون: جُسَيمٌ افتِراضيّ يتحرَّكُ بِسُرعةٍ فَوق ضَوئيَّة — tachyon (Phys.)

تالٍ، لاحِق — consequent, subsequent, following; next

تألْبُت: تحَوُّل إلى ألبايت — albitization (Geol.)

تالْبُوت: وَحدةُ الطاقة الضيائيَّة (لومِن = تالبوت في الثانية) — talbot (Phys.)

تالِف — spoiled, damaged, bad

تألَّفَ (مِن) — consist (of), comprise, be composed (of)

تألَّقَ — shine, glow, glisten, gleam, glitter, shimmer

تألُّق — luminescence, brillance (or brillancy), glitter, radiance, effulgence

~ بالحَكّ — triboluminescence (Phys.)

~ ضَوئيّ — photoluminescence (Phys.)

~ كَهرضَوئيّ — electrophotoluminescence

تالْك: سليكاتُ المغنسيوم المُمَيَّاة — talc (Min.)

مَسْحُوقُ الـ ~ — talcum powder

تأليف، تكوين — formation, composition; synthesis

~، وَضْعُ المؤلَّفات — composition, compilation, authorship

~ مُوسيقيّ — chord

تامّ — complete; full, thorough; perfect

~، مُكْتَمِل — whole, entire, plenary

~ الانقِسام — holoblastic (Biol.)

~ التطَفُّل — holoparasitic (Ecol.)

~ التفَتُّت — holoclastic (Geol.)

~ في ذاتِه — self-contained

~ الشَّكْل (البِلَّوريّ) — holomorphic

تأمُّل، أمَل — hope, expectation

~: تفَكُّر — contemplation, meditation

~ باطِنيّ — introspection

تأمُور، شَغَافُ القَلْب — pericardium (Zool.)

تأميم nationalization
تأمين، أمن security
~، وَديعة deposit, trust
~، ضَمان insurance, assurance
~ اِجتماعيّ social insurance, social security
~ بَحْريّ marine insurance
~ جَماعيّ group insurance
~ على الحياة life insurance
~ شامِل ضِدَّ الحَوادِث all-risk insurance
~ ضِدَّ أخطار الحرب war risk insurance
~ ضِدَّ الإصابات casualty insurance
~ ضِدَّ البِطالة unemployment insurance
~ ضِدَّ الحريق fire insurance
~ ضِدَّ الغَيْر third-party insurance
تَأنٍّ، تمهُّل deliberateness, slowness
تأنيب scolding, reprimand, rebuke, reproach
~ الضمير compunction
تاهَ، ضَلَّ stray, lose one's way
تأهَّبَ get ready, prepare
تأهُّب، استعداد readiness, preparedness
~، قابلية predisposition (Med.)
تأهيل، إعداد habilitation, qualification, preparation, orientation
~ (المُعاقين) rehabilitation
~ (الحاسوب) bootstrap (Comp.)
تأوُّد: انتِحاء tropism (Biol.)
تأويل interpretation, explanation
~: تَرجمةٌ إلى لُغة الآلة assembly (Comp.)
تأيَّد be supported, corroborated or confirmed
تأيَّن ionize, be ionized (Chem.)
تأيُّن، تَشَرُّد، تأْيين ionization (Chem.)
الـ ~ التصادُميّ collision ionization (Phys.)
الـ ~ الحَجْميّ volume ionization (Phys.)
الـ ~ الحراريّ: بالحرارة العالية thermal ionization (Phys., Chem.)
~ ذاتيّ auto-ionization (Chem.)
~ صَدْميّ impact ionization (Electron.)
الـ ~ بالفوتونات photoionization (Chem.)
~ قَبْليّ preionization (Phys.)
~ كامِل complete ionization (Chem.)
الـ ~ المُتخلِّف residual ionization
~ مُضاعَف multiple ionization (Chem.)

الـ ~ النوعيّ specific ionization (Chem.)
تائهٌ، ضالّ straying, astray, wandering (away or off)
تأْييد support, backing, endorsement, confirmation
تأْيين، تأيُّن ionization (Chem.)
تب: الرمزُ الكيماويّ لِفِلزّ التربيوم Tb (terbium) (Chem.)
تباحَثَ، تداوَلَ confer; discuss (with)
تباحُث، مُداوَلة discussion, confering
تبادَلَ، تعاوَضَ exchange, interchange; reciprocate
~، تناوَبَ alternate
~، تقايَضَ barter, exchange, swap
تَبادُل، تَعاوُض reciprocation, interchange; exchange
~، تَناوُب، تعاقُب alternation
~ أوتوماتيّ automatic exchange
الـ ~ الأيونيّ ion exchange (Chem.)
~ الجُسَيمات particle exchange (Phys.)
~ الحَرارة، ~ حَراريّ heat exchange, interchange of heat (Phys.)
~ الشِّحْنات charge exchange (Phys.)
~ صاعِديّ، ~ أنيُونيّ anion exchange
~ الفِعل interaction
~ قاعِديّ base-exchange (Chem.)
الـ ~ المُزدَوج metathesis, double replacement (Chem.)
~ المَنْفَعة: في التعايُش التكافليّ mutualism (Biol.)
تَبادُليّ commutative
~، مُتبادَل mutual, reciprocal
لاتَبادُليّ non-interchangeable
تَبادُليّة reciprocity, interchangeability
~ commutativity (Maths.)
تباديل permutations (Maths.)
تبأَّر focus, focalize, come to focus
تبارَى compete, contend, contest
تباشير outlook, prospects
~ الزيت: دَلائلُ وجودِ النفط oil indications, oil showings (or shows) (Pet. Eng.)
تَباطَأَ decelerate, slow (down), slacken, lag
تَباطؤ slowing down, idling, slackening, lag

~، تقاصُر deceleration, retardation (Mech.)
~ الصِّمام valve lag (Eng.)
تَباعَدَ، اِنفرَجَ، اِنشَعب diverge
~، ابتَعَدَ recede, move away
تباعُد، اِنفِراج divergence
~، بُعد spacing, distance
~ الآبار well spacing (Pet. Eng.)
~ زاويّ angular divergence
~ العجَلاتِ الأماميَّة toe-out (Autos.)
~ مُتَنامٍ: يتزايدُ فيه عددُ النيوترونات المُتولِّدة على المُمتصَّة divergence (Nuc. Eng.)
~ النَّبض، بَيْنونةُ النبض pulse interval (Elec. Comm.)
تَباعُديّ divergent
تَبالُر: تَماثُل الشكل البلّوريّ isomorphism (Chem.)
تَبّانة – دَرْبُ الـ ~ The Milky Way (Astron.)
تَبايُن، اختِلاف contrast, dissimilarity, variance, diversity, difference
~، عَدَمُ مُساواة inequality, disparity
~، عَدَمُ تَوافُق non-conformity
~ التوزُّع الإلكتروني electromerism (Phys.)
~ الخَواصِّ بتغَيُّر الاتجاه الذي تُقاسُ فيه anisotropy, aeolotropy (Phys., Min.)
~ شَديد high contrast (Photog.)
~ الشكل heteromorphy, heteromorphism (Geol.)
~ الطَّور phase contrast (Phys.)
~ لَونيّ colour contrast (Photog.)
~ مُتوَسِّط medium contrast
تَبثُّر، تنفُّط blistering, pustulation (Med.)
تبخَّرَ evaporate, vaporize, steam
تبخُّر evaporation, vaporization (Phys.)
~ تَطايُريّ، ~ سَريع volatilization
تبَخُّرِيَّة، قابليَّةُ التبَخُّر evaporativity (Chem.)
تَبخير، تبَخُّر evaporation, vaporization (Phys., Chem.)
~، تَدْخين: تطهيرٌ بالغاز أو البُخار fumigation (Food Sc.)
الـ ~ الخَوائي: تحت التفريغ vacuum evaporation (Phys.)
~ وَمْضيّ flash vaporization (Phys.)
تبَدَّدَ، تشتَّتَ dissipate, scatter, disperse

تَبَدُّد dissipation; dispersion, scattering
~ الجَبْهة frontolysis (Meteor.)
~ الحَرارة، ~ حَراريّ heat dissipation, heat waste
~ ~ (من الجسم) thermolysis (Zool.)
~ صَوتيّ acoustic dissipation
~ الطاقة energy dissipation (Phys.)
الـ ~ المَسْرَويّ electrode dissipation (Electron.)
~ مَصْعَديّ، الـ ~ (الطاقيّ) الأنوديّ anode dissipation (Electron.)
تَبَدَّل، تغَيَّر، تحَوَّل change, vary, alter; convert, transform
تَبَدُّل، تغَيُّر change, variation, alteration
~، تحَوُّل conversion, transformation, transmutation (Phys.)
~ الشكل metamorphosis (Zool., Geol.)
~ فُجائي، طَفْر mutation (Biol.)
~ اللون، تَلَوُّنٌ حِربائيّ metachrosis (Zool.)
~ لَونيّ بالضوء phototropy (Chem.)
~ مِنواليّ: تَبَدُّلُ المُذَبذِب من نَسَقٍ إلى آخَر mode jump = mode shift (Elec. Comm.)
تَبْدِلَة (ج. تَباديل) permutation (Maths.)
تبديد dissipation; dispersion, scattering
~ (أو تبدُّدُ) الحَرارة heat dissipation
تَبْديل، تغْيير change, alteration, switching, variation; conversion, transformation
~، إبدالُ اتجاهِ التيّار commutation (Elec. Eng.)
~، اِستِبدال substitution, replacement, exchange
~، تَبْدِلة permutation (Maths.)
~ (توحيديٌّ) لاشَراريّ sparkless commutation (Elec. Eng.)
~ حُزْميّ beam switching (Electron.)
~ السُّرعة change of speed, gear shifting (Eng.)
~ الوَضْع (الاعتباري) change of status
~ (أو الوَضْعة) transposition (Elec. Eng.)
تَبْديليّ، إبداليّ commutative
تَبْذير improvident spending, wasteful expenditure, squandering
~، تَبْزير seeding (Bot.)

تَبَرُّز، تغَوُّط defecation, egestion (Zool.)
تَبَرُّع contribution, donation
تَبَرْعُم budding (Biol.)
تَبْريد refrigeration, cooling (Eng.)
~ بالارتِشاح sweat cooling
~ اِستِرجاعيّ: إمرارُ بعضِ الغازِ المُبَرَّد بالتمدُّد حولَ مُبادِلٍ حَراريّ لِتَبريد باقي الغاز regenerative cooling (Eng.)
~ بالامتِصاص absorption refrigeration
~ بالتَبَخُّر evaporative cooling
~ دُونيّ: إلى ما دونَ درجةِ التكاثُف subcooling (Phys.)
~ بالرَّش spray cooling
~ سَريع أو مُفاجِئ quenching, chilling (Met.)
~ سَريعٌ مُتَفاوِت differential quenching (Eng.)
~ بالماء water-cooling
~ مُباشر direct cooling
~ مَجْرَويّ: تبريدٌ بأنابيبِ الهواءِ المُنْضَغِط بِدَفْعِ المَجْرى ducted cooling (Aero.)
~ المُحَرِّك engine cooling (Eng.)
~ مِرْوَحيّ، ~ بالمِروَحة fan cooling (Eng., Autos.)
~ مِغنطيسيّ magnetic cooling (Phys.)
الـ ~ المُفرِط overcooling
الـ ~ المَنزليّ domestic refrigeration
الـ ~ بالنَّتح transpiration cooling (Eng.)
~ الهَواء، ~ بالهَواء air-cooling (Eng.)
تَبْريديّ refrigeratory
تَبْرير justification
تَبْزير seeding (Bot.)
تَبْسيط simplification
~ عَقلانيّ rationalization
تَبَصُّر contemplation, careful consideration; insight
تَبْصِرة، تَنْوير enlightenment
تَبْطين lining; padding
~ بالألواح الخشَبية planking, lathing (Build.)
~ ~ ~ أو القطع الفولاذية tubbing (Mining)
الـ ~ الأُنبوبيّ لِلبئر well casing (Pet. Eng.)
~ البِئر: لِمَنْع انهيارها steening (Civ. Eng.)
~ بالخَرَسانة concrete lining (Civ. Eng.)
~ بالزِّفت: لِمَنْع تسَرُّب السائل pitching
~ بالزِّنك zinc sheeting
~ شَرائحيّ strip lining (Eng.)
~ بالطوب أو الحِجارة ginging
~ فَراغيّ (خُشباني) furring, firring (Build.)
~ بِمَعدِن بابِت babbitting (Eng.)

تَبِع follow
تَبِعة، مَسؤوليّة responsibility
تَبَعْثَر scatter, disperse, be scattered
تَبَعْثُر scattering, dispersion
تَبَعيَّة، اِعتِمادٌ dependence (Maths.)
~، خُضوع subordination
تَبعيد (عن المحور الوسطي) adduction (Zool.)
تَبَقُّع spotting, mottling; staining
تَبْكير، بُكور earliness
~ الأُنوثة protogyny (Biol.)
~ الذُّكورة protandry (Biol.)
~ النُّضج، بُكورُ النُّضج precocity, rareripeness
تَبَّل (بالبهارات) season (Food Sc.)
تَبَلُّد: بَلادة dullness, sluggishness
~: تأقلُم acclimatization, adaptation
تَبَلَّر crystallize
تَبَلُّر، تبَلْوُر crystallization (Chem.)
التَبَلُّريّة: درجةُ التَّبَلْور crystallinity
تَبَلُّل wetness, moistness
تَبَلْمَر polymerize (Chem.)
تَبَلْمُر polymerization (Chem.)
تَبَلْوُر، بَلْوَرة crystallization (Chem.)
~ بَيْنيّ intercrystallization (Geol.)
~ تحتَ الضغط piezocrystallization (Geol.)
~ تَفاضُليّ fractional crystallization
تَبْليط tiling, tile laying, paving (Build.)
تَبْليغ notification, information
تَبْليل wetting, moistening
تِبْن straw
تَبَنّى adopt
تَبْنيج an(a)esthetization, an(a)esthesia (Med.)
~ عام general anaesthesia
~ مَوضِعيّ local anaesthesia
تَبَوَّأ (مَنْصِبًا) assume, hold (office), occupy (a post)

تَبَوُّغ، إنتاجُ الأبواغ — sporulation, sporation (Bot., Zool.)
تَبَوُّل (في اللبونات بِخاصَّةٍ) — urination, micturition (Zool.)
تَبَوْلُن الدم — uremia (Med.)
تَبْوير: تَرْكُ الأرضِ بُورًا — fallowing (Agric.)
تَبْويق — hooting, trumpeting
تَبَيُّض: زَوالُ الإشارة — blanking (Electron.)
تَبَيُّغ: احتقانُ الدم — congestion, hyperemia (Med.)
تَبَيَّنَ: ظَهَرَ، اِتَّضَح — appear
~: تَعَرَّفَ، أدرَكَ — discern, discover, perceive, know
تَبْييت — housing, lodging
~ بالانكِماش — shrinking-in (Eng.)
تَبْئير: تركيزٌ بُؤريّ — focus(s)ing (Phys.)
~ أوتوماتيّ — automatic focusing
تَبْييض، تَقْصير، حُؤولُ اللون — bleaching
~، إبيضاض — whitening
~ (الكَتّان) بالتشميس — crofting
تتابُع، تعاقُب، تَوالٍ — sequence, succession; progression
~ طَوريّ مُوجَب — positive phase-sequence (Elec. Eng.)
~ عَشوائيّ — random sequence
تتابُعيّ — sequential, consecutive
تتابُعيَّة خَطَوات التفكيك — dismantling sequence (Eng.)
~ ~ اللِّحام — welding sequence (Eng.)
تتام — complementation
تَتَبُّع، اِقتِفاء — tracking, tracing; following
~ أثناءَ المَسْح — track-while-scan (Radar)
~ الأقمار (الصِّناعيَّة) — moontracking (Space)
~ بَصَريّ (بالتلسكوبات) — optical tracking
~ راديُويّ — radio tracking (Astronautics)
~ المَدَى — range tracking (Radar)
تَتْبيل — seasoning (Food Sc.)
تترامر: مُبَلْمَرٌ رُباعيُّ الجُزَيْء — tetramer
تَتِمَّة، إكمال — completion, continuation
~، تَكْمِلة — complement, supplement
تَثاقُل، ثقالة — gravitation (Phys.)
تَثَبُّت، تحَقُّق — ascertainment, verification, certitude

~، ثَبات — steadfastness, stability, firmness
تَثْبيت، تأكيد — verification, confirmation, corroboration
~: تَوطيد — fixation, stabilization; anchorage
~، تأييدُ الصِّحَّة — validation
~ التُّربة، إقرارُ التربة — soil stabilization
~ على حامِل — mounting
~ بالشَّداداتِ أو الحِبال — guying (Civ. Eng.)
~ طَرَفِ الجائز بالجِدار — tailing down (or in) (Build.)
~ باللَّوالِب — screwing (Eng.)
~ النتروجين (بالبَكتيريا أو بالطُّرق الكيماويَّة) — nitrogen fixation (Bot., Chem.)
تَثْبيتة، تَرْكيبَة — fixture
~ ثَقْب — drilling fixture (Eng.)
~ رَبْط أو إمساك — holding fixture
~ لِلشَّحْذِ أو التَّجْليخ — grinding fixture
~ قياس: تثبيتةٌ لِتَحديد القياس — gauging fixture (Eng.)
~ لَولَبة (من الداخِل) — tapping fixture
تَثْبيط — discouragement, frustration
~ الهِمَم، إضعافُ المعنَويّات — disheartening, demoralization
تَثَخُّن: تغلُّظ (القَوام) — thickening, inspissation
تَثْغير (أسنانُ المنشار) — gulleting (Eng.)
تَثَفُّل — sedimentation, precipitation
تَثْقيب — punching, perforation; drilling
~ س (في السَّطْر الحادي عشَر) — eleven punch = x-punch (Comp.)
~ لانُتافيّ — chadless perforation
~ نِطاقيّ: خارِجَ المِنطقة المُخَصَّصةِ له (في الأسطُر ١١ وَ١٢ وَ٠) — zone punch (Comp.)
تَثْقيف — cultivation, education
تَثْقيل — weighting
تَثَلُّث: اِنقِسامٌ إلى ثلاثةِ أجزاء أو عَناصِر — trichotomy
تَثَلُّج: تغطٍّ بالجَليد، غَمْرٌ جَليديّ — glaciation (Geol.)
تَثَلُّم: فقدانُ الحِدَّة والمَضاء — blunting, dullness
~: بالفُرَض والثُّلوم — scoring

~ (سَطْحِ) الأسطُوانة — cylinder scoring (Eng.)
تَثْليث - الـ ~، طَريقةُ المُثَلَّثات (في المِساحة) — triangulation (Surv.)
~: تقسيمٌ إلى ٣ أقسام — trisection (Maths.)
الـ ~ التَّخْطيطيّ — graphic triangulation
الـ ~ المِجساميّ — stereotriangulation (Surv.)
تَثْمين، تقدير — evaluation, valuation
تَثَنٍّ — flection, bending, folding; pleating
~: اِنقِسامٌ إلى جُزأين أو عُنصرَين — dichotomy
~، تَضاعُف — doubling, duplication
تَثْنِية، مُضاعَفة — duplication, doubling
~ (على اقتِراح) — seconding (a motion)
تَثَوُّل (النَّحل) — swarming (of bees) (Zool.)
تَجاذُب — attraction; gravitation (Phys.)
~ جُزَيْئيّ — molecular attraction
~ شَعريّ — capillary attraction
~ (مُتبادَل) — mutual attraction (Phys.)
الـ ~ المِغنَطيسيّ — magnetic attraction
تَجاذُبيّ — gravitational
تَجارِب (أُنظُر: تجربة) — tests, experiments, trials
تِجارة — trade; commerce
~ الحَدائِد — ironmongery
~ حُرَّة — free trade
تِجاريّ: ذو علاقة بالتجارة — commercial, mercantile
~: ذو قيمة تجاريَّة — mercantable
تَجانُس، تَماثُل — homogeneity, homogeny, similarity
~، تَوافُق — conformity, harmony, concordance
~، جِناس — homography (Maths.)
~ التبايُن — homoscedasticity (Stat.)
تجانُسِيَّة، تَماثُلِيَّة — homogeneity
~ جَبْريَّة — quantic (Maths.)
تجاهَلَ — ignore, disregard
تجاوُب — response
~ جُهدِ الإرسال — transmitting voltage response (Radio)
~ قُدرة الإرسال — transmitting power response (Radio)

تجاوُب (تابع)
~ القُدرة المُتاحة available power response (Elec. Eng.)
تجاوَرَ adjoin, be adjacent
تجاوُر contiguity, adjacency, juxtaposition
تجاوَزَ، فاقَ exceed, surpass; go beyond
~ (عقبةً) overcome, surmount
~ (سالِكًا مَسارًا جانبيًّا) bypass
~، سبَقَ overtake
~ (القانون أو الأنظمة) transgress, trespass, encroach (upon)
~ (عن) overlook, condone
~ بِتراكُب overlap, override
~ الهَدف overshoot
تجاوُز (حَدٍّ أو عَقَبةٍ أو سيّارةٍ مُسرِعة) exceeding or overstepping (a limit); overcoming (an obstacle); overtaking (a speeding car)
~ (يتخَطّى ما دونَه) overlapping, overriding, overstepping
~ (عن خطإٍ) overlooking, disregard, condoning
~ (قانونيّ)، بَغْي transgression
~ الحِمْل overload (Elec. Eng.)
~ السُّرعة المُقرَّرة overspeeding (Autos.)
~ الفُلْطيَّة، فَرْطُ الفُلْطيَّة overvoltage (Elec. Eng.)
~ مَدَى الشَّوط (في المِكْبَس) over-travel (Eng.)
تجبُّن curdling, caseation (Chem.)
تجبيرُ (العَظم) splinting, (bone) setting (Med.)
تجدُّد regeneration, renewal, rejuvenation
تَجْديد renewal, renovation, rejuvenation, innovation, restoration
~، تَحديث modernization
~ (أو تمديد) الخِدمة extension of service
~ السَّطح resurfacing (Civ. Eng.)
~ المَبْنى (أو إعادةُ تأهيلِهِ) refurbishment, refitting, rehabilitation
~ النشاط recreation
تَجْديف، تجذيف row
تجذير، تجَذُّر rooting, taking root (Bot.)

~: استخراجُ الجُذور evolution, root extraction (Maths.)
تجربة trial, test
~، اِختبار experiment
~، خِبرة experience
~، مُحاوَلة try, trial, attempt
~ أدائيَّة (بروفة) rehearsal
~ حاسِمة crucial test
~ صَفَحاتٍ طِباعيَّة page proof (Print.)
~ ضابِطة blank experiment, control experiment
~ طِباعيَّة proof (Print.)
~ ~ لَوحيَّة (لَمّا تُوزَّع صفحاتٍ) galley proof, slip proof
~ عندَ الإنتاج (في المَصنَع) production test
~ قبلَ الطِّباعة prepress proof (Print.)
~ مِخبَريَّة laboratory test (Chem.)
~ مِطبعيَّة pull, proof
~ ~ مُنَقَّحة revise (Print.)
~ نَوَويَّة nuclear test (Phys.)
الـ ~ والخَطَأ trial and error
تجرثُم: تكوُّن الجرثومات (الأرومات) blastulation (Zool.)
~: تلَوُّث بالجراثيم (البكتِريا) bacterial infection (Med.)
تجَرُّد: عدَمُ تحيُّز impartiality, unbiasedness, objectivity
تَجْريبيّ: يسترشِدُ بالتجربة experiential, heuristic
~: يعتمدُ على التجربة experimental; empirical
التجريبيَّة empiricism, experimentalism
تَجريد، حِرمان deprivation
~، تعرية stripping; dismantlement
~ (فِكريّ) abstraction
~ مِن السِّلاح disarmament
تَجريديّ، نَظَريّ abstract, pure
تجريم incrimination, condemnation, conviction
تجزّأَ divide, split
لا يتجَزَّأُ indivisible, monistic
تجَزُّؤ fragmentation, division, segmentation

تَجزئة، تَجْزيء fractionation, splitting, sectioning, division, partition(ing)
~ (بالتقطيرِ التفاضُليّ) fractionation (Chem.)
~ أيونيَّة: عَبْرَ أغشِيَةٍ نَفِيذة ion fractionation (Chem.)
~ الشُّغْلة أو الشُّغْل job break-down (Eng.)
~ الطاقةِ بالتساوي equipartition of energy (Phys.)
~ النفقات breakdown of costs
تَجزِيع، تجزُّع alligatoring, grain(ing), craze = crazing
~ تمَوُّجيّ (في الخَشَب) wavy grain
~ كالرُّخام (بالطِّلْي) marbling (Paint.)
تَجْزيئيّ، تفاضُليّ fractional (Chem.)
تَجَسَّد materialize, take shape
تَجَسُّس spying, espionage
~ على خُطوط الهاتف (wire) tapping
تَجَسُّم، مِجسامِيَّة stereoscopy
تَجْسِيد embodiment, materialization
~: رسمٌ تجسيميّ هندسيّ axonometry (Maths.)
تَجْسير: وَصْلٌ أو دَعمٌ بالجُسور bridging (Build.)
تَجْسِيم: تمثيلٌ بِجسمٍ أو نَموذَج embodying; modelling
~: تضخيم magnification, enlargement
~ الخَرائط (من الصُّوَر الجَويَّة) stereocartography
~ سَمْعيّ: يُمكِنُ معه تحديد مَوقِع الصَّوت auditory perspective
تَجَشُّؤ eructation, belching, burping (Med.)
تَجْصِيص plastering (Build.)
~ حَجَريّ (لَهُ شَكلُ الحِجارة) stuc
~ زُخرفيّ بارِز pergeting = pargeting
~ فُسَيْفسائيّ dep(r)eter (Build.)
تجَعَّد wrinkle, crumple, crinkle
~، تمَوَّج curl, frizz, crease, crimp, corrugate
تَجَعُّد wrinkling, crumpling, rugosity, corrugation
تجعيدة wrinkle, crinkle; curl
تجفيدٌ: تجميد بالتجفيف والتبريد dehydrofreezing

تجفيدٌ (تابع)
~ فَراغيّ: تجفيفٌ بالتجميد تحتَ تفريغٍ عالٍ — freeze-drying (Biol.)
تَجفير، تَشفير — coding (Comp.)
~ المَدى — width coding (Electron.)
تجفيف — drying, desiccation, dehydration
~ (بالتصريف التدريجيّ) — drainage
~ بالإحماء — stove drying = stoving
~ اصطِناعيّ (للخشب) — artificial seasoning
~ تَنُّوريّ — kiln drying
~ رَذّيّ: بالرَّذّ عَبْرَ تيّار هواءٍ ساخنٍ — spray drying (Chem. Eng.)
تجَلْتُن، تهَلُّم، جَلْتَنة — gelatinization (Chem.)
~ هُلاميّ — pectization (Chem.)
تجَلُّد، تثَلُّج — glaciation (Geol.)
~: تجَمُّد — freezing, icing (Phys.)
~ السَّطح — skinning (Eng.)
~ المُكَرْبِن — carburettor icing
تَجَلُّط، تخَثُّر — clotting, coagulation, congealing
تجَلُّل، تهَلُّم — gelation (Chem.)
تجليخ — grinding, honing (Eng.)
~، سَنّ — whetting, sharpening
~ الأُسطوانات — cylinder grinding (Eng.)
~ أسنانِ اللولَب — thread grinding (Eng.)
الـ ~ بالتَّحْضين — lapping (Eng.)
~ تشكيليّ — form grinding (Eng.)
~ جافّ — dry grinding (Eng.)
~ الجانِبيّة — profile grinding (Eng.)
~ من الداخِل — internal grinding (Eng.)
~ دَقيق — precision grinding
~ رطب: بالماء أو الزيت — wet grinding
~ بالسَّيْر — belt grinding (Eng.)
~ الصِّمامات — valve grinding (Eng.)
~ فُجج المِنشار: لِتَعميق جُذور أسنانه — saw gumming (Eng.)
تجليد: تجميد — freezing, icing (Phys.)
~: تغليف — binding
~ حَلَزونيّ الرِّباط — spiral binding
~ الكُتُب — bookbinding
تجَمُّد، جُمود — freeze, freezing
~: تَصَلُّب — solidification, hardening
~ (أو شَكّ) الإسمنت — cement setting (Civ. Eng.)

~ الغروانيّات — gelation, congelation (Chem.)
تجَمَّع — accumulate, collect, gather, congregate, assemble, cluster
~ (أو تركَّزَ) في نُقطة — converge, concentrate
تجَمُّع: احتشاد — aggregation, accumulation, assemblage, gathering, build-up
~: حَشْد — aggregate, accumulation
~ حُزميّ — bunching (Electron.)
~ الزيت، ~ نفطيّ — oil accumulation, oil pool (Pet. Eng.)
~ المُنتِجين — pool
تَجمُّعاتٌ مُتجانِسة — homogeneous aggregate (Geol.)
تجَمُّعيّ، تراكُميّ — accumulative, cumulative
تجَمْهُر — crowding, aggregation; rallying
تجميد — freezing (Food Sc.)
~: تصليد — hardening, solidification
~ الحركة — immobilization
~ قَرّيّ — cryogenic freezing (Phys.)
~ على مَراحِل — step freezing (Phys.)
تَجْميع، جَمْع — grouping, assembling, collecting
~، تأليف — compilation
~ انتِقائيّ — selective assembly (Eng.)
~ في بؤرة — focus(s)ing (Phys.)
~ الحُدود — grouping of terms (Maths.)
~ (آليّ) مُتوالٍ — in-line assembly (Eng.)
~ نَجميّ ثُلاثيّ — Y-grouping (Elec. Eng.)
الـ ~ النِّهائيّ — final assembly
تجميعة — collection, assembly; aggregate; group
تَجْميعيّ، ترابُطيّ — associative (Maths.)
تجميل — beautification
تجنَّبَ، تَفادى — avert, avoid, evade
تَجْنيبُ المِرْوَحة — feathering (Aero.)
تَجْنيد — enlisting, drafting, recruiting, levy, conscription
تجنيس — naturalization
~، مُجانَسة — homogenization
~ الكُسور — reduction of fractions (Maths.)
تَجهيز، تَهْيِئة — preparation, readying, fitting

~، تزويدٌ بالتجهيزات — equipping, rigging, fitting with equipment
~ بالأدوات — tooling
تجهيزات — equipment, equipage, rig, fittings, gear
~ التَّدفِئة أو الإنارة بالغاز — gas fittings
تَجوال، تجَوُّل — roving, travelling; tour
تجَوَّف — cave, hollow
تجَوُّف — cavitation, hollowing
~، تقَعُّر — concavity
تَجْوِيَة: تَعرِية بِفِعل العوامِل الجويّة — weathering (Geog.)
~ تقَشُّريّة — onion weathering (Geol.)
~ ريحيّة — eolian weathering (Geol.)
~ صَقيعيّة — frost weathering (Geol.)
تَجْويف: فَجوة مُجَوَّفة — hollow, cavity, scoop, recess, hohlraum
~: تفجية مجوَّفة — hollowing, cavitation, scooping
~ (في طوب البِناء) — frog (Build.)
~ أُذَينيّ — atrium (Zool.)
~ بُطَينيّ — ventricle (Zool.)
~ حُقّيّ، الحُقّ — acetabulum (Zool.)
~ حَلْقيّ — annular recess (Eng.)
~ حَوضيّ — pelvic cavity (Zool.)
~ حُوَيصليّ — alveolus (Zool.)
~ رَنّان — resonant cavity (Phys.)
~ صَخريّ، كُهَيف (مُبَطَّنٌ بالبلورات عادةً) — voog = vough = vug = vugh
~ صَدريّ — pectoral cavity (Zool.)
~ عُضوٍ أنبوبيّ — lumen (Zool.)
~ عُضوِ الإنتاج — armature bore (Elec. Eng.)
~ غيرُ نافِذ — blind mortise (Carp.)
~ الفَم — oral cavity (Zool.)
~ مَخْروطيّ — conical bore
~ نافِذ — through bore
~ هَوائيّ — air cavity (Bot.)
~ وَقبيّ — socket
تَجْيير: تَظهيرُ الشيك أو السَّنَد — endorsement
تَحابُك — interlacing, interlocking, meshing
تَحات — erosion, corrosion (Chem., Geol.)
~، اِنحِتات، تفَتُّت — detrition, wearing down (Geol.)

تَحاتّ (تابع)

~ّ بينَ الحُبيبات — intergranular corrosion (Eng.)

~ّ رِيحيّ — wind erosion (Geol.)

~ّ طبيعيّ — corrasion (Geol.)

~ّ (أو تأكُّل) كَهْرَليّ — electrolytic erosion

تَحاذٍ — parallelism; being opposite

تَحارُر: تساوي درجةِ الحرارة — isothermy

خَطُّ الـ ~ — isotherm (Meteor.)

تَحاشٍ، تجَنُّب — evasion, avoidance

تحاشى، تجنَّبَ — evade, avoid

تَحاكٍ (في الشكل والتوجُّه) — homothety (Maths.)

تَحالٌّ غِشائيّ، دَيْلَزة — dialysis (Chem.)

تَحالُف — alliance

تَحامُل — bias, prejudice, partiality

تَحاوُر — dialogue, debate, argument

تَحَبَّبَ، حَبَّبَ — granulate

تَحَبُّب — granulation

تَحَبُّبِيَّة: دَرجةُ التحبُّب — granularity

تَحْبير — inking

تَحْت — under, sub-, below, beneath

~ الأحمر — infra-red (Phys.)

~ الاختبار — under trial

~ أرضيّ — underground, subterranean

~ أُكسيد — suboxide (Chem.)

~ بَحْريّ — submarine

~ التجربة — on probation, under trial

~ التُّربة (تَحْتُربة) — subsoil (Geol.)

~ تَوافُقي — subharmonic (Maths.)

~ جِلْديّ، ~ الجِلْد — subcutaneous, hypodermic (Med.)

~ حَراري — hypothermal

~ سَطحيّ — hypogeal (Biol.), sub-surface

~ صَوتيّ — subsonic (Phys.)

~ الطَّلَب — on call, on demand

~ عَتَبةِ الوَعْي: لا يُدرَكُ — subliminal

~ العَمُوديّ — subnormal (Maths.)

~ المُحيط — suboceanic

~ المُشبَع — undersaturated (Chem., Phys.)

~ المُماس — subtangent (Maths.)

تحتانيّ، سُفْليّ — lower, inferior

تَحْتُربة — subsoil (Geol.)

تَحَجُّر، تَحَصٍّ — concretion (Med.)

~ بَقايا الأحياء الدفينة — fossilization (Geol.)

تَحْجيب، حَجْب — shielding (Elec. Eng.)

تَحَدَّى — challenge, defy

تَحَدُّب، إحديداب — convexity, camber(ing)

~ّ الطريق — road camber (Civ. Eng.)

~ّ مُرَكَّب — anticlinorium (Geol.)

تحَدُّد — limitation

تحَدُّر — slope, declivity

~ّ صاعِد — up-slope (Geol.)

تَحْديب، إحديداب، إنبِعاج — buckling, buckle (Eng.)

~، تحَدُّب، تقَبُّب — crowning, cambering (Eng.)

تَحْديث، تَجْديد، عَصْرَنة — modernization

~ّ فَوريّ — on-line updating (Comp.)

~ّ المِلَفّ — file updating (Comp.)

تَحْديد: حَصْر — limitation, restriction

~، تعريف — definition

~: تعيين — determination, specification

~ّ الاتِّجاه — direction-finding (Radio)

~ّ الأَجْر — rate fixing (Eng.)

~ّ الأسعار — price fixing

~ّ الأعطال: حَسَبَ بَرنامجٍ مُعَيَّن — fault-finding (Elec. Eng.)

~ّ الحُدود — demarkation, delimitation

~ّ خَطِّيّ — delineation

الـ ~ّ الصَّدَويُّ لِلمَوقِع — echolocation

~ّ المَدَى — ranging, range determination

~ّ المَوقِع، تَعيينُ المَوقِع — localization, site location

~ ~ بالراديو — radiolocation, radio fixing (Radio)

~ّ مَوقِعِ العُطْل — fault localization (Eng.)

~ّ النَّسْل — birth control

~ّ نِقاطِ المُنحَني — curve ranging (Maths.)

~ّ نُقطةِ التجمُّد (أو الانصِهار) — cryoscopy (Phys.)

~ّ الهُوِيَّة — identification

تَحْدير: فَصْل (الخاماتِ) بالغَسْل على سَطح مُنحَدِر — racking (Mining)

تَحْذير، تَنْبيه — warning, caution(ing)

تَحَرٍّ، إستِقصاء — investigation, inquiry, survey

~ (مِن رِجال التحَرِّي) — detective, secret agent

تحرُّر، إنعِتاق — liberation, release

~ّ من الخَوف — freedom from fear

~ّ ~ الفاقة — freedom from want

تحَرُّز، إحتِراز — cautiousness, prudence, vigilance, wariness

تحَرْشُف، توَسُّف — scaling

تحَرُّف، إنفتال — warp(ing), twist

تحَرُّقُ المُلامِسات — burning of contacts (Elec. Eng.)

تحَرَّكَ، حَرَّكَ، نَقَلَ — move, stir

تحَرُّك — movement, motion, locomotion

كمِيَّةُ الـ ~ — momentum (Phys.)

تحَرُّكيّ، تنَقُّليّ، نقّالي — locomotive, mobile

تحَرُّكِيَّة — motility, mobility

تَحَرِّي الخَلَلِ وإصلاحُه — troubleshooting, fault-finding (Electron.)

تَحْريج — afforestation, forestation

تَحرير: إعتاق — liberation, release

~: تَضْبيطُ الصياغة أو النص — editing

~ّ الطاقة (وانطِلاقُها) — liberation of energy, energy release

الـ ~ّ على الشاشة — screen editing (Comp.)

تحريض: حَثٌّ على — instigation, incitement; provocation, urging

~: إثارة — excitation, stimulation

~ (كهربائيّ أو مِغنيطيّ) — induction (Phys.)

~ّ ذاتيّ — self-induction (Elec. Eng.)

~ّ كهرمِغنيطيّ — electromagnetic induction (Elec. Eng.)

تَحريضيّ — inductive, provocative

تَحريضيَّة، مُحاثَّة — inductance (Elec. Eng., Phys.)

تَحْريف، تَشْويه — distortion

~، تصحيف — falsification, twisting

تَحريك — moving, movement, stirring

تَحْريم، حَظْر — prohibition, forbiddance, ban(ning)

تحَزُّز، تثَلُّم — grooving, nicking, rifling, scoring

~: تمَشُّح الدهان — ropiness (Paint.)

~ّ دَقيق — striation

تحَزُّم — bunching

~ّ ناقِص — underbunching (Electron.)

تَحْزيز، تخطيط — striation

~ — grooving, nicking

تَحْزيز (تابع)
~ الأسنان، تَسنين threading, thread cutting (Eng.)
~ (أو تسنينٌ) بالدَّلفنة roll threading
~ ذكَر اللولبة tap grooving (Eng.)
~ زُخْرُفيّ fluting (Arch.)
~ لَولَبيّ (أو حَلَزونيّ) rifling, spiral grooving
تَحساس: فَرط الحساسية hypersensitivity, anaphylaxis (Med.)
تحَسَّس، جَسَّ feel, sense; probe
تَحَسُّس: جَسّ feeling, sensing
~: إيجادُ الجُذور بِطريقة التحسُّس inspection (Maths.)
~ العَلامات mark sensing (Comp.)
تَحَسُّن، تَحسين improvement, betterment; amelioration
تَحسينُ النَّسْل: عِلْمُه وأساليبُه eugenics (Biol.)
تَحشية packing, padding; stuffing
~ شقفيَّة: بينَ المَداميك garreting (Build.)
تحَصٍّ: تكوُّن الحَصَى lithiasis (Med.)
تَحْصيص، تخصِيص allotment, allocation, apportioning
تَحصيل: اكتساب achievement, acquisition, attainment
~: جِباية collection, levy(ing)
تَحصين fortification
~ (مَناعيّ) immunization (Med.)
تَحَضُّر: تَمَدُّن urbanization, civilization
~: تهَيُّؤ getting ready, preparedness
تحضير، إعداد preparation, readying
~: تهيئة لِلتشغيل priming (Eng.)
~ لِلتشغيل ذاتيًّا self-priming
تحضيريّ preparatory, preliminary
~، تَمهيديّ: لِبَدْء تشغيل النظام bootstrap (Comp.)
التَّحْضين: التجليخُ بالتحضين lapping (Eng.)
تَحَطُّم crash, smash, breakdown, wreck
تَحطيم smashing, shattering, destruction
تُحْفَة chef d'œuvre, masterpiece
تحَفُّظ reservation, restraint; caution
تَحْفيز catalysis (Chem.)
تَحْفيف bordering, edging, hemming
~ الحِجارة coping (Build.)

تَحقُّق، تأكُّد verification, ascertainment
~: صَيرورةُ الشيءِ حَقيقةً واقعة materialization, realization, actualization
~ من تثقيب البطاقة key-verification (Comp.)
~ بالحَفْرِ المَوضِعيّ spot-check (Civ. Eng.)
تحَقُّقيَّة satisfiability (Maths.)
تَحْقير debasement, deprecation; contempt
تحقيق: جَعلُ الشَّيءِ حقيقةً realization, actualization
~: تنفيذ implementation, fulfilment
~: تأكيد verification, ascertainment, confirmation
~: تَحصيل attainment, achievement
~: استجواب inquest, inquiry, investigation, questioning, interrogation
~ الأرباح realization of profits
~ الشخصيَّة (أو الهُويَّة) identification
تحقيقيَّة، تحقُّقيَّة realizability
تحكَّمَ (في)، حكَمَ control, govern, dominate, have power (or influence) over
تحَكُّم، وسيلة تحكُّم control
~ آليّ power control (Eng.)
~ اتِّجاهيّ directional control
الـ ~ في الاحتراق combustion control (Eng.)
الـ ~ في الإزاحة الطَّوريَّة phase-shift control (Elec. Eng.)
~ بالأزرار (press-) button control
~ بأزرارٍ انضغاطيَّة pushbutton control (Elec. Eng.)
~ إشرافيّ (عَنْ بُعْد) supervisory control
~ إلكترونيّ electronic control (Eng.)
~ أوتوماتيّ automatic control (Elec. Eng.)
الـ ~ الأوتوماتيّ الساكِنُ في الجَهارة quiet automatic volume control (Radio)
الـ ~ ~ في الكَسْب quiet automatic gain control (Radio)
الـ ~ ~ بالقُصور الذاتيّ: لِتَوجيهِ الصواريخ والقَذائف inertial control

الـ ~ الأوتوماتيّ المُعوَّق في الكَسْب delayed automatic gain control (Elec. Comm.)
~ بُعاديّ: تحكُّمٌ عن بُعد remote control, telecontrol, distance (or distant) control (Elec. Eng.)
~ بِلَّوريّ (في التردُّد) crystal control (Electron.)
~ بيئيّ: في جَوِّ المركبة الفضائية environmental control (Space)
~ تابِعيّ satellite control (Eng.)
الـ ~ في التشبُّع اللَّونيّ saturation control (Telev.)
~ تَعاقُبيّ cascade control (Elec. Eng.)
~ بِتَغيير الفُلطيَّة variable-voltage control (Elec. Eng.)
~ تفاضُليّ differential control (Eng.)
~ ثُنائيّ dual control (Eng.)
~ بالجودة quality control (Eng.)
~ خارجيّ external control
الـ ~ في الخُطوة pitch control (Eng.)
~ خَوائيّ vacuum control (Eng.)
الـ ~ في درجةِ الحرارة temperature control (Eng.)
~ ذُرويّ peaking control (Telev.)
~ راداريّ radar control (Radar)
الـ ~ بزرٍّ مُزدَوِج double-button control
~ سائِد: ويَكونُ يَدويًّا عادةً overriding control (Eng.)
~ سائِليّ hydraulic control
الـ ~ في السُّرعة speed control (Eng.)
الـ ~ في سُطَيحاتِ التصحيح المُساعدة trim-tab control (Aero.)
~ سِلْكيّ wire control (Elec. Eng.)
~ شبَكيّ grid control (Electron.)
~ شِبهُ بُعاديّ semi-remote control (Radio)
~ شَلْشَليّ، ~ تَعاقُبيّ cascade control (Eng.)
الـ ~ بِصِمامٍ خانِق throttle governing (Eng.)
~ طَنينيّ tone control (Elec. Comm.)
الـ ~ في الطَّور phase control (Elec. Eng.)
~ عَدَديّ (أو رَقميّ) numeric(al) control (Eng., Comp.)

تحَكُّم (تابع)

~ عَطاليّ: بالقصور الذاتي (لتوجيه الصواريخ والقذائف) — inertial control (Aero.)

~ في العمليّات (الصناعيّة) المُتعاقِبة — process control (Eng.)

~ غيرُ مُباشِر — indirect control (Eng.)

الـ ~ في القُدرة — power control (Eng.)

~ بِكَبْس الأزرار — pushbutton control (Elec. Eng.)

الـ ~ في الكَسْب — gain control (Elec. Comm.)

الـ ~ الكهربائيّ البُعادي (عن بُعد) — distant electrical control (Elec. Eng.)

~ كَهْرمغنيطيّ — electromagnetic control (Elec. Eng.)

~ كَهْرَنَفْحيّ — electropneumatic control (Elec. Eng.)

~ لاسِلْكِيّ — radio control (Elec. Eng.)

~ باللَّمْس — touch control (Electron.)

الـ ~ في مَجالِ المُوَلِّد — generator-field control (Elec. Eng.)

الـ ~ المَجاليّ — field-control (Elec. Eng.)

~ مَحَلِّيّ — local control (Teleph.)

~ مَركَزيّ — central control, centralized control (Eng.)

~ بالمُقاوَمة المُتغَيِّرة — rheostatic control (Elec. Eng.)

الـ ~ بالمُهَدِّئ — moderator control (Nuc. Eng.)

~ مُؤازِر — servo-control (Aero.)

~ مِيكانيكيّ — mechanical control (Eng.)

~ ~ بُعاديّ — mechanical remote control (Eng.)

الـ ~ في المَيْل — tilt control (Telev.)

~ نابِضيّ (بإبرةِ آلة القياس) — spring control (Elec. Eng.)

~ بالهَواء المضغوط — pneumatic control

~ يَدَويّ — manual control (Eng.)

الـ ~ اليَدويّ في الانتِقائيّة — manual selectivity control (Radio)

تحَكُّميّ، اعتِباطيّ، عَشوائيّ: مُختارٌ كَيْفَما اتَّفق — arbitrary

تحَكُّميَّة: سَيطرة — domination, high-handedness

~: قابليَّةُ التحَكُّم به — controllability

تَحكيم — arbitration

تحَلَّبَ — exude, ooze

~ عَبْرَ — permeate, seep through

تحَلُّب — exudation

~ النُّسْغ — bleeding (Bot.)

تحَلُّق، دَوَرانٌ أُنشوطيّ — looping (Aero.)

تحَلَّل: اِنحَلّ — decompose, break up, disintegrate (Chem.)

~ (إلى العوامل) — resolve into factors (Maths.)

تحَلُّل: اِنحِلال — decomposition; disintegration, dissolution (Chem.)

~: تفَسُّخ — lysis, decay; breakup

~ إشعاعيّ — radiolysis, radioactive decay (Chem., Phys.)

الـ ~ الأُوزونيّ — ozonolysis (Chem.)

~ البروتين — proteolysis (Chem.)

~ جُزَيئيّ — molecular decomposition

الـ ~ بالحرارة — thermolysis (Chem.)

الـ ~ بالضَّوء — photolysis (Phys.)

الـ ~ بالكهرباء، كَهْرَلة — electrolysis (Elec. Eng.)

~ كيماويّ — chemical decomposition

تَحْلِية — sweetening

~: إزالةُ مُلوحةِ المياه — desalination, desalting (Chem.)

~: مُعالجةُ النفط الخام لإزالة الكبريت — sweetening (Pet. Eng.)

~ الغاز — gas sweetening (Pet. Eng.)

الـ ~ بالهَواء: تحلية (النفطِ الكِبريتيّ) بالتهوية — air sweetening (Pet. Eng.)

تحليق: طَيَران — soaring, flying

~: طَيَرانٌ في دَوائر — hovering

~: جَعْلُ المُرَكَّب حَلْقيًّا — cyclization

تَحليل — analysis (Chem., Maths.), resolution (Phys., Maths.)

~ (أو فَصْل) آليّ = — mechanical analysis = polarography (Chem. Eng.)

الـ ~ الاستِقطابيّ — polarographic analysis

~ بالأشِعَّة السِّينيَّة — X-ray analysis

الـ ~ البِنْيَويّ — structural analysis (Eng.)

~ البَوْل — urinalysis (Med.)

~ البَيانات — data analysis

~ تتابُعيّ — sequential analysis

~ تَجزِئيّ — fractional analysis

~ التردُّد — frequency analysis

الـ ~ التركيبيّ — compositional analysis (Chem.)

~ تَقْريبيّ — proximate analysis

~ بالتنشيط الإشعاعيّ — radioactivation analysis (Phys.)

الـ ~ الثِّقاليّ: بالقياس الوَزنيّ — gravimetric analysis (Chem.)

~ جافّ — dry analysis (Chem.)

الـ ~ بالحامِض — acidolysis (Chem.)

الـ ~ الحَجميّ — volumetric analysis (Chem.)

الـ ~ بالحَرارة — thermal analysis (Chem.)

الـ ~ الحَراريّ التفاضُليّ — differential thermal analysis

الـ ~ الرِّياضيّ — mathematical analysis

~ السياق — context analysis (Comp.)

~ الشَّبَكات — network analysis (Elec. Eng.)

~ الشُّغلة — job analysis

~ صُغريّ أو دِقِّيّ — microanalysis (Chem.)

الـ ~ الطَّيفيّ — spectral analysis, spectrum analysis (Phys.)

~ عامِليّ — factor analysis

~ عُضْويّ — organic analysis (Chem.)

~ عُنْصُريّ — elemental analysis (Chem.)

~ إلى العَوامِل — factorization, factoring (Maths.)

~ عَوامِليّ — factorial analysis (Maths.)

~ العَيِّناتِ اللبِّيَّة — core analysis (Pet. Eng.)

~ الغاز — gas analysis (Chem.)

~ بالغَربَلة المُتكَرِّرة — screen analysis

الـ ~ الفَلوريّ بالأشِعَّة السِّينيَّة — X-ray fluorimetry (Chem.)

~ القُوى — resolution of forces (Phys.)

~ قُوى الإجهاد — stress analysis (Civ. Eng.)

الـ ~ الكَمِّيّ: لِتحديدِ التركيب النِّسبيّ لِمُكَوِّنات العَيِّنة — quantitative analysis (Chem.)

الـ ~ ~ لِلغازات — gasometric analysis (Chem.)

الـ ~ ~ بالمُعايَرة = — titrimetric analysis = titrimetry (Chem.)

الـ ~ الكَهربيّ — electrolysis, electroanalysis (Chem.)

تَحليل (تابع)

الـ ~ الكهرَليّ — electrolytic analysis, electroanalysis (Chem.)

~ كيماويّ — chemical analysis (Chem.)

الـ ~ الكيميائيّ الطيفيّ — spectrochemical analysis

~ لاإتلافيّ — nondestructive analysis (Chem.)

~ لَونيّ — colorimetric analysis (Chem.)

~ المُتَّجهات — vector analysis (Maths.)

~ المُحتوَى — content analysis

~ مُطلَق: يُبَيِّن نِسبةَ كُلِّ عُنصرٍ في المُرَكَّب — ultimate analysis (Chem.)

~ مِطيافيّ — spectroscopic analysis (Chem.)

~ مُنتجاتِ الاحتراق — combustion analysis (Chem.)

~ النُّظم — systems analysis (Comp.)

الـ ~ النَّفسيّ — psychoanalysis

الـ ~ النَّوعيّ: لِتحديد مُكَوِّناتِ العَيِّنة دونَ كَمِّيّاتها — qualitative analysis (Chem.)

تَحليليّ — analytic (or analytical)

تحمُّص — roasting (Chem.)

تحمُّض — acidification (Chem.)

تحمْضُن — acidosis (Med.)

تحمَّل: ثَبَتَ واحتمَل — hold, withstand, stand

~، عانَى — undergo, endure, suffer

~ (المَسؤولية) — bear, assume

تحمُّل — endurance, hardiness, durability

تحَمُّليَّة، قُوَّةُ التحَمُّل — durability (Eng.)

تحميص، تكليس بالإحماء — calcination (Chem.)

~، شَيّ، إحماءٌ شديد — roasting, baking

~ الخام التامّ — dead roasting (Met.)

~ مُؤكسِد — oxidizing roast(ing) (Met.)

تَحْميض، إحماض — acidification (Chem.)

~ (الفيلم)، تظهير — development (Chem.)

تَحميل — loading, lading

~، تَسْليطُ الحِمْل — load application (Elec. Eng.)

الـ ~ الأساسيّ — basic loading (Elec. Eng.)

الـ ~ الباعيّ — span loading (Aero.)

~ مُتَراكِب — superposed loading (Civ. Eng.)

~ مُتَقدِّم — preloading

~ مُتَقطِّع — intermittent loading (Eng.)

~ مُستَمِرّ أو مُتواصِل — continuous loading (Eng.)

~ مُفرِط — overloading, overburden

~ وَهميّ — phantom loading (Elec. Comm.)

تَحميلة — suppository (Med.)

تَحَنُّر، تَقْبية — arching (Geol.)

تَحنيب، تحديب. انبعاج — buckling (Eng.)

تَحْنيط — embalming (Med.)

~ (الحيوانات والطيور) — stuffing

تَحَوَّى، تَلَوَّى — convolute, coil, roll (Biol.)

تَحوال: تَحَوُّل بالإحلال الكيميائي — metasomatism (Geol.)

تحَوَّرَ، تبَدَّل — alter, change, transform

تَحَوُّط، حِيطة — precaution

تحَوَّلَ، تغَيَّر — alter, change

~ (إلى طبيعةٍ مُغايِرة) — transform, transmute, turn (into), metamorphose, mutate

تَحَوُّل — change, alteration; conversion, transformation, change-over, transition, switching, turnover; metamorphosis, metamorphism

~، تَحويل (فُجائي) — switch

~ (الشَّكْل)، إستِحالة — metamorphosis (Zool.), metamorphism (Geol.)

~ إحلاليّ — metasomatism (Geol.)

~ (طَفْريّ) إشعاعيّ — radiomutation (Biol.)

~ انحلاليّ — katamorphism (Geol.)

~ بَنّاء: يزيدُ من تَعقيدِ مُرَكَّبات القِشرة الأرضيَّة — anamorphism (Geol.)

~ البِنْية البلَّوريَّة — paramorphism (Min.)

~ بِنْيَويّ أو تَركيبيّ — structural transformation (Chem.)

~ تآصُليّ — allotropic transition (Chem.)

~ تدريجيّ — progressive metamorphism (Geol.)

~ تَراجُعيّ — regressive metamorphism (Biol.)

~ تَلامُسِيّ — contact metamorphism (Geol.)

~ ثابتُ درجةِ الحرارة — isothermal transformation (Phys.)

~ بالحَرارة — thermal metamorphism

~ حَراريّ — pyrometamorphism, thermometamorphism (Geol.)

~ بالحِمْل الضاغِط — load metamorphism (Geol.)

~ الدَّورانِ الاستقطابيّ — mutarotation

~ رَجعيّ — retrograde metamorphism (Geol.)

~ الرِّيح — wind shift

~ الصُّخور — metamorphism of rocks

~ صُهاريّ: بالسوائل المُتَسرِّبة — rheomorphism (Geol.)

~ صَيروريّ: إستِحالة عُنصريَّة — transmutation (Chem.)

~ طَفْريّ — mutation (Biol.)

~ الطَّور — phase transformation, phase transition (Elec. Eng.)

~ عُنْصريّ — transmutation (Chem.)

~ لاحَراريّ — athermal transformation

~ مُناخيّ — climatic change (Meteor.)

~ ناقِص — incomplete metamorphosis (Zool., Geol.)

~ إلى نِترات — nitration (Chem.)

~ نَفْحيّ صُهاريّ — pneumatolysis (Geol.)

~ نَوويّ — transmutation (Phys.)

~ ~ (نُوَيْديّ) — nuclear transformation (Phys.)

~ هَدّام — katamorphism (Geol.)

تَحَوُّليّ، مُتَحَوِّلُ الشَّكْل — metamorphic

تَحوير، تَقْصير (الألوان) — bleaching

~: تغيير — conversion, alteration, change

تَحْويض، إرفاء — dockage, docking (Naut.)

التحويق: التفريغُ حولَ العِرقِ لِتَعدينِهِ نقيًّا — resuing (Mining)

تَحويل، تغيير — transformation, conversion, change, modification, alteration

~، نَقْل — transfer(ence), transposition

~ الاتجاه — diversion, deflection

الـ ~ إلى (فُلطيَّة) أدنى — transforming down (Elec. Eng.)

~ الأُصول إلى نقد — liquidation

~ إلى أرقام — digitization (Comp.)

الـ ~ إلى (فُلطيَّة) أعلى — transforming up (Elec. Eng.)

~ أو تحوُّل الطور — phase transformation (Elec. Eng.)

~ تآلُفيّ — affine transformation (Maths.)

~ تَفْريعيّ — shunt transition (Elec. Eng.)

تَحْويل (تابع)

~ تقصير — short circuit transition (Elec. Eng.)

~ إلى خَطٍّ جانبيّ — sidetracking (Railways, Aero.)

~ من خَطٍّ حَديديّ إلى آخر — switching (Railways)

~ خَفْض — kickdown (Eng.)

~ درجاتِ الحرارة — temperature conversion (Phys.)

~ رَقميّ: ~ إلى كمية رقمية — quantization (Comp.)

~ عُنْصُر إلى آخَر — transmutation (Chem.)

الـ ~ إلى غاز — gasification (Phys.)

~ قَطعٍ أو وَصْل — switching off or on

~ كَمّيّ: ~ الإشارات التناظرية إلى أرقام — quantization, digitization (Comp.)

الـ ~ الكهروحراريّ: مِن حرارة إلى كهرباء مباشرةً — thermoelectric conversion (Elec. Eng.)

~ ماليّ بَرْقيّ — cable transfer

~ مُتَجانِس — homogeneous transformation (Maths.)

~ على مَرحَلَتين — double conversion (Elec. Eng.)

~ المَسار أو المَسْلَك — change of course, alteration of course

~ مَصرِفيّ — bank transfer

تَحْويلة — bypass, shunt, offset

~: قناةُ تحويل (حولَ سَدٍّ أو خَزّان) — diversion cut, by- channel (Civ. Eng.)

~: لِتَحويلِ القِطار إلى خَطٍّ آخر — switch, shunt; turnout, cross-over; points (Railways)

~، تَفريعة — shunt (Elec. Eng.)

تحيَّة — salute

~ مُجامَلة — compliment

تَحَيُّز — bias, partiality; prejudice

تَحْييد — neutralization

~ تبادُليّ — cross neutralization

~ حَثّيّ — induction neutralization (Elec. Eng.)

تخارُج: فَضُّ الشَّركة — disassociation, separation, dissociation

تَخاصُص: تَوَحُّد الخَواص — isotropy (Phys.)

تَخاطُب — conversation, talk(ing)

~ هاتِفيّ — telephony

~ ~ لاسِلكيّ — radiophony (Elec. Comm.)

الـ ~ الهاتفيّ المُزدَوِج (في اتجاهَين مُتضادَّين في وَقتٍ واحِد) — duplex telephony (Elec. Comm.)

تَخاطُر: مُناقلةُ الأفكارِ عن بُعد — telepathy

تَخالُف — disagreement, dissimilarity, inconsistency, disconformity, discordance

~ (الطِّباقيَّة) — disconformity (Geol.)

~ تباعُديّ — divergence (Ecol.)

~ التوجُّه — skewness

~ زاويّ — angular disconformity (Geol.)

تَخالُفيّ، لاتماثُليّ — asymmetric

تَخامُد، تخميد — damping (Phys.)

تَخايُف (الألوان) — versicoloration, iridescence, opalescence, play of colours (Phys.)

~ بِلَّوريّ — schillerization (Min.)

تَخَبُّط — blundering, floundering, fumbling, weltering

تَخْتُ (أو كُرسيُّ) **الزَّهرة** — receptacle (Bot.)

تَخَثُّر، تخثير — coagulation, clotting, curdling; thickening (Chem.)

~ (الدِّهان) — livering (Paint.)

~ (أو تَخثيرٌ) بالأمواج فوق السمعيَّة — ultrasonic coagulation (Chem.)

~ الزيت: بالتأكْسُد والغُبار — clogging (Eng.)

~ اللبن — curdling (Food Sc.)

تَخَدُّد، تخديد — furrowing, grooving, fluting; routing

~ غَليظُ الحيُود — rugosity

تَخْديد، خَنْدَقة — trenching (Civ. Eng.)

تَخْدير، خُدار — an(a)esthesia (Med.)

تَخْديش — scratching, scarification

~ التَّمليط — devilling (Build.)

تَخَرَّجَ (من كليَّةٍ أو جامعة) — graduate

تخرُّج — graduation

تَخْريب — destruction, demolition, damage, devastation, ravaging

~: عملٌ تخريبيّ — sabotage

~ الإهمال: لِسُوء العناية وعدم قيام المُستأجِر بالإصلاحاتِ المُعتادة — permissive waste (Build.)

تَخريبيّ — destructive, subversive

تخريج — graduation

~، تأويل — interpretation, exegesis

~، اِستِنتاج — deduction, inference

تَخْريش — knurl(ing)

تَخريم، تَثقيب — piercing, punching

~: بَريم — lacing, lacework; bobbinet

تَخزين — storing, stocking, storage

~ أرضيّ (لِلغاز الطبيعيّ) — underground storage (Pet. Eng.)

~ تَقديريّ — virtual storage (Comp.)

~ ثانَويّ — secondary storage (Comp.)

~ خامِد: لا يُستخدَمُ إلّا لِمُواجَهة الاحتياجات الطارئة — inactive storage (Hyd. Eng.)

~ داخِليّ — indoor storage

~ سائِب: بِلا تغليفٍ أو تَعبئة — bulk storage

~ شامِل، ~ مُسانِد — bulk storage (Comp.)

~ شَريطيّ — tape storage (Comp.)

~ صِهريجيّ — tankage

~ ضَخّيّ — pumped storage (Hyd. Eng.)

~ قُرصيّ — disc storage (Comp.)

~ مُتلاصِق — contiguous storage (Comp.)

~ نَواتيّ — core storage (Comp.)

تخشُّب، إخشيشاب — lignification

~، تَيَبُّس — stiffening, stiffness

~ الجِسم، جُمدة — rigor, rigour, catalepsy (Med.)

تَخْشين — roughening, roughing

~ سَطحِ القالَب الرمليّ — cutting-up

تَخْشينة: تمليطٌ خَشِن — rough-cast (Build.)

~ طِلاء — scratch-coat = scratch work (Build.)

~ مِلاط أو جصّ — dinging (Build.)

تخَصُّر — constriction, striction

~ كَهْرَبيّ — electrostriction (Phys.)

~ مِغنطيسيّ — magnetostriction (Phys.)

~ النافورة (بعد فُوهة النفث) — vena contracta (Hyd.)

~ وِساديّ — pincushion (Telev.)

تخَصُّص — specialization

~: اختِصاص — speciality

تَخْصيب، تَسْميد — fertilization, enrichment (of soil) (Agric.)

تخصير، تخَصُّر necking (down) (Eng.)
~ بالطَّرْقِ swaging (Eng.)
تخصيص designation, specification
~، تحصيص allotment, apportioning, allocation; assignment, appropriation
~ التردُّد frequency allocation (Radio)
~ حَراكيّ أو دِيناميّ: يجري والبَرنامج قيدَ التنفيذ dynamic allocation (Comp.)
تخَضُّب، تَخضيب pigmentation
~ خفيف tinting (Print.)
تخَضْخُض jolting, sloshing, shaking
~ الوَقودِ السّائل (في الخَزّان) sloshing (Space)
تَخضير: تغطية بالتراب المُعشَوشب turfing, sodding
تخَطٍّ، تجاوُز skipping, bypassing, jumping over
~، ~، عُبور crossing, traversing
~ (لِما هُو مَشروع) transgression, encroachment (upon), overstepping
تخَطَّى skip, bypass, jump over, exceed, surpass, transcend; transgress, overstep
تخَطُّر، تَرَجُّح oscillation, vacillation, swinging, swaying (Eng.)
تخَطُّط striation, lineation
تَخطيط planning, designing, laying out; scheming
~ (بالخُطوط) lining, ruling, lineation, striation, striping
~، رَسْم plotting, sketching, delineation
~، مُخَطَّط plan, design, layout, sketch; scheme
~ اقتصاديّ economic planning
~ تَمْهيديّ preliminary planning
~ الحُدود، تَحْديد demarcation, demarkation
~ الخرائطِ الجُغرافية cartographic sketching
~ السَّمْع audiography (Med.)
~ القَلْب cardiography (Med.)
~ كهربائيَّة القَلب electrocardiography
~ المَجال mapping of field (Magn.)
~ المُدُن town planning, city planning (Civ. Eng.)

~ المَسار track plotting
~ المُنحني البَيانيّ graphing (Maths.)
تخطيطيّ، بَيانيّ graphic(al), diagrammatic(al)
تَخَفٍّ disguise
تخَفُّف من الحُمولة (عند الخطر) jettisoning
تخفيض reduction, decrease, lowering, cutting down
~، اِنخفاض depression, decrease
~، حَسم rebate
~ السُّرعة speed reduction, reducing speed
~ المُعادَلة depression of equation (Maths.)
~ نِسبةِ الرُّطوبة (في الخشب) seasoning
~ نِسْبيّ scale-down
~ النفقات retrenchment
تخفيف lightening, easing, relaxation, alleviation, mitigation, toning down
~، تَوهين attenuation (Phys.)
~ (المُنتجات النفطية) cutting (Pet. Eng.)
~ (تركيز السائل) dilution, allaying, thinning (Chem.)
~ (العُقوبة) remission
~ الانضغاط decompression (Phys.)
~ التبايُن reduction (Photog.)
~ الحِدَّة abatement, mitigation, attenuation
~ الضغط decompression, depressurizing, relief of pressure
~ الضوضاء noise abatement (Eng.)
تخَلٍّ abandonment, relinquishment, renunciation
~، تنازُل waiver
تخلّى (عن) abandon, relinquish, forgo, waive
تخلَّج twitch, quiver, shake
تخَلُّج (التربة) بالصقيع frost heave (Geol.)
تخَلْجُن: تكَوُّنُ خليجٍ أو خُلجان embayment (Geol.)
تخلخُل: اِنخفاضُ الكثافة (والضغط) rarefaction (Phys.)
~، تقَلْقُل slackness, shakiness, play (Eng.)

~ جانِبيّ side play (Eng.)
الـ ~ الخُلوصيّ المَسموحُ به fit allowance (Eng.)
~ الصِّمام valve lash, valve clearance (Eng.)
تخَلَّص من dispose of, get rid of, doff
~ (أو نَجا) مِن escape, pull through, disengage oneself from
تخَلُّص أو خَلاص (من) disengagement (or disentanglement) (from), liberation, escape
~ (مِن) disposal, disposition, getting rid of, elimination
تخَلَّع، تفَكَّك disjoint, break up, fall (or come) apart
تخَلُّع، انخِلاع dislocation, dislodgement
تخَلَّف lag, drag, fall behind, trail
تخَلُّف lag, retardation
الـ ~: تخَلُّفُ الأثر (المِغنطيسيّ) بعدَ زَوالِ المُسَبِّب hysteresis (Elec. Eng.)
~ الاشتِعال ignition lag (Eng.)
~ التبريد cooling lag (Eng.)
~ حَضاريّ backwardness, underdevelopment
~ الحَقْن injection lag (I.C. Engs.)
~ زَمَنيّ (بينَ وقوعِ الحدَث وظُهورِ أثرِه) time lag
~ ~ عَكسيّ inverse time-lag (Elec. Eng.)
~ الصِّمام valve lag (Eng.)
~ الصُّورةِ أو الصَّوت أو الأثَر hangover (Elec. Comm.)
~ عَقليّ mental retardation
~ قِراءَةِ جِهازِ القِياس instrument lag
الـ ~ المِغنَطيسيّ magnetic lag, magnetic hysteresis, hysteretic lag (Elec. Eng.)
التخلُّفيَّة hysteresis (Phys.)
~ في العازِل dielectric hysteresis
تخَلَّل، توَشَّل: نفَذَ راشِحًا percolate, permeate, infiltrate
~: انتشَرَ في pervade, spread throughout
~: صارَ خَلًّا acetify (Chem.)
تخَلُّل: نَفاذٌ عبر percolation, permeation, infiltration; pervasion
~: تحَوُّلٌ إلى خَلّ acetification

تَخليص : إنقاذ rescue, salvaging, saving, delivery
~: تحرير liberation, setting free, release
~: تنقية (من) clearing, purification
~ البَضائع clearance, clearing
تخليق synthesis
~ البروتينات protein synthesis (Biol.)
~ الثقوب broaching (Eng.)
الـ ~ الضوئيّ photosynthesis (Bot.)
الـ ~ الكَهربائيّ electrosynthesis (Chem.)
~ كيماويّ chemical synthesis, chemosynthesis (Biol., Chem.)
~ نَوَويّ (بالتفاعلات الاندماجية داخل النجوم) nucleosynthesis (Astron.)
تخليل acetifying, acetification (Chem.)
~ (الخضراوات) pickling (Food Sc.)
~: إقحامٌ خلاليّ intercalation
تَخْم : حَدّ border, boundary, frontier, limit
تَخَمٌ، تُخْمَة : سُوءُ الهضم indigestion, dyspepsia (Med.)
تَخَمُّر fermentation, zymosis (Chem.)
~ كُحوليّ alcoholic fermentation (Bot.)
تخميد : إهماد deactivation, suppression (Chem.)
~: إخماد extinguishing, extinction, putting out
~: مُضاءَلة damping, dampening (Phys.)
~ الارتجاج damping, amortization; cushioning
~ زائد overdamping (Eng.)
~ الشرارات spark damping (Eng.)
~ الصَّدْم buffering (Eng.)
~ الصوت silencing (Acous.)
~ لَزِج viscous damping (Phys.)
تخمير، تَخَمُّر، اِختِمار fermentation, zymosis (Chem.)
~ الجعَة brewing (Food Sc.)
تَخْميسَة، حِلْيَةٌ خُماسِيَّةُ الأجزاء quincunx (Arch.)
تَخميل، كَبْتُ الفاعِلِيَّة passivation (Eng.)
تَخمين، تَقدير estimation, assessment, appraisal
~: حَدس guesswork, conjecture

تَخنْدُق entrenchment
تَخوِيَة : إفراغ evacuation, emptying, deflation
تخويش countersinking, counterboring (Eng.)
~ مَخروطيّ coning, countersinking
تخويف intimidation, scaring
تَخويل، تفويض authorization, empowerment
تخيُّفٌ بلَّوريّ، تخايُف schillerization (Geol., Min.)
تخَيُّل imagination, envisaging
~، خَيال fantasy, illusion
تخيُّليّ imaginary
تخيير(ي) option(ing), offering the option or choice or alternative
تَخْييم camping, encamping
تَدابير (أُنظُر : تدبير)
measures, arrangements
~ احتياطيَّة precautionary measures
~ أمان safety measures
~ أمن security arrangements
~ المُكافَحة control measures
~ وِقائيَّة protective measures
تداخَل interfere; interlock, (inter)mesh
~، تَراكَبَ overlap, imbricate, lap
~ (بَعضُه داخِلَ بَعض) telescope
~ تدريجيًّا gradate, blend, merge
تداخُل interference (Phys.)
~ الآبار well interference (Pet. Eng.)
~ إتلافي destructive interference (Phys.)
~ الإشارات الصوتيَّة والبَصَريَّة (في المُستقبِل التِّلفزيونيّ) sound on vision (Telev.)
~ إقحاميّ intercalation (Geol.)
~ انتِقائيّ selective interference (Radio)
~ بَنّاء constructive interference (Phys.)
~ تراكُبيّ overlapping, imbrication (Geol.)
~ التردُّداتِ اللاسلكيَّة radio-frequency interference (Radio)
~ تَضارُبيّ beat interference (Radio)
~ تَوافُقيّ harmonic interference (Radio)
~ حَثّي inductive interference (Elec. Eng.)
~ الصُّورة image interference (Elec. Comm.)

~ الضَّوء interference of light (Phys.)
~ القَنَوات المُجاوِرة monkey chatter, cross talk (Elec. Comm.)
~ كَهربائي electric interference (Radio)
~ لاسِلكيّ radio interference (Radio)
الـ ~ المَوجيّ wave interference (Phys.)
~ هَدّام destructive interference (Phys.)
تَدارُج : تداخُلٌ تَدْريجيّ intergradation, blending
تَدارُس study, consideration, deliberation, discussion
تَدارُك : تَفادي الحدَث قبلَ وقوعِه
obviation, prevention, evasion
~: إصلاحُ الخَطَل rectification, redress(ing), emendation
تداعٍ : إيذانٌ بالانهيار tottering; faltering, imminent or impending collapse
~، انهيار collapse, breakdown
التَّداعي : المُقاضاة judicial procedures, litigation
~: وُرودُ الخَواطِرِ المُتَرابِطة association
تداعِي الأساس foundation failure (Civ. Eng.)
تدافَعَ، اِندفَعَ gush forth, dart, rush
تداوٍ، مُداواة treatment, medication, therapy (Med.)
تداوُل، بحث، تشاوُر deliberation, discussion, negotiation, consultation
~، تبادُل الأدوار alternation, rotation, reciprocation
~: تناولٌ بالمُعالَجة تعاقُبيًّا
manipulation or handling alternately
~، رواج، دروج الانتشار circulation, currency
تَداويريّ epicyclic (Maths.)
تَدَبُّر، حَصافة prudence, judiciousness
~: مُعالَجة حَصيفة careful handling or consideration
تَدَبُّل : تحوُّلٌ إلى دُبال humification (Bot.)
تَدبير : تخطيط planning, designing, plotting
~: مُعالَجة إدارية أو تنظيمية
management, handling, arrangement
~: إجراء measure, action; step
~، وَسيلة contrivance, device
~ احتياطيّ precautionary measure

تدبير (تابع)
~ تأديبيّ — disciplinary action
~ مُضاد — counter-measure
~ (شؤون) المَنزِل — housekeeping
الـ ~ المَنزِليّ — home economics
~ (أو إجراء) مُؤَقّت — temporary measure
~ وِقائيّ — preventive measure, safety measure
تَدْبيل، تدَبُّل — humification (Bot.)
تَدْجين — domestication, taming
تَدَحْرُج — roll, rolling
تدَخَّل، تَداخَل — interfere
~ (في ما بَين) — intervene
تدَخُّل — intervention, interference, interposition
~ (مَوجيّ) — interference (Phys.)
~ (طبَقيّ أو صَخريّ) — intrusion (Geol.)
~ تطَفُّليّ — meddling, intrusion
عَدمُ الـ ~ — non-interference, non-intervention
تَدْخين — smoking, fumigation; smoke-curing (Food Sc.)
تدَرُّب — exercise, training, practice; rehearsal
~ مِهنيّ — apprenticeship
تُدْرُج — pheasant (Zool.)
تدَرُّج، تَدْريج — graduation
~: تغَيُّر تدريجي — gradation
~: تقَدُّم تدريجي — progression in steps
~: مَدروج، مَمال — gradient (Surv.)
~ أُفُقي — horizontal gradient (Maths., Phys.)
~ باروماتري — barometric gradient
~ الجُهد — potential gradient (Elec. Eng.)
~ درجاتِ الحرارة — temperature gradient (Phys.)
~ السُرعة — velocity gradient (Mech.)
~ صاعِد — rising gradient (Civ. Eng.)
~ الضغط — pressure gradient (Phys.)
~ الفُلطيّة — voltage gradient (Elec. Eng.)
~ اللون — colour gradient, hue, shade
~ هابِط — falling gradient (Civ. Eng.)
تدَرُّجيّ — gradual; progressive
~، تَراتُبيّ — hierarchical
تدَرُّن، تحاتٌّ دَرَنيّ — tuberculation (Met.)
الـ ~: السُّل — tuberculosis, TB

تَدْريب — training, drill, exercise
~، تعليم — instruction, tutoring, coaching
~ أثناءَ الخِدمة — in-service training
~ أساسيّ — basic training
~ على الإسعاف الأوّليّ — first-aid instruction
~ بَدَنيّ، رياضة بَدَنيَّة — physical training
~ تَعْبَويّ — tactical training
~ تَمْهيديّ — induction training
~ جَماعيّ — group training
~ داخِلَ المَصْنَع — in-plant training
الـ ~ الصِّناعيّ — industrial training
~ على الطيران — flying practice
~ عَسكريّ — military training
~ عَمَليّ — practical training
~ فَرْديّ — individual training
~ فَنّيّ — technical training (Eng.)
~ مُعَجَّل — accelerated training
الـ ~ المِهنيّ — vocational training
~ مَيدانيّ — field training
تَدْريج — gradation, graduation; calibration, scaling
~ بوفورت — Beaufort scale (Meteor.)
~ الترمُومتر — thermometer calibration
~ التلَوُّن — toning, shading
~ خِلافيّ، ~ مُتعَرِّج — staggering
~ المَداميك — racking back (Build.)
تَدْريجيّ، تدَرُّجيّ، مُتدَرِّج — gradual
~، تزايُديّ — progressive
تَدْريخ، عَكْس (العَكيس) — layering (Agric.)
تَدْريس — teaching, tutoring, instruction; schooling
تَدريع — armouring, armo(u)r plating, shielding (Eng.)
~ إشعاعيّ: ضِدّ الإشعاع — radiation shielding (Phys.)
الـ ~ (أو الحَجْب) الذاتي — self-shielding (Phys.)
~ بالفولاذ — steel armouring (Eng.)
~ مِغنطيسيّ: يحمي من المجالات المغنطيسية الخارجية — magnetic shielding (Elec. Eng.)
تَدْشين — inauguration
تَدْعيم — support(ing), reinforcement, buttressing, shoring, bracketing

~ الأساس — underpinning (Civ. Eng.)
~ جوانبِ المَهْواة بالأخشاب — shaft timbering (Civ. Eng.)
~ بكَمَراتٍ رَفيعة — needling (Build.)
تَدَفَّق، اِندَفق — flow, stream, effuse, flush
~ بِقُوَّة — outflow, outburst, gush, outpour, storm
~ مُتقَطِّعًا مُزبِدًا — puke
~ ~ مُبَقبِقًا — gurgle
تدَفُّق، اِندِفاق — outpour, (ef)flux, (out)flow, influx, effusion
~ إشعاعيّ — radiant flux (Phys.)
~ أوَّلي — initial flow
~ تَباعُدي — diffluence
~ جامِح — wild flowing (Pet. Eng.)
~ جَيبيُّ التمَوُّج — sinuous flow (Hyd.)
~ حَراريّ — heat flow (Phys.)
~ دَوريّ — periodic flowing
~ الزَّيت — oil flow
~ السَّيْر — traffic flow
~ صَفحيّ — laminar flow (Hyd.)
الـ ~ الضِّيائيّ — luminous flux (Phys.)
~ بِطاقةِ الوَضْع — potential flow (Hyd.)
الـ ~ الطبيعيّ: دُونَ دَفْعٍ أو ضَخٍّ — natural flow (Pet. Eng.)
~ عُلْويّ: مِن فَوق بَوّابةِ السَّدِّ — overshot run (Hyd. Eng.)
الـ ~ الكهربائيّ — electric flux (Elec. Eng.)
~ مُباشِر — straight-through flow
~ (ماء) المَجرى — stream flow (Hyd. Eng.)
~ مُطَّرِد — steady flow (Hyd.)
الـ ~ المِغنطيسيّ — magnetic flux (Elec. Eng.)
~ مُفاجِئ — spurt, gush, storm, spirt
الـ ~ اليَوميّ، الصَّبيبُ اليَوميّ — daily flow
تدَفُّقيّ — effusive, effluent, outpouring, torrential
تَدْفِئة — heating, warming (up)
الـ ~ بالبُخار — steam heating (Eng.)
الـ ~ تحت الأرضيَّة — underfloor heating (Eng.)
~ غيرُ مُباشِرة: تَسْخينٌ بالحَمْل الحَراريّ (لا بالإشعاعِ مباشَرةً) — indirect heating (Build.)
~ كَهربائيَّة — electric heating (Elec. Eng.)
~ مَركزيَّة — central heating

تَدْفِئة (تابع)

~ بِمُشِعّات إطاريّة — panel heating (Eng.)
الـ ~ بالمِلَفّات — coil heating (Build.)
~ مَنزِليّة — domestic heating
~ مِنطقيّة أو نِطاقيّة — district heating
الـ ~ بالهَواءِ الساخِن — hot-air heating (Build.)
تَدْقيق — check, checking, scrutiny
~، دِقّة — accuracy, precision, exactitude
~: سَحْن — pulverization, grinding
~: جَعْلُ الشيءِ دَقيقًا مُرهَفًا — fining, thinning
~ أوتوماتيّ — automatic check (Comp.)
~ التتابُع — sequence check (Comp.)
~ التكافؤ — parity check (Comp.)
~ جَمْعيّ — summation check (Comp.)
~ دَوريّ — cyclic check (Comp.)
~ زائِد — redundant check (Electron.)
~ الطَّرَف — pointing
~ عَتاديّ: تَدقيقٌ داخِلَ الحاسُوب — hardware check (Comp.)
~ لِلمَرّة الثانية — countercheck
~ مُزدَوِج — twin check (Comp.)
~ مُبَيّت — built-in check (Comp.)
~ مُضادّ — cross-check
~ النَّقْل — transfer check (Comp.)
~ وَتْريّ شَفْعيّ — odd-even check
تَدَلٍّ — droop, overhang, lolling
~: تَدَلّي عُضْوٍ أو هُبوطُهُ — prolapse (Med.)
تَدَلّى — droop, overhang, dangle, lop, loll
تَدَلّي الجَناح — wing overhang (Aero.)
~ الجُنَيْح — aileron droop (Aero.)
~ السِّلْسِلة — chain fall
~ المُؤَخَّرة — stern droop (Aero.)
التَدَلْمُت — dolomitization (Geol.)
تَدْليك — massage
تَدَمُّج، اِندِماج — fusion, amalgamation, merging
~، تَراصّ، تَلَبُّد — compaction, flocculation
تَدْميج — compaction, consolidation, fusion
تَدمير — destruction, demolition, wrecking, devastation
~ مُتَعَمَّد — wil(l)ful destruction, vandalization, deliberate demolition

تَدَنٍّ، هُبوط — decline, slump
تَدَهْوُر — deterioration; decline
~، سُقوط — fall, downfall
~ سَلِس — graceful degradation (Elec. Eng.)
تَدْوير — turning, rotation, revolving, whirling
~، إستِدارة — rounding
~: تشغيل — running, actuation, driving, operation (Eng.)
~ بالاحتِكاك — friction drive (Eng.)
~ (أو تَشْغيل) اِختباريّ — workout (Eng.)
~ اِختباريٌّ أوَّلي — running in (Eng.)
~ تقريبيّ — rounding off (Maths.)
~ بالسُّيور — belt driving, belt drive
~ لاتمركُزيّ — eccentric drive (Eng.)
~ مُباشِر — direct cranking (Eng.)
~ بِمِرْفَق — cranking (Eng.)
~ بالمُسَنَّنات — driving by gear-wheels
تَدْويريّ — rotatory
تَدْويل — internationalization
تَدْويم، دُرور — gyration, spin(ning), whirl(ing), swirl(ing)
تَدويميّ — gyratory, spinning
تَدوين — recording, registering, writing down
~ (بعلامات أو رُموز خاصّة) — notation
~ (الأعداد) بالفاصِلة المُتحرِّكة — floating-point notation (Comp.)
~ القَوانين — codification
~ القِياساتِ المُسَجَّلة — booking (Surv.)
الـ ~ بالنِّظام الثنائيّ — binary notation
~ بَيْنِيّ (أو وسِيط) — infix notation, infix (Comp.)
تَذاوَب — solvate (Chem.)
تَذاوُب: تَرابُطُ أو تقارُن جُزَيْئاتِ المُذيب بالمُذاب — solvation (Chem.)
تَذَبْذَب، تأرجَح — swing, pendulate
~: تَراوَح — sway, wobble, wabble
~: تَرَدَّد، اِهتَزَّ — vibrate, oscillate, vacillate, pulsate
تَذَبْذُب — vibration, oscillation (Phys.)
~ ذاتِيّ — self-oscillation (Radio)
~ قَسْرِيّ — forced oscillation (Phys.)
~ مُتَخامِد — damped oscillation (Phys.)
تَذَبْذُبيّ، مُتَذَبذِب، اِهتزازيّ — oscillatory, vibratory

تَذخِير: حَشْوُ السِّلاحِ الناريّ — loading
~: تَزَوُّد بالذَّخائر — munitioning
تَذَرُّع، ذَريعة — pretext, allegation, excuse
تَذْرِية: سَحْجٌ بالرِّيح — ablation (Geol.)
~، ذَرٌّ، تذرير — atomization (Phys.)
~: فَصْلُ السَّفا عن الحَبّ — winnowing, fanning
تَذكاريّ — memorial, souvenir
تَذَكَّرَ — recall, remember
تَذْكِرَة — ticket
~ (لِعِدَّة رِحلاتٍ) — commutation ticket
~ مُرجِعة — return ticket, round-trip ticket
~ هُوِيّة — identity card
تَذكير — reminding
~، تأبير — pollination, fecondation (Bot.)
تَذَمُّر — grumbling, complaining
تَذهيب — gilding
الـ ~ الكَهْرَبائي — electro-gilding
تَذَوُّق — taste, tasting; appreciation
تَذْييل — appending
~، حاشِية — footnote
~: إلحاقٌ حَشويّ (لاستكمال الطولِ المُحدَّد) — padding (Comp.)
تُرّ: وَحدةُ ضَغط (أُنظُر: تور) — torr (Phys.)
تُراب — soil, earth
~ الرَّدْم، مَوادُّ الرَّدْم — back-fill(ing)
~ الفَحم — coal dust, culm
~ ~ النباتي — charcoal blacking (Met.)
~ القَصّار — fuller's earth (Geol.)
~ المَشطورات، تُرابٌ نُقاعِيّ (دياتُومي) — diatomaceous earth, kieselguhr (Min., Geol.)
تَرابَطَ، ارتبَطَ — link, connect; bond
~، تماسَكَ — cohere
تَرابُط — bond, linkage, bonding, connection; association
~، اِرتباط: عَلاقة مُتَبادلة — correlation, interconnection
~، تماسُك — coherence, cohesion
~ أُحاديّ — single bond (Chem.)
~ إسهاميّ — covalent bond or linkage (Chem.)
~ ~ قُطبيّ — polar covalent bond (Chem.)
~ أيونيّ — ionic bonding (Phys., Chem.)
~ التكافؤ — valence bond (Chem.)

ترابُط (تابع)

~ تكافُئيٌ هَجين — mesomerism (Chem.)
~ تَناسُقيّ — dative bond = coordinate bond (Chem.)
~ ثُنائيّ — double bond (Chem.)
الـ ~ الجَفافيّ — dry bond (Foundry)
~ رُتَبيّ، اِرتباطُ الرُّتَب — rank correlation (Stat.)
~ فِلِزّي — metallic bond (Chem.)
~ كاذب — spurious correlation (Stat.)
~ لاقُطبيّ، رابِطةٌ لاقُطبيّة — non-polar bond (Chem.)
~ لَصُوقي — adhesive bonding
~ مُتَصالِب — cross-linkage, cross bond (Civ. Eng.)
~ مُشَرَّك: الطُّوبُ فيه مُعترِضٌ مع اتّجاه الجِدار — inbond connection (Build.)
~ مُفْرَد: بإلكترون مُشترَك — singlet (Chem.)
~ ميكانيكي — mechanical bond (Eng.)
ترابُطيّة — connectivity (Chem.)
تُرابيّ — earthen
التُّرابيّات، عِلم التُّربة — pedology, soil science
تَراتُب، تَسَلْسُل تراتُبيّ — hierarchy
تَراجَعَ — recede, retreat, back (down or out)
تَراجُع، تَقَهْقُر — backing out, retreat, regression
~ — off-lap (Geol.)
~، اِنحِسار — recession
~، اِنْسِحاب — retreat
~، نُكوص، تَقَهْقُر — retrocession, retrogression
~ حَتّي نحوَ المَنبع — headwater erosion (Geol.)
~ مُحيطيّ — peripheral retreat (Geol.)
تَراجُعيّ (تقَهْقُرًا) — retrograde, regressive
~ (زَمنيًّا) — retrospective
~: قابِلٌ لِلانكماش — retractable, retractile
تَراخٍ، اِسترخاء — laxity, slackness, relaxation
التَّراخي النوعيّ، المُمانِعيّة (المِغنطيسيّة) — specific reluctance = reluctivity (Magn.)
تَرادُف — tandem
تَرادُفيّ — tandem

تَراسُل — correspondence, communication
~ بالمُبرِقة الشمسيّة — heliography
تَراصّ: تلاصُق وتَلازّ — compaction
~، تَلازُن — agglutination
تَراصُف، مُحاذاة، مُصافّة — alignment, alinement
~ رأسيّ — vertical alignment
تَراضٍ — mutual agreement (or consent)
تَرافُق، مُرافَقة — accompaniment
~، اِقتِران — conjugation
~ جُزَيئي — molecular association
تَراكَبَ — over(lap), imbricate
تَراكُب — over(lap), overlapping, superposition
~ اِنحِساريّ — off-flap (Geol.)
~ (دُخولِ) البُخار — steam lap (Eng.)
~ التردُّد — frequency overlap (Telev.)
~ جانِبيّ — side lap (Eng.)
~ خارِجيّ (لِلصِّمام المُنزلِق) — outside lap (Eng.)
~ داخِليّ — inside lap
~ الصِّمامات — valve lap, valve overlap
~ العادِم — exhaust lap (Eng.)
~ مِحْوَري — axial overlap
تراكتور — tractor
تَراكَمَ — accumulate, cumulate, aggregate, pile up, accrue
تَراكُم، تجَمُّع، تكدُّس — accumulation, accretion, accrual, cumulation, aggregation
~، مُراكَمة — build-up
~ الإجازات — accrual of leave
~ الجَليد — ice accretion (Geol.)
~ الطين — accumulation of mud (Pet. Eng.)
تَراكُمي، تَجَمُّعي — cumulative
ترام — tram
ترانزترون: صِمامُ ذبذَبةٍ خُماسيّ ذو شَبَكةِ كَبْتٍ سالِبة الانحياز — transitron (Radio)
ترانزِستُور، مُحَوِّز — transistor (Electron.)
~ أُحاديُّ القُطبيّة — unipolar transistor
~ ~ المَوْصِل — unijunction transistor (Electron.)
~ اِنسِياقيّ — drift transistor (Electron.)
~ حَيْزي — spacistor (Electron.)
~ خَرزي — bead transformer (Electron.)
~ خُماسيّ (الإلِكترودات)، مُحَوِّزٌ خُماسيّ — pentode transistor (Electron.)
~ س م س — n-p-n transistor (Electron.)
~ ضَوئيّ — phototransistor, photistor (Phys.)

ترانزيت — transit
تَراوَحَ: تقلَّبَ وتغَيَّر — fluctuate
~، تَمَيَّحَ، تَمَيَّلَ — wobble, wabble, swing
تَراوُح، تَمَيُّح — wobble, wabble; sway, swing
~، تقَلُّب (بين ... و ...) — fluctuation, ranging
~، مَدى التراوح — range
~ الإجهاد — range of stress (Met.)
الـ ~ الأقصى — swing(ing) (Elec. Comm.)
~ التردُّد — frequency fluctuation (Phys.)
~ ~ الأقصى — frequency swing (Elec. Comm.)
~ الحِمْل — load fluctuation (Eng.)
~ درجةِ الحرارة — temperature fluctuation, range of temperature (Phys.)
~ السُّرعة — speed fluctuation (Eng.)
~ العَجَلات — wheel wobble (Eng.)
~ العَجَلة: في إطارها حولَ مِحْوَر — castoring (Eng.)
~ عَطاليّ — inertia fluctuation (Phys.)
~ المَدى — straggling, range fluctuation
~ مَنسوبِ سَطْحِ البُحَيرات — seiche (Meteor.)
~ مَوضِعيّ — spot wobble (Telev.)
ترايْزستور: ترانزِستُورٌ ثايْراترونيّ — trisistor
ترايُود، صِمامٌ ثُلاثيّ: فيه مَصعد ومَهبط ومَشرى تحَكُّم — triode (Electron.)
ترايُوز: سُكَّرٌ ثلاثيّ، غلِسِرَالْدِيهَيد — triose (Chem.)
ترايُول: كُحولٌ ثُلاثيُّ الهِدْروكسيد — triol (Chem.)
تِرْب — peer, companion
~، مُعاصِر — contemporary
تِرْباس، رِتاج — bolt, latch, lock
تُرْبَة، أرض — soil
~ ألومينيّة حَديديّة — pedalfer (Geol.)
~ تحتيّة (أو تحتانيّة)، تَحْتُرْبَة — subsoil
~ حامِضيّة — acid soil (Geol.)
~ حَصْباويّة — gravelly soil
~ حَمراء، بُصرة — terra rossa (Geol.)

تُرْبَة (تابع)

~ خُثِّيَّة — peaty soil
~ دُباليَّة — humic soil
~ رَمليَّة طينيَّة — loam
الـ ~ السَّطحيَّة (أو الفَوقيَّة) — topsoil (Geol.)
~ طبشوريَّة: ذاتُ طبقةٍ قاسية من الركازات الكربونيَّة — pedocal (Geol.)
~ قِلويَّة — alkaline soil (Geol.)
~ لامُتَماسِكة — non-cohesive soil (Civ. Eng.)
~ اللوس: رَواسِبُ طُفاليَّة دَقيقة الحُبيبات — loess (Geol.)
~ مَبْتُورة: فَقدَت بعضَ طبقاتِها العُليا بالحَتِّ أو التَّعرِيَة — truncated soil (Geol.)
~ مُتفكِّكة — loose soil
~ مُجْزِيَة: غنيَّة بالمَعادِن — pay dirt (Mining)
~ المَشطورات — diatomaceous earth, diatomite (Min.)
~ مُقَرَّة أو مُثَبَّتة — stabilized soil
~ ناضِجة — mature soil

تَربُّد — cloudiness (Meteor.)

تربسين: خميرةٌ في عُصارة البنكرياس — trypsin (Zool.)

تِرْبِنْتين: زيتُ التربنتينا — turpentine (Chem.)

تَرپُولين: قُماشٌ مُقَيَّرٌ سَدودٌ لِلماء — tarpaulin (Naut.)

تَربَويّ — educational

تَرْبِيَة — rearing, upbringing, raising, breeding
~: عِلم التربية — education, pedagogy
~ الأحياء المائية — aquiculture (Biol.)
~ الأسماك — pisciculture (Zool.)
الـ ~ البَدَنيَّة — physical education
~ الحَيواناتِ (الداجِنة) — husbandry, animal farming, zootechny
~ دُود القَزّ — sericulture
~ الطيور — aviculture
~ النَّحْل، نِحالة — apiculture

تَرْبيط — lacing

تربيع — squaring, quadrature
~: تَسطيرٌ إلى مُرَبَّعات — checkering
~ (لاستِخراج العَيِّنات) — quartering (Min.)
~: مُرَبَّع — square
~ الدائرة — quadrature of a circle (Maths.)

تربيعيّ، ثُنائيُّ الدَّرَجة — quadratic, quadric, square (Maths.)

تُرْبين، تربينة، عَنَفة — turbine (Eng.)
~ ارتِكاسيّ — reaction turbine (Eng.)
~ استِنزافيّ — extraction turbine (Eng.)
~ بُخاريّ، عَنَفةٌ بُخاريَّة — steam turbine
~ جِذعيّ: ذو عَمودٍ لِنَقْل الحرَكة — shaft turbine (Aero.)
~ خَفيضُ الضَّغط — low-pressure turbine
~ داخِليُّ الدَّفْق — inward flow turbine
~ دَفعٍ مُرَكَّب — compound impulse turbine (Eng.)
~ دَفعيّ رَدُّ فِعْليّ — impulse-reaction turbine (Eng.)
~ دَفْقٍ شُعاعيّ — radial-flow turbine (Eng.)
~ ~ مِحْوَريّ — axial-flow turbine (Eng.)
~ الدَّفق المُختلط — mixed-flow turbine
~ ~ المُماس — tangential flow turbine
~ رَدُّ فِعليّ — reaction turbine (Eng.)
~ ضَغطيّ، عَنَفة ضَغطيَّة — pressure turbine (Eng.)
~ عالي الضَّغط — high-pressure turbine
~ غازيّ، عَنَفةٌ غازيَّة — gas turbine (Eng.)
~ مائيّ — water turbine (Eng.)
~ مِحْوَريُّ الدَّفق — axial-flow turbine
~ مِروَحيّ — propeller turbine (Eng.)
~ نافُوريّ، عَنَفة نَفّاثة — jet turbine (Eng.)
~ هَوائيّ ضِغاطيّ — ram-air turbine (Aero.)
~ يُدارُ بالغازاتِ المُنفَلِتة — exhaust turbine

تِرِبينات: زُيوتٌ عِطريَّةٌ هدروكربونيَّة — terpenes (Chem.)

تُربينة (أُنظُر: تُربين) — turbine (Eng.)

تُرْبينيّ (بادِئة) — turbo-

التِّرْبِيُوم: عُنصرٌ فِلِزّيٌّ رَمزُه (تب) — terbium (Tb) (Chem.)

ترتيب، تنظيم — arrangement
~، تَصنيف — classification
~، تَنسيق — coordination
~، رُتبة — rank, grade
~، نظام — order, array, arrangement, disposition, layout
~، هَنْدَمة — trim, tidiness
~ أو وَضعٌ عَكسِيّ — inverted order
~ البُرعُم الوَرَقيّ — vernation (Bot.)
~ ترادُفيّ — tandem arrangement
~ تصاعُدي — ascending order (Maths.)
~ تنازُليّ — descending order (Maths.)
~ دَوري — cyclic order
~ زَمَني — chronological order
الـ ~ في مَراتِب — grading

تَرتيبة — arrangement, set-up
~ مَوجيَّة (لأسنانِ المِنشار) — wave set

تَرتيبيّ — ordinal (Maths.)

التِّرتيُوم، التِرشْيُوم: نَظيرُ الهِدروجين الثُّلاثيُّ العددِ الكُتليّ — tritium (Chem.)

تَرجاف: اِضطِرابٌ مَداريّ — perturbation (Space, Astron.)
~ مِغنطيسيّ — magnetic perturbation (Elec. Eng.)

ترجام: مُحَوِّر طاقيّ — transducer (Elec. Eng.)

تَرَجَّحَ، اِرتجَحَ — rock, swing, sway, pendulate
~ ت السَّفينةُ — pitch (Naut.)
~، تذبذَبَ، تردَّدَ — oscillate, vacillate, vibrate

تَرَجُّح — sway(ing), swing(in), rocking, pitch(ing), oscillation, pendulation
~، ذَبْذَبَة — vibration, oscillation
~ التردُّد — frequency swing (Elec. Comm.)
~ الطَّور — phase swinging (Elec. Eng.)
~ قُلطيَّةِ الشَّبَكة — grid swing, grid sweep
~ مُقَدَّم السفينة أو الطائرة (عُلُوًّا وهُبوطًا) — pitch(ing) (Aero., Naut.)

تَرجَّل — dismount

تَرجَمَ — translate, interpret, render
~، فَسَّر — interpret, construe

تُرجمان — translator, interpreter
~ بَرامِجيّ — compiler (Comp.)

تَرْجَمة — translation, interpretation
~: سِيرةُ حَياة — biography
~ آليَّة — mechanical translation
~ بَرامِجيَّة إعداديَّة — compilation (Comp.)
~ ~ مُنفِّذة — interpretation (Comp.)
~ حُرَّة — liberal translation

تَرْجيع — repercussion, reverberation

تَرَحُّل أيونيّ — ionic migration (Chem.)

تَرحيل (الإشارات أو الرسائل) — relay(ing) (Elec. Comm.)
~ (الحِسابات) — carrying forward
~ (المُخالِفين أو المَشبوهِين) — deportation

تَرخيص — licensing, permitting

تَرخيص (تابع)

~، رخصة licence, permit, permission

~: خَفض السِّعر price reduction, price cut

تَرخيم: حَضْنُ البَيض incubation (Zool.)

تَرَدٍّ، اِنحطاط، تدَهْوُر degeneration, degeneracy, deterioration, retrogression

تَرَدَّى deteriorate, degenerate, retrogress

تَرداد frequent repetition, reverberation

تَرداديّ، تَرَدُّديّ reverberant, reverberatory

تَرَدَّدَ، تذبذَبَ vibrate, oscillate, vacillate (Phys.)

~، تَلَجْلَج hesitate, falter

~ (كالصَّدى) reverberate (Acous.)

~ (إلى) frequent

~ تَناوبيًّا alternate

تَرَدُّد، تواتُر frequency (Phys.)

~ أساسيّ fundamental frequency, basic frequency (Phys.)

~ الاستِرخاء relaxation frequency (Phys.)

~ الإشارة (المُستَقْبَلَة) signal frequency (Radio)

~ ~ الحامِلة لِلصور video frequency

الـ ~ الإطاريّ frame frequency (Telev.)

الـ ~ (الذبذبة) الأكثَرُ استِعمالًا maximum usable frequency (Radio)

~ الانتِقال، ~ انتقاليّ transition frequency (Phys.)

~ الانحياز bias frequency

~ بالِغُ العُلُو (من ٣٠ إلى ٣٠٠ ألف ميغاهِرْتز) extremely high frequency

الـ ~ التدويميّ gyrofrequency (Electron.)

~ تَراخ relaxation frequency (Phys.)

~ التَّصادُم collision frequency (Phys.)

~ تضارُبيّ beat frequency (Radio)

~ التَّضْمين modulation frequency (Radio)

~ (أو سُرعةُ) تكرارِ النَّبَضات pulse repetition frequency (or rate) (Radio)

~ توافقيّ harmonic frequency (Phys.)

~ التَّوهين اللامَحدود frequency of infinite attenuation (Elec. Comm.)

~ الحامِلة carrier frequency (Elec. Comm.)

الـ ~ الحَدِّي limiting frequency (Elec. Eng.)

~ حَرِج critical frequency (Radio)

~ الحَرَكة reciprocation (Eng.)

~ خاصّ: بِمَنْظومةٍ مُعَيَّنة eigenfrequency (Phys.)

~ دَليليّ pilot frequency

~ دُونَ الخَفيض: أقلّ مِن هِرْتز ultralow frequency (Phys.)

~ دونَ السَّمْعيّ subaudio-frequency, infra-sonic frequency (Acous.)

~ الذبذَبة oscillation frequency (Phys.)

~ الرَّتَل المَوجيّ wave-train frequency (Radio)

~ رَنيني resonant frequency (Phys.)

~ زاويّ: يُعَبَّرُ عَنْهُ بالزوايا النَّقِيَّة في الثانية radian frequency = angular frequency

~ سَمْعيّ audio-frequency (Elec. Comm.)

الـ ~ الصِّناعيّ (٥٠ إلى ٦٠ هِرْتز) industrial frequency (Elec. Eng)

~ صَوتيّ: من ٢٠٠ إلى ٣٥٠٠ دور في الثانية acoustic frequency, voice frequency (Acous.)

~ الصُّورة picture frequency (Telev.)

~ صورةِ الإشارة image frequency (Elec. Comm.)

~ الضَّخ pump frequency (Elec. Eng.)

~ الضَّربان beat frequency (Acous.)

~ عالٍ (من ٣ إلى ٣٠ مِيغاهِرتز) high frequency (Radio)

~ عالٍ جدًّا (من ٣٠ إلى ٣٠٠ ميغاهِرتز) very high frequency

~ فائقُ العُلُوّ (من ٣ إلى ٣٠ جَيْجاهِرْتز) superhigh frequency (Elec. Eng.)

~ فوقَ السَّمْعيّ: تردُّدٌ بين ٢٠ و١٠٠ كيلوهرتز superaudible (or super-audio) frequency

~ فَوق سَمعيّ (أكثر من ٢٠ كيلوهِرْتز) ultrasonic (or supersonic) frequency (Phys.)

~ فوقَ العالي: بين ٣٠٠ و٣٠٠٠ ميغاهِرتز UHF = ultrahigh frequency (Radio)

~ فيديويّ video frequency (Telev.)

~ القَطْع cut-off frequency (Elec. Comm.)

~ ~ الفَعّال effective cut-off frequency (Elec. Eng.)

الـ ~ القياسيّ (٥٠ أو ٦٠ هِرتْز عادةً) standard frequency (Elec. Eng.)

~ كابِت (مُتَقطِّعُ الكَبْت لِلذبذَبة العالية) quench(ing) frequency (Elec. Comm.)

الـ ~ اللاسِلكي: بين ١٠ كيلوهرتز و٣ آلاف جيجاهِرْتز radio frequency

~ المَبْدَى، ~ مَشْرِفيّ threshold frequency (Electron.)

~ مُتوسِّط (من ٣٠٠ إلى ٣٠٠٠ كيلوهِرْتز) medium frequency (Radio)

~ المَجال، الـ ~ الإطاري field frequency = frame frequency (Telev.)

~ المجموعة group frequency (Radio)

~ مُخَصَّص assigned frequency

~ مَرجِعيّ reference frequency

~ المَسْح scan(ning) frequency (Electron.)

~ (دورةِ) المَسْح sweep frequency (Telev.)

~ مَشرِفيّ threshold frequency (Electron.)

~ (مَصدرِ) الطاقة power frequency (Elec. Eng.)

~ مِفرَقي cross-over frequency (Acous.)

~ المَنْبَع supply frequency (Elec. Eng.)

~ مُنخَفِض: ترَدُّداتٌ راديويَّة مُنخَفِضة (بين ٣٠ و٣٠٠ كيلوهِرْتز) low frequency (Radio)

~ مُنخَفِضٌ جدًّا (من ١٠ إلى ٣٠ كيلو هِرْتز) very low frequency (Radio)

الـ ~ المَوجيّ wave frequency (Phys.)

~ النَّبْض impulse frequency (Teleph.)

تَرَدُّدات – الـ ~ التجارية (٢٥ لِدارات القُدرة وَ ٦٠ لِدارات الإضاءة) commercial frequencies

~ خَفيضة، ~ القَرار (دون ٢٥٠ هِرتْز) base frequencies = bass frequencies (Acous.)

تَردُّديّ، تَرديديّ reverberant, reverberatory

~: يتحرَّكُ جَيئةً وذَهابًا reciprocating

تَرْديد، إصداء: تَرجيع (الصَّدَى) reverberation (Acous.)

~، إعادة repetition, reiteration

تَرذيذ، ذَرٌّ، تَذْرِية atomization (Phys.)

تُرْس: دَرَقة — shield

~: دولابٌ مُسَنَّن — gear, gear wheel

~ احتِكاكيّ — friction gear (Eng.)

~ إدارةٍ أو تَدْوير — driving wheel, drive gear (Eng.)

~ إدارةِ التابع — accessory drive gear (Eng.)

~ إدارةٍ صَغير — driving pinion (Eng.)

~ إدارةٍ مُساعِد — auxiliary drive

الـ ~ الأصغَرُ (الأقلُّ أسنانًا) — stud gear (Eng.)

الـ ~ الأكبَرُ (الأكثر أسنانًا) — bull gear (Eng.)

الـ ~ الأوْسط — mid(dle) gear (Eng.)

~ تابع أو رَديف — follower

~ تَخفيض السُّرعة — reducing gear, reduction gear (Eng.)

~ ~ على مَرحَلتَين — double reduction gear (Eng.)

~ تَدْوير — drive gear (Eng.)

~ تَعْشيق — meshing gear (Eng.)

~ تغيير السُّرعة — change-speed gear (Eng.)

~ تفاضُليّ — differential gear

~ (أو مُسَنَّنَةُ) تَوقيت — timing gear (Eng.)

~ الحركةِ الأماميّة — forward gear (Eng.)

~ حَلَزوني — helicoidal gear, spiral gear (Eng.)

~ خَفض السُّرعة — down gear (Eng.)

~ دُوديّ — worm (gear) (Eng.)

~ دُوَيري — cycloidal gear

~ ذو أسنانٍ خشبيّة — mortise wheel (Eng.)

~ رئيسي — crown wheel (Eng.)

~ السُّرعة البَطيئة — low gear, slow gear (Eng.)

~ ~ الزائدة — overdrive gear (Eng.)

~ ~ العالية — high gear

~ بِسَقّاطة، ~ السقّاطة — ratchet wheel, pawl and ratchet (Eng.)

~ وسَقّاطة بِظُفر: لِتَحويل الحركة المترَدِّدةِ إلى حرَكَةٍ دائرية — ratchet and pawl (Eng.)

~ شَمْسيّ: تُرسٌ كَوكَبيّ مركَزي — sun wheel, sun gear (Eng.)

~ صغير — pinion

~ عاكِس — reversing gear

~ عَدْل (مُسَنَّن بمُوازاة المِحور) — spur gear (Eng.)

~ عمودِ الكامات — camshaft sprocket (Eng.)

~ فَصْل التعشيق — disengaging gear (Eng.)

~ فقار الرّنكة: تُرسٌ لَولَبيّ مُزدَوِج — herring-bone gear = double helical gear (Eng.)

~ فَلَكيّ — spider gear (Eng.)

~ فَناريّ — lantern wheel or pinion (Eng.)

~ قائمُ الجانِبَيْن — straight-flank gear (Eng.)

~ (إدارة) الكامات — cam gear (Eng.)

~ كَوكَبيّ — sun-and-planet gear, planetary gear (Eng.)

~ لَولَبيّ — screw gear (Eng.)

~ مُختَلِفُ المركَز — eccentric gear (Eng.)

~ مُخَدَّد — splined gear

~ مَخروطيّ — bevel wheel = bevel gear

~ ~: مُحَوَّى التسنين — scroll gear

~ ~ حَلَزونيُّ الأسنان — spiral bevel gear

~ ~ مَشطوب — mitre gear (Eng.)

~ مُدار، مُسَنَّنة مُساقَة — driven gear (Eng.)

~ مُزامِنَة — synchronizing gear (Eng.)

~ مَشطوب بِزاوية ٤٥° — mitre gear

~ مُعادِل — compensating gear (Eng.)

~ مُغَطًّى — shrouded gear (Eng.)

~ مُوازَنة (تفاضُليّ) — equalizing gear

~ ناقِل — carrier wheel, transmitting gear (Eng.)

~ (تَداويريٌّ) نجميّ — star gear (Eng.)

~ نَقْلِ الحركة — transmission gear (Eng.)

~ هُلْبي: تُرسٌ غيرُ مُسَنَّن — brush wheel

~ والِج: يُمكِنُ تعشيقُه ضِمنَ رَتَل مُسَنَّنات — tumbler gear (Eng.)

~ وَسِيط — idler, idle gear (Eng.)

~ الوَصْل — connecting gear (Eng.)

تَرْسانة: مَصْنَع أو مَخْزَنُ أسْلِحة — arsenal

~: مَكانُ بِناء السُّفن — shipyard, dockyard

تَرَسَّب — precipitate, deposit, sediment, settle

تَرَسُّب، رُسوب — precipitation, sedimentation, deposition, settling

~ الحَمأة — sludging

~ مُعاق — hindered settling

~ مُفرِط — excessive sedimentation

تَرَسُّبات الأنود — anode mud, anode slime (Elec. Eng.)

تَرَسُّخ — fixedness, stability

تَرَسَّمَ — trace

تَرْسيب، تَرَسُّب — deposition, precipitation

~ تجزئي أو تفاضُلي — fractional precipitation (Chem.)

~ الزئبقِ (كهربائيًّا على سَطحٍ) قبلَ الطِّلاء — quicking (Elec. Eng.)

~ كهربائيّ — electrical precipitation gear (Elec. Eng.)

الـ ~ الكهرَبائي — electric deposition, electro-deposition (Chem.)

~ كَهروسُكوني (كهروستاتي): لِلجُزَيئات المُعلَّقة في الهواء — electrostatic precipitation (Elec. Eng.)

~ كيميائي — chemical precipitation

تَرسيخ — fixing, fixation, stabilization

~ الصِّباغ (كيماويًّا) — dye mordanting = dye toning (Chem.)

تَرسينَة: صِبْغٌ تُرابيٌّ أصْفَرُ — sienna (Paint.)

تَرْشاش، رَشاش — splash, splatter, spatter

تَرْشاشةٌ مِلاطيّة (إعدادًا لِطَلْيَةٍ تالية) — spatterdash (Build.)

تَرَشَّح، تَسَرَّب — percolate, seep, infiltrate, leak

~، تَصَفَّى بالترشيح — filter, filtrate

تَرَشُّح، اِرتِشاح — filtration, infiltration

تَرَشْرش، ترشَّشَ — spatter, splash

ترشيح، اِرتِشاح — filtration, filtering

~: (أو ترشُّح) لِمَنْصِب — nomination, candidacy

~ اِنتِقائيّ — selective filtering (Eng.)

~ تخَلُّليّ — percolation filtering

~ حَيْزيّ — spatial filtering (Phys.)

الـ ~ الخَوائيّ: تحتَ التفريغ — vacuum filtration (Chem.)

الـ ~ الدِّقِّيّ — microfiltration (Chem.)

~ ضَغْطيّ — pressure filtration (Phys.)

~ فائِقُ الدِّقَّة — ultrafiltration (Chem.)

~ كهربائيّ — electrofiltration (Elec. Eng.)

~ مُعَجَّل (بالضَّغط) — accelerated filtration

تَرْشيدُ الإنتاج: التنظيمُ العِلميُّ لِلإنتاج — rationalization of production (Eng.)

التِّرْشيُوم، التّريتيوم: نظير مُشعّ للهدروجين ثلاثي العدد الكتلي — tritium (Phys., Chem.)

تَرصيدُ الحِسابات balancing of accounts
تَرْصِيص: تَصْفيحٌ بالرصاص lead plating
تَرْصيع studding; inlaying
~ فُسَيفسائي tessellation (Arch., Build.)
تَرضية appeasement; amends, compensation
تَرطيب moistening, damping, wetting
تُرعة canal, channel, watercourse
~ فَرْعيَّة distributary (Geog.)
تَرَعُّش، قَلْقَلة dither (Elec. Eng.)
تَرَقٍّ advance(ment), progress
تَرَقّى progress, advance; be promoted
تَرَقَّب، تَرَصَّدَ watch
~، توَقَّع anticipate, expect
تَرَقُّب expectation, anticipation
~، تَرَصُّد watch, lookout
تَرَقُّق، ترقيق thinning (out), reduction of thickness
تَرْقُوَة، عَظمُ التَّرْقُوة clavicle (Zool.)
تَرْقِيَة promotion
~ (أُسِّيَّة): رفعٌ إلى قُوَّة جَبريَّة involution, raising «indices» (Maths.)
تَرْقيد: تعكيسُ الأغصان layering (Bot.)
~ (لِتَفريخ البَيض) incubation, hatching, brooding (Zool.)
تَرقيش mottling (Geol.)
تَرْقيع patching
~، تَطعيم grafting (Bot.)
~ الجِلْد skin grafting (Med.)
تَرْقيق، تَرَقُّق lamination
~، تخفيف dilution, thinning
~ (بالطَّرْق) stamping, beating
~ (تصفُّحي): بالضغط foliation (Geol.)
~: توسيعُ ما بين النبتات thinning (Agric.)
تَرْقيم numbering
~، رَقم notation
~ الصَّفحات pagination
~ ثابت علامة الكسر (مثلاً ١٤٥,٦٨٧) fixed point notation (Comp.)
~ عائم علامة الكسر (مثلاً ٠,١٤٥٦٨٧ × ١٠^٣) floating point notation (Comp.)
تَرْقين: لإظهارِ طوبوغرافية السَّطح hatching, ha(t)chure, layering (Surv.)
~ عَرْضيّ أو مُعتَرِض cross hatching
تَرَكَ، غادَرَ leave, quit
~، تخَلّى عن، هَجَر abandon, give up, quit, relinquish
~، خَلّى، سَمَح let, allow
تركَّب (من) comprise, consist (of)
تَرِكة heritage, inheritance
تَرَكَّز concentrate
~ على focus (on), focalize
~، إستقَرَّ stabilize, settle
تَرَكُّز، تركيز concentration (Phys., Chem.)
تُركواز، فَيروز turquoise (Min.)
تَرْكيب، تجميع assemblage, assembling
~، إقامة concentration, erection, installation, building up
~، بِنْيَة make-up, composition, structure, constitution
~، تطعيم grafting (Bot.)
~، وَضْعَة setup, setting
~، تَوليف، تَخليق synthesis (Chem.)
~ إستِوائيّ لِلتلسكوب equatorial mounting (Astron.)
~ بِلَّوريّ crystal structure (Chem.)
الـ ~ الجافّ dry mounting (Photog.)
~ جُزَيئيّ molecular structure (Chem.)
~ على حامِل mounting, setting
~ حَلقيّ ring structure (Chem.)
~ بالدَّقّ driving fit (Eng.)
الـ ~ الذرِّيّ atomic structure (Chem.)
~ سِلْسِليّ مُزدَوِج double-catenary construction (Elec. Eng.)
الـ ~ الضوئيّ، التخليقُ الضوئيّ photosynthesis (Bot.)
~ عِماديّ columnar (or mullion) structure (Geol.)
~ فُتاتيّ crumb structure (Geol.)
~ فوقيّ superstructure
~ الفيلم (في آلة العَرْض) film threading
~ القُوى composition of forces (Mech.)
~ بالكَبْس press fit (Eng.)
~ كَتيم tight formation (Geol.)
~ كيماويّ chemical composition
~ على لَوحات panel mounting (Eng.)
~ المُتَّجِهات composition of vectors (Maths.)
~ مُتَراصِف bedded structure (Geol.)
~ مُتزايد: مُتزايدُ السُّرعة بازدياد الحمل overcompounding (Elec. Eng.)
~ مُتساطِح flush mounting (Eng.)
~ مَرِن resilient constitution (Phys.)
~ مُعَدّاتِ الحَفْر rigging, rigging up (Civ. Eng.)
~ مُغايِر أو غيرُ مُتجانِس heterogeneous composition (Chem.)
~ النِّصال blading (Eng.)
تَرْكيبات: قِطَعُ تركيب fittings, fixtures
~: إنشاءاتٌ تركيبيَّة installations (Eng.)
~ المِرجَل boiler fittings (Eng.)
تركيبة fitting, fixture (Eng.)
~، آليَّة mechanism, device
~ إنارة، ~ ضَوئيَّة luminaire, lighting fixture or fitting (Elec. Eng.)
~ (~) مَصنعيَّة، صَمجَةُ مَصنع factory fitting (Elec. Eng.)
~ تَثْبيت anchor fitting (Eng.)
~ ثُلاثيّة الشُّعَب Y-fitting
~ ذاتُ عُروَةٍ طَرَفيَّة eye-end fitting
~ شَدّ pull-off (fitting) (Eng.)
~ شُعبيَّة، شَوكة مَفْصِليَّة clevis (Eng.)
~ مُجَنَّبة offset fitting (Eng.)
~ مُؤَقتة hook-up (Elec. Comm.)
تركيبيّ، بِنْيَويّ structural
~، صُنعيّ synthetic
تَركيز، تبئير focusing, focalization (Phys.)
~، تَثبيت، إقرار fixation, stabilization
~ على، تشديد stress(ing), emphasis, underlining, highlighting
~ (المَحلول أو المَزيج)، تكثيف concentration (Chem.)
~، مَرْكَزة centering, centralization
~ الأشِعَّةِ بالراديو beaming (Radio)
~ بالإنعِكاس الحَراريّ thermal imaging
~ أو تَرَكُّزُ الإجهاد stress concentration
~ أو ضَبْط بُؤري focus(s)ing
~ أيونيّ ion concentration (Chem.)
الـ ~ الأيونيّ ionic focussing (Elec. Eng.)
الـ ~ البُؤريّ المغنطيسيّ magnetic focussing
الـ ~ بالجاذبيَّة gravity concentration (Min.)
الـ ~ الجُزَيئيّ molecular concentration

تَركيز (تابع)

الـ ~ ~ الحَجْميّ (بالمول في لِتْرٍ من المَحْلول) molar concentration, molarity (Chem.)

الـ ~ ~ الغراميّ (في كيلوغرام من المُذيب) molarity (Chem.)

~ الخامات ore concentration (Mining)

الـ ~ السَّطْحيّ surface concentration

~ صَوتيّ acoustic concentration

~ عِياريّ normal concentration (Chem.)

~ الغاز gas concentration (Chem.)

ترِلْيُون: ١٠^١٨ في إنكلترا وألمانيا و١٠^١٢ في أمريكا وفرنسا trillion

الترمُّم: الاعتياشُ على الرِّمَم saprophytism (Biol.)

ترِمُوس، كَظيمة thermos (bottle) (Phys.)

ترِموستات: ناظِمةُ الحرارة thermostat (Phys.)

ترِمُومِتْر، مِحْرار، ميزانُ الحرارة
thermometer (Phys.)

~ أرضيّ geothermometer (Geophys.), earth thermometer (Meteor.)

~ بُعاديّ: يُسَجِّلُ ويُقرأُ بعيدًا عن نُقطةِ القياس telethermometer, distant-reading thermometer (Eng.)

~ تفاضُلي (ثُنائيُّ المَعدِن) differential thermometer (Phys.)

~ ثُنائيُّ المَعدِن bimetallic thermometer (Phys.)

~ جافُّ البُصَيلة dry-bulb thermometer

~ الحرارةِ الخَفيضة frigorimeter (Phys.)

~ خُذْرُوفيّ sling thermometer (Meteor.)

~ زِئبقي mercury thermometer (Phys.)

~ سنتيغرادي، مِقياسُ الحرارة المِئوي، مِقياسُ سِلْسيُوس Celsius scale, centigrade thermometer (Phys.)

~ طِبّي clinical thermometer (Med.)

~ العُلُوّ، هِبْسُومِتْر hypso(thermo)meter

~ غازيّ gas thermometer (Phys.)

~ فرِنهَيتي Fahrenheit thermometer

~ كُحولي alcohol thermometer, spirit thermometer (Phys.)

~ كُلِّيُّ الغَمْر total immersion thermometer (Phys.)

~ كَهْروحَراريّ thermoelectric thermometer (Elec. Eng.)

~ كَوارتِزيّ quartz thermometer

~ بمُزدَوِجَة حرارية، تِرْمِل thermocouple thermometer = thermel

~ مِغنَطيسيّ: لِدَرجات الحرارة القريبةِ من الصِّفر المُطلَق magnetic thermometer (Phys.)

~ مُقاوَمة resistance thermometer

~ النِّهايَتَيْن العُظمَى والصُّغْرى maximum and minimum thermometer, Six's thermometer (Phys.)

~ هَوائيّ air thermometer (Phys.)

التِّرمومتريَّة: قياسُ درجةِ الحرارة thermometry (Phys.)

تَرْميز notation (Maths.)

الـ ~ الثُّماني octal notation (Comp.)

~ حَرْفيّ literal notation

~ عَشْريّ denary notation (Comp., Maths.)

~ كيميائيّ chemical notation (Chem.)

~ مَوضِعيّ positional notation (Maths.)

تَرميق: عَملٌ غير مُتْقَن bungle

تَرْميم، تَجْديد instauration, restoration, reconditioning

~، إصلاح repair, overhaul

~ أساسيّ (أو رَئيسيّ) major overhaul

تُرُنْج citron (Bot.)

تَرَنَّح stagger, falter, totter, sway, reel, lurch

~: اِنعَرَجَ في مَساره hunt (Aero.)

تَرَنُّح stagger(ing), sway(ing), totter(ing)

~: اِنعِراجُ المَسار hunting (Aero.)

~: تَطَوُّحٌ دَوريّ مِحوريّ nutation (Astron.)

~ الدالّة saltus of a function, oscillation of a function (Maths.)

تَرْنيم، تنغيم intonation, modulation (Acous., Elec. Comm.)

تَرَوٍّ forethought, deliberation

تَرَوُّب curdling, coagulation (Chem.)

التروپُوپُوز، مِنطقةُ الرُّكود tropopause (Meteor.)

التروپُوسْفير، الغِلافُ الجَوِّيُّ السُّفليّ troposphere (Meteor.)

تروتة: مِن أسماكِ المِياه العَذْبة trout

تُروس (أُنظر: تُرس) gears

~ تغييرِ السُّرعة change wheels (Eng.)

~ توقيت عَمود الحَدَبات camshaft timing gears (Eng.)

~ رَفْع السرعة overgear (Eng.)

~ عُقْدِيَّة nodal gearing (Eng)

~ لَولَبيَّة، مُسَنَّناتٌ حَلَزونيَّة helical gear

~ مُتَزامِنَةُ السُّرعة (عند التعشيق) synchromesh gear (Eng.)

~ مَخروطيَّة مُتَخالِفة skew bevel gear(ing)

~ مُزْدَوِجَةُ اللولبة double-helical gears

~ مُضاعَفةِ السُّرعة multiplying wheels

~ هَيبُوديَّة: مُتخالِفةُ المَحاوِر hypoid gearing

تْرولي: عربة ترولي troll(e)y (Eng.)

تَرْوِيَة (دَموية) perfusion (Med.)

تَرويج: جَعلُ السِّلعة تروج promotion

~، نَشْر propagation, circulation

تَرويض: تَدريب training, breaking in

~: تَدوير أوَّليّ (لِلمُحَرِّك) (روداج) run-in, running-in (Eng.)

~ الصِّمام valve grinding (Eng.)

تَرْويق elutriation (Chem.)

~، تَصفية clarification

تِرياق، دِرياق، مُضادُّ السُّم antidote, theriaca (Med.)

تْرَيْتون: نَواةُ ذرَّة التريتيُوم ذات بروتُونٍ ونيوترونَين triton (Chem.)

تَرَيَّث wait, linger, tarry

تَرَيُّث: تَوقُّفٌ تِلقائيّ لِلبرنامَج الرئيسيّ لِلقيام بعمليَّةٍ جانبيَّة hesitation (Comp.)

تْريجا: بادِئة بمعنَى مِلْيون مِلْيون مِلْيون (١٠^١٨) trega-

تريجاترون: مفتاحٌ إلكترونيّ ذو فُرجةِ شَرَرٍ غازيَّة trigatron (Electron.)

تْريجُوم، مِلْيون مِيغا أُوم tregohm (Elec. Eng.)

تريكو: جُزءٌ من مِلْيون مِلْيون ١٠^-١٢ trico-

تريمومِتْر: مِرجافٌ شَديدُ الحساسية tremometer (Geophys.)

تَرئيةُ الصُّوَر: تحويلُ الإشارات الإلكترونية إلى صُوَرٍ مَرئية video (Electron.)

تَزاحُم crowding, jamming, jostling

تَزاحُم (تابع)
~ (برامجيّ أو قنواتيّ) contention (Comp.)
تَزامُر isomerism (Chem.)
~ بِنْيَويّ structural isomerism (Chem.)
~ فَراغيّ، تماكُبٌ فَراغيّ stereoisomerism (Chem.)
~ مَوضِعيّ position isomerism (Chem.)
~ هَنْدَسِيّ geometrical isomerism
تَزامَنَ synchronize, coincide, concur
تَزامُن synchronization, synchronism, simultaneity, concurrence, coincidence
~ التردُّدِ الرنينيّ syntony (Elec. Eng.)
~ تِلقائي automatic synchronization (Elec. Eng.)
~ لَونيّ colour synchronization (Telev.)
تَزامُنيّ synchronous, simultaneous
تَزامُنيَّة synchronism (Elec. Eng.)
تَزاوُج intermarriage, mating
~، اِزدِواج، تَضاعُف gemination, pairing, doubling
~، اِقتِران (تَخصيب) conjugation (Zool.)
~ داخِليّ endogamy (Biol.)
لا تزاوُجيّ agamic, agamous (Biol.)
تَزايَدَ increase, augment, multiply, build up
~ (الهِلالُ) wax (Astron.)
تَزايُد، تَعاظُم increase, build-up, augmentation
~ درجةِ الحرارة temperature increase
~ الضغط، تَعاظُم الضَّغْط pressure build-up
تَزجَّجَ: صارَ كالزُّجاج vitrify
تَزجُّج vitrification
تَزْجيج enamelling
~: تَلميعٌ زُجاجيٌّ، ~: تأطيرٌ بالزُّجاج glazing (Photog., Build.)
~ (النُّفايات المشِعَّة) vitrification, glassification (Nuc. Eng.)
~ رَصاصيُّ الأُطر lead glazing (Build.)
~ (الخزفيّات) بالقصدير tin glazing
~ مِلْحِيّ (على الفخّاريّات) salt glaze
تَزَحزُح، زَحْزَحة shift(ing)
تَزَحُّف: تَشَوُّه الفلِز أو استِطالَتُه بالثِّقلِ المُستمِرِّ عليه creep(age) (Eng.)
~ السَّير belt creep (Eng.)

تَزَحْلُق slip(ping), slippage, skid(ding)
~ (على الجليد) skating, skiing
~ الإطار tyre slippage (Autos.)
~ دُروجيّ roller skating
تَزْريق (الفولاذ) blueing = bluing (Eng)
تَزفيت، سَفلَتة asphalting (Civ. Eng.)
تَزْليق: تَشْحيم أو تزْييت lubrication (Eng., Phys.)
~ الأُسطوانات cylinder lubrication
~ أوتوماتي automatic lubrication
~ بالجاذِبيَّة (ثِقليُّ التغذية) gravity-feed lubrication
~ حَلْقي ring lubrication (Eng.)
~ دَوريّ periodic(al) lubrication
الـ ~ بِرَذاذِ الزيت oil-mist lubrication
~ رَذِّيّ (أو ذَروريّ) mist lubrication
~ بالرشّ spray lubrication, splash lubrication (Eng.)
الـ ~ بالزيت oil lubrication, oiling (Eng.)
~ بالضغط (قسريُّ التغذية) pressure lubrication, forced-feed lubrication (Eng.)
~ بِغِشاء رَقيق thin-film lubrication
الـ ~ بِغِشاء كَثيف thick-film lubrication
~ غَمْريّ flood lubrication (Eng.)
~ مُذَرًّى atomized lubrication (Eng.)
~ مُفرِط overlubrication
~ بالمَسّاحات wiper lubrication
الـ ~ بِنَضْح الزيت oil-spray lubrication
~ يَدَويّ manual lubrication, hand lubrication (Eng.)
التزليقيَّة: قُدرةُ التزليق lubricity
تَزْميل، لَفّ wrapping, packing
تَزْنيك، غَلْفنة: طِلاءٌ بالزِّنك zin(c)king, zincification, sherardizing (Eng.)
تَزَهُّر: تفتُّت البلّورات efflorescence (Chem.)
~: إزهار، تنوير (ef)florescence, flowering, blossoming, blooming (Bot.)
تَزَوٍّ angularity
تَزَوُّد provision, taking provisions or supplies
~ بالوَقود، تَزويدٌ بالوَقود fuelling
تَزَوَّدَ بالوَقود ثانيةً refuel
تَزويد supplying, providing, provision(ing); equipment

~ بالأُكسِجين oxygenation
~ بالعُدَدِ اللازِمة tooling
تَزْوير forging, forgery, falsification
تَزويم zooming (Photog.)
تَزْييت oiling, oil lubrication (Phys., Eng.)
الـ ~ بالتغذيةِ المُتقطِّرة (أو المُتَساقِطة) drop-feed lubrication (Eng.)
~ بالتغطيس bath lubrication, bath oiling (Eng.)
~ في دَفقةٍ واحِدة one-shot lubrication
الـ ~ بالدوَران circulation oiling (Eng.)
~ ذُبالي (أو فَتيلي) wick lubrication
~ بالسِّلْسِلة chain oiling (Eng.)
~ بالطرد المركزي centrifugal lubrication (Eng.)
~ الغَزْل batching
~ قَسْريّ forced lubrication (Eng.)
~ مائعيّ fluid lubrication (Eng.)
~ مُتقَطِّع intermittent lubrication (Eng.)
~ مُستمِرّ continuous lubrication (Eng.)
~ مُفرِط overlubrication
تَزْييف، تَحْريف، تَزوير counterfeiting, falsification, forgery
تَزيين decoration, ornamentation
~ الواجِهات window dressing
تَساءَلَ query, wonder, ask
تَساحُب: اِنكماشُ الجِلّ syneresis (Chem.)
تَسارَعَ accelerate, pick up speed
تَسارُع، عَجَلة acceleration (Mech.)
~ الجاذِبيَّة، تَسارُعُ الثَّقالة: ٩٨٠,٦٦ سم/ث٢ acceleration of gravity, gravitational acceleration (Phys.)
~ الجَذْب المَركزي، ~ جابِذ centripetal acceleration (Phys.)
~ الخَطَران pitch acceleration (Aero.)
~ خَطِّي linear acceleration (Mech.)
~ زاوي angular acceleration (Mech.)
~ شُعاعي: باتجاه القُطر radial acceleration
~ الطرد المركزي، ~ نابِذ centrifugal acceleration (Phys.)
~ عَموديّ normal acceleration (Mech.)
~ مُماسّيّ (في اتّجاه المُماسّ) tangential acceleration (Mech.)
~ مُنتَظَم uniform acceleration (Mech.)

تَساطَح — flush
تُساعيّ، مُتَسَّع : تُساعيُّ الأضلاع — nonagon, enneagon (Maths.)
تَسافُد — copulation (Zool.)
تَساقَط — fall (down), drip, drop
تَساقُط : ما يسقُط من مطرٍ أو ثلج أو نَدى — precipitation (Meteor.)
~ إشعاعي — fall-out (Phys.)
~ الثَّلج — snowfall (Meteor.)
~ حُطاميّ — debris fall
~ مُشِعّ (إثْرَ انفجارٍ نَوويّ) — radioactive fallout (Nuc. Eng.)
~ المَطَر — rainfall (Meteor.)
تَسام، التسامي — sublimation (Chem.)
تَسامَى، تَصَعَّد — sublime, sublimate (Chem.)
~، اِستَعلى، تجاوَز — transcend
تَسامُت، اِستيزاء — collineation = collimation, collinearity (Phys.)
تَسامُتيّ — collineatory
تَسامُح، إطاقة — tolerance (Eng.)
~، سَماح — allowance (Eng.)
~ أُحاديُّ الاتجاه — unilateral tolerance
~ الأمان — safety allowance (Eng.)
~ الانحناء — bend allowance (Eng.)
~ الانكِماش — shrinkage allowance (Eng.)
~ التأخير — delay allowance
~ تردُّد المُرسِل — transmitter frequency tolerance (Elec. Comm.)
~ التوافُق — fit allowance (Eng.)
~ صِفريّ، ~ مَعدوم — zero allowance (Eng.)
~ الهُبوط — settlement allowance (Civ. Eng., Build.)
التسامي : التصَعُّد من الجامِد إلى الغاز — sublimation (Chem.)
تَسانُد — mutual support
تَساوٍ — equality, evenness
~، تكافؤ — equivalence
~، نِدِّيَّة — parity
تَساوُق، اِنسِجام — harmony, unison, coherence (Phys.)
~، تَوافُق — compatibility (Comp., Med.)
تَساؤل — query, questioning
تَساوي – الـ ~ — equality, parity, evenness
~ الزمن — isochronality, isochronism (Phys.)
~ الشذوذ — isoanomaly
~ القياس — isometry (Maths.)
~ المُحيطات — isoperimetry (Maths.)
تَسْبيب — causation
تَسَتُّر، تَخَفٍّ — disguise, camouflage
تَسْتيف، رَصّ، تَنْضيد — stowing, stacking
تَسجيل (في هيئة أو مجموعة) — enrollment (or enrolment)
~، تَدوين — registration, recording, registering
~ (بِنَمَطٍ مُعَيَّن) — transcription
~ (على شريط) — taping, tape recording (Acous.)
~ آنيّ : فَوريُّ الاستِعادة — instantaneous recording (Acous.)
~ على أُسطوانات — disc recording
~ الإشعاع — radiation logging (Phys.)
الـ ~ التصويريّ — photographic recording (Acous.)
الـ ~ التِلفزيوني — telerecording, kinescoping (Telev.)
~ ثُنائيُّ المَدْرَج أو المَسْلَك — dual-track (or two-track) recording (Acous.)
~ خُروج — log-out, sign off (Comp.)
~ دُخول (إلى الحاسوب) — log-in, sign on (Comp.)
~ شريط الفيديُو — video-tape recording
الـ ~ الشريطيّ — tape recording (Acous.)
~ الصَّوت — sound recording (Acous.)
~ ضَوئيّ — optical recording (Cinema)
~ طبق الأصل — facsimile recording (Elec. Eng.)
~ فَوريّ — spot recording (Acous.)
~ فيديُوي (تِلفزيونيّ) — video recording
~ كهربائي — electric logging (Pet. Eng.), electrical recording (Elec. Eng.)
~ لاضَجيجيّ — noiseless recording (Acous.)
~ مُتعَدِّدُ المَسالِك — multi-track recording (Acous.)
~ نافِرُ التَّحزيز — embossed groove recording (Acous.)
~ نِسبيّ مِئويّ — percentage registration (Elec. Eng.)
تَسخين، إحرار، إحماء — heating, warming
~ الأرضيَّة : بالتمديدات الكهربائية عبرها — floor warming (Eng.)
~ بالأشِعَّةِ دُونَ الحَمراء — infra-red heating (Phys.)
الـ ~ بالتردُّدات العالية — high-frequency heating (Elec. Eng.)
الـ ~ ~ اللاسلكية — radio heating, radio-frequency heating (Elec. Eng.)
الـ ~ بالتيّارات الدُّواميَّة — eddy-current heating (Elec. Eng.)
~ حَثِّيّ، ~ بالحَثّ — induction heating (Elec. Eng.)
~ سابِق — preheat
~ طُولانيّ : بِتَسليط تيّارٍ عالي التردُّد بِمُوازاة الرقائق — longitudinal heating (Elec. Eng.)
~ العازِل : بالتردُّدات اللاسلكيّة — dielectric heating (Elec. Eng.)
~ قَوسيّ : بالقَوس الكهربائي — arc heating (Elec. Eng.)
~ كهربائي — electric heating (Elec. Eng.)
الـ ~ اللاحِق — post-heating (Eng.)
~ مُتلِف — detrimental heating (Chem.)
~ مَسْحيّ : بالتيّارات الحَثِّيَّة وإمرار الشُّعلة باستمرار عبر مِنطقة التسخين — scanning heating, progressive heating (Elec. Eng.)
الـ ~ المَوجيّ : بِطاقةِ الأمواج الكهرمغنطيسية — wave-heating (Phys.)
تَسَدُّل : تَغَضُّن الدِّهان قبلَ جَفافه — curtaining, sagging (Paint.)
تَسْديد، تَصْويب — aim(ing), pointing, sighting
~، إيزاء، مُسامَتة — collimation, collineation (Phys., Maths.)
~ (الحِساب) — settlement, payment, paying up
تَسَرَّبَ — leak, infiltrate, seep
تَسَرُّب — leak(age), seepage
~، تَسَلُّل — infiltration
~، ضَياع بالارتشاح — wastage
~ أرضيّ — earth leakage (Elec. Eng.)
~ خَلالي — percolation
~ سَطْحيّ — surface leakage (Elec. Eng.)
~ طَوقي — belt leakage (Elec. Eng.)

تَسَرُّب (تابع)
~ العَزْل — insulation leakage (Elec. Eng.)
~ الغاز، سُروبُ الغاز — gas leakage
~ الفَيْض — flux leakage (Elec. Eng.)
~ المَعلومات — leakage of information
~ مِغْنَطيسيّ — magnetic leakage (Elec. Eng.)
~ الوَقود — fuel leakage (Eng.)
تَسَرُّبِيَّة، مُسارِبة — leakance (Elec. Eng.)
تَسَرْطُن، سَرْطَنة — cancerization, carcinogenesis (Med.)
تَسَرُّع — haste
~ التَنَفُّس — tachypnea (Med)
~ القَلْب، خَفْقة — tachycardia (Med.)
~ مُتَهَوِّر — precipitance, precipitency
تَسْريب، تَسَرُّب — leak(age)
تَسْرِئة: سَرْءُ البَيْض — spawning (Zool.)
تَسْريج، تَشْريج: خياطة رِخوة مُتباعِدة — basting, tacking
تَسْريح — discharge, release, dismissal
~ (الجُند) — demobilization (Mil.)
~ العُمّال (مُؤَقَّتًا) — layoff
تَسْريع — hastening, speedup, acceleration
تَسَطُّح — flatting, flattening
تَسْطيح — flatt(en)ing, surfacing, planishing
~، دَلْفَنَة — slabbing (Met.)
~ (البرشام) — heading (Eng.)
~، تمليس — cutting down (Met.)
تسطير (بالمسطرة) — ruling
~، كِتابة — writing
~، شَطب — crossing
~ أُفُقيّ باهِت (في دفاتر المُحاسبة) — feint (ruling)
~ مُتَصالِب — cross ruling
تَسْعير — rating, pricing; evaluation
~ رسميّ ثابت — valorization
تَسعيرة، عَطاءٌ بالأسعار — quotation
تَسْفين: تَثبيت (أو فَلْقٌ) بإسفين — wedging
~ غِنْفاريّ — fox(tail) wedging (Carp.)
تَسْقِيَة — quenching (Met., Eng.)
~ بالزَّيت — oil quench(ing) (Met.)
~ بالماء — water quenching (Met.)
تسقيف — roofing (Build.)
~ بالألواحِ الرفيعة — shingling (Build.)
تَسَكُّع، تلَكُّؤ — loitering, loafing, idling
تَسْكين (الألم) — analgesia (Med.)

تِسْلا = ١٠^{٤} غاوس — tesla (Elec. Eng.)
تَسَلُّح، تسليح. أسلحة — armament
تَسَلْسُل، سِلْسِلة — series, chain; train; sequence
~، اِستِمرارِيَّة — continuity
~ تَراتُبي: تتدرَّج فيه السُّلُطات أو القِيَم — hierarchy
~ حَيِّزي زَمَني: يتَّصِلُ فيه الزمنُ كَبُعدٍ رابع — space-time continuum (Phys.)
~ عَشوائيّ (أو اِتفاقيّ) — stochastic process (Maths.)
تَسَلْسُليّ — serial, sequential, cascade
تَسَلَّق — climb, ascend
~ بجَهد — clamber
تسَلُّق — climb(ing), ascending, ascent
تَسَلْكُت — silicification (Geol.)
تسَلُّل — slip(ping), infiltration
تسَلَّمَ — receive
~، تقَلَّد (السُلطة) — assume
تسَلُّم — receiving, receipt
تَسْلِيَة — recreation, amusement, entertainment
تَسْليح — arming, armament
~ الخَرَسانة — armoring, reinforcement
~ (الخَرَسانةِ) بشبكةٍ سِلكيَّة — wire-mesh reinforcement (Civ. Eng.)
~ شَبَكيٌّ مُتَعامِد — orthogonal mesh reinforcement (Civ. Eng.)
~ طُولانيّ (لِلخَرَسانة) — longitudinal reinforcement (Civ. Eng.)
تَسْليط — application
~ الحِمْل — load application (Elec. Eng.)
تَسْليف — credit, advance, loan
بَنْكُ ~ — credit bank
تَسليك: إدخال في تجويفٍ رفيع — threading, reeving
~ (المجرى) — clearing
~ بِقَضيبِ تنظيف — rodding (San. Eng.)
تَسليم — delivery, handing over
~، اِستِسلام — surrender, capitulation
~ آجِل — future (or forward) delivery
~ على ظهر الباخرة — free on board (FOB), ex-ship
~ المَصْنَع — f.o.b. factory, ex-factory
تَسَمُّع — listening

~ (أصواتٍ من داخِل الجسم) — auscultation (Med.)
تَسَمُّم، تَسْميم، اِنسِمام — toxication, poisoning
~ الدَّم — toxemia, blood poisoning (Med.)
~ بالرَّصاص — lead poisoning, plumbism (Med.)
~ رَصاصيٌّ مُزمِن — saturnism (Med.)
~ بالغاز — gas poisoning
~ غِذائي — food poisoning (Food Sc.)
~ الكاثود — poisoning of cathode (Phys.)
~ المادَّةِ الحَفّازة — poisoning of catalyst (Chem.)
~ وَشيقيّ — botulism (Med.)
تَسْمِيَة — nomenclature, naming
~، اسم — designation, denomination, title, name
تَسْميد — fertilization, manuring
تَسْمير — nailing
~ بَرْشَمة: يُحنى فيه سِنُّ المِسمار بعدَ دَقِّهِ لِلتثبيت — clench (or clinch) nailing
~ الحَواشي — edge-nailing (Carp.)
~ خَفِيّ: غير ظاهِر — blind nailing, secret nailing (Carp.)
~ مائِل — skew nailing, tusk nailing = toe nailing (Build.)
تَسْميم — poisoning
تَسَنُّج — sooting
تَسَنُّم، تقَبُّب — upwarping, vaulting (Geol.)
تَسَنُّن — serration, dentation (Bot.)
تَسْنيد، دَعْم — supporting, staking, propping
~: لِلأشجارِ المُتسلِّقة — training (Bot.)
تَسْنيم: دَعْمٌ بِكَتائِفَ جُمْلُونيَّة — trussing (Build.)
تَسْنين، شَرْشَرة، ثَلْم — toothing, notching
~، لَوْلَبة — threading (Eng.)
~ خارِجيّ — male thread (Eng.)
~ اللولب — screw-cutting (Eng.)
تَسْهيل، تيسير — facilitation
تَسْهيلات: مَرافِقُ مُيَسِّرة — facilities
تَسَوُّس (الأسنان) — caries, decay, cariosity (Med.)
تَسَوُّق، تبَضُّع — shopping
تُسُونامي: مَوجَةٌ سَنامِيَّة — tsunami (Geol.)
تَسْوِيَة — facing, dressing

تَسْوِيَة (تابع)

~، حَلٌّ وَسَط — compromise
~، تَسطيح — flattening, rolling (Eng.)
~، تَمْهيد — level(l)ing, grading, skimming (Civ. Eng.)
~ (قضية أو مُشكلة) — settlement, resolution
~: تَوهينُ التَموُّج — smoothing (Elec. Eng.)
~، تَقْويم — adjustment, tru(e)ing, squaring
~، مُساواة — equalization
~ (التعرية) — gradation
~ (الأرض) بالإرساب — aggradation
~ أرضِ الطريق — shaping (Civ. Eng.)
~ الدَّلافين — dressing of rolls (Eng.)
~ قِدِّيَّة (لِسَطْح الخَرَسانة) — rodding (Civ. Eng.)
~ بالمَطْل — stretcher level(l)ing (Met.)
~ بالمكنات — machine-finishing (Eng.)
~ مَوضِعيَّة — spot-facing (Eng.)
تَسْويد — blackening (Photog.)
تَسْويط: معالجة الحديد المَصهور بمادَّةٍ مؤكسِدة لجعله سهل التشكيل — puddling (Met.)
الـ ~ الجافّ — dry puddling (Met.)
~ الفولاذ — steel puddling (Met., Eng.)
تَسويغ، تَبرير — justification
تَسْويق — marketing
تَسَيَّل، نَزَّ، سَرَبَ — seep, leak
~: صارَ سائلًا (بالضغط أو التبريد) — liquefy (Phys.)
~: تميَّعَ ببُخار الجو — deliquesce (Chem.)
تَسَيُّل، سُروب — seepage, leakage
~، تميُّع — deliquescence (Chem.)
~ (بالضغط أو التبريد) — liquefaction, liquescence (Phys.)
~، إنسياب — flow
الـ ~ بزيادة الإجهاد — thixotropy (Chem., Geol.)
~ الهُلام — solation (Chem.)
تَسْييب — release, trip
تَسْييج — fencing, paling
تَسْيير، دَفع — drive, propulsion (Eng.)
~، تَوْجيه — routing, steering, directing
~ بَطيء (لِمَكنة سريعة عادةً) — inching (Eng.)
~ بالدَّفع الأيونيّ — ion propulsion (Space)
~ المُراسلات — routing of messages (Comp.)
تَسْييل — liquefaction, fluidization (Phys.)
تشابَك — intermesh, interlace, interlock, intertwine, mesh, tangle
تَشابُك، تَرابُط — linkage
~، تَشَبُّك — interlace, interlock(ing), entanglement, fouling
~ عَصبيّ — synapse (Med.)
~ مُتَوالٍ — progressive interlace (Telev.)
تَشابُه، تماثُل، شَبَه — resemblance, similarity, likeness
~ الأمشاج — isogamy (Biol.)
~ أيسُومريّ كاذِب — pseudoisomerism (Geol., Chem.)
~ بِلَّوري — isomorphism (Geol.)
~ التركيب — consanguinity (Geol.)
~ النَّسَق — homology (Biol.)
~ وَظيفي — analogy (Biol.)
تَشارُك — partnership, sharing
تَشاكُل، تَماثُل — resemblance, similarity
الـ ~، التشابُه الشَّكليّ — hom(e)omorphism, homoeomorphy (Chem., Biol.)
الـ ~ البِلّوري — isomorphism, homeomorphism (Chem.)
~ طوبولوجيّ — homeomorphism (Maths.)
تَشاوُر — consultation, deliberation
تَشاؤم — pessimism
تَشَبَّثَ، إستَمْسَكَ — cling, cleave, grip
تَشَبُّثُ الدواليب (بالأرض) — wheel-grip (Autos.)
تَشَبُّع، إشباع — saturation
الـ ~ الأيوني — ionic saturation (Chem.)
~ حَثِّيّ — induction saturation (Elec. Eng.)
~ الفَتيلة — filament saturation (Electron.)
~ اللوح: حِينَ لا يزدادُ تيّارهُ بازدياد القُلْطيَّة — plate saturation (Electron.)
~ لَوْنيّ — chrominance (Telev.)
الـ ~ المِغنَطيسي — (magnetic) saturation (Elec. Eng.)
تَشَبَّكَ — (inter)mesh, interlock, tangle
تَشَبُّك — entanglement, interlacement
~ (شبكيُّ الترقُّط) — reticulation (Print)
تَشْبيك: صُنْعُ الشِّباك — netting
~، تعشيق — meshing, gearing (Eng.)
تَشَتُّت، تشتيت — dispersion, dispersal, scattering (Chem., Phys.)
~، إستِطارة — scatter (Phys.)
~ أيونوسفيريّ — ionospheric scatter
~ بَصَري — optical dispersion (Light)
~ دَوَراني — rota(to)ry dispersion (Phys.)
~ صَوتي، تفرُّق صَوتي — acoustic dispersion (Acous.)
~ طُولاني — longitudinal dispersion (Phys.)
~ العازِل: تغَيُّرُ ثابِت العازِل (بازدياد التردُّد) — dielectric dispersion (Elec. Eng.)
~ غَرَوانيّ — colloidal dispersion (Chem.)
~ لَونيّ — chromatic dispersion (Elec. Comm.)
تَشْتِيَة — wintering (Biol.)
تَشْتيت، تَشَتُّت، إنتِشار — dispersion, dispersal
~ بالتموُّجات فوق السمعية — ultrasonic dispersion (Chem.)
~ الضَّباب — fog dispersion (Meteor.)
تَشْتيل: نَقلُ النَّبتات — transplanting (Agric.)
تشجيع — encouragement
تَشْحيل، تقليم — pruning (Agric.)
تَشْحيم — greasing, lubrication (Eng.)
تَشْحين، فَرطُ الشَّحْن — supercharging (Eng.)
تَشْخيص (المَرَض أو العِلَّة) — diagnosis
~ الأعطال، إكتِشاف الخَلَل — trouble-shooting, fault-finding (Electron.)
~ كَهربائي — electrodiagnosis (Elec. Eng.)
تَشَدُّخ — fracturing (Geol.)
تَشَدُّف، تشَظٍّ، تقطُّع — segmentation, fragmentation
تَشْديد — intensification, emphasis
~ مُسبَق: رَفْعُ الذُّروةِ المُسبَقُ لِنَوعٍ من الترَدُّدات — pre-emphasis (Radio)
تَشْذيب — trimming, pruning
~ أوَّليّ لِلحِجارة (في المَحْجَر) — knobbing (Build.)
تَشَرَّب — absorb, imbibe, soak (up)
تَشَرُّب، إرتِشاف — imbibition, absorption, impregnation (Chem.)
تَشَرْشُر، شَرْشَرة — serration
تَشْريب — soaking, infusion, impregnation
~ خَوائي: تحتَ التفريغ — vacuum impregnation (Eng.)
~ الخشبِ بالكريوزوت — creosoting

تَشريح dissection

~: تقسيم إلى شَرائح slicing

الـ ~، عِلم الـ ~ anatomy

~ُ الأحياء vivisection (Zool.)

~ُ الجُثَّة autopsy, necropsy (Med.)

الـ ~ُ المُقارَن comparative anatomy

تشريحيّ anatomical

تَشْريع: سَنُّ القَوانين legislation

~، قانون legislation, act, statute

تَشْريق، الانحِرافُ شَرْقًا easting (Naut.)

تشرين الأول: الشهر العاشر في التقويم الغريغوري October

تشرين الثاني: الشهر الحادي عشر في التقويم الغريغوري November

تَشَطُّر cleavage

تَشَظٍّ، تَشْظِيَة spalling, splint(er)ing, shivering, fragmentation

~ نَوَوِيّ، التَشَظّي (النووي) spallation (Phys.)

تشْظَى shiver, spall, splinter, sliver

~ (بالدق) broom

تشَعَّب، تفرَّع branch, (bi)furcate, ramify

تشَعُّب branching, ramification

~ (أو تفرُّع) ثُنائي bifurcation, divarication

~ شُعاعيّ radiation

تشَعُّث disarray

~ الصُّورة diffusion of image

تشَعَّع: تشعَّب مُنْتَشِرًا كالأشِعَّة radiate

تشَعُّع، إشعاع radiation (Phys.)

تَشْعيع، تَعريضٌ لِلإشعاع irradiation (Phys., Food Sc.)

تَشْغيل، تَسْيير، تدوير actuation, working, operation, running

~، تَوظيف employment

~ آليّ، أتمتة automation (Eng.)

~ اختباريّ (أو تجريبيّ) test run, trial run (Eng.)

~ ~ مُوازٍ parallel run (Eng.)

الـ ~ الأوتوماتيّ automatic operation

~ الأولاد child labo(u)r

~ تَجريبيّ trial run, test run (Eng.)

~ ترادُفيّ tandem working (Eng.)

~ تَقابُليّ مُتعَدِّد multiplex operation (Elec. Comm.)

~ على التوازي parallel operation (Elec. Eng.)

~الـ ~ بتيّارَيْن double-current working

~ ثانٍ: لإعادةِ استِغلال ما يُمكنُ استغلالُه مِن المنجم second working (Mining)

~ دُفْعيّ (أو قطّاعيّ) batch operation

~ بالسُّرعة الكامِلة full-speed operation (Eng.)

~ لاحِق afterworking (Met.)

~ بِلا حِمْل، ~ دونَ حِمْل no-load operation (Eng.)

~ مُتعثِّر (لاختِلالِ التغذية المُرتدة) trip action (Radio)

~ مُتعَدِّد مُتقابِل multiplex operation (Elec. Comm.)

~ مُتقَطِّع intermittent operation (Eng.)

~ مُزْدَوِج: تشغيلٌ آنيٌّ مزدوج بِمُرسِلٍ ومُستقبِلٍ مَعًا duplex operation (Elec. Comm.)

~ مُفردُ الإرسال simplex operation (Elec. Comm.)

~ نِصفُ مُزْدَوِج semi-duplex operation (Elec. Comm.)

تشغيلة: دُفعة من عمليَّة صِناعيَّة batch

تَشْغيليّ، جاهِزٌ لِلتَّشغيل operational

تَشفير، تَجفير: إلى شفرةٍ أو رموز (en)coding, encryption (Comp.)

~، تَشفيه flanging

تَشْفية flanging (Eng.), lipping (Carp.)

تَشَقُّف، تَشْظِيَة fragmentation, shivering

تشَقُّق، تصَدُّع cracking, fissuration (Geol.)

~ (تفَلُّع) الطلاء (أو الورنيش) crocodiling, alligatoring (Build.)

~، تفَلُّق splitting, cleavage

~ تِلْقائيّ: بالإجهادِ الداخلي والبِلَى السَّطحي season cracking (Met., Eng.)

~ جَفافيّ (لِتَبايُن التجفيف) في الخشَب season cracking

~ حَلَقيّ (في الخَشَب) shell shake, ring shake (Carp.)

~ دَقيق crizzling

تَشقيب slotting

تَشَكُّل، تكَوُّن formation, morphogenesis, genesis

~، هَيئة configuration

الـ ~، عِلْمُ الـ ~ morphology (Bot., Zool.)

~ بِلّوريّ ثُنائيّ dimorphism (Chem.)

الـ ~ الذاتي automorphism (Geol.)

~ زائِف pseudomorphism (Geol.)

~ مُجَدَّدًا neoformation (Geol.)

تَشْكيل، صَوْغ forming, formation, shaping, modelling, mo(u)lding, forging, working

~ (استِعراضيّ) formation (Aero.)

~ الأسنانِ بالدَّلْفَنة thread rolling (Eng.)

~ الأغفال blanking (Eng.)

~ الأنابيب بالدَّلْفَنة tube rolling (Eng.)

الـ ~ بالبَثْق extrusion (Eng.)

~ بِنْيَويّ conformation

~ بالتَّرسيب الكهربائي electroforming (Eng., Electron.)

~ تماثُلي isoforming (Chem. Eng.)

~ الجانِبِيَّة profiling (Eng.)

~ جَماعيّ group formation (Aero.)

~ حِدادي: بالحرارة والتطريق forging

الـ ~ بِحُزمةٍ لِيزريَّة laser-beam machining (Eng.)

~ بالحَقْن: لِلموادِّ اللدائنيَّة injection moulding

~ خَوائي vacuum forming (Eng.)

~ دَرَجيّ (استِعراضيّ) echelon formation (Aero.)

~ بالدَّلْفَنة roll forging (Eng.)

~ على السّاخِن hot forging, hot working (Met.)

~ الصَّفائح (في مِركمٍ رَصاصيّ) plate forming (Elec. Eng.)

الـ ~ بالضَّغْط pressure forming (Eng.)

الـ ~ بالطَّرْق hammer forging (Met.)

~ بالطَّرْقِ على الساخِن، ~ مُفَلطِح upset forging (Eng.)

الـ ~ ~ الساقِط drop stamping = drop forging (Met., Eng.)

~ الطين (على دولاب الخَزّاف) throwing

~ بِعدَّة مَكَنات multiple machining (Eng.)

الـ ~ بِفَوق السَّمعيّات ultrasonic machining (Eng.)

~ قالبيّ die forming (Eng.)

~ بالكَبْس pressing

تَشْكيل (تابع)
~ ~ (بين قالبَيْن) — press forming (Eng.)
~ ~ (في قَوالِب) — press forging (Eng.)
الـ ~ ~ على البارِد — cold pressing (Eng.)
الـ ~ ~ على السّاخِن — hot pressing (Eng.)
~ بالكهرباء، ~ كهربائي — electroforming (Eng.)
الـ ~ اللاّحِق — post-forming (Chem.)
~ اللدائِن (بالضغط) — plastic moulding
~ مَبْدَئي — dummying (Eng.)
الـ ~ بالمِطرقة الساقِطة — drop forging (Met.)
~ مِغنَطيسيّ — magnetic forming (Eng.)
~ مُفَلْطِح: بالطَّرْق على السّاخِن — upset forging (Met., Eng.)
~ بالمَكَنات: دَلْفَنةً أو ضَغْطًا أو طَرْقًا إلخ... — machine forging (Eng.)
~ مَوْجِي مُمَيِّز — formant (Acous.)
تَشْكيلة — formation, assortment
~ رَمْلِيّة — arenite (Geol.)
~ مُتَراصّة — close-formation
تَشْكيليّ — formational, structural, formative; plastic
تشَمُّع، ~ الكبِد — cirrhosis (Med.)
تَشْميس، تشَمُّس — insolation, sun-baking
تَشْميع — waxing
تَشَنُّج: تَقَلُّصٌ عضَليٌّ لاإراديّ — spasm, convulsion (Med.)
~ عَضَليّ — cramp (Med.)
تَشْهير — public defamation, libel
تَشَوُّش — disarray, disturbance, muddle, jamming, clutter
~ الحِسّ — paraesthesia (Med.)
~ راداريّ — radar clutter
تشَوُّه — deformation, distortion, malformation
~، عَيْبٌ مُشَوِّه — deformity
~ بالإجهاد — strain (Eng.)
~ الاستِقبال مُؤقتًا — jitters (Telev.)
~ الإشارات — signal distortion (Elec. Comm.)
~ الاعتِراضِ الطَّوري — phase intercept distortion (Elec. Comm)
~ بِرميليّ (في العدسة) — barrel distortion (Opt.)
~ بالتخَصُّر الوِساديّ — pincushion distortion (Telev.)
~ التردُّد — frequency distortion (Radio)
~ التَّضْمين — modulation distortion (Elec. Comm.)
~ ~ البَيْنيّ — intermodulation distortion
~ التعَوُّق — delay distortion
~ تكَسُّريّ — fracture deformation (Geol.)
~ التكمية — quantization distortion (Elec. Comm.)
~ بالتلَوِّي — warp(ing)
~ تَوافُقيّ — harmonic distortion (Phys.)
~ خَطِّي — line distortion (Elec. Eng.)
~ الخِلْقة — malformation (Biol.)
~ السَّعة — amplitude distortion (Phys.)
~ شِبْهُ مُنحَرِف — keystone distortion (Telev.)
~ الشكلِ الموجيّ — wave-form distortion (Phys.)
~ الطَّور — phase distortion (Elec. Comm.)
~ عارِض (أو عابِر) — transient distortion (Elec. Comm.)
~ عَدَسيّ — lens distortion (Opt.)
~ الغلاف، ~ غِلافيّ — envelope distortion (Elec. Comm.)
~ قِشْريّ — crustal deformation (Geol.)
~ القَصّ — shear distortion (Mech.)
~ لَدْنٌ — plastic deformation (Eng.)
~ لَوْنيّ — colour distortion (Phys.)
~ مُتَزامِن — contemporaneous deformation (Geol.)
~ مُتَّسَعُ الذبذبة — amplitude distortion (Phys.)
~ المَجال — field distortion (Elec. Eng.)
~ مَرِن — elastic deformation (Eng.)
~ هَندسيّ — geometric distortion (Telev.)
تَشْويب، إشابة: إضافة مُحَسِّنة — doping (Electron.)
تَشْوير — signalling
~ تَحْت مائيّ — subaqueous signalling
تَشْويش، اِضطِراب — disturbance, perturbation
~: في سَماع التسجيل — fuzz (Acous.)
~، تَداخُل — interference (Phys.)
~، ضَجيج — noise (Acous.)
~ إذاعيّ (لاضطِرابِ كَهربائيّةِ الجَوّ) — atmospherics, strays, static (Radio)
~ إلِكترونيّ — electronic jamming
~ جَوِّيٌّ مَديد — grinder (Radio)
~ لاسِلكيّ — radio jamming (Radio)
~ مِكروفوني: ضَجيجٌ اِرتجاجيّ — microphonics (Electron.)
تَشْويط (الغَزْل): لإزالةِ زَغبِه — singeing
تَشْويه — deformation, disfigurement, distortion
تَشْييد — construction, building, erecting, setting up (Civ. Eng.)
تَصابِ — rejuvenation (Geol.)
تَصادُفيّ، اِتِّفاقيّ — fortuitous, accidental
~، عَشْوائيّ — stochastic, random (Maths.)
تَصادُم، اِصطِدام — collision, impact
~ جَبْهيّ — head-on collision
~ حَيَويّ — biotic antagonism (Biol.)
~ لامَرِن — inelastic (or non-elastic) collision (Mech.)
~ لَدْن — plastic collision (Mech.)
~ مُباشِر — direct impact (Mech.)
~ مُشِعّ تتحول طاقة الحركة فيه إلى إشعاع كهرمغنيطي — radiative collision (Phys.)
تَصاعُد، اِرتفاع — ascent, rise
~، اِزدياد — increase, buildup, intensification, escalation
~، اِنبِعاث — emanation, emission
تَصاعُديّ — progressive, ascending
تَصافّ، مُصافّة — alignment
~ تِلقائيّ — self-alignment
تَصالُب — crossing, vertical intersection
الـ ~ البَصَريّ — optic chiasma (Zool.)
تَصَبُّب — flow, effusion
تَصَبُّع — digitation (Geol.)
تَصَبُّن، تَصْبين — saponification (Chem.)
تَصْبير، تَحنيطُ الحَيوانات — taxidermy
تَصَحُّر: تَحَوُّلٌ إلى صَحارى — desertification (Ecol.)
تَصْحيح، تَقْويم — correction, rectification, amendment
~ اختلافِ المَنظر — parallax correction (Phys., Surv.)
~ الأخطاء ذاتيًّا — automatic error correction (Comp.)

تَصْحيح (تابع)

~ الارتخاء — sag correction (Surv.)
~ الإزاحة — displacement correction (Phys.)
~ الانحِدار (في قياسِ المَسافات) — slope correction (Surv.)
~ الانحراف — deflection correction (Phys., Surv., Electron.)
~ انحِراف الاتِّجاه — off-course correction (Aero., Naut.)
~ الانحناء: الناتج عن تقوُّس الأرض — curvature correction (Surv.)
~ الاندِيال — droop correction (Aero.)
~ الانسياق — drift correction (Naut.)
~ التجارِب الطباعية — proofreading
~ التشوُّه — distortion correction (Elec. Comm., Phys.)
~ زاويةِ الارتفاع — elevation correction (Surv.)
~ قِراءةِ البُوصلة — compass correction
~ القياسِ لِلفارِق الحَراريّ — temperature correction (Surv.)
~ المَدى — range correction (Aero.)
~ نُقطةِ الصِّفر — zero-point correction
تَصحيحاتُ شَريط القياس — tape corrections (Surv.)
تَصْحيحيّ — corrective
تَصَخُّر، تَحَجُّر — petrifaction = petrification (Geol.)
تَصَدَّى لِـ — face, confront
تَصَدُّع، تَشَقُّق — cracking, fracturing, faulting
~، تَمَزُّق — disruption, rupture
~، صَدْع، فَلْق — fault (Geol.)
~ جُمودي — gelifraction (Geol.)
~ كُتْلَوي — block faulting (Geol.)
~ كلالي — fatigue failure (Met.)
تَصْدير — export, exportation
~، مُقدِّمة — foreword, preface
تصديق، مِصداقيَّة — credence
~، إقرار — ratification, approval, sanctioning
~، تَوثيق — attestation, certification, authentication
~، سُلوك — behaviour, conduct

~: حَقُّ أو حُرِّيَّة التصرُّف — disposition, disposal
تَصْريح، رُخصة — licence, permit
~، بَيان — declaration, statement
~ مُرور، جَوازُ مُرور — laissez (or laisser) passer
~ بالمُرور الجوّي — air traffic clearance (Aero.)
تَصْريف — discharge
~، نَزْح — drain, drainage
~ (الأعمال) — management, discharge
~ (الأفعال) — conjugation
~ البُخار — blowing-off (a boiler)
~ تَشابُكيّ — trellis drainage (Civ. Eng.)
~ ضَغْطيّ — pressure drainage
~ مُداوَم — sustained discharge
~ مُعاق أو مُعَوَّق — impeded drainage
تَصَعَّدَ، تَسامَى: تحوّل من جامِدٍ إلى غاز مباشرةً — sublimate, sublime (Chem.)
التَصَعُّد: انتِقالُ الحرارةِ بالحَمل — convection (Phys.)
تَصْعِيد، زيادةُ الحِدَّة أو الشِّدَّة — escalation
الـ ~، التَّسامي: تَحَوُّل المادةِ من جامِدٍ إلى غاز مُباشرةً — sublimation (Chem.)
تَصْغير — diminution, reduction
~ المَقطع — screw(ing) down (Eng.)
تَصَفُّح: تشقُّقٌ إلى صَفائح — cleavage (Geol.)
~: تَرَسُّبٌ في طبقاتٍ رقيقة — lamination (Geol.)
~: تقليبُ الصفحات — browsing or skimming through
~ كاذِب — pseudolamination (Geol.)
تَصَفُّر، اِصفِرارٌ (بنقص الضوء) — etiolation (Bot.)
التَصَفّي، الفَصلُ بالتصفّي — elution (Chem.)
تَصْفية، تَرْويق — clearing, clarification
~، تنقية — purification
~، تكرير — refining, refinement
~، غَرْبَلة، نَخْل — straining, screening
~ (المؤسَّسةِ أو الشركة) — liquidation, winding up
~ (حسابات) — clearance, settlement
~ اَستِنضاضٍ أو تَصْويل — lixiviation, leaching (Chem.)
تَصْفيح، تَدْريع — armo(u)ring, cladding

~: تَغْطيةٌ بالصَّفائح — sheeting, plating
~: تقسيمٌ إلى صفحات — paging (Comp.)
الـ ~ القاعيّ، ألواحُ القاع — bottom plating (Eng.)
~ (أو طَلْيٌ) بالمَطّاط — rubber plating
~ مَعدِنيّ (مُقاوِمٌ للتآكُل) — metal coating
تَصْفيق — clap(ping)
~ (السائِل): تحويلُه من إناءٍ إلى آخرَ لِيَصْفو — decantation (Chem.)
تَصَلَّبَ، تَيَبَّسَ — consolidate, harden, stiffen, indurate, solidify; set
تَصَلُّب — consolidation, induration (Geol.), solidification (Chem.), sclerosis (Med.), hardening, stiffening
~، صَلابة — hardness, rigidity (Phys.)
~، شَكّ (الإسمنت) — setting (Civ. Eng.)
~ الشرايين — arteriosclerosis, atherosclerosis (Med.)
الـ ~ بالضَّغْط أو الصَّدْم (في بعض المحاليل الغروانيَّة) — dilatancy (Chem.)
~ ناقِص — undercuring (Civ. Eng.)
تَصْليب، إجماد، تَصَلُّب — hardening, solidification (Phys., Chem.)
~ (أو إجمادُ) الدُّهون — fat hardening
تَصليح — repair, mending, fixing
~، تَصحيح — correction
~ شامِل — overhaul
تَصْليد، تصَلُّد — hardening, induration
~ بالتشغيل — work-hardening (Eng.)
الـ ~ بالتطبيع — temper-hardening = artificial ageing (Eng.)
~ بالتعتيق — age hardening (Eng.)
~ بالتغليف — case-hardening (Eng.)
~ حَثّي: بالتيّاراتِ الحَثِّيَّة — induction hardening (Eng.)
~ (سَطحيٌّ) بالحِملاج — torch hardening
~ بالدَّلْفَنة — temper rolling (Met.)
~ رَصّ، ~ بالتغليف والكَرْبَنة — pack-hardening (Eng.)
~ السَّطْح — surface hardening (Eng.)
~ ~: بِمُعالَجتِه بالكربَنَة أو النَّتردة — skin hardening, face-hardening (Met.)
~ ~: بِلِحامِ طبقةٍ صَلْدة فوقه — hard-facing, hard surfacing (Eng.)

تَصْليد (تابع)
~ ضِدَّ الإشعاع — radiation hardening (Phys., Space)
الـ ~ الفائق — superhardening (Met.)
~ باللهَب — flame hardening (Eng.)
الـ ~ في الماء — water hardening (Met.)
~ بِمُرور الزمَن — age-hardening (Eng.)
~ المَطّاطِ بالكبريت (أو مادّة أُخرى) — vulcanization of rubber (Chem.)
~ بالنَّتردة — nitriding, hardening by nitridation (Eng.)
الـ ~ النيوتروني: بامتصاصِ النيوترونات البَطيئةِ — neutron hardening (Phys.)
تَصَمُّغ — gumming, resinification
الـ ~: مَرَضٌ نَباتيّ — gummosis (Bot.)
تَصْميد: مُعالجةُ تَصْميد — proofing
~ ضِدَّ الصَّدأ — rust-proofing (Eng.)
الـ ~ لِلماء — waterproofing
تَصْميم — design
~، مُخَطَّط — plan, layout
~، عَزْم — determination, resolution
~ إنشائيّ — structural design
~ تَخطيطيّ — schematic design
~ تَقْليديّ — conventional design
~ بمعاونة الحاسوب — computer-aided design
~ مِعياريّ: لأجزاء المَباني المُصَنَّعة مُسبَقًا — modular design (Arch.)
~ المَكَنات — machine design (Eng.)
تَصنُّع، تظاهُرٌ زائِف — simulation, sham, pretence
~، تكَلُّف — affectation, mannerism
تَصْنيع: جَعلُ البلدِ مُصَنِّعًا — industrialization
~، صُنْع — formation, -plasty
تَصْنيف — classification, grouping, sorting
عِلْم الـ ~ — taxonomy
~، تأليف — compilation, writing
~ الأحجام الحُبَيبيَّة — grain-size classification (Geol.)
~ انتِقائيّ — selection sort (Comp.)
~ حَجْميّ — size classification
الـ ~ الحَيَويّ الثُّنائيُّ التسمية — bionomic classification (Biol.)
~ داخِليّ — internal sort (Comp.)
~ الدم — blood grouping (Med.)
~ دَوريّ (لِلعَناصِر) — periodic classification (of the elements) (Chem.)
~ سُرْعيّ (لِلجُسَيمات النووية) — velocity sorting (Electron.)
الـ ~ الطيفي (لِلنجوم) — spectral classification (Astron.)
~ قَدِّيّ — sizing, size-grading (Chem.)
تَصْنيفيّ — classificatory
التَّصْنيفيّات: عِلمُ التصنيف — systematics, taxonomy (Biol.)
تَصَهُّر: اِنصِهارُ الصخرِ بالحرارة العالية — anatexis (Geol.)
~: تعَجُّن، تلَيُّن — fritting (Eng.)
~ تَدامُجيّ: تَصَهُّرُ وتدَمُّج عدة أنواع من الصَّخر — syntexis (Geol.)
تَصَوَّرَ، تخَيَّلَ — imagine, visualize, conceive, envisage
تَصْويب — aiming, sighting, pointing
~، تصحيح — correction, emendation
تَصْويت: إحداثُ الأصوات — phonation
~: اِقْتِراع — voting
~ عام: اِستِفتاء — plebiscite
تَصْوير، رَسْم — drawing, portrayal
الـ ~، التصويرُ الفوتوغرافي — photography
الـ ~ الآنيّ — instant photography
الـ ~ الإشعاعيّ — radiography (Phys.)
الـ ~ بالأشِعَّة دونَ الحَمراء — infra-red photography (Photog.)
الـ ~ بالأشِعَّةِ السِّينيَّة — X-ray radiography
الـ ~ البُعادي، الـ ~ عن بُعد — telephotography (Photog.)
الـ ~ التجسيميّ (بأشِعَّة اللِّيزَر) — holography (Phys.)
الـ ~ الجافّ — xerography (Photog.)
~ جِصّيّ على المِلاط الرَّطْب — fresco (Build.)
الـ ~ الجَوّي — aerial photography
~ الدقائقِ فوتوغرافيًّا: عبرَ المِجهر — photomicrography
الـ ~ الدِّقي، الـ ~ الصُّغْري: بِحَجم لا يُرى إلّا مُكَبَّرًا — microphotography
الـ ~ الراداريّ — radar photography
الـ ~ بالزَّيت — oil painting
الـ ~ الشُّعاعيُّ البُعاديّ — teleradiography
الـ ~ الشُّعاعِيّ الجافّ — xeroradiography
الـ ~ ~ الصُّغْريّ — microradiography
الـ ~ (الضَّوئي) الصُّغْرِيّ — microphotography
الـ ~ الضَّوئيُّ الكُبْرِيّ — macrophotography
الـ ~ الطيفيّ — spectral photography
الـ ~ الفوتوغرافيّ — photography
الـ ~ اللاسِلكيّ — radio-photography
الـ ~ المِجساميّ (الليزريّ) — holography (Phys.)
الـ ~ المُجَسَّم — stereoscopic photography, stereography
الـ ~ المِجهريّ — micrography
الـ ~ المِساحيّ: إعدادُ الخَرائطِ من الصُّوَرِ الفوتوغرافيَّة الجَوِّيَّة — photogrammetry
الـ ~ المَقْطَعيّ: تَصويرٌ مَقطعيّ شُعاعيّ — planigraphy = tomography (Med.)
تَصْويريّ — photographic, pictorial
تَصْويل: فَصْلٌ بالترويق — elutriation (Chem.)
~، غَسْلُ التُّربة — leaching (Agric.)
~: فَصْلٌ أو استخلاصُ الموادِّ الذوّابةِ بالغَسْل — leaching, lixiviation (Chem., Eng.)
تَصَيُّدٌ مِغنَطيسيّ: لِجُزَيئاتِ الإشعاع — magnetic trapping (Phys.)
التَصَيُّف، السُّباتُ الصيفيّ — (a)estivation (Biol.)
تضاءَلَ، تَناقَصَ — wane, diminish
~، خمَدَ — dampen (Phys.)
تَضادٌّ، فِعْلٌ مُضادّ — antagonism; opposition; contradiction
~ حَيَويّ — antibiosis (Biol.)
~ الطَّور — phase opposition (Phys.)
تَضادّيّ — antithetic, contrasting, opposing
تَضارُب — conflict, inconsistency; contradiction
تَضاريس — relief (Geog.)
~ أرضيَّة — relief, terrain = terrane, ground form (Geol.)
~ السَّطح — surface relief (Geog.)
~ مُنقَلِبة — inverted relief (Geol.)
تَضاعُف — duplication, doubling, multiplication, multiplicity
تَضاغُط، ضِغاط — compression, ram (Eng.)

تَضاغُط (تابع)
~ (الأمواجِ الصَّوتيّة): يتلوهُ تخلخُل — condensation (Phys.)
تَضافُر — collaboration, cooperation, unity (of efforts)
تَضامّ، تراصٌّ بالدَّك أو الرَّضم — coalescence, compaction (Civ. Eng.)
تَضامُن — solidarity
بالـ ~ والتكافُل — jointly and severally
تَضاؤل: صِغرًا أو انكماشًا — waning, diminution, shrinkage
~، خُمود — damp(en)ing, decay (Phys.)
~ التيّار — current decay (Elec. Eng.)
~ النُّصوعِ الحافّيّ — vignetting effect
تَضَبُّب — fogging, misting
~ التَّحبير — ink misting
~ (أو تغَبُّش) ضَوئيّ — light-fog (Photog.)
تَضْجيع — bedding-in, laying
تَضَخُّم، تَضْخيم — intumescence, distention; magnification, amplification, enlargement
~، اِنتِفاخ — inflation
~، فَرْطُ النمُوّ، عَبَلَة — hypertrophy (Biol., Med.)
~ (اقتصادي) — inflation
تَضَخُّميّ — inflationary
تَضْخيم، تكبير، تَوسيع — amplification
~، مُبالَغة — exaggeration
~ (الصَّوت) — gain (Elec. Comm.)
~ التبايُن — contrast amplification (Acous.)
~ تَعاقُبيّ — cascade amplification (Elec. Eng.)
~ على التوالي — series amplification
~ التيّار — current amplification (Elec. Eng.)
~ خَطّيّ (التناسُب) — linear amplification (Electron.)
~ الضَّوء بالانبعاثِ المُنَشَّط (لِيزَر) — light amplification by stimulated emission of radiation (laser) (Phys.)
~ القُدرة — power amplification (Elec. Eng.)
~ مُتَعاقِب: في مضخّماتٍ مُتعاقبة — cascade amplification (Elec. Eng.)
~ متقدِّم — preamplification (Elec. Eng.)
تَضَرَّر — sustain injury or harm, suffer damage or loss
تَضْفير — braiding

تَضَلُّع — mastery, command, versedness
تَضْليع — ribbing (Civ. Eng.)
تَضْليل — misguidance, delusion, misleading
تَضَمَّنَ، حَوَى، شَمَل — include, contain, comprise, involve
~، عَنَى ضِمنًا — imply
تَضَمُّنات، شَوائبُ دَخيلة — inclusions (Min., Eng.)
تَضْميد — dressing, bandaging
تَضْمير (الخَيل) — training, sweating
تَضْمين، تضَمُّن، اِحتِواء — inclusion, embodiment
~: دَمْجُ إشارَتين أو ذَبذبتَين أو مَوجتين — modulation (Elec. Comm.)
الـ ~ الإبصاري: دَمْجُ إشارةِ الصورة في المَوجةِ الحامِلة — vision modulation (Telev.)
الـ ~ بالامتِصاص — absorption modulation (Radio)
~ أمَدِ النَّبْض — pulse-duration modulation (Elec. Comm.)
~ أنوديّ (بالكاثود) — plate modulation = anode modulation (Electron.)
~ الترَدُّد — frequency modulation (FM) (Phys.)
~ ترَدُّدِ الحامِلة الفَرْعيَّة — subcarrier frequency modulation (Elec. Comm.)
~ ~ النَّبَضات — pulse-frequency modulation (Elec. Comm.)
~ على التوالي — series modulation (Elec. Comm.)
~ ثُنائيّ — dual modulation
~ خَطِّيّ — linear modulation (Elec. Comm.)
~ خَفيضُ المُستوى (خفيضُ القُدرة) — low-level modulation (Elec. Comm.)
الـ ~ بالخَنْق — choke modulation (Elec. Eng.)
~ ذُروةِ النَّبْض — impulse amplitude modulation (Elec. Eng.)
~ رَمْزيّ نَبْضيّ — pulse-code modulation (Elec. Comm.)
~ زُمَريّ — group modulation (Elec. Comm.)
~ زَمَنِ النَّبْض — pulse-time modulation
~ السَّعة، تضمينٌ سَعَويّ — amplitude modulation (AM) (Phys.)

~ سَعَةِ النَّبض — pulse-amplitude modulation (Elec. Comm.)
الـ ~ السَّلْبي — negative modulation, downward modulation (Elec. Comm.)
الـ ~ الشادوفيّ: التضمينُ بِقَطّاع شادوفي — chopper modulation (Elec. Eng.)
الـ ~ الشبَكيّ — grid modulation (Electron.)
~ شِدَّةِ الإضاءة — intensity modulation (Telev.)
~ الصوت — voice modulation (Elec. Comm.)
~ الضَّوء — light modulation (Telev.)
~ بالطَّنين — hum modulation (Acous.)
~ الطَّور — phase modulation (Elec. Eng.)
~ طَورِ النَّبْض — pulse-phase modulation (Elec. Comm.)
~ عالي القُدرة — high-power modulation (Elec. Comm.)
الـ ~ عَبْرَ شَبَكةِ الكَبْت — suppressor (grid) modulation (Electron.)
~ بالفُرْجةِ الشراريّة — spark-gap modulation (Elec. Comm.)
~ فُلْطيَّةِ اللوح — plate-voltage modulation (Electron.)
~ مُتَخالِط — transmodulation, cross modulation (Radio)
~ مُتعَدِّد — multiple modulation
~ مُرَكَّب، ~ مُزدَوِج — compound modulation, double modulation (Elec. Comm.)
~ مُشَفَّرُ النَّبْض — pulse code modulation (Comp.)
~ مَصْعَديّ — anode modulation = plate modulation (Electron.)
~ مُفرِط: يُحدِث تشَوُّهًا — overmodulation (Elec. Comm.)
~ مَهْبِطيّ — cathode modulation (Electron.)
~ مُوجِب — positive modulation (Telev.)
~ ناقِص — undermodulation (Elec. Comm.)
~ بالنَّبْض الشبَكيّ — grid-pulse modulation (Electron.)
~ نَبْضيّ — pulse modulation (Elec. Comm.)
تَضَيُّق — narrowing, striction, constriction
~: في وِعاءٍ أو فُتْحة — stenosis (Med.)
~: ضِيق — narrowness; tightness

تَضَيُّق (تابع)
~ الأوعية (الدمويّة) — vasoconstriction (Med.)
~ تدريجيّ، اِستِدقاق — taper(ing)
~ الصُّورة الجانبيّ — underlap (Telev.)
~ المُوصِّل المائع (بتأثُّرِ تيّاره ومَجالِه المِغنطيسيّ) — pinch effect (Nuc. Eng.)
تَضْييق، تضَيُّق — constriction, narrowing
~ بالتغضين — crimping (Eng.)
~ خانِقيّ — throttling (Eng.)
تَطابَقَ، تَوافَقَ — conform, coincide, concur
تَطابُق، تَوافُق — conformation, coincidence, conformity, concurrence
~، مُطابَقة، اِنطِباق — congruence (Maths.)
تَطاعُم، مُؤاكَلة — commensalism (Biol.)
تَطاوُر — phasing (Elec. Eng.)
مُختَلُّ الـ ~ — out of phase (Phys.)
تَطاوُل، اِستِطالة — elongation
~ (على) — encroachment, tresspassing
تَطايَرَ، اِنتَثَر — scatter, disperse
~، تبخَّرَ سَريعًا — volatilize (Chem.)
تَطايُر — volatilization (Chem.)
تَطايُريّة، قابليَّةُ التطاير — volatility (Chem.)
تطَبُّع: قابليَّة التكيُّف — adaptability (Biol.)
تطَبُّق — stratification, bedding (Geol.)
~ تيّاريّ — current bedding = cross-bedding (Geol.)
~ عَديمُ التوافُق، ~ لا تَوافُقيّ — unconformable stratification (Geol.)
~ كاذِب — pseudostratification, false bedding (Geol.)
~ مائِل — oblique bedding (Geol.)
~ مُتَصالِب — cross-bedding (Geol.)
~ مُتَماثِل — symmetrical bedding (Geol.)
~ مُتَوافِق — conformable stratification, concordant bedding (Geol.)
~ مُخالِف — cross stratification
تَطْبيب — therapy
تَطْبيع — normalization
~ (المَعادِن) — temper(ing) (Met.)
~ رَصاصيّ — lead tempering (Met.)
~ بالزيت، تَسْقية بالزيت — oil temper(ing) (Met.)
~ (الفُولاذ المُصَلَّد): بالإحماء ثمَّ التَّسقية — letting-down (Eng.)
~ لَونيّ — colour tempering (Met.)
~ مَرْتِنْزِيتيّ — martempering (Met.)
تطبيق، استعمال، استخدام — application
~: دالَّةٌ مُتعَدِّدةُ القِيَم — mapping, map (Maths.)
~ صِناعيّ — industrial application
~ غامِر، دالَّة شامِلة — surjection (Maths.)
~ ~ مُتَبايِن: واحِدٌ لِواحِدٍ وَشامِل — bijection (Maths.)
~ مُتَبايِن — injection (Maths.)
~ مَفتوح — open mapping (Maths.)
تَطبيقيّ — applied, applicatory
تطَرُّف — extremism
تطَرُّفيّ، قُصْويّ (القيمة) — extremal (Maths.)
تَطْريب — melody (Acous.)
تَطْرِيَة، تَلْيين — softening
~ الجِلْدَ (قبلَ دَبْغِه) — bating
تَطْريد (النَّحْل) — swarming (of bees)
تَطْريز — embroidery
~ (بالرُّسوم والصور) — tapestry
تَطْريق — forging, hammering (Eng.)
~ (الحديدِ المُسَوَّط): لإزالة الشوائب — shingling (Met.)
الـ ~ على البارِد — cold-hammering (Eng.)
~ الذهَب (إلى رقائق) — gold beating
قابليَّةُ الـ ~ — malleability (Eng.)
تَطْعيم، ترقيع — grafting (Bot., Med.)
~، تَلْقيح — inoculation, vaccination (Med.)
~: تَرصيعٌ بالتطعيم — inlay (Build.)
~ الخَشَب (للزِّينة) — marquetry (Carp.)
تطَفَّلَ — intrude, obtrude
~ — parasitize (Biol.)
تَطَفُّل، طُفَيْليَّة — parasitism
تطَلَّب — require, necessitate, demand
التطَمِّي — alluviation, illuviation (Geol.)
~ المَوضِعيّ — eluviation (Geol.)
تَطْهير — disinfection, antisepsis (Med.)
~ (من التلَوُّث) — decontamination
~ (من غير المَرغوبِ فيه) — purging, purgation
~ مِن الحَشَرات — disinsectization
تطَوَّى — coil, fold (up)
تَطْواف، تجَوُّل — travelling, roving, itineration
~، دَوَرانٌ حَول — circling, going around
~، سَيرٌ مُطَّرِد — cruise, cruising
تطَوُّح — staggering, swaying
~: تغَيُّر عَشْوائيّ — straggling (Phys.)
~، تمايُلٌ (دوريّ) — nutation (Phys.)
~، مَيَسان — libration (Astron.)
تطَوُّر (نُشوئيّ) — evolution (Biol.)
~ (نمائيّ) — development
~ أنواع جديدة — speciation (Biol.)
~ تدريجيّ — progressive development (Geol.)
~ سَلَفيّ: نُشوءُ السُّلالات — phylogeny (Biol.)
~ عَكْسيّ أو رَجْعيّ — katagenesis (Geol., Zool.)
~ الفَرْد — ontogeny (Biol.)
تَطَوُّريّ — developmental, evolutionary
تطَوَّعَ — volunteer
تطَوُّع — volunteering, voluntary enlistment
تطوير، تَنْمية — development, developing
~ تَصاعُدي: من أسفل إلى أعلى — bottom-up development (Comp.)
~ تَنازُلي (من أعلى إلى أسفل) — top-down development (Comp.)
تَطْويع (لِلطروقيَّة) — malleableizing (Met., Eng.)
~ (الألواحِ الرصاصيَّة) بالدَّق — bossing (Build.)
تَطْويق — surrounding, encirclement
تَطْويل — lengthening, elongation
~، تَمديد — prolongation, extension
تَطْيير — flying
~: تبخيرٌ تَطايُريّ — volatilization (Phys.)
تَظاهَرَ — pretend, feign, assume
تَظاهُر — pretense, feigning, simulation
~، مُظاهَرة — demonstration
~ بالمَرَض، تَمارُض — malingering
تَظْريف: ضَبْطُ الشُّغلِ في ظُروفِ المِخرَطة — chucking (Eng.)
تظَلَّمَ، شَكا — complain
تَظْليل — shading
~: تَرْقين — hatch(ing), ha(t)chure (Surv.)
~ بالنُّقَط (المُتَداخِلة التبايُن) — stippling
تَظْهير — development, developing (Photog.)
~، تَجيير (الشِّيك أو الحوالة) — endorsement
~ أوتوماتي — automatic development

تَظْهير (تابع)
~ مُفْرِط — overdevelopment (Photog.)
تَعابُر صِبْغينيّ، عُبور — crossing over (Gen.)
تَعادُل — equivalence (Chem.)
~، تَساوٍ — parity, equality
~: تَساوي الدخل والخرج — break-even
~، تكافُؤ القوة أو التأثير — equipollence
~، تَوازُن — equilibrium, balance, counterpoise (Phys.)
~، مُعادَلة — neutralization (Chem., Eng.)
~ أيونيّ — ionic equilibrium (Chem.)
~ (أو توازُنٌ) طبيعيّ — physical equilibrium
~ الطَّور — phase equilibrium (Phys.)
~ في مُباراة — draw, tie
تَعادُليّ (الانقسام) — equational (Biol.)
تعادُليّة، حِياد — neutrality (Phys., Chem.)
تَعارُض — clash, conflict
~، تناقُض — contradiction
تَعاطى، مارَس — practise, deal in
~، تَناوَل — use, take
تَعاطَفَ (مع) — sympathize (with)
تَعاظَمَ، كَبُر — wax, increase, grow bigger
~، اِشتَدّ — intensify, build-up, escalate
تعافٍ — recovery, recuperation (Med.)
~: زوال الانفعال بزوال الاجهاد — recovery (Phys.)
تَعافى (المريضُ) — recuperate
تَعاقُب، تَوالٍ، تتابُع — succession, sequence, rotation
~، تناوُب، تبادُل — alternation
~ (أو تَناوُب) الأجيال — alternation of generations, metagenesis (Zool.)
~ دَوريّ — cyclic sequence (Geol.)
~ رَتَبيّ — rhythmic sequence (Geol.)
~ الزُّروع — crop rotation (Agric.)
~ نَسَقيّ — collating sequence (Comp.)
تَعاقُبيّ، مُتتابِع — sequential, successive, consecutive, cascade
~، مُتناوِب — alternating, in rotation
تَعاقُد — contract(ing)
~ مِن الباطِن — subcontract
تَعاكُس، تَضادّ — contradiction, opposition
~، اِنعِكاس — reversal, reciprocation, reciprocity, inversion

~ الطَّور — phase inversion (Elec. Eng.), phase reversal (Chem.)
تَعامُد، تعامُديَّة — verticality, perpendicularity
تَعامُل: معاملة تجاريَّة — dealing, transaction
~ (بِتجارة المحظورات بخاصةٍ) — traffic
تَعاوُض — exchange, interchange
تَعاوُن، تآزُر — co-operation, collaboration
تَعاوُني، مُحِبٌّ لِلتعاون — co-operative
تَعاوُنيَّة — co-operation, cooperative
تَعايُش، مُعايَشة — coexistence
~ تكافُلي: لِفائدةِ المُتعضِّيَيْن المُتبادَلة — symbiosis, mutualism (Biol.)
~ تنَقُّليّ (أو انتِشاري) — phoresy (Zool.)
~ مُحايِد: لا يَفيدُ ولا يَضُرُّ أيًّا من المُتَعايِشَيْن — parasymbiosis (Biol)
~ مُؤاكلة: تعايُشُ اعتمادٍ لاتطَفُّلي — commensalism (Biol.)
تَعَبٌ، إعياء — weariness, tiredness, exhaustion
~، وَهَنٌ — fatigue
~ الحِسِّ اللَّوني — colour fatigue (Opt.)
تَعْبَوي — tactical
تَعْبِئة، تَجْنيد — mobilization, recruitment, conscription, drafting
~، مَلْء — filling, charging
~ (في طُرود) — packaging, packing
~ (في بَراميل) — barreling
~ (في صَناديق) — boxing, casing
~ (في علب)، تَعليب — canning
~(في قناني) — bottling
~ الشُّقوقِ بالطِّين الطريّ — sludging (Hyd. Eng.)
تَعْبيد (الطُرُق) — paving, tarmacadamizing (Civ. Eng.)
~ بالأَسْفَلت — asphalt paving (Civ. Eng.)
تَعْبير — expression
~، لَفْظ — term
~ تَجريدي — abstract expression
~ ثُلاثيُّ الحُدود — trinomial (expression) (Maths.)
~ جَبْري — algebraic expression (Maths.)
~ جَذْري: بِهِ عَلامةُ الجَذر — radical, radical expression (Maths.)

~ ~: غيرُ أصَمّ — rational expression (Maths.)
~ رَمْزي — symbolic notation
~ مُلتَبِس — ambiguity
تَعبيريّ، دَلاليّ — expressive
تَعَتُّق، تَعْتيق: تغَيُّر أو تغييرُ الخوَاصِّ بالتعتيق — ag(e)ing (Phys.)
تَعْتيق، إزمان، تَقادُم — aging (or ageing)
~ اِصطِناعيّ: تصليدٌ بالتطبيع — artificial ageing (Eng.)
~ اِنفِعالي — strain-ag(e)ing (Eng.)
~ بالحامِض — acid ag(e)ing (Chem.)
~ طبيعيّ — natural ag(e)ing (Eng.)
تعتيم، إظلام — blackout; darkening, dimming
~: حَجْبٌ مُؤقَّت — blanking (Electron.)
تَعَثُّر — (s)tumble, trip
تعجُّر — nodosity (Bot.), clubbing (Med.)
تَعجيل، تَسريع — acceleration (Mech.)
تَعَدٍّ، اِعتِداء — aggression, assault
~، اِنتِهاك — transgression, trespass, violation
~، تجاوُز — exceeding, transcendence
~ (مَنطِقيّ أو رياضيّ) — transitivity (Maths.)
تَعداد — count(ing), enumeration, census
~ السُّكّان — population census
~ كُرَيّاتِ الدم — blood count (Med.)
تَعَدُّد، تَعَدُّديَّة — multiplicity, plurality
~ الأزواج — polyandry (Zool.)
~ الأشكال — pleomorphism, polymorphism (Chem., Biol.)
~ الأصل — polygenesis (Biol.)
~ البَرامِج (المُستخدمة آنيًّا) — multiprogramming (Comp.)
~ التلَوُّن (البِلَّوري) — pleochroism, polychroism (Min.)
~ الزَّوجات — polygamy (Zool.)
~ الصِّبغيّات — polyploidy (Biol.)
~ الطُّفيليّات — multiparasitism
~ المَحاصيل — multiple cropping (Agric.)
~ المُعالَجات: في حاسوبٍ يُتيح المُعالَجات المتوازية — multiprocessing (Comp.)
~ النَّشأة — polygenesis (Biol.)
تَعَدُّس — lensing (Geol.)

تعَدُّن: تعَدُّن الصُّخور بالإنحلال أو الحُلول — mineralization (Geol.)
تعديل: ضَبْط — adjustment, amendment
~: تغيير — modification, alteration, modulation
~: حِسابُ قيمةِ عناصِر المَزيج — alligation (Chem.)
~، دَوْزَنة — temperament
~ الارتفاع — altitude adjustment
~ تَقريبي — coarse adjustment
~ (حَسَب) درجة الحرارة — temperature adjustment
~ دَقيق — fine adjustment
~ رَجْعيّ — retrofit (Eng.)
~ السُّرعة: في صِمامٍ إلِكتروني — velocity modulation (Electron.)
~ السَّعة — amplitude modulation (Elec. Eng.)
تَعْدين، صِناعةُ التَّعْدين — mining
الـ ~ الآباريّ — shaft mining (Mining)
~ آليّ — machine mining (Mining)
~ أُفُقيّ جانِبيّ — adit cut mining
~ باطِنِيّ (تحت الأرض) — underground mining
~ تَجاوُزِيّ — outstroking (Mining)
~ بالتدرُّج نُزولًا — underhand stoping (Mining)
الـ ~ بالتعرية السَّطحيَّة — strip mining
الـ ~ في حُجُراتٍ مُتباعِدة — panel working
الـ ~ بالحَفْرِ الجانِبيّ — side stoping (Mining)
الـ ~ بالحُفْرةِ المكشوفة — open pit mining
~ الخام — ore mining
الـ ~ الذَّوبيّ: إستِخراجُ المعادِنِ مُذابةً في مَحاليل — solution mining (Mining)
~ سَطحي — surface mining, grass-roots mining
~ ~ أو مَكْشوف — opencast mining (Geol.)
~ بطَريقةِ الأعمِدة والحُجُرات — pillar and room method (Mining)
~ بطَريقةِ الرَّكائز — stoop system (Mining)
~ بالقَطْعِ المَكْشوف — open-cut mining
~ بالكَشط — scraper mining
~ مائِل (باتِّجاهِ انحِدار الطبَقات) — pitch mining
~ مُتَدَرِّج — stoping (Geol.)
الـ ~ بالمَمَرّات الضيِّقة — strait-work (Mining)
~ نَهري — bar mining (Mining)
~ هَيدرولي — hydraulicking, hydraulic mining (Mining)
تَعَرُّج — zigzag, meander
تعرُّج، تَمَعُّج — meander(ing), winding, sinuosity (Geol.)
~ حادّ: في سِكَّةِ حديدٍ صاعِدة — switchback
تَعَرَّضَ (لاختِبارٍ أو عمَليَّة) — undergo
~ (لِنَفَقات أو مَسؤوليَّة) — incur
~ لِـ: إعترضَ — oppose, intercept
~ لِـ: واجَه — face, encounter
تعَرُّض، تَعْريض — exposure
~ لِلضَّوء — light exposure
~ مُفرِط — over-exposure (Photog.)
~ ناقِص — under-exposure (Photog.)
تعَرُّف — recognition, identification
~ كَلاميّ: يُمَكِّنُ من إدخال البَيانات شَفَهيًّا إلى الحاسوب — speech recognition (Comp.)
تَعرِفة، تَعريفة — tariff, rate
~ تَفْضيليَّة أو إيثاريَّة — preferential tariff
~ ثابِتة (أو مُحَدَّدة): تتناسَبُ مع وَحَدات الطاقةِ المُستَهلكة — flat-rate tariff (Elec. Eng.)
~ ثُنائيَّةُ التَّسْعيرة — two-rate tariff
~ جُمركيَّة — customs tariff
~ حِمايةٍ جُمركية — protective tariff
تعَرُّق: تكوينُ العَرَق وإفرازُه — perspiration, sweating, hidrosis (Zool.)
~: نَتْح — transpiration (Bot.)
~، شكْلُ انتِشار العُروق — venation, nervation (Biol.)
~، تَجزُّع، تَعريق — marbling, graining
تَعَرْقُل — obstruction, being impeded, hampered or delayed
~ التغذية — feed jam (Eng.)
تَعْريب — arabization
تَعْرِيَة: بالعَوامِلِ الطبيعيَّة — denudation (Bot., Geol.)
~، قَشْر — stripping
~ بَحريَّة — sea erosion
~ تَحاتِّيَّة — erosion (Geol.)
~ تحت بَحريَّة: بِفعْلِ التيّارات القاعيَّة — sublevation (Geol.)
~ ثَلْجيَّة — nivation (Geol.)
~ جَليديَّة — glarosion (Geol.)
~ سَطحيَّة — subaerial erosion (Geol.)
~ طبيعيَّة — corrasion (Geol.)
الـ ~ المَثْلَجيَّة — glaciation, glacial denudation (Geol.)
~ (بِفِعلِ) المَطَر — rain erosion
تَعْريج — zigzagging
تَعْريشة، إنشاءٌ تعريشيّ — arbo(u)r, bower, pergola, trellis
تَعْريض — exposure
~، تَلْميح — implication, allusion, insinuation
~، تَوسيع — broadening, widening
~ لِلخَطَر — endangering, jeopardizing, imperilment
~ لِلشَّمس، تَشْميس — insolation
~ مُزدَوِج — double exposure (Photog.)
~ ناقِصٌ (لِلضَّوء) — underexposure (Photog.)
تَعريف، تحديد — definition
~ بالعمَل، تَوجيه — orientation
تَعريفة (الأسعار) — tariff
تَعريفيَّة — definability
تَعريق، تعَرُّق — veination, nervation, veining (Bot., Zool.)
~، تجزيع — marbling, graining (Build.)
تَعْزيز — boosting (Eng.), enhancement, promotion
~، تَقْوِيَة — strengthening, consolidation, reinforcement
الـ ~ الزائدُ، فَرْطُ التعزيز — overboosting (Eng.)
تعَسُّفيّ، اعتِباطيّ — arbitrary
تعَشُّق، تَشَبُّك — (inter)mesh(ing), interlocking, engagement
تَعْشيب — weeding (Agric.)
تَعْشيق — gearing (Eng.), joggle (Build.), dovetailing (Carp.)
~ بالاحتِكاك — friction gearing (Eng.)
~ تَزامُنيّ — synchromesh (Eng.)
~ تفاضُليّ — differential gearing (Eng.)
~ صُندوقيّ: تعشيقُ اللسانِ في النَّقر — boxing (Carp.)

تَعْشيق (تابع)
~ مائِل لِلتروس — bevel gearing (Eng.)
تَعشيقة غِنفارِيَّة — swallow-tail = dovetail (Carp., Build.)
تَعَضٍّ: إكتِسابُ كَينونةٍ عُضويَّة — organization (Biol.)
تَعَطَّل — break down, fail; stall
تَعَطُّل — breakdown, failure (Eng.)
~، بِطالة — unemployment
~ شبكةِ المَسْح (بِطُولِ الاستخدام) — raster burn (Telev.)
~ الصِّمام — valve failure (Eng.)
~ القُدرة — power failure (Elec. Eng.)
~ المُحَرِّك — engine failure (Eng.)
~ مَنظومةِ التشغيل: بما يقتضي تَدخُّلاً بَشَريًّا لإعادة البدء — system crash (Comp.)
تَعَطُّن، تَعْطين: تَفكُّك الأليافِ (الكَتّانيَّة أو القِنَّبيَّة) بالترطيبِ أو بالمُعالَجة كيماويًّا — retting, maceration
تَعْطير — aromatization, scenting, perfuming
تَعطيل — inactivation (Chem.)
~، إقفال — shut-down, closure
~، وَقف — stoppage, discontinuance, suspension
~، عَرقلة — obstruction, hampering, hindering
تَعَظُّم: تحَوُّل إلى عَظْم — ossification (Zool.)
تَعَفَّنَ، عَفِنَ — rot, putrefy, mildew, decay
تَعَفُّن، إنتان — sepsis (Med.)
~، عُفُونة — putrefaction, putridity, rottenness, decay (Chem.)
~ الدّم — septicemia (Med.)
تَعْفيرُ المَزروعات — crop dusting (Agric.)
تَعَقَّبَ، تتبَّع — follow, track, trail
تَعَقُّب — trailing, tracking
تَعَقَّد، تخَثَّر — congeal, coagulate, curdle
~: صارَ مُعَقَّدًا — complicate, tangle (up)
تَعَقُّد، تغَلُّظ القَوام — congelation, thickening, inspissation (Chem.)
~، عُقَدِيَّة — nodosity (Bot.)
~، تَعقيد — tangle, entanglement; complexity, complication
تَعَقُّدِيَّة حاسوبيَّة: في حل المسائل — computational complexity (Comp.)

تَعْقيم، تَطْهير (مِن الجراثيم) — sterilization, pasteurization, disinfection (Med., Biol.)
~، إعقام — sterilization (Med., Biol.)
تعَكُّر، عَكارة — turbidity
تعَكُّف، تَجَعُّد — buckle (Eng.)
تعَلَّق (مُتدَلِّيًا) — hang, suspend, dangle
~ (لاصِقًا) — cling, adhere, stick
~ (مَوضوعيًّا) — appertain, relate, concern
تعَلُّق — suspension; adherence; relation
تعَلُّم — learning
~ بمُساعدة الحاسوب — computer-assisted learning (Comp.)
~ المكِنات: تحسُّن أداء المكنة (الحاسوبية) بتكرار حَلِّ المسائل — machine learning (Comp.)
تَعْليب: تَوضيبٌ في عُلَبٍ مَختومة — encasing; canning, tinning
تَعْلِيَة — raise, raising, elevation
تَعْليق — suspension
~: تَعقيبٌ، مُلاحظَة — comment, commentary, remark
~: تعطيل، وَقفُ العَمل بِـ — suspension
~ أماميّ (لِلسيّارة) — front-wheel suspension (Auto.)
~ أماميّ (لِلمُحَرِّك) — nose suspension (Eng.)
~ أو تعطيلٌ مُؤَقَّت — abeyance
~ ثُلاثيُّ النِّقاط — three-point suspension
~ على حَدٍّ سِكِّيني — knife-edge suspension (Eng.)
~ سِلْسِليّ — catenary suspension (Eng.)
~ ~ مُفْرَد — single-catenary suspension (Elec. Eng.)
~ بسِلكَين — bifilar suspension (Phys.)
~ (أو توَقُّف) طارِئ — hang-up (Comp.)
~ عُلْويّ — overhead suspension (Eng.)
~ العَمَل (في مَصنع مثلًا) — shutdown
~ بقَضيبِ اِلتوائيّ — torsion bar suspension (Auto.)
~ قَضيبيّ أو مِقرنيّ — bar suspension, yoke suspension (Elec. Eng.)
~ مِحوَرِيّ — pivot suspension
~ مَرُون: قابِلٌ لِلانثناء — flexible suspension (Elec. Eng.)
~ مُستَقِلّ — independent suspension

~ على مِشْجَب — hanging
~ مُضَائِلٌ (لِلارتجاج) — damping suspension (Eng.)
~ مِقْرَنيّ — yoke suspension, bar suspension (Elec. Eng.)
~ بِنَوابِضَ صَفائحيَّة — leaf-spring suspension (Eng.)
تَعليل — explanation, justification
تَعْليم، تَدْريب — teaching, education, instruction, training
~، تَرقيم — marking, labelling
الـ ~ الابتدائي — elementary education
الـ ~ الثانوي — secondary education
الـ ~ المُبَرمَج — programmed learning (or instruction)
~ مُختلط — coeducation
الـ ~ المهني — vocational education
تعليماتُ التشغيل — operating instructions, working instructions
~ الصِّيانة — maintenance instructions
تَعْليمة — instruction, directive
~ أساسيَّة — basic instruction (Comp.)
~ الانتِقال — transfer instruction (Comp.)
~ بِلا عُنوان — zero-address instruction (Comp.)
~ تفَرُّع — branch instruction (Comp.)
~ توَقُّف — halt (Comp.)
~ دُمْيَة — dummy instruction (Comp.)
~ قَفْز — jump, jump instruction (Comp.)
~ كُبْرِيَّة — macroinstruction (Comp.)
~ اللاّعَمَل — non-op(eration) (Comp.)
~ وَصْل — link (Comp.)
تَعليميّ — educational, instructional, didactic
تَعَمُّد — intent, premeditation, deliberateness
تَعَمُّق — depth, profoundness
تَعْمِيَة، حَجْب — blinding, camouflage
تَعمير، إصلاح — repair, overhauling
~، بِناء — construction, building
~، طولُ العُمر — longevity (Biol.)
تَعميق — deepening
~ بِدَفْق الماء — sluicing (Hyd. Eng.)
تَعميم، قانونٌ أو مَبْدأ عام — generalization
تَعَنْقُد — clustering, bunching

تَعَهُّد، اِلتِزام undertaking, obligation, contractual duty
~، وَعْد promise, pledge
~، رِعاية care, servicing; upkeep
تَعَوُّج، اِنفِتال، اِلتِواء، تحرُّف warping, twisting
تَعَوُّد، تَعْوِيد habituation
تَعَوُّق، تأخُّر delay, lag; retardation
~ الاشتِعال ignition delay (Eng.)
~ الانفِجار hangfire (Mining)
~ زَمَنِيّ، إعاقةٌ زَمَنِيَّة time-delay
~ الطَّور phase delay, phase retardation (Elec. Comm.)
~ الغِلاف envelope delay (Elec. Comm.)
~ المَجموعة group delay (Radio)
~ النَّقْل transmission lag (Elec. Eng.)
تَعْوِيض compensation, amends, reparation, indemnity, recompensation
~: اِستِبدال substitution (Maths.)
~ الأعمالِ الخَطِرة hazard bonus
~ الانتقال transportation allowance
~ تأخير demurrage (Naut.)
~ ~: ما يُغَرَّمُ به المُقاوِلُ لِلتأخُّر غيرِ المُبَرَّر في إنهاءِ الالتِزام liquidated damages
~ الجَرحَى smart money
~ العَجْز disability compensation
تَعويضاتٌ عائِليَّة family allowances
تَعويضِيّ، مُكافِىء compensatory, indemnificatory
تَعويق retardation, delay, hindering, impeding
تَعويم floating, flotation
~ (رَغاوي أو كَهرمغنيطي) levitation (Chem., Elec. Eng.)
الـ ~ التفاضُلي differential flotation (Met. Eng.)
تَعيير، تَقْيِيس normalization, standardization
~، مُعايَرة calibration, gauging
~، ضَبْط regulation, control
~ السُّرعة: لِمُحرِّك كهربائي speed control (Elec. Eng.)
تَعيين، تَوظيف appointment, assignment, posting
~، جِراية ration

~، تحديد designation, determination, specification
~ الاتِّجاه sense finding
~ (نُقطةِ) الصِّفْر determination of the zero point (Phys.), zeroing
~ المَدى range finding, range spotting
~ المكانِ بالراديو، رادار radio location (Radar)
~ ~ المُلائم (لإمكاناتِ الشخص) placement
~ المَوضِع أو المَوقِع position-finding, location, reckoning
~ المَوقِع باللاسِلْكي radio position finding (Radio)
~ الهُوِيَّة (أو النَّوع) identification
تَعْيِينِيّ deterministic (Maths.)
تَغاضَى عن overlook, disregard, condone
~ ~ (تَواطَؤا) connive
تَغايُر، اِختِلاف heterogeneity, variance, variation, dissimilarity
~ اللون allochromy (Phys.)
~ مُشتَرَك: بين مُتغَيِّرَين covariance (Maths., Phys.)
~ مُوافِق covariance (Stat.)
تَغَبُّش blur, fogginess, mistiness
~ هالِيّ halation (Phys.)
تَغَدُّق: تشَبُّع بالماء water-logging
تَغْدِيف paddling
تَغْذَوِيّ، مُغَذٍّ nutritional, nutritive
تَغْذِيَة nutrition, nourishment, feed(ing)
~ آلِيَّة power feed (Eng.)
~ اِرتِجاعِيَّة، ~ مُرتَدَّة feedback (Eng.)
~ بالأُسطُوانات الدوّارة roll(er) feed (Eng.)
~ بالامتِصاص suction feed (Eng.)
~ أو إلقامٌ احتكاكي friction feed (Comp.)
~ بِتُرسٍ وسَقّاطة ratchet feed, pawl feed (Eng.)
~ بالتَّرْشاش splash feed (Eng.)
~ تَسَلْسُلِيَّة، إلقامٌ تَسَلْسُلِيّ serial feed (Eng.)
~ تَوازٍ، ~ على التوازي shunt feed, parallel feed (Elec. Eng.)
~ تَوالٍ، ~ على التوالي series feed (Elec. Eng.)

~ تيّارِيَّة current feed (Radio)
~ ثِقالِيَّة gravity feed (Eng.)
~ جَرّارة tractor feed (Comp.)
~ بالجَريدة المُسَنَّنة rack-feed (Eng.)
الـ ~ بالخَنْق choke feed (Radio)
~ ذاتِيَّة auto-feed (Eng.)
~ رأسِيَّة، إلقامٌ عَمُودِيّ vertical feed
~ سُفلِيَّة bottom feed (Eng.)
~ شَريطِيَّة strip feed, belt feed (Eng.), tape feed (Electron.)
~ صاعِدة: من أسْفَل إلى أعلى upfeed
~ صَوتِيَّة مُرتَدَّة acoustic feed-back
~ ضَغْطِية pressure feed (Eng.)
~ فَتيلِيَّة (أو ذُبالِيَّة) wick feed (Eng.)
~ بالفُلْطِيَّة voltage-feed (Elec. Comm.)
~ قَسْرِيَّة force(d) feed (Eng.)
~ بِكامِلِ القُوَّة full-force feed (Eng.)
~ مُتَقَطِّرة: التغذيةُ بالقَطْر drip feed (Eng.)
~ مُتَواصِلة continuous feed (Eng.)
~ مُرتَدَّة (أو مُستَعادة) feedback (Eng., Elec. Comm.)
~ ~ لإعادةِ التوليد regenerative feedback (Elec. Comm.)
الـ ~ الـ ~ لِلتيّار current feedback (Elec. Eng.)
~ مُرتَدَّة سالِبة negative feedback (Elec. Comm.)
~ ~ سَعَوِيَّة capacitive feed-back (Elec. Eng.)
~ ~ عَكسِيَّة reverse feedback (Elec. Eng.)
الـ ~ الـ ~ لِلفُلْطِيَّة voltage feedback (Elec. Eng.)
~ مُرتَدَّة مُوجِبة positive feedback (Elec. Comm.)
~ مَركَزِيَّة centre feed (Eng.)
~ مُرَنِّحة nutating feed (Radar)
~ مُزدَوِجة double feed (Eng.)
~ مُستَعرِضة cross feed, transverse feed (Eng.)
~ مَصدَرِيَّة (من المصدر الرئيسيّ) mains feed (Elec. Eng.)
~ بِمِنضَدةٍ مُتَحرِّكة table feed (Eng.)
~ مُوجِبة positive feed (Eng.)
~ نَفْحِيَّة: بالهواءِ المَضْغُوط pneumatic feed (Eng.)

تغذية (تابع)
~ الهواء — air feed (Eng.)
~ هيدروليَّة، إلقامٌ هَيدروليّ — hydraulic feed (Eng.)
~ يَدَويَّة — hand feed (Eng.)
تَغرغُر، غَرْغَرة — gargling
تغريب: إبعادٌ عن الوطَن — expatriation
~: اِتّجاهٌ نحوَ الغَرْب — westing (Surv.)
تَغرِيَة، لَزْن — gluing, agglutination
~: تَغشِيَة بمادَّةٍ غَرَويَّة — sizing (Chem.)
~ مَغطِسيَّة — tub sizing (Chem.)
~ نُقطيَّة — spot gluing
تَغريز، تغريزُ البَيْض — oviposition (Zool.)
تَغرْيُن — silting (Geol.)
تَغَشٍّ، تغَبُّش — dimming, fogging, misting
~، تغَطٍّ — being covered or enveloped
تَغشِيَة: تَغطِيَة — covering
~: طَلْي — plating, coating
~: تَغبيش — misting, fogging; blurring
~: تَلْبيسٌ بقِشرة — incrustation (Build.)
~ إنفاذيَّة: تَزيدُ نَفاذيَّة الضوء (في العدَسةِ مَثلًا) — blooming (Opt.)
تَغصُّن، تفرُّع غُصْنيّ — branching, dendrite
تغضُّر، كَوْلَنَة — kaolinization (Geol.)
تَغضْرُف — chondrosis (Med.)
تَغَضُّف: بشِدَّةِ الدَّلْفنةِ أو السَّحْب — earing (Met., Eng.)
تَغضَّنَ — wrinkle, crumple, crease, pucker, crinkle
تغضُّن — wrinkling, creasing, ruffle, puckering, crimping
~، تغضين — corrugation, creasing, crimping
~ (كَقِشرة البُرتُقال) — orange peel (Paint.)
~ الطلاء (قبلَ جَفافه) — curtaining
~ مُستَعرِض — cross-crimp
التغَطّي بقِشرةٍ صَلْدة — incrustation
تغطية — covering, sheathing; coverage
~ بالألواح — boarding (Carp.)
~ بالألومنيوم — aluminization
~ انسِيابيَّة — fairing (Aero.)
~ بالأسفَلْت — asphalt coating (Civ. Eng.)
~ (السطح) بالبلاستيك — plastic surfacing (Eng.)
~ راداريَّة — radar coverage

~ بالصَّفائح — plating
~ العُملة — backing, cover(age)
~ (أو سَدُّ) الفُتحات — blanking (Met.)
تَغطيس — immersion, submersion, dipping, plunging, sinkage
تغَلَّب على — overcome, beat (off), overpower
~ ~ (الصِّعاب) — surmount
تغَلُّب، سَيطرة — predominance
تغَلُّظ (القوام)، تغليظ — thickening, congelation, inspissation (Chem.)
~: تخَثُّرُ أو تعَقُّد الدِّهان في العُلبة — fattening, curdling, livering
تَغَلْغُل — penetration
تَغليظ (بِتقليل المُحتَوى المائيّ) — dephlegmation (Chem.)
تغليف، تغطية — coating, jacketing, covering; cladding, sheathing
~، تَغَلُّف — encasement, envelopment
~، لَفّ — wrapping, lagging
~ الأنابيب — pipe coating
~ بالخَشَب — weather boarding (Build.)
~ صامِدٌ لِلحرارة — heat-proof lagging (Eng.)
~ عازِل — insulating lagging (Eng.)
~ فِلِزّي (مَعدِني) — metal cladding, metal sheathing
~ الكَبْل — cable casing
~ ~ بِنَسيجٍ مُقَيَّر — cable serving
~ المِرجَلِ العازِل — boiler lagging
~ مُزدَوج — double-coating
~ بالهواء — air-casing
~ واقٍ — preservative coating
تَغَوُّر — sinking, subsidence
~: تكَوُّن الغِيران — caverning (Geol.)
تَغَوُّز: تحَوُّلٌ إلى غاز — gasification (Phys.)
تَغَوُّط — defecation (Zool.)
تَغويز: تَحويلٌ إلى غاز — gasification (Phys.)
الـ ~ الجَوفي — underground gasification (Geol.)
تَغَيُّب — absence, absenteeism
تغَيُّر — change, variation, alteration
~ اتِّجاهِ الرِّيح شَزْرًا (يمينًا) — veering
~ ~ ~ بتًّا (يسارًا) — backing (Meteor.)

~ استِحاليّ، اِستِحالة — transmutation, transformation (Phys.)
~ أصْهَريّ — eutectic change (Eng.)
~ تَدريجيّ — cline, gradual change (Chem., Phys.)
~ التردُّد — frequency variation (Elec. Eng.)
~ ~ (بتغَيُّر الحِمْل) — pulling (Elec. Comm.)
~ ثابِتُ درجةِ الحرارة — isothermal change (Phys.)
~ الحالة — change of state (Phys.)
~ الحِمْل — load variation (Eng.)
~ خُطويّ أو دَرَجيّ — step change (Eng.)
~ السُّرعة — velocity variation
~ سَنَويّ — yearly variation
~ سَوِيّ — isometric change (Phys.)
~ طبيعيّ — physical change (Chem.)
~ طَفْريّ — mutation (Biol.)
~ الطَّور — phase change (Phys.)
~ عَكُوس — reversible change (Chem.)
~ قَرْنيّ: يستَغرِقُ عِدَّةَ قُرون — secular variation (Geol.)
~ كيماويّ — chemical change (Chem.)
~ لاعَكُوس — irreversible change
~ مُتَساوي الإنْتروبيا، ~ ثابِتُ القُصورِ الحَراري — isentropic change (Phys.)
~ مُتَساوي القيمة — isometric change
~ مِغنَطيسيّ مَحَلّيّ — local magnetic variation (Meteor.)
~ مَكظومُ الحَرارة، ~ أدياباتي — adiabatic change (Phys.)
~ (أو اختلافُ) المَنْظَر — parallax (Phys., Astron.)
تغيُّرات دَوريَّة — cyclical variations (Magn.)
~ مَوسِميَّة — seasonal variations
~ يَوميَّة — diurnal variations (Phys.)
تغَيُّريَّة — variance, variability, changeability
تَغَيُّم — cloudiness, clouding (Meteor.)
تَغْيير — change, changing, variation, alteration, modification, transformation
~ الاتِّجاه — veering
~ الأنابيب — retubing
~ التفريع — tap changing
~ جَذريّ أو جَوهَريّ — radical change
~ (أو تبديلُ) السُّرعة — speed change, gear shifting (Eng.)

تَغْيير (تابع)

ـ شِبه مُستقِرّ — quasi-static change (Phys.)
ـ لَقْم المَكابِح — brake relining
ـ اللون — toning
ـ مكانِ الأنابيب — revision of pipes
تغييراتٌ قِواميَّة — constitutional changes (Phys., Chem.)
تَفاجّ، اِنفرَجَ — straddle
تَفاجٌّ، تَباعُد — divergence
تُفّاح، تُفّاحة — apple (Bot.)
تُفاحة آدم، حَرْقَدة — Adam's apple (Zool.)
تُفاحيَّة: ثمرةٌ كاذِبة لَحيمة — pome (Bot.)
تَفادى، تجَنَّب — evade, avert, dodge
تَفارُق، تفكُّك — dissociation
تَفاضُليّ، تجزيئيّ — fractional (Chem.)
تَفاصُم: انفصالُ السائلِ عن الجِلّ — syneresis (Chem.)
تَفاصيل — details
تَفاضُل، تفاضُلة — differential
~، مُفاضَلة — differentiation (Maths.)
~: تَمايُزٌ شَكليّ أو وَظيفيّ — differentiation (Biol.)
الـ ـ والتكامُل — differentiation and integration (Maths.)
ـ الدّالَّة — differential of a function
ـ لوغاريتميّ — logarithmic differentiation (Maths.)
تَفاضُليّ — differential
ـ تكامُليّ — integrodifferential (Maths.)
تَفاعَلَ — react, interact
تَفاعُل — interaction
~ (كيماويّ) — reaction (Chem.)
ـ (إحلالِ) إبدالي — substitution reaction (Chem.)
~ ~ تبادُلي — double replacement reaction (Chem.)
ـ أَكْسَدة (أَكْسَدة واختِزال) — redox (oxi-dation-reduction) reaction (Chem.)
~ (اَندماج) نَوَويٌّ حَراريّ — thermo-nuclear (fusion) reaction (Nuc. Eng.)
ـ أيُونيّ — ionic reaction (Chem.)
ـ البَيُوريت — biuret reaction (Chem.)
ـ تبادُليّ — exchange reaction (Chem.)
ـ تَفاضُليّ — differential reaction

ـ تِلْقائيُّ الامتِداد — self-propagating reaction (Chem.)
ـ تِلْقائيُّ الكَبْت — self-stifling reaction
ـ الجَوامِد — solid-state reaction (Chem.)
ـ ضَمّ، ~ إضافة — addition reaction (Chem.)
ـ ضَوئيّ: بتأثيرِ الضوء — photoreaction (Phys., Chem.)
ـ طارِدٌ لِلحرارة — exothermic reaction
ـ طَوريّ — phase reaction (Chem.)
ـ الظُّلمة: المَرحلةُ الثانية من التمثيل الضوئيّ — dark reaction (Chem., Bot.)
ـ عَكْسيّ — reverse reaction (Chem.)
ـ عَكُوس — reversible reaction (Chem.)
ـ «غرينْيارد» — Grignard reaction (Chem.)
ـ كَهروكيماويّ — electrochemical reaction
ـ كيماوي — chemical reaction (Chem.)
~ ~ ضَوئيّ — photochemical reaction
ـ لاعَكُوس — irreversible reaction (Chem.)
ـ ماصٌّ لِلحَرارة — endothermic reaction (Chem.)
~ ~ لِلطّاقة — endergonic reaction (Bot.)
ـ (أو تأثيرٌ) مُتَبادَل — interplay, interaction
ـ مُتسَلْسِل — breeding reaction = chain reaction (Chem., Phys.)
ـ مُتَغايِرُ الطَّور — heterogeneous reaction (Chem.)
ـ مُستَحَثّ — induced reaction (Chem.)
~ ~ بالتأثير — sympathetic reaction (Chem.)
ـ مُطلِقٌ لِلطّاقة — exergonic reaction (Bot.)
ـ مُعَجَّل — accelerated reaction (Chem.)
ـ مُنتِجٌ لِلطّاقة — exoergic reaction (Chem.)
ـ مَهْبِطيّ — cathodic reaction (Elec. Eng.)
ـ نَوَويّ — nuclear reaction (Phys.)
~ ~ حَراريّ — thermonuclear reaction (Phys.)
~ ~ ضَوئيّ — photonuclear reaction (Phys., Chem.)
~ ~ مُتسَلْسِل — nuclear chain reaction (Phys.)
تَفاعُليَّة — reactivity (Chem.)
تَفاغُر، تَفاغُم — anastomosis (Biol., Med.)
تَفاقُم — aggravation, worsening
تَفاهة، ضَآلةُ الأهَمِّيَّة — insignificance, triviality

تفاهُم — understanding; accord
سُوءُ ~ — misunderstanding
تَفاوُت، تَبايُن — disparity, imparity, difference, variance, aniso
ـ التردُّدِ المَسموحُ به — frequency tolerance (Elec. Comm.)
ـ الصُّنعِ المَسموحُ به — manufacturing tolerance (Eng.)
الـ ـ المَسموح — tolerance (Eng.)
ـ نُضْج الأمشاج — dichogamy (Bot.)
تَفاوُض — negotiation
تَفاؤل — optimism
تَفَتَّتَ — crumble
تَفَتُّت — disintegration, disaggregation (Geol.)
~، تَفْتيت — comminution (Met.)
ـ بالتَّجوِيَة — weathering (Geol.)
ـ بالتَّحات — detrition (Geol.)
ـ حُبَيْبيّ — granular disintegration (Geol.)
ـ ذَرّيّ — atomic disintegration (Phys.)
الـ ـ بالفُوتونات — photodisintegration (Phys.)
ـ نَوويّ — nuclear disintegration (Phys.)
~ ~ فوتونيّ، الظاهِرةُ النَوويَّة الفوتونيَّة — nuclear photodisintegration = nuclear photoeffect (Phys.)
تفَتُّتيّ (في مَوقعه) — eluvial (Geol.)
تفَتُّح — unfolding
ـ السِّنْف — dehiscence (Bot.)
تَفَتُّل: اِنفِتالُ الغَزْل — twist
~: اِنقِسامٌ فَتيليّ — mitosis (Biol.)
تَفْتيت — disaggregation, disintegration; crushing, crumbling
ـ الخام (لِلمُعالَجة) — comminution (Min.)
ـ المَدَر — clod crushing (Agric.)
تَفتير — slackening, mitigation, weakening
ـ المِزاج — reduction of temper (Met.)
تَفْتيش: مُراقبة — inspection
~: بَحْث — search
تفَجُّ — vacuolation, vacuolization, cavitation
تفَجُّج: حَتٌّ سَيْليّ — gully erosion = gullying (Geol.)
تفَجُّر، اِنفِجار — explosion, blast
~، ثَوَران — blow-out, eruption, outburst
~، اِشتِعالٌ تفَجُّري — detonation, deflagration (Chem.)

تفجّر (تابع)

~، تدفُّقٌ مُفاجِئ — gushing, spurt(ing), spout(ing)

تفجُّري، مُتفجِّر، مادّةٌ مُتفجِّرة — explosive

التفجّي — cavitation, vacuolization

تفجير — exploding, blasting, detonation (Eng.)

~ بالكَهرباء — electroblasting, electric detonation

~ نَوَويّ — nuclear explosion (Phys.)

~ ~ تحتَ سَطحِ الأرض — underground nuclear explosion

تفحَّصَ — scrutinize, examine, investigate

تفحُّص، تَدْقيق — scrutiny

~ الدواخِل — walkthrough (Comp.)

التفحُّم: التحوُّلُ إلى فَحْم — carbonization, coalification, incoalation (Geol.)

تفحيم، تفَحُّم — charring, coaling

تَفْدين، ضَبْطٌ بالفادِن — plumbing (Build.)

تَفْرا: مَقذوفاتٌ (فُتاتيّة صُلْبَة) بُركانيّة — tephra (Geol.)

تفرُّد — singularity

تفرُّس — scan(ning) (Phys.)

~ خَطّيّ — linear scan(ning) (Med.)

تفرُّش — sheeting (Geol.)

تفرُّع، تشَعُّب — ramification, branching

~: فَرعٌ مُوازٍ — shunt (Elec. Eng., Railways)

~ ثُنائيُّ الشُّعَب — bifurcation, dichotomy

~ شَجَريّ: غيرُ مُقفَل — tree (Elec. Eng.)

تفرُّق — dispersion, disaggregation, disbanding; parting, separation

~، اِفتِراق — divergence (Maths.)

~، اِنفِضاضٌ تَنافُريّ — debunching (Electron.)

تَفْرِقة — segregation

تفريج — relief, easement

~، تَوسيع (بينَ الزُّروع) — spacing, thinning (Agric.)

~ الإجهاد (بالمُعالَجةِ الحَراريّة) — stress relief (Eng.)

تَفْريخ — hatch(ing), incubation (Zool.)

~، إنتاش — germination (Bot.)

تَفريز — milling

~ أسنانِ اللولَب — thread milling (Eng.)

~ تَشكيليّ — form milling (Eng.)

~ الجانبيّة — profile milling

~ من الجانِبَين — straddle milling (Eng.)

~ جَماعيّ — gang milling (Eng.)

~ حَلَزونيّ — spiral milling (Eng.)

~ زاويّ — angle milling (Eng.)

الـ ~ السَّطحيّ — surface milling (Eng.)

~ وَجهيّ — face-milling (Eng.)

تَفْريع — branching, tapping; shunt(ing)

~ المُحَوِّل: لِتغيير نِسبَتِه القُلطية — transformer tapping (Elec. Eng.)

تَفْريعة، تحويلة، مَسْرَبُ تحويل — by-pass, shunt (Eng.)

~: فرعٌ من نهر — distributary

~ أُنبوبيّة — pipe tap

~ (قياسِ) الضغط — pressure tap (Eng.)

تَفريغ، إفراغ — evacuation, emptying

~، تَصْريف — discharge (Eng., Elec.)

~ (لإيجادِ خَطأ ما)، دَلْق — dump (Comp.)

~ (عَبْرَ صِمامٍ غازيّ) — firing (Electron.)

~، نَزْح — bailing (Naut.)

~ إضافيّ: إزالةُ بعضِ هواء الصمام بالتسخين — outgassing (Electron.)

~ اطِّراحيّ — jettisoning (Aero., Naut.)

~ إلكتروستاتي — electrostatic discharge (Phys.)

~ إلكتروني — electron discharge

~ تَذَبذُبي — oscillatory discharge

~ تمزيقيّ — disruptive discharge (Elec. Eng.)

~ تَوصيليّ — conductive discharge

~ تَوَهُّجيّ — glow discharge (Elec. Eng.)

~ الحُمولة — discharge, unloading

~ دَفْعيّ — impulsive discharge (Elec. Eng.)

~ ذاتيّ — self-discharge (Elec. Eng.)

~ الذاكِرة — memory dump (Comp.)

~ شَراريّ — spark discharge (Elec. Eng.)

~ صامِت: عالي القُلطيّة — silent discharge (Elec. Eng.)

~ بالصَّنادِل — lighterage (Naut.)

~ بالضَّخّ — pumping out

~ طِباقيّ — stratified discharge (Electron.)

~ عالٍ — high vacuum (Phys.)

~ غازيّ — gaseous discharge (Phys.)

~ فِرجَوني — brush discharge (Elec. Eng.)

~ الفَرْز: لِيُطبَع بِلَونٍ مُخالِف — dissecting (Print.)

~ قوسيّ — arc discharge (Elec. Eng.)

~ كَهْرَبائيّ — electric(al) discharge (Phys.)

~ كَهروستاتيّ — electrostatic discharge (Elec. Eng.)

~ لاإلكْتروديّ، ~ لامَسْرَويّ — electrodeless discharge (Electron.)

~ المَجال — field discharge (Elec. Eng.)

~ مُظْلِم (لا تَصْحَبُه إضاءَة) — dark discharge

~ نُقْطيّ — point discharge (Elec. Eng.)

~ هاليّ — corona discharge (Elec. Eng.)

~ الهَواء — air discharge, deflation

الـ ~ من الهواء — deflation

تَفْريق، تَبديد — dispersion

~، تَمييز — differentiation

~، فَصْل — segregation, separation, parting

~، فَرْز — sorting

~، مَيْز — resolution (Opt.)

~، تَوزيع، تَقسيم — distribution, apportionment

تَفَزَّر — burst, split open

تَفَزُّر — bursting

تَفَسَّخَ، فَسَد — putrefy, degenerate, rot, decay (Chem.)

~، اِنحَلَّ — decompose, disintegrate

~، تفَلَّع وانفَلَق — cleave, split, fission

تَفَسُّخ: تَعَفُّن وانحِلال — putrefaction, rot (Chem.)

~: تَفَلُّع وتفَلُّق — cleavage, fissility (Geol.)

تَفسِرة: تحليلُ البَول — urinalysis (Med.)

تَفَسْفَر، وَمَضَ كالفُسفور — phosphoresce

تَفَسْفُر — phosphorescence (Chem.)

الـ ~ الأحيائيّ — bioluminescence (Biol.)

تَفْسير، تَعْليل، تأويل — interpretation, explanation

تَفسيريّ — explanatory

تَفَشٍّ — invasion, outbreak, spread(ing)

تَفَشّى في — infest, invade

تَفَصُّل: تَشَقُّق طبيعيّ (في الصُّخور) — jointing (Geol.)

~ عِماديّ — columnar jointing (Geol.)

تَفَصُّم (البلّورات) بالتسخين — decrepitation (Chem.)

تَفصيل — detail, detailed exposition

تفصيل (تابع)
~ (على القياس) tailoring, cutting out
تَفْصيليّ detailed, circumstantial
تَفْضيض silvering, silver plating
~ (الزُّجاج) silvering
الـ ~ الكهربائيّ electro-silvering (Elec. Eng.)
تفضيل preference
تَفْضيليّ preferential, favo(u)red
تَفْعيل، تَنشيط الفاعليَّة activation
تفقُّد inspection, check
~ عَسكَريّ muster, roll-call
تَفَقُّع، بَقْبَقة bubbling
~ الغَلَيان ebullition (Phys.)
~ الدِّهان cissing, pinholing (Paint.)
تفكُّر، تفكير contemplation, pondering, reflection, thinking, reasoning, thought
تفكُّك decomposition, disunion, disjunction; break-up
~، اِنحِلال disintegration (Geol.), dissociation (Chem.), dissolution
~، عَدَمُ تَماسُك incoherence, disconnection
~ إلكتروني: تفكُّكُ النواةِ بالقَصْف الإلكتروني electrodisintegration (Phys.)
~ تامّ complete dissociation (Chem.)
~ بالتجوية weathering (Geol.)
~ جُزَيئيّ molecular dissociation
~ بالحَرارة thermal dissociation (Chem.)
الـ ~ الضَّوئيّ: تَحلُّلٌ بامتصاصِ الضَّوء photolysis (Phys.)
الـ ~ بالطاقةِ المُشَعَّة photodissociation (Chem.)
الـ ~ بالفوتونات photodisintegration (Phys.)
الـ ~ الكَهْرَليّ electrolytic dissociation
~ المُستَحْلَب demulsification (Chem.)
تَفْكيك dismatling, disassembly, breaking-down, tearing down
~، حَلّ decomposition, dissociation
تَفَلُّج، تفَلُّع cleavage, splitting
تفَلْطُح flattening, flatness
~ kurtosis (Stat.)
تَفَلُّع cleavage, shake
~ نَجْميّ star shake (Carp.)

تفلُّق، تشطُّر cleavage, split(ting), fission
~، تَفَلُّقيَّة fissility (Geol.)
~، تشَدُّف segmentation
~ صَفائحيّ slaty cleavage (Geol.)
تَفَلْوَر، لَصَفَ، أَلَقَ fluoresce
تَفلْوُر، فَلْوَريَّة، لَصَفٌ fluorescence (Phys.)
~ بالصَّدْم (الإلكترونيّ) impact fluorescence (Phys.)
تَفْليج flaring (Eng.)
~ (أسنانِ المِنشار) settling
~ الأنابيب tube flaring (Acous.)
تَفْليسة، إفلاس bankruptcy, insolvency
تفمُّم، تَفاغُم anastomosis (Med.)
~، لِثام osculation (Maths.)
تَفِه: عَديمُ الطعم والنكهة insipid, tasteless, bland
تَفوَّقَ (على) excel, better, surpass, top
تَفَوُّق excellence, supremacy, superiority
تَفْويت skip, hop (Elec. Comm.)
~ انزِلاقيّ: فَرقُ السُّرعة بينَ العُضو المُدوِّر والمُدار slip(page) (Eng.)
تَفْويتاتُ الدِّهان (المَتروكةُ عَرَضًا) holidays (Build.)
تفويض commission(ing), authorization, delegation, warrant
~ شَرعيّ، وَكالة رَسميَّة power (or warrant) of attorney
~ مُطْلَق carte blanche
تَفْييض flooding
تقابُل opposition, oppositeness
~: تطبيقٌ غامِرٌ مُتَباين (أنظر: تطبيق) bijection (Maths.)
تقادُم، عَتاقة obsolescence
~، مُضِيُّ الزمَن (لاكتِسابِ حَقٍّ أو فِقدانِه) prescription, lapse
~ العازِل: تغيُّرُ مُواصَفاتِه سَلْبًا مع الزمن dielectric aging (Electron.)
تَقارُب، تَلاؤُم convergence, convergency
~، تقارُبيَّة proximity, closeness
~ العَجَلاتِ الأماميَّة toe-in (Autos.)
تَقارُبيّ، مُقارِب asymptotic (Maths.)
تَقارُن coupling (Eng.)
~ ارتجاعيّ back coupling (Elec. Comm.)
~ إلكتروني electron coupling (Electron.)
~ أَمْثَل optimum coupling (Elec. Eng.)

~ (أو قَرْنٌ) على التوازي parallel coupling
~ تَواصُليّ، قَرْنٌ وَصْليّ link coupling (Eng.), line coupling (Elec. Comm.)
~ تَوصيليّ conductive coupling (Elec. Eng.)
~ ثابِت fixed coupling (Eng.)
~ جاسِئ rigid coupling (Eng.)
~ حُزَميّ beam coupling (Electron.)
~ بالخَنْق choke coupling (Elec. Eng.)
~ رَدِّ الفِعل reaction coupling (Elec. Eng.)
~ سَعَويّ capacitance, capacity or capacitive coupling
~ صِماميّ valve coupling (Elec. Comm.)
~ ضَعيف، ~ رِخو weak coupling, loose coupling (Elec. Eng.)
~ طَيِّع yielding coupling (Eng.)
~ عَكْسيّ reverse coupling (Elec. Comm.)
~ كُمِّي sleeve coupling (Eng.)
~ كَهربائي electric coupling (Elec. Eng.)
~ كَهروسُكوني electrostatic coupling
~ مائِعي fluid coupling (Eng.)
~ مُتغيِّر variable coupling (Elec. Eng.)
~ مُحاثَّة inductance coupling (Elec. Eng.)
~ بِمُحَوِّلٍ بينَ الصِّمامات transformer coupling (Elec. Eng.)
~ مَداريّ دُوريّ spin-orbit coupling (Electron.)
~ بينَ المَراحِل interstage coupling (Elec. Eng.)
~ مُعادِل compensating coupling (Eng.)
~ بِمُعاوَقة impedance coupling (Elec. Eng.)
~ مُفاعِلي reactance coupling
~ بِمُقاوَمةٍ وَسَعَة resistance-capacitance coupling (Elec. Eng.)
~ مَهْبِطيّ cathode coupling (Electron.)
~ مُوَالَفُ الأنود tuned anode coupling (Electron.)
~ مُوجَب positive coupling (Elec. Eng.)
~ وَثيق (بينَ دارتَين) close coupling, tight coupling (Elec. Eng.)
تَقاسُم partition
تَقاصُر، تَسارُعٌ عَكْسيّ deceleration, negative acceleration (Phys.)
~، تَبَطِئَة retardation (Eng.)

تَقاصُر (تابع)
~ الطَّور — phase retardation (Elec. Eng.)
الـ ~ المِغنَطيسيّ — magnetic retardation (Elec. Eng.)
تَقاضٍ — litigation
تَقاطُع — intersection, crossing
~، تَصالُب — chiasma (Med.)
~ (مِساحيّ) — resection (Surv.)
~ التَّهوية: في المَنجَم — air-crossing (Mining)
~ سُفليّ — undercrossing (Civ. Eng.)
~ طُرُق — crossroads (Civ. Eng.)
~ ~ مُختَلِفةِ المُستَوى — interchange (Civ. Eng.)
~ مُتَعامِد — right-angle crossing (Civ. Eng.)
~ مُتَعَدِّدُ المُستَوَيات — multilevel crossing (Civ. Eng.)
~ مِرفَقيّ — elbow crossing (Civ. Eng.)
~ مُستَوٍ: لِلطَّريق مع سِكَّة الحَديد — level crossing, grade crossing (Civ. Eng.)
~ مُعَيَّنيّ — diamond crossing (Civ. Eng.)
~ مِقَصِّيّ — scissors crossing, frog (Railways)
تَقاعُد — retirement, superannuation
تِقانَة، تِكنُولُوجية، عِلْمُ الصِّناعة — technology
الـ ~ الأحيائيّة — biotechnology, ergonomics
~ الأغذِيَة — food technology
~ الصُّغريّات — micrurgy
الـ ~ الكَهربائيّة، التِّقنيّاتُ الكَهربائيّة — electrotechnics = electrical technology
~ المَوارِدِ الأرضيّة — geotechnology (Chem. Eng.)
تَقايُس، تَساوي القِياس أو الأبعاد — isometry (Maths.)
تَقايُض، مُقايَضة — exchange
تَقَبُّب — doming, camber, upthrow, uplift, upheaval, upwarping
~، اِنتِباج — intumescence, bulging (Med., Chem.)
~ الدِّهانِ أو تَشَقُّقُه — crocodiling (Paint.)
تَقَبُّض، انقِباض — constriction, shrinkage
~ سائِلي — liquostriction (Phys.)
~ كَهربائي — electrostriction (Phys.)
~ مِغنَطيسي — magnetostriction (Phys.)

تَقَبُّل — acceptance
تَقَبُّلي — receptive, susceptive
تَقَبُّلِيَّة، تأثُّريَّة — susceptance, susceptibility (Phys.), susceptivity
~، سُهولة التقبُّل — receptivity
~ حَثِّيَّة — inductive susceptance (Elec. Eng.)
تَقْتير — parsimony
تِقْدَة — coriander (Bot.)
تَقَدُّم: تحَرُّكٌ إلى الأمام — advance, progress
~، رُقِيّ — advancement, progress
~، تَحَسُّن — improvement
~، سَبْق — lead, precedence, priority
~، مُبادَرة — precession (Astron.)
~ الإشتِعال — ignition advance (Eng.)
~ الاعتِدالَين — precession of the equinoxes (Astron.)
~ باهِر: في مجالٍ — breakthrough
~ تَدريجي — progression
~ الحَقْن — injection advance (Eng.)
~ الشاطِئ (بِفِعْل الأمواج) — progradation (Geol.)
~ الشرارة — spark advance (Eng.)
~ بِعَطاء (في مُناقَصَة) — tender
تَقْدِمة — contribution, offering, donation
~، هَدِيَّة — present, gift
تَقَدُّمِيّ — progressive
تقدير، اِعتِبار — appreciation, recognition; esteem, regard
~، تَقييم — estimate, valuation, rating, estimation
~ أُوكتانيّ عالٍ — high-octane rating (Chem.)
~ بَخْس — underestimate
~ بالتجرِبة — experimental determination
~ التعويضات — assessment of claims
~ تَقريبيّ — rough estimation
~ الحِمْل — load rating (Eng.)
~ (قيمةِ مَنْعِ) الخَبْط — knock-rating
~ الرُّطوبة — moisture determination (Chem.)
~ ساعيّ — one-hour rating (Elec. Eng.)
~ سليم — safe estimate
الـ ~ السِّيتانيّ — cetane rating (Chem.)
~ صَدَويّ — echo ranging (Ocean.)
~ الضَّجيج — noise rating (Acous.)
~ الضَّرَرِ أو العَطَب — damage assessment

~ العُمْر بالفاعِليَّة الإشعاعيَّة — radioactive age determination (Phys.)
~ القُدرة — power rating (Eng.)
~ الكِفاية — efficiency rating (Eng.)
~ المُحتَوى الرَّمادي — ash determination (Chem.)
~ المَدَى — range estimation
~ ~ بالصَّوت — sound ranging (Acous.)
~ مُستَمِرّ — continuous rating (Elec. Eng.)
~ مِسْعَريّ — calorimetric determination
~ مُعتَدِل — conservative estimate
~ مُفرِط — overestimate
~ المَوضِع (دونَ آلاتِ رَصْد) — dead reckoning (Naut.)
~ نِصْفُ ساعيّ — half-hour rating (Elec. Eng.)
~ الواطِّيَّة — wattage rating (Elec. Eng.)
تَقْديريّ، اِستِنسابيّ — discretional
~، غيرُ حَقيقي — virtual (Opt.)
~، اِعتِباري — in recognition of
تَقْديم — presentation, submission
~، تَسْبيق — advance
~، تمهيد — introduction
تَقْديميّ، تَمْهيديّ، اِفتِتاحيّ — introductory
تَقَرُّح — ulceration, canker (Med.)
تَقْريب — approximation, rounding (Maths.)
~ (نقيض: تبعيد) — adduction (Zool.)
تَقريبًا — approximately, roughly, nearly, almost
تَقريبيّ — approximate, rough
تَقرير — report, account
~، بَتّ — decision, determination, settlement
~ سَنَويّ — annual report
~ طِبِّيّ — sick report
~ غُضونيّ، ~ مُؤَقَّت — interim report
~ فَوريّ — spot report
~ مُتابَعة (عن تَقَدُّم العمَل) — progress report
~ مُشتَرَك — joint report
~ المَصير — self-determination
~ مَوقِعيّ — spot report
~ بِنَتائج الاختبار — test report
تَقريظٌ غِلافيّ — blurb

تقزّح: التلوُّن القُزَحيّ — iridescence (Phys.), irisation (Meteor.)
~ (الضوء) — dispersion (Phys.)
تقزُّم — dwarfing, stunting (Bot., Zool.)
تقسِيَة، تقسٍّ، تصلُّب — hardening, concretion, induration (Geol.)
~ سَطحيّة — case-hardening (Eng.)
تقسيط — instal(l)ment
تقسيم — division, partition
~ إلى أجزاءٍ أصغر — subdivision
~ دَليليّ — indexing (Eng.)
~ العمَل — division of labour
~ (التصميم) إلى مُربَّعات — graticulation
تقشُّر، توسُّف — desquamation, exfoliation (Med., Geol.), scaling
~ (الدِّهان) — flaking
~ السَّطح (في طريقٍ مُعبَّدة) — scabbing, stripping (Civ. Eng.)
تقشُّف — austerity
تقشير، قشر — decortication (Biol.), peeling, pairing, skinning, stripping
تقصٍّ — survey, investigation, search
~، تتبُّع — tracing
~ إستِطلاعيّ — exploratory survey
تقصُّف، قصَف — brittleness (Met.)
تقصَّى — explore, investigate
~، تتبَّع — trace
تقصِّي الأعطال — trouble-shooting (Eng.)
~ التلوُّث الإشعاعيّ: بمقياسِ جَيْجَر وَمولَّر مثلًا — frisking (Nuc. Eng.)
تقصير: جَعْلُ الشَّيءِ أقصَر — shortening, abridgement
~، إهمال — dereliction, negligence
~، فشَل — failure
~، قُصور — inadequacy, insufficiency
~ (الألوان)، تبييض — bleaching (Chem.)
~ الدارة (الكهربائية) — short-circuiting, shorting (Elec. Eng.)
تقضيب، تشذيب — pruning, trimming, lopping (Bot.)
تقطُّب، إستِقطاب — polarization (Phys.)
~ الصِّبغيّات (استعدادًا لانقسام الخليّة) — diaster (Biol.)
تقطُّر — drip(ping), dribbling, trickling

تقطُّع — intermittence, interruption, discontinuance
~، تشَظٍّ — fragmentation
~، تشَذُّف — segmentation
~ كُموميّ — quantum discontinuity (Phys.)
تقطير — distillation (Chem.)
~ إتلافيّ — destructive distillation (Chem.)
الـ ~ الاستِخلاصيّ — distex = extractive distillation (Pet. Eng.)
الـ ~ بالبُخار — steam distillation (Chem.)
~ تجزيئيّ أو تفاضُليّ — fractionation, fractional distillation
~ تعاقُبيّ — cohobation (Chem.)
الـ ~ التفاضُليّ الفائقُ الدِّقَّة — superfractionation
~ ثابتُ درجةِ الحَرارة — isothermal distillation (Phys.)
الـ ~ الجافّ: تقطيرُ الموادِّ الجافَّة — dry distillation (Chem.)
~ جُزَيئيّ — molecular distillation (Chem.)
الـ ~ الجَوِّيّ — atmospheric distillation
~ الخَشَب — wood distillation (Chem.)
~ خَوائيّ: تحتَ التفريغ — vacuum distillation (Chem.)
~ دُفعيّ — batch distillation (Chem. Eng.)
~ الزيت — oil distillation (Chem.)
الـ ~ الشمسيّ — solar distillation (Phys.)
الـ ~ الضَّغطيّ — pressure distillation (Chem. Eng.)
الـ ~ الفَراغيّ — vacuum distillation (Chem.)
الـ ~ المُباشِر، الـ ~ البَسيط (دونَ تكسير) — straight-run distillation (Chem.)
~ مُستَمِرّ — continuous distillation (Chem. Eng.)
~ هَدّام — destructive distillation (Chem.)
~ ~ (للنِّفط) — cracking (Pet. Eng.)
~ وَمْضيّ — flash distillation (Chem.)
تقطيع — chopping, cutting-up, fragmentation, segmentation
~ إلى شَرائح — slicing, slitting
تقعُّر، تقعُّريّة — concavity
~ إقليميٌّ قائم — orthogeosyncline (Geol.)
~ ~ داخِليّ — parageosyncline (Geol.)
~ ~ خارِجيّ — exogeosyncline (Geol.)
~ مُركَّب، قَعيرةٌ مُركَّبة — synclinorium (Geol.)

تقعير — gouging (Carp., Build.)
تقلَّب — fluctuate
تقلُّب، ترجُّح، تراوُح — fluctuation
~، شَقْلَبة — tumbling, roll(ing)
تقلُّباتُ الأسعار — price fluctuations
~ جَوِّيَّة — meteorological fluctuations
تقلَّد، تبوَّأ (وظيفة أو مَنصِبًا) — assume, take over
تقلُّد، تبَوُّء — assumption
تقلَّصَ، قلَّص — contract, shrink
تقلُّص، إنقِباض — contraction, shrinkage
~ الصورة — cramping
~ عَضَليّ لاإراديّ، تشَنُّج — spasm (Med.)
~ ~ مؤلِم — cramp (Med.)
تقَلْقَل — play, wobble, jiggle
~ (في الظرف) — chuck (Eng.)
تقَلْقُل — wabble, wobble, play, jiggle
~ الإرسال — jitter (Elec. Comm.)
~ الاستِقبالِ التلفزيُونيّ — flop-over
~ الصِّمام — valve play (Eng.)
~ المِكبَح — brake hop (Eng.)
~ النَّبْض — pulse jitter (Elec. Comm.)
تقلْوُن — alkalosis (Chem., Med.)
تقليب — stirring, rabbling
~ (أثناءَ التجفيف) — whaving
~ بالرَّفْش — shovelling
~ ميكانيكي — mechanical stirring
تقْلِيَة، قَلْوَنة — alkalinization, alkalification, alkalization (Chem.)
تقليد، تزوير — forgery, counterfeit(ing)
~، مُحاكاة — imitation, mimicry
~ (مَنْصِبٍ أو رُتبة) — investiture
~، عُرْف — convention
~ مُتَّبَع — formality
تقليديّ — conventional, classical
تقليص — shrinking, contraction
تقليل — decrease, reduction, diminution
تقليم، تشْذيب — pruning, trimming (Bot.)
تقميص — jacketing, casing
تِقَن، خبيرٌ تِقْنيّ (أو فَنّي) — technician
تِقْنيّ، فَنّيّ — technic(al), technological
~ لاسِلكيّ — radio technician
تِقْنيّات — technics

تِقْنِيّات (تابع)
الـ ~ الأرضيَّة — geotechnics
الـ ~ الكهربائيَّة — electrotechnics
تَقْنِيب: تقليم الكرمة — vine pruning (Agric.)
تَقْنِيَة، شَقُّ القَنَوات — canalization (Hyd. Eng.)
تِقْنِيَّة — technicality, technique
~ اللاسِلكي — radio technology
~ الدارات الصُّغريَّة — microcircuitry (Electron.)
تَقْنِيع، حَجْب — masking, veiling
تَقْنِين: ~ الاستِهلاك — rationing
~: ~ القَوانين — codification; legislation
~: تَحديدُ ظُروفِ التشغيل — rating (Eng.)
تَقَهْقُر، تَراجُع — retreat, fall-back, recession, retrocession, retrogression, backing
تَقَوَّى، تعزَّز، اِشتَدّ — strengthen, reinforce; intensify
تَقَوُّب، تقشُّر السطح — scabbing (Civ. Eng.)
تَقَوُّس — curvature, arching, bow(ing), hog(ging), camber
~، ~ المَجال — arcuation, curvature of field (Opt.)
تَقَوُّض — caving in, collapse
الـ ~: النَّخَرُ السُّفليّ بالماء أو الهَواء — undercutting (Geol.)
~، أيضٌ هَدْميّ — catabolism (Biol., Med.)
تَقولُب — mo(u)lding (Eng.)
تَقْوِيَة، تَعزيز — strenghtening, reinforcement, consolidation, intensification
~ بالألواح — boarding (Build.)
~ بالسَّمْنَتَة — cementation (Eng.)
~ بالشُّكُل والكتائف — bracing (Civ. Eng.)
تَقْوِير، تَجويف — boring, coring, broaching, hollowing (out)
~، تَوسيعُ الثُّقوب — reaming (Eng.)
~ داخِليّ — internal broaching (Eng.)
تَقْويض — demolition, wrecking, destruction, sapping
~: أيضٌ هدميّ — catabolism (Biol.)
تَقويم، زِيج — almanac (Astron.)
~، رُوزنامة — calendar (Astron.)
~، تَصْحيح — correction, redress, amendment
~، تعديل — adjustment, straightening (up)

~، تقييم — evaluation, appraisal, estimation, assessment
~، رأب — anaplasty, -plasty (Med.)
~: تحويلُ التيّارِ المُتناوِب إلى مُستَمِرّ — rectification (Elec. Eng.)
~ (بالتَّجليخ) — tru(e)ing (Eng.)
~ الأسنان — odontoplasty, orthodontics (Med.)
~ البَصَر — orthoptics (Med.)
~ تَبادُليّ، ~ بالتأثير — transrectification (Elec. Eng.)
~ بالتسَرُّب الشبَكي — leaky grid rectification (Elec. Eng.)
~ خَطِّيّ — straight-line rectification (Elec. Eng.)
~ بالدَّلْفَنة — roll-straightening (Eng.)
الـ ~ الشبَكيّ — grid rectification (Elec. Comm.)
~ شَمْسيّ — solar calendar (Astron.)
~ العِظام — orthopedics (Med.)
الـ ~ الغريغُوريّ — Gregorian calendar (Astron.)
~ قَمَريّ — lunar calendar (Astron.)
~ المَوجةِ الكامِلة — full-wave rectification (Elec. Eng.)
~ نِصْفِ المَوجة — single-wave (or half-wave) rectification (Elec. Comm.)
الـ ~ اليُوليوسيّ — Julian calendar (Astron.)
تَقَيُّح — suppuration, purulence (Med.)
~ اللِّثة — pyorrhoea (Med.)
تَقَيُّد — restriction, constraint
~ (بِـ) — abidance (by), adherence (to), compliance (with)
تَقَيُّؤ — vomiting
تَقْييد، حَصْر — restriction, limitation, restraint, constraint, constraining
تَقْييديّ، حَصْريّ — restrictive
تَقْيير، قَطْرَنة: مُعالَجة بالقار أو القطِران — tarring
تَقْييس: تَوحيدٌ قياسيّ — standardization
تَقْييم — (e)valuation, assessment, appraisal
~ المَنْجَم — mine evaluation (Mining)
تك: الرمزُ الكيماويُّ لِعُنصُر التكنشيوم — Tc (technetium) (Chem.)

تُكَأَةُ الرَّسّام (أو الدهّان) — mahlstick, maulstick (Paint.)
تَكاثُر — increase, augmentation
~ — multiplication, reproduction (Biol.), propagation (Bot.)
~، اِنتِشار — proliferation (Med.)
~، تَناسُل — reproduction (Biol.)
~ اِنشِطاريّ — schizogenesis, schizogony (Zool.)
~ جِنسِيّ أو شِقِّي — sexual reproduction (Biol.)
~ خُضَريّ — vegetative propagation (Biol.)
~ لاجِنْسِيّ — asexual reproduction (Biol.), monogony (Zool.)
تَكاثُف — condensation (Phys.)
تَكافُل: تَعايُش تكافُليّ — symbiosis, mutualism (Biol.)
~ (في المَسؤولية) — mutual responsibility
~، تَضامُن — solidarity
تَكافُؤ — equivalence; valency = valence (Chem.)
~، تَساوٍ، تَعادُل — parity, equality, equivalence
~ إسهاميّ — covalence = covalency
الـ ~ الثُّنائيّ — bivalency (Chem.)
~ سالِب — negative valence (Chem.)
~ شَفْعيّ: تمثيلٌ ثُنائيّ مُزدَوجُ عدَدِ الآحاد — even parity (Comp.)
الـ ~ الضَّوئيّ الكيماويّ — photochemical equivalence (Chem.)
الـ ~ الطاقيّ الكُتليّ — energy-mass equivalence (Phys.)
~ طُوليّ — longitudinal parity (Comp.)
~ قُطْبيّ (كهربائي) — polar valence (Chem.)
~ مُوجِب — positive valence (Chem.)
~ وَتْريّ: تمثيلٌ ثُنائيٌّ عددُ الآحادِ فيه وَتْريّ — odd parity (Comp.)
تَكاليف (أُنظُر: تَكلِفة) — expenses, costs
~ إضافيَّة — establishment charges = on-costs; overheads (Build., Eng.)
~ الإنتاج — production costs
الـ ~ والتأمينُ والنَّقل — cost, insurance & freight (CIF)
~ التحويل — conversion costs (Eng.)
~ التَّشغيل — running costs

تكاليف (تابع)

~ العَمَل، ~ العَمالة — labour costs

~ المَعيشة — cost of living

تكامُل، مُكامَلة: إيجادُ التكامُل — integration (Maths.)

الـ ~ بالاختِزال — integration by reduction (Maths.)

~ تام — complete integral (Maths.)

الـ ~ بالتعويض — integration by substitution (Maths.)

~ تَوالٍ — series integration (Maths.)

~ الدّالة — integral of a function (Maths.)

~ الكَمّيّة المُتَّجِهة — vector integral (Maths.)

~ مَحدود — definite integral (Maths.)

~ ناقِصيّ — elliptic integral (Maths.)

تكامُليّ — integral; integrative

تكامُليّة — integrand (Maths.)

تكبُّب، تكتُّل — agglomeration

تكبُّد، تحمُّل — endurance, sufferance; sustainment

~: النسيج الرئويّ — hepatization (Med.)

~، تأوُّج: إرتفاعُ العُبور — culmination (Astron.)

~ سُفليّ — lower culmination, lower transit (Astron.)

~ عُلويّ، عُبورٌ عُلويّ — upper culmination, upper transit (Astron.)

تكبُّرت — sulphation, sulphating (Chem.)

تكبير — magnification, enlarging, enlargement, magnifying

~ (الصُّورة) — blow-up (Photog.)

~ أمْثَل — optimum magnification

~ طُوليّ — linear magnification (Phys.)

~ عَرْضيّ — transverse magnification

~ عَقيم: لا يَزيدُ الصورةَ وُضوحًا — empty magnification

~ المِقياسِ النِّسبيّ — scaling up

تَكّة، تَكْتَكة — tick, click

تَكَتَّلَ — agglomerate, coalesce, clod, mass

تَكَتُّل، تجمُّع — agglomeration

~، رَصيص — conglomeration (Geol.)

~ (المادّةِ الحَفّازة) — tablet(t)ing (Chem.)

التَّكْتونيّة: مَبحثُ بِنْيَةِ القِشرة الأرضيّة (والمَعالِم التي تطرأ عليها) — tectonics (Geol.)

تَكْتيف — bracing (Eng.)

~ بأسلاكٍ مُتَقاطِعة — cross-wire bracing (Build.)

~ مُتَصالِب، ~ (بشِكالين) مُتَعارِضين — cross bracing, X-bracing, counterbracing (Eng.)

تَكْتيك، التكتيكاتُ الحَربية — tactics (Mil.)

تَكتيكيّ، تَعْبَويّ: خاصٌّ بحَرَكاتِ التعبئة والتنظيم العَسكريّ — tactical

تَكَثُّر — increase

تَكَثَّفَ: تحَوَّل من بُخارٍ إلى سائِل — condense (Phys.)

~: غَلُظَ قوامُه — thicken, inspissate (Phys.)

تَكَثُّف — condensation (Phys., Chem.)

تَكْثير — multiplication

تَكْثيف، تكاثُف — condensation

~، تَركيز — concentration (Chem.)

~ (بتَقليلِ المُحتَوى المائيّ)، تغليظُ القوام — dephlegmation (Chem.)

~ تَراجُعيّ — retrograde condensation (Pet. Eng.)

~ تَفاضُليّ، ~ تَجْزئي — fractional condensation (Chem.)

~ جُزَيئيٌّ حَراريّ — pyro-condensation

~ القوام — thickening, inspissation

تَكْحيل — pointing, rejointing (Build.)

~ الوُصْلات — jointing (Build.)

تكَدُّر، تَعَكُّر — turbidity, cloudiness

تَكَدُّس، تكديس — accumulation, piling (up), aggregation

تكرار، إعادة — repetition, iteration

~، مُعاوَدة — recurrence

~، تَواتُر — frequency (Stat.)

~، تَرْديد — reiteration, repetition

~ مُطابِق، إعادةُ (بِنتائجَ) مُطابِقة — replication

تَكرارًا — repeatedly, frequently

تَكراريّ، مُتَكَرِّر — recurring

~، مُكَرِّر — iterative

التكراريّة: إمكانيّةُ التكرارِ بالنتائج ذاتِها (لِلتثبُّت) — repeatability = reproducibility (Phys.)

تَكَرْبُن — carbonization, carburization (Chem.)

تَكْرير — refining, rectification (Chem.)

~، إعادة — iteration, repetition

~ التَّسامي: إعادةُ التصعيد — resublimation (Chem.)

الـ ~ بالحامِض — acid refining (Pet. Eng.)

الـ ~ بالمُذيبات — solvent refining (Chem.)

~ النفط — oil refining (Pet. Eng.)

تَكَسُّر، تَكْسير — breaking, shattering, smashing

~، تَشَقُّق — fracturing (Geol.)

~ (الأشِعّة) — refraction (of rays) (Phys.)

تَكَسُّريّ، كَسُور: ينكَسِرُ بِسُهولة — fragile, breakable

تَكْسِيَة: تَغليفٌ أو تَبطين — cladding; lining

~ من الإسمَنت (أو الحِجارة) — revetment (Civ. Eng.)

~ بأكياسِ الرَّمل — sand-bag revetment (Civ. Eng.)

~ بالألواح — panelling, wainscoting (Build.)

~ الضِّفاف — bank revetment (Hyd. Eng.)

~ مُعَوِّقة: مَوادُّ العَزْلِ الحَراريّ — lagging (Eng.)

تَكْسير — shattering, breaking (up), smashing, disaggregation, fracturing, fragmentation

~: تقطيرٌ إتلافيّ (لِلبترولِ الخام) — cracking, breaking down (Chem.)

~ أوّليّ — primary cracking (Pet. Eng.)

الـ ~ الحَراري — thermal cracking (Chem.)

الـ ~ في طَورِ البُخار — vapour-phase cracking (Pet. Eng.)

~ عَنيف — drastic cracking (Pet. Eng.)

~ المُتَشاكِلات — isocracking (Chem. Eng.)

الـ ~ المُحَفَّز — catalytic cracking (Chem.)

~ مُحَفَّزٌ بِطَبَقةٍ مائِعة — fluid-bed catalytic cracking (Pet. Eng.)

الـ ~ المُحَفَّزُ بِطَبَقةٍ مُثَبَّتة — fixed-bed catalytic cracking (Pet. Eng.)

~ هَيدروليّ: لِشَقِّ الطبقاتِ والمَكامِنِ الصَّخْريّة — hydraulic fracturing, fracking (Pet. Eng.)

تَكَشُّفُ الطبقة (الصَّخريّة) — outcrop (Geol.)

التكعيب: لتقدير تَكلفة المَبْنى — cubing (Build.)

~، المُحْتَوى الحَجْميّ — cubature, cubic content, volume

تَكْعيبيّ — cubic(al)

التكعيبيّة : الفَنُّ التكعيبيّ — cubism
تكَفُّل، تعَهُّد (بِـ) — undertaking
تكْفيف، سَدُّ الفَجَوات (بالحَصى المُزَفَّتة) — blinding (Civ. Eng.)
تكَلَّسَ، تقَسَّى بترَسُّبِ أملاحِ الكالسيوم — calcify
تكَلُّس — calcification (Geol., Biol.)
تكَلَّفَ، تصَنَّعَ — affect
تكْلِفة — cost, expense, charges
~ ابتِدائيَّة — initial cost
الـ ~ الإجماليَّة — over-all cost
الـ ~ الأساسيَّة — prime cost
الـ ~ زائِدًا الخدمات — cost plus
~ العَمالة — cost of labour
تكَلُّفيّ — affected, artificial
لا ~، عفْوي — natural, spontaneous
تكَلُّم — speech, talking, speaking
تكْليس — liming
~ بالإحماء — calcining, calcination (Chem.)
تكليف — commission(ing), authorization
تكَمٌّ — quantization (Phys.)
تكمِلة — supplement, complement
تكْمِيَة، تقْديرٌ كمِّيّ — quantification, quantization (Phys.)
~ الطاقة — quantization of energy (Phys.)
تكْميد، كِمادة — fomentation (Med.)
تكميل — completion
تكميليّ — supplementary, supplemental, complementary
التِّكْنِشيوم : عُنصُرٌ فِلِزِّيّ رَمزُه (تك) — technetium (Tc) (Chem.)
تِكنولوجيّ، تِقانيّ — technological
~، خَبيرٌ ~ — technologist
تكنولوجية، تِقانة — technology
~ البِترول — petroleum technology
~ اللاسِلْكي — radio technology (Radio)
تِكْنيك : أسلوبٌ تِقنيّ — technique, technic
تِكْنيكيّ — technic(al)
تكَهْرُب، كَهربة — electrification (Elec. Eng.)
~ احتِكاكيّ — frictional electrification, triboelectrification (Elec.)
~ بالحَتِّ أو التحريض — electrification by induction (Elec. Eng.)
تكَهُّف، تجَوُّف — cavitation
تكَهُّن — forecasting, prediction

الـ ~ بالقَضيب (عن وُجودِ الخامات) — rhabdomancy
تكَوُّر : تكَتُّل كُرَويّ — balling, conglobation
~: كُرَويَّة — sphericity
تكَوُّن — formation, genesis
~ الأرض — geogeny, geogony (Geol.)
~ البَيْض، نُشوءُ البَيْضة — oogeny, oogenesis (Biol.)
~ التُّربة — soil formation (Geol.)
~ الجَليد، تَجَمُّد، تَجلُّد — icing
~ القُشور (في المِرجَل) — scale formation
تكْويد، تشْفير — coding (Elec. Comm.)
~، صِياغة بلغةٍ برمجية — coding (Comp.)
تكْويك — coking (Chem.)
تكْويم، تكْديس — heaping, piling, stacking
تكْوين، تكَوُّن — formation, genesis
~، بِنْيَة — structure, constitution
~، نَسْجَة — texture, contexture
~، خَلْق — creation
~ بُركانيّ — volcanic formation (Geol.)
الـ ~ التشَكُّليّ — morphogenesis (Geol.)
~ جيولوجي — geologic(al) formation
~ حابِسٌ لِلماء — aquiclude (Geol.)
~ حامِلٌ لِلماء — water-bearing formation (Geol.)
~ رُسوبيّ — sedimentary formation (Geol.)
~ صَخْريّ — rock formation (Geol.)
~ صُلْب — hard formation (Geol.)
~ صَلْصاليّ — clay(ey) formation; Gault, gault clay (Geol.)
~ الصُّورة — image formation (Phys.)
~ مانِعٌ لِلماء — aquifuge (Geol.)
تكوينيّ — formative
تكَيَّسَ — encyst (Zool.)
تكَيُّس — encystment, sacculation (Med.)
تكَيَّفَ — adjust, adapt, conform
تكَيُّف، تكْييف — accommodation, adaptation, adaptation (Biol.)
~ (العَيْن) لِلظُّلْمة — dark adaptation
تكَيُّفي — adaptive
تكَيُّفيَّة : قابليَّةُ التكَيُّف — adaptability
تكْييس : الوَضْعُ في أكياس — bagging, sacking
تكييف، تكَيُّف — adaptation
تَهْيِئة — conditioning

~ الضَّغط — pressurization (Aero.)
~ الهَواء — air-conditioning
تل : الرَّمزُ الكيماويُّ لِلتلوريوم — Te (tellurium) (Chem.)
تَلّ، تَلَّة، رابِيَة — hill (Geol.)
~ بُركانيّ — puy (Geol.)
~ جَليديّ : جبلٌ جَليديٌّ صَغير — growler
~ رَمْليّ، كَثيب — dune (Geol.)
~ سَحِيقيّ : في قاعِ المُحيط — abyssal hill (Geol.)
~ سَفْحيّ — foothill (Geol.)
~ صَغير — hillock (Geol.)
~ (أو جَبَلٌ) مَخروطيُّ الشكل — sugar loaf (Geol.)
تَلا، أعقَبَ — succeed
~، تبِعَ — follow
~ (كَنتيجةٍ) — ensue
تَلا، قَرَأ — read, recite
تَلاءَمَ، اِنسَجَمَ — agree, match, harmonize
تَلاحُم، التحام — union (by soldering or welding) (Eng.)
تَلازُق : اِتِّحادٌ بِمادَّةٍ لاصِقة — conglutination
تَلازُن، تَلَزُّن — agglutination (Chem., Zool.)
تَلاشٍ — vanishing, disappearance
تَلاشَى — vanish, disappear, wane
~ (بالتناقُصِ التدريجيّ) — peter (out)
تَلاشي الدفع — thrust decay (Eng.)
~ المادَّة : بالتِقاء الضِّدَّين — dematerialization (Phys.)
~ المَدار، تَضاؤلٌ مَداريّ — orbit(al) decay (Astrophys.)
تَلاصَقَ — adhere, stick or cling together
~، تجاوَرَ — adjoin
تَلاصُق، التصاق — adhesion
تَلاطَمَ (كالمَوج) — billow, popple, swash
~: تَصادَمَ — clash, collide
تَلاعُب (بالأسعار أو الحِسابات) — manipulation, rigging, doctoring, juggling
تَلافَّ — convolute, coil, twsist
تَلافٌّ، التفاف — convolution (Maths.)
تَلافٍ، تجَنُّب — avoidance, avoiding, averting
تَلافَى — avert, evade, avoid, obviate
تَلافي الارتداد — debouncing (Eng.)
تَلافيف — convolutions (Med.)

تلافيف (تابع)

أُمُّ الـ ~: المعدةُ الثالثة في المُجترّات — omasum (Zool.)
تَلاقٍ — concurrence, meeting
تَلاقَى — concur, meet, come together
تلاقُحُ الأمشاجِ المُتجانِسة — homogamy (Bot. Zool.)
تلألأ — glisten, sparkle, glitter, twinkle
~، وَمَضَ — flicker, glimmer, shimmer
تَلألؤ، تألُّق — luminescence (Phys.)
~، وَمِيض — flicker, glimmer, scintillation (Phys.)
~، بَرِيق — glisten(ing), sparkle, twinkling
تَلامَّ، تَقارَب — converge
تَلامٌّ — convergence
تَلامُس — contact, contiguity
~ إسفينيّ — wedge contact (Elec. Eng.)
~ انزلاق — slide contact
~ أوميّ: يتناسَبُ فيه فَرقُ الجُهد مع التيّار (حَسَب قانون أُوم) — ohmic contact (Elec. Eng.)
~ تَحميليّ — bearing contact (Eng.)
~ ثابِت — fixed contact
~ دُروجيّ — rolling contact
~ فِرجَونيّ — brush contact, laminated contact (Elec. Eng.)
~ قُطبيّ — polar contact (Elec. Eng.)
~ مُتقطِّع — intermittent contact (Elec. Eng.)
تلامُّيَّة، اقترابيَّة: مَعكوسُ البُعد البؤري — vergency (Opt.)
تَلاؤم — agreement, matching, fit, harmony, accord
تَلَبَّد — flocculate, sinter, felt
تَلَبُّد — sintering, felting, flocculation
تَلَبَّدَت (السماءُ) بالغُيوم — be overcast with clouds
تَلَبُّك، اضطِراب — confusion, muddle, jumble, disarray
تَلْبيد، دَكّ — punning; sintering, ramming (Eng.)
تَلْبِيس — dressing
~، تغطية — facing, coating; jacketing, covering, investment
~ (بقِشرةٍ أو ظِهارة) — facing; incrustation
~ الإطارِ بالمَطّاط (مُجَدَّدًا) — retreading
~ بالانكِماش — shrinking-on (Eng.)
~ خشَبيٌّ مُتراكِب — clapboarding (Build.)
~ بِقِشرةٍ زِينيَّة — veneering (Carp.)
~ كَهربائيّ — electrofacing (Elec. Eng.)
تَلَّة، تَلّ (أُنظُر: تَلّ) — hill, hillock
~ جُمُوديَّة — pingo (Geol.)
~ صَغيرة مستديرة — knoll (Geol.)
تَلْحيم — welding, soldering (Eng.)
تَلْخيص — abridgement, condensation; summary, recapitulation
تَلْدين، إزالةُ السِّقاية — annealing (Met.)
~ (الأسلاكِ) بعدَ الغَلْفَنَة — galvannealing (Met.)
~ بالتعريضِ لِلهَواء — open annealing (Met.)
~ بالحَرارة — reduction of temper (Met.)
~ تَصْنيعيّ: التلدينُ بعمليّاتٍ مُتعاقِبة (إحماءً وتَبْريدًا) — process annealing (Met.)
~ الفولاذ: بالحَرارة ثمّ بالتبريد لصُنع الأسلاك — patenting (Met.)
~ مِغنَطيسيّ — magnetic annealing (Met.)
الـ ~ المُفرِط — overannealing (Met.)
الـ ~ الناصِع — bright annealing (Met.)
الـ ~ الوِعائي — pot (or box) annealing, close annealing (Met.)
تَلَذُّذ — pleasure, gratification
تَلَزُّج — viscidity, glueyness (or gluiness), tackiness
تَلَزُّن، تَلازُن — agglutination (Chem.)
~ (الفَحم) — caking (of coal) (Chem.)
تِلِسْكوب، مِقْراب — telescope (Opt.)
الـ ~: كَوكَبة جنوبية — Telescopium (Astron.)
~ أرضيّ — terrestrial telescope (Opt.)
~ بأُنبوبٍ مُنزَلِق — draw-tube telescope (Surv.)
~ بَصَريّ — optical telescope (Opt.)
~ التسديد — sighting telescope (Astron.)
~ راداريّ — radar telescope
~ راديويّ — radio telescope
~ سَمْتيّ — zenith telescope (Astron.)
~ ~ ارتفاعيّ — altazimuth (Astron.)
~ عاكِس — reflecting telescope, mirror telescope, reflector (Opt.)
~ العُبور — transit telescope (Surv.)
~ «غاليليو» — Galilean telescope (Phys.)
~ فَلَكيّ — astronomic telescope
~ كاسِر — refractor, refracting telescope (Phys.)
~ لاسِلكيّ — radio telescope (Radio)
~ مُعَيِّن — finder telescope
~ ميدان — field telescope
تِلِسْكوبيّ: مِقْرابيّ — telescopic
تَلْسِين — tonguing, tenoning (Build.)
تَلَطُّخ — smear, smudge, splotching
تَلْطيف — mitigation, attenuation, alleviation
~ الصَّدْمة — cushioning (Eng.)
تَلَعُّب: سَيلُ اللُّعاب — salivation (Zool.)
تَلْعَة، تَلٌّ رُكاميّ — kame (Geol.)
تِلغراف — telegraph
~ طَبّاع — printing telegraph
~ كاتِب — ticker (Teleg.)
تِلغرافيّ — telegraphic
التِّلغرافيَّة، الإرسالُ البَرقيّ — telegraphy
~ السِّلْكيَّة — wire telegraphy
~ اللاسِلكيَّة — wireless telegraphy, radiotelegraphy (Elec. Comm.)
~ المُفرَدةُ الإرسال — simplex telegraphy
~ بالمَوجاتِ الحامِلة — carrier telegraphy (Elec. Comm.)
~ الناسُوخيَّة: تِلغرافيةٌ نَوْسَخيَّةٌ لِلصُّوَر الثابِتة — facsimile telegraphy (Teleg.)
تَلِفَ — spoil, decay, deteriorate, wear out, perish
تَلَفٌ، فَساد — decay, spoilage
~، تَرَدٍّ — deterioration, wear (& tear)
~، ضَرَر — impairment, damage, harm
~ (أسنانِ التُّرس) — stripping (Eng.)
~ الإرسال — transmission impairment (Elec. Comm.)
عُرضَةٌ لِلـ ~ — perishable
تِلفاز، جِهازُ تِلفزيون (مُستَقبِل) — television (set)
تَلْفَزَ، بَثَّ بالتِّلفزيون — televise
تَلْفَزة — television
~ اِكتِتابيَّة أو جُعليَّة: يَفيدُ مِنها المُشتَرِكونَ أو مَن يَدفَعون فقط — subscription TV, pay-TV, toll television, pay as you view

تَلْفَزة (تابع)
~ بَطيئةُ المَسْح slow-scan TV
~ ثابِتة: نَقْلُ الصُوَرِ الثابتة سِلكيًّا أو لاسِلكيًّا، نَوْسَخَة still television = facsimile (Elec. Comm.)
الـ ~ الصِّناعيَّة: تَلْفَزةٌ مُغلَقةُ الدارة لِمُراقبةِ الأعمالِ الصِّناعيَّة industrial television
~ مُغلَقةُ الدّارة closed-circuit television
الـ ~ المُلَوَّنة colour television (Telev.)
~ نِطاقيَّة (مُوَجَّهةُ الإرسال) zone television
التلفزيون اللاسِلكيّ radiovision (Elec. Comm.)
تَلَفُّظ، نُطق utterance, articulation
تَلْفَنَ، هاتَفَ phone, call
التَّلْفَنة، الاتِّصالُ التلفوني telephony
~ بالمَوجاتِ الحامِلة carrier telephony (Elec. Comm.)
تِلِفون، هاتِف telephone, phone (Elec. Comm.)
~ أوتوماتيّ automatic telephone
~ فَرْعيّ extension telephone
~ لاسِلكيّ radio(tele)phone, wireless telephone (Elec. Comm.)
الـ ~ المَرئيّ picturephone (Elec. Comm.)
~ بِمِغْنيط magneto telephone (Elec. Comm.)
~ يَدَويّ: وَحيدُ القِطعة hand-set (Elec. Comm.)
التِّلفونيَّة اللاسِلْكيَّة radiotelephony
~ المُتعدِّدة: الإرسالُ التِّلفونيّ المُتعدِّدُ (على الخَطِّ ذاتِه في اتجاهٍ واحِد) multiple telephony (Elec. Comm.)
~ المُتَقابِلة multiplex telephony (Elec. Comm.)
تَلْفيف، تَلْفيفة (دماغيَّة) convolution, gyre, gyrus (Med.)
~: تحريك الصورة صعودًا أو نزولًا على الشاشة scrolling (Telev.)
تَلْفيق fabrication, concoction, trumping up
تلَقَّى receive, take (up)
~، أمسَكَ بِـ، اِلتقَطَ catch
تِلْقائيّ، ذاتيّ spontaneous, automatic; self-, auto-
~ الاِشتِغال self-acting

تِلْقائيَّة spontaneity, automatism
تَلَقْلَقَ، تَقَلْقَل wabble, wobble (Eng.)
تَلْقيح، إخصاب fertilization (Biol.)
~، تَطْعيم inoculation, vaccination (Med.)
~، تَأْبير pollination, fecundation (Bot.)
~ تَهْجينيّ xenogamy (Biol.)
~ بالحَشَرات entomophily (Bot.)
~ خَلْطيّ xenogamy, cross pollination (Bot.), allogamy, cross fertilization (Biol.)
~ داخِليّ endogamy (Biol.)
الـ ~ الذاتيّ autogamy, self pollination (Bot.)
~ بالرِّياح anemophily, wind pollination (Bot.)
~ طَبيعيّ (بالسِّفاد) natural service (Zool.)
~ هَوائيّ، إلقاحٌ بالهَواء anemophily (Bot.)
تَلْقيم feeding, loading, charging (Eng.)
تَلْقين instruction; prompting
تَلَكَّأَ loiter, tarry
تِلِكْس: مُبرِقةٌ كاتِبةٌ لِلعَملِ على الخُطوط التلفونية telex (teleprinter exchange) (Elec. Comm.)
تَلَكُّؤ lag, tardiness
تِلْم: تِلميذٌ مُتَدَرِّب، غُلامُ الصانِع apprentice
تَلَم: مَشَقُّ المِحراث furrow, drill (Agric.)
~: أُخدودٌ حَزِّي sulcus, streak (Med.)
تَلَمُون: عَمودٌ بِشَكْلِ تِمثال رَجُل telamon (Arch.)
تَلْميح، إشارةٌ غيرُ مُباشرة allusion, implication
~ مُوَجِّه hint, tip
تِلميذ pupil, student
~ الصَّنْعة، تِلْم apprentice, tiro, tyro
~ ضابِط cadet
تَلْميع، صَقْل buffing, burnishing, polish(ing)
~ خَشِن bastard flatting, eggshell gloss
~ كَهْرَبيّ electropolishing (Elec. Eng.)
تَلَهُّف، تَوْق itch, pining, yearning
تَلَوَّى، اِلْتَفَّ coil
~، تمَعَّجَ meander
~، تَثَنَّى wriggle, squirm, writhe, bend
تَلَوُّث، تَلْويث pollution, contamination
~ بَكْتيريّ bacterial contamination (Med.)

~ جَوِّيّ atmospheric pollution (Ecol.)
الـ ~ بالزَّيت، ~ نِفطيّ oil pollution
الـ ~ الضَّجيجيّ (في البيئة) noise pollution (Ecol.)
~ الماء water pollution (San. Eng.)
تِلُّورات: مِلْحُ حامِضِ التِّلّوريك tellurate (Chem.)
التِّلُّورْيُوم: عُنصر شِبْهُ فِلزِّيّ رَمْزُه (تل) tellurium (Te) (Chem.)
تَلَولُب، لَوْلَبة screwing, threading (Eng.)
تَلَوُّن colo(u)ration, taking colo(u)r
~ بالأملاحِ المَعدِنيَّة: تلوينُ سطح الفِلِزّات كيماويًّا metallochrome
~ أملاحيّ: تكوينُ أملاحٍ مُلَوَّنةٍ من قواعدَ لا لونيَّة halochromism (Chem.)
~ ثُنائيّ (لِبَعْضِ البلّورات): تبعًا لِزاوية النَّظر dichroism (Phys.)
~ اللهب flame coloration (Chem.)
~ وِقائيّ (تَمْويهيّ) protective coloration (Biol.)
تَلَوُّنيَّة chroma, chrominance (Telev.)
تَلْويث، تَلَوُّث contamination, pollution
تَلْويح waving
~ بالخافِقات (المُلَوِّحات) wigwag, semaphoring (Civ. Eng.)
تَلْوين colouration, colo(u)ring
تِليتِكْست: إرسالُ المَعلوماتِ من الحاسُوب إلى تلفزيون المَنزِل teletext (Elec. Comm.)
تَلَيُّف fibrosis (Med.), fibration
~ الكَبِد cirrhosis (Med.)
تِليفِريك cable-way (Elec. Eng.)
تليفزيون (أُنظُر: تِلفاز وتِلفِزيون) television
تليفون (أُنظُر: تِلِفون) telephone
تَلَيُّن، تَلْيين softening
~ (الأنسِجة) malacia (Med.)
تَلْبيط dubbing (Build.)
تَماثُر: تكثيرُ المِثْل، بَلْمَرة polymerization (Chem.)
تَماثُل symmetry, similitude
~، تَشابُه resemblance
~، تَناظُر correspondence (Maths., Phys.)
~، تَشاكُل homology, isomorphism
~ آيسُومريّ (أو زَميريّ) مِرآويّ enantiomerism, enantiomorphism (Chem.)

تماثُل (تابع)

~ التكوين — homoeogenesis (Geol.)
~ ثُنائيّ جانِبِيّ — bilateral symmetry (Biol.)
~ ~ الشُّعاع — biradial symmetry (Zool.)
~ شُعاعِيّ — radial symmetry (Biol.)
~ ~ (أو قُطريّ) — radiosymmetry, actinomorphism (Biol.)
~ الشَّكْل — isomorphism
~ ~ البِلَّوريّ — homeomorphism (Chem.)
~ ~ والتَّوَجُّه — homothety (Maths.)
~ ~ العُضويّ (بِتَطَوُّرٍ مُوازٍ) — homoplasty, isomorphy (Biol.)
~ ~ ~ (سُلاليًّا) — homogeny, homology (Biol.)
~ (بلوريٌّ) كاذِب — pseudosymmetry (Min.)
~ مُتخالِف — skew symmetry (Maths.)
~ مِحْوَرِيّ — axial symmetry
~ مَركَزيّ، ~ شُعاعِيّ — centrosymmetry
تَمارُض — malingering
تَماسّ، تَلامُس — contact; touch (Elec. Eng.), tangency (Maths.)
~، تَجاوُر — contiguity
~ إحتِكاكِيّ — rubbing contact
~ رِخْو، تَلامُسٌ غيرُ مُحْكَم — loose contact
~ زالِق — sliding contact (Elec. Eng.)
~ السَّيْر — belt contact (Eng.)
~ كَربونيّ — carbon contact (Elec. Eng.)
~ كَهربائيّ — electric contact (Elec. Eng.)
~ الماءِ والزَّيت — oil-water contact (Pet. Eng.)
~ مُباشِر — direct contact
~ مُزدَوِج — double contact (Elec. Eng., Maths.)
~ نُقْطِيّ — point contact
تَماسُك، تَرابُط — coherence, cohesion (Phys.)
~، مَتانة — tenacity (Phys.)
~ القَوام — consistency (Phys.)
تَماسُكيّ، مُتَماسِك — cohesive, coherent; consistent
تَماسُكِيَّة — tenacity (Phys.)
تَماسِّي، مُماسِّيّ — tangential
تَماسِيح خام الحَديد — forge pigs (Met.)
تَماكُب: تَماثُلُ التركيب، تَزامُر — isomerism (Chem.)

~ دِيناميكيّ: تَماثُلٌ في التركيب لا في الخَواصّ — dynamic isomerism (Phys.)
~ نَوَوِيّ، آيسُومِرِيَّة نَوَوِيَّة — nuclear isomerism (Phys.)
تَمام، كَمال — completeness, fullness
~، إنتِهاء — completion, finish
~ الحِمْل — full-load (Eng.)
~ اللوغاريتم — co-log = cologarithm
تَمامَة، تَكمِلَة — complement
~، إنجازٌ نِهائيّ — finish
~ الآحاد — one's complement (Maths.)
~ غرانيتيَّة (لِلسُّطوحِ الإسمَنْتِيَّة) — granite finish (Build.)
~ لامِعة — satin finish
~ مِرآوِيَّة — mirror finish (Eng.)
~ وِقاية: طَلْيَةٌ أو تَغْشِيةٌ نِهائيَّة لِمَنْع التآكُل — protective finish (Eng.)
تَمامِيَّة — holonomy
تَماوُج، تَمَوُّج — undulate, ripple
~، تراوُح — sway, fluctuate
تَمايُز، تَمَيُّز — differentiation (Biol., Geol.)
~، فَرقُ المُقارَنة — distinction, contrast
~ صُهارِيّ — magmatic differentiation (Geol.)
تَمايُل، تَراوُح — roll(ing), stagger(ing), tottering, sway(ing), wobbling
~ جانِبِيّ — side sway
~ الدواليب (الأماميَّة) — shimmy, wheel wobble (Autos.)
~ دَوريّ: في مِحوَر الأرض — nutation (Astron.)
تَمْتَمة، لَغَط — murmur
تَمْتين — strengthening, consolidation
تِمثال، نُصْب — statue
~ الحَيزوم (في مُقدمة السفينة) — figurehead (Naut.)
تَمَثُّل، تَمثيل: تَحويلٌ إلى المِثل — assimilation (Biol., Geol.)
تَمثيل: حضورٌ أو تَكلُّمٌ نيابةً عن — representation
~ (في تمثيليَّة) — acting, playing a role
~ إيمائيّ — pantomime
~ تخطيطيّ — graphical representation
~ تَصْويريّ — pictorial representation
~ رَمْزيّ — symbolic representation

~ صُهاريّ — magmatic assimilation (Geol.)
الـ ~ الضوئيّ، التخليقُ الضوئيّ — photosynthesis (Bot.)
~ (الطَّعام): في الجِسم — assimilation (Zool.)
~ بِمقياسٍ نِسْبيّ — scale representation
~ هَندَسيّ — geometrical representation
تَمثيليّ، نَموذَجيّ — representative
تَمْحيص — thorough examination
تَمَدُّد، تَمْديد — expansion, dil(at)ation, extension
~ أدياباتي: مَكظومُ الحَرارة — adiabatic expansion (Phys.)
~ بالرُّطوبة (المُمْتَصَّة) — moisture expansion, bulking (Build.)
~ ثابِتُ درجةِ الحرارة — isothermal expansion (Phys.)
~ حَجْميّ — cubical expansion, volume expansion (Phys.)
~ حَراريّ — heat expansion (Phys.)
~ الزمَن: بمَفهوم نظرية النِّسبيَّة الخاصة — time dilation (Phys.)
~ سالِب، تَقَلُّص — negative dilation (Phys.)
~ سَطْحِيّ — superficial expansion (Phys.)
~ طُوليّ أو خَطِّيّ — linear expansion
~ ظاهِري — apparent expansion (Phys.)
~ كَظيم — adiabatic expansion (Phys.)
~ مُتخَلِّف — residual expansion (Phys.)
تَمَدُّدِيّ: قابِلٌ لِلتَّمدُّد — expansive, expansile, dilatant
تَمَدُّدِيَّة: قابِليَّةُ التمدُّد — expansivity, dilatancy
تَمَدُّن، مَدَنِيَّة — civilization
تَمديد، تَطويل — extension, elongation, prolongation
~، توسيع — expansion, extension
تَمديداتُ التهوية (في منجم) — coursing
~ سِلْكِيَّة — wiring (Elec. Eng.)
~ كهربائيَّة — electrical installation
تَمْدِين: تَطويرٌ إلى المدنيَّة — civilizing, civilization
~: تَطويرٌ إلى المَدينيَّة — urbanizing, urbanization (Geog.)
تَمْر — tamar, dried (or semi-dried) dates
~ حِنّا — camphire, henna

تَمْر (تابع)
~ هِندي — tamarind
تِمراد: صندوقة في بُرْجِ الحمام — pigeonhole
تَمَرُّد — mutiny, insurgence
تَمَرُّس — practice
الـ ~ بالمِهنة — apprenticeship
تَمَرْكُز — centralization; focus(s)ing, concentration
تَمَرَّنَ — practice, exercise, train
تمريض — nursing
تَمرين — exercise, practice, drill; rehearsal
تَمَزُّز، إرتِشاف — imbibition, sorption (Chem.)
تَمَزُّق — tear, rupture, disruption; laceration
~ إجهاديّ (أو بالإجهاد) — stress rupture (Eng.)
~ جسَديّ (بخاصةٍ وعائي) — rhexis (Med.)
~ الجَليد — calving (Geol.)
~ الصورة: لاختِلال التزامُن — tearing (Telev.)
تَمْزيق — laceration, tearing
تِمساح — crocodile (Zool.)
~ أمريكيّ — alligator, cayman (Zool.)
تَمَسَّك (بِـ) — adhere or stick (to), keep, abide (by)
تَمَسُّك — adherence, abidance; holding on
تَمْسيد — massage (Med.)
تَمَشّى مَع — conform, agree or be consistent with
تَمَشُّج: تكَوُّن الأمشاج (أو الأعراس) — gametogenesis (Biol.)
تَمْشيط — combing
~ أسنانِ اللولَب — chasing (Eng.)
تَمَطَّط، تمَدَّد — distend, stretch
تَمَعُّج — meander(ing), twining (Geol.)
~، حرَكةٌ تمَعُّجيّة — peristalsis (Med.)
تَمَعْدُن، مَعْدَنة: حُلولُ المعادِنِ في النسيج الصَّخري أو العُضوي — mineralization (Geol.)
تمَغْنَطَ - يتمَغْنَط — magnetizable (Phys.)
تمَغْنُط — magnetization (Phys.)
~ دَوريّ — cyclic magnetization (Elec. Eng.)
~ شاذّ — anomalous magnetization
~ طَبَقيّ — lamellar magnetization
~ مُشْبَع — saturated magnetization (Phys.)
تَمَفْصُل — articulation (Zool., Eng.)

تَمَكُّن، مُكْنَة — capability, ability; mastery, proficiency
تمَلَّصَ — dodge, evade; escape
تمَلْغُم — amalgamation (Chem.)
تمَلَّك (بغَيرِ وَجْهِ حَقّ)، إستَولى على — appropriate
تمَلُّك، حِيازة — possession, acquisition
تَمْليح — salting; curing
تَمْليس، تنعيم — smoothing
~، تليط يَسبق التمليط — dubbing
تَمْليط، تَجْصيصٌ بالمِلاط — mortaring, plastering (Build.)
~، تَطْيين — claying (Civ. Eng.)
~ أُحاديُّ الطبقة — one-coat work (Build.)
~ ثُنائيُّ الطبقة — two-coat work (Build.)
~ خَشِن — rough coat, slap dash (Build.)
~ العَرَقة — buttering (Build.)
تَمَّمَ — complete, finish
تَمَنْطُق — zoning, zonation (Geol.)
تمَنَّع — refuse, decline
تَمْنيع، تَحصين — immunization (Med.)
تمَهُّل — deliberation, slowness
تَمْهيد، مُقَدِّمة — introduction, preamble
~، تَسْوِيَة — level(l)ing, grading (Civ. Eng.)
~ أو تَسْوِيَةُ الأرض — land levelling
~ التقَوُّس، طَمْأنةُ الإنحناء — easing (Eng.)
تمهيديّ — introductory, preliminary, prefatory
تَمهيديّة: فَرْضيّةٌ مُساعِدة — lemma (Maths.)
تَمَوُّج — undulation, wave (Phys.)
~، تغَضُّن — corrugation, crimpiness
~، نِيم، تتابُعٌ مَوجيّ — ripple
~ عارِم، تمَوُّر — surge, surging (Elec. Eng.)
~ (الطائرةِ المائية) فوقَ الماء — porpoising (Aero.)
تمَوُّجاتُ الانفعال — strain waves (Phys.)
تمَوُّجيّ — wavy, undulatory
تمَوُّجيّة — waviness
تمَوُّر، عَرامة — surge, surging
~ تقارُنيّ — coupled surge (Elec. Eng.)
~ عاصِفيّ — storm surge
تَمُّوز: الشهر السابع في التقويم الغريغوري — July
تَمَوُّن — stocking, provisioning, procurement
~ بالوَقود — fuelling

تَمَوُّه، تمَيُّه، هَدْرَتة — hydration (Chem.)
تَمْويج — rippling, undulation
~ (الألواح) — corrugation (Eng.)
تَمْويل — financing
~ طَويلُ الأجَل — long-term financing
تَمْوين: تَزويدٌ بالمُؤَن — provisioning, purveying, procurement, catering
~: مَوادّ تَموين — supply, supplies, provision(s)
تَمْويه — disguise, faking
~، تَعْمِيَة — camouflage, camouflaging (Mil.)
~ السَّطحِ النِّهائيّ — finish
~ كامِد، طَلْيةٌ نِهائيّة غيرُ لَمّاعة — flat finish
تَمَيَّأ — hydrate (Chem.)
تَمَيَّزَ — stand out, contrast; differentiate
~، إمتازَ — excel, be distinguished
تمَيُّز، تمايُز — differentiation
~، إمتياز — distinction
تَمَيُّع، تَسَيُّل — deliquescence (Chem.); liquefaction (Phys.)
تَمِيمُ الأنْزيم، أنزيمٌ مُساعِد — coenzyme, cofator (Chem.)
تمَيُّه، تمَيُّؤ — hydration (Chem.)
تمييز، إستِبانة — discernment, distinguishing, recognition, identification
~، تَفْريق — distinction, differentiation, discrimination
الـ ~ البَصَريّ لِلسِّمات — optical character recognition (Comp.)
~ التيّارِ مُتجاوِزِ الحَدّ — overcurrent discrimination (Elec. Eng.)
~ الرموز — character recognition (Comp.)
تَمْييع، إسابَة — fluidization (Elec. Eng.)
تُنّ: سَمَكُ التُّونا — tuna (fish) (Zool.)
تن: الرمزُ الكيماويّ لِلتنجستن (الوُلفرام) — W (wolfram or tungsten) (Chem.)
تَناتُج، تكاثُر — reproduction, breeding (Biol.)
تَناثُر — dispersal, dispersion, scattering
~ تَرشاشيّ — splash(ing)
التَّناحي: إسْوِيَّةُ الخَواصِّ في كُلِّ الاتِّجاهات — isotropism = isotropy (Chem., Phys.)
تَناذُر، مُتَلازِمة — syndrome (Med.)
تَنازُع — contention, struggle

تنازُع (تابع)
~ البَقاء — struggle for existence (Biol.)
تنازَلَ أو تخَلَّى عن — for(e)go, give up, abandon
~ (عن حَقٍّ أو مِلك) إلى — assign
تنازُل (عن) — abandonment, giving up, forgoing, waiver, abdication
تنازُليّ — descending (Maths.)
تنازُليًّا: مِن أعلى إلى أسْفَل — top-down
تناسُب، تناسُبيَّة — proportion, proportionality (Maths.)
~، تَلاؤم — harmony, suitability
~ بَسيط — simple proportion (Maths.)
~ طَرْديّ — direct proportion (Maths.)
~ عَكْسِيّ — inverse proportionality (Maths.)
~ مُرَكَّب — compound proportion
تناسُبيّ — proportional
تناسُبيَّة — proportionality (Maths.)
تناسُخ، تَضاعُفٌ تَناسُخيّ (بخاصةٍ للمادة الجينيَّة قبل الانقسام) — replication (Biol.)
تناسُق — coordination, ordonnance, order, harmony
تناسُل، تَوالُد — reproduction (Biol.)
الـ ~ العُذريّ — parthenogenesis (Biol.)
~ لاشِقِّي — asexual reproduction, monogony (Biol.)
تناسُليّ، تَوالُديّ: مُنتِجٌ بالتوالُد أو خاصٌّ بالتوالُد — reproductive (Biol.)
~: خاصٌّ بالأعضاء التناسُليَّة — genital (Zool.)
تناضَحَ: اِنتشَرَ بالتنافُذِ الغِشائي — osmose (v.)
تناضُح، اِنتِشارٌ أزموسيّ — osmosis, osmose (Chem.)
~ خارِجي — exosmosis (Chem.)
~ داخِلي — endosmosis (Chem.)
~ كَهربي: في مَجالٍ كهربائي — electro-osmosis (Chem.)
تناضُحيّ — osmotic
تناظُر، تقابُل (أُنظر: تطبيق) — bijection (Maths.)
~، تَماثُل — symmetry (Maths., Biology)
~: تَماثُلٌ مُتَقابِل — correspondence, analogy
~ التطَبُّق: تجانُس النَّسَق الطبقي — homotaxis (Geol.)
~ شُعاعي — radial symmetry (Biol.)
الـ ~ الكهرَبائيّ — electrical analogy (Acous.)
~ مِحوَريّ، تَماثُل مِحوري — axial symmetry (Eng.)
~ المَوقِع والأجزاء — homotopy (Maths.)
تناظُريّ، مُتَماثِل — symmetric(al)
تناظُم — regulation, regularity
تناغُم، اِنسِجام — rhythm, tune, harmony, concord, accord
~، تَوافُقيَّة — compatibility (Electron.)
~، تناقض — contradiction, inconsistency
تنافُذ، تناضُح — osmosis (Chem.)
~، مُنافَذَة: مَعكوسُ المُمانَعة في دارةٍ مِغنَطيسيَّة — permeance (Elec. Eng.)
الـ ~ المِغنَطيسيّ — magnetic permeance
تنافُر — repulsion (Phys.)
~، عدَمُ تَوافُق — disaccord, discord, disharmony, incompatibility
~ الأنغام، نَشاز — cacophony, dissonance (Acous.)
الـ ~ الكهربائيّ — electrical repulsion
الـ ~ المِغنطيسيّ — magnetic repulsion
تنافُس — competition, rivalry
تنافُسيّ — competitive
تناقَصَ — decrease, diminish, wane
تناقُصٌ، نُقصان، اِنخفاض — decrease, diminution, decrement
~، هُبوط — lapse (Phys.)
~، تَلاشٍ — wane, decay (Astron., Phys.)
~ تَدريجي، اِستِدقاق — taper
~ لُوغاريتميّ — logarithmic decrement
~ النشاطِ الإشعاعيّ — decay of radioactivity (Phys.)
تَناقُض، خُلْف، مُضادَّة — contradiction, antinomy, contrariety
~ ذاتيّ — inconsistency
~ ظاهِريّ، مُفارَقَة — paradox
تناقُل: نَقلٌ مِن سَفينةٍ (أو شاحِنةٍ) إلى أُخرى — tran(s)shipment
تناكُب — abutment, (a)butting (Civ. Eng.)
تناكُبيّ — butt, butting, abutting (Eng.)
تنامٍ، نُمُوّ — growth
~، تَزايُد — accretion, increase
~ تَلاحُميّ — concrescence (Bot.),
~ فَوقيّ — overgrowth
تَناوَبَ، تَعاقَبَ — alternate
تَناوُب، تَعاقُب — alternation
~ الأجيال — alternation of generations, metagenesis (Biol.)
تَناوُبيّ، تَبادُليّ — alternative
~، مُتَقَطِّع — intermittent
تَنَبَّأَ (بـ) — forecast, predict, foretell, foresee
تَنَبُّط: انبِثاقُ اللابةِ عبرَ فُتحةٍ أو شقٍّ في القِشرة — extrusion (Geol.)
تَنَبُّه، اِنتِباه — attention, watch, attentiveness, alertness
تَنَبُّؤ — forecast(ing), prediction
الـ ~ بالأحوال الجَوِّيَّة — (weather) forecast (Meteor.)
تَنبيب: تجهيزٌ بالأنابيب — tubing (Eng.)
~ (البِئر) — tubing (a well) (Pet. Eng.)
~ (المِرجَل) — tubing (a boiler) (Eng.)
تَنبيذَة: وَسْقَةُ طَحْنٍ أو تَخْمير — grist
تَنبيه — notice, notification
~، تَحذير — warning, cautioning
~، إشارةُ تَنْبيه — alarm, alert
~ فَوريّ: يستدعي استجابة المُستخدِم — prompt (Comp.)
تِ ن تِ: ثالِث نِترات التولوين الشديد التفجّر — TNT (trinitrotoluene)
التَنْتالُم: عُنصر فِلِزِّيّ رَمزُه (تا) — tantalum (Ta) (Chem.)
التنْجستن (التنغسْتِن): عُنصر فلزّيّ رَمزُه (تن) (أُنظُر: وُلفرام) — tungsten (W) (Chem.)
تَنْجيد — upholstery, upholstcring
التنجيم — astrology
تَنَحَّى، ابتَعَدَ — move away, step aside
~ عن، تَجَنَّب — avert, waive
تَنْحيس: لِحامٌ بالتنحيس — brazing (Eng.)
التَّنْدرة — tundra (Geog.)
تَنَدُّف (كَنُدَف الثلج أو الصوف) — flaking; flocculation
تَنْديد — condemnation, denunciation
~، حَسْم — discount, deduction
~، خَفْض — lowering, lessening
تَنْزيل (الحُمولة) — unloading
~ (الرُّتبة) — demotion, downgrading
تَنَسُّل (النسيج) — ravel(l)ing
تَنْسيق — coordination
الـ ~ الزمَنيّ لِلطبَقات — chronotaxis (Geol.)

تنسيق (تابع)	
~ نهايات الأسطر (يمينًا أو يسارًا)	justification (Print.)
تنشُّق	inhalation, sniffing
تنشُّؤ (الأنسجة الحيوية بخاصةٍ)	neogenesis (Biol.)
تنشِئة	nurture, upbringing, rearing
تنشيط، تفعيل: زيادةُ الفاعِليَّة	activation (Chem.)
~ إشعاعي	radioactivation (Phys.)
الـ ~ بالبَرْد	vernalization (Bot.)
~ حراريّ	thermal activation (Phys.)
~ الفَتيلة	filament activation (Electron.)
تنشيف	drying (up), desiccation
تنصُّت، اِستِراقُ السَّمع	eavesdropping
~ (بجهازٍ سِرّي)	bugging, listening in
~ سِلْكيّ	wiretap
تنصُّف: اِنقسامٌ اختزالي	meiosis (Biol.)
تنصيب	installation
تنصيف	bisection (Maths.), halving
تنصيل، اِستخلاص	stripping (Pet. Eng.)
~، إزالةُ اللون	decoloration, bleaching (Chem.)
تنضُّد: في دَكّاتٍ أو مِنصّات	benching (Mining)
~، تطَبُّق	bedding, stratification (Geol.)
~ بَيْني	interbedding (Geol.)
تنضيد، تَستيفُ الحُمولة	stowage
~ حُروفِ الطباعة	type-setting (Print.)
~ ضَوئيّ	photocomposition (Print.)
تنطُّق، تَمَنْطُق، تَنْطيق	zonation, zoning
~ المكامِن	reservoir zonation (Pet. Eng.)
تنظير	theorizing, theorization
~: فَحصٌ بِمِنْظار	viewing, -scopy (Med.)
~ داخِلي	endoscopy (Med.)
~ مَعِدي	gastroscopy (Med.)
تنظيف	clean(s)ing, scrubbing, scouring
الـ ~ الأنودي	anode cleaning (Eng.)
~ جافّ (على الناشِف)	dry-cleaning
~ الجُرح أو تَضميدُه	toilet (Med.)
~ بالحامِض	pickling (Chem.)
~ خُشارةِ المِبْرَد	pinning (Eng.)
~ بالدَّفقِ المائي (أو الهوائي)	flushing
~ دَوْري لِمَوقِدِ الصَّهر	clinkering (Eng.)
الـ ~ بالسَّفع البُخاري	vapour blast cleaning (Eng.)
الـ ~ ~ الهَوائي	blast cleaning (Eng.)
~ الغاز: مِنَ المُلَوِّثات	gas cleaning
~ بالفُرشاة	brushing
~ (الجِلْدِ) قبلَ الدِّباغة	scudding
~ بالكَنْس الخَوائي	vacuum cleaning
~ كَهْرَلي	electrolytic pickling (Elec. Eng.)
~ باللَّهَب: لِلسُّطوح المَعدِنيَّة	flame cleaning (Eng.)
~ الهَواء، ~ بالهَواء	air cleaning (Eng.)
تنظيم	organization
~، تَرتيب	arrangement
~، ضَبْط	regulation, regularization
~ الأُسرة	family planning
~ الخَرْج	output regulation (Elec. Eng.)
~ دَرَجاتِ الحرارة	temperature regulation
الـ ~ السُّفليّ (للسُرعة أو الفلطية أو درجة الحرارة)	regulation down (Elec. Eng.)
الـ ~ العُلْويّ	regulation up (Elec. Eng.)
~ المُرور	traffic control
~ النَّسْل، تَحديدُ النَّسْل	birth control
تنظيمات، أنظمة	regulations
تنعيم	smoothing, fining
التنغسْتِن (التنجستن)، الوُلْفرام: عنصر فِلِزِّيّ رَمزُه (تن)	tungsten (W) (Chem.)
تنغيم: إصدارُ النَّغَم، ضبطُ النغم	intonation, toning; tuning (Acous.)
تنغيل، تَهْجين	hybridization (Gen.)
تنفُّخ: تضَخُّم	swelling, inflation
الـ ~ الحَجْميّ: بفِعْل الرُّطوبة	bulking (Build.)
تنفُّس	respiration, breathing (Zool.)
~ اصطِناعيّ	artificial respiration (Med.)
~ خَلَويّ	cellular respiration (Biol.)
~ لاهَوائي	anaerobic respiration (Biol.)
~ هَوائي: بِوُجودِ الأُكسِجين الطليق	aerobic respiration (Biol.)
تنفُّسي	respiratory
تنفُّط، تبَثُّر	blistering, vesication (Med.)
تنفيذ	execution, carrying out, implementation
~، تحقيق	realization, fulfil(l)ment
~ مُتزامِن	concurrent execution
تنفيذي، إجرائي	executive
تنفير، إجفاء	alienation
تنفيس	relief, easing, venting
~: تفَقُّع أو تنقُّر التجصيص	blowing, pitting (Build.)
~ الصِّهريج	tank venting (Eng.)
تنقُّر: تفقُّع السطح المَطْليّ	pinholing (Paint.)
~: تنقُّر السطحِ المعدِنيّ كيماويًّا	pitting (Eng.)
تنقُّل، تحَرُّك، اِنتِقال	locomotion, movement
~ القُطْبَين	polar wander(ing) (Geol.)
تنقُّليَّة، نَقوليَّة	mobility
تنقيب	prospection, exploration, prospecting (Geol.)
~، بَحْث	search, research, quest
الـ ~ الإشعاعي	radiation prospecting (Geophys.)
الـ ~ الجِيُوفيزيائي	geophysical prospecting
الـ ~ الجِيُوكيماوي	geochemical prospecting (Min., Geol.)
~ بالحَفْر	excavation, digging
الـ ~ الزَّلْزَلي، الـ ~ المِرجافي	seismic prospecting (Mining)
الـ ~ الكهربائي	electric(al) prospecting (Pet. Eng., Min.)
الـ ~ الكهرمِغْنيطيّ	electromagnetic prospecting (Elec. Eng.)
الـ ~ الكيماويّ الحيَوي الأرضي	biogeochemical prospecting
الـ ~ المِرجافي: بالطريقة الزِّلزاليَّة	seismic prospecting (Min., Geol.)
الـ ~ المِغْنَطيسيّ	magnetic prospecting
الـ ~ عن النّفط	oil exploration, oil prospecting (Pet. Eng.)
تنقِيَة	(re)fining, purification, depuration, clarification, cleaning
~ (بالصَّهْر)	smelting (Met.)
~ بالصُّعُد	poling (Met.)
~ كَهْرليَّة	electrorefining, electrolytic refining (Eng.)
~ بالمُذِيب	solvent cleaning (Chem.)
~ المَعادِن	metal refining (Chem.)
~ المياه	water purification (San. Eng.)

تَنْقِيَة (تابع)

~ نِطاقيَّة zone purification, zone refining (Eng.)

~ الهواء، ~ بالهواء air refining

تَنْقيح revision, correction, emendation

تَنْقيش، نَقش نمطي design, pattern

~ آجُرّي bricking (Build.)

تَنقيص، نُقصان diminution, decrease, reduction, lessening

تَنقيل switching

تَنَك tin (Chem.)

تِنكال: بَورقٌ خام tincal, tinkal (Min.)

تنكُّر disguise

تَنَكُّس degeneration (Med.)

تَنكيس lowering

تَنكيل: طِلاءٌ بالنِّيكل nickelage = nickeling (Eng.)

تَنَمٍّ (بالتَّضامِّ أو الارتكام) accretion

تَنَمُّل، تَنْميل formication, numbness (Med.)

تَنَمَوي developmental

تَنْمِيَة development

~ المَهارات developing skills

تَنْميش etching (Eng., Chem.)

تَنْميق ornamentation, embellishment, decoration, elaboration

تَنُّوب، شُوح fir, spruce (Bot.)

تَنُّور furnace, kiln, oven

تَنُّورة petticoat

تَنَوَّعَ vary, diversify

تَنَوُّع، تَعَدُّدُ الأشكال diversity, variety

~، تَنويع diversification

~ الاستِقطاب: لِتَخفيضِ الخُبُوّ polarization diversity (Radio)

~ الأنواع speciation (Biol.)

التنوِّي nucleation (Chem.)

تَنْوير، إزهار bloom, blossoming, flowering (Bot.)

~، إنارة illumination, lighting (Phys.)

تَنْويع diversification, variation

تنويم hypnosis (Med.)

~ إيحائي (مِغنَطيسي) hypnotism

تَنْويه mention, citation

التِّنين: كَوكَبة شمالية Draco (The Dragon) (Astron.)

تَهاجُن interbreeding (Biol.)

تَهاوُن neglect, negligence; carelessness, indifference

تَهايَأ، تكيَّفَ، كَيَّفَ adapt

تَهايُؤ adaptation, accommodation (Biol.)

تَهايُئِيَّة adaptability

تَهْجِئة، تَهَجٍّ spelling

تَهَجُّم assault, attack

تَهْجين، تَنْغيل hybridization, crossbreeding, outbreeding, crossing, intercrossing (Gen.)

تَهَدُّب: تهدُّب المَجال fringing (Elec. Eng.)

تَهْدِئة، تَسْكين calming, quieting

~، تَخفيف، تَيْسير easement

~ المَجرى stilling (Hyd.)

~ النيوترونات moderation of neutrons (Phys., Nuc. Eng.)

تَهْديد menace, threat

~ لِلمِلاحة menace to navigation (Naut.)

تَهديم، هَدْم demolition, destruction; tearing down

تَهْذيب، تَحْسين refinement

~، (رَوْتَشة) touching up (Photog.)

~، تَضْبيط trim(ming) (Eng.)

~ بلاتينيّ platforming (Pet. Eng.)

~ بالتشظية spalling (Civ. Eng.)

الـ ~ الحراري thermoreforming (Pet. Eng., Chem.)

~ الخام، ~ الرِّكاز ore dressing, ore processing, benefication, milling, dressing (Min.)

~ خَشِن flogging (Carp.)

~ السَّطح (في إصلاح الطُّرُق) retreading (Civ. Eng.)

~ الشوائب (في القُماش) burling

~ كيماوي: لِرَفْع العددِ الأوكتانيّ لِلبنزين reforming (Pet. Eng.)

~ المَصْبوبات fettling, dressing off (Eng.)

~ المَعادِن mineral dressing (Min.)

~ مُوَقَّت (لِلحِجارةِ في مَقْلَعِها) skiffling

الـ ~ الهِدْروجيني hydroforming, hydrofining (Pet. Eng.)

تَهَرَّأ fray, wear out

تَهَرُّب evasion, escape

~ من الضرائب tax evasion

تَهَرُّؤ (الثَّمر): بفَرط النُّضج bletting (of fruit) (Bot.)

تَهريب (السِّلَع) smuggling, contrabandism, trafficking

~ الأسلِحة gun-running

تَهَزْهَز، اِرتَجّ shake, jiggle

~، تَذَبذَب oscillate, vibrate (Phys.)

تَهَشُّم being crushed, smashed, shattered, or crumbled

~ الصُّخور (بالحَركات الأرضيَّة) cataclasis (Geol.)

تَهطال، مَطَرٌ غَزير downpour, rainpour (Meteor.)

~: مُجْمَل الهُطول ثَلْجًا أو بَرَدًا أو مَطرًا precipitation (Meteor.)

تَهَكُّم irony, sarcasm

تَهَلُّم gelling, jelling, jellification (Chem.)

تُهمة charge, accusation

تَهَوُّر rashness, indiscretion

تَهْوِيَة aeration, aerification, airing

~: تَجديدُ الهواء ventilation

~ (لِتَقليل خطَرِ الغازات في المَناجِم) dadding

~ اِصطِناعيَّة artificial ventilation

~ بالسَّحب القَسْري forced-draught ventilation (Eng.)

~ ~ المُستَحَث induced-draught ventilation (Eng.)

~ الصِّهريج أو الخزّان tank venting

تَهويل، تَخويف frightening, alarming

تَهويم: شُعورٌ بالحاجةِ إلى النوم drowsiness

تَهَيُّج، تَهْييج excitation, irritation

تَهَيُّجية irritability, excitability

تَهْيِئة preparation, orientation

~، اِستِعدادات arrangements

~، مُهايأة conditioning, adaptation

~: لِعَمَليَّة المُعالَجة الرئيسيَّة housekeeping (Comp.)

~، تَوضيب setting

~ الخامات: بمعالجة غير كيماوية ore dressing, dressing of ores

تَواءَم، تَلاءَم match, suit, fit

تَوابِع (أُنظُر: تابع)

~، أقمارٌ صِناعيَّة satellites

تَوابع (تابع)
~، تابِعون — followers
~، مُلحَقات — accessories, subsidiaries
~ المُحَرِّك — engine accessories (Eng.)
تَواتُر، تكَرُّرُ الحُدوث — frequency, recurrence
(أُنظر أيضًا: تَرَدُّد)
~ الخُطوط الأُفقية — horizontal line frequency (Telev.)
~ الرَّي — frequency of irrigation (Agric.)
~ القَطْع — cut-off frequency (Elec. Eng.)
الـ ~ النِّسبي — relative frequency (Maths.)
تَواجُد، وجود — presence, occurrence; existence
تَوارٍ — hiding; disappearance
تَوازٍ، مُوازاة — parallelism
تَوازُن، اِتِّزان — equilibrium, balance, equipoise, poise (Phys.)
~ إستاتيّ — static equilibrium (Phys.)
~ التضاغُط — isosteric (Chem.)
~ ثابِتُ درجةِ الحرارة — isothermal equilibrium (Eng., Phys.)
~ بِثقلٍ مُعادِل — counterpoise, counterbalance
~ الحَتّ والتَرَسُّب (في مَجرًى مائيّ) — regime (or regimen) (Hyd.)
~ (أو اتِّزانٌ) حَراري — heat balance, isothermal equilibrium (Phys.)
~ سَمْعيّ ثُنائي — binaural balance (Acous.)
~ الطّاقة — energy balance (Phys.)
~ عابِر — transient equilibrium (Nuc. Eng.)
~ غيرُ مُستقِرّ — unstable equilibrium (Mech.)
~ قَراريّ، ~ ساكِن — static equilibrium
~ (أو اتزانُ) القِشرَة الأرضيَّة — isostacy = isostasy (Geol., Phys.)
~ القوى — equilibrium of forces (Mech.)
~ لَونيّ — colour balance (Photog.)
~ مُتَعادِل — neutral equilibrium (Mech.)
~ مُستقِرّ — stable equilibrium (Phys.)
تَواشَج، وَشَّج — interlock
تَواشُج — interlock(ing)
تَواصُل، اِتِّصالٌ مُتَبادَل — communication, intercommunication
~، اِستِمرار — continuance, continuation
~، ترابُط — interconnection

تَواطُؤ — collusion, connivance
تَوافُر، مُتاحيَّة — availability
~، وَفرة — abundance, plenty, plenitude
تَوافَق — agree, conform, harmonize; match, suit, fit
تَوافُق، اِتِّفاق — agreement, concordance, concurrence
~، اِنسِجام — harmony, accord, conformity, consonance
~، مُلاءَمة — agreement, fit, match
~، تَلاؤُم — compatibility (Comp.)
~ اِحتِضاني مُحكَم — snug fit (Eng.)
~ اِنتِقاليّ — transition fit (Eng.)
~ اِنزِلاقيّ — sliding fit, slip fit, slide fit (Eng.)
~ اَنكِماش، إزواجٌ انكماشيّ — shrink fit
~ تَداخُلي — interference fit (Eng.)
~ التركيب (الصخريّ) — structural concordance (Geol.)
~ تَشغيليّ (أو عَمَليّ) — working fit (Eng.)
~ تَقَلُّص — contraction fit (Eng.)
~ تَمَدُّد — expansion fit (Eng.)
~ جارٍ، إزواجٌ سَهْل — running fit (Eng.)
~ ~ سائِب — loose running fit (Eng.)
~ ~ سَهْل — easy running fit (Eng.)
~ ~ طَليق — free-running fit (Eng.)
~ ~ وَثيق — close running fit
~ جَيِّد — good fit (Eng.)
~ حَشْر، إزواجٌ بالضَّغط أو الدَّفْع — push-fit (Eng.)
~ خُلوصي — clearance fit (Eng.)
~ دَقّ — drive fit = driving fit (Eng.)
~ بالدَّقّ الخَفيف — light drive fit (Eng.)
~ راخٍ — slack fit, loose fit (Eng.)
~ رَديء — poor fit (Eng.)
~ رَنيني — unison (Acous.)
~ سائِب أو غيرُ مُحْكَم — loose-fit (Eng.)
~ (أو إزواجٌ) بالضغط — press fit
~ بالضغط الخفيف — light press fit
~ طَليق، إزواجٌ حُرّ — free fit (Eng.)
~ الطور — phase coincidence (Phys.)
~ عَصْر — wringing fit (Eng.)
~ قَسْري — forced fit (Eng.)
~ بالكَبْس — press fit (Eng.)

~ لَوني — colour harmony, colour match (Photog.)
~ مُحْكَم — tight fit (Eng.)
~ مَضبوط — exact fit (Eng.)
~ وَثيق — close(-running) fit (Eng.)
تَوافُقِيّ — harmonic
تَوافُقيّات — harmonics (Maths.)
~، تَوافيق — combinations (Maths.)
~ التردُّد — frequency harmonics (Acous.)
تَوافُقيَّة، نَغمةٌ توافُقيَّة — harmonic (Phys.)
~، تَناغُم — compatibility (Electron.)
~، تَوليفة — combination (Maths.)
~ أساسيَّة — fundamental harmonic (Phys.)
الـ ~ الأولى — first-harmonic (Phys.)
الـ ~ الثالِثة — third harmonic (Phys.)
~ مِنطَقيَّة — zonal harmonic (Maths.)
تَوافيقي، تَوليفي — combinatorial, combinational (Maths.)
تَوافيقيَّة، تَوليفة — combination (Maths.)
تَوافُت، تَزامُن — synchronism, synchronicity, simultaneity, coincidence, concurrency
~ الخَطَران — isochronicity (Phys.)
تَوالٍ، تَتابُع — succession, sequence
~، تَناوُب — alternation; rotation
على التَّوالي — in series (Elec. Eng.)
~، مُتَوالِيَة — progression, sequence (Maths.)
تَوالَدَ، تَكاثَرَ — reproduce
تَوالُد — reproduction, breeding (Biol.)
~، تَكاثُر، اِنتِشار — propagation
~ الأحياء مِن الأحياء — biogenesis (Biol.)
~ الخَطأ — propagation of error (Maths.)
~ داخِلي — inbreeding (Biol.)
تَوالَفَ، اِئتلَفَ — blend, agree, harmonize
التَّوالي: الحيَواناتُ عَديدةُ الخَلايا — Metazoa (Zool.)
تَوْأم — twin (Zool.)
~ بِلَّوري — macle, twinned crystal (Geol.)
~ حَلَقي بلوري — cyclic twin
التوأمان، الجَوزاء، بُرجُ الجَوزاء — Gemini (The Twins) (Astron.)
التَّوأمة، التوأميَّة — twinning (Zool.)
تَوأميَّة: تَضاعُفٌ (أو تكرارٌ) زَوجي — gemination

تَوأميَّة (تابع)

الـ ~: تكَوُّن البِلَّورات التوأميَّة — twinning (Min., Geol.)

تَواؤم، اِنسِجام — harmony, agreement

~، تَلاؤم — matching

~ معَ الخَلفيَّة — blending

~ المُعاوَقة — impedance match (Elec. Eng.)

تَوائِم — twins

~ (بِلَّوريَّة) اِندِساسِيَّة — penetration twins (Geol.)

~ ~ مُتَلامِسة — contact twins (Geol.)

تُوباز، ياقوتٌ أصفر — topaz (Min.)

تَوبُّؤ القصدير — tin pest = tin plague (Chem.)

تُوت — mulberry (Bot.)

~ الأرض، فراولة — strawberry (Bot.)

التُّوتة، الغُدَّة الصَّعتَريَّة — thymus (gland)

تَوَتُّر — tension, tautness (Eng.)

الـ ~، الجُهد الكهربي — tension, voltage (Elec. Eng.)

الـ ~ السَّطحيّ — surface tension (Phys.)

الـ ~ ~ البَيْني — interfacial surface tension (Phys.)

~ سَطحيّ مُحيطيّ — peripheral tension

~ عالٍ (فوقَ ٦٥٠ فُلطًا) — high tension, high voltage (Elec. Eng.)

~ (أو تشَنُّج) عَضَليّ — myotonia, tonus (Med.)

~ مُنخَفِض (دُونَ ٢٥٠ فُلطًا) — low voltage (Elec. Eng.)

تَوَتُّريّ — tensile (Eng.)

تُوتياء: كِبريتاتُ الزِّنك — tutty, white vitriol (Min., Chem.)

تَوتيد: وَضعُ الأوتاد، تسييجٌ بالأوتاد — picketing

~: الوَصْلُ بِنُتوءٍ وفُرْضةٍ مُتوافِقَين — staking (Eng.)

تَوتير — tensioning, tautening

تَوَثُّب — bounce

تَوثيق، تمكين — strengthening, consolidation

~، تأكيد — attestation, authentication

~ (بالمُستَنَدات) — documentation

تَوَجُّه، اِتِّجاه — orientation (Surv.)

~، اِنتِحاء — tropism, taxis (Biol.)

تَوجِيه — direction

~، إرشاد — guidance, control (Elec. Comm.)

~، إرسال — sending, forwarding

~، أمْر — directive, instruction

~، تَهيِئَة — orientation

~ اِتِّجاهيّ — directional homing (Radio)

~ أرضيّ — ground control (Radar)

~ بالأشِعَّة دُونَ الحَمراء — infra-red homing (Radio)

~ لإصابةِ الهَدَف — homing

~ بَديل: استخدام مسلكٍ بديل — alternate routing

~ بُعاديّ: مِن بُعد — remote control (Elec. Eng.)

~ الحُزْمَة — beam steering (Radio)

~ (القذائفِ) بالرادار — radar homing

~ راديُويّ — radio guidance (Aero.)

~ عَشوائيّ — random orientation (Phys.)

~ عَطاليّ — inertial guidance (Aero.)

~ العَودة — homing (Aero.)

~ ~ بالراديو — radio homing

~ فَعّال: نِظامُ تَوجيهٍ يَحوي مُرسِلًا ومُستقبِلًا — active homing (Radar)

~ مُسْبَقُ الضَّبْط — preset guidance (Aero.)

~ مِهنيّ — vocational guidance

تَوجيهاتُ التَّشغيل — operating directives (Eng.)

تَوجيهيّ — directive, directional (Radio)

تَوَحُّد، اِتِّحاد — union

~ الخَواص (في مُختلف الاتجاهات) — isotropy (Chem.)

تَوحيد — unification; consolidation

~ (اتجاه التيّار) — commutation (Elec. Eng.)

~ الاِستِجابة — unilateralization (Phys.)

~ قَسْريّ — forced commutation

تَوحيديّ: يَفرِضُ عُنصُرًا واحدًا فقط — monothetic (Maths.)

تَوحيل — puddling, mudding

تَوَخّي (أو تحقيقُ) الأمْثَليَّة — optimization

تُور: وَحدةُ ضَغطٍ جَوِّي (= ضَغطُ مليمترٍ واحد من الزِّئبق، أو ١٣٣,٣ نيوتُن/ متر[٢] = ١٣٣,٣ پَسكال) — torr (Phys.)

توربيد (أُنظُر: طوربيد) — torpedo

تُوربين (أُنظُر: تُرْبين) — turbine (Eng.)

تُورَة: وَحدةُ ضَغطٍ تساوي پَسْكال (نيوتُن على المِتْر المُرَبَّع) — tor (Phys.)

تَوَرُّق، إيراق — foliation, leafing (Bot.)

~ (الصُّخور الصفائحيَّة) — foliation (Geol.)

~ الزَّهْر (واخضِراره) — chloranthy (Bot.)

تَوَرُّم — swelling, intumescence, bulging

تُورمالين: حَجَرٌ كَريم مِن سِليكات البورون والألُمنيوم معَ فِلِزّاتٍ أُخرى — tourmaline (Min.)

تُورنادو: رِيحٌ زَعْزَعٌ دُوّاميَّة — tornado (Meteor.)

تَوريد — importation

تَوريق، إيراق — foliation (Bot.)

~ الجُدران — wallpapering (Build.)

تَوزيع، تَوَزُّع — distribution

~ الإجهاد — stress distribution (Eng.)

الـ ~ الاحتِمالي — probability distribution (Stat.)

~ «پوَاصُون» — Poisson distribution (Stat.)

~ تَحت أرضيّ — underground distribution (Elec. Eng.)

~ التواتُر — frequency distribution (Stat.)

~ على التوالي — series distribution (Eng.)

~ الحِمْل، ~ الحُمولة — distribution of load, weight distribution (Eng.)

~ الضَّغْط — pressure distribution (Phys.)

الـ ~ الطّاقيّ الطَّيفيّ — spectral energy distribution (Phys.)

~ طبيعيّ (چاوْسيّ) — normal distribution (Stat.)

~ عَشوائيّ — random distribution (Stat.)

~ ~ التوازي — parallel distribution (Eng.)

~ چاوْسيّ: يُمَثَّلُ بِمُنحَنٍ جَرَسيّ — Gaussian distribution (Stat.)

~ القُدرة — power distribution (Elec. Eng.)

~ مُتَقَطِّع (لأحدِ الأنواع) — discontinuous distribution (Biol.)

~ مِغنَطيسيّ لَوْلَبيّ — circuital or solenoidal magnetization (Phys.)

~ المُؤَن (على الجُند) — issue of supplies

~ النَّوافِذ (في المَبْنى) — fenestration (Build.)

تَوزيعيّ — distributive

تَوَسُّط: تَدَخَّلَ أو تخَلَّلَ في ما بَين — interpose, intervene

~: لِلتَّوفيقِ بينَ فَريقَين — intercede, mediate

تَوَسُّط intercession, mediation, intervention
تَوَسُّع expansion, dila(ta)tion, extension
~ الأوعية (الدَّمَوِيَّة) vasodil(at)ation (Med.)
~ البؤبؤ، ~ الحَدَقة mydriasis (Med.)
تَوَسُّف، تَقَشُّر spalling, desquamation (Geol.)
تَوَسَّلَ (أو تضرَّعَ) إلى implore, beseech, entreat
~ (بِوَسيلةٍ) إلى use (it) as a means to
تَوسيخ fouling, soiling, dirtying
تَوْسيد cushioning, paddling (Eng.)
~ نَفْحيّ pneumatic cushioning (Eng.)
تَوسيط: اِستِخدامُ المَعالِمِ الوَسيطيَّة parametrization (Maths.)
تَوسيع dila(ta)tion, expansion, widening
~ (الثُّقوب) reaming, opening out; enlargement (Eng.)
~ (ما بَين الشتلات) thinning, clearing (Agric.)
تَوَشَّل: تَرَشَّح قليلًا قليلًا percolate
تَوشِيَة، تَطْريز embroidery
تَوشيج interlocking, interconnecting
تَوشيع: خَزْنٌ على وَشائِع (بَكَرات) spooling (Comp.)
تَوَصُّل، وُصول access, arrival
~ تتابُعي sequential access (Comp.)
~ عشوائي random access (Comp.)
تَوصِيَة، تَزْكِيَة recommendation
~، نَصيحة advice, counsel
تَوْصيل، نَقْل conduction (Phys.)
~، وُصْلة connexion = connection
~، وَصْل connecting, linking, joining
~ أرضيّ earth connection (Elec. Eng.)
~ أصيل (في شِبْه المُوَصِّل ليسَ بِفِعل الشَّوائب) intrinsic conduction (Electron.)
~ إلكتروني electron(ic) conduction
~ أُنشوطيّ looping-in (Elec. Eng.)
~ أيونيّ ion conduction (Phys.)
~ تَعاقُبيّ cascading, cascade connection
~ تَمزيقيّ: يجري عندَ تَمزُّقِ العازِل disruptive conduction (Elec. Eng.)

~ على التوازي parallel connection, multiple connection (Elec. Eng.)
~ على التوالي series connection
~ (أو قَرْنٌ) جَماعيّ ganging (Elec., Eng.)
الـ ~ الحَراريّ heat conduction, thermal conduction (Phys.)
الـ ~ بِخابور keying (Eng.)
الـ ~ السَّطحي surface conduction (Phys.)
~ شُغْريّ hole conduction (Electron.)
الـ ~ الضَّوئيّ photoconduction (Phys.)
~ غازيّ gaseous conduction
~ فائض excess conduction (Elec.)
~ بالقَبْس plugging (Elec. Eng.)
~ كَهْرَليّ electrolytic conduction
~ باللسانِ والنَّقْر cogging (Carp.)
~ مُتعَرِّج zigzag connection (Elec. Eng.)
~ مُرَكَّب compounding (Eng.)
~ ~: على مَراحِل (لِترانزستورَيْن) compound connection (Radio)
~ نجميّ star connection (Elec. Eng.)
الـ ~ الهَوائيّ air-conduction (Phys.)
~ وَهْميّ: لا يَشمَلُ خُطوطًا سِلكيَّةً إضافيَّة phantom connection (Teleph.)
تَوصيلاتٌ سِلكيَّةٌ مَطبوعة: مُرَسَّبةٌ على سَطحٍ عازِل printed wiring (Elec. Eng.)
~ طَرَفيَّة end connections (Elec. Eng.)
~ مُتَساوِيةُ الجُهد equipotential connections (Elec. Eng.)
توصيلة connexion = connection
~ إمداد service connection (Elec. Eng.)
~ تلفونية telephone connection
~ العَودة لِتيّار الشبكة grid return (Radio)
~ فَرعية branch connection
~ بمفتاحَيْن two-switch connection (Elec. Eng.)
~ مَلَولَبة threaded connection (Eng.)
تَوصيليّ conductive; connective
تَوصيليَّة conductivity (Phys.)
تَوَضُّع، تَرَسُّب deposition
تَوضُّعات سطحيَّة superficial deposits (Geol.)
~ قارِّيَة continental deposits (Geol.)
تَوضيب، تهيئة preparation; dressing; arrangement; setting
~: رَزمٌ وتعبِئة packing; stowing

تَوضيحٌ clarification; clearing; explanation
~ (بالأمثِلة أو بالصور) illustration
تَوضيحيّ explanatory; illustrative
تَوطِئة prelude; introduction
تَوطيد consolidation; stabilization; settlement
تَوطين settlement; settling
توظيف، استخدام employment
~: استثمار investment
تَوَعُّك indisposition (Med.)
تَوعية enlightenment; making aware or conscious
~، تحذير alerting, cautioning
توفُّر، تيَسُّر، مُتاحيَّة availability
توفير: اقتصاد saving, economizing
~: تدبير الوسائل أو الحاجات provision; securing; making available
تَوفيق، مُصالَحة conciliation
~، تعديل adjustment
تَوْقٌ yearning; craving, desire
تَوَقَّى guard against, avert, fend
تَوَقُّد، تَوَهُّج flare, blaze, glow
تَوَقُّدُ الذِّهن mental alertness
تَوَقُّع، تَرَقُّب expectation, anticipation
~، إحتمالٌ مأمول prospect
تَوَقَّفَ stop, cease, halt, pause, stall
~ (على) depend (on), be dependent (or contingent) on
تَوَقُّف، وَقْفَة halt
~، إنقطاع interruption, discontinuity
~، تَعَطُّل (السَّيرِ أو العمل) tie-up
~، تَوقيف stop (page), halt, cessation
~، رُكود (النمُوّ أو المَسير) stasis (Bot., Med.)
~ اضطراري emergency stop
~ تامّ standstill, deadlock
~ تِلْقائيّ automatic stop (Eng.)
الـ ~ السنويّ annual shut-down
~ طارِئ hang-up (Comp.)
~ عن دَفع الديون insolvency
~ فَوريّ، ~ هامِد dead halt (Comp.)
~ القَلْب heart failure (Med.)
~ مُفاجِئ stall(ing) (Eng.)
~ مُؤَقَّت intermission, pause

تَوقيت، ضَبْطُ الوَقت	timing
~ الإشعال	ignition timing (Autos.)
~ الحَقْن	injection timing (Eng.)
الـ ~ الشمسيّ	solar time (Astron.)
الـ ~ (الشمسيّ) المُتَوسِّط	mean (solar) time (Astron.)
~ الصِّمامات	valve timing (Eng.)
الـ ~ الصيفيّ	summer time, daylight saving time
الـ ~ العالَميّ	universal time, GMT
~ غرينتش المُتَوسِّط: التوقيتُ العالَميّ	Greenwich Mean Time, ZULU = zulu time (Elec. Comm.)
الـ ~ الفَلَكي (النجمي)	sidereal time (Astron.)
~ قياسيّ	standard time
~ مَحَلِّي، وَقتٌ مَحَليّ	local time (Astron.)
~ مُقَدَّم	advanced timing
الـ ~ المِنطَقيّ	zone time (Astron.)
الـ ~ النَّجمي (أو الفَلَكيّ)	sidereal time (Astron.)
تَوقيع، إمضاء	signature, signing
~ ثانٍ: ~ مُصادَقة	countersignature
توقيف، إيقاف (المُتَّهم)	arrest, custody
تَوكيد	confirmation, assertion
توكيل، تفويض	procuration, deputization, authorization
~، وكالة	power or warrant of attorney, proxy
تَوَلَّى (إدارة)	administer, be in charge of, run
~ (أمرًا أو مُهِمَّةً)	undertake, assume the responsibility
تَوَلُّد	generation, genesis
~ تِلقائي	spontaneous generation, abiogenesis (Biol.)
~ ذاتيّ: دونَ تدَخُّلِ عوامِلَ خارجيَّة	autogeny
تُولوين: بنزينُ المِثيل	toluene = toluol (Chem.)
تَوَلِّي الأمر	take-over
تَوليد، إنتاج	production, generation
~، تَوالُد	breeding
~: عِلْمُ أو فَنُّ التوليد	obstetrics; midwifery (Med.)
~ الحرارة	heat generation (Phys.)
~ القُدرة	power generation (Eng.)
توليف، مَزْج	blending, mixing
~: إرسالٌ إقحاميّ بَيْنيّ	interleaving (Telev.)
~، مُوالَفة	tuning (Radio)
~، تخليق	synthesis (Chem.)
~ (أو تخليق) حيَويّ	biosynthesis
~ الشبكات: لِتُلائِمَ أغراضًا خاصة	network synthesis (Elec. Eng.)
~ قُرصيّ: بقُرصٍ نُحاسيّ أو قَلبٍ مغنطيسي	slug tuning (Elec. Comm.)
توليفة: مَخلوطٌ مُتَوالِف، مَزيج	blend
تَوَهَّجَ	glow, blaze, flare
تَوَهُّج	glow, incandescence (Phys.)
~ الأنود	anode glow (Electron.)
الـ ~ السالِب	negative glow (Electron.)
~ لاحِق	afterglow (Electron.)
~ المَهْبِط	cathode glow (Electron.)
تَوَهُّم، وَهْم	fancy, imagination, delusion
تَوهين	attenuation (Phys., Elec. Comm.)
الـ ~ الإجمالي	overall attenuation (Elec. Eng.)
~ التيّار	current attenuation (Elec. Eng.)
~ الحديثِ التداخُلي	cross-talk attenuation (Elec. Comm.)
~ الفُلطيَّة	voltage attenuation (Elec. Eng.)
~ لانِهائيّ	infinite attenuation
~ المَسار	path attenuation (Radio)
~ المَوجات	wave attenuation (Phys.)
الـ ~ الهَنْدَسيّ: تَوهينُ شِدَّةِ الإشعاع بانتشار الطاقةِ في الفضاء	geometrical attenuation (Phys.)
تَوِّيّ، آنِيّ	instantaneous
تُوَيج (الزَّهرة)، **إكْليل**	corolla (Bot.)
~ (السِّنِّ)	crown (Zool.)
تُوَيجيَّة: ورَقةٌ تُوَيجيَّة، بَتَلَة	petal (Bot.)
تَيّار، مَجْرى	current, stream
~ الابتِعاث	emission current (Phys.)
~ إثارة	exciting current (Elec. Eng.)
~ أُحاديُّ الاتجاه	unidirectional current = direct current (Elec. Eng.)
~ أُحاديُّ الطَّور	uniphase (or single-phase) current (Elec. Eng.)
~ أرضيّ	earth current, ground current (Elec. Eng.), telluric current (Geophys.)
~ الإزاحة	displacement current (Radio)
~ إزالةِ المَغنطة	demagnetizing current (Elec. Eng.)
~ إستوائي	equatorial current (Ocean.)
~ الأشِعَّةِ المَهبِطيَّة	cathode-ray current
الـ ~ الاصطِلاحي	conventional current (Elec. Eng.)
الـ ~ الأقصى لِلمِصْهَر	fuse current rating (Elec. Eng.)
~ الإلكترود	electrode current (Electron.)
~ إلكترونات	electron current (Electron.)
~ الانتِشار	diffusion current (Elec. Eng.)
~ الانتقال	transfer current (Electron.)
~ الانحِسار	ebb current (Ocean.)
~ الانحياز	bias current (Electron.)
~ الانسِياق: مع الرياح السائدة	drift current (Meteor.)
~ أوّليّ (إلكتروني)	primary current (Electron.)
~ أيوني	ion current (Phys.)
~ البُخار الصاعِد	up-steam
~ بَدءِ الحركة	starting current (Elec. Eng.)
~ التأيُّن	ionization current (Electron.)
~ التحكُّم	control current (Elec. Eng.)
~ التحمُّل اللحظيّ	instantaneous carrying-current (Elec. Eng.)
~ التَّحْميل	load current (Elec. Eng.)
~ تَذَبْذُبيّ	oscillatory (or oscillating) current (Radio)
~ التسخين	heating (or heater) current (Elec. Eng.)
~ التسَرُّب	leakage current (Elec. Eng.)
~ التشبُّع	saturation current (Elec. Eng.)
~ التشغيل	operating current (Elec. Eng.)
~ التشويش	disturbing current
~ التغذية	feed current (Electron.)
~ التفَرُّع النجميّ	Y-current (Elec. Eng.)
~ التفريغ	discharge current (Elec. Eng.)
~ تقديريّ	virtual current (Elec.)
~ تَموُّجي	undulatory current; ripple current (Elec. Eng.)
~ التموُّر	surge current (Elec. Eng.)
~ تَوافُقيّ	harmonic current (Elec. Eng.)

تيّار (تابع)

~ التوصيل: ذِروةُ التيّار في لَحْظة القَفْل — making-current (Elec. Eng.)
~ تَوصيليّ — conduction current (Elec.)
~ ثابتُ الشِّدة — constant current
~ ثِرميوني (كهروحَراري) — thermionic current (Electron.)
~ ثُلاثيُّ الطور — three-phase current (Elec. Eng.)
~ ثُنائي الطور — two-phase current
~ جارِف — drift current (Meteor.)
~ الجَزْر، ~ الانحِسار — ebb current
~ جَلْفاني — galvanic current (Med.)
~ جَيْبيّ — sinusoidal current (Elec. Eng.)
~ حاثّ — inducing current (Elec. Eng.)
~ الحامِلة: المركّبة التيارية للموجة الحامِلة — carrier current (Elec. Comm.)
~ حَدِّيّ — margin current (Teleph.)
~ حَراريّ صاعِد — thermal (Meteor.)
الـ ~ الحَرِج — critical current (Elec. Eng.)
~ حُزميّ (في صِمام الأشعة الكاثوديَّة) — beam current (Electron.)
~ الحَمْل الحَراري — convection current (Phys.)
~ ~ الزائد المسموحُ بِه — allowable overload current (Elec. Eng.)
~ حَيْزيّ — space current (Electron.)
~ الخَلَل: المُتسَرِّبُ عن خَللٍ في العَزْل — fault current (Elec. Eng.)
~ داخِليّ — indraft (Build.)
~ دائريّ — circular current (Elec.)
~ الدَّخْل — input current (Elec. Eng.)
~ دُوّاميّ — eddy current (Elec. Eng.)
~ دَوريّ — periodic current (Elec. Eng.)
الـ ~ الذُّرْويّ — peak current (Elec. Eng.)
~ راجِع: بعد انكِسار المَوج على الشاطِئ — undertow (Ocean.)
~ زائد: يتجاوزُ الحَدَّ المُقَرَّر — overcurrent (Elec. Eng.)
الـ ~ السّاري — circulating current
~ سَحْب — draft = draught
~ (سَحْبٍ) صاعِد: في المُكَرْبِن — up-draft (Autos.)
~ سَحْبِ المَدخنة — chimney draught

~ سَطْحيّ — surface current (Hyd.), skin current (Elec. Eng.)
~ السَّعة — capacity current (Elec. Eng.)
~ سُفليّ — undercurrent
~ ~ مُعاكِس، ~ راجع — undertow (Ocean.)
~ شارِد — stray current, vagabond current (Elec. Eng.)
~ الشَّبَكة — grid current (Electron.)
~ ~ العكسِيّ — reverse grid current (Electron.)
~ الشَّحْن — charging current (Elec. Eng.)
~ شُغْريّ (في شِبْه المُوَصِّل) — hole current (Electron.)
~ صاعِد — up current, ascending current (Meteor.)
~ الصَّهْر: تيّارُ صَهْر الفاصِمة (المِصْهَر) — fusing current, blowing current (Elec. Eng.)
~ الصَّهْرِ الأدنى: تيّارُ صَهْرِ الفاصِمَة الأدنى — minimum fusing current, minimum blowing current (Elec. Eng.)
~ الصَّهْرِ المُقَدَّر — rated blowing-current (Elec. Eng.)
~ طُفَيليّ: تيّارٌ دُوّاميٌّ دَخيل — parasitic current (Elec. Eng.)
~ الظلام (في الخلايا الكهرضوئية) — dark current (Electron.)
~ عابِر — transient current (Elec. Eng.)
~ العازِل — dielectric current (Elec. Eng.)
~ عالي التردُّد — high-frequency current (Elec. Eng.)
~ عالي الجُهْد — high-tension current (Elec. Eng.)
~ عَكْسِيّ — inverse current, countercurrent (Electron.)
~ عَلاميّ، ~ إشارةِ الضَّبْط — marking current
~ العَوْدة — return current (Eng.)
~ غَلفاني (كَهروكيماوي) — galvanic current (Med.)
~ الفَتيلة — filament current (Electron.)
~ الفَصْل — breaking current (Elec. Eng.)
الـ ~ الفَعّال — active or effective current, watt(ful) current (Elec. Eng.)
~ الفَقْد — loss current (Elec. Eng.)

~ فُلْطائيّ: كيميائيُّ المَصدر — voltaic current (Phys.)
~ «فوكُو»: تيارٌ دُوّاميّ — Foucault current = eddy current (Elec. Eng.)
~ القَطْع — drop-out current (Elec. Eng.)
~ قَفل المُرَحِّل — pull-in current (Elec. Eng.)
الـ ~ الكُلِّيّ — total current (Elec. Eng.)
~ كهربائي — electric current (Elec. Eng.)
~ ~ (استعمالٌ عامِّيّ) — juice
~ كَهْرَضَوئيّ — photocurrent (Electron.)
~ كهروحراري — thermoelectric current (Phys.)
~ كهروسُكونيّ — electrostatic current (Elec. Eng.)
~ لاحِق — follow current (Elec. Eng.)
~ اللّاحِمْل — no-load current (Elec. Eng.)
الـ ~ اللافعّال — wattless current (Elec. Eng.)
~ اللوح، ~ الأنود — plate current (Electron.)
~ مازِق — rip current (Elec. Eng.)
~ المَبْدَى — threshold current (Electron.)
~ مُتخَلِّف — lagging current, residual current (Elec. Eng.)
~ مُتذَبذِب — oscillating current (Radio)
~ مُتردِّد أو مُتَناوِب — alternating current (ac) (Elec. Eng.)
~ مُتَسَلِّل — sneak current (Elec. Eng.)
~ مُتعدِّدُ الأطوار — multiphase current, polyphase current (Elec. Eng.)
~ مُتفرِّع — shunt current, branch current (Elec. Eng.)
~ مُتقدِّم — leading current (Elec. Eng.)
~ مُتناوِب — alternating current (Elec. Eng.)
~ (مُتناوِبٌ) ثُنائيُّ الطَّور — two-phase current (Elec. Eng.)
~ مُتَواصِل — continuous current, direct current (Elec. Eng.)
~ المَجال — field current (Elec. Eng.)
~ مُحَدَّدٌ بالشِّحنة الحَيْزيَّة — space-charge limited current (Phys.)
~ مُحيطيّ — ocean current (Ocean.)
~ المَدِّ والجَزْر — tidal current (Phys.)
~ المَدى القَصير — short-time current (Elec. Eng.)

~ مُداوَم — sustained current, keep-alive current (Elec. Eng.)
~ المِدْفَعة — gun current (Electron.)
~ المِروَحة أو الرفّاص — propeller draught, slipstream (Aero.)
~ مُزيلٌ للتمَغْنُط — demagnetizing current (Elec. Eng.)
~ مُستَحَثّ — induced current (Elec. Eng.)
~ ~ (لأغراضٍ طبِّية) — faradic current (Med.)
الـ ~ المُستَقِرّ، ~ هامِد: في غِياب أيّ إشارةٍ دافِعة أو مُضَمِّنة — standing current = quiescent current
~ مُستَمِرّ — direct current, continuous current
~ (مُستمِرٌّ) مُتقطِّع — intermittent (direct) current (Elec. Eng.)
الـ ~ المَسحوب — drawn current (Elec. Eng.)
~ المَسْرَى — electrode current (Electron.)
~ مُشتَقّ — derived current (Elec. Eng.)
~ المَشْرِف — threshold current (Electron.)
~ المَصْعَد، ~ الأنود — anode current (Electron.)
~ مُضادّ — countercurrent, counterflow (Eng.)
~ مُطاوِر — phasing current (Elec. Eng.)
~ مُطَّرِد، ~ مُنتَظِم — steady current (Phys.)
~ مُعاكِس — back current (Elec. Eng.)
~ ~ أو مُضادّ — counter-current (Chem.)
~ مُعترِض — crosscurrent
~ مُفاعِل (أو مُفاعِليّ): مُرَكَّبةُ التيّار المُتَعامِدة مع الفُلطيّة في تمثيل الطور — quadrature current = reactive current (Elec. Eng.)
الـ ~ المُقدَّر — rated current (Elec. Eng.)
~ مُقَطَّع — interrupted current (Elec. Eng.)
~ مُقوَّم — rectified current (Elec. Eng.)
~ مُمَغْنِط — magnetizing current (Elec. Eng.)
~ مُنخَفِضُ التَرَدُّد: يقلُّ تردُّده عن ٣٠٠ كيلوهرتز — low-frequency current

~ مُنخفِضُ الفلطيَّة: لا تزيدُ فلطيَّتهُ على ٢٥٠ ڤلط — low-voltage current (Elec. Eng.)
~ المِنْزَف — bleeder current (Elec. Eng.)
~ مُوازِن — equalizing current (Elec. Eng.)
~ (المَوجة) الحامِلة — carrier current (Elec. Comm.)
~ مُوَحَّد — commuted current (Elec. Eng.)
~ مُوَيْجيّ — ripple current (Elec. Eng.)
~ نابِض — pulsating current (Elec. Eng.), impulsive current (Elec. Comm.)
~ النِّداء (لِدَقِّ الجَرَسِ أو إضاءةِ مِصباح التنبيه) — ringing current (Teleph.)
~ نِصْف التَشَبُّع — diacritical current (Elec. Eng.)
~ نَفّاث، ~ مُتدَفِّق — jet stream (Meteor.)
~ هابِط: تيّارُ هواءٍ هابِط — down-current, descending current (Meteor.)
~ هامِد: حِينَ الجهازُ هامِد لا يُؤدِّي وَظيفَته — quiescent current (Elec. Eng.)
~ هَواء، ~ هَوائيّ — draught = draft, air draught
~ هَواءٍ هابِط — downdraft (Meteor.)
تيّارات (أنظر: تيّار)
~ سَطحيَّة — skin currents (Elec. Eng.)
~ طُولانية (مُتوازِيةُ المَسْرى) — longitudinal currents (Elec. Comm.)
~ الغِلافِ الدُّوّاميَّة — sheath eddies
~ مُتَطاوِرة — in-phase currents (Elec. Eng.)
~ مُحَوَّلة — converted currents
~ النَّفْث الارتِداديّ — back-jet currents (Eng.)
تَيَبُّس — stiffening, hardening, stiffness (Phys.), rigor (Med.)
تيتانيا، ثاني أُكسيد التيتانيوم — titania (Chem.)
التيتانيُوم: عُنصرٌ فِلزي رَمزُه (ت) — titanium (Ti) (Chem.)
تيثِس، البَحْرُ المُتوسِّط القديم — Tethys (Geol.)
تيرا: بادِئة بمعنى مِليُون مِليون (10^{12}) — tera-
تيراواط: 10^{12} واط — terawatt (Elec. Eng.)

تيراكُوتا، طِينٌ نَضِيج (لِصُنْعِ الآجُرّ) — terra-cotta (Build.)
تَيْسير، تَبْسيط — simplification
~، تَسْهيل — facilitation, easement
~ (الماءِ العَسِر) — softening (of hard water) (Chem.)
تِيفا، عُشبةُ البِرَك — bulrush (Bot.)
التيفوس، حُمَّى التيفوس — typhus (Med.)
تَيْفُون، إعصارٌ مَداري — typhoon (Meteor.)
التيفوئيد، حُمَّى تيفيَّة — typhoid (fever) (Med.)
تِيفيّ: تيفوئيديّ أو تيفوسيّ — typhoid *(adj.)*
تَيَقُّظ، تنَبُّه — alertness, watchfulness, vigilance
~ ذِهنيّ — mental alertness
تَيَقُّن — certainty
تيكونال: سَبيكةٌ شديدةُ الاحتِفاظ بالمِغنطيسيَّة — Ticonal (Phys.)
تِيل، جُلْجل: تُصنَعُ من أليافِه الحِبالُ والأكياس — Deccan hemp (Bot.)
تِيلَة، تِيلة غَزْل — fiber, fibre
~ القُطن أو الصوف — staple
~ مُستَدِقة، مِسمارٌ مُستَدِقّ — taper pin (Eng.)
~ مَشقوقة، دَبُّوسٌ خابُوريّ — split pin, cotter pin (Eng.)
تِئم: أحَدُ التوائم — multiplet (Zool.)
تِينيَّة، ثَمرةٌ تِينيَّة — syconium = syconus (Bot.)
التِّيه، الأُذُن الباطِنة — labyrinth (Zool.)
تِيه، مَتاهَة — labyrinth, maze
~ البَصَر: قِصَرُ أو طُولُ البَصَر — ametropia (Med.)
تَيْهور: مَوجُ البَحر المُرتَفِع — eagre; eager; aegir, bore (Ocean.)
تيودوليت، مِزْواة — theodolite (Surv.)
~ تَسْوية: لِقياس الأبعاد — level theodolite (Surv.)
~ زَوالي: يقيسُ مِقرابُه الزوايا أُفقيًّا وعَموديًّا — transit (theodolite)

ث

ث: الرمزُ الكيماويّ لِلثوريوم — Th (thorium) (Chem.)

ثابِت: كميَّة ثابتة — constant (Phys., Maths.)

~: مَكِين — firm, fixed, well-established

~: مُستقِرّ — stable, stabile, steady

~: ساكِن — static, stationary, still

~: دائِم — lasting, enduring, permanent

~، لامُتغيِّر — constant, invariable, invariant, unchanging, unchangeable

~، مُحَدَّد — definite, fixed

~، لا ينضَبُ — continuing, unfailing

~، مؤكَّد — certain, established, proven, sure

~ الارتحال — migration constant (Chem.)

~ الإشعاع — radiation constant (Phys.)

الـ ~ الإشعاعي — radioactive constant (Phys.)

~ الاضمِحلال (لِلنَّظائر المُشِعَّة) — decay constant = disintegration constant (Phys.)

~ «أفوجادرو»: عددُ الجُزَيئات في جُزَيءٍ غراميّ: $٦,٠٢٦×١٠^{٢٣}$ — Avogadro's constant (or number) (Chem.)

~ الامتداد الصوتي — acoustic propagation constant (Acous.)

~ الانتِشار — propagation constant (Phys.)

~ الانتِقال — transfer constant

~ الانحِلال (لِلنَّظائر المُشِعَّة) — decay or disintegration constant (Phys.)

~ الإنفاذية — transmission constant (Phys.)

~ «بلانْك» ($٦,٦٢٥×١٠^{-٣٤}$ جول/ثانية) — Planck's constant (Phys.)

~ «بولْتسمان»: نِسبةُ طاقة الجُزَيء الكُلِّية إلى حرارته المُطلَقة ($١,٣٨٠٥×١٠^{-٢٣}$ جول/كَلْفن) — Boltzmann's constant (Phys.)

~ التأيُّن أو التأيين — ionization constant (Chem.)

~ التَّثاقُل، ~ الجاذبية — gravitational constant (Phys.)

~ التفتت — disintegration constant (Phys.)

~ التفَكُّك — dissociation constant (Chem.)

~ التقارُن — coupling constant (Phys.)

~ التَّوازُن — equilibrium constant (Chem.)

~ التَّوَتُّر السَّطْحيّ — parachor (Chem.)

~ التوهين — attenuation constant (Phys.)

~ تَوْهينِ الصُّورَة — image attenuation constant (Elec. Comm.)

~ الثقالة، ~ الجاذِبية: $٦,٦٧×١٠^{-١١}$ نيوتن متر^{٢}/كلغم^{٢} — gravity constant, gravitational constant, constant of gravitation (Phys.)

الـ ~ الجُزيئي الغرامي لِلغاز = ثابت الغاز العام = ٨,٣١٤ جول/كلفن/مول — molar gas constant (Chem.)

~ الحُدور — declination constant (Geophys.)

~ الخَفْض الجُزَيْئِيّ (لدَرَجةِ التجمُّد) — molecular depression constant (Chem.)

~ الدَّورة الزَّمَنيَّة — isochronous (Phys.)

~ الرَّفع الجُزَيْئِيّ (لِدَرجة الغَلَيان) — molecular elevation constant (Chem.)

~ الزَّمَن الحَثِّي — inductive time constant (Elec. Eng.)

~ زَمَنِيّ — time-constant (Eng., Phys.)

الـ ~ الزمني لِلمُفاعل — time-constant of a reactor (Nuc. Eng.)

~ السُّرعة — velocity constant (Phys.), rate constant (Chem.)

الـ ~ الشَّمسِيّ: حوالى ٠,١٣٤ جول/سم^{٢}/ثانية — solar constant (Phys.)

~ ضِدَّ الحَوامِض — acid-fast

~ الضَّرْب (في آلة قياسِ المسافات) — multiplying constant (Surv.)

~ الضَّغط؛ إسويُّ الضغط — isopiestic (Phys.)

~ الطَّوْر — phase constant (Elec. Comm.)

~ طَور الصُّورة — image phase constant

~ الطول المَوجيّ — wavelength constant

~ العازِل، ~ العَزْل — dielectric constant, relative permittivity (Elec. Eng.)

~ الغاز — gas constant (Chem.)

~ الغاز العامّ (٨,٣١٤ جُول لِلكَلْفن مُول) — universal gas constant=molar gas constant (Chem., Phys.)

~ الغَلفانومتر: رَقمٌ تُضربُ به قِراءةُ الغلفانومتر لِلحُصول على التيّار بالأمبير — galvanometer constant (Elec. Eng.)

~ «فارادي»: ٩٦٤٨٧ كولوم (لِلجُزَيء الغرامي)، فارادي — Faraday's constant = faraday (Elec. Eng.)

~ «فِرْمي» = $١,٤×١٠^{-٥٠}$ جول/متر^{٣} — Fermi constant (Phys.)

~ فيزيائي — physical constant (Phys.)

الـ ~ الكَهرَضوئي: نسبةُ ثابتِ بلانك إلى الشِّحنة الإلكترونية — photoelectric constant (Phys.)

~ كَهْرَمِغنيطيّ — electromagnetic constant (Phys.)

~ اللون، لا ينصُل لَونُه — colourfast, colour-proof (Build.)

~ المُرونة — elastic constant (Mech.)

~ المُضاءلة — damping constant (Phys.)

~ «هَبِل»: النِّسبةُ بين سُرعة ابتِعاد نجم عن الأرض وبينَ بُعده عنها — Hubble's constant (Astrophys.)

ثابَرَ — persist, persevere

ثأر — revenge, retaliation, reprisal

ثار — erupt, break out, flare up

~، عصَف — rage, storm (Meteor.)

~ (ضِدّ) — rebel or revolt (against)

ثاقب، خارق — piercing, penetrating, perforating

~ الذِّهن — keen, shrewd

ثاقِبة، مِثقاب — borer, drill, perforator (Eng.)

~ البطاقات — card punch (Comp.)

~ السيور — belt punch (Eng.)

~ نافوريَّة — jet perforator (Eng.)

ثالِث — third, tertiary

~ أُكسيد، ثُلاثي أُكسيد — trioxide (Chem.)

~ ~ الأنتيمون — valentinite, white antimony (Min.)

ثالِث (تابع)

~ ~ الزِّرنيخ — white arsenic (Chem.)
~ ~ الكِبريت — sulphur trioxide (Chem.)
~ ~ النتروجين — nitrogen trioxide (Chem.)
~ُ كلوريد — trichloride (Chem.)
~ُ نِتريت التُّولَوين، ت ن ت — trinitrotoluene (TNT) (Chem.)
ثالِثَة: جُزء من سِتّين من الثانية — third
ثالُوث، مَجموعة ثُلاثيَّة — triad, thribble
ثالوثي — triadic (Maths.)
الثاليُوم: عُنصُرٌ فلزيٌّ رمزه (ثل) — thallium (Tl) (Chem.)
ثامِن — eighth
ثانٍ — second
ثانَويّ، غيرُ هامّ — minor, subsidiary
~، إضافيّ — secondary, accessory, ancillary
ثاني أُكسيد — dioxide (Chem.)
~ ~ الكِبريت — sulphur dioxide (Chem.)
~ ~ الكربون — carbon dioxide (Chem.)
~ ~ ~ الجَليديّ، جَليدٌ جافّ — carbon dioxide ice (Chem.)
~ ~ ~ النِّتروجيني (المُتخلِّف في مَنجم بعد الحَريق) — black damp (Mining)
~ ~ المَنغنيز — manganese dioxide
~ كبريتات — bisulphate (Chem.)
~ كبريتيت — bisulphite, bisulfite
~ كِبريتيد، ثاني كبريتور — disulfide = disulphide (Chem.)
~ كُحول الأميل — secondary amyl alcohol (Chem.)
~ ~ البيُوتيل — secondary butyl alcohol
~ كرومات، بيكرومات — dichromate
~ كلورور، ~ كلوريد — dichloride (Chem.)
ثانية: جُزء من سِتّين من الدقيقة — second
~، عاطِفة: عضَلة ثانية — flexor (Med.)
~ ضَوئية: ما يقطعهُ الضَّوءُ في ثانية (١٨٦ ألف ميل) — light second (Phys.)
~ قَوسيَّة — arc second (Maths.)
~ مِئَويَّة — grade second (Maths.)
ثائِر، مُهتاج — agitated, excited, enraged
~: من الثائِرين — rebel, mutineer
~: ثَوْرَويّ — revolutionist
~، هائج — eruptive, raging
~ُ بالفقاقيع، ~ بالغليان — ebullient (Phys.)

ثايْراترون: صِمامٌ ثرميوني ثلاثيٌّ غازيٌّ ساخِنُ الكاثود — thyratron (Electron.)
ثايْرايت: كَربيدُ السِّليكون (تقِلُّ مقاومتُه بارتفاع الحرارة) — thyrite (Chem., Electron.)
ثايِرِسْتُور: مُقَوِّم ترانزِستُوري — thyristor (Electron.)
ثَبات — constancy
~، استِقرار — stability, steadiness
~، رُسوخ — firmness, fixedness, steadfastness
~، دَواميّة — permanence, durability
~، عدمُ التغيُّر — unchangeability, consistency, invariability
~، عدمُ الحَركة — stillness, immobility
~، استمرارية — continuance, continuity
~، ثُبوت، تأكُّد — certitude, sureness
~ُ حَراريّ — thermal stability (Chem.)
~ُ الدَّورة الزَّمَنيَّة — isochronism (Phys.)
~ُ اللّون — colour stability, fastness
ثَبَتَ، اِستَقَرَّ — be fixed, firm, stable, steady, established, stationary, constant
~، دامَ — last, hold out
~، تأكد — be proved or established
ثَبَتٌ، فِهرِس — index, list
ثَبَّتَ، رَسَّخَ — affix, fix, make firm, or fast, or steady; stabilize, anchor
~، أكَّدَ — confirm, prove, ascertain, verify, make sure
~ بالأطواق — hoop (Civ. Eng.)
~ بالربط — fasten, secure
~ بِشَدَّادة — guy (Civ. Eng.)
~ بالكتائف — bracket (Build.)
~ بِلُسَين أو شريحة وَصْل — spline (Eng.)
~ بمِرْبَط — cleat (Build.)
~ بمرساة — anchor, grapple
~ بمزلاج (أو سَقّاطة) — latch
~ بالمَسامير — nail, tack
ثَبَّطَ، أعاق — impede, hinder, retard
~، أوهَنَ (العَزم) — discourage, frustrate, dishearten
ثُبوت — confirmation; verification, ascertainment
~، ثَبات (أُنظُر: ثَبات)
ثَجَّ — squirt
ثَجّاج، مِنْضَحة — douche

ثَجّاجة — squirt
~، مُسَدَّس تَزْليق — squirt gun (Eng.)
ثَجير: ثُفْلُ المُخَمَّراتِ الكُحُوليَّة بعدَ التقطير — stillage
~: ثُفْلُ كُلِّ ما يُعْصَر — marc
ثَخانَة، ثِخَن — thickness
~ُ جانِبيَّة — profile thickness
~ُ حقيقية — true thickness (Geol.)
~ُ غَزْل: خَطَأٌ أو زينةٌ — slub
~ُ القَوام — thickness, thick or heavy consistency (Chem.)
ثَخين، سَميك — thick
~ُ القَوام — thick, inspissate
ثَدْيٌ — breast, mamma (Zool.)
الثَّدْيِيّات، اللَّبُونات — Mammalia, mammals (Zool.)
ثَرٌّ: غزير — copious, plentiful
~، انصباب، سَيَلان — flow, -r(r)hea (Med.)
الثَّرى: الطبقةُ السَّطحيةُ من المواد الصخرية المُفَتَّتة — regolith = rhegolith (Geol.)
ثَراء — wealth, riches; richness
ثَرْب: جزءٌ من الغشاء المصلي بين طيات القناة الهضمية — omentum (Zool.)
ثَرثَرة — chatter, prattle
ثِرْم (أُنظر: ثيرم) — therm (Phys.)
ثِرْمِسْتُور: مُقاوِمٌ تقِلُّ مُقاوَمتُه بارتفاع الحرارة — thermistor (Electron.)
ثِرْمِل: ثِرمومِتر ذو مُزدَوجةٍ حرارية — thermel (Phys.)
ثِرموبيل: صَفيفٌ من المُزدَوجات الحرارية يقيسُ الطاقةَ الحرارية الإشعاعية — thermopile (Phys.)
ثِرْموس، كَظيمة — thermos, vacuum flask, Dewar flask (Phys.)
ثِرْمُوستات، ناظِمُ الحرارة (يحوي غالبًا مُزدوجة حرارية) — thermostat (Eng.)
~ للحرارة المُنخفضة — cryostat (Eng.)
ثِرْمُوسفير، الغِلافُ الحراري — thermosphere (Meteor.)
ثِرْموسْكوب: مِكشافٌ حراري — thermoscope (Phys.)
ثِرْمي: مِلْيون كالوري — thermie (Phys.)
ثِرْميت: مَزيجُ لِحامٍ (شديدُ الاحتراق) — thermit(e) (Eng.)
ثِرْمِيُون، أيونٌ حَراريٌّ — thermion (Phys.)

ثِرْميونيّ، أيونيّ حَراريّ، كَهْروحَراري thermionic
الثِّرْميونِيّات: الكَهروحَراريّات thermionics (Phys.)
ثَرَواتٌ طبيعيّة natural resources
ثَروة wealth, riches, fortune
~ مَعدِنيّة mineral wealth (Min.)
الثُّرَيّا: مَجموعةُ نُجومٍ في كَوكَبَة الثَّور Pleiades (Astron.)
ثُرَيّا أو نَجَفَة كهربائيّة electrolier (Illum.)
ثَعْب، تفريغٌ بالمَصّ أو بالمَمَصّ siphoning, siphonage (Civ. Eng.)
الثُّعبان: كوكبة شمالية Serpens (The Serpent) (Astron.)
ثُعبان snake, serpent (Zool.)
~ البَحر: كوكبة جنوبية Hydrus (Astron.)
~ الماء، أنقليس eel (Zool.)
ثُعبانة: مُسَلِّكةُ مَجارٍ زُنْبُركيّة حلزونيّة snake (San. Eng.)
ثُعبانيّ؛ مُحوًّى serpentine
ثَغْر، فَم mouth
~: مِيناء port, harbo(u)r
ثُغْرة، فَجوة lacuna, cavity, gap
~، اِنقطاع discontinuity, break, breach
~ حَتِّيّة erosional gap (Geol.)
~ شَرَر spark gap (Elec. Eng.)
~ طَبَقيّة stratigraphic(al) gap (Geol.)
~ مِغْنطيسيّة magnetic discontinuity (Elec. Eng.)
ثُغَيرة: ثُغَيرةُ نَتْح stoma (pl. stomata) (Bot.)
ثُفْل: ثُمالة مُتَرسِّبة أو مُتَبَقِّية dregs, lees, residuum, sediment
~ الرُّشاحة filter cake (Chem.)
~ الفاكِهة المَعصورة marc
~ القَصَب bagass
~ المَلْت draff
ثَفَن، كَنَب، جُسْأة، دُشْبُذ callus, callosity (Med.)
~، مِسْمارُ أو ثُؤلولُ القَدَم corn (Med.)
ثِقاب: عُودُ ثِقاب match, matchstick
~ اِحتِكاكي friction match (Chem.)
~ أمان safety matches
ثَقّاب borer, driller, perforator
ثَقّابة، حَفّارة drill(er), drilling machine, borer
~، مِخْرَز، بِزال gimlet (Eng.)
~ اجترافيّة wash drill (Civ. Eng.)
~ بِطاقات key (card) punch, punch
~ الحِجارة aiguille (Build.)
~ شاحِنيّة wagon drill
~ صُخور راكِبَة (لِحَفْر الأنفاقِ بالهواء المضغوط) drifter (Mining)
~ ضَغْطيّة press drill
~ عَمودية column drill (Eng.)
~ كهربائية electric drill (Elec. Eng.)
~ مائيّة: ثَقّابةٌ بِدَفْقِ الماء water drill
~ مُتعدِّدةُ الأعمِدة multiple-spindle drill
~ مِطْرقيّة، ~ طارِقة hammer drill (Mining)
~ مِنشارية trepan (Med.)
~ نِصفُ قُطرِيّة radial drill(ing machine) (Eng.)
~ نَضَديّة، ~ بَنْكيّة bench drill = bench drilling machine (Carp.)
~ يَدَويّة hand punch (Comp.)
(أُنظُر أيضًا: مِثقاب)
ثَقافة culture
ثَقالة: الجاذبيّة الأرضيّة gravity, (terrestrial) gravitation (Phys.)
~ عِياريّة: ٩٨٠,٦٦٥ غال (سم في الثانية في الثانية) standard gravity (Phys.)
ثَقاليّ، تَجاذُبيّ gravitational
ثَقَب، جَوَّف bore
~، حَفَرَ drill (Eng.)
~، خَرَق punch, pierce, perforate, puncture
~ بالبزال gimlet
~ عِدّةَ نُسَخ (من البيانات نفسِها) gang-punch (Comp.)
ثَقْبٌ، تَثْقيب punching, perforation
~، حَفْر drilling, boring (Civ. Eng.)
~، ثُقْبة hole, bore; perforation; punch, puncture
~، فُتْحة foramen (Biol.), orifice
~ (الإبرة) eye (of needle)
~ استِطلاع pilot hole (Eng.)
~ استِنزاف bleed hole (Eng.)
~ أسوَد black hole (Astron.)
~ البرميل (لِمَلْئه أو إفراغِه) bunghole
~ تَذريف weephole (Civ. Eng.)
~ تَسْديد sight(ing) hole or slit (Surv.)
~ التفجير: ثَقْبٌ لِحَشْوَةِ النَّسْف shot hole (Civ. Eng.)
~ التقليب rabbling hole (Met.)
~ تَنْفيس vent (or relief) hole (Eng.), breather hole
~ الحَفْر borehole, drill hole (Civ. Eng.)
~ حَلَزونيّ wormhole
~ دَقيق pinhole, pore
~ دَليلي pilot hole
~ سالِك (أو نافِذ) thoroughfare hole
~ (الصَّخْر) بالصَّهْر fusion piercing (Eng.)
~ العادِم exhaust port (Eng.)
~ غيرُ نافِذ dead hole, blind hole (Eng.)
~ القُفْل keyhole
~ اللَّولَبة taphole (Eng.)
~ مُجانِب off punch (Comp.)
~ مُحَفَّف rimmed hole (Eng.)
~ مُخَوَّش countersunk hole (Eng.)
~ مَسْدود (غير نافِذ) blind hole
~ مَكْشوف open hole
~ مُلَولَب threaded hole (Eng.)
~ نافِذ through hole
~ ناقُوسيّ: ثَقبٌ مُوَسَّعُ الفُوهة bell hole
ثُقْبَة (أُنظُر: ثَقب) hole, pore
~، فُتحة orifice, foramen (Med.)
ثِقَة confidence, trust
~ بالنَّفس assurance, self-confidence
ثَقَّفَ cultivate, culture, educate
ثِقَل، وَزانة heaviness, ponderosity
~، وَزْن weight, gravity (Phys.)
~ نَوعيّ specific weight, specific gravity (Phys.)
ثِقْل، حِمْل load
~ البَنْدول (pendulum) bob (Phys.)
~ خانِق (لِتَنظيمِ تيّار السحب) damper weight (Eng.)
~ راكِب jockey weight
~ ساقِط drop weight (Eng.)
~ الفادِن، شاقُول plumb-bob = plummet (Surv.)
~ مُعَلَّق: مَحمولٌ على نُوابِض sprung weight (Autos.)
~ مُنزَلِق (لِضَبْطِ الوَزْن) sliding weight
~ مُوازِن، رِجازة counterpoise, counterbalance, counterweight

ثِقْل (تابع)

~ المُوازَنة: لجزءٍ مُتحَرِّكٍ في المكنة — balance bob, balanceweight (Eng.)
~ مُوازَنة، صابورة — ballast (Naut., Aero.)
~ المُوَصِّل — conductor-load (Elec. Eng.)
الـ ~ النوعي — specific gravity (Phys.)
ثَقَّل — weight (v.)
~ بِصابورة — ballast (Elec. Eng.)
ثُقوب (أُنظُر: ثَقْب) — holes
~ تَخْفيف — lightening holes
~ تَصْريف — easers (Eng., Mining)
~ التغذية — feed holes (Comp.)
~ تنسيق — coordinating holes (Eng.)
~ جِداريَّة: في حاجِز صَدَفةِ المُنخَربات — mural pores (Zool.)
~ دَليليَّة: في شَريطٍ أو بِطاقة — guide holes (Comp.)
ثِقَويّ — fiducial
ثُقَيْب — micropore
ثَقيل — heavy, weighty
~ الجُزءِ العُلْويّ، ~ الحُمولة — top-heavy
~ الذَّيل — tail-heavy (Aero.)
~ السَّمْع — hard of hearing
~ المُقَدِّمة — nose-heavy (Aero.), bow-heavy (Naut.)
~ المُؤخِّرة — stern-heavy (Naut.)
~ الوَطأة — oppressive
ثُكْنَة — barracks
ثل: الرمزُ الكيماوي لِفِلزّ الثاليوم — Tl (thallium) (Chem.)
ثَلاثَ مَرّات — triple, treble
ثَلاثةُ أضعاف — thrice, treble, threefold
ثُلاثيّ — tri-, ternary, tertiary; triplex
~: مَجموعةٌ ثُلاثية — triad
~ الأبعاد، مُجَسَّم — three-dimensional, tridimensional
~ الأجزاء — tripartite
~ الأرجُل، حامِل ثلاثي القوائم — tripod
~ الأطوار — triphase = three-phase
~ الأطوالِ البُؤرِيَّة — trifocal
~ التكافؤ — trivalent, tervalent (Chem.)
~ التلَوُّن: في اتجاهاتِ المَحاوِر البِلَّورية الثلاثة — trichroic (Chem.)
~ الجُزَيئات — trimolecular, termolecular (Chem.)
~ الجَوانِب (أو الأضلاع) — trilateral
~ الحُدود — trinomial (Maths.)
~ ~ التربيعيّ — quadratic trinomial (Maths.)
~ الحَلَقات — tricyclic
~ الحَوْل: دائمٌ ثلاثَ سَنَوات — triennial
~ الخُطوط أو المَحاوِر — trilinear
~ الذرّات — triatomic
~ الزوايا — triangular (Maths.)
~ السُّطوح — trihedral, trihedron
~ السُّكَّريد — trisaccharide (Chem.)
~ الشَّبَكات (الإلكترونية) — triple-grid (Electron.)
~ الشُّرَف، ~ النُّتوءات — tricuspid (Zool.)
~ الشُّعَب — trifurcate, trident
~ الطبقات (أو الرّاقات) — three-ply
~ العَجَلات — tricycle
~ العَناصِر — ternary
~ الفِعْل — triple-acting (or triple-action)
~ القاعِدة — tribasic (Chem.)
~ القُطْب — tripolar
~ المُتغيِّرات — trivariant
~ المَجموعاتِ التُّرسِيَّة، ~ السُّرعات — triple-geared (Eng.)
~ المَحاوِر — triaxial
~ المُحَرِّكات — three-engined
~ المَراحِل — three-stage
~ المَيْل — triclinic (Min.)
~ النُّسَخ — triplicate
~ الهِدْروكْسيد — trihydric (Chem.)
ثُلاثيَّة: مجموعةٌ ثلاثيَّة — triad, triplet
~ التشَكُّل (البِلَّوري) — trimorphism (Chem.)
~ التكافؤ — trivalency (Chem.)
~ التلَوُّن البِلَّوري: باتجاهِ المحاورِ الثلاثة — trichroism (Min., Chem.)
~ الحُدود — trinomial (Maths.)
~ الفُصوص: مَفْصِليّاتٌ بَحْرِيَّة مُنقَرِضة تكثُر أحافيرُها في صُخورِ العَصْرَين الكمبري والبرمي — trilobites (Geol.)
ثَلّاجة، بَرّاد — refrigerator, ice-box, fridge
~، مُجَمِّدة — freezer
ثُلَّة، مُفْرَزة — group, party, detachment
ثُلْث — third
ثَلَّثَ: قَسَّمَ ثلاثًا — trisect
~: مَسَحَ (أو قاسَ) بالتثليث — triangulate (Maths.)
ثَلَجَ (ت السماءُ) — snow
ثَلَّجَ: بَرَّدَ — refrigerate, ice
~: جَمَّدَ — freeze
ثَلْج — snow (Meteor.)
~ جافّ — dry ice, Cardice (Chem.)
~ جَليديّ، ~ حبيبيّ — firn, névé, snow-ice (Geol.)
ثَلْجيّ — snowy, glacial, icy
ثَلْم، حَزّ — nick, chase, incision, furrow, groove, score
~، فُرْضَة — indent(ure), kerf, notch, gain
~، عَيْب — flaw, defect
~ (في حَوافّ المَسكوكات) — reed
ثُلْمَه (أُنظُر: ثَلْم) — notch
~ طِباقيَّة — lacuna (Geol.)
ثم: الرمز الكيماوي لفلزِّ الثوليوم — Tm (thulium) (Chem.)
ثُمالة — dregs, residuum
ثُمام، دُخْن — millet (Bot.)
ثُمانيّ — octal
~ الأجزاء — octuple, octamerous
~ الأضلاع — octagon (Maths.)
~ الأوجُه — octahedron, octahedral (Maths.)
~ التضاعُف — octuple
~ التكافُؤ — octavalent (Chem.)
~ الزوايا — octangular (Maths.)
~ السُّطوح — octahedral
~ القِطَع، ~ الأجزاء — octamerous
ثُمانيَّة: جوابُ النغمة — octave (Acous.)
~: مَجموعةٌ من ثمانية — octuplet
~: مَجموعةٌ ثُمانيَّةٌ من الإلكترونات — octet (Chem.)
~ الأقطاب — octupole (Elec. Eng.)
ثَمَر، إثمار — fruitage
ثَمَرة، ثمر — fruit (Bot.)
~ بَسيطة: تَنْتُج من مِدقَّةٍ واحدة — simple fruit (Bot.)
~ تينيَّة — syconium (Bot.)
~ جافَّة — dry fruit (Bot.)
~ جِرابيَّة — follicle (Bot.)
~ جَناحيَّة (وَحيدةُ البِزرة) — samara, winged fruit (Bot.)
~ خَردَليَّة — silique (Bot.)
~ عُصاريَّة، ~ لَحيمة — succulent fruit

ثَمَرة (تابع)

~ عِنَبيَّة — berry (Bot.)
~ فَقيرة، بَهْمَة — achene = akene (Bot.)
~ كاذِبة — pseudocarp (Bot.)
~ لُبِّيَّة، ~ عِنَبيَّة — berry (Bot.)
~ لَحيمة — fleshy fruit
~ مَخروطيَّة — strobile = strobilus (Bot.)
~ مُرَكَّبة أو مُتَضاعِفة — multiple fruit, aggregate fruit (Bot.)
~ نَوَويَّة: ثمرةٌ مُفرَدةُ النَّواة — drupe, stone-fruit (Bot.)
ثَمَريّات، آكلات الثَّمر — fructivores (Zool.)
ثَمَل — intoxication
ثُمْن — (one) eighth
الثُّمْن: كَوكَبة جنوبيَّة — Octans (The Octant) (Astron.)
ثَمَن، تَكْلِفة — cost, cost price
~: سِعْر — price
ثُمْنِيَّة: مِنقَلة ذاتُ ٤٥°، **ثُمْنُ دائرة** — octant
ثُمَيْر، خِباء، كَرْبَلة — carpel (Bot.)
ثن: الرمزُ الكيماوي لِفلز الروثِنْيُوم — Ru (ruthenium) (Chem.)
ثَنَى، طَوَى — fold
~، حَنَى — bend, flex
ثَنَّى — pleat, crimp, crease
ثَناء — praise, commendation
ثَنّايَة، حانِيَة — bender (Eng.)
~ ألواحٍ مَعدِنيَّة — brake, cornice brake (Eng.)
ثُنائيّ، ثُنائيّ العُنْصُر — binary, bi-, di-
~: بينَ فَريقَيْن — bipartite
~: صِمامٌ ثُنائيّ — diode (Electron.)
~: مجموعةٌ ثُنائية مُتلازِمة — diad, dyad
~، مُثَنًّى، مُزدَوِج — dual
~ الاتِّجاه — bidirectional
~ الاستِقرار — bistable (Comp.)
~ الأسْطُح — dihedral (Maths.)
~ الأقسومة: ذو جُزأين — dimerous (Bot.)
~ الأميد — diamide (Chem.)
~ الأمِين — diamine (Chem.)
~ التحدُّب — biconvex
~ التربيع — biquadratic (Maths.)
~ التفرُّع — dichotomous, biparous (Bot.), biramous (Geol.)
~ التقعُّر — biconcave
~ التكافؤ — bivalent = divalent (Chem.)
~ التلوُّن: يختلِفُ لَونهُ بالضَّوءِ النافِذ عَن الضَّوءِ المُنعَكِس — dichroic (Chem.)
~ التماثُل — bisymmetrical, disymmetrical
~ الجُزَيْء — bimolecular (Chem.)
~ الجِنْس، خُنْثَى — bisexual, hermaphrodite (Biol.)
~ الحَوْل — biennial (Bot.)
~ الخليَّة، ذو خَليتين — bicellular (Biol.)
~ خُماسيّ: صِمامانِ ثُنائيّ وخُماسيّ في الغِلافِ ذاتِه — diode-pentode (Electron.)
~ الدَّرجة، تربيعيّ — quadric, quadratic (Maths.)
~ الدَّورة — dicyclic
~ الذَّرَّة — diatomic (Chem.)
~ الزّاوية، ذو زاويتيين — biangular
~ السُّكريد — disaccharide (Chem.)
~ السِّلْسِلة — biserial
~ السِّلك، ذو سِلْكَين — bifilar
~ السَّمْع، مَسموعٌ بالأُذُنين — binaural (Acous.)
~ الشَّكْلِ البِلَّوري — dimorphous, dimorphic (Chem.)
~ الصِّبْغيّات، ضِعْفاني — diploid (Biol.)
~ الطبَقات، ذو طاقَيْن — two-ply
~ طَبيعيّ — physical double (Astron.)
~ الطَّور — diphase, bi-phase, two-phase (Elec. Eng.)
~ عَموديّ — column binary (Comp.)
~ العَينيَّة، ذو عَينيَّتين — binocular (Phys.)
~ فَصْل — isolation diode (Electron.)
~ الفِلِزّ — bimetal(lic)
~ القاعِدة: يَحوي ذَرَّتَي هِدْروجين يُمكِنُ استِبدالُ فِلِزٍّ بهما — dibasic (Chem.)
~ القُطْب — bipolar
~ ~ المِغْنَطيسيّ — magnetic dipole
~ الكروم — dichromic (Chem.)
~ اللون، ~ التلَوُّن — dichromatic
~ المِحوَر — biaxial
~ المركَز — bicentric
~ المَسْكَن: إما ذَكَريٌّ أو أُنثيّ — dioecious, unisexual (Bot., Zool.)
~ المَعدِن — bimetal(lic) (Met.)
~ الهِدْروكسيل — dihydric (Chem.)
ثُنائيَّة، ازدِواجيَّة — duality
~، مجموعةٌ ثُنائيَّة — diad, binary, doublet
~، زَوجٌ من الإلكتروناتِ المُشتركةِ بين ذَرَّتَين — duplet (Chem.)
~ التلوُّن، التلوُّنيَّة الثُّنائيَّة — dichroism (Chem., Min.)
الـ ~ الجُسَيميَّة المَوجيَّة: كَظاهِرةٍ مَوجيَّة وجُسَيميَّة — wave-particle duality (Phys.)
~ الشكل — dimorphism (Chem.)
~ الصُّورةِ البِلَّوريَّة — enantiotropy (Chem.)
~ اللون (المَنظور): ضَرْبٌ من عَمى الألوان — dichromatism (Med.)
~ المِصراع: رخَويّاتٌ مُتَمَفصِلةُ مِصراعَي المَحارة — bivalves, Bivalvia (Zool.)
ثَنَويَّة — duality
ثَنْيُ المَواسير — pipe bending (Eng.)
ثَنْيَة، طَيَّة — fold, plait, pleat; ply
~، لَيَّة، عَطْفة — bend, flexure, flexion
~، غَضَن — wrinkle, rumple, crease, plica
ثَنِيَّة: سِنٌّ من القواطِع — incisor, front tooth (Zool.)
ثَوبُ (أو وَزرةُ) العمل — gown
ثَور — bull, ox (Zool.)
الـ ~، بُرجُ الثور — Taurus (The Bull) (Astron.)
ثَوَران، اندِلاع، تفَجُّر — eruption, outburst, outbreak, flare-up
~، اهتِياج — agitation, excitation
~ بُركانيّ — volcanic eruption (Geol.)
~ البِئر — well blow-out (Pet. Eng.)
ثَوْرة — revolution, revolt, rebellion
الثُّورُون: نظيرٌ مُشِعٌّ لِلرادُون — thoron (Chem.)
ثَوريّ — revolutionary
ثُوريا: أُكسيد الثُّوريُوم — thoria (Chem.)
الثُّوريُوم: عُنصر فِلِزيٌّ رَمزُه (ث) (Th) — thorium (Chem.)
~ المُشِعّ — radiothorium (Chem.)
ثَوْل — swarm, colony (Zool.)
ثُؤلول — wart, verruca (Med.)
الثُّوليُوم: عُنْصُرٌ فِلِزِّيٌّ رَمزُه (ثم) (Tm) — thulium (Chem.)
ثُوم — garlic (Bot.)
ثُوميُّ الرائحة: كرائحةِ المَعادِنِ الزِّرنيخيَّة عندَ تَسْخينِها — alliaceous (Min.)
ثَويّ، عائل — host (Biol.)

ثيربْلِغ: حرَكةٌ أساسيَّة (في دِراسةِ حركاتِ العَمَلِ وأغراضِها) therblig

ثيرم: ١٠٠٠٠٠ وَحدة حَرارة بريطانية therm (Phys.)

ثَيُوكِبريتات: سُلْفاتٌ عاليةُ المُحتوى الكبريتي thiosulfate; thiosulphate (Chem.)

~ الصوديوم، مِلْحُ الهَيْپو sodium thiosulphate; hypo (Chem.)

ثَيوكول: ضَرْبٌ من المَطّاط الاصطناعيّ Thiokol (Chem. Eng.)

ج

ج : رَمزٌ لِتَسارُعِ الجاذِبيَّة g (Phys.)

جا : الرمزُ الكيماوي لِلجاليوم Ga (gallium) (Chem.)

جابَ cruise, rove, tour; roam, wander (about)

جابٍ (الجابي) collector

جابي الضَّرائب tax collector

جابِذ : جاذِبٌ (أو مُنْدَفِعٌ) نحوَ المَركز centripetal (Mech.)

جابِر، مُجَبِّر (العِظام) orthopedist, bonesetter (Med.)

جابرو : صَخْرٌ جَوفيٌّ قاعِديّ gabbro (Geol.)

جابَهَ face, encounter, confront

جابِيَة pool, reservoir

~ شاطئيَّة ضَحْلة lagoon (Geol.)

جاثِم : رابِضٌ وصَدرُهُ لاصِقٌ بالأرض perching, roosting

~ : مِنَ الطُّيور الجواثِم percher, passerine (Zool.)

جاثوم، كابوس nightmare

الجاثي : **كوكبةٌ شمالية** Hercules (Astron.)

جادٌّ serious, keen

جادَّة street, road

جادَلَ argue, debate, contend

الجادولينيوم : عُنصرٌ فِلِزِّي نادِر رَمزُه (جد) gadolinium (Gd) (Chem.)

جاديّ saffron, crocus (Bot.)

جاذِبيَّة، تَجاذُب gravitation, attraction (Phys.)

الـ ~ الأرضيَّة، الثَّقالة terrestrial gravitation, gravity (Phys.)

~ أرضيَّة اصطناعيَّة : داخلَ مركبةٍ فضائيَّة artificial gravity (Space)

~ التماسُك cohesion (Phys.)

~ دونَ العاديَّة subgravity (Phys.)

~ صُغْرِيَّة : شِبه انعِدام الوزن microgravity (Space)

الـ ~ (الثَّقالةُ) العِياريَّة normal gravity, standard gravity (Phys.)

جارٍ، مُنْدَفِق، مُتدَفِّق streaming, flowing

~، سارٍ حاليًّا current

~، شَغّال running, (going) on

جارَى match, keep pace with

لا يُجارَى unequalled, unparalleled, unrivalled

جارِح، مُفتَرِس، كاسِر raptorial, predatory (Zool.)

جارِشة، مِجْرَشة grinder, quern

جارِف sweeping, torrential

جارور drawer

جارُوش، جَرّاشة crusher

~ أعداد : حاسُوبُ العمَليّات الضَّخْمة number cruncher (Comp.)

جاروف، مِجْرَفة shovel, scoop

جازَ، ساغَ وأمكنَ be allowable or permissible

~ : عَبَرَ traverse

جازَى reward, remunerate

جازَفَ، خاطَرَ risk, venture, hazard

جازولين (أُنظُر : بنزين) gasoline, petrol

جاسُوس spy, secret agent

جاسوسيَّة espionage, secret service

جاسِئ : لا ينفَعِلُ شَكْلًا أو حَجمًا بِتأثير القُوى الخارِجيَّة، صَمِل rigid (Phys.)

~، كَزّ، مُتَيَبِّس stiff, callous, indurated

جاشَ heave, surge

~، أزَّ simmer, effervesce

جافٍ، غَليظٌ فَظّ rough, harsh

جافٌّ، ناشِف dry, xer(o)-

~ : قاحِل arid (Ecol.)

~ على اللمس touch-dry (Paint.)

جالَ، تَنقَّل travel, wander, rove

جالون، غالون = ٣,٧٨٥ لتر gallon

~ إمبراطوري = ٤,٥٤٦ لتر imperial gallon

جالِية community

جالينا، غالينا : كِبريتيد الرصاص الطبيعيّ galena (Min.)

الجاليوم : عُنصُر فِلِزِّيٌّ رَمزُه (جا) gallium (Ga) (Chem.)

جامِح، هائج wild

جامِد، يابِس hard, stiff, rigid

~، صُلْب solid (Phys.)

~ (من الجَماد) inanimate

~ الأجزاء : يَستخدِمُ الترانزِستُورات بدَلَ الصِّمامات الإلكترونيَّة solid-state (Electron.)

~ زُجاجيّ vitreous solid (Phys.)

جامِع adder (Comp.), collector (Electron.)

~، شامِل comprehensive

~ العَيِّنات sampler, sample collector

~ نِصْفيّ half-adder (Comp.)

جامِعة university

جامُوس buffalo (Zool.)

جانِب side, flank

~، وَجْه aspect, facet

الـ ~ الأيسَرُ (من سفينة أو طائرة) larboard, port (Naut., Aero.)

الـ ~ الأيمَنُ (من سفينة أو طائرة) starboard

الـ ~ السُّفليّ underside

~ السِّن tooth flank (Eng.)

~ الطَّيَّة limb (Geol.)

الـ ~ العُلْويّ topside, upper side

~ القُلْطيةِ الأعلى hot side (Elec. Eng.)

الـ ~ المَحجوبُ عن الرِّيح lee (side)

الـ ~ المُقابِلُ لِلرِّيح windward side

جانِبيّ lateral

~، إضافيّ، فَرْعيّ collateral

~، بَرّاني outboard

~، مُستَعرِض traverse

جانِبيًّا sidewise, sidelong

جانِبيَّة profile

~ التُّربة : قِطاعٌ جانِبيٌّ لِلتُّربة soil profile (Geol.)

~ مائلة slant profile

~ المَجرى (الطُّولانيَّة) stream profile

جانِح (سُلوكيًّا) delinquent

~ : مُرتَطِمٌ بالأرض aground

جانَسَ : جَعَلَ مُتجانِسًا homogenize, harmonize

جاهِز ready, ready-made

~، مُتاح available

جاهِل — ignorant; not knowing
~ بِـ — uninformed about
جاوَبَ — answer, reply
جاودار — rye (Bot.)
جاوَرَ، حاذَى — adjoin, border
جاوَرْس — millet (Bot.)
جاوَزَ، تجاوَزَ — overreach, overtake
~، زادَ عن — exceed
جاوْس: وَحدةُ الحَثِّ المِغنَطيسيّ — gauss (Elec. Eng.)
جائِحة، اجتياحٌ كارِثيّ — cataclysm (Geol.)
~، وَباءٌ شامِل — pandemic, epidemic (Med.)
جائر — oppressive, unjust, unfair
جائز، مَسموح — allowable, permissible
~، عارِضة (خشبيَّة أو معدنيَّة) — beam, girder, joist (Eng., Build.)
~ ارتِكازِ الألواح — boarding joist (Build.)
~ أُفُقي — sleeper, horizontal beam (Civ. Eng.)
~ جِسريّ: كَمَرةٌ أو عَتَبة على شَكْل I — I-beam
~ الجُمْلون — ridge pole = ridge-board (Build.)
~ حديديٌّ مُدَلْفَن — rolled iron girder (Eng.)
~ دَعْم، كَمَرةٌ حامِلة — supporting beam (Build.)
~ صُندوقي — box girder (Eng.)
~ عُلويّ، عَتَبةٌ أو كَمَرةٌ عُليا — top beam
~ ~ مُستعرِض — lintel = lintol (Build.)
~ كابولي — cantilever (Civ. Eng.)
~ مُحَدَّب — camber-beam (Build.)
~ مُستعرِض — header joist, traverse baulk (Carp.)
~ مُشَطَّر (بالفولاذ) — sandwich beam (Eng.)
جائل، جَوّال، مُتنَقِّل — itinerant
جُبّ، بِئر — well
~ المُحيط: أعماقٌ من ٦ إلى ١٠ كلم — ocean depths, abyssal depths (Ocean.)
جَبَى (رَسمًا أو ضريبةً) — collect, levy; toll
جَبّار، ضَخم — hypermetric, herculian, huge
الجَبّار، الجَوزاء: كَوكَبةٌ جَنوبيَّة — Orion (Astron.)
جِبال (أُنظُر: جَبَل) — mountains
عِلْمُ الـ ~ — orography (Geol.)
نُشوءُ الـ ~ — orogenesis, orogeny
جَبّالة، خَلّاطةُ طِين — blunger
~ إسمنت — concrete mixer (Civ. Eng.)
جِبايَة — levy
جَبَذَ، جَذَبَ — draw, attract
جَبَرَ، أَصْلَحَ — repair, mend, remedy
~ (العَظمَ) — set, splint (Med.)
الجَبْر، عِلمُ الجَبْر — algebra (Maths.)
~ البُولي، ~ البُولاني: نظامٌ جَبريّ ثُنائيّ عناصره «صح» أو «خطأ» فقط — Boolean algebra (Maths., Comp.)
جَبْريّ، إجباريّ — compulsory, obligatory
~: خاصٌّ بعلمِ الجَبْر — algebraic (Maths.)
جِبْس، جِصّ — gypsum, parget, plaster
~، جِصُّ باريس — plaster of Paris (Chem.)
~ التَّصوير — gesso (Paint.)
جَبَلَ - يجبِلُ (الطينَ) — blunge, knead
جَبَل — mount(ain) (Geol.)
~ بَحريّ — sea mount (Ocean.)
~ الجَليد — iceberg (Meteor.)
جِبْلة: جُبلة، طبيعة — nature, natural disposition, temper
~، هَيُولَى — protoplasm (Biol.)
~ جُرثوميَّة — germ plasm (Gen.)
~ خارجيَّة — ectoplasm (Biol.)
~ داخليَّة — endoplasm (Biol.)
جَبَليّ — mountainous
~: خاصٌّ بِبيئةِ الجِبال العالية — montane, alpine
جُبْن — cheese (Food Sc.)
جُبْنِين — casein (Biol., Chem.)
جَبْهَة، جَبين — forehead, brow (Zool.)
~، مُقَدِّمة، واجِهة — front, frontage (Build)
~ إستِوائية — equatorial front (Meteor.)
~ بارِدة — cold front (Meteor.)
~ دافِئة — warm front (Meteor.)
~ ساكِنة — stationary front (Meteor.)
~ طَوريَّة — phase front (Phys.)
~ قِتال — battle front
~ قُطبيَّة — polar front (Meteor.)
~ مُرتَجَة — occluded front (Meteor.)
~ المَوجة — wavefront (Phys.)
جَبْهي — frontal
جَبيرة — splint
جُبَيْلُ جَليد — growler (Meteor.)
جُبَيْلة: جُبَيْلة خَلَويَّة نباتيَّة — plastid (Bot.)
~ لالَونيَّة — leucoplast (Bot.)
~ مُلَوَّنة، صانِعةُ الصِّبْغ — chromoplast (Bot.)
~ اليَخْضور — chloroplast (Bot.)
جَبين، جَبْهة — forehead
جَثّ، قَطْعٌ استِئصاليّ — uprooting
~ الحِراج — deforestation (Ecol.)
جُثَّة — corpse, cadaver
جُحْر، وِجار — burrow
جُحوظُ العَين — exophthalmos, exophthalmus (Med.)
جد: الرمزُ الكيماوي لِفِلز الجادولينيوم — Gd (gadolinium) (Chem.)
جُداء: حاصِلُ الضَّرْب — product (Maths.)
~ مُتَّجِهيّ — vector product (Maths.)
~ نُقطي: حاصِلُ الضرْب العدَدي لِمُتَّجِهَيْن — dot product (Maths.)
جِدار — wall
~ احتِجاز — revetment, retention (or retaining) wall (Civ. Eng.)
~ ~ خَفيض — toe wall (Civ. Eng.)
~ البَطْن — abdominal wall (Zool.)
~ بِعُلُوِّ الصدر — breastwork
~ تَثْبيت — anchor wall
~ تَوجيه: حائلٌ أو جِدارٌ نَهريّ — training wall (Civ. Eng.)
~ الخَليَّة — cell wall (Biol.)
~ داخِليّ — inwall (Civ. Eng.)
~ داعِم — sustaining wall, bearing wall, breast wall, embankment wall
~ ~ (لِسَقْف المَنْجَم) — packwall (Mining)
~ زُخرُفيّ ذو فُتحات — battlement (Build.)
~ سُفليّ (للصدع) — footwall (of a fault) (Geol.)
~ الصَّوت — sound (or sonic) barrier (Aero., Phys.)
~ عُلويّ (للصدع) — hanging wall (of a fault) (Geol.)
~ فاصِل — division wall (Build.), bulkhead (Eng.)
~ قاطِعٌ: بينَ أعمدةٍ أو دَعائم — panel wall
~ مائيّ: يتألَّفُ من أنابيبَ ناقِلةٍ للماء — water wall (Eng.)
~ مُحتَجِز — retaining wall (Civ. Eng.)
~ المِرجَل (أو الغَلّاية) — boiler shell (Eng.)

جِدار (تابع)
~ مُزدَوِج double wall (Build.)
~ ~ الطُّوب two-brick wall (Build.)
~ مُزَوَّى canted wall (Build.)
~ مُصْمَت: لا فُتحاتٍ فيه blank wall, dead wall (Build.)
~ مُعَيَّني: حائطٌ مُشَيَّدٌ بحجارةٍ على شَكل مُعَيَّنات diamond-work (Build.)
~ مُفْرَغ cavity wall, hollow wall (Build.)
~ النّار: جِدارٌ مانِعٌ لانتشارِ الحريق fire-wall
~ واقٍ من الشظايا blast wall
جَدارة، لِياقَة eligibility, suitability, fitness
~، اختِصاص (قانونيّ) competence
~، أهليَّة aptitude, competence, qualification
~، اِستِحقاق merit, worthiness
الـ ~ البحرية seaworthiness (Naut.)
الـ ~ الجَوِّية airworthiness (Aero.)
الـ ~ الطُّرقاتِيَّة: مِيزاتُ الثباتِ والتوازُن والمُرونة السُّرعية في السير على الطرق roadability; roadworthiness (Autos.)
جِداريّ parietal (Biol.), mural, wall-
جِدال argument
جَداوِل (أُنظُر: جَدْوَل) tables
~ انحِرافِ خُطوطِ العَرْض traverse tables (Surv., Naut.)
~ رياضيَّة mathematical tables (Maths.)
~ فَلَكِيَّة astronomical tables
~ القياس gauge tables (Eng.)
الـ ~ اللوغاريتميَّة logarithmic tables (Maths.)
~ النِّسَب المُثلَّثية trigonometric tables
جَدْب، عُقْم sterility; infertility
~، قَحْط aridity, barrenness
جِدَّة، حَداثة novelty, newness
~، أصالة originality
جُدَّة، ~ قاطِعة: تخترِقُ الصخورَ رأسيًّا dyke, dike (Geol.)
~ عِرْقيَّة vein dyke (Geol.)
~ قاطِعة حَلْقيَّة ring dike (or dyke)
~ مُوازِيَة sill, sheet (Geol.)
جُدْجُد، صَرّارُ اللَّيل cricket (Zool.)
~: بَثْرة جَفْنيَّة sty(e) (Med.)
جَدَّدَ renew, renovate
~، أصْلَحَ refit, revamp, (re)furbish
~ العُبْوَّة refill
الجُدَرِيّ smallpox = variola (Med.)
جُدَرِي البَقَر cow-pox, vaccinia (Med.)
~ الماء chickenpox, varicella (Med.)
جَدَعَ، قطَع amputate, stump, cut-off
جَدَعَة stump
جَدَّف row
~ ضِدَّ التيّار backwater
جَدَلَ، فَتَلَ splice, (en)twine, interwave, interlace
جَدْل splicing, laying, interlacing
~ الحِبال rope laying
~ عاديّ ordinary lay
~ مُتَّحِدُ المركَز concentric lay
جَدَلٌ، جِدال argument, controversy
جَدْلة twine, splice
جَدَليّ: مُثيرٌ لِلجَدَلِ والخِلاف controversial
جَدْوى، نَفْع benefit, avail, feasibility
عديمُ الـ ~ useless, futile
جَدْوَلَ: رَتَّبَ في جَداوِل tabulate
جَدْوَل: مَجرًى مائيّ، ساقِية stream, brook, rill, runnel = runlet
~: بَرنامج schedule
~: لائحة بَيانيَّة table, list
~ الأسعار price list
~ أعمال agenda, docket, schedule
~ الأعمال (اليَوميّ) order of the day
~ الانتظار waiting list
~ بَيانيّ graphic table, chart
~ تَحْويل conversion table (or chart) (Maths.), translation table (Comp.)
~ التَّسميات: يربطُ المُسمَّياتِ بِعناوين الآلة name table = symbol table (Comp.)
~ تَوقيت timetable
~ حَلَزونيّ دَوريّ periodic spiral
الـ ~ الدَّوري (لِلعَناصِر) periodic table (Chem.)
~ الرُّموز symbol table (Comp.)
~ الرواتِب paysheet, payroll, pay list
~ الضَّرْب multiplication table (Maths.)
~ (قياسِ) المُفاعَلة reactance chart (Elec. Eng.)
~ المَسافاتِ بالأميال mileage table
~ «مَنْدَليف» (الدّوري): لِتَرتيبِ العَناصِر الكيميائيَّة Mendeleeff's (periodic) table (Chem.)
جَدْوَلَة tabulation, scheduling
جَدْوَليّ، مُجَدْوَل tabulated, tabular
جَدْي: وَلَد الماعِز kid
الجَدْي: بُرْجُ الجَدْي Capricornus (The Goat) (Astron.)
جِدِّي serious
جَديد، حَديث new, recent, neo-
~ جِدًّا، ~ تَمامًا brand new
جَدير worthy, apt, fit, competent
~ بالثِقة، يُعتَمَدُ عليه trustworthy, dependable
جُدَيري، حُماق varicella (Med.)
جُدَيِّل: جَدولٌ صغير brooklet (Geol.)
جَديلة lay, splice
~، ضَفيرة braid, tress, plait
~: طاقٌ من المَجدولات strand
~ مُضَفَّرة tuck splice
جَذَّ، شَظَّى chip, chop, spall
جَذٌّ، قَطْع excision, ectomy (Med.)
جَذّاب attractive
جُذاذة chip, fiche (Electron.)
~ دُونَ الصُّغرِيَّة ultrafiche (Comp.)
جُذام leprosy (Med.)
جَذَبَ، تَجاذَبَ، اِجتذب attract
جَذْب attraction
~، جاذِبيَّة gravitation (Phys.)
~ مُضادّ counter-attraction
جَذْر، جِذْر radix, root (Bot., Maths.)
~: عَلامةُ الجَذْر radical (Maths.)
~ أصَمّ، كَمِّيَّةٌ صَمّاء surd (Maths.)
~ أوَّليّ، ~ رَئيسيّ primary root (Bot.)
~ تَربيعيّ square root (Maths.)
الـ ~ التربيعيُّ لِمُتوسِّط مُرَبَّعاتِ الخَطأ (root) mean square error (Maths.)
الـ ~ ~ ~ ~ السُّرعة root mean square velocity (Mech.)
~ تَكعيبيّ cube (or cubic) root (Maths.)
~ حَقيقي real root (Maths.)
~ السِّن fang, root of tooth
~ ~ (في التُّرس) dedendum (Eng.)
~ صَحيح integral root (Maths.)

جَذْر (تابع)
~ طارئ أو عَرَضي — adventitious root (Bot.)
~ اللِّحام — root of weld (Plumb.)
~ لَحْميّ — fleshy root (Bot.)
~ اللولَبة — thread root (Eng.)
~ لِيفيّ — fibrous root (Bot.)
~ مُتوسِّطِ مُرَبَّعِ التيّار — root-mean-square current = effective current (Elec. Eng.)
~ مُتوسِّطِ المربَّعات — root-mean-square (Maths.)
~ مُشترَك — common root (Maths.)
~ المُعادَلة — root of equation (Maths.)
~ هَوائي — aerial root (Bot.)
~ وتَديّ — taproot (Bot.)
جَذْريّ، أساسيّ — radical
~، مُنطَق: لا جَذْرَ أصمَّ فيه — rational (Maths.)
جَذريّاتُ الأرجُل: حيواناتٌ من الأوالي — Rhizopoda (Zool.)
جَذْع، قَطْع — excision, ectomy (Med.)
جِذْع — trunk, torso (Zool.), bole, stem (Bot.)
~ مِحْوَرُ دولاب — shaft, spindle, arbor, trunnion (Eng.)
~ إدارة — drive shaft (Eng.)
~ إطالة — extension stem (Eng.)
~ الحَفْر، ~ المِثقاب — boring stem, boring rod, bore rod (Eng.)
~ السَّحْب المُضَلَّع (في آلة الحَفْر) — kelly, kelly bar (Eng.)
~ العمود — shank, tige (Arch.)
~ قُضبانِ الحَفْر — rod string (Eng.)
~ (أو جُبَّةُ) الكَبّاس — piston skirt (Eng.)
~ اللَّولَب — screw stem (Eng.)
~ المُتحرِّض، محوَرُ عُضوِ الإنتاج — armature shaft (Elec. Eng.)
~ المِحْوَر — axle shaft (Autos.)
~ المِرْجَل — boiler barrel (Eng.)
~ المِسحاج — plane stock (Carp.)
~ المِضَخَّة — pump barrel (Eng.)
~ المِقوَد الرئيسي — steering main shaft
~ نَقْل الحركة — transmission shaft (Eng.)
~ وَسيط — countershaft (Eng.)
جَذَعة، أرومة — -blast (Med.)
جَذَفَ (أنظر: جَدَّفَ) — row, paddle

جِذْل، أَرُومة، قاعِدة — stub, stump (Bot.)
جِذمار، جُذمور، ساقٌ أرضيَّة — rhizome (Bot.)
جُذَيْر — radicle, radicel, rootlet (Bot.)
جر: الرمزُ الكيماوي لِفلزِّ الجرمانيوم — Ge (germanium) (Chem.)
جَرٌّ، سَحْب — draw, drag, pull, tow, tug
جَرٌّ، سَحْب — traction, pull, drag(ging), tow(ing), trailing
الـ ~ الآليّ — power traction (Eng.)
الـ ~ بالبَطّاريّات — battery traction (Elec. Eng.)
الـ ~ بالقُدرةِ البُخاريَّة — steam traction
الـ ~ بِسِلْسِلةٍ مُتَّصِلة — endless chain haulage (Eng.)
الـ ~ الكهربائي — electric traction (Elec. Eng.)
الـ ~ المِغنطيسيّ — magnetic traction (Eng.)
جِراب — pouch, bag, sac(k)
~، غِمْد — sheath
~: قِرابُ السَّيف أو الخِنجر — scabbard
~ الخُصْيَتَين، الصَّفَن — scrotum (Zool.)
~ زَليليّ: يقَلِّل الاحتكاك — bursa (Zool.)
جِرابيّ: حَيَوانٌ جِرابيّ — marsupial (Zool.)
جراثيميّ: عالِمُ الجَراثيم — bacteriologist
جَرّاح، طَبيبٌ جَرّاح — surgeon
جِراحة — surgery
~ الأعصاب — neurosurgery (Med.)
~ الرَّأْب — plastic surgery (Med.)
~ العِظام، تَقويمُ العِظام — orthopedics
جَراد — locust (Zool.)
~ البَحر — crayfish (Zool.)
~ نَطّاط، جُندُب — grasshopper (Zool.)
جَرّار، تراكْتُور — tractor
~ بَرمائي — amtrac = amphibious tractor
~ تَسْوية — bulldozer (Civ. Eng.)
~ ~ زاويّ: مائلُ المِجرَفة — angledozer (Civ. Eng.)
~ رافِع: ذو ذِراعٍ رافِعةٍ لِمَدِّ الأنابيب — boom cat (Eng.)
~ مَدِّ الأنابيب — laying cat (Pet. Eng.)
~ مُصَفَّحٌ أو مُدارَّع — dragon (Civ. Eng.)
~ نِصفُ مُجَنْزَر — half-track tractor
جَرّارة، تراكتور — tractor
~ (حَمْل) الأنابيب — pipe buggy (Civ. Eng.)

~ مُزَنجَرة — Cat = caterpillar tractor
جَرّاشة — crusher, kibbler
~ جَليد — ice crusher
~ خام دائرية — arrastre (Mining)
جُراف ثَلجيّ، تَيْهور — avalanche (Geol.)
جَرّافة، كَرّاءة — dredge(r) (Civ. Eng.)
~ تَحميلٍ جَرّارة — tractor loader or shovel (Civ. Eng.)
~ تَسوية — bulldozer (Civ. Eng.)
~ الثَّلج — snow-plough (Civ. Eng.)
~ صَيْدٍ شَبَكية — trawl, seine
~ عكسيَّة — backacter, backhoe (Civ. Eng.)
~ قَلّابة، مِجْرَفةٌ قَلّابة — rocker shovel
جرافيت — graphite (Min.)
~ خام — plumbago, black lead (Min.)
جِرام، غْرام — gram (Phys.)
جِراية — ration
جَرَب — scabies, mange (Med.)
~ (النبات) — scab (Bot.)
جَرَّبَ، اختبَرَ — test, experiment; try
~، حاوَلَ — try, attempt, endeavor
جَرَّة، مَرْطَبان — jar
~، شَدَّة — pull
~، خطَّة — stroke
~ مِبْرَد — file stroke
جِرَّة: مُضْغةُ اجتِرار — cud
جُرثُومة، بِذْرة — germ (Biol.)
~، مِكروب — germ, microbe (Biol.)
~ بَكتيرية — bacterium (Biol.)
الجرثوميّات، عِلم الجراثيم — bacteriology
جَرْجَر، نَورج — disc-wheeled thresher (Agric.)
جرجير، كُثأة — rocket (Bot.)
جُرْح — wound
جَرَدَ (المُحتَويات) — take stock
~، قَشَرَ — peel
الجَرْد: بَيانُ الجَرْد، قائمةُ المَوجودات — inventory
جَرْدُ المَخزون — stock-taking
جَرَّدَ — strip, deprive
~ من السِّلاح — disarm
~ (المِنطَقةَ) من السِّلاح، أزالَ الصِّفةَ العَسكرية عن — demilitarize
جَرَد: وَرَمٌ عَظميّ عُرقوبيّ (في الخَيل) — curb, spavin (Zool.)

جُرَذ، فأر rat (Zool.)
جُرْزة، حُزْمة sheaf
جَرْس، طابَعٌ: طابَعُ الصوت timbre (Acous.)
جَرَس، ناقوس bell (Acous.)
~ إنذارٍ لِلطوارئ emergency alarm bell
~ زُجاجيّ bell jar (Chem.)
~ قُرصيّ gong
~ النِّداء call bell (Teleph.)
جَرَسيُّ الشكل bell-shaped, campanulate (Bot.)
جَرْش grind
جَرْشٌ جافّ dry grinding (Eng.)
جُرْعة، مِقدارُ الجَرعة، وَزْمة dose (Med.)
~ الاحتِمال tolerance dose (Med.)
الـ ~ الإشعاعية (المُمْتَصَّة) radiation dose (Phys., Mech.)
~ قاتِلة، ~ مُهْلِكة lethal dose (Med.)
~ مَسموحٌ بها permissible dose (Med.)
~ مُفْرِطة overdose
جَرعةُ (بِتّات) gulp (Comp.)
جَرَف shovel, rake, scoop
~ (بِتّيار) sweep, wash, drift
~، كَرَأ dredge
جَرْف scoop, drift
~ فَعّال: لأداة القَطْع effective rake (Eng.)
~ المَطَر rainwash (Geol.)
~ نَهريّ river drift, river wash
جُرُف: صَخرةٌ شاهِقة cliff (Geol.)
~: مُنحَدَرٌ صَخريٌّ حادّ precipice, scarp, escarpment (Geol.)
~: جانِبٌ شَديدُ الانحِدار inface (Geol.)
~ صَخْريّ clint (Geol.)
~ صَدْعيّ fault scarp (Geol.)
~ ناتِئ، طُنُفٌ promontory (Geol.)
~ وَحيدُ المَيْل monoclinal scarp (Geol.)
جُرْم crime, offense
جِرْم، حَجْم bulk, volume
~، عِظَم magnitude
~ سَماويّ orb, celestial body (Astron.)
~ شِبهُ نَجميّ، كوازار، كويسار quasi-stellar object = quasar (Astron.)
~ وَهّاج: يُشبِهُ الكوازار blazar (Astron.)
الجِرمانيوم: عُنصرٌ فِلِزّي نادِر رمزه (جر) germanium(Ge) (Chem.)
جُرْن، بَيْدَر threshing floor

جِرْو، عُلَيْبَة capsule, boll (Bot.)
جَرْوَل، جَرْوَق gravel, graywacke = greywacke (Geol.)
~ تَفَتُّتِيّ eluvial gravel (Geol.)
جَرَى، عَدا run
~ بشكلٍ قَنَويّ channel
جِرابيَّة: ثَمرة جِرابيَّة follicle (Bot.)
جَرَيان flow(ing), streaming, running
~ انسِيابيّ streamline(d) flow (Hyd.)
~ أو انسيابٌ ثابِت constant flow (Eng.)
~ بالجاذِبيَّة gravity circulation (Build.)
~ صَفْحيّ laminar flow (Hyd. Eng.)
~ غيرُ لَزِج nonviscous flow (Hyd.)
~ مُتَقَطِّع intermittent flow
~ مُضطَرِب turbulent flow (Hyd. Eng.)
جُرَيْب: حُوَيْصِلَة follicle (Bot., Zool.)
~ الشَّعْرة hair follicle (Zool.)
جُرَيِّب crypt (Zool.)
جُرَيْثِمة، أُرَيمة blastula (Zool.)
جَريدة، صَحيفة newspaper, journal
~، جَريدةٌ مُسَنَّنة rack, toothed rack (Eng.)
~ حَلَزونِيَّةُ التسنين helical rack (Eng.)
~ مُسَنَّنة وتُرسٌ دُودي worm-rack (Eng.)
جَريش grit, middlings
~ الحِنطة grit(s), groats
جَريشيُّ الحُبَيبات coarse-grained
جَريمة crime, felony
جَرين، جُرن threshing floor
جَزَّ، جَلَمَ، قَصَّ shear, crop, clip, cut off
جُزْء، جُزْءٌ مُقْتَطَع fraction
~، قِسْم part, portion, section
~ أخير (في تقطير النفط) end fraction (Pet. Eng.)
~ أماميّ forepart
~ رَئيسيّ principal part, major constituent
الـ ~ الطافي flotage (Naut.)
الـ ~ العَشْريّ من اللوغاريتم mantissa (Maths.)
~ مَأطُور، قِطاع panel
~ مُتكامِل integral part
الـ ~ المُتَوَهِّج (في سَخّانٍ أو مِدفأة) radiant (Elec. Eng.)
الـ ~ المَحْصور intercept (Maths.)
الـ ~ المُستَخْلَص extract fraction (Chem.)

~ مُقابِل counterpart
~ مُكَوِّن constituent, component, ingredient (Chem.)
الـ ~ النّاتِئ من حَرْفٍ طِباعي kern (Typog.)
جَزَّأ divide, partition, subdivide, fractionalize
~ (بالتقطير التفاضُليّ) fractionate (Chem. Eng.)
جَزاء، مُكافأة recompense, reward, remuneration
~، عُقوبة penalty, retribution, sanction
جَزّار butcher
جُزازة clippings
جَزّازة mower
~ العُشْب lawn mower (Agric.)
جَرّافة: شبكَةُ صَيدٍ تجُرُّها القَوارِب trawl
جُزافيّ، عشوائي random, haphazard
جِزَّة fleece, mop
جَزَر، جَزَرة carrot (Bot.)
~ أبيض parsnip (Bot.)
جَزْر، اِنحِسار ebb
الـ ~: اِنحِسارُ المَدِّ عن الشاطِئ ebb tide, low tide (Astron.)
~ تامّ (في المحاق أو البَدْر) spring tide (Astron.)
~ ناقِص (في التربيع الأول أو الثاني مِن أوجُه القَمر) neap tide (Astron.)
جُزُر (أنظُر: جَزيرة) islands
~ حاجِزيَّة barrier islands (Geol.)
~ قَوسيَّة arc islands (Geol.)
~ لانجرهانز islets of Langerhans (Med.)
جُزُريّ: نِسبة إلى جَزيرة أو جُزُر insular (Geog.)
جَزَرين carotene (Bot., Med.)
جُزْع، مِحوَرُ الدولاب axle (Eng.)
~ تَصالُبيّ cross-axle (Eng.)
الجَزْع، العَقيقُ اليَماني onyx (Min.)
جَزْعٌ عَقيقي sardonyx (Min.)
جَزَع، خَوف fear, apprehension
~، قَلَق uneasiness, anxiety
جَزَّع variegate, dapple
~ (كالرُّخام) marble
جَزْم assertion, assurance
جَزْمة: حِذاءٌ طويلُ الساق top boot
جُزَيء molecule (Chem.)

جُزَيْء (تابع)
~ أُحاديُّ الذرَّة monatomic molecule (Chem.)
~ أو أيونٌ غَرَويّ micelle (Chem.)
~ ثُلاثيُّ الذرّات triatomic molecule
~ ثُنائيُّ الذَّرّات binary molecule (Chem.)
~ ~ القُطْب zwitterion (Phys., Chem.)
~ ضَخْم macromolecule (Chem.)
~ غرامِيّ، وَزْنٌ جُزيئي غرامِيّ (gram-) mol = gram-molecule, mole (Chem.)
~ قُطْبِيّ: ذو قُطْبَيْن polar molecule (Chem.)
~ كُبْرِيّ macromolecule (Chem.)
~ مُتَعادِل neutral molecule (Chem.)
~ مَوسُوم labelled molecule (Phys.)
جَزيرة island, isle (Geog.)
~ بُركانية volcanic island (Geol.)
~ صَخْرية skerry (Geol.)
~ مُتَّصِلة tied island (Geol.)
~ مَرجانية coral island (Geol.)
~ مُستطيلة وَسيطيَّة: تقسِمُ طريقًا رئيسيَّة median strip (Civ. Eng.)
~ المُشاة (في وَسَطِ الشارع) street refuge (Civ. Eng.)
~ نَهرِيَّة (أو بُحَيريَّة) holm(e) (Geol.)
جُزَيِّرة: جزيرةٌ صغيرة islet (Geog.)
جَزيريّ insular (Geol.)
جُزْئيّ partial
~ التَبَلْوُر hypidiomorphic, subhedral (Geol.)
جُزَيْئيّ molecular (Chem.)
~ غرامي (في الليتر) molar (Chem.)
~ ~ (في الكيلوغرام) molal (Chem.)
جَسَّ: فَحَصَ باللَّمْس feel, touch, palpate
~: سَبَرَ sound, probe
جَسٌّ باللمس palpation (Med.)
جَساءَة، جُسوءَة rigidity (Phys.)
~ الانثِناء flexural rigidity
جُسْأة، ثَفَن callosity, callus (Med.)
~ المَفاصِل ankylosis (Med.)
جَسَّدَ embody
~، حَقَّقَ، تجَسَّدَ materialize, substantiate
جَسَد body, soma (Med.)
جَسَدِيّ somatic (Biol.), bodily, corporeal

جَسَّرَ: أنشأ جِسْرًا أو قَنطرةً على bridge
جِسْر، قَنطرةُ عُبور bridge (Eng.)
~: وُصلة جِسريَّة الشَّكل pons (Zool.)
~ أطواف raft bridge, pontoon bridge (Civ. Eng.)
~ جانبيُّ الحرَكة traversing bridge (Eng.)
~ جُملوني truss bridge
~ جَوِّي: حَلْقةُ نَقْلٍ بالطائرات air bridge, air-lift (Aero.)
~ حَوامِل trestle bridge (Civ. Eng.)
~ دَرّاج (لِمرفاع نَقّال) gantry (Eng.)
~ دَوّار turning bridge, swing bridge (Civ. Eng.)
~ ذو اتِّجاهَين double-track bridge (Civ. Eng.)
~ ذو عَتَباتٍ مُتَواصِلة continuous girder bridge (Civ. Eng.)
~ ذو عَوارِض girder bridge (Civ. Eng.)
~ رأسِيُّ الرَّفْع vertical lift bridge
~ بِرَسْمِ مُرور toll bridge
~ رَفْعِيّ lift-bridge (Civ. Eng.)
~ رَكائز pile bridge (Civ. Eng.)
~ سَطْحِيّ: لِلمسافات القصيرة deck bridge (Railways)
~ طَبيعِيّ natural bridge (Geol.)
~ طويلٌ ضَيِّق catwalk bridge (Eng.)
~ عامات pontoon bridge
~ عائِم float(ing) bridge (Civ. Eng.)
~ الفُرجَة (في فَرشة المِخرَطة) gap bridge (Eng.)
~ قَبّان (لِوَزنِ العرَباتِ وحمولَتِها) weighbridge
~ قَلّاب balance bridge, bascule bridge (Civ. Eng.)
~ قَنْطَرِيّ viaduct (Civ. Eng.)
~ قَوارِب boat bridge (Civ. Eng.)
~ مَأصِريّ toll bridge
~ مُتَحَرِّك، قنطرةٌ مُتحرِّكة (تسمحُ بِعُبور السفُن) draw-bridge, movable bridge (Civ. Eng.)
~ مِحْوَريّ: يرتكِزُ على مِحوَر pivot bridge (Eng.)
~ المُخَيْخ pons (Zool.)
~ لِلمُشاة footbridge (Civ. Eng.)
~ مُعاوَقة impedance bridge (Elec. Eng.)
~ مُعَلَّق suspension bridge (Civ. Eng.)
~ مِنْصَبِيّ trestle bridge (Civ. Eng.)
~ نِصفُ مُعَلَّق cantilever bridge (Civ. Eng.)
~ نَقْل: عَبْرَ بُرْجَين في جانِبَي النهر transporter bridge (Civ. Eng.)
جَسَّمَ، ضَخَّمَ، جَسَّدَ body
~: ضَخَّمَ magnify; exaggerate
جِسْم، بَدَن body
~: شَيْء body; object
~ أسوَدُ black body (Phys.)
~ إسوِيُّ الخَواصّ: في مختلفِ الاتجاهات isotropic body (Phys.)
~ أبيضُ (لا يَمتَصُّ الإشعاعاتِ الكهرمغنطيسية) white body (Phys.)
~ افتِراضيّ (أو تَقْديريّ) virtual object
~ انسيابيّ مَشيق streamline(d) body
~ حَقيقيّ real object (Light)
~ سُباعيُّ السُّطوح heptahedron (Maths.)
~ السفينة hull (Naut.)
الـ ~ الصَنَوبَريّ pineal body (Zool.)
~ الطائرة fuselage (Aero.)
الـ ~ الطِّبِّي medical corps
~ الفَقَرة centrum (Zool.)
~ مُستَدير orb
~ مُضاد، الضِّدّ antibody (Med.)
الـ ~ الهُدْبي (في العَين) ciliary body (Zool.)
جُسماني، بَدَني، جَسَدي corporal, bodily
جِسميَّة: عَدَسةٌ شيئيَّة objective (Opt.)
~ لانُقطيَّة astigmatic lens (Opt.)
جُسُوءَة، جَساءَة rigidity, stiffness (Phys.)
مُعامِلُ الـ ~ modulus of rigidity, rigidity coefficient (Phys.)
جُسَيْدَة، قُسَيْمة (أو شُدْفة) جَسَديَّة somite (Zool.)
جَسيم: ضَخْم massive, huge
جُسَيم، دَقيقة، قُسَيم particle (Phys.)
~، كُرَيَّة corpuscle (Zool.)
~ ألفا alpha particle (Phys.)
~ أوَّليّ elementary particle (Phys.)
~ أوميغا، الهَيْبِرون الثقيل omega-particle (Phys.)
~ بيتا beta particle (Phys.)
~ تحت ذَرّي subatomic particle (Phys.)

جُسَيم (تابع)

~ ثَقيل: أثقَلُ من النيوترون، هَيْپِرون — heavy particle = hyperon (Phys.)

~ دِلتا: هَيپِرونٌ سَريعُ الاضمحلال جدًّا — delta-particle (Phys.)

~ دُونَ المَيْكرُون — ultramicron (Chem.) submicron (Phys.)

~ ذَرِّي — atomic particle

~ سِيغْما — sigma-particle (Phys.)

~ غيرُ مُستَقِرّ — unstable particle (Phys.)

~ كْسَاي — Xi particle (Phys.)

~ لَمْدا، هَيْپِرون لَمْدا — lambda particle (Phys.)

~ مُؤَيِّن — ionizing particle (Phys.)

~ مُرْتَدّ — recoil particle (Chem., Phys.)

~ مَركَزِيّ — centrosome (Biol.)

~ نِسْبَوِيّ — relativistic particle (Phys.)

جُسَيْمات (أُنظُر: جُسَيْم) — particles

~ أساسيَّة — fundamental particles (Phys.)

~ ألْفا، دَقائِقُ ألْفا — alpha particles (Phys.)

~ دونَ الذرِّية — subatomic particles (Phys.)

جُسَيْمة (أُنظُر جُسَيْم) — particle

جُسَيْميّ، دَقائِقِيّ — particulate, corpuscular

جَشَّ: جَرَشَ — crush, grind

جَشٌّ (أو تكسيرُ) **الخام يدَويًّا** — bucking (Min.)

جِشْطَلْت: شَكْلٌ أو كُلٌّ مُتَكامِل — gestalt

جِصّ، مِلاطٌ جِبسيّ — plaster, gypsum, stuke = stucco (Build.)

~ باريس — plaster of Paris (Chem.)

~ لِيفيّ — fibrous plaster (Build.)

جَصّاص — plasterer (Build.)

جَصَّصَ، زَخْرَفَ بالجِصّ — parget (Build.)

جُعالة، أجرُ العامل — wage

جَعْبَة — pouch, bag, quiver

جِعَة — ale; beer

جَعَّدَ، غَضَّنَ — crimp, wrinkle, crease, crimple, rumple, corrugate

جَعْدَة — crinkle, crease, corrugation

جَعْفيل، أسدُ العَدس — broomrape (Bot.)

جُعْل، جُعالة، أجْر — wage, remuneration

جُعَل، خُنْفُساء — beetle, scarab (Zool.)

جُغرافية — geography

الـ ~ الاقتِصاديَّة — geonomics

الـ ~ الإقليميَّة — regional geography

الـ ~ الحَيَوانيَّة — zoogeography (Zool.)

الـ ~ الحيَويَّة — biogeography (Biol.)

~ سَطْحِ القَمَر — selenography (Astron.)

الـ ~ الطبيعيَّة — physical geography

~ الفَضاء — spatiography

الـ ~ القديمة — paleogeography (Geol.)

الـ ~ المائيَّة، الهَيْدروغرافية — hydrography

~ المُرتَفَعات — hypsography (Geog.)

الـ ~ النباتيَّة — phytogeography

~ النجوم — astrography (Astron.)

جَفَّ، نَشِفَ — dry, desiccate

~ بالتصريف أو الارتشاح — drain

~ بالتقَطُّر (دونَ تغَضُّن) — drip-dry

جُفُّ البِذرة — aril (Bot.)

جُفاء، خَبَث — slag, scum, scoria

جَفاف، قَحَل — aridity (Ecol.)

~، قَحْط (لانحِباسِ المَطَر) — dryness, drought

جُفاف، جَفَف — xerosis (Med.)

جَفافِي — xeric

جَفْت — forceps (Med.)

جَفْتِيّ (أو مِلْقَطِيُّ) **الشكل** — forcipate

جَفَّدَ: جَفَّفَ في حالة التجمُّد (على ضَغطٍ خَفيض) — lyophilize, lyophile (Phys.)

جَفَّرَ، شَفَّرَ: حَوَّلَ (رِسالةً) إلى شَفرة — encipher

جَفَّفَ، نَشَّفَ — desiccate, exsiccate, dry

~ (بالتصريف) — drain

~ (الخشَبَ) — season

جَفْن — eyelid, palpebra (Zool.)

جَفْنَة — dish or basin (Chem.)

~، كَرْمة — vine plant, vine stock (Bot.)

~ تَبْخير — evaporating dish

جِل: مِقياسُ حَجمٍ سَعَتُه حوالى ثُمْن اللِّتر — gill

جِلّ، غَرَواني هُلاميُّ القَوام — jel = gel (Chem.)

~ مائيّ، هُلامٌ مائيّ — hydrogel (Chem.)

جَلا، أوضَحَ — clarify, elucidate

جَلَى، صَقَلَ — polish, burnish, scour

جَلا عن، أخلَى — evacuate, vacate

جَلاء، إخلاء — evacuation

~، وُضوح — clarity, lucidity

الـ ~: المِقدارُ النِّسبيُّ لِضِيائيَّة النجم دونَ اعتبارٍ لِبُعْدِه — luminosity (Astron.)

جَلّاخة — grinding machine, grinder (Eng.)

~ أُسطُوانيَّة — cylindrical grinder (Eng.)

~ حَلقيَّة: لِتَجليخِ جَوانب الحلَقات — ring grinder (Eng.)

~ زاوِيَّة — angle grinder (Eng.)

~ سُطوح — surface grinder (Eng.)

~ سَنْفَرة — emery grinder (Eng.)

~ عامَّةُ الأغراض — universal grinder

~ العُدَد — tool grinder (Eng.)

~ قاعِديَّة — pedestal grinder (Eng.)

~ قُرصيَّة — disc grinder (Eng.)

~ مُزدَوِجةُ القُرص — double-disc grinder

~ مَقاعِدِ الصِّمامات — valve seat grinder

~ نَضَديَّة — bench grinder (Eng.)

جَلَبَ — bring, fetch; get; bring about, cause

جِلْب: خَشَبُ الصَّميم — heartwood, duramen (Bot.)

جَلَبة — clutter, racket, clammer, tumult

جُلْبَة: قِشرة الجُرح المُنْدَمِل — crust, scab (Med.)

~: حَلقةٌ أو وُصلة كُمِّيَّة — bush, bushing, collar, collet, socket, sleeve (Eng.)

~ أُسطُوانيَّة مُشَفَّهة — muff (Eng.)

~ انزِلاقيَّة — slip socket (Eng.)

~ بِطانيَّة، ~ تَبْطين — grummet, grommet (Plumb.)

~ تَثْبيت أو قَمْط — clamping collar (Eng.)

~ تجميع — combination collar (Eng.)

~ تَمَدُّديَّة — expansion bushing (Eng.)

~ ثَقْب — drill bushing (Eng.)

~ جِذعِ التدوير — kelly bushing (Eng.)

~ الحاكِم — governor sleeve (Eng.)

~ حَشْو، ~ مَسِيكة — packing bush, gland (Eng.)

~ ~ مُلَولَبة — screw gland (Eng.)

~ دَفْعِيَّة — thrust collar (Eng.)

~ دَليليَّة — guide bush (Eng.)

~ دَوّارة — rotary bushing (Eng.)

~ ذِراعِ الكَبّاس — piston-rod bush (Eng.)

~ رَبْط — coupling socket (Eng.)

~ ~ صُندوقيَّة — wrench socket (Eng.)

~ الشِّياق — mandrel socket (Eng.)

~ الصَّمُولة (المُثبتة في الخَرَسانة) — nut socket

~ القائم الدَّليلي — guide-post bushing (Eng.)

~ قَمْط أو زَنْق — clamping collar (Eng.)

جُلْبَة (تابع)
~ كَبْل — cable bushing (Eng.)
~ لاتَمَرْكُزِيَّة — eccentric bushing (Eng.)
~ لَدائنيَّة (بلاستيكيَّة) — plastic bushing
~ مانعةٌ لِلتسَرُّب — anti-leak packing ring (Eng.)
~ مُباعِدة — distancing bush, spacing bush(ing) or sleeve
~ المُبَدِّل — commutator bush, commutator sleeve (Elec. Eng.)
~ المِثْقاب، ~ ثَقْب — drill bushing (Eng.)
~ المِثْقَب، كُمُّ المِثقَب — drill sleeve (Eng.)
~ المَحْمِل — bearing bush (Eng.)
~ مَحْمِلٍ مُحتَرِقة — burnt-out bearing (Eng.)
~ مُختَلِفَةُ المَركز — eccentric bushing
~ مَخروطيَّة — bell = socket (Plumb.)
~ مُشَفَّهة — flanged socket (Eng.)
~ مَشقوقة — split bush(ing) (Eng.)
~ مَفْتوحة — open socket (Eng.)
~ المَقْبِس — jack sleeve (Elec. Eng.)
~ مَقعدِ الصِّمام — valve seat bushing (Eng.)
~ مُقفَلة — closed socket (Eng.)
~ المُكَثِّف — condenser bushing (Elec. Eng.)
~ النابِضِ المُرجِع — recoil spring bushing
~ ناقوسيَّة مُلَولَبة — screw bell (Civ. Eng.)
~ واقِيَة — protector sleeve (Eng.)
~ وَصْل، قارِنة — coupling, jointing
~ ~، ضِمام — sleeve (Eng.)
~ ~ الأنابيب — tube jointing sleeve (Eng.)
~ (وَصْل) مُصَغِّرة — reducing socket (Plumb.)
~ الوُصْلَةِ المَمْسوحة (حَولَ أنبوبَي الكَبْل المُتَّصِلَين) — wiping gland (Elec. Eng.)
جِلْبِرْت: وَحدةُ القُوَّةِ الدافِعة المِغنَطيسيَّة — gilbert (Elec. Eng.)
جَلْتَنة — gelatinization (Chem., Biol.)
جَلْجَلَ، صَلْصَلَ. جَلجَلٌ. جَلْجَلة — jingle
جِلجْنَيت، جَليْغنايت — gelignite (Chem.)
جَلَّخَ — grind, whet
~ بالتَّحضين — lap (Eng.)
~ الزَّوائدَ — snag
جَلْخ — grinding, honing, whetting (Eng.)
جَلِدَ، تجمَّد — freeze, glaciate
جَلْدٌ: شَديد التحمُّل — hardy, sturdy
جَلَدٌ، تحَمُّل، جَلادة — endurance

~ صَقيع — frost (Meteor.)
~ إبْريُّ البِلَّورات — hoar frost
جِلْد — skin, integument (Zool., Bot.)
~، قِشرة، غِشاء — skin
~ اصطناعي — artificial leather, leatheroid
~ البَقَر (بِخاصَّةٍ مدبوغًا) — cowhide
~ الجامُوس — buffalo hide
~ الحَيوان (مدبوغًا أو غير مدبوغ) — fell, hide
~ ~ (بِشَعره وفَروته) — pelt, (Zool.)
~ خام: غيرُ مَدبوغ — rawhide
~ شامواه — chamois = chamois leather, wash leather
~ غيرُ مَدْبوغ — hide (Zool.)
~ لَمّاع: مُغَطًّى بالوَرْنيش — patent leather
~ ماعِزٍ مَدْبوغ — morocco
~ مَدْبوغ — curried leather, tanned leather
~ مُقَلَّد: نَسيجٌ يُشبِهُ الجِلْد — imitation leather
جَلَّد (كِتابًا) — bind
جِلْدَةُ الرأس — scalp (Zool.)
جِلْديّ، أديميّ — dermal, cutaneous (Med.)
جِلْديّاتُ الأجنِحة — Dermaptera (Zool.)
جَلْسة، اجتماع — meeting, session
~، دَورةُ انعِقاد — session
~ مُقْفَلة، اجتِماعٌ سِرِّي — closed meeting
جَلَط الجِلْدَ — graze, excoriate
جَلَّطَ، خَثَّر — coagulate, clot
جُلْطة، خُثرة، كُتلة مُتخَثِّرة — clot, coagulum (Med.)
~ دَمَوية — blood clot, thrombus (Zool.)
جِلْفاط: حَشْوٌ سَدودٌ لِلماء — caulk = calk, stopwater (Naut.)
~: أداةُ جَلْفَطة — caulker, fullering tool (Eng.)
جَلْفانومتر (أُنظُر: غَلْفانومتر) — galvanometer (Elec. Eng.)
~ عاكِس، غلفانومتر مِرآويّ: ذو مِرآة — reflecting galvanometer (Elec. Eng.)
جَلْفانيَّة — galvanism
جَلْفَطَ، قَلْفَ — caulk = calk, careen (Naut.)
جَلْفَطة — caulking, luting (Eng.)
جَلْفَن — galvanize (Elec. Eng.)
جَلْفَنة كهربائية — electrogalvanizing (Elec. Eng.)

جَلَكى، شِلْق — lamprey (Zool.)
جَلَم، مِقْراض — shears, clippers
جُلْمود — boulder = bowlder (Geol.)
~ رَصْف — cobble (Civ. Eng.)
جِلَّوز، بُنْدُق — hazel (Bot.)
الجلوسينوم: الاسمُ السابِق لِلبريليوم — glucinum (Chem.)
جِلوكوز: سُكَّر العِنَب — glucose (Chem.)
جَلِيٌّ، واضِح — clear, lucid
جَلْي، صَقْل — polishing, burnishing
~ أو صَقْلٌ بالكُرَيّات — ball burnishing (Eng.)
جَليبُ النشأة — allogenic = allothogenic, allochthonous (Geol.)
جَليد، جَمَد — ice
~ جافّ (ثاني أُكسيد الكَربون الجَليدي) — dry-ice (Chem.)
~ طَوفيّ — floe (Meteor.)
~ عائم — pan, ice pack, brash, ice floe (Meteor.)
~ قارِّيّ — land ice (Geol.)
~ مَجروف — drift ice (Geol.)
جُلَيْدة، قُشَيْرة — cuticle, pellicle (Biol.)
جَليديّ — ice, icy, glacial
جَليديَّة، مَثْلَجة — glacier (Geol.)
جُليدين: في جُليدة النباتات — cutin (Bot.)
جليسرول، جليسَرين — glycerol, glycerin(e) (Chem.)
جَليغنايت، جِلجنيت: مُتفَجِّرٌ نِتروجليسريني — gelignite (Chem., Mining)
جَلَيكوجين: نشا حيواني — glycogen (Biol.)
جلَيكول: كُحولٌ ثُنائيُّ الهيدروكسيل — glycol (Chem.)
جَليل — important, venerable
جَماد — inanimate
جَمَّادة، مُجَمِّدة — freezer
جِماع، سِفاد — copulation, coitus (Zool.)
جُمّاع، تجمُّعٌ (كُتليّ) — aggregate (Geol., Min.)
جَمّاع — adder (Comp.)
~ تامّ — full adder (Comp.)
~ طَرّاح — adder-subtractor (Comp.)
جَماعة — group, party, company
~، هَيئة — body, corps, organization
~، مَجموعة (بيئيَّة) — community (Ecol.)
~، طاقَم — crew

جماعة (تابع)

~، فريق — team

~ بيئيّة — coenosis (Ecol.)

جماعيّ، جَمْعيّ — collective

~: يعيشُ جَماعات — gregarious (Zool.)

جَمالون، جُملون — gable, truss (Arch.)

جُمانة — pearl, bead

جَمْبَريّ، إربيان — prawn, shrimp (Zool.)

جَمَّة، قَعْرُ السفينة — bilge (Naut.)

جُمْجُمة، قِحْف — cranium, skull (Zool.)

جُمْجُميّ — cranial

جَمَدَ — freeze, ice, solidify

جَمَدٌ — ice, frost (Meteor.)

~، جُمود — freezing, gelation (Phys.)

جَمُدَ، تصَلَّب — set, congeal, solidify

~، تخَثَّر — coagulate, congeal (Chem.)

جَمَّدَ، أعْقَد — congeal, solidify

~ (بالتبريد) — freeze, ice (up), glaciate

~ بِعُمق (حوالى ١٨° مِئويّة) — deep-freeze

جُمْدَة، تخَشُّبٌ أعضائي — catalepsy (Med.)

جَمْرة، جُذْوَة — ember

الـ ~ الخَبيثة: مرضٌ مُهْلِك — anthrax (Med.)

~ دُمَّلِيّة — carbuncle (Med.)

جُمْرُك، جَمارِك — customs, custom house

الجَمَشْت، الجَمَسْت — amethyst (Min.)

جَمَعَ — add (up), sum (up)

~: ألَّفَ — compile

~: جَمَّعَ — collect, gather, amass, aggregate

~: ضَمَّ — join, combine, assemble

جَمْع، إضافة — addition, summation (Maths.)

~، تَجْميع — collection, gathering, grouping, assemblage

~، ضَمّ — combination, joining

~ المُتَّجِهات — addition of vectors, vector addition (Mech.)

جَمَّعَ — collect, gather, assemble, accumulate, amass

~ ثانيةً — reassemble

~ (الماءَ) في سَدٍّ أو خَزّان — impound (Hyd. Eng.)

جَمْعيّ، إضافيّ — additive, additional

جَمْعيَّة — society, association

الـ ~ الأمريكية لاختِبار المَوادّ — American Society for Testing Materials (ASTM) (Eng.)

الـ ~ الأمريكيّة لِلمقاييس المِعيارية — American Standards Association (Eng.)

~ تَعاونيَّة — cooperative society, co-op

~ ~ زِراعيَّة — grange, agricultural cooperative

~ عُمومية — general assembly

جَمْل — integration, summation, addition (Maths.)

~، تجميع، توحيد — consolidation

جَمَلٌ — camel (Zool.)

~ أُحاديُّ السَّنام — dromedary (Zool.)

~ ذو سَنامَين — Bactrian camel (Zool.)

جَمَّلَ — beautify, adorn

جُمْلَة — bulk, aggregate, total, lump

~، مُجْمَل، مَجموع — aggregate

~، كَمَجْموع — en masse, en (or in) block

~ (كلاميَّة) — sentence, phrase, clause

~، مَنظومة — system (Eng., Biol.)

~ تخصيص — assignment statement (Comp.)

~ تعريفيَّة — declarative (or declaration) statement (Comp.)

جُمْلون، مُسَنَّم — gable, truss (Build.)

~ تَشابُكي — lattice truss (Arch.)

~ تقوية: ضد مقاومة الهواء — drag truss (Aero.)

~ الجِسْر — bridge truss (Civ. Eng.)

~ السَّقْف — roof truss (Build.)

~ العَضُد الرئيسي — king truss (Build.)

~ مُؤَلَّف — composite truss (Build.)

~ مُثَلَّثيّ — triangular truss (Build.)

~ مُرَكَّب: مُعَزَّز بالمَعدِن — composite truss (Build.)

~ مُزدَوِجُ القَوائم العَمودية — queen-post roof (Carp.)

~ مِقَصِّيّ — scissors truss (Arch.)

جُمْلونيّ — gabled (Arch.)

جِمْناز: مَبنى الرِّياضات — gymnasium

جُمهور — crowd, public

جُموح — recalcitrance, unruliness

~ المُفاعِل — reactor excursion (Nuc. Eng.)

جُمود، تجَمُّد — freeze, freezing, gelation

~، تَصَلُّب — setting, hardening (Civ. Eng.)

~، صَلابة — solidity, solidness

~: توَقُّف عن الحركة — standstill, immobility; inaction, inactivity

~ الحِسّ، لامُبالاة — apathy

جُمَّيْز — sycamore (Bot.)

جَميعَة، مَجموعة — collection

~: مَجموعةٌ مُتَواجِدة — battery

~ مُوَلِّدات: مجموعةٌ مُتَواحدة من المُوَلِّدات — battery of generators (Elec. Eng.)

جَميل — beautiful, pretty

الـ ~: المَعروف والفَضْل — favour, service

جَنَى — reap, harvest, produce, earn

جناح — wing, ala (Zool., Eng.)

~ (في مَبْنى) — wing, suite, alette = allette (Build.)

~ (في معرِض) — pavillion

~ (في مُسْتَشفى) — ward

~: جانِب — side, flank, wing

~ أبْتَر — stub wing, stub plane (Aero.)

~ انطوائيّ أو طَوَويّ — folding wing (Aero.)

~ الطَّيَّة — fold limb (Geol.)

~ مُتَغَيِّرُ الرَّفْع — variable-lift wing (Aero.)

~ مُثَلَّثيّ — delta wing (Aero.)

~ مُرتَدّ — swept wing (Aero.)

جناحا المُفَصِّلة — hinge leaves (Eng.)

جناحيّ — pterygial, alar(y) (Zool.)

جناحيَّة: ثَمرةٌ جَناحيَّة — samara (Bot.)

جَنادِل (أُنظر جَنْدَل) — rapids (Geol.)

جُناديّ، وَرَقُ الجُدران — wallpaper (Build.)

جِناية — crime

جَنْب، جانِب، طَرَف — side, flank

جَنْبَة، جُنَيبَة، (شُجَيرة) — bush, shrub, scrub (Bot.)

الجَنَبَة، غِشاءُ الجَنْب — pleura (Zool.)

جِنَّة، جُنون — lunacy, insanity

جِنْث: جَذْرٌ وَتَديّ رئيسيّ — taproot (Bot.)

جُنْجُل: حَشيشةُ الدينار — hop (Bot.)

جَنَحَ، مالَ (إلى) — tend, lean to, incline

~ (ت السفينة) — strand, run aground

جُنْحَة، عَمَلٌ مُخالِفٌ لِلقانون — misdemeano(u)r, offence

جَنَّدَ — enlist, conscript, recruit, mobilize

جُنْدُب، جَرادٌ نَطّاط — grasshopper (Zool.)

جَنْدَرَ، (رَوْتَشَ) retouch
جَنْدَرة، (رَوْتَشة) retouch
جَنْدَل، شَلّال cataract, rapid (Geol.)
~، كُتلةٌ صَخريّةٌ (في شِعْبٍ أو سامةٍ معدنية) horse (Geol.)
جُنْدُوانا: أُمُّ القارّات Gondwana(land) (Geol.)
جُنْدي soldier
جنزار، زِنْجار: صَدَأُ النُّحاس (كربونات النحاس القاعِدية) verdigris (Chem.)
جَنْزير، زِنْجير chain, chain belt (Eng.)
جِنْس (تَصْنيفيّ) genus (Biol.)
~: ذكَر أو أنثى sex
الـ ~ البَشَريّ، الإنسان Homo sapiens
جَنَّسَ naturalize
جَنْسكي: وَحدةُ كَثافةِ الدَّفق (من مَصْدَرٍ راديويّ كَونيّ) jansky (Astrophys.)
جِنْسيّ: خاصٌّ بجِنْسٍ أحيائيّ generic (Biol.)
~: خاصٌّ بالجِنس من ذُكورةٍ وأُنوثة sexual (Biol.)
جِنْسِيَّة، تابعيَّةٌ قَوميَّة nationality
~ التسجيل (لِلسفينة أو الطائرة) registry
الجَنوبُ الجُغرافي geographical south
~ المِغنَطيسيّ magnetic south (Surv.)
جَنُوبيّ austral, meridional, southern
جُنُوح، اِنحِرافٌ سُلوكيّ delinquency
~، مَيلان heel(ing), inclination, list
~ شاطِئيّ stranding, running aground (Naut.)
جُنُوسَة: جِنسيَّةٌ مِثْليَّة homosexuality
جُنون insanity, lunacy
~، هَوَس mania (Med.)
~ العَظَمة paranoia (Med.)
جَنْي، قَطْف picking, harvesting (Agric.)
جَنِيبُ الدَّرَقيَّة parathyroid (Med.)
~ المِحْوَر paraxial
جُنَيْبَة shrub, bush (Bot.)
جُنَيْح، سُطَيحٌ قَلّاب aileron, flap (Aero.)
~ تَبْريد cooling fin (Eng.)
~ طَرَفِ الجَناح wing-tip aileron (Aero.)
جُنَيْحاتُ أو أرياشُ التخميد damping vanes (Eng., Phys.)
جَنين: حَميل fetus = foetus (Zool.)
~ (حَيَوانيّ أو نَباتيّ) embryo (Zool., Bot.)
~ كاذِب mole (Zool.)

جُنَيْنَة garden
جَنينيّ fetal = foetal, embryonic
جُنَيْه pound
الجِهاتُ الأصليَّة (الأربع) cardinal points (Astron.)
جَهارة: حَجْمُ الصَّوت loudness, volume (Acous.)
الـ ~ المُقارَنة reference volume (Acous.)
جِهاز apparatus, set; gear, contrivance
~، مَنْظومة system
~، نَبيطة device, contrivance (Eng.)
~ آلِيّ الإدارة power-driven apparatus
~ إبراق telegraph set
~ الإبراق التفاضُليّ المُزدَوِج differential duplex (system) (Teleg.)
~ اتِّصال communication set
~ ~ مُزدَوِج duplex (Elec. Comm.)
~ إحساس sensor (Eng.)
~ اختبار tester, testing apparatus (or set) (Eng.)
~ ~ الأسلاك cable tester (Elec. Eng.)
~ ~ البَطّاريّات battery tester (Elec. Eng.)
~ ~ حِمْلِ الخَطّ line load tester (Elec. Eng.)
~ ~ الخلايا cell tester (Elec. Eng.)
~ ~ الدارة الكهربائية circuit tester (Elec. Eng.)
~ ~ (سَعةِ) حِمْلِ الخَطّ line-current-capacity tester (Elec. Eng.)
~ ~ الصِّمامات valve tester, tube tester (Radio)
~ ~ العَزْل insulation tester (Elec. Eng.)
~ إرسال transmitter, transmission set, xmitter (Radio)
~ ~ اتِّجاهيّ direction transmitter (Elec. Comm.)
~ ~ واستِقبالٍ لاسِلكيّ two-way radio
~ إزالةِ الإحماء (لِتبريدِ البُخار المُحَمَّصِ أو إشباعِه) desuperheater (Eng.)
~ ~ الصَّقيع defroster (Eng.)
~ استِقبال receiver, receiving set (Radio)
~ ~ اتِّجاهيّ directional receiver (Elec. Comm.)
~ ~ قَزم midget receiver (Elec. Comm.)
~ الإسقاطِ أو الطَّرْح jettison gear (Aero.)

~ إسقاطٍ سينمائيّ motion-picture projector (Cinema)
~ ~ عُلْويّ overhead projector (Opt.)
~ إضاءةٍ وَمّاض flashlight (Photog.)
~ إطفاء fire apparatus, fire extinguisher
~ إطلاق (الصَّواريخ) launcher (Eng.)
~ إعتاق release gear, trip gear (Eng.)
~ الإلقام loading gear (Eng.)
~ أمان safety device
~ إنذارٍ أو تَنْبيه alarm
~ ~ عُموميّ unilarm (Eng.)
~ ~ كَهْرَضوئي photoelectric alarm (Electron.)
~ الإيقاف arresting gear (Aero.)
~ بَطّاريَّة battery set (Radio)
~ بَصَريّ optical instrument (Phys.)
~ بِلَّوريّ: جهازٌ لاسِلكيٌّ ذو مِكشافٍ بِلَّوريّ crystal set (Radio)
الـ ~ البَوْلي urinary system (Zool.)
الـ ~ ~ التناسُلي urogenital system (Zool.)
~ بِيتُو (الإستاتي): لِبَيان سُرعةِ الريح Pitot (static) tube (Aero.)
~ تَبْريد cooling apparatus, cooling system (Eng.)
~ ~ الماء water cooler
~ تحريكِ السَّيْر belt striking gear (Eng.)
~ تَحَكُّم control gear (Eng.), controller (Comp.)
~ التحَكُّمِ الأوتوماتيّ في التردُّد automatic frequency control (Radio)
~ التحَكُّم بالخَنْق choke control (Radio)
~ تَحَكُّمٍ طَبْليّ drum controller
~ ~ مُتَعَدِّدُ المَفاتيح (المَقاليد) multiple-switch controller (Elec. Eng.)
~ تَحليلِ غازاتِ العادِم exhaust gas analyzer (I. C. Engs.)
~ تخزينٍ مُباشرِ الوُصول direct access storage device (Comp.)
~ تَخفيفِ الضَّغْط casing gear (Eng.)
~ تخميد damping device (Eng.)
~ تَدْفِئة heater, heating system
~ تَدْوير الحَذّافة barring gear (Eng.)
~ تَسْجيل recorder, recording apparatus (Acous.)

جهاز (تابع)

~ تَسْخين — heater, heating apparatus

~ تَسْبِيب — trip gear, releasing device (Eng.)

~ التشغيل — operating gear (Eng.)

~ تشغيل الصِّمامات — valve gear (Eng.)

~ تطبيقي — appliance

~ تَعْبِئة — filler

~ التعويم — flotation gear (Aero.)

~ تقطير — distiller, distilling apparatus (Chem.)

~ تكسيرٍ بالحَفْز — cat cracker = catalytic cracker (Chem.)

~ تَلْفَزة، تِلْفاز — television set

~ الشريط الدفّاق — streaming tape transport, streamer (Comp.)

الـ ~ التناسُلي — reproductive system (Biol.)

~ تَنَفُّس — breathing apparatus (Mining)

~ ٱلتَنَفُّس — respiratory system (Zool.)

~ تَهْوِيَة، مِهْواة — ventilator (Build.)

~ ~ بالتفريغ — vacuum ventilator (Eng.)

~ التوجيه — steering gear (Eng.)

~ تَوْجيه لاسِلكيّ — radio-directive device (Elec. Comm.)

~ تَوقيت — timing device, timing gear

~ تَيْسير (إزالةِ عُسْر) الماء — water softener (Chem. Eng.)

~ «جُولي»: لِلتَّحليل الحَجْميّ لِلهَواء — Jolly's apparatus (Chem.)

~ الحَطّ — alighting gear, landing gear

~ حَطٍّ رَدُود — retractable landing gear (Aero.)

~ ~ مُساعِد — auxiliary landing gear (Aero.)

~ الحَفْر، مُعَدّاتُ الحَفْر — boring rig, drilling rig (Civ. Eng.)

~ ~ بالدَّقّ — percussion rig (Civ. Eng.)

~ ~ الدقّاق — cable tool rig (Pet. Eng.)

~ ~ الكَبْلي — cable rig (Civ. Eng.)

~ حَفْرٍ نَقّاليّ (أو نَقُول) — mobile drilling rig, portable rig (Civ. Eng.)

~ دَوَرانِ الدم — circulatory system (Zool.)

~ ذاتيُّ التسجيل — self-recording (or self-registering) apparatus (Eng.)

~ رادار — radar set (Radar)

~ راديْاك: لِلكَشْف عن الفاعليَّة الإشعاعيَّة وتقديرِها — radiac (Phys.)

~ راديو (مُرسِل أو مُستقبِل) — radio set (Elec. Comm.)

~ الرَّفْع — elevating gear, hoisting gear (Eng.)

~ زِيتا: جهازُ صِفْرِ الطاقة لِدِراسة التفاعلاتِ الحَرارية النوويَّة المَحصورة — Zeta (zero-energy thermonuclear assembly) (Phys.)

~ زَيتيّ (ماصٌّ لِلصَّدَمات) — oleo-gear (Aero.)

~ السُّرعة الزائدة — overdrive (Eng.)

~ شامِلُ القُلْطيَّة: يَعمل على جميع القُلْطيّات — all-mains set (Elec. Eng.)

~ ضَبْط المَدَى — range setting gear (Surv.)

~ طَرْدٍ مَرْكَزي — centrifuge (Eng.)

~ طَرَفي — end instrument (Comp.)

~ عَصَبيّ — nervous system (Zool.)

الـ ~ العَصَبيّ اللاوُدِّيّ — parasympathetic nervous system (Zool.)

الـ ~ ~ المُحيطيّ — peripheral nervous system (Zool.)

الـ ~ ~ المَرْكَزيّ — central nervous system (Zool.)

~ غَسْل — scrubber (Chem. Eng.)

~ ~ الغاز — gas scrubber (Chem.)

~ الغَطْس — dive gear (Naut.)

~ غَمُور: مُصَمَّمٌ لِلعَمَل تحتَ الماء — immersible apparatus (Elec. Eng.)

~ الغَوص — diving apparatus

~ غيرُ مُؤَرَّض — unearthed device (Elec. Eng.)

~ فَصْلٍ غِشائي — dialyser (Chem.)

~ فَكِّ التماسُك — decoherer (Phys.)

~ قَطْعٍ وَوَصْلٍ أوتوماتي — automatic make and break (Elec. Eng.)

~ قياس — (measuring) instrument (Elec. Eng.)

~ ~ إلكترونيّ (قِراءتُه رقميَّة عادةً) — electronic instrument (Elec. Eng.)

~ ~ بالحَثّ — induction instrument (Elec. Eng.)

~ ~ بالِغُ الدِّقَّة — precision instrument

~ قِياس بُعاديُّ القِراءة: تُسَجَّلُ قِراءتُه بعيدًا عن نُقطةِ القياس — distant-reading instrument (Eng.)

~ ~ بِمُمَغْنَطٍ مُتحَرِّك — moving-iron instrument (Elec. Eng.)

~ ~ تَفاضُليّ — differential instrument

~ ~ ثُنائيُّ المَدى — double-range instrument (Eng.)

~ ~ ذو حَديدةٍ رِخْوَة (مُتَحرِّكة) — soft-iron instrument (Elec. Eng.)

~ ~ ذو قِراءةٍ مُباشِرة — direct-reading instrument (Elec. Eng.)

~ ~ ذو قَصَبةٍ (أو رِيشَةٍ) هزّازة — vibrating-reed instrument (Elec. Eng.)

~ ~ ذو مُؤَشِّر — indicating instrument; pointer instrument (Elec. Eng.)

~ ~ (كهربائيّ) ذو مِغْنَطيسٍ دائم — permanent-magnet instrument (Elec. Eng.)

~ ~ كَهروحَراريّ — electrothermic instrument (Elec. Eng.)

~ ~ كَهروسُكونيّ — electrostatic instrument (Elec. Eng.)

~ ~ لاارتجاجي — dead-beat instrument (Eng.)

~ ~ لادَوريّ — aperiodic instrument (Eng.)

~ ~ مَرْكَزيُّ الصِّفْر — centre-zero instrument (Elec. Eng.)

~ ~ مُسْقَط: تُسْقَطُ قِراءَتُه على سِتارة — projected-scale instrument (Elec. Eng.)

~ ~ مَكْبُوتُ الصِّفْر — suppressed-zero instrument (Elec. Eng.)

~ ~ مُؤتَلِف — combination gauge (Eng.)

~ ~ نَقُول (أُنظُر أيضًا: مِقياس) — portable instrument (Elec. Eng.)

~ «كِپ»: لِتوليد غازِ كبريتيد الهدروجين أو سِواه — Kipp's apparatus (Chem.)

~ الكَبْح أو الفَرْمَلَة — brake gear (Eng.)

~ كهربائيّ — electrical appliance

~ ~ لِبَدْءِ الحَرَكة — electric starting gear (Elec. Eng.)

~ لاسِلْكي — radio set, wireless set (Radio)

~ لاقِطٌ لِجَميع المَوجات — all-wave receiver (Radio)

جهاز (تابع)

~ لِحام — welding apparatus, welding set (Elec. Eng.)
~ لَفّ أو تَدْوير — turning gear (Eng.)
الـ ~ اللمفاوي — lymphatic system (Zool.)
~ «لِنْك»: لِلتدريب على الطيران — Link trainer (Aero.)
~ مُتعَدِّدُ الإرسال — multiplexer (Elec. Comm.)
~ مُحاذاةٍ استِقامِيَّة — line ranger (Surv.)
~ مُحيط (كالطابِعَة أو كِنانَةِ الأقراص): مُلْحَقٌ بِالمُعالِج المركزيّ — peripheral (device) (Comp.)
~ مُراقبةٍ سَعَويّ — capacitance monitor (Elec. Eng.)
~ مُرسِل — transmitter (Elec. Comm.)
~ ~ مُستَقْبِل — transceiver (Elec. Comm.)
~ مُزدَوِج الدَّخْل — duplexer (Elec. Comm.)
~ مُستَقبِل — receiving set (radio), receiver (Elec. Comm.)
~ مُعايَرة — rating apparatus (Eng.)
~ مُعطَيَاتٍ تِلفونيّ — telephone data set (Comp.)
~ مُوالَفة — tuner (Elec. Comm.)
~ نَقْل السَّيْر — striking gear (Eng.)
~ الهاتِف، ~ تِلِفون — telephone set
~ الهَضْم — digestive system, alimentary system (Zool.)
~ واقٍ مِن تجاوزِ الفُلْطيَّة — overvoltage protective device (Elec. Eng.)
~ وَمّاض — scintillator (Phys.)
~ يَدَويُّ الإدارة — hand-operated device (Eng.)
~ يَعملُ بالتيّار الرئيسي — direct-trip device (Elec. Eng.)

جِهازِيّ: شامِلٌ الجِسمَ كُلَّه — systemic (Zool.)

جِهَة — side, direction
الـ ~ المُعَرَّضةُ لِلريح (مِن المركَب) — luff, weather side (Naut.)

جَهَدَ: جَدَّ واجتَهَدَ — strive

جُهْد، مَجْهود — effort
~، جُهْدٌ كهربائي — potential, tension, pressure (Elec. Eng.)
~ الاختِزال — reduction potential (Chem.)
~ الأَخْسَدَة، ~ الأكْسَدَة والاختِزال — redox potential (Chem.)
~ الإخماد — extinction potential, extinction voltage (Electron.)
~ الأرض — earth potential, ground potential (Elec. Eng.)
~ الاستِجابة — reactional potential
~ الإشعاع، ~ التأيُّن — radiation potential (Phys.)
~ الإطلاق — firing potential (Electron.)
~ الإلكترود — electrode potential (Elec. Eng.)
الـ ~ الإلكتروديّ العِياريّ — standard (or normal) electrode potential (Chem.)
الـ ~ الإلكتروستاتي — electrostatic potential (Elec. Eng.)
~ الإلهاب — firing potential (Phys.)
~ الانتِشار — diffusing potential (Elec. Eng.)
~ الانحلال (أو التفكُّك) — decomposition potential (Elec. Eng.)
~ الانسِياب — streaming potential (Phys.)
~ الانطِفاء — extinction potential (Electron.)
~ أو تَوتُّر عالٍ (فَوقَ ٦٥٠ فُلْطًا) — high-tension = high-voltage (Elec. Eng.)
~ الإيقاف: إيقاف الإلكترونات — stopping potential (Electron.)
الـ ~ الأيوني — ionic potential (Phys.)
~ البَدْء — starting potential (Electron.)
~ بَدْءِ القَوس (بينَ إلكترودَين) — striking potential (Elec. Eng.)
~ التأكْسُد — oxidation potential (Chem.)
~ التأيُّن — ionization piotential (Chem.)
~ التحديب — buckling potential (Phys.)
~ الترسيب — deposition potential, sedimentation potential (Chem.)
~ الترشيح الكهربائي — electrofiltration potential (Elec. Eng.)
~ التفرُّع النجمي — Y potential (Elec. Eng.)
~ التفريغ الشراري — sparking potential (Elec. Eng.)
~ التلامُس — contact potential (Electron.)
الـ ~ التناضُحيّ — osmotic potential (Chem.)
~ التوَهُّج — glow potential (Elec. Eng.)
~ الجاذِبية — gravitational potential (Phys.)
الـ ~ الحَرِج — critical potential (Phys.)
~ خَفيض: دونَ ٢٥٠ فُلط — low voltage (Elec. Eng.)
~ الدارة المَفتوحة — open-circuit potential (Elec. Eng.)
~ الدَّفْع — drive thrust (Eng.)
الـ ~ الدَّفقي — streaming potential (Phys.)
~ صِفريّ، ~ الأرض — zero potential (Elec. Eng.)
~ القَدْح — striking potential (Elec. Eng.)
~ القُطْب — electrode potential (Chem.)
~ القَطْع — cut-off potential (Electron.)
~ (الكَمِّيَّة) المُوَجَّهة — vector potential (Elec. Eng.)
~ كهربائي — electric potential, voltage (Elec. Eng.)
~ ~ سالِب — negative potential (Elec. Eng.)
~ كهروإيجابيّ — electropositive potential (Elec. Eng.)
~ كهروحَرَكيّ — electrokinetic potential (Chem.)
~ كيميائي — chemical potential (Chem.)
~ اللاحِمْل: والدارةُ مَفتوحة — no-load voltage (Elec. Eng.)
~ اللَّوح — plate potential (Electron.)
~ المَبْدى — threshold potential (Electron.)
~ المُتَّجِه المِغنَطيسيّ: جُهْدُ الكميَّةِ المِغنطيسيَّة المُوَجَّهة — magnetic vector potential (Phys.)
~ المَسْرى — electrode potential (Chem.)
~ مُطلَق — absolute potential (Chem.)
~ مُعَجِّل — accelerating potential (Electron.)
~ مُعَوَّق — retarded potential (Elec. Eng.)
~ المُغَذِّي — feeder potential (Elec. Eng.)
~ مِغْنَطيسيّ — magnetic potential (Elec.)
~ مُقَنَّن — rated voltage (Elec. Eng.)
~ مُنخَفِض (دونَ ٢٥٠ فُلط) — low tension, low voltage (Elec. Eng.)
~ النَّقْل — transmission voltage (Elec. Eng.)
~ نَوَويّ — nuclear potential (Phys.)
~ «يوكاوا»: يُميِّزُ المجالَ الميزوني حول النُّوِيَّة (النُّكليون) — Yukawa potential (Phys.)

جُهْديّ — potential

جَهَر، خَفَش — dazzle, day blindness

جَهَّزَ، أعَدَّ prepare, make (ready), set
~، أمَدَّ (بِـ) accommodate, supply, provide
~ (أو أعَدَّ) لِلتَّشغيل prime
~ بأزرار button
~ بالمُحَرِّكات (أو بِمُعدّات تُدارُ بالمُحَرِّكات) motorize
~ (بالمُعَدّات) equip, gear, fit out, rig
جَهْل ignorance
جَهير، عالٍ loud
~: عَميقٌ خَفيض bass (Acous.)
الـ ~ الأوَّل baritone (Acous.)
جَهيض abortive
جَوّ، الغِلافُ الجَوّي atmosphere, air
~، سَماء sky
~، طَقْس weather (Meteor.)
~، مُحيط surroundings, atmosphere, milieu, medium
~ خانِق stifling atmosphere
~ الشمس solar atmosphere (Geophys.)
~ صَحْو clear sky, fine weather (Meteor.)
~ عاصِف stormy, rough or foul weather (Meteor.)
~ عِياريّ. ضَغْطٌ جَوِّيٌّ عِياريّ: ١٠,١٣ نيوتن على السم٢ standard atmosphere (Meteor.)
~ المَجال: المِغنَطيسيّ أو الكهربائيّ perisphere (Phys.)
~ مُتَقَلِّب unstable weather (Meteor.)
~ مُضطَرِب bumpy weather (Meteor.)
جَوًى: عَرَّضَ لِلعوامِلِ الجَوِّيَّة weather (Geol.)
جَواب، رَدّ answer, reply
~، إستِجابة response
~ أو رَدٌّ سَريع retort
~ (النَّغْمة) octave (Acous.)
الجَواثِم: أكبرُ رُتَبِ الطيور تَضُمُّ حوالى نِصفَ الطيورِ المعروفة Passeriformes (Zool.)
جِوار، ضَواحٍ، مَناطِق مُجاوِرة neighbourhood, vicinity, environs
الجَوارِح: كَواسِرُ الطير rapacious birds, birds of prey, Raptores (Zool.)
~ البوميَّة Strigiformes (Zool.)
~ الصَّقْريَّة Falconiformes (Zool.)

جَواز، إمكانيَّة possibility
~، رُخصة permit, licence
~، مَسموحيّة permissibility
~ سَفَر passport
~ مُرور laissez-passer
~ ~ آمِن safe conduct
جُواش: دِهانٌ صَمْغيّ كامِد gouache (Build.)
جَوّال itinerant, roving, wandering
جَوانِب (أُنظُر: جانِب) sides
~ تالِفة (مِن رِزْمة الوَرَق) cassie
~ فَرْشة المِخرَطة lathe cheeks (Eng.)
جَوّاني internal, inward, inboard
جَوْبَة، فَجْوة cavity, lacuna
~ صخريَّة: بلّورية البطانة drusy cavity, geode
الجُوت، لِيفُ القِنَّب jute
جُؤجُؤ: مُقَدَّمُ السفينة أو الطائرة prow, bow, stem
الجُؤجؤ: كَوكَبة جنوبيَّة Carina (Astron.)
جُؤجُئيّ carinate
جُودة goodness, excellence
~، نوعيَّة quality
جَوْرَبٌ stocking, hose
~ قصير sock
جَوْز walnut (Bot.)
~ القَيء nux vomica
الجَوزاء، بُرجُ ~ Gemini (The Twins) (Astron.)
جَوزة، بُنْدُقَة nut (Bot.)
~ أميركية hickory (Bot.)
~ صَخْريَّة: مُبَطَّنة بالبِلّورات geode (Geol.)
~ الطِّيب nutmeg (Bot.)
~ النارجيل coconut (Bot.)
جَوْسٌ، جَوَسان: طوافٌ استقصائي search, looking around, exploration
جَوْسَق kiosque, belvedere, summerhouse (Build.)
جَوْشَن، صَدْر thorax (Zool.)
جَوَّع starve
جُوع starvation, hunger
جَوْف، تَجْويف: قُطْرُ الماسورة الداخلي bore (Eng.)
~، تجويف، وَقْبَة cavity
~ (البَطْن) coelom, abdominal cavity (Zool.)

~، لُبّ core
~ الأرض، لُبُّ الأرض centrosphere, barysphere (Geol.)
~ السفينة hold of ship
~ المُحَوِّل converter belly (Met.)
جَوَّفَ core, hollow out
جَوفيّ، بَطْنيّ c(o)eliac (Zool.)
~، باطِنيّ plutonic (Geol.), subsurface, underground
~ المَنْشَأ hypogenic (Geol.)
جوفْيال: لُغة حاسوبيَّة تُستخدم في الأغراض العسكرية JOVIAL (Comp.)
جَوق company, group; troop, legion
جَوقةُ عازِفين band, orchestra
~ مُنْشِدين choir
ألْجول، لُغة (لِلحاسبات الإلكترونيّة) algol (Comp.)
جُول: ١٠ ملايين إرغ joule (Phys.)
جَولة tour, round, trip
~، سَفْرةٌ بَحْريَّة cruise
~ استِطلاع (على الطَّبيعة) field trip
جُون: خليج bay (Geog.)
جُونة: سَلَّة basket
جَوْهَر، لُبّ أو جَوهَرُ الأمر crux, essence
~، مادَّة substance, matter (Phys.)
~ الذَّرَّة kernel (Chem.)
الـ ~ الفَعّال active principle (Phys., Chem.)
جَوهَرة jewel
~، حَجَر كَريم gem (Geol.)
جَوهَريّ، أساسيّ essential, fundamental, substantial
جَوِّيّ atmospheric, meteoric, air-, aero-
~ أرضيّ air-ground
الجَوِّيّات: الأرصاد الجَوِّيَّة meteorology
جُويدار، سُلْت rye (Bot.)
جُوَيْزَة nucellus (Bot.)
جَويط: مسمارٌ كَبيرُ الرأس stud (Eng.)
جَوئيّات: شَواشٌ جَوِّي atmospherics, spherics (Elec. Comm.)
جَيْب، تَجْويف sinus (Zool.)
~، كِيسَة pocket, pouch, sac
~ (جا): جَيبُ الزاوية sine (sin) (Maths.)
~ التَّمام (جتا) cosine (Maths.)
~ جَبْهيّ frontal sinus (Zool.)
~ زائديّ sinh = hyperbolic sine (Maths.)

جَيْب (تابع)
~ غازيّ — gas pocket
~ هَوائي، مَهْوًى، مَطَبٌّ هَوائيّ — air pocket, (air) bump (Aero.)
جُيَيْبَة — pouch, pocket
جِيْجا: بادِئة بمعنى ألف مليون (10^9) — giga-
~ إلكترون ڤلط — GeV = gigaelectron volt (Phys.)
جَيِّد، حَسَن — good, well
~ التوافُق — well-fitted
~ الهَضْم — eupeptic (Med.)
جَيَّر (شِيكًا) — endorse
جِير، كِلْس — lime (Chem.)
الـ ~ الحَيّ: أُكسيدُ الكالسيوم — quicklime, caustic lime, lime (Chem., Build.)
~ حَيّ: غيرُ مُطْفَأ — unslaked lime, lump lime (Build., Chem.)
~ الصُّودا — soda-lime (Chem.)
~ عالي النَّقاوة — fat lime (Build.)
~ مائيّ، مِلاطٌ هَيْدرولي: يتصَلَّبُ تحتَ الماء — water lime, hydraulic lime
~ مُطْفَأ — slaked lime, killed lime, hydrated lime (Chem.)
جَيْرو، جَيْروسكوب — gyro = gyroscope
~ (سكوب) سُرعيّ — rate gyro
جَيْروستات، ناظِمُ اتِّجاهٍ صُندوقيّ — gyrostat = gyroscope (Eng.)
جَيْروستاتي، دَوّارٌ حولَ مِحوَرِه — gyrostatic
جَيْروسكُوب، بُوصَلة دَوّارة — gyroscope, gyro (Eng.)
~ اتِّجاهي — direction gyro, directional gyroscope (Eng.)
~ نَوّاسيّ — pendulous gyroscope (Eng.)
~ الوَضْع — attitude gyro(scope) (Aero.)
جيريّ، كِلْسيّ — limy, calcareous, calcic
جَيْش، حَشْد — army, host
جَيَشان، اضطراب — heave, agitation
~، فَوَران — boiling, simmer(ing), ebullition
~ (أو طَفٌّ) أمواجِ الشاطِئ — surf
جيل — generation
~ الأبناء — filial generation (Gen.)
~ بَوغيّ — sporophyte generation (Bot.)
~ عِرْسيّ أو مَشيجيّ — gametophyte generation (Bot.)
جيلاتِين، هُلامِين — gelatin (or gelatine) (Chem.)
جيلاتينيّ، هُلاميّ، هُلامينيّ — gelatinous
جِيْنَة، مُوَرِّثَة: وَحدةُ الوراثة، **جِين** — gene (Gen.)
جيوحراري — geothermal (Geol.)
جيُوديسيَة: المَسْحُ بالنسبة إلى الأرض — geodesy (Surv.)
جيوديمتر: مِقياسُ مَسافاتٍ بَصَريّ إلكترونيّ — Geodimeter (Geophys.)
جيُوفون: سَمّاعة أرضيَّة — geophone (Geophys.)
جيُوفيزياء: علم فيزياء الأرض — geophysics
جيوفيزيائي، جيوفيزيقي — geophysical
~، عالِمٌ ~ — geophysicist
جيُوكيماويّ، كيميائيّ أرضيّ — geochemical (Chem., Geol.)
~، عالِمٌ ~ — geochemist
الجيوكيمياء: علمُ كيمياء الأرض — geochemistry
جيُولوجيّ — geological
~، عالِمٌ ~ — geologist
جيولوجية، عِلْمُ الأرض — geology
الـ ~ الاقتصاديَّة — economic geology
~ البترول — petroleum geology
الـ ~ البِنائيَّة أو البِنْيويَّة — structural geology
الـ ~ التاريخيَّة — historical geology
الـ ~ تَحْتَ السَّطْحيَّة — subsurface geology
~ التربة — soil geology
الـ ~ التصويريَّة — photogeology
الـ ~ التطبيقيَّة — applied geology
~ التعدين — mining geology
الـ ~ الطبيعيَّة — physical geology
~ الماء — hydrogeology
~ المَناجِم — mining geology
الـ ~ المَيدانيَّة أو الحَقْليَّة — field geology
الـ ~ الهندسيَّة — engineering geology
الجيومورفولوجية: عِلمُ شَكل الأرض — geomorphology (Geol.)
جيومورفيّ: خاصٌّ بِمَظاهِرِ سَطْح الأرض — geomorphic
جَيْئَة، مَجيء — coming, advent
~ (الوَليد): وَضعَته في المَخاض — presentation (Med.)
~ وذَهابًا — back and forth, to and fro

ح

ح : الرمزُ الكيماوي لِلحَديد — Fe (iron) (Chem.)
حابَى — favour
حابِس، حابِسَة — obturator (Eng., Zool.)
حابِسَة، سَقّاطة — catch, detent, pallet, pawl (Eng.)
حاتّ — erosive, corrosive (Eng.)
حاثّ، مُحَرِّض — inductor, inductive (Elec. Eng.)
~ُ تَبادُلي — mutual inductor (Elec. Eng.)
حاثَّة، هُرمون — hormone (Biol.)
الحاثِّيَّة، التحريضيَّة — inductivity (Elec. Eng.)
حاجب — brow, eyebrow (Zool.)
~، بَوّاب — gateman, janitor, gatekeeper, doorman
~، حاجِبَة — screen, guard, shield
~ُ الإشعاع — radiation shield (Phys.)
~ُ الرِّيح — windshield, windscreen, dashboard
~ُ الوَمض — flash eliminator, flash cut-out (Elec. Eng.)
~ُ فارادي، قفصُ فارادي — Faraday shield, Faraday cage (Elec. Eng.)
حاجِبَةُ التَّرشاش — splash board, splash guard, splasher
~ُ الشَّرَر — spark screen (Eng.)
حاجة، احتياج — need, want
~، ضَرورة — necessity
~ُ مُلِحَّة — pressing need, imperative need
حاجِز، حائِل، عائِق — bar, barrier, obstacle, obstruction; hurdle
~، فاصِل — partition, bulkhead
~، سِياج — fence, hedge, railing
~، سَدّ — dike, dyke, dam, retention wall (Civ. Eng.)
~، غِشاءٌ فاصِل — septum (Biol.)
~، مَأصِر — stockade, roadblock, barricade
~ُ الأتربة، كامِحُ الغُبار — dust arrester
~ُ أمواج — mole, groin, breakwater (Civ. Eng.)
~ُ الانتِشار — diffusion barrier (Phys.)
~ُ إنشائيّ — bulkhead (Civ. Eng.)
~ُ بازَلتيّ — basalt dyke (Geol.)
~ُ البُخار — vapour barrier (Build.)
~ُ تَحصيل (على جِسرٍ أو طَريق) — toll bar
~ُ تُرابيّ — packsand (Mining)
~ُ التَّصادُم — collision bulkhead
~ُ تفتيش — checkpoint
~ُ الثَّلج — snowbreak
~ُ جانِبي نَهري — croy (Civ. Eng.)
~ُ الجِسر أو السَّقف أو الشُّرفة — parapet (Build.)
~ُ جَليدي — ice barrier
~ُ جُهديّ : حولَ نواةِ الذرَّة — potential barrier (Phys.)
~ُ (حائلٌ) لِلحَريق — fire barrier (Build.)
~ُ حَجَري — kirb = kerb (Civ. Eng.)
~ُ حَراريّ : يَحُدُّ مِن سُرعة الطائرات أو الصَّواريخ في الجَوّ — thermal barrier (Phys.)
~ُ حَريق، خَندَقٌ حائلٌ لِلحَريق — fire break
~ُ خَشَبيّ (لِلتهوية) — brattice (Mining)
~ُ رَمْليّ — sandbar (Geol.)
~ُ سَطحيّ — surface barrier (Electron.)
~ُ شَبَكيّ — net barrier
~ُ صادٌّ لِلزَّيت — oil baffle (Pet. Eng.)
~ُ صَخريّ — rock bar (Geol.)
~ ~ (في طَريق الحَفْر) — hard heading (Civ. Eng.)
الـ ~ُ الصَّوتي — sound barrier, sonic barrier (Phys.)
~ُ الطّاقة — energy barrier (Chem.)
~ُ الغُبار — dust catcher (Electron.)
~ُ غِشائيّ — septum (Biol.)
~ُ فَيَضان — levee (Civ. Eng.)
~ُ قُزَحي — iris diaphragm (Opt.)
~ُ الماء — water barrier (Mining)
~ ~ (في إطارِ النافِذة) — water bar (Build.)
~ُ مَجرى النهر — river wall (Civ. Eng.)
~ُ مَدِّي — tidal barrage
~ُ مَرجاني — barrier reef (Geol.)
~ُ مُستَعرِض — transverse bar (Geol.)
~ُ مَسِيك — astillen
~ُ مِغنطيسيّ — magnetic screen (Phys.)
~ُ النّار — fire-guard
~ُ نَفِيذ — permeable barrier
~ُ الوَمْض — flash barrier (Elec. Eng.)
حادَ — deviate, swerve, drift
~ عَن، تجَنَّبَ — evade
حادٌّ، قاطِع — sharp, keen, cutting
~، شَديد — intense, severe
~، لاذِع، حِرِّيف — acrid, pungent, sharp, hot
~: حادُّ الطَّرَف أو حادُّ الشِّدَّة — acute
~: عالي نِسْبةِ الكُحول — hard (Chem.)
~، عالي النَّغْمَة — shrill, high pitched (Acous.)
~ُ الانثِناء — geniculate (Biol.)
~ُ (الانحِدار) — steep
~ُ البَصَر — sharp-sighted
~ُ الزاوية — acute-angled
حادِث — accident
~، جارٍ — happening, occurring
~ُ مَرَّتين في السَّنَة — biannual
حادِثة، حَدَث — incident, occurrence, event
حاذَى، وازَى — be parallel to
~، قابَلَ — face, be opposite to
حاذِق، حَذيق — sour
~، ماهِر — skillful, skilled
حارّ، ساخِن — hot (Phys.)
~ُ (المُناخ) — torrid (Meteor.)
~، دافِئ: حارٌّ نَوعًا — warm
~، حِرِّيف — hot, sharp, piquant
~، حَراري — thermal
~ُ جافّ — xerothermic (Meteor.)
~ُ الدم — warm-blooded (Zool.)
~ُ رَطْب — sultry (Meteor.)
حارِس، قَيِّم، ناظِر — custodian, warden, guardian
~، خَفير — sentinel, guard, watchman
~ُ حِراج — ranger
حارِف، حارِفة — deflector, diverter

حارِف (تابع)
~ القَوس — arc deflector (Elec. Eng.)
~ لَهَب — flame deflector (Aero.)
~ النَّفْث — jet deflector
حارِفة، عارِضةُ تَوجيه — baffle
~ انعِكاسيَّة — reflex baffle (Acous.)
~ القَوس — arc baffle (Electron.)
~ اللَّهَب — flame deflector
~ الهَواء — air deflector
حارِق، حاروق — burner (Chem.)
~، مُحرِق — incendiary
حاروق، مَحْرَق: حُجرة احتراق (في تربينٍ غازي أو محرِّك نفّاث) — combustor (Eng.)
~ (أو مَوقِد) أسِيتيليني — acetylene burner
~ «بَنْزِن» أو «بَنْتسِين» — Bunsen burner (Chem.)
~ ذَيلِ السَمَكة — fish-tail burner
~ زَيتيّ، مَوقِدٌ نَفْطيّ — oil burner
~ غازيّ: مَوقِدٌ يَعملُ بالغاز — gas burner
~ مُتَعَدِّدُ الفُوهات — multiport burner
~ مُذرِّر — atomizing burner (Eng.)
~ مِروَحيُّ اللَّهَب — fantail burner
~ نَفَقيّ — tunnel burner (Eng.)
حازَ، أحْرَزَ — acquire, gain, earn
حازِم — firm, unwavering
حازِمةُ البالات — baler
حاسَبَ — call to account
حاسِب، حاسُوب (أنظُر: حاسُوب) — computer
حاسِبة — computer, calculator, computing device
~ آليَّة — mechanical computer
~ إلكترونيَّة، حاسُوب — electronic computer
~ الانسِياق — drift computer (Naut.)
~ طابعة: مُسَجِّلةُ مُدَدِ المكالَماتِ التليفونية — calculagraph (Teleph.)
~ العُلُوّ، ~ الارتفاع — height computer
~ نَضَديَّة — desk calculator
حاسَّة، حِسّ — sense
~ الاتِّجاه — sense of direction
~ السَّمع — hearing (Acous.)
~ اللَّمْس — touch
حاسِم، باتّ — crucial, decisive
~، بالِغ الأثَر — drastic

حاسُوب، حاسِبٌ إلكتروني، كُمْبيُوتر — computer (Electron.)
~ تابع — satellite computer (Comp.)
~ التحكُّم — control computer
~ تزامُنيّ — synchronous computer
~ تناظُريّ — analog computer
~ التنفيذ — object computer
~ الجِيل الثالث (بعدَ عام ١٩٦٥) — third generation computer
~ راسِم — pictorial computer (Surv.)
~ رَقميّ — digital computer (Eng.)
~ سائليّ: يُشَغَّلُ بتيّارٍ سائليّ وصِمامات — hydraulic computer (Comp.)
~ شَخصيّ — personal computer, (PC)
~ صُغريّ — micro-computer (Comp.)
~ صغير — minicomputer
~ فائق — supercomputer (Comp.)
~ قياسي، ~ بالقياس — analog computer
~ مُختزَلُ مجموعةِ التعليمات — reduced instruction set computer (RISC)
~ مُزدوِج: حاسُوبانِ يعملُ أحدُهما في حالِ تعَطُّلَ الآخَر — duplex computer
~ مَصْدَريّ — source computer
الـ ~ المُضِيف — host computer (Comp.)
~ مُعادَلات — equation solver (Comp.)
~ مِلاحيّ — navigational computer
~ مَنزِلي — home computer
~ نَظيري — analogue computer
~ هَجين: نِظامٌ حاسُوبيٌّ رَقميّ وقياسيّ نظيريّ — hybrid computer (Comp.)
حاسِّيَّة اللون: تبعًا لِطُوله المَوجيّ — hue (Phys.)
حاشَّة — mower
حاشِدة، بَطّارية — storage battery, accumulator (Elec. Eng.)
~ احتياطيَّة — floating battery (Elec. Eng.)
~ إضافيَّة (مُعَزِّزة) — booster battery (Elec. Eng.)
~ مَشحونة — charged battery
~ مُفْرَغة (غيرُ مَشحونة) — discharged battery (Elec. Eng.)
حاشِية، حافة — rim, fringe, margin, skirting, border, edge
~، ذَيْل، مُلْحَق — postscript, appendix
~، سِجاف — welt

~ تفسيريَّة، تَذييل — annotation
~ سُفلَى (هامشيَّة) — footnote
حاصَّة، حِصَّة: شُذوذُ السيّار في مَسيره عن أقصى مَداره أو عن الأوج — anomaly (of a planet) (Astron.)
~، صَلَع — alopecia, baldness (Med.)
حاصِد، حَصّادة — reaper, harvester
حاصَرَ — besiege, blockade
حاصِرة، قَوسٌ شِكالي ({أو}) — brace (Print.)
~، قَوسٌ مَعْقوفة — bracket, parenthesis (Maths.)
~ زالِقة — sliding bracket (Eng.)
~ قائمة الزاويتين ([ ]) — square bracket (Maths.)
حاصِل، مَحصول — crop, yield
~، خارِجُ القِسمة — quotient (Maths.)
~، ناتِج — result, outcome
~ الجَمْع — total, sum, sum total
~ الضَّرْب، جُداء — product (Maths.)
~ ضَرْب اللامُتَّجِه — scalar product (Phys.)
~ ~ المُتَّجِه — vector product (Phys.)
~ الضَّرْب النُّقطيّ — dot product (Maths.)
الـ ~ الكَمِّيّ — quantum yield (Phys.)
حاصِلات ثانويَّة — by-products (Chem.)
حاضَ (ت) — menstruate (Zool.)
حاضَرَ: ألقى مُحاضَرةً — lecture
حاضِر، مَوجود — present
الـ ~: الزمنُ الحاضِر — the present
~، جاهِز — ready, prepared
حاضِرة: مدينةٌ كُبرى — city, metropolis (Geog.)
حاضِن: حاضِنةُ العُدَّة أو الطابِعة — carriage (Eng.)
~، حاضِنُ الطُّفَيليّات، عائل — host (Med.)
~ (البيض) — brooder, brood-hen (Zool.)
~، رَكُوبَة — mount(ing)
~ الجُزء الدوّار (في آلةِ قياس) — headstock (Eng.)
~ خَلايا المِركَم — stillage (Elec. Eng.)
~ فَكُوك: يُمكِنُ فَكُّه — take-down carriage (Eng.)
~ مُخَمِّدٌ لِلصدم — shock mount(ing) (Eng.)
حاضِنَة (البيض)، مِحْضَنة — incubator
~ المِدفَع، رَكوبةُ المِدفَع — gun carriage, gun mount

حاضِنة (تابع)
~ المِنشار — saw carriage
حاطٌّ — degrading, debasing
حاطَ بِـ — encompass, surround
حافة، طَرَف — edge, border, margin
~، شَفَا، شَفِير — brim, brink, verge
~، حاشية — rim, chine, margin, selvage, hem
~، حِتار، كِفاف — rim, chine, fringe
~ إقبال — leading-edge (Phys.)
الـ ~ الأماميّة — leading edge
~ الامتِصاص — absorption edge (Phys.)
~ أو حاشيةُ لَوحٍ ضَيِّقة — listing
~ الجِدار حولَ النافِذةِ (أو الباب) — reveal, (Build.)
~ خَشِنة — ragged edge
الـ ~ الخَلْفيّة — trailing edge
الـ ~ ~ مِن الشِّراع — leech (Naut.)
~ الدُّخول، ~ الإقبال — entering edge
~ الدرَجة البارِزة المُدَوَّرة — nosing (Build.)
~ الرَّصيف (فوقَ الجِسْر) — kirb, kerb = curb
~ السَّقْف الجُملوني — verge (Build.)
~ القارّة — continental shelf (Geol.)
~ قُرْصِ الشمس أو القمَر — limb (Astron.)
الـ ~ المُتقدِّمة — leading edge
الـ ~ ~ (لِصَفحةِ الورَق) — pitch edge (Print.)
~ مُسَنَّنة — geared rim (Eng.)
~ مَشطوفة — bevelled edge (Build.)
~ مُشَفَّهة — lipped flange (Eng.)
~ مُفرَزة: كليلةُ الحَدّ — rebated edge
~ ناتِئة — ledge (Build.)
حافِر، ظِلْف — hoof, ungula (Zool.)
حافِز، دافِعٌ مُحَرِّك — incentive, motive, stimulus, drive, impetus
~، مِنْخَس — goad, spur
~، عامِلٌ مُساعِد — catalyst (Chem.)
~، مُنَبِّه، مُنَشِّط، مُثير، حاثّ — stimulant
~ الانصِهار — flux (Met.)
~ تَفاعُل — catalyst, catalyzer (Chem.)
~ تَماسِّيّ — contact catalyst (Chem.)
~ سَلْبيّ — negative catalyst, retarder (Chem.)
~ الصَّهْر — flux (Eng.)
~ كيماويّ — catalyst (Chem.)
~ مائِعيّ، وَسيطٌ مائع — fluid catalyst (Chem. Eng.)
~ مُسَيَّل أو مُمَيَّع — fluidized catalyst (Chem. Eng.)
~ مُغايِرُ الطَّور — heterogeneous catalyst (Chem.)
حافَظَ (على)، صَانَ — keep, maintain
حافِظ — keeper, preservative (Food Sc.)
حافِظة، مِحفَظة — case, folder
~: عُلْبةُ الفيلم أو شَريط التسجيل — cassette
~، حافِظة المِغنطيس — keeper, armature (Phys.)
~، ذاكِرة — memory (Comp.)
~ الأبواغ — sporangium (Bot.)
~ الأعراس أو الأمشاج — gametangium (Biol.)
~ (أو مِحفظة) الشريط — tape cassette
~ الفِيلم، (كاسِيت) — casette = cassette
~ مُتذَبْذِبة — oscillating armature (Elec. Eng.)
~ المِغْنَطيس — magnet protector = keeper (Phys.)
~ مِغنطيس الجَرَس — bell armature (Elec. Eng.)
حافِلة، سيّارةُ رُكّاب كبيرة — bus, omnibus, autobus, motor-coach
~، شاحِنة — lorry
~ جَوِّية: طائرةُ رُكّاب — airbus (Aero.)
~ كهربائيّة — trolleybus (Elec. Eng.)
حافّيّ — marginal
حاقِن — injector (Eng.)
~ إسمَنْت — cement injector, cement gun (Civ. Eng.)
حاكَ، نَسَجَ — knit, weave
حاكٌّ، ساحِج — abrasive
حاكٍ، الحاكي — phonograph (Phys.)
حاكَى، قَلَّدَ — imitate, copy, simulate, mimic
حاكِم، والٍ — ruler, governor
~، مُنَظِّمٌ أو ضابطُ السُّرعة — governor (Eng.)
~ أوتوماتيّ — automatic governor (Eng.)
~ البُخار — steam governor (Eng.)
~ بَندولي — pendulum governor (Eng.)
~ تَمَدُّدي — expansion governor (Eng.)
~ حَجْميّ: لِضَبْطِ حَجم الغاز المُتدَفِّق — volume governor (Eng.)
~ السُّرعة، مُنَظِّمُ السُّرعة — speed governor (Eng.)
~ (سُرعة) المُحَرِّك — engine governor
~ (سُرعة) المِضَخَّة — pump governor (Eng.)
~ (سُرعة) هَوائيّ — air governor (Eng.)
~ ضَغْطِ الغاز — gas-pressure governor
~ ضَغْطيّ — pressure governor (Eng.)
~ طارِدي، ~ بالطَّرْد المَركزي — centrifugal governor (Mech.)
~ عَطاليّ، ~ بالقُصورِ الذّاتي — inertia governor (Eng.)
~ كاميّ أو حَدَبيّ — cam governor (Eng.)
~ مِرْفَقيّ: يدورُ معَ العَمود المِرفقيّ (أو مع الحَذّافة) — shaft governor (Eng.)
~ مُعادِل — compensating governor (Eng.)
~ ميكانيكي — mechanical governor (Eng.)
~ نابِضيّ — spring governor (Eng.)
~ هَيدرودِيناميّ — hydrodynamic governor (Eng.)
~ هيدرولي — hydraulic governor (Eng.)
~ «واط»، مُنَظِّم بَنْدُولي — Watt governor
الحاكي — phonograph, gramophone (Acous.)
حالَ، تَحَوَّل، تغَيَّر — change, transform
~ (اللونُ)، نَصَل — fade, decolorize, bleach
~ دونَ — prevent, forestall, preclude
حالٌ، حالَة — state, condition; case, instance
حالٌّ، مُفَكِّك، حالَّة — decomposer (Ecol.)
~: مُسَبِّب الانحلال — lytic (Med.)
~، مُذيب — (re)solvent (Chem.)
~ كهربائي — electrolyzer (Elec. Eng.)
الحالاتُ الطبيعيّة لِلمادّة: الصلابةُ والسُّيولةُ والغازيَّة — physical states of matter (Phys.)
حالِب — ureter (Zool.)
حالّة: مُحدِثةُ الانحلال، مُفكِّك عُضويّ — decomposer, lysin (Biol., Ecol.)
حالَة — state, condition, case
~، وَضْع — situation, position, status
الـ ~ الأرضيّة — ground state (Elec. Eng.)
~ استِقرارٍ حَرِج — metastable state (Phys.)
~ انتقالية — transient state (Phys.)

حالَة (تابع)

~ انعِدامِ الوَزْن — weightlessness (Space), zero g(ravity) (Phys.)

الـ ~ البُخاريَّة (أو الغازيَّة) — vapour state (Phys.)

~ تقديريَّة — virtual state (Phys.)

~ التوازُن أو الاتِّزان — equilibrium state (Phys.)

~ جارية: يجري تنفيذها — active status (Comp.)

~ حَرِجة — critical state (Phys.)

الـ ~ السَّويَّة، سَوائيَّة — normalcy

~ السُّيولة — liquid state (Phys.)

~ شِبهُ مُستَقِرَّة — quasi-stable state (Phys.)

~ صِفريَّة — zero state, zero condition

~ الصَّلابة (أو الجُمود) — solid state (Phys.)

~ طارئة — emergency

~ الطوارئ — state of emergency

~ عابِرة — transient state

~ عاديَّة أو طَبيعيَّة — normal state

الـ ~ الغازيَّة — gaseous state (Phys.)

~ القَطْع (لِلمفتاح أو الدّارة) — off state (Elec. Eng.)

~ متوقِّفة — inactive status (Comp.)

~ مُثارة — excited state (Phys.)

~ مُستَقِرَّة — stable state, steady state (Phys., Chem.)

~ مُطْلَقة، ~ الوُجود الحُرّ — free state

~ مَوقوفة — stationary state (Phys.)

~ الهُمُود — ground state (Phys.)

~ وَسِيطة — intermediate state (Phys.)

~ الوَصْل (لِلمفتاح أو الدارة) — on state

حالَف — ally

حالِق، عَنَمة يتعَلَّقُ بها النباتُ المُعترِش — tendril, cirrus (Bot.)

حامَ، حَوَّمَ — hover

حامٍ، ساخِن — hot

~، واقٍ — protector, protective

~، مُدافِع — defender

حامِز، لاذِع — acrid, pungent

~، حاذِق، حَذِيق — sour, acid-tasting

حامِض، حَمْض — acid (Chem.)

~ أُحاديُّ القاعِديَّة — monobasic acid (Chem.)

~ أُحاديّ البروتونيَّة: يعطي الجُزَيءُ منه بروتونًا واحدًا — monoprotic acid (Chem.)

~ أروماتي — aromatic acid (Chem.)

~ الأزوتيك — azotic acid, nitric acid (Chem.)

~ الإستيَاريك — stearic acid (Chem.)

~ الأسكوربيك — ascorbic acid (Chem.)

~ الأسيتيك، ~ الخَلِّيك، حَمْضُ الخَلّ — acetic acid (Chem.)

~ الأكريليك — acrylic acid (Chem.)

~ أمينيّ — amino acid (Chem.)

~ الأوكساليك — oxalic acid (Chem.)

~ الأولَييك — oleic acid (Chem.)

~ البان — behenic acid

~ البِرْكلُوريك — perchloric acid (Chem.)

~ البروميك — bromic acid (Chem.)

~ البِكْتيك — pectic acid (Chem.)

~ البِكْريك — picric acid (Chem.)

~ البِلارجون — pelargonic acid (Chem.)

~ البَلْمِتيك، حَمْضُ النَّخْل — palmitic acid (Chem.)

~ البِنزويك، ~ الصَّمْغ الجاويّ — benzoic acid (Chem.)

~ البُوريك — boracic acid = boric acid (Chem.)

الـ ~ البَوليّ — uric acid (Chem.)

~ البَيْروفُسْفوريك — pyrophosphoric acid

~ البَيْروكِبريتيك، ~ الكِبريتيك المُدَخِّن — pyrosulphuric acid = oleum (Chem.)

~ التُّفّاح — malic acid (Chem.)

~ التِّلُوريك — telluric acid (Chem.)

~ التَّنِّيك، ~ العَفْص — tannic acid (Chem.)

~ الثّاليك أو الفثاليك — phthalic acid (Chem.)

~ ثُلاثيّ (الهدروجين) — triacid (Chem.)

~ ~ القاعِدية — tribasic acid (Chem.)

~ ثُنائيّ (الهِدروجين) — diacid (Chem.)

~ الخَلّ الجَليدي — glacial acetic acid

~ دُباليّ — humic acid (Chem.)

~ دُهْنيّ، حَمْضٌ دُهنيّ — adipic acid, fatty acid (Chem.)

الـ ~ الرِّيبي النوَوي (ر ن أ) — ribonucleic acid (RNA) (Biol.)

الـ ~ الزُّبْديّ — butyric acid (Chem.)

~ الزَّنْثِيك — xanthic acid (Chem.)

~ الزيتيك — oleic acid (Chem.)

~ السِّتريك — citric acid (Chem.)

~ السَّكْسِنيك، ~ الكَهْرَمان — succinic acid (Chem.)

~ السَّلْفُونيك — sulphonic acid (Chem.)

~ السليسيك — silicic acid (Chem.)

~ السيانيك — cyanic acid (Chem.)

~ الصَّفصاف — salicylic acid (Chem., Med.)

~ الطرطير — tartaric acid (Chem.)

~ طَلِيق: قادِرٌ على التفاعُل — free acid (Chem.)

~ عُضْويّ — organic acid (Chem.)

~ العَفْص — gallic acid (Chem.)

~ الغار — lauric acid (Chem.)

~ الغُرَف: حامض الكبريتيك المُحَضَّر بطريقة الغُرف — chamber acid (Chem.)

~ الغليسَريك — glyceric acid (Chem.)

~ الفُسفوروز — phosphorous acid (Chem.)

~ الفُسْفوريك — phosphoric acid, orthophosphoric acid (Chem.)

~ الفُورميك، ~ النَّمل — formic acid (Chem.)

~ فَوق البُوريك — perboric acid (Chem.)

~ فَوق الفُسْفوريك — perphosphoric acid

~ فَوق الكبريتيك — persulphuric acid

~ فَوق الكروميك — perchromic acid

~ فَوق المنجَنيك — permanganic acid

~ فوق اليُوديك — periodic acid (Chem.)

~ الفوليك، فِيتامين «ب» المُرَكَّب — folic acid (Chem., Food Sc.)

~ الفِينول، ~ الفِينيك — carbolic acid, phenol (Chem.)

~ القِرْفة — cinnamic acid (Chem.)

~ قَليلًا، مُزّ — subacid

~ الكِبريتوز — sulphur(e)ous acid

~ الكِبريتيك — sulphuric acid (Chem.)

~ ~ المُدَخِّن — fuming sulphuric acid (Chem.)

~ الكَرْباميك — carbamic acid (Chem.)

~ الكَربونيك — carbonic acid (Chem.)

~ الكروميك — chromic acid (Chem.)

~ الكلوردريك — spirit(s) of salt (Chem.)

~ الكلورُوز — chlorous acid (Chem.)

~ الكلوريدريك — muriatic acid, hydrochloric acid (Chem.)

~ الكلوريك — chloric acid (Chem.)

حامِض (تابع)

~ لاعُضويّ — inorganic acid (Chem.)
~ اللَّبَنيك — lactic acid (Chem.)
~ الليمون — citric acid (Chem., Food Sc.)
~ اللينوليك، حَمْضُ الكَتّان — linol(e)ic acid
~ مُتعَدِّد القاعِديَّة — polybasic acid (Chem.)
~ مُتطايِر — volatile acid (Chem.)
~ المَراكِم — battery acid (Chem.)
~ المَرْجَريك — margaric acid (Chem.)
~ مُرَكَّز — concentrated acid (Chem.)
~ مَعدِنيّ: غيرُ عُضوي — mineral acid (Chem.)
~ الميثانُويك، ~ النَّمْل — methanoic acid, formic acid
~ نَباتيّ — vegetable acid (Chem.)
~ النَّخْل — palmitic acid (Chem.)
~ النَّمْل — formic acid (Chem.)
~ نَوَويّ — nucleic acid (Biol.)
الـ ~ النَّوويّ الرِّيبيّ المَنقوصُ الأُكسِجين (د ن أ) — deoxyribonucleic acid (DNA) (Biol.)
~ النيتروز (أو الأزوتوز) — nitrous acid (Chem.)
~ النيتريك — nitric acid (Chem.)
~ ~ المُرَكَّز — aqua fortis (Chem.)
~ النيكوتين: فيتامين ب٣ — nicotinic acid, niacin (Chem. Med.)
~ هِدْروجيني (عديمُ الأُكسِجين) — hydracid
~ الهَيْبوكِبريتوز — hyposulphurous acid
~ الهَيْبوكِبريتيك — hyposulphuric acid (Chem.)
~ الهَيْبوكلُوروز — hypochlorous acid (Chem.)
~ الهَيْدروبروميك — hydrobromic acid
~ هيدروجيني: عديمُ الأُكسِجين — hydracid (Chem.)
~ الهَيدروسَيانيك — hydrocyanic acid, prussic acid (Chem.)
~ الهَيدروفلُوريك — hydrofluoric acid (Chem.)
~ الهَيدروكِبريتيك — hydrosulphuric acid (Chem.)
~ الهَيْدروكلُوريك، ~ الكلوريدريك — hydrochloric acid (Chem.)
~ الهَيدرويُوديك — hydriodic acid (Chem.)
الـ ~ اليُودِي — iodic acid (Chem.)

حامِضيّ، حَمْضيّ — acid, acidic

حامِل — bearer, holder
~، حُبْلَى — pregnant, gravid (Zool.)
~: ناقِل — carrier, -phore
~، مِسْنَد — stand
~، مِسنَدُ لَوحِ الرسّام — easel
~، مِسنَدٌ مُزدَوجُ الأرجُل — trestle
~، سِناد، دِعامة — support
~، رَكُوبة — mount
~، رَفّ — rack
~ إبَريّ — needle bearing (Eng.)
~ الأجهزة، رَفُّ الأجهِزَة — apparatus rack
~ ألواحِ المِركَم — plate-support (Elec. Eng.)
~ أنابيبِ الاختبار — test-tube rack (or stand) (Chem. Eng.)
~ الأنبوبة (أو الأُنبوب) — tube holder
~ (أو مُرتكَزٌ) جاسِئ — rigid support
~ أو مِمْسَكٌ عازِل — insulating holder (Elec. Eng.)
~ أو مِنصَبُ المُحَرِّك — engine stand (Eng.)
~ البَطاريّات — battery stand
~ ثُلاثيّ (القَوائم) — tripod, tripod stand
~ ثُلاثيُّ القوائمِ المُتَداخِلة — telescopic tripod
~ حَراري خَزَفي — stilt
~ حَلْقي — ring stand
~ ساخِن: ثَقْبٌ أو إلكترونٌ أعلى طاقةً مِمّا حَولَهُ في شِبْه المُوَصِّل — hot carrier (Electron.)
~ (سِلْكِ) المِصهَر، مِمْسَكُ الصَّهيرة — fuse-holder = fuse-carrier
~ السمّاعة — switch hook (Elec. Comm.)
~ السِّمَة — style (Bot.)
~ السَّهم — shareholder
~ الشِّحنة — charge carrier (Phys.)
~ عُدَّةٍ مُتحَرِّك — trolley (or trolly)
~ العَدَسة — lens standard (Opt.)
~ العَدْوى — vector, carrier (Med.)
~ الغاز: أُنبوبُ الغاز في الحائط يتغذّى منه حارِقٌ أو أكثر — gas bracket
~ الفِرجون — brush-holder (Elec. Eng.)
~ قَضيبِ الكَربون — carbon holder (Elec. Eng.)
~ قَنْطري — gantry (Build.)
~ الكاميرا — camera stand
~ الكَبْل — cable rack
~ اللون — chromophore (Phys.)
~ المِثقَب، مِنصَبُ الثقّابة — drill stand
~ مُجَمِّع التيّار (في أسفل الحافِلة الكهربائية) — plough carrier (Elec. Eng.)
~ المُحَرِّك — motor standard, engine bearer (Eng.)
~ المِصباح — lamp post, lamp bracket, lamp holder
~ المِصْهَر — fuse carrier, fuse holder (Elec. Eng.)
~ المِغنطيس — magnet holder (Elec. Eng.)
~ المِئبَر — filament (Bot.)
~ نَضَديّ — stillage (Eng.)
~ نَعْلِ المِكْبَح — shoe carrier (Electron.)

حامِلة (أُنظُر: حامِل) — carrier, stand
~: مَوجةٌ حامِلة — carrier = carrier wave (Elec. Comm.)
~ الأقلِّيَّة — minority carrier (Electron.)
~ الأكثَريَّة — majority carrier (Electron.)
~ البَوغ — sporophore (Bot.)
~ جُنْد — troop carrier
~ طائرات — aircraft-carrier
~ المِصْدَم — bumper bracket

حامُولُ كهرباء، إلكتروفُور — electrophorus (Elec. Eng.)

حامية، واقية — protector, defender
~ (عَسْكَريَّة) — garrison

حانُوت — shop, store

حانِيَة، مَكَنةُ ثَنْي — bender
~ أنابيب — tube bender, pipe bender, hickey (Eng.)
~ قُضْبان — jim-crow (Eng.)
~ ~، مَكَنةُ حِنايةِ القُضبان — rail bender

حاوٍ أو مُنتِجٌ لِلحديد — ferriferous (Chem.)
~ أو مُنتِجٌ لِلذهب — auriferous (Chem.)
~ الزِّنْك — zinciferous (Min.)
~ الماء — aquiferous (Geol.)
~ المَنْغنيز — manganiferous (Min.)
~ النُّحاس — cupriferous (Min.)
~ النِّفْط — petroliferous (Geol.)

حاوٍ (تابع)

~ النيكل — nickeliferous (Min.)
~ هِدروجينًا يُمكِنُ استبداله بفِلِزّ — hydric (Chem.)
~ اليُورانيوم — uraniferous (Min.)
حاوَلَ — attempt, try, endeavour
حاوِيَة — container
حائِد — off-line
~ عن المَركَز — off-centre, out of center
حائِر، مُحتار — baffled, perplexed, confused
~، مُتَرَدِّد — hesitant, undecided
الحائِرات، أمفيبولات — amphiboles (Min.)
حائِز — holder, possessor
حائِض، طامِث — menstruating, menstruant (Zool.)
حائط — wall
~ سَتر: جدارٌ غيرُ مُحَمَّل — curtain wall (Build.)
~ عازِلٌ لِلصَّوت — dead wall (Acous.)
حائِك — weaver, knitter
حائِل، حاجِز، عائق — barrier, obstruction, hindrance
~ أمواج — bulwark, breakwater (Civ. Eng.), jetty (Naut.)
~ جَرْف (في مَجرًى مائيّ) — ground sill (Hyd. Eng.)
~ حَريق: حاجِزٌ يمنعُ انتشارَ الحريق — fire stop (Build.)
~ خَرَسانيّ — concrete shield
~ سَحْب: يَحولُ دونَ انتشارِ الحريق — draft stop, fire stop (Build.)
~ طبيعيّ — physical barrier (Geol.)
~ اللون — discoloured, off-colour
حُبُّ الاستطلاع، حُبُّ المَعرِفة — curiosity
حَبُّ الشَّباب، عُدٌّ — acne (Med.)
حَبابة، أنبولة — ampoule
حُبابةٌ، نُفاطة — blister (Biol.)
حَبّاتُ (أو حُبيباتُ) البَرَد — hail
حُباحِب — firefly (Zool.)
حَبّار: من الرَّخَويّات — squid (Zool.)
حُباط: تطبُّل البطن بالغاز المتجمِّع — meteorism, tympanite (Med.)
حِبال، أمراس (أُنظر: حَبْل) — cordage
~ الأشرعة والصواري — rigging
~ تعليقِ مِظَلَّة الهُبوط — shroud lines (Aero.)

~ الشِّراع — tackle
حَبَّبَ: جعلَ حُبَيْبِيًّا — granulate, prill
حَبَّة، حُبَيْبَة — grain; seed
~، دُمَّل — boil, bouton (Med.)
~، قُرصَة — pill, tablet (Med.)
حُبَّة — pip (Bot.)
حَبْحَب، بِطِّيخ — water-melon (Bot.)
حِبْر، مِداد — ink
~ تَرْقيم (لا يُمْحَى) — marking ink
~ راسِخ: لا يُمْحَى — indelible ink
~ مُغنطيسيّ — magnetic ink (Print.)
حَبَسَ — trap, lock up, block, shut off
~ (في سَدٍّ أو خزّان) — impound
~، سَجَنَ — imprison, jail
حَبْس: سَجْن — imprisonment
~: سِجْن — prison, jail
حُبْسَة — aphasia (Med.)
حَبَق، رَيْحان — basil (Bot.)
حَبَكَ، حَبَّكَ — knit, interlace, interweave
حَبْكَة، نَسْجة — texture, fabric, structure
~ التُّربة — soil texture (Geol.)
حَبْل، شَريط، وَتَر — rope, cord, line
~ الإرساء — mooring rope, anchoring guy, anchor cable
~ إرساءٍ أو تثبيت — guy, guy-rope
~ أسلاك — cable (Elec. Eng.)
~ ~ مُعَلَّق — overhead cable (Elec. Comm.)
~ أنابيبِ الحَفْر — drill string (Civ. Eng.)
~ إنزالِ الشِّراع — downhaul (Naut.)
~ إنقاذ — life line
~ أو شَريطُ قِياس — tape-line (Surv.)
~ البَكَرةِ المُتَحَرِّكة — fall rope (Civ. Eng.)
~ ثُلاثيُّ الجَدائل — three-strand rope
~ الحَواشي — earing (Naut.)
~ الدَّعْمِ الرئيسيّ — mainstay (Naut.)
~ الذَّيل: في عربةِ مَنْجم — tail rope (Mining)
~ رَبْط (المَناطيد) — mooring guy (Aero.)
~ الرَّفْع — hoisting rope, sling
~ سَبْرِ الغَوْر — lead line (Surv.)
~ السَّحب أو الجَرّ — drag rope, hauling line
~ سُرِّيّ، السَّرَر — umbilical cord (Zool.)
~ الشدِّ أو القَطْر — towline, tug, towing rope
~ الشِّراع — tack, brail, sail rope

~ شَوكيّ — spinal cord (Zool.)
~ (الصّاري أو المِظَلَّة) — shroud
~ صَوتيّ — vocal cord (Zool.)
~ طَيِّ الشراع — brail (Naut.)
الـ ~ الظهريّ — notochord (Zool.)
~ الغسيل — clothesline
~ فَتْح الپاراشوت — (parachute) rip cord (Aero.)
~ من قِنَّب السِّيزال — sisal rope
~ قِنَّبيّ — hemp rope
~ من لِيف الجَوز الهندي — coir rope
~ لِيفيّ — fibre rope
~ مَبْرُوم أو مُضَفَّر — whipcord
~ المِرجاس، خَيطُ السَّبْر — sounding line (Surv.)
~ مُزدَوِجُ (أو مُثَلَّثُ) الجَدْل — marlin(e)
~ الهاتِف — telephone cord
~ يَساريُّ الجَدْل — left-hand(ed) rope
حَبَلٌ — conception, pregnancy (Zool.)
حُبْلَى، حامِل — pregnant, gravid (Zool.)
حُبْلَة، قَرْن، سِنْفة — silique, pod, legume (Bot.)
حَبْليّ، كَبْليّ — funicular (Civ. Eng.)
الحَبْليّات: شُعْبَةُ الحَيَوانات ذوات الحَبْل الظهريّ — Chordata (Zool.)
حَبَن، اِستِسقاء — dropsy, hydrops (Med.)
حَبْن، حَبين — oleander (Bot.)
حُبوب، حِنطة، غِلال — cereals (Agric.)
~ اللَّقاح — pollen grains (Bot.)
حُبَيْبات خُردقيّة — prill, pellets
~ (أو جُبَيلاتُ) اليَخضور — chloroplasts (Bot.)
حُبَيْبَة: جِسمٌ حُبَيْبِيٌّ دَقيق — granule, grain
~ بلّورية — crystallite (Min.)
~ مُتلألِئة — spangle (Mining)
حُبَيْبِيٌّ، مُحَبَّب — granular = granulate = granulose
~ مِجْهَريّ — microgranular
حَبيس — shut-in, confined, locked up
حَبيسَة: منطقة مُحاطة أو مُكتَنَفة — enclave
حَبيكَة: خُوط فُطري — hypha (Bot.)
حَبيلةٌ فُطْرِيَّة، أُفْطورة — mycelium (Bot.)
حَتَّ، اِنْحَتَّ، تَحاتَّ — erode, corrode, degrade (Geol.)
~، سَحَجَ، بَرَى — abrade, fret, scrape off

حَتٌّ، تَحات، تَأَكُّل، اِئتِكال erosion, corrosion, corrasion (Chem., Geol.)
~ تراجُعيّ retrogressive erosion (Geol.)
~ التُّربة soil erosion, degradation (Geol.)
~ حَيَويّ bioerosion (Geol.)
~ الرِّياح، ~ رِيحيّ، تَعْرِيةٌ رِيحيَّة wind erosion, (a)eolian erosion, wind scour (Geol.)
~ السَّطح (في طريقٍ مَرصوف) ravelling, fretting (Civ. Eng.)
~ بالشَّرَر: بِجَعْلِ قِطعة الشغل أنودًا spark erosion (Met.)
~ طبيعيّ corrasion (Geol.)
~ كَهْرَليّ electrolytic corrosion (Chem.)
~ كِيميائي chemical corrosion (Chem.)
~ مَثْلَجيّ glacial erosion (Geol.)
~ نحوَ المنبع headward erosion (Geol.)
~ نَفْثيّ أو تَيّاريّ jetting, scouring (Eng., Geol.)
~ نَهريّ river erosion (Geol.)
حُتات: فُتاتُ الصُّخور detritus, debris (Geol.)
حُتاتي، حَتّي detrital (Geol.)
حِتار rim, border, frame
~ الأُذُن الظاهِرة helix (Zool.)
~ العَجَلة أو الدولاب felloe = felly
~ مَطْويّ، كُفَّة welt
حَتْميّ، إلزاميّ imperative
حَتُوت: قابِلٌ لِلحَتِّ أو التَأَكُّل corrodible (Chem., Eng.)
حَتّي erosional (Eng., Geol.)
حَثَّ، حَرَّضَ induce, instigate, incite
حَثٌّ، تَحْريض induction (Elec. Eng., Phys.)
~ أُحاديُّ القُطبِ unipolar induction
~ أصيل intrinsic induction (Elec. Eng.)
~ (أو تحريضٌ) تزايُديّ incremental induction (Elec. Eng.)
~ التَشَبُّع saturation induction (Phys.)
الـ ~ الذاتي، التحريضُ الذاتي self-induction (Phys.)
الـ ~ الشارِد stray induction (Elec. Eng.)
الـ ~ الكهربائيّ electric(al) induction
~ كَهرمِغنيطيّ electromagnetic induction (Elec. Eng.)
~ كَهروسُكونيّ electrostatic induction (Phys.)
~ مُتَبادَل mutual induction (Phys.)
الـ ~ المُتَبقّي أو المُتَخَلِّف residual induction (Phys.)
~ مِغنَطيسيّ، تَحْريض مِغنَطيسيّ magnetic induction, magnetic displacement (Elec. Eng.)
الحُثّ: الحَجَرُ الرَّمليّ grit, sandstone (Geol.)
حَثّاث: نحو مضاعِف الإلكترونات في صمام الكاميرا persuader (Electron.)
حُثالة، ثُفْل، رَواسِب dregs
~، جُفاءٌ (طُفاوة) scum, dross
~، فُضالة refuse, waste, recrement
~ قِشْريَّة (معدنيَّة) skull (Eng.)
~ لَزِجة gunk (Chem.)
~ (مِن الصوف)، مُشاقة noil
الحَثَر، التراخُوما trachoma (Med.)
الحَثَل: نقصٌ أو سوءُ التغذية dystrophy (Med.)
حَثّي inductive (Phys., Elec. Eng.)
حِجاب diaphragm, screen, shield
~، سِتْر veil
~، غِلالة velum (Zool.)
الـ ~ الحاجِز diaphragm (Zool.)
~ (لِلصَّوت أو الضوء) gobo (Phys.)
~ القَوس arc shield (Elec. Eng.)
~ كهروستاتي electrostatic screen (or shield) (Elec. Eng.)
~ مِغْنَطيسيّ magnetic screen (Elec. Eng.)
~ واقٍ shield (Phys.)
حِجاجُ (العَين)، مَحْجَر، وَقْب orbit (Zool.)
حَجّار quarrier = quarryman
حجارة (أُنظر: حجر) stones
~ رَصْف، ~ لَوحيَّة flagstones
~ كَريمة precious stones
حِجامة: فَصد بالمحجَم cupping (Med.)
حَجَبَ، غَطَّى cover, blanket, (en)shroud, shield, envelop
حَجْب screening, shielding, shrouding, blanketing (Phys.)
~، تَدْريع shielding (Phys.)
~: لِفترةٍ مُحَدَّدة blanking (Electron.)
~ إلكتروستاتي electrostatic screening (or shielding) (Elec. Eng.)
~ جُزئيّ (لِلإشعاع الوارِد) obscuration (Phys.)
~ ذاتيّ self-shielding (Nuc. Eng.)
~ سَمْعيّ auditory masking, aural masking (Acous.)
~ الطاقة اللاسِلكية radio shielding
~ العازِل dielectric screening (Elec. Eng.)
~ كَهربائيّ، ~ المَجال الكهربائي electric shielding, electric screening
~ نَوَويّ nuclear screening (Phys.)
حُجَّة، بُرهان proof, evidence, argument
~، ذَريعة pretense
~، عُذْر excuse
~، مَرجعٌ ثِقة authority
حِجْر، حِضْن lap
~، فَرَس النَّسْل broodmare (Zool.)
حَجْر، حَجْرٌ صِحّيّ quarantine
~، ~ قانونيّ interdiction
حَجَر stone, rock
~ أبعادي: مَقطوعٌ بأبعادٍ مُعَيَّنة dimensional stone (Build.)
الـ ~ الأخضَر greenstone (Geol.)
~ ارتِكاز (في الأجهزةِ الدقيقة) jewel
~ إزاحة (لِتَوفير الخَرَسانة) plum (Build.)
~ الأساس foundation stone, cornerstone (Civ. Eng.)
~ البِناء building stone
~ الجَلْخ grindstone (Eng.)
~ جَهَنَّم: نِترات الفِضة lunar caustic
~ جيري، ~ الكِلْس limestone (Geol.)
~ ~ مَغْنيسيّ magnesian limestone
~ الحَيَّة serpentine, ophite (Geol.)
~ الخَفّاف pumice (stone) (Geol.)
~ الدَّم bloodstone, heliotrope (Min.)
~ الرَّبْط: المُمتدّ على طُول الجدار bondstone = bonder (Build.)
~ الرَّحَى millstone
~ رَحًى حَدِّيّ edge wheel (or stone)
~ رَصْف paving stone, sett, cobblestone (Civ. Eng.)
~ ~ غرانيتيّ pitcher (Civ. Eng.)
~ ~ لَوحيّ paving flag (Civ. Eng.)
~ رَمْليّ sandstone (or sandrock) (Geol.)

~ رَمْلِيّ خَشِن gritstone (Geol.)
~ الزاوية angle-stone (Civ. Eng.)
~ ~، ~ الأساس cornerstone
~ سَنّ بالزيت، مِسَنٌّ زَيتي oilstone (Eng.)
~ الشبّ alum, alunite (Min.)
~ ~ الحَديديّ iron alum (Min.)
~ شَحْذ whetstone, slip stone (Carp.)
~ الشَّحذِ أو التَّجليخ honestone, hone
~ الشَّمس: فِلْسبارٌ بَرّاق sunstone (Min.)
~ صابونيّ، ~ الطَّلْق soapstone, steatite (Min.)
~ الصَّقْل أو الشَّحْذ hone(-stone) (Geol.)
~ صلْصاليّ claystone (Geol.)
~ صَنْفَرة emery stone (Eng.)
~ الطَّحْن grindstone, millstone
~ طينيّ، صَخْر المدَر mudstone (Geol.)
~ ظِرّاني clint (Geol.)
~ عَقْدٍ (إسفينيُّ الشكل) voussoir, arch stone (Civ. Eng.)
~ غِرْيَنيّ siltstone (Geol.)
~ الفَتيلة asbestos (Min.)
~ قادِح ignescent stone (Geol.)
~ القار pitchstone (Geol.)
~ القَدّاحَة flint
~ القصدير tinspar (or tinstone)
~ القَطْر dripstone (Build.)
~ القِمَّة (في رَكيزةٍ أو دعامة) cushion, padstone (Build.)
~ القَمَر: حَجَرٌ لُؤلُؤيٌّ أزرق moonstone (Min.)
~ كَريم gemstone (Min.), precious stone
~ كِلْسيّ limestone (Geol.)
~ لَوْحيّ slabstone, slab, flag
~ المِسَنّ razor stone = novaculite
~ مُعادُ التشكيل (لِيَبدو كالحَجَر الطبيعيّ) reconstructed stone (Civ. Eng.)
~ المِغنَطيس lodestone = loadstone (Min.)
~ مَنْحُوت hewn stone (Build.)
~ ~ (لِلبِناء) ashlar (Build.)
~ ناتِئ tusk, tuss (Build.)
~ النَّرْد die (Maths.)
~ واسِطةِ العَقْد key block = keystone (Civ. Eng.)
~ يَماني، عَقيق agate (Min.)

حُجْرة، غُرفة، مَقْصورة chamber
~ الآلات engine room (Eng.)
~ الاحتِراق combustion chamber (Eng.)
~ امتِلاء plenum chamber (Eng.)
~ الانضغاط compression-chamber (Eng.)
~ أيُونيَّة ion chamber (Phys.)
~ التأيُّن ionization chamber (Phys.)
~ تأيُّنٍ تفاضليَّة differential ionization chamber (Nuc. Eng.)
~ تَبْريد cold room, walk-in cooler (Eng.)
~ التحَكُّم control booth, control room (Eng.)
~ تَخميد التمَوُّر surge chamber (Hyd.)
~ التمَدُّد expansion chamber (Eng.)
~ خاصَّة صَغيرة cabinet
~ الدَّرس classroom
~ الدَّفْق الدُّوّامي vortex chamber, whirlpool chamber (Eng.)
~ الشَّرَر spark chamber (Nuc. Eng.)
~ صُهاريَّة magma chamber (Geol.)
~ الضَّغْط pressure chamber (Eng.)
~ الطَّفْح overflow chamber (Hyd.)
~ الطيّار، مَقصورةُ القيادة cockpit (Aero.)
~ العادِم exhaust chamber (Eng.)
~ العَمليّات operating theater, operation room
~ العَوّامة float chamber (Eng.)
~ الغُبار: حيثُ يُرَشَّحُ غُبارُ الأدْخِنة dust chamber (Eng.)
~ الغَلّايات boiler room, stoke-hold (Eng.)
~ الفَقاقيع bubble chamber (Phys.)
~ كاتِمة لِلصّوت dead room (Acous.)
~ الكَرْبَنة carburettor chamber (Eng.)
~ المُحَرِّكات engine room (Eng.)
~ المَراجِل boiler plant (or house)
~ المُراقَبة control room (Eng.)
~ مَنيعة: ضِدَّ السَّطو والحَريق strong room
~ هَوائية: في بعض النَّباتات المائيّة air-chamber (Bot.)

حَجَري، صَخْريّ lithic, stony

حَجَزَ، إحتَجَزَ detain, confine, retain
~، حَصَرَ contain
~ (مَكانًا) reserve, make a reservation, book
~، صَدَّ stop, hold back, prevent, block
~ (قَضائيًّا) sequester, seize, impound

حَجْز، إحتِجاز confinement, detention, retention
~: مُصادَرة seizure, sequestration
~ (استيفاءً لِدَيْن) distraint
~ مُقَدَّمًا (لِغُرفةٍ أو مَقْعَد إلخ) reservation, booking

حَجْم volume, size
~ اقتِصادي economy size
~ الإنتاج output volume
~ الانضِغاط compression volume (Eng.)
~ الجُزَيْءِ الغرامي molar volume (Chem.)
الـ ~ الجُزَيْئيّ molecular volume (Chem.)
~ الحُبَيبات grain size, grit size
~ حَرِج critical volume (Phys.)
~ الخُلوص (حينَ الكَبّاسُ في النقطة الميتة العُليا) clearance volume (Eng.)
الـ ~ الذَّريّ atomic volume (Phys.)
~ الشَّوط stroke volume (Eng.)
~ الصَّوت، جَهارةُ الصَّوت sound volume (Acous.)
~ عاديّ أو مُتوسِّط regular (size)
~ عِياريّ standard volume
~ الغاز المِثاليّ: ٢٢,٤١٣٦ لِتر لِلوَزن الجُزَيئيّ في ظروف الحرارة والضغط العيارية volume of ideal gas (Phys., Chem.)
الـ ~ القياسيّ أو العِياريّ standard volume (Chem., Phys.)
الـ ~ الكُلّي total volume (Phys.)
~ اللاانضِغاط: الحجمُ الذي تشغَلُه جُزَيئاتُ الغاز فِعليًّا incompressible volume (Phys.)
الـ ~ المُتَبقِّي: في الرئتين بعد الزفير الأقصى residual volume (Med.)
الـ ~ المُكتَسَح swept volume (I.C. Engs.)
الـ ~ النوعيّ: حَجمُ وَحدةِ الكُتلة specific volume (Phys.)
~ الوَزْن الجُزَيئي الغرامي (٢٢,٤ لِترًا لِلغاز المِثالي على درجة صفر سِلْسيوس وضَغط ٧٦سم زئبق) molar volume, gram-molecular volume (Chem.)

حَجْميّ volumetric, cubic

حُجَيرة compartment, cell
~ تَلْفَنة لِلعُموم telephone booth
~ الطيّار cockpit (Aero.)
~ القيادة (في مركبة فضائية) command module (Space)
~ مُنطاد: تُضَبِّطُ تَغيُّراتِ حجم الغاز في غلافه ballonet (Aero.)
حَدَّ، تاخَمَ bound, limit, adjoin
حَدٌّ، تَخْمٌ، تُخْم boundary, border (line), limit, frontier
~، حافَّة edge, margin, border
~: أَحَدُ عَناصرِ أو كَمِّيّات التعبير الرِّياضي term (Maths.)
~، مَدَى extent, degree, limit
~ الإجهاد stress limit (Eng., Met.)
الـ ~ الأدنى، النهايةُ الدُّنيا limit inferior, minimum (Maths.)
الـ ~ ~ (لِلدّالة) lower bound (Maths.)
الـ ~ الأصغر minor term (Maths.)
~ الإطاقة أو الاحتِمال endurance limit (Eng.)
الـ ~ الأعلى أو الأقصى، النهايةُ العُليا limit superior, upper bound, maximum, ceiling
الـ ~ الأكبَر greatest term (Maths.)
~ الأمان safety limit (Eng.)
~ الامتِصاص absorption limit
~ الإنفاذية transmission limit (Phys.)
~ أو سَطحٌ خارجيّ periphery
~ أوسَط middle term (Maths.)
~ التحمُّل أو الصُّمود، ~ الكَلال endurance limit = fatigue limit (Eng.)
~ التحميل load(ing) limit (Eng.)
~ التشبُّع saturation limit
~ التكامُل الأدنى lower limit of integration (Maths.)
~ التكامُل الأعلى upper limit of integration (Maths.)
~ جانِبيّ lateral boundary
~ جَبْريّ algebraic term (Maths.)
الـ ~ الحَراريّ thermal limit (Elec. Eng.)
~ رَقيق حادّ feather edge
~ الرؤية limit of visibility
~ الزّحف: حدُّ مقاومة التزحُّف creep limit (Eng.)
~ سالِب negative term (Maths.)
~ السُّرعة (المسموح) speed limit
~ السَّماح «go» limit (Eng.)
~ السِّن القانونية age limit
~ السُّيولة liquid limit (Phys.)
~ الصُّمود endurance limit (Mech. Eng.)
~ عام general term
~ عُلْويّ upper bound (Maths.)
الـ ~ العُلْويُّ الأدنى supremum (Maths.)
الـ ~ غيرُ القاطِع (في المِبْرَد) safe side = safe edge
~ القَطْع، ~ قاطِع cutting edge
~ الكَلال fatigue limit (Met., Eng.)
~ كَليل blunt edge
~ اللاسَماح «not go» limit (Eng.)
~ المِبْرَد file edge (Eng.)
~ مَجهول unknown term (Maths.)
~ المُرونة elastic limit, limit of elasticity (Phys.)
~ مَشطوف bevel, chamfered edge (Build.)
~ المُطاوَعة، ~ الخُضوع yield limit (Mech.)
~ المِطْرَقة pean = paen, pein (or pane) (Eng.)
~ المَطِيلِيَّة ductility limit (Met.)
حَدّا الكَسْر: بَسْطُه ومَقامُه (أو صُورتُه ومَخرجُه) terms of a fraction (Maths.)
~ المُعادَلة terms of an equation (Maths.)
~ المُكامَلة limits of integration (Maths.)
~ النِّسبة terms of a ratio (Maths.)
حِدَأة kite, glede (Zool.)
حَدّاد blacksmith = ironsmith, forgeman
حِدادة blacksmithing, smithery, forging
~ مَكَنيَّة، تَشكيلٌ بالمَكَنات machine forging
~ يَدَويَّة hand forging (Met.)
حَدَّافة (أُنظُر: حَذَّافة)
حَدَّبَ camber, emboss, make convex
حَدَبة، رأسٌ مُؤَنَّف cusp, boss
~، سَنام hump
~، كامَة cam, knob (Eng.)
~: طَيَّة مُحَدَّبة anticline (Geol.)
~ إدخال admission cam (Eng.)
~ إقليميَّة، ~ ضَخمة geanticline (Geol.)
~ (أو كامَة) الصِّمام القَفّاز wiper (Eng.)
~ (بارِزة) protuberance, boss, nose
~ تَبْئير focusing gear (Photog.)
~ تَدْوير، كامَةُ إدارة driving cam (Eng.)
~ تَفاضُلية differential cam (Eng.)
~ حارِفة deflecting cam (Eng.)
~ عَكْس الحَركة reversing cam (Eng.)
~ عَكْسِيَّة: تابِعة لا سائِقة inverse cam
~ لاتَماثُليَّة asymmetric anticline (Geol.)
~ مُختلِفةُ المَرْكَز eccentric cam (Eng.)
حِدَّة، حَرافة acridity
~، شِدَّة intensity, acuteness
~، مَضاء acuity, sharpness
~ الإبصار، ~ البَصَر visual acuity
~ الأشِعَّةِ السِّينيَّة X-ray hardness (Phys.)
~ الرَّنين sharpness of resonance (Phys.)
حَدَثَ occur, happen, take place
حَدَثٌ، حادِث event, incident
~: صَغيرُ السِّن young(ster), juvenile, minor
~ عارِض accident
حَدَّثَ: كَلَّمَ، حادَثَ converse, speak, talk
~: جَعَلَهُ حَديثًا update
حَدَّدَ determine, set, prescribe, fix
~، حَصَرَ limit, confine, restrict
~، عَيَّنَ specify, define, designate
~، عَيَّنَ حُدودًا لِـ delimit, demarcate, outline
~ أو عَيَّنَ مُقَدَّمًا preset, prefix
~ المَوقِعَ أو المَوضِع locate
~ مَوقِعَ مَوردٍ جوفيّ (كالماء أو المَعادِن) douse (or dowse)
حَدَرٌ، حُدورٌ صاعِد acclivity (Geol.)
~، مُنحدَرٌ حادّ (e)scarp, steep slope
~: طَريقٌ أو مَصعدٌ مُنحَدِر ramp (Civ. Eng.)
حَدْس، حَدْسِيَّة intuition, conjecture
حَدَق، باذنجان aubergine, eggplant (Bot.)
حَدَّقَ gaze, stare
حَدَقة (العين)، بُؤبؤ pupil (of eye) (Zool.)
حَدْوَة، نِضْوة horseshoe
حُدوث occurrence, incidence, happening
~ القَوسِ الكهربائي arcing (Elec. Eng.)
حُدود (أُنظُر: حَدّ) limits, frontiers
~ التفاوتِ المَسموح tolerable limits (Eng.)
~ التكامُل limits of integral (Maths.)

حُدود (تابع)
~ الحَفْر المأجور — net line = neat lines
~ الخَطَأ المَسموحِ به — limits of error
~ الشَّكْل — periphery (Maths.)
~ مُتَشابِهة — similar terms (Maths.)
~ مُعَيَّنة — specified limits
حُدور، حُدورٌ صاعِد — acclivity (Geol.)
~، مَيْل — slope, batter, inclination (Civ. Eng.)
~ (أو انحِراف) الإبرة المِغنَطيسيَّة — declination of needle (Magn.)
~ (السقف) لِتَصريفِ المَطَر — weathering (Build.)
~ شَماليّ — north declination (Magn.)
الـ ~ المِغنَطيسيّ — magnetic declination
حَدِّيّ — marginal, limiting
حِدِّيَّة: مِقياسُ حدِّيَّةِ الصُّورة — acutance (Photog.)
حَديث، مُحادَثة — conversation, discourse
~: جَديد — new, modern, recent
العَصْرُ الـ ~ — Holocene period (Geol.)
عَصْرُ الحياةِ الحديثة — Cenozoic (Geol.)
~ تَداخُليّ — cross-talk (Teleph.)
~ التَوَلُّد، وَليد — nascent (Chem.)
~ مُخَلَّط (أو مُعَمّى لِحِفْظِ سِرِّيَّتِه عَبْرَ خَطِّ النَّقل) — scrambled speech (Elec. Comm.)
~ مَقْلوب: معكوس ترتيب التردُّد لِتَفادي التنَصُّت — inverted speech
~ النشأة — juvenile
الحَديد: عُنصر فِلِزِّيٌّ رَمْزُه (ح) — iron (Fe) (Chem.)
~ الأبيضُ (المُحتوي على الكَربون بِشَكلِ كَربيدِ الحديد فقط) — spiegeleisen, white iron (Met.)
حَديدُ أطواق — hoop iron (Civ. Eng.)
~ ألفا، الـ ~ الألْفيّ — alpha iron (Met.)
~ ألواح — plate iron (Eng.)
~ ألوميني — aluminium iron (Met.)
~ (أو فولاذُ) الإنشاءات — structural iron (or steel) (Civ. Eng.)
~ بِكْر (لم تَسْبِقْ مَغْنَطَتُه) — virgin iron
~ البِناء — building iron (Build.)
~ بيتا، الـ ~ البائي — beta iron (Met.)
~ تائيّ (مَقطَعُه على شكل T) — tee iron (Civ. Eng.)
~ تِجاريٌّ مُطاوِع — merchant iron (Met.)
الـ ~ الجامي — gamma iron (Met.)
~ خُردة، ~ هالِك — scrap iron
~ الزَّهْر، ~ الصَّبّ — cast iron (Met.)
~ زَهرٍ (صَبٍّ) سَبيكي — alloy cast-iron (Eng.)
~ الزَّهْرِ العالي المَتانة — high-test cast-iron (Met., Eng.)
~ ~ مُقاوَمةِ الشَّد (فوق الـ ١٧ طُنًّا لِلإنش المُرَبَّع) — high-duty cast-iron
~ الصَّب، ~ الزَّهر — cast iron (Met.)
~ الصُّبَب — ingot iron (Met.)
~ صَفْحيّ، صاج — sheet iron (Eng.)
~ على شكلِ قُضبان — rod iron (Met.)
~ (على شَكلِ) قضبانٍ مَبرومة — round-bar iron (Met.)
~ غُفْل، تَماسيحُ الـ ~ — pig iron (Eng.)
~ قَصيف — short iron (Met.)
~ قُضبان — bar-iron (Met.)
~ قَنَويّ — channel iron
~ لَوحيّ، ~ ألواح — plate iron (Eng.)
~ لَيِّن أو مُطاوِع — soft iron (Met.)
~ مَبروم — round iron (Build.)
~ مُجَلْفَن — galvanized iron (Met.)
~ مُدَلْفَن: على شَكْلِ صَفائح — rolled iron (Eng.)
~ مُرَبَّع المَقْطَع — square iron (Eng.)
~ مُرَقَّش — mottled iron (Met.)
~ مُزَوّى، ~ زاويّ — angle iron (Eng.)
~ ~ الطرَفَين (على شَكلِ مُجْرًى) — channel iron
~ مُسَوَّط (سَهْلُ التشكيل) — puddled iron
~ مُشَكَّل — shaped iron
الـ ~ المُطاوِع — malleable iron, wrought-iron (Met. Eng.)
~ مَطيل: قابل للسحب والطرق — ductile iron (Met.)
~ مُعَدٌّ لِلتَّحويل — converter pig (Met.)
~ مُغَلْفَن — galvanized iron (Build.)
~ مُلَيَّف — wrought-iron (Met.)
~ مُمَوَّج — corrugated iron (Eng.)
~ مُنَقًّى: يُحضَّرُ بالتسويط من الحديد المُطاوِع — refined iron (Eng.)
~ نِصفُ مَبْروم — half-round iron (Eng.)
حَديدةُ الجَشّ — bucking iron (Met.)
~ المِحراث — co(u)lter
حَديدوز: حاوٍ حديدًا ثُنائيَّ التكافُؤ — ferrous (Chem.)
حَديديّ (ثُلاثيّ التكافؤ) — ferri- (Chem.)
~ (ثُنائي التكافؤ) — ferro- (Chem.)
حَديديك: حاوٍ حديدًا ثُلاثيَّ التكافُؤ — ferric (Chem.)
حَديقة — garden
~ عامَّة — park
~ قوميَّة طَبيعيَّة — national park (Ecol.)
حِذاءَ: إزاءَ، بِحِذاء — next to, alongside
حِذاء، نَعْل — shoe
~ عالٍ — boot(s)
~ الفَرَس، حَدْوَة، نِضْوَة — horseshoe
حَذّافة: دُولابُ تَنظيم السُّرعة — flywheel (Eng.)
~ زَخْم: لِتَثبيت وَضْع السّاتِل الفَضائي — momentum wheel, inertial wheel (Astrophys.)
حَذَّرَ، نَبَّه — caution, warn
حَذَرٌ، احتِراس — cautiousness, caution, watchfulness, vigilance
حَذِرٌ — cautious, wary, alert, vigilant
حَذَفَ، أسقَطَ، نَبَذَ — delete, eliminate, omit, cancel, drop
حَذْف، نَبْذ، إسقاط — deletion, elimination, omission, cancellation
~ الأصفار — zero suppression (Comp.)
حَذْفَة — throw
~ الكامَة — throw of cam (Eng.)
~ المِرفَق — crank sweep = crank throw (Eng.)
حَذَفة: بَطَّةُ الحذَف — teal (Zool.)
حِذْق، مَهارة — dexterity, skill, proficiency
حَذْو، إنعال — shoeing
حَذيق، حامِض — sour
حُرّ، مُتحَرِّر — liberal
حَرٌّ، حَرارة — heat, warmth
حَرّاث — plowman, tiller
حِراثة، فِلاحةُ الأرض — plowing, ploughing, tilling, tillage, tilth
~ كِفافيَّة: لِمَنْع انجِراف التُّربة — contour ploughing (plowing) (Agric.)
حَرّاثة، جَرّارةُ حَرْث — tractor plough (Agric.)
حِراجة، تَحْريج — forestation

حِراجَة (تابع)
~، زِراعةُ الحِراج والعِنايةُ بها — silviculture, forestry
حَراجَة — criticality
~، خُطورة — gravity, seriousness
حَرارة — heat (Phys.)
~: سَيّالٌ حَراريّ (مَفهومٌ قَديم) — caloric (Phys.)
~ الإبتِعاث — heat of emission
~ الاحتراق — heat of combustion (Chem.)
~ الاختِمار — heat of fermentation (Chem.)
~ إشعاعيَّة أو مُشَعَّة — radiant heat (Phys.)
~ الإشعال — ignition heat (Phys.)
~ الامتِزاز — heat of adsorption (Chem.)
~ الانحِلال — heat of decomposition
~ الانصِهار — heat of fusion (Phys.)
~ ~ الكامِنة — latent heat of fusion (Phys.)
~ الانضِغاط — heat of compression
الـ ~ البَيضاء (حَوالى درجة ١٥٠٠° أو ١٦٠٠° مِئويَّة) — white heat (Phys.)
~ التأيُّن أو التأيين — heat of ionization (Phys.)
~ التَبَخُّر أو التَّبْخير — heat of evaporation, heat of vaporization (Phys.)
~ ~ الكامِنة — latent heat of vaporization (Phys.)
~ ~ لِجُزَيْءٍ غراميّ — molar heat of vaporization (Chem., Phys.)
~ التَّبَلْوُر — heat of crystallization (Phys.)
~ التخفيف — heat of dilution (Phys.)
~ التَّسامي (أو التصعيد) — heat of sublimation (Phys.)
~ التصَلُّب — heat of solidification
~ التعادُل — heat of neutralization (Chem.)
~ التَّفاعُل — heat of reaction (Chem.)
~ التفَكُّك — heat of dissociation (Chem.)
~ التكَثُّف — heat of condensation (Phys.)
~ التكْوين أو التكَوُّن (وتكونُ مُوجبةً أو سالِبة) — heat of formation (positive or negative) (Chem.)
الـ ~ الجُزَيْئيَّة: اللازمةُ لِرَفع درجةِ حرارة جُزَيْءٍ غراميّ من المادة درجةً واحدة كلفن — molecular heat, molar heat (capacity) (Chem.)
~ الجسمِ الأسوَد (لِجسم مُشِعّ): درجةُ الحرارة التي يُشِعُّ فيها جسمٌ أسودُ ما يُشِعُّه مُشِعٌّ مّا على درجةِ حرارةٍ مُعَيَّنة — black-body temperature (Phys.)
~ جَوفيَّة أرضيَّة: طاقةٌ حراريَّة أرضيَّة — geothermal energy (Eng., Geol.)
الـ ~ الحَجْميَّة (لِلجُزَيْء الغراميّ) — volumetric heat, molal specific heat (capacity) (Phys.)
الـ ~ الحَمراء (حوالى ٥٤٠° مِئوية) — red heat (Eng.)
~ حَمراءُ ناصِعة (حَوالى ١٠٠٠° مِئوية لِلحديد) — bright red heat (Eng.)
الـ ~ الذرِّية: (لأيِّ عُنصُر) = حرارته النوعية × وزنه الذري — atomic heat (Phys., Chem.)
~ الذَّوَبان — heat of solution (Chem.)
الـ ~ الزرقاء (حوالى ٣٠٠° مِئويَّة - يَزْرَقُّ عِندها الفولاذ) — blue heat (Eng.)
الـ ~ الكامِنَة — latent heat (Phys.)
الـ ~ ~ لِلبُخار — latent heat of steam (Phys.)
الـ ~ ~ لِلتبَخُّر، حرارةُ التبخُّر الكامِنة — latent heat of vaporization (Phys.)
الـ ~ ~ النوعيَّة — specific latent heat
~ لاحِقة — afterheat
~ مُبَدَّدة (مُضَيَّعة أو مَهدورة) — waste heat, dissipated heat (Eng.)
الـ ~ المُوليَّة: السعةُ الحرارية لِجُزَيْءٍ غرامي — molar heat (capacity) (Chem.)
الـ ~ النوعيَّة — specific heat (Phys.)
الـ ~ ~ الجُزَيْئيَّة — molal specific heat
الـ ~ (~) الحجميَّة — volumetric (specific) heat (Phys.)
حَراريّ، سُعْري — thermal, caloric, thermic
~: باعِثٌ لِلحَرارة — pyrogenetic
~: ذو درجةِ انصهارٍ عالية جدًّا (مُقاوِمٌ لِلصَّهر) — refractory (Eng.)
~ أرضيّ — geothermal (Geol.)
~ التلَدُّن — thermoplastic, thermosoftening (Chem.)
~ مائيّ — hydrothermal (Geol.)
~ مِغنَطيسيّ — pyromagnetic (Phys.)
حَراريّات: مَوادُّ صامدةٌ لِلصَّهْر — refractories (Eng.)
الـ ~ الكهربائية: تَوليدُ الحرارةِ من الطاقة الكهربائية — electrothermics (Phys.)
حَراريَّة: مادَّةٌ صامِدةٌ لِلصَّهر تُبَطَّنُ بها الأفران — refractory (Eng.)
حِراسَة — watch(ing), guard(ing)
~، مُرافَقةٌ لِلحِراسة — escort
~، وِصاية — custody
حَراشِف (أُنظُر: حَرشَفة) — scales
~ أو قُشور المِرْجَل — boiler scale (Eng.)
حَرافة، حَمْز — acridity, pungency, acrimony
حَرّاق، حارِق، حاروق — burner (Eng.)
~ لاحِق، حاروقٌ لاحِق — after-burner
حُراق، حُراقة، صُوفان — tinder, punk
حَرّاقة: سَفينة حَرّاقة — frigate
حَراك، حَرَكة — motion, movement
بِلا ~ — motionless, stone-still
حَراكيّ — kinetic (Phys.)
الحَراكيّات، عِلمُ الحَرَكة: تأثيرُ القُوى في حركةِ الأجسام — kinetics (Phys.)
حَراكيّاتُ الموائعِ المِغنطيسيَّة: دراسة حركة الموائع المُوصلة كهربائيًّا في مجال مغنطيسي — magnetohydrodynamics (Phys.)
حِرام، بطّانية — blanket
حَرْب — war, warfare
~ اقتصاديَّة — economic warfare
~ إلكترونيَّة — electronic warfare
~ أهليَّة — civil war
الـ ~ البيُولوجيَّة — biological warfare
~ خاطِفة — blitz = blitzkrieg (Mil.)
~ كيميائية — chemical warfare (Chem.)
~ نَفْسيَّة — psychological warfare
~ وِقائيَّة — preventive war
حِرباء — chameleon (Zool.)
الـ ~: كَوكَبة جنوبيَّة — The Chameleon (Astron.)
حَرْبة، سِنان — bayonet
~ خُطّافيَّة — harpoon
حَرْبيّ — military, warlike
حَرَّة: لابَة كُتَليَّة — block lava (Geol.)
حَرَثَ، فَلَحَ — till, plough, plow
حَرْث، فِلاحة — tillage, ploughing; cultivation
حَرِج: خَطير — critical
~، مُحرِج — embarrassing
حَرَج: وَضعٌ حَرِج — critical situation

حَرَج (تابع)

~ فوريّ prompt critical (Nuc. Eng.)
~ مُعَوَّق delayed critical (Phys.)
حَرَّجَ: غَرَسَ الحراج forest, afforest
حَرجة، غابة forest, wood
~ صغيرة، أجَمة، دَغَل thicket, scrub
حَرَجيَّة، حَراجة criticality (Nuc. Eng.)
حِرْذَون lizard (Agama stellio) (Zool.)
حَرَّرَ: أطلَقَ liberate, free, set free, release, unleash
~: أعَدَّ (نَصًّا) لِلنَّشر edit
حَرَسَ، خَفَرَ guard, watch, escort, keep watch over
حَرَسٌ guard(s)
~ الشواطِئ coastguard
حَرِش، خَشِن rough, coarse
~، ~ (بالنوامي الثؤلوليَّة الشكل) scabrid (or scabrous) (Bot.)
حَرْشَف، أرضي شوكي artichoke (Bot.)
حَرْشَفة scale, squama (Biol.)
~: قِشرةٌ حَرشفيَّة مُترَسِّبة scale (Eng.)
~ التطريق forge scale (Eng.)
حَرْشَفيّ scaly, squamate (or squamous) (Biol., Eng.)
حَرْشَفيَّةُ الأجنِحة: مِن الحَشَرات Lepidoptera (Zool.)
حِرْص، عِناية care, attention
حَرَض: حُطوط degradation (Phys.)
حَرَّضَ، حَثَّ induce (Phys.)
~، أثارَ provoke, rouse, incite, stir
حَرَفَ، اِنحرَفَ، عَطَفَ، اِنعطَفَ deviate, deflect
~ (الشِّراع) jibe (Naut.)
~ عن الوَضع السَّويّ disorient
حَرْف: حَرفٌ أبْجَديّ letter, character
~: حافَّة edge, border, rim
~: مُلتَقى سَطْحَين مُنحدِرَين ridge (Build.)
~ استهلالي (كَبير) majuscule (Typog.)
~ (أو صَوتٌ) ساكِن consonant
~ ثخين أسود boldface (Typog.)
~ حَشْو fill character (Comp.)
~ رَقيق (غيرُ ثَخين) lightface (Typog.)
~ صغير minuscule (Typog.)
~ طباعةٍ مائِل italic (Typog.)
~ ~ مَعطوب batter (Typog.)
~ طِباعيّ type (Typog.)
~ طَبَلةِ المِكْبَح brake rim (Eng.)
~ كبير capital
الـ ~ لَمْدا «رَمْزُه λ» lambda
~ هُروب: توالي أحرف تحكُم مُعَيَّنة لتوجيه الطابعة escape character (Comp.)
حِرْفة، مِهْنَة career, profession, occupation, trade
~، صَنْعَة يَدَويَّة handcraft, handicraft
~ البِناء masonry
~ المَعادِنِ، عِدانة metalcraft
حَرْفيّ literal, verbatim
حِرَفيّ craftsman, workman, artisan
حَرَقَ، أحرَقَ burn
حَرْق، إحراق، اِحتِراق burning
~، حُرْقة burn
~ إشعاعيّ radiation burn (Med.)
~ أيونيّ، بُقعَة أيونيَّة ion burn = ion spot (Electron.)
~ سَطْحيّ scorch(ing)
حُرْقة burn
~ الفؤاد، ~ مَعِدِيَّة heartburn (Med.)
حَرْقَدة Adam's apple (Zool.)
حَرْقفة، عَظْمٌ حَرْقَفيّ ilium (Zool.)
حَرْقفيّ iliac, ilio- (Zool.)
حَرَّكَ move, stir
~، رَجَّ agitate
~، دَفَعَ، حَفَزَ stimulate, prompt, motivate
~ الجَمْر poke
~ الشِّراعَ بالكِظامة clew (Naut.)
حَرَكة، تَحَرُّك motion, locomotion, move(ment)
~ (بالرُّسوم المُتَحرِّكة) animation (Cinema)
~ ارتِكاسيَّة (أو مُنعَكِسي) reflex movement (Zool.)
~ انتِحائيَّة، اِنتِحاء tactic movement, taxis (Bot.)
~ انحنائيَّة curvilinear motion
~ انسِيابيَّة streamlined motion (Phys.)
~ اهتِزازيَّة vibratory motion
~ بَتِّية: بعكس اتجاهِ عَقارب الساعة anticlockwise motion
~ بِداريَّة precession (Phys., Eng.)
الـ ~ البراونيَّة، نَغَشان Brownian movement, pedesis (Phys.)
الـ ~ البَطيئة slow motion (Cinema)
~ بِناء القارّات epeirogenic movement (Geol.)
~ تَذَبذُبيَّة oscillatory motion (Phys.)
~ تَراجُعيَّة retrograde motion (Phys.)
~ تَرَجُّحيَّة back-and-forth motion, rocking motion
~ تَرَدُّديَّة (مُتَبادَلة) reciprocal motion
~ تَغْذية بالدوّاسات pedal-feed motion
~ تَفاضُليَّة differential motion (Eng.)
~ تَمَعُّجيَّة peristalsis, peristaltic motion (Zool.)
~ تَمَوُّجيَّة undulatory motion (Phys.)
~ تَوافُقيَّة harmonic motion (Phys.)
الـ ~ التوافُقيَّة البَسيطة simple harmonic motion (Phys.)
~ تَوافُقيَّةٌ مُتضائلة damped harmonic motion (Phys.)
~ جانِبيَّة traverse, lateral motion
~ حَلَزونيَّة spiral (or helical) motion
~ خاطِفة whisk
~ خَطِّيَّة linear motion (Phys.)
~ خَلفيَّة: لِضَبْط التزامُن بين التصوير والتسجيل backspacing (Telev.)
الـ ~ الدائبة (الدائمة) perpetual motion (Phys.)
~ دائريَّة مُنتَظَمة uniform circular motion (Mech.)
~ دُردوريَّة، دُوّامة vortex (Aero.)
~ دُوّاميَّة eddying motion, swirl(ing motion) (Phys.)
~ دَورانيَّة rotational motion (Mech.)
~ دَوريَّة periodic motion (Phys.)
~ رأسيَّة vertical motion
~ رَحَويَّة rotary motion
~ زاويَّة angular motion (Phys.)
~ السَّيْر traffic
~ شَزْريَّة: باتجاهِ حركةِ عقارب الساعة clockwise motion
~ طَرْدٍ مَركَزيّ centrifugal motion (Mech.)
~ الطيران (لِلنقل الجويّ) air traffic
~ غَروانيَّة، نَغَشان، حركة براونيَّة colloidal movement (Chem.)

حَرَكة (تابع)
~ غَمّازة: حركةٌ دائريّة تُحَوِّلُها الكامةُ إلى حركةٍ تردُّديّة — tappet motion (Eng.)
~ قُطريّة — radial motion
~ كَوكَبيّة — planetary motion
~ لاتَمركُزيّة — eccentric motion (Eng.)
~ لادَورانيّة — irrotational motion (Phys.)
~ لادَوريّة — aperiodic motion
~ لَولَبيّة — screw motion, helical motion
~ مُتَرَجِّحة — rocking motion, back-and-forth motion
~ مُتَسارِعة — accelerated motion (Phys.)
~ مُتَناوِبة — alternating motion
~ المُرور — traffic
~ ~ الجَوّيّ، الـ ~ الجَوِّيّة — air traffic
~ مُرورِ المَركَبات — vehicular traffic
~ مُستقيمة — rectilinear motion (Mech.)
~ مُستمِرّة — continuous motion
~ مُستَوية — plane motion
~ المَسْح — sweep
~ مُعَجَّلة أو مُسَرَّعة — accelerated motion (Phys.)
~ مُقَيَّدة — restricted (or constrained) motion
~ مُكَمِّلَة — integrated movement
~ مَكّوكيّة — shuttle
~ مُنتظِمة — uniform motion (Mech.)
~ ~ التسارُع — uniformly-accelerated motion (Mech.)
~ ~ التقاصُر — uniformly-retarded motion (Mech.)
~ المَوائع — fluid motion, fluid dynamics
~ مَوجيّة — wave motion (Phys.)
~ ~ طُولانيّة — longitudinal wave motion (Phys.)
~ نِسبيّة أو ظاهِريّة — relative motion
~ نُشوءِ الجبال — orogeny, orogenic movement (Geol.)
~ نُشوءِ القارّات — epirogeny, epirogenesis (Geol.)
~ النَّقْل بالمركَباتِ الآلِيّة — motor transport
~ يَوميّة — diurnal motion (Astron.)
حَرَكيّ، حراكيّ — kinetic, kinematic (Mech.)
~، مُحَرِّك — motive, motor
~ كهربائيّ — electro-kinetic (Elec. Eng.)
~ هَوائيّ، ديناميٌّ هَوائي — aerodynamic(al) (Aero.)
الحَرَكيّات (المُجَرَّدة): عِلمُ الحرَكةِ المُجَرَّدة دونَما اعتبارٍ لِلقُوى المُحَرِّكة أو الكُتل المُتحرِّكة — kinematics (Maths.)
~ (التحريكيّة): عِلمُ الحرَكةِ فيما يتعَلّق (١) بتأثير القُوى في حرَكة الأجسام (ميكانيكيًّا) أو (٢) فيما يتعلّق بالسُرعات التي تنطلِقُ بها التفاعُلاتُ الكيماوية والعمليّاتُ البيولوجية — kinetics (Phys., Chem.)
حَرَكيّة، حَروكيّة — mobility, motility
الـ ~ الأيونيّة — ionic mobility (Phys., Chem.)
حَرَمَ — deprive
حِرْمان، فاقة — deprivation
حَرْمائيّ، حَراريّ مائيّ — hydrothermal
حُرْمة، حَصانة — inviolability
حَرُوريّة، إحرارٌ شَديد — calescence
حُروف (أنظر: حَرْف) — letters
~ مُنفَصِلة ثخينة — block letters
حَروق، قابلٌ لِلاحتِراق — combustible
الحَروقيّة: قابِليّةُ الاحتِراق — combustibility (Chem.)
حَرُوك: قادِرٌ على الحَرَكة — mobile, motile
حَرُوكة: قِطعةُ حَديد تنجذِبُ فتُشَغِّل الدارة — armature (Magn.)
حَرون، مقاوِمٌ للصَّهر — refractory (Eng.)
حُرِّيّة — freedom, liberty
~ التصَرُّف — free hand
~ الصَّحافة — freedom of the press
~ المُرور — laissez-passer
حَريثٌ جَليديّ — till (Geol.)
حَرير — silk
~ اصطِناعي، رايُون — artificial silk, rayon (Chem.)
الـ ~ الصَّخري — asbestos (Min.)
حُرَيرة، سُعْرة — calorie (Phys.)
حَريريّ، ناعِمٌ كالحَرير — sericeous
حَريش: أُمُّ أربعٍ وأربعين — centipede (Zool.)
حَريص — careful
~، مُقْتَصِد — frugal, economical
حِرِّيف — acrid, pungent
حَريق — fire
~ مُتعَمَّد — arson
~ مُعاكِس — counterfire
حَزٌّ، حَزّة — groove, furrow, flute
~، ثَلْم، فُرْضَة — nick, notch
~، خَدْش — score, striation
~، ثَلْمٌ دَقيق — streak, stria (pl. striae)
~ البَكَرة — sheave (Eng.)
~ حَلقي، مَحَزٌّ حَلقي — annular groove
~ صُغْريّ (لِلتَّسْجيل الفونُوغرافي) — microgroove
~ ولِسان — groove and tongue (Carp.)
حَزاز، حَزازيات (تطلق في الشام على الطحلبيات) — the mosses, Bryopsida, Musci (Bot.)
~ جِلدي — lichen, lichen planus (Med.)
حَزّازةٌ لَولَبة — tap, tapping machine (Eng.)
حِزام، طَوْق — cincture
~، نِطاق، زُنّار، مِنْطَقة — girdle, belt, band
~ أخْضَر: حَولَ مَدينةٍ أو مُستَوطَنة — green belt (Ecol.)
~ إشعاعيّ — radiation belt (Phys.)
~ أمان — safety belt
~ بُركاني — volcanic belt (Geol.)
~ (أو زُنّارُ) الحَوض — hip girdle (Zool.)
~ تَعْليق — suspension band
~ الحَوْض — pelvic girdle (Zool.)
~ السَّرْج — girth
~ (شَجَريّ) وِقائيّ — shelter belt (Ecol.)
~ الصَّدْر — pectoral arch (Zool.)
~ المَقْعَد — seat belt
~ ناقِل — conveyor (or conveying) belt
~ نَجاة (مِن الغَرَق) — life belt
حِزاما «فان ألِن» (الإشعاعيّان) — Van Allen (radiation) belts (Astrophys.)
حِزْب — party
حَزّة، مَحَزّ — incision, (s)nick
~، خُدَّة، فُرْضَة — groove, spline, notch
~ تَزْييت — oil(ing) groove (Eng.)
~ القَطْع — undercut
~ مِنْشار — saw cut
حَزَّزَ أو خَدَّدَ حَلَزونيًّا — rifle, flute spirally
~، سَطَّرَ — rule
حَزَقَ: شَدَّ — bolt, tighten, cinch
حَزَقة، صَمُولة — nut (Eng.)
~ تَثْبيت — locknut, clamp nut (Eng.)
حَزَمَ، ربَطَ — bind, tie (up), fasten

حَزَمَ (تابع)

~ (بِطَوقٍ أو أطواق) — hoop

~، رَزَمَ — pack, package, bale, sheave, bundle

~ (القَشَّ) — yelm

حَزْم، تَحْزيم — bundling, bunching

~، رَبْط — binding, fastening, tying (up)

~، رَزْم — packing, parcel(l)ing, bundling

~، عَزْمٌ وتصميم — determination, firmness, resoluteness

~، حَصافة: في ضَبْط الأُمور وتوثيقِها — judiciousness, prudence

حُزْمَة، رِزْمَة — bundle, pack(age), parcel

~، ضُمامة، جُرزَة — sheaf, fag(g)ot, fascine

~ أشِعَّة — beam, pencil of rays (Phys.)

~ (~) مُتفرِّقة — divergent beam (Phys.)

~ ~ مُتَقارِبة — convergent pencil (Light)

~ ~ مُتَوازِية — parallel beam

~ أقراص — disk pack (Comp.)

~ إلِكترونيَّة — electron beam (Telev.)

~ أليافٍ ضَوئيَّة — fibre bundle (Phys.)

~ امتِصاص — absorption band (Phys.)

~ أيونيَّة — ion(ic) beam (Phys.)

~ برامج — software package (Comp.)

~ بيانات: من المصدر إلى المطراف النهائي — datagram (Elec. Comm.)

~ تَرَدُّدات، نِطاقُ تَرَدُّد — frequency band, channel (Telev.)

~ جانِبيَّة مُزدَوِجة — double sideband (Radio)

~ جُزَيْئيَّة — molecular beam (Phys.)

~ خطوط الإدخال: إلى دارة رقمية — fan-in (Comp.)

~ ~ الإخراج: من دارة رقمية — fan-out (Comp.)

~ دَوائر — pencil of circles (Maths.)

~ راداريَّة — radar beam (Radar)

~ راديويَّة — radio beam (Radio)

~ شُعاعيَّة — beam (Phys.)

~ صَغيرة — fascicle

~ قَشّ — yelm

~ لِفافيَّة — rouleau

~ مَسْح — scanning beam (Telev.)

~ مَعلومات — packet (Comp.)

~ مَوجيَّة — waveband (Radio)

~ ~ مُوَجَّهة — directed wave beam

حَزْن — badland (Geol.)

حُزوز (أنظُر: حَزّ) — grooves; striae

~ التزييت — oil grooves (Eng.)

~ جَليديَّة — glacial striations

~ حَلَزونيَّة — rifling

~ مَحلوليَّة: شُقوقٌ سَطحيَّة ضَيِّقة في المَناطِق الجيريَّة — karren (Geol.)

حَزيران: الشهر السادس في التقويم الغريغوري — June

حَسَّ، أحَسَّ، شَعَرَ — feel, sense

~، فَرْجَنَ — currycomb, curry, groom

~: استأصَل (بالقَطْع أو القَضْم) — eliminate, extirpate

حِسّ، إحساس — feeling, sensation, sense

حَسٌّ: استِئصال — elimination, extirpation

~ (بالمِحَسَّة أو الفِرجون) — currycombing, grooming

حَساء — broth, soup (Food Sc.)

حِساب — account

~، عِلمُ الحِساب — arithmetic (Maths.)

~، تَقْدير، احتِساب — calculation, computation, reckoning

~ الأُستاذ — ledger account

~ التَّغايُر — calculus of variation (Maths.)

~ التفاضُل — differential calculus (Maths.)

~ التَّكامُل — integral calculus (Maths.)

~ ~ والتَّفاضُل — calculus (Maths.)

~ تَوفير — savings account

~ جارٍ — current account, running account, checking account

~ دائِن — credit account

الـ ~ السِّتوني — logistic, sexagesimal arithmetic

~ الصُّندوق — cash account

~ على التوازي: يجري آنيًّا — parallel arithmetic (Comp.)

~ المَبيعات — sales account

~ المُثَلَّثات — trigonometry (Maths.)

~ ~ الكُرَويَّة — spherical trigonometry (Maths.)

~ ~ المُستَوِية — plane trigonometry

~ مُجَمَّد — blocked account, frozen account

~ مَدين — debit account

~ المِساحاتِ والحُجوم — mensuration (Maths.)

~ مُشترَك — joint account

~ مَصْرِفيّ — bank account

~ مُضاعَفُ الدِّقة — double-precision arithmetic (Comp.)

~ مَفتوح — open account

~ مَكشوف — overdrawn account

~ المَوجودات (في مَخْزَن) — stock account

~ المَوقِع — dead reckoning (Naut.)

حَسَّابة، مِحْسَبة — calculator

حِسابيّ — arithmetic(al)

حُساس: حَصًى لِلرَّصْف، حَصيم — ballast, gravel

حَسّاس — sensitive

~ (أو مُتحرِّضٌ) بالضَّوء — photo-active

~ بانكروماتي (لِكامِل ألوانِ الطَّيف المَرئيّ) — panchromatic (Photog.)

~ حَيَويّ: جهازٌ يكشِفُ عن وجودِ عمليَّةٍ حَيَويَّة — biosensor (Space)

~ لِلأشِعَّة: يتأذّى بالإشعاع — radiosensitive (Med.)

~ لِلضَّوء: مُوصِلٌ أو مُوَلِّدٌ أو مُبتَعِثٌ كهرضوئي — light sensitive, photosensitive (Phys.)

حَسّاسِيَّة: رَهافةُ الحِسّ — sensitivity, sensitiveness

~: أرجيَّة — allergy (Med.)

الـ ~ الإستاتيَّة (لِصِمامٍ ضَوئيّ) — static sensitivity (of a phototube) (Electron.)

~ الإسكات — quieting sensitivity (Elec. Comm.)

~ إشعاعيَّة — radiosensitivity (Phys., Med.)

~ الانحِراف — deflection sensitivity (Radio), deviation sensitivity (Aero.)

~ التثَلُّم — notch sensitivity (Met.)

~ جهازِ القياس — instrument sensitivity

~ الضغط — pressure sensitivity (Phys.)

~ ضَوئيَّة — photosensitivity, luminous sensitivity (Phys.)

الـ ~ الطيفية — spectral sensitivity (Phys.)

~ الكَمِّيَّة (في الجِهاز) — quantity sensitivity (Elec. Eng.)

الـ ~ اللونيَّة — colour sensitivity

حَسّاسيَّة (تابع)
~ المُستقبِل القُصوى — receiver maximum sensitivity (Radio)
~ (المِقياسِ) لِلتيّار — current sensitivity
~ النُّقْبة — hue sensitivity
حَسَبَ، أحصى، عَدَّ — calculate, compute, count
~، قَدَّرَ — reckon, estimate, figure
حَسِبَ، ظَنَّ — think, take as
حَسَبَ: تَبعًا لِـ — according to
~ الطَّلَب — custom-made, custom-built
~ العَقْد — as per contract
حُسْبَان: حِساب — computation, reckoning, calculation; taking into consideration
~، اِفتِراض — assumption, supposition
حُسْبَة، مَهَق — albinism (Biol.)
حَسَرَ: كشَفَ — uncover
حَسِرَ: تَعِبَ — fatigue, be tired
حَسَرٌ، تَعَب — fatigue
الـ ~، قِصَرُ النَّظَر — nearsight(edness), shortsightedness, myopia (Med.)
حَسَّس — sensitize (Chem.)
حَسَف، حُسافة — scales, husk (Bot.)
حَسَكٌ: حَسَكُ السَّمك — spines, fishbones (Zool.)
~: حَسَكٌ نَباتي — awns, aristae (Bot.)
حَسَمَ، خَصَم — discount, deduct, rebate
~، قَضَى، بَتَّ — decide, settle, resolve
حَسْمٌ، بَتّ — settlement, decision, resolution
~، خَصْم، اِستِقطاع — discount, rebate; deduction
~ مَصْرِفيّ — bank discount
حَسَّنَ، جَوَّد — improve, better, ameliorate
~، هَذَّبَ، أصلَح — reform
~ الدَّرجةَ أو النَّوعيَّة — upgrade
حَسَنُ التجهيز — well-appointed
~ الترتيب — shipshape
~ التعبير — expressive
~ الصُّنْع — neat, well-made
حَسَنة: مِيزةُ أفضليَّة — advantage, merit
حَسُوبِيَّة: قابليَّةُ المُعالَجة حِسابيًّا أو حاسوبيًّا — computability (Comp., Maths.)
حُسُور: قِصَرُ البَصَر، الحَسَر — myopia, short sight (Med.)

~ (أو كلالُ) البَصَر — eyestrain, eye-fatigue (Med.)
حَسُّون — goldfinch (Zool.)
حِسِّيّ: ذو علاقةٍ بالحِسِّ أو الحَوَاسّ — sensory
~: يُدرَك بالحِسّ — perceptible, tangible
حَسِير: مُصابٌ بِقِصَر النظَر — shortsighted, myopic, near-sighted (Med.)
حَشَّ — mow, cut, scythe
حَشا، شَحَن — charge, load
~، زَحَمَ، كَظَّ — cram, stuff
~ الشُّقوق — chink
حَشَّى (لِمَنْع التسَرُّب) — pack
حَشَدَ، احتشَدَ — assemble, mass, gather, muster; cluster, swarm
حَشْد — crowd, horde, congregation, rally, host
~، سِرْب، ثَوْل — swarm (Zool.)
حَشَرَ — ram, cram, tamp, jam; pack, wedge; press, force, squeeze
حَشْر — squeezing, jamming, tamping, ramming, packing
الحَشَرات، طائفةُ الحَشَرات — Insecta (Zool.)
حَشَراتِيّ: عالِمُ حشَرات — entomologist
حَشَرة — insect (Zool.)
~ بالِغةٌ أو يافِعة — imago (Zool.)
~ المَنّ — aphid; greenfly
حَشَرِيّ: آكِلُ حشرات — insectivore (Zool.)
الحشَريّات، عِلمُ الحشَرات — entomology
حَشَرِيَّةُ الإلقاح — entomophilous (Bot.)
حشَفة (البَظرِ أو القضيب) — glans (Zool.)
حَشْو — stuffing, packing, filling
~: حَشْوَة — fill(ing), pad(ding), wad(ding), charge
~ أسفَلْتِيّ — asphalt filler, pitch filling (Pet. Eng.)
~ رَمْلِيّ — sand fill, sand-packing (Mining)
~ صَخرِيّ: بَقايا أحافير القَواقِع — steinkern (Geol.)
~ فِلِزِّي — metallic packing, metallic stuffing (Eng.)
~ فِلِّينِيّ — cork packing
~ لُبّادِيّ — felt packing (Eng.)
~ مُزدَوِج — double packing, duplex packing (Eng.)

~ مَعدِنيّ (فِلِزِّي) — metallic stuffing or packing (Eng.)
~ مَفصِليّ: لِلوصلات التمدُّديَّة المُتَناكِبة — joint filler (Civ. Eng.)
~ لِمَنْع التسَرُّب — gland packing (Eng.)
حَشْوَة، حَشِيَّة — filler, fill(ing), pack, padding, stuffing, wad(ding)
~ (أو هيولى) الخليَّة: مادتُها باستثناء النواة — cytoplasm (Biol.)
~ بَدْء الإشعال — priming charge (Eng.)
~ خَشَبيَّة — wood filler, wooden tamping (Eng.)
~ دافِعة — propellent charge (Eng.)
~ الرِّفْد: لِحمايةِ بَضائع الحاوِيَة — dunnage (Naut.)
~ عازِلة، حَشيَّةُ عَزْل — quilt, packer
~ مُتفجِّرة — bursting charge, explosive charge (Mil.)
~ مَسِيكة: مَنيعةٌ على الماء — watertight packing
~ مَطّاطيَّة — rubber packing (Eng.)
~ مَعدِنيَّة — mineral filler (Eng.)
~ ناسِفة، شِحنةُ النَّسْف — blasting charge
~ من النَّسيج السِّلكي — gauze packing
حَشْوِيّ، أحشائيّ — visceral (Zool., Med.)
حَشِيَّة، حَشْوَة — packing, padding, filler
~: فِراشٌ مَحشُوّ — mattress
~، لَبُوس: طَوقٌ لِمَنْعِ التسَرُّب — gasket (Eng.)
~ أو فَلْكةٌ نُحاسيَّة — copper gasket (Eng.)
~ تَوسيد — cushion, pad, pillow
~ شَفَويَّة (مانِعة لِلتسَرُّب) — lip gasket
~ مُخَمِّدة — cushioning gasket (Eng.)
~ مَطّاط (لِمَنْع التسَرُّب) — rubber gasket, India-rubber packing (Eng.)
~ وَصْل — jointing, jointing gasket
حَشيش، كَلأ؛ قَشّ — grass; hay
~، قِنَّب — hemp, cannabis (Bot.)
حَشيشةُ الدِّينار — hop (Bot.)
حَصَى (أنظر: حَصاة) — gravel, shingle, pebbles
~ بُركانيَّة، لُوَيبات — lapilli (sing. lapillus) (Geol.)
~ ثُلاثية القَرْن — dreikanter (Geol.)

حَصَى (تابع)

~ الرَّصْف، حَصْباء — macadam, metal(l)ing, ballast, gravel
~ هَندسيَّة (رياحيَّة الحَتّ) — ventifacts (Geol.)
حَصاة، حَصْبَة — pebble, small stone
~: حَصاةٌ مُتَكَلِّسَة — calculus (Med.)
~ صَفراوية — cholelith, gallstone (Med.)
~ كلوية — nephrolith (Med.)
حَصاد: الزَّرْعُ المَحصود — harvest
حِصاد: مَوسِمُ الحَصْد — harvest
حَصّادة، مِحْصَدة — harvester, reaper (Agric.)
~ دَرّاسة — harvester-thresher, combine-harvester, combine (Agric.)
حِصار — siege, blockade
~ اقتِصاديّ — economic blockade
حُصاف: طَفْحٌ جلدي — hydroa, rash (Med.)
حَصافة، حِكْمة — prudence, foresight
حِصان — horse
~ الاستيلاد — stallion, studhorse (Zool.)
~ بُخاريّ: قُدرة حِصانيَّة — horsepower (Eng.)
~ النَّشر، (حِمار بَنْك) — sawhorse, buck (Carp.)
حَصانة، مَناعة (ضِدَّ المَرَض) — immunity (Med.)
~: امتياز (نيابيّ أو دبلوماسيّ) — immunity, impunity
حَصْباء، جَرْوَل، حَصِيم، حَصَى — gravel, shingle (Geol.)
~ (تَعبيدٍ) مائيَّةُ الترابُط — water-bound macadam (Civ. Eng.)
~ حُبَيبيَّة — grit (Geol.)
~ الرَّصْف — road metal, macadam, metal(l)ing (Civ. Eng.)
~ رَمْليَّة — hoggin (or hogging) (Build.)
حَصْبَة، حَصاة (أُنظُر: حصاة) — pebble
الحَصْبَة — measles (Med.)
~ الالمانيَّة — German measles, rubella (Med.)
حِصَّة — portion, share, lot, allotment, dividend
~ نِسبيَّة، كُوتا، حِصَّة مُحَدَّدة — quota
حَصَدَ — harvest, reap
حَصَرَ، حَدَّد، قَيَّد — confine, limit, restrict, constrain
~، أحاطَ، طَوَّقَ — surround, enclose, encircle, besiege
~ بينَ أقواس — bracket, parenthesize
~ بينَ خَطَّيْن أو نُقطتَيْن — intercept
حَصْر، تَقْيِيد — constraint, restriction, confinement, limitation
حَصْر: تَحديدُ المَوقِع — localization
~: احتِواء — containment, encompassment
~ (البَول) — (urinary) continence, retention (of urine) (Med.)
~ مِغنَطيسيّ: لاحتِواء البلازما — magnetic confinement (Nuc. Eng.)
حُصُر — matting, mats
حِصْرِم — sour grapes
حَصْرِيّ — exclusive
حَصَّصَ — allocate, allot, apportion
حِصَصُ الاستيراد — import quotas
حَصَفُ الحَرّ، شَرى الحَرّ — prickly heat (Med.)
حَصَّلَ، جَبَى — collect, levy
حَصَلَ: حَدَثَ — occur, take place, happen
~ على، نالَ — attain, get, achieve
حِصْن — fort(ress), castle
حَصَّنَ — fortify
~ (ضِدَّ المَرَض) — immunize (Med.)
حُصُول، حُدوث — occurrence, happening
~ (على) — attainment, achievement
حُصَيَّة — concretion, calculus, stone (Med.)
حَصِيد، حَصاد — harvest
حَصِير، حَصيرة — mat, matting
حَصيرةُ أساس — mat (or raft) foundation (Civ. Eng.)
~ دَعمِ أساس العمود — pad foundation (Civ. Eng.)
~ رَمليَّة — sand sheet (Geol.)
حَصِيف — wise, prudent, judicious
حَصِيلَة — yield, proceeds
~ الانشِطار — fission yield (Phys.)
~ حَجميَّة — volume yield (Build.)
~ حَراريَّة — thermal yield
~ كهرضوئيَّة — photoelectric yield (Electron.)
~ الكوك — coke yield (Chem.)
حَصِيم، حَصْباء دَقيقةُ الحُبَيبات — (fine) gravel (Build.)
~ (الخَرَسانة) — ballast (Civ. Eng.)
~ حُبَيبيّ — granular gravel
~ خَشِن — coarse aggregate (Civ. Eng.)
حَصِين، مُحَصَّن، مَنيع — immune
حَضَّ — urge, prompt
حَضارة، مَدَنيَّة — civilization
حَضانة (الأطفال) — nursing, bringing up
~ (البَيْض أو التفريخ) — incubation (Zool., Med.)
حَضَرَ — be present at, attend
حَضَّرَ: أعَدَّ، جَهَّزَ — prepare, ready
~: مَدَّنَ — civilize
~ (لِلتشغيل أو التدوير) — prime (Eng.)
حَضَنَ (البكتيريا أو البيض) لِلتَّفْريخ — incubate, brood, hatch (Zool.)
حَضْن: الصَّقْلُ بالحَضْن — lapping (Eng.)
حِضْن — lap
حَضْنَة: نِتاجُ الحَضْنةِ الواحِدة — brood, hatch (Zool.)
~: حَضْنَةُ بَيضٍ أو صِيصانُها — clutch (Zool.)
تكرُّر الحَضَنات موسميًّا (بخاصةٍ في الحشرات) — voltinism (Zool.)
حُضُور — presence, attendance
~ الذِّهْن — presence of mind
حَضِيرة، فِرقَة صغيرة (كَشْفيَّة أو عَسْكريَّة) — squad, section
حَضِيض، قاع — bottom, foot
~، حَضيضٌ أرضيّ: النُّقطةُ الأقرب إلى الأرض في مدارٍ إهليلجيّ حولَ الأرض — perigee (Astron.)
~ شَمْسيّ — perihelion (Astron.)
~ القيمةِ الرزنيَّة: الذي لا يكونُ دونَه الاستِغلالُ اقتصاديًّا — assay bottom (Mining)
حَطَّ (الطائرُ أو الطائرة)، هَبَطَ — alight, land
~: وَضَعَ — put (down), place
~ من الرتبة — degrade, demote
~ (من السِّعر أو القيمة) — decrease, lower; depreciate
~ (من عدد ذرّاتِ الكربون في المُركَّب) — degrade (Chem.)
حَطٌّ: هُبوطُ الطائرة — landing, touch down
~ آليّ — instrument landing (Aero.)

حَطٌّ (تابع)
~ اضطِراريّ emergency landing (Aero.)
~ أعمى: اعتمادًا على الآلات أو التوجيه الأرضي blind landing (Aero.)
~ بَطْنِيّ belly landing (Aero.)
~ سَلِس smooth landing (Aero.)
~ عادي (على ثلاث نُقط) normal (or three-point) landing (Aero.)
~ على الماء (بطائرةٍ بَرِّيَّة) ditch (Aero.)
~ على نُقطَتَين two-point landing (Aero.)
~ والمَراوِحُ مُتَوَقِّفة dead stick landing (Aero.)
حَطاطة، بَثْرَة papule (Med.)
حُطام wreck(age), wrack
~، أنقاض debris, detritus (Geol.)
~ عائِم flotsam
حَطَب wood, firewood
حِطَّة، اِنحِطاط debasement, indignity, meanness
حَطَّمَ، هَشَّمَ smash, shatter, crash, crush, break down
~ الرَّقمَ القياسيّ beat or break (a record)
حُطُوط degradation (Chem.)
~ الطَّاقة degradation of energy (Phys.)
حَطيطة، حَسْم discount, reduction
حَظّ luck, fortune, chance
~، حِصَّة share, lot
حِظار fence, railing
حَظَرَ، مَنَعَ ban, prohibition
~، تَحْريم interdiction
~ بَحريّ أو تِجاريّ embargo
~ التَجَوُّل curfew
حَظيرة enclosure, fold
~، حِظار pen, enclosure
~، سَقيفَة shed
~ (الطائرات)، عَنْبَر hangar (Aero.)
~ الطيورِ الدواجِن poultry-run
حَفَّ: أصدَرَ حَفيفًا rustle, swish
~: أحاطَ بِـ surround, enclose, encompass
~: بَرَدَ أو سَحَج بالحَكّ abrade, rub off, chafe
حَفّار، عامِلُ حَفْر digger, driller, twister (Civ. Eng.)

~، جهاز حَفْر، حَفّارة borer, drill (Civ. Eng.)
~، مُنَقِّب excavator
~ (مَعادِن) engraver
حُفارة drillings, cuttings, borings
حَفّارة drill, borer, digger, drilling machine, excavator, dredger (Civ. Eng.)
~ أنفاق mole (Civ. Eng.)
~ تُربينيَّة، مِثقابٌ عَنَفيّ turbo-drill (Eng.)
~ بِخُردُق الفولاذ shot drill (Civ. Eng.)
~ خَلْفيَّة، مِجرَفة عَكسيَّة (تعملُ باتِّجاه المكَنة) back-digger = back hoe (Eng.)
~ خَنادِق ditcher = trencher (Civ. Eng.)
~ بالدَّقّ cable drill, percussion drill (Civ. Eng.)
~ قادوسيَّة bucket excavator (Eng.)
~ كَبْلِيَّة، ~ بالدَّقّ cable excavator, cable drive (Eng.)
~ كليشيهات إلكترونيّة klischograph
حَفّاز، وَسِيط (كيماوي)، عامِلٌ مُساعِد catalyst (Chem.)
حِفاظ conservation
حِفاف (أُنظُر: حافة) edges
حَفَرَ، نَقَر dig, bore, drill
~، نَقَّبَ excavate
~، خَدَّدَ rout
~، نَقَشَ (على الخشَب أو المعدِن) engrave
~ بالنَّمْش الحَمْضيّ، نَمَشَ بالحَمْض etch (Chem., Eng.)
حَفْر digging, drilling, boring
~، تَنْقيب excavation
~، نَقْش engraving
~ أو ثَقْبٌ آليّ machine drilling (Eng.)
~ (أو نَقشٌ) تَظليليّ mezzotint (Print.)
~ أو نَمْشٌ (بالحَمْض)، تَنْميش etching
~ الآبار well-drilling (Civ. Eng.)
~ اِتِّجاهيّ أو مُوَجَّه directional drilling (Civ. Eng.)
~ اجترافي wash boring (Civ. Eng.)
~ اختباري test boring (Civ. Eng.)
~ استِطلاعي reconnaissance drilling, scout boring
~ استغلالي exploitation drilling
~ استِكشافي exploratory drilling

~ إستِكْشافِيّ عَشْوائي wildcatting (Pet. Eng.)
~ أنفاق (الأنابيب) moling (Civ. Eng.)
~ بَحريّ: في عُرض البحر offshore drilling (Pet. Eng.)
~ البِداية (لِلآبار) spudding (Civ. Eng.)
الـ ~ البِنْسِلْفانيّ، الـ ~ الكَبْليّ Pennsylvanian drilling (Pet. Eng.)
~ تنقيبيّ excavation (Civ. Eng.)
~ توربينيّ turbo-drilling
~ جافّ: يُزالُ فُتاتُه بالهواء أو الغاز dry drilling
~ بجذع عَموديّ pole-tool boring
~ حَراريّ thermic drilling, thermal boring (Civ. Eng.)
~ بِخُردُق الفولاذ shot drilling, boring by shot drills (Civ. Eng.)
الـ ~ على الخشَب wood engraving
~ الخَضْخَضة churn drilling (Civ. Eng.)
~ الخَنادِق trenching, trench digging
~ بالدَّقّ percussion drilling, cable-tool drilling (Civ. Eng.)
~ رَحَويّ، ~ دوَرانيّ rotary drilling
الـ ~ بالزِّنكوغراف zincography (Print.)
~ سائِليّ hydraulic drilling (Civ. Eng.)
~ صَدْميّ percussion drilling, percussive boring (Civ. Eng.)
الـ ~ بالضَّغط pressure drilling (Civ. Eng.)
~ عَمودي sinking, straight-hole drilling (Civ. Eng.)
~ فوتوغرافيّ aquatint, gravure, photogravure (Print.)
~ قَفّاز، ~ كَبْليّ jump drilling
~ القَوالِب die sinking (Eng.)
~ بالكَسْح المائيّ water flush drilling
~ كَسْحيّ، ~ اِجترافيّ wash boring
~ مائِل inclined drilling, slant drilling (Civ. Eng.)
~ مُرَطَّب: لِمَنع تَصاعُدِ الغُبار wet drilling
~ المَهْواة shaft drilling (Eng.)
~ ~ صُعودًا shaft raising (Mining)
~ ~ نُزولًا shaft sinking (Mining)
~ مُوَجَّه directional drilling (Civ. Eng.)
~ نَفْثيّ: بِنَفْثِ اللَّهبِ (والماء) jet-drilling (Mining)

حَفر (تابع)

الـ ~ (النَّقْشيّ) بالكهرباء — electro-engraving
~ نَمْشيّ — etching (Eng.)
الحَفَر: داءُ الإسقربوط — scurvy (Med.)
حُفْرة، نُقْرة — pit, hole, fossa, crater
~ الأقذار: تتلقّى مياهَ المَجارير — cesspit, cesspool (San. Eng.)
~ الإمداد، ~ تموين (بتُراب الرَّدم) — borrow pit (Civ. Eng.)
~ بالوعيَّة، ثَقْبٌ بالوعيّ — sinkhole, swallow (hole) (Geol.)
~ تركيز الخامات — buddle (Mining)
~ التشرُّب — soakaway (Civ. Eng.)
~ تعدين مَكشوفة — opencast (Mining)
~ قائم السِّياج — posthole
~ اللَّغَم (لِوَضعِه) — mine shaft (Mil.)
~ ~ (بتفَجُّرِه) — mine crater
~ مُعاينَة (السيّارات) — inspection pit (Eng.)
حَفْريّات — diggings, workings; excavations (Civ. Eng.)
~، أحافير — fossils (Geol.)
عِلم الـ ~ — palaeontology
~ الـ ~ البيولوجيَّة — palaeobiology
حَفْريَّة، أُحفورة — fossil (Geol.)
~ دَليليَّة أو دالَّة — index fossil, guide fossil (Geol.)
~ زائِفة — pseudo-fossil
حَفَزَ — catalyse = catalyze; actuate, activate, stimulate
~، دَفَعَ، حَضّ — urge, prompt
~ بِمِهمازٍ أو مِنْخَس — goad
حَفْز، تَحْفيز، وَساطة (كيماويَّة) — catalysis
~، تَشْويق — motivation
~ الامتِزاز — adsorption catalysis (Chem.)
~ التلامُس (أو التّماسّ) — contact catalysis (Chem.)
~ ذاتي — auto-catalysis (Chem.)
~ سَلْبي — negative catalysis (Chem.)
الـ ~ الضوئي: ~ بالضوء — photo-catalysis (Chem.)
الـ ~ الكَهربائي — electrocatalysis (Chem.)
حَفِظَ، صانَ — keep, conserve, preserve, protect
~: استَظْهَر — memorize, learn by heart

حِفْظ: احتِفاظ — retention
~، وِقاية، صِيانَة — conservation, preservation, protection; maintenance, upkeep
~: استِظهار — memorizing; learning by heart
~ (الأطعمة) بالتجميد — freeze preservation (Food Sc.)
~ الأوراقِ في إضبارات — filing
~ الخشَب بالإشراب (بِمحلولِ كلوريد الزئبق) — kyanizing (Chem.)
~ الصِّحَّة — hygiene
~ مُستَوى الخَرْج — maintaining the output
~ بِمُقاوِمات التعَفُّن — pickling (Chem.)
~ النِظام والقانون — maintenance of law and order
~ النَّوع — conservation of species (Biol.)
حَفور، نَقوب: قابِلٌ لِلحَفْر أو الثَّقْب — drillable
حَفير، حُفرة — pit
~، حَفيرة — digging
حَفيرةُ تَعْدين — stope (Mining)
حُفَيرة: نُقرة صغيرة — fossula
حَفيف، خَشْخَشة — rustle, rustling, swish
~: هَزيزُ الرِّيح (لِلأسلاكِ مَثَلاً) — aeolian sound (Acous.)
حَقّ، حَقيق، صَحيح — right, true, rightful
~، حَقّ (قانوني) — right
~ الاختِراع: حَقُّ المُخترع في استِغلال اختِراعِهِ — patent right
~ الاختيار — option, right of option
~ الارتِفاق، ~ الاستعمال — easement, right of use
~ الاستِملاكِ العامّ — eminent domain
~ الانتِفاع — usufruct
~ الأولويَّة، ~ التقَدُّم — priority; precedence
~ التأليفِ والنشر — copyright
~ التقادُم: حَقٌّ مُكتَسَب بمرورِ الزَّمن — prescription
~ الحَجْز — lien
~ الشُّفْعَة — preemptive right, preemption
~ الطبع والنَّشر — copyright
~ المِلكيَّة — title

~ المُرور، ~ الطريق — right of way, passage
~ النقض — veto
حُقّ — canister, cup, receptacle, case socket
الـ ~ الحرقَفيّ — acetabulum (Zool., Med.)
~ تَزْليق — lubricating cup (Eng.)
~ العُبُوّات الجديدة — refill case
~ كُرَويّ — ball socket
الـ ~ والكُرَة — ball and socket
مَفصل الـ ~ والكُرة — ball and socket joint (Eng., Med.)
حُقْب، حُقُب — era (Geol.)
~، حُقْبَة — epoch (Geol.)
الـ ~ الأركيّ (أنظُر: الحقب السحيق)
الـ ~ الثالِث — Tertiary era (Geol.)
~ الحَياة الأوَّليَّة — Eozoic (Geol.)
~ ~ الحَديثة — Kainozoic era, Neozoic era (Geol.)
~ ~ القَديمة — Palaeozoic era (Geol.)
~ ~ الوُسْطى — Mesozoic era (Geol.)
الـ ~ الرابع: مُنذ حَوالى ١٫٥ مِليون سَنة حتى العَصْر الحاضِر — Quaternary (era) (Geol.)
الـ ~ السحيق، الـ ~ الأركيّ — Archaean era (Geol.)
~ طَلائع الحياة — Proterozoic era (Geol.)
~ اللّاحياة — Azoic era (Geol.)
حِقْبَة، عَصْر — age
حَقَّقَ، أنجزَ — realize, accomplish, fulfil; effect
~ (لِتَدقيقِ الصِّحَّة) — audit, check, scrutinize; investigate, verify
~ (مع)، استجوَبَ — interrogate, cross examine
حَقْل، مَجال — field; domain (Phys., Maths.)
~ ألغام — mine field (Mil.)
~ بِكْر — maiden field (Mining)
~ زَيت، ~ نِفط — oil field (Pet. Eng.)
~ صَهاريج التخزين — tank farm (Pet. Eng.)
~ غاز طبيعي، ~ الغاز — gas field (Geol.)
~ فحم حجَريّ — coal-field (Mining)
~ قُوَّة — field of force (Phys.)
~ مِغنَطيسيّ — magnetic field (Elec. Eng.)
~ نِفْط — oil field (Pet. Eng.)
حَقَنَ — inject

حَقَنَ (تابع)
~ بِمِحقَنَة — syringe
حَقْن — injection
الـ ~ بالإسمنت (للتَّقوية) — grouting (Build., Civ. Eng.)
~ تحتَ الجِلد — hypodermic injection (Med.)
~ تِلقائِيّ — automatic injection (Eng.)
~ جافّ (دُونَ هواء) — solid injection
~ بالدَّفْع الهَوائي — air-blast injection (Eng.)
الـ ~ بالشُّغرات — hole injection (Electron.)
الـ ~ طَبَقَةً طَبَقة — lit-par-lit injection (Geol.)
~ عضَليّ — intramuscular injection (Med.)
~ قَسْرِيّ — forced injection (Eng.)
~ مَوقُوت — timed injection (Eng.)
~ الهَواء: حَقْنٌ بالهَواء — air injection (Eng.)
~ هَيدرولي — hydraulic injection (Eng.)
~ الوَقود — fuel injection (Eng.)
حُقْنَة، حَقْنة — injection (Geol., Eng., Med.)
~، حُقنة شَرَجيَّة — enema (Med.)
حَقْو: مَعقِدُ الإزار من الخاصِرة — loin (Zool.)
حُقوق (أُنظُر: حَقّ) — rights
الـ ~: القانون — law
~ آرتِفاق — appurtenances
الـ ~ والواجِبات — rights and liabilities
حُقِّيّ، مُجَوَّف كالفِنجان — glenoid (Zool.)
~: خاصٌّ بالحُق الحرقفيّ — acetabular (Zool.)
حقيبة — bag, handbag
~، جَعْبَة — kit, pouch, holdall
~ (لِلأوراقِ والوثائق) — portofolio
~ الإسعاف الأَوَّلي — first-aid kit
~ ثِياب — suitcase
~ ظَهْر: تُشَدُّ إلى الظَّهْر — packsack
حَقِّيَة: خاصيَّة لِلكواركات — truth = topness (Phys.)
حَقير، مَرْذول — base, despicable
~، قليلُ القيمة، تافِه — insignificant, negligible, little
حَقيقة — fact, reality, truth
حَقيقيّ — real, genuine, true, factual
~، مادِّيّ، مَلْموس — concrete, substantial, tangible
~ النَّواة — eukaryote (Biol.)
حَقِين (إسمنتي) — grout (Civ. Eng.)

~ إسمَنْتي: لِسَدِّ الشُّقوق — cement grout
حَكَّ — scratch
~، استحَكَّ — itch
~، فَرَكَ — rub, scrub
~، كَشَطَ — scrape, graze
~ بالوَرَق المُرَمَّل — sandpaper (Build.)
حَكٌّ، فَرْك — rubbing, scrubbing
~، سَحْج — abrasion, fretting (Eng.)
حُكّ، بُوصَلَة — compass (Surv.)
حُكاكة (المعدن) — streak (Min.)
حِكَّة، أُكال — itch(ing), prurigo (Med.)
حَكْر، احتِكارٌ سِلْعيّ — cornering, buying up
حَكَمَ، أدار، ساسَ — govern, rule, manage
~، قَضَى — judge, give a decision (or ruling), pronounce a sentence (or verdict)
حَكَمٌ، مُحَكَّم — arbiter = arbitrator, umpire
حُكْم، إدارة — rule, government, administration
~، قَرار — ruling, sentence, verdict, award
~ ذاتيّ — autonomy, self-rule
~ عُرْفيّ — martial law
~ قَضائيّ — adjudication
~ مُعَلَّق — suspended sentence
حِكْمة، حَصافَة — wisdom, sagacity
حَكَمَة: حَديدةُ اللجام — (curb) bit, snaffle
~ أو سَقّاطةُ المِكْبَح — brake ratchet (Eng.)
~ أو مِسْنَدُ المِجذاف — thole (Naut.)
حُكومة — government
حُكوميّ — government(al)
حَلَّ: أتى (في موعِده المَوسميّ)؛ عَمَّ — set in
~، أرخَى — slacken, loosen, ease off
~: إستَحَقَّ (أداؤه) — be due, mature
~، أقامَ أو سَكَن — settle (down), reside or live in
~، إنْحَلَّ، تحَلَّل، تفَكَّكَ — decompose, degrade, unravel
~، حَلَّلَ — resolve, analyse, decompose
~، ذَوَّبَ، أذابَ — dissolve
~، فَرَّقَ — disband, break up, dissolve
~، فَكَّ (الرباطَ أو العقدة) — undo, untie, unfasten
~، فَكَّ (اللفّ) — uncoil, unreel, unwind, unlay

~، فَكَّكَ — dissociate, dissolve (Chem.)
~، نَزَلَ، أصابَ — afflict, befall
~: وَجَدَ حَلًّا لِـ — solve
~ (عن مِكَبّ أو بَكَرة) — unreel, unwind
~ الرَّمْز، فكَّ الشَّفْرة — decipher, decode
~ بالكَهْرَلة — electrolyse (Chem. Eng.)
~ مَحَلّ — replace, displace
~ بالنَّقْع — macerate
حَلّ — solution
~، إرخاء — loosening, slackening
~، إنحِلال — dissolution, dissociation (Chem.), lysis (Biol.)
~، تَحليل — analysis (Chem.)
~ (اللفائف) — reeling
~ أَمْثَل — optimal solution
~ (أو إنحِلال) حَراريّ — pyrolysis (Chem.)
~ أيونيّ: انحلالُ المِلح إلى أيوناتِه في المُذيب — lyolysis (Chem.)
~ تَخطيطيّ — graphical solution (Maths.)
~ الشَّفرة المُلْغَزة: دونَ معرفةِ مفتاحها — cryptanalysis (Comp.)
~ المُشْكِلات — problem solving
~ وَسَط — compromise
حِلّ، إعفاء — exemption, absolution
حَلأ، عُقبولة — herpes (Med.)
~ نِطاقي — herpes zoster (Med.)
حَلَّى، زَيَّن — decorate, beautify
~، جَعَلَه حُلو المذاق — sweeten
~: أزالَ المُلوحة — desalinate (Chem.)
حُلالَة: مَحلولٌ غَرَواني — sol (Chem.)
حَلْب، احتِلاب — milking
حَلْبَة: المرَّة من حَلب — milking
~: مَيدان — arena
~ جَليديَّة — cirque, combe (Geol.)
حُلْبَة — fenugreek (Bot.)
حَلَجَ — gin, scutch
حَلْج (القُطنِ أو الكتّانِ) — ginning, scutching
حَلَزون — snail (Zool.)
~، لَوْلَب — helix, spiral (Eng.)
~: شَكْلٌ زينيٌّ حَلَزونيّ — volute (Arch.)
~ «أرخَميدس» — spiral of Archimedes, (Maths.)
~ ~، شادوفُ أرخَميدس — Archimedean screw (Eng.)

حَلَزون (تابع)

~ «بِسْكال»: مُنْحَنٍ قَلبيُّ الشكل — limaçon (Maths.)
~ تَبْريد — cooling spiral (Eng.)
~ (لوغاريتميّ) ثابِتُ الزاوية — equiangular (logarithmic) spiral (Maths.)
حَلَزوناتٌ مُكافِئيَّة — parabolic spirals (Maths.)
حَلَزونيّ، لَولَبيّ — helicoid(al), spiral, volute (Maths.)
حَلَفَ — swear, take an oath
حِلْف — alliance
حَلَقَ — shave
حَلْق، حُلْقوم — throat, fauces, pharynx (Zool.)
~: مَنْفثُ هواءٍ ورَشاشٍ مِن كَهفٍ شاطِئيّ — blowhole, gloup (Geol.)
~ (أو مَخْنَقُ) البُوق — horn throat
~ الفُوهة — nozzle throat (Eng.)
حَلَّقَ (في الجَوّ) — soar
حَلَقاتٌ سَنَويَّة: حلقاتُ النمو السنوي في ساقِ النبات — annual rings (Bot.)
~ «نيوتُن» — Newton's rings (Light)
حَلْقة — ring, annulus (pl. annuli), circlet, loop
~، فَلْكَة — grommet, grummet (Plumb.), washer (Eng.)
~، زَرَدة (في سِلْسِلة) — link
~، طارة، طوق — torus, hoop
~ اتِّصالٍ — communication link, interlink
~ ~ لاسِلكي — radio link (Radio)
~ احتِجاز — retainer (or retaining) ring
~ الأرقام: في مَدالة الهاتِف — number ring (Teleph.)
~ إطباقيَّة — snap ring (Eng.)
~ إقعاد — seat washer (Eng.)
~ انزِلاق — slip ring (Eng.)
~ التثبيت — lock(ing) ring, key ring
~ تجميع — collector ring (Elec. Eng.)
~ تحَرُّز، ~ واقية — guard ring
~ تَدْوير، فَلْكَةُ تَدوير — rotating ring, driving washer (Eng.)
~ تَزْييت — oiling ring (Eng.)
~ تعليق — slinger
~ تَقارُن — coupling loop (Elec. Eng.)
~ التكرار (في جزءٍ من البرنامج) — DO loop (Comp.)
~ جُزَيءِ البنزين — benzene ring (Chem.)
~ حابِكة — circlip (Eng.)
~ الحَدَبات — cam ring (Eng.)
~ حَرِجة (في سِلْسِلةٍ ما) — critical ring
~ حَشْو — gland ring, packing ring (Eng.)
~ ~ سائبة — loose gland (Eng.)
~ دِراسية — seminar, symposium
~ رَبْط — lashing ring
~ رُقاقيَّة — wafer
~ زالِقة — slip ring, sliding ring (Eng.)
~ زِناقيَّة أو زانِقة — collet, lock washer (Eng.)
~ السَّحْب — pull ring, draw ring (Eng.)
~ سَنَويَّة — annual ring (Bot.)
~ صغيرة — annulet, circlet, eye
~ فَصْل — disconnecting link (Elec. Eng.)
~ قَرْن — coupling ring (Eng.)
~ قَمْط — clamp(ing) ring (Eng.)
~ الكَبّاس، سِوار المِكبَس — piston ring (Eng.)
~ كِتابةٍ (أو مَحو): إلى أو من الشريط — write ring (Comp.)
~ (كَشْطِ) الزيت — oil ring = scraper ring (Eng.)
~ لامُتَناهية — infinite loop (Comp.)
~ مانِعةٌ لِلتسَرُّب — obturator ring, sealing ring (Eng.)
~ مُباعَدة، ~ مُباعِدة — distance ring, spacing ring (Eng.)
~ المُبَدِّل — commutator ring (Elec. Eng.)
~ مُتَجانِسة الذَرّات — homoatomic ring (Chem.)
~ المِرساة — anchor ring, toroid, torus (Maths.)
~ مُسَنَّنة — geared ring (Eng.)
~ مَشقوقة — slit ring (Eng.)
~ مَطّاطيَّة، فَلْكَة مَطّاطيَّة — rubber washer
~ مُعادِلة أو مُوازِنة — equalizer (or balancing) ring (Elec. Eng.)
~ مُفْرَغة — vicious circle
~ مَفلوقة — split ring (Eng.)
~ مُقفَلة — closed ring
~ مُقَوّاة (بالوَصْل أو اللِّحام) — stud link
~ نابِضيَّة — spring washer (Eng.)
~ نُمُوّ (حَوْليَّة) — growth ring (Bot.)
~ واقِيَة، ~ وِقاية — guard ring
~ وَصْل — connecting link, coupling ring (Eng.)
حُلقوم، حَلْق — throat, fauces (Zool.)
حَلْقيّ: على شَكل حَلْقة — annular, cyclic
~، شَبيهُ حَلْقةِ المِرساة — toric (or toroidal) (Maths.)
~ دُهنيّ — alicyclic (Chem.)
الحَلْقيّات — Annelida (Zool.)
حَلَك، حُلْكَة — intense darkness, intense blackness
حَلَّلَ — analyse, analyze
~ إلى أجزاء أوَّليَّة — resolve, break down, decompose
~ إلى العَوامِل — factorize (Maths.)
~ بالكهرباء — electrolyze = electrolyse
~ بالماء، حَلْمَأ — hydrolyse, hydrolyze (Chem.)
~ لِتَقدير النَّقاوة — assay (Chem.)
حِلْم — forbearance, clemency, tolerance
حُلْم، رُؤيا — dream
~ اليقظة — daydreaming
~، حُلُم: بُلوغُ الغُلام مَبلغَ الرجال — puberty, sexual maturity (Med.)
حَلَم، قُراد — Acaridae (Zool.)
حَلْمَأة: تحليلٌ بالماء — hydrolysis (Chem.)
حَلَمة، حَلَمةُ الثَّدْي — mamilla, nipple, teat, dug (Zool.)
~، بُروزٌ حَلَميّ — papilla, mamelon (Geol.)
~، نَبْل: وُصْلَةٌ مُلوَلَبةُ الطرفَين — nipple
~ التزييت — lubricating nipple (Eng.)
~ التَّشْحيم — grease nipple (Eng.)
~ تنفيس — bleed nipple (Eng.)
~ خَنْق — choke nipple (Eng.)
~ (أو نَبْلٌ) مُصَغِّرة — reducing nipple (Eng.)
~ مُصَغِّرة ذَكَريَّةُ الطرَفَين — swedged nipple (Plumb.)
~ وَصْل — connecting nipple (Eng.)
~ ~ الأنابيب — pipe nipple (Plumb.)
حَلْمَلة: تحَلُّلٌ بالتفاعُل مع المُذيب — solvolysis = lyolysis (Chem.)
حَلْمَنةٌ، تحَلُّل بالأمونيا — ammonolysis
حَلْمَة، حَلْمَأ — hydrolyze (Chem.)

حَلْمَهة، حَلْمَأة: تحليلٌ أو تحَلُّلٌ بالماء — hydrolysis (Chem.)
حَلَميّ، حَلَميُّ الشكل — mamillary, nipple shaped
~، مُحَلَّم — mamillated
حُلو — sweet
حُلول، مَجِيء — advent, incoming
~ دائنٍ محلّ آخَر — subrogation
~ محَلّ — replacement
حَلْي، حُلِيّ — jewelry
حَليب، لَبَن — milk (Food Sc.)
~ كامِلُ الدسَم — whole milk
~ مَقشود — skimmed milk (Food Sc.)
حِلْيَة، زينَة — ornament, decoration
~ أُسطوانية حَبْليَّةُ الشكل — rudenture (Arch.)
~ الإفريز — console (Build.)
~ ثُلاثيةُ الوُرَيقاتِ — trefoil (Build.)
~ خُماسية الأجزاء — quincunx (Build.)
~ رأسيَّة — head moulding (Build.)
~ رُباعيَّة: رُباعيَّةُ الفُصوص (أو الأوراق) — quatrefoil (Build.)
~ رُبع دائريَّة — cavetto (Arch.)
~ ضَيِّقة (مِنَ المُسَطَّحات الرُّباعيَّة غالبًا) — tringle (Build.)
~ طَوقيَّة — cincture
~ قِمِّيَّة — finial (Build.)
~ مائِلة، إفريزٌ مائل — rake moulding
~ مُحَدَّبة زاوِيَّة: لِوقايةِ زاويةٍ ناتِئة — angle bead (Build.)
~ مُستَديرةٌ (في البِناء) — gadroon (Arch.)
~ مِعماريَّة — mo(u)lding, reglet (Arch.)
~ ~ مَحفورة — st(r)uck moulding (Arch.)
~ مَغروزة — planted moulding (Arch.)
حُلَيْزنَة، جُرثومةٌ حلَزونية — spirillum (Biol.)
حَليف — ally
حُلَيمة — papilla, torulus (Zool.)
~ ذَوْق — taste-bud (Zool.)
حَلَئِيّ — herpetic (Med.)
حِمًى، حَرَم (لِلحياة البَرِّية) — sanctuary; preserve, reservation
حَمِيء — muddy, sludgy
حَمَى، وَقَى، دَرَأ — guard, protect, shield; defend; cover
حَمَّى — heat, warm
حُمَّى — fever, pyrexia (Med.)
~ الدَّريس، ~ القَشّ — hay-fever (Med.)
~ راجِعة — recurrent (or relapsing) fever
~ الضَّنْك — dengue fever (Med.)
الـ ~ القِرمِزيَّة — scarlet fever (Med.)
الـ ~ القُلاعيَّة — aphthous fever (Med.)
~ مَجهولةُ المَنشأ — FUO (fever of undetermined origin) (Med.)
حَمأٌ، وَحْل — muck, mud
~، حَمأة — sludge
~ عُضويّ، ردَغة عُضويَّة: مَصدرٌ جيولوجي للنفط والغاز الطبيعي — sapropel (Geol.)
حَمأةُ الأنود — anode mud (Chem. Eng.)
حَماة: بَطَّة السّاق — calf (Zool.)
حُمات (أُنظُر: حُمَة) — viruses (Med.)
الـ ~ (أو الفيروسات) المُخاطيَّة — myxoviruses (Biol.)
~ مُقَنَّعة — masked or latent viruses (Med.)
~ مُوهَنة — attenuated viruses (Med.)
حَمّادة: صَحراء صَخْريَّة مُرتفِعة — ham(m)ada (Geog.)
حِمار — donkey
~ بَنك — sawbuck, sawhorse (Carp.)
~ الزَّرَد — zebra (Zool.)
~ قَبّان — wood louse (Zool.)
حَماسَة — enthusiasm, zeal
حُماض: تحَمُّضُ الدم والأنسِجة — acidosis (Med.)
حُمّاض (أقْصَليس) — oxalis, wood sorrel (Bot.)
~ (رُومِكس) — dock (Bot.)
حُماق، جُدَري الماء — chicken pox, varicella (Med.)
حَمّال — porter
حَمّالة، مِعْلاق — sling, suspender, hanger
~ إنشاءات — cradle (Build.)
~ البُندقيَّة — rifle sling, butt strap (Mil.)
~ قادوسيَّة، مُحَمِّلة قادوسيَّة — skip loader
حَمام — pigeon
~ الزّاجِل — carrier pigeon, homing pigeon (Zool.)
حَمّام: دَورةُ مياه — toilet, lavatory, bathroom
~، مَغْطِس — bath
~ إيقاف (عمليةِ التَّظهير) — stop bath (Photog.)
~ (أو مَغْطِسٌ) بُخار — steam bath
~ تَثْبيت — fixing bath (Photog.)
~ تَصْليد — hardening bath (Met.)
~ حامِضيّ، مَغطِسٌ حَمْضيّ — acid bath
~ رَمْليّ — sand bath
~ زَيْتيّ — oil bath
~ مائيّ، مَغطِسٌ مائيّ — water bath
حُمامَى: اِلتِهابٌ جِلديٌّ احتِقانيٌّ احمِراريّ — erythema (Med.)
حَماوة: سُخونة — hotness, warmth
حِماية — guard(ing), safeguarding, protection
~ إلكتروليتيَّة، ~ مَهبطيَّة — electrolytic protection = cathodic protection (Elec. Eng.)
~ البيئة — conservation, environment protection (Ecol.)
~ ~ الطبيعيَّة — nature conservation (Ecol.)
~ الخَزْن، ~ الذاكِرة — storage protection (Comp.)
~ مَهبِطيَّة أو كاثوديَّة — cathodic protection (Elec. Eng.)
حَمّاية — superheater
حَمائل الباراشوت — parachute harness (Aero.)
حِمائيَّة: حِمايةُ الإنتاج الوطني من المُنافسة الخارجية — protectionism
حَمِت: فاسِدٌ زَنِخ — rancid (Food Sc.)
حُمَة: إبرةُ العَقرب أو النحلة — sting, dart
~: فِيروس — virus (Med.)
حَمَّة: يَنبوعُ ماءٍ حارّ — thermal spring, geyser, hot spring (Geol.)
~: يَنبوعُ مياهٍ معدِنيَّة — spa (Geol.)
حُمَر، زِفْت — bitumen, asphalt (Min., Chem.)
حَمَّرَ — redden
حُمْرَة — redness
الـ ~: اِلتِهابٌ احمِراريٌّ إحراريّ مُعْدٍ يصيبُ الجلدَ والأغشيةَ المُخاطيَّة — erysipelas (Med.)
~ الكرُوم — chrome red (Chem.)
حَمِز، حرِّيف، لاذِع — acrid, pungent; sour
حَمَّصَ (بالحَرارة) — roast, superheat, torrefy (or torrify)

حِمِّص chickpea (Bot.)
حَمَّض، أحمَض: عالَجَ بالحامِض acidify, acidize, acetify (Chem.)
حَمُض، حامِض (أُنظُر حامِض - لِمُقابلات الحوامِض المُختلِفة) acid (Chem.)
حَمِضَة: أليفةُ الصِّبغ الحامضيّ acidophil (Biol.)
حَمْضَلة: إضافةُ شِقٍّ حامِضيٍّ عُضويّ (أسيليّ) إلى مجموعةٍ حَمْضَليَّة (أسيليّة) acylation (Chem.), acyl group (Chem.)
حَمْضَمينات، حَوامِضُ أمينيَّة amino acids
حَمْضيّ acidic
~ قِلْويّ، حَمْقَلي amphiprotic, amphoteric (Chem.)
حَمْضِيَّة، حامِضِيَّة، حُموضة acidity
فَرْطُ الـ ~ hyperacidity (Chem., Med.)
حَمَلَ carry, bear
~ على charge
~ ت conceive (Med.)
حَمَّلَ load
~ فوقَ الطاقة overburden
حَمْل، نَقْل carriage, portage, conveyance
~، حَبَل conception, pregnancy, gestation (Med., Zool.)
الـ ~ (الحَراريّ) convection (of heat), (thermal) convection (Phys.)
~ إختِراقيّ penetrative convection (Phys.)
حِمْل، حُمُولة load, burden, charge, cargo
الـ ~ الآجِر payload (Aero.)
الـ ~ الإجمالي gross load
~ الاختِبار test load (Eng.)
الـ ~ الأساسيّ base load (Elec. Eng.)
~ (أو شَحْنٌ) إضافيّ surcharge
~ الإعجاز crippling load
الـ ~ الأقصى maximum load (Eng.), ultimate load (Eng., Aero.)
الـ ~ ~، ~ الذروة peak load (Elec. Eng.)
الـ ~ الأمْثَل optimum load (Eng., Aero.)
~ إنشائي structural load (Civ. Eng.)
~ الانضِغاط compression load (Eng.)
~ الإنهيار failure load (Civ. Eng.)
~ التبريد cooling load (Elec. Eng.)
~ التحديب buckling load (Eng.)
~ التخَلُّص disposable load
~ التدفِئة heating load (Elec. Eng.)
~ التشغيل working load (Civ. Eng.)
~ ~ المأمون safe working load
~ التصميم design load (Eng.)
~ التمَزُّق rupture load (Eng.)
~ الثلج الأقصى: لِسَقْف المَبْنَى snow load (Build.)
~ الجَرّ traction load (Elec. Eng. Geol.)
~ حَثّيّ inductive load, lagging load (Elec. Eng.)
الـ ~ الحَدّي limit load (Eng., Aero.)
الـ ~ الحَراري: إجهادُ التمَدُّد أو التقلُّص thermal load (Phys.)
الـ ~ الحَرِج critical load (Eng.)
~ حَروق: قابِلٌ للاحتراق combustible load
~ حَيّ، ~ مُتحَرِّك live load (Eng.)
~ خارِجَ المَركَز eccentric load (Eng.)
~ خَفيف: دونَ المُقَرَّر أو العادي light load (Eng., Elec. Eng.)
~ دَفعيّ (أو دَسْريّ) thrust load, impulsive load (Eng.)
~ دُمْيَة dummy load (Elec. Eng.)
~ دُونَ الذُّروة off-peak load (Elec. Eng.)
~ ~ الطاقة underload
~ دِيناميّ، ~ حَراكي (بفِعْل التَّسارُع مَثَلًا) dynamic load (Eng.)
الـ ~ الذّروي peak load (Elec. Eng.)
~ الرياح: الحِمْلُ الناتِج بِضَغْط الرياح wind load (or wind force) (Civ. Eng.)
~ زائد excess load (Eng.), overload (Elec. Eng.)
~ ساكِن quiescent load, dead load or weight (Eng.)
~ سَعَويّ capacity load, capacitive load (Elec. Eng.)
~ السُّكون، ~ مَيْت dead weight, dead load (Build.)
~ صَدْميّ impact load (Eng.)
~ الصِّفر zero load
~ الصُّمود proof load (Eng.)
~ ضاغِط compressive load (Eng.)
~ الطَّلَب الذُّروي peak demand load (Elec. Eng.)
~ عاديّ، ~ عمُودي normal load
الـ ~ الغُباري dust burden (Meteor.)
~ غيرُ مُتَوازِن unbalanced load
~ قَراري، ~ السُّكون static load (Eng.)
~ القَصّ shear(ing) load (Eng.)
~ كامِل full-load (Eng.)
الـ ~ الكَبْحيّ brake load (Eng.)
~ الكَسْر breaking load (Eng.)
~ كهربائي electric load (Elec. Eng.)
~ لاحَثّيّ non-inductive load (Elec. Eng.)
~ لامُتَمَرْكِز eccentric load (Eng.)
~ لامُفاعِليّ non-reactive load (Elec. Eng.)
~ اللّيّ torsion(al) load (Mech.)
~ مَأمون، ~ الأمان safe load (Eng.)
~ مُباشِر direct load (Eng.)
~ مُتحَرِّك أو مُتنَقِّل moving load, travelling load (Civ. Eng.)
~ مُتخَلِّف lagging load (Elec. Eng.)
~ مُتذَبْذِب oscillating load (Eng.)
~ مُتعامِد normal load
~ المَجرى: مَدفوعًا أو مُعَلَّقًا أو ذائبًا stream load (Geol.)
~ مِحوَريّ axial load (Eng.)
~ مُرَكَّز concentrated load (Eng.)
~ مَركَزيّ central load (Eng.)
~ مُستَمِرّ continuous load (Eng.)
الـ ~ المَسموحُ به allowable load, admissible load (Eng.)
~ مُفاعِليّ reactive load (Elec. Eng.)
~ مُفترَض assumed load
الـ ~ المَفْروض imposed load (Arch.)
~ مُقاوِميّ resistive load (Elec. Eng.)
الـ ~ المُقَدَّر prescribed load, rated load (Eng.)
الـ ~ المُقَنَّن rated load (Eng.)
~ مُواءَم: لِتَلَقّي القُدْرة القُصْوَى matched load (Elec. Comm.)
~ مُوازَن balanced load (Elec. Eng.)
~ مُوَزَّعٌ بانتِظام uniformly distributed load
~ مُوَصَّل connected load (Elec. Eng.)
~ نَفُود، ~ يُستَنْفَد consumable load
حِمْلاج: قَصَبَةُ نَفْخ، بُوري blowpipe, torch (Eng.)
~ الأسيتيلين acetylene-blowpipe

حِمْلاج (تابع)
~ (أو بُوري) الأُكسِجين والأسيتيلين — oxyacetylene blowpipe (Chem.)
~ (أو بُوري) الأُكسِجين والهِدْروجين — oxyhydrogen blowpipe (Chem.)
~ قَطْع — cutting blowpipe (or torch)
~ لِحام — welding blowpipe (Eng.)
~ لَفْح، حاروقُ سَفْع — blast burner (Eng.)
~ مائي: مِثقابٌ نافوريّ بِضَغط الماءِ العَنيف — water torch (Build.)
حَمْلَة — campaign, expedition
~ إعلانيَّة — advertising campaign
حَمْلَق — gaze, stare
حُمَمٌ بُركانية — lava, cinders, volcanic bombs (Geol.)
~ وِسادية — pillow lava (Geol.)
حُمُوّ — hotness, warming, heat(ing)
~ عالَمي: تَسَخُّنُ جَوِّ الكُرة الأرضيَّة بتأثيرِ ظاهِرة الدفيئات — global warming (Ecol.)
~ المَحمِل (لِشُحِّ التزييت) — overheating of bearing (Eng.)
حُموضة، حامضيَّة — acidity (Chem.)
الـ ~ الكُلِّيَّة — total acidity (Chem.)
قِياسُ الـ ~ — acidimetry (Chem.)
مُضادُّ الـ ~ — antacid (Chem., Med.)
~ المَذاق أو المِزاج — acerbity
حُمولَة، شِحْنة — load, cargo (Naut.)
~: أُجرةُ الحمل أو النَّقل — carriage
الـ ~ الآجِرة (التي تُدفَع أجورٌ عنها) — payload (Aero., Space)
الـ ~ الإجماليَّة بالطُّنّ — gross tonnage
~ الذَّهاب — outbound (or outward) cargo
الـ ~ الساكنة بالطُّنّ — dead-weight tonnage
الـ ~ الصافية بالطُّنّ — net tonnage
~ العَودة (أو الإياب) — return (or homeward) cargo
~ القاع — bed load (Geol.)
~ مَجْرورة أو مَسْحوبة: ما يَجُرُّهُ النهرُ أو السَّيْلُ معهُ — traction load (Geol.)
~ المَحْمِل — bearing load (Eng.)
~ مُوَحَّدة — unitized load (Eng.)
~ ناقِصَة — undercharge
~ النَّهر: ما ينقُلُه معه — river load (Geol.)
حَمِيَ: (سَخُنَ و) تَهَيَّأَ لِلعَمل — warm up

حُمِّي: مُتَّسِمٌ (أو مَصحوبٌ) بالحُمّى — febrile, feverish, pyretic, pyrexic (Med.)
حِمْيَة — diet, regimen (Med.)
حَميد: غيرُ خَبيث — benign (Med.)
مَساعٍ حَميدة — good offices
حُمَيراء: الحَصْبَةُ الألمانية — rubella, German measles (Med.)
حَميص (الخام) — calcine (Met.)
حَميل، جَنين — f(o)etus, embryo (Zool.)
حَنَى — bend, curve, bow
حِناية، ثَنْي — bending
~ الأنابيب — pipe bending (Eng.)
حُنْبُلة، قَرْن — pod, silique (Bot.)
حَنْجَرة، صُندوقُ الصَّوت — larynx, voice box (Zool., Acous.)
حُنجور: قارورة صغيرة — flacon
حَنَّطَ — embalm
~ (حيوانًا) — stuff (Chem.)
حِنْطة: قَمْح — wheat (Bot.)
حَنْظَل — colocynth (Bot.)
حَنَف — clubfoot, talipes (Med.)
حَنَفِيَّة، صُنبور — tap, faucet, cock, spigot
~ تَفريغ — drain cock (Eng.)
~ عاديَّة: تُقفَلُ بِقُرصٍ ذي فلكةٍ جِلدية — draw-off valve = bib-valve (Eng., Plumb.)
~ مَعْقوفة — bibcock, bibb cock (Eng.)
~ بِنابِض — spring faucet
~ هَواء — air cock
حَنَك: سَقْفُ الحَلْق — palate (Zool.)
حَنْي (أُنظُر: حِناية) — bending
~ بالرَّمل: حِنايةُ الأنابيب مُعَبَّأةً بالرمل — sand bending (Plumb.)
حَنِيَّة، حَنْيَة، عَطْفة — bend, curve, camber, flexure, curvature
~ حادَّة — hair-pin bend, hook
~ خَشَبِيَّة (طَبيعيَّة أو صُنْعيَّة) — knee (Build.)
~ عائدة (أو مُرتَدَّة على شَكل U) — return bend (Eng.)
~ القَبْو: مُلتقى عَقدَين مُتَقاطِعين — groin (Arch., Build.)
~ مِرفَقيَّة، اِنحِناءٌ مِرفَقيّ — elbow bend
~ نُونيَّة: يعملُ الماءُ فيها كَعازِلٍ لِلروائح — U-bend = air trap (Build.)
حَنيرة، طَيَّة مُحَدَّبة، قَبْوَة — anticline (Geol.)
~ عُظمى — geanticline (Geol.)

~ كاذِبة — pseudo-anticline (Geol.)
~ مُحيطة — pericline (Geol.)
~ (أو قَبْوةٌ) مُرَكَّبة — anticlinorium (Geol.)
حَوَى، اِشتَمَلَ على — contain, include, comprise
الحَوّاء والحُوَيَّة: كَوكَبة شمالية — Ophiucus, Serpent Bearer (Astron.)
حِواء: مَجموعةُ بيوتٍ مُتَلاززة — block (Build.)
~، مَبيتٌ واقٍ — housing (Elec. Eng.)
حَواجِز (أُنظُر: حاجز) — obstacles; septa, bars
~ جُمركية — tariff barriers
حَوادِث (أُنظُر: حادِث) — accidents
~ طَفيفة — minor accidents
حَوافِز (أُنظُر: حافِز) — incentives
~ الإنتاج — production incentives
حِوال — shield, screen
~ الأشِعَّة السِّينِيَّة — X-ray shield
~ حَراريّ، دِرْعٌ حَراريّ — heat shield (Eng.)
~ مِغْنَطيسيّ — magnetic shield (Elec. Eng.)
حَوالة، تَحويلٌ — draft, transfer, remittance
~ بَريديَّة — postal (money) order
~ تُدفَعُ عندَ الاطِّلاع — sight bill (or draft)
~ (ماليَّة) بَريديَّة — money order
حَوّامَة: مَركَبةٌ تَسيرُ على الماء أو الأرضِ المُستَوية فوقَ مِخَدَّةٍ هوائية — hover-craft (Aero.)
حَوامِض (أُنظُر: حامِض) — acids (Chem.)
الـ ~ (العُضويَّةُ) الطبيعيَّة — natural acids
~ الهالُوجينات — haloid acids (Chem.)
حُوت — whale (Zool.)
بُرْجُ الـ ~ — Pisces (The Fishes) (Astron.)
الـ ~ الجنوبي: كَوكَبة جنوبيَّة — Pisces Australis, The Southern Fish (Astron.)
الحُوتيّات: رُتبةٌ من اللبونات — Cetacea (Zool.)
حَوْر — poplar, aspen (Bot.)
حَوراء، حُوريَّة، عَذْراء — nymph (Zool.)
حَوْرَة رُوميَّة، جارُ الماء — alder (Bot.)
حَوْز، فسحَة، فُرْجة — bay
~ أماميّ: يَلي بوّابةَ السَّد أو الهَويس — forebay, head-bay (Hyd. Eng.)
~ سُفليّ أو طَرَفيّ — tail bay (Hyd. Eng.)
~ القنابل — bomb bay (Aero.)

حَوْز (تابع)
~ مَقابِس التوصيل المؤقَّت — patch bay (Elec. Eng.)
~ الهَويس — lock-bay (Hyd. Eng.)
حَوزة، حِيازة — holding, possession
~ من الأسهم والسَّنَدات — holding
حَوسَبَ: أعَدَّ (أو جَهَّزَ) بِمُعدّاتٍ حاسوبيَّة — computerize
حَوش — enclosure, yard
حَوشَب: مَوصِلُ الوَظيف بِرُسْغِ الدابة — fetlock (Zool.)
حَوْصَلَة (طائر) — crop (Zool.)
حَوض، طَسْت — basin, trough
~، بِركة — pool, pond
الـ ~، تجويفُ الحَوض — pelvis (Zool.)
~، صِهريج — cistern
~، مَرْبَى المائيّات — aquarium
~: هُبوط أرضيٌّ حَوضيّ — basin (Geol.)
~، دَنّ، راقُود — vat
~ اختِزان — cistern, tank, reservoir
~ ارتوازي — artesian basin (Geol.)
~ ازدِراع، مَشْتَل — bed (Agric.)
~ استِحمام، مَغطِس — bath tub
~ إصلاحِ السُّفُن — repair(ing) dock (Naut.)
~ أو حُفرَة احتجاز: للمواد العسيرة التصريف — catch basin, catch pit (Civ. Eng.)
~ بِناء السفُن — shipbuilding dock or yard (Naut.)
~ بِنْيَوي — structural basin (Geol.)
~ تَبْخيريّ — evaporite basin (Geol.)
~ تجميع الأمطار — catchment basin (or area) (Civ. Eng.)
~ تَرْسيب (أو تَرويق) — settler, settling vat
~ تَرشيح — filtering basin (Hyd. Eng.)
~ تَركيبيّ أو بِنائيّ — structural basin (Geol.)
~ تَظهير — developing tank (Photog.)
~ التَموُّج — ripple tank (Phys.)
~ جافّ — dry dock (Civ. Eng.)
~ (جافٌّ) عائم — floating (dry) dock
~ خَشَبيٌّ لِغَسْلِ الخاماتِ — kieve (Mining)
~ ذو مُنزَلَق — slip dock (Naut.)
~ الرَّحْض — flushing cistern (San. Eng.)
~ رُسوبيّ — sedimentary basin (Geol.)
~ الزَّيت — oil sump (or pan) (I.C. Engs.)

~ سُفُن — dock, shipyard, marina (Naut.)
~ الصَّرْف — catchment area, water-shed (Civ. Eng.)
~ صُندوق السُّرعة — gear case (Eng.)
~ عائم — floating dock (Naut.)
~ عُلبةِ المَرافِق — crankcase sump (Eng.)
~ العَوّامة — float bowl, float tank (Eng.)
~ غازٍ طَبيعيّ — gas pool (Pet. Eng.)
~ غَسْل: لاستِخلاص الخامات — sluice (box) (Mining)
~ قارّي — continental basin (Geol.)
~ القُشادة — skim basin (Foundry)
~ مائيّ — wet dock (Civ. Eng.)
~ مُحتَجَز — barred basin (Geol.)
~ المِحوَر — axle housing (Eng.)
~ المَدِّ والجَزْر — tidal basin (Geog.)
~ مُسَطَّح — pan, tray
~ المُسَنَّنات — gear casing, gear housing (Eng.)
~ المَغْسَلة — sink
~ نَفطيّ — oil basin (Geol.)
~ (نَقْل) المِلاط والطُّوب — hod (Build.)
~ النَّهر — river basin (Geol.)
حَوَّطَ، حَوَّقَ — surround, encircle
حُوق، إطار — frame
~، الطبقةُ المُحيطة (بالجُذور غالِبًا) — pericycle (Bot.)
حَوَّلَ — invert
~، غَيَّرَ — change, alter, transform, turn (into), convert
~، صَرَفَ عن — divert
~، فَرَّعَ — shunt
~ الاتِّجاه — deviate, deflect, turn
~ اتجاهَ السفينة (نحوَ الريح بِخاصةٍ) — haul (Naut.)
~ إلى أوزون — ozonize (Chem.)
~ (أو تحَوَّلَ) إلى إيثر — etherize
~ إلى بُخار أو غاز، غَوَّزَ — aerify
~ إلى عُنصُرٍ آخَر — transmute (Chem.)
~ إلى غاز، غَوَّزَ — gasify (Phys.)
~ إلى نَقْد — negotiate
~ الصِّفاتِ الطبيعية — denature (Chem.)
~ مَسارَ القِطار (إلى خَطٍّ آخَر) — switch, shift, shunt
~ المَظْهَر — transfigure

~ النِّترات إلى نُشادِر (أمونيا) — ammonify (Chem.)
حَوْلٌ: سَنَة — year
حَوْلَ، مِن حَوْل — about
~ (بادِئة) — circum-, peri-
~ جَليديّ، مُتاخِمُ الجَليد — periglacial
~ ٱلنَّواة — perinuclear
حَوَل — squint, strabismus (Med.)
حَوْليّ: يعيشُ سنةً فقط، يحدُث أو يصدرُ سَنَويًّا — annual
~، نَباتٌ حَوليّ — annual (Bot.)
حَوَّمَ — hover
حُؤول: تحَوُّلُ النُّسج — metaplasia (Zool.)
حَوِيَّة، لَفَّة — whorl; coil, convolution
~ حَلَزونية — spiral whorl
حُوَيصِلة: تجويفٌ خَلَويّ — vacuole (Biol.)
~، سِنْخ — alveolus (pl. alveoli) (Biol.)
~، فَجْوَة — vesicle (Zool., Geol.)
الـ ~ الصفراوية — gall bladder (Zool.)
~ قَلُوص — contractile vacuole (Zool.)
حَيّ — live, alive, living
~: مَحَلَّة (في مدينة) — quarter
حَياة — life
~، حَيَوِيَّة — vivacity, liveliness
الـ ~ البَرِّيَّة، الأحياءُ البَرِّيَّة — wildlife (Ecol.)
الحَيّات: رُتبة من الزواحف — Serpentes, Ophidia (Zool.)
حياتيّ، أحيائيّ، حَيَويّ — biotic (Biol.)
حِياد — neutrality
~ مُسَلَّح — armed neutrality
حِياديَّة: اِنعِدامُ التأثيرِ المُتَبادَل — neutralism (Phys.)
حِيازة — possession, holding
حِياكة — knitting; weaving
حَيَّة، أفْعَى — snake, serpent (Zool.)
حَيَّدَ، اِنْعَرَجَ — diffract, deviate
~، أبطَلَ الفِعْل — neutralize
حَيْد، إزاحة — offset
~، حَيَدان — deviation, deflection, digression
~، حَرْف: نُتوءٌ صخريّ طويلٌ خفيض — ridge, rand (Geol.)
~ بَحريّ — reef
~ بَيْنيّ: بَيْنَ وادِيَيْن مُتوازِيَيْن — interfluve (Geol.)

حَيْد (تابع)
~ جَبَلِيّ — os (or osar) (Geol.)
~ جليديّ، كَثيبٌ جَليدي طُولي — esker (Geol.)
~ رَمْلِيّ — sand ridge (Geol.)
~ مُحيطِيّ — oceanic ridge (Geol.)
حيدار: حَصْباءُ رمليَّةٌ مُنتظمةُ الحُبيبات — gan(n)ister (Geol.)
حَيَدان — drift, deviation, digression
~ جانبيّ: نُتوءُ سَطْحٍ عَمّا دُونَه — overhang
~ رِيحيّ — windage, wind drift
حَيَّر، أذهل — bewilder, maze
~، أربَكَ — perplex, confuse, embarrass
حَيْرة — perplexity, embarrassment
حَيِّز — space, room
~ الاحتِراق — combustion space (Eng.)
~ الإشغال: للجهاز على طاولةٍ أو مكتب — footprint (Comp.)
~ الامتِزاز — adsorption space (Phys.)
~ الانسِياق — drift space (Electron.)
~ الانضِغاط — compression space (I.C. Engs.)
~ البَضائع — cargo hold (Naut.)
~ التأثُّر — interaction space (Electron.)
~ الجِسم: بين الجِسم المَرئيّ والمَجموعة البَصَريَّة — object space (Opt.)
~ جَوِّي، مجالٌ جَوِّي — airspace
~ الخُلوص — clearance space
~ الدِّثار — jacket space (Eng.)
~ طَوريّ — phase space (Phys.)
~ الفاعلية: لِساتِل اتصالات على سطح الأرض — footprint (Elec. Comm.)
~ المُستخدِم: خاصٌّ ببرامجه دون سواها — user area (Comp.)
~ مَكشوف — open space
~ هَوائي — air-space
حَيْزوم: مُقدَّم السفينة — cutwater (Naut.)
~ (السفينة أو الطائرة) — bow, nose
~ دِعامةِ الجِسر (الذي يَشُقُّ الماء) — cutwater
حَيْصَل، باذِنجان — aubergine (Bot.)
حَيْض، طَمْث — menstruation, menses (Zool.)
حِيطة، احتياط — precaution, safeguard
~، حَذَر — caution, cautiousness
حَيْف، ظُلْم — injustice
حِيلة، خُدعة — trick, artifice
~: نَبيطة — contrivance, ingenuity
~ (عسكرية بخاصةٍ) — stratagem
حَيَمين، فيتامين — vitamin (Biol., Food Sc.)
حِين، عَصْر، حِقْبَة — age; epoch, era (Geol.)
~: زَمَن، وقت — time
في حِينِه — timely; in due time
حِينيّ: في أحيانٍ أو مُناسباتٍ مُحَدَّدة أو عَرَضيَّة — occasional
حَيْهَوائي: كائنٌ حَيَوائي — aerobe (Biol.)
~، حَيَوائي: يتطَلَّبُ هَواءً لِيَعيش — aerobic (Biol.)
حَيَوان — animal
عِلْمُ الـ ~ — zoology
~ بَرمائيّ — amphibian (Zool.)
~ تَحميل — pack animal
~ جَرٍّ — draft animal
~ جِرابيّ — marsupial (Zool.)
~ ضارٍ (أو مُفترِس) — predator (Zool.)
~ فَقاريّ — vertebrate (Zool.)
~ مُجْتَرّ — ruminant (Zool.)
~ مِن ذَوات الأربَع — quadruped
~ مِن السِّنَّوريّات — cat (Zool.)
~ نَباتيّ: حيوانٌ شَبيهٌ بالنبات — zoophyte
حَيَوانات (أنظُر: حيوان) — animals
~ إقليمٍ (أو زمنٍ جيولوجيّ) مُعَيَّن — fauna (Zool.)
~ المِياه الراكِدة — lenitic fauna (Ecol.)
حَيَوانيّ — animal(-like); zoological
~ التغذية: يغتَذي كالحَيوان — holozoic (Biol.)
حُيُود، اِنحِراف — deflection, deviation, digression
~، اِنعِراجٌ مَوجيّ — diffraction (Phys.)
~ الضوء — diffraction of light (Phys.)
حَيُوم، مَثْوًى نِطاقيّ — biome (Ecol.)
حَيَويّ، أساسيّ — fundamental, essential
~، حياتي — vital, biological
~: ناشِئٌ عن كائناتٍ حَيَّة — biotic (Ecol.)
مُضادٌّ ~ — antibiotic (Med.)
~ المَنْشَأ — biogenic
حَيَويّات: نَباتُ مِنطقةٍ وحيواناتُها — biota (Biol.)
حَيَويَّة، نَشاط — vitality, vivacity, animation, life
~، عَيُوشيَّة — viability (Biol.)
حُيَيّ: مُتَعَضٍّ مِجْهَريّ — microbe (Biol.)
~ مِجهَري، مُتَعَضٍّ صُغْريّ — micro-organism (Biol.)
~ مَنَويّ، نُطْفَة — spermatozoon (Zool.)
حُيَيْوين — animalcule (Biol.)

خ

خ: الرمزُ الكيماويّ لِلخارصين (الزِّنْك) — Zn (zinc) (Chem.)

خابَ، أخفقَ — fail, be unsuccessful

خابَر: تَلْفَن — telephone, call, ring

~: زارَعَ مُشارَكةً — sharecrop (Agric.)

خابور — key (Eng.)

~، مِسمارٌ خابوري — cotter (Eng.)

~، وَتَد، وَتِد — wedge

~ إسفينيّ — wedge key

~ تَثْبيت — (fixing) plug (Build.)

~ ~ (العَوارِض الخشبية) — tre(e)nail, trunnel (Carp.)

~ تَسْييب (قالَب الصَّبّ) — releasing key

~ راكِب — saddle key (Eng.)

~ رِيشيّ — feather, spline (Carp.)

~ غاطِس: يتحرَّكُ طولانيًّا — feather key

~ غِنْفاري — dovetail key (Build.)

~ اللامُتَمركِز. ~ لامُتَمركز — eccentric key (Eng.)

~ مَبروم — round key (Eng.)

~ مَخروطيّ — cone key

~ مُرَبَّع (المَقْطَع) — square key (Civ. Eng.)

~ مُستَدِق — taper key

~ مَشقوق — split key (Eng.)

~ مُنزَلِق — sliding key

خابية — cask, tun

~ الحامِض — acid egg (Chem. Eng.)

~ خام — ore bin (Mining)

خاتَم، حَلْقة — ring, circlet

~، خَتْم — seal, stamp

~ تفتيش — inspection stamp

~ تفريج — spacing ring (Eng.)

خاتِمة — end, termination, finish

خاثِر — curdled, coagulated, curded (Chem.)

خادِرة، عَذْراء: حشَرة في الطور بين اليرقانة والكاملة — pupa (Zool.)

~، فِيْلَجَة: خادِرةٌ حشَريَّة أو غِلافُها — chrysalis (Zool.)

خادِع — delusive, deceptive

خارَ: وَهَن — languish, weaken, subside

خارِج، خارِجيّ — external, extra-

~، مُنصَرِف، صادِر — outgoing

~ الأرض — extraterrestrial (Astron.)

~ البُؤرة، مُخْتَلُّ التبَؤُّر — out of focus (Opt.)

~ الخَط، مُنْفَصِل: ليس في نطاق تحكُّم المعالِج المركزي — off-line (Comp.)

~ الخلايا — extracellular (Biol.)

~ عن السيطرة، ~ عن التحَكُّم — out of control

~ عن الطَّور — off-phase, out of phase (Phys.)

~ عن نِطاق البَحْث — impertinent

~ المَدى — out of range

~ القِسمة — quotient (Maths.)

~ مَدارِ القمر — translunar (Astron.)

خارجيّ، ظاهِريّ، بَرّانيّ — external, outer, exterior, ecto-, exo-

~، سَطحيّ — peripheral, superficial

~، عَرَضيّ — extrinsic, extraneous

~ الانْسِياب — exor(h)eic

~ التشَكُّل — exomorphic

~ المَنْشأ — exogenous (Med.)

~ (أو جَليبُ) المَنْشأ — allogenic, allothogenic (Geol.)

~ النُّمُوّ، ~ المَنْشأ — exogenous

خارصين: عُنصُر فِلِزّي رَمزُه (خ) — zinc (Zn) (Chem.)

خارطة، خَريطة — map, chart

~ (الأرض أو المَدينة) — plat

~ تَركيبيَّة — structural map (Geol.)

~ التضاريس الأرضية — relief map (Geog.)

~ دَليليَّة — index map

~ الطقس — synoptic chart, weather map (Meteor.)

~ مائيَّة — hydrograph, hydrographic map

~ المَطَر — hyetograph (Meteor.)

~ مُفَصَّصَة أو مُمَدَّدة — exploded chart

(أُنظُر أيضًا: خريطة)

خارِق، إعجازي — exceptional, miraculous, paranormal

خازِن: أمين الصندوق — treasurer

خازِنة — store

~، ذاكِرة — storage, memory (Comp.)

~ مُسانِدة، ~ ثانوية: خارج الذاكرة الرئيسية — backing store, secondary memory (Comp.)

خازوق — pile, stake, spile (Civ. Eng.)

~ دَعْم أو تثبيت — stay-pile (Civ. Eng.)

خاشِب: آكِلُ الخَشَب — hylophagous (Zool.)

خاصّ — special, particular, specific

~، خُصوصي — private

~ بالجينات أو المُوَرِّثات — genic (Gen.)

~ بالسيارات — automotive

~ بالمِياه العَذْبة — limnetic = limnic (Ecol.)

~ بقِياس الحَرارة — calorimetric (Phys.)

خاصَّة، خاصِّيَّة، صِفة مُمَيِّزة — characteristic, property, attribute

~ جَمْعيَّة — additive property (Chem.)

الـ ~ الشَّعْريَّة — capillarity (Phys.)

الـ ~ ~ الكهربائيَّة — electrocapillarity

~ طبيعيَّة — physical property

~ كيماويَّة — chemical property

~ مُمَيِّزة (بارِزة) — distinctive property

خاصِرة، خَصْر — flank, waist

خاضَ — wade, ford

~ في بركةٍ ضَحْلة — puddle

خاضِع، تابع — subordinate

~، مِطواع — yielding, compliant, pliant

~ لِـ — subject to

~ لِلرُّسوم — dutiable, taxable

خاطَ — sew, tailor

خاطَبَ — address, speak to

خاطَرَ — risk, venture

~ بِـ — stake

خاطِر(ة)، فِكرة (تَجولُ في الذِّهن) — notion, thought

سُرعةُ الخاطِر — presence of mind

خَاطوف، كُلّابة — grapnel (Naut.)

~ مُتعَدِّدُ الكلاليب — grappling iron (Naut.)

خاطِىء، مَغلوط — wrong, erroneous, faulty, incorrect

خافِت، باهِت — faint, dim

~، غيرُ مَسموع — inaudible

خافِت (تابع)
~، مِضْبَطُ الخُفوت — fader (Cinema)
~ الصَّرير — antisqueak
~ الصَّوت: كاتِمُ الصوت — muffler, silencer (Eng.)
~ صَوتِ العادِم — exhaust silencer (Eng.)
~ النُّور، مُخَفِّف الضَّوء — light dimmer
خافِرة، شارِدةٌ (حَدِّية) دَليليَّة — sentinel (Comp.)
خافِض، مُهَبِّط — depressant, depressor
~ الاحتكاك، مُقاوِمٌ للاحتكاك — antifriction (Eng.)
~ إضاءةِ المِصباح — lamp dimmer
~ التوَتُّر السطحي — bathotonic, surfactant (Chem., Phys.)
~ الصَّوت — silencer, muffler (Acous.)
~ الضغط — pressure reducer (Phys.), hypotensive (Med.)
~ الفُلطيَّة — voltage dropper (Elec. Eng.)
~ المُقاومة — antifriction (Eng.)
~ مقاومة الهواء (لحركة الطائرة) — anti-drag (Aero.)
~ (نُقطةِ) الانصِباب — pour (point) depressant (Phys.)
خافِق، نابِض — beating, throbbing
~، مُرَفرِف — flapping, fluttering
خافِقة: خَلّاطة (منزليَّة) — beater
~: رايةُ إشارة — signalling flag, pennon, wigwag
خالٍ، خاوٍ، فارِغ، شاغِر — vacant, void, empty
~ (من) — free (from)
~ ~ الأخطاء أو العُيوب — impeccable
~ ~ الأسفَلْت — asphalt-free
~ ~ التشَوُّه — distortion-free
~ ~ الحامِض — acid-free
~ ~ الحُبَيباتِ الحاكَّة — grit-free
~ ~ الغاز — gas-free
~ ~ الغُبار — dust-free
~ ~ الكِتابة — blank
~ ~ الماء — water-free
خالٌ، شامَة — n(a)evus, birthmark (Med.)
خالِب — chelating agent (Chem.)
خالِص، نَقِيّ، صِرْف — pure, unmixed, absolute
~، صافٍ — net(t)
~ أُجرة البريد — postpaid
~ ~ الشَّحْن حتّى ظَهر الباخِرة — free on board
~ ~ النَّقْل — carriage-free, carriage paid
خالَطَ: اختلَط، تَخالَط — intermix, commingle
~: شابَ، لَوَّث — contaminate
خالَفَ: أخَلَّ بِـ — violate, break, breach
~: بايَنَ — differ, vary
~: ناقَضَ — contradict, disagree
خام، غيرُ مُهَذَّب — crude, raw
~، خامَة، رِكاز: مادة خام — ore (Mining, Min.)
~، غيرُ مَصقول — rough
~، غيرُ مُشَكَّل، غيرُ مَشْغُول — unwrought (Eng.)
~ بترولِيّ عالي الكثافة — high-gravity crude (Pet. Eng.)
~ حديدِ المُستَنْقَعات — morass ore (Min.)
~ حَديديّ أزرق — blue billy (Met.)
~ خَسِيس، ~ خَفيضُ المَرتَبة — base ore, low-grade ore (Mining)
~ خَفيف — light crude (Pet. Eng.)
~ رَضِيض (أو مَهروس) — stamped ore (Mining)
~ غُفْل: لَمّا يُرَكَّزْ أو يُعالَجْ — crude ore
~ غيرُ مُصَنَّف ولا مُعالَج — run of mine
~ فقير — lean ore (Mining)
~ قَصديري — black tin (Met.)
~ كاذِبُ التشَكُّل — pseudomorph (Min.)
~ كِبريتيّ — vitriol ore (Min.)
~ مُجَوًّى: تعَرَّض لتأثير العوامِل الجوِّيَّة — weathered ore
~ المُحاصَّة — equity crude (pet. Eng.)
~ مُحتَمَل — possible ore (Mining)
~ مُختَزَن — stock
~ مُصَنَّف (بالغَرْبَلة) — screened ore
~ مُغِلّ: يُمكِنُ استِغلالُه اقتصاديًّا — pay ore (Mining)
~ مَقطوف: خامٌ نَفطيّ أُزيلت أجزاؤه المُتَطايرة — topped crude (Pet. Eng.)
~ مُقَوَّم: مَقِيسُ الكمِّيَّة ومُحَدَّدُ النوعيَّة — measured ore (Mining)
~ مُنتَخَب أو مُنَقًّى — cobbed ore, picked ore (Mining)
~ نُحاسِيّ — copper ore (Mining)
الـ ~ (النَّفطِيّ) — crude (oil)
~ نَفْطِيّ بَرافينِيّ — paraffinic crude
~ نَفطِيّ ثقيل — heavy crude (Pet. Eng.)
~ (نفطِيّ) غيرُ مُرَكَّز — unstabilized crude
~ هالِك أو مَهْدُور — waste stock (Mining)
خامَة: مادةٌ خام — raw material, staple
خامِج — infectious = infective (Med.)
خامِد، خامِل — inert, inactive (Chem.)
~، مُطفَأ — extinguished, quenched
~، هامِد — extinct (Geol.)
خامِس — fifth, pento-
~ أُكسيد، أُكسيدٌ خُماسِيّ — pentoxide (Chem.)
~ ~ الفُسْفور — phosphorus pentoxide
خامِل، عاطِل: لا يُنتِجُ شُغلًا مُفيدًا — idle
~، عَدِيمُ المُبالاة — indifferent
~، غيرُ فعّال، خامِد — inert, inactive, passive (Chem., Phys.)
~، كَسُول — lazy
خانَ — betray
خانَة، صُندوقة — compartment
~، مَنْزِلة حِسابيَّة — place (Maths.)
خانِق: مُسَبِّبُ الاختِناق (لِفَقْدِ الأُكسِجين) — suffocating, suffocant, asphyxiant (Med.)
~، مَخْنَق — throttle, choke, bottleneck (Eng.)
~: وادٍ عَميق ضَيِّق — gorge, kloof (Geol.)
~ (أو خانِقةُ) إقرار — stabilizing choke, barretter (Elec. Eng.)
~ إنتاج — production choke (Pet. Eng.)
~ التدَفُّقِ المُفاجِىء — storm choke (Pet. Eng.)
~ التردُّداتِ السمعيَّة — audio-frequency choke (Elec. Eng.)
~ ~ العالية — high-frequency choke (Elec. Eng.)
~ ~ اللاسلكية (وتيّاراتِها) — radio-frequency choke (Radio)
~ ~ المُنخَفِضة — low-frequency choke (Elec. Eng.)
~ تَسْوِيَة: مِلَفٌّ مُحاثِّيّ مُرَشِّحٌ لِلتمَوُّجات — smoothing choke (Radio)

خانِق (تابع)
~ تيّارات السَّحب العَكسيّ — back-draft damper (Mech. Eng.)
~ جَليديّ — bergschrund (Geol.)
~ الخَرْج — output choke (Elec. Eng.)
~ مُتَرَجِّح: يُسَلِّسُ الدارة بِتقليلِ المُعاوَقة مَعَ تزايدُ التيّار — swinging choke (Radio)
~ مُرَشِّح — filter choke (Elec. Comm.)
~ مُوازِن — stabilizing choke (Eng.)
خانُوق — croup, angina trachealis (Med.)
خَبَّ (الفَرَسُ) — trot
خَبا — fade
خَبَأَ، أخْفَى — hide, conceal, cache
خِباء — carpel (Bot.)
خَبَث، جُفاء — slag (Met.)
~، نُفاية (فِلزيّة أو معدنيّة) — dross (Met.)
~ الأفران — furnace slag (Met.)
~ البَراكين: لابَة مُنَخْرِبة — scoria (Geol.)
~ الحَديد، جُفاءُ الحَديد — iron slag (Eng.)
~ حَراريّ: عَصِيُّ الصَّهْر — refractory slag (Met.)
~ الطَّرْق — hammer slag (Eng.)
~ الفَحْم — coal slag, clinker (Eng.)
~ الفُرْن — cinder
~ المُحَوِّل — converter slag (Met.)
~ مُحَوِّلِ «بَسِمَر» — Bessemer slag (Met.)
~ المَسابِك: في تنقية المعادن، ~ المَصْهَر — slag, foundry slag (Met.)
~ (أو شوائب) معدنية (في الخام) — gangue minerals (Min.)
خِبْرة، مِران، مُمارَسة — experience
~ عَمَلِيّة — practical experience
~ فَنِّيّة، سِرُّ الصَّنْعة، خِبرةُ التنفيذ — know-how, expertise
خَبَزَ، شَوَى — bake
خَبَطَ، طَقْطَقَ — knock
~، ضَرَبَ — hit, beat, strike
~ بِصَوتٍ مَكتوم — thump, thud
خَبْط، دَقّ، قَرْقَعة — knock, knocking, pinking
~ الاحتِراق — combustion knock (Eng.)
~ الكَبّاس — piston knock (Eng.)
~ المُحَرِّك — engine knock(ing) (Eng.)
خَبْطَة — beat, hit, stroke
~ مَكتومة — thud, thump

خَبَل، جُنون — insanity (Med.)
~ ذُهول — stupor (Med.)
خُبُوّ، خُفُوت — fading, fade
~، خُمود، هُمود — subsidence, abatement, extinction
~ انتقائي (لِلأمواج المُضَمَّنة) — selective fading (Elec. Comm.)
~ التداخُل — interference fading (Phys.)
~ حراريّ: بالامتصاص في سبيكةٍ فولاذية لِحدوث تحوُّلٍ تآصُلي في حديدها — decalescence (Phys., Met.)
~ راديوي — radio fadeout (Elec. Comm.)
خَبيث — wicked, malicious, bad
~: غيرُ حَميد — malignant, pernicious (Med.)
خَبير، إخصائي — expert
~ (بِشؤون) التأمين — actuary
~ بِعِلم البِيئة — ecologist
~ تَعْبَوي، مُناوِرٌ ماهِر — tactician (Mil.)
~ تِقْنِي — technician
~ زِراعي — agronomist
~ سَوقي (استراتيجي) — strategist (Mil.)
خِتام، نِهاية — conclusion, end, closing, termination
خَتّامة: لِيقةُ تَحْبير الخَتْم — ink-pad, pad
خِتاميّ — final, terminal
خَتَمَ، دَمَغَ — stamp, seal, imprint
~، أنْهَى — end, conclude
خَتْم، خاتَم — stamp
~، وَسْم — stamping; sealing
الـ ~ بالطَّرْقِ الساقِط — drop stamping (Eng.)
الـ ~ بالقَوالِب — die stamping (Eng.)
~ العَلامة التجاريّة — logo(type)
~ المُعايَنة — inspection stamp
خُثّ، لِبْد: خَشَبٌ نِصفُ مُتَفَحِّم — peat (Geol.), turf
~ أُشْنِيّ أو حَزازي — moss peat (Geol.)
~ خَشَبيّ — wood peat (Geol.)
خُثار، خَثْر، تجَلُّط (الدم) — thrombosis (Med.)
خُثارة، ~ اللَّبَن — curd (Food Sc.)
خَثَّرَ، خَثُرَ، تجَلَّطَ — clot, curdle, coagulate
خَثْر (أُنظر: خُثار) — thrombosis (Med.)

خَثْرة، جُلْطة — clot, coagulum, thrombus (Med.)
الخَثْلة، المُرَيطاء: ما بينَ السُّرَّة والعانة — hypogastrium (Med.)
خَثُور: قابلٌ لِلتّخَثُّر — coagulable (Chem.)
خَدّ، خِدّ: خُدَّة — furrow, flute, spline, groove
~، وَجْنَة — cheek (Zool.)
~، جانِب — cheek (Build.)
خِداج — prematurity
خُدار، خَدَر — an(a)esthesia (Med.)
خِداع، غِش — deceit, cheating, trickery
~، وَهْم، تَوَهُّم، تَخَيُّل — illusion, deception
~ البَصَر — optical illusion, visual deception (Opt.)
خُدَّة، حَزٌّ خُدِّي — flute, groove, furrow, plough, chamfer
~ أرضيَّة: لِبابٍ انزلاقيّ — floor guide (Build.)
~ طُولِيَّة — pod (Eng.), flute (Arch.)
~ مُباعِدَة — reglet (Arch.)
~ مُستعرِضة — dado (Arch.)
خَدَّدَ — furrow, flute, rifle, spline, chamfer
خُدَد (أُنظر: خُدَّة) — splines, flutes, grooves
~ طُولِيَّة أو حَلَزونِيَّة — fluting (Eng.)
خَدَّرَ — drug, dope, stupefy
~، بَنَّجَ — an(a)esthetize (Med.)
~ بالإيثر — etherize
خَدَرٌ، تَنَمُّل — numbncss, creep
~، خُدار — an(a)esthesia (Med.)
خَدَشَ — scratch, scrabble, scarify, scribe
خَدْش — scratch
~ الإبرة، ضَجيجُ السَّطْح (في أُسطوانة مُسَجَّلة) — needle scratch (Acous.)
~ التمليط: إعدادًا لِطَبَقةٍ تالية — pricking-up (Build.)
~ مِنشار — saw kerf
خُدعة (تَوقِعٌ في شَرَك) — decoy
خِدْمَة — service, duty, employ, servicing
~، عِناية — attendance
~: تَصليح، خِدمةُ صِيانة — servicing
~ إجبارِيّة — compulsory service
~ عامَّة — extension service, general service

خِدْمَة (تابع)
الـ ~ العَسكَريَّة — military service
~ عسكرية (في وقت الحرب) — active service
~ عندَ الطَّلَب — demand service
~ فِعليَّة — active duty, active service
~ مَدَنية — civil service
~ مُستَمِرَّة — continuous duty
خُدوش السَّحب — draw marks (Eng.)
خَدوم، صالِحٌ لِلاستِخدام — serviceable
خَديج، مُبْتَسر — premature
خَديعة — decoy, trickery
خُذْرُوف، دُوَّامة — top
خُذْروفيّ، مَخروطيٌّ مَقلوب — turbinate
خَذَلَ — let down, fail
خَذَلٌ: شَلَل جُزئي أو طفيف — paresis (Med.)
خَرَّ؛ بَقْبَق — burble, murmur
خَراب، دَمار — devastation, havoc, ruin
خُراج، خُرَاجة، دُمَّل — abscess (Med.)
خَرّاط، عامِلُ المِخرَطة — turner (Eng.)
~ مَعادِن — metal turner (Eng.)
خِراطة — turning
~ إنهائيَّة — finish turning (Eng.)
~ تَخشين — rough turning (Eng.)
~ تشكيليَّة — form turning (Eng.)
~ الجانِبيَّة — profile turning (Eng.)
~ لاتمَرْكُزيَّة — eccentric turning (Eng.)
الـ ~ المائِلة — taper turning (Eng.)
~ مُستَقيمة — straight turning (Eng.)
~ يَدَويَّة — hand turning (Eng.)
خُراطة — turnings (Eng.)
~ التجويف — borings (Eng.)
خَراطين — earthworm (Zool.)
خُرافة — superstition
خَرّامة، ثَقّابة — punch(er), perforator
~ بِطاقات — card punch (Comp.)
~ ذِراعيَّة — lever punch (Eng.)
~ هَوائيَّة — air puncher (Eng.)
خَرَّبَ، دَمَّرَ، أتلَفَ — ruin, destroy, damage, devastate
خَرْبَشَ، كَتَبَ أو رَسَم دونَ عِناية — scribble, scrabble
خَرَجَ — come out, emerge
خَرْج، مُخرَج: مَردود — output (Eng.)
~: إنتاج — production (Eng.)
الـ ~ الأدنى — minimum output
الـ ~ الاسميّ — nominal output (Eng.)
الـ ~ الأقْصَى — maximum output (Eng.)
~ الحاسوب — computer output
الـ ~ الحَراري، المُخْرَجُ الحَراري — heat output (Eng.)
~ الطّاقة، مُخرَجٌ طاقيّ — energy output
الـ ~ العابِر — throughput
~ غيرُ مُدَرَّأ — unbuffered output
~ القُدرة، مُخْرَجُ القُدْرة — power output
الـ ~ الكهربائي — electrical output (Elec. Eng.)
~ المُحَوِّل — transformer output (Elec. Eng.)
الـ ~ المُقَنَّن — rated output (Eng.)
الـ ~ النَّوعيّ — specific output (Elec. Eng.)
خَرْخَرة، خَرير — murmur, purl
~ التَنَفُّس — rale (Med.)
خُرْدَة: مُستَعادات التوالِف — scrap (Eng.)
خُرْدُق — shot (Eng.)
~ الرصاص — lead shot
خُرْدُقة. كُرَيَّة حُبَيْبيَّة — pellet
خَرْدَل — mustard
غاز الـ ~: غازٌ سامّ — mustard gas (Chem.)
خَرْدَليَّة، ثَمرةٌ خَرْدَليَّة — siliqua = silique (Bot.)
خُرْدَوات: أدَواتٌ مَعدِنية مُختَلِفة — hardware
خَرَزَ، ثَقَب، خَرَمَ — punch, pierce
خَرَزة، كُرَيَّة: نُتوءٌ مُحدَّب — bead
~ اختِبار — test bead (Chem.)
~ البَورق: يُمَيِّزُ الفِلِزَّ بتَلَوُّنِها في اللهَب — borax bead (Chem.)
~ ضَبْطِ الانسِياب — flow bean (Eng.)
~ لِحام — nugget (Eng.)
خَرَس — mutism, aphasia (Med.)
خَرَسانة، أبْرَق: خَليطٌ إسمنتيّ — concrete, beton (Civ. Eng.)
فكُّ صَنْدَقة الـ ~ — strike, striking (Build.)
~ إسمَنْتيَّة — cement concrete
~ إنشاءات — structural concrete (Civ. Eng.)
~ بِلا نَواعِم — no-fines concrete (Civ. Eng.)
~ تحت مائيَّة — underwater concrete
~ ثَقيلة — heavy concrete (Civ. Eng.)
~ خَبَثيَّة — slag concrete (Civ. Eng.)
~ خَضْراء: لَم تَجِفَّ بَعْدُ — green concrete (Civ. Eng.)
~ خَفّافيَّة — pumice concrete (Build.)
~ خَفيفةُ الوَزْن — light-weight concrete (Civ. Eng.)
~ خَلَويَّة — cellular concrete (Civ. Eng.)
~ خَوائيَّة: تُصَبُّ تحتَ التفريغ (لامتِصاص الماءِ الزائد) — vacuum concrete (Civ. Eng.)
~ دَبْش، ~ دَبْشيَّة (لِبِناء السُّدود) — cyclopean concrete, rubble concrete (Civ. Eng.)
~ رُغاوِيَّة — foam concrete (Civ. Eng.)
~ زائِدةُ الإجهاد — prestressed concrete, pretensioned concrete (Civ. Eng.)
~ زائِدةُ التسليح — over-reinforced concrete (Civ. Eng.)
~ سابِقةُ الصَّبّ — precast concrete
~ السِّقاط — breeze concrete (Build.)
~ ضَخِّيَّة — shotcrete = gunite (Civ. Eng.)
~ عاديَّة — plain concrete (Civ. Eng.)
~ غازِيَّة، ~ مُغَوَّزة (أنظرها تاليًا) — gas concrete (Civ. Eng.)
~ الفَرْشَة الحَصَوية — ballast concrete
~ فوقَ المَوقِع: خَرسانةٌ قاعديَّةٌ تُغَطّي مَوقِعَ البِناء — oversite concrete (Build.)
~ قَطرانيَّة — tar concrete (Civ. Eng.)
~ كُتَليَّة (خَشِنَة وغيرُ مُسَلَّحة) — bulk concrete = mass concrete (Civ. Eng.)
~ مُحَمَّلة: بِعَناصِرَ عاليةِ العَدَدِ الذرِّي لِتَدريعِ المُفاعِلات النَوَويَّة — loaded concrete (Nuc. Eng.)
~ مَدْكوكة — rammed concrete (Civ. Eng.)
~ مُدَمَّجةٌ بالاهتِزاز — vibrated concrete
~ مُسَلَّحة، إسْمَنتٌ مُسَلَّح — armoured concrete, reinforced concrete, béton armé (Civ. Eng.)
~ ~ (بالحديد) — ferro-concrete
~ مُغَوَّزة: بفقاقيع الغاز المُنطَلِقة من تَفاعُلِ مُضافات الخَرسانة (كمسحوق الزنك أو الألومنيوم) مع الإسمنت والماء — gas concrete (Civ. Eng.)
~ مُهَوّاة — aerated concrete (Civ. Eng.)
~ ناقِصَةُ التسليح — under-reinforced concrete (Civ. Eng.)
~ نُشاريَّة — sawdust concrete (Build.)
خَرَسانيّ — concrete

خَرَّشَ: خَدَّش بالحُزوز (لإحكام القَبْض) knurl (Eng.)
خَرْشَنة: خُطّافُ البحر (من الطيور المائيّة) tern (Zool.)
خَرشوف artichoke (Bot.)
خَرَطَ (بالمِخْرَطة) turn, lathe
خُرطوشة، طَلْقة cartridge, cartouch(e) (Mil.)
~، لَفيفةٌ خُرطوشية cartridge, canister, cartouch(e)
~ إشارة signal cartridge
~ أقراص disk cartridge, disk pack (Comp.)
~ تَرشيح، ~ المُرَشِّح canister, filter cartridge
~ خُلَّبيَّة blank cartridge
~ مُذَنَّبة tracer cartridge
خُرْطوم proboscis, trunk (Zool.)
~، (نَرْبيج) hose
~ مَطّاطي rubber hose
~ مُغَضَّن corrugated hose
~ الهَواء المَضْغوط compressed-air hose
خُرطون: دودةُ الأرض earthworm, lumbricus (Zool.)
خَرَفٌ dotage, dementia, athymia (Med.)
خُرفُش، نَشَف pumice (Geol.)
خَرَقَ، ثَقَبَ pierce, puncture
~، اختَرَقَ break through, penetrate
~، انتَهَكَ violate, breach, infringe
خَرَقٌ، خُرْق، بلادة clumsiness, awkwardness, stupidity; ponderosity
خَرْق، اختراقية penetration
خِرْقَة rag
~ مَسْح dust(ing) cloth
خَرْم، ثَقْب perforation
خُروج، انصِراف egress, exit
~ (القِطارِ) عن السِّكة derailment
خِرْوَع: نبات الخِروع castor – oil plant (Bot.)
زَيتُ الـ ~ castor oil
خَرُوق، قابلٌ للاختِراق penetrable
خَرُوقيَّة: قابليَّة الاختِراق penetrability
خِرِّيج: خِرِّيجُ كُليَّةٍ أو جامِعة graduate, alumnus
خَرير burble, murmur, burbling

خريطة، خارِطة map
~، ~ بَيانيَّة، مُخَطَّط chart
~ أرصاديَّة meteorological (or weather) chart
~ استِطلاع reconnaissance map
~ بَحريَّة sea chart (Naut.)
~ بَيانيَّة أو إحصائيَّة cartogram (Geog.)
~ ~ أمطاريَّة (لِمُعَدَّلات سُقوطِ المَطَر) hyetograph (Meteor.)
~ تَضاريس (مُجَسَّمة) relief map (Geog.)
~ تَنَبُّؤ أرصاديَّة prognostic chart
~ جُغرافيَّة cartogram, geographical map
~ جَوِّيَّة aerial map
~ جيُولُوجيَّة geologic(al) map
~ الذاكِرة memory map (Comp.)
~ سَمْتيَّة grid map (Surv.)
~ سَمْقيَّة بِنائيَّة structure contour map
~ شَرائحيَّة strip map
~ طُرُق road map, route map, highway map
~ الطَّقْس synoptic chart, weather chart, weather map (Meteor.)
~ طوبُوغرافية topographical map
~ غُفْل blank map
~ فُسَيفسائيَّة mosaic map (Surv.)
~ فوتوغرافيَّة photomap
~ قياسيَّة normal chart (Meteor.)
~ كِفافيَّة: ذاتُ خُطوطِ مَناسيب contour map (Surv.)
~ مُتَعامِدةُ السُّموت gridded map (Surv.)
~ مَخروطيَّة conic chart (Geog.)
~ مِساحيَّة cadastral map (Surv.)
~ المَسار، مُخطَّط المسار flowchart (Comp.)
~ مُستَديرة، مُخَطَّط دائريّ pie-chart
~ مُسْتَوِيَة planimetric map, plane chart (Geog.)
~ مُسَطَّرة grid chart
~ مَطْوِيَّة: في كِتاب أو مَجَلَّة gatefold
~ مُظَلَّلة أو مُرَقَّنة: ذاتُ خُطوطِ تَرْقين hachured map
~ مِلاحةٍ جَوِيَّة aeronautical chart
~ مِلاحيَّة navigational chart
~ ~ (بَحْريَّة) nautical chart, marine chart

~ المَوقِع site map (Civ. Eng.)
الخَريف autumn, fall
خَزّاف potter
خَزَّافة: مَكَنةُ صَوْغِ الخَزَفيّات المُجَوَّفة والمُسَطَّحة jolley = jollie or jolly
الخُزامَى، (اللاوَندة) lavender (Bot.)
خَزّان، صِهريج tank, reservoir, cistern
~ احتياطيّ auxiliary tank, reserve tank
~ ~ لِلطَّوارِئ emergency tank (Eng.)
~ إمداد service tank
~ بَطْنيّ belly tank, ventral tank (Aero.)
~ تَرْسيب sedimentation tank, settling tank
~ التَّصْفيق decantation tank (Chem.)
~ تَعْفين (أقذارِ المَجارير) septic tank (San. Eng.)
~ تَعْويض compensating tank (Eng.)
~ تغذية feed tank
~ ~ بالثِّقل gravity-feed tank (Eng.)
~ تَفْريغ rundown tank
~ تَمْوين tender tank
~ تَوزيع distribution reservoir = service reservoir (Hyd. Eng.)
~ الزيت oil bunker, oil reservoir (Eng.)
~ سَقوط: يُمكِنُ إسقاطُه slip tank (Aero.)
~ ضَخْم bumper tank (Pet. Eng.)
~ عُلْويّ header tank (Hyd. Eng.)
~ الغاز: لِخَزْنِه وقياسِ كَمِّيَّتِه gasholder, gas tank, gasometer
~ مَرْفوع elevated tank
~ المُشِعّ radiator reservoir (Eng.)
~ مُغَلْفَن galvanized tank (Eng.)
~ مُقَعَّرُ القاع dish-bottom tank (Pet. Eng.)
~ وَقود fuel tank (Aero.)
~ (~) احتياطي auxiliary tank (Aero.)
خِزانة cabinet, cupboard
~، صِوانٌ أو دُرْجٌ يُقْفَل locker
~ تَجفيف drying cabinet (Build.)
~ ثياب wardrobe
~ الجِهاز (الكهربيّ أو الإلكتروني): تُقِرُّه على الأرض console (Eng.)
~ مِلَفّات filing cabinet
~ (من الفولاذ)، خَزينة safe, coffer
خَزْع، قَطْع cutting (up), -ectomy (Med.)
خَزْعةُ فَحْصٍ أحيائي biopsy (Med.)

خَزَف | porcelain, china, ceramics
~ غيرُ مَصْقول، جَبيز | biscuit (Build.)
~ فِلِزِّي | metal ceramic, ceramal = cermet (Met. Eng.)
~ مُزَخْرَف أو مُزَجَّج | fayence = faience (Build.)
خَزَفيّ، فَخّاريّ | ceramic
~، بُورسلانيّ | porcel(l)aneous
خَزَفيّات، فَخّاريّات | crockery, crocks, china, pottery, ceramics
~ حَجَريَّة | stoneware
~ كَهْرَبيَّة | electroceramics (Elec. Eng.)
خَزَلٌ: شَلَلٌ خَفيف أو جُزئيّ | paresis (Med.)
خَزَنَ، اِختَزَنَ | store, stock(pile), warehouse
خَزْن، تَخزين | storage, warehousing
~ رَئيسيّ: داخِلَ الحاسُوب | primary storage (Comp.)
~ كَهْرِوستاتيّ | electrostatic storage (Comp.)
~ لا يُمْحَى | non-erasable storage (Comp.)
~ وإرسال: خَزنٌ وإرسالٌ تَوّي (فور مُتاحيَّة الخط إن كان مشغولًا في حينه) | store-and-forward (Comp.)
~ وسيطٌ مؤقَّت | buffering (Comp.)
~ ~ مُزدوج: فيما يُفرَّغ أحدُهما يُملأُ الآخر | double buffering (Comp.)
خَزْنَة (الفيلم أو الذخيرة) | magazine
خَزون، قابلٌ لِلتخزين | storable
خِزْي | disgrace, shame
خَسّ | lettuce (Bot.)
خَسارة، تَلَف؛ ضَياع، فَقْد | damage; loss
الـ ~ الإجماليَّة، الفَقْدُ الإجماليّ | gross loss
~ (بالنقل أو التخزين) | outage (Pet. Eng.)
~ جُزئية، فَقْدٌ جُزئي | partial loss
خَسِرَ، أضاعَ | lose
~ (حَقًّا أو امتيازًا) كَغَرامةٍ | forefeit
خَسْف: تغيُّرُ المركَّب الكيماوي إلى آخر أقلَّ تَعقيدًا | degradation (Chem.)
~، اِنخِسافٌ ضَخم | taphrogenesis (Geol.)
~، صَدْعٌ حَوضيّ | trough faulting = rift (Geol.)
خَسْفة، هَبْطة (الصَّدْع) | downthrow (of a fault)

خُسُوف (القَمر) | lunar eclipse (Astron.)
~ جُزئيّ | partial eclipse (Astron.)
~ كُلِّيّ | total eclipse (Astron.)
خَسِيس | base, mean, paltry
خُشّاء: ناتِئ عَظميّ خَلفَ الأُذُن | mastoid (Zool.)
خَشّاب: قَطّاع أخشاب | lumberjack
خُشارة، خشكريشة | slough, eschar (Med.)
خَشائِن: أطعِمة أليافيَّة (سليولوزية) | roughage (Food Sc.)
خَشَب؛ حَطَب | wood
~، أخشاب | timber
~: نَسيجُ الخَشَب | xylem (Bot.)
~ الأبنُوس | ebony (Bot.)
~ أحمر، ~ السَّكُويَة | redwood
~ الأرْز | cedar (Bot.)
~ الأسْفَنْدان (القَيْقَب) | maple wood
~ البَتُولا | birch (Carp.)
~ البَقْس | boxwood (Bot.)
~ البَقَّم: لَونُه أحمَرُ بُنّي | logwood
~ البَلْسا | balsa wood
~ البُنْدُق | hazel (Bot.)
~ التَّنُّوب | fir, spruce (Bot.)
~ ~ الأبيض | white deal, white wood
~ حَديديّ: خَشَبٌ قاسٍ صَلْدٌ | ironwood
~ الحَوْر | poplar
~ ~ القُطْني | cottonwood
الـ ~ الخَضْراوي، ~ السُّفُن: خشبٌ صَلدٌ مُقاومٌ للنَّخَر | greenheart
~ الدَّردار | ash wood (Bot.)
~ راتينَجي | resinous timber (or wood)
~ رَبيعيّ | springwood (Bot.)
~ رِخْو: خَشَبُ الصنوبَريّات | soft-wood
~ رَقائقي، (خَشَب مُعاكَس) | plywood, laminated wood
~ ~ مُترابِطٌ بالراتينَج | resin-bonded plywood (Carp.)
~ الزّان | beech
~ الزيتون | olive
~ الزَّيزفون | basswood (Bot.)
~ السّاج | teak = teakwood
~ السَّرْو | cypress (Bot.)
~ السِّنديان (البَلّوط) | oak timber
~ ~ الأبنوسيّ | bogwood
~ شَعُول: غنيٌّ بالراتينَج | lightwood

~ صَلْد (من الأشجار النَّفضيَّة) | hardwood
~ الصَّميم | duramen = heartwood (Bot.)
~ (صُنع) عيدانِ الكِبريت | matchwood
~ الصَّنَوبَر | pinewood (Carp.)
~ عَكْسيُّ النَّشْر | backsawn timber
~ غيرُ مُسَوًّى | undressed timber
~ القِدِّيسين | lignum vitae (Bot.)
~ القَرانيا | dogwood
~ القَلْب، جِلْب | heartwood (Bot., Carp.)
~ القَيْقَب | maple wood (Bot.)
~ اللّارِكس (الغَنيُّ بالراتينج) | larch wood
~ لُبابيّ | pulpwood
~ لَهوب، ~ شَعول | lightwood
~ الماهوغُوني | mahogany
~ مُتحَجِّر | petrified wood (Geol.)
~ مُجَزَّع، ~ مُخطَّط | zebrawood
~ مُجَفَّف | seasoned wood, dried lumber
~ مُرَبَّعُ المَقْطَع | square timber
~ مَسْحُوج | planed lumber, wrought timber (Carp.)
~ مُصَوَّن: بالمَوادِّ الحافِظة | tanalized timber
~ مَنْشور (على شكلِ ألواح) | lumber
~ مُنْفَتِل أو مُتعَوِّج | sprung timber (Carp.)
~ النُّسْغ، ~ رِخو | sapwood, alburnum
~ النَّشْر | saw timber
~ هَشٌّ قَصيف | frowzy, frowsy or frowy timber (Carp.)
خُشْبان: شَرائحُ خَشَبيَّة | firring = furring (Build.)
~ اسْتِواء | skids (Build.)
~ (تَمليط) مُجَصَّصَة | brandering = furring, firring (Build.)
خَشَبةُ الأساس، أُسكُفَّة | ground sill, sleeper, sole plate (Build.)
~ قاصِرة: أقصرُ مِمّا بِجوارها | cripple, jack-timber (Build.)
خَشَبيّ: مِن الخَشَب | wooden, woody; ligneous
أشغالٌ خَشَبيَّة | woodwork, joinery
خَشْخاش | poppy (Bot.)
خَشْخَش | crinkle, chink, rattle, clatter, jingle
خَشْخَشة، صَلْصَلة، صَليل | rattle, crinkle, clatter, jingling

خَشَمٌ: فَقْدُ حِسِّ الشَّم — anosmia (Med.)
خَشِن — rough, coarse
~: غيرُ مُهَذَّب — rugged
~ الحُبَيْبات، ~ النَّسْجَة — open-grained
خَشَّنَ — roughen, coarsen
خُشونة — coarseness, roughness, ruggedness, rugosity
خَشيف: ثَلْجٌ جَليديّ حُبَيبيّ — firn = névé (Geol.)
خَصَّ: خَصَّصَ — allot, allocate, designate, appropriate
~: تعَلَّقَ بـ — belong, concern, appertain
خِصاء — castration (Med.)
خِصام — disputation, conflict, controversy
خَصائِص (أنظر: خَصِيصة) — properties, characteristics
~ مُتَرابِطة — colligate properties (Chem.)
خِصْب، وَفْرَةُ النِّتاج — fecundity, fertility
~، خَصِيب — fertile
خَصَّبَ، سَمَّدَ — fertilize
خَصَر، شَرَث: تَغَلُّظُ الجلد وتشقُّقه من البَرد — chilblain (Med.)
~، صَرَد، حَسٌّ: تَضَرُّرٌ بالصَّقيع — frostbite
خَصْر — waist
~ العَقْد — springer, skewback (Build.)
خَصَّصَ — allot, allocate, earmark, appropriate
خَصَف، ثَنَى الحِتار — welt
خُصْلَة، شِلَّة (خُيوط) — skein, sliver, tuft
~ زَغَبَة، نُدْفَة — floccus
خَصْلَة؛ عادة — habit; trait
خَصْم، مُناوِئ — adversary, opponent
~: حَسْم — discount, deduction
~ الدَّفع نَقْدًا — cash discount
خُصوبة، خِصْب، وَفْرَةُ النِّتاج — fertility
خُصوصيَّة: سِمَةٌ مُمَيِّزة — particularity, peculiarity
خَصِيب، مِخصاب — fertile
خُصْيَة — testicle = testis (Zool.)
خَصِيصَة، خاصة — characteristic, property, particularity
~ تركيزية، ~ عَدِّيَة تعتمدُ على عدد الجُسَيمات (جُزَيئات أو ذَرّات أو أيونات) لا على طبيعتها — colligative property (Chem., Phys.)

خَضَّ أو قَلَّبَ بِعُنْف، خَضْخَض — agitate, shake, churn
خِضاب، خِضْب، صِبْغ — pigment, colouring matter, dye(stuff)
~ الدم — hemoglobin (Zool.)
خُضار: شُحوبٌ يَخضوري — chlorosis (Bot.)
~: خُضَر — vegetables, greens
خَضَبَ — imbue, dye, pigment
خَضَّبَ، شَرَّبَ بالخِضْب — suffuse
خَضْخَضة — agitation, churn, jiggling, jolting
خَضْرَبَة، أثَرُ المَخْر — wake (Naut., Aero.)
~ التَبَدُّد — dissipation trails (Meteor.)
~ الماءِ — backwash (Naut.)
خُضْرة: نباتٌ (من الخُضَر) — vegetable
~ الكُروم — chrome green (Chem.)
خَضَعَ، أذعَنَ — submit, yield
~ (لاختِبارٍ أو عمَليَّة) — undergo
خَضِلٌ، مُبْتَلّ — wet, moist
خَضَّلَ — wet, moisten
خُضوع — yield(ing), submission
~ مُتأخِّر: انفعالٌ لا يتزامنُ مع الإجهاد الواقع — delayed yield (Phys.)
خَضِير، مَخْضَرة — turf
خَطَّ، خَطَّطَ، رَسَم — sketch, trace; plot, lay out
~، كَتَبَ — write
خَطٌّ — line
~ الإبصار — line of vision
~ الاتجاه: المُتَعامِد معَ خطِّ المَيْل — strike (line) (Geol.)
~ ~ الثابت — rhumb line (Naut.)
~ اتِّصال — junction line (Teleph.)
~ ~ الدَّرْز — seam
~ الاتِّصال المَفْصِليّ — hinge line
~ اتصالات — line (Elec. Comm.)
~ أُحاديُّ السِّكة — monorail (Railways)
الـ ~ الأدنى — base line (Surv.)
~ الارتِكاز، ~ التَّساند — line of support
~ إرسال — transmission line (Elec. Eng.)
~ الإستِواء — equator (Geog., Astron.)
~ ~ (السَّماوي) — equinoctial line (Astron.)
~ ~ الأرضي — terrestrial equator (Geol.)
~ ~ السَّماوي — celestial equator (Astron.)
~ ~ المِغْنَطيسيّ — aclinic line, magnetic equator

~ إسناد — reference line (Maths.)
~ ~، ~ مَرجِعيّ — datum line (Surv.)
~ ~ القِراءة (لِلبُوصَلة) — lubber('s) line
~ الاعتِراض — line of interception
~ الأُفُق، ~ أُفُقيّ — horizontal (line), horizon line (Surv.)
~ الاقتِراب — line of approach
~ الاكتِساح — sweep line (Telev.)
~ الالتِئام — suture
~ امتِصاص: خَطٌّ مُظلِم في طَيفٍ مُستَمِرّ — absorption line (Phys.)
~ إمداد — supply line (Eng.)
~ الـ ~ الرئيسي — mains (Elec. Eng.)
~ أنابيب — pipe-line (Pet. Eng.)
~ ~ الحَفْر — drilling string (Pet. Eng.)
~ ~ رَئيسي — trunk pipeline
~ ~ الغاز — gas line
~ ~ النفط — oil pipe-line (Pet. Eng.)
~ ~ واسِعُ القُطر — big inch (Pet. Eng.)
~ أُنبوبيّ لِنَقْل القُدرة — tubular transmission line (Elec. Eng.)
~ الإنتاج — production line (Eng.)
~ الانتِقال — transfer line (Eng.)
~ انسِيابي، ~ انسِياب — streamline
~ الانكِسار — fracture line (Geol.)
~ أو حَدُّ الشابُورة — haze line (Meteor.)
~ أو حَزٌّ (بِلَونٍ مُغايِر) — stripe
~ (أو سَطحٌ) تَساوي الإضاءَة — isolux, isophot(e) (Illum.)
~ (أو مُنْحَني) ثُبوتِ درَجةِ الحَرارة — isothermal line (or curve) (Phys.)
~ الإيزاء، ~ التَّسْديد — line of collimation (Surv.)
~ ~، ~ البَصَر — line of sight (Surv.)
~ بَدْءِ التخَصُّر (في العَقْد) — springing line (Arch.)
~ بُرْجِيّ: خَطٌّ لِنَقْل القُدرة تحمِلُه أبراجٌ فولاذية — towerline (Elec. Eng.)
~ بَرقِيّ — telegraph(ic) line
~ بَرِّيّ — land line (Teleph.)
~ البَصر: بين الرائي والمَرئي أو بين المُرسِل والمُستقبِل — line of sight
~ بَيانيّ — graph
~ التأثير: تعملُ القُوَّةُ على امتداده — line of action (Phys.)

خَطٌّ (تابع)

~ التَّأثير : مُنحني تأثير وحدة الحِمْل influence line, load curve (Civ. Eng.)

~ تأخير : يُعيق الإشارة فترةً مُحدَّدة delay line (Elec. Comm.)

~ التاريخ ، ~ تغيُّر تاريخ اليوم date line

~ التأريخ الدَّوليّ international date line

~ التبادُل (مِنَ المُشترِك إلى المَركَز)، ~ المَقسِم exchange line (Teleph.)

~ التجمُّد : خطٌّ يُمثِّلُ درجاتِ تجمُّد الأشابة أو تسيُّلَها (تكونُ دونَه مُتجمِّدة) solidus (curve) (Chem.)

~ التجميع assembly line (Eng.)

~ التَّحاجُم ، ~ تَساوي الحَجْم isometric line (Phys.)

~ التَّحارُر isothermal line (Phys.)

~ التحَدُّر ، ~ المَمال grade line (Surv.)

~ التحَرُّز guard-rail, check rail, safety rail (Civ. Eng.)

~ التحميل ، ~ بِلِمْسول Plimsoll line (Naut.)

~ تَحويل transfer line (Eng.)

~ التّرام tramline (Elec. Eng.)

~ التساند line of support

~ التَّساوي isogram = isoline (Meteor.)

~ تَساوي الارتفاع isohypse (Surv.)

~ ~ الإضاءة isolux, isophot (Illum.)

~ ~ الانحِراف المِغنَطيسيّ isogonic line

~ ~ تغيُّر الحَرارة isallotherm (Meteor.)

~ ~ ~ الضَّغْط isallobar (Meteor.)

~ ~ التغيُّم isoneph(elic line) (Meteor.)

~ ~ الثِّقالة isogal (Phys.)

~ ~ الحَجْم isometric line (Phys.)

~ ~ دَرَجات الحَرارة (الأرضيَّة) isotherm, isothermal line (Geog.)

~ ~ دَرَجةِ التحَوُّل isograd (Geol.)

~ ~ الرَّجْفَة ، ~ ~ الزَّلْزَلة isoseism = isoseismal (line) (Geophys.)

~ ~ الزَّمَن isochrone (Geol., Phys.)

~ ~ السُّحُب isonephelic line (Meteor.)

~ ~ سُرعةِ الرِّياح isovel, isotach (Meteor.)

~ ~ السُّطوع الشَّمْسيّ isohel (Meteor.)

~ ~ سُمْك الطَبقة isopach(yte) = isopachous line (Geol.)

~ ~ الشُّذوذ isanomal (Meteor.)

~ تَساوِي الضغط الجَوِّي isobar (Meteor.)

~ ~ العُمْق isobath (Ocean.)

~ ~ القَرّ isocheim(al line) (Meteor.)

~ ~ القَيْظ ، ~ ~ درجة الحرارة صيفًا isotheral line = isothere (Meteor.)

~ ~ الكَثافةِ الجَوِّيَّة isopycnic (Meteor.)

~ ~ الكُمْدَة isopaque (Photog.)

~ ~ كَمِّيّات السُّحُب isoneph(elic line) (Meteor.)

~ ~ المُتَغايِرات isarithm = isopleth (Maths.)

~ ~ المَدروج isogradient (Meteor.)

~ ~ المَطَر isohyet(al line), isopluvial line (Meteor.)

~ ~ المِغْنَطيسيَّة : أُفُقيًّا في مَجال الأرضِ المغنطيسيّ isogam, isodynamic line (Geophys.)

~ ~ المُلُوحة (في البِحار) isohaline

~ ~ المَيْل isocline = isoclinal or isoclinic line (Magn.)

~ ~ النَّشاطِ الإشعاعيّ isorad (Geol.)

~ ~ النَّفاذِيَّة isoperm (Pet. Eng.)

~ ~ هُبوطِ الأرض isobase (Geol.)

~ التسديد sight(ing) line (Surv.)

~ التسوية level line (Surv.)

~ التسَيُّل : خَطٌّ بَيانيّ يمرُّ بدَرجات الحرارة التي يبدأُ عندها تجمُّدُ أو يتمُّ عندها الانصِهارُ لأشاباتٍ مُختلفةِ التركيب liquidus (curve) (Chem.)

~ التعادُل neutral line (Mech.)

~ تَعميقِ جُذورِ أسنانِ المِنشار gumming line

~ تَعْويق delay line (Electron.)

~ تَغْذية feeder (line) (Eng.)

~ التغذيةِ الرئيسيّ feeder mains (Elec. Eng.)

~ تغذية رئيسيّ (بينَ مَحطَّتَين أو شَبَكتَين) trunk feeder = trunk main (Elec. Eng.)

~ ~ مُستقِلّ : لإمداد مَحطةٍ فَرعيَّة dead-ended feeder (Elec. Eng.)

~ تغيُّر تاريخ اليوم date line (Geog.)

~ التفريغ discharge line (Elec. Eng.)

~ ~، ~ الخَواء vacuum line (Eng.)

~ التقاطُع line of intersection (Maths.)

~ التلامُس line of contact (Surv., Maths.)

~ (تلفونيّ) رئيسيّ trunk line (Elec. Comm.)

~ تَموين supply line

~ تَوجيه guiding line

~ التوزيع الرئيسي distributor, distribution main (Elec. Comm.)

~ تَوصيل tie-line (Teleph.)

~ التوصيل الأرضي earth-line (Elec. Eng.)

~ التوقيت الدّولي international date line (Geog.)

~ ثانَويّ by-line, side line (Railways)

~ ثَباتِ الحَجْم isochor(e), constant-volume line (Chem.)

~ ثُبوتِ الضغط constant pressure line (Phys.)

~ ~ درجةِ الحَرارة isothermal line or curve (Phys.)

~ الثَّلج الدائم snow-limit = snow-line (Meteor.)

~ ثُنائيّ (طَيْفيّ) doublet (Phys.)

~ جانبيّ (لِتَحويلِ القُطْر عن الخطِّ الرئيسي) sidetrack, side line (Railways)

~ جَميل ، فَنُّ الخَطّ calligraphy

~ جَوِّيّ aerial line (Eng.), air route, airline (Aero.)

~ جيُوديسيّ : الخَطُّ الأقصِرُ بينَ نُقطتَين على سَطحٍ مُنْحَنٍ geodetic line (Surv.)

~ الحُدود border line, boundary (line)

~ حَديدي ، سِكَّة حَديدية railroad = railway (line)

~ الحِمْل load(ing) line (Naut., Eng.)

~ دِفاعي defence line (Mil.)

~ دَليلي directrix (Maths.)

~ رَبْط tie-line (Teleph.)

~ رُبْعُ مَوجيّ quarter-wave line (Elec. Comm.)

~ الرُّجوعِ الرئيسيّ main return

~ رَفيع جِدًّا hair line

~ رَئيسيّ trunk (line), main line

الـ ~ الرئيسيّ (لِلغاز أو الكهرباء أو الماء) main(s) (Eng.)

~ الزَّوال : دائرةُ خَطِّ الطول meridian (Astron.)

~ ~ السَّماوي celestial meridian (Astron.)

~ ~ الصِّفريّ zero meridian

~ زَوال غرينتش Greenwich meridian

~ الزَّوال المَحَلّي local meridian (Surv.)

~ الزَّوال المِغنَطيسي — magnetic meridian
~ الساحِل — coast-line (Geog.), strandline (Geol.), shoreline
~ ساخِن: لِلاتِّصالِ المُباشِر — hot line (Elec. Comm.)
~ السَّحْب — offtake (Mining)
~ سِكَّةٍ حَديديَّة — railway-line
~ سِلْكيّ — wire line, cable line
~ السُّيولة، ~ التَّسَيُّل — liquidus (curve) (Chem.)
~ الشاطِئ — shoreline, waterline
~ شاقوليّ أو رأسِيّ — vertical line
~ شُعاعي — radial (line)
~ الصِّفْر — zero line, null line (Maths.)
~ الطُّول، قَوسُ الطول — longitude (Astron., Surv.)
~ ~ الرئيسي (المارُّ بجرينتش)، ~ الزَّوال الصِّفْري — Prime Meridian
~ ~ المِغنَطيسي — magnetic longitude
~ ~ المُقابِل — antimeridian (Geog.)
~ (طَيفٍ) مُعزَّز — enhanced line (Phys.)
~ (طَيفيّ) عَديدُ المُقوِّمات — multiplet (Phys.)
~ طيفيّ مُفرَد — singlet (Phys.)
~ عالي التوَتُّر — high-line (Elec. Eng.)
~ عَديمُ التبَدُّد (نظَريًّا) — dissipationless line, lossless line (Elec. Comm.)
~ العَرْض، عَرْض — latitude (Surv.)
~ ~، (دائرةُ العَرْض) — line of latitude, parallel (of latitude)
~ عَرْضٍ جَنوبيّ: البُعد جَنوبًا — southing (Surv.)
~ ~ شماليّ: البُعد شَمالاً — northing (Surv.)
~ العَرْض المِغنَطيسيّ — magnetic latitude
~ العَصْف — squall line (Meteor.)
~ عُقديّ — nodal line (Maths.)
~ عُلويّ، سِلْكٌ مُعلَّق — overhead line (Elec. Eng.)
~ ~ لِنَقْل القُدْرة — overhead transmission-line (Elec. Eng.)
~ عَموديّ — normal, perpendicular, plumb line, vertical (line)
~ العَوْدة — return line (Eng.)
~ عَودةٍ مُشترَك — common return (Elec. Eng.)

~ فاصِل — border line, dividing line
~ فَرْعيّ — extension line, branching line, tributary
~ الفَصْل، ~ التفريق — parting line
~ الفِعل — line of action
~ الفَيْض: في مَجالٍ كَهربائيّ أو مِغنَطيسيّ — line of flux, line of force (Elec. Eng., Magn.)
~ القاعِدة — base line (Surv.)
~ القَبا — apse line, line of apsides (Astron.)
~ القُدرة — power line (Elec. Eng.)
~ قُطريّ — diagonal
~ القَفْل — closing line
~ قُوّة: خَطٌّ مَجاليّ وَحديّ — unit line (Phys.)
~ القُوّة (في مَجالٍ مِغنَطيسيّ) — line of force (Phys.)
~ ~ الكهربائيّ — electric line of force
~ قِياسِ سُرعة السفينة — log line (Naut.)
~ «كاپ»: وَحدةُ التدَفُّق المِغنَطيسيّ وتُعادِلُ ٦٠٠٠ ماكسويل — Kapp line (Elec. Eng.)
~ كَبْلي (أو حَبلي) للنقل الهوائي — aerial cable-way, aerial ropeway (Civ. Eng.)
~ كِفافيّ، ~ سَمْقيّ — contour (line) (Surv.)
~ كهربائيّ — electric line (Elec. Eng.)
~ اللاانحِراف (المِغنطيسيّ) — agonic line (Magn.)
الـ ~ اللامَيْلي، ~ الاستِواء المِغنطيسيّ — aclinic line (or magnetic equator)
~ الماء: خَطُّ الغاطِس (تبعًا لِلموسِم ولِحُمولة السفينة المُقرَّرة) — waterline, watermark (Naut.)
~ ~ التَّحْميلي — load (water)line, loaded waterline
~ ~ ~ الصيفيّ — summer-load waterline (Naut.)
~ ~ العَميق — deep waterline
~ مائِل — oblique line
~ ~، ~ فَصلٍ مائل — solidus, oblique (/) stroke (Print.)
~ مُتَخالِف: في غير المُستوى نفسه — skew line (Maths.)
~ مُباشِر — direct line (Teleph.)
~ مُتزاوٍ (مع خُطوط الطُّول) — loxodrome (Naut.)

~ مُتفَرِّع، ~ فَرعيّ — branch(ing) line
~ مُتكَسِّر أو مُتعَرِّج — broken line, zigzag
~ مُتَلاشٍ (أو مُتوارٍ في الرسم المَنْظوري) — vanishing line
~ مُحَدَّدُ الطُّول — line segment (Geom.)
~ مُحَدِّد لِلشّكل (كَقُطر المُربَّع) — tie line (Surv.)
~ المَرْجِع لِلضَّبط — rigging datum line (Surv.)
~ مُرور — traffic line
~ مُزدوِجُ المَسْلَك — double-track line
~ المَسار — course line (Naut.)
~ مُستأجَر — leased line (Comp.)
~ مُستَخْفٍ: لا يظهرُ في الشكل النهائي — occult line
~ مُستَعرِض (قاطِع) — transversal (Maths.)
~ مُستقيم — bee-line, straight line
~ مُسْتوٍ — level line (Surv.)
~ المَسْح — sweep line, scanning line (Telev.)
~ المَسِيل، ~ التسَيُّل — liquidus (Phys.)
~ مُشترَك، ~ جَماعيّ — party line (Teleph.)
~ مَضْرِب (مَيْلِ) الطبقة — line of strike (Geol.)
~ مُعادِل — compensating line
~ مُعلَّق أُحاديُّ السِّكَّة — telpher line, telfer line (Elec. Eng.)
~ مُقارِب — asymptote (Maths.)
~ المُقاوَمة الدُّنيا — line of least resistance (Eng.)
~ مِن شُرَط ونُقَط — dash-and-dot line
~ ~ لونٍ مُغاير، قَلَم — stria, streak
~ مُنَشَّط، ~ طَيفٍ مُعزَّز — enhanced line (Phys.)
~ المَواقِع، مُستَقيمُ المَواقِع — pedal line
~ المَوْقِع — line of position (Naut., Surv.)
~ المَيْل — line of dip
~ مَيْل الطبقة (بالنسبةِ لِلأُفُق) — strike (Geol.)
~ نِصفيّ، شُعاع — half line (Maths.)
~ نَقْلٍ جَوّيّ. شركةُ طيَران — airline (Eng.)
~ ~ ذو مُوَصِّلَين مُتَّحِدَي المِحْوَر — co-axial (transmission) line (Elec. Eng.)
~ (نَقْلٍ) رَنّان: لِتَردُّدٍ مُعَيَّن — resonant line (Radio)

خَطٌّ (تابع)

~ النَّقْل الرئيسي — transmission main (Elec. Eng.)
~ نَقْل القُدرة (الكهربائية) — power transmission line (Elec. Eng.)
~ ~ مُتوازي السِّلْكَين — parallel-wire line (Elec. Eng.)
~ هاتِفي — telephone line (Elec. Eng.)
~ هَوائي — aerial line (Eng.)
~ اليَقين (في الآلات البَصَريَّة) (أنظر أيضًا خُطوط) — grid wire

خطا — pace, stride, step

خَطَأ — wrong, incorrect, false

~، خَلَل، عِلَّة — fault, bug (Elec. Eng.)
~، غَلْطَة — error, mistake, flaw
~ آليّ — instrument error (Eng.)
~ إحصائي — statistical error (Stat.)
~ اختِلافِ المَنْظَر — parallax error (Surv.)
~ الارتِخاء — sag error (Surv.)
~ الاستِقطاب — polarization error (Elec. Comm.)
~ استِواء — collimation error (Surv.)
~ إسقاط — drop-out error (Comp.)
~ الانحِراف — deflection error (Eng.)
~ بارومتري — barometric error (Phys.)
~ البوصَلة — compass error
~ بَياني (في جِهاز القِياس) — indication error (Eng.)
~ تأليف — compilation error (Comp.)
~ تَجْريبي — experimental error (Chem.)
~ التدريج، ~ المُعايَرة — graduation error, calibration error
~ التدوير — round-off error (Maths.)
~ التراصّ (في نَسَقٍ بِلَّوري) — stacking fault (Chem.)
~ التراصُف — misalignment
~ تَراكُميّ — cumulative error or accumulative error (Stat., Maths.)
~ تركيبيّ — syntax error (Comp.)
~ التسارُع — acceleration error (Aero.)
~ التسديد — sighting error (Surv.)
~ التقدير، ~ حِسابيّ — miscalculation
~ التقريب — approximation error, rounding error (Maths.)
~ ~ (بالحَذْف) — truncation error (Comp.)
~ تَوقيت — timing error (Comp.)
~ جِهازِ القِياس — instrument(al) error
~ حِسابيّ — miscalculation
~ دَلاليّ — semantic error (Comp.)
الـ ~ الدَّليليّ — index error (Surv.)
~ (راديويّ) مَنْشَئيّ — source error (Radio)
~ الرَّصْد، ~ المُشاهَدة — observation error
~ السَّهو — oversight
~ الصِّفْر: خطأُ الجهاز في دلالة الصِّفر — zero error (Eng.)
~ طِباعيّ — erratum, misprint, typographical error
~ عارِض أو عَرَضي — unbiased error (Electron.), accidental error (Maths.)
~ العَدّ — count(ing) error, miscount
~ عَشوائي — random error (Elec. Eng.)
~ فَوتيّ — backlash error (Eng.)
~ القِراءَة — reading error
~ القَفْل — closing error (Surv.)
~ القِياس — scale error, measuring error
~ كَهروسكونيّ — electrostatic error (Radio)
~ مُتَراكِم — accumulated error (Maths.)
~ مُحتَمَل — probable error (Maths.)
~ المَسار — course error (Naut.)
الـ ~ المَسموحُ به — allowable error
~ مِطبعيّ — misprint, erratum
~ المُعايَرة — calibration error (Phys.)
~ المُعْطَيات — data error (Comp.)
~ مُناقَلة — transposition error (Maths.)
~ المُوالَفة — tuning error, mistuning (Radio)
~ مَوروث: مِن مَرحَلةٍ سابِقة — inherited error (Comp.)
~ مَوْضِعيّ: سَبَبُهُ طبيعةُ المَوقِع — site error (Radio)
الـ ~ المِئَويّ — percentage error (Maths.)
الـ ~ النِّسبي — relative error (Maths.)
الـ ~ ~ (في المُحَوِّل) — ratio error (Elec. Eng.)
~ نُقطةِ الصِّفر، ~ صِفريّ — zero error
~ الوَضْع (أو المَوضِع) — position error
~ ~ الصِّفريّ — zero-setting error
~ يُمكِنُ إهمالُه — negligible error

خِطاب، خُطبة — address, speech

~، رِسالة — letter, message
~ اعتِماد (مالي) — letter of credit (L /C)

خُطّاف، مِشبَكٌ خُطّافي — hook, grab

~ إرساء — anchoring hook
~ إطباقي — snap hook
~ التقاط السَّواقِط (أو أدواتِ الحَفْر السائِبة) — fishing hook, tool grab (Civ. Eng.)
~ (أمِنٍ) نابِضيّ — spring hook
~ بَجَعيّ — pelican hook (Naut.)
~ البَكّارة — tackle hook (Eng.)
~ تَعليق — suspension hook (Civ. Eng.)
~ ~ السَّمّاعة — receiver hook (Teleph.)
~ دَوّار (حول محور) — swivel hook
~ الرَّفْع — lift hook, sling hook
~ (رَفْع) الصناديق، ~ البالات — box hook = bale hook
~ الفَصْل — detach hook (Eng.)
~ قَرْنَي الكَبْش — ram's horn hook (Eng.)
~ قَطْر — towing hook
~ القَفْل — lock hook
~ كَمْح السُّرعة: في ذيل الطائرات التي تحطُّ على حاملة الطائرات — arrester or arresting hook (Aero.)

خُطّافيُّ الشكل — unciform, hooked

خُطْبَة، خِطاب — speech, address

~، مُحاضَرة — lecture
~ الافتتاح — opening address

خِطَّة، قِطعةُ أرض — plot, lot

خَطَّة، شَرْطَة — stroke

خُطَّة — plan, scheme, design

~ إجماليَّة — outline plan
~ تَحديدِ المَوقِع (بالنِّسبة لِنُقطة الانطلاق) — groundplot (Aero.)
~ تَنْمية — development plan
~ الدَّرس — lesson plan
~ رَئيسيَّة، مُخَطَّط عامّ — master plan
~ ~ (بِمقياسِ رَسْمٍ صَغير) — key plan
~ عَمَل — working plan, plan of action
~ عمليّات — plan of operations
~ مُشتَرَكة — joint plan
~ مُفَصَّلة، مُخَطَّط تَفْصيليّ — detailed plan

خَطَرَ، تَرَجَّحَ، ناسَ — pendulate, swing, oscillate, vibrate

~ لِـ — occur to, come to one's mind

خَطِر، مَحفوفٌ بالمَخاطِر — dangerous, risky, perilous, hazardous
خَطَرٌ، خُطورة — danger, peril, hazard
~، مَصدَرُ خَطَر — menace, risk, hazard
~ الإشعاع — radiation hazard (Med.)
~ الحَريق — fire hazard
خَطَران، تَرَجُّح — swing(ing), oscillation, vibration, pitch(ing)
خَطَّطَ — plan, layout, scheme
~: رَسَمَ — design, delineate, draw, sketch
~: بِلَونٍ مُغايِر — streak, stripe, striate
~ (لِمؤامرة) — plot
~ أو رَسَمَ بالمِنقَلَة — protract
خَطَفَ، اِنتزَعَ خَطْفًا — snatch, grab
~ (شَخْصًا) — kidnap
~ (البَصَر) — dazzle (the eyes)
خَطْم — muzzle, nose, snout (Zool.)
خُطوَة — step, pace; move
~: المدَى بينَ لَفَّتَين أو حَرَكَتَيْن مُتَعاقِبَتَيْن — pitch (Phys., Mech.)
~ البَرْشَمة: المَسافةُ بين برشامةٍ وأخرى — rivet pitch (Eng.)
الـ ~ بينَ الشُّقوب — slot pitch (Elec. Eng.)
الـ ~ بينَ اللفائف — winding pitch (Elec. Eng.)
~ التغذية — feed pitch (Comp.)
~ دائريَّة — circular pitch (Eng.)
~ دَقيقة، دَرجةُ سِنٍّ دَقيقة — fine pitch (Eng.)
~ زاويَّة — angular pitch (Eng.)
~ (السِّنّ) — (thread) pitch (Eng.)
~ طُولانية — longitudinal pitch (Eng.)
الـ ~ الفَعّالة (لِلمِروَحة) — effective pitch (of propeller) (Eng., Aero.)
~ القُطْب — pole pitch (Elec. Eng.)
~ قُطْرِيَّة — diametral pitch (Eng.)
~ اللَّولَب — screw pitch (Eng.)
~ مائِلة — diagonal pitch (Eng.)
~ المُبَدِّل — commutator pitch (Elec. Eng.)
~ مُتَزايِدة — increasing pitch (Phys.)
~ مُتَعامِدة — normal pitch (Eng.)
~ مِحوَرِيَّة — axial pitch (Eng.)
~ المِرْوَحة — pitch of propeller (Eng.)
~ ~ أو الرقّاص — propeller pitch
~ مُزدَوِجة — double thread (Eng.)

~ مُقَسَّمة: المسافة المحورية بين سِنَّين في لَولبٍ مُتعدِّد التسنين — divided pitch (Eng.)
~ واسِعة — stride
خُطورة، ~ الأمر أو الموقِف — gravity, seriousness
~، أهمية — importance, significance
~، خَطَر — danger
خُطوط (أنظُر: خطّ) — lines
~ الإسقاط — projection lines (Eng.)
~ الإمداد — service lines, service mains (Elec. Eng.)
~ «پليمْسُول»: لِتَحْديد مُستوى التحميل المأمون — Plimsoll lines (Naut.)
~ التجميع — gathering lines (Pet. Eng.)
~ التَّحْويد — by-pass lines (Eng.)
~ تسامُتِيَّة — contour lines (Surv.)
~ تَساوي الحَرارة الباطِنيَّة — isogeotherms, geo-isotherms (Geol.)
~ ~ القُوَى (أُفُقيًّا في مَجال الأرضِ المِغنَطيسيّ) — isodynamic lines = isogams (Magn.)
~ ~ المِغنطيسيَّة — isomagnetic lines (Geophys.)
~ التصَبُّب — flow lines (Met.)
~ التَّضْمين — modulation bars (Telev.)
~ تَعديلِ المِساحات — give-and-take lines (Surv.)
~ الخِدمة — service lines (Elec. Eng.)
~ السكك الحديدية — trackage
~ شعرية مُتَصالِبة — cross hair lines (Opt.)
~ الطَّيْف — spectral (or spectrum) lines (Phys.)
~ «فراونْهوفر»: السوداءُ في الطيفِ الشَّمسي — Fraunhofer lines (Light)
~ القُوَّة المِغْنَطيسيَّة — magnetic lines of force (Phys., Elec. Eng.)
~ القُوى المِغنَطيسيَّة الأرضيَّة — geomagnetic lines of force, terrestrial magnetic lines of force (Geophys.)
~ كاثوديَّةُ الوِقاية — cathodically-protected lines (Elec. Eng.)
~ كِفافيَّة، ~ كُنْتوريَّة — contour lines, form lines (Geog.)

~ مُتَحارِرَة: مُتَساويةُ درجةِ الحرارة (أو معدَّلاتِ درجة الحرارة في فَترة) — isotherms, isothermal lines (Geog.)
~ مُتَزاوية — isogonal lines (Phys.)
~ مُواصَلات — communication lines, lines of communication (Elec. Comm.)
خَطِّي — lineal, linear (Phys., Maths.)
لا ~ — non-linear (Phys., Maths.)
~ تَوازي التوَجُّه (البلّوري) — nematic (Phys.)
خَطِّيَّة — linearity
خَطير، مُهِمّ — momentous, serious, grave
~، خَطِر — dangerous
خَفَّ، تناقَص — abate, decrease
~: صار خفيفًا — lighten
خُفّ — boot
خُفّاش — bat (Zool.)
خَفّاف، نَشَف، نَسَفة — pumice (Geol.)
خَفّاقة — mixer, whisk
خُفّان، رَخفة: حَجَرٌ رَمليّ رِخْو خفيف — holystone (Geol.)
خِفَّة (في اللون أو الوَزْن) — lightness
~ الحَرَكة — agility, nimbleness
~ الوَزْن — levity
خَفَرَ، حَرَسَ — patrol, guard
خَفَرٌ — sentinel, guard
خَفَرُ السواحِل — coastguard
خَفَضَ، خَفَّضَ — lower, decrease, diminish, reduce
~ بنسبةٍ مُعيَّنة — scale-down
~ القيمة، ~ قيمةَ (العُملة) — devaluate = devalue
خَفَّضَ، أنزَلَ الرُّتبةَ أو المَرتَبة — demote, degrade
~، قَلَّلَ — lessen
~ إلى الحَدِّ الأدنى — minimize
~ بِنِسبةٍ مُعَيَّنة — scale-down
~ التدَفُّق — bean back (Eng.)
~ السُّرعة — gear down (Eng.)
~ (السِّعر) — rebate
~ (الصوتَ) بالكَظْم — muffle (Eng.)
~ (العُقوبة) — commute
~ كَثيرًا — slash
خَفْض — lowering, depression, reduction, decrease, lessening

خَفْض (تابع)

~: خَفْضُ الكربنة في مركَّب عُضويّ degradation (Chem.)

ـُ الارتفاع: استِعدادًا لِلحَطّ letting down (Aero.)

ـُ الاستِطاعة derating (Elec. Eng.)

ـُ تدريجي fade-down (Cinema)

ـُ الحَساسية desensitization (Med., Chem.)

ـُ الذُّروة (في الاستقبال الصوتي) de-emphasis (Elec. Comm.)

ـُ الرُّتبة demotion

ـُ شِدَّةِ الإضاءَة dimming, softening

ـُ الضجيج noise reduction (Acous.)

ـُ المَرتَبَة degradation

ـُ المَناسيب reduction of levels (Surv.)

ـُ نِسْبةِ الرُّطوبة (في الخَشب) seasoning

خَفَّفَ، لَطَّفَ allay, alleviate, ease, palliate

~، فرَّجَ الألم أو الأعراض relieve (Med.)

~ (الحِدَّة) soften

~ (الحُكْم) لِظُروفٍ خاصَّة extenuate

~ (السُّرعة) slacken

~ (القُيود) slacken, relax

~ (اللُّزوجةَ أو التركيز) dilute (Chem.)

~ (الوزنَ) lighten, make lighter

~ الضَّغْط decompress (Eng.)

خَفَقَ، رَفَّ flap, flutter; flicker

~، خَلَطَ beat, whisk

~، نَبَضَ beat, palpitate, throb (Med.)

~ بِشِدَّة pound (Med.)

خَفْقٌ تردُّدي: قَرْنُ تَردُّدَين (مُتَقارِبَين) لإحداثِ تَرَدُّدٍ تَضارُبي heterodyne (Elec. Comm.)

خَفَقان palpitation, pulsation, beating, flutter (Med.)

ـُ التذَبْذُب squegging (Radio)

خَفْقة، نَبْضة beat, throb, pulse

خُفوت fading, dying down (or away)

خَفِيّ، مَخْفِي hidden, concealed, crypt(o)-

~، غيرُ ظاهِر covert

ـُ الإلْقاح: نباتٌ من اللازَهْرِيّات cryptogam (Bot.)

خَفِيت: غير مسموع inaudible

خَفِير guard, sentinel, watchman, warden, patrol

خَفيض، مُنخَفِض low

~ (لِلصوت أو الضوء) soft, subdued

ـُ الضَّغْط hypobaric

ـُ الطاقة low-energy (Phys.)

ـُ القُدْرة low-powered (Phys.)

ـُ النَّغَم (أو الطبقة الصوتية) low-pitched (Acous.)

ـُ الوَضْع low-set

خفيف light

ـُ الأثَر mild

ـُ الانتِشار thin, sparse

خَلّ vinegar (Chem.)

خَلاء، فَراغ emptiness, vacuum

~: فَضاء space, open air

خُلابة: رابِطٌ خُلابيّ chelate (Chem.)

خَلّات، أملاحُ حامِضِ الخَلّ acetates

ـُ الإثيل ethyl acetate (Chem.)

ـُ الأميل amyl acetate, pear oil

ـُ الرَّصاص lead acetate (Chem.)

ـُ السِّليولوز cellulose acetate (Chem.)

خَلّاس، ~ العَيِّنات thief

خُلاسِيّ griffado, mulatto

خَلاص، الخَلاص afterbirth, secundinae (Med.)

خُلاصة، مُختَصَر، مُلَخَّص abstract, summary, resumé

~، مُستَخلَص extract, essence (Chem.), quintescence

خَلّاط mixer, blender

ـُ دُفعات batch mixer (Eng.)

ـُ فيديُوي video mixer (Telev.)

ـُ (أو مُكَربِنُ) حَقْن injection carburet(t)or (Eng.)

ـُ نافوريّ أو نَفثي jet mixer (Eng.)

خَلّاطة blender, mixer, mixing mill

~، أسطُوانةُ خَلْط mixing drum

~ (طُفال أو مِلاط) pug-mill (Civ. Eng.)

ـُ إسمَنْت cement mixer (Civ. Eng.)

ـُ (إسمَنْت) قَلّابة tilting mixer (Civ. Eng.)

ـُ الجَبْلات والعبُوّات batch mixer (Eng.)

ـُ خَرَسانة concrete mixer (Civ. Eng.)

ـُ دفّاعة impeller mixer (Eng.)

ـُ دُوّامِيَّة vortex mixer (Eng.)

ـُ ذاتُ أرياش blade mixer

ـُ عَجْن (لِلطُّفالِ أو المِلاط) pug-mill (Civ. Eng.)

ـُ مُستَمِرَّة continuous mixer (Eng.)

ـُ المِلاط malaxator (Civ. Eng.)

ـُ هَيدروليَّة hydraulic mixer (Civ. Eng.)

خَلّاعة extractor

خِلاف، نِزاع disaccord, disagreement, conflict

~، تَبايُن difference, variance, dissimilitude

~: اختِلافُ التراتُب stagger

خَلّاق، مُبتَكِر creative

خِلالي: بين الفُرجات interstitial

خَلايا (أنظُر: خَلِيَّة) cells

~ خَبيثة (سَرَطانيَّة) malignant cells (Med.)

~ شَبَكِيَّة reticular cells (Zool.)

خَلَّة، خُصلة trait

خَلَجان، اختِلاج convulsion, twitching

خَلْخَل: فَكَّ loosen, disjoint

~: قَلَّل (الكَثافةَ أو الضَّغط) rarefy (Phys.)

~ بالدَّق (لِتَسهيلِ إخراج المَصْبوبةِ من القالَب) rap

خُلْد mole, mole-rate (Zool.)

خَلَدة، حَلْقة annulus

خَلَّصَ: أنقَذَ rescue, save, deliver (from)

~: أنقذ (ممتلكات من غرقٍ أو حريق) salvage

~: حَرَّرَ free, disengage, release, liberate

~ (مِن) relieve or rid (of)

خَلَطَ، مَزَجَ mix, blend, mingle, admix, intermingle, commingle

~، شَوَّش jumble, muddle up

~ (الطُّفالَ والماء لِصُنعِ الفخّار) pug

~ (المِلاط) puddle (Build.)

خَلْط، مَزْج mixing, blending, admixture

ـُ (الجَبَلات الإسمَنْتية) حَسَبَ الوزن weigh batching (Civ. Eng.)

ـُ مُتآلِف intimate mixing

~ مَذْقِيّ adulteration (Food Sc.)

خِلْط، مَخْلُوط mixture; aggregate

~ (مِن أخلاطِ الإنسان) humour (Zool.)

~ دَقيق (من الرَّمل والحَصَى) fine aggregate (Civ. Eng.)

الـ ـُ الزُّجاجيّ (في العَين) vitreous humour (Zool.)

خِلْط (تابع)
~ مائيّ، الرطوبةُ المائية (في العين) — aqueous humour (Zool.)
~ مَعدِنيّ — mineral aggregate
خَلَّطَ (تجفيرًا أو تلغيزًا) — scramble (Elec. Comm.)
خَلْطة — mix
~ تَجريبيَّة — trial mix
~ (خَرَسانة) **قياسيَّة** (١ إسمَنْت، ٢ رَمل، ٤ حَصْباء) — standard mix (Civ. Eng.)
~ شُغلات: على حاسبٍ يعالجُها آنيًّا — job mix (Comp.)
خَلَعَ، فَصَلَ، مَلَخَ — demount, dismount, dislocate, dislodge
~، نَزَعَ — take off, doff, slip off
~ بِمُخْل — pry
خَلْع، اِنخِلاع — dislocation
خَلَفَ: حَلَّ مكانَ سَلَفٍ — succeed, replace
الخَلَف: آخِذُ مَكان السَّلَف — successor
خِلْف: مُخالِف، مُختَلِف — different
~: حَلَمةُ الضَّرع — nipple, teat (Zool.)
الـ ~: ضِلْعٌ سائِب — floating rib (Zool.)
خُلْف، اختِلاف، تَبايُن — disparity
قياسُ الـ ~ — reductio ad absurdum (Maths.)
خَلْف، وَراء — behind, at the back of
~، قَفا — back, rear, posterior
خَلْفيّ — back, rear, hind, retro-
~، مُتَخَلِّف — trailing (Eng.)
~، تَراجُعيّ (بادئة) — retro-
خَلْفيَّة — background, back part
~ (الصورة أو المَنظر) — background
خَلَقَ، أبْدَعَ — create
خَلْق، إبداع — creation
~، تكوين — genesis (Biol.)
خُلُق — character
خِلْقيّ، فِطْريّ، وِلاديّ — congenital (Zool.)
~، مُتأصِّل — innate, inbred
خُلُقيّ، أخلاقيّ — ethical, moral
خَلقيدوني: عَقيق أبيض — chalcedony (Min.)
خِلْقِين، مِرْجَل، قِدْرٌ كبيرة — caldron = cauldron (Eng.)
خَلَل، عِلّة — flaw, defect, fault
~، عَطَب — disrepair
~، عُطْل — fault, trouble, disorder

~ إنشائيّ — constructional defect (Eng.)
~ بِطانيّ أو طِلائيّ — holiday (Build.)
~ تشغيليّ — operational failure (Eng.)
~ التوازُن — instability, disequilibrium
~ العَزْل — insulation fault (Elec. Eng.)
~ القَفْل — misclosure
~ لا يُمكِنُ اْستبانَتُه — unperceivable flaw
~ المُحَرِّك — engine trouble (Eng.)
~ النظام، فَوضَى — disorder
~ وَظيفيّ — malfunction (Eng.), functional disorder (Med.)
خَلَّل: خَمَّضَ بالخَلِّ — acetify (Chem.)
~: حَفِظَ في الخَلّ أو في مَحلولٍ مِلْحيّ — pickle (Food Sc.)
خَلَليّ، خِلاليّ: بينَ الفُرْجات — interstitial
خَلَنْج — heath, heather (Bot.)
خُلُوّ، شُغور — vacancy
~، فراغ — emptiness, vacuity
خِلْوٌ من — devoid or destitute of, free from
خُلوص — clearance (Eng.)
~ (مِن) — relief (from), release or liberation (from)
الـ ~ الأرضيّ: الفُرجةُ بين السيارة والأرض أو الطريق — ground clearance, road clearance (Autos.)
~ الأُسطُوانة — cylinder clearance (Eng.)
الـ ~ التحتاني — bottom clearance (Eng.)
~ جانِبيّ — lateral clearance, side clearance (Eng.)
~ حَلْقيّ — ring clearancc (Eng.)
~ داخِلي — inside clearance (Eng.)
~ الشَّفَة (في المَثاقب نحوَ ١٣٠°) — lip clearance (Eng.)
~ الصِّمام — valve clearance (Eng.)
~ طَرَفي — end relief (Eng.)
~ الكَبّاس، ~ المِكْبَس — piston clearance (Eng.)
~ مِحْوَريّ — axial clearance (Eng.)
~ نِصْفُ قُطريّ — radial clearance
خَلُوط: قابِلٌ لِلاختِلاط أو الامتزاج — miscible (Chem.)
خَلُون، أسيتون — acetone (Chem.)
خَلَويّ: مُكَوَّنٌ من خَلايا — cellular
الخَلَويّات: عِلمُ الخَلايا — cytology
خَلّي، أسيتيّ — acetic (Chem.)

خليَّة: حُجَيْرة — cell (Biol.)
~: بَطّارية — cell (Elec. Eng.)
~ احتياطيَّة: يُضافُ إليها الإلكتروليت (الكَهْرَل) عندَ الاستِعمال — reserve cell (Elec. Eng.)
~ إلكتروليتيَّة — electrolytic cell (Elec. Eng.)
~ الانحِياز — bias cell (Electron.)
~ انعِكاسيَّةُ القُطبَيْن — reversible cell (Chem.)
~ أوَّليَّة — primary cell (Elec. Eng.)
~ بِسائِلَين — double-fluid cell (Elec. Eng.)
~ بَيْضيَّة — oocyte (Zool.)
~ البيكرومات — bichromate cell (Elec. Eng.)
~ تقويم — rectifier cell (Elec. Eng.)
~ تَناسُليَّة، ~ جِنسيَّة — germ cell (Biol.)
~ تنظيم (طَرَفيَّة) — regulator cell = end-cell
~ ثانَويَّة، مِرْكَم — secondary cell (Elec. Eng.)
~ جافَّة — dry cell (Elec. Eng.)
~ جَسَديَّة (لاتَناسُليَّة) — somatic cell (Biol.)
~ حارِسة — guard cell (Bot.)
~ حَرَكيَّة (أو مُحَرِّكة) — motor cell (Biol.)
~ خَزْن (في مِركَم) — storage cell (Elec. Eng.)
~ خِلاليَّة — interstitial cell (Biol.)
~ دَليليَّة — pilot cell (Elec. Eng.)
~ رَطْبَة (أو سائِلة) — wet cell (Elec. Eng.)
~ رِقِّيَّة: لِتَحضير الصوديوم (أو الكلور والهدروجين) — diaphragm cell (Chem.)
~ زِئبقيَّة (الكاثود) — mercury cell (Elec.)
~ سائلةُ الإلكتروليت — wet cell (Elec. Eng.)
~ السِّلِنيُوم (الكهرضوئية) — selenium cell (Elec. Eng.)
~ سليكونية (شمسيَّة) — silicon cell (Elec. Eng.)
~ السِّيزيوم (الكهرضوئية) — caesium cell (Elec. Eng.)
~ شَمْسيَّة: تُحَوِّلُ طاقةَ نُور الشمس إلى كَهْرَباء مُباشَرةً — solar cell (Electron.)
~ ~ سِليكونية — silicon solar cell (Electron.)
~ صغيرة — cellule
~ ضَوئيَّة، ~ كهرضَوئيَّة — photocell (Phys.)
~ ~ غازيَّة — gas photo-cell (Electron.)
~ ~ مُقَوِّمة — rectifier photocell (Electron.)
~ طَرَفيَّة، ~ تنظيم (تُوصَلُ أو تُعْزَلُ لِضَبْطِ الفلطيَّة) — end-cell = regulator cell (Elec. Eng.)

خليّة (تابع)

~ ظِهاريّة epithelial cell (Biol.)
~ عَصَبيّة، عَصَبُون nerve cell = neuron(e) (Zool.)
~ عَضَليّة myocyte (Zool.)
~ غَلْفانيّة (كهروكيماويّة) galvanic cell (Chem.)
~ فُلطائيّة voltaic cell (Elec. Eng.)
~ ~ ضَوئيّة photovoltaic cell (Phys.)
~ قَدَحيّة goblet cell (Biol.)
~ الكادميوم الكهرضوئية cadmium photocell (Phys., Electron.)
~ كهربائية electric cell (Elec. Eng.)
~ (كهربائية) عِيارية standard cell (Elec. Eng.)
~ كَهْرَضَوئية photoelectric cell (Phys.)
~ كَهْرَليّة electrolytic cell (Chem. Eng.)
~ كَهْروكيماويّة electrochemical cell (Phys. Chem.)
~ كيماوية ضَوئية photochemical cell (Phys.)
~ لااستِقطابيّة non-polarizable cell (Elec. Eng.)
~ المائِعَيْن two-fluid cell (Elec. Eng.)
~ مُدَّخِرة storage cell, accumulator, secondary cell (Elec. Eng.)
~ مِركَم، مِركَمة accumulator cell
~ مَشيجيّة gametocyte (Biol.)
~ مُمَغْنَطة: في ذاكِرة الحاسوب magnetic cell (Comp.)
~ مِنْجَليّة sickle cell (Med.)
~ مُوَلِّدة generative cell (Bot.)
~ نَحْل، نَحيتة beehive, hive
~ نَسيجٌ ضامّ connective tissue cell (Biol.)
~ نُطْفيّة، ~ مَنَويّة spermatocyte (Zool.)
~ هَوائيّة (لِضَبْطِ الاحتِراق) air-cell (Eng.)
~ وَحْديّة: الخَليّةُ الوَحْدَة (في التركيب البِلّوري) unit cell (Min.)
~ «وِسْتون»، خليّةُ الكادميوم: خليّةٌ عِياريّة Weston cell (Elec. Eng.)
~ وَقُوديّة fuel cell (Chem.)
~ وَليدة daughter cell (Biol.)
خليج، خَوْر gulf, bay, bight (Geog.)
خليط mix, mixture

~ تَسْميد: من مَوادّ نَباتية وحَيوانيّة مُتخَمِّرة compost (Chem., Agric.)
~ رَطْب wet mix (Build., Civ. Eng.)
~ صَخْريّ mélange (Geol.)
~ مَعدِني، أُشابة alloy (Met.)
~ مُلْتَبِك jumble
~ يُفْرَشُ بارِدًا cold-laid mixture (Civ. Eng.)
خَليقٌ بالتصوير photogenic
خَلِيل، أسيتيل: شِقُّ حامِضِ الخَلّ acetyl, acetyl group رَمزُه (CH_3CO^-) (Chem.)
خَلّيوز، سِليولوز cellulose (Chem.)
خَليَوي cellular (Elec. Comm.)
خُمّ: بَيتُ الدَّجاج hennery, pen, coop
خُماسِيّ quinary, quintuple, penta-
~ الأجزاء pentamerous (Bot.), quinquepartite
~ الأَسْدِيَة pentastaminate
~ الأصابع pentadactyl (Zool.)
~ الأضلاع والزوايا pentagon (Maths.)
~ التكافُؤ pentavalent, quinquevalent (Chem.)
~ الحُوَيّات pentacyclic
~ الزّوايا pentangular
~ الكأسيّات pentasepalous (Bot.)
~ مُزدَوِج biquinary
خَماسِين، رِيحُ الخَماسِين Khamaseen, Khamasin (Meteor.)
خمائر (أُنظُر: خَميرة وأنزيم) enzymes, yeast(s), ferments (Chem.)
~ اللبَن milk enzymes (Biol.)
~ النوشادر ammoniacal ferments (Chem.)
خَمَجٌ، إنتان infection, sepsis (Med.)
~، تَعَفُّن putrefaction, rot (Chem.)
خَمَدَ subside, abate, die down
خَمَّدَ subdue, deaden; deactivate
خَمْر wine, alcoholic beverage
خَمَّرَ ferment, leaven; brew (Food Sc.)
خَمَّسَ: ضاعَفَ خَمس مَرّات quintuplicate
خَمْسَةُ أيّام pentad
خَمْسَةَ عَشر fifteen
ذو الخمسةَ عَشر ضِلعًا quindecagon (Maths.)
خَمْل nap, floss, fluff

~، زَغَب down, pile
خَمْلة، زُغابة villus (pl. villi) (Biol.)
خَمَّنَ، قَدَّر assess, estimate
~، حَزر guess, conjecture, surmise
خُمود abatement, remission, subsidence, extinction
~، بَلادة apathy
خُمول inactivity, idleness, sluggishness
خَميرة، خَمير ferment, yeast, leaven (Food Sc.)
~ البيرة barm (Chem.)
خُناق، دِفْتيريا diphtheria (Med.)
~: خانوق angina trachealis, croup (Med.)
خُنْثى hermaphrodite (Biol.)
~، ثُنائيّ الجِنْس bisexual (Zool.)
خُنْثَويّ، خُنْثيّ hermaphroditic (Biol.)
خُنْثيّ androgynous (Bot.)
خِنْجَرية: إشارة طِباعية dagger (Print.)
~ مُزدَوِجة diesis, double dagger
خَنْدَقَ: حَفَرَ خندقًا trench, ditch
~، تخَنْدَق (للتحصين)، حَصَّنَ في خندق entrench (Mil.)
خَنْدَقٌ، أُخدود trench, ditch, dike
~ تَصريف drainage ditch (Civ. Eng.)
~ ~ مُعَبَّأٌ بالحِجارة stone drain
~ شَقّي: خندق استِحكاميّ ضَيِّق slit trench (Mil.)
خَنْدَقة، حَفْرُ الخَنادِق ditching, trenching
~، تَحَصُّنٌ بالتخَنْدُق entrenchment
خِنْزير pig (Zool.)
~ البَحر porpoise (Zool.)
~ الهِند guinea pig (Zool.)
خِنزيرة: كُتلةٌ فِلزيّة مُتصلبة sow (Met.)
خِنْشار fern (Bot.)
خُنْفُساء beetle (Zool.)
خَنَق strangle; choke, stifle, suffocate, asphyxiate
~ (بالدُّخان) smother
~ (بالصِّمامات) choke (Eng.)
~: خفضَ التدفّق bean back, throttle (Eng.)
خَنْق strangulation; suffocation
~: تَضْييقٌ تدريجيّ choking, throttling (Eng.)

خَنْق (تابع)

~ جُزئيّ: وَضْعُ الخَنْقِ الجُزئيّ — partial throttle (Eng.)
خَواء، فَراغ — emptiness; vacuum (pl. vacua)
~ فائقُ التفريغ (ضَغْطُه حوالى أو دُون ١٠^-١٠ مليمتر زئبق) — ultrahigh vacuum (Phys.)
خُوار: جَئيرُ الثور — bellowing, lowing
~: تشوُّش الاستِقبال — mush (Radio)
خُوارِزم، خُوارِزميّة: خُطواتُ الحَلِّ الحِسابي — algorithm = algorism (Comp.)
خَواصّ (أُنظُر: خاصّة) — properties, characteristics
~ أَصيلَة — intrinsic properties (Phys.)
~ طَبيعيَّة — physical properties (Chem.), physical characteristics (Geog.)
~ عارِضة — extrinsic properties (Phys.)
~ كَهربيَّة — electrical properties
~ كيماويَّة — chemical properties
خَوائيّ، في الفَراغ — in vacuo
خَوخ، بَرقوق — plum
~، دُراقِن — peach
خَوْخَة: بُوَيْب — hatch, wicket
خُوذَة — helmet, helm, casque
~ الارتِطام — crash helmet
~ الضَّغط — pressure helmet (Space)
~ اللحّام — welder's helmet
خَوْر، شَرْم: خليجٌ صغير — cove, creek (Geog.)

خَوَر: وَهَن — fatigue, languor, debility
خَوَّش — countersink (Eng.)
خُوص — wicker
خُوصة — slat, strip, palm leaf
~ إطاريَّة — panel strip
خَوْض — wading, fording
خُوط، خَيطٌ فُطريّ — hypha (Bot.)
خَوف — fear, phobia
خَوَّلَ، مَكَّنَ — entitle, empower, enable
~، فوَّضَ — authorize
خَوليّ: رئيس عُمّال — foreman
خِيار، قِثّاء — cucumber (Bot.)
~: إختيار — choice, option
~: أَحَدُ خِيارَين (أو أكثَر) — alternative
خِياري — optional
خَياشِيم (أُنظُر: خَيشوم) — gills (Zool.)
~ (تَبريد) مُشِعَّة — radiating gills (Eng.)
~ غِطاءِ المحَرِّك — cowling gills (Eng.)
خِياطة — sewing, stitching
~ جِراحيَّة — suturing, -rrhaphy (Med.)
~ السيور — belt lacing (Eng.)
خَيال، تَصَوُّر، وَهم — imagination, fancy
~، صُورة — image (Phys.)
~، صُورة ظِلِّيَّة (أو شَبَحيَّة) — silhouette
~، ظِلّ — shadow (Phys.)
خَياليّ، تخَيُّلي — imaginary, ficticious
خِيانة — betrayal, treachery, treason
خَيْبَة، إخفاق — failure, frustration
~ أَمَل — disappointment
خِيرة، نُخْبَة — choice, pick

خَيزُران — bamboo (Bot.)
خِيس، مُنْسِغة: حَرَجةٌ جَثّ — coppice, copse (Bot.)
خَيْش: نَسيجٌ قِنَّبي خَشِن — hessian, burlap, sackcloth, bagging
~، كِيسٌ من الخَيْش — gunny
خَيْشوم، حَرْقُوة: بُلعوم أنفيّ — nasopharynx (Zool.)
~، غَلْصَم — gill (Zool.)
خَيْشومي — branchial (Zool.)
خَيْط — string, thread, filament, fibre, yarn
~ السَّداة — filament (Bot.)
~ العَنكَبوت — spider web
~ الفادِن — plumb line (Eng.)
~ فُطري، خُوط — hypha (Bot.)
~ مَبْروم — twine, yarn
خَيطي، شُعَيري — filiform
الخَيْطيّات: طائفةٌ من المَمْسُودات — Nematoda, Filaria (Zool.)
خَيْمَة — tent
~، إزهِرارٌ خَيميّ — umbel (Bot.)
الخيمياء: الكيمياءُ القَديمة — alchemy
خُيوط (أُنظر: خَيط) — threads
~ الآح: إحدى حُزمتَي ربط المُحّ بقِشرة البيضة — chalaza (Zool.)
~ (أو أليافٌ) اصطِناعيَّة — synthetic fibres
خُيَيْط — (micro)filament
~ لِيفيّ — fibre

د

د: الرمزُ الكيماويّ لِعُنصر الراديوم Ra (radium) (Chem.)
داء، مَرَض disease, malady
الـ ~ الإفرنجي syphilis, lues (Med.)
~ البَواسير hemorrhoids (Med.)
~ الحَفَر، الإسقربوط scurvy (Med.)
~ السُّكَّريّ، الزَّرَب diabetes
~ الفيل، الفَيَل elephantiasis (Med.)
~ الكَلَب، رُهابُ الماء، سُعار rabies, hydrophobia (Med.)
~ المَفاصِل arthrosis (Med.)
دَأب، عادة habit
~، دَأَب: مُثابَرة perseverance, persistence
دابَّة: حيَوان animal
دابِر، سالِف past
دابِرة spur (Zool.)
داجِن، أليف domestic, tame
داخِل، باطِن inner, interior, intra-
~، مُنْتَسِب: مُتقَدِّمٌ إلى مُباراة entrant
الـ ~ أخيرًا يُصَرَّفُ أوَّلًا last in first out (Comp.)
~ الأدَمة، ~ الجِلْد intradermal (Zool.)
الـ ~ أوَّلًا يُصَرَّفُ أوَّلًا first in first out
~ الجُزَيئات intramolecular (Chem.)
~ الرَّحِم intrauterine (Zool.)
~ السفينة أو الطائرة inboard
~ المَثانة intravesical (Zool.)
~ المُفاعِل in-pile (Nuc. Eng.)
~ الوَريد intravenous (Zool.)
داخِليّ internal, inner, inside, inward, endo-
~، داخِل البِلاد inland
~ الإفراز (كالغُدَد الصمّاء) endocrine (Zool.)
~ الإلتِواء introrse (Biol.)
~ الإنسِياب، ~ الصَّرف endor(h)eic (Geol.)
~ التشَكُّل endomorphic (Min.)
~ المَنْشَأ endogenic (or endogenous)
داخِن: كثيرُ الدُّخان smoky, fuming
داخِنة: مَدخنة chimney, funnel
~: مادَّةٌ يُدَخَّنُ بها لِلتطهير fumigant (Chem.)
~: نافِثة بُركانيَّة fumarole (Geol.)
دارَ، اشتَغَل run, operate
~: انعَطَف turn, veer, detour
~، بَرَمَ rotate, gyrate, spin, swivel, turn, twirl
يُدارُ بالرِّياح wind-driven
~ حَولَ orbit; circle, go round
~ ~ مِحور pivot, gyrate, slue
~ ~ مُفصَّلة swing
~ دونَ تعشيق idle (Eng.)
~ في مَدار revolve, orbit
دارٌ house, home
~، مُؤسَّسة house, firm
~ بَرمجة، ~ برامجيّات software house (Comp.)
~ سَكِّ العُمْلَة mint
~ الصِّناعة arsenal
دارِئ، دارِئة buffer (Eng.)
~ حَمْضيّ acid buffer (Chem.)
~ مُحيطيّ peripheral buffer (Comp.)
دارات (أنظر: دارة «كهربائيَّة») circuits
~ رَقيقةُ الغِشاء film circuits (Electron.)
~ مَقْرونة coupled circuits (Elec. Eng.)
داراف (مَعكوسُ الفاراد) daraf (Elec. Eng.)
دارة: أُسطوانة (وِعاءٌ أُسطوانيّ) drum
~: دار residence, villa, house
~: دارةٌ (أو دائرةٌ) كهربائيَّة circuit (Elec. Eng.)
~: بَكَرة pulley
~: هالة halo, corona (Meteor.)
~ ابتِدائيَّة primary circuit (Elec. Eng.)
~ اتِّصالٍ داخِليّ: بينَ مُراقِب البَرنامَج والمُؤدِّين talk-(or speak-)back circuit (Telev.)
~ اتِّصالٍ مَحَلِّيَّة local junction circuit
~ إثارة exciting circuit (Elec. Eng.)
~ أُحاديَّةُ الاستِقرار monostable circuit
~ ~ التوليف single-tuned circuit
~ ~ الطَّور one-(or single-)phase circuit (Elec. Eng.)
~ ~ المَدَى: تستَقْبِلُ إشارةً مُعيَّنة من جُملة إشارات one-shot circuit (Elec. Comm.)
~ إحداثِ الشَّرَر sparking circuit (Elec. Eng.)
~ اختِبار test circuit (Elec. Eng.)
~ إخلاء، ~ انتِهاء المُحادَثة clearing circuit
~ إخماد quenching circuit (Electron.)
~ إرسالٍ مُتعَدِّدٍ مُتقابِل multiplex circuit (Elec. Eng.)
~ ~ واستِقبال duplexer (Radio)
~ أرضيَّة earth circuit, ground circuit (Elec. Eng.)
~ إزاحةِ الطَّور phase-shift(ing) circuit
~ استِغناء: يُستَغنى عنها عند ازدياد الحِمل dispensable circuit (Elec. Eng.)
~ الإشعال ignition circuit (Elec. Eng.)
~ إصمات muting circuit (Elec. Comm.)
~ إطارية loop circuit (Elec. Eng.)
~ إطلاق trigger circuit (Elec. Eng.)
~ إعادةِ التوليد regenerative circuit
~ إعاقةِ النَّبْض pulse delay circuit
~ إعتاق trip circuit (Elec. Eng.)
~ ~ فَرعية shunt trip (Elec. Eng.)
~ إقرارِ الفُلطيَّة voltage stabilizing circuit (Elec. Eng.)
~ اكتِساحية sweep circuit (Electron.)
~ التِقاط pick-up circuit (Elec. Eng.)
~ إلكترونية electronic circuit
~ امتِصاص absorption circuit (Elec. Eng.)
~ إمداد supply circuit (Elec. Eng.)
~ انتِقاء تَوافُقي harmonic selector circuit (Elec. Eng.)
~ ~ النِّطاق الترَدُّدي band selector circuit (Elec. Eng.)
~ انتِقائية selector (circuit) (Elec. Comm.)
~ انطِباق coincidence circuit (Comp.)
~ إنهاض bootstrap circuit (Electron.)
~ الأنود anode circuit (Electron.)

~ «أو» OR circuit (Comp.)
~ أوتوماتية : تعملُ تِلقائيًّا automatic circuit (Elec. Eng.)
~ إيصاد lockout circuit (Elec. Comm.)
~ إيقاف shut-down circuit (Elec. Eng.)
~ تامّة through circuit (Elec. Comm.)
~ تبديل، ~ مَنطقيّة switching circuit, logic circuit (Comp., Elec. Comm.)
~ تحرُّز guard circuit (Elec. Eng.)
~ تحْصيل toll circuit (Elec. Comm.)
~ التحكُّم control(ling) circuit (Elec. Eng.)
(~) التحكُّم الأوتوماتيّ في التبايُن automatic contrast control (Telev.)
(~) ~ ~ في النُّصوع automatic brightness control (Telev.)
~ تحْويل transfer circuit (Teleph.)
~ ~ الإشاراتِ الكلاميّة (لِضمان سِرّيّة المُكالَمات) speech inverter (Elec. Comm.)
~ تَذَبذُبيّة oscillatory circuit (Radio)
~ الترانزِستور transistor circuit
~ تَرشيح filter circuit (Radio)
~ تَزْييت lubrication circuit (Eng.)
~ التسَرُّب leakage circuit (Elec. Eng.)
~ تَسْليس، ~ تَسْوية : ذاتُ مُرَشِّح إمرارٍ خَفيض smoothing circuit (Elec. Eng.)
~ تَضْخيمٍ مُزدَوِج dual-amplification circuit (Radio)
~ تَعْمِية الإشارات scrambling circuit (Elec. Comm.)
~ تَعْويق delay circuit (Elec. Comm.)
~ التغذية feed circuit (Elec. Eng.)
~ تغذيةٍ مُرتَدّة feedback circuit (Elec. Eng.)
~ تَفاضُليّة differentiating circuit (Elec. Eng.)
~ تَفْريغ discharge circuit (Elec. Eng.)
~ تَقويم rectifier circuit (Radio)
~ تَمُّور surge (or surging) circuit (Elec. Eng.)
~ تَنْبيه أو إنذار alarm circuit (Elec. Eng.)
~ تَوازٍ، ~ فَرْعيّة shunt circuit (Elec. Eng.)
~ ~ رَنّانة resonant shunt (Elec. Eng.)
~ تَوالٍ series circuit (Elec. Eng.)

~ توالٍ وتَوازٍ : المُتَوالياتُ فيها مَوصولةٌ على التوازي series-parallel circuit, series-shunt circuit (Elec. Eng.)
~ تَوصيل junction circuit (Teleph.), connecting circuit (Elec. Eng.)
~ تَوَقٍّ، ~ التوَقّي guard circuit (Elec. Eng.)
~ تَوقيت timing circuit (Electron.)
~ تَوليف tuner circuit (Radio)
~ تيّارٍ مُتَناوِب ac circuit (Elec. Eng.)
~ التيّار المُستَمِرّ direct current circuit (Elec. Eng.)
~ ثانَويّة secondary circuit (Elec. Eng.)
~ ثُلاثيّةُ الطَّور three-phase circuit (Elec. Eng.)
~ ثُنائيّةُ الاستقرار bistable circuit (Elec. Comm.)
~ ثُنائيّةُ الطَّور two-phase circuit (Elec. Eng.)
~ ثُنائيّة المَنْفَذ two-port circuit (Elec. Eng.)
~ جامِدة: جامدةُ الأجزاء على رُقاقة شبه موصلة solid-state circuit (Electron.)
~ جانبيّة side circuit (Elec. Comm.)
~ (أو حَلْبة) جَليديّة cirque (Geol.)
~ الجَمّاع adder circuit (Comp.)
~ جَمْل integrating circuit (Elec. Eng.)
~ جُهْديّة أو فُلْطيّة : يتناسَبُ فيها التيّارُ مع فلطية الدارة voltage circuit, pressure circuit (Elec. Eng.)
~ حاثّة أو حَثّيّة inducing or inductive circuit (Elec. Eng.)
~ حافِزة driving circuit (Elec. Eng.)
~ (تَوصيل) حَبْليّة cord circuit (Teleph.)
~ حَثّيّة inductive circuit (Elec. Eng.)
~ حَجْب shading circuit (Telev.)
~ حَلْقيّة loop circuit (Elec. Eng.)
~ الحِمْل load circuit (Elec. Eng.)
~ خارجيّة external circuit (Elec. Eng.)
~ خازِنة tank circuit (Radio)
~ الخَرْج output circuit (Elec. Eng.)
~ الخَطّ الكَهربائي line circuit (Elec. Eng.)
~ خَفْتِ التردُّدات السمعيّة (عند انعدام الإشاراتِ المُقَرَّرة) squelch circuit (Radio)
~ خَفْضِ الذُّروة deac(centuator)
~ الدَّخْل input circuit (Elec. Eng.)

~ دَفْعٍ وجَذْب push-pull circuit (Elec. Eng.)
~ ذاتُ سِلْكَين two-wire circuit (Elec. Comm.)
~ ذاتيّةُ الانطِفاء self-extinguishing circuit (Elec. Eng.)
~ (تَحْويل) ذُرويّة : تُحَسِّنُ استِجابةَ مُضَخِّمٍ عريضِ النطاق لِلتردُّدات العالية peaking circuit (Electron.)
~ رافِدة tributary circuit (Elec. Comm.)
~ رافِضة : تعملُ كَمُرَشِّح رَفض rejector circuit (Radio)
~ راكِبة superposed circuit (Elec. Comm.)
~ رُباعيّة : تحملُ رِسالَتَين في كِلا الاتِّجاهَين آنيًّا quadruplex circuit (Elec. Comm.)
~ رُباعيّةُ الأسلاك four-wire circuit (Elec. Eng.)
~ الرُّجوع الأرضيّ ground return circuit (Elec. Eng.)
~ الرَّدّ: إعدادًا لِتشغيلٍ جديد reset circuit (Elec. Eng.)
~ رَدِّ فِعل reaction circuit (Radio)
~ رقميّة digital circuit (Elec. Comm.)
~ رَقيقةُ الأغشية، ~ مُتَكامِلة thin-film circuit (Elec. Eng.)
~ رَنّانة resonant circuit (Radio)
~ رَنين resonance circuit (Radio)
~ (تلفونية) رَئيسيّة trunk circuit (Teleph.)
~ زُجْليّة : تعملُ كَمجموعةٍ نَسَقيّة modular circuit (Elec. Eng.)
~ زَنْد trigger circuit (Electron.)
~ سَعَة (عَديمةُ المُمانَعة) capacity circuit (Elec. Eng.)
~ سَعَويّة : تَحوي مُواسِعًا capacitive circuit (Elec. Eng.)
~ الشَّبَكة grid circuit (Radio)
~ شَجَريّة التفرُّع tree circuit (Elec. Eng.)
~ الشَّحْن charging circuit (Elec. Eng.)
~ صُغْريّة microcircuit (Elec. Eng.)
~ ضَبْط الجَهارة volume control circuit
~ عَدّ counter circuit (Electron.)
~ ~ (نَبْضيّ)، ~ قِياس scaler, scaling circuit (Elec. Eng.)

دارة (تابع)

~ عَكسِ الطَّور paraphasing circuit (Elec. Eng.)
~ العَودة return circuit (Elec. Eng.)
~ غيرُ مُتوازِنة unbalanced circuit (Elec. Eng.)
~ غيرُ مُوالَفة untuned circuit (Radio)
~ فاصِلَة separator circuit (Telev.)
~ فَرعية subcircuit, branch-circuit (Elec. Eng.)
~ فَصْل separating circuit (Elec. Comm.)
~ ~ الشبَكة grid separation circuit (Radio)
~ فَوق هترودانيَّة، ~ مُغايرَةٍ فَوقيَّة superheterodyne circuit (Radio)
~ قابِلة: مُوالفة لِتَردُّدٍ مُعَيَّن acceptor circuit (Elec. Comm.)
~ القَدْح trigger circuit (Electron.)
~ قُدرة power circuit (Elec. Eng.)
~ قِصَر short-circuit, short (Elec. Eng.)
~ قَطّ clipping circuit (Elec. Comm.)
~ قَطْعٍ ووَصْل switching circuit
~ قَلّابة flip-flop (Comp.)
~ قَنطَريَّة bridge circuit (Elec. Eng.)
~ القَوس الكهربائي arc circuit (Elec. Eng.)
~ الكابِت suppressor circuit (Electron.)
الـ ~ الكامِلة لِلهَوائي antenna system (Radio)
~ كَبْتِ الذبذبةِ العالية quench(ing) circuit (Radio)
~ كهربائيَّة electric circuit (Elec. Eng.)
الـ ~ الكهربائية الرئيسية main circuit
~ كَهربائية مُؤرَّضة earthed circuit (Elec. Eng.)
~ لاحَثِّيَّة non-inductive circuit (Elec. Eng.)
~ لادَوريَّة aperiodic circuit (Elec. Eng.)
~ لاسِلكية radio circuit (Radio)
~ «لا وَ» NAND (circuit) (Comp.)
~ اللوح، ~ الأنود plate circuit (Electron.)
~ مُباشِرة (مِن محطةٍ إلى أُخرى دونَ مُرَحِّل) direct circuit (Teleg.)
~ المُبتَعِثِ المُؤَرَّض، ~ مُؤَرَّضةُ المُبتَعِث grounded-emitter circuit (Elec. Eng.)
~ مُتحَكِّمة controlling circuit (Elec. Eng.)

~ مُتَزامِنَة synchronous circuit (Comp.)
~ مُتشَعِّبة forked circuit (Elec. Comm.)
~ مُتَّصِلة على التوالي series circuit
~ ~ على التوازي parallel circuit
~ مُتعَدِّدةُ الاستِقرار multi-stable circuit (Elec. Comm.)
~ ~ الطور polyphase circuit (Elec. Eng.)
~ ~ الفُروع المُتوازية multiple circuit (Elec. Eng.)
~ مُتَقَبِّلة acceptor circuit (Elec. Eng.)
~ مُتكامِلة integrated circuit (Electron.)
~ ~ أُحاديَّةُ البِلّورة (السِّلِيكونية عادةً) monolithic integrated circuit (Electron.)
~ مُتَوازِنة balanced circuit (Elec. Comm.)
~ المَجال field circuit (Elec. Eng.)
~ مُجَزَّأة divided circuit (Teleg.)
~ (أو مِلَفٌّ) مُحاثَّة inductance
~ مُحَمَّلَة loaded circuit (Elec. Eng.)
~ مُختَلِطة hybrid circuit (Elec. Eng.)
~ المَدْخَل gate circuit (Elec. Eng.)
~ مُدمجة مُتعَدِّدةُ الشرائح multi-chip integrated circuit (Electron.)
~ مُراقَبة monitoring circuit (Radio)
~ مُراكِبة superimposed circuit (Elec. Eng.)
~ مُرَكَّبة: تشمَلُ عدَّةَ مَصادِرَ لِتوليد واستِهلاك التيار الكهربائي compound circuit (Elec. Eng.)
~ مُزدَوِجةُ الاتجاه two-way circuit (Elec. Comm.)
~ ~ ~ ثُنائيَّةُ القَناة double channel duplex (Elec. Comm.)
~ ~ المُوالَفة double-tuned circuit (Radio)
~ مُساعِدة auxiliary circuit (Elec. Eng.)
~ مُستأجَرَة leased circuit (Elec. Comm.)
~ المُستقبِل receiver circuit (Elec. Eng.)
~ المَسْح sweep circuit (Electron.)
~ مُشتَقَّة derived circuit (Elec. Eng.)
~ مُشِعَّة: مثل دارة الهوائي radiating circuit (Radio)
~ مِصْيَدة trap circuit (Elec. Eng.)
~ مَطبوعة: مُرَسَّبةٌ على سَطحٍ عازِل printed circuit (Elec. Eng.)
~ مَطْليَّة plated circuit (Electron.)
~ (أو نُبيطةٌ) مُعَطِّلة dog (Electron.)
~ المُغَذِّي feeder circuit (Elec. Eng.)

~ مِغنطيسيَّة مُقفَلَة closed magnetic circuit
~ مُفاضَلة differentiator (Elec. Eng.)
~ مُفاعِلة reactive circuit (Elec. Eng.)
~ مَفتوحة open circuit (Elec. Eng.)
~ مَفصولة أو مَقطوعة broken circuit, disconnected circuit (Elec. Eng.)
~ مُقاوِمَة ومُواسَعة (على التوالي) RC (resistance-capacitance) circuit (Elec. Eng.)
~ مُقفَلة closed circuit, made circuit (Elec. Eng.)
~ مُكافِئة equivalent circuit (Elec. Eng.)
~ مُكامِلة، ~ جَمْل integrating circuit
~ المُكَثِّف condenser circuit (Elec. Eng.)
~ مكشوفةُ السِّلْك open-wire circuit
~ مُمَيِّزة discriminator circuit (Electron.)
~ مَنطقية logic circuit (Comp.)
~ مُنَمَّشة: شُكِّلَت بالنَّمْش etched circuit (Elec. Eng.)
~ (أو نُبيطةٌ) مُوازَنة equalizer
~ مُوازِيَة parallel circuit = shunt circuit (Elec. Eng.)
~ مُوالَفة tuned circuit (Radio)
~ ~ الأنود tuned-anode circuit (Radio)
~ ~ الشبَكة tuned-grid circuit (Radio)
~ مُؤرَّضة grounded circuit (Elec. Comm.)
~ مُؤلَّفة composite circuit (Elec. Comm.)
~ (أو دائرةُ) نَبْض impulse circuit (Teleph.)
~ نَبْضيَّة مُوَقِّتة time base (Radio, Telev.)
~ النِّداء calling circuit (Elec. Comm.)
~ نِصْفُ ازدِواجيَّة، ~ أُحاديَّةُ الاتجاه الآنِيّ half-duplex circuit (Elec. Comm.)
~ نَقْل (كهربائية) transmission circuit (Elec. Eng.)
~ الهَوائي antenna circuit, aerial circuit (Radio)
~ «و-أو» AND-OR circuit (Comp.)
~ وَحيدةُ الاتجاه one-way circuit, simplex (Elec. Comm.)
~ ~ ~ ثُنائيَّةُ القَناة double channel simplex (Elec. Comm.)
~ وَسيطة intermediate circuit (Radio)

دارة (تابع)

~ وَصِيلة: لِقَرْنِ مِلَفَّين — link circuit (Elec. Eng.)
~ وِقاية — guard circuit (Elec. Eng.)
~ وَمّاضة — strobe circuit (Elec. Eng.)
~ وَهْميَّة — phantom circuit (Teleph.)
دارِج: شائع — current, in vogue
~، عامّيّ — colloquial, vernacular
~، دَرُوج: مُتَحَرِّكٌ نَقّال — mobile
دارْسِي: وَحدةُ قياسِ الإنفاذيَّة (المَساميَّة) — darcy (Geol.)
دارِعة، مُدَرَّعة — battleship
الدّاروينيَّة الحَديثة — Neo-Darwinism (Biol.)
دارئ — buffer (Eng.)
داسَ: حَرَّكَ الدوّاسة — pedal
~، وَطِئَ — tread, tramp(le)
داسِر، مِدْسَرة — propeller = propellor
~، وَقودٌ داسِر — propellant (Space)
~ أُحاديّ: يَمتزِجُ فيه المؤكسِدُ مع الوَقود — monopropellant (Space)
~ ثُنائي: المُؤكسِدُ والوَقودُ فيه مُنفَصِلان قبلَ الإشعال — bipropellant (Space)
~ جامِد — solid propellant (Space)
~ سائِل، وَقودٌ سائِل — liquid propellant (Chem.)
~ صاروخي — rocket propellant (Aero.)
~ نَفّاث: وَقودُ الدَّفع النّفاث — jet propellant (Aero.)
داسِرة، مِروَحة، مِدسَرة، رَفّاص — propeller = propellor (Eng.)
~ بَرْشَمة — riveter (Eng.)
داع، سَبَب — cause, motive
داغِصة: رَضفة — patella, kneecap (Zool.)
دافَ، مَزَجَ — mix, blend
دافِئ، حارٌّ نَوْعًا — warm
دافِع، داعٍ — cause, motive
~، داسِر — impellent, propellent, propellant (Eng., Space)
~، حافِز — incentive, impetus, motive
~، دَفْعِيّ، دَسْريّ — propulsive
~: سَوّاق تحكُّم، برنامج تحكُّم — driver (Comp.)
دافَعَ عن، حَمَى — defend
دافِعة، مِدْسَرة — propeller = propellor
~، داسِرة: كَبّاسُ دَسر — plunger (Eng.)

~ مِروَحيَّة — screw propeller (Naut., Aero.)
دافِق — flowing, outflowing, effluent
داكِن — dark, dusky
دالّ، دَلّال: تَطبيقٌ بين الفِئات يحفَظُ بِنيَتَها — functor (Maths.)
~ (على) — indicative (of)
دالُ (النَّهر) — delta (Geog.)
دالَّة، اِقتِران — function (Maths.)
~، تَطْبيق — mapping (Maths.)
~ أُسِّيَّة — exponential function (Maths.)
~ انكِفاء — regression function (Maths.)
~ الأوْل لِعَدَدٍ صَحيح — totient of an integer (Maths.)
~ تابِعة — dependent function (Maths.)
~ تَحليليَّة — analytic function (Maths.)
~ ~ جُزْئيَّة التشكُّل — meromorphic function (Maths.)
~ التحويل — transfer function (Elec. Eng.)
~ تَربيعيَّة — quadratic function (Maths.)
~ تَوافُقيَّة — harmonic function (Maths.)
~ التوزيع التراكُمي — cumulative distribution function (Maths.)
~ جَبْريَّة — algebraic function (Maths.)
~ ~ مُتَجانِسَة — quantic (Maths.)
~ خَبَريَّة — predicate function (Comp.)
~ خَطِّيَّة — linear function (Maths.)
~ دائريَّة — circular function (Maths.)
~ ~ عَكسيَّة — inverse circular function
~ درَجيَّة — step function (Maths.)
~ دَوريَّة — periodic function (Maths.)
~ زائديَّة — hyperbolic function (Maths.)
~ ~ عَكسيَّة — inverse hyperbolic function (Maths.)
~ زَوْجيَّة — even function (Maths.)
~ الشُّغل — work function
~ صَحيحة — integral function, entire function (Maths.)
~ صَريحة — explicit function (Maths.)
~ ضِمْنيَّة — implicit function (Maths.)
~ عَدَديَّة لااتِّجاهيَّة — scalar function (Maths.)
~ عَكسيَّة — inverse function (Maths.)
~ غيرُ مُتَّصِلة، اقتِرانٌ مُنقطِع — discontinuous function (Maths.)
~ فَرْديَّة — odd function (Maths.)
~ فَوق هَندَسيَّة — hypergeometric function

~ لوغاريتميَّة — logarithmic function (Maths.)
~ مُتَسامِيَة — transcendental function (Maths.)
~ مُتَّصِلة — continuous function (Maths.)
~ مُتَغَيِّرة — fluent, varying or flowing function (Maths.)
~ مُتَمِّمة — complementary function (Maths.)
~ مُثَلَّثيَّة — trigonometric function (Maths.)
~ مُحايِدة — identity function (Maths.)
~ مُساوِيَة (في القيمة): ~ مشاركة — cofunction (Maths.)
~ مُستقِلَّة — independent function (Maths.)
~ مُشارِكة: دالَّة مُثَلَّثيَّة مُساوية لدالَّةِ مُتَمِّمتها المُناظرة كالجَيب وجَيب التمام أو الظِّلّ وظِل التمام — cofunction (Maths.)
~ مُشتَقَّة — derived function (Maths.)
~ مِعياريَّة أو مِقياسيَّة — modular function (Maths.)
~ المُمايِز — discriminant function (Maths.)
~ مُنطَقَة — rational function (Maths.)
~ مَوجيَّة — wave function (Phys., Maths.)
~ مُوَلِّدة — generating function (Maths.)
~ ناقِصيَّة — elliptic function (Maths.)
الدالتونيَّة: عَمَى الألوان — Daltonism (Med.)
داليّ، شِبْهُ داليّ، دِلْتاويّ — deltoid
~، دَواليّ — varicose (Med.)
دالِّيّ، دَواليّ — functional (Maths.)
دالِية: الكرمَة — vine (Bot.)
~: مُدَلّاة — pendant
~ المِصباح — lamp pendant (Illum.)
دامِجانة: قِنّينة مُقَشَّشة لِحِفْظ السوائل — demijohn, carboy
دامِجَةُ البِطاقات — interpolator (Comp.)
دامِغ، لا يُدحَض — irrefutable
دانٍ: عَكْسُ «قاصٍ» — proximal
~: وَشيك، داهِم — impending, imminent
داوَى، عالَجَ — cure; treat
داوَمَ — maintain, keep, sustain, continue
دايَاك: صِمامٌ ثُنائي قَدَحي — diac = trigger diode (Electron.)
الدايامِغنَطيسيَّة، المِغنطيسيَّةُ المُغايِرة: حيثُ الإنفاذيَّةُ المِغنطيسيَّة أقلّ من ١ — diamagnetism (Elec. Eng.)

دايامِغْنيطيّ، مُغايِرُ المِغنَطيسيَّة diamagnetic (Elec. Eng.)

دائِر، جارٍ (حاليًّا) happening, taking place, underway

~، دَوّار rotating, revolving, circulating, turning

~، شَغّال on, running

~ في اتجاهٍ مُعاكِس contra-rotating

دائِرة، حَلْقة circle, ring

~، قِسم department, division

~، مَجال field, scope

~، مَكتب office

~ الارتفاع (بِمُوازاة الأُفُق)، المُقَنْطَر parallel of altitude (Geog.)

~ أساسيَّة base circle, fundamental circle (Maths.)

~ الاستِدلال director circle (Maths.)

~ الإسناد circle of reference, reference circle

~ الأصْل أو المَبْدأ circle of origin

~ إلكترونيّة أو كهربائيّة (أُنظُر : دارة) circuit (Elec. Eng.)

~ الانتِشار circle of diffusion

~ الانحِراف (الاستوائيّ) declination circle (Astron.)

~ الانعِطاف turning circle

~ البُروج، مِنطَقةُ البُروج Zodiac (Astron.)

~ تَسجيل الاختِراعات patent office

~ التصدُّع circle of rupture

~ التقَوُّس circle of curvature (Maths.)

~ تَوليد generating circle (Maths.)

~ الجُذور (المُماسّة لِجُذور التُّرس) dedendum circle; root circle (Eng.)

~ خارِجَة escribed circle (Maths.)

~ خارِجيّة exterior circle

~ خَطِّ الزوال، ~ خَطِّ الطول meridian, circle of longitude (Astron.)

~ خَطِّ العَرْض circle of latitude (Astron.)

~ الخُطوة pitch circle (Eng.)

الـ ~ الداخليَّة incircle (Maths.)

~ الدُّويريّ : دائرةٌ صغيرةٌ يدورُ مَركزُها على مُحيط دائرةٍ كُبرى epicycle (Maths.)

~ الرِّياح wind rose (Meteor.)

~ زَواليَّة : تِلسكوب زَواليّ لِتَوقيت العُبور transit circle = meridian circle (Astron.)

~ ساعيَّة : دائرةٌ كُبرى عبرَ القُطبَيْن السَّماويين hour circle (Astron.)

~ السَّمْت azimuth circle (Astron.)

~ صُغرى، دُوَيرة circlet; small circle, minor circle

~ صِفْريَّة : مِساحَتُها صِفْر null circle (Maths.)

~ الضَّبْط (لِرِكُوبة المِقراب) setting circle

الـ ~ الطرَفيَّة (لِلتُّرس) addendum circle (Eng.)

~ الطرود البريدية parcel post

~ الطول meridian (Astron.)

~ عَرْضٍ تَسامُتيَّة grid parallel

~ عُظْمى colure (Astron.), great circle (Maths., Geog.)

~ قُطبية polar circle (Geog.)

الـ ~ القُطبية الجنوبية Antarctic circle (Geog.)

الـ ~ الشمالية Arctic circle (Geog.)

~ كهربائية (أُنظُر : دارة) circuit (Elec. Eng.)

~ لِثاميَّة (مُلاصِقة) osculating circle (Maths.)

~ اللوح plate circuit (Electron.)

~ المَبيعات sales department

~ المَحفوظات archives

~ مَحوطَةٌ (بِمُضَلَّع) inscribed circle (Maths.)

~ مُحيطة circumcircle, circumscribed circle (Maths.)

~ المَدار turning circuit

~ مُرَقَّمة أو مُدَرَّجة graduated circle (Surv.)

~ مَعارِف encyclop(a)edia

~ مُلاصِقة osculating circle (Maths.)

~ المَوقِع circle of position (Naut.)

~ المَيل الزاوي، ~ الحُدور (للمقراب) declination circle (Astron.)

~ المِغنطيسي dip circle

~ وِقاية guard circle (Acous.)

دائِرتان مُتماسَّتانِ من الداخِل internally touching circles (Maths.)

دائِريّ، مُستَدير circular

دائِم، مُستَمِرّ continuous

~، ثابِت permanent, perpetual

~، مُعَمَّر perennial (Bot.)

~ الاخضِرار evergreen (Bot.)

~ الخُضْرة sempervirent (Bot.)

دائِن، صاحِبُ الدَّين creditor

دايْن : وَحدةُ القُوَّةِ في النظام المتري dyne (Phys.)

ديناترون (أُنظُر : ديناترون) dynatron (Electron.)

دايْنود : إلكترود وَسيط مُهِمَّتُه الرئيسية إصدارُ الإلكترونات الثانويَّة dynode (Electron.)

دايوترون : صِمامُ ذَبذبة لِلأمواج الدقيقة dyotron (Electron.)

دايُود، صِمامٌ ثُنائيّ، ثُنائيّ diode (or diode valve) (Electron.)

~ (بِلَّوريّ) سِليكوني silicon diode (Electron.)

~ خَوائي vacuum diode (Electron.)

~ مُزدَوِج binode = double-diode = dudiode

~ مُضاءَلة damping diode (Electron.)

~ مُضيء : في ساعةٍ أو حاسبة light emitting diode (LED) (Electron.)

دَبَّ : سَرَى أو زَحَفَ بِبُطْءٍ creep, crawl

دُبّ bear (Zool.)

الـ ~ الأصغَر : كوكبة شَمالية Ursa Minor, Little Bear (Astron.)

الـ ~ الأكبَر : كَوكبة شمالية Ursa Major, Great Bear (Astron.)

دُبّاء : يَقطين gourd, calabash (Bot.)

دَبّابة tank (Mil.)

~ خَفيفة light tank

دَبّاسة، مُدَبِّسة stapler

دِباغَة، دِباغةُ الجُلود tanning

~ بالشَّبّ : لِلجُلود الطَّرِيَّة tawing

دَبّاغة : مَدْبَغة tannery

دُبالُ تَسْميد : مَوادّ عُضوية نباتية وحيوانية مُنْحَلَّة يُسَمَّدُ بها humus (Bot.)

~ وِقاية : ورقٌ وقَشٌّ مُتحَلِّل يُفْرَشُ لِلوِقاية mulch (Agric.)

دُباليّات : أملاحٌ أو إستَراتٌ دُباليَّة humates

دَبَّبَ : جعلَ مُستَدِقَّ الطرف taper, make pointed

دَبْدَبة، هَزيم: صوتٌ يسبِقُ انهيارَ الطبقات الفوقية — gulching (Mining)
دَبَّرَ، انتبَط — contrive, devise
~: أعَدَّ على عَجَلٍ بما تيَسَّر — concoct
~، حَصل على — obtain, procure, secure, get
~، خَطَّط — plan, design
~، رتَّب — arrange, organize
~: كان العقلَ المُدَبِّر لِـ — mastermind
~، وَجَّهَ، أدارَ — administer, manage, run
الدَّبَران، عينُ الثور — Aldebaran (Astron.)
دَبَّس: شبَكَ بدبُّوس مُزْدَوِج السِّنّ — staple
دِبْسُ السُّكَّر — treacle, molasses (Chem.)
دَبْش: صِغارُ الحجارة وسَقَطُها — rubble (Build.)
دَبْشَة — sneck
دَبَغَ — tan
دَبْغ (الجُلود) — tanning
دِبْق — lime
دَبِق، لَزِج — viscid, sticky, limy
دَبْلَج — dub
دَبْلَجة: إعادةُ تسجيلُ الأصواتِ على شَريط الفيديو — dubbing (Cinema)
دَبُور: رِيحٌ غربيّة (خِلاف القَبول) — zephyr, westerly (wind) (Meteor.)
دَبُّور: زُنبور، زُلقطة — wasp, hornet (Zool.)
دَبُّوس — pin
~ أمان — safety pin
~ توازُن: في ذوات الجناحين من الحشرات — halter(e) (Zool.)
~ خابوري مَشقُوق — split pin, cotter pin (Eng.)
~ رَسْم — tack, drawing pin, thumbtack
~ عَلامي — index pin
~ مُزدَوِجُ السِّن — staple
دَثْرَتة، دَوْتَرة: إضافةُ الدوتريُوم أو إحلالُه في جُزَيئات المُرَكَّب — deuteration (Chem.)
دِثار، غِطاء — jacket, blanket, cover
الـ ~: بينَ قِشرة الأرضِ ولُبِّها — mantle (Geol.)
~ الأسطوانة — cylinder jacket (Eng.)
~ بُخاريّ — steam jacket (Eng.)
~ تَبريد — cooling jacket (Eng.)
~ خَوائيّ — vacuum jacket (Eng.)
~ زَيتيّ — oil jacket (Eng.)
~ عازِل — insulating jacket (Phys.)
~ مائيّ — water jacket (Eng.)
~ مُسَخِّن — heating jacket (Eng.)
~ المُفاعِل — blanket (Nuc. Eng.)
~ المِقْطَر — still jacket (Chem.)
~ مِن الماء الساخِن — hot-water jacket
دَثَرَ، اِنْدَثَرَ — to be annihilated, to become extinct
دَثَّرَ، غَلَّفَ — jacket, wrap
دُثور، اندِثار — annihilation (Phys.)
~، اِنقِراض — extinction (Ecol.)
~ الأزواج — pair annihilation (Phys.)
~ لاإشعاعيّ — radiationless annihilation (Phys.)
الدَّجاجة: كَوكَبةٌ شَماليّة — Cygnus (The Swan) (Astron.)
دَجَّنَ، رَوَّضَ — tame, domesticate
دِحْراج، دُحروج (ج. دحاريج) — roller (Eng.)
~ أنبوبيّ — pipe-roller (Print.)
~ تَجعيد — corrugation roll (Eng.)
~ تَمَدُّدي — expansion roller (Eng.)
~ ضَغْط — pressure roller (Eng.)
دَحْرَجَ — roll
دَحْرَجة، دُروج — rolling (Eng.)
دُحروج، دُوَيري — cycloid (Maths.)
~ تَغضينٍ أو تَمويج — corrugating roll
الدُّحْروجيّ: شَكلٌ دُحروجيّ — roulette (Maths.)
دَحْسَة: قَطيلةُ حَشْو — tampon (Med.)
دَحَضَ، أثبَتَ بُطلان — disprove, refute, confute
لا يُدْحَض — irrefutable
دُخان، دَخَن — smoke, fumes
~ كَثيفٌ خانِق — smudge, smo(u)lder, stifling smoke, smother
دُخّان، تِبْغ — tobacco
دِخْريص: قِطعةٌ (أو رُقْعَةٌ) مُثلَّثة الشكل — gore
دُخَس، دُلْفين — dolphin (Zool.)
دَخْل، إيراد — income, revenue, earnings
~، مُدْخَل — input (Eng.)
الـ ~ الحَراري، المُدخَلُ الحَراريّ — heat input (Eng.)
~ القُدرة، مُدخَلُ القُدرة — power input (Eng.)
الـ ~ القَومي — national income
~ المُحَوِّل — transformer input (Elec. Eng.)
الـ ~ المُقَنَّن — rated input (Eng.)
الـ ~ المَكسوب — earned income
دِخْلَة (لَونيّة) — tone
~: إختِلاطُ لَون الطليةِ المُبَطِّنة بالطلية النهائية — bleeding (Build.)
نِصْفيُّ الـ ~ — half-tone (Photog.)
~ ثُنائيّة أو مُزدَوِجة — duotone (Print.)
دُخْن، جاوَرْس، ثُمام — millet (Bot.)
دَخَنٌ، دُخان — smoke, fumes
دَخَّنَ، أدْخَنَ، دَخَنَ — smoke, fume
~، بَخَّرَ، طَهَّرَ بالتدخين — fumigate (Med., Food Sc.)
دُخول — entry, entrance, ingress
~، سَماحٌ بالدخول — admittance, admission
~، قُدوم — incoming, advent
~ قَذْفيّ — ballistic entry (Space)
دَخيل، غَريب — stranger, alien, exotic, extrinsic, xen(o)-
~، عَرَضي — extrinsic, extraneous
~، جَليب: خارجيُّ المَنْشأ — exogenetic, exogenous, allochthonous (Geol.)
دَرَّ، بَرَمَ، دَوَّمَ — spin
~: سالَ — flow, stream
~: أغَلَّ — yield
دَرٌّ، درور، إلبان — lactation (Zool.)
الـ ~، اللبَن — milk
دَرْءٌ — buffering; warding off
دَرَأ: صَدَّ — parry, ward off; buffer
~: حَمى — shield
دَرّابة، إطارٌ مُنزَلِق — sash (Carp.)
درابزون، درابزين — rail(ing), balustrade (Build.)
~ سِياجيّ — guard-rail
~ الدَّرَج — hand-rail (Build.)
~ (السفينة) — side rail (Naut.)
~ الكَوْثَل — traffrail (Naut.)
دَرّاجة — bicycle
~ ناريّة، (موتوسيكل) — motor-cycle
دَرّار، مُدَوِّم — spinning, spinner
دِراس — threshing (Agric.)
دِراسة، بَحْث — study, survey
~: فَصلُ الحبِّ عن القَشّ — threshing

دِراسة (تابع)
~ الجَدوى feasibility study (Eng.)
~ حالة، بَحْثُ حالة case study
~ حَركاتِ العامِلِ (أثناءَ تأديةِ عَملٍ ما) motion study
الـ ~ الطيفيَّة بالأشعة السِّينيَّة (في التحليل الكيماوي) X-ray spectrography (Chem.)
~ عِيانيَّة macroscopy
دَرّاسة، مَكَنَةُ الدِّراس thrasher, thresher (Agric.)
دُراق: تَضخُّمُ الغُدَّة الدَّرقيَّة goitre = goiter (Med.)
دُرّاق، دُرّاقِن peach (Bot.)
درام: $\frac{1}{16}$ من الآونس dram
دِراية knowledge; expertise, know-how
درايكولْد: ثاني أُكسيد الكَربون الجَليدي drikold, dry ice (Chem.)
دَرْب، طريق road, track
~، مَمَرّ lane, path(way), trail
~ التبّانة، المَجَرَّة Milky Way (Astron.)
دَرَّبَ، مَرَّنَ train; drill, exercise
دَرَجَ: سارَ دروجًا roll, advance or proceed slowly
~ بالطائرة taxi (Aero.)
دَرَّجَ: قَسَّمَ إلى درجات gradate, graduate, calibrate
~، حَدَّدَ المَرتبة grade
~: دَحْرَجَ roll
~ (اللونَ) shade
دُرْج till, drawer
دَرَجٌ staircase, stairway, stairs (Build.)
~ (بينَ مِنَصَّتَين أو بَسْطَتَين) flight
~: سُلَّم (من خشَب أو مَعدنٍ أو حِبال) ladder
~ حَلَزونيّ winding stairs, cockle-stairs (Civ. Eng.)
~ خارِجيّ (أو بَسْطَتُه العُلويَّة) perron (Build.)
~ في داخِلِ السَّفينة companionway
~ لَوْلَبِيّ، ~ حَلَزونيّ spiral stair, caracole, geometric stair
~ مُتَحَرِّك escalator, moving staircase (or stairway)
دَرَجات (أُنظر: دَرَجة) بمختلفِ مَفاهيمِها degrees

~ حرارةٍ بِمقياس «كَلْفِن» K-degrees (Phys.)
~ السُّلَّم الحَبْليّ ratlin(e)s (Naut.)
~ «مُورْس» لِلاستِدقاق Morse taper (Eng.)
دَرَجان: دُروج rolling, taxying
دَرَجَة: في مِقياس degree, point (Phys.)
~ (حراريَّة أو زاويَّة أو عِلميَّة) degree
~: طَبَقةُ الصَّوت pitch, tone (Acous.)
~: في دَرَج stair, step, tread (Build.)
~: في دَرَجٍ عَدْل flier, flyer (Build.)
~: في سُلَّم step, rung, rundle
~: مَرتَبة grade, class, rank
~ الإثراء enrichment point (Nuc. Eng.)
~ (أو نُقطةُ) الاحتِراق burning point (Chem.)
~ الالتِهاب flame point (Chem.)
~ الامتِصاص، مَصّاصيَّة absorbance = absorbancy (Phys., Chem.)
~ «إنجلَر»: لِقياس اللزوجةِ بالنسبة لِلماء degree Engler (Phys.)
~ الانْحِدار gradient (of slope), incline (Surv.)
~ انحِدارِ السَّقف roof pitch (Build.)
~ الانحِناء curvature
~ (أو نُقطةُ) الانصِباب pour point (Phys.)
~ (أو نُقطةُ) الانصِهار melting point, fusion point (Phys.)
~ التأيُّن degree of ionization (Chem.)
~ التجَمُّد freezing point (Phys.)
~ التحَدُّب: تَفَلْطُح (أو ذُرويَّةُ) المُنْحَني الإحصائي kurtosis (Stats.)
~ التدميج degree of compaction (Civ. Eng.)
~ تَركيز أيُوناتِ الهِدْروجين hydrogen ion concentration (Chem.)
~ التشَبُّع degree of saturation (Chem.)
~ التشَتُّت degree of dispersion (Phys.)
~ التَّضْمين degree of modulation (Elec. Eng.)
~ التغَيُّر degree of variance (Chem.)
~ (أو تَرتيبُ) التفاعُل reaction order (Chem.)
~ التفَكُّك degree of dissociation (Chem.)
~ الحرارة temperature (Phys. Chem.)
~ ~ الابتِدائيَّة initial temperature (Phys.)

~ حرارة الاحتراق combustion temperature (Chem.)
~ ~ أحمرِ الكَرَز (حوالى ٩٠٠° سلسيوس) cherry-red heat (Eng.)
~ ~ الاحمِرارِ الخَفيض (بين ٥٥٠° و٧٠٠° سلسيوس) low red heat (Eng.)
~ الحَرارة الأرضيَّة ground temperature
~ ~ الإسنادية القياسيَّة (درجة ٢٠° سلسيوس) standard reference temperature (Eng.)
~ حَرارةِ الاشتِعال ignition temperature, kindling temperature
~ ~ ~ التلقائي spontaneous ignition temperature (Chem.)
~ ~ ~ الذاتي self-ignition temperature (Chem.)
~ الحرارة الأصْهَرية eutectic temperature (Chem.)
~ حرارةِ الانحِلال breakdown temperature
~ الحَرارة البِلازميَّة (١٠,٠٠٠ كَلْفِن) plasma temperature (Nuc. Eng.)
~ حرارةٍ تحتَ الصِّفْر subzero temperature (Phys.)
~ ~ التشغيل working temperature
~ ~ ~ (المُثْلَى أو الفِعليَّة) operating temperature (Eng.)
~ حَرارةِ التعادُل (في المُزدَوجة الحرارية) neutral temperature
~ ~ التفاعُل (النَّووي) المُداوَم ignition temperature (Nuc. Eng.)
~ ~ التقَصُّف: تفقد المادةُ عندها مَطيليتَها وتتقَصَّف brittle temperature (Eng.)
~ ~ الجَوّ atmospheric temperature (Meteor.)
~ الحرارة الحَرِجَة critical temperature (Phys.)
~ ~ الحمراء (بينَ ٥٠٠° وَ ١٠٠٠° سِلْسِيُوس) red heat (Phys., Eng.)
~ ~ ~ الداكِنة (حوالى ٥٤٠° سِلسيوس) black red - heat (Foundry)
~ ~ ~ القاتِمة (حوالى ٦٠٠° سِلسيوس) dark red heat (Met., Eng.)
~ ~ ~ الكامِدَة (حوالى دَرَجة ٧٠٠° سِلْسِيُوس لِلحديد) dull red heat

دَرَجَة (تابع)

~ الحَرارة الدُّنيا — minimum temperature (Phys.)
~ حَرارة الغُرفة — room temperature (Chem., Phys.)
~ الحرارة الفَعّالة — effective temperature
~ ~ في الظِّلّ — shelter temperature (Meteor.)
~ ~ الكَرَزِيَّة القاتِمة (حوالى ٧٠٠° سِلْسيوس) — dark cherry heat (Met.)
~ ~ الكَلْفِنِيَّة — Kelvin temperature (Phys.)
~ ~ اللونية — colour temperature (Phys.)
~ ~ المُثْلى — optimum temperature
~ ~ المُحيطة — ambient temperature
~ ~ المُطْلَقة — absolute temperature (Phys., Chem.)
~ ~ الوَضعيَّة (لِلهواء على ضَغطٍ مِعياري) — potential temperature (Phys.)
~ ~ والضَّغطِ العِياريَّين (درجةُ الصِّفْر المِئَوِيّ «سِلْسيوس» وضَغْطُ ٧٦٠ ملم زِئبق) — normal temperature and pressure, NTP, standard temperature and pressure, STP (Phys., Chem.)
~ الحُرِّيَّة — degree of freedom (Maths.)
~ الرَّفْض — rejectivity (Elec. Eng.)
~ (أو رُتْبةُ) الزيت — oil grade (Chem.)
~ سِياحيَّة — tourist class
~ الصِّفْر — zero
~ ~ المُطْلَق (-٢٧٣,٢٠° سِلْسيُوس) — absolute zero (Phys.)
~ الصَّوت — pitch of sound (Acous.)
~ (أو نُقطةُ) الغَلَيان — boiling point (Phys.)
~ الفَحْم — rank of coal (Chem.)
~ «فرنهيت» — degree Fahrenheit (F) (Phys.)
~ القُطور، نُقطةُ التَسَيُّل — pour point, drop point (Phys.)
~ الكُحول — proof (Chem.)
~ «كَلْفِن» — degree Kelvin (K) (Phys.)
~ لافَّة — wheeling step = winder (Build.)
~ اللون — shade, tone
~ مُدَوَّرةُ الحَوافّ — bottle-nosed step (Build.)
~ مُرَبَّعة: لِقياسِ الزوايا المجسَّمة — square degree (Maths.)
~ المُضاءَلة — degree of damping (Elec. Eng.)
~ المُعادَلة — degree of an equation (Maths.)
~ المُلُوحة — salinity (Phys., Chem.)
~ مُمتازة — premium grade
~ مَنْع الخَبْط (أو الدقّ) — anti-knock rating (Pet. Eng.)
~ المَيْل — gradient (of inclination) (Civ. Eng.)
~ مَيل المُنعطَف — degree of bank (Civ. Eng.)
~ المُيوعة — degree of fluidity (Phys.)
~ مِئَوية — degree Centigrade (C) (Phys.)
~ النشاط — tempo
~ النَّغَم — pitch (Phys.)
~ النفاذية — degree of permeability (Phys.)
~ النَّقاوة — fineness (Chem.)

دَرْجَنَ: عالَجَ أو مَزَجَ بالهدروجين — hydrogenate, hydrogenize (Chem.)
دَرَجِيّ؛ نَسَقٌ دَرَجي — echelon (Maths.)
الدَّرَد: إنعدامُ أو سُقوط الأسنان — edentia
الدُّرْد، الدَّرداوات: رُتبة عديمات الأسنان من اللبونات البرية البدائية — Edentata (Zool.)
دَرْدار، مُرّان: من الفصيلة الزيتونيَّة — ash (Bot.)
~، بُوقيصا: من الفصيلة البوقيصيَّة — elm (Bot.)
الدُّردُر: مغرِزُ السِّن — alveolus, tooth socket (Zool.)
دُردور، دُوّامة — vortex, whirl, eddy
~ خَلْفيّ — trailing vortex (Aero.)
~ ضَخْم — maelstrom
~ مائيّ — whirlpool
دُرْدُوريَّة، دُوّاميَّة، اِضطِرابٌ دُوّاميّ — vorticity
دُرْدي، قُلاحُ الأسنان — tartar (Med.)
دَرَزَ — suture, stitch, tack
دَرْز — stitching, suturing
~: خُيوطُ الآح — chalaza (Zool.)
~: دَرْزَة — seam
لادَرْزيّ — seamless (Eng.)
~ مُتَراكِب — overlapping seam (Eng.)
~ مُحَزَّز أو مُخَدَّد — grooved seam (Eng.)
دَرْز، دَرْزَة — suture, stitch, seam
~ زَنَق — lock stitch
~ لِحام — welding seam, tack (Eng.)
~ مُجَلْفَطة — calked seam (Eng.)

دَرَسَ: بَحَثَ وتدارسَ — study
~ (الحِنْطة) — thresh, thrash
دَرْس، أُمثولة — lesson
~، دراسة — study, consideration
~ (الحِنْطة) — threshing, thrashing
دِرْع — armor = armour, shield
الـ ~: كوكبة جنوبية صغيرة في دَرْب التبّانة — Scutum (Astron.)
الـ ~ الأفريقية: الصخورُ القديمة كَقاعِدةٍ لما تكوَّنَ بعدَها مِن صخور في أفريقية — African shield (Geol.)
~ أمان، حائِلُ أمان — safety shield
~ انسِحاليَّة (لِوقاية أنفِ المركَبة الفَضائيَّة) — ablation shield (Space)
~ بيولوجيَّة: دِرعٌ سَميك يحيطُ بِقلب المُفاعِل النوويّ لِحمايةِ العامِلين — biological shield (Nuc. Eng.)
~ حَراري: دِرعُ المُفاعِل الباطنية تقي الدِّرعَ البيولوجية من فَرط الإحرار — heat shield, thermal shield (Nuc. Eng.)
~ مِغنَطيسيّ: يحمي آلاتِ القياس من تأثير الحُقولِ المِغنطيسيَّة الخارجيَّة — magnetic shield (Elec. Eng.)
~ (المُكَثِّف) — armature (Elec. Eng.)
~ النيوترونات: يحمي الأشخاص مِن التشَعُّع بالنيوترونات — neutron shield (Nuc. Eng.)
دَرَّعَ، صَفَّح — armor = armour, shield
دَرْفة: صَفقُ الباب (أو النافِذة) — leaf, shutter
دَرْفلَة، دَلْفَنة — rolling (Eng.)
دَرَقَة: **غطاءٌ واقٍ** — test, testa (Bot., Zool.)
~ بَطْنيَّة — plastron (Zool.)
~ حَرْشَفيَّة — scutum, scute (Zool.)
دَرَقيّ: خاص بالدرقية — thyroid(al), thyro- (Zool.)
الدَّرَقيَّة، الغُدَّة الدرقية — thyroid (gland)
دَرقين: مفرزٌ درقي — thyroxine (Med.)
الدَّرَم: غيابُ الأسنان — anodontia (Zool.)
دَرَنات صَخرية — concretions (Geol.)
دَرَنة — tumor (Med.)
~، دُرَيْنَة — nodule, tubercle (Bot., Med.)
~، عُسقول — tuber (Bot.)

دِرْهَم: وَحدةُ وَزْن تُعادِل ٣,٩ غم drachm, dram
دَروب: قابِلٌ لِلتَّدريب أو التعليم educable
دَروج: ذو دَواليبَ يدرُج عليها roll-away
دُروج، دَحْرَجة rolling
~ (الطائرة) taxying (Aero.)
دَرُوجة، عَرَبةُ نقل مُنخَفِضة bogie = bogie truck (Eng.)
~: مِنَصَّة خَفيضَة نَقّالة dolly (Eng.)
دُرور spin
~ُ إلكتروني electron spin (Phys.)
~ُ نظيريّ isospin = isotopic spin = isobaric spin (Phys.)
دَروك (أو حَلُول) حَيَوِيًّا biodegradable (Biol., Ecol.)
دِرياق، تِرياق antidote (Med.)
دَريس، ، كَلَأٌ مُجَفَّف hay
حُمّى الـ ~ hay fever (Med.)
الدُّرَيقة، جُنيبةُ الدَّرَقِيَّة parathyroid (Zool.)
دُرَيقة: دَرَقة صغيرة في الحشَرات scutellum (Zool.)
دُرَيْنَة tuberculum
دريئة، سِتار screen
~، هَدَف target
~، سُورٌ مُنْخَفِض parapet (Civ. Eng.)
دَزِّينة dozen
دِسار، وَتِد dowel (Eng.)
~، لِسان dowel pin (Carp.)
~، ساقٌ مُلَولَبَةُ الطرفَين stud (Eng.)
~ُ تَثْبيت fastening dowel (Build.), anchor bolt (Eng.)
~ُ تَفْليج turning-pin = tampin (Plumb.)
~ُ خَشَبيّ، وَتِد trenail (or treenail) (Carp.)
~ُ دَعْم bolster bolt (Eng.)
~ ~ مَدُود expansion bolt (Eng.)
~ُ المِرفَق crank pin (Eng.)
~ُ مُسامَتة drift bolt (Carp.)
~ُ مُلَولَب (لِلدرابزين) dowel screw
دِسام، سِدادة plug, spigot, stopper
~، صِمام valve; lock
~ُ بِرْشاميّ rivet plug (Eng.)
~ُ تَثْبيتٍ بِطانيّ: يدور فيهِ المسمارُ المُلَولَب Rawlplug (Civ. Eng.)
~ُ القابِض clutch lock (Eng.)
~ُ هَوائي air-lock (Civ. Eng.)

دَسْت: فُرْنُ الـ ~ (لِصَهر خامِ الحديد) cupola, cupola furnace (Eng.)
دَسْتَة dozen
دُستور constitution
~ الأدوية، ~ العقاقير pharmacop(o)eia
دَسَرَ، حزَق bolt
~، دَفَعَ، سَيَّرَ propel, shove
~، سَمَّر، بَرْشَم nail, rivet
دَسْر، بَرْشَمة riveting (Eng.)
~، دَفْع propulsion, drive, thrust, shoving
~ُ تَحْتيّ underthrust (Geol.)
~ُ رَدٌّ فِعليّ، دَفْعٌ نَفّاث reaction propulsion (Eng.)
~ُ زائد overthrust
~ُ عُلْويّ: دَفْعٌ عُلْوي uplift, upthrust (Phys.)
~ ~: تَقَبُّب بالدسر العُلوي upthrust, uplift (Geol.)
~ُ عَنَفيّ turbine propulsion (Eng.)
~ُ قاصِم break thrust (Geol.)
الـ ~ُ الكهربائي electric propulsion (Elec. Eng.)
دَسَرَ السَّقف: لِتَقويةِ سَقف المَنْجَم sky hook
دُسْرة بَيْنِيَّة nog (Build.)
دَسْرة فَوقِيَّة overthrust (Geol.)
دَسْريّ propulsive (Aero.)
دَسَعَ (بضَغط الهواء) blow out, blow down (Eng.)
دَسَمٌ، شَحْم fat, grease
~ُ اللَّبَن، قِشْدة cream (Food Sc.)
دَشَّنَ initiate, inaugurate
دَعا call, summon; invite
دِعامة، دِعْمَة، سِناد prop, support, strut, shore, stanchion, stake, stay (Civ. Eng.)
~، عَمود column, pillar, post, pier (Civ. Eng.)
~، كَتِف، دِعامةٌ زافِرة buttress (Build.)
~ُ أساس foundation pier (Civ. Eng.)
~ُ أُسطوانية cylinder pier (Hyd. Eng.)
~ُ خَشَبية (في مَنجم بخاصةٍ) stull (Mining)
~ُ زاوِيَّة angle support (Elec. Eng.)
~ُ السَّطح، عتبَةُ السَّطح deck beam (Naut.)
~ُ سُفلِيَّة مُوَقَّتة bottom shore (Carp.)
~ُ سَقف المَنجَم pit prop (Mining)

~ُ فولاذية steel prop (Mining)
~ُ قائمة stud (Civ. Eng.)
~ُ مَرِنة resilient support (Eng.)
~ُ (جِدارِيَّة) ناتِئة: دونَ قاعدةٍ أو تاج piedroit (Build.)
الدِّعاميّات: الفُطورُ الدِّعامِيَّة Basidiomycetes, Basidiomycotina (Bot.)
دِعاية propaganda
~، إعلان publicity
دَعائِم shoring (Build.)
~ُ مُؤَقَّتة undergettings (Mining)
دَعْسة، دَوّاسة pedal
~ُ التعجيل، دَوّاسةُ المُسَرِّع accelerator pedal (Eng.)
دُعْسُوقة ladybird (Zool.)
دَعَمَ support, prop, shore
~، سانَدَ back (up), support
~ الأساس underpin, underset (Civ. Eng.)
~ بالخوازيق spile
~ بالركائز pile, stake, prop
دَعْم، مُساندة backing, support
~، تَدْعيم support(ing), prop(ping), shoring (Build.)
~ُ بالأخشاب timbering (Build.)
~ُ جانِبيّ lateral support (Civ. Eng.)
~ُ رَجُوعيّ (مَرِن) resilient support
~ُ بِقوائمَ انضِغاطية strutting (Civ. Eng.)
~ُ مِنْصَبيّ trestle shoring (Civ. Eng.)
دِعْمَة، دِعامة prop, shore
~ُ خَشَبِيَّة sprag (Mining)
~ُ ~ مائِلة raking prop (or shore)
~ُ شِكالية brace, bracket, stay
~ُ عمودية مُؤَقَّتة dead shore (Build.)
~ُ مائِلة batter pile (or post) (Carp.)
دُعموص: شُرغوف tadpole (Zool.)
~: نَغَفَة grub, maggot (Zool.)
دَعوى، قضيَّة (قانونية) lawsuit, action, case
~ العُطل والضرر action for damage
~ مُضادَّة counterclaim
دَعوة call, calling; invitation
دَغدَغة: وَخز خفيف tickling (Med.)
دَغَل، أَجَمة jungle, bush, brushwood, thicket, copse

دَغْم: مزجٌ يختلِطُ فيه تأثير العوامِل — confounding (Maths., Stats.)
دَفَّ، خَفَقَ — flutter
دُفّ — tambour(ine)
⁓ الغَزْل — sleigh, sley or slay
دَفَأ — warm
دِفء — warmth
دِفاع، حِماية — defence, defense, protection
الـ ⁓ عن النفس — self-defence
الـ ⁓ المَدَني — civil defence
دَفّاع: صاروخُ دَسْرٍ تحكُّميّ — thruster (Eng.)
دَفّاعة، دَفّاعةٌ مِرْوَحيَّة — impeller (Eng.)
⁓ التُّربين — turbine impeller (Eng.)
⁓ الضاغِط — compressor impeller (Eng.)
دُفاقة، دَفيق الدفع الصاروخي — efflux (Aero.)
دَفَّة، سُكّانُ التوجيه — helm (Naut.), rudder (Naut., Aero.)
دَفْتر — copybook, notebook; book
⁓ الأُستاذ — ledger
~ الجَرْد — inventory
⁓ شيكات — cheque-book, checkbook
⁓ اليَوميَّة — journal, daybook
دِفتِريا، خُناق — diphtheria (Med.)
دَفْدَفة: ذبْذبة غير منتظمة في جزءٍ من هيكل الطائرة — buffetting (Aero.)
دَفَعَ، دسَر — drive, propel, impel, thrust
~، أدّى (ما يستحقُّ عليه) — pay, settle
~ (ضِدُّ: سَحَب أو جَرَّ) — push
~ إلى، شَجَّع على — prompt, urge, move, incite
~ ~، أجْبَرَ على — force, compel, impel
~ أو اندفَعَ (بالريح أو بالمَوج) — waft
~ ~ ~ فجأةً — pop
دَفْعٌ، أداء — payment; settlement
~، دَسْر — thrust; impulse, propulsion (Eng.)
~ أيونيّ — ionic propulsion (Phys.)
⁓ بالتقسيط — payment by instalments
⁓ جانِبيّ — lateral thrust (Eng.)
⁓ على الحِساب — payment on account
⁓ بالدواليبِ الأربعة — four-wheel drive (Eng., Autos.)
⁓ بالدواليب الأماميَّة — front-wheel drive
⁓ رافِع — upthrust (Phys.)

الـ ⁓ الساكِن: صافي دَفْعِ المُحَرِّك النفّاث دونَ حركةٍ إزاحيَّة — static thrust (Aero.)
⁓ سُفْليّ، ضَغْطٌ إلى أسْفَل — downthrust
⁓ سِلْسِليّ — chain drive (Eng.)
الـ ⁓ الصاروخي — rocket propulsion (Eng., Aero.)
⁓ بالضَّغْط — pressure drive (Eng.)
⁓ بالطاقة النَوَويَّة — nuclear propulsion (Nuc. Eng.)
⁓ طَرَفي، ⁓ مِحوَري — end thrust (Eng.)
⁓ طَفْويّ — buoyancy (Phys.)
⁓ عُلْويّ — uplift, upthrust (Phys.)
⁓ عِندَ التسليم — cash on delivery
⁓ عَنَفي كهربي — turbo-electric propulsion (Elec. Eng.)
⁓ الغاز، الـ ⁓ بالغاز — gas drive (Pet. Eng.)
الـ ⁓ قبلَ الاستِلام — cash and carry
الـ ⁓ الكُلّيّ — total impulse, total thrust
⁓ كهربي تُربينيّ — turbo-electric propulsion (Elec. Eng.)
~ كهروحراري — electrothermal propulsion (Space)
⁓ الماء، الـ ⁓ بالماء — water drive (Eng.)
⁓ المائع: دَفْعٌ تعويميٌّ. الطَّفويَّة — buoyancy (Phys.)
⁓ مِحوريّ — axial thrust
⁓ المِروَحة، ⁓ الرفّاص — propeller thrust (Eng.)
⁓ مُقابِل أو مُضادّ — counter thrust (Eng.)
الـ ⁓ مُقدَّمًا، ⁓ مُسَبَّق — prepayment
~ (الركائز) بنافورةٍ مائيَّة: في أرضٍ طَمْيِيَّة — water-jet driving (Civ. Eng.)
⁓ نَفّاث، ⁓ نَفْثيّ — jet propulsion (Aero.)
الـ ⁓ نَقدًا — payment in cash
⁓ نَقْدي — cash payment
الـ ⁓ النوعي (لِمُحَرِّكٍ نفّاث) — specific impulse (Aero., Eng.)
دَفْعَة: دَفْعٌ من قوةٍ دافِعة — impulse, thrust
~: دَفعة مالية — payment
~: قِسْط — instal(l)ment
⁓ أمواج — wave packet (Phys.)
⁓ سَنَويَّة، سَناهية — annuity
⁓ قَويَّة — shove
⁓ مُؤَجَّلة — deferred payment
⁓ نَقديَّة فَوريَّة — down payment

دُفعة، دُفْقَة — burst, gush
~ (إنتاج) — batch, lot (Eng.)
دَفعيّ: دَفّاع — propulsive, impulsive
~ جَذْبيّ — push-pull
دُفعيّ: على دُفعات — batch
دَفْق، دَفْقة — burst, gush
~، تدَفُّق — flow, flux, outpour
~، قَذْف — ejaculation (Zool.)
⁓ إشعاعي — radiant flux (Phys.)
⁓ اضطِرابي (دُوّامي) — turbulent flow (Phys.)
~ بياناتي — data stream (Comp.)
⁓ ثُنائيُّ الطَّور — two-phase flow (Hyd. Eng.)
⁓ الجُسَيمات — fluence, particle fluence (Phys.)
⁓ دُوّاميّ، ⁓ اضطِرابيّ — eddy flow (Phys.)
⁓ ~ (أو دُردُوريّ) — vortex flow (Hyd.)
الـ ⁓ السّاعيّ — hourly flow
⁓ السائِل العابِر — transient fluid flow (Hyd.)
الـ ⁓ السنَويّ — annual discharge
⁓ ضَوئيّ، الفَيضُ الضَّوئي — light flux (Light)
⁓ كُتْلي — mass flow
⁓ مِحوَري — axial flow (Aero.)
⁓ مُضادّ أو مُقابِل — counter-flow
⁓ مُضطَرِب — turbulent flow (Hyd.)
⁓ مُعتَرِض — cross flow
⁓ مِغنَطيسيّ — magnetic flow, magnetic flux (Elec. Eng.)
⁓ مُقَيَّد — restricted flow (Hyd.)
⁓ المُكالَمات التلفونية (في لحظةٍ مُعيَّنة) — traffic flow (Elec. Comm.)
⁓ (أو تدَفُّق) نِطاقيّ — zonal flow
⁓ ~ وحيد الاتجاه — unidirectional flow
دَفْقَة؛ تفَجُّر — burst, gush
دِفْلَى، حَبَن — oleander (Bot.)
دَفْن — enterment, burial
دَفيف، رَفيف — flutter, wow (Acous.)
دَفين، مُخَبَّأ، خَفِيّ — hidden
دَفينة تَثْبيت: كُتلةُ تثبيتٍ مَطْمورة — deadman (Civ. Eng.)
دَفيئَة: مُسْتَنْبَتٌ زُجاجيّ — greenhouse, glass-house (Bot.)
⁓ مُدَفَّأةٌ اصطِناعيًّا، صُوبة — hothouse (Agric.)

دفيئة (تابع)
~ مَنزِليّة: مُلحقةٌ بالمنزل — conservatory
دَقّ — beat, strike, ring
~، خَبَطَ — bang, rap, knock
~، خَفق — throb, beat
~، سَحَنَ — grind, pound, comminute
~ المِسمارَ مائلًا — toe
الدَّقُّ القائمُ لِلمَسامير — face-nailing (Carp.)
~ المائِلُ لِلمَسامير — skew nailing (Build.)
دَقّاق — sounder (Teleg.)
دُقاق: فُتاتُ الخام — fines (Mining)
~ الفَحم — slack (coal)
دَقائق (أُنظر: دَقيقة) — minutes; particles
~ الذَّرَّة: الجُسَيمات دونَ الذَّرِّيّة — sub-atomic particles (Phys.)
~ غُبار — dust particles
~ غَروانيّة — colloidal particles (Chem.)
دَقائقيّ: مُكَوَّنٌ من دَقائقَ أو جُسَيمات — particulate
دَقّة، نَبْضَة، خَفْقة — beat, pulse, throb
~، خَبْطَة — blow, knock, bang
~، تَكّة — tick
~ ناقوس — toll
دِقّة، رِقّة — fineness, delicateness, thinness
~، إتقان، إحكام، ضَبْط — accuracy
~، ضَبْط، إحكام — precision, accuracy, exactitude
~ الأداء — fidelity (Elec. Comm.)
~ التحكُّم — control accuracy (Eng.)
~ الصِّناعة — craftsmanship
~ مُضاعفة: باستخدام كلماتٍ بتّية مضاعفة الطول العادي — double precision (Comp.)
دَقْدَقة، خَلْخَلة (لِتَسْهيل إخراج المَصبوبة من القالَب) — rapping (Foundry)
دِقْران، مِذْراة — pitchfork (Agric.)
دَقَّقَ: فَحَصَ أو راجعَ بدِقّة — check, scrutinize
~ أو راجَعَ ثانيةً — countercheck
~ الحِسابات — audit
~ الطَّرَف (لِيَستَدِقّ) — taper
~ مَلازِمَ الكِتاب (قبلَ التجليد) — collate
دَقَل، صاري (السفينة) — mast (Naut.)
دَقيق، مُدَقَّق، دقّي، مَضْبُوط — accurate, exact
~، رَفيع — fine
~: فيه حَراجةٌ ودِقّة — delicate, critical
~، صَغيرٌ جِدًّا — minute
~ التبَلْوُر — microcrystalline
~ التسنين أو الشَّرشرة — serrulate, denticulate
~ التعريق، ~ الحُبَيْبات — fine-grained
~ السَّحْب، رَفيع — fine-drawn (Eng.)
~ الغَزْل — fine-spun
~ المَواعيد — punctual
دَقيق، طَحين — meal, flour
~ الحُبوب (أو البَطاطا) — farina
~ الشُّوفان — oatmeal
~ صَخري — rock flour, rock meal (Geol.)
~ ~ مَثْلَجي — glacial meal (Geol.)
~ الفَحم، دُقاقُ الفَحْم — duff (Mining)
~ فَحم الكوك — braize (Mining)
دَقيقة: ٦٠ ثانية (زَمنيّة أو زاويّة) — minute
~: جُسَيْم — particle
~ (أو جُسَيم) بيتا، ~ بائية — beta particle (Phys.)
~ قَوسيّة: جُزءٌ من سِتين من الدَّرجة — arc minute (Maths.)
~ مِئَويّة — grade minute (Maths.)
دَقيقيّ، ~ نَشَوي — farinaceous (Food Sc.)
دَكَّ: رَصَّ — ram, stem, tamp (Civ. Eng.)
~: هَدَم — demolish, tear down
دَكّ، رَصّ، تَلْبيد — ramming, tamping
~، تَسوية، تمهيد — levelling, rolling, grading (Civ. Eng.)
~ التُّربة — soil punning (Civ. Eng., Build.)
~ الخَرَسانة — concrete ramming (Build.)
~ بالهَواء — air ramming (Eng.)
دُكّان — shop
دَكّة، مَصْطَبَة — bank, terrace, platform
~ تُرابية — earthwork (Civ. Eng.)
~ تَحميل — loading platform
~ من الحِجارة — riprap
~ رَصْف — racking platform
~ صَخْريّة (مُشاطِئة بخاصّةٍ) — scar (Geol.)
~ مُدَرَّجة — terracing
دِكستروز، سُكَّرُ العِنَب — dextrose = d-glucose
دَكَلَة: تُربة طَمْيِيّة لَزِجة — gumbo
دَلَّ: أرشَدَ — guide, direct
~ ضِمْنًا على — imply, signify, purport
~ على، بَيَّنَ — denote, indicate, point out, show
دَلّى — dangle
دَلاةٌ جَليديّة — icicle
دَلافين (أُنظُر: دُلفين «Eng.») — rolls
~ التشكيل، مَطالِمُ حِدادة — forging rolls (Eng.)
~ تَغْضين، مَطالِمُ تَغْضين — crimping rolls (Eng.)
~ تَوْجيه — guiding rollers (Eng.)
~ حَدِّيّة — edge rolls (Eng.)
~ الحِناية، أُسطواناتُ الثَّني — bending rolls (Eng.)
~ السَّحْب — drawing rollers (Eng.)
~ كَبْس — press rolls (Eng.)
~ الكَسّارة — crusher rolls
دَلّال — auctioneer
~، دالَّة تربطُ بين الفئات وتُبقي على تركيبها — functor (Maths.)
دَلالة — indication, sign, symptom
~: مَفهوم ضِمْنيّ — purport, implication
~، مِفتاحُ الحَلّ — clew = clue
~، مَعْنًى — connotation, sense
~ البِتّات: من حيث القيمة المعنوية أو المنطقية — bit significance (Comp.)
~ الكلماتِ أو الرموز — semantics (Comp.)
دَلاليّ — semantic (Comp.)
دَلائل: (أُنظُر: دَلالة) — signs, symptoms
~ الزَّيت — oil shows (Pet. Eng.)
~ مُشجِّعة — promising outlook
دُلْب، صِنار — platan, plane tree
دِلْتا، دالُ النَّهر — delta (Geol.)
دُلَر: الوَحدةُ الأمريكية لِقياس بُعْدِ المُفاعِل النَّوويّ عن الحالة الحَرِجة — dollar (Nuc. Eng.)
دَلْفَنَ، طَلَم — roll (Eng.)
دَلْفَنة، طَلْم — rolling (Eng.)
~ أو طَلْمٌ مُستَعرِض — cross rolling (Eng.)
~ أوّليّة (غيرُ مُكتَمِلة) — rough rolling
الـ ~ على البارِد — cold rolling (Eng.)
الـ ~ على الساخن — hot rolling (Eng.)
دُلْفين: أُسطوانةُ تسوية — roll(er) (Eng.)
~، دُخَس — dolphin (Zool.)
~ تَخْريز — beading roll (Eng.)
~ تَرْقيق، مِطْلَمُ تَرْقيق — reduction roll

دُلْفين (تابع)

~ تَعْديل (أو تَسْوِيَة) — straightening roll
~ فَوقيّ — top roll (Eng.)
دَلْك — rub, massage
دَلْمَتة، تدَلْمُت: تحوُّلُ الصخور الجيريّة إلى دولوميت — dolomitization (Geol.)
دَلْو، سَطْل — bucket, pail
بُرْجُ الـ ~ — Aquarius (Astron.)
~ الطفاحة — catch bucket (Phys.)
دَليل، مِفتاحُ الحَلّ — clue, key
~: كِتابُ أسماءٍ وَعَناوين — directory
~، بُرهان — proof, evidence
~، خَطٌّ دَليليّ — directrix (Maths.)
~، ~ إمرارِ الحِبال أو الأسلاك — fairlead
~، فِهرس — index
~، عَلامة — indication, token, sign
~، قَرينة، أُسّ — exponent, index (Maths.)
~، كُتَيِّب — manual, handbook
~، مُرشِد — guide, pilot
~، مُؤَشِّر — indicator
~ إبهاميّ — thumb index
~ الاتِّجاه — direction indicator (Aero.)
~ الاختِراقية، مُعامِلُ الاختِراق — penetration index (Eng.)
~ الأداء — performance index (Eng.)
~ الارتباط — index of correlation
~ الارتفاع — height indicator, elevation index
~ إزالةِ التلَوُّث — decontamination index (Phys.)
~ أمواج — wave guide (Phys.)
~ الإنتاجية النَّوعيّ — specific productivity index
~ الانحِدار — slope indicator (Surv.)
~ الانحِراف — drift indicator (Naut.), deflection index
~ تَثقيب، مُعَيِّرةُ الثَّقْب — drilling jig (Eng.)
~ ~ لِلدُّسُر — dowelling jig (Build.)
~ ~ صُندوقيّ — box drill jig (Eng.)
~ تَزامُن المُحَرِّكات — engine synchronism indicator (Eng.)
~ تَشْغيل: مُوَجِّهُ الشُّغلات في المكنة — jig (Eng.)
~ التَّضْمين: نِسبةُ الانحِراف التَرَدُّدي لِلمَوجةِ الحامِلة إلى تَرَدُّدِها — modulation index (Radio)
~ التغذية — feed index (Eng.)
~ تَقْسيم — indexing jig (Eng.)
~ التِّلِفون — telephone directory
~ ثَخانةِ التمليط — screed (Build.)
~ جيروسكوبي للانعِطاف — gyro-turn indicator
~ حَلّ — clue
~ الدَّورات — cycle index
~ الرُّطوبة — moisture index (Phys.)
~ الزيت — oil index (Eng.)
~ السُّرعة — speed indicator, speedometer (Autos.)
~ سُفليّ — subscript (Maths.)
~ سِياحيّ (بخاصةٍ) — guidebook
~ السَّير — belt guide (Eng.)
~ الصِّمام — valve guide (Eng.)
~ الضغط — pressure indicator (Eng.)
~ ظَرْفيّ، ~ بالقَرائن — circumstantial evidence
~ عُلْويّ — superscript (Maths.)
~ القِوام — penetration test (Phys.)
~ القُوّة الجَبْرية — exponent index (Maths.)
~ الكاشِف: قوة التركيز (الهِدْروجيني الأيوني) المُواتية لِفعل الكاشِف — indicator exponent (Chem.)
~ الكَبّاس — piston guide (Eng.)
~ اللُّدُونة — plasticity index (Eng.)
~ اللُّزوجَة — viscosity index (Phys.)
~ اللوغاريتم — index of logarithm (Maths.)
~ لَونيّ، ~ الألوان — colour index
~ مُسْتَوى الماء (في خَزّان أو مِرْجَل) — water glass (Eng.)
~ ~ الوَقود — fuel level indicator (Eng.)
~ المُشغِّل، كُتَيِّبُ تَعليماتِ التشغيل — operator's manual = operator's handbook
~ مِصباحيّ — lamp indicator (Eng.)
~ المِلَفّات — file directory (Comp.)
~ المُوَجِّهيّة، كَسْبٌ اتِّجاهي — directivity index = directional gain (Radio)
~ مَوجيّ — waveguide (Phys.)
~ مَوْجيّ مُتَوازي الصَّفيحَتَين — parallel-plate waveguide (Elec. Eng.)
~ مَيْدانيّ — field manual (Eng.)
~ النابِض: نِسْبةُ قُطرِه المُلتَفّ إلى قُطرِ سِلْكِه — spring index (Eng.)
~ وَضْع عجَلاتِ الهُبوط — landing gear position indicator (Aero.)
دَليليّ، بَيانيّ — indicative, demonstrative
~، تجريبيّ — pilot
دَمَّ: غَطّى أو سَدَّ بمادَّةٍ صامِدة لِلماء — pay (Naut.)
دَم — blood (Med.)
~ التنِّين: صِبْغٌ أحمَرُ راتينجيّ — dragon's blood (Chem.)
دَمار، خَراب — ruin, wrack, rack, destruction, devastation
دِماغ، مُخّ — brain (Zool.)
~ إلكترونيّ — electronic brain (Phys.)
دِماغيّ — cerebral (Zool.)
دَمال، سَماد، دَمان — manure; compost (Agric.)
دِمام: طِلاء — paint, varnish
~: صِبْغ — pigment
~: إضافةٌ مُعالَجة لِلوقود — dope (Pet. Eng.)
دَمان، خَليطُ تَسْميد — compost (Bot.)
دَمَجَ — merge, integrate, incorporate; fuse
دَمْج — merging, incorporation, amalgamation, integration
دَمْدَمَ، خَرَّ — murmur
دَمْدَمة، هَدير — growl, rumble
دَمَّرَ — destroy, ruin, wrack, demolish
دَمْعة — tear
دَمْعيّ — lachrymal = lacrimal (Zool.)
دَمَغَ — brand, stamp
دَمْغ، وَسْم — branding
دَمْغة — stamp, imprint
~ إعفاء: بَديلةٌ عن طابع البريد — frank
~ المَصْنَع — house brand
~ المَصوغات، طابَعُ الأصالة — hallmark
دَمَقٌ: ريحٌ وَبَرْد — blizzard (Meteor.)
دُمَّل، خُراج — abscess, boil, furuncle (Med.)
دَمْلُ الأرض: إصلاحُ التربة — soil improvement (Agric.)
دُموج — compaction (Geol.)
دَموجيّة: قابليّةُ التدَمُّج — compactability

الدّمَويّات، عِلْمُ الدّم — haematology (Med.)
دُمْيَة — dummy
~، لُعْبة — toy
~ مُتحَرِّكة — puppet
~ مِلاحةٍ فَضائية — plastinaut (Space)
دَنٌّ — vat, tun
~ تَصْفية: ذو قاع مَسامِيّ — draining vat
دِنام، دِنْمو، مُوَلِّد (كهربائي) — dynamo (Elec. Eng.)
دَنْدَنة، دَنين، أزيز — buzzing
دَنف: هُزال مَرضيّ — cachexia (Med.)
دُنُوّ، اقتِراب — approach
دُنيَوي، عَلْماني — secular
دِهان، دَهون، مَرهم — ointment, unguent, liniment, pomade (Med.)
~، طِلاء — paint (Build.)
~، طَلْي — painting
~ أوّليّ (لِمُقاوَمة التأكُّل) — wash primer (Paint.)
~ بِطانة (غَنيّ بالراتينَج) — flatting varnish (Build.)
~ حادّ: دهان زيتيّ سَريع الجفاف — sharp paint
~ رَصاصيٌّ أبيض — flake-white (Paint.)
~ زيتيّ — oil paint, oil varnish
~ شَمْعيّ: يُثَبَّتُ بالحَرارة — encaustic (Paint.)
~ طَمْسٍ (بِطانيّ) — obliterating paint
~ (أو وَرْنيش) عازِل — electric varnish (Elec. Eng.)
~ الغاطِس (من السفينة) — boot topping (Naut.)
~ غيرُ جافّ — tacky paint
~ قِيريّ — bituminous paint (Chem.)
~ لَمّاع — glossy paint
~ مائيّ: يُخَفَّفُ بالماء — water paint
~ مُطفِئُ اللمعة — mat paint
~ مِينائيّ: لَمّاعٌ عادةً — enamel paint
الدِّهانُ بِوَرْنيش الكُوبال — japanning
دِهاناتٌ مُقاوِمة لِلحوامِض — acid-resisting paints
دَهْر، أَبَد: أطولُ مَراحِل الزمن الجيولوجي (10^9 سنة) — eon, aeon, era (Geol.)
الـ ~ الأوّل — Primary era (Geol.)

الـ ~ الحَديث، حُقْب الحياةِ الحديثة — Cainozoic (or Kainozoic or Cenozoic) era (Geol.)
~ الحَياةِ الخافية — Cryptozoic eon (Geol.)
~ ~ الظاهِرة — Phanerozoic eon (Geol.)
الـ ~ الرابع — Quaternary era (Geol.)
الـ ~ السَّحيق — Archaen era (Geol.)
~ طَلائع الأحياء — Proterozoic (era) (Geol.)
الـ ~ القَديم: حُقب الحياة القديمة — Palaeozoic era (Geol.)
~ اللاحَياة — Azoic era (Geol.)
~ ما قبلَ الكَمْبَري، الدهرُ العَتيق — Precambrian (Geol.)
الـ ~ الوَسيط — Mesozoic era (Geol.)
دَهْشَة — astonishment, wonder, amazement, surprise
دِهليز، مَدْخَل — adit (Mining)
~، رِواق — corridor, gallery, vestibule
دهليزي — vestibular (Zool.)
دَهْمُ اللهَب: صَدْم ألْسِنَةِ اللهب لِجِسْم — flame impingement
دَهَنَ، طَلَى — paint
دَهْنٌ (أو تَلْبيطُ) الوُصْلَة — buttering (Met.)
دُهْن — fat (Chem.)
~، شَحْم — grease, lipid
~ حَيَوانيّ — animal fat, adipose (Zool.)
~ الصُّوف: شَحْمُ صُوفِ الخِراف — wool fat (or grease), degras, lanolin
~ نباتي — vegetable butter (Food Sc.)
دُهْنيّ — fatty
~، أليفاتي — aliphatic (Chem.)
~، شَحْميّ — greasy
~ حَلقي — alicyclic, aliphatic cyclic (Chem.)
دَهْوَرَ، تَدَهْوَرَ — deteriorate
دَهُون — lotion
دَوّى — boom, resound
دَواء — medicine, medicament, drug
~، عِلاج — remedy, cure
~ عامّ أو شامِل — panacea (Med.)
~ غُفْل، عِلاجٌ إرضائيّ أو تَمويهيّ — placebo (Med.)
~ مُسْهِل — purgative, laxative (Med.)
~ مُعَرِّق — sudorific (Med.)
~ مُقَوٍّ — tonic (Med.)
دَواة: مِحبَرة — ink-well

~: مَقْبِسُ الصَّمَجة — socket, holder (Elec. Eng.)
~ سِنانيّة: بِمِسمارَيْن — bayonet socket, bayonet holder (Elec. Eng.)
~ المِصباح، مَقْبِس المِصباح — lamp socket, lamp receptacle, lampholder (Illum.)
~ مِصباحٍ مُدَلّاة — pendant lampholder
~ ~ مَركَزيُّ التلامُس — centre-contact holder (Elec. Eng.)
~ ~ مَقبِسيَّة — plug adapter lampholder (Elec. Eng.)
~ ~ مِقلاديّة: المفتاحُ جُزْءٌ منها — keyholder, switch-lampholder (Elec. Eng.)
~ ~ مُلَولَبة — screw lampholder
~ مُلَولَبة، مَقبِسٌ مُلَولَب — screw socket (Elec. Eng.)
دَواجِن — domestic animals
دُوار، رَنْح — dizziness, vertigo, giddiness (Med.)
~ البَحر، هُدام — sea-sickness (Med.)
~ الجَوّ، غَثيانُ الطَّيَران — air-sickness
~ الحَرَكة — motion sickness (Med.)
~ (رُكوب) السيّارات — car sickness
دَوّار، دَوَرانيّ، دائر — rotary, rotating, revolving
~، مُدَوِّر — rotator
~، عُضوٌ دَوّار — rotor (Elec. Eng.)
~، مُدَوِّم — spinning, gyratory
~، ~ تَراتُبي إزاحي — circulant (Maths.)
~ تَراجُعي — retrocirculant (Maths.)
~ حَولَ مِحْوَر — gyratory (Phys.)
~ الرَّشّ — tourniquet sprinkler (Agric.)
~ الشّمس — turnsole, sunflower, Helianthus (Bot., Chem.)
~ الضاغِط — compressor rotor (Eng.)
~ عُضوِ الإنتاج — armature rotor (Elec. Eng.)
~ العَنَفة — turbine rotor (Eng.)
~ قفَصِ السِّنجاب — squirrel-cage rotor (Elec. Eng.)
~ قفَصِيّ — cage rotor (Elec. Eng.)
~ لامُتماثِل — asymmetric rotor (Eng.)
~ لَوْلَبيّ — helical rotor (Eng.)
~ في مَدار — orbiting (Phys., Astron.)

دَوّارة — turnstile, tourniquet

~ رَفْع — windlass (Eng.)

~ الرِّيح — cock, weathercock, vane, weather vane, wind vane, girouette (Meteor.)

دَوّاسة، دَعْسَة — pedal, treadle (Eng.)

~ تبديل السُّرعة — gear change pedal (Eng.)

~ القابِض، ~ الفاصِل — clutch pedal (Eng.)

~ المِكبَح — brake pedal (Eng.)

دَوالّ (أنظُر: دالّة) — functions (Maths.)

~ زائِديَّة — hyperbolic functions (Maths.)

~ ناقِصيَّة — elliptic functions (Maths.)

الدَّوالي: تضخُّم الأوردة — varicose, varicosity (Med.)

دَوام، استِمرار — continuance, continuity, persistence

~، بَقاء — permanence

دُوام، دَوخة — dizziness, giddiness

دُوّامة، بُلْبُل، خُذروف — top

~ (ماء أو هَواء) — eddy, swirl; vortex (Phys.)

~: تيارٌ دُوّاميّ — eddy (Phys.)

~: دُرْدُور مائعي: (مائي أو هَوائي) — vortex (pl. vortices)

~، زَوبَعة هَوائية — whirl, whirlwind (Meteor.)

~ (صغيرة): مائية أو هوائية — swirl

~ (كبيرة)، دُردُور مائيّ — whirlpool

~ الذَّيل (في الهِليكوبتر) — tail rotor (Aero.)

~ رَمْليَّة، زَوبَعة رَمْليَّة — sand whirl (Meteor.)

~ ~ عمودية — devil (Meteor.)

الـ ~ الرئيسيَّة (لِلهِليكوبتر) — main rotor (Aero.)

~ هَوائية — whirlwind (Meteor.)

دَوامِيَّة — perpetuity

دُوّامِيَّة — vorticity

دَوائِر (أُنظُر: دائرة) — circles

~ مُتَّحِدة المِحوَر — co-axial circles (Maths.)

~ ~ المَركز — concentric circles

~ مُختَلِفةُ المَركز — eccentric circles (Maths.)

دوائي — medicinal, pharmaco-

الدوائيّات، عِلْمُ الأدوية — pharmacology

الدُّوتِريوم: الهِدروجين الثقيل — heavy hydrogen, deuterium (Chem.)

دوتيرون (نَواةُ ذرّة الدوتِريُوم) — deuteron (Chem.)

دَوخة، دَوَخان — giddiness, dizziness

دُودة — worm (Zool.)

~ الأرض، خُرطون — earthworm (Zool.)

~ حَبْليَّة — nematode (Zool.)

~ حَلْقية — annelid (Zool.)

الـ ~ الشريطيَّة — tapeworm, taenia (Zool.)

~ شِقِّيَّة — hookworm (Zool.)

~ القَزّ — silkworm

~ القُطن — bollworm

~ (طُفيليَّة) مُسَطَّحة — flatworm, fluke (Zool.)

دُودي، دُوديُّ الشكل — vermiform, vermicular

دَور، دَورة — cycle (Phys., Elec. Eng.)

~، عَصْر — period (Geol.)

~، نَوبة (مَرَض) — fit (Med.)

~، وَظيفة — role

~، نَوبة أداءٍ أو عَمَل — turn

~، طَوْر — stage, phase (Phys.)

~، طابق (في مَبْنى) — stor(e)y, floor (Build.)

~ أرضيّ — ground floor (Build.)

~ في الثانية، هِرْتز — cycle per second, hertz (Phys.)

~ العُنصُر (في الجَدول الدوري لِلعناصِر) — period of element (Chem.)

دَوَّرَ، شَغَّلَ — turn on, operate, actuate (Eng.)

~: جَعَلهُ يَدور — revolve, rotate, turn, twirl

~: جَعَلَ مُدَوَّرَ الشكل — round, make round

~ الأسطُر: لِضَبْط تَنْضيدها — overrun (Print.)

~ العَدَد — round off (Comp., Maths.)

دُوران: نِظامُ رَصْدٍ دُوپْلَريّ (لِتَتَبُّع القَذائِف) — doran = Doppler range (Radar)

دَوَران، سَرَيان — circulation

~، تَدوير — revolution, rotation, gyration

~، تَدويم — rotation, spinning, twirling

~، حركة دَوَرانية — rotatory motion

~، اِلتِفاف، اِنعِطاف — turning, slue, slew

~ الأرض — earth rotation (Astron.)

~ بَتِّيّ: بعَكسِ اتجاهِ عَقارِب الساعة — levorotation, anticlockwise rotation

~ بَصَري: دَوَرانُ مُستوي الاستقطاب — optical rotation (Phys., Chem.)

~ (أو تشغيلٌ) بَطيء — slow running (Eng.)

الـ ~ البَطيءُ (بدون حِمْل) — idle running (Eng.)

~ حادّ — steep turn (Aero.)

~ حُرّ — free rotation

~ حَولَ — circling

~ حولَ مِحْوَر — slew, slue, spin(ning)

~ ذاتيّ: حَراكي هوائي — autorotation (Aero.)

~ سَلِس — smooth running (Eng.)

~ شَزْريّ: باتِّجاهِ عَقارب السّاعة — dextrorotation, clockwise rotation

~ صامِت — silent running (Eng.)

~ (أو تحَرُّكٌ) طَليق — free running

الـ ~ على البارِد — cold running (Eng.)

~ غيرُ مُنتَظَم — irregular running

~ ~ ~ (سَبَبُهُ قوَّة الوَقود) — galloping (I.C. Engs.)

~ قَسْريّ — forced circulation (Eng.)

~ مُتَقطِّع — intermittent running (Eng.)

~ مُتَواصِل — continuous running (Eng.)

~ المُحَرِّك، تَدويرُ المُحَرِّك — engine running

~ مُستوي الاستِقطاب — rotation of plane of polarization (Phys.)

~ مُطَّرِد — steady running (Eng.)

~ مِغنَطيسيّ: دَوَرانُ مُستَوي الاستقطاب في مجالٍ مِغنطيسيّ — magnetic rotation (Phys.)

~ مُنتَظَم — even running, smooth running (Eng.)

~ مُوجب — positive rotation (Eng.)

الـ ~ النَّوعي (لِمُستَوي الاستِقطاب) — specific rotation (Chem., Phys.)

~ الهَواء — air circulation

~ يَساريّ: بِعكس اتِّجاه عَقارِب الساعة، ~ بَتِّيّ — levorotation, left-handed rotation

~ يَمينيّ: باتِّجاه عَقارِب الساعة، ~ شَزْريّ — dextrorotation, right-handed rotation (Phys., Chem.)

دَوَرانيّ — circulatory

~، دَوّار — rotative, rotary, rotational, circulatory

دَورة، دارة — circuit (Elec. Eng.)

~، شَوط، دَور — cycle

دَورة (تابع)

~، لَفَّة — detour, turn; twirl

~، دَوَران — revolution, rotation

~، جَولة — round, tour

~، مَنظومة جهازية — system

~ الاحتِراق (الداخِلي) المُزدَوِجة — dual combustion cycle (Eng.)

~ الإحضار والتنفيذ، ~ التعليمة: العملية الكامِلة لإحضار التعليمة من الذاكرة وفكّ شَفرتِها وتنفيذِها — fetch/execute cycle (Comp.)

الـ ~ الأرضيَّة، مَنظومة التأريض — ground system (Elec. Comm.)

~ استِكشاف جَوّي — air patrol

~ إعادةِ التسخين — reheating cycle (Eng.)

~ ~ التوليد — regenerative cycle (Eng.)

~ اقتِرانية — synodic cycle (Meteor.)

~ الأمر (أنظر: دورة التعليمة) — instruction cycle (Comp.)

~ «اوتو»، ~ الحَجْم الثابِت — constant-volume cycle = Otto cycle (Eng.)

~ البُخار — vapour cycle (Eng.)

~ البُقَع الشمسيَّة — sun-spot cycle (Meteor., Astron.)

~ تَبْريد، نِظام تبريد — refrigeration cycle (Phys.), cooling system (Eng.)

~ ~ ذاتُ دَفقٍ مُباشِر — direct flow cooling system (Eng.)

~ ~ مُتَكامِلة — integral cooling system (Eng.)

~ تجديد، ~ استِرجاع، ~ إعادةِ التوليد — regenerative cycle

~ تَجْريبيَّة (للبرنامج) — dry run (Comp.)

~ التحكُّم — control cycle

~ التخزين — storage cycle (Comp., Hyd.)

~ تخَلُّفيَّة (مِغنَطيسيَّة) — hysteresis cycle (Elec. Eng.)

~ تَدريبيَّة — training course

~ تَرسُّب — cyclothem (Geol.)

~ تَشْغيل، ~ تَشْغيليَّة — operational cycle, cycle of operation, duty cycle (Elec. Eng.)

~ التعليمة، ~ الأمر (دورة الإحضار والتنفيذ) — instruction cycle = fetch/execute cycle (Comp.)

~ التمَغْنُط — magnetization cycle (Phys.)

~ التنفيذ — execution cycle (Comp.)

~ في الثانية — cycle per second, hertz (Elec. Eng.)

~ ثُنائيَّةُ الشَّوط — two-stroke cycle (I.C. Engs., Autos.)

~ حامِض السِّيتريك — citric acid cycle (Chem., Biol.)

~ ~ الكربوكسيليك الثلاثي، — tricarboxylic acid cycle (Chem., Biol.)

~ «كريبْس» — Krebs cycle (Chem., Biol.)

~ حَتِّيَّة — erosional cycle (Geol.)

~ الحَياة، ~ حياتيَّة — life cycle (Biol.)

~ الدَّفْقِ العائد — return-flow system (Eng.)

~ الدم — blood circulation (Zool.)

~ ديناميَّة حَراريَّة — thermodynamic cycle (Eng.)

~ رُباعيَّةُ الأشواط — four-stroke cycle (I.C. Engs., Autos.)

~ زِراعيَّة: في تعاقُب الزروع — crop rotation (Agric.)

~ سَفَرٍ كامِلة (لِلسفينة أو الطائرة) — turnaround

~ الضغط الثابت، ~ «دِيزِل» — constant-pressure cycle = Diesel cycle (Eng.)

~ طينِ الحَفْر — drilling mud circulation (Pet. Eng.)

~ عَكوس: ~ تُعكَسُ — reversible cycle (Eng.)

~ العَمَل أو التشغيل — work cycle

~ قَمَريَّة (٢٩,٥٣ يومًا) — lunation (Astron.)

~ «كارنو» — Carnot cycle (Eng.)

~ كامِلة — complete cycle (Elec. Eng.)

~ كُبرى — major cycle (Comp.)

~ الكربون (في الكَون) — carbon cycle (Chem.)

~ الكَلَف الشمسي — sun-spot cycle (Astron.)

~ الماء (في الكَون) — water cycle, hydrological cycle (Meteor.)

~ مُتَعاقِبة — alternating cycle (Elec. Eng.)

~ المَدْر، ~ المَدِّ والجَزْر — tide cycle (Astron.)

~ مَحكومةُ الضغط — controlled pressure cycle (Eng.)

~ مَعكُوسة — reversed cycle (Phys.)

~ المياه — toilet, lavatory (San. Eng.)

~ مِيتُونيَّة: فترةُ ١٩ سنة تتكَرَّرُ فيها أوجُهُ القَمَر في الأيّام نَفسِها — metonic cycle (Astron.)

~ النتروجين (في الكَون) — nitrogen cycle (Chem.)

الـ ~ النَّزَوية في الحيَوانات — estrous cycle, rut (Zool.)

~ نَشأة الصخور — petrogenetic cycle (Geol.)

~ نُقطيَّة: الفَترةُ الدُّنيا لِقَطْعٍ ووَصْلٍ (أو علامةٍ وفَراغ) — dot cycle (Elec. Comm.)

~ (سَرَيان) الهَواء — air-circulation

~ هَواءٍ قياسيَّة (لِمقارَنة قُدرةِ المُحَرِّكات) — air standard cycle (I.C. Engs., Autos.)

~ الوَقود: من تعدينه ومعالجته حتى التخلُّص من نُفاياته — fuel cycle (Nuc. Eng.)

دَوْرَق — flask, decanter (Chem.)

دَوْرَوِيّ — cyclic (Maths.)

دَوريّ: حادِثٌ (أو مُتغيِّر) دَوريًّا — cyclic, periodic(al) (Phys.)

~، حَلقي — cyclic (Chem.)

الجَدْوَلُ الـ ~ (لِلعَناصِر) — periodic table (Chem.)

دَورِيَّة: حُدوثٌ أو تغَيُّر دَوريّ — periodicity (Chem.)

قانونُ الـ ~ (لِلعَناصِر) — periodicity law (Chem.)

~: نَشرةٌ دَوريَّة — periodical

~: حَرَسٌ جَوّالة — patrol

~ استِكْشافٍ جَوِّيّ — air patrol

~ (تنظيمِ) المُرور — traffic patrol

دَوْزَنَ — voice, tune, attune (Acous.)

دَوْزَنة: ضَبْطُ الصوت — voicing, tuning (Acous.)

دَوَّسَ: حَرَّكَ بالدوّاسة — pedal, treadle

دَوس، دَرْس، دِراس — treading; threshing

دُوش — douche, shower(bath)

دُوَل (أنظُر: دولة) — states, countries

الـ ~ المتطوِّرة أو المتقدِّمة — developed countries

الـ ~ النامية، الـ ~ المُتخلِّفة — underdeveloped countries

دُولاب، عَجَلة — wheel

~ احتِكاكي: يَدورُ (أو يُدار) بالاحتكاك — friction wheel (Eng.)

~ احتياطي — spare, spare wheel (Autos.)

دُولاب (تابع)

~ إدارةٍ ضَخْم: في أسفَلِ بُرجِ الحَفْر — bull wheel (Civ. Eng.)
~ استقرار السُّرعة، حَذّافة — flywheel (Eng.)
~ أقاحيّ: دولابٌ تحمِلُ حِفافُ بَرامِقِهِ رُموزًا طِباعيَّة — daisy wheel (Comp.)
~ الإلقام أو التغذية — feed wheel (Eng.)
~ تجليخ — abrasive wheel (Eng.)
~ تَدْوير — driving wheel (Eng.)
~ تفاضُلي — differential windlass (Eng.)
~ تَكْريج (في قاعدة جِسمٍ دَروج) — caster, castor
الـ ~ والجُزع — wheel and axle (Eng.)
~ الخَزّاف — potter's wheel
~ خَلْفيّ — hind wheel, rear wheel
~ الذَّيل، عَجَلةُ الذيل: في الطوّافة (الهليكوبْتَر) — tail wheel (Aero.)
~ رئيسيّ — master wheel (Eng.)
~ سائب، عَجَلةٌ طَليقة — free wheel (Eng.)
~ سَنْفَرة (لِلجَلْخ) — emery wheel (Eng.)
~ صَقْل — polishing wheel (Eng.)
~ ~ جِلْدي — bob
~ (~) مِنَ الخِرَق — rag wheel (Eng.)
~ ~ بالسَّنْفَرة — emery buff (Eng.)
~ الصِّمام اللاتَمركُزيّ — valve eccentric (Eng.)
~ ضَبْطِ أو نَظْم السُّرعة، حذّافة — flywheel (Eng.)
~ الغَزْل — jenny
~ قُرصيّ — disc wheel
~ قَطْعٍ سَحْجيّ — cutting wheel, cut-off wheel (Eng.)
~ لاتَمركُزيّ — eccentric wheel (Eng.)
~ الماء، سانِيَة — noria, waterwheel (Eng.)
~ مُتَردِّدُ الحرَكة (بحيثُ لا يُتِمّ دَورةً كاملة) — mangler-wheel (Eng.)
~ مَخروطيّ — cone wheel (Eng.)
~ ~ مُسَنَّن — bevel wheel (Eng.)
~ مَرايا المَسْح — mirror wheel, mirror drum (Telev.)
~ مُسَنَّن، عَجَلة مُسَنَّنة — cog-wheel, sprocket (wheel), toothed wheel (Eng.)
~ ~ بِمُوازاة المِحور — spur wheel (Eng.)
~ مُقَعَّر — dished wheel
~ مُنْبَعِج — buckled wheel
~ مُوازَنةٍ مُعادَل — compensated balance wheel (Eng.)
~ نَجْميّ — star wheel (Eng.)
~ النَّول، عَجَلةُ المِغْزَل — spinning wheel
~ وَسيط — stud wheel (Eng.)

دولار، دُلَر (أُنظُر: دُلَر) — dollar (Nuc. Eng.)

دَولة — state
~ حاجِزة — buffer state (Geog.)
~ مُتخَلِّفة (اقتصاديًّا)، ~ نامية — underdeveloped country

دُولِريت: نَوعٌ من الصخور الناريَّة — dolerite (Geol.)

دُولومَيت: كربونات الكالسيوم والمغنسيوم البلوريَّة — dolomite (Geol.)
~ مُجَزَّع — zebra dolomite (Geol.)

دَوليّ، دُوَليّ — international

دَوَّم، بَرَم — spin, swirl, whirl

دُونَ: أقلّ مِن، تحت، ناقِص — infra-, sub-, hypo-, under
~ الأحمر، ~ الحَمراء — infrared (Phys.)
~ الحادّ — subacute
~ الحَدِّي — submarginal
~ الحَرِج — subcritical (Nuc. Eng.)
~ السائد — subdominant
~ سُرعة الصوت — subsonic (Acous.)
~ السِّعر الاسميّ — below par
~ السَّمْعيّ، تحتَ السَّمعيّ: دونَ ٢٠ هِرْتز — infra-sonic (Acous.)
~ السِّنّ — underage
~ الشُّعور — subconscious
~ القيمة الاسميَّة — below par
~ المُتزامِن — subsynchronous (Elec. Eng.)
~ المِجْهَري — submicroscopic
~ المُشْبَع — undersaturated (Chem.)
~ المِعياري — substandard
~ النوعيَّة المَطلوبة — off-grade

دُونَ، بِدُون — without, ex-
~ تحفُّظ — without reserve
~ التقيُّد بِمقياسِ الرَّسْم الأصلي — not to scale
~ خَطَأ — faultlessly

دَوَّنَ — record, register, inscribe, write (down)
~ (على عَجَل) — jot

دَوِيّ — boom(ing), rumble, peal (Acous.)
~، طَنين — hum(ming)
~ اختِراق جِدارِ الصوت — supersonic bang, sonic bang or boom (Aero.)
~ الانفِجار — explosion
~ (الصوتِ) — report (Acous.)

دُوَيبة: حيوانٌ مزعجٌ أو كريه — vermin (Zool.)

دُوَيرة — cyclide (Maths.)

دُوَيريّ، دُحروجي — cycloid (Maths.)
~: مُنبَسِطٌ دائريٌّ نَوعًا — orbicular
~ تَحْتيّ (داخلي) — hypocycloid (Maths.)
~ ~ رُباعي القُرَن — astroid (Maths.)
~ فَوقيّ (خارجي) — epicycloid (Maths.)
~ مُتَطاوِل — prolate cycloid (Maths.)
~ مُحيطيّ — pericycloid (Maths.)

دَياباتي: تبادُليُّ الحرارة، لا كظيم — diabatic (Phys.)

دَيابيز: صَخرٌ ناريٌّ مُحَبَّب — diabase (Geol.)

دياتوم: طُحلبٌ مِجهريّ أُحاديُّ الخليَّة – جُدرانُ خَليَّتِه مُشبَعة بالسليكا — diatom (Biol.)

دِياس، دَوس — treading; threshing

دَياسْبور: هيدروكسيد الألومنيُوم المُمَيَّأ يُوجَدُ في البوكْسَيت — diaspore (Min.)

دَياستاز: أنزيمٌ يُحَوِّلُ النَّشا إلى سُكَّر — diastase (Biol.)

دِيال، دَيْلَزة — dialysis (Chem.)

دُيالَة: نِتاجُ الديْلَزة — dialysate (Chem.)

دَيامِغْنَطيسي، ديامِغْنيطي: ضَعيفُ الإنفاذية المِغنَطيسيَّة — diamagnetic (Phys.)

ديباجة، تَمْهيد — preamble, introduction

دِيدان (أُنظُر: دودة) — worms (Zool.)
الـ ~ الشَّريطيَّة، المِنطَقِيّات — Cestoda (Zool.)
الـ ~ المُدَوَّرة — Nemathelminthes, roundworms (Zool.)
الـ ~ المُسَطَّحة — Platyhelminthes, flatworms (Zool.)

ديزل (مُحَرِّكُ ديزل أو وَقود الدِّيزِل) — diesel

الديسبروسيوم: عُنْصُر فِلِزّي نادِر رَمزُهُ (سب) — dysprosium (Dy) (Chem.)

دِيسي: بادِئة بمعنى عُشر — deci-

ديسيبِل: وَحدةُ قياسِ التفاوت بين شِدَّتَي صَوتَين — decibel (Elec. Comm., Acous.)

ديسيغرام: عُشر غرام — decigram

ديسيلِتْر: عُشر لِتر — decilitre

ديسيمتر: عُشْرُ مِتر — decimeter

decimetric — **ديسيمِتْري**
decineper (Acous.) — **ديسينِبْر : وحدةُ تَوهين**
cock (Zool.) — **ديك**
hammer, cock — ~ُ (البُندقية)، قادِح
deka- (or deca-) — **ديكا** : عَشَرة أضعاف
decagram — **ديكاغرام**: عَشَرة غرامات
dekalitre — **ديكالِتر** : عَشَرةُ لِترات
dekametre — **ديكامِتر** : عَشَرةُ أمتار
dialysis (Chem.) — **دَيْلَزة**: فَرزٌ بالِانتشار الغِشائي
electrodialysis (Chem.) — الـ ~ُ الكهربائية
debt — **دَيْن**
bad debt — ~ٌ مَعدوم
dynatron (Electron.) — **ديناترون**: صِمامٌ مُفَرَّغ يعملُ كمذبذبٍ أو كَمُضَخِّم
dynamo, generator (Elec. Eng.) — **دِينامو**: مولِّد (كهربائي)
turbo-dynamo (Elec. Eng.) — ~ تُرْبينيَّة: لِتَوليد تيّار مُستَمِرّ
dynamotor (Elec. Eng.) — **دينامُوتور، مُحَرِّكٌ مُوَلِّد**
dynamometer (Phys.) — **دينامومتر**: مِقياسُ القُوَّة، مِقْوى
torque dynamometer (Eng.) — ~ عَزْم اللي
recording dynamometer, dynamograph (Elec. Eng.) — ~ مُسَجِّل
transmission dynamometer (Eng.) — ~ نَقْليّ
dynamic — **دِيناميّ، دِيناميكيّ، تَحريكيّ**
telodynamic (Eng.) — ~ُ بُعادي: يَنقُلُ القُدرةَ (بالكُبول والبَكَراتِ خاصَّةً)
thermodynamic (Phys.) — ~ُ حَراريّ: يُشغِّل أو يُسبِّبُ بالحرارة
photodynamic — ~ُ ضَوئيّ: تزداد حِدَّتُه بالضوء
dynamics (Phys.) — **دِيناميّات – الـ ~، عِلْمُ التحريك**: ميكانيكيةُ تَحرُّكِ الأجسامِ بِسُرعاتٍ مُتغيِّرة تحت تأثيرِ القُوى
geodynamics (Geol.) — ~ُ الأرض: دِراسةُ القُوى الباطنية تحت القشرة الأرضية
chemical thermodynamics — الـ ~ الحَراريَّة الكيماويَّة
aerothermodynamics — الـ ~ ~ الهوائيَّة، عِلْمُ الحركةِ الحرارية الهوائية
astrodynamics (Astron.) — الـ ~ الفَلَكيَّة
electrodynamics (Elec. Eng.) — الـ ~ الكهربائية
geometrodynamics — الـ ~ الهَندسيَّة
aerodynamics (Aero.) — الـ ~ الهَوائية
dynamite = giant-powder (Chem.) — **ديناميت**
gelatin or gel(atine) dynamite (Chem.) — ~ُ جيلاتيني
dynamics (Phys., Maths.) — **ديناميكا، عِلم الديناميكا** : أثَرُ القُوَّة في إحداث الحَركة
gyrodynamics (Phys.) — ~ الأجسامِ المُدَوِّمة
thermodynamics (Phys.) — الـ ~ الحَراريَّة
flight dynamics (Aero.) — ~ الطيران
electrodynamics (Elec. Eng.) — الـ ~ الكهربائية
fluid dynamics (Hyd.) — ~ (حَراكيَّةُ) المَوائِع
dinosaur (Zool.) — **دَيْنُوصور** : عَظاية رَهيبة مُنقَرِضة
diopter (or dioptre) (Light) — **ديوبْتر، كُسَيْرة**: وَحدةُ قِياس قوةِ العَدَسة
deuterium (Chem.) — **ديُوتِرْيوم** (أُنظُر : الدُوتِريوم)
diode (Electron.) — **دَيُود** (أُنظُر : دايود)
duralumin (Met.) — **ديُورالومين** : سَبيكةٌ أساسُها الألومنيوم
diorite (Geol.) — **ديورَيت** : صَخرٌ ناريّ مُتبلور
arrears — **دُيونٌ أو أعمالٌ مُتَأخِّرة**

ذ

ذ: الرمزُ الكيماويّ لِلذَّهَب — Au (aurum; gold) (Chem.)
ذابَ — dissolve
~، اِنصَهَر — melt, thaw
ذابِل، ذاوٍ — wilted, withered, sear
ذاتُ الأجراس — rattle snake (Zool.)
~ أربعةِ حُدود — quadrinomial (Maths.)
~ البَكَر — pulley block, block and tackle (Eng.)
~ ~ التفاضُليّة — differential block (Eng.)
~ الجَنْب — pleurisy (or pleuritis) (Med.)
~ ~، ذاتُ الرِّئة — pneumonia (Med.)
~ الحَدّ الواحد — monomial (Maths.)
~ الحُدود، مُتعَدِّدةُ الحُدود — multinomial = polynomial (Maths.)
~ الحَدَّيْن — binomial (Maths.)
~ الرأسَيْن: عَضَلة — biceps (Zool.)
~ الرِّئة — pneumonia (Med.)
~ سَطْحَيْن (سَفينة أو حافِلة) — two-decker
~ السَّطحَيْن (طائرة) — biplane (Aero.)
~ القُطبَيْن الكهربائيّة — electric doublet = dipole
~ الكُرسي: كَوكبة شَماليّة — Cassiopeia (The Queen) (Astron.)
~ مُحَرِّكٍ واحد — single-engined (Eng.)
~ مُحَرِّكَيْن — bimotor, twin-engined (Eng.)
~ المِحْوَرَيْن — gimbals = gymbals (Eng.)
~ مَقعَدَيْن — two-seater
ذاتيّ، تِلقائي — self-, auto-, automatic
~، شَخصيّ، لامَوضوعيّ — subjective
~ الاتِّزان — self-balancing (Elec. Eng.)
~ الإخصاب — self-fertilized (Biol.)
~ الارتِداد — self-reset (Eng.)
~ الاغتِذاء — autotrophic (Bot.)
~ الانتشار، ~ الامتداد — self-propagating (Bot.)
~ الانسِداد: لِمَنْع التسَرُّب — self-sealing (Eng.)
~ البَدْء — self-starting (Eng.)
~ التأبير، ~ التلقيح: يتلقح ذاتيًّا — self-pollinating, autogamous (Bot.)
~ التدريع — self-shielding (Phys.)
~ التزامُن — autosyn = auto-synchronous (Elec. Eng.)
~ التزليق — self-lubricating (Eng.)
~ التسجيل — self-recording, self-registering (Eng.)
~ التسخين — self-heating (Elec. Eng.)
~ التغذية — autotroph(ic) (Bot.)
~ التقويم — self-rectifying (Phys.)
~ التلَدُّن — self-annealing (Met.)
~ التنشيط — self-energizing
~ التنظيف — self-cleansing (San. Eng.)
~ التنظيم، ~ التعديل — self-regulating
~ التوجيه — self-routing (Elec. Comm.)
~ التوَلُّد — autogenous
~ الحَرَكة، ~ الاندِفاع — automotive (Eng.)
~ ~، ~ الدَّفْع — self-propelled (Eng.)
~ الفِعل — self-acting
~ القَفْل، ينغلِقُ أُوتوماتيًّا — self-locking, self-closing
~ اللولبة: يقطعُ لِنفسِه لولبةً داخِلَ مادةٍ ألْيَن — self-tapping (Eng.)
~ المُزامَنة — self-synchronizing (Elec. Eng.)
~ المَسْكَن، وَحيدُ العائل — autoecious (Bot.)
ذاتيّة: تِلْقائيّة — automaticity, automatism
~: كِيان — entity
ذاعَ، اِنتشَرَ — spread, circulate
ذاقَ، يَذوق — taste
ذاكِرة — memory
~ إستاتيّة: لا تحتاجُ إلى إنعاش — static memory (Comp.)
~ الأغشِيَة الرقيقة — thin-film memory (Comp.)
~ إلكتروستاتيّة — electrostatic memory
~ تتابُعيّة الوُلوج — serial-access memory (Comp.)
~ ترابُطيّة: يتحدَّدُ مَوقعُ المعلومة فيها بِمُحتَواها لا بِعُنوانها — associative memory (Comp.)
~ تَقديريّة — virtual memory (Comp.)
~ التوصُّل العشوائي — random access memroy (Comp.)
~ حاضِرة: قِسمٌ فائقُ السُّرعة من الذاكِرة الرئيسيّة — cache memory (Comp.)
~ داخِليّة — internal memory (Comp.)
~ دَوّارة — rotating memory (Comp.)
~ دَوَرانيّة — circulating memory (Comp.)
الـ ~ الرئيسيّة — main memory, main storage, primary store (Comp.)
~ سَريعةُ الوُصول — fast store (Comp.)
~ طَبْليّة (أُسطوانيّة) — drum storage
~ فُقّاعيّة — bubble store (Comp.)
~ قابلة لِلبَرمَجة — programmable memory (Comp.)
~ قِراءَةٍ فقط: تُقرَأُ فقط (فلا تُمْحَى ولا تُغَيَّر) — read-only memory = ROM (Comp.)
~ قِرائيّة قابلة لِلبَرمَجة والمَحْو — erasable programmable read-only memory
~ كَهْروستاتيّة — electrostatic memory
~ لامُتَلاشِيَة: تستَقِرُّ فيها البَياناتُ رغمَ انقِطاع التيّار — non-volatile memory (Comp.)
~ مُتلاشِيَة: تَفقِدُ مُحتَوياتِها عندَ انقطاعِ التيّار — volatile memory = volatile store (Comp.)
~ مساعدة — auxiliary memory (or storage) (Comp.)
~ مُسانِدة — backing memory (Comp.)
~ مُشتركة — shared memory (Comp.)
~ مُعنونة بِمَضْمونها — content-addressable memory (Comp.)
~ مِغْنَطيسيّة — magnetic memory (or storage) (Comp.)
~ الوُصول العَشْوائي — RAM = random access memory (Comp.)
ذاهِل، شارِدُ الذِّهن — absentminded
ذاوٍ: ذابِلٌ غيرُ ساقِط — marcescent (Bot.)
الذائب: المادة المُذابة — solute (Chem.)
ذُبابة — fly (Zool.)
~، ذُبابةُ المَنازِل — housefly (Zool.)

ذُبابة (تابع)
الـ ~: كوكبة جَنوبيَّة — Musca (The Fly) (Astron.)
ذُباح، خانوق — angina trachealis, croup (Med.)
ذُبالة، فَتيلة — wick
ذُبحة، ~ صَدريَّة — angina, angina pectoris (Med.)
ذِبحة حَلقيَّة — angina trachealis (Med.)
ذَبْذَب، تذَبذَبَ، اِهتَزَّ — oscillate, vibrate
ذَبْذَبات (أُنظُر: ذَبذَبة) — oscillations, vibrations (Phys.)
~ إلكترونيَّة — electronic oscillations
~ تَوافُقيَّة — harmonic vibrations (Phys.)
~ حَراريَّة — thermal vibrations (Phys.)
~ صَوتيَّة: بينَ ٢٠ وَ ٣٠ ألف هِرْتز — sonic frequencies (Phys.)
~ طُفَيليَّة (أو عَرَضيَّة أو دَخيلة) — spurious oscillations, parasitic oscillations (Elec. Eng.)
~ عابِرة — transient oscillations (Phys.)
~ غيرُ مُضاءَلة — undamped oscillations
~ كهربائيَّة — electric oscillations
ذَبْذَبة، تذَبْذُب، اِهتِزاز — oscillation, vibration (Phys.)
~ الاستِقرار — steady-state oscillation (Phys.)
الـ ~ الأصلحُ استِعمالًا: (للاتصالات البعيدة المدى) تتغَيَّرُ دوريًّا كلّ ١١ سنة — maximum usable frequency (Elec. Comm.)
~ بُحَيريَّة: تَرجُّحُ مُستوى سَطحِ البُحَيرة بفِعلِ الرِّيح أو الرَّجفات الأرضيَّة — seiche (Meteor.)
~ تَراخٍ — relaxation oscillation (Elec. Comm.)
~ حُرَّةٌ (أو طَليقة) — free oscillation (Radio)
~ حَرِجة: بالكاد تخترِقُ الطبقة الأيونية — critical frequency (Radio)
~ خَفيضةُ التواتُر: في مُضخِّم — motorboating (Elec. Comm.)
~ دَوريَّة طُولانيَّة — phugoid oscillation (Aero.)
~ ذاتيَّةُ المُداوَمة — self-sustained oscillation (Radio)
~ طَبيعيَّة (لِجِسْمٍ حُرّ) — natural frequency, natural oscillation (Phys.)
~ طُوليَّة — longitudinal oscillation (Radio)
~ قَسْريَّة — forced oscillation (Phys.)
~ مُداوَمة — sustained oscillation (Phys.)
~ مُستَقِرَّة — stable oscillation (Phys.)
~ مُضاءَلة، ~ مُخْمَدة — damped oscillation, damped vibration (Elec., Phys.)
~ مُغايِرة — alien frequency (Phys.)
ذَبْل: القِشرةُ الكِلسيَّة الخارجيَّة لِحَيَوانٍ مُدَرَّع — carapace (Zool.)
ذَبُلَ، ذوَى، أذوَى — wilt, wither
ذُبول — wilt, wilting (Bot.)
ذَخيرة — ammunition (Mil.)
~، ذُخْر، مؤونة — provisions, supplies
~ تَدريب — drill (or training) ammunition (Mil.)
~ حَيَّة — live ammunition (Mil.)
~ خُلَّبيَّة — blank ammunition
ذَرَّ، نَثَر — sprinkle, scatter
ذَرٌّ، تَرْذيذ — atomization (Phys.)
~، نَثْر — sprinkling, scattering
ذَرَّى، رَذَّذ — atomize
~ (الحَبَّ عن القَشّ) — winnow, fan
ذَرّات (أُنظُر: ذَرَّة) — atoms
~ بيتاويَّةُ المَوقِع — betatopic atoms (Phys.)
~ مُتَكاتِلة: مُتَساويةُ الكُتلة — isobar(e)s (Phys., Chem.)
~ مُختَلِفةُ الكُتلة — heterobares (Chem.)
ذِراع — arm
~: قَضيبُ وَصْلٍ أو رَفْعٍ أو تَحريك — rod, lever (Eng.)
~ الاتصال الرئيسي — main connecting rod (Eng.)
~ الازدواج — arm of couple (Phys.)
~ إسقاط — drop arm (Eng.)
~ إشارة: فوقَ جِسْرٍ أو قنطرة — doll (Railways)
~ إطالة — extension rod (Eng.)
~ إعتاق — release arm (or lever), tripping lever (Eng.)
~ الإلقام، عَتَلةُ التغذية — feed lever (Eng.)
~ امتِداد، مِسْنَدٌ ناتِئ، مَدّاد — outrigger
~ البَدْء — starting handle (or lever) (Eng.)
~ تبديل السُّرعة — gear-shift lever (Eng.)
~ تَثْبيت — steadying arm (Eng.)
~ تَحَكُّم، ~ تَوجيه — control lever (Eng.)
~ التحَكُّم في التغذية — feed control lever (Eng.)
~ تَحْميل مُعَلَّق — loading boom (Eng.)
~ تَدوير، مِرفق — crank (Eng.)
~ تشغيلِ الجُنَيِّح — aileron actuating rod (Aero.)
~ (~) المِضَخَّة — pump (operating) rod
~ تَطْويل — lengthening rod (Eng.)
~ (~) المِرفاع — crane boom, gibbet (Eng.)
~ التعشيق — engaging lever (Eng.)
~ تَغيير السرعة — speed-change lever, gear-change lever (Eng.)
~ تَقارُن — coupling rod (Eng.)
~ تَوجيه — steering-arm, steering lever (Autos.)
~ ~ (في الدراجة) — handle bar
~ ~ (في الطائرة) — control stick (Aero.)
~ تَوصيل — connecting rod, pitman (Eng.)
~ التوصيل الرئيسيّ — master connecting-rod (Eng.)
~ توصيلٍ مُساعِد — link rod (Aero.)
~ جَذْبٍ ودَفْع — pull-and-push lever or rod (Eng.)
~ الدَّفة — tiller (Naut.)
~ دَليليّ — guide bar (Eng.)
~ ~ انزِلاقي — slide bar (Eng.)
~ الرافِعة، ~ العَزْم — lever arm (Mech.)
~ رَفْعِ صِمام الرَّحْض — flush-valve lift rod (San. Eng.)
~ الرِّيشة — blade beam (Eng.)
~ زَنْق الخابور — key wrench (Eng.)
~ ساري المُقَدَّمة — jib boom (Naut.)
~ سَحْبِ (أو رَفْعِ) السقّاطة — latch key
~ السَّقّاطة — ratchet lever, sneck (Eng.)
~ الصّاري الرئيسي — main boom (Naut.)
~ الصِّمام — valve lever (Eng.)
~ (~) الخانِق — throttle lever (Eng.)
~ الضَّبط، عَتَلةُ التعديل — adjusting lever or rod (Eng.)
~ ضَبْطِ المُكَرْبِن: يضبطُ نِسْبَةَ المَزْجِ فيه — carburettor control rod
~ الطابِعة — hammer
~ العَزْم — moment arm (Mech.)
~ عَزْمِ اللي — torque arm (Mech.)
~ عَكْسِ الحَرَكة — reverse-gear lever

ذِراع (تابع)

~ العَوّامة — float arm
~ فَصْل — disconnecting lever, disengaging lever (Eng.)
~ القابِض — clutch-lever (or arm) (Eng.)
~ القَدْح (في البُنْدُقيَّة) — cocking lever
~ قَرْن، ~ تقارُن — coupling rod (Eng.)
~ القِيادة — joystick (Aero.)
~ الكابِحة، عتلَةُ المِكْبَح — brake-lever
~ الكَبّاس — piston rod (Eng.)
~ مُتَراوِحة — rocking arm, swivel arm (Eng.)
~ المُحَوِّلة — switch lever (Railways)
(الـ ~) مُرَجِّحةُ الصِّمام — valve rocker (arm) (Autos.)
~ المِرْفاع — jib (Eng.)
~ مُستَعْرِضة — cross arm (Eng.)
~ المُعَجِّل — accelerator lever (Eng.)
~ المِكْبَح — brake lever, brake rod (Eng.)
~ المِكروفون — microphone boom (Elec. Eng.)
~ مُناوَلةِ الحُمولة — cargo boom (Naut.)
~ مَنْعِ الحَرَكة — block handle (Eng.)
~ المِيزان — balance arm
~ نِصفُ قُطري — radius rod (Eng.)
~ نَقْلِ السَّير — (belt) shifting lever (Eng.)
~ هَزّاز — rocker arm (Eng.)

ذِراعا التناسُب (المُتغيِّر في قنطرة «هويتستون») — ratio arms (Elec. Eng.)

ذِراعيّ — brachial (Zool.)

ذَرَب: إسهالٌ مَرَضيّ حادّ — sprue (Med.)

ذُرة — doura, durra, sorghum (Bot.)
~ صَفراء، ~ شامِيَّة — maize, corn «U.S.»

ذَرَّة: جَوهَر فَرْد — atom (Chem., Phys.)
~ «بُور» — Bohr atom (Chem., Phys.)
~ ثُلاثيَّةُ التكافؤ — triad (Chem.)
~ ثُنائيَّةُ التكافؤ — dyad atom (Chem.)
~ خِلالِيَّة — interstitial atom (Chem.)
~ سَوِيَّة — normal atom (Chem.)
~ طَليقة: في تَفاعُلٍ كيماويّ — free atom
~ غراميَّة: الوزنُ الذَّرّيُّ بالغرام — gram-atom (Chem.)
~ غيرُ مُثارة — unexcited atom (Phys.)
~ مُتأيِّنة — ionized atom (Phys.)
~ مُتَعادِلة (لامُتأيِّنة) — neutral atom (Chem.)
~ مُثارة — excited atom (Phys.)
~ مُرتَدَّة — recoil atom, knocked-on atom (Phys., Chem.)
~ مَرقومة: ذَرَّةٌ مُشَعَّعة في مُرَكَّب تُمَكِّنُ من مُتابعة تَفاعُلاتِه — label(l)ed atom (Phys.)
~ مُشِعَّة — hot atom (Phys.)
~ مُضادة — anti-atom (Phys.)
~ مُعَرّاة: ~ مُؤيَّنة اقتُلِع منها إلكترون على الأقلّ — stripped atom (Phys.)
~ مَوسُومة — tagged atom (Phys., Chem.)
~ مُؤيَّنة — ionized atom (Phys., Chem.)
~ نَواتيَّة: اِقتُلِعَت منها الإلكترونات — nuclear atom (Phys.)

ذَرْق: سَلْحُ الطائر — dung, droppings (of a bird)

ذُرْوَة: أوج — acme, culmination, apogee
~: حَدٌّ أقصى — maximum, peak, climax
~: قِمَّة — top, summit, apex, crest, crown, pinnacle
~ العَمالة — labour peak
~ الفُلْطيَّة — voltage peak, voltage crest (Elec. Eng.)
~ المَوجة — wave crest (Phys.)

ذَرور، مَسْحُوق — powder
~، مَسْحوقُ تَعْفير — dusting powder (Chem.)
~ (مِن مَسْحوقِ الفَحْم غالبًا) — pounce

ذُرْوِيّ، أوْجِيّ — climactic

ذَرِّيّ — atomic (Chem.)
دُونَ الـ ~ — subatomic (Chem.)

الذَّرِّيَّة — atomicity (Chem.)

ذُرِّيَّة: نَسْل — progeny, offspring

ذَريعة: وَسيلة — means
~: حُجَّة — pretext, excuse

ذُعْر، رُعْب — panic, fright

ذَقَن، ذَقْن — chin, mentum (Zool.)

ذَكاء، فِطْنة — intelligence, cleverness
~ الآلة، ~ اصطناعي — machine intelligence, artificial intelligence (Comp.)

ذَكَر — male (Biol.)
~ لَوْلَبة — screw tap = tap, tapping screw, threading tap (Eng.)
~ ~ لِلأنابيب — pipe tap (Eng.)
~ اللولَبة الثاني — second tap (Eng.)
~ لَولَبةٍ رئيسيّ — master tap (Eng.)
~ ~ قاعِيّ — bottoming tap, plug tap
~ لَوْلَبَةٍ مُتوسِّط — intermediate tap (Eng.)
~ ~ مُستَدِقّ — taper tap (Eng.)
~ ~ (داخليَّة) يَدَوي — hand tap (Eng.)
~ النَّحْل، يَعْسُوب — drone (Zool.)
~ وأُنثى: الجُزءُ الداخليّ والخارجيّ من تَركيبةِ أنابيب — male and female (Eng.)

ذِكْر، تَنْويه — mention
~: صِيت — repute, reputation

ذِكْرَى — memory
الـ ~ الخَمسُون — golden jubilee
~ سَنَوِيَّة — anniversary

ذُكُوٌّ حَراري — recalescence (Eng.)

ذَكِيّ — intelligent
~ إلكترونيًّا — smart (Electron.)

ذَنابة، سُنْبُك — punch (Eng.)

ذَنَب، ذَيل — tail, cauda (Zool.)
~ الخَيل؛ كُنْباث — horsetail (Bot.)

ذَنَبة، ذَنَبةُ المِخرَطة — centre, lathe center (Eng.)
~ تَشغيل — work centre (Eng.)
الـ ~ الخلفيَّة (لِلمِخرَطة) — back centre (Eng.)
~ دَوّارة — live centre, revolving centre (Eng.)
~ ساكِنة (في المِخرَطة) — dead-centre
~ (مِخرَطةٍ) مُرَبَّعةُ المَقْطَع — square centre (Eng.)

ذَنَبتا المِقْشَطة — planer centers (Eng.)

ذَنَبيّ، ذَيْليّ — caudal (Zool.)

ذُنَيْب، عُنَيْقُ الورقة — petiole (Bot.)

ذَهاب: اِنطِلاق — going
~: مُغادَرة — departure
تَذكِرةُ ~ وإياب — return ticket

ذَهابًا وإيابًا — to and fro

ذُهان: اِختِلالٌ عَقْلي — psychosis (Med.)

ذَهَّبَ: طَلَى أو مَوَّهَ بالذَهَب — gild

ذَهَبٌ: عُنصُر فِلِزِّيّ رَمزُه (ذ) — gold, aurum (Au) (Chem.)
~ أبيض (مَمزوجٌ بالنيكل أو البَلاديوم) — white gold (Met.)
الـ ~ الأسوَد: النِّفط — black gold
~ رَقائقي — leaf gold (Met.)
~ زائِف — mosaic gold = ormolu (Chem.)
الـ ~ السائل، البِترول — liquid gold (Pet. Eng.)

ذَهَبيّ golden
ذَهَبيَّة: بَيتٌ عائم houseboat
ذِهْن mind, intellect
ذِهنيّ mental, intellectual
ذُهُول، دَهْشة astonishment, amazement
~، اِنْشِداه stupor (Med.)
~، حَيْرة bewilderment
~، شُرود الذِّهن absentmindedness
ذُو الاثني عَشَرَ ضِلعًا المُنتظَم dodecagon (Maths.)
~ ~ ~ وَجْهًا dodecahedron (Maths.)
~ الأَحَدَ عَشَر ضِلعًا hendecagon, undecagon (Geom.)
~ أربَعَة وُجوه tetrahedron (Maths.)
~ الأربعة وعشرين وَجْهًا icositetrahedron (Min.)
~ الأَعِنَّة، العَنّاز: كَوكبةٌ بينَ الثريا والدُّب الأكبر Auriga (The Charioteer) (Astron.)
~ انحناءَيْن مُتَضادَّين anticlastic
~ بُؤْرَتَين bifocal
~ تِسعةِ أضلاع nonagon (Maths.)
~ تَوصيلاتٍ ثابتة hard-wired
~ ثلاثةِ وُجوه trihedral (Maths.)
~ ثَمانيةِ أضلاع octagon (Maths.)
~ جانِبَيْن bilateral
~ حَدَّين، ثُنائيُّ الحَدّ binomial (Maths.), double-edged (Carp.)
~ ساق، مُسَوَّق caulescent (Bot.)
~ سَطحَيْن أُسطوانيَّيْن bicylindrical
~ سِلْكَين bifilar
~ شُرّافَتَين bicuspid = bicuspidate (Bot.)
~ شُعْبَتَين bifurcate
~ صِمامَيْن bivalve
~ طَريقَيْن، ~ سِكَّتين double-way
~ طَورَيْن double phase (Elec. Eng.)
~ العُرْوَتَين lemniscate (Maths.)
~ عَشَرة أضلاع decagon (Maths.)
~ العِشرينَ وَجهًا icosahedron (Maths.)
~ عُقَد gnarled
~ عَوارِضَ أُفُقيَّة وقُطْريَّة ledged and braced (Build.)
~ غِطاءٍ يُطوَى convertible
~ فاعِليَّةٍ إشعاعيَّة radioactive (Phys.)
~ ~ بَصَريَّة optically active (Phys.)
~ فَرْعَين أو شُعْبَتَيْن bifurcate
~ فَصَّين، ثُنائيُّ الفَصّ bilobate (Biol.)
~ فِلقتين dicot(yledonous) (Bot.)
~ قِسمَين bipartite
~ القُطْبَين، ثُنائيُّ القُطْب dipole (Phys.)
~ ~ الكَهرَبائي electric dipole, electric doublet (Phys.)
~ مَطَبّات bumpy
~ نشاطٍ إشعاعي radioactive (Phys.)
~ وَجْهَين dihedral (Maths.)
~ وُصَل، ذو مَفاصِل، مُتَمَفْصِل jointed
ذَوى، ذَبُل wilt, wither
ذَوّاب soluble (Chem.)
~ في الحَوامِض acid-soluble
~ في الدهن fat-soluble
~ في الماء water-soluble
ذُؤابة: نِتاجُ التذاوُب solvate (Chem.)
ذُؤابة، ذُؤابةُ المُذَنَّب coma (Astron.)
ذَواتُ الأربع quadrupeds (Zool.)
~ الجَناحَين (رُتبةٌ من الحَشَرات) Diptera (Zool.)
~ الحافِر، ~ الظِّلف Ungulata (Zool.)
~ الدمِ البارِد cold-blooded (poikilothermal) animals (Zool.)
~ ~ الحارّ warm-blooded (homoiothermal) animals (Zool.)
~ الفِلْقَتَيْن Dicotyledones (Bot.)
ذَوْب، سَيحان thaw (Phys.)
~ زُجاجيّ: سليكاتُ الصوديوم أو البوتاسيوم soluble glass = water glass (Chem.)
ذَوَّبَ، أذابَ dissolve (Chem.)
~، صَهَرَ melt
ذَوَبان solution, dissolution (Chem.)
~ الجَليد ice thaw (Meteor.)
الذَّوَبانيَّة، الذَّوْبيَّة solubility (Chem.)
ذَوْق taste, palate
ذَؤوب: قابِلٌ لِلذَّوَبان soluble, dissolvable
ذُويّ، ذُبول wilting (Bot.)
الذِّئب، السَّبُع: كوكبة جنوبية Lupus (The Wolf) (Astron.)
ذِيفان، سُمِّين: سُمٌّ عُضوي المصدر toxin (Biol.)
ذَيْل، ذَنَب tail
~، مُلْحَق appendix
~ البرشامة rivet tail (Eng.)
~ تشتُّت (أو تبدُّد): خَضربةُ صفاء في جوٍّ غائم distrail, dissipation trail (Meteor.)
~ الماسورة spigot (Eng.)
الـ ~ المُبَرشَم buck tail (Eng.)
~ مِروَحيُّ الشكل fantail
~ المَوجة wave tail (Phys.)
ذُيُوع publicity, spread

ر

ر: الرمزُ الكيماويّ لِعُنصر الرادون — Rn (radon) (Chem.)
رَأى — look, see
رَأَب، أصلَحَ — repair, mend, patch up
رأْبٌ، تَرميم — repair(ing), patching up, mending
~: تقويم — -plasty (Med.)
رابَ: اِحمَضَّ وتخَثَّر (اللبنُ) — curd(le)
رابِط، رابِطة؛ وُصْلَة — bond, connective
~، صِلة، علاقة — connection, link, relation
~، رابطٌ كيميائي — bond, chemical bond
~، رابِط مَسارات — junctor (Comp.)
~ أُحادي — single bond (Chem.)
~ أيوني مُشترَك — coionic bond (Chem.)
~ بَيْنيّ — interconnector (Elec. Eng.)
~ التُّربة — soil binder (Agric.)
~ (كيميائي) شِبهُ قُطْبي — semipolar bond
رابِطة، رابِط — bond (Chem.)
~، رِباط — band
~، علاقة، صِلَة — relation(ship), connection, attachment
~، ائتلاف — association
~، عُصْبة — league
~، قامِطة — clamp (Eng.)
~، مِحْزَمة — binder
~ اتِّحاديَّة، اتِّحادٌ فِدراليّ — federation
~ إسهاميَّة أو تَساهُميَّة — covalent bond, co-ordinate bond (Chem.)
~ أيونيَّة — ionic bond (Chem.)
~ التكافُؤ، ترابُط التكافؤ — valence bond
~ ~ الكهربائي — electrovalent bond (Chem.)
~ ثُلاثيَّة — triple bond (Chem.)
~ عاليةُ الطاقة — high-energy bond (Chem.)
~ فِلِزِّيَّة، تَرابُطٌ فِلِزّي — metallic bond
~ قُطْبيَّة (إسهاميَّة) — polar bond (Chem.)
~ كيماويَّة، ترابُط كيماويّ — chemical bond (Chem.)
~ مُتَباينةُ القُطبيَّة — heteropolar bond
~ مُواجَهةٍ ومُجانَبة — out-an-in bond (Build.)
~ هِدروجينيَّة — hydrogen bond (Chem.)
رابعُ إثيل الرَّصاص — lead tetraethyl (Chem.), tetraethyl lead (Pet. Eng.)
رابعُ أُكسيد — tetroxide (Chem.)
رابعُ كلوريد (أو كلولور) — tetrachloride
رابُوع، رُباعيَّة: مجموعة من أربعة — tetrad, quaternary
~ جِذع الحَفْر — fourble (Civ. Eng.)
رأبي، تقويمي — plastic (Med.)
رابِيَة — hillock, hummock
راتِب، مُرَتَّب، مَعاش — salary, pay, stipend
راتِنَج، راتِينَج، راتِين — resin (Chem.)
راتينات: أملاحُ راتينَجيَّة قَلْفُونيَّة — resinate
راتينَج زَيتي — oleoresin (Chem.)
الـ ~ الطبيعيّ — wood resin
~ مُتَحَجِّر — resinasphalt = retinite (Min.)
~ مُتَعَدِّدُ الأميد — polyamid resin (Chem.)
راتينجاتٌ اصطِناعيَّة — synthetic resins
~ أكريليَّة — acrylic resins (Chem.)
~ الفاينِل — vinyl resins (Chem.)
~ مُتَعَدِّدةُ الفاينِل — polyvinyl resins
راتينَجيّ، راتينيّ — resinous, resiny, resinaceous (Chem.)
راجَعَ، دَقَّقَ — check, audit
~، نَقَّحَ — revise, review
راجِع، عائد — recurring, recurrent
راجِل — pedestrian
راحَة — comfort, rest
~ اليَد — palm
راخَى، اِرتَخى — slacken
راد: وَحدةُ الجُرعة الإشعاعية المُمْتَصَّة، حلَّ مَحلَّها الغراي — rad = 0.01 gray (Phys.)
رادَ، استكشَفَ — explore, reconnoitre
~: كانَ من الرُّوّاد — pioneer
رادار: الكَشْفُ وتحديدُ المَدى الراديُوي — radar (radio detection and ranging)
~ استِكشاف — search radar (Radio)
~ إضافي: يكمِّل رادار الاستطلاع البعيد المَدى — gap filler (radar) (Aero.)
~ الاقتِراب الدَّقيق — precision approach radar (Aero.)
~ الإنذار المُبَكِّر — early warning radar
~ بَصَريّ، أوپدار — optical radar = opdar
~ تعَقُّب — tracking radar
~ (رَصْدٍ) جَوّيّ — weather radar (Meteor.)
~ لِيزَريّ، لِيْدار — laser radar = ladar
~ مِجساميّ — volumetric radar
~ مُنفَعِل: يستخدمُ الأمواجَ الصُّغرية أو تحت الحمراء المبتعثة من الهدف — passive radar
رادِع — deterrent
الرادُون: عُنصُرٌ غازيٌّ مُشِعّ رَمزُه (ر) — radon (Rn) (Chem.)
رادْياك: الكَشْفُ عن الفاعليَّة الإشعاعيَّة وتَقديرُها — radiac (Phys.)
راديان، زاوية نِقِّيَّة: حوالى ٥٧,٣° درجة — radian (Maths.)
راديو: جهازُ استقبالٍ لاسِلكيّ — radio (Elec. Comm.)
~ تَحديد الاتجاه — radio direction finder (Elec. Comm.)
~ ترانزستور — transistor radio (Elec. Eng.)
~ تضمين السَّعة — AM radio = amplitude modulation radio
راديوسكوب: مِكشافُ الفاعلية الإشعاعية — radioscope (Phys.)
راديُولاريا، الشُّعاعيّات: رتبة من الأوالي مُتَشعِّعةُ الأطراف — Radiolaria (Zool.)
الراديولوجية: الطِّبُّ الإشعاعي — radiology (Med.)
الراديُوم: عُنصُرٌ فِلِزِّيٌّ مُشِعّ رَمزُه (د) — radium (Ra) (Chem.)
راديُومِتر: مِقياسُ إشعاع كهرمغنيطي أو طاقة صوتية — radiometer (Phys., Acous.)
راديُويّ — radio-
رأرأة — nystagmus (Med.)
رازَ — heft, assay
رازِمة — packer
~، حازِمة — bundling machine (Pet. Eng.)
رَأْس — head
رَأْسٌ: بروزٌ أرضيٌّ يمتَدُّ في البحر — headland, foreland, cape (Geog.)

رَأْسٌ (تابع)

~: رَئيس — head
~: رأسُ الشكل الهندسيّ — vertex (pl. vertices)
~، طَرَف — tip
~، قِمَّة — top, summit, apex
~ استِعادةٍ مِغنَطيسيّ — magnetic reproducing head (Acous.)
~ الأسطُوانة — cylinder head (Eng.)
~ (عَمودِ) الأنابيب — tubing head (Pet. Eng.)
~ البئر — well head (Pet. Eng.)
~ تحديد المَركَز — centre head (Eng.)
~ التدَفُّق — flow head (Pet. Eng.)
~ تَسْجيل (مِغنَطيسي) — (magnetic) recording head (Acous.)
~ تَغْذية — feeder (or feeding) head, feedhead (Met.)
~ تقسيم بَصَريّ — optical dividing head
~ ~ (أو ثَقْب) زاويّ — dividing head, indexing head (Eng.)
~ جَبَليّ: يمتدُّ في الماء، رَعنٌ شاطئ بَحري — promontory (Geog.)
~ جِسْر — bridge-head (Mil.)
~ الجُؤجُؤ (في مُقَدِّمة السفينة) — figurehead
~ حَربيّ: رأسُ القَذيفة المُتفجِّر — warhead (Mil.)
~ الحَفْر — boring head (Eng.)
~ رَكيزةِ الجِسر — pier cap (Hyd.)
~ رُمْح — spearhead
~ ساخِن: في أعلى قالب الصَّبّ — hot top (Met.)
~ سِنانيّ: رأسٌ بِمِسمارَيْن لِلمصباح الكهربائي — bayonet cap (Elec. Eng.)
~ صَدريّ (في الحشرات) — cephalothorax (Zool.)
~ العادِم — exhaust head
~ العَمود — impost (Build.)
~ غاطِس — countersunk head (Eng.)
~ قَدَحيّ: نِصفُ كُرَوي — cup head (Eng.)
~ القَذيفةِ المُتفجِّر — warhead (Mil.)
~ قِراءة — read(ing) head (Comp.)
~ ~ وكتابة — read-write head (Comp.)
~ الكاوِيَة — bit (Eng.)
~ الكِتابة — write head (Comp.)
~ ماسِيّ: لاختبار صلادة المواد — brale (Eng.)
~ مال — capital
~ المالِ العامِل — working capital
~ ~ المُتداوَل — circulating capital
~ ~ المُستَثمَر — invested capital
~ مالٍ مُشترَك — joint stock
~ المَحْو — erasing head (Electron.)
~ مُخَدَّد (لِلمِسمار المُلولَب) — splined head (Eng.)
~ مُخَرَّش، رأسٌ مُفَرَّز — knurled head, milled head (Eng.)
~ مِسبارٍ مَعدِنيّ — prod
~ مُستَدِق — pike
~ المِسمار — nailhead
~ مَشقوق (لِلَّولَب أو المِسْمار) — slot head (Eng.)
~ المِطْرَقة، ~ مِطرقيّ — hammerhead
~ ~ المُسَطَّح — poll
~ مِغنَطيسيّ — magnetic head (Acous.)
~ المُقَدِّمة — spearhead
~ مُقَعَّر — dished head
~ مُؤنَّف — cusp
~ ناتِئ (لِلمَصْبوبات) — dead head (Met.)
~ نِصف كُرويّ: يبدو زِرِّيَّ الاستدارة من عَلُ — button-head (Eng.)

راسِب، رُسابة — precipitate, sediment, deposit (Chem., Geol.)
~ التبَخُّر: في مَوقع بُحيرةٍ جافَّةٍ مَثَلًا — evaporite (Geol.)
~ طُوفاني، ~ نَهريٌّ قديم (أُنظُر أيضًا: رَواسِب) — diluvium (Geol.)

راسِخ، مُتَأصِّل — deep-seated, ingrained
~، ثابِت، وَطيد — fast, fixed, steadfast
~، مُتَوطِّد — established
~، مِجَنٌّ — craton (Geol.)
~، مُستَقِرّ — stable, steady, immobile

راسِخيّ، مِجَنِّيّ — cratogenic (Geol.)

راسَلَ — correspond (with)

راسِم: الخَطُّ (أو السطحُ) الراسِم (أُنظُر: مِرسَمة ومِخطاط) — describent
~ (أو مِرسَمة) التكامُل: جِهازٌ يرسُمُ تكامُلَ مُشتَقّ الدالة المُقابل ويَجِدُ المِساحةَ تحتَ المُنحنيات آليًّا — intergraph (Maths.)
~ الذبْذَبة — oscillograph (Electron.)
~ السَّطح — generatrix, generator (Maths.)
~ القَطْعِ الناقِص: الفرجار ذو العاتق — ellipsograph, trammel(s), beam compasses (Eng.)
~ المَسار — hodograph (Phys.)
~ المَيْل، مِرسَمةُ المَيْل — clinograph (Surv.)

رأسْمال (أُنظُر: رأس مال)

الرأسماليَّة: نِظامُ الاقتصاد الرأسمالي — capitalism

راسِمَة (أُنظُر: مِرسَمة) — plotter

رَأسِيّ، قريبٌ من الرأس — cephalic (Zool.)
~، عَموديّ، شاقوليّ — perpendicular, vertical (Geom., Surv.)

رأسيَّة، عنوان — heading, title

راسِيم: مُرَكَّبٌ لااستِقطابيّ (عَديمُ الفاعليَّة البَصَرِيَّة) — raceme (Chem.)

راسِيميّ — racemic (Chem.)

راشِح، رُشاحَة: المادَّة الراشِحة أو المُرتَشَحة — filtrate, infiltrate (Chem.)

راشِد، بالِغ — adult, mature, of age
~، عاقِل — rational, sensible, wise

راصَّة، مُلْزِنة — agglutinin (Biol.)

راصِد — observer
~ أماميّ — forward observer (Surv.)
~ جَوِّيّ — meteorologist

راصِف، مُبَلِّط — paver, pavio(u)r (Civ. Eng.)

راصِفة، مَكَنةُ رَصْفٍ أو تَعْبيد — paver
~ الأسفَلْت، فارِشةُ الأسفَلْت — asphalt paver (Civ. Eng.)

راعَى — heed, comply with, take into consideration

راعي البَرنامَج — sponsor

رافِد — affluent, tributary, branch, side stream (Geog.)
~ سِقاليّ: جِسْرٌ سِقاليٌّ قصير — putlog (Build.)

رافِدة، جائز — girder, rafter, joist, balk (or baulk) (Build.)
~، لَوحٌ من الخشَب — deal
~، ضِلْع — rib (Zool., Civ. Eng.)
~، عَضُدٌ (في جناح الطائرة) — spar (Aero.)
~ أُفُقيَّة: تدعمُ روافدَ السقف — purlin(e) (Build.)

رافِدة (تابع)

~ تَطويل — boom (Naut., Eng.)
~ زاويَّة، جائزٌ زاويّ — angle rafter, knee rafter (Carp.)
~ طُولانيَّة — keelson, kelson (Aero., Naut.)
~ عَريضةُ الشَّفة — wide-flange (or broad-flange) girder (Eng.)
~ القَصّ — keel (Aero., Naut.)
~ قصيرة: بِحُكْمِ مَوقِعِها — jack timber (Build.)
~ ~ جانبيَّة: في جُملون أو سقفٍ مُسَنَّم بخاصةٍ — jack-rafter (Build.)
~ مُستَعرِضة — transom(e), transverse girder (Build.)
~ مُعترِضة، راقِدة — cross tie, sleeper, sole plate (Build.)
رافِض — rejector
رافِع — hoister, lifter, elevator
~، رافِعة (سلسلية أو قادوسيَّة بخاصةٍ) — elevator (Eng.)
~ الصِّمام — valve lifter (Eng.)
~ هَيدروليّ — hydraulic elevator (Eng.)
رافِعة، عَتَلة، مُخْل — lever (Mech.)
~، عَضَلة رافعة — levator (Zool.)
~، مِرفاع — crane, winch (Eng.)
~، مرفاع (السيارة) — lifting jack (Eng.)
~ تَرَدُّديَّةُ الحركة — reciprocating lever (Eng.)
~ الدُّولاب — wheel jack (Autos.)
~ رَحَويَّة مُتَنَقِّلة — mobile hoist (Eng.)
~ سائليَّة، رافِعٌ هَيدروليّ — hydraulic lift (Eng.)
~ الصِّمام — valve lifter (Eng.)
~ قادوسية: بِقَواديسَ دَوّارة — bucket elevator (Eng.)
~ لَولَبيَّة — jack screw (Eng.)
~ مُتَرجِّحة، عتلة مُترجِّحة — rocking lever (Eng.)
~ مَدّادة — lazy jack (Eng.)
~ مِرفَقيَّة — bell-crank (lever) (Eng.)
~ مُزَنْجَرة — crawler crane (Eng.)
~ يَدويَّة — hand jack (Eng.)
رافَقَ — accompany
الرافِيَة: أليافُ نَخْلِ الرافيَة — raphia = raffia
راقَ، صَفا — clarify, clear

راقٌ، طَبَقة — seam, layer (Mining)
~ جِداريّ (في جِدارٍ مُزدَوِج) — withe, wythe (Build.)
~ فَحْم، سامةُ فَحْم — coal seam (Mining)
راقَبَ، أشرفَ على — supervise
~، تحكَّمَ في، وَجَّهَ — control
~ (الحِسابات) — check, audit
~، رَصَدَ — watch, monitor
راقَة، طَبَقة — layer, stratum, bed (Geol.)
راقِد، مُضطَجِع — reclining, recumbent
~، نائم — dormant
راقِدة، رافِدة مُستَعرِضة — cross-tie (Build.)
~: عارِضةُ دَعْمِ الخَطِّ الحديدي — rail tie = sleeper (Railways)
~ خَرَسانيَّة — concrete sleeper (Civ. Eng.)
~ خشَبيَّة — wooden sleeper (Civ. Eng.)
راقِم، مِرْقَم — marker (Surv.)
راقُود — vat, drum
~ (أو مِرْكَنٌ) أُسطُوانيّ — cylindrical drum
~ تَصْفية — lixiviation vat (Chem.)
~ السَّيَنَدة — cyaniding vat (Met.)
~ شَطْف — rinsing vat
راكَبَ — lap, superimpose
~، تَراكَبَ — overlap, imbricate
راكِب: قائمٌ فوقَ شيءٍ آخر — superjacent, superincumbent
~: مُسافِر — passenger
~ مِيل — passenger-mile
راكِد، ساكِن — motionless, still, stagnant
~ النشاط — slack, sluggish
راكِن، مُستَنِدٌ إلى، مُتَكِئٌ على — incumbent
رام: بارعٌ في الرماية — marksman
رامِزة — codon (Gen., Comp.)
راموز، شَفْرة — code, cipher (Comp.)
~، نَمُوذج — specimen, sample
~، راموزٌ وِراثيّ — codon, genetic code (Gen.)
الرّامي: بُرج القَوس — Sagittarius (The Archer) (Astron.)
رامي رَشّاش — gunner (Mil.)
رانِغ: رُتبةٌ فَرعيَّة في تصنيفِ الصُّخور البُركانية — rang (Geol.)
راهِصةٌ بُركانيَّة — agglomerate (Geol.)
راهَنَ — bet, stake, wager

راهِن: قائم أو مَوجودٌ حاليًّا — current, present, existing
~، مُرتهِن — mortgager
راوَحَ: تَرَجَّحَ — sway, swing
~ (بينَ شَيئَيْن أو عَمَلين) — alternate (between)
~ (الخُطَى) — mark time
راوَغَ — dodge, quibble, circumvent
راوَنْد — rhubarb (Bot.)
راووق: مِصفاةٌ مُثقَّبة أو مُشَقَّبة — strainer (Chem.)
~: إناءُ تَرويق وترسُّب المُستعلقات — settling vat (Chem.)
رَأي، نَظْرة — view, opinion
~، فِكْرة — idea
ال ~ العام — public opinion
راية — flag, banner
~ إشارة — signalling flag, pennant, pennon
~ دَليليَّة: تُبَيِّنُ وُجهةَ الرِّيح — waft
رائج — in demand, highly salable (or marketable)
رائحة — smell, scent
~، فَوْح — odor (or odour)
رائد: رُتْبةٌ عسكريَّة — major (Mil.)
~: مُستكشِف — pioneer, explorer
~ أعماق — hydronaut (Ocean.)
~ فَضاء — cosmonaut (Space)
رائز — test, tester
~ الذكاء — intelligence test
رائِشة: زِعنِفةٌ خَشِنة في حافةٍ معدنيَّة — burr, burble (Met.)
رائع — gorgeous, splendid, wonderful
رائعة: قِطعة مُمتازة الصُّنع — masterpiece
رائق: خالٍ من التغَبُّش — clear, limpid, pellucid
رايون: حَرير اصطناعي — rayon, artificial silk
رُبّ — thickened (fruit) juice
رَبُّ العَمَل — employer, patron
رَبّى، عَلَّم — educate, teach
~، نَشَّأ — bring up, rear
~، وَلَّد — breed
رِباط — band, binder, bind, tie
~، رابِطة — bond, link, connection

رِباط (تابع)
~، ضماد bandage, dressing (Med.)
~، قامِطة clamp (Eng.)
~، وِثاق lashing
~، وُصْلةُ رَبْط ligature, ligament (Med.)
~ تكافُؤي كَهربائي، رابطة أيونيَّة electrovalent bond (or link) (Chem.)
~ شِكاليّ brace (Civ. Eng.)
~ طَوقيّ stirrup binder (Eng.)
~ قُطري diagonal brace
رُباعي quadruple, quadri-, tetra-
~، كبلٌ رباعيّ: من أربعة موصِّلات مَعزولة ومجدولة معًا quad(cable) (Elec. Eng.)
~، رُباعيُّ الأجزاء quadripartite
~، أربعةُ أمثال fourfold, quadruple
~، رابوعي quaternary
~ الأبعاد four-dimensional
رُباعيُّ الأرجُل tetrapod, quadruped (Zool.)
~ الأشواط four-cycle (Eng.)
~ الأضلاع tetragonal, quadrilateral (Maths.)
~ الأقطاب quadripole (Elec. Eng.)
~ الأوجه المُثَلَّثيَّة tetrahedron (Maths.)
~ التشَكُّل (البِلَّوري) tetramorphic
~ التكافُؤ tetravalent, quadrivalent (Chem., Electron.)
~ الجُزَيئات quadrimolecular (Chem.)
~ الحُدود quadrinomial (Maths.)
~ الدرجة quartic, biquadratic (Maths.)
~ الزوايا quadrangular
~ ~ (أو الأضلاع) tetragon(al)
~ السُّطوح المُثَلَّثيَّة tetrahedral, tetrahedron (Maths.)
~ الطّاق four-ply
~ القَوائم: مِن ذَواتِ الأربع quadruped (Zool.)
~ المُحَرِّكات four-engine(d) (Eng.)
~ المقاعِد four-seater
رُباعيَّة: مجموعةٌ من أربعةِ مُوصِّلات quad (Elec. Eng.)
رُبّان pilot, captain (Naut., Areo.)
~ آليّ gyropilot (Aero.)
~ السفينة captain, shipmaster, skipper (Naut.)

~ الطائرة pilot, captain (Aero.)
رَبَّبَ conserve
رَبِحَ، كَسَبَ profit, gain
~، فازَ win
رِبْح، كَسْب profit, gain
~ إجماليّ gross profit
~ السَّهم dividend
~ صافٍ net profit
رَبَشُ الأظافِر leukonychia (Med.)
رَبَطَ tie, bind, bond, fasten, lace
~، قَرَنَ couple, joint, engage; associate
~، وَصَلَ join, link, connect
~ (أو وَصَلَ) بسِلْسِلة chain
~ بسَيْر أو طَوق strap
~ بالقَمْط clamp
~ بكَبْل cable
~ بمِسمارٍ مُلَوْلَب bolt
رَبْط tying (up), binding, bonding, fastening, hitching
~، وَصْل coupling, connecting, joining, attaching, engaging, connection
~، سَلْسَلة linking, stringing
~، عَصْب bandaging
~ بأربطة حازِقة ligation (Med.)
~ السفينة mooring (Naut.)
~ شِكاليّ lacing
~ مُتَراكِبُ المَداميك running bond (Build.)
الـ ~ بالمَسامير المُلَوْلَبة bolting (Eng.)
~ مُشَفَّه flange coupling (Eng.)
~ مَعنَويّ association
رَبْطة، حُزْمة parcel, pack, package, bundle
~، رباط ligature
رَبَّعَ (الشَّكلَ أو العَدَد) square (Maths.)
رَبْع: تقسيم إلى أرباع quartering
رُبْع quarter, one fourth
الـ ~ (من مجموعةٍ إحصائية) quartile (Stat.)
~ دائرة (أو رُبعُ مُحيطِها) quadrant (Maths.)
~ غالون (١,١٤ لتر في إنكلترا، ٠,٩٤ لتر في أمريكا) quart
رِبع، حُمَّى الرِّبْع: تُعاوِد في اليوم الرّابع quartan, quartan fever (Med.)
رُبْعيّ quartile (Stat.)

~ الأوجُه (البلّورية) tetratohedral
رُبْعيَّة، ذاتُ الرُّبع: آلةٌ لِقياس الارتفاع الزاويّ quadrant (Surv.)
~ جِداريَّة mural quadrant (Astron.)
~ ذاتُ مُسَنَّنات geared quadrant (Eng.)
~ (ضَبْطِ) المَدى range quadrant (Surv.)
رِبْقة، عُرْوَة loop
رَبَكَ، أرْبَكَ embarrass
رَبْلَة، بَطَّةُ الساق calf (of leg) (Zool.)
رَبْو، نَسَمة asthma (Med.)
رَبْوة، رابية، أكَمة hillock, hummock, knoll (Geol.)
رَبيحة: رِبحُ السَّهم dividend
رَبيطَة: مجموعةٌ مَربوطة أو مَضمومة attachment
~: ذَرَّةٌ أو مجموعةُ ذرّات أو أيونات تُحيطُ بالذرَّة المركزيَّة ligand (Chem.)
~ تَجْليخ grinding attachment (Eng.)
~ حَرْفيَّة (تُستخدَمُ مُتَضامَّةً) ligature (Print.)
~ مِخْزاقيَّة bolted-on attachment
رَبيع spring
رُبَيْع: الرُّبْع من مَجموعةٍ إحصائية quartile (Stat.)
رَبيعيّ vernal
ربيكا يُوركا: نِظامُ رادار سائلٌ مُجيبٌ لِتَوجيه الطائرات rebecca-eureka (Radar)
رَتابَة monotony
رَتّابَة، نَظّامة، حاسوب computer
رِتاج bolt, lock (Build.)
~ احتجاز retainer bolt
~ أوتوماتي automatic lock (Eng.)
~ تِلقائيّ القَفْل self-locking bolt (Eng.)
~ ذو نابِض spring bolt (Build.)
~ بِرَزَّة hasp (Build.)
~ بِسَقّاطة latch (Build.)
رَتَّبَ put (or set) in order, tidy up, trim, groom, dress
~، أعَدَّ arrange, lay out, draw up
~، صَنَّفَ assort, classify, categorize
~، نَظَّمَ arrange, organize, regulate
رَتْب classification, ranking
رُتْبة rank, grade, class
~، مَنزِلة position, status
~ (في تَصْنيف الأحياء) order (Biol.)
~ التداخُل order of interference (Phys.)

رُتْبة (تابع)
oil grade (Pet. Eng.) ~ الزيت
Chelonia (Zool.) ~ السَّلاحِف
spectral class (Astron.) الـ ~ الطيفيَّة (لِلنَّجْم)
rank of determinant (Maths.) ~ المُحَدِّد
ordinal رُتْبوي، ترتيبي، تَراتُبي
darn, sew up رَتَقَ، رَفا، رَفأ
patch up ~، رَقَعَ
mend, repair ~، رَمَّمَ
darning, sewing up رَتْقٌ، رَفو
atresia (Med.) رَتَقٌ، اِنسِداد
column, file, train, pack, queue, line, string رَتَل، طابُور
gear train (Eng.) ~ مُسَنَّنات
epicyclic train (Eng.) ~ ~ دُوَيريَّة
wave train (Phys.) ~ مَوجيّ
pulse train, impulse train (Elec. Comm.) ~ نَبْضيّ، سِلْسِلةُ نَبَضات
resinify (Chem.) رَتْنَجَ، تَرَتْنَجَ
resinification (Chem.) رَتْنَجَة، ترتُنُج
monotonic, monotone رَتيبٌ، وَتيريّ
suborder (Biol.) رُتَيْبَة (في تصنيف الأحياء)
tarantula (Zool.) رُتَيْلاء: ضَرْبٌ مِن العَناكِب
رَتِينَة: غِطاءٌ مَشَبَّكٌ صامِدٌ لِلَّهَب
(gas) mantle
arthritis, rheumatism (Med.) رَثْيَة، اِلتِهابٌ مَفصِليّ
agitate, jolt, jerk, shake, vibrate رَجَّ، هَزَّ، رَجٌّ، هَزٌّ
shake, shaking, agitation, jolting رَجٌّ، هَزٌّ
hope, expect رَجا، أَمَّل
request ~، اِلتَمَس
rocker, shaker, agitator رَجّاج، رجّاجَة
vibrator (Civ. Eng.) ~، هَزّاز
counterweight, counterpoise (Mech.) رِجازة، ثِقْلٌ مُوازِن
men رِجال (أُنظُر: رَجُل)
cathead (Naut.) رِجام: مِعلاقُ المِرساة
stake, prop (Agric.) رُجْبَة، دِعامة
jerk, jolt, shake رَجَّة
shock ~، هَزَّة، صَدْمة
outweigh, overbalance رَجَحَ
rock, swing, sway, vibrate رَجَّحَ، أرجَحَ

favour, give preference to, prefer ~: أعطى أرجَحِيَّةً لِـ
preponderance, predominance رُجْحان
shaking, flickering رَجْراج
vibration, shaking, jolting رَجْرَجة
resound, resonate, reverberate (Phys.) رَجَّعَ، رَدَّدَ
rebound, re-echo ~ (الصَّدَى)
return, revert, recur رَجَعَ
consult, refer (to) ~ إلى
repercussion (Phys.) رَجْع، ارتداد، تَرجيع
ground return (Radar) ~ أرضيّ
busy back (Elec. Comm.) ~ الاِنشِغال
recurrence, reversion, return رَجْعَة
re-entry (Space) ~ إلى جَوِّ الأرض
old-fashioned, traditional رَجْعيّ، تقليديّ، سَلَفيّ
retroactive ~، ذو أثَرٍ رَجعيّ
tremble, shake, shiver, quiver رَجَفَ
رَجَفان، اِختِلاج (في عَضَل القلب)
fibrillation (Med.)
perturbation (Astron.) ~، تَرْجاف
tremor, jerk رَجْفَة، رَعْشَة
tremor, earthquake (Geol.) ~ أرضيَّة، ~ (زلزاليَّة)
microseism (Geol.) ~ خَفيفة، هَزَّة أرضيَّة ضَئيلة
knee-jerk (Med.) ~ الرُّكبة
moonquake (Geophys.) ~ قَمَريَّة
seismic, seism(ic)al رَجفيّ، زِلزاليّ
leg رِجْل
locusts (in immense numbers) (Zool.) الـ~ (من الجَراد)
~ الجَبّار: سابعُ أسْطَع نُجومِ السماء
Rigel, Alpha Centauri (Astron.)
~ كاذِبة، شَواةٌ (أو قَدَمٌ) كاذِبة
pseudopodium (pl. pseudopodia) (Zool.)
man رَجُل
fireman ~ إطفاء
businessman ~ أعمال
policeman, security officer ~ أَمْن
statesman ~ دَولة
~ ساعة: عَمَلُ الرجُلِ في ساعةٍ
man-hour
frogman ~ ضِفْدَع

astronaut, cosmonaut, spaceman (Space) ~ فَضاء
~ يَوْم: عَمَلُ رَجُلٍ في يومٍ واحد
man-day
purslane, pussl(e)y (Bot.) رِجْلَة، فرفحين
meteorite (Min., Geol.) رَجْم، حَجَر نَيْزَكيّ
bombardment (Phys.) ~: قَصْفٌ بِوابِلٍ مِن
aerolite = aerolith (Geol.) ~ حَجَريّ (لا حَديديّ)
cairn رُجْمة، صُوَّةُ حِجارة
resilient (Eng.) رَجُوع: يَرتَدُّ لِمُرونَتِه
return, recurrence رُجُوع، عَودة
retreat, regression ~، تَقَهْقُر
ground return, earth return (Elec. Comm.) ~ أرضيّ
resilience, resiliency (Eng.) رَجوعيَّة
proof resilience (Eng.) ~ الصُّمود
reflux (Chem. Eng.) رَجيع: السائِلُ المُعاد
out of season ~: (ثَمَرٌ) في غيرِ أوانِه
peduncle, pedicel (Bot.) رُجَيْلة، سُوَيق، ذُنَيب
mill, millstone, grinder رَحَى: أداةُ طَحن
molar (tooth) (Zool.) ~، ضِرس
edge mill, edge runner ~ حَدِّيَّة: ذاتُ حَجَرٍ عَموديّ
polishing wheel (Eng.) ~ الصَّقْل
spacious رَحْب، رَحيب
flush رَحَضَ
flushing (San. Eng.) رَحْض، شَطْف، كَسْح
automatic flushing ~ أوتوماتي
air flushing ~ بالهَواء
enema (Med.) رَحْضَة: حُقنةُ رَحْض
depart, leave رَحَل
relay (Elec. Eng.) رَحَّل (النَّبْضةَ أو الإشارة)
deport ~: أبْعَدَ من البلاد
carry over (or forward) ~ (الحِسابات)
migration رَحلان
photophoresis (Chem.) ~ ضَوئيّ
electrophoresis (Chem.) ~ كهربائي
anaphoresis (Chem.) ~ مَصْعَدي (أنودي)، أَنْفَرة
cataphoresis (Chem.) ~ مَهبطي (كاثودي)، كَتْفَرة
trip, journey رِحْلَة
safari ~، سَفريَّة صَيد

رِحْلَة (تابع)
~، جَوْلَة — tour, excursion
~، رِحلةٌ بَحريَّة — voyage
~ جَوِّيَة، رِحلةُ طَيَران — flight
~ ذَهاب وإياب — round trip
الـ ~ الصابُوريَّة — ballast voyage (Naut.)
~ طيَرانٍ مُباشِرة — through flight
~ فَضائيَّة — space flight
الرَّحِم — uterus = womb (Zool.)
رَحْوٌ: تشكيلٌ بالرَّحْو — spinning (Eng.)
~ المَعادِن — metal spinning (Eng.)
رَحَوِيَّة — capstan (Eng.)
~ المَناجِم — whim (Mining)
رَحِيق، مِغْثِرُ الزَّهْر — nectar (Bot.)
رَحِيل — departure, emigration
رُخاء: رِيحٌ لَيِّنة — zephyr (Meteor.)
رَخاء، إرتخاء — laxity, looseness, slackness
~: سعةُ العيش وحُسن الحال — affluence
~ اقتصادي — cconomic prosperity
رَخاخ، أرضٌ سَبِخَة — quagmire (Ecol.)
رُخام — marble (Geol.)
~ مُعَرَّق أو مُجَزَّع — veined marble (Min.)
رَخاوة، إرتخاء — laxity, slackness
~، لِين — softness
الرَّخد — rickets, rachitis (Med.)
رَخَّصَ، أجاز — license, permit
~، خَفَّضَ السِّعر — reduce (lower or cut) the price
رَخْص، طَرِي — tender
~: لا يحتَمِلُ البَرْد — non-hardy (Bot.)
رُخْصَة، إجازة — license = licence
~ تَنْقيب — prospecting licence
رَخَف، خُفّان: حَجرٌ رَمليٌّ رَخْو — holystone (Geol.)
رَخَم: حَضْنُ البَيض — brooding, hatching, incubation (Zool.)
رَخْوٌ، لَيِّن، رَهِل — soft, limp, flaccid
~، مُرتَخٍ — slack, loose
رَخْوَدة، لِينُ العِظام — osteomalacia (Med.)
الرِّخويّات — Mollusca (Zool.)
رَخيص — cheap, inexpensive
رَدَّ، أجابَ — answer, reply, respond
~، أعادَ (إلى وَضْعِه السابِق) — return, restore; reset, reduce
~، صَدَّ — repulse, repel

رَدٌّ، جَواب — reply, answer, response
~، صَدٌّ — repulse, repulsion
~، رَفْض — rejection, refusal
~ الدَّعوى — dismissal of case
~ الدورة — cycle reset (Comp.)
~ فِعْل، اِرتِكاس — reaction (Phys.)
~ ~ حَثّي — inductive reaction (Elec. Eng.)
~ ~ سَعَوي — capacity reaction (Radio)
~ ~ عَزْم اللَّيّ — torque reaction (Mech.)
~ الفِعْل في عُضو الإنتاج، مُعاكسةُ المُتحرِّض — armature reaction (Elec. Eng.)
~ فِعْلٍ لاإراديّ، مُنْعَكَس — reflex (Zool.)
~ ~ مُتعامِد — normal reaction (Mech.)
~ ~ مُوجب: باتِّجاهِ المُؤَثِّر — positive reaction (Phys.)
~ يَدَوي: إعادة النبيطة المغنطيسية (كقاطع أو مُرحِّل) يدويًّا — hand reset (Elec. Eng.)
رِداء: لِباس — robe, dress, gown
~: تغليفٌ يَلُفُّ الوَقودَ النَوَوي — clad (Nuc. Eng.)
~ الطيران — flying suit (Aero.)
رَدْبٌ، طريقٌ غيرُ نافِذ — dead end, cul-de-sac, blind alley
رَدْح: فَترة زَمنيَّة قصيرة نسبيًّا — chron (Geol.)
رَدَّدَ — reverberate, reiterate, echo
رَدَسَ (بالمِدْحَلة أو المِرداس) — roll, flatten, (level or compact) by rolling (Civ. Eng.)
رَدَعَ — deter, restrain
رَدَغة، رَزَغة — ooze, slurry, slush, slime, soft mud (Geol.)
~ عُضويَّة — sapropel (Geol.)
رِدْف؛ كَفَل (الحيوان) — buttock, crupper (Zool.)
رَدَمَ — backfill, fill up (with earth)
رَدْم — backfilling, filling up (Civ. Eng.)
~ أرضيّ: لِلتخلُّص من النُّفايات الصُّلْبة — landfill (Eng.)
~ بينَ حَفيرتَين — baulk = balk (Civ. Eng.)
~ تُرابيّ — packsand (Mining)
~ حَجَري — riprap (Civ. Eng.)
~ بالدَّبْش أو الخَرَسانة — moellon (Civ. Eng.)
رُدْن، كُمّ. جُلْبَة كُمِّيَّة — sleeve
رَدْهة، بَهو، قاعة مَركَزيَّة — atrium, hall (Build.)
~، دِهْليز: فُسحةٌ عندَ المَدْخَل — foyer, lobby (Build.)
~ (البورصة) — floor
~ (العَمَليّات) — theatre (Med.)
رَدُود: يُمكِنُ استِردادُه — recoverable
~: يُعادُ إلى وضعه السابق — reducible (Med.)
رَدِيء — foul, bad, of poor quality
رَذَّ، رَشَّ — spray, sprinkle
~، أمطَرَ(ت) رَذاذًا — drizzle, misle = mizzle, spit
رَذاذ، رَشاش — drizzle, dribble, mizzle, spray, spit, sprinkle
~، مَطَرٌ خَفيف — mizzle, drizzle (Meteor.)
رَذّاذة — sprayer, atomizer (Eng.)
رَذَّذ — atomize
رذرفورد: وَحدةُ قياسِ النشاط الإشعاعي (تُحدِثُ مليونَ اضمحلالٍ في الثانية) — rutherford (Phys.)
رذرفورديوم: العُنصر ١٠٤، أنْلكوادِيوم — rutherfordium (Chem.)
رَذُوذ، رَذيذ: وَسَطُ التشتيت فيه غاز — aerosol (Chem.)
رُزّ — rice (Food Sc.)
الرُّزام، مَرَض البَري بَري — beriberi (Med.)
رَزَّة، مَفْصِل رَزِّي — hinge joint, hinge
~، مِسمارُ رَزَّة بَريميّ — screw eye (Eng.)
~ سِلكيَّة — (wire) staple
رَزِغ — sloppy = slimy
رَزَغة: رَواسِبُ طَمْيِيَّة رَقيقة — mire, ooze, slurry, slime (Geol.)
رِزق: سَبيلُ رِزق — livelihood
رَزَمَ، حَزَم — pack, parcel
رِزمة — pack, bundle, parcel, sheaf
~ صغيرة، رَبْطة — packet
~ مَوجيَّة — wave packet (Phys.)
~ وَرَق، ماعُون (٤٨٠ أو ٥٠٠ ورقة) — ream
~ ~ (مِن ٢٤ أو ٢٥ ورقة) — quire
رَزَنَ: حَلَّلَ لِتقدير النَّقاوة — assay (Chem.) (*v.*)
~: شالَ لِتقدير الوَزن — heft, assay (Phys.)
رَزْن، رَوْز — assay (Chem. Phys.)
~ بالتحليلِ الكَهْرَليّ — electrolytic assaying (Chem. Eng.)
~ جافّ — dry assay (Chem.)

رَزْن (تابع)
~ حَيَوِيّ — bio-assay (Biol.)
~ الخام — crude assay
~ سائليّ — wet assay (Met., Chem.)
~ عَيْنِيّ — eye assay (Mining)
~ (أو تقييمُ) الفِلِزّ — metal assay (Met.)
~ ناريّ — fire assay (Met.)
رَزيز، دَبْدَبة، هَدير، دَوِيّ — rumble
رَسَا — anchor, moore, berth, land (Naut.)
رُسابات — sediments (Chem., Geol.)
~ كَهْفِيَّة — speleothems (Geol.)
~ مُتَحَوِّلة — metasediments (Geol.)
رُسابة، راسِب، قُرارة — precipitate, sediment (Chem., Geol.)
~ إسفَنجيَّة — sponge (Elec. Eng.)
~ رَزَغيَّة — sludge
~ طَمْيِيَّة — alluvium (Geol.)
رُسابيّ — sedimentary (Geol.)
رِسالة — message, despatch = dispatch, letter
~، أُطروحة — thesis, dissertation
~ إشعار — letter of advice
~ خَطأ: إشعارٌ أنَّ خطأً ما قد اكتُشِف — error message (Comp.)
~ شارِحة — covering letter
~ بالشَّفْرة — cipher message
~ عاجِلَة — dispatch
~ لاسِلكيَّة — radio message (Elec. Comm.)
~ بالمُبرِقة الكاتِبة (التلكس) — telex (Elec. Comm.)
~ مُشَوَّهة — garbled message (Elec. Comm.)
~ ناسُوخيَّة (بالفاكس) — fax, facsimile (Elec. Comm.)
رَسّام — draftsman = draughtsman, drawer
~ خَرائط — cartographer
رِسامة: رِسامةُ التصاميم والمُخَطَّطات — draughtsmanship
~ لَونيَّة، ~ استشرابيَّة — chromatography (Chem.)
رَسَبَ، تَرَسَّبَ — precipitate, deposit, sediment
~، سَقَط، أخْفَق — fail
رَسَّبَ بالتَّحليل الكهربائي — electrodeposit (Chem. Eng.)
رَسَخَ — become fixed, fast or stable

رَسَّخَ — fix, stabilize, make fast
رُسْغ، رُسغُ اليَد — wrist, wrist joint, carpus
~ القَدَم، الرُّصْغ — tarsus, ankle (Zool.)
~ المِكْبَس — gudgeon (Eng.)
رُسْغِيّ — carpal, tarsal (Zool.)
رَسَمَ — draw; sketch
~: أصدَرَ مَرسومًا بِـ — decree, ordain
~، خَطَّطَ — plan, outline
~، صَمَّمَ — design
~، صَوَّرَ — picture, portray
~، وَصَفَ — describe, depict
~ استِشْفافًا — trace
~ بيانيًّا — graph
~ بالزيت أو الأصباغ — paint
~ شَكلًا داخِلَ آخَرَ — inscribe (Maths.)
رَسْمٌ، رَسْمَة — drawing, draught
~، تصميم، مُخَطَّط — design, plan, -gram, -graph
~، تَعرِفة (جُمركية) — tariff
~، جُعل — charge, fee; toll
~، صُورة — picture, portrait
~، ضَريبة — tax, duty
بِـ ~ الأمانة — on consignment
~ إجماليّ، ~ كِفافيّ — outline drawing
~ الإرساء — moorage
~ استِشفافيّ — tracing
~ الاستيراد — import duty
~ إسقاطي — projection drawing
~ الأشِعَّة — ray tracing (Opt.)
~ بالأشِعَّة السينيَّة — roentgenogram (Med., Phys.)
~ إضافيّ — surcharge
~ أقلّ من المُعتاد — undercharge
~ بالألوان المائية — aquarelle
~ إنتاج، ضَريبةٌ مَحَلِّيَّة — excise duty, excise tax
~ إيضاحي — illustration
~ بَياني، خَطٌّ بَياني — graph (Maths.)
~ ~، مُخَطَّط — diagram
~ ~ تَخطيطي — schematic diagram
~ ~ لِلحِمْل — load diagram (Elec. Eng.)
~ ~ لِلرِّيح — anemogram (Meteor.)
~ ~ لِلطور — phase diagram (Phys.)
~ ~ لِعَلاقة الضغط والحَجم — pressure-volume diagram (Eng.)

~ بَيانِيّ مُناخيّ — climograph (Meteor.)
~ التَّحويض — dockage
~ تخزين — storage
~ ~ في صهاريج — tankage (Pet. Eng.)
~ تَخْطيطي — sketch, line drawing, layout drawing (Eng.)
~ ~ إطاريّ (لِمَراحِل العمليَّة أو أجزاء المكَنة) — block diagram (Eng., Comp.)
~ تَصْدير — export duty
~ تَصْميميّ — design drawing (Eng.)
~ تفصيليّ — detail drawing (Build.)
~ جانِبيّ — profile drawing
~ جُمرك، مَكْس — duty, customs duty
~ جُمركيّ نَوعي — specific duty
~ الخَرائط — cartography, map drawing, mapping, map-making
~ ~ بالتصوير — photo-charting
~ ~ ~ من الجَوّ — aerocharting
~ دُخول — admission charge
~ ~ بلدي: تَجْبيه البلديّات — octroi
الـ ~ بخطوط متوازية — raster graphics (Comp.)
~ الرُّسُوّ — keelage
~ الرَّصيف — quayage, wharfage, pierage
~ الطابَع الأميريّ — stamp duty
~ عبور: فوق جِسر أو طريق — toll
~ القَطْر — towage
~ القَلْب — cardiogram (Med.)
~ بِقَلَم الرَّصاص — pencil drawing
~ كاريكاتوري — cartoon
~ كهربائي لِلدماغ — electroencephalogram (Med.)
~ ~ لِلقَلْب — electrocardiogram (Med.)
~ مائل: مائلُ المَنْظور — oblique drawing
الـ ~ بالمُتَّجهات — vector graphics (Comp.)
~ مُجَسَّمٌ مَنظور — isometric drawing
~ مُرور (عَبْرَ جِسرٍ أو طَريق) — toll
~ ~ (عبرَ البلد أو القُطر) — transit duty
~ المَسْقَط الرأسي — orthograph (Arch.)
~ بالمَقاس الطبيعي — full-size drawing
~ بِمقياس نِسبيّ — scale drawing
~ مَنظوريّ — perspective
~ مِياهيّ بَيانيّ — hydrograph (Geol.)
~ مِيكانيكي — mechanical drawing
~ نِسبيّ أو تَناسُبي — proportional drawing

رَسْمٌ (تابع)

الـ ~ الهَندسيّ — engineering drawing, geometrical drawing

رَسْمَلة: تحويلٌ إلى رأسمال — capitalization

رَسْمِيّ — formal

~، قانونيّ — official

رَسَن — halter

~، لِجام — bridle

رُسُوّ — anchor(age), berthing, landing

رُسوب، ترَسُّب — sedimentation, precipitation, deposition (Geol., Chem.)

~، سُقوط، إخفاق — failure

رَسُوب: قابِلٌ لِلترسيب — precipitable

رُسُوبات — sediments

رُسوبيّ — sedimentary (Geol.)

رُسوخ — fixation, stability, fastness

رَسُول — messenger, envoy, emissary

رُسوم (أنظُر: رَسْم) — charges, dues, fees. drawings

~ الإرشاد — pilotage (Naut.)

~ انطِباعيّة: تتركُ انطباعاتِها على الورَق أو الفخّار الرطب — decalcomania, transfers (Print.)

~ التخزين — storage charges

~ تفاضليّة — differential rates

~ الجَرّ — haulage

~ جُمرُكيّة — customs (duties)

~ (جُمركيّةٌ) مانِعة — prohibitive tariffs

~ (جُمْركية) تفاضُليّة — differential duties

~ حِماية (جُمركية) — protective tariffs

~ حَوضِ المرفأ — dock dues

~ الشحن — cargo rates, shipping charges

~ مُتحرِّكة — cartoon, animated cartoon (Cinema)

~ المَرفَأ — harbour dues, port dues

~ الوَرْشة (لِلعُمّال) — shop drawings (Eng.)

رَشَّ، نَضَحَ، رَذَّ — spray, splash, sprinkle

رَشّ — spraying, sputtering, sprinkling, showering

~: خُردق — small shot

~ الجُدران بِمِلاطٍ خَشِن — dabbing, daubing (Build.)

~ حَراري — thermal spray(ing) (Eng.)

~ لاهَوائي: على ضَغْطٍ سائليٍّ عالٍ — airless spraying (Build.)

الـ ~ بالمَعادِنِ الفِلِزّية (وِقاية أو تقوية) — metal spraying (Eng.)

رَشا، بَرْطَل — bribe

رُشاحة — filtrate (Chem.)

رَشاش، تَرشاش — spray, spatter, splash

رَشّاش، رَشّاشة — sprinkler, sprayer

~: مِدفعٌ رَشّاش — machine gun (Mil.)

رُشافة: ما رُشِف أو سُفِط — aspirate

رَشّافة — aspirator

رَشَحَ، تَرَشَّحَ، تَسَرَّب — seep, infiltrate, leak, transpire

رَشَّحَ، صَفّى بالترشيح — filter, filtrate

~، سَمّى كَمُرَشَّح — nominate

رَشْح، تَسَرُّب — infiltration, seepage, transpiration

~، زُكام — cold (Med.)

رَشَّدَ — rationalize

الرُّشْد، سِنُّ ~ — maturity, adulthood

رَشْرَشة — sputter(ing)

رَشَفَ: أخذَهُ قليلًا قليلًا بشفَتيه — sip, sup (v.)

~، مَصَّ — suck, aspirate

رَشْفَة — sip, sup

رَشَقَ — throw, hurl, fling (at)

~ بالقَذائف — bomb(ard)

رَشْقَة: دُفعة مِن الطَّلَقات — salvo (Mil.)

رَشْوَة — bribe

رَشُوح: قابِلٌ لِلتَّرشيح — filtrable = filterable

رَشِيح — sweat, perspiration

~، رُشاحة — filtrate

رَشِيد، حَكيم — rational, judicious

رُشَيِّش: رَشّاشٌ صغير — gun

~ بْرِن — Bren gun (Mil.)

رَشيق — nimble, lithe

رَصَّ: عَبَّأَ في صُفوفٍ مُتَراصة — stack, stow, pack

~: دَكَّ — ramp, tamp, compact, impact

~ (الحِبالَ أو الأسلاك) — lay, plait

رَصّ — stacking, stowing, stowage, packing; ramming, compaction, impaction; lay

~ الحُمولة — stowing, stevedoring

~ الطوب — brick-laying (Build.)

الرَّصاص: عُنْصُرٌ فِلِزّي رَمزُه (صا) = — lead plumbum (Pb) (Chem.)

~ الأحمر، إسْرَنْج، مينْيوم — red lead

رصاصٌ أنتيموني — antimonial lead (Chem.)

~ صَفحيّ (أو لَوحيّ) — sheet lead

~ مُخَدَّد (لِلأُطُر الزُّجاجيّة) — fretted lead (Build.)

~ المِسبار، فادِن — plummet (Surv.)

رَصاصة، طَلَقة — bullet

مَنيعٌ على الرصاص — bullet-proof

رَصاصُوز: رصاصيٌّ ثُنائيُّ المكافِىء — plumbous (Chem.)

رَصاصِيت: ملحُ الليثارج مع قِلي — plumbite (Chem.)

رُصافَة: دَكّةٌ تُرابيّة — embankment

رَصّةُ اختِبار — test pack (Comp.)

~ البِطاقات — deck, card deck (Comp.)

~ الجَدْل (في الحِبال) — lay

رَصَدَ — observe, watch, take (or make) observations

~، خَصَّصَ (مالًا) لِأمرٍ مُعَيَّن — allocate, appropriate

رَصَّدَ (الحسابَ) — balance

رَصْد — observation

~ أرضيّ — ground observation

~ أماميّ — fore observation (Surv.)

~ مِن الجوّ (لِلمُراقبة) — aerial observation

~ جَوّي (لِلطقس) — meteorological observation, weather observation

~ خَلفيّ — back observation (Surv.)

~ مُتَضادّ — cross observation (Surv.)

رَصْدَة خَلْفيّة: قِراءةُ الشاخِص (القامة) السالِفة — back sight (Surv.)

رَصَّعَ — inlay, stud

رَصْعة: نُقرة في الذَّقَن أو الخَدّ — dimple

الرُّصْغ: رُسغُ القَدَم — tarsus (Zool.)

رُصْغيّ، كاحِليّ — tarsal

رَصَفَ، بَلَّطَ — pave (with tiles or flagstones), tile (Build.)

~، رَتَّبَ، نَظَّمَ — collocate

~، عَبَّدَ (بطبقاتِ الحِجارة والحَصى) — macadamize (Civ. Eng.)

~ بالأسْفَلت — asphalt paving (Civ. Eng.)

~ بالحَصْباء أو الزَّلَط الكِبار — cobble

رَصْف — paving; metalling, macadamizing (Civ. Eng.)

~، تنظيمٌ أو ترتيبٌ نَسَقيّ — collocation

~ بالحَصيم المُزَفَّت — bitulithic paving, asphalt paving (Civ. Eng.)

رَصْف (تابع)
~ حَقِين: رَصْفٌ بالحَصَى يُحقَنُ بالقار الرّخو — grouted macadam (Civ. Eng.)
~ بالقار — bituminous surfacing (Civ. Eng.)
رَصَفٌ: مَجموعةٌ مَرصوفة — battery, bank
~ مُكَثِّفات — bank of capacitors, capacitor bank (Elec. Eng.)
رَصوص، لَزون، مُتلَزِّن — agglutinable (Chem.)
رَصِيد، باقٍ — balance, remainder (Maths.)
~ حِساب — balance (of accounts)
~ الحِساب المُستَحِقّ — balance due
الـ ~ الدائِن — balance in hand, credit balance
~ مَدِين — debit balance
~ مُوَحَّد — consolidated balance
رَصيص، كُتلةٌ مَختَلِطة — conglomerate (Geol.)
~، مُتَراصّ — packed, compact(ed), stacked
~ بُركانيّ — agglomerate (Geol.)
~ مِرْوَحيّ — fanglomerate (Geol.)
رَصيف (في محطَّة السِّكك الحديدية) — platform
~، رَصيفُ المُشاة (في شارِع) — pavement, sidewalk (Civ. Eng.)
~ الإرساء — (berth)mole (Naut.)
~ إنزال — landing jetty, landing stage (Naut.)
~ بَحْرِيّ — pier, wharf
~ ~ (أو نَهريّ) — quay (Naut.)
~ تَجْفيف الآجُرّ — hack (Build.)
~ تَحميل أو تفريغ — dock
~ رَكائِز — pile pier (Civ. Eng.)
~ رَكُوب: تَستَطيعُ المركبةُ صُعودَه — mountable curb (or kerb) (Civ. Eng.)
~ صَخريّ (قارِّيّ) — shelf
~ قارِّي — continental shelf (Geol.)
~ قاع البحر — deep sea platform (Geol.)
~ مَرجاني — coral reef (Geol.)
~ المَرفأ، ~ تحميل — wharf
~ مَكشوف (قائمٌ على أعمِدة) — open jetty (Naut.)
~ ميناءٍ مُسَوَّر — bund
~ النُّزول إلى البَرّ — landing pier
~ يمتَدُّ في البَحر — jetty (Build.)
رَصين — sound, judicious

رَضَّ، كَدَمَ — bruise, contuse
~ (بالخَبْط أو الدقّ) — stamp, batter (Eng.)
رَضٌّ، كَدْمٌ — bruise, contusion
~ (بالخَبْط أو الدقّ) — stamping (Mining)
~، رَضْح، جَرْح رَضِّي — trauma (Med.)
رِضا، قَبُول — acceptance, consent
~، مُوافَقة — agreement, approval, consent
~، قَناعة — content
رِضاع، إرضاع — suckling
رَضّاعة — feeding (or nursing) bottle
رِضائيّ، تامٌّ بالتراضي — consensual
رَضّة، كَدْمة — bruise, contusion
رَضْح — trauma (Med.)
رَضَخَ، أذْعَن — yield
~، رَضَحَ، رَضَّ — batter, stamp
رَضْرَضَ، رَضَّ — batter, stamp
رَضَفة، داغِصة — patella, rotula (Zool.)
رَضْم، تَدْميج — compaction
رَضِيَ — accept, consent
رَضِيخيّ — clastic (Geol.)
رَضيع — nursling, infant, suckling
رَضِيم، مُدَمَّج — compact(ed)
رَطانة — jargon
رَطَّبَ — dampen, moisten, humidify
رَطْبٌ، نَدِيّ، رطيب — damp, moist
~، وَمِد — humid (Meteor.)
~، مُشبَعٌ بالرُّطوبة (أو بالماء) — wet, soggy
~ دَبِق (وباردٌ غالبًا) — clammy
رَطْل — pound
رَطَمَ، اِرتَطَم — crash
~، خَبَطَ — bump, thump
رَطْمَة، خَبْطَة (مكتومةُ الصوت) — thud, thump
رُطوبة — damp(ness), moisture, wetness
~، وَمَد: كَمِّيَّةُ الرطوبةِ في الهواء — humidity, hygro- (Meteor.)
~ أرضيَّة — telluric moisture (Agric.)
~ حَرِجة — critical humidity (Chem.)
الـ ~ الزجاجيَّة (في العَين) — vitreous humour (Zool.)
~ غيرُ مُتاحة — unavailable (or bound) moisture (Bot.)
الـ ~ المائيَّة (في العين) — aqueous humour (Zool.)
~ مُتَكاثِفة — condensed humidity (Phys.)

الـ ~ المُطلَقة — absolute humidity (Meteor.)
الـ ~ النِّسبيَّة — relative humidity (Meteor.)
الـ ~ النوعيَّة — specific humidity (Meteor.)
رَعا (رَعيًا) — graze, pasture
~ (رِعايةً) — sponsor, patronize
رَعّاد، رَعّادة: سَحابةٌ رَعّادة — thundercloud (Meteor.)
~، سَمَكٌ رَعّاد أو رَعّاش — torpedo, electric ray, electric eel, crampfish
رُعاش — tremor (Med.)
رَعّاشة مِطرقيَّة: في جَرَسٍ أو مِلَف حثّ — hammer break (Elec. Eng.)
رُعاف، نَزْفٌ أنْفيّ — epistaxis, nosebleed
رُعام — glanders, farcy (Med.)
رِعاية، عِناية — care
~ (معنوية غالبًا) — auspices, patronage
رُعب، ذُعر — panic
رَعَدَ، أرعدَ — thunder (Meteor.)
رَعْد — thunder
رِعْدَة — rigor (Med.)
رَعْشَة، رَجْفَة — shiver, tremble, quiver, tremor
رَعْن: حَرْفٌ حادّ بين واديَيْن مَثْلَجِيَّيْن — arête (Geol.)
~: ضَربةُ الشمس — sunstroke (Med.), sunscald (Bot.); insolation
رَغا (كالصابون) — lather (Chem.)
~، أزبَدَ — foam, froth
الرُّغامَى، القَصَبة الهَوائيَّة — trachea (Zool.)
رُغاوة، زَبَد — froth, foam (Chem.)
رَغَّبَ، اِستَمالَ — interest, arouse interest or desire
رَغْبَة — inclination, interest; wish, desire
رَغْوَة — lather; foam, spume
~ إطفاءِ الحرائق — fire foam
~ الصابون — soapsuds, suds
رَغْويَّة — foaminess, spumescence
رَغيف — loaf
رَفَّ، خَفَقَ — flutter
رَفٌّ — ledge, shelf, rack
~ العُدَّة — tool rack (Eng.)
~ المِجْهَر — stage of microscope
~ المُصْطَلى، ~ المَوقِد — mantel (Build.)
~ المَفاتيح — spanner rack (Eng.)
~ المَقسِم اليَدوي — keyshelf (Teleph.)

رَفا، رَتَق — darn
رِفادة، ضِمادة — dressing, compress, pad (Med.)
~: رَقيقةُ ضَبْطٍ أو تَسْوية — shim (Eng.)
رَفّاص، مِروَحة — screw, propeller
~ (لَوْلَبِيّ)، داسِرة مِروَحيَّة — screw propeller (Eng.)
رِفال — condom (Med.)
رَفاهية (رَفاه) — welfare
رَفراف، قِرِلّى — kingfisher (Zool.)
رَفرَفَ، رَفَّ — flutter, flap
رَفْرَفٌ، حاجِبةُ التَّرشاش — splash-board
~ الجَناح — wing flap (Aero.)
رَفْرَفة، خَفْقة — flap
~، خَفَقان، دَفيف — flutter; flicker
رَفْش، مِجْرَفة — shovel, spade
~ آلِيّ (يعملُ بالهواء المضغوط) — spader (Eng.)
رَفَضَ — refuse, reject; veto
رَفْض — refusal, rejection; veto
رَفَعَ — lift, raise, uplift; heft, hoist
~، أزالَ — remove, lift
~، أقامَ، شَيَّدَ — erect
~، رَفَّعَ — elevate
~، عَزَّزَ — boost, enhance
~ بالبَكّارة، ~ بالبَكَرة والحِبال — bowse
~ (أو خَلَعَ) بِمُخْل — pry
~ المِرساة: إعدادًا للإقلاع — weigh anchor (Naut.)
رَفَّعَ، عَلّى — elevate
~: جَعلَهُ رَفيعًا — thin, make thin or fine
رَفْع — lift, raising, lifting, hoisting
~، إزالة — removing, lifting
~، زِيادة — increasing, raising
~، تَشييد — erection (Build.)
~، ترقية — elevation, promotion
~، ترقية إلى قُوَّةٍ جَبْرِيَّة — involution (Maths.)
~ (بالمِرفاع) — hoisting, jacking-up (Eng.)
~ إستاتي هَوائي — aerostatic(al) lift
~ (أو خَفْضٌ) بأُنشوطةٍ مُزدَوجة — parbuckling
~ أوتوماتي — automatic lifting (Eng.)
~ تَدريجيّ، حُؤولٌ، بَهَتُ (اللون) — fade-up (Cinema)

~ التراب المحفور — teaming (Civ. Eng.)
الـ ~ بالثِّقل المُوازِن — counterweight hoisting (or lifting) (Mining)
~ الحَجْز، إزالةُ الرَّهن — replevin
~ دِيناميّ — dynamic lift (Eng.)
~ الرَّنين — resonance step-up (Radio)
~ غازيّ — gas lift (Pet. Eng.)
~ الكُسارة — lashing, mucking (Mining)
~ الكفاية — upgrading (Comp.)
~ بالهَواء — air-lift (Nuc. Eng.)
الـ ~ بالهواء المَضغوط — compressed-air lifting (Eng.)
رَفَّة — wink, flicker
رَفو، دَرْز، خياطة — -rrhaphy, suture (Med.)
~، رَتْق — darning
~ الفَتق — herniorrhaphy (Med.)
رَفيع، رَقيق، دَقيق — thin, slender, fine
~، عالي الدَّرجة — superior, high-ranking
رَفيف، وَمْض (دَلالةٌ على عُطْلٍ أو خَلَلِ تشغيل) — blinking (Elec. Comm.)
~، رَعْشَة — flicker
~: تَشَوُّشٌ راداريّ — glint (Electron.)
رَفيق — mate, fellow, companion, colleague
رَقَّ — thin, be or become thin
رَقّ، جِلْدٌ رَقيق — parchment
رِقّ، غِشاء — diaphragm
~: سَهْلٌ حَصَوِيّ صَحراوي — reg (Geol.)
~، دُفٌّ صغير — tambourine
~ دَوّار — rotating diaphragm (Elec. Eng.)
~ نَغُوم: اِنضِباطِيُّ النَّغَم — tunable diaphragm (Acous.)
رَقَأ: أوقفَ النَّزْف — sta(u)nch (Med.)
رَقّى — promote, upgrade
~ أُسِّيًّا: رفع إلى قُوَّةٍ مُعيَّنة — involve, raise to a given power (Maths.)
رَقابة، إشراف — supervision, control
~، رَصْد — observation, watch(ing)
~، مُراقَبة — monitoring
~، مُراقَبة المطبوعات — censorship
~ صِحِّيَّة — sanitary control (Food Sc.)
رُقاد، نَوم — sleep, slumber(s)
~، نُوام — sopor, lethargy
~، هُجوعٌ حَيَوِيّ — dormancy (Biol.)
رَقّاص، بندول — pendulum (Phys.)
~ مُعادَل — compensated pendulum (Phys.)

رُقاقة — wafer, chip (Comp.)
~ ذَهَبيَّة. رقائق ذهبية — gold foil
~ سِليكونيَّة — silicon chip (Electron.)
رَقائق — foil, laminae, laminations, stampings
~ عازِلة — fish paper (Elec. Eng.)
~ عُضْوِ الإنتاج، ~ المُتحرِّض — armature laminations or stampings (Elec. Eng.)
~ فِلِزِّيَّة — thin foils
~ فولاذيَّة — steel foil
~ القَصْدير — tinfoil (Met.)
~ المُحَوِّل — transformer stampings (Elec. Eng.)
~ الميكا — micafolium (Elec. Eng.)
رَقائقيّ، صَفائحيّ — lamellate = lamellar; laminated
رَقَبة — neck, cervix (Zool.)
~ بُركانية — volcanic neck, plug (Geol.)
رَقَبِيّ — cervical
رِقَّة — fineness; thinness
مُتناهي الـ ~ — superfine (Eng.)
رَقَّة، سَهْلٌ فَيْضِيّ — flood plain (Geol.)
رَقَدَ، اِضطَجَعَ — lie, lie down
~، نامَ — sleep
رَقَّشَ — variegate, speckle, mottle
رَقْص: داء الـ ~ — chorea (Med.)
رَقَّطَ — dapple, mottle, spot
~ (الدهان)، نَقَشَ — stipple
رُقطة — punctum (Zool.)
~: بقعة مُخالفة لونيًا — patch
~ مُتَفَسْفِرة — dot, phosphor dot (Electron.)
رَقَعَ، رَقَّعَ — patch
رُقْعَة: يُرقعُ بها — patch
~ (من الأرض) — patch, spot, area
~، بِطاقة — tag, label
~ تطعيم — graft, transplant (Bot., Med.)
رَقَّقَ — thin, featheredge, attenuate
~ إلى صَفائح — laminate
~ المَحلول — dilute (Chem.)
رَقَمَ — mark, label, notate
رَقَّمَ — number
~ الصفحات — paginate
رَقْم: أحدُ الأرقام العشرة (من صِفر إلى تِسعة) — digit (Comp. Maths.)
~ (في نِظامٍ عَدَديٍّ مُعَيَّن) — numeral (Maths.)

رَقْم (تابع)

~، عَدَد — figure
~: وَسم (بعَلامة) — marking, tagging
~ الإجهاد: عَددُ الدوراتِ اللازمة لإحداث الكَلال — stress number (Eng.)
~ اختبار — check digit (Comp.)
~ الاستِحقاق — figure of merit (Elec. Eng.)
~ الإستِحلاب — emulsion number (Chem.)
~ الإسناد — reference number
~ الأُكتان — octane number (Pet. Eng.)
~ الأكسَدة أو التأكسُد — oxidation number (Chem.)
الـ ~ البرومينيّ (لِلزَّيت) — bromine number (Pet. Eng.)
الـ ~ البُؤريّ — f-number (Photog.) (أنظر: رَقم الفُتحة)
~ التسَلْسُل — serial number
~ التصَبُّن — saponification number (Chem.)
~ التكافُؤ — valence number (Chem.)
~ التناسُق، عَددُ التنسيق: عددُ الذرّاتِ أو مجموعاتِ الذرّات المُحيطةِ بالذرّة المركزيّة في جُزَيءٍ أو أيونٍ مُعَقَّد — coordination number (Chem.)
~ ثُنائيّ — binary digit (Maths.)
~ ~، بِتّ — bit (Comp.)
~ بالحُروف — lettering
~ الحِساب — account number
~ الدُّفعَة (الإنتاجيّة) — lot number (Eng.)
~ «رينولْدز» رَقمٌ يُعَبِّر عن لُزوجةِ المائع — Reynolds number (Mech.)
~ دَليليّ — index number
الـ ~ السِّيتاني — cetane number (Chem.)
~ الشُّغْلَة — job number
~ الصَّلادَة: باعتبارِ رقم الماس ١٠ — hardness number (Met.)
~ الصُّنع، ~ المَصْنَع — shop number (Eng.)
~ الضجيج — noise figure, noise factor (Acous.)
~ عَشْري — decimal (Maths.)
~ ~ مُتكَرِّر — repcating decimal (Maths.)
~ الغَرابة — strangeness number (Phys.)
~ الفُتْحة، الـ ~ البُؤري: نسبة قُطر فتحة العدسة إلى البُعد البؤري — aperture number = f-number (Photog.)
~ الفِئة، ~ الدُّفعة الإنتاجيّة — batch number (Chem., Eng.)
~ القِياس: قُطرُ السِّلك أو ثَخانةُ اللوح (في نظام قياسٍ مُعَيَّن) — gauge number (Eng.)
~ قِياسيّ — record
~ ~ في السُّرعة — speed record
الـ ~ الكِبريتيّ: عددُ مليغرامات الكِبريت في مِئة سم٣ من العَيِّنة — sulphur number (Pet. Eng.)
الـ ~ الكَمّيّ — quantum number (Phys.) (أُنظر: العَدد الكَمّيّ)
~ اللُّزوجة — viscosity number (Phys.)
~ مُتسلسِل — serial number
~ المَصْنَع — shop number (Eng.)
~ مَعْنَوي — significant figure (Maths.)
~ المِلَفّ أو الإضبارة — file number
الـ ~ المَوجيّ: مَعكوسُ الطولِ المَوجيّ — wave number (Phys.)
~ النَّقْل: نِسبةُ التيّارِ المَنقول بأيوناتٍ مُعَيَّنة في التحليل الكهربائي — transport number (Elec. Eng.)
الـ ~ الهِدْروجينيّ (هـ^س) — pH (or pH value) (Chem.)

رَقميّ، عدَديّ — numerical, numeral
~: يُعطي النتيجةَ بالأرقام — digital (Electron.)

رَقْن، تَرْقين، ظِلالٌ خَطِّيَّة — hachure, hatching (Surv.)

رُقوء، إرقاء — hemostasis (Med.)

رَقوء، مُرقِئ — styptic, hcmostatic (Med.)

رَقيب، مراقب — control(ler)
~: رُتبة عسكريّة — sergeant (Mil.)
~ أركان، ~ أوّل — staff sergeant (Mil.)

رَقيق، دَقيق — thin, flimsy, delicate
~، لَطيف — gentle, tender

رَقيقة: صَفيحةٌ رَقيقة — foil, lamina, leaf (Eng.)
~: طَبَقةٌ رَقيقة — lamella, lamina (Biol.)
~ أَلمِنيوم، ورقةُ أَلُمنيوم — aluminium foil, aluminium leaf
~ حَوليّة — varve (Geol.)
~ ذَهَبيّة — gold leaf
~ ظِهاريّة، تَلْبيسَةٌ سَطحيّة — facing veneer (Carp.)
~ فاصِلَة (في الطِّباعة) — quadrat (Typog.)
~ فِضّة — silver foil (Met.)
~ فُولاذية — steel foil
~ قَصْدير — tinfoil (Met.)
~ قَلْبيّة — core plate (Elec. Eng.)
~ مُباعِدة — reglet, spacer (Print.)
~ مَعْدِنيّة، وَرَقة فِلِزّيّة — foil, metal foil or leaf
~ نُحاسيّة — copper foil (Met.)
~ ~ (نحاس أصفر) — brass foil (Met.)

رُقيمةُ الصانِع (أو المَصْنَع) — maker's plate (Eng.)

رِكاب — stirrup
الـ ~: عَظْمُ الرِّكاب (في الأُذن) — stapes (Zool.)
~ (أو مِقرنُ) الحاكِم — governor yoke (Eng.)

رِكاز — ore (Mining), concentrate
~ تِجاريّ: يستحِقُّ الاستِثمار — commercial accumulation, commercial deposit (Geol., Mining)
~ حَديديّ — iron ore, iron deposit (Mining)
~ حِوالي: خامٌ مَعدنيّ مُحيطٌ بآخر — perimorph
~ خام، الخامُ المُعَدَّن — raw ore (Mining)
~ عُلويُّ النَّشأة — supergene ore (Geol.)

رُكازة: شَيءٌ مُرَكَّز — concentrate

رُكام: رَمْلٌ وحَصَى الخَرَسانة — aggregate (Civ. Eng.)
~: سَحابٌ رُكاميّ — cumulus, cumulus cloud (Meteor.)
~: كُومة — heap, pile
~ تُرابي — tumulus (Geol.)
~ تِلْقائيُّ الاشتِعال — fire bank (Mining)
~ جَليديّ، ~ المَثالِج — moraine (Geol.)
~ رَمليّ — sandbank (Geol.)
~ السَّفْح، هَشيمٌ صَخريّ — scree, talus (Geol.)
~ ضَباب، رُكْمَةٌ ضَبابيّة — fog bank (Meteor.)
~ طَبَقيّ — cumulo-stratus (Meteor.)
~ عُضويّ — organic aggregates
~ مُزْني — cumulo-nimbus (Meteor.)
~ مَوضِعي — eluvium (Geol.)
~ نُفاياتِ الحَفْر — spoil bank (Civ. Eng.)

رُكاميّ — cumulous, cumulo- (Meteor.)
~ طَبَقيّ، قَرِد — stratocumulus (Meteor.)

رَكائز، خَوازيق — piling (Civ. Eng.)

رَكِبَ — ride; board, embark
رَكَّبَ: جَمَّعَ — assemble, fit together, combine
~: خَلَّقَ — form, synthesize (Chem.)
~: وضَعَ بعضَه على بعض — mount, set up, erect
~ (أو نَسَّقَ) ثانيةً — recompose
رُكْبَة. حَنْيَة — knee (Zool., Eng.)
~، عَتَلة مَفْصِليَّة — toggle (Eng.)
رُكْبِيّ: ذو عَطَفات ركبيَّة الشكل — geniculate (Biol.)
رَكَدَ: سَكنَ وهَدأ وثبت — stagnate
~: فَتَر، كسَدَ — dull, slack(en)
رَكَزَ، تركَّزَ، جَمَعَ أو تَجَمَّعَ في مَركز — center = centre, centralize, focus, concentrate
~: ثَبَّتَ — fix, set, stabilize
~، كَثَّفَ — concentrate, condense, inspissate
~ بدعمةٍ سُفليَّة — underset (Eng.)
~ على مِحور — pivot
~ على مُفصَّلات — hang
~ في بُؤرة — focus (Opt.)
رَكْلَة، رَفْسة، نَخْعَة إرتداديَّة — kick
رَكَمَ، كَوَّمَ — accumulate, cumulate, stack
رَكْم، رُكام — accumulation, stacking
~ُ الرِّياح — windrow
رُكمَة — agglomerate (Geol.)
رَكَنَ (إلى) — depend (on), count (on)
رُكْن، أساس — base, basis; basic component
~: زاوية، قُرنة — quoin, corner
~ُ حادّ، حَرْف حاد — arris, pien(d) (Build.)
رُكوب — riding, mounting
~ (السفينة أو الطائرة) — boarding, embarkation
~ُ الحُزمة الراديويَّة — beam riding (Elec. Comm.)
رَكُوب، رِئد: نامية مُتَجذِّرة — stolon, runner (Bot.)
رَكوبة، مَطِيَّة — mounting; hack
~ُ إستوائيَّة (تُبقي المِقراب مُوَجَّهًا إلى الجِرْم الفَلَكيّ) — equatorial mounting (Astron.)

~ُ العَدَسة — lens mounting (Photog.)
~ُ المُحَرِّك، حامِلُ المُحَرِّك — engine mount (Eng.)
رُكود — stasis; stagnation (Biol.)
~ (اقتصادي) — slack, slump, depression
~ُ مِغْنَطيسيّ — magnetopause (Geophys.)
~ُ مؤقَّت — lull
رَكِيَّة: بئر — well
رَكيزة، دِعامة — pier, pile, spile, stilt, prop, post, support
~: طَبقةٌ تَحتيَّة — substrate (Biol., Electron.)
~ُ أساس — foundation pile (Civ. Eng.)
~ُ تَثبيت، دِعامةٌ إنشائيَّة — buckstay (Eng.)
~ُ تحميل — bearing pile (Civ. Eng.)
~ُ جسر (رئيسيَّة) — bridge pier (Civ. Eng.)
~ُ الحافة: لِدَعْم جوانب سَدِّ الإنصاب — border-pile (Civ. Eng.)
~ُ دَعْم (من الخام المُعَدَّن) — stoop (Mining)
~ُ طَرَفيَّة — end post (Eng.)
~ُ طَيِّعة: تَقْصُرُ بزيادةِ الحِمل — yielding prop (Mining)
~ُ مائِلة — raking pile (Civ. Eng.)
~ُ (دَعْم) مُستَعرِضة — sheet pile (Civ. Eng.)
~ُ مُقَيِّدة — restraining support (Civ. Eng.)
رَكيك، ضَعيف — weak
~، مُهَلْهَل — flimsy
رِم: وَحدة لِلجُرعة الإشعاعيَّة المُكافِئة — rem (roentgen equivalent man) (Nuc. Eng.)
رَمَى — cast, throw, toss; shoot
~ دونَ الهَدَف — undershoot
رَماد — ash (Chem.)
~ُ بُركانيّ — volcanic ash (Geol.)
~ جَمْرِيّ (يُخالِطُه جَمْرٌ خامِدة) — cinders
~ُ الصُّودا: كَربوناتُ الصُّوديوم اللامائيَّة — soda ash (Chem.)
~ُ العَظْم — bone ash (Chem.)
الـ ~ُ المُتَبَقِّي أو المُتَخَلِّف — residual ash
~ُ مُتَساقِط كالمطَر — rain ash (Geol.)
~ُ مُتَطاير — fly ash
~ُ المَوقِد — breeze
رَماديّ، أرْمَدُ — gray = grey
~: داكِن، أردوازي — slate
~ لؤلؤي — pearl grey
رِمال (أُنظُر: رَمْل) — sands
~ُ مُتَزَحْزِحة — shifting sands (Geol.)

~ُ مُشرَبة بالزيت — oil-impregnated sands (Pet. Eng.)
~ُ مُصَوِّتة — singing sands (Geol.)
رَمّام، آكِلُ الرِّمم — saprophage (Zool.), saprophyte (Biol.)
رُمّان، رُمّانة — pomegranate (Bot.)
رُمّانةُ قِتالٍ يَدَوية — (hand) grenade (Mil.)
رِماية، دِقّةُ الرَّمي: بَراعةٌ في الرماية — sharpshooting, marksmanship
رَمباترون: رَنّانٌ أجوف — rhumbatron (Electron.)
رِمِتْرون: صِمامٌ غازيٌّ عَدّاد — remitron (Electron.)
رَمَث، طَوْف — raft, float, ponton = pontoon (Civ. Eng.)
رُمْح — spear, lance
~ (رياضة) — javelin
رَمَّدَ: أحالَ إلى رَماد — incinerate
رَمَدٌ: إلتِهابُ العَين — ophthalmia (Med.)
~: إلتهابُ المُلتَحِمة — conjunctivitis
~ُ جافٌّ — xerophthalmia (Med.)
~ُ حُبَيبِيّ — trachoma (Med.)
رَمَزَ: مَثَّلَ — symbolize, represent
رَمَّزَ، شَفَّرَ: حَوَّلَ إلى رُموزٍ (أو شَفْرة) — code, encode, cipher
رَمْز — character (Comp.), symbol, notation
~: شِعار — emblem, insignia, logo
~ اختبار — check character (Comp.)
~ بَدءِ السَّطر — carriage return character (Comp.)
~ُ التجاهُل — ignore character (Comp.)
~ُ تحَكُّم — control character (Comp.)
~ُ تخطيطيّ — graphic symbol
~ُ في الثانية: سُرعةُ انتقالِ البيانات بين نُقطَتَين — characters per second (Comp.)
~ُ ثُنائيّ: يقتَصِرُ على حالَتَيْن (الصِّفر والواحِد عادةً) — binary code (Comp.)
~ حَشو — fill character, ignore character (Comp.)
~ُ خاصّ: لا رَقْميّ ولا حَرْفيّ — special character (Comp.)
~ُ دَليليٌّ سُفليّ — subscript
~ُ ~ فَوقيّ، ~ُ عُلويّ — superscript
~ رَقمي — numeric character (Comp.)
~ُ عَدَديّ — numeral (Maths.)

رَمْز (تابع)
~ كيماوي — (chemical) symbol (Chem.)
~ اللاشيء (وهو الصفر غالبًا) — null character (Comp.)
~ مُمَغْنَط — magnetic character (Comp.)
~ النِّداء — call sign (Elec. Comm.)
رَمْزيّ، مَجازيّ — figurative, symbolic
~: مَكتوبٌ بالرموز — coded, encoded
رَمَش، طَرَف — blink
رَمَضٌ — heat stroke (Med.)
رَمع: رَجَفانٌ عضليّ — clonus (Med.)
رَمَّق: عَمِلَ (أو أصلَح) دونَ إتقان — botch, bungle, cobble
رَمَّلَ — sand (Eng.)
رَمْل — sand
~ آسِر — thief sand (Pet. Eng.)
~ الترشيح — filter(ing) sand (Pet. Eng.)
~ تَفْريق — parting sand (Chem.)
~ الزُّجاج — glass sand (Chem., Geol.)
~ سَوّاخ، وَعسَة — quicksand (Geol.)
~ السِّباكة — moulding sand (Foundry)
~ عازِل — parting sand (Chem.)
~ قَلْب المَسبوك — core sand (Foundry)
~ مَجروفٌ — drift sand (Geol.)
~ مَساميّ: جَيِّد الإنفاذيَّة — open sand (Foundry)
~ المَسْبَك — foundry sand
~ مُنْساق أو مَجروف — drift sand (Geol.)
~ ناعِم (دَقيقُ الحُبَيْبات) — fine sand (Geol.)
رَمْليّ — sandy, arenaceous (Geol.)
~ النماء: يَنمو في الرِّمال — sabulose, sabuline (Bot.)
رَمَّمَ، أصلَحَ — overhaul, repair
رُموز (أنظُر: رَمْز) — symbols, characters
~ الأرصاد الجويَّة — weather code (Meteor.)
الـ ~ الدّوليَّة (لِلإشارة) — international code
~ الحاسُوب — computer code (Comp.)
~ حَرْفيَّة — literal notation
الـ ~ اللونيَّة لِلمُقاومات — resistor colour code (Elec. Eng.)
~ المُواصَفات الدولية — international specifications code
رَمْي، قَذْف — casting, throwing, toss(ing)
~: إطلاق النار — firing, fire, shooting (Mil.)
~ مُضادّ — counter-fire (Mil.)
رِمّي، رمّام — saprophytic, sapro- (Biol.)
رَمْيَة — throw
~ أُفُقيَّة — horizontal throw (Geol.)
~ شاقولية (عمودية أو رأسيَّة) — vertical throw (Geol.)
~ صائبة — bull's eye
~ الصدع — throw of fault (Geol.)
رَنَّ — ring, toll
~، رَنَّنَ — resonate
~، صَلَّ — ting, tinkle, clink
رنّان، جِهازٌ رَنّان — resonator (Elec. Comm., Phys.)
~، رَنينيّ — resonant, resonating, sonorous (Phys.)
~، طَنّان — high-sounding
~، زَنّان — buzzer (Elec. Eng.)
~ فَجْويّ أو أجوَف — cavity resonator
~ المَدخَل — input resonator, buncher resonator (Phys.)
رَنَة — reindeer (Zool.)
رَنَّة، رنين — tinkle
رُنْتجن: وحدةُ الجُرعة الإشعاعية — ro(e)ntgen (Phys.)
الرَّنح، المُخَيخ — cerebellum (Zool.)
الرَّنَح — ataxia (Med.)
رَنْد — laurel (Bot.)
الرَّنكة — herring (Zool.)
رَنَّم — intonate, intone, chant
رَنين — ring, ringing, ting, tinkle
~: تَرجيعٌ رَنينيّ — resonance (Phys., Radio)
~ إزاحي — displacement resonance (Phys.)
~ اِنتِقائي — selective resonance (Elec. Eng.)
~ التوازي — parallel resonance (Elec. Eng.)
~ توافُقيّ — harmonic resonance (Elec. Comm.)
~ تَوالٍ — series resonance (Radio)
~ الدُّرور الإلكتروني — electron-spin resonance (Phys.)
~ سُرعيّ، رَنينُ الطَّور — velocity resonance = phase resonance (Electron.)
~ السَّعَة — amplitude resonance (Elec. Eng.)
~ صَوتي — acoustic resonance
~ عَكسيّ — anti-resonance (Phys.)
~ فَجْويّ — cavity resonance (Acous.)
~ اللفّ — spin resonance (Phys.)
الـ ~ المِغنطيسي النَّوَويّ — nuclear magnetic resonance (NMR) (Phys.)
~ نَوَويّ — nuclear resonance (Phys.)
الرِّنيوم: عُنصُر فِلِزيّ رَمزُه (نم) — rhenium (Re) (Chem.)
رُهاب: خَوفٌ وَسْواسيّ — phobia (Med.)
~ الِانغِلاق (في مكان ضَيِّق) — claustrophobia (Med.)
~ الماء، الكَلَب — hydrophobia, rabies (Med.)
~ المُرتَفعات — acrophobia (Med.)
الرَّهابة: غُضروف أسفل القَصّ — xiphoid, xiphisternum (Zool.)
رَهبة، رُهاب — phobia (Med.)
رِهان — stake, betting
رَهَجٌ: سَحابٌ رَقيق دُخاني أو مائي المحتوى — stratus, calina, sheet cloud (Meteor.)
الـ ~ الأصفر: ثالِثُ كِبريتيد الزِّرنيخ الطبيعيّ — orpiment, yellow arsenic (Min.)
~ عالٍ — altostratus (Meteor.)
~ ألغار، ثاني كِبريتيد الزِّرنيخ الطبيعي — realgar (Min.)
~ مُزنيّ، مُزْنٌ طَبَقيّ — nimbo-stratus (Meteor.)
رَهَل، سَحابٌ رَقيق — stratus (Meteor.)
رَهْن — mortgage, wager, pledge
~ عَقاريّ — lien, mortgage
رَهْو: سُكونٌ (مُناخيّ) — calm, stillness
نِطاقُ الـ ~ الاستِوائيّ — doldrums (Meteor.)
رَهينة — hostage
رَوى، سَقى — irrigate, water
~، قَصَّ — narrate, give an account of
رَواج، بَيوعيَّة — salability, marketability
~، اِنتِعاش — boom
رَوادِفُ المِرجَل — boiler mountings (Eng.)
رَواسِب، قُرارة (أنظُر: راسِب) — deposits, sediments
~، ثُمالة — bottoms, dregs, foots
~ أصيلة — endogenetic deposits (Geol.)
~ بَرِّيَّةُ المَنْشَأ — terrigenous sediments (Geol.)

رَواسِب (تابع)

~ جَلاميديَّة: حُبَيباتُها أخشَنُ من الرَّمل — rudaceous sediments (Geol.)

~ ريحيَّة — eolian deposits (Geol.)

~ ساحِليَّة — onshore deposits (Geol.)

~ ~ (بحرية قاريَّة) — paralic deposits (Geol.)

~ سِليكونية — siliceous deposits (Geol.)

~ شاطِئية — beach deposits

~ طُوفانيَّة — diluvium (Geol.)

~ القاع — bottom settlings (or sediments) (Pet. Eng.)

~ مَصَبِّ النَّهر — estuarine deposits (Geol.)

~ المياه السطحيَّة — supergene deposits (Min.)

الرواضِع — milk teeth (Zool.)

رَوافِد (أُنظُر: رافِد) — tributaries

رُواق، رِواق — gallery, porch, stoop (Build.)

~ مُعَمَّد — cloister (Arch.)

رَوب: لَبَنٌ خاثر — curd (Food Sc.)

رَوْبة: مِلاطٌ رَقيق القَوام — slurry (Build.)

~ إسْمَنتيَّة، مِلاطٌ مائع — grout (Civ. Eng.)

~ اللَّبَن — curd (Food Sc.)

~ المِنْفَحة — rennin, rennet (Chem.)

روبُوت: مَكَنةٌ حاسوبيَّةُ التحَكُّم — robot (Comp.)

الروبوتيّات: علم الآليات المُبرمَجة — robotics (Electron.)

روبيان، إربيان — prawn (Zool.)

الرُّوبِيديُوم: عُنصر فِلِزّي رمزه (بيد) — rubidium (Rb) (Chem.)

رَوْتَش — retouch (Photog.)

روتُون: كَمٌّ دَورانيّ نَظيرٌ لِلْفُونون — roton (Phys.)

رُوتين — routine

~ اقتِفاء — trace routine (Comp.)

~ تَشخيص — diagnostic routine (Comp.)

~ فَرْعيّ — sub-routine (Comp.)

رَوث، رَجيع — dung, droppings

الـ ~: كَسمادٍ طبيعيّ — manure (Agric.)

الرُّوثِنيُوم: عُنصر فِلِزّيّ رَمزُه (ثن) — ruthenium (Ru) (Chem.)

رَوَّجَ — promote, propagandize, push

روح: مَحلولُ كحولِ الإثيلين — spirit (Chem.)

~ الجَماعة، ~ التعاون — team spirit

~ الخشَب — methanol, methyl or wood alcohol (Chem.)

الـ ~ الرياضيَّة — sportsmanship

~ النّشادر — spirit of hartshorn (Chem.)

رَوَّح، هَوَّى — fan, ventilate

رُوحي، كُحولي — alcoholic, spirituous

رُوداج — running in (Eng.)

الرُّوديُوم: عُنصر فِلِزّيّ رَمزُه (يم) — rhodium (Rh) (Chem.)

روذَرفُورد، رَذرفورد: (أُنظُر: رَذَرْفورد) — rutherford (Phys.)

رَوْز، رَزْن — assay (Chem.)

~ جافّ — dry assay (Chem.)

~ حَيَويّ — bio-assay (Biol., Ecol.)

~ (رَزْنٌ) ضابِط (أُنظُر أيضًا: رَزْن) — control assay

رُوزْنامة — calendar

رَوْزَنَة: كُوَّةٌ مُستديرة — roundel, oculus (Arch.)

~ بَيْضاويَّة — ox-eye, oeil-de-boeuf (Arch.)

رَوْسَم، كليشيه — gravure, printing plate, cliché (Print.)

~ خَشَبي (أو طبعةٌ مِنه) — woodcut

رَوْشَن: نافِذةٌ ناتِئةٌ من سَقفٍ مائِل — dormer (window) (Build.)

رَوَّضَ، دَرَّبَ — train, drill

~، دَجَّنَ — tame, domesticate

~، لَيَّنَ بالاستعمال — break in

~ المُحَرِّك — break in (or season) a motor (Eng.)

رُوطان، أَسَلُ الهِند — rattan (palm) (Bot.)

رَوَّعَ، أفزَعَ — horrify, alarm, frighten

رَوعة، فَزَع — dread, alarm, fright

~، فِتنَة، جَمالٌ أخّاذ — splendo(u)r, superbness

رَوغ، رَوغان — dodging, swerving; evasion

رَوَّقَ، نَقَّى بالترويق — elutriate, clarify, settle (Chem.)

الرَّوْق: السائِلُ الرائق الطافي فَوق الثُّفْلِ والرُّسابة — supernatant liquid (Chem.)

رُوماتِزم، الرَّثْيَة — rheumatism (Med.)

رُونتجِن: وَحدةُ إشعاع — roentgen, röntgen (Phys.)

رَوْنَق — grace, beauty, lustre

رَؤوب: يُمكِنُ رَأْبُه — repairable, reparable

رُوود: حَوالى ١٠١١,٧ مِتر مُرَبَّع — rood

رُؤوس (أُنظُر: رأس) — heads, vertices, summits

رُؤيا: ما يُرى في النوم — vision

رُؤية، إمكانيَّة الرُّؤية — visibility

~، بَصَر، نَظَر، إبصار — vision, sight

~ البَرّ (بعدَ رِحلةٍ بَحريَّة) — landfall

~ ثُلاثيَّةُ الأبعاد، ~ مُجَسَّمة — three-dimensional vision, stereoscopic vision, stereovision (Phys.)

~ ضَعيفة (أو سَيِّئة) — poor visibility (Meteor.)

~ عَتَميَّة: بِحَساسيَّة نَبابيت الشبكيَّة — scotopic vision (Phys.)

رَوِيَّة — reflection, careful consideration, deliberation

رُؤَيْس — capitulum, flower head (Bot.)

رِي: وَحدةُ قياسِ المُيُوعَة — rhe (Phys.)

رَيّ — irrigation

~ حَوضيّ أو غَمْريّ — flood irrigation (Agric.)

~ القَطْر — drip irrigation (Agric.)

رِيا: وادي نهرٍ غاطِس — ria (Geol.)

رِياح (أُنظُر: رِيح) — winds

مُعاقٌ بِفِعلِ الـ ~ — windbound (Naut.)

مُعَرًّى بِحَتِّ الـ ~ — windworn (Geol.)

الـ ~ التجارية — trades = trade winds (Meteor.)

الـ ~ ~ المُضادَّة — antitrades (Meteor.)

الـ ~ السيّارة: الرياحُ التجارية والغَرْبية والقُطْبيَّة (الدائمة) — planetary winds (Meteor.)

~ شَمْسِيَّة: تيّاراتٌ من الجُسَيمات المَشحونة تنفُذُ باستِمرار إلى الفَضاء ما بينَ الكواكِب — solar winds (Astrophys.)

الـ ~ الغربيَّة — zephyr (Meteor.)

~ قُطْبيَّة — polar winds (Meteor.)

~ مُنْحدَرِ الضغط — gradient winds (Meteor.)

~ يمينيَّة — veering winds (Meteor.)

رِياديّ — pioneer

رِئاسة — presidency, headship

رياضة، تمرين — exercise

~، تَرويض (المُبتدئ – من الخيل بخاصةٍ) — breaking in

~: تمارين رياضيَّة تشملُ ألعابًا تنافُسيَّة كالركض والقفز — athletics

رياضة (تابع)

~: ألعابٌ رياضيَّة لِلمُتعة أو التنافُس (كالتِّنِس وكُرة القدم وكُرة السَّلة والغولْف إلخ) — sport(s)
~ُ بَدَنية — physical training
رِياضيّ: خاصٌّ بالرياضة — sport, athletic
~: خاصّ بالرياضيّات — mathematical
~: لاعِبُ رياضة — sportsman, athlete
~: عالِمُ رياضيّات — mathematician
روحٌ رياضيَّة — sportsmanship
الرياضيّات: عِلمُ الرياضيّات — mathematics
~ البَحْتة — pure mathematics
~ التطبيقية — applied mathematics
~ الكيماوية — stoichiometry (Chem.)
رِيباس — rhubarb (Bot.)
رِيباسة، جُسَيمٌ رِيبيّ — ribosome (Biol.)
رِيبة — incertitude
مَبْدَأ الـ~ — uncertainty principle (Phys.)
رئة — lung (Zool.)
~ُ غَوْص: قارورة هواء تُشَدُّ إلى ظهر الغَوّاص لِلتنفس تحت الماء — aqualung
ذاتُ الـ~ — pneumonia (Med.)
ريح — wind
~، أرياح — flatus (Med.)
~ُ جَنوبيَّة شَرقيّة — southeaster (Meteor.)
~ُ ~ غربيّة — southwester (Meteor.)
~ُ جيوسْتروفيّة: رِيحٌ دوَرانيّة أرضِيَّة تُوَجِّهُها حركةُ الأرض — geostrophic wind (Meteor.)
~ُ خَلْفيَّة (باتِّجاه المَسار) — tail (or rear) wind (Aero., Naut.)
~ُ دُوَّاميَّة — eddy wind (Meteor.)
~ُ ~، زَوبَعة — whirlwind (Meteor.)
~ُ رَخاء (أو ضَعيفَة) — slack wind
~ُ السَّموم — simoom (Meteor.)
~ُ شَديدة (مع مطر وثلج عادةً) — squall
~ُ شَمالية شرقية — northeaster (Meteor.)
~ُ ~ غربية — northwester (Meteor.)
~ُ صاعِدة — anabatic wind (Meteor.)
~ُ عاصِفة: سُرعتُها حوالى ٤٠ ميلًا في الساعة — gale, violent wind (Meteor.)
~ُ كهربائية — electric wind (Phys.)
~ُ مُدْبِرة — backing wind (Meteor.)
~ُ مُعاكِسة (أو مُقابِلة) — adverse wind, upwind, head wind (Naut.)
~ُ مُعتَرِضة أو مُتَعامِدة — cross-wind
~ُ مَوسِميَّة — monsoon (Meteor.)
~ُ نَجْميَّة — stellar wind (Astrophys.)
~ُ هابِطة — katabatic or catabatic wind (Meteor.)
رِيحيّ، هَوائيّ — aeolian, eolian
رِئْد، فَسِيلة — scion (Bot.)
~، ساقٌ مَدّادة — stolon, runner (Bot.)
~، شَكير، فَرخ — shoot, sucker (Agric.)
رَيِّس، رُبّان — skipper
رِيش (الطائر) — plumage (Zool.)
~، أرياشُ (المِروحة أو التوربين) — vanes, blades (Eng.)
رِيشَة — feather, plume
~، نَصْلَة — vane, blade (Eng.)
~ تحكُّم — control vane (Aero.)
~ تَجديف — paddle
~ُ توجيه — guide vane (Aero.)
~ُ ~ تيّارِ النَّفْث — jet vane (Eng.)
~ُ الرَّفّاص — propeller blade, screw blade (Naut.)
~ُ الطاحونةِ الهوائية — sail
~ُ (أو نَصْلة) مُلْقَمة — inserted blade (Eng.)
رِيشيُّ الشَّكل — pinnate, penniform
رَيْع، عائِدة، إتاوة — royalty
~، غَلَّة — yield, harvest
~ُ الأرضِ الزراعية — esplees
~ُ عَقاري — ground rent
~ُ مُحَدَّد — fixed royalty
رِيف — country, countryside
~، شِعْب — reef (Geol.)
رِيفيّ — rural
رِيق، لُعاب — saliva (Zool.)
رِيل: حَزٌّ كالوادي في سطح القَمر — rill (Astron.)
رِئم، غَزال — gazelle (Zool.)
رِينِين، مِنْفَحِين: مُخَثِّرةُ اللبن — rennin (Chem.)
رِينين، كُلْوِين: أنْزيمٌ كُلْويّ — renin (Med.)
رِيُوتْرون: مُسارِعُ إلكترونات — rheotron (Phys.)
رِيُوسْتات، ناظِمُ التيّار: مُقاوَمَةٌ مُتغيِّرة — rheostat (Elec. Eng.)
رِيُومِتْر: مِقياسُ انسياب المواد اللزِجة — rheometer (Phys.)
رِئونيّ، نَفْحيّ: يعملُ بالهواء المضغوط — pneumatic (Eng.)
الرِّئونيّات: عِلْمُ ميكانيكيَّة الهواء (مَضغوطًا أو مُخَلْخَلًا) — pneumatics (Eng.)
رِئَويّ — pulmonary (Zool.)
رَئِيس — boss, principal, master, chief
~ُ الاجتماع، ~ُ اللجنة — chairman
~ُ الأركان — chief of staff (Mil.)
~ُ التحرير — chief editor, editor in chief
~ُ عُمّال — foreman
~ُ الفِرقة — chargeman
~ُ المَزرعة — farm manager (Agric.)
الرئيسات: أعلى رُتَبِ الحيَوانات الثديَّة — Primates (Zool.)
رئيسيّ، أساسيّ — primary, chief, principal, major, main, prime, key
رَئِيسيَّة — cardinality

ز

ز: الرمزُ الكيماوي لِعُنصُر الزِّرنيخ — As (arsenic) (Chem.)

زَأبَقَة: مُعالَجة بالزئبق — mercurization (Chem.)

~: ترسيبُ الزئبق كهربيًّا على سَطح قبلَ الطلاء — quicking (Elec. Eng.)

زاج — vitriol (Chem.)

ال ~ الأبيض: كِبريتاتُ الزِّنك المُمَيَّأة — white vitriol (Chem.)

ال ~ الأحمر، قَلْقطار — red vitriol = colcothar (Chem.)

ال ~ ~: كِبريتاتُ الكوبَلْت المُمَيَّأة — red vitriol = bieberite (Min.)

ال ~ الأخضَر (كِبريتاتُ الحَديدوز) — green vitriol (Chem.)

ال ~ الأزرق: كبريتات النحاس المائيَّة — blue vitriol = bluestone (Chem.)

ال ~ الكوبَلْتيّ: كبريتات الكوبلت المُمَيَّأة — cobalt vitriol = bieberite (Min.)

زاحَ، أزاحَ — displace, dislodge, move aside or away

زاحِفٌ — reptant (Biol.), creeper (Bot.)

~: حَيوانٌ من الزواحِف — reptile, reptilian (Zool.)

زاحمَ، زحمَ — jostle, push, shove

~، نافَس — compete with, rival

زادَ، عزَّزَ، اِزدادَ — augment, enhance, boost, increase

~ على، فاقَ — exceed, top

~ التقدير (مُبالِغًا فيه) — overestimate

~ الحَراجة أو الخُطورة، فاقَمَ — aggravate

~ زاويةَ الارتفاع — elevate (Surv.)

~ السُّرعة — gear up

~ الشِّدَّة، اِشتَدَّ — intensify

~ قيمةً — appreciate

~ بِنسبةٍ مُعَيَّنة — scale-up (Maths.)

زاعِق — howler (Elec. Comm.)

زاغَ، راوَغَ — dodge

~، مالَ وحادَ (عن الصواب) — swerve, stray

زاغٌ: غاق — crow (Zool.)

زافِرة، شِكالُ دَعْم — juggler (Civ. Eng.)

~، كَتِفُ دَعْم — buttress (Build.)

زالَ، تَلاشى — vanish, disappear

زالِق — sliding, slider

زامَنَ، عاصَرَ — contemporize

~، واقَت — synchronize (Eng.)

~ الرنين — syntonize (Phys.)

الزّان، المُرّان — beech (Bot.)

زانِق، زانِقة — retainer (Eng.)

زانِقة: وتديَّة أو كتليَّة — chock (Eng.)

~: حَلْقةُ إحكامٍ أو زَنْق — lock-o-ring (Eng.)

~ الجُلْبة، زانِقُ الجُلْبة — bushing retainer (Eng.)

زاهٍ، مُشرِق، زاهِر — shining, bright, vivid, colorful

زاوَجَ — pair, couple, arrange in duplicates

زاوَلَ، مارَسَ — practise, practice, exercise

الزاووق، الزئبق — mercury, quicksilver (Chem.)

زاويّ — angular

~، مُزَوّى، مُقرَّن — angulate

زاوية — angle (Geom.)

~، رُكْن — nook, corner

~ الإبصار — visual angle (Opt.)

~ الاتِّجاه — bearing angle, heading angle (Naut.), direction angle

~ اتجاهٍ لاسِلكي — radio directional bearing (Radio)

ال ~ الاتِّجاهيَّة التَّسامُتيَّة — grid bearing (Surv.)

~ الاجترافِ العُلْويّ — upwash (Aero.)

~ الاحتِكاك — angle of friction (Eng.)

~ اختلافِ المركز — eccentric angle (Maths.)

~ الاختلاف المغنطيسي، تغيُّر التسامُت الشبكي — grivation = grid variation (Aero.)

~ اختلافِ المَنظر — angle of parallax (Phys., Astron.)

~ الارتجاح — swing angle

~ الارتخاء — angle of sag (Eng.)

~ الارتِداد — angle of recoil (Eng.)

~ الارتفاع — angle of elevation (Build., Surv.)

~ ~ عن الأُفُق — altitude (Astron., Surv.)

ال ~ الأرضيَّة — ground angle, landing angle (Aero.)

~ الاستِدقاق — angle of taper

~ الاستِطارة — scattering angle (Phys.)

~ الاستِقرار (على سَطح مائل) — angle of repose or rest (Civ. Eng.)

~ الاستِقطاب — polarizing angle (Phys.)

~ الاستِناد — reference angle (Surv.)

~ الإسقاط — angle of projection

~ الاصطِدام، ~ الصَّدْم — angle of impact (Eng., Phys.)

~ الإطلاق — launching angle (Eng.)

~ الاقتِراب — approach angle (Aero.)

~ الالتِواء — angle of torsion, angle of twist (Eng.)

~ الانثِناء — angle of flexure

~ الانحِدار — angle of slope (Surv.), gliding angle (Aero.)

~ الانحِراف — angle of deflection, deflection angle (Electron.), angle of deviation (Phys.)

~ ~ الأدنى — angle of minimum deviation (Phys.)

~ ~ المِغنَطيسي — angle of declination (Magn., Surv.)

~ الانحِناء — angle of bend (Eng.)

~ الانخِفاض — depression angle, angle of depression (Surv., Astron.)

~ الانزِلاق — angle of slip

~ الانسياق: في اتجاه الرِّيح — drift angle, angle of sag (Aero., Naut.)

~ انعِدامِ الرُّؤية — cut-off angle (Aero.)

~ ~ الرَّفع — angle of zero lift (Aero.)

~ الانعِراج — angle of yaw (Naut., Aero.)

~ الانعِطاف أو الانحراف — deflection angle, angle of deviation (Light)

~ الانعِكاس — angle of reflection (Light)

~ الانفِراج — angle of divergence (Elec. Eng., Electron.)

~ الانقضاض — dive angle (Aero.)

~ الانكسار angle of refraction (Light)
~ الانهيار angle of stall (Aero.)
~ بارِزة salient angle
~ البَصَر angle of sight (Surv.)
~ بينَ مُستَوِيَيْن dihedral angle (Maths.)
~ (بَيْن) وَجهيَّة، ~ بَيْنيَّة interfacial angle (Phys.)
~ التباعُد angle of divergence (Phys.)
~ تحديدِ المَركَز centre square (Eng.)
~ تَخطيطٍ مائل bevel (Carp.)
~ التخَلُّف angle of lag (Elec. Eng.)
~ تخَلُّفِ الطور phase lag angle (Elec. Eng.)
~ تَراصُفِ الطبقات angle of bedding (Geol.)
~ التسامُت (بينَ خطوط الشبكة) grid azimuth (Surv.)
~ التصحيح correction angle (Surv.)
~ التصويب sighting angle (Surv.)
~ تعامُدٍ فولاذيَّة steel square (Eng.)
~ تعامُدٍ مُؤتلِفة combination square (Eng.)
~ التفريز milling angle (Eng.)
~ التقارُب أو التلامّ angle of convergence (Phys.)
~ التقاطُع intersection angle (Surv.), crossing angle (Railways)
~ التقدُّم، ~ السَّبق angle of lead (Elec. Eng.)
~ التماسّ angle of contact (Geol., Eng.)
~ التمَزُّق angle of rupture (Geol.)
~ التوازُن الطوَلانيّ (للسفينة أو الطائرة) trim (Naut., Aero.)
~ التوجيه helm angle, rudder angle, angle of orientation
~ التَّوقيت hour angle (Geog.)
~ ثُلاثيَّة (مُجَسَّمة) trihedral angle (Maths.)
~ الجَذر (في تُرسٍ مَخروطي) root angle (Eng.)
~ الجَرْف rake, rake angle (Eng.)
~ ~ الأماميّ front rake (Eng.)
~ ~ الجانبيّ side rake (Eng.)
~ ~ العُليا top rake (Eng.)
~ الجُنوح heel, heel angle
~ حادَّة: أقَلُّ من ٩٠° acute angle (Maths.)

~ الحُدور، ~ الانحِراف المِغنَطيسي angle of declination (Magn.)
~ حَرِجة critical angle (Phys.)
~ الحَطّ angle of landing (Aero.)
~ الحُيود angle of diffraction (Light)
~ خارِجيَّة أو خارِجة exterior angle, external angle (Maths.)
~ ~ (مِن مَبنى) quoin (Build.)
~ الخَطَران (أو الارتِجاح) swing angle
~ الخَطْوة angle of pitch (Eng.)
~ الخَلاص: بينَ ظَهر عُدَّةِ القَطْع والسَّطح المَقطوع relief angle (Eng.)
~ الخلوص clearance angle (Eng.)
~ داخِليَّة interior angle (Maths.)
~ دائريَّة: تُساوي ٣٦٠° درجة round angle, perigon (Maths.)
~ الدوران rotation angle
~ الذُّروة crest angle
~ الرأس vertex angle (Maths.)
~ رُباعيَّة tetrahedral angle (Maths.)
~ رُبْعيَّة quadrantal angle
~ الرَّفع lift angle (Aero.)
~ زَوجيَّة dihedral angle (Maths.)
~ ساعِيَّة: مُوجِبة غربي خَطِّ الزوال لِلراصِد (من صفر إلى ٢٤) hour angle (Astron.)
~ سافَّة grazing angle (Phys.)
~ سالِبة negative angle (Maths.)
~ السَّبْق angle of lead, lead angle (Elec. Eng.)
~ السُّقوط (أو الوُرود) incidence angle, angle of incidence (Phys.)
~ ~ السَّاف glancing angle (Phys.)
~ سُقوطٍ عالية high incidence angle
~ السَّمْت azimuth(al) angle (Surv.)
~ سَمْتيَّة zenith(al) angle (Astron.)
~ سِنّ اللولب angle of thread (Eng.)
~ الشَّطب bevel angle (Plumb.)
~ الصَّدْع الرأسيَّة angle of hade (Geol.)
~ الصعود angle of climb (Aero.)
~ صِفرية zero angle (Maths.)
~ ضَبْطٍ قائمة try(ing) square (Eng.)
~ الضغط (في المُسَنَّنات) pressure angle (Eng.)
~ الطَّور phase angle (Elec. Eng.)
~ العَضّ: في الدلْفنة angle of bite (Eng.)

~ العُطوف angle of roll, angle of bank (Aero.)
~ غيرُ قائمة bevel (Build.)
~ الفِرجَون brush angle (Elec. Eng.)
~ الفَقْد loss angle (Elec. Eng.)
~ قائمة right angle (Maths.)
~ قُرنيَّة horn(ed) angle (Maths.)
~ قُطبيَّة polar angle
~ القَطْع cutting angle (Eng.)
~ كارَّة: تَزيدُ عن ١٨٠° في داخل شَكلٍ مُقفَل re-entrant angle (Eng.)
~ كُرَويَّة spherical angle (Maths.)
~ اللارَفْع no-lift angle (Aero.)
~ مائِلة oblique angle (Maths.)
~ مُتَّجِهيَّة vectorial angle
~ مُجَسَّمة solid angle, polyhedral angle (Maths.)
~ ~ كامِلة = 4π steradian steregon, entire solid angle
~ ~ مُقَعَّرة concave solid angle
~ مُحاطة inscribed angle (Maths.)
~ مَحصورة أو مُتَضَمَّنة comprehended angle, included angle (Surv., Maths.)
~ مُحيطة، ~ مُحيطيَّة كامِلة (٣٦٠°) perigon (angle)
~ المَخروط cone angle (Geom.)
~ مُدَوَّرة round angle
~ مُرافِقة: تكمِّلُ أُخرى ٣٦٠° conjugate angle (Maths.)
~ مَركزيَّة central angle (Maths.)
~ مُستقيمة (١٨٠° درجة) straight angle
~ ~ الضِّلعَين rectilinear angle (Maths.)
~ مُستَوية أو مُسَطَّحة (قياسُها ١٨٠°) plane angle, flat angle (Maths.)
~ مُشَفَّهة lipped angle (Eng.)
~ مَفتوحة: واسِعةُ المَدى open angle (Maths.)
~ مُقابِلَة subtended angle (Geom.)
~ مُماسِّيَّة وَتَريَّة tan-chord angle (Maths.)
~ مُنبَسِطة flat angle, straight angle
~ مُنحَنيةُ الضِّلعَين curvilinear angle
~ مُنعَكِسة: تزيدُ على ١٨٠° reflex angle (Maths.)
~ مُنفَرِجة obtuse angle (Maths.)

زاوية (تابع)
~ مؤتلفة combination set, combination square (Eng.)
~ مُوجبة positive angle
~ المَوجةِ الجَيْبيَّة angle of sine wave (Phys.)
~ مُوَجَّهة directed angle (Maths.)
~ المَيْل angle of dip (or inclination) (Magn., Geol.)
~ مَيلِ مِحْوَرِ الطيَّة (عن المُستوى الأُفقي) pitch (Geol.)
~ ~ العَجلاتِ الأماميَّة camber angle
~ ناتِئة (في مَبنى) coign, quoin (Build.)
~ نِصْفُ قائمة mitre square (Carp.)
~ نِصفُ قُطرية (~ نِقِّيَّة) = ٥٧,٣° radian, unit angle
~ ~ ~ مُجَسَّمة steradian, spheradian, solid radian (Maths.)
~ الهبوب، ~ مواجَهة الريح angle of attack (Aero.)
~ الهُمود dead angle (Mech., Eng.)
~ وَجْه، ~ وَجْهيَّة face angle (Geom.)
الـ ~ الوَجْهيَّة facial angle
~ الوُرود (السقوط) المُثْلَى optimum angle of incidence (Phys.)
زاوِيَّة angularity
زاوِيَتانِ مُتَبادِلتان alternate angles (Maths.)
~ مُتَتامَّتان (مَجموعُهما ٩٠°) complementary angles (Maths.)
~ مُتجاوِرَتان adjacent angles (Maths.)
~ مُتَرافِقتان: مجموعُهما ٣٦٠° conjugate angles (Maths.)
~ مُتَقابِلتان opposite angles (Maths.)
~ ~ بالرأس vertically-opposite angles
~ مُتكامِلَتان: مجموعُهما ١٨٠° درجة supplementary angles (Maths.)
~ مُتَناظِرَتان corresponding angles (Maths.)
زايَدَ، عَرَضَ ثَمنًا أعلى outbid
زائِد plus, added to
~، فائِض excess
~ التوَتُّر: ذو ضَغْطٍ انتِشاريٍّ أعلى hypertonic (Biol., Chem.)
~ الجُسوءَة overrigid
~ عن الحاجة، فائِض redundant
~ عن المُقَرَّر، فائِض supernumerary
~ المُضاءَلة over-damped (Phys.)
زائِدة، مُلْحَق، لاحِقة appendage, appendix
~ امتِداديَّة process (Biol.)
الـ ~ الدُّودية appendix, vermiform appendix (Zool.)
~ رَقيقة (بِتسَرُّب المَعدنِ عبرَ قالَب الصب) flash (Eng.)
~ ريشيَّة plume (Bot.)
~ سَطحيَّة epigene process (Geol.)
~ شَجَرِيَّة (في الخلية العَصبيَّة) dendrite (Zool.)
~ صَبّ (لِمَنْع التغَوُّر) sink(ing) head (Met.)
~ قالَبِ الصَّب out-gate = riser (Eng.)
زائِديّ (المَقْطَع) hyperbolic (Maths.)
زائِغ aberrant, astray, straying
زائِف، كاذِب sham, mock, fake, spurious; forged, counterfeit
زائفةُ التشاكُل: مُتَشابِهةُ التركيبِ الكيماوي ومختلفةُ التركيب البِلَّوري allomorphic
زائِل، سَريعُ الزوال ephemeral, transient, transitory
زَبابة shrew (Zool.)
زِبارة: تقليم الكَرم vine dressing (Agric.)
زُبانَى، قَرْنُ استِشعار antenna, feeler (Zool.)
~، حُمَةُ اللَّسْع sting (Zool.)
زبائن clientele
زُبْد butter, cream (Food Sc.)
~ نَباتي vegetable butter (Chem.)
زَبَدٌ، رَغْوَة، رُغاوة foam, froth (Chem.), scum
~ المَوج white horses = white caps (Naut.)
زُبْدَةُ الطَّرطير cream of tartar (Chem.)
زُبديّ butyric, butyr(o)- (Chem.)
زَبَرْجَد، زُمُرُّدٌ رَيْحاني peridot, aquamarine (Min.)
زِبْل، سَماد طبيعي manure, dung (Agric.)
زَبون، عَميل client, customer
زَبيب raisin (Food Sc.)
الـ ~: سُمُّ الحيَّة، ذيفان venom, toxin
زُجُّ المِرساة crown (Naut.)
زَجّاج glazier (Build.)
زُجاج glass
~ اصطِناعيّ: بَديلُ الزجاج glass substitute (Eng.)
~ أمان safety glass
~ ~ رَقائقي laminated safety glass
~ أُوپالي white glass = opal glass
~ بَرّاق opalescent glass
~ بَصَريّات optical glass (Opt.)
~ بِلَّوري، بلّور crystal glass
~ تاجيٌّ: شَديدُ الصَّفاء crown glass (Chem.)
~ جُورْجيانيّ: زُجاجٌ مُسَلَّح Georgian glass
~ جِيري (الزُّجاج العادي) lime glass
~ رَصاصيّ (يَحْجُبُ الإشعاعاتِ المُضِرَّة) lead glass (Chem.)
~ رَقائقي، زُجاجُ أمانٍ رَقائقي laminated glass = laminated safety glass
~ ~ مُسَلَّك laminated wired glass
~ السِّلِنيوم: لِلمُرَشِّحات الضوئيَّة selenium glass (Photog.)
~ صَفائحيّ، ألواحُ الزُّجاج sheet glass
~ ظِرّاني flint glass
الـ ~ العاديّ soda-lime glass
~ لانَثُور: لا يتناثَرُ عندَ الانكسار non-shatterable glass
~ لا يتشَظَّى unsplinterable glass
~ لَوحيّ (مُمتازُ النوعيَّة) plate glass
~ لِيفيّ fibre-glass (Eng.)
الـ ~ المائيّ: مَحلولٌ مُرَكَّز من سِليكات الصوديوم (أو البوتاسيوم) في الماء water glass (Chem.)
~ مُحَفَّر: مُزَيَّنٌ بالحَفْر cut glass (Build.)
~ مُدَرَّع armour glass
~ مَرْوِيّ، ~ كوارتزيّ quartz glass (Min.)
~ مُسَلَّح: زُجاجٌ مُقَوًّى بالأسلاك wire(d) glass, armour glass
~ مُسَنْفَر ground glass
~ مُشَكَّل السطح configurated glass
~ مَطليٌّ بالميناء enamelled glass
~ مُعْتِم: شَفيفٌ غيرُ شَفّاف obscured glass
~ مَغزول (لِيفيُّ الشكل) spun glass
~ المغنيسيا magnesia glass (Chem.)

زُجاج (تابع)
~ مُقسّى — tempered glass, toughened glass
~ مُلوّن — stained glass
~ مُموّج — corrugated glass
~ يينا — Jena glass
زِجاجة: تركيبُ الألواح الزُّجاجيّة — glazing (Build.)
زُجاجة، قارورة — bottle
~ بيانِ الزيت — oil gauge glass (Eng.)
~ الثِّقل النوعي — specific gravity bottle (Phys.)
~ القنديل — chimney
~ كَثافة — density bottle (Phys.)
~ مُراقَبة، (زُجاجةُ ساعة) — watch glass
زُجاجيّ، شَبيهٌ بالزُّجاج — vitreous, glassy, hyaline
الزُّجاجيّة: الجسمُ الزُّجاجي — corpus vitreum, vitreous body, vitreous humour (Zool.)
زَجَّج: رَكّبَ الزُّجاج أو طَلى بطبَقةٍ كالزُّجاج — glaze (Build.)
~: صارَ كالزُّجاج — vitrify
زُجْلَة: قِطعةٌ قِواميّة في تركيبةٍ أو تصميم — module (Eng.)
~ بَرْمَجيّة — module (Comp.)
~ تحَكُّم — control module (Eng.)
~ تَحْميل (بَرامجيّة) — load module (Comp.)
~ ذاكريّة — memory module (Comp.)
~ صُغريّة — micromodule (Elec. Eng.)
~ فَضائية: مَقصورة (أو قِسمٌ خاصّ) في مركبة فضائية يُمكِنُ انفصالُها وقيادتُها مُستقِلّةً — module, space module (Space)
زُجْليّ: نَسَقيٌّ بحيثُ يُمكِنُ استبدالُ زُجلةٍ بأُخرى — modular (Electron.)
زُحار، دزنطاريا — dysentery (Med.)
~ أميبيّ — amoebic dysentery (Med.)
زَحّاف: نباتٌ زَحّاف أو مُعْتَرِش — creeper, creeping plant
~: مِن الزواحِف — reptile, reptilian (Zool.)
زَحّافة — sledge, sleigh, sled
~ الثلج — snowmobile
~ الذيل — tail skid (Aero.)
زِحام — congestion, jam
زَحْزَحة — shift, shifting, displacement
~ أماميّة: لِفرجَون المُبَدِّل — forward shift (Elec. Eng.)
الـ ~ الحَمراء (في الطيف) — red shift (Phys.)
~ دورانيّة — cyclic shift, end-around shift (Comp.)
~ الطور الكهربائي — electrical phase shift (Elec. Eng.)
~ المُسَنَّنات — gear-shifting (Eng.)
زَحَفَ — crawl, creep
زَحْف، زَحَفان، تزَحُّف — creep (Eng.)
~ التُّربة — earth creep, soil creep, solifluction, solifluxion (Geol.)
~ تَلّيّ — hill creep (Geog.)
~ جُمودي — gelifluction (Geol.)
~ الرُّكام — talus creep (Geol.)
~ الماء المضاد — adverse water advance (Pet. Eng.)
~ المَوج — swash
زَحَفان: تشَوُّه المعدِن أو استِطالتُه بالثِّقل المُستَمِرّ عليه — creep (Eng.)
~ السَّيْر، تَزَحُّف السَّير — belt creep (Eng.)
زَحَلَ — slip, slide, skid; shift
زُحَل: الكوكَبُ السادِس — Saturn (Astron.)
زَحْلُ التُّربة — solifluction (or solifluxion) (Geol.)
زَحْلَفَ: زَحزَحَ بِدَرَجاتٍ صغيرة — inch
زُحْلوقة — skid
زَحْمة، ازدِحام — jam, congestion; rush
~ سَيْر — traffic jam, traffic congestion
زَخارِف — decorations, decor
(أنظُر: زَخرَفة)
~ مُخَرَّمة (من السِّلك الرفيع) — filigree
زَخّة — downpour, shower (Meteor.)
~ ثَلْجيّة — snow flurry (Meteor.)
زَخَرَ (بِـ) — abound (in)
زَخْرَفَ — ornament, decorate, embellish, garnish
زَخْرَفة — ornament(ation), decoration, embellishment, trim
~ خَطّيّة مُتَشابِكة — tracery (Arch.)
~ داخليّة — interior decoration, decor
~ شبكيّة بالتفريغ — fret-work (Build.)
~ طِباعيّة — illumination
~ عربيّة — arabesque (Build.)
~ كُرَويّة (طَرَفيّة) — pommel (Build.)
~ واجِهيّة — facework (Build.)
~ وَرَقيّةُ الشَّكل — foliage (Arch.)
زُخرفي، زِيني — ornamental, decorative
زَخْم: كَمّيّةُ التحَرُّك — momentum (Phys.)
~: قُوّةُ دَفْع — impetus, impulsion (Phys.)
~ زاويٌّ مَداري (لإلكترونٍ دَوّار) — orbital angular momentum (Phys.)
~ مَداريّ — orbital momentum (Space)
زِرّ — button
~ استِحضار المِصْعَد — landing call push (Elec. Eng.)
~ الأمان — safety button
~ بَدْءِ التشغيل، ~ الانطِلاق — starter button (Eng.)
~ التَّماس — contact stud (Eng.)
~ التوليف — tuning knob (Acous.)
~ الجَرَس — bell-push (Elec. Eng.)
~ ذو تَلامُسٍ مُزدَوِج — double-contact push (Elec. Eng.)
~ الضبط أو التعديل — attendance button (Eng.)
~ ضَغْطيّ، ~ كَبّاس — pushbutton (Eng.)
~ فَصْلٍ ووَصْل — break-and-make button (Elec. Eng.)
~ كهربائي — pushbutton (Elec. Eng.)
زِراعة، فِلاحة — agriculture, farming, husbandry (Agric.)
~ الأزهار — floriculture
الـ ~ البَحْريّة — mariculture (Agric.)
~ الحِراج — silviculture
~ كَثيفة — intensive agriculture
~ الكَرم — viticulture
الـ ~ المائيّة: زِراعةٌ فوقَ الماء — hydroponics = water culture
~ مُتَنَقِّلة — shifting cultivation (Agric.)
الـ ~ المُختلطة: الزراعةُ وتربيةُ المَواشي في المَزارِع الكبيرة — mixed farming
~ المُدَرَّجات — terrace cultivation (Agric.)
زِراعيّ — agricultural, agrarian
زرافة — giraffe (Zool.)
الـ ~: كوكبة شمالية — Camelopardalis (The Giraffe) (Astron.)
زَرّاقة، مِحْقَنة — syringe, injector (Med.)
زُرام: احتِباسُ البول — anuria (Med.)
زَرْجَن، لَصِب — seize, jam (Eng.)

زَرْد: خنقٌ سَدّاد — strangulation (Med.)
زَرْدة، حَلْقة (في سِلْسِلة) — link, ring, annulus
زَرْدَمة، غَلْصَمة — glottis (Zool.)
زَرَدِيَّة — pliers (Eng.)
~ تَخْريم، ~ ثَقْب — punch pliers (Eng.)
~ جانبيَّةُ القَطْع — side-cutting pliers
~ حادَّةُ المِنقار تراكُبيَّة الوُصْلَة: لِقَطْع وتَعْرِيةِ الأسلاك — needle nose lap joint pliers (Eng.)
~ دَرْز — seamer(s) (Eng.)
~ طَويلةُ الفَكَّين — long-nose pliers (Eng.)
~ عازِلة — insulating pliers (Elec. Eng.)
~ عامَّةُ الأغراض — universal pliers (Eng.)
~ قَشْر الكُبول — cable stripping pliers (Elec. Eng.)
~ قَصيرةُ الفَكَّين — short-nose pliers (Eng.)
~ قَطْع — cutting pliers (Eng.)
~ مُؤتَلِفة — combination pliers (Eng.)
~ مَبرومةُ الفَكَّين — round(-nose) pliers (Eng.)
~ مَعزولة — insulated pliers (Elec. Eng.)
~ مُفَلْطَحةُ الفَكَّين — flat-nosed pliers (Eng.)
زَرَّر — button (up)
زُرْزُور — starling (Zool.)
زَرْع — planting, cultivation
~ أُحاديُّ المَحصول — monoculture (Agric.)
~ الألغام، بَثُّ الألغام — mining, mine laying (Mil.)
~ الأيونات: قَذْفُ مادَّةٍ بالأيونات لِتَغيير خَواصِّها — ion implantation (Phys.)
~ تَعاقُبي — succession cropping (Agric.)
~ مُتَواصِل — continuous cropping
زَرْعة، زَريعة — culture (Biol.)
زَرْعةٌ نَقِيَّة: أُحاديَّةُ النوع — pure culture
زَرْق، حَقْن — injection
الزَّرَق، الغلوكوما — glaucoma (Med.)
زُرْقة — blueness
زُرْقُطة: زُنبورٌ صغير — French wasp (Zool.)
زَرْقون، زِرْكون: سِليكات الزركونيوم — zircon (Min.)
الزِّرْكونيوم: عُنصر فِلِزِّي رَمزُه (كز) — zirconium (Zr) (Chem.)
الزِّرنيخ، عُنصرٌ فِلِزِّي رَمزُه (ز) — arsenic (As) (Chem.)

زِرنيخات، مِلحُ حامِض الزِّرنيخ — arsenate
زِرنيخيت — arsenite (Chem.)
زِرنيخيد — arsenide (Chem.)
زَرُوع: صالحٌ لِلزِّراعة والفِلاحة — arable
زِرْياب، أبو زُريق — jay (Zool.)
زَرِيبة، حَظيرة — pen, fold, pinfold
زَرِيعة — cutlure (Biol.)
~، بِذار — seeds (Agric.)
زَعانِف (أُنظُر: زِعْنِفة) — fins
~ الأُسطُوانة — cylinder fins (Eng.)
~ تَبْريد — cooling fins (Eng.)
زَعْزَعَ، قَلْقَل — shake; upset
الزَّعزع: الريحُ الشَّديدة — gale, violent wind (Meteor.)
زَعْزَعة: تحريكٌ أو تقدُّمٌ ضَئيلٌ سريعٌ ومُتَكَرِّر — jogging
زَعْفران، جاديّ — saffron, crocus (Bot.)
زَعَق، بَوَّق — hoot
~، صاحَ — scream, shriek
زِعْنِفَة — fin (Zool., Eng.)
~، كَنَفُ مُوازَنة (لِلطّائرة المائية) — sponson (Aero.)
~ الاستِقرار الجانبيّ — skid fin (Aero.)
~ تبريد — cooling fin (Eng.)
~ تَوازُن أو مُوازَنة — stabilizing fin
~ حُوتِيَّة — flipper (Zool.)
~ رائشيَّة: في حافةٍ فِلِزِّية — burr (Eng.)
زِعْنِفِيّ — pterygial (Zool.)
زَعِيق — hoot
~ تَشْويشيّ — howl (Radio)
زَعِيم، قائِد — leader
زُغابة، زَغْبَة، خَمْلَة — villus (pl. villi) (Biol.)
زَغَب، زِئْبِر النسيج — down, fuzz, nap, terry
~ الحَمِيل: شَعْرُ الجنين (في اللبُونات) — lanugo (Zool.)
~ نَباتي — down, pappus, pubescence, coma (Bot.)
زَغِب، أزْغَب — fluffy, pubescent, comose, villose, downy
زَغَبة: رِيشة زَغَبِيَّة — plumule (Bot.)
زَغَلَ، مَذَقَ — adulterate
~، غَشَّ — cheat, deceive
زَغَلٌ: مَذْق — adulteration (Food Sc.)
~، غِش — fraud, deception
~: مادَّةُ المَذق — adulterant

زِفْت — pitch, asphalt (Chem.)
~ عازِل — insulating asphalt (Eng.)
~ الفحم الحجري — bituminous pitch
~ القَطِران — tar pitch (Chem.)
~ مَعدِنيّ — mineral pitch (Geol.)
~ النِّفط — petroleum pitch (Pet. Eng.)
زِفتي: شَبيه بالزِّفت أو بِلونه — pitchy, asphaltic
زَفَر — exhale, expire
زَفِير — exhalation, expiration (Zool.)
زُقاق، مَمَرّ — alley, lane
الزِّقيّات: رُتبة من الفُطريات — Ascomycetes (Bot.)
زَكّى، أوصى بِـ — recommend
زُكام، نَزْلَة — catarrh, coryza, cold (Med.)
زَلَّ، أخطأ — err, slip
~، كَبا، تَعَثَّر — slip, trip, stumble
زَلّاجة، زَلّاقة — ski, sled, sledge, skate, sleigh
زُلال، آح — albumen (Zool.)
~، ألبومين — albumin (Biol.)
زُلالاني — albuminoid
زَلَّة: خَطٌّ أُفقي في الصورة يتحرَّكُ عموديًّا أو إشارة غير مُنتظمة التردُّد — glitch (Electron.)
~، هَفْوة — slip, faux pas
~ قلَم — lapsus calami
~ لِسان — lapsus linguae
زِلْزال، هَزَّة أرضية، زَلْزَلة — earthquake, seism (Geol.)
مِرسَمةُ الزلازل — seismograph (Geophys.)
~ بحريّ (تحتَ سَطحِ البَحْر) — seaquake
~ بُركاني — volcanic earthquake (Geol.)
زَلْزاليّ — seismic, seism(ic)al
زَلْزَلة نائية — teleseism (Geophys.)
زَلَط، حَصباء — shingle, pebbles, gravel
زَلَقَ، انزَلَقَ، زَلِقَ — slide, slip, slither
زَلَّقَ: زَيَّتَ أو شَحَّم — lubricate
زَلِقٌ — slippery, unctuous, soapy
زَلَقة، مَزلَق — slide, slippery place
الزلَقيّ، مُنْحَني الانزلاق — glissette (Geom.)
زَلَل، خطأ — slip, fault, error
زَليل: مُزلِّق المفاصِل المتحرِّكة — synovia (Zool.)
زَمَّ، ضَيَّقَ، انقَبَضَ — constrict

~: شَدَّ بالزِّمام zipper, tighten (by zipping)
~: صَوَّتَ بزَميم أو أزيز zoom
~ ت (الطائرة): صعدت بسرعةٍ عالية فجأةً zoom (Aero.)
زَمٌّ: صُعودٌ عمودي فُجائيّ zooming (Aero.)
زَمّارة reed pipe
~ تَنْبيه klaxon, horn
زَمالة fellowship
زِمام reins, bridle, leash
~: ما يُزَمُّ أو يُشَدُّ به الشيء clip, brace, buckle, fastener
~ البطارية battery clamp (Elec. Eng.)
~ القَطر towing bridle
~ مُنزَلِق slide fastener = zipper
~ النابِض spring buckle
الزمان والمكان، الزَّمكان time & space
زَماني temporal
~ مَكانيّ، زَمكاني: يُحَدِّدُ إحداثيَّ الزمانِ وإحداثيّاتِ المكان لِحَدَثٍ ما space-time (Phys.)
زَمجرة roaring
زُمْرة band, gang, group, squad, team
~ جُزئيَّة subgroup
~ الدم blood group, blood type (Med.)
~ وَظيفيَّة functional group (Chem.)
زُمُرُّد: زَبَرْجَدٌ أخضرُ شَفّاف emerald (Min.)
~ رَيحاني، ~ أزرق aquamarine (Min.)
~ اللِّيثيا lithia emerald (Min.)
~ مصري، بَريل beryl (Min.)
زَمَعة، بُرعُم bud, eye (Bot.)
الزَّمْكاني: الزَّمانُ المَكانيّ (كَبُعْدٍ رابع) space-time (Phys.)
زَمَن، وقت time
~، عَصْر period, age, epoch (Geol.)
~ الاِحتِراق burning time
~ الاستِبقاء retention time (Electron.), holding time
~ الاستِجابة reaction time (Biol.), response time (Electron.)
~ الاستِرخاء relaxation time (Phys.)
~ الاستِعادة، ~ استِعادةِ الوَضْع الطَّبيعيّ recovery time (Phys., Radio)
~ اضمِحْلال النَّبْضة pulse decay time (Elec. Comm.)
~ الإفلات escape time
~ إماتةِ النِّصف (إشعاعيًّا) median lethal time (Phys., Biol.)
~ (دَورةِ) الإنجاز turnaround time (Comp.)
~ انقِطاع التيّار current-off time (Elec. Eng.)
~ البَطالة idle time (Eng., Comp.)
~ التجلُّط clotting time (Med.)
~ التَّرداد reverberation time (Acous.)
~ التَّسخين heating time (Eng.)
~ التشغيل on-time (Eng.), run time (Comp.), running time (Eng.)
~ التعريض exposure time (Photog.)
~ التعَطُّل (أثناء الزمن المُتاح) idle time (Comp.)
~ ~ (لِلكاشِف بين نبضةٍ وأُخرى) dead time (Electron.)
~ التفاعُل reaction time (Chem.)
~ التلَمُّس، ~ السَّعي seek time (Comp.)
~ التوصُّل، ~ الوصول (إلى أماكِن التخزين) access time (Comp.)
~ التوقُّف (لِغير أعمال الصِّيانة) unattended time, unused time (Comp.)
~ جيُولوجي geologic(al) time (Geol.)
~ حَجْز الخط أو القناة holding time (Elec. Comm.)
~ الدوران، ~ التشغيل running time
~ الدَّورة: ما يستغرقه تنفيذ عملية في الحاسوب cycle time (Comp.)
الـ ~ الدوري المَوجي: معكوسُ التردُّد wave period (Phys.)
~ الذبذَبة oscillation period (Mech.)
~ رَدِّ الفِعل: بين الاستثارة والاستجابة reaction time (Biol.)
~ صُعود النَّبْضة pulse rise time (Electron.)
~ ضائع، وَقتُ التوَقُّف (اضطرارًا أو انتِظارًا) down-time (Eng.)
~ العُبور، ~ الاجتياز transit time (Phys., Electron.)
~ الفَتْح turn-on time (Elec. Eng.)
~ القَطْع break time, turn-off time (Elec. Eng.)
~ القَطْع الكُلِّي total break time (Elec. Eng.)
~ قياسي record time
الـ ~ المُتاح: لاستِخدام الحاسوب من قبل مُستعمليه available time (Comp.)
~ الهُبوط، ~ هُبوط النبضة fall time, pulse fall time (Electron.)
~ الوَصْل make time (Elec. Eng.)
زَمَنيّ temporal, time-
زَمير، أيْسومِر، مُماكِب isomer (Chem.)
~ (أيسُومِر) بَصَريّ optical isomer (Chem.)
~ (أو مُماكِب) فراغي stereoisomer
~ مَفْروق trans-isomer (Chem.)
زَميريّ، مُتماكِب: مُتَشاكِلُ التركيب isomeric (Chem.)
زَميل، رَفيق، رَصيف colleague, fellow
~ عمَل butty, co-worker
زَنابِقُ البَحْر crinoids, Crinoidea (Zool.)
زَناخة: فَسادُ الطعام rancidity (Food Sc.)
زِناد: أداةُ القَدْح، مِقداح cock, trigger, trip dog
زِناق، طَوق، جُلْبة collet (Eng.)
زَنّان buzzer (Phys.)
~ كهربائي electric buzzer (Elec. Eng.)
زُنْبُرُك، زُنْبَرَك، زُنْبُلُك، نابِض spring
~ انضِغاط compression spring (Eng.)
~ حَلَزونيّ spiral spring (Eng.)
~ شَعْري hair spring
~ صَفائحيّ plate spring, leaf spring
~ القابِض clutch spring (Eng.)
~ قُرصيّ disc spring (Eng.)
~ لَولَبيّ أو حَلَزونيّ helical (or spiral) spring (Eng.)
~ ماصٌّ لِلارتجاج concussion spring
~ مُباعِد hold-off spring
~ مَخروطي conical spring (Eng.)
~ مُعادِل compensating spring (Eng.)
زُنْبُرَكاتٌ مُخَمِّدة لِلاهتزاز hub springs (Eng.)
زَنْبَق lily (Bot.)
زُنْبور: حَشَرةٌ من غِشائيّات الأجنِحة hornet, wasp (Zool.)
زَنْبيلٌ (أو قَفَصٌ) فَحْم hutch, scuttle (Mining)
زِنَة، وَزْن weight (Phys.)
زَنْثات: مِلحُ حامِض الزَّنثيك xanthate (Chem.)

زِنْجار: نِتاجُ التجوية على سطح مَعدِنٍ أو فلِزٍّ patina (Chem.)
~ البرونز verd antique (Mining)
~ النُّحاس verdigris (Chem.)
زَنْجَبيل ginger (Bot.)
زِنْجفر، كبريتيد الزئبقيك cinnabar (Min.)
زُنْجُفْر: كبريتيد الزئبق الأحمر: صِبغٌ قِرمزي vermil(l)ion
زِنْجير (جنزير) chain
زَنِخ، حَمِت، فاسِد rancid, rank,
زَنَخ rancidity
الزَّنْد، عَظْمُ الزَّنْد ulna (Zool.)
زَنْد، زِناد trigger
~ البُنْدُقيَّة gunlock (Mil.)
~ الغلَق shutter trigger (Photog.)
~ القَدْح percussion lock (Mil.)
زَنْديّ: خاصّ بِعَظم الزَّند ulnar (Zool.)
زَنَّرَ: طَوَّقَ بحِزام أو زُنّار engirdle
زِنَر: صِمامُ «زِنَر» الثُّنائيّ zener (diode)
زَنَقَ wring, squeeze; jam; tighten
زَنْقَة، ازدِحام jam
زَنَّكَ: كَسا (الفولاذ) بالزِّنك sherardize
زِنك، زِنكٌ تِجاريّ spelter (Met.)
الـ ~، الخارَصين: عُنصر فلِزّي رَمزُه (خ) zinc (Zn) (Chem.)
الـ ~ الأبيض: أُكسيدُ الزِّنك white zinc (Chem.)
زَنَمَة: أُذَيْنَةُ عنُق الورَقة stipule (Bot.)
~، وَتَدة الأُذن: مقابل الوترة tragus (Zool.)
الزِّنُون: عُنصرٌ غازيّ خامِل رَمزُه (نز) xenon (Xe) (Chem.)
زِهارَة، زِراعَةُ الأزهار floriculture (Agric.)
زَهر، نَوْر flowers, blossoms (Bot.)
حَديدُ الـ ~ cast iron (Eng.)
~ الكِبريت flowers of sulphur (Chem.)
الزُّهَرة: كَوكَبٌ سيّار بينَ عُطارِد والأرض Venus (Astron.)
زَهْرَة، نَوْرَة flower, blossom (Bot.)
~ استواء face plate, surface plate (Eng.)
~ تامَّة: كامِلة الأجزاء الزهرية complete flower (Bot.)
~ تَسْوِيَة levelling block (Eng.)
~ التَّطْريق hammering block (Met.)
~ الزِّنك، هيدروزنكَيْت: كربونات الزنك القاعدية zinc bloom (Min.)
~ سَدويَّة (ذُكوريَّة): تُنتِجُ أسدِيةً فقط staminate flower (Bot.)
~ طَرْق swage block (Eng.)
~ غيرُ تامَّة: ينقُصها أيٌّ مِن الأجزاء الزَّهْريَّة incomplete flower (Bot.)
~ كامِلة: ذاتُ أسْدِيَةٍ ومِدَقّات perfect flower (Bot.)
~ مُتَّحِدَةُ التُّوَيجيّات gamopetalous flower (Bot.)
~ ~ الكأسيّات gamosepalous flower
~ ناقِصة: تَنْقُصها الأسْدِيَةُ أو المِدَقَّة imperfect flower (Bot.)
زَهْري، خاصٌّ بالأزهار floral (Bot.)
الزُّهري: الداءُ الإفرنجيّ syphilis (Med.)
زَهْرية: وِعاء الأزهار vase
زُهْم sebum (Zool.)
زُهُوّ (ضيائي) luminosity (Illum.)
~ اللون color brightness
الـ ~ النِّسبي relative luminosity (Illum.)
زُهَيْرَة (مِن زَهرةٍ مُرَكَّبة) floret (Bot.)
~: بِنْيَةٌ وُرَيدية الشكل rosette
الزواحِف، طائفةُ الزواحِف Reptilia (Zool.)
زَوال: عبور جرمٍ فلكيّ خَطَّ الزوال transit (Astron.)
الـ ~: دائرة خَطِّ الزوال meridian (Astron.)
~، تَلاشٍ vanishing, disappearance
~ التأيُّن deionization (Phys.)
~ التزَجُّج (بالبَلْورة) devitrification (Geol.)
زَواليّ meridional (Astron.)
زُؤان، زُوان darnel (Bot.)
~: بَثْرٌ وجهيَّة سُودُ الرؤوس blackheads, comedos, comedones (Med.)
زَوايا (أُنظُر: زاوية) angles
~ مُتبادِلة alternate angles (Maths.)
~ مُتناظِرة corresponding angles (Maths.)
زَوائد (أُنظُر: زائدة) appendages, processes (Biol.)
زَوبَعة twister, whirlwind, storm (Meteor.)
~ خفيفة devil (Meteor.)
~ رَمْليَّة، دُوّامة رَمْليَّة sand devil
~ غُبار، دُوّامة تُرابيَّة dust devil (Meteor.)
~ ~ صحراويَّة desert devil (Meteor.)
زَوْج (زَوجان)، قَرينان، إثنان couple, dyad, pair
~ إلكترونيّ electron pair (Chem.)
~ أيوني: زوجا شَوارِد: موجبٌ وسالب ion pair (Phys., Chem.)
~ تَساهُمي: زَوجُ إلكترونات مُشتَرَكٌ بين ذَرَّتين في تَرابُطٍ إسهامي duplet, electron duplet (Chem.)
~ حَراري، مُزْدَوِجَة حَراريَّة thermocouple (Phys.)
~ لااتجاهي astatic pair (Magn.)
~ لاإستاتيّ: زوجٌ من المَغانِط أُحاديُّ التعليق لا يتأثَّر بالمجال المغنطيسي المنتظم astatic pair (Phys.)
~ مُتَجانِس homologous pair (Gen.)
~ مُتَوحِّد: زوجُ إلكترونات لا تُشارك فيه ذرَّةٌ أُخرى (في المركبات التناسقية الترابُط) lone-pair (Chem.)
~ مَقرون: يَجُرُّ عربةً أو مِحراثًا team
زَوجيّ، شَفعي even
زَوجيَّة الأصابع: رُتَيبةٌ من الحافريّات تضمُّ ذوات الأربع المُزدَوِجة الأصابع كالظباء والجمال والمواشي Artiodactyla, artiodactyls (Zool.)
زَوَّد، أَمَدَّ furnish, provide, supply, purvey
~ بالتعليمات الأساسيَّة brief
~ بالطعام أو الأطعمة cater
~ بالمُعَدّات outfit
~ مُجدَّدًا (لِسَدِّ النقص) replenish
زَوْر: ما ارتفع من الصَّدر thorax (Zool.)
الزَّوَر: ذُهان كبريائي paranoia (Med.)
زَوْرَق boat, cockboat, skiff, pinnace
~ آليّ، ~ ذو مُحَرِّك motorboat, power boat (Naut.)
~ استطلاع reconnaissance boat
~ بُخاري launch (Naut.)
~ زَلّاق hydrofoil (Naut.)
~ سَريع speed boat
~ ~ مُسَطَّحُ القاع hydroplane (Naut.)
~ شِراعيّ sailboat
~ صَيد fishing boat
~ طُوربيد، ~ نَسّاف torpedo boat
~ طَوَويّ، ~ يُطوى collapsible boat
~ عُبور، مَعَدِّيَة ferry-boat
~ قَطْر، سَفينةُ جَرّ towboat, tugboat

زَوْرَق (تابع)

~ مُرشِد pilot boat

~ مُسَطَّحُ القَعر dory

~ مَطّاط rubber boat

زَوْرَقيُّ الشَّكل navicular

زَوَغان dodging

زُوفا hyssop (Bot.)

زَوَّم: حَرَّكَ عدسةَ الكاميرا لِتكبير الصورة أو تَصغيرها zoom (Photog.)

~: انطلقَ بِسُرعةٍ فائقة آزًّا هادِرًا zoom

زِيّ style, fashion

زيادة، ازدياد augmentation, increase

~، علاوة، زَوْدَة increment, raise

~ إجماليّة gross increase

~ أُسِّيّة exponential increase (Maths.)

~ تَصاعُديّة progressive increase

~ الجُرعة overdose

~ الحُمولة extra load, excess load

~ سَنَوية annual increment

~ القيمة، اِرتفاعُ الثمن appreciation

الـ ~ الكُرَويّة: زيادةُ زَوايا المثلَّث الكروي على ١٨٠° درجة spherical excess (Maths.)

~ على اللزوم excess, redundance

~ اللَّفاتِ المتوالية (لِتَثْبيت القُلطيّة) overcompounding (Elec. Eng.)

~ نيوترونية: زيادتُها على البروتونات في النواة neutron excess (Phys.)

زيار: كُلّابة خَطميّة twitch, barnacles

زِئبِر، زغَب nap, fuzz

الزِّئبق: عنصر فِلِزيّ سائل رمزه (بق) mercury, hydrargyrum, quicksilver (Hg)

زَيت، دُهْنٌ سائل oil

~، نِفْط oil, petroleum (Pet. Eng.)

~ الآلاتِ الدَّقيقة instrument oil (Eng.)

~ أسفَلْتيّ القاعدة asphalt-base oil (Pet. Eng.)

~ أسود: أحد زيوت الوقود الثقيلة القاتمة اللون black oil (Pet. Eng.)

~ الأفران furnace oil

~ الاِمتصاص absorption oil, lean oil (Pet. Eng.)

~ الإنارة، (كيروسين) illuminating oil

~ البارافين (أو البَرافين) = adepsine oil = paraffin oil (Chem.)

~ البترول، (كِيروسين) petroleum oil

~ بِزرِ الخَشْخاش poppy-seed oil (Chem.)

~ ~ الشَّلجَم colza oil

~ ~ القُطن cottonseed oil (Chem.)

~ ~ القِنَّب hempseed oil (Chem.)

~ ~ الكَتّان flaxseed oil, linseed oil

~ ~ اللِّفْت rapeseed oil (Chem.)

~ ~ النعناع perilla oil (Paint.)

~ بِكْر virgin stock (Pet. Eng.)

~ التبريد (في عمليات القَطْع) cutting oil (Eng.)

~ ~ الفُجائي quenching oil (Eng.)

~ تَدْخين: لِلوِقايةِ مِن الصَّقيع smudge oil (Agric.)

~ التربَنْتينا spirit(s) of turpentine, oil of turpentine (Chem.)

~ التُّربينات turbine oil (Eng.)

~ تَزْليق lube oil, lubricating oil

~ التسقيَة quenching oil (Met.)

~ تَصميد الخرسانة للماء concrete water-proofing oil (Civ. Eng.)

~ تَطْرية: لِتَطْرِيَةِ القار أو الأسفَلت flux oil (Pet. Eng.)

~ التفجير (نِتروغليسرين) blasting oil (Chem.)

~ التقطير المباشَر virgin stock (Pet. Eng.)

~ التلميع buffing (or bukking) oil (Eng.)

~ التنظيف flushing oil (Pet. Eng.)

~ جَفُوف: سَريعُ الجَفاف drying oil (Chem., Build.)

~ الجَوز walnut oil

~ جَوز الهِند، ~ النارَجيل coconut oil

~ جَوزة الطِّيب nutmeg oil

~ حاجز seal oil (Pet. Eng.)

الـ ~ الحامِض، نِفطٌ حَذِيق: عالي نسبة المُحتويات الكبريتيّة sour oil, sour crude (Pet. Eng.)

~ حاوٍ لِلماء wet oil, cut oil (Pet. Eng.)

الـ ~ الحجريّ (القِيريّ) shale oil (Min.)

~ حُلو: خالٍ من كبريتيد الهدروجين sweet oil (Pet. Eng.)

~ الحَوافر: زيتٌ للآلات الدقيقة neat's - foot oil (Eng.)

~ الحيتان whale oil, (Chem.)

~ الحيوانات البحرية (بخاصةٍ الحيتان) train oil (Chem.)

~ خالٍ من الشمع wax-free oil (Pet. Eng.)

الـ ~ الخام، النِّفْط الخام crude oil (Chem.), live oil (Pet. Eng.)

~ خامٌ حَذيق sour crude oil (Pet. Eng.)

~ ~ حُلو، نفطٌ لاكبريتيّ sweet crude oil (Pet. Eng.)

~ الخِدمة الشاقّة heavy-duty oil (Eng.)

~ الخِرْوَع castor oil (Chem.)

~ الخشب xylol (Chem.)

~ خَفيضُ الكَثافة low-gravity oil

~ الدَّلْفَنة roll oil (Eng.)

~ دُهْن الخنزير lard oil (Chem.)

~ دَوّار الشَّمْس sunflower oil (Chem.)

~ الديزِل، وَقودُ الديزِل diesel oil (Min.)

~ الذُّرة corn oil, maize oil (Chem.)

~ ذَوّاب، ~ ذَؤوب soluble oil (Chem.)

~ الرَّدْغ: زيتٌ مانِعٌ لِلصَّدَأ slushing oil (Eng.)

~ رَطْب (مُختَلِطٌ بالماء) wet oil (Pet. Eng.)

~ رَغَويّ lather oil (Pet. Eng.)

~ رَقيقُ القَوام thin oil

~ الزّاج، حامِضُ الكِبريتيك oil of vitriol, vitriol (Chem.)

~ زهرِ النارَنْج neroli oil (Chem.)

~ الزيتون olive oil, sweet oil (Chem.)

~ سَحب (المعادن) drawing oil (Eng.)

~ سريعُ الجَفاف quick-drying oil

~ السِّمسِم، السِّيرج sesame oil

~ السَّمَك fish oil, cod liver oil

~ السُّولار solar oil = gas oil (Pet. Eng.)

~ شَحم الحُوت blubber oil (Zool.)

~ الشَّحْم الحيَوانيّ oleo oil, tallow oil

~ الشُّمْرَة fennel oil (Chem.)

الـ ~ الصخريّ، النّفط rock oil, stone oil (Min.)

~ الصَّنْدَل sandal(wood) oil

~ الصنَوبر pine oil (Chem.)

~ ~ الراتينَجيّ tall oil (Chem.)

~ (فُولِ) الصُّويا soya (or soyabean) oil

الـ ~ الطبيعي، النِّفْطُ الخام natural oil (Pet. Eng.)

~ طيّار أو مُتطاير volatile oil

~ الطيارات aviation oil (Eng.)

زَيت (تابع)
~ عازِل electrical oil (Pet. Eng.)
~ عالي الكثافة heavy oil
~ العَرْعَر juniper oil (Chem.)
~ ~ الكادِيّ cade oil
~ عِطري (مُتطاير) essential oil (Chem.)
~ العِظام bone oil = Dippel's oil (Chem.)
~ عُلبة التُّروس gear-case oil, transmission-case oil (Eng.)
~ (حُوتِ) العَنْبَر sperm oil (Chem.)
~ الغار bay oil
~ غيرُ مُزْبِد non-frothing oil (Pet. Eng.)
~ الفُلْفُل الحُلْو pimento oil (Chem.)
~ الفُول السوداني arachis oil = peanut oil (Chem.)
~ القَرَنفُل clove oil (Chem.)
~ القَصْعين sage oil = salvia oil
~ القَطْع cutting oil (Eng.)
~ القُطْن، ~ بُزورِ القطن cotton oil = cottonseed oil (Chem.)
~ القَلفونية rosin oil (Chem.)
~ قَلْوَظة screw cutting oil (Eng.)
~ قوالِب التشكيل mould oil (Civ. Eng.)
~ ~ السَّبْك form oil (Foundry)
~ الكافور camphor oil (Chem.)
~ كبريتيُّ القاعدة sulphur base oil (Pet. Eng.)
~ الكُبول: زيتُ عزلِ الكُبول cable oil (Pet. Eng.)
~ كُحوليّ: يتألف في معظمه من الكحول الأميلي fusel oil (Chem.)
~ الكُركم turmerol (Chem.)
~ الكوابح brake oil (Eng.)
~ لاجَفُوف non-drying oil (Chem.)
~ اللُّبان، ~ الكُنْدُر frankincense oil
~ اللَّوز almond oil (Chem.)
~ الليمون lime oil
~ مانِع لِلصَّدأ slushing oil (Eng.)
~ مُبيدٌ لِلأعشاب deweeding (or herbicidal) oil (Agric.)
الـ ~ المُتَخَلِّف residual oil (Pet. Eng.)
~ محامل الكريات ball-bearing oil (Eng.)
~ المحاور الإبريَّة needle oil (Eng.)
~ مُحَرِّكات motor oil (Eng.)
~ مُحَرِّكات عامُّ الأغراض all purpose engine oil (Eng.)
~ مُحقَّق: ثبَت تواجُده باختبار البئر tested oil (Pet. Eng.)
~ المُحَوِّلات (زيتٌ عازِلٌ للتيّار الكهربائي) transformer oil (Elec. Eng.)
~ مُخَفَّف: مُستَحلَبٌ في الماء cut oil (Pet. Eng.)
~ مُخَفِّف diluting oil
~ مُرَكَّب: نَباتيّ ومَعْدِنيّ compound oil
~ مُستخلص أو مُستَعاد reclaimed oil (Pet. Eng.)
~ المُسنَّنات gear oil (Eng.)
~ المصابيح، كيروسين الإنارة lamp oil
~ مُصَدَّد: مُعالَجٌ لِمَنْع التأكْسُد (يُستَعْمَلُ في الأجهِزة الكهرَبائيَّة) inhibited oil (Pet. Eng.)
الـ ~ المعادُ (تَقْطيره أو معالجته) rerun oil (Chem. Eng.)
~ مُعادُ التكرير re-refined oil (Pet. Eng.)
~ مَعْدنيّ mineral oil (Chem.)
~ مُغَلَّظ القَوام thickened oil (Pet. Eng.)
~ ~ بِنَفخ الهواء blown oil (Pet. Eng.)
~ المَفاتيح الكهربائية switch oil (Elec. Eng.)
~ مُقاوِمٌ لِلتجمُّد antifreezing oil (Eng.)
~ المِكبح brake oil (Eng.)
~ المكثِّفات condenser oil (Elec. Eng.)
~ مُكرَّر refined oil (Pet. Eng.)
~ مَكنات machinery oil (Eng.)
~ مُهَدْرَج hydrogenated oil (Chem.)
~ المَواقِد heater oil
~ النارجيل coconut oil (Chem.)
~ الناردين valerian oil
~ نَباتيّ vegetable oil (Chem.)
~ النخيل palm oil (Chem.)
~ نِصفُ جَفُوف semi-drying oil
~ هامِد: خامٌ نفطيٌّ عديمُ الغاز المُذاب dead oil (Pet. Eng.)
~ هَيدروليّ hydraulic oil (Eng.)
~ الوَرْد rose oil = attar of roses
~ الوَقود، (مازوت) fuel oil (Chem.)
~ وَقود وَسِخ bunker oil (Eng.)
زيتا: جهاز ~: جهازُ صفر الطاقة لدراسة التفاعلات الحرارية النووية المحصورة Zeta = zero energy thermonuclear assembly (Nuc. Eng.)
زَيْتات، أولِيَات: مِلحُ حامِض الزَّيتيك oleate (Chem.)
زَيتون olive
زَيتونيّ، زَيتونيُّ اللون olivaceous
زَيتيّ، دُهنيّ oily, unctuous
~ القَطْع: صِفةٌ لجهازٍ تُقطعُ دارتُه تحت الزيت oil-break (Elec. Eng.)
زَيْتين، أوليين olein (Chem.)
زِيج، تقويمٌ فَلكيّ ephemeris, almanac (Astron.)
~ البَنّاء levelling line or cord (Build.)
زَيَحان، إزاحة displacement (Phys.)
~، انزياح shift(ing)
~ ورابيّ: تداخُلًا أو تَعاقُبًا stagger (Eng.)
زيز، زِيزُ الحصاد cicade (Zool.)
زَيْزَفون lime, linden, basswood (Bot.)
زَيْغ، زَيَغان، انحِراف aberration (Phys.)
~، ~، شُذوذ aberrance
~ بَصَريّ optical aberration (Light)
~ كُرِيّ spherical aberration (Phys.)
الـ ~ اللَّوني chromatic aberration (Light)
~ نِطاقيّ zonal aberration (Photog.)
~ هاليّ coma (Opt.)
زَيَّفَ، قَلَّدَ، مَوَّه counterfeit, forge
زَيْلوز، سُكَّر الخَشَب xylose = wood sugar (Chem.)
زَيْلوفون، خَشَبيَّة: آلةُ نَقْرٍ موسيقيَّة xylophone
زَيْلونَيت: لَدينة حرارية نترو سليلوزية xylonite (Chem.)
زَيْلين، زَيْلول xylene = xylol (Chem.)
زَيَّن decorate, ornament, adorn
زينة، تَزيين، زَخْرَفة decoration, ornament
زُيوت (أُنظُر: زَيْت) oils
~ (نباتية) ثابتة fixed oils (Chem.)
~ مُتَعادِلة: لا قاعديَّة ولا حامضيَّة neutral oils (Chem.)
~ مُتَوَسِّطة (درَجة غليانِها بينَ ٢١٠° و٢٤٠° سِلْسيوس) middle oils (Chem.)
~ مُهَدْرَجة، ~ مُيَبَّسة hardened oils
زيُوليتات: سليكات الألومنيوم مع الصوديوم أو البوتاسيوم أو الكالسيوم تستخدم في تيسيرِ الماءِ العَسِر zeolites (Chem.)
زئير roar, roaring

س

س: الرمز الكيماوي لعُنصر السليكون — Si (silicon) (Chem.)
~: رمزٌ لِسُرعة الضوء في الفراغ — c (Phys.)
ساب: انسابَ — flow
سابح: من السوابح — natatorial, swimmer (Zool.)
~: طافٍ (كأوراق النبات المائي) — natant (Bot.)
سابِر — probe; sounder
~ُ الفضاءِ السَّحيق — deep-space probe (Space)
سابَق — race, compete in a race
سابِق، سالِف — previous, foregoing, former; prior, antecedent
دونَ ~ إنذار — without prior notice
~: آتٍ قَبْلًا، مُتقدِّم — leading; preceding, precursor
~ُ لِلأوان، مُبْتَسر — premature, precocious
~ُ التجميع — preassembled (Eng.)
~ُ التشكيل (جُزئيًّا عادةً) — preformed (Eng.)
~ُ التصنيع — prefabricated (Build.)
الـ ~ُ الذِّكر — afore-mentioned, afore-said, above-mentioned
~ُ لِلعَصْر الجَليديّ — preglacial (Geol.)
سابِقة، بادئة — prefix
~: حادِثةٌ سابقةٌ مُماثِلة — precedent or previous case, precedence
سابين: وَحْدَة قياس امتصاص الصوت — sabin = open window unit (Acous.)
ساتان، أطلَس، ساتانيّ — satin
ساتِر، سِتارة — screen
~: حاجِب — screening
~ُ فَلْوَري — fluorescent screen (Electron.)

ساتِرة، شَريحةُ تَغطية للعيِّنة المجهريّة — coverslip, coverglass (Biol.)
ساتِل، قَمرٌ صِناعي — satellite (Astrophys.)
~ُ اتصالات، قَمَرُ اتصالات — communications satellite (Elec. Comm.)
~ُ أرضيّ، تابعٌ أرضي — earth satellite (Astrophys.)
~ ~ استِقراريّ — geostationary satellite (Space)
~ُ استِطلاع — reconnaissance satellite (Space)
~ُ بَثٍّ مُباشِر — direct broadcast satellite (Elec. Comm.)
~ُ تتبُّعٍ وتَرْحيلِ المَعلومات — tracking and data relay satellite (Space)
~ُ تنَصُّت — ferret satellite (Mil.)
~ُ ربيط — tethered satellite (Space)
~ُ رَصدٍ جَوّي (قمرٌ صناعي لرصد الطقس) — weather satellite, meteorological satellite (Astrophys.)
~ُ صَدَويّ — echo satellite (Elec. Comm.)
~ُ عاكِس: يعكِسُ الأمواج الراديويّة — reflector satellite
~ُ مَحَلِّي: قَمَرٌ صُنْعيّ في مدار ساكِن بالنسبة للأرض على ارتفاع ٢٢٣٠٠ ميل — domestic satellite (Elec. Comm.)
~ُ مُستقِرّ: يبدو مُستقِرًّا بالنسبة للأرض — stationary satellite (Astrophys.)
~ُ مِلاحي — navigational satellite (Astrophys.)
~ُ (أو تابعٌ) مُنفعِل: يعكسُ ما يتلقاه — passive satellite (Elec. Comm.)
~ُ نَشِط (مُستمِرّ في إرسال الإشارات) — active satellite (Elec. Comm.)
ساج، خَشبُ الساج — teakwood
ساجَة: نَضَدٌ — counter
ساحَ، جالَ — tour, journey; roam, rove
~، ذابَ (انصهَرَ) — thaw
~ (أو جالَ) بحرًا — cruise, voyage
ساحِب: مَن يسحبُ أو يجُرّ — drawer, tower
~، مِسْحَبة — puller, drawer, drawing device
~ُ الشيك — drawer of check
ساحَة — yard, square, arena, field
~، مَيْدان عام — forum, public square

~، فِناء — courtyard
~ُ الانتِظار — holding bay (or apron) (Aero.)
~ُ التحويل (في مَحطَّةِ سِكَكٍ حَديديّة) — switchyard (Railways)
~ُ الحَطّ، مَهبطُ الطائِرات — landing field
~ُ عامَّة — plaza, public square
ساحِج: سَحّاج (بالحَكّ) — abrasive, abradant (Eng.)
ساحِر، فتّان — fascinating, charming, spellbinding
ساحِق، ماحِق، مُحطِّم — smashing, crushing
~، ساحِن، طاحِن — pulverizer
ساحِل، شاطِئ — coast; beach
ساحِليّ، سِيفيّ، شاطِئيّ — littoral (Biol., Geol.), coastal
ساخِن — hot
سادَ، سيطر — prevail, dominate, predominate
سادٌّ، مُعرقِل، مُعِيقُ الرؤية — obstructing, obstructive
~، (الماءُ الأزرق)، سُدّ — cataract (Med.)
سادُوس: مجموعة سُداسيَّة — hexad
سارَ: تحرَّكَ، مَشى — move, march, walk
~: ذاعَ وانتشر — circulate
~: سَلكَ (مَسلكًا أو سُلوكًا) — act, behave, pursue
سارٍ، ساري المفعول — effective, valid
~: مُنتَقِلٌ بالعَدْوى — contagious communicable, transmissible (Med.)
سارَعَ، بادَر — hasten or hurry (to)
~، عَجَّلَ، سَرَّع — accelerate (Phys.)
ساره: نظام بحث وإنقاذ للطائرات الساقطة في البحر — sarah (search and rescue and homing) (Elec. Comm.)
ساروس: دورةُ الكسوف والخسوف تتكرَّرُ كُلَّ ١٨ سنة و$\frac{1}{3}$ ١٠ يوم — saros (Astron.)
سارِيَة، صارٍ، دَقَل — mast (Naut.)
~ُ الحافِلة — trolley pole (Elec. Eng.)
~ُ العَلَم — flagpole, flagstaff
~ ~ (في السفينة) — jack-staff
~ُ اللاسلكي — wireless mast
~ُ مَفْصليّة — jointed pole
~ُ الهَوائيّ — antenna mast (Radio)
ساسَ (الأُمورَ أو النّاسَ) — manage, administer, run

سَاسَ (تابع)
~ (الدوابَّ) tend, groom
ساسوليت: حمض البوريك الطبيعي
sassolite (Min.)
ساطِرة: رقيقةُ الفصل بين السُّطور reglet (Print.)
ساطِع، نَيِّر bright, luminous, shining, incandescent
ساطُور chop, cleaver
~ أقْرَنُ slate axe = sax or zax (Build.)
ساعٍ، رَسول messenger, courier
ساعاتُ الازدحام rush hours, busy hours
~ العمل، أوقات الدوام business hours, office hours, working hours
~ عمل إضافيَّة overtime
~ (عمَل) مُتَداخِلَة staggered hours
ساعاتي watchmaker
السّاعة: كَوكَبة جَنوبيَّة Horologium (Astron.)
ساعة: ٦٠ دقيقة hour
~ (لِلجَيْب أو اليد) watch
~ بِلَّوريَّة crystal clock (Electron.)
~ تابِعَة slave clock (Elec. Eng.)
~ الدوَام time-recorder
~ ذاتيَّةُ الملءِ self-winding watch
~ ذرِّيَّة atomic clock (Phys.)
~-رَجُل man-hour (Civ. Eng.)
(أُنظُر: رَجُل - ساعة)
~ رَقميَّة digital watch (or clock)
~ رَمليَّة، بِنْكامٌ رَمليّ sand-glass, hour-glass
~ الصِّفر: مَوعدُ البَدء أو التنفيذ
zero hour
~ ضَبط الدوام (للموظفين أو الحُرَّاس)
telltale clock
~ عَمَلٍ مِعياريَّة standard hour
~ الكوارتز (تعمل ببلّورةٍ مَرْويَّة ثابتةِ التردُّد)
quartz clock (Elec. Eng.)
~ لامِغنطيسيَّة (لا تتأثَّرُ بالمَجال المِغنطيسي)
non-magnetic watch
~ مائية clepsydra, water clock
~ محكَمةُ الضبط chronometer
~ وَقْف، ~ توقيت: تقيسُ بأجزاء الثانية
stop-watch
ساعَدَ، آزَرَ assist, aid, help
ساعِد forearm (Zool.)

~ التحَكُّم (أو التوجيه) steering rod (Eng.)
~ (أو ذِراعُ) التدوير crank arm (Eng.)
~ (تدوير) خارجيّ outside crank (Eng.)
~ ~ طويلُ الحَذْفَة long-throw crank (Eng.)
~ تصويب sighting bar (Surv.)
~ تَعليق suspension bar
~ تَغذية عُلْويَّة overhead feeding rod (Eng.)
~ تَوزيع bus-bar (Elec. Eng.)
~ مَسّاحة الزجاج wiper arm (Autos.)
~ وَصل connecting rod (or bar or link) (Eng.)
ساعِيّ، حادِثٌ كُلَّ ساعة horary, hourly
ساعيَّة تَفاعُليَّة: وَحدةُ التفاعُليَّة inhour (Nuc. Eng.)
سافٌ، مِدماك course (Build.)
سافٌّ: قريبٌ من السطح ويَكادُ يُوازيه
grazing (Phys.)
سافَة، طبقة layer (Phys., Build.)
سافَرَ، ارتَحَلَ travel, leave
سافِر، واضِح، فاضِح obvious, blatant, flagrant
سافِط، سَفّاط aspirator (Eng.)
سافَنّا: إقليمٌ مَداري خشِن الأعشاب
savanna (Geog.)
ساقَ، قادَ، شَغَّلَ drive
~ بالسُّرعة الزائدة (توفيرًا للوقود)
overdrive (Autos.)
ساقٌ، رِجل leg
~، سُوَيقة، عُنُق stalk (Bot.)
~، جِذع stem, bole (Bot.), shank
~ (الترمومتر) stem
~ (الفرجار) leg
~ (المُثلَّث) leg, side (Geom.)
مُتَساوي الساقَين isosceles (Geom.)
~ الأداة shank (Eng.)
~ أرضيَّة، جُذمور rhizome (Bot.)
~ البِرشامة rivet shank (Eng.)
~ تشغيل operating rod (Eng.)
~ جَنينيَّة plumule (Bot.)
~ الريشة blade shank (Naut., Aero.)
~ زاحِفة runner (Bot.)
~ الصِّمام valve stem (shank, rod, shaft or spindle)

~ طارِدة: تَدفع المُنتَج بعد تشكيله
ejector rod (Eng.)
~ (أو جِذعُ) العَمود tige, shaft, shank, fust (Arch.)
~ قَضيبِ اللِّحام electrode shank (Eng.)
~ القُطْب pole shank (Elec. Eng.)
~ كاذِبة pseudopodium (pl. pseudopodia) (Zool.)
~ كَبّاس الضخّ sucker rod (Eng.)
~ مُتدَرِّجة الثخانة taper shank (Eng.)
~ مَدّادة stolon (Bot.)
~ المسمار الملولَب bolt rod (Eng.)
~ (أو جِذْعُ) المِضَخَّة pump rod (Eng.)
~ مُكَبَّبة، قُرْمَة corm (Bot.)
ساقِط، وارد incident (Phys.)
~، واقِع، هابِط falling, dropping
السّاقي: بُرجُ الدلو Aquarius, The Water-Bearer (Astron.)
ساقِيَة، ناعورة waterwheel (Eng.)
~: جَدولُ ماء rillet
~ اصطِناعيَّة fleam (Hyd. Eng.)
ساكِب، سَكّاب caster, castor, pourer (Eng.)
ساكِت، صامِت quiescent, silent
ساكِف: خَشَبةٌ أُفُقيَّةٌ في إطارِ الباب head-rail (Build.)
ساكِفَة: شبهُ نافذة في أعلى الباب
transom(e) (Build.)
ساكِن، بلا حَراك، سُكُونيّ motionless, static, still, stationary
الـ~: العُضو الساكِن في مُحرِّكٍ أو مُولِّد
stator (Elec. Eng.)
~، قاطِن، مُقيم inhabitant, dweller
سَأل ask, enquire, inquire
~، طَلَب request, demand, ask for
سالَ، انسابَ flow, run
~، تسَيَّلَ liquefy (Chem., Phys.)
~ (عَبْرَ) percolate (through)
~ قَطْرةً قَطْرة dribble
سالِب، سَلْبي negative
~ التكَهْرُب، ~ الشِّحنة electronegative, electron-rich (Elec.)
~ ضَوئيّ، ~ لِلضوء: تقِلُّ موصِّليتُه بالتعرُّض لِلضوء
light-negative, photonegative (Phys.)

سالِبيَّة التأيُّن، كَهْروسَلْبيَّة electronegativity (Phys., Chem.)
سالِف، سابِق former, previous, foregoing
~ الذِّكر above-mentioned, afore-said
سالِك: يُمكِن عُبورُه أو سُلوكُه passable, negotiable (Civ. Eng.)
سالِم، سليم safe, unharmed, sound, unscathed
سالِيسيلات: أملاحُ حامض الساليسيليك salicylates (Chem.)
سَأَمٌ، مَلَل، ضَجَر boredom, ennui, weariness
سامَ: حَدَّدَ السِّعرَ أو استفسَر عن السِّعر price
سامٍ، رَفيع sublime, supreme
سامٌّ، سُمِّيّ، مُسِمّ toxic, poisonous
~ أبرص، وزَغة gecko (Zool.)
السَّامارِيُوم: عُنصر فلِزي رمزه (سم) samarium (Sm) (Chem.)
سامَة، راقٌ seam, mineral vein (Geol.)
~ مائلة pitching seam (Geol.)
سامَتَ: وازَى مع خَطِّ البَصَر collimate (Phys., Surv.)
سامَحَ pardon, forgive, excuse
سامِط: مُزيلٌ لِلشَّعر depilatory (Chem.)
سامِع listener
سامِق، مُرتفِع high, lofty
سامِك، آكِلُ السَّمك piscivorous (Zool.)
الـ ~: الطائر الغَوّاص من السَّامِكات loon (Zool.)
سانِح، مُؤاتٍ favourable, propitious
سانَدَ، أَيَّدَ endorse, corroborate, second
~، دعَمَ support, sustain
سانِدَة، سَفينُ وَقفٍ أو تثبيت chock
~ برشام: سانِدة (لِرأس البرشام) (rivet) bucking bar = (rivet) dolly (Eng.)
~ المِثْقب drill pad (Eng.)
سانية waterwheel, noria (Eng.)
~ إرتكاسيَّة reaction wheel (Hyd. Eng.)
~ بالثِّقَل gravity wheel (Hyd.)
~ دَفعيَّة: تُربينة مائيَّة impact wheel (Eng.)
~ سُفليَّة الدفع undershot wheel (Eng.)
~ شُعاعيَّة radial paddle (wheel) (Eng.)
~ عُلْويَّة الدَّفْع overshot (water) wheel
~ غَرْف scoop wheel (Eng.)

~ بقواديس bucket wheel (Eng.)
ساهٍ oblivious, unaware
ساهَمَ partake, contribute, share
السّاهور: دورةُ الكسوف والخسوف التي تتكرَّر كل ١٨ سنة و ١/٣ ١٠ يوم saros (Astron.)
ساوَى equalize, equate
ساوَق harmonize, attune, match
ساوَم bargain
سائِب، غَيْر مُعَبّأ bulk, in bulk
~، طليق loose, free
ضِلع سائبة floating rib (Zool.)
سائح tourist
سائِد، مُسَيطِر prevailing, dominant, predominant
سائر، دائر، شَغّال going, running
~، شائع، مُتداول current, common, in circulation
سائق driver, chauffeur
سائِل liquid (Phys.)
~، مائع fluid (Phys.)
~ بَرْنَزة bronzing liquid (Build.)
~ التغطيس dip (Chem.)
~ التنميش etching liquid (Chem.)
~ الحَفر drilling fluid (Civ. Eng.)
الـ ~ الزليلي synovial fluid (Zool.)
~ الغمر immersion liquid (Phys.)
~ لاقُطبي non-polar liquid (Chem.)
~ مُتأيِّن، كَهْرَل ionized liquid (Phys., Chem.)
الـ ~ المترَشِّح filtrate, percolate
الـ ~ المُعاد reflux (Chem. Eng.)
~ مُفرِطُ التبريد super-cooled liquid (Phys., Chem.)
~ مَنع الاستقطاب fluid depolarizer (Phys.)
~ النَّقع soak
سائليّ، مائِعيّ hydraulic, fluid
لاسائليّ aneroid (Phys.)
~ التبريد: مُبرَّدٌ بالسوائِل liquid-cooled (Eng.)
سب: الرمزُ الكيماوي لِعُنصر الديسبروسيوم Dy (dysprosium) (Chem.)
سِبّ، شاش gauze, cheesecloth
سَبّابة index finger, forefinger

سُبات، نَوم dormancy, sleep
~، بُحْران coma (Med.)
~ شتويّ hibernation (Biol.)
~ صَيْفيّ estivation, aestivation (Biol.)
سَبّاح، عَوّام (كالطيور السبّاحة) natatorial (Zool.)
سِباحة swimming
سْپار spar (Min.)
~ اللؤلؤ، دولوميت pearl spar = dolomite (Min.)
سُباعيّ hepta-, sept-
مجموعة سُباعيَّة heptad
~: سابُوعي septenary
~ التكافُؤ septavalent (or septivalent), heptavalent
~ الزَّوايا septangular (Geom.)
~ ~ والأضلاع heptagon(al)
~ السطوح heptahedral; heptahedron (Geom.)
سِباق race
~ سيّارات rally
سَبّاك، عامِلُ سِباكة founder, moulder
سِباكة founding, foundry
~ الحَديد iron founding (Eng.)
~ المَواسير، سَمْكَرة plumbing (Build.)
سَبانِخ spinach (Bot.)
سبائك (أُنظر: سَبيكة) alloys (Chem.)
~ خفيفة (أساسُها الألومنيوم أو المَغْنِسيوم) light alloys (Met.)
~ لِحام فِضِّيَّة silver brazing alloys (Eng.)
~ المَغْنِسيوم magnesium alloys (Eng.)
~ المنغنيز manganese alloys (Eng.)
سپاينِل: خامٌ معدني بلّوري spinel (Min.)
سَبَّبَ، أحدَثَ cause, effect
سَبَب، عِلَّة، مُبرِّر cause, reason
~ اضطراري force majeure
~ مُباشِر proximate cause
~ مُحتمل probable cause
سَبَبيّ causal
سَبَبيَّة causality
سِپْتِلْيُون: $١٠^{٢٤}$ septillion
سَبَجٌ jet (Min.)
الـ ~: زُجاجٌ بُركانيّ أسود obsidian (Geol.)
سَبَحَ في الهواء لِخِفَّتِه levitate

سُبحيَّة: مُكَوَّرَة بَكتيريَّة streptococcus (Biol.)
سَبِخ، مُسْتَنْقَعيّ marshy, boggy, quaggy
سَبْخَة salina, saline marsh, quagmire, bog, marsh
~ خُثّيَّة peat bog (Geol.)
سَبَر probe, sound; fathom, gauge; explore
سَبْر sounding, probing, fathoming
~، حَفْر إختِباريّ (أو تَمْهيديّ) sondage (Civ. Eng.)
~ الأغوار بالصَّدَى echo depth-sounding (Acous.)
~ بالصَّدى echo sounding, echo ranging, sonar (Acous.)
~ ~ الصَّوتي acoustic echo sounding
~ صَدَويّ، ~ بالصَّدى echo sounding (Ocean., Acous.)
~ بالصَّواريخ المُنطادِيَّة rockoon (Meteor.)
~ صوتي acoustic sounding (Acous.)
~ الغَور depth sounding (Acous.)
~ مُنطاديّ balloon sounding (Meteor.)
~ ~ ثابِتُ المُستوى transosonde (Meteor.)
~ نيوترونيّ neutron logging (Geophys.)
سَبَطانة، ماسورةُ البُنْدُقية، أسْتُون gun barrel (Mil.)
~ مُحَلْزَنة أو مُخَدَّدة rifled barrel
سَبَقَ، تَقَدَّمَ lead, precede, forego
~ تشكيلُه preformed
~ تقريرُه predetermined
سَبْق، أسبقيَّة priority
~، تقدُّم lead, precession, advance
~ الإشغال preoccupation
~ التصريف exhaust lead (Eng.)
الـ ~ الدّاخِلي inside lead (Eng.)
~ زَمنيّ time lead (Eng.)
~ الصِّمام valve lead (Eng.)
~ الطَّور phase lead (Elec. Comm.)
~ فِرجَوني brush lead (Elec. Eng.)
سَبَكَ، صَبَّ في قالب cast, found, mo(u)ld
~ على البارِد cold cast (Met.)
سَبْك، صَبٌّ (في قوالب) casting (Met.)
الـ ~ بطريقة الشمع المُتَبدِّد (السَّبْكُ بالصَّبِّ الإحداقي) lost-wax casting, investment casting (Eng.)
الـ ~ على الناشف dry casting (Met.)

سپكتروسكوب، مكشاف الطيف spectroscope (Phys.)
سپكْتروغراف: مِرسَمة الطيف spectrograph (Phys.)
سپكْتروغرام: صورة طيفيَّة spectrogram (Phys.)
سبَلَة، سُنْبُلَة ear, spike (Bot.)
السِّبنسَة: العربةُ الأخيرة مِن قِطار caboose
سپوتنيك: ساتِل، قَمَرٌ صِناعيّ sputnik (Space)
سَبُّورة، لَوحٌ أسودُ chalkboard = blackboard
السَّبوكيَّة: قابليَّةُ السَّبْك أو الصَّبّ castability (Met.)
سَبيدَج، حَبّار squid, sepia (Zool.)
سَبيكة alloy (Eng.)
~: من الذهب أو الفضة bullion
~ أساسُها النُّحاس copper-base alloy (Met.)
~ أصهريَّة eutectic alloy (Met., Eng.)
~ «بابِت»، مَعدِن «بابت»، المعدن الأبيض Babbit's metal (Met.)
~ تذهيب: من النُّحاس والزِّنك gilding metal (Eng.)
~ ثُلاثيَّةُ العناصِر ternary alloy (Met.)
~ ثُنائيَّة: من مَعدِنَيْن binary alloy, bimetallic alloy (Met.)
~ حَديديَّة ferro-alloy, iron alloy (Met.)
~ ذَهَبيَّة gold bullion (Met.)
~ رُباعيةُ العَناصِر quaternary alloy
~ الرصاص (مع قليلٍ من الأنتيمون) والقَصدير terne metal (Met., Eng.)
~ سَمكرة: من الرصاص والقصدير plumber's solder (Eng.)
~ صَهور fusible alloy
الـ ~ الفائقة: سبيكةٌ صامِدة للحرارة superalloy (Eng.)
~ الفِضَّة الألمانية: من النيكل والنُّحاس والزِّنك German silver, nickel silver (Eng.)
~ فولاذية steel alloy (Eng.)
~ القَدْح pyrophoric alloy (Eng.)
~ لاحديديَّة non-ferrous alloy (Met.)
~ لَأم brazing solder (Met., Eng.)
~ لِحام، لِحام، لِدام solder (Met.)

~ لِحامٍ رَصاصيَّة lead solder (Plumb.)
~ ~ فِضِّيَّة silver solder (Met.)
~ ~ نُحاسية brass solder (Met.)
~ مَحامِل bearing alloy, box metal (Eng.)
~ مِغنطيسيَّة magnetic alloy (Met.)
~ مُقاوَمة resistance alloy (Elec. Eng.)
~ نُحاسيَّة copper alloy (Met., Chem.)
سَبيل، طريق way, route
~، وسيلة way, means
ست: الرمزُ الكيماويّ لعنصرِ الأستاتين At (astatine) (Chem.)
سِتّ عَشريّ hexadecimal (Maths.)
سْتات: إلكتروستاتِي stat- (Elec. Eng.)
ستاتُوسكُوب: مِكشافُ تغيُّراتِ الضَّغط الجَوِّي statoscope (Meteor.)
ستاديُومتر: مِقياسُ مُنْحَنيات stadiometer (Surv.)
سِتار، سِتْر screen
~ دُخانيّ smoke screen (Mil.)
~ مُثَقَّب perforated screen
سِتارة: شاشةُ عَرْض screen
~، سِتار blind, curtain
~ شَرائح (مَعدِنيَّة أو خشبيَّة) persiennes (Build.)
~ فَلُوريَّة fluorescent screen (Electron.)
ستائرُ «فينيسيَة»: مِنَ الشرائح المَعدِنيَّة أو الخشبيَّة المُتَحرِّكة Venetian blinds (Build.)
الستايْرين: هدروكربونٌ سائل styrene (Chem.)
الستِبْيُوم، الأنتيمُون (أنظر: الأنتيمون) stibium = antimony (Chem.)
سِتَّة (أو سِتّ) عَشْري hexadecimal (Maths.)
سَتَر: حجبَ (إخفاءً أو وِقايةً) cover, screen; occult; defilade; shield
سَتْر screening, covering
سِتْر cover, screen, curtain
سِتْرات: مِلْحُ حامضِ الليمون citrate (Chem.)
سْتراتُوپوز، الفاصِلُ الطَبَقي: بين الستراتوسْفير والميزوسفير stratopause (Meteor.)
سْتراتُوسفير، الغِلافُ (الجَوِّي) الطبَقي: فوقَ (التربوسفير) ودونَ (الميزوسفير) stratosphere (Meteor.)
ستربْتومَيْسين: عَقّارٌ من المُضادات الحيويَّة streptomycin (Med.)

سُتْرَة — jacket, coat, jerkin
~ نَجاة — life jacket
ستركنين: مادةٌ قِلوانية سامَّة — strychnine (Chem.)
السترنشيوم: عُنصرٌ فِلزّي إشعاعيّ رَمزُه (سر) — strontium (Sr) (Chem.)
ستروبوترون: صِمامٌ رُباعيٌّ وَمّاض (يُستعملُ في الستروبوسكوب) — strobotron (Electron.)
ستروبوسكوب، مصباح وَمّاض: يُمكِّنُ من مشاهدة أجزاء الجسم السريع الدوران كأنّها ساكنة — strobe = stroboscope (Phys.)
ستوديو — studio
ستوكس، ستوك: وَحدةُ اللُّزوجةِ الحَرَكيَّة (الكينماتيَّة) سابقًا — stoke(s) (Phys.)
سْتُون: ١٤ باوندًا (أو ٦,٣٥ كيلوغرامًا) — stone (Phys.)
سِتّوني: مُتَّخِذٌ السِّتين أساسًا — sexagesimal (Maths.)
سْتيَارين، دُهْنين: شَحمٌ شَمعيّ — stearin(e) (Chem.)
ستِير: مِتْرٌ مُكَعَّب — stere (Phys.)
سْتيرُول: كُحول سْتيرُويْدِيّ — sterol (Chem.)
سْتيرُويْد: مُرَكَّبٌ شبيهٌ بالكولسترول — steroid (Chem.)
ستيريوتيب: مُقولبٌ أو مُنمطٌ بشكلٍ لا يتغيَّر — stereotype
ستيريوفون: جهازُ استِعادة الصوت المُجَسَّم — stereophone (Acous.)
ستيغما: $١٠^{-١٢}$ مِترًا — stigma (Phys.)
سْتِيلْب: وَحْدَةُ الِاستضواء (تعادلُ قِنديلة لِلسم^{2}) — stilb (Illum.)
سَجَّ، سَوّى، مَلَّسَ — sleek, slick
~: سَوّى بالمِسَجَّة (أو المالَج) — trowel
سِجاف، سِتْر — curtain
سَجَّلَ، دَوَّنَ — record, register, enter, book, set down, inscribe, transcribe; log
~، أدرجَ في قائمة — list, enroll
~ (إصابةً) — score
~ (لِلإذاعة) — transcribe
~ (على شريط) — tape-record
~ (رقمًا قياسيًّا) — set (a record)
~ (في قائمة) — enroll
~ (السُّرعةَ أو التقدُّم) — log
~ (اختراعًا) — patent
~ (حُضورَه) — check in

~ (الصوتَ على الفيلم) مُقدَّمًا — prescore
سِجِلّ — register, record, record book, log, roster, list, roll
~ الاختبار — test record
~ الأداء — logbook (Civ. Eng.)
~ البئر — well log (Pet. Eng.)
~ تاريخي — annals
~ جيولوجي — geological record
~ الحَفْر — drill(ing) log, boring log (Pet. Eng.)
~ دَرَجاتِ الحَرارة — temperature log
~ الذاكِرة — memory register (Comp.)
~ ذَيْلِيّ — trailer record (Comp.)
~ زَمَنِيّ (لِلأحداث) — chronicle
~ السفينة — ship's log (Naut.)
~ ~ أو الطائرة — (journey) logbook
~ (رحلاتِ) الطائرة — aircraft log, air log
~ الطَيَران — flight log (Aero.)
~ العَناوين — address register (Comp.), directory
~ عناوين التعليمات — instruction address register = program counter (Comp.)
~ العَيِّنات — sample log (Pet. Eng.)
~ ~ اللُّبِّيَّة — core record (Civ. Eng.)
~ قياساتِ المَسّاح — field book (Surv.)
~ الكَثافة (أثناءَ الحَفْر) — densilog (Civ. Eng.)
~ المِساحة — cadastre (Surv.)
~ المِلاحة — navigation log (Aero., Naut.)
سِجِلّات — archives, records
سَجْن — imprisonment, confinement, detention
سِجْن — prison, jail, gaol
سَجِيَّة — temper, character, trait
سَحّاب: زِمامٌ مُنزَلِق — zipper, zip fastener
سَحاب، غَيْم، سُحُب — clouds
~ رُكامي — cumulus (Meteor.)
~ ~ سِمْحاقي — cumulo-cirrus (Meteor.)
~ ~ مَعْكوس — mammato-cumulus (Meteor.)
~ شِبهُ رُكامي — cumuliform clouds (Meteor.)
~ طَبَقِيّ — stratus, sheet clouds (Meteor.)
~ قزعيّ مُبَرَّج — altocumulus castellatus (Meteor.)
سَحابة، غَيْمة، غَمامة — cloud

~ إشعاعيَّة: تحمِلُ غُبارًا مُشِعًّا بعد انفجارٍ نَوَوي — radioactive cloud (Phys.)
~ إلِكترونيَّة — electron cloud (Phys.)
~ بُركانيَّة — eruption cloud (Geol.)
~ ~ مُتوهِّجةُ الرَّماد — Péléan cloud (Geol.)
~ زُغبيَّة — floccus (Meteor.)
~ عَدَسيَّة — lenticular cloud (Meteor.)
~ القَرْنيَّة — nebula (pl. nebulae) (Med.)
~ قَلَنْسُويَّة — pileus (Meteor.)
~ قِمعيَّة — funnel cloud (Meteor.)
~ كونيَّة — nebula (Astron.)
~ مُتَوهِّجة: بُركانية المَنشأ — nuée ardente (Geol.)
~ مُكَوَّرة — roll cloud (Meteor.)
سَحّاج — abradant (Eng.)
سُحاجَة — shavings, swarf
سَحّاحَة — buret(te) (Chem.)
~، ماصَّة مِخبَريَّة — pipette, thief tube (Chem.)
سَحّارة، مِمَصّ، مِثْعَب — siphon, syphon (Phys.)
سَحايا: أغشيةُ الدِّماغ — meninges (sing. meninx) (Med.)
اِلتهابُ الـ ~ — meningitis (Med.)
سَحَبَ، جَرَّ — draw, drag, draught, draft, pull, tug, haul
~، تراجَعَ عن — retract, withdraw
~: نَقَلَ أو حرَّكَ دون دوران أو تدوير — translate (Phys., Maths.)
~ (الفِلزَّ) أسلاكًا — wiredraw (Eng.)
~ (السَّنَدَ أو الكمبيالة) من التداول - بدفع القيمة قبلَ الاستحقاق — retire
~ (الحبْلَ) من ثقبٍ أو حَلْقة — unreeve
~ بالمِثْعَب (أو المِمَصّ) — siphon
~ المُعدّات من البئر (تمهيدًا لِتركِها) — pull a well (Pet. Eng.)
~ على المكشوف — overdraft
سَحْب، جَرّ — draught, draft, drag(ging), traction, pull(ing), towing, hauling
~، إدخال — induction, intake, indraft, drawing in
~، تراجُع عن — retraction, withdrawal, revocation
الـ ~: مُقاومةُ الحركة داخِلَ المائع — drag (Aero., Hyd.)

سَحْب (تابع)

~ (مع البُخار المُنْفَلِت) — entrainment (Chem.)
~ الأسلاك — wiredrawing (Eng.)
~ الأنابيب — tube drawing, drawing of tubes (Eng.)
~ على البارد — cold-drawing (Eng.)
~ بَليل — wet drawing (Met.)
~ مع تَضْييقِ القُطْر — drawing-down (Eng.)
~ جافّ — dry drawing (Met.)
~ الجَناح: مُقاومة (الهواء) للجناح — wing drag (Aero.)
~ إلى الخارج — drawing out
~ من الخِدمة — decommissioning
~ خَلْفيّ — back draft
~ إلى الداخِل — drawing in, indraught
~ الدِّعَم (لِتَهبيط سَقف المَنْجم) — prop drawing (Mining)
~ الذَّيل: مُقاومةُ حركة الذَّيل أثناء اندفاع الطائرة — tail drag (Aero.)
~ على الساخِن — hot-drawing (Eng.)
~ سُفْليّ — downdraft
الـ ~ بسِلْسلة مُتّصلة — endless chain haulage (Eng.)
~ طبيعيّ (في المداخِن) — natural draught (Eng.)
~ عَميق، تَشْكيل (الشرائح المعدنية الباردة) بالسَّحْب — deep drawing (Met.)
~ قالَبيّ — die drawing (Met.)
~ قَسريّ: لِتَحسين نوعيّة الاحتراق في الفرن — forced draught (Eng.)
~ المَحاور: دونَ دورانٍ أو تدوير — translation of axes (Phys., Maths.)
~ المِروَحة — airscrew drive (Aero.)
~ مُستحَثّ — induced draught (Eng.)
~ المِضَخّة — pump suction

سُحُب (أنظر: سَحاب) — clouds
~ طِباقيّة مُتَراصفة — stratiform clouds
~ ليليّة مُضيئة — noctilucent clouds (Meteor.)

سَحَجَ، بَرَى — abrade, fret, wear away
~، كَشَطَ — scrape, shave (off), chafe, plane (Carp.)

سَحْج، اِنسِحاج — abrasion, ablation, scraping (Chem., Geol.)
~ رَحَويّ — rotary planing (Carp.)
~ سطحي — surface planing (Carp.)

سِحْر، شَعوذة — magic, witchcraft, sorcery
~، فِتنة — charm, magic, fascination
~: دون دورانٍ أو تدوير — translation

سَحَقَ، كَسَّر، جَرَش — buck, crush
~، دَقَّ، سَحَنَ — pound, pulverize, triturate, grind, comminute

سَحْق، سَحن — pulverization, grinding, comminution, trituration
~ خامِ المَعْدِن — ore bucking, ore milling (Mining)

سَحَلَ، بَرَدَ، قَشَر — file, shave off, pare
~ (الرائش) — deburr (Met.)
~: وَسَّعَ (الثَّقب) — ream (Eng.)

سَحْلٌ قويم — straight reaming (Eng.)

سَحْليّة، عَظاية — lizard (Zool.)

سَحَنَ — grind, triturate, pulverize, pestle
~ (الشيءَ) رطبًا — levigate, wet-grind (Chem.)

سَحْن، سَحْقٌ بالدقّ — trituration, pulverization
~ صَدْمي — impact grinding

سَحْنَة، هَيئَة. سِيماء — complexion; facies, habit
~ بِلّوريّة — crystal habit (Chem.)
~ تكتونيّة — tectofacies (Geol.)
~ حجريّة: سَحنَةُ الحجارة المُشَذَّبة في المَحْجَر — rock face (Build.)
~ حَيويّة: من حيث المُحتوى الأحافيري — biofacies (Geol.)
~ صَخْريّة: السَّحنة الحجرية لِصَخر المنطقة — lithofacies (Geol.)

سُحوجيّة: قابليّة الانسِحاج — abradability

سَحوقٌ، سَهْلُ التَّفْتيت أو السَّحق — friable, pulverizable

سَحُوقيّة، سُهولةُ التفَتُّت — friability

سَحون، طَحون: قابِلٌ لِلسَّحْن أو الطحن — grindable, pulverizable, triturable

سَحيق — abyssal, abysmal
الدَّهر الـ ~ — Archaean era (Geol.)

سُخام، سِناج — soot, lampblack (Chem.)
~: مرضُ السُّخام — smut (Bot.)
~: وسَخٌ لَصيق — grime

سَخّان، سَخّانة — heater (Elec. Eng.)
~ زيتيّ — oil heater
~ بالغاز — gas heater
~ الغازِ المُعاد — recycle gas heater (Pet. Eng.)
~ مُدَّخِر — storage heater (Elec. Eng.)
~ مياه التغذية — feed-water heater (Eng.)

السَّخانة: المُحتوى الحَراريّ — enthalpy (Phys.)

سَخّانة، لوحُ تسخين — hot plate (Eng.)

سُخْد، مَشيمة — placenta (Zool.)

سَخَّرَ: استخدم (بخاصةٍ الموارِدَ الطبيعية) — utilize, exploit, make use of, harness

سُخْرَة: تَسخيرٌ لِعَمَلٍ قَسْريّ (دونَ أجرٍ يُذكَر) — corvée, forced labour

سُخْف: مُنافاة المَنْطِق — absurdity, absurdness

سَخَنَ، سَخُنَ، سَخِن — heat, warm (up)
~ (أو سَخَّن) بإفراط — overheat (Eng.)

سَخَّنَ المُحرِّك: أحماهُ قبلَ التحميل — warm (up)
~ مُقَدَّمًا — preheat

سُخْن، حارّ — warm, hot

سُخونة، سَخانة — hotness, heat (Phys.)
~، حُمّى — fever, pyrexia (Med.)
~ صَدْميّة — shock heating (Phys.)

سَخيف، غيرُ مَنْطِقي، باطِلٌ مَنطِقيًّا — absurd

سَدَّ، أغلَقَ (بِسداد) — close, clog, plug, tamp, obturate, stopper
~، حبَس، احتبَس — block, obstruct, occlude
~ (ثُغرةً) — fill or bridge (a gap)
~ (حاجةً) — fulfil or satisfy (a need)
~ بإحكام — seal
~ (أو طوَّق) بحاجزٍ تُرابي — embank

سُدّ، سادّ: إعتامُ عَدَسَة العين — cataract (Med.)

سَدٌّ، إغلاق — closure, plugging, clogging, obturation
~، اِحتِباس — blocking, obstruction, occlusion
~: حاجزٌ حائل (للمياه) — barrage, dam; embankment, dyke (or dike), bund (Civ. Eng.)
~، إحكامُ السدِّ — sealing (Chem.)
~ احتِجاز — retention dam (Civ. Eng.)
~ إنضاب — coffer-dam (Civ. Eng.)

سَدٌّ (تابع)

~ تحويل — diversion dam (Hyd.)

~ تُرابي — earth dam (Civ. Eng.)

~ ثقاليّ: ثِقَلُهُ يَدْعَمُه — gravity dam (Civ. Eng.)

~ رُكامي — rock-fill dam (Civ. Eng.)

~ صَخريٌّ كظيم، مُسَنّاةٌ — dyke = dike (Geol.)

~ صغير، هَدّار، صَنّاعة — weir (Civ. Eng.)

~ صُندوقيّ — box dam (Civ. Eng.)

~ القَناة (أو المَجرى) — canal lock (Civ. Eng.)

~ لَصِيق — limpet (dam) (Civ. Eng.)

~ مُحكَم، خَتْمٌ سَدود — hermetic seal

~ مَدّي، حاجِزٌ مَدّيّ — tide barrage (Civ. Eng.)

~ مُؤقّت — temporary dam, coffer

~ من النيران — barrage of fire (Mil.)

سَدَى: نَسيجٌ شَبَكيٌّ كِناني أو دَعْمي — stroma (Biol.)

سَدَاة: العُضوُ الذَّكَريُّ في الزَّهرة — stamen (Bot.)

~ النسيج — warp

سِداد، سِطام — stopper, plug, spile, spigot, bung

~ الزورق (لِتَصفيةِ ماء القعر) — boat plug

~ صَرْف — drain plug (Eng.)

~ صَهُور: يمنع فرطَ الإحماء في المِرجل — fuse plug, fusible plug (Eng.)

~ (أو كِظام) طينيّ — bod (Foundry)

~ عاكِسٌ للنيوترونات — tamper (Nuc. Eng.)

~ فُتحةِ التنفيس — vent plug (or peg)

~ قَفّاز — pop-up stopper (Eng.)

~ لَوْلَبيّ — screw cap

~ مُحكَم — seal

~ مَصرِف الزيت — oil-drain plug (Eng.)

~ مَطّاطيّ: من المَطّاط — rubber stopper

~ مُعايَنة — inspection plug (Elec. Eng.)

~ مِلحيّ، قُبّة مِلحيّة — salt plug (Geol.)

~ مُلَولب — tap (Eng.)

سَداد، صَواب، صِحّة — correctness, exactitude

~ البَصَر — emmetropia (Med.)

سِداداتُ لَوْحِ المِركَم — grid plugs (Elec. Eng.)

سِدادة، سِداد — stopper, plug, peg, wad

~ أمان (تنصَهِرُ عِند الخطَر) — safety plug, flusible plug (Eng.)

~ أُنبوبيّة مُلَولَبة — plug pipe (Plumb.)

~ كُرَويّة، سِطامٌ كُرَويّ — ball sealer

~ لَولَبيّة — screw plug (Eng.)

سُداسيّ — hexa-

~، مَسْدوس — senary

~ الأضلاع (والزوايا) — hexagon (n.), hexagonal (adj.) (Maths.)

~ التكافُؤ — hexavalent (Chem.)

~ الدرجة — sextic (Maths.)

~ الزَّوايا — hexangular

~ السُّطوح أو الأوجُه — hexahedral (adj.) hexahedron (n) (Maths.)

~ الطبقات، ~ الطّاق — six-ply

~ الطَّور — six-phase, hexphase (Elec. Eng.)

سُداسيَّة القَوائم: طائفة الحَشَرات — Hexapoda, Insecta (Zool.)

سَدَّدَ، سامَتَ، أَوزَى — collimate (Phys.)

~، صَوَّب — aim, point

~ (الحِسابَ) — settle

سَدَر، ذُهول — stupor, daze (Med.)

~، دُوار — vertigo, dizziness

سُدْس — one sixth

السُّدْسِيَّة: كوكبة جنوبيّة — Sextans, The Sextant (Astron.)

سُدْسِيَّة، ذاتُ السُّدْس — sextant (Surv.)

~ بَندوليّة — pendulum sextant

~ جَيروسكوبيّة — gyrosextant

~ صُندوقية — box sextant (Surv.)

~ فُقّاعيّة — bubble sextant (Surv.)

~ مِرآويّة — mirror sextant (Surv.)

~ مِئفاقيّة — periscopic sextant

سِدْل، سِتار — curtain

سُدْلة، أُرخيّة، سَديلة — flap

~ الصِّمام، لِسانُ الصِّمام — valve flap (Eng.)

سَدُود، مَسيك، كَتيم — tight, hermetic, impervious, impermeable

~ لِلبُخار — vapour-tight, steam-tight

~ لِلزَّيت، مَسِيكٌ للزَّيت — oil-tight

~ لِلسوائل — sta(u)nch

~ لِلضغط — pressure-tight (Eng.)

~ لِلضَّوء، كَتيمٌ لِلضَّوء — light-tight

~ لِلغاز، كَتيمٌ للغاز — gas-tight (Eng.)

~ لِلغُبار — dustproof (Eng.)

~ لِلماء، مَسِيك — watertight, water-fast

~ لِلهواء — airtight, airproof (Eng.)

سَدِيد، صائب — correct, sound

عَيْنٌ سَديدةُ البَصَر — emmetropic eye (Med.)

سَدِيم، غَيْمة سَديميّة — nebula (pl. nebulae) (Astron.)

~ ماصّ: سَديمٌ مُظلِم — absorption nebula (Astron.)

~ مُنير — luminous nebula (Astron.)

سَديميّ — nebular, nebulous

سر: الرمزُ الكيماوي لِعُنصر السترنشيوم الفِلِزّي — Sr (strontium) (Chem.)

سِرّ — secret

~ المهنة — trade secret

سُرٌّ: الحبلُ السُّرِّي — umbilical cord (Zool.)

~ نَباتيّ — funicle, funiculus (Bot.)

سَرْء، وَضْعُ البَيْض (أو النِّطاف): في الحيوانات المائية — spawn (Zool.)

~ السَّمك — roe (Zool.)

سَرَى: اِنسابَ، دار — flow; circulate

~: صارَ ساريَ المفعول — take effect, come into force

سَرَاب — mirage (Meteor.)

~ تَشْويهي، ~ مَعكوس — looming (Meteor., Phys.)

سَرّاقة: منشار يَدويّ صغير

~ ظَهْر — hand saw, bucksaw backsaw (Carp.)

سِراية — transmission (Med.)

سَرَبَ، سَرِبَ: تَسَرَّبَ — leak, seep; infiltrate, transpire

سِرْب، مجموعة — covey, flight, group

~، سَرِيّة — squadron, escadrille (Mil.)

~، قطيع — flock, herd, drove

~، رِجْل (ج. أرجال): من صغار الحيوان عادةً — swarm (Zool.)

سَرَبٌ، نَفَق — drift, adit, gallery (Mining)

~ جانبيّ — side drift = adit (Civ. Eng.)

~ صاعِد — mounting gallery (Mining)

~ غيرُ نافِذ — blind drift (Mining)

~ مائلٌ — brow (Mining)

~ هابِط — drop shaft (Mining)

سِرْبَنتين، حجَرُ الحَيَّة: سِليكات المغنسيوم المُمَيَّأة — serpentine (Min.)

سُرَّة — navel, umbilicus, omphalos (Zool.)
~، قَبُّ (الدولاب) — hub, boss (Eng.)
~ُ البزرة، ~ُ نَباتيَّة — hilum, hile (Bot.)
~ُ الدولاب، قَبّ — wheel hub (Eng.)
~ُ المُسَنَّنة (أو التُّرس) — gear hub (Eng.)
سَرْج — saddle
~ (الديدانِ الحَلَقيَّة) — clitellum (Zool.)
~ُ الماسُورة: لِقَمْطٍ تركيبةٍ عليها — pipe saddle (Eng.)
~ُ المِخْرَطة — lathe saddle (Eng.)
سَرَّحَ، مشَطَ — comb, card, tease
~، صرَفَ — disband, discharge, dismiss
~ (العُمّال) مُؤَقَّتًا — lay off
سَرْخَس، خُنْشار — fern (Bot.)
السَّرخسيّات: رُتبة نباتيَّة (والطائفة Filicineae) — Filicales (Bot.)
سَرَدَ، عدَّد بالتَّسلسُل — enumerate
~، رَوى — narrate, recite
سَرْد — enumeration, listing; citation
سِرْداب، قَبْو — cellar, vault
السَّرر: الحَبْلُ السُّرِّي — umbilical cord (Zool.)
سَرَطان — cancer (Med.)
~، (سَلْطعون) — crab (Zool.)
بُرج الـ ~ — Cancer (The Crab) (Astron.)
~ُ البحر، كَرَكند — lobster (Zool.)
~ُ نهري، إربيان — crayfish (Zool.)
سَرَطانة: آفة سرطانية — carcinoma (Med.)
سَرَطانيّ — cancerous; carcinomatous (Med.)
سَرَّعَ — speed (up), accelerate
~ (المُحَرِّكَ) — race
سُرعاتٌ فوق الصوتيَّة (رَقْمُها الماخي بين ١ وَ ٥) — ultrasonic speeds (Aero.)
سُرعة: سُرعةٌ لااتجاهيَّة — speed (Mech.)
~: سُرعةٌ اتِّجاهيَّة — velocity (Mech.)
~، مُعَدَّلُ السُّرعة — rate
~: كَونُ الشيءِ سريعًا — fastness, rapidity, quickness, swiftness
~ (العَمَلِ والإنتاج)، مُعَدَّلُ السُّرعة — gait
الـ ~ُ الابتِدائيَّة — initial velocity (Mech.)
~ُ الإبراق — key(ing) speed (Teleg.)
~ُ اتِّجاهيَّة عَمُوديَّة — normal velocity (Mech.)
~ُ الإدبار — velocity of recession (Astron.)
الـ ~ُ الأرضيَّة — ground speed (Aero.)
الـ ~ُ الاعتِراضيَّة — intercept speed

~ُ الإفلات: من جاذبيَّة الأرض ١١,٢كلم/ الثانية، ومن جاذبية القمر ٢,٤كلم/ الثانية ومن جاذبية الشمس ٦١٧,٧ كلم/ الثانية — escape velocity (Astron., Space)
~ُ الاقتراب — approach velocity (Aero.)
~ُ الإقلاع — unstick speed (Aero.)
~ُ الانتِشار — diffusion velocity, propagation velocity (Phys.)
~ُ انتِشارِ الغاز — rate of gas diffusion
الـ ~ُ الانتهائيَّة أو الحَدِّيَّة — terminal velocity (Aero., Phys.)
~ُ الانسياق — drift velocity
الـ ~ُ الأولى، الـ ~ الدُّنيا — first speed (Eng.)
الـ ~ُ البَطيئة — low gear (Eng.)
~ُ التَّدفُّق الخَلفي — outflow velocity (Aero.)
~ُ الترشيح — filtration rate (Chem. Eng.)
~ُ تزامُنيَّة — synchronous speed (Elec. Eng.)
~ُ التشغيل (العاديَّة) — operating speed
~ُ التصريف — discharge velocity (Eng.)
~ُ التفاعُل — reaction rate, reaction velocity (Chem.)
~ُ ثابتة — constant speed (Aero.)
الـ ~ُ الثالِثة — third gear (Eng.)
الـ ~ُ الثانية — second gear (Eng.)
~ُ الجُسَيم — particle velocity (Phys.)
الـ ~ُ الحَدِّيةُ أو النهائية — limiting velocity, terminal velocity (Phys.)
~ُ حَرِجة — critical velocity (Phys.)
الـ ~ُ الحَرِجة الدنيا — lower critical speed
~ُ حَوْلَ الصوتية (بينَ ٠,٨ وَ ١,٤ ماخ) — transonic speed (Aero.)
~ُ الخاطِر — presence of mind
~ُ خطِّيَّة (اتِّجاهيَّة) — linear velocity (Mech.)
~ُ الدوَران — speed of rotation (Eng.)
~ُ دونَ الصوتية (أقل من ٧٤١ ميلًا في الساعة) — subsonic speed (Aero.)
الـ ~ُ الذُّرويَّة — peak velocity
~ُ الرِّيح — wind velocity, wind speed (Meteor.)
~ُ زاويَّة — angular velocity (Mech.)
~ُ زائدة — overdrive (Autos.)

~ُ زائِديَّة: سُرعةُ جسم ينطَلِقُ بِسُرعةٍ تَفوقُ سُرعةَ الإفلات — hyperbolic velocity (Space)
~ُ الزُّمْرة: سُرعةُ مَجموعةِ الأمواجِ المُتَداخِلة — group velocity = envelope velocity (Phys.)
~ُ السَّيْر — pace, speed
~ ~ المُطَّرِد — cruising speed (Autos.)
~ُ الشَّوط — stroke speed (Eng.)
~ُ الصَّوت (٣٣١,٤٦ متر في الثانية أو ١٢٢٩ كيلومتر في الساعة) — speed of sound, sonic speed (or velocity)
~ُ الضَّوء (حوالى ٣×١٠^{٥} كيلومتر في الثانية) — speed of light, velocity of light
~ُ الطَّور، الـ ~ُ الطَّوريَّة — phase velocity (Phys.)
~ُ الطيران — flying (or flight) speed (Aero.)
~ُ عالية — high gear
~ُ العَطَب: هشاشة — fragility
الـ ~ُ العُليا (أو القُصوى) — top speed (Eng.)
~ُ الغازات المُنْصَرِفة — exhaust velocity
~ُ الغِلاف، ~ُ الزُّمرة (لِمَجموعةٍ مَوجِيَّة مُتَداخِلة) — envelope velocity = group velocity (Phys.)
~ُ الغَلَق — shutter speed (Photog.)
~ُ فوقَ الصوتية — supersonic speed (Aero.)
الـ ~ُ الفوهية (للقذيفة) — muzzle velocity
الـ ~ُ القُصْوى، حَدُّ السرعةِ المُباح — speed limit
~ُ قُطرية (أو نِصْفُ قُطريَّة): في اتجاهِ القُطْر أو نِصْفِ القُطر — radial velocity (Mech.)
~ُ القَطْع — cutting speed (Eng.)
الـ ~ُ القياسيَّة — standard speed (Eng.)
~ُ لَحظية — instantaneous velocity
الـ ~ُ المتوَسِّطة، مُعَدَّلُ الـ ~ — average speed
الـ ~ُ المُحَصِّلَة — resultant velocity (Mech.)
الـ ~ُ المِحورية — axial velocity (Phys.)
~ُ مُحيطية — circumferential velocity, peripheral velocity
الـ ~ُ المَداريَّة — orbital velocity (Mech.)
~ُ المَسْح — scanning speed, stroke speed (Phys.)
~ ~ البُقْعيّ — spot speed (Elec. Comm.)
الـ ~ُ المُصَمَّمة — design speed (Eng.)

سُرعة (تابع)

ـ مُعاوَدة الاتِّحاد السَّطْحيّ surface recombination velocity (Electron.)

ـ مُعَجَّلة accelerated speed (Phys.)

ـ مُماسِّيَّة tangential velocity (Mech.)

ـ مُنتَظِمة uniform velocity (Mech.)

ـ المِنضَدة الدوّارة (في جِهاز الحَفْر) table speed (Civ. Eng.)

ـ المُوازَنة balancing speed

الـ ـ المُؤيِّنةُ الدُّنيا minimum ionizing speed (Phys.)

ـ النَّبْض pulse rate (Med.)

الـ ـ النسبية relative velocity (Mech.)

ـ النَّقْل transfer rate (Comp.)

الـ ـ النِّهائية end velocity, final velocity, terminal velocity

الـ ـ الهوائية: سرعةُ الطائرة بالنِّسبة إلى الهواء air speed, air velocity (Aero.)

الـ ~ ~ الحَقيقيَّة true air speed (Aero.)

الـ ~ ~ المُصَحَّحة rectified air speed (Aero.)

سُرْفَة، أُسروع، يُسروع caterpillar (Zool.)

ـ الجرّار (أو المُجَنْزَرة): حَصيرتُه السِّلسِلِيَّة المُتَّصِلةُ التي تدورُ دواليبُهُ داخِلَها caterpillar tread, track (Eng.)

سَرِقة robbing, theft, robbery

ـ فِكريَّة، ~ مُؤلَّفٍ أو اختِراع piracy, plagiarism

سَرْوٌ cypress (Bot.)

سَروب: كثيرُ التسَرُّب leaky

سُروب، تسَرُّب leakage, seepage

~ (من قالَب السَّبْك) runout

ـ (أو تَسَرُّب) الزَّيت oil seepage, oil leakage (Eng.)

ـ صِماميّ valve leakage (Eng.)

ـ المُكَثِّف condenser leakage (Elec. Eng.)

سِرِّي confidential, secret; private

سُرِّي umbilical, omphalic (Zool.)

سَرَيان flow, flux, circulation

ـ التيار current flow (Elec. Eng.)

ـ ثِقاليّ، ـ بالجاذِبيَّة gravity flow (Hyd. Eng.)

ـ الحَرارة heat flow (Phys.)

ـ الهواء (في المَسالك) air flow (Eng.)

سَرِيَّة، سِرْب squadron, company

ـ الإطفاء fire brigade

ـ الصِّيانة maintenance company

ـ مِدفعيَّة battery (Mil.)

سِرِّيَّة secrecy

سَرير bed, berth, bedstead

ـ جِداريّ: مُبيَّت في الجدار (كما في السُّفن) bunk

سَريع fast, rapid, quick, swift, express

ـ الاشتِعال ignition-sensitive, flammable (Chem.)

ـ التحضير instant

ـ التوافُق (أو التركيب) quick-fit (Eng.)

ـ الزَّوال short-lived, ephemeral, fugacious, transitory

ـ العَطَب fragile, delicate

ـ الفِعل quick-acting

سَرِينَة، صَفّارةُ إنذار siren (Acous.)

سَرْئيّ: يتألف من أجسامٍ كرويةٍ أو اهليلجيَّة صغيرة كَبيض السمك oolitic (Geol.)

سز: الرمزُ الكيماويّ لِفِلزّ السِّيزيوم Cs (c(a)esium) (Chem.)

سِطام spigot, plug, spile, spill, spud, tap

ـ رِيحيّ: لِلمكروفون wind gag (Acous.)

سَطْح surface, area; face; roof

ـ الإحراق: تتجمَّعُ فيه الأشعةُ بعد الانعكاس أو الانكِسار caustic surface (Light)

ـ استواءٍ بصري optical flat (Photog.)

ـ أصغري minimal surface

ـ انسِيابٍ مائيّ (رافِع) hydrofoil, hydrovane (Aero.)

~ ~ (هَوائي) رافع aerofoil (Aero.)

ـ الانفِصال، ~ الافتِراق parting surface

الـ ـ الباطِنيّ للعقد (في القنطرة أو القوس) intrados (Build.)

ـ البَحر (mean) sea level

ـ البُحيرة epilimnion (Ecol.)

ـ بَصَري (عاكِسٌ أو كاسِر) optical surface

ـ بَلُول water-wet surface

ـ بَيْنِيّ، بَيْنِيَّة: سَطْحُ التَّماسّ interface

ـ تَأريض ground plane (Elec. Eng.)

ـ التَّحاتّ erosion surface (Eng., Geol.)

ـ التحميل bearing surface (Eng.)

ـ التراصُف القاعِدي، ـ التطبُّق bedding plane (Geol.)

ـ التشغيل working face (Civ. Eng.)

ـ التعادُل neutral surface (Eng.)

ـ التَّلامُس، ـ التَّماس contact surface, contact plane (Eng.)

~ ~ الفِرجَونيّ brush contact surface (Elec. Eng.)

ـ التماثُل symmetry plane

ـ توجيه control surface (Aero.)

~ ~ رافِع elevator (Aero.)

~ ~ مُوآزِر servo-tab (Aero.)

ـ جافٍ للماء water-dry surface

ـ جانِبيّ lateral surface (Maths.)

ـ جَرَسي bell roof (Build.)

ـ جُملوني gable roof (Build.)

ـ حَجَريّ خَشِنُ النَّقْش pitch face (Build.)

ـ حَدِب (كظهرِ السُّلَحْفاة) turtleback

ـ الحَطّ (على حامِلَةِ طائِرات) landing deck (Aero.)

الـ ـ الخارجي أو الظاهري superficies (Geom.)

ـ خافِض (لِلدَّفْقِ الضوئي) reducing surface (Illum.)

ـ الدوَران surface of revolution (Maths.)

ـ الذيل: سَطحُ مُوازَنةٍ ذَيليّ tail plane (Aero.)

الـ ـ الراسم describent, generating surface (Maths.)

ـ رافِعٌ عاطِف (في الطائرة اللاذيليَّة) elevon (elevator-aileron) (Aero.)

ـ رَصيفيّ decking (Civ. Eng.)

الـ ـ الرئيسي (في السَّفينَة) main deck

ـ زاويّ angular surface

الـ ـ الزائد الدوراني hyperboloid of revolution (Maths.)

ـ زائد ذو طَيَّة hyperboloid of one sheet (Maths.)

~ ~ ذو طَيَّتين hyperboloid of two sheets (Maths.)

الـ ـ السُّفليّ في السفينة orlop (Naut.)

ـ السفينة deck (Naut.)

ـ الطَّيَران (في حامِلةِ الطائرات) flight deck (Aero.)

ـ عاكِس reflecting surface (Phys.)

سَطح (تابع)
~ غيرُ مَسقوف — decking
الـ ~ الفَعّال — effective surface
~ القوصَرة الغائر — tympanum = tympan (Arch.)
~ الكَبْح — braking surface (Eng.)
~ لاانزِلاقي — non-skid surface (Civ. Eng.)
~ الماء الباطني (أو الجوفي) — water table (Geol.)
~ مائِل — inclined plane (Mech.), sloping (or oblique) surface
~ مُتَساوي الجُهد: وبالتالي عديمُ المجال الكهربائي — equipotential surface (Elec. Eng.)
~ مُجَزَّع: فَخّاري أو زجاجي — crackle
~ مُجَلَّخ — ground surface
~ مُحَدَّب (أو مُقَبَّب) — convex surface, crowned surface
~ مُحكَمُ الاتصال (بما يُجاوِرُه) — faying face (or surface) (Eng.)
~ مَخروطيّ — conical surface (Maths.)
~ مُزَعْنَف: لزيادة المساحة — finned surface (Phys., Eng.)
~ مُستَوٍ — plane, plane surface (Maths.)
~ مُسَطَّر (أو مُحَزَّز) — ruled surface
~ مُسَنَّم — ridge roof (Build.)
~ مَشطوبٌ زاوِيّ — miter = mitre (Eng., Carp.)
~ مُصَلَّد (بِلِحام طبقةٍ صلدةٍ فوقَه) — hard facing (Met.)
~ مُقارَنة — comparison surface (Illum.)
~ مُقَبَّب أو مُحَدَّب — crowned surface, cupola (Build.)
~ مُقعَّر — concave surface (Geom.), dish
~ مُقَوَّس، ~ مُنْحَنٍ — curved surface
~ مُكافِئٌ زائِد — hyperbolic paraboloid (Maths.)
~ ~ ناقِصي — elliptic paraboloid (Maths.)
~ مُمَوَّج — corrugated surface
~ مُنْبَسِط: قابِلٌ لِلنَّشْر — developable surface (Maths.)
~ مُنحَلّ — degenerate(d) surface (Maths.)
~ مُوازِن (ذَيليّ) — stabilator (Aero.)
~ ~ رأسِيّ — vertical stabilizer (Aero.)
~ ناشِر أو ناثِر — diffusive surface
~ نصفُ مُفَضَّض (وبالتالي نِصفُ عاكِس) — half-silvered surface (Phys.)
الـ ~ النَّوعي — specific surface (Chem., Phys.)
~ هِلالي، هِلالة — meniscus (Phys.)
~ ~ مُحَدَّب — convex meniscus (Phys.)
~ ~ مُقَعَّر — concave meniscus (Phys.)
~ الوَصْل — joint surface

سَطَّح — surface, planish, flatten, level (off)
سَطْحانِ مُتَعامِدان — orthogonal surfaces (Maths.)
سَطْحِيّ: خاصٌّ بالسَّطْح — surficial, surface
~، مُسْتَوٍ، مُتَساطِح — planar
~، خارجيّ، ظاهِريّ — superficial, exterior, external, peripheral
~ التَكَوُّن — epigenetic (Geol.)
~ تَوازي التوَجُّه (للجُزَيئات في مادة شبه بلورية) — smectic (Phys.)
سَطَّرَ (بِمِسْطَرة) — rule
سَطْر — line
~ مُنَضَّد (باللينوتيب) — slug (Print.)
سَطَعَ، لَمَع — shine, gleam, brighten
سَطْلٌ، دَلْوٌ — bucket, pail
~ الفَحْم — scuttle, coal scuttle, coal hod
~ قَلّاب — tip-bucket (Civ. Eng.)
سَطَم — plug; shut
سَطْو — burglary
سُطوع، نُصوع — brilliance, brightness, effulgence, luminosity (Illum.)
~ باهِر، وَهَج — glare
~ الشمس — sunshine (Meteor.)
~ مُفاجِئ — womp (Telev.)
~ نُقطِيّ (المَصدَر) — point brilliance
~ وَمْضِيّ — gleam
سُطَيْح: سَطْحٌ صَغير — facet, tab
~ تَعديل المُوازَنة — trim(ming) tab (Aero.)
~ مُوازَنة — balance tab (Aero.)
~ ناتِئ خُدِّي: بينَ خُدَّتَي عَمُود — listel, facette (Arch.)
سَطيحة، مَسْطح — berm, bench (Civ. Eng.)
~ رَصيفيّة — platform
~ مِنَصِّيّة، مَصْطَبة — terrace (Build.)
سُعار: داءُ الكَلْب — rabies (Med.)
سُعال، كُحَّة — cough(ing), tussis (Med.)
الـ ~ الدِّيكي، الشُّهاق — whooping cough, pertussis (Med.)

سَعَة، مَدى الاتساع — amplitude
~، سِعَة، وُسْع — capacity
الـ ~: المحتوى الحجمي — capacity, volume
~، مُواسَعة — capacitance (Elec. Eng.)
~، وَفرة — affluence, abundance, plenty
~ الاستيعاب — holding capacity
~ الامتِصاص — absorbing capacity
~ التَّبْريد — cooling capacity (Eng.)
~ التَحمُّل الزائد — overload capacity (Elec. Eng.)
~ التحميل — bearing capacity, load capacity (Eng.)
~ التخزين — storage capacity (Comp.)
~ التخميد — damping capacity (Elec. Eng.)
~ التدَفُّقِ الحُرّ — open-flow capacity (Hyd. Eng.)
~ التشغيل — operating capacity (Eng.)
الـ ~ الحَثِّيَّةُ النَّوعيَّة — specific inductive capacity = relative permittivity (Elec. Eng.)
~ حَرارية — heat capacity, thermal capacity (Phys.)
الـ ~ الحَراريَّة لِجُزَيءٍ غرامي — molecular heat = molar heat capacity (Chem.)
الـ ~ ~ النوعيَّة — specific heat capacity (Phys.)
~ حَمْل التيّار: التيارُ الأقصى المُمكِنُ لِلكَبل حَملُه دونَ تخَطّي درجة الحرارة حَدًّا مُعَيَّنًا — current-carrying capacity (Elec. Eng.)
~ الحَمْل المأمونة — safe carrying capacity (Eng.)
الـ ~ الحيَويَّة (للرئتين) — vital capacity (Zool.)
~ الخَرْج — output capacity (Eng.)
~ خَطِّيَّة — line amplitude (Telev.)
~ الدارة — circuit capacity (Elec. Comm.)
~ الدَّرْء: في مُقاوَمةِ تغَيُّرِ الأُسِّ الهِدروجيني — buffer capacity (Chem.)
~ ذاتيَّة — self-capacitance (Elec. Eng.)
~ الذبذبة — amplitude of oscillation (Maths.)
~ الشاحِنة — truck capacity

سَعَة (تابع)

~ الصِّهريج tank capacity, tankage, shell capacity (Pet. Eng.)

الـ ~ الصَّوتيَّة acoustic capacitance

~ الطبقةِ الحاجِزة barrier layer capacitance = depletion layer capacitance (Electron.)

~ الغَلّاية أو المِرجَل boiler capacity (Eng.)

~ القَطْعِ (لِمِفتاحٍ أو قاطِعِ دارة) breaking capacity (Elec. Eng.)

~ ~ المُقَدَّرة rated breaking-capacity (Elec. Eng.)

الـ ~ الكُلِّيَّة total capacity

~ كَهربائية electric(al) capacity (Elec. Eng.)

~ كَهْروستاتيَّة electrostatic capacity

الـ ~ المُرَكَّبة: الطاقة المُصَمَّمة القُصْوى installed capacity (Eng.)

~ المِركَم (بالأمبير ساعة) capacity of accumulator (Elec. Eng.)

~ المُضاءَلة damping capacity (Elec. Eng.)

الـ ~ المُقَدَّرة rated capacity (Elec. Eng.)

~ المُكَثِّف condenser capacity (Elec. Eng.)

~ المَوْجة، ~ الذبذبة (wave) amplitude (Phys.)

~ النَّبْض الذِّروية peak pulse amplitude (Phys.)

~ النَّقل transmission capacity (Elec. Eng.)

~ وَحدةِ المِساحة unit area capacitance (Elec. Eng.)

~ الوَصْلِ المقدَّرة rated making-capacity (Elec. Eng.)

سَعْتَر، صَعْتَر thyme (Bot.)

سَعدان monkey

سَعدانة، حَلَمة teat, nipple (Zool.)

سُعْر، كالوري calorie = calory (Phys.)

~ كبير Calorie, large calorie (Food Sc.)

سَعَّرَ (السِّلعةَ) price, fix the price of

~ (النارَ) kindle, flare (up)

سِعْر rate, price

الـ ~ الأدنى rock-bottom price

~ الإصدار issue price

~ أعلى: في مَزادٍ عَلَنيّ overbid

~ الإقفال (في البُورصة) closing price

~ البضاعة مع التأمين والشحن (سِيف) cost, insurance and freight (CIF)

الـ ~ في بلد المَنشأ current domestic price

~ البيان: السِّعْرُ المُسَجَّل list price

~ التَّجزِئة: سِعْرُ البَيْع بالمُفَرَّق retail price

~ تَفاضُليّ differential price

~ التكلِفة (أو الكُلْفة) cost price

الـ ~ الجاري going price, current price

~ الجُملة wholesale price

~ الخَصْم، نِسبةُ الحَسْم discount rate

الـ ~ الرسمي official rate

~ السُّوق market price, market value

~ الصَّرْف: لِلوَرقة الماليَّة exchange rate, rate of exchange

~ العَرْض bid price, offer price

~ الفائدة rate, interest rate

~ الكُلْفة، ~ التكلفة cost price

~ مانِع: فوقَ مُستوى قُدرةِ الشّارين المُتوقَّعين prohibitive price

~ المَبيع sale price

~ مُخَفَّض cut rate

~ المَزادِ الأدنى upset price

~ المَصْنَع cost ex-works, factory price, manufacturer's price

الـ ~ المُعْلَن posted price

~ مُناسِب: في مَصلحة الشاري bargain price

الـ ~ في مَوقع الشِّراء loco price

~ الوَحدة unit price

سُعرة، سُعر calorie, calory (Phys.)

سُعْري calorific

سَعَفة: ورقة السّرخس frond (Bot.)

~: ورقة النخيل palm leaf, frond (Bot.)

سَعْفة، قُوباء tinea = ringworm (Med.)

~ القَدَمَين athlete's foot (Med.)

سَعَلَ، كَحَّ cough

سَعَويّ: خاصّ بالسَّعة أو المُواسعة capacitive (Elec. Eng.)

س غ ث: سنتيمتر – غرام – ثانية c.g.s., centimeter-gram-second (Phys.)

سَغَب، جوع hunger, starvation

سَغَل: سوء التغذية malnutrition (Med.)

سَفَّ: مَسَّ أو كَشَطَ برِفق أثناء سَيْره graze

~ الشيءَ: تناولَه جافًّا eat, swallow

سَفا، زَغَبٌ coma (Bot.)

~ السُّنبلة، حسَك awn, beard (Bot.)

سَفَى، ذَرا blow away

السَّفَى: ما تَسفيهِ الريح windrow (Geol.)

سَفاة: حسَكة نباتية awn (Bot.)

سِفاد: نِزاء copulation (Zool.)

سَفّاط، مِسْفَطة aspirator (Phys.)

سُفالَة: أسفلُ الشيء bottom

~ الرِّيح: مُقابلُ مَهبِّه leeward

~ الصِّهريج tank bottoms (Pet. Eng.)

سَفّان: بَنّاءُ سُفُن shipwright, shipbuilder

سَفْح piedmont, versant (Geol.)

سَفْحيّ piedmont

سَفَرٌ travel, travelling

الـ ~ جوًّا air travel

الـ ~ عَبْرَ الفَضاء space travel

سَفْرَة journey, voyage, excursion, trip

~ بَحرية cruise (Naut.)

سَفَطَ، شَفَّ، (شَفَط) aspirate, suck

سَفَطٌ frail, wicker(work), basket, scuttle, skep

~ معدنيّ skip (Mining)

سَفَعَ، لَفَحَ السَّطح sear, parboil, scorch, singe

~، سمَط (بالبُخار أو الماء الساخن) scald

~ (بالتعريض للشمس) tan

سَفْعٌ، لَفْح blasting, scald(ing), sear, singe(ing), charring

~: لَفْحٌ فجائي blast(ing)

~ بارِد cold blast (Met.)

~ حُبَيْبِيّ: لِلتَّنْظيف grit blasting (Eng.)

~ بالخُرْدُق (لِتنظيفِ الفولاذ) shot blasting (Eng.)

~ بخُردُق الفولاذ (من عَجَلَةٍ مُدَوِّمة) wheelabrating (Eng.)

~ رَمْليّ، ~ بالرَّمل sandblasting (Met.)

~ ساحِج abrasive blasting (Eng.)

سَفْعة (الشمس) tan; sunburn

سِفْل: سُفالة bottom

~ الجِدار dado (Arch.)

سَفْلَتة asphalting (Civ. Eng.)

السِّفلس: الداءُ الإفرنجي syphilis (Med.)

سُفليّ basal, lower, down

سُفليّ (تابع)
~، بَطْني — ventral (Biol.)
~ التعليق — underslung
سَفَن، سُنْباذَج، سَنْفرة — emery (Min.)
سَفُّود، سِيخ — brochette, skewer, spit
~، دبّوس — pin
سَفْي، تَذْرِيَة — wind ablation (Geol.)
سَفير — ambassador
~: ياقوتٌ أزرق — sapphire (Min.)
سَفيفَة: نسيجٌ من الخُوص — wicker(work)
سَفين، وَتَد إسفِينيّ — brob, cotter
~، إسفين: وَتَدُ دَسْرٍ مَوشُوري — wedge
~ غَنْفَرة — fox tenon = fox wedge (Build.)
سَفينَة — ship, boat, vessel (Naut.)
الـ ~: كوكبةٌ جنوبية ضخمة — Argo (Astron.)
~ إنقاذ — salvage vessel
~ بُخاريَّة — steamship (Naut.)
~ بِضاعة — cargo vessel (Naut.)
~ شَحْن — freighter, cargo vessel
~ برفَّاصَين مُتَعاكِسَي البَرْم — twin-screw ship (Naut.)
~ حاوِيات — container ship
~ حربية — warship, battleship
~ ساحِليَّة — coaster (Naut.)
~ سَلِسَةُ الإبحار — sea-kindly ship
~ شِراعيَّة — clipper, sailboat
~ ~ بِصارِيَيْن — brig
~ صامِدةٌ لِلعواصِف — sea-keeping ship
~ صِهريجيَّة — tanker, tank-ship
~ صَيدِ الفُقمة — sealer
~ ضَحْلةُ الغاطِس — shallow-draught vessel
~ فَضائيَّة — spaceship (Astronautics)
~ كَرَّاءة — dredge ship (Civ. Eng.)
~ مَدِّ الأنابيب (تحت الماء) — lay barge
~ ~ الكُبول — cable ship (Elec. Eng.)
~ ناقِلة لِلزيت — oil bunker (Pet. Eng.)
~ هَوائية، مُنطاد — airship, dirigible (Aero.)
سَقى، أرْوى — irrigate, water
~، سَقَّى (الفولاذ) — quench, temper (Met.)
~ (المِضَخَّة) — prime
السِّقاء: غِشاءٌ سُجقي، لَقانِقي — allantois (Zool.)
سُقاط، سَقَطُ المَتاع — junk
~، سُقاطة: ما يسقُط — fall-out

~ إشعاعي — (radioactive) fall-out (Phys.)
~ الكُوك — coke breeze (Build.)
سَقّاطَة، مِزلاجُ الباب — latch
~، حابِسَة: لُسَينُ تَوقيف — click, ratchet, pawl, catch, trip, pallet (Eng.)
~ إبهاميَّة: تُحرَّكُ بالإبهام — Suffolk latch = thumb latch, lift latch
~ إعتاق — trip pawl, trip catch (Eng.)
~ إيقاف — stop pawl
~ تَسْبيب — release pawl (Eng.)
~ التَّعشيق — engaging catch (Eng.)
~ التَّغذية — feed pawl (Eng.)
~ زَنْق — locking latch
~ قابِضَة — gripping pawl
~ مَشقوبة، رِتاجٌ بِرَزَّة — hasp (Build.)
~ نابِضيَّة، ~ بِزُنْبُرُك — jack latch, spring pawl (Eng.)
سِقالات، أساقيل (أُنظُر: سِقالة) — scaffolding
سِقالة، إسقالة — scaffold(ing), staging (Build.)
~، إنشاءٌ إطاري — framework
~ إبريَّة: سِقالةٌ من كَمَرات مُعتَرِضة ناتِئة من جوانِب البِناء العُليا — needle scaffold (Build.)
~ أنابيب — tubular scaffold(ing) (Build.)
~ بِناءٍ مُعَلَّقة — builder's jack, building cradle (Build.)
~ ذاتِيَّةُ الدَّعْم — self-supporting scaffold
~ رَفْع الإسمنت المَجْبول — placing plant (Civ. Eng.)
~ زَورقية — boat scaffold (Build.)
~ بكتائف — bracket scaffold (Build.)
~ مُعَلَّقة — cradle, flying scaffold (Build.), suspended scaffold, hanging scaffold (Civ. Eng.)
~ مُوقَّتة — gangway (Build.)
سُقام، مَرَض — sickness
سِقاية، رَيّ — irrigation, watering (Agric.)
~، سَقْي — quenching, tempering (Eng.)
سَقَطَ، وَقَعَ — fall, drop
~ في امتحان — fail, flunk
سِقْط، سُقْط، جَهيض — abortus, aborted fetus (Med.)
سَقَط، نُفايَة — junk
~، سُقاط، سُقاطة — fall-out (Phys.)

~ ذَرِّي — atomic fallout (Phys.)
سَقْطَة، عَثْرة — tumble
سَقَفَ — ceil, roof
سَقْف — roof, roofing, ceiling
~، سَماوَة: حدٌّ أعلى — ceiling, top limit
~ أُحاديُّ المَيْل — single-pitch roof, lean-to roof (Build.)
~ أُشْرِيّ — sawtooth roof (Build.)
~ تَزْيينيّ — plafond (Arch.)
~ جُملوني (أو مُسَنَّم) — trussed roof
~ الخَيمة، سِدْل — fly
~ خَيْميّ — camp ceiling (Civ. Eng.)
~ سَنَديّ: مُزدَوج التَّحَدُّر — mansard roof, knee roof (Arch.)
~ السيّارة — hood (Autos.)
~ ظُلِّيّ — pent roof = shed roof (Build.)
~ قَوس قُزَحي: مُسَنَّمٌ مُحَدَّبُ الجانبَيْن نوعًا — rainbow roof (Build.)
~ مُحَدَّب (كُرَويًّا أو أُسطُوانيًّا) — shell roof (Civ. Eng.)
~ مُحَرَّد: مُزدَوِجُ الانحِدار — curb roof, French roof = mansard roof, gambrel roof (Build.)
~ مُزدَوِج — double roof (Build.)
~ مُسَنَّم، جَمالون، جُمْلون — hipped roof = hip roof, Italian roof (Build.)
~ مِظَلِّي — umbrella roof (Civ. Eng.)
~ مُعَلَّق — suspended ceiling (Build.)
~ مُعَمَّد — hypostyle roof (Arch.)
~ مُقَبَّب أو مَعْقود — vaulted roof (Build.)
~ مُنْحَدِر — pitched roof (Civ. Eng.)
~ ~ (أُحاديُّ المَيْل) — shed roof (Build.)
سُقوط، انهيار — fall, breakdown
~، هُبوط، وُقوع — drop, fall
~، وُرود — incidence (Phys.)
~ الأوراق — shedding of leaves (Bot.)
~ الأوراق (في غَيرِ أوانِه) — leaf drop
~ حُرّ، ~ طَليق — free fall (Phys.)
~ ~ (قبلَ انفتاحِ المِظَلَّة) — free drop (Aero.)
~ الحَقّ أو الامتياز — forfeiture
~ (أو وُرودٌ) سافّ — grazing incidence (Phys.)
~ المطر — rainfall (Meteor.)
سَقْي، رَيّ — irrigation, watering

سَقْي (تابع)
~ (الفولاذ مثلًا) — quenching, tempering (Eng.)
~ قاسٍ — hard temper (Eng.)
~ المِضَخَّة — pump priming (Eng.)
سَقيطٌ (أو طَرْحُ) الرِّياح — windfall
سَقيطة: قِطعة سَقطَتْ أثناءَ الحَفْر — fish (Civ. Eng.)
سَقيفة — shed, awning, penthouse
سك: الرمزُ الكيماوي لِفِلزِّ السكانديوم — Sc (scandium) (Chem.)
سَكَّ، صَكَّ: ضربَ — strike
~، دَمَغ — stamp
~ (العُملَة) — coin, mint
~ (البابَ)، أرْتَجَ — bolt, lock; nail
سَكٌّ (العُملة) — coinage, coining, minting
سُكّان: قاطِنو البَلَد — population
~: دَفَّة — rudder, helm (Naut., Aero.)
السكانديوم: عنصر فِلزّي رَمزُه (سك) — scandium (Sc) (Chem.)
سُكّاني: مُدير الدفَّة — helmsman, steerman (Naut.)
~: خاص بالأحوال الشخصية لِلسُّكان — demographic
سَكَبَ، صَبَّ — pour, teem
~، كَبَّ، دَلَق — spill
سَكْبٌ (مِن المِغرفةِ) في قَوالِب الصَّب — teeming (Met.)
سِكَّة — track
~: حديدةُ المِحراث التي يُحرث بها — ploughshare, plowshare (Agric.)
~ إنزال — launch(ing) ways (Naut.)
~ تحتَ الأرض — subway (Civ. Eng.)
~ جانبيَّة — side rail, siding (Railways)
~ الجَر (في مَنجم) — haulway (Mining)
~ حديدية، ~ الحديد — railway, railroad
~ ~ تحتَ الأرض — underground railway (Civ. Eng.)
~ ~ ضَيِّقة — narrow gauge (Railways)
~ ~ عريضة — wide-gauge, broad gauge (railway or line)
~ ~ كهربائية — electric(al) railway (Elec. Eng.)
~ ~ مُسَنَّنة — rack-railway (Civ. Eng.)
~ ~ مُعَلَّقة — cable railway, funicular railway (Civ. Eng.)
~ فَرْعيَّة — spur track (Railways)
~ مُعلّاة — overhead railway (Civ. Eng.)
~ نَفَقيَّة — tube railway (Civ. Eng.)
سَكْتَة، هَمْدَة — apoplexy, stroke (Med.)
سِكْر، غَلَق — lock, shutter, sluice gate
سُكَّر — sugar (Chem.)
~ أُحادي، ~ بَسيط — monosaccharide (Chem.)
~ البَنْجَر، ~ الشَّمَنْدَر — beet-sugar
~ ثُنائي، ثُنائيُّ السُّكَّريد — disaccharide (Chem.)
~ العِنَب — grape-sugar = dextrose
~ الفاكِهة، فرُكتوز — fruit sugar, fructose
~ القَصَب، ~ القَنْد — cane-sugar
~ اللَّبَن، لَكْتوز، لَبْنوز — lactose (Chem.)
~ مُحَوَّل — invert sugar (Chem.)
سِكرتارية — secretariat
سكرتير: أمين السِّر — secretary
~ عام — secretary-general
سُكروز: سُكَّرُ القَصَب أو الشَّوَنْدَر — saccharose, sucrose (Chem.)
السُّكري، داء ~ — diabetes (Med.)
سَكَرين، سُكَّرين — saccharin(e) (Chem.)
سِكْستِلْيُون: $١٠^{٢١}$ — sextillion
سَكَنَ، هَدَأَ — calm (down), repose
~، أقامَ في — dwell, settle (in), inhabit, reside (in)
سَكَنٌ، سُكْنى — habitation, residence, dwelling
~، مسكَن — residence, house
سَكَنيّ — residential
سكُوبا: جهازُ تنفُّس تحتَ الماء تامٌّ بذاتِه — scuba (self-contained underwater breathing apparatus)
سُكُون — repose, rest, quiescence, stillness
~، رُكود — stasis, stagnation
~: فترةُ كُمون — diapause (Biol.)
~ تام — dead silence
سُكونيّ — static
السِّكْوِيَة: الصنوبريَّةُ الجَبّارة — sequoia = redwood (Bot.)
سكِيَاترُون: صِمامٌ كاثُوديّ ظِلّي — skiatron (Electron.)
سَكيب: مَسكوب، مُنْدَلَق — spill (Phys.)
سِكِّين — knife
~ تطعيم — grafting knife (Agric.)
~ جَبْذٍ (مُزدَوجُ المقبض) — draw(ing) knife (Carp.)
~ قَشْر — flaying knife
~ كَشْط (المعجون) — hacking-out knife (Build.)
~ المِحراث — colter = coulter (Agric.)
~ مَدِّ المعجون — putty knife (Build.)
~ مَزْج (أو مَدِّ) الألوان — palette knife
سل: الرمزُ الكيماويّ لِعُنصر السِّلِنيوم — Se (selenium) (Chem.)
سَلٌّ: سَفَط، زَنْبيل — scuttle, frail, hamper
السُّل، التدَرُّن (الرئوي) — consumption, phthisis, tuberculosis (Med.)
سَلَأَ: استخرجَ (الدُّهن) بالصهر والإذابة — render (Chem. Eng.)
السَّلَى، الصاءَة: غِشاء جنينيّ — amnion (Zool.)
سِلاح — arm, weapon
~ أوتوماتي خَفيف — light automatic (Mil.)
~ الطيران — air force (Mil.)
~ المِسْحاج — iron, plane-iron (Carp.)
~ ناري — fire-arm, gun (Mil.)
~ نووي — nuclear weapon (Mil.)
سَلاسة، مَلاسَة — smoothness
سَلاسِل (أنظُر: سلسلة) — chains
~ (لَفِّ) الدواليب: لِمَنْع الانزِلاق — wheel chains (Autos.)
سُلالة، ذُرِّيَّة — progeny, offspring, descendants
~، نَسَب، أصل — genealogy, lineage, line, stock, breed, strain
~ نَقِيَّة (أو مُوَصَّلة) — pure line (Zool.)
سُلالي — lineal
سَلام، سِلْم — peace
~، سَلامة، أمان — safety, security
سُلامَى (للمفرد والجمع) — phalanx; (pl. phalanges, phalanxes)
السَّلامةُ الإشعاعيَّة — radiologic safety (Med.)
~ العامَّة — public safety
~ العَقْل — sanity
سُلامَيات: عِظامُ الأصابع، سُلامَى — phalanges (Zool.)

سُلامِيَة، سُلامَى: إحدى عظيمات الإصبع
phalanx, phalange (Zool.)

سَلَب، نَهب — plunder, loot, pillage

سَلْبِيّ — minus, negative (Maths.)

~: لااستجابي، غيرُ فعّال، مُنفعِل
passive

~ لِـ «چرام» — Gram-negative (Biol.)

~ لِلضَّوء: تقِلُّ مُوَصِّليَّتُه بالتعرُّض لِلضَّوء
light-negative (Elec. Eng.)

سَلْبِيَّة، صُورة سَلْبِيَّة — negative (Photog.)

~، لااستجابية، لافعّالية — passivism, passivity (Met.)

~ قليلةُ التبايُن — thin negative (Photog.)

~ كهربائية — electronegativity (Chem.)

~ كهروكيماوية — electrochemical passivity (Chem.)

سُلْت، شَيْلَم — rye (Bot.)

سَلَّة، سَفَط — basket, wickerwork

~ كبيرة، سَلّ — scuttle, hamper

~ المُنطاد — nacelle (Aero.)

سُلْج: وَحدةُ كُتلةٍ (٣٢,١٧٤ باوندًا) — slug (Phys.)

سَلْجَم، لِفْت — turnip, rape, colza (Bot.)

سَلَّح، تسَلَّح — arm

سُلَحفاة، سُلَحفاة البَرّ والمياه العَذْبة
tortoise (Zool.)

~ بَحريّة، لَجأة — turtle (Zool.)

سَلَخ — strip, skin, peel off, slough, separate

سَلْخ (الجِلد) — skinning

سِلْخ، سُلاخ: خُشارةُ الانسِلاخ — slough = sluff (Zool.)

سَلِس: مُطمئنُّ الانحناءِ أو الانعِطاف
smooth (Maths.)

سَلَس — incontinence (Med.)

سِلْسِلانيّ — catenoid (Maths.)

سَلْسَلة — chaining, (con)catenation (Surv.)

سِلْسِلة، سِلْسال: حَلَقاتٌ مُتَّصلة — chain, linkwork (Eng.)

~، سِلْسِلةٌ مُتواليات — series, range, string

~ الإزاحة، مُتَسَلْسِلةُ الجُهْدِ الإلكترودي
displacement series (Chem.)

~ إستاتية: تُعَلَّقُ في مُؤخَّرةِ الشاحنة لِتأريضها — static chain (Elec., Autos.)

~ الأسيتيلين (مِن الهِدْروكربونات الأليفاتية اللامُشبَعة) — acetylene series

~ إشعاعيَّة — radioactive series (or chain) (Phys.)

~ انحِلالٍ إشعاعي — disintegration series, decay chain (Chem.)

~ بِيئيَّة، مُتَعاقِبة بِيئيَّة نَباتيَّة — sere (Ecol.)

~ التَّدْوير — drive chain = driving chain (Eng.)

~ تعليق، ~ الرَّفْع — sling chain (Eng.)

~ تفاعُل. — reaction chain (Chem.), reaction series (Geol.)

~ تقارُبيَّة — convergent series (Maths.)

~ جانِبيَّة: تأخذُ مكانَ الهِدروجين في مركّب حلقيّ — side chain (Chem.)

~ جِبال — moutain range (or chain)

~ ~ مُسَنَّنةُ القِمَم، سييرا — sierra (Geog.)

~ جَرٍّ أو قَطر — pull chain (Elec. Eng.)

~ جَرْجَرة: سلسلةُ تأريضٍ إستاتيَّة — drag chain (Elec. Eng.)

~ حَرَكِيَّة — kinematic chain (Eng.)

~ حَلْقِيَّة — ring chain, cyclic chain (Chem.)

~ الدفع الكهربائي — electromotive series (Elec. Eng.)

~ الدولاب المُسَنَّن — pitch chain (Eng.)

~ (قَواديس) الرافِعة — elevator chain (Eng.)

~ رَبْط — binding chain, coupling chain

~ سُلَّمِيَّة (لِقَواديس الحَفْر) — ladder chain (Civ. Eng.)

~ طَيّات مُحدَّبة — anticlinal range (Geol.)

~ عَيِّنات — line of samples, range of samples

~ غِذائيَّة — food chain (Food Sc.)

~ «غُنْتَر» (تُساوي ٦٦ قدمًا) — Gunter's chain (Surv.)

~ الفاعِليَّة — reactivity series (Chem.)

~ فاعِليَّة إشعاعيَّة — radioactive chain (or series) (Chem.)

~ قَواديس (دوّارة) — bucket chain (Eng.)

~ القوة الدافعة الكهربائية — electromotive series = electrochemical series (Chem.)

~ قياس (طولُها ٢٢ ياردة) — measuring chain (Surv.)

~ كامِلة، مَدًى كامل (من الأدنى إلى الأقصى) — gamut

~ كَهرُاحتكاكية: تُحَدِّدُ كهربَة المادة بالدَّلْك — triboelectric series (Phys.)

~ كَهرُكِيماوية: السِّلسلةُ الكيميائية الكهربائيَّة — electrochemical series (Chem.)

~ مانِعة للانزِلاق — non-skid chain (Eng.)

~ مُتَشاكِلة — homologous series (Chem.)

~ مُتَّصِلة — endless chain (Eng.)

~ مُتفرِّعة — branched chain (Chem.)

~ مَحدودة — finite series (Maths.)

~ المَسّاح — surveyor's chain

~ مُستقيمةُ الحَلَقات — straight-link chain (Eng.)

~ المُضَرَّسة — sprocket chain (Eng.)

~ مَفتوحةُ الحَلَقات — open-link chain

~ المُهَندِسين: طولُها مئةُ قَدَم (٣٠,٥ مِتر) وبِها مئةُ حَلْقة — engineer's chain (Surv.)

~ نَبَضات — impulse train (Elec. Comm.)

~ النَّسَب — lineage, genealogy

~ نَقْل الحَركة — transmission chain, drive chain (Eng.)

~ نَماذِج، رَبْطةُ عَيِّناتٍ صغيرةٍ — swatch

سِلْسِليّ، مُتَسَلْسِل — catenary, catenoid, serial (Maths.)

«سِلْسيوس» - مِقياسُ «~»: الميزانُ المِئوي لِدرجات الحرارة — Celsius scale (Phys.)

سَلَّطَ: جعَلَ له سُلطةً أو قدرة (على)
authorize, empower

~ (قوّةً أو طاقةً على) — apply

سُلْطة، سُلطان — authority

~ إدارية — administrative authority

~ الترخيص — licensing authority

~ تنفيذية — executive authority

~ قانونية (قضائيَّة) — jurisdiction

~ الميناء — port (or harbor) authority

سَلْطَعون — crab (Zool.)

سِلَع — commodities, goods, merchandise

~ إستِهلاكيَّة — consumer goods, non-durable goods

~ إنتاجية — capital goods, producer goods

~ تُباعُ باليارْدة — yard goods

~ تَلُوفة: قابلة لِلتَّلَف — perishable goods

~ سائلة — wet goods

~ مُعَمَّرة — durable goods

سِلْعَة، مَتاع، بِضاعة — commodity, merchandise

~ اجتِذاب: تُباعُ بخسارة لاجتذاب الزبائن — loss leader

سِلْعَة (تابع)

~ رئيسية شائعةُ الاستعمال — staple

سَلْعة، دُراق — goitre, goiter (Med.)

سَلَفَ: سَوَّى بالمِسْلَفة — harrow, rake (Agric.)

سَلَّفَ: أعطى كَسُلفةٍ — advance, imprest

السَّلَف: السّالِفون من آباءٍ أو مؤسِّسين — progenitors, predecessors

سَلْفا: عقاقير الـ ~ — sulphonamide (or sulfa) drugs (Med.)

سُلْفات، كِبريتات — sulphate, sulfate (Chem.)

سُلْفة — advance (payment)

سُلْفَتاره، داخِنة كِبريتيَّة — solfatara (Geol.)

سَلْفَتة — sulphating (Chem.)

سَلْفَرة، كَبْرَتة — sulphurization (Chem. Eng.)

سَلْفَنة: تَحْويل أو تحوُّلٌ إلى سَلْفونات — sulphonation (Chem.)

سَلْفونات: مِلحُ حامِض السَّلْفونيك — sulphonate (Chem.)

سَلَق، أغلى قليلًا، سَمَط — parboil, scald

السِّلْق — white beet, chard (Bot.)

سَلَكَ: تصرَّف سُلوكيًّا — behave, conduct (oneself)

~، أسْلَكَ (كما الخيط في الخرَز) — reeve

سِلْك، سِلكٌ مَعدِنيّ — wire, cable

~، هَيئة مُنَظَّمة — corps

~ إبريّ: لإخراج الفقاقيع من المَصبوبة قبلَ تجمُّدها — needle wire (Foundry)

~ اتّصال — bus-line (Elec. Eng.)

~ اختبار — test lead (Elec. Eng.)

~ الأرضي — ground wire (Radio)

~ باعِيّ: من التي تَحمِلُ خطَّ القُدرة لِلحافِلات الكهربائية — span wire (Elec. Eng.)

~ التأدِيَة (لِوَصْلِ المُحَوِّل) — leading-out wire (Elec. Eng.)

~ التأريض — earth lead, ground lead, earth, earth-wire (Elec. Eng.)

~ تَثْبيت أو دَعْم — stay-wire (Eng.)

~ تحت أرضي — underground cable

~ التحرُّز، ~ وِقاية (مُؤرِّض) — guard wire (Elec. Eng.)

~ تكْتيفٍ جانِبي — side bracing wire

~ التّلامُس — contact wire (Elec. Eng.)

~ التوتُّر العالي — high-tension cable (Elec. Eng.)

~ توجيه الدفَّة — rudder control cable

~ تَوزيع عُمومي — bus-wire (Elec. Eng.)

~ توصيل — lead wire (Elec. Eng.)

~ ~ طَليق: بين الفِرجون وحامِله — pigtail (Elec. Eng.)

~ ~ مُؤَقَّت — patch cord (Elec. Comm.)

~ ثَقْب (لِتَهْوِية القَوالِب) — piercer (Foundry)

~ ثُنائيُّ المَعدِن — bimetallic wire

~ الجَرّ — drag wire (Aero.)

~ دَقيق — fine wire

~ ذو خُطّاف (يُرَكَّبُ ويُنْزَعُ بسُرعة) — hook-up wire (Elec. Eng.)

~ ذو مُوصِّلَيْن مُتَّحِدَي المحور — coaxial cable (Elec. Eng.)

~ رَبْط — binding wire, tie-wire

~ رَصاصي — lead wire

الـ ~ الرئيسي — main wire (Elec. Eng.)

~ سائب — loose wire

~ شائك — barbed wire, bramble

~ شَدّاد — guy wire (Elec. Eng.)

~ لِصُنْع الشِّباك — netting wire

~ عارٍ — bare wire (Elec. Eng.)

~ العَودة — return wire (Elec. Eng.)

~ غَليظ القُطْر — heavy-gauge wire

~ غيرُ مُكَهرَب — dead wire (Elec. Eng.)

~ القُدرة، ~ نقل القدرة — power cable (Elec. Eng.)

~ الكبح — lock(ing) wire

~ «لِتْز»: كبلٌ من عِدّة أسلاكٍ رَفيعة مُستقِلّةِ العَزْل — Litz (endraht) wire (Radio)

~ لِحام — welding wire, soldering wire

~ مُتعدِّدُ الجَدائل — multi-strand wire

~ مُتَقاطِع، مُصَلَّبٌ سِلكي — cross wire (Eng.)

~ مَجدول: من أسلاكٍ مُستقِلّة العَزْل — Litz wire, stranded wire (Elec. Eng.)

~ مُحايِد — neutral (wire or conductor), middle wire (Elec. Eng.)

~ ~ طَليق — floating neutral (Elec. Eng.)

~ مُدَرَّع — armoured cable (Eng.)

~ مُرْتَخٍ — loose wire

~ مُرَكَّب (أي ذو قَلْب مُركَّب) — compound wire, composite wire (Eng.)

~ مَرِن: قابلٌ للانثِناء — flexible wire (Elec. Eng.)

~ مزدوج — twin wire (Elec. Eng.)

~ المِصهر — fuse wire (Elec. Eng.)

~ مُضَفَّر — braided wire

~ مَعزول — insulated wire (Elec. Eng.)

~ ~ بالمينا — enamel-insulated wire (Elec. Eng.)

~ مُقاوَمة: يَدعم الجُنَيْح ضِدّ مقاومة الهواء — drag wire (Aero.)

~ ~: ذو مقاومةٍ عالية لِمرور التيار الكهربائي — resistance wire (Elec. Eng.)

~ المِكبح — brake cable (Eng.)

~ مُكَهْرَب، ~ حَيّ — live wire (Eng.)

~ مُلَدَّن — annealed wire (Met.)

~ مُوجِب — positive wire (Elec. Eng.)

~ مُوَصِّل — lead, conductor (Elec. Eng.)

~ نازِل: مِن مانِعة الصَّواعِق إلى سِلْك التأريض — down-conductor (Elec. Eng.)

~ هامِد — dead wire (Elec. Eng.)

~ الهَوائي — antenna wire, aerial wire (Radio)

~ ~ النازِل (إلى جهاز الإرسال أو الاستقبال) — antenna downlead (Radio)

~ ~ الواصِل — antenna lead-in (Radio)

الـ ~ الواصِل (من الهَوائيّ إلى الجِهاز) — lead-in = down lead (Radio, Elec. Eng.)

سَلْكَتة: حُلول السليكا محلّ مادة معدنية أو عُضوية — silification (Geol.)

سِلْم، سَلْم — peace

سَلَّمَ، استَسلم — surrender

~: أذعنَ وانقاد — yield, give in

~: نَجَّى — save

~: قدَّم — hand in, submit, give

~: ناوَل — deliver, hand over

~ بِـ — concede, agree to

سُلَّم، مِرقاة — ladder

~، مِقياسٌ مُدَرَّج — scale (Phys.)

~، دَرَج — stair, staircase = stairway, (flight of) stairs (Build.)

~ الأُجور، ~ الرواتب — wage scale

~ امتِدادي — extension ladder

~ حَبْليّ — rope ladder

~ (أو مقياسُ) درَجاتِ الحرارة المُطْلَقة (بمقياس كلفن) — absolute temperature scale (Phys.)

سُلَّم (تابع)

~ دَوّار، دَرَجٌ مُتَحرِّك — moving staircase = escalator (Eng.)

الـ ~ الدّياتوني الكبير — major diatonic scale (Acous.)

~ رَفع، مِرقاةُ رَفع — jack ladder (Naut.)

~ الرِّيح (غالبًا مِقياس بوفورت) — wind scale (Meteor.)

~ صَعّاد، مِزْلَف — escalator (Build.)

~ الصَّلادة لِمُوهْز — Mohs' hardness scale (Min.)

~ الطائرة — ramp (Aero.)

~ طَوِيّ (أو طوَويّ) — folding ladder

~ لَولَبِيّ، دَرَجٌ لولبي — spiral stairs (Build.)

~ مُتَحرِّك، مِزلَف — moving stairway, escalator, travelling staircase

~ مُتداخِل — telescopic ladder

الـ ~ المُتساوي التعديل — equi-tempered scale (Acous.)

~ المَهواة — shaft ladder (Mining)

~ مُوسيقي — musical scale (Acous.)

~ مُوهْز (لِلصَّلادة) — Mohs (hardness) scale (Min.)

~ النَّجاة (من الحريق) — fire escape (Build.)

~ النَّغَم، ~ طبقات الأنغام — gamut

~ الوقت، ~ الأزمنة — time scale (Geol.)

سِلْمَنال: سبيكةٌ دائمةُ التَّمغْنُط — silmanal

السَّلْمونيلّة: جَراثيمُ عَضَويَّة مُمْرِضة — Salmonella (Biol.)

سُلَّميّ: عَدَدي لا اتّجاهي — scalar (Phys., Maths.)

السِّلِنْيُوم: عُنصر لافِلِزيٌّ رمزُه (سل) — selenium (Se) (Chem.)

سَلْوى: تَسلية — amusement, pastime

~، سُمانَى: طائرٌ من الدجاجيّات — quail (Zool.)

~، عُشبةُ الأباريق: نباتٌ من اللواحم — pitcher plant (Bot.)

سَلْوة، صَومعةُ غِلال — silo (Agric.)

سِلُوفان — cellophane

السَّلوقيّان: كوكبةٌ شمالية — Canes Venatici (The Hunting Dogs) (Astron.)

سَلُوقِيَّة: عَنْبَر أماميّ للبحّارة — forecastle (Naut.)

سُلوك، تَصَرُّف — conduct, behaviour

~ شائن، ~ مُعيب — disgraceful conduct

~ غَريزيّ — instinctive behaviour

~ غيرُ لائق — improper conduct

~ (أو تَصَرُّف) هادِف — purposive behaviour

سُلوكي — behavioural

السِّلُولوز، السِّلْيولوز — cellulose (Chem.)

السِّليسيوم: السِّليكون — silicium, silicon (Chem.)

سَليف، سالِف، سابق — preceding, antecedent, pro-

~ الأنزيم — proenzyme (Chem.)

سَليقة — nature, instinct

سَليقيّ — innate, instinctive

السِّليكا: ثاني أُكسيدِ السليكون — silica, silicon dioxide (Chem.)

سِليكات: أملاحُ حامضِ السِّليسيك — silicate (Chem.)

~ الصوديوم — sodium silicate, waterglass (Chem.)

السِّليكون: عُنصر لافِلِزيّ رَمزُه (س) — silicon (Si) (Chem.)

سِلِيكوون: مُبَلْمَرٌ سِليكونيٌّ صامِدٌ لِلرُّطوبة — silicone (Chem.)

سَلِيلَة — polyp, polypus (Med.)

سَليم — sound, intact; proper

~ العَقل — compos mentis (Med.)

سُلِّين: كاشفٌ اختباري للسِّل — tuberculin (Med.)

اِختبارُ الـ ~: اختبارٌ جِلديّ لِلسِّل — tuberculin test (Med.)

سِلينات: أملاحُ حامِض السلينيك — selenates (Chem.)

سِلينَيْت: جِبْس بلّوري شَفّاف — selenite (Geol.)

السِّلينوغرافية: جغرافية سطح القمر — selenogrphy (Astron.)

سِلِيُولُوز، خَلِّيوز — cellulose (Chem.)

سم: الرمز الكيماوي لعُنصر الساماريوم — Sm (samarium) (Chem.)

سَمَّ، سَمَّمَ — poison

سُمٌّ، سَمّ: مادة سامّة — poison, toxin

~، ~: ثُقْبٌ دَقيق، مَسَمّ، مَسامة — pore

~ الإبرة — eye of needle

~ حَيَواني — venom (Zool.)

~ ذاتيّ — autotoxin (Biol.)

~ عُضوي، ذِيفان — toxin organic poison (Biol.)

~ نَباتيّ — phytotoxin (Bot., Med.)

سَما: ارتفع — soar (far above & beyond)

~: علا وَتجاوز — transcend

سَمّى — name, designate

~: رَشَّح لِمَنصب — nominate

سماء — sky

~ مُرَقَّطةٌ أو نَمْراء (كَظَهْر الإسْقُمْري) — mackerel sky (Meteor.)

سِمات (أُنظُر: سمة) — characteristics, features

~ التّصميم — design features (Eng.)

سَماح، إجازة، إباحة — allowance, permittance, permission

~، صَفح — pardon, forgiveness

~ الثَّني — bend allowance (Eng.)

~ بالدُّخول — admittance

سَماحِيَّة (العازِل) — permittivity (Elec. Eng.)

الـ ~ النسبية — relative permittivity (Elec. Eng.)

سَماد، زِبْل — manure, fertilizer

~ خَليط — compost (Agric.)

سَمَاع — hearing, audition

سَمّاعة (الطبيب)، **مِسْماع** — stethoscope (Med.)

~ أُذُن، مِسماع — earpiece, earphone (Acous.)

~ أرضيَّة — geophone (Geol.)

~ التلفون — telephone receiver (Teleph.)

~ رأس: سَمّاعَتا رأسٍ مُتَّصِلَتان — head-set, headphone (Radio)

~ ~ لِلّاسِلكي — wireless headphone (Radio)

~ الهاتِف — telephone receiver, Bell receiver (Teleph.)

السِّماكُ الرامِح: نجم ساطع في كوكبة العَوّاء — Arcturus (Astron.)

سَماكة، ثِخَن — thickness

سِماكة: تربية السَّمك — pisciculture (Zool.)

سُمانَى: طائر الفِرّي — quail (Zool.)

سَماوة، سَقف — ceiling

~ البيت، عُلِّيَة — garret (Build.)

سَماويّ، فَلَكيّ — celestial (Astron.)

سِمْبَثاوي: خاصّ بالجملة العصبيَّة الوُدِّية — sympathetic (Med.)
سَمْت، سُموت، (عزيمة) زاوية السَّمت — azimuth (Astron., Surv.)
~: اتجاهٌ زاويّ — bearing (Surv.)
~، أَوْج، سمتُ الرأس (ويقابِلُه النَّظير) — zenith (Astron.)
~ بُوصَليّ — compass azimuth (Surv., Naut.)
الـ ~ الحَقيقي — true azimuth (Surv.)
~ الرأس: في الكُرة السماويَّة — zenith (Astron.)
~ الشبكة — grid azimuth (Surv.)
الـ ~ الشمسي — solar azimuth (Astron.)
الـ ~ المِغنطيسي — magnetic azimuth, magnetic bearing (Surv.)
سِمَة، عَلامة مُمَيِّزة — sign, mark; brand; badge
~، مِيزة — characteristic, feature; trait
~، مِيْسَم المِدَقَّة — stigma (Bot.)
~، ڤيزا: تأشيرةُ دُخول — visa
~ رَمزيَّة، راموز — codon (Biol.)
~ فِلْميَّة: يتبيَّنُ بمَدى اسودادِها قياسُ الجُرعة الإشعاعيَّة — film badge (Phys.)
~ المِلَفّ — file label (Comp.)
سَمْتيّ — zenithal; azimuthal (Astron.)
~ ارتفاعي — altazimuth (Astron., Surv.)
سَمَحَ بِـ، أباحَ — allow, permit
سِمْحاق، غِشاءُ العَظم — periosteum (Zool.)
~، قَزَع: سَحابٌ رقيق طَبَقي — cirrus, veil cloud (Meteor.)
~ رُكاميّ — cirro-cumulus (Meteor.)
~ طَبَقيّ — cirro-stratus (Meteor.)
سَمَّدَ — manure, fertilize
سَمَّرَ: ثبَّت بالمسامير — nail *(v.)*
~: لَوَّن بالسُّمْرَة — embrown, tan
سِمْسار، وَسيط — broker, middleman
~ الأسهم المالية — stockbroker
~ شَحْنٍ بَحْريّ، وَكيلُ سُفُن — ship-broker
سَمْسَرة، عُمولةُ السِّمْسار — brokerage, commission, factorage
سِمْسِم — sesame (Bot.)
سَمَطَ: أزالَ الشَّعر عن — depilate (Chem., Med.)
سَمْط: نَزْعُ الشعر عن جِلد الحيوان — depilation (Chem.)
سِمْط: خَيطُ القِلادة ينظِمُ خَرَزاتها — string
سمِعَ — hear
السَّمْع: حِسُّ السَّمع — hearing, audition
سُمْعَة — reputation, name
سَمْعيّ، سَماعيّ — acoustic(al), auditory, audio- (Phys.)
~، أُذني — aural (Med.)
~ بَصري — audiovisual
السَّمْعيّات — acoustics (Phys.)
فَوق ~ — ultrasonics (Phys.)
سَمْق، كِفاف، حِياط — contour
سَمَك، سَمَكة — fish
~ إسقُمْري — mackerel (Zool.)
(~) الفَرْخ — perch (Zool.)
~ القُد، بَقَلَة — cod = codfish (Zool.)
~ الكراكي — pike (Zool.)
سُمْك، ثَخانة — thickness (Phys.)
الـ ~ المُنَصِّف (لِشِدَّة الإشعاع) — half thickness (Phys.)
السَّمَكَتان، بُرْجُ الحُوت — Pisces (The Fishes) (Astron.)
سَمْكَرة — plumbing
سَمْكَريّ، سَبّاك — plumber, tinsmith
السّمكيات: علم السّمك — icthyology
سَمَّمَ — poison
سَمْن — cooking butter
سِمَن، سِمْنة، بَدانة — obesity, fatness
سُمْنة — thrush (Zool.)
سَمْنَتَ، مَلَّطَ بالإسمَنْت — cement
سَمْنَتة: حَقْنٌ أو تمليط بالإسمنت — grouting, cementation (Build.)
~: كَرْبَنة سَطح الفِلِزّ للتصليد — cementation, carbonization (Met.)
~ تحتَ الضغط — squeeze cementing (Civ. Eng.)
سَمَنْدَل، سَمَنْدَر — salamander (Zool.)
~ الماء — newt (Zool.)
سَمُّور: لَبُونٌ لاحِم يشبهُ ابن عِرس — sable (Zool.)
سَمُوم — hot wind, simoom (Meteor.)
سُمِّي، سامّ — toxic, poisonous
سُمِّيَّة — toxicity
سَميك، ثَخين — thick
سَميم: ذو مَسَمات (ثُقوب أو سموم) — porous
سَمين، بَدين — fat, obese
سُمِّين، تُكسين — toxin (Biol.)
سَنَّ، شَحَذ — grind, hone, whet (Eng.)
~ (المُشَرِّعُ) قانونًا — enact, legislate
سَنٌّ، شَحْذ، تَجْليخ — grinding, whetting, honing (Eng.)
~ القوانين — enactment, legislation
سِنّ، عُمْر — age
~، ضِرس — tooth (Zool.)
~، فِصّ (مِن رأس الثوم مثلًا) — clove (Bot.)
~، رأس، طَرَفٌ مُستَدِقّ — point, nib, sprocket (Eng.)
~، سِنُّ (التُّرس أو اللولب) — tooth, cog (Eng.)
~ (لَوْلَبِة) أُحاديُّ البَدْء — single-start thread (Eng.)
~ البُلوغ — puberty (Med.)
~ التُّرس — gear tooth, cog (Eng.)
~ (مِنَ) الترسِ الصغير — pinion leaf
~ ثُلاثيَّة — triple thread (Eng.)
~ داخِليَّة — internal thread, female thread (Eng.)
~ (أوتسنينٌ) كامِلُ (عُمْقِ) اللَّولَبة — full thread (Eng.)
~ اللولب — thread, worm (Eng.)
~ لَولَبِةٍ خارجيَّة — external thread (Eng.)
~ ~ (عِياري) عادي — common thread (Eng.)
~ ~ لاعِيارِيَّة — bastard thread (Eng.)
~ ~ مُرَبَّعة المَقْطَع — square thread (Eng.)
~ ~ يميني — right-hand thread (Eng.)
~ لَولَبي مائِلٌ — leaning thread (Eng.)
~ لولبيَّة دَقيقة — fine thread (Eng.)
~ ~ مُسَطَّحة — flat thread
~ مُباعِدة — hunting tooth (or cog) (Eng.)
~ مُتعدِّدُ اللولَبة — multi-start thread (Eng.)
~ مُثَلَّثةُ المَقطَع — triangular thread (Eng.)
~ المِحراث: سِكِّينُه الأولى قبل المِقْطَع — co(u)lter
~ مَخروطيَّة (على شكل ٧) — V-thread, vee thread (Eng.)
~ مِنشار، أُشْرَة (جَمْعُها أُشَر) — sawtooth
~ ~ رُمحية: بشكلِ مُثلثٍ مُتَساوي الساقَين — fleam-tooth (Eng.)

سِنّ (تابع)
~ واسِعة الخُطوة — coarse-pitched thread
سِناج، هَبابٌ، أسوَدُ الكَربون — carbon black, lampblack, smoke black (Chem.)
~، سُخام — soot, coom(b), smut, crock
~ الزيت — oil black (Eng.)
~ الشَّعائل — flame black
~ مُصَمَّغ — smudge (Plumb.)
سِناد، دِعامة — support, prop, bolster; shore
~، رِكيزَة، رَكوبة — mount(ing), rest
~ انضغاطي — strut (Civ. Eng.)
~ (أو مِحوَرُ) دَوَران — turning rest (Eng.)
~ رادِف — follow(er)-rest (Eng.)
~ الرأس — head-rest
~ (أو حامِل) سَرجيّ — saddle (Eng.)
~ ضَبُوط، دِعمة انضباطيَّة — adjustable prop (Eng.)
~ مُخَمِّد لِلصدمات — shock mounting (Eng.)
~ مَرِن — elastic support (Civ. Eng.)
سِنادة، سِناد — stay, steady, rest
~ تثبيتٍ تابِعَة — following steady (Eng.)
~ خلفية — back stay = back rest (Eng.)
~ مُنزَلِقَة — slide rest (Eng.)
~ لليَد (في المِخرَطة) — hand rest (Eng.)
سَنام — hump (Zool.)
~: تحدُّب قُبِّي — upwarping (Geol.)
~ الجُملون — hip (Build.)
~ السَّقْفِ المُحَرَّد — jerkin head (Build.)
سِنان — dart, lance; spearhead
سِنانيّ: رُمحي الشكل — lanceolar
سَناهِيَة، دَخْلٌ سَنَويّ، دُفْعَة سنويَّة — annuity
~ دائمة — perpetuity
سُنباذَج، سَنْفَرة — emery (Min.)
سُنْبُك: مُقدّم الحافِر — toe (Zool.)
~، مِدْسَرةُ مَسامير — nail punch = nail set (Carp.)
~، خَرّامَة — punch (Eng.)
~ أجوَف — hollow punch (Eng.)
~ بَرْشَمة — riveting punch (Eng.)
~ لِتَدوير رُؤوس البِرشام — snap (Eng.)
~ تَعْليم المَركز — centre punch (Eng.)
~ ثَقْب السُّيور — belt punch (Eng.)
~ دَسْر: دِسار (توسيع) — drift, drift pin (Eng.)
~ دَقيقُ الطَّرَف — pin punch (Eng.)
~ شَك (لِتَعْليم مَركز الثَّقب) — prick punch (Eng.)
~ قَطْع — dinker
~ لَولَبي — spiral punch (Eng.)
~ (نَقْرٍ) مُجَوَّف — socket punch (Eng.)
~ مَركَزة — centre punch (Eng.)
~ مُستدِق — taper punch (Eng.)
~ مُصْمَت (غير أجوَف) — solid punch (Eng.)
سُنبُلَة — ear, spike (Bot.)
الـ ~، السِّماك الأعْزَل: نَجم أبيض مُزرَق في كوكبة العَذراء — Spica (Astron.)
سَنَة: ٣٦٥,٢٤٢٢ يومًا — year, annum
~ أفلاطونيَّة فترةُ دورةٍ كاملة الاعتدالين حول فلك البروج مِقدارُها ٢٥,٨٠٠ سنة — Platonic year (Astron.)
الـ ~ الجيوفيزيائيَّة الدّوليَّة: من تموز (يوليو) ١٩٥٧ إلى كانون الأوّل (ديسمبر) ١٩٥٨ — International Geophysical Year (IGY)
~ دِراسيَّة — school year, academic year
~ شَمسيَّة — calendar year
~ الصُّنْع — year of manufacture
~ ضوئيَّة (٩,٤٦ × ١٠^{١٢} كلم) — light-year (Astron.)
~ قَمريَّة (٣٥٤ يومًا) — lunar year, synodic year (Astron.)
~ كَبيسة (٣٦٦ يومًا) — leap year, intercalary year (Astron.)
~ كُسُوفيَّة — eclipse year (Astron.)
الـ ~ الماليَّة — fiscal year
~ مَداريَّة، ~ عادية: الفترةُ بين اعتِدالَين (٣٦٥,٢٤٢ يومًا) — tropical year
~ نجميَّة (أو فَلَكيَّة): ٣٦٥,٢٥٦٣٦ يومًا — sidereal year (Astron.)
سِنْت: وَحدةٌ لِقياس بُعد المُفاعِل النَوويّ عن الحالة الحرجة — cent (Nuc. Eng.)
سنتار: مِترٌ مُرَبَّع واحِد — centare = centiare
ستتال: (١٠٠ باوند)، ٤٥,٤ كلغم — cental
سَنْتراد: جُزء في المئة من الراديان = ٠,٥٧٣ من الدرجة — centrad
سَنْترال، مَقْسِم: مركزُ تبادُلٍ تليفوني — central, telephone exchange
~ رئيسيّ، مَقسِمٌ رَئيسيّ — main exchange (Teleph.), trunk exchange (Elec. Comm.)
~ فَرعي — subexchange (Teleph.)
~ لاسِلكي — radio exchange (Radio)
~ مَحَلّي — local exchange (Teleph.)
سَنْتروسوم: جُسَيم مركزي (يظهر عند انقسام الخلية) — centrosome (Biol.)
سَنْتريول، مُرَيكِز — centriole (Biol.)
سَنْتي: بادِئة بمعنى جُزْء من مِئَة — centi-
~ بار: ١٠٠٠ نيوتن/ م^{٢} = ١٠^{٤} داين/ سم^{٢} — centibar (Phys.)
~ پواز: وَحدة لِزوجة مُطْلَقة، سَنْتيپواز — centipoise (Phys.)
~ ستُوك: وَحدة لزوجة كَينماتيَّة — centistoke (Phys.)
سنتيغراد: مِئوي (بمِقياس سِلسيوس) — centigrade
سنتيغرام: جزء من مئة من الغرام — centigram(me)
سنتيلتر: جزء من مئة من اللتر — centiliter = centilitre
سَنْتيمتر: جزء من مئة من المتر — centimeter = centimetre
~ غرام ثانية — centimeter-gram-second (cgs) (Phys.)
~ مُرَبَّع (سم^{٢}) — square centimeter
~ مُكَعَّب — cubic centimeter
سِنْجاب: من اللبونات القوارض — squirrel (Zool.)
سِنجابي — grey, gray
سَنْجَةُ توصيل — pantograph (Elec. Eng.)
~ الحافلة — bow (Elec. Eng.)
~ وَزْن، صَنْجَة — weight
سِنْخ، أصل — root, origin
~ رِئوي — alveolus (Zool.)
~ سِنّي — socket (Zool.)
سَنَدَ، دَعَمَ — support, prop (up), bolster, back (up)
~ بإسفين (لِمَنع الانزلاق) — scotch
~ بركائز — chock, stake
سَنَدٌ، سِناد، دعامة — stake, prop, support, stay (Build.)
~، صَكّ تجاري — debenture
~، سَهْمٌ (ماليّ) — stock, bond, share
~، كمبيالة — bill, promissory note

~، وَثيقة — deed, instrument
~ استثمار — investment bond
~ تأمين — policy
~ رَهن — mortgage bond
~ عادي — ordinary share
~ كفالة — bail bond
~ مِلكية — title deed
~ مُمتاز — preferred stock, preference bond
سَنْد، دَعْم — backing, support
~ البِرشام (لِتَسطيحِ الرأس) — rivet setting (Eng.)
~ رأسِ البِرشام (لِبَرشَمتِهِ) — bucking
~ (الزاويةِ القائمة) بالشرائح لِلتَّقوِيَة — filleting (Eng.)
سَنَدات (أُنظُر: سَنَد) — bonds
~ حُكومية — government bonds
~ خزينة — treasury bonds
~ قابِلة للاستهلاك — redeemable bonds
~ ~ للتداول — negotiable bonds
~ مالية حُكومية — government securities
~ مَكفولة — secured debentures
~ مُؤَجَّلةُ الفائدة — deferred bonds
سَنْدان — anvil (Eng.)
الـ ~، العَظْمُ السَّنْداني (في الأُذُن) — incus (Zool.)
~ بَرْشَمة — riveting anvil (Eng.)
~ تَطريق — stake (Eng.)
~ تغضين (مُزدوج المنقار) — creasing stake (Eng.)
~ الميكرومتر — micrometer anvil (Eng.)
سِنديان — oak (Bot.)
سَنْط، أقاقيا — acacia (Bot.)
السِّنع، مِشْطُ اليَد — metacarpus (Zool.)
سِنْفَة، غِلافُ البزرة أو الثَّمرة — hull (Bot.)
~، قَرْن (البقل) — legume, pod (Bot.)
سَنْفَرَ: سَوَّى السَّطح بالسَّنفرة — sand, sandpaper
~ (الزُّجاجَ) بتخشين السطح — frost
سَنْفَرة، صَنْفَرة — sanding, sandpapering, emery grinding; frosting (Eng.)
~، سُنْباذج — emery (Min.)
السِّنفيّات، القَرْنيّات — Leguminosea (Bot.)

سِنكرو، مِزمان: جهازٌ تَزامُنيٌّ — synchro (Radio)
سِنْكروترُون: مُسارِعُ جُسَيمات مُتزامِنٌ معَ المجال المغنطيسي — synchrotron (Phys.)
~ بروتوني — proton synchrotron (Phys.)
سِنْكروسكوب: مِكشافُ التزامُنيَّة — synchroscope (Elec. Eng.)
سِنكروسَيْكلُوترون: مُسارِعٌ مُضَمَّنُ تردُّدِ المجال — synchrocyclotron (Phys.)
سِنْكرونومتر: عدّادُ ذَبذباتٍ لِضَبْطِ التزامُن — synchronometer (Elec. Eng.)
سِنْكُوم: نِظامُ مُواصَلاتٍ بالأجرام التزامُنيَّة — syncom (Radio)
سَنَّم — emboss
سَنَمة: قِمَّة — peak, summit
~: إزهِرارٌ قِمِّيٌّ — cyme (Bot.)
~: سَنام — hump (Zool.)
سَنَّن، قَلوظ، لولَب — thread (Eng.)
~ من الداخِل — tap (Eng.)
سُنونو، خُطّاف — swallow (Zool.)
سَنَويّ، حَوْليّ — annual
سِنِّيٌّ: مُتعلِّق بالأسنان — dental (Zool.)
سُنَيبلة: مِنَ الإزهِرار السُّنْبُليّ — spikelet (Bot.)
سِنِّين، عاجُ السِّنّ — dentine (Zool.)
سُهاد، أرَق — insomnia, sleeplessness (Med.)
سَهْب، شِبهُ السَّهل — peneplain = peneplane (Geol.)
~: سَهْلٌ مَرجيّ لا شَجَريّ — steppe (Geog.)
سَهْك، تَهْشيم — comminution (Mining)
سَهل، بسيط، هَيِّن — easy, simple
~ التَصَدُّع، ضعيفُ التكوين، غير صامِل — incompetent (Geol.)
~ التفكيك أو التركيب — breakaway, knock-down (Eng.)
~ المَنال، يُمكِن الوُصولُ إليه بسهولة — accessible, at hand
~: مُنبَسِطٌ من الأرض — plain (Geog.)
~ تَحاتِّيٌّ مُتَحَوِّض، ~ راحيّ — pediplain (Geol.)
~ حَصَويّ — reg (Geol.)
~ رَمْليّ — sand plain (Geol.)
~ ساحِليّ — coastal plain (Geol.)
~ طَمْيِيّ، ~ غِرْيَنيّ — alluvial plain (Geol.)
سَهْم، نَبْل — arrow
~، نَصيب — share, lot

الـ ~: كوكبةٌ شماليَّة — Sagitta, The Arrow (Astron.)
~ الريشة — quill, rachis (Zool.)
~ (أو سَنَد) عادي — common stock
~ القَصّ، جُؤْجؤ — carina (Zool.)
~ مُرَيَّش — dart
~ مُضيءٌ (للإشارة) — flare
سَهْميّ، مُوَسَّل — sagittal, arrow-headed
سَهْو، خَطَأ (بعَدم الانتباه) — oversight
سَهُول، مُسْهِل — purgative (Med.)
سُهولة، يُسْر — facility, ease
~ الحركة — mobility
~ المَنال، ~ المُباشَرة — handiness, accessibility
سُهَيْل: نَجْمٌ فائقُ النُّصوع — Canopus (Astron.)
سُوءُ الإدارة — maladministration
~ الاستعمال — misuse, abuse
~ الالتِحام — malunion
~ التشغيل، تَشْغيلٌ رَديء — mal-operation (Eng.)
~ التصَرُّف، ~ السُّلوك — misbehavio(u)r, misconduct
~ التغذية، سَغَلٌ — malnutrition
~ (أو عَدَمُ) التوافُق — maladjustment
~ الفَهم — misunderstanding, misapprehension
~ المُمارَسة — malpractice
~ الهَضْم — dyspepsia, indigestion (Med.)
سَوَّى: جعلَهُ مُستَويًا ومُستقيمًا — straighten; dress
~: قوَّم وجعلَهُ سَوِيًّا — adjust, arrange, regulate, put in order, normalize
~: جعلَ مُتَساوِيًا — equalize, equate
~: مَهَّد — level, iron out, make even, smooth
~، سَدَّد — settle, square
سَواء: حالة سَوِيَّة — normality, normalcy
~ البَصَر — emmetropia (Med.)
السَّوابح: من الأحياء المائية — nekton (Zool.)
سَوابحُ السَّطح — neuston (Ecol.)
سُوَاد، تفَحُّم: مرضٌ نباتي فُطري — smut (Bot.)
سَواد — blackness, black
سِوار، دُمْلُج — bracelet, bangle
~ إحكامُ الضغط — compression ring (Eng.)

سِوار (تابع)
~ كاشِط — scraper ring (Eng.)
~ المِكْبَس — piston ring (Eng.)
سِواغ: إضافةٌ غيرُ فَعّالة لجعل الدواء سائغًا — excipient, vehicle (Med.)
سَوّاق، سائق — driver (Comp.)
سَوّاقةُ أقراص — disc drive (Comp.)
~ الجهاز — device driver (Comp.)
~ الشريط المُمَغنَط — magnetic tape drive (Comp.)
~ المِروَحة — fan drive (Autos.)
سُؤال — question, inquiry
سَوانِدُ العَقْد (أثناءَ البِناء) — lagging (Build.)
سوائل (أنظر: سائل) — liquids
~ بلّورانية الخواص — liquid crystals, crystalline liquids (Chem.)
~ الغاز الطبيعي — gas liquids (Pet. Eng.)
~ لَهُوبة — flammable liquids (Chem.)
سَوائيّةُ الحال — normality, normalcy
سُوبَرْفُسفات — superphosphate (Chem.)
سُوبرين: نَسيجٌ شِبهُ فِلّينيّ — suberin (Bot.)
سُودار: مِسْبارُ طبقات الجو صوتيًّا — sodar (sound detection and ranging) (Acous.)
سَوَّر، حَصَر، أحاطَ (بـ) — enclose, fence
سُور — rampart, fence, wall
~ خَشَبيّ مُؤَقَّت — hoarding (Build.)
~ غائر — sunk fence
سُوس، عِرقُ السُّوس — liquorice = licorice (Bot.)
سُوسَة: خُنفساء مِنقاريّةُ الخَطم — weevil (Zool.)
~، عُثّة، حَمَكة — mite (Zool.)
~ الخَشَب — woodworm (Zool.)
سَوْسَن — iris (Bot.)
سَوَّطَ (الحديد): لِيَسْهُل تطريقُه وتشكيلُه — puddle (Met.)
سَوْط — whip; flagellum
سَوطيّ، شَبيهٌ بالسَّوط — flagellate (Biol.)
سَوَّغ، بَرَّر — justify, rationalize
سُوق — market
~، مِهْرَجان، مَعْرِض — fair
~ الأوراق المالية — stock market
الـ ~ السوداء — black market
سَوْق — driving
الـ ~ العَسْكريّ، السَّوقِيّات — logistics (Mil.)
~ مِرْوَحيّ — fan drive (Eng.)
سَوقاء: جَزْمة تُغَطّي السّاق — jackboot
سَوقيّ — logistic
سُوقيّ: مِنَ السُّوقة — common, vulgar, mobbish
سُولار — gas oil (Pet. Eng.)
سُوليُون: خَليّةٌ تَضْخيم أيونيّة — solion (Phys.)
سونار: سَبْرٌ بالصَّدَى تَحتَ الماء — sonar (sound navigation and ranging (Phys.)
~ سَطحيّ: لِسَبْر العُمق — surface sonar (Geophys.)
~ مُتَغَيِّرُ العمق — variable-depth sonar (Ocean.)
سَوِيّ: لا عَيبَ فيه — normal, sound
~: مُستَوٍ — planar, level, even
~: صَحيح — correct, proper
دُونَ الـ ~ — subnormal
سَوِيّة، تَساوٍ — equality
~، مُستوى — level
سُوَيداء: ~ البِزْرة — endosperm (Bot.)
سُوَيق، عُنُق — stipe, stalk, petiole (Bot.)
سُويقة، عُنَيْقُ ازهِرار — pedicle, peduncle (Bot.)
~ تَحْتفِلْقيّة — hypocotyl (Bot.)
~ فَوقَ فِلْقيّة — epicotyl (Bot.)
سُويُوز: مَرْكَبةٌ فضائيّةٌ رُوسيّة مأهولة — Soyuz (Space)
سي: الرمزُ الكيماوي لِلسِّيريوم — Ce (cerium) (Chem.)
سَيِّء — bad, disagreeable, ill-, mal-
~ الطبع — ill-natured, ill-tempered
~ التوافق — maladjusted, maladapted
سِياج، حِظار — fence, hedge, paling
~ من شَبَكات الرّادار — radar fence
~ مُزدوجُ الوِقاء — double apron fence
سِياجات — fencing
السِّياحة — tourism
سِيادة، سَيْطَرة — dominance (Gen.), domination
~، تفَوُّق — supremacy, mastery
سَيّار، جَوّال — ambulatory, roving
~، كَوكبٌ سَيّار — planet (Astron.)
~ خارجيّ: أحدُ السيّاراتِ الخَمسة الأبعدِ عن الشمس — outer planet
~ داخلي: أحدُ السيّاراتِ الأربعة الأقربِ إلى الشمس — inner planet
~ سُفليّ: أقربُ إلى الشمس من الأرض — inferior planet (Astron.)
~ عُلْويّ: أبعدُ عن الشمسِ من الأرض — superior planet (Astron.)
سَيّارة، أُتوموبيل — motor-car, automobile, motor vehicle, car
~ أُجرة، (تاكسي) — taxi = taxicab
~ إسعاف — ambulance
~ إطفاء — fire engine
~ تصليح — repair lorry, service car
~ توربينيّة — turbo-car
~ التوزيع — delivery van
~ (أو باخِرة) ذاتُ طابِقَين — double decker
~ رُكّاب كبيرة — autobus, autocar, omnibus
~ شَحْن، شاحِنة، (لوري) — lorry, truck, camion (Autos.)
~ صِهريجيّة: لِنقل الوَقود — fuel truck
~ بصندوق مُبَرَّد — refrigerator truck, reefer
~ طَوَويّةُ السطح — convertible
~ (أو طَيّارةٌ) عَتيقةٌ مَهْجورة — jalopy
~ كَهْرَبائيّة — electromobile (Elec. Eng.)
~ مُجَنْزَرة أو مُزَنْجرة — caterpillar car
~ مِرفاعيّة: ذات مِرفاع — derrick lorry (Civ. Eng.)
~ مُصَفَّحة أو مُدَرَّعة — armo(u)red car
~ نِصفُ مُجَنْزَرة — half-track car
سِياسة — policy
الـ ~ — politics
~ الأرضِ المَحروقة — scorched earth policy
~ الاكتفاء الذاتي — autarky
~ الحُرِّيَّة الاقتصاديّة — laissez-faire
~ القُوّة — power politics
سِياق، سِياقُ الكلام — context
~، تَتابُع، مَجرى — sequence, course
سِياقة، سَوق — driving
سِيال: القِشرةُ السطحيّة من الغِلاف الصخري الغَنِيّة بالسِّليكا والألومِنيوم — sial (Si-Al) (Geol.)
سَيّال، جارٍ — flowing, streaming
~، مائع — fluid

سَيَّال (تابع)

الـ ~ الحَراريّ — caloric (Phys.)

سَيانات: مِلحُ حامِض السيانيك — cyanate (Chem.)

السَّيانُوجين: غازٌ سامّ — cyanogen (Chem.)

سَيانيد، سَيانور: مِلحُ حامِض الهيدروسيانيك — cyanide (Chem.)

سَيَّب — release, trip

سِيبَة، سُلَّمٌ نَقّاليّ — step-ladder

سِيتان: مُرَكَّب هِدروكربونيّ برافينيّ نَقِيّ — cetane (Chem.)

سِيتين: مُرَكَّبٌ هِدْروكربونيّ إيثيلينيّ — cetene (Chem.)

سَيَّج، سَوَّر — fence (in or off), hedge

سَيَّح، سَيَّل الجامِدَ — thaw, melt (Phys.)

سَيْح: ماءُ المَطَر الجاري على سطح الأرض — (surface) run-off (Meteor.)

سِيخ، سَفُّود — skewer, spit, brochette

سَيِّد، رَئيس — master, head

سَيْدِروسْتات: عاكِسَةٌ نجميَّة ثابتةُ التوجيه — siderostat (Astron.)

سَيْر، مَسير — march, procession

~، مَجرى، مسار — course; run, travel; route

~: حركةُ المرور — traffic

~ اختباري — test run (Eng.)

~ العمليّات — course of operations

~ فَضائيّ (خارج المركبة) — space walk (Space)

~ (أو دَوَرانٌ) مُضطَرِب — bumpy running (Eng.)

سَيْر، حِزام، قِشاط — belt, strap (Eng.)

~ أُحاديُّ الطبقة — single-ply belt (Eng.)

~ من أليافِ التِّيل — duck belting

~ تَدْوير — driving belt (Eng.)

~ تَشْغيل الدِّينامو — dynamo strap (Eng.)

~ ثلاثي الطبقات — three-ply belt

~ دَوّار (لِنَقْل البضائع) — travelling apron (Eng.)

~ سِلْسِليّ — chain belt (Eng.)

~ سَنْفَرة أو سَحْج — abrasive belt (Eng.)

~ غيرُ مُتَصالِب — open belt (Eng.)

~ الفَرْز، ~ التَّنْقية — picking belt (Mining)

~ مُتَّصِل أو مُقْفَل — continuous belt, endless belt (Eng.)

~ مُتَعَدِّدُ الطبقات — multi-ply belt (Eng.)

~ (دائريّ) مُتَقاطِع — crossed belt (Eng.)

~ مَخروطيّ — V-(or vee) belt (Eng.)

~ مُرَمَّل، ~ سَنْفَرة — sand belt (Eng.)

~ المِروَحة — fan belt (Eng.)

~ مُسنَّن — cog belt (Eng.)

~ مَفصِليٌّ (ذُو وُصلات) — link belt (or belting) (Eng.)

~ الناقِلة — conveyor belt (Eng.)

~ نقلِ الحَرَكة — drive belt (Eng.)

سِيرة: سُلوك — conduct, behaviour

~ (مِن حيثُ المَرَض أو العَمَل) — case history

~: ترجمةُ حياةِ الشخص — biography

~ بَيانيَّة: الخِبرةُ السابقة والمؤهّلات — curriculum vitae

سِيرج، شِيرج — sesame oil

السِّيروكو، رياحُ السيروكو — sirocco (Meteor.)

سِيرينة — siren (Acous.)

السِّيريوم: عُنصُر فِلِزِّيٌّ رَمزُه (سي) — cerium (Ce) (Chem.)

سيزمُوجراف، مِرسَمةُ الزلازل، مِرْجاف — seismograph (Geophys.)

سيزمُوجرام: صفحةُ مِرسَمةِ الزلازل — seismogram (Geophys.)

سِيزموسكُوب: مِكشافُ الزَّلْزَلة — seismoscope (Geophys.)

سِيزمُولوجي: خبيرُ الزلازل — seismologist

السيزمُولوجية: عِلمُ الزلازل — seismology (Geol.)

سِيزمُومتر: مقياس الزلزلة — seismometer (Geophys.)

السِّيزيوم: عُنصرٌ فِلِزّي رمزُه (سز) — caesium = cesium (Cs) (Chem.)

السِّيساء: العمود الفقري — backbone, vertebral column (Zool.)

سَيْطَرَ — dominate, predominate, control

سَيطرة — domination, supremacy, control

سِيغماترون: سيكلوترون وَبيتاترون يَعمَلان مُتَرادِفَين — sigmatron (Nuc. Eng.)

سَيف، كَثيبٌ سَيْفيّ — seif (dunc) (Geol.)

سِيف، شاطِئ — beach, shore, coast (Geol.)

~ (الثمن والتأمين والشحن) — CIF (cost, insurance & freight)

~ القارَّة — continental platform (Geol.)

سِيڤرت: وَحدةُ الجُرعة الإشعاعية — sievert (Phys.)

سِيفون، مَثْعَب — siphon, syphon

~ (أو مَثْعَب) حراريّ — thermosiphon (Eng.)

سَيْفيُّ الشَّكل — ensiform

سِيكام: "التعاقُب اللوني بالذاكرة" – أسلوبُ التلفزة الملوَّنة الفرنسي — SECAM (SEquential Couleur A Mémoire) (Telev.)

سَيكرومتر: مِرطابُ البَصَلتَين المُخَضَّلَة والجافَّة — psychrometer, wet & dry bulb hygrometer (Meteor.)

سَيْكلُوترون، مُسَرِّع حَلقيّ — cyclotron (Phys.)

سَيْكلوغراف: جهاز إلكتروني لاختبار المعادن — cyclograph (Met.)

سَيَّل — condense, liquidize (Chem.)

~: حوّل إلى نقد — liquidate

سَيْل — freshet, torrent; flood

~ حُطاميٌّ (وَحليّ) — debris flow (Geol.)

سَيَلان، جَرَيان — flow(ing), down-flow, running

~ اندفاقي — effusive flowing (Geol.)

السَّيَلان — gonorrhea (Med.)

سِيلان: ذَيلُ الآلة في المِقْبَض — tang (Build.)

~ المِبْرَد — file tang

سَيْلَقون — red lead, minium (Min.)

سَيْلِكس: زُجاجُ أو طوبُ السليكا — silex

سِيلُوتكس: ألواحُ خشبيَّة عازِلة للحرارة والصوت — Celotex (Build.)

سَيْليّ، جارِف — torrential

سِيما: القِشرةُ السُّفلى من الغلاف الصَّخري الغَنِيَّة بالسِّليكا والمَغْنِسيُوم — sima (Geol.)

سِيماء، علامة — sign, mark

سيمافور، مُلَوِّحة — semaphore

سِيمِنز: وحدةُ المُواصَلَة بالمَوء — siemens (Elec. Eng.)

سِيناريُو، حِوارٌ سينمائيّ — scenario (Cinema)

سَيْنَدة: مُعالجةٌ بمَحلول السيانيد — cyaniding, cyanidation (Met.)

سِينَما — cinema, motion pictures

سُيُوبة — fluidity (Phys.)

سُيُور: مادةُ السُّيور (أُنظر: سَيْر) — belting (Eng.)

~ أُحاديَّةُ الطبقة — single belting (Eng.)

سيور (تابع)

~ من القُطن cotton belting (Eng.)

سَيُول: قابِلٌ لِلتسَيُّل liquefiable, liquescent (Chem., Phys.)

سُيولة: لِتسديد الِالتزامات المالية liquidity

~، مُيوعة liquidity, fluidity (Phys.)

~ فائقة superfluidity (Phys.)

سِيرا: سِلسلةُ جبال مُسَنَّنة القِمم sierra (Geog., Geol.)

ش

شابَ، خلَط — blend, mingle, mix
شابَكَ، ضَفَر، شَبَّك — interlace, mesh
~ بِحَلْقة أو حَلْقات — interlink
شاة — ewe, sheep (Zool.)
شاحِب، باهِت، ناصِل — pale
شاحِذ، مُجَلِّخ — sharpener, grinder
~، شاحِذة، مِسَنّ — grindstone, whetstone, hone
شاحِن، مرسِلُ البِضاعة — shipper, dispatcher, consigner
~: جِهازُ شَحنٍ كهربائي — charger (Elec. Eng.)
~ بطاريات — battery charger (Elec. Eng.)
~ ريحيُّ المُوَلِّد — wind charger (Elec. Eng.)
~ عَنَفيّ — turbo-charger (Elec. Eng.)
شاحِنة، (كَمْيُون) — truck, wagon, lorry, camion
~ أثاث — furniture van, pantechnicon
~ بضاعة — goods truck, goods wagon
~ التصليح — breakdown lorry (Autos.)
~ خَلّاطة — truck mixer, agitating truck (Civ. Eng.)
~ ذاتُ مِرفاع — gin truck
~ صغيرة — pick-up
~ ~ (في مَنْجَم) — tram (Mining)
~ صِهْريجيَّة — tank truck, tank wagon, tank car, road tanker (Pet. Eng.)
~ قَلّابة — dump truck, tipping lorry (or truck)
~ مُبَرَّدة — refrigerated truck, refrigerated van, reefer
~ مِرفاعيَّة — lift truck, crane truck (Eng.)
~ مُزَنْجَرة — crawler truck
~ مُسَطَّحة (دون سَقْفٍ أو جَوانب) — flat car
~ (بِمِنَصَّة) مُسَطَّحة — platform truck (Eng.)
~ مُقْفَلَة (أو مُغَطَّاة) — van
~ بِمِنَصَّة رافِعة — platform lift truck
~ وَقود صهريجية — fuel truck
شاخِص، شاخِصُ المِزْوَلَة — gnomon (Surv.)
~، ~ المَسّاح — level(ling) rod (or staff), picket, pole, ranging rod (or staff), stadia rod (Surv.)
~ التسديد — sighting pole (or rod) (Surv.)
~ تَسْوِيَة — levelling rod (or staff), range pole (Surv.)
~ ~ مُتداخِل — telescopic levelling rod
~ التصويب — aiming post
~ المِزولة — style, gnomon (of a sundial)
~ مِساحَة — surveying rod, station pole
~ مِقرابيّ: لِقياسِ الأبعاد — stadia (Surv.)
~ هَدَفيّ — target rod (Surv.)
شادَ، بَنَى — build, erect
شادوف — sweep, shadoof
~ أرخميدس — Archimedes' screw (Eng.)
~ ضَوْئيّ، قَطّاعُ الضوء — light chopper
~ لَوْلَبي — spiral conveyor (Eng.)
شاذّ، غيرُ عادي — abnormal, atypical, unusual, odd
~، غيرُ سَوِيّ — anomalous
~، غيرُ قِياسيّ — bastard, irregular
حالةٌ شاذَّة — abnormality, exception
شاذَنج — h(a)ematite, specular iron (Min.)
شارٍ، مُشترٍ — purchaser, buyer, vendee
شارَة، شِعار، سِمَة: عَلامة مُمَيِّزة — badge, insignia, mark, symbol, emblem, tag
~ الرُّتبة (العَسكريَّة) — chevron (Mil.)
~ الشريط — tape label (Electron.)
~ صَدويَّة لاحِقَة — echo (Radar)
~ المَلْزَمة — signature (Print.)
شارِد: لا يُستفادُ منه في الغرض المقصود — stray (Phys.)
شارِدة، أيون — ion (Chem., Phys.)
~ ثُنائيَّةُ القُطب — zwitterion (Chem.)
~ سالِبةُ (الشِّحنة) — anion (Chem.)
~ مُوجبة (الشِّحنة) — cation (Chem.)
شارِع: مُشْتَرِع — legislator
~: طريق — street, road
~ رئيسيّ — arterial road, main street
~ عَريض — avenue
شارَكَ — share, partake, participate
شاسِع، ضَخْم — vast, immense
شاش، شَفّ، سِبّ — cheese-cloth, gauze
شاشَة، سِتارةُ عَرْض — screen
~ التلفزيون — television screen (Telev.)
~ الرادار — radarscope = radar screen
~ فَلْوَريَّة — fluorescent screen (Electron.)
~ مُجَزَّأة — split screen (Electron.)
~ (تلفزيونيَّة) مُزدَوجةُ طَبَقةِ المُتَفسْفِرات — double layer screen (Electron.)
شاطَ: قارَبَ الاحتِراقَ كُلُّه أو بَعضُه — scorch, singe, sear
شاطأ: أبحَرَ بِمُحاذاة الساحِل — coast
شاطِر: قاسِمٌ مُناصِفة — splitter
~ الحُزمة — beam splitter (Phys.)
~ الطَّور — phase splitter (Elec. Eng.)
شاطِف — eluant (or eluent) (Chem.)
~، راحِض: جهازُ كَسْحٍ أو رَحْض — flusher
شاطِيء، ساحِل — shore, coast, strand
~، مِنطَقة ساحلية — beach, seaside
~ البَحْر — seashore, litus maris
~ جُرفيُّ الواجهة — bluff coastline
~ مُتدرِّجُ الانحِدار — shelving shore (Geol.)
~ مَرفوع — elevated beach, raised beach (Geol.)
~ مَغْمور — submerged coast (Geol.)
شاطِئيّ: قُرْب الشاطِئ — inshore
~: ساحِليّ — littoral
~: نَهريّ — riparian
شاعِرٌ (بِـ) — conscious (of)
شاغِر — vacant, unoccupied
شاغِل، ~ العَقار — occupant
~ الوَظيفة — office holder, incumbent
شافٍ، عِلاجي — curative
شافّ، شفيف — pellucid, transparent or translucent (Phys.)
~ لِلإشعاع — radio transparent (Phys.)
شاقّ — arduous, heavy, tiring, tough
شاقوف: مِطرقة تشظِيَة للتهذيب الخشن — spalling hammer (Build.)
شاقول — plumbline, plumb-rule (Surv.)

شاقُولِيّ، عَموديّ vertical, perpendicular, plumb
شاكوش، مِطرقة hammer (Eng., Build.)
~ البنّائين scutch (Build.)
شامة mole, naevus, birth-mark (Med.)
شامِخ lofty, high
شامِل، إجمالي comprehensive, inclusive, synoptic
~، عامّ exhaustive, global, universal
~، جامِع omnibus, all-inclusive
~ الجِسمَ كُلَّه systemic (Biol.)
~ في جميع الجهات all-round
~ الرؤية panoramic
~ المَدَى omnirange
شامواه chamois (leather)
شَأن، أهمِّيّة importance, consequence, significance
~، أَمْر matter, affair, concern
شاهَدَ بالتلفزيون teleview
شاهِدٌ: دَليل witness, evidence
~ عِيان eye-witness
~ (أو دَليلٌ) غازِيّ gas show (Pet. Eng.)
الشاهوق، السُّعال الديكي pertussis, whooping cough (Med.)
شاهِية، شهيَّة appetite
شائبة، عَيب flaw, blemish, imperfection; defect
~: مادة غريبة مُلوِّثة impurity, gangue
~ نُقطية (في بلّورة) point defect (Min.)
شائع، عامّ، مُشترَك common
شَبٌّ، شَبّة، حَجَرُ الشَّب alum (Chem.)
~ البُوتاس potash alum (Chem.)
شباب youth
شبابي juvenile
شُباط: الشهر الثاني في التقويم الغريغوري February
شِباك netting
شُبّاك window
~ ذو مُفصَّلاتٍ رأسية casement (Build.)
~ سُفْليُّ التعليق bottom-hung window (Build.)
شِباه، تشابُه النَّسق homology (Maths.)
شِباهي homological, homologous
شَبَح، طَيْف ghost, phantom (Phys.)
~، خَيال ظِلّي shadow; silhouette (Phys.)

شِبْر: حَوالى ٢٣ سنتيمترًا (أو ٩ إنشات) span
شَبَّع، أشبَع satiate, saturate
~ بالأوزون ozonize (Chem.)
شِبْقلي، شِبه قِلْي alkaloid (Chem.)
شَبَكَ، ثَبَّتَ بِمِشْبَك clip, clamp, cramp, clasp, hitch
~ بإبزيم buckle
~ بِخُطّاف hook
شَبَّكَ (en)tangle, enmesh, entwine
شَبَكٌ، إنشاءٌ مُتَشابِك lattice, lattice-work (Eng.)
~ سِلكيّ رفيع gauze, chicken wire (Build.)
شَبَكة net, mesh, netting; reseau, network
~، شَبَكاتٌ مُترابِطة network, grid (Elec. Eng.)
~، شُبَيْكة reticulum
~، ~ العَينيَّة: في آلةٍ بصرية graticule, reticule (Surv.)
~ الأرضيَّة: شبكةُ خُطوط الطول والعَرْض على الخَريطة graticule (Surv.)
~ استِطلاع reconnaissance net
(~ إرسالٍ) رُباعيَّةُ الأقطاب quadripole (network) (Elec. Comm.)
~ أسلاك wire net, cable system
~ أنابيب pipage, piping
~ الإنقاذ scrambling net (Aero., Naut.)
~ أيونيَّة (بِلَّوريَّة) ionic lattice (Chem.)
~ بِلَّوريَّة: نَسَقٌ شَبَكيٌّ بلّوري crystal lattice
~ بيانات data network (Comp.)
~ البينيَّة الدولية Internet (Comp.)
~ تبادل المعلومات الأوروبيَّة Euronet
~ تبادُليَّة (في نظام بلّوري) reciprocal lattice
~ تَبْديديَّة dissipative network (Elec. Eng.)
~ تجميع collecting system, gathering system (Pet. Eng.)
~ تَحَرُّز guard net, guard cradle (Elec. Eng.)
~ التحكُّم control grid (Electron.)
~ تُرَع canal system (Agric.)
~ تشكيل shaping network (Telev.)
~ ~ النَّبَضات pulse-forming network (Elec. Comm.)

~ تَصْفية rack
~ تَصْميم تَسامُتيَّة planning grid (Arch.)
~ تَعْديل الشِّحْنة الحَيزيَّة space-charge grid (Electron.)
~ تعويق delay network (Elec. Comm.)
~ تقوية reinforcing web (Civ. Eng.)
~ تَموين supply system (Eng.)
~ تَمويه camouflage net (Mil.)
~ تَوالٍ وتوازٍ series-parallel network (Elec. Eng.)
~ توزيع distributing (or distribution) network (Elec. Eng.)
~ ~ القُدرة (في بريطانيا) The Grid (Elec. Eng.)
~ ثابتةُ المُقاوَمة constant-resistance network (Elec. Eng.)
~ جَرّ، ~ صَيدٍ تُسْحَب drag-net
الـ~ الحاسوبية البينيَّة Internet (Comp.)
~ حَجْب screen grid (Electron.)
~ حواسيب computer network
~ حَيْزيَّة (بلَّوريَّة) space lattice (Chem.)
~ خُطوط (أو حُزوز) مِقرابيَّة reseau, reticle, graticule (Opt.)
~ ~ التوزيع الرئيسيَّة network of distributing mains (Eng.)
~ ~ حَديديَّة railway network
~ ~ الطول والعَرض على الخارطة grid, graticule (Geog., Surv.)
~ ~ المَسْح scanning field, raster (Telev.)
~ خَطِّيَّة linear network (Elec. Eng.)
~ خَفْض الذُّروة deaccentuator (Elec. Eng.)
~ دَلاليَّة semantic network (Comp.)
~ ذُرْوِيَّة الاستجابة peaking network (Elec. Eng.)
~ راديوية radio net
~ رُباعيَّةُ الأطراف four-terminal network (Elec. Eng.)
~ سَلْبيَّة: لا تتضمَّنُ مَصدَرَ طاقةٍ passive network (Elec. Comm.)
~ سِلْكيَّة gauze, wire net
~ شُعاعية radial network
~ طُرُق road network (Civ. Eng.)
~ طَليقة (غير متَّصِلة بالكاثود)، ~ عائمة free grid, floating grid, open grid (Electron.)

شَبَكَة (تابع)

~ (ضِدّ) الطوربيد — torpedo net

~ من العَوارِض المُتصالِبَة، شَبيكة — grillage (Civ. Eng.)

~ عريضةُ نِطاق الترددات — broadband network (Comp.)

~ غِذائية — food web (Ecol.)

~ غيرُ مُبَدِّدة — non-dissipative network (Elec. Eng.)

~ غيرُ مُتوازِنة: غيرُ مُتماثِلة الأجزاء — unbalanced network (Elec. Eng.)

~ فائقةُ الفلطية (فوق ٢٧٥ كيلو فُلط) — supergrid (Elec. Eng.)

~ قُضْبانِيَّة — grill(e), grillage (Civ. Eng.)

~ كَبْت — suppressor network, suppressor grid (Elec. Eng.)

~ كُبول — cabling

~ كهربائية — electric network (Elec. Eng.)

~ لاتبدُّدِيَّة — non-dissipative network (Elec. Comm.)

~ لاتماثُلِيَّة — dissymmetric(al) network, asymmetrical network

~ لاخَطِّيَّة: عَناصِرُها ليست كلُّها خطية — non-linear network (Elec. Eng.)

~ لاسلكية — radio net(work) (Radio)

~ مُتوازِنة — balanced network (Elec. Comm.)

~ مُثَبِّتَةُ الأسلاك (لِلخرسانة المُسَلَّحة) — lock-woven mesh (Civ. Eng.)

~ المَجارير — sewerage (San. Eng.)

~ مُجَزِّئة — dividing network (Acous.)

~ مَحَطّات لِلأرصاد الجَوِيَّة — reseau, network of meteorological stations

~ مَحلِّيَّة النِّطاق، «لان» — LAN, local area network (Comp.)

~ المِركَم الرَّصاصِيَّة — accumulator grid (Elec. Eng.)

~ المَشروع — project network (Civ. Eng.)

~ المُشِعّ — radiator grille (Eng.)

~ مُشَوِّهة — distorting network (Elec. Eng.)

~ مُصَبَّعات، شُبَيكة — grid (Eng., Phys.)

~ مُضاءَلة — damping grid (Elec. Eng.)

~ مُعادِلة — compensating network

~ مَعدِنِيَّة (تُمَدُّ تحتَ المِلاط) — metal lathing (Build.)

~ مُغْلَقة، نِظامٌ مُغلَق — closed system (Eng. Phys.)

~ مُقاوَمة — resistance grid (Elec. Eng.)

~ مُكافِئة — equivalent network (Phys.)

~ مَكشوفة — open system

~ مُوازِنة — equalizer network (Elec. Comm.)

~ مُواصلات — communications network

~ مُوصِّلات — bus network (Elec. Eng.)

~ مُؤلَّفة — composite grid (Elec. Eng.)

~ نَجْمِيَّة — star network (Elec. Eng.)

~ ~ ثُلاثية — Y-network (Elec. Comm.)

~ ~ ~ (بشكل T) — T-network (Elec. Comm.)

~ الهاتف — telephone net(work) (Elec. Comm.)

~ واسِعَة النِّطاق، «وان» — WAN, wide area network (Comp.)

~ وِقاية — guard net (Elec. Eng.)

شَبَكَتانِ مُتَعاكِستان — inverse networks

شَبَكِيّ — reticular, reticulate, netted (Eng.)

~ — retinal (Zool.)

شَبَكِيَّة: مَنظومة شبكيَّة — network, lattice

~ (العَيْن)، الشَّبَكِيَّة — retina (Zool.)

شَبَه، مُشابَهة، تَشابُه — resemblance, likeness, similarity, similitude

شَبَّهَ — liken, compare (to)

شِبْه، تقريبًا — semi-, quasi-, sub-

~، شَبِيه — similar, -oid

~ احتكار — quasi-monopoly

~ استِوائي — semitropical, subtropical (Geog., Ecol.)

~ أُسطواني — cylindroid

~ إنساني — anthropoid (Zool.)

~ تِلقائي — semi-automatic (Eng.)

~ تَوافُق — paraconformity (Geol.)

~ ثابِت — quasi-stationary

~ جافّ — semi-arid (Ecol.)

~ جامِد — semi-solid (Phys.)

~ جُزَيء — quasi-molecule (Phys.)

~ جَزيرة — peninsula (Geog.)

~ جُسَيم — quasi-particle (Phys.)

~ دالي، ~ مُثَلَّث — deltoid (Maths., Biol.)

~ ذَرَّة — quasi-atom (Phys.)

~ رسمي — semi-official, semiformal

~ رَطب — subhumid (Meteor.)

~ زُلاليّات، زُلالانِيّات — albuminoids (Chem.)

~ شَفّاف — subtransparent, translucent, translucid

~ شيفرة — pseudocode (Comp.)

~ صَحراوي — semi-desert (Geog., Ecol.)

~ الصينيّ — semi-porcelain

~ الظِّل، ظُلَيْل، شَعاع — penumbra (Phys.)

~ عَقْد — quasi-contract

~ غرانيتي، غرانيتاني — granitoid (Geol.)

~ غَرَواني — hemicolloid (Chem.)

~ فِلِزّ: ذو خَواص فِلِزِّيَّة ولافِلِزِّيَّة كالزرنيخ — metalloid (Chem.)

~ الفولاذ: حديدُ زَهْرٍ خفيض المحتوى الكربوني – به نسبة من حديد الخردة الصهير — semi-steel (Met.)

~ قارَّة — subcontinent (Geog.)

~ القُرص — discoid(al)

~ قَطْع مُكافِيء — paraboloid (Maths.)

~ قِلْوي، شِبْقِلوي، شِبْقِلي — alkaloid (Chem.)

~ الكُرة المُتَطاوِل — prolate spheroid (Maths.)

~ ~ المُفَلْطَح — oblate spheroid (Maths.)

~ كُرَوي — spheroid, globoid, pseudospherical

~ ماسيّ — adamant = adamantine

~ مائِع — semi-fluid (Phys.)

~ مُتَبَلِّر — pseudocrystalline, semi-crystalline

~ مُخاطي، مُخاطاني — mucoid (Zool.)

~ مَداري — semi-tropical

~ مُرَبَّع — quadrate

~ مُزدَوِج: يعملُ في الاتجاهَين لكن ليس آنِيًّا — quasi-duplex (Elec. Comm.)

~ مُستَقِرّ، حَرِجُ الاستِقرار — metastable

~ مُطفَأ — semi-matt

~ مُعاصِر: تَلا فترةَ تكوين الصخر مُباشرةً — penecontemporaneous (Geol.)

~ مَعْدِن — mineraloid (Min.)

~ مُعَيَّن — rhomboid (Maths.)

~ المُكَعَّب، مُكعَّباني — cuboid (Maths.)

~ المُنْحَرِف — trapezoid

~ مَوشوري — prismoid, prismatoid (Maths.)

~ مُوَصِّل — semiconductor (Electron.)

شِبْه (تابع)

~ ~ أصيل — intrinsic semiconductor (Electron.)

~ ~ دَخيل (الخواصّ) — extrinsic semiconductor (Electron.)

~ ~ سالِبُ النَّمَط — n-type semiconductor (Electron.)

~ ~ مُتَردِّ: يُقارِبُ في توصيلِه الفِلِزَّ البَسيط — degenerate semiconductor

~ ~ أُكسيديّ فِلِزّي — metal-oxide semiconductor (Electron.)

~ ~ مُوجِبُ النَّمَط (بالثقوب المُوجَبة) — p-type semiconductor (Electron.)

ـُ نَقّال، ـُ نَقُول — semi-mobile (Eng.)

شُبْهَة، اِلتِباس — uncertainty, ambiguity

~، شك — suspicion, dubiosity

شُبوب، اندِلاع — outbreak, flare up

~: صُعودٌ بعدَ طيرانٍ مُستوٍ — pull-up (Aero.)

شَبُّورة: ضَبابٌ خفيف — mist (Meteor.)

شَبُّوط: سَمَكٌ نَهْري — carp (Zool.)

شَبُوع، يُمكِنُ إشباعُه — saturable, satiable

شَبِّي، ألوميني — aluminous (Chem.)

شُبَيْكة: شَبَكةُ أساس في أرضٍ سَوّاخة — grillage (Civ. Eng.)

~: شَبيكة — lattice (Eng.)

~: شَبَكَة — mesh, meshwork, network

~، شُبَيْكةُ العَينيَّة (في آلةٍ بَصَريّة) — reticle, reticule, graticule (Opt.)

ـُ الأساس — grillage foundation (Build.)

ـُ تَرشيح — filter mesh (or network) (Phys.)

ـُ التصويب — sight reticule (Opt.)

ـُ حَيِّزيَّة — space lattice (Phys., Chem.)

ـُ شَعْريَّة مُتَصالِبة — haircross (Opt.)

ـُ المِرنان — resonator grid (Electron.)

شَبيه، مَثيل — like, similar, analogous; analogue

~، شِبْه (أنظُر: شِبْه) — semi-, quasi-

شَتَّى، مُتَنوِّع — various, diverse

~، **أشْتَى**: قَضى فَصْلَ الشتاء — winter

~، ~: أسبَتَ شِتاءً — hibernate (Biol.)

الشِّتاء، فَصْلُ الشِّتاء — winter

شَتات، تشْتيت، تشَتُّت — scatter, dispersion, dispersal, scattering

شَتَّت — scatter, disperse

شَتْلَة: غَريسَة غَضَّة — sapling, seedling (Agric.)

شَتَويّ — hibernal, winter, wintry, brumal

الشَّتيت: المادَّة المُشَتَّتة — dispersoid, scatter (Chem.)

شَثَن: غِلَظُ الجِلْد — pachydermia, callosity (Med.)

شَجَّ، شَقَّ — split, cleave

شَجُّ الحِجارة — coping (Build.)

شِجار — quarrel

شَجَّار — arboriculturist (Agric.)

الشُّجاع، الثُّعبان: كَوكَبَةٌ جَنوبيَّة — Hydra (Astron.)

شَجاعة، جُرْأة — courage, valour; guts, nerve

شَجْب، إدانة — denunciation, condemnation

شَجَرُ (أو خَشَبُ) الجَوز — walnut

ـُ جَوز الهند، نارَجيل — coco (Bot.)

ـُ (أو خَشَب) الحَور — poplar

ـُ (أو خشب) الزّان — beech (Bot.)

ـُ (أو خَشَب) السَّرو — cypress

ـُ (أو خَشَب) الصفصاف — willow

ـُ (أو خَشَب) الصنوبر — pine

شَجراء، حَرَجة — stand, clump, forest

شَجَرة — tree

~، تَفَرُّع شجَريّ — tree (Maths.)

ـُ الأَرْز — cedar (Bot.)

الـ ـُ الأمّ (أو الأصل) — stock (Bot.)

ـُ الأنساب — family tree

ـُ تَمام — cotree (Maths.)

~ ثنائية: لا يزيد تفرع العقدة فيها على فرعين — binary tree (Maths.)

ـُ حَرجيَّة — forest tree

ـُ حَمْضِيّات — citrus tree

ـُ دائمة الخُضْرة — evergreen (tree) (Bot.)

ـُ رابطة: تربط بين عُقد المخطَّط جميعها — spanning tree (Maths.)

ـُ السَّنْط (أو الأقاقيا) — acacia (Bot.)

ـُ الصِّمامات — christmas tree (Pet. Eng.)

ـُ مُثْمِرة — fruit tree, fruiter

ـُ مُعْبِلة أو نَفضيَّة — deciduous tree (Bot.)

شَجَري — arboreal (Bot.)

ـُ التفَرُّع — dendritic

ـُ الشكل — arborescent

شَجَّع — encourage, hearten, foster

شُجَيْرة، جَنْبَة — shrub (Agric.)

شُحّ، نُدْرة، قِلَّة — scarcity, shortage

~، بُخْل — stinginess, parsimony

شَحّاذ — beggar

~، شاحِذ — sharpener; whetstone

ـُ العَين، وَدقة — sty(e) (Med.)

شَحّان: جِهازُ شَحْن البَطّاريّات — charger (Elec. Eng.)

ـُ تُرْبيني — turbo-blower = turbo-charger (Autos.)

ـُ تردُّديّ الطِّراز — reciprocating-type supercharger (Eng.)

ـُ بالطَّرد المركزيّ — centrifugal supercharger

ـُ فائق — supercharger (I.C. Engs.)

ـُ ~ عَنَفيّ — turbosupercharger (Aero.)

ـُ يُدار بِغازاتِ العادِم — exhaust-driven supercharger (Eng.)

شَحَذَ، سَنَّ، جَلَّخ — sharpen, grind, hone, point, whet

شَحْذ — grinding, whetting, honing

~ تهذيبي — dressing (Eng.)

ـُ دَقيق — precision grinding (Eng.)

ـُ رَطْب: سائليُّ التبريد — wet grinding

شَحَّل، قَلَّم — prune, trim, lop (Agric.)

شَحْم، شَحْمُ تزليق — grease (Chem., Eng.)

~، دُهْن — fat, adipose, tallow (Biol.)

ـُ أكواب: شحمٌ جامِدُ القَوام — cup grease

ـُ التُّروس — gear grease (Eng.)

ـُ جامِد — solid grease (Pet. Eng.)

ـُ الحوت — blubber (Zool.)

ـُ حَيَواني، وَدَك — tallow

~ الخِنْزير — lard

ـُ راتينجيّ، ـُ القَلَفونية — resin grease

ـُ صُلْب: قاعِدتُه الألومنيوم — hard oil

ـُ صُوفِ الخِراف — moellon = degras

ـُ عامُّ الأغراض — general-purpose grease (Eng.)

ـُ عَرَباتٍ — coom = coomb

ـُ غرافيتي — graphite grease

ـُ قالبيّ، ـُ كُتَليّ — brick grease, block grease

ـُ مانِعٌ لِلصَّدَأ — rust grease; slushing compound (Eng.)

ـُ مُتعدِّد الأغراض — multipurpose grease

ـُ مُجانَس — homogenized grease

شَحْم (تابع)

~ المَحامِل، ~ مَحامِل الكُريّات bearing grease, ball-bearing grease (Eng.)
~ وُصْلات joint grease
شَحْمانيّات، سْتِيرُويْدات steroids (Chem.)
شَحْمةُ الأُذُن earlobe, earlap (Zool.)
~ الأرض، خَراطين earthworm (Zool.)
شَحْميّ fatty, adipose (Zool.), aliphatic (Chem.)
شَحَنَ (إلى) ship, freight, consign
~ (بِـ)، مَلأَ (أو عَبَّأ) بِـ charge, load
~ (الحاشِدة) charge (a battery) (Elec. Eng.)
~ بإفراط overcharge, surcharge
~ بأقلّ من المُناسِب undercharge
شَحَّنَ: زَيَّد الشَّحن supercharge (Eng.)
شَحْن freight, shipping, consignment
~، وَسْق، تَحْميل lading, loading, freighting
بوليصة ~ bill of lading
~ بالتأثير charging by induction (Phys.)
الـ ~ جَوًّا air freight
~ حَثّي induction charging (Elec. Eng.)
~ مُتَقَدِّم، ~ مُسبَق preloading
~ نَضيضُ التيّار trickle charge (Elec. Eng.)
شِحْنات (أُنظُر: شِحنة) charges
~ مُتَبايِنة: مُوجبة وسالِبة unlike charges (Phys.)
شِحْنَة؛ شِحْنَة كهربائية charge
~، حُمُولة freight, cargo, lading
~ ابتِدائيَّة initial charge (Phys.)
~ اختِبار proof load (Eng.)
~ أساسيَّة: شِحنةُ الإلكترون fundamental charge (Phys.)
~ إستاتية كهربائية electrostatic charge (Phys.)
~ الإلكترون: ١,٦٠٢١ × ١٠^-١٩ كولوم electron(ic) charge (Phys.)
~ أيونيَّة ionic charge (Chem.)
~ تعزيز booster charge (Aero.)
~ حَيْزيَّة (سالِبَة): بين الكاثود والصفيحة في الصِّمام space charge (Electron.)
~ ديناميت dynamite charge (Chem.)
~ سالِبَة negative charge (Phys.)
~ سائبة bulk cargo

~ سَطْحيَّة surface charge (Elec. Eng.)
~ طَليقة free charge, unbound charge (Electron.)
~ الفُرْن furnace charge (Met.)
~ كهربائيَّة electric charge (Elec. Eng.)
~ ~ إستاتيَّة static charge (Phys.)
~ كَهْروسْكونيَّة electrostatic charge (Phys.)
الـ ~ المُتَخلِّفة أو المُتبَقِّية residual charge (Phys.)
~ مُتفَجِّرة explosive charge (Chem.)
~ مُحَوَّلة أو مَنْقولة transferred charge
~ مُستَحَثَّة induced charge (Phys.)
~ مُفرِطَة overcharge
~ مُقَيَّدة bound charge (Elec. Eng.)
~ مَنقولة haul(age) (Civ. Eng.)
~ مُوجَبَة positive charge (Phys.)
~ ناسِفة، ~ نَسْف blasting charge
~ ناقِصة undercharge
الـ ~ النوعيَّة: نِسبةُ الشِّحْنَة إلى الكُتلة في جُسَيم أوَّليّ specific charge (Phys.)
~ نَوَويَّة (بروتونيَّة) nuclear charge (Phys.)
~ الوَحدة unit charge (Phys.)
(أنظر: ~ الإلكترون)
شُحوب pallescence, pallor
~ يَخضوري chlorosis (Bot.)
شَحيح scant(y), scarce
~ الإنتاج shy-producer
شَخْتور، شَخْتورة boat, canoe, skiff
شَخْص person, individual
شَخَّصَ (الداءَ أو العِلَّة) diagnose
شَخْصيّ personal, subjective; private
شَخصيَّة personality
~ اعتِباريَّة أو مَعْنويَّة body corporate
شِدّ: وَحدةُ المَقْطَع العَرَضيّ لِلنَّوى ١٠^-٥٢ مِتر مُرَبَّع (أو ١٠^-٢٤ بارن) shed (Phys.)
شَدَّ: جَرّ pull, draw, tug, haul
~: حزَقَ tighten
~: أوثَق fasten, bind, tie
~: مَطّ stretch, strain
~: أطقَم بالعُدَّة، قَرنَ harness
~ الارتخاء، وَتَّر tauten, tension
~ (أو أوثق) بحَبل belay, tie up
~ بعُنف yank, twitch
~ اللولب screw, tighten
~ بملزمٍ أو قامِطةٍ على clamp

شَدّ tension, tightening, pull
~ (أو إجهادٌ) لاحِق: بعدَ تصَلُّب الخَرَسانة post-tensioning (Civ. Eng.)
~ اللولب، ~ أو تثبيتٌ باللوالب screwing
~ مِحوَري axial tension (Eng.)
~ (أو توتُّر) مُستَعْرِض transverse tension
شِداد: ما يُشَدُّ به fastener, guy, clamp
~ إطباقي، كَبّاس زَرّ (لِلثِّياب) snap fastener
شَدَّاد، شِداد، شَدَّادة guy, stay, tie, turnbuckle
شَدَّادةٌ أرضيَّة (لِجِدارِ سَدٍّ مَثَلًا) land tie
~ استِقرار steadying guy (Civ. Eng.)
~ جِداريَّة wall tie (Build.)
~ السَّير belt tightener (Eng.)
~ العَمود pole guy (Civ. Eng.)
~ المِدْخَنة funnel guy
~ مُلَولَبةُ الطرفَيْن screw shackle (Eng.)
~ مَنْع الارتخاء anti-sag bar (Eng.)
شِدَّة، ضائقة hardship, adversity, distress, difficulty
~، قُوَّة force, strength, stamina, power, potency
~، صَرامة severity, rigour, hardness
~، حِدَّة intensity
~، مَتانة، قُدرةٌ على الاحتمال toughness, sturdiness, durability
~ الابتعاث، ~ الإشعاع emittance (Phys.)
~ الإجهاد stress intensity (Mech.)
~ الاستِضاءة intensity of illumination
~ الإشعاع radiant intensity, intensity of radiation (Phys.)
~ الإضاءة luminous intensity (Illum.)
~ الترابُط bond strength (Chem.)
~ التَّفريغ hardness (Phys.)
~ التَّمغْنُط magnetization intensity
~ التيّار intensity of current, current strength, current intensity (Elec. Eng.)
~ الحَقْل اللاسِلكيّ radio field intensity (Elec. Comm.)
~ الصَّوت sound intensity, intensity of sound (Acous.)
~ الضغط pressure intensity
الـ ~ الضوئية luminous intensity
~ العازِل dielectric strength (Elec. Eng.)

شِدَّة (تابع)
~ العَزْل insulation strength (Elec. Eng.)
~ القُطْب، قُوَّةُ القُطْب strength of pole = pole strength (Elec. Eng., Magn.)
~ المَجال field intensity = field strength, strength of field (Elec. Eng.)
~ ~ الكهربائيّ electric field intensity (or ~ strength) (Elec. Eng.)
~ ~ المِغنطيسي intensity of magnetic field (Elec. Eng.)
~ المَغْنَطة: مُتجهُ العَزْم المِغنطيسي لِعُنصرٍ مَقسومًا على حجمه intensity of magnetization (Phys.)
الـ ~ المِغْنَطيسيَّة، ~ المَجال المِغنطيسي magnetic intensity
الـ ~ المَوجيَّة: مُعَدَّلُ فَيْض الطاقة في وَحدةِ المِساحة من الجبهة المَوجيَّة wave intensity (Phys.)
~ النشاطِ الإشعاعي intensity of radioactivity (Phys.)
~ النَّفاذيَّة hardness (Phys.)
شَدَخَ fracture, break
شَدْخ، كَسْر fracture, crack
~ إجهاديّ (أو بالإجهاد) stress crack
شَدَفَ، شَطَبَ chamfer, bevel, splay
شُدْفة، كِسْرة، شَقَفَة fragment
~، قِطعة، قُسامة segment, metamere (Zool.)
شُدوخ (أُنظُر: شَدْخ) cracks
~ شَعرية hairline cracks (Eng.)
~ نَمشيّة etch cracks (Eng.)
شَديد، قوي strong, powerful, vigorous
~، جدًّا very
~، حادّ intense, acute
~، عنيف fierce, severe, forceful, violent, drastic
~، متين، صَلد tough, hard, hardy
~ الانحِدار، ~ التَحدُّر precipitous, sheer, abrupt, steep
~ الانفجار high-explosive (Chem.)
~ الحساسية very sensitive, ultrasensitive
~ الصِّغَر، مُنَمْنَم subminiature
~ الفَتْل hard-laid
~ النَّفاذية hard (Phys.)

شَذَّبَ، قَضَّبَ clip, lop, prune, trim
~ الحِجارة: هَنْدَسَها وَسَوَّاها knap, boast (Build.)
شَذَر: دَقائقُ بِنْيَةِ الفَحْم العُضوِيَّة macerals (Min.)
شَذْرة، لَقَطَة nugget (Min.)
شُذوذ anomaly, irregularity, abnormality, perversion
~ إشعاعي radioactive anomaly (Phys.)
~ الانتقال transmission anomaly (Acous.)
~ بَيُولوجيٌّ وِراثيّ sport (Biol.)
شَرى: طَفْحٌ جِلْديّ urticaria, cnidosis, hives (Med.)
شِراء purchase, buying
~ آجِل forward purchase
~ بالتقسيط hire purchase
شَراب: ما يُشرب drink
~ عُصاريٌّ أو مُحَلًّى liquor, syrup
شُرَّابة، شُرَّافة tassel (Arch.)
~، ~ (كُوز) الذُّرة tassel (Bot.)
شَرارة spark; scintillation, sparkle
~ الإشعال ignition spark (Elec. Eng.)
~ التفريغ discharge spark (Phys.)
~ عَرَضيَّة: فوقَ سَطح العازِل flashover (Elec. Eng.)
~ كهربائية electric spark (Elec. Eng.)
شِراع، قِلْع sail
الـ ~: كوكبة جنوبية Vela (The Sails) (Astron.)
~ الحنَك velum (Zool.)
~ الصّاري الأمامي foresail (Naut.)
~ مُثلَّث (أماميّ) jib (Naut.)
~ ~ الشكل lateen sail (Naut.)
شُرّاعة: شِبه نافذةٍ فوق بابٍ أو شُبّاك transom(e) (Build.)
شَرّاقة choke (Eng.)
شَراكة، مُشارَكة partnership
~ مَحدودةُ المسؤولية limited liability partnership
شَرائح (أُنظُر: شَريحة) sections, slices
~ خَشَبيَّة laths, lathing
~ ~ مُعتَرِضة counter laths (Build.)
~ رقيقة lamellae
~ مُتَباعِدة (من ٣ إلى ١٠سم) open slating

شَرائطُ تشويش (الرادار): ~ مَعدِنيَّة عاكِسَة لِلتشويشِ على الرادار window, chaff, rope (Radar)
شَرَّبَ، أشْبَعَ، رَوَّى saturate, soak, suffuse
~، أشرَبَ impregnate, infuse, tincture
شَربة، مُسْهِل purge (Med.)
شَرَث، خَصَر chilblain, erythema pernio (Med.)
شَرَّجَ، سَرَّجَ baste, tack
شَرَج، إسْت anus (Zool.)
شَرَجيّ anal, proctal (Zool.)
شَرَحَ، فَسَّرَ explain, expound
~ مُعَلِّقًا على comment (on)
شَرْح explanation, comment(ary)
شَرَّحَ (تشريحًا) dissect
~ (شرائحَ) slice
شَرْحة، شَريحة slice
~ رَقيقة، رُقاقَة chip (Comp.)
~ زاويَّة، حَنيَّةُ وَصْل fillet (Eng.)
شَرْخ، شَقّ fracture
~ تفجيري: لزيادة التدفق explosive fracturing (Pet. Eng.)
شَرَد، هَرَب، أفلَت escape, break loose
~، ضَلَّ stray, straggle
شِرْش، جَذْر root (Bot.)
شَرْشَف، مُلاءَةُ السرير sheet, bedspread, coverlet
شَرْشَرَ: سَنَّنَ كالمِنشار serrate
شَرْشَرة، تَشَرْشُر serration
~، مِنجَل sickle
شَرشَف: غطاء المائدة tablecloth
شَرَطَ، شَقَّ incise, slit, slash
~، اشتَرَط stipulate, condition
شَرْط condition, provision, stipulation
بِلا قَيْدٍ أو ~ unconditional
~ (في عَقْد)، بَنْد clause, term
~ الدولة الأكثر رعاية most-favoured nation clause
~ كافٍ sufficient condition (Maths.)
~ كَمِّي quantum condition (Phys.)
~ لازِم necessary condition (Maths.)
~ مُقْتَضى: ينبغي توافُره prerequisite
~ الوُلوج entry condition (Comp.)
شَرْطة dash, stroke; hyphen

شُرْطة police, constabulary
شَرْطِيّ conditional
شَرَعَ، باشَرَ start, proceed, commence
~: سَنَّ قانونًا enact, legislate
شَرعِيّ، مَشْروع legitimate, legal, lawful, valid
شَرْغ، شُرْغوف: فَرخُ الضّفدَع tadpole (Zool.)
شَرَّف، كَرَّم honour
~: جَعَلَ ذا شُرَف crenellate (Arch.)
شُرْفَة balcony, veranda (Build.)
شَرِق، غَصَّ choke
شَرَقٌ: فَرْطُ الإشباع بالمياه waterlogging (Agric.)
شَرْق east
الـ ~ Orient
شَرقِيّ easterly; eastern; oriental
الشَّرْقِيَّة، رِياحُ السِّيرُوكو، الخَماسين sirocco
شَرَك trap, snare, noose
~ مُمَوَّه booby trap
شَرِكاتٌ مُنتَسِبة أو مُنضَمَّة affiliated companies
شَرِكة company, corporation
الـ ~ الأمّ parent company
~ تَضامُن joint company
~ تَعْدين mining company
~ خطوطٍ جَوِّيَّة airline (Aero.)
~ قابِضة holding company
~ لا تستهدِفُ الرِّبح non-profit corporation
~ مُحاصَّة joint-stock company
~ مَحْدودة، ~ مُساهَمة limited company
الـ ~ المُهَيْمِنَة holding company, controlling company
~ نَقْل بَحْرِيّ shipping company
~ ~ عامَّة common carrier
شَرْم، خَوْر creek, bay (Geog.)
~، رَيا: وادي نهرٍ غاطِس ria (Geol.)
~ الشَّفة harelip (Med.)
شَرْنَقة، فِيلَجة cocoon (Zool.)
شَرنوكيت: غرانيتٌ خَشِنُ الحُبَيبات charnockite (Geol.)
شَروب: صالح للشُّرب potable (Food Sc.)
شُرود escape; straying
~ الذِّهن absentmindedness, distraction
شُروط (أنظُر: شَرْط) conditions, terms
~ الاتفاقية terms of an agreement
~ البَيع conditions (or terms) of sale
~ التسليف credit terms
~ تَفضيليَّة preferential terms
~ مؤاتية favourable terms
شُروع، ابتداء، بَدْء inception, beginning, start
شُروق، طُلوع rise
شِريان artery (Zool.)
الـ ~ الأبهر aorta (Zool.)
~ إكليلي أو تاجي coronary artery (Med.)
~ حَرْقَفي iliac artery (Zool.)
~ رِئوي pulmonary artery (Zool.)
~ سُباتي carotid artery (Zool.)
~ عَضُدي brachial artery (Zool.)
~ فَخِذي femoral artery (Zool.)
شِريانيّ arterial
شَريحَة، قِطعة slice, section
~، ضِلْعُ تقويَة stave
~، خُوصَة strap, strip, slat, spline
~ (مِجْهَرِيَّة) section
~ الأُجور wage bracket
~ تَثْبيتٍ مَعدِنيَّة tingle (Build.)
~ تَجميع collector strip (Elec. Eng.)
~ تغطيةٍ زُجاجية cover glass
~ تَقْوية، رِفادةُ تثبيت cleat (Build.)
~ ~ (طَرَفيَّة) shroud (Eng.)
~ تَناكُبيَّة butt strap (Eng.)
~ ثُنائيَّةُ الفِلِزِّ: تَنْثَني بتغَيُّر درجةِ الحرارة bimetallic strip (Eng., Elec. Eng.)
~ خَشَبيَّة lath (Build.)
~ دَليلية guide strip (Eng.)
~ رَقيقة lamella, lamina (Zool.)
~ زُجاجيَّة مُنزَلِقَة glass slide, slide (Opt.)
~ (أو حصَّة) زَمنيَّة time slice (Comp.)
~ شَفّافة، شُفافة transparency
~ ~ مُلَوَّنة colour transparency
~ صادَّةٌ لِلرِّيح (والمطر) weather strip (Build.)
~ صُغْرِيَّة micro-fiche (Comp.), microstrip (Elec. Comm.)
~ فِلميَّة filmstrip
~ نُحاسيَّة copper strip
~ وَصْل splint
شَريط tape, ribbon, band, riband, strip(e), strap
~، نِطاق band (Radio)
~، بَرِيم cordon, gimp, lanyard, lace
~ احتِكاكيّ friction tape (Elec. Eng.)
~ الأخبار newsreel
~ إلقام loading belt, loading strip (Mil.)
~ الامتِصاص absorption band (Phys.)
~ تَسْجيل tape, recording tape (Acous.)
~ تَسْويد: يُمكِنُ دائمًا استِخدامُهُ لِبياناتٍ جديدة scratch tape (Comp.)
~ «تشاترتون»، ~ لاصِقٌ عازِل Chatterton's tape (Elec. Eng.)
~ (أو سَيْرُ) التغذية feed belt (Eng.)
~ تَغليف (لِلَفِّ الأنابيب) wrapping tape
~ تقوية reinforcing tape (Aero.)
~ خام: خالٍ من أيِّ تَسجيلات raw tape
~ رُباعيُّ المَسالِك four-track tape
~ سَنْفرة emery tape (Eng.)
~ الطاقة energy band (Phys.)
~ طَيفيّ spectral band (Phys.)
~ ~ مُنتَشِر diffuse spectral band (Phys.)
~ عازِل insulating tape, electric tape (Elec. Eng.), isolating tape
~ ڤيديو: شريطُ تسجيلٍ تِلفزيونيّ videotape (Elec. Comm.)
~ فلمي (مُذَيَّل بالشروح) filmstrip
~ قُماشي fabric tape
~ قِياس measuring tape, tape, tape measure (Surv.)
~ ~ بَكَريّ reel tape
~ ~ فولاذيّ steel tape, steel band (Surv.)
~ لاصِق adhesive tape, adhesive plaster
~ ~ شَفّاف Scotch tape
~ مُثقَّب perforated tape, punched tape
~ مُخَرَّم lace
~ مُرشِد pilot tape (Comp.)
~ مَزْق (لِمَزْق الغِطاءِ المُغَلِّف) tear strip
~ المَسّاح surveyor's tape
~ مُصَمَّد proofed tape (Elec. Eng.)
~ مطاطي elastic band
~ (تَسْجيلٍ) مِغنَطيسي magnetic tape (Elec. Comm., Comp.)
~ وَثائقي documentary (film)

شَريط (تابع)
~ وَرَقيّ — paper tape (Comp.)
~ ~ مُثَقَّب — punched paper tape
شَريطيَّة، دُودة شَريطيَّة — tapeworm, taenia, cestode (Zool.)
شَريعة، قانون — law, code
شَريك — partner, copartner
~ اسميّ — nominal partner
~ صامِت، ~ مُوصٍ: لا دَخْلَ له في إدارة العَمَل — silent partner
شُرَيْن، شِريان دَقيق — arteriole (Zool.)
شَزْري الدوران: من اليسار إلى اليمين — dextrorotatory (Phys.)
شِسْت: صَخْرٌ بُركانيٌّ صَفائحيّ — schist (Geol.)
~ طَلْقيّ — talc schist (Geol.)
~ قِيريّ — kerosene shale (Pet. Eng.)
~ ميكائي — mica schist (Geol.)
~ هورنْبلندي — hornblende schist (Geol.)
شَسْتَزَة، تصَفُّح شِسْتيّ — schistosity (Geol.)
شِصّ — hook, fish-hook
~ ضَخم: ذو مِقْبَض لِصَيد السمك الكبير — gaff
شَطّ (في سُرعَتِهِ): سُرعةً وبُطئًا على التوالي — hunt (Eng.)
شَطٌّ، شاطِئ — beach, bank
~ رَمْلي — sand bank
شَطْء، شَكير، نامِيَة — sprout, shoot, sucker, tiller (Bot.)
شُطافَة — eluate (Chem.)
شَطَبَ، طمَسَ، حذَفَ — cross out, blot, strike out, cancel, delete
~، شَذَفَ، شَطَفَ: قَطَعَ قَطْعًا مائلًا — bevel, chamfer
~، شَقَّ — slit, slash, incise
شَطْب، شَذْف، شطْف — chamfering
~ (أو تفَلْطُح) داخِليّ — flanning (Build.)
شُطْبَة: الحافة القاطِعة من الإزميل — bezel (Mech.)
شَطْح، تجاوُزُ الغَرَض — overshoot
شَطَرَ، نَصَّفَ — bisect, halve
~، فَلَقَ — split, fission
شَطْر — bisection, scission, bipartition
~ الطور — phase splitting (Elec. Eng.)
شَطْريّ — binary (Chem.)

شَطَّطَ: سارَ قريبًا من الشاطئ أو جَرَّ إلى الشاطئ، **شاطأ** — beach
شَطَطٌ: تَغيُّر دوريٌّ في السُّرعة أو في وَضْع إبرة جهاز القياس — hunting (Eng.)
~: انحرافٌ لاإراديّ عن مسارٍ مُستقيم — swing (Aero.)
شَطَفَ: غسَلَ بِصَبِّ الماء، مَضْمَض — rinse
~: قطعَ قطعًا مائلًا، شطَب — bevel
شَطْف — elution, rinsing; flushing
~، شَطْب — bevelling
~ أُوتوماتي — automatic flushing (Hyd. Eng.)
شَطْفَة: سطحٌ مشدوف — bevel (Carp.)
شُطْفَة، قِطعة — piece, lump
شَطُور، فَلُوق: اِنشِطاريّ — fissile, fissionable (Phys.)
شَطِيبَة، حَدٌّ مائل أو مَشطوب — chamfer
شَظًى — shatter, splinter, spall, sliver, fragment, shiver
شَظايا، قِطَعٌ صغيرة — flinders, splinters, fragments
~ الانشطار — fission fragments (Phys.)
~ القذيفة — shrapnel, shell fragments (Mil.)
شَظِيَّة — shiver, sliver, spall, splint, splinter
الـ~: الـ قَصَبةُ الصُّغرى — fibula (Zool.)
~، شَقَفة — fragment
~ من الآجُر (كبيرة نَوعًا) — bat (Build.)
شَعَّ — shine, beam; radiate
شَعٌّ، إشعاع — radiation (Phys.)
شُعٌّ: خَيطٌ أو شُعُّ العنكبوت — spider web, web
~ الشبكية (في عَينيَّة الآلة البصرية) — spider line (Surv.)
شِعاب (أنظر: شِعْب) — reefs (Geol.)
شِعار، رَمْز، شارة — emblem, badge, ensign, insigne
شُعاع — ray
~، ~ حُزميّ — beam (Phys.)
~: نِصفُ القُطر — radius (Maths.)
~ أرضيّ: الشُّعاعُ المُنتقِلُ مُباشرةً من جهاز الإرسال إلى جهاز الاستِقبال — ground ray (Radio)
~ إفناء: يُتلِفُ الخَلايا الحيَّة — death ray
~ أيونوسْفيري: مُنعَكِسٌ عن الطبقة المُتأيِّنة في الغلاف الجَوِّي — ionospheric ray (Radio)

~ أيونيّ — ion beam (Phys.)
~ ثابِت — fixed beam
~ ~ الاتجاه — on-course beam (Radio)
~ الدائرة — radius of a circle (Maths.)
~ الدولاب، بَرْمَق — spoke
~ ساقِط، ~ وارِد — incident ray (Phys.)
~ سِينيّ — X-ray (Phys.)
~ ضَوئيّ — ray of light, light beam (Phys.)
~ فوقَ البَنَفْسجيّ — ultraviolet ray (Phys.)
~ لُبِّيّ — ray (Bot.)
~ مُباشِر — direct ray (Radio)
~ مُستَقْطَب — polarized beam (Phys.)
~ مُنبَثِق أو مُنبَعِث — emergent ray (Phys.)
~ مُنعكِس — reflected ray (Phys.)
~ مُنكَسِر — refracted ray (Phys.)
~ مَهْبِطي، ~ كاثودي — cathode ray (Electron.)
~ هادٍ أو دليليّ — guiding beam
شُعاعيّ — radial
~ التفَرُّع — solar (Zool.)
شُعاعيًّا: باتجاه الشعاع — radially (Maths.)
~: باستخدام الأشعة أو الإشعاع — radiologically (Phys.)
الشُّعاعيّات: حيواناتٌ من الأوالي البحرية شُعاعيَّةُ التشكُّل — Radiolaria (Zool.)
شُعاعيّات الأرجُل: رتبةٌ من الأوالي شُعاعيةُ الأرجلِ الزائفة تشملُ الشُّعاعيات — Actinopoda (Zool.)
شِعْب، ممرّ ضَيِّق — defile, strip
~، وادٍ ضيِّق — coulee (Geol.)
~ الحَطِّ والإقلاع — landing strip (Aero.)
~ الدّروج (في المطار) — taxi track (Aero.)
~ مَرجاني، رِيفٌ مَرجاني — coral reef (Geol.)
~ ~ حاجِز، حاجز مَرْجاني — barrier reef (Geol.)
شَعْب — people
شَعَّبَ — ramify, branch, bifurcate, fork
شُعْبَة، فَرْع — branch, limb
~: في تصنيف الأحياء — phylum (pl. phyla) (Biol.)
~، شَوكَة، شُعبة الشوكة — tine, prong
~، قسم — section, division, department
~: إحدى شُعْبَتَي القصبة الهوائيَّة — bronchus (Zool.)

شُعْبَة (تابع)
~ تحريك السير = strap fork, belt fork = belt striker (Eng.)
~ المرساة — fluke (Naut.)
شَعْبِيّ — popular
شُعَبِيّ — bronchial (Zool.)
شَعَرَ، أحسَّ — feel, sense
شَعْر، شَعَرَة — hair (Zool.)
~ هُلْبِيّ: لِصُنع الفَراشي بخاصةٍ — bristles (Build.)
الشِّعْرى الشّامِيَّة — Procyon (Astron.)
~ اليَمانِيَّة: أسْطَعُ نُجوم السماء — Sirius, Dog Star (Astron.)
شَعرة دَلالِيَّة: رمزٌ دلاليّ، ومّاضٌ غالبًا، على شاشة العرض — cursor (Comp.)
شَعْرتا قامةِ الأبعاد: شَعْرَتا الشبيكة في تِلسكوب قامَة المَسْح — stadia hairs (Surv.)
شَعْرِيّ: نِسْبةً إلى الشَّعر — hairy, hair-like
~: نِسبةً إلى الخاصَّةِ الشعريَّة — capillary
شَعرية: شَبكة شَعريَّة — wire grill(e) (Build.)
الـ ~، الخاصَّةُ الشَّعريَّة — capillarity, capillary action (Phys.)
الـ ~: الدودة الشَّعرية — trichina (Med., Zool.)
الشَّعْشاع: شِبه الظِّل — penumbra (Phys., Astron.)
شَعْشَعَ، تألّق — glisten, glitter, shine
شَعَّعَ — radiate, irradiate
شُعْلَة — flame, torch
~ قَطْع — cutting flame (Eng.)
~ مانومتريَّة — manometric flame (Phys.)
شُعور، إحساس — feeling, sensation
~، وَعي — consciousness
لاشُعوري — unconscious
دونَ الشُّعور الواعي — subliminal
شُعوريّ — conscious
~، حِسّي — sensory
شُعَيْبَة — subphylum (Biol.)
~ هوائية، قُصَيْبَة — bronchiole (Zool.)
شَعير — barley (Bot.)
شُعَيراتٌ جَذْريَّة، شُعورٌ جَذْريَّة — root hairs (Bot.)
~ مُتَصالِبة — crosshairs (Surv.)
شُعَيرة: فَتيلة شَعريَّة — filament
شَعِيلَة — match

~، كَبْسُولَةُ تَفجير — primer, blasting cap
~ أمان — safety fuse (Eng.)
~ كهربائيَّة — electric primer
شَغاف، شَغافُ القَلْب — pericardium (Zool.)
شَغَّال، شَغَّالة: قَيْد التشغيل — running, on stream, on (Eng.)
شَغَّالة: نَحلةٌ شَغَّالة — worker (bee) (Zool.)
شَغَب — riot, rumpus
شُغْرَة: في شِبه المُوصِّل — vacancy, hole (Electron.)
~ إلكترونيَّة — electron vacancy (Phys.)
~ أنبوبيَّة، ~ الأيون السالب — negative-ion vacancy = hole (Electron.)
شَغَلَ — occupy
~ البالَ — preoccupy
شَغَّلَ، أدارَ — actuate, operate, run
شَغْل، إشغال — occupancy
شُغْل — work (Phys.)
~، عَمَل — labour
~، شُغْلَة، عمَلٌ وَظيفي — job, occupation, business, profession
~ إضافي (في أوقات الفراغ) — by-work
الـ ~ ساعاتٍ إضافيَّة — overtime
~ بالقِطعة — piecework, job work
~ (مأجورٌ) مُقاطعةً — tut-work (Mining)
~ مَكَنِيّ — machine work
~ بالمُناوَبَة — shift work
~ ميكانيكي — mechanical work
الـ ~ النافِع — useful work (Eng.)
~ بالنَّهار (مُياوَمةً) — daywork (Civ. Eng.)
~ يَدَوِيّ — handwork, manual work; handiwork
شُغْلَة، قِطعةُ شُغْل — job, task
~ خفيضَةُ الأولويَّة — background job (Comp.)
شُغور، خُلُوّ — vacancy
شَغُولٌ بالمَكَنات، يُشْغَلُ آليًّا — machin(e)able (Eng.)
شَغُوليَّة مَكَنِيَّة: قابِليَّة الشُّغل بالمكَنات — machinability
شَفَّ، سَفَطَ — aspirate
شَفّ، سَفْط — aspiration (Med., Chem.)
~، شاش — gauze, cheesecloth
~، شَفّاني: نِصفُ شَفّاف — translucent
شَفَى، أبرَأ — heal, cure

شَفا، حافة — verge, brink, edge
شِفاء — recovery, cure
شَفّاف — transparent (Phys.)
غَير ~ — opaque (Phys.)
~ لِلأشِعَّة، مُنفِذٌ لِلإشعاع — radiolucent, radioparent (Phys.)
شَفّافيَّة، نِسبةُ الـ ~ — transparency (Phys.)
زَوالُ الـ ~ — devitrification
~ انتِقائيَّة — selective transparency (Light)
~ حراريَّة — thermal transmittance (Phys.)
شَفّانيَّة: شَفافية مُشَتَّتة — translucence (Phys.)
شِفائي، عِلاجي — therapeutic (Med.)
شَفَة، شَفْر — lip; labrum, labium (Zool.)
~، كِفاف، حافة — flange (Eng.)
~ احتجاز — retention flange (Eng.)
~ الأُسطوانة — cylinder flange (Eng.)
~ الإطار الخارجي — bead (Build.)
~ الأُنبوب — pipe flange (Plumb.)
~ إهليلَجية — elliptic flange (Eng.)
~ تَرْكيب — mounting flange (Eng.)
~ تَغْطِيَة — lipping (Carp.)
~ توصيل — attachment flange, connecting flange (Eng.)
~ الدَّرَجَة: حافَتُها الناتئة المُدَوَّرة — nosing (Build.)
~ دَعْم — backing up flange (Eng.)
~ دَليلية — guide flange (Eng.)
~ الدُّولاب — wheel flange (Eng.)
~ راكِبة، ~ سَرْجيَّة — saddle flange (Eng.)
~ سِطاميَّة — blank flange (Eng.)
~ سُفلى: في الحشرات وبعض اللافقاريات — labium (Zool.)
~ عَزْل — insulating flange (Elec. Eng.)
~ عُلبةِ المرافِق — crankcase flange (Eng.)
~ عُلْيا: في الحشرات وبعض اللافقاريات — labrum (Zool.)
~ فَكُوك: قابِلة لِلفَك — dismantling flange (Eng.)
~ الفوهة البُركانية — crater lip (Geol.)
~ مُبَرشَمة — riveted flange (Eng.)
~ مُخَرَّزة: ذات نتوءاتٍ وبُروزات — beaded flange (Eng.)
~ مُزاوَجة — mating flange (Eng.)
~ مَسيكة: لِمَنْع التسرُّب — packing flange (Eng.)

شَفَة (تابع)

~ (وَصْل) مُصَغِّرة — reducing flange (Plumb.)
~ مُقابِلَة — counter-flange (Eng.)
~ المِكْبَح — brake flange (Eng.)
~ مَلْحُومة (بالنُّحاس أو السبائك) — brazed flange (Eng.)
~ مُلَولَبة — screwed flange (Eng.)
~ مُهايِئَة، ~ مُهايأة — adapter flange (Eng.)
~ وَصْل الأنابيب — pipe-connecting flange (Eng.)
شَفَتا وَصْلٍ مُتناظِرتان — corresponding flanges (Eng.)
شَفَّر: جعلَ لِلشيءِ شَفْرًا أو حافّةً — flange
~: كَتَبَ بالرموز أو الشَّفْرة — encipher, cipher, encode
شَفْرة، رِيشَة، نَصْل — blade; vane (Eng.)
~، شِيفرة — code, cipher (Comp.)
~ أبجديّة (ألفبائيّة) — alphabetic code (Comp.)
~ ~ (~) رَقميّة — alphanumeric code (Comp.)
~ إرسال البرقيّات — cable code (Teleg.)
~ أعمدة: تَرميزٌ بالأعمدة — bar code (Comp.)
~ تَصْحيح الخَطأ — error-correcting code (Comp.)
~ تِلغرافية — telegraphic code (Teleg.)
~ ثُنائيّة — binary code (Comp.)
~ (أو شِيفْرةُ) الحاسوب — machine code (Comp.)
~ خُماسيّة مُزدَوِجة: يمثل فيها الرقمُ العَشري بِسَبعة أرقام ثُنائيّة — quibinary or biquinary code (Comp.)
~ ذاتيّةُ التدقيق — self-checking code (Comp.)
~ ~ التصحيح — self correcting code (Comp.)
~ الرموز — character code (Comp.)
~ صُغْريّة — microcode (Comp.)
~ طاحونةٍ هوائيّة — windmill vane (Eng.)
~ العَمَليّة — operation code (Comp.)
~ عَنَفيّة — turbine blade or vane (Eng.)
~ قُضبان — bar code (Comp.)
~ كُبْريّة — macrocode (Comp.)
~ كَشْفِ الخَطأ — error-detecting code
~ (أو رِيشةُ) المِروَحة — fan blade (Eng.)
~ المِسْحاج — cutting iron (Carp.)
~ مصدريّة: لُغَةُ المصدر — source code (Comp.)
~ (أو رُموز) «مُورس» — Morse code (Teleg.)
~ المُوسَى — razor blade
~ هَدَفيّة — object code (Comp.)
شَفْشاف: خَليطٌ من المطر والبَرَد — sleet (Meteor.)
شَفْط، سَفْط — sucking, suction
شَفْعيّ، زَوجي — even (Maths.)
شَفْعيّةُ أو وَتْريّةُ العَدَد — parity (Maths.)
شَفَق، فَجْر — aurora (Meteor.)
~: حُمرة المَغيب — afterglow, twilight (Astron.)
~ بَحريّ — nautical twilight (Astron.)
الـ ~ الجَنوبي — Aurora Australis, Southern Lights (Astron.)
الـ ~ الشمالي — Aurora Borealis, Northern Lights (Astron.)
~ قُطبيّ — polar light
شِفْنين: طائرٌ من الحماميّات، أُطْرُغُلّة، قُمْريّة — turtledove (Zool.)
~ بَحْريّ — ray, skate (Zool.)
شَفَهيّ: صادِرٌ قَولًا لا كِتابةً — oral, verbal
~: نِسبةٌ إلى الشَّفة — labial (Zool.)
شُفُوفيّة، شَفّانيّة مُشَتّة، شَفيفيّة — translucence (Phys.)
شَفَوِيّ، شَفَهيّ — labial; oral, verbal
شَفَويّةُ الأحناك: رُتبةُ حيواناتٍ من كثيرات الأرجُل — Chilognatha (Zool.)
~ الأرجُل: رُتبةُ حيوانات من كثيرات الأرجُل — Chilopoda (Zool.)
شُفِيَ، اِندمَلَ — recover, heal (up)
شُفَيّة — labellum (Zool.)
شَفير، حافّة — brink, verge
~ ظَهْر السَّفينة — gunnel = gunwale (Naut.)
شَفيف: نصف شفّاف — translucent (Phys.)
شَقَّ، شَرَطَ، مَزَق — rip, tear, rive, rend, slit
~، فلَعَ، فلَقَ — split, cleave, rift, fissure, crack
~ (طُوليًّا) — slash
شَقّ، فَلْع، شَرْخ — cleft, chap, chink, crack, rift, crevice, fissure
~، قَطع، بَضْع — incision
~، مَزْق — slitting, tearing, ripping, riving
~، اِنشِقاق — rift, cleavage, split(ting), fission
~، شَقْب — slit, slot, ward
~ أَجْني: ~ الصخر بالازميل — coping (Build.)
~ انكماش — shrinkage crack (Foundry)
~ بُركاني — volcanic fissure (Geol.)
~ بُنياني: لِفَرْطِ الإجهاد أو نقص التسليح — structural crack (Civ. Eng.)
~ التسديد أو التصويب — sight slot, vision slit
~ تَسْقِيَة — quench crack (Met.)
~ التهوية، أباجُور — louvre (or louver), ventilation slit (Build.)
~ جانبِيّ — flank fissure (Geol.)
~ الخُروج — exit slit (Opt.)
~ (أو صَدْعٌ) خِلاليّ — interstice (Chem.)
~ الرُّؤية (أو التصويب) — visor
~ زِلزالي — earthquake fissure (Geol.)
~ ساخِن: يَحْدُث بإجهادات التبريد — hot crack (Eng.)
~ عَميق، هاوية — chasm
~ (أو ثَلْمٌ) فاغِر — yawning fissure (Geol.)
~ كلالي — fatigue crack (Eng.)
~ مُصَلَّب — cross slot
شِقّ، جِبّون — gibbon (Zool.)
~، جَذْرٌ كيماويّ — radical, radicle (Chem.)
~، جُزء، قطعة — segment, part
~ إِثيليّ — ethyl radical (Chem.)
~ حامِضيّ — acid radical (Chem.)
~ (حامِضِيٌّ) سالِب — negative group (Chem.)
~ طَليق، جَذْرٌ حُرّ — free radical (Chem.)
~ (كيماوي) مُرَكَّب — compound radical
شُقّار، شَقائق النُّعمان — anemone, windflower (Bot.)
شَقْب، شَقٌّ خُدّيّ، فُرْضة — slot, slit, ward
~ تحديدٍ دليليّ — locating slot (Eng.)
~ الخابور — cotter way (Eng.)
~ الخُروج — exit slit (Phys.)
~ الدُّخول — entrance slit (Phys.)
~ شُعاعي — radial slot
~ صَفيحةِ الرَّسائل — letter slot
~ مُتخالِف — skewed mortise (Build.)

شَقْب (تابع)

~ مَفتوح: نَقْرٌ طَرفيّ مَفتوح من جهاتٍ ثلاث — open mortise, slot or slip mortise (Carp.)

~ نِصْفُ مُقْفَل — half-closed slot, semi-closed slot (Elec. Eng.)

شُقَّة، شِقَّة: قِطعةٌ طويلة ضَيِّقة — strip, slip

~ هِلاليَّة — lune (Maths.)

شَقَّة — apartment, suite (Build.)

~ مُتكامِلة في طابِقَين عادةً — maisonette (Build.)

~ مُزدَوِجة في طابِقَين — duplex apartment (Build.)

شَقِران، صَدَأُ الحُبوب — rust (Bot.)

شَقفة — fragment

~ حجر — spall, galet (Build.)

~ زُجاج بُركانيّ — shard (Geol.)

~ طُوبٌ (سليمةُ أحَدِ الطرَفَيْن) — brickbat (Build.)

شَقْلَبة — tumbling, somersault

شُقوب (أنظُر: شَقْب) — slots

~ عضو الإنتاج — armature slots (or pockets) (Elec. Eng.)

~ مُستدِقة — taper(ing) slots

~ مُغطّاة — closed (or tunnel) slots

شُقوق (أنظُر: شَقّ) — cracks

~ التقَلُّص — contraction cracks (Foundry)

~ شَعْريَّة — hair-line cracks (Met.)

شَقيق، خَشْخاشٌ مَنْثور — corn poppy (Bot.)

شُقَيق البحر، زَهر البَحر — sea anemone (Zool.)

الشَّقيقة: صُداعٌ نِصْفيّ — migraine (Med.)

شَكَّ، ارتابَ — doubt, suspect, question, be skeptical about

~، وَخَزَ — prick(le)

~ (الإسمنتُ): تصَلَّبَ — set, harden

شَكٌّ، رِيبَة — uncertainty, doubt, suspicion, dubiosity

~ (أو تَصلُّب) الإسمنت — cement setting (Build.)

~ سَريع: تصَلُّبُ الإسمَنْت بسُرعةٍ — flash set

شَكا، تَظَلَّمَ — complain

شِكال، حَلْقَةُ رَبْط — shackle, clasp

~، قَيْد — fetter, shackle, hobble

~: نبيطةُ دَعمٍ أو تثبيت — brace, stay, bracing (Eng.)

~ اِنزِلاقيّ — slip shackle (Eng.)

~ انضِغاطيّ — strut (Civ. Eng.)

~ تَثبيتٍ مُتشَعِّب — fork stay (Eng.)

~ تَقْوِيةٍ ضد الرياح — windbrace

~ ~ طَوقيّ — ring stiffener (Eng.)

~ ثابِت — fixed stay (Eng.)

~ (أو شُكُل) جانبيَّة — lateral bracing (Eng.)

~ زاويّ — angle tie = angle brace, dragon-tie (Build.)

~ ~ أو مِرفَقيّ — knee brace (Build.)

~ (تَثْبيتِ) العُدَّة — tool stay (Eng.)

~ مائل، تَكتيفٌ قُطري (لِلغلّايات) — diagonal bracing (Eng.)

~ مُزدَوِج — double shackle (Eng.)

~ مُشَعَّب — fork stay (Eng.)

~ مُقاوَمةِ انضِغاطي — drag strut (Aero.)

~ مُلَولَب — screw shackle, turnbuckle

شِكالاتٌ مائلة — diagonal stays (Eng.)

شِكَّة: وَتدٌ أو خابورُ تثبيت — cotter, cotter pin, split pin, locking or securing pin (Eng.)

~ لَولَبيَّة — screw pin (Eng.)

شَكَلَ: اِلتبَس — be ambiguous or equivocal

~ بالشِّكال — fetter, shackle

شَكْل، هَيئة — form, shape, configuration

~، أُسلوب، نَمَط — fashion, style, pattern, manner, mode

~: رَسْمٌ تخطيطيّ — diagram, figure; illustration

~: حركاتُ الحُروف — diacritical marks, vowelization

~ اِنسيابي — streamlined form

~ البلّورة — habit of crystal (Phys.)

~ بلّوري — crystalline form (Chem.)

~ البَيان: الشكلُ المُصمَّم — format (Comp.)

~ بياني — graph, diagram

~ تعَدُّدي — polymorph

~ ثُلاثيُّ السطوح — trihedron (Maths.)

~ جَدْوَليّ (أو مُجَدْوَل) — tabular (or tabulated) form

~ حَلْقيّ — toroid (Geom.)

~ رُباعيّ — quadrilateral (Maths.)

~ ~ دائريّ — cyclic quadrilateral (Maths.)

~ ~ رُباعِيّ الزوايا — tetragon (Geom.)

~ رَنينيّ: كأنَّ بِنْيَةَ الجُزَيءِ فيه هَجينٌ من بِنْيَتَيْن — resonant form (Chem.)

~ سُداسِيّ، مُسَدَّس — hexagon (Maths.)

~ غيرُ مُعَيَّن — indeterminate form (Maths.)

~ مُتآصِل — allotrope (Chem.)

~ مُحيط — circumscribed figure (Geom.)

~ مُسَطَّح: ذو بُعْدَيْن — two-dimensional configuration (Geom.)

~ مُعَدَّل — modification, modified form

~ مُعَيَّن — rhombus, lozenge (Maths.)

~ مُغايِر — paramorph, variant

الـ ~ المُنحَرِف — trapezium (Geom.)

~ مَوجيّ، ~ المَوجة — waveform, wave-shape (Phys.)

~ ~ أُشريّ — sawtooth waveform (Phys.)

~ النَّبْضة: في رَسْمٍ بَياني — pulse form (Phys.)

~ نَجْميّ — astroid (Maths.)

~ هَنْدَسيّ — geometrical figure (Maths.)

~ يُقرأُ آليًّا — machine-readable form (Comp.)

شَكَّلَ، صاغَ — shape, form, mo(u)ld, frame

~ بالترسيب الكهربائي — electroform (Elec. Eng.)

~ بالحِدادة — forge (Eng.)

~ بالطَّرْقِ على البارِد — forge-cold

~ بِقالَب الطَّرْق — swage, swedge

~ بالمِطرقة الساقطة — drop forge (Eng.)

~ مُقدَّمًا — preform

شُكُل (أُنظُر: شِكال) — bracing, stays

~ تَكْتيف — bracing (Eng.)

~ جاسِئة — rigid bracing

~ جانبيَّة — lateral bracing

~ دَعم المِرجَل — boiler stays (Eng.)

~ مانِعةٌ لِلتراوح — sway bracing (Civ. Eng.)

شَكْليّ — formal, nominal; dummy

الشَّكْلِياء، عِلْمُ التشَكُّل — morphology

شَكْوى، تَظَلُّم — complaint

شَكِير: فرعٌ جَذري أو جِذْعي — shoot, sucker, tiller (Bot.)

شَكيمة، حَكَمة — bit, curb bit

شَلَّ: أصابَ بالشَّلل — paralyze (Med.)

~: عَطَّلَ — paralyze, cripple, neutralize (Eng.)

شَلّال، جَنْدَل، شاغور waterfall, linn, cataract, falls (Geog., Geol.)
~ صغير cascade
شَلّالات، مَسْقَط مِياه falls
شِلّة، خُصلة skein, hank, sliver
شُلدرُن: مِقياسٌ إنكليزيّ لِلفَحم يُعادلُ ١,٣ متر مُكَعَّب تقريبًا chaldron
شَلْشَلَة dribbling, trickling, dripping
شَلَل paralysis, palsy (Med.)
~ أحاديّ monoplegia (Med.)
~ الأطفال infantile paralysis, poliomyelitis (Med.)
~ الغَوّاص caisson disease, diver's paralysis (Med.)
~ نِصْفيّ hemiplegia (Med.)
~ ~ سُفليّ paraplegia (Med.)
الشِّلْياق: كوكبة شمالية Lyra (The Harp) (Astron.)
شَمَّ، اِشْتَمَّ smell, scent
الشَّمّ smell, smelling, olfaction
الشِّمال: اليَسار left, left-hand side
شِمالُ الخريطة map azimuth (Geog.)
الشَّمال: مُقابِل الجَنوب north
~ الجُغرافي geographical north
~ الحقيقي: اِتّجاهُ القُطْبِ الشَّماليّ الجُغرافيّ true north (Geog.)
~ المِغْنَطيسيّ magnetic north, compass north (Surv.)
شَماليّ northern, northerly
شِمْراخ: ازهار شِمراخي raceme; thyrse (Bot.)
شُمْرَة fennel (Bot.)
شَمَّسَ، عَرَّضَ لأشِعَّة الشمس solarize, sun
شَمْس: جِرمٌ فَلَكيّ مُنيرٌ بِذاتِهِ sun (Astron.)
~ كاذِبة parhelion (Astron.)
~ مُنتصف الليل midnight sun
المَنظومة الشمسيَّة solar system (Astron.)
شَمْسِيّ solar
~، أليفُ الشَّمس heliophile (Bot.)
~ المَرْكَز heliocentric (Astron.)
شَمَّعَ wax; treat with wax
شَمْع wax (Chem.)
~ الأُذُن، صِمْلاخ earwax (Zool.)
~ ارتِشاحي: مَنزوعُ الزيتِ والرُّطوبة sweated wax (Pet. Eng.)
~ أصْفَرُ (حَرشَفيّ) خامٌ crude yellow wax (Pet. Eng.)
~ البِرافين paraffin wax (Chem.)
~ حَجَريّ، ~ اللّجْنيت stone wax (Min.)
~ حَرْشَفيّ scale wax, yellow wax (Pet. Eng.)
~ الخَتْم sealing wax
~ دُهنيّ مُتفَحِّم adipocere (Geol.)
~ العَسَل، ~ النَّحل beeswax (Chem.)
~ (حُوتِ) العَنْبَر، ناطِفُ الحُوت spermaceti (Chem.)
~ مَعْدِنيّ، أوزوكِرَيت mineral wax, ozokerite (or ozocerite) (Min.)
~ (نَفْطِيّ) هَشّ slack wax (Pet. Eng.)
~ يابانيّ: مِن ثِمار السُّمّاق Japan wax
شَمْعَة candle, wax candle (Illum.)
~، قَنْديلة candela (Illum.)
~ (إشعالٍ) أُحاديَّةُ التَّماس single-contact plug (Elec. Eng.)
~ الإشعال plug, ignition plug (Elec. Eng.)
~ إشعالٍ بالشرر spark(ing) plug (Eng.)
~ ~ مُحَجَّبة shrouded sparking plug
~ تَوَهُّج glow plug (Eng.)
~ دَوْليَّة international candle (Illum.)
~ ساعِيَّة candle-hour (Illum.)
~ شَرَر spark plug (Eng.)
~ ضَوئية، قَنْديلَة candle (Illum.)
~ عَشْرِية: الوحدة الفرنسية لِلسُّطوع bougie decimale, decimal candle (Illum.)
~ عِيارية أو قِياسيَّة standard candle (Illum.)
~ مُصَفَّحة shielded plug (Autos.)
شمعدان candelabrum, candlestick
شَمعِيّ waxy, ceraceous
شَمَلَ، احتَوى، تَضَمَّن comprise, include
شَمَنْدَر، بَنْجَر beet; beetroot (Bot.)
~ سُكَّري sugar beet (Bot.)
شُمول، اشتمال inclusion, containment
شُموليّ comprehensive
شَمِّيّ olfactory (Zool.)
شُمَيْسَة، شَمْسٌ كاذِبَة parhelion (Astron.)
شَنَّ (حَربًا) wage (war)
~ حَربًا خاطِفة blitz
شَنْبر، رَتينَة mantle (Illum.)
شِنْكار marking gauge (Build.)
شِهاب، رَجْم، نَيْزَك shooting star = meteor, meteorite (Astron.)
~ حجَريّ chondrite (Astron.)
~ مائيّ: آنيُ التَبَخُّر virga (Meteor.)
~ مُتَوَهِّج (مُتفجِّرٌ غالِبًا) fireball, bolide (Astron.)
شَهادة: وَثيقةُ إثبات certificate, testimonial
~: قَول الشاهد testimony
~: بَيِّنة evidence, witness, attestation
~ اختبار test certificate (Eng.)
~ أهليَّة certificate of proficiency
~ تَخليص (السفينة) clearance (or clearing) certificate
~ جَدارة certificate of competency
~ زُور perjury
~ صَلاحية لِلطيران airworthiness certificate (Aero.)
~ ~ لِلملاحة certificate of seaworthiness (Naut.)
~ طِبيَّة medical certificate
~ كفاءة أو تقدير testimonial
~ لِياقة certificate of fitness
~ المَصْدَر أو المَنْشَأ certificate of origin
~ هُويَّة identification certificate
شُهاق، السُّعال الدِّيكي hooping cough, pertussis
شُهب (أُنظُر: شِهاب) meteorites (Astron.)
شَهِدَ: أدى شهادة testify, bear witness, give testimony
~، شاهَدَ witness, see, attend
~ بِصِحَّة، أكَّدَ attest, testify, certifty, confirm
شَهْد، عسَل honey
شَهْر: إشهار declaration, proclamation
~: جُزءٌ من السَّنة month
~ اِقترانيّ، ~ قَمَريّ (٢٩,٥٣٠٥٩ يومًا) synodic month, lunar month (Astron.)
~ تَقويميّ، ~ شَمْسيّ calendar month
~ عَقاري registration of (landed) property

شَهْر (تابع)

~ مَداريّ (٢٧,٣٢١٦ يومًا) — tropical month

~ نَجْميّ أو فلكيّ — sidereal month (Astron.)

شُهرة — fame, renown

~ تجاريَّة — goodwill

شَهْريّ، شَهريًّا — monthly

شَهِيّ، لذيذ — delicious, palatable

شَهِيَّة — appetite

شَهِير — famous

شَهِيق — inhalation, inspiration (Zool.)

شِوَاء — roast

شَواة — appendage (Biol.)

~ كاذِبَة — pseudopodium (Zool.)

شَوارِد (أُنظُر: شارِدة) — ions (Chem.)

شَواش: تشويشٌ سَبَبُه اضطِرابٌ كهربائية الجَوّ — static, parasites, clicks (Elec. Comm.)

~ الإطارات — wheel static (Elec. Eng.)

~ بَحْريّ — sea clutter (Radar)

~ جَوِّيّ — strays, spherics, sferics, atmospherics (Radio)

~ راداريّ — clutter, grass

~ راديوي (بفِعْلِ الظواهر الجَوِّيَّة) — X's (or Xs) = atmospherics (Radio)

~ صَفيريّ — whistler(s) (Radio)

~ الصورة — picture noise = grass (Radar)

شُواظ، لَهِيبٌ لادُخاني — blaze, flame

~ شَمْسيّ — prominence, solar prominence (Astrophys.)

شَوائب (أُنظُر: شائبة) — impurities

~ دَخيلة — inclusions

~ عِرقية: معادن العروق أو الشقوق — veinstone, vein stuff

~ مَعْدِنيَّة — gangue minerals (Mining)

شَوْب، مَذق — adulteration (Food Sc.)

~، مَزْج — blending, mixing

~ خامِد — inert filler (Eng.)

شُؤبوب: دفقة من المطر المنهمِر — cloud burst, shower (Meteor.)

شُوح، تَنُّوبُ قِيليقية: خَشَبُ التنوب أو شَجَرُه — Cilician fir (Bot.)

شَوَّر — signal

شُوران: نظام مِلاحةٍ راداريّ قصير المَدى — shoran (short range navigation) (Radio)

الشُورْل: التُّورمالينُ الأسود — schorl (Min.)

شَوَّشَ، أخَلَّ بنظامٍ أو ترتيب — upset, disturb, disorganize, mix up

~ على (إذاعة) — jam, black out (Elec. Comm.)

شَوشرة — noise (Elec. Comm.)

شَوَّطَ: أزالَ بالتَّشويط (أو الحَرق السطحي) — singe

شَوْط — stroke, run, throw, trip, travel (Eng.)

~ الإدخال — admission stroke (Eng.)

~ الاشتِعال — firing stroke (I.C. Engs.)

~ الإقلاع — takeoff run (Aero.)

~ أماميّ — forward stroke (Eng.)

~ الانضِغاط — compression stroke (Eng.)

~ الانفجار — explosion stroke (Eng.)

~ الانفلات — exhaust stroke (Eng.)

~ التَّغذية — feed travel (Eng.)

~ التمدُّد — expansion stroke (Eng.)

~ الحَرَكة — travel

~ الحَطّ، مَسافةُ الهُبوط — landing run (Aero.)

~ الحَقن (في المِضَخَّة) — injection stroke (Eng.)

~ الخُروج — outstroke (of a piston) (Eng.)

~ داخِليّ: باتِّجاه حُجْرةِ الاشتِعال — instroke

~ الدَّفع — impulse stroke (Eng.)

~ السَّحْب — intake stroke, inlet stroke, induction stroke (I.C. Engs.)

~ الشُّغل — working stroke (Eng.)

~ الصُّعود — upstroke (Eng.)

~ الصِّمام — valve travel (Eng.)

~ الضغط — pressure stroke (I.C. Engs.)

~ العادِم، ~ الانفِلات — exhaust stroke

~ عاطِل — idle stroke (Eng.)

~ العَودة — return stroke (Eng.)

~ القُدرة — power stroke (Eng.)

~ القَطْع (للمِبْرَدِ أو المِنشار) — cutting stroke

~ الكَبّاس — piston stroke (Eng.)

~ الكَبس: المدى بين سطح الكبس وأسفل المِكبَس — daylight (Eng.)

~ الكَسْح — scavenging stroke = exhaust stroke (I.C. Engs.)

~ مُتغيِّر — varying travel (Eng.)

~ مُزدَوِج — double stroke

~ المَصّ، ~ السَّحْب — suction stroke

~ المِكْبَس — piston travel, piston throw, piston stroke (Eng.)

~ النُّزول — descending stroke (Eng.)

~ الهُبوط — downstroke (Eng.)

شَوْظ: هياجٌ واشتِداد — flare

شُوفان — oats (Bot.)

شَوْك (أُنظُر: شَوكة) — thorns

~ الجِمال، عاقُول — thistle (Bot.)

شَوْكَة — thorn, prickle, spine (Bot.)

~: إحدى الشُّعَبِ في أداةٍ مُستَدِقةِ الشُّعب — tine, prong

~: شَوكة الطعام — fork

~: شُوَيكة — spicule (Zool.)

~: مِذْراة — fork

~: مِسمارٌ كبير — spike (Eng.)

~ إعتاقِ القابِض — clutch release fork (Eng.)

~ تَذْرِيَة، مِذْراة — pitchfork, winnowing fork

~ حَراريَّة: في جسمٍ جامدٍ قُذِف بِجُسَيم عالي الطاقة — thermal spike (Phys.)

~ رَنَّانة — tuning fork (Phys., Acous.)

~ القابِض، ~ الفاصِل — clutch fork (Eng.)

~ لاقِطة: للسواقط أثناء الحَفْر — devil's pitchfork (Civ. Eng.)

~ مفصليَّة — clevis (Eng.)

شَوْكَرانٌ سامّ — hemlock (Bot.)

شَوكِيّاتُ الجِلْد — Echinodermata (Zool.)

شُونة، هُرْي — granary (Agric.)

شَوَندر، شَمندر — beet (Bot.)

شَوَّهَ، قَبَّضَ — contort

~، تَشَوَّه بالإجهاد الخارجيّ — deform

~ سُمْعَة — discredit

شَوهة، تشَوُّه — malformation

شُؤونٌ ماليَّة — finance

شُوَيْكة، شَوْكَة — spicule, spur (Geol., Biol.)

شَيّ — baking, grilling, roasting, broiling

شَيْء — object

~ أصغَرُ من المُعتاد — mini

~ سَيِّئُ التطابُق — misfit

~ ضَخْم — jumbo

~ طافٍ — flotage

~ مُرفَق أو مُتضَمَّن — enclosure, inclusion

~ مُضاف — accession, accretion

شَيْء (تابع)
~ مُنْقَذٌ أو مُخَلَّص | salvage
شِياق | arbor, mandrel, mandril, spindle (Eng.)
~ اتِّساعيّ | expanding mandrel (Eng.)
~ تفريز | milling arbor (Eng.)
~ ثابت (لا يَدور) | dead spindle, fixed mandrel (Eng.)
~ جانبيُّ الحركة | traversing mandrel (Eng.)
~ دَوَّار | live spindle (Eng.)
~ طَليق: لإمساك الشُّغل في المخرطة | floating mandrel (Eng.)
~ فولاذيٌّ أجوَفُ | hollow steel mandrel (Eng.)
~ قِياس | gauge arbor (Eng.)
~ مَخروطيّ: لِتَشكيل الحَلَقات | cone mandrel (Eng.)
~ مُستَدِقّ | tapered mandrel (Eng.)
~ ~ (لِتَشكيل الحلقات أو الصواميل أو الأنابيب) | triblet, treblet (Eng.)

~ المُقَوِّرة (مُوَسِّعة الثقوب) | reamer arbor (Eng.)
~ المِنشار | saw arbor (Eng.)
شِيت، كاليكو: قُماشٌ قُطنيٌّ أبيض | calico
شَيخُ مِهْنَة | veteran
شَيخوخة: وَهنٌ جسدي أو عقلي بكِبَر السِّن | senility (Biol.)
شَيَّدَ | erect, construct, build
الشِّيد: الجِصُّ ونَحوُه يُطلى بِهِ البناء | plaster, parget (Build.)
شَيْرَج، (سِيرج): زيتُ السُّمسم | sesame oil
شِيشُ النافِذة: سِتارةٌ (أباجُورِيَّةٌ) | jalousie (Build.)
شيفا: لِيزَرٌ عالي القُدرة | shiva (Phys.)
شِيْفرة، شَفْرة، جَفْرة | cipher, code
شِيك | check, cheque
~ لأمرِه | order check (or cheque)
~ باطِل: بِدون رَصيد | flash check, bad check, dud check
~ سِياحي | traveller's cheque
~ مُسَطَّر (أو مَشطوب) | crossed check

~ مَضمون أو مُوَثَّق | certified check
~ مَفْتوح (غيرُ مُسَطَّر) | open cheque
~ مُؤَخَّرُ التاريخ | post-dated cheque
شَيْل: رَفْع | raising, lifting
~ الصِّمام | unseating of valve (Eng.)
شِيلاك، صَمْغُ اللَّك | shellac
شَيْلَم، جاوْدار، سُلْت | rye (Bot.)
شَيْهَم، نَيص، دُلْدُل | porcupine (Zool.)
شُيوع، ذُيوع، انتِشار | spread, circulation, publicity
~، مِلكيَّة مُشتَركة | coparcenary
الشَّيئيَّة، عَدَسة الشيئيَّة | objective (Phys.)
شَيْئيَّة بُعاديَّة | teleobjective (Photog.)
~ تَغْطيس، ~ غَمْر | immersion objective (Opt.)
~ (مِجْهَرٍ) تُغْمَرُ بالزيت | oil-immersion objective (Opt.)
~ لالَونيَّة | achromatic objective (Opt.)

ص

ص : الرمزُ الكيماوي لِلصُّوديوم — Na (sodium) (Chem.)
صا : الرمزُ الكيماوي لِلرَّصاص — Pb (lead) (Chem.)
الصاء : سائل السَّلَى — amniotic fluid (Zool.)
صابِر، صَبُور — patient
صابُورة، ثِقْلُ مُوازَنة — ballast (Naut.)
~ تثقيل — kentledge (Civ. Eng.)
~ رَمليَّة — sand ballast
~ مائية — water ballast (Naut.)
صابُون — soap
~ البوتاس — potash soap (Chem.)
~ جامِد : يُحَضَّرُ بأملاح الصوديوم — hard soap, sodium soap (Chem.)
~ حِلاقة — shaving soap
~ رَخْو : يُحَضَّرُ بأملاح البوتاسيوم — soft soap (Chem.)
~ صَخري : ضربٌ من الطَّلق دهنيّ المَلْمَس — rock soap = steatite (Min.)
~ صُلْب — laundry soap (Chem.)
~ فِلِزّي : ضِدّ الاحتكاك — antifriction soap (Eng.)
~ الفينيك — carbolic soap (Chem.)
~ مَعدنيّ : شَمعٌ مَعدني تُسَجَّل عليه الأُسطوانةُ الأمّ — metallic soap (Acous.)
صابُونيّ — soapy, saponaceous
صاج : حديدٌ على شَكل ألواح — sheet iron (Eng.)
~ مُحَوِّلات — transformer plate (Elec. Eng.)
~ مُقَصْدَر : مَطْليٌّ بالقصدير — tinplate (Eng.)
~ مُمَوَّج — corrugated iron (Build.)
صاحَبَ، رافَقَ — accompany
صاحِب، رَفِيق — companion, associate
~ : مالِك — owner, proprietor; holder
~ الامتياز — concessionnaire
~ امتيازٍ بالاستِثمار — claim-holder
~ البَراءة أو الامتياز — patentee
~ صَنْعة — artisan
~ المَشروع — entrepreneur
صادَ — hunt
~ (السَّمك) — fish
~ (بمصيدة) — trap, snare
~ : أوقعَ في شَرَك — ensnare, gin
صادّ : طارِد، مُنَفِّر — repellent
~ لِلتَّفاعُل — inhibitor (Chem.)
~ (أو طارِدٌ) لِلرُّطوبة — moisture repellent
~ الرِّيح — wind stop = weather strip
~ لِلزَّيت : مادّة طارِدة لِلزَّيت — oleophobe (Chem.)
~ لِلماء : مادَّة طارِدةٌ للمَاء — water-repellent, hydrophobe (Chem.)
~ (أو مُضادٌّ) حَيوي — antibiotic (Biol.)
صادِح — tenor
صادِحة — soprano
صادَرَ — confiscate, requisition, impound
~ (لأغراضٍ عسكريَّة) — commandeer
~ (لِلمَصْلَحة العامَّة) — impress
صادِر — outgoing, issued
~ من المَركَز إلى الأطراف — efferent (Zool.)
صادِرات — exports
صادَفَ، حدثَ مُصادَفةً — happen, come to pass
~ : قابلَ صِدفةً — come across, encounter
صادَقَ : صَدَّقَ على — sanction
صارٍ، سارية — mast, spar (Naut.)
~ لاسِلكي — radio mast (Radio, Aero.)
~ مُؤقَّت — jury mast (Naut.)
صارَ نافِذَ المَفْعول — inure, take effect
صارِخ، فاقِع (اللَّون) — garish, loud, striking
~ : سافِرٌ واضح — blatant, flagrant
صارَعَ، قارَعَ — struggle, buffet
صارُوخ — rocket (Aero., Space)
~ أُحاديُّ المَرْحَلة — single-stage rocket
~ ارتكاسيٌّ (كابِح) — retro-rocket (Space)
~ أرض جوّ — surface-to-air rocket (Mil.)
~ إقلاع — takeoff rocket (Aero.)
~ تَحَكُّم — control rocket (Aero.)
~ تُربينيّ — turbo-rocket (Aero.)
~ تعزيز — booster rocket (Aero.)
~ جافُّ الوَقود — dry-fuel rocket (Eng.)
~ ذَرِّيّ، ~ نَوَويّ — atomic rocket (Nuc. Eng.)
~ ذو مَرحَلَتين — two-stage rocket
~ رَفّاس — kick rocket (Aero.)
~ سائليُّ الدّاسِر — liquid rocket (Eng.)
~ سَبْر (الأجواءِ العُلْويَّة) — sounding rocket (Meteor.)
~ عابِرٌ لِلقارّات — intercontinental ballistic missile (ICBM)
~ قَذْفيّ — missile (Aero., Space)
~ كابِح — braking rocket (Space)
~ مُتَعدِّدُ المَراحِل — multi-stage rocket, step rocket (Eng.)
~ مُعَزِّز — booster rocket (Aero.)
~ مُضاد للدبابات — anti-tank rocket (Mil.)
~ مُوَجَّه — guided rocket (Aero.)
~ نجاة — escape rocket (Aero.)
~ نَوويّ — nuclear rocket (Nuc. Eng.)
~ هَجين : ذو وَقودَين سائلٍ وجافّ — hybrid rocket
~ وَرْنِيّ : صاروخ تحَكُّم (لِتَعديلِ المَسار) — vernier rocket (Astronautics)
صاري الرَّبْط (في المُنطاد) — mooring mast
~ المُقَدَّمة — bowsprit (Naut.)
~ الهَوائي — aerial mast (Radio)
صاعِد، تصاعُدي، طالِع — ascending, rising
صاعِدة : أيونٌ أنودي (سالِب)، أَنْيُون — anion (Chem.)
~ (صَخريَّة) — stalagmite (Geol.)
صاعِق، مُفَجِّر — detonator
~ كهربائي — electric blasting cap
~ مُتأخِّر المفعول — delay-action detonator
صاعِقة : تفريغٌ كهربائيٌّ بَرْقيّ — lightning stroke, thunderbolt (Meteor.)
مانِعةُ صَواعِق — lightning arrestor, lightning conductor, lightning protector, lightning rod (Elec. Eng.)
صاغَ، شَكَّلَ — mo(u)ld, forge, form, shape, fashion, formulate
~ (مُصطلحًا) — coin (a term)
صاغِر، مُتَنَحٍّ — recessive (Gen.)
صافٍ، رائق، غيرُ مُضطرِب — clear
~ : بالِغُ النقاوة — fine
~ : خالِصٌ — net = nett

صافِرة، صفارة — whistle
~ إنذار — siren (Acous.)
صافي الإنتاج — turnout
~ ~؛ غَلَّة صافية — net product
~ التكلِفَة، السِّعرُ الصافي — net cost
~ الرِّبح — net profit
~ العائدات — net returns
~ المِساحة، المِساحةُ الصافية — net area
صاقِل — polisher
~ شَمعيّ: مادة صقلٍ شَمعيَّة — wax polish
~ الماس (أو سِواه من الحجارة الكريمة) — lapidary
صَاقُور: مِعولٌ مُستَدِقُّ الطرفَين — pick
~ تعدين — flang (Mining)
~ نَفْحيّ: صاقورٌ يَعْمَلُ بالهَواءِ المَضْغُوط — pneumatic pick (Civ. Eng.)
صالِب، أرينة — keel (Aero., Naut.)
~ إضافي — keelson (Naut.)
~ الجَمَّة: رافِدة الجَمَّة — bilge keel (Naut.)
~ القاعِدة، رافِدةُ القَصّ — keel (Aero., Naut.)
~ قَضيبيّ — bar keel (Naut.)
صالَة — hall, gallery
~ العَرْض — showroom
صالِح، صَحيح، ساري المَفعول — valid
~، مُناسِب — suitable, expedient, apt
~ لِلأكل: يؤكَل — edible (Food Sc.)
~ (أو لائقٌ) لِلتَّلْفَزة — visiogenic (Telev.)
~ لِلزراعة والفِلاحة — arable
~ لِلسُّكْنَى — habitable
~ لِلشُّرب — potable
~ لِلطَّيَران — airworthy (Aero.)
~ لِلمِلاحة — navigable
صامِت — dumb, mute
~، ساكِت — silent
صامِد، راسِخ — steadfast, firm
~، صامِل: عَصِيٌّ على الطَّي — competent (Geol.)
~ (لِـ)، مُقاوِمٌ (لِـ) — proof (against), resistant (to)
~ لِلأحوالِ الجوِّية — weatherproof
~ لِلانفجار: انفجارُ الغازِ اللهوب بداخِلِه لا يُشعِلُ الغازَ خارِجَهُ — explosion-proof (Elec. Eng.)
~ لِلبُخار، سَدودٌ لِلبُخار — vapour-proof
~ لِلبُرودة — cold-resistant
~ لِلتصَدُّع (أو التفَلُّق) — shakeproof
~ للتفريغ، سَدُودٌ لِلخَواء — vacuum-proof
~ لِلتَّقَطُّر: مُوَقًّى من التقطُّر — drip-proof (Elec. Eng.)
~ لِلتناثُر، لا يتشظّى — shatterproof
~ لِلثَّقب: لا يُخْرَق — puncture-proof
~ لِلثَّني، لا يَنْحَني — bend proof
~ لِلحَتِّ الكيميائي — corrosion-proof (Chem.)
~ لِلحَرارة — heat-resistant, thermoduric
~ ~: لا يَنْحَلُّ بالحرارة (المُعتَدِلة) — thermostabile = thermostable (Chem.)
~ لِلحَوامِض — acid-proof (Chem.)
~ لِلرَّصاص — bulletproof
~ لِلرُّطوبة، مانِعٌ لِلنَّش — damp-proof
~ لِلريح — windproof, wind firm
~ ~ والمطر — weathertight
~ لِلزَّلازِل — quake-proof
~ لِلزَّيت، كتيمٌ للزيت — oil-proot
~ لِلشِّتاء — winter-hardy (Agric.)
~ لِلصَّدَأ، لا يَصْدَأُ — rustproof (Eng.)
~ لِلصَّدَمات — shockproof (Eng.)
~ لِلصَّقيع — frost-proof
~ لِلضَّغْط — pressure proof
~ لِلضَّوء — light-proof (Chem.)
~ ~: لا يَنْصُلُ بالضَّوء — light-fast
~ لِلقَلْقَلة — shakeproof
~ لِلقِلْوِيّات — alkali-proof (Chem.)
~ لِلقنابِل — bombproof, shell proof (Mil.)
~ لِلكسر: لا يَنْكَسِر — break-proof
~ لِلماء، مَسِيك — staunch, water-fast, waterproof
~ ~ المالِح — brine-proof
~ لِلمَطَر — rainproof
~ للنّار، لا يَحْتَرِق — fire-proof, fire-resisting (Build.)
~ لِلَّهَب — flame-proof (Eng.)
~ لِلهَواء — air-proof
صامولة، عَزَقة — nut (Eng.)
صانَ — keep up, maintain
صانِع — manufacturer, maker
~ أدوات — toolmaker
~ ~ بَصَرِيَّة، نَظّاراتي — optician
~ ~ نُحاسيَّة، نَحّاس — brazier
~ الأقفال — locksmith
~ بارِع — master workman, master craftsman, artificer
~ بَراميلَ خَشَبيَّة — cooper
~ (أو مُصَلِّحُ) دَواليب — wheelwright
~ صَناع، حِرَفِيٌّ ماهِر — artisan
صائِب، صَحيح — correct
صائغ — jewel(l)er
~، مُصَمِّمُ الصيغة: قَبل عملية التَّنضيد الضوئي — formatter (Print.)
~ الذهبيّات — goldsmith
الصائِم: المِعَى بينَ الاثني عشري واللفائفي — jejunum (Zool.)
صائن — protective
صَبَّ، سكَب — pour, effuse
~، سَبَك — cast, teem
~، انصَبَّ، تدَفَّقَ — outpour, effuse
~ القالَبَ بالتعبئةِ مِن فَوق — top-cast
~ في قالَب — die-cast (Eng.)
~ ~ ~ رَمْلي — sand-cast (Eng.)
~ من وِعاءٍ إلى آخر (لِلتصفية) — decant
صَبٌّ، سَبْك — teeming, casting (Met.)
~ إحداقيّ — investment casting (Foundry)
~ الأنابيب — pipe moulding (Foundry)
~ التلبيس — casting on (Foundry)
الـ ~ بالثِّقل (في القَوالِب) — gravity diecasting (Eng.)
~ الحَديد — iron casting
~ السبائك — alloy casting (Met.)
الـ ~ صُعودًا — bottom casting (Met.)
الـ ~ بالطَّرد المركزي — centrifugal casting (Eng.)
~ عُلْويّ — top casting = top pouring
~ الفولاذ — steel casting (Eng.)
~ القَوالِب — diecasting (Eng.)
~ ~ بالضغط — pressure diecasting
الـ ~ في قوالِبَ رَمْليَّة — sand-casting
~ مُستمِرّ — continuous casting (Eng.)
~ مَع التبريد المُفاجِئ — chill casting
صِبا — childhood
صَبّار — cactus (Bot.)
صِباغ، صِبْغ، خِضْب — stain, dye, dyestuff
~ ارجُواني — carmine
~ تفاضُليّ — differential stain (Biol.)
~ مُباشِر: لا يحتاجُ إلى مُرَسِّخ (أنظُر أيضًا: صِبْغ) — direct dye

صَبّاغ dyer
صِباغَة dyeing, staining
صِبانة: صناعة الصابون soap-making (Chem.)
صَبَبٌ، تَحَدُّر، مُنْحَدَر declivity, steep
~ قليلُ الانحدار glacis (Geol.)
صَبَّة: صُبَّة قالَبِيَّة cast (Geol.)
صُبَّة: كُتلةٌ مَصبوبَة لِلتَّشكيل ingot (Met.)
~ خام pig (Met.)
~ الفُرن: ما يُفرَغُ منه في دفعةٍ واحدة tap (Met.)
~ فولاذية steel ingot (Met.)
~ كبيرة dingot (Met.)
~ نُحاسيَّة copper ingot (Met.)
صَبْر، ألوة aloe (Bot.)
~، جَلَد patience, forbearance
صَبَرٌ، صَريد: جَليدٌ حُبَيبي rime (Meteor.)
~ فِضِّيّ hoarfrost (Meteor.)
صُبْرَة، كُومة heap, pile
صُبْرَةً: بِلا وزنٍ ولا كَيل in the lump, in bulk
صَبَغَ، خَضَبَ، اِصطَبَغَ، خَضِبَ dye, stain
~ بالغَمْر dip-dye
صِبْغٌ، صِباغٌ، خِضْب dye, dyestuff, colouring matter, pigment (Chem.)
~ أسوَدُ نَقِيّ (لِلطابعات الليزريَّة) toner (Comp.)
~ أنيليني aniline dye (Chem.)
~ تفاعُلِيّ: لا يحتاجُ إلى مُرَسِّخ reactive dye
~ «چرام»: لِتَمْييز البَكتِريا Gram's stain (Biol.)
~ صامِدٌ لِلشمس sunfast dye (Chem.)
~ عَبّادِ الشَّمس litmus, helianthin (Chem.)
~ عُموميّ general stain
~ الفُوَّة madder
~ الكُرُوم الليموني lemon chrome (Paint.)
~ مُباشِر: دون مُرَسِّخ substantive dye
~ مُبايِن counterstain
صِبْغَة، صِبغ مُرَسَّخ lake (Chem.)
~: مَحْلولٌ (كُحوليّ) tincture
~ اليُود tincture of iodine
صِبْغِيّ، صِبْغِيَّة chromosome (Biol.)
~ إكس، صِبغيَّة سِينيَّة X-chromosome (Zool.)
~ واي، صِبغيَّة صاديَّة Y-chromosome (Zool.)
صِبْغِيّات مُتَشاكِلة homologous chromosomes (Biol.)
~ مُتَضادة الصفات alleles, allelomorphs (Gen.)
صِبْغِيَّة جِنسيَّة sex chromosome (Gen.)
صِبْغِيد: شَقَفة صِبغيَّة chromatid (Biol.)
صِبْغِين chromatin (Biol.)
صَبَنَ: غَسَلَ بالصابون soap
صَبَّنَ: حَوَّلَ إلى صابون saponify (Chem.)
صَبوغ stainable, chromophil
صَبُون: قابلٌ لِلتصَبُّن saponifiable (Chem.)
صَبِيٌّ مِهنيّ، تِلْم apprentice
صَبيب effluence, effluent, discharge, flow
~ خَطِّ الأنابيب pipeline run (Pet. Eng.)
~ المِضَخَّة pump delivery
صَبير: سَحابة عدسيَّة خلفَ قمةِ جبلٍ في مُنصرف الرياح banner cloud (Meteor.)
صَحا، اِستَيْقَظَ wake
الصِّحافة journalism, the press
صِحافة press
صِحَّة، صِدْقيَّة truth, trueness, soundness (Eng.)
~، عافية health, hygiene
~، صلاحية شرعيَّة validity
الـ ~ العامَّة public health
صَحَّحَ correct, rectify, (make) right
~ (التجاربَ الطباعيَّة) proofread
~، عالَجَ العِلَل debug (Comp.)
صَحْراء. صَحراوي desert (Ecol.)
صَحَّفَ: حرَّفَ الكلامَ عن أصله أو مَعناه twist, misstate, distort
صَحْفَة، طَبَق، صَحْن dish, plate
~ «پِتري»: لاستِنبات البَكتِريا Petri dish (Chem., Biol.)
صَحْن، طَبَق dish, plate
~ الدار yard, patio, courtyard
~ الرادار radar dish (Radar)
~ طائر flying saucer (or disc)
~ (راداري) مُكافِئِيُّ المَقْطع parabolic dish (Radar)
صَحْو fair, clear, cloudless (Meteor.)
صِحِّيّ: نافِعٌ لِلصحة healthy, wholesome
~: مُتعلِّق بعلم الصحة hygienic
~: تتوفَّرُ فيه الشروطُ الصحيَّة sanitary
صَحيح، صائب correct, proper, right, true
~، كامِل entire, whole
~، حَقيقيّ true
صَحيفة، صَفْحة sheet, leaf
~، جريدة paper, newspaper
~ استِبْيان الرأي opinion(n)aire
~ الدوام time-sheet
صَخَّ: صَوَّتَ بِصَريرٍ حادّ screech (Aero.)
صَخَب، ضَجيج clamo(u)r, tumult
صَخْر rock (Geol.)
~ الأديم، ~ الأساس bedrock (Geol.)
~ أسفلتي asphalt rock (Geol.)
~ أصَمّ impervious rock (Geol.)
~ اِندِساسي penetrative rock (Geol.)
~ بازلتي (على شكل أعمدة مُتلاصقة) basalt rock (Geol.)
~ ~ لَوزانيّ البِنية amygdaloid (Geol.)
~ بَسِلّي أو حِمِّصيّ pisolitic rock (Geol.)
~ بطروخي (أو سَرْئي) ragstone (Geol.)
~ پورفيريّ (أو فِرفيريّ) porphyry
~ جَليب النشأة allochthonous rock (Geol.)
~ حَبيس inlier (Geol.)
~ حَريثي tillite, till (Geol.)
~ حَريري، أسبَسْتوس asbestos (Min.)
~ حِمِّصِيّ pisolitic rock (Geol.)
~ حَيَوِيُّ المَنشأ biolith (Geol.)
~ خازِنٌ (للزيت) reservoir rock (Pet. Eng.)
~ دَخيل: خارجيُّ النَّشأة exogenetic rock, xenolith (Geol.)
~ رُسوبي sedimentary rock (Geol.)
~ رَمليّ arenaceous rock = arenite
~ سَرْئيّ rag(stone), oolitic rock, roestone (Geol.)
~ صَدْعي fault rock (Geol.)
~ صَفائحيّ (كالأَرْدواز والطَّفْل) shiefer (Geol.)
~ عِرْقيّ veinstone (Geol.)
~ عَزيل outlier (Geol.)
~ الفَوّارات gyserite (Geol.)
~ قِيري (بِتْيوميني) bituminous rock (Geol., Mining)
~ كِفافي rimrock (Geol.)

صَخر (تابع)
~ لُؤلُؤيّ، بِرليت pearlite (Geol.)
~ مُتَدَخِّل intrusive rock (Geol.)
~ مُتَكَهِّف cavernous rock (Geol.)
~ مُرَقَّط maculose rock (Geol.)
~ مِصْطَبِيّ (بازَلْتي) whin (or whinstone)
~ مُضيف: حاوٍ لِلخامات المَعدِنية host rock (Mining)
~ مُكتَنِف rimrock, country rock (Mining)
~ المَكْمَن reservoir rock (Pet. Eng.)
~ مُنْدَسّ intrusive rock (Geol.)
~ المَنْشأ source rock (Pet. Eng.)
~ مُنفَرِد monolith (Geol.)
~ نابِط extrusive rock (Geol.)
~ ناريّ igneous rock (Geol.)
~ نَزّ weeping rock (Geol.)
~ نَفاذي أو نفيذ permeable (or pervious) rock (Geol.)
~ نُقاعي infusorial earth, diatomite (Geol.)
(أُنظُر أيضًا: صُخُور)
صَخْرة rock (Geol.)
~، حَجَر stone
صَخْريّ rocky, stony, petrous
~ البيئة، ~ الموطِن rupicolous, rupestrine (Bot., Zool.)
~ السَّحْنة: مَبْنيّ بحجارةٍ مُشَذَّبة غير صَقيلة rock-faced (Build.)
صُخور rocks
~ أُحادِيَّةُ المَعدِن monomineral rocks
~ أصيلة endogenetic rocks (Geol.)
~ الأعماق abyssal rocks
~ انبِجاسيَّة effusive rocks (Geol.)
~ بُركانيَّة، ~ طَفْحِيَّة volcanic rocks (Geol.)
~ ~ فُتاتيَّة pyroclastic rocks (Geol.)
~ جَوفيَّة plutonic rocks (or plutons)
~ ~ مُتزامِنة syntectonic plutons (Geol.)
~ جِيريَّة رَمليَّة lime-silicate rocks (Geol.)
~ حامِضية acid(ic) rocks
~ حَصائيَّة psephitic rocks (Geol.)
~ رُسوبيَّة (طِباقيَّة) sedimentary rocks
~ رَضيخيَّة أو فُتاتيَّة clastic rocks (Geol.)
~ رَمْليَّة psammitic rocks (Geol.)
~ سَفْويَّة aeolian rocks (Geol.)
~ صَلْصاليَّة argillaceous rocks (Geol.)
~ طِباقيَّة bedded rocks, stratified rocks
~ طينيَّة argillaceous rocks (Geol.)
~ ~، طينيّات pelites, pelitic rocks (Geol.)
~ عُضويَّة organic rocks (Geol.)
~ غَنَميَّة: صُخورٌ حَدَبيَّة roches moutonnées (Geol.)
~ فُتاتيَّة clastic rocks (Geol.)
~ قِلْويَّة alkaline rocks (Geol.)
~ كربونيَّة carbonaceous rocks (Geol.)
~ كُلِّيَّةُ التَبَلْوُر holocrystalline rocks
~ لَوحيَّة flagstones
~ مُتَبَلِّرة crystalline rocks (Geol.)
~ مُتَحَوِّلة metamorphic rocks (Geol.)
عِلْمُ الـ ~ الـ~ metamorphic petrology (Geol.)
~ مُغتَرِبة thrust sheet = nappe (Geol.)
الـ ~ النّاريَّة أو البُركانيَّة igneous rocks
~ نَباتيَّةُ الأصْل phytogenic rocks (Geol.)
~ هَجينة (مُختَلِطةُ الأصْل) hybrid rocks
(أُنظُر أيضًا: صَخر)
صَخيخ: احتِراقٌ مُضطرِب (لِلوَقود الدّاسِر) screeching = howl (Aero.)
صَدَّ، كَبَح check, curb
~، رَدَّ repulse, repel
~، مَنَع deter, prevent; inhibit
صَدٌّ: رَدٌّ repulse, repulsion, warding off
~: مَنْع، وَقْف blocking, prevention, checking
صَدِئَ rust, corrode (Chem., Eng.)
لا يَصْدَأ rustproof, non-corrodible
صَدَأ rust (Chem., Eng.)
~ وَتآكُل corrosion (Chem.)
~ الحُبوب: مرضُ الصدأ rust (Bot.)
~ الحديد iron rust (Chem.)
~ صَخريّ: زَنْجَرة التجوية لمعادن السُّطوح الصخريَّة patina (Chem.)
~ النُّحاس: كربوناتُ النحاس القاعدية المُخضَرَّة verdigris (Chem.)
صَدَى echo (Acous.), rebound
تَرجيع الـ ~ reverberation (Phys.)
~ تَوافُقيّ harmonic echo (Phys.)
~ دَفيفيّ flutter echo (Phys.)
~ راداريّ مُشَوَّش fruit (Radar)
~ سَرابيّ mirage (Meteor., Elec. Comm.)
~ مُتَعَدِّد: لِتكرُّر الانعكاسات multiple echo (Acous., Elec. Comm.)
صُداح: تغريدُ الطائر warbling, singing
~: أعلى درجات أصوات الرجال tenor (Phys.)
~ نِسْويّ soprano (Phys.)
صِدار، صُدْرة vest, waistcoat
~ وَاقٍ plastron
صَدارة، أولَويَّة (في المنزلة أو الأهمية) primacy, precedence, priority
صُداع headache (Med.)
~ نِصفيّ، الشَّقيقة migraine (Med.)
صُدَاف: طَفْحٌ جِلديٌّ صَدفيٌّ مُزمِن psoriasis (Med.)
صَداقة friendship, amity
صِدام، اِصطِدام clash, collide, bump
صَدَرَ، اِنبثَق، نَتَج issue
صَدَّر export
صَدْر breast, chest; thorax (Zool.)
~، مُقَدَّم، واجِهَة أماميَّة forefront
~ المَوجة، جَبْهةٌ مَوجيَّة wavefront (Phys.)
~ ~ الصَّدميَّة shock front (Aero.)
~ مَوجةِ النَّبْض pulse front (Phys.)
صَدراس: صدر ورأسٌ مُنْدَمِجان كما في بعض القشريّات cephalothorax (Zool.)
صُدْرَة، صِدار vest
~ نَجاة life vest (Aero.), life jacket (Naut.)
~ ~ «مِيي وِسْت» Mae West (Aero.)
صَدْريّ thoracic, pectoral
صَدَعَ، شَقَّ crack, rift, split
صَدْع، شَقّ، ثَلْم crack, rift, crevice, fissure (Geol.)
~، شَقّ عميق crevasse, fissure (Geol.)
~، فَلْع shake (Bot.)
~: تَصَدُّعٌ تتحرَّكُ كُتَلُ الصخور على مُستواهُ من الجانبَيْن fault (Geol.)
~ إجهاديّ stress crack (Eng.)
~ اِلتِوائيّ torsional fault (Geol.)
~ اِمتِداديّ rift (Geol.)
~ اِنتِقاليّ translational fault, translatory fault (Geol.)
~ انزِلاقيّ (أو زَحْفيّ) slip fault (Geol.)
~ تحويل transform fault (Geol.)
~ الجاذِبيَّة gravity fault (Geol.)
~ حراريّ heat crack (Phys.)

صَدْع (تابع)
~ حَلَقيّ (في الخَشَب) — cup shake = ring shake
~ الدَّسْر، ~ دَسْريّ — thrust fault (Geol.)
~ رأسيّ — normal (or vertical) fault (Geol.)
~ راكِب — overthrust fault (Geol.)
~ سَطْحيّ — surface crack (Met.)
~ سُفليُّ المَيْل — listric fault (Geol.)
~ شَعريّ — hair crack (Eng.)
~ صَغير (في زهريَّة مثلًا) — flaw
~ ضَغْطيّ، تصَدُّع بالإجهاد — piezoclase (Geol.)
~ طِباقيّ — bedding fault (Geol.)
~ عَمُودي — down-fault, vertical fault
~ فاغِر — yawning fault, gaping fault (Geol.)
~ الفَتْل (أو اللَّيّ) — wrench fault (Geol.)
~ فَجْويّ — gap fault (Geol.)
~ قَلْبيّ: يَبدأُ من خَشَب القَلب (أو القُلب) — heart shake (Carp.)
~ مائيّ: يتفجَّرُ منه الماء — swallet (Mining)
~ مُتَعارِض — cross fault (Geol.)
~ مَحاريُّ الشكل — conchoidal fracture
~ مِحْوَريّ مَداريّ — pivotal fault (Geol.)
~ مُرَكَّب — compound fault (Geol.)
~ مُستعرِض — transverse fault (Geol.)
~ مُستَوٍ — plane fracture
~ مَضْرِبيّ (أو مُتَّجِهيّ) — strike fault
~ مَعكُوس — reversed fault (Geol.)
~ مُفَسَّح — heave fault (Geol.)
~ مَكشوف — open fault (Geol.)
~ مُنحَرِف — diagonal fault (Geol.)
~ مَوضِعيّ — local fault (Geol.)
~ المَيْل — dip fault (Geol.)
~ نَجميّ (أو شُعاعيّ) — radial fault
~ يَساريّ — sinistral fault (Geol.)
~ يَمينيّ — dextral fault (Geol.)
صُدْغ — temple (Zool.)
صُدْغيّ — temporal (Zool.)
صَدَف، جُرْف — bluff (Geol.)
صُدْفة، صِدفة — chance
صَدَفة، مَحارة — shell, cockle-shell, clamshell (Zool.)
~ مِروَحيَّة — flabellate shell (Zool.)
~ مِغزليَّة — fusiform shell (Zool.)
~ نَجْميَّة — stellate shell (Zool.)

صَدَفيّ، لُؤلُؤيّ البَريق — nacreous (Min.)
~ الشَّكل — conchoid
الصَّدفيّات: ذَواتُ الأصداف — Ostracoda (Zool.)
صَدفية، داءُ الصَّدَف — psoriasis (Med.)
صِدْق، حَقيقة، صِحَّة — truth
صَدَّق: اعتقد بصِحَّة — believe
~ (على) (مُوافَقَةً) — approve, ratify, sanction
~ ~ (إثباتًا) — attest, verify, authenticate
~ على إمضاء — countersign
صَدَمَ، رَطَمَ، اِصطَدَمَ — clash, collide, bump, buffet
~ (معنويًّا) — shock
صَدْم، صَدْمة — impact, bumping; shock
مُخَمِّدُ ~ — shock absorber (Eng.)
~، قَدْح — percussion (Eng.)
صَدْمة — shock
~ الانفجار — blast shock
~ كهربائية — electric shock (Elec.)
صُدور، اِنْبِثاق — emanation, issue, issuance
~، نَشْر — publication
صُدوع (أنظُر: صَدْع) — faults
~ أُخدوديَّة — graben faults (Geol.)
~ الخَسْف — rift faults (Geol.)
~ دَرَجية — step faults (Geol.)
~ ضِدِّيَّة — antithetic faults (Geol.)
صَدَويّ — echoic (Acous.)
صَديد — matter, pus (Med.)
صُدَيع: ~ مُقابِل — auxiliary fault (Geol.)
صَرّ، حزَم — pack, package
~، صَوَّتَ بِحِدَّة (كَطقطقةِ الآلات الكاتبة) — chatter, clack
~، صرَفَ (كصريفِ الباب على مُفصَّلاته) — creak, squeak, jar
~ (كالجُدجُد) — stridulate (Zool.)
صَراحة — frankness, openness
صُراخ — shouting, screaming
صَرَّارُ الليل، جُدجُد — cricket (Zool.)
صِراع، كِفاح — struggle, strife
~، نِزاع، تناقُض، تَضارُب — conflict
صَرَّاف، صَيرفي — cambist, money changer
~، أمين الصندوق (في مؤسسةٍ أو مَصرِف) — cashier; teller
~ آليّ — cash dispenser

~ الرواتب — pay master
صُرَّة، قَبّ — boss, hub (Eng.)
~ البَكَرة — pulley boss (Eng.)
~ الدوّار — rotor hub (Eng.)
~ الدُّولاب، قَبُّ العَجَلة — wheel hub
~ الرَّفّاص — screw boss (Naut.)
~ العَجَلة، قَبُّ الدولاب — nave, wheel hub (Eng.)
~ الكَبّاس — piston boss (Eng.)
~ مُتوسِّطة، قَبٌّ مُتوسِّط — centre boss
~ مَجْرَى الخابُور — key boss (Eng.)
~ المِرْدَن — wharl, wharve, whorl
~ المِروَحة — fan hub, propeller boss or hub (Eng.)
~ المُسَنَّنة — gear hub (Eng.)
صَرْح، عِمارة، مَبْنى — building, edifice
صَرَّحَ، أعلَن — declare, proclaim
~، عَبَّر عن — express, state
~ بِـ، أجازَ — allow, permit
صَرَخَ، صاح — shout, scream
صَرْخة، صَيحة — cry, scream
صُرصُور، بِنْتُ وَرْدان — cockroach (Zool.)
صَرَعَ، أوقَعَ أرضًا — knock down
صَرْع، داءُ المُنتَدَى — epilepsy (Med.)
صَرْعَة، بِدْعَة — craze, fad
صَرَفَ، سَرَّحَ، طَرَد — dismiss, discharge, cashier, fire, sack
~، أنفق — spend, expend
~، صَرَّ (صريرًا) — squeak, jar
~، نَزَحَ، صَرَّف (الماء) — drain
صَرَّفَ، نَفَّس (عن)، فَرَّجَ عن — relieve
~ (الفِعْلَ) — conjugate
صِرْف، خالِص — absolute, pure, straight
صَرْف، إنفاق — spending, expenditure, disbursement
~: تحويلُ نَقْدٍ إلى غَيرِهِ — exchange, money changing
~، تَصريف — drainage (Geol.)
~ (بفِعلِ) الجاذبيَّة — gravity drainage (Civ. Eng.)
~ من الخِدمة — dismissal, discharge, sack
~ داخِليّ (لا مَنفَذَ لَهُ إلى البَحر) — endor(h)eic drainage (Civ. Eng.)
الـ ~ (أو الانسيابُ) السَّطحيّ — runoff (Civ. Eng., Geol.)

صَرْف (تابع)
الـ ~ الطبيعي natural drainage (Hyd.)
صَريح، واضِح explicit, palpable
~، يتميَّزُ بالصراحة frank, open
صَريد: جَليدٌ حُبَيْبي rime (Meteor.)
صَرير، صَريف creak, jar(ring), squeak
~، صَريرُ الجَنادِب stridulation (Zool.)
صُعادة: نِتاجُ التَّسامي أو التصعيد sublimate (Chem.)
صَعْب hard, difficult
صَعْتَر، زَعْتَر thyme (Bot.)
الغُدَّة الصَّعترية thymus (Zool.)
صَعِدَ، ارتقى ascend, rise
~، تَسَلَّقَ climb
~ فجأةً (أثناء الطيران) zoom (Aero.)
صَعَّدَ، بَخَّرَ مُباشرةً (مِن جامدٍ إلى غاز) sublimate, volatilize (Phys.)
~، تصَعَّد، تَسامَى sublime
صعق: فَجَّر بصاعِق detonate
~ (بصاعِقة) strike; hit (Elec.)
~ بالتيّار الكَهربائي electrocute
~ (نسيجًا) بالشرر الكهربائي fulgurate (Med.)
صُعوبة hardness, toughness, difficulty
صُعود، اِرتقاء ascension, ascent, climb, rise
~ تَدريجيّ، تسَلُّق climb
~ حادّ steep climb, chandelle zooming (Aero.)
~ الفُلْطيَّة بالمُعاوَقة impedance rise (Elec. Eng.)
~ ~ بالمُفاعَلة reactance rise (Elec. Eng.)
صَغُر، قَلّ diminish, lessen
صَغَّر diminish, reduce, lessen
صِغَر، دِقَّة، ضآلة smallness, minuteness
صُغْرِيّ micro
~ الخَلايا microcellular (Chem., Phys.)
صَغير small; little; minor
~، دَقيق minute
~ القَدّ mini, undersized, tiny
صَفَّ، صافَّ، راصَفَ align (or aline)
صَفّ، مجموعة مرتَّبة، صَفيف array (Maths.)
~، مُصافَّة alignment, aligning, banking
~، رَتَل file, queue, rank
~، اِصطِفاف (في خَطٍّ مُستقيم) line-up
~، تَنْضيد composition, setting (Print.)
~، مَرتَبة class, rank
~، سَطْر line, row
~: أحدُ الصُّفوف في مُدَرَّج أو تراكُبٍ طبقيّ tier
~ (مِن معدّاتٍ مَثيلة) bank (Eng.)
~ آليّ: جَمْعُ حروف الطباعة آليًّا machine composition (Print.)
~ أعمدةُ، عَمَد colonnade (Arch.)
~ البيانات: بنَسَقٍ معيَّن data alignment (Comp.)
~ توافُقي harmonic range (Maths.)
~ الحُروف type-setting (Print.)
~ الشُّغلات: بانتظار التنفيذ job queue (Comp.)
~ (أو تنضيدٌ) ضَوئيّ photosetting, phototypesetting (Print.)
~ مدرسيّ class, form; grade
~ مُستقيمٌ مِن الأعمِدة orthostyle (Arch.)
~ مَصابيح مَسْرَحيَّة أو من المصابيح المُعَلَّقة batten, hanging battens
~ مُقاوِمات bank of resistors (Elec. Eng.)
~ مُكَثِّفات bank of condensers (Elec. Eng.)
~ هَوائيّات (للإرسال أو الاستقبال) antenna array (Radio)
صَفَّى (بالترويق) rack
~ (بالتصفيق) decant (Chem.)
~ (بالمصفاة) strain, screen
~، نَقَّى clarify, fine
~، كَرَّر refine (Chem. Eng.)
~، رَشَّح filter (Chem.)
~، نَضَّ: أزال بالغسل leach (Chem.)
~: باعَ لِلتصفية sell off
~ (الشركةَ أو المؤسَّسة) liquidate, dissolve
صَفاء، نَقاء clarity, fineness, purity
~ (الحِجارة الكَريمة) water (Min.)
~ (الذِّهن أو الفِكر) lucidity
~ اللون purity of colour (Phys.)
صِفات (أُنظر: صِفة) characters, attributes
~ مُميِّزة، خَصائص characteristics, properties (Phys., Chem.)
~ مَوروثة heredity, inherited characteristics (Biol.)
صَفّاح، سَمْكَري plumber, tinsmith = tinman, whitesmith (Plumb.)
صُفّاح، فِلسبار feldspar (Min.)
صُفاحة، شَريحة رَقيقة lamella
~، لَوحٌ صُفاحيّ slab
صِفاد، قَيد fetters, shackles, cuffs
~ يَدَويّ handcuffs
صُفار، يَرَقان jaundice (Med.)
صَفّار، نَحّاس coppersmith
صَفَارُ البيض، مُحّ yolk (Zool.)
صَفّارة whistle
~ إنذار siren (Acous.)
~ ~ بغارة جَوِّيَّة air-raid siren
صِفاق، بَريتون peritoneum (Zool.)
صَفائح، ألواح (أنظر: صَفيحة) sheeting, sheets
~ رَصاصيَّة مُدَلْفَنَة milled lead (Met.)
~ فِلِزِّية عاليةُ النوعيَّة primes (Eng.)
~ فولاذيَّة sheet steel (Civ. Eng.)
~ ~ مُقَوَّسة (لِتَبطين الأنفاق) tubbing plates (Civ. Eng.)
صَفائحيّ: مُكوَّن من شرائحَ رقيقة lamellar, laminate
صِفَة، خاصيَّة character, property, quality, attribute
~ (مُخَوِّلة)، أهليَّة capacity
~ أحيائية: يتوارثُها الفَردُ عن أسلافه biocharacter (Biol.)
~ سائدة dominant character (Gen.)
~ مُتأصِّلة ingrain
~ مُتنَحِّية أو مَكْبوتة recessive character (Gen.)
~ مُرتَبِطة بالجِنْس sex-linked character
~ (أو ميزة) مُكتسَبَة acquired character
صُفَّة، بَهْوُ العُمُد portico (Arch.)
~: دَكَّة (أو مَصْطَبَة ضَيِّقة) مُرتفِعة ledge, stone bench
صَفْح: الحيِّزُ خَلْفَ حَدِّ الآلة القاطِعة land (Eng.)
صَفَحَ (أو عَفا) عن forgive, pardon
صَفَّحَ: دَرَّع بالصفائح المعدنية armo(u)r, plate, armour-plate (Eng.)
~ (أو بَطَّنَ) بمعدن «بابِت» babbitt (Met., Eng.)
صَفْحة: أحد وَجهَي الورقة page

صَفْحة (تابع)
~: لوحٌ رقيق sheet
~: نَصْل lamina, blade (Bot.)
~ الأرض landscape (Geol.)
~ الدُّوامات (في أثر الطائرة) vortex sheet (Aero.)
~ الظَّهر: قَفا الورقة verso (Print.)
~ المِجذاف palm, oar blade
~ مُرَقَّمة folio
صَفْحيّ، رَقائقي، صفائحي laminar
صَفَد، قَيد fetter(s), shackle(s)
~ اليَدَين cuffs, handcuffs
صِفْر: القيمة الصِّفريَّة cipher, zero (Maths.)
~، لا شَيْء nought = naught
~ إنزياحيّ (في جهاز القياس) shifting zero
~ الجاذبية zero gravity (Phys.)
~ الرؤية: انعدامُ الرؤية لأكثر من ١٦ مترًا عموديًّا و٥٤ أُفقيًّا zero visibility (Meteor.)
~ الطاقة zero energy (Phys.)
~ غَيرُ حقيقيّ false zero (Eng.)
الـ ~ المُستَدَلّ: في جِهاز القياس inferred zero (Elec. Eng.)
الـ ~ المُطلَق = -٢٧٣,١٥° سِلْسيوس absolute zero (Phys.)
الصَّفَر (الصَّفَريّات): من الديدان الخراطينيَّة الحبليَّة Ascaris (Ascaridia)
صُفْر - الـ ~: النُّحاسُ الأصفَر brass
~ ألفا alpha brass (Met., Eng.)
~ ألوميني aluminium brass (Met., Eng.)
~ عالي مُقاوَمةِ الشَّد high brass (Eng.)
~ اللِّحام spelter solder (Eng.)
صَفَرَ، صَفَّر whistle
صَفَّرَ القيمة initialize (Comp.)
~ النَّبات: بِحَجْبِ الشمس عنه etiolate (Bot.)
الصَّفْراء، مِرَّة gall, bile (Zool.)
صَفراويّ، مِرّيّ biliary
صُفْرة، صُفار، يَرقان jaundice (Med.)
صِفريُّ التكافُؤ zero-valent (Chem.)
صَفَريّات، ديدانُ الأسكاريس Ascaris (Ascaridia) (Zool.)
صِفْريَّة nullity (Maths.)
صَفْصاف willow (Bot.)
~ السَّلالِين osier (Bot.)

صَفْق: تَصْفيق السائلِ لِيَصفو clarifying, decantation (Chem.)
~، صِفْق: مِصراع بابٍ أو شُبّاك leaf (Build.)
~ (أو مِصراعُ) الباب door leaf (Build.)
~ ثابِت standing leaf (Build.)
~ خَلْفيّ back-shutter = back flap (Carp.)
صَفَّقَ (بيدَيه) clap
~ (بجَناحيه) flap
~ (السائلَ لِيَصْفو) decant (Chem.)
صَفْقا (أو جَناحا) المُفَصِّلة hinge leaves
صَفْقَة، مُعامَلة (تجارية) deal, transaction
~ (~ رابحة) bargain
~ عادِلة square deal
صَفَن، كِيسُ الخُصْيَتين scrotum (Zool.)
صَفوة، خِيرة، نُخبة choice, prime
صَفيح: صاجٌ مُقَصْدَر tinplate (Eng.)
صُفَيْحة، لُوَيحةٌ دَمَويَّة thrombocyte, platelet (Zool.)
صَفيحة، لَوحَة plate, plaque
~: عُلبةٌ أو وِعاءٌ من الصفيح can
~: طبقة رقيقة lamina
~: تنكة (سَعتُها ٢٠ لترًا) jerrycan, jerrican
~: نَصْل الورقة blade, lamina (Bot.)
~ أردواز (قياس ٣٦ × ٢٤ بُوصة) queen (Build.)
~ الاستِناد، لَوح القاعِدة bed plate (Eng.)
~ (ابتِعاث) الإشارات signal plate (Telev.)
~ البطارية battery plate (Elec. Eng.)
~ تأريض ground plate, grounding plate (Elec. Eng.)
~ التخميد buffer plate, damper plate (Eng.)
~ تَدريع armour plate (Met., Eng.)
~ حارِفة baffle plate (Eng.)
~ حزّ خزَفيَّة (لِفَحْص الخامات «صَلابَتُها ٧») streak plate (Min.)
~ حَشْو packing plate (Eng.)
~ الدوّار rotor plate (Elec. Eng.)
~ رَقيقة: في الدارة المغنطيسيّة للجهاز lamina, leaf, lamination, stamping (Elec. Eng.)
~ السَّحْب draw-plate (Eng.)
~ ضَغْط pressure plate (Eng.)

~ طِباعيَّة مُرَسَّبةٌ بالكهرباء electrotype (Print.)
~ عازِلة insulator plate (Elec. Eng.)
~ غِرباليَّة sieve-plate (Bot.)
~ «فور»: لِلمِركَم الرَّصاصي Faure plate (Elec. Eng.)
~ القابِض clutch plate (Eng.)
~ قارِّية continental plate (Geol.)
~ القُطْب السالِب: في مِركم أو خلية كهربائية negative plate (Elec. Eng.)
~ ~ الموجِب positive plate (Elec. Eng.)
~ قياس gauge plate (Eng.)
~ المُجَمِّع collector plate (Elec. Eng.)
~ (أو لَوحُ) المِركَم accumulator plate (Elec. Eng.)
~ مُستديرة platter
~ مُستَوِيَة planch
~ المِقْلاد (المُتَساطِح) switch plate (Elec. Eng.)
~ مُنْخُليَّة sieve-plate (Bot.)
~ النابِض، رَقيقة نابِضيَّة spring leaf
~ نُحاسيَّة copper plate
~ وَصْل junction plate (Eng.)
صُفَيحيّات الخياشيم Lamellibranchia (Zool.)
صَفِّير، سَفِير، ياقوتٌ أزرق sapphire (Min.)
صَفِير whistle
~، أزيز hiss(ing)
~، حَشْرَجة wheeze
~، ذَبذبةٌ مُشَوَّشةٌ singing (Elec. Comm.)
صَفيف: صَفٌّ أو مجموعةٌ مُرَتَّبة array
~: صَفٌّ من عِدَّةِ صُفوف أو طبقاتٍ مُدَرَّجة أو مُتراكِبة tier
~ إشعاعٍ طَرَفيّ end-fire (aerial) array (Radio)
~ تَكَيُّفي adaptive array (Radar)
~ خَطِّيّ linear array (Elec. Eng.)
~ مُتَطاوِر phased array (Radar)
~ شمسيّ: من الخلايا الشمسيَّة solar array, solar paddle (Space)
~ مُتَراصّ stacked array (Radio)
~ هَوائيّات aerial array (Radio)
صِقال، صَقْل polishing, burnishing (Eng.)
صَقّال. صَقّالة، مِصْقَلة burnisher
صَقْر، بازِيّ: طيرٌ جارح hawk, falcon

صُقْع: مَنظر طبيعيّ في البِقاع المُتَّسِعة من البر landscape
صَقَلَ، جَلا burnish, buff
~، لَمَّعَ polish; gloss, glaze
~ بالتَّحْضين lap (Eng.)
~ بالخَفّاف pumice
~ بالرَّمل sand
~ بِوَرق الزُّجاج sandpaper (Build.)
صَقْل، جَلْي buffing, burnishing (Eng.)
~، تَلْمِيع polish(ing), burnishing, glossing (Eng.)
~ إحتِكاكيّ (لِلوَرَق) friction glazing
~ أنوديّ anode polishing (Elec. Eng.)
~ تَقْليبيّ tumbling
~ الحِجارة الكَريمة lapidary
~ ريحيّ wind polish (Geol.)
~ سَحْجيّ slickensiding (Geol.)
~ العَدَسات lens grinding
~ القُماش أو الورق calendering
~ كَهربائيّ، ~ كَهرليّ eletropolishing, electrolytic polishing, electro(lytic) brightening (Eng.)
صَقُول: قابِلٌ لِلصَّقْل أو التلميع polishable
صَقيع، جَلَد، جَمَد frost (Meteor.)
~ أسْوَد: صَقيعٌ قاسٍ لا يُرافقه صريدٌ ولا ثَلج black frost (Meteor.)
~ أشْيَب، ~ فِضّي hoar-frost, silver frost (Meteor).
صَقيل polished, glazed, sleek, satin(y)
~، أملَسُ slick
~، لَمّاع shiny, glossy
صَكَّ: دفعَ أو رَدَّ بِقُوَّة snap, slam
صَكّ: حُجَّة، وَثيقة deed, muniment, document
~، (شِيك) check, cheque
~ رَهْن mortgage deed
~ كَفالة bail bond
~ مصرفي bank check
~ مِلكية title deed, muniment, document
صَلَّ (صَليلًا)، رَنَّ clank, rattle, clatter, jingle
صِلّ: أفعى خبيثة cobra (Zool.)
الـ ~ المصري asp (Zool.)
صُلّ، حُلالَة: مَحلول غَرَوانيّ sol (Chem.)

~ عُضويّ، مُستَعْلَقٌ عُضويّ organosol (Chem.)
صَلابَة، صلادة hardness (Phys.)
~، جُسوء rigidity, stiffness (Phys.)
~، جُمودية solidity (Phys.)
صَلاحيَّة، اختِصاص (قضائي) competence, jurisdiction
~، مُلاءَمة suitability, fitness, adequacy
الـ ~ لِلإبحار seaworthiness (Naut.)
~ الخِدمة serviceability (Eng.)
~ السَّير (على الطُّرق) roadability (Autos.)
الـ ~ لِلطيران airworthiness (Aero.)
صَلادَة hardness (Min.)
الـ ~ الارتِدادية rebound hardness (Eng.)
~ الإشعاع: قُدرةُ الإشعاع الاختِراقيَّة، نفاذِيَّة الإشعاع radiation hardness (Phys.)
~ التَثَلُّم indentation hardness (Eng.)
~ ثانَويَّة: يكتَسِبُها الفولاذُ بالتطبيع بعدَ التسقية secondary hardness (Met.)
الـ ~ على الحَرارة الحَمراء red hardness (Eng.)
~ الخَدْش scratch hardness (Eng.)
الـ ~ السَّحْجيَّة abrasion hardness
~ «شُور»: الصلادة النسبية بِمِكشاف «شُور» Shore hardness (Met.)
صَلَّبَ، قَسَّى harden, stiffen, indurate
صُلْب، عَمود فَقَريّ backbone, spinal column, spine (Zool.)
~، صَلْد hard (Phys.)
~، جاسِئ rigid, stiff
~، جامِد solid (Phys.)
الـ ~، الفولاذ steel (Eng.)
~ سائِل: تحتَ درجةِ انصِهاره يَنسابُ أو يتشَوَّهُ بالإجهاد الواقع عليه rheid (Geol.)
~ (أو كَعْبُ) الكتاب spine, shelf-back
~ مُخَمَّد: مُختزلٌ كُليًّا قبل الصَّبّ killed steel (Met., Eng.)
الصُّلْبَة: غشاءُ العَين الصُّلب sclera, sclerotic (Zool.)
صِلَة، عَلاقة relation(ship), connection, link
~ تَوافُق، أُلفة rapport
صُلَّجة، شَرْنَقة cocoon (Zool.)
صَلُحَ، تحَسَّنَ improve

صَلَّح، أصلَح mend, repair, put right, ameliorate
صُلْح، سَلام peace
~، توفيق conciliation
صَلْد hard (Phys.)
صَلَّدَ، قَسَّى harden, indurate
~ بالتَّغليف: قَسَّى سطحَ الفولاذ بالكَرْبَنَة والتَّسْقية case-harden (Met.)
~ السَّطحَ face-harden (Met.)
صَلْصال، طِين، طُفال clay (Geol.)
~ جيري calcareous clay
~ حَراريّ refractory clay (Geol.)
~ رَقائقي حَولي (من ترسُّبات المَثالِج) varve clay (Geol.)
~ صَفائحي laminated clay (Geol.)
~ صِينيّ، غَضار china clay, kaolin
~ طباشيري chalky clay (Geol.)
~ ناري fireclay (Geol., Eng.)
صَلْصاليّ argillaceous (Geol.)
صَلْصَل، خَشْخَش clatter, jingle, clink
~ طَقطق، فرقَع crepitate
صَلْصَلة jingle, clink, clatter
صُلُودِيَّة: قابلية التصَلُّد hardenability (Eng.)
صَليب: شَكلٌ مُصَلَّب، مُصَلَّبة cross *(n.)*
الـ ~، كوكبة الدُّلفين: كوكبة شمالية Delphinus, The Dolphin (Astron.)
الـ ~ الجنوبي، نُعَيْم: أصغرُ الكُوكباتِ في السماء وأبرزُها Crux, The Southern Cross (Astron.)
صَليبيُّ الشَّكْل cruciate = cruciform
الصليبيّات: فصيلة نباتية Crucifera (Bot.)
صَلْيَة (طَلَقات) salvo, round, volley
صَليف: لا طَعْمَ له tasteless
صَليل، رَنين، خَشخَشة clang, clank, clink, clatter
صَمّاء: داخليَّةُ الإفراز endocrine (Zool.)
صِماخ: قناة الأذن الخارجيّة meatus (Zool.)
صِمام tube, valve (Electron.)
~، مِحْبَس valve (Eng.)
~ آليّ التشغيل mechanically-operated valve (Eng.)
~ ابتعاث (الإلكترونات) بالضَّوء photoemissive valve (Electron.)
~ إبريّ needle valve (Eng.)

صِمام (تابع)

الـ ~ الأبهري aortic valve, semi-lunary valve (Zool.)
~ أجوفُ الجِذع hollow stem valve (Eng.)
~ احتِباس block valve (Eng.)
~ احتِجاز retaining valve (Eng.)
~ اختِزان (المعلومات) storage tube (Comp.)
~ إدخال inlet or intake valve (Eng.)
~ ~ الهَواء air-intake valve (Eng.)
~ إرجاع (الفائض) return valve (Eng.)
~ إرسال transmitting valve (Electron.)
~ استِثارة exciter tube (Electron.)
~ استِصفاء الزيت oil-drain valve (Eng.)
~ استنزاف أو تنفيس bleeder valve (Eng.)
~ إسفيني wedge valve (Eng.)
~ أشِعَّةٍ إلكتروني، ~ الأشعةِ الكاثودي (المَهبطي) electron-ray tube = cathode-ray tube (Electron.)
~ ~ كاثوديّ مُزدَوجُ الحُزمة double beam cathode ray tube (Electron.)
~ (نَفْخِ) الإطار tire valve (Autos.)
~ إعاقة (التفجير) delay fuse (Eng.)
~ إعتاق release valve (Eng.)
~ إغلاق shut-off valve (Eng.)
~ إفراغ (لِلطوارِىء) dump valve (Aero.)
~ إفلات escape valve (Eng.)
~ إقرارِ الفُلْطيَّة stabilivolt, stabilovolt (Electron.)
~ إقفال closing valve, shutter valve
~ إلكترونيّ valve, tube (Electron.)
~ أمان، ~ أمن safety valve (Eng.)
~ ~ ذِراعي: ذو رافِعة عتليَّة lever safety valve (Eng.)
~ ~ مُثقَّل weighted safety valve (Eng.)
~ ~ مُقَلْنَس bonneted safety valve
~ ~ مُلَفَّع muffled safety valve (Eng.)
~ أمنٍ قَفّاز pop safety valve (Eng.)
~ (~) نابِضيّ spring (safety) valve
~ انتِقاء selector valve (Radio)
~ انحِراف، ~ انحِرافِ الحُزمة deflection valve, beam deflection tube (Electron.)
~ انخفاضِ الماء: يفتحُ عندَ الانخفاض إلى مُستَوى مُعَيَّن low-water valve (Civ. Eng.)

~ انزلاقٍ مُوازَن (بحَلْقة تعديل) equilibrium slide-valve (Eng.)
~ الانعكاس المُلَوَّن reflection colour tube (Telev.)
~ انفِلات escape valve (Eng.)
~ ~ الزيت oil escape valve (Eng.)
~ ~ الغاز gas escape valve
~ أيونيّ حَراري thermoionic tube (Electron.)
~ ببابَين double-ported valve (Eng.)
~ بُخار الزئبق mercury-vapour tube (Electron.)
~ بَعيدُ القَطْع remote cut-off valve
~ البَوّاب pyloric valve (Zool.)
~ بَوّابي: ذو بَوّابة gate valve (Hyd.)
الـ ~ التاجيّ (في القلب) mitral valve
~ تائيّ: ثُلاثيُّ المَسالِك tee valve (Eng.)
~ تَثبيتِ التيّار ballast tube = barretter or ballast resistor (Elec. Eng.)
~ تجاوُزِ الدَّفْق: يقطعُ الدَّفقَ إذا تجاوزَ حَدًّا مُعَيَّنًا excess-flow valve (Eng.)
~ تَحرير الانضِغاط compression-release valve (Eng.)
~ ~ الضغط pressure-release valve (Eng.)
~ تحضير (المِضَخَّة) priming valve
~ تَحَكُّم control valve (Eng.)
~ التحكُّم في التصريف الأوتوماتي automatic delivery control valve (Eng.)
~ تَحْويل change-over valve, transfer valve, converter tube (or valve) (Eng.)
~ ~، صِمامٌ مُحَوِّد by-pass valve (Eng.)
~ ~ (ثلاثيُّ المسالِك) switch valve
~ ~ الصورة: مِن ضَوئيَّةٍ إلى إلكترونيَّة image converter tube (Telev.)
~ تَحويلة cross valve (Eng.)
~ تَخفيف diluting valve (Eng.)
~ ~ الانضِغاط decompression valve (Eng.)
~ تَذَبذُبي oscillator tube, oscillation valve (Radio)
~ تصريف blow off valve, drain valve, washout valve (Eng.)
~ ~ (أو تَنْفيس) relief valve (Eng.)
~ ~ البُخار steam relief-valve (Eng.)
~ ~ الزيت oil relief valve (Eng.)

~ ~ الضغط: عندَ تجاوُزه حَدًّا مُعَيَّنًا pressure release valve (Eng.)
~ تَضْخيم amplifying tube (Elec. Eng.)
~ تضمين modulating tube (or valve), modulator valve (Radio)
~ تعبِئة charging valve
~ تَعْويق كهربائي electric delay fuse
~ تَغذية feed valve (Eng.)
~ تَفْريز dissector tube (Electron.)
~ تَفْريغ discharge tube (Electron.)
~ ~، صِمامُ النَّزْح bailer valve (Eng.)
~ ~ إلكتروني electron discharge tube (Electron.)
~ تقوية amplifier (Elec. Eng.)
~ تَقويم rectifier tube (Electron.)
~ ~ كَهْرَليّ electrolytic valve
~ تلفزيونيّ teletube = kinescope, television tube (Telev.)
~ ~ لاقِط orthicon (Electron.)
~ تمَدُّد expansion valve (Eng.)
~ تَنَشُّق snifter valve (Eng.)
~ تَنْظيم regulator valve, regulating valve (Eng.)
~ ~ (سَريان) الزيت oil regulation valve (Eng.)
~ ~ الضغط pressure-regulating valve
~ ~ الفلطية voltage regulator tube (Electron.)
~ تَنْفيس (أو تَهْوية) vent(ing) valve (Eng.)
~ ~ اندِفاعيّ pop valve (Eng.)
~ ~ التفريغ vacuum relief valve (Eng.)
~ تَوزيع distributor valve (Eng.)
~ تَوقيت timing valve
~ تَوَهُّجيّ glow tube (Electron.)
~ ~ ضَوئي: يُعزَّز التوصيلُ فيه بالإشعاع الساقِط على مَهبطه (كاثوده) photoglow tube (Electron.)
~ ثِرميُونيّ، ~ كهروحَراري thermionic tube (or valve)
~ ثُلاثيّ triode (valve) (Electron.)
~ ~ الإلكترودات three-electrode valve
~ ~ غازيّ gas triode (Electron.)
~ ~ الكاثُود tricathodic valve (Electron.)
~ ~ مُزدَوج duotriode, double triode
~ ثُمانيّ octode

صمام (تابع)

~ ثُنائيّ — diode, diode valve (Electron.)
~ ~ الإلِكترود — two-element tube
~ ~ انهماري (أو انهياري) — avalanche (or breakdown) diode (Electron.)
~ ~ باعِثٌ لِلضَّوء — light-emitting diode (Electron.)
~ ~ بلّوري — crystal diode (Electron.)
~ ~ الشَّبَكة — bigrid valve, dual-grid valve (Electron.)
~ ~ ضَوئيّ — photodiode (Elec. Eng.)
~ ~ غازيّ — gas diode (Elec. Eng.)
~ ~ قَدْحيّ — trigger diode = diac (Electron.)
~ ~ (دايود) مُحِدّ: يَحُدُّ من الاضطرابات الدخيلة — limiter diode (Elec. Eng.)
~ ~ مَرجِعيّ، دايُود «زِنَر» لِمُعايَرة الفُلْطيَّة — reference diode (Electron.)
~ ~ مُزدَوج — duodiode, twin diode (Radio)
~ ~ مُقَوِّمٌ عالي التفريغ — kenotron (Electron.)
~ ~ نَفَقيّ — tunnel diode (Electron.)
~ ~ وَصْليّ — junction diode (Electron.)
~ جَرَسيّ — bell-valve
~ جُلْبيّ — sleeve valve (I.C. Engs.)
~ جهاز الامتِصاص — absorber valve
~ حابِس، ~ قَطع — stop valve (Eng.)
~ حادُّ القَطْع — sharp cut-off tube (or valve) (Elec. Eng.)
~ حاكِم أو مُنَظِّم — governor valve, governing valve (Eng.)
~ حائِل — guard valve (Eng.)
~ حُزميّ: تتسامت فيه مراكز الشبكات — beam valve (or tube), aligned grid tube (Electron.)
~ الحَقْن — injection valve (I. C. Engs.)
~ حَلْقيّ — ring valve (Eng.)
~ الحَمْأة (في المِرْجَل) — mud valve (Eng.)
~ خافِر — sentinel valve (Eng.)
~ خالِط، مِحْبَسُ خَلْط — mixing valve (Civ. Eng.)
~ خانِق، خَنّاقة — throttle valve, choke valve (Eng.)
~ الخَرْج — output tube (or valve) (Electron.)
~ خَرَزيّ، خانِقٌ خَرَزيّ — bead valve, bean (Eng.)
~ خُماسيّ (الإلكترودات) — pentode, pentatron (Electron.)
~ ~ حادُّ القَطْع — sharp cut-off pentode (Electron.)
~ (سُباعيٌّ) خُماسيُّ الشَّبَكات — pentagrid, heptode (Electron.)
~ خَنْق — choke (valve) (Eng.)
~ خوائيّ — vacuum tube, vacuum valve (Phys., Electron.)
~ دارِىء، ~ صادّ: يمنَعُ تأثيرَ الخَرْج في الدَّخْل — buffer tube or valve (Radio)
~ الدُّخول (أو السَّحْب) — inlet valve, intake valve (Eng.)
~ دَسْع — blow-off valve, blow-down valve (Eng.)
~ الدَّفْق، ~ انسِياب — flow valve
~ دَوّار — rotary valve, rotating valve (Eng., Autos.)
~ ~ (أو مُتَرجِّح) — swing valve (Eng.)
~ ~ الأنود — rotating-anode tube (Electron.)
~ ذاتيُّ الإغلاق — self-closing valve (Eng.)
~ ذَبذَبةٍ موجِبُ الشَّبَكة — positive-grid oscillator valve (Electron.)
~ ذِراعيّ: ذو ذِراعِ رَفْع — lever valve (Eng.)
~ ذو شبكةِ حَجْب — shield-grid valve, screened-grid valve (Electron.)
~ ذو شَبَكتَين مُتَّحِدتي المُستَوى — coplanar grid valve (Electron.)
~ ذو شَرّافتَين — bicuspid valve, mitral valve (Zool.)
~ ذو عَوّامة — float valve (Eng.)
~ ذو مُفَصِّلة: يُصَوِّت عندَ الانغلاق — hinge valve, clack valve (Eng.)
~ ذو مَقْعَدين — double-seat valve (Eng.)
~ ذو مِلَفٍّ لولبيّ — solenoid valve (Elec. Eng.)
~ رُباعيّ، تِتْرود — four-element tube, tetrode (Electron.)
~ ~ المَساري — four-electrode valve (Electron.)
~ رَحض — flush valve (San. Eng.)
~ رَفّاف — flutter valve (Eng.)
~ رَفْعي — lift-valve (Eng.)
~ رَقابِيّ — moniscope (monitor scope) (Electron.)
~ رِقّي — diaphragm valve (Eng.)
~ سُباعيّ (المَساري) خُماسيُّ الشَّبَكات — heptode, pentagrid (Electron.)
~ السَّحْب — intake valve, induction valve (Eng.)
~ سِداديّ — plug valve (Eng.)
~ سُداسيّ — hexode (Electron.)
~ سَريعُ الفَتْح — quick-opening valve (Eng.)
~ سَفْط — suction valve (Eng.)
~ سُفليّ لارَجعيّ — foot valve (Eng.)
~ سَقْي (المِضخَّة) — priming valve (Eng.)
~ شَحْن — charging valve (Elec. Eng.)
~ صادّ — buffer valve (or tube) (Elec. Eng.)
~ صافِر: صِمامٌ بِصَفّارة إنذار — whistle valve
~ صَلْد: عالي التفريغيَّة — hard valve (or tube) (Electron.)
~ الصُّوَر التلفزيونية، كِنِسكُوب — picture tube, kinescope, pixel tube (Electron.)
~ الضاغِط — compressor valve (Eng.)
~ ضَبْطِ الضغط الارتدادي — back-pressure regulating valve (Eng.)
~ ضَخِّي: يستمر تفريغُه أثناء التشغيل — pumped tube or valve (Electron.)
~ ضغّاط — compressor valve (Eng.)
~ (تَنفيس) الضغطِ الزائد — over-pressure valve (Eng.)
~ (مَنْع) الضغطِ المُرتَدّ — back-pressure valve (Eng.)
~ ضَوئيّ — photo(electric) tube, light valve (Electron.)
~ العادِم، ~ الانفِلات — exhaust valve
~ عازِل: يمنَعُ الإشاراتِ في اتجاهٍ ويسمَحُ به في آخر — isolation valve (Elec. Eng.)
~ عاكِس — reversing valve (Eng.)
~ عالي التَّفْريغيَّة — high-vacuum tube (or valve) = hard tube (Electron.)
~ عَدّاد — counter tube (Electron.)
~ العَدّاد العَشري: يَنْبِضُ مَرَّةً مُقابِلَ ١٠ نبضات دَخْل — decade counter tube (Phys.)
~ عَرْضٍ راداريّ — wamoscope (Radar)

~ عوّاميُّ التحكُّم float-controlled valve (Eng.)
~ غازيّ gas valve, gas(-filled) tube (Electron.)
~ غَلْقٍ اوتوماتي automatic shut-off valve (Eng.)
~ غمّاز tappet valve (Eng.)
~ فاصِل separator valve (Eng.)
~ الفائض overflow valve
~ فَراشيّ، ~ مُجَنَّح: يُمِرُّ التيّار في اتجاهٍ واحد butterfly valve (Eng.)
~ فَكُوك: يُمكِنُ فَكُّه لِتغيير الإلكترودات demountable valve (Elec. Eng.)
~ «فلِمنج»، ~ ثُنائي Fleming valve (Electron.)
~ قادوسيّ bucket valve (Eng.)
~ القاع bottom valve (Eng.)
~ قَدْح trigger valve (Electron.)
~ قَدَحي، ~ مُقعَّر cup valve (Eng.)
~ قُدرة power valve (Electron.)
~ ~ حُزميّ beam power tube (or valve)
~ القَذف ejection valve (Eng.)
~ قُرصيّ disc valve (Eng.)
~ قَطع cut-off valve (Eng.)
~ ~ العادِم exhaust cut-out valve (Eng.)
~ قَفّاز: ذو رأسٍ مُحَدَّب puppet (or poppet) valve, dart valve (Eng.)
~ قَلّاب rocker valve (Eng.)
~ ~ لارَجوع flap(per) valve (Eng.)
~ قَلبيّ: ذو قَلب core valve (Eng.)
~ قياسِ التأيُّن ionization gauge valve (Electron.)
~ كاثوديّ ثُلاثيُّ المِدفَعات الإلكترونية: لِعَرْض الصُّوَر المُلوَّنة colourtron, three-gun colour picture tube (Telev.)
~ كاشِف detector valve (or tube) (Radio)
~ كَبّاسيّ piston valve (Eng.)
~ كُرَويّ ball-valve (Eng.)
~ ~ الحُجرة globe valve (Eng.)
~ ~ العَوّامة ball cock, ball valve (Build.)
~ كُمّيّ sleeve valve
~ كَمّيُّ التحَدُّب: في الرأس والقاعِدة mushroom valve, poppet valve (Eng.)
~ كهربائيّ electric valve (Elec. Eng.)
~ كَهْرَضَوئيّ phototube, photoelectric tube (Electron.)
~ لا ارتداديّ reflux valve (Civ. Eng.)
~ لا حَشْويّ packless valve (Eng.)
~ لا رَجْعيّ، ~ لا رَجُوع non-return valve, check valve (Eng.)
~ ~ قَلّاب flap valve (Eng.)
~ لا قاعِديّ unbased tube (Electron.)
~ لاقِط: يحوِّلُ صورةَ المَشْهَد إلى إشارة صُوَريّة (فيديو) pick-up tube (Telev.)
~ لَيِّن: يَحوي غازًا مُخَلْخَلًا soft tube or valve (Electron.)
~ مازِج، ~ خَلْط (لِتَعديلِ الترَدُّد) mixer tube = mixer valve (Electron.)
~ مُبَرَّدُ الأنود cooled-anode valve (Electron.)
~ مُترَجِّح (أو قَلّاب) rocker valve (Eng.)
~ مُتشَعِّبُ المَسالِك manifold valve (Eng.)
~ مُتعَدِّدُ الإلِكترودات multiple valve, multi-electrode valve (Electron.)
~ ~ الفُوَّهات multiported valve (Eng.)
~ مُتغَيِّرُ المُواصَلَة التبادُليّة variable-mu valve (Electron.)
~ مُتقَدِّم: لِضَبْط الضَّغْطِ قبلَ فَتْح الصِّمام الكبير pilot valve (Eng.)
~ مُتمَطِّق: ~ مُطَقْطِق clack valve (Eng.)
~ مُتوَهِّجُ الشبكة grid-glow tube (Electron.)
~ مُجَنَّح wing valve, butterfly valve
~ مُحَدِّد limiter valve (Electron.)
~ بِمُحرِّكٍ كهربائيّ motorized valve (Eng.)
~ مَخروطيّ conical valve, cone valve
~ مُدَرَّعٌ (مُمَعْدَنٌ) بالرَّش spray-shielded valve
~ مُراقَبة control valve
~ ~ الإرسال monitor tube (Telev.)
~ مُرَحِّل relay valve = pilot valve (Eng.)
~ مُزامَنَة synchronizing valve (Telev.)
~ مُزدَوِج duplex tube (Electron.)
~ ~ الإصمام (لِضَبْط السوائلِ ذاتِ الضغوطِ العالية) double-beat valve (Eng.)
~ ~ القُرص double-disc valve (Eng.)
~ مِسماري، ~ إبْريّ pin-valve (Eng.)
~ (تَراكُب) مُشَفَّف lap valve (Eng.)
~ مَصّ (أو سَفْط) suction valve (Eng.)
~ مِصْراعي leaf valve (Eng.)
~ المُصَوِّرة: يُحَوِّل صورةَ المَنظَر إلى إشاراتٍ فِيديُويّة camera tube (Telev.)
~ مُضاعِف multiplier tube (Electron.)
~ المِضَخَّة pump valve (Eng.)
~ مُضَخِّم amplifier tube (Elec. Eng.)
~ ~ مُضَمِّن modulated amplifier valve (Elec. Eng.)
~ مِضواء: باعِثٌ لِلضوء light emitting valve, LED (Electron.)
~ مُعايِرة metering valve (Eng.)
~ مُعتَرِض intercepting valve (Eng.)
~ مُفاعَلَة، ~ مُفاعليّ reactance tube
~ مُفَرَّغ VT = vacuum tube
~ بِمُفَصَّلة hinged valve (Eng.)
~ مُقَنَّع masked valve (I. C. Engs.)
~ مُقَوِّم rectifying valve (Electron.)
~ المِكْبَح brake valve
~ مَكُّوكيّ، ~ مُترَدِّد shuttle valve (Eng.)
~ مُمَعْدَن metallized valve (Electron.)
~ مَملوءٌ بالغاز (المُخَلْخَل) gas-filled valve (Electron.)
~ مُنْزَلِق slide valve (Eng.)
~ ~ ثُلاثيُّ المَنافِذ treble-ported slide valve (Eng.)
~ مُنَظِّم regulating valve, control valve (Eng.)
~ مُنَمْنَم: مُصَغَّر جِدًّا miniature (or subminiature) valve (Electron.)
~ مُوازَن balanced valve (Eng.)
~ مُوازَنة equalizing valve (Eng.)
~ المُواصلة المُتغَيِّرة variable-mu valve (Electron.)
~ (مُحَمَّلٌ) بِنابِض spring(-loaded) valve (Eng.)
~ (أمن) نابِضيّ spring (safety) valve
~ ناقِصُ التفريغ soft tube (or valve)
~ نَفّاج: لِتَنْفيس المِرجَل pop-off valve
~ نَفْحيّ: يعملُ بالهواء المَضغوط pneumatic valve
~ نَفْخ inflation valve (Eng.)
~ (نَفْخ) الإطار tire valve (Autos.)
~ هواءِ الكَسْح scavenging air valve (Eng.)
~ وَمّاض: صِمامٌ رُباعيّ وَمّاض في الستروبوسكوب strobotron

صِمام (تابع)
~ (يُشَغَّلُ) بِعوّامة — float-(operated) valve (Eng.)
~ يُشَغَّلُ بِملَفٍّ لَولَبيّ — solenoid-actuated valve (Elec. Eng.)
صِماماتُ بِئر البِترول — Christmas tree, Xmas tree (Pet. Eng.)
صِمامة — fuze = fuse (Elec. Eng.)
~ آليَّةُ التوقيت — mechanical time fuse
~ احتِكاكيَّة: تنفجِرُ بالاحتِكاك — friction fuse (Eng.)
~ الإشعال — igniting fuse (Eng.)
~ إلِكترونيَّة — electronic fuse (Elec. Eng.)
~ التفجير، صِمامٌ صاعِق — detonating fuse, fuse, fusee, fuze
~ تَفجير بالشرر — spark fuse (Eng.)
~ تقارُبيَّة: تُفجِّرُ المقذوفَ عند اقترابه من الهدف — proximity fuse (Radar)
~ بالحَكّ — graze fuse (Eng.)
~ ذاتُ تأثيرٍ مُزدَوِج — double-effect fuse
~ زَمَنيَّة، ~ مَوقوتة — time fuse (Eng.)
~ صَدْميَّة — impact fuse (Mil.)
~ طويلةُ التعَوُّق — long-delay fuse (Mil.)
~ فائقةُ السرعة — superquick fuse (Mil.)
~ القَدْح — percussion fuse (Eng.)
~ القذيفة — shell fuse (Mil.)
~ القُنبلة — bomb fuse (Mil.)
~ كهربائية — electric fuse
~ (تفجير) لاسِلكية تقارُبيَّة: تنفجِرُ على بُعْدٍ مُعَيَّن — radio proximity fuse (Radar.)
~ مُتفَجِّرة — explosive fuse
~ مُعَوَّقة المَفعول، ~ مُؤَخَّرةُ الفِعْل — retarded action fuse, delayed-action fuse (Mil. Eng.)
صِماميّ، مِصراعيُّ الانفِتاح — valvate
صَمّان: قِشرة جَوفيَّة صَلْدة — pan (Geol.)
صِمَّة، سِداد — plug
~ (في وعاءٍ دموي) — embolus (Med.)
~ تَفْريغ أو تصريف — drain plug (San. Eng.)
صَمْت — silence
~ راديوي — radio silence (Elec. Comm.)
صُمْتَة: فِقدانُ الصوت — aphonia, alalia (Med.)
صَمَجَة: بَصَلةُ مِصباحٍ كهربائي — electric bulb

~ مَصْنَع (مُحَصَّنة) — mill-fitting, factory fitting (Elec. Eng.)
~ ناشِرة — diffusing bulb (Elec. Eng.)
~ وَمْض — flushbulb (Illum.)
صَمَد — withstand, stand, endure
صَمَّد — proof
~ لِلتجوية — weatherproof
~ لِلماء — waterproof
صَمْغ — gum
~ الأكاسيا، ~ السَّنْط، ~ عَرَبيّ — acacia gum (Bot.)
~ بَحري: مَنيعٌ على الماء — marine glue
~ التطعيم — grafting mastic (Agric.)
~ راتينجيّ، مِغْفَر — gum resin (Bot.)
~ عَرَبيّ، قَرَظ — gum arabic (Chem.)
~ الكاوري: يُستعملُ في صُنْع الوَرْنيش — kauri gum (Chem.)
~ اللَّك — gum lac (Chem.)
~ نَشَويّ، دِكسترين — starch gum (Chem.)
صَمْغيّ — gummy
صَمَل، تَيَبُّس، جُسوءَة — rigidity, rigor
صِملاخ، أُفُّ الأُذن — cerumen, earwax (Zool.)
صَمَم: طَرَش — deafness, surdity (Med.)
صَمَّمَ، رسَم — design
~، عزَمَ — resolve
صُمُوت: كَونُ الشيء مصمتًا لا أجوف — solidity
صُمُود، تحمُّل — endurance
~، ثبات — firmness, steadfastness
~ للحرارة — thermostability (Chem.)
صَمُولة، حَزَقة — nut (Eng.)
~ إبهاميَّة: تُشَدُّ بالإبهام والسَّبّابة — thumb nut
~ احتجاز — retaining nut
~ أُسطُوانية — round nut (Eng.)
~ أمان، ~ زَنْق — safety nut (Eng.)
~ بُرْجيَّة: تُشَدُّ وتُثَبَّت في رأس البرغي — castellated nut, castle nut (Eng.)
~ بُرغي الضَّبط — adjusting screw nut
~ تثبيت — anchor nut, set nut (Eng.)
~ تركيب — assembling nut (Eng.)
~ حَبْك: تمنعُ أُخرى من الحركة — back nut (Eng.)
~ (زَنْق) الحَشْوة — packing nut (Eng.)

~ حَلْقيَّة — ring nut (Eng.)
~ دَسْر — thrust nut (Eng.)
~ رَبْط، حَزَقةُ تثبيت — fastening nut
~ رَحَويَّة — capstan nut (Eng.)
~ رَقَبيَّة: ذاتُ رَقَبة — collar nut (Eng.)
~ زَنْق — blocknut, blocking nut, check nut, lock nut, jam nut, grip nut, retaining nut, stop nut
~ سُداسِيَّةُ الشَّكْل — hex(agonal) nut, spanner nut (Eng.)
~ صُندوقيَّة، ~ هاميَّة (مَسدودة أحد الطرفين) — box nut = cap nut (Eng.)
~ ضَبْط أو مُعايَرة — adjusting nut, regulating nut, rating nut (Eng.)
~ قارِنة — coupling nut (Eng.)
~ قَرْص: تشُدُّ صَمولةً أُخرى — pinch(ing) nut (Eng.)
قَمْط، حَزَقةُ رَبْط أو شَدّ — clamp nut (Eng.)
~ كُمِّيَّة (أُسطوانيَّة) — sleeve nut (Eng.)
~ لَوْلَبة — die nut (Eng.)
~ مُجَنَّحة — butterfly nut, fly nut = wing nut
~ مُخَرَّشة — knurled nut (Eng.)
~ مُرَبَّعة — square nut (Eng.)
~ مُرتخية أو مَحلولة — loose nut
~ مُشَفَّهة — flanged nut (Eng.)
~ مُفَرَّزة — milled nut (Eng.)
~ مُلَولَبة من الداخِل — tapped nut (Eng.)
~ نَشّابة — clasp nut (Eng.)
~ نِصْفيَّة — half nut (Eng.)
~ هاميَّة — bow nut, cap nut = dome nut
~ وَصْل — union nut, coupling nut
صُمَيِّم، مِصراعٌ صَغير — valvelet
صِنّارة، شِصّ — hook, fishhook
صَناع، ماهِر — skilful, skilled
~: صَنائعي — artisan, craftsman
صِناعات (أُنظُر: صِناعة) — industries
الـ ~ الثقيلة — heavy industries
~ رَئيسيَّة — key industries
الـ ~ الزراعيَّة — agricultural industries
صَنّاعة: شَدَّةُ قُضبانٍ مُترابِطة (لِدَعم جِدارٍ أو حاجِز) — fascine, bavin (Civ. Eng.)
صَناعة: مَهارة عملية — workmanship
صِناعَة — industry
~ أساسيَّة — basic industry, key industry

صِناعَة (تابع)
ـ الألبان — dairying
ـ التنجيد — upholstery
ـ ثانَوية — secondary industry
ـ الخَزَف، خَزَفيّات — ceramics
ـ خَفيفة — light industry
ـ الزيت — oil industry
ـ الفَخّار — pottery
ـ كيماويّة — chemical industry
ـ النسيج — textile industry
ـ نَفْطِيَّة — petroleum industry
صِناعيّ — industrial
صُنْبور، حَنَفِيَّة — tap, faucet, spigot
~، مِحْبَس — cock
~، فُوَّهة بَزْبازيَّة — nozzle
ـ الإطفاء: في الشارع العامّ — fire hydrant
ـ تدفُّق — ajutage
ـ تَصْريف أو تَفْريغ — discharge tap, discharge nozzle, emptying tap (Eng.)
ـ تَنفيس — vent cock (Eng.)
ـ خَلّاط — combination faucet, mixing faucet (San. Eng.)
ـ الزيت — oil cock (Eng.)
ـ سَحْب — draw cock, pet cock
ـ ضَغْط — compression faucet
ـ المُعايَرة — gauge tap (Eng.)
ـ نابِضيّ: ينغَلِقُ تِلقائيًّا — spring faucet
ـ الهواء، مِنفَثةُ هَواء — air nozzle
صَنْج — cymbal
صَنَجاتٌ (أو صِنَجٌ) عياريَّة — standard weights (Chem., Phys.)
صَنْجة، سَنْجةُ وَزْن — weight
صَنْدَق، عَبَّأَ في صَناديقَ أو عُلَب — box, encase
صَنْدَقة — encasement
ـ الخَرَسانة — shuttering (Civ. Eng.)
صَنْدَل: خُفّ — sandal
~: خَشَبُ الصَّنْدَل — sandalwood
~: قارِب مُسَطَّح — barge, scow, lighter
ـ الإنزال (إلى البَرّ) — landing barge
ـ مِرفاعيّ، مَركَبٌ مِرفاعي — crane barge
صُنْدوق — box, case, chest
~: شَنطةٌ صُندوقيَّة — trunk
ـ أدَوات — tool box, tool chest
~ ~، كِيسُ مُهِمّات — tool kit, kit
الـ ـ الأسوَد: دارةٌ إلكترونيَّة ثابتةُ الكِفاية مُستقِلَّةٌ بِذاتها (ليسَ بالضرورة سَوداء) — black box (Eng.)
الـ ~ ~: مُسَجِّلُ أداءِ الأجهزة في الطائرة — black box = flight recorder (Aero.)
ـ الإقلاع: صُندوقُ مُقاوَماتٍ تعمَلُ عندَ بَدءِ الحَرَكة — starting box (Elec. Eng.)
~ بريد: في ذاكرة الحاسوب — mailbox (Comp.)
ـ البَريد — post-office box
ـ بوصَلةِ السفينة — binnacle (Naut.)
ـ التَّبييت — housing box (Eng.)
ـ تَدْوير — driving box (Eng.)
ـ تُروسٍ دائمةِ التعشيق — constant-mesh gearbox (Eng.)
~ ~ كامِلُ الأوتوماتية — full automatic gearbox (Eng.)
ـ تَشْكيلِ قُلوبِ المَسبوكات — core box
ـ التصليد المُغَلَّف — case-hardening box (Met.)
ـ تَعبِئة — packing case (Eng.)
ـ تَغذِيَة — feed(er) box (Eng.)
ـ تَفْتيش — inspection box (Elec. Eng.)
ـ تَفريع — dividing box (Elec. Eng.)
ـ تَنْمية — development fund
ـ التوجيه — steering-box (Autos.)
ـ تَوصيل — junction box, conduit box (Elec. Eng.), joint box (Eng.)
ـ الحُروف الكبيرة — uppercase (Print.)
ـ الحَشْوة — gland box, stuffing box (Eng.)
ـ حَلَزونيّ (لِلتُّوربين المائي) — scroll case
ـ خَزْن: لِلفَحْم أو الغِلال — bin
ـ سَدودٌ لِلماء — coffer
ـ السيّارة — trunk
ـ الشَّحم — grease box (Eng.)
ـ شَحْن — crate
ـ الصَّبّ — runner box or bush, casting box (Foundry)
ـ الصِّمامات — valve box (or chest)
ـ صَوْغِ القَوالِب — moulding box, flask
ـ الطَّرْد — siphon (box)
ـ الطَّفْو — float box
ـ عُدَّة، عُلْبة أدَوات — tool box (or chest)
ـ عَشْريّ: بِهِ مُضاعَفاتٌ عَشريَّة من المُقاوَمات أو المُواسَعات أو المُحاثّات — decade box (Elec. Eng.)
ـ الفاصِل، ـ القابِض — clutch housing (Eng.)
ـ قالَب السَّبْك — moulding box = flask
ـ قُفّازاتيّ — glove box (Nuc. Eng.)
ـ قَولَبة إطباقيّ — snap flask (Foundry)
ـ ماليّ — fund
ـ المِبْرَم، ـ المَقْعَدة — journal box (Eng.)
ـ مُدَرَّع: صُندوقٌ قُفّازيّ لِمُناوَلة المَوادِّ المُشِعَّة — shielded box (Nuc. Eng.)
ـ مُراقَبة — look box (Pet. Eng.)
ـ مُسَنَّنات، عُلْبةُ تُروسِ السُّرعة — gearbox (Eng.)
ـ مَصاهِر — fuse box (Elec. Eng.)
ـ مُصَوِّت — sound box (Acous.)
ـ المَفاتيح الكهربائية — switch box (Elec. Eng.)
ـ المَقابِس — jack box (Elec. Eng.)
ـ مُقاوَمات — resistance box, post-office box (Elec. Eng.)
~ ~ التوازي — shunt box
~ ~ عَشْريّ — decade resistance box (Elec. Eng.)
~ مُواسَعات — capacitance box (Elec. Eng.)
~ ~ عَشريّ — decade capacitance box (Elec. Eng.)
ـ النَّغَم — juke box or jukebox
ـ النُّفايات — dustbin
~ النقد الدولي — International Monetary Fund (IMF)
صُندوقة — casket, small case
ـ حروف الطِّباعة — case (Print.)
ـ مِظَلِّيَّة: لإسقاطِ المُعَدّات — paracrate (Aero.)
صَنَعَ، صَنَّعَ — manufacture, make
~، رَكَّبَ، اِختَلَقَ، لَفَّقَ — fabricate
~، صَنَّعَ آليًّا، نَجَزَ أو أنْجزَ بالمَكَنات — machine
صَنَّعَ: أغنَى بالصِّناعات أو جعلَ (البلَدَ) صِناعيًّا — industrialize
صُنْع، تَصْنيع — fabrication
~، صِناعة — manufacture
~، طِراز الصُّنع — make (Eng.)

صُنْع (تابع)
~ حَسَبَ المُواصَفات tailoring (Eng.)
~ العُدَد tooling
~ قِياسيّ، إنتاجٌ مُوَحَّد standard make (Eng.)
~ المُدَرَّجات terracing (Civ. Eng.)
~ بالمَكَنات machining (Eng.)
صَنْعَة، صَناعة، مَهارةٌ عَمَلِيَّة workmanship
صَنْعَة، حِرْفة profession, craft, vocation, trade
~ يَدَوِيَّة handicraft
صُنْعِيّ: مِن صُنْعِ الإنسان man-made
~، إصطناعيّ artificial
~: تَركيبيّ synthetic (Chem.)
صَنَّفَ (إلى فِئاتٍ أو درَجات) classify, grade, categorize, assort
~، ألَّفَ compile
~، فَرَزَ sort (out)
~، رَتَّبَ مِنهَجيًا، نَظَّم systematize
صِنْف، فِئة category, class, group, grade
~، نوع kind, type, brand; species, variety
صَنْفَر، سَنْفَرَ: نَعَّم بالسَّنْفَرة sand, sandpaper (Eng.)
~: أزالَ الشفافية بالسنفرة frost
صَنْفَرة: مادةُ الصَّنْفَرة، سُنباذَج emery (Eng.)
~: ورَقُ الصنفرة sandpaper, emery paper (Eng.)
~ (سَنفَرةٌ) بالرَّمل sanding (Eng.)
صِنْو، زَميرٌ ديناميّ tautomer (Chem.)
صِنْوانِيَّة، تَزامُرٌ (أو تَشاكُلٌ أو تَماكُبٌ) ديناميّ tautomerism = dynamic isomerism (Chem.)
صَنَوبَر pine (Bot.)
الـ ~ الراتينَجيّ أو القَطرانيّ pitch pine
صَنَوبَرِيّ: خاصٌّ بالصنوبر coniferous
~ الشكل pineal
صُهارة، صَهير، قِطْر magma (Geol.)
~، ذَوْب melt (Chem.)
~ اندِساسية intrusive magma (Geol.)
~ بُركانيَّة igneous magma (Geol.)
~ جديدة neomagma (Geol.)
~ صَخرية، قِطْرٌ صَخْرِيّ migma (Geol.)
صُهاريّ magmatic
صُهاريَّة، صَهوريَّة fusibility (Chem.)

صَهاريجُ ضَغط كُرَوِيَّة hoctonospheres (Pet. Eng.)
صَهَرَ، اِنصَهَرَ fuse, melt; smelt (Met.)
~، أذابَ melt
~ (لِلتَّنْقِيَة)، نَقَّى بالصَّهْر smelt (Met.)
صَهْر، اِنصِهار fusion (Phys.)
~ بالكهرباء electrosmelting, electric smelting (Met.)
~ النُّحاس copper smelting
~ نِطاقيّ (لِتنقيةِ الفِلِزّات) zone melting
صَهْرَجة: خَزنٌ في الصهاريج tankage
~: عَزْلٌ لمنع ارتشاح الماء الجوفي tanking (Build., Civ. Eng.)
صِهْريج، خَزّان cistern, reservoir, tank
~ أُسطُواني cylindrical tank (Eng.)
~ إمداد supply tank
~ تخزين stock tank, storage tank
~ تَرَسُّب settling tank (Civ. Eng.)
~ (كَبْح) التَمَوُّر surge tank (Hyd.)
~ ثابتُ السَّقف fixed-roof tank (Eng.)
~ زيت، خَزّان زيت oil tank (Pet. Eng.)
~ عائمُ السَّقف floating roof tank
~ الغَسْل wash tank (Pet. Eng.)
~ الفائض، ~ التموُّر surge tank
~ كُرَوِيّ spherical shell
~ مُبَرْشَم riveted tank
~ المَزْج، ~ الخَلْط mixing tank, blending tank (Pet. Eng.)
~ مُوازَنة trimming tank
~ النَّقع soaking tank
صِهريجِيَّة، سَفينةٌ صِهريجيَّة tanker, tank barge
~: شاحِنةٌ صِهريجية tank truck, tanker
السَّعَة الـ ~ tankage
صَهُور، قابِلٌ لِلانصِهار، يُصْهَر fusible
~، عامِلُ صَهْر flux, fluxing agent (Chem.)
~ سِليكونيّ siliceous flux (Met.)
~ لِحام، مُساعِدُ تَلاحُم soldering flux (Eng.)
الصَّهوريَّة، قابِليَّة الانصِهار fusibility (Chem.)
صَهير، صُهارة magma (Geol.)
صَهيرة، مِصْهَر fuse (Elec. Eng.)
~، سِلْكُ المِصْهَر، وُصْلَةُ المِصْهَر fuse-element = fuse-link (Elec. Eng.)
~ أمان safety fuse (Eng.)

~ خُرطوشِيَّة cartridge fuse (Elec. Eng.)
~ (أو فاصِمة) رَصاصيَّة lead cut-out (Elec. Eng.)
~ سائليَّةُ الإخماد liquid-quenched fuse (Elec. Eng.)
~ سِلْكِيَّة wire fuse (Elec. Eng.)
~ كَهربائية electric fuse (Elec. Eng.)
صَواب right, correct, true
صَوابيَّة، صِحَّة correctness, trueness
صِوار: مُلتقى commissure (Zool.)
صَواعِد: ضِدّ هَوابِط stalagmites (Geol.)
صِوان، صُوان cupboard, case, locker
~ الأُذُن pinna, auricle (Zool.)
~ ذو أدراج bureau
~ مِلَفّاتٍ عَموديّ vertical file (Comp.)
صَوّان، ظِرّان chert, flint (Geol.)
صَوَّبَ، سَدَّدَ aim, sight, train (on)
~: صَحَّح correct, set right
صُوَّة، مَعْلَم mark, landmark, signpost
~ الإسناد، عَلامةُ إسناد benchmark (Surv.)
~ مِيليَّة milepost; milestone
صَوْت – الـ ~: ما تُدرِكُه حاسَّةُ السَّمْع sound (Phys.)
~: صَوتُ الإنسان voice
~ تحتَ السَّمعي infrasound (Acous.)
~ ثُنائيُّ القَناة dual channel sound (Telev.)
~ الحافة: اصطدامُ نَفثٍ هوائي (أو سائلي) بحافةٍ حادَّة edge sound (Acous.)
(~) دونَ السَّمْعيّ subaudible
~ فَوق سَمعيّ (لِلتشخيصات فَوق الصوتيَّة) ultrasound (Med.)
~ فَوقي: تردُّده فوق مدى السَّمع (أكثر من 10^9 هِرْتز) hypersound (Acous.)
~ مُتَرَدِّد reverberant sound (Acous.)
~ مُتزامِن (مع الصورةِ المعروضة) synchronized sound (Cinema)
~ مُجَسَّم stereophonic sound (Acous.)
~ مُضادّ antisound (Acous.)
~ مَكتوم obtuse sound, thud
~ ~ (بالعَزْل) dead sound, muffled sound
~ مُنتَشِر diffuse sound
~ نَبْضيّ: صوتٌ حادٌّ لانغَميّ قصيرُ النبضات impulsive sound (Acous.)

صَوْت (تابع)
~ نُطقِيّ speech-sound (Acous.)
~ نَفْثِيّ: صَوتُ الانبثاق من فوهةٍ نفثيَّة jet sound
صَوَّتَ: أصدَر صوتًا sound, make a sound (or noise)
~: اقترَعَ (في انتخاب) vote
صَوتيّ: لَفْظيّ vocal, phonetic
~: خاصٌّ بالصَّوت (سُرعةً أو ذَبْذَبةً) sonic
~، سَمْعِيّ acoustic(al) (Phys.)
صَوتيّات - الـ ~، السمعيّات acoustics
الـ ~: دِراسةُ الذبذبات الميكانيكية في المادة sonics (Eng., Phys.)
~ (أو سَمْعيّاتُ) الحُجرة room acoustics
الـ ~ الراديُويَّة radioacoustics
الـ ~ المائيَّة hydro-acoustics (Acous.)
الـ ~ المَوجيَّة wave acoustics (Phys.)
صُودا - الـ ~: كربونات الصوديوم soda (Chem.)
~ الخَبيز، بيكربونات الصودا baking soda, saleratus (Chem.)
~ الغَسيل washing soda (Chem.)
الـ ~ الكاوية caustic soda (Chem.)
الصُّوديوم: عُنصر فِلِزّيٌّ رَمزُه (ص) sodium (Na) (Chem.)
صَوَّرَ picture, portray; depict
~ (فوتوغرافيًّا) photograph, shoot
صورٌ بِتِّيَّة الترسيم: تُختَزنُ كنَمطٍ من عناصر صُورية bit-mapped graphics (Comp.)
صُورَة picture; image; portrait
~: شَكْل، هيئة form, shape
~: طَريقة، نَمَط manner, mode
~: كوكبة نُجوم constellation (Astron.)
~: ~ الكَسْر، البَسْط numerator (Maths.)
~ أُحادية اللون (أبيض وأسود غالبًا) monochrome (Photog.)
~ بالأشِعَّة السِّينيَّة X-ray photograph, radiograph, skiagraph, exograph
~ بَصَريَّة optical image (Phys.)
~ تقديرية virtual image (Opt.)
~ جانبيَّة profile
~ جَوِّيَّة aerial photograph
~ حَراريَّة thermogram, thermograph (Meteor.)

~ حقيقية real image (Opt.)
~ ذِهنيَّة concept
~ رادارية radar photograph
~ زَيتيَّة oil painting
~ سالِبة تِلْوِيَّة: باللون المُتَمِّم بعد كلال البصر negative afterimage (Phys.)
~ سَلْبيَّة negative image (Telev., Photog.)
~ ~ ضَعيفةُ التبايُن weak negative
~ (تلغرافيَّة) سِلْكيَّة wirephoto (Teleg.)
~ شَبَحيَّة silhouette
~ ~ (تِلفازيَّة) ghost (Telev.)
~ شُعاعِيَّة = roentgenogram, skiagram = skiagraph, radiograph (Radio)
~ صُغْريَّة micrograph
~ صَوتيَّة acoustic image
~ ضَوئيَّة (فوتوغرافيَّة) photograph
~ طِبقَ الأصل true or exact copy, facsimile
~ طَيفية spectrogram (Phys.)
~ ظِلِّيَّة بأشِعَّةِ إكْس exograph
~ بالفُسَيفِساء mosaic
~ فوتوغرافية photograph; photogram
~ قائمة أو مُعتَدِلة erect image (Opt.)
~ كامِنة: تُصبحُ مَرئيَّةً بالتظهير latent image
~ مُتَآصِلة allotrope (Chem.)
~ مُجَسَّمة: مجساميَّةُ الرؤية stereogram (or stereograph)
~ ~: ثُلاثيَّةُ الأبعاد hologram (Phys.)
~ بالمِجْهَر الإلكترونيّ electromicrograph
~ مِجْهريَّة (فوتوغرافية) photomicrograph
~ مِرآوية mirror image (Opt.)
~ مُرَكَّبة composite photograph (Surv.)
~ مُزدَوجة double image (Telev.)
~ مِساحيَّة photogram (Surv.)
~ بالمَسْح (الشُّعاعي) scan
~ مُشَوَّهة (يُمكِنُ ضَبْطُها بمَنظومةٍ مُعاكِسة) anamorphism (Opt.)
~ مُطابِقة: صورةٌ طِبقَ الأصل facsimile, true copy
~ ~، صُورةٌ مِرآويَّة mirror image (Opt.)
~ مَعكُوسة (أو مَقلُوبة) reversed image
~ مَقلوبَة أو مَنكوسَة inverted image

~ ~ جانبيًّا (يَمينُها يَسارُها) laterally-inverted image (Opt.)
~ مُكَبَّرة macrograph, enlargement
~ مَنكوسَة inverted image
~ مُوجِبة positive, positive image (Phys.)
~ النَّمط البِلَّوري crystallogram
~ واضِحةُ المَعالِم clear-cut image, sharp image (Opt.)
صُوَريّ، تَصويريّ pictorial
~: شَكليّ formal, nominal
~: زائف sham, dummy, unreal, simulated
~: مِشهاديّ، رؤيوي video (Electron.)
صَوْغ، تشكيل forming, shaping, forging
~، قَوْلَبة molding, moulding
~ القَوالِب بالضغط compression moulding (Chem.)
~ لَوحِيّ plate moulding (Foundry)
صُوف wool
~ الخَبَثِ المَعْدِنيّ slag wool (Met.)
~ الخشَب wood-wool
~ الرَّصاص lead wool (Plumb.)
~ الزُّجاج glass wool (Build., Chem.)
~ شَحمِيّ sappy wool
~ صَخريّ rock wool (Min.)
~ الفولاذ: لِلصَّقْل أو التنظيف steel wool
الـ ~ المَجْزوز (على طبيعتِه) grease wool
~ مَعدُوك felted wool
~ مَمْشوط: طويلُ الألياف worsted
صُوفار: تَحديدُ المَوقع بالشِّحنات المُتفجِّرة sofar = sound fixing and ranging (Naut.)
صُوفان، عُطبةٌ سريعةُ الالتهاب tinder
~ الخشَب: خَشبٌ مُهترِئٌ جافّ (يَتَّقِدُ بالشَّرَر) touchwood, amadou
صُوفيّ woollen; fleecy
صَوْك، مَنِيّ، نُطْفَة semen (Zool.)
صَوَّلَ: نَقّى بالتصويل elutriate, pan, leach, lixiviate
صَومَعةُ حُبوب silo
صَون: صِيانة maintenance, servicing
~: حِفْظ safeguarding, preservation
صُون: وَحْدَةُ جهارة الصَّوت sone (Acous.)
صُونُومِتر: مِصْواتٌ وَحيدُ الوَتَر sonometer (Acous.)

صَياخِدُ الشَّمس — faculae (Astron.)
صِياغَة — formulation, coining, coinage
صِيانة : خِدمة صِيانيَّة — maintenance, upkeep, service, servicing
~ : حِفاظُ البقائيَّة — preservation, conservation (Biol.)
~ إصلاحيَّة — remedial maintenance (Eng.)
~ التُّربة — soil conservation
~ الخُطوط — line maintenance (Eng.)
~ دَوريَّة — periodic maintenance (Eng.)
~ رُوتينيَّة — routine maintenance (Eng.)
~ الطائرات — aircraft maintenance
~ عاديَّة — normal maintenance (Eng.)
~ مُجَدْوَلة — scheduled maintenance (Eng.)
~ المَرافِق الطبيعيَّة — conservancy (Ecol.)
~ المُعَدَّات — equipment maintenance
~ المِلَفَّات — file maintenance (Comp.)
~ وِقائيَّة — preventive maintenance
صَيِّبٌ : رُكامٌ مُزْنيّ — cumulo-nimbus (Meteor.)
صِيت، شُهرة — reputation, repute, fame
صَيْحة، صَرخة — scream, cry
~، بِدعة : زِيٌّ مُستَحْدَث — craze

صَيْخَد : بُقعةٌ لامِعةٌ في قُرص الشَّمس — facula (Astron.)
صَيْد، تَصَيُّد، اصطياد — hunt, hunting
~، صَيْدُ السَّمَك — fishing
~، مَصِيد : ما يُصاد — game, catch, quarry, bag
صَيْدَلَ : ركَّبَ أو أعطى الدواء الموصوف — dispense
صَيْدَلة : عِلم الصَّيدَلة — pharmacy, pharmaceutics
صَيدليّ — chemist, pharmacist
~، صَيدَلاني — pharmaceutical
صَيْدَلِيَّة — pharmacy, drugstore
صَيَّرَ، جَعَلَ — render, cause to become
صَيْرَفة — exchange
~ مَصرفيَّة — banking
صِيصَة : شَوكةُ الحائك — sickle
صِيغَة (ج. صِيَغ) — formula
~، شَكْل، نَسَق — form, format
~ إلكترونيَّة — electronic formula (Chem.)
~ البِنْية، ~ تركيبيَّة — structural formula, constitutional formula (Chem.)
~ البيانات — data format (Comp.)

~ تَجْريبيَّة (أو وَضْعيَّة) — empirical formula (Chem.)
~ تقليدية — conventional formula
~ جُزَيئيَّة — molecular formula (Chem.)
الـ ~ السِّنِّيَّة — dental formula (Zool.)
~ عامَّة — general formula (Chem.)
~ غراميَّة — gram formula (Chem.)
~ كيميائيَّة — chemical formula (Chem.)
~ نموذجيَّة — standard form
~ وضعيَّة، ~ تجريبيَّة — empirical formula
صَيَّفَ : أسْبَتَ صَيْفًا — (a)estivate (Biol.)
الصَّيف : فَصْل الصيف — summer
صِيني، خَزَفٌ صِيني — china, porcelain
~، أوانٍ من الصيني — whiteware
صِينيَّة — tray
~ أكوابِ الفَقاقيع — bubble cap tray (Pet. Eng.)
~ دَوّارة — turntable (Eng.)
~ المِخْرَطة — face chuck, face plate (Eng.)
~ المَكَنة — platen (Eng.)
صِيوان، سُرادِق — pavilion, tent
~ الأذن — pinna (Zool.)

ض

ضاءَلَ: قَلَّل، خَفَضَ — diminish, decrease, reduce, lower

~: خَمَّد، أخمد — lower; damp, dampen (Phys.)

ضَآلة — littleness, scantiness, smallness

ضابِط — officer

~، مُنَظِّم، آلةُ ضَبط — regulator, adjuster, control(ler), governor (Eng.)

~ اتِّصال، ~ ارتباط — liaison officer

~ أركان — staff officer (Mil.)

~ الأمن — security officer

~ تموين — supply officer

~ التوتُّر — voltage regulator (Elec. Eng.)

~ جمارك — customs officer

~ رُكْن — staff officer (Mil.)

~ السَّلامة — safety officer

~ شُرطة — police officer

~ صَفّ — non-commissioned officer

~ الصورة — image adjuster (Electron.)

~ مَوْضِع الصِّمام — valve positioner (Eng.)

~ النُّصوع — brightness control (Telev.)

ضابِطا إطارِ الاستقبال — frame controls (Telev.)

ضابِطةُ القالَب — die set = subpress (Eng.)

~ المَقْعَد — seat adjuster (Eng.)

ضاجّ، ضَجيجيّ، ضَوضائي — noisy

ضاحِكة: سِنٌّ ذاتُ نُتوءَين — bicuspid = bicuspidate (Zool.)

ضاحية — suburb

ضَواحٍ — suburbs, outskirts, precincts

ضادَّ: عاكَس، ناقَض — contradict

~: قاوَم — counteract, oppose, counter

ضارّ، مُؤذٍ — harmful, injurious, noxious

ضارٍ: من الضواري — ferocious, rapacious, predator (Zool.)

ضارِب — striking

~، مُضاعِف — multiplier (Maths.)

~ إلى (. . .) — rather or somewhat ..., ...ish (e.g. bluish, brackish, greenish etc.)

ضارَبَ (في صَفَقات تجارية) — speculate, rig, manipulate

ضاعَفَ (أو تضاعَفَ) ثانيةً — redouble

~ (~ ~) ثَلاثَ مَرّات — triple

ضاغِط — compressor (n.) (Eng.)

~ — compressive (adj.)

~ أُحاديُّ اتّجاه الدفق — uniflow compressor (Eng.)

~ أرياشيّ أو مُرَيَّش — vane compressor (Eng.)

~ باسِط، ضاغِطة مُمَدِّدة — compander, compandor (compressor expander) (Elec. Comm.)

~ ترادُفيّ — tandem compressor (Eng.)

~ تُربينيّ — turbo-compressor (Eng.)

~ تَعزيزِ التغذية — supercharger (Eng.)

~ التغذية — feed compressor (Eng.)

~ الجَهارة — volume compressor (Acous.)

~ دَوّار أو دَورانيّ — rotary compressor (Eng.)

~ ذو مُحَرِّك — motor compressor (Eng.)

~ ذو مَرحَلَتين — two-stage compressor

~ رِقِّي — diaphragm compressor

~ طارِديّ: يعمل بالطرد المركزي — centrifugal compressor (Eng.)

~ عَنفيّ، ~ تُربينيّ — turbo-compressor

~ الغاز — gas compressor (Pet. Eng.)

~ قِشاطِيّ: يُدار بقِشاطٍ أو سَير — belt compressor (Eng.)

~ كَبّاسيّ — piston compressor (Eng.)

~ لَولبيّ — screw compressor (Eng.)

~ مُتعدِّد المراحل — multi-stage compressor (Eng.)

~ بمُحَرِّك — engine-compressor (Eng.)

~ مزدوج ترادُفي — duplex tandem compressor (Eng.)

~ ~ الفِعل — double-acting compressor (Eng.)

~ مُفرَدُ الفِعل — single-acting compressor (Eng.)

~ نَفّاث أو نافوريّ — jet compressor

~ نَفّاخ — blower-type compressor (Eng.)

~ نَقّاليّ (أو نَقُول) — portable compressor (Eng.)

~ (هَوائيٌّ) مُتعَدِّدُ المراحِل — multi-stage compressor (Eng.)

~ وَحيدُ المَرْحَلَة — single-stage compressor (Eng.)

ضاغِطةُ ترشيح — filter press (Chem.)

ضَاغُوط: مادةٌ ضاغِطة — pressurant (Eng.)

ضاقَ، تخَصَّرَ، خَصَّرَ (بالشَّدّ) — narrow, neck

~ بالتقلُّص — shrink, contract

ضالٌّ، زائِغ، لانِظاميّ — erratic, astray

~، شارِد — stray

ضامّ — connective

نَسيجٌ ~ — connective tissue (Zool.)

ضامِر، نَحيل — slim, thin

~: مُصابٌ بالضُّمور — atrophied (Biol.)

ضامِن، كفيل — guarantor, surety, warrantor

~ مُؤمِّن — insurer

ضاهَى — correspond, match

ضائِع — lost

ضايَقَ — annoy, disturb, bother

ضَباب، ضَبابة — fog, mist

~ أرضيّ — ground fog (Meteor.)

~ دُخانيّ — smog (smoke & fog) (Ecol.)

~ خفيف، شبّورة، شابورة — mist (Meteor.)

~ ضَوئيّ (بالضوء المُتسَرِّب) — light fog (Photog.)

~ مُتسَلِّق — upslope fog (Meteor.)

ضَبابيّ — misty, foggy

ضَبابيَّة، شابُورة، ضَبابٌ خَفيف — haze

~، غَشاوَة: تُعطِّل الوضوح — blur, fogginess

ضَبَّرَ: جمعَ وَشدَّ (في إضبارة) — bind, assemble in a file, file

ضَبَطَ، قَوَّم، عدَّل — adjust, set right

~، صَحَّح — correct

~ (سَيْر العمل) — control, regulate, regularize

ضبَطَ (تابع)
~ (النَّغم) — temper, tune, modulate (Acous.)
~ ثانيةً — readjust, reset, retune
~ مُقدَّمًا — preset

ضَبْط، تَعديل، معايَرة (لِلتوافُق) — adjustment, modulation
~، دِقَّة — precision, exactitude, accuracy
~، مُراقبةُ الدِّقَّة (أو المُطابَقَة) — check, control
~، اِنضباط — discipline
~، مُعايَرة — setting, regulating
~ أسطُحِ التوجيه — rigging (Aero.)
~ الإشعال — ignition adjustment (Eng.)
~ (أو مُراقبةُ) الإنتاج — production control (Eng.)
~ الإنسياب — flow control
~ أوتوماتي — automatic adjustment, automatic setting (Eng.)
~ بُعاديّ، ~ عن بُعد — remote control (Electron.), teleadjusting (Elec. Eng.)
~ التبايُن (الضوئي لِلصورة) — contrast control (Telev.)
~ تَحاذي أسنانِ المِنشار — jointing a saw
~ التخميد — damping adjustment (Eng.)
~ التردُّد — frequency control (Elec. Eng.)
~ التَّسْطير (جانبيًّا) — justification (Print.)
~ التعامُد — squaring
~ (أو تعديلٌ) تقريبيّ — coarse adjustment
~ الجَهارة الأوتوماتي — automatic volume control (Radio)
~ الجُودَة — quality control (Eng.)
~ الحَوافّ، تَخْفيف — edging
~ الخَطِّيَّة — linearity control (Electron.)
~ درجةِ الحرارة — temperature adjustment
~ دَقيق — fine adjustment
~ الزاوِيَّة — angularity correction
~ السُّرعة البَطيئَة — idling speed adjustment
~ الشُّغْلِة — job control (Comp.)
~ (تشغيلِ) الصِّمام — valve setting (Eng.)
~ الصِّمامات، ~ بالصِّمامات — valve control (Eng.)
~ (زَمَنِ) الصِّمامَة — fuse setting
~ الضغط — pressure adjustment, pressure control
~ الفَجْوة — gap adjustment
~ الفَيَضانات — flood control (Hyd. Eng.)
~ قِراءةِ الصِّفر — zero adjustment (Eng.)
~ القياس — scaling (Eng.)
~ ~ تصغيرًا — scaling down (Eng.)
~ ~ تكبيرًا — scaling up (Eng.)
~ مُبيَّت — built-in check (Comp.)
~ مِحْوَريّ — axial adjustment
~ (أو تَعديلُ) المَدى — range adjustment
~ المُكَرْبِن — carburettor adjustment
~ المُوالَفة — tuning in
~ النِّدِّية — parity (Comp.)
~ ~ زوجيًّا — even parity (Comp.)
~ ~ فرديًّا — odd parity (Comp.)
~ النَّسل — birth control
~ الوَقت — time setting

ضَبْطيّ، تأديبيّ — disciplinary
ضَبُع — hyena (Zool.)
ضَبوب، رَذوذ — aerosole (Chem.)
ضَبُوط: مُمكِنٌ تعديلُهُ أو ضَبْطُه — adjustable
ضَبيب: غروانيُّ السائل في الغاز — ligasoid (Chem.)
ضَجَّة، صخب — clamo(u)r, uproar
~، ضَجيج — noise (Acous.)
ضَجَر، سأم — boredom, ennui, weariness

ضَجيج، لَغَط — hubbub, noise
~ أبيض: سَعَةُ كُلِّ التردُّداتِ فيه مُتَماثِلة — white noise (Acous.)
~ إتلاف الإرسال — transmission impairment noise (Radio)
~ أحمر: خَفيضُ التردُّدات — red noise (Acous.)
~ إرتجاجيّ (في الصِّمام الكهربائي مثلًا) — microphonics = microphonicity (Elec. Eng.)
~ الأرضيَّة — background noise, ground noise (Acous.)
~ التَّراوُح — fluctuation noise (Electron.)
~ تشغيل المفاتيح — switching noise (Elec. Comm.)
~ التفرُّق — partition noise (Electron.)
~ الجِوار — neighbourhood noise
~ جوِّي — atmospheric noise (Elec. Comm.)
~ حَراريّ، ~ «جونسون» — Johnson noise = thermal noise (Electron.)
~ الخَطّ (التلِفوني) — line noise (Teleph.)
~ الخَلْفيَّة — (back)ground noise (Acous.)
~ الدارة — circuit noise (Elec. Comm.)
~ السَّطح — surface noise (Acous.)
~ (راديُويّ) شمْسيّ: يُنْبَعِثُ من جوِّ الشَّمس — solar (radio) noise (Astron.)
~ عَشوائي — random noise (Acous.)
~ غاوسيّ: يَنتظِمُ طيفَ التردُّد السَّمعيّ كلَّه — Gaussian noise = white noise (Acous.)
~ كَونيّ — cosmic noise (Radio)
~ المُستَقبِل — receiver noise (Radio)
~ المُضَخِّم — amplifier noise (Elec. Eng.)
~ المُفاعِل — reactor noise (Nuc. Eng.)
~ المكان — room-noise (Acous.)
الـ ~ المُكتَنِف — ambient noise (Acous.)
~ مَوجيّ — wave clutter (Radar)

ضَجيجيّ — noisy
ضَحْل، ضَحْضاح — shallow, shoal
ضَخّ — pump

ضَخٌّ — pumping
~ بَصَريّ: آليَّةُ استثارةِ ضَوءٍ خارجيّ من تردُّدٍ مُناسِبٍ لإحداث زيادةٍ في عدد الجُسَيمات في المُستوى الطاقيّ الأعلى عنها في المُستوى الأدنى — optical pumping (Phys.)
~ مُتَعَدِّدُ المَراحِل — multi-stage pumping
~ مِغْنَطيسيّ: إحماءُ البلازما بِمَجالٍ كَهْرمِغْنيطيّ مُتَناوِب — magnetic pumping (Phys.)

ضَخامة، تضخُّم، عَبْلَة — hypertrophy (Med., Biol.)
~، جَسامة، عِظَم — immensity, hugeness, enormity, -megaly
ضُخان: ضَبابٌ دُخانيّ — smog (smoke and fog) (Ecol.)

ضَخْم، جَسيم، هائل — colossal, immense; bulky, huge
~ (بادِئة) — mega-, macro-
~ الجُزَيئات — macromolecular (Chem.)

ضَخَّمَ — magnify, amplify; inflate, exaggerate
ضَخُوخ: قابلٌ لِلضَّخ — pumpable

ضِدّ (بادئة) anti-, counter-, contra-

~، مُضادّ opposite, inverse, antagonist, converse, contrary

ـُ اتجاهِ الريح upwind

ـُ التأكل، ~ التحاتّ corrosion resistant (Eng.)

~ التيّار: باتجاهِ عاليةِ النَّهر upstream

~ جميع الأخطار against all risks

~ الحريق: صامِد لِلحريق fireproof

~ الحُمَّى antipyretic (Med.)

~ الرَّصاص bulletproof

~ الماء waterproof

ضَديد: جُسَيمٌ مُضاد antiparticle (Phys.)

ـُ الإعصار، إعصارٌ مُضادّ anticyclone (Meteor.)

ـُ البروتون anti-proton (Phys.)

~ الرَّنين anti-resonance (Phys.)

ـُ الكُوارك antiquark (Phys.)

ـُ النيوترون antineutron (Phys.)

ـُ النيوترينو antineutrino (Phys.)

ضَرَّ، آذى harm, hurt, injure

ضَرَّى: عَوَّدَ habituate, accustom

ضرائب (أنظُر: ضَريبة) taxes, duties

ضَرَبَ، خبَط beat, hit, strike

~، خَفَقَ beat, throb

~، ضاعَفَ multiply

~ رَقمًا قياسيًّا set a record

~ (أو سَكَّ) العُملة mint, coin, monetize

~ بِقُوَّة smite

~ مَوعِدًا set a date

ضَرْب، خَبْط striking, beating, hitting

~، نَوع variety, sort, kind, type

~ (في تصنيف الأحياء) variety (Biol.)

الـ ~: عملية الضَّرب multiplication (Maths.)

~ بَعْديّ postmultiplication (Maths.)

الـ ـُ التصالبيّ، الـ ~ بالتعارُض cross multiplication (Maths.)

~ قَبْلي premultiplication (Maths.)

ـُ الكميّات المُوَجَّهة vector multiplication (Maths.)

ضَرَبات: ارتفاعٌ وانخفاض في شدة الصوت المسموع beats (Acous.)

ضَرَبان، نَبْض beating; throbbing (Zool.)

~ صِفريّ zero beat (Elec. Comm.)

ضَرْبَة، خَبْطة blow, strike, hit, stroke

~، خفقة، نبضة beat, pulse, throb

ـُ الحَرارة، رَمَض heat-stroke (Med.)

ـُ الشَّمس، رَعْن insolation, sunstroke (Med.)

ـُ (أو سَفْعَةُ) الشمس sunscald (Bot.)

ـُ قاضية knockout, smashing blow

ـُ مُنْشَطِفَة أو زائِغَة glancing blow

ضَرْبِيّ multiplicative (Maths.)

ضَرَر، أذًى harm, injury

عُطْلٌ وَ ~ damages

ضِرْس: (سِنٌّ) طاحِنة molar (tooth) (Zool.)

ـُ الدُّولاب المُسَنَّن: تَنْشَبِكُ به سِلْسِلةُ الجَرّ sprocket (Eng.)

ضَرْع، ثَدْي mamma, breast (Zool.)

ضَرُورة necessity, need

ـُ مُلِحَّة، اِقتِضاء emergency, exigency

ضُروس السِّيف beach cusps (Geol.)

ضَروريّ essential, necessary

ضَريبة، رَسْم، مَكْس tax

مُعفًى من الـ ~ tax-free, duty-free

ـُ إضافية surtax

~ إنتاج excise duty

ـُ تَصدير export duty

ـُ الدَّخْل income tax

ضِعْف double

ضَعْف، وَهَن weakness, feebleness, debility

ضَعيف feeble, weak

ـُ الاختِراقيّة، ـُ التَّبايُن soft (Phys.)

ضِغاط، تضاغُط: مُضاغَطَةٌ بالطاقة الحَرَكيَّة ram pressure (Aero.)

ضَغّاط، ضاغط compressor (Eng.)

~ إزاحة displacement compressor (Eng.)

ـُ شَحّان: ضاغِطٌ طارِديّ أو أرياشيّ أو توربينيّ supercharger (I.C. Engs.)

ضَغَطَ، كَبَس press, compress, squeeze

ضَغْط pressure (Phys.)

~، دَسْر: دَفْعٌ قويٌّ متواصل thrust (Eng.)

~، كَبْس compression, pressing, squeezing

~: قَسْر، إكراه coercion, forcing, pressuring

الـ ـُ الإبتدائيّ initial pressure (Eng.)

ـُ الاختِبار test pressure (Eng.)

ـُ الإدخال admission pressure (Eng.)

ـُ الارتِشاف imbibition pressure (Chem.)

ـُ إستاتيّ static pressure (Phys., Aero.)

ـُ الاستِذابة solution pressure (Chem.)

ـُ أسموزيّ، ـُ تناضُحيّ osmotic pressure (Chem., Biol.)

ـُ الإشعاع radiation pressure (Phys.)

ـُ الاكتِناز turgor pressure (Biol.)

ـُ الامتِصاص suction pressure (Eng.)

ـُ الانتِشار diffusion pressure (Chem.)

الـ ـُ الانتِهائيّ terminal pressure (Eng.)

ـُ الانحباس (في قعر البئر) shut-in (bottom hole) pressure (Pet. Eng.)

ـُ الانضِغاط الحَرِج critical compression pressure (Eng.)

ـُ الانفِجار explosion pressure (Eng.)

ـُ الانهيار breakdown pressure (Eng.), collapsing pressure (Phys.)

الـ ـُ الأوَّليّ initial pressure (Phys.)

ـُ بارومتريّ barometric pressure (Phys.)

ـُ البُخار vapour pressure (Phys.), vapour tension

~ ~ الجُزئيّ partial vapour pressure (Phys.)

ـُ بُخار الماء water vapour pressure (Phys.)

ـُ البُخار المُتعادِل equilibrium vapour pressure (Phys.)

~ ~ المُشبَع saturated vapour pressure (Phys.)

~ بدء التدفُّق initial flowing pressure (Pet. Eng.)

ـُ ~ التسَرُّب (لِصِمام الأمان) start-to-leak pressure (Eng.)

الـ ~ البِكْر virgin pressure (Geol., Pet. Eng.)

~ البيانات data compression (Comp.)

~ التدفُّق flowing pressure (Geol.)

ـُ الترابِ الجانبيّ (على الجدار) earth pressure (Civ. Eng.)

~ التَّسامي sublimation pressure (Phys.)

ـُ التشَبُّع (لِلبخار) saturation pressure

ـُ التشغيل operating pressure, working pressure (Eng.)

~ ~ الأقصى maximum operational pressure (Eng.)

ضَغْط (تابع)

~ ~ المأمون (لِلمِرجَل) safe working pressure (Eng.)

~ التصادم، ~ صدمي impact pressure (Phys.)

~ التصريف delivery pressure, discharge pressure (Eng.)

~ التغذية feed pressure, supply pressure (Eng.)

~ تَفاضُليّ differential pressure (Eng.)

~ التمَوُّر surge pressure (Hyd.)

الـ ~ التناضُحيّ osmotic pressure (Chem.)

~ جانِبيّ lateral pressure

~ الجُذور root pressure (Bot.)

~ جُزئيّ partial pressure (Chem.)

~ جَوِّيّ، وَحدةُ الضغط الجوي atmosphere = atm. (Phys.)

~ ~: ١,٠٣٣٦ كلغم على السم^2 atmospheric pressure (Phys.)

~ ~ عياري (دولي): لِمقارنة أداء الطائرات في ظروفٍ مُعَيَّنة (International) Standard Atmosphere (Aero.)

~ ~ مُطْلَق: مِليون داين على السم المُرَبَّع absolute atmosphere (Phys.)

~ حَدِّيّ أو نِهائيّ limit pressure (Eng.)

~ حَرِج critical pressure (Phys.)

~ الحَقْن injection pressure (Pet. Eng.)

~ الخُروج أو الانفِلات outlet pressure

~ داخِليّ internal pressure

~ الدَّخْل input pressure (Eng.)

~ الدُّخول inlet pressure (I.C. Engs.)

~ دَسْريّ thrust (Phys.)

~ ~ إلى أسفل downthrust (Phys.)

~ الدَّم blood pressure (Med.)

~ ~ الانبساطيّ diastolic pressure (Med.)

~ ~ الانقباضيّ systolic pressure (Med.)

~ دونَ الجَوِّيّ subatmospheric pressure

~ دينامي، ~ حَراكيّ dynamic pressure

~ رافِع، قُوّة دافعة من أسفل الى أعلى upthrust (Phys.)

~ الرُّكود stagnation pressure (Aero.)

~ الزِّناد trigger pull

~ سالِب أو سَلْبيّ negative pressure (Phys.)

~ السَّحْب intake pressure (I.C. Engs.)

~ السُّرعة (لِمائعٍ مُتَدَفِّق) velocity pressure (Hyd.)

~ السَّطح، ~ سَطحيّ surface pressure

~ سُكونيّ static pressure (Phys., Aero.)

~ صَدْميّ impact pressure (Eng.)

~ الصِّفر، ~ صِفريّ zero pressure (Eng.)

~ الصوت sound pressure, acoustic pressure (Acous.)

الـ ~ الصَّوتي الذُّروي peak sound pressure

~ العادِم exhaust pressure (Eng.)

~ عاديّ، ~ طبيعي = ~ عياري normal pressure (Chem.)

~ عِياريّ: ١٠١٣٢٥ نيوتُن على المِتر المُرَبَّع normal pressure, standard pressure (Phys., Chem.)

~ الغاز gas pressure (Phys.)

~ ~ المُشْبَع gas saturation pressure

الـ ~ الفَعّال effective pressure (Eng.)

~ فُوَّهَةِ البِئر well-head pressure (Pet. Eng.)

~ قاع البئر المتدفِّقة bottom-hole flowing pressure (Pet. Eng.)

~ الكابِح (أو الكابِحة) brake pressure

الـ ~ الكُلِّي total pressure (Eng.)

~ الماء water pressure

~ ~ الساكِن hydrostatic pressure (Phys.)

~ (أو انضِغاط) مُتَقَدِّم precompression (Eng.)

~ مُتَوَسِّط average pressure

الـ ~ المُحَدَّد: يبدأ عندَهُ التصريفُ من صِمامِ الأمان set pressure (Eng.)

الـ ~ المُحيط ambient pressure (Phys.)

~ مُخفَّض reduced pressure (Phys.)

~ مُرتفع high pressure

~ المِرجَل boiler pressure (Eng.)

~ على مَرحلتين two-stage compression (Eng.)

~ مَرْحَليّ stage compression (Eng.)

~ مُستودَع الغاز holder pressure (Eng.)

~ المَصّ suction pressure (Bot., Eng.)

الـ ~ المُصَمَّم design pressure (Eng.)

~ مُضادّ counter-pressure

~ مُطلَق absolute pressure (Phys.)

~ مُعاكس أو مُرتَدّ back pressure (Eng.)

الـ ~ المُعَزَّز (لِمخلوط الاحتراق) boost pressure (Eng.)

الـ ~ المُغْلَق (في بئر النَّفط) shut-in pressure

الـ ~ المُقَدَّر rated pressure (Eng.)

~ المقياس gauge pressure (Phys.)

~ المَكْمَن reservoir pressure (Pet. Eng.)

~ مُوَحَّد combined pressure (Eng.)

~ ناقِص أو خَفيض underpressure

~ نَفْخ الإطارات tire inflation pressure

~ الهواء air pressure (Phys.)

~ ~ الجافّ dry-air pressure (Phys.)

~ هَيدروليّ hydraulic pressure

ضَغْطَة squeeze, compression

ضَغْطي هَوائيّ، رِئويّ، نَفْحيّ: يَعْمَلُ بالهواء (أو الغاز) المضغوط pneumatic (Eng.)

ضَغُوط، انضِغاطيّ compressible (Phys.)

~: مادة مضغوطة تدفعُ الوقود إلى حجرة الاحتراق pressurant (Eng.)

ضَغُوطية compressibility (Phys.)

ضِفَّة، شَطّ bank, shore, coast

~ رَمْلِيَّة sandbank

~ النَّهر river bank

ضِفْدَع frog (Zool.)

~ بشري frogman

~ الجبَل toad (Zool.)

الضِّفدَعيّات: فَصيلةُ الضَّفادع Ranidae (Zool.)

ضَفَر entwine, interweave, interlace

~، جَدَل plait, braid

ضِفِّيّ، نَهريّ riparian

ضَفيرة، جَديلة braid, plait

~: ضَفيرةُ أَلياف plexus (Zool.)

~ رَبْط bonding braid (Eng.)

الـ ~ الشمسيَّة: ضفيرةُ العُقَد الوُدِّيَّة وتشعُّباتِها العصبيَّة في أعلى مُقدَّم التجويف البَطنيّ solar plexus (Zool.)

ضَلَّ stray, straggle

ضِلْع rib, costa (Zool.)

بَيْنَ ضِلْعيّ intercostal

~ (المُضَلَّع أو الزاوية) side (Maths.)

~ أماميَّة nose rib (Aero.)

~ انضِغاط compression rib (Aero.)

~ بارِز (في نسيج أو هَيكلٍ مُشَبَّك) wale

~ البرميل stave

ضِلْع (تابع)	
~ تقوية	stiffening (or strengthening) rib (Civ. Eng.)
~ الزاوية	arm (Maths.)
~ سائبة	floating rib, costa fluctuans (Zool.)
~ طُولانيّ	longeron, stringer (Aero., Naut.)
الـ ~ الطُّولاني الرئيسي	main longitudinal (Aero., Naut.)
~ الطيَّةِ المحدَّبة	leg (of anticline) (Geol.)
~ مُجاوِر	adjacent side (Maths.)
~ مُشترَك	common side
~ مُعترِض	cross member
~ (أو جانِبٌ) مُقابِل	opposite side (Maths.)
ضَلَّع	rib
ضِلْعيّ	costal
ضَلَّلَ	mislead, misdirect, disorient
ضَليع (من عِلمٍ أو مَوضوع)	erudite, authority; knowledgeable person
ضُلَيع: ضِلْعٌ صغير	costellum (pl. costella)
ضَمَّ، جمعَ	bind, join, conjoin, bring (or put) together
~، احتَوى	contain, include, embody; house
~، حَضن	embrace, clasp
~، وَحَّد	consolidate, unite; combine, merge
~ (أو انضَمَّ) إلى قائمة	enlist
ضَمٌّ، جَمع	grouping, joining
~، سَلْسَلة	concatenation (Comp.)
ضِماخُ السُّيور	belt dressing (Eng.)
ضِماد، ضِمادة	bandage, dressing, stupe
ضِمادة، رِفادة	compress
~ كتّانيّة	lint (Med.)
ضِمام: ما يُضَمُّ به الشيء إلى سواه	sleeve (Eng.)
ضَمان، تأمين	security (Maths.)
~، ~ (على الحياة)	assurance
~، رَهْن	pledge, pawn
~ اجتماعي	social security
~ جَماعيّ	collective security
~ الجودة	quality assurance (Food Sc.)
~ سلامةِ المُرور	safe conduct
الـ ~ الصِّحّي	health insurance
~ المَسؤولية	liability insurance
ضَمانة، كَفالَة	guaranty, guarantee, warrant(y), surety
ضَمَّة، ضَمَّةٌ هَيضِيَّة	vibrio (Med.)
ضَمَّدَ	bandage, dress
ضَمْد، تضميد	dressing, bandaging
ضَمِن: أمَّنَ	insure, ensure, secure
~: كَفَلَ	guarantee, guaranty, warrant
~ (أو كَفَلَ) مَوقوفًا	bail
ضَمَّنَ: أدرجَ ضِمْن	enclose, include
~ (الإشارةَ أو المَوجة الحامِلة)	modulate (Radio, Elec. Eng.)
ضِمْن	in, within, included (in), intra-
ضِمْنيّ، مَفهومٌ ضِمنًا	implicit, tacit, implied
ضُمور، نُحول	atrophy (Med.)
ضَموم، رَدُود: يُمكِنُ ضَمُّهُ أو سَحْبُهُ، **اِنكِماشيّ، تَراجُعيّ، كَمُوش**	retractable
ضَمير	conscience
ضَميمة، إضافة، مُلْحَق، لَحَق	addendum
ضَمينَة: شيءٌ مُتَضَمَّن	inclusion
الضَّنْك، حُمّى الضَّنْك	dengue (Med.)
ضَهْر، نَجْدٌ	upland (Geol.)
ضَوْء	light (Phys.)
~ آلةِ القياس	instrument light (Elec. Eng.)
~ أبيضُ (كامِلُ الطيف)	white light (Phys.)
~ أُحاديُّ اللون	monochromatic light
الـ ~ الأخضر	green light, the go-ahead signal, permission to start
~ أسوَد: إشعاعٌ غيرُ مَنظور لكشف العيوب في سطوح المشغولات	black light (Phys., Eng.)
~ الاقتِراب	approach light (Aero.)
~ أمامي	headlight, front light (Autos.)
~ إنذار	warning light
~ بارِد (كالتَّفَسْفُر أو التَّفَلْوُر)	cold light
~ بُروجي	zodiacal light (Astron.)
~ التوقُّف	stoplight, brake light (Autos.)
~ جانِبيّ	side light
~ الحاجِز: على أيِّ مبنًى أو هَيكلٍ قُربَ المطار يهدِّد سلامة الطائرات	obstruction light (Aero.)
~ الحطّ	landing light (Aero.)
~ رَعّاش	flickering light (Phys.)
~ السّماء المُنتَشِر	diffuse skylight
~ الشَّمْس	sunlight
~ شَمسٍ صُنْعيّ: إضاءةٌ غنيّة بالأشِعَّةِ فوق البنفسجيّة	artificial sunlight (Illum.)
~ الضَّباب	fog light = fog lamp (Autos.)
~ عاتِم: ضَوءُ الأشِعَّةِ دونَ الحَمراء	dark light
~ العَامَة	buoy light (Aero., Naut.)
~ العَوائق (الأحمر)	obstruction light (Aero.)
~ الغاز	gaslight (Illum.)
~ غامِر	flood-light; broadside
~ الغِطاء (لإنارةِ ما تحتَه)	hood light (Eng.)
~ غيرُ مُتَرابِط	incoherent light (Phys.)
~ غيرُ مُستقطَب	unpolarized light (Opt.)
~ القَوس الكهربائي	arc light, arc lamp (Illum.)
~ كاشِف أو كَشّاف: بعيد المَدَى	searchlight
~ كَشّاف مَوضعي: يُرَكِّز على شخصٍ أو مَوضعٍ مُعيَّن	spotlight
~ كهربائي	electric light
~ مُبيِّن	indicator light (Eng.)
~ مُتجانِس (وَحيد اللون)	homogeneous light (Phys.)
~ مُتعدِّد الألوان	polychromatic light (Phys.)
~ مُتقطِّع	intermittent light
~ مُخْفَت	subdued light
~ مُستَتِر: يتقطَّعُ بانتِظام	occulting light
~ مُستطير	scattered light (Phys.)
~ مُستقطَب	polarized light (Phys.)
~ ~ استوائيًّا	plane-polarized light
~ ~ ناقصيًّا	elliptically polarized light
~ مَكشوف	naked light
~ المَنارة	beacon light (Naut.)
~ مَنارةٍ دَوّار	revolving beacon light
~ مُنتَشِر	diffused light (Phys.)
~ مُنعَكِس	reflected light (Illum.)
~ مُوَجَّه	directed light
~ نُقطيّ، ~ مُرَكَّز	point light (Opt.)
~ النهار، ~ نَهاريّ	daylight
~ نهارٍ إصطِناعي	artificial daylight
~ وامِض أو وَمّاض	blinker light, flashing light

ضَوْء (تابع)
~ الوُقوف parking light
ضَوَّى، أنار light (up), illuminate
ضِواء: مَنارةُ إرشاد beacon (Aero., Naut.)
ضَواة: عُقدةٌ عَصَبيَّة ganglion (Zool.)
ضَواح (أُنظُر: ضاحية) suburbs
ضَوضاء، جَلَبَة، ضَجيج noise, din (Acous.)
~ بيضاء: ضجيج عَشوائيّ النمط مُسَطَّح طيف التردُّد في المَدى المُعَيَّن white noise, flat random noise (Acous., Elec. Comm.)
~ التَّماسّ contact noise (Elec. Eng.)
~ «جونسون»، ~ حَرارية Johnson noise, thermal noise (Electron.)
~ جَوِّية atmospheric noise (Elec. Comm.)
~ خلفية background noise (Acous.)
~ الدَّارة circuit noise, Johnson noise (Electron.)
~ الصِّمام tube noise (or hiss) (Electron.)
~ طَلْقيَّة (سببُها تغيُّرُ الابتِعاث الإلِكترونيّ) shot noise (Electron.)
~ (تأيُّن) الغاز gas noise (Electron.)
~ لاسلكية radio-noise (Radio)
~ مِكروفونيَّة microphonic noise, microphonicity (Acous.)
ضَوئيٌّ سالِب: تَنْخَفِضُ مُوصليَّتُهُ بالتعَرُّض لِلضَّوء photonegative (Electron.)
~ مُوجب: تزدادُ مُوصِّليته بالتَّعرض لِلضوء photopositive (Electron.)
ضِياء، زهُوّ: قُدرة ضيائية luminosity (Phys.)
ضَياع، هَدْر waste, wastage
~، فَقْد loss, forfeit(ure)
ضِيائيّ: مُشِعٌّ للضوء luminescent (Phys.)
ضِيائيَّة: ابتعاثٌ ضوئي لاحراري luminescence (Phys.)
~ احتكاكية، ~ بالحكّ triboluminescence (Phys.)
~ إشعاعيَّة، تألُّق إشعاعي radioluminescence (Phys.)
~ حَراريَّة thermoluminescence (Phys.)
~ ~ إشعاعيَّة، تألُّقٌ إشعاعيّ حَراريّ radiothermoluminescence
~ كهربائية electroluminescence (Phys.)
~ لاحَراريَّة (كالتفَلْوُر والتفَسْفُر) luminescence (Phys.)
ضِيق: تضيُّقٌ مَرضيّ stenosis (Med.)
~: ضِدّ السَّعة narrowness, tightness
~: عُسْرُ الحال hardship, neediness, straitened circumstances
~ النَّفَس dyspnea (Med.)
ضَيَّق constrict, straiten, tighten, pinch
~ التنضيد، لَزَّ الأحرفَ overset (Print.)
ضَيِّق tight, narrow
~ الاستِدارة quick-sweep (Build.)
~ المَدى الحراريّ stenothermal (Ecol.)
~ ~ العُمقيّ stenobathic (Ecol.)
~ ~ المُلوحيّ stenohaline (Ecol.)
~ الوَرَق angustifoliate, narrow-leaved (Bot.)
ضَئيل slim, scanty, little

ط

ط : النِّسبةُ التقريبية = ٣,١٤١٦ — pi (π) (Maths.)
طابة، كُرَة — ball
طابَع، أَثَر — imprint, mark, impression
~، جَرْس — quality, timbre (Acous.)
~، خَتْم — stamp, seal
~، سِمَة — stamp, mark, impress
~، مِيزة — feature, characteristic, hallmark
~ بَريديّ — stamp, postage stamp
~ مَحَلِّيّ — local colour (Arch.)
طابع، طَبّاع — printer
~: عامِلُ طِباعة — typographer
~ على آلةٍ كاتبة — typist
طابِعة: آلةُ طِباعة — printer, printing press
~ أُسطُوانية — drum printer, barrel printer (Comp.)
~ إلكترِوستاتية: كالناسخة الضوئية مثلًا — electrostatic printer (Print.)
~ بُعاديَّة، ~ بَرقية، تِلِكس: مُبْرِقة كاتِبة — teleprinter telex, = automatic teletype-writer exchange service (Elec. Comm.)
~ حَراريَّة — thermal printer (Comp.)
~ سَطْرِيَّة — line printer (Comp.)
~ شَريطيَّة — tape printer (Teleg.)
~ صَدميَّة: ~ بالطَّرق — impact printer (Print.)
~ صفحات — page printer
~ لاسِلكيَّة بُعادية — radio teleprinter (Elec. Comm.)
~ لاصَدْميَّة: تنفُث الحِبرَ لِيزَريًّا أو إستاتيًّا — non-impact printer (Comp.)
~ لِيزَرِيَّة — laser printer (Comp.)
~ مَصفوفيَّة، ~ مَصْفوفاتٍ — matrix printer (Comp.)
~ نفّاثة — ink-jet printer (Comp.)
~ نُقطيَّة — dot printer (Comp.)
طابَق — match, tally with, correspond
~، تَطابَق — coincide, be congruent with
~: راكَبَ شكلًا فوق آخر لِلتطابق — superpose (Maths.)
~: زامَنَ مُذبذِبًا مع آخر — lock-in (Electron.)
طابَق، دَوْر (في مَبْنًى) — floor, stor(e)y
الـ ~ الأوَّل — first floor
~ بينَ دَورَين — mezzanine (Civ. Eng.)
~ سُفليّ (تحتَ الأرض) — basement
طابُور (انتِظار) — queue, line
~، رَتَل — column, file
~ صُعوديّ — push-up list, FIFO, queue (Comp.)
~ نُزوليّ — push-down list, LIFO, stack (Comp.)
طاحِن، طاحِنة — molar (tooth) (Zool.)
~، طَحّان — miller
~ أماميّ، ضاحِكة — premolar (Zool.)
طاحِنة، ضِرْسٌ رَحَويَّة، رَحَى — molar (Zool.)
~، طاحون — grinder, mill (Eng.)
~ نَفْثيَّة — jet mill (Chem. Eng.)
طاحُونة، طاحون — mill (Eng.)
~ تَشتيت — dispersion mill
~ حَجريَّة — buhr(stone) mill
~ حَفْر — boring mill (Eng.)
~ سَحْق — attrition mill
~ كُرَيّات، مِطحنةٌ بالكُرَيّات — ball mill
~ بالكُرَيّات الصوّانيَّة — pebble mill (Eng.)
~ مائية: تُدارُ بالماء — water mill (Eng.)
~ هَوائية — windmill
طارَ — fly
~ بالتوجيه الراديوي — fly to beam (Aero.)
~ ضِدَّ الرِّيح — fly into the wind (Aero.)
~ طيرانًا أعمى (بالآلات) — fly blind (Aero.)
~ ~ شِراعيًّا — volplane (Aero.)
~ مُسِفًّا — skim the ground (Aero.)
~ مع الريح — fly with the wind (Aero.)
طارَة — hoop, ring
~، حَلْقةُ المِرساة — tore = torus (Geom.)
~ تَطْرِيز — tambour
طارِح — subtractive (Maths.)
طارَدَ، تَعَقَّب — chase, pursue
~، ~، بحثَ (عن) — hunt
طارِد، لافِظ — ejector, repellent
~ الديدان — anthelminthic, vermifuge (Med.)
~ الغاز — gas exhauster (Eng.)
~ من المَرْكَز، مُتَّجِهٌ من المركز إلى الأطراف — centrifugal (Phys., Biol.)
~ هواء، لافِظةُ هواء — air ejector (Eng.)
طارِدة مَركزيَّة — centrifuge (Eng.)
~ ~ فائقة: لِفَصْل الجُزيئات تُولِّد قوةً تفوقُ قوَّةَ الجاذبية بحوالى نِصف مِليون مَرَّة — ultracentrifuge (Biol., Phys.)
طارِمة: مَبنًى مُستدير تَعلُوه قُبَّة — rotunda (Arch.)
طارِئ، حالةٌ طارِئة — emergency, exigency
~: عارِض، عَرَضيّ — incidental, adventitious, accidental
~: دَخيل — extraneous
طازَج — fresh
طاسة، طاسٌ — bowl
~ الدُّولاب — wheel cap, hub cap (Autos.)
طاعة — obedience, compliance
طاعُون، وَباء — plague, pestilence
طافَ، جالَ — cruise, tour; travel, roam
~، عامَ — float
~ في دورية — patrol (Mil.)
طافٍ، عائِم — floating, supernatant; buoyant, afloat
طافِح، مُمتلِئٌ لِحافَتِه — chock-full, chuck-full, topful(l)
طافِر، طافِرة: صِفةٌ طَفْرِيَّة — mutant (Gen.)
طافِيًا، عائِمًا — afloat
طافِية — buoy
~ إرساء — mooring buoy (Naut.)
~ إنقاذ — life-buoy
~ جرسيَّة، عوّامة ناقوسيَّة — bell-buoy
~ جَليديَّة: كُتلةُ جَليدٍ طافية — floe, ice floe (Meteor.)
~ دَليليَّة — mark(ing) buoy (Naut.)
~ صَوتيَّة: تُلقَى في البحر لِتسجيل الأصواتِ تحتَ الماء وبَثِّها لاسِلكيًّا — sonobuoy (Elec. Comm.)
طاقَ، احتمَل — endure, bear; tolerate
طاقٌ: راقٌ من حَبل أو سِلك — strand, ply

طاقٌ (تابع)

~: قنطرة — arcade, arch, vault
~، طاقة، كُوَّة — alcove, aperture (Build.)

طاقة، باقة — bouquet, bunch
~، مَقدرة، مُكْنة — ability, capacity, capability, power
~: القُدرة على إحداث شُغْل — energy (Phys.)
~ُ الإثارة — excitation energy (Phys.)
~ُ الارتِداد — recoil energy (Phys.)
~ُ إشعاعيَّة (أو مُشَعَّة) — radiant energy, radiation (Phys.)
~ُ إلكتروستاتية — electrostatic energy (Phys.)
الـ ~ُ الإنتاجية — productive capacity
الـ ~ُ ~ اليَوميَّة — daily capacity
~ُ الإنتقال — translational energy (Phys.)
~ُ الانسياق — drift energy
~ُ الانفِعال (الكامِنة) — strain energy (Mech.)
~ ~ المَرِن — elastic strain energy (Eng.)
~ُ البِطاء، ~ُ التخلُّف — hysteresis energy (Phys.)
~ُ التأيُّن، ~ُ التأْيين — ionization energy
~ُ التبادُل — exchange energy (Phys.)
~ُ الترابُط — bind(ing) energy (Chem.)
~ ~ النوويّ — nuclear binding energy
~ُ التشغيل القُصوى — working capacity
~ التشَوُّه — deformation energy
~ التصادم — impact energy (Phys.)
~ُ التفاعُل — reaction energy (Chem.)
~ ~ النووي — Q-value (Phys.)
~ُ التفكُّك — dissociation energy, disintegration energy, disgregation energy (Phys.)
~ ~: الطاقةُ المُنبَعِثةُ من تَفاعُلٍ نَوَويّ — Q-value (Nuc. Eng.)
~ُ التنشيط — activation energy (Chem.)
~ ~ بالشوائِب — impurity activation energy (Phys.)
~ُ الجاذبية — gravitational energy (Phys.)
~ُ حَراريَّة — heat energy, heat, thermal energy (Phys.)
~ُ حُرَّة، ~ُ طَليقة — free energy (Chem., Phys.)
~ُ الحَرَكة، ~ُ حركيَّة — kinetic energy
الـ ~ُ الداخِليَّة — internal energy (Phys.)
~ُ الدوران — rotational energy (Mech.)
~ُ ذاتيَّة — intrinsic energy (Chem., Phys.)
~ُ الذبذبة — vibrational energy (Phys.)
الـ ~ُ الذريَّة — atomic energy (Phys.)
~ُ الرَّنين — resonance energy (Phys.)
~ ~ النوويّ — nuclear resonance energy (Phys.)
الـ ~ السُّرعية (لسائلٍ مُتَحرِّك) — velocity head, kinetic head (Hyd.)
~ُ السَّطح، الـ ~ُ السطحيَّة = توتُّر السَّطح × المِساحة — surface energy (Phys.)
~ُ السُّكون — rest energy (Phys.)
الـ ~ُ الشمسيَّة — solar energy (Phys.)
~ الصدم — impact energy (Eng.)
الـ ~ُ الصوتيَّة — sound energy (Phys.)
~ُ الضَّغْط — pressure energy (Phys.)
الـ ~ُ الضغطيَّة: تزدادُ بالعُلُوّ — pressure head (Hyd.)
~ُ الضَّوء، الـ ~ُ الضَّوئيَّة — light energy
~ ضيائية: ضَوء — luminous energy
~ُ عُلْويَّة حَراكيَّة — kinetic head (Hyd.)
الـ ~ُ الفُوَّهِيَّة، ~ُ الانطِلاق (من الفوهة) — muzzle energy
~ُ كامِنة — latent energy (Phys., Chem.)
~ ~، طاقةُ الوَضْع — potential energy (Phys.)
الـ ~ُ الكَمِّيَّة (للإشعاع الكهرمغنيطيّ) — quantum energy (Phys.)
الـ ~ُ الكَهرَبائيَّة — electric(al) energy
~ُ كَهْرُمِغنيطيَّة — electromagnetic energy (Phys.)
~ُ كَهروسُكونيَّة — electrostatic energy
~ُ كيميائيَّة: من تفاعُلٍ كيميائي — chemical energy (Chem.)
~ُ المَبدى — threshold energy (Phys.)
~ُ مُتاحة — available energy (Phys.)
~ُ مُحَرَّرة — released energy (Phys.)
~ُ مُحَرِّكة — motive energy (Phys.)
~ُ مُختَزَنة — stored energy (Phys.)
~ُ المَدر، ~ُ المَدِّ والجَزْر — tidal energy
~ُ مُستَنفَدة — expended energy
~ُ مُشعَّة — radiant energy, radiation (Phys.)
الـ ~ُ المُصَمَّمة القُصوى — installed capacity (Eng.)
الـ ~ُ المُطلَقة (أو المُحَرَّرة) — released energy
~ُ مِغنَطيسيَّة — magnetic energy (Phys.)
~ُ مُقاوَمةِ الرِّيح — windage (Eng.)
~ُ مُقيَّدة — bound energy (Chem.)
~ُ مُؤيِّنة — ionizing energy (Phys.)
~ُ ميكانيكية — mechanical energy (Phys.)
~ نجميَّة — stellar energy (Astron.)
~ُ نُقطةِ الصِّفر — zero-point energy (Phys.)
الـ ~ُ النوويَّة — nuclear energy (Phys.)
الـ ~ ~ الحراريَّة — thermonuclear energy (Phys.)
~ُ الوَضع — potential energy (Phys.)

طاقَم: مجموعةٌ مُتكامِلة من المعدّات أو الأدوات — set
~: مجموعةُ العامِلين في عملٍ مُعَيَّن — crew
الـ ~ُ الأرضيّ — ground crew (Aero.)
~ُ الحَفْر — drilling crew (Eng.), rig crew (Pet. Eng.)
~ُ الصِّيانة — maintenance crew
~ُ الطائرة — aircrew
~ُ كامِل من حُروف الطِّباعة — fount, font (Typog.)

الطاقيّات، عِلْمُ الطاقة — energetics (Phys.)

طالِب، تلميذ — student
~ (عمل)، مُلْتَمِس — applicant
~ُ بَحْريَّة — midshipman (Naut.)
~ُ طَيَران — air cadet, aviation cadet
~ُ عسكريّ — cadet

طالِع، صاعِد — ascendant, rising

طامِث، حائض — menstruous (Zool.)

طامِس: مَديدُ البَصر — longsighted, farsighted (Med.)
~: مَطموس — effaced, obliterated

طاهٍ — cook

طاهِر: نَقيٌّ نظيف — clean, pure
~: مُطَهَّر — cleansed, disinfected, aseptic

طاهِية: مِن عوامل المَناعة في مَصْل الدم — opsonin (Med.)

طاوَعَ، اِمتَثَل — comply with

طاوِلة — table
~ُ طَوَويَّة الأرجُل — gate-legged table

طائِر، طَير — bird (Zool.)
~ُ الفردوس: كَوكَبة جنوبية — Apus (The Bird of Paradise) (Astron.)

طائِرة، طَيّارة aeroplane = airplane, aircraft, plane (Aero.)
~ أُحاديَّةُ السَّطح monoplane (Aero.)
~ ~ المُحَرِّك single-engine airplane
~ استِكشاف reconnaissance plane
~ بَحْريَّة seaplane
~ تَدْريب trainer
~ ثُنائيَّةُ الجَناح biplane (Aero.)
~ جيرو: طائرةٌ عموديَّة لامُحَرِّكيَّة الدوّارات gyroplane (Aero.)
~ خَفّاقة ornithopter (Aero.)
~ دَوّارةُ الأجنِحة rotor craft, rotary-wing aircraft
~ ذاتُ مَقْعَدَين two seater (plane)
~ رُكّاب airliner
~ شحْن cargo plane
~ شِراعيَّة glider (Aero.)
~ عَموديَّةُ الإقلاع والهُبوط VTOL (vertical take-off and landing) aircraft (Aero.)
~ قصيرةُ مَدى الإقلاع والهُبوط STOL (short take-off & landing) aircraft (Aero.)
~ لاسِلكيَّة التحَكُّم radio-controlled plane
~ بِلا طيّار (تُوَجَّهُ لاسلكيًّا) drone (Aero.)
~ مائيَّة hydro-airplane, water plane (Aero.)
~ بمحرِّك مِروَحيّ تُربينيّ turboprop
~ بِمُحَرِّكَيْن twin-engine aircraft
~ مُطارِدة pursuit plane (Aero.)
~ مُعتَرِضة intercepter = interceptor
~ مُقاتِلة fighter aircraft (Mil.)
~ (أو سَيّارة) بمَقْعَدين double-seater
~ نَفّاثة jet, jet aircraft, jet plane
~ ورَقيَّة kite
طائِش: بِلا هَدَف stray, random, aimless
~: مُتَهَوِّر reckless, rash
طائفة، فِئة group, category
~، مِلَّة denomination
~: جَماعة مُصَنَّفَة أو فئة نَوعيَّة class (Biol.)
~ الأسماك، السَّمَكيّات Pisces (Zool.)
~ الطيور Aves (Zool.)
~ العَنكبوتيّات Arachnida (Zool.)
طائِل: فائِدة، مَنْفَعة use, avail

لا ~ تحتَهُ أو مِنْهُ useless, futile, of no avail
طِبّ medicine
~ الأسنان dentistry
~ الأشِعَّة، الـ ~ الإشعاعي radiology (Med.)
~ الأطفال p(a)ediatrics, paediatric medicine
~ باطِنيّ internal medicine
~ بَيطريّ veterinary medicine
~ الجِلْد dermatology (Med.)
~ شَرعيّ forensic medicine
~ الشيخوخة geriatrics (Med.)
~ العُيون ophthalmology (Med.)
الـ ~ الفيزيائيّ physical medicine
~ القَلْب cardiology
الـ ~ النفساني psychiatry
الـ ~ الوقائي preventive medicine
طِبابة، مُداواة therapy
~ شُعاعيَّة radiotherapy
~ فيزيائيَّة physical therapy
~ قَرِّيَّة cryotherapy (Med.)
طِبابيّ: تابِعٌ لِلمِهْنة الطِبِّيَّة paramedical
طَباشير، حَجَرٌ كِلسي طَباشيري chalk (Geol.)
طباشيري chalky, cretaceous (Geol.)
طبّاع printer
طِباعة printing, typography
~ الأُوفسِت offset printing
الـ ~ بالألوان، ~ مُلَوَّنة colour printing (Print.)
~ بارِزة letterpress (Print.)
الـ ~ الحَجَريَّة lithography
الـ ~ ~ التصويريَّة photolithography
الـ ~ الزرقاء blueprinting; cyanotype, blueprint
~ غائِرة intaglio
الـ ~ الكَهْرَبيَّة electrotyping
~ مُتَعاقِبة (لِضَبْط الألوان) process printing
الـ ~ بِمِنْفَثٍ حِبْريّ ink-jet printing
~ نافِرة relief printing
طِباعيّ typographic(al)
طِباق، مُطابِق identical, congruous
طِباقيّ، مُتَطبِّق bedded, stratiform (Geol.)

طِباقيَّة، تطبُّق bedding, layering, stratification (Geol.)
~ زائفة، ~ كاذِبة false bedding (Geol.)
~ مُتَدرِّجة graded bedding (Geol.)
طَبَّبَ doctor, treat (medically)
طبَّة، سِدادٌ مُصْمَت plug, stopper
~، سِدادٌ مُحكَم لِنهايةِ الأُنبوب header, blind nipple (Eng.)
طَبْشَرة، تطَبْشُر: تفَتُّتٌ طبشوري في القصارة أو الدِّهان chalking (Build.)
طَبَعَ print
~ (على آلةٍ كاتبة) type(write)
~ (في الذِّهن) impress
~، دَمغَ بالضغط imprint, stamp
~ بِطَريقة الطِّباعة الحَجَرية lithograph
طَبْعٌ: سَجيَّة، خُلُق disposition, nature, character, temper
~: طِباعة printing
~ تَلامُسِيّ contact printing
~ الصُّوَر مُكَبَّرةً (عن أُصولها السلبيَّة) macrophotography
~ بالضَّغط فقط (على غلاف كتاب مجلَّد) blind tooling
~ كهربائي electrotyping (Elec. Eng.)
~ مُحتَوياتِ الذاكِرة memory print-out (Comp.)
طَبَّعَ: رَوَّضَ break in
~: عَوَّدَ habituate
~: جعلَ طبيعيًّا normalize
~: سَقى (الفولاذ) temper (Eng.)
طَبْعَة: طَبعةٌ أُحفوريَّة cast, impression (Geol.)
~: طبعةٌ من كتاب print, edition, impression
~: نَموذجُ مُعايَرة template (Eng.)
~ زَرقاء blueprint, cyanotype
~ بالطِّباعة الحَجَرية lithograph (Typog.)
~ قياس gauge template (Eng.)
~ مُتَحجِّرة impressment (Geol.)
~ مُجَسَّمة form template (Eng.)
~ مُعادَة reprint
~ مُعايِرةُ التثقيب drill template (Eng.)
~ مُوجِبة: من الفيلم أو الصورة positive print (Photog.)
الطبُغرافية topography (Surv.)

الطبُغرافية (تابع)

~ التصويرية — phototopography (Surv.)

طَبَق، صَحْن — plate, dish

~، صُحَيْفَة — saucer

~ السَّواتِل: هَوائيٌّ طَبَقيُّ الشَّكل — satellite dish (Elec. Comm.)

طَبَّقَ، نَفَّذ — apply, implement, put into effect

~: راصفَ طبقة فوق أُخرى — stratify, tier

~: طابقَ أو راكبَ شكلًا أو شيئًا فوق آخر — superpose

طَبَقات (أنظُر: طَبَقة) — strata, beds, layers

~ انتِقاليَّة — passage beds (Geol.)

~ التُّربة — soil horizons (Geol., Bot.)

~ حاوية لِلزيت — oil measures (Geol.)

~ الخامِ الأُفقية السُّفلى — bottom stopes (Mining)

طَبَقة — layer, stratum, bed

~، طبقةٌ أرضيَّة — bed, stratum (Geol.)

~، طبقةٌ تراتُبيَّة — tier

~، طبقةٌ نَغميَّة، جَواب — octave (Acous.)

~، فِئة — class, category

~، راق — ply, layer

~، طابَق — storey or story (Build.)

~ (جيولوجيَّة) — stratum (pl. strata)

~ الارتكاز — underlying bed (Geol.)

~ أساسٍ للطريق — roadbed (Civ. Eng.)

~ (طِلاء) أساسيَّة — base coat

~ الإستِنفاد: في شِبه المُوصِّلات — depletion layer (Electron.)

~ الانتشار: حولَ الإلكترود — diffusion layer (Chem.)

الـ ~ الأوزونيَّة (في الجو) — ozonosphere (Meteor.)

الـ ~ الأولى (من الدِّهان أو المِلاط) — render (Build.)

~ بِتروليَّة أو نِفطيَّة — petroliferous bed (Pet. Eng.)

~ بَيْنِيَّة — interbed, interlayer, sandwich (Geol.)

~ ~ التراصُف — interstratified bed (Geol.)

~ تَحت سَطحيَّة — subsurface layer

~ تَحتيَّة، ~ قاعِديَّة — substratum, underbed, substrate

~ تحضيريَّة — priming coat (Paint.)

~ التَّحوُّل — transition bed (Geol.)

~ التُّربة المُعْشَوشِبة — turf

~ تَرسُّبٍ حَوليّ (أو مَوسِميّ) — varve (Geol.)

~ تَرشيح — filter-bed (Eng.), filter course (Chem.)

~ ~ رَمْليَّة — sand filter-bed

~ التمليط النِّهائيَّة — setting coat (Build.)

~ التوافُق — class of fit (Eng.)

~ حاجِزة — confining layer, blocking layer (Geol.)

~ ~: عندَ سطح تَلامُس شِبهِ موصلٍ بموصلٍ فِلِزيّ — barrier layer (Electron.)

الـ ~ الحامِلة — carrier bed (Geol.)

~ حامِلةٌ لِلماء — aquifer (Geol.)

~ خارجيَّة — ectoderm (Zool.)

~ ~، طَلْيَة — coating

~ خازِنة — reservoir layer or stratum (Pet. Eng.)

~ خُثِّيَّة — peat layer

~ دَليليَّة أو دلاليَّة — key bed (Eng.), marker bed (Geol.)

~ راكِبة فَوقيَّة — superincumbent bed (Geol.)

~ رَبْطٍ بَيْنِيَّة — binder course (Civ. Eng.)

~ رَصْفٍ سَطحيَّة (من الحَصباء والزِّفت) — surface dressing, wearing course (Civ. Eng.)

~ رَقيقة — lamella, lamina, folium, thin bed (Mining, Geol.)

~ الرِّكاز — ore bed, seam (Mining)

~ سَدُود — seal coat

~ السَّطح — surfacing, surface bed

الـ ~ السطحيَّة من الغلاف الجَوِّي (إلى ارتفاع حوالى ١٠٠ مِتر) — surface boundary layer (Meteor.)

الـ ~ السُّفلى: من طريق أو مُنشأة — bottoming (Civ. Eng.)

~ سُفليَّة (أو تَحتانيَّة) — sublayer, underlay, underbed

~ سَميكة — thick bed (Geol.)

~ (فيلم) شَديدةُ الحَسّاسيَّة لِلضَّوء — high-speed emulsion (Photog.)

~ صالِحَة لِلاستِثمار — workable seam (Mining)

~ صامِلة — competent bed (Geol.)

~ صَمّاء (غير مُنْفِذة لِلماء) — hard pan (Geol.)

~ الصوت — pitch, tone (Acous.)

~ (صوتية): المدى بين تَرَدُّدين نِسْبَتُهما ١:٢ — octave (Acous.)

~ طِلاءٍ أوَّليَّة — prime coat

~ طينيَّة أو طُفاليَّة — clay bed (Geol.)

~ عاكِسة — reflecting layer (Radio)

الـ ~ العامِلة، ~ العُمّال — working class

~ غِطائيَّة — nappe (Geol.)

~ فَحْم — coal bed (Geol.)

~ من فحم الكُوك — coke bed (Mining)

~ فَوْقيَّة — topping, superstratum

~ كَتيمة: غير مُنفِذة — impermeable layer, impervious bed (Geol.)

~ «كِنيلّي وهيفيسايد»: المُتأيِّنة في أعالي الجَوّ — Kennelly-Heaviside layer (Radio)

~ لَصُوق — tack coat (Civ. Eng.)

~ مائِلة — dipping bed, pitching seam (Geol.)

~ مُتاخِمة — boundary layer (Mech.)

الـ ~ المُحيطة — pericycle (Bot.)

~ (حِجارةٍ) مَدكوكةٌ — penning (Civ. Eng.)

~ مُغَلِّفة — coat, mantle (Geol.)

~ مُقْحَمة — intercalated bed (Geol.)

~ ~ بينَ طَبَقَتين — interstratified bed (Geol.)

~ مِلاطٍ أوَّليَّة — laying (Build)

~ مُلامسة — contact bed (Geol.)

~ مِلحيَّة — salt bed (Min.)

~ مُنْتِجة — productive horizon (Pet. Eng.)

الـ ~ (أو السَّماكةُ) المُنَصِّفة: لِحُزمةٍ إشعاعيَّة تَمُرُّ عَبْرَها — half-value layer (or thickness) (Phys.)

~ مُنفِذة، ~ نَفيذة — permeable bed (Geol.)

~ مُنَقِّيَة — clarification bed (Chem. Eng.)

~ مُوَلِّدة — germinative layer (Biol.)

~ مُؤيَّنة — ionized layer (Radio)

~ نابِطة — extrusive sheet (Geol.)

~ النسيج العِمادِيّ — palisade layer (Bot.)

~ نِصْفِ القيمة: سُمْكُ المادة الذي يخفِضُ الإشعاعَ المارَّ عبرَه إلى النِّصف — half-value layer (Phys.)

~ نغميَّة: الفترةُ بين تردُّدين نِسبتُهما ٢:١ — octave (Acous.)

~ نِفْطيَّة — petroliferous bed (Pet. Eng.)

طَبَقة (تابع)
~ «هيڤيسايد» Heaviside layer (Radio, Phys.)
~ واقِية protective layer (Eng.)
~ وِسادِيَّة: تحتَ قِشرةِ الرَّصْف bedding course = cushion course (Civ. Eng.)
طَبَقِيّ، استراتيجرافيّ stratigraphic(al) (Geol.)
~: بينَ الطَّبَقات class (Biol.)
صِراعُ ~ class struggle
~: مُتَراصِفُ الطبقات stratiform (Geol.)
طَبْل، طَبْلة drum
طَبْلة، أُسطوانة drum (Eng.)
~ الأُذُن eardrum, tympanum, myringa (Zool.)
~ تَدوير driving drum (Eng.)
~ (جهاز) الرَّفْع elevating drum (Eng.)
~ السَّمّاعة tympanum (Teleph.)
~ مَخروطيَّة cone drum (Eng.)
~ المَسْح scanning drum (Telev.)
~ المِكْبَح brake drum (Eng.)
~ مِلْفافِ الرَّفْع winding drum (Eng.)
طَبْليّ tympanic (Zool.)
طَبْليَّةُ تاجِ العَمود abacus (Arch.)
طبوغرافيّ topographic(al)
طَبُوق: قابِل لِلتطبيق applicable
طُبُولوجية topology
طِبْيٌ (ج. أطْباء)، حَلَمة teat (Zool.)
طِبِّيّ، دَوائيّ medical; medicinal
~: يُستخدَمُ كَعِلاج officinal (Bot.)
طَبيب physician, doctor
~ أسنان dentist
~ بَيْطري veterinary, veterinarian
~ عُيُون ophthalmologist, oculist (Med.)
~ القَلْب cardiologist
~ مُقيم intern = interne
~ نَفساني psychiatrist, psychotherapist
طَبيع، واطِنُ النشأة native
الطبيعة: جُمّاعُ كائنات الكون nature
طَبيعة، فِطْرة، طَبْع nature
طَبيعيّ: من الطبيعة، غير مُصطَنَع natural
مَوارِدُ طبيعيَّة natural resources
~، فِطْريُّ النَّقاوة native (Min.)
~، فيزيائيّ physical
~، عاديّ normal
~ اللوغاريتم log-normal (Maths.)
الطبيعيات، عِلمُ الفيزياء physics
~ النووية nuclear physics
طَبيق، مُطابِق identical
طَبيقَة، مُتَطابِقة: نُسخة مُطابِقة replica
~: جهازٌ تطبيقي appliance
طِحال spleen (Zool.)
طَحالِب، طُحلبيّات (تُطلق في الشام على الأُشنات) algae (pl.of alga) (Bot.)
عِلْمُ الـ ~ algology, phycology
~ بَحْريَّة seaweeds (Bot.)
الـ ~ الحَمراء red algae = Rhodophyceae
الـ ~ الخَضراء green algae = Chlorophyceae (Bot.)
الـ ~ الزَّرْقاءُ المُخضَرَّة blue-green algae = Cyanophyceae (Bot.)
الـ ~ السَّمراء Phaeophyceae = brown algae (Bot.)
طَحّان miller
طُحْلُب، طُحلبة (أُنظُر: طَحالِب) alga (Bot.)
الطحلبيّات Bryophyta, bryophytes (Bot.)
طَحَنَ، سَحَنَ grind
طَحْن، سَحْن grinding, milling
طَحْنة: حِنطة مُعدَّة للطَّحن grist
طَحين، دَقيق farina, flour
~ الصَّخر rock flour (Geol.)
طَخاء، طُخرور: سَحابٌ رقيق مرتفع cirrus (cloud) (Meteor.)
طُر، تُور: ١٣٣,٣ پَسْكال torr (Phys.)
الطَّرُّ: ترقيقُ الطرفين تجمعهما في وُصلَةٍ امتداديَّة scarfing (Eng., Plumb.)
طَرَّى، لَيَّنَ soften, supple
طَرّاح subtractor (Maths.)
طَرّاد، سفينةٌ طَوّافة cruiser (Naut.)
طِراز، نَمُوذَج، نَمَط type, style, pattern, model
~ أحيائيّ، نَمط أحيائي biotype (Biol.)
~ الأعمدة الأيونيُّ Ionic order (Arch.)
~ بدائي prototype
~ البيانات المُجرَّدة abstract data type (Comp.)
~ جينيّ genotype (Biol.)
~ الصُّنْع make, model (Eng.)
~ مِعماريّ order (Arch.)
طَرّاق، حَدّاد forger
~، عامِلُ المِطرَقة الآليَّة hammerman
طَراوة، لُيونة softness, suppleness, tenderness
طرائق (أُنظُر: طريقة) methods, ways
طُربوش وَصل: بين ذراع الكباس وذراع التوصيل بالمحرِّك crosshead (Eng.)
طُربيد torpedo
طُرَّة، حَرْفٌ مَشْطوبٌ مُعَدٌّ لِلّحام scarf (Plumb.)
~: وَجهُ القِطعة النقدية head
طِرجهاليّ aryt(a)enoid (Zool.)
طَرَحَ، أسقَط، حَسَم subtract, deduct (Maths.)
~، اِطَّرَح (بالانسلاخ) shed, cast (off), slough (Zool.)
~: عرَضَ أو قدَّم (فكرةً أو اقتراحًا) put forth, propound, present
~، رَمَى chuck, throw, fling
~، كَبَّ dump
~، نَبَذَ reject, discard
طَرْحٌ، اِطِّراح (جُزءٍ من الحُمولة) jettison
~ (قارِّي): اندِساسٌ صَفيحيّ قارِّي subduction (Geol.)
~، إسقاط، حَسْم deduction, subtraction, subduction (Maths.)
طِرْحٌ، سِقْط، جَهيض abortus (Med., Zool.)
الطَّرَح: مَدُّ البصَر presbyopia, hyperopia, long-sightedness, hypermetropia (Med.)
طَرَدَ expel, dismiss, oust, sack, firc, drive out
~ بعيدًا عن المركز centrifuge (Eng.)
~ مِن مَكانِه، أزاحَهُ من مَكانِه dislodge
طَرْد، إزاحَة dislodgment
~، إبعاد expulsion, driving away
~، صَرْف، فَصْل dismissal, discharge
~، رِزمة parcel, package
~: ثَوْلُ النَّحل swarm (Zool.)
الـ ~ المركزي centrifugation (Eng.)
طَرْدِيًّا directly
طِرْس، صحيفةُ وَرَق sheet of paper
طَرَش، صَمَم deafness (Med.)
~ وخَرَس deaf-mutism (Med.)
طَرطَرات: ملحُ حامِض الطرطير tartrate (Chem.)

طَرطِير tartar (Chem.)
طَرَفٌ، جانِب side
~، حافَّة edge
~، حَدّ (في كسرٍ أو نسبة أو مُعادلة) term (Maths.)
~، رَمْش blinking
~، شَواة limb, appendage, extremity (Zool.)
~، طَرَفٌ رأسيّ tip, point
~، فَريق (في دَعوَى أو اتفاقية) party
~، نهاية terminal; end, extremity, acro-
~ إبْريّ needle point
~ إدخال، ~ ذَكَريّ spigot end (Eng.)
الـ ~ الأسفَلُ (لِذراع التوصيل) bottom end (Eng.)
الـ ~ الأقرَب أو الأدنى proximal end
~ أماميّ leading edge (Eng., Aero.)
~ ~ forelimb (Zool.)
~ إمداد supply terminal (Elec. Eng.)
~ أُنبوب اللِّحام welding tip (Eng.)
~ تأريض earthing terminal (Elec. Eng.)
~ التفريغ discharge end
~ التوصيل في بطّارية battery terminal (Elec. Eng.)
~ ثالِث، الغَير third party
~ خَلْفيّ tail end
~ ذَيليّ أو ذَكَريّ spigot end (Eng.)
~ سالِب negative terminal (Elec. Eng.)
الـ ~ السائِب running end (of a rope)
~ سِنِّ التُّرس addendum (Eng.)
~ سِنانيّ bayonet
~ السَّندان المُحَدَّد beak iron = beck (or bick) iron = bickern
الـ ~ الصغير (لِذراع التوصيل) small end (Eng.)
~ طَليق: من عتبة كابولية free end
~ عُرْوِيّ lug
~ عَيْنِيّ، ~ عُرْوِيّ eye terminal (Eng.)
~ غليظ butt
الـ ~ الغليظ (من ذِراع التوصيل) stub end (Eng.)
~ قاطِع (من آلةٍ أو أداة) lip, cutting edge (Eng.)
الـ ~ الكبير (لِذراع التوصيل) big end (Eng.)

الـ ~ المائِل لِوَجه القُطب pole bevel (Elec. Eng.)
الـ ~ المُتحرِّك (من البكّارة) running end (of a tackle)
~ مُتَدَلٍّ، سِدْلة flap
~ مُخَرَّز beaded end (Build.)
الـ ~ المُرسِل sending end (Elec. Comm.)
~ مُستَدِقّ، سِنّ tip, point, nib, pointed tip
الـ ~ المُستَقْبِل receiving end (Elec. Comm.)
~ المِسحاج plane toe (Carp.)
~ مَسدود أو غيرُ نافِذ closed end, blank end (of a pipe), dead end
~ مُشَفَّه flanged end (Eng.)
~ مُعادَلة side of an equation (Maths.)
~ مَعيب: من طرف أو أطراف الصُّبة يُقْطَع crop (Met., Eng.)
الـ ~ المُغادِر: الطرف الخلفي لِلفرجون leaving edge = trailing edge (Elec. Eng.)
~ مُفَلْطَح بالطَّرق upset end (Eng.)
~ مُلَولَب screw terminal
~ مُنْتَسِل (أو مُنتَكِث) frayed end
~ مُوجب positive terminal (Elec. Eng.)
طَرَفا التناسُب extremes (Maths.)
~ خَط التحويل switch points (Railways)
~ المُعادَلة: حَدّاها terms of an equation (Maths.)
~ وَصْلِ مَأخَذِ الإمداد supply terminals (Elec. Eng.)
طَرْفة، رَمْشة. وَمْضة blink
طَرَفيّ، إنتِهائي terminal
طَرْق، دَقّ knock, strike
~ بشِدَّة bang
~ بمِطرقة hammer, peen; planish (Eng.)
~ ~ ثقيلة sledge (Eng.)
طَرَّق: شَكَّلَ بالطَّرْق forge; malleate (Eng.)
~ (الحديد): لإزالةِ الشوائب shingle (Eng.)
طَرْق، دَقّ، دَقْدَقة bumping, striking, beating, percussion, knocking, banging
~، تطريق، تشكيل بالطرق forging, hammering, peening, planishing, malleation (Eng.)
~ بُخاري steam hammering (Hyd. Eng.)

~ (أو كَبْسٌ) قَفوي (تشكيليّ) repoussage
الـ ~ بالكُرَيّات shot peening (Met.)
~ الماء: بفِعل الجيوب الهوائية water hammer(ing) (Hyd. Eng.)
طُرُق ways, roads, avenues, streets (أنظُر: طريق)
~ الاتصال، ~ المواصلات communication channels, ways of communication
~ التوصُّل access methods (Comp.)
طَرْقة، خَبْطة، دَقَّة blow, bang; knock, rap
طُرناد، إعصارٌ دُوّاميّ tornado (Meteor.)
طُرْنُشُول، عَبّادُ الشمس turnsole; litmus (Chem., Bot.)
طُرود بَريدية؛ دائرةُ الطرود البريدية parcel post
طَرُوق: قابِل للتطريق والتشكيل malleable, tractable (Eng.)
الطَّرُوقيَّة: قابليَّة التطريق والتشكيل malleability (Eng.)
طَرِيّ، غَضّ tender, soft, supple
طَرِيحة، وَزْنُ الفارغ tare
طَرِيق road, way, route; track, path(way)
عن ~ via
~، شارِع، جادَّة avenue, street
~ بحريّ seaway, sea lane (Naut.)
~ بَديل alternative route
~ تحتيّ subway (Civ. Eng.)
~ ثُلاثيُّ المَسارِب في الاتِّجاهَيْن three-lane double-carriage way
~ جَوّيّ aerial route
~ حَبْليّ (هوائي) ropeway (Civ. Eng.)
~ ~ سِلْكيّ wire ropeway
~ ~ مُزدَوِج الكَبْل twin-cable ropeway
~ خدمات: موازٍ لِلطريق الرئيسي service road (Civ. Eng.)
~ رئيسيّ trunk route
~ سَيّارات رئيسيّ، أوتوستراد autostrade, autobahn, motorway, autoroute
~ شِرياني arterial road (Civ. Eng.)
~ ضَريبي، ~ برَسم مرور toll road, turnpike road
~ عامّ highway, highroad

طَريق (تابع)

~ عُبورٍ سَريع — throughway

~ غيرُ مَرصوفة — unmetalled road

~ فَرعيّ — by-way

الـ ~ اللَّبَنيّ، درب التبانة — Milky Way (Astron.)

~ مُختَصَر — cross-cut

~ مَرْصوفة بالحَصْباء، ~ مُعَبَّدة (على طريقةِ المُهَندِس جون ماك آدم) — macadam(ized) road (Civ. Eng.)

~ ~ (أو مُعَبَّدة) بِكُسارة الحجارة — metalled road

~ مَرَكَبات — driveway, roadway

~ مُزدَوِجُ الاتجاه — two-way road

~ مُضَلَّعة: مَرصوفةٌ بجُذوع شجرٍ مُستَعرِضة — corduroy road (Civ. Eng.)

~ وَحيدُ الاتجاه — one-way road

طَريقة، نَهج، أُسلوب — method, procedure

~، وَسيلة — way, means

~ الآبار والأنفاق (في التعدين) — shaft and tunnel method (Mining)

الـ ~ الإبداليَّة: في تقَصّي الأعطال — substitution method (Eng.)

~ الاتّزان القَنْطَري (الكهربائي) — bridge method (Elec. Eng.)

الـ ~ الاستِقْرائيَّة، ~ الاستنتاج — inductive method

~ الاستنفاد — method of exhaustion (Maths.)

~ أصغر المربعات — method of least squares (Maths.)

~ الامتزاز — adsorption method (Chem.)

~ الأمونيا والصودا — Solvay process (Chem.)

~ الأميترات الثلاثة — three-ammeter method (Elec. Eng.)

~ بارف: لِمُقاومة الصدأ — Barff's process (Chem.)

~ البِرمُوتيت: لِتَيْسير الماء العَسِر — permutit(e) process (Chem.)

~ «بَسِمَر»: لِصُنْع الفولاذ — Bessemer process (Eng.)

~ ~ القاعديَّة (لِتَحضير الفولاذ) — basic Bessemer process (Chem. Eng.)

~ البَواتِق: لِصُنع الفولاذ — crucible process (Chem.)

~ التثليث — trigonometric method (Maths.)

~ التجرِبة والخَطَأ — trial and error method

~ تجريبيَّة — heuristic method (Maths.)

~ التحَسُّس — inspection method (Maths.)

الـ ~ التحليليَّة — analytical method

~ تخطيطيَّة — graphical method

~ التراخي: اعتمادُ حَلٍّ تقديريّ وتعديل أخطائه تاليًا — relaxation method (Civ. Eng.)

~ تركيبية — synthetic method

~ تسَلُّقيَّة: ضَبْطٌ مُستَمِرٌّ أو دوريّ لِتَحقيقِ الوَضْع الأمْثَل — hill-climbing (Elec. Comm.)

~ التشغيل — method of operation (Eng.)

~ التعدينِ التراجُعيّ — retreating system (Mining)

~ التعويض (الجَبْريّ) — substitution method (Maths.)

الـ ~ التقريبيَّة — approximation method

~ التلامُس (لِتحضير حامِض الكِبريتيك) — contact process (Chem.)

~ التنقيب التثاقُليَّة (بالجاذبية) — gravimetric method of prospecting (Min., Pet. Eng.)

~ التوصُّل التتابعي التقديري — virtual sequential access method «VSAM» (Comp.)

~ الثلاثةِ ألوان (في الطباعة) — three-colour process (Print.)

الـ ~ الحامِضيَّة (لِصُنْع الفُولاذ) — acid process (Chem. Eng.)

~ الحُجُراتِ والأعمدة (في التعدين) — room-and-pillar system (Mining)

~ الحَذْفِ المُتَوالي — method of successive elimination (Maths.)

~ الدَّليل المُزدَوِج (باستِخدام كاشِفَيْن) — double indicator method (Chem.)

~ الرَّصْدِ المُزدَوِج — two-station method (Surv.)

الـ ~ الزلزالية (في الاستكشاف) — seismic method of exploration (Geophys.)

~ الزيُوليت: لإزالة عُسْرِ الماء — zeolite process (Chem.)

~ «صولفي»: لِتَحضير كربونات الصوديوم — Solvay process (Chem.)

الـ ~ العِلميَّة — the scientific method

~ الغُرَف (لِصُنع حامِض الكِبريتيك) — chamber process (Chem.)

~ «فْراش»: لاستخراج الكبريت الطبيعي — Frasch process (Chem.)

~ الفُروق المُحدَّدة: في حَلِّ المعادلات التفاضليَّة — finite difference method (Comp., Maths.)

~ الفُلطمترات الثلاثة — three-voltmeter method (Elec. Eng.)

~ فَنِّيَة — technique

~ القَطْرة السّاقطة: لقياس التوتُّر السطحيّ — drop-weight method (Eng.)

الـ ~ القوسيَّة: لِتحضير النترات من الهواء — arc process (Chem.)

~ القياسِ الصِّفري، الـ ~ الصِّفْريَّة: كما في قنطرة «هويتستون» مثلًا — null (measurement) method, zero method (Elec. Eng.)

~ القيعان الرَّصاصية: لِتَحضير حامض الكبريتيك — lead chamber method (Chem.)

~ القيمةِ الصُّغرى لِمَجموع المُربَّعات — method of least squares (Maths.)

~ «كلدال»: لتقدير كميّات النتروجين في المركَّبات العُضوية — Kjeldahl's method (Chem.)

~ «لَبْلان»: لِتَحضير كربونات الصوديوم — Leblanc method (Chem.)

~ مُباشرة — direct method

الـ ~ المِثقاليَّة أو الثِّقاليَّة (في التنقيب بقياس الجاذبية الأرضية) — gravimetric method (Geophys.)

~ المِجْمَرة المكشوفةِ القاعدية (لتحضير الفولاذ) — basic open-hearth process (Met.)

~ مُختَصَرة — contracted method

~ المَسار الحَرِج — critical path method (Eng.)

~ مُسَجَّلة — patented process

~ المُعادَلة: لِقياس القُوَّة الدافِعة الكهربائية — compensation method (Elec. Eng.)

طَريقة (تابع)
~ المُعامِلات المُنفصِلة method of detached coefficients (Maths.)
الـ ~ المِغنطيسيَّة (في التنقيب) magnetic method (Geophys.)
~ «مونت كارلو»: لاحتِساب حلول عددية لِمسائل فيزيائية (أو رياضية) بانتقاء العَيِّنات العَشوائي Monte Carlo method (Stat.)
~ «موند»: لاستخراج النيكل Mond process (Chem.)
~ «هابر»: لِتَحضير الأمونيا Haber process (Chem.)
~ الوَحْدَة unitary method (Maths.)
~ الوُلوج الصَّفي queued access method (Comp.)
طِرْيَن، رَزَغة ooze (Geol.)
طَسْت، طَشْت basin, trough
~ تجميع الغاز (في المُختبر) pneumatic trough (Chem.)
طَسْمَة: مِشْحَذٌ جِلْديّ strop, strap
طَشِيش، فَحِيح sizzle
طعام food, aliment
~ مُجمَّد frosted food, frozen food
~ مُعَلَّب tinned food
طَعَمَ، رَكَّب engraft, graft (Bot.)
~، رَصَّع inlay
~، لَقَّحَ (ضِد مرضٍ) inoculate, vaccinate (Med.)
طُعْم، غريسة graft, transplant (Med.)
~، لَقاح vaccine (Med.)
~: لاجتِذاب الصَّيد lure, bait; decoy
~، مَطعُوم، غَرْز graft, scion (Bot.)
~ إسفينيّ peg graft (Agric.)
~ جَذْريّ rootstock (Agric.)
~ جِلديّ skin graft (Med.)
~ مُجانِس homograft (Med.)
طَعْم، مذاق taste
طَعَنَ، وَخز stab, lunge
~ (في صِحَّة الأمر) impugn, contest
طَعْنَة stab, lunge
طُغيان، استبداد tyranny
~، طُوفان، فَيَضانٌ غامِر deluge, flood, inundation

~ (البَحر أو الصحراء) encroachment; transgression (Geol.)
طَفا، عامَ؛ طَفَّى، عَوَّمَ buoy, float
طُفاحَة overflow
طُفال، صَلْصَال argil, clay (Geol.)
~ (أو طينُ) الآجُرّ brick-earth (Build.)
~ التذهيب bole (Print.)
~ جِبْسيّ gypsiferous clay (Geol.)
~ حَراريّ fireclay (Geol., Met.)
~ رَمْليّ sandy clay, mild clay = loam (Build.)
طُفاوَة، هَالة halo; corona (Astron., Meteor.)
~، زَيغٌ هاليّ coma (Electron., Opt.)
~، زَبَد froth, scum
~ خبثيَّة floss (Met.)
طَفَّة: صخرٌ فُتاتيّ بُركانيّ tuff (Geol.)
طَفَح overflow
طَفْح، فَيض overflow, overflowing
~، تَنَفُّط eruption
~ جِلْدِيٌّ exanthem(a), eruption, rash (Med.)
~ الشُّقوق fissure eruption (Geol.)
طَفْحة، فَيْضة spill-over
طَفَر، قفَزَ jump, leap, spring
~، تَبدَّل، تحوَّل (فجأةً) mutate (Biol.)
طَفْر، تغيُّر قَفْزيّ saltation (Biol.)
~، طَفْرَة: تحوُّلٌ مُفاجِىء mutation (Biol., Gen.)
~ بُرعمي، طفرة نباتية sport, bud sport (Bot.)
طَفْرَة: ازدهار (اقتصادي) boom, upsurge
~ جينيَّة gene mutation (Gen.)
طَفْل، طُفال: صَلْصال رَقائقي (أُنظُر أيضًا: طُفال) shale (Geol.)
~ زيتيّ، ~ الزيت oil shale (Geol.)
~ الشَّبّ: طِينٌ صَفحيّ شَبِّي alum shale (Geol.)
~ (صَفحيٌّ) قِيري bituminous shale(s), rhum(b)s (Geol.)
طَفْليُّ النَّسج (أو البِنْية) shaly (Geol.)
طَفو flotation, flotage
~، طَفْويَّة buoyancy (Phys.)
~ احتياطيّ reserve buoyancy (Phys.)
~ انتِقائيّ selective flotation (Met.)
طُفُوّ، طَفو flotation

~ الزَّبد froth flotation (Met.)
طُفولة infancy; childhood
طفويَّة buoyancy (Phys.)
طَفيف، خَفيف، زَهيد slight, little, exiguous
طُفَيْل: كائنٌ حَيّ يتطَفَّل على غيره parasite (Biol.)
طُفَيليّ: عَرَضيّ spurious (Phys.)
~، مُتطَفِّل parasite, parasitic (Biol.)
~ باطنيّ endoparasite (Zool., Bot.)
~ خارجيّ ectoparasite, epiparasite (Zool.)
~ طَوْعيّ facultative parasite (Biol.)
~ مُجْبَر obligate parasite (Biol.)
طُفَيْليّات parasites (Biol., Ecol.)
طُفَيليَّة: تطَفُّل parasitism (Biol., Ecol.)
~: عَرَضيَّة spuriousness (Phys.)
~: بِتاتٌ تَطْرأُ عَرَضًا drop-in (Comp.)
طَقَّ: طَقْطَق crack, crackle, snap, click, tick
طَقَّة، تكَّة click, clack, tick
طَقْس، جَوّ: حالةُ الجَوّ weather (Meteor.)
~، مُناخ climate (Meteor.)
~ رَديء، جَوٌّ عاصِف foul weather
طَقْسُوس yew (Bot.)
طَقْطَقَ click, crack, crackle
~، تَفَرْقَع crepitate, pop
طَقْطَقة click, crackle, clicking
~، صَرير crackle, chatter
~، فَرقَعة knock, knocking (Eng.), popping
~ الاشتعال ignition knock (Eng.)
~ الصِّمام valve clack (Eng.)
~ الكَبّاس piston slap, piston knock (Eng.)
طَقْم، بِزَّة outfit, suit
~، طاقَم crew
~، مَجموعةٌ مُتَساوِقة مُتكامِلة set; suite
~ أدوات، ~ عُدَّة outfit, set (Eng.)
~ رُموز character set (Comp.)
~ لِحام قوسي arc welding set (Elec. Eng.)
~ مُنسَجِمُ الأجزاء ensemble
طَلّ، نُسْغ sap (Bot.)
طَلَى paint, coat, overlay
~ بالدِّمام أو بمادَّةٍ مُعالجة dope

طَلَى (تابع)

~ بطبقةٍ أولى من الدهان — render (Build.)
~ بالكِلْس — whitewash (Build.)
~ باللَّك — lacquer (Build.)
~ بِمَعدِنٍ آخر — plate
~ (~ ~) كهربائيًّا — electroplate (Elec. Eng.)
~ بالورنيش — varnish (Build.)

طِلاء — overlay, paint(ing), coating
~ إنجازيّ قَيْضيّ — egg-shell finish (Build.)
~ بِرميليّ: ~ كَهرلي في بِرميل مُثَقَّب دوّار — barrel plating (Elec. Eng.)
~ بِطانة — flatt(en)ing (Build.)
~ تَجْزيعيّ: نافِرُ النَّسْجة — texture paint (Build.)
~ تَحويليّ: طلاءٌ كيماويّ لفلزٍّ بالكرومات أو الفسفاتات مثلًا — conversion coating (Eng.)
~ بالتغطيس — dip plating, immersion plating (Met.)
~ جِيريٌّ مائيّ — limewash, whitewash
~ دِماميّ: بمادةٍ مُعالَجة — doping (Chem., Eng.)
الـ ~ بالذهَب — gold plating (Elec,. Eng.)
~ ذهَبيّ: مِن مزيج مَسحوق البرونز والورنيش — gold paint (Build.)
~ رُخاميّ — Marb-l-cote (Paint.)
~ بالرَّشْرَشةِ الكاثوديَّة، رَشْرَشة — sputtering (Electron.)
~ رَطْبٌ على رَطْب — wet-on-wet painting
~ زُجاجيّ، مِينا زُجاجيَّة: يُزَجَّج بها الفولاذ — vitreous enamel (Eng.)
~ ~ بَرّاق — glaze
~ ~ كامِد: غيرُ لَمّاع — matt glaze
~ سِلْيولوزيّ راتينَجيّ — cellulose lacquer (Chem.)
~ شَديدُ اللَّمعَة — high-gloss paint
~ ضِدّ الرُّطوبة — damp-proof coating (Build.)
~ ضدّ النُّموّ الفُطري (للسفن والإنشاءات البَحرية) — anti-fouling paint (Eng.)
~ العُقَد — knotting (Paint.)
~ عِلاجي، مَرْهَم — liniment, unguent (Med.)
~ غرافيتيّ — graphite paint (Paint.)
~ بالغَمْس السّاخِن — hot-dip coating (Eng.)
~ بالفِضَّة. تَفْضيض: بِمَحلول الفضة النُّشادري وطرطرات الصوديوم أو البوتاسيوم — silver plating, silvering
~ قَصْديريّ: لِعُلَبِ الأطعِمة — tinplating (Eng.)
~ قِطاعيّ: تختلفُ ثَخانَتُهُ في القطاعات المُختَلِفة — sectional plating (Elec. Eng.)
~ بالكروم — chromium plating (Met.)
~ كهربائي — electroplating (Elec. Eng.)
~ ~ جُزئي — parcel plating (Elec. Eng.)
~ اللَّكّ، لاكِيه — lacquer (Build.)
~ مائيّ طباشيريّ — distemper (Paint.)
~ ~ مُلَوَّن (لِلجُدران) — colour-wash
~ مُضيء، ~ فَلْوَريّ — luminous paint
~ مَعدِنيّ — plating, metal plating
~ مُلَمِّع — bright plating (Elec. Eng.)
~ بالمِيناء، تَلْميع — enamelling
الـ ~ بالنُّحاس الأصفر — brassing (Eng.)
الـ ~ بالنيكل — nickel-plating (Elec. Eng.)
~ نِيْكليّ قَصديريّ: مُقاوِم لِلتأكُّل والصَّدأ — tin-nickel (Eng.)
~ وَمْضيّ — flash plating (Elec. Eng.)

طَلَبَ، اِلتَمَسَ — request, ask for
~، تطلَّب — demand, call for, require
~ (بِضاعَةً) — order
~، تقدَّم بِطَلَب — apply for
~ ثمنًا باهِظًا — overcharge

طَلَب — demand, request
~ (اكتِتاب) — call (for subscription)
~ (بضاعة) — order, indent
الـ ~ الأقصى — maximum demand (Elec. Eng.)
~ تعويض الأضرار — claim (for damages)
~ تسليم (مواد من المخازن) — requisition
~ تقديم عُروض — call for tender
~ مَكتوب — application

طَلَبِيَّة — order

طَلْحِيَّة — sheet
~ ورقٍ مَطْوِيَّة — folio (Typog.)

طَلع، غُبارُ الطَّلْع — pollen, pollen grains (Bot.)
~: إزهِرارٌ طَلْعيّ — spadix, spike (Bot.)
الـ ~: مُجملُ أعضاء التذكير في الزهرة — androcium (Bot.)

طَلَعَ، صَعِدَ — ascend, rise

طَلْق: سِليكات المغنسيوم المُميَّأة — talc (Min.)

طَلْقَة، رَصاصة — bullet (Mil.)
~، رَشْقَة — shot
~ خَطّاطة، ~ كاشِفة — tracer bullet

طَلْقيّ: حاوٍ الطلْق — talcky, talcose

طَلَّمَ: سَوّى بالمِطلمة — roll

طُلُمبة: مِضَخَّة — pump

طَلْي — painting, plating, coating
~ الأنابيب — pipe coating
~ بِرميلي: في أُسطوانة دَوّارة — barrel plating
~ بالرَّش — spray coating
~ بالزِّنك: غَلْفَنة — zincking = zinking
~ بالفِلِزّات — metal plating

طَلْيَة — coat, coating
~ أساسيَّة بالزفت — asphalt tack coat (Civ. Eng.)
~ إنجاز، ~ نِهائيَّة — finishing coat
~ ~ كامِدة — matt finish (Paint.)
~ أوَّليَّة — first coat, primer, groundwork (Paint.)
~ ~ بالزِّفت — asphalt prime coat (Civ. Eng.)
~ ~ مُخَدَّشة — scratch coat
~ ~ في الورشة — shop priming
~ بِطانَة — flat(ting) coat (Paint.)
~ تجزيع إضافيّ — overgraining (Paint.)
~ تحضيريَّة — priming, priming coat
~ التغطِيَة — topping coat
~ تَنْعيم: طَلْيَةُ إنجازٍ بمِلاطٍ ناعِم — fining coat
~ حاجِزة — barrier coat (Build.)
~ خَشِنة — rough coat
~ دارِئة، ~ فاصِلة — buffer coat (Build.)
~ الدِّهان الأساسيَّة — ground coat (Paint.)
~ رابِطة: لِتثبيت طَلْيَةٍ تالية — binder coat
~ رذاذيَّة — mist coat (Build.)
~ زِفْت — asphalt coating
~ سُفليَّة (أو تحتانية) — undercoat
~ عازِلة — insulating coating
الـ ~ العُليا أو الفَوقيَّة — top coat, topping coat (Paint.)
~ فلزّية — metallic coating
~ مانِعة لِلتسرُّب — seal coat
~ مُرَسَّبة بالكهرباء — electrodeposit coating (Elec. Eng.)

طَلْيَة (تابع)
~ مُزدَوجة — double-coating
~ مُطفَأةُ اللمعة — mat, matte
~ مُقاوِمةٌ لِلحوامِض — acid-proof coating
~ ~ لِلصدأ — anti-rust coat (Eng.)
~ نُحاسيَّة مُطْفَأةُ اللَّمعة — copper-matte (Met.)
~ نِهائيَّة — final coat (Paint.)
~ ~ صَقيلة — mirror finish (Paint.)
~ ~ كامِدة — dead finish = flat finish, dull finish
~ ~ مُمَوَّجة — ripple finish (Paint.)
~ واقية — protective coat(ing)
طَليعَة — front, lead
~، سَلَف، سَليف — precursor
الـ ~ — vanguard
طَليق — free
طَمَّ: عَمَّ وفاضَ — overflow
~: طَمَرَ، رَدَمَ — fill up (with earth), stow
طَمٌّ نَفْخِيّ — pneumatic stowage (Civ. Eng.)
طَما: فاضَ — overflow, surge
طِماق — leggings
طَمْث: دمُ الحَيض — menorrh(o)ea (Zool.)
طَمَرَ — imbed = embed; fill up (with earth)
طَمْر — embedding; ensilage (Agric.)
~ بالحِراثة — ploughing in (Agric.)
طَمَسَ، مَحا — blot, obliterate, expunge, wipe out
طَمْس، مَحْو، اِنطِماس — obliteration, expunction, wiping out
~ الصورة السلبية — blocking-out (Photog.)
طُمُوّ، تدَفُّق، اِندِفاق — afflux, overflowing, surging
طَمْي، قُرارة طَمْيِيَّة — alluvion = alluvium, silt (Geol.)
طَمْيِيّ — alluvial
طَنَّ، أزَّ — boom, buzz, hum
طُنّ: طُنُّ حُمُولة أو سَعَة — ton
~ أميركيّ (يُساوي ٢٠٠٠ باوند) — net ton, short ton
~ إنكليزيّ: ٢٢٤٠ باوندًا — gross ton, long ton
~ على الإنش المُرَبَّع — tsi (ton per square inch)
~ تَبْريد: وحدةٌ تُعادِلُ القُدرةَ التبريديَّة لِطُنٍّ أميركي من الثلج ينصهرُ على مَدى ٢٤ ساعة — ton (Eng.)
~ مِتري: ١٠٠٠ كيلوغرام — tonne = metric ton
طَنّان، زنّان — buzzer (Elec. Eng.)
طُنْب، طُنُب: حَبلُ الخيمة — tent rope
طُنْبور — drum, cylinder (Print.)
~ «أرخميدس»، شادوف «أرخميدس» — Archimedean screw (Eng.)
طَنْجرة — cooker
~ ضَغْط — pressure cooker
طُنُف: دِعامةٌ حافَّةٌ ناتِئَة — corbel (Build.)
~، إفريز — cornice, frieze, ledge (Build.)
~، رَفْرَفُ السطح — eaves (Build.)
~ (يؤطِّر الجزءَ الأعلى من بابٍ أو نافِذة) — label (Arch.)
~ بارِزُ الوجه — pulvinated frieze (Build.)
~ القَطْر — dripstone (Build.)
طَنَف: حَيدٌ أو نُتوء جسَديّ — promontory (Zool.)
الطُّنِّيَّة: حُمولةً أو وَزْنًا أو سَعَةً — tonnage
طَنين، دَنين — hum(ming), buz(zing); tone, din
~ التِقاطِ الخَطّ — dialling tone (Teleph.)
~ اللاإنشِغال — dial tone (Teleph.)
~ مُقارَن: طَنينُ إسناد يعادلُ ألفَ دَورٍ في الثانية — reference tone (reftone) (Acous.)
طَها، طَبَخَ — cook
طَهارة، طُهر — asepsis (Med.)
~، نَقاء، نظافة — purity
طَهَّرَ، نَظَّفَ — purge, purify, cleanse
~: طَهَّرَ من الجَراثيم — disinfect, sterilize
~ بالتبخير — fumigate
طُهْر: نَقاءٌ من الجراثيم — asepsis (Med.)
طَهْو، طَبْخ — cooking
~ غيرُ كافٍ — undercooking
طَوَى، ثَنى — fold, pleat, bend, flex
~، لَفَّ (القِلْعَ أو العَلَم) — furl
~، لَفَّ، حضَن — lap
الطواحِن، الأضراس — molars (or molar teeth)
طوارِئ — emergencies, exigencies (أنظر: طارِئ، طارِئة)
طَواعية، مِطواعيَّة — pliability, flexibility, conformability
طَواف — circumambulation, circling
~ بالمَشاعِل — torchlight tattoo
طَوّافة، عَوّامة — float
~، هليكوبتر — helicopter
طَوَّاية: مَكنةُ طيّ — folder, folding machine (Eng.)
طوب (أُنظر: طُوبَة) — brick(s), tiles
~ أشْدَفُ (لِبناء المُنحنَيات) — compass brick, radiating brick
~ التَّبْطين — lining brick (Eng.)
~ تَبْطين فَراغيّ — furring blocks (or tiles) (Build.)
~ حَراريّ: صامِدٌ لِلحَرارة — firebrick, refractory brick (Eng.)
~ الخَبَث المَعدِنيّ — slag brick (Build.)
~ خزَفيٌّ جيِّد — stocks (Build.)
~ السِّليكا (الصامِدُ لِلحرارة) — silica brick
~ عازِل (لِلحَرارة) — insulating brick (Build.)
~ قاسٍ (مُفرِطُ الشَّيّ) — clinkers = klinker brick
~ مُتشَقِّق: لابتِلالِه وهو ساخِن — shuffs, chuffs (Build.)
~ مَحروق — hard stocks, hard stock bricks (Build.)
~ مُخَشَّنُ السَّطْح (تَزْيينًا) — textured brick, rustic brick = rustics (Build.)
~ مَرصوفٌ بدون مِلاط — laid-dry bricks (Build.)
~ مُزَجَّج — glazed brick, vitrified brick, enamelled brick (Build.)
~ مَشطوبُ السَّطْح — mitre bricks (Build.)
~ مَشطور: أقلُّ ثخانةً من سِواه — splits (Build.)
~ مُشَكَّل (في قَوالِب) — moulded brick
~ ~ السَّطح: لِيُشبِهِ الحجر الطبيعيّ — precast stone (Civ. Eng.)
~ ~ لِغَرَضٍ مُعَيَّن — purpose-made brick (Build.)
~ مُشَوَّه — burrs (Build.)
~ مُصْمَت — solid brick (Build.)
~ مُنْحَرِف — squint (Build.)

طُوب (تابع)

~ نِصفُ قُطريّ (لِبناء المُنحَنيات)، طوبٌ إسفينيّ — radial brick, radius brick = compass brick (Build.)

~ نِيْءٌ (مُجَفَّف بالشمس) — adobe brick (Build.)

طُوبة، لَبِنَة — brick (Build.)

~ تَثبيت — fixing block (Build.)

~ حَشْو — expletive (Build.)

~ خَشَبيَّة: في جِدارٍ داخِليّ — nog, wood brick (Build.)

~ زُجاجيَّة — glass brick (Build.)

~ سَدٍّ (نِصْفيَّة) — glut = closer (Build.)

~ سَرْجيَّة، ~ راكِبَة — saddle tile (Civ. Eng.)

~ مُدَوَّرةُ القَرن الخارجية — bullnose brick (Build.)

~ مُرَصَّعة: بالطِّين المُلَوَّن — encaustic tile (Build.)

~ مُعاكِسة أو مُواجِهَة: مُستعرِضة مع طوبَتَي المِدماك دُونها — header (Build.)

~ (أو آجُرَّة) مُفَرَّغة — hollow brick, air-brick (Build.)

~ مُقَوَّسة (لِلعَقْد) — arch brick (Build.)

طوبوغرافي: خاصٌّ بالطوبوغرافية — topographic(al) (Geog.)

الطوبوغرافية: الوَصفُ التفصيلي لِلتضاريس والسِّمات السطحية — topography (Geog.)

~ التصويرية — phototopography (Surv.)

الطُّوبولوجية: دراسةُ الخَصائصِ الهندسيَّة التي لا تتأثَّرُ بتغيُّرِ الحَجْمِ أو الشكل — topology (Maths.)

طوبولوجيةُ الشبكات: أشكال وتصاميمُ بناءِ الشبكات — network topology (Comp.)

طَوْد، طُور، جَبل — mountain (Geol.)

طَوَّرَ، تطَوَّر — develop, evolve

طَوْر: حالة أو هيئة — phase (Maths., Phys.)

~، مَرحلة — stage

الـ ~ الابتِدائي — initial phase

الـ ~ الأخير (لانقِسام الخَليَّة الفَتيليّ)، الـ ~ الانتهائيّ — telophase (Biol.)

~ الانفصال الصِّبغيّ، ~ الصعود (في الانقسام الفتيليّ لِلخليَّة) — anaphase (Biol.)

الـ ~ الأوَّل، الـ ~ التمهيديّ (في انقِسام الخَليَّة غيرِ المُباشِر) — prophase (Biol.)

~ البُخار — vapour phase (Phys.)

~ البُلوغ — adolescence

~ بَوغيّ — sporophyte (Bot.)

~ بَيْنيّ — interphase (Biol.)

الـ ~ التالي (الوسيط في انقسام نواةِ الخليَّة) — metaphase (Biol.)

~ تَفاوُتيّ — differential phase (Telev.)

الـ ~ الساكِن، ~ السُّكون — stationary phase, resting phase (Biol.)

~ السُّبات — dormant stage (Biol.)

~ السُّيُولة — liquid phase (Phys.)

~ الصُّعود، ~ الانفصالِ الصِّبغيّ (في انقسام الخليَّة اللافتيليّ) — anaphase (Biol.)

الـ ~ اللونيّ — colour phase (Telev.)

~ مُتخَلِّف — lagging phase (Elec. Eng.)

~ مُتَّصِل، أو مُستمِرّ — continuous phase (Chem.)

~ مُتَقدِّم — leading phase (Elec. Eng.)

~ المُراهقة — adolescence

~ مُشَتَّت — dispersed phase (Chem.)

~ مَشيجي — gametophyte (Bot.)

~ مُضاد — opposite phase (Elec. Eng.)

~ مُغايِر: غير مُتجانِس — heterophase (Chem.)

~ مُنتَشِر — dispersed phase (Chem.)

~ مَوجيّ: مُتغَيِّرُ الدالَّة المَوجيَّة — wave phase (Phys.)

الـ ~ الوَسيط (في انقسام نواة الخلية) — metaphase (Biol.)

طُوربيد، نَسِيفة — torpedo (Mil.)

طوربين (أُنظُر: تُربين) — turbine (Eng.)

طَوعيّ — voluntary

طَوْف، رَمَث — raft, catamaran, ponto(o)n; floating stage

طُوفان، فَيَضان — deluge, flood

~، سَيْل — freshet

طُوفة: رُسابة الينابيع الحارَّة — tufa (Geol.)

طَوَّق — hoop, skirt; encircle, encompass, surround

طَوْق، حَلْقة — hoop, ring, circle

~، جُلْبَة — collar, collet

~، مِنطقة: حِزامٌ نِطاقي — band, girdle, girth

~ إنضباطيّ — adjustable collar (Eng.)

~ إنكماشيّ، حَلْقة انكماشيَّة — shrink ring (Eng.)

~ تَثبيت غِطاء المحرِّك — cowl ring (Eng.)

~ رَبْط — binding strap (Eng.)

~ القابِض — clutch band (or collar) (Eng.)

~ القاعِدة — base ring (Eng.)

~ لاتَمركُزي — eccentric hoop (or strap)

~ مانِعٌ للتَّفَلْق — ferrule (Eng.)

~ مانِعٌ لِلغُبار — dust collar

~ المِبْرم — trunnion band (Eng.)

~ المِثقاب — drill collar (Eng.)

~ مُحكَمُ التَّثبيت — fast collar (Eng.)

~ مَشقوق — split collar (Eng.)

~ مَفتوحٌ: يَسْمَحُ بالتمدّد — bowling hoop (Eng.)

~ المِكبَح — brake band (Eng.)

~ مُلَبَّسٌ بالانكِماش — shrunk-on ring (Eng.)

~ لِمَنْع التسرُّب، حَشِيَّة — gaskin = gasket (Build.)

~ مَواسير — pipe collar (Eng.)

~ نابِضي — spring ring (Eng.)

~ وِقاية — protection band

الطُّوقان: كوكبة جَنوبيَّة — Tucana (The Toucan) (Astron.)

طُول، اِمتِداد، مَدى — length

الـ ~ الإجمالي — overall length

~ الامتداد، الـ ~ الباعي — span-length (Civ. Eng.)

~ البَصَر، الطَّرَح — longsightedness, hypermetropia (Med.)

~ بُؤري، بُعدٌ بُؤري — focal length (Phys.)

~ الجَديلة — length of lay (Elec. Comm.)

الـ ~ الفعّال — effective length

~ القَبْض، ~ القَبْضَة — grip length (Eng.)

~ كامِل — full length

بالـ ~ الكامِل — in extenso

~ كَبْليّ: عُشر ميل بحري — cable length (Naut.)

~ المَوجة، ~ مَوجيّ — wavelength (Phys.)

~ مَوجةِ القَطع — cut-off wavelength (Elec. Comm.)

~ مَوجيّ أساسيّ — fundamental wavelength (Phys.)

الـ ~ المَوجيّ الحَرِج — critical wavelength (Elec. Comm.)

الـ ~ ~ لِلدَّليل — guide wavelength (Phys.)

طُول (تابع)
الـ ~ المَوجيّ الطبيعيّ لِلهَوائي — natural wavelength of antenna (Radio)
الـ ~ ~ الفَعّال — effective wavelength (Phys.)
~ مَوجيٌّ مَشْرِفيّ — threshold wavelength (Phys.)
الـ ~ الموجيّ لِلهَوائي — antenna wavelength (Radio)
~ النظر — hypermetropia, longsightedness (Med.)
~ الواجِهة — frontage (Build.)
~ الوَحدة التجمعيّة — block length (Comp.)
~ الوُصلة: بين الذرات المرتبطة في الجُزيء — bond length (Chem.)
طُولانيّ، طُوليّ — longitudinal
طُوليّ، خَطِّي — linear (Phys., Maths.)
طَوَوِيَّة، قابليَّةُ الانطواءِ أو الطَّيّ — pliability
طَوِيّ: قابِلُ الطيّ، طَيِّع — pliable, flexible
طُوَيق، حَلْقة — ferrule, circlet (Build.)
طَويل — long
~ البَصَر — hyperopic, long-sighted (Med.)
طُوَيئفة — subclass (Biol.)
طَيّ — plication, folding (Geol.)
~ الآبار، تَبطينُ البئر — steaning, steining (Civ. Eng.)
~ الانزلاق — slip folding (Geol.)
~ الإنسياب — flow folding (Geol.)
~ بَيْنيّ — interfolding (Geol.)
~ التراجُع — back(ward) folding (Geol.)
~ الجَزّ، ~ القَصّ — shear folding (Geol.)
~ لاتناسُقي — disharmonic folding (Geol.)
~ مُتَراكِب، طَيّاتٌ مُتراكِبة — imbricate folding (Geol.)
طَيّار: قائد طائرة — air pilot, aviator
~: قادرٌ على الطيران — volant, flying (Zool.)
~: مُتَطايِر، سريعُ التَّبَخُّر — volatile (Chem.)
~ آليّ، ~ أوتوماتيّ — automatic pilot, robot pilot, autopilot (Aero.)
~ اختبار — test pilot (Aero.)
~ ميكانيكيّ، ~ آليّ — mechanical pilot (Aero.)
طَيّارة — airplane = aeroplane, (air)craft
~ بعيدةُ المَدى — long-range aircraft
~ حربيّة — warplane
~ (أو سَفينةُ) خُطوط: تعملُ على خطٍّ مِلاحيّ — liner
~ شِراعيّة — sail-plane (Aero.)
(~) قاذِفةُ قَنابِل — bomber (Mil.)
~ مائيّة — hydroplane, seaplane, flying-boat (Aero.)
~ مُتعَدِّدة المحرِّكات — multi-engined aircraft
~ مُقاتِلة — combat plane (Mil.)
~ نَقْل — air carrier (Aero.)
طَيَّة، ثَنْيَة — fold; plait, pleat
~، لَفَّة — lap
~، ثَنْية نَسيجيَّة — plica (Zool.)
~، غضنة، تجعيدة — crease
~ أُحاديَّةُ المَيْل — monocline, uniclinal flexure (or fold) (Geol.)
~ اختراقيّة — diapir fold (Geol.)
~ بناءٍ قارِّي — epeirogenic fold (Geol.)
~ ثَنْيي — flexure fold (Geol.)
~ جَزّ — shear fold (Geol.)
~ الحَيْد، ~ سَناميَّة — ridge fold (Geol.)
~ الدَّسْر التحتيّ — under-thrust fold (Geol.)
~ سَرْجيَّة — saddle fold (Geol.)
~ طُوليَّةُ الثَّنْيات — plication (Geol.)
~ عاديَّة (مُتَناسِقة) — normal fold (Geol.)
~ غاطِسة — plunging fold (Geol.)
~ غَريبة، ~ مُغتَرِبة — nappe (Geol.)
~ قائمة — upright fold (Geol.)
~ قَبْوية — anticlinal fold (Geol.)
~ قَوسيَّة — arquate fold (Geol.)
~ لاتناظُرية — asymmetrical fold (Geol.)
~ مائلة أو مُنحَدِرة — dip fold, inclined fold (Geol.)
~ مُتَرقِّقة — supratenuous fold (Geol.)
~ مُتَكِئة، ~ مُتَضاعِفة — overfold (Geol.)
~ مُتَماثِلة — symmetrical fold (Geol.)
~ مُتَوافِقةُ المَيْل — isoclinal fold (Geol.)
~ مُحَدَّبة إقليميَّة — ge(o)anticline (Geol.)
~ ~ مُتساويةُ المَيْل — isocline (Geol.)
~ مِروَحيَّة — fan fold (Geol.)
~ مُضطَجِعة — recumbent fold (Geol.)
~ مُطبَقة، ~ مُغْلَقة — closed fold (Geol.)
~ مُغَضَّنة، ~ أكُورديونيَّة — concertina fold (Geol.)
~ مَفتوحة — open fold (Geol.)
~ مُقَعَّرة، قَعِيرَة — syncline, synclinal, synclinal fold (Geol.)
~ ~ إقليميَّة — geosyncline (Geol.)
~ مَقْلوبة — overturned fold (Geol.)
طَيَّرَ (طائرةً) — fly
~ (بالتبخير) — volatilize (Chem., Phys.)
طَيْر، طائِر — bird (Zool.)
طَيَران — aviation, flying, flight; wing
الـ ~ الآليّ، الـ ~ (بالاستعانةِ) بأجهزةِ القياس — instrument flying (Aero.)
~ اختباريّ (أو تجريبيّ) — test flight, trial flight (Aero.)
~ استِعْراضِيّ — demonstration flight (Aero.)
~ أعمى: اعتِمادًا على الآلات لِسُوء الرؤية — blind flight
~ انزِلاقيّ، ~ انسيابيّ: دونَ دفعِ المُحرِّك ولا إعمال المَكابح — coasting flight (Aero.)
~ تَشْكيليّ — formation flight (Aero.)
~ تَلَمُّسيّ — contact flight (Aero.)
~ دونَ تَوَقُّف — non-stop flight (Aero.)
~ شِراعيّ — gliding flight, sail flying, soaring flight (Aero.)
~ فَضائيّ — space flight
الـ ~ المدني — civil aviation (Aero.)
طَيَرانيّ: خاصٌّ بالطيرانيّات — aero-
الطَّيَرانيّات، عِلْمُ أو فَنُّ الطيران — aeronautics
~ الإلكترونيَّة — avionics = aviation electronics (Aero., Space)
الطيريّات: عِلم الطيور — ornithology (Zool.)
طَيِّع، سَهْلُ القيادة — wieldy
~: سَهْلُ التشكيل — pliable, malleable (Eng.)
طَيْف، شَبَح — vision, apparition, phantom
~، صُورة تِلْوِيَّة — after-image (Opt.)
~: ضَوئي أو طاقي — spectrum (pl. spectra) (Phys.)
~ الابتِعاث، ~ إشعاعي — emission spectrum (Phys.)
~ الأشعة تحت الحمراء — infra-red spectrum (Phys.)
~ الأشِعَّة السِّينيَّة — X-ray spectrum (Phys.)
~ إلكترونيّ — electronic spectrum (Phys.)

طَيْف (تابع)

~ الامتِصاص، ~ امتِصاصيّ absorption spectrum (Phys.)
~ امتصاص الأشعة تحت الحمراء infra-red absorption spectrum (Phys.)
~ الانشطار fission spectrum (Phys.)
~ الاهتزاز، ~ اهتزازي (لِلجُزيئات) vibrational spectrum (Phys.)
~ بَصري: طيف الإشعاع المرئي، تتراوحُ أمواجُه بين طول ٣٨٠ وَ٧٨٠ نانومتر optical spectrum, visible spectrum (Phys.)
~ التداخُل interference spectrum (Phys.)
~ التردُّد frequency spectrum (Radio)
~ ثانَوي secondary spectrum (Opt.)
~ جُزَيْئيّ molecular spectrum (Phys.)
~ حَراري thermal spectrum (Phys.)
~ حُيُوديّ، ~ الحُيود diffraction spectrum (Light)
~ الخُطوط المُظلِمة dark line spectrum (Phys.)
~ خَطِّي (يُميِّزُ عُنصرًا مُعيَّنًا) line spectrum
~ الدَّوَران (لِبلَّورةٍ تخترقُها أشِعَّةُ إكس) rotation spectrum (Phys.)
~ ذَرّي atomic spectrum (Phys.)
~ رَنيني resonance spectrum (Phys.)
~ شَبَحيّ ghost spectrum (Phys.), phantom
~ شَراري: مِن شرارةٍ كهربائية spark spectrum (Phys.)
~ شَريطي band spectrum (Phys.)
~ شَمْسيّ solar spectrum (Phys.)
~ صوتي acoustic spectrum (Phys.)
~ الطاقة energy spectrum (Phys.)
~ غيرُ مَنظور invisible spectrum (Phys.)
~ فائق الدقة hyperfine spectrum (Phys.)
~ قوسي، ~ القَوس الكهربائي arc spectrum (Phys.)
~ الكُتْلَة mass spectrum (Phys.)
~ كهرمغنطيسي: تتراوحُ أمواجُه بين ١٠ $^{-١٥}$ وَ١٠ ^{٣} متر electromagnetic spectrum (Phys.)
~ لاسِلكي: الترَدُّدات بينَ ١٠ كيلوهِرتْز وَ٣٠ جيجاهِرْتز radio spectrum (Radio)
~ لَهَبيّ، ~ اللَّهب flame spectrum (Phys.)
~ ما فوق البَنَفْسَجي ultraviolet spectrum
~ مُتَّصِل أو مُستمِرّ continuous spectrum (Light)
~ مُداوِم persistent spectrum (Phys.)
~ مَرئيّ visible spectrum (Phys.)
~ مِغْنَطيسيّ magnetic spectrum (Phys.)
~ مَفْقود (أو مُظْلِم) lost spectrum (Phys.)
~ مُقارَنة comparison spectrum (Phys.)
~ مُمَيِّز characteristic spectrum (Phys.)
~ مُنتَشِر أو مُنْتَثِر diffuse spectrum (Phys.)
~ مَوشوري prismatic spectrum (Opt.)
~ النَّبْض pulse spectrum (Elec. Comm.)
~ وَمْضي: يُرى لَحظةَ اكتِمال كُسوفِ الشمس الكليّ flash spectrum (Astron.)

طَيفيّ spectral

طِين، وَحْل، حَمَأ mud, mire
~: صَلْصال، غضار clay (Geol.)
~ (أو أوساخٌ مُترسِّبة) sullage (Civ. Eng.)
~ أصَمّ: لِسَدِّ الشُّقوق pug (Build.)
~ الأنابيب، ~ الفخّاريات pipeclay (Geol.)
~ حَراري fireclay (Geol., Eng.)
~ ~ (لِسَدِّ الشقوق) lute (Build., Eng.)
~ الحَفْر (لِتَبريد المِثْقَب) drilling mud (Pet. Eng.)
~ حَفر مُغَوَّز gas-cut mud (Pet. Eng.)
~ حَيْداري: صامِدٌ لِلحَرارة ganister mud (Geol.)
~ الخام المُستَعلق: يُضَخُّ ويُرَسَّب لاستخراجِ خاماتِه pulp (Mining)
~ الخَزّافين ball clay = potters' clay (Geol.)
~ رُسُوبي alluvial clay (Geol.)
~ رَقيقُ القَوام slush
~ زَيتي القاعِدة oil-base mud (Pet. Eng.)
~ سَريعُ التَسَيُّل quick clay (Geol.)
~ الصُّدوع gouge (Geol.)
~ صَفْحِيّ، طَفْل shale (Geol.)
~ غَرَوانيّ colloidal clay
~ غَرَويّ (لَزِج) slime
~ اللَّبِن adobe, adobe clay (Build.)
~ لَدائنيّ، بلاستيسين plasticine (Eng.)
~ لزِج slime
~ مُنَشَّط activated clay
~ نَضِيج: لِلقرميد الزُّخرفي والأواني الخزَفيَّة terra-cotta (Build.)

طِينيّ، صَلْصاليّ bolar, clayey, argillaceous (Geol.)
~ التكوين (أو الأصل) clayey, lutaceous (Geol.)

طَيُور: سَريعُ التطايُر أو التبخير volatile (Chem.)

طُيُور (أُنظر: طائر) birds
~ داجِنَة poultry

طَيُوريَّة: سُرعةُ التطايُر volatility, volatilizability (Chem., Phys.)

ظ

ظا : ظِلُّ الزاوية — tan (abbrev. of tangent)

ظاهِر ، بَيِّن — apparent, evident

~ ، بارِز — conspicuous, outstanding

~ ، خارجيّ — external, exterior, outer

~ التَبلُور — phanerocrystalline (Min.)

~ لِلرادار — radar conspicuous

~ العَقْد — extrados (Build.)

ظاهِرة — effect, phenomenon

~ «أديسُون» : إبتعاثُ الإلكتروناتِ من فتيلةٍ مُتوهِّجة — Edison effect (Electron.)

~ الارتعاش : إبتِعاثٌ إلكترونيّ غيرُ مُنتَظم بفِعل التغيُّراتِ التلقائيَّة في حالة سَطح الابتعاث — flicker effect (Electron.)

~ ازدواجِ السَّنَمات الرنينيَّة — double-hump effect (Radio)

~ الإسترخاء : عودةُ المنظومة المُضطربة أسِّيًا إلى وضع الاتِّزان — relaxation phenomenon (Eng.)

~ انسياب الهواء في المِدخنة : ~ توليد تيار سحبٍ في المدخنة — airflow stack effect, chimney effect (Phys.)

~ «بِرْنُولي» : تناقُص ضَغْطِ تيّار المائع بازدياد سُرعةِ جَرَيانه — Bernoulli effect (Hyd.)

~ بَصَريَّة — optical phenomenon

~ ~ صَوتيَّة : إحداثُ الضَّوء صَوتًا في الغاز الذي يَعْبُره — optoacoustic effect (Phys.)

~ «پلتْيِيه» : إطلاقُ (أو امتصاصُ) الحرارة بمرور التيّار عبَر وُصلةٍ بين مَعدِنَين مُختلِفَين — Peltier effect (Elec. Eng.)

~ التسريع : إزدِيادُ فعالية المُفاعِل الحراري بالنيوترونات السريعة — fast effect, fast fission (Nuc. Eng.)

~ التعطُّل : تَوقُّف الابتعاث من كاثود الصِّمامِ الإلكترونيّ بعدَ مُرورِ نبضةٍ قويَّة فيه — blackout effect (Electron.)

~ التفويت — skip effect (Elec. Comm.)

~ التقلُّص (التيّاريّ) : نتيجةٌ لِلتفاعُل التأثُريّ بين التيّار ومَجالِه المغنطيسي — pinch effect (Phys.)

~ «تِنْدال» : إستِطارةُ الضوء بفِعل الموادِّ المُعلَّقة في سائل — Tyndall effect (Phys.)

~ «جُول وَكَلْفِن» : إنخفاضُ درجةِ حرارةِ الغاز عندَ تمدُّدِه . وتُسمّى أيضًا ظاهِرة «جول وَطومسون» — Joule-Kelvin effect = Joule-Thomson effect (Phys.)

~ جَوِّيَّة : ظاهِرةٌ تحدُث في الجَوّ (كالبَرق والزوابعِ وقَوس قُزَح والشُّهُب إلخ) — meteor (Astron.)

~ ~ مائيَّة : كالضبابِ والمَطَر والبَرَد — hydrometeor (Meteor.)

الـ ~ الحافيَّة — edge effect, fringe effect (Elec. Eng.)

~ الحَجْب — shadow effect (Elec. Comm.)

~ الدَّفيئات — greenhouse effect (Phys.)

~ «دُوبْلَر» — Doppler's effect (Phys.)

~ «رَاهْمان» : تَفَرُّقُ أشعَّةِ الضَّوءِ بِفعل جُزَيئاتِ المادَّة الشفّافة — Raman effect (Phys.)

~ «زِنَر» : ازدِيادُ التيّار بشِدَّةٍ عند ارتفاع الفُلطيَّةِ العكسيَّة إلى حَدٍّ مُعَيَّن — Zener effect (Electron.)

~ «زيْمان» : إنشِطارُ خَطِّ الطَّيف الضوئي في مجالٍ مِغنَطيسيّ قَويّ — Zeeman effect (Phys.)

الـ ~ السَّطحية : اِزدِيادُ كَثافةِ التيّار المُتناوِب بعيدًا عن مَركزِ المُوَصِّل — skin effect (Elec. Eng.)

~ «سِيبك» : تولُّدُ التيّار الكهربائي بفارِقِ درجة الحرارة في مُزدَوِجةٍ حَراريَّة — Seebeck effect (Elec. Eng.)

~ شاذَّة — anomaly

~ «شتارك» : تأثيرُ المَجال الكَهربائي على خُطوط الطيف — Stark effect (Phys.)

~ «شُوطكي» : تأثيرُ المَجال المُسارِع في الابتعاثِ التَّرميوني — Schottky effect (Electron.)

الـ ~ الصِّماميَّة : المُوَصِّلية الأُحاديةُ الاتجاه لِبَعض الإلكترونات (بخاصة الألومنيوم) في مَحاليلَ مُناسِبة — valve effect (Elec. Eng.)

~ ضَوئيَّة كَهْرَمِغْنَطيسيَّة : تَوَلُّدُ تيّارٍ كهربائي بامتِصاص الضوء على سطحِ شِبْه مُوصِل مُوازٍ لِمَجالٍ مِغنَطيسيّ — photoelectromagnetic effect (Phys.)

~ طبيعيَّة — phenomenon (pl. phenomena)

~ «طومسُون» : تَوَلُّد فَرقٍ في الجُهد بين نقطتين في موصل على درجتَي حرارةٍ مُختلِفتين — Thomson effect (Elec. Eng.)

~ «فِرّانتي» : اِرتفاعُ الجُهد الكهربائي في نهاية خَطِّ النَّقلِ عند زَوالِ الحِمل — Ferranti effect (Elec. Eng.)

~ «فُلطا» : فرقُ الجُهد الناتج عند تماسٍّ فِلزَّين مُختلِفين — Volta effect (Phys.)

(الـ ~) الكالوريَّة : اِمتِصاصُ الطاقةِ وإعادةُ إشعاعِها بأمواجٍ أقصَرَ — calorescence (Phys.)

~ «كمپتُن» : استِطارةُ الفوتونات المَرِنة (وتغيُّر طولها المَوجي) بالإلكترونات الطليقة — Compton effect (Phys.)

~ كهربائية شاذَّة — electric anomaly

الـ ~ الكَهرُحَراريَّة : تَوَلُّدُ قوةٍ دافِعةٍ كهربائية بالتأثير الحراري — thermoelectric effect (Elec. Eng.)

~ كهرشَعْريَّة : تناقصُ التوتر السطحيِّ بسبب التنافرِ المتبادَل بين الأيوناتِ المُمتَزَّة — electrocapillary effect (Phys.)

الـ ~ الكَهْرضَغْطيَّة : تَوَلُّد شِحنتَين كهربائيَّتَين مُتَضادتين عند طرفين مُتقابلين في بلّورة خاصَّةٍ عند تعرُّضها لِلضغط أو الشدِّ في اتجاهٍ مُعَيَّن — piezoelectric effect (Phys.)

الـ ~ الكَهْرضَوئيَّة : اِنبعاثُ إلكترونات من جسمٍ جامدٍ عندَ تعرُّضه لِلضَّوء — photoelectric effect (Phys., Elec. Eng.)

الـ ~ الليلية : خطأُ التوجيه الراديويّ ليلًا — night effect = night error (Radio)

~ المَغْنَطة الحراريَّة : سُخونةُ (أو بُرودةُ) وسَطٍ تَنعكِسُ عند تغيُّر المَغنطة — thermomagnetic effect = magnetocaloric effect (Phys.)

ظاهِرة (تابع)

الـ ~ المَغْنِطوإجهاديَّة: تولُّدُ مَجالٍ مِغنطيسيّ بالإجهاد الميكانيكي (في بعض الموادّ) أو العَكْس — piezomagnetic effect (Phys.)

~ المُوَصِّليَّة الضَّوئيَّة: إزدِيادُ المُوَصِّليَّة الكهربائيَّة بالتعرُّضِ لِلضوء — photoconductive effect (Phys.)

الـ ~ النفقيَّة: إحتمالُ نَفاذِ جُسَيم مَشحونٍ عبرَ حاجِزٍ جُهديٍّ أعلى مِنهُ طاقةً — tunnel effect (Electron.)

~ «هُول»: تَوَلُّدُ مَجالٍ كهربائي مُستعرِض في مُوَصِّلٍ يحملُ تيارًا عبرَ مجالٍ مغنطيسيّ — Hall effect (Electron.)

ظاهِريّ: ظاهِر — apparent

~: عكس باطِنيّ — external, superficial, exogenous

ظِرّان، صَوّان، صَخرٌ صَوّاني — flint, chert (Geol.)

ظَرْف: لَفيفة غلافيَّة — cartridge

~، ظَرْفُ المِثْقب — chuck (Eng.)

~، حَال، واقِعُ الحال — circumstance; situation, condition

~، غِلافٌ واقٍ — case, envelope, pod (Eng., Biol.)

~ تدوير — driving chuck (Eng.)

~ تَقْسيم — index chuck (Eng.)

~ ثُلاثيُّ الشُّعَب — three-pronged chuck (Eng.)

~ ~ الفُكوك — three-jaw chuck (Eng.)

~ جامِعُ الحرَكة — universal chuck (Eng.)

~ جَرَسيّ — bell chuck (Eng.)

~ حُقّي أو قَدَحي — cup chuck (Eng.)

~ (خِراطةِ) الخشَب — wood chuck (Carp.)

~ ذاتيُّ التمركُز — concentric chuck = self-cent(e)ring chuck (Eng.)

~ ذو لُقَم — jaw clutch (Eng.)

~ ذو مُسَنَّنات — geared chuck (Eng.)

~ رُباعيُّ الفُكُوك — four-jaw chuck (Eng.)

~ زِناقي — draw-in chuck, collet chuck (Eng.)

~ الصِّمام — valve chuck (Eng.)

~ قابِض — grip chuck (Eng.)

~ قَدَحي — cup chuck (Eng.)

~ القذيفة — shell case (Mil.)

~ لَولَبيّ (مُحَوًّى) ذاتيُّ التمركُز (بخاصةٍ ثلاثيّ الفكوك) — scroll chuck (Eng.)

~ المِثقاب — drill chuck (Eng.)

~ المِخرَطة — lathe chuck (Eng.)

~ مَخروطيّ — cone chuck (Eng.)

~ مُزدَوِجُ الفَكّ — two-jaw chuck (Eng.)

~ مُستَقِلّ (اللُّقَم) — independent chuck (Eng.)

~ مِغْنَطيسيّ — magnetic chuck (Eng.)

~ مِفتاحيّ — key chuck (Eng.)

~ مُلَولَب، جُلْبَة مُلَولَبَة — screw chuck (Eng.)

~ مُؤتَلِف — combination chuck (Eng.)

~ يَدَويُّ التَّشْغيل — hand-operated chuck (Eng.)

~ يُسْحَب، ~ زِناقي — draw-in chuck (Eng.)

ظَرْفيّ — circumstantial

ظُروف الاختِبار — test conditions

~ البِداية: وُسُطُ المُعادَلةِ التي يستخدِمُها الحاسوبُ لِحَلِّها — initial conditions (Comp.)

~ تُربيَّة — edaphic conditions (Ecol.)

~ التشغيل — operating conditions (Eng.)

~ ~ العادي — normal working conditions (Eng.)

~ حَرِجة أو عَصِيبَة — critical conditions

~ العَمَل — working conditions

~ عياريَّة: ~ درجة الحرارةِ والضغط العِياريَّيْن (درجةُ حرارةِ الصِّفرِ المِئوي وضَغطُ ٧٦٠ ملم زِئبق) — standard conditions (standard temperature and pressure) (Phys.)

~ قَذْفيَّة: تشمل طبيعةَ المقذوف وزنًا وشكلًا وسرعةً، كما كثافةَ الهواء وحركتَه وحرارته، وكذلك دوران الأرض — ballistic conditions (Phys.)

~ مِثاليَّة — ideal conditions

~ مُثلَى — optimal conditions

الـ ~ المُحيطة (كالرطوبةِ والضغط والحرارة) — ambient conditions (Phys.)

ظُفْر — nail, unguis (Zool.)

~، مِخْلَب — claw, unguis (Zool.)

~ السَّقاطة — ratchet pawl (Eng.)

ظِلّ — shade, shadow (Phys.)

~، سُوَيداءُ الظِّل — umbra (pl. umbrae) (Astron.)

شِبْهُ الـ ~ — penumbra (Astron.)

~، ظِلُّ الزاوية — tangent, tan (Maths.)

~ التَّمام (ظتا) — cotangent (Maths.)

~ الرِّياح: الجِهةُ التي تهُبُّ نحوها — leeward (Meteor.)

~ الرِّيح: جانِبُ المُنحدَر المَحمي من الرِّيح — wind shadow (Geol.)

~ الزاوية (ظا): نسبةُ جَيب الزاوية إلى جَيب تمامها — tangent (Maths.)

~ زائديّ — tanh (hyperbolic tangent) (Maths.)

~ المَطَر — rain shadow (Geog.)

ظِلالُ الانفِعال — strain shadows (Opt.)

ظَلالة، ظليليَّة — opacity (Phys.)

ظِلاليٌّ خفيضُ الإنارة، قاتِم — low-key (Illum.)

ظَلاميّ: يتحاشى النُّور — lucifugous

ظُلَّة — shed

~، تَنْدَة: سَطحٌ مُظَلِّل — awning

~، غِطاءٌ مُنزَلِق (لمقصورة الطيّار) — canopy (Aero.)

~، سَقيفَة — penthouse = pentice

~ الشَّجر — canopy (Bot.)

~ المِصباح — lampshade

~ ناتئة (في مدخل المَبنى) — marquise (Arch.)

ظِلْف، حافِر — ungula, hoof (Zool.)

الظُّلْمانُ القريب: أقربُ نَجمٍ إلى الأرض (٤,٣ سَنة ضَوئية) — Proxima Centauri (Astron.)

ظُلمة، ظَلام — darkness

ظَليل — shady, umbrageous

ظَليليّ: غَيْرُ شفّاف (يمتَصُّ الأشعة المعيَّنة بالكامل ولا يُمرُّها) — opaque (Phys.)

ظَليليَّةٌ إشعاعية — radiopacity (Phys.)

ظُنْبوب، شَظيَّة: عَظمُ الساق الأكبر — shinbone, tibia (Zool.)

ظَنّيّ، إفتِراضيّ — suppositional, hypothetical

ظِهار، صفيحة خلفية، لَوحٌ خلفيّ — backplate

ظُهار: وجَعُ الظهر — backache (Med.)

ظِهارة: نقيضُ البِطانة — epithelium (Biol.)

~، ظِهارٌ سانِد — backing

~، واجِهة — face, facing (Eng.)

~ عَموديَّة — columnar epithelium (Zool.)

ظِهارة (تابع)
~ مَنْع الهالِيَّة — anti-halation backing (Phys.)
ظَهَّرَ (الشيك)، **جَيَّر** — endorse, indorse
ظَهْر — back, dorsum (Zool.)
~، قَفا — verso (Print.)
~ مُحَدَّب — hogback (Build.)
~ المركَب، سَطحُ السفينة — deck (Naut.)

ظُهْر — noon (Astron.)
بَعْدَ الـ ~ — post meridien, P.M., p.m.
قبلَ الـ ~ — ante meridien, A.M., a.m.
ظَهْرِيّ — dorsal
ظُهور، مَظهر — appearance
~، بُزوغ، اِنبِثاق — emergence
~ اليابِسة — landfall (Naut., Aero.)

ظَهير، مُعِين — helper, assistant
ظَواهِر (أُنظُر: ظاهِرة) — phenomena, effects, manifestations
~ حراكيَّة هوائيَّة — aerodynamic phenomena (Aero.)
~ كهروحَراريَّة — pyro-electric effects (Phys., Min.)

ع

عابِر، مارّ — passing
~، عَرَضيّ — casual, incidental
~، سَطحيّ، غير مُعَمَّق — cursory
~، زائل، مُؤقَّت — transient, transitory
~ القارّات — transcontinental (Geog.)
عاتٍ، غاشِم — brute
عاتِق، ذِراع — boom (Eng., Naut.)
~ الميزان — beam, balance beam, scale beam
عاتِم — dark; dim
عاثَ، أفسَد وأتلَف — waste, squander
عاثية — phage (Biol.)
~ الجراثيم — bacteriophage
عاجّ — ivory (Zool.)
~ الأسنان — dentine (Zool., Med.)
عاجِز: غيرُ قادر — incapable
~ (مرضًا) — invalid
~ (جنسيًّا) — impotent (Med.)
عاجِل، مُباشِر، فَوْريّ — immediate, instant, rapid, quick
عاجِيّ — ivory
عادَ، أعاد — return
~، عاوَدَ — recur
~ عن: سَحَب، ألغى — withdraw; cancel
عادٌّ، مُحصٍ — counting
~ (عددًا) دونَ باقٍ — aliquot (Maths.)
عادة، عُرْف — custom, habit, norm
عادَلَ، ساوَى — equal, equalize
~ (بتأثير مُضادّ) — counteract, neutralize, counterbalance
~، وازَنَ — equilibrate, balance
عادِلٌ، مُنْصِفٌ — fair, just
العادِم، أنبوبُ الانفِلات — exhaust (Eng.)
عادِيّ، مألوف — common, ordinary
~، سَوِيّ — normal
~، مُعتاد، مُتعوَّد — customary, habitual, usual
غيرُ ~ (استثنائي) — extraordinary, unusual
غيرُ ~ (شُذوذًا) — abnormal
~: أَثَرٌ قديم (ج. عاديّات) — antique, antiquity
عارٍ — bare, naked
عارِش، مُعْتَرِش — climber, scandant, creeper (Bot.)
عارِض: حادث طارِئ — accident, incident, contingency
~، عَرَضي، طارِئ — accidental
عارَضَ، ضادَّ — object (to), oppose
~، تعارَضَ — clash
~، ناقَضَ — contradict
عارِضة، شَريحة، (لاطَة) — batten (Build.)
~: طارِئةٌ إضافيَّة، عَرَضيَّة — adventitious (Bot.)
~، رافِدة — cross member, stringer, girder, joist, traverse, spar (Build.)
~، مُعترِضة — baffle (Eng.)
~ إضافيَّة — auxiliary spar (Aero.)
~ ~: عبرَ حوامِلَ كابولية — pony girder (Eng.)
~ ~: تشُدُّ عِدَّةَ ألواح — ledge (Build.)
~ تأطير مُستَلْقية — lying panel (Build.)
~ تشابكية — lattice beam, lattice girder (Eng.)
~ تَقْوِيَة — fuor (Carp.), fish, fish plate (Eng.)
~ الجِسر — bridge-girder (Civ. Eng.)
~ جُمْلونيَّة (لبناء الجسور) — bowstring girder (Civ. Eng.)
~ الخَلّاط — mixer baffle (Civ. Eng.)
~ دَعْم — header (Carp.)
~ رَبْط، رافِدة طُولانيَّة — stringpiece
~ رَقائقيَّة، جائزٌ رَقائقي — laminated beam (Build.)
الـ ~ السُّفلية (في بابٍ أو إطار) — bottom rail (Build.)
~ سِقالية أفقية — ledger (Build.)
~ سَقْفيَّة — purlin (Build.)
~ ~ مائِلة — rafter (Build.)
~ صَدْريَّة — bressummer (Build.)
~ صغيرة — girt (Build.)
~ صُندوقية — box girder, box spar (Eng.)
~ فولاذيَّة — steel girder (Build.)
~ القُفْل: في إطار الباب — lock rail (Build.)
~ قَنطريَّة — bridging joist (Carp.)
~ لَوحيَّة — plate girder (Eng.)
~ مُتقاطِعة — cross girder (Eng.)
~ مُرَكَّبة — compound girder, built-up girder, built-up beam (Eng.)
~ مُستَوِيَة — plane baffle (Acous.)
~ بمُوازاة سطح النافذة — breastsummer, bressummer (Build.)
~ وَصْل — splice plate
عارياتُ البُزور — Gymnospermae (Bot.)
عازِقةٌ مجرورة — mounted cultivator (Agric.)
عازِل — insulator, insulant, isolator (Elec. Eng., Phys.)
~، فاصِل — isolant (Phys.), buffer (Geog.)
~ أنبوبيّ مَرِن — spaghetti (Elec. Eng.)
~ انفِعاليّ (صامِدٌ لِلشدّ) — strain insulator (Elec. Eng.)
~ تَوَتُّري (يتحمَّلُ الشدَّ عن خطِّ التوصيل) — tension insulator (Elec. Eng.)
~ جِداريّ — wall insulator (Elec. Eng.)
~ حَراري — heat insulator, thermal insulator (Phys.)
~ خَزَفيّ أو فَخّاريّ — ceramic insulator (Elec. Eng.)
~ دعاميّ — post insulator (Elec. Eng.)
~ زيتيّ — oil insulator (Elec. Eng.)
~ صَوتيّ، ~ لِلصَّوت — acoustic insulation, soundproof (Phys., Acous.)
~ صِينيّ — porcelain insulator (Elec. Eng.)
~ طَرَفيّ — terminal insulator (Elec. Eng.)
~ القاعِدة (أو الحامِل) — stand-insulator
~ قَضيب السكة المُوَصِّل — conductor-rail insulator (Elec. Eng.)
~ قِطاعيّ — section insulator (Elec. Eng.)
~ كهربائي — dielectric, insulator (Elec. Eng.)
~ مُباعِد — stand-off insulator (Elec. Eng.)
~ مُتباينُ الخواص — anisotropic insulation (Elec. Eng.)
~ مُتَناحٍ — isotropic dielectric (Elec. Eng.)
~ مِثاليّ — perfect dielectric (Phys.)
~ مِدْرَئيّ — petticoat insulator (Elec. Eng.)

عازِل (تابع)
~ المِركَم accumulator insulator (Elec. Eng.)
~ مَسْحُوقي powder insulation
~ مِسماريّ pin insulator (Elec. Eng.)
~ مِظَلِّي umbrella insulator (Elec. Eng.)
~ المكَثِّف (السعَوي) condenser dielectric (Elec. Eng.)
~ مُوَحَّدُ الخواص: ثابتُ العَزل في كافة الاتجاهات isotropic dielectric (Elec. Eng.)
عاسٍ: لَدْنٌ ومُقاومٌ لِلشدِّ tough
عاشِب: يقتاتُ بالأعشاب herbivorous, poephagous (Zool.)
~، مُعشوشِب grassy
عاصٍ، عصيٌّ: صامدٌ للحرارة (فلا ينصهر) refractory (Eng.)
عاصِبَة (لِقَطْع النزيف) tourniquet (Med.)
عاصِرَة، مَصَرَّة sphincter (Zool.)
عاصِف stormy, gusty; windy
عاصِفَة storm, tempest, gale (Meteor.)
~ أيونوسفيرية ionospheric storm (Elec. Comm.)
~ بَرَدِيَّة hailstorm (Meteor.)
~ ثلجية، دَمَق snowstorm, blizzard (Meteor.)
~ جَليديَّة ice storm (Meteor.)
~ راديوية radio storm (Radio)
~ رَعْدِيَّة thunderstorm (Meteor.)
~ رَمْلِيَّة sandstorm (Meteor.)
~ رِيحيَّة windstorm (Meteor.)
~ شَديدة tempest, gale (Meteor.)
~ عاتية whole gale (Meteor.)
~ غُبارِيَّة، سافِيَة dust storm (Meteor.)
~ مِغْنَطيسيَّة magnetic storm (Meteor.)
~ مُمْطِرة rainstorm (Meteor.)
عاصِمة capital
عاصِميّ metropolitan
عاطِل: ~ عن العمل unemployed, jobless; idle
~، مُعَطَّل dead, not functioning, out of order
عاقَ، أخَّر، أعاقَ impede, retard, delay
~، أحْبَطَ thwart
~، رَدَعَ deter

~ النُّمو stunt (Biol.)
عاقَبَ punish, penalize
عاقِبة، نتيجة outcome, consequence, result
عاقَدَ contract
~ من الباطِن subcontract
عاقِر، غيرُ مُثمِر barren
عاكَسَ، ناقَضَ contradict
عاكِس reflector (Phys.)
~، مُحَوِّل inverter (Chem., Elec. Eng.)
~ (الاتجاه) reverser
~ إهليلَجيّ ellipsoidal reflector (Opt.)
~ التيار (في عضو الإنتاج) commutator, current reverser (Elec. Eng.)
~ الحرَكة reverse
~ الدَّسْر (أو الدَّفع) thrust reverser (Aero.)
~ رُكْنيّ corner reflector (Elec. Comm.)
~ شَبَكيّ grating reflector (Phys.)
~ شديدُ التركيز intensive reflector (Illum.)
~ الطَّور phase inverter (or invertor) (Elec.)
~ مِرآويّ mirror reflector, specular reflector (Elec. Comm., Phys.)
~ مُرَكِّز concentrating reflector (Illum.)
~ مُكافِئيُّ المَقطع parabolic reflector (Phys.)
~ ناشِر diffusing reflector (Elec. Eng.)
~ الهَوائي antenna reflector (Radio)
عاكِسة، عاكس inverter, reverser, reflector (Phys.)
~، نافية inverter, negator (Comp.)
~ التيّار electrepeter, current reverser (Elec. Eng.)
العاكِسيَّة: الانعِكاسيَّة reflectivity (Phys.)
عاكِسيَّةُ السَّطح albedo (Phys., Astron.)
عالٍ، مُرتَفِع high
عالَجَ، تناوَل (بالبحث أو المعالَجة تقنيًّا) deal, handle, treat
~، داوى remedy, treat, cure
~ (باليد أو بأداةٍ ميكانيكية) manipulate
~ (بِمَوادَّ كيماويَّة) doctor (Chem.)
~ (أو صَفَّحَ) بالألُمنيوم aluminize
~ بالأنْوَدة (لِمَنع التأكُّل) anodize (Elec. Eng., Chem.)
~ بالتَّصْنيع أو بالمَكنات process (Chem.)

~ بتفصيل مُفْرِط labour, elaborate
~ (أو حَرَّكَ) بالقُوَّة البشريَّة manhandle
~ مسألةً (أو مشكلة) tackle
~ بِنَجاح cope, wield
عالِم scientist
~ آثار، آثارِيّ archaeologist
~ أحياء، ~ أحيائي biologist (Biol.)
~ في الاقتصاد economist
~ بَراكين volcan(olog)ist
(~) جِيُوفيزيائي geophysicist
(~) جِيُولوجي geologist
~ الخَلايا cytologist
~ في الرياضيّات mathematician
~ طبيعيات، ~ فيزيائي physicist
~ فَلَكي astronomer
~ نباتيّ botanist
~ نَفْسانيّ psychologist
~ في الهَنْدَسة geometrician
عالَم، دُنيا world
~ (في تصنيف الأحياء) kingdom
~، كَون universe, cosmos
الـ ~ الثالث Third World
~ الجَماد mineral kingdom
~ الحيوان animal kingdom
~ صَغير microcosm
~ «مِينكُوسكي»: ذو الأبعادِ الأربعة Minkowski world (Maths., Phys.)
~ النَّباتِ plant kingdom
عالَميّ، عالَميُّ النِّطاق global, worldwide
~ الأُفُق: أُمَميّ cosmopolitan
عالي الاِستِبانة high-resolution (Phys.)
~ مُعامِل الانكِسار dense, optically dense (Opt.)
~ نسبة الإسمَنت fat (Build.)
~ الوُضوح high-definition (Telev.)
عاليةُ النَّهر: باتجاه مَنْبَعه upstream (Geog.)
عامٌّ، شامِل generic
~، عمومي general, public
~، مُشترك common
عامَة، عَوّامة، طافِيَة buoy, float (Hyd. Eng.)
~ إرْساء mooring buoy (Naut.)
~ إقرار stabilizing float (Naut.)
~ بِرْميليَّة keg buoy
~ تحت سطحيَّة: مُعَلَّقة بأُخرى سطحية دليلية subsurface float (Hyd.)

عامَة (تابع)

~ توازُن — equilibrium float
~ دَليليَّة، طافيَةٌ دَليليَّة — marker buoy (Naut.)
~ صَفّارة — whistling buoy (Naut.)
~ صُندوقيَّة — trunk-buoy (Naut.)
~ صَوتيَّة — sonobuoy (Elec. Comm.)
~ ضَوئيَّة — light float (Naut.)
~ العائق — obstruction buoy (Naut.)
~ كَبْليَّة: مُثْبَتَةٌ بِكَبْلٍ إلى مرساة — cable buoy (Naut.)
~ مُسَطَّحة: لإمرار المركب عبرَ مَضْحَل — saucer (Naut.)
~ مُضيئة — floating light (Naut.)
~ المنارة — light buoy (Naut.)
~ نَجاة — life buoy, safety buoy

عامِد: مِن مركز المُضلَّع المُنتظم إلى أحدِ أضلاعِهِ — apothem (Geom.)
~: عُمْقُ التحدُّب الأقصى (من مُنْتَصفِ القوس إلى وسَط وتره) — sagitta

عامَلَ — treat, handle; deal with
~ (أو عالَجَ) بالكِبريت أو بثاني أُكسيدِ الكِبريت — sulphurate = sulphurize (Chem.)

عامِل، شَغّيل — labourer, worker
(أُنظُر لاحقًا: عامِل، فاعِل)
~، عامِلُ ارتباط — agent
~، مُعامِل — factor, coefficient (Maths., Phys.)
~ الاحتِكاك — friction factor (Eng.)
~ الاحتِمالية — probability factor (Stat.)
~ إحماض، مادَّة مُحَمِّضة — acidizer (Chem.)
~ أحيائي: له تأثيره على الكائنات الحية — biotic factor
~ إرساب — precipitating agent (Chem., Eng.)
~ أساسيّ — prime factor
~ استِحلاب، مُستَحْلِب — emulsifying agent (Chem.)
~ الاستِخلاص — recovery factor (Pet. Eng.)
~ الاستِفادة، ~ الانتفاع — utilization factor (Eng.)
~ الاستِقرار — stability factor (Electron.)
~ الاستِهلاك — depreciation factor
~ إشابة — dopant, doping agent (Electron.)
~ الإشعاع — radiation factor (Phys.)
~ الأمان، النِّسبة بين حدِّ التحمُّل الأقصى وأكبر حِمْل مُتَوَقَّع — safety factor = factor of safety (Eng.)
~ الامتِصاص: النسبةُ بين الإشعاع الكُلّي المُمتَصّ والإشعاع الكُلّيّ الساقِط — absorption factor = absorptance (Phys.)
~ الانتِفاع — utilization factor (Elec. Eng.)
~ ~ الحراري — thermal utilization factor (Phys.)
~ الانتِقال الصوتي — acoustic transmission factor (or coefficient)
~ انحلالِ المُستَحلَب — emulsion breaking agent (Chem.)
~ الانضغاطيَّة — compressibility factor (Eng.)
~ الانعكاس، انعِكاسيَّة — reflectance, reflection factor (Phys.)
~ إنفاذ — penetrant (Chem.)
~ «أو»: في عَمليَّة «أو» المَنْطِقيَّة — OR (Comp.)
~ بَدْء — initiating agent (Chem.)
~ التبايُن — diversity factor (Elec. Eng.)
~ التبدُّد (أو التبديد) — dissipation factor (Elec. Eng.)
~ ~ الضوئي — waste light factor (Illum.)
~ ~ لِلعازِل — dielectric dissipation factor (Elec. Eng.)
~ تبليل (أو ترطيب): يَخفِضُ التوتُّر السطحيّ لِلسائل — wetting agent (Phys.)
~ تَثْبيت أو تَرْسيخ — fixing agent (Chem.)
~ التجميع: عدد السِّجلات في التجميعة — blocking factor (Comp.)
~ تَحْميل — loader
(~) ~ القُدرة — power loading (Aero.)
~ التخلُّفية — hysteresis factor or coefficient (Elec. Eng.)
~ التدريج — scaling factor (Eng.)
~ تُربيّ — edaphic factor (Agric.)
~ تَرْشيح — filtering agent (Phys.)
~ تَرْطيب — moistening agent (Chem. Eng.)
~ تَرقيق (أو تخفيف) — thinning agent
~ تَرْويق — clarifying agent (Pet. Eng.)
~ التَسرُّب — leakage factor (or coefficient)
~ تَشْتيت (لِمَنع الذبذبة) — losser (Elec. Eng.)
~ التَّشغيل: نِسبةُ مُعدَّل القُدرة إلى القُدرة الذُّرويَّة — duty factor (Elec. Eng.)
~ تَصْبين — saponifying agent (Chem.)
~ التصحيح — correction factor (Eng.)
~ تَصْليد — hardening agent (Met.)
~ التضاؤل — decay factor = damping factor (Elec. Comm., Phys.)
~ التضخيم — amplification factor (Phys., Elec. Eng.)
~ التَّضمين — modulation factor (Radio)
~ تظهير — developing agent (Photog.)
~ التعرُّض — exposure factor (Phys.)
~ التغيُّر — variation factor (Illum.)
~ تقصير، ~ تَبْييض — bleaching agent (Chem.)
~ التقويم — rectification factor (Elec. Eng.)
~ التكاثُر — reproduction factor (Phys.)
~ التناسُب — proportionality factor
~ التوهين — attenuation factor (Phys.)
~ جَلْفَطة: مادة جَلْفطة — caulk (Eng.)
~ الجُودَة — Q (quality) factor (Electron., Eng.)
~ حاتٌّ أو أكّال — corrodant (Chem.)
~ حَتٍّ كيميائي — corrosive = corrosive agent (Chem.)
~ الحَجْب — shadow factor (Elec. Comm.), shield factor (Elec. Eng.)
~ حِسابيّ: رمزُ العملية الحسابية المُرادُ إجراؤها — arithmetic operator (Comp.)
~ حَفّاز — catalyst, catalytic agent, catalyzer (Chem.)
~ حَفْز تَلامُسيّ — contact agent (Chem.)
~ الحِمْل — load factor (Elec. Eng.)
~ ~ لِلوَحدة الصناعيَّة — plant load factor (Eng.)
~ ~ اليوميّ — diurnal load factor (Eng.)
~ داخليّ — intrinsic factor
~ الذُّروة — amplitude factor = peak factor, crest factor (Elec. Eng.)
~ ذو فاعِليَّة سَطحيَّة — surface active agent (Chem.)
~ رَبْط، رابطة: مثل «و» «أو» و«لا» — connective (Comp.)
~ الرَّسم البَيانيّ — diagram factor (Eng.)
الـ ~ الرِّيصي — Rh(esus) factor (Med.)

عامِل (تابع)

~ُ سَبَبِيّ أو مُسَبِّب — causative agent

~ُ الشَّكل — form factor (Elec. Eng.)

~ُ صَهْر — fusing agent (Chem.)

~ُ طبيعي — physical factor

~ُ الطَّلَب — demand factor (Elec. Eng.)

~ُ عَلائقي: رَمز مثل > ,< إلخ — rational operator (Comp.)

~ُ الفَقْد — loss factor (Elec. Eng.)

~ُ القُدرة لِلعازِل — dielectric power factor (Elec. Eng.)

~ُ القُوَّة (في مُحَوِّلٍ لِلطاقة) — force factor

~ُ اللاّتماثُليَّة — dissymmetry or unsymmetry factor, anisotropy factor (Phys.)

~ُ اللاتوازُن — unbalance factor (Elec. Eng.)

~ُ مانِعٌ لِلتنقُّر — antipitting agent (Elec. Eng.)

~ُ مُحَدِّد — limiting factor (Phys.)

~ُ مُختَزِل — reducing agent (Chem.)

~ُ المَسموعيَّة — audibility factor

~ُ مُشترَك — common factor (Maths.)

الـ ~ُ الـ ~ الأصغَر — least common factor (Maths.)

الـ ~ الـ ~ الأعظَم — greatest common factor, highest common factor (Maths.)

~ُ المُضاعَفة، ~ُ التكاثُر — multiplication factor (Nuc. Eng.)

~ُ المُعاوَقة — impedance factor (Elec. Eng.)

~ُ المُفاعَلة — reactive factor (Elec. Eng.)

~ُ المكامَلة — integrating factor (Maths.)

~ُ المُوَجِّهيَّة — directivity factor (Acous.)

~ُ المُوَصِّليَّة — conductivity factor (Phys.)

~ُ مُؤكسِد — oxidizing agent (Chem.)

~ُ ميو: عامِلُ تضخيم الفُلطيَّة بين الشبَكة والأنود في الصِّمام — mu-factor (Electron.)

~ُ النفاذ — transmission factor (Phys.)

~ُ النفعيَّة — utility factor (Elec. Eng.)

~ُ النوعية، ~ الجودة — quality factor (Phys.)

~ُ وَظيفيّ: دالة بين الفئات تحفظ بنيَتَها — functor (Maths.)

عامِل، فاعِل — labourer, worker, hand

~، مُشَغِّل — operator (Eng.)

~ُ أسلاك (الهاتِف أو التِّلغراف) — linesman

~ُ (أو بَرّادُ) أنابيب — pipe fitter (Plumb.)

~ُ بَسيط — navvy

~ُ تَحويلِ القُطُر — shunter (Railways)

~ُ تركيب أنابيبِ البُخار — steam fitter (Plumb.)

~ُ تَفريز — miller

~ُ تفريغ (أو شَحْنِ) السُّفُن — lumper

~ُ تَهيئةِ العُدَد (وتنظيفها) — tool dresser

~ُ جَلْفَطة — calker, caulker (Eng.)

~ُ حَدِّيّ (أجرُه يُعادلُ قيمةَ إنتاجِه) — marginal worker

~ُ حَفْر — dauber (Mining), digger (Eng.)

~ُ الشاخِص — rodman = staffman (Surv.)

~ُ صَهْر — smelter (Met.)

~ُ طِباعة، طَبّاع — printer

~ُ غيرُ مُتفرِّغ — part-time employee

(~ُ) كهربائي — electrician

~ُ لاسِلكي — radio operator

~ُ لِحام، لَحّام — welder (Eng.)

~ُ اللِّحام بالأكسِجين — oxywelder (Eng.)

~ُ ماهِر — skilled worker

~ُ مُتوسِّطُ المهارة — semi-skilled worker

~ُ المِرفاع — hoistman = hoist operator, crane rigger

~ُ بالمُقاطَعة أو بالمَقطوعيَّة — jobber

~ُ مَكَنات، مَكّان — machinist

~ُ مَناجِم — miner, coolie, groover, pitman

~ُ مُياوِم — journey man, day labourer

~ُ ميكانيكي — mechanic, mechanician

~ُ الهاتِف — telephone operator

~ُ يافِع — nipper

~ُ يشتغِلُ لِحسابه — self-employed worker

عامِليّ — factorial (Maths.)

عانَى — bear, suffer, incur

العانة، عَظْمُ العانة — pubis = pubic bone (Zool.)

عاهة: عِلَّةٌ مُزمِنة، **عَجز** — infirmity, disability

عاوَقَ — impede (Elec. Eng.), hamper

عاوَنَ — help, aid, assist

عائِد — return

الـ ~ُ الأرضيّ — earth return (Elec. Eng.)

عائِدات، رَيْع، حَصيلَة، رِبْح — proceeds, returns; royalties

~ُ ضَرائبيَّة — taxes, dues

~ُ المَنجَم — mine returns

عائِدة: مَنفعة — benefit, profit, gain

عايَرَ، دَوزَنَ — attune

~، دَرَّجَ — calibrate (Phys.)

~، قاسَ — gauge

~: جعَلَ عياريًّا — normalize, standardize

عائِق — impediment, handicap, obstacle, encumbrance

~، مانِع، رادِع — deterrent

~، عَيْب — drawback

~، حائِل، حاجِز — hindrance, barrier, gorge

~، كابِحُ الارتداد — holdback, lock

~ُ بُخاريّ — vapour lock (Eng.)

~ُ مُكَهْرَب — electrified obstacle

عائِل (لِلطُّفَيليّات)، **ثَوِيّ** — host (Biol.)

عائِلَة، أُسْرَة — family (Biol.)

عائليّ — familial

عائِم، طافٍ (فوقَ الماء) — floating, afloat, natant

عايَنَ، رأى — view, see

~، فحصَ — inspect, examine

عِبْء: حِمْل — burden, load

عَبَّأَ: مَلَأَ — fill (up), stow

~ (الجُند) — mobilize, recruit (Mil.)

~ حتى القِمَّة — top

~ في زُجاجات — bottle

~ في صناديق — box, crate

~ في عُلَب — package, case, pack

~ ~ ~ معدنيَّة — can, tin

عَبّادُ الشَّمس — sunflower (Bot.)

~ ~، صِبْغُ عَبّاد الشمس — litmus (Chem.)

عِبارة — statement, expression; phrase

~ُ جَبريَّة — algebraic expression (Maths.)

~ُ جَذْريَّة — rational expression (Maths.)

~ُ شارِحة — comment statement (Comp.)

عَبّارة — bridge, footbridge

~، مُعَدِّيَة — ferry, ferryboat

عَبَّة: عدة بايتات تُعامَلُ كوَحدة — gulp (Comp.)

عَبَثَ (بِـ) — tamper

عَبَّدَ (الطريق) — pave, macadamize, metal (Civ. Eng.)

عَبَرَ: اجتاز — cross, traverse

~: مَرَّ عَبْرَ — transit, pass (through)

عَبَّرَ (عن)، **صَرَّحَ** — express, state, declare

عَبْرَ — across, trans-

~ القُطْب — transpolar (Geog.)

~ المُحيط، عَبْر مُحيطيّ — transoceanic

عَبْقَرِيّ، نابغة — genius
عَبْقَرِيَّة، نُبوغ — genius
عَبَلٌ: أوراق مُعبِلة أو نَفْضِيَّة (تَتَبَدَّلُ كلَّ عام) — deciduous leaves (or foliage) (Bot.)
~: ضَخامةُ الأطراف — acromegaly (Med.)
عُبُوَّة (أو عَبْوَةٌ) جديدة — refill
عُبور — transit (Surv.)
~، إجتياز — crossing, traversing
~ أدنى، تَكَبُّد سُفْلِيّ — lower transit (Astron.)
~ الزوال — meridian transit (Astron.)
~ صِبْغيني — cross-over (Gen.)
عَبير، شَذا — aroma, aura
عَتاد، مُعَدّات — equipment
~ (عسكري) — materiel (Mil.)
~ (الحاسوب)، عَتادٌ مادِّي — hardware (Comp.)
عَتّال — porter
عَتامة، كُمدة: لا شَفافيَّة — opacity (Phys.)
~ شُعاعية — radiopacity (Phys.)
عَتَب: عَتَبة ترتكز إلى رأس العمود — architrave (Build.)
عَتَباتٌ مُتَصالِبة — crossed beams (Civ. Eng.)
عَتَبة، جائز — beam, lintel
~، مَبْدَى — threshold, limen
~ أرضيَّة — ground beam (Civ. Eng.)
~ الباب أو النافذة — sill (Build.)
~ تائيَّة (على شَكْل T) — tee beam = T-beam (Civ. Eng.)
~ التبايُن — contrast threshold (Phys.)
~ الحسّاسيَّة — sensitivity threshold (Eng.)
~ السَّمع — threshold of hearing (Phys.)
~ شَدّادة — collar beam (Carp.)
~ صُندوقية — box beam (Eng.)
~ طَرَفِيَّة، كَمرةٌ حافِّيَّة — edge beam
~ طَليقة (غيرُ مُرتكِزة) — free beam
~ كابوليَّة — cantilever beam (Build.)
~ مُتَواصِلة، ~ مُتصِلة — continuous beam (Eng.)
~ مُثَبَّتة الطَّرَفَين — fixed beam (Build.)
~ مُرتكِزة، عَتَب — epistyle (Build.)
~ مُستَعْرِضة: فوق بابٍ أو نافِذة — transverse architrave (Build.)
~ المسموعيَّة — audibility threshold (Acous.)
~ مُسَنَّمة: لِمَنْع الانحناء — trussed beam (Build.)
~ مَشْطوبة (لِبَوّابةِ الهَويس) — mitre sill
~ مُشَفَّهة — flanged beam (Eng.)
~ المُصْطَلى — mantel tree (Build.)
~ مِطْرَقِيَّة: إحدى عَتَبَتَيْن قصيرتين ترتكزان على الجدراين لِدَعْم السقف الجُملوني — hammer-beam (Arch.)
~ مَفصِليَّة: ذاتُ مُفَصِّلات — hinged beam
~ مُقَوَّسة، عاتِقٌ قوسيّ — arched beam (Eng.)
~ مُوازِيَة — parallel beam
~ ناتِئة، كَمَرةٌ مُطْنِفة — overhanging (or overhung) beam (Arch.)
~ نِصْفِيَّة — half beam (Naut.)
عَتَبِيّ — liminal
عِتْرَة، أَصْل، سُلالة — strain (Biol.)
عَتْق: سحبٌ سريعٌ لإبعاد أداةِ القَطع أو الجَلْخ — back-off (Eng.)
عِتْق، عَتَق — age
عَتَلَة، مُخْل — crowbar, dwang (Build.)
~، رافِعة — lever (Phys.)
~ (فَكّ) الأُطُر — tyre iron = tyre lever
~ إعتاق، ذِراعُ إعتاق — trip lever (Eng.)
~ تبديل السُّرعة — gear change lever, change speed lever (Eng.)
~ تحَكُّم — joystick (Aero., Comp.)
~ تَشْييب — trip lever (Eng.)
~ تَشْغيل — actuating lever (Eng.)
~ التَّعشيق — gearing lever (Eng.)
~ التغذية — feed lever (Eng.)
~ خَلْع — wreck bar = pinch bar
~ الرِّتاج — bolt lever (Eng.)
~ السُّرعات — gear lever (Eng.)
~ صَغيرة، مُخْلٌ صغير — jemmy = jimmy (Build.)
~ الضبط — setting lever (Eng.)
~ قُرْص (مَعقوفة) — pinch bar
~ مُتَرجِّحة — rocking lever (Eng.)
~ مَفْصِليَّة — toggle lever (Eng.)
~ مُوقِفة — catch lever, arresting lever (Eng.)
~ وَصْل — engaging lever (Eng.)
عَتَّمَ — dim, darken
عَتْمة، عَتامة، ظُلْمة — darkness, dimness
عُتْمة: بُقعةٌ مُظلِمة في المجال البصري — scotoma (Med.)
عُتْه، عَتَه — idiocy (Med.)
عَتيق — ancient, old
~ الطِّراز — demoded, antiquated
عَتيمٌ لِلأَشِعَّة: غيرُ مُنفِذ للإشعاع — radiopaque (Phys.)
عُثّ، عُثَّة — moth (Zool.)
عُثَّة، قُمَّلة — mite (Zool.)
عَثَر، تَعثَّر — stumble
عُثْكول — panicle (Bot.)
عُثُوّ الجراثيم — bacteriophagy (Biol.)
عِجان: ما بينَ السَّبيلَيْن في الجسم — perineum (Zool.)
عُجْرة، عُقْدة — gnarl, knurl, node; knot
~، دَرَنة — tubercle (Bot., Med.)
عَجْز، وَهنٌ مرضيّ — disability, infirmity
~، نَقْصٌ، قُصور — deficit, shortage
~ الميزان التجاري — trade deficit
عَجُز، عَظْمُ العَجُز — sacrum (Zool.)
عَجُزِيّ: خاصٌّ بالعَجُز — sacral (Zool.)
عِجْل: ولَدُ البَقرة (والعِجلةُ heifer) — calf (Zool.)
~ البَحر، فُقْمة — seal (Zool.)
عَجَّلَ، سَرَّعَ — accelerate (Mech.)
~ بِـ، أنجزَ على عَجَل — expedite
عَجَلات — wheels
~ الدروج الأرضيّ — ground wheels (Eng.)
~ القاطِرة الأمامية — leading wheels (Railways)
~ (أو دَواليبُ) مُزدَوِجة — twin wheels, dual wheels
~ الهُبوط — landing wheels (Aero.)
~ ~ وجهاز الهُبوط — undercarriage, landing gear (Aero.)
~ ~ مُنزَلة — down gear (Aero.)
عَجَلة: تَسارُع — acceleration (Phys.)
~: سُرعة — haste
~: دُولاب — wheel (Eng.)
~ إدارة، مُسَنَّنةُ إدارة — drive wheel
~ أماميَّة — front wheel
~ تَجليخ، مِشْحَذَة — reducing-wheel (Eng.)
~ تحكُّم — control wheel (Eng.)
~ تَخْشين (بالسَّحج) — roughing wheel (Eng.)
~ وَتُرسٌ دوديّ — worm gear (Eng.)
~ تَسْوِيَة (أو تَقْويم) — truing wheel (Eng.)

عَجَلة (تابع)
~ تَغْذيف، دولابٌ ذو أرياش paddle wheel
~ تَقْسيم index wheel
~ تكريج castor
~ تَلْميع buffing wheel, buff, polishing wheel (Eng.)
~ تهذيب trimming wheel (Eng.)
~ توازُن: لاستقرار السُّرعة، حَذّافة balance wheel; flywheel
~ خلفية rear wheel
~ دَليلية guide wheel (Eng.)
~ زَنْجير مُسَنَّنة chain wheel, crawler wheel (Eng.)
~ السقّاطة (المائِلة التسنين) ratchet wheel (Eng.)
~ سَنْفرة أو صَنْفَرة abrasive wheel, emery wheel (Eng.)
~ شَدّادة (لِمَدِّ الكَبْول) jockey wheel (Elec. Eng.)
~ صَقل buffing wheel (Eng.)
~ عاطِلة idle wheel (Eng.)
~ قِيادة driving wheel (Eng.)
~ القِيادة steering wheel (Autos., Naut.)
~ قِياس measuring wheel (Surv.)
~ ~ المَسافات (في المِساحة) adometer, ambulator, perambulator, viameter (Surv.)
~ مُتوسِّطة، تُرسٌ وَسيط intermediate wheel (Eng.)
~ (تَجْليخ) مُحَمَّلة: كَلَّ سَطْحُها لامتِلائِهِ بِحُتات الجَلْخ loaded wheel (Eng.)
~ مُخَدَّدة fluted wheel (Eng.)
~ مُسَنَّنة cogwheel, gear wheel (Eng.)
~ ~ ذاتُ سَقّاطة pawl and ratchet (Eng.)
~ ~ كامِلةُ الغِطاء full shroud (Eng.)
~ المُقَدَّمة (في الطائرة) nose wheel (Aero.)
~ مُنحرِفة المركز eccentric wheel (Eng.)
~ موازَنة، حَذّافة balance wheel = flywheel (Eng.)
~ وَسيطَة idle wheel (Eng.)
عَجَليّ، عَجَلانيّ: شَبيهٌ بالعَجَل trochoid (Maths.)
~ تَحْتيّ (أو داخِليّ) hypotrochoid (Maths.)
~ دُوَيريّ مُتَقاصِر curtate cycloid (Maths.)
~ فَوقيّ (أو خارجيّ) epitrochoid (Maths.)
~ ~ مُتَطاوِل prolate epitrochoid (Maths.)
~ ~ مُتَقاصِر curtate epitrochoid (Maths.)
~ مُتَقاصِر curtate trochoid (Maths.)
عَجَمة، نَواة (في ثمرة نَوَوِيّة) (fruit) stone, pit, pyrene (Bot.)
عَجَنَ، جَبَلَ knead
عَجْنة، جَبْلة batch
عَجُول fast, hasty
عَجُون: قابلٌ لِلعَجْنِ أو الجَبْل kneadable
عُجَيرة nodule (Geol., Biol.)
عُجَيريّ، عُقَديّ nodular
عَجين (الخُبز)، ~ (الكعك) dough, batter (Food Sc.)
عَجينة، مَعجون paste
~ ألماسيَّة: لِلصَّقْل أو السَّحج diamond paste (Eng.)
~ تَلْوين pastel
~ سَنْفَرة أو صَنْفَرة emery paste (Eng.)
~ الوَرَق pulp
عَدَّ، اِعتَبَرَ consider, regard
~، حَسَبَ count, enumerate, compute, calculate, reckon
عَدٌّ، تَعْداد، إحصاء computation, count(ing), enumeration
~ (نَبْضيّ) scaling (Electron.)
~ تَنازُلي، عَدٌّ عَكْسِي count-down
~ الدم blood count (Med.)
عُدٌّ: حَبُّ الشَّباب acne (Med.)
عَدا، رَكَض run, gallop
عَدى، أعدى (بالمرض) infect, transmit (disease) (Med.)
عَدّاء runner
عَدّاد، مِعْداد counter; meter
~، جِهازُ قياس meter (Eng.)
~، مِعدادٌ نَبْضيّ scaler (Electron.)
~، مُحْصٍ teller
~ الإشعاع radiation counter (Nuc. Eng.)
~ الإمداد supply meter (Elec. Eng.)
~ انسياب flow counter (Eng., Phys.)
~ أوتوماتي automatic counter
~ البَرنامَج program counter (Comp.)
~ بلّوري crystal counter (Electron.)
~ البنزين gasoline meter
~ بئريّ: لِقياس إشعاعيَّة المَوائع well counter (Nuc. Eng.)
~ تُربينيّ turbine-type meter (Eng.)
~ التَرَدُّد frequency counter (Electron.)
~ تَناسُبيّ proportional counter (Phys.)
~ جُسَيمات ألفا alpha counter (Phys.)
~ «جَيْجَر» Geiger counter (Phys.)
~ «جَيْجَر وموللر» Geiger-Muller counter (Nuc. Eng.)
~ الخُطى pedometer (Surv.)
~ الدَّفْع المُسْبَق: يعملُ بالدَّفع مُقَدَّمًا prepayment meter (Elec. Comm.)
~ دَوْرات revolution counter, tachometer (Eng.)
~ ذَبذَباتٍ لِضَبْط التزامُن synchronometer (Elec. Eng.)
~ رَجوعيّ: يُمكِنُ إعادتُه إلى الصِّفر كلَّ مَرَّة set-back counter (Eng.)
~ رَقميّ digital counter (Electron.)
~ ساعيّ clock meter, hour-meter (Elec. Eng.)
~ السُّرعة speedometer, speed counter
~ سُرعةِ الدوران tachometer (Eng.)
~ «شِيرنكوف» Cerenkov counter (Phys.)
~ صِماميّ: صِمامُ عَدّاد counter tube
~ الطّاقة energy meter (Elec. Eng.)
~ غازيّ gas counter (Nuc. Eng.)
~ الفائض overflow meter (Teleph.)
~ «فِنْتوري»: لِقياس تدَفُّق السائل (أو الغاز) في أُنبوب Venturi meter (Eng.)
~ كهرباء electric meter (Elec. Eng.)
~ الكيلوواط ساعة kilowatt-hour meter
~ الماء، مِقياسُ كمية الماء water-meter
~ بِمُحَرِّك motor meter (Elec. Eng.)
~ مدَّة التعريض exposure meter (Photog.)
~ مُسَجِّل tally counter
~ المُكالَماتِ التلفونيَّة traffic meter, call-counting meter
~ مُوَقِّت hack watch
~ بنافِذة طَرَفيَّة (للإشعاعات القليلة الاختراقية) end-window counter (Phys.)
~ النيوترونات neutron counter (Phys.)

عَدّاد (تابع)

~ الواطْ ساعة — watt-hour meter (Elec. Eng.)
~ الوَمَضات، ~ وَمْضي — scintillometer, scintillation counter (Phys., Geol.)
العُداريّات الشُّعاعيّة — hydrozoa (Zool.)
عُداريَّة، هَيْدرا — hydra (Zool.)
عَدّاك، قَصّار — fuller
عِدانة: عِلم المعادِن — mineralogy
~ الفِلِزّات: علمُ وتقانة استخراج الفِلِزّات وإعدادِها لِلاستخدام — metallurgy
~ ~ التصنيعيَّة — process metallurgy (Eng.)
~ ~ السائليَّة — hydrometallurgy (Met.)
~ ~ الكهربائيَّة — electrometallurgy
~ مِجهريَّة — mineralography
عِدانيّ، مَعادنيّ — mineralogical
عِدَّة — many, several
عُدَّة — apparatus
~، تجهيزات — apparel, equipment, tackle, rig
~، أداة، آلة — tool
~، مَجموعةُ أدوات — set of tools
~ إرساء — mooring tackle
~ إصلاح — repair kit
~ إطفاء الحريق — fire extinguishing equipment
~ التِقاط السَّقائط — fishing tool (Civ. Eng.)
~ إنجاز — finishing tool (Eng.)
~ تَحزيز — grooving tool (Eng.)
~ تَخْديد — routing tool, splining tool
~ تَخْريش — knurling tool (Eng.)
~ تدوير القُرَن — corner(ing) tool (Eng.)
~ تَركيب — installation kit
~ تَسطيح الرأس — heading tool (Eng.)
~ تسنينٍ خارجي — external screw tool (Eng.)
~ تَشكيل — forming tool (Eng.)
~ التصليح — repair kit or outfit
~ تَغْضين — creaser = creasing tool
~ تَفريز، فَرّازة — milling tool (Eng.)
~ تَفْليج — flaring tool (Eng.)
~ التنظيف — cleaning kit
~ جَلْفَطة، أداةُ قَلْف — caulking tool (Eng.)
~ حَدِّيَّة: ذاتُ حَدٍّ قاطِع — edge tool (Eng.)
~ حيوانِ الجَرّ — harness, tackling
~ رَسْم — sketching equipment
~ رَفْع — hoisting equipment, catworks (Civ. Eng.)
~ شَقْب — slotting tool (Eng.)
~ قَطْع — cutting tool (Eng.)
~ ~ جانبيّ — side tool (Eng.)
~ ~ دائريَّة الحَدّ — circular form tool
~ ~ مُلْقَمة — tipped tool (Eng.)
~ ~ يَساريّ (لِلمخرَطة) — left-hand tool
~ لَولَبة — screwing tackle, threading tool (Eng.)
~ مُكافحةِ الحَريق — fire-fighting equipment
~ نَفْحيَّة، ~ هوائيَّة: تَعمَلُ بالهَواءِ المَضْغوط — pneumatic tool (Eng.)
~ يَدَويَّة — hand tool
عَدَّدَ — list, enumerate
عَدَدٌ — number, figure (Maths.)
الـ ~ الأسيتيليّ — acetyl number (Chem.)
~ أصليّ — cardinal number (Maths.)
~ أصَمّ — irrational number (Maths.)
~ «أڤوچادرو» — Avogadro's number = 6.02×10^{23}/ mole (Chem.)
الـ ~ الأوكتانيّ: عددٌ بينَ صِفرٍ ومِئة يقيسُ خصائصَ مَنعِ الخَبْط في البَنْزين — octane number (Autos.)
~ أوَّليّ: لا يقسم إلّا نَفْسَه والواحِد — prime number (Maths.)
الـ ~ البروتونيّ، الـ ~ الذَّرِّيّ — proton number (Chem.)
~ بَيانيّ (في اللوغاريتم) — characteristic (Maths.)
~ تامّ: يُساوي مَجموعَ قواسِمِه — perfect number (Maths.)
الـ ~ الترتيبيّ — ordinal (number) (Maths.)
الـ ~ التنسيقيّ: عددُ الذرّات أو المجموعات الربيطةِ المحيطة بالذرَّة المركزيَّة في أيونٍ أو جُزيءٍ مُعقَّد — coordination number (Chem.)
~ ثُمانيّ: أساسه الرقم ٨ — octal number (Comp., Maths.)
~ ثُنائيّ — binary number (Maths.)
~ حَقيقيّ — real number (Maths.)
الـ ~ الحَمضيّ — acid number (Chem.)
الـ ~ الذرِّيّ (لِلعُنصر)، ~ «مُوزْلي» — atomic number, Moseley number (Chem., Phys.)
~ زَوجيّ، ~ شَفْعيّ — even number
~ سالِب — negative number (Maths.)
~ السُّطور — lineage (Print.)
الـ ~ السيتانيّ: لِلدَّلالة على نوعية اشتعال الوقود — cetane number (Chem.)
~ صَحيح — integer, whole number, integral number (Maths.)
~ ~ وَكَسْر (مثل ٥½) — mixed number (Maths.)
~ عَشوائيّ — random number (Comp.)
~ عُقَديّ — complex number (Maths.)
الـ ~ الكُتَليّ: مَجموعُ عددِ البروتونات والنيوترونات في نَواةِ الذرَّة — mass number (Phys.)
~ كَسْريّ — fractional number (Maths.)
الـ ~ الكَمِّيّ — quantum number (Phys.)
الـ ~ ~ الأساسيّ أو الرئيسيّ — principal quantum number (Phys.)
الـ ~ ~ لِلدُّرور النوَويّ — nuclear spin quantum number (Phys.)
الـ ~ ~ الدُّروريّ (أو اللّفيّ) — spin quantum number (Phys.)
الـ ~ ~ الدَّوَرانيّ — rotational quantum number (Phys.)
الـ ~ ~ السَّمْتيّ — azimuthal quantum number (Chem.)
الـ ~ ~ المَداريّ — orbital quantum number (Electron.)
الـ ~ ~ المِغْنَطيسي — magnetic quantum number (Phys.)
الـ ~ ~ النصفُ قُطريّ — radial quantum number (Chem.)
~ لامُتَناهٍ — infinite number, infinity (Maths.)
~ «لُوشميدت»: عددُ الجُزَيئاتِ في سم٣ من الغاز في الظروفِ القياسيَّة (٢,٦٨٧٢ × ١٠^١٩) — Loschmidt number (Chem.)
~ «ماخ»: نِسبةُ سُرعة الجِسم إلى سُرعةِ الصوت — Mach number (Aero.)
~ مادِّي — concrete number (Maths.)
~ مُدَوَّر — round figure (Maths.)
~ مُرَكَّب — compound number, complex number (Maths.)

عَدَدٌ (تابع)
~ مُوجِب — positive number (Maths.)
~ المُسَجَّلين — enrollment (or enrolment)
الـ ~ المضروب — multiplicand, faciend (Maths.)
~ مُقَرَّب: بِحَذفِ أرقامٍ عن يمين الفاصِلة، ~ مُشَذَّب — truncated number (Maths., Comp.)
~ مُنْطَق، ~ نِسبيّ — rational number (Maths.)
~ مُوَجَّه (سالِب أو مُوجِب) — directed number (Maths.)
الـ ~ المَوجيّ: مَعكوسُ الطُولِ المَوجيّ — wave number (Phys.)
~ مُؤَلَّف: عددٌ غيرُ أوَّلي — composite number (Maths.)
~ ناقِص أو قاصِر: مجموعُ قواسِمه أقلُّ منه — defective (or deficient) number (Maths.)
~ نِسبيّ، ~ مُنْطَق — rational number (Maths.)
الـ ~ النَوَويّ، الـ ~ الكُتليّ — nuclear number (Phys.)
الـ ~ النيوترونيّ: عددُ النيوتروناتِ في نَواة الذرَّة — neutron number (Phys., Chem.)
~ وَتْرِيّ، ~ فَرْديّ — odd number (Maths.)
~ وَسيط، ~ مُتوسِّط (في سِلْسِلة) — median (Stat.)
الـ ~ اليُوديّ — iodine number (Chem.)
عُدَد — tools, equipment, gear (Eng.)
(أنظُر: عُدَّة)
~ (أو أدواتُ) الخراطة — turning tools (Eng.)
~ كَربيديَّة: ~ قَطعٍ أو تشكيلٍ كربيديَّة (للمواد الصلدة) — carbide tools (Eng.)
عددان مُتَحابّان — amicable numbers (Maths.)
عَدَديّ، رَقْميّ — numeric(al)
~ لامُوَجَّه — scalar (Phys.)
عَدَس — lentil (Bot.)
عَدَسة — lens (Phys., Geol.)
~ أُسطُوانية — cylindrical lens (Opt.)
~ إسقاط — projection lens (Opt.)
~ أكروماتية (لالَونية) — achromatic lens (Phys.)
~ إلِكترونية — electron(ic) lens (Electron.)
~ برميليَّة (حلقيَّة)، ~ لانُقطيَّة — toric lens = astigmatic lens (Photog.)
~ بُعاديَّة: لِلتصوير عن بُعد — telephoto, telephoto lens (Photog.)
الـ ~ البلّورية (في العَين) — crystalline lens (Zool.)
~ تَجميع — collecting lens (Opt.)
~ تَرشيح — filter lens (Phys.)
~ تَزْويم: مُتَغيِّرةُ البُعد البؤري — zoom lens, varifocal lens (Photog.)
~ تَسديد — collimating lens (Opt.)
~ لِلتصوير البُعاديّ — telephoto lens (Photog.)
~ (أو شَيئيَّةُ) تَغْطيس — immersion lens (Opt.)
~ ثُنائيَّة البؤرة — bifocal lens (Opt.)
~ ~ التكَوُّر — bispheric lens (Opt.)
~ حارِقة — burning glass (Phys.)
~ دَخيلة — lenticle (Geol.)
~ سالِبة، ~ مُفَرِّقة — negative lens (Opt.)
~ الشَّيئيَّة — object glass = objective (Light)
~ ضَعيفةُ التبايُنيَّة — soft-focus lens (Opt.)
~ ضَيِّقةُ المَجال — narrow-angle lens
~ عادِلة — erecting lens (Opt.)
~ عديمةُ الزَّيغ اللوني، ~ مُسَدَّدة — apochromat = apochromatic lens
~ العينيَّة — ocular (Opt.)
~ فُتْحات — aperture lens (Telev.)
~ (تصوير) فوتوغرافية — photographic lens
~ كَهْرُمغْنيطيَّة: تحمل في ملفّاتها تيارًا لتبئير الأشعة الالكترونية — electromagnetic lens (Electron.)
~ كَهروستاتيَّة: ترتيبةُ أنابيب وحواجز ذات جهود كهربائية مختلفة — electrostatic lens (Electron.)
~ لازَيْغيَّة: عديمةُ الزَّيغ الكُرَويّ — aplanatic lens (Opt.)
~ لاصِقة أو لَصيقة — contact lens (Med.)
~ لاكُرَويَّة — aspheric(al) lens (Opt.)
~ لالَونية، ~ أكروماتية — achromatic lens, achromat (Phys.)
~ لامَّة (أو مُجَمِّعة) — converging lens, collective lens (Phys.)
~ لانُقطيَّة — astigmatic lens = anastigmat (Phys.)
~ مُتَّسِعَةُ الزاوية (مَجالُها الزاويّ يَفُوق ٨٠ درجة) — wide-angle lens (Photog.)
~ مُتغَيِّرةُ البُعْدِ البؤري — varifocal lens, variable-focus lens (Photog.)
~ المَجال: في عَينيَّة التِلِسكوب — field lens (Opt.)
~ مُحَدَّبة — convex lens (Opt.)
~ ~ مستوية — plano-convex lens (Opt.)
~ ~ مُقَعَّرة — convexo-concave lens
~ ~ الوَجهَيْن — biconvex lens, double-convex lens (Opt.)
~ مُرَكَّبة — compound lens (Opt.)
~ مُزدَوِجةُ التقَعُّر — concavo-concave lens (Opt.)
~ مسالِك موجيَّة: تحوِّلُ مسالِكُها الجَبهةَ المَوجيَّة المُستَوية إلى كُرَويَّة (بالانكسار) — waveguide lens (Radio)
~ مُستَوِية — flat lens
~ مُشَوِّهة — anamorphote = anamorphic lens (Opt.)
~ مُصَحَّحَةُ الزَّيْغ — corrected lens (Opt.)
~ ~ ~ اللَّونيّ — colour-corrected lens
~ ~ اللانُقطيَّة — anastigmat, anastigmatic lens (Opt.)
~ مِغْنَطيسيَّة — magnetic lens (Electron.)
~ مُفَرِّقة (~ مُقَعَّرة) — divergent or diverging lens (Phys.)
~ مُقَعَّرة — concave lens (Phys.)
~ ~ مُحَدَّبة — concavo-convex lens (Phys.)
~ ~ مُستَوية — plano-concave lens (Phys.)
~ ~ الوَجْهَين — double-concave lens, biconcave lens (Opt.)
~ مُقَوِّمة، ~ عادِلة — erecting lens (Opt.)
~ مُكافِئة: لها نفس الطول البؤري كمجموعِ منظومةٍ بصَريَّة — equivalent lens (Phys.)
~ مُكَبِّرة — magnifying glass (or lens)
~ مُكَثِّفة — condensing lens (Opt.)
~ مُوجِبة، ~ مُجَمِّعة — positive lens
~ نُقطيَّة، ~ مُصَحَّحَةُ اللانُقطيَّة — anastigmat = anastigmat(ic) lens (Photog.)
~ هِلاليَّة — meniscus, meniscus lens
~ ~ لامَّة — converging meniscus (Opt.)
~ ~ مُحَدَّبة — convex meniscus

عَدَسَتا النظّارة — spectacle lenses (Opt.)
عَدَسيّ (الشكل) — lenticular
عَدَقَة، خاطوفٌ أَنجَريّ — grappling iron (Naut.)
عَدكُ القُماش: لِزَغْبَرتِه — fulling = milling
عَدْل — justice, fairness, impartiality
عِدل، ثِقْلُ المُوازَنة — balance weight (Eng.)
عَدَّلَ، سَوَّى، ضَبَطَ — adjust, attemper, true; amend
~، غَيَّرَ، حَوَّرَ — modify, alter
~، ضَمَّنَ — modulate (Radio, Elec. Eng.)
~ (النغَمَ) — temper
~ قراءةَ جهازِ القياس — weight
عَدِلة: تألُفُ الأصباغَ المُتعادِلة — neutrophil (Med.)
عَدَم — lack, non-, dis-, in-
~ استِقرار — lability
~ ~، اِضطِرابُ التَّوازُن — instability, unstability
~ ~ حراريّ — thermal instability (Phys.)
~ ~ ديناميّ (حَراكيّ) هوائيّ — aerodynamic instability (Aero.)
~ الالتئام — non-union
~ الانتظام، اِضطِراب — irregularity
~ الأهليَّة، ~ الجَدارة أو البَراعة — inaptitude, incompetence
~ ~: لِعَدَم توافُر الشروط أو المؤهِّلات — ineligibility
~ التدَخُّل، ~ التداخُل — non-interference
~ الترابُط — incoherence
~ التشَبُّع — unsaturation
~ تماثُل — asymmetry
~ تَوازُن — disequilibrium, imbalance
~ تَوافُق — uncomformity (Geol.)
~ ~، ~ تواؤم — mismatch (Elec. Comm.)
~ الخِبْرة أو الدُّرْبة — inexperience
~ الخِصْب، عُقْم — infertility
~ الدِّقَّة، ~ الإتْقان — inaccuracy
~ الشُّعور بالمَسؤوليَّة — irresponsibility
~ صلاحية (السفينة) لِلملاحة — unseaworthiness
~ قابِليَّةِ الانقِسام — indivisibility
~ ~ الذَّوَبان — insolubility (Chem.)
~ الكِفاية، ~ الفاعِليَّة — inefficiency
~ ~، قُصور، نَقْص — insufficiency

~ المُرونة، اللامُرونة — inelasticity (Phys.)
~ اليَقين، ريبة، ارتياب — uncertainty
العَدَميَّة — nihilism
عَدَّنَ: استخرجَ المعادِنَ أو الخامات — mine, stope (Mining)
عَدْوَى — infection, contagion (Med.)
عُدْوانيّ: غيرُ وُدِّي — hostile, unfriendly, offensive
~، هُجوميّ — aggressive
عَدُود: قابِلٌ لِلعَدّ — countable, numerable
عَديد — poly-, multi-, numerous
~ التشَكُّل — polymorphic (Min.)
~ التكافؤ — multivalent, polyvalent (Chem.)
~ الخلايا — multicellular (Biol.)
~ السُّكَّريد، ~ السُّكَّريّات — polysaccharide (Chem.)
~ النوى — multinucleate (Biol.)
عُدَيْسَة: مَسامَةٌ عَدَسيَّةٌ في سُوق النباتات — lenticel (Bot.)
~: كتلة عدسية في تركيبٍ صخريّ مُختلِف — lenticle (Geol.)
عَديم — lacking, -in, a(n)-, -less
~ الارتداد — recoilless, non-recoil
~ الأهلية — unqualified, incompetent
~ الأوجُه — anhedral (Chem.)
~ ~ (البلّورية) — allotriomorphic (Chem.)
~ الأوراق — afoliate, aphyllous (Bot.)
~ التبَلْور — amorphous (Chem.)
~ التويجيّات — apetalous (Bot.)
~ الثمر — acarpous (Bot.)
~ الحياة — azoic (Biol.)
~ الرائحة — odo(u)rless, non-odorous (Chem.)
~ السّاق — acaulous, acaulescent (Bot.)
~ الشكل — amorphous (Chem., Phys.)
~ الطَّعْم — tasteless
~ الفَقار، لافقاريّ — invertebrate (Zool.)
~ القيمة — worthless
~ النواة — enucleate (Biol.)
عديماتُ الأجنِحة: رُتَيبة من الحشَرات — Aptera (Zool.)
~ الأرجُل: فئة من البرمائيّات دودية الشكل عديمة الأطراف (ويُطلق اللفظ على حيوانات أخرى) — Apoda (Zool.)

~ الأسنان، الدرداوات (كآكِل النمل) — Edentata (Zool.)
~ الذنب: رُتبة من الضفدعيّات — Anura (Zool.)
عِذارُ اللجام — cheekpiece, cheek strap
عَذراء، حَوراء: طورُ الحشَرة بين البيضة والحشَرة الكامِلة — nymph (Zool.)
~، خادرة: طور الحشرة بين اليرقانة والحشرة الكاملة — pupa (Zool.)
~، بِكْر — virgin
عِذْق: ازهِرارٌ عُنقوديّ — corymb (Bot.)
عَرَّى — denude
~، جَرَّدَ — strip
عَراء، خَلاء — open air, open space
عَرّافُ الماء — water diviner (Geol.)
عِراقُ الريشة — shaft, quill
عِراك، شِجار — quarrel, scuffle, fight
عَرامة: فَيضٌ أو ازديادٌ فجائي — surge
عَرَباتٌ أو صَهاريجُ فارِغة — empties (Pet. Eng.)
عَرَبة — car, carriage
~، مَرْكَبة، حافِلة — coach, waggon
~ أُجرة — cab
~ اختباريَّة — test vehicle (Eng.)
~ إسعاف، مُستَشفى مُتنَقِّل — ambulance
~ تْرُولي — trolley (or trolly)
~ تَموين — tender (Aero.)
~ جَرّ (بدولابَيْن أو أربعة) — cart
~ سَبْر فضائية — probe, space probe
الـ ~ السُّفْلَى: جهازُ الحَطّ (من دواليب وقوائم دَعْم ومُخَمِّدات صَدْم وسِواها) — undercarriage (Aero.)
~ شَحْن — truck, lorry, camion, van
~ ~ (في قِطار) — freight car (Railways)
~ صَغيرة — hutch (Mining)
~ فَضائية — spacecraft, space vehicle (Space)
~ ~ غيرُ مَأهولة — unmanned spacecraft (Aero.)
~ ~ مأهولة — manned spacecraft
~ (~) مَداريَّة — orbiter (Space)
~ قَطْر — tow car
~ ~ (لِلسيّارات المُعَطَّلة أو المُحَطَّمة) — wrecker
~ قَلّابة، ~ دَلْق — dumper, dump car, tip-cart or wagon, tripping car (Civ. Eng.)

عَرَبة (تابع)

~ قَمَرِيَّة، زُجْلَة قَمَرِيَّة — lunar module (Space)
~ كَبْلِيَّة: يجرُّها كَبْلٌ مُتحرِّك — cable-car
~ مُبَرَّدة — reefer
~ المَثاقِب (في حَفْر الأنفاق) — jumbo (Mining)
~ بِمُحَرِّك، مركبةٌ آليَّة، سيّارة — motor vehicle
~ مَداريَّة — orbiter (Space)
~ مِدْفَع، حاضِنُ المِدفَع — gun carriage (Mil.)
~ مِرفاع نَقّاليَّة — jinny (Eng.)
~ (خَفيفةٌ) بمِرفاعٍ شَوكيّ — fork-lift truck
~ مِركَميَّة: مَرْكَبةٌ تعملُ بالمُرَكِّمات (أو البَطّاريّات) — accumulator vehicle, battery locomotive, battery vehicle (Elec. Eng.)
~ مُزَنْجَرة — tracked vehicle
~ مُسَطَّحة، شاحِنَة مُسَطَّحة — gondola car
~ مُعَلَّقة (تُسَيَّرُ بالكهرباء) — telfer = telpher
~ مَقطورة — trailer
~ مَكشوفة — open wagon (Railways)
~ نِصفُ مُزَنجَرة — half track
~ نَقْل — truck
~ ~ خَفيفة — bogie truck
~ ~ مُعَلَّقة ذاتيَّة الدَّفْع — skyhook (Geol.)
~ نَوم (في قِطار) — sleeper, sleeping car
~ وِنْش — crab winch (Eng.)
~ يَد (بدُولاب واحد) — barrow, wheelbarrow
~ ~ ذاتُ دولابَين — dandy (Mining)
~ ~ عَديمةُ الجَوانِب — jib barrow (Eng.)

عُربون — deposit, earnest (money)
~: دُفعة مُقَدَّمًا (على الحساب) لخدماتٍ عند الحاجة — retainer

عَرَّة: تَشَنُّج لاإراديّ — tic (Med.)

عَرَجٌ — limp(ing), lameness

عُرجون: عِذقُ ازهار — raceme (Bot.)

عِرْس، مَشِيج: خَلِيَّةُ تَوالُدٍ — gamete (Biol.)

عَرَضَ، أظهر — show, exhibit, expose, display
~، قَدَّم — present, offer
~، اِقترح — suggest, propose
~، استعرضَ — review, survey
~ (سِعرًا أو عَطاءً) — bid, offer
~ ثمنًا أدنى — underbid
~ ~ أعلى — overbid
~ مُفَصَّلًا — expound

عَرَّضَ: وسَّعَ (الشيءَ)، جعلَه عريضًا — broaden, widen
~: جَعَلَهُ عُرْضةً أو هدَفًا لِـ — expose, subject (to)
~ لِلأشِعَّة السِّينية — X-radiate
~ لأشِعَّة الشمس — solarize, insolate, expose to the sun's rays
~ لِلخَطَر — imperil, endanger, jeopardise, jeopardize
~ لِلهواء — wind

عَرْض، اتِّساع — breadth, width (Maths.)
~ ، إظهار — display, exhibition, exposition
~، اقتراح — suggestion, proposal
~، تقديم — offer, presentation
~، اِستِعراض، مَوكِب — parade
~، عَرْض (لِلبحث والمُعالجة) — review, survey, consideration
~: إسقاطٌ على شاشة — projection (Phys.)
الـ ~: الكمية المعروضة — supply
الـ ~، خَطُّ العَرْض — latitude (Surv.)
~ أسعار — tender
~ بَخْس — underbid
~ البَيانات — data display (Comp.)
~ بَيانيّ — graphic display (Comp.)
~ تَمهيديّ — preview
الـ ~ الجُغرافيّ — geographical latitude (Geog.)
~ الجِتار: في تُرسٍ دُوديّ — rim width (Eng.)
~ الحُزمة — beamwidth (Radio)
~ رَقميّ، قِراءةٌ رقميَّة — digital display (Electron.)
~ بسائل بلّورانيّ: بين صفيحتين زجاجيتين — liquid crystal display (Electron.)
~ السِّكَّة العِياريّ: ١,٤٣٥١ مترًا — standard gauge (Railways)
الـ ~ السماويّ — celestial latitude (Astron.)
الـ ~ والطَّلَب — supply and demand
الـ ~ الفَعّال — effective width
الـ ~ ~ لِلنِّطاق التردُّدي — effective bandwidth (Radio)
~ القاع — bed width (Hyd.)
~ قِطاعيّ (انتقائيّ) — sector display (Radar)
~ القَناة — channel width (Elec. Comm.)
~ باللف: نقل إلى السطر التالي إذا لم يتّسع السطر السابق لها — wrap around, word wrap (Comp.)
~ المَرْكَب (الأقصى) — beam (Naut.)
~ النِّطاق التردُّدي — bandwidth (Radio)
~ نِطاقِ المُستقبِل: عَرْضُ النِّطاق التردُّدي في المُستقبِل — receiver bandwidth (Radio)
~ ~ النَّبْضة — pulse bandwidth (Elec. Comm.)

عَرَض، أمارة، علامة المرض — symptom
أعراضٌ مُتَلازِمة — syndrome (Med.)

عُرْض، جانِب — side
~ البَحر — high sea, open sea

عُرْضَة (لِـ) — prone
~ لِلإصابة، سَريعُ التأثُّرِ بِـ — susceptible (to), vulnerable
~ لِلحَوادِث — accident-prone

عَرَضيّ، إضافيّ: كالجذور العَرَضيَّة — adventitious (Bot.)
~، طارِئ — casual, contingent
~، خارجي، دَخيل — extrinsic
~، اِتِّفاقي — fortuitous, occasional

عَرْضيّ، بالعَرْض، عَرْضًا — transverse, breadthwise

عَرْطَل: ضَخم، عِملاقي — giant

عَرْطَنيثا، بَخُورُ مَريم — cyclamen (Bot.)

عَرْعَر — juniper (Bot.)

عَرَّفَ — define

عُرْف: ما تعارفه الناسُ أو اصطلحوا عليه — convention, habit, practice, usage
~، إجراءٌ مُتَّبَع — common practice
~ مُتَناقَل — tradition
~ (الدِّيك) — crest, comb (Zool.)
~ الدِّيك: قطيفةُ ~ الديك؛ رَخاخ — cockscomb, coxcomb; rattle (Bot.)
~ (الفرس) — mane (Zool.)

عَرَقٌ — perspiration, sweat (Zool.)

عِرْق، سُلالَة — race, strain, stock (Biol.)
~، عَيْر: ضِلْعُ الورقة — rib, vein (Bot.)

عِرْق (تابع)
~: عِرْقُ تعدين، سامَة — vein, seam, lode (Geol.)
~، عَصَب — nerve (Zool.)
~، وِعاءٌ دَمَوِيّ — vessel (Zool.)
~ اندِساسيّ — intrusive vein (Geol.)
~ أوسَط (في الوَرَقة) — midrib (Bot.)
~ تعدين طَبَقِيّ — bed vein (Geol.)
~ الحَلاوة — soapwort (Bot.)
~ دَليليّ: يُتَتَبَّعُ خِلال التنقيب — indicator vein (Min.)
~ الرِّكاز — ore shoot (Min.)
~ السُّوس — liquorice, licorice (Bot.)
~ شَحيح — unkind lode (Mining)
~ طَبَقِيّ أُفُقِيّ — blanket vein (Mining)
~ اللؤلؤ — nacre = mother of pearl (Min.)
~ مَعدِنِيّ، سامَة — lode, seam, (mineral) vein (Geol.)
~ ~ غَنِيّ — bonanza (Mining)
~ ~ مُعتَرِض — rake vein (Mining)
~ النَّسا، أَلَمُ العصَب الوَرِكِيّ — sciatica (Med.)
عَرَقة — cap, layer (Build.)
~ رأسيَّة — pile cap (Build.)
عَرْقَلَ — impede, obstruct, hinder, hamper
عَرْقَلَة — hindrance, impediment, handicap; bottleneck
~ (حركةِ الأيونات) بالتجاذُب البَيْنِيّ — drag effect (Chem.)
~ المُرور — traffic jam (Civ. Eng.)
عُرقوب: وتَرٌ مأبضِيّ — hamstring, Achilles tendon (Zool.)
عِرْقِيّ: عُروقِيّ؛ ~: وَريدِيّ — venous (Bot., Zool.)
~، عُنصُرِيّ — racial, ethnic
عَرَكَ، حَتَّ — scour
عَرِم، طامٍ — surging, overflowing
عَرَمة، كُومة — heap, stack
عَرَنٌ — ringbone, exostosis (Med.)
عُرْنوس، مُطْر (الذرة) — cob (Bot.)
عُرْوَة، أُنشوطة — ansa; bight, becket
~، أُذُن قَبْض — ear, bight, tab, lug, handle
~، حَلْقة (أو شِبْه حَلَقة) — loop (Maths., Phys.)
~، عُرْوَةُ زِرّ — buttonhole
~، رَزَّة، عُيَيْنَة — eye, eyelet
~ البِطاء، ~ التخلُّف — hysteresis loop (Elec. Eng.)
~ تَرْكيب — mounting lug
~ (أو لِسانُ) التعليق — suspension lug, tag
~ تَمَدُّدِيَّة — expansion loop (Eng.)
~ رابِطة — bond, tie
~ رَبْط — mooring lug (Naut.)
~ رَفْع (أو تعليقٍ لِلرَّفْع) — slinging eye, hoisting eye (Eng.)
~ رَقْم (مِساحِيّ) — tally, teller
~ طَرَفِيَّة — terminal-lug (Elec. Eng.)
~ العَقْد — spandrel (Arch.)
~ القِلْع — cringle (Naut.)
~ الكَبْل — cable lug (Elec. Eng.)
~ «كيمبول»: تُشبك في البضاعة وتُنزع عنها عند البيع — Kimball tag (Comp.)
~ اللوح: طَرَفُ توصيلِ لَوحِ المِركَم — plate-lug (Elec. Eng.)
~ المِجذاف — rowlock (Naut.)
~ مُقفَلة — closed loop (Phys.)
~ المُنحني — loop of curve (Maths.)
عُروضُ الخيل — horse latitudes (Meteor.)
عَريش، مُعَرَّش: ظُلَّة مُعَرَّشة — arbor, bower
~ عَرَبةِ الجَرّ — thill, shaft, whiffletree, swingletree
~ عُلويّ: لِتَوسيعِ سَطح الدَّعْم لِلعمود القائم — headtree (Build.)
عَريشةٌ تَشابُكِيَّة — trellis
عَريض، رَحيب، فَسيح — broad, wide
~ الواجهةِ مُفَلْطَحُها — bluff (Geol.)
~ الوَرَق — latifoliate, broad-leaved (Bot.)
عَريف: رُتبة عَسكريَّة — corporal (Mil.)
~، مُراقِب — prefect; monitor
عُرَيق، عِرقٌ صغير — venule, veinlet
عَزا أو نَسَب (إلى) — attribute, ascribe, impute
عِزَّة — esteem, glory
~ النَّفْس — self esteem, self respect
عَزَّزَ، قَوّى — boost, strengthen, reinforce
~، أكَّدَ، أيَّد — corroborate, sustain
عَزَفَ (لَحنًا) — play (a tune)
~ عن — refrain from, abstain from
عَزَق، فَلَح — hoeing, tilling (Agric.)
عَزَقة، صَمُولة، حِزَقة — nut (Eng.)
عَزَلَ، أقالَ — dismiss, remove from office
~، فصَلَ — isolate, separate, seclude
~ (الحَرارة أو الكهرباءَ أو الصوت) — insulate (Phys.)
عَزْل (الكهرباء أو الحَرارة أو الصوت) — insulation (Phys.)
~، فَصْل، إفراد — isolation, separation, segregation, seclusion
الـ ~: قطعُ الجِماع — coitus interruptus (Med.)
~ الأُسطُوانةِ الحَراريُّ — cylinder lagging (Eng.)
~ أُكسيديّ: بأكسيد السليكون — oxide isolation (Electron.)
~ حَراريّ — heat insulation, thermal insulation (Eng.)
~ بالحَيِّز الهوائي: يزدادُ بازدياد الضغط — air-space insulation
~ الصَّوت — acoustic insulation, sound insulation (Build.)
~ الضجيج — noise insulation (Acous.)
~ فائق — superinsulation (Phys.)
~ كهربائي — electric insulation (Elec. Eng.)
~ بالهَواء — air insulation (Elec. Eng.)
~ بالوَرَق — paper insulation (Elec. Eng.)
عُزْلَة — confinement, isolation
عَزَمَ، قَرَّر، صَمَّم — decide, determine, resolve
عَزْم — determination, decision, resolution
~، شِدَّة، مَتانة (في مقاومة عزم اللَّيّ مثلًا) — strength (Eng.)
~، زَخْم: عَزْمٌ ميكانيكيّ — moment (Phys.)
~ الإرجاع — restoring moment (Mech.)
~ الازدِواج — moment of a couple (Phys.)
~ الِالتِواء، ~ اللَّيّ — torque, torsional moment, twisting moment (Phys.)
~ الإمالة — tilting moment (Mech.)
~ الِانحناء — bending moment (Mech.)
~ الانعِراج — yawning moment (Aero.)
~ الِانهيار — failure moment (Mech.)
~ التدوير في المُحَرِّك — motor torque (Eng.)
~ التَّصحيح — righting moment (Aero.)
~ التقَوُّس — hogging moment (Naut.)
~ جيروسكوبيّ — gyroscopic moment (Phys.)
الـ ~ الحاني — bending moment (Eng.)

عزم (تابع)

~ الحِمْل الموقِف — standstill torque (Elec. Eng.)
~ الخَطَران — pitching moment (Aero., Naut.)
~ الدُّرور، ~ اللَّف — spin moment (Phys.)
~ الدَّوَران، ~ الإلتواء — torque (Mech.)
~ دَوَرانٍ إستاتيّ — static torque
~ الدوران الإيقافيّ — stalling torque (Elec. Eng.)
~ ~ البدئي — starting torque (Eng.)
~ ~ التزامني — pull-in torque (Elec. Eng.)
~ دورانٍ جيروسكوبي — gyroscopic torque (Eng.)
~ الدوران اللاتزامُني: عزمُ دورانِ الخُروج من التزامُن — pull-out torque (Elec. Eng.)
~ ~ المُزامِن — synchronizing torque (Elec. Eng.)
~ ذي القُطْبَيْن — dipolc moment (Chem.)
~ رُباعيُّ الأقطاب — quadrupole moment (Phys.)
~ العَطالة — moment of inertia (Mech.)
~ العُطوف — rolling moment (Aero., Mech.)
~ القَصّ — shearing moment (Mech.)
~ القُصور الذاتيّ — moment of inertia, inertia moment (Mech.)
~ ~ ~ المِحوريّ — axial moment of inertia (Phys.)
~ القَلْب — upsetting moment (Mech.)
~ القُوَّة — moment of a force (Mech.)
~ كَمِّيَّةِ التحَرُّك — moment of momentum (Phys.)
~ اللَّيّ، ~ الفَتْل — twisting moment, torque (Mech.)
~ ~ الأقصى — maximum torque (Mech.)
~ المُزدَوِجة، ~ الازدواج — moment of a couple (Mech.)
~ مُسَلَّط — applied moment (Phys.)
~ المُضاءَلة — damping moment (Elec. Eng.)
~ المغنطيس، الـ ~ المِغنَطيسي — magnetic moment, moment of a magnet (Phys.)
الـ ~ المِغنطيسيّ المَداريّ — orbital magnetic moment (Phys.)
~ المُفَصِّلة، ~ مُفَصِّلي: على سطح التوجيه يزدادُ بازديادِ السُّرعة — hinge moment (Aero.)
~ مُقاوِمٌ لِلَّيّ أو الدوران — anti-torque moment (Phys.)
~ مُقاوَمةِ اللَّيّ — resistance moment (Eng.)
~ مُوجِب — positive moment (Mech.)

عَزيل، صَخْرٌ عَزيل — outlier (Geol.)
عَسِر، صَعْب — difficult, hard, tough
~، عَسِرُ الإرغاء — hard (Chem.)
عُسْر، عُسْرُ الإرغاء — hardness (Chem.)
~ البَلْع — dysphagia (Med.)
~ البَول — dysuria (Med.)
~ الحرَكة — dyskinesia (Med.)
~ دائم: يستمِرُّ بعدَ غَلَيان الماء — permanent hardness (Chem.)
~ القِراءة — dyslexia (Med.)
~ الماء — water hardness, hardness of water (Chem.)
~ ماليّ، عُسْرَة — insolvency
~ مُؤَقَّت: يَزولُ بالإغلاء — temporary hardness (Chem.)
~ النُّطق — dyslalia (Med.)
~ الهَضْم — dyspepsia, indigestion (Med.)
العَسَر: العملُ باليد اليُسرى — left-handedness
عُسْقول، دَرَنة — tuber (Bot.)
~ جَذْرِيّ — root tuber (Agric.)
عَسَلٌ — honey (Food Sc.)
~ الزَّهر، رَحيق، مِغْثَر — nectar (Bot.)
عُسْلُج: غُصنُ تطعيم — scion (Bot.)
عُسْلوج — sprig, spray, twig (Bot.)
عُسوٌّ: شِدَّة ومَتانة — toughness
عَسو، شَمْعُ النَّحل — wax
عُشّ — nest
العَشا: العَمَى اللَّيليّ — night-blindness, nyctalopia (Med.)
عُشاريُّ الزوايا او الأضلاع — decagon (Maths.)
~ السُّطوح أو الأوجُه — decahedron (Maths.)
عُشاريّاتُ الأرجُل — Decapoda (Zool.)
عَشَّبَ: أزالَ الأعشابَ الضارَّة — weed (Agric.)
عُشْب، حَشيش — grass (Bot.)
~ البَحْر — seaweed, kelp (Bot.)
عُشْبَة — wort (Bot.)
~، بَقْلَة — herb (Bot.)
~ ضارَّة — weed
عُشْبيّ — herbaceous
عُشْرُ العياريّ — decinormal (Chem.)
عَشَرَةُ آلاف — myriad
عِشرون — score
عِشْرونيّ: أساسُه العدد ٢٠ — vigesimal (Maths.)
~ الوُجوه — icosahedron (Maths.)
عَشْريّ — decimal, denary (Maths.)
~ مُخْتَلَط: عددٌ عَشْرِيٌّ مَعَ عددٍ صحيح (مثل ٧,٦) — mixed decimal (Maths.)
عَشَّقَ (التُّرسَ) — throw into gear (Eng.)
~ غِنفاريًّا — dovetail (Carp.)
~ بالمُسَنَّنات أو التُّروس — gear (Eng.)
~ بِنَقرٍ وَلِسان — tongue (Carp.)
عَشْوَأ: وَزَّعَ عَشْوائيًّا — randomize (v.)
عَشْوائيّ، كيفما اتفق — random
عَشيرة: قسمٌ تصنيفي من الفصيلة — tribe (Biol.)
~ حيويَّة — biocoenose (Biol.)
عَصا — stick, cane, rod
~ الاستِنباء عن المِياه والمَعادِن، ~ العِرافة — divining rod, wiggle stick
~ التحكُّم، ~ القيادة — control stick (Comp.), joystick (Aero.)
~ اليارِدة — yardstick
~ يَعقوب: عَصا المسّاح لِلتَّسْديدِ على زاوية قائمة — Jacob's staff (Surv.)
~ ~: لِفْتٌ بَرِّي — rampion (Bot.)
عَصَى، تمَرَّد — disobey, rebel
عُصاب: اِضطرابٌ عَصَبيّ — neurosis (Med.)
عِصاب، عِصابةُ رَبْط — band, bandage; ribbon
~، ~ ~، رِباط — band(agc), swathe
~، زُمرة — band, gang, group
~ شَريطيَّة: من نسيجٍ عصبي أو عضلي — taenia (Zool.)
عُصارة، عَصير — juice
~، نُسْغ — sap (Bot.)
~ خَلَوية — cell sap, cytosol (Biol.)
~ لَبَنِيَّة، لَثي — latex (Bot.)
~ مَعِديَّة — gastric juice (Zool.)
~ النواة — nuclear sap (Biol.)
عَصّارة — squeezer, wringer
عُصاريّ: كَثيرُ العُصارة — succulent, juicy (Bot.)

عُصافة: قِشرةٌ خارجيَّة — husk; chaff (Bot.)
عَصَبَ، ضَمَّد، رَبَط — bind, bandage
عَصَبٌ — nerve (Zool.)
الـ ~ البَصَري — optic nerve (Zool.)
الـ ~ السَّمعي — acusticus, auditory nerve (Zool.)
~ الشمّ — olfactory nerve (Zool.)
الـ ~ المُبهَم — vagus nerve (Zool.)
عَصَبَة، عَصَبُون، خليَّةٌ عَصَبيَّة — neuron(e) (Zool.)
عُصْبَة، رابطة — league, union, association
~، زُمرة — gang, band, group, clique
عَصَبُون: خليَّة عَصَبيَّة — neuron(e), nerve cell (Zool.)
عَصَبيّ — nervous, neural (Zool.)
الجُمْلةُ أو الجِهازُ الـ ~ — nervous system (Zool.)
عَصَرَ، اِعتَصَر — squeeze, wring, express
عَصْر، اِعتصار — squeeze, expression, wringing
~: الوَقتُ بعدَ الظُّهر وقبلَ المغرب — afternoon
~: زمنٌ طويل — age, period, era, epoch (Geol.)
الـ ~ الأُردوفيسيّ — Ordovician period (Geol.)
~ الأوليغوسين، الـ ~ الحَديث اللاحِق — Oligocene epoch (or period)
الـ ~ البِرميّ: أحدثُ حُقَب الحَياةِ القديمة — Permian (period) (Geol.)
الـ ~ بعدَ الجَليدي: العَصْرُ الحَديث — Post-Glacial period (Geol.)
(~) البِليُوسين، الـ ~ الحَديث القَريب — Pliocene (period) (Geol.)
~ بَيْن جَليديّ — interglacial period (Geol.)
الـ ~ الثُّلاثيّ — Triassic (period) (Geol.)
~ جَليديّ — ice age, glacial period (Geol.)
الـ ~ الجَليديّ العَظيم — Great Ice Age (Geol.)
الـ ~ الجُوراسيّ — Jurassic period (Geol.)
الـ ~ ~ الحَديث — Neo-Jurassic (Geol.)
~ جيولوجيّ، حِينٌ جيولوجيّ — geologic age
الـ ~ الحَجَريّ، الطَّورُ الظَّرّيّ — Stone Age
الـ ~ ~ الحَديث — Neolithic period (Geol.)
الـ ~ ~ القديم — Palaeolithic period (Geol.)
الـ ~ الحديث: العصر الجيولوجي الحالي — Holocene period, Recent period (Geol.)
الـ ~ ~ الوَسيط، عَصْرُ الميُوسين — Miocene (period) (Geol.)
~ الحَديد — Iron Age
~ الحياة الحديثة — Cenozoic (Geol.)
الـ ~ الديڤوني — Devonian epoch (or period) (Geol.)
(الـ ~) السِّيلوري — Silurian (period) (Geol.)
الـ ~ الطَّباشيري — Cretaceous (period)
الـ ~ الكربوني — Carboniferous (period) (Geol.)
الـ ~ الكَمبري — Cambrian (period)
~ النهضة — renaissance
الـ ~ النِّيُوجينيّ: يَشمَلُ عَصْرَي المَيُوسين والباليوسين — Neogene period (Geol.)
عَصْرَنة، تحديث — modernization
عَصْريّ، جديد — modern, new
عُصْعُص — coccyx (Zool.)
عَصَفَ، هَبَّ بشِدَّة — blast, bluster, storm
عَصْف، عَصْفَةٌ، هَبَّةُ ريح — blast(ing), gust, windflaw, squall
عَصْفةُ مَطَرٍ وثَلْج — flurry (Meteor.)
عُصْفُر — safflower (Bot.)
عَصَويّ، أُملُوديّ: طَويلٌ نَحيل — virgate
العصَويّات: البكتريات العصويَّة — Bacillaceae (Biol.)
عَصِيٌّ: مُقاوِمٌ لِلصَّهر أو المُعالَجة أو الاستجابة — refractory (Phys.)
عُصيّات — bacilli
~ عِقديَّة — streptobacilli (Biol.)
عِصْيان، تمَرُّد — muting, disobedience
عَصِيب — difficult, critical
عُصَيَّة — rod
~، قُصَيمَة — bacillus (pl. bacilli) (Biol.)
عَصير — juice (Food Sc.)
~ التفاح — cider (Food Sc.)
~ خَلَوي — cell sap (Biol.)
~ مُرَكَّز — syrup (Food Sc.)
عِضَادة: مِسْطَرةُ المِهداف في أداةِ المَسْح أو الرَّصْد — alidade = sight rule (Surv.)
~، قائم الدَّرفة — stile (Carp.)
~ الإقفال — slamming stile (Carp.)
~ الباب (أو النافِذة الإطاريَّة) — jamb = jamb post (Build.)
~ حَجَريَّة — jambstone (Build.)
عِضادَتا الباب — door jambs, door posts, door cheeks (Build.)
عُضال، لا يَبْرأ — incurable
عَضَّة — bite
~ الصَّقيع — frostbite (Med.)
عَضَدَ، ساعَدَ، آزَر — back (up), support
عَضُد — brachium, humerus, upper arm (Zool.)
~ تَقْوية — stiffener, joggle post (Civ. Eng.)
~ (~) طَرَفي — end stiffener (Civ. Eng.)
~ الجَناح — wing spar (Aero.)
~ رئيسيّ — broach post = king post (Build.)
~ ~ — main spar (Aero., Naut.)
عَضُديّ، ذِراعيّ — brachial (Zool.)
عَضَل: نَسيجٌ عَضَليّ؛ عَضَلة — muscle (Zool.)
عَضَلة إراديَّة — voluntary muscle (Zool.)
~ باسِطة — extensor, supinator (Zool.)
~ ثلاثيَّةُ الرؤوس — triceps (Zool.)
~ دِلتاويَّة — deltoid (Zool.)
~ ذاتُ رأسَين — biceps (Zool.)
~ رافِعة — levator (Zool.)
~ رُباعيَّةُ الرؤوس — quadriceps (Zool.)
~ عاصِرة — sphincter (Zool.)
~ قابِضة — flexor, constrictor (Zool.)
~ مُخَطَّطة — striated muscle (Zool.)
~ مَلْساء — smooth muscle (Zool.)
~ مُوَتِّرة أو شادَّة — tensor (Zool.)
عَضَليّ — muscular
عُضو - في جماعةٍ أو هَيئة — member
~ - مِن أعضاء الجسم — organ (Biol.)
~ إنتاج، مُتحَرِّضُ الجِهاز — armature (Elec. Eng.)
~ ~ أُسطوانيّ — drum armature (Elec. Eng.)
~ ~ حَلْقيّ — ring armature (Elec. Eng.)
~ ~ دوّار — rotor = armature (Elec. Eng.)
~ ~ ساكِن — stator armature (Elec. Eng.)
~ ~ لالُبِّيّ — coreless armature (Elec. Eng.)
~ انضِغاط — compression member (Eng.)
~ التأنيث (في الزهرة)، مِدَقَّة — pistil (Bot.)
~ تحَكُّم: عنصرٌ في منظومة تحكُّم — control element (Eng.)
~ تَوحيد — commutator (Elec. Eng.)

عُضْو (تابع)
~ حَثّ، مِلَفُّ مُحاثَّة — inductor (Elec. Eng.)
~ حِسّ — receptor, sense organ (Biol.)
~ دَوّار ذو لَفائف — wound-rotor, slip-ring rotor (Elec. Eng.)
الـ ~ الساكِن: في مُحرِّك أو مُولِّد — stator (Elec. Eng.)
~ شَدّ — tension member, tie (Eng.)
~ شَرَف — honorary member
~ طَرَفيّ — end-member
~ عامِل — active member
~ قارِن — coupling member (Eng.)
~ قُطريّ — diagonal member (Eng.)
عُضويّ — organic (Chem.)
لا ~ — inorganic (Chem.)
~ المَنْشأ — organogenic (Biol.)
عُضويّة (في لجنة أو جمعية) — membership
~: بِنْيَةٌ عُضويّة — organism (Biol.)
عُضَيّ، جُزَيئةٌ عُضْويّة — organelle (Biol.)
عَطاء، مِنْحة — endowment, donation
~ (في مُناقَصة)، عَرْض — tender, bid
~ بالظَّرْف المَختوم — sealed bid
استِدراجُ عَطاءات — invitation to bid
عُطارِد: أقربُ الكَواكِب إلى الشَّمس — Mercury (Astron.)
عُطاس، عَطْس — sneezing, sneeze
العَطالة، القُصور الذاتي — inertia (Phys.)
~ الكَهْرُمِغنيطيّة — electromagnetic inertia (Elec. Eng.)
عَطِبَ، أعطَبَ — damage
عَطَبٌ — damage, breakdown; spoilage, disrepair
عُطْبة، صوفانة: تلتهِبُ بِشَرر القَدْح — tinder
عِطر — essence, attar
عِطْريّ، أروماتيّ — aromatic (Chem.)
العِطْريّات، المُرَكّبات العِطرية، المُرَكّباتُ الأروماتيّة — aromatics (Chem.)
عَطَش — thirst
عِطف؛ صالِبُ الزاوية — chine (Aero.)
عَطْف، مُراعاة، مُعامَلة مُفَضَّلة — favo(u)r
عَطَفَ، أمالَ، ثَنَى — bend, incline
~: لَوَى — turn, inflect
~ فجأةً — veer
عَطْفة، ثَنْية — bend, flexion, flexure
~، مُنْعطَف — turn, bend, deflection

عَطَّلَ، أوقَفَ — suspend, stop, discontinue
~، أفسَدَ — impair, damage, disrupt, vitiate, make ineffective
~ المَفعول — defuse, deactivate (Chem.)
عُطْل، خَلَل — trouble, fault, disorder
~، تعَطُّل — failure, breakdown
~ أرضيّ — earth fault (Elec. Eng.)
~ إلكترونيّ — electronic bug (Electron.)
~ تَماسّ — short, short-circuit (Elec. Eng.)
~ خَطّيّ: خَلَلٌ في خطِّ النَّقْل — line fault (Elec. Eng.)
~ وَضَرَر — damages
~ (أو خَلَلٌ) كهربائيّ — electrical fault (Elec. Eng.)
~ لاسِلكيّ — radio trouble (Radio)
~ ميكانيكيّ — mechanical failure (Eng.)
عُطْلة — holiday, vacation
عَطَنَ، عَطَّن — macerate, ret
عَطْنٌ، تعطين — maceration
عَطِنَ، أنْتَنَ، تعَفَّن — putrefy, decay, rot
عَطِنٌ، مُتَعَفِّن — putrid, rotten, decayed
عَطُوب — fragile, labile
~ بالحَرارة — thermolabile (Chem.)
عُطُوف، مَيْلٌ جانِبيّ — bank(ing), rolling (Aero.)
~ حادّ — steep bank (Aero.)
عَطِيّة، مِنحة — grant, donation, gift
عَظاءَة، سَحْلِيَّة، حِرذَون — lizard (Zool.)
العَظاية: كَوكبة شمالية — Lacerta (The Lizard) (Astron.)
عِظَم، مِقدار — magnitude
~، ضَخامة — largeness, greatness
~، أهميَّة — importance, significance
عَظْم — bone (Zool.)
الـ ~ الإسفينيّ — sphenoid (Zool.)
~ التَّرْقُوَة — collar bone = clavicle (Zool.)
~ الجَبْهَة — frontal (Zool.)
~ حَرْقَفيّ، ~ الحَرْقَفة — ilium (Zool.)
~ الحَوْض — pelvic bone (Zool.)
~ رُسْغيّ قدمي، ~ رُصْغي — tarsal (Zool.)
الـ ~ الرِّكابي (في الأُذُن الوُسْطَى) — stapes (Zool.)
~ الزَّند — ulna, cubitus (Zool.)
~ الصَّدْر، القَصّ — sternum (Zool.)
~ صُدْغيّ — temporal bone (Zool.)

~ العانَة — pubis (Zool.)
~ العَجُز — sacrum (Zool.)
~ العَضُد — humerus (Zool.)
~ الفَخِذ — thighbone = femur (Zool.)
~ الفَكّ — jawbone (Zool.)
~ قِحْفيّ، ~ جُمْجُميّ — cranial bone
الـ ~ القَذاليّ — occipital (Zool.)
~ الكتف، اللوح — scapula, shoulder blade (Zool.)
~ الكَعْب — talus (Zool.)
~ الكُعْبُرة — radius (Zool.)
الـ ~ اللاميّ — hyoid bone (Zool.)
الـ ~ الوَجْنيّ — jugal (Zool.)
~ الوَرِك، الإسْك — ischium (Zool.)
عَظْمة، عَظْم — bone, os (Zool.)
عَظَمة، جَلال — grandeur
عَظْميّ — bony, osseous
الهَيْكَلُ الـ ~ — skeletal system, skeleton (Zool.)
العَظْميّات: رُتَيْبَةُ الأسماك العظميّة — Teleostei (Zool.)
عَظْمِين: مِغراءُ (كولاجينُ) العِظام — ossein (Chem.)
عَظيم — great, grand
عُظَيمة، عَظْمة صَغيرة — ossicle (Zool.)
عفّارة: منفاخُ المساحيق — duster, powder duster
العَفَج: المِعى الاثنا عشري — duodenum (Zool.)
عَفَّرَ — spray
عِفريّة، عُرف — crest, comb (Zool.)
عِفريت، عِفريتة: مِرفاعٌ نَقول ثلاثي الأرجُل — gin, jack (Eng.)
عَفْص، حامِضُ التنِّيك — tannin = tannic acid (Chem.)
عَفْصَة: تضَخُّم نباتيّ طُفَيليّ — gall (Bot.)
~ لِحائيَّة — rindgall (Carp.)
عَفِنَ، تعَفَّنَ — rot, putrefy, decay
عَفِنٌ، مُتعَفِّن — mo(u)ldy, putrid, rotten; musty
عَفَن، عُفونة — mould = mold, rot, must (Bot., Food Sc.)
~ فُطْريّ: مَرَضُ البياض — mildew (Bot.)
~ ~ دَقيقيّ: مَرَضٌ نَباتيّ — powdery mildew (Bot.)

عَفويّ، تِلْقائيّ spontaneous
عَفويَّة، تِلقائية، ذاتيَّةُ الإنفِعال spontaneity
عِقاب punishment, retribution
عُقاب، نَسْر eagle (Zool.)
الـ ~: كوكبة شمالية استوائية Aquila (The Eagle) (Astron.)
عَقار holding
~: المَبْنَى والأراضي التابعةُ له premises
~، مِلكٌ ثابت real estate, realty, landed property
~ مُؤَجَّر lease
عَقّار، دَواء drug, medicine, medicament
~ مُخَدِّر narcotic drug (Med.)
~ مُسَكِّن sedative (Med.)
~ مُلَطِّف balm (Chem.)
~ مُنَوِّم hypnotic (Med.)
عَقارِب (أنظر: عَقْرَب) scorpions (Zool.)
~ مُضِيئة luminous hands (Phys.)
عُقّافَة crook; hook
~ المِقلاد switch hook (Elec. Comm.)
عَقِب، مُؤَخَّرة: جُزءٌ سُفليّ breech
~، عَقِبُ القَدَم heel (Zool.)
~، نَسْل offspring
عَقَبة، حاجِزٌ مُعيق obstacle, barrier
~، عائق impediment, hindrance
~ كَؤُود unsurmountable obstacle
عَقَدَ، رَبَطَ knot, tie
~، كَثَّفَ القَوام inspissate, thicken
~، قَبَّبَ vault
~ (اتفاقًا) strike
~ (اجتماعًا) convene, hold
عَقَّدَ، لَبَّكَ، تعَقَّدَ complicate, entangle
عَقْد: ١٠ سَنَوات decade
~، اِتِّفاق contract
~، قَنْطَرة arch, vault (Build.)
~ إجماليّ: مُحَدَّدُ القيمة lump-sum contract
~ إنجازيّ: يقومُ المُتعهِّدُ بموجبه بتسليم (مفاتيح) المبنى جاهِزًا للاستعمال turnkey contract (Build.)
~ إهليلَجيّ (أو بَيْضاوي) elliptical arch (Arch.)
~ إيجار lease, leasehold deed
~ ~ مُستمِرّ perpetual lease
~ ~ مُقْتَسَم (لسفينة أو طائرة) charter party
~ باطِل void contract
~ بِرميليّ (أو نَفَقيّ) barrel vault, wagon vault, tunnel vault (Build.)
~ تأسيس (شركة) articles of incorporation, articles of partnership
~ التأمين، بوليصة تأمين insurance policy, policy
~ تَعْدين mining lease (Mining)
~ ثلاثيُّ المَركَز three-centred arch (Arch.)
~ ~ المَفاصِل three-hinged arch (Arch.)
~ ثُنائيّ: مُلْزِمٌ لِلطرفين bilateral contract
~ ~ الارتِكاز two-pinned arch, two-hinged arch (Arch.)
~ حَجَريّ voussoir arch (Civ. Eng.)
~ رُمحيّ lancet arch (Arch.)
~ صَفائحيّ (خَشَبيّ) laminated arch (Build.)
~ فَرْعيّ، ~ من الباطن subcontract
~ قُوطيّ Gothic arch (Arch.)
~ مائل skew arch (Build.)
~ مُثَلَّثيّ triangular arch (Arch.)
~ مِرْوَحيّ fan-vault (Build.)
~ مُستوٍ، ~ مُسَطَّح flat arch, straight arch, jack arch (Build.)
~ مُضَلَّع rib(bed) arch (Civ. Eng.)
~ مَنْكُوس inflected arch (Civ. Eng.)
~ نِصْفُ دائريّ semi-circular arch
~ نِضويّ horse-shoe arch (Civ. Eng.)
~ نَفَقيّ، ~ بِرميليّ tunnel vault, barrel vault (Civ. Eng.)
عُقْدَة، ربطة knot, hitch
~، عُجْرَة knob, node, nodule, knarl, knur(l) (Bot.)
~، عُقدة عَصَبيَّة، ضَواة ganglion (Zool.)
~: مُلتقى الوصلات في مُخطط vertex (Maths.)
~، ميلٌ بحريّ في الساعة knot (Naut.)
~: نُقطةُ الإزاحة الدُّنيا node (Phys.)
~، لَيَّة: انفِتالٌ في حبلٍ أو سِواه kink
~ (في الخَشَب) gnarl, knarl (Carp.)
~ تحويل: في شبكة اتصالات switching node (Elec. Comm.)
~ تَربيعية square knot
~ الذَّنَب descending node (Astron.)
~ الرأس ascending node (Astron.)
~ زالِقَة، أُنشوطة running knot
~ سَهْلَةُ الحَلّ hitch knot, granny knot
~ صَغيرة (في الخشب) pin knot (Carp.)
~ صَفراء، كُرْكُم turmeric (Bot.)
~ غَزْل: تعقِدُ خيوطَ القُطن أثناء المَشْط أو الحَلْج nep
~ غيرُ مُنْزَلِقة bow-line knot (Naut.)
~ الكَرّ bow-line (Naut.)
~ مُتَّصِلة crunode (Maths.)
~ مُسَطَّحة، ~ تَربيعيَّة reef knot, square knot
~ مُنْزَلِقة sliding knot, slipknot
~ مُنفَصِلة acnode (Maths.)
~ مُؤَقَّتة، ~ سَهْلَةُ الحَلّ hitch knot
~ نِصفيَّة (سَهْلَةُ الحَلّ) half-hitch
~ هُبوط: حيث يقطع ساتل أرضي خط الاستواء جنوبًا descending node (Space)
~ وتَد clove hitch
عُقَديّ، عُجَريّ nodal, nodular, nodose, nodulous (or nodulose)
~، مُرَكَّب أو مُعَقَّد complex (Maths.)
عَقْرَب: حيوانٌ من رُتبة العنكبوتيات scorpion (Zool.)
الـ ~: بُرج العَقرب Scorpio (The Scorpion) (Astron.)
~: عَقربُ الساعة hand
~ الدَّقائق minute hand (of a watch)
~ الساعات hour-hand
عَقَصَ، جدَلَ، ضَفَر braid, plait
عَقَفَ، عَطَفَ (إلى أعلى) crook, upturn
عَقفَة، عَطفة خُطّافيَّة crook
عَقْل mind, reason
الـ ~ المُوَجِّه mastermind
عَقْلانيّ rational
عُقْلَة: فَسيلةُ غَرْس cutting (Agric.)
~: المسافةُ بينَ عُقدَتَين internode (Bot.)
عَقْليّ، ذِهنيّ intellectual, mental
عقليَّة، ذِهنيَّة mentality, mind
عَقَّمَ: طَهَّر، بَسْتَر sterilize, disinfect, pasteurize
~ (أمرَءًا): جَعَلَهُ عقيمًا sterilize (Med.)
عُقْم sterility, infertility
عُقوباتٌ اقتصاديَّة economic sanctions

عُقوبة، عِقاب penalty, punishment, sanction
عَقول، رَقوء: قابِضٌ للأوعية وقاطِعٌ لِلنَّزْف styptic, astringent (Med.)
~: يَعقِلُ (أو يُمسِكُ) البطن costive (Med.)
عَقيد colonel
عَقيدة doctrine
عُقَيْدَة: عُقدة صغيرة nodule (Geol., Biol.)
عَقيق، حَجَرٌ يَماني agate (Min.)
~ أبيض، خَلْقيدوني white agate, chalcedony (Min.)
~ أحمرُ: نَوعٌ من المَرْو carnelian (Min.)
~ طُحلبيُّ التشَعُّب moss-agate (Min.)
عَقيم: عَديمُ الجَدوى futile, abortive
~، عاقِر sterile, barren; effete (Biol.)
عَكِر، مُوحِل turbid; muddy, feculent
عَكَرٌ، كُدُورة turbidity, muddiness
عَكَسَ، قَلَبَ reverse, invert
~، انعكَسَ (عن سَطحٍ) reflect
~ صُورةً (لِـ) mirror
عَكْس، نَقيض inverse, converse, contrary, reverse
وبالعَكْس vice versa
~، تَرقيد layering (Agric.)
~، صُورة مُنعَكِسة reflection (Phys.)
~، قَلْب reversal, inversion
~، إرجاع reversion
~ اتجاهِ عقاربِ الساعة anticlockwise, counterclockwise
~ التوصيل turnover (Elec. Eng.)
~ ~ (لِوَقفِ المُحرِّك الكهربائي) plugging (Elec. Eng.)
~ الحركة بالسَّير belt reversing (Eng.)
~ (أو تغيُّر) اللونِ بالضوء أو بالأشعة فوق البنفسجيَّة photochromism = phototropy (Chem.)
عَكْسِيّ، مُعاكِس inverse, contrary, converse, adverse
~، مَقْلوب reverse, inverse
~: مُضادٌّ لاتِّجاهِ مَيْل الطبقات obsequent (Geol.)
~، مُتبادَل reciprocal
~، تراجُعيّ retrograde
~ التوجيه، مُرْجِع retrodirective
عَكْسيًّا inversely

عَكُوس: يُمكِنُ عَكسُه أو قَلْبُه reversible, invertible
لا ~ irreversible (Phys., Chem.)
عكوسيَّة: قابليَّة الانعكاس reversibility
عَكيس: فَرعٌ تجَذَّر مُتَّصلًا بالنبتة الأُم layer (Agric.)
عَلَى on, upon
~ الأرض، جانِح aground
~ التعاقُب، على التتالي consecutively
~ التَّوازي in parallel (Elec. Eng.)
~ التَّوالي in series (Elec. Eng.)
~ ~، على التعاقُب in succession
~ حالِه as is
~ الحِساب (بالدَّين) on credit, on account, (on) tick
~ الخَطّ: مُتصلٌ بالحاسوب on-line (Comp.)
~ ظَهر السفينة (أو الطائرة أو القِطار) aboard, on board
~ قَفا الورقة overleaf
~ المكشوف openly, overtly, publicly
بَيْعٌ ~ ~ selling short
~ الهَواء: في حالةِ البَثِّ المُباشر on (the) air
عَلا، ارتفع، صعِد rise, ascend
عَلَّى raise, elevate
عَلاة – الـ ~: عُظيمةُ السَّندان في الأُذُن anvil = incus (Zool.)
~ السَّندان anvil stake (Eng.)
عِلاج، دَواء remedy, medication, medicament
~، مُعالجة treatment
~ الأخطاء: في برنامج أو نظام تشغيل debugging (Comp.)
الـ ~ بالأشِعَّة، الاستِشعاع radiation therapy, radiotherapy (Med.)
الـ ~ بالمَواد الكيماوية chemotherapy (Med.)
~ مُمَوِّه placebo (Med.)
~ ناجِع cure
عِلاجيّ، مُداواتيّ therapeutic (Med.)
~، إصلاحيّ remedial
العَلاقاتُ العامَّة public relations
عَلاقاتٌ مُتَبادَلة: لِمَصلحةِ الطرفين mutual relations

عَلاقة، صِلَة relation; bearing, correlation, relationship
~ انعكاسيَّة reflexive relation (Maths.)
~ تماثُلية symmetric relation
~ مُتبادَلة correlation, interrelation
~ وِئاميَّة، ~ وُدِّية rapport
عِلاقة، عَلّاقة hanger
~، مِعلاق petiole, leaf stalk (Bot.), sling
عَلاماتُ تَنْقير pit marks (Photog.)
~ (أو إشاراتٌ) رياضية mathematical signs
~ الغاطِس draft marks (Naut.)
~ النِّيم، نِيْم ripple marks (Geol.)
عَلامة، سِمَة brand
~، شارة mark, sign; label
~، أثَرٌ دَلاليّ trace, show; indication
~، دَمغة stamp, impression
~، مَعْلَم marker (Surv.)
~، رَمْز notation, symbol
~، أمارة token, symptom
~ إسناد reference mark, fiducial mark, benchmark (Surv.)
~ ~ مِساحيّ، مَعْلَم مِساحيّ (بالنسبة لِمَرجع الإسناد) ordnance benchmark (Surv.)
~ إقْحام caret (Typog.)
~ بارِزة أو فارِقة feature, landmark
~ (استِدلالٍ) بَحْريَّة sea marker
~ تِجاريَّة trademark, brand
~ ~ مُسَجَّلة registered trademark
~ الجَذْر (√) radical sign, root sign (Maths.)
~ الجَمْع (+)، ~ الزائد addition sign, plus sign (Maths.)
~ حَجْب lockout flag (Comp.)
~ حُدود (بالأنوار غالبًا) boundary marker (Aero.)
~ خَطِّيَّة (بِلَونٍ مُغاير) streak, stria(tion)
~ السالِب (−) negative sign (Maths.)
~ شَفّافة (على العُملة أو الأوراق الرسميَّة) watermark
~ صَغيرة tick
~ الضَّرْب (×) multiplication sign (Maths.)
~ عائِق مِلاحيّ vigia (Naut.)
~ القِسْمة (÷) division sign (Maths.)

~ اللّامُساواة (≠) unequal sign (Maths.)
~ مائيّة (تُرى بالضوء النافِذ) watermark
~ المَركز centre mark
~ مِساحيّة (مؤقّتة) blaze (Surv.)
~ مُمَيِّزة distinguishing sign
~ المَنْسوب level mark (Surv.)
~ موسيقية note
~ نَجميَّة asterisk
~ نَقْل (في الجَمع الثُّنائي) carry flag (Comp.)
~ نِهاية المِلَفّ end-of-file marker (Comp.)
عَلانيةً openly, publicly
عِلاوة increment, raise, increase, bonus
~، مُخَصَّص allowance
~ سَكَن housing allowance
~ غَلاءِ المعيشة cost of living allowance
عَلَّبَ (في وِعاءٍ معدِنيّ) can, tin
~ (في وِعاءٍ خشبيّ أو كرتونيّ) pack, package, box, encase
عُلْبَة box, case, casing
~، عُلبة معدنية tin, can, canister
~ الأدوات tool box (Eng.)
~ البوصَلة binnacle (Naut.)
~ (وِقاء) التُّروس gear guard, gear casing (Eng.)
~ التُّروس gearbox, transmission (Eng.)
~ تَشَعُّب الكَبْل dividing box (Elec. Eng.)
~ التوزيع، صُندوقُ التغذية feeder-box (Elec. Eng.)
~ توزيعِ التيّار current distribution box (Elec. Eng.)
~ الطَّفْح، ~ الطُّفاحة eureka can (Phys.)
~ الفيلم film magazine (Photog.)
~ القابِس plug box (Elec. Eng.)
~ قُدرة: وَحدةُ تَحويل القُدرة لِتَشغيل الأجهزةِ الإلكترونية power-pack (Elec. Eng.)
~ القُفّازات glove compartment (Autos.)
~ الكامات cam box (Eng.)
~ كَرتون، صُندوقٌ من الوَرَق المُقَوّى carton
~ المَحامِل الدُّحروجيَّة roller bearing box (Eng.)
~ المَرافِق crankcase (Eng.)

~ مُسَنَّنات gearbox, gear casing (Eng.)
~ المَصاهِر fuse box (Elec. Eng.)
~ مَعدِنيَّة can
~ المَقابِس outlet box (Elec. Eng.)
عُلبيّ، عُلَيبيّ capsular
عِلَّة، مَرَض ailment, infirmity, illness
~: في البرنامج أو الحاسوب أو الدارة bug (Comp.)
~، سَبَب reason, cause; ground
~، نَقيصة defect, imperfection
عَلَف، عَليق fodder, feed
~ أخضر، كَلَأ forage, green fodder
~ ~ مَحفوظ، علفُ المَطمورة silage (Agric.)
عَلِقَ، تعَلَّقَ (بـ) cling
~ (بـ) get stuck or caught
عَلَّقَ، عَقَّبَ (على) comment
~، دَلَّى hang, sling, suspend
~: أوقفَ، أبقى مُعَلَّقًا suspend
عَلَقة leech (Zool.)
العَلَقيّات Hirudinea (Zool.)
عَلَكَ، مَضَغَ chew, masticate
عَلَّلَ، فَسَّرَ account (for), explain
~، بَرَّر justify
عَلِمَ know, learn, find out
عَلَّمَ: دَرَّس teach, educate, tutor
~: وَسَم بعلامة mark
عَلَم، رايَة flag, banner, jack, standard
~: شاخِصُ مَسْح surveyor's staff
~: فَلْحُ الشفة harelip (Med.)
~ إنذار: يُشير إلى أنَّ قراءَة الجهاز غير مَوثوقة flag alarm = alarm flag (Elec. Eng.)
~ تَحديد المَواقِع fanion (Surv.)
~ مُثلَّثي pennant, pennon
عِلْم science, -logy
~ اتزان الموائع hydrostatics (Phys.)
~ الاجتماع sociology
~ الأجِنَّة embryology (Biol.)
~ أجهزةِ التحَكُّم cybernetics (Comp.)
~ الأحافير المِجهريَّة micropaleontology
~ الأحجار الكَريمة gemology, gemmology
~ الأحراج، حِراجة forestry, silviculture
~ الإحصاء، إحصائيّات statistics (Maths.)

~ الإحصائيات الحيويَّة biometrics, biometry (Biol.)
~ الأحياء biology
~ ~ الجُزَيْئيّ molecular biology
~ ~ القديمة palaeobiology (Geol.)
~ ~ المِجهريَّة microbiology (Biol.)
~ الأخلاق ethics
~ الأرصاد الأحيائي biometeorology
~ ~ الجَوِّيَّة، ~ الجَوّ meteorology
~ الأرض، الجيولوجية geology
~ ~ التركيبيّ geognosy (Geol.)
~ أسباب المرض etiology (Med.)
~ الإستاتيكا، السُّكونيّات statics (Phys.)
~ ~ الهَوائية aerostatics
~ (أو دِراسةُ) الأسماك ichthyology
~ الإشعاع radiology (Phys., Med.)
~ الأصوات، الصَّوتيّات phonetics (Acous.)
~ أُصولِ التربية والتدريس pedagogy
~ الأطعمة food science
~ الأعصاب neurology (Med.)
~ الاقتصاد، اِقتصاديّات economics
(~) الإلكترونيّات، الكَهْرَبيّات electronics
~ ~ الضوئية photoelectronics (Electron.)
~ الأمراض، المَرَضيّات pathology (Med.)
~ ~ الجِلدية dermatology (Med.)
~ أمراضِ النبات plant pathology (Bot.)
(~) الأمراض النِّسائيَّة gyn(a)ecology (Med.)
~ الأمطار hyetology (Meteor.)
~ الأنساب genealogy
~ الأنسِجة، النُّسجيّات histology (Zool.)
~ الانسياب rheology (Phys.)
~ الأنهارِ والمجاري المائية potamology (Ecol.)
~ الأوبئة، الوبئيّات epidemiology (Med.)
~ الأورام oncology (Med.)
~ البِحار thalassography (Geog.)
~ ~، عِلْمُ المُحيطات oceanography
~ البُحَيْرات limnology (Geol.)
~ البَراكين vulcanology, volcanology (Geol.)
~ البَشَريّات، ~ طبائع البشر anthropology

عِلْم (تابع)

ـه البَصَريّات، البَصَريّات optics (Phys.)

الـ ـه البُعادي: تُجرى فيه التجارب من بُعد telescience (Space)

ـه البلّورات crystallography

ـه البِنْيَة الصَّخريَّة petrofabrics (Geol.)

ـه بِنْيَة الفِلِزّات، مِتالُوغرافية metallography

ـه البيئة، ـه البِيئيّات ecology

ـه التاريخ history

ـه تأريخ الأرض geochronology (Geol.)

ـه التبريد الفائق، ~ القَرّيات cryology (Phys.)

ـه تَحسين النَّسْل eugenics (Biol.)

ـه التخَمُّر: عِلْمُ الخَمائِر والإنزيمات zymology (Chem., Biol.)

ـه تدبيرِ المَنزل domestic science

ـه التراكيب: في لغة البرمجة syntax (Comp.)

ـه التُّربة soil science = pedology (Geol.)

~ ~ الزراعية agrology

ـه التشريح، (فَنُّ) التشريح anatomy (Bot., Zool.)

ـه التشَكُّل morphology (Bot., Zool.)

~ ~ الصَّخْريّ morphotectonics, petromorphology (Geol.)

ـه تَصْنيف الأحياء taxonomy, systematics (Biol.)

ـه التصوير المِساحيّ photogrammetry (Surv.)

ـه التَّغْذِية، القُوتيّات dietetics, sitology

ـه التقويم الجيولوجيّ geochronology (Geol.)

ـه الجِبال، جُغرافيَّة الجبال orography (Geol.)

ـه الجَبْر algebra (Maths.)

ـه الجَراثيم، البكتيريولوجية bacteriology

ـه الجُغْرافية geography

~ ~ القديمة paleogeography (Geol.)

ـه الجَليد glaciology (Geol.)

ـه الجَمال aesthetics

ـه الحاسوب، الحَوْسَبة computer science

ـه الحَرَكة، الحراكيّات kinetics (Phys.)

~ ~ المُجرَّدة، الحَركيّات kinematics (Phys., Maths.)

~ ~ الهوائية، الديناميّات الهوائية aerodynamics (Aero.)

ـه حركيّات المَوائِع hydrokinetics

ـه الحزازيّات bryology, muscology (Bot.)

ـه الحِساب arithmetic (Maths.)

ـه الحَشَرات entomology (Zool.)

ـه الحَفْريّات، ـه الحياة القديمة palaeontology (Geol.)

~ ~ الحيوانيَّة palaeozoology (Geol.)

~ ~ النباتيَّة palaeobotany (Geol.)

ـه الحَكّ: مبحثُ الاحتِكاك والبَرْي والتَّزليق في المَكنات tribology (Mech.)

ـه الحياة، ـه الأحياء، بيولوجية biology

~ ~ الفَلَكي astrobiology

ـه الحيَوان zoology

ـه خَصائِص الصُّخور (ميدانيًّا) lithology (Geol.)

ـه الخَلايا، ـه الخَليَّة cytology (Biol.)

ـه الدراساتِ الكَونية cosmography (Astron.)

ـه الدَّلالة، ـه دَلالة الألفاظ semantics (Comp.)

ـه الديناميكا الحراريَّة thermodynamics (Phys.)

ـه الرِّخويّات malacology (Zool.)

ـه الرُّسابات sedimentology (Geol.)

ـه رَسْم الخرائط cartography (Geog.)

(ـه) الرياضيّات mathematics

ـه الزراعة التطبيقي agronomy

ـه الزلازل seismology (Geol.)

ـه السُّكّان، الدِّيموغرافية demography (Ecol.)

ـه السُّموم، السُّموميّات toxicology (Med.)

ـه شَكْل الأرض، الجيومورفولوجية geomorphology (Geol.)

ـه الصِّحَّة hygiene (Med.)

~ ~ الوِقائية sanitation (Food Sc.)

ـه الصُّخور: نشأتها وتركيبها ودورة حياتها petrology (Geol.)

~ ~ الرُّسوبيَّة sedimentary petrology

~ ~ الوَصْفي petrography (Geol.)

ـه الصِّناعة، التكنولوجية technology

ـه الصواريخ الناريَّة pyrotechnics, pyrotechny (Chem.)

ـه طبقات الأرض stratigraphy (Geol.)

~ ~ الجَوّ aerography (Meteor.)

ـه الطبيعة، ـه الفيزياء physics

ـه الطَّحالِب algology = phycology (Bot.)

ـه الطُّفَيليّات parasitology

ـه الطَّلْع القديم palynology (Bot., Geol.)

ـه الطيران، الطيرانيّات aeronautics

ـه الطيور ornithology (Zool.)

ـه الظواهِر دونَ السَّمْعيَّة infrasonics (Acous.)

ـه العِظام osteology (Zool.)

ـه الغِذاء (والتَّغْذية) sitology

(~) الفُطريّات، ـه الفُطور mycetology, mycology (Bot.)

ـه الفِلِزّات، المِتالورجية: عِلم الفلزات وسبائكها وتقانة استخلاصها واستخدامها metallurgy (Eng.)

ـه الفَلك، ـه الهيئة astronomy

~ ~ الراداري radar astronomy

~ ~ الراديوي radio astronomy (Astron.)

ـه الفَيروسات virology (Med.)

ـه الفيزياء، ـه الطبيعة physics

~ ~ الأرضية، جِيُوفيزيقا geophysics

ـه القَذائف، قِذافيَّة missilry, ballistics (Aero., Space)

ـه القَرّيات، ـه الجُموديّات cryology (Phys.)

ـه القَمر selenology (Astron.)

ـه القياس metrology (Eng., Phys.)

~ ~ بالآلات وتَصميمها instrumentation (Eng.)

~ ~ بالتداخُل interferometry (Phys.)

~ ~ الكَمِّيّ quantum metrology (Phys.)

ـه قياس الوَقت horology

ـه الكُهوف، ـه المَغاوِر spel(a)eology (Geol.)

ـه الكواكب planetology (Astron.)

ـه الكَون، ـه الكونيّات cosmology (Astron.)

ـه الكيمياء القديمة، الخيمياء alchemy

ـه كيمياء الأرض geochemistry (Chem.)

ـه المُثلَّثات trigonometry (Maths.)

ـه المَحاريّات conchology (Zool.)

ـه المُحيطات oceanography

عِلْم (تابع)

~ المُستحاثّات pal(a)eontology (Geol.)
~ المُصطلحات terminology
~ المَعادن، عِدانة، المِنيرالوجية mineralogy
~ المعلومات information science, informatics
~ المِلاحة الفَلَكية، الفَضائيّات astronautics (Space)
~ المُناخ climatology (Meteor.)
~ ~ الأحيائي phenology (Biol.)
~ المُناخات القديمة palaeoclimatology (Geol.)
~ المياهِ الجَوْفيَّة geohydrology (Geol.)
~ الميكانيكا، الميكانيكيّات mechanics (Phys.)
~ النَّبات botany
~ النحو: في قواعد اللغة syntax
~ نَشأة الأرض geogeny = geogony (Geol.)
(~) ~ الكَون cosmogony (Astron.)
~ النَّفْس psychology
~ ~ التخاطُريّ parapsychology
~ النوويّات neucleonics (Phys.)
~ الهَنْدَسة geometry (Maths.)
~ الوِراثة، الوِراثيّات genetics (Biol.)
~ الوظائف، ~ وَظائِف الأعضاء physiology
عِلْميّ scientific
العِلمياء، المعلوماتية informatics, information science
عَلَنيَّة publicity
عُلُوّ altitude, height, elevation, head
~ الاحتِكاك friction head (Phys.)
الـ ~ ~ الإستاتي: ضغطُ عمودِ السائِل الساكِن static head (Hyd.)
~ التحليق soar
~ التصريف discharge head, head of drain (San. Eng.)
~ ~ (لِلمِضَخَّة) delivery head (of a pump) (Eng.)
~ ثابِت steady head (Hyd.)
الـ ~ الديناميّ dynamic head (Eng.)
~ السُّرعة، الطاقةُ السُّرعيَّةُ (لِسائل مُتَحَرِّك) velocity head = kinetic head (Hyd.)
الـ ~ السُّكونيّ static head (Hyd.)
الـ ~ ~ السائِليّ hydrostatic head (Hyd.)
الـ ~ الضغطيّ، طاقة الضغط (تزدادُ بارتفاع عَمود السائِل) pressure head (Hyd.)
~ الطاقة energy head (Hyd. Eng.)
الـ ~ الفَعّال effective head (Hyd.)
الـ ~ الكُلِّيّ: فوقَ مُستوى الصَّرْف total head (Hyd.)
~ مُستوى الماء water head (Hyd. Eng.)
~ المَسقَط: العُلُوُّ الفاعِل أو المُفيد available head (Eng.)
~ المَصّ: علُو المَصّ بفِعل التفريغ suction head (or height or lift) (Hyd.)
~ هَيدروليّ hydraulic head (Hyd.)
~ الوَضْع elevation head = position head, potential head (Hyd.)
العُلومُ التطبيقية applied sciences
~ الطبيعية natural sciences, physical science(s)
~ النظريَّة (أو التجريدية) pure sciences
عُلْويّ overhead, upper, superior
عُلْبة capsule (Biol., Med.), cassette
عُلِّيَّة، عِلِّيَّة: فُسحة تحت السقف attic, garret, loft (Build.)
عَليق، عَلَف forage, fodder, feed
~ أخضر green meat
عُلَّيق: نَباتٌ شائك bramble (Bot.)
~، تُوت العُلَّيق raspberry (Bot.)
عَليل sick, ill
عَمًى blindness
~ الألوان colour blindness, achromatic vision, parachromatism (Med.)
~ ~ الثُّنائيّ dichromatism (Med.)
~ الثَّلج، قَمَر snow blindness (Phys.)
الـ ~ الليلي، العَشا night blindness, nyctalopia (Med.)
عِماد، دِعامة support, post, strut
~: رُتبة عسكرية رفيعة general
~: قائمةٌ عموديَّة في هَيكل الباب أو النافذة mullion, mun(n)ion = muntin(g) (Carp.)
~: عَمودٌ جِداري ناتِئ (ذو قاعِدةٍ وتاج) pilaster (Build.)
~ شَريحيّ (دونَ تاج) pilaster strip (Build.)
عِماديّ: عموديّ الشكل columnar
عِمارة، مَبنى building
~ شُقَقٍ عالية tower block (Build.)
هَندسةُ الـ ~ architecture
عُمّال labor = labour
~ فِلاحة farm hands
~ مَهَرة skilled labour
عَمْد: قَصْد intent, intention
عُمُدٌ مُسَوَّرة: تُحيط بالمَبْنى peristyle (Arch.)
عَمْدًا، عن عَمْد intentionally, deliberatly, on purpose
عُمْر age
~، مَدى العُمْر، مُدَّةُ الحَياة life, lifetime
الـ ~ الإشعاعي radioactive age (Phys.)
الـ ~ التحصيلي achievement age
~ التحميل: المُدَّةُ التي يعمَلُ فيها الجِهازُ بكامِلِ قُدرته load life (Eng.)
~ التخزين shelf life = storage life (Food Sc.)
~ التشغيل، ~ الصلاحية working life
الـ ~ الجيولوجيّ geological age
الـ ~ الزمنيّ chronological age
الـ ~ العَقليّ mental age
الـ ~ المُرتَقب life expectancy
الـ ~ النافِع (لِلآلَة أو الجهاز) useful life (Eng.)
~ النِّصْف: زمنُ انحلالِ نصف ذرّاتِ العُنصر المُشِعّ half-life (Phys.)
~ ~ الإشعاعي radioactive half-life (Phys.)
~ نَظائريّ isotopic age (Phys.)
عُمراني، مَدَني urban
عَمْرَة: تَصليحٌ شامِل، تَرْميم overhaul
~: لِباسٌ للرأس headdress, cap, hood
عَمَّق، عَمُق deepen
عُمْق، غَوْر depth
~ الاختِراق penetration depth (Eng.)
~ (أو شِدَّةُ) الاصطِباغ depth
~ التحديد البُؤري depth of definition (Phys.)
~ التضمين: في الموجة الحاملة modulation depth (Radio)
~ التَّعشيق depth of engagement (Eng.)

عُمْق (تابع)
~ التغلغُل depth of penetration
~ جَذْرِ التلسين relish (Carp.)
~ الخَواء: الفَراغُ العُلْوي في صِهْريج outage (Eng.)
~ القَطْع depth of cut (Eng.)
~ المَجال depth of field (Photog.)
الـ ~ المُمْتَلِئ (في الخزّان) innage
عَمِلَ: فَعل، اشتغل make, do, act, work
~: أدّى عملًا perform, carry out, execute (a job)
~: كَدَّ labo(u)r
يَعمَلُ لِحِسابِهِ الخاصّ self-employed
عَمَلٌ، حِرْفة job, calling, profession
~، فِعْل deed, action, act
~، شُغْل work, labor = labour
~، وَظيفة job; work; function
~، مُهِمَّة task, job
~ (تِجاري) business
~ إضافي overtime
~ تخريبيّ مُتعَمَّد sabotage
~ تمهيدي preliminary work or action
~ جَماعي teamwork
~ داخِلَ الوَرشة shop work
~ شاقّ، ~ مُجْهِد task, arduous task
~ صَناعي skilled labour
~ عَسْكري military action
~ غيرُ وُدِّي unfriendly act
~ فَنّي (مُكَمِّلٌ لِنَصٍّ مكتوب) artwork
~ بالقِطْعَة piecework, job work
الـ ~ المأجورُ زَمَنيًّا timework
~ مَكتَبي office work
~ مَيْداني (خارِجَ المكْتَب) fieldwork
~ يَدَويّ handiwork, handwork
عِملاق giant, oversized
عُملة currency, money
~ صَعْبَة hard currency
~ ضَعيفة أو يَسِرَة soft currency
~ قانونية legal tender
عَمَلِيّ practical, workable, practicable
~، تجريبيّ (بالاختبار لا نَظَريًّا) empirical, experimental
عَمَليًّا practically, in practice
عَمَليّاتٌ جِيوتقنيّة: لإعداد أرض الموقع للبناء geotechnical processes (Civ. Eng.)

~ مشتركة combined (or joint) operations
~ مَصرِفية banking
عَمَليَّة، عمليّة تَشغيليَّة أو جراحيَّة أو عَسكريَّة operation
الـ ~، الفلسفة العمليّة (الذرائعيَّة) pragmatism
~ أُحاديَّة unary operation, monadic operation (Comp.)
~ ~ الخُطْوَة single-step operation
~ أَكْسَدة، تفاعُلُ أكسَدةٍ واختزال reduction-oxidation (redox) process (Chem.)
~ إذابة melting process (Chem.)
~ تبادُلية أو تبديلية: الناتجُ فيها لا يتغير بتغير ترتيب العناصر commutative operation (Chem., Maths.)
~ التَّحويل، عملية تحويليَّة conversion process
~ تصادفية، تَسَلْسُل عَشوائي stochastic process (Stat.)
~ تصنيعيَّة، نَهْجُ عمليّاتٍ مُتعاقبة process (Eng., Chem.)
~ تَعاقُبيَّة cascade process (Phys.)
~ تكراريَّة iterative operation (Comp.)
~ تكسير (النِّفط) cracking process (Pet. Eng.)
~ التَّنقية fining process (Met.)
~ ثابتةُ الإنثالْپِيا: تجري مع ثُبوت المحتوى الحراري isenthalpic process (Phys.)
~ ~ درجةِ الحرارة isothermal process (Eng.)
~ ~ الدورة (وبالتالي زمن التنفيذ) fixed-cycle operation (Comp.)
~ ~ الضغط isobaric process (Phys., Chem.)
~ ثُلاثيَّة ternary operation (Maths.)
~ ثُنائيَّة binary operation (Maths.)
~ الجَمْع addition (Maths.)
~ خَوائيَّة: تجري تحتَ التفريغ vacuum process (Chem. Eng.)
~ الضرب multiplication (Maths.)
~ الطَّبع، الطَّبْع presswork (Print.)
(~) الطَّرْح subtraction (Maths.)
~ عَكُوس reversible process (Chem., Phys.)

~ الغُرَف الرَّصاصيَّة (لِتحضيرِ حامِض الكِبريتيك) lead chamber process (Chem.)
~ الغَطْس أو الطَّفْو (لِفَصْل الخام) sink-float process (Min.)
~ القِسمة division (Maths.)
~ كَظُوم adiabatic process (Phys.)
~ ماصَّةٌ لِلحرارة endothermic process (Chem.)
~ مُتَواصِلة continuous process (Eng.)
~ المَسْح scansion = scanning process (Phys.)
~ مُفْرَدة، ~ وَحديَّة: تُعَرَّض لها المادة كخطوة في عملية صناعية unit process (Chem.)
~ مَنطِقيَّة logical operation (Comp.)
~ نَقْل (الصورة) transfer process (Photog.)
عَمُود، دِعامة column, pillar; pole, post
~، بطّاريَّة pile (Phys., Elec. Eng.)
~، عمودُ إدارة shaft, drive shaft (Eng.)
~، قائمُ دَعْم (فولاذي) sta(u)nchion (Civ. Eng.)
~ إدارة shaft, drive shaft, driving shaft (Eng.)
~ ~ أُحاديُّ المِرفَق single-throw crankshaft (Eng.)
~ ~ تحكُّمي control shaft (Eng.), control column (Aero.)
~ ~ التُّربين turbine shaft (Eng.)
~ ~ خَلفي back shaft, rear drive shaft (Eng.)
~ ~ الدفّاعة impeller shaft (Eng.)
~ ~ رأسِيّ vertical shaft (Eng.)
~ ~ رأسِيَّة vertical drive shaft (Eng.)
~ ~ الرقّاص tail shaft (Naut.)
~ الإدارة الرئيسيّ main shaft (Eng.)
~ ~ ~ في المحرِّك engine shaft (Eng.)
~ إدارةٍ عَكْسيّ reverse shaft (Railways)
~ ~ قائم upright shaft (Eng.)
~ ~ لاتمَركُزي eccentric shaft (Eng.)
~ ~ مُترجِّح rocking shaft (Eng.)
~ ~ مُتَوسِّط intermediate shaft (Eng.)
~ ~ مَحزوز grooved shaft (Eng.)
~ ~ ناقِل transmitting shaft (Eng.)
~ ~ وَسيط idle shaft, jack shaft (Eng.)

~ إزالةِ المُبَلْمرات — polymer stripping column (Pet. Eng.)

~ أساس (في بناءٍ مُعَمَّد) — pilotis (Build.)

~ إشارة، مُلَوِّحة — signal post (Railways)

~ الِامتصاص — absorption column (Pet. Eng.)

~ أنابيب (الحفر أو التبطين) — string, drill string (Civ. Eng.)

~ (أو خَطُّ) أنابيب التغليف — casing string (Pet. Eng.)

~ انتِظار الحَطّ: في المجال الجوي للمطار — stack (Aero.)

~ إنصال: عمودُ إزالةِ الأجزاء النفطيَّة الخفيفة — stripper column (Pet. Eng.)

~ أيونيُّ الطِّراز — Ionic column (Arch.)

~ بُرجيّ (في معمل تكرير) — tower (Pet. Eng.)

~ ~ مُرَبَّع القاعدة — pylon (Elec. Eng.)

~ تَدْوير — driver shaft (Eng.)

~ تُرابي — earth pillar, hoodoo (Geol.)

~ (إدارة) التُّرس الصغير — pinion shaft (Eng.)

~ (~) التَّغذية — feed shaft (Eng.)

~ (~) طَبْلة المِرفاع — drum shaft (Eng.)

~ تقطير — distillation column (Chem.)

~ توزيع — distribution pillar (Elec. Eng.)

~ جُلمودي: من كُتلةٍ صَخريَّة واحدة — monolithic column (Arch.)

~ الحدَبات — camshaft, tumbling shaft (Eng.)

~ حراري: لِتَبطئة النيوترونات — thermal column (Nuc. Eng.)

~ ~، تِرمُوبيل، بَطّاريَّة حرارية — thermopile (Phys.)

~ الحَفْر، جِذْعُ الحَفْر — drill stem, drilling column (Civ. Eng.)

~ ~ الدوّار — drilling spindle (Eng.)

~ ~ الرئيسي — drilling shaft (Eng.)

~ خام، ~ الخام — ore shoot, chimney (Mining)

~ درابزين، بَرْمَق درابزين — baluster, banister (Build.)

~ دعم الدرابزين (في أعلاه أو أسفله) — newel-post (Build.)

~ دَوَران أجوَف — quill, quill drive (Eng.)

~ ~ الحاكِم — governor spindle (Eng.)

~ ~ الرقّاص — screw shaft (Eng.)

~ ~ رَفيع — spindle (Eng.)

~ ~ مُخَدَّد — spline(d) shaft (Eng.)

~ ~ المِخرَطة — lathe live spindle (Eng.)

~ الرَّبْط (للإرساء) — bollard (Naut.)

~ السَّحْب (في المِخرطة) — feed spindle (Eng.)

~ بِشَكل تِمثالِ امرأة — caryatid (Arch.)

~ صغير، عُمَيد — columella (Arch.)

~ صُندوقي — box column (Build.)

~ الضاغِط — compressor shaft (Eng.)

~ طَبَقاتيّ: يُبَيِّنُ تَعاقُبَ الطبقاتِ الصخريَّة — stratigraphic column (Geol.)

~ طَرَفيّ: صامِدٌ لِلشَّدِّ والثِّقَل — terminal pole, end post (Civ. Eng.)

~ العَلَم: ساريةُ العَلَم — flagpole

الـ ~ الفِقْريّ — vertebral column, spine, spinal column, rachis, backbone (Zool.)

~ فُلْطائيّ — voltaic pile (Elec. Eng.)

~ القيادة، عَصا القيادة — control column, joystick (Aero.)

~ بِكَتائف — bracket pole (Build.)

~ كَربونيّ: مُتغَيِّر المُقاوَمة بالضَّغْط — carbon pile (Phys.)

~ «لَكْلانشيه» — Leclanché cell (Phys.)

~ مُجَزِّئ — fractionating column (Chem.)

~ المُحَرِّك المِرفَقيّ — motor shaft (Eng.)

~ مُخَدَّد — fluted pillar (Build.)

~ مُدار — driven shaft (Eng.)

~ المِدخنة — chimney shaft (Build.)

~ مِرْفَقيّ — crankshaft (Eng.)

~ مُرَكَّب: من أعمدة مُتضامَّة — clustered column, compound pillar (Arch.)

~ (دَورانِ) المِروحة — propeller shaft (Autos.)

~ المُسَنَّنات — gear shaft (Eng.)

~ مُضَلَّع — canted column (Arch.)

~ المُفاعِل — reactor column (Nuc. Eng.)

~ مقاليد (مَفاتيح) التوزيع — switchgear pillar (Elec. Eng.)

~ مُلتصِق — engaged column (Arch.)

~ مُناوِل، ~ التوزيع المُساعِد — lay shaft (Eng.)

~ مُناوَلَة عُلْوي — lineshaft (Eng.)

~ ~ ~ وَسيط — countershaft (Eng.)

~ نِصف ظاهِر — half-column (Build., Arch.)

~ نقل الحرَكة — transmission shaft (Eng.)

~ ~ ~ الأُفُقي — lying shaft (Eng.)

عمودان تَوْأمان: مُتَّحِدا القاعدة — twin columns (Arch.)

عَموديّ، عِماديّ — columnar

~، مُتَعامِد، رأسيّ — vertical, normal, perpendicular, orthogonal (Maths.)

~ مُزدَوِج، ناظِمٌ ثُنائي — binormal (Maths.)

عُمُولة — commission, factorage

عُموميّ — public, general

عُموميَّة — generality

~، شُموليَّة (عالَميَّة) — universality

عَميد، قائد لِواء — brigadier = brigadier general (Mil.)

~ بَحري — commodore, rear admiral

عُمَيد، عمود صغير — columella (Build.)

عُمَيرةُ نَحْل — colony, apiary (Zool.)

عَميق — deep, profound

عَميل — agent

~، زَبون — client

عَنَى، قَصَدَ — mean, imply

عَناء — toil, trouble, hardship

العَنّاز، ذو الأعِنَّة: كَوكبةٌ بينَ الثُّريا والدبِّ الأكبر — Auriga (The Charioteer) (Astron.)

عناصِر (أنظر: عُنصر) — elements

~ الأترِبة النادِرة، العناصِرُ الأرضية النادرة — rare-earth elements (Chem.)

~ انتِقاليَّة — transition elements (Chem.)

~ مابَعد (أو ما وَراء) الكُورِيُوم — transcurium elements (Chem.)

~ ~ اليُورانيوم: ذاتُ عَددٍ ذَرِّيّ أعلى من ٩٢ — transuranium elements (Chem., Phys.)

~ ما وَراء البلوتونيوم — transplutonium elements (Chem., Phys.)

~ المِغنَطيسيَّة: كالمَيْلِ والحُدُورِ والشِّدَّة في المَوقِعِ المُعَيَّن — magnetic elements (Phys.)

عِنان، رَسَن — rein(s), hackamore

عَنانة — impotence (Med.)

عِناية، حِرص — care

~، صِيانة — maintenance

~، اهتمام — attention

~ تِلوِيَّة (تَلي فَترةَ المُعالَجة) — after-care

عِناية (تابع)
~ فائقة intensive care
عَنْبر، خامُ العَنبر ambergris (Chem.)
~: حَظيرة (طائرات) hangar (Aero.)
~ (في مُستشفى) ward
~: مُستودع warehouse, depot
~ (السفينة أو الطائرة) hold
~، حُوت العَنْبَر sperm whale, cachalot (Zool.)
عِنَبيَّة: ثمرة عنَبيَّة berry (Bot.)
العِنَبيَّة: الغِلالةُ الوِعائيَّة لِلمُقْلَة uvea (Zool.)
عُنَّة، عَجز جِنْسيّ impotence (Med.)
عند الإطلاع at sight
~ الطلَب on demand
عَنْز، ماعِز goat (Zool.)
عُنْصُر، عُنصر كيماوي element (Chem.)
~: (مادة) مُكوِّنة، أحدُ المُقوِّمات component, constituent, ingredient (Chem., Phys.)
~، عامِل element, factor (Maths.)
~ (أو شِقٌّ) أُحاديُّ التكافؤ monad (Chem.)
~ اسِتشعار sensing element (Comp.)
~ إعاقة: يخزُنُ الإشارةَ فترةً قبل تحويلها إلى خطِّ خَرْجِها delay element (Comp.)
~ بَصَريّ: عَدَسةٌ أو مَوشور أو مِرآة في جِهازٍ بَصَريّ optical element (Opt.)
~ بَيانيّ data element (Comp.)
~ تَتَبُّع، ~ مُقتَفٍ tracer element (Phys.)
~ تحكُّم control element (Eng.)
~ تَخْزين، ~ خَزْن storage element (Comp.)
~ تَسْخين heating-element (Elec. Eng.)
~ ثُنائيُّ التكافُؤ dyad, diad (Chem.)
~ دارةٍ مُنفَعِل: لا يَحوي مَصدَرَ طاقة passive element (or component) (Electron.)
~ زَخرفةٍ مُتَكرِّر motif (Arch.)
~ سَلْبيُّ التكَهْرُب electronegative element (Chem.)
~ صُغْريّ microelement, trace element, micronutrient (Biol.)
~ صِماميّ valve element (Electron.)
~ صُورة pixel = picture element, pel (Comp.)
~ فِلِزّيّ metallic element (Chem.)

~ كَهْروإيجابيّ، ~ فِلِزّيّ (مُوجِبُ التأيُّن) electropositive element (Chem.)
~ كَهْروسَلْبيّ، ~ لافِلِزّيّ (سالِبُ التأيُّن) electronegative element (Chem.)
~ كِيماويّ chemical element (Chem.)
~ لافِلِزّيّ non-metallic element (Chem.)
~ مُشِعّ radioactive element (Phys.)
~ ~ طبيعيًّا radioelement (Chem., Phys.)
~ مُقْتَفٍ (استِشفافيّ) tracer element (Phys.)
~ مَنْطِقي functor, logic element (Comp.)
الـ ~ النَّتُوج parent element (Phys.)
~ نَزْر microelement, trace element (Food Sc., Biol.)
~ «و» المَنطِقي AND element (Comp.)
~ وَقود fuel element (Nuc. Eng.)
~ ~ سَرُوب burst slug, burst cartidge (Nuc. Eng.)
~ وَليد daughter element (Phys.)
عُنْصُريّ: جَوهَريّ، خاصٌّ بعناصر الطبيعة elemental
~: خاصٌّ بالعنصرية العِرقية أو اللونية racial
عُنْف violence
عَنَفَة، تُرْبين، تُربينة turbine (Eng.)
~ «بِلْتون» Pelton wheel (Eng.)
~ تَفاضُليَّة differential turbine (Eng.)
~ مُرَكَّبة compound turbine (Eng.)
~ مُزدَوِجةُ الدَّفْق double-flow turbine (Eng.)
عُنُق، رَقَبة cervix, neck
~، سُوَيق pedicle, pedicel (Bot.)
~ الازهِرارِ أو الوَرَقةِ المُرَكَّبة peduncle, rachis (Bot.)
~ الإوَزَّة: اِنحِناءٌ راجِع، عَقَفة gooseneck (Eng.)
~ (أو سِطامٌ) بُركانيّ volcanic neck (Geol.)
~ الرَّحِم cervix (Zool.)
~ الزُّجاجة، مَزْنَق، مَخْنَق bottleneck
العَنْقاء: كَوكَبة جَنوبيَّة Phoenix (Astron.)
عُنقود، عِذْق (اثماري) bunch, cluster
~، عِذقُ أزهِرار raceme (Bot.)
~ قِطاعات cluster (Comp.)
عُنقوديّ botryoidal (Biol., Min.)
~ (الشَّكل)، عِذْقيّ racemose (Biol.)

~ الشَّكل aciniform (or acinose) (Biol.)
عَنكَبُوت spider (Zool.)
~: تركيبةٌ شُعاعيَّة spider (Eng.)
~ المَجال field spider (Elec. Eng.)
عَنكبوتيّ arachnoid
العَنكَبوتيّات: طائفة من المَفصِليّات فيها العناكِبُ والعقارِب Arachnida (Zool.)
عَنَمة، حالِق: مِعلاق النبتة المُعترِشة tendril (Bot.)
عُنوان address, heading; title
~ اِفتِراضي virtual address (Comp.)
~ بَرقي cable address, telegraphic address
~ بحُروف كَبيرة headline (Typog.)
~ رَمْزيّ symbolic address (Comp.)
~ رئيسي headline
~ طَليق، ~ رَمْزيّ floating address = symbolic address (Comp.)
~ مُباشِر direct address, immediate address (Comp.)
~ مَرْجعي reference address (Comp.)
~ نِسْبيّ relative address (Comp.)
~ نِصْفيّ (داخلي) half title (Print.)
عَنْوَن address, entitle; label
عَنْوَنة addressing
~ رَمْزية symbolic addressing (Comp.)
~ بالمضمون associative addressing
عَنيد obstinate, stubborn, tenacious
عَنيف، شديد؛ صارِم fierce, severe, drastic
عُنَيْق (الزَّهرة)، سُوَيقة pedicel (Bot.)
عَهِدَ (إلى) entrust (with)
عَهْد، تعَهُّد promise, pledge
~، عَصْر، زَمَن era, epoch; time
~، ميثاق covenant
~، نِظامُ حُكم regime
عُهْدة، رِعاية care, trusteeship, charge
~، حِراسة custody
العَوّاء، راعي الشاء: كوكبةُ نُجوم شمالية Bootes (The Herdsman) (Astron.)
عَوارِية، تَلَف (منقولات بحريَّة أو تعويض التأمين عنها) average
عَوالِق: كائنات حَيَّةٌ مُعَلَّقة في الماء plankton(s) (Biol.)
~ الأعماقِ الوَسيطة mesoplankton

عَوالِق (تابع)
الـ ~ الحَيَوانية — zooplankton (Zool.)
~ دَقيقة — seston (Biol.)
~ سَطْحيَّة — epiplankton (Ecol.)
~ شَتَويَّة — chimopelagic plankton (Bot.)
الـ ~ الصُّغرِيَّة (أو المِجْهَرِيَّة) — microplankton (Ecol.)
~ مِجْهَرِيَّة — nan(n)oplankton (Biol.)
~ مُؤقَّتة — meroplankton (Ecol.)
~ المياه الجارية — rheoplankton (Ecol.)
~ ~ العَذْبة — limnoplankton (Ecol.)
الـ ~ النباتيَّة — phytoplankton (Biol.)
~ نهرِيَّة — potamoplankton (Ecol.)
عَوالِقيّ: خاصٌّ بالعَوالِق المائية أو البحرية — planctonic = planktonic (Biol.)
عَوّام، سابح — natatorial (Zool.)
عَوّامة، طَوْف — float, buoy
~ إرساء — anchor buoy (Naut.)
~ إقرار — stabilizing float (Naut.)
~ جَرَسيَّة — bell float
~ كُرَويَّة — ball float (Eng.)
~ المِرجل — boiler float (Eng.)
~ المكربِن — carburettor float (Eng.)
~ نَجاة — life buoy
~ هَوائيَّة (أو نَفْخِيَّة) — pneumatic float
عَوامِل (أنظُر: عامِل) — factors
~ بِيئيَّة — ecological factors (Ecol.)
~ تَجْفيف — drying agents (Chem.)
~ التجوِيَة — weathering agents (Geol.)
~ تَصليد (المَطّاط) — vulcanizing agents (Chem.)
عوائد — returns, proceeds
~ مُستَحِقَّة مُتَراكِمة — accrued dues
عَوَّجَ، لَوَى — contort, twist, warp
عُود، قَضيب — rod, stick
~، مِزهر — lute
~ ثِقاب — match, safety match
~ (نَشْر) الشِّراع — sprit (Naut.)
~ المِشْنَقة — gallows, gibbet
عَوَّدَ، طَبَّعَ، ضَرَّى — habituate
عود (أو إعادة) **إلى الأصل أو إلى القيمة السابقة** — restore (Comp.)
عَودَة، رُجوع — return
~ الاتحاد — recombination (Chem.)
~ الانصِهار — refusion
~ (أو إعادةُ) الامتِصاص — resorption (Chem., Phys.)
~ البريد — return of mail
~ التبلْوُر — recrystallization (Met., Chem.)
~ التجمُّد (أو الجمَد) — regelation (Phys.)
~ بطريق الأرضي — ground return (Elec. Eng.)
عَوَز، فاقة، فَقر — lack, want, destitution, poverty
~، نَقْص — deficiency
~ مَناعيّ — immunodeficiency (Med.)
عَوَّضَ — recompense, indemnify, compensate, make up, redress
عِوَض، بَدَل — lieu, substitute
~: مُقابِل أو تَعويض مالي — consideration, recompense
عَوَّقَ، أعاقَ — delay, impede
عِوَل — reliability (Eng.)
عِوَليَّةُ التشغيل — operational reliability (Eng.)
عَوَّمَ — float, buoy up
عَوْم؛ تَطويف — flotation
~، سِباحة — swimming
عَوْن، إسعاف — aid, assistance, help; relief
عُوَيْلِم: في تصنيف الأحياء — subkingdom (Biol.)
عُوينات، نظّارات — spectacles (Opt.)
عَياء، عُضال: لا يَبْرَأ — incurable
عِيادة، مُستَوصَف خاصّ — clinic (Med.)
عِيار، قِياس — gauge, calibre, caliber (Eng.)
~ (التجويف أو القطر الداخلي) — caliber = calibre (Eng.)
~: درجةُ التركيز المُقدَّرة بالمُعايَرة — titer (or titre) (Chem.)
~: نَموذج مِعياريّ — template, templet, standard (Eng.)
~ الصِّمامة — fuse gauge (Eng.)
عِياريّ، قياسيّ، مِعياريّ — standard, normal (Phys.)
عِياريَّة: قيمة التركيز (بالمكافئ الغراميّ لِلِّتر) — normality (Chem.)
عِيانيّ: يُرَى بالعَين المُجَرَّدة — megascopic, macroscopic
عَيْب، نَقيصَة، نَقْصٌ — defect, flaw, imperfection, shortcoming, drawback
~ خَطِّيّ: اِنزياحٌ شَبَكيّ بِلَّوري — line defect (Phys., Chem.)
~ خَفِيّ — hidden defect
~ شَكليّ — deformation, irregularity
~ ظاهِر — patent defect
~ مُبْطِلٌ لِلبيع — redhibitory defect
العِيدُ المِئويّ — centennial
عَيْر: عِرقٌ في ورقة النبات — rib (Bot.)
~ قَبّان — woodlouse (Zool.)
عَيَّرَ: جعَل عيارِيًّا — standardize
عَيْش — existence, survival, living
~ الغُراب: ضَربٌ من الفُطر — mushroom (Bot.)
~ الكَفاف — subsistence
عَيَّنَ: حَدَّدَ المَوقِع — allocate
~، وَظَّفَ — appoint, assign
~، خَصَّصَ — designate, earmark
~، حَدَّدَ — determine, specify
~ بدِقَّة — pinpoint
~ الهُوِيَّة أو النَّوع — identify
عَيْن، مُقْلَة — eye (Zool.)
~، بُرعمة — bud, eye (Bot.)
~، ثَقْب، فُتحة، وَقْبَة — eye, hole (Build.)
~، يَنْبوعٌ — spring (Geol.)
~ الإعصار — hurricane eye (Meteor.)
~ سِحْرِيَّة (إلكترونيَّة) — magic eye (Electron.)
~ ~ مُزدَوِجةُ الحَسّاسيَّة — double-sensitivity magic eye (Radio)
~ سَوِيَّة: سَويَّةُ الإبصار — emmetropic eye, normal eye (Med.)
~ الشمس — helianthus (Bot.)
~ العاصِفة — storm eye (Meteor.)
~ كهربائيَّة: خليَّة كَهْرَضَوئيَّة — electric eye (Electron.)
الـ ~ المُجَرَّدة — naked eye, unaided eye
~ النَّمِر: مَرْوٌ بُنِّيٌّ — tiger('s)-eye (Min.)
~ الهِرّ (مِنَ الأحجارِ الكَريمة) — cat's-eye
عَيْنًا (لا نَقْدًا) — in kind, in specie
عَيِّنة، مَسْطَرة، نَمُوذَج — sample, specimen
~ اختبار — test sample (or specimen) (Stat.)
~ اختبار التآكُل: من صُبَّةٍ أو سبيكة — coupon (Eng.)
~ (قَلْبيَّة) أُنبوبيَّة — pipe sample (Min.)
~ جَوفيَّة — core sample (Pet. Eng.)
~ صَخريَّة — rock sample (Geol.)

عَيِّنة (تابع)

~ عَشْوائيَّة — random sample (Stat.)

~ لُبِّيَّة، ~ جَوفيَّة — core, core sample (Min.)

~ مَجّانيَّة — free sample

~ مُطابِقة، ~ نَموذَجيَّة — typical sample

~ مُلَوَّثة — contaminated sample

~ مُنْتَقاة — picked sample

~ نَمَطيَّة — type specimen (Biol.)

~ نَموذَجيَّة — representative sample (Stat.)

~ وَسَطيَّة — average sample, all-level sample (Civ. Eng.)

عَيْنيّ — ocular, ophthalmic (Zool.)

~، مادِّي، مَحْسُوس — real, in rem, corporeal

عَيْنيَّة: العَدَسة العَينيَّة — ocular, eyepiece (Opt.)

~ تَسْديد — sighting eyepiece (Surv.)

~ عادِلة — erecting eyepiece (Opt.)

~ عاكِسة — inverting eyepiece (Surv.)

~ قُطريَّة — diagonal eyepiece (Opt.)

~ مُقَوَّمة — orthoscopic eyepiece (Opt.)

عَيُوش — viable (Bot., Zool.)

لا ~ — non-viable

عَيُوشيَّة: قابليَّةُ الحياةِ والنُّمو — viability (Biol.)

العَيُّوق: نَجمٌ ناصِع عملاق في كوكبة العَنّاز (ذو الأعِنَّة) — Capella (Astron.)

عُيَيْنَة — eyelet, ocellus (Zool.)

عُيَيْنيَّة، يوغْلينا — euglena (Zool.)

غ

غ: اختصار لكلمة غرام g (Phys.)
غابَ، أفَلَ set (Astron.)
~، تغيَّب be absent, absent (oneself)
~ عن الوَعي lose consciousness
غابٌ، قَصَب reed (Bot.)
غابَة، حَرَجَة wood, forest (Ecol.)
~ٌ مَطيرة rain forest (Geog.)
غادَرَ leave, depart; checkout
~ المَدار deorbit (Space)
غادوف، مِجداف paddle
غاذِيَة، مُغَذِّية: بالماء أو الكهرباء أو مَوادِّ الخام feeder (Eng.)
~ٌ (أو مُغَذِّية) لَولَبيَّة screw feeder (Eng.)
غارَ، اِنخَسَفَ cave in, sink, subside (Geol.)
غارٌ، كَهْف cave, cavern (Geol.)
~، رَنْد bay, laurel (Bot.)
غارة raid
غارِق sunk(en), inundated
غاريقون، فُطْرٌ غاريقوني toadstool (Bot.)
غازٍ (ج. غُزاة) invader
غاز (ج. غازات) gas (Phys.)
~ٌ الاستِضاءة، ~ٌ الإنارة illuminating gas, lighting gas
(~) الأسِيتيلين acetylene (Chem.)
~ٌ إلكتروني electron gas (Phys.)
~ٌ الإنفِلات exhaust (Eng.)
~ٌ البِترول petroleum gas (Chem.)
~ ~ المُسال liquefied petroleum gas (LPG) (Chem.)
~ٌ حَذيقٌ (حَمضيٌّ) sour gas (Pet. Eng.)
~ٌ حَروق combustible gas (Chem.)
الـ ~ٌ الحُلْو (اللاكبريتيّ) sweet gas (Pet. Eng.)
~ٌ خامِل: غيرُ فَعّال inert gas = noble gas (Chem.)
~ٌ خانِق asphyxiating gas, choking gas (Chem.), choke damp, damp (Mining)
~ ~ لاحِق after-damp (Mining)
~ٌ الخَرْدَل، إيبرَيْت: غازٌ سامّ أوَّل ما استُخدِم في مِنطقة إيبرَيْت، بلجيكا في الحرب العالَميَّة الأولى mustard gas, yperite (Chem.)
~ٌ دائم permanent gas (Phys.)
~ٌ رَوِح odorant gas (Pet. Eng.)
~ٌ سامّ poison(ous) gas
~ٌ السَّديم interstellar gas (Astrophys.)
الـ ~ٌ الطبيعي natural gas (Geol.)
~ٌ (طبيعي) جافّ dry gas (Pet. Eng.)
~ (~) خام rough gas (Pet. Eng.)
~ (~) رَطْب wet gas (Pet. Eng.)
~ٌ العادِم exhaust gas (Eng.)
~ٌ الفَحم، ~ٌ الاستِصباح coal gas (Chem.)
(~) الكرِبتون: عُنصرٌ غازي خامِل رَمْزُه (كن) krypton (Kr) (Chem.)
~ٌ الماء: مَزيجٌ من الهدروجين وأوَّل أكسيد الكربون water gas (Chem.)
~ٌ مُتخلِّف residual gas (Electron., Eng.)
~ٌ مُترَدٍّ (مُتَراصُّ الذرّات)، ~ٌ غيرُ مِثاليّ degenerate gas (Phys.)
~ٌ مُتفَجِّر detonating gas (Chem.)
~ٌ مِثاليّ ideal gas, perfect gas (Chem., Phys.)
~ٌ المجارير sewage gas, sludge gas (Build.)
~ٌ مَحْصور أو مُحْتَبَس entrapped gas
~ٌ مُرافِق associated gas (Pet. Eng.)
~ٌ المُستنقَعات (مِيثان) marsh gas
~ٌ مُسَيِّل للدموع tear gas (Chem.)
الـ ~ٌ المُضحِك: أُكسيدُ الأزوتوز laughing gas, nitrous oxide (Chem.)
~ٌ مُميت lethal gas
~ٌ المَناجِم fire-damp, pit gas, puff
~ٌ مُنْحَلّ degenerate gas (Phys.)
~ٌ المولِّدات generator gas, air gas = producer gas (Chem.)
~ٌ نَبيل، ~ٌ خامِل noble gas = inert gas (Chem., Phys.)
~ٌ النشادر ammonia (Chem.)
~ٌ نَصِيل: أُزيلَت منه القُطاراتُ الخفيفة stripped gas (Pet. Eng.)
~ٌ النَّفْط (الناتِجُ بالتقطير الهَدّام) oilgas (Chem.)
~ٌ نَفْطٍ مُسَيَّل liquefied petroleum gas (Pet. Eng.)
~ٌ وَقود fuel gas (Geol.)
غازات ضارَّة (أو مُؤذية) deleterious gases
~ٌ لاكَثُوفة: غازاتٌ لا تتكَثَّفُ (في المُكَثِّف) non-condensable gases (Chem.)
~ٌ المِدخَنة، الـ ~ٌ المُنصَرِفة stack gases
الـ ~ٌ النادِرة، الـ ~ الخامِلة rare gases, noble gases (Chem.)
غازول: غازٌ مُسَيَّل gasol (Pet. Eng.)
غازُولين، بِنزين gasolene (or gasoline) (Chem.)
غازِيّ gaseous (Phys.)
غاشّ، ماذِق adulterant
غاصَ dive, sink
غاطِس sunken, countersunk (Build., Eng.)
~، مَغْمور submerged, plunged, immersed
~: ثِقْلُ تغطيس plunger, sinker (Eng.)
~ (السفينة) draught = draft (Naut.)
~ٌ على استِواء السَّطح flush-countersunk (Build., Eng.)
~ٌ التحميل load draught (Naut.)
~ٌ دَليليّ guide plunger (Eng.)
غالٍ، باهِظُ الثَّمَن dear, expensive
غال، قُفْل padlock
~: وَحدةُ تَسارُع سم/ث^2 gal (Mech.)
غالَى exaggerate
~ في التسعير overprice
غالِب، سائِد dominant, predominant, prevalent (Biol., Phys.)
غالِبيَّة majority
غالُون: في إنكلترا ٤،٥٤٦ لتر gallon
: في الولايات المتحدة ٣،٧٨٥ لتر
~ إمبراطوري: ٤،٥٤٦ لتر imperial gallon
غاليبوت: صَمْغُ الصنوبر gal(l)ipot (Bot.)
غالينا: كبريتيد الرَّصاص الطبيعي galena (Min.)
غامَ، تغَيَّم cloud, become cloudy (Meteor.)

غاما: وَحدةُ قياسِ شِدَّة المَجال المِغنطيسيّ تُعادِلُ 10^{-5} أورستِد (إيرستِد) — gamma (Phys.)
~ فوريَّة: إشعاعٌ جيميٌّ يُرافِقُ الانشِطار النوَويّ — prompt gamma (Phys.)
غامَرَ، جازَفَ، خاطَرَ — venture, risk
غامِض، مُبْهَم — ambiguous, nebulous, obscure, vague
غامِق — dark, deep
~ اللَّون — high-coloured
غاوْس: وَحدةُ الحَثِّ المغنطيسيّ: ١ ماكسويل لِلسم٢ — gauss (Elec. Eng.)
غائِب — absentee
غايَة، هَدَف — objective, purpose; goal, target
~، حَدٌّ أقصى — utmost, extreme limit
~، نهاية — end
غائِر — depressed, lacunary, sunken
~ (في تجويف) — recessed
غايَر، خالَف، تغايَر — differ
غائِط، بِراز — excrement, f(a)eces, stool (Zool.)
غائِم — cloudy
غُبار — dust
~ ذَرِّي — (atomic or nuclear) fallout (Phys., Ecol.)
~ الطَّلع — pollen (Bot.)
~ كَونيّ — cosmic dust (Astron.)
~ مُشِعّ — radioactive dust (Astrophys.)
غَباوة — idiocy
غبَب (في الدجاجيات والزواحف)، رَعْثَة — wattle
~ (في اللبونات)، لُغْد — dewlap
غُبْسَة، قَتامة — duskiness
غَبَّشَ، غَشَّى، ضَبَّبَ — blur, fog
غَبِشٌ: غيرُ واضِح المعالِم — blurred, foggy, hazy
غُبْشَة، ضبابيَّة — fogginess, blur
~، ظُلمة — darkness
غَبَنَ، بَخَسَ التَّقْييم — undervalue
~، غَشَّ — cheat, deceive
غَبِيّ — dull
غَبيب، جَدْوَل — creek (Geol.)
غَبير: ذُرارةٌ صُلْبَةٌ مُنتَشِرةٌ في غازٍ — sogasoid (Chem.)

غُبَيرة، بَوْغ — spore (Biol.)
غَثٌّ، سِفْلَة، رَديء — inferior, trash
غَثَى - يَغْثي: أصابَه الغثيان — nauseate
غُثاء، زَبَد، جُفاءٌ طافٍ — scum
~ الخَرَسانة — laitance, scum (Build.)
غَثَيان — nausea
غُدَّة — gland (Zool.)
الـ ~ الدَّرَقيَّة — thyroid (gland) (Zool.)
~ دَمعيَّة — tear gland, lachrymal gland (Zool.)
~ زُهميَّة (أو دُهنيَّة) — sebaceous gland (Zool.)
الـ ~ الصعترية — thymus (Zool.)
~ صَمّاء — endocrine gland, ductless gland (Zool.)
الـ ~ الصنوبرية — pineal gland, epiphysis (Zool.)
~ عَرَقية — sweat gland (Zool.)
~ الكُظر — adrenal gland, suprarenal gland (Zool.)
~ لُعابيَّة — salivary gland (Zool.)
~ المِغْثِر، مِغثِريَّة — nectary (Bot.)
الـ ~ النُّخاميَّة — hypophysis, pituitary gland (Zool.)
الـ ~ النَّكفيَّة — parotid (gland) (Zool.)
غِدْفَة، غِلافُ البِزْرة — testa, seed coat (Bot.)
غُدِّيّ — glandular
غَدير، جَدْوَل — brook, stream, rivulet
غِذاء، قُوت — food; nourishment, aliment
~ (مُنَظَّم)، حِمية — diet (Food Sc.)
غِذائي: خاص بالغذاء أو علم التغذية — alimentary; dietetic (Med.)
~، تَغذوي، مُغَذٍّ — nutritional, trophic
غِرّ: عديمُ الخِبرة — inexperienced
غَرَّى: ألصَقَ بالغِراء — glue
غِراء، صَمْغ — glue (Build.)
~ آحيّ — glair, albumen glue (Print.)
~ بَحْريّ: صامِدٌ لِلماء — marine glue
~ الذَهَب — gold-size (Paint., Build.)
~ السَّمَك — fish glue, isinglass (Chem.)
~ العِظام — bone glue (Chem.)
~ هَيدروليّ: صامِدٌ للرُّطوبة — hydraulic glue (Chem.)
غُراب — crow (Zool.)

~: غُرابُ الرأس أو الذيل (في المِخرطة) — poppet head (Eng.)
~ ثابت — headstock, live head, fast head (Eng.)
~ الذَّيل (الغُرابُ المُتَحرِّك في المِخرطة) — (lathe) tailstock, dead head (Eng.)
~ الرَّأس — headstock (of lathe) (Eng.)
~ القَدَم، ~ الفَريزة — footstock (Eng.)
غَرابة: خاصَّة شاذَّة أو مُخالِفة للمألوف — oddity, peculiarity
~: خاصةٌ تُميِّز الكواركات والهَدرونات — strangeness (Phys., Chem.)
غراد: جُزء من مئة من الزاوية القائمة — grad(e) (Maths.)
غِرار، نَمط، نَسَق — pattern
غِرارة، كيس، جُوالِق — bag, sack
غِراسُ المَشتل — nursery stock (Agric.)
غِراسة: زراعةُ الشجر أو الشجيرات — arborization
غَرّافة — scoop
غرافيت، رَصاصٌ أسوَد — graphite (Min., Chem.)
الـ ~ — pencil lead = graphite
~ تِجاري — black lead = graphite (Chem.)
غرافيتيّ — graphitic
غرام: وزنُ سم٣ من الماء المُقطَّر في درجة ٢٠° مِئويَّة — gram (or gramme) = gm (Phys.)
~ جُزيئيّ — gram-molecule (Chem.)
~ ذَرِّيّ — gram-atom (Chem.)
~ قُوَّة، پُوند — pond, gram force (Mech.)
غَرامَة، جَزاءٌ نَقْديّ — fine
غرانيت، الأعبَل، الصَّوّان — granite (Geol.)
غراي: وَحدةُ الجَرعة الإشعاعِيَّة المُمْتَصَّة — gray (Gy) = 0.1 Khg
غَرَبَ: أفَلَ، غابَ — set (Astron.)
غَرْب، جِهةُ الغَرب — west
غِرْبال، مُنْخُل — cribble, sieve
~، مُنْخُلٌ واسِعُ الثقوب — riddle
~ أُسطُوانيّ دَوّار: لِتصنيف الخام المَهروس — trommel (Mining)
~ اهتزازيّ، ~ رَعّاش — shaker, trembling sieve
~ (أو مُنْخل) تَصْنيف — classifying screen, sizing screen, sorter
~ دَوّار — rotary screen (Civ. Eng.)

غِرْبال (تابع)
~ الرَّمل sand riddle, sand sifter, sand screen (Build.)
~ ضَخْم grizzly (Mining)
~ الفَحم coal screen (Mining)
~ قَضيبيّ bar screen (Mining)
~ هَزّاز، مُنْخُلٌ اهتِزازيّ jigging screen, oscillating screen, shaking screen, vibrating screen
غِرباليّ: خاصّ بالعَظم الغِرباليّ
ethmoid(al) (Zool.)
غَرْبَلة، كَرْبلة trommeling, screening, winnowing, riddling
~ جافَّةٌ (لِفَصْلِ الخام) dry screening
غَرْبيّ western, westerly
~، خاصٌّ بنصفِ الكُرة الغَرْبي
occidental
غَربيّات، ألرياحُ الغربية westerlies (Meteor.)
غَرَز implant, insert, thrust into
غَرْز implant, insertion
~، طُعْم graft, scion (Bot.)
غُرْزَة، دَرْزَة stitch, suture
غَرَسَ، زرَع plant, implant
غَرْس، زَرْع planting
~ الحِراج، تحريج afforestation (Ecol.)
~ (زَرْعٌ) نَسيجي implantation, transplantation (Med.)
غَرْسَة، غَريسة implant (Med.), sapling (Agric.)
غَرَض، غاية purpose, objective, end
~، شَيْء object, thing
غَرْغرة: ما يُتَغَرغَرُ به gargle (Med.)
~: نشازٌ دَوريّ تتراوحُ تُفاوتاتُه بين ٣٠ وَ ٢٠٠ هِرتْز
gargle (Acous.)
غَرغول: فَمُ ميزابٍ ناتِئ gargoyle (Build.)
غَرَفَ scoop, ladle
غَرْف scoop(ing), ladling
غُرْفَة، حُجرة room, chamber, cabin
~ أجهِزَةِ القِياسات instrument room
~ احتراق combustion chamber (Eng.)
~ ~ أنابيبيّة: ذات أنابيب لهبٍ مستقلة داخِلَ غلافٍ أسطواني في التوربين
annular combustion chamber (Eng.)
~ الاحتِراق المُتقدِّم antechamber (Eng.)
~ بيضاء: حَيِّز خالٍ من الغُبار والبكتريا
white room (Med.)
~ تأيينٍ نابِضة pulse ionization chamber (Nuc. Eng.)
~ تَبْريد cooling chamber (Eng.)
~ التِّجارة chamber of commerce
~ تحكُّم control room (Elec. Eng.)
~ ترداد reverberant room, reverberation chamber (Acous.)
~ تعجيل acceleration chamber (Phys.)
~ تِلفون للعُموم pay station (Teleph.)
~ حَيَّة: كَثيرةُ الإصداء live room (Acous.)
~ سَحابيَّة cloud chamber (Phys.)
~ صَدَويَّة echo chamber (Acous.)
~ عمليّات operation(al) room
~ العمليّات (في مستشفًى) operating room or theatre (Med.)
~ غَطس diving-bell (Civ. Eng.)
~ غَيميَّة cloud chamber (Phys.)
~ كاتِمةٌ (للصّوت)، ~ لاصَدَويَّة dead room = anechoic chamber (Acous.)
~ لَفْح blast chamber (Eng.)
~ المحرِّكات engine room (Eng.)
~ المُراقَبة، ~ التحكُّم control room (Eng.)
~ مُرَدِّدة، ~ ترداد reverberant room, reverberation chamber (Acous.)
~ مُظلِمة (للتظهير الفوتوغرافي) dark room (Photog.)
~ مُقاصَّة clearing house
~ المَكنات engine room
~ هاتِفٍ للعموم call-box (Teleph.)
~ هواء air chamber (Eng., Bot.)
غَرْفَتَ: عالجَ بالغرافيت graphitize
غَرِقَ drown, sink
~ (لامتلائِهِ بالماء) founder
غُرْلَة، قُلْفة foreskin, prepuce (Zool.)
غَرَن: وَرَمٌ خَبيث sarcoma (Med.)
غَرَوانٌ صُلبٌ في غاز sogasoid (Chem.)
~ كُحوليّ alcosol (Chem.)
غَرَوانيّ، مادّة غَرَوانية colloid (Chem.)
~، شِبه غَرَوي colloidal
~ لا يألفُ الماء hydrophobic colloid (Chem.)
~ مائعٌ صُلب: مائعُ اللُّبِّ صُلْبُ القشرة
lisoloid (Chem.)
~ مُتآلِف lyophile = lyophilic colloid (Chem.)
~ مُتعادِل neutral colloid (Chem.)
~ نافِر: محلولٌ غرَوانيٌّ لا يألَفُ وَسَطَ انتِشارِه
lyophobic colloid (Chem.)
غَرَوانيّة، حالةٌ غَرَوانيّة colloidal state (Chem.)
غُروب، مَغيب، أُفول set, setting (Astron.)
الـ ~ sunset (Astron.)
غَريب، أجنبي foreign, alien, stranger
~، دَخيل allochthonous (Geol.), alien, extraneous, exotic, ecdemic (Biol.)
~، غيرُ مألوف strange, odd, queer
~ التشكُّل xenomorphic (Min.)
غُرَير badger (Zool.)
غَريزة instinct
غَريزيّ instinctive
غَريسَة implant, transplant
~، شَتْلة sapling, seedling, cutting (Agric.)
~ نُسُجيَّة transplant (Med.)
غِرْيَن، طَمْي silt, sullage, alluvium (Geol.)
~ صَلْصاليّ clay loam (Geol.)
غَرْيَنة، تَغَرْيُن silting (Geol.)
غِرينيّ، طَمْييّ alluvial (Geol.)
غَزا، اِكتَسَحَ invade
غَزارة، كَثرة abundance, plenitude, plentitude
غَزال gazelle, deer (Zool.)
غَزَّال spinner
غَزُرَ abound, become plentiful
غَزَلَ spin
غَزْل: عملية الغَزْل spinning, spin
~: خيوطٌ مَغزولة yarn
~ فُطْريّ mycelium (Bot.)
~ مُسَرَّح أو مَمشوق carded or combed yarn
دولابُ الـ ~ jenny, spinning jenny
غَزْو، اِجتياح invasion
غَزير، وافِر، مُفرِط abundant, copious, profuse, prolific
غَسّالة (آليَّة) washer, washing machine
~ رَحَوية rotary washer
~ نَشّافة washer-drier

غَسّالة (تابع)
~ هَزّازة: لِفَصْل الخام — jig washer (Mining)
غُسالة، فُضالة الغَسْل — leach(ate) (Chem.)
~ قِلْويّة — lye (Chem.)
غَسَق — dusk
غَسَقيّ، شفَقيّ. غسَقيُّ النشاط — crepuscular
غَسَلَ — wash, scrub; launder
غَسْلٌ — wash, washing, lavage
~ التُّربة: لِنَزْع الأملاح منها، حَلْحلة — leaching (Agric.)
~ خام المعادن: للتركيز — buddling (Mining)
~ الدماغ — brainwashing
~ بالصودا — sodawash (Pet. Eng.)
~ بالطين: لإزالة الروائح — clay wash (Pet. Eng.)
~ قِلْوي — alkali wash (Chem.)
~ وَكَيّ — laundering
غَسُول: سائلٌ عِلاجيّ — lotion, wash (Chem.)
~ طُفَالي — clay wash (Pet. Eng.)
~ لِلعَين — eyewash (Med.)
~ لِلفَم — mouth-wash (Med.)
~ قِلْوي — alkali wash, (caustic) lye
~ كاوٍ — caustic wash (Chem. Eng.)
غَسُول: قابِلٌ لِلْغَسْل — washable
~ بالمكنات — machine-washable
غَسِيل: مَلابسُ جَرى غَسْلُها أو هي معدَّةٌ لِلغَسْل — laundry
غَشَّ، خدَع — cheat, defraud, deceive, swindle
~، مَذَق، زَغَل — adulterate
غِشّ، إحتيال، تَدْليس — fraud, cheating, deceit, trickery
~، مَذْق — adulteration
غَشَّى، غَطَّى — overlay, coat, cover, shroud
~، غَبَّش — blur, fog, cloud
غِشاء — membrane
~، رِقّ — diaphragm (Acous.)
~، طبقة رقيقة — film, thin layer
~، غِطاء — overlay
~ أُكسيديّ — oxide-film (Chem.)
~ انتِقائيُّ الإنفاذيَّة — selectively permeable membrane (Chem.)
~ أَنُودي: طبقة المحلول المماسة مباشرة للأنود — anode film (Elec. Eng.)
~ جِلْدي — tegument, integument (Zool.)
~ جُليدي — pellicle (Biol.)
~ الجَنْب، ~ الرِّئة — pleura (Zool.)
الـ ~ الخارجي (لِلطائرة أو السفينة) — outer skin
~ خفيضُ العاكسيَّة — low-reflection (or reflectivity) film (Phys.)
~ الخَليَّة — cell-membrane = plasma membrane (Biol.)
~ زَيتيّ — oil film (Eng.)
~ زِينيٌّ لِلخشَب — veneer (Carp.)
~ ضَبُوطُ النَّغَم — tunable diaphragm
~ الطَّبْلَة — tympanum, tympanic membrane (Zool.)
~ قِيريّ قاعِديّ: يَلُفُّ قاعِدةَ المَبْنى وجُدرانَه المَطْمورة — tanking (Build.)
~ مُتَموِّج — undulating membrane (Zool.)
~ مُجْهَد: لتقليلِ الاعتِماد على الدَّعائم والركائز بداخِلِه — stressed skin (Aero.)
~ مُخاطيّ — mucosa = mucous membrane (Zool.)
~ مَصْعَدي، ~ أنودي — anode film (Elec. Eng.)
~ نِصفُ مُنْفِذ: نَفّاذٌ لِلمُذيب لا لِلمُذاب — semi-permeable membrane (Chem., Phys.)
~ نَفِيذ (أو مُنْفِذ) — permeable membrane (Chem.)
~ النواة — nuclear membrane (Biol.)
غَشّاش — fraud(ulent), deceitful
~، شَخصٌ غَشّاش — crook, trickster, swindler, cheat
غَشاوة — blur, cloudiness
غِشائيّ — membranous
غِشائيّاتُ الأجنِحة: مِن الحَشرات — Hymenoptera (Zool.)
غَشَيان، غَشية — fainting, swoon, syncope (Med.)
غَشْيَة، غَيْمومة — blackout (Med.)
غَصَّ، شَرِق — choke
غَصْب، إجبار — compulsion, coersion
غُصْن — branch, bough (Bot.)
~ عَرضي — sucker (Bot.)
غُصْنَة: زائدة شَجَريَّة — dendrite (Zool.)
~، غُصَيْن، عُسْلُوج — spray, sprig, twig (Bot.)
غُصَين جَذري — tiller (Bot.)
غَضٌّ، طَرِيّ، رَيّان — tender, succulent
غَضار: طينٌ لازِبٌ لَزِج — china clay, kaolin (Geol.)
غَضاريّ، صَلْصاليّ — clayey (Geol.)
غَضَب — anger, indignation, fury, rage
غُضْروف — cartilage (Zool.)
~ شفيف — hyaline cartilage, gristle (Zool.)
غُضْروفيّ — cartilaginous (Zool.)
غَضَّنَ، جَعَّدَ، تَغَضَّن، تجَعَّد — corrugate, crimple, crinkle, crumple, frill, pucker, ruffle
غَضَنٌ، جَعْدَة — crease, crimp(le), wrinkle, rumple, ruga
غُضون، أثناء — meantime, interim
في ~ ذلك — in the meantime, ad interim
غَطَّ، غمَس — dip, immerse
غَطَّى — cover, overlay, cap
~، لَفَّ — wrap, (en)shroud, envelop
~، حجَب — conceal
~ بالألومنيوم — aluminize
~ بالبلاط — tile (Build.)
~ بِحَشْوٍ عازِل — pug (Build.)
~ (الجِدارَ) بِشرائحَ خَشَبيَّة — fur (Carp.)
~ بِقِشْرةٍ صَلْدة، لَبَّسَ بِقِشرةٍ صَلْدة — encrust, incrust
غِطاء — cover, covering; lid; cap, capping; bonnet
~، غِلاف — case, casing, housing; envelope, jacket, wrapper; sheath, sheathing
~، حِجاب — shroud
~، دِثار — blanket, mantle
~ (الفِراش أو المائدة) — spread
~ الأُذُن — ear cap
~ انسيابيّ: مُضافٌ لتقليل مقاومة الهواء — fairing (Aero.)
~ جَليديّ — ice cap (Geol.)
~ جَوِّيّ، حماية جوِّيَّة — air cover (Mil.)
~ حُجرة الطيّار — cockpit canopy (Aero.)
~ الحَرْف (فَوقَ تقاطُعِ السَّطحَين) — ridge capping (Build.)
الـ ~ الحَيّ (السُّفلي): الهَشيرُ النامي تحت الأشجار الكبيرة — undergrowth

غِطاء (تابع)

ـه الخَياشيم (في السَّمك) gill cover, operculum (Zool.)
ـه خَيْشوميّ gill cowling (Eng.)
ـه الرأس headgear
ـه الضامَّة (في السراخِس) indusium (Bot.)
ـه عازِل insulating coating
ـه العَدَسة، كُمَّةُ العَدَسة lens hood (Photog.)
ـه عَمود الكامات camshaft casing (Eng.)
ـه غازي (فوقَ النّفط) gas cap (Pet. Eng.)
ـه فُتحةِ التعبِئة filler cap
ـه الفِراش bedspread
ـه قِطاعي (سَهْلُ التفكيك) sectional covering (Eng.)
ـه الكُوَّة (في سفينةٍ أو بَيت) scuttle
ـه لابيّ lava sheet (Geol.)
ـه لَفّاف roll top
ـه المُحرِّك engine hood, engine cowl or cowling (Eng.), cowling (Aero.)
ـه المِحور axle cap, axle casing (Eng.)
ـه المِدخنة chimney cap or bonnet (Build.)
ـه المُرَشِّح filter hood
ـه مُضَفَّر (لوقاية الكبل) braiding (Elec. Eng.)
ـه المقصورة cabin hood
ـه المُكَرْبِن carburettor lid (Eng.)
ـه مُلَولب، سِداد لَولبيّ screw cap
ـه مُنْخَفِض المُقاوَمة low-drag cowl (Aero.)
ـه مُنْزَلِق sliding hood, sliding canopy (Eng.)
ـه واقٍ protecting hood
~ من الغُبار dust cap, dust cover, dust jacket

غَطّاس، غوّاص diver
~، كبّاس plunger (Eng.)
ـه الصِّمام valve plunger (Eng.)
ـه المِضَخة pump plunger (Eng.)

غَطَسَ، غاصَ dive, plunge; sink
غَطَّسَ plunge, dip, immerse, duck
غَطْس، غَوْص diving, plunging; dive, plunge
غَفَرَ، صَفَحَ عن pardon, forgive
غُفْل: خالٍ من الكتابة blank
~: دواءٌ غُفْل placebo (Med.)
~، لااِسميّ innominate
ـه من الاسم anonymous

غَفْلة inattention
غُلّ، قَيْد shackles, fetters, chains
غَلا: زادَ سِعرُه become expensive, increase in price, appreciate
غلَى، جاشَ، فار boil
غَلاءُ المعيشة cost of living
غِلاف، غمد envelope, casing, case, housing, sheath
~، غِلافُ الكتاب binding, jacket
~، غِطاء cover(ing), mantle
~، قِشرة shell (Chem.)
~: مُنحنٍ أو سطحٌ غلافيّ envelope (Maths.)
ـه الأرض المائي hydrosphere (Geol.)
الـ ـه الأرضيّ geosphere (Geol.)
ـه الأُسطوانة cylinder casing (Eng.)
الـ ـه الإلكترونيُّ الأوَّل: الغِلاف ك K-shell (Chem.)
الـ ~ ~ الثالِث: الغِلاف م M-shell (Chem.)
الـ ~ ~ الثاني: الغِلاف ل L-shell (Chem.)
الـ ~ ~ الخامِس: الغِلاف «أو» O-shell (Chem.)
الـ ~ ~ الرابع: الغِلاف ن N-shell (Chem.)
الـ ~ ~ السّابع Q-shell (Chem.)
الـ ~ ~ السّادس P-shell (Chem.)
ـه الأنود anode sheath (Elec. Eng.)
ـه البُزور pod (Bot.)
الـ ـه البيئيّ ecosphere (Ecol.)
ـه تبريد cooling jacket (Chem.)
الـ ـه التُّرابي pedosphere (Geol.)
ـه التُّربين turbine casing (Eng.)
ـه تسخين heating jacket
ـه التكافؤ valence shell (Chem.)
ـه الثَّمرة pericarp (Bot.)
~ ~ الداخِليّ: المحيط بالبزرة endocarp (Bot.)
الـ ـه الجَوّي atmosphere, aerosphere (Meteor., Phys.)
الـ ~ ~ الخارجيّ exosphere (Meteor.)
الـ ~ ~ العُلْويّ upper air
ـه حَلَزونيّ volute casing = spiral casing
الـ ـه الحَيَوي biosphere (Ecol.)
الـ ـه الخارجي لِلإطار shoe, tyre (Autos.)
ـه الخَزْنة magazine case (Mil.)
ـه ذو فُتحةٍ شَفّافة window envelope
ـه الزَّهرة، كِمُّ الزهرة perianth (Bot.)
ـه عازِل cladding (Phys.)
ـه عُضويّ: يُغَلِّف أو يَضُمُّ أحدَ الأعضاء theca (Zool.)
ـه عمودِ الإدارة shaft casing (Eng.)
ـه غَمريّ (بالتغطيس بالشمع المغمور مثلًا) dipcoat
ـه القَلْب، التأمور pericardium (Zool.)
ـه الكَبْل cable sheath, cable casing (Elec. Eng.)
الـ ـه اللَّدْن plastosphere (Geol.)
الـ ـه اللونيّ (لِلشمس)، الكرُومُوسفير chromosphere (Astron.)
الـ ـه المائع asthenosphere (Geol.)
الـ ـه المائي hydrosphere (Ecol.)
الـ ـه المُتَجانِس homosphere (Meteor.)
الـ ـه المُتغايِر heterosphere (Meteor.)
الـ ـه المتوسِّط، مِيزُوسفير mesosphere (Meteor.)
ـه المِحور axle housing (Eng.)
ـه مَسِيك packing case (Eng.)
ـه (أو تَغليفٌ) مَعدني metal sheathing (Eng.)
الـ ـه المِغنَطيسيّ magnetosphere (Phys.)
الـ ـه اليابِس: فوقَ الغلاف المائع يضمّ القِشرة والقارات والصفائح lithosphere (Geol.)

غِلافة، غِشاء integument (Biol.)
غَلاكتوز، سُكَّرُ اللَّبَن galactose (Chem.)
غِلالة tunic(a), coat (Biol.)
غَلّاية kettle; ca(u)ldron
~، مِرْجَل boiler (Eng.)
ـه أنابيبيَّة tubular boiler (Eng.)
ـه بُخار steam boiler (Eng.)
ـه خَزَفيَّة (مخبَريَّة) casserole (Chem.)
ـه كهربائية electric boiler; electric kettle (Elec. Eng.)
ـه مُساعِدة donkey boiler (Eng.)

غَلَبَ beat, overcome, prevail
غَلَبة، نَصْر victory
~، سيطرة، هَيْمَنة dominance

غَلَّة، مَحصول، مَردود — crop, yield, produce, return(s)
~ حَدِّيَّة: مُساوِيَة لِنَفَقات الإنتاج — marginal return
غَلَثٌ: نُفايةُ الغَرْبَلة — riddlings
غَلْصَمة، فَلْكة أو لسانُ المزمار — epiglottis (Zool.)
غَلِطَ — err
غَلَطٌ: غير صحيح — incorrect, false
غَلْطة — error, mistake
~ مطبعيَّة — misprint, erratum
غَلُظَ، تخثَّر — curdle, congeal
~ قَوامُه — inspissate, thicken (Chem.)
غِلَظ، ثَخانة — thickness
غِلْظة، خُشونة — roughness, harshness
غَلَّفَ — encase, envelop, wrap
~، كَيَّسَ، تكَيَّس — encyst
~، وَضَعَ في كَبسُولةٍ أو مَحْفَظَة — encapsulate
~ (البئرَ) بالأنابيب — case (Pet. Eng.)
~ بالغَمْر — dipcoat
غَلْفانوسكوب (مِكشافُ التيّار الكَهْرَبائي) — galvanoscope (Elec. Eng.)
غَلْفانومِتر: مِقياسٌ غَلْفانيّ كهرومغنيطي، جَلْفانومتر — galvanometer (Elec. Eng.)
~ اِلتِوائيّ — torsion galvanometer
~ بالِستيّ: لِقياس الكمّيّات الكهربائية المفاجئة الحُدوث — ballistic galvanometer (Elec. Eng.)
~ تَفاضُلي — differential galvanometer
~ حَراريّ — thermogalvanometer (Elec. Eng.)
~ خَيْطيّ — string galvanometer
~ الظِّل — tangent galvanometer (Elec. Eng.)
~ مِرْآويّ — mirror galvanometer
~ بِمغنطيس مُتَحَرِّك — moving-magnet galvanometer (Elec. Eng.)
~ بِملفٍّ مُتَحَرِّك — moving-coil galvanometer (Elec. Eng.)
غَلْفاني، خاصٌّ بالتيّار الكهروكيماوي — galvanic (Chem., Phys.)
غَلْفَن: طَلَى بالزِّنك في مَحلولٍ كَهْرَليّ (لِمَنْع الصَّدَأ) — galvanize
غَلْفَنة، جَلْفَنة: طِلاءٌ بالزِّنك — galvanization, galvanizing, sherardizing (Eng.)

~ على البارِد — cold galvanizing (Met.)
~ على الناشِف — dry galvanizing (Met.)
غَلَقَ، أغلقَ، سَدَّ — close, shut off, obturate
غَلْق — closure, obturation, shutoff, locking
~ الرَّهْن: المانِعُ لاستِعادتِه — foreclosure
غَلَقٌ — shutter, shutoff, lock
~ اِنضباطي — adjustable shutter
~ أوتوماتي — automatic shutter (Photog.)
~ تَزامُني — synchro-shutter (Photog.)
~ دَوّار — rotary shutter (Cinema)
~ ذاتيُّ الانضِباط — self-setting shutter (Photog.)
~ سَريع — rapid shutter (Photog.)
~ الصِّمام — valve shutter (Eng.)
~ الصَّمولة — nut lock (Eng.)
~ العُبور: مِنْ وإلى حَيِّزِ هَواءٍ مَضغوط — man lock (Civ. Eng.)
~ لَحْظِيّ — instantaneous shutter (Photog.)
~ مُزْدَوِج — double lock (Hyd. Eng.)
~ النافِذة — window lock (Build.)
~ هَوائيّ — air-lock (Eng.)
غلوتين: مادَّة أزُوتيَّة غَرَوانية نَباتية — gluten (Bot., Food Sc.)
الغلوكُوز: سُكَّرُ العِنَب — glucose (Chem., Biol.)
غلُوون: بُوزون عِياريّ — gluon (Phys.)
غَلْي، إغلاء — boiling (Phys.)
غَلَيان، فَوَران — boiling, ebullition (Phys.)
~ مُفرط — overboiling
غليسَرين، جليسَرين، غلِيسَرُول — glycerine = glycerin = glycerol (Chem.)
غَليظ، ثَخين — thick
~، خَشِن — coarse, crude, rough
~ النَّسْج أو البِنْيَة، ~ الحُبَيبات — coarse-grained
غليكُوجِن: النَّشا الحَيَوانيّ — glycogen (Chem.)
غَمّا: جُزء من مِليون من الغرام — gamma (Phys.)
غِماء: سَقْف — roof, ceiling
~ قَشِّيّ، سَقْفٌ قَصَبيّ — thatching
غَمّازة: نُقْرة في الخَدّ — dimple
~ الصِّمام، إصْبَعٌ غَمّازة — tappet (Eng.)
غمامة: ضَبابة، شابُورَة — mist (Meteor.)
~ (الجَواد) — blind, blinker
غَمامي، ضَبابيّ، مُضِبّ — misty, cloudy (Meteor.)

غِمْد، ~ جُلبيّ — sheath, housing; sleeve, socket (Eng.)
~، قِراب — theca; vagina (Zool., Bot.)
~ أيونيّ — ion(ic) sheath (Phys.)
~ الجَناح (في الحشرات) — elytron, elytrum (Zool.)
~ عصَبيّ — neurolemma (Zool.)
~ مَرون: قابِلٌ للانثِناء — flexible sheath
غِمديَّةُ الأجنحة — Coleoptera (Zool.)
غَمَرَ، غَطَّسَ — immerge = immerse, submerge, plunge
~، أغرَقَ — flood, inundate, suffuse, drown, overflow
غَمْر: إسقاءٌ بالغَمر — flooding, inundation
~، تَغطيس — submersion = submergence, immersion, plunging
~ جَليديّ — glaciation (Geol.)
~ بالماء — water flooding
~ نَقْعيّ (يسبقُ الصِّباغ أو الدباغة) — branning, drenching
~ بالهَواء — air flooding (Eng.)
غمَزَ (بعَينه)، طرَفَت (عينُه) — wink
غَمَسَ — dip, plunge, immerse
غَمْس، تغطيس — dip, dipping, immersion, submersion
~ تَلميع، ~ مُلَمِّع — bright dipping (Met.)
~ لإطفاء اللمعة — dead dipping (Met.)
~ في فِلِزٍّ مَصهور (كما في الغلفنة بالزِّنك مثلًا) — hot dipping (Eng.)
غَمَش، ~ البَصر — amblyopia (Med.)
غُموض، إبهام — ambiguity, obscurity
غَميس تلميع — bright dip (Met.)
غِنًى — richness
غَنْغَرينا، مُوات، أُكال — gangrene (Med.)
غَنيّ، مُستوفِر — rich
~ بالمَوارِد (الطبيعيَّة بخاصَّةٍ) — resourceful
غَنيمة، مَغْنَم، كَسْب — booty, loot, spoil(s)
غو: الرمزُ الكيماوي لعنصر الأرجون (الأرغون) — Ar (argon) (Chem.)
غَوّاص — diver
~ المِضَخَّة — plunger (Eng.)
غَوّاصة — submarine (Naut.)
~ الأعْماق — bathyscaph(e) (Ocean.)
~ ألمانية (في الحرب العالمية الثانية بخاصةٍ) — U-boat

غَوّاصة (تابع)
~ نوويّة — nuclear submarine
غوايول: مَطّاط نَباتيّ — guayule (Bot.)
غوتاپِرشا: مادّةٌ صَمغيّةٌ عازِلة — gutta-percha (Chem.)
غَوْث — help, aid, relief
غَوْر، مُنخَفَضٌ عَميق — abyss, deep trough (Geol.)
~ سَحيق — abyssal depth (Geol.)
غَوْريّ: خاصٌّ ببيئةِ أعماق المُحيط بين ٤ آلاف وَ٦ آلاف مِتر — abysmal, bathysmal (Ocean.)
غَوَّزَ، تغَوَّزَ، حَوَّلَ أو تحوَّلَ إلى غاز — gasify (Phys., Chem.)
غُوغُل: تَسْمِيةٌ لِلعَدَد ١٠^١٠٠ — googol (Maths.)
غوفَرة: استِثمار هَدْريّ — gophering (Mining)
غونيُومتر، مِنْقَل: لِقِياس الزوايا أو تحديد الاتجاه — goniometer (Eng.)
غُؤور، تجَوُّف؛ اِنغِماد — invagination
غَؤوز: قابِلٌ التحوُّلَ إلى غاز — gasifiable (Chem., Phys.)
غَويط: بَعيدُ القَعْر — deep
غِياب، عَدَمُ وُجود، غَيْبَة — absence
غِيابيّ، غِيابيًّا — in absentia
غِيار — change, replacement
قِطَعُ ~ — spare parts
غَيبوبَة، غَيْبَة — trance
~، إغماء — fainting, swoon, syncope (Med.)
~، سُبات — coma (Med.)
غَيَّرَ، حَوَّلَ، بَدَّلَ — change, alter, transform, vary
~ الاتجاه — change course
~ المَوضِع — translocate
~ الهَيئة — transfigure
غَيْر: بادِئةُ نَفْي (مع الصِّفات) — un-, non-, a-, im-, in-, ir-
الـ ~: طرفٌ ثالِث — third party
~ أكّال، لا يَحتُّ كيماويًّا — non-corrosive (Chem.)
~ آمِن، ~ مأمون — insecure
~ انتِظامي، ~ مُتَّسِق النبضان — arrhythmic (Med.)
~ انضغاطي — incompressible (Phys.)
~ أهلٍ (لِـ) — incompetent
~ باتّ، ~ نِهائي — inconclusive
~ ثابِت — unstable, unsteady (Chem., Phys.)
~ جَليّ — misty, cloudy, unclear
~ حاسِم — indecisive
~ حَصين — vulnerable
~ ذاتيّ التغذية — heterotroph(ic) (Bot.)
~ ذوّاب، لاذَؤوب — insoluble, non-soluble (Chem.)
~ رَسميّ — unofficial
~ سامّ — non-toxic
~ سَويّ — abnormal
~ شَرعيّ — illegitimate, unlawful
~ شَغّال، ~ عامِل، مُعَطَّل — inoperative
~ شَفّاف — opaque
~ صالِح للمِلاحة — innavigable; unseaworthy
~ صِحّيّ — unhygienic
~ ضارّ — innoxious
~ عادي، اِستِثنائيّ — unusual, extraordinary
~ عُضويّ — inorganic
~ عَمَليّ، لا يَصْلُح أو لا يُطَبَّق — impracticable, impractical
~ عَيُوش — nonviable
~ فَعّال — ineffective, inefficient
~ ~، لاتَفاعُليّ، خامِل — inactive, non-reactive
~ قابِلٍ لِلاحتِراق، لاحَروق — incombustible (Chem.)
~ ~ للانثِناء، لامَرون — inflexible
~ ~ لِلانحِلال أو الذوبان — in(dis)soluble (Chem.)
~ ~ لِلتأكْسُد — inoxidizable (Chem.)
~ ~ لِلتحويل — in- (or non-) transferable
~ ~ لِلتطبيق — inapplicable, infeasible
~ ~ لِلنَّقْض — irrevocable
~ قانونيّ، ~ شَرْعيّ — illegal
~ قِياسيّ، شاذ، لانَموذَجيّ — atypical
~ كافٍ — insufficient, scanty, short
~ كُفْؤ — incompetent, inefficient
~ لائق — unfit, improper
~ لَدْن، ~ مطواع — incompliant
~ ماهِر، لاصَنّاع — unskilled
~ مُباشر — indirect
~ مُبَطَّن — unlined
~ مُتَبَلِّر — amorphous (Chem.)
~ مُتَبَيِّن، ~ مَلْحُوظ — inconspicuous
~ مُتَحَيِّز، ~ مُنحاز — unbiased
~ مُتَرابِط — discrete, incoherent
~ مُتَزامِن — unsynchronized (Elec. Eng.)
~ مُتَسامِتة — non-collinear (Maths.)
~ مُتساوي الضغط الانتشاري (الأَزموزي) — anisotonic (Chem.)
~ مُتَّسِق — inconsistent
~ مُتَطابِق، مُتَضارِب — incongruent
~ مُتَطايِر — non-volatile (Chem.)
~ مُتَماثِل — unsymmetric(al)
~ مُتَميِّز — undifferentiated
~ مُتناسِق — irregular, bastard (Eng.)
~ مُتَناهٍ، مُتَواصِل، مُتَّصِل — endless
~ مُتَنَقِّل، راسِخ (لا يتحرَّك) — immobile
~ مُتَوازِن — unbalanced
~ مُتَوافِق، ~ مُنسَجِم — inharmonious, incompatible
~ مُثَقَّب، مُصْمَت — imperforate
~ مُجَوّى — unweathered (Geol.)
~ مَحجوب — unscreened; unshielded (Phys.)
~ مُحَدَّد — undefined, indefinite, indeterminate
~ ~، غَيْرُ مُعَيَّن — unspecified
~ مَحدود، لامُتَناهٍ — infinite (Maths.), unlimited
~ مَحْسوس — intangible
~ مَدبوغ — untanned, raw
~ مُدَرَّج، ~ مُعايَر — uncalibrated (Phys.)
~ مُدَرَّع — unshielded (Phys.)
~ مَذيق، صِرْف — unadulterated, pure (Chem.)
~ مُرْبِح — unprofitable
~ مَرِن — inelastic (Phys.)
~ مُريح — inconvenient, uncomfortable
~ مُزَجَّج، ~ مَصْقول — unglazed
~ مَساميّ — non-porous
~ مُستَبان — indetectable
~ مُسْتَثْمَر — uninvested; untapped, unexploited
~ مُستَعْمَل — unused
~ مُستَقِرّ (كيماويًّا أو فيزيائيًّا) — labile, unstable

غَيْر (تابع)

~ ~ (مَوقعيًّا) unsettled

~ ~ (سُلوكيًّا) unsteady

~ مُسْتَكْشَف unexplored

~ مُسَدَّد، ~ مَدفوع outstanding, unsettled

~ مُشَجِّع، ~ واعِد unpromising

~ مَشحون uncharged (Phys.)

~ مشروط clear, unconditional

~ مَشروع illegal, illicit, unlawful

~ مَشْغُول، ~ مُعالَج unworked

~ ~: شاغِر unoccupied

~ ~ بالمَكنات unmachined

~ مَصّاص non-absorbent

~ مَصفوفٍ مَداميك uncoursed (Build.)

~ مُضَخَّم unamplified

~ مُضَمَّن unmod(ulated) (Radio)

~ مَضمون unsecured

~ مُطَبَّع untempered (Met.)

~ مِطْواع unyielding

~ مُظَهَّر undeveloped (Photog.)

~ مُعادَل، ~ مُوازَن non-compensated, uncompensated (Phys.)

~ مُعاق (بالحَواجِز) unobstructed, unbaffled

~ مُعالَج (أو مُعامَل) untreated (Chem.)

~ مُعْبِل، دائِمُ الإيراق indeciduous (Bot.)

~ مُعَرَّف undefined

~ مُعَشَّق neutral, out of gear (Eng.), out of mesh, ungeared

~ مَفروز، ~ مُصَنَّف unsorted

~ مَقبول unacceptable, inadmissible

~ مَقروء illegible

~ ~، لا تُحَلُّ رُموزُه indecipherable, undecipherable

~ مَقطوع uncut

~ مُقَيَّد، ~ مُحَدَّد unrestricted

~ مُقِيم non-resident

~ مُكتَسَب unearned, unacquired

~ مُكَتَّفٍ بالشُّكُل unbraced (Build., Civ. Eng.)

~ مُكَرَّر raw, unrefined

~ مُكَهْرَب dead (Elec. Eng.)

~ مُكَيَّف unconditioned

~ مُلاءَم unmatched, unadjusted, unadapted

~ مُلائِم، ~ مُناسِب unsuitable, ill-suited; inconvenient

~ مَلْحوم، بِلا دَرْز seamless

~ مُلَوْلَب (من الداخِل) untapped

~ مُلَيَّط الحِجارة dry-stone (Build.)

~ مُمرِض non-pathogenic

~ مُنْتِجٍ، عَقيم unproductive, barren

~ مُنتظِم irregular, non-uniform

~ مُنحاز impartial, unbiased

~ مَنْخُول unbolted

~ مُنسَجِم incompatible

~ مُنَسَّق unco-ordinated

~ مُنْطاع incompliant

~ مَنظور invisible

~ مُنفِذٍ لِلإشعاع radiopaque (Phys.)

~ ~ لِلحرارة adiathermic (Phys.)

~ مُنْقَطِع، مُتواتِر، مُتَوالٍ incessant, continuous

~ مُهَنْدَم uncut, untrimmed

~ مُهَيَّأ، ~ مُجَهَّز unaccommodated

~ مُواتٍ unfavourable, unpropitious

~ ~، مُعاكِس adverse

~ مُوافِق unfavourable

~ مُوالَف untuned (Acous.)

~ مَوجُود inexistent, nonexistent

~ مُؤَرَّض unearthed (Elec. Eng.)

~ مُؤَطَّر، لاجِفافي: بلا حَافَّة rimless

~ مُؤَلَّف incomposite

~ مُؤَهَّل (لِـ) unqualified

~ ناضِج، فِجّ، مُبْتَسَر immature, unripe

~ واضِح النُّطق inarticulate

غَيْرة jealousy

غَيري، مُغايِر heterogen(e)ous

الغَيريَّة: الإيثاريَّة، اللاأنانيَّة altruism, unselfishness

~: كونُ شيءٍ خلافَ الآخر heterogeneity

غَيْض underflow; scantiness

~ حِسابيّ: حيثُ ناتِجُ العمليةِ دونَ ما يُمكنُ لِلحاسبة عَرْضُه arithmetic underflow (Maths.)

~ السُّكّان underpopulation

غَيْضَة، أيْكَة، أجمة grove, thicket

~ قراميَّة mangrove (Bot.)

غَيْظ rage; ire, resentment

غَيَّمَ become cloudy (Meteor.)

غَيْمة، سَحابة cloud (Meteor.)

~ حَلَميَّة mamma (Meteor.)

~ سَديميَّة nebula (Astron.)

~ سَنْدانيَّة anvil cloud (Meteor.)

~ قُزَحيَّة iridescent cloud (Meteor.)

غَيُوم: ذو غُيوم، غائم cloudy (Meteor.)

ف

ف: الرمزُ الكيماوي للفِضَّة — Ag (silver) (Chem.)
فاتَ: مَضَى (وقتُ فِعلِه) — pass, elapse
~ مَوعِدُ استِحقاقِه — overdue
فاتِح: ضِدّ غامِق — light
~ اللون — light-coloured
فاتِحة، بِداية — beginning, start
~، تَروِيسة — header (Comp.)
~ الأُسطُوانة — lead-in (Acous.)
~ الشَّريط — leader, head leader
فاتِر: بينَ الحارِّ والبارِد — lukewarm, tepid
~: فيه استِرخاء وضعف — slack; listless, languid
فاتورة — invoice, bill
~ شَحْن — shipping invoice
فاجَأ، أخذَ على حين غِرَّة — surprise
فاحِص، مُمتَحِن — examiner; trier, tester
~ الحِسابات، مُدَقِّقُ حِسابات — auditor
~ صاروخي: لِلكَشف عن فُتحات التسَرُّب في المصرف — rocket tester (Build.)
~ المِسواة — level trier (Surv.)
فاخِر، بَهِيّ — de luxe, exquisite, fine
فاخورة: معملُ فخّاريّات أو خَزَفيّات — pottery
فاخوري: خَزّاف — potter
فادِن: شاقُولُ البَنّائين — plumb line, plummet, plumb-bob (Surv., Build.)
فارَ، أخرجَ الفَقاقيع، جاشَ — effervesce
فأر — mouse
فارّ: هارِب — fugitive, escapee, runaway
~ من الجُنديَّة — deserter
ڤار: ڤُلْط أمپير مُفاعِليّ — VAr (abbrev. for Volt-Amperes reactive) (Elec. Eng.)

فاراد: وَحْدَة السَّعةِ الكهربائيَّة — farad (Elec. Eng.)
فارادي: ٩٦٤٨٧ كولوم — faraday (Chem., Elec.)
ڤاراكتور: شِبْهُ مُوصِّل ثُنائيّ القُطب تعتمد مُواسعتُه اللاخطية آنيًّا على الڤلطية — varactor (Electron.)
فارة، فارةُ النجّار — plane, jack or jointer plane (Carp.)
~ الحاسوب — mouse (Comp.)
فارِز: مُصنِّف — sorter
~ غِشائيّ — dialyser (Chem.)
ڤارِستور: شِبه مُوَصِّل ثُنائيّ القُطب تعتمد مقاومتُه اللاخَطيَّة على الڤلطية الآنيَّة — varistor (Electron.)
فارِشةُ الأسفَلْت — asphalt spreader (Civ. Eng.)
~ الخَرَسانة — concrete spreader (Build., Civ. Eng.)
فارِعة: قِمَّة مُستَدِقَّة هَرَميَّة — spire (Build.)
فارِغ، خالٍ — vacant, empty; blank
فارِق، فَرْق — difference
ڤارْمِتر: مِقياسُ القُدرة (الڤُلْط أمپيرات) المُفاعِلِيَّة — volt-ampere meter = varmeter (Elec. Eng.)
ڤارِندور: مِلَفٌّ مُتغَيِّرُ الحَثِّ (بكميَّة التيّار السّاري فيه) — varindor (Elec. Eng.)
ڤارْيَاك، مُحَوِّل مُتغيِّرٌ — Variac (Elec. Eng.)
ڤازلين، بِترولاتُوم، هُلامُ البِترول — petrolatum, vaseline, mineral jelly (Chem., Geol.)
فَأس، بَلْطة — ax = axe, hatchet
~ ألواحِ الأردواز — zax = slate axe
~ مِطْرَقيَّة — hammer-axe
فاسِد، عَفِن، تالِف — putrid, decayed, bad, rotten, spoiled
فاصِل، باتّ، حاسِم — conclusive, decisive
~: فَترة بينيَّة — break, intermission
~: حاجِزٌ فاصِل — partition, barrier, separator, divider
~، عازِل — isolator, separator; insulator (Elec. Eng.)
~: قاطِعُ الوَصل — disconnector (Elec. Eng.)
~: مَفْصِل — joint
~ (أو قابضٌ) احتكاكيّ — friction clutch (Eng.)

~ استراحة — interlude
~ انتِصافي — half-time
~ البُخار — steam separator (Eng.)
~ البَطّاريَّة — battery separator, battery cut-out (Elec. Eng.)
~ بَيْنِيّ: فترةٌ فاصِلة — interlude; interval
~ التُّروس ومُعَشِّقُها، قابِض — clutch (Eng.)
~ تزامُني — sync separator (Telev.)
~ تقَلُّص — contraction joint (Civ. Eng.)
~ صَهاريج (في ناقِلة النِّفط) — bulkhead (Naut.)
~ العَزل (في المُحَوِّل) — dividing fillet (Elec. Eng.)
~ (أو مُباعِدٌ) لَدائنيّ — plastic spacer (Eng.)
~ معلومات — information separator (Comp.)
~ مَنْع التلاطُم: في الصهريج أو الناقِلة — swash bulkhead = swash plate (Pet. Eng.)
فاصِلة، شَولة — comma
~، فاصِل — separator, spacer
~ زَمنيَّة — interval, time interval
~ عَشْريَّة — decimal point (Maths.)
~ ~ مُتَحَرِّكة — floating decimal point (Maths.)
~ الورق المُتَّصل (إلى صفحاتٍ منفصلة) — burster (Comp.)
فاصِم، قاطِع — disconnector
فاصِمة، صَهيرةُ قَطع: عندَ ازدياد التيّار — fuse (Elec. Eng.)
~ إعتاق — trip(ping) fuse
فاصولياء — bean(s), haricot (Bot.)
فاضَ، طفَحَ — overflow
~، طَما — inundate, flood
فاضِح، شائن — degrading, disgraceful
فاضَلَ، قارَنَ — compare
~: أوجدَ التفاضُل (للدَّلالة) — differentiate (Maths.)
فاضِل: مُتبَقٍّ — remaining, remanent, residual
فاعِليَّة، فَعالية — activity, efficacy, effectiveness, efficiency
~، تفاعليَّة — reactivity (Chem.)
~ إشعاعيَّة — radioactivity (Phys.)
~ ~ طبيعيَّة — natural radioactivity (Phys.)

فاعِليَّة (تابع)

الـ ~ البَصَريَّة: في دَوران مُستوى الاستقطابِ لِلضَّوء — optical activity (Phys.)

~ سَطْحيَّة: في التوتُّر السطحيِّ لِلسوائل — surface activity (Chem.)

الـ ~ المُتخَلِّفة: في مفاعلٍ نوَوي بعدَ إقفاله — residual activity (Nuc. Eng.)

الـ ~ (الإشعاعية) النوعيَّة — specific activity (Phys.)

فاغَر: فاغَم، وَصَل أو اتَّصَل بالتفاغُم — anastomose (Med.)

فاقَ، تفَوَّقَ على — excel, top, surpass

~ قُدرةً — outpower

~ وَزْنًا، رَجَحَ على — outbalance

فاقَة — deficiency

فاقِد: كميَّةُ الفَقْد — loss (Eng.)

~ القُدرة — power loss (Eng.)

~ المُعالَجة — processing loss (Eng.)

~ الوَعي — unconscious

فاقَمَ: زادَ حِدَّةً، تفاقَمَ — aggravate

فاكُّ التضمين — demodulator (Elec. Comm.)

~ الشَّفرة — decoder (Elec. Comm.)

فاكِهة — fruit (Bot.)

فالِج: جمَلٌ ذو سنامَين — Bactrian camel (Zool.)

~: شَلل — paralysis (Med.)

~: شَلَلٌ نِصفيّ — hemiplegia (Med.)

فالِق، صَدْع — fault (Geol.)

الفاناديوم: عنصرٌ فِلِزّي رَمزُه (فن) — vanadium (V) (Chem.)

فانِلَّة، قُماشُ الفانِلَّة — flannel

فانوترون: صِمامٌ ثُنائيّ مُقَوِّم ساخِنُ الكاثود يعملُ بِبُخار الزئبق — phanotron (Electron.)

فانُوس — lantern

~ إسقاط، ~ سِحريّ — epidiascope, episcope, projection lantern (Phys.)

فائِدَة، مَنْفَعة — advantage, benefit

~، مَصْلحة. ~: رِبح — interest

~ آليَّة (أو مَكَنيَّة) — mechanical advantage, force ratio (Mech., Eng.)

~ بَسيطة (غيرُ مُرَكَّبة) — simple interest (Maths.)

~ مُرَكَّبة — compound interest (Maths.)

فائِض، زيادة — surplus, excess, redundant, overage

الفائق: فِقرةُ العُنُقِ الثانية — axis (Zool.)

فائق — super-, ultra-, hyper-, supreme

~ التشبُّع — supersaturated (Chem.)

~ التوتُّر — epitonic (Phys.)

~ الدِّقَّة — hyperfine

~ الصلادة — extra hard (Eng.)

~ المُوصِّلية — superconductive (Elec. Eng.)

فائقيَّة، تفَوُّقيَّة — supremacy

فِبْرين، لِيفين — fibrin (Biol., Med.)

فُت: وَحدةُ الدَّفْق الضَّوئيّ (لُومِن لِلسم²) — phot (Phys.)

فُتات — fragments, crumblings

~ الحَفْر — drill cuttings (Eng.)

~ صَخري — detritus (Geol.)

~ الصخور: بعواملِ التعرية — debris (Geol.)

~ عُضوي — bioclast (Geol.)

~ فَخّاريّ: يُستخدَمُ في صِناعة الطُّوب — grog (Build.)

فُتاتيّ — clastic (Geol.)

فَتّاحة — opener

~ عُلَب — can opener

فُتاق — hernia (Med.)

فُتالة: عُنصرٌ ذاكريّ فَتيلي — twistor (Comp.)

فَتَّتَ، تفَتَّتَ — fragment, disintegrate, crumble

فَتَحَ: ضِدّ أغلَقَ — open, unlock

~ (بحركةٍ دائريَّة عادةً) — turn on

~ (الدارةَ الكهربائية): فصَلَها عن مَصدر التيّار — switch off (Elec. Eng.)

~ (أو أغلَقَ) بِزمامٍ مُنزَلِق — zip

فَتْح — opening

~: إنجازٌ خارِق (في مجالٍ عِلميٍّ بخاصةٍ) — breakthrough

فُتحات اختبار (في خَطِّ الأنابيب) — test ports (Pet. Eng.)

فُتْحة، كُوَّة — aperture, orifice, porthole (Eng., Phys.)

~ الانسياب، ~ الدَّفق — flow gate

~ إيقادِ الفُرن — stoke hole (Eng.)

~ البُؤرة — focal aperture (Photog.)

~ تَصْريف — discharge port, relief vent (Eng.)

~ التَّعبِئة، ثُقْبُ المَلْءِ — filler hole

~ تنظيف — cleaning eye (San. Eng.)

~ تَنفُّسيَّة — spiracle (Zool.)

~ تنفيسٍ (أو تهوِيَة) — vent

~ الخُروج — outlet port

~ خَلْسِ العَيِّنات — thief hatch (Pet. Eng.)

~ الدُّخول — inlet port (I. C. Engs.)

~ دُخول (إلى مَجرور أو مِرْجَل) — manhole (Civ. Eng.)

~ سَحْبِ الأسلاك — draw hole (Met.)

~ (أو عَيْن) الشبكة — mesh

~ الشَّحْن — loading port (Eng.)

~ شَفّافة — window

~ الصَّب، مصَبُّ السَّبْك — sprue, taphole, gate (Eng.)

~ صِيانة — manhole (Eng.)

~ طَرَفيَّة — terminal aperture

~ العَصْف — blast hole (Eng.)

~ (أو تَجْويفُ) قالَبِ الصَّبّ — moulding hole (Eng.)

~ القياس — gauge hatch

~ مُستطيلة، شَقْب — slit

~ المِسحاج — plane mouth (Carp.)

~ مُعايَرة — metering aperture

~ نفاذ (في قَناة تَصريف) — access eye (Eng.)

~ ~ (لِلتَّسْليك أو التنظيف أو المُراقَبة) — inspection eye = access eye (Civ. Eng.)

~ ~ قَضيبِ التنظيف — rodding eye (Eng.)

~ النَّقْل — transfer port (Nuc. Eng.)

~ يَد (في غَلّايةٍ أو مِرْجَل) — hand hole (Eng.)

فَتَرَ: خَفَّت حِدَّتُه — slacken, abate, subside

~: أصبحَ فاتِرَ درجةِ الحرارة — tepefy

فَتْرَة — interval, period, spell

~ احتِجاز — detention period

~ الاستبانة، زَمَنُ التبَيُّن: بينَ حَدَثين أو تسجيلَين مُتقارِبَين — resolution time, resolving time (Phys.)

~ استِراحة — intermission

~ استِهلاك التجهيزات (وتغطية كُلْفة الاستثمار) — pay-out time = pay-off time

~ اعتِدال — halcyon days (Meteor.)

~ الإعداد — set-up time (Elec. Eng.)

~ انتِقاليَّة — transitional period

~ بقاء — duration

فَتْرَة (تابع)
~ بَقاء القَوس — arc duration (Elec. Eng.)
الـ ~ بينَ تَرميمَيْن — overhaul period (Aero.)
~ بَيْنِيَّة، ~ فاصِلة — interlude, interval
~ تأخُّر — delay time
~ التحميلِ أو التفريغ (لِلسفينة) — lay time
~ التراخي: التي يستغرِقُها نِظامٌ في استِعادةِ توازُنِه بعدَ اضطرابٍ مُفاجِئ — relaxation time (Phys.)
~ التضاعُف — doubling time (Nuc. Eng.)
~ تعَطُّل، ~ عاطِلَة — idle period (Phys.)
~ التعَوُّق — delay period (Eng.)
~ التنفيذ — run time, execution time (Comp.)
~ توَقُّف طفيفة — dwell
~ جَفاف، نَوبةُ جَفاف — dry spell (Meteor.)
~ جَليديَّة — glacial epoch (Geol.)
~ الحَثّ — induction period (Phys.)
~ الحَجْب — blanking interval (Electron.)
~ الحِران: فترةُ اللااستِجابة العَصَبيَّة — refractory period (Zool.)
~ حَضانة — incubation period (Med.)
~ الحَمْل — gestation period (Zool.)
~ الخَطَران — pitching period (Naut.)
~ خُماسيَّة الأيام — pentad (Meteor.)
~ الذبذبة الطبيعية — natural period (of vibration) (Phys.)
~ السُّكون: بين نَبْضَتَين — quiescent period (Electron.)
~ الصلاحية لِلخدمة — serviceable time (Eng.)
~ الضَّمان — guarantee period
~ القَطْع — break period
~ الكُمون — latency period (Comp.)
~ المَدِّ القَمَري — lunitidal interval (Geog.)
~ مَداريَّة، مُدَّة الدورة — orbital period (Space)
الـ ~ المَوجيَّة: مَعكوسُ التَّرَدُّد — wave period (Phys.)
~ النَّبْضَة — impulse period (Teleph.)
~ الهُمود — dead time (Elec. Comm.)
فَتَّش — inspect, examine
~، بحَثَ — search
فَتْق، تمزُّق — rupture
~، فُتاق — hernia, herniation (Med.)

فتَلَ، غزَل — spin
~، لَوَى، جدَل — twist
~، اِلْتَوى — warp
فَتْل، لَيّ، اِنفِتال — torsion (Eng., Maths.)
فَتْلة، لَيَّة — twist
فُتوة، شَباب — youth(fulness)
فُتور — slackness, tepidity, nonchalance
~، خُمود — remission (Med.)
~ اقتصاديّ — recession
~ المكبَحيَّة: لِفرط الحرارةِ بفَرط الاستعمال — brake-fade (Autos.)
~ الوعي — stupor (Med.)
فَتِيّ — young, juvenile
فُتَيْتَة — fragment (Geol.)
فَتيل، فَتيلة — filament, wick
~ تفجير — fuse, blaster fuse
~ توسيع — tent (Med.)
~ مُثَرْيَم: فتيلَة (تَنْغستن) مُعالَجة بالثوريوم — thoriated filament (Electron.)
~ النَّسْفِ — blasting fuse (Civ. Eng.)
فَتِيلة، فَتيل — filament
~، مُوَسِّعة: أُنبوبٌ أو قضيبُ توسيع — bougie (Med.)
~، تَحْميلة، شِيف — suppository (Med.)
~، فَتيل، ذُبالة — wick
~ «بيكفورد»: لإبطاء التفجير — Bickford fuse (Civ. Eng.)
~ تفجير (بَطيئةُ الاشتعال) — blaster fuse (Civ. Eng.)
~ ذاتُ حَلَزُونَين — double-spiral filament (Elec. Eng)
~ من السِّلك المسحوب — drawn-wire filament (Illum.)
~ مُسَخَّنة — heated filament (Electron.)
~ المِصباح الكهربائي — electric lamp filament (Elec. Eng)
~ نِضْويَّة — horseshoe filament (Illum.)
فَجّ: باعَدَ ما بينَ رِجلَيه — straddle
فَجّ: شَقٌّ أو أُخدود عميق — grike, gryke (Geol.)
~: وادٍ ضَيِّق حادُّ مَيْلِ الجانِبَين — gulch
فِجّ، غيرُ ناضِج — raw, unripe, immature
فُجائي — abrupt, sudden
فُجَّة، هُوَّة — chasm (Geol.)
~ المِنشار: الوقبُ بينَ سِنَّين فيه — gullet

فَجْر، شُروق — aurora, dawn (Astron.)
فَجَّرَ، تفجَّر — explode, detonate
~، نَسَفَ — blast
فَجَوات انكِماش — shrinkage cavities (Eng.)
~ (~) أُنبوبيَّة — piping (Eng.)
فَجْوَة، تَجْويف — cavity, hohlraum (Acous.)
~، فراغة — gap, blank, space
~، جُوَيْف، فُرَيغَة — vacuole, lacuna (Biol.)
~ أُنبوبيَّة — vent (Geol.)
~ بِلَّوريَّة — druse (Geol.)
~ بَيْن كُتْليَّة — interblock gap (Comp.)
~ رُسوبيَّة، ثُغْرةٌ رُسابيَّة — sedimentary gap (Geol.)
~ صَخريَّة: مُبطَّنة غالبًا بمعدِنٍ مُختلِف التركيب — vug (Geol.)
~ قبويَّة — alcove (Build.)
~ (أو فُرْجةٌ) هَوائيَّة — air-gap
فُجَيَّة — alveolus (Zool.)
فُجَيْج، أُخدود — gully (Geol.)
فَحَّ، هَسَّ — hiss
فَحّام — collier
فَحَصَ — examine, test, check, inspect, survey
~ الحِسابات — audit
فَحْص — examination; inspection; checking
~ بأشِعَّة إكْس — X-ray examination
~ بالأمواج فوقَ السمعيَّة — ultrasonic inspection (Eng.)
~ الجُثَّة — post-mortem (Med.)
~ الحِسابات — auditing
~ الحيّ — biopsy (Med.)
~ الدم — blood test (Med.)
~ بسائلٍ (فَلْوَريّ) تَغَلْغُلي: لِكَشْفِ الشُّقوق الدقيقة — liquid-penetrant inspection (Eng.)
~ سَريريّ — clinical examination (Med.)
~ شَفَهيّ — oral examination
~ طِبِّيّ — medical examination
~ عامّ — check up (Med.)
الـ ~ بالفَيض المِغْنَطيسي — magnaflux (inspection) (Eng.)
~ القابليَّة — aptitude test
~ اللياقة البدنية — physical examination
~ مِجْهَريّ — microscopic examination, microscopic inspection

فَحْصٌ (تابع)
~ُ المَعادِن بالأشِعَّة — radiometallography (Met.)
فَحَّمَ، تفحَّم — char
~، كربَن — carbonize (Chem.)
فَحْم — coal (Geol.); charcoal (Chem.)
الـ ~ الأزرق: الطاقةُ الرِّيحيَّة — blue coal (Phys.)
~ُ الأنثراسيت: أعلى رُتَب الفحم المُتحوِّل — anthracite (Geol.)
~ ~ المُكَسَّر — stone-coal
~ُ تُرابيٌّ رَخِيّ — musch (Geol.)
~ُ تكْويك: يَصْلُح لِصُنع الكوك — coking coal (Eng.)
~ُ حَبِّيّ أو حُبَيْبِيّ — pea coal, peas (Mining)
~ُ حَجَرِيّ، ~ُ أُحْفوريّ — coal, mineral coal, pit coal (Min.)
~ ~ مَسحوق — pulverized coal (Eng.)
الـ ~ُ الحيواني — animal charcoal (Chem.)
~ُ خُثِّي، دَرين — peat coal (Geol.)
~ُ الخَشَب — xylanthrax, charcoal (Chem.)
~ُ خَفيضُ المُتَطايِرات — low-volatile coal
~ُ راتِينَجيّ — resinous coal (Geol.)
~ُ سَحيق صُغريُّ الدقائق — micronized coal
~ُ شَمعيّ، ~ُ وَقّاد — cannel coal (Geol.)
~ُ صَفائحيّ (أو شِسْتيّ) — slate coal (Geol.)
~ُ عَظميّ، ~ُ العِظام — boneblack
~ُ قارِيّ أو حُمَريّ — bituminous coal (Geol.)
~ُ قِيريّ وَقّاد، ~ُ المُسْتَنقَعات (الحُمَريّ) — boghead (or cannel) coal, parrot coal (Chem.)
~ُ كثيرُ الرَّماد — ash coal (Min.)
~ُ كفيف: يحترقُ بدون لَهب — blind coal
~ُ الكُوك، كُوك — coke (Chem.)
~ُ كُوكيّ، ~ُ لازِن — cake coal (Mining)
~ُ لاتَكَوُّكيّ — free-burning coal
~ُ لَيِّن: فَحمٌ قيريّ (أو بِتيُومينيّ) — soft coal
~ُ مُتَوَهِّج — live coal
~ُ المَسْرى، ~ الإلكترود — electrode-carbon (Elec. Eng.)
~ُ المُعوجّات: سِناجٌ مُتصَلِّب — retort carbon, gas carbon, scurf (Chem.)
~ُ المَناجِم، ~ُ حَجَرِيّ (لانَباتيّ) — pit coal (Chem.)
~ُ مُنَشَّط — activated charcoal (Chem.)
~ُ ناعِمٌ رَديء — smut
~ُ نَباتيّ، ~ُ الخشَب — wood charcoal, chark (Chem.)
~ ~ مُنَشَّط — activated charcoal (Chem.)
~ُ هالوجينيّ — halocarbon (Chem.)
~ُ وَقّاد — cannel, cannel coal
فَحْميّ — carboniferous (Geol.)
فَحْوَى — purport, tenor, sense
فَحيح، هَسِيس، نَشيش — hiss
فَخٌّ، شَرَك — trap, snare
فَخّار، أوانٍ فَخّارِيَّة — pottery
~ُ مُزَجَّج — glazed pottery
فَخّاري: خَزَفي — earthen, fictile
~: خَزّاف — potter
فَخّاريّات، أوانٍ خزفيَّة — earthenware, crockery, crocks
~ُ غَضَّة: لَمْ تُشْوَ بَعْدُ — greenware
فَخامة — splendo(u)r, superbness, grandeur
فَخَّخ — booby-trap
فَخْذ — thigh (Zool.)
عَظْمُ الـ ~ — thighbone, femur (Zool.)
فَخْذِيّ — femoral (Zool.)
فَخْر — pride, glory, hono(u)r
فَخْم — grand, splendid, deluxe
فَداحة — gravity, enormity
فَدامة، قماءَة — cretinism (Med.)
فَدّان: وحدة مساحة = ٤٨٤٠ ياردة مربعة (٠,٤٠٤٧ هكتار) — acre (Surv.)
~ قَدَم: وَحدةُ حَجْم تُعادِلُ من السائلِ ما يُغَطِّي فَدّانًا بعُمقِ قدمٍ — acre-foot
فَدْم، قَمِيءٌ — cretin
فِدية — ransom
فر: الرمزُ الكيماويّ لعنصر الفرنسيوم — Fr (francium) (Chem.)
فِراء، فَرْو — fur
~ُ القُندس — beaver (Zool.)
فِراخُ الحُضْنَة الواحِدة — hatch, brood (Zool.)
فَرادْمِتْر: مِقياسُ السَّعَة بالفاراد — faradmeter (Elec. Eng.)
فِرار، إفلات — escape
~، هُروب — flight, fleeing, runaway
فَرّاز: مُصَنِّف — sorter
~: عامِلُ تفريز — miller (Eng.)
~ُ مَعادِن — metal miller (Eng.)
فَرّازة: مَكنةُ فَرْز — sorter, separator
~: مَكنةُ تفريز — milling machine, miller
~ُ أسنانِ التُّروس — gear miller = gear-milling machine (Eng.)
~ُ بالانتشار الغِشائي، ~ُ بالديلزة — dialyser, dialyzer (Chem.)
~ُ دُوّاميَّة — cyclone separator (Eng.)
~ ~ مائيَّة — hydrocyclone (Min.)
~ُ على السّاخِن — hot miller (Eng.)
~ُ سائِليَّة: لِلمواد المُعَلَّقة — hydroseparator (Chem.)
~ُ طارِديَّة، ~ُ نابِذة — centrifugal separator (Eng.)
~ُ العَيِّناتِ المَجروشة — riffler (Eng.)
~ُ قُرصيَّة — disc separator (Eng.)
~ُ القَشْدة — creamer, cream separator (Food Sc.)
~ُ مَعادِن — metal miller (Eng.)
~ُ مِغْنَطيسية — magnetic separator (Eng.)
فِراسة — physiognomy
فِراش — bed
~، فَرشة، حَشيَّة — mattress
~: صَبَّة إسمَنْتيَّة داعِمة — bedding (Civ. Eng.)
فَراشة — butterfly (Zool.)
~: بَشّارة — moth (Zool.)
فَرّاضة، مُحَزِّزة — nicker (Build.), scriber (Eng.)
فَراغ، بَياض — blank
~: خَواء — vacuum, void, emptiness
~، فَضاء — space
~ُ تورشيللي — Torricellian vacuum (Phys.)
~ُ جُزئيّ — partial vacuum (Phys.)
~ُ جَوفيّ — enteron (Geol., Biol.)
~ُ شَديد — high vacuum (Phys.)
~ُ قِمِّيّ: النقصُ عن حَدِّ الامتلاء في خزّانٍ أو برميل — ullage
فَرّامة، هَرّامَة — mincing machine, mincer
فَرامِلُ الانقِضاض — dive brakes (Aero.)
فَراولة: توت الأرض — strawberry (Bot.)
فَرَّجَ: وسَّع ما بَين — space
~ (الألم) — relieve
الفَرْج: فرج المرأة — vulva, pudendum (Zool.)
فِرْجار — compass, compasses (Eng.)

فِرْجار (تابع)

~ تَصْغير — reducing compass, reduction compasses (Eng.)
~ تقسيم، قَسّامة — divider(s) (Eng.)
~ ~ تناسُبيّ — proportional dividers
~ ~ رُبْعيّ — quadrant dividers (Eng.)
~ ~ الزوايا — angle divider(s) (Eng.)
~ ~ قَوسي — bow divider(s) (Eng.)
~ ~ مُجَنَّح — wing compasses (Build.)
~ ~ بِمَفْصِلٍ زَنْقي — lock-joint dividers
~ ~ نابِضيّ — spring dividers (Eng.)
~ الثِّخَن، قَدَمة (فَكيَّة) — caliper = calliper(s) (Eng.)
~ خَدْش — scribing compasses (Eng.)
~ ذو عاتِق، مِرسامُ القَطْعِ الناقِص — beam compasses = trammels (Eng.)
~ رَسْم: مُتَبدِّل الرؤوس — draught compass
~ القَطْعِ الناقِص — trammel(s) (Eng.)
~ قَوسيّ — bow compass(es) (Eng.)
~ ~ حِبْريّ (يرسُم بالحِبر) — bow pen
~ ~ رَصاصيّ — bow pencil
~ قِياس — caliper, callipers (Eng.)
~ قياسٍ خارجي — outside caliper(s) (Eng.)
~ ~ داخِلي — inside callipers (Eng.)
~ ~ مُنْزَلِق — sliding caliper gauge (Eng.)
~ ~ نابِضيّ — spring calipers (Eng.)
~ نابِضيّ — spring bows (Eng.)
~ نَقْل — transfer calipers

فُرْجَة، ثُغْرة، فَجْوَة — gap, lacuna
~، فُجَّة، شَق — interstice, crack, crevice (Geol.)
~، كُوَّة، مِشكاة — recess
~ إبريَّةُ الإلِكترودَين — needle gap (Electron.)
~ الإلِكترود، ~ تحليليَّة: الفُرجةُ بين إلكترودَي التفريغ لِمَصدر الإضاءَة في عملية التحليل الطيفي — electrode gap = analytical gap (Phys.)
~ بينَ القُطْبَيْن — interpolar gap (Elec. Eng.)
~ التأثُّر — interaction gap (Electron.)
~ التلامُس — contact gap (Elec. Eng.)
~ الخَرْج — output gap (Electron.)
~ الخُلوص — clearance gap (Elec. Eng.)
~ شَرَر، ~ شَراريَّة — spark gap (Elec. Eng.)
~ ~ تزامنيَّة — synchronous spark gap (Elec. Eng.)
~ ~ دَوّارة — rotary spark gap (Radio)
~ ~ مُطْفَأة — quenched spark gap (Radio)
~ (~) واقية — protective gap (Elec. Eng.)
~ عِماديَّة (في النافِذة) — day (Build.)
~ في غابة — glade
~ الفقرة الجديدة: بينَ السَّطرِ الأوَّل والهامِش — indentation
~ هَوائيَّة: في دارةٍ مِغنطيسيَّة — air gap (Phys.)

فِرْجَون، فِرشاة — brush
~ استكشاف — exploring brush (Elec. Eng.)
~ تَزييت — oiling brush (Eng.)
~ تَنظيف — cleaning brush
~ ~ المَبارِد — file cleaner, file brush (Eng.)
~ الحَكّ — scrub brush
~ رَقائقيّ — foil brush, laminated brush (Elec. Eng.)
~ سَوسٍ، مِحَسَّة — currycomb
~ صَقْل — polishing brush
~ غرافيتيّ — graphite brush (Elec. Eng.)
~ القِراءَة — read brush (Comp.)
~ كَربونيّ — carbon brush (Elec. Eng.)
~ مَبارِد — file brush (Eng.)
~ مِلَفّات — file-card
~ نُحاسيّ شَبَكيّ — gauze brush (Elec. Eng.)

فَرجَيب: فَرقُ جَيبِ الزاوية (الحادَّة) عن الواحِد — versed cosine, coversed sine (Maths.)

فَرجيب تمام: فَرقُ جيب تمام الزاوية (الحادَّة) عن الواحِد — versed sine, versine (Maths.)

فَرْد، شَخص — individual
~، وَتْريّ، فَردي — odd, uneven
~ دِهان (بالهَواءِ المَضْغوط) — paint gun

فَرْدانيّ (الصِّبْغيّات) — haploid (Biol.)

فَرْديّ، وَتْريّ — odd (Maths.)
~، شَخصيّ — individual

فَرَزَ، صَنَّفَ — sort out, classify, assort
~، عزَلَ، فَصلَ — separate, isolate

فَرْز، تَنقية — picking
~، فَصْل — separation, segregation
~ الخام — ore sorting (Mining)
~ تَصْنيفيّ — sorting
~ سائلي — wet sorting (Mining)
~ غِشائي — dialysis (Chem.)
~ ~ كهربائي — electrodialysis (Chem., Elec. Eng.)
~ فُقّاعي: يُرتِّبُ صعودًا أو نُزولًا — bubble sort (Comp.)
~ معجميّ — lexicographic sorting (Comp.)
~ مفتاحي — key sorting (Comp.)

فَرْزَة، خُدَّة، فُرضة — furrow, groove
~ (التعشيق) — rabbet = rebate (Carp.)

فَرْزَجة: تَحْميلة مَهْبِليَّة أو رَحِميَّة — pessary (Med.)

فَرَس، حِصان — horse (Zool.)
الـ ~ الأعظم: كَوكَبة شَماليَّة — Pegasus (The Flying Horse) (Astron.)
~ البَحْر — sea horse (Zool.)
~ النَّبي، سُرعوفة — mantis (Zool.)
~ النهر — hippopotamus (Zool.)

فِرساوُس، كَوكَبةُ الجَبّار: كوكبةٌ شماليَّة — Perseus (Astron.)

فَرْسَخ (حَوالى ٣ أميال) — league
~ فَلَكِيّ (حَوالي ٣١ مليون مليون كيلومتر) — parsec (parallax second) (Astron.)

فَرَشَ، بَسَطَ — spread
~، بلَّطَ، رصَفَ — tile, pave
~ بالحَصى — ballast (Civ. Eng.)

فَرْش — spreading (out); paving
~ البيت — furniture
~ بالصُّخور: لِمَنْع الانجِراف — enrockment

فَرْشى: نَظَّفَ بالفُرشاة — brush

فُرشاة، فِرجون — brush
~ تجزيع أو تَرْقيش — softener, mottler (Build.)
~ تَرْطيب — bosh = swab
~ دَقيقة صُلْبَةُ الشُّعَيرات — fitch
~ رَسْم — paintbrush
الـ ~ المُدَرَّجة (لالتِقاطِ التيّار) — graded brush (Elec. Eng.)
~ قُماش — cloth wheel (Eng.)
~ هَوائية: مِرَشَّةُ زَخرفة تعملُ بِضَغط الهَواء — air-brush (Build.)

فَرْشَة — mattress, bed
~ تَسْليح — mattress (Civ. Eng.)

فَرْشَة (تابع)

~ تَسوية — equalizing bed (Civ. Eng.)

~ تَوسيد — bedding

~ ساخِنة، مُستنبَتٌ دافِئ — hot-bed (Agric.)

~ صُبَب — pig bed (Met.)

~ المُحَرِّك — engine bed (Eng.)

~ المِخرطة — lathe bed (Eng.)

فِرصاد، توت — mulberry (Bot.)

فُرْصَة: وقتٌ مُناسِب — occasion, opportunity, chance

~، عُطلة — holiday; vacation

~: استِراحة قصيرة — recess

فَرَضَ، اِفترضَ — suppose, assume, hypothesize

~، حَزَّ — furrow, incise, groove, score, notch

~، ألزَم، أوجَب — impose, force, enforce

~ غَرامةً — fine

فَرَّضَ — jag, notch, indent; slot

~، قَطَّعَ — hack, cut

فَرْض، فَرْضيَّة — hypothesis (pl. hypotheses)

~ (بالقُوَّة)، إنفاذ، إلزام — enforcement, imposition

~ «أفوچادرو»: الحُجومُ المُتَساوية من الغازات، في ظُروف الحَرارة والضغط نفسِها، تحوي نفسَ العدد من الجُزيئات — Avogadro's hypothesis (Chem.)

~ بَديل — alternative hypothesis (Maths.)

~ الضرائب — taxation

فُرْضَة. نُقْرَة، ثُلْمة — notch, dent, jag, nick

~، خُدَّة — slot, groove

~، مَحطُّ السُّفن — jetty, terminal; port

~ ارتِكاز زاوِيَّة — sally (Carp., Build.)

~ تَحْميل — loading terminal

~ (~) الزيت — oil terminal (Pet. Eng.)

~ التصويب — sighting notch

~ (أو نُقْرَةُ) تَلْسين — mortise = mortice (Carp., Build.)

~ مُثَلَّثِيَّة — triangular notch (Hyd.)

~ الوُصْلَة — joint hole (Build.)

فَرضيّ، اِفتِراضيّ — hypothetical

فَرْضِيَّة — hypothesis, assumption, supposition

الـ ~ الأيونيَّة — ionic hypothesis (Chem.)

~ بَديهيَّة — postulate (Maths.)

~ مَنطِقيَّة — premise

فَرْط — excess, over-, hyper-

~ الإحماء، تسخينٌ زائد، تَحْميص — overheating, superheating (Eng.)

~ الإنتاج، فيضُ الإنتاج — overproduction

~ التبريد — supercooling, surfusion = undercooling (Phys.)

~ الترجُّح — overswing

~ التزليق — overlubrication (Eng.)

~ التسخين — superheating, overheating (Phys.)

~ التشَبُّع — supersaturation, oversaturation (Chem.)

~ التشحيم — overgreasing

~ التضَخُّم — over-inflation

~ التضمين — overmodulation (Radio)

~ التغذية، تَغذية زائدة — overnutrition (Biol.), overfeeding (Zool.), overfeed (Eng.)

~ التقارُن — overcoupling (Radio)

~ التلَوُّن — hyperchromatism

~ التوَتُّر: فَرْطُ ضَغْطِ الدَّم — hypertension (Med.)

~ ~، فَرْطُ الجُهد — supertension (Eng.)

~ الجُهد — overpotential (Elec. Eng.)

~ الحَثّ — superexcitation (Elec. Eng.)

~ الحِسّ — hyperesthesia (Med.)

~ الحَسّاسيَّة — hypersensitivity (Med.)

~ ~ الذاتي — idiosyncracy

~ الحَمْضيَّة — superacidity, overacidity (Chem.), hyperacidity (Med.)

~ الحِمْل — overload (Elec. Eng.)

~ السَّحْب — overdraft (Met.)

~ السيولة — superfluidity (Phys.)

~ الشحن — overcharge (Elec. Eng.)

~ الشِّحْنة — hypercharge (Phys.)

~ الصِّبْغيّات — hyperploidy (Gen.)

~ صَوتيّ: ذو سُرعةٍ تزيدُ على ٥ مَرّات سُرعة الصوت — hypersonic (Phys.)

~ الضغط، ضَغْطٌ فائق — superpressure

~ ضغط الدم — hypertension (Med.)

~ القُلطيَّة — overvoltage (Elec. Eng.)

~ المُحاثَّة — superinductance (Elec. Eng.)

~ المُعالَجة — overtreating

~ المُفاعَلة — super-reactance (Elec. Eng.)

~ المُوَصِّلية — superconductivity (Phys.)

~ المُيوعة، سُيولة فائقة — superfluidity (Phys.)

~ النشاط — hyperactivity

~ النَّفْخ — over-inflation

~ النُّمُوّ — overgrowth

~ نمُوِّ الحُبَيبات — exaggerated grain growth (Eng.)

فَرَّعَ — shunt, tap (Phys.); ramify

فَرْع، غُصْن — bough, branch, offshoot (Bot.)

~، شُعْبَة — prong

~، قِسم — division, subdivision

~ ذو شُعْبَتَين مائِلتين — Y-branch (Eng.)

~ مَخروط (مَشطورٌ رأسيًّا) — nappe (Maths.)

فَرْعيّ، إضافيّ، مُساعِد — sub-, subsidiary, secondary

فَرَغَ: خَلا ممّا كان فيه — become empty, be void or vacant

~: أتَمَّ، أنهى — finish, terminate, complete

فَرَّغَ، أفرغ — empty, evacuate

~، صَرَّفَ — discharge; drain

~ (الحُمولة) — unload

~ (من الغاز) — deflate

فَرَّقَ — disperse, scatter, break up

~ (الصَّحائف) — decollate

فَرْق — dissimilarity, difference, variance

~، تَفاوُت — odds, disparity

~ الجُهد (الكَهربائي) — potential difference (Elec. Eng.)

~ جَيبِ التَّمام عن الواحِد — vers(ine), versed sine (Maths.)

~ ~ الزاوية عن الواحِد — versed cosine (Maths.)

~ زاويّ — angular difference, decalage

~ السَّحب — draft differential (Mech., Eng.)

~ الطَّور — phase difference (Elec. Eng.)

~ نَوعيّ — specific difference

فِرق، قَطيع — flock, herd

~ نَحل، ثَول — swarm (of bees) (Zool.)

فِرقاطَة، حَرّاقَة — frigate (Naut.)

فِرقة، جَماعة — company, division

~، مَجموعَة (من العُمّال) — gang

فِرقة (تابع)

~، فَوْج، فَصِيل regiment, squad, detachment (Mil.)

~ جَوِّيَّة wing (Mil.)

~ موسيقيَّة band (Radio)

فَرْقَعَ pop, snap, bang, crackle, crepitate

~، اشتعَل مُرتَدًّا back-fire, pop-back (Autos.)

فَرْقَعة bang, boom, pop, detonation (Phys.)

فَرَكَ، حَكَّ rub, scrub; chafe

~، دَلَكَ knead

فَرْكٌ، حَكٌّ rub

فرُكتوز: سُكَّرُ الفاكِهة fructose (Chem.)

فَرَمَ hash, chop up, mince

فَرْمَلَ brake, apply the brake

فَرْمَلة، مِكْبَح brake (Eng.)

~، كَبْح braking

~ بالتيّارات الدوّاميّة eddy-current braking (Elec. Eng.)

~ الدَّواليبِ الأَربَعة four-wheel brakes (Autos.)

~ ذِراعيَّة، مِكْبَحٌ ذِراعي lever brake (Eng.)

~ طَوقيَّة strap brake (Eng.)

~ يَدَويَّة، مِكْبَحٌ يَدَوي parking brake, hand brake (Eng.)

فِرْمي: ١٠$^{-١٣}$سم، فِمْتومِتر fermi (Phys.)

الفِرميُوم: عُنصر فِلِزّيّ إشعاعيّ رَمزُه (فم) fermium (Fm) (Chem.)

فِرْمِيُون: جُسَيمٌ كالباريون واللِّبْتون fermion (Phys.)

فُرْن، تَنُّور، أَتُون furnace, oven

~ استِرجاعيّ: تُحمَى غازاتُه الداخِلة بالغازاتِ المُنطلِقة regenerative furnace (Met., Eng.)

~ إيقاد مُباشِر direct-fired furnace (Eng.)

~ بَواتِق crucible furnace (Met.)

~ تَجفيف drying furnace

~ ~ قُلوبِ المَسبوكات core oven (Met.)

~ تَحويل converting furnace (Met.)

~ تَسْويط puddling furnace (Met.)

~ التَّشكيل بالحِدادة forging furnace (Met.)

~ تَطْبيع tempering furnace (Eng.)

~ تكليس calcining furnace (or kiln)

~ تكويك coking oven (Eng.)

~ تَلْدين annealing furnace (Eng.)

~ حَثّي induction furnace (Elec. Eng.)

~ حدادة، كُور forging furnace (Eng.)

~ الدَّسْت cupola furnace (Met.)

~ دُفْعي (أو قَطّاعي) batch furnace

~ دَوّار rotary furnace (Met.)

~ الزُّجاج lehr = leer or lear or lier

~ السَّفْع، الـ ~ العالي blast - furnace

~ «سيمنز ومارتِن»: فُرنُ المَجْمَرةِ المكشوفة Siemens-Martin furnace (Met.)

~ شِحنات batch-type furnace (Eng.)

~ شَمْسيّ solar furnace (Eng.)

~ الصَّهْر smelting furnace (Met.)

~ ~ (لِلمَصبوبات) cast furnace

~ صَهْر الخام ore furnace (Met.)

~ ~ النُّحاس brass furnace (Eng.)

~ عاكِس reverberatory furnace (Met.)

~ عالٍ high furnace = blast furnace (Met.)

~ غازٍ: يَعملُ على الغاز gas furnace

~ (لِصُنع) الفولاذ steel furnace (Met.)

~ قائِم: ذو حَوضٍ يُشْحَنُ من أعلى ويُفرَّغُ من أسفل shaft furnace (Met.)

~ قَلّاب: يُمكِنُ إمالَتُه لِتَفريغِه tilting furnace (Met.)

~ القَوس الكهربائي، ~ قَوسيّ (electric) arc furnace (Elec. Eng.)

~ قَوسيّ إشعاعيّ radiant-arc furnace

~ كهربائي electric furnace, electric oven (Elec. Eng.)

~ لافِع، ~ إحماءٍ خارجي muffle furnace (Eng.)

~ مُتَعَدِّد المواقِد multiple-hearth furnace (Eng.)

~ مُتَواصِل العَمَل continuous furnace (Eng.)

~ المَجْمَرةِ المكشوفة open-hearth furnace (Eng.)

~ المِرْجَل boiler furnace (Eng.)

~ مِرجَليّ (لِصُنع الزجاج) pot furnace

~ مُسترجِع recuperative furnace (Met.)

~ مُستمِر: تدخله الشحنةُ من طرف وتخرج من الآخر continuous furnace (Eng.)

~ مُقاوَمات resistance furnace, resistance oven (Elec. Eng.)

~ المَوجات الصغريَّة microwave oven (Elec. Eng.)

~ نِفطيّ: يعملُ على الزيت البترولي oil(-fired) furnace

~ نَفَقيّ (أو أُنبوبيّ) tunnel furnace (Eng.)

الفرَنْسيُوم: عُنْصر مُشِعّ رَمزُه (فر) francium (Fr) (Chem.)

فَرْو، فِراء fur

فَرْوةُ أو جِلدَةُ الرأس scalp (Zool.)

فِرُوسيانيد البوتاسيوم potassium ferrocyanide (Chem.)

فِرُوكهربي: عازِلٌ تِلقائيُّ الاستِقطاب الكهربائي ferroelectric (Phys.)

فِرُومتر: مِقياسُ مَغْنَطة لاختبار النفاذية والتخلفيَّة في الحديد والفولاذ ferrometer (Elec. Eng.)

فِرِّيت، حَدِيديت: أُكسيدٌ حديديّ ذو خَصائصَ فريمغنطيسيَّة ferrite (Met.)

فَريد unique, incomparable

فَريزة، مِقطَعُ تفريز milling cutter (Eng.)

فَريسة prey

فِرِّيسيانيد البوتاسيوم potassium ferricyanide (Chem.)

فَرِيشُ اللّابة، غِطاءٌ لابيّ lava sheet (Geol.)

فَريق، زُمرة team

~: رُتبة عسكريَّة general (Mil.)

~ الإطفاء fire brigade

~ التصوير (السينمائي) camera crew

فرينِل: ١٠^{١٢} هِرتز fresnel (Phys.)

فريُون: سائِلُ تبريدٍ عُضويّ freon (Chem.)

فَزَع alarm, fright, fear

~ شَديد panic, horror

فَساد، إفساد corruption

~، تَلَف impairment, spoilage, decay

~، بُطلان invalidity, incorrectness

~ البيانات data corruption (Comp.)

فُسْتُوك: مركبةٌ فضائيَّة روسيَّة Vostok (Space)

الفُسْجين، كلوريد الكربونيل: غازٌ عديمُ اللون شَديدُ السُّمِّيَّة phosgene, carbonyl chloride (Chem.)

فُسْحَة، خُلوص clearance (Eng.)

~، فَراغ، فُرجة space, gap

فُسْحَة (تابع)

~، بُعْدٌ بَيْنِيّ — spacing

فَسَخ، أبطَل — annul, revoke, rescind, invalidate

~، شَقّ — split; disjoin

فَسْخ، إلغاء — annulment, rescission

~ البَيع (لِعَيبٍ في المُباع) — redhibition

~ العَقْد — annulment of contract

فَسَد — spoil, rot, decay

فَسَّر — explain, expound, interpret

فُسْفات: مِلْحُ حامِضِ الفُسْفوريك — phosphate (Chem.)

~ الرَّصاص — lead phosphate (Chem.)

فَسْفَتَ، عالَجَ بِحامِضٍ فُسْفوري — phosphatize

فَسْفتة — phosphating (Eng.)

فَسْفَرة، فَسْفَرة عُضْوِيَّة — phosphorylation (Chem.)

الفُسْفور: عُنصرٌ لافِلِزّي رمزه (فو)، الفُوسْفور — phosphorus (P) (Chem.)

~ الأبيض — white phosphorus (Chem.)

~ الأحمر — red phosphorus (Chem.)

~ الأصفر (أو الأبيض) — yellow phosphorus (Chem.)

فُسْفوريّ: خاصٌّ بالفُسفور الثلاثيّ التكافؤ — phosphorous (Chem.)

~، تَفَسْفُريّ — phosphorescent (Phys., Chem.)

الفُسْفوريَّة، التَّفَسْفُرِيَّة — phosphorescence (Phys.)

فُسْفيت: مِلح حامضِ الفُسفوروز — phosphite (Chem.)

فُسْفِيدات — phosphides (Chem.)

الفُسْفين، فُسْفيد الهِدْروجين — phosphine, hydrogen phosphide (Chem.)

فِسْكوز: مُرَكَّبٌ سِلْيُولُوزِيّ لِتحضيرِ الحرير الصِّناعِيّ — viscose (Chem.)

فَسْل، فَسيل — cutting, slip (Agric.)

فَسِيح، واسِع — spacious, wide

فُسَيْفِساء — mosaic (Build.)

~ البُنْدقيَّة: بَلاطُ كِسَر الرُّخام — terrazzo (Build.)

~ خَشَبِيَّة — tarsia (Build.)

فَسِيلة — cutting (Agric.)

~ جَذرِيَّة — rootstock, root cutting (Agric.)

فِسيُولوجيَة، عِلْمُ الوَظائف — physiology (Biol.)

فَشَّ: خَفَّ وهبط (الورمُ مثلاً) — subside, cease swelling (Med.)

فَشِل، أخفق — fail

فَشَّل — foil, thwart

فَشَلٌ، إخفاق — failure

فِصّ، فِلْقة — lobe (Biol.)

~ أو سِنٌّ — clove (Bot.)

~ الخاتَم — stone

~ ~ (الظاهِرُ منه أو حَرفُه المائل) — bezel

فَصّ، افتِصاص — shelling, husking

فُصام، انفِصامُ الشخصيَّة — schizophrenia (Med.)

فِصَّة، بِرسيم حِجازي — lucern = alfalfa (Bot.)

فَصْد — bleeding

فَصَلَ، فَرَّق — disjoin, separate, detach, disunite

~، قَطَع — sever, cut; break off, switch off, disconnect

~، عزَل — isolate, separate

~ (من العمل أو الوظيفة) — dismiss, sack, discharge

~ (التعشيق) — disengage

~ بالترسيب التفاضُلي — levigate (Chem., Mining)

~ (الخامَ) بالغَسْل — pan (Mining)

~ القابِض — unclutch (Eng.)

فَصَّلَ: عَرَض بالتفصيل — state in detail, detail

~ (لِلخياطة) — cut out

فَصْلٌ، انفِصال — disconnection, detachment, disjunction, separation

~، عَزْل — isolation, seclusion

~، قَطْع — severance, cutting off

~ (بالتعويم الرَّغوي) — levitation

~ (في كِتاب) — chapter

~ (من السنة)، مَوسِم — season

~ (مَدرسِيّ) — term

~ استِشْرابي — elution (Chem.)

~ إلكتروستاتي — electrostatic separation (Eng.)

~ الألوان — colour separation (Photog.)

~ الأوراقِ المُتَّصِلة — bursting (Comp.)

~ بالترسيب التفاضُليّ — levigation (Chem.)

~ تِلقائي — declutching (Eng.)

~ بالتمليح — salting out (Chem.)

~ ثَقاليّ — gravity separation (Phys.)

الـ ~ بالجاذِبِيَّة — gravitational segregation (Geol.)

~ الدُّفعات، تصنيفُ الدُّفعات — batching (Pet. Eng.)

~ الشمع، نَزْعُ الشَّمع — dewaxing (Chem.)

الـ ~ بالصَّهر: على سطحٍ مائل — liquation (Met.)

~ بالغَسْل — pan(ning) (Mining)

~ غِشائي: لِغازَين مُختلفي سُرعة الانتِشار — atmolysis (Chem., Phys.)

الـ ~ الغِشائيّ بالكهرباء — electrodialysis (Chem.)

~ القابِض — declutching (Eng.)

~ كَهْرَليّ — electrolytic separation (Elec. Eng.)

~ كَهْروسُكوني — electrostatic separation (Elec. Eng.)

~ مَساميّ: بالانتشار المساميّ — atmolysis (Phys.)

~ نَضَديّ: تَصنيف — tabling (Mining)

~ النظائر — isotope separation (Phys.)

~ النموّ — growing season (Biol.)

فِصْلَة، كأسِيَّة — sepal (Bot.)

فَصَم: قطَع — break, cut, disconnect

فَصْم — decoupling, disconnection (Elec. Eng.)

فَصُول: قابِلٌ لِلفَصْل أو الانفِصال — separable, detachable, disconnectable

فُصَيص — lobule (Zool.)

فَصِيل، فَصِيلة — platoon (Mil.)

فَصِيلة — family (Biol.)

~ المُرَكَّبات: مِن ذَواتِ الفِلْقَتَين — Compositae (Bot.)

فَضَّ، فتح — open (up), break open, unlock

~، فَرَّق — disperse, disband

~ (اجتِماعًا) — adjourn

~ (البرلمان) — dissolve

~ (الجَلسة) — adjourn, conclude

~ (الحُمولة) — unload, unpack

~ (الخِلاف) — resolve, settle

فَضٌّ — opening, dispersion, adjournment, settlement, disengagement

فَضٌّ (تابع)
~ البَلْمَرة، إزالةُ الكوثرة — depolymerization (Chem.)
~ المُوالَفة — distuning, detuning (Radio)
فَضاء — space (Phys., Maths.)
~ جَوِّي — air-space (Aero.)
~ حُرٌّ، حَيِّزٌ خالٍ — free space (Phys.)
الـ ~ الخارِجي — outer space (Astrophys.)
~ (بَيْن) الكَواكِب — interplanetary space (Astron.)
~ (~) المَجَرّات — intergalactic space (Astron.)
~ (~) النُّجوم — interstellar space (Astron.)
فُضالة، بَقِيَّة — residue, residual
~ مِغنطيسيَّة — remanence (Phys.)
فَضائي، حَيِّزيّ — spatial (Phys.)
الفِضَّة: عُنصر فلِزيٌّ رَمزُه (ف) — silver, argentum (Ag) (Chem.)
فِضَّةٌ ألمانيَّة، فِضَّةُ النِّيكل — nickel silver = German silver (Eng.)
فَضَّضَ: طَلَى أو مَوَّه بالفِضَّة — silver (Chem.)
فَضَّل — prefer
فَضَلات، بِراز — excreta, ejecta, excrements (Zool.)
~، نُفايات — garbage, refuse, litter
~، مُنْتَجات مُهْمَلة — waste products
~ الإنتاج — production residue
~ الحَفْر، نُفايةُ التعدين — mullock (Mining)
فَضْلة، بقيَّة — residue, remnant
فِضِّي — agrentic, silver; lunar
~، حاوٍ فضةً — argentiferous (Min.)
فُطار، فَطَر: مرضٌ فطريّ — mycosis (Med.)
فِطام — weaning (Zool.)
فُطْر، فُطْرَة — fungus (pl. fungi) (Bot.)
~ (غاريقونيّ)، عَيْشُ الغُراب — mushroom (Bot.)
~ العُفونة — mildew (Bot.)
فِطرة، غريزة — instinct
~، جِبْلة ذاتيَّة — idiosyncracy (Med.)
فِطْرِيّ، سَليقِيّ — innate, inherent
فُطريّ: خاصٌّ بالفُطْر أو ناتِجٌ عنها — fungal, fungous, myco-
فُطريّات، فُطور — Fungi (Bot.)
الـ ~: عِلْم الفُطور — mycology (Bot.)
الـ ~ السُّكَّريَّة — Saccharomyces (Bot.)
الـ ~ الشُّعاعيَّة — Actinomycetes (Biol.)
الـ ~ الطُّحْلُبيَّة — Phycomycetes (Bot.)
الـ ~ المُخاطيَّة — Myxomycetes (Bot.)
الـ ~ المُنشَطِرة — Schizomycetes (Bot.)
فَطِنٌ، حَكيم، عاقِل — discreet, sagacious
فِطْنة، بَصيرة — discretion, insight
فُطور، أفطار، الفُطْريّات — Fungi (Bot.)
الـ ~ المُخاطيَّة — Myxomycetes, slime moulds (Bot.)
فَظّ، فِيلُ البَحْر — walrus (Zool.)
فَعّال، مُؤَثِّر — effective, effectual, efficacious
~، عالي الكِفاية — efficient
~، عامِل، فاعِل — active, operative
~، تَفاعُليّ — reactive (Chem.)
فَعّاليَّة، فاعِليَّة، قُدرة تأثيريَّة — efficacy (Phys.)
~، قُدرة تفاعُليَّة — potency (Chem.)
الـ ~ الضِّيائيَّة: المَرْدُودُ الضَّوئيّ (باللُّومِن واط) — luminous efficacy (Illum.)
فِعْل — action, act
~ ارتداديّ — back action (Phys.)
~ التراوح المَيْليّ — caster action (Autos.)
~ حَفْزيّ — catalytic action (Chem.)
الـ ~ الذاتيّ: تَعملُ فيه عناصِرُ الدارة ذاتُها كَمُذَبذِبٍ ومِكشاف — autodyne (Elec. Comm.)
الـ ~ الذِّراعي — lever action (Mech.)
~ سَطحيّ: لِلمُنَظِّفات مثلًا — surface action (Chem.)
~ شَعْريّ — capillary action, capillarity (Chem.)
~ صادٌّ أو مانِع — inhibitory action (Chem., Biol.)
~ الكُتلة، الـ ~ الكُتليّ — mass action (Chem.)
الـ ~ المُتجانِس — homodyne (Elec. Comm.)
الـ ~ المُتَغايِر: اِقتِرانُ ذَبذبتين راديويَّتين لإعطاءِ ذبذبةٍ جَمْعيَّة وأُخرى فَرْقيَّة (تُسَمَّى الذبذبة الهِترودايْنيَّة) — heterodyne (Elec. Comm.)
~ مُعَوَّق — delayed action (Elec. Eng.)
~ مُنْعَكِسِي (لاإرادي) — reflex action (Zool.)
~ ~ شَرطيّ — conditioned reflex (Zool.)
~ مَوضِعيّ — local action (Elec. Eng.)
فَعَّل — activate
فِعْليّ، واقِعيّ، حَقيقيّ — actual
فَقارة، فِقْرة — vertebra (Zool.)
فَقاري — vertebrate (Zool.)
الفقاريات — Vertebrata, vertebrates (Zool.)
فُقّاعة — bubble (Phys.)
~، مَجلة — bulla, bleb (Med.)
فَقَدَ — lose
~ الاتِّجاهَ، ضَلّ — lose one's bearings
~ البَريق — tarnish (Chem.)
فَقْد، فِقدان — loss, lack
~ الإثارة — excitation loss (Elec. Eng.)
الـ ~ الإجماليّ — overall loss (Eng.)
~ اِحتِكاكيّ، ~ بالاحتكاك — friction(al) loss (Eng.)
~ الإدخال — insertion loss (Elec. Comm.)
~ الِارتداد — return loss (Elec. Comm.)
~ الاستِثارة — excitation loss (Elec. Eng.)
~ الاستِطارة — scattering loss (Phys.)
~ إشعاعيّ — radiation loss (Elec. Comm.)
~ الانتِشار — propagation loss (Phys.)
~ الانتِقال: عبرَ الجُدران أو النوافِذ — transmission loss (Acous.)
~ الانعِكاس — reflection loss (Elec. Comm., Phys.)
الـ ~ الأُوميّ — ohmic loss (Elec. Eng.)
~ بطائيّ — hysteresis loss (Phys.)
~ بتأثير التيّارات الدوّاميَّة — eddy-current loss (Elec. Eng.)
~ تَباعُديّ — divergence loss (Phys.)
~ التحَوُّل — transition loss (Phys.)
~ التحويل — conversion loss (Elec. Comm.)
~ التخزين — storage loss
~ التخلُّفيَّة — hysteresis loss (Elec. Eng., Phys.)
~ الترشيح — filter loss
~ التَّفريغ الهاليّ — corona loss (Elec. Eng.)
الـ ~ الجُهْدي — IR drop (Elec. Eng.)
الـ ~ الحَديدي: بالتيّارات الدُّوّاميَّة — iron loss (Elec. Eng.)
الـ ~ الحَراريّ — heat loss, thermal loss (Eng.)
~ الذاكرة — amnesia (Med.)
~ السَّحْب — draft loss (Eng.)
~ (حِدَّةِ) السَّمع — hearing loss (Acous.)
~ الصوت — aphonia (Med.)
~ الضغط — pressure loss (Eng.)

فَقْد (تابع)
~ الطاقة — energy loss (Phys.)
~ طُفَيلي: بِفعْل التيّاراتِ الدُّوّاميّة الدَّخيلة — parasitic loss (Elec. Eng.)
~ العازِل، الـ ~ في العازِل — dielectric loss (Elec. Eng., Phys.)
~ العُلوّ، ~ الضغط الهيدروليّ — loss of head, head loss (Hyd. Eng.)
~ القُدرة — power loss (Eng.)
~ ~ بانزلاق السير — belt loss (Eng.)
الـ ~ القُدْرَويّ — IR loss (Elec. Eng.)
الـ ~ الكُلّيّ (أو الإجماليّ) — total loss (Eng., Phys.)
~ اللاحِمْل (في مُحوِّل أو مُحرِّك) — no-load loss (Elec. Eng.)
~ اللَّمعة — sleepiness, loss of gloss (Build.)
~ مِحْواليّ — transducer loss (Elec. Eng.)
~ المُحَوِّل — transformer loss (Elec. Eng.)
~ مُقاوِميّ: فَقْدٌ بالمُقاوَمة — resistance loss (Elec. Eng.)
~ نُحاسيّ — copper loss (Elec. Eng.)
~ النقل — transmission loss (Elec. Comm., Phys.)
~ هيدروليّ: بِسَبب الاحتكاك — hydraulic loss (Eng.)
~ واطّي، ~ أوميّ — wattful loss, ohmic loss (Elec. Eng.)
~ الوعي — unconsciousness (Med.)
فِقدان — loss, want, lack
~ (بسبب خطأ أو تقصير) — forfeiture
~ الأهليّة — incompetence
~ (أو اختِلالُ) التَّوجيه — loss of bearings
~ الحِسّ أو الوَعي — insensibility
~ الشهيّة — anorexia, inappetence (Med.)
~ الوَعي — unconsciousness, fainting
فَقْرُ الدَّم — an(a)emia (Med.)
فِقْرة (من مَقالٍ أو خِطاب) — clause, paragraph
~، فَقارة — vertebra (Zool.)
الفُقْم: الفَكّ (العلوي بخاصة) — maxilla (Zool.)
فُقْمَة، عِجلُ البَحر — seal (Zool.)
فَكَّ، فَكَّكَ — dismount, disassemble, dismantle, take apart
~، حَلَّ — untie, unfasten, undo
~، حَلَّلَ — resolve (Phys., Maths.)
~ (شيئًا مَحزومًا)، أفرَغَ — unpack
~ (العِبارة الجَبريّة) — expand (Maths.)
~ الاتصالَ المؤقَّت — hook-down (Elec. Eng.)
~ الرَّمز، حَلَّ الشَّفرة — decode, decipher
~ القَبْض — de-clutch (Mech.)
~ اللِّحام — unsolder (Eng.)
~ مَراسي المَركَب — unmoor (Naut.)
فَكّ، تفكيك — disassembly, dismounting, taking apart
~ أجهزةِ الحَفْر — rigging down (Pet. Eng.)
~ الارتباط (أو الاشتباك) — disengagement
~ التقارُن، فَصْلُ التعشيق — uncoupling, decoupling (Eng.)
~ الحُمولة، توزيعُ الحمولة — bulk breaking
~ الرَّهْن — redemption, releasing a mortgage
~ الشفرة — decoding, decryption (Comp.)
~ صَنْدَقةِ الخرَسانة — strike (Build.)
~ العَوارِض (أو اللّاطات) — unbattening (Build.)
~ الهياكل الفولاذية (بِقَصّ رؤوس البِرشام) — unbuttoning (Civ. Eng., Build.)
فَكّ: ~ الآلة أو الحيوان — jaw (Zool., Eng.)
الـ ~ السُّفليّ، اللَّحْي — mandible (Zool.)
الـ ~ العُلويّ، الفُقْم — maxilla (Zool.)
~ المِلْزَمةِ المُتحرِّك — chop (Eng.)
فَكّاك: برنامجُ ترجمةٍ من شَفرة الآلة إلى لُغة التجميع — disassembler (Comp.)
فِكْتوغراف: صورةٌ مِجساميّة بالاستِقْطاب — vectograph (Photog.)
فكَّر مَليًّا (أو رَوِيًّا) — reflect, ponder, contemplate
فِكرة — idea, concept, notion, thought
فَكَّكَ — dismantle, disassemble, disjoint
فُكوكُ الظَّرف (في المِثقب مثلًا) — chuck jaws (Eng.)
~ القَبْض في صِينيّة المِخْرَطة — faceplate dogs (or jaws) (Eng.)
فل: الرمزُ الكيماويُّ لِعُنصر الفلور — F (fluorine) (Chem.)
فَلَّ، ثَلَم — jag, notch, indent
فِلاحة: حِراثة — tillage, ploughing (Agric.)
~: أعمالُ الزراعة من حَرثٍ وزَرعٍ ورَيّ إلخ — farming, husbandry (Agric.)
~ البساتين، ~ الحَدائق — gardening, horticulture (Agric.)
~ الحيوان، تربية الحيَوان — zootechnics, animal husbandry
~ مَكنيّة — mechanized farming (Agric.)
فَلْج، شَقّ — crack, fissure, crevice, cleft
~، أُخدود — rima (Zool.)
فَلْجة: توسِعة في طرف الأنبوب أو البوق — flare, mouth (Acous.)
فَلَحَ، زَرَع — crop, farm, cultivate
فلدسبار، فِلْسبار — feldspar = felspar (Min.)
فَلْرَدة: مُعالجة بالفلوريدات — fluoridation (Chem., Med.)
فِلِزّ، عُنْصُر فِلِزّي — metal, metallic element (Chem.)
لا ~ — nonmetal (Chem.)
~ انتِقاليّ أو تَحَوُّليّ — transition metal, transition element (Chem., Phys.)
~ ذاتيُّ التلَدُّن — self-annealing metal (Met.)
~ طبيعي: يوجَدُ نقيًّا في الطبيعة — native metal (Min.)
~ لِيفي — fibre metal (Eng.)
~ نَقِيّ — fine metal (Eng.)
فِلِزّاتُ الأتربة القِلْوية — alkaline earth metals (Chem.)
~ خَفيفة — light metals (Met.)
~ قاعِديّة أو قِلْويّة (في السلسلة الكهروكيماويّة) — alkali metals, base metals (Chem.)
الـ ~ النادِرة — rare metals, rare earth elements (Chem.)
فِلِزّانيّ: شَبيهٌ بالفِلِزّات — metalloid (Chem.)
فَلْزَنَ: جَعَلَ الدارة فِلِزّيّةً بالكامِل — metallicize (Elec. Eng.)
~: حَوَّلَ (السلنيوم مثلًا) إلى طور الصفات الفِلزيّة — metallize (Chem.)
فِلِزّي، مَعدِنيّ فِلِزّيّ — metallic (Chem.)
فَلْس، حَرشفة — scale (Biol.)
فِلْسبار — felspar (Min.)
الفَلْسفة الطبيعية، (الطبيعيّات) — natural philosophy (Phys.)
فُلْط: وَحدةُ القوة الدافعة الكهربائيّة — volt (Elec. Eng., Phys.)

ڤُلْط (تابع)

~ أمبير: واط — volt-ampere (Phys., Elec. Eng.)
~ ~ ساعة — volt-ampere-hour (Elec. Eng.)
~ ~ مُفاعِل — reactive volt-ampere (Elec. Eng.)
~ خَطّ: وَحدة فيضٍ مِغنطيسي = ألفَ ماكْسويل — volt-line (Elec. Eng.)
~ كُولُوم: جُول — volt-coulomb (Phys.)
~ مُطلَق: ١×١٠^{-٨} ڤُلط — absolute volt, abvolt (Phys., Eng.)

ڤُلْطامِتْر: مِقياسُ التيار بالتحليل الكهربائي (الكَهْرَلي) — voltameter (Elec. Eng.)
~ الفِضّة — silver voltameter (Elec. Eng.)

فَلْطَحَ — flatten
~ بالطَّرْق — upset, jump-up (Eng.)

فَلْطَحة، تَسْطِيح — flattening
~، تَسوِيَة — setting
~ رؤوسِ البِرشام — closing-up, heading rivets (Eng.)
~ ~ بالطرق على البارِد — cold-heading (Eng.)
~ (طرفِ القضيب الفلزي) بالطَّرْق على الساخن — upsetting, jumping-up (Eng.)

ڤُلطمِتْر: مِقياسُ الڤُلْطِيَّة — voltmeter (Elec. Eng.)
~ أمِّيتر — voltmeter-ammeter (Elec. Eng.)
~ بُعادي — televoltmeter (Elec. Eng.)
~ ذو مُقَوِّم: تُقَوَّمُ فيه الڤلطية بدارةٍ قَنْطرية قبل قياسها بمقياس تيّارٍ مُستمر — rectifier voltmeter (Elec. Eng.)
~ صِماميّ — valve voltmeter, vacuum-tube voltmeter (Elec. Eng.)
~ عالي المُعاوَقة — high-impedance voltmeter (Elec. Eng.)
~ قِياس الذُّروة — crest voltmeter, peak voltmeter (Elec. Eng.)
~ مُدَرَّج بالميكروڤلط — microvoltmeter (Elec. Eng.)
~ مُعادَل — compensated voltmeter (Elec. Eng.)
~ بِملَفٍّ مُتحرِّك — moving-coil voltmeter (Elec. Eng.)

ڤُلْطِيَّة، جُهْدٌ كهربائي، التوَتُّرُ (بالڤُلط) — voltage (Phys.)
الـ ~ الابتِدائيَّة — initial voltage, primary voltage (Elec. Eng., Phys.)
~ الإخماد — extinction voltage (Elec. Eng.)
~ الأرض، جُهْدُ الصِّفْر — ground voltage (Elec. Eng.)
~ الاستِعادة — recovery voltage (Elec. Eng.)
~ الإشعال: اللازمة لبدء التفريغ في صِمامٍ غازيّ — ignition voltage (Elec. Eng.)
~ إعادةِ القَدْح — restriking voltage (Elec. Eng.)
~ أمامِيَّة — forward voltage (Elec. Eng.)
~ الإمداد — supply voltage (Elec. Eng.)
~ الانتِقال — transfer voltage (Electron.)
~ الانحِلال، ~ التحلُّل — decomposition voltage (Elec. Eng.)
~ الانحياز — bias voltage (Electron.)
~ الانخراق: ڤلطيّةٌ عالية تُحدِثُ الانخراق — reach-through voltage (Electron.)
~ الانطِفاء — extinction voltage (Telev.)
~ الانطِلاق — starting voltage (Electron.)
~ الانهيار — breakdown voltage (Elec. Eng.)
الـ ~ بينَ الخَطِّ والمُحايِد — voltage to neutral (Elec. Eng.)
~ التحَوُّل — turnover voltage (Electron.)
~ التشغيل — operating voltage, working voltage (Elec. Eng.)
~ التكوين — formation voltage (Elec. Eng.)
~ التمزيق — disruptive voltage (Elec. Eng.)
~ تَمَوُّجِيَّة — ripple voltage (Elec. Eng.)
~ ثانَوية (عبرَ اللفيفةِ الثانَويَّة لِلمُحوِّل) — secondary voltage (Elec. Eng., Phys.)
~ حارِفة — deflecting voltage (Elec. Eng.)
~ حَرِجة — critical voltage (Elec. Eng.)
~ الحُزْمة — beam voltage (Electron.)
~ الخَطّ — line voltage (Elec. Eng.)
~ خَطِّ النَّقْل — transmission-line voltage (Elec. Eng.)
~ خَفيضَة (أقلّ من المُعَدَّل) — undervoltage (Elec. Eng.)
~ الدارة — circuit voltage (Elec. Eng.)
~ ~ المَفتوحة — open-circuit voltage (Elec. Eng.)
~ الدَّخْل — input voltage (Elec. Eng.)
~ الذُّروة — crest voltage, peak voltage (Elec. Eng.)
~ ~ العَكْسيَّة — peak inverse voltage (Elec. Eng.)
~ زائِدة — excess voltage (Elec. Eng.)
~ «زِنَر»: ڤلطيَّةُ انهيار العَزْل — Zener voltage (Electron.)
~ الشَّبَكة — grid voltage (Electron.)
~ الشَّحن — charging voltage (Elec. Eng.)
~ الشَّرَرِ العَرَضِيّ — flash-over voltage, spark-over voltage (Elec. Eng.)
~ الضخّ — pump voltage (Elec. Eng.)
الـ ~ الطَّرَفيَّة، ~ المَرْبِط — terminal voltage (Elec. Eng.)
~ الطَّور — phase voltage (Elec. Eng.)
~ «طومسون»: فَرْقُ الجُهْد الكهربائي بين نُقطتَين مُختلِفَتَي درجةِ الحرارة في المُوصل نَفْسِه — Thomson voltage (Phys.)
~ عاليةٌ جدًّا (تَفوق ١٠٠ كيلوڤُلط عادةً) — extra-high voltage (Elec. Eng.)
~ عَكسيَّة — inverse voltage (Phys.)
~ فائِقة: تزيدُ على مِليون ڤُلط — supervoltage (Phys.)
~ الفَتيلة — filament voltage (Electron.)
الـ ~ الفَعّالة — active voltage, effective voltage (Elec. Eng.)
~ القَدْح — striking voltage (Elec. Eng.)
~ القِصَر: اللازمةُ لإمرارِ التيّار الأقصى — short-circuit voltage (Elec. Eng.)
الـ ~ القُصوى — ceiling voltage (Elec. Eng.)
~ القَطْع — cut-off voltage, drop-out voltage (Electron.)
~ ~ التخَصُّري — pinch-off voltage (Electron.)
~ قَفْز الشرارةِ والعازِلُ رَطْب — wet flashover voltage (Elec. Eng.)
~ (~) الشَّرَرِ — spark-over voltage (Elec. Eng.)
~ القَوس (العامة)، الـ ~ القَوسيَّة — arc voltage (Elec. Eng.)
~ الكَمّ — quantum voltage (Phys.)
الـ ~ الكهربائيَّة — electric voltage (Elec. Eng.)
~ كهروحَراريَّة — thermovoltage (Elec. Eng.)

فُلْطِيَّة (تابع)
~ اللَّوح المُجَمَّعة lumped plate voltage (Electron.)
~ المَبْدَى threshold voltage (Electron.)
الـ ~ المُتَخَلِّفة residual voltage (Phys.)
~ مُتَذَبذِبة oscillating voltage (Radio)
~ مُتَوازِنة balanced voltage (Elec. Eng.)
~ مُتَوَسِّطة (بين ٢٥٠ و ٦٥٠ فُلْطًا) medium voltage (Elec. Eng.)
~ مُحَيِّدة: في عملية التعادُل neutralizing voltage (Elec. Comm.)
~ مَرجِعيَّة، ~ مُقارَنة reference voltage (Elec. Eng.)
~ مُستمِرَّة direct voltage (Elec. Eng.)
~ المَسْح sweep voltage (Telev.)
الـ ~ المُسَلَّطة applied voltage (Phys.)
الـ ~ المُعاكِسَة reverse voltage
~ المُعاوَقة impedance voltage
~ المُفاعَلَة reactance voltage (Elec. Eng.)
~ مُفاعليَّة reactive voltage (Elec. Eng.)
الـ ~ المُقَدَّرة rated voltage (Elec. Eng.)
الـ ~ المُقَنَّنة voltage rating (Elec. Eng.)
~ المَنْبَع، ~ المَصدر supply voltage (Elec. Eng.)
~ مُنخَفِضة (تحت الـ ٢٥٠ فُلْطًا) low voltage
~ نَبْضَةِ الوَميض impulse flashover voltage (Elec. Eng.)
~ نَبْضيَّة impulse voltage (Elec. Eng.)
~ النَّقل transmission voltage (Elec. Eng.)
~ النِّهاية end-point voltage (Elec. Eng.)
~ الوَمْض الخَلْفيّ flash-back voltage (Electron.)
~ ~ العَرضيّ الجافّ dry flashover voltage (Elec. Eng.)
فَلْع، شَقّ crack, chink, cleft, fissure, crevice, split
فُلْفُل، فُلَيْفِلة pepper (Bot.)
فَلَق، شَقّ cleave, crack, rift, split
فَلْق، فَلْع crack, chink, crevice
~ (في الخشَب) shake
~ فِنجانيّ cup shake, ring shake
~ مَثْلَجي crevasse (Geol.)
~ نَجميّ star shake
فِلْقة cotyledon (Bot.)

~، شُدفة جسَديَّة somite, segment (Zool.)
~ عُشْبيَّة scutellum (Bot.)
فُلْك، سَفينة ship, boat
فَلَك: مدار فلكي orb, orbit (Astron.)
~: علمُ الفلك astronomy
~ الأشِعَّة السينيَّة X-ray astronomy
~ البُروج ecliptic (Astron.)
~ التدوير epicycle (Maths.)
علمُ الـ ~ الراداريّ radar astronomy
الفَلْكَة، لِسانُ المِزمار epiglottis (Zool.)
فَلْكَة: لإحكام الرَّبْط، رِفادة washer, shim; gasket, gaskin (Eng.)
~ احتجاز retaining washer (Eng.)
~ إحكام (مانِعةٌ لِلتسَرُّب) sealing washer (Eng.)
~ بِرشام rivet washer (Eng.)
~ جِلْديَّة leather washer (Eng.)
~ حَشْو packing washer (Eng.)
~ حَلْقيَّة O-ring (Eng.)
~ رَخْوة (لِلوُصلات المُتعَرِّجة) limpet washer
~ زَنْق lock washer, retaining washer
~ ضَبْط adjusting washer (Eng.)
~ عازِلَة، حَلْقَة عازِلَة insulating washer (Eng.)
~ القاعِدة seat washer (Eng.)
~ لِبْديَّة: فَلْكَةٌ من اللِّبّاد felt washer
~ لِيفيَّة fibre gasket, fibre washer
~ مُباعِدة spacer (Eng.)
~ مَخروطيَّة tapered washer (Eng.)
~ مَرِنة elastic washer (Eng.)
~ مَشْقوبة slot washer (Eng.)
~ مَطّاطِيَّة rubber washer (Eng.)
~ نابِضيَّة spring washer (Eng.)
فَلْكَنَ، طَبَخَ (المَطّاط) vulcanize, cure (Chem.)
الفَلْكَنة: مُعالجةُ (المَطّاط) لِلتصليد vulcanization, cure (Chem., Eng.)
فَلَكيّ astronomical
الفَلَكيّات الجَوِّيَّة aeronomy (Geophys.)
فِلْم: غِشاءٌ رَقيق film (Chem.)
~، فيلم (تصوير) film (Photog.)
الفلور: عُنْصُرٌ غازيٌّ رَمزُه (فل) fluorine (F) (Chem.)
فَلْوَرة: اتحادٌ بالفلور fluorination (Chem.)

فلورور، فلوريد fluoride (Chem.)
فلوروسكوب: مكشافُ الفَلْوَريَّة بصريًّا fluoroscope (Phys.)
فَلْوَريَّة: ابتعاثُ إشعاعاتٍ ضوئية غالِبًا fluorescence (Phys.)
~ الأشعة السينيَّة X-ray fluorescence
فلُوريت: فلوريد الكالسيُوم fluorite (Min.)
فلوريد الهِدْروجين hydrogen fluoride
فلُوريدية: إضافة الفلوريد إلى مصادر المياه fluoridation (Chem., Med.)
فَلُوق: قابلٌ لِلشَّق أو الفَلْق scissile
~: شَطور، انشطاري fissile (Phys.)
فِلِّين، فِلِّينة؛ سِدادٌ فِلِّيني cork
~ الجِبال، ~ صَخريّ mountain cork, rock cork (Min.)
فم: الرمزُ الكيماويّ لِعُنصر الفِرميوم Fm (fermium) (Chem.)
~، فُتحة فوهية mouth (Zool.)
~، فُوهة orifice
~ (النَّهر)، مصبُّ النَّهر influx, mouth (of river), estuary
فِمْتُو: بادِئة بمعنى $١٠^{-١٥}$ femto-
فِمْتومتر = $١٠^{-١٥}$ متر femtometer = fermi (Phys.)
فَمَويّ، فَمِّيّ buccal, oral (Zool.)
فَمَويَّة، قِطعةُ الفَم (في آلةٍ موسيقية بخاصَّةٍ) mouthpiece
فن: الرمزُ الكيماويّ لِعُنصر الفاناديوم V (vanadium) (Chem.)
فَنّ art, technique
~ التشكيل الغَلْفاني (بالترسيب الإلكتروليتي) galvanoplastics (Elec. Eng.)
~ الخطّ calligraphy
~ الزَّخْرَفَة الداخِليَّة interior decoration
~ الطِّباعة، الطِّباعة typography
~ العِمارة: هَندسة البِناء architecture
فِناء، رَحبَة، حَلْبَة arena, yard, precinct
فَناء، اندِثار extinction
~، هَلاك destruction, annihilation
~، مَوت death (Biol.)
فَنار، مَنارة lighthouse
فَنّان artist
فَنائيَّة، مُعدَّل الوَفَيات mortality
فَنَّدَ، دَحَض refute, rebut, disprove
الفُنونُ التخطيطيَّة graphic arts

الفُنونُ (تابع)
~ التشكيليَّة — plastic arts
~ الصناعيَّة — industrial arts
فَنِّي — artistic
~، تِقْنِيّ: ذو عَلاقةٍ بالعُلوم الصناعية — technical
فِنِيل: شِقٌّ بنزينيٌّ أُحاديُّ التكافؤ — phenyl (Chem.)
فِهْرِس — index, concordance
~ بِطاقات: مُنَظَّمٌ بالبطاقات — card catalogue (Comp.), card index
~ مُبَوَّب — catalogue
فَهْرَسة — indexing
~ ذاتيّة — autoindexing (Comp.)
~ الوَحَدات التجميعية — block indexing (Comp.)
فَهْقَة: فقرة العُنق الأولى — atlas (Zool.)
فَهِمَ، أدرَكَ — comprehend, understand
فَهْم، إدراك — comprehension, apprehension, understanding
فو: الرمزُ الكيماوي لِلفُسفور — P (phosphorus) (Chem.)
فَوات — lapse
فَوّار: مُصدِرٌ الفقاقيع — effervescent; fizzing, sparkling
فَوّارة: مَنبع ماء — spring (Geol.)
~ ماءٍ ساخِن، حَمَّة — geyser (Geol.)
فُوب: (التكلفة) تَسليمُ ظَهْرِ المَركَب — fob (or FOB) (free on board)
فُوَّة: نبات أحمر الصِّبغيَّة — madder (Bot.)
فَوت، فَوق: بما يتجاوزُ . . .، **فائق** — ultra-
~: تَفويتٌ لِخَلَلِ الوَصل أو التعشيق الميكانيكي — backlash (Eng.)
~ صَوتي: يتجاوزُ الذبذبة المسموعة — ultrasonic (Phys.)
فَوَّت — let slip
فوتوبروتون، بروتُون ضوئي — photoproton (Phys.)
فوتوستات: جِهازُ نَسخٍ تَصويريّ — photostat (Photog.)
فوتوسفير، سَطحُ الشَّمس النيِّر — photosphere (Astron.)
فوتوغرافي — photographic
الفوتوغرافية الفلكية — astrophotography
فُوتومِتر، مِضْوَاء — photometer (Illum.)
~ «رُمْفُورد»: لِمقارَنةِ الشِّدة الضيائية — Rumford's photometer (Phys.)
~ طَيفيّ، مِضواءٌ طَيفيّ — spectrophotometer (Phys.)
~ الظِّل — shadow photometer = Rumford's photometer (Phys.)
فُوتومِترية — photometry (Phys.)
فوتوميزون، بِيُون — photomeson = pion (Phys.)
فُوتون، كَمٌّ ضَوئيّ — photon, light quantum (Phys.)
الفوتُونيّات: استخدامُ الفوتونات في الحَوسبة ونقل المعلومات بدلَ الإلكترونات — photonics (Phys.)
فوتُونيُوترون، نيُوترون ضَوئيّ — photoneutron (Phys.)
فوتوهليوغراف: جهازٌ لِتصوير الشمس — photoheliograph
فَوج — battalion, regiment (Mil.)
فُوچاد: نَبيطةُ ضَبْط الخَرْج الحَجميّ لِلصوت — vogad (voice-operated gain adjusting device) (Elec. Comm.)
فَوْح: انبعاث — emanation, exhalation
فوداس: نبيطةُ كَبْت الصَّفير صوتيًّا — vodas (voice-operated anti-sing device) (Elec. Comm.)
فَوَران: جَيشانٌ بالفقاقيع — effervescence
~، غَلَيان — boiling, ebullition (Phys.)
فَورة، جَيشان — surge; flush, eruption, outburst
~، سَورة، حِدَّة — flare-up, vehemence
فُورْتْران: لُغةُ بَرمَجةٍ لِلتطبيقات العلمية والهندسية بخاصةٍ — Fortran (formula translation) (Comp.)
فورمالين، فورمول: محلولُ الفورملديهيد في الماء (بتركيز ٤٠٪) — formalin (Chem.)
فُورمَيكا: ألواحٌ صَفائحيَّة بلاستيكية — Formica
فَوْرِيّ — immediate, prompt, (on-the-) spot, instantaneous
فُورْييه: أومٌ حَراريّ — fourier (Phys.)
فَوز، نجاح — success; triumph, victory
الفوسجين، الفُسجين — phosgene (Chem.)
فُوسفات، فُسْفات — phosphate (Chem.)
الفوسفور — phosphorus (Chem.)
(أُنظر: الفُسفور)
فُوشْيَه، ماجِنتا: صِبغ أحمر أو نباتُه — fuchsia, magenta (Chem., Bot.)
الفُوكسين: صِبْغٌ أحمرُ مُزرَق — fuchsin(e), magenta (Chem.)
فَوَّضَ، خَوَّلَ، أجازَ — authorize; commission
فَوْضَى — confusion, mess, disorder, chaos
فُوطة — towel, napkin
فَوْعَة: حِدَّةُ المُمْرِض — virulence (Med.)
فُوف، جِدارُ النَّواة — nuclear wall (Biol.)
~، قُشَيْرة — pellicle (Biol.)
فَوق — above, up; hyper-, epi-, super-, ultra-
~ أُكسيد، پِروكسيد — peroxide (Chem.)
~ ~ البوتاسيوم — potassium peroxide
~ ~ الرَّصاص — lead peroxide (Chem.)
~ ~ الصوديوم — sodium peroxide (Chem.)
~ ~ المَنْغَنيز — manganese peroxide
~ ~ النتروجين — nitrogen dioxide (or peroxide) (Chem.)
~ ~ الهِدْروجين — hydrogen peroxide
~ التَّزامُنيّ — supersynchronous (Elec. Comm.)
~ الحَمْض، حَمْضٌ فوقيّ — peracid (Chem.)
~ سُرعة الصوت — supersonic (Phys.)
~ سَطْحيّ — epigeal = epigeous (Bot.)
~ السَّمعِيّ — ultrasonic (Acous., Phys.)
~ السمعيّات — ultrasonics (Acous.)
~ السِّن: تجاوزَ السِّنّ — over-age
~ الشَّعْريّ — supercapillary (Phys.)
~ الصَّوتيّ: فوق سُرعةِ الصوت — supersonic (Phys.)
~ الصَّوتيّات — supersonics (Phys.)
~ القِلْويّ، فَوْق مافيّ: مُحتَواهُ من السِّليكا أقلّ من ٤٥٪ — ultrabasic (Geol.)
~ كِبريتات — persulphate (Chem.)
~ مَدى الترَدُّد المسموع — ultrasonic (Phys.)
~ مِلْحيّ — ultrahaline, hypersaline (Geol.)
~ الهِتروداين، فِعلٌ مُغايرٌ فَوقيّ — superhet = superheterodyne (Elec. Comm.)
~ يُودات، پِرْيُودات — periodate (Chem.)
فَوقَس: طُحْلُبٌ أَسمَر — Fucus (Bot.)
فَوقي: راكِبٌ أو قائمٌ فوقَ شَيءٍ آخَر — upper, superjacent = superincumbent
فُول — bean(s), broad beans (Bot.)
~ سوداني — peanut (Bot.)

الفولاذ، الصُّلْب steel (Eng.)
فولاذُ الأدوات tool steel, high-speed steel (Eng.)
~ أصْهَرانيّ eutectoid steel (Met.)
~ ألوميني aluminium steel (Met.)
~ (صُنْع) الأنابيب tube-steel (Met.)
~ البِرشام rivet steel (Eng.)
~ «بَسِمَر» Bessemer steel (Met.)
~ «~» الحامِضي acid Bessemer steel
~ البَواتِق crucible steel (Met.)
~ البُورون boron steel (Met.)
~ التنغستِن tungsten steel (Met.)
~ حامِضي: صُنِعَ بالطريقة الحامضية acid steel (Eng.)
~ جِفافيّ: غيرُ تامِّ الاختِزال rimmed (or rimming) steel (Eng.)
~ خَسيس low steel (Met.)
~ زاوي (مُزَوّى): على شكل L angle steel, L-iron (Eng.)
~ سَبيكي أو سَبائكي alloy steel (Eng.)
~ سليكونيّ silicon steel (Eng., Met.)
~ سَهْلُ القَطْعِ (والتشكيل) free-cutting steel (Eng., Met.)
~ شرائحيّ (لِصُنْع الأنابيب) skelp (Eng.)
~ صامِدٌ للحرارة heat-resisting steel
~ ~ للحوامض acid-proof steel (Eng.)
~ الصَّبّ cast steel (Met.)
~ الصُّبَب ingot steel (Eng., Met.)
~ صَلْد hard steel (Eng., Met.)
~ طَرُوق (أو مِطواع) wrought steel (Eng., Met.)
~ طَرِيّ، ~ مُطاوِع mild steel (Eng.)
~ عالي مُقاوَمةِ الشَّد high-tensile steel (Eng., Met.)
~ العُدَد tool steel (Eng.)
~ غيرُ مُخَمَّد unkilled steel (Eng., Met.)
~ قاعدي: انخَفض مُحتواه الفسفوري بالاتحاد مع بِطانة الفرن القاعدية basic steel (Eng.)
~ (آلاتِ) القَطْع السَّريع high-speed steel (Eng., Met.)
~ القَوالِب die steel (Eng., Met.)
~ القَولَبة الساخِنة hot-die steel (Eng.)
~ كَربوني: تتحدَّدُ خواصُّهُ بكمية الكربون فيه carbon steel (Eng., Met.)
~ ~ خالِص straight carbon steel (Eng.)
~ كروميّ chrome steel, chromium steel (Eng., Met.)
~ ~ نيكليّ nickel-chromium steel, chrome-nickel steel (Eng., Met.)
~ كوبَلْتي cobalt steel (Eng., Met.)
~ لاصَدُوء: لا يصدأ stainless steel, rustless steel (Met.)
~ مَبْروم round steel (Eng.)
~ مُتوسِّطُ الكَربون medium carbon steel (Eng.)
~ المَثاقِب drill steel (Eng., Met.)
~ ~ الصخريَّة rock-drill steel (Eng.)
~ المَجْمَرةِ المكشوفة، ~ «سيمِنْز ومارتن» open-hearth steel (Eng., Met.)
~ مُحترِقٌ: قليلُ المتانة overblown steel, burnt steel (Eng.)
~ مُدَلْفَنٌ على السّاخِن hot-rolled steel (Eng.)
~ مَسقِيّ quenched steel (Eng.)
~ مُصَلَّد hardened steel (Eng., Met.)
~ ~ بالزيت oil-hardened steel (Eng.)
~ مُطَبَّع أو مُطوَّع tempered steel (Eng., Met.)
~ مِطواع wrought steel (Eng.)
~ المَغانِط (الدائمة) magnet steel (Eng., Met.)
~ مُقَسَّى السَّطح case-hardened steel (Eng.)
~ مُكربَن carbonized steel (Eng., Met.)
~ مُلَدَّن annealed steel (Eng., Met.)
~ مُنَحَّس coppered steel (Eng., Met.)
~ مُنخفِضُ الكَرْبون low-carbon steel (Eng., Met.)
~ مَنْغَنيزي manganese steel (Eng., Met.)
~ مُنَفَّط: أقدم أنماط الفولاذ كان يُشَرَّب بالكربون وبطل استعماله blister steel (Eng.)
~ الموليبدِنوم molybdenum steel (Eng.)
~ نَتْردة Nitralloy (Eng.)
~ النِّصال cutlery steel (Eng., Met.)
~ النوابِض، ~ الزُّنبركات spring steel (Eng.)
~ نيكليّ nickel steel (Eng., Met.)
فولاذيّ steel
~: قويٌّ أو صلْبٌ كالفولاذ steely
~ بكامِله all-steel (Eng.)
فولت = فُلْط volt (Elec. Eng.)
فُوم، ثُوم garlic
فُون: وَحدةُ جَهارة صَوتيَّة phon (Acous.)
فونوغراف، الحاكِي phonograph, gramophone (Acous.)
فونون: كَمٌّ حَراريّ في النَّسَق البِلّوري phonon (Phys.)
فُوَّهة، مَدْخَل؛ فَمٌ mouth, stoma
~: فُتحة صُنبوريَّة nozzle, orifice (Eng.)
~: فُتحة فُوَّهيَّة ostium (Zool.)
~ بُركانيَّة crater (Geol.)
~ البُندقية muzzle
~ بُوقيَّة (أو جَرَسيَّة) trumpet mouth
~ البِئر well head (Pet. Eng.)
~ تنَفُّس spiracle (Zool.)
~ الرشّ spray(ing) nozzle (Eng.)
~ رَشٍّ نَجْميَّة rose nozzle
~ (أو فُتحةُ) الصِّمام valve port (Eng.)
~ (تَلَقِّي) الضغط: لقياس سرعة الطائرة النسبية pressure nozzle (Aero.)
~ العادِم، مِنفَثُ الإنفِلات exhaust nozzle, exhaust port (Eng.)
~ عاليةُ التَّشْتيت high-dispersion nozzle (Eng.)
~ قَطع cutting nozzle (Eng.)
~ مُتباعِدَة divergent nozzle (Eng.)
~ مُتَقارِبة مُتباعِدة convergent-divergent nozzle (Eng.)
~ مَخروطيَّة cone nozzle (Eng.)
~ مُذَرِّية، مِنفَثُ ذَرّ atomizing nozzle (Eng.)
~ مُعايَرة calibrated nozzle
~ ناشِرة diffuser nozzle (Eng.)
~ ناقوسيَّة bell mouth (Eng.)
~ نَفْث، ~ النافورة jet nozzle
فُؤوس axes (pl. of ax)
فُوَيْهَة osculum (Zool.), ostiole (Bot.)
~، ثُغَيرة stoma (pl. stomata) (Bot.)
في الحَيّ: في الجِسم الحَيّ in vivo (Biol.)
في الرَّحِم in utero (Zool.)
في الزُّجاج: في أُنبوب الاختبار in vitro (Biol.)
في غُضون ذلك ad interim

في المُؤَخَّرة، نحوَ المُؤَخَّرة aft
في المَوقِع، في مَكان العَمَل on-site
في مَوقِعه in situ
فَيّاض، مُتدَفِّق effluent, outflowing
~، غَزير abundant, copious, profuse
فِئَة، صِنْف category, class, type
~، جماعة group
~: مِن فِئاتٍ تُصَنَّع أو تُنتَج مجموعاتٍ batch
~: من العملة denomination
~ تصنيفيَّة، أُصنوفة taxon (Biol.)
~ الدم blood group, blood type (Med.)
~ العُمر age group
ڤيتامين، حَيمين vitamin (Biol., Food Sc.)
ڤيتو، اعتِراض veto
ڤيديُو: العنصر الصوري في إشارة تلفزيونية. فيديويّات video (Elec. Comm.)
~ انعِكاسي: إبراز النص بعكس لون أماميته وخلفيته reverse video (Comp.)
ڤيديُويّ، رُؤْيَويّ، مِشْهاديّ، صُوَريّ video
فيرلُونج: قياسٌ للطُّولِ يُساوي ثُمنَ مِيل furlong
فَيروز، فَيروزَج، تُركُوَاز turquoise (Min.)
ڤَيْرُوس، حُمَة virus (Med., Bot.)
فيرُوسيّ، حُمَويّ viral
فِيزِترون: صِمامُ تَضْمين التردُّد، مُشَكِّل التردُّد phasitron (Elec. Comm.)
فِيزياء، فيزيقا، الطبيعيات physics
~ الأرض geophysics
الـ ~ الإلكترونية electrophysics
~ الجُسَيمات particle physics, high-energy physics
~ الجَوامِد solid-state physics
~ (دَرَجات) الحرارة الخَفيضة low-temperature physics
~ الحرارة المُنخفضة cryogenics (Phys.)
الـ ~ الحَيَويَّة (أو الأحيائية) biophysics (Biol.)
الـ ~ الذَّرِّيَّة atomic physics
الـ ~ الصِّحِّيَّة: دِراسةُ أخطارِ الإشعاعاتِ المؤيِّنة وطُرق الوِقايةِ مِنها health physics
~ الصُّخور petrophysics (Phys.)
~ الطاقة العالية، ~ الجُسَيمات high-energy physics = particle physics
~ الظواهِر الجَويَّة physical meteorology
الـ ~ الفلكية astrophysics (Astron.)
الـ ~ الكلاسيكية (قبل النسبية)، الـ ~ التقليدية classical physics
~ المَعادِن physical metallurgy
~ (أو فيزيقا) المُفاعلات reactor physics
الـ ~ النووية nuclear physics
فيزيائيّ، عالِمٌ فيزيائيّ physicist
فيزيقا، فيزياء physics
فيزيُوغرافية: الجغرافية الطبيعيَّة physiography (Geol.)
فيزيُولوجْية، فِسيولوجية: عِلم الوظائف physiology (Biol.)
فَيْصَل، حكَم umpire, arbitrator
~، معيار criterion
فَيْض، صَبيب effluence
~ (إشعاعي) emanation (Chem.)
~، تَدَفُّق، دَفق flux, overflow, effluence
~، زيادةٌ عن الحاجة redundancy
~، طَفْح spill-over, overflowing
~، فيضان inundation, flood, deluge
~، كَثْرة، وَفْرة abundance, exuberance, spate
الـ ~ الإشعاعي radiant flux, radiance (Phys.)
~ التسَرُّب الطرَفيّ end leakage flux (Elec. Eng.)
~ حراريّ، تدَفُّق حراري heat flux (Chem., Eng.)
~ حسابي: لا تتسع له ذاكرة الحاسوب arithmetic overflow (Comp.)
~ دَوَّار، دَفق دَوَّار circuital flux (Phys.)
~ السُّكان overpopulation (Ecol.)
الـ ~ الشارِد stray flux (Elec. Eng.)
الـ ~ الضَّوئي luminous flux (Phys.)
~ اللابة lava flow (Geol.)
~ مغنطيسي magnetic flux (Elec. Eng.)
الـ ~ (المِغنطيسيّ) الأرضيّ earth flux (Magn.)
~ مُوازِن balancing flux (Elec. Eng.)
~ نيوتروني neutron flux (Phys.)
فَيَضان، طُوفان flood, inundation, deluge
~ (نهر): بفرطِ هُطول المطر freshet, overflow (of a river)
فَيَل elephantiasis (Med.)
فِيل elephant (Zool.)
~ البحر، فَظّ walrus (Zool.)
فِيلَجَة، شَرنَقَة، صُلَّجَة cocoon, chrysalis (Zool.)
فَيلق corps, legion (Mil.)
ڤيللا، دارة villa
فيلم، فِلْم film
~ تَعليميّ educational film
~ تلفزيوني telefilm
~ لالَهُوب non-flame film (Cinema)
~ مأمون (من مادَّة لا تحترِق) safety film
~ مُضَبَّب fogged film (Photog.)
~ مَلْفُوف (على بكَرة) roll film (Photog.)
~ مُلَوَّن colour film (Photog.)
~ (سينمائيّ) ناطِق sound film (Cinema)
فَيْنَة moment, short period
فِينُول، حامِضُ الكَربوليك phenol (Chem.)
فِنولات: أملاحُ حامِض الكَربوليك phenolate
فينولْفثالين: كاشِفٌ كيماويّ phenolphthalein
فِينيل: شِقّ بنزيني أُحاديُّ التكافؤ phenyl (Chem.)
ڤَيْنِل: لَدينةٌ مَتينَة وطَرِيَّة مُتعدِّدة الاستعمالات vinyl (Chem.)
فيُورد، خليج إفجيجيّ fiord = fjord (Geol.)
فيُوزان: فحم نباتيّ مَعدِني fusain (Min.)

ق

ق: الرمزُ الكيماوي لفلِزِّ القصدير Sn (tin) (Chem.)

قاءَ vomit, throw up

قابِس plug (Elec. Eng.)

~ أسليّ tip plug (Elec. Eng.)

~ أُنثيّ female plug (Elec. Eng.)

~ ثُلاثيُّ الأصابع three-pin plug (Elec. Eng.)

~ جِداريّ wall plug (Elec. Eng.)

~ خُنثَويّ: ذَكَريّ وأُنثيّ مَعًا hermaphrodite plug (Elec. Eng.)

~ ذَكَر male plug (Elec. Eng.)

~ ذو إصبَعَين two-pin plug (Elec. Eng.)

~ صَهُور: فاصِمةٌ صَهور تولج في المَقْبِس fuseplug, plug fuse (Elec. Eng.)

~ مِصباحيّ: يتَّصل بِدَواةِ المصباح lampholder plug (Elec. Eng.)

~ المُنتقي selector plug (Teleph.)

~ مُهايِئ adapter plug (Elec. Eng.)

~ مَوزيّ banana plug (Elec. Eng.)

~ الوَصْل attachment plug, connection plug (Elec. Eng.)

قابِض، عَقول، رَقوء astringent, styptic (Med.)

~، مُقَلِّص constringent, constrictive

~، مُمْسِك gripping, holding

~، ~ الورق في المطبعة gripper (Print.)

~، واصِل: مُعَشِّق التروس وفاصِلُها clutch (Eng.)

~ إتِّساعيّ expanding clutch (Eng.)

~ أُحاديُّ اللَّوح single-plate clutch (Autos.)

~ احتِكاكي: يعمل بالاحتكاك بين قُرصين friction clutch (Eng.)

~ انزلاقيّ slip clutch (Eng.)

~ تَواشُجي inter-lock clutch (Eng.)

~ بالتيارات الدوّامية eddy-current clutch (Eng.)

~ حِتاريّ rim clutch (Eng.)

~ حلْقيّ: لِقضيب المصباح القوسي ring clutch (Elec. Eng.)

~ ذو حَلْقةٍ مَشقوقة split-ring clutch (Eng.)

~ سائليّ (هَيدروليّ) hydraulic clutch, fluid clutch (Eng.)

~ سِنانيّ: بِمسمارَيْن bayonet clutch (Eng.)

~ شَريطيّ (احتكاكي) band clutch, strap clutch (Eng.)

~ طارِدي: يعملُ بالطرد المركزي centrifugal clutch (Eng.)

~ فكِّيّ jaw clutch (Eng.)

~ قُرصيّ disc clutch, plate clutch (Eng.)

~ ~ احتِكاكي friction disc clutch (Eng.)

~ كُلّابي dog clutch (Eng.)

~ كُمِّيُّ الطراز sleeve-type clutch (Eng.)

~ كهرمغنيطي electromagnetic clutch (Eng.)

~ لاعَكُوس: قابضٌ لا ينعكِس non-reversible clutch (Eng.)

~ لَوحيّ أو قُرصي plate clutch (Eng.)

~ لَولبي coil clutch (Eng.)

~ مُتَعَدِّدُ الأقراص multiple-disk clutch (Eng.)

~ المِخرطة lathe clutch (Eng.)

~ مَخروطي cone clutch, scroll clutch (Eng.)

~ مِخلَبي، قارِنة مِخلبيَّة claw coupling = claw clutch (Eng.)

~ مِغنَطيسيّ magnetic clutch, magnetic transmission (Elec. Eng.)

~ مَقُود driven clutch (Eng.)

~ هوائيّ: قابضٌ بالهواء المَضغوط air clutch (Eng.)

قابضةُ أنابيب pipe grip (Eng.)

~ فكِّيَّة jaw-grip (Eng.)

قابَلَ: أجرى مقابلةً مع interview

~، لاقى meet

~، قارَنَ compare

~، ناظَرَ match, correspond to

~، إكتنَفَ subtend (Maths.)

قابِلٌ، مُتقبِّل acceptor, -able, -ible

~ لِـ apt to, liable to, susceptible to

~ للاتِّساع أو التَمَدُّد dilatable

~ الِاحتِراق، حَروق combustible (Chem.)

~ للاختزال reducible (Maths.)

~ الاشتعال، شَعُول ignitable (Chem.)

~ لِلإصلاح corrigible

~ لِلأكسَدة، يُؤَكسَد، يتأكسَدُ oxidizable (Chem.)

~ الالتهاب، لَهُوب flammable, inflammable (Chem.)

~ الِانثناء، مَرون flexible

~ للانحِلال، ينحَلُّ decomposable (Chem.)

~ الانشِطار، شَطور fissile, fissionable (Phys.)

~ الانصِهار، صَهور fusible, smeltable (Phys.)

~ للانكِسار، كَسُور (كأشِعَّة الضَّوء) refrangible (Phys.)

~ لِلإنهاء terminable

~ للبَلَل، بَلُول wettable (Phys.)

~ لِلتَّأَكْسُدِ (أو الأكسَدة) oxidable, oxidizable (Chem.)

~ التخَثُّر، خَثُور coagulable, congealable (Chem., Biol.)

~ التشكيل أو التشغيل workable (Eng.)

~ ~ بالحِدادة forgeable (Eng.)

~ لِلتَّصْبين، صَبُون saponifiable (Chem.)

~ التقَلُّص، قَلُوص contractible (Phys.)

~ لِلتكمِيَة: قَيُوسٌ كَمِّيًّا quantifiable

~ للتَّنفيذ، عَمَليّ feasible

~ للجِراحة operable (Med.)

~ لِلحَتّ، حَتُوت erodible

~ لِلخَلْط (أو المَزْج)، خَلُوط (أو مَزوج) miscible, mixable (Chem.)

~ للذَّوبان، ذَؤوب soluble, dissoluble

~ لِلسَّحْب (أسلاكًا) drawable (Eng.)

~ الطَّرق، طَروق malleable (Phys., Eng.)

~ لِلعَدّ، عَدود countable, enumerable

~ العَطَب، عَطُوب perishable

~ ~ (عطوب) بالحرارة thermolabile (Chem.)

~ القِسمة، قَسُوم divisible (Maths.)

~ لِلقياس، قَيُوس measurable

قابِلٌ (تابع)

~ للقياس بالمقياس أو الوَحَدات نفسِها — commensurable
~ُ لِلكَسْر، كَسُور — breakable
~ُ اللحام، لَحوم — weldable (Eng.)
~ُ المَطْل، مَطول — extensible, extendible (Phys.)
~ُ لِلمُفاضَلة — differentiable (Maths.)
~ُ لِلمُكامَلة — integrable (Maths.)
~ُ النَّقْل أو الانتقال، نَقُول — movable, mobile
~ ~ ~ ~ بالعَدْوى — communicable, transmissible (Med.)
~ ~ أو الحَمْل — portable
قابِليَّة، استعداد، أهليَّة — aptitude, -ibility
~، استِهدافيّة، استعدادية — predisposition, susceptibility, vulnerability
~ (للتكهرب أو التمغنُط)، متأثِّرية — susceptibility (Elec. Eng.)
~، شَهيَّة؛ مَيلٌ فِطريّ — appetite
~ُ الإثارة — irritability (Biol.)
~ُ الاختِراق، إختراقيَّة — penetrability (Phys., Chem.)
~ُ الاستِقطاب، إستِقْطابيَّة — polarizability (Chem.), polarizibility (Phys.)
~ُ الإستنساخ — reproducibility
~ُ السَّحب — drawability (Eng.)
~ُ الاشتعال — flammability (Chem.)
~ُ الامتزاج، مَزوجيَّة — miscibility (Chem., Phys.)
~ُ الانثِناء — flexibility (Phys.)
~ُ الانضِغاط — compressibility (Phys.)
~ُ الإنطواء — pliability (Phys.)
~ُ التحكُّم — controllability (Eng.)
~ُ التشَكُّل (في قوالب) — mouldability
~ُ التشكيل، تشَكُّليَّة — formability, workability
~ُ التطبيق — applicability
~ُ التغَيُّر — lability, changeability
~ُ التمَغنُط — magnetic susceptibility, magnetizability (Phys.)
~ُ الدَّلْفَنة أو التَّسْويَة — rollability (Met.)
~ُ الذوَبان، ذَوْبيَّة — dissolubility, solubility (Chem., Phys.)
~ُ الشَّدِّ أو المَطْل — tensility
~ُ الطَّفْو — buoyancy (Phys.)
~ُ القِسمة — divisibility (Maths.)
~ُ القياس — measurability, mensurability (Phys.)
الـ ~ُ الكُتليَّة — mass susceptibility (Phys.)
~ُ المَزْج، مَزوجيَّة — miscibility (Phys., Chem.)
~ُ المُناورة — manoeuvrability
قابُوق، قُطْنٌ كاذِب — kapok (Bot.)
قاتِل، مُميت — lethal, fatal, -icide (Biol.)
~ البَكتريا — bactericide (Biol., Food Sc.)
قاتِم — dark, dusky
قاحِل، مُجدِب — barren, arid
قادَ، دَلَّ، وَجَّهَ — lead, guide
~، ساقَ، سَيَّر — drive, steer, pilot
~ إلى الرصيف — berth (Naut.)
قادِح — striker, trigger; hammer
قادُوس — hopper, hoppit, kibble, skip, bucket, hod (Build., Mining)
~ُ أوتوماتيُّ التفريغ — self-dumping skip (Civ. Eng.)
~ُ حَفْر محَاريٌّ — clamshell bucket (Civ. Eng.)
~ُ السَّمْنَتَةِ تحت الماء — treamie, tremie (Civ. Eng.)
~ُ غَرْف — dipper (or dipper-bucket) (Civ. Eng.)
~ُ قَلّاب — dump bucket (Eng.)
~ُ كَبّاش — grab bucket (Civ. Eng.)
~ُ اللَّقيم — feed hopper (Eng.)
~ُ مَحاريّ — clamshell (Civ. Eng.)
قاذِف — thrower, launcher, ejector
قاذِفة، قاذِفةُ قَنابِل — bomber (Aero.)
~ُ (أو مُطلِقةُ) صَواريخ — rocket launcher (Space)
~ُ مياه: لإطفاء الحرائق — water bomber (Aero.)
قاذورات — garbage, rubbish, filth
قارٌّ، مُستَقِرّ — steady, stable (Eng., Phys.)
~ (في مَكانه) — settled, sedentary (Zool.)
قارٌ، قِير، حُمَر — bitumen (Min.)
~، قَطِران — tar (Chem.)
~ أسفلتيّ، زِفْت — asphalt tar, pitch (Pet. Eng.)
~ُ (أو قَطِران) الخشَب — wood tar (Chem.)
~ُ الصخور، النَّفط — rock tar (Min.)
~ُ الغاز — gas tar (Chem.)
~ُ الفَحم — coal-tar (Chem.)
~ُ النِّفْط — oil tar (Chem.)
قارَبَ، ناهَزَ — approximate, approach
~، جاوَرَ — juxtapose
~ السَّطحَ — surface
قارِب، زَورق — boat, canoe (Naut.)
~ُ اتصال (أو تموين) — tender (Naut.)
~ُ إطفاء — fireboat
~ُ صغير — cockle-shell
~ُ طَوِيّ، قاربٌ يُطوَى — foldboat
~ُ مُسَطَّح — punt, scow
~ ~ كبير — barge (Naut.)
~ُ نجاة، زورقُ إنقاذ — lifeboat, rescue boat
قاربي، زورقي الشكل — scaphoid, scaph(o)-
قارِت، مُتَنوِّع الاغتذاء — omnivorous, pantophagous (Zool.)
قارَّة — continent (Geog.)
الـ ~ُ القُطبيَّة (الجنوبيَّة) — Antarctica (Geog.)
قارِس، شَديدُ البُرودة — frigid, gelid
قارِص، حِرِّيف — acrid
قارِض — rodent (Zool.)
قارِع — beater, striker
قارَن، قابَلَ — compare
قارِن، قارِنة — coupler, coupling (Eng.)
~ُ اتجاهي — directional coupler (Elec. Eng.)
~ُ كَبْلات — cable coupler (Elec. Eng.)
~ُ مُتغَيِّر — vario-coupler (Radio)
~ُ مُزاوِج: يسمَحُ لِعدَّةِ مُرسِلات بالعمَل من هَوائيٍّ واحِد — diplexer (Elec. Comm.)
قارِنة — coupling, coupler (Eng.)
~ُ احتِكاكيَّة — friction coupling (Eng.)
~ُ إدارة — driver coupling (Eng.)
~ُ أعمدة (الإدارة) — shaft coupling (Eng.)
~ُ أمان: تنفصِلُ عند ازدياد الحِمْل — safety coupling (Eng.)
~ُ امتِداديَّة — extension coupling (Eng.)
~ُ أنابيب (مُلولَبةُ الطرفَين) — pipe coupling (Build.)
~ُ انفِصالية — disengaging coupling (Eng.)
~ُ أو شِكال خَشَبي — accouplement (Carp.)
~ُ بَسيطة — plain coupler (Eng.)

قارنة (تابع)
~ تراوُحيَّة swivel coupling (Eng.)
~ تمَدُّديَّة expansion coupling (Eng.)
~ جامِدة solid coupling (Eng.)
~ بجُلْبة راكِبة butt coupling (Eng.)
~ ~ مُشَفَّهة muff (or box) coupling
~ جُلْبيَّة sleeve coupling, butt coupling (Eng.)
~ حَثِّيّة inductive coupler (Elec. Comm.)
~ خُرطوميَّة، ~ الخراطيم hose coupling (Eng.)
~ ذاتيَّةُ الانضباط self-adjusting coupling (Eng.)
الـ ~ الرئيسية (في سَقْفٍ خَشَبي) main couple
~ سَريعةُ الفَصْل quick-detachable coupling (Eng.)
~ بشَفَة flange coupling (Eng.)
~ صُندوقيَّة: بجُلبة راكِبة box coupling (Eng.)
~ صَوتية acoustic coupler (Comp.)
~ عامَّةُ الحركة universal coupling (Eng.)
~ فَكِّيَّة jaw coupling (Eng.)
~ بِقابِض clutch coupling (Eng.)
~ قَضيبيَّة rod coupling (Eng.)
~ قَمْط، ~ بالقَمْط clamp coupling (Eng.)
~ كَبْليَّة cable splice (Elec. Eng.)
~ كُلَّابيَّة dog coupling (Eng.)
~ كُمِّيَّة sleeve coupling, socket coupling (or joint) (Eng.)
~ مَرِنة elastic coupling, flexible coupling (Eng.)
~ مَشطورة (ذاتُ جُزأيْن) split coupling (Eng.)
~ مُشَفَّهة flange coupling (Eng.)
~ مُصَغِّرة reducing coupling (Eng.)
~ مُلَولَبة screw(ed) coupling (Eng.)
~ نابِضيَّة spring coupling (Eng.)
~ نِصفيَّة half coupling
~ وَصْل union coupling (Eng.)
قارورة، زُجاجة، قِنِّينة bottle
~، دَوْرَق flask (Chem.)
~ تقطير distillation flask (Chem.)
~ خَوائيَّة، ~ «ديُوار»، ثِرموس، كَظيمة vacuum flask, thermos, Dewar flask
~ صَغيرة (لِدَواءٍ أو عِطر) phial, vial
~ غاز، أُسطوانةُ غاز gas cylinder
~ قَطَّارة dropper flask (Chem.)
~ مُدَرَّجة graduated flask
~ مِغنَطيسيَّة: لاحتواء البلازما في التجارب الحراريَّة النوويَّة magnetic bottle (Phys.)
قارُوس (مِنَ السَّمك الفَرخيَّة) bass (Zool.)
قارئ reader
~ الأفكار telepathist
قارِّي continental
قارئة: قارِئةُ بطاقاتٍ أو رُموز reader (Comp.)
~ بطاقات card reader (Comp.)
~ السِّمات character reader (Comp.)
~ الشريط tape reader (Comp.)
~ ~ المُمَغْنَط magnetic tape reader (Comp.)
~ ~ الورقيّ paper-tape reader (Comp.)
~ الفيلم film reader (Comp.)
قارِيَة، جوزيَّة hickory (Bot.)
قازِب: بَرْمائيّ amphibian (Zool.)
قاسَ، عايَرَ gage = gauge
~، كالَ measure
قاسٍ، صُلْب، جاسِئ callous, rigid, stiff (Biol.)
~، عنيف، شَديد tough
~، صَلْد hard, adamant (Phys.)
قاسى endure, suffer
قاسِم، مُقَسِّم divider (Eng.)
الـ ~، المَقسومُ عَلَيه divisor (Maths.)
~ أوَّليّ prime factor
~ تامّ: قاسِمٌ عدَدًا دونَ باقٍ aliquot (Maths.)
~ صَحيح exact divisor, submultiple (Maths.)
~ غيرُ تامّ aliquant (Maths.)
~ مشتَرك common divisor (Maths.)
الـ ~ المُشتَرَكُ الأعظَم highest (or greatest) common divisor (Maths.)
قاشاني: خَزَفٌ مصقول faïence (Build.)
قاشِر، مُقَشِّر peeler
قاصٍ، أقصى distal
قاصَرَ: بَطَّأَ السُّرعة، تقاصَرَ decelerate (Mech.)
قاصِر: صَغيرٌ غيرُ راشِد minor, underage
~ (عن عمل) incapable (of)
~ (عن الهدف) short
~ التخامُد under-damped (Phys.)
قاصِرة: مادة تَقْصِير bleach (Chem.)
قاضٍ judge, magistrate, justice
قاضِم، قارِض rodent (Zool.)
قاطِرة، قاطِرةُ جَرّ engine, locomotive, traction engine (Eng.)
~: مَركَبُ قَطْر tugboat, towboat
~ بُخاريَّة steam locomotive (Eng.)
~ ديزل diesel locomotive (Eng.)
~ سِكَّةٍ حَديديَّة railway engine
~ صَغيرة dinkey (or dinky) (Railways)
~ صِهريجيَّة tank engine, tank locomotive
~ كهربائية electric locomotive
~ المُناوَرة shunting engine (Railways)
قاطَعَ (مقاطعةً اقتصاديَّة) boycott
~ (أثناء الحديث) interrupt, break-in
قاطِع: آلةُ قَطْع cutter
~: فاصِل partition
~: باتّ، حاسِم definitive, categorical, final
~: حادّ، ماضٍ sharp, incisive
~: مَعكوسُ جَيْبِ التَّمام secant (Maths.)
~، خَطٌّ مُستعرِض transversal (Maths.)
~ (الدائرة أو القوس) secant (Maths.)
~: خَطٌّ مُستقيم يقطعُ مُنحنيًا مَعلومًا في أكثر من نُقطة secant (Maths.)
~ أمان: يعملُ عند تَجاوزِ الحِمْل في دارةٍ كهربائية safety cut-out (Elec. Eng.)
~ (دارةٍ تِلقائيّ) بانهيار الفُلطيَّة no-voltage release (Elec. Eng.)
~ أوتوماتي للتيّار automatic cut-out, automatic circuit-breaker (Elec. Eng.)
~ بُعاديُّ التحكُّم remote-control break (Elec. Eng.)
~ التلامُس، ~ التَّماس contact breaker (Elec. Eng.)
~ تِلقائي automatic interrupter (Eng.)
~ التمام (قتا): معكوسُ جَيبِ الزاوية cosecant (Maths.)
~ التيّار cut-out, breaker, current interrupter, switch (Elec. Eng.)

قاطِع (تابع)

~ُ ثانويّ — secondary cut-out (Elec. Eng.)

~ُ حراري — thermal cut-out (Elec. Eng.)

~ُ الدارة — circuit-breaker (Elec. Eng.)

~ُ دارةٍ اتّجاهي — directional circuit-breaker (Elec. Eng.)

~ ~ أوتوماتي — automatic circuit-breaker (Elec. Eng.)

~ ~ تمدُّدي — expansion circuit-breaker (Elec. Eng.)

~ ~ بالتيار المُستمِرّ — dc circuit-breaker (Elec. Eng.)

~ دارةِ الحاشِدة — battery cut-out (Elec. Eng.)

~ُ دارةٍ حراري — thermal circuit-breaker (Elec. Eng.)

~ ~ خَوائيّ — vacuum circuit-breaker (Elec. Eng.)

~ ~ دَفْعيّ — impulse circuit-breaker (Elec. Eng.)

~ ~ ذو قُطبَيْن — double-pole circuit-breaker (Elec. Eng.)

~ ~ زئبقي — mercury interrupter (Elec. Eng.)

~ ~ زَيتي — oil circuit-breaker, oil switch (Elec. Eng.)

~ ~ شَحيحُ الزيت — oil-poor circuit-breaker (Elec. Eng.)

~ ~ عالي السُّرعة — high-speed circuit-breaker (Elec. Eng.)

~ُ الدارة الكهربائية — circuit-breaker, line breaker, cut-out (Elec. Eng.)

~ُ دارةٍ كَهْرمِغنيطيّ — electromagnetic cut-out (Elec. Eng.)

~ ~ لازَيتيّ — oilless circuit-breaker (Elec. Eng.)

~ ~ مانِعٌ للتأيُّن — deion circuit-breaker (Elec. Eng.)

~ُ دارةِ المِصباح (القَوسي) — lamp cut-out (Elec. Eng.)

~ُ دارةٍ هَوائي: مُلامساتُه في الهواء — air switch (Elec. Eng.)

~ ~ يَعملُ بالاندفاع الغازيّ — gas-blast circuit-breaker (Elec. Eng.)

~ ~ عند تَجاوُزِ الحِمْل — overload circuit-breaker (Elec. Eng.)

~ُ دَوّار — turn-button switch (Elec. Eng.)

~ُ ذو نَصْلَين — two-blade switch (Elec. Eng.)

~ُ رئيس — main switch (Elec. Eng.)

~ ~ ثُلاثيُّ القُطب — three-pole main switch (Elec. Eng.)

~ُ زمنيّ — time cut-out (Elec. Eng.)

~ صِماميّ — fuse switch (Elec. Eng.)

~ُ طَوَويّ، فاصِلٌ طوَوي: قابِلٌ لِلطَّيّ — folding partition (Build.)

~ُ عَتَليّ — lever switch (Elec. Eng.)

~ُ مُتناوِب، قَطّاع: مُقَوِّم بالقطع المُتَناوِب — chopper (Elec. Eng.)

~ُ المُوَزِّع — distributor breaker (Elec. Eng.)

قاطِعة: سِنٌّ قاطِعة — incisor (Zool.)

قاطِن — dweller, inhabitant, resident

قاطُور، تمساحٌ أمريكي — alligator (Zool.)

قاع، قَعْرٌ — bottom

~، طبقةٌ قاعديَّة — basement

~ُ (أو قَعْرُ) البَحر — sea-bed (Geol.)

~ُ زائف، قَعرٌ مُصطَنَع — false bottom

~ُ العُضو — fundus (Biol.)

~ُ المَجرى — stream bed, bed of stream

~ُ المَجرور — invert

~ُ مُزدَوِج — double bottom

~ُ مُصطَنَع: يمكن إزالته أو تغيير الحجم بتحريكه — false bottom (Eng.)

~ُ مُقعَّر (كالطَّبَق) — dished bottom

~ُ النهر، مَجرى النهر — riverbed (Geol.)

قاعة — hall, room

~، عَنْبر — ward

~ُ استِماع، ~ اجتماعات — auditorium

~ُ العمليّات الجراحية — operating theatre (Med.)

قاعدة، أساس — base

~، مبدأ — principle, rule (Phys.)

~: مادة قاعدية الفاعلية — base (Chem.)

~: الضلع أو السطح القاعدي في الشكل الهندسي — base (Maths.)

~، مِعيار — criterion (pl. criteria)

~، طَرَفٌ سُفليّ — foot

~، قانون — law, rule

~ُ إحكام أو زَنْق — lock-in base (Elec. Eng.)

~ُ ارتجاحية — rocker base (Eng.)

~ُ أرخميدس — Archimedes' principle (Phys.)

~ُ إطلاق — launching base, launch(ing) pad (Space)

~ُ (تعادُلِ) الأطوار — phase rule (Chem.)

~ُ «أمبير»: لِتَعيين اتجاه التيار في ملفٍّ حلزوني — Ampere's rule (Elec. Eng.)

~ُ بَحْريَّة — naval base (Mil.)

~ُ (أو بَنكُ) البَيانات — data-base (Comp.)

~ُ بيانات علائقية — relational database (Comp.)

~ُ تَجريبيَّة — empirical rule

~ُ تَحتيَّة، ~ُ فَرعيَّة — subbase (Civ. Eng., Mil.)

~ُ تَركيب — mounting base (Eng.)

~ُ تمثالٍ أو عمود — pedestal

~ُ (أو مَركزُ) تَمْوين — supply base (Mil.)

~ُ ثُمانيَّةُ المُلامِسات — octal base (Electron.)

~ُ جَوِّيَّة — air base (Mil.)

~ُ دَوّارة — revolving pedestal (Eng.)

~ُ الدَّواليب، بَوْنُ العَجَلات — wheelbase

~ُ الذَّهَب (في النظام النَّقدي) — gold standard

~ُ زَمنيَّة — time base (Electron.)

~ُ السَّندان — anvil block (Eng.)

~ُ شِبْه المُنحَرِف: لإيجادِ مِساحةِ سَطحٍ غير مُنتَظَم — trapezoidal rule (Surv.)

~ُ الصِّمام — tube base (Electron.)

~ُ صِمامٍ ثُمانيَّة — loktal base = octal base (Electron.)

~ُ الطريق (بخاصةٍ لِسِكَّةٍ حديدية) — road bed

~ُ عسكرية — military base

~ُ العَمود — patten, footstall, pedestal (Arch.)

~ُ «ليشاتِلْييه وَ براون»: اِستِعادةُ التوازنِ في نِظامٍ مُتوازِن بحيثُ يقاوِمُ التغييرَ الحاصِل عليه — Le Chatelier-Braun principle (Chem.)

~ُ المَحْمِل — bearing block (Eng.)

~ُ المِدخَنة — stack-base (Build.)

~ُ مُرَبَّعة: وَطيدةُ العَمود — plinth (Arch.)

~ُ المِرْجَل — boiler setting (Eng.)

~ُ مَرفوعةُ المؤخَّرة — kick-up chassis

~ُ المِقْلاد — switch base (Elec. Eng.)

~ُ هَزّازة (أو مُترَجِّحة) — rocker base

قاعدة (تابع)

~ اليَد اليُسرى (لِـ «فلمنغ»): علاقةُ اتجاهِ التيّار والمَجال بالدفع — left-hand rule = Fleming's rule (Elec. Eng.)

~ اليَد اليُمنى (لِـ «أمبير»): عَلاقة اتِّجاهِ المَجال المغنطيسيّ حولَ سِلكٍ باتِّجاه التيّار فيه — Ampere's right-hand rule (Phys.)

~ اليَد اليُمنى (لِـ «فلمنغ»): عَلاقةُ اتِّجاه المَجال المغنطيسيّ باتِّجاه التيّار والحركة — Fleming's right-hand rule

قاعِديّ، أساسيّ، جَذريّ — basal, basic

~، قِلْويّ — basic (Chem.)

~، قَريبٌ من القاعدة — basilar

قاعِديّة (الحامِض) — basicity (of an acid) (Chem.)

قاعيّ، قاعيُّ العَيش أو البيئة — benthic (Zool.)

القاعِيّات، الأحياءُ القاعيّة — benthos = benthon (Biol.)

قافِلة — convoy, caravan, safari

~، رَتَل — train

قاقُلّة: هَال — cardamom (Bot.)

قالَب — block, briquet(te) (Build.)

~، شَكْل — form

~، إطار — frame, framework

~، ~ صَوْغ — mould = mold; die, form

~، نموذجُ مُعايَرة — template, templet

~ الأحذية — last

الـ ~ الأُمّ (في الطباعة) — mat, matrix (Print.)

الـ ~ ~ (في أسطوانات التسجيل) — mother (Acous.)

~ أُنثَى — female die (Eng.)

~ تباعُديّ — divergent die

~ تبريد مُفاجِئ — chill (Met.)

~ تشكيل — form block (Met.), forming die (Eng.)

~ التَّشكيل (بالحِدادة) — forging die (Eng.)

~ ~ تشكيل الأنابيب — tube forming block (Eng.)

~ ~ الجانبِيّات — profile die (Eng.)

~ ~ رَئيسي — hob, hub (Eng.)

~ تهذيب — trimming die (Foundry)

~ ثَقْب أو تَثْقيب — perforating die (Eng.)

~ جِبْسيّ — moulage (Med.)

~ جِصّيّ: يُتلَفُ بعدَ إزالةِ المَصبوب — plaster cast (Eng.)

~ جَماعيّ — gang mould (Build., Civ. Eng.)

~ حِدادة: للتشكيل بالكبس على الساخن — buster (Eng.)

~ دَقْدَقة: لِتَشكيل الأنابيب — bumping die, bumping mould (Eng.)

~ ذَكَرٍ وأُنثَى — punch and die block (Eng.)

~ رَصْفٍ أسفَلتيّ — asphalt paving block (Civ. Eng.)

~ زُجاجيّ — glass mould

~ سَبْك — pattern (Foundry, Eng.)

~ ~ ثُلاثيُّ الأجزاء — three-part flask (Eng.)

~ ~ مِن قِطعَتَين — two-part flask (Eng.)

~ ~ مَعدِنيّ — metal pattern (Foundry)

~ ~ مَكشوف — open mould (Foundry)

~ سَحْب الأسلاك — wire-drawing die (Eng.)

~ سَكّ (أو خَتْم) — stamping die (Eng.)

~ ~ العُملة — coining die (Eng.)

~ صَبّ — casting box, moulding box (Eng.)

~ الصَّبّ: قالَبُ الخرَسانة — formwork

~ صَبٍّ رئيسيّ — master die (Eng.)

~ (صَبّ) رَمْليّ — sand mo(u)ld (Met.)

~ صَبٍّ وسَطي — cheek (Eng.)

~ صُبَب — ingot mould (Eng.)

~ صَوغ — die (pl. dies) (Eng.)

~ طَرْق — swage, swedge (Eng.)

~ الطَّرْق السُّفْليّ — bottom swage (Eng.)

~ ~ العُلويّ — top swage (Eng.)

~ طُفالٍ رَمْليّ — loam brick (Eng.)

~ فَصْل الأغفال — blanking die (Eng.)

~ فَلْطَحة — upsetting die (Eng.)

~ القَطْع المَشطوب: المائِل ٤٥° — mitre block (Build.)

~ قَطْع وتَشكيل — cut-off and forming die (Eng.)

~ قياس مِعياري — block gauge (Eng.)

~ ~ مُنْزَلِق — slip gauge (Eng.)

~ كَبْس — press die, press block (Eng.)

~ لَوْلَبة — screw(ing) die (Eng.)

~ ~ أُحاديُّ القِطعة — one-part die (Eng.)

~ ~ انفِتاحيّ — opening die (Eng.)

~ ~ مُركّب — compound die (Eng.)

~ مصبوب — cast (Eng.)

~ مُضَلَّعٌ خشَبيّ — cant (Build.)

~ مُؤقَّت: يحوي الخرسانةَ بالشكل المطلوب لحين تصلُّبها — formwork (Build.)

~ هَيكليّ — frame mould (Build.)

~ وَقود: من دقاق الفَحم أو النُّشارة — fuel briquette

قالي، قِلْي — alkali (Chem.)

قامَ: وَقَفَ (مُنتصِبًا) — stand (erect)

~ بِـ: أدّى — do, perform

~ بألعابٍ بَهلوانيَّة خَطِرة — stunt

قامَة: **قَوام** — stature, build

~: قِياسُ غَور يُساوي ٦ أقدام — fathom

~ أبْعاد، ~ مِساحيَّة — stadia rod (Surv.)

~ تَسْوِيَة — levelling staff, staff (pl. staves) (Surv.)

قامِط، قامِطة — clamp

~ قَضيبيّ — bar-clamp (Carp.)

قامِطة — clam, clamp, clamp iron (Eng.)

~ إطاريَّة — G-clamp, sash cramp (Build.)

~ (أو مِشبَكُ) أمان — safety clamp (Eng.)

~ أنابيب — pipe clamp (Plumb.), tube clamp (Eng.)

~ ~ التغليف — casing clamp (Pet. Eng.)

~ أوراق — paper clamp

~ تدريع الكَبل — armour clamp (Elec. Eng.)

~ تمساحيَّة، مِشْبَك تمساحي — crocodile clip

~ خُفّاشِيَّة — holderbat (Build.)

~ ذاتُ لَولَب — screw clamp (Eng.)

~ رِكابيَّة — U-bolt (Eng.)

~ شَدِّ السَّير — belt clamp

~ ضَبُوط (أو انضباطيَّة) — adjustable clamp (Eng.)

~ قضيبيَّة — bar clamp (Eng.)

~ كَبّاسٍ حلقية — piston ring clamp (Eng.)

~ كُلّابيَّة — crampon = crampoon

~ (طَوقيَّة) مانِعةٌ لِلتَّسَرُّب — leak clamp

~ مُتَوازِيةُ الفَكَّيْن — parallel(-jaw) clamp

~ نابِضيَّة — spring cramp (Build.)

~ وُصلاتٍ مَشطوبة — mitre cramp (or clamp) (Build.)

قاموس، مُعجَم — dictionary, lexicon

قانِصة — gizzard (Zool.)

قانون، نِظام أساسيّ، شَريعة — statute

~ الإزاحة — displacement law

قانون (تابع)

~ الإساس (جَمْعُ أُسّ) index law (Maths.)

~ الإشارات: حاصِلُ ضَرب أيِّ عدَدَين مُتماثِلي الإشارة كمِّيَّةٌ مُوجِبة law of signs (Maths.)

~ «أڤوچادرو»: الحُجومُ المُتَساويةُ من الغازات في ظروف الحرارة والضغط نفسِها تحوي العددَ نفسَه من الجُزَيئات Avogadro's law (Chem.)

~ «أوم» Ohm's law (Elec. Eng.)

~ بَقاءِ الطاقة law of conservation of energy (Phys., Chem.)

~ ~ المادَّة law of conservation of matter (Phys., Chem.)

~ «بُويْل»، ~ «ماريُوت» Mariotte's law, Boyle's law (Chem., Phys.)

~ تَبديلي commutative law (Maths.)

~ التجاذُب الإلِكتروستاتيّ law of electrostatic attraction (Phys.)

~ ~ العامّ (لِنيوتُن) law of universal gravitation (Phys.)

~ التراكُب: الطبقاتُ الأعلى هي الأحدثُ عهدًا - باستثناء المناطق العَنيفَةِ الطيّ law of superposition (Geol.)

~ التَّربيع العَكْسيّ inverse square law

الـ ~ التربيعيّ: إرتباطُ المُتغيِّر بمُرَبَّع مُتَغيِّر آخر square law (Phys.)

~ التركيب الثابِت definite composition law (Chem.)

~ التكافؤ الكيموضَوئيّ، قانون «أينشتين» لِلتكافؤ الكيميائيّ الضوئيّ Einstein's law of photochemical equivalence (Chem., Phys.)

~ تناقُصِ الغَلَّة law of diminishing returns

~ الثُّمانيّات: علاقةٌ لحظها «نيولَنْدز» (١٨٦٣) تُرتِّبُ العناصرَ في مجموعاتٍ ثمانيةٍ تبعًا لِوَزنها الذريّ مع خصائصَ متماثلة تكراريًّا law of octaves (Chem.)

~ «چريام» (أو «غراهام»): في انتشارِ الغازات Graham's law (Chem.)

~ الجُيوب: في أيِّ مثلَّثٍ مُستوٍ نِسبةُ أيِّ ضِلعٍ إلى جَيبِ الزاوية المقابلة يُساوي كميةً ثابتة law of sines (Maths.)

~ جُيوب التَّمام: مُرَبَّعُ أيِّ ضِلع في مثلّث مُستوٍ يساوي مجموعَ مُرَبّعي الضلعين الآخرين ناقصًا ضعف حاصل ضرب هذين الضلعين في جيب تمام الزاوية بينهما law of cosines (Maths.)

~ الحَثّ الكهرومغنيطي لِـ «فارادي» Faraday's law of electromagnetic induction (Phys.)

~ الحُجوم law of volumes, Gay-Lussac's law (Chem.)

~ داخِليّ bylaw

~ «دالتون» لِلضُّغوط الجُزئية law of partial pressures, Dalton's law of partial pressures (Chem., Phys.)

~ الدَّوريَّة، الـ ~ الدَّوري periodic law (Chem.)

~ دَوليّ international law

~ الديناميّاتِ الحراريَّة الصِّفْري zeroth law of thermodynamics (Phys.)

~ ذو أثرٍ رَجعيّ ex post facto law

~ «راؤولْت»: ضغطُ بُخارِ المادَّة في محلولٍ يتناسَبُ مع تَركيزها الجُزَيئيّ الغراميّ فيه Raoult's law (Chem.)

~ «سْنِل»: علاقةُ زاويتَي الورود والانكسار بمعامِل الانكسار Snell's law (Light)

~ «شارل»: حول علاقةِ حجم الغاز بدرجة حرارته المُطلَقة Charles's law (Phys., Chem.)

~ الشبكاتِ الكَهربائيَّة: لِـ «كِيرشُهوف» law of electric networks (Elec. Eng.)

الـ ~ العامّ لِلغازات general gas law (Phys.)

~ العَرْض والطَّلب law of supply and demand

~ العَلامات الجَبريَّة law of signs (Maths.)

~ العَمل labour law

~ الغاز المثالي ideal gas law (Phys.)

~ «غي لُوسّاك» Gay-Lussac's law (Chem.)

~ «ڤانتْ هُوف»: لِلضغط الأوزموزي Van't Hoff's law (Chem.)

~ فِعْلِ الكُتلة، ~ الاتزان (الكيماوي) law of mass action, law of equilibrium, law of Guldberg and Waage (Chem.)

~ الفِعل وردِّ الفِعل، ~ «نيوتن» الثالث action-reaction law (Phys.)

~ «كُولْراوش»: حول مُوَصِّليَّة الكَهرلِ الكامِلِ التأيُّن Kohlrausch's law (Phys.)

~ «لامبِرت»: إضاءَةُ السَّطْح تتناسَبُ عَكْسيًّا مَعَ مُرَبَّع المسافةِ عن المَصدَر Lambert's law (Phys.)

~ مَدَنيّ civil law

~ المَزيجات law of mixtures, rule of mixtures (Chem.)

~ النِّسَبِ الثابتة law of definite proportions, law of constant proportions (Chem.)

~ ~ المُتَضاعِفة law of multiple proportions (Chem.)

~ ~ المُتَكافِئة (أو المُتَبادلة) law of equivalent proportions = law of reciprocal proportions (Chem.)

~ «نيُوتُن» لِلتبريد Newton's law of cooling (Phys.)

~ ~ للجاذِبيَّة Newton's law of gravitation (Phys.)

~ «هوك»: العلاقةُ بين الانفعال والإجهاد ضِمن حَدِّ المُرونة (في المادة) Hooke's law (Phys.)

قانونا الانعِكاس laws of reflection (Phys.)

~ «فارادي» للتحليل الكهربائي Faraday's laws of electrolysis (Chem.)

~ «كِيرشهوف»: للدّارة الكهربائية المُتفرِّعة Kirchhoff's laws (Elec. Eng.)

~ «مِنْدِل»: في الوراثة Mendel's laws (Biol.)

قانونيّ، شَرعيّ legal, legitimate, canonical

~، رَسْميّ official, statutory

قانونيَّة legality

قاوَلَ conclude (a contract or a deal) with, contract (somebody) to do a job

قاوَمَ resist, counter, oppose

~، صَمَدَ لِـ stand, withstand

قاوَند، قِرلّي kingfisher (Zool.)

قائد: مَن يَقود leader

~، آمِر commander

~، رُبّان captain, pilot

قايَضَ، بادَل barter

قائف، مُقْتَفٍ tracer

قائم، مُنْتَصِب erect, upright

قائم (تابع)
~، عَموديّ — perpendicular, vertical, upright
~، إجمالي (غيرُ الصافي) — gross
~: مَوجود — existent, existing
~: عِضادة — stile (Build.)
~: قائمٌ إنشائيّ أو جُزءٌ مِنه — upstand (Build.)
الـ ~ الأماميّ الجُؤجُؤي — stem-post (Naut.)
~ انضغاط، شِكالٌ انضغاطيّ — strut (Eng.)
~ ~ داخِليّ — internal strut (Eng.)
~ ~ زَيتيّ — oleo-strut
~ ~ صَدْميّ: يُخَفِّف الصَّدْم — shock strut
~ ~ مُخَمِّد للصدمات — shock-absorbing strut (Eng.)
~ ~ هَيدرولي — hydraulic strut (Eng.)
~ أوسَط، دِعامة رئيسيَّة — middle post, king post (Carp.)
~ (أو قائمةُ) الباب — gate post (Build.)
~ البَكَرة — pulley stile (Carp.)
~ تعليق مَفصِليّ — hingeing post
~ تكتيف — bracing strut (Eng.)
~ خشبيّ، عِضادة — style (preferably stile) (Carp.)
~ الدرابزين — newel (post), rail post (Build.)
~ الدَّرَجة — riser (Build.)
~ دَعْم — stanchion (Civ. Eng.)
~ (دَعم) خَرَساني — concrete strut (Civ. Eng.)
~ (تثبيتِ) الدفَّة — rudderpost (Naut.)
~ دوّار (يحملُ بابًا مُتَرَجِّحًا) — swinging post
~ رئيسيّ (في سَقفٍ مُسَنَّم) — king-post (Build.)
~ الرفّاص — propeller post (Naut.)
~ رَفْع بَكَريّ — gin-pole (Eng.)
~ الشراع الرئيسيّ — main yard (Naut.)
~ الصاري — spar (Naut.)
~ الغَلَق (في الباب) — shutting stile
~ المِرفاع — gin-pole (Eng.)
~ مُعَلَّق: لَوحٌ قائمٌ (في عِضادة الباب) يحمِلُ المُفَصَّلات — hanging stile (Carp., Build.)
~ مَفْصِليّ جانِبي — heel-post, quoin post (Build.)
قائمة، دعامة — stud, stile
~، ساق — leg (Zool.)
~، لائحة — list
~: بَرنامَج (مُحَدِّدُ المَواعيد) — schedule
~ الأسعار — price list
~ الانتظار — wait(ing) list
~ تسليم — issue voucher
~ (أو بَيانُ) التعبئة — packing list (or sheet)
~ توزيع — distribution list (Comp.)
~ الحِساب، فاتُورة — invoice
~ خِيارات — menu (Comp.)
~ دَعْم أوَّليّ: لِسَنْد جوانب النَّفَق — forepole (Civ. Eng.)
الـ ~ السوداء — black list
~ الشحن — bill of lading
~ صِفرية — null list (Comp.)
~ مُتَداخِلة، قائمٌ تِلِسكوبي — telescopic leg
~ المُراجَعة — check list
~ مَراحِل العَمَل — job sheet
~ مُوصَّلة: تحوي بياناتٍ ومؤشِّرًا إلى المادة التالية — linked list (Comp.)
قَبّ (العجلة أو الدولاب) — nave, hub
قبا، قَبْوة — apse = apsis (Arch.)
قُبابة، مَبْنًى قُبابيّ — igloo
قِبابيّ — quaquaversal (Geol.)
قَبّاضة، قابِض — clutch (Eng.)
(أنظر: قابض)
قِبالَة — midwifery, obstetrics (Med.)
قَبّان: ميزان قَبّاني — steelyard
~ بِمِنَصَّة — platform scale (Phys.)
قَبَّب — dome, vault
قُبَّة، سَقفٌ قُبّي — dome, cupola (Build.)
~: نِصفُ قالبِ السِّباكة العُلْوي — cope
~ الباراشوت — canopy (Aero.)
~ بُرجيَّة، ~ مُستَدِقَّة — pinnacle (Build.)
~ بُرْكانية — plug dome (Geol.)
~ رَصْد النجوم — astrodome (Aero.)
~ لابا — tumulus (Geol.)
~ مِلحيَّة — salt dome (Geol.)
~ هَوائي الرادار (في الطائرة) — radome (Aero.)
قُبَّرة — lark (Zool.)
قَبَس، اقتَبَس — quote
~ (القابِسَ) — plug (in) (Elec. Eng.)
قَبْس: توصيلٌ بالقَبْس — plugging (Elec. Eng.)
قُبْصَة: ما يُتَناوَلُ بأطراف الأصابع — pinch
قَبَضَ (مالًا) — cash
~، أمسَكَ بِـ — grasp, seize, grab, grib
~ على — arrest, capture
قَبَّضَ: قَلَّصَ — contract, constrict, shrink
~: غَضَّن — crimple
قَبْضٌ — seizure, gripping; cashing; contraction
~: إمساك — constipation (Med.)
~ إحتِكاكي — frictional grip (Eng.)
~ على — arrest; capture
قَبْضة، حَفْنَة — handful
~، مَسْكَة — grip, grasp, clutch
~، مِمْسَك — handle, grip
~ (أو زِرُّ) الضَّبْط — adjustment knob
~ المِبرد — file handle
~ مُسَدَّسيَّة: كقبضة المُسَدَّس — pistol grip
قُبَع، قَلَنْسُوَة — cowl (Build.)
قُبَّعة — cap
~ صَخريَّة — rock cap (Geol.)
قبقابُ المِكبح أو الفرملة — brake shoe, brake lining (Eng.)
قَبِلَ، سَمَحَ بِـ — accept; admit, take
~: وافَق — accept, consent, agree
قَبْل جَليدي — preglacial (Geol.)
~ الحَرِج — precritical (Phys.)
~ الظهر، ~ الزَّوال — ante meridiem = AM or am
~ الوِلادة — prenatal (Zool.)
قِبْلَةُ الشمس: نُقطةُ اتجاه المجموعة الشمسية — solar apex (Astron.)
~ ~ المُضادَّة — solar antapex (Astron.)
قَبْليّ — a priori
قَبْو، عَقْد قَنْطَريّ — vault (Build.)
~، سِرداب — cellar
قَبْوَة، حَدَبة (نصف دائرية) — apse (Arch.)
~، طَيَّة مُحَدَّبة — anticline (Geol.)
~ انكِساريَّة أو صَدْعيَّة — faulted anticline (Geol.)
~ حَضيضيَّة، ~ الرأس — periapsis (Astron.)
~ لاتَماثُليَّة: لاتماثلية الجَناحَين — asymmetric(al) anticline (Geol.)
~ مَبْتورة — arrested anticline (Geol.)

قَبْوَة (تابع)
~ مُرَكَّبَةُ التحدّب، ~ مُؤلَّفة — anticlinorium, composite anticline (Geol.)
~ مُقْفَلَة — closed anticline (Geol.)
قَبول، تقبُّل — admittance, admission
~، مُوافقة — acceptance, agreement, consent, assent
~ مَشروط — conditional acceptance
قَبوليَّة: معكوسُ المُعاوَقة — admittance (Elec. Eng.)
~، مَقبوليَّة: كونُ الشيء مَقبولًا — admissibility
~ انتقاليَّة — transfer admittance (Elec. Eng.)
قَبْويّ، حَنِيريّ — anticlinal
قُبِّيُّ الشكل — domical, domal
قَبيلة، عِمارة: في تَصنيف الأحياء — tribe (Biol.)
قِتال — fight(ing), combat (Mil.)
قَتّال — deadly, lethal (Med.)
قَتامين: صِبْغٌ سافِع — melanin (Chem.)
قَتْل — killing
قِثّاء — Egyptian cucumber (Bot.)
قِثْطار، قَسْطر — catheter
قَثْطرة — catheterization (Med.)
قَحْط، جَفاف — drought, aridity
قِحْف — skull, cranium (Zool.)
قُحولة — aridity, barrenness
قُدّ: سمَك القُدّ — cod(fish) (Zool.)
قَدَّ — rip, slit, cleave
قَدٌّ، حَجْم — size
~، قِياس — measure, gauge
~ حَرِج، مَقاسٌ حَرِج — critical size (Nuc. Eng.)
~ طَبيعيّ — full size, natural size
قَدّاحة، وَلّاعة — lighter
~ غاز — gas-lighter
~ ~ كَهربائيّة — electric gas-lighter
قَدّادة — ripper (Civ. Eng.)
قِدَّة، شَريحة — slat, strip
~، شَريحة خَشَبيَّة، (لاطة) — lath
~ ضَبْط المَيْل — angle board (Build.)
~ مُخَدَّدة، مِزلاق — coulisse = cullis (Carp.)
~ مُوقِفَة: تمنَعُ دَورانَ دولاب المركبة — sprag (Mining)

قَدَّة — gauge, measure (Eng.)
~ أطوال — plain gauge (Phys.)
قَدَحَ، اِستقدَحَ الزِّنادَ، صَلَى — cock, trigger
~، ثَقَب — bore, pierce
~، قَرَعَ، نقَرَ — percuss
~ (النارَ أو الشَّرَر) — strike
قَدَحٌ، كُوب، فِنْجان — cup, goblet
~ سَفْط (مَرُون) — suction cup
~ الصِّمامة — fuse cup (Mil.)
~ القَطْر — drip cup
قَدْح، قَرْع، نَقْر — percussion
~: تَشويه السُّمعة — libel, slander
قَدْحَة — strike
قَدْحيّ: يُصْدِرُ شَررًا بالدَّقّ — pyrophoric
قَدَحيّ — cup-like
قِدَد (أو شرائحُ) مَفْلوقة: تُحَضَّرُ بالشقّ لا بالنَّشْر وهي أقوى — rendered laths (Build.)
قَدَّدَ، قَدَّ — slice, slit, cut into strips
~ (اللحم) — jerk
قَدِرَ، قَدَرَ: استطاع — can, be able (to), can afford
قَدَّرَ: قَدَره حقَّ قَدره — appreciate
~، خَمَّنَ — estimate, assess, appraise
~ عاليًا — value
~ القيمة، قَيَّم — evaluate
لا يُقدَّر بثَمَن — invaluable, priceless
قَدَرٌ، نصيب، قِسْمَة — fate, destiny
قِدْر — (cooking) pot, cooker
~ ضَغْطيَّة، ~ كاتِمة — pressure cooker
قَدْر — size, magnitude
~، مِقدار — amount
~، قيمة — value, worth
الـ ~ النَّجْميّ — stellar magnitude (Astron.)
قُدْرَة — power (Phys.), potency
~، مَقدرة — ability, capability
~، وُسْع، اِستِطاعة — capacity
~ الإبتعاث — emissive power (Phys.)
الـ ~ الإتحادية — combining capacity (Chem.)
الـ ~ الإحتفاظية، المُحتَفِظيَّة — retentive capacity, retentivity (Phys.)
~ احتياطيَّة — reserve power (Eng.)
~ الإستبانة — resolving power

~ إشعاعية: الطاقةُ المُشِعَّة في وَحدة الزمن — radiant power, radiating power (Phys.)
~ إضائيَّة — illuminating power (Phys.)
الـ ~ الإنتاجيَّة، طاقةُ الإنتاج — capacity, production capacity (Eng.)
الـ ~ ~ لِلوَحدة — plant capacity (Eng.)
الـ ~ ~ اليوميَّة — daily capacity (Eng.)
~ الانتشار (للدِّهان) — spreading capacity (Build.)
~ الإيقاف — stopping power (Eng.)
~ ~ الخَطِّي — linear stopping power (Phys.)
~ ~ الذرِّي — atomic stopping power (Phys.)
~ ~ الكُتْلي — mass stopping power
الـ ~ البُخاريَّة — steam-power (Phys.)
~ بَدَنيَّة — physical power
الـ ~ البشَريَّة، القُوَى العامِلة — man power
~ التبيُّن (أو التحليل) المِجْهَري — resolving power of the microscope
~ تحليل التلسكوب — telescope resolving power
~ التحمُّل القُصوى — ultimate bearing capacity (Civ. Eng.)
~ تَخفيفِ اللون (في خِضْبٍ أبيض) — reducing power (Paint.)
~ التدوير: القُدرةُ النوعيَّة على إدارة مُستوي الاستقطاب — rotary power (Phys., Chem.)
~ الترسيب المُستَوِي (لِلإلكتروليت) — throwing power (of an electrolyte)
الـ ~ التَّسْخينيَّة — heating power, heating capacity (Eng.)
~ التشتيت — dispersive power (Light)
~ التشغيل القصوى — maximum operational capacity (Eng.)
~ التغطية: لِوَحدة الدهان — covering power (Paint.)
~ الحاسب — computer power
الـ ~ الحَثِّيَّة لِلعازِل — dielectric power
~ الحرارة (الأرضيَّة) الجَوفيَّة — geothermal power
~ حراريَّة (أو حَروريَّة) — thermic power

قُدْرَة (تابع)

~ حِصانيَّة: وَحدةُ قُدرةٍ تُساوي ٧٤٥,٧ واط في الهندسة الميكانيكية (ومُكافِئُها المتري هو الحصان البخاري = ٧٥ كلغم متر/ ثانية = ٧٣٥,٥ واط) horse-power (Eng.)

الـ ~ الحِصانية الاحتِكاكيَّة (المفقودة بالاحتِكاك) friction horsepower (Eng.)

الـ ~ (~) الاسمية nominal (horse-) power (Eng.)

الـ ~ ~ الدَّفعيَّة thrust horsepower (Eng.)

الـ ~ ~ لِذِراع الإدارة shaft horsepower (Eng.)

~ حِصانيَّة ساعيَّة horse-power-hour (Eng.)

الـ ~ الحِصانية الفرملية brake horsepower (Eng.)

الـ ~ ~ الفَعّالة effective horsepower

الـ ~ ~ الفِعْليَّة actual horse-power

الـ ~ ~ القُصوى (لِمُحرِّك) maximum horsepower (of an engine) (Eng.)

الـ ~ ~ المُبَيَّنة indicated horse-power

~ ~ مِتريَّة: ٧٥ كلغم متر في الثانية metric horsepower (Phys.)

الـ ~ ~ المُقَدَّرة rated horse-power

الـ ~ ~ المِكْبحيَّة: القُدرةُ بالأحصنة مقيسةً بالكبح brake horse-power (Eng.)

الـ ~ الحقيقية true power (Eng., Elec. Eng.)

~ الخَرْج output power

الـ ~ الدافِعةُ لِلشَّبَكة grid drive, grid driving power (Elec. Eng.)

~ الدَّخْل input power (Eng.)

~ الدَّسْر، ~ الدَّفْع thrust power (Eng.)

الـ ~ الذِّراعيَّة: فَعّاليَّة الرافِعة leverage (Mech.)

~ ذُروةِ الغِلاف: مُعدَّل قُدرةِ التردُّد الراديويّ على التضمين القُصويّ (لِغِلاف الإرسال) peak (envelope) power (Elec. Comm.)

الـ ~ الذُّرويَّة peak power (Elec. Comm.)

~ الرِّياح wind power (Phys.)

الـ ~ السُّعريَّة calorific power (Phys.)

~ شَمْعيَّة (قِنْديليَّة) candle-power (Illum.)

الـ ~ الشَّمعيَّة الكُرَويَّة spherical candle power

الـ ~ الصبغيَّة، ~ الصَّبْغ staining power, tinctorial power (Chem.)

~ ضِيائيَّة، سُطوع، زُهُوّ luminosity (Light)

~ عاكِسَة reflective power (Phys.)

الـ ~ العمَليَّة (لِمُحرِّك كهربائي): كما تُحدِّدُها لَوحةُ المَصْنع service capacity (Elec. Eng.)

~ فائضة (في محطة قدرة كهرومائية) dump power (Elec. Eng.)

الـ ~ الفَعّالة effective power (Eng.)

~ الفعلية: عند عمود الإدارة actual power (Eng.)

الـ ~ القُصوى maximum power (Eng.)

الـ ~ ~ المُستَمِرَّة maximum continuous power (Eng.)

الـ ~ الكابِحة، ~ الكَبْح braking power (Eng.)

~ كامِلة full power (Eng.)

~ كهربائيَّة electrical power

~ كَهروحراريَّة thermoelectric power

الـ ~ اللَّحْظِيَّة instantaneous power

الـ ~ المائية water-power, white coal (Eng.)

الـ ~ المُبَدَّدة dissipated power (Eng.)

~ المَجرى competency of stream (Geol.)

~ المُحرِّك التقديريَّة engine rating (Eng.)

~ مُستَحثَّة induced power (Phys.)

الـ ~ المُشَعَّة: في الهَوائيِّ المُرسِل radiated power (Elec. Comm.)

~ المَصّ، مَصّاصيَّة absorptance, absorptive power, absorptivity (Phys.)

~ مُفاعِليَّة reactive power (Elec. Eng.)

الـ ~ المُفيدة useful power (Eng.)

الـ ~ المُقَنَّنة power rating

الـ ~ على المُناوَرة manoeuvrability

الـ ~ المكبحيَّة: الـ ~ المفيدة أو الفعّالة brake power (Eng.)

~ المَيْز، ~ الإستِبانة resolving power

~ مَيْزِ التِلسكوب telescope resolving power (Opt.)

~ ميكانيكية mechanical power (Eng.)

الـ ~ النوعيَّة specific power (Phys.)

الـ ~ ~ لِلوَقود: بالميغا واط لِلطنّ fuel rating = specific power (Nuc. Eng.)

قَدَع، قُصُوُّ البَصَر presbyopia (Med.)

ق.د.ك: قُوة دافِعة كهربائية emf (electromotive force) (Elec. Eng.)

قَدَّمَ، تقَدَّم advance

~، تقَدَّمَ وسَبَقَ advance, move ahead or forward

~، حَرَّكَ إلى الأمام bring forward

~، عَرَض، تقَدَّم بِـ present, offer, proffer; tender, put forward; submit

~، مَنَح، أعطى give, present

~ بَيانًا عن (present an) account

~ تقريرًا report

~ خِدمةً أو مُساعدةً render

~ طَلَبًا apply

~ عَرْضًا أو سِعرًا tender

~ ~ أو عَطاءً bid

~ كَفالةً عن bail out

قَدَم: جُزءٌ من الرِّجل أو شَبيهٌ بالرِّجل foot (Biol.)

~: وَحدةُ قياس = ٠,٣٠٤٨ من المِتر foot (Phys.)

~ باونْدَل foot-poundal (Eng., Phys.)

~ رَحّاء (أو مَسْحاء) flat foot, pes planus, pes valgus (Med.)

~ شَمْعَة footcandle, candle-foot (Illum.)

~ كاذِبة pseudopodium (Zool.)

~ لامبِرْت foot-lambert (Illum.)

الـ ~ اللوحية: وَحدةُ قياسٍ تُساوي جُزءًا من ١٢ من القدم المكَعَّبة = ٢,٣٦ × ١٠^-٣ متر^٣ board foot

~ مُرَبَّعة = ٩٢٩ سم^٢ square foot

~ مَسْحاء، ~ رَحّاء flat foot (Med.)

~ مُكَعَّبة = ٢٨,٣١٧ لِتر cubic foot

قَدَمة، فِرجارُ الثِّخَن calipers = callipers (Eng.)

~ مُنْزَلِقة slide calipers (Eng.)

~ وَرْنيَّة vernier caliper(s) (Eng.)

قَدَميّاتُ الرأس Cephalopoda (Zool.)

القَدَميَّة: الطولُ بالأقدام footage

قُدوم، وُرود، مَجيء incoming, advent

قَدُوم، قَدُوم adze (Carp.)

~ بِخَلّاعة مَسامير nail adze (Carp.)

~ ذو رأسٍ مِطْرَقيّ poll-adze (Build.)

~ نَجْر chip-axe (Build.)

قُدَيح، قَدَح صغير cupula

قَديم ancient, pal(a)e(o)-

~، مَهجور antiquated, obsolete
~ُ الطراز outmoded, démodé, old-fashioned
قَذارة dirt, filth; grime
قَذّاف، قاذِف ejector, thrower
قِذافة ballistics
قَذال: قفا الرأس poll, occiput (Zool.)
قَذاليّ occipital (Med.)
قَذِر، وَسِخ dirty, filthy, foul, grimy
قَذَفَ، قَصَفَ بالقنابل bombard, bomb
~، أخرَجَ، طَرَد، لَفَظ eject
~، رَمى fling, toss, hurl, shoot
~ (البُركانُ) الحُمَم eruct(ate) (Geol.)
~ فَجأةً dart
قَذْف، قَصْف bombardment
~، رَمْي throwing, ejection, hurling
~ (المَقذوف) projection, launching
~ (المَنيّ) ejaculation (Zool.)
~ُ بالإلكترونات electron bombardment (Phys.)
قَذْفة، رَمْيَة toss, fling, throw
قَذيفة، مَقْذوف projectile
~، قُنْبُلة shell
~ُ أرْض جَوّ ground-air missile, SAM = surface-to-air missile (Mil.)
~ُ أعماق depth charge (Mil.)
~ُ بالسِتيَّة، صاروخٌ قَذفيّ ballistic missile (Aero., Space)
~ ~ (ذاتيةُ الاندِفاع) عابرةٌ لِلقارّات transcontinental ballistic missile
~ ~ مُتوسِّطةُ المَدى intermediate range ballistic missile
~ُ تِلقائيَّةُ التوجيه robot bomb (Mil.)
~ُ جَوّ أرْض air-to-ground missile (Mil.)
~ُ جَوّ جَوّ air-to-air missile (Mil.)
~ دُخان smoke shell
~ُ راديويّةُ التحكُّم (يمينًا أو يسارًا) azon (azimuth only) bomb (Mil.)
~ُ شَظايا sharpnel, splinter bomb (Mil.)
~ُ صاروخيَّة rocket missile (Mil.)
~ُ لم تَنفَجِر dud (Mil.)
~ُ مُحرِقة fireball, incendiary bomb
~ُ مُضادّة لِلقذائف anti-missile missile
~ُ مُضيئة star shell (Mil.)

~ُ مُعترِضة interceptor missile (Aero.)
~ُ مُوَجَّهة guided missile (Mil.)
~ ~ بالأشعة beam rider (Electron.)
قَرَّ، اِستقرّ set, settle; stabilize
قَرٌّ: ضِدّ حَرّ cold, chilliness
قِراءة reading
~ُ الأمِّيتر ammeter reading (Elec. Eng.)
~ُ البُوصلة compass reading
~ُ جهازِ القياس instrument reading
~ُ الخَرْج read-out (Comp.)
~ُ الخريطة map reading
الـ ~ُ الدُّنيا لِلمقياس minimum scale reading
~ُ الصِّفر (على جهاز القياس) zero reading
~ُ العَدّاد meter reading
~ُ غير مُتلِفة non-destructive read-out (Comp.)
~ُ ماحِيَة destructive read (Comp.)
الـ ~ُ المُصَدَّرة fore-sight (Surv.)
~ُ مُتلفة destructive read-out (Comp.)
~ُ المِقياس القُصوى maximum scale value
قِراب، غِمْد sheath
~ُ المُسَدَّس holster
قَرابة kinship, relationship
~ تكوينيَّة. ~ دَمَويَّة consanguinity
قُرابيَّة، مَقْرُبيَّة proximity
قُراد ticks (Zool.)
قَرار، حُكْم decision, resolution; ruling, decree
~، بَطْنُ المَوجة trough (Phys.)
الـ ~ (صَوتٌ أو آلةٌ عميقةُ النغم خَفيضةُ الحِدَّة) bass (Acous.)
قُراراتٌ تَفَتُّتيَّة eluvium, eluvial deposits (Geol.)
~ غَوْريَّة، رواسِبُ غَوْريَّة abyssal deposits (Geol.)
~ مُتزامِنة synchronous deposits (Geol.)
قُرارة، راسِب deposit, sediment, deposition (Geol.)
~ُ إشعاعيَّة radioactive deposit (Phys.)
~ُ بَحريَّة غوريَّة pelagic deposit (Geol.)
~ُ الرِّكاز، راسِبُ الخام ore deposit
~ُ ريحيَّة aeolian deposit (Geol.)

~ُ ساحليَّة أو شاطئيَّة littoral deposit
~ُ سَطْحيَّة hypotaxic deposit (Geol.)
~ُ صُهاريَّة magmatic deposit (Geol.)
~ُ طِباقيَّة (أو مُنَضَّدة) stratified deposit
~ُ طَمْيِيَّة أو غِرْيَنيَّة alluvial deposit (Geol.)
~ُ فُسْفاتيَّة phosphatic deposit (Geol.)
~ُ الفَوّارات geyserite = sinter (Min.)
~ُ لاتَطَبُّقيَّة unbedded deposit (Geol.)
~ُ مُرَسَّبة بالكهرباء electrodeposit (Met.)
~ُ مُزاحة dislocated deposit (Geol.)
~ُ مَوضعيَّة sedentary deposit (Geol.)
قُرّاص nettle (Bot.)
قَراصيا cherry-plum (Bot.)
قَرّاضة، كَمّاشة nipper(s), cutting nippers (Eng.)
قُراضة، فُتات cuttings, scrapings
قَرام، مَنْغروف mangrove (Bot.)
قِران، اقتِران coupling (Eng.)
قَرَّبَ approximate (Maths.)
قُرْبى، قَرابة consanguinity, kinship
قُرَّة: طبقةٌ قِشريَّة مُترَسِّبة داخلَ الأنابيب أو المَراجل fur, furring (Chem.)
قَرَّحَ، تقرَّحَ ulcerate
قَرْح chancre (Med.)
قَرْحة ulcer (Med.)
قِرْد، سَعدان monkey (Zool.)
قُرْدُحة: جَوزة الحلقوم Adam's apple (Zool.)
قُردوح baboon (Zool.)
قَرَّرَ، عَزَم decide, determine
قِرْسة: بَعوضةٌ صَغيرة gnat (Zool.)
قِرْش: سَمكُ القِرش، كوسَج shark (Zool.)
قَرَصَ nip, pinch
قُرْص disc (or disk)
~، قُرْصَة، حَبَّة (دواء) tablet
~ُ إدارة المِغنيط magneto driving plate (Elec. Eng.)
~ُ الإمساك (في المِخرَطة) catch plate (Eng.)
~ُ البُوصَلة (compass) rose, compass card
~ُ التدوير driving plate (Eng.)
~ُ التقسيم index plate (Eng.)
~ُ توليف: لِتَغيير مُحاثّة المِلَفّ slug (Elec. Eng.)
~ُ جاسِئ rigid disc = hard disk (Comp.)

قُرْص (تابع)
~ دَوّار (لِحَمل الأُسطوانات) turn- table (Acous.)
~ الرَّمي (في الرياضة) discus
~ الزَّهرة، كُرسِيُّ الزهرة receptacle (Bot.)
~ سَحْج abrasive disk (Eng.)
~ صَلْد hard disk (Comp.)
~ صَنْفَرة sanding disc (Eng.)
~ ضوئي: يُقرأُ بالليزر optical disk (Comp.)
~ العَسَل honeycomb
~ فاصِل dividing disc
~ القابِض clutch disc (or plate) (Eng.)
~ قُرنيّ شَفّاف (لِتَركيز الفرجار) horn centre (Eng.)
~ القَطّاع chopper disk (Elec. Eng.)
~ قِطاعيّ (دَوّار): لِتوهين الحُزمة الإشعاعيَّة أو تقطيعها sector disc (Phys.)
~ قياسِ الزَّوايا الأُفُقية (في التيودوليت) horizontal circle (Surv.)
~ الكامة: المُنحَرِف المركز cam plate (Eng.)
~ المُبيِّن المُدَرَّج indicator dial (Eng.)
~ مُتابَعة اللولبة chasing dial (Eng.)
~ مُتَراوِح swash plate, wabbling disc
~ مُختلِف المركز eccentric disc (Eng.)
~ مُدَرَّج، مَدالة graduated disc, dial (Eng.)
~ مَرِن diskette = floppy disk (Comp.)
~ مُسَنَّن toothed disc (Eng.)
~ مَسيك: مانِعٌ لِلتسَرُّب packing disc (Eng.)
~ مُضِيء luminous dial
~ مُعَيَّنُ الشَّكْل lozenge
~ مِغنطيسي، ~ مُمَغْنَط magnetic disk (Comp.)
~ المِكْبَح brake disc (Eng.)
~ «نِبْكو» الدوّار: لِلمَسْح الآلي Nipkow disc (Telev.)
~ «نيوتن»: قِطاعاتُه بالألوان الأوّليَّة (الأساسيَّة) Newton's disc (Phys.)
قُرصان pirate
قُرصانيّ، شَبيهُ القُرْص discoid(al)
قُرْصَة، نَفيخة (في صناعة نفخ الزجاج) parison
~، حَبَّة (دَواء) pellet

~ مَفاتيح: قليلةُ عددِ الأزرار وقد تُحمل يدويًّا keypad (Comp.)
قَرْصَنة piracy
قُرصيُّ الشكل disk shaped
قَرَصَ، قَصَّ nip, snip
~، قضَم gnaw
قَرْض (ماليّ) loan, credit
~ مَشروط tied loan
~ مَوقوت: يُؤَدّى في أجَلٍ مُعَيَّن time loan
~ يُعادُ عندَ الطلب call-loan
قِرطاسيَّة، أدواتٌ كِتابيَّة، وِراقة stationery
قُرطم، عُصْفُر: نبات صِبْغيّ safflower (Bot.)
قَرَعَ knock, strike, bang
~ (الجَرَس) ring
~ (الطبل) beat, drum
قَرَعٌ، قُراع، قَرَعة favus (Med.)
قَرْع، دَقّ percussion, striking, tapping
~ (نبات) squash (Bot.)
~ عَسَليّ، دُبّاء، يقطينة gourd; pumpkin (Bot.)
قُرْعَة: سَحْبٌ أو تقرير بالقُرعَة lot
قِرْف، قِشرة، لِحاء cortex, bark
قِرْفة، كافور cinnamon (Bot.)
قَرْقَعة، قَصْف (الرعد) clap, roll
~، طَقْطَقة clatter, rattle, crackle
قِرِلّى kingfisher (Zool.)
قُرْمة: ساقٌ مُكَبَّبة، كَعْبٌ بَصَليّ corm (Bot.)
~، جِذْل: أصلُ الشجرة المَقطوعة stump (Bot.)
قَرْمَد، بَلَّطَ بالآجُرّ brick
قِرمِز، أُرجُوان carmine
~، صِباغُ القِرْمِز cochineal (Chem.)
قِرْمِزي crimson, scarlet
قِرْمِزيَّة: الحشرة القِرمزيَّة cochineal insect (Zool.)
قِرمَزيت: أنتيمون طبيعي kermesite (Min.)
قِرميدٌ حَراري fire tile (Build.)
~ سَناميّ: لِتَغطية مُلتقى سَطحي السَّقف المُسَنَّم ridge tile (Build.)
~ مُتَراكِب imbricate tiles (Build.)
~ ~ لِلسَّقف Venetian tiles (Build.)
~ مُشَوَّه: ناقِصُ الشَّي grizzle (or sam(m)el) bricks (Build.)
~ مُمَوَّج مُتَراكِب pantile (Build.)

قِرميدَة، آجُرَّة brick, tile
~ سَقْف tegula (Build.)
~ قِمِّيَّة (سَرْجيَّةُ الشكل) crest tile (Build.)
قَرَنَ، أزوَجَ conjugate; pair, couple
قَرْن، مُزاوَجة coupling, pairing
~ (الحيوان) horn (Zool.)
~: ١٠٠ سنة century
~، سِنْف: غِلافُ حَبّاتِ البُقول pod (Bot.)
~، نُتوءٌ قَرْني cornu
~ اتجاهي: يَسمحُ بانتقالِ الطاقة في مَساراتٍ مُحَدَّدة direction coupling (Elec. Eng.)
~ استِشعار، زُبانَى antenna, feeler (Zool.)
~ التيّار المُستمِرّ، ~ مُباشِر dc (direct-current) coupling (Electron.)
~ سِلْسِليّ chain coupling (Eng.)
~ بِشَفَتَي رَبْط flange coupling (Eng.)
~ القُضبان: لإطالةِ ساقِ الحَفْر rod coupling (Civ. Eng.)
~ بالقَمْط clamp coupling (Eng.)
~ مُباشِر direct coupling (Electron.)
~ بِمُحوِّل transformer coupling (Elec. Eng.)
~ مُشَفَّهٌ غائِر recessed flange-coupling
~ مُقاوِميّ resistive coupling (Elec. Eng.)
~ بِمُكَثِّف condenser coupling (Elec. Eng.)
~ نَجْميّ star coupling (Eng.)
~ نِصْف تَراكبيّ: قَرْنٌ بوُصلةٍ نِصف راكِبة half-lap coupling (Eng.)
~ بِوُصْلَةٍ امتدادية التراكب (لا تزيدُ الثخانة) scarfing (Eng.)
~ ~ مُلولبة الطرفين stud coupling (Eng.)
قَرْنَبيط، قُنَّبيط cauliflower (Bot.)
قُرْنة، رُكن، زاوية corner
~، شَرَفَةُ السِّن cusp (Zool.)
~: جُزءٌ ناتِئٌ أو شاخِص horn (Eng.)
~: قُرنةُ المُنْحَني spinode = cusp (Maths.)
~ بارِزة، زاوية ناتِئة coign (Build.)
~ حَرْفِ القَوس الكَهربائي عن العازِل insulator arcing horn (Elec. Eng.)
~ الدفَّة rudder horn (Naut.)
~ المُنحني (أو قِمَّتُه) cusp of curve (Maths.)
قَرَنْفُل: زَهرٌ من الفصيلة القرنفلية carnation (Dianthus), the pinks (Bot.)

قَرَنْفُل (تابع)
~، قَرَنفول: جَنبةٌ من الفصيلة الآسيَّة يُستخدمُ سَحيقُ أزهارها تابِلًا — clove tree (Eugenea) (Bot.)
قَرْنيّ: قرنيُّ الطبيعة أو الشكل — horny
~، دَهْريّ (الحدوث) — secular
القَرنيّات، القطانيّات — Leguminosae (Bot.)
قَرْنيَّةُ الجِلْد: طبقة الجلد القرنية — corneum (Zool.)
~ العَين، القَرنيَّة — cornea (Zool.)
قَرْنين: مادَّة قَرْنيَّة — keratin (Zool.)
قَرِّي: خَفيضُ درجةِ الحرارة — cryogenic (Phys.)
القَرِّيات — cryogenics (Phys.)
قَريب، مُتَقارِب، مُتَلازّ — close
~، دانٍ (إلى المركز أو المِحور) — proximal
~ الحُدوث، وَشيك، داهِم — imminent, impending
قَرية، ضَيعة — village
~: مُستَوطنة — colony (Zool.)
~ الأَرَض، مَأرَضة — termitarium (Zool.)
~ النَّمل، مَنْمَلة — anthill (Zool.)
قُريدس، إربيان — shrimp, prawn
قُرَيْص — diskette, floppy (or flexi-) disc (Comp.)
قُرَّيص، قُرّاص — nettle (Bot.)
قَرين، زَميل — associate, fellow
~، مُرافِق — adjunct, adjoint (Maths.)
قُرَين استِشعار — antennule (Zool.)
قَرينة: دَليلُ استنتاج — evidence, indication
~، سِياق — context
~: مُعامِل — index
~ الانكِسار — index of refraction (Phys.)
قَريني: مُستَنْتَجٌ بالقرينة أو القرائن — circumstantial
قَزّ، القَزّ — silk, raw silk
قِزازة: تربيةُ دُودِ القَزِّ — sericulture
قَزامة — dwarfism
قَزَّح: حَرَّكَ الحاجز القُزَحي في الكاميرا — iris
القُزَحيَّة (في العَيْن) — iris (Zool.)
قَزَعٌ: رُكامٌ عالٍ مُتَفرِّق — rack, altocumulus (Meteor.)
قَزَم — dwarf, midget

قَزَّم — stunt
قَزَميّ — nano-
قَزَميَّة، قَزامة، قَماءَة — nanism, dwarfism
قَسا؛ قَسَّى — harden, indurate
قَسَّى (سَطْحَ المَعدِن) بالكَرْبَنة — cement, carburize (Eng.)
قُسامة، قُسَيمة: من جسم قُسَيمي — metamere (Zool.)
قَسّامة: فِرجارُ قياسٍ وتقسيم — dividers (Eng.)
قَساوة، صَلادة — hardness (Eng.)
قَسْر، إكراه — coercion, forcing, compulsion
قَسْريّ، إكراهي — compulsory, compulsive, coercive, forced
قِسْط، دُفعة — instal(l)ment
~ (التأمين) — (insurance) premium
~ أوَّل — han(d)sel, first instalment
قَسَط: التصاق (بخاصةٍ بين عظمين) — ankylosis (Zool.)
قَسْطَر، مِحْجاج، مِيل — catheter (Med.)
قَسْطَل، كَسْتنا — chestnut (Bot.)
قَسَّمَ، وَزَّعَ — distribute, apportion
~، جَزَّأ — divide, partition, section
~، حَصَّصَ — parcel, portion, apportion
~ إلى أجزاءٍ أصغر — subdivide
قَسَمَ — divide
قِسْم، جُزء — division, section, part, portion, parcel
~، قِطاع — sector
قِسمة، تَقْسيم — division
خارِج الـ ~ — quotient (Maths.)
~ التردُّد — frequency demultiplication, frequency division (Radio)
~ تركيبيَّة: باستخدام المعاملات المُنفصِلة والترتيب المُبَسَّط — synthetic division (Maths.)
~ تَوافُقيَّة، التقسيمُ بالنسبةِ ذاتِها — harmonic division (Maths.)
~ ذاتُ باقٍ — inexact division (Maths.)
~ مُرَكَّبة — compound division (Maths.)
قَسْوة، شِدَّة، عنف — severity
قَسُوم: قابِلٌ للقِسمة، يَتجزَّأ — divisible
قَسُوميَّة: قابليَّةُ القِسمة — divisibility (Maths.)
قُسَيم: قِسمٌ جُزئيّ أو فَرعيّ — subdivision
~، جُسَيم — particle
~، قُسامة — metamere (Zool.)

قَسِيمة، كُوبون — coupon
قَشّ، كنَس — broom
قَشّ، عَصائفُ السَّنابِل، عُصافة — chaff
~، تِبْن — straw, chaff, hay
حُمَّى الـ ~ — hay fever (Med.)
قُشادة — skimming
قَشّارة — peeler, parer; huller
~ أسلاك — wire skinner (Elec. Eng.)
قُشارة — peelings, parings, shavings; flakes
قُشاريّ — flaky
قِشاط، سَيْر — belt
~ نَقلِ الحركة — drive belt, transmission belt (Eng.)
قَشَّة (شُرب) — straw
قَشَدَ — skim
قِشْدَة — skim, cream
قَشَرَ، كَشَطَ — pare, scrape
~، قَشَّرَ — peel, strip, skin; hull, shell
~ (القِشرةَ الصلبة) — shell
~، سَلَخَ — skin
~ اللِّحاء — ross, bark, decorticate
قَشْر، تَقْشير — peeling, husking, hulling
~ حَلْقيّ (في لِحاء الساق) — ringing, girdling
~ السَّطح — skinning
~ قُشور المِرجَل — scaling (Eng.)
قِشْرَة — peel, skin, crust, case
~ (فسيولوجيَّة) — cortex (Biol.)
~، قِشرةٌ صُلْبة — crust
~، لِحاء — bark, cortex, ross (Biol.)
~ (البيضة) — shell, (egg) shell
~ (خَشَبيَّة أو لَدائنيَّة) — veneer (Carp., Build.)
الـ ~ الأرضيَّة — crust, earth crust, lithosphere (Geol.)
~ إلكترونيَّة — electron shell (Phys.)
~ (~) فَرعيَّة — subshell (Chem.)
~ البزرة أو الثمرة الجافَّة — shell, hull, husk (Bot.)
~ الثَّمرة — epicarp, exocarp, rind (Bot.)
~ الجُرح — scab
~ حَرْشفيَّة — scale
~ قاسِية أو صامِدة — duricrust (Geol.)
~ مِغنَطيسيَّة — magnetic shell (Phys.)
~ مِلحيَّة — salt pan (Geol.)
قِشري — crusty

قِشري (تابع)
~: خاصٌّ بقِشرة الأرض — crustal (Geol.)
~: خاصٌّ بقِشرة الدماغ — cortical (Zool.)
القِشريّات: طائفةٌ من الحَيوانات المائيَّة المَفصِليَّة — Crustacea (Zool.)
قَشَطَ، كشَط — plane, scrape, rasp
قُشَعْريرة — chill, ague (Med.)
قُشورُ الدَّلْفَنة، قُشورُ الطَّلْم — mill scale (Met.)
~ الطَّرْق — hammer scales (Eng.)
قُشَيرة، جُلَيْدة — cuticle (Biol.)
~، كِسْفَة — flake
قَصَّ، جَزَّ — clip, snip; cut
قَصٌّ، جَزّ — clipping
~، تشَوُّهٌ قَصّيّ — shear, shearing (Eng.)
~، جَلْف — excision (Med.)
~ الزّعانف: من المَشغولات المُشكَّلة بالصَّب، تحفيف — edging (Eng.)
القَصّ، عَظْمُ الصَّدْر — sternum, breastbone (Zool.)
قَصّاب، جَزّار — butcher
قَصّابة، وَتَرٌ مِعَويّ — catgut
قَصّار: مُبَيِّضُ القُماش — bleacher, fuller (Chem.)
~: مُبَيِّضٌ بالتَّجصيص — plasterer (Build.)
قَصّارة: جهازُ التقصير — bleacher (Chem.)
قِصارة (الأقمشة) — bleaching
~ (المَباني) — plastering
~ حَصْباوِيَّة — pebble dash(ing) (Build.)
~ خَشِنة، ~ أولِيَّة — rough coating (Build.)
~ خِتاميَّة — skim(ming) coat (Build.)
قُصاصَة — clip, clipping, cutting, scrap, slip, snip
~ صُحفيَّة — press cutting
~ طويلة ضيِّقة (لِلتزيين) — streamer
~ مَعدِنية — scissel
قَصّاصة، قَصّافة — cutter
~ تشذيب — trimmer
قَصّافة — cutting pliers, cutters (Eng.)
~ جانبيَّة — diagonal cutter(s)
~ طَرَفِيَّة — end cutters
قَصافة — brittleness (Eng.)
~ بُرودة: ~ على البارِد — cold-shortness (Eng.)
~ التطبيع — temper brittleness (Met.)

~ على السّاخِن — red-shortness, hot-shortness (Eng.)
~ هِدروجينيَّة: قَصافة (الفولاذ) لِوُجودِ الهِدْروجين — hydrogen embrittlement (Met.)
قَصَب، قَصَبُ الغاب — reed (Bot.)
~ السُّكَّر — sugar-cane (Bot.)
~ الهند، خيزُران — bamboo (Bot.)
~ المكانِس — common reed (Bot.)
قَصَباتٌ بُركانيَّة — diatremes (Geol.)
القَصَبة: إحدى شُعْبَتَي الرُّغامى — bronchus (pl. bronchi) (Zool.)
قَصَبة: لِسانُ الذبذبة في آلةٍ موسيقيَّة — reed (Acous.)
~: مِقياسٌ للطول = ٥٠٣ سم تقريبًا — rod
~، جِذْع (العمود) — shank (Civ. Eng.)
~ (البُركان) — neck (Geol.)
~ (العظم) — shaft (of bone) (Zool.)
~ صَيد السَّمك — fishing rod
~ الفُرن — tuyère = twyer(e) (Met.)
قَصَبيّ: خاصٌّ بِشُعبة الرُّغامى — bronchial (Zool.)
قَصَّة — snip(ping), cut(ting)
~، قَطْعيَّة — cut
قَصْد، غَرَض — purpose, aim
~، نِيَّة — intent(ion)
قَصْدَرَ: طلى بالقصدير — tin
قَصْدَرة: طلاء بالقصدير — tinning (Eng.)
الـ ~ الكهربائيَّة — electrotinning (Elec. Eng.)
القَصْدير، التَّنَك: عُنصر فِلِزّي رَمْزُه (ق) — stannum = tin (Sn) (Chem.)
~ الفُسْفوري — phosphor tin
قصديرٌ (كُتليٌّ) نَقيّ — block tin (Plumb.)
قصديرات: أملاحُ حامضِ القصدير — stannates (Chem.)
قَصديروز: قَصْديريّ ثُنائيُّ التكافُؤ — stannous (Chem.)
قصديريك: قصديريّ رُباعيُّ التكافُؤ — stannic (Chem.)
قَصَرَ، قَصَّرَ — shorten
~ على — limit, restrict
قَصَّرَ، اِجتَزَأ، اِقتَطَع — curtail
~: جعل (الشيءَ) قصيرًا — shorten
~ (عن أمرٍ أو فيه) — fail
~ أو بَيَّضَ اللون — blanch, bleach (Chem.)

~ الدارة (الكهربائيّة) — short-circuit (Elec. Eng.)
قَصْر: إزالةُ اللون، تَبْييض — bleaching, discoloration
~ بالتَّشْميس: كما في تبييض الكتّان — crofting
~ (أو تَقْصير) الدارة — shortcircuiting (Elec. Eng.)
قِصَر (كَونُ الشيءِ قصيرًا) — shortness
~ الإبصار، ~ النظر — myopia, shortsightedness (Med.)
~ خفيضُ المُقاوَمة — dead short (Elec. Eng.)
~ المَنظورِ المائل (ظاهِريًّا) — foreshortening
قُصْرةُ اللون — bleach (Chem.)
قَصْريّ: مُقتصِرٌ على فئة مُعيَّنة — exclusive
قَصْعة، جَفْنَة — bowl
~ غُبار، غَبْراء — dust bowl (Geog.)
قَصْعين، مَريميَّة: نَباتٌ طِبِّيّ عِطْريّ — age, clary, salvia (Bot.)
قَصَفَ (بالجُسَيمات) — bombard (Phys.)
~ (بالقنابل) — bomb
قَصِفَ، قَصَّفَ: صارَ أو صَيَّرَ هَشًّا — embrittle
قَصْفٌ — bombing, bombardment, shelling
~ أو هَزيمُ الرَّعد — thunder, thunderclap
قَصَفٌ — brittleness, embrittlement
~ التَّحات — corrosion embrittlement (Eng.)
~ التحزيز — notch brittleness (Eng.)
~ التطبيع (أو السِّقاية) — temper brittleness (Eng.)
قَصِفٌ، قَصِم، قَصِيف — brittle, short (Min.)
~ على البارِد — cold short (Met.)
~ على الساخِن — hot-short, red-short
قَصِمٌ، هَشٌّ — crisp
~، قَصِف: سَريعُ التقَصُّف — brittle, frangible
قُصُوُّ البَصر — presbyopia (Med.)
قُصور، إخفاق — failure (Eng.)
~: خَلَلُ التشغيل — malfunction (Eng.)
~، نَقْص — deficiency, insufficiency, shortage
~، عَجْز — disability, incapability

قُصور (تابع)

~، عَدَمُ الكِفاية — incompetence; inadequacy
الـ ~ الذاتي، العطالة، قُوَّةُ الاستِمرار — inertia (Phys.)
الـ ~ (~) الدَّوَرانيّ — rotational inertia (Phys.)
الـ ~ ~ الكهرمغنيطي — electromagnetic inertia (Elec. Eng.)
~ عَقْليّ — mental deficiency (Med.)
~ القَلْب — heart-failure (Med.)
~ مَرِن — elastic failure (Mech.)
~ المَعدِن الفِلِزي — metal failure (Eng.)
~ عن الهَدَف — undershoot

قَصِيّ، أَقْصَى — extreme
~، بَعيد — far, distant; distal

قَصِّي: خاصٌّ بعظم القَصّ — sternal, sterno- (Zool.)

قُصَيبة، خَلِيَّة وِعائيَّة — tracheid(e) (Bot.)
~، شُعَيبة — bronchiole (Zool.)

قَصِير — short, brevi-, brachy-
~ البصر — myopic (Med.)
~ التِّيلة (في وَصف القُطن مثلًا) — short-staple
~ الوَرق — brevifoliate (Bot.)

قَصِيف، قَصِف — brittle

قُصَيمة، عُصَيَّة — bacillus (pl. bacilli) (Biol.)

قُضاعة، ثَعْلَبُ الماء — otter (Zool.)

قَضافة: النسبة بين طولِ العمود (أو ارتفاعِهِ) وبين نِصفِ قُطرِه الأدنى — ratio of slenderness (Eng.)

قَضائيّ — judicial

قَضَّبَ: قَطَّعَ (بخاصةٍ الأغصانَ على شجرةٍ) — lop

قُضبانٌ حَلَزونيَّةٌ لِتَسْليح الخرَسانة — hooping (Civ. Eng.)
~ دَليليَّة — motion bars (or guide bars)
~ السكّة الحَديديّة — metals, railing, rails (Civ. Eng.)
~ الشُّبَيْكة المُتَعارِضة — lattice bars
~ كربونيَّة مُنَحَّسَة — coppered carbons (Elec. Eng.)
~ مُحَزَّزة: لِتَعزيز الخَرَسانة — indented bars (Civ. Eng.)
~ المُصَبَّعات الحَديديّة — grid bar-iron (Civ. Eng.)
الـ ~ والمخروطات (في الشبكيَّة) — rods and cones (of the retina) (Zool.)

قَضَّة، رَصِيص: صَخر رُسوبيّ خَشِن الحُبَيبات تكَوَّنَ من حُطام صُخورٍ قديمة — conglomerate (Geol.)

قَضَمَ، قَرَضَ قليلًا — gnaw, nibble

قَضْمٌ رَقيق — nibble, nibbling

قَضْمة: نِصفُ بايت (٤ بتّات) — nibble (Comp.)

قَضيب، ذِراع — bar; rod (Eng.)
~، عُود — staff, stick, bar
~: قَضيبُ سِكَّة — rail (Eng.)
الـ ~: العُضو الذكَريّ — penis (Zool.)
~ اختبار (السَّمْنَتة) — proof bar (Met.)
~ أسلاك — wire-bar (Elec. Eng.)
~ إشعال (القوس) — igniter rod (Elec. Eng.)
~ اِلتِوائي (نابِضيّ أو إرتداديّ) — torsion bar (Eng.)
~ أمان: لإيقاف المُفاعِل بسُرعة عندَ الطوارئ — safety rod, scram rod (Nuc. Eng.)
~ امتِصاص — absorbing rod (Nuc. Eng.)
~ انزلاق (دَليلي) — slide rail (Eng.)
~ تأريض — ground rod (Elec. Eng.)
~ تثبيتِ الشِّراع — jackstay (Naut.)
~ تجويف — boring bar
~ تحريك (أو تقليب) — stirring rod (Chem.)
~ ~ السَّير — strap bar (Eng.)
~ تحكُّم، ذِراعُ تَوجيه — control rod (Eng.)
~ التحكُّم التقريبي — shim rod (Nuc. Eng.)
~ تحكيمي: لاختبار مطابقة المُواصفات — arbitration bar (Eng.)
~ تسليح — reinforcement bar (Build.)
~ تطويل — lengthening bar, extension bar (Eng.)
~ تغذية — feeding rod (Eng.)
~ تفريغ — discharging rod (Elec. Eng.)
~ تَقْصير الدارة — shorting bar (Elec. Eng.)
~ تَقْوِية أو تسليح (الخرَسانة) — reinforcing rod (Civ. Eng.)
~ تقوير (أو توسيع) الثقوب — reamer bar, reaming bar (Eng.)
~ تكتيف — brace rod (Civ. Eng.)
~ تَنْظيم — regulating rod (Nuc. Eng.)
~ توصيل طَرَفيّ: لِتَوصيل الألواح الموجبَة أو السالِبة في المِركم — terminal bar (Elec. Eng.)
~ توصيل عموميّ — bus-bar (Elec. Eng.)
~ ~ قطاعي — sectionalized bus-bar (Elec. Eng.)
~ التوَهُّج (في مُشِعٍّ كهربائي) — fire-bar, globar (Elec. Eng.)
الـ ~ الثالِث: قضيبٌ مَعزولٌ يُزَوِّدُ القاطرة الكهربائية بالتيار — third rail (Elec. Eng.)
~ ثَقْب: تثَبَّت فيه أداة القطع — boring bar (Eng.)
~ جَرٍّ أو سَحْب، ساعِدُ الجَرّ — draw-bar = drag-bar = draught-bar (Eng.)
~ جَلْفَطة — caulking iron (Eng.)
~ جَيْبِيّ: لِتَحديد الزوايا — sine bar (Eng.)
~ حَديد كُلّابيّ: مَحنيُّ الطرَفَين — dog iron
~ حديدي — iron bar
~ الحَفْر — drill-rod (Civ. Eng.)
~ حَفْر قفّاز — jumper (Civ. Eng.)
~ خَلْع: ذو طَرَفٍ مُنْحَنٍ — ripping bar, pry bar
~ دَعْم مُسَطَّح — riband (Naut.)
~ الدفَّة، دوّاستا السُّكّان — rudder bar, rudder pedals (Aero.)
~ دَكّ (ثُقوبٍ أو حشواتِ التفجير) — bulling bar, tamping bar (Civ. Eng.)
~ دَلْفَنة — billet (Met.)
~ دَليليّ — guide rail (Civ. Eng.)
~ ذو انحناءٍ راجع — gooseneck bar
~ رَبْطٍ أو شَدّ، شدّادة — tie bar = tie rod (Civ. Eng.)
~ زاويّ — angle bar (Build.)
~ زُجاج — glass rod (Chem.)
~ السِّكّة الثالِث (عندَ تَحويلةٍ أو مَفرق) — stock rail (Railways)
~ سِكَّة حديد — rail
~ السَّنْد، سانِدةُ بِرشام — bucking bar
~ عُرْويّ: ينتهي بِعُروَتَين — eye-bar (Eng.)
~ قَلْب المَسبوك — core bar (Foundry)
~ قَلْقَلة — loosening bar (Foundry)
~ قياس — measuring rod
~ الكربونِ السالِب — negative carbon (Elec. Eng.)

قَضيب (تابع)
~ كربون مُمَعْدَن mineralized carbon (Elec. Eng.)
~ ~ مُنَحَّس copper-cored carbon (Illum.)
~ كَربوني carbon rod (Elec. Eng.)
~ لِحام bar solder (Plumb.), filler-rod, welding rod (Elec. Eng.)
~ ~ ذو قَلبٍ صَهُور cored electrode, cored solder
~ ~ مُغَلَّف sheathed (or shielded) electrode (Elec. Eng.)
~ ~ مُكْتَسٍ coated electrode (Elec. Eng.)
~ مَبروم round bar (Eng.)
~ مُحَرَّف: ذو عُرًى أو حُيودٍ تُقَوِّي الترابُط مع الخرَسانة deformed bar (Civ. Eng.)
~ مُخَدَّد (على شكل مَجْرى) channel bar
~ مُرَقَّم: قضيبُ تقسيم مُدَرَّج index rod
~ مُستعرِض أو تصالُبيّ cross bar
~ نافِذ through bar (Eng.)
~ مُعايَرة gauge rod (Build.)
~ مَعْقوف gooseneck bar (Eng.)
~ مُغَضَّن: يزيد تماسُكَ الخرسانة corrugated bar (Build.)
~ مِغنَطيسيّ bar magnet (Magn.)
~ مُقاومة مُتوَهِّج: في مدفأة منزلية أو فُرن fire bar (Elec. Eng.)
~ مَقطعُهُ على شكل Z zed (or zee) bar
~ مَنْع الالتواء detorsion bar (Eng.)
~ ~ التراوح sway rod, wind bracing
~ مُنَفَّط blister bar (Eng.)
~ وَصْل joint bar
~ وَقود (لِلمُفاعِل النَّوَويّ) fuel rod (Nuc. Eng.)
~ يُسْحَب أسلاكًا: يكونُ عالي النقاوة wirebar (Eng.)
قَضيبا مَسْكِ السَّداة: في عمليَّة النَّسيج lease rods
قَضِيَّة، دَعْوَى قَضائيَّة lawsuit
~، مَسألة issue, question
~، مَوضوع subject
~، إفتراض proposition (Maths.)
قَضِيف slender
قِطّ، سِنَّور cat (Zool.)
قِطار train (Railways)
~، رَتَل، طابور file, train
~ بِضاعة freight train
~ (تُروس) مُرَكَّب compound train (Eng.)
~ مَوجات wave train (Phys.)
~ النفق subway train
قُطاراتٌ ذَيليَّة distillation ends (Pet. Eng.)
قَطّارة dropper (Chem.)
~ تَزْييت drip-feed lubricator (Eng.)
قُطارَة: ناتِجُ التقطير distillate (Chem.)
~ التكسير (البترولي) cracked distillate (Pet. Eng.)
~ خَفيفة light distillate (Pet. Eng.)
~ ذَيليَّة، ~ ثَقيلة tail, tail end (Pet. Eng.)
~ مُتطايِرة volatile distillate (Chem.)
قِطاع، قِسم sector, section; district
~ (الدائرة) sector (Maths.)
~ بارِد cold sector (Meteor.)
~ جانِبيّ (أو طولي)، جانبيَّة profile
~ ~ مُسْقَط projected profile (Eng.)
الـ ~ الخاص private sector
~ دافِئ warm sector (Meteor.)
~ رئيسيّ، مَقْطَع رئيسيّ principal section, key sector
~ سَهْميّ sagittal section (Zool.)
الـ ~ العام public sector
~ مَخروطيّ، قِطْعٌ مَخروطيّ conic (or conical) *(n.)*
~ مُماسّ tangential section (Geol.)
قَطّاع chopper, cutter
~ أخشابٍ حِراجيَّة lumberjack = logger
~ التيّار، مُقَطِّع التيار current intermitter = current interrupter (Elec. Eng.)
~ ضَوئيّ light chopper
~ مُتَناوِب ticker, tikker (Elec. Eng.)
قَطّاعَة hack, cutter
~، بَلْطَة ax(e), hatchet
~ أُسطوانيَّة cylindrical cutter (Eng.)
~ أنابيب pipe cutter (Eng.)
~ جانِبيَّة diagonal cutters (or pliers)
~ (أسلاكٍ) مَفْصِليَّة toggle-jointed cutter (Eng.)
~ مَواسير pipe cutter (Plumb.)
قِطاعيّ sectional
قَطّاعي retail
قِطاف: ما يُقطَف harvest
~: زمنُ الـ ~ harvest time
قَطّاف، قطّافة picker
قُطافات: مَنتوجات مُتَطايِرة tops, toppings (Pet. Eng.)
القُطَان: أَلَمُ القَطَن (أسفل الظهر) lumbago (Med.)
القَطانيّات، القَرنيّات Leguminosae (Bot.)
قُطْب pole (Geog., Elec. Eng.)
~، مَدار، مِبْرَم pivot, axis
~، مَسْرى electrode (Elec. Eng.)
~ أرضيّ terrestrial pole (Geog.)
~ أَزْوَرُ: مَقْطَعُهُ بشَكْلِ مُتوازي أضلاع skewed pole (Elec. Eng.)
~ بَيْنِيّ interpole = compole (Elec. Eng.)
~ تابع consequent pole (Magn.)
~ تَبْديل، ~ تَوحيد بَيْنِيّ أو مُعادِل compole, commutating pole, interpole, compensating pole (Elec. Eng.)
~ جَنوبي south pole (Magn.)
~ ~ (في البوصَلة) south-seeking pole
الـ ~ الجنوبيّ (للمغنطيس) blue pole (of a magnet)
~ رُباعيّ: مجموعةٌ رُباعيَّة الأقطابِ المِغنطيسيَّة أو الشِّحناتِ الكهربائيَّة quadrupole (Phys.)
~ الزِّنك zincode (zinc electrode)
~ سالِب negative pole, cathode, minus pole (Elec. Eng.)
~ شَماليّ north pole, boreal pole (Magn.)
~ ~ (في البوصَلة) north-seeking pole
~ المَجال field pole (Elec. Eng.)
~ مُصْمَت solid pole (Elec. Eng.)
~ مِغنَطيسيّ magnetic pole (Elec. Eng.)
~ ~ أرضيّ geomagnetic pole (Geophys.)
الـ ~ المغنطيسي الجنوبي south magnetic pole
الـ ~ ~ الشمالي north magnetic pole
~ مغنطيسيٌّ طَليق (مفهوم نظريٌّ فقط) free pole (Phys.)
~ مُوجِب positive pole, plus pole (Elec. Eng.)
~ مُؤَرَّض earthed pole (Elec. Eng.)
القُطبان السماويّان celestial poles (Astron.)
قُطباني: ذو القُطبين dipole (Phys.)
قُطْبة، غُرزة stitch
قُطبيّ polar

قُطبيّ (تابع)

النجمُ الـ ~ Polaris, North Star, pole star (Astron.)

~ جنوبيّ Antarctic (Geog.)

~ شَمالي Arctic (Geog.)

قُطبيّة polarity (Phys.)

~ عَكسِيَّة inverse polarity, reverse polarity (Phys.)

~ مُستحَثّة induced polarity (Phys.)

قُطْر، إقليم، بَلَد، بِلاد country

~، ~ الدائرة diameter (Geom.)

~ (المُضَلَّع) diagonal (Maths.)

نِصفُ الـ ~ radius (Geom.)

~ الأسطوانةِ الداخليّ cylinder bore (Eng.)

~ التوحيد: المُستوى القُطريّ لِمِلَفّاتِ التبديل diameter of commutation (Elec. Eng.)

~ الجَوْف bore diameter (Eng.)

~ الحَفْر hole size (Eng.)

~ خارجيّ external diameter, outside diameter

~ دائرةِ الجُذور root diameter (Eng.)

~ (~) الخُطوة pitch diameter (Eng.)

~ داخليّ inner diameter, inside diameter, internal diameter

الـ ~ الداخليّ لأنبوب (أو لِماسورة سلاح ناري) caliber = calibre (Eng.)

~ سِنِّ اللَّوْلَب screw-thread diameter

قَطَرَ، أَقْطَرَ، تقطَّرَ dribble, drip

~، جَرَّ tow, tug

قَطْر، جَرّ towage

~، تقطُّر، قَطَران drip, dropping

قِطْر، صُهارة magma (Geol.)

قَطَّرَ، صَبَّ قَطْرةً قَطْرة instill

~، تقطَّرَ (بتكثيف البخار) distil(l)

~ تقطيرًا تفاضُليًّا fractionate (Chem.)

قَطِران، قار، قير tar (Chem.)

~ الخَشَب wood pitch (Chem.)

~ الفحمِ الحجري coal-tar (Chem.)

~ ~ الخُثِّيّ peat tar

~ مَعدِنيّ mineral tar

قَطَران، قَطْر drip, dripping

قَطْرة: مِقياسُ حَجْمٍ يُساوي ٦١,٦ ملم٣ minim

~، نُقطة drop

~، قَطور (للعين) eye drops

قَطْرَس albatross (Zool.)

قُطْرِيّ: مُتعلِّقٌ بالقُطر diametric(al)

~: باتجاه القُطر radial

قَطَعَ، اقتطع cut

~، اجتاز، عبَر cross, traverse

~ (التيارَ) disconnect, switch off, stop

~ (مسافةً) travel, cover

~ (العلاقات) break, sever

~، بَتَر amputate, truncate

~، تقاطَعَ مع intersect (Maths.)

~، شَقَّ slit

~ (عُلويًّا) upcut

~ (الشجر)، قَطَلَ fell

~ بِفأس أو مِعْوَل hew

~ فجأةً، قاطَع interrupt

قَطْع، اقتطاع cut, -ectomy

~، بَتْر amputation (Med.)

~، بَتْر: حذفٌ لا يتبعُه تعديلٌ للأرقام الباقية truncation (Comp.)

~، خَصْم discount

~، قَصّ cutting, cut, section

~، شَقّ incision

~، عُملة مُتَداوَلة currency

~ الاتِّصال switching off (Elec. Eng.)

الـ ~ الأجنبيّ foreign exchange

~ إسفيني wedge cut

~ الأسنان، (قَلْوَظة) thread cutting (Eng.)

~ بِلَّوري: ذو سَطحَين مُتَوازيين crystal cut

~ تَخشينيٌّ تَحضيري roughing down (Eng.)

~ جانِبيّ kirving = kerving (Mining)

~ جَماعيّ stack cutting (Eng., Carp.)

~ حاكِميّ governor cut-off (Eng.)

~ خَشِن hack

~ الدَّفْع thrust cut-off (Eng.)

~ (أو قِطْعٌ) زائد hyperbola (Maths.)

~ زائد قائم equilateral (or rectangular) hyperbola (Maths.)

~ سُفليّ undercut

~ بشُعلةِ الأكسِجين والأسيتيلين oxyacetylene cutting (Eng.)

~ صادِيّ: مُتَعامِدٌ معَ المِحور الصادِيّ للبِلّورة Y-cut

~ صاعِد: تُحَرِّكُ فيه الشُّغلةُ باتجاه تقدُّم أسنان عُدّة القَطع climb cutting (Eng.)

~ على البارِد cold cutting (Met.)

~ عُلْويُّ الاتجاه upcut

~ عَمودي perpendicular cut

~ قبلَ الوَصْل break before make (Elec. Comm.)

~ بِقَوس البلازما plasma-arc cutting (Eng.)

الـ ~ بقَوس الكربون carbon-arc cutting (Elec. Eng.)

الـ ~ بالقَوس المَعدني metal-arc cutting (Elec. Eng.)

~ قَوسيّ arc cutting (Elec. Eng.)

~ بالكَبْس press cutting (Eng.)

~ كُتَل الحجارة (إعدادًا لِتَهذيبها) wasting (Build.)

~ باللَّهَب flame cutting (Eng.)

~ مُبَكِّر early cut-off (Eng.)

~ مُتعَرِّج indentation

~ (أو قِطْعٌ) مَخروطي conic, conic section (Geom.)

~ مُستَعرِض cross section, cross-cut(ting), transection

~ مُستَوي السَّطْح cut-over

~ مُعَوَّق delayed break (Elec. Eng.)

~ مُكافِئ parabola (Maths.)

~ مُنْحَنٍ curved cut

~ المِنشار kerf (Carp., Eng.)

~ نادِر hard currency

~ ناقِص ellipse (Maths.)

قِطَع (مُفردُها قِطعة) parts, pieces

~ استِبدال replacement parts (Eng.)

~ تركيبِ الأنابيب pipe fittings (Plumb.)

~ خامٍ سَطحيَّة shoad (or shode) (Mining)

~ غِيارٍ، ~ تبديل spare parts (Eng.)

قَطَّعَ، شَذَّفَ، جَذَّ chop, cut up

~ إلى شرائح رقيقة skive

قِطعة، شَقَفَة part, piece

~، فِلْقة، شُدْفَة segment

~ أرض lot, tract

~ الأنف nose-piece (Opt.)

~ تَقوية strengthening piece, stiffener (Eng.)

~ ثلاثيَّة التفرُّع: بشكل Y Y-piece

قِطعة (تابع)

~ جِسريَّة — bridge piece (Civ. Eng.)
~ حافِريَّة — ungula (Maths.)
~ حَلْقيَّة، حَلْقة — doughnut
~ دائريَّة: قِطعةٌ من دائرةٍ أو كُرَة — segment
~ الشُّغْل — work-piece (Eng.)
~ صغيرة — bit
~ غِيار، ~ تَبديل — spare part
~ الفَم (كفمويّة الهاتف) — mouthpiece
~ القُطْب، قُطْب — pole piece = pole
~ كُرَويَّة — spherical segment
~ مُباعَدَة — distance piece (or block)
~ مُزَيَّفة — forgery
~ مُستَعْرِضة، مُعتَرِضة — crosspiece
~ مُنزَلِقة — rider
~ وَصْلٍ تَراكُبيّ — splice piece, fish-plate (Eng.)
~ ~ كُمِّيَّة — sleeve piece = thimble
قَطْعيّ، نِهائيّ — categorical, final
قَطْعيَّة — cut (Eng.)
~ خَشِنة — coarse cut
~ المِبْرَد — cut of a file, file cut
~ مُقَوَّسة — curved cut
~ المِنشار — saw cut (Eng.)
قَطَفَ، جَنَى — harvest, reap
~؛ إنتقى — pick
~ الخام: إستقطَرَ منه المَوادَّ المُتَطايرة — top (Pet. Eng.)
قَطْف، قَطْفُ المُتَطايِرات: إستِقطارُ الأجزاءِ الخفيفة — topping, stripping, skimming (Pet. Eng.)
قَطَلَ، جَزَّ، صَلَمَ — crop
قَطْل، تَشْذيب — cropping (Met.)
~، قَطْع — felling; cutting
قَطَنٌ — loins, lumbar region (Zool.)
قُطْن — cotton (Bot.)
~ أشموني — Egyptian uppers
~ البارود — guncotton (Chem.)
~ جاوِيّ، قابُوق — Java cotton = kapok
~ خام، ~ طِبِّيّ — cotton wool
~ طويلُ التِّيلَة — long-staple cotton
قَطَنيّ: ذو عَلاقةٍ بأسفل الظَّهْر — lumbar (Zool.)
قَطوع، قابِلٌ لِلقَطع، يُقْطَع — sectile
قُطَيرة — droplet

قَطيع، سِرْب — herd, flock, pack, fold
~ صَغير — covey
قَطيفة، مُخمَل — velvet
قَطيلة — tampon, swab, stype (Med.)
قُعالة، تويجيَّة — petal (Bot.)
قَعْب، عَظْمُ الكاحل — astragalus (Zool.)
قَعِدة: أليفةُ القواعِد، أَسِسَة — basophil(e) (Med., Chem.)
قَعْرٌ، أسْفَل — bottom
~، قاع — bed, floor (Geol.), fundus (Med.)
~ انفِكاكي: يُمكِنُ نَزْعُه — loose bottom
~ الوِعاء (الزُّجاجيّ) — punt
قَعَّرَ — make concave
~، جَوَّف — hollow out
قَعْقَع — clash, rumble
قَعْقَعة، قَرْقَعة — clash, clack, clatter, rattle, din
~: فَرقَعةُ البلّورات بالتسخين — decrepitation (Chem.)
قَعيد: لاطِئٌ في مَكانه — sedentary (Zool.)
قَعيرة، طَيَّة مُقَعَّرة، وَقْبَة — synclinal fold, syncline (Geol.)
~ إقليميَّة، ~ عُظمَى — geosyncline (Geol.)
~ ~ داخليَّة — parageosyncline (Geol.)
~ (طَيَّةٌ مُقَعَّرة) كاذِبة — pseudosyncline
~ مُرَكَّبة — synclinorium (Geol.)
~ مُؤَلَّفة — composite syncline (Geol.)
قِفْ: أمرُ توقُّف — halt (Comp.)
قَفا — reverse
~ العُنُق — nape (Zool.)
قَفّاز، وَثّاب — saltatory (Zool.)
قُفّاز — glove
~ راحيّ (بلا أصابع) — mitten
~ مَطّاطيّ — rubber glove
~ واقٍ — gauntlet, protective glove
قُفَّة، زَنبيل — scuttle
~ تُراب أو حجارة لِتَدعيم جدارٍ حاجز — gabion (Civ. Eng.)
قَفْر — wild, wilderness, wasteland
~، بادِيَة — desert
قَفَزَ — jump, bound, leap; bounce, spring
~ من الطائرة (بالمِظَلَّة) — bail out (Aero.)
قَفْز — jumping, saltation
~ الشَّرارة — flash-over (Elec. Eng.)

~ غير مشروط — unconditional jump (Comp.)
~ الصورة — picture bounce (Telev.)
~ مشروط: يُنَفَّذ في حال توافُر شَرطٍ معيَّن — conditional jump (Comp.)
~ المُلامِسات (في المُرَحِّل) — contact bounce, chatter (Elec. Comm.)
قَفْزة — hop, jump, leap; vault
قَفْزيّ — saltatory (Zool.)
قَفَص، هَيكلٌ قَفَصيُّ الشكل — cage
~ شَحْن — crate
الـ ~ الصدري — thorax, thoracic cavity (Zool.)
~ مَحمِل: يفصل بين كُريّاته أو دحاريجه — bearing cage (Eng.)
~ المِروَحة — fan casing
قَفَّصَ، وضَعَ في قفص — cage, encage
قَفْل، إغلاق — locking, closure
~ أو وَصْل (الدارة الكهربائيّة) — make, switching on (Elec. Eng.)
~ اضطِراريّ (فوريّ) — scram (Nuc. Eng.)
~ الشبكة — grid locking (Electron.)
~ مُزدَوج — double shut-off (Eng.)
قُفْل، غَلَق، رِتاج — lock, padlock; bolt
~ احتياطيّ (للطوارئ) — emergency lock
~ الأُطُر المُنزلِقة — sash lock (Build.)
~ أمان — safety lock (Eng.)
~ أوتوماتي — automatic lock (Eng.)
~ تَحَرُّز — guard lock
~ توافُقيّ أو تَوليفي (يُفتَح بأرقام أو حروفٍ مُعيَّنة) — combination lock
~ حافِّي إضافي — auxiliary rim lock (Build.)
~ بِحَلْقة، غال — padlock
~ خَزائن: يتحرَّكُ رتاجه الداخليّ عموديًّا بمفتاح — cupboard lock (Carp.)
~ بِسَقّاطة — latch-lock
~ ~: تُحَرَّكُ بالإبهام — lift latch (Carp.)
~ عمودِ القيادة — control column lock (Aero.)
~ غاطِس (في فَرزة) — rabbetted lock (Carp.)
~ (كَيْلون) مُبَيَّت — mortise lock (Carp.)
~ مَدالي — dial lock
~ المِدْفَع — gunlock (Mil.)
~ المِغلاق — breech lock (Mil.)

قُفْل (تابع)
ـُ مِغنَطيسيّ magnetic lock (Elec. Eng.)
ـُ المِقود steering lock (Autos.)
ـُ نابِضي spring lock
قُفول: عَودٌ لِسُلوكِ مَسارٍ آخر backtracking (Comp.)
قَفير: سَفَطٌ مُستدير، قادوسُ تعدين skip, skep (Mining)
ـُ نَحْل hive, beehive
قَلَّ، نقصَ lessen, decrease, become less
قَلا (أو قَلَى): أنضَجَ بالقَلْي fry (Food Sc.)
قَلَّى: جعَلَ قِلويًّا alkalify, basify (Chem.)
قَلّاب: أداةُ تقليب agitator, stirrer (Chem.)
~ (بينَ وَضْعَين ثابتَين)، قَلّابة: دارةٌ قَلّابة flip-flop (Elec. Comm.)
ـُ الصِّمامات valve rocker (Eng.)
قَلّاباتُ الجَناح wing flaps (Aero.)
قَلّابة، سِدْلَة flap
~، شاحِنة قَلّابة tipper, dumper
ـُ جانِبيَّة (التفريغ) side dump car = side dumper (Civ. Eng.)
ـُ المِحراث mouldboard
قُلاح (الأسنان) plaque, tartar (Med.)
القِلاص والقلائص Hyades (Astron.)
قُلاعة: كُتلةٌ صَخْريَّة ضالَّة erratic, stray block (Geol.)
ـُ جَليديَّة glacial erratic (Geol.)
قِلافة: جَلْفَطة caulking (Eng.)
قَلاووظ: مِسمار قلاووظ، مِسمارٌ مُلَولَب bolt; screw
قَلَبَ (رأسًا على عقِب) invert, turnover, upset
~: أطاحَ بِـ overthrow, topple
~ بَطنًا لِظهر evert, evaginate
قَلْب، عَكْس reversal, inversion, reciprocation, turnover
ـُ جانبيّ (للصورة في المرآة) lateral inversion (Phys.)
ـُ نِظام الحكم coup d'état
قَلْب heart (Zool.)
~، لُبّ، نَواة core
~ (أو لُبّ) الأرض core of the earth (Geol.)
ـُ الأسَد Regulus (Astron.)

ـُ التشكيل (لمصبوبةٍ جوفاء) mandrel (Eng.)
ـُ من الحديد الليِّن (لِلمِلَفِّ المُمَغنَط) soft-iron core (Elec. Eng.)
ـُ رَقائقيّ laminated core (Elec. Eng.)
ـُ صَلْد hard core (Eng.)
ـُ عُضو الإنتاج armature core (Elec. Eng.)
ـُ العُضو الدوّار rotor core (Elec. Eng.)
ـُ العُضوِ الساكِن stator core (Elec. Eng.)
ـُ العَقرب Antares (Astron.)
ـُ القالَب casting core (Eng.)
ـُ القُطْب pole core, pole shank (Elec. Eng.)
ـُ الكَبْل cable core (Elec. Eng.)
ـُ المُتَحرِّض armature core (Elec. Eng.)
ـُ من بُرادة الحديد: لِمُقاوَمةِ الفَقْد بالتيّاراتِ الدوّاميَّة iron dust core, powdered-iron core (Elec. Eng.)
ـُ (أو لُبٌّ) مَسحوقيّ (للتقليل من تأثير التيّارات الدوامية) powder core (Elec. Eng.)
ـُ المِغنطيس الكهربائيّ magnet core
ـُ مِغنطيسيّ magnetic core (Comp.)
ـُ المُفاعِل reactor core (Nuc. Eng.)
ـُ هَوائيّ: يحوي هواءً مضغوطًا air core (Elec. Eng.)
قُلْب cambium (Bot.)
قَلْبيّ cardiac (Med.)
ـُ الشكل cardoid (Maths.), cordate (Bot.)
قِلَّة scarcity, insufficiency, lack, oligo-, -penia
قَلَّدَ، حاكى imitate, mimic
~: زَيَّف forge, counterfeit
قَلْس: حَبلٌ ضَخم في السفينة hawser, cable (Naut.)
قَلَّص، قَبَّض shrink, contract
قِلْع، شِراع (السفينة) sail
قَلْع، اجتِثاث pulling out, uprooting
~، خَلْع، اقتلاع avulsion, extraction (Med.)
قَلْعة، حِصْن fortress, citadel
قَلْف، جَلْفَطة calk = caulk, caulking (Eng.)
قِلْف: لِحاءُ الشَّجَر bark, rind (Bot.)
قُلْفة، غُرلة prepuce (Zool.)

قَلفونيَّة، راتينَجُ القَلْفونيَّة، صَمْغُ البُطْم rosin, colophony (Chem.)
~ الصَّنوبَر pine rosin, galipot (Chem.)
قَلَق worry, anxiety, unrest
قَلِق anxious, upset
قُلْقاس taro (Bot.)
قَلْقَل shake, loosen
قَلْقَلة unrest, agitation
~ اهتِزازيَّة buzz (Aero.)
~ القِشرة الأرضيَّة diastrophism (Geol.)
قَلَّلَ، أنقصَ، خَفَّض lessen, decrease, diminish, reduce
~ القيمةَ أو الأهَمِّيَّة depreciate
قَلَم pen, pencil
~، حَزٌّ خَطِّيّ أو شَريطيّ striation, streak, stripe, band
~، ~ السِّمة style (Bot.)
ـُ استشفاف tracing pen
ـُ تَسطير، مِسْطار ruling pen
~ ~ مُزدَوج railway pen, road pen (Civ. Eng.)
~ (~) المُنْحَنيات curve pen
ـُ حِبْر pen, fountain pen
~ ~ جافّ ball point (pen)
ـُ رَصاص pencil, lead pencil
ـُ الريشة، عِراق quill (of feather) (Zool.)
ـُ ضَوئيّ: نبيطةُ إدخال في وَحدة عَرضٍ بَياني light pen (Comp.)
ـُ مِغْنَطيسيّ بَصَريّ optical wand (Electron.)
ـُ النَّحّات: كوكبةٌ جنوبية Caelum (The Burin) (Astron.)
قَلَّمَ: حَزَّزَ، خَطَّط بلونٍ مُغايِر stripe, striate, streak
~، شَذَّب trim, prune, lop
قَلَنْس cowl, cap, cover
قَلَنْسُوة، غِطاء، كُمَّةُ الوِقاية bonnet, hood, cowl (Eng.)
~، كُمَّة cap
~: ثاني أجزاء المَعِدة في المُجتَرّات reticulum (Zool.)
ـُ الجَذر، كُمَّةُ الجَذْر root cap (Bot.)
ـُ جَرَسيَّة bell cap
ـُ جَليديَّة ice cap (Meteor.)
الـ ~ الجليديَّة لِلقُطب الجنوبي Antarctic ice cap

قَلَنْسوة (تابع)
~ الشبَكة — grid cap (Electron.)
~ الصِّمام — valve bonnet, valve hood (Eng.)
~ العازِل — insulator cap (Elec. Eng.)
~ العَمود — pole hood
~ غازيَّة (فوق الخام النّفطي) — gas cap (Geol.)
قِلْو، قِلْي — alkali, base (Chem.)
قِلْواني، شِبْهُ قِلْوي، شِبْقلي — alcaloid = alkaloid (Chem.)
قَلُوص، قَبُوص، كَمُوش — contractile
قَلُوصيَّة: قابليَّةُ التقلُّص — contractibility
قَلْوَظَ: سَنَّنَ، زوَّد بالأسنان المُلَوْلَبة — tap
قَلْوَظة — tapping, screw-cutting (Eng.)
قِلْويّ، قاعِديّ — alkaline, basic (Chem.)
~ قليلًا — subalkaline
القِلْويَّة، القِلائيَّة — alkalinity
قِلْي، قِلْو، ألقالي — alkali (Chem.)
~، قَلْي: مادةٌ قِلوية (كانت تُستخرجُ من رَماد الحُرض «القِلْي») — kali (Chem.)
الـ ~، الحُرُض: نباتُ القِلْي — barilla, saltwort (Bot.)
قَلْي: إنضاجٌ في المِقْلى — frying (Food Sc.)
قَليل، ضَئيل — scanty, little
~ التزوِّي: مُدوَّرُ الحَوافِّ نوعًا — subangular
~ الدُّهن، هَبْر — lean (Food Sc.)
قُماش، نَسيج — cloth, fabric
~ زيتي (صامِدٌ للماء) — oilcloth
~ سَنْفَرة (أو صَنْفَرة) — crocus cloth, emery cloth (Eng.)
~ من القِنَّب (أو الكتّان) — canvas
~ قِنَّبيّ: لِتَغْطية الوُصْلات — scrim(p)
~ مُبَرْنَق: مُعالَجٌ بالوَرنيش — varnished cloth
~ مُدَمَّم: مُعالَجٌ بالدِّمام — doped fabric
~ مُشَمَّع — cerecloth
~ مُضَلَّع — twill(s), whipcord
~ مُعالَجٌ بالمَطّاط — rubberized cloth
~ المَناشِف — huckaback, towelling
قِماط، رِباط — strap
~ الساق — leggings
~ الطفل — swaddle, swaddling clothes
قُمال: الابتِلاءُ بالقَمْل — pediculosis (Med.)

قَمّام: كائنٌ يقتاتُ بالبقايا والجِيَف — scavenger (Zool.)
قُمامة — garbage, refuse
قِمَّة، أَوْج — apex (pl. apices), acme, summit, peak
~، هامَة، ذُروة — crest, crown, cap, top
~، رَأس — vertex (pl. vertices) (Maths.)
~ القالَب: نِصفُه العُلْويّ — cope (Eng.)
~ مُستدِقَّة — pinnacle, spire (Build.)
~ مُسَنَّمة — gable (Build.)
~ (أو ذِروةُ) المَوجة — wave crest (Phys.)
قَمْح — wheat (Food Sc.)
قَمْحة: وَحدةُ وَزن تُساوي ٦٤,٨ مليغرام — grain
قَمَر: القَمر — moon (Astron.)
~: تابعٌ فَلَكيّ — satellite, moon
~ اتصالات — communications satellite (Elec. Comm., Space)
~ اصطِناعي — artificial satellite (Space)
الـ ~ في الاقتِران، مُحاق — new moon (Astron.)
~ كاذِب — paraselene, mock moon (Astron.)
الـ ~ المُحدَّب (في التربيع الثاني) — gibbous moon (Astron.)
~ مُكتمِل، بَدْر — full moon (Astron.)
~ مواصلاتٍ فَعّال: يُرسِلُ إشاراتِ سَبْر ويتلقّى المعلوماتِ المُرتدَّة — active satellite (Elec. Comm.)
~ مواصلاتٍ مُنفَعِل: يتلقّى فقط معلوماتٍ عن أحوال الهدف — passive com(munication) sat(ellite) (Elec. Comm.)
قَمْرة، حُجرة — camera
~ ضيائية: لاستجلاء الصورة المِجهرية ورسمِها — camera lucida (Photog.)
~ مُظلِمة: تتلقى صورَ الأشياءِ المُحيطة على ستارةٍ عبرَ عدسةٍ مُحدَّبة طويلةِ البُعدِ البؤري — camera obscura (Photog.)
قَمَريّ — lunar
~ المَركز — selenocentric (Astron.)
قَمَطَ، شَبَكَ، زَنَقَ — clamp, cramp
قَمْط، رَبْط، تَثبيتٌ بالزَّنْق — clamping
~ كابِت — strapping (Electron.)
قَمَعَ، أَخمَدَ — quell, suppress
قِمَع، قِمْع — funnel

~: جُزءٌ قِمعيُّ الشَّكل — infundibulum (Zool.)
~ «بُخْنِر» — Buchner funnel (Chem.)
~ تَرشيح — filter funnel (Chem.)
~ ذو صُنْبُور — tap funnel (Chem.)
~ سِنانيّ — thistle funnel (Chem.)
~ فاصِل — separatory funnel (Chem.)
~ الفَصْل — separating funnel (Chem.)
~ قَطْر، ~ فاصل — dropping funnel = separating funnel (Chem.)
قَمْل — lice (pl. of louse)
~ البَراعِم — bud mite (Bot., Zool.)
~ النَّبات، أرَق — aphids, plant lice (Zool.)
قِمّي — apical
قَميء، فَدْم — cretin
قِمِّيَّة: خاصيَّةٌ تُميِّزُ الكواركات — topness (Phys.)
قَميص — shirt
~، غِلاف — casing
~، بِطانة — liner, lining
~ (الكِتاب) — jacket
~ تَبريد — cooling jacket (Chem.)
~ الكَبّاس، ~ المِكْبَس — piston skirt (Eng.)
~ (بطانةٌ) مُبَيَّتٌ بالانكِماش — shrunk-in liner (Eng.)
~ هَوائي — air-casing (Eng.)
قَمين، أَتون — kiln, oven, furnace
~ إسمَنْت — cement kiln
~ جيري، أَتُونُ الكِلْس — limekiln
~ ذَرِّي، مُفاعِلٌ ذَرِّي — atomic pile
~ سِيغْما: لِدراسة خواصِّ المُهَدِّئات — sigma pile (Phys.)
~ طُوب، أَتُونُ شَيِّ الآجُرّ — brickkiln (Build.)
قُنّ، مَكْو: بيتُ الأرانب أو الدجاج — hutch, coop
قَنَا، قَصَبُ الهند — Indian reed (Bot.)
قَنّى: شَقَّ قناةً — channel *(v.)*
قِنْاء، قِنْو، عِذْق — cluster, bunch (Bot.)
قِنابة، قُنّابة — bract (Bot.)
~ سُفليَّة — lemma (Bot.)
قَناة، قَنال — canal, channel (Telev.)
~، مَجْرى — channel, canal, conduit, duct
~، مَمَرٌّ مائي — aqueduct, waterway, race(way), lode

قناة (تابع)
~ اتصال — communication channel (Elec. Comm.)
~ إدخالٍ وإخراج — input-output channel (Comp.)
~ استاخيوس — Eustachian tube (Zool.)
~ أسلاك — wire duct (Elec. Eng.)
~ البيانات — data channel, data link (Comp.)
~ التردُّد — frequency channel (Radio)
~ تسجيل — recording channel (Elec. Eng.)
~ التشحيم — grease channel (Eng.)
~ تصريف — discharge channel (Civ. Eng.)
~ ~ ذاتُ بَوّابةِ تحكُّم — sluice (Civ. Eng.)
~ الحامِلة — carrier channel (Elec. Comm.)
~ دافِقة (لِلمَني)، الأسْهَر — vas deferens (Zool.)
~ دَمعيَّة — lacrimal canal, lachrymal duct (Zool.)
الـ ~ الرئيسيَّة — main channel
~ السَّانِيَة — mill race (Eng.)
~ السَّبْك، ~ صَبِّ المَعدِن — tapping shoot, foundry runner (Met.)
~ شَرَجيَّة — anal canal (Zool.)
~ صَرْف — drainage channel
~ الصفراء — bile duct (Zool.)
~ الصوت — sound channel (Telev.)
~ ضيِّقة للرِّيّ — drove
الـ ~ الغذائية، ~ الهضم — alimentary canal (Zool.)
~ الكُبول — troughing
~ لاسلكية — radio channel (Radio)
~ المَبيض، البُوق — oviduct (Zool.)
~ مُتعَدِّدة المَسالِك — multiple duct (Elec. Eng.)
~ مَحدودة النِّطاق — band-limited channel (Elec. Comm.)
~ (سَبَطانة) مُحَزَّزة — rifled barrel
~ مُزدَوِجة: دارةُ نَقلٍ كهربائي تُستَخدمُ في اتِّجاهَين — duplex channel (Elec. Comm.)
~ المَسْبَك — sow (Met.)
~ مُشترَكة — co-channel (Elec. Comm.)
~ مَفتوحة (من قطع على شكل U) — troughing
~ مَكْشوفة — open channel, open conduit

~ مِلاحيَّة، مَمَرٌّ مِلاحيّ — fairway
~ مَنَويَّة — seminal canal (Zool.)
~ مؤجَّرة — leased channel (Comp.)
~ هَضميَّة — digestive tract, alimentary canal (Zool.)
~ الهَويس — lock channel (Hyd. Eng.)
قَنّاص: يَتَصَيَّدُ العدوَّ مُخاتلةً — sniper
قِناع — mask
~ الأكسِجين — oxygen mask
~ تنَفُّس — respirator, inhaler
~ الغاز — gas mask
~ (عامِل) اللِّحام — welding mask
~ واقٍ من الغاز — anti-gas respirator
~ ~ الغُبار — dust respirator
قَنال (أنظر: قناة) — channel
قُنْب: غِمْد — sheath
قُنَّب: جِنْسُ القِنَّب — cannabis (Bot.)
~، قِنَّب هِندي — hemp
~ سَيام — ramie hemp
~ كَلَكُتا — jute
~ مانيلّا — Manila or Manilla hemp
قَنْبَلَة: قَصْفٌ بالقنابل — bombardment
قُنْبُلة، قذيفة — bomb, shell, grenade
~ اندِماج، ~ هدروجينية — fusion bomb, hydrogen bomb (Phys.)
~ انْشِطاريَّة — fission bomb (Phys.)
~ بُركانيَّة — volcanic bomb (Geol.)
~ دُخان — smoke bomb
~ ذَرِّيَّة — A-bomb (or atomic bomb)
~ شَظايا — fragmentation bomb, splinter bomb (Mil.)
~ صاروخيَّة — rocket bomb
~ غاز — gas bomb (Mil.)
~ ~ مُسَيِّل للدُّموع — tear bomb
~ مُحرِقة — incendiary bomb (Mil.)
~ مُضيئة، ~ وَهيج — flare bomb, flash bomb
~ مُلتَصِقة (بخاصةٍ ما يلتصِق بهيكل السفينة) — limpet, limpet bomb or mine
~ مِنْثار — scatter-bomb
~ مَوقُوتة — time bomb (Mil.)
~ نَوَويَّة — nuclear bomb (Phys.)
~ نيوترونيَّة — neutron bomb
~ هِدْروجينية — H-bomb, hydrogen bomb (Mil., Phys.)

~ يَدَويَّة — grenade (Mil.)
قُنَّبيط — cauliflower (Bot.)
قُنْد، مِنْسَل، غُدَّة تناسُليَّة — gonad (Zool.)
قُنْدُس — beaver (Zool.)
قِنديل — lamp
~ البحر — jellyfish (Zool.)
قِنديلة — candela, candle (Illum.)
~ (أو شَمعة) عياريَّة — standard candle (Illum.)
قُنْزُعة، عُرف — crest (Zool.)
قِنطار: ١٠٠ كيلوغرام — quintal
قَنطَرة — bridge (Eng., Elec. Eng.)
~، عَقْد، قَوس — arch, vault (Build.)
~، جِسر عَقْديّ — arch bridge (Eng.)
~: سَدٌّ اصطناعيّ، مَصْنَعَة — weir, barrage (Civ. Eng.)
~ أمان: فوقَ فُتحةٍ في الحائط — safety arch (Build.)
~ توصيل — jumper (Elec. Eng.)
~ بِثِقْلٍ مُوازِن — counterpoise bridge
~ دَوّارة — swivel bridge (Civ. Eng.)
~ رَنينيَّة — resonance bridge (Elec. Eng.)
~ سِكَّةٍ حَديديَّة — railway bridge
~ سِلْسِليَّة — arcade (Arch.)
~ صَخْريَّة، ~ طبيعيَّة — rock arch (Geol.)
~ طَيِّعَة — yieldable arch (Civ. Eng.)
~ «ڤين»: لِلقياسات الكهربائية — Wien bridge (Elec. Eng.)
~ قياس — measuring bridge (Elec. Eng.)
~ ~ الإنفاذية — permeability bridge (Elec. Eng.)
~ (~) الحَثّ — induction bridge (Elec. Eng.)
~ ~ عامَّةُ الأغراض — universal bridge (Elec. Eng.)
~ كابوليَّة — cantilever bridge (Eng.)
~ «كَلْڤِن»: لِقياسِ المُقاوَمات الضئيلَة — Kelvin bridge (Elec. Eng.)
~ كهربائيَّة — electrical bridge (Elec. Eng.)
~ مُتَحرِّكة — draw, draw-bridge (Civ. Eng.)
~ ~ (عبرَ مَهواة المَنْجَم) — lurry (Mining)
~ مِتْريَّة — meter bridge (Elec. Eng.)
~ مُحاثَّة — inductance bridge (Elec. Eng.)
~ المَدخل: إنشاء قنطري فوق بابٍ أو مدخل — portal (Build.)
~ مُزدَوِجة — double bridge (Elec. Eng.)

قَنْطَرة (تابع)

~ مِزْلَقِيَّة: ذاتُ سِلكٍ مُنْزَلِق، قنطرةٌ إنزلاقيَّة (السِّلْك) — slide(-wire) bridge (Elec. Eng.)

~ مُعَلَّقة، جِسرٌ مُعَلَّق — hanging bridge, suspension bridge (Civ. Eng.)

~ (مُقارنةِ) المُواسِعات — capacitance bridge (Elec. Eng.)

~ بِمُقاوِمٍ حَراريّ: لِقياسِ القُدرة — thermistor bridge (Elec. Eng.)

~ مُقاوَمات — resistance bridge (Elec. Eng.)

~ «مِيلَر»: لِقياس عوامِل التضخيم في الصِّمامات — Miller bridge (Elec. Eng.)

~ «هْوِيتستُون»: لقياس مُقاومة (كهربائية) مجهولة — Wheatstone bridge (Elec. Eng.)

قَنْطَرِيّ — portal

قِنْطُورس: كَوكَبة جَنوبية — Centaurus (The Centaur) (Astron.)

قُنْفُذ — hedgehog (Zool.)

~ البَحْر — sea urchin (Zool.)

قِنْقِن، مُنَقِّبٌ جيوفيزيائي — doodlebugger, dowser (Geol.)

قَنَّنَ، حَصَّصَ: وَزَّعَ نِسبيًّا — prorate, ration

قِنو، عِذْق — cluster, bunch (Bot.)

~ نَجْمِيّ: حَشْدٌ من النُّجوم — star cluster (Astron.)

قَنَوات (أُنظر: قَناة) — channels

~ التصريف — drainage channels (Civ. Eng.)

~ شعريَّة — capillary channels (Geol.)

~ نِصفُ دائريَّة: في الأُذُن الداخلية — semi-circular canals (Zool.)

قُنَيْبَة، قُنابة صغيرة — bracteole, bractlet (Bot.)

قُنَيَّة: قناةٌ صغيرة — canaliculus, ductule (Zool.)

قِنِّينة — bottle, flask

~ صغيرة — caster, castor; phial, vial

~ غاز، أُسطوانةُ غاز — gas bottle

~ غَسْل — wash bottle (Chem.)

~ كبيرة مُقَشَّشة — carboy, demijohn

~ الكثافة: لقياس كثافة السوائل — density bottle (Chem.)

~ الوزن النوعي — specific gravity bottle

قَهْرِيّ، إجباريّ — compulsory, coercive

القَهْرِيَّة، القَسْرِيَّة — coercivity (Magn.)

قَهوة، بُن — coffee (Bot.)

قُوَى (أُنظر: قُوَّة) — forces

~ التبادُل: بين الجُسَيمات — exchange forces (Phys.)

~ التجاذُب بينَ الجُزَيئات — intermolecular attraction forces (Chem., Phys.)

~ تَصاعُديَّة أو صاعِدة — ascending powers (Maths.)

~ تنازُليَّة أو نازِلة — descending powers (Maths.)

~ غيرُ مُتَلاقية — non-concurrent forces (Mech.)

~ مُتَّحدة المُستَوى — coplanar forces (Mech.)

~ مُتَسامِتَة — collinear forces (Mech.)

~ مُتَلاقية — concurrent forces (Mech.)

~ مُتَوازية — parallel forces (Phys.)

~ مُختلفةُ المُستَوي — non-coplanar forces (Mech.)

~ نَوويَّة — nuclear forces (Phys.)

قَوَّى — strengthen, reinforce, bolster

~، عَزَّز — enhance, boost, invigorate

قُوّاتٌ بحريَّة — navy, naval forces (Mil.)

~ مُسَلَّحة — armed forces (Mil.)

القَوادِم: كِبارُ الرِّيش — primaries (Zool.)

القَوارِت: المُقتاتَةُ بالنبات والحَيوان — Omnivora (Zool.)

قَوَّارة: مكنةُ تجويف — boring machine (Eng.)

~: مُوَسِّعةُ ثُقوب — reamer (Eng.)

القَوارِض: رُتبةُ الحيوانات القارِضة، القواضِم — Rodentia (Zool.)

القَوازِب — Amphibia (Zool.)

قَواطِع، ثَنايا — incisors (Zool.)

قَواعِد (أُنظر: قاعِدة) — rules

~ الإجراءات — rules of procedure

~ التغذية — feeding standards (Food Sc.)

قَوام، بِنْيَة؛ نَسْجة — consistency; texture

~، قَدّ — stature, build

قِوام، عِماد — basis, backbone, main constituent

قَوانين (أُنظر: قانون) — laws

~ الحركة — laws of motion (Phys.)

~ حِفْظ الطاقة والمادَّة وكميَّة التحرُّك — conservation laws (Phys.)

الـ ~ الطبيعية — physical laws (Phys.)

~ الديناميكا الحرارية — laws of thermodynamics (Phys.)

~ العمل — labour laws

~ الغازات (قوانينُ شارل وبُويل وچي لوسّاك) — gas laws (Phys.)

~ «كِپْلَر» — Kepler's laws (Astron.)

~ «نيوتن» للحَركة — Newton's laws of motion (Phys.)

قَوائم (أُنظُر: قائمة) — legs; lists, tables; studs

~ توزيعِ العملِ — manning tables

~ دَعْمٍ إضافيَّة (لِبُرج الحَفْر) — relegs

~ الرَّفْع — raising legs (Eng.)

~ المِرفاع الذِّراعي — jib legs (Eng.)

قُوباء — impetigo (Med.)

قُوت — foodstuff, food, victuals

قُوَّة — force (Phys.)

~، أُسّ — power (Maths.)

~، شِدَّة — strength, vigo(u)r

~ الاستِمرار — inertia (Phys.)

~ الإشارة — signal strength (Elec. Comm.)

~ الالتِصاق — adhesion (Phys.)

~ الامتِصاص، اِمتِصاصيَّة — absorptivity, absorptance, absorptive power (Phys.)

~ الانكِسار — refringence (Phys.)

~ التجاذُب — force of attraction (Phys.)

~ تحمُّل: قُدرة المنظومة على مُعالجة الأخطاء أثناء التنفيذ — robustness (Comp.)

~ الترابُط — bond(ing) strength (Chem.)

~ (تركيز) الحامِض — strength of acid (Chem.)

~ (~) المَحلول — strength of solution

~ التكبير — magnification, magnifying power (Phys.)

~ التماسُك — cohesive force (Phys.)

~ التنافُر — force of repulsion (Phys.)

~ جابِذة مركزية — centripetal force (Phys.)

~ جاذِبة — attractive force (Phys.)

~ الجاذِبيَّة — gravitational force, force of gravity (Phys.)

~ الجَرّ — tractive force (Eng.)

~ حِصانيَّة مِتريَّة — metric horsepower (Phys.)

~ دافِعة، ~ داسِرة — propulsive force, propelling force, impulsive force (Phys.)

~ ~ أو حافِزة — driving force, push

قُوَّة (تابع)

~ دافعة كهربائيّة، قُوَّةٌ مُحرِّكة كهربائيّة electromotive force, emf (Elec. Eng.)

الـ ~ الدافِعة الكهربائيّة التلامُسيّة contact emf (Elec. Eng.)

الـ ~ ~ ~ الحَراريّة thermal electromotive force, thermoelectromotive force (Elec. Eng.)

الـ ~ ~ ~ العكسيّة (أو المُضادّة) back electromotive force (or back emf, or counter emf)

الـ ~ ~ ~ الفَعّالة effective electromotive force (Elec. Eng.)

الـ ~ ~ ~ المُستَحَثّة induced electromotive force = induced emf (Elec. Eng.)

~ دافِعة كَهْرَضَوئيّة photoelectromotive force (Electron.)

الـ ~ الدافِعة المِغنَطيسيّة magnetomotive force (Phys.)

الـ ~ ~ ~ المُضادّة counter magnetomotive force (Phys.)

~ دافِعة مِيكانيكيّة (في مُحَوِّلٍ طاقيّ) mechanomotive force (Mech.)

~ دَفْعيّة، ~ دافِعة impulsive force (Phys.)

~ رافِعة lift, buoyancy

~ ~ مُتوَفِّرة disposable lift

~ رَدٍّ فِعليّة reacting force (Mech.)

~ الرَّفْع lift force (Aero.)

~ الشَدّ tensile force (Eng.)

الـ ~ الشِّرائيّة purchasing power

~ شُعاعيّة (تعملُ في اتّجاه شُعاعٍ خارج من المركز) radial force (Mech.)

~ الصَّدْم، الوطأةُ الأشَدّ brunt

~ ضاغِطة compressive force (Eng.)

~ طارديّة، ~ طارِدة مَركزيّة، ~ نابِذة centrifugal force (Phys.)

~ طَفْويّة: قُوة دافعة تعويمية buoyant force (Mech.)

~ طبيعيةُ الاندِفاع (كَقُوّةِ الماء الجاري) living force (Phys.)

الـ ~ العامِلة (أو العُمّالية) work force, labour force

~ العَدَسة lens power (Opt.)

~ عطاليّة inertial force (Mech.)

~ فَرمليّة braking force (Eng.)

الـ ~ الفَعّالة effective force (Mech.)

~ قاهِرة force majeure

~ قَسريّة: تُزيل المغنطةَ المُتبقّية coercive force (Elec. Eng.)

~ القَصّ، الـ ~ القاصّة shear force, shearing force (Mech.)

~ القَصْم، ~ التفَجُّر brisance

~ القُصور الذاتي inertial force (Phys.)

~ القُطب strength of pole (Phys.)

الـ ~ الكابِحة braking force (Eng.)

الـ ~ (الكهربائيّة) المائيّة hydro-power (Eng.)

~ كَهْرُمغنيطيّة electromagnetic force (Elec. Eng.)

~ مُتكامِلة لتأديةِ واجبٍ مُعَيَّن task force

~ مُثبِّطة retarding force (Phys.)

الـ ~ المُحَصِّلة resultant force (Mech.)

~ مُركِّبة component force (Phys.)

~ مركزيّة جاذِبة centripetal force (Phys.)

~ ~ طارِدة centrifugal force (Phys.)

~ المزيج mixture strength (Chem.)

~ مُسلَّطة applied force, impressed force

~ مُضادّة counter-force (Phys.)

~ معادلة أو موازنة equilibrant force, counterpoise (Phys.)

~ مُعَجِّلة accelerating force (Phys.)

~ مُعَوِّقة أو مُثبِّطة retarding force (Phys.)

~ المُقاوَمة (للحركة في مائع) drag force (Aero.)

~ مُقاوَمةِ السَّحق crushing strength (Phys., Eng.)

~ مَكبوتةُ الفَعّاليّة passive force

~ مُماسّة tangential force

~ مُمغنِطة magnetizing force (Phys.)

~ مُوتَّريّة: قُوّةٌ نَوويّة لامَركزيّة تعتمِدُ على التوجُّه الدُّوريّ لِلنُّويّات tensor force (Phys.)

الـ ~ النّابِذة centrifugal force (Phys.)

~ الهَجين، تَفوُّق الهَجين hybrid vigor (Biol.)

~ الوَصْلَة bond strength

قَوَّرَ: خَلَّقَ أو هَذَّبَ الثَّقب broach, ream

~، خَوَّش، وَسَّع الثقب counter-bore

قَوْز: كثيبٌ هِلالي crescent dune, barchan, barkhan (Geol.)

قَوس arc (Geom., Elec. Eng.)

~، حاصِرَة bracket (Maths.)

~، قَنطَرة، عَقْد arch, vault (Civ. Eng.)

~ الارتجاح arc of swing (Phys.)

الـ ~ الأصغر minor arc (Maths.)

~ الاقتِراب arc of approach (Eng.)

الـ ~ الأكبر (في دائرة) major arc (Maths.)

~ الانحِسار arc of recess (Eng.)

~ التماسّ arc of contact (Eng.)

~ تيودُري: خَفيضٌ إهليلجي أو مُستَدِق Tudor arch (Arch.)

~ جَرَسيُّ الشكل bell arch (Arch.)

~ جُملونيّ، قَنطرةٌ مُسنَّمة trussed arch (Arch.)

~ الجَيْب، مُقابِلُ الجَيْب arc-sine = antisine (Maths.)

~ جَيب التمام arc cosine (Maths.)

~ حَديديّةُ القُطبَيْن iron arc (Phys.)

~ دائريّة circular arc (Geom.)

~ زِئبقيّ، مِصباحُ تَفريغٍ زِئبقيّ mercury arc (Elec. Eng.)

~ الظِّلّ، مُقابِلُ الظِّلّ arc-tangent = antitangent (Maths.)

~ ظِلِّ التمام arc cotangent (Maths.)

~ فُلطائيّة voltaic arc (Elec.)

~ القاطع، مُقابِلُ القاطِع arc-secant = antisecant (Maths.)

~ قاطِع التمام arc cosecant (Maths.)

~ قُزَح rainbow (Meteor.)

~ ~ أوّليّة primary (rain)bow (Meteor.)

~ ~ ثانويّة secondary rainbow (Meteor.)

~ قِطعيّ segmental arch (Arch.)

~ كَربونيّ عالي الشِّدة الضوئيّة high-intensity carbon arc (Cinema)

~ الكَمان fiddlestick

~ كهربائي electric arc (Elec. Eng.)

~ ~ مُرَكَّب compound arc (Elec.)

~ لِحام كهربائي welding arc (Elec. Eng.)

الـ ~ المَحصور intercepted arc (Maths.)

~ مُسَنَّن، عَقْدٌ مُستَدِقُ الطَّرَف pointed arch (Arch.)

~ مُقابِل subtended arc (Maths.)

~ مُماسّ tangent arc (Meteor.)

قَوس (تابع)
~ مُنحَدِر: إحدى دِعامَتَيهِ أخفضُ من الأُخرى — rampant arch (Arch.)
~ نِضويّ: بشكل حَدوة الفرس — horseshoe arch (Build.)
~ وَمضيّ — flash arc (Electron.)
قَوَّس، حَدَّب — curve, camber
قَوسانِ صَغيران أو مُدَوَّران ( ) — brackets, parentheses
~ قائما الزوايا [ ] — square brackets
~ كبيران: مُزدوجان (شِكاليّان) { } — braces
~ مُتزاوِجان — conjugate arcs (Maths.)
قَوسيّ، مُقَوَّس — arciform, curved
قَوصَرة: مُسَنَّمُ الجُملون — pediment (Build.)
~ الباب (أو المَدْخَل) — overdoor (Build.)
قَوَّض: قَوَّضَ كُتلَ الخام بالحَفْر تحتها — jad (or jud) (Mining)
~، هَدَمَ، دَمَّرَ — demolish, destroy, raze (Civ. Eng.)
~ (الخَيمةَ أو المُعسكَر) — strike
قُوطَة، بَنادُورى — tomato (Bot.)
قَوْقَع، حَلَزُون — snail (Zool.)
قَوقعة (الأُذُن) — cochlea (Zool.)
~، مَحارة — shell (Zool.)
قَوقَعيّ — cochlear (Zool.)
قَوْلَب — mould = mold
~ (المعدن) — swage (Eng.)
قَوْلَبة — molding, moulding, swaging, shaping (Eng.)
~ (بالسَّبْك أو الصبّ) — casting (Eng.)
~ آلِيَّة — machine moulding (Eng.)
~ على البارِد — cold moulding (Met.)
~ جافَّة — dry moulding (Foundry)
~ بالجِبْس — moulage
~ رَدْغيَّة، ~ لَدِينيَّة — slush moulding
~ يدويَّة — hand moulding (Foundry)
قُولون: جُزءٌ من المِعى الغَليظ (أو المِعى الغَليظ بكامله) — colon (Zool.)
الـ ~ الصاعِد — ascending colon (Zool.)
الـ ~ المُعتَرِض — transverse colon (Zool.)
الـ ~ النازِل — descending colon (Zool.)
قُولوني. مَغْص — colic (Med.)
قَوَّمَ، قَيَّم، قَدَّرَ القِيمة — evaluate, assess, estimate

~ (المُعوَجّ) — straighten
~، عدَّل — adjust, put right, correct; trim
~ (التيّار) — rectify (Elec. Eng.)
قَوم، أُناس — people, folk
~، شعب — nation
قَوميّ، وَطَنيّ — national
قَوِيّ، مَتين — strong, sturdy, robust, powerful
قُوَيْلِب — briquet(te)
قَويم، مُستَقيم — ortho-, straight
~ التلَوُّن — orthochromatic (Photog.)
قَيْء، قُياء — emesis, vomit(us)
قِياد، رِباط — vinculum (Zool.)
~، مِقود، رَسَن — halter
~ اللسان — vinculum linguae (Zool.)
قِيادة — command, leadership
~، إشراف — control
~، تَوْجيه (المَركبات أو المَراكِب) — driving, steering, pilotage (Naut., Aero.)
~ بُعادية — remote control (Elec. Eng., Electron.)
~ مَركزيَّة — centralized control
~ يَساريَّة — left-hand drive (Autos.)
قِياس، قَدّ — size
~، مُقارَنة، مُضاهاة — analogy
~، مُعايَرة — ga(u)ging (Eng.)
~، مِقياس — gauge, measure, scale
~: أخذُ القياسات — ga(u)ging, measurement, mensuration
~ الأبعادِ بالتلِسكوب والشواخِص — stadia tacheometry (Surv.)
~ ~ الدَّقيقة — micrometry
~ اتِّحاديَّةِ العَناصِر — stoichiometry (Chem.)
~ الارتفاعات — altimetry
~ الأطوال — longimetry, linear measure
~ الأعماق — bathymetry (Ocean.)
~ الألوان — colourimetry
الـ ~ البُعادي: عِلمُ (أو تقنيَّةُ) القياس عن بُعد — telemetering or telemetry
الـ ~ بالتحليل الحَجْميّ — volumetry (Chem.)
~ التداخُل، عِلمُ القياسِ بالتداخُل (الضَّوئي) — interferometry (Light)
~ تَربيعيّ — square measure (Maths., Phys.)
~ تكعيبيّ، ~ حَجْمي — cubic measure (Phys.)

~ التمدُّد — dilatometry (Chem., Phys.)
~ التوتُّر — tonometry (Med., Phys.)
~ الجاذِبيَّة (في التنقيب الجيوفيزيائيّ) — gravimetry
الـ ~ الجَمعيّ — summation metering (Elec. Eng.)
~ الجُهد (الكهربائي) — potentiometry (Elec. Eng.)
~ حَجْميّ — volumetric measure (Maths.)
~ الحُجوم — stereometry
~ الحرارة — thermometry (Phys.)
~ (كميَّة) الحرارة — calorimetry (Phys.)
~ الحَمضيَّة — acidimetry (Chem.)
~ خَطِّي — linear measure (Maths.)
~ الخُلْف: بَرهَنَةُ القَضيَّة بإثباتِ فسادِ نَقيضِها — reductio ad absurdum (Maths.)
~ دائريّ (بالراديان) — circular measure (Maths.)
~ درجاتِ الحَرارة العالية — pyrometry (Phys.)
~ الرُّطوبةِ النسبيَّة (في الجَوّ) — hygrometry (Meteor.)
~ الروائح — olfactometry (Chem.)
~ زاويّ — angular measure(ment)
~ الزَّمن — chronometry
~ بالزوايا القائمة — rectangular measure
~ سِتُّونيّ — sexagesimal measure (Maths.)
~ سَطحيّ (للأخشاب) — surface measure
~ بالسِّلْسلة — chaining (Surv.)
~ (حِدَّةِ) السَّمْع — audiometry (Med.)
~ الشِّدة الضوئية — photometry (Phys.)
~ شِدَّة المَجالات المِغنَطيسيَّة — magnetometry (Elec. Eng.)
~ بشَريط القِياس — taping (Surv.)
~ بالشواخِص — stadia measurement (Surv.)
~ الطاقةِ المُشعَّة (من الشمس بخاصَّة) — actinometry (Phys.)
~ العَددِ الأوكتاني (لِوقودٍ سائل) — knock-rating (Eng.)
~ عَشريّ — decimal measure (Maths.)
~ فاسِد، مُغالَطة — formal fallacy, paralogism
~ القُطر الداخليّ للأنابيب — caliper logging (Eng.)
~ القِلْويَّة — alkalimetry (Chem.)

قِياس (تابع)
~ الكثافة — densitometry (Phys.)
~ كثافةِ الدُّخان — capnometry
~ ~ الغازات — manoscopy (Chem.)
~ الكُحوليَّة — alcoholometry (Chem.)
الـ ~ الكهربائي — electrometry (Elec. Eng.)
~ اللُّزوجة — visco(si)metry (Phys., Eng.)
~ اللون — colorimetry (Phys.)
~ مِتريّ — metric measure
~ مَحاوِرِ البِلّورات — axonometry
~ المِساحات والحُجوم — mensuration
~ المُسَطَّحات — planimetry (Surv.)
~ المَطر — udometry, pluviometry (Meteor.)
~ بالمُعايَرة — titrimetry (Chem.)
~ المَناسيب — level(l)ing
~ ~ بالتثليث — trigonometric levelling (Surv.)
~ مَنطِقيّ — syllogism
~ اليُود — iodometry (Chem.)
قياساتُ العُمْق المَسْبُور — soundings (Surv.)
قِياسيّ — standard
رَقمٌ ~ — record, all-time high
القيثارة: كوكبة شمالية — Lyra (The Harp) (Astron.)
قَيْح، صَديد — pus (Med.)
قَيْحيّ — purulent, puric, pyo- (Med.)
قَيَّدَ، أوثَق — bind, tie up, fetter, enchain
~، حَصَرَ — limit, restrict
~: دَوَّن، سَجَّل — record, register, enter
~ لِحِساب — credit
~ على حساب شخص — debit, charge to someone's account
قَيْد، حَصْر، تحديد — limitation, restriction, restraint, constraint
بِلا ~ أو شَرْط — unconditional
~، تسجيل — registration, record
~ (في الدفاتر) — booking, entry
~، إسار، صَفَد — shackle, fetters
~، رَهْن، تحت، جارِ العمل عليه — under, in the process of
~ الإعداد — in preparation
~ التداول — in circulation, current
~ الدَّرس — under study, under consideration
قِير، زِفْت — asphalt

قِيراط: واحِدٌ من ٢٤ جُزءًا — carat, karat
~: وَحدةُ وَزْنٍ تُعادِلُ خُمْسَ الغرام — carat, karat
قِيريّ، قَطرانيّ — tarry
قَيَّسَ: وَحَّدَ القِياساتِ أو المُواصَفات — standardize
قَيْسُون: مَقْصورة للعَمَل تحت الماء — caisson (Eng.)
~ صُندوقيٌّ مَكشوف — American caisson, stranded caisson (Civ. Eng.)
~ عَوَّام — ship caisson (Hyd. Eng.)
القِيشاني: الخَزَفُ المُزَجَّج — faience
قَيْض، قِشرةُ البَيْضة — egg-shell
قِيطان — gimp, braid
قَيْطَس: كَوكبة جَنوبيَّة — Cetus (The Whale) (Astron.)
قَيْظ — oppressive heat, swelter
قِيفاوس: كوكبة شمالية — Cepheus (Astron.)
قَيْقَب — maple, maple tree (Bot.)
~ دُلْبيّ — sycamore (Bot.)
قِيلة، أُدرة — -c(o)ele, hydrocele (Med.)
~ دَمَويَّة — haematocele (Med.)
قَيْلُولة — nap, siesta
قِيَمٌ (أُنظُر: قِيمة) — values
~ إحصائيَّة تَرتيبيَّة — quantiles (Stat.)
~ مُتَميِّزة — discrete values (Phys., Maths.)
قَيَّمَ: قَدَّر القيمة — evaluate, assess, appraise, estimate
قَيِّم، ثَمين — valuable, precious
~، أمين — keeper, warden, custodian
~ مَتْحَفٍ أو مَكتَبة — curator
~ المَخزن — store-keeper, storeman
قِيمة — value, worth
~ إجماليَّة — gross value
~ اِسميَّة — face value, nominal value
الـ ~ الاِسميَّة، سِعْرُ الإصدار — par, par value
~ الإعتاق: قيمةُ التيّار أو الفُلطيَّة اللازمة لِتَشغيل المُرَحِّل — trip value (Elec. Eng.)
~ افتِراضيَّة أو تقديريَّة — virtual value
~ إيجاريَّة — rental value
الـ ~ التأمينيَّة: التي يُمكِن التأمين بها — insurable value
~ تَخمينيَّة — assessed value
الـ ~ التَّسخينيَّة (لِلوَقود) — heating value

~ تَقريبيَّة — approximation
~ ثابِتةٌ أو مُستَقِرَّة — stationary value (Maths.)
~ جَذْرِ مُتَوسِّطِ المُربَّعات — root-mean-square value = effective value (Phys.)
الـ ~ الحَدِّية (أو النهائية) — limiting value (Phys.)
الـ ~ الحَرارية، الـ ~ السُّعريَّة — caloricity, calorific value, heat value, thermal value (Phys.)
~ حَرِجَة — critical value (Phys., Chem.)
الـ ~ الحَمْضيَّة — acid value (Chem.)
الـ ~ الخاضِعةُ لِلضريبة — rat(e)able value
~ دَفتَريَّة — book value
~ الذُّروة، الـ ~ الذُّرويَّة — crest value, peak value (Elec. Eng., Phys.)
~ ~ المُضاعَفَة — double amplitude = peak-to-peak amplitude (Elec. Eng.)
الـ ~ من الذُّروة إلى الذُّروة — peak-to-peak value (Phys.)
~ رديفَة: تُستخدَمُ كبديلٍ في حال عدم تحديد قيمة معيَّنة — default value (Comp.)
الـ ~ الرَّزْنيَّة — assay value (Eng.)
الـ ~ السُّعريَّة — calorific value (Phys.)
الـ ~ ~ (الحراريَّة) الإجماليَّة — gross calorific value (Phys.)
~ سُوقيَّة — market value
الـ ~ الصِّبْغيَّة — tone value (Photog.)
الـ ~ الصُّغرى — minimum value (Maths.)
الـ ~ الطاقيَّة — energy value (Phys.)
~ عَتَبيَّة: فَرْقٌ لَونيّ يُمَيَّزُ بالحِسّ — liminal value
الـ ~ العَتَبيَّة، ~ المَبْدَى — threshold value (Elec. Eng.)
الـ ~ الغِذائيَّة — nutritive value (Food Sc.)
الـ ~ القُصْوَى (أو الذُّرْويَّة) — maximum value
الـ ~ ~ المَسْمُوحُ بها — maximum permissible value (Eng.)
~ لَحْظِيَّة، ~ آنيَّة — instantaneous value
~ المَبْدى، ~ عَتَبيَّة — threshold value (Elec. Eng.)
الـ ~ المُتَوسِّطة — intermediate value
~ مُطلَقة: قيمة العدد بغَضِّ النظر عن إشارته — absolute value (Maths.)
~ مُقَدَّرة — assessed value

قِيمة (تابع)

~ مَنْزِلِيَّة : مَرتبةُ العَدَد place value (Maths.)

الـ ~ النقديَّة cash value

الـ ~ الوسَطيَّة، مُتَوسِّطُ القيمة mean value (Maths.)

الـ ~ اليُوديَّة، العَدَدُ اليُوديّ iodine value (Chem.)

قَيُوء، مُقيِّئ emetic (Med.)

قَيُوس، يُمكِنُ قِياسُهُ measurable

ك

ك : الرمزُ الكيماويّ للكربون — C (carbon) (Chem.)

كا : الرمزُ الكيماويّ للكالسيوم — Ca (calcium) (Chem.)

كآبة، اِكتِئاب — depression, dejection, melancholy (Med.)

كابٍ — fading, dim, dull, pale

كاب – خطُّ ~: وَحدةُ التدفّق المغنطيسي = ٦٠٠٠ ماكسويل — Kapp line (Elec. Eng.)

كابّة، عَضلةٌ كابّة — pronator (Zool.)

كابِت، كابح — inhibitor (Biol., Chem.)

~، مُخَمِّد — suppressor, damper (Phys.)

~، مُطفِئ — quenching

~ الإشارات الأُحاديّةِ اللون — colour killer (Telev.)

~ التَّداخُل — interference suppressor

~ التفَسْفُر (في مادّةٍ مُتألِّقة) — quencher

~ التمَوُّر — surge suppressor (Elec. Eng.)

~ التمَوُّراتِ العابرة — transient suppressor

~ التوافُقيّات — harmonic suppressor (Elec. Comm.)

~ الخَبْط، مانعُ الخَبْط — knock suppressor (Eng.)

~ الذَّبْذَباتِ الطُّفَيليّة — parasitic suppressor, parasitic stopper (Electron.)

~ الشَّرَر — spark suppressor (Elec. Eng.)

~ الصَّدى — echo suppressor (Elec. Comm.)

~ الصَّفير — singing suppressor (Elec. Comm.)

~ ~ الصَّوتيّ التشغيل — vodas = voice-operated device anti-sing (Elec. Comm.)

~ (أو كاتِمُ) الصَّوت — silencer

~ الضوضاءِ اللاسلكيّة — radio noise suppressor (Elec. Comm.)

~ الفَعّاليّة — passivator (Chem.)

~ القَوس — arc suppressor (Elec. Eng.)

~ المَجال — field suppressor (Elec. Eng.)

~ الوَميض — flash suppressor (Elec. Eng.)

كابح، عائق — block, holdback

~، كابِت — suppressor (Elec. Eng.)

~، مُوقِف — arrester, check, brake (Eng.)

~، مُقَيِّد — restrainer

~، كابِحة، مِكْبَح — brake (Eng.)

~ تفاضُلي: يعتمد على الفرق بين حركتين — differential brake (Eng.)

~ التمَوُّر — surge arrester (Elec. Eng.)

~ التيّار — ballast (Elec. Eng.)

~ بالتيارات الدُّوّامية — eddy-current brake (Elec. Eng.)

~ الشبَكة، كابِتُ الشَّبكة — grid suppressor (Elec. Eng.)

~ كهربائي — electric brake (Elec. Eng.)

~ لُقْميّ — block brake (Eng.)

كابِحة، مِكْبَح — brake (Eng.)

~ سِلْكيّة، مِكْبَحٌ كَبْليّ — cable brake (Eng.) (لأنواع الكوابح المُختلِفة، أُنظر: مِكْبَح)

كابَدَ، قاسَى — suffer, endure, undergo

كابِسُ الرَّفع (في مِكبسٍ هيدروليّ) — lifting ram (Eng.)

كابُول، كَمرةٌ نِصْفيّة: كَتيفةٌ نِصفُ مُعلَّقة — cantilever, semi-beam, semi-girder

كاتِب (مُوَظَّفٌ كتابيّ) — clerk

~، مؤلِّف — writer

~ برامِج روتينيّة — hacker (Comp.)

~ عَدْل — notary (public)

كاتِبةٌ مُبْرِقة: ~ بُعاديّة — teleprinter, telex (Elec. Comm.)

كاتِم، كابِت — silencer, suppressor

~ الصَّفير (الصوتيّ التشغيل) — vodas (voice-operated device anti-sing) (Elec. Comm.)

~ الصَّوت — muffler, silencer (Eng., Mil.)

~ (صَوت) العادِم — exhaust muffler (Eng.)

كاتيون، هابِطة، أيُونٌ مُوجِبُ الشِّحنة — cation (Phys.)

كاثارومتر: مِحلالُ الغازات — katharometer (Chem.)

كاثود، مَهْبِط — cathode (Elec. Eng.)

~ أُحاديُّ الجُهد — unipotential cathode (Electron.)

~ أيونيُّ التسخين: بالصَّدْم الأيونيّ لِلسطح المُبتَعِث — ionic-heated cathode (Electron.)

~ بارِد، مَهْبِطٌ بارِد — cold cathode (Electron.)

~ تَقديريّ — virtual cathode (Electron.)

~ ساخِن — hot cathode (Electron.)

~ ضَعيفُ التوَهُّج — dull-emitting cathode (Electron.)

~ ضَوئيّ — photo-cathode (Electron.)

~ فَتيليّ — filament(ary) cathode

~ مُتَساوي جُهدِ السَّطح — equipopential cathode (Electron.)

~ مُغَطًّى بالأُكسيد — oxide-coated cathode (Electron.)

~ مُنَشَّط — activated cathode (Electron.)

كاثُوديّ، مَهْبِطيّ — cathodic

كاثوليت، كَهْرَلُ المَهْبِط: سائلُ التحليل المجاورِ لِلمَهبِط — catholyte = catolyte (Phys., Electron.)

كاحِل، رُسْغُ القَدَم، رُصْغ — ankle, tarsus

كاحِليّ — tarsal (Zool.)

كادٌّ، مُجِدّ — diligent, industrious, hardworking

كادر، مِلاك — cadre

الكادميوم: عُنْصُر فِلِزّي رَمْزُه (كد) — cadmium (Cd) (Chem.)

كاذِب، زائف — false, fake, sham; pseudo-

~، كَذّاب — lying, untruthful, liar

كاراج — garage

كارِبة: مِسْلَفة قُرصيّة — disc harrow (Agric.)

كاربورَنْدُم: كَرْبيد السِّليكون لمواد السَّحج والسَّنفَرة — Carborundum (Eng.)

كارتِل: اِتّفاقُ المُنتِجين — cartel

كارِثة، مِحْنة — disaster, catastrophe

~ طَبيعيّة — cataclysm (Geol.)

كارْدِيس: اسمٌ تجاريٌّ لِلثَّلج الجافّ — Cardice (Chem.)

كارْست: مِنطقةُ أحجارٍ جيريّة ذات مَجارٍ جَوفيّة — karst (Geol.)

كارْسِل: ٩,٦ شَمعة دوليّة — Carcel unit (Light)

كارنوتَيْت: خامٌ يحوي الراديوم — carnotite (Min.)

كارِهُ الصِّبْغ — chromophobe (Biol.)

كاروتين، جَزَرين carotene = carotin (Chem.)

كاري: خشَبٌ أُستراليّ كثيفٌ داكِنُ الحُمرة karri (Bot.)

كاريكاتور caricature; cartoon

كاز kerosine, kerosene, paraffin (or lamp) oil (Pet. Eng.)

كازَيين، جُبْنين: بروتين فُسْفاتيّ في اللبن casein (Chem., Biol.)

كأس، دَوْرق beaker (Chem.)

~، قَدَح glass, tumbler

~ (الزهرة) calyx (pl. calyces) (Bot.)

~ خارجيَّة، كُوَيسٌ فَوقيّ epicalyx (Bot.)

~ الطُّفاحة overflow cup (Phys.)

كاسِترايت: حجَرُ القَصدير cassiterite (Min.)

كاسِح، جارِف sweeping

~، كانِس، قمّام scavenger (Zool.)

~ الأُكسِجين oxygen scavenger (Eng.)

كاسِحة: أداةُ كَسْح scavenger (Eng.)

~ ألغام minesweeper (Naut.)

كاسِد (تجاريًّا) stagnant, slack

كاسِر، انكِساريّ: يعتمدُ على كَسْر او انكسارِ الأشعة dioptric (Light)

~: كاسِرٌ للأشِعَّة refractor (n); refractive, refringent (adj.) (Phys.)

~: مِنَ الكَواسِر predatory, rapacious, raptor (Zool.)

~ الأمواج، مَلْطِمُ الأمواج breakwater (Civ. Eng.)

~ عاكِس catadioptric (Opt.)

كاسِعة، لاحِقةٌ إلصاقيَّة suffix

كأسيّ cup-shaped

كاسِيَات البزر، وِعائيّاتُ البُزور
angiosperms, Angiospermae (Bot.)

كأسِيَّة، ورقةٌ كأسيَّة، سبَلة (في الزَّهرة) sepal (Bot.)

كاشِطة scraper

~ (أو مِمْسَحة) مَطّاطيَّة squeegee

كاشِف detector, indicator

~، مُفاعِلُ كَشْف reagent (Chem.)

~ أرضيّ، ~ التسَرُّب earth detector, leakage indicator (Elec. Eng.)

~ ألغام mine detector (Mil.)

~ امتزازيّ adsorption indicator (Chem.)

~ اهتِزازاتٍ خازِن storage oscilloscope

~ أيونيّ ion detector (Phys., Chem.)

~ التأريض ground indicator (Elec. Eng.)

~ تحليليّ analytical indicator (Chem.)

~ تَزامُنيّ synchronous detector

~ التسَرُّب leak detector (Phys.)

~ التضمين demodulator (Radio)

~ التعادُل neutralizing indicator (Elec. Eng.)

~ تَوافُقيّات harmonic detector

~ جامِد solid state detector (Phys.)

~ الخَلَل، جِهازُ كَشْف الخَلَل defectoscope (Eng.)

~ ~ الكَبْليّ cable fault tester (Elec. Eng.)

~ داخليّ (يَذوبُ داخِلَ مَحلولِ التفاعُل) internal indicator (Phys.)

~ دارِئ buffer reagent (Chem.)

~ ذبذباتٍ صَغير miniscope (Elec. Eng.)

~ الذبذبة oscilloscope (Elec. Eng.)

~ ذو مِغنطيسٍ مُتحرِّك moving-iron detector (Elec. Eng.)

~ ذو مِلَفٍّ مُتحرِّك moving-coil detector (Elec. Eng.)

~ رَنّان resonant detector (Phys.)

~ «شِف»: لِلكَشْفِ عن الألدهيدات Schiff's reagent (Chem.)

~ صادّ: لا يؤثِّر في التركيز الأيونيّ buffer reagent (Chem.)

~ ضَوئيّ photodetector (Electron.)

~ الطائرات plane detector (Radio)

~ الطبقات bed detector (Pet. Eng.)

~ عامّ universal indicator (Chem.)

~ غازٍ حارُّ الفَتيلة hot-filament gas detector (Elec. Eng.)

~ قَرِّيّ cryoscope (Chem.)

~ كَهْرَليّ electrolytic detector (Radio)

~ كيماويّ chemical indicator, chemical reagent (Chem.)

~ المعادِن metal detector (Electron.)

كاشِفة ومُحَلِّلة للإشعاع الكهرمغنطيسيّ
ferret (Mil.)

~ مَوقِع الأنابيب stool pigeon (Eng.)

كافٍ sufficient

كافأ، جازَى compensate, reward, recompense

~، عادَل، ساوَى equalize, equal

كافِل، كَفيل surety, bailsman

كافُور camphor (Chem.)

كاكاو cocoa, cacao (Bot.)

كالَ، قاسَ measure, gauge

كالٌّ: غيرُ حادّ blunt

كالِسَة: قِشرةٌ كِلسيَّة caliche (Min.)

كالْسَيت: كربوناتُ الكالسيوم البلوريَّة calcite, calcspar (Min.)

كالسيفِرول: فيتامين د calciferol, vitamin D (Biol.)

الكالسيوم: عُنصر فِلِزّي رمزه (كا) calcium (Ca) (Chem.)

كالوترون، مِطيافٌ كُتليّ calutron (Phys.)

كالُوري، سُعْر، حُرَيْرة calorie = calory

~ صغير، سُعْرة small caloric (Phys.)

~ كَبير: ألف كالوري great calorie

كالوريَّة: اِمتصاصُ الطاقة وإعادةُ إشعاعِها بأمواجٍ أقْصَر calorescence (Phys.)

كالوريمِّتر، مِسْعَر calorimeter (Phys.)

كالُوش: خُفٌّ مَطّاطي galosh

كالُوميل، كلُوريد الزِّئبقوز calomel (Chem.)

الكاليفورنْيُوم: عُنصر فِلِزّي رمزه (كف) californium (Cf) (Chem.)

كامَة، حَدَبة (تحويل الحركة) cam (Eng.)

~ إدارة driving cam (Eng.)

~ تشغيل actuating cam (Eng.)

~ تفاضُليَّة differential cam (Eng.)

~ السَّحْب inlet cam (I. C. Engs.)

~ قُرصيَّة، حَدَبة قُرصيَّة disc cam (Eng.)

~ قَلْبيَّة، حَدَبة قلبيَّةُ الشَّكْل heart cam

~ مُسَطَّحة plate cam (Eng.)

كامِح، كابِح (أنظر: مِكْبَح) brake

~، مُوقِف، صادّ arrester, arrestor (Eng.)

~ التمَوُّرات transient arrester (Elec. Eng.)

~ الشَّرر spark arrestor (Elec. Eng.)

~ الغُبار dust arrestor

كامِد: يُعوزه البَريق dull, mat

~: مُعتِم، غيرُ مُنفِذ opaque

كامَلَ: أوجَدَ التكامُل integrate (Maths.)

كامِل، تامّ complete, thorough, whole, holo-

~، شامِل comprehensive, all-inclusive

~، مِثاليّ perfect

~ الأجزاء، تامّ entire

~ الأُوتوماتيَّة full automatic

كامِل (تابع)

~ الأوجُه أو السُّطوح holohedral

~ التشَكُّل البِلَّوريّ euhedral

~ التكَيُّف (لبيئته) epharmonic (Ecol.)

~ الدَّوام full-time

~ القُدرة full power

~ المَحاوِر (البِلَّوريَّة) holoaxial (Chem.)

كامِن: يَظهَرُ في الظُّروف المُواتية latent, potential (Phys.)

~، مُتَرَبِّص lurking, lying in wait (for)

كاميرا، مُصَوِّرة camera (Photog.)

~ إستِجلائيَّة camera lucida (Opt.)

~ الأشِعَّة السِّينيَّة X-ray camera

~ إلكترونيَّة electron camera (Telev.)

~ ~ مُخَزِّنة iconoscope (Electron.)

~ تَحْت مائيَّة: لِلتصوير تحتَ الماء underwater camera (Photog.)

~ التصويرِ المِجْهَريّ photomicrographic camera

~ تلسكوبيَّة telescopic camera

~ تِلفزيونيَّة، مُصَوِّرة تِلفزيونيَّة telecamera, television camera

~ جَوِّيَّة، آلةُ تَصويرٍ جَوِّيّ aerial camera

الـ ~ ذاتُ الثّقب pinhole camera (Phys.)

~ راداريَّة radar camera (Opt.)

~ سينمائيَّة cine camera

~ شميدِت: تلسكوبٌ تصويريّ عاكِس Schmidt camera (Astrophys.)

~ صُندوقيَّة box camera (Photog.)

~ صَوتيَّة: تُسَجِّلُ الصوتَ مع الصورة على الشريط نفسِه sound camera (Cinema)

~ فالِقَةٌ لِلأشِعَّة beam-splitter (or-splitting) camera (Photog.)

~ مُجَسِّمة stereoscopic camera (Photog.)

~ مُزدَوِجةُ العَدَسة twin-lens camera

كانِسٌ كَسْحِيّ scavenger (Eng.)

كانِسَة sweeper

~ ألغام minesweeper (Naut.)

~ أنابيب badger (Pet. Eng.)

كانِفَة: شُرفة ناتئة أو مُعمَّدة canopy (Build.)

كانون، ~ جَمْر brazier, stove

~ الأوَّل: الشهر الثاني عشَر في التقويم الغريغوري December

~ الثاني: الشهر الأول في التقويم الغريغوري January

كاوٍ (كيماويًّا)، **أكَّال** caustic (Chem.)

~ (كيماويًّا أو حراريًّا) escharotic

كاوتشوك، مَطّاط caoutchouc, rubber

كاوْلين: طَفْلُ الخَزَف الصِّينيّ kaolin(e) (Geol.)

كاوُن: ضَرْبٌ من الميزونات الغريبة kaon (Phys.)

كاوية: مادة كاوية caustic (Chem.)

~، مِكْواة iron

~ لِحام soldering iron (Plumb.)

~ ~ (أو رأسُها النُّحاسيّ) copper bit (Plumb.)

~ ~ نُحاسيَّة soldering copper, copper

كايزر: وَحدةُ العَدَدِ المَوجيّ kayser (Phys.)

كائِنٌ، مَخلوق creature

~ حَيّ، مُتَعَضّ، كائنٌ عُضويّ living being, organism (Biol.)

~ ~ دَقيق أو مِجْهَريّ micro-organism

~ رَمّام saprophytic organism (saprophyte or saprozoite) (Biol.)

~ ~ بَكْتيريّ أو فُطْريّ saprobe (Bot.)

كائناتُ الأعماق benthos (Zool.)

~ ~ المُتوسِّطة mesobenthos (Zool.)

الـ ~ الحيّة (في منطقة معيَّنة) biota (Ecol.)

كب: الرمزُ الكيماويُّ لِعُنصر الكِبريت S (sulphur) (Chem.)

كَبَّ، أراقَ spill

~، قَلَب overturn, pour by turning upside down

كَبٌّ: بَرْمُ الساعِدِ بحيثُ راحةُ اليَد إلى أسْفَل أو إلى الخَلْف pronation

كِب (كِيلُو باوند): ألْفُ رِطْلٍ إنكليزي kip (Eng.)

كَبا، خَبا، أخْبَى، خَفَتَ، اِضْمَحَلَّ fade

~، تَعَثَّر stumble, trip

كِبارُ الرِّيش quill feathers (Zool.)

كَبّاس، مِكْبَس piston (Eng.)

~ تَفاضُليّ differential piston (Eng.)

~ جِذعيّ trunk piston (Eng.)

~ الحاقِن injector plunger (Eng.)

~ دُمْيَة (لِحِفْظ التوازُن) = dummy piston balance piston (Eng.)

~ ذو رَأسٍ مُقَعَّر concave-head piston (Eng.)

~ ذو كُرَتَين dumb-bell piston (Eng.)

~ رَحَويّ rotary piston (Eng.)

~ غاطِس plunger (Eng.)

~ مُزدَوِجُ الفِعْل double-acting piston (Eng.)

~ المِضَخَّة pump piston, plunger, pump ram (Eng.)

~ مُضَلَّع ribbed piston (Eng.)

~ مُفردُ الفِعل single-acting piston (Eng.)

~ مُوازَنة balance piston, balancing piston (Eng.)

~ نَفْحيّ: يعملُ بالهواء المَضغوط pneumatic piston (Eng.)

كَبّاش، ~ المِرفاع grab (Eng.)

~ تِمساحيّ alligator grab (Eng.)

~ رَفْعٍ نَقّالي travelling crab, crane crab (Eng.)

~ مَحاريّ (نِصفاهُ على شَكل مَحارة) clamshell bucket (Eng.)

~ المِرفاع crab (Eng.)

~ مُلَولَب: لالتقاطِ أدواتِ الحَفْر السائبة screw-grab (Civ. Eng.)

كُبَّة، كُبَيبَة: كُتلةٌ صَغيرة مُتجَمِّعة glomerulus (Zool.)

~ خُيوط hank

كَبَتَ، كَظَمَ، كَبَحَ inhibit, suppress, repress, stifle

كَبْت، تَخْميد damping, quenching (Phys.)

~، كَبْح، كَظْم suppression, inhibition, restraint

~ (التفاعُل) negative catalysis (Chem.)

~ (المَوجة) الحامِلة carrier suppression (Elec. Comm.)

~ الصِّفْر zero suppression (Elec. Eng.)

~ الضَّجيج noise suppression (Build.)

~ ~ بينَ الحَوامِل: أثناءَ المُوالَفة intercarrier noise suppression (Radio)

~ الطَّنين hum bucking (Elec. Eng.)

~ الفاعليَّة: بالأغشية الأكسيديَّة أو الفُسفاتيَّة لِمَنْع التأكُّل passivation (Eng.)

~ المَجال field suppression (Elec. Eng.)

كَبَحَ restrain, check, keep under control

~، أوقَفَ arrest, brake

~، كَبَتَ (أُنظُر: كَبَت) inhibit, suppress, repress, stifle

~، فَرْمَلَ brake (Eng.)

كَبَح (تابع)
~، صَدَّ — check, hold back, repulse
كَبْح — restraint, checking, subdual
~، إيقاف، فَرْمَلَة — braking
~، إعاقة (مائعيَّة) — drag (Eng.)
~، كَبْت (أُنظُر: كَبْت) — suppression, inhibition, restraint
~ بالتوليد المُعاكِس — regenerative braking (Elec. Eng.)
~ جَوِّي: لدى عودة المركبة إلى جوّ الأرض — atmospheric braking (Space)
~ حَراريّ — thermal arrest (Eng.)
~ الضجيج: بالعَزْل أو الامتصاص — noise control (Acous.)
~ كهربائيّ أو بالكهرباء — electrical braking (Elec. Eng.)
~ كهرمغنطيسيّ — electromagnetic braking (Elec. Eng.)
~ كهروحَراكي — electrodynamic braking
~ مائعيّ — drag (Aero.)
~ مِفْرَقيّ: الكَبْحُ بِفَرْقِ الجُهْد — potentiometer braking (Elec. Eng.)
الـ ~ بالمقاوَمات المُتغيِّرة — rheostatic braking (Elec. Eng.)
كَبِد — liver (Zool.)
إلتِهابُ الـ ~ — hepatitis (Med.)
تشَمُّع الـ ~ — cirrhosis (Med.)
كَبِديّ — hepatic
الكَبِدِيّات: طائفةٌ من الطُّحْلُبِيّات — Hepaticae, Hepaticopsida (Bot.)
كَبِديَّة، حَزازيَّة مُنْبَطِحة — liverwort (Bot.)
كَبَّرَ، ضَخَّمَ، وَسَّعَ. كَبُرَ، اِتَّسَعَ — enlarge, magnify, amplify
~ المِقياسَ — scale-up
كَبْرَتَ — sulfate or sulphate, sulphurate, sulphurize, sulfer (Chem.)
كَبْرَتة، تكَبْرُت — sulphation
كُبْرِيّ: كبيرٌ وضَخْمٌ نِسْبيًّا — macro-
الكِبْريت: عُنصُرٌ لافِلِزّي رَمزُه (كب) — sulfur = sulphur (S) (Chem.)
~ الطبيعيّ — native sulphur, brimstone (Min.)
كِبريتٌ غيرُ مُتبَلِّر — amorphous sulphur
~ العَمُود — stick sulphur = roll sulphur, brimstone

~ ~ (الطبيعيّ) — brimstone (Chem.)
~ لَدْن — plastic sulphur (Chem.)
~ مَوشُوريّ — prismatic sulphur (Chem.)
كِبْريتات، سُلْفات — sulfate = sulphate
~، زاج — vitriol (Chem.)
~ الباريوم — barium sulphate, baryte (or barite)
~ ~ الاصطناعيّة — blanc fixe (Paint.)
~ البوتاسيوم — salt of Lemery (Chem.)
~ ثُنائيَّةُ المثيل — dimethyl sulphate (Chem.)
~ الحَديد — iron sulfate (or sulphate)
~ الحَديدوز — ferrous sulphate, copperas (Chem.)
~ الحَديديك — ferric sulphate (Chem.)
~ الرَّصاص — lead sulphate (Chem.)
~ ~ الطبيعيَّة — anglesite, sulphate of lead (Min.)
~ الزِّنك — zinc sulphate = zinc vitriol
~ الصّوديوم — sodium sulphate (Chem.)
~ ~ الطبيعيَّة — Glauber salt, mirabilite (Min.)
~ الكالسيوم — calcium sulphate (Chem.)
~ ~ المائيَّة، جِبْس — sulphate of lime = gypsum (Min.)
~ المِثيل — methyl sulphate (Chem.)
~ النُّحاس — copper sulphate (Chem.)
~ ~ المائيَّة، الزاجُ الأزرق — bluestone, hydrated copper sulphate, blue vitriol
~ النُّشادِر — ammonium sulfate (Chem.)
كِبريتور (أُنظُر: كِبريتيد) — sulphide
~ الحَديد أو النُّحاس — fool's gold, mundic, pyrite (Min.)
كِبريتُون، سَلْفُون — sulphone (Chem.)
كِبْريتيّ: بادِئة — thi(o)- (Chem.)
~، كِبريتيكيّ — sulphuric
كِبْريتيت: مِلْحُ حامِضِ الكِبريتوز — sulfite = sulphite (Chem.)
~ النُّحاس — copper sulphite (Chem.)
~ ~ والحَديد — chalcopyrite, copper pyrite (Min.)
كِبْريتيتيّ — sulphurous (Chem.)
كِبْريتيد، كِبريتور: مِلْحُ حامِض الهيدروكبريتيك — sulfide = sulphide
~ الحديد — iron sulfide (or sulphide)
~ ~ الذَّهَبيُّ اللَّون — mundic = pyrite (Min.)

~ الرَّصاص — lead sulphide (Chem.)
~ ~ الطبيعيّ — galena, lead glance (Min.)
~ الزِّنك — zinc sulphide (Chem.)
~ ~ الطبيعيّ — black jack = blende (or zinc blende), sphalerite (Min.)
~ الهِدْروجين — hydrogen sulfide or sulphide (Chem.), stink damp (Mining)
كِبريتيك — sulphuric (Chem.)
كِبْريتيل، سَلْفُوريل — sulphuryl (Chem.)
كَبَسَ، ضَغَطَ — compress, press
كَبْس، تشكيلٌ بالكَبْس — pressing (Eng.)
~ على البارِد — cold pressing (Eng.)
كَبْسُولة — capsule (Med., Bot., Eng.)
~ إشعال — igniting primer (Civ. Eng.)
~ انقِذافيَّة: يُمكِن فصلُها لتَهبِطَ بِمِظلّة — ejection capsule (Aero.)
~ التفجير، صاعِق — blasting cap, primer, detonating primer (Eng.)
~ جِرويَّة، عُلَيبة — capsule (Bot.)
~ دَواء، بِرشامة — cachet, capsule (Med.)
~ رَبْط أو زَنْق — snap fastener (Eng.)
~ ضَغْط — pressure capsule (Eng.)
~ فَضائيَّة: قَمْرةٌ مُكيَّفةٌ في عَرَبة فضائيَّة — space cabin (or capsule) (Astronautics)
~ قَدْح — percussion cap, percussion primer
~ النَّجاة (في حال انهيار منصة بئر النفط) — survival capsule (Pet. Eng.)
كَبْسُوليّ، مَحفظيّ — capsular
كَبَش — grab
كَبْش — ram (Zool.)
كَبْكَبَ، كَوَّر — clew or clue, roll
كَبْل: حَبْلٌ من الأسلاك المَعْزولة، حَبلٌ أو سِلسلة كبليَّة — cable (Eng.)
~ إرساء — anchor cable, mooring cable, hawser (Naut.)
~ أرضيّ — ground cable (Elec. Eng.)
~ ألُمِنْيوم ذو قَلْب فولاذيّ — aluminium-steel cable (Elec. Eng.)
~ بَحْريّ — marine cable
~ ~: يُمَدُّ تحتَ الماء — submarine cable
~ بَرِّيّ — land line (Elec. Eng.)
~ تأريض — earthing cable (Elec. Eng.)
~ تَثْبيت — guy cable (Civ. Eng.)

كَبْل (تابع)

~ تحت أرضيّ — subterranean cable, underground cable (Eng.)
~ تخطّ — jumper-cable (Elec. Eng.)
~ (تَعليق) الجِسْر — bridge cable (Civ. Eng.)
~ تعليق (عربات التِّلِفريك) — track cable (Civ. Eng.)
~ تَقْوية: ضِد مقاومة الهواء لسَطح الانسياب — drag wire (Aero.)
~ تكتيف — bracing cable (Eng.)
~ تَوْجيهِ الكَرّاءَة — headline (Mining)
~ ثُلاثيُّ القُلوب — three-core cable
~ ~ المُوَصِّلات — triple-lead cable
~ ثُنائيّ — bicable (Civ. Eng.)
~ الجَرّ — tow(line), drawing cable, dragline
~ حامِل (لِلأسلاك الكهربائيَّة) — bearer cable, messenger wire (Elec. Eng.)
~ الحَفْر — drilling cable
~ ذو قَلْبٍ جافّ — dry-core cable (Elec. Eng.)
~ ~ ~ هَوائيّ — air-core cable (Elec. Eng.)
~ ذو قَلْبَين — two-core cable (Elec. Eng.)
~ ذو مُوَصِّلَين — double-conductor cable (Elec. Eng.)
~ رُباعيّ — quad cable (Elec. Eng.)
~ زَيتيّ إستاتيّ: مَعزولٌ بالوَرَق في أُنبوبٍ فولاذيّ مُعَبَّأٍ بالزيت — oilostatic cable (Elec. Eng.)
~ السَّحْب أو الجَرّ — dragline, drawing cable, tow line
~ سُرِّيّ: يَصِلُ الصاروخَ بمراكِزِ التموينِ قبلَ الإنطلاق — umbilical cord (Space)
~ سِلْكيّ، حَبْلٌ سِلْكيّ: مِن ضَفائرِ أسلاكٍ مَجْدولة — wire cable, wire rope (Eng.)
~ ~ (مَجْدول) — stranded wire
~ ضَغْطيّ — pressure cable (Elec. Eng.)
~ عارٍ: غَيرُ مَعْزول — bare cable, naked cable (Elec. Eng.)
~ عالي التَوَتُّر فوق ٦٥٠ فُلطًا — high-tension cable (Elec. Eng.)
~ غازيّ: ذو عازِلٍ غازيّ — gas cable (Elec. Eng.)
~ غيرُ مُدَرَّع — unarmoured cable (Elec. Eng.)
~ القُدرة — power cable (Elec. Eng.)
~ القَطْر (أُنظر: كَبْلُ الجَرّ)

~ القيادة — control cable (Eng.)
~ كَهربائيّ — electric cable (Elec. Eng.)
~ لُبِّيّ، ~ ذو قَلْب — cored cable (Eng.)
~ مُتَّحِدُ مِحورِ المُوَصِّلين فيه، ~ مُتَمحوِر — coaxial cable (Elec. Eng.)
~ مُتدَرِّجُ القُطْر — tapering cable
~ مُتَراكِز، ~ مُتَمَحوِر — concentric (or coaxial) cable (Eng.)
~ مُتَعَدِّدُ القُلُوب — multi-core cable (Elec. Eng.)
~ مَجْدول: ذو قَلبٍ من الموصِّلات المَجدولة — stranded cable (Elec. Eng.)
~ مُحَجَّب (بِحِجاب فِلِزّي) — screened cable (Elec. Eng.)
~ مُحَمَّل (بِمُحاثَّة تُقَلِّلُ التوهينَ عبرَ نطاقِ تردُّداتٍ مُعَيَّن) — loaded cable (Elec. Comm.)
~ مُدَرَّع: مُزَوَّدٌ بِغمدٍ فلِزّيّ واقٍ — armoured cable, shielded cable (Elec. Eng.)
~ المِرفاع — hoist(ing) cable (Mining)
~ مُرَكَّب — composite cable (Elec. Eng.)
~ مَرون: قابِلٌ للتَثَنّي — flexible cable (Elec. Eng.)
~ مُزدَوِج: ذو موصِّلين مجدولَين متَعدِّدي الموصِّلات — twin cable, paired cable (Elec. Eng.)
~ ~ مَجْدول — twisted pair (Elec. Eng.)
~ مُشْرَب — impregnated cable (Eng.)
~ (مُشْرَبٌ) لانَزوف — non-bleeding cable (Eng.)
~ مَشطُورُ المُوصلات — split-conductor cable (Elec. Eng.)
~ مَطّاطيُّ العَزْل — rubber-insulated cable (Elec. Eng.)
~ مَطْمور — buried cable (Elec. Eng.)
~ مُعَبَّأ بالزيت (لِلفُلطيّات العالية) — oil-filled cable (Elec. Eng.)
~ ~ بالغاز المَضْغوط — gas-pressure cable (Elec. Eng.)
~ مَعْدِنيّ فلِزّي — wire line (Eng.)
~ ~ العَزْل — mineral-insulated cable
~ مَعْزول — insulated cable (Elec. Eng.)
~ ~ بالوَرَق — paper cable (Elec. Eng.)
~ مُعَلَّق، ~ عُلْويّ — overhead cable
~ مُغَلَّف بالأسلاك — wire-sheathed cable

~ ~ ثُنائيُّ السِّلْك — shielded pair (Elec. Eng.)
~ مُفْرَدُ القَلْب — single-core cable (Elec. Eng.)
~ مِلْفافِ الرَّفْع — winding cable (Eng.)
~ مَمْلوءٌ بالزيت: لمنع التأيُّن الفجوي — oil-filled cable (Elec. Eng.)
~ ~ بالغاز – النتروجين المضغوط لمنع التأيُّن — gas-filled cable (Elec. Eng.)
~ المَهْوَى — shaft cable (Mining)
~ هَوائيّ — aerial cable (Elec. Comm.)
~ يَساريُّ الجَدْل — left-laid cable (Eng.)
~ يَمينيُّ الجَدْل — right-laid (or lay) cable

كَبَّلَ — fetter, enchain
كُبُوّ (اللون) — fading
~ اللمعة — tarnishing (Chem.)
كُبُول — cabling (Elec. Comm.) (أُنظر: كَبْل)
كُبَيْبَة — glomerule, glomerulus (Zool.)
كَبير — large, big, siz(e)able, macro-
~ البِلَّورات — macrocrystalline (Min.)
~ الحَجْم — huge, voluminous
~ ~ (أو القِياس) نِسْبيًّا — oversize(d)
~ المُهَندِسين — chief engineer
كَبيسيّ: مُشتَمِلٌ على اليوم الإضافيّ (في السَّنة) — bissectile (Astron.)
كت: الرمزُ الكيماويُّ لِلأكتينيوم — Ac (actinium) (Chem.)
كِتاب، دَفتر، سِجِلّ — book
~، رِسالة — letter, message
~ إرشادات — guidebook
~ تَدْريب — training manual
~ جَيْب — pocketbook
~ الرُّموز — code book
~ مَدْرسيّ — textbook
~ وَرَقيُّ الغِلاف — paperback
كِتابةٌ أو رِسالة سِرِّيَّة (بالشفرة) — cryptogram
الكِتابةُ بالاِختِزال، الاِختِزال — stenography
~ بالرُّموز أو الشَّفْرة — encoding
~ السِّرِّيَّة (بالشفرة أو الرموز) — cryptography
~ العاديَّة: غيرُ المُختَزَلة — longhand
كِتابيّ — clerical
كَتالوج، فِهْرِسٌ مُصَوَّر — catalog(ue)
كَتّان: نَباتُ الكَتّان — flax (Bot.)
~، قُماشُ الكَتّان — linen

كَتّان (تابع)
~ مَعدِنيّ (نَوعٌ من الأسْبَسْتوس) mineral flax (Build.)
كَتائِف (أُنظُر: كَتيفة)
~ جانبيَّة side brackets (Civ. Eng.)
~ دَعْم keeps (Mining)
~ السُّطوحِ الانسيابيَّة fairing brackets (Aero., Naut.)
كَتْب: استخراجُ البيانات وتحويلها إلى الذاكرة write (Comp.)
كَتِف، عاتِق shoulder
~: لَوحُ الكَتِف scapula (Zool.)
~: مُتَّكأُ قَنْطَرةٍ أو جِسْر abutment (Civ. Eng.)
~ جانبيَّةٌ (لِجدار الاحتجاز) counterfort (Civ. Eng.)
~ زافِرة: يَصِلُها عقدٌ أو أكثر بما تسنُده flying buttress (Build.)
~ العَقْد haunch (Civ. Eng.)
~ العَمود shaft shoulder (Arch.)
~ مُعَلَّقة (فَوقَ طُنُف) hanging buttress (Build.)
كَتَّفَ، قَوّى بالشُّكُل brace
~، دَعَمَ بكَتائِف bracket
كَتْفَرة: اِنتِقالُ الجُزيئاتِ المُوجِبة الشِّحنة في مائع إلى الكاثود بتأثير مَجالٍ كهربائيّ cataphoresis (Elec. Eng.)
كَتَّلَ، رَكَمَ agglomerate
~، قَوْلَبَ block
~، كَوَّرَ ورَصَّ conglomerate
~، رَكَمَ بلا ترتيب lump, mass
كُتْلَة: مِقدارُ المادَّةِ في جِسْم mass (Phys.)
~، قِطعةٌ غَليظة قصيرة chunk
~: قِطعةٌ ضَخمة block (Geol.)
~، مجموعة block, group
~ الأساس foundation block (Civ. Eng.)
~ الأُسطُوانات cylinder block (Eng.)
~ الإلِكترون: ٩,١٠٩١ × ١٠^{-٣١} كلغم electron mass (Chem., Phys.)
~ إلكترونيَّة وَظيفيَّة: دارةٌ إلكترونيَّة مُتَكامِلة functional electronic block (Electron.)
~ الإمتِصاص absorption mass
~ الإنطِلاق takeoff mass (Space)
~ تَثْبيت stay-block (Eng.)

~ تحتَ الحَرِجة subcritical mass (Phys.)
~ تُرابيَّة أو طينيَّة clod
الـ ~ الجُزَيئيَّة النِّسبيَّة relative molecular mass (Chem.)
~ حِدادة: في دَور التشكيل bloom, forging billet (Met.)
~ حَرِجة critical mass (Nucl. Eng.)
الـ ~ الحَيَويَّة biomass (Ecol.)
~ خَرَسانيَّة concrete block
~ خَشَبيَّة billet, ba(u)lk
~ ~، جِذْعُ شَجَرة log
الـ ~ الذرِّيَّة النِّسبيَّة (بالمُقارَنةِ مَعَ الكربون ١٢) relative atomic mass (Chem.)
~ من الرِّكاز cob (Min.)
~ زُجاجيَّة (مَصْهورة) gob
~ سِجِلّات block (Comp.)
~ السُّكون (لِلجُسَيْم) rest mass (Phys.)
~ شاخِصة boss (Eng.)
~ صَخْريَّة، نَجْد massif (Geol.)
~ (~) جاثِمة perched block (Geol.)
الـ ~ الصَّوتيَّة، المُخامَلةُ الصوتيَّة acoustic mass, acoustic inertance (Acous.)
الـ ~ الصِّيغيَّة formula mass (Chem.)
~ ضالَّة erratic block (Geol.)
~ طينيَّةٌ جاهِزة للتشكيل pug
الـ ~ الفَعّالة effective mass (Electron.)
~ قاعِديَّة: لِمَنْعِ انْغِرازِ الدَّعائم foot block (Civ. Eng.)
~ القالَب، أُنثى القالَب die block (Eng.)
~ مَبْدَئيَّة، ~ الاِنطِلاق initial mass (Phys.)
~ مُتَحَجِّرة concretion (Geol.)
~ مُزاحة displaced mass (Geol.)
~ المُعايَرة: لِفَحْص الدِّقَّةِ في المَقاييس block gauge (Eng.)
~ المَعدِن المُنصَهِرة (تحتَ الخَبَث) regulus (Met.)
~ (مَعدِنيَّةٌ) غيرُ مُنصَهِرة salamander (Met.)
~ مُنْدَسَّة intrusion (Geol.)
~ مُنْزَلِقة: بينَ أذْرُعٍ دَليليَّة slide block (Eng.)
الـ ~ النَّشِطة أو الفاعِلة active mass (Chem.)
الـ ~ النَّوَويَّة nuclear mass (Phys.)
~ هَوائيَّة air mass (Meteor.)
كُتْليّ، عَظيمُ الكُتلة massive

كَتَمَ، أخفى conceal, keep secret
~، كَبَتَ، أَخْمَدَ suppress, subdue
~: مَنَعَ التسَرُّبَ make impervious or impermeable
~ الصَّوت muffle (Acous.)
كَتْم، كَبْت؛ إخماد suppression
كَتوميَّة، لانَفاذيَّة imperviousness, impermeability (Chem., Geol.)
كُتَيِّب، نَشْرة فَنِّيَّة brochure
~، كِتابٌ مُخْتَصَر، دَليل handbook, manual
~ (تعليماتِ) الصِّيانة maintenance manual
~ المَشروع: تُقَدَّمُ على أساسِهِ العَطاءات project manual (Civ. Eng.)
كَتيبة battalion, regiment; corps
كَتيفة bracket (Civ. Eng.)
~ (حَمْلِ) الأنبوب pipe bracket (Eng.)
~ البَكَرة pulley bracket (Eng.)
~ تَثْبيت ودَعم mounting bracket, securing bracket (Eng.)
~ تَعْليق hanger bracket, suspension bracket
~ جِداريَّة wall bracket (Civ. Eng.)
~ جُمْلونيَّة مُثَلَّثيَّة K truss (Civ. Eng.)
~ حَوضٍ جافّ altar (Civ. Eng.)
~ دَعْم supporting bracket (Eng.), ancon (pl. ancones) (Arch.)
~ زاوِيَّة angle bracket, gallows bracket
~ المِصباح، حامِلُ المِصباح lamp bracket
~ مُعَلَّقة (كابوليَّة) cantilever (Eng.)
كَتيم، مَسيك، لانَفوذ impermeable, impervious
~ (أو كَتومٌ) لِلغاز gas-impervious
~ لِلماء: صامِدٌ للماء waterproof
الكُثافاتُ المُتقطِّرة drips (Pet. Eng.)
كُثافَة: ناتِجُ التكثيف condensate (Chem.)
كَثافة density (Phys.)
~ الإشعاع radiation density (Phys.)
~ الإضاءة luminous density (Illum.)
الـ ~ الانتِشاريَّة diffuse density (Photog.)
~ الانعِكاس reflection density (Opt.)
~ البُخار vapour density (Chem.)
الـ ~ البَصَريَّة optical density (Opt.)

كَثافة (تابع)

~ البيانات — data density (Comp.)
~ التدفُّق، ~ الدَّفْق — flux density (Phys.)
~ ~ الضِّيائيّ — luminous flux density (Illum.)
~ ~ في العازِل — dielectric flux density (Elec. Eng.)
~ التسجيل — recording density (Comp.)
~ التلوُّث — density of contamination (Phys., Ecol.)
~ التيّار (الكهربائيّ) — current density (Elec. Eng.)
~ حَرِجة — critical density (Phys.)
~ الحَزْم: كمية البيانات في وحدة الطول من وسَط التخزين — packing density (Comp.)
~ الدفق الإشعاعيّ — radiant (or radiation) flux density (Phys.)
~ ~ الكَهربائيّ — electric flux density (Elec. Eng.)
~ ~ المُتبقّي أو المُتخلِّف — remanent (or residual) flux density (Elec. Eng.)
~ ~ المِغنطيسيّ — magnetic flux density
~ الرَّصّ — packing density (Comp.)
الـ ~ السطحيّة — surface density
~ سُكّانيّة، ~ السُّكّان — population density (Geog.)
~ الشِّحنة — charge density (Phys.)
~ الضَّباب — fog density (Meteor.)
الـ ~ الطَّيفيّة — spectral density (Phys.)
الـ ~ الظاهِرة أو الظاهِريّة — apparent density (Phys.)
~ الفَيْض، ~ التدفُّق — flux density (Phys.)
~ المَجال — field density (Elec., Magn.)
~ المُرور — traffic density
الـ ~ المُطلَقة — absolute density (Phys.)
الـ ~ المِعياريّة أو العِياريّة — standard density (Phys.)
الـ ~ النِّسبيّة — relative density (Phys.)
الـ ~ النِّهائيّة (أو الحَدِّيّة): الكثافةُ النسبيّة لِلغاز في حالةِ الغاز المِثاليّ (على ضُغوطٍ خَفيضة جدًّا) — limiting density (Phys.)
الـ ~ النيوترونيّة — neutron density (Phys.)

كَثَبٌ، قُرْب — proximity, nearness
نُقطةُ الـ ~ — ponctum proximum (Opt.)

كَثْرة، تعَدُّد — multitude, multiplicity
~، ازدياد — excess, increase, hyper-
~، وَفْرة — abundance, exuberance, plenty

كَثُفَ، تكثَّفَ، تكاثَفَ — condense (Phys.)
~، غَلُظَ القَوام — incrassate, inspissate, thicken

كَثوفٌ: قابلٌ لِلتكاثُف — condensable

كَثيب، كَثيبٌ رَمْليّ — dune, sand dune (Geol.)
~ جَليديّ — drumlin (Geol.)
~ ~ طُوليّ — esker (Geol.)
~ ذَيْليّ — tail dune (Geol.)
~ رَمْليّ — sand dune (Geol.)
~ مُتنقِّل — shifting (or wandering) dune (Geol.)
~ هِلاليّ — parabolic dune (Geol.)

كثير — many, numerous, poly-, multi-
~، وَفير — copious, plenty, exuberant, ample
~ الأطوار — polyphase (Phys.)
~ الحُدود — polynomial (Maths.)
~ الخَلايا — multicellular (Biol.)
~ الذرّات — polyatomic (Chem.)
~ السُّطوح — polyhedron (Geom.)
~ ~ المُنتَظِم — regular polyhedron (Geom.)
~ الشُّكوك، مُرْتاب — scrupulous
~ الفَقْد — lossy (Elec. Eng.)
~ الوُجوه — polyhedron (Maths.)

كَثيرةُ الأرجُل: من المَفْصِليّات — millepedes or millipedes, Myriapoda (Zool.)

كَثيف: عالي الكَثافة — dense
~، مُلْتَفّ — bushy
~: غليظُ القَوام — thick

كَحّال — ophthalmologist (Med.)

كَحَتَ — scrape off *(v.)*

كَحْت، جَرْف، تَجريف — curettage (Med.)

كَحْلَل: عالجَ بالكحول أو حَوَّلَ إلى كُحول — alcoholize (Chem.)

كَحْلَلة، تفكُّك كُحوليّ — alcoholysis (Chem.)

كُحول، غَوْل — alcohol (Chem.)
~، مَحلولٌ كُحوليّ — spirit
~ إثيليّ — ethanol, ethyl alcohol; spirit (Chem.)
~ ~ (يُحَضَّرُ من الحُبوب) — grain alcohol
~ أُحاديُّ الهِدْروكسيل — monohydric alcohol (Chem.)
~ اِصطِناعيّ — synthetic alcohol (Chem.)
الـ ~ الأميلي — amyl alcohol (Chem.)
~ أوّليّ: يحوي المجموعة CH_2OH- — primary alcohol (Chem.)
~ البِرُوبيل — propyl alcohol, propanol
~ بيوتيليّ — butyl alcohol = butanol
~ ثُلاثيّ: يحوي المجموعة COH≡ — tertiary alcohol (Chem.)
~ ~ الهِدروكسيل (كالغليسرول) — trihydric alcohol
~ ثُنائيّ: يَحوي المجموعة CH(OH)≡ — secondary alcohol (Chem.)
~ الخَشَب، ميثانول — wood alcohol, methanol (Chem.)
~ خُماسيُّ الهِدْروكسيل — pentahydric alcohol
~ (إثيليّ) صِرْف — absolute alcohol
~ الصِّناعة — industrial alcohol (Chem.)
~ الطاقة: كحولٌ إثيلي يُستَعملُ وَقودًا — power alcohol (Chem.)
~ عِطْريّ — aromatic alcohol (Chem.)
~ الغار — lauryl alcohol (Chem.)
~ كِبريتيّ، مَرْكَبْتان — thioalcohol = thiol, mercaptan (Chem.)
~ مُتعَدِّدُ الهِدْروكسيل — polyhydric alcohol (Chem.)
~ المِثيل، رُوحُ الخَشَب — methyl alcohol = wood spirit (Chem.)
~ مُحَرَّف (أو مُحَوَّل الصِّفات) — denatured alcohol (Chem.)
~ مُكَرَّرُ التقطير (نقاوَتُه ٩٦٪) — rectified alcohol = rectified spirit (Chem.)
~ مُمَثْيَل — methylated spirit (Chem.)
~ نَقِيّ — pure alcohol

كُحولات: مُرَكَّبٌ من مادّةٍ مع الكُحول — alcoholate (Chem.)

كُحوليّة: المُحتَوى الكحوليّ — alcohol content (Chem.)
الـ ~: إدمانُ الكحول — alcoholism
مِقياسُ الـ ~ — alcohol(o)meter (Chem.)

كد: الرمزُ الكيماويّ للكادميوم — Cd (cadmium) (Chem.)

كَدَّ، كَدَحَ — toil, labo(u)r, drudge, fag

كَدٌّ، كَدْح — exertion, drudgery, toil

كُدادة — sludge

كُدادة (تابع)
ـُ الزيت — oil sludge (Pet. Eng.)
كُدارة، خَبَث، نُفاية — dross; dregs (Chem.)
ـُ حامِضيَّة — pepper, acid sludge (Chem., Pet. Eng.)
كُداسَة — aggregate
كَدِر، عَكِر — turbid, roily
كَدَّسَ، نَضَّدَ — stack, bank
~، كَوَّم، رَكَمَ — heap or pile (up), stock, accumulate, amass
كِدْس (مُعَدَّاتٍ أو ذَخيرة) — dump (Mil.)
كَدَمَ — bruise, contuse
كَدْم، كَدْمة — bruise, contusion (Med.)
كَدُود، مُجِدّ — industrious, hard worker
كُدورة — turbidity, roiledness
كَذَبَ — lie
كَذَّبَ: اتهم بالكذب — discredit, accuse of lying
~، دَحَضَ — refute, disprove
كر: الرمزُ الكيماوي لِفِلزّ الكروم — Cr (chromium) (Chem.)
كَرٌّ: حَبْلُ الشِّراع — halliard = halyard; bow-line, clew line (Naut.)
~: حَبْلُ (أو قضيبُ) تَثْبيت الشراع — jackstay (Naut.)
كِراء، أجْرٌ؛ استئجار — hire
كَرَّاءَة — dredge(r) (Civ. Eng.)
ـُ رافِعة — elevator dredge(r) (Eng.)
ـُ ضَخِّ الرِّمال — sand-pump dredger
ـُ غَرْف — scoop dredger (Civ. Eng.)
ـُ قادوسيَّة — bucket dredge(r), hopper dredger (Civ. Eng.)
ـُ قاطِعة — cutter dredger (Eng.)
ـُ قَطّاعة سَفّاطة — suction-cutter dredger (Civ. Eng.)
ـُ بالقَواديس الدوّارة — ladder dredger (Eng.)
ـُ كَبّاشيَّة — grab-dredger, grapple dredger (Eng.)
ـُ كهربائيَّة — electric dredger (Elec. Eng.)
ـُ ماصَّة (أو سَفّاطة) — suction dredger
ـُ مِغْرَفيَّة — dipper dredger (Eng.)
ـُ مِلْعَقيَّة — spoon dredge(r) (Civ. Eng.)
ـُ نَفّاثة — jet dredger (Civ. Eng.)
ـُ هَيدروليَّة ماصَّة — hydraulic dredger

كُرّاث — leek (Bot.)
كَراج، مَرْأب — garage
كَرّاجة: عَرَبة مُنخفِضةٌ لِنَقْل الأثقال — dray
كُرّاس، كُتَيِّب — booklet, pamphlet
كَرّاكة — dredge(r) (Civ. Eng.)
(أُنظُر: كَرّاءَة)
كِرامَة: زِراعةُ الكُروم — viticulture (Agric.)
كَرْب، كُرْبَة — agony, distress
ـُ الأرض، كِراب — ploughing, scarifying (Agric.)
كَرْباميد، بَوْلة — carbamide = urea (Chem.)
كَرْبَتة: تَحوُّلُ الفِلِزّ إلى كربوناته — carbona(ta)tion (Geol.)
كَرْبَلة، غَرْبَلة — sifting, riddling
كَرْبَنَ: شَبَّعَ بثاني أُكسيد الكَربون — carbonate (Chem.)
~، شَرَّبَ بالكربون (للتصليد) — carbonize, carburize (Met.)
~، مَزَجَ الوَقودَ الكَربونيَّ بالهواء — carburate, carburet (Eng.)
كَرْبَنَة، تَكَرْبُن — carbonization = carbonisation (Chem.)
~: مَزْج الوَقودِ الكربونيّ بالهواء — carburetion = carburation (Chem.)
~، سَمْنتةُ السطح — carburization = carbonization (Met., Eng.)
الـ ـُ بالغاز — gas carburizing (Met., Eng.)
كربوريتور، مُكَرْبِن — carburet(t)or, carburator, carburetter (Eng.)
الكَرْبون: عُنصر لافِلزّيّ رَمْزُه (ك) — carbon (C) (Chem.)
~ ١٤: نَظيرٌ إشعاعيّ لِلكَربون — carbon 14 (Chem., Phys.)
كَرْبونُ تَطْبيع الفولاذ — temper carbon (Met., Eng.)
ـُ السَّمْنتة — cementation carbon (Met.)
ـُ مُشْرَب — impregnated carbon (Phys.)
~ مُشِعّ — radiocarbon, radioactive carbon (Chem.)
~ مُنَشَّط — activated carbon (Chem.)
~ نَشِط — active carbon (Chem.)
كَربونات: مِلْح حامِض الكربونيك — carbonate (Chem.)
ـُ البوتاسيوم — potassium carbonate, salt of tartar (Chem.)

~ ~ الخام — black salts (Chem.)
~ ~ المُكَلَّسة — pearl ash (Chem.)
ـُ الصوديوم — sodium carbonate, sal soda (Chem.)
~ ~ الحامضيّة: بيكربونات الصوديوم — acid sodium carbonate (Chem.)
~ ~ الخام — black ash, soda ash
~ الكالسيوم — calcium carbonate, carbonate of lime (Chem.)
ـُ النُّشادِر — ammonium carbonate, sal volatile (Chem.)
كَربونادو: ماسٌ أسْوَدُ — carbonado (Min.)
كَرْبُونيّ: حاوٍ الكربون أو خاصٌّ بالكربون — carbonaceous, carboniferous (Chem., Geol.)
~: حاوٍ كَربونًا رُباعيَّ المُكافِئ — carbonic (Chem.)
العَصْر الـ ~ — Carboniferous period (Geol.)
كَرْبوهِدرات: مُرَكَّبٌ عُضْويٌّ سُكَّريّ — carbohydrate (Chem.)
كَرْبيد: سَبيكةٌ ثُنائيَّة مِن فِلِزٍّ مع الكربون — carbide (Chem.)
ـُ الحديد — iron carbide, cementite
ـُ السليكون، كاربورندُم — silicon carbide, Carborundum (Chem.)
ـُ الكالسيوم — calcium carbide (Chem.)
كَرْبينات: مُرَكَّباتٌ وَسيطة فَعّالة ذاتُ شِقٍّ عُضْويّ أو هالوجيني — carbenes (Chem.)
كَرْبينول، كُحُولٌ مِثيليّ — carbinol, methyl alcohol (Chem.)
كُرَة — ball
~، كُرَةٌ جُغرافيَّة — globe (Geog.)
~، جِسمٌ كُرَويّ — sphere (Geom.)
الـ ـُ الأرضيَّة — the globe, the earth (Astron.)
ـُ الأعماق — bathosphere, bathysphere (Ocean.)
الـ ـُ الباطِنيَّة — endosphere (Geol.)
الـ ~ ~ الثقيلة، لبُّ الأرض — barysphere, centrosphere (Geol.)
ـُ الحاكِم — governor ball (Eng.)
ـُ رأسِ العمود — balloon (Arch.)
الـ ـُ السَّماويَّة — celestial sphere (Astron.)
ـُ المِحْبَس — lock ball
ـُ مُمَغْنَطة، مِغنطيسٌ كُرَويّ — terella (Magn.)

كُرَة (تابع)

~ نخاع البَيْلَسان — pith ball (Phys.)
كُرَتا حاكِمِ السُّرعة — flyballs (Eng.)
كَرْتون، وَرَقٌ مُقَوًّى — cardboard, paperboard
~ تجليد الكُتُب — millboard (paper)
~ العُلَب: تُصْنَعُ منه العُلَب — boxboard
كَرَّرَ: نَقَّى (بإعادة التقطير خاصةً) — rectify, refine (Chem.)
~، أعادَ — repeat, iterate
~ بإصرار — reiterate
كَرَزٌ — cherry (Bot.)
كَرَّسَ — devote
كُرْسُف، قُطْن — cotton
كِرْسَنَّة — ervil (Bot.)
كُرْسِيّ، مَقْعد — chair, seat
~ تَثْبيت — chair (Railways)
~ تحميل، مَحْمِل — bearing (Eng.)
~ ~ داخليّ — inner bearing (Eng.)
~ ~ وِساديّ — pillow block (bearing)
~ دوّار — swivel chair
~ الزَّهرة — receptacle (Bot.)
~ مُختبَر — stool
~ مُدَولَب، ~ بعَجلات — wheelchair
~ وَصْل: لِتَثبيت طَرَفي قَضِيبي السِّكّة — joint chair (Railways)
الكِرْش: المَعِدةُ الأُولى في المُجتَرّات — paunch = rumen (Zool.)
كَرَفْس — celery (Bot.)
كَرَكَةُ التَّقطير: مِقْطَرة — still, retort, alembic (Chem.)
كَرْكَرة صوتيّة: في المُضَخِّم سَبَبُها قُصورُ فَكِّ التقارُن بينَ مصادِر التيار — motor-boating (Elec. Comm.)
كُرْكُم — turmeric (Bot.)
كَرْكَنْد، جرادُ البَحْر — lobster (Zool.)
كُرْكي، مالِكُ الحَزين — crane (Zool.)
الكُرْكي: كَوكبةٌ جنوبية — Grus (The Crane) (Astron.)
كَرْم، كَرْمة، دالِيَة — (grape)vine (Bot.)
~، بستان العِنَب — vineyard
كَرَنْب — cabbage (Bot.)
كَرَنْتينا: حَجْرٌ (أو مَحجر صِحّي) — quarantine
كُرْهٌ — hate, dislike

~ الأجانب — xenophobia
كُرَوانيّ، شَبيهٌ بالكُرة — spheroid(al), globoid(al) (Maths.)
~ مُفَلْطَح: شِبْهُ كُرَةٍ مُفَلْطَح — oblate ellipsoid = oblate spheroid (Geom.)
كُرَوانيّة — spheroidity, spheroidicity (Maths.)
كُرور، عَوْدةٌ إلى جَوّ (الأرض) — re-entry (Space)
كُروم، أَصْفَرُ الكروم — chrome (Chem.)
الكُرُوم: عُنصُر فِلِزّي رَمْزُه (كر) — chromium (Cr) (Chem.)
أَصْفَرُ ~ — chrome yellow (Chem.)
كُرومات: مِلحُ حامِض الكروميك — chromate (Chem.)
كروماتْرون: صِمامٌ كاثوديّ للتلفزة المُلَوَّنة — chromatron (Telev.)
كروماتوغرافيّ، اِستِشرابيٌّ لَونيّ: خاصٌّ بالفَصْل الاستِشرابي — chromatographic (Chem.)
كُروماتين، صِبْغِين — chromatin (Biol.)
كروموسوم، صِبْغيّ — chromosome (Biol.)
كُرومومِتر، مِلْوان: مِقياسُ اللون — chromometer (Phys.)
كرونوترون: مِيقَتٌ إلكترونيّ — chronotron (Phys.)
كرونوسكوب، مُوَقِّتة إلكترونية: لِلفتَراتِ الشديدةِ القِصَر — chronoscope
كرونوغراف، مُوَقِّتةٌ مُسَجِّلة — chronograph
كرونومتر، ساعةٌ دَقيقةٌ جدًّا — chronometer
كُرَوِيّ — spherical, ball-shaped, globular, global
كُرَوِيّة، تكَوُّر — sphericity
كُرَيّاتُ انزلاقٍ دَليليّة — guide beads (Eng.)
كُرَيَّة — globule, corpuscle, spherule
~، حَبّة — pellet
~ أُحاديّةُ النَّواة — monocyte (Zool.)
~ بَيضاء، ~ دمٍ بيضاء — white corpuscle, leucocyte (Zool.)
~ حَمْراء، ~ دمٍ حَمْراء — erythrocyte, red blood cell (Zool.)
~ (~) سَوِيّة — normocyte (Zool.)
~ دَمَويّة — blood corpuscle (Zool.)
~ زُجاجية — glass marble
~ سَديميّة: تُمَثِّل أُولى مَراحِلِ تكَوُّن نَجم — globule (Astron.)

~ مَركَزية — centriole (Biol.)
كريتاوي، طباشيري — cretaceous (Geol.)
كُرَيرة: كُرَيَّةُ دمٍ حَمراء — erythrocyte
كريزول: فينول المِثيل — cresol (Chem.)
كُرَيضة: كُرَيّة دمٍ بَيضاء — leucocyte, white blood cell (Zool.)
كَريه، بَغيض — offensive, disagreeable
كريوزوت: سائلٌ قَطِرانيّ يُصانُ به الخَشَب — creosote (Chem.)
كريوستات: وَحدةُ تبريدٍ تُقارِبُ درجةُ حرارتِها درجةَ الصِّفر المُطلق — cryostat (Eng.)
كريومتر: ترمومتر لقياس درجات الحرارة الخَفيضةِ جدًّا — creometer (Phys.)
كز: الرمزُ الكيماويّ للزِّركونيوم — Zr (zirconium) (Chem.)
كَزٌّ: يابِسٌ مُتَقَبِّض — stiff
الكُزاز — tetanus (Med.)
كَزازةُ الِتوائيّة — torsional stiffness (Phys.)
~ صَوتيّة — acoustic stiffness (Phys.)
كُزْبَرة، تِقْدَة — coriander (Bot.)
كَسا، أَلْبَسَ — clothe, dress, clad
~ (بالإسمنت أو الحجارة) — revet
~، أَحْدَقَ بِـ — invest
~ بألواحٍ خشبيّة — board, wainscot
كُساح، رَخَد — rickets (Med.)
كَساد — depression
كُسارة — breakage, cuttings
~ حِجارة — rubble
~ الحَفّارة — bit cuttings (Civ. Eng.)
~ زُجاج (مُعَدّة للصَّهر) — cullet
~ صلبة لِلرَّصْف — hard core (Civ. Eng.)
~ الفَحم الحَجَريّ — danty (Mining)
~ أو سُقاطة الكوك: تُستخدَمُ في خَرسانة الكوك — coke breeze (Build.)
كَسّارة، جَرّاشة — kibbler, crusher, breaker (Eng.)
~ تِمساحيّة — alligator crusher (Eng.)
~ جَوز — nutcracker
~ حِجارة — stone breaker or crusher
~ حَصًى — pebble mill, granulator
~ الخام — ore crusher, buck (Mining)
~ خَرَسانة — concrete breaker (Civ. Eng.)
~ دِحراجيّة — roller crusher (Eng.)
~ رَحَويّة — rotary crusher (Eng.)

كَسَّارة (تابع)
~ صُخور — rock breaker (Civ. Eng.)
~ صَدْمِيَّة — impact crusher (Min.)
~ فَكِّيَّة — jaw breaker (or crusher)
~ لَفّافة — gyratory crusher (Eng.)
~ مِطْرَقِيَّة — hammer crusher, hammer mill (Eng.)
كَسَبَ، رَبِحَ — gain, profit, win
كَسْبٌ، رِبْح — gain, profit
~ (يُقاسُ بالديسيبل) — gain (Elec. Comm.)
~ اتِّجاهيّ — directional gain (Radio)
~ الإدخال — insertion gain (Elec. Comm.)
~ الإرسال — transmission gain (Elec. Eng.)
~ الانعِكاس — reflection gain (Elec. Comm.)
~ توجيهيّ — directive gain (Elec. Eng.)
~ حَراريّ — heat gain (Phys.)
~ الفُلْطِيَّة — voltage gain (Elec. Eng.)
~ القُدرة — power gain (Elec. Comm.)
كُسْب: ثُفْلُ البُزور الزيتيّة بعدَ عَصْرِها — oil cake
كَسْتَنائيّ اللّون — auburn, chestnut, bay
كَسْتَنة، قَسْطَل — chestnut (Bot.)
كَسَحَ — flush, wash away (San. Eng.)
~، كَنَسَ — sweep, scavenge
~: أزالَ الغازاتِ المُحترقةَ من أسطوانة المُحَرِّك — scavenge (Eng.)
كَسْحٌ — scavenging, sweeping
~ الألغام — mine sweeping (Mil.)
~ بالبُخار — steaming-out
~ (أو اجتِرافٌ) إلى الخارج — wash-out
~ طَبَقيّ — sheet erosion (Geol.)
كَسَرَ، حَطَّمَ، فَصَمَ، قَطَعَ — break
~: حَرَفَ الأشِعَّة — refract (Phys.)
كَسَّرَ، حَطَّمَ — shatter, smash
~ (النِّفط) بالتقطير الإتلافيّ — crack (Chem.)
كَسْر، اِنْكِسار — breakage, fracture
~: نسبة العدد المقسوم إلى العدد المقسوم عليه (مثل ٣/٤ أو ٤/٣) — fraction (Maths.)
~ اعتياديّ أو دارج: المقسوم عليه أكبر من المقسوم — common fraction, vulgar or proper fraction (Maths.)
~ انشِقاقي — cleavage fracture (Geol.)
~ بَسيط — simple fracture (Med.), simple fraction (Maths.)
~ بَيانيّ (لِمقياس الرسم) — representative fraction (Maths.)
~ التعبئة، ~ التراصّ: نسبةُ النقص الكُتليّ إلى العدد الكُتليّ — packing fraction (Phys.)
~ جُزَيْئيّ غراميّ — mole fraction (Chem.)
~ حَقيقيّ — proper fraction (Maths.)
~ خَلْعيّ — dislocation fracture (Med.)
~ دَوريّ — recurring fraction (Maths.)
~ الشَّدّ — tension fracture (Geol.)
~ شَعْريّ: اِنشِعار العظم — pilation (Med.)
~ عَشريّ — decimal (Maths.)
~ ~ دائر أو دَوريّ أو مُتكَرِّر — recurring decimal (Maths.)
~ ~ ~ مَحض: مثل ١/٣ = ٠,٣٣٣٣ — pure recurring decimal (Maths.)
~ ~ ~ مُختَلِط: مثل ١/٦٠ = ٠,٠٠١٦١٦١٦ — mixed recurring fraction (Maths.)
~ ~ لامُتَناهٍ: لا هو مُنْتَهٍ ولا دَوريّ (مثل π «ط») — infinite decimal (Maths.)
~ ~ مُتَكَرِّر (أو دائر) (أنظر: كسر عَشريّ دائر) — periodic decimal, repeating (or recurring) decimal
~ غير حقيقي — improper fraction (Maths.)
~ القَصّ، ~ قاصٌّ — shear fracture (Eng.)
~ قَصِف: لا كَسْرُ خُضوع — brittle fracture (Eng.)
~ لامُنْتَهٍ: إما لامُتَناهٍ أو مُتكَرِّر — non-determinating decimal (Maths.)
~ مُتَّصِل أو مُستمِرّ أو مُتسلسِل — continued fraction (Maths.)
~ مُرَكَّب أو مُعَقَّد — compound fraction, complex fraction (Maths.)
~ مُضاعَف — compound fracture (Med.)
~ مُعْتَلّ: غيرُ حقيقي (مثل ٧/٤) — improper fraction (Maths.)
~ وَحْديّ: بَسطُه (صورتُه) الرقم ١ — unit fraction (Maths.)
كِسْرة، شَقَفة — fragment
كَسْريّ، جُزئي — fractional
كَسَفَ — eclipse
~، خَسَفَ — occult
~: حجبَ نورَ سِواه — overshadow
كِسْفَة: قِطعة رقيقة — flake
~ ثلجيَّة — snowflake (Meteor.)
كُسْوَة، غِطاء — covering, coating
~، لِباس — clothing, dress, attire
~ جِبسيَّة نِهائيَّة — white coat (Build.)
~ الحيوان: لَونُ الشَّعر أو الجِلْد — coat, pelage (Zool.)
~ خشَبيَّة للجُدران الداخلية — wainscot
~ العَدَسة: تغليفٌ عَدَسيٌّ مانِعٌ لِلانعِكاس — lens coating (Opt.)
الكُسورُ العَشريَّة — decimal fractions (Maths.)
كُسورٌ لا تُختَزَل — irreducible fractions
كُسوف، خُسوف — eclipse (Astron.)
~ (أو خُسوفٌ) كُلِّيّ — total eclipse (Astron.)
~ جُزئي — partial eclipse (Astron.)
~ حَلْقي — annular eclipse (Astron.)
~ (الشمس) — solar eclipse (Astron.)
~ كُلِّي — total eclipse
~ نَجميّ أو كَوكبيّ (بِظِلِّ القمر) — occultation (Astron.)
كُسوفيّ — ecliptic(al)
كُشاطَة، قُشادة — skimming
~، قُشارة، نُحاتة، بُرايَة — shavings
كَشّاف: مِن فريقٍ كَشْفيّ — scout
~: نُورٌ كَشّاف — flood-light
~ تسليطٍ بُقعيّ — spotlight
كشتبان — thimble
كَشَطَ، قَشَرَ، بَشَرَ، سَحَجَ — scrape, shave (off)
~، سَلَخَ — skin
كَشْط، تَنظيفُ الأنابيب من الداخل بالكَشْط — pigging (Pet. Eng.)
~ الجِلْد لِتَسهيل دَبْغِه — frizzing
كَشَفَ — expose, uncover, unmask
~، بَيَّنَ — detect, show up, reveal
~ بالتعرية الطبيعية — exhume (Geol.)
كَشْف، تعريض — exposure
~، تِبيان — detection
~، بيان، قائمة — list, roll
~، اِكتِشاف — discovery; detection
~ الأخطاء، ~ الخَلَل — fault detection
~ تجاوزِ التيّار — overcurrent detection (Elec. Eng.)
~ بالتسرُّب الشَّبَكيّ — grid detection (Electron.)
~ الحِساب — statement of accounts

كَشْف (تابع)

~ خَطّيّ linear detection (Phys.)

~ الخَلَل (في المعادن) بالتموّجات فَوق الصوتيّة ultrasonography (Met.)

~ ~ مِغْنَطيسيًّا (في المَصْبوبات المعدنيّة) magnetic flaw detection (Eng.)

~ الرواتِب payroll = paysheet

~ الشقوقِ مغنطيسيًّا magnetic crack detection (Eng.)

~ صَوتيّ acoustic detection (Geophys.)

~ عَشْوائيّ (بخاصةٍ تنقيبًا عن النِّفط) wildcating (Pet. Eng.)

~ بالعَمليّات المُتتابِعة (حسب مُخطّط معيَّن) flow sheet (Eng.)

~ العواصِف بالرادار radar storm detection (Meteor.)

الـ ~ الفَلْوَريّ fluoroscopy (Eng.)

الـ ~ بالفَيض المِغنطيسيّ magnafluxing (Eng.)

الـ ~ القَرّي: تحديدُ نِقاطِ تجمُّد السوائل (أو انصهار الجَوامد) cryoscopy (Chem.)

~ كَهْرمِغنَطيسيّ electomagnetic detection (Elec. Eng.)

~ مُزدوج: اِكتشافُ طبقتَين مُنتجتَيْن في بئر واحدة dual discovery (Pet. Eng.)

~ الميزانيّة balance sheet

كُشْكُ المُحَوِّل transformer kiosk (Elec. Eng.)

كَشْكَش، هُدْب frill

كِشْمِش currant (Bot.)

كَظَّ، حشَى وأفعَمَ cram, congest

كِظام، سِداد stopple, plug

~ سَبَطانيّ tompion = tampion (Mil.)

كِظامة، سِدادُ ثَقْبِ الصَّبّ bott, bod (Foundry)

الكُظْر adrenal gland, suprarenal gland (Zool.)

كُظْرين: خُلاصةُ الكُظْر adrenaline (Biol.)

كَظَمَ: سَدَّ clog

~: كَبَتَ suppress, repress

كَظْميّ: أدياباتي adiabatic (Phys.)

كَظيمة: قارورةُ عَزْل الحرارة thermos (Phys.)

كِعام، سِدادٌ مُقْحَم gag

~، كِمامة muzzle

~ الرَّمل (في أعلى قالَب الصَّبّ) gagger (Foundry)

كَعْب malleolus (Zool.)

~ تَجميع الماء water boot (Pet. Eng.)

~ تَعْشيق engagement boot (Eng.)

كُعْبُرة، قَبْضَة، زِرّ knob

~: عَظْمُ الكُعْبُرة radius (Zool.)

~ المِزلاج bolt knob (Eng.)

~ المِسحاج plane knob (Carp.)

كَعْبَرة: تكتيلٌ في كُتَلٍ مُكَوَّرة nodulizing

كعكة: تركيبة حَلْقية cake, doughnut (Eng.)

كف: الرمزُ الكيماويّ للكاليفورنيوم Cf (californium) (Chem.)

كَفَّ أو انقطَعَ عن، أوقَفَ، توَقَّفَ cease

كَفٌّ: ثَنْيٌ وغَبْن hemming

~: راحةُ اليد palm

~ بُرْثُنيّ، قَدَمٌ مِخْلَبيّة paw (Zool.)

~ تَشْفيه أو تشفير flanging (Eng.)

كُفْء efficient, competent

كَفاءة، جَدارة competence = competency, efficiency, proficiency (أُنظر: كِفاية)

كِفاف، حاشية hem, rim, flange

~: مُخَطَّط مُحيطيّ أو حَدِّي contour (Geog., Maths.)

كَفافيّ، ضَئيلٌ نَوعًا bare

كَفالة (لإطلاق سَراحِ مَوقوف) bail

~، ضَمان guaranty, warranty, guarantee

كِفاية، كَفاءة، مَردود efficiency, output

~: ما يكفي أو يَفي sufficiency, adequacy

~ (أو فَعّاليّة) الآلة efficiency of a machine (Phys., Eng.)

~ الابتِعاث emission efficiency (Phys.)

الـ ~ الاتجاهية directive efficiency (Radio)

الـ ~ الإجمالية overall efficiency (Eng.)

الـ ~ الإشعاعية (لِلهَوائي) radiation efficiency, antenna efficiency

الـ ~ الإلكترودية: نِسبةُ الكمية المُترسِّبة إلى المُتوَقَّعة (حسبَ قوانين فارادي) electrode efficiency (Elec. Eng.)

~ الانضِغاط compression efficiency (Eng.)

~ تحويل الطاقة energy conversion efficiency (Eng.)

~ التقويم rectification efficiency (Elec. Eng.)

~ التيّار، مَردودُ التيّار current efficiency (Elec. Eng.)

الـ ~ الحَجْميّة volumetric efficiency (Eng., I.C. Engs.)

الـ ~ الحَراريّة heat efficiency, thermal efficiency (Eng.)

الـ ~ ~ المُبيَّنة indicated thermal efficiency (Eng.)

الـ ~ ~ المِكْبَحيّة brake thermal efficiency (Eng.)

الـ ~ الدَّفْعِيّة propulsive efficiency (Eng.)

الـ ~ الضوئيّة (للمِصباح الكهربائي): باللُّومن لِلْواط light efficiency (Illum.)

الـ ~ الضِّيائية luminous efficiency

الـ ~ الظاهرية apparent efficiency

~ العَدّاد counter efficiency (Nuc. Eng.)

الـ ~ عندَ ثَبات دَرَجة الحَرارة isothermal efficiency (Eng.)

~ القُدرة power efficiency (Eng.)

الـ ~ المُبيَّنة indicated efficiency (Eng.)

~ المُحَرِّك engine efficiency (Eng.)

الـ ~ المَرحَليّة stage efficiency (Eng.)

~ المِروَحة propeller efficiency (Aero.)

~ المِصباح lamp efficiency (Illum.)

الـ ~ المُطلقة absolute efficiency (Eng.)

الـ ~ المُعلَنة declared efficiency

الـ ~ المكنيّة أو الميكانيكيّة mechanical efficiency (Eng.)

الـ ~ النِّسبيّة relative efficiency (Eng.)

~ نِصْفِ الحِمْل half-load efficiency

الـ ~ النظرية theoretical efficiency (Eng.)

الـ ~ بالواط ساعة watt-hour efficiency (Elec. Eng.)

~ الوُصْلة joint efficiency (Eng.)

~ وَظيفيّة functional efficiency (Eng.)

كَفْت: قِدْرٌ ذاتُ مِقْبَض skillet, saucepan

كُفّة: حاشية أو سير تقوية welt (Build.)

~: حافّة أو حاشية هدابيّة fringe

كِفّة: صِينيَّةٌ أو طبقُ الميزان pan, scale

~ لُقَم اللولَبة stock, die-stock (Eng.)

~ ~ لولَبة الأنابيب pipe-stock (Eng.)

كِفَّة (تابع)

~ لَوْلَبة — tap plate = screw plate (Eng.)

~ المِيزان — (balance) pan, scalepan

كِفَّتا العاتِق — beam scales

كُفُرّى: كافور الطَّلعة — spathe (Bot.)

كَفَلَ: أخرجَ مَوقوفًا بكَفالةٍ — bail

~، ضَمِنَ — guarantee, warrant

كَفَلٌ، رِدْف — croup, rump, haunch (Zool.)

كُفْؤ، نَظير — coordinate, counterpart

كُفْؤ: ذو أهلية وجدارة، كَفيّ — competent, well-qualified, efficient

كَفّيُّ الشكل، راحِيّ — palmate

كَفّيّاتُ الأقدام — Palmipeds (Zool.)

كَفيل، ضامِن — surety, sponsor

كَلَّ، أعيا — tire, get tired or fatigued or weary

~، ضَعُفَ مَضاؤه أو حِدَّتُه أو شِدَّتُه — blunt, fatigue

كل: الرمزُ الكيماويُّ للكلور — Cl (chlorine) (Chem.)

كُلّ، كامِل — whole, entire

~ قائمٌ بذاته — entity

~ مُتكامِل أو صَحيح — integral

كَلأ، عُشب — grass, herbage

~ عَلَفيّ — forage

~ ~ مُجَفَّف — provender, fodder

كَلّاء: حاجِزُ أمواج — jetty (Naut.)

كُلّاب، عُقّافة — hook, crook, cramp

~، ماسِكة كُلّابيَّة — dog (Eng.)

~، مِخْلَب. سِنٌّ كلابيَّة، ناب — fang

~، مِرساة — grapnel, grapple (Naut.)

~ البطارية، قامِطُ البطارية — battery clamp (Elec. Eng.)

~ رَفع، ~ المرفاع — crampo(o)n (Eng.)

~ القابِض — clutch dog (Eng.)

~ القَفْل — locking hook

~ وَصْل — joint cramp, dog (Civ. Eng.)

كُلّابة (قَبْض) — grip, catch

~ قَمْط — clamp dog (Eng.)

~ مَحْنيَّةُ الذَّيل — bent-tail dog (Eng.)

~ المِخرَطة — lathe carrier = lathe dog (Eng.)

~ مسامير — nail puller

كلارْك، مُعَدَّلُ الوَفْرة: مُعَدَّلُ وَفرةِ العُنصر الكيماوي في القشرة الأرضيَّة — clarke (Min.)

كَلال، تعَب — fatigue, weariness

~: إنهيارٌ بِفَرْط الإجهاد — fatigue (Eng.)

~ إبصاريّ — visual fatigue (Opt.)

~ الارتِجاج — vibration fatigue (Eng.)

~ البَصَر — eye fatigue, eye strain (Med.)

الـ ~ البِنْيَوِيّ — structural fatigue (Eng.)

~ التَّحات الكيميائيّ، ~ التأكُّل — corrosion-fatigue (Eng.)

~ الثَّنْي — bending fatigue (Eng.)

الـ ~ الحراريّ — thermal fatigue (Eng.)

~ الحَكّ — chafing fatigue (Eng.)

~ الشبكية — retinal fatigue (Med.)

~ العازِل — dielectric fatigue (Elec. Eng.)

~ اللَّيّ — twisting fatigue (Eng.)

~ المُرونة، الـ ~ المُرونيّ — elastic fatigue (Eng.)

~ مَعْدِنِيّ، ~ الفِلِزّات — metal fatigue (Eng.)

كلام — speech

~ الصُّورة — caption (Typog.)

كلايْسترون: مُوَلِّدُ ذَبذباتٍ سنتيمتريَّة — klystron (Radio)

كَلْب — dog (Zool.)

الـ ~ الأصْغَر — Canis Minor (Lesser Dog) (Astron.)

الـ ~ الأكبرَ — Canis Major (Greater Dog) (Astron.)

~ البَحر — shark, sea dog (Zool.)

كَلَب، داءُ الكَلَب — rabies, hydrophobia (Med.)

كِلْب، عُشْبُ البَحر الأسمَر — kelp (Bot.)

كَلْبة: كُلّابة مُتَضادَّةُ العَقْفَتين — bitch (Carp.)

كَلْبيّ — canine

كِلَّة، ناموسيَّة — mosquito net

كَلْديرا: فُوَّهةٌ بُركانيَّة ضَخمة — caldera (Geol.)

كَلَرتْرُون: صِمامٌ ثُلاثيُّ المِدفَعاتِ الإلكترونيَّة — three-gun picture tube (Telev.)

كِلْس، حَميصٌ أو أُكسيد الجير — lime, quicklime, calx (Chem.)

~ حَيّ، جيرٌ حَيّ — quicklime (Chem.)

~ غازي: مُشبَعٌ بنُفايات تطهير الغاز — gas lime (Chem.)

~ مُطفأ، جيرٌ مُطفأ — slaked lime (Chem.)

كَلَّسَ بالتحميص، حَمَّصَ — calcine, calcinate

كَلْسَنة: تَحميص — calcination (Chem.)

كِلْسيّ، جِيريّ — calcareous, calciferous

كَلْسيُوم (أنظر: الكالسيوم) — calcium (Chem.)

كَلَفٌ، نَمَش — freckles (Med.)

~ الشمس: البُقَعُ الشمسيَّة — sunspots (Astron.)

كَلَّفَ (بِـ) — charge (with) *(v.)*

~ (كذا) — cost *(v.)*

كُلْفة، تَكْلِفة — cost *(n.)*

~ الإنتاج — cost of production

~ (أو تَكلِفةُ) الوَحدة — unit cost

~ الصِّيانة — maintenance cost (or expenses)

كَلْفِن: اِسمٌ لِوَحدة درجةِ الحَرارة في النظام الدَّولي — kelvin (Phys.)

كُلْم: فَحمٌ قِيري غَنيٌّ بالمعادِن المُشِعَّة — kolm (Geol.)

كَلِمة: لَفظة؛ ~: وَحدةُ بيانات — word (Comp.)

~ بَيانيَّة — data word (Comp.)

~ تَحَكُّم — control word (Comp.)

~ حاسُوبيَّة — computer word (Comp.)

~ دَليليَّة — index word (Comp.)

~ ~، كلمة مِفتاحيَّة — keyword

~ رَمزيَّة، ~ مُجَفَّرة — code word

~ السِّر، ~ العُبور — password, watchword

~ مُجَرَّدة — abstract word (Maths.)

~ مَحجوزة: تستَخْدِمُها المَنظومة وليس المُستخدِم — reserved word (Comp.)

~ مفتاحية: من الكلمات المهمة في النص — keyword (Comp.)

كُلْوانيّ: شَبيهُ الكُلْوَة — nephroid (Zool., Maths.)

كُلْوَة، كُلْيَة — kidney, ncphros (Zool.)

كَلْوَرَ، عامَلَ بالكلور — chlorinate (Chem.)

الكلور: عُنْصُر غازيٌّ رَمزُه (كل) — chlorine (Cl) (Chem.)

كلورات: مِلحُ حامِض الكلوريك — chlorate (Chem.)

فوق ~ — perchlorate (Chem.)

~ البوتاسيوم — potassium chlorate

~ الصوديوم — sodium chlorate (Chem.)

كَلْوَرَة: مُعالَجةٌ بالكلور — chlorination

كلورور، كلوريد (أنظر: كلوريد) — chloride (Chem.)

كلوروفورم — chloroform (Chem.)

كلوريت: مِلحُ حامِضِ الكلُوروز — chlorite
كلُوريد، كلورور: مِلْحُ حامِضِ الكلوريدريك — chloride (Chem.)
~ الإثيلين — ethylene chloride (Chem.)
~ الأمونيوم، مِلح النُّشادِر — ammonium chloride (Chem.)
~ الباريوم — barium chloride (Chem.)
~ البوتاسيوم — potassium chloride
~ الحديديك — ferric chloride (Chem.)
~ الصوديوم، مِلْحُ الطعام — sodium chloride
~ الفِضَّة — silver chloride (Chem.)
~ الكالسيوم — calcium chloride (Chem.)
~ الكربونيل — carbonyl chloride, phosgene (Chem.)
~ مُتعَدِّد القاينِيل — polyvinyl chloride (Chem.)
~ النُّحاس — copper chloride (Chem.)
~ النُّشادِر — sal-ammoniac, ammonium chloride (Chem.)
~ الهِدْروجين: يَذوبُ في الماء مُكَوِّنًا حامض الكلوريدريك — hydrogen chloride (Chem.)
كُلْوِيّ — renal, nephric (Zool.)
كُلِّيّ، إجماليّ — total, holo-
كُلِّيَّة، مَعْهَد، مدرسة جامعيَّة — college
~، تَماميَّة — totality, entirety
~: كَمَجْموع — totally, wholly
كُلْية أو كُلْوَة — kidney, nephros (Zool.)
كليدوسكوب، مِشكال: مِنظارُ النماذِج المُتغَيِّرة — kaleidoscope (Opt.)
كليشيه، رَوْسَم — cliché (Typog.)
~، نَقْشٌ — engraving
كَليلٌ، كالٌّ: كَليلُ الحَدِّ — blunt, disedged, dull, obtuse
كلينوغراف: مِرسَمةُ المَيْل — clinograph (Surv.)
كلينومتر: مِقياسُ المَيْل — clinometer (Surv.)
~ ضَوئيّ — photoclinometer (Civ. Eng.)
كم: الرمزُ الكيماويُّ للكوريوم — Cm (curium) (Chem.)
كَمَّ: غَطَّى وسَتَر — cover, hide
~ (بالكِمامة) — muzzle
~ (الغَرْسَةَ): غَطَّى ساقَها بالتراب — earth up (Agric.)

كَمٌّ، كَمَّة: أصغَرُ مِقدارٍ من الطاقة يُمكِنُ أن يُوجَد مُستَقِلًّا (ج: كَمَّات) — quantum (pl. quanta) (Phys.)
الـ ~ الضَّوئيّ — light-quantum (Phys.)
كِمّ، كِمُّ الزَّهرة (الكأسُ والتُّوَيْج) — perianth (Bot.)
كُمّ، إياد، رُدْن — sleeve
~ (أو جُلْبَة) وِقاية — protector sleeve (Eng.)
~ (أو غِمْدٌ) عازِل — sleeving (Elec. Eng.)
~ تَثْبيت — securing sleeve (Eng.)
~ الحاكِم — governor sleeve (Eng.)
~ دَليليّ — guide sleeve (Eng.)
~ الرِّيح، مَخروطُ الريح — wind cone, wind sleeve, wind sock or stocking (Aero.)
~ زِناقيّ — collet sleeve (Eng.)
~ قارِن — coupling sleeve (Eng.)
~ قامِط — clamping sleeve (Eng.)
~ مُباعَدة — spacing sleeve (Eng.)
~ مَشْطور — split sleeve (Eng.)
~ مُنحرِفُ المركز — eccentric sleeve (Eng.)
~ مُنْزَلِق — sliding sleeve
~ وَصْل (بينَ أُنبوبين مُختَلِفَي المادَّة) — sleeve piece, thimble (Build.)
كَمَّى، حَدَّدَ الكميَّة — quantify (Maths.)
كَمْء، كَمأة — truffle(s) (Bot.)
كَمَّات (جَمْعُ كَمّ) — quanta (pl. of quantum) (Phys.)
كَمَّاحة، مِكْبَح، كابِحة (أُنظُر: مِكْبَح) — brake (Eng.)
~ انزلاق: تمنَعُ دورانَ الدولاب في مُنحَدَر — skid (Eng.)
~ الباب — door-check (Build.)
كِمادة — fomentation, pack, compress
~، لَزْقة، لَبْخة — poultice, stupe (Med.)
~ بارِدة — cold pack (Med.)
كَمَّاشة — pincers, nipper(s), nail claw = nail extractor
كَمال، إكتِمال — completion, completeness, entirety
~، حَدُّ الكمال — perfection
~، تَماميَّة، عَدَمُ التجزئة — integrity, wholeness
كِمام: ~ مُخمِّد للضَّجيج — muffler (Eng.)
~: ~ فم الحيوان — muzzle
كِمامَة — mask

~ الغاز — anti-gas respirator
كَمْبِيالة — bill, promissory note
كُمْبيوتر، حاسوب (أُنظُر: حاسوب) — computer
كَمْبيوم، قُلْب — cambium (Bot.)
كَمَّة: فَقْرة على مقياس تُعتبر كُسورُها غيرَ ذات أهمية — quantum (Phys.)
كُمَّة، قَلَنْسُوَة، غِطاء — hood, cap
~ الجَذْر — calyptra, root cap (Bot.)
~ (تصريف) الدُّخان — fume hood
~ الصِّمام — valve cap (Eng.)
~ المُقَدِّمة، غِطاءُ الأنف — nose-cap
كُمَّثرى — pear (Bot.)
كَمْخة — sludge
~ المُحَرِّك — engine sludge, engine gum
كَمَدَ، كَمِدَ: صارَ كامِدًا — fade
كَمَّدَ — poultice, foment, apply a compress to (Med.)
كُمْدَة، اِنطِفاءُ اللون — matting, dullness
~، لاإنفاذيَّة — opacity, opaqueness (Phys.)
~: قُدرةُ الدِّهانِ على إخفاءِ ما دُونَه — hiding power (Build.)
كَمَرة، عَتَبة، جائِز — beam, girder (Civ. Eng.)
~ (أو جائِزُ) السَّقف — roof beam (Build.)
~ (أو عَتَبةٌ) إنشائيَّة — structural beam (Build.)
~ (~ ~) تائيَّةُ المَقْطَع — T-beam (Eng.)
~ بَسيطة (غيرُ مُرَكَّبة) — simple beam (Build.)
~ جُمْلونيَّة — truss-beam or trussed beam (Civ. Eng.)
~ خَرَسانيَّة — concrete beam (Civ. Eng.)
~ ~ مُسَلَّحة — reinforced beam (Civ. Eng.)
~ رَفيعة مُعترِضة — needle beam (Civ. Eng.)
~ شَدَّادة — tie-beam (Build.)
~ مَجرى — channel beam (Eng.)
~ مُشَطَّرة بالفُولاذ — flitch beam (Civ. Eng.)
~ مُشَفَّهة — flanged beam (or girder) (Eng.)
~ مُعتَرِضة — cross beam (Build.)
~ مُقَيَّدة: عَتَبةٌ مُثبَّتةُ الطَّرَفين — encastré beam (Civ. Eng.)
كَمَّشَ، اِنكَمَش — retract
كَمَّلَ: أضافَ تكملةً — complement, supplement
كَمَنَ (في) — lie (in)
~ (لِـ) — lurk, lie in wait (for)

كُمْنة: عمًى عصبيّ دون تغيُّرٍ ظاهر في شكل العين — amaurosis (Med.)
كَمُوش، رَدُود: ينكَمِشُ أو يرتَدُّ تِلقائيًّا — retractile
كُمُون، جُهْد — potential (Phys.)
~: تعوُّق الاستجابة — latency (Elec. Comm.)
~ حَيوي: قُدرةُ الخلايا النباتية على استِنْساخ النَّبت في ظروفٍ ملائمة — totipotency (Bot.)
كَمُّون — cumin (Bot.)
كَمِّيّ — quantitative
كَمِّيّاتٌ احتياطيّة — reserves
~ مُقايسةُ الاتحادية: تُنتجُ مُركَّبًا نَقيًّا باتحادها — stoichometric amounts (Chem.)
كُمَيْت — brown-red, bay, sorrel
كَمِّيَّة، مِقدار — quantity, amount
~: جَمْعة — lot, number
~ بَسيطة: ذاتُ حَدٍّ واحِد — simple quantity (Maths.)
~ التحرُّك، زَخْم — momentum (Mech.)
~ ~ الزاوي — angular momentum (Mech.)
~ تخيُّليّة — imaginary quantity (Maths.)
~ ثابِتة، ثابِت — constant
~ الحرارة — quantity of heat (Phys.)
~ الحَركة (أُنظر: كمية التحرُّك)
~ دَوريَّة — periodic quantity (Maths., Phys.)
~ سالِبة — negative quantity (Maths., Phys.)
~ سُلَّمِيَّة: لا مُوَجَّهة — scalar quantity (Maths.)
~ الشِّحْنة — quantity of charge (Elec.)
~ الصَّبيب — quantity of discharge (Hyd.)
~ صَمّاء (غيرُ جَذْريّة) — irrational quantity (Maths.)
~ ضَئيلة جدًّا — mite
~ عَدَديّة — scalar quantity (Maths.)
~ عُقَديّة (كالمُعاوَقة مثلًا): فيها عناصر حقيقية وأخرى تَخيُّلية — phasor (Phys.)
~ الكَهرباء — quantity of electricity (Elec. Eng.)
~ لامُتَّجهة (أو لامُوَجَّهة) — scalar quantity (Maths.)
~ لامُوَجَّهة كاذِبة — pseudo-scalar (Maths.)
~ مادِّيَّة أو مُميَّزة — concrete quantity (Maths.)
~ مُتَّجِهة، مُتَّجِه — vector quantity (Maths.)
~ مُتَّصِلة أو مُتَسَلْسِلة — continuum
~ مُتَغَيِّرة — variable (Maths.)
~ مُتناسِبة — proportional (Maths.)
~ مَجهولة — unknown (quantity) (Maths.)
الـ ~ المُحْتَجَزة: لاستمراريَّة العمليَّة — hold-up (Chem. Eng.)
~ مُرَكَّبة — complex quantity (Maths.)
~ مُشتقَّة — derived quantity (Maths., Phys.)
~ المطَرِ (الساقِط) — rainfall (Meteor.)
~ مُنْطَقة — rational quantity (Maths.)
~ مُوجبة — positive quantity (Maths., Phys.)
~ مُوَجَّهة — vector, vector quantity (Maths., Mech.)
~ ~ دائرة — rotating vector (Mech.)
~ ~ مُستَوِيَة — plane vector (Maths.)
~ وَحْديَّة عِياريَّة — unit quantity (Phys., Eng.)
كَمْيُون، شاحِنة — camion, lorry (Autos.)
~ التصليح — breakdown lorry
كن: الرَّمزُ الكيماوي لِغاز الكريبتون — Kr (krypton) (Chem.)
كِنّ، كِنَّة، قَمْرَة — nacelle (Aero.)
كِنّارة، جُنْك — harp
كَنّاس — sweeper
كُناسَةُ النَّفائس — sweeps (Eng.)
كِنَانٌ صَخريّ — rocky matrix (Mining)
كِنانة، خُرطُوشة بَرامجيّات — cartridge (Comp.)
~ أقراص، خُرطوشةُ أقراص — disc pack = disc cartridge (Comp.)
كَنَب، جُسأة — callus (Med.)
كَنِب — callous, callose
كُنْبُوش — cowl
~ المَدخنة — chimney cap (Build.)
كِنَّة، قَمْرَة — nacelle
~ المُحَرِّك — engine nacelle
كِنْتال: ١٠٠ كيلوغرام — quintal (Phys.)
كُنْتور: مُخَطَّطٌ حياطيّ، كِفاف — contour (Surv.)
كَنْديلا: وَحدةُ شِدَّة الإضاءة — candela (Illum., Phys.)
كَنَسَ، نَظَّف — sweep, scavenge
كَنْس، تَنْظيف — scavenging, sweep(ing)
كُنْصُلة: نَضَدُ تحَكُّم — console (Eng.)
~ الإرسال — sending console (Elec. Comm.)
~ استقبال: كُنْصُلةُ المُستَقبِل — receiving console, receiver console (Elec. Comm.)
كَنَف، جانِح، مَمْشَى — aisle
كَهرباء، الكَهْرَباء: الطاقة الكهربائية — electricity, white coal
الـ ~ الإجهاديَّة — piezoelectricity (Phys.)
~ الاحتِكاك، ~ احتِكاكيَّة — triboelectricity, frictional electricity (Phys.)
الـ ~ الأرضيَّة — geoelectricity (Geophys.)
الـ ~ الإستاتيَّة، الـ ~ الساكِنة — static electricity (Elec.)
الـ ~ الجَوِّية، كهربائية الجَوّ — atmospheric electricity (Meteor.)
الـ ~ الحراريَّة — thermoelectricity (Phys.)
~ حراريَّة (في البلّورة) — pyroelectricity (Min.)
الـ ~ الحيوانيَّة — animal electricity (Zool.)
الـ ~ السّارية (أو المُتَحرِّكة) — dynamic electricity (Elec. Eng.)
الـ ~ السّاكِنة — static electricity (Phys.)
الـ ~ الغَلفانيَّة (المُنتجة بالتفاعُل الكيماوي) — galvanic electricity
الـ ~ المُوجبة — positive electricity (Phys.)
كهرَبائيّ، كَهْرَبيّ — electric(al)
~: عامِلٌ كهربائيّ — electrician
~ إجهاديّ — piezoelectric (Phys.)
~ التألُّق — electroluminescent (Phys.)
~ ضَوئيّ — photoelectric (Phys.)
~ كيماويّ — electrochemical (Chem.)
~ هَوائيّ، ~ نَفْحي — electropneumatic (Elec. Eng.)
الكهربائيَّةُ السالِبة — negative electricity (Phys.)
كهربائيةٌ سالِبة: كالتي تتكَوَّنُ على الموادِّ الراتينَجيَّة بالدَّلْك — resinous electricity
الكهربائيَّة الضوئية — photoelectricity (Electron.)
~ القُلْطائيَّة — voltaic electricity (Phys.)
~ المُتَخلِّفة (في المُكَثِّف بعد التفريغ) — residual electricity (Elec. Eng.)
~ المُوجبة — positive electricity (Phys.)
كَهْرَبة، تَكَهْرُب — electrification (Elec. Eng.)
الكَهْرَبةُ بالحَك أو بالاحتكاك — triboelectrification (Phys.)
كَهْرَبيّ — electrical
كَهْرَصَوتيّ — electroacoustic (Acous.)
الكَهْرَصَوتيّات — electroacoustics (Acous.)

كَهْرُضَغْطيّ — piezoelectric (Phys.)
كَهْرَضَوئيّ، كَهربائيٌّ ضَوئيّ — photoelectric (Electron.)
(أُنظُر أيضًا المَداخِل البادئة بِكهرو-)
كَهْرَلَ: حَلَّلَ بالكَهرباء — electrolyse (Chem.)
كَهْرَلٌ، إلِكْتروليت: المُنْحَلُّ بالكهرباء — electrolyte (Chem.)
~ مَصْعَديّ: سائلُ التحليلِ المُجاور لِلمَصْعَد (الأنود) — anolyte (Elec. Eng.)
الكَهْرَلة: التحليلُ أو التحَلُّل الكهربائي — electrolysis (Chem.)
كَهرلي — electrolytic
كَهْرَمان، راتينج أصفر — amber (Min.)
~ أسود، سَبَج — jet (Min.)
كَهْرَمائيّ، هَيدروكَهْربائي — hydroelectric
الكَهْرَمائيّة: كهرباء مُوَلَّدة بالقُدرة المائية — hydroelectricity (Elec. Eng.)
كَهْرُمِغْنيط، مِغنطيس كهربائي — electromagnet (Elec. Eng.)
كَهْرُمِغْنيطي: مِغنطيسي كهربائي — electromagnetic (Elec. Eng.)
~: يتمَغْنَطُ في مجالٍ كهربائي ويستقطِبُ كهربائيًّا في مجالٍ مغنطيسيّ — magnetoelectric (Min.)
~ كَهْرُضوئي: يُوَلِّدُ تيّارًا كهربائيًّا بامتصاصِ الضوء على سطح شِبهِ موصلٍ مُوَضَّعٍ بموازاة مجالٍ مغنطيسي — photoelectromagnetic (Electron.)
الكَهْرُمِغْنيطيّات — electromagnetics (Phys.)
الكَهْرُمِغْنيطيّة، الكَهْرَمِغْنَطيسيّة، الكهرباءُ المِغْنَطيسيّة — magnetoelectricity (Elec. Eng.)
كَهْرَنَفْحيّ: يعملُ بالكهرباء والهواءِ المَضْغوط — electropneumatic (Elec. Eng.)
كَهْروحَراريّ، كَهربائيٌّ حراريّ — thermoelectric (Elec. Eng.)
الكَهْروحَراريّات — electrothermics (Elec. Eng.)
الكَهْروحَراكيّات، عِلْمُ الديناميكا الكهربائيّة — electrodynamics (Elec. Eng.)
الكَهْروحَرَكيّات، الحَرَكيّاتُ الكَهْرَبيّة، الكَينتيكا الكهربائيّة — electrokinetics
الكَهْروديناميّات — electrodynamics (Phys.)
كهروسالِب — electronegative (Phys.)
كَهْروسُكونيّ، كهروستاتيّ — electrostatic
الكَهْروسُكونيّات: عِلمُ الإستاتيكا الكهربائيّة — electrostatics (Elec. Eng.)

كَهْروشَعْريّ — electrocapillary (Chem., Phys.)
كَهْروكيماويّ — electrochemical (Chem.)
كَهْرومُوجِب، كهروإيجابيّ — electropositive (Chem.)
كَهْف، مَغارة — cave, grotto, cavern (Geol.)
عِلْمُ الكُهوف — spel(a)eology (Geol.)
كُهَيْرِب، إلِكْترون — electron (Phys.)
(أُنظُر: إلكترون)
كُهَيْف، فَجْوة — vug = vugg or vugh (Geol.)
~ بِلَّوريُّ البِطانة — vough (Mining)
كو: الرمز الكيماوي للكوبَلْت — Co (cobalt) (Chem.)
كَوَى: أزالَ التثَنّي بالكَيّ — iron, press
~: عالجَ بالكَيّ — cauterize
~ بالضَّغط بينَ أُسطوانتَيْن مُحماتَين — mangle
كوادريليون: $١٠^{١٥}$ — quadrillion
كُوّارة، نَحيتة (نَحْل) — beehive
كوارْت: يُساوي رُبْع غالون — quart
كوارْتز — quartz (Min.)
كوارتزيّ — quartzose
كُوارْك: جُسَيمٌ أساسيّ (افتراضيّ) مِن مُكَوِّنات الهَدْرونات — quark (Phys.)
كوازار (أُنظُر: كوزَر) — quasar (Astron.)
كُوب، كأس، قدَح — glass, cup, tumbler
~ الصِّمام — valve cap (Eng.)
~ مَخْبَر، ~ صَيْدَلية — beaker (Chem.)
~ الفائض — overflow cup
~ الفَقاقيع — bubble cup (Pet. Eng.)
كوپال: راتينجٌ يُستخدَم في صُنْع الدهانات — copal (Paint.)
كوبالامين: فيتامين ب١٢ — cobalamine
كوبْرا، صِلٌّ ناشِر — cobra (Zool.)
الكُوبَلْت: عُنصر فِلزّي رَمزُه (كو) — cobalt (Co) (Chem.)
كُوبَلْت مُشِعّ — radiocobalt (Phys.)
كُوبُول: لُغَةُ بَرْمَجَة — COBOL (Comp.)
كُوَّة، فُتْحة — aperture, port, loophole, opening
~: طاقٌ في جِدار الحِصْن — embrasure
~ عُبُور: إلى عَنابِر المَرْكَب — hatchway (Naut.)
~ غيرُ نافِذة — niche
~ في السَّقْف أو الأرضيَّة — hatch
~ مُتَطاوِلة — slit

~ مُراقبة — inspection port (Eng.)
~ مُستَديرة (لِلإنارة أو التهوية) — bull's eye
~ مُستَطيلة (في سطح السفينة أو جانبها) — scuttle (Naut.)
~ النَّجاة — escape hatch
~ هِلاليَّةُ الشكل — lunette (Build.)
كوتا: حصة نسبيَّة — quota
كوتشوك — caoutchouc, rubber (Chem.)
كَوْثَرَ، بَلْمَرَ، تَبَلْمَرَ، تَكَوْثَرَ — polymerize (Chem.)
كَوْثَرة، بَلْمَرة — polymerization (Chem.)
~ (أو بَلْمَرة) إسهاميَّة، تكَوْثُرٌ إسهاميّ — co-polymerization (Chem.)
~ ضَخمة، بَلْمرة كُبْريَّة — macropolymerization (Chem.)
كَوْثَل، فوفل — areca palm (Bot.)
~، مُؤَخَّرةُ (السفينة أو الطائرة) — stern (Aero., Naut.)
كُوخ — hut, cabin, cabana
كُود: جملةُ تعليمات بَرمجية. شَفرة: لغةُ برمجة يفهمها الحاسوب — code (Comp.)
~ ثُنائي: تمثل فيه الأعداد أو الرموز بالأصفار (0s) والآحاد (1s) — binary code (Comp.)
~ العملية — operation code (Comp.)
كَوَّرَ، كَبْكَبَ — clew, conglomerate, roll
كُور: كُورُ الحِدادة — forge
الـ ~: كوكبة جنوبيَّة — Fornax, The Furnace (Astron.)
~ التطبيع — tempering forge (Met.)
كُورة، مِنطقة — region, district
كورشَتُوفيُوم: العُنصُر ١٠٤ مِمّا وراءَ اليورانيوم — kurchatovium (Ku) (Chem.)
كُورَنْدُم — corundum (Min.)
~ زُمُرُّديّ — oriental emerald (Min.)
~ ياقوتيّ — topaz (Min.)
كوروسِل: سَبيكةُ الحَديد والسِّليكون لِصُنع القُلوب المِغنطيسية — corosil (Elec. Eng.)
كوروغرافية: فَنُّ وَصفِ الأقاليم ورسم خرائطها — chorography (Geog.)
كُوري: وَحدةُ النشاط الإشعاعي — curie (Phys.)
الكوريوم: عنصرٌ فِلزّي مُشِعّ رَمزُه (كم) — curium (Cm) (Chem.)
كُوز: إبريقٌ ذو عُروةٍ وبُلْبُلة — ewer, jug

كُوز (تابع)

~، مُطْر الذُّرة — cob, corncob, ear (Bot.)

~ أو كَرَزةُ صَنَوبَر — cone, pine cone (Bot.)

كُوزَر: شِبْهُ نَجْمٍ راديُويّ الإشعاع، كوِيسار، كوازار — quasar (quasi-stellar) (Astron.)

كُوزموترون: مُسارِعةُ بروتوناتٍ ضَخمة — cosmotron (Phys.)

كُوس: مُثَلَّثُ رسمِ الزوايا القائمة — set square (Eng.)

~، زاويةُ تَعامُد — square, try square (Build., Carp.)

~ إبصاري، ~ المَسّاح — optical square (Surv.)

~ تَأطير — framing square (Carp.)

~ زَوايا — bevel-square (Carp., Eng.)

~ مُزدوِج: على شَكل T — T-square (Eng.)

~ مَعدِنيّ — metal square (Eng.)

~ مَوشوريّ — prism square (Surv.)

كُوسَى — marrow (Bot.)

كُوع، مُنْعَطف — bend, curve, turn

~، مِرفَق — elbow (Eng.)

~ مُصَغِّر — reducing elbow (Plumb.)

كُوفَر: سَبيكةُ النيكل والكوبَلت والحديد (مُعامِلُ تمدُّدها كالزجاج) — Kovar (Eng.)

كَوَّك: حَوَّل إلى كُوك — coke

كُوك، فحمُ الكوك — coke (Chem.)

~ الأفران — furnace coke

~ قارِيّ — pitch coke (Chem.)

~ المُعوَجّات — still coke (Chem.)

~ النِّفط — petroleum coke (Pet. Eng.)

كَوكَب، نَجْم — star

~، كوكبٌ سَيّار — planet (Astron.)

~ سُفْليّ أو داخِليّ: مَدارُه دونَ مَدار الأرض (عُطارِد والزُّهرة) — inferior planet (Astron.)

~ عُلْويّ أو خارجيّ: مَدارُه أبعدُ عن الشمس مِن مَدار الأرض (من المِرِّيخ إلى بلوتو) — superior planet (Astron.)

~ عِملاق (كالمُشتري وزُحل وأورانوس ونبتون) — Jovian planet (Astron.)

كَوْكَبة، بُرْج — constellation (Astron.)

كوكبيّ، نَجْميّ — astral, sideral

~، سَيّاريّ — planetary

كُوكَيت: فَحمُ الكُوك الطبيعيّ — cokite (Min.)

كولِسْترول: ستيرول من المُركَّبات الدهنيَّة الحلقيَّة — cholesterol (Chem.)

الكولمبيوم: إسمٌ قليلُ الاستِعمال لِفلِزِّ النيوبيوم — columbium = niobium (Nb) (Chem.)

كُولوم: أمبير ثانية: وحدة الشحنة الكهربائية في نظام الوحدات الدولية — coulomb (Phys.)

~ مُطْلَق — abcoulomb (Phys.)

كولومتر، فُلطامتر: خليَّةٌ كهرَليَّة تقيسُ كميَّة الكهرباء بالكولوم — coulombmeter, coulometer = voltameter (Elec. Eng.)

~ غازيّ: يقيسُ كميةَ الكهرباء بِحَجْم الغازِ المُنْحَلّ — gas coulometre (Elec. Eng.)

كوليدار، رادار لِيزَريّ، رادار بَصَريّ — colidar (Opt.)

كولونيا — eau de cologne (Chem.)

كولونيل — colonel (Mil.)

كوليرا، هَيْضَة — cholera (Med.)

كَوَّم، تكَوَّمَ — heap, pile (up), cumulate

كُومة، رُكام، رُكْمَة — heap, pile, stack, cumulation

~ (في مَوقِع حَفْر) — mound

كَوَّنَ، أَلَّفَ، أنشأ — compose, constitute, make

الكَوْن — cosmos, the universe (Astron.)

كونتِليُون: $١٠^{١٨}$ — quintillion

كونْستنتان: سَبيكةُ مُقاوَمةٍ عياريَّة من النيكل والنُّحاس — constantan (Elec. Eng.)

كُونْسورتيُوم: هيئةٌ دُوَلية مالية لتقديم المُساعَدات — consortium

كَوْنيّ: عالَميّ (خارج الأرض) — cosmic

كَؤود: لا يُتَخطَّى، لا يُقْهَر — insurmountable, insuperable

كويسْتَة، عَقَبة — questa (Geol.)

كُوَيْكِب — planetoid = asteroid, minor planet

(كُوَيْكبة) الدُّب الأكبر — Big Dipper (Astron.)

كَيّ، كَيُّ المَلابِس — ironing, pressing

~، وَسْم — cautery, cauterization

~ كهربائي — electrocautery (Med.)

كِياسَة، ظَرافة — comity, civility, courtesy

~، فِطنة — cleverness, acumen

كِيان، ذاتيَّة، كُلٌّ قائمٌ بذاتِه — entity

كِيتُوز: سُكَّرٌ أحاديٌّ ذو مَجموعةٍ كربونيليَّة — ketose (Chem.)

كِيتُون: مُرَكَّبٌ عُضْوي — ketone (Chem.)

كِيتين: غازٌ سامٌّ يُحَضَّرُ بانحلال الأسيتون — ketene (Chem.)

كَيْتين: دُرعةُ القِشريّات — chitin (Zool)

كِير، كِيرُ الحِدادة — bellows

كِيروجِن: قارُ الطَّفْلِ الزَّيتي — kerogen (Pet. Eng.)

كِيروسين، كاز، زَيتُ البَرافين — kerosine = kerosene = paraffin (or lamp) oil

~ الطائرات — aviation kerosene = avtur (Aero.)

كِيس، غِرارة — bag, sack

~، جَيْبٌ كِيسيّ — sac

~، غِلاف، غِمْد — theca (Zool.)

~ أدوات — tool kit

~ ٱلبَوْغ، حافِظةُ الأبواغ — sporangium (Bot.)

~ الغاز (في مُنطادٍ مثلًا) — gas-bag, envelope (Aero.)

~ غِشائيّ — bladder (Zool.)

~ مَصْليّ، جِرابٌ مَصْليّ — bursa (Zool.)

~ مُهِمّاتِ النجاة — survival kit (Aero.)

كِيْسة، كِيسٌ غِشائي — cyst (Zool.)

كَيَّفَ — condition, accommodate, adjust

~، نَسَّقَ — orient

~ أو هايأَ مُجَدَّدًا — recondition

كَيفَما ٱتفق، عَشْوائيًّا — at random, haphazard(ly)

كَيْفيّ: اِعتِباطيّ — arbitrary

~: نَوعيّ — qualitative

كَيفيَّة، طَريقة — manner, way, fashion

كِيلُو: بادِئة بمعنى أَلْف — kilo-

كِيلُو إلكترون فلط: وَحدةُ طاقةِ الجُسَيمات — keV (kilo-electron-volt) (Phys.)

كِيلُوچاوس: وَحْدةُ الدَّفْق المِغنَطيسيّ — kilogauss (Phys.)

كِيلُوجُول: أَلف جول — kilojoule (Phys.)

كَيْلُوس — chyle (Zool.)

كِيلُوسيكل أو كِيلُودَوْر في الثانية، كِيلوهِرْتز — kilocycle(s) per second (kc/s) (Elec. Comm.)

كِيلوطُن — kiloton (Phys.)

كِيلوغرام — kilogram(me) (Phys.)

~ مِتر: وَحدةُ شُغْل — kilogram-metre (Phys.)

كَيْلون، رِتاج، قُفل lock
كِيم: تَلٌّ رُكاميّ مَثلَجيُّ الترسُّب kame (Geol.)
كِيماويّ، كِيميائيّ: خاصٌّ بالكيمياء chemical
~، ~: عالِمٌ بالكيمياء chemist
~: مادة كيماوية chemical (Chem.)
~ حَيَويّ biochemical (Chem.)
~ صِناعيّ: مادّةٌ كيماويّةٌ (للصناعة) غيرُ عالية النَّقاوة technical chemical (Chem.)
الكيماويّاتُ الثقيلة: الكيماويّاتُ الأساسيَّة التي تُصْنَعُ بكميّاتٍ كَبيرة heavy chemicals (Chem.)
كَيْمُوس chyme (Zool.)
كِيمُوسفير: طبقاتُ الغِلاف الجَوّي بين ٢٠ و٢٠٠ كيلومتر chemosphere (Meteor.)
كَيْموغراف: مِرسامُ الحَرَكة أو التموُّجات الفيزيولوجيَّة kymograph (Med.)
كيمياء، عِلْم الكيمياء chemistry
~ الإجهاد: أثرُ الضغط في التفاعُلات الكيماوية piezochemistry
الـ ~ الأحيائية biochemistry
~ الأرض، الكيمياء الجيولوجيَّة geochemistry
الـ ~ الإشعاعيَّة radiation chemistry, radiochemistry
~ الأنسِجَة histochemistry
~ البترول petrochemistry
الـ ~ التحليليَّة analytic(al) chemistry
~ التخَمُّر zymurgy (Chem.)
الـ ~ الحرارية thermochemistry
الـ ~ الحيوانيَّة zoochemistry
الـ ~ الحَيَويَّة biochemistry
~ الخلايا الحَيَّة cytochemistry
الـ ~ الزراعيَّة agricultural chemistry
~ السُّطوح surface chemistry
~ الصخور petrochemistry
الـ ~ الصِّناعيَّة industrial chemistry
الـ ~ الضوئية photochemistry
الـ ~ العُضْويَّة organic chemistry
الـ ~ العِيانيَّة macrochemistry (Chem.)
~ الغَروانيّات colloidal chemistry
الـ ~ الفيزيائيَّة physical chemistry
~ الكَمّ quantum chemistry
الـ ~ الكهربائيَّة electrochemistry
الـ ~ اللاعُضْويَّة inorganic chemistry
الـ ~ المُجَسَّمة stereochemistry (Chem.)
الـ ~ المِجْهَريَّة microchemistry (Chem.)
~ المَعادِن metallurgical chemistry
الـ ~ المِغْنَطيسيَّة magnetochemistry
الـ ~ النباتيَّة phytochemistry
الـ ~ النوَويَّة nuclear chemistry
كيميائي (أنظُر: كيماويّ) chemical
~ حَراريّ thermochemical
الكيميائيَّة: الفِعْلُ الكيماويّ chemism
كَين: سَنتيمِتْر في الثانية kine (Phys.)
كِينا: شجرةُ الكينا cinchona, quinquina (Bot.)
كينِسكوب، صِمامُ الصورة kinescope, picture tube (Telev.)
~ ذو حاجزٍ مُثقَّب (لِلانتقاء اللوني) shadow mask (colour) kinescope (Telev.)
كِينين quinine (Chem.)
كيُولِكس، باعِضَة: جِنْسٌ مِن البَعُوض culex (Zool.)
كُيَيْس، كِيسَة saccule (or sacculus), cyst (Biol.)
~ بَوغيّ sporocyte (Bot.)

ل

لا : بادِئة — non-, un-, in-, im-, a-
«لا»: عَمَليَّةُ نَفْيٍ مَنْطِقيَّة — NOT (Comp.)
«لا أو» — NOT-OR (Comp.)
«لا وَ» — NOT-AND = NAND (Comp.)
لاءَمَ، كَيَّف، تكيَّف — accommodate, adjust
لااتِّجاهيّ — non-directional (Elec. Comm.)
لااتِّصاليَّة، لااستِمراريَّة — discontinuity
لاإتلافيّ — non-destructive
لااحتراقيَّة — incombustibility (Chem.)
لااحتِكاكيّ — frictionless
لاأحيائيّ، لاحَياتيّ، جَماديّ — abiotic (Bot.)
لااختراقيَّة — impenetrability (Phys.)
لااختِلاطيّ — immiscible (Chem.)
لاإراديّ، قَهْريّ، اِضطراريّ — involuntary
لاارتجاحيّ، لاترَجُّحيّ — dead beat (Phys.)
لاإستاتيّ، لااتِّجاهيّ، لاوَضْعيّ — astatic (Elec. Eng.)
لاستجميّ، لانُقطيّ — astigmatic (Med.)
اللااستِجْميَّة، اللانُقطيَّة — astigmatism (Med., Phys.)
لااسترطابيّ — non-hygroscopic (Chem.)
لااستِقراريَّة — instability (Phys., Chem.)
لااستِقطابيّ — impolarizable, non-polarized (Phys.), non-polar (Chem.)
لااسميّ — innominate (Zool.)
لاإشعاعيّ — non-radioactive
لااقتِصاديَّة: زيادةُ تكلفةِ الإنتاج — diseconomy
لاإقليديّ — non-Euclidean (Maths.)
لاأكسجينيّ: يعوزهُ الأكسِجين — anoxic (Biol.)
لاءَمَ: ناسَبَ، وافَقَ — fit, suit
~: كَيَّفَ — adapt, adjust, accommodate
لاامتِصاصيّ — non-absorbent
لاانتِظاميّ، مُشَوَّش — ataxic, non-uniform

لاانتظاميَّة، شُذوذ — irregularity, anomaly
اللاانثنائيَّة، اللامَرونيَّة — inflexibility (Maths.)
لاانزلاقيّ — non-slip, non-skid (Civ. Eng.)
لاانسجاميَّة — incompatibility
لاانشِطاريّ — non-fissionable (Phys.)
لاانصِهاريّ — infusible, refractory (Eng.)
لاانضغاطيّ — incompressible (Phys.)
لاانطِباقيَّة مِرآويَّة — chirality (Chem.)
لاانعِكاسيّ، لاعَكُوس — irreversible (Chem., Phys.)
لاانفاذيَّة، كُتُوم — impermeability (Phys.)
~ لِلإشعاعات (بخاصةٍ للضوء) — opacity (Phys.)
الـ ~ المِغْنَطيسيَّة — magnetic impermeability
لاانكماشيّ، لاكَمُوش — non-shrinkable
لاأوميّ: لا يَتوافقُ وقانونَ أوم — non-ohmic (Elec. Eng.)
لابَة: حُمَمٌ بُركانيَّة — lava (Geol.)
~ طينيَّة، ~ حَمِئة — mud lava (Geol.)
~ وِساديَّة — pillow lava (Geol.)
لابلّوريّ، لامُتبَلِّر — amorphous, non-crystalline (Chem.)
لابلّوريَّة، لاتبَلْوُريَّة — amorphism (Chem.)
لابِن، مَجرى الكَيلوس — lacteal (Zool.)
لابُؤرية — astigmatism (Phys., Med.)
لاتبَدُّديّ — non-dissipative (Elec. Comm.)
لاتداخُليّ — non-telescopic
لاتذَبْذُبيّ — non-oscillatory
لاترابُط — incoherence
لاتزامُنيّ، لامُتزامِن — asynchronous, nonsynchronous
لاتطَبُّقيّ — unbedded, unstratified (Geol.)
لاتعادُل، لاتوازُن — non-equilibrium (Phys.)
لاتعادُليَّة — inequation (Maths.)
اللاتعْشيق: فَكُّ تعشيقِ المُسَنَّنات — neutral, neutral gear (Eng.)
لاتكافُئيّ: لا يَتَّحِدُ بذَرّاتٍ أخرى — non-valent, zero-valent (Chem.)
اللاتَلَفيَّة — indestructibility (Chem., Phys.)
لاتماثُل، عَدَمُ التماثُل — asymmetry, dissymmetry
لاتماثُليّ، غيرُ مُتماثِل — dissymmetric(al), unsymmetric(al)

اللاتماسُك، اِنعِدامُ الترابُط — incohesion (Phys.)
لاتمَرْكُزيَّة، اِختلافُ المركز — eccentricity
لاتمييزيّ — indiscriminate
اللاتناحي: تَبايُن اتجاهيّ في الخواصّ الطبيعيَّة — aeolotropy = anisotropy (Chem.)
لاتناظُريّ، لاتماثُليّ — asymmetric(al), dissymmetric(al)
لاتوافُق — misfit; incompatibility
لاتوافُقيّ — anharmonic
لاتوافُقيَّة، عَدَمُ التوافُق — inconformity (Maths.)
~ (نَغَميَّة) — anharmonicity (Acous.)
~ (طِباقيَّة) — unconformity (Geol.)
~ الظرفيّ — anticoincidence (Electron.)
اللاتَواقُت: وُقوعُ الحَدث في ظُروفٍ مُبايِنة — asynchrony
لاثَمَريّ — acarpous (Bot.)
لاجَفُوف — non-drying
لاجِنْسيّ — asexual, agamic (Biol.)
لاجُمُود، لايتجَمَّد — non-freezing
لاجَوهَريّ، غيرُ ضَروريّ — inessential
اللاحَتميَّة — indeterminancy (Phys.)
لاحَتُوت: لا يُحَتُّ أو يتأكَّل — incorrodible
لاحَثّي — non-inductive (Elec. Eng.)
لاحدَّ له، لانِهائيّ — limitless, infinite
لاحَديديّ: لا يَحوي حَديدًا — non-ferrous (Chem.)
لاحَراكيّ — nonmotile
لاحَرُوق، غيرُ قابلٍ للاحتراق — non-combustible (Chem.)
لاحَساسيَّة — insensitivity
اللاحَشْويّات: مُجَوَّفاتُ البَطن اللافَقاريَّة — Coelenterata (Zool.)
لاحِق، تابع، إضافي — accessory
~، تالٍ — subsequent, next, following, posterior
لاحِقة، كاسِعَة — suffix
لاحَلْقيّ — acyclic, non-cyclic (Chem.)
لاحَلِّيَّة — insolvability (Maths.)
لاحِم — carnivore (Zool.)
لاحِمْل، لاحِمْليّ — no-load *(adj.)*
لاحُمَّويّ — afebrile (Med.)
لاحَياتيّ، عَديمُ الحياة — azoic *(adj.)*

لاحيَوائيّ، لاهَوائيّ (عائشٌ بِلا أُكسِجين طَليق) — anaerobic (Biol.)
لاخَروق، لايُختَرَق — impenetrable
لاخَطِّيّ: لا يَرتَبِطُ بعَلاقةٍ خَطِّيَّة — non-linear (Maths., Elec. Eng.)
لاخَلُوط — immiscible (Chem.)
لاخَلَويّ — acellular (Bot.)
لادَلُوق، لا يَنْدَلِق — non-spillable
لادَوَرانيّ — irrotational
لادَوْرَويّ — acyclic (Chem., Bot.)
لادَوْريّ، غيرُ مُنتظم الحُدوث — aperiodic (Phys.)
لاذِع، حِرِّيف — acrid, pungent
اللاذَنَبيّات، البَتْراوات — Anura (Zool.)
لاذُنَيْبيّ: عَديمُ الذُّنَيب — sessile (Biol.)
لاذَوْبية، لاذَوَبانية — insolubility (Chem.)
لاراتينجيّ — non-resinous (Chem.)
لارَغاويّ، لا يترَغَّى — non-foaming
لارَنينيّ — non-resonant (Phys.)
لازِم — necessary
لازِمة، نتيجةٌ طبيعيَّة — corollary (Maths.)
لازَميريّ، غيرُ مُتَشاكِل التركيب، لامُتَماكِب — anisomeric (Chem.)
اللازَهْريّات — Cryptogamia (Bot.)
~ الوعائيَّة — Pteridophyta (Bot.)
اللازَوَرْد: حَجَرٌ أزرقُ نَفيس — lapis lazuli, lazuli (Min.)
لازَوَرْديّ، أزرقُ سَماويّ — azure
لازَيْغي — apochromatic, achromatic (Phys.)
لاساعيُّ الاتجاه: في اتجاهٍ بَتِيٍّ مُعاكِسٍ لِحَرَكة عقربِ الساعة — counterclockwise
لاساقيّ: عَديمُ الساق — acaulescent (Bot.)
لاسِلْكيّ — wireless (Radio)
~ مَيْدان: مُرْسِلٌ مُستقبِلٌ سَهْلُ الحَمْل — walkie-talkie (or walky-talky) (Radio)
لاسَماحيَّةُ العازِل — elastivity (Phys.)
لاشَراريّ — sparkless (Elec. Eng.)
لاشَرعيّ — illegal, unlawful, invalid
لاشُعوريّ — unconscious
لاشَفافيَّة، عَتامة — opacity (Phys.)
لاشَكْليّ — shapeless, formless
لاشَواشيّ: خالٍ مِن التشويش — static-free (Elec. Comm.)
لاشَيْء، صِفر، عَدَم — naught, nil, null

لاصَبُون: غيرُ قابلٍ لِلتَّصبُّن — unsaponifiable (Chem.)
لاصَدُوء: لا يَصْدَأ — incorrodible
لاصِف — fluorescent (Phys.)
لاصِق، لَصُوق — adhesive
≈ ذو مُقَوِّمَيْن — two-part adhesive
لاصَناع — unskilled
لاصَهُور: غيرُ قابلٍ للصَّهْر — infusible, unsmeltable (Met.)
لاطِئ: لاعُنُقيّ أو لاذُنَيْبيّ (كَوَرَق النبات) أو مُلْتَصِقٌ بِمَوقِعِه (كَشُقّار البحر) — sessile (Biol.)
لاطِباقيّ، غيرُ مُتَطَبِّق — non-bedded, unstratified (Geol.)
لاطَة: عارِضة خشَبية (للتكسية أو الدعم) — batten, slat, lath (Build.)
لاطَروق، غيرُ قابلٍ للتطريق — unmalleable, non-malleable, intractable (Met.)
لاعَرَضيّ، عَديمُ الأعراض — symptomless (Med.)
لاعُضويّ — inorganic, non-organic (Chem.)
اللاعَكُوسيَّة — irreversibility (Phys.)
لاعَلاقيّ — irrelevant
لاعِياريّ، غيرُ قياسيّ — non-standard
لاعَيُوش — non-viable (Biol.)
لاغٍ، باطِل — invalid, null, null and void
لا غِنًى عنه — indispensable
لافِتٌ لِلنظر — striking
لافِتَة — sign, signboard
≈ إصْبَعيَّة: تُشيرُ إلى الاتّجاهِ الصحيح — finger-post
لافِح، سافِع — scorching, searing, singeing
لافِظ — ejector
لافِظة هَيدروليَّة — hydraulic ejector (Civ. Eng.)
لافَعّاليَّة — inactivity, passivity (Chem.)
اللافَقاريّات — Invertebrata (Zool.)
لافِلِزّ، عُنْصُرٌ لافِلِزّيّ — non-metal (Chem.)
لافِلِزّي، لامَعْدِنيّ — non-metallic (Chem.)
لافَنائيَّةُ المادَّة — indestructibility of matter (Phys.)
لاقابِليّ، غيرُ قابلٍ للتأثُّر — insusceptible
لاقِحة، زَيْجُوت — zygote (Biol.)
≈ بَوغيَّة، بَوْغٌ زيجيّ — zygospore (Bot.)
لاقَدَميّ، عَديمُ الأرجُل — apodal = apodous (Zool.)

لاقَسُوم: غيرُ قابلٍ لِلانقِسام — indivisible
لاقِط، لاقِطٌ صَوتيّ — pick-up (Acous.)
~، مُستقبِل — receiver (Elec. Comm.)
≈ سِرِّيّ، وَسيلةُ تَنَصُّت — bug
~ (صَوتيّ) بلّوري — crystal pick-up (Acous.)
~ كَهْرمغنيطيّ — electromagnetic pick-up (Acous.)
~ كَهْرُضَغطيّ — piezoelectric pick-up (Acous.)
≈ مُواسِعيّ: ذو مُكَثِّفٍ سَعَويّ — condenser (or capacitor) pick-up (Acous.)
~ مُوالِف — tuned pick-up (Electron.)
≈ هاتِفيّ: يستقبلُ كِلا الصَّوتَين للتسجيل — telephone pick-up (Elec. Comm.)
لاقِطة، مِشْبَك — clip
~، قامِطة — clamp
لاقُطبيّ، لااستِقطابيّ — non-polar (Chem.)
لاقِفَة — latch (Eng.)
لاقِمُ البكتريا — bacteriophage (Biol.)
لاقَوسيّ: لاشَرَريّ — non-arcing (Elec. Eng.)
لاكَظُوم: تبادُليُّ الحَرارة — diabatic (Phys.)
لاكِفاية، عدمُ الأهليَّة — incompetence
لاكَمُوش: لا يَنكمِش — unshrinkable
لاكَهْرَبيّ: غيرُ مُتكَهْرِب بالدَّلْك — anelectric (Phys.)
لاكَهْرَل، مادَّةٌ لاإلكتروليتيَّة — nonelectrolyte (Chem.)
لأْلأَ، تَلَألأَ — twinkle, glitter, glisten
~، أومَضَ — scintillate, flicker
لألأة: تَخايُفُ الألوان — opalescence (Chem.)
لالَحُوم: لايُمكِنُ لِحامُهُ — unweldable (Eng.)
لالَهُوب: لا يشتَعِل — non-flammable, non-inflammable, uninflammable
لالَونيّ، أكروماتيّ — achromatic (Opt.)
اللالَونيَّة، الأكروماتيَّة — achromaticity, achromatism (Phys.)
لأَمَ: ضَمَّ وأصْلَحَ — mend, repair
~ بالدَّرْز — suture
~ بالنُّحاس — braze
لأْمٌ بالحِملاج — torch brazing (Plumb.)
~ بالنُّحاس المصهور — brazing (Eng.)
≈ حَثّي — induction brazing (Elec. Eng.)
≈ فُرْنيّ — furnace brazing (Met.)
لامٌّ؛ مُتَلامّ — convergent (Phys.)
لامادّي، غيرُ جوهَريّ — immaterial

اللاماركيّة: نظريةُ لامارك في وِراثة الصِّفاتِ المُكتَسَبة — Lamarckism (Biol.)
لامائيّ: خالٍ مِن الماء — anhydrous, non-aqueous (Chem.)
لامُباشر — indirect
لامُبالٍ — indifferent, nonchalant
لامبرت: وَحدةُ النُّصوع — lambert (Phys.)
لامُتأيِّن — unionized, unionizable (Chem.)
لامُتبادَل — irreciprocal
لامُتبلِّر، لامُتَبَلْوِر — non-crystalline, amorphous (Chem.)
لامُتَّجه، سُلَّميّ: عَدَديّ لااتجاهيّ — scalar (Maths.)
لامُتحوِّر، غيرُ مُعدَّلٍ أو مُحوَّر — unmodified (Phys.)
لامُتحوِّل، لامُتغيِّر — invariable (Maths.)
لامُترابِط — uncorrelated
لامُتراكِز — eccentric (Eng.)
لامُتراوِح — non-fluctuating
لامُتزامِن — asynchronous, non-synchronous (Elec. Eng.)
لامُتسامِت — non-collinear (Maths.)
لامُتطايِر — non-volatile (Chem., Phys.)
لامُتماثِل — asymmetric(al), non-symmetric(al)
لامُتلاقٍ — non-concurrent (Maths.)
اللامُتمركِز: دُولابٌ لاتمَرْكُزيّ — eccentric
لامُتمركِزٌ سائِب — loose eccentric (Eng.)
لامُتمفصِل — inarticulate
لامُتناحٍ، مُتبايِنُ الخَواص (في النواحي أو الاتجاهاتِ المُختلِفة) — anisotropic (Phys.)
لامُتناظِر — asymmetric(al) (Maths.)
لامُتناهٍ — infinite, limitless, unlimited
لامُتوافِق — incompatible
لامُتواقِت، لامُتزامِن — asynchronous
لامَثيلَ له، لا نظيرَ له — unmatched
لامِحْوَريّ، لاتَناظُريّ — anaxial, asymmetrical (Zool.)
لامَدود: لايقبَلُ المَدَّ — inextensible (Phys.)
اللامَركزيّة — decentralization
لامَرِن — inelastic (Phys.)
اللامُرونة — anelasticity (Phys.)
لامُزبِد — non-frothing (Chem.)
لامَزوج: لا يمتزِج، لا يختلِط — immiscible, non-miscible (Chem.)

لامَسَ، مَسَّ، تَماسَّ — contact
لامَساميّ — non-porous, imporous
اللامُساواة — inequality
لامِسَة، مِجَسّ — tentacle, feeler (Zool.)
لامُسترطِب — non-hygroscopic (Chem.)
لامُستقِرّ — unstable, astable (Chem., Phys.)
لامُستمِرّ — discontinuous
اللامَسؤوليّة — irresponsibility
لامُشبَع — unsaturated (Chem.)
لامَطول، غيرُ مَطيل — inductile (Eng.)
لامِع، زاهٍ، مُتألِّق، ناصِع — brilliant
~، برّاق، مُتألِّق — refulgent
لامِعياريّ — nonstandard
لامِغنَطيسيّ، لا يتمَغنَط — non-magnetic
لامُنطَق، أَصَمّ — irrational (Maths.)
اللامُنفِذيّة للإشعاع الحراريّ — athermancy (Phys.)
لامُوصِّل: عازِل — non-conductor, insulator (Phys.)
لامَيْليّ — aclinal
لاندسات: ساتِلٌ صُنعيّ يُرسِلُ صورًا أرضية إلى محطّات التلقّي — Landsat (Geophys.)
لانِسبَويّ: سائرٌ بِسُرعةٍ ضَئيلة بالنسبةِ لِسُرعة الضوء — non-relativistic (Phys.)
لانظميّة: ~ النَّبض — arrhythmia (Met.)
لانغلي: وَحدةُ قياسِ الإشعاع الشَّمسيّ (كالوري للسم[٢]) — langley (Astron.)
اللانَفاذيّة — impermeability (Phys.)
~ المِغنطيسيّة — magnetic impermeability
لانفوذ: غيرُ منفِذٍ للماء — impervious (Build.)
~: غير مُنفِذٍ للسوائل والغازات — impermeable (Chem. Geol.)
لانَقّاليّ، لامُتحرِّك، لانَقول — stationary, immobile (Eng.)
لانُقطيّ، لابُؤريّ — astigmatic (Phys., Med.)
اللانُقطيّة، اللابُؤريّة — astigmatism (Phys.)
لانَمطيّ — atypical
اللانِهاية — infinity (Maths.)
لانهائيّ — limitless, infinite
لانوعيّ — aspecific
لانولين، دُهْنُ الصُّوف — lanolin(e) (Chem.)
لانَوويّ: لانَوَويُّ المَصْدَر — non-nuclear (Phys.)
~: عَديمُ النوى أو النواة — anucleate (Biol.)

لاهَوائيّ، لاحيَوائيّ: لاهَوائيُّ التنفُّس — anaerobe, anaerobic (Biol.)
لاهُوب، فلوجِستون — phlogiston (Chem.)
لاوَءوم: غيرُ قابِلٍ للتكيُّف — inadaptable
لاوُدّي — parasympathetic (Zool.)
لاوَسيطيّ — non-parametric (Maths.)
اللاوَعي — subconscious (Med.)
لا يُبْضَع — inoperable (Med.)
لا يتأكسَد — inoxidizable (Chem.)
لا يتآكَل، لا يتَحات، لاحَتوت — non-corrodible (Eng.)
لا يتجمَّد — non-freezing (Phys.)
لا يَتسَرَّبُ إليهِ الغُبار — dust-proof (Elec. Eng.)
لا يتشظّى — unsplinterable
لا يُثمَّن، نَفيس — invaluable
لا يُجارى، لا نَظيرَ له — unparalleled
لا يُجدَّد — non-renewable (Ecol.)
لائحة — list
لا يَحترِقُ — non-combustible, incombustible, non-flammable
لا يَحتفِظُ بالمغنطيسيّة — anti-magnetic
لا يُحتمَل، لا يُطاق — intolerable, untenable
لا يَحتمِلُ حُموضةَ التربة — oxyphobic (Bot., Zool.)
لا يُحرَّك، لا يتحرَّك، ثابِت — immovable, immobile
لا يُحَسّ: غيرُ مَحسوس — impalpable, intangible
لا يُحصى، كثيرٌ جدًّا — innumerable
لا يُحَلّ: مُستعْصٍ على الحَلّ — insolvable
لا يُختَرَق — impenetrable
لا يَخذُل — unfailing
لا يُدْحَض، لا يُنقَض، دامِغ — irrefutable
لا يُدرَك، لا يُميَّز — indiscernible
لا يُرَدّ — irrevocable
لا يُستَبدَل، لا يُعوَّضُ بِغَيْره — irreplaceable
لا يُستَعاد، لا يُستَرَدّ — irretrievable, irrecoverable
لا يُشرَب: لا يصلُح لِلشُّرب — impotable, undrinkable
لا يُصَحَّح، لا يُقَوَّم — incorrigible
لا يَصدأ، لاصَدوء — non-corrodible, stainless
لا يُصلَح، لا يُرمَّم — irreparable
لا يُطاق، لا يُحتَمَل — intolerable

لا يُعالَج: لا يُداوَى — irremediable, irrecoverable, irreparable
لا يُعْتَدُّ به، تافِه، وَتِح — insignificant
لا يُعَدُّ لِكَثْرَتِهِ — myriad
لا يُعَوَّض، لا يُسْتَرَدّ — irrecoverable
لا يُعَوَّلُ عليه — unreliable
لا يُغَيَّر، لا يتغيَّر — unchangeable
لا يَفْقِدُ مِغْنطيسيَّته — undemagnetizable (Elec. Eng.)
لائق، صالِح، ناجِع — expedient
~، مُلائم — fit, fitting, suitable
~: مُناسِب للمقام — proper, appropriate
ـُ بَدَنيًّا — able-bodied
لا يُقاس، لا حَدَّ لَهُ — immeasurable
لا يُقاوَمُ — irresistible
لا يُقرأ: لِرَداءَة كِتابتهِ — illegible
لا يُكَثَّف، لاكَثُوف — incondensable (Phys.)
لا يُكْسَر — infrangible, unbreakable
لا يُكْشَف، لا يُستَبان — indetectable
لا يُلْغَى أو يُنْسَخ — irrevocable
لا يُمْحَى — indelible
لا يُمكِنُ إخمادُه — inextinguishable
لا يُمكِنُ اَستِعمالُهُ — unutilizable
لا يُمكِنُ تَسويقُه — unmarketable
لا يُمكِنُ تَشْغيلُه — inoperable
لا يُمكِنُ تَغْييرُه أو تَحويلُه — inconvertible
لا يُمكِنُ التَّنَبُّؤُ به — unpredictable
لا يُمَيَّزُ — undistinguishable
لا يَنْثَني، لامَرُون — non-flexible
لا يَنْحَلّ: لا يَتَحلَّل — indecomposable (Chem.)
~ ~: لا يَذوب — insoluble (Chem.)
~ ~ بالحرارة — heat stable, non-thermolabile (Chem.)
لا يَنْضَب، لا يَنْفَد — inexhaustible
لا يَنْضَغِطُ — incompressible (Phys.)
لا يَنْعَكِس، لاعَكُوس — irreversible, non-reversible
لا يُنْقَض، لا يُكْسَر أو يُخالَف — infrangible
~ ~، لا يُلْغَى — irrevocable
لا يُؤكَل: لا يَصلُح للأكل — inedible, uneatable
لُبّ — kernel, core
~، لُباب — pulp
~، نُخاع — medulla (Biol.)
ـُ الأرض — earth core, centrosphere, barysphere (Geol.)
ـُ الثَّمرة — mesocarp (Bot.)
~ (اللحيمة المُنَوّاة) — sarcocarp, flesh (Bot.)
ـُ الخَشَب — pith, (wood) pulp (Bot.)
ـُ السِّلك أو المُحَوِّل أو سِواهما — core (Elec. Eng.)
ـُ السِّن — pulp (Zool.)
أَلْبِأ — colostrum, beestings (Zool.)
لُباب (أو لُبّ) الخشَب — wood pulp
لُبَاد — felt
ـُ تَسْقيف (مُقَيَّر) — roofing felt (Build.)
ـُ زُجاجيّ — glass floss
ـُ صُوفيّ — wool felt
ـُ قِيريّ — bituminous felt
ـُ مُشبَّع بالزِّفت — asphalt-saturated felt
لِبادة، لِبنة، حَشيَّة — pad
لِباس، كُسْوَة — apparel, dress, wear, clothing, suit
ـُ داخِليّ — underwear
ـُ مُوَحَّد — uniform
لَبَاقة — tact, tactfulness
لُبان، بَخُور — frankincense
ـُ جاويّ — benzoin
لِبْتُون: جُسَيمٌ نَوَويّ ضَئيلُ الكُتلَة — lepton (Phys.)
لَبْخَة، كِمادة — poultice, cataplasm (Med.)
لِبْد، لُبَاد — felt
لبدَ، تَلَبَّدَ — sinter, compact
لِبدَةُ تَحْبير — pad, inking wad
لَبِسَ — dress, wear
لُبْس، إرتداء — wearing
~، لِبْس: ما يُلْبَس — wear, clothing
~، لَبْس: اِلتِباس — ambiguity, equivocation
لبَّسَ، كَسَا — clothe, dress
~، غَلَّفَ — coat, overlay
لَبِقٌ — tactful
لبَكَ، حَيَّرَ، بَلْبَلَ، خَلَطَ (بين) — confuse
لَبِن، لِبْن: طُوبٌ غيرُ مَشوي — adobe, sun-dried brick (Build)
لبَن، حَليب — milk
ـُ الجِير — milk of lime, white lime (Chem.)
ـُ خاثِر — curds, clabber
ـُ مُجانَس — homogenized milk
ـُ مَخِيض: فُرِزَ منه الزُّبد — buttermilk (Food Sc.)
~ مَقشود — skimmed milk (Food Sc.)
لَبْناز: خميرةٌ تُحوِّلُ اللكتوز إلى غلُوكوز — lactase (Chem.)
لَبِنَةٌ مُواجَهة، طوبةٌ مُستعرضة — header (Build.)
~ ~ نِصفيَّة — half-header (Build.)
لَبَنيّ — lactic, lacteal, milky
لَبُوس: طَوقٌ لِمَنع التسَرُّب — gasket (Eng.)
~: طبقةٌ واقية داخلية أو خارجية — lining, facing (Eng.)
ـُ القابِض — clutch facing (Eng.)
ـُ المِكْبَح — brake lining (Eng.)
ـُ المِكْبَس — piston packing (Eng.)
لَبُون: حيوانٌ من اللبونات — mammal (Zool.)
لَبِيدَة: قُرارةٌ مُتَلَبِّدة — sinter (Min.)
لَتَّ: هَرَسَ ومَزَجَ (بالزُّبد أو الماء) — mash, mix (with butter or water)
لِتر: ١٠٠٠ سم^3 — liter = litre
ـُ ضَغْطٍ جَوِّي: الشُّغْلُ اللازم لِرَفْع مِكْبَسٍ مِساحتُهُ دسم^2 مسافةَ دسم على ضَغطٍ جَوِّي (١٠١,٣٢٥ جول) — litre-atmosphere (Eng.)
لث: الرمزُ الكيماويّ لِعُنصر الليثيوم — Li (lithium) (Chem.)
لَثَأ، صَمْغٌ نَباتيّ، دِبْق — mucilage (Chem.)
لِثام – نُقطةُ الـ ~ — tacnode, point of osculation (Maths.)
لِثَة — gum(s) (Zool.), gingiva (Med.)
لَثَق: غسُولٌ طفاليّ — clay wash (Pet. Eng.)
لَثْم، تفَمُّم، مُلاصَقة — osculation (Maths.)
لِثَويّ — gingival (Med.)
لَثيٌّ: عُصارةٌ أو لَبَنُ الشَّجَر — latex (Chem.)
ـُ مُصَلَّدٌ (بالفَلْكَنة) — vulcanized latex (Chem.)
ـُ مَطّاطيّ — rubber latex (Chem.)
~ ~ إسْمَنْتيّ — fleximer = cement-rubber latex
لَجَّ: أَلَحَّ (على) — insist on, press
~: لَجْلَج — be noisy or tumultuous
لُجّ — abyss, depth
لَجَأ (إلى): اِعتصَمَ بِـ — shelter, take refuge (in)

لَجَأ (تابع)
~: تحَوَّلَ إلى . . . (لِلمُساعَدة) resort, fall back on, turn to... for
لَجَأة، سُلَحفاة (بَحْرِيَّة) turtle (Zool.)
لِجاف: رافِدة مُعترِضة crosspiece, tie bar, cross member (Eng.)
~ عُلْوِيّ top cross member
لِجام fr(a)enum (Zool.)
~، رسَن bridle
لَجْنَة commission, committee
~ استِشاريَّة advisory committee
~ تقَصِّي الحَقائق fact-finding committee
~ تَنْسيق co-ordination committee
~ تَنظيم organizing committee
~ تنفيذية executive committee
~ توَفيق conciliation committee
~ دائمة standing committee
~ صِياغة drafting committee
~ فاحِصة examining board
~ فَرْعيَّة subcommittee
~ لِمَوضوعٍ مُعَيَّن ad hoc committee
~ مُشترَكة joint committee
لِجْنَيت: فَحمٌ بُنِّيّ داكنٌ أو رَماديّ lignite, brown coal (Geol.)
لِجْنين، خَشَبين lignin (Bot.)
لُجوء (إلى) resorting (to), falling back on
لِحاء cortex, bark
~ داخِليّ bast = phloem (Bot.)
~ الدَّبْغ tanbark
~ الشجر، قِشْر، قِلْف bark, cortex, rind
~ فِلِّيني cork (Bot.)
لِحائيّ، قِشْريّ cortical
لِحام، لِدام، تَلْحيم soldering, weld(ing) (Plumb.)
~ ارتِشاحيّ sweat soldering = sweating (Eng.)
الـ ~ الأرجونيّ: اللِّحامُ في جَوٍّ من الأرجون argon welding (Eng.)
~ إسقاطيّ projection welding (Eng.)
~ الأنابيب pipe welding (Plumb.)
الـ ~ بالأسِيتيلين acetylene welding
~ بأُشابة صَلْدة braze (Eng.)
~ بالأُكسِجين والأسيتيلين oxyacetylene welding, oxy-weld (Eng.)
~ بالألُمِنيوم aluminium welding (Eng.)
~ بالبرونز bronze welding
~ بالتموُّجات فوق السمعيَّة ultrasonic welding, ultrasonic soldering (Eng.)
~ (بتيّار) حَثّي induction welding (Eng.)
الـ ~ بالثرميت thermite welding (Plumb.)
~ بالحِملاج blowpipe welding, torch welding (Eng.)
الـ ~ بالصَّهْر fusion welding (Elec. Eng.)
~ بالطَّرْق على الساخِن fire welding = forge welding (Eng.)
~ ~ (والإحماء) hammer welding
~ بالغَمْس، ~ بالغَمْر dip brazing, dip soldering (Eng.)
~ ~ في مَعدِنٍ مَصْهور metal brazing (Eng.)
~ بالقَوس arc welding (Eng.)
الـ ~ ~ في مُحيطٍ من الغاز الخامِل inert gas arc welding (Elec. Eng.)
الـ ~ بقوسِ الكربون المُزدَوج twin-carbon arc welding (Elec. Eng.)
الـ ~ بالقوس المعدِنيّ metal-arc welding (Elec. Eng.)
الـ ~ بِلِدام صَلْد hard soldering
~ بالمُقاوَمة resistance welding (Elec. Eng.)
~ ~ الكهربائية electric resistance welding (Elec. Eng.)
~ بالنُّحاس الأصفر brass welding
~ باليَد manual welding (Plumb.)
~ البُقعة، ~ نُقطيّ spot welding
الـ ~ تحتَ الماء underwater welding
~ تَراكُب بالمُقاوَمة resistance lap-welding (Elec. Eng.)
~ تَرصيعيّ stud welding (Eng.)
الـ ~ التناكُبيّ butt-welding (Eng.)
~ تَناكُبيٌّ بالطَّرْق jump weld = butt weld
~ ~ بالمُقاوَمة resistance butt-welding
~ تَوالٍ series welding
الـ ~ الجامِد solid-state welding (Eng.)
~ جَلْفَطة caulking weld (Eng.)
~ حَثّي induction soldering (Elec. Eng.)
~ حِداديّ: بالحَرارة والتَّطريق forge welding (Eng.)
~ حَزّي groove weld (Plumb.)
~ خَلفيّ backhand welding (Plumb)
~ الدَّرْز، ~ الغُرَز stitch weld(ing)
~ درزٍ مُقاوِميّ resistance seam-welding (Elec. Eng.)
~ دَرْزيّ seam welding, stitch welding
~ ~ مُستَمِرّ jig welding (Elec. Eng.)
~ ذاتيّ autogenous welding (Eng.)
~ زاويّ، لُحْمَة زاويَّة fillet weld (Eng.)
~ ~ مُقَعَّر concave fillet weld (Plumb.)
~ سِداديّ plug weld (Plumb.)
~ السَّمْكَرة: أُشابةٌ صَهورة من الرصاص والقصدير tinman's solder (Plumb.)
~ شَقْبيّ slot weld(ing) (Plumb.)
~ الشُّقوق cleft welding
~ صَدْميّ (بالمُقاوَمة) percussive welding (Elec. Eng.)
~ ضَغْطيّ pressure welding (Eng.)
~ ظَهَريّ back weld (Eng.)
~ على البارِد cold welding
~ غازيّ: اللِّحامُ بِلَهبٍ غازيّ gas welding (Eng.)
~ الغَمْس dip soldering (Eng.)
~ فائِقُ السُّرعة ultraspeed welding (Eng.)
~ في المَوقِع site weld(ing)
~ قالَبيّ die welding (Eng.)
الـ ~ بالقوس المغمورُ (بدِثارٍ من مُساعِد الصَّهْر) submerged-arc welding
~ قَوسيّ arc welding (Elec. Eng.)
~ ~ أوتوماتي automatic arc welding
~ ~ مُحَجَّب shielded-arc welding (Eng.)
~ ~ هِلْيُوميّ heli-arc welding (Eng.)
~ لأميّ braze welding (Eng.)
~ اللَّدْغ tack welding
~ لَولبيّ spiral welding
~ ليزريّ laser welding (Eng.)
~ مانِعٌ للتسَرُّب sealing weld
~ مائِل mitre weld (Eng.)
~ مُتَراكِب lap welding (Eng.)
~ مُتَساطِح flush weld(ing) (Eng.)
~ مُتَّصِل، ~ مُستمِرّ continuous weld
~ مُتَقَدِّم (التسخين) forehand welding, forward welding
~ مَسْرَويّ electrode welding
~ مُقَوّى reinforced welding (Eng.)
~ نُتوئيّ projection welding, stud weld (Eng.)
~ نُحاسيّ بِحِمْلاج الغاز gas brazing

لِحام (تابع)
~ نُقْطيّ — point welding, spot welding (Elec. Eng.)
~ ~ (لِحامُ لَدْغ) — tack welding (Eng.)
~ ~ بالمُقاوَمة — resistance-spot welding
~ هِدْروجينيّ: لأْمٌ بالنُّحاس في جَوٍّ من الهِدْروجين — hydrogen brazing
~ وَمْضيّ — flash welding (Elec. Eng.)
~ ~ بالمُقاوَمة — resistance flash-welding
~ ~ تَناكُبيّ — flush-butt welding (Eng.)
لَحْظة، هُنَيْهة، فَيْنَة — moment, instant
لَحْظيّ — momentary, instantaneous
لَحِقَ بِه: تَبِعه — follow
~ ~: أصابه — befall
لَحَمَ، لَحَّمَ، اِلتَحَمَ — weld, solder
لَحْمٌ — meat, flesh (Zool., Food Sc.)
~، لِحام — welding, soldering
لُحْمَة: خُيوطُ النسيجِ المُعتَرِضة — weft, woof
~: نسيجٌ حَشْوي — parenchyma (Biol.)
~، اِلتِحام — weld
لَحْن — tune (Acous.)
~ دَليليّ: لِبرنامج إذاعيّ — signature tune
لَحُوم: قابِلٌ لِلِّحام — weldable
لَحْي: عَظم الفكّ — jawbone (Zool.)
لَخَّصَ — summarize, sum up, condense
لد: الرمز الكيماوي لفلزّ البَلادْيوم — Pd (palladium) (Chem.)
لَدانة، مِطواعيَّة — plasticity, flexibility
~، طَراوةٌ وَلين — suppleness
~، تلَيُّن — malacia (Med.)
اللدائن، العَجائنُ اللَّدْنة — plastics (Chem.)
~ الحراريَّة — thermoplastics (Chem.)
لَدائنُ حَراريَّةُ التصَلُّب — thermosetting plastics (Chem.)
~ رُغاويَّة — foamed plastics (Chem.)
~ رِقاقيَّة — laminated plastics
~ مُمَدَّدة، لَدائنُ رُغاويَّة — expanded plastics = foamed plastics
(أنظر أيضًا: لَدينة)
لَدائنيّ — plastic
لَدَغ، لَسَع — bite, sting
لَدَّنَ، أزالَ السِّقاية: جَعَلَ أقَلَّ قَصافةً بالإحماء والتبريد التدريجي — anneal (Eng.)
~، لَيَّنَ — plasticise
~، طَبَّع (الفُولاذ) — temper (Eng.)

لَدْن — plastic
~ بالتسخين — thermoplastic
لُدُونة — plasticity, flexibility
~ مَرِنَة — elastoplasticity
لَدينة: مادَّةٌ لَدائنية — plastic (Chem.)
~ بَصَريّات — optical plastic (Opt.)
~ حَراريَّة — thermoplastic (Chem.)
~ مَرِنة — elastomer (Chem.)
~ مُقَوَّاة: بمادَّةٍ ليفيَّة — reinforced plastic
~ نفطيَّة — petroplastic
لر: الرمزُ الكيماويّ لِفلزِّ اللورَنْسيُوم — Lr (lawrencium) (Chem.)
لَزَّ — cram (or press) close together
~ (الحُروفَ الطباعيَّة) — overset (Print.)
لِزاز (ج. لُزَز): عارِضة شريحيَّة — batten (Carp.)
لَزِب، اِمتِزازيّ — adsorptive (Chem.)
لَزِج، دَبِق — viscous, viscid, tacky, sticky
~ القوام — ropy (or ropey), stringy
~ مَرِن — viscoelastic
لَزَزَ، رَصَّ — compact, serry
لَزِقَ، اِلتَصَقَ — stick, adhere
لَزْقَة، لَصْقَة — plaster, emplastrum (Med.)
لَزَنَ، تَلازَنَ: اِلتَصَقَ وتكَتَّلَ — agglutinate
لُزوب: امتِصاصٌ سطحيّ — adsorption (Chem.)
لُزوجَة، دِبْقيَّة — viscosity, viscidity, tack(ness)
~ أصيلة — intrinsic viscosity (Phys.)
الـ ~ الحرَكية — kinematic viscosity (Phys., Eng.)
الـ ~ السطحية — surface viscosity (Phys.)
~ مُتخَلِّفة (في طبقةِ الدِّهان) — residual tack
~ مَرِنَة — elastoviscosity (Phys.)
الـ ~ المُطلَقة — absolute viscosity (Phys.)
الـ ~ المِغْنَطيسيَّة: إعاقةُ حَرَكاتِ السائل الموصل في اتجاهٍ مُعامِدٍ لِلمَجال المِغنطيسيِّ الكهربائيّ — magnetic viscosity (Phys.)
الـ ~ النسبيَّة — relative viscosity (Chem.)
الـ ~ النوعيَّة — specific viscosity (Phys.)
لَزوق، لَصوق: شريط لاصِق علاجيّ — plaster (Med.)
لُزوم، حاجة — need, necessity

لِسان — tongue (Zool.)
~: نُتوءٌ من البر يمتَدُّ في البحر — bill (Geol.)
~: مُنبَسَط من الماء أو الأرض — reach (Geog.)
~، لِسانُ تَعْشيق — tenon, tongue, dowel pin (Carp.)
~، نُتوءٌ لِسانيّ — tongue (Geog.)
~ أبتَرُ جُذموريّ — stub tenon, stump tenon, joggle (Carp.)
~ بحريّ، مَصَبٌّ خليجي — frith, firth (Geol.)
~ (بَحْريّ) — arm (Geog.)
~ تعشيقٍ مُدَرَّج — tusk tenon (Carp.)
~ ~ مُزدَوِج — twin tenon (Carp.)
~ ~ نافِذ — through tenon (Carp.)
~ تَوصيل (ذَكَر) — pin connection (Eng.)
~ الجَرَس — clapper
~ رَمْليّ (ساحِليّ) — spit (Geol.)
~ (أو طَيَّةُ) الغِلاف — jacket flap
~ القُفْل، سَقّاطةُ القُفل — latch, bolt latch
~ ~: الذي يُحَرِّكُه المِفتاح — talon
~ المِزمار — epiglottis (Zool.)
~ (أو ريشةُ) المزمار — reed (Acous.)
~ المِسْحَج — bit (Eng.)
~ مَشْطوف — haunched tenon (Carp.)
~ المِفتاح، حَكَمة — bit
~ مُمَنكَب: بِكَتِفَي اَستِناد — shouldered tenon (Carp.)
~ الميزان — pointer of a balance
لِسانيّ — lingual, glossal (Zool.)
لِسِتين، مُحِّين — lecithin (Chem.)
لَسْعَة — sting
لَسَّنَ: زَوَّدَ بِلِسانِ تعشيق — tenon, tongue (Carp.)
لُسَيْن: عُرْوَة — lug (Eng.)
~: نامية لُسَينيَّة — ligule (Bot.), lingula (Zool.)
~ الأمان (في البندقية) — sear
لُسَيِّن — spline (Eng.)
لِصٌّ — thief
لِصاق: مادَّة لَزِقة — adhesive
~، لَصُوقُ التركيب — mountant, cement
~ ترميم — patching cement
~ عازِل — insulating cement (Elec. Eng.)
~ الليثارج (والغليسرين معًا) — litharge cement (Chem.)

لِصاق (تابع)
~ مَطّاطيّ — rubber adhesive, rubber cement
لُصاقة: بطاقةُ عَنْوَنة — label
لَصِبَ: لِنَقْص التزليق — seize, jam
لَصَبٌ: اِنزناقُ عُدَّةِ الحَفْر في الثَّقْب — fitchering (Civ. Eng.)
~، اِستِعصاء — seizure, seizing up, jam, jamming (Eng.)
~، اِلتِصاق — sticking
~ البِطاقات — card jam (Comp.)
لَصَفَ، تفَلْوَر — fluoresce
لَصَفٌ، فَلْوَرِيَّة — fluorescence (Phys.)
لَصِقَ، اِلْتَصَق — adhere
لَصْق، لُصوق، اِلتِصاق — adherence, sticking
لَصُوق، لاصِق، لازِق، دَبِق — adhesive
~، رابِط — binding agent, binder
~، لَزْقة — plaster (Med.)
~ (مَطّاطيٌّ) للإطارات — tyre cement
لَطَخَ، لَطَّخ — blot, smear, smudge, blur
لَطْخة — blot, blur, smear, taint
~، بُقْعة — spot, blotch
~ (تليفزيونية) — trailer
~ جِلدِيَّة — macula, macule (Biol.)
~ شَمْسِيَّة: على سَطْح الشمس — flocculus (Astron.)
لَطَّفَ: خَفَّفَ الحِدّة — palliate, mollify, moderate
~، خَفَّفَ (بالمَزْج) — attemper, dilute
~، أَخْفَتَ حِدَّة (الصوت أو الضوء) — soften, subdue (Civ. Eng.)
لَطَمَ — buffet, hit, slap, dash
لَطْمة، صَدْمة — buffet, dash
لَطِيف — moderate, tender, mild, benign, kind
لُعاب، رِيق — saliva, spit(tle) (Zool.)
لُعابِيّ — salivary (Zool.)
لُعابِين، خميرةُ اللُّعاب — ptyalin (Zool.)
لَعِبَ — play
~ خَطأً — foul
لَعِبٌ، تقَلْقُل — play (Eng.)
~ جانِبِيّ، تقَلْقُل جانِبِي — lateral play, side lash = side play (Eng.)
~ حُرّ، رَجْرَجة طليقة — free play (Eng.)
~ رأسِيّ — vertical play (Eng.)
~ (أو تَقَلْقُل) الصِّمام — valve play (Eng.)
~ طَرَفِيّ — end play (Eng.)
~ الكَبّاس — piston play (Eng.)
~ مِحْوَرِيّ، تَقَلْقُل مِحْوَرِيّ — axial play (Eng.)
لُعْبَة: إحدى ألعابِ المُباريات — game
~: دُمْيَة — doll
لَعْل، بَلَخْش: ياقوت أحمر فاتح اللون — balas ruby (Min.)
لَعْوَة: هالةُ الثدي (في اللبونات) — areola (Zool.)
لُغَةٌ — language (Comp.)
~، لِسان — language, tongue
~ إجرائِيَّةُ التوَجُّه — procedure-oriented language (Comp.)
~ اِستِعلام: استعادة المعلومات تفاعُلِيًّا دون كِتابة برنامج مُعقَّد — query language (Comp.)
~ بَرْمَجة — programming language (Comp.)
~ بِيسِك: لغةُ بَرمَجةٍ سَهلة لِلمبتَدِئين — BASIC (Comp.)
~ التأويل — assembly language (Comp.)
~ الحاسُوب — computer language, machine language (Comp.)
~ دارِجة — vernacular *(n.)*
~ رَمزِيَّة — symbolic language (Comp.)
~ عالِيَةُ (أو رفيعة) المُستَوى — high-level language (Comp.)
~ مَسألِيَّةُ التوَجُّه — problem-oriented language (Comp.)
~ المَصْدَر — source language (Comp.)
~ المَكنة، ~ الحاسوب — machine language, machine code (Comp.)
~ الهَدَف — object language (Comp.)
لَغَطٌ: حديثٌ تداخُلِيّ — cross-talk (Teleph.)
~، ضَجيج — noise, hubbub, din
~، خَفيف صِماميّ أو شِريانيّ — murmur, bruit (Med.)
~ انبِساطِيّ — diastolic murmur (Med.)
~ واضِح — intelligible cross-talk (Teleph.)
لَغَمَ — mine *(v.)*
لَغْمٌ، تَقْويض — mining, sapping, undermining (Mining)
لُغْمٌ، لَغَم — mine
~ أرضِيّ — ground mine, land mine (Mil.)
~ بَحْرِيّ — submarine mine
~ خَفِيّ — booby trap
~ ضِدّ الأشخاص — anti-personnel mine (Mil.)
~ ~ الدبابات — anti-tank mine (Mil.)
~ عائم — floating mine (Mil.)
~ مِغْنَطيسِيّ — magnetic mine (Mil.)
لِغْنين، خَشَبِين — lignin (Bot.)
لَفَّ — roll, wind, coil
~، تلَفَّفَ — convolute
~، دارَ — turn, swirl, revolve, slue
~، غَلَّفَ — wrap, envelop; swathe, enfold
~ ثانِيَةً — reroll
~ على مِكَبّ — reel, spool
~ القِلْعَ أو العلَم — furl
لَفٌّ، تَدْوير — winding
~، دورانٌ تَدويمي — spin (Phys.)
~، تَغْليف — wrapping, envelopment
~: لَيٌّ وتَجعيد — curling
~ اِتفاقِيّ: غيرُ مُنتظَم — mush winding (Electron.)
~ أُحادِيُّ الطبقة — single loading
~ أُسطوانِيّ — cylindrical winding (Elec. Eng.)
~ إطارِيّ — loop winding (Elec. Eng.)
~ الأنابيب (بمادة عازلة) — pipe wrapping (Eng.)
~ باليَد — hand winding (Elec. Eng.)
~ بِرميلِيّ — barrel winding, drum winding (Elec. Eng.)
~ بِسِلْكٍ ثُنائِيّ — bifilar winding (Elec. Eng.)
~ (بشكلٍ) قَفَصِيّ — cage winding (Elec. Eng.)
~ تَخالُفِيّ — differential winding (Elec. Eng.)
~ تَراكُبِي — lap winding (Elec. Eng.)
~ تَشابُكِي — lattice winding
~ حافِّي — edge winding (Elec. Eng.)
~ ذو دارَتَين — two-circuit winding (Elec. Eng.)
~ شَريطِيٌّ حافِّي — edgewise strip winding
~ طَبَقِيّ — layer winding (Elec. Eng.)
~ طَبْلِيّ، ~ بِرميلِيّ — drum winding
~ عازِل أو وِقائِيّ — wrapping (Eng.)
~ عَشْوائِيّ — random winding (Elec. Eng.)
~ على التوازي — parallel winding (Elec. Eng.)

لَفٌّ (تابع)
~ على التوالي — series winding (Elec. Eng.)
~ (على مِكَبّ) — reeling
~ قُرصيّ — disc winding (Elec. Eng.)
~ قُطري — diametral winding (Elec. Eng.)
~ مُتَباعِد — spaced winding (Elec. Eng.)
~ مُتَعَدِّدُ الدّارات — multiple-circuit winding (Elec. Eng.)
~ ~ المَمَرّات — multiplex winding
~ مُتَماثِل (أو مُتَناظِر) — symmetrical winding
~ مُتَواصِل — continuous winding (Elec. Eng.)
~ مُرَكَّب — compound winding (Elec. Eng.)
~ مُفرَدُ المَسْلَك (لِكُلِّ قُطبٍ في عُضو الإنتاج) — simplex winding (Elec. Eng.)
~ مُواجِه — antiparallel spin (Phys.)
~ مُوازٍ — parallel spin (Phys.)
~ نَجْميّ — star winding
~ نِصفُ مُنْتَحٍ — half-coiled winding = hemitropic winding (Elec. Eng.)
~ نَظيريّ — isotopic (or isobaric) spin = isospin (Phys.)
لَفّات (أنظر: لَفّة) — turns, convolutions
لِفاع، وِشاح — scarf
~، كِمامٌ كاتِمٌ لِلصَّوت — muffler, silencer (Eng., Auto.)
لَفّاف: مُدَوِّم، دُوّامي — winding, gyratory, whirling, spinning
~، مُلْتَفّ — volute, coiled, twining
لِفافة — roll, winding; rouleau
~، رِباط — bandage (Med.)
~ عُضوية — fascia (Zool.)
~ مُخَمِّدة — damper winding (Elec. Eng.)
لَفّافة، مِلْفاف — brace (Eng.)
لَفائِف (ج. لَفيفة) — winding(s), coils
~ إشارة، ~ تحكُّم — signal windings, control windings (Elec. Eng.)
~ طَرَفيّة — end windings (Elec. Eng.)
~ عُضوِ الإنتاج — armature windings (Elec. Eng.)
~ في طَبَقَتَين — double-layer winding (Elec. Eng.)
~ قفصِ السِّنجاب — squirrel-cage winding (Elec. Eng.)
~ مُتَداخِلة — interleaved windings
~ المَجالِ المِغْنَطيسيّ — field winding
~ المُحَوِّل — transformer windings
~ المغنطيس — magnet windings
~ مُوازَنة — balance windings (Elec. Eng.)
لَفائفيّ، المِعَى اللَّفائِفي — ileum (Zool.)
لَفّة، حَوِيَّة — coil, curl
~، دَورة — turn, twirl, wind
~، لِفافة — rouleau, roll, winding
~ حَلَزونيّة — whorl
لِفت، سَلْجم، شَلجم — turnip (Bot.)
~: سَلْجم حَرَجيّ — cole, rape (Bot.)
لَفَحَ، سَفَعَ (بالحرارة) — sear, scorch; blast
لَفْحٌ بالحرارة — burning, scorching
~ (أو سفعٌ) بالرَّمل — sandblast (Eng.)
لَفْحة: مَرَض نَباتيّ — blight (Bot.)
لَفَظَ، نَطَقَ — pronounce, utter, voice
~، ألْقَى أو قذَفَ (به من فَمه) — spit (out), eject
لَفْظ: نُطق، تلَفُّظ — pronunciation
~: قَذْف، طَرْد — ejection
لَفْظَة، كَلِمة — word, vocable
~ أوائليّة — acronym
لَفظيّ — verbal
لَفَّعَ (بلفاعٍ) — muffle, swaddle
لَفَقَ، قَطَّبَ (بالخياطة) — seam, stitch
لَفَّقَ، اِختَلَقَ — fabricate
~، دَبَّرَ — concoct
لَفيفة، كُبَّةُ خُيوط، شِلَّة — hank, skein
~، مِكَبّ، وَشيعة — spool, reel, bobbin
~، مِلَفّ — winding, coil
~ ابتدائيّة — primary winding (Elec. Eng.)
~ تحريض — exciting winding, exciting coil (Elec. Eng.)
~ تَشابُكيّة — lattice winding
~ تَوازٍ — shunt winding (Elec. Eng.)
~ ثالِثة (في مِلَفٍّ هَجينيّ) — tertiary winding (Eng.)
~ حَلَزونيّة — scroll
~ حَلْقيّة — ring winding, toroidal winding (Elec. Eng.)
~ الخَرْج — output winding (Elec. Eng.)
~ ~ في المُحَوِّل — transformer secondary (Elec. Eng.)
~ ساكِنة، ~ العُضو الساكِن — stator winding (Elec. Eng.)
~ سَفَطيّة: مُتباعِدةُ اللفات خَفيفَة المُواسَعة — basket coil = basket winding (Elec. Eng.)
~ طَبْليّة — drum winding
~ غَزْل — lap, hank, skein
~ غليظةُ الأسلاك — coarse winding
~ غيرُ مُفرَّعَة — untapped winding
~ الفيلم — film cartridge (Photog.)
~ قُرصيّة — disc winding (Elec.)
~ قضيبيّة — bar winding (Elec. Eng.)
~ لَوحِيّة — plate winding (Electron.)
~ مُتَعَدِّدة — multiple winding
~ مَجالٍ مُتواليةُ اللَّفّ — series field winding (Elec. Eng.)
~ ~ ~ الوَصْل — series winding
~ المُحَوِّل الأوَّليّة — primary winding
~ مُضاءَلة — damping winding (Elec. Eng.)
~ مُضائِلة — damper (or amortisseur) winding (Eng.)
~ مُفرَدةُ الطبَقة — single-layer winding (Elec. Eng.)
~ مُقفَلة: تحوي دارةً مقفلةً مُستقِلّة (أو أكثر) — re-entrant winding (Elec. Eng.)
~ بِملَفٍّ كامِل — whole-coiled winding (Elec. Eng.)
اللَّفْيُلوز: سُكَّرُ الفاكِهة — levulose = fructose (Chem.)
لِقاء، اِجتماع — meeting
~، مُجابَهة — encounter
~ مَداريّ — orbital rendezvous (Astrophys.)
لَقاح، طَلْعٌ، غُبارُ الطَّلْع — pollen (Bot.)
~، طُعْم — vaccine (Med.)
~، لَقَحٌ، مادّةُ التَّلْقيح — inoculum (Med.)
~، لَقْح: تلقيح، إخصاب — pollination, fertilization, fecundation (Biol.)
لَقانِقيّ — allantois (Zool.)
لَقَب — title
~، كُنْيَة — surname
لَقَّبَ، سَمَّى — entitle, call, denominate
لَقَّحَ، طَعَّمَ — inoculate, vaccinate
~، أبَّرَ — pollinate (Bot.)
~، أخْصَبَ — fecundate, fertilize (Biol.)
لُقْطة، شَذْرة (من معدنٍ نَفيس) — nugget
~ مَعْدِنيّة — prill (Mining)
لَقْطةٌ (أو صورةٌ) عن قُرب — close-up (Photog.)

لَقْطة (تابع)
~ بَعيدة: تُبَيِّنُ الشيءَ في جَوِّه العام long shot (Photog.)
~ تصوير مائلة angle shot (Cinema)
~ تَصويريَّة shot
~ سُفليَّة (بالثيودوليت) plunging shot (Surv.)
~ فوتوغرافية snapshot
~ مُرتَدَّة zoom-away shot (Cinema)
~ مِن عَلٍ high-angle shot (Photog.)
~ مُنقَضَّة zoom-in shot (Cinema)
لَقْلقة chatter (Eng.)
~ المِكْبَح brake chatter (Eng.)
لَقَّمَ (المكنة) feed, load (Eng.)
~ (الفُرن) charge
لُقَمُ المَحْمِل brasses (Eng.)
لُقْمَة: جُلْبَة طَوقيَّة collet (Eng.)
~: نُتوءٌ في طرَف العَظْم condyle (Zool.)
~، ~ مِثقاب bit
~ استخراج العيِّنات core bit (Eng.)
~ (أو بِطانةُ) المَحْمِل bearing liner (Eng.)
~ (أو شَفرةُ) عُدَّة القَطْع tool bit (Eng.)
~ تَجويف (أو حَفْر) boring-bit (Eng.)
~ تَخْويش countersinking bit (Eng.)
~ ثَقْب drill(ing) bit, piercing die (Eng.)
~ ~ بِمِنْفَث jet bit
~ ~ شِبْهُ مَخروطيَّة dowel bit (Carp.)
~ ~ نِصفُ دائريَّةِ المَقْطَع D-bit (Eng.)
~ ثُلاثيَّةُ الأنصال (الشَّفرات) three-way bit, three-wing bit (Civ. Eng.)
~ ~ المَخاريط tricone bit (Eng.)
~ جَذّ chopping bit
~ جَوفاء: تُولَجُ فيها اللُّقَمُ المُناسِبة blank bit (Eng.)
~ الحَفْر bore-bit, drilling bit (Eng.)
~ حَفر أُشَريَّة ذاتُ أرياش drag bit (Eng.)
~ ~ بأقراص دَوَّارة rotary-disc bit
~ ~ بالدَّق percussion bit (Civ. Eng.)
~ ~ (بمُسَنَّنات) دَوّارة roller bit
~ ~ حَلَزونيَّة spiral bit (Eng.)
~ ~ دَليليَّة (استِطلاعيَّة) pilot bit
~ ~ مُجَوَّفة shell bit (Carp.)
~ ~ نجميَّةُ المَقْطَع star bit (Civ. Eng.)
~ خَطْميَّة nose bit (Carp.)
~ دَوَّارة rotary bit (Eng.)

~ العُدَّة bit (Maths., Comp.)
~ قابِلةٌ لِلطَّيّ collapsible bit (Eng.)
~ قَدّ rip-bit = jackbit (Mining)
~ لُبِّيَّة: لُقمةُ استخراج العَيِّنات اللُّبية core bit (Civ. Eng.)
~ لَولَبة screw die, threading die (Eng.)
~ ~ الأنابيب pipe die (Plumb.)
~ ~ مَشقوقة split die (Eng.)
~ ~ مُصْمَتة solid die (Eng.)
~ ~ مُؤتَلِفة combination die (Eng.)
~ ماسيَّة diamond bit
~ المِثقاب، ~ الحَفّارة borer bit
~ مِثقابِ التقوير reamer bit (Eng.)
~ المَحمِل السُّفلية bottom brass (Eng.)
~ المِحْوَر النُّحاسيَّة axle brass (Eng.)
~ مُختلِفةُ المركز eccentric bit, offset bit (Eng.)
~ مَخروطيَّة cone bit
~ مُدَرَّجة step bit (Eng.)
~ مُزْدوِجةُ التَقَوُّس double-arc bit (Eng.)
~ ~ القَطْع double-cutting bit
~ المِقْطَع، نَصْلُ القَطْع cutter bit (Eng.)
~ المكبح، قبقابُ الكابِحة brake block
~ المِلْفاف brace bit (Eng.)
~ مُلَقَّمة tipped bit (Eng.)
الـ ~ النُّحاسيَّة العُلْيا top brass (Eng.)
~ نَزُوع detachable bit (Mining)
~ نِصف دائريَّة half-round bit
~ نَصْلية blade bite (Eng.)
~ نَقْر mortise bit (Build.)
لُقْمَتا الطرف الكبير (لذراع التوصيل) big-end brasses (Eng.)
~ المِلْزَمة vise (or vice) clamps (Eng.)
لَقَّنَ، عَلَّم teach, instruct
~ (المُمَثِّلين) prompt
لُقْيَة find
لَقيم: ما يُلْقَمُ feed
اللَّك، صَمْغُ اللَّك lac, shellac (Chem.)
~، وَرنيشُ اللَّكِ lacquer (Chem.)
لَكٌّ إصْبَعيّ: على شَكْلِ أصابعَ stick shellac
لَكْتوز: سُكَّرُ اللبن lactose, milk sugar (Chem.)
لُكْرام: نَسيجٌ كَتّانيّ خَشِن lockram
لَكْس: وَحدةُ إضاءة lux (Illum.)

لَكْسمتر: مِقياسُ شِدَّة الإضاءة luxmeter
لُكْنَة: ثِقَلُ اللسان stutter
لم: الرمزُ الكيماوي للألومنيوم Al (aluminium) (Chem.)
لَمّاع، صَقيل glossy, lustrous, shiny
لَمَحَ glance, glimpse
لَمَّحَ: ألْمَحَ (إلى) imply, allude (to)
لَمْحَة، نظرة سَريعة glance, glimpse
~، مَلْمَح feature
~، نظرة عامَّة brief survey
لَمْدا، مَيكرولِتر (10^{-6} لِتر): وحدة حجم تُساوي مليمتر مُكعَّب lambda
لَمَسَ touch
لَمْس touch, feel(ing)
~ الأرض (عندَ الحَطّ) touchdown (Aero.)
~ مُزدَوِج double touch (Acous., Magn.)
لَمْسَةٌ أخيرة finishing touch
لَمْسِيّ tactile (Zool.)
لَمَعَ، تَألَّق shine, sheen, glitter, glisten
لَمَّعَ، صَقَل polish, luster, gloss
~، نَصَّعَ brighten, shine, burnish
لَمَعان، بَريق brilliance (or brilliancy), gloss, shine, sheen, glitter, lustre
لَمْعَة، لَمَعان shine, lustre, gloss
~: تجويفُ عُضوٍ أُنبوبيّ lumen (Zool.)
~ زُجاجيَّة vitreous lustre
~ مُطفأة egg-shell gloss, earthy lustre (Paint.)
اللِّمْف، اللِّنْف: سائلُ الأوعية اللِّنفاويَّة lymph (Zool.)
لِمْفاويَّة، خَليَّة لِمْفيَّة: كُرَيَّةٌ بيضاء lymphocyte (Zool.)
لِمْفيّ، لِمفاويّ lymphatic
لن: الرمز الكيماويُّ لِلَّنثانوم (أنظر المادة التالية)
اللَّنْثانوم: عُنْصُر فِلِزّيّ نادِر رَمْزُه (لن) lanthanum (La) (Chem.)
لَنْشٌ launch (Naut.)
اللَّهاة uvula (Zool.)
لُهاث، نَهَج panting, hyperpnea (Med.)
لَهَبٌ، لَهيب flame
~ الأُكسِجين والأسيتيلين oxyacetylene flame (Chem., Eng.)
~ أُكسي هِدْروجينيّ: لَهَبُ الأُكسِجين والهِدْروجين oxyhydrogen flame

لَهَبٌ (تابع)

~ حَسّاس — sensitive flame
~ غيرُ مُضيء — non-luminous flame
~ مُتَعادِل — neutral flame (Met.)
~ مُختَزِل — reducing flame (Chem.)
~ مُكَربِن: لتصليد سطح فولاذي — carburizing flame (Met.)
~ مَكشوف — open flame
~ مُؤكسِد: جزءُ اللهبِ اللامُضيء الأغنى بالهواء — oxidizing flame (Chem.)

لَهْجة: لُغة مَحَلِّيَّة — dialect
لَهُوب، سَريعُ الالتِهاب — flammable, inflammable
لَهُوبيَّة، قابليَّةُ الالتهاب — flammability
لَهيب، لَهَبٌ ساطِع — blaze
لو: الرمزُ الكيماويُّ لِفِلزِّ اللُّوتشيوم — Lu (lutetium or lutecium) (Chem.)
لَوَى، ثَنَى — bend, flex
~، فَتَل — twist, twine
لَوَّى، عَوَّج — contort, warp, kink
لِواء، سَرِيَّة — brigade
~: رُتبة عَسْكَرِيَّة — major-general (Mil.)
لَواحِق — accessories, appendages
اللَّواحِم: رُتبةٌ من اللبونات — Carnivora (Zool.)
لَوازِم، مُعَدَّات — materiel, necessaries
~ الإصلاح — repair kit
~ تَثْبيت — fittings (Eng.)
~ التَّسْييج — fencing
~ التنظيف — cleaning kit
~ العامِلِ أو الصّانِع الصغيرة (في مِهنةٍ مُعيَّنة) — kit, findings
~ مَدِّ الأنابيب — pipeline spread (Pet. Eng.)
لُوبْلار: رادار (دُوبْلَري) لِيزري — lopplar (laser Doppler radar)
لُوبيا — bean (Bot.)
اللُّوتِشْيوم: عُنْصُر فِلِزِّي رَمْزُه (لو) — lutetium = lutecium (Lu) (Chem.)
لَوَّث — contaminate, pollute
~، وَسَّخ — soil, befoul
~، أفْسَد — taint, vitiate
لُوجِسْتيّ، سَوْقيّ — logistic
لَوْح، لَوْحَة — slab, board, panel, plate
~ احتجاز — retaining plate
~ أرضيَّة — planch, plancier, floor board
~ ازدِواج (لِلتَّقوية) — doubling plate (Eng.)
~ إسناد — bolster plate
~ إعلانات — notice board, bulletin board
~ انتِزاع — pull-off, stripping plate (Eng.)
~ «پلانْتيه»: لِلمِرْكَم الرصاصي — Planté plate (Elec. Eng.)
~ التأريض — earth plate, ground plate (Elec. Eng.)
~ تَثْبيت، صَفيحةُ تَثْبيت — anchor plate
~ تَحويل — switch plate
~ تَسْخين — hot plate = warming plate (Elec. Eng.)
~ تَسْقيف — shide = shingle, roof board, roofer (Build.)
~ تَسْوية — loam board, strickle board
~ التشكيل — mouldboard
~ تَغطِية — cover plate (Eng.)
~ تَغليفٍ تَراكُبيّ — weatherboard (Carp.)
~ تقسيم — division plate
~ تَقوِيَة — gusset (plate), stiffening plate, reinforcing plate (Eng.)
~ تَكْسِيَةٍ جِداريٌّ — wall panel (Build.)
~ تَلبيسٍ مُتَراكِب — clap-board (Build.)
~ تَناكُبيّ — butt-plate
~ ثُنائيّ: لِتَجارب التداخُلِ الضَّوئيّ — biplate (Phys.)
~ جانِبِ الجملُون — vergeboard (Build.)
~ جِصّيّ (أو مُجَصَّص) — plaster board
~ حارِف — deflecting board
~ حَسّاس (لِلتصوير) — sensitive plate
~ خَشَب — board, lath
~ ~ ثَخين — plank
~ دَعْمِ الحَفْر (في خندق) — poling board (Civ. Eng.)
~ رَبْطٍ أُفُقيّ — wale = waler (Civ. Eng.)
~ رَقائقيّ — laminated board (Carp.)
~ زاويّ — angle plate (Eng.)
~ زُجاج — pane, sheet of glass
~ ~ في النافذة — windowpane
~ زُجاجيّ — glass panel
~ ~ مُعَيَّنُ الشكل — quarrel (Build.)
~ السَّحب: لِتَثْبيت قوالِب السحب — draw plate (Eng.)
~ السَّحج: تثبَّتُ عليه الألواحُ المُرادُ تَسْويتها — shoot(ing) board (Carp.)
~ صَلْد — hardboard (Build.)
~ ضِلْعِيّ — futtock (Naut.)
~ طِباعيّ مُقَوْلَب — stereotype
~ طَرَفيّ — end plate
~ طَرْق — swage (plate) (Eng.)
~ طُوليّ — strake
~ عازِل — insulating board
~ فِلّين، ~ فِلّينيّ — corkboard
~ فولاذيّ — sheet steel (Civ. Eng.)
~ القاعِدة — bed plate, baseboard (Build.)
~ قاعِديّ، قاعِدة — basal plate, soleplate (Geol.)
~ قُرصيّ — disc plate
~ القُطب — pole plate (Elec. Eng.)
~ ~ الطَّرَفيّ — pole end-plate
~ الكتف — shoulder blade, scapula (Zool.)
~ كرتون — (carton) board
~ كرتونيٌّ ثُلاثيُّ الطبقات — triplex board (Eng.)
~ لُزَزٍ رَقائقيّ — laminboard = blockboard, battenboard (Build.)
~ لِيفيّ (عازِل) — fibre-board (Build.)
~ مُحدَوْدَب (غليظُ الوَسَط) — buckled plate (Met.)
~ مُخَرَّم — punched plate
~ مُدَرَّع للمِرساة — billboard (Naut.)
~ مُدَلْفَن — rolled plate
~ (المِرْكَم) — grid
~ ~ الشَّبَكيّ — comb of accumulator
~ مُستعرِض — transverse plate
~ مُشَكَّل: بالتَّحليل الكَهربائي — formed plate (Elec. Eng.)
~ مُعتَرِض، ~ إعتِراضيّ — baffle plate (Eng.)
~ مَعدِنيّ — sheet metal (Met.)
~ مُغَلْفَن — galvanized sheet
~ مَقابِس — plugboard (Elec. Eng.)
~ ~ التوصيل المؤقَّت — patch board
~ مُقَعَّر — dished plate (Eng.)
~ مُقَيَّر — tar-board
~ المَلّاط — spot board (Build.)
~ (مِلاط) التجصيص — plaster hawk (Build.)
~ مُمَوَّج — corrugated sheet (Build.)
~ من الورق المُقَوّى — paperboard
~ المِهداف — sight board (Surv.)

لَوْح (تابع)

~ُ مُوجِب — positive plate (Elec. Eng.)

~ُ نُحاسِيٌّ مَحفورٌ لِلطباعة — copperplate (Print.)

~ُ نِطاقِيّ — zone plate (Light)

~ُ واقٍ — guard plate, protection plate

~ُ وَصْلٍ تَراكُبِيّ — fish-plate (Eng.), splice bar = splice piece (Railways)

~ُ وِقاية — protection plate, guard plate (Eng.)

لَوْحا تَكْتيف — haunch boards (Civ. Eng.)

لَوَحان: طَيفٌ غيرُ واضِح — loom

لَوْحة — panel

~ (مَنقوشٌ عليها كلام) — plaque

~: شَريحةٌ خَشَبيَّة — slat

~، صُورَة، (تابْلُوه) — tableau

~: صورةٌ على صفحةٍ كامِلة — plate

~ُ الآلات — instrument board (Eng.)

~ُ آلاتِ القيادة — instrument panel (Eng.)

~ُ أجهزةِ التشغيل — operating panel (Eng.)

~ ~ القياس — instrument panel, dashboard, dash panel (Eng.)

~ُ إدخالِ بيانات — graphics tablet (Comp.)

~ُ استِناد — bolster plate (Eng.)

~ُ الاسم، ~ُ الهُوِيَّة — nameplate

~ُ إعلانات — bulletin board, notice board

~ُ إعلانيَّة — placard

~ُ ألوانِ الرسّام — palette

~ُ أمّ: لَوحةُ دارةٍ مطبوعة تَضُمُّ مُقَوِّماتِ الحاسوب الصغريّ — mother board (Comp.)

~ُ بَيان — index plate, indicator, annunciator

~ُ بَيانات — data tablet (Comp.)

~ُ بيانيّات — graphics pad (Comp.)

~ُ تَحَكُّم — control board, control panel (Eng.)

~ ~ باللَّمس — touch control panel (Elec. Eng.)

~ُ تجارِب — breadboard (Elec. Eng.)

~ُ الترخيص — license plate

~ُ تَزليق (تَزييت أو تَشحيم) — lubrication chart (Eng.)

~ُ تَشغيل — operating panel

~ُ تعيينِ الهُوِيَّة، ~ُ تَعَرُّف — identification plate

~ُ تَغْذِية — feeder panel

~ُ تَقْوِية — reinforcing plate

~ُ التوجيه — direction board

~ُ تَوجيهٍ مِحْوَرِيّ — keep plate (Eng.)

~ُ تَوزيع: لوحةُ مَفاتيح التوزيع — distribution board, distribution panel (Elec. Eng.)

~ ~ مِصْهَرِيَّة — distribution fuse-board

~ُ تَوصيل — patch board, plug board (Comp.)

~ُ تَوصيلات — connection board (Elec. Eng.)

~ُ ثُقْبِ المِفتاح — key plate (Build.)

~ُ حارِفة — deflector plate (Electron.)

~ُ حَفرٍ فوتوغرافيّ — gravure

~ُ (حَمْلِ) المِلاط — mortar-board = hawk (Build.)

~ُ خَلْطِ الخَرسانة، ~ خَلْطِ المَعاجين — gauge board, gauging-board (Build.)

~ دارةٍ مطبوعة — printed circuit board (Comp.)

~ُ دَلالة، لافِتَة — signboard

~ُ الرادار — radar board (Aero.)

~ُ رَقْم (السيّارة) — number plate (Autos.)

~ُ رَقيقة، ~ شَريحيَّة — slat (Build.)

~ُ زَنْق — lock(ing) plate

~ُ زيتيَّة — painting

~ُ عازِلة — insulating plate

~ُ العَدّادات، ~ُ أجهزةِ القياس (في سَيّارة) — instrument board = dashboard (Auto.)

(~) عَرْض راداريّ — radar display

~ُ قيادة، ~ُ العَدّادات — instrument panel

~ (قياس وتسجيل) الخَرْجِ الكُلّيّ — total output panel (Elec. Eng.)

~ُ الكابِحة — brake plate (Eng.)

~ُ مائيَّة (مَرسومة بالألوان المائية) — water colour

~ُ مَرابِط — terminal board

~ُ مُراقَبة — monitor board

~ُ مَصاهِر — fuse-board (Elec. Eng.)

~ُ المُطَيِّن: لِحَمْل المِلاط — hawk (Build.)

~ُ مَفاتيح — switchboard (Elec. Eng.)

~ُ المَفاتيح، ~ُ المَلامِس — keyboard, clavier

~ُ مَفاتيح الإدخال — input keyboard (Comp.)

~ُ مَفاتيح أوتوماتيَّة — automatic switchboard (Elec. Comm.)

~ُ (~) التحَكُّم — control-board, control panel (Eng.)

~ ~ تَوزيع القُدرة — power switchboard

~ُ المَفاتيح الرئيسيَّة — main switchboard

~ُ مَفاتيح طابعيَّةُ النَّسَق: كما في الآلةِ الكاتبة العاديَّة — QWERTY keyboard (Comp.)

~ ~ كَهْربائية — panel board (Elec. Eng.)

~ ~ لَمْسِيَّة — tactile keyboard (Comp.)

~ ~ المُوَلِّد — generator panel

~ُ مَقابِس — jack panel (Elec. Eng.)

~ُ المَقاليد، ~ُ مَفاتيح — switchboard

~ُ مَقاليد التوزيع — distribution switchboard (Elec. Eng.)

~ ~ (مَفاتيح شَحْن وتَفْريغ) المَراكِم — accumulator switchboard (Elec. Eng.)

~ ~ (مَفاتيح) مُزدوجة — duplex switchboard

~ُ المِلاط — mortar-board, hawk (Build.)

~ُ مُواصَفاتِ المُحَرِّك — engine nameplate

~ُ الهُوِيَّة — identification plate

~ُ وَصْل — junction plate

لَوْحيّ، مُسَطَّح — tabular

لُودار: نِظامُ مِلاحةٍ راديويّ — lodar (Naut., Aero.)

لُوراك: نِظامٌ مِلاحيٌّ دقيقُ التحديد — lorac (long range accuracy)

لُوران: نظامُ مِلاحةٍ راديويّ — loran (long range navigation) (Naut., Aero.)

اللورَنْسيوم: عُنْصُرٌ فِلزّيّ إشعاعيّ رَمْزُه (لر) — lawrencium (Lr) (Chem.)

لَوْز — almond(s) (Bot.)

لَوزانيّ — amygdaloid

لَوزة الحَلْق (وهُما لَوزتان) — tonsil, amygdala (Zool.)

~ُ صَخريَّة — amygdal (Geol.)

~ُ القُطن — boll (Bot.)

لوغاريتم — logarithm (Maths.)

اللوغاريتماتُ الطبيعيَّة — natural (or hyperbolic) logarithms (Maths.)

~ العاديَّة (العشريَّة) common (or normal) logarithms (Maths.)
~ النابيريَّة أو الطبيعيَّة Nap(i)erian (or natural) logarithms (Maths.)
لُوغاريتميّ logarithmic *(adj.)*
~، أُسِّيّ exponential
اللُّوكيميا، إبيضاضُ الدَّم leuk(a)emia (Med.)
لَوْلَبَ: سَنَّنَ لَوْلَبيًّا thread, screw *(v.)*
لَوْلَبٌ، بُرْغي bolt (Eng.)
~: حَلَزون، شيءٌ لَولَبيّ أو حلزونيّ helix
~، مِسمارٌ مُلَولَب screw
~، مَسَارٌ حلَزونيّ spiral
~ تَثْبيت fastening screw, set screw (Eng.)
~ تحديدِ العُمْق depth screw (Eng.)
~ تركيب mounting screw
~ تَسْوية levelling screw
~ تعديل temper-screw, regulating screw, adjusting screw (Eng.)
~ تَغْذِية feed screw (Eng.)
~ تفاضُليّ differential screw (Eng.)
~ ثُلاثيُّ التسنين treble-threaded screw
~ حَلَزونيّ worm
~ خارِجيّ external screw (Eng.)
~ داخليّ، ~ أُنثيّ female screw, internal screw (Eng.)
~ دُوديّ perpetual screw (Eng.)
~ الرَّبْط binding screw (Eng.)
~ رَبْطٍ مُفَلَّك: ذو فَلْكَة sems (Eng.)
~ زَنْق lock(ing) screw
~ السَّحْب (في المِخرطة) lead screw (Eng.)
~ شَدّ tension screw, straining screw
~ ~ (الِارتخاء) take-up screw (Eng.)
~ ضَبْط adjusting screw
~ (~) التغذية feed screw (Eng.)
~ ~ النَّزْف bleeder screw (Eng.)
~ عُرْوِيّ، بُرْغيّ عُرْوِيّ eye screw, eye-bolt (Eng.)
~ عَكْسِ الحَرَكة reversing screw (Eng.)
~ عياريّ standard screw (Eng.)
~ مُتعدِّدُ اللَّوْلَبة multiple-threaded screw (Eng.)
~ مُجَنَّح wing screw (Eng.)
~ مُرَكَّب compound screw (Eng.)
~ مُزدوجُ التَّسْنين double-threaded screw
~ مَشْقوب slotted screw (Eng.)
~ مُماسّ tangent screw (Eng.)
~ وَصْل connecting screw, union screw
~ يَساريّ اللولَبة left-hand(ed) screw
~ يَمينيُّ اللولَبة right-hand(ed) screw
لَوْلَبة screwing
~، قَلْوَظة screw-cutting (Eng.)
~ الثُّقوب tapping (Eng.)
~ ~ مَكَنيًّا machine tapping (Eng.)
~ ثُلاثيَّة المَداخِل three-start thread (Eng.)
~ ثُنائيَّةُ المَدْخَل two-start thread (Eng.)
~ خارِجيَّة outside threading (Eng.)
~ داخليَّة internal thread(ing)
~ كَتِفيَّة buttress thread(ing)
~ لانمطيَّة bastard thread(ing)
~ مُتَفاوِتة الخطوة (في اللفّات المتعاقبة) drunken thread (Eng.)
~ من الداخِل tapping (Eng.)
لَوْلَبيّ، حَلَزونيُّ الالتِفاف helicoid(al), solenoidal; helical, spiral, volute
لَولبيَّة: كَوْنُ الشيءِ لَولبيًّا helicity, spirality
اللَّولَبيَّة: جِنسٌ مِن طَحالبِ المياه العذبة Spirogyra (Bot.)
لُؤْلُؤ، لؤلؤة pearl (Zool.)
لَوْم blame
لُوْمة: وُصلة مهايأة adapter (Eng.)
لُومِن: وَحدةُ قياسِ الفَيْض الضَّوئيّ lumen (Phys.)
لَوْن colour = color
~ أُرجُوانيّ purple
~ أساسيّ (أحمرُ أو أخضرُ أو أزرقُ) fundamental colour (Phys.)
~ إسقاطِيّ: يَنْتُج بإسقاطِ بعضِ ألوان اللونِ الأبيض subtractive colour (Phys.)
~ أكْمَدُ dull colour, dead colour
~ بَنفسجيّ violet
~ التطبيع temper(ing) colour (Met.)
~ ثابت fast colour
~ ثانَوِيّ (غيرُ الأزرق والأخضر والأحمر) secondary colour
~ الجِلْد، ~ أديميّ buff colour
~ خافِت undertone
~ خفيف tint, tinge, shade
~ زاهٍ bright colour, vivid colour
~ الزَّعفران saffron
~ زَيتونيّ olive
~ صافٍ pure colour (Phys.)
~ عاجِيّ ivory
~ غيرُ ثابتٍ (يحتاجُ إلى مُرَسِّخ) adjective color (Chem.)
~ القِرْفة cinnamon (Bot.)
~ كَسْتَنائي chestnut (Bot.)
~ لاطَيْفيّ non-spectral colour
الـ ~ المُتَمِّم (لِلحُصول على اللون الأبيض) minus colour, subtractive colour (Photog.)
~ مُشْبَع saturated colour
~ مُطْفَأُ اللمعة matt colour
~ ناصِع bright or brilliant colour
~ نُحاسيّ copper (Chem.)
~ نِيليّ indigo
~ وَرْدِيّ rose
~ ~ خَفيف carnation (Bot.)
لَوَّنَ colour *(v.)*
~، صَبَغ dye, stain
~ بِخِفَّة tint, tinge
لَوْنانيّ: ثُنائيُّ اللون (بالضوء المنعكِس والضوء المُنْفَذ) dichroic
لَونيّ chromatic, colorific
اللونيّات، عِلْمُ الألوان chromatics (Phys.)
لَونيَّة، نُقْبة hue
الـ ~: نَوعيَّةُ لَون الضَّوء chromaticity
الـ ~ الثنائية أو المُزدَوِجة dichromatism (Min., Phys.)
الـ ~ المُتتامَّة complementary chromaticity (Phys.)
لَوي، ليّ torsion, twist
لُوَيْبة (ج. لُوَيبات) lapillus (pl. lapilli) (Geol.)
لُوَيحُ تَسْقيف shingle (Build.)
لُوَيْحة، صُفَيْحة fillet, platelet
~ دَمَويَّة blood platelet, thrombocyte (Zool.)
~ رَصاص lead fillet
لُوَيزة: ~ معدنية في اللابة المُتَصَلِّبة amygdule, amygdale (Geol.)

لَيٌّ، لَوي: فَتْل | twist, torsion
~، تَلَوٍّ، تَقَبُّض | contorsion
~، ثَنْي | flection = flexion, bending
ـُ مُعاكِس | back twist
ـُ يساريّ | l(a)evotorsion (Eng.)
ـُ يَمينيّ | dextrotorsion (Eng.)
لِياط، مِلاط | mortar, lute, cement
لِياقة، أهليَّة | fitness, aptitude
~، جَدارة | competence
~، صِحَّةُ السُّلوك | propriety
الـ ~ البَدَنيَّة | physical fitness
ـُ ذِهنيَّة أو طَبْعيَّة | aptitude
ـُ طِبِّيَّة | medical fitness
ـُ مِهْنيَّة | professional fitness
لَيباز: خميرةٌ حالَّةٌ لِلدُّهن | lipase (Biol.)
لَيَّة، ثَنْيَة | flection = flexion, convolution
~، فَتْلَة | kink, twist
الليثارْج: أوَّل أُكْسيد الرَّصاص | litharge, lead monoxide (Chem.)
الليثوغرافية: الوَصفُ المَنْهَجيُّ لِلصُّخور | lithography (Geol.)
اللِّيثيا: أوَّل أُكْسيد الليثيوم | lithia (Chem.)
الليثيوم: عُنْصُر فِلِزِّيٌّ رمزُه (لث) | lithium (Li) (Chem.)
لِيثْيوميّ | lithic
ليدار، رادارٌ لِيزَريّ | ladar = laser radar (Phys.)

لَيدار: مَجموعةُ لِيزَر ورادار | lidar (light detection and ranging) (Meteor.)
لِيْزَر: تضخيمُ الضَّوء بابتعاثِ الإشعاع المُنَشَّط | laser (Phys.)
ـُ الأشِعَّة الجِيميَّة | graser = gamma ray laser (Phys.)
~ ~ السِّينيَّة | X-ray laser (Phys.)
لِيزول: مُطَهِّرٌ معروف من محلول الكريزولات في الصابون الرّخو | Lysol (Chem.)
لَيَّطَ أو رَشَّ بمِلاطٍ خَشِن | daub
لِيف | fibre, fiber
ـُ زُجاجيّ | glass fibre
ـُ ضَوئيّ | optical fibre (Elec. Comm.)
ـُ (أو صُوفُ) الفولاذ: لِلصَّقْل أو التنظيف | steel wool
ـُ (أو صُوفٌ) مَعدِنيّ: ألياف عَزْل | mineral wool, rock wool, slag wool
لِيفَة | fiber (or fibre)
ـُ كَربونيَّة: مِن ألياف تعزيزِ المَتانة | carbon fibre (Chem.)
ـُ كوارتْز: تُستخدَم في الميزان النابِضيّ الفائق الحساسية | quartz fibre (Chem.)
لِيفيّ: مُلَيَّف | fibrous
~، شَبيهٌ بألياف الشَّجَر | fibriform (Bot.)
لِيفين | fibrin (Biol., Med.)
لَيليّ، لَيليُّ النشاط | nocturnal

لَيْليَّة: مِزوَلةٌ نَجْميَّة | nocturnal (Astron.)
لَيْمون: مِن أشجار الحَمْضيّات | citrus (Bot.)
ـُ مالِح | lime (Bot.)
لِين، طَراوَة | suppleness, softness
~، مطواعيَّة | flexibility, malleability, plasticity (Eng.)
ـُ الأنسِجَة | malacia (Med.)
لَيِّنٌ، لَدْن، مِطْواع | supple, malleable, flexible
لَيَّنَ، يَسَّرَ (الماءَ العَسِر) | soften (Chem.)
~، طَرَّى؛ لانَ | supple, soften, intenerate
~ (مِزاجَ الفولاذ) | temper (Eng.)
لَيناتُ المِكْبَح | brake pads (Autos.)
لَيْنَة، حَشِيَّة | pad
ـُ اْستِناد | rest pad (Eng.)
ـُ تَحميلِ المِرفاع | jack pad (Eng.)
ـُ تَزييت | oiling pad (Eng.)
ـُ ضَغْط: تحفظُ الفيلمَ أو الشريط في مَوقِعه | pressure pad (Elec. Eng., Acous.)
ـُ عازِلة | insulating pad
لَينُوتَيب، صَفَّافةٌ سَطريَّة | Linotype (Typog.)
لينوليُوم: مُشَمَّعٌ لِفَرْش الأرض | linoleum (Build.)
لُيَيْفَة: لِيفةٌ دقيقة | fibril (Biol.)
ـُ عَضَليَّة | myofibril (Zool.)
لُيَيْفيّ | fibrillar, fibrillate

م

ما بعدَ البَنَفْسَجيّ — ultraviolet (Phys.)
~ ~ السَّمْعيّ — ultrasonic (Phys.)
ما بينَ شَفَتَيْن (أو شَفْرَين) — interflange (Eng.)
ما قبلَ حُدوثِ القَوس — pre-arcing (Elec. Eng.)
~ ~ العَصْرِ الكمبري — antecambrian (adj.) (Geol.)
ما وراءَ الطبيعة — metaphysics
ماء — water
~ الآبار — well water
~ استِرطابيّ: مِن هواء الجَوّ — hygroscopic water (Chem.)
الـ ~ الأُكسجينيّ: فوق أكسيد الهدروجين — hydrogen peroxide (Chem.)
~ الإماهة — water of hydration (Chem.)
~ باطِنيّ — phreatic water (Geol.)
~ التبَلْور — water of crystallization (Chem.)
~ التُّربة — soil water (Agric.)
~ ~ المُتاح: لِنمو النبات — chresard, available water (Agric., Geol.)
~ ~ اللامُتاح — echard (Geol.)
مُجمل ~ ~ — holard (Geol.)
الـ ~ الثَّقيل: أُكْسيدُ الديوتريوم — heavy water, deuterium oxide (Chem.)
~ جارٍ — running water
~ «جافيل» — Javel water = eau de Javelle (Chem.)
~ جَوِّيّ — atmospheric water, meteoric water (Meteor.)
~ الجِير — aqua calcis = lime-water (Chem.)
~ حَبيس — connate water (Geol.)
~ الحِسْي، ~ الفادُوز — vadose water (Geol.)
~ خام: ماءٌ غيرُ مُعالَج (للتَّنْقية) — raw water
~ دَوّار — circulating water (Eng.)
~ راكِد — stagnant water
~ شِبْهُ ثَقيل: إحدى ذَرَّتَي الهِدْروجين في جُزَيْئِهِ ثَقيلةٌ — semi-heavy water (Chem.)
~ الشُّرْب — drinking water
~ شَروب: صالِحٌ لِلشُّرب — potable water (Food Sc.)
~ صافٍ — clear water
~ صُهاريٌّ، ~ وَليد — magmatic water (Geol.)
~ عاديّ: غيرُ الثقيل — light water (Chem.)
~ عَذْب (غيرُ مالِح) — fresh water (Chem.)
~ عَسِر — hard water (Chem.)
~ الكلور — chlorine water (Chem.)
~ مُتاح: يُمكِنُ للنبات امتصاصُه — available water, chresard (Bot.)
~ مُثَلَّج — ice(d) water
الـ ~ المُحتَبَس (في المِرجَل) — dead water (Eng.)
~ مَعْدِنيّ، مياهٌ مَعْدِنيَّة — mineral water (Food Sc.)
~ مُقَطَّر — distilled water
~ مُقَيَّد: لا يمكنُ للنبات امتصاصُه — bound water (Bot.)
~ مِلْح — brine
الـ ~ المَلَكيّ: مزيجُ حجم من حامض النتريك المُرَكَّز مع ثلاثةِ حُجوم من حامض الكلوردريك المُرَكَّز — aqua regia (Chem.)
~ مُلَوَّث — polluted water, foul water (Build.)
~ مَنزوعُ الهواء — de-aerated water
~ مُهَوّى — aerated water
~ النّار — aqua fortis, nitric acid (Chem.)
~ وَليد: مياهٌ صُهاريَّة — juvenile water, magmatic water (Geol.)
~ يَسِر — soft water (Chem.)
ماءات، هِدْرات: مِلحٌ يحوي ماءَ التبَلْوُر — hydrate (Chem.)
مَآل: عاقِبة، نَتيجة — consequence, result, outcome
مَأْبِض: باطِنُ الرُّكبة — poples (Zool.)
ماتَ — die
مَأْتى: سَبيلُ الولوج — access
~: سَبيلُ المُعالَجة — approach
الـ ~ التجريبيّ — heuristic approach (Maths.)
مَأثُرة: مُنجَزٌ عَظيم أو عَمَلٌ باهِر — achievement, exploit, feat
ماثَلَ، شابَه — resemble
~ أو قارَنَ بِـ، شَبَّه بِـ — compare (to)
ماثِلٌ لِلعِيان — visible
ماجَ، طَما، جاشَ، اِضطربَ — surge
~: تموَّجَ — undulate
ماجِنتَه: صِبْغٌ (أو لَونٌ) أَحمَرُ مُزْرَق — magenta, fuchsin (Chem.)
ماحِق، مُبيد — annihilative, eradicative
~ الألوان — colour killer (Telev.)
ماخ، ماك: وَحدةُ سُرعة تُعادِلُ سُرعة الصوت — mach (Aero.)
مَأْخَذ، مَدْخَل — intake
~: مَصدر — source
~، تَفْريعة — tap (Eng., Elec. Eng.)
~: مَقْبِسُ التيّار — plug, socket; outlet (Elec. Eng.)
~ الإمداد الرئيسي — supply mains (Eng.)
~ تيّار الأنود — anode tap (Electron.)
الـ ~ الرئيسي — mains (Elec. Eng.)
~ رئيسيّ صاعِد — rising mains (Eng.)
~ (تصريفٍ) صاعِد: لِغاز المدخنة — uptake (Eng.)
~ عَيِّنات — thief (Pet. Eng.)
~ القُدرة الرئيسي — power mains (Eng.)
~ كهربائي رئيس — electric mains (Elec. Eng.)
~ ماء (لإطفاء الحرائق) — hydrant (Civ. Eng.)
~ الهواء، مَدخَل الهواء — air inlet, air intake (Eng.)
ماخِض — parturient (Med.)
مَأخوذة: فَرضيَّة تمهيدية مُساعِدة — lemma (Maths.)
مادَ، تمايَلَ — sway
مادَّة — matter, substance, material, stuff
~، صَنف، شَيْء — article
~، بَنْد، فِقْرة — item, article
~ استِرطابيَّة — humectant (Chem., Food Sc.)
~ إشراب — saturant (Build.)
~ إشعاعيَّةُ النشاط — radioactive matter (Phys.)
~ اصطِناعيَّة — synthetic material
~ إضافيَّة مُساعِدة — adjutant

مادَّة (تابع)

~ انشطاريَّة — fissile material (Phys.)

~ بارامِغنطيسيَّة: ذاتُ إنفاذيَّةٍ مغنطيسيَّة تزيدُ على الواحِد — paramagnetic substance (Phys.)

~ بَلُّورانيَّة — crystalloid (Bot.)

الـ ~ البيضاء (في الجهاز العصَبيّ المركزيّ لِلفَقاريَّات) — white matter (Zool.)

~ بَيْن نَجْميَّة — interstellar matter (Astron.)

~ تَسقيفٍ أسفلتيَّة — asphalt roofing

~ تَصميدٍ للغاز — gas-proofing material

~ تَقْوِية تَحضيريَّة: مِن مادة ألیافيَّة في مَطرق راتينجيّ — prepreg (Aero.)

~ تَنْظيف — detergent (Chem.)

~ جَلْفَطَة: لِسَدِّ الشُّقوق — lute (Eng.)

~ حافِظَة — preservative (Food Sc.)

~ حَراريَّة: صامِدة للحرارة — refractory material (Phys.)

~ ~ حَمْضيَّة: مادةُ تَبْطين صامِدة للحَرارة والحَوامِض — acid refractory (Met.)

~ ~ قاعِديَّة — basic refractory (Met.)

~ حَشْو — packing (or filling) material

~ حَفَّازة — catalyst, cat (Chem.)

~ خام — raw material

~ خِصْبَة: يُمكنُ تحويلُها إلى مادَّةٍ قابِلةٍ للانشِطار — fertile material (Phys.)

~ دايامغنطيسيَّة: ضعيفةُ الإنفاذيَّة المغنطيسيَّة — diamagnetic substance (Phys.)

~ دَخيلة — extraneous substance

~ دِراسيَّة — subject

~ رَبْطٍ (أو لَصْق) — bonding material (Build.)

~ سَحْج — abradant *(adj., n.)*, abrasive *(n.)* (Eng.)

الـ ~ السِّنجابيَّة (في الدِّماغ والنّخاع) — grey matter (Zool.)

~ شَطُور(ة): قابِلةٌ لِلانشِطار — fissile material (Phys.)

~ صِباغة — dyestuff (Chem.)

~ صَبُون: قابِلة للتصَبُّن — saponifiable substance (Chem.)

~ ضَرُوريَّة — critical item

~ طافية: فوق الرُّسابة — supernatant (Chem.)

~ عازِلة — insulating material, insulation (Elec. Eng.)

~ ~ لِلصَّوت — acoustic material (Build.)

~ عُضويَّة — organic matter (Chem.)

~ غَرَويَّة، مَعجون غرائي — size (Build.)

~ ~ (حيوانيَّة) — slime (Zool.)

~ غيرُ عُضويَّة — inorganic matter (Chem.)

~ غيرُ مُوَصِّلة (للحرارة أو الكهرباء) — non-conductor (Phys.)

~ فِرُوكهربيَّة: مادَّة عازِلةٌ (خَزَفيَّة عادةً) عَفْويَّةُ الاِستِقطاب — ferroelectric material (Phys.)

~ فَعَّالة — active material (Phys.)

الـ ~ الفَعَّالة (في الدواء) — active principle (Med.)

~ كَهْرضَغطيَّة — piezoelectric material (Phys.)

~ كيماوية — chemical, chemical substance (Chem.)

~ لاأيونيَّة — unionic material (Chem.)

~ لاصِقة، لَصُوق — cementing material, adhesive

~ ماصَّة أو مُمْتَزَّة — sorbent (Chem.)

~ مانِعة لِلتسَرُّب — sealant (Chem.)

~ مُتطايِرة — volatile matter (Chem.)

~ مُتَفَسْفِرة — phosphor (Chem., Electron.)

~ مُخَصِّبة، سَماد — fertilizer (Agric.)

~ مُشِعَّة — radioactive substance (Phys.)

~ مُضادَّة، ضَديدُ المادة — antimatter (Phys.)

~ مُعَلَّقة أو مُستَعْلَقة — suspended matter (Chem.)

~ مُغَذِّية — nutrient (Food Sc.)

~ مغنطيسيَّة — magnetic material (Phys.)

~ مُلَوِّنة — colouring matter (Chem.)

الـ ~ المُنبَثِقَة، البُثاقة — extrudate (Eng.)

~ مُهَيِّجة أو مُثيرة — irritant *(adj., n.)*

~ وَسيطة: تَسبِقُ تحضير المُنتَج المُراد — intermediate (Chem.)

مادِّيّ — physical, material

~: مَحسوس — corporeal, concrete

~ التوصيل: بِدارةٍ مُدمجة متكاملة غالبًا — hardwired (Comp.)

المادِّيَّة، المَذْهَبُ المادِّيّ — materialism

ماذِق: مادةُ أو عامِلُ مَذْق — adulterant (Chem., Food Sc.)

مأذونيَّة — leave, furlough

مأرَب، مَقْصَد — intention

مارَسَ — practise, practice; exercise

مارتِنْزيت: محلولٌ جامِد فوق مُشبع من الكربون في الفولاذ الصّلد — martensite (Met.)

مَأرَضَة: مَرْبًى للأحياء البرية — terrarium (Biol.)

مارِقة، زائدة رقيقة — flash (Met.)

مارل: طِينٌ جيريّ — marl (Geol.)

مازٌّ، مُمْتَزّ — adsorbent *(adj., n.)* (Chem.)

مازَجَ — intermix, mix, blend

مازُوت — gas oil, mazout (mazoot or mazut) (Pet. Eng.)

ماسَّ، لامَسَ، لَمَس — touch

ماسٌ، ألماس؛ ماسة — diamond (Min.)

~ أسود — carbonado, black diamond

~ الحفّارات، ~ الصِّناعة — bort, boart (Min.)

~ غيرُ مَصْقول — rough diamond (Min.)

ماسَةُ الزَّجّاج — glazier's diamond (Build.)

ماسِح، مَسّاح — surveyor

~، ماسِحة: نبيطةُ مَسْح (تلفزيونيّ أو راداريّ) — scanner (Electron.)

~ بِبُقْعةٍ (ضوئيَّة) مُتحَرِّكة — flying-spot scanner (Telev.)

~ طَبْليّ — drum scanner (Telev.)

~ كَهْرَضَوئيّ — photoelectric scanner (Electron.)

~ أو ماسحةُ صُوَر — image scanner (Electron.)

ماسِحة، مِمْسَحة — swab; mop

ماسِك، مِمْساك — catch, holder, grip (Eng.)

~ دَفاتِر — book-keeper

~ لُقمةِ اللَّولَبة، ماسِكةُ القالَب — die head (or holder) = die box (Eng.)

ماسِكَة، قامِطة — clamp

~ المِجذاف — oar lock (Naut.)

~ المِكْبَح — brake-dog (or pawl) (Eng.)

ماسُورة — pipe, tube

~ (المِدْخَنة) — stack

~ إدخال — inlet pipe, inflow pipe (Eng.)

~ أسلاك — conduit tube (Elec. Eng.)

~ الأوساخ — soil pipe (San. Eng.)

~ البُندقية — barrel, gun barrel (Mil.)

ماسُورة (تابع)

~ُ تَجميع — collector pipe (Eng.)
~ُ تَصريف — drain pipe (San. Eng.)
~ ~ البُخار — blast pipe (Eng.)
~ُ التغذية — feed pipe (Eng.)
~ُ تَغذيةٍ داخليَّة — internal feed pipe (Eng.)
~ُ تمَدُّد: في مَنظومةِ تدفئةٍ مَنزليَّة — expansion pipe (Build.)
~ُ تَنفيس: لِتَصريف الروائح وغازاتِ المَجاري — vent pipe; vent stack (San. Eng.)
~ُ (تنفيسِ) التمَوُّر — surge pipe (Hyd.)
~ ~ الضغط — breather pipe (Eng.)
~ُ تَوجيهِ الحَفْر — drive pipe (Civ. Eng.)
~ُ توصيل — conductor pipe, junction pipe
~ ~ مُستَدِقَّة — diminishing pipe (Build.)
~ُ حَفْر، أُنبوبُ الحَفْر — stempipe = drill(ing) pipe (Civ. Eng.)
~ (أو مَدخنة) السَّحْب — draft stack
~ُ صاعِدَة — riser (Build.)
~ُ العادِم، أُنبوبُ الانفِلات — exhaust pipe (Eng.)
~ُ العَدَسات — lens barrel (Photog.)
~ُ قائمة — stand pipe (Eng.)
~ُ قَطْر — drip pipe (Eng.)
~ُ القَلْس — hawse-pipe (Naut.)
~ُ مُبَطَّنة بالمَطّاط — rubber-lined pipe (Civ. Eng.)
~ُ مُجَنَّبة — offset pipe (Eng.)
~ُ مدفع أو بندقية، (سَبَطانة) — barrel (Eng.)
~ُ مَسدودة — choked pipe, closed pipe
~ُ مُشَفَّهة — flanged pipe (Eng.)
~ُ مَصّ — suction pipe (Eng.)
~ُ نازِلة — downpipe, downcomer (Build.)
~ُ نَزْحِ الجَمَّة — bilge pipe (Naut.)
~ُ النُّفايات — waste pipe (San. Eng.)
ماسوريُوم: اِسم سابق لِعنصر التكْنِيشيُوم — masaurium (Chem.)
ماسُونيت: ألواحُ تَبْطين عازِلة — Masonite (Build.)
ماشِيَة، أَنْعام، مَواشٍ — livestock, cattle
ماصّ، مَصّاص — absorbent, absorber (Phys.)
~ التوافقيّات — harmonic absorber (Phys.)
~ الرُّطوبة — hygroscopic, humectant (Chem., Food Sc.)
~ُ حرارة — heat sink (Eng.)
~ُ لِلحَرارة — endothermic (Chem.)
~ُ لِلطّاقة — endoergic (Phys.)
ماصَّةٌ شَعْرِيَّة — capillary pipette (Phys.)
~ مُدَرَّجة — pipet = pipette (Chem.)
مَأْصِر: حاجِزُ (تحصيل) الرُّسوم (على طريقٍ أو جِسْرٍ مُعَيَّن) — toll bar
ماصِّيَّة: قُدرةُ المَصّ — absorptive power, absorptivity, absorptance (Phys.)
~ُ (مُمتَصِّيَّة) الإشعاع — absorptivity, absorptance (Phys.)
ماضٍ: حادٌّ — sharp
~: سالِف، غابِر — past
ماطِر، مَطير — rainy (Meteor.)
مَأْطورَة، جُزءٌ مَأْطور — panel
~ُ بارِزة — raised panel (Carp.)
~ (خَلايا) شَمْسِيَّة — solar panel (Electron.)
~ُ مُقَسَّمة — fielded panel (Eng.)
ماعون (ورق): يضمّ ٥٠٠ ورقة حاليًّا — ream
ماغنوليا: معدن سبيكيّ تُصنَعُ منه المحامِل — magnolia metal (Eng.)
مافار: مُضَخِّمٌ وَسيط، مُضَخِّمٌ مُفاعِليّ — mavar = parametric amplifier, paramp (Elec. Comm.)
مافِيّ، حَديديّ مَغْنِيْسيُوميّ — mafic (Min.)
ماقٌ (أو موق) العين — canthus (Zool.)
ما قبل — pre-
~ ~ الكمبريّ — precambrian (Geol.)
ماك أو ماخ: وَحدةُ سُرعةٍ تُعادِلُ سُرعةَ الصَّوت (حَوالى ٧٤١ ميلًا في الساعة) — mach (Aero.)
ماكْسويل: وَحدةُ الفيض (أو الدَّفْق) المِغْنَطيسيّ (١٠$^{-٨}$ ويْبَر) — maxwell (Elec. Eng.)
~ لَفَّة — maxwell-turn (Elec. Eng.)
مالَ: انحرفَ عن استِوائه — incline, tilt, slope, lean, slant, skew, dip
~ إلى — incline to, tend to
~ عن — deviate from
~ (باتجاه عقرب الساعة) — veer (Meteor.)
~ (صُعُدًا وخلفًا) — batter (Build.)
مالٌ — fund; money
~، ثَروة — fortune, riches
~ احتياطيّ — reserve fund
~ُ التسديد (لاستِهلاك الدَّيْن) — sinking fund
مالَج، مُسْطَرين، مِسَجَّة — trowel, float (Build.)
~ُ تجصيص — plastering trowel (Build.)
~ُ تَخْديش — devil float (Build.)
~ُ تكحيل — pointing trowel (Build.)
~ُ تَمْليط — buttering trowel (Build.)
~ ~ الطوب — brick trowel (Build.)
~ُ زَوايا الجُدران — margin trowel (Build.)
~ُ عَطفات — quirk float (Build.)
مالِح، مِلْح — briny, saline (Chem.)
~ُ قليلًا، أَخْضَم — subsaline (Chem.)
مالِك، مَلّاك — owner, proprietor, possessor
~ُ شَرْعيّ — rightful owner
~ُ العقار — landlord
مأْلُوف، شائع — familiar
ماليّ — financial, pecuniary
مالِئ — filler, replenisher
~ُ القَوارير، معَبِّئةُ القوارير — bottler
ماليَّة — finance
مأمَل — prospect, expectation
مأمَن: مكانٌ آمِن — (safe) haven, safe place
مَأمور: مُوظَّف مسؤول — official
~ُ التنفيذ — executive
مَأمول، مُتوقَّع، مُحتَمَل — prospective, expected, probable
مَأمون، آمِن — secure, safe
~: يُوثَقُ به — trustworthy, reliable
~ُ الاستعمال، لا يُعَطَّل — fool-proof (Eng.)
~ ~ (بطَبيعتِه) — intrinsically safe
~ (عند) التعطُّل: لا تَنجُم أخطارٌ عن إخفاقه — fail-safe (Eng.)
مَأْنَث: أعضاءُ التأنيثِ في الزَّهرة — gynaeceum, gynoecium (Bot.)
مانِح، مُعْطٍ، واهِب، مُتبَرِّع — donor, donator, giver
~، مانِحُ الامتياز — grantor
~ُ الدَّم — blood donor (Med.)
مانِع — preventer, prohibitive
~، رادِع — deterrent
~، عائق — obstacle, hindrance
~، كابِت، كابح — inhibitor
~، وِقائيّ، واقٍ — prevent(at)ive
~ُ الإرغاء، كابتُ الترغّي — defoamant (Chem. Eng.)
~ُ الاستِقطاب — depolarizer (Elec.)

مانِع (تابع)

~ الإشعال المُتقدِّم preignition preventer (Eng.)

~ الالتِحام anti-weld (Eng.)

~ الانحِلال decomposition inhibitor (Chem.)

~ التأكسُد oxidation inhibitor (Chem.)

~ التأكُّل corrosion prevent(at)ive (Eng.)

~ ~ بالحامِض acid inhibitor (Chem.)

~ التخثُّر anticoagulant (Med.)

~ التداخُل interference blanker (Phys.)

~ التدفُّق المُفاجئ (الغازي أو النفطي أثناء الحفر) blowout preventer (Pet. Eng.)

~ الترغي foam breaker, foam inhibitor (Chem. Eng.)

~ تَسَرُّب sealer, sealant

~ ~ زئبقيّ mercury seal (Chem.)

~ ~ لِتَصْميد الوُصْلات joint sealant (Eng.)

~ التصَمُّغ gum inhibitor (Chem.)

~ التضَبُّب mist preventive (Phys.)

~ التفَجُّر detonation inhibitor (Chem.)

~ التمَوُّر surge arrester or absorber (Elec. Eng.)

~ التنَقُّر antipit(ting agent) (Eng.)

~ التهَلُّم antigel (Chem. Eng.)

~ الجليد، مُضادُّ الجمَد anticer (Aero.), anti-icer (Eng.)

~ الجَهَر، مُضادُّ البَهَر anti-dazzle, antiglare (Phys.)

~ الحَمْل contraceptive (Med.)

~ الخَبْط knock suppressor (Eng.)

~ الصَّدأ banox, rust preventive, antirust (Eng.)

~ الصَّرير anti-squeak (Eng.)

~ صواعقَ قَرْنيّ horn arrester (Elec. Eng.)

~ الضجيج noise eliminator (Civ. Eng.)

~ الضِّيائية luminescence killer (Phys.)

~ العَفَن mold inhibitor

~ العُفونة، مُطَهِّر antiseptic (Med.)

~ الفَرقعة anti-detonator (Chem.)

~ القُشور (في الغَلّايات) disincrustant, anti-incrustator (Eng.)

~ اللَّهَب flame arrester (Eng.)

مانِعةُ الشَّرر spark arrester (Eng.)

~ صَواعِق (للأجهزة) lightning arrestor (Elec. Eng.)

~ ~ (للمباني) lightning conductor (or rod) (Elec. Eng.)

~ ~ ثُغْرِيَّة gap arrestor (Elec. Eng.)

~ ~ مُتعَدِّدةُ الفَجَوات multigap arrester (Elec. Eng.)

مانُوغراف: مِرسَمةُ قياسِ الضغط manograph (Phys.)

مانُومِتر، مِقياسُ ضَغْط الموائع manometer (Phys.)

~ صُغْريّ micromanometer (Phys.)

~ كَهرُضَغْطيّ piezoelectric manometer (Phys.)

~ مَعدِنيّ aneroid manometer (Phys.)

~ (مِقياسُ ضَغْط) هَوائيّ: يعتمد على انضغاط كميةٍ قليلةٍ محصورة من الهواء air manometer (Phys.)

المانُومِتريَة، قِياسُ الضغط manometry (Phys.)

ماهِر، حاذِق، لَبِق skilful, skilled, adroit

ماهيَّة essential nature, quiddity

مَأْوى، مَسْكَن habitation, house, lodge

~، مَلْجأ shelter, refuge, asylum

مائج، مُتمَوِّج wavy (Phys.)

~، مُتمَوِّر surging (Eng.)

مائدةٌ بَحريَّة: جَبَلٌ غَوريّ مُسَطَّح guyot (Geol.)

مائديّ (البِنْية أو التشَكُّل) tabular (Geol.)

مائزُ السكَّر sucrase = invertase (Chem.)

مائع، سَيّال (سائل أو غاز) fluid (Phys.)

~ إزالةِ الجَليد de-icing fluid (Aero.)

~ تامّ: عَديمُ اللُّزوجة perfect fluid (Phys.)

~ الحَفْر، طِينُ الحَفْر drilling fluid (Eng.)

~ الحَقْن injection fluid (Pet. Eng.)

~ ضَغُوط compressible fluid (Eng.)

~ غيرُ لَزِج inviscid fluid (Phys.)

~ القَطْع: لِتبريد أداة القَطْع cutting fluid (Eng.)

~ القَلْب صُلْبُ القِشْرة lisoloid (Chem.)

~ لاضَغوط: غيرُ قابِلٍ للانضِغاط incompressible fluid (Phys.)

~ مِثاليّ ideal fluid (Phys.)

~ المِكْبَح brake fluid (Eng.)

~ مُمَغْنَط magnetic fluid (Phys.)

~ هَيدروليّ hydraulic fluid (Phys.)

مائِعيُّ التحَكُّم fluid-controlled (Eng.)

المائِعيّات: إعمالُ المَوائع بَدَل الأجزاء الميكانيكية المتَحرِّكة fluidics (Phys., Eng.)

مائِل، مُنحدر slanting, inclined, sloping; canting

~، مُنحَرِف، مَوروب، مُتَزاوٍ skew, oblique

~ (لِتَصريفِ المطر) weathered (Build.)

~ إلى أسفل dipping

~ الأوجُه plagiohedral (Min.)

مائيّ: وافِرُ الرطوبة أو حاوٍ الماءَ watery; hydric, hydrous, aqueous (Chem.)

~ (يَعيشُ في الماء) aquatic

~ حَراريّ hydrothermic (Geol.)

~ سُكونيّ hydrostatic (Eng.)

مُباءَرة، تَبْئير focus(s)ing (Phys.)

مُباح: مَسموحٌ به allowed, permitted

مُبادَرة، مُبادأة initiative

~: تَمَيُّح محور الأرض دائريًّا بالنسبة للكرة السَّماوية precession (Astron.)

~ الاعتِدالَيْن، تقَدُّمُ الاعتِدالَين precession of the equinoxes (Astron.)

~ جَيروسكوبيَّة gyroscopic precession (Phys.)

مُبادِلٌ exchanger (Eng.)

~ حَراريّ heat exchanger (Eng.)

~ (~) أنابيبيّ صِهْريجيّ shell-and-tube exchanger (Chem. Eng.)

~ ~ لَولَبيّ votator (Chem. Eng.)

~ (~) مُزدَوِجُ الأُنبوب double-pipe exchanger (Chem. Eng.)

مُبادَلة، تَبديل exchange; commutation (Maths.)

~ (البَيانات) swapping (Comp.)

مَبادِئ: عناصِرُ أوَّلية لِمَوضوع elements

~، قَواعِد (أنظر: مَبْدأ) principles

~: أُسُس، أوَّليّات fundamentals

~ (عِلم أو فنّ) ABC

مُباراة، مُسابقة contest, competition, match

مُباشِر direct

~ (البَثّ) live (Telev.)

مُباشَرةً directly, straight

مُباعِد، مُفرِّق divergent (Phys.)

مُباعِدة، فارِجَة — spacer (Eng.), spreader (Elec. Eng.)
مُباعَدَة، تَفريج — spacing
~ الآبار — well spacing (Pet. Eng.)
~ الأنابيب — tube spacing
مَباغ: كيسُ البَوغ — sporangium (Bot.)
مُباغِت — surprise, unexpected
مَبال، إحليل — urethra (Zool.)
مُبالاة، اهتمام، اكتِراث — care, attention, heed
مُبالَغة — exaggeration
مُبايِن — contrast
مُبتَدِئ — beginner, novice
مُبْتَذَل — commonplace, common
مُبْتَسَر، سابِقٌ لِلأوان، مُبكِّر — premature, precocious
مُبْتَعَث — emanation (Chem.)
مُبْتَعِث، باعِث — emitter (Electron.)
~ إلِكترونات — electron emitter (Electron.)
~ راداريّ — radar emitter (Radar)
~ ضَوئيّ: يبتعِثُ الإلِكترونات بتأثير الضوء — photo-emissive (Electron.)
~ لِلضوء: كبعض البكتريا — photogenic (Biol.)
المُبتَعِثيَّة، القُدرةُ الإبتعاثيَّة (من وَحدةِ السَّطح) — emissive power (Phys.) = emittance (Phys.)
~ النسبيَّة: بالنسبة لجسمٍ أسود — emissivity (Phys.)
مُبْتَكَر — invented, original
مُبْتَلّ، رَطبٌ — wet, moist
مَبْتوتٌ به — settled
مَبْتور، مُجتزَأ — curtailed, truncate
مُبَجَّن، مُبَرْشَم — riveted (Eng.)
مَبْحَث، مَوضوع — subject, topic
~، أُطروحَة — thesis
~، دراسة — study, -logy
~ أسبابِ المَرَض — etiology = aetiology (Med.)
~ الأنزيمات — enzymology
~ الأورام — oncology (Med.)
~ تَصْنيف الأمراض — nosology (Med.)
~ الحُمات — virology (Med.)
~ السُّموم — toxicology

~ المُرونَة واللُّزوجة واللُّدونَة — rheology (Phys.)
مِبْخار، مِقياسُ كميَّة الفقد بالتَّبَخُّر — atmometer, atmidometer
مُبَخِّر، جِهازُ تَبْخير — vaporizer, evaporator (Chem.)
~، مُبَخِّرَة: ~ تطهير بالدُّخان أو الغاز — fumigator (Food Sc.)
مَبْدَى، مَشْرِف — threshold (Phys.)
~ كهرضَوئيّ: المُستوى الأدنى لِحُدوث الابتعاث الكهرضوئي — photoelectric threshold (Phys.)
مَبْدَأ، قاعِدة — principle
~ الاِستِبعاد — exclusion principle (Phys.)
~ الاِستمرارية — principle of continuity (Phys.)
~ أقْصَرِ الأوقات: مبدأ فِرْما(ت) — principle of least time (Phys.)
~ (أو قاعدة) «أرخميدس» — Archimedes' principle (Phys.)
~ «پُولي» لِلاستِبْعاد — Pauli's exclusion principle (Phys.)
~ التفاعُل (أو التحَوُّل) — reaction principle (Geol.)
~ الخَفْقِ التردُّدي — heterodyne principle (Elec. Comm.)
~ الرِّيبة، ~ اللّامُحَقَّقيَّة — uncertainty principle (Phys.)
~ الزمن الأدنى — principle of least time (Phys.)
~ العُزُوم — principle of moments (Phys.)
~ العَكوسيَّة — principle of reversibility (Phys.)
~ «فِرْما»: مبدأُ أقصَرِ الأوقات (في تَعْيين مَسارِ شُعاعٍ ضَوئي بين نُقطتَين) — Fermat's principle (of least time) (Phys.)
~ اللاحَتميَّة — principle of indeterminancy, indeterminancy principle (Phys.)
~ هيجِنْز: في انتشار التموُّجات — Huyghen's principle (Phys.)
~ النِّسْبيَّة — principle of relativity (Phys.)
مَبْدَأة: نُقطةُ المَدْخَل — entry point (Comp.)
مُبَدَّد، مُتَبَدِّد — dissipated, scattered
مُبَدِّد، مُشَتِّت — dissipator (Eng.)
~، مِتلاف — waster (Build.)

~ حَراريّ: بالُوعة حراريَّة — heat sink (Elec. Eng.)
مُبْدِع، خالِق — creator, maker
~، مُختَرِع — inventor
مُبَدِّل: مِقلادُ تَحويل — switch (Eng.)
~: عاكِسُ التيّار — commutator (Elec. Eng.)
~ إلِكتروني — electronic commutator (Elec. Eng.)
~ البَكَرات: في مكنة الغَزْل مثلًا — doffer (Eng.)
~ ذو دَوّاسة — pedal switch (Eng.)
~ فَرعي (لِلمُكالَمات الهاتفية) — branch exchange (Elec. Comm.)
~ مُقَوِّم، عاكِسُ تيّارٍ مُقَوِّم — rectifying commutator (Elec. Eng.)
~ مِنْواليّ — mode switch (Elec. Comm.)
~ نِصفُ قُطريّ — radial commutator (Elec. Eng.)
~ يَدويّ — hand switch (Eng.)
مُبَدِّلة: مِفتاحُ تبديل — switch
~ تِلقائيَّة — automatic switch (Eng.)
~ رئيسيَّة، مِفتاحٌ رئيسي — master switch
مُبْدِئ، ~ إدارة — starter (Eng.)
~ إدارةٍ ذو مِفتاحٍ مُباشِر — direct-switching starter (Elec. Eng.)
~ ~ عَنَفيّ — turbo-starter (Eng.)
~ ~ المُحَرِّك — engine starter (Eng.)
~ (أو مُطلِق) ذاتيّ — autostarter (Eng.)
~ مِلْماسيّ: بادِئُ إدارة (المحرك) بِمِقلاد تَلامُس — contactor starter (Elec. Eng.)
مَبْدَئيّ، أساسيّ — primary, basic, fundamental
~: أوَّليّ — primary, initial
مِبْراة — sharpener
مِبْرَد — file (Eng.)
~ إبَريّ — needle file (Eng.)
~ إهْليلَجيُّ المَقطَع — oval file (Eng.)
~ تَفريض المفاتيح — warding file (Eng.)
~ تَقْعير — riffler (Eng.)
~ تَقْوير — broach file (Eng.)
~ ثُلاثيّ (المَقْطَع) — three-square file
~ خَشَبٍ ناعِمُ القَطْعيَّة — smooth-cut rasp
~ خَشِن — coarse file
~ ~ القَطْعيَّة — rough-cut file (Eng.)
~ دائريُّ المَقْطَع — round file (Eng.)

مِبْرَد (تابع)

~ ذو سِيلانَيْن — two-tanged file (Eng.)

~ ذَيْل الفأر — rat-tail file (Eng.)

~ ريشيّ — feather file (Eng.)

~ اللَّدائن — plastic file

~ مُتَّسِعُ الوسَط — bellied file (Eng.)

~ مُتَقاطِعُ الأسنان — cross-cut file (Eng.)

~ مُتوازي الجانِبَين — blunt file (Eng.)

~ مُتوَسِّط الخُشونة — bastard file (Eng.)

~ مُثَلَّثُ المَقْطَع — triangular file (Eng.)

~ مُحبَّبُ القَطْعيَّة — rasp, rasp-cut file

~ مُحدَّبُ الظَّهر — fish-back file (Eng.)

~ مُرَبَّعُ المَقْطَع — square file (Eng.)

~ مُزدوجُ القَطْعيَّة — double-cut file (Eng.)

~ مُسَطَّح — flat file (Eng.)

~ مُعادُ القَطْع — re-cut file (Eng.)

~ مُفرَدُ القطعيَّة : ذو مجموعةِ أسنانٍ واحدة متوازية — single-cut file, float (cut file) (Eng.)

~ مُفَلَّجُ الأسنان — hopped file (Eng.)

~ مَليسٌ دَقيق — dead-smooth file (Eng.)

~ نِجارة — cabinet-file (Carp.)

~ نِصفُ أملَس — second cut file (Eng.)

~ نِصفُ مَبْروم — half-round file (Eng.)

مُبَرِّد : مَحلولٌ مُبَرِّد، مادَّةُ تبريد — coolant, refrigerant (Eng.)

~، مُبَرِّدة، جِهازُ تبريد — cooler, chiller, refrigerator

~ أساسيّ — primary coolant (Nuc. Eng.)

~ بالإشعاع — radiator (Autos.)

~ بَيْنيّ — intercooler (Eng.)

~ ثانَويّ — secondary coolant (Nuc. Eng.)

~ ذو جُنَيْحات — flanged radiator (Eng.)

~ سائليّ — liquid coolant

~ سَطْحيّ — surface cooler (Eng.)

~ قَبْليّ — forecooler (Eng.)

~ كَهروحراريّ : يَعتَمِدُ على ظاهِرة «پِلتِييه» — thermoelectric cooler (Elec. Eng.)

~ لاحِق (أو تِلْوِي) — aftercooler (Mining)

~ مائيّ، ~ مياه — water cooler (Eng.)

~ مُتَقَدِّم، ~ قَبْليّ — precooler (Eng.)

~ مِيكانيكيّ — mechanical refrigerator (Eng.)

~ هَوائيّ، ~ بالهواء — air-cooler (Eng.)

مُبَرَّد — cooled, refrigerated (Eng.)

~ بالزيت — oil-cooled (Eng.)

~ بالماء — water-cooled (Eng.)

~ بالهواء، هوائيّ التبريد — air-cooled (Eng.)

مُبَرِّدة، ثلّاجة — refrigerator

مُبَرِّر، تَبْرير — justification

مَبْرَز، مَذْرَق — cloaca (Zool.)

مُبْرِزُ الحِدَّة — accentuator (Elec. Eng.)

مُبَرْشِم، مُبَرْشِمة، مِدْسَرةُ بِرشام — riveter (Eng.)

مُبَرْشِمةٌ بالثَّنْي : تَثْني رأسَ المِسمار بعدَ دَقِّه — clincher (Eng.)

~ ضَغْطيَّة — squeeze riveter (Eng.)

~ نَفْخيَّة — pneumatic riveter (Eng.)

مُبَرْغِلَة، كَسّارةٌ حُبَيْبيَّة — granulator (Eng.)

مُبرِقٌ صِماميٌّ خَوائيّ — vacuum-tube keyer (Electron.)

مُبْرِقَة، تِلِغراف — telegraph (Elec. Comm.)

~ شَمْسيَّة — heliograph, heliotrope (Surv.)

~ كاتِبة — teletype (Elec. Comm.)

مُبْرَقَة شَمْسيَّة : رِسالةٌ بالمُبْرِقة الشمسيَّة — heliogram

مُبَرْقَش، مُتَعَدِّدُ التلَوُّن — variegated, versicoloured (Bot., Zool.)

مِبْرَم، وُصلةٌ مُتَراوِحة (أو دَوَّارة) — swivel (Eng.)

~ (أُفُقيّ)، مُرتَكَزُ دَوَران — trunnion, journal (Eng.)

~ الدُّولاب — wheel spindle, wheel journal (Eng.)

~ المِقْوَد — steering spindle (Eng.)

مُبَرْمِج، واضِعُ البَرامِج (الحاسوبيَّة) — programmer (Comp.)

~ صِيانة — maintenance programmer

~ عابِثٌ أو هاوٍ — hacker-programmer

~ نُظُم — system(s) programmer (Comp.)

مُبَرمَج — programmed

مُبَرْمَل : معبَّأً في براميل — barrel(l)ed

مُبَرْهَن — proved

مُبَرْهَنة — theorem (Maths.)

~ التبادُل — reciprocity theorem (Acous.)

~ ذاتِ الحَدَّين — binomial theorem (Maths.)

~ «فيثاغورس» — Pythagoras (or Pythagorean) theorem (Maths.)

مَبْروم : مَفتول — twisted

مِبْزَل — broach (Eng.), trocar (Med.)

مُبَسْتَر — pasteurized (Food Sc.)

مُبَسَّط، مُيَسَّر — simplified

مِبْشَرة — grater, rasp (Carp.)

مِبْضَع، مِشْرَط — scalpel, lancet

مُبْطِل، مُلْغٍ — annulling, revoking, rescinding

~ الفِعل أو التأثير — neutralizing

مُبَطَّن، مُصَفَّح — lined

~ بالقصدير — tin-lined

~ بمادَّةٍ لَيِّنة — padded

مُبْطِئ، مُخَفِّفُ السُّرعة — decelerator (Mech.)

~ شَكِّ الخرَسانة — concrete retarder (Civ. Eng.)

مِبْعاد : أداة جراحيَّة — retractor (Med.)

مُبَعْثَر، مُتَفَرِّق، مُتَناثِر — sporadic, scattered

مُبَعِّدة : عَضلة مُبَعِّدَة — retractor (Zool.)

مَبْعوث — emissary, envoy

~ مُطْلَقُ الصلاحية — plenipotentiary

مُبَقَّع، أرْقَط، أبْرَش، أرْقَش — maculate = maculose, speckled, mottled

مِبكار : مُبَكِّر النُّضج — precocious (Biol.)

مُبَكِّر، قَبْلَ أوانِه — premature, early

مُبَلَّر، مُبَلْوَر — crystallized, crystalline

مُبَلِّط، راصِف — pavior = paviour (Build.)

مُبَلَّط — flagged, paved with flags or tiles

مَبْلَغ، كمِّيَّة — amount, sum

~ إجمالي — lump sum

~ مُحَوَّل — remittance

الـ ~ المُعاد — refund

مُبَلَّل، غيرُ جافّ — wet

مُبَلْمَر : مُكَثَّر بالبَلْمرة — polymerized (Chem.)

~، مَكْثور — polymer (Chem.)

مَبْنًى، بِناء — building, construction

الـ ~ والأراضي التابعة له — premises

~ إضافي (مُلْحَقٌ بالبناء الأصلي) — annex(e), outbuilding (Build.)

~ شُقَقٍ نُقَطيّ : مبنًى عالٍ مركزيّ المَصاعِد والسلالِم والخَدَمات — point block (Arch.)

~ مِضَخّات — pumphouse

~ من الآجُرّ — brickwork (Build.)

مُبْهَم — ambiguous, obscure, vague

مُبَهْرَج — overdecorated, gaudy, tawdry

مَبْهور : مقطوعُ النَّفَس (إعياءً) — out of breath

مُبَيَّت — inbuilt, housed

مُبيَّت (تابع)

~: مَبْنِيٌّ في داخلِ جدارٍ أو جهاز built-in

~، قِطعةٌ مُبَيَّتة في أُخرى أكبر inset

مَبْيَت housing, enclosure (Eng.)

~ جِهازِ القِياس instrument housing

~ السَّيْر، بيتُ السَّير belt housing (Eng.)

~ (أو جِواءُ) الصِّمام valve housing

~ القابِض clutch-housing (Eng.)

~ المَحْمِل bearing housing (Eng.)

مُبيد، ماحِق destructive, eradicative

~، قَتّال lethal, deadly, – icide

~ الآفات: مِن حَشَراتٍ أو طحالِب pesticide (Chem.)

~ الأعشاب herbicide, weed-killer (Chem.)

~ الجَراثيم، قاتِلُ البَكتريا bactericide, germicide (Biol., Food Sc.)

~ الحَشَرات، ~ حَشَريّ insecticide (Chem.)

~ حَشَريّ جِهازيّ systemic insecticide

~ الديدان vermicide

~ الفُطْر fungicide (Bot.)

~ اليَرَقانات larvicide (Chem.)

مَبِيض ovary (Biol.)

مُبَيِّض (الجدران) plasterer, whitewasher (Build.)

~ الألوان bleach, bleaching agent (Chem.)

مُبَيَّض: مَقصور اللون bleached (Chem.)

~: مَطليٌّ بالقصدير tin-coated (Met.)

مِبْيَضة: مَرزُّ البيض في الحشرات ovipositor (Zool.)

مَبيع sale

~ بالجملة wholesale

مُبيل: مُدِرٌّ للبَول diuretic (Med.)

مُبَيَّن indicated; shown

مُبَيِّن، دَليل، مؤشِّر indicator (Eng., Chem.)

~ الاِتِّجاه direction indicator, heading indicator (Aero.), course indicator (Naut.)

~ ~ الجَيروسكوبيّ directional gyro indicator (Aero.)

~ اتِّجاه الريح wind (direction) indicator (Meteor.)

~ الاتجاه الزاويّ bearing indicator (Surv.)

~ الاتِّزان balance indicator (Elec. Eng.)

~ الارتفاع elevation indicator, height indicator (Aero.)

~ ~ والمدى height-range indicator (Aero.)

~ الأُفُق الاِصطناعيّ gyroscopic horizon, gyro horizon (Aero.)

~ الانحِدار الانسِيابيّ glide indicator (Aero.)

~ الانحراف deflection indicator (Eng.)

~ الانحِناء indicatrix (Maths.)

~ الانسياق drift indicator (Naut.)

~ الانعِراج yaw indicator (Aero.)

~ الانعِطاف turn indicator (Aero.)

~ ~ والمَيْلِ الجانبيّ turn-and-bank (or slip) indicator (Aero.)

~ الأهداف المُتحرِّكة moving target indicator (Radar)

~ بَصَري visual indicator, optical indicator (Eng.)

~ بُعاديّ teleindicator (Elec. Eng.)

~ التتابُع الطوري phase-sequence indicator (Elec. Eng.)

~ التزامُنيَّة synchronism indicator (Eng.)

~ التسَرُّب leakage indicator (Elec. Eng.)

~ تكَهْرُبِ الخط live-line indicator (Elec. Eng.)

~ التوليف بالأشِعَّة المَهْبِطيَّة cathode-ray tuning indicator (Elec. Eng.)

~ الجُنوح list indicator (Naut.)

~ الجَهارة volume indicator (Acous.)

~ الجُهْد، ~ الشِّحنة potential indicator (Elec. Eng.)

~ حَرارة الزيت oil temperature indicator (Eng.)

~ (درجة) الحَرارة temperature indicator (Phys.)

~ حركة القِطارات describer (Civ. Eng.)

~ الحِمْل load indicator (Eng.)

~ خَريطة المَوقِع plan position indicator (Radar)

~ الخَطَران، ~ الخُطْوة pitch indicator (Eng.)

~ ذو إبرة needle indicator (Eng.)

~ راداري (بأشِعَّة الكاثود) radar indicator

~ الرَّقْم الهِدْروجينيّ pH indicator (Chem.)

~ رَقميّ digital indicator (Eng.)

~ ساعِيّ clock indicator (Eng.)

~ السُّرعة speed indicator, speedometer (Eng.)

~ ~ الهَوائيَّة: السُّرعة بالنِّسبة إلى الهواء air speed indicator (Aero.)

~ السَّمت والارتفاع azimuth & elevation indicator (Surv.)

~ الصُّعود climb indicator (Aero.)

~ الصِّفْر، ~ صِفريّ zero indicator (Eng.), null indicator (Elec. Eng.)

~ الضَّغْط pressure indicator (Eng.)

~ ضَوئيّ light indicator (Eng.)

~ الطَّلَب demand indicator (Elec. Eng.)

~ الطَّور phase indicator (Elec. Eng.)

~ عَدَدِ الدَّورات revolution indicator (Eng.)

~ العُطوف bank indicator (Aero.)

~ العُمق depth indicator

~ الفُلطيَّة voltage indicator (Elec. Eng.)

~ فَلَوَريّ fluorescent indicator (Eng.)

~ الفَيْض overflow indicator (Comp.)

~ القَدَميَّة footage indicator (Cinema)

~ القُطْبيَّة polarity indicator (Elec. Eng.)

~ لَونيّ، كاشِفٌ لَونيّ colour indicator (Chem.)

~ المَدى range finder (Phys.)

~ ~ البَصَريّ optical range finder (Surv., Photog.)

~ ~ والعُلُوّ: مُبَيِّنُ عُلُوِّ الهَدَف ومَداه range-height indicator (Radar)

~ مَداليّ (أو قرصيّ) dial indicator (Eng.)

~ المَسار: مِكشافُ مَسارِ الجُسَيمات hodoscope (Nuc. Eng.)

~ المَسافةِ بالأميال mileage indicator (Autos.)

~ مُستَوى السائِل liquid-level indicator

~ (مَصدَر) النِّداء call-indicator (Teleph.)

~ مُقاوميَّة الحَفْر load indicator (Eng.)

~ المَنْسُوب، ~ المُستوى level indicator (Civ. Eng.)

مُبَيِّن (تابع)
~ المُوالَفة — tuning indicator (Electron.)
~ المَوقِعِ الأرضيّ — ground position indicator (Aero.)
~ المَيْل — bank(ing) indicator (Aero.)
~ الوَضْع ؛ ~ المَوضِع — position indicator (Elec. Comm.)
~ وَضْع العربةِ السُّفْلَى — undercarriage position indicator (Aero.)
مُتآزِر — synergic (Chem., Biol.)
مُتآصِل، تآصُليّ: مُختلفُ الشكل ومُتماثِلُ التركيبِ الكيماويّ — allotropic *(adj.)*
~: شَكْلٌ تآصُليّ — allotrope (Chem.)
مُتآلِف — harmonic, harmonious
مُتآمِر، مُدبِّر المؤامرة — conspirator, plotter
~، مُتَواطِئ — conniver
مُتابِع، تابع — following, follower
~، مُرَحِّل — relay (Elec. Eng.)
~ سَماوي — coelostat (Astron.)
مُتابِعة نَجميَّة ثابتةُ التوجيه — siderostat (Astron.)
مُتابَعة — follow-up
~، إستِئناف، مُواصَلة — resumption, continuation
~ رادارِيَّة، تَتَبُّع راداري — radar tracking
~ الهَدَفِ بالرادار أُوتوماتيًّا — locking-on
مُتأثِّر — affected, influenced
مُتأثِّريَّة — susceptibility (Phys.)
~ العازِل — dielectric susceptibility (Elec. Eng.)
الـ ~ الكهربائيَّة — electric susceptibility
الـ ~ (المِغنطيسية) التفاضُليَّة — differential susceptibility (Elec. Eng.)
الـ ~ المغنطيسيّة النوعيَّة — specific magnetic susceptibility (Magn.)
مُتاجَرة — trading, trade
مُتاح، مُتوَفِّر، في المُتناوَل — available
مُتأخِّر — late, lagging
~، مُتخلِّف (حَضاريًّا) — backward, underdeveloped
~ الدَّفع — overdue
مُتاخِم، مجاوِر — adjacent
مُتاخَمة، تَناكُب — abutment (Eng.)
مُتأرجِح، مُترَجِّح — vibrating, oscillating
مُتأزِّم، حَرِج — critical, tense, strained
~، مُتَفاقِم — aggravated

مُتأصِّل، راسِخ — deep-rooted, ingrained
~، مُلازِمٌ صَميميّ — inherent (Phys.)
مَتاع (ج. أمتِعة) — effects, luggage
~: تَسمية مَهجورة لِجُملة أعضاء التأنيث في الزهرة — gynaecium (Bot.)
مُتأكِّد — sure, positive
مُتأكِّل، مُهترِئ — worn out
~ بالاحتِكاك — attrited (Geol., Civ. Eng.)
مُتألِّق — brilliant; glittering
~، فَلْوَريّ — fluorescent (Phys.)
مَتانة، قُوَّة — strength, tenacity (Phys.)
~، عُسُوّ — toughness
~ الرَّبْط، شِدَّةُ الترابُط — bonding strength (Phys.)
الـ ~ الصَّدْميَّة — impact toughness (Eng.)
~ العازِل الكهربائية، شِدَّةُ العَزْل — dielectric strength (Elec. Eng.)
~ ~ النوعيَّة (بالفُلط لِكُلّ مليمتر) — specific dielectric strength (Elec. Eng.)
~ العَزْل — insulation strength (Elec. Eng.)
الـ ~ الكَهربائيَّة لِلْعازِل — dielectric strength (Elec. Eng.)
~ الوُصْلَة (أو المَفصِل) — joint strength (Eng.)
مُتأهِّب — ready, prepared
مَتاهَة، تيه — maze, labyrinth
مُتأيِّن — ionized (Chem.)
مُتبادَل — mutual, reciprocal
مُتبادِل، مُتناوِب — alternate
مُتبارٍ، مُنافِس، مُنازِع — contestant
مُتَباطِئ — idle
مُتباعِد، مُنفرِج — divergent, diverging (Phys.)
مُتبالِر: مُتماثِلُ الشكل البلّوري – رغم اختلاف التركيب نَوعًا — isomorph(ous)
مُتبائِر: مُتّحد البؤرة — confocal
مُتبايِن، مُغايِر، غيرُ مُتشابِه — dissimilar, different, varying, variant
~ الأسنان — heterodent (Zool.)
~ الأعراس، ~ الأمشاج — heterogamous (Bot.)
~ التَّغذية — heterotrophic (Bot.)
~ الخَواصِّ الطبيعيَّة (في الاتجاهات المُختلفة) — anisotropic, aeolotropic (Phys.)
~ القياس — anisometric

~ الكُتلة النووية: لِتبايُن نسبةِ النظائر — allobar (Nuc. Eng.)
~ المَيْل — partiversal (Geol.)
~ النشأة: من النوع نفسه لكن غير متطابق الجينات — allogenic (Biol.)
~ الوَرَق — heterophyllous (Bot.)
مُتبايِنة — inequality (Maths.)
~ مَفتوحة — open inequality (Maths.)
~ المَوطِن — allopatric (Geog.)
مُتبَخِّرات، تبَخُّريات: رَواسِبُ التبَخُّر — evaporites (Geol.)
مُتبَدِّد — dissipated
مُتبدِّل، مُتغيِّر — variable, changeable
مُتبَقٍّ، مُتخلِّف — residual, remanent
~: مُتخلِّف من نَوعٍ مُنقَرِض — relic(t) (Ecol.)
المُتبقّي بعدَ الحَذْفِ — eliminant (Maths.)
مُتبلِّر، مُتبَلْوِر — crystalline, crystallized
مُتتابِع — consecutive, sequential, successive
مُتتاخِمة: مُتلاقيةُ الحُدود، مُتحادَّة — conterminal = conterminous (Geog.)
مُتتالٍ، مُتتابِع — consecutive, successive, sequential
مُتتالية — sequence, series
~ إحلاليَّة: سِلْسِلةُ فِلِزّات مُرَتَّبة حَسَبَ جُهْدِ الأكسَدة — replacement series (Chem.)
~ إشعاعيَّة، سِلْسِلةٌ ذاتُ فاعِليَّة إشعاعيَّة — radioactive series (Phys., Chem.)
~ صِفريَّة — null sequence (Maths.)
مُتتامّ — complementary (Maths.)
مُتتبِّع، مُقتفٍ — tracker, follower
~ الشمس، مُتلمِّسةُ الشمس: في عربةٍ فضائية — sun follower, sun seeker (Space)
~ مُنَمْنَم (لِمُتابَعة السواتِل) — minitrack (Radio)
~ نَجميّ — star tracker (Astrophys.)
مُتجازِئ: مُتَماثِلُ الأجزاء — isomer(ic) (Chem.)
مُتجانِب: على الجانِب نَفسِه — homolateral
مُتجانِس — homogenous = homogeneous
~ الأعراس — homogamous (Gen.)
~ الأقطاب — homopolar (Elec. Eng.)
~ التبايُن (لِمجموعة مُشاهدات) — homoscedastic (Stat.)
~ اللَّواقِح — homozygous (Gen.)
~ المَيْل — homoclinal (Geol.)

مُتجانِساتُ الأجنِحة — Homoptera (Zool.)
مُتجاوِب — responsive, responding
~ بالتأثير — sympathetic (Phys.)
مُتجاوِر، مُتاخِم — adjoining, adjacent
مُتجاوِزٌ (تعَدِّيًا) — trespasser, transgressor
~ (إفراطًا) — exceeding, excessive
~ عن — overlooking, disregarding
مُتجَدِّدٌ أعظَم: نَجْمٌ مُتفَجِّر فائقُ التوَهُّج — supernova (Astron.)
مُتجَرِّد، غيرُ مُنحاز — impartial
مُتجَعِّد — wrinkled, crumpled, crinkled
مُتجَمِّد، مُجَمَّد — frozen
مُتَّجِه: كميَّةٌ مُتَّجِهَة — vector (Maths., Mech.)
~، مُوَجَّه — oriented
~ أساسيّ — base (or basis) vector (Maths.)
~ الانفِصام — directrix (Geol.)
~ التوصُّل — access vector (Comp.)
~ شَمالًا — northbound
~ الطبقة: المُتعامِدُ مع خَطِّ المَيْل — strike (Geol.)
~ كاذِب، كميَّةٌ مُوَجَّهةٌ زائفة — pseudo-vector
~ مُقَيَّد — bound vector (Mech.)
~ نَحْوَ — bound to
مُتجَوِّل — itinerant; roving, wandering
مُتحابّ — amicable (Maths.)
مُتحابِك — interlacing, interlaced, interwined
مُتحادِر: مُزدوَجُ أو مُتعَدِّدُ التحَدُّر — mansard (Build.)
مُتحاذٍ: على خطٍّ مُستقيم مُتوالٍ (خَطِّيًّا) — in-line
مُتحارِر: ثابتُ درجةِ الحرارة — isothermal (Phys.)
مُتحَجِّر، مُسْتَحْجِر — petrified, fossilized
مُتحَجِّرة، أُحفورة — fossil (Geol.)
مُتَّحِد — united; combined
~ البُؤرة — confocal (Maths., Phys.)
~ المِحور — coaxial
~ المَرْكَز، مُتَمركِز، مُتراكِز — concentric
~ المُستَوِي — co-planar (Maths.)
مُتَّحِدةُ التويجيّات (أو البَتَلات) — gamopetalous (Bot.)
~ الكأسيّات (أو السَّبَلات) — gamosepalous (Bot.)

~ الكرابِل (أو الأخبية) — syncarpous (Bot.)
مُتحَرِّض، عُضو الإنتاج — armature (Elec. Eng.)
~ شَريطيُّ اللفائف — strip-wound armature (Elec. Eng.)
~ طَبْليّ — drum armature (Elec. Eng.)
~ قُرْصيّ — disc armature (Elec. Eng.)
مُتحَرِّك، نَقُول: قابِلٌ للتَّحْريك أو النَّقْل — movable, mobile
~: قادرٌ على الحركة — motile
~ بِسُرعة، سَريعُ الأُفول — fleeting
مَتْحَف، مُتْحَف — museum
مُتحَفِّظ — reserved
مُتحَكِّم — commanding, controller
~: نَزّاعٌ إلى السيطرة — bossy
~ أوتوماتي (أو تِلقائي) — automatic controller (Eng.)
~ عامّ — universal controller (Eng.)
~ في — commanding
مُتحَكَّمٌ به أو فيه — controlled
~ ~ تمامًا — fully-controlled (Eng.)
مُتحَمِّس — zealous, ardent
مُتحَمِّل، صَمُود، مِصْماد — durable
مُتحَوِّل، مُتَغَيِّر — changing, variable
~ جينيّ أو مُوَرِّثيّ، طافِر — mutant (Gen.)
~ الشكل — metamorphic (Biol., Geol.)
مُتحَيِّز — biased, partial, one-sided
مُتخالِف، مُتخالِفُ زاويًا (لا مُتقاطِع ولا مُتوازٍ)، مائِل — skew (Maths.)
مُتخَثِّر — coagulated, clotted (Chem., Med.)
مُتخَرِّج، خِرِّيج — graduate
مُتخَلِّف، مُتأخِّر — lagging
~ (حَضاريًّا) — underdeveloped, backward
~ (عقليًّا أو جَسَديًّا) — retarded
~ (عن المُثول) — defaulted
~، مُتَبَقٍّ — residual, residue, remnant
~ زيتيّ — oil residue (Pet. Eng.)
~ صَمْغيّ — gummy residue (Pet. Eng.)
الـ ~ الكربونيّ — carbon residue (Pet. Eng.)
مُتخَلِّفات، بَقايا — residua (pl. of residue)
~ التجوية (التعرية بالعوامل الجويّة) — weathering residue (Geol.)
~ التقطير — bottoms, distillation residue, tower bottoms (Chem. Eng.)
~ (تقطير) النفط — petroleum tailings

~ (أو مُخَلَّفات) التكسير — cracking residuum (Pet. Eng.)
~ حَمْضيَّة — acid residue (Chem. Eng.)
~ شَمعيَّة — wax tailings (Pet. Eng.)
الـ ~ الطويلةُ السِّلْسلة (الحاوية زُيوتَ التزليق) — long residuum (Pet. Eng.)
مَتخوم — dyspeptic (Med.)
مُتَداخِل، مُتَشابِك — interlocked, interlaced
~ (بَعضُه في بعض) — telescopic; nested
~ التراتُب — staggered (Eng.)
~ الحَواشي — imbricate (Biol., Geol.)
~ العُروق — interveined (Geol.)
مُتداعٍ للسقوط — tottering, shaky
مُتَدانٍ — proximal
مُتَداوَل — circulating, current
~، قابِلٌ للتَّحويل — negotiable
مُتَدَخِّل — interfering
مُتَدَرِّب، شخصٌ تحتَ التدريب — trainee, apprentice
مُتَدَرِّج — gradual; stepped
~ الإنحِدار — shelving
~ التضَيُّق — tapered
~ (أو مَدْروجٌ) حراريّ — temperature gradient (Meteor.)
مُتَدَفِّق، سَيّال — streaming, effluent, outflowing
مُتَدَلٍّ — pendent = pendant, hanging, dangling; drooping, pendulous
مُتَدَنٍّ، مُنخَفِض — falling, declining, low
مُتَدَهوِر — deteriorating, decadent, slumping
مُتَذَبْذِب، مُتَرَجِّح — oscillating, vibrating
~، مُتردِّد — hesitant, wavering, undecided
~ توافقي — harmonic oscillator (Phys.)
~ كهرضَغْطي — piezoelectric oscillator (Phys.)
مِتر: عَدّاد، مقياسٌ معياري — meter (Eng.)
~: ١٠٠سم — meter = metre
~ أمبير: وحدةُ قياسِ شِدَّةِ الإرسال اللاسلكيّ — meter-ampere (Radio)
~ إنطِوائيُّ القِطَع — zigzag rule
~ جُهد أرضي: يُساوي عدديًا ٩٫٨/ج من المتر (ج = التسارع المحلّي) — geopotential metre (Meteor.)
~ شَمْعَة (لَكْس) — lux, metre candle, candle meter (Illum.)

مِتر (تابع)

~ مُرَبَّع، سَنْتي آر square metre, centare, centiare

~ مُكَعَّب (م³) cubic metre

مُترابِط، مُتَماسِك cohesive, coherent

~، ذو عَلاقاتٍ مُتَبادَلة interrelated, correlated, correlative

مُترابِطة بَيانيَّة tuple (Comp.)

مُتَراجِع retrogressive, retrograde

مِتراس barricade, bulwark (Mil.)

~ وَطِيء breastwork

مُتَراصّ، مُلْتَزّ compact(ed), close-set, closely packed

مُتَراصِف (في طبقات) stratified, stratiform, bedded (Geol.)

مُتَرافِق، اقترانيّ conjugate = conjugated

مُتَرافِقتان توافُقيَّتان harmonic conjugates (Maths.)

مُتَراكِب: مُتداخِل الحَواشي (over)lapping, lapped, imbricate (Geol.)

~، ~ التلافيف، مُتَلافّ obvolute

~ الألواح clinker-built

~ طوليًّا equitant (Geol., Bot.)

~ الوُصلات lap-jointed (Eng.)

مُتَراكِز، مُتَّحِد المركز concentric

مُتَراكِم، مُتكَدِّس accumulated, amassed

~، تَراكُمي cumulative

مُتَراوِح، غيرُ مُستَقِرّ fluctuating

~ بين . . . وبين . . . ranging from... to...

مُتَربِّد، عَكِر، أغْبَش cloudy, turbid

~، مُلَبَّدٌ بالغُيوم clouded, overcast (Meteor.)

مُتَرَجِّح oscillatory, oscillating, rocking

مُتَرَجْرِج، رَجْراج shaking, flickering

مُتَرجِم، ناقِل translator

~، برنامجُ ترجمة compiler (Comp.)

~ (فَوري) interpreter

~ تَحويلي: يُشغَّل على حاسوب وينتِجُ برنامجًا لحاسوبٍ آخر cross compiler (Comp.)

~ رُموز، مُجَمِّع: برنامجُ ترجمة لغة التجميع إلى لغة المكنة assembler (Comp.)

~ عكسِيّ: يُترجمُ من لُغة المكنة إلى لُغةٍ بَرمجيَّة أُخرى decompiler (Comp.)

مُتَرَدٍّ، مُنْحَطّ degenerate, decadent, deteriorated

مُتَرَدِّد، مُتحَيِّر hesitant, wavering, undecided

مُتَرسِّب: مادة مُتَرسِّبة precipitate (Chem.)

مُتَرَقٍّ: آخِذٌ في التقدُّم progressive (Med.)

مَتْرَك: طَبَّق النِّظام المِتريّ metricate

مُتَرنِّح swaying, staggering, mobbling

مَتروك، مَهجور deserted, obsolete

مِتريّ metric

مُتَزامِن (صِدْفةً) coincident

~: جارٍ أو حادِثٌ في الوقتِ نفسه simultaneous, synchronous

~: مَضبوطُ التواقُت isochronous, synchronized (Eng.)

~ التكوين syngenetic (Min.)

~ الرنين syntonic (Elec. Eng.)

مُتزامِنةُ الحركةِ أو الفِعْل in step (Elec. Eng.)

مُتَزاوٍ: مُتَساوي الزوايا isogonal (Phys.)

مُتَزايِد: في مرحلة التزايُد waxing (Astron.), increasing

~ قَطْعًا strictly increasing (Maths.)

مُتَزعزِع، مُتَداعٍ للسُّقوط shaky

مُتَّزِن، مُستَقِرّ stable

مُتَزَهِّر: يفقدُ ماءَ تَبلوره ويتفتت بالتعرض للهواء efflorescent (Chem.)

مُتَسارِع accelerating (Phys.)

مُتَساطِح: على استواءٍ واحِد flush

مُتَسام: مُتصَعِّد من الجامِد إلى الغاز مُباشرةً sublimate (Chem.)

~: استِعلائيّ transcendental

مُتَسامِت: على استِقامة خَطٍّ واحد collinear (Maths.)

مُتَسامِح، مُتَساهِل lenient, tolerant, permissive

مُتَساوٍ equal, even, equi-, iso-

مُتَساوِق compatible (Elec. Eng.), harmonious

مُتَساوي الأضلاع equilateral (Maths.)

~ الأطوال: عموديًّا وأُفقيًّا isodiametric

~ إلكترونات التكافؤ isoelectronic (Chem.)

~ الإنتروبيا: مُتَساوي القُصور الحَراري isentropic (Phys.)

~ البُعْد، ~ الأبعاد equidistant

~ التوتُّر: ~ الضغط التناضُحي isotonic (Chem.)

~ الجُزَيئات (حَجمًا وشَكْلًا) isosteric (Chem.)

~ الجُهْد الكَهربائي isoelectric (Phys.)

~ الحَجْم isovolumic

~ درجة الحرارة isothermic (Meteor.)

~ الرَّجفة، ~ الزَّلزلة isoseismic (Geol.)

~ الرقم الهدروجيني isohydric (Chem.)

~ الزمن isochronous (Phys.)

~ الزَّوايا equiangular (Maths.), isogonal = isogonic

~ الساقَين isosceles (Maths.)

~ سُرعةِ الرِّياح isovel = isotach (Meteor.)

~ الشُّذوذ (في الضغط أو درجة الحرارة) isanomal (Meteor.)

~ الضَّغْط isopiestic (Chem., Phys.)

~ ~ الأُزموزي iso-osmotic (Phys., Chem.)

~ الطّاقة isenergic (Phys.)

~ الفَتْرة الزَّمَنية (كَتَرجُّحات البَنْدول) isochronous (Phys.)

~ فَرْق الجُهد equipotential (Elec. Eng.)

~ الفعاليَّة: في وصف خلايا جَنينيَّة باستطاعتها التطور إلى أعضاء أخرى أو إلى جنينٍ جديد. equipotent= totipotent (Zool.)

~ القُوى isodynamic (Phys.)

~ القياس، أيسومتري isometric

~ الكُتلة: مُتَساوي كُتلةِ النويدات isobar (Phys.)

~ الكثافةِ الجوِّية isosteric (Meteor.)

~ اللَّون أو الدِّكْنَة isochromatic (Chem.)

~ المُلُوحة isohaline (Ocean.)

~ المَيْل isoclinal (Phys.)

~ النِّسبة التبادُليَّة (التصالُبيَّة) equicross (Maths.)

~ الهيئةِ البلّوريَّة equant crystal habit (Chem.)

مُتَساوِياتُ الأجنِحة: رُتبةٌ من الحشَرات Isoptera (Zool.)

مُتَساويةُ عدد النيوترونات (لكن مختلفةُ العدد الذرِّي) isotones (Phys.)

مُتَّسِع، فَسيح spacious, vast, ample

~، اِتِّساعيّ، مَديد expansive

مُتَّسَع، فُسْحَة space, room, expanse

مُتَّسَع (تابع)

~، وَساعة ؛ سَعَة — amplitude (Phys.)

مُتَسَّع: تُساعيُّ الأضلاع — nonagon (Maths.)

مُتَّسِق، مُتَوافِق — compatible, harmonious

~، مُتَساوِق: خالٍ من التناقُض — consistent

مُتَسَلْسِل، مُتتابع — serial

~، سِلْسِليّ الترابُط — catenary, catenating, concatenate

مُتَسَلْسِلة، مُتتالية — series (Maths.)

~ الإثيلين: مِنَ الهدروكربونات المُتَشاكِلة اللامُشبَعة — ethylene series (Chem.)

~ أُسِّيَّة — exponential series (Maths.)

~ اضمحلال — decay series (Chem., Phys.)

~ الأكتينيّات، الأكتِنيدات: العَناصِرُ التي يزيدُ عددُها الذرِّي على ٨٨ — actinides = actinide series (or actinoid elements) (Chem.)

~ «باشِن»: طيفُ الهدروجين في نطاق الأشعة دون الحمراء — Paschen series (Phys.)

~ تباعُديَّة — divergent series (Maths.)

~ تقارُبية (أو مُتقارِبة) — convergent series (Maths.)

~ تَوافقية — harmonic series (Maths.)

~ حسابيَّة — arithmetical series (Phys.)

~ الدَّفع الكهربائي — electromotive series (Chem.)

~ طَيفيَّة — spectral series (Phys.)

~ عامليَّة — factorial sequence (Maths.)

~ القُوَى — power series (Maths.)

~ لامُتَناهية — infinite series (Maths.)

~ لوغاريتميَّة — logarithmic series (Maths.)

~ «لَيمان»: طَيفُ الهِدروجين في نِطاق الأشعَّة فوقَ البنفسجيَّة — Lyman series (Phys.)

~ مُتَشاكِلة — homologous series (Maths.)

~ مُتَغايِرة — heterologous series (Maths.)

~ مُتَقارِبة — convergent series (Maths.)

~ مُتَناوِبة، ~ حُدودٍ مُتَناوِبةُ الإشارات — alternating series (Maths.)

~ مُنْتَهِية — finite series (Maths.)

~ هَندسيَّة — geometrical series (Maths.)

مُتَسَلِّط — domineering

مُتَسَلِّق: نباتٌ مُعترِش — climber, creeper, scandent (Bot.)

مُتَسَلِّقات، ~ الشَّجر — Scansores (Zool.)

مُتَسَلِّم، مُسْتَلِم، مُتَلَقٍّ، مُسْتَقْبِل — recipient

مُتَسَيِّل، مُتَميِّع — deliquescent, liquescent (Chem.)

مُتَشابِك، مُتَحابِك، مُضَفَّر — entwined, interwoven, interlaced

~، مُتَراكِب — overlapping

~، مُشَبَّك — latticed (Eng.)

~، مُعَقَّد — entangled, complicate

مُتَشابِه — similar

~ أو مُتَجانِسُ التكوين — cognate

~ زَميريّ — isomer (Chem.)

مُتَشاكِل، مُتَماثِلُ الشكل — isomorphic, isomorphous, homologous (Biol., Chem.)

~، مُماثِل (النَّسق) — homologue (Chem., Biol.)

~ التركيب، مُتماكب — isomer (Chem.)

~ مِرآويّ، زَميرٌ بَصَريّ — enantiomere (or enantiomorph) (Chem.)

مُتَشَبِّع، مُشبَع — saturated (Phys., Chem.)

مُتَشَعِّب — forked, furcate, ramiform, ramified

~ الجَوانِب — manifold

مُتَشَقِّق — cracked, fissured

مُتَشَمِّع: ~ الكَبِد — cirrhotic (Med.)

مُتَصاعِد، مُتزايِد — ascending, increasing, escalating

مُتَصالِب، مُتَقاطِع — decussate (Bot.), crisscross

مُتَصَعِّد: مُتزايِدُ جَهارةِ الصَّوت — crescendo (Acous.)

مُتَّصِل، مَوصول — connected, joined, attached

~، مُستمِرّ، مُتَواصِل — continual, continuous

~: مَوصولٌ بالخَطِّ أو الشبكةِ مُباشَرةً — on-line (Comp., Elec. Comm.)

~ بِـ: ذو عَلاقةٍ بِـ — related to, pertinent to, referable to

~ بِمُفَصَّلة — hinged

~ زَمَكانيّ: زَمانيّ مَكانيّ — space-time continuum (Phys.)

مُتَصَلِّب، مُتعَنِّت، عَنيد — adamant, obstinate

~، مُتَقَسٍّ، مُتَصَلِّد — hardening, indurated (Eng., Geol., Med.)

~ (الأنسِجة) — sclerotic, sclerosed (Med.)

~ بالضَّغْط (مع تزايُد اللزوجة) — dilatant (Phys.)

مُتَصَنِّع، مُصْطَنَع — affected, artificial

مُتَضادّ، مُتَناقِض — contradictory

مُتَضارِب، مُتَناقِض، مُتَنافٍ — inconsistent, conflicting

مُتَضائل — diminuendo (Acous.)

مُتَضَمَّنات — inclusions (Min., Eng.)

~ خَلَويَّة — cell inclusions (Biol.)

مُتَضَيِّق — narrowing, constricting, stenosed

مُتَطابِق — congruent, congruous, identical

~ الطَّور، مُتَطاوِر — in phase (Phys.)

مُتَطابِقة — identity (Maths.)

مُتَطاوِل (في اتِّجاه القُطْبَين) — prolate (Maths.)

مُتَطايِر، طَيُور، طَيَّار: سَريعُ التَّبخُّر — volatile (Chem.)

المُتَطايِراتُ الخَفيفة — light tops (Pet. Eng.)

مُتَطَبِّق، طِباقيّ — stratiform = stratus, bedding

مُتَطَرِّف — extreme

مُتَطَلِّب — demanding, exigent

مُتَطَلَّب — required; requisition; prerequisite

مُتَطَلَّباتُ اللياقة البَدَنيَّة — physical requirements

~ وظيفيَّة: لنظام الحاسوب — functional requirements (Comp.)

مُتَطَوِّرة، نامِيَة: في دَور التطوُّر والنُّمو — developing

مُتَطَوِّع — volunteer

مُتَظاهِرٌ بالمَرَض، مُتَمارِض — malingerer

مُتَعادِل: لا قاعِديّ ولا قِلويّ، ~ الشِّحنات الكهربائيَّة — neutral (Chem., Phys.)

~، مُتَساوٍ — equal

~ التوتُّر — isotonic (Chem.)

مُتَعارِض، مُتَضارِب — conflicting, incompatible

~ اتجاهِ الألياف — cross-grained

مُتَعاصِر — contemporaneous

مُتَعاقِب، مُتَناوِب (دوريًّا) — alternate, rotating

~، مُتَوالٍ، مُتَتالٍ — successive, consecutive

مُتَعاقِد — contracting party, contractor

مُتعاقِد (تابع)
~ من الباطِن — subcontractor
مُتعامِد — perpendicular, normal, orthogonal (Maths.)
~ سُفْليّ — subnormal (Maths.)
~ مَوجيّ — wave normal (Phys.)
مُتعاوِن، تَعاونيّ — cooperative
مُتعِب — tiresome, fatiguing, tiring
~، شاقّ — arduous
مُتعَدِّد، كثير — numerous, multiple, multiplex, poly-, many-
~ الإثمار — polycarpic (Bot.)
~ الأجزاء — multipartite, ple(i)omerous
~ الإرسال — multiplex (Elec. Comm.)
~ الاستِعمال — versatile
~ الأشكال — ple(i)omorphic, polymorphic (Biol.)
~ الأُصول، ~ الأنساب — polyphyletic (Biol.)
~ الأطراف، ~ الجَوانِب — multilateral
~ الأطوار — multiphase, polyphase
~ الأقطاب — multipolar (Phys.)
~ الألوان — polychromatic = polychromic
~ ~: مُتعدِّدُ ألوانِ الأجزاء — parti-coloured, party-coloured (Paint.)
~ الانتِحاء — polytropic (Biol.)
~ الأوجُه، ~ السُّطوح — polyhedron (Maths.)
~ التِّقْنيّات — polytechnic
~ التكافُؤ — multivalent, polyvalent (Chem.)
~ الحُدود — multinomial = polynomial (Maths.)
~ الحَضنات: من الطيور — polyvoltine, multivoltine (Zool.)
~ الحَلَقات — polycyclic (Chem.)
~ الخَلايا، عَديدُ الخَلايا — multicellular (Biol.)
~ الذرّات — polyatomic (Chem.)
~ الزوايا — polygonal (Maths.)
~ السُّطوح، ~ الأوجُه — polyhedral (adj.), polyhedron (n.) (Maths.)
~ السُّكَّريات — polysaccharide (Chem.)
~ الصِّمامات — multi-valve (Eng.)
~ الصِّيغة الصِّبْغيَّة — polyploid (Biol.)
~ الطبقات — multi-ply
~ العَناوين، ~ العَنْوَنة — multi-address, multiple-address (Comp.)
~ الفُتحات — manifold (Eng.)
~ المَآتى، ~ مَنافِذ الوصول — multi-access, multiple-access (Comp.)
~ المَحاوِر — pluriaxial
~ المُحَرِّكات — multi-engine (Eng.)
~ المَراحِل — multi-stage (Space, Electron.)
~ المَراكِز — polycentric
~ المَناويل — multimodal (Phys.)
~ المَهارات، ~ المواهب — versatile
~ النَّشأة الجينيَّة، ~ الأصل الجيني — polygenic (Biol.)
~ النَّوى — multinucleate (Biol.)
~ الوُجوه، كثيرُ السُّطوح — polyhedral (Maths.)
مُتَعَذِّرُ الاستِئصال — irradicable
مُتَعَرٍّ، مُعَرًّى — denuded (Geol.)
مُتَعَرِّج — zigzag, tortuous
~، خِلافيُّ التَّراتُب — staggered
~، مُتَمَوِّج — sinuous (Phys.)
مُتَعَضٍّ: كائنٌ عُضويّ — organism (Biol.)
~ مِجهريّ — micro-organism (Biol.)
مُتَعَطِّل، مَعطوب — out of order, impaired
مُتَعَفِّن — rotten, putrid, mo(u)ldy
مُتَعَكِّر، عَكِر، كَدِر — turbid
مُتَعَلِّق، مُعَلَّق — suspended
~ بِـ — related to, pertinent or relevant (to)
مُتَعَلِّم، غيرُ أُمِّيّ — literate
مُتَعَمَّد — intentional, deliberate
مُتَعَهِّد — contractor, entrepreneur
~ أو وَكيلُ شَحْن — forwarder
~ الحَفْر — boring contractor (Civ. Eng.)
مُتَعَوِّج — warped
مُتَغايِر: غَير مُتجانس — heterogen(e)ous (Chem., Phys., Biol.)
~ الأشكال — heteromorphic (Biol., Geol.)
~ الألوان — heterochromatic
~ الأمشاج — heterogamous (Gen.)
~ اللَّواقِح — heterozygous (Biol.)
~ المَيْل (المِغنَطيسيّ) — heteroclinal
~ النَّشأة، مُتَبايِنُ التَّكْوين — heterogenetic = heterogenous (Zool.)
مُتَغَوِّر، عميق الجذور، راسِخ — deep-seated
مُتَغَيِّر — variable *(n.)* (Maths.)
~، مُتَبَدِّل، غيرُ مُستقِرّ — changeable *(adj.)*
~ (أو مُتنوِّع) الأشكال — variform
~ تابع — dependent variable (Maths.)
~ ثُنائيّ — binary variable (Electron.)
~ درجةِ الحرارة، بارِدُ الدَّم — poikilothermic = cold-blooded (Zool.)
~ شامِل: يستخدمُ في كامل البرنامج ومتفرِّعاته — global variable (Comp.)
~ الطَّور — dephased (Elec. Eng.)
~ عَشْوائيّ — random variable (Stat.)
~ اللون (لوجود جُسَيماتٍ دقيقةٍ ضِمنه) — allochromatic (Phys.)
~ مُتَنَبَّأٌ بِهِ — predicted variable (Maths.)
~ مَحكوم — controlled variable (Maths.)
~ مَحلِّي — local variable (Comp.)
~ مُرَكَّب — complex variable (Maths.)
~ ~ أو تركيبيّ: يتألف من وحداتٍ أبسط — structured variable (Comp.)
~ مُطْلَق أو مُستَقِلّ — independent variable (Maths.)
مُتَغَيِّرة، كميَّةٌ مُتَغَيِّرة — variate (Stat.)
مُتَغَيِّم، غائم — cloudy (Meteor.)
مُتَفاحِج — straddle
المُتَفارِقات: ذَرّاتٌ مُتَساويةُ الفَرْق بينَ البِروتونات والنيوترونات — isodiapheres (Phys.)
مُتَفاعِل، مُتَفاعِلة — reactant *(n.)* (Chem.)
~، تفاعُليّ — reactive *(adj.)* (Chem.)
مُتَفاقِم — worsening, becoming aggravated
مُتَفاوِت، مُتَبايِن — different, varying, dissimilar
~ الطور — out of phase (Phys.)
مُتَفَتِّت — disintegrating
مُتَفَتِّح، مُتَفَتِّق — dehiscent (Bot.)
~، مُزْهِر — florescent, flowering
مُتَفَجِّر: مادة مُتَفَجِّرة — explosive *(n.)*
~: قابِلٌ للتفجُّر — explosive *(adj.)*, detonating, bursting
~ بَطِيءُ الفِعل — slow-acting explosive
~ داسِر — low explosive (Eng.)
~ زَمَنيّ — time explosive
~ بِشِدَّة، صاعِق — fulminating (Chem.)
~ شَديد، ~ قاصِم — high explosive
مُتَفَجِّرة، قُنبلة — explosive device, bomb

مُتفجِّرة (تابع)
~ نَوَويَّة (اِختباريَّة) — nuclear device (Phys.)
مُتفحِّم — charred
مُتفرِّج — spectator, on-looker
مُتفرِّد: مُنفصِل ومُتميِّز — discrete
مُتفرِّع — branched, ramifying, ramose
مُتفرِّق، مُنقسِم — divided, disunited
~، مُتقطِّعٌ زمَنيًّا — sporadic, intermittent
~، مُتناثِر: غَيْرُ كثيف — sparse
مُتفرِّقات — sundries, miscellaneous items
مُتفزِّر، مُنفلِق، مُتفتِّق — dehiscent (Bot.)
مُتفسِّخ، مُنحَلّ — decomposed, decaying
~ (تعفُّنًا) — putrid (Chem.)
مُتفسْفِر، ذو وَميضٍ فُسْفوريّ — phosphorescent, luminophore (Phys.)
مُتفسْفِرة، مادّةٌ مُتفسْفِرة — phosphor (Chem., Electron.)
مُتَّفِقا الطَّور، مُتطاوِران — in phase (Phys.)
مُتفلْوِرٌ كَهْربيّ — electrofluor (Phys.)
مُتَقابِل — opposite
~ قُطريًّا — antipodal (Maths.)
المُتَقابِلان قُطريًّا (أو جُغرافيًّا) — antipodes (Geol.)
مُتقارِب، مُتلامّ — convergent, converging (Maths., Phys.)
~ الألياف أو الحُبيبات — close-grained (Geol., Min.)
~ الجَدائل — close-laid
مُتقارِن، مُترافِق (بخاصةٍ زوجيًّا) — conjugate
مُتقاصِر — curtate (Maths.)
مُتقاطِع — intersecting, criss-cross, cross
مُتقافِيان، مُتقابِلان بالقَفا — addorsed (Arch.)
مُتقايِس: متساوي القياس — isometric
مُتقبِّض، مُتقلِّص — contractile, contracting, constricting
مُتقبِّل — acceptor, receptor
~ پروتونات — proton acceptor (Electron.)
مُتَّقِد، مُشتعِل — ablaze, burning
مُتقدِّرة: فَتيلةٌ خَيطيَّة (في هَيُولى الخَلايا) — mitochondrion (Biol.)
مُتقدِّم، أماميّ — fore, foremost, frontal, anterior
~، مُتطوِّر (حَضاريًّا) — developed, advanced, progressive
~، سابِق — leading

مُتقرِّح — ulcerated, ulcerous; sore (Med.)
مُتقرِّن — horny, cornified (Med.)
مُتقزِّحُ اللَّون — iridescent, pavonine (Min.)
مُتقطِّع، غيرُ مُنتظِم — intermittent, discontinuous, fitful
مُتقلْقِل — shaky, unsteady, unstable, infirm
مُتقَن — masterly, well done, perfect
~ الصُّنع — artistic, elaborate
مُتقهقِر، تَراجُعيّ — regressive
مُتقيِّح، قَيْحيّ — purulent, suppurative (Med.)
مُتْك، مِئْبَر — anther (Bot.)
مُتَّكأ، مِسْنَد — abutment, rest; support, prop, pad
~ الدَّعائم — hitch (Mining)
~ زاويّ — fillet (Arch.)
مُتكاتِلات: ذَرّاتٌ مُتساويةُ كُتْلةِ النواة مُتفاوِتةُ العددِ الذرّي — isobar(e)s (Phys.)
~ نَوويَّة — nuclear isobar(e)s (Phys.)
مُتكاثِف: مُكثَّفٌ مِن بُخارٍ إلى سائل — condensed (Phys.)
مُتكافِل: ~ العَيش — symbiont *(n.)*, symbionic *(adj.)* (Biol.)
مُتكافِئ (قَدْرًا أو نَوعًا أو زَمنًا) — commensurate
~، مُعادِل — equivalent, equal
~ الجُزَيئات — equimolecular (Chem.)
~ جُزَيئيّ غراميّ — equimolar (Chem.)
مُتكامِل — integral, integrated (Maths.)
~ لوغاريتمي — logarithmic integral (Maths.)
مُتكتِّل، مُكوَّر، مُتجمِّع — agglomerate, conglomerate (Geol.)
مُتكدِّس — amassed, accumulated, heaped up
مُتكرِّر — frequent, recurring, repeating
الـ ~، الجُزءُ المُتكرِّر — repetend
~ بحِدَّةٍ مُتفاوتة — remittent (Med.)
~ دَوريًّا — recurrent
مُتكلِّس — calcified
مُتكلَّف — laboured
مُتكهِّف — cavernous
مُتكوِّر، مُكبَّب — glomerate (Geol.)
مُتَّكِئ — accumbent, recumbent
~ أو مُستَنِدٌ (إلى) — incumbent
مُتكيِّس — sacculated (Biol.)
مُتكيِّف — adaptive, adaptable

~ مع البِيئة — epharmone, ecad *(n.)*, epharmonic *(adj.)* (Biol.)
مُتلاحِق، مُتتابِع — successive, consecutive
مُتلاحِم، مُتماسِك — coherent (Phys.)
مُتلازِم، مُترابِط — linked, accompanying; concurrent, coincident
مُتلازِمة: أعراضٌ مُتلازِمة — syndrome (Med.)
مُتلازِن، مُتلاصِق — agglutinate
مُتلاشٍ — vanishing
مُتلاقٍ (في نُقطة) — concurrent, copunctal
مُتلاقي المَجرى، رافِد — confluent (Geog.)
مُتلألِئ — scintillating, glittering (Phys.)
مُتلامّ، مُتقارِب — converging (Maths., Phys.)
مُتلامِس — touching, contiguous, in contact
مُتلائِم — compatible, agreeing, concordant
مُتلبِّد — flocculated, compacted
مُتلزِّج، لَزِج — sticky, tacky
مُتلِف، مُدمِّر — annihilator, destroyer
~، مُعطِّل — impairer, spoiler
مُتلفَز — televised (Elec.Comm.)
مُتلفِّف: مُنْحَنٍ التفافيّ — involute (Maths.)
مُتلَقٍّ — recipient
مُتلمِّسُ الشَّمس: جِهازٌ كَهرضَوئيّ يَتَّجِه نحوَ الشَّمس دومًا — sunseeker (Astrophys.)
مُتلهِّف (توقًا) — anxious, yearning
~ (حَسْرةً) — sorrowful
مُتلَوٍّ، مُتمعِّج — meandering, winding, tortuous
مُتليِّف — fibrotic (Med.)
مُتماثِل، مُتناظِر، تَماثُليّ — symmetric(al)
~، مُتجانِس — homogen(e)ous
~ الأقسام — isomerous (Biol.)
~ التركيب، مُتماكِب — isostructural
~ الخَواص الطبيعية (في مختلف الاتجاهات) — isotropic (Phys.)
~ الشكل (مع اختلاف التكوين) — homomorphic (Biol.)
~ ~ والتركيب — isomorphous (Chem.)
~ الطَّور — co-phasal (Elec. Eng.)
~ الفَترة الزمنية — coperiodic (Phys.)
~ النوع — isotype
~ الوَضع — homothetic (Maths.)
مُتمارِض — malingerer
مُتماسّ، مُتلامِس — contiguous, touching, in contact

مُتماسِك، مُترابِط — coherent

~، مُتوافِق، مُتساوِق — consistent

مُتماكِب: مُماثِلُ التركيب مُختلِفُ الخَواص — isomer (Chem., Phys.)

~ نَوَوِيّ، زَميرٌ نَوَوِيّ — nuclear isomer (Phys.)

مُتماكِن: مُتساوي العددِ الذرِّي ومُختلِفُ العددِ الكُتلِيّ (له المكانُ نفسُه في الجَدوَل الدوري) — isotope (Chem.)

مُتَمَحْوِر: مُتَّحِدُ المِحْوَر — co-axial

مُتمَرِّس — experienced, veteran

مُتمَرْكِز: له المركز نفسه — concentric (Eng.)

لامُتمَرْكِز — eccentric (Eng.)

مُتمَرِّن — apprentice, trainee

مُتمَعِّج — meandering (Geog.)

~، مُتلَوٍّ (كالدودة) — wriggling

مُتمَفْصِل: ذو مَفاصِل — jointed

~، مُمَيَّزُ الأجزاء — articulate

مُتَمَّم — complete(d), finished

مُتَمِّم، إتمامِيّ — complementary, supplementary, complement

~ الاِثْنَيْنات — two's complement (Maths.)

~ التِّسعة — nine's complement (Maths.)

مُتَمِّمة، تَمامَة — complement (Maths.)

~، طابعةٌ اتماميَّة — perfecter = perfector (Print.)

~ الزاوية: تُكَمِّلُها زاويةً قائمة — complement of an angle (Maths.)

مُتمَوِّج — undulating, wavy, undulant

مُتمَوِّجة — rolling (Geol.)

مُتمَوِّر — surging (Elec. Eng.)

مُتمَوِّرة، أميبة — amoeba (Zool.)

مُتميِّز — distinct, distinguished

مَتْن، حَيْد — ridge (Geol.)

~، ظهر — back

~، لُحْمَة — parenchyma (Med.)

~: مادَّةُ الكتاب الأصليَّة — text

مَتَّنَ، قَوَّى — strengthen, consolidate

مُتَناثِر — scattered, dispersed, sprinkled

مُتَناسِب — proportional, proportionate

~ طَرْدِيًّا — directly proportional (Maths.)

~ عَكْسِيًّا — inversely proportional (Maths.)

الـ ~ الوَسَط — mean proportional (Maths.)

مُتَناسِق، مُتَناغِم — harmonious; concordant (Phys.)

مُتَناظِر، مُناظِر — corresponding; symmetric(al)

مُتَنافِر، مُختَلِف، ناشِز — discordant, dissonant (Acous.)

~، غير مؤتلف، لامُتوافق — incompatible

مُتَناقِص، تنازُلي — decreasing, descending (Maths.)

~ قَطْعًا — strictly decreasing (Maths.)

مُتَناقِض، مُغايِر، مُتَعارِض — contradictory

مُتَناهي الدِّقَّة (أو الجُودة) — superfine

~ الصِّغَر — infinitesimal (Maths.)

مُتَناوِب، مُتَرَدِّد (تناوُبيًّا) — alternating

مُتَناوَل — access, reach

مُتَنَبِّه — attentive, alert, heedfull

مُتَنَبِّئ — predictor

مُتَنَحٍّ، صاغِر — recessive (Gen.)

مُتَنَزَّه، حديقة عامَّة — park

مُتَنَفَّس — breather, vent (Eng.)

مُتَنَقِّل، نَقَّاليّ، نَقول — mobile

مُتَنَوِّع — various, miscellaneous; diverse

مُتَهَوِّر — rash, reckless

مُتَواتِر، مُتَتابِع — recurrent, successive

~ على شكلٍ مُنتظِم — rhythmic

مُتَواجِهان، مُتَقابِلان وَجهًا لِوَجه (في وَصفِ تِمثالَين) — affronted *(adj.)* (Arch.)

مُتَوارَث — heritable, hereditary

مُتَوازٍ — parallel (Maths.)

~ مُضادُّ الاتجاه — antiparallel (Maths.)

مُتَوازِن — balanced, in equilibrium

مُتَوازي أضلاع — parallelogram (Maths.)

~ ~ القُوَى — parallelogram of forces (Phys.)

~ ~ ناقِص — gnomon (Maths.)

~ السُّطوح — parallelepiped (Maths.)

~ المُتَّجِهات — parallelogram of vectors

~ المُستَطيلات — cuboid, rectangular parallelepiped (Maths.)

مُتَواشِج، مُتَشابِك — interlocked, meshed

مُتَواصِل، مُستَمِرّ — continuous, uninterrupted, endless

مُتَواطِن: مُتَجانِسُ المَوطِن — sympatric (Ecol.)

مُتَوافِق (زمنيًّا أو فِكريًّا) — concurrent

~، مُتَناغِم — harmonious (Phys.)

~، مُناسِب، مُلائم — suitable, fit, compatible

~، مُنسَجِم — congruous, congruent, concordant (Maths.)

~ الطَّور، مُتَطاوِر — phased = in-phase

مُتَواقِت — concurrent, synchronous

لامُتَواقِت — asynchronous (Phys.)

~ النَّشْأة — syngenetic (Min.)

مُتَوالٍ — successive, consecutive, sequential

مُتَوالِية — progression, sequence, series (Maths.)

~ تَوافُقِيَّة — harmonic progression (Maths.)

~ جَبْرِيَّة — algebraic series (Maths.)

~ حِسابِيَّة — arithmetical progression

~ ذاتُ حَدَّين — binomial series (Maths.)

~ هَندَسِيَّة — geometrical progression

مُتَوَبِّر، خَمِلٌ — pubescent, fuzzy (Bot., Zool.)

مُتَوَتِّر، مَشْدود — tight, taut; strained, tense

مُتَوَحِّش — wild, savage

مُتَوَرِّد — rosy, florid, ruddy, flush

مُتَوَرِّط — entangled, involved

مُتَوَرِّم، مُتَنَفِّخ — swollen, tumid (Biol.)

مُتَوَسِّط، أَوْسَط — middle, central, medial

~، وَسيط — intermediate, intermediary, meso-

~، وَسَط، مُعَدَّل — medium; average, mean

~، مُعتَدِل — moderate, medium

~: سِلْعة مُتَوَسِّطة — middling

~ الإجهاد — mean stress (Mech.)

~ البُعْد — mean distance

~ بين نُقطَتين — half-way

~ حَجْمِ الحُبَيبات — medium-grained

~ الحرارة: معتدل درجة الحرارة — mesothermal; moderate or temperate climate

الـ ~ الحِسابِيّ — arithmetical average (Stat.)

~ الحُيود — mean deviation

~ (خطّ) العَرْض — mean latitude (Astron.)

~ الخَطأ — mean error

~ ~ المُطلَق — mean absolute error

~ درجةِ الحَرارة — mean temperature (Phys.)

~ السُّرعة، سُرعةٌ وُسْطَى — mean velocity (Phys.)

~ سُرعةِ التَّصَلُّب — medium curing (Civ. Eng.)

مُتَوَسِّط (تابع)
الـ ~ السنويّ لكميّة المطر — mean annual rainfall (Meteor.)
~ الضَّغط — mean pressure (Eng.)
~ ~ الفعّال — mean effective pressure
~ ~ ~ المُبَيَّن — indicated mean effective pressure (Eng.)
~ ~ المِكبَحيّ الفعّال — brake mean effective pressure (Eng.)
~ العُمر — average life(time) (Phys.)
~ ~ (لِلنُّوَيدة المُشِعَّة) — mean life (Phys.)
~ ~ المُتوَقَّع — life expectancy
~ (أو مُعَدَّل) العُمْق — mean depth
~ العُمْق، قليلُ الغَوْر — hypabyssal (Geol.)
~ الفَرْق — mean difference (Maths.)
~ القُدرة — mean power (Eng.)
~ القيمة الفعّالة — mean effective value
~ الكَثافة — mean density (Phys.)
~ المَدْروج — mean gradient (Eng.)
~ (مَدَى) الإجهاد — mean stress (Met.)
~ مُرَبَّع السُّرعة — mean square velocity (Phys.)
~ ~ الخطأ — mean square error (Stat.)
~ مُرَجَّح — weighted mean (Stat.)
~ المَسارِ الحُرّ — mean free path (Phys.)
~ مَنسوبِ سَطْح البحر — mean sea-level (Surv.)
~ هَندسيّ — geometric(al) average (Maths.)
~ اليوم الشَّمسيّ — mean solar day (Astron.)
مُتوسِّف، مُتقشِّر — squamous, scaly
مُتَوَطِّن، مُستَوطِن — endemic (Med.)
مُتَوَفِّر، مُتاح — available
~، مَوجود بِكَثرة، وَفير — abundant, plentiful, ample
مُتَوَقِّدًا، مُتَوَهِّجًا — aglow
مُتَوَقَّع — expected, anticipated, prospective
مُتَوَقِّف، واقِف — stopping, standstill
~، مُوقَف — arrested
~ على — dependent on, subject to
~ بِسَبَبِ الإضراب — strikebound
~ (مُؤَقَّتًا) عن الإنتاج — off-production
مُتَوَلِّدٌ ذاتيًّا — autogenous (Biol.)
مُتَوَهِّج، وَهّاج — candescent, glowing, incandescent, blazing
مُتَيَبِّس — stiff

مُتَيَسِّر، مُتاح — available, accessible
مُتَيَقِّظ، مُتَنَبِّه — vigilant, alert, advertent
مَتين — strong, tough, staunch, sturdy
مَتيه، مَتاهة — labyrinth (Acous., Zool.)
المِتيُورولوجية الطبيعيَّة — physical meteorology
مُثابَرة — persistence, perseverence
مُثار — excited (Phys.)
مِثال، نموذج — model, pattern
~، مَثَل، شاهِد — example, instance
مِثاليّ، نموذجي — exemplary
~، أَمْثَل — ideal, perfect
مَثانة — bladder, vesica, cyst (Zool.)
~ هَوائيَّة — air-bladder, swim bladder (Zool.)
مُثْبَت، مُبَرْهَن — proved
~، مؤكَّد — confirmed
مُثَبِّت، مُرَسِّخ (اللَّون أو الصِّبْغة) — fixative, fastener, mordant (Chem.)
~ أداةِ القَطْع — tool post (Eng.)
~ التيّار — barretter, ballast resistor, ballast tube (Elec. Eng.)
~ جِداريّ، مِربَطٌ جِداريّ — wall anchor
~ الجُهْد — potentiostat (Elec. Eng.)
~ حَبْلِ الإرساء — guy anchor (Naut.)
~ الضغط — pressure stabilizer (Elec. Eng.)
~ (أو مُقِرُّ) الفُلْطيَّة — voltage stabilizer (Elec. Eng.)
~ كَبْلِ التعليق — suspension cable anchor (Civ. Eng.)
مُثْبَت، مُرَسَّخ — fixed (Chem.)
~ (بِكَتائف أو شُكُل) — braced (Eng.)
~ بِمِسمارٍ مُلَولَب — screwed (Eng.)
مُثَبِّتة، رَبّاطة (لتثبيت الشُّغلة) — fixture (Eng.)
~ شَريطيَّة — strap anchor (Build.)
~ الضغط — barostat (Aero.)
~ النِّتروجين — nitrogen fixing (Bot.)
مُثَبِّط، مُخَيِّب — frustrating, discouraging
~، كابِت — depressant, inhibitor (Med.)
~، مُعَوِّق — retarder (Chem., Civ. Eng.)
~ التَّطهير — restrainer (Photog.)
مُثَخَّن، مُغَلَّظ القوام (بالتبخير) — inspissated (Chem.)
مَثْعَب، مَمَصّ، (سيفون) — siphon = syphon (Hyd. Civ. Eng.)

~ حَراريّ: يَحوي مائعًا ينقُلُ الحرارةَ بالحَمْل — thermosiphon (Eng.)
~ دَوريُّ الدَّفْق — intermittent siphon (San. Eng.)
مِثقاب، مِثْقَب، ثَقّابة — drill, broach, auger, tap drill, borer, perforator (Eng.)
~، بِزَال — gimlet (Carp.)
~، مِحْفَرةُ أسنان — bur = burr (Med.)
~، سُنْبُك، مِخْرَمة — puncher (Eng.)
~، ثَقّابة مِنشاريَّة — trepan (Eng.)
~، بَريمةُ حَفْر — wimble (Eng.)
~ آليّ — power drill (Eng.)
~ أجْوَف — core drill (Civ. Eng.)
~ اختِراقيّ — permeator
~ استخراج العَيِّنات — core drill (Eng.)
~ الأشرِطة — tape punch (Comp.)
~ التِوائيّ (أو حَلَزونيّ) — twist drill (Eng.)
~ بَرْشَمة — riveting punch (Eng.)
~ بَريميّ — auger (Eng.)
~ تحديد المركز — centre-bit (Carp.)
~ تَراوُحيّ — wobble drill (Eng.)
~ تَقوير — reamer (Eng.)
~ توسيع — enlarging drill (Eng.)
~ ~ بِمِسمارٍ مَرَكَزيّ — pin drill (Eng.)
~ تَوَقُّفيّ: يَقِفُ عند حَدٍّ مُعَيَّن — stop drill (Eng.)
~ جَماعيّ: مُتَعَدِّدُ البَريمات — gang drill (Eng.)
~ الجُمْجُمة — trepan, trephine (Med.)
~ لِلحَفْر العميق — deep borer (Eng.)
~ حَلقي — annular auger (Eng.)
~ بِخُدَّة مُستَقيمة — pod-auger (Carp.)
~ دَسْريّ — thrust borer (Civ. Eng.)
~ دَفّ: ذو ذِراع تعديل نصف قُطرية — radial drill (Eng.)
~ ذو خُدَدٍ مُستَقيمة — straight-flute drill (Eng.)
~ ذو دَليلِ تشغيل: لِتَوجيه الحَفْر الدقيق — jig borer (Eng.)
~ ذو سَقّاطة — ratchet drill (Eng.)
~ ذَيْل السمَكة — fish-tail bit (Eng.)
~ زاويّ — angle drill (Eng.)
~ بِسَقّاطة — ratchet drill (Eng.)
~ (شُقوبٍ) جانبيُّ الحركة — traversing drill (Eng.)

مِثقاب (تابع)
~ الصَّخْر : لُقمةٌ لِحَفر الصُّخور rock bit (Eng.)
~ صَدْر breast drill (Eng.)
~ صَدْم خُردُقيّ pellet impact drill (Eng.)
~ صَدْميّ، ~ الدَّقّ percussion drill (Eng.)
~ صِماميّ valve auger (Eng.)
~ ظَرْفيّ chuck-drill (Eng.)
~ عَموديّ pole drill (Civ. Eng.)
~ قائميّ : يرتكزُ على قائم post drill
~ قَوسيّ bow drill (Eng.)
~ كهربائيّ electric drill, electro-drill (Elec. Eng.)
~ لَفّاف brace and bit (Eng.)
~ ماسيّ، ثَقّابة ماسيَّة diamond drill (Eng.)
~ مُتعَدِّد الخُدَد multiflute drill (Eng.)
~ مَجارٍ حَلْقيَّة annular borer (Eng.)
~ مُجَوَّف shell auger, hollow drill (Eng.)
~ مَراكِز centre drill (Eng.)
~ مَركَزيّ centre-bit (Eng.)
~ مُزدَوِج double drill (Eng.)
~ مُستَدِقّ taper drill (Eng.)
~ مُستقيم التَّخْديد straightway drill (Eng.)
~ ~ السّاق straight-shank drill (Eng.)
~ مَفاتيحيّ : ذو لَوحةِ مَفاتيح keypunch (Eng., Comp.)
~ مَوضِعيّ يدَويّ spot punch (Comp.)
~ النجّار bit (Eng.)
~ نَجميّ (المَقْطَع) star drill (Eng.)
~ نَفّاث jet bit (Eng.)
~ نَفْخيّ pneumatic drill (Civ. Eng.)
~ نَقْر تَمْهيدًا لِلَّولَبة tap drill (Eng.)
~ هَوائيّ : بالهواء (المَضغوط) air-drill, pneumatic drill (Eng.)
~ ~ صَدْميّ percussive air tool (Eng.)
~ وَتَريّ fiddle drill (Eng.)
~ يَدَويّ، ثَقّابة يَدَويَّة hand-brace (Carp.), hand drill (Eng.)
~ ~ بالدَّقّ plug drill (Eng.)
مُثَقَّب، مُخرَّم perforate
المُثقَّبات، المُنَخْرَبات Foraminifera (Zool.)
~ المَساميَّة، المَساميّات : شُعبةُ الإسفَنْجيّات Porifera (Zool.)
مُثَقِّبةُ البِطاقات card punch (Comp.)
مُثَقَّف cultured, well-educated, literate

مُثْقَل، مُثَقَّل burdened, overladen, surcharged
~، مُعاق بِثِقْلِه (جُزئيًّا أو كُلِّيًّا) logged
المَثقوبات : شُعبةٌ من الديدان المُسَطَّحة Trematoda (Zool.)
مَثَلٌ أعلى ideal
مَثَّلَ : نابَ عن شخصٍ أو جماعة أو تكلَّمَ بِاسمِهم represent
~ : رَمَزَ إلى symbolize
~ : قامَ بدورٍ act, play (a role)
~ (الطعام) assimilate (Zool.)
~ بمَعْلَمة (أو وَسيط) parametrize (Maths.)
مُثَلَّث triangle (Maths.)
الـ ~ : كوكبة شمالية Triangulum (The Triangle) (Astron.)
~ تسديد triangle of sight (Eng.)
~ تَوافُقيّ harmonic triangle (Maths.)
~ جانِب العَقْد spandrel (Civ. Eng.)
~ حادُّ الزوايا acute-angled triangle (Maths.)
~ الخَطَأ triangle of error (Surv.)
~ ذاتيّ الترافُق : أضلاعُه الخطوطُ القطبية للذُّرى المُقابلة بالنسبة للقطع المخروطي self-conjugate triangle, self-polar triangle (Maths.)
~ الزَّوايا أو القُرَن trigonous (Bot.)
~ السُّرعات velocity triangle, triangle of velocities (Mech.)
~ الشكل triangular (Maths.)
~ فَلَكيّ : مثلثٌ على الكرة السماوية رؤوسُه مَوقِعُ الجِرم السماوي والسمتُ والقطبُ السماويّ الأقرب astronomical triangle (Astron.)
~ قائمُ الزاوية right(-angled) triangle
~ قُطبيّ polar triangle (Maths.)
~ القُوَى triangle of forces (Mech.)
~ القَوائم tripod
~ كُرَويّ spherical triangle (Maths.)
~ ~ ثُلاثيُّ الزوايا القائمة trirectangular triangle (Maths.)
~ ~ رُبعيّ quadrantal spherical triangle (Maths.)
~ ~ قاعِديّ (في قُبّةٍ أو قَبْوٍ عند تقاطُع قَوسين فيهما) pendentive (Arch.)
~ مائل oblique triangle (Maths.)

~ مُتَّجِهات vector triangle (Mech.)
~ مُتَساوي الأضلاع equilateral triangle (Maths.)
~ ~ الزوايا equiangular triangle (Maths.)
~ ~ السّاقَيْن isosceles triangle (Maths.)
~ مُتَكافِئُ الأضلاع well-conditioned triangle (Surv.)
~ مَحُوط inscribed triangle (Maths.)
~ مُحِيط circumscribed triangle (Maths.)
~ مُختَلِفُ الأضلاع scalene triangle (Maths.)
~ المَسّاح، قامةٌ ذِراعيَّة (لِضَبْط الزوايا القائمة ميدانيًّا) cross-staff (Surv.)
~ المُعاوَقة : مثلثٌ قائمُ الزاوية تمثِّلُ مُتجهاتُه هُبوطَ المقاوَمة وهبوطَ المُفاعلة وهبوطَ المُعاوقَة في دارة تيّار مُتناوِب impedance triangle (Elec. Eng.)
~ مُنفرِج : إحدى زَواياه مُنفَرِجة obtuse triangle (Maths.)
~ مَواقِع الأعمِدة pedal triangle (Maths.)
مُثَلَّثات triangles (Maths.)
حِسابُ أو عِلم الـ ~ trigonometry
~ مُتَشابِهة similar triangles (Maths.)
مُثَلَّثاتي : متعلق بعلم المثلثات trigonometric (Maths.)
مُثَلَّثانِ مُتَّحِدا القُطْب co-polar triangles (Maths.)
~ ~ المِحْوَر co-axial triangles (Maths.)
~ مُتَرافِقان conjugate triangles (Maths.)
~ مُتَطابِقان congruent triangles (Maths.)
مُثَلَّثِيّ، ثُلاثيُّ الزوايا (ومُثَلَّث الشكل) triangular (Maths.)
~، ثُلاثيُّ التماثُل trigonal (Maths.)
مُثَلَّج iced, ice-cold
مُثْلِج snowy (Meteor.)
مُثَلِّج، مُبَرِّد frigorific (Chem.)
مَثْلَجة : نَهْرٌ جليديّ glacier (Geol.)
~ بَيْن جَبَليَّة intermontane glacier (Geol.)
~ جُرْفيَّة cliff glacier (Geol.)
مَثْلَجيّ، جَليديّ glacial (Chem., Geol.)
مِثْلَم : أداةُ ثَلْم أو تحزيز لِتَحديد الصلادة indenter (Eng.)
مُثَلَّم، مُفرَّض، مُسَنَّن كالمنشار jagged
مَثْلُوث : مُرَكَّبٌ مَثْلُوثُ الصِّيغة الجُزيئيَّة trimer (Chem.)

مَثْلوث (تابع)
~ الصِّيغةِ الجُزَيئيَّة — trimeric (Chem.)
مِثْمال: مِقياسُ درجة الثَّمَل الكُحوليّ بتحليل النَّفَس — drunkometer (Med.)
مُثْمِر — fructuous, fruitful (Bot.)
~، مُغِلّ — productive, fruitful
مُثَمَّن: مُضَلَّعٌ ثُمانيّ — octagon (Maths.)
~ (الزوايا أو الأضلاع) — octagonal
مُثَنًّى — dual
~، مُزدَوِج — doubled, duplicate
مَثْنَوِيّ: مُرَكَّبٌ مُزدوِجُ الصِّيغة الجُزَيئيَّة — dimer (Chem.)
~ القُطبيَّة — ambipolar (Electron.)
مَثْنِيّ — flexed, bent
~، مَطوِيّ — folded
مُثول، ظُهور — appearance
مَثول: يُمكن تمثُّله — assimilable
مَثْوًى: مَوطِن — home, habitat (Ecol.)
~ أرضيّ (أو بَرِّيّ) — terrestrial habitat
~ بحريّ — marine habitat (Ecol.)
~ صُغْرِيّ — microhabitat (Ecol.)
مُثير — exciting *(adj.)*
~، حافِز، مُحَرِّك — incentive, stimulant, stimulus (Zool.)
~، مُحَرِّض، مُستَثير — exciter (Elec. Eng.), excitor (Zool.), exciting, excitant
~، مُهَيِّج — irritant (Biol.)
مَثيل، شَبيه — similar, analogous
~، نَظير — counterpart, equivalent, match
لا مَثِيلَ له — unmatched
~، طَبيق — identical
مِثِيل: شِقُّ المِثيل الأُحاديُّ التكافُؤ — methyl (Chem.)
مَثْيَل: مَزَجَ أو عالَجَ بالكُحول المِثيليّ — methylate (Chem.)
مَجَّ، لَفَظَ — desorb (Chem.)
مَجٌّ، لَفْظٌ — desorption (Chem.)
مُجابَهة، مُواجَهة — encounter
~، تَصَدٍّ — confrontation
مَجاز، مَمَرّ — path, passage (Comp., Elec. Comm.), track
~ (أو رصيف) جانبيّ أعلى من الطريق — banquette (Civ. Eng.)
~ ضَيِّق، مَضِيق — narrows, throat (Geol.)
~ العَودة — re-entry corridor (Space)
~ هَوائيّ — air-lane (Aero.)
مُجازاة، مُكافأة — remuneration, requital
مُجازأة، تماكُب: تماثُل التركيب — isomerism (Chem.)
مُجازَفة، مُخاطَرة — risk, hazard
~، مُغامَرة — adventure, venture
مَجاعة — famine
مَجال، نِطاق، مَيْدان — domain, sphere
~، مَدًى — range, scope (Phys.)
~، مِنطقة — region
~، فُسْحَة، مُتَّسَع — space, room
~ الإبصار — visual field (Opt.)
~ إثارة — exciting field (Elec. Eng.)
~ الأرض (المِغنَطيسيّ) — earth's (magnetic) field
~ إزالةِ المَغْنَطة — demagnetizing field (Elec. Eng.)
~ إلكتروستاتي — electrostatic field
~ الأمان — margin of safety
~ تَحْريض — excitation field (Elec. Eng.)
~ تَوازٍ: لفيفةُ المَجال الرئيسي لِمُحَرِّك موصولةً على التوازي — shunt field (Elec. Eng.)
~ توحيد — commutating field (Elec. Eng.)
~ الجاذبيَّة — gravitational field (Phys.), gravisphere (Astron.)
~ جَوِّيّ — air space
~ حارِف — deflecting field (Magn.)
~ الحَثّ — induction field (Elec. Eng.)
~ حُرّ — free field (Phys.)
الـ ~ الحَرِج — critical field (Phys.)
~ حَلقيّ — toroidal field (Nuc. Eng.)
~ حَيَويّ — lebensraum
~ خارجيّ — external field (Elec. Eng.)
~ الخَطأ — margin of error
~ دَليليّ: للجُزَيئات المُسارَعة — guide field (Elec. Eng.)
~ دَوَّار — rotating field, rotary field (Elec. Eng.)
~ راديوي — radio field (Radio)
~ الرُّؤية، ~ الإبصار — field of vision, visual field (Opt.)
~ (رُؤيةِ) العَين — eye field
~ شارِد — stray field (Elec. Eng.)
~ العَدَسة — lens coverage (Photog.)
~ العَمَل — sphere of action
~ الفِعل — field of action
~ القُوَّة — field of force, force field (Phys.)
~ (أو حَيِّزٌ) كامِل — integral domain (Maths.)
~ كهربائي — electric field (Phys.)
~ كَهْرُمِغنيطيّ — electromagnetic field (Elec. Eng.)
~ كَهروسكوني — electrostatic field (Phys.)
~ لامُوَجَّه: يُعَبَّر عنه بدالَّةٍ عدديَّة — scalar (field) (Maths.)
~ مُتَحَكِّم — controlling field (Elec. Eng.)
~ مُتَخَلِّف — residual field (Phys.)
~ مُتَعارِض: مع مجالٍ أو أكثر — crossed field (Elec. Comm.)
~ مُتَعَدِّدُ الأقطاب — multipolar field (Elec. Eng.)
~ مُثَبِّط — retarding field (Electron.)
~ المَسْح — scanning field (Telev.)
~ ~ (كما تحدِّدُه خُطوطُه) — raster (Telev.)
~ مُسَلَّط — impressed field (Elec. Eng.)
~ مُظلِم — dark field (Opt.)
~ مُعادِل — compensating field (Elec. Eng.)
~ مِغنطيسيّ، حَقْلٌ مِغْنيطيّ — magnetic field (Phys.)
الـ ~ المِغنَطيسيّ الأرضيّ — geomagnetic field (Geol.)
~ مِغنطيسيّ سُكونيّ — magnetostatic field (Phys.)
~ (~) عاكِس — reversing field (Elec. Eng.)
~ (~) مُتَبَقّ — residual field (Phys.)
~ مُمَغْنِط — magnetizing field (Phys.)
~ مُوهَن — attenuated field (Phys.)
~ النظر — field of vision (Phys.)
مُجامَلَة — courtesy, comity; complimentary gesture
مَجّانًا — gratis, (for) free
مُجانِبُ الضوءِ الساطع — photophygous (Zool.)
مُجانِس، لائق، مُتَوافِق — congenial
~، مُماثِل — similar
مُجانَس — homogenized (Food Sc.)
مُجانَسة، تجانُس — homogeneity
~ لَونيَّة — homochromy (Ecol.)
مَجّانيّ — free (of charge), gratis
مُجاوِر — adjacent, contiguous, adjoining

مُجاوِر (تابع)
~ٌ تَحتيّ — subjacent (Maths.)
~ٌ لِلمِحوَر — adaxial (Biol.)
مُجاوَرة — adjacency, contiguity
مُجاوَزة: تجاوزُ (العُرْفِ أو الحَدِّ المعقول) — exceeding the limits, exorbitance, trespassing
~، سَماح — permittance (Elec. Eng.)
مُجاوِزيَّة: مُنفِذيَّةٌ كهربائيَّة — permittivity (Elec. Eng.)
~ٌ الفَراغ — permittivity of free space
~ٌ نِسبيَّة — relative permittivity, dielectric constant (Elec. Eng.)
مُجَبِّر — bone-setter, orthopedist (Med.)
مُجْبِر — impellent
مُجْبَر، مُكْرَه — obliged, coerced
~: مُلْزَمٌ بطبيعة تكوينه — obligate (Biol.)
مُجْتَثّ، مُستأصَل — eradicated, uprooted
مُجْتَرّ — ruminant (Zool.)
مُجْتَمَع — society; community (Biol.)
~ٌ ذُرويّ — climax community (Ecol.)
مُجتَمِعِينَ ومُنفَرِدين — jointly and severally
مَجْثَم — perch, roost
~ (طائرات) — apron (Aero.)
مُجِدّ، كَدُود، مُجتَهِد — industrious, diligent
مُجْدٍ، فَعَّال — effective
~، مُفيد — useful, beneficial
مِجدار — scarecrow
مِجداف، مِجذاف — oar; paddle (Naut.)
~ٌ طويل — sweep (Naut.)
مُجْدِب — arid, barren, infertile
مُجَدَّد — renewed, renovated, restored
مُجَدِّد — restorative, renewer, regenerator
~ٌ الحافِز — catalyst regenerator (Chem.)
~ٌ حَراري — heat regenerator (Eng.)
~ٌ نَبَضات — impulse regenerator (Elec. Eng.)
مَجْدول، مُوَشَّح — interwoven, interlaced
مُجَدْوَل — tabular, tabulated
مُجَدْوِل — scheduler (Comp.)
مُجَدْوِلة، مَكَنةُ جَدْوَلَة — tabulator, tabulating machine (Comp.)
مِجذاف — oar
مِجذافيَّةُ الأرجل: رُتبةٌ من صِغار القِشريّات تتطَفَّلُ على السمك — Copepoda (Zool.)
مُجَذِّرة — rooter (Electron., Agric.)

المَجذُور: الكميةُ تحتَ علامةِ الجَذر — radicand (Maths.)
مَجْرى، قَناة — conduit, duct, canal, channel (Civ. Eng.)
~، مَسْلَك — course, passage, lead
~، مَصَبّ (السباكة) — runner (Foundry)
~، أُخدود — rut
~، تيّار، جَدْوَل — stream (Geol.)
~ الأسلاك — raceway (Elec. Eng.)
~ انزِلاقيّ، ~ مائل — shute = chute (Civ. Eng.)
~ البطاقات — card bed (Comp.)
~ (أو مَسْقَط) التحميل — loading chute (Eng.)
~ تصريف، مَجرور — sewer, drain pipe (San. Eng.)
~ التغذية — feed-chute (Eng.)
~ تفريغ الرماد — cinder chute (Eng.)
~ تمديدات — raceway (Build.)
~ تَوصيلٍ ضَيِّق — condulet (Build.)
~ ~ مَرِن — flexible conduit (Build.)
~ الخابُور — key bed, keyway (Eng.)
~ الزيت — oilway, oil channel (Eng.)
~ سُفليّ — root run (or pass), culvert (Civ. Eng.)
~ صاعِد — head race (Hyd. Eng.)
~ الكَبلات — cable duct, cable conduit (Elec. Eng.)
~ الكُرَيّات — ball-track, raceway (Eng.)
~ اللَوح الزُجاجيّ — fillister (Build.)
~ ماء (طبيعيّ أو صُنعيّ) — watercourse (Geol., Civ. Eng.)
~ ~ محمول — aqueduct (Civ. Eng.)
~ مائل، مَسارٌ مائِل — slant course, chute
~ مُتَشابِك — braided stream (Geol.)
~ مُتَعَدِّد المَسالِك — multiple conduit
~ مُتَمَعِّج — winding course, meandering stream (Geol.)
~ مُثَلَّثيُّ المَقْطَع (على شكل ٧) — V-way
~ مُخَدَّد — flute (Eng.)
~ المُخَلَّفات — tail-race (Mining)
~ مُشَفَّه — lipped channel (Eng.)
~ مَقطوع — beheaded stream (Geol.)
~ مُنحَدِر، مَزلَقة، مَسْقِط — chute, shoot (Geol.)
~ نهر — river bed (Geol.)
~ النهر قُربَ المَنْبَع — headstream (Geol.)
~ هَواء — airflow, air stream; draft
مِجراف، مِجْرَفة — shovel, spade
~ٌ تحميل — loading shovel (Eng.)
~ (~) جَرّار — tractor shovel (Civ. Eng.)
مُجَرَّب، مُختَبَر — tested, tried, proven
مُجَرِّب، مُختَبِر — tester, trier, examiner
مَجَرَّة — galaxy (Astron.)
~ٌ التكَثُّف (خلفَ طائرةٍ أو صاروخ) — contrails (condensation trails) (Meteor.)
~ٌ خارِجيَّة — metagalaxy (Astron.)
~ٌ راديويَّة — radio galaxy (Astron.)
~ٌ لولبيَّة — spiral galaxy (Astron.)
مُجَرَّد، تَجْريدي، مُطْلَق — abstract
~، مُعَرًّى — stripped, bare, naked
مِجْرَشة — grinder, quern (Eng.)
مِجْرَفة — shovel, spade
~، مِغرفة — scoop
~، مِكْشَطة — curette (Med.)
~ آليَّة — navvy, power shovel, dredge (Eng.)
~ بُخاريَّة — steam shovel (Civ. Eng.)
~ٌ تحميل — loader (Mining, Civ. Eng.)
~ٌ تهذيب الخام — van (Mining)
~ٌ جَرّ — drag shovel (Eng.)
~ٌ خَلفيَّة — back-hoe (Civ. Eng.)
~ٌ عَكسيَّة (تعملُ باتجاه المكَنة) — backacter = drag shovel (Civ. Eng.)
~ٌ ميكانيكية — mechanical shovel (Eng.)
مَجرور — sewer, drain (San. Eng.)
~ٌ رئيسيّ — trunk sewer (San. Eng.)
مَجروش — ground, comminuted
مَجْروف — drifted, washed down (Geol.)
~ٌ ثَلجيّ، رُكامٌ ثَلْجيّ — snow drift (Geol.)
مَجروفات — drift (Geol.)
مَجَرِّيّ: خاصٌّ بالمَجَرَّة أو المَجَرّات — galactic (Astron.)
مِجَزّ، مِقْراض، جَلَم — clipper, clippers, shears (Eng.)
مُجَزَّأ — divided, split, fractionated
~ٌ الطَّور — split-phase *(adj.)* (Elec. Eng.)
مَجْزَر — abattoir, slaughter-house
مُجَزَّع — grainy, variegated
~، مُعَرَّق — grained
مُجَزِّئ، مُقَسِّم — divider

مُجَزِّئ (تابع)
~، بُرْجُ أو عَمودُ التجزِئَة fractionator; splitter (Chem.)
~ تَحْضيريّ (مُتقدِّم) prefractionator (Chem., Pet. Eng.)
~ التردُّد frequency divider (Radio)
~ التيّار، مُفَرِّعُ التيّار shunt (Elec. Eng.)
~ الطور phase splitter (Elec. Eng.)
~ قُلطيَّةٍ جَيْبيّ sine potentiometer (Elec. Eng.)
مِجَسّ، لامِسَة feeler, antenna; tentacle (Zool.)
~، مِحْسَاس sensor (Electron.)
~، مِسْبار probe, sounder (Med., Phys.)
~، مِقياسٌ تَحَسُّسيّ feeler gauge (Eng.)
مِجسام: مِنظار مُجَسِّم stereoscope (Phys.)
المِجساميَّة، الرُّؤية المُجَسَّمة stereoscopy
مُجَسَّم: ذو طُولٍ وعَرضٍ وسُمْك solid, three-dimensional *(adj.)* (Maths.)
~: جِسمٌ مُجَسَّم solid *(n.)* (Chem., Maths.)
~، مُضَخَّم enlarged, magnified
~، نافِر embossed, in relief
الـ ~ الأرضيّ geoid (Surv.)
~ إهليلَجيّ ellipsoid (Geom.)
~ ثُمانيّ octahedron (Maths.)
~ خُماسيّ pentahedron (Geom.)
~ دَوَرانيّ solid of revolution (Maths.)
~ سُداسيُّ السُّطوح، مُكَعَّب hexahedron (Geom.)
~ الشَّكلِ المُنحَرِف trapezohedron (Min.)
~ الصَّوت stereo, stereophonic (Acous.)
~ عِشرونيُّ الأوجُه icosahedron (Maths.)
~ قائم rectangular solid (Maths.)
~ القَطْعِ الناقِص ellipsoid (Maths.)
~ كُرَوانيّ spheroid (Maths.)
~ مَخروطيّ conicoid (Maths.)
~ مُكافِئيّ (دَوَرانيّ) paraboloid (Maths.)
~ ~ زائد hyperbolic paraboloid (Maths.)
~ ~ ناقِص elliptic paraboloid (Maths.)
~ مُنتَظِم regular solid (Maths.)
~ ناقِصٌ مُتَطاوِل prolate ellipsoid (Maths.)
مُجَسَّمَة: صورة مُجَسَّمة stereograph
مُجَصَّص plastered (Build.)
مُجَعَّد corrugated, wrinkled, curly
~، مُخدَّد rugose

مُجَعِّد، مُغَضِّن corrugator
مِجفاد: مُجَفِّفٌ بالتجميد freeze-dryer, lyophilizer (Food Sc.)
مِجْفاف، مُجَفِّفة: وِعاءُ تجفيف desiccator, exsiccator (Phys., Chem.)
مُجَفِّر، مُشَفِّر coder (Elec. Comm.)
مُجَفِّرة صَوتيَّة vocoder (voice coder) (Elec. Comm.)
مُجَفَّف dried, desiccated; dehydrated, drained
~ بالهواء air-dried
مُجَفِّف، عامِلُ تجفيف dehydrating agent, desiccant (Chem.), drier = dryer (Eng.), siccative
~، مِجفاف desiccator, dryer (Chem.)
~ تَدويميّ spin drier (Eng.)
~ خَوائيّ (بالتفريغ الهوائي) vacuum drier (Eng.)
~ دَوّار rotary drier (or dryer), revolving dryer (Eng.)
~ طَبْليّ drum dryer (Food Sc.)
~ الغاز gas dehydrator (Chem.)
~ مُتقَدِّم predryer (Eng.)
~ والِجُ الجِفاف tumbler drier (Eng.)
مُجَفِّفَة، مُجَفِّف dryer, desiccator (Chem., Eng.)
~ البُخار steam drier (or dryer) (Eng.)
~ طارِديَّة، ~ بالطَّردِ المَركزيّ whizzer, centrifugal drier (Eng.)
مَجْلَة، نَفْطة bleb, bulla; blister (Med.)
مَجَلَّة magazine
~ أو نَشْرة دَوريَّة periodical
مُجَلْجِل rattling, ringing; high-sounding
مُجَلْجِلة: سلسلة الحلقات المجلجلة في الأفعى المُجلجلة rattle (Zool.)
مُجَلِّخ، مُجَلِّخة grinder, sharpener
~ العُدَد tool sharpener (Eng.)
مُجَلَّخ، مَشحوذ sharpened, grinded
~ بالتحضين lapped
مُجَلَّد: مُجَمَّد جليدًا frozen, glaciated
~: أُلبِسَ الجِلْد bound
~ (جُزء من كِتاب) volume
~ بغلافٍ مُقوًّى hardbound
مَجْلِس board, council
~ إدارة directory, board of directors

~ الأمن security council
~ أُمَناء، ~ أوصياء board of trustees
~ تحقيق court of inquiry
~ تحكيم arbitration board
مُجَلِّط: مادةٌ مُجَلِّطة coagulant (Chem.)
مُجَلْفَن galvanized (Eng.)
مَجلوب introduced
~ النشأة، دَخيل allochthonous (Geol.)
مُجَمَّد frozen
مَجْمدة، مَثْلَجة، مَجْلَدة glacier (Geol.)
مُجَمِّدة، حُجرةُ التجميد freezer
المَجْمَرة: كوكبة جنوبية صغيرة Ara (The Altar) (Astron.)
مَجمَرةُ الفُرْن (في استخلاص الفِلزّات) hearth (Eng.)
مَجْمَع، مؤتمر convention, congress
~، مُجَمَّع complex, compound
~ تَوزيع header (Eng.)
~ الحَمْأة (في المِرجَل) mud drum (Eng.)
~ الرماد ash pit
~ سُفليّ للزيت oil sump (Autos.)
~ عجَلاتِ الدّرجان bogie (Eng.)
~ عِلميّ academy
~ المُتكثِّف الساخِن (لإعادته إلى المِرجَل) hotwell (Eng.)
~ مواسير المَدخنة chimney stack (Build.)
مُجَمَّع، مجموعة complex, compound
~، مَجموع gathered, collected, assembled, grouped
~، مَركوم amassed, piled up, accumulated, stacked
~ إطلاق launch complex (Space)
~ باليد hand-set (Print.)
مُجَمِّع، مُرَكِّم accumulator (Elec. Eng.)
~، جَمّاع، وَحدةُ الجَمْع adder (Comp.)
~: برنامج تَرجمة لغة التجميع إلى لُغة الآلة assembler (Comp.)
~: يجمع الأجزاء لتركيبها معًا assembler (Eng.)
~، حاشِد، جامِع collector (Eng.)
~ دامِج: يجمع الإشارات ويدمجها في قناةِ اتصال واحدة multiplexer (Comp.)
~ سُفليّ sump (Civ. Eng.)
~ بالطَّرد المركزي centrifugal collector (Eng.)

مُجَمِّع (تابع)

~ عَكسيّ: برنامج ترجمة من لُغة المكنة إلى لُغة التجميع (لِكَشْف الخطأ) disassembler (Comp.)

~ عُلْويّ header (Eng.)

~ مَخازِن وَسيطة buffer pool (Comp.)

~ هيدروليّ hydraulic accumulator (Eng., Aero.)

مُجْمَل، خُلاصة summary, résumé, outline, synopsis

~، مجموع sum, total

~ حركةِ البَيع أو الإنتاج أو الاستِعاضة turnover

مَجموع، مُجَمَّع gathered, assembled, collected, accumulated

~، جُملة، حاصِلُ الجَمع sum, total

~ اختباريّ check-sum (Comp.)

~ جَبْريّ algebraic sum (Maths.)

~ الكِتاباتِ عن مَوضوعٍ مُعَيَّن literature

الـ ~ الكُلّي sum total

كَـ~ en bloc

مَجموعة: مجموعةُ أشياء collection, group, set

~: حُزمة، رَبْطة bunch, cluster

~، دُفعة، فِئة batch (Eng.)

~: صَفٌّ من مُعَدّاتٍ مَثيلة bank (Eng.)

~، طَقْم set

~ آليَّة مُوَصِّلة linkwork (Eng.)

~ إثيليَّة ethyl group (Chem.)

~ احتياطيَّة stand-by set

~ أسْطُر (في سَطح مُسَطَّر) regulus (Maths.)

~ أسِيليَّة، ~ حَمْضَليَّة acyl group (Chem.)

~ أَلِّيليَّة عُضويَّة allyl group (Chem.)

~ أمِيديَّة amido group (Chem.)

~ أمينيَّة amino group (Chem.)

~ أنابيبَ مُتَداخِلة tube nest, nest of pipes (Eng.)

~ أوَّليَّة primary group (Chem., Geol.)

~ بِطاقات deck (Comp.)

~ البَكَراتِ السُّفْليَّة lower block (Eng.)

~ ~ المُتَحَرِّكة travelling block, hoisting block (Eng.)

~ بُيوتٍ مُتَلازَّة block (Build.)

~ بيوتيليَّة butyl group (Chem.)

~ تَبادُليَّة permutation group (Maths.)

~ التدريج grading group (Teleph.)

~ تُروسٍ تَفاضُليَّة differential gearing (Eng.)

~ ~ عَمودِ الإدارة gear cluster (Eng.)

~ ~ مَخروطيَّة bevel gearing (Eng.)

~ تَشغيل gear (Eng.)

~ ~ أماميَّة nose gear (Eng.)

~ تَعاقُبيَّة cascade (Eng., Elec. Comm.)

~ التعليمات instruction set (Comp.)

~ التقاطُع intersection (Maths.)

~ تنفيسِ الضغط easing gear (Eng.)

~ تَوليد القُدرة power pack (Elec. Eng.)

~ ثُلاثيَّة triplet

~ ثُمانيَّة (من الإلكترونات) octet (Chem.)

~ ثُنائيَّة binary (Astron., Chem., Maths.)

~ ثُوميَّة allyl group (Chem.)

~ جانبيَّة side chain (Chem.)

~ جُزئيَّة، ~ دُنيا subset (Maths.)

~ خالية empty set, null set (Maths.)

~ خُماسيَّة quinary

~ الدارات circuitry (Elec. Eng.)

~ دَوّار التُّربين turbine rotor unit (Eng.)

~ الدواليب wheelwork (Eng.)

~ الذيْل (في الطائرة) empennage, tail assembly (Aero.)

~ سُباعيَّة، سابُوع heptad (Chem.)

~ سُداسيَّة، سادوس hexad (Chem.)

~ شامِلة universe, universal set (Maths.)

الـ ~ الشمسيَّة Solar System (Astron.)

~ عُليا superset (Maths.)

~ فَراغيَّة: في البِنَى البلّوريَّة space group (Chem.)

~ الفِرَجونات brush gear (Elec. Eng.)

~ فَرْعيَّة subassembly (Eng.)

~ القابِض clutch assembly (Eng.)

~ كُبُولٍ هاتفيَّة trunking (Teleph.)

~ كَرْبوكسيليَّة carboxyl group (Chem.)

~ كَربونيليَّة carbonyl group (Chem.)

~ مُؤتلفة، تَوْليفة combination

~ مُتَداخِلة nest

~ مُتَشابِكة complex

~ مُتَنوِّعة، تشكيلة assortment

~ مُتَواجِدة، جَميعة battery

~ المِثيل methyl group (Chem.)

~ محدودة bounded set, finite set (Maths.)

~ المُحَوِّل (من مُحَوِّلَين مُخْتَلِطين أو أكثر) transformer set (Elec. Eng.)

~ مُحَوِّلات bank of transformers (Elec. Eng.)

~ مُخْتَلِطة rabble (Mining)

~ مُرافِقة coset (Maths.)

~ مُرَتَّبة ordered set (Maths.)

~ مُرَحِّلات relay-set (Teleph.)

~ مِرَضّات stamp-battery (Mining)

~ المِزلاج bolt assembly (Eng.)

~ مُسَنَّنات gearing (Eng.)

~ ~ تَفاضُليَّة differential gearing (Eng.)

~ المَصاهِر fuse block (Elec. Eng.)

~ مُصطلَحات nomenclature

~ مُغْلَقة closed set (Maths.)

~ مَفتوحة open set (Maths.)

~ مَقاليد (مفاتيح كهربائيَّة) switchgear (Elec. Eng.)

~ مُلَحَّمة weldment, welded assembly (Eng.)

~ مُنَوَّعة variety, assortment

~ مُوَفِّرة: من أنابيب المِرْجَل economizer (Eng.)

~ المُوَلِّد generator set (Eng.)

~ مُوَلِّدٍ ومُحَرِّك motor generator set (Elec. Eng.)

~ النِّتْريت nitro group (Chem.)

~ الهِدْروكسيل hydroxyl group (Chem.)

~ وَصْلِ الحاكِم governor linkage (Eng.)

~ وَهْميَّة phantom group

مِجَنّ، دِرْع shield

~: كُتلة صخرية قارية قديمة craton, kraton (Geol.)

مُجَنِّب، مُحَيِّد جانبًا offset

مُجَنَّح alate, pennate (or pennated) (Biol.)

مُجَنَّد conscript, recruit, draftee (Mil.)

مُجَنْزَرة: عَرَبةٌ مُجَنْزَرة tracked vehicle, caterpillar (Mil.)

نِصْفُ ~ half-tracked *(adj.)* (Mil.)

مُجَنَّس: مَجْلوبٌ مُتأقلِم naturalized (Biol.)

مَجنون mad, insane, lunatic

مِجْهار، مُكَبِّر الصوت loudspeaker, megaphone (Acous.)

~ اتِّجاهيّ directional loudspeaker

~ أيُونيّ ionophone (Acous.)

~ بُوقيّ — horn loudspeaker = horn speaker (Acous.)
~ التردُّدات الخَفيضة — woofer (Acous.)
~ ~ العالية — tweeter (Acous.)
~ كهربائي إجهادي — piezo-electric loudspeaker (Acous.)
~ كهرومغنطيسي، ~ مُحاثّي — electromagnetic loudspeaker, inductor loudspeaker (Acous.)
~ بِمُتحرِّضٍ مُتحرِّك — moving-armature loudspeaker (Acous.)
~ مُحاثّي — inductor loudspeaker (Acous.)
~ (ذو حِجابٍ) مَخروطي — cone loudspeaker (Acous.)
~ بملفٍّ مُتحرِّك — moving-coil loudspeaker (Acous.)
~ النغماتِ الخَفيضةِ التردُّد — woofer (Elec. Comm.)
~ الوَسِيطات — honker (Acous.)
مُجْهَد — stressed (Phys.)
مِجْهَر، ميكروسكوب — microscope (Opt.)
~ الأشعَّة السِّينيَّة — X-ray microscope (Phys.)
~ بالأشعَّة فَوق البنفسَجيَّة — ultraviolet microscope (Phys., Biol.)
~ إلكترونيّ — electron microscope (Electron.)
~ بُروتونيّ: يستَخدِمُ حُزمةً بروتونيَّة بدَل الإلكترونية — proton microscope (Phys.)
~ بسيط، عَدَسة مُكَبِّرة — magnifier, simple microscope (Phys.)
~ بَصَريّ — optical microscope (Opt.)
~ تَداخُل — interference microscope (Biol., Phys.)
~ ثُنائيُّ العَينيَّة، ~ ذو عَينيَّتين — binocular microscope (Phys.)
~ فوقَ البَنفسَجيّ — ultraviolet microscope (Biol., Phys.)
~ مِجساميّ — stereoscopic microscope
~ مُرَكَّب — compound microscope (Opt.)
مِجْهَريّ، صُغريّ، دِقّيّ — microscopic *(adj.)*
مِجهريَّة: دِراسة مِجهَريَّة — microscopy (Opt.)
مُجَهَّز، جاهِز — ready
~، مُهَيَّأ — equipped, rigged
مُجهِض — abortifacient, abortive (Med.)

مَجْهود — effort
مَجهول — unknown
مُجَوّى: مُتفَكِّكٌ بِفعلِ العَوامِلِ الجوِّية — weathered *(adj.)* (Geol.)
مُجَوَّف — hollowed; recessed
~ تجويفًا مُدَرَّجًا — step-bored
المُجَوَّفات: اللاحشويّات — Coelenterata (Zool.)
مُجَوْقَل، مَنقول جَوًّا — airborne
مَجيء، جَيْئة — presentation (Med.)
~، قُدوم — coming, advent
مُجيب — responder (Elec. Comm.)
مُجيبة هاتِفيَّة — telephone-answering machine (Elec. Comm.)
مُجَيَّر: مَطليٌّ بالجِير — limewashed, whitewashed (Build.)
~: مُظَهَّر — endorsed
مُجَيِّر: مُظَهِّر (الشيك) — endorser
مُجَيْلة (فُقّاعة صغيرة في الزُّجاج)؛
مُجَيلات — seed
مُحّ، صَفارُ البَيْض — yolk, vitellus (Zool.)
مَحا — erase, rub out; efface, blot out
لا يُمْحَى — indelible
مُحابٍ — partial, biased
مُحاباة — favo(u)ritism, bias
~ الأقارِب — nepotism
مَحابِسُ قِياس (لِمَعرفةِ مُستَوى الماء في المَراجِلِ أو الخَزّانات) — gauge cocks (Eng.)
مِحاثّ، مِلَفٌّ مُحاثَّة — inductor (Elec. Eng.)
مُحاثَّة — inductance (Phys.)
~ أصيلة — intrinsic induction (Phys.)
~ تَبادُليَّة، ~ مُتبادَلة — mutual inductance (Elec. Eng.)
~ تَسَرُّبية — leakage inductance (Elec. Eng.)
~ الخانِق — choke inductance (Elec. Eng.)
الـ ~ (أو المُحارَضة) الذاتية — self-inductance (Elec. Eng.)
~ صوتيّة — acoustic inductance, inertance
الـ ~ الظاهريَّة — apparent inductance
الـ ~ الفَعّالة — effective inductance
~ مُتَبادَلة — mutual inductance (Elec. Eng.)
~ مُتخَلِّفة — residual inductance (Phys.)
~ (أو مُحارَضة) مُتغيِّرة — variable inductance (Elec. Eng.)
~ مُجَمَّعة — lumped inductance (Elec. Eng.)

~ مَحْضَة — pure inductance (Phys.)
~ مُوَزَّعة (على طولِ خَطِّ الإرسال) — distributed inductance (Elec. Eng.)
مُحاجَّة، نِزاع — disputation, contestation
مُحادَثة، مُكالمة، حَديث — conversation, discourse
مُحاذاة، مُتاخَمة — contiguity, adjacency
~، مُصافَّة: في خطٍّ مُستَقيم — alignment, lining-up (Eng.)
مَحار: حيوانٌ صَدَفيّ — oyster; shellfish; clam; mussel (Zool.)
مُحارِب قَديم — veteran
مَحارة، صَدفة — conch; shell (Zool.)
~، حِتارُ الأُذن — concha, helix (Zool.)
مَحاريُّ الشكل — conchoid(al) *(adj.)*
المَحاريّات: مُزدَوِجةُ مِصراعِ الصدفة — Pelecypoda, Bivalvia (Zool.)
مُحاسِب: كاتِبُ حِسابات — accountant, comptroller
~ تأمين — actuary
~ قانونيّ — certified public accountant, chartered accountant
المُحاسَبة، عِلْمُ المُحاسَبة — accountancy
مُحاسَبة، مَسْكُ الدفاتر — accounting, bookkeeping
مُحاصَّة، مُشارَكة — partnership
مُحاصَرة، حِصار — blockade, siege
مُحاضَرة — lecture
مَحاط؛ حُوق — rim, circumference
مُحاط — encircled, surrounded
~ (أو مَحوط) بِمُضَلَّع — inscribed (Maths.)
~ باليابِسة — landlocked (Geol., Geog.)
مُحافِظ: ~ على القديم — conservative
مُحافظة، حِفْظ — preservation, conservation, safe-keeping
~: مُقاوَمةُ التجديد — conservatism
~: مِنطقة إدارية — province, district
~ على الصِّحة الشخصيَّة — personal hygiene (Med.)
~ على الضغط — pressure maintenance (Eng.)
~ على المَواعيد — punctuality
مُحاق — new moon (Astron.)
مُحاقيّ: واقِعٌ في فترة المُحاق — interlunar (Astron.)

مُحاكٍ (آليّ أو إلِكترونيّ) — simulator (Eng.)
~، مُشاكِه: مُشابهٌ شَكلًا — mimetic (Zool.)
~، مُضاهٍ — emulator (Comp.)
~، مُقَلِّد — imitator, mimic
~ فَضائيّ — space simulator (Space)
مُحاكاة — simulation, emulation
~ بيئيَّة أو تَمويهيَّة — mimicry (Zool.)
مُحاكَمة — trial
~ عسكريَّة — court-martial (Mil.)
مُحاكي طَيران: لأغراض التدريب — flight simulator (Aero.)
المَحالُّ الهندسيَّة — loci (pl. of locus) (Maths)
مُحالِف — allied
مُحامٍ — advocate, counsel, lawyer, attorney
مَحاوِر — axes (pl. of axis) (Maths.)
~ الإحداثيّات — co-ordinate axes, axes of coordinates (Maths.)
~ الإسناد — axes of reference, reference axes (Maths.)
~ ديكارتيَّة — Cartesian axes (Maths.)
~ مُتَعامِدة — rectangular axes, orthogonal axes (Maths.)
مُحاوِط — surrounding
مُحاوَلة — attempt, trial, try
الـ ~ والخَطأ — trial and error
مُحايدٌ، مُتَعادل — neutral
~ الجنس: لا ذكر ولا أُنثى — neuter (Bot., Zool.)
مُحِبّ الماء، إلْفُ الماء — hydrophilic (Chem., Bot.)
مُحَبَّب، مُبَرْغَل — granular, granulate, granulose, grained, grainy
مِحْبَس، حابِسُ التدفُّق — cock, stopcock, trap (Eng.) obturator (Zool.)
~ استِنْزاف — bleed valve, bleeder (Eng.)
~ أمان — safety cock (Eng.)
~ الانضغاط — compression-cock (Eng.)
~ البُخار — steam cock (Eng.)
~ بَوّابيّ — gate (Eng.)
~ التحَكُّم — control cock (Eng.)
~ تَحويل — change-over cock (Eng.)
~ تَصْريف — discharging cock (Eng.)
~ ~ أو تَنْفيس — blow cock, relief cock
~ (~) النُّفايات — waste cock (San. Eng.)
~ ~ الهواء — air-relief cock (Eng.)

~ تغذية — feed cock (Eng.)
~ توقيفٍ كُرَويّ — ball check (Eng.)
~ ثُلاثيُّ المَسالِك — three-way cock, switch cock (Eng.)
~ خُماسيُّ المَسالِك — five-way cock (Eng.)
~ دَسْع — blow-down cock (Eng.)
~ ذو سِكَّةٍ واحدة — one-way cock (Eng.)
~ ذو سِكَّتَين — two-way cock (Eng.)
~ رُباعيُّ المَسالِك — four-way cock (Eng.)
~ الرَّوائح — stench trap (San. Eng.)
~ سِداديّ — plug cock, plug tap (Eng.)
~ سَقْي (المِضَخَّة) — priming cock (Eng.)
~ الصَّرْف — drain cock (Eng.)
~ صِماميّ — valve cock (Eng.)
~ الغاز، حَنَفيَّةُ الغاز — gas cock (Plumb.)
~ قِياس (المُستَوى) — try-cock (Hyd.)
~ كُرَويّ — ball-cock = ball valve (Eng.)
~ كهربائيّ — electric lock (Elec. Eng.)
~ ماء — water lock (Hyd. Eng.)
~ (أو صُنْبورُ) المُبَرِّد — cooler cock (Eng.)
~ المَجرور — gulley trap (San. Eng.), yard trap (Build.)
~ مَطافِئ — fire plug = hydrant (Civ. Eng.)
~ مِياهِ التغذية — feed-water cock (Eng.)
~ هَواء — air-cock, air-trap (San. Eng.)
~ وَحيدُ الاتجاه — one-way cock (Eng.)
~ وَقود — fuel cock (Eng.)
مَحْبوك — woven, well-knitted
مُحتاط، مُحتَرِز — cautious, careful, wary
مُحتال، غَشّاش — fraudulent, swindler, cheat
مُحتَبَسات: مُتَضمَّنات — inclusions (Geol.)
مِحَتَّة، مِكْشَطة — scraper
مُحتَجّ — protester, objector
مُحتَجَز — retained, detained
مُحتَجِز — retainer (Chem., Phys.)
مُحتَرَف، مَشْغَل — atelier
المُحتَرَق: المُستَحرَق أو المُستَنْفَد من الوقود النووي — burnup (Nuc. Eng.)
مُحتَشِد — crowded, congregated
مُحتَفِظ، مَسيك — retentive
المُحتَفِظيَّة المِغْنَطيسيَّة — magnetic retentivity (Phys.)
مُحتَقِن — congested, engorged (Med.)
مُحتكَر — monopolized

مُحتَلّ: شاغِلُ الموقع — occupant
~: مَشغول — occupied
مُحتَمَل: مُمكِن — probable; likely; contingent
~: يُطاق — tolerable, bearable
مُحتَوى، مَضْمون — content
الـ ~ الأسفَلْتيّ — asphalt content
الـ ~ الأُكسِجينيّ — oxygen content
الـ ~ التوافُقيّ: نِسْبةُ التَرَدُّداتِ المُتَوافِقة — harmonic content (Elec. Comm.)
الـ ~ الحامِضيّ — acid content (Chem. Eng.)
~ حَجْميّ — cubic content
الـ ~ الحَديديّ — iron content (Met.)
الـ ~ الحَراريّ — heat content, enthalpy, thermal content (Phys.)
الـ ~ الرُّطوبيّ الأمثَل — optimum moisture content (Chem., Phys.)
الـ ~ الرماديّ — ash content (Chem.)
الـ ~ الكِبريتيّ — sulphur content (Chem.)
الـ ~ المائيّ — water content (Chem.)
مَحتوم — inevitable
مِحَثّ — inductor (Elec. Eng.)
~ أرضيّ — earth inductor (Elec. Eng.)
~ المِغْنَيط — magneto inductor (Elec. Eng.)
مَحْجَر: مَقْلَع حِجارة — quarry
~ (العين) — orbit, eye socket (Zool.)
~ صِحّيّ — quarantine (Med.)
مِحْجَن: عَصا خُطّافية — crook
~، مَسْكةٌ مَعقوفة — beak (Build.)
مَحجوب، مَستُور — screened (off), hidden
مَحجوز، مَحصور — confined; restricted
~: تمَّ حجزُه سلَفًا — booked, reserved
مُحَدَّب، مُحْدَودِب — cambered (Eng.)
~، أحْدَبُ — convex (Phys.)
~ أُحاديُّ المَيل — monoclinal (Geol.)
~ الجانِب السُّفلي — fish-bellied (Eng.)
~ مُقَعَّر — convexoconcave (Phys.)
~ الوجهَين — biconvex (Phys.)
مُحدَث: مُستَحَثٌّ بالتحريض — induced (Phys., Med.)
مُحَدَّد، واضِح، بَيِّن — definite, explicit, clear-cut
~، مَحدود — limited
~ بِدَرجة الحرارة — temperature-limited (Electron.)

مُحَدِّد (تابع)

~ بدِقَّة precisely-defined

مُحَدِّد، مُحِدّ limiter; delimiter

~ اتِّجاه ذو هَوائيٍّ ثابِت fixed-aerial direction finder (Radio)

~ اَستِواء، زَهرةُ عَلام surface gauge (Eng.)

~ تعَمُّق لُقمةِ الحَفْر bit depth gauge (Civ. Eng.)

~ التيّار current limiter (Elec. Eng.)

~ الحَجْم، ~ الجَهارة volume limiter (Acous.)

~ الخُطوة: ناظِمُ النبض pacemaker (Med.)

~ الذُّروة peak limiter (Elec. Eng.)

~ السَّعة amplitude limiter (Elec. Eng.)

~ الطَّلَب demand limiter (Elec. Eng.)

~ عُمقِ الثقب bit gauge = bit stop (Eng.)

~ ~ اللولَبة chasing stop (Eng.)

~ الفُتحة الفَعّالة (في العَدَسة) aperture stop, stop (Photog.)

~ القُلطيّة voltage limiter (Elec. Eng.)

~ قِياس gage = gauge (Eng.)

~ ~ الاتساع width gauge (Eng.)

~ ~ الارتفاع height gauge (Eng.)

~ ~ الأسطوانات cylinder gauge (Eng.)

~ ~ أسطوانيّ داخِليّ internal cylinder gauge (Eng.)

~ ~ الأسلاك المِعياري Standard Wire Gauge (SWG) (Eng.)

~ ~ إسنادي reference gauge (Eng.)

~ ~ الأسنان: مُحَدِّدُ قياسِ أسنان اللوالِب thread gauge, screw-thread gauge (Eng.)

~ ~ إطباقيّ snap gauge (Eng.)

~ ~ أقطارِ المَثاقِب drill gauge (Eng.)

~ ~ الألواح plate gauge (Eng.)

~ ~ إمالةِ المَسْح jointer gauge (Carp.)

~ ~ أُنثيّ (حَلْقيّ) female gauge (Eng.)

~ ~ الانحِناء fillet gauge (Eng.)

~ ~ بارومتري barometer gauge (Eng.)

~ ~ البُعد والزاوية distance and angle gauge (Eng.)

~ ~ التجويف bore gauge (Eng.)

~ ~ الثَّخانة thickness gauge (Eng.)

~ ~ ثُغريّ (لِلأسلاك) gap (wire) gauge (Eng.)

~ ~ الثُّقوب hole gauge (Eng.)

~ ~ الحُدود (للتفاوُت المَسْموح) limit gauge (Eng.)

~ ~ حَلْقيّ ring gauge (Eng.)

~ ~ خارجي outside gauge (Eng.)

~ ~ خَدْشيّ scribing gauge (Eng.)

~ ~ الخِراطة turning gauge (Eng.)

~ ~ داخِليّ inside gauge (Eng.)

~ ~ رئيسيّ master gauge (Eng.)

~ ~ سِداديّ gauge rod = plug gauge (Eng.)

~ ~ ~ حَدّي limit plug gauge (Eng.)

~ ~ ~ سَماحيّ go-gauge (Eng.)

~ ~ ~ لاسَماحي go-no-go gauge (Eng.)

~ ~ شُعاعيّ radius gauge (Eng.)

~ ~ الصواميل nut gauge (Eng.)

~ ~ طَرَفيّ end gauge (Eng.)

~ ~ من الطرفَين double end gauge (Eng.)

~ ~ طَوقي collar gauge (Eng.)

~ ~ ظَرفيّ chuck gauge (Eng.)

~ ~ عامّ universal gauge (Eng.)

~ ~ العُمق depth gauge (Eng.)

~ ~ عِياريّ standard gauge (Eng.)

~ ~ فَجْويّ gap gauge (Eng.)

~ ~ فَرْقي difference gauge (Eng.)

~ ~ فَكّيّ caliper gauge (Eng.)

~ ~ قَدّيّ size gauge (Eng.)

~ ~ قُطرِ الأسلاك wire gauge (Eng.)

~ ~ ~ اللَّولب الداخِلي internal screw gauge (Eng.)

~ ~ لاسَماحيّ no-go gauge, 'not go' gauge (Eng.)

~ ~ اللَّولَبة screw gauge (Eng.)

~ ~ مُتدَرِّج القطر taper gauge (Eng.)

~ ~ مَدالي dial gauge (Eng.)

~ ~ مَرْجِعيّ reference gauge (Eng.)

~ ~ مُرَكَّب built-up gauge (Eng.)

~ ~ المَنافِث nozzle gauge (Eng.)

~ ~ ميكرومتري micrometer gauge (Eng.)

~ ~ ~ لِلغَور dent gauge micrometer (Eng.)

~ ~ نِضْويّ horseshoe gauge (Eng.)

~ ~ هَيدرولي hydraulic gauge (Eng.)

~ مَدى الارتفاع elevation limit stop (Aero.)

~ ~ الانخفاض depression limit stop (Aero.)

~ مَواقِعَ راديُويّ radiolocator (Radio)

~ ~ الطائرات airplane spotter (Aero.)

~ المَوقِع locator, localizer (Aero.)

~ ~ بمُقارَنةِ الأطوار phase comparison localizer (Elec. Comm.)

~ الوَضع التالي deterministic (Comp.)

مُحَدِّدة determinant *(adj., n.)* (Maths.)

~ شَطْريّة slicer (Elec. Comm.)

~ صُغرى minor determinant (Maths.)

~ المَوقِع locator beacon (Aero.)

مُحدِق، مُحيط surrounding, ambient

مِحْدَلة: مِدحَلة roller (Civ. Eng.)

~ بُخاريّة steam roller (Civ. Eng.)

مَحدود، مُحَدَّد finite, limited; bounded

مُحدَودِب gibbous (Astron., Bot.)

مِحَرّ، مِحْرار thermometer (Phys.)

مِحراث plow = plough (Agric.)

~ قَلّاب tiller (Agric.)

~ نَقْب rooter (Agric.)

مِحرار: مِقياسُ درجةِ الحرارة thermometer; pyrometer (Phys.) (أنظر: ترمومتر)

~ إشعاعي radiation pyrometer (Phys.)

~ بَصَريّ optical thermometer (Phys.)

~ بُعادي: يقيس درجة الحرارة عن بُعد telethermometer (Phys.)

~ جافّ، ترمومتر ذو بُصَيلة جافة dry-bulb thermometer (Phys.)

~ قَرّي، كريومتر cryometer (Phys.)

المِحْراريّة، قياسُ دَرَجاتِ الحرارة thermometry (Phys.)

مِحْراق، حاروق burner (Chem., Eng.)

مِحراك، مُقَلِّب، أداةُ تَقليب stirring rod; agitator, paddle (Chem.)

~ (الجَمْر) poker

~ دَوّار rotary agitator

مُحرِج embarrassing

مُحَرَّج: مغروسٌ بالحراج afforested, wooded (Agric.)

مُحَرَّد: مُزدَوِجُ أو مُتعَدِّد التحَدُّر mansard (Build.)

مُحَرِّر: مُحَرِّرُ الصحيفةِ أو الكتاب editor
~ التجميع link(age) editor (Comp.)
~ النصوص text editor (Comp.)
مُحَرِّض، مُثير exciter, agitator, activator, stimulator
~، مُحَفِّز catalyzer (Chem.)
مُحَرَّض، مُستَحَثّ induced (Phys.)
~، مُستَثار stimulated
مُحَرَّف، مُشَوَّه distorted (Eng.)
~، مُعَوَّج warped, twisted
~ الصفات الطبيعية denatured (Chem.)
مُحَرِّف، مُحَوِّلٌ مَسْخيّ: مادَّة مُحَوِّلة لِلصِّفات الطبيعية denaturant (Chem.)
مُحرِق، حارِق incendiary (Mil.)
مِحرق، بُؤرة focus (Phys.)
مِحرقي، بؤري focal (Phys.)
مُحَرِّك، مُثير، مُفَعِّل stimulator, actuator, activator, moving
~، دافِع motive, drive
~، مُوتُور engine, motor (Eng.)
~ أُحاديُّ الأُسطوانة one-cylinder engine (Eng.)
~ ~ الطور single-phase motor (Eng.)
~ احتِراقٍ (خارجيّ) external combustion engine (Eng.)
~ الاحتِراق الداخِليّ internal combustion (IC) engine (Eng.)
~ احتياطي auxiliary engine (Eng.)
~ إضافيّ jack engine (Mining)
~ ~ (احتياطي) relief engine (Eng.)
~ أُفُقيّ: أفُقيُّ الأُسطُوانات horizontal engine (Eng.)
~ الإقلاع starting engine, starter motor (Eng.)
~ انضِغاطيُّ الاشتِعال (كمحرِّك الديزل) compression-ignition engine (Eng.)
الـ ~ الأيسَر (في طائرة أو سفينة) port engine (Eng.)
~ بَحريّ: لِدَسْر السُّفن marine engine (Naut.)
~ بُخاريّ steam engine (Eng.)
~ (~) مُتعَدِّدُ الأُسطوانات multi-cylinder engine (Eng.)
~ بَدْء الإدارة cranking motor (Eng.)

~ بِنزينيّ: يُدار بالبنزين gasoline engine, petrol engine (Eng.)
~ تَخالُفيُّ اللَّف differentially-wound motor (Elec. Eng.)
~ تَرادُفيُّ الأُسطوانات tandem engine (Eng.)
~ تُربينيّ أو عَنَفيّ turbine engine (Eng.)
~ ~ بِمِروحة (في مَسرب الدخول) turbo-fan (engine) = ducted fan (Aero.)
~ ~ نَفّاث turbojet (Aero.)
~ تَرَدُّديّ reciprocating engine (Eng.)
~ تزامُنيّ synchronous motor (Elec. Eng.)
~ تَفاضُليّ differential engine (Eng.)
~ تكثيفيّ condensing engine (Eng.)
~ تمدُّديّ expansion engine (Eng.)
~ تَنافُريّ repulsion motor (Elec. Eng.)
~ ~ مُعادَل compensated repulsion motor (Elec. Eng.)
~ تَوازٍ shunt motor (Elec. Eng.)
~ توالٍ مُعادَل compensated series motor (Elec. Eng.)
~ (بتيّارٍ) ثُلاثيُّ الأطوار three-phase (current) motor (Elec. Eng.)
~ بالتيّار المتردِّد (المُتناوِب) alternating current motor (Elec. Eng.)
~ ~ المُستَمِرّ direct-current motor (Elec. Eng.)
~ ثابت (لانَقّالي) stationary engine (Eng.)
~ ~ السُّرعة constant-speed motor (Eng.)
~ ثُلاثيّ التمدُّد triple-expansion engine (Eng.)
~ ثُنائيّ الأُسطوانات two-cylinder engine (Eng.)
~ ~ التزامُن bisynchronous motor
~ ~ الدَّوْرة two-cycle engine (Eng.)
~ ~ الوَقود dual fuel engine (Eng.)
~ جِداريّ: مُرَكَّبٌ على حائط wall engine (Eng.)
~ جَرّ traction motor, hauling engine (Eng.)
~ جُزئيُّ الحِصانيَّة fractional horsepower motor (Elec. Eng.)
~ حَثّي (لاتزامُني) induction motor (Elec. Eng.)

~ ~ تَنافُريّ repulsion-induction motor (Elec. Eng.)
~ ~ ~ البَدْء repulsion-start induction motor (Elec. Eng.)
~ ~ مُعادَل compensated induction motor (Elec. Eng.)
~ حَراريّ: يُحَوِّلُ الطاقةَ الحرارية إلى طاقةٍ حركية heat engine (Eng.)
~ خادِم: يُستخدَمُ غالبًا لإدارة مُحرِّكٍ أكبر donkey engine (Eng.)
~ خارجيُّ الاحتراق external combustion engine (Eng.)
~ خَفيضُ السرعة low-speed motor (Eng.)
~ خَلْفي rear engine (Eng.)
~ داخليُّ الاحتراق IC engine (Eng.)
~ دائريُّ توزُّع الأُسطوانات radial motor (Eng.)
~ دَسْرٍ رَدّ فِعْلي rocket engine (Space)
~ دَقّ الخَوازيقِ الصغيرة ringing engine (Civ. Eng.)
~ ديزل diesel engine (Eng.)
~ ذو ثَماني أُسْطُواناتٍ مُستَقيمة straight eight (engine) (I.C. Engs.)
~ ذو صَفَّي أُسطُوانات two-bank engine (Aero.)
~ ذو قُرصٍ مُتَراوِح wobble-plate engine (Eng.)
~ ذو مُبَدِّل commutator motor (Elec. Eng.)
~ رُباعيُّ التمَدُّد quadruple-expansion engine (Eng.)
~ ~ الدَّورة four-cycle engine (Eng.)
~ رَدُّ فِعليّ، ~ نَفّاث reaction engine
~ الرَّقّاص screw engine (Naut.)
~ رَفْع hoisting engine (or motor)
~ الزِّناد trigger actuator (Mil.)
~ زَوْرقٍ بَرّانيّ outboard motor (Naut.)
~ زَيتيّ، ~ ديزل انضِغاطيُّ الاشتِعال oil engine = compression-ignition engine (Eng.)
~ شُعاعيّ radial engine (Eng.)
~ صاروخيّ rocket engine (or motor) (Space)
~ (~) أيونيُّ الدَّفْع ion engine (Space)
~ صامِت noiseless engine (Eng.)

مُحَرِّك (تابع)

~ صَغيرٌ مُساعِد: لِتَحقيق تَساوُق السُّرعة قبل المُزامَنة — pony motor (Elec. Eng.)
~ طائرة — aeroengine (Eng.)
~ طَليقُ الكَبّاسات — free-piston engine
~ عالي السرعة — high-speed motor (Eng.)
~ ~ الكِفاية — high-efficiency motor (Eng.)
~ عامّ: يعملُ بالتيّار المُستمِرّ والمُتَناوِب — ac/dc motor = universal motor (Elec. Eng.)
~ عَديمُ الغِطاء — uncowled engine (Aero.)
~ ~ المُسَنَّنات: يَتَّصِلُ مُباشرةً بمحور الجَرّ — gearless motor (Elec. Eng.)
~ عَزْميّ: مُحَرِّكٌ عالي عَزْم اللَّيّ على السُّرعات البَطيئة — torque motor (Elec. Eng.)
~ عَكوسُ الدَّوَران — reversible motor
~ عُلْوِيُّ الصِّمامات — overhead valve engine (Eng.)
~ عَنَفيّ — turbine engine (Aero.)
~ ~ نَفّاث — turbojet (Aero.)
~ ~ مِروَحيّ: ذو مِروحة في مَسْهَك الدخول — turbofan (Aero.)
~ غازيّ — gas engine (I.C. Engs.)
~ غَمُور: قابِلٌ لِلتشغيل المَغمور — submersible motor (Elec. Eng.)
~ قائم: عَموديُّ الأُسْطُوانات — upright engine, vertical engine (Eng.)
~ قَفَصِ السِّنجاب — squirrel-cage motor (Elec. Eng.)
~ قياسِ الأوكتانيّة — octane engine
~ ~ الخَبْط — knock motor (Eng.)
~ كَبّاسيّ — piston engine (Eng.)
~ كهربائي — electric motor, electromotor (Elec. Eng.)
~ ~ ضَبوطُ السُّرعة — adjustable-speed motor (Elec. Eng.)
~ ~ لاتَزامُنيّ — asynchronous motor (Elec. Eng.)
~ ~ مُتَعَدِّد الطور — polyphase motor (Elec. Eng.)
~ كهروسُكوني — electrostatic motor (Elec. Eng.)
~ لاتخَلُّفي — non-synchronous motor, no-lag motor (Elec. Eng.)
~ مائيُّ التَّبريد — water-cooled engine (Eng.)
~ بِمُبَدِّل مُتناوِبُ التيّار — ac commutator motor (Elec. Eng.)
~ مُتزامِن (مع فلطية المصدر) — synchronous motor (Elec. Eng.)
~ مُتضادُّ الأُسطوانات — opposed-cylinder engine (I.C. Engs.)
~ مُتعَدِّدُ السُّرعات — multi-speed motor
~ ~ مَراحِلِ التَمَدُّد — multiple expansion engine (Eng.)
~ ~ الوُقُد — multi-fuel engine (Eng.)
~ مُتغَيِّرُ السُّرعات — change-speed motor (Elec. Eng.)
~ ~ السُّرعة — variable-speed motor (Elec. Eng.)
~ مُحَجَّبُ القُطْب — shaded-pole motor (Elec. Eng.)
~ مُداوَمة (صاروخيّ) — sustainer engine (Space)
~ مِدَقِّ الخَوازيق — monkey engine
~ مُرَكَّبُ اللف — compound wound motor (Elec. Eng.)
~ مِرْوَحيّ تُرْبينيّ — propeller turbine engine = turboprop (Aero.)
~ ~ نَفّاث — propjet engine (Eng.)
~ مُزدَوِجُ الفِعل — double-acting engine
~ مُساعِد، ~ صغيرٌ إضافي (لِتَدوير آخر أكبر غالِبًا) — donkey engine (Eng.)
~ مُستَقيم: مُحرِّكٌ خَطّيّ مُتعَدِّد الأُسطوانات (يعملُ داخِلَ الأنابيب) — in-line engine (Eng.)
~ المِصْعَد — lift-motor (Eng.)
~ مُعَشَّق — geared engine (Eng.)
~ مُغْلَق: مُحاطٌ بِضِمامٍ يَحميه — enclosed motor (Eng.)
~ مُهَوًّى — ventilated motor (Elec. Eng.)
~ مُؤازِر (في نظامِ تَحكُّم أوتوماتي) — servo-motor (Eng.)
~ ~ لِلجُنَيْح — aileron servomotor (Aero.)
~ مُواسِعي — capacitor motor (Elec. Eng.)
~ مُوَلِّدٌ حَثّي: مجموعةٌ منهما تُدار بالحثّ — induction motor-generator (Elec. Eng.)
~ نافوري تُربيني — turbojet (engine) (Eng.)
~ الناقِلة — conveyor engine (Eng.)
~ نِصفُ قُطريّ: أُسطواناته شعاعيّة التوزُّع — radial engine (Eng.)
~ ~: ذو صَفَّين من الأُسطوانات — double-row radial engine (Eng.)
~ نَفّاث، ~ نافوريّ — jet engine (Aero.)
~ ~ تَضاغُطيّ تُرْبينيّ — turbo-ram-jet (Aero.)
~ ~ ضِغاطيّ أو كَبّاسيّ — ramjet (engine) (Aero.)
~ ~ مِروحي — fan-jet engine
(~) ~ نَبْضيّ — pulse-jet (engine)
~ نَفْحيّ (لِنَفْخ الأُرغن مثلًا) — pneumatic engine (Acous.)
~ نَقّاليّ، ~ نَقُول — portable engine (Eng.)
~ نَموذَجيّ — type engine (Eng.)
~ بالهواء المَضغوط — compressed-air motor (Elec. Eng.)
~ هَوائيُّ التبريد — air-cooled engine (Eng.)
~ وَحيدُ الأُسطُوانة — one-lung engine
~ يُدارُ بالبنزين، ~ بنزينيّ — gasoline engine (Autos.)
~ (يعملُ) بالتيّار المُتناوِب — alternating-current motor (Elec. Eng.)
~ (~) ~ المُستَمِرّ — direct-current motor (Elec. Eng.)
~ يمينيّ: يَدورُ فيه مِحورُ المِروحة شَزْرًا بينَ المُشاهِد والمِروَحة — right-handed engine (Aero.)

مَحْروق — burnt

مَحْروقات، وُقُد — fuels (Chem.)

مَحروم — deprived

مَحَزّ — groove, nick, rebate, rabbet (Eng.)

مَحَزّاتُ الكَبّاس — piston grooves (Eng.)

مِحْزاز — fullering tool (Eng.)

مِحزاق، بُرغي: مسمارٌ مُلولَب — bolt (Eng.)
~ أساسات — lewis bolt (Civ. Eng.)
~ تَصالُبيّ — cross bolt (Eng.)
~ مِزلاجيّ — cremo(r)ne bolt (Build.)
~ مَكَنات — machine bolt (Eng.)
~ مُلَوْلَب: يُشَدُّ دونَ صَمولة — tap screw = tap bolt (Eng.)
~ نابِضيّ — spring bolt (Eng.)

مُحَزِّزُ مَبارِد — file scorer (Eng.)

مُحَزَّز، مُخَطَّط بالحُزوز — streaked, striated
~، مُخَدَّد — grooved, chased; nicked

مُحَزَّز (تابع)

~ دَرَجِيّ، مُحَزَّزة دَرَجِيَّة — echelon (grating) (Phys.)

مُحَزِّزة — chaser (Eng.)

~، مُخَدِّدة — groover

مُحَزَّزة: مُسَطَّح عاكس ذو حزوزٍ مُتقاربة جدًّا — grating (Phys.)

~ إنفاذية — transmission grating (Phys.)

~ حُيود — diffraction grating (Phys.)

~ دَرَجِيَّة — echelon or echelle (grating)

~ عاكِسة — reflection grating, echelette (Phys.)

مِحْزَمة، آلةُ حَزْمِ الإبالات — baler (Agric.)

مَحْزوز، مُحَزَّزة (أنظر: مُحَزَّزة) — grating (Phys.)

مِحَسّ، مِحساس — sensor (Eng.)

~ الرُّطوبة — humidity sensor (Meteor.)

مِحْسَبَة، آلةٌ حاسِبة — calculating machine, calculator

مِحَسَّة، فِرْجَون — brush, currycomb

~ خَدْش — scratch brush, scratcher (Build.)

~ مَبارِد — file brush (Eng.)

مِحْسَرة (غَزْل) — doffer (Eng.)

مُحَسِّس — sensitizer (Chem.)

المُحَسَّن (بالتهذيب) (قُطارة مُحَسَّنة) — reformate *(n.)* (Pet. Eng.)

مُحَسِّن — improver (Food Sc.)

~ (نَوعِيَّة) الاشتِعال — ignition promoter (Autos.)

مَحْسُوب — calculated

مَحْسُوس، مُدْرَك — perceptible, sensible, palpable

~، مَلموس — tangible, tactile, palpable

~، مادّيّ — concrete, material, corporeal

مَحسوم — settled, decided

مِحَشّ، مِنْجَل — scythe, sickle (Agric.)

مِحَشَّة، جَزّازةُ عُشب — mower, mowing machine (Agric.)

مَحْشُوّ، مُعَبَّأ — loaded (Mil.)

~، مُبَطَّن — padded

~، مَحشوك — packed, stuffed, jammed

مَحْشُود — packed, massed

مَحشور، مرتَصّ — impacted, crammed

مَحَّصَ، دَقَّقَ — examine closely, sift through

مِحْصَدة، حَصّادة — harvester, reaper (Agric.)

~ حازِمة — binder, harvester-binder, reaper-binder (Agric.)

~ درّاسة — combine, harvester-thresher

مَحْصَر الهَواء، مَسَدُّ الهواء — air lock (Eng.)

مُحَصِّلة — resultant (Phys.)

مُحَصَّن، مُقَوّى — fortified

~: مُلَقَّح ضِد مرض — immune, immunized (Med.)

مَحْصور — confined, enclosed, surrounded

~ (في فئةٍ مُعيَّنة) — limited, restricted; exclusive

~ بالجَليد — ice-bound

~ بين قوسَين — bracketed, enclosed in brackets

مَحْصُول، غَلَّة — crop, produce, yield

~ تَغْطية — overcrop (Geol., Agric.)

~ ثانَوي — by-product (Chem.)

~ عَلَفي — forage crop (Agric.)

~ مُضادّ للتعرية — erosion resistant crop (Ecol., Agric.)

~ نَقْدي — cash crop, money crop

مَحْض: خالِص، مُجَرَّد — sheer

مَحْضَر، تقرير — report, record; proceedings, minutes

~ اجتِماع — minutes of a meeting

مُحَضَّر — prepared

~ حَسَبَ الوَصْفَة (ببراعة) — magistral

مِحْضَن، مِحْضَنة، حَضّانة: جِهازُ التَّفْريخ — incubator

مَحَطّ: مَهْبِط — landing site (Aero.)

~: مَحَطَّة — station; terminal

~ الطائراتِ العمودية — heliport (Aero.)

مَحَطَّة، مَوقِف، مَحَطّ — station

~ أبحاثٍ زِراعيَّة — agricultural research centre

~ إذاعة — broadcasting station (Radio)

~ ~ لاسِلكِيَّة — radio (broadcasting) station (Radio)

~ إرسال — transmitting station, sending station (Elec. Comm.)

~ إرشادٍ لاسِلكيّ — radio-range station (Elec. Comm.)

~ أرصادٍ جَوِّيَّة — meteorological station

~ أرضِيَّة — ground station (Aero.), land station (Elec. Comm.)

~ إزالةِ الغاز — degassing station (Pet. Eng.)

~ استقبال — receiving station (Radio)

~ إعادةِ الضغط (في خَطِّ الأنابيب) — recompression station (Pet. Eng.)

~ اعتِراض الإرسال اللاسلكي — radio intercept station (Radio)

~ الإنذار المُبَكِّر — early-warning station

~ بِنزين، ~ وَقود — gas station, fuel station (Autos.)

~ تابِعة — slave station (Electron.)

~ تَتَبُّع — tracking station (Radio)

~ تَثْليث، مَرْكَزُ تَثْليث — trig station (Surv.)

~ تَجْميع — gathering station (Pet. Eng.)

~ تَحَكُّم، ~ مُراقَبة — control station

~ التحميل — charging station, loading station

~ تحويل: لِرَفْعِ الجُهد الكهربائي (الفلطية) أو خَفْضِه — transformer station (Elec. Eng.)

~ ~ فَرعِيَّة — transformer substation (Elec. Eng.)

~ تَرحيل — relay station (Elec. Comm.)

~ ~ لاسِلكي — radio relay station

~ تَشْويش — jamming station (Radio)

~ تعزيز أو تقوية — booster station (Elec. Comm., Eng.)

~ تَغْيير: تُغَيِّرُ التيارَ المُتناوِب إلى مُستمِر (أو العكس) أو تُغَيِّر تَرَدُّدَه — converter station (Elec. Eng.)

~ تَفْريغ — discharge terminal, off-loading station

~ تقويم: تُغَيِّر التيارَ المُتناوِب إلى مُستمِرّ — rectifier station (Elec. Eng.)

~ تَوجيهٍ لاسِلكي — radio-goniometer station (Elec. Comm.)

~ توزيعٍ فَرعيَّة — distribution substation (Elec. Eng.)

~ تَوليد — generating station (Elec. Eng.)

~ ~ القُدرة — powerhouse, power station (Elec. Eng.)

~ ~ الكهرباء — electric power station (Elec. Eng.)

~ ~ ~ بالقُدرةِ المائيَّة — water-power station, hydro-electric power station (Elec. Eng.)

مَحطَّة (تابع)

~ حَرارية (لِتَوليد القُدرة) — thermal (power) station (Elec. Eng.)
~ خارجَ الشَّبَكة — off-net station
~ خِدمة (لِلسيّارات) — service station
~ رادار — radar station
~ رَصْد — observation station
~ ~ جوّيّ — weather station (Meteor.)
~ رئيسيّة — master station (Radio)
~ سِكّة الحَديد — railway station
~ ضَخّ — pumping station (Eng.)
~ طاقةٍ ذَرّيّة — atomic power plant (Nuc. Eng.)
~ طَرَفيّة — terminal station (Railways), terminus
~ ~ بَحرية — marine terminal
~ عمَل: حاسوب مَكتبي مُتطوِّر — workstation (Comp.)
~ فَرْعيّة — substation
~ فَضائيّة — space station (Astronautics)
~ قُدرةٍ بُعاديَّةُ التحَكُّم — telecontrolled power station (Elec. Eng.)
~ ~ كَهْرَمائيّة — hydro-electric generating power station (Elec. Eng.)
~ ~ مَدْريّة (مَدّيّة جَزْريّة) — tidal power station (Eng.)
~ ~ نَوَويّة — nuclear power plant (or station) (Elec. Eng.)
~ ~ بوحدةِ ديزل — diesel generating station (Elec. Eng.)
~ كَهْرَمائيّة لِتَوليدِ القُدْرة — hydro-electric generating station (Elec. Eng.)
~ لاسِلكيّة — radio station, wireless station (Elec. Comm.)
~ مُراقَبة، ~ مُتابَعة — monitor station (Elec. Comm.)
~ مَركزيّة أو رَئيسيّة — central station
~ مَلْء، ~ بنزين — filling station (Autos.)
~ المياه: مركزُ تخزين المياه وتَوابِعِها — waterworks (Civ. Eng.)
~ نائية — outstation
~ النِّداء — calling station (Teleph., Teleg.)
~ وَسيطة — relay station, way station (Elec. Comm.)
~ هاتِف — telephone station
~ وَقود، ~ بنزين — fuel station

مُحطَّم — smashed, wrecked, broken
مُحطِّمة، كَسّارة — breaker, smasher
~ جَليد، كاسِحةُ جَليد — ice-breaker
~ الذرّات — atom smasher (Phys.)
مَحْظور — prohibited, banned, forbidden
~ الاتجار به — contraband
~ ارتيادُه — out of bounds
مِحفار، مِحْفَرة — digger, drill (Eng.)
~ دَقّاق — spud (Mining)
~ دَوّار، ثَقّابة رَحَويّة — rotary drill (Eng.)
~ مُجَنَّب (ثَقبُه أوسَعُ مِنه) — offset bit (Eng.)
مِحفاز، مُنَشِّط، مُشَغِّل — actuator
مِحَفّة، حَمّالَة، نَقّالَة — hand-barrow
~، نَقّالة (إسعاف) — litter, stretcher
مِحْفَرةُ طَبيبِ الأسنان، مِثقاب — burr (Eng.)
مَحفظة — case; holder
~ أوراق — folder, file
~ فسيولوجيّة — capsula, capsule (Med.)
~ المِقراب — telescope holder
~ نُقود — wallet, purse
مَحْفورة خَشَبيّة (أو طَبْعةٌ بها) — wood engraving (Print.)
مَحفوظ — kept, preserved, conserved (Food Sc.)
مَحفوظات، سِجِلّات — archives, records
مَحَقَ، أبادَ — eradicate, exterminate; wipe out
مُحَقَّق، مُؤَكَّد — confirmed, affirmed; certain
~، مُنجَز — realized, accomplished
مُحَقِّق — examiner, investigator
~ قَضائيّ — inquisitor, investigating officer
مِحْقَنة، مِحْقَن، حاقِن — injector (Eng.)
~، زَرّاقة — syringe (Med.)
~ الوَقود — fuel injector (Eng.)
مِحَكّ: ~ اختبار — touchstone, streak plate (Eng.)
~، مِعيار — criterion
~، مِحَكّة: كاشِطة — scraper
مِحكام، مِضْبَط، مِحْكَم — control (Eng.)
~ الإزاحةِ الطوريّة — phase shifter (Elec. Eng.)
~ الإشعال — ignition control (Eng.)
~ بُعاديّ — remote control, telecontrol (Elec. Eng.)
~ تابع — satellite control (Elec. Comm.)
~ التشبُّع (اللوني) — saturation control (Telev.)
~ درجةِ الحرارة — temperature controller (Phys.)
~ سُرعةِ المُحَرِّك — motor speed control (Elec. Eng.)
~ الضَّغط — pressure control (Phys.)
~ الطَّور — phase control (Elec. Eng.)
~ لاسِلكيّ — radio control (Elec. Eng.)
~ باللَّمْس — touch control (Elec. Eng.)
~ المَرْكَزة الرأسيّة — vertical centring control (Eng.)
~ مِغنطيسيّ: في مَنْظومة تحكُّم — magnetic controller (Elec. Eng.)
~ بالمُقاوَمة المُتغيِّرة — rheostatic controller (Elec. Eng.)
~ المُوالَفة — tuning control (Radio)
~ النَّغَم — tone control (Acous.)
مُحْكَم، وَثيق — fast, firm, secure
~ السَّدّ — tightly shut, hermetic, hermetically sealed
مُحَكَّم، حَكَم — umpire, arbiter, arbitrator
مَحكمة — (law) court, tribunal
~ الاستِئناف — court of appeal
~ عَسكريّة — court-martial
مَحكومٌ أوتوماتيًّا — automatically controlled (Eng.)
مَحْل، جَدْب، مُجدِب — barren, arid (Ecol.)
مَحَلّ، مَكان — place, venue
~، مَوقِع — site, location, premises
~ إقامة — domicile, place of residence
~ (أو مَحَلّةٌ) مُؤاتٍ — favourable locality (Mining, Geol.)
~ هَنْدَسيّ — locus (pl. loci) (Maths.)
مِحلال، مُحَلِّل — analyzer
~ الغازات: بقياسات التوصيل الحراري — katharometer (Chem.)
مِحْلَج، مِحْلاج — combing machine, scutcher
~ (غَزْل) — ginning mill (Eng.)
~ قُطن — cotton gin, gin
مُحَلَّفون، هَيئة مُحَلَّفين — jury

مُحَلِّل analyzer, analyser (Chem.)
~، اِختِصاصيُّ تَحليل analyst
~، مُذِيب solvent, resolvent (Chem.)
~ ارتفاع النبض pulse-height analyzer (Electron.)
~ إشارات الصُّورةِ اللونيَّة colour decoder (Telev.)
~ ألوان colour analyzer (Photog.)
~ بالإنفاذ، ~ دَيْلَزة dialyzer (Chem.)
~ تَفاضُليّ: لِحَلِّ المُعادَلات التفاضُليَّة differential analyzer (Comp.)
~ تَوافُقيّ كهربائيّ (طَيْفيّ) electric harmonic analyzer (Elec. Eng.)
~ جِهازيّ set analyzer (Radio)
~ شَبَكيّ network analyzer (Electron.)
~ الصُّورة image dissector (Telev.)
~ طَيْفيّ، ~ الطَّيف spectrum analyzer
~ بالكَهرباء electrolyzer (Chem.)
~ مُفردات lexical analyser (Comp.)
~ المَوجات، ~ مَوجيّ wave analyzer (Elec. Eng.)
~ نُظُم system(s) analyst (Comp.)
مُحَلِّلة، مُحَلِّل analyser (Chem.)
~ تَوافُقيّات (في تيّارٍ مُتَناوِب) harmonic analyzer (Elec. Eng.)
~ النَّفَس breathalyzer (Chem.)
مَحلول، ذَوْب solution (Chem.)
~: غير مَربوط untied, loose
~، مُنْحَلّ (فلَمْ يَعُدْ قائمًا) dissolved, disbanded
~ اختبار test solution (Chem.)
~ إسويُّ التوتُّر isotonic solution (Chem.)
الـ ~ الأُمّ mother liquor, stock solution (Chem.)
~ تغطيس أُحاديّ monobath (Photog.)
~ تَقصير الألوان bleaching solution (Chem.)
~ جامِد solid solution (Chem.)
~ جُزَيْئي (غرامي): يحتوي على مُول (جُزَيء غرامي) واحِد في اللتر من المُذيب molar solution (Chem.)
~ ~ وَزْني: يحتوي على مُول واحد في الكيلوغرام من المحلول molal solution (Chem.)
~ حامِضي acid solution (Chem.)
~ دارِئ، ~ مُنَظِّم buffer solution (Chem.)
~ «الطبيب»: مَحلولُ الرَّصاصيت doctor solution (Chem., Pet. Eng.)
~ عبّاد الشمس litmus solution (Chem.)
~ عُشر عياريّ decinormal solution (Chem.)
~ عِياري normal solution, standard solution (Chem.)
~ ~، مُعايِر: مادةُ المُعايَرة titrant (Chem.)
~ غرامي لِتْريّ: يحوي الدسم[3] منه مُكافِئًا غراميًّا من المُذاب demal solution
~ غَرَواني colloidal solution (Chem.)
~ ~ مائي hydrosol (Chem.)
~ فَوقَ المُشْبَع supersaturated solution
~ قياسيّ standard solution (Chem.)
~ كاذِب pseudosolution (Chem.)
~ كاوٍ caustic solution (Chem.)
~ كُحوليّ عِياريّ proof spirit (Chem.)
~ كهربائي: مُوصِّل للكهرباء، كَهْرَل electrolyte (Chem.)
~ مائي aqueous solution (Chem.)
~ مُتَعادِل neutral solution (Chem.)
~ مُخَفَّف diluted solution, dilution
~ مُرَكَّز concentrated solution (Chem.)
~ مُستَنْفَدُ القوّة، ~ واهِن spent solution (Chem.)
~ مُشْبَع saturated solution (Chem.)
~ مُضادٌّ لِلتَّجَمُّد: يحوي مَوادّ مُقاوِمة للتجمد antifreeze (Chem.)
~ مُكافِئ equivalent solution (Chem.)
~ مِلحيّ، أُجاج brine (Chem.)
~ مُنَظِّف cleaning solution (Chem.)
~ مُنَظِّم buffer solution (Chem.)
~ مُوليّ molar solution (Chem.)
~ نُشادريّ ammoniacal solution (Chem.)
مَحَلّيّ domestic, local
~، بالِد، آصِل indigenous (Biol.)
~ الصُّنْع homemade
مِحَمّ: مِرجَلُ تَسخين الماء boiler, ca(u)ldron (Eng.)
~ مُوصَد، مُوصَدَة autoclave (Chem.)
مُحَمٍّ، مُسَخِّن calefacient
مُحْمًّى لِدَرجة الابيضاض (حوالى درجة ١٠٠٠° مئوية) white-hot (Phys.)
مِحْماة، سَخّانٌ فائق، مُحَمِّص superheater (Eng.)
مِحْماض: مِقياسُ الحَمضيَّة acidimeter, acidometer (Chem.)
~ الخَلّ: مِقياس (حُموضة) الخَلّ acetimeter, acetometer (Chem.)
مُحَمَّص roasted; toasted
مُحَمِّصُ البخار steam superheater (Eng.)
مُحَمَّض، مُحْمَض acidified, acidulated (Chem.)
مُحَمَّل، مَوسُوق loaded, laden
مُحَمِّل loader
~: برنامجُ تحميل (ينقُل من الذاكرة المُساندة إلى الذاكرة الرئيسية) loader (Comp.)
~ آليّ: جِهازُ تحميلٍ آلي power loader
مَحْمِل، دعامة support, trestle, pier
~: مِحَفَّةُ نَقْل stretcher, litter
~: كُرسي تحميل bearing (Eng.)
~ إبْريّ needle bearing (Eng.)
~ ارتكازٍ دَورانيّ trunnion bearing (Eng.)
~ ارتِكازي pivot bearing (Eng.)
~ أُسطُوانةِ التغذية feed roller journal
~ أُسَيطِنات roller bearing (Eng.)
~ ~ داخِليّ inner roller bearing (Eng.)
~ تَدافُعٍ مُزدَوِج double thrust-bearing
~ تلامُسٍ زاويّ angular contact bearing (Eng.)
~ تِلقائيُّ التزييت self-lubricating bearing (Eng.)
~ ثابت fixed bearing (Eng.)
~ جِداريّ: مُثَبَّت في جدار wallbearing
~ دُحروجيّ، ~ دُلفينيّ roller bearing (Eng.)
~ ~ كُرَويّ spherical roller-bearing
~ دَفعيّ thrust bearing (Eng.)
الـ ~ الرئيسيّ main bearing (Eng.)
~ سِكّينيُّ الحَدّ knife-edge bearing (Eng.)
~ صُندوقيّ plummer (block) (Eng.)
~ الطَّرَف الكبير big-end bearing (Eng.)
~ طَوقي collar bearing (Eng.)
~ عَمودِ الإدارة shaft bearing (Eng.)
~ ~ الحَدَبات camshaft bearing (Eng.)
~ كُرَويّ spherical bearing (Eng.)

~ كُرَويّ حُقّي ball-and-socket bearing
~ كُرَيّات ball-bearing (Eng.)
~ ~ دَفْعيّ thrust ball-bearing (Eng.)
~ لازَيتيّ oilless bearing (Eng.)
~ لَصِب seized bearing, stuck bearing
~ لِيفيّ fibre-bearing (Eng.)
~ مائل angle bearing (Eng.)
~ متأكّلٌ بالحَكّ scuffed bearing (Eng.)
~ مُتَراوِح swivel bearing (Eng.)
~ مُتصَدّع cracked bearing (Eng.)
~ متوسّط centre bearing (Eng.)
~ المِحوَر axle bearing (Eng.)
~ مَخروطيّ cone bearing, conical bearing (Eng.)
~ المِرفق crankpin bearing (Eng.)
~ مُستَدِقّ taper bearing (Eng.)
~ مَشطُور split bearing (Eng.)
~ مَشقوق أو مُنقَسِم divided bearing
~ مُقاوِمٌ للاحتِكاك anti-friction bearing (Eng.)
~ مُقاوِمٌ للدفع anti-thrust bearing (Eng.)
~ مَقعَدَةِ العَمود journal bearing (Eng.)
~ مُنَقَّر pitted bearing (Eng.)
~ نِصفُ قُطريّ radial bearing (Eng.)
~ نَمِش etched bearing (Eng.)
~ النهايةِ الصُّغرى little-end bearing (Eng., Autos.)

مُحَمِّلةٌ جانِبيَّةُ التفريغ side-tipping loader
مَحْمولٌ: منقول، مرفوع borne, carried, lifted
~ جَوًّا، ~ بالهَواء airborne
~ بالرياح windborne
مَحْموم؛ حُمِّيّ feverish (Med.)
مَحْميّ، مَصون، مُوَقّى protected
~ من تَيّارات الهواء draught-free
~ بشَبَكَةٍ حاجِبَة screen-protected
مِحْنَة، مُصيبة disaster, calamity, misfortune
مُحَنَّك، مُتَضَلِّع، خَبير experienced, versed
مَحْنيّ، مُنحَنٍ bent, flexed
~ (أو مُنعَطِفٌ) إلى الداخل inflexed (Eng., Maths.)
مَحْو blanking, erase (Comp.)

~، شَطْب rubbing, erasure; blotting out
~، طَمْس obliteration
مَحْوى: مُحتَوى content
~: التِفافٌ لَولبي whorl, spire, curl
~ تِيهيّ labyrinth (Acous.)
مُحَوًّى coiled, serpentine, curled
~، حَلَزوني spiral
مُحَوّاة الدرابزين: في إحدى نِهايتَيْه monkey tail (Build.)
مِحوار: مِحورُ العَصَبة axon (Zool.)
مِحْوال، مُحَوِّلُ طاقة transducer, power transformer (Elec. Eng.)
~ (أو مُحَوِّلُ طاقةٍ) تبادُلي reciprocal transducer (Elec. Eng.)
~ (~ ~) بالتَخَصُّر المِغنَطيسي magnetostriction transducer (Elec. Eng.)
~ تفاضُليّ، مُحَوِّلُ طاقةٍ تفاضُليّ differential transducer (Elec. Eng.)
~ (ناقِلُ طاقةٍ) تماثُليّ (بالنسبة لطَرَفَي الوَصْل) symmetrical transducer (Elec. Eng.)
~ الضَّغْط: يحوِّل الضغط إلى طاقةٍ كهربائية pressure transducer (Electron.)
~ طاقةٍ خَطِّيّ linear transducer (Phys.)
~ فَوق صَوتيّ ultrasonic transducer
~ كَهرَصَوتي: مُحَوِّلُ طاقةٍ صَوتي كهربائي electro-acoustical transducer (Phys.)
~ كهرضغطي piezoelectric transducer (Phys.)
~ مائي: مُحَوِّلُ طاقةٍ يعمل تحت الماء underwater transducer (Acous.)
~ مِغنَطيسي magnetic transducer (Phys.)
~ مُنفَعِل passive transducer (Phys.)
~ (مُحَوِّلُ طاقةٍ) ميكانيكي إلكتروني mechanoelectronic transducer (Elec. Eng.)
~ نَشِط، مُحَوِّلُ طاقةٍ فَعّال active transducer (Elec. Eng.)
مُحَوْجَز: ذو حَواجِزَ فاصِلَة septate (Bot.)
مُحَوِّر، مُغَيِّر modifier, converter (Biol., Comp.)
~ الصفات الطبيعيَّة denaturant (Chem.)
~ طاقة، مِحوال (أُنظر: مِحوال) transducer (Elec. Eng.)

مُحَوَّر، مُعَدَّل، مُغَيَّر modified, converted, changed
~، مُحَرَّف distorted, twisted; misstated
مِحْوَر، خَطّ المحور axis (Maths.)
~، جُزْع (الدولاب) axle (Eng.)
~، مُرتكَز pivot (Eng.)
~ أبْتَر: قصيرٌ هامِد tub axle (Autos.)
~ الإبصار visual axis, line of vision
~ إحداثيّ coordinate axis (Maths.)
~ إدارة driving axle (Eng.)
~ ارتكازٍ دَورانيّ trunnion axle (Eng.)
~ ~ رأسيّ. مِسمارُ المُفَصِّلة pintle
~ الأرض axis of the Earth (Geog.)
~ الازدواج axis of a couple (Maths.)
~ أساسِيّ radical axis (Maths.)
~ الإسناد axis of reference (Maths.)
الـ ~ الأصغر: في الإهليلَج minor axis (Maths.)
~ أُفُقي horizontal axis (Maths.)
الـ ~ الأكبر (في قَطْعٍ ناقِص) major axis (Maths.)
~ أماميّ front axle, leading axle (Eng.)
~ الانعراج axis of yaw (Aero., Naut.)
~ بانجُوي banjo axle (Autos.)
~ بِداري axis of precession (Eng.)
~ بَصَريّ optic(al) axis (Chem., Min.)
~ البِلَّورة crystal axis (Chem.)
~ تَثْبيت anchorage pin (Eng.)
~ تخَيُّليّ imaginary axis (Maths.)
~ تَدوير driving axle, live axle (Eng.)
~ التشَوُّه axis of deformation (Geol.)
~ التعادُل neutral axis (Eng.)
~ التماثل، ~ التناظُر axis of symmetry, (Maths.)
~ تَوأميّ، ~ التوأمة twin axis (Min.)
~ الثَّقْب drill axis (Civ. Eng.)
~ جانِبيّ lateral axis (Aero.)
الـ ~ الحامِل bearing axle (Eng.)
~ الخَطَران pitch(ing) axis, axis of pitch (Aero.)
~ خَلْفيّ back axle, hind axle, trailing axle (Eng.)
~ الدُّردور axis of vortex (Aero.)
~ دَوّار live axle (Eng.)

مِحْوَر (تابع)
~ الدوّار، ~ العُضو الدوّار rotor axis (Elec. Eng.)
~ دَوَران axis of rotation, axis of revolution (Eng.)
~ ~، مبرم spindle, swivel (Eng.)
~ ~ أُفُقيّ trunnion axle (Eng.)
~ ~ غُراب الرأس headstock spindle (Eng.)
~ الدولاب، جُزْع axle (Eng.)
~ الذبذَبة، ~ التذبذُب axis of oscillation (Phys.)
~ الرَّفع lift axis (Aero.)
~ رَئيسي principal axis (Light, Maths.)
~ سائب loose axle (Eng.)
الـ ~ السِّيني، ~ السِّينات، إحداثي أُفقي axis of abscissas, X-axis (Maths.)
الـ ~ الصّادي، ~ الصّادات، إحداثي رأسِي axis of ordinates, Y-axis (Maths.)
~ طَليق، ~ عائم floating axle (Eng.)
~ طُوليّ (أو طُولانيّ) X-axis, longitudinal or roll axis (Aero.)
الـ ~ الطويل (في البِلّورة) macro-axis (Min.)
~ الطيّة fold axis (Geol.)
~ العَجَلة، ~ الدولاب axle (Eng.)
~ العَدَسة lens axis = optical axis (Opt.)
~ العَصَبة، مِحوار axon (Zool.)
~ العُضو الدوّار rotor shaft (Elec. Eng.)
~ عَمودي أو رأسي vertical axis
الـ ~ العَيْنيّ، ~ العَيْنات، الـ ~ الرأسيّ Z-axis (Maths.)
~ غاطِس plunging axis (Eng.)
~ القُصُور الذاتي axis of inertia (Phys.)
الـ ~ القصير: في البلّورة brachy-axis (Min.)
~ قُطبيّ polar axis (Astron., Min.)
~ القَطْع المُكافِئ axis of parabola (Maths.)
~ اللحام axis of weld
~ اللولب axis of screw
~ الليفة العصبيّة، ~ العصبة axon (Zool.)
~ مائل oblique axis (Maths.)
الـ ~ المائِل: في البلّورة clino-axis (Min.)
~ متوسِّط center pin, central axis (Eng.)
~ مَرافق مُتعامدة cross axle (Eng.)
~ مركزي، ~ مُتوسِّط centre pin (Eng.)
~ مَرِن elastic axis (Eng.)
~ المِروَحة propeller axis (Aero.)
~ مُستعرِض transverse axis (Eng.)
~ مُستقيم (أو مُتعامِد) orthoaxis (Geol.)
~ مُشترَك common axis (Maths.)
~ مُصمت لِلمكْبِس solid piston pin (Eng.)
~ مُعَلَّق overhanging axle (Eng.)
~ المُفَصِّلة hinge pin (Eng.)
~ المِقْرَن yoke pin (Eng.)
~ المَنظُور axis of perspective (Maths.)
~ ناظِميّ، ~ مُتعامِد: ~ الرَّفع normal axis, lift axis (Aero.)
~ نِصفُ قُطري radial axis (Eng.)
~ نِطاقيّ (في مَركَزِ البلّورة) zonal axis, zone axis (Min.)
~ نَقْل الحركة transmission shaft, drive shaft (Eng.)
~ هامِد dead axle (Eng.)
~ الوادي، خَطُّ الوادي thalweg (Geol.)
~ وَصْل coupling pin (Eng.)
أحاديُّ الـ ~ uniaxial
ذاتُ الـ ~ ين gimbals, gymbals (Eng.)
ذو ~ ين biaxial
المِحوَران البَيانيّان graph axes (Maths.)
مِحوَران مُتَعامِدان rectangular axes (Maths.)
مِحْورانيّ، مُوازٍ لِلمِحْوَر paraxial (Phys.)
مِحْوَريّ axial, pivotal, axio-
مُحَوْز transistor (Electron.)
~ رُباعيُّ العناصِر four-element transistor (Electron.)
مُحوصَل: ذو فَجوات حُوَيصليَّة vesiculate, vacuolate (Biol.)
مُحوط surrounded, encircled
~ بالبَرّ: لا مَنفَذَ له على البحر landlocked (Geog.)
مُحْوِل: ثُنائيُّ الحَوْل، يُعَمِّرُ حَولَين biennial (Bot.)
مُحَوَّل، مُغَيَّر converted, changed
~ (إلى) transferred; transformed
~ (إلى تفريعة، مُوازية) shunted (Elec. Eng.)
~ الاتِّجاه diverted, deflected, deviated
مُحَوِّل: مُغَيِّر التكويد converter = convertor (Comp.)
~: مُغَيِّر الفُلطية converter, transformer (Elec. Eng.)
~ أُحاديُّ الطَّور single-phase transformer (Elec. Eng.)
~ اختِبار (عالي الفلطية) testing transformer (Elec. Eng.)
~ إزاحةِ الطَّور، ~ مُطاوِر phase-shifting transformer (Elec. Eng.)
~ انحيازي bias(ing) transformer
~ انضباطي adjustable transformer (Elec. Eng.)
~ اهتِزازي: يحوِّلُ التيارَ المستمرَّ إلى مُتناوِب vibrator converter (Elec. Eng.)
~ «بَسِمَر» Bessemer converter (Met.)
~ بَيْنَ طَوْري interphase transformer (Elec. Eng.)
~ بينَ المَراحِل interstage transformer (Elec. Eng.)
~ تأريض earthing transformer
~ تَبديلي: يُحوِّلُ التيارَ المُتَناوِب إلى مُستَمِرّ وبالعكس transverter (Elec. Eng.)
~ بالتحكُّم الطنيني tone-control transformer (Elec. Eng.)
~ تَذَبْذُبي oscillation transformer
~ (أو مُغَيِّر) الترَدُّد frequency transformer (Elec. Eng.)
~ تَرَدُّدٍ مُنخَفِض low-frequency transformer (Elec. Eng.)
~ الترَدُّدات العالية high-frequency transformer (Radio)
~ ~ الوُسطى intermediate frequency transformer (Radio)
~ (أو مُغَيِّر) تَزامُني: يحوِّل التيارَ المتناوِب المتعدِّد الطور إلى تيّار مُستمِر synchronous converter
~ «تِسْلا»، مِلَفُّ «تسلا» Tesla coil = Tesla transformer (Elec. Eng.)
~ تضخيم amplifying transformer (Elec. Eng.)
~ تَضْمين (للترَدُّداتِ السمعيَّة) modulation transformer (Elec. Eng.)
~ تَعاقُبيّ cascade converter (Elec. Eng.)
~ تَعامُديّ: الفُلطيَّةُ الناتجة تُزاحُ بمقدار ٩٠° quadrature transformer (Elec. Eng.)

~ تعزيز — buck transformer, boost transformer (Elec. Eng.)
~ تَلحيم: مُحَوِّلُ (تنظيم) تيّار اللِّحام — welding transformer (Elec. Eng.)
~ تِلْقائي — auto-converter, auto-transformer (Elec. Eng.)
~ تناظُري إلى رَقمي — analog-to-digital converter (Comp.)
~ تَنظيم الفُلطيَّة — voltage regulating transformer (Elec. Eng.)
~ التوازُن لِمُواءَمة المُعاوَقات — balun (balance-to-unbalance transformer)
~ تَوالٍ — series transformer (Elec. Eng.)
~ التوزيع — distribution transformer (Elec. Eng.)
~ التيَّار — current transformer (Elec. Eng.)
~ (تيّار) الفَتيلة — filament transformer (Elec. Eng.)
~ التيّار المُتناوِب إلى مُستَمِرّ — ac-dc converter (Elec. Eng.)
~ ~ المُستمِرّ إلى مُتَناوِب، ~ ثايراتروني — dc-ac converter, (Elec. Eng.), (thyratron) inverter (Electron.)
~ ثِرميوني: يُحوِّلُ الحرارة إلى طاقةٍ كهربائية مباشرةً — thermionic converter (Phys.)
~ ثُنائيّ — binary converter (Elec. Eng.)
~ جافّ — dry transformer (Elec. Eng.)
~ الجرسِ الكهربائيّ — bell transformer
~ جهازِ القياس — instrument transformer (Elec. Eng.)
~ الجُهْد — potential transformer = voltage transformer (Elec. Eng.)
~ حَراري: يُحَوِّلُ الحرارةَ إلى كهرباء مباشرةً — thermal converter = thermoelement (Elec. Eng.)
~ خافِض — depressor (transformer) (Elec. Eng.)
~ خَفْض (الفُلطيَّة): عددُ اللفاتِ الأوَّلية فيه أكثر من الثانوية — step-down transformer (Elec. Eng.)
~ (دارة) الخَرج — output transformer (Elec. Eng.)
~ (دارة) الدخل، ~ الدخول — input transformer (Elec. Eng.)
~ دَفعيٌّ جَذْبيّ — push-pull transformer (Electron.)
~ دَوّار — rotary converter (Elec. Eng.)
~ ~ عَكسيّ — inverted rotary converter (Elec. Eng.)
~ ذاتيُّ التبريد — self-cooling transformer (Elec. Eng.)
~ ذُرويّ — peaked transformer, peaking transformer (Elec. Comm.)
~ ذو قَلب (تُغلِّفُه اللفائفُ) — core-type transformer (Elec. Eng.)
~ ~ ~ مَفتوح — open-core transformer (Elec. Eng.)
~ ~ ~ مُقفَل — closed-core transformer (Elec. Eng.)
~ ~ مُبَدِّل — commutator transformer (Elec. Eng.)
~ راديويُّ التردُّد: للتشغيل الفعّال على التردُّدات اللاسلكية — radio-frequency transformer (Radio)
~ رَفعْ (الفُلْطيَّة) — step-up transformer (Elec. Eng.)
~ رقميّ (يُحوِّل القياسات النظيرية إلى قِيَمٍ رقميَّة) — digitizer = analogue-to-digital converter (Comp.)
~ ~ إلى تناظُري (أو نظيري) — digital to analogue converter (Comp.)
~ زَيتيّ (يُعزَلُ ويُبَرَّد بالزيت) — oil transformer (Elec. Eng.)
~ السَّيْر (في السِّكك الحَديدية) — pointsman, switchman
~ الصورة: من أشعة غير مرئية إلى مرئية — image converter (Phys.)
~ طاقة، مِحوال (أنظر: مِحوال) — transducer (Elec. Eng.)
~ ~ بلّوري — crystal transducer (Electron.)
~ ~ ثنائيّ الاتجاه، مِحوالٌ ثُنائي الاتجاه — bilateral transducer (Elec. Eng.)
~ ~ عَكُوس — reversible transducer (Elec. Eng.)
~ ~ كهربائي — electric transducer
~ ~ لاتَماثُلي، مِحوالٌ لاتماثُلي — dissymmetric(al) transducer (Elec. Eng.)
~ طَوريّ دَوّار — rotary phase convertor (Elec. Eng.)
~ عَزْل: يعزِلُ الجهازَ الكهربائي عن مصدر قُدرته — isolation transformer (Elec. Eng.)
~ عزم الدوران — torque converter (Eng.)
~ عَكسِيّ: يُحَوِّلُ التيّارَ المُستَمرَّ إلى مُتناوِب — inverted convertor = inverter (Elec. Eng.)
~ الفُلْطيَّة — voltage transformer (Elec. Eng.)
~ فلطيَّة التيّار المُستمِر — dc(-dc) converter, dc transformer (Elec. Eng.)
~ فولاذي: لتحويل الحديد إلى فولاذ — steel converter (Chem.)
~ قارِن — coupling transformer (Elec. Eng.)
~ قُدرة — power transformer (Elec. Eng.)
~ قَنْطري — bridge transformer, hybrid transformer, hybrid coil (Elec. Comm.)
~ (كهربائي أو ميكانيكي) — transformer
~ كهربائي — electric transformer
~ ~ يُبَرَّدُ بِدَفْع الهواء — air-blast transformer (Elec. Eng.)
~ كَهروحراريّ — thermoelectric converter (Elec. Eng.)
~ مُتَساوي اللَّفّات (الابتدائيةِ والثانَوية) — one-to-one transformer (Elec. Eng.)
~ مِثالي — ideal transformer (Elec. Comm.)
~ مُحايِزَة — biasing transformer (Elec. Eng.)
~ مُطاوِر: مُزَحزِحٌ للطَّور — phasing transformer = phase-shifting transformer (Elec. Eng.)
~ مُعاوَقة — impedance converter
~ مُعَزِّز: لِضَبط الفُلطيَّة — booster transformer (Elec. Eng.)
~ المُقَوِّم — rectifier transformer
~ مُنَظِّمٌ للفلطية — voltage regulating transformer (Elec. Eng.)
~ مُهايِئ — adapter transformer (Elec. Eng.)
~ مُواءَمة — matching transformer (Elec. Comm.)
~ ~ المُعاوَقة — impedance matching transformer (Elec. Eng.)
~ موازِن — balancer (or balancing) transformer (Elec. Eng.)
~ مُوالَف — tuned transformer (Elec. Eng.)

مُحَوِّل (تابع)

~ ميكانيكي: ذو عتَلاتٍ مختلفة الطول لتغيير الفائدة الآلية — transformer (Phys.)

~ نَبْضيّ، ~ نَبَضات — pulse transformer (Radio)

~ نظيريّ إلى رقميّ — analogue to digital converter (Comp.)

~ هَجين أو مُهَجَّن: يَمنعُ التداخُلات في الأجهزة التلفونيَّة — hybrid transformer, bridge transformer (Elec. Comm.)

~ وَسِيط — interstage transformer (Elec. Eng.)

مُحَوِّلة، مُحَوِّلُ الاتِّجاه (لِجُزءٍ من التيّار) — diverter, divertor (Elec. Eng.)

~: مِفتاحُ تَحْوِيلَة — switch (Railways)

~ الشفرة أو الرموز — converter (Comp.)

~ مَسار السِّلْسِلة — dérailleur (Eng.)

مَحْيَاة، مَرْبًى أحيائي — vivarium (Zool.)

مَحِيد، انحِراف — deviation, swerving, diversion, deflection

~: مَدى الحَيْد — deviation range

~ زاويّ — angular deviation

مُحَيِّد، مُعادِل — neutralizer

مُحَيِّر — perplexing, elusive, confusing

مُحَيَّر الجِنْس: لا ذَكَر ولا أُنثى — neuter = neutral (Biol.)

مُحَيِّرة، مُفارَقة: فيها تناقضٌ ظاهري — paradox (Maths.)

مُحيط، مُكتَنِف — ambient, surrounding, circumambient

~، أوقيانوس — ocean

~، وَسَط، بيئة — environment, milieu (Ecol.)

~: ~ الشكلِ الهندسي — perimeter (Maths.)

~: حُدودُ الشكلِ المُضَلَّع — periphery

~ (الدائرة) — circumference (Maths.)

~ بِـ: مَرسومٌ حَولَ — circumscribed (Maths.)

~ ~: عالِمٌ بِـ — familiar with, cognizant of

~ الجِذْع المُستَدير — girt(h) (Carp.)

الـ ~ الحَجَريّ: الغلاف الصخريّ — lithosphere (Geol.)

الـ ~ الحَيَويّ — biosphere (Ecol.)

~ الدائرة — circumference (Maths.)

~ بالقُطب — circumpolar

الـ ~ المائيّ، الغِلاف المائي — hydrosphere (Geol.)

مُحِيطيّ: خاصٌّ بمُحيط الشكل أو المَوقع — circumferential

~: خاصٌّ بالمُحيطات — oceanic (Geog.)

~: خارِجيّ — peripheral

مُخّ — cerebrum (Zool.)

مُخابَرات: مصلحةُ الـ ~ — intelligence (department)

مُخابَرة، مُزارَعة — sharecropping, metayage (Agric.)

~ تِلفونيَّة — ring, call (Teleph.)

~ هاتِفيَّة مُباشرة — direct call (Teleph.)

مُخاتَلة، مُخادَعة — deception, deceit, insidiousness

مُخادِعٌ للحواس، مُوهِم — illusory, illusive

مَخاريج (الدائرة المنطقيَّة): حُزمة الإخراج — fan-out (Comp.)

مَخاريطُ مِضْرَمِيَّة: لِتَحديد درجةِ حرارة الأفران — pyrometric cones, fusion cones, Seger cones (Eng.)

مَخاض — labor = labour (Med.)

مَخاضة: مكانُ الخَوض من النهر — ford

مَخّاضة، طَبَّةُ تَسْليك المجاري (الضَّغْطِيَّة) — plumber's force cup, plunger

مُخاط — mucus (Zool.)

المُخاطَب — addressee

مَخاطِر المهنة — occupational hazards

مُخاطَرة — hazard, risk, venture

مُخاطِين — mucin (Chem.)

مُخافَتةُ الصَّوت: كَتْمُ الصوت — sound deadening (Acous.)

مُخالِف، مُعارِض — objecting, opposing

~ لِـ — contrary to, in violation of

~ للآداب — immoral

~ التغيُّر — contravariant (Maths.)

مُخالَفة، إخلال — breach, violation, infraction, infringement

المُخامَلة الصوتيَّة — acoustic inertance (Acous.)

مُخْبِ، مُخْفِت — fader; dimmer

مَخْبَأ — hiding place, hide-out; cache

مُخَبَّأ — hidden, concealed

مِخْبار — proof glass, tester

~ الحامِضيَّة: مِقياسُ الحامِضية — acid tester (Chem.)

~ قياس — measuring cylinder (Chem.)

~ مُدَرَّج — graduated cylinder (Chem.)

مِخْباط، مِخْبَط: مِدَقُّ خَبْط — flail

مَخْبَر، مُختبَر — lab, laboratory

مُخْبِر — reporter, informer

مَخْبَز — bakery

مُخْبي التداخُل — interference blanker (Eng.)

مُختَبِر — tester

~ الترانزستور — transistor tester (Electron.)

~ العَيِّنات — sampler

مُختَبَر، مُجَرَّب — tested, tried

~، مَخْبَر — lab = laboratory

~ أبحاث، ~ بُحوث — research laboratory

~ تَجارِبَ إشعاعيَّة، ~ حارّ — hot laboratory (Phys., Nuc. Eng.)

~ جَيِّدُ التجهيز — well-equipped laboratory

~ فَضائيّ — spacelab (Astrophys.)

مُخترِع — inventor

مُختَرِق، مُتغَلْغِل، نَفّاذ — penetrant, penetrating

مُختَزِل، عامِلُ اختزال — reductant, reducing agent, reducer (Chem.)

~، نازِعُ الأُكسِجين — deoxidizer (Chem.)

~ تناسُبيّ — proportional reducer (Photog.)

مُختَزَل، مُخَفَّضُ التأكْسُد — reduced, deoxidized (Chem.)

~ (في الكتابة) — written in shorthand, stenographed

~، مُلْغًى بالاختِزال — cancelled, reduced (Maths.)

مُختَزَن، مَخزون — stored, stocked

مُختَصّ، اختصاصي — specialist

مُختَصَر، وَجيز — brief, abridged, concise *(adj.)*

~، مُوجَز — abbreviation, summary, abridgement, synopsis, résumé *(n.)*

المُختَفَض: ما يُخَفَّضُ أو يُنَقَّصُ مُلاءَمةً — reduct

مُختَط — planned, designed

مُختَلّ، مُعَطَّل (بحاجة إلى تصليح) — defective, out of order, cranky

مُخْتَلّ (تابع)
~، خاطِئ، مَغلوط faulty
~، مُضطرب chaotic (Phys.)
~ التبئير out of focus (Opt.)
~ التطاور out of phase (Phys.)
~ التوازُن out of balance (Mech.)
~ العقل insane
~ المُحاذاة out of alignment
~ الوَزانة (للمركب أو الطائرة) out of trim
مُختَلِط، مَخلوط mixed, blended
~، مُشَوَّش muddled, disorganized
~ النتائج (لِعدة عوامل مؤثِّرة) confounded (Stat.)
مُختَلِف، مُتَبايِن different, variant, varying, differing
~ الاصطباغ metachromatic (Biol.)
~ الأضلاع (للمثلث) scalene (Maths.)
~ الألوان anisochromatic (Phys.)
~ الذرّات heteroatomic (Chem.)
~ الطَّور out of phase (Phys.)
~ المَركز eccentric (Mech.)
~ المَنشأ xenogenous (Biol.)
مُختَلَق، مُلَفَّق fabricated, made-up
مِختَمة stamp pad
مُختَمِر fermented (Chem.)
مُختَنَق: مَضيق bottleneck
مُختنِق، مَخنوق strangulated, strangled
مَختوم: ممهورٌ بالختم stamped
~: مَسدودٌ بإحكام sealed
مُخثِّر، مُعَقِّد: مادة مُخَثِّرة coagulant (Chem.)
مُخَثَّر coagulated, curdled, congealed (Chem.); clotted (Med.)
مِخَدَّة (أو وِسادة) **هوائيَّة** air cushion (Eng.)
مُخَدَّد grooved, fluted, splined, sulcate
مُخَدِّدة ripper (Civ. Eng.)
مُخَدِّر، بَنْج an(a)esthetic (Med.)
~، مادة مُخَدِّرة (إدمانيَّة) narcotic, drug, dope (Chem.)
مِخدَشة: لِنَبْش سطحِ الطريق قبل إعادة التعبيد scarifier (Civ. Eng.)
~ سِلْكيَّة wire scratcher (Build.)
مَخدوم: ربُّ العمل employer
مِخذَفة، مِقلاع sling
مِخراز، مِثقَب، مِخْرَز awl, bradawl (Carp.)

مُخَرِّب saboteur *(n.)*
~، مُدَمِّر destructive, ruinous *(adj.)*
مَخرَج، مَقام (الكسر) denominator (Maths.)
~، مَنْفَذ (للخُروج) exit, outlet, egress, vent
~ ثانٍ second outlet (Mining)
~ الزيت oil outlet (Eng.)
~ الطوارئ emergency exit
الـ ~ المُشترَك الأصغر least common denominator (Maths.)
~ مَقابِس receptacle outlet (Elec. Eng.)
~ النَّجاة من الحريق fire escape (Build.)
~ الهواء air outlet
مُخْرَج، خَرْج output (Eng.)
~ المُفاعِل، دَفيقُ المُفاعِل reactor effluent (Nuc. Eng.)
مُخْرِج (سينمائي) producer, director
مِخْرَز، مِخراز awl, bradawl (Carp.)
~ تحزيز scratch awl (Carp.)
~ الثَّلج: مِخْرَزٌ لِقَطْعِ الجَليد ice pick
~ خَدْش scribe awl, scriber (Carp.)
مُخَرَّش، مُفَرَّز: مُسَنْسَن ليسهلَ قبضُه knurled, milled
مُخَرِّش، مُهيِّج irritant (Biol.)
مِخرشة knurling tool (Eng.)
مِخرَطَة: مَكَنةُ خِراطة lathe, turning machine (Eng.)
~ آليَّة power lathe, engine lathe (Eng.)
~ أعمدة الإدارة shafting lathe (Eng.)
~ أوتوماتيَّة self-acting lathe, automatic lathe (Eng.)
~ بُرجيَّة capstan lathe, turret lathe
~ تُرسيَّة geared lathe (Eng.)
~ تَسوية: للأجسام الكبيرة القُطر face lathe, surfacing lathe (Eng.)
~ للتشغيل الثقيل heavy-duty lathe (Eng.)
~ تشكيل forming lathe (Eng.)
~ ثابتةُ الشِّياق dead-centre lathe (Eng.)
~ ثُلاثيَّةُ السُّرعات treble-geared lathe
~ خَشَب wood-turning lathe (Eng.)
~ ذاتُ تَغْذِية مُستقِلَّة independent-feed lathe (Eng.)
~ ذَنَبيَّة centre lathe (Eng.)
~ رَحْو spinning lathe (Eng.)
~ سَريريَّة bed-lathe (Eng.)

~ صَقْل polishing lathe (Eng.)
~ ظَرْفيَّة chuck lathe (Eng.)
~ عامَّةُ الأغراض universal lathe (Eng.)
~ فجويَّة: ذاتُ فَرشة فَجويَّة gap lathe
~ قَدَميَّة foot lathe (Eng.)
~ قَضيبيَّة bar lathe (Eng.)
~ لَوْلَبة screw-cutting lathe (Eng.)
~ مِدْوَسيَّة: تُدارُ بِمدْوَس treadle lathe
~ مُفرَغَةُ الشِّياق hollow mandrel lathe
~ نَسّاخة copying lathe (Eng.)
~ نَضَديَّة bench lathe (Eng.)
~ يدَويَّة hand lathe (Eng.)
مُخَرَّم، مُثَقَّب perforate, punched
مَخروط، جِسمٌ مَخروطيُّ الشكل cone (Maths.)
~: ثَمرة صنوبريَّة strobilus, strobile, cone (Bot.)
~ آليًّا machine-turned (Eng.)
~ الاحتِكاك cone of friction (Eng.)
~ أقطَع truncated cone (Maths.)
~ الانصِباب dejection cone (Geol.)
~ حاجِزي phragmocone (Zool.)
~ حراري، ~ زيجَر: pyrometric cone, Seger cone (Eng.)
~ (دائريٌّ) قائم right (circular) cone (Maths.)
~ الدُّخول entry cone, (Space)
~ الدوران cone of revolution (Maths.)
~ الذيل tail cone (Aero.)
~ الرأس (في مُقدّمةِ الصاروخ) nose cone
~ الريح: كُمُّ الريح wind cone (Aero.)
~ سَحج abrasive cone (Eng.)
~ السُّكون cone of silence (Radio)
~ الظِّل shadow cone, cone of umbra (Phys., Astron.)
~ الفاصِل أو القابِض clutch bevel (or cone) (Eng.)
~ قائم right cone (Maths.)
~ مائل oblique cone (Maths.)
~ مُغَلِّف enveloping cone (Maths.)
~ مَقطوعٌ أو أبتَرُ أو ناقِص truncated cone (Geom.)
مَخروطات: منتوجات الخراطة turnery (Eng.)

مَخْروطانيّ، شِبْهُ مَخْروطي conoid

مَخروطيّ، مخروطيُّ الشكل conic (or conical), cone-shaped (Maths.)

~، صنَوبَري conifer (Bot.)

~ مَقْلوب obconic(al)

المَخروطيّات، الفَصيلةُ الصَّنوبريّة Coniferae (Bot.)

مَخْروطيّة conicity

مَخروم، مُخرَّم punched, perforated

مُخزٍ، مُعيب shameful

~، مُهين degrading

مَخْزَن، مخزنُ البندقية magazine, charger case (Mil.)

~، ذاكِرة storage, store (Comp.)

~، مستودع store, storehouse, depot; depository

~ أدوية drug-store (Chem.)

~ بضائع، مُسْتَوْدَع warehouse

~ تعاوُني coop(erative)

~ حُبوب garner, granary

~ دائِم: لا تُمحى محتَوياتُه بانقِطاع التيّار permanent store (Comp.)

~ دَعْم: يَختزِنُ معلوماتٍ كثيرة خارجَ الذاكِرة الرئيسية backing store (Comp.)

~ مُباشَر الوُلوج zero-access store (Comp.)

~ المُقدَّمة (في سفينة) forepeak (Naut.)

~ وَقُود bunker (Eng.)

مَخزَني، أقراباذِيني officinal (Med.)

مَخزون store, stock, dump

الـ~: الموجودُ من البضائعِ في المَخزن inventory

الـ~ الاحتياطي stockpile

~ أساسي base stock (Min., Geol.)

مَخزوناتٌ خام raw stocks

~ فائضة surplus stocks

مُخْشَوشِب، مُتَخَشِّب lignified

~، خَشبي ligneous (Bot.)

مِخصاب، مُخْصِب، خَصيب fertile (Bot., Phys.)

مُخصِب، مُخَصِّب: سَماد (طبيعي أو كيماوي) fertilizer (Agric.)

مُخَصَّص: مُعَيَّن specified, designated, earmarked

~ (لغرضٍ محدَّد) dedicated (Comp.)

مُخَصَّصات allowances

مَخصوم، محسوم، مطروح deducted, subtracted

مَخْض (الحليب) churning (Food Sc.)

مُخَضَّب، مَصْبوغ dyed; pigmented

مُخْضَع subjected; subordinated, subdued

مُخضَّل moist(ened), wet(ted)

مِخطاط scribe(r); plotter, -graph

~ الارتفاع، مِرسَمةُ الارتفاع altigraph

~ أكتيني، مِرسَمة أكتينيَّة actinograph

~ بَيانيّ، راسِمةٌ بيانيَّة graph plotter

~ التمَوُّج kymograph (Phys., Med.)

~ الحرارة، ~ ترمومتري thermograph, thermometrograph (Meteor.)

~ الذَّبْذبة، أُسِّيلوغراف oscillograph (Electron.)

~ الرَّصْد الجَوِّي meteorograph

~ الرُّطوبة hygrograph (Meteor.)

~ رَقميّ digital plotter (Comp.)

~ الطيف spectrograph (Phys.)

~ طَيفيّ إسفينيّ wedge spectrograph

~ كَهْربائيَّة القَلْب electrocardiograph (Med.)

~ المَيْل clinograph (Eng.)

~ النَّبض sphygmograph (Med.)

مُخطِّط: واضِعُ الخُطَط planner, designer

~، رَسّامُ مُخطَّطات draughtsman, draftsman

~: مِخطاط (أنظر: مِخطاط) scribe(r)

مُخَطَّط، مُقلَّم streaked, lined, striped, striated

~: رسمٌ بالخطوط لعملٍ ما diagram, graph, schema, -gram

~، خُطَّة plan, scheme, plot

~، تصميم نَمَطيّ design

~ اتِّزان equilibrium diagram (Phys.)

~ إجماليّ sketch

~ الأساس ground plan (Build., Civ. Eng.)

~ استِشْرابيّ chromatogram (Chem.)

~ (أو مُنحني) الاستِقطاب polarogram (Chem.)

~ أشِعَّة ray diagram (Opt.)

~ أعمِدة، رسمٌ بَيانيّ بالأعمِدة bar graph (Maths., Stat.)

~ (أو خَريطة) أعمِدة bar chart (Stat.)

~ انسيابيّ (لمَسار العمليّات) flowchart (Comp.)

~ (بَيان) الإنتاج yield chart

~ بَيانِ التقَدُّم progress chart (Eng.)

~ (~) المُتَّجِهات vector diagram

~ بَيانيّ diagram; chart (Maths.)

~ ~ للتوصيلات connection diagram

~ ~ (ثُلاثيُّ الخُطوطِ أو المُنحنَيات) nomogram = nomograph (Maths.)

~ (بَيانيّ) دائريّ circle graph

~ بَيانيّ سَمْعيّ audiogram (Phys.)

~ التداخُل interferogram (Eng., Phys.)

~ تَرسيميّ schematic diagram

~ التزليق lubrication chart (Eng.)

~ التغايُر: في التركيب الكيماوي لِلصُّخور variation diagram (Chem., Geol.)

~ تَقْريبيّ rough sketch

~ تكويني (لحالات المنظومة) constitution diagram, phase diagram (Chem.)

~ تَمْهيدي outline, preliminary plan

~ تَنْظيميّ organization chart

~ تنفيذ (برامِج الشُّغلة) run chart = run diagram (Comp.)

~ توزيع التواتر frequency diagram = histogram (Stat.)

~ التوصيلات connection layout, connection diagram

~ ~ السِّلْكيَّة wiring diagram (Elec. Eng.)

~ توقيت timing diagram (Comp.)

~ جانِبيّ profile chart

~ حُدود term diagram (Phys.)

~ حَراري thermogram (Meteor.)

~ لِحَركة القَلْب cardiogram (Med.)

~ خَرائطي chart

~ الدارة (الكهربائية) circuit diagram (Elec. Eng.)

~ دَرَجيّ لِتَوزيع التواتُر histogram (Stat.)

~ الدَّورية periodogram (Phys.)

~ الذَّبْذَبة oscillogram (Elec. Eng.)

~ الرُّطوبة hygrogram (Meteor.)

~ الرِّيح، سِجلُّ سُرعة الريح anemogram (Meteor.)

~ سَيْر البرنامَج — program flowchart (Comp.)
~ ~ العَمليّات — flowchart (Comp.), flow diagram (Eng.)
~ شبَكة الأنابيب — piping diagram
~ شِبه لوغاريتمي: أحَدُ مَقاسَيْه لوغاريتمي والآخَرُ خطِّي — semi-logarithmic chart (Maths)
~ الصَّدى، ~ صَدَويّ (لِتَضاريس قاع البحر) — echogram (Geophys.)
~ الضَّغْط الجَوِّي — barogram (Meteor.)
~ طابقٍ في مَبْنى — floor plan (Build.)
~ الطَّور — phase diagram (Elec. Eng.)
~ الطيف — spectrogram (Phys.)
~ العَمليّاتِ المُتَعاقِبة — process chart (Eng.)
~ القَلب الكهربائيّ — electrocardiogram, (ECG) (Med.)
~ القُوى البَيانيّ — force diagram (Phys.)
~ كَهربائيّ — electrogram (Elec. Eng.)
~ كهربائيّة الدماغ — electroencephalogram (Med.)
~ المَدّ — marigram (Surv.)
~ مُصافَّة — alignment chart, monogram
~ مُنْحَنياتِ التناقُصِ الأدياباتي (مِحوراهُ درجةُ الحرارة والإنتروبيا) — tephigram (Meteor.)
~ مَنْظوريّ شامِل — panoramic sketch
~ المَوقِع — location plan (Civ. Eng.)
~ بالنَّظَر — eye-sketch
~ هَيكليّ — skeleton (diagram) (Surv.)
~ وظيفيّ — functional diagram (Eng.)
مُخطَّطاتُ التحَكُّم — control charts (Eng.)
مُخَطِّطة: راسِمةُ خُطوطٍ بَيانيَّة — plotter (Comp.)
~: آلةُ تخطيط (أُنظر: مِخطاط) — plotter, -graph
مَخطوطة — manuscript
مُخطِئ، خاطِئ — erroneous, wrong, mistaken
مِخفات، مُخْفِت: مُخفِتُ الصَّوتِ أو الضوء — fader (Phys.)
مُخفِتُ الضوء — dimmer
مَخْفِر: مَكانُ الخِفارة والحِراسة — post
~ شُرطة — police station

~ مُتقَدِّم — outpost (Mil.)
مُخفَّض، مَنقوصُ القيمة — diminished, decreased, reduced
~، مُخَفَّضُ المَوقِع — depressed, lowered
مُخفِّض، مُصَغِّر، مُنَقِّص — reducer
~ الذُّروة — deaccentuator (Acous.)
~ الصَّوت، خافتُ الصوت — muffler, silencer (Autos.)
~ الضغط — pressure reducer, relief cock (Eng.)
مُخَفَّف: مُرَقَّقُ القَوام أو التركيز — diluted (Chem.)
مُخَفِّف، مُخافِت، مُوهِن — attenuant
~، مُرَقِّق: مُرَقِّقُ القَوام — thinner, diluent (Paint.)
~: مُقَلِّل — reducer (Eng.)
~: مُلَطِّف — palliative, soothing (Med.)
~ التركيز — diluent, deconcentrator (Chem.)
~ التوتُّر — relaxant (Med.)
~ الصِّباغ (أو الدِّهان) — paint thinner (Paint.)
~ السُّرعة — decelerator (Mech.)
~ الصَّدْم — buffer, shock absorber (Eng.)
~ الضَّغط (أو مُزيلُه) — decompressor (Eng.)
~ اللُّزوجة — viscosity breaker (Chem.)
~ (طِلاءِ) اللَّك — lacquer thinner (Chem.)
~ النُّور، مُخفت الإنارة — fader, dimmer
مُخفِق — abortive, unsuccessful
مِخفَقة، خَفّاقة — whisk, beater, whip
مَخفور، مَحْروس — guarded; escorted
مَخفيّ — concealed, hidden
مُخفية الوَميض — flash concealer (Mil.)
مُخْل، عَتَلة — crow, crowbar, handspike, pry = pry-bar (Build.)
~ الحِجارة — lewis, lewisson (Build.)
~ بِخُطّاف — peav(e)y
~ صَغير — jimmy, jemmy, small crowbar (Build.)
مِخلَب، بُرثُن — talon, claw; paw (Zool.)
~: كُلّابٌ مِرفاعي — crampo(o)n (Build.)
~ الفاصِل (أو القابِض) — clutch dog (Eng.)
مُخَلِّج — convulsant, convulsive (Med.)
مُخلْخَل، مُخَفَّفُ الضغط — rarefied, rare (Phys.)

~: غيرُ مُتَضام، مُفَكَّك — disjoined, disjointed
مُخْلِص — sincere, faithful
مُخَلِّص، مُنْقِذ — rescuer, savor
~ جمركي — customs agent or broker
مُخَلَّط، مَخلوط — mixed, blended
~، مُشَوَّش — jumbled, muddled
مُخَلِّط، خَلّاط — mixer, malaxator; scrambler
~ تَعْمِيَة — scrambler (Elec. Comm.)
~ الكلام — speech scrambler (Elec. Comm.)
مُخلَّع، مُزَعْزَع — disjointed, cranky, rickety; shaky
مُخَلَّف، مُتَخَلِّف، فُضالة — residue
~: مُتَخَلِّف عمَّا قبلَه أو بعدَه — staggered (Eng.)
مُخَلَّفات، بَقايا — remains, remnants
~ الاحتِراق — clinker (Eng.)
~ أسفَلْتية — asphalt bottoms (Pet. Eng.)
~ التقطير — tails, tailings (Chem.)
~ التكسير — cracked residue (Pet. Eng.)
~ مُشِعَّة — radioactive debris (Phys.)
مُخَلِّقُ ثُقوب — broach (Eng.)
~ ~ اتِّساعي — expansion reamer (Eng.)
~ ~ مُستَدِق — taper broach (Eng.)
مَخْلوط، مَزيج، خليط — mixture (Chem.)
~ أصْهَريّ: ذو نُقطة انصِهارٍ دُنيا — eutectic mixture (Chem.)
~ أمثَل — optimum mixture (Chem.)
~ مُتَجانِس — homogeneous mixture
~ مُتَوالِف — blend (Chem.)
~ مُستَوفِر: نِسبةُ الوَقود إلى الهواء فيه فوقَ المُعدَّل — rich mixture (Eng.)
~ مُفتَقِر — poor mixture (Civ. Eng.)
~ مُقاوِم للتجمُّد — antifreeze mixture (Chem., Eng.)
مَخلوق (ج. مخلوقات): كائِن — creature
~: مَصنوع — created, formed, made
مُخْمَد، مُخَمَّد، مُضاءَل — damped (Phys.)
~، مُطفَأ — extinguished
~، مَكْبوتٌ أو مَقْموع — suppressed
مُخَمِّد، مُضائِل، مُوهِن — amortisseur = damper, dampener (Phys.)
~، مُثَبِّط — depressant
~ الاِلتِواء — torsion damper (Eng.)

مُخَمِّد (تابع)

~ الإنعِراج yaw damper (Aero.)

~ الاهتزاز (أو الارتجاج) vibration damper (Eng., Phys.)

~ التَّمَوُّر surge damper (Hyd.), desurger (Elec. Eng.)

~ بالتيّارات الدُّوّامِيَّة eddy-current damper (Elec. Eng.)

~ حارِف baffle silencer (Eng.)

~ بالزيت والهواء المضغوط oleo-pneumatic shock absorber (Eng.)

~ زَيتيّ oil-buffer, oleo shock absorber (Eng.)

~ شَرَر spark absorber (Elec. Comm.)

~ الصَّدى echo suppressor (Elec. Comm.)

~ الصَّدمات antishock, shock absorber, buffer, shock damp(en)er (Eng.)

~ صَدَماتٍ سائلي hydraulic shock absorber (Eng.)

~ ~ طَوقي band shock absorber (Eng.)

~ الصَّوت silencer, muffler (Autos.)

~ هَيدرولي hydraulic buffer (Eng.)

مُخَمِّدة: وِثارُ تخميد pad, cushion (Eng.)

مَخمَر (لإنضاج الثمار أو التَّبغ) sweat room

مُخَمَّر fermented, leavened, brewed

مُخَمِّر leavening agent, fermenter, zymogenic (Food Sc.)

مُخَمَّس، مُضَلَّعٌ خُماسيّ pentagon (Maths.)

مَخمَصة، جُوع starvation, hunger

مُخمَل، قَطِيفة velvet

مُخمَليّ velvet(y)

مُخَمِّن، مُقَدِّر assessor, estimator

مُخَمَّنة (بالحَدْس) conjecture

مُخَنْدِقة ditcher (Civ. Eng.)

~ دَوالِيبيَّة wheel ditcher (Civ. Eng.)

مَخنَق: مَجازٌ ضَيِّق throat, throttle, bottleneck

مِخنَق choke (Eng.)

~ القاع (في بئر النفط) bottom-hole choke (Pet. Eng.)

~ كامِلُ الانفِتاح full throttle (Eng.)

مِخنَقة، مِسنَدُ تَثبيت steady rest (Eng.)

~، شَرّاقة strangler = choke (I.C. Engs.)

~ المِخرطة lathe steady rest (Eng.)

~ المُكَربِن carburettor choke (Autos.)

مُخَوَّش: ليغطِسَ بمُوازاةِ السَّطح countersunk (Eng.)

~: ليغطِسَ فيه المسمارُ بموازاة السطح counterbored (Eng.)

مُخَوِّشة، أداةُ تَخْويش countersink (Eng.)

~ قُرْصِيَّة rose bit (Carp.)

مُخّي cerebral (Zool.)

~ شَوكي cerebrospinal (Zool.)

مُخَيخ، رَنْح cerebellum (Zool.)

مُخَيخيّ cerebellar (Zool.)

مُخَيَّر: اختياريُّ التنفُّس هَوائيًّا أو لاهَوائيًّا facultative (Bot., Zool.)

مَخِيض، لَبَنٌ مَخيض buttermilk (Food Sc.)

مُخَيِّلة، خَيَال imagination, fancy

مُخَيَّم camp

مَدَّ، بَسَطَ extend, stretch, spread, lay out

~، طَوَّلَ protract, prolong, extend

~ (خَطًّا على استِقامتِه) produce

مَدّ، امتداد extension, stretching

~، ذُروةُ الـ ~ high tide (Astron.)

الـ ~ والجَزْر tide (Astron.)

~ الأنابيب pipe laying (Civ. Eng.)

~ البَصَر، طُولُ البَصَر، طَرَح farsightedness, longsight(edness), hypermetropia = hyperopia (Med.)

~ تَربيعيّ، مَدٌّ أو جَزْرٌ ناقِص: في التربيع الأوَّل والثاني مِن أوجُهِ القَمر neap = neap tide (Astron.)

~ التوصيلات السِّلكية wiring (Elec. Eng.)

~ رَبيعيّ، مَدٌّ (أو جَزْرٌ) تامّ spring tide (Astron.)

~ السِّكك الحديدية track-laying, plate-laying

~ العَواصِف storm tide (Meteor.)

~ الكُبول (أو الكَبْلات) cable laying (Elec. Eng.)

~ النِّطاق band spreading (Elec. Comm.)

مَدَى، اِمتِداد، اِتِّساع extent, latitude, scope, amplitude

~: مَجالٌ بينَ حدَّيْن range (Stat., Surv.)

~: بينَ صُدور الكمبيالة واستِحقاقِها tenor

~، مَسافة (الشوط) distance, travel, throw (Eng.)

~: حَدّ، غايَة limit

~: دَرَجة degree

~ آلَةِ القياس instrument range (Eng.)

~ الإبصار، ~ البَصَر range of vision, visual range, eye shot

الـ ~ الأدنى minimum range

~ ارتِجاح الشَّبَكةِ الأقصى grid sweep (Electron.)

الـ ~ الأقصى maximum range

~ الأمان radius of safety (Mil.)

~ انزلاقٍ ثابت (للصمام) constant travel (Eng.)

~ بَعيد long range

~ التأثير radius of influence

~ التبريد cooling range (Eng.)

~ التجَمُّد solidification range (Chem.)

~ التردُّد، نِطاق التردُّدات frequency range (Phys.)

~ التعرُّض latitude of exposure

~ (أو مَجال) التَّغطية coverage

~ التقطير distillation range (Chem.)

~ تكيُّف العَين range of accommodation (Med.)

~ الجَهارة volume range (Acous.)

~ جهازِ القياس instrument range (Eng.)

~ حُرّ free path (Phys.)

~ حراريّ thermal range (Phys.)

~ حَرِج critical range (Met.)

~ حركةِ الصِّمام travel of valve (Eng.)

~ دَرَجة حَرارة الزيت في التشغيل العادي operating range oil temperature (Eng.)

~ الرادار radar range (Radar)

~ راديُويّ radio range (Elec. Comm.)

~ الرَّفْع lift (Aero., Eng.)

~ الرؤية visibility, radius of visibility (Phys.), range of visibility (Meteor.)

~ الزَّيت: نِسبةُ الزيتِ إلى الراتينج في الوَرْنيش oil length (Paint.)

~ السُّرعة speed range (Eng.)

~ السَّمع earshot, range of hearing

~ شَوطِ الكَبّاس throw, travel (of piston) (Eng.)

الـ ~ الصِّفْر range zero (Electron.)

~ طاقيّ، ~ الطاقة energy range (Phys.)

مَدَى (تابع)
~ طوليّ linear range
~ العَمَل: نِصفُ قُطْر دائرةِ المَدى radius of action (Aero., Naut.)
~ الغَلَيان boiling range (Chem. Eng.)
~ غير مُتَناهٍ infinity (Maths.)
الـ ~ الفَعّال (لدِقَّةِ جِهاز القياس) effective range (Eng.)
~ فَوق سَمعيّ ultrasonic range (Phys.)
~ قريب close range
~ القياس (في جهاز القياس) indication range (Eng.)
~ الكاشِف: مَدى قِيَم الرَّقْم الهدروجينيّ التي يُغيِّر الكاشِفُ لونَه فيها indicator range (Chem.)
~ (تَحَرُّك) الكَبّاس piston travel (Eng.)
~ كُتْليّ mass range (Phys.)
الـ ~ المُتَبَقّي residual range (Phys.)
الـ ~ المُتَوسِّط mean range (Phys.)
~ المُرونة، نِطاقُ المُرونة elastic range (Eng.)
~ المَسْموعيَّة range of audibility (Acous.)
~ المِقياس scale range = scale span
~ المُوالَفة tuning range (Radio)
~ مُؤثِّر: المَدى الفَعّال لجهاز القياس effective range (Eng.)
الـ ~ المَوجيّ wave range (Phys.)
الـ ~ النِّهائيّ أو الحَدِّيّ limiting range (Eng.)
مُدابِرُ الرِّيح leeward
مُداخَلَة: مُداخَلَةُ النَّقْلِ أو التَّشغيل أو المُعالَجة interleaving, interlacing
~ النَّبَضات pulse interleaving (Elec. Comm.)
مَداخيل (الدارة المنطقيّة) fan-in (Comp.)
مَدّاد، باسِط extender (Build., Photog.)
مِدادٌ سِرِّيّ sympathetic ink
مَدّادَة: كَمَرة أُفُقيَّة (تَدْعَمُ رَوافِدَ السقف) purlin(e) (Build.)
مُدار driven
~ أوتوماتيًّا automatically operated, automated (Eng.)
~ بالبُخار steam-driven (Eng.)
~ بِكامةٍ أو حَدَبة cam-operated (Eng.)
~ بمُحَرِّك engine-driven, power-driven

~ بالمُسَنَّنات gear-driven (Eng.)
~ بالهَواء air-actuated
مَدار، دارة: مَسْلَك دائريّ circuit
~، فَلَك orbit (Astron., Phys.)
~: قُطْبُ الدَّوران pivot (Eng.)
~: أحَدُ خَطَّي العرض ½ ٢٣° شماليّ أو جنوبيّ خط الاستواء tropic (Geog.)
~ أرضيٌّ استِقراريّ: مُتزامِنٌ معَ دَوران الأرض geostationary orbit (Space)
~ إستِوائيّ equatorial orbit (Astron.)
~ الإلكترون electron orbit (Chem.)
~ إهليلجيّ elliptical orbit (Astron.)
~ التوازُن equilibrium orbit (Phys.)
~ الجَدْي tropic of Capricorn (Geog.)
~ الجُسَيْم particle orbit (Phys.)
~ السَّرَطان tropic of Cancer (Geog.)
~ الشمسِ الظاهِريّ ecliptic (Astron.)
~ قُطبيّ polar orbit
~ قَمَريّ: حولَ القَمر lunar orbit
~ كَوكبيّ planetary orbit (Astron.)
~ اللّاتَرابُط antibonding orbital (Chem.)
~ لامَرْكَزيّ eccentric orbit
~ مُتزامِن: يبدو فيه التابعُ مُستَقِرًّا بالنسبة لِلأرض synchronous orbit (Astron.)
~ مُستَقِرّ stable orbit (Space, Astron.)
~ ناقِصيّ: على شكل قطع ناقص elliptical orbit (Space)
مَداريّ tropic, tropical *(adj.)* (Geog.)
~: مَدارٌ إلِكترونيّ orbital *(n.)* (Phys.)
~ ذَرِّيّ: دالَّةٌ مَوجيَّة تحدِّدُ طاقةَ الإلكترون في الذَّرة atomic orbital (Phys.)
مَداس: السطحُ المُحيطيُّ لِلإطار tread (Eng.)
~ العَجَلة wheel tread (Eng.)
مُدافِع defender
مُدافَعٌ عنه defendant
مَدالُ البوصلة، مِينا البوصَلة compass dial
مَدالة: قُرصٌ مُدَرَّج (أو ذو أزرار) dial, keypad (Elec. Comm.)
~ إبريَّة: قُرْصٌ مُدَرَّجٌ ذو إبرة needle-dial
~ (ضَبْطِ) التسديد range dial
~ الرِّيح: مِقياسُ سُرعةِ الريح wind dial (Meteor.)
~ مُضاءَة، مِينا مُضيئَة luminous dial
~ الهاتِف: بالقُرْص telephone dial

~ ~: بالأزرار telephone keypad
~ وَرْنيَّة: قُرصٌ مُدَرَّجٌ ذو وَرْنيَّة vernier dial
مُداوٍ curative, therapeutic (Med.)
مُداواة، مُعالَجة medication, therapy, treatment
~ بالأشِعة radiotherapy (Med.)
~ كيميائية chemotherapy (Med.)
مُداوَلة، مُباحَثة، تَشاوُر conference, deliberation, discussion
~ بُعاديَّة: باستخدام الفيديو والخطوط الهاتفية teleconferencing (Elec. Comm.)
~ صُغْريَّة: تِقْنيّاتُ التَّشريحِ أو الحَقْن المِجْهريّ micrurgy, micromanipulation (Biol.)
مُداوِلة circulator (Radar)
مُداوَمَة sustenance, maintenance
~، إستِمرارُ الأثَر persistence (Phys.)
~ الإنتاج maintaining the output
~ الضغط pressure maintenance (Eng.)
مُداوِمةُ العَرْض persistron (Electron.)
مُدَبَّب pointed, tapered
مُدَبَّجٌ بأحرفٍ كَبيرة engrossed
مُدَبَّر arranged, planned
~، مُتَعَمَّد deliberate
مُدَبِّسة stapler
مَدْبَغة، مَدبغةُ الجُلود tannery
مَدْبوغ tanned
~ بأملاح الكروم chrome-tanned
مُدَّة: فَترة، أجَل term, time; duration, interval
الـ ~ الإجماليَّة للرِّحلة block time (Aero.)
~ الإيجار term of lease
~ التدريب apprenticeship
~ التعريض exposure time (Photog.)
~ التوَقُّف outage
~ الحَياة: العُمر life span, lifetime
~ الدور، فَترة الدور period (Phys.)
~ الدوران، ~ استمرار العمل أو الدوران run (Eng.)
~ الصَّلاحية life
~ صَلاحيَّة الغِراء بعدَ المَزْج pot life
~ الصَّلاحية لِلخِدْمة service life (Eng.)
مِدَّة، صَديد، قَيْح pus, matter (Med.)
مُدَجَّن، أليف tamed, domesticated

مِدْحاةُ تحبيرٍ يدوية brayer, inking roller (Typog.)
مِدْحَلَة، ~ دَلْفنة roller (Eng.)
~ رَصْف، ~ طُرُق roller, road roller (Civ. Eng.)
مِدْخان، مِبْخَرة: يُدَخَّنُ أو يُبَخَّر بها للتطهير fumigator
مُدَّخَر: مُوَفَّرٌ للمستقبل saved, reserved
مُدَّخَرات savings
مُدَّخِرة كهربائية accumulator (Elec. Eng.)
مَدْخَل، مُدْخَلَة: مادةٌ في مُعجم أو قائمةِ قُيود entry
~، دُخول entry, entrance, ingress
~: مَسْرَبُ دُخول inlet, intake; adit, portal, gateway, doorway
~ جانِبيّ side gate
~ الماء water inlet
~ المَدّ tidal inlet (Geog.)
~ المُراقبة (لِفَحْصِ المَجارير) manhole, inspection chamber
~ مَسْقوف، دِهليز vestibule (Build.)
~ مُقَنطَر: ذو قنطرة archway (Arch.)
~ الهواء air inlet = air intake (Eng.)
~ هواء اغترافيّ scoop air-intake (Aero.)
~ الهواء النَّقِيّ fresh-air inlet (San. Eng.)
~ الهوائي antenna lead-in (Elec. Comm.)
مُدْخَل input; intake (Eng.)
مُدْخِلَة، مُولِجة inserter
مُدَخِّن fuming
مُدَخَّن smoked (Food Sc.)
مُدَخِّنة: مادَّة يُدَخَّنُ بها fumigant (Chem.)
~: نَبيطةُ نَشْر الدخان للحِفظ أو التطهير fumigator, smoker
مِدْخَنة، مَدْخَن: مَصْرِفُ الغازات chimney, smokestack, flue
~ السَّفينة funnel (Naut.)
~ الفُرن furnace flue
مَدخول، إيراد، رَيْع income, earnings, revenue, yield
مَدَّدَ، تمدَّد، وَسَّعَ، بَسَطَ expand, protract, stretch
مَدَد، مُساعَدة، عَون aid, reinforcement, supply, succour
~: ~ النهر مِن غير ينابيعه runoff (Geol.)
~ شَحيح: قاصِرٌ عَن المطلوب short supply
المَدْر: المَدُّ والجَزْر tide (Astron.)
مَدَر: طِينٌ لَدن loam, mild clay (Eng.)
~ لَزِج mud cake
مُدِرّ -agogue
~ البَول diuretic, uragogue (Med.)
~ اللبن galactogogue, galactagogue
~ اللعاب، مُرَضِّب sialagogue (Med.)
مِدْرَأ، دَريئة shield (Phys.)
~ مِظَلّيّ petticoat (Elec. Eng.)
مُدَرَّأ، دَرِيء buffered (Chem.)
مِدْراج: مقياسُ التدَرُّج grading instrument = gradiometer (Phys.)
مُدَرَّب trained
مُدَرِّب، مُرَوِّض trainer, coach
~: مُعَلِّم instructor, teacher
مَدَرة: كُتلة مُتَراصَّة clod (of mud), cake
مَدْرَج: مَدرجُ الإقلاعِ والحَطّ runway (Aero.)
~ البِطاقات hopper (Comp.)
~ الحَطّ landing strip, landing ramp (Aero.)
~ (تَسجيلِ) الصَّوت sound-track (Cinema)
مُدَرَّج: مُعَلَّم بدَرَجاتِ قياس calibrated, graduated (Phys.)
~: على شكل مَصاطِب terraced
~: مَبْنًى مُدَرَّجُ المقاعِد amphitheater, stadium, grandstand (Arch.)
مُدْرَجة: رُقعةٌ مَلْفوفة scroll
مَدْرَجةُ كُرَيّات race, ball race (Eng.)
مُدَرِّجة، مُمَهِّدة المُنْحدَر grader (Civ. Eng.)
مِدْرَس: آلة الدِّراس threshing machine, thresher
مُدَرِّس instructor, tutor, teacher
مَدْرَسة. مَدْرَسيّ school
~ تِقْنِيَّة (أو صِناعية) technical school
~ المُراسَلة correspondence school
~ مِهْنِيَّة trade school, vocational school
مُدَرَّع، مُصَفَّح armoured, ironclad, metal-clad
مُدَرْفِلة، مُدَلْفِنة mill (Eng.)
~ صُبّات blooming mill, bloomer (Eng.) (أُنظر: مُدَلْفِنة)
مُدْرِك، عاقِل sensible
مُدْرَك conceivable, intelligible; sensible
~ ذِهنيّ، مَفْهوم، فِكْرة concept
مَدروج، مَمال: مَنسوبُ التدرُّج أو المَيل gradient (Phys., Surv.)
~ الجُهْد potential gradient (Elec. Eng.)
~ (أو مَمالٌ) حادّ steep gradient
~ الحَرارة، تَدَرُّج حراري thermal gradient, heat gradient (Phys.)
~ ~ (الأرضيَّة) الجَوفيَّة geothermal gradient (Geol.)
~ حراري رأسي vertical thermal gradient (Phys.)
~ درجات الحرارة temperature gradient (Phys.)
~ السُّرعة velocity gradient (Mech.)
~ الضَّغْط pressure gradient (Phys.)
~ ضَغْط المائع hydraulic gradient (Phys.)
الـ ~ الفِعْليّ: دَرجةُ المَيْل الفِعلي actual gradient (Surv.)
~ الفُلطيَّة voltage gradient (Elec. Eng.)
مَدْروس carefully considered
مَدْرِيّ، مَدِّيٌّ جَزْرِيّ tidal (Astron.)
مِدْسَرة: داسِرةُ دَفْع propeller, screw propeller (Eng.)
~: دافِعة بالدَّق punch (Eng.)
~ بِرشام riveter, rivet gun, riveting machine (Eng.)
~ مَسامير brad punch, nail set, nail punch (Carp.)
مُدَّعًى عليه defendent
مُدَعَّم، مَدْعوم supported, sustained
~ بأكثر ممّا يَنْبغي redundant (Eng.)
المُدَّعي: مُقيمُ الدَّعْوى plaintiff, suitor
مِدْفأة heater, stove
مَدفأة البادِرات hot-bed (Agric.)
مِدْفَع cannon, gun (Mil.)
~ رَشّاش machine-gun (Mil.)
~ لاارتدادي non-recoil(ing) gun, recoilless gun (Mil.)
~ مُضاد للطائرات antiaircraft gun, ack-ack (Mil.)
~ هاوَن mortar (Mil.)
مِدْفَعَة gun (Eng.)
~ (أو حاقِنَةُ) الإسمَنْت cement gun (or injector) (Civ. Eng.)

مِدْفَعَة (تابع)
~ إلكترونات electron gun (Electron.)
~ أيونات ion gun (Electron.)
~ بِرشام rivet gun (Eng.)
~ (ذَرِّ) المساحيق powder gun
~ رَشٍّ داخليَّة المَزْج internal mix spray gun (Build.)
~ شَحْم، ~ تَشْحيم lubricating gun (Eng.)
~ ~ ضَغطيَّة pressure grease gun (Eng.)
~ نيوترونات neutron gun (Phys.)
مِدْفعيّ gunner (Mil.)
مِدفعيَّة artillery (Mil.)
مَدْفَن: مَطمَر المَواد المُشِعَّة graveyard (Nuc. Eng.)
مَدفوع، مُسَدَّد القيمة paid, settled
~ بالنَّفث jet-propelled (Eng., Aero.)
مَدْفون buried, embedded
مِدَقّ، مِدَقَّةُ هَرْس pestle (Chem.), muller
~، مِطرقة mallet, hammer, beetle
~ الخَوازيق pile-driver, spile driver, monkey (Civ. Eng.)
مِدَقَّة: مِطرقة الباب أو الجرس clapper
~، دَسْتجة: يَدُ الهاوَن pestle (Chem.)
~، مِخْبَط flail
~: عُضْوُ التأنيث في الزَّهرة pistil (Bot.)
مُدَقِّق particular, meticulous, scrupulous
~ حِسابات auditor, comptroller
مُدَقَّق، مُحَقَّق scrutinized, checked, verified
مُدَقِّقة، مُحَقِّقة verifier (Comp.)
مِدَكّ، راضِمة، مُدمِّجة compactor
~، مِيطَدة: مِدَكٌّ ضخم ram, rammer (Build.), tamp(er), punner (Civ. Eng.)
~ ميكانيكي، ~ آليّ mechanical rammer (Eng.)
~ نَفْخيّ: بالهواء المضغوط pneumatic rammer
~ هَيْدروليّ hydraulic ram(mer) (Eng.)
~ يَدويّ، مِطرقةُ دَكّ pummel = punner, hand rammer (Civ. Eng.)
مَدْكوك rammed, punned, compacted
~ جُزئيًّا partly compacted
مُدَلًّى dangling, pendant; drooping
مُدَلَّاة: دَواةٌ أو مفتاحٌ كهربائي مُتدَلٍّ pendant = pendent (Elec. Eng.)

مُدَلْفَن: مُسَوًّى أو مُشَكَّلٌ بالدَّلْفَنة rolled, milled (Eng.)
~ على البارد cold-rolled (Eng.)
مُدَلْفِناتُ الكُتَل billet mills (Eng.)
مُدَلْفِنَة rolling mill (Eng., Met.)
~ اِرتجاعيَّة pull-over mill (Met.)
~ انعكاسية الحركة reversing mill (Eng.)
~ بأُسطوانتَين مُتراكِبتَيْن two-high mill
~ بثلاثِ أُسطُوانات مُتراكِبة three-high mill (Eng.)
~ (أو مِطلَمة) ترادُفيَّة tandem mill (Eng.)
~ تَسْطيح flatting mill (Met.)
~ صَبّات bloomer = blooming mill (Eng.)
~ الصَّفائح plate mill (Eng.)
~ عامَّة، ~ ألواح slab(bing) mill (Eng.)
~ قُضبان bar mill (Met.)
~ نَورات blooming mill, cogging mill, billet (slab) mill (Eng.)
مُدَلْفَنة billet (Met.)
مُدَلِّك masseur (Med.)
مَدْلول، دَلالة indication, denotation
~: مَعنى purport, meaning
~ مِقياسِ الضغط gauge pressure (Eng.)
~ ~ الطول gauge length (Eng.)
مِدْماج: مِدَكُّ التُّربة compactor
مِدْماك، عَرَقَة course, layer (Build.)
~ (أو عَرَقَةُ) الأساس ground table (Build.)
~ بارِز belt (course), string course, (over-)sailing course (Build.)
~ رَبْط lacing course (Build.)
~ مِن الطُّوب المُجانَب stretcher (or stretching) course (Build.)
~ (ظاهِرٌ) مِن الطُّوب المُستَعرِض heading course (Build.)
~ عازِلٌ للرُّطوبة damp course (Build.)
~ العَقْدِ الرئيسي key-course (Civ. Eng.)
~ مُجانَبُ الطُّوب rowlock (Arch.)
~ ناتِئ belt (course), string course (Build.)
مِدَمَّة، مِسْلَفة rake, harrow (Agric.)
مُدْمَج: مُدْمَجٌ بَعضُه ضمنَ بعض لِيَشْغَلَ حَجمًا أقلّ compact, compacted (Eng.)
~: مُدْمَجٌ في مَنظومةٍ كأحَدِ مُقوِّماتِها integrated (Elec. Eng.)
مُدمِج: عاملُ تَدميج coalescent (Chem.)

~، مِدماج: مِدَكّ compactor (Civ. Eng.)
مُدَمَّر destroyed, ruined, demolished
مُدَمِّر destructive, devastating, ruinous
مُدَمِّرة destroyer (Naut.)
مُدْمِن addict
مَدْموج، مُبَيَّت inbuilt, embedded, incorporated
~، مُدْمَج compacted, compact
مُدَنَّر، مُرَقَّش، مُرَقَّط dappled, mottled
مَدَنيّ: خاصّ بالواجبات المُواطِنيَّة civic
~: غير عسكري؛ أهليّ civil
~، حَضَريّ urban
مَدَنيَّة، حَضارة civilization
مُدهِش astonishing, amazing, stunning
مُدهَش، مَدهوش astonished, amazed, stunned
مَدْهوك، مَهروس crushed, mashed
مَدهون painted
مُدَوٍّ: راعِد thundering, reverberating
~: رَنّان resonant, (re)sounding
مِدوار: مِقياسُ المُدوَّرات (الدوائر والأقواس) أو عَدّاد الدَّورات (التي يدورها دولاب) cyclometer (Eng.)
مَدُود: قابلٌ للامتداد أو التوسيع expansible, extensible, stretchable
مُدَوِّر: مِحورُ تَدوير rotator, rotating crank (Eng.)
~، سَوّاق driver
~، دَوّار rotator (Phys.)
~ مِضَخَّةِ التزييت oil pump drive (Eng.)
مُدَوَّر، دائريُّ الشكل round, rounded
~: مُقَرَّب rounded (Maths.)
~ الحَوافّ (بالحَتّ) subrounded (Geol.)
مَدْوَر: مدًى تدور فيه المركبات turnaround (Civ. Eng.)
مُدَوِّرة: مِحورٌ دَوّار rotating crank (Eng.)
~ الأُسطوانة أو الشريط المُسَجَّل deck (Comp.)
~ (أو سَوّاقةُ) الشريط tape drive (Comp.)
~ (ذِراعُ تَدْوير) يَدَويَّة hand crank (Eng.)
مُدَوزَن tuned (Acous., Elec. Comm.)
مُدوزِن tuner
مِدْوَسَة، دَوّاسة pedal, tread
~، مِصْطَبَةُ دَوس foot-board, foot-plate (Civ. Eng.)

مِدْوَسَة (تابع)
~ تبديل السُّرعة gear pedal (Autos.)
مُدَوِّم، دَوّارٌ حولَ مِحْوَر gyratory
مُدَوِّمَة، دَوّارة ارتكاسيَّة whirligig
مَدْوَنَة: سِجلُّ الشفرة والرموز code (Comp.)
مُدَوَّنةُ الأدوية codex (Med.)
مَدِّي: مَدِّي جَزْري tidal (Astron.)
مِدْيال: جهازُ الدَّيلزة dialyzer (Chem.)
مُدْيَة، سِكِّين knife
~ تَلْوين palette knife
~ جَيْب jack-knife = pocket knife
مَديد، مُمتَدّ، فَسيح expansive, extensive
~، باع: المَسافةُ الباعيَّة بين طرفَين أو حافَّتين span (Civ. Eng.)
~ البَصَر، مِطْرَح، طامِس longsighted, farsighted, hypermetropic (Med.)
~ الجَناح wing span (Aero.)
مُدير director, manager, administrator
~ الإنتاج production manager
~ تَنْفيذيّ executive director
~ الدَّفة، ~ السُّكّان helmsman
~ عامّ director general, general manager
~ القِسم (أو الفَرع) section manager
~ المَبيعات sales manager
~ المحَطَّة station manager
~ مَسؤول managing director
~ المَشروع project manager
~ الوَحدة unit manager
مُديريَّة directorate
~: إقليم إداريّ province, district (Geog.)
مَدِين، مَدْيون debtor; indebted
مَدْيونيَّة indebtedness
المُذاب، الذائب: المادَّةُ المُذابة solute (Chem.)
مُذاب، مُذَوَّب dissolved
~: مُسَيَّل، مَصهور molten, liquefied
مَذاق taste
مُذَبْذِب: مُوَلِّدُ الذبذبة، هَزّاز oscillator (Elec. Comm.)
~ إزاحةٍ طَوري phase-shift oscillator (Electron.)
~ إطاري frame oscillator (Electron.)
~ أُفُقي horizontal oscillator (Telev.)

~ إلكترونيُّ التَّقارُن electron-coupled oscillator (Radio)
~ بِلَّوريّ crystal oscillator (Radio)
~ بالتخَصُّر (أو التقَبُّض) المِغنَطيسي magnetostriction oscillator (Elec. Comm.)
~ تَراخٍ، ~ استِرخائي relaxation oscillator (Electron.)
~ ~ أُحاديُّ الاستِقرار univibrator (Elec. Comm.)
~ ترانزِتْروني transitron oscillator (Electron.)
~ التردُّد التضارُبي beat frequency oscillator (Radio)
~ الترَدُّدات السَّمعيَّة audio-oscillator (Acous.)
~ ~ اللاسِلكية radio-frequency oscillator (Radio)
~ تِلقائيُّ الكَبْت squegger, squegging oscillator (Radio)
~ تَوافُقي harmonic oscillator (Phys.)
~ ثابِتُ الترَدُّد constant-frequency oscillator (Radio)
~ ثِرْميوني thermionic oscillator (Electron.)
~ ثُلاثيٌّ رُباعيّ tri-tet oscillator (Elec. Comm.)
~ حَلْقيّ ring oscillator (Elec. Eng.)
~ خَطِّيّ line oscillator (Elec. Comm.)
~ ~ الاستِقرار line-stabilized oscillator (Elec. Comm.)
~ دَفْعِيٌّ جَذْبيّ push-pull oscillator (Elec. Eng.)
~ ذاتيُّ الاستِثارة self-excited oscillator (Elec. Eng.)
~ ~ الكَبْت self-quenching oscillator, squegger (Radio)
~ ذو تَرَدُّداتٍ وُسطى intermediate frequency oscillator (Radio)
~ ذو تَرَدُّدَين double-frequency oscillator (Radio)
~ رأسِيّ vertical oscillator (Telev.)
~ رئيسيّ master oscillator (Radio)
~ سَمعيُّ التردُّد، هَزّازُ الترَدُّدات السَّمعيَّة audio-frequency oscillator (Acous.)

~ بِشَوكةٍ رَنّانة مُداوَمة tuning fork oscillator (Acous.)
~ صِماميّ valve oscillator (Radio)
~ الضَّخّ pump oscillator (Elec. Eng.)
~ قُلْطيُّ التحَكُّم voltage-controlled oscillator (Electron.)
~ ~ التوليف (أو قُلطِيُّ التحَكُّم) voltage tunable oscillator (Electron.)
~ كابِت (لِلذَّبذبة العالية) quench(ing) oscillator (Elec. Comm.)
~ (أو مُتَذَبْذِب) كَهْرضغطي (أو كَهرو إجهادي) piezoelectric oscillator (Radio)
~ كَوارتزيّ quartz (crystal) oscillator (Radio)
~ لَونيّ colour oscillator (Telev.)
~ مانِع blocking oscillator (Elec. Eng.)
~ مُتَرابِط الذبذبة (مع نبضات الرادار المرتدة) coherent radar (Radar)
~ مُتغَيِّرُ الترَدُّد variable-frequency oscillator (Radio)
~ المَجال، ~ إطاريّ field oscillator = frame oscillator (Electron.)
~ بمجالٍ مُثَبِّط retarding-field oscillator (Electron.)
~ مُرتَجٍ: ثابِتُ الترَدُّد locked oscillator
~ مُضَمَّن modulated oscillator
~ مُطبَقُ الطَّور phase-locked oscillator (Elec. Comm.)
~ مُعَدَّلُ السُّرعة velocity-modulated oscillator (Electron.)
~ مَغْنيطروني magnetron oscillator (Electron.)
~ مَقْرون coupled oscillator (Elec. Eng.)
~ مُوالَف tuned oscillator (Radio)
~ ~ الشَّبَكَة tuned-grid oscillator (Radio)
~ ~ اللوح tuned-plate oscillator (Radio)
~ نَبْضِيّ pulse oscillator (Radio)
~ نَطّاط flip-flop oscillator (Elec. Eng.)
~ هِتروديني heterodyne oscillator (Elec. Comm.)
~ وَسيطي parametric oscillator
~ (يَعملُ) بالتغذية المرتَدَّة feedback oscillator (Elec. Eng.)
مُذَرّى، مُذَرَّر atomized
مِذْراة winnow(er), fork, fan, pitch fork

مِذَرَّة: رَذّاذة — atomizer (Eng.); nebulizer (Med.)
مَذْرَق: مَبْرَز — cloaca (Zool.)
~: مَجرورٌ تحت أرضي — sewer, cloaca (San. Eng.)
مَذَق: خَلطَ بقَصْد الغِشّ — adulterate (Food Sc.)
مَذْكَر، جُملةُ الأسْدِيَة — androecium (Bot.)
مُذَكِّرة — memorandum, note; reminder; notebook
~ تَفسيريَّة — explanatory note
~ مُثول (أمامَ القَضاء) — subpoena
مُذنِب — guilty
مُذَنَّب، ذو ذَنب — caudate (Biol.)
~: نجمٌ مُذَنَّب — comet (Astron.)
~ «هاليّ» — Halley's comet (Astron.)
مَذهَب — creed, doctrine, idealogy
الـ ~ التَّعبيري (في التصاميم الفنِّيَّة) — expressionism (Arch.)
~ السُّلوكيَّة — behaviorism
مُذَهَّب — gilded, gilt
مُذْهِل — amazing, astounding, astonishing
مِذْوَد — manger, crib, feed trough
مِذياع: مكروفون — microphone (Acous.)
~: راديو — radio (set.)
المُذِيب: المادَّةُ المُذيبَة — solvent, dissolvent, resolvent, menstruum (Chem.)
مُذيبٌ اِستِخلاصيّ — extractive solvent (Chem. Eng.)
~ اِنتِقائيّ (لِلمُرَكَّبات الكِبريتيَّة) — solutizer (Chem. Eng.)
~ تَفاضُليّ — differential solvent (Chem.)
~ عُضوي — organic solvent (Chem.)
~ لابْروتوني — aprotic solvent (Chem.)
~ لامائيّ — non-aqueous solvent (Chem.)
~ مُتَطاير — volatile solvent (Chem.)
~ مُستَقطَب — polar solvent (Chem.)
~ المَطّاط — rubber solvent (Chem.)
~ مُفاضِل — differentiating solvent
~ مُفَكِّك — dissociating solvent (Chem.)
مَذيق: مُزِجَ بِه ما يَشُوبُه — adulterated (Food Sc.)
مُذَيَّل: ذو ذَيْل — caudate (Zool.)
~: مُلحَقٌ به قِسمٌ يُتَمِّمه — appended

مر: الرمزُ الكيماويّ لِعُنصر الأمريشيوم — Am (americium) (Chem.)
مَرَّ، أَمَرَّ — pass *(v.)*
~: فاتَ وانقضى — pass, elapse
مَرٌّ: مِسحاةُ حَفرٍ أو جَرْف، رَفْش — spud, spade
مُرّ: مُرُّ المَذاق — bitter
الـ ~: صَمْغ راتينجيّ — myrrh (Bot.)
مُراءاة — eye-service, hypocrisy
مِرْآة — mirror, looking glass (Phys.)
~: سَطح مرآويّ — reflecting surface (Phys.)
~ الإشارات — heliotrope (Surv.)
~ الأُفُق: في السُّدسيَّة — horizon glass (Surv.)
~ إلكترونيَّة — electron mirror (Phys.)
~ ثُنائية: لاختبارات التداخُل (الزاويةُ بين سَطحَيْها أقلُّ بقليل من ١٨٠°) — bimirror (Phys.)
~ حارقة — burning glass, concave mirror (Phys.)
~ دَليليَّة (في السُّدسيَّة) — index mirror (Surv.)
~ الرؤيةِ الخَلْفية — rear-view mirror (Autos.)
~ ضِدّ البَهر — antiglare mirror
~ القَطع المُكافِئ — parabolic mirror (Opt.)
~ كُرَويَّة — spherical mirror (Opt.)
~ كَهْرمغنطية: تعكِسُ الأمواج الكهرومغنطيسيَّة — electromagnetic mirror (Phys.)
~ لَونانيَّة: تعكِسُ قِسمًا من الطاقة الطيفيَّة، وتُنفِذُ الباقي انتقائيًّا — dichroic mirror (Phys.)
~ مُحَدَّبة — convex mirror (Opt.)
~ مُرجِعة: تُعيدُ الشُّعاعَ المُنعكِس بموازاة الساقِط — retrodirective mirror (Phys.)
~ مُستَوِيَة — plane mirror (Opt.)
~ مُشَوِّهة — distorting mirror (Phys.)
~ مِغْنَطيسية — magnetic mirror (Nuc. Eng.)
~ مُقَعَّرة — concave mirror (Opt.)
~ مُكافِئيَّة المَقْطَع — parabolic mirror
مِرْآويّ — specular *(adj.)*
مِرْآب: كاراج — garage
مُراجَعَة: للتدقيق — revision, check(ing)
~ الأنظِمة: بين المُصَمِّم والمُحَلِّلين — walk-through (Comp.)

~ سَريعة — spot-check (Eng.)
مَراحِلُ مُتَعاقِبَة — successive stages
مُراد: قَصْد — purpose, intent(ion)
مَرارة: ضِدّ حَلاوة — bitterness
~، فَجاجة، حِدّة — acerbity
الـ ~: الحُوَيصلة الصفراويَّة — gall bladder (Zool.)
مُراسِل — correspondent
مَراسِم — protocol
~ بَدْءِ الاتصال — handshake, handshaking (Comp.)
مُراسَمَة: إزالةُ الفاعِليَّة البَصَريَّة — racemization (Chem.)
مُراعاة — observance
~: اعتِبار — consideration
مُرافَعة — plea(ding), defense
مُرافِق: لِلخِدمة أو الحِراسة — attendant, bodyguard, escort
~، مُلازِم، مُقترِنٌ (بِـ) — concomitant
~، مُتَرافِق — conjugate
مَرافِق: مَرافِقُ الخِدمة — facilities
~ الإرساء — mooring facilities
~ النَّقْل — transport facilities
مُراقَب — controlled; supervised
مُراقِب، مُشرِف — controller; supervisor, warden, superintendent
~: عامِلُ مُراقَبَة — monitor (Elec. Comm.)
~، رَقيب — censor (Eng. Comp.)
~، مُناظِر — proctor
~ أرضيّ — ground controller (Radar)
~ (درجةِ) التَّضْمين — modulation monitor (Elec. Comm.)
~ حِسابات — comptroller, auditor
~ رادار — radar controller (Radar)
~ الطُّرُق — road inspector (Civ. Eng.)
~ عمليّات الحَفْر — toolpusher (Pet. Eng.)
~ ماليّ — comptroller
~ المَوادّ — material inspector
~ الهواء (لِتحديد مُستوى التلَوُّث) — air monitor (Ecol.)
مُراقَبة — control, eye
~، رَصْد، تَرَصُّد — observance, surveillance
~، إشراف — supervision
بُرْجُ ~ — watchtower, control tower

مُراقَبة (تابع)

~ (للضَّبط أو التعديل) attendance

ـُ إداريَّة administrative control

ـُ أرضيَّة ground control (Radar)

~ الإنتاج production control

ـُ بُعاديَّة، ـُ عن بُعد telemonitoring (Elec. Comm., Eng.)

ـُ تَلَوُّث العاملين (بالإشعاعات) personnel monitoring (Nuc. Eng.)

ـُ الجُودَة (في إنتاج الجملة) quality control (Eng.)

ـُ حَرَكةِ المَطار airport traffic control

ـُ خُطوطِ الهاتف (دونَ عِلم أصحابها) tapping (Elec. Comm.)

ـُ العمَليّات operational control

ـُ المَخزون stock control

ـُ المُرور traffic control

ـُ ~ الجَوِّي air-traffic control

ـُ المَطبوعات (أو الإذاعات) censorship

مُراكَب، مُتَراكِب superimposed

مُراكَبة، تَراكُب superimposition (Print.)

مُراكمة، تَراكُم build-up

مِران practice, exercise, drill

مُرَّان، زان beech (Bot.)

مَرانَة: معكوسُ المُواسَعة الكهربائية (وَحْدَتُها الداراف) elastance (Elec. Comm.)

الـ ـُ النَّوعيَّة elasticity (Elec.)

مُراوِح تردُّد warbler, wobbler = wobbulator (Radio)

مَراوِحُ تَرادُفيَّة tandem propellers (Eng.)

ـُ مُتَضادة الدوران contrarotating propellers (Eng.)

مُراوِغ elusive, dodgy, wily

مُراوَغةُ اللون dodging (Photog.)

مُرَبٍّ educator, pedagogue

مُرَبًّى jam, conserve (Food Sc.)

مَربَى البَرِّيات (من حيوانٍ ونبات) vivarium, terrarium (Biol.)

~ المائيّات، مَرْبًى مائيّ، مَماهة aquarium (Biol.)

مُربِح، مُكافِئ، مُجْزٍ profitable, remunerative *(adj.)*

مِربَد، بَيْدَر threshing ground

مَرْبِض، مَضْجَع bed

~ (مَواشٍ) pen, fold

~ (مدفع) (gun) emplacement (Mil.)

مِرْبَط، كُلّاب (لِرَبط الحِبال) cleat (Build.)

~، إسار holdfast (Carp.)

~ زاويّ angle cleat (Build.)

~ مَقْعَدِ الخابور keyseat clamp (Eng.)

مَرْبِط: عُرْوَةُ رَبْطٍ lug

~، مَحْبَس: لِفَرَسٍ أو بقَرةٍ حَلوب stall

~، طَرَفُ تَوصيل terminal (Elec. Eng.)

~ (إرساء) (berthing) dolphin (Naut.)

~ (تُشَدُّ إليه السفينة) makefast *(n.)* (Naut.)

ـُ تَوصيل binding post (Elec. Eng.)

ـُ حِبال bollard (Naut.)

ـُ شَدَّادة guy anchor (Naut.)

ـُ العُدَّة tool post (Eng.)

ـُ المِبْرَم trunnion cleat (Eng.)

~ مِقْطَع المِقشَطَة clapper box (Eng.)

مُرَبَّع square *(n.)* (Maths.)

ـُ أجوفُ (ينقُصه ضِلْع) hollow square (Maths.)

ـُ استعياني: لاختبار الوسط البيئي quadrat (Biol.)

ـُ تامّ أو كامِل perfect square (Maths.)

ـُ (أو مُتَصالِبُ) النَّقْش plaid *(adj.)*

مُرَبَّعيّ، مُربّع أو مُرَبّعاني المَقْطَع quadrate *(adj., n.)* (Bot.)

مُرْبِك confusing, embarrassing

مَربوط (لِلتثبيت) tied, bound

~ (للتوصيل) connected

مُرَبّي حيوانات animal breeder

المِرَّة، الصَّفْراء bile, gall (Zool.)

مَرَّة once, time *(n.)*

~ وَنِصْف sesqui- (Chem.)

مُرتاب doubtful, scrupulous

مُرَتَّب، راتِب salary, stipend, allowance

~، مُنَظَّم ordered, in (good) order

~، مُهَنْدَم trim, tidy *(adj.)*

مُرَتِّبُ الحُمولة trimmer, stevedore

مَرْتَبة، دَرَجة grade

~، رُتْبَة order

ـُ الآحاد units place (Maths.)

ـُ التفاوتِ المَسموح به grade of tolerance (Eng.)

ـُ عَشْريَّة decimal place (Maths.)

مُرتَبِط بـ: مُتَّصِل بـ connected (or linked) to

~ ~: مُلتزِمٌ بـ committed (or bound) to

ـُ بالجِنْس sex-linked (Biol., Med.)

مُرتَبِك confused, baffled

مُرْتَج: مَسدود occluded, clogged

مُرتَجّ، مُنْتَخِع، نَخْعيّ jerky *(adj.)*

مُرتَجَعات returns

مُرتَجَل، إرتجالي، غيرُ مُحَضَّر مُسبقًا improvised, extempore, impromptu; offhand

مُرتَحِل، مُهاجِر migrant (Ecol.)

مُرتَخٍ: رِخْوٌ وَرَخْصٌ بفقد الماء flaccid *(adj.)* (Bot.)

~: غيرُ مَشدود slack, loose, sagging

مُرتَدّ، ارتِدادي recoil (Mech.)

~، مُعاوِد recursive (Maths., Comp.)

مُرتَزِق: مَأجورٌ من المُرتزِقة mercenary

مُرتَطَم: سَفْحٌ مُعترِض stoss (Geol.)

مُرتَطِمٌ بالأرض aground, grounded *(adj.)*

مُرتَعِش، مُرتَجِف shivering, quivering, trembling

مُرتَفِع high, elevated

~ (لِلصَّوت)، جهير loud (Acous.)

~ (لِلأعمدة والمَباني) tall

مُرتَفَع: نَجْد upland, highland, eminence (Geol.)

ـُ جَرِد fell (Geog.)

ـُ جَوِّيّ high (Meteor.)

ـُ سَناميّ (أو سَرْجيّ) saddle (Geol.)

ـُ ضَغْطيّ ridge (Meteor.)

ـُ (~) بارِد cold high (Meteor.)

~ ~ عُلْويّ upper high (Meteor.)

ـُ مُنْبَسِطُ السطح، هَضبة plateau (Geol.)

مُرتَفَق: حَقٌّ أو شيءٌ تابعٌ أو مُلازِم appurtenance

مُرتَقًى: حُدورٌ صاعِد ascent, rise

مُرتَقَب، مُتَوقَّع anticipated, expected, in prospect

مَرْتَك، لِيثارج litharge, lead monoxide (Chem.)

مُرتَكَز: نُقطة الارتكاز fulcrum (Phys.)

~: مركزٌ مِحوريّ pivot, centre (Eng.)

~، سِنادُ ارتكاز أو دَعْم support, prop

ـُ جاسِئ rigid support

ـُ جِدارِ الدَّعم toe (Civ. Eng.)

ـُ دَوَران trunnion (Eng.)

مُرتكَز (تابع)
~ الرافِعة — fulcrum (Phys.)
~ رئيسيّ — main journal (Eng.)
~ ساقِ الصِّمام — valve stem rest (Eng.)
~ الشِّياق — arbor support (Eng.)
~ طَرَفيّ — end journal (Eng.)
~ طَليق — floating pivot (Eng.)
~ العَتَبَة — beam support (Civ. Eng.)
~ العَمود، مَقْعَدةُ العَمود — journal (Eng.)
~ عَمودِ الإدارة — shaft journal (Eng.)
~ قَدَحيّ — cup centre (Eng.)
~ كُرَويّ — ball pivot (Eng.)
~ المَحْمِل — bearing support (Eng.)
~ مَخروطيّ — conical pivot (Eng.)
مُرتكَزاتٌ سائِبة (لِدَعْم الشُّغل المُراد خِراطَتُه) — loose centres (Eng.)
مُرتكَن: مِنَصَّة ارتِكان — pad
~ إطلاق — launch(ing) pad (Space)
~ تركيب — mounting pad (Eng.)
مَرْتِنْزيت: مَحلولٌ جامِدٌ من الكَربون في الفُولاذ الصَّلْد — martensite (Met.)
مُرتَهِن — mortgager
مَرَّتَين شَهْريًّا — bi-monthly *(adv.)*
مَرَثَ — macerate (Food Sc.)
مَرْج — grassland, meadow, prairie, veld(t) (Geog., Geol.)
مَرَج: اضطرابُ الِانسياب — burble
مِرجاس، فادِنُ خَيْط السَّبْر — lead, sounding lead (Surv.)
~ العُمق — bathometer
مِرجاف، سِيزمومِتْر: مِقياسُ الزَّلْزَلة — seismometer (Geol.)
~ حَسَّاس — tremometer (Geophys.)
~ كاشِف: يُسَجِّل حدوثَ الرَّجَفات دونَ قِياسِها — seismoscope (Geol.)
مَرْجان، بُسَّذ — coral (Zool., Geol.)
~، فَرِّيدي: نوع من السمك — sea bream (Zool.)
مَرجانيّ — coralloid
مُرَجَّح — likely, probable
مَرْجَريت، مَيْكا خَرَزيَّة قَصِفة — margarite (Min.)
مَرْجَرين: سَمنٌ نباتيّ صُنعيّ — margarine (Chem., Food Sc.)
مَرْجِع، مُستَنَد — reference
~ إسناد، خَطُّ إسناد — datum (pl. data)
~ ثِقَة — authority
مُرَجِّع (رَنيني) — resonant, resonator (Acous.)
~ (صَدَوي) — reverberator (Acous.)
مُرجِع، مُعِيد: مُسْتَرجِع — recuperator, restorative (Eng.)
~ نابِضيّ — spring recuperator (Eng.)
مِرْجَفَة: مِرسَمَةُ زَلازِل حَسَّاسة — tremograph (Geol.)
مِرْجَل، غَلَّاية — boiler (Eng.)
~، خِلْقِين، قِدْرٌ كبيرة — ca(u)ldron
~، مُسَخِّنُ ماء — geyser (Geol.)
~ أُسطوانيّ — cylinder boiler (Eng.)
~ إعادةِ الغَلْي — reboiler (Pet. Eng.)
~ أمان: مِرجلٌ أنابيبيّ لا يَنْفجر — safety boiler (Eng.)
~ الإمرار الواحِد، ~ أنابيبيّ وَمْضيّ — once-through boiler (Eng.)
~ بأنابيبَ لَهَبيَّة — fire-tube boiler (Eng.)
~ ~ مائيَّة — water-tube boiler (Eng.)
~ أنابيبيّ — tube boiler, tubular boiler
~ ~ آنيُّ التسخين — once-through boiler
~ بُخار، غَلَّايةُ بُخار — steam boiler (Eng.)
~ تَقصير: يُبَيِّضُ فيه القُماشُ والأنسِجة — kier
~ بِخَزْنة (لِلوَقود الصُّلْب) — magazine boiler (Eng.)
~ داخِليُّ الوَقْد: يُحيطُ الماءُ بِفُرنِهِ كُلِّيًّا أو جُزئيًّا — inside-fired boiler, internally-fired boiler (Eng.)
~ دَوّار — revolving boiler, circulating boiler (Eng.)
~ ذو مَواسيرِ لَهَبٍ عائدة — return-flue boiler (Eng.)
~ راكِب (سَرْجيُّ الشكل) — saddle boiler
~ القاطِرة — locomotive boiler (Eng.)
~ مُتَكَلِّس — furred boiler
~ نقاليّ (لإحماءِ الأسفَلْت) — portable boiler (Civ. Eng.)
~ وَمْضيّ: يخرجُ الماءُ من أنابيبه بُخارًا مُحمَّصًا — flash boiler (Eng.)
~ يُسَخَّنُ بالغاز — gas-fired boiler (Eng.)
مُرَجَّلَة، مُرَجَّلٌ مَرْجانيّ — polyp (Zool.)
~ سَرَطانيَّة — polyp(us) (Med.)
مِرحاض — latrine, water closet
~ كيماويّات — chemical closet (San. Eng.)
مُرَحَّل: المُرَحَّلُ الحِسابيّ — carry, arithmetic carry (Maths., Comp.)
مُرَحِّل، مُرَحِّلة — relay (Elec. Eng., Phys.)
~ اِتِّجاهي — directional relay (Elec. Eng.)
~ إستاتيّ — static relay (Elec. Eng.)
~ إشاراتِ الإنذار — alarm relay (Elec. Eng.)
~ إعاقةٍ مَوقُوتة — time-delay relay
~ إعتاق — trip(ping) relay (Elec. Eng.)
~ ~ حَراريّ — thermal trip (Elec. Eng.)
~ إقفال (أو تعطيل) — locking relay (Elec. Comm.)
~ إلكترونيّ — electronic relay (Elec. Eng.)
~ بانخِفاض الفُلْطيَّة — undervoltage relay (Elec. Eng.)
~ بَطيءُ الفِعْل — slow-acting relay
~ التتابُع الطَّوريّ السالِب — negative-phase-sequence relay (Elec. Eng.)
~ بتحديدٍ زَمَنيّ — time-limit relay
~ تَحَكُّم — control relay (Elec. Eng.)
~ تَحويل — change relay, diverter relay, break-in relay (Elec. Eng.)
~ تخَلُّفٍ زَمَنيّ — time-lag relay (Elec. Eng.)
~ ترَدُّدي: يعملُ مع ترَدُّدٍ مُختار من ترَدُّد المصدر — frequency relay (Elec. Eng.)
~ تَفاضُليّ: يعملُ على فَرق قيمةِ تَيّارَين أو ترَدُّدَين أو فُلطيَّتَين — differential relay (Elec. Eng.)
~ ~ مِئَويّ: ثابِتُ النسبةِ المِئَويَّة للتيار — percentage differential relay
~ تِلفونيّ — telephone relay (Elec. Comm.)
~ (~) غيرُ مُرتَدّ — locking relay
~ تَنظيم — regulating relay (Elec. Eng.)
~ ~ الحَرارة — temperature regulating relay (Elec. Eng.)
~ ~ الفُلْطيَّة — voltage regulating relay (Elec. Eng.)
~ التوزيع — distributor relay (Elec. Eng.)
~ تَوصيل — communicative relay
~ التَّيّار — current relay (Elec. Eng.)
~ ~ العكسيّ — reverse-current relay (Elec. Eng.)
~ ثِرميُونيّ — thermionic relay (Electron.)
~ حَثِّيّ — induction relay (Elec. Eng.)

مُرَحِّل (تابع)
~ حَراريّ: يعملُ بالإحرار التيّاري — thermorelay, thermal relay (Elec. Eng.)
~ ~ يعملُ عِندَ تَجاوُزِ الحِمْل — thermal overload relay (Elec. Eng.)
~ الخَطّ — line relay (Elec. Eng.)
~ ذو خَطْوَتين — two-step relay (Teleph.)
~ ذو مَعْدِنين — bimetallic relay (Elec. Eng.)
~ راداريّ — radar relay (Radar)
~ رِيشيّ، ~ بِريشَتَي تماسٍّ مِغنَطيسيَّتَيْن — reed(-type) relay (Elec. Eng.)
~ زَمَنيٌّ عَكسيّ — inverse-time relay
~ زَنْد — trigger relay (Electron.)
~ سَريعُ الفِعْل — fast-acting relay (Teleph.)
~ بِسَقّاطة — latching relay (Elec. Comm.)
~ شَمْسيّ: كَهرضَوئيّ — sun relay (Electron.)
~ صِماميّ — valve relay (Electron.)
~ ~ خَوائيّ — vacuum tube relay (Electron.)
~ صُندوقيّ — box relay (Teleg.)
~ ضَوئيّ — light relay, photorelay
~ فائقُ الحَسّاسيَّة — supersensitive relay
~ فَتْحِ الطَّور — open-phase relay (Elec. Eng.)
~ فَصْل — trip(ping) relay (Elec. Eng.)
~ فُلْطِيُّ التشغيل: يَعملُ على فُلطيَّةٍ مُعيَّنة — voltage relay (Elec. Eng.)
~ قَدْح — trigger relay (Electron.)
~ قُدْرة — power relay (Elec. Eng)
~ قَنطريّ: يوصَلُ على التوازي — bridging relay (Elec. Eng.)
~ كهربائيّ — electric relay (Elec. Eng.)
~ كَهرضَوئيّ — photoelectric relay
~ كَهْرُمِغْنيطيّ — electromagnetic relay
~ كَهْروميكانيكيّ — electromechanical relay (Elec. Eng.)
~ لااِستِقطابي — non-polarized relay
~ لَوحِيّ — plate relay (Elec. Eng.)
~ مُتَوازِن — balanced relay (Elec. Eng.)
~ مُحايِد لااِستِقطابيّ — neutral relay, non-polarized relay (Elec. Eng.)
~ مُزدَوِجُ الفِعْل — double-acting relay (Elec. Eng.)
~ مُساعِد — auxiliary relay (Elec. Eng.)
~ مَسافيّ: يَعمَلُ بالمُعاوَقة — distance relay = impedance relay (Elec. Eng.)
~ مُستَقْطَب — polarized relay (Elec. Eng.)
~ مُعادَلةِ مَنسوب الحِمْل — load-levelling relay (Elec. Eng.)
~ مُعاوَقيّ — impedance relay (Elec. Eng.)
~ مُعَوِّق — delay(ed) relay (Elec. Eng.)
~ مُفاعَلة، ~ مُفاعليّ — reactance relay (Elec. Eng.)
~ مَملوءٌ بالغاز — gas-filled relay, thyratron (Electron.)
~ مُنحاز — biased relay (Elec. Eng.)
~ مُواسَعِيّ — capacitance relay (Eng.)
~ مُوالَف — tuned relay (Elec. Eng.)
~ المُوَلِّد — generator relay (Elec. Eng.)
~ واقٍ — protective relay (Elec. Eng.)
~ وَسيط — intermediate relay (Elec. Eng.)
~ وَشيعيّ — solenoid (-operated) relay (Elec. Eng.)
~ وَصْلٍ (أو قَطْع) — switching relay
~ يعملُ عندَ تجاوُز الحِمْل — overload relay = over-current relay (Elec. Eng.)
~ (يمنَعُ) انهيارَ المَجال المِغْنَطسيّ (في محرِّك) — field-failure relay (Elec. Eng.)
مَرْحَلة: جُزء من الرِّحلة — leg
~، طَوْر — stage, phase
~: تنظيمٌ في مَراحِل — staging (Eng.)
~: خطوة مَرحليَّة — step
~ تَضْخيم إثاريَّة — driver stage (Electron.)
~ تَطَوُّر: بينَ انسِلاخَيْن في المَفصليّات — stadium (Zool.)
~ الخَرْج — output stage (Elec. Eng.)
~ قَلِقة — labile stage (Geol.)
~ المُصادَّة — buffer stage (Radio)
~ مُضَمَّنة (في المُضَخِّم) — modulated stage (Elec. Comm.)
مُرَحِّلة، مُرَحِّل (أنظُر: مُرَحِّل) — relay
~ (أو مُزَحْزِحة) السَّير — belt shifter
مَرحَليّ: لِفترةٍ انتقالية — interim, transitory
مُـرْخٍ، إرخائي — loosener, slackener
مُرْخٍ (عضليّ) — relaxant, laxator
مُرَخَّص: مُباح — allowed, permitted
~: مُجازٌ بِرُخصة — licensed, authorized
~: مُخَفَّض السِّعر — marked down, low priced
مَرْخيّ: غيرُ مَشدود — slack, loose
مُرْدٍ: مُضادٌّ حَيَويّ — antibiotic (Biol.)
مِرداس، مِحْدَلة — (road) roller (Civ. Eng.)
مُرَدِّد، مُصْدٍ، مُرجِع — reverberator (Acous.)
~: مُوَلِّد تيارٍ مُتردِّد، مُنَوِّبة — alternator (Elec. Eng., Phys.)
~ أُحاديُّ الطَّور — uniphaser (Elec. Eng.)
~ ذو عُضوٍ حَثّ — inductor alternator (Elec. Eng.)
~ (أو مُنَوِّب) مُتَعَدِّدُ الأطوار — multiphaser, polyphaser (Elec. Eng.)
مُرْدِف: تَرادُفيّ — tandem (Eng.)
مَرْدَمُ النُّفايات (أو النُّفاياتُ ذاتُها) — gob = goaf (Mining)
مِرْدَن: مِغْزَل، عَمودُ دَورانٍ رَفيع — spindle
مَرْدود: خَرْج، مَحصول — yield, output
~: كِفاية — efficiency (Phys., Eng.)
~: مَرفوض — refused, rejected
~ الكَمّ — quantum efficiency (Chem.)
مَرْدودات، عائدات — returns
مِرذاذ، مِرَذَّة، بَخّاخة — atomizer, sprayer (Eng., Phys.)
~ بالطرد المركزي — centrifugal atomizer (Phys.)
~ بالغاز المَضغوط — aerosol bomb (Chem.)
مَرَّر: جَعَلَ مُرًّا — embitter
~: جعلَه يَمُرّ — pass, let pass
مِرَزّ: واضِعُ البَيْض في الحَشَرات — ovipositor (Zool.)
مِرزَبَّة، إرزَبَّة: مِطرقة ثقيلة — sledge(-hammer) (Build.)
مَرَس (ج مَرَسَة): حِبال — cordage, ropes
مَرَّسَ (بالصِّعاب) — inure
مَرْسًى — anchorage, anchoring berth, moorage (Naut.)
~ طَبيعيّ — roadstead
مِرْساة — anchor, grapnel, grapple (Naut.)
~ إرساء — mooring anchor (Naut.)
~ الأرضِ الصخرية — rock anchor (Naut.)
~ الأنابيب — tubing anchor (Pet. Eng.)
~ جَرْجَرة — kedge anchor = kedger (Naut.)
~ رَبْط — mooring anchor (Naut.)
~ صغيرة — killick
~ طافية — sea anchor, floating anchor
~ الطوارئ — sheet anchor, waist anchor
~ عائمةٌ (للطائرات المائيَّة) — drogue (Aero.)
~ المُقَدَّمة — bower (anchor) (Naut.)
~ المُؤَخَّرة — stream anchor (Naut.)

مِرْسال messenger
مِرْسام، مِرْسَمة: مِخطاطٌ يَضُمُّ مِنْقَلةً ومِقياسًا diagraph (Eng.)
~ صَوتيّ: للرَّجَفات الزَّلْزَلِيَّة sonograph (Acous.)
~ الطيف spectrograph
~ ~ الصوتيّ sound spectrograph (Acous.)
~ ~ الكُتْلِيّ mass spectrograph (Phys.)
~ طَيْفِيّ خَوائيّ vacuum spectrograph
~ القَطْع الناقِص elliptic trammel (Eng.)
مُرَسِّب: مادَّة مُرَسِّبة precipitant, precipitator (Chem. Eng.)
مُرَسَّب، مُتَرَسِّب deposit(ed), precipitate
مَرَسة، حَبْل cord, rope
مُرَسِّخ، مُثَبِّت fixative (Chem.)
~، مُرَسِّخُ الصِّبْغ mordant (Chem.)
مَرْسَرة: مُعالَجةٌ تُكسِبُ القُطْنَ رَوْنَقًا وبَريقًا mercerization (Chem. Eng.)
مُرْسَل: بجهاز إرسال transmitted (Elec. Comm.)
~، مَبعوث dispatched, sent, consigned
الـ ~ إليه addressee, consignee
مُرْسِل sender, dispatcher (Elec. Comm.)
~: جهازُ إرسال transmitter (Elec. Comm.)
~ البِضاعة consigner, consignor
~ تِلفزيونيّ television transmitter
~ تِلفونيّ telephone transmitter
~ الحَوالَة remittor
~ ذو لَوحةِ مَفاتيح keyboard transmitter (Elec. Comm.)
~ ذو مُنَوِّب alternator transmitter (Elec. Comm.)
~ راداريّ radar transmitter (Radar)
~ عامّ universal transmitter (Radio)
~ فَوق سَمعيّ ultrasonic transmitter (Acous.)
~ قَوسيّ لاسِلكي arc transmitter (Radio)
~ لاسِلكي radio transmitter (Radio)
~ (~) شَراريّ spark transmitter
~ ما بعدَ السَّمعيّات، ~ فَوق سَمعي ultrasonic transmitter (Acous.)
~ مُجيب transponder (Radio)
~ مُستَقْبِل transreceiver = transceiver, transmitter-receiver (Radio)
~ ~ يَدَويّ Handi-Talkie (Radio)

~ مُضَمِّن modulating transmitter
~ ناسُوخيّ facsimile transmitter (Elec. Comm.)
مُرْسِلَة، مُرْسِل (أُنظُر: مُرْسِل) transmitter
مَرْسَم، مُحْتَرَف: مَشْغَلُ الفنّان studio
مِرْسَمٌ رَشّاش: مِرَشَّة دِهان aerograph
مِرسَمةُ ارتفاع altigraph (Phys.)
~ استِشفافيَّة tracer
~ أقواس arcograph (Eng.)
~ أمواج ondograph
~ الاهتِزاز vibrograph (Eng.)
~ التغَيُّر variograph (Elec. Eng.)
~ التغَيُّرات في درجة الحرارة thermograph (Meteor.)
~ ~ المِغْنَطيسيَّة magnetograph
~ التمَوُّر في خُطوط القُدرة klydonograph (Elec. Eng.)
~ التنفُّس pneumogram (Astronautics)
~ ذَبْذَبات oscillograph (Electron.)
~ ~ بالأشِعَّة المَهْبِطيَّة cathode-ray oscillograph (Electron.)
~ ~ كَهروستاتيَّة electrostatic oscillograph (Elec. Eng.)
~ الرُّطوبةِ والحَرارة hygrothermograph (Meteor.)
~ ~ النِّسبيَّة hygrograph (Meteor.)
~ الرِّيح anemograph (Meteor.)
~ الزلازل seismograph (Geophys.)
~ الزوايا goniograph (Eng.)
~ الضَّغط الجَوّي barograph (Meteor.)
~ الطَّيف، سِپِكْتروغراف spectrograph (Phys.)
~ ~ الشمسيّ spectroheliograph (Astron.)
~ القَطْع الإهليلَجِيّ ellipsograph (Eng.)
~ مِجهريَّة micrograph
~ المَطَر hyetograph, hyetometrograph (Meteor.)
~ مَنسوبِ المياه fluviograph (Hyd.)
~ النَّبْض sphygmograph (Med.)
مَرْسوم: أمرٌ رسميّ له قُوَّة القانون decree, ordonnance
~، مُدَبَّر designed, planned
مِرشاح: مِقياسُ الارتِشاح infiltrometer
مِرَشَّة، مِرَذَّة atomizer, nebulizer
~، مِنْضَحَة sprinkler, sprayer

~ (لِلدِّهان) aerograph (Paint.)
~ صِهريجيّة (لِلقار الساخِن) tank sprayer (Civ. Eng.)
~ ظَهْرِيَّة knapsack sprayer (Agric.)
~ لاهَوائية airless sprayer (Eng.)
~ نَفّاخة، مِذَرَّة insufflator (Med.)
~ نَقُول: يُمكِن نَقْلُها movable sprayer
~ هَوائية: لأعمال الزخرفة تعملُ بضَغط الهواء air brush (Build.)
مُرَشِّح، جهازُ تَرشيح filter, filtering apparatus (Chem.)
~ اتِّجاهي directional filter (Elec. Comm.)
~ الأتربة dust filter (Eng.)
~ أُحاديُّ اللون monochromatic filter (Photog.)
~ إستِقطابيّ polar(izing) filter (Opt.)
~ إسفينيّ: مُتَزايدُ الثَّخانة wedge filter (Eng.)
~ الإشارات الصَّوتيَّة sound trap (Telev.)
~ إشعاع radiation filter (Phys.)
~ أشِعَّة ray-filter (Photog.)
~ إطاري: يُمرِّ المَوجةَ المَحمولة فقط loop antenna (Elec. Comm.)
~ ألوان colour filter (Photog.)
~ الألوان الثلاثة: يضُم مُرَشحاتٍ للأحمر والأخضر والأزرق trichromatic filter (Photog.)
~ (إمرارِ) الترَدُّدات العالية high-pass filter (Elec. Comm.)
~ ~ ~ المُنخَفِضة low-pass filter
~ ~ نِطاقيّ band-pass filter (Elec. Comm.)
~ أمواج، ~ مَوجيّ wave filter (Elec. Comm.)
~ للأمواج الكهربائية electric wave filter (Elec. Eng.)
~ انتِقائي مُضَخِّم emphasizer (Acous.)
~ بالتخَصُّرِ المِغنَطيسي magnetostrictive filter (Elec. Comm.)
~ بدقائقِ الفَحم charcoal filter (Chem.)
~ برميلي drum filter (Mining)
~ بالضَّغط press filter (Eng.)
~ بلّوري crystal filter (Electron.)
~ تَحويل بالمُعاوَقة impedance transforming filter (Elec. Eng.)

مُرَشِّح (تابع)

~ تَداخُلي، ~ التداخُل — interference filter (Radio)
~ التردُّد — frequency filter (Radio)
~ الترددات العالية — high-pass filter (Elec. Comm.)
~ ~ الخفيضة — low-pass filter
~ التمَوُّج: دارةُ تَسْليس — ripple filter, smoothing circuit (Elec. Eng.)
~ تَوافُقيّات — harmonic filter (Radio)
~ ثُلاثيُّ الألوان — tricolour filter (Photog.)
~ جِرابيّ، ~ كِيسيّ — bag filter
~ جَرْوَليّ — gravel filter (Chem. Eng.)
~ جيلاتينيّ: مُرَشِّح مُلَوَّن للمصادر الضوئيَّة — jelly, gel (Photog.)
~ حَجْب — screen filter (Electron.)
~ حَراريّ — heat filter (Photog.)
~ خافِض — reducing filter (Illum.)
~ خَوائيّ: مُعزِّز الفاعلية بالتفريغ الجُزئيّ — vacuum filter (Chem. Eng.)
~ الدليلِ المَوجيّ: يُمَيِّز الترددات في الدليل الذي يُولج فيه — waveguide filter (Radio)
~ دَوّار — rotary filter
~ ذو مَجرًى جانبيّ، ~ مُحَوِّد — by-pass filter (Elec. Eng.)
~ ~ مَرحَلتَين — two-stage filter
~ رَفْض — rejection filter (Elec. Comm.)
~ رَقميّ — digital filter (Elec. Comm.)
~ رَمْليّ — sand filter (Civ. Eng.)
~ الزيت — oil filter (Eng.)
~ سافِط — aspirating filter (Eng.)
~ شَبَكيّ — lattice filter (Elec. Comm.)
~ صَلْصاليّ (أو طُفاليّ) — clay filter
~ الضجيج — noise filter (Electron.)
~ ضجيج خُدوشِ السطح — scratch filter (Acous.)
~ ضَغطيّ — pressure filter (Eng.)
~ ضَوئيّ — light filter (Light)
~ طارِديّ — centrifugal filter (Eng.)
~ طَقْطَقةِ المَلامِس — key-click filter, key filter, keying filter (Teleg.)
~ الطِّين — mud screen (Pet. Eng.)
~ الغاز — gas filter (Chem. Eng.)
~ فَرْز (لَونيّ) — separation filter (Photog.)
~ فَضِّ التقارُن: في دارات التغذية المُرتدَّة — decoupling filter (Electron.)
~ قُرصيّ — disc filter (Eng.)
~ قياسيّ: يُصدِرُ نورًا أبيض عياريًّا — standard filter (Phys.)
~ كَربونيّ — carbon filter (Chem.)
~ كَسْح: لإزالةِ الترددات غيرِ المَرغوبِ فيها — scavenge filter (Elec. Eng.)
~ كَهربائيّ — electric filter (Elec. Eng.)
~ اللون — colour filter (Phys.)
~ ماصّ — suction filter (Eng.)
~ مُتدرِّج: مُتَغايرُ الكَثافةِ واللون — graded (or graduated) filter (Photog.)
~ مُتغيِّر عَرْضِ النطاق (الترددي) — variable bandwidth filter (Electron.)
~ مُحَوِّد — by-pass filter (Elec. Eng.)
~ مُرَكَّب — composite filter (Elec. Comm.)
~ مُزدوج الانكِسار — birefringent filter (Phys.)
~ مُسارِع — accelerofilter (Chem.)
~ مِشْطيّ — comb filter (Elec. Comm.)
~ مُفاضِل — differentiating filter
~ مُمَيِّزٌ للترددات — frequency-discriminating filter (Elec. Eng.)
~ مُواءِم — matched filter (Electron.)
~ مُوالِف — tuned filter (Radio)
~ مَوجات: يُمِرُّ التي تردُّدها من نِطاقٍ مُعَيَّن — wave filter (Elec. Comm.)
~ (المَوجة) الحامِلَة — carrier filter (Elec. Comm.)
~ مَوجيّ مُؤلَّف — composite wave-filter
~ مياه — water filter
~ ميكانيكي: لِتَسْليس تغَيُّراتِ السُّرعة في التصوير أو العَرْض — mechanical filter (Cinema)
~ نَبْذ — elimination filter, stop filter (Elec. Comm.)
~ ~ نِطاقيّ، ~ مُوقِفٌ نِطاقي — band-elimination filter, band rejection filter, band-stop filter (Elec. Comm.)
~ نَضّاض، ~ تَوْشيل — trickling filter
~ نِطاقي — band-pass filter (Elec. Comm.)
~ الهَواء — air filter
~ واسِعُ الثقوب — coarse filter (Eng.)
~ وَقْفِ الترددات العالية — high-stop filter (Elec. Comm.)
~ ~ ~ المُنْخَفِضة — low-stop filter
~ وَقود — fuel filter (Eng.)
~ وَلُوف: يُمكِن مُوالَفَتُه — tunable filter (Elec. Comm.)

مُرَشِّحاتٌ صَوتيَّة — acoustic filters (Phys.)

مُرَشِّحةٌ فائقةُ الدِّقَّة — ultrafilter (Chem.)

مُرْشِد — guide; pilot, conductor
~ ثَقْب، دليل تثقيب — drill(ing) jig (Eng.)
~ حَطّ — landing beacon (Radio, Aero.)
~ راديويّ شامِلُ المَدى — omnirange (Radio)
~ سوناريّ — sonar beacon (Acous.)
~ عُمّال — leading hand
~ مُومِض — flashing beacon (Aero.)
~ الميناء — harbour pilot

مُرَشَّد — rationalized

مَرْصَد، مَرْصَد فلَكيّ — observatory (Astron.)
~: مَوقِعُ تَرَصُّد — observation post (Mil.)
~ مَداريّ (فَضائيّ) — orbiting observatory (Space, Astron.)

مِرصَدة: للظواهر الجويَّة — meteorograph
~ بُعاديَّة — telemeteorograph (Meteor.)
~ لاسِلكية — radiometeorograph (Radio)

مُرَصَّع (بِـ) — inlaid or studded (with)
~ بالفُسَيفِساء — tessellate (Build.)

مَرْصَفُ مُواسِعات — capacitor bank (Elec. Eng.)

مِرْصَن، ميسَم — branding iron

مَرصوص — impacted, compacted

مَرصوف، مُعَبَّد — paved, metalled, macadamized (Civ. Eng.)
~ بالفُسَيْفِساءِ — tessellate (Arch.)

مُرْضٍ، مستوفِ الشُّروطَ المَطلوبة — satisfactory

مَرَض، سَقَم، داء — disease, illness, sickness, malady, ailment
~ الإشعاع — radiation sickness (Med.)
~ سارٍ — contagious disease, communicable or infectious disease (Med.)
~ مُستَوطِن — endemic disease (Med.)
~ مُعدٍ — contagious (or infectious) disease (Med.)
~ مِهْنيّ — occupational disease (Med.)
~ وَبائيّ — epidemic disease (Med.)

مِرَضَّة stamp (Mining)
~ (تكسير) بالثِّقل gravity stamp (Mining)
مَرَضِيّ، مُمْرِض morbid (Med.)
مَرَط: غيبَةُ الشَّعر atrichia (Med.)
مِرْطاب: مقياسُ الرُّطوبة في الجَوّ hygrometer (Meteor.)
~ امتِصاصيّ absorption hygrometer
~ البُصَيلتَين المُخَضَّلة والجافَّة wet-and-dry-bulb hygrometer, psychrometer (Meteor.)
~ بَيانيّ hygrodeik (Meteor.)
~ خُذروفيّ sling hygrometer (Meteor.)
~ دُوَّاميّ whirling hygrometer (Meteor.)
~ شَعريّ hair hygrometer (Meteor.)
~ كَهربائيّ electric hygrometer (Meteor.)
~ مُسَجِّل recording hygrometer
المِرطابيّة: قياسُ الرطوبة النسبية في الجَوّ hygrometry (Meteor.)
مِرطب، مِرطاب hygrometer (Meteor.)
مُرَطِّب: مُضيفُ الرطوبةِ ماءً أو بُخارَ ماء dampener, humidifier, moisturizer
مُرَطِّبات: مَشروباتٌ خفيفة مُنعِشة refreshing drinks, soft drinks
مَرْطَبان jar
مِرْطَم: مصدم لتَخميد الصدمات bumper, buffer (Eng.)
مِرْطَمُ أمواج groyne = groin (Hyd. Eng.)
مَرْعَى pasture, lea, grassland
مُرْغ، مُزْبِد frothy, foamy (Chem.)
مُـرَغٍّ، عامِلُ ترَغٍّ frothing agent (Chem.)
مَرغرين، مَرجرين margarine (Chem., Food Sc.)
مُرغِم، مُكْرِه compulsive, compelling
مُرغَم، مُكْرَه compelled, coerced
مَرغوبٌ فيه desired, desirable
مَرْفأ، ميناء harbour, port (Naut.)
~، مَلْجَأ، مُكَلّأ haven
~ الإبحار port of embarkation, port of departure (Naut.)
~ بحريّ sea port
~ التوَقُّف port of call (Naut.)
~ حُرّ free port
~ الشحن port of clearance
~ طبيعيّ natural harbour
~ عائِم floating harbour (Hyd. Eng.)

~ غَوير: صالِحٌ في حالتَي المَدّ والجَزْر deep-water harbour
~ فَرعيّ subport
~ مَقصود destination, port of last delivery
~ الوصول terminal port, port of entry
مِرفاع، مِرْفَع، (وِنْش) crane, hoist, winch (Eng.)
~ (لتحميلِ السفينة أو تفريغها) garnet
~ آليّ power jack (Eng.)
~ بالهواء المضغوط compressed-air hoist (Eng.)
~ بذراعٍ سُفليّ التمَفْصُل (يسمَحُ بتَوسيع مَدى العَمَل) luffing-jib crane (Eng.)
~ ~ مُتغَيِّر الباع derricking jib crane (Eng.)
~ بمحَرِّكٍ هوائيّ air-motor hoist (Eng.)
~ بِمِنَصَّة platform hoist (Eng.)
~ بُخاريّ steam winch (Eng.)
~ بُرجيّ tower crane (Civ. Eng.)
~ بِضاعة، مِصْعَدُ بَضائع goods lift
~ بَكَريّ lifting blocks
~ تحميل charging crane (Eng.)
~ تفريغ discharging crane
~ تَنْضيد stacker
~ ثُلاثيّ القوائم tripod jack
~ جَبّار (لِلأثقال فوق ٥٠ طنًّا) titan crane (Civ. Eng.)
~ خارجيٌّ نَقّال yard traveller (Eng.)
~ خام قَنْطَريّ ore bridge
~ دَوّار rotary crane, revolving crane
~ ذِراعيّ jib-crane, lever jack, crab winch (Eng.)
~ ~ استِوائيُّ الانزِلاق level-luffing crane (Eng.)
~ ~ قَنطريّ portal jib crane (Eng.)
~ (أو بَلَنْك) ذو سِلْسِلة chain hoist (Eng.)
~ ذو مُحرِّك بُخاريّ steam crane (Eng.)
~ ذو مِنَصَّة platform hoist
~ رَحَويّ، رَحويَّة cathead (Civ. Eng.)
~ رَصيفيّ wharf crane
~ سَحْب pull-lift (Civ. Eng.)
~ السَّطح deck crane (Naut.)
~ بِسَقّاطة ratchet jack (Eng.)
~ السيّارة car jack, lifting jack (Autos.)

~ الشَّحن charging crane (Eng.)
~ شَوكيّ، ~ شَوكة fork-lift (Eng.)
~ عائِم floating crane
~ عُلْويّ overhead crane (Eng.)
~ ~ نَقّاليّ shop-traveller (Eng.)
~ عَموديّ: عموديّ المحور pillar crane, column hoist (Eng.)
~ الفُرن furnace hoist (Eng.)
~ قاروريّ bottle jack (Eng.)
~ قائِم standing derrick (Eng.)
~ قنطريّ gantry crane (Eng.)
~ ~ بَوّابيّ portal jib crane (Eng.)
~ قوارِب النَّجاة boat falls (Naut.)
~ كابوليّ cantilever crane (Eng.)
~ كَبّاشيّ، ~ كَبّاش grab-crane (Eng.)
~ كَبْليّ كَبّاش cable crab (Eng.)
~ كهربائيّ electric crane (Elec. Eng.)
~ لَوْلَبيّ screw jack = jack-screw (Eng.)
~ ~ جانبيُّ الحركة traversing screw jack (Eng.)
~ مأمون: لا يرتَدُّ فيه كبلُ الرفع عِند تركه safety hoist (Eng.)
~ مُتَداخِلُ الأجزاء telescope jack (Eng.)
~ المِخرَطة lathe hoist (Eng.)
~ المرساة windlass (Naut.)
~ مِغنطيسيّ magnet-crane (Elec. Eng.)
~ مِقَصِّيّ shear-legs, shears, shears derrick, sheer-legs = sheers (Eng.)
~ نَقّال (أو نَقّاليّ أو رَحّال) travelling crane, mobile crane (Eng.)
~ ~ صَغير tugger (Mining)
~ ~ ضَخْم goliath crane (Eng.)
~ نَقُول، رافِعَةُ السَّيارة jack (Autos.)
~ هَوائيّ: يَعملُ بالهَواء المَضغوط air hoist (Eng.)
~ هَيدروليّ، رافِعة سائِليَّة hydraulic crane, hydraulic jack
~ الوَرشة shop-crane (Eng.)
~ يَدَويّ hand hoist, hand jack, hand lift
مَرْفِق: سَبيلٌ مُيَسَّر (مِرفَق أيضًا) facility
~ تَحويلٍ أو نَقْل transfer facility
~ (أو مَصْلَحةٌ) خدمةٌ عامَّة utility, public utility
مِرْفَق: كُوع (مَرفِق أيضًا) elbow, bend (Eng., Elec. Eng.)

مِرْفَق (تابع)
~، ذِراعُ تَدْوير — crank (Eng.)
~ أجوف — hollow crank (Eng.)
~ احتِباس (الروائح الكريهة) — intercepter = intercepting trap, stink-trap, disconnector (Build.)
~ أنبوبي، ~ ماسورة — pipe bend (Eng.)
~ تَمَدُّد — expansion bend (Eng.)
~ داخِلي: عمودُ تدوير يرتكزُ ساعِداه بين مِحورَيْن — inside crank (Eng.)
~ رَبْطٍ بزاوية ١٣٥° — half-normal bend (Elec. Eng.)
~ بِفَرْعَين — double-branch elbow (Plumb.)
~ قائم — quarter bend (Plumb.)
~ ~ ذو سِنادٍ أُفُقيّ — rest bend (San. Eng.)
~ مُزدوجٌ مَفتوح — open return bend (Plumb.)
~ مُصَغِّر — reducing elbow (Plumb.)
~ المُكَرْبِن — carburetor elbow (Eng.)
~ مَواسير، كُوعٌ أُنبوبيّ — pipe elbow (Plumb.)
~ وَصْل — union elbow (Plumb.)
~ (~) حادُّ الزاوية — sharp-bend (Plumb.)
عَمودُ الـ ~ — crankshaft (Eng.)
مُرفَق — enclosed, attached
مُرفَقات — enclosures
مَرفوض — refused, turned down, rejected
مَرفوع — elevated, uplifted, hoisted
~ الرِّتاج — unbolted
~ السِّعر (أو القياس) — scaled up
مَرق، حَساء — broth, soup (Food Sc.)
مَرقًى دَرَجيّ (على جانب جدارٍ أو سُور) — stile (Build.)
مُرْقِئ، رَقُوءٌ: مُوقِفُ النزف — haemostatic, styptic *(adj., n.)* (Med.)
مِرقاب، مِرقَب — monitor (Elec. Eng.)
~ الإشعاع — radiation monitor (Phys.)
~ التردُّد — frequency monitor (Elec. Eng.)
~ تِلفزيوني (للجهاز) — television monitor (Electron.)
~ التلوُّث — contamination monitor (Phys.)
~ الصُّورة — picture monitor (Photog.)
~ الغُبار — dust monitor (Nuc. Eng.)
~ الماء: لقياس المستوى الإشعاعي في المورد المائي — water monitor (Nuc. Eng.)

~ هَواء (للكشف عن النشاط الإشعاعي في الهواء)، مِرقبٌ هوائي — air monitor (Phys.)
مِرقاة: دَرَج — staircase, stairs (Build.)
~، سُلَّم — ladder
~: دَرَجة السُّلَّم — step
~ مُتَحرِّكة، سُلَّم صَعّاد — escalator
مِرقاق: مِطْلَمة — rolling pin
مِرقامُ النَّقْر، (شِنكار) — counter gauge, mortise gauge (Build.)
مِرقَب: جهازُ مُراقبة — monitor (Comp., Radio, Phys.)
~ سَمْتيّ ارتفاعي — altazimuth (Astron.)
~ الطيف الشمسي — spectrohelioscope (Astron.)
~ الغَوّاصة، مِئفاق — periscope (Phys., Naut.)
مَرْقَد: سَرير مُبَيَّت (في جدار سفينة) — bunk
مُرَقَّش، مُبَرْقَش — variegated *(adj.)*
مَرْقَشيتا — marcasite (Min.)
مُرَقَّط — mottled, speckled, spotted
مُرَقَّع — patched
مُرَقَّق، مُخَفَّف — thinned, diluted (Chem.)
مُرَقِّق، مُخَفِّف، مُوهِن — diluent, thinner, attenuant (Paint.)
مِرْقَم، قَلَم — pen, pencil
~ تَحْديد، (شِنكار) — marking gauge (Eng., Build.)
~ تَحزيز — scratch gauge (Carp.)
~ خَدْش، مِخْطاط — scribe (Carp.)
~ ~، مِخْرَزُ خَدْش — scriber (Carp.)
~ مُلَوَّن — pastel
~ (شِنْكارُ) نَقْر — mortise gauge (Build.)
مُرَقَّم — numbered
مُرَقَّن — hachured, crosslined (Surv.)
مَرْقُوم، مَوسوم — label(l)ed, tagged, marked
مُرقِئ: مُوقِف النَّزف — hemostatic (Med.)
مَركب، سَفينة — ship, boat, vessel
~ إطفاء (الحرائق) — fireboat
~ (أو عامَة) تَموين — floating tender (Naut.)
~ بُخاريّ — steamboat, steamship (Naut.)
~ تموين — tender (Naut.)
~ جَرّاف، سفينةٌ مِجزافيّة: تَجُرُّ شباكًا حاصِرة لصيد السَّمك — trawler
~ الحَفْر — drilling barge (Pet. Eng.)
~ شِراعيّ — sailing ship, sailboat

~ صِهريجيّ (لِنقل السوائل) — tank barge
~ صَيد — fishing vessel (Naut.)
مُرَكَّب، مُعَقَّد — complex *(adj.)*
~، مُؤَلَّف — composite *(adj.)*
~ (على) — mounted (on)
~ (كيماوي) — compound *(n.)* (Chem.)
~ الاستِعلاء — superiority complex
~ إسهاميُّ الترابُط — covalent compound (Chem.)
~ إلكترونيّ: منظومة فلِزّية يتحدَّدُ تركيبُها بنِسبة عدد إلكترونات التكافؤ إلى عدد الذرّات — electron compound (Chem.)
~ أيُونيّ — ionic compound (Chem.)
~ تغطية (أو تغليف) الأسلاك — wire covering compound (Elec. Eng.)
~ ثابِت (مُستَقِرّ) — stable compound (Chem.)
~ ثُلاثيُّ العَناصِر — ternary compound (Chem.)
~ ثُنائيُّ الإسْتَر — diester (Chem.)
~ ثُنائيُّ العُنْصُر — binary compound (Chem.)
~ جُزَيئيّ — molecular compound (Chem.)
~ جَمْعيّ — additive compound (Chem.)
~ حَشْو (لمنع السُّروب بين الوَصلات) — jointing compound (Eng.)
~ حَلْقيّ — cyclic compound (Chem.)
~ ~ غيرُ مُتجانِس: تَضُمُّ الحَلْقةُ فيه ذرّاتٍ مُختَلِفة — heterocyclic compound
~ ~ مُتَجانِس — homocyclic compound
~ رُباعيُّ العناصر — quaternary compound (Chem.)
~ سَدُود: مانِعٌ للتسَرُّب — sealing compound (Eng.)
~ شَحْذ — grinding compound (Eng.)
~ عازِل: يُصَبُّ سائلًا بين الوُصلات ليعزلها عند تجمُّده — insulating compound (Elec. Eng.)
~ عُضويّ — organic compound (Chem.)
~ غَلّايات: مُرَكَّبُ مَنْع التقَشُّر في الغَلّاية — boiler compound (or composition) (Eng.)
~ غيرُ ثابِت (غيرُ مُستقر) — unstable compound (Chem.)
~ غيرُ عُضويّ — inorganic compound
~ غيرُ مُشبَع — unsaturated compound

مُرَكَّب (تابع)

~ فِلِزِّيّ عُضويّ — organo-metallic compound (Chem.)
~ قُطْبيّ — polar compound (Chem.)
~ القَطْع: مَزيجٌ من الماء والزيت والصابون لتبريدِ عملية القَطْع — cutting compound (Eng.)
~ كيماوي — chemical (compound)
~ لاحَلْقي — acyclic compound (Chem.)
~ لاقُطْبيّ (أو لااستِقطابي) — non-polar compound (Chem.)
~ مانِعٌ للتَّسَرُّب — sealing compound (Elec. Eng.)
~ مانِعٌ للخَبْط — anti-knock compound (Autos.)
~ مُتَعَدِّد غير مُتجانِس — heteropoly compound (Chem.)
~ مُتفَجِّر — explosive compound (Chem.)
~ مُستَقِرّ — stable compound (Chem.)
~ مُشبَع — saturated compound (Chem.)
~ مَعدِني — mineral compound (Chem.)
~ مَوسُوم — tagged compound (Phys.)
~ النَّقص — inferiority complex
~ وسيط — intermediate compound (Chem.)

مُرَكِّب، مُؤَلِّف، مُخَلِّق — synthesizer

مُرَكِّباتٌ مُتَماثِلة — symmetrical components

المُرَكَّبات: فصيلةُ الأقحوانيّات — Compositae (Bot.)
الـ ~ الأنبوبيّة الزَّهْر — tubuliflorous composites (Bot.)

مُرَكَّبات أزوتيّة — nitrogenous compounds
~ تناسُقيّة التَّرابُط — co-ordination compounds (Chem.)
~ ثُلاثية — ternary compounds (Chem.)
~ حَلْقيّة — ring compounds, cyclic compounds (Chem.)
~ دُهنية — aliphatic compounds (Chem.)
~ ~ حَلْقيّة — alicyclic compounds (Chem.)
~ دَيازُويّة: يحوي الجُزَيءُ منها ذرَّتين من الآزوت — diazo compounds (Chem.)
~ رُباعيّة — quaternary compounds (Chem.)
~ زِرْنيخيّة — arsenicals (Chem.)
~ سِلْسِليّة — chain compounds (Chem.)
~ الشبّ — alums (Chem.)
~ عِطْريّة (أروماتيّة) — aromatic compounds (Chem.)
~ قاعدية — basic compounds (Chem.)
~ قُطْبيّة — polar compounds (Chem.)
~ كربونية — carbon compounds (Chem.)
~ لاحَلْقيّة — acyclic compounds (Chem.)
~ مُتماثِلةُ الحَلَقات — isocyclic compounds (Chem.)
~ مُشْبَعة — saturated compounds (Chem.)

مَرْكَبة، عَرَبة — vehicle, car, wagon
~ آليّة — mechanized vehicle
~ اختبار — test vehicle
~ أخَفُّ من الهواء — lighter-than-air vehicle, aerostat (Aero.)
~ إطلاق — launch vehicle (Space)
~ إنزال بَرمائيّة — landing craft (Naut.)
~ بَرْمائية — amphibious vehicle
~ جَويّة، سَفينة هوائيّة — aircraft (Aero.)
~ عبر جَوِّيّة: يُمكِنُها السَّيْر في الجَوِّ والفَضاءِ بعده — transatmospheric vehicle (Space)
~ غيرُ مُدَرَّعة — soft vehicle (Mil.)
~ فضائيّة — spacecraft (Astronautics)
~ مُدَرَّعة — armoured vehicle (Mil.)
~ مُزَنْجَرة (أو مُسَرَّفة) — tracked vehicle (Mil.)
~ ~ خَفيفة — light-tracked vehicle (Mil.)
~ مُستَنْقَعات، جَرّارةٌ بَرمائيّة — swamp buggy, marsh buggy

مُرَكِّبة — component (Maths., Phys.)
~ أُفُقيّة — horizontal component (Eng.)
~ التحكُّم — control component (Maths.)
~ تعامدية — quadrature component (Phys.)
~ حَقيقيّة: الـ ~ الفعّالة — real (or active) component (Phys.)
~ خامِلة (أو عاطلة) — idle component (Elec. Eng.)
~ الذاكِرة — memory component (Maths.)
~ ساكِنة — quiescent component (Phys.)
~ الطاقة (الفاعِلة) — energy component (Elec. Eng.)
~ عاطِلَة (أو خامِلة) — idle component (Phys., Elec. Eng.)
~ عَموديّة — vertical component, normal component (Mech.)
~ فَعّالة — active component (Elec. Eng.)
~ القُدرة — power component (Elec. Eng.)
~ لاواطِّيّة، ~ عاطِلة، ~ لافَعّالة — wattless component (Elec. Eng.)
~ مُتَطاوِرة، ~ متطابقة الطور — in-phase component (Elec. Eng.)
~ المُدخَل — input component (Maths.)
~ مُعامِدة لِلجُهْد — quadrature component of the voltage (Elec. Eng.)
~ مُفاعِلة أو مُفاعِليّة — reactive component (Elec. Eng.)
الـ ~ المُقاوِمة: تظهر كحرارة — resistive component (Elec. Eng.)
~ نِصْفُ قُطْريّة — radial component (Mech.)

مَرْكَپْتان: كُحول كِبريتي — mercaptan, thioalcohol (Chem.)

مَرْكَزَ: ركَّزَ أو ضبَّطَ في المركز — centre, centralize

مَرْكَز: نُقطة الوسَط — center = centre
~، مَنْصِب — post, office
~، مَكانَة — status, position
~ أبحاث، ~ بُحوث — research centre
~ اتِّصال — communication centre (Elec. Comm.)
~ الانحِناء — centre of curvature (Maths.)
الـ ~ البَصَريّ (لعَدسة أو منظومة عدسات) — optical centre (of a lens) (Phys.)
~ بَيْنيّ — metacentre (Maths.)
~ تبادُلٍ (سنترالٌ) تِلفونيّ — telephone exchange (Elec. Comm.)
~ ~ تِلفونيّ خاص — pax = private automatic exchange (Teleph.)
~ ~ لاسِلكي — radio exchange (Radio)
~ التحكُّم في المَنظومة — system control centre (Elec. Eng.)
~ تدريب — training centre
~ التدويم — centre of gyration (Phys.)
~ تَرْحيل — relay center (Elec. Comm.)
~ تَسَمُّع — listening post (Radio)
~ التشابُه أو التماثُل — centre of symmetry (Maths.)
~ التعادُل — neutral centre (Mech.)
~ التعاكُس — center of inversion (Maths.)
~ تَعْبِئة — packaging centre

مَرْكَز (تابع)
~ التعليق centre of suspension
~ تقاطُع مُنصِّفات زوايا المُثلَّث incentre (of a triangle) (Maths.)
~ التماثُل، ~ التناظُر centre of symmetry (Maths., Phys.)
~ تموين supply base (Mil.)
~ التوازُن centre of equilibrium (Mech.)
~ توثيق documentation centre
~ التوزيع distribution centre (Maths.)
~ تَوليد (كهربائي) بالنُّفايات destructor station (Elec. Eng.)
~ الثِّقَل، ~ الثَّقالة centre of gravity (Phys.)
~ جُمْرُكيّ custom(s) house (or station)
~ حاسُوبيّ computer center (Comp.)
~ خارجيّ excenter (Maths.)
~ داخليّ incenter (Maths.)
~ الدائِرة المَحُوطة (بالمثلَّث) incentre (of a triangle) (Maths.)
~ ~ المُحيطة circumcentre (Geom.)
~ ~ المُماسَّة من الخارج ex-centre (Maths.)
~ الذبذبة centre of oscillation (Phys.)
~ الرَّصْد observation post
~ الرَّفْع centre of lift (Mech.)
~ الزلزال seismic focus (Geophys.)
~ ~ الجَوفيّ hypocentre (Geol.)
~ ~ السَّطْحيّ epicentre (Geol.)
~ الزَّلْزَلة seismic centre (or focus)
~ زُمْرَة central of a group (Maths.)
~ سَرِيَّة إطفاء fire station
~ الشِّبْه centre of similitude (Maths.)
~ الصَّدْم centre of impact (Mech.)
~ الطَّفْو (لِجِسْم طافٍ) centre of buoyancy, metacentre (Phys.)
~ العاصِفة storm-centre (Meteor.)
~ العَدَسة centre of lens (Opt.)
~ عَسكريّ military post
~ عَمَلٍ حاسوبيّ workstation (Comp.)
~ القَصّ shear centre (Mech.)
~ الكُتلة barycentre, centre of mass (Mech., Phys.)
~ متوسِّط centroid (Maths.)
~ المُراقَبة control centre
~ مُراقَبة، ~ تَحكُّم control post
~ ~، مَحَطَّة استِطلاع lookout station
~ مُعايَرةِ المَجْرى gauging station (Hyd.)
~ المَعلومات information centre
~ المُقاوَمة centre of drag (Aero.)
~ المَنظور centre of perspective
~ الهَدَف bull's eye *(n.)*
~ الهَزَّة السَّطْحي epicenter, epicentrum (Geol.)

مُرَكَّز: مُزَيَّد التركيز concentrated, strong (Chem.)
~: مُزَيَّد الحِدَّة أو الشِّدَّة intense, intensified
~ (في بؤرة)، مُبَأَّر focus(s)ed (Phys.)
مُرَكَّزات عَلَفِيَّة concentrates (Agric.)
مُرَكِّز: مُزَيِّدُ التركيز concentrator (Eng.)
~: مُزَيِّد الشِّدة أو الحدَّة intensifier
~ مِغنطيسيّ magnetic concentrator (Mining)
مَرْكَزة centring, centering, centralization
مَرْكَزِيّ: رئيسيّ central *(adj.)*
~، مُتوسِّطٌ (في المركز) centric(al)
~ المَيْل centroclinal *(adj.)* (Geol.)
مركسيت، مَرْقشيتا: بيريت الحديد الأبيض marcasite, white iron pyrite (Min.)
مِرْكَم، مُرَكِّم، حاشِدة accumulator, storage battery (Elec. Eng.)
~، بَطَّارِيَّة ثانوية secondary battery, rechargeable battery (Elec. Eng.)
~ أديسون: مركم النيكل والحديد القِلوي Edison accumulator, nickel (iron alkaline) accumulator (Elec. Eng.)
~ بُخار steam accumulator (Eng.)
~ الحَديد والنِّيكل iron-nickel accumulator = Edison accumulator
~ حَمضيّ رَصاصي lead acid (storage) battery (Elec. Eng.)
~ رَصاصي lead accumulator (Elec. Eng.)
~ رَصاصيّ حَمْضيّ lead-acid accumulator (Elec. Eng.)
~ قِلْويّ alkaline accumulator (Elec. Eng.)
~ كَهربائيّ electric accumulator
~ مُتكَبْرِت: أفسَدَهُ تَراكُم كبريتات الرصاص sulphated accumulator
~ النيكل والحَديد (القِلْوي) nickel-iron (alkaline) accumulator (Elec. Eng.)

مِرْكَن: أصيص pot (Agric.)
~: وعاءُ غَسْل wash basin, washtub, trough, drum
~ تبريد (في صُنع الزُّجاجيّات) bosh, swab
~ تَخميدِ التمَوُّر surge drum (Hyd.)
~ فَصْل: لِتَنْقِية الغازِ أو البُخار مِن قُطَيراتِ السائل knock-out drum
~ الماء water drum (Eng.)
~ المِرجَل (يمتدُّ حولَ الفُرنِ عادةً) water leg (Eng.)
مَرْل: طينٌ جيريّ، **سِجّيل** marl, calcareous clay (Geol., Build.)
مَرَمَّة: إصلاحُ ما فسَد أو تلِفَ overhauling, reparation
~ كامِلة complete overhaul
مَرْمَدة: وِعاءُ الرَّماد ash-pan
مُرَمِّدة: فُرنٌ يَعملُ بالنُّفايات destructor (Eng.)
~، مِحْرَقة incinerator (Civ. Eng.)
مَرْمَر، بَسْتَر، هَيْصَم alabaster (Min.)
~ شَرْقيّ، رُخامٌ جَزْعيّ oriental alabaster, onyx marble (Min.)
مَرْمَرة: تغليفُ المَبْنى بالرُّخام marmoration (Build.)
مُرَمَّز، رَمْزِيّ، مُشَفَّر coded *(adj.)* (Comp., Elec. Comm.)
مُرَمِّز، واضِعُ المُصطَلَحاتِ الرمزيّة coder
~، مُشَفِّر، مُكَوِّد: جهازُ ترميز encoder (Comp.)
~ مُفَسِّر codec (coder-decoder) (Comp.)
مُرَمِّزة نَبْضِيَّة pulse coder (Elec. Comm.)
مُرَمَّل، رَمْليّ sabulous = sabulose *(adj.)*
مِرْمَلَة، مَكَنة سَنْفَرة رمليَّة sander (Eng.)
~ قُرصيَّة disc sander (Eng.)
مُرَمَّم overhauled, repaired; fixed
~ بكامِلِه، مُصَلَّحٌ بكامِله all-overhauled
مَرِن elastic, springy
~، مَطُوط، مَدُود stretchy *(adj.)*
~: لَيِّنٌ على الطيّ واللَيّ، مَرُون flexible, pliable
مَرَّن، دَرَّب train, drill, practise

مِرْنان، جهازٌ أو حَيْزٌ رَنّان — resonator (Phys., Elec. Eng.)

~ تَجْويفي — cavity resonator (Acous.)

~ كهرضغطي — piezoelectric resonator (Electron.)

~ كَوارتزيّ — quartz resonator (Radio)

مُرَنِّح: يُغَيِّرُ ذبذبةَ الحُزمة دون تغيُّر مُستوي الاستقطاب — nutator (n.) (Radar)

مُرْهَف، رَهيف — thin, delicate, sharp

~ الحَدّ — fine-edged (adj.)

مُرْهِق — exhausting, onerous

مَرْهَم، مَرُوخ، دَهُون — ointment, pomade (Med.)

~، دَهونٌ مُلَطِّف — salve, pomade, unguent, ointment, cream

مَرْو، حَبَق الشيوخ — Origanum (Agric.)

~، كوارْتز — quartz (Min.)

~ أصفَرُ أو بُنّي — cairngorm, smoky quartz (Min.)

~ شَفّاف — hyaline quartz, rock crystal (Min.)

~ قُزَحيّ — iris, rainbow quartz (Min.)

~ مُرَقَّش — aventurine quartz (Min.)

مِرواز، بارُومتر — barometer (Phys., Meteor.)

~ جَوِّي بَسيط — weather glass (Meteor.)

مُرَوَّب: مُخَثَّر — curdled (Food Sc.)

مُرَوِّج، مُحَفِّز — promoter (n.)

~، مُداوِل — circulator

مُرَوِّح، رَوِح: ذو رائحة فوّاحة — odo(u)rant

~ غازيّ — gas odorant (Pet. Eng.)

مِرْوَحَة — fan (n.)

~، مِدْسَرة — propellor (Eng.)

~ تبريد — cooling fan

~ تُربينيَّة لامَشْهَكيَّة — unducted fan, propeller (Aero.)

~ تَفريغ، ~ ماصَّة — vacuum fan (Eng.)

~ تهوية — ventilating fan

~ (~) ماصَّة — suction fan (Eng.)

~ ثابِتةُ الخُطوةِ — fixed-pitch propellor (Aero.)

~ دافِعَة — pusher propeller (or screw)

~ دَفّاعة — propeller fan (Eng.)

~ دَوّارة — rotary fan

~ رُباعيَّةُ الأرياش — four-bladed propeller (Eng.)

~ سَقْف — ceiling fan (Eng.)

~ (ضَغطيَّةٌ) نَفّاخة — pressure fan (Eng.)

~ طارِدة للغازات — exhaust fan (Eng.)

~ الطائرة، مِدْسَرة — airscrew (Aero.)

~ طَرْدٍ مركزي — centrifugal fan, paddle wheel fan (Eng.)

~ عَكسيَّةُ الدوران — counter-rotating propeller (Aero.)

~ غِرْيَنية، مَخروطٌ طَمْييّ — alluvial cone, alluvial fan (Geol.)

~ المُبَرِّد — radiator fan (Autos.)

~ مَجْروِيَّة، ~ عَنَفيَّة — ducted fan (Aero.)

~ نَفْخ — blower fan (Eng.)

~ نَقُول (أو نقاليَّة) — portable fan

مِرْوَحيُّ الحافَّة — crenate (adj.)

~ الشَّكل — flabellate, fan-shaped, flabelliform (adj.)

~ الطيّ: في وصف الأوراق داخل البرعم — plicate (Bot.)

مَرُوخ، مَرهم — pomade, unguent, liniment, ointment (Med.)

مِرْوَد: مِحوَرُ دَورانٍ مسماريّ — swivel (-pin), kingpin (Mech.)

~: قُلَيم رفيع — stylet

مُرور — pass, passing, passage

~، سَرَيان — flow

~، حرَكة المرور — traffic

~، عُبُور — crossing, transit

~ باتجاهٍ واحِد — one-way traffic

~ سَطحيّ — skim

مُرَوَّض — tame

مُرَوِّض — trainer

مُرُوق، سِراية — transmission (Phys.)

مُرَوِّق، مُصَفٍّ — clarifier

~: مُنَقٍّ بالترويق — elutriator (Chem.)

~ بالطرد المركزي — clarifying centrifuge

مَرُون، قابِلٌ للانثِناء — flexible (adj.)

مُرونة — elasticity (Phys.)

~ الالتِواء — torsional elasticity (Mech.)

~ الحَجْم — bulk elasticity

~ حَجْميَّة — volume elasticity (Mech.)

~ حراريَّة: إستِرخاء مُرونيٌّ بتغيُّر درجة الحرارة — thermoelasticity (Phys.)

الـ ~ الحراريَّة الضَّوئيَّة — photothermoelasticity (Phys.)

الـ ~ ~ الهوائية — aerothermoelasticity (Aero.)

~ الشَّد — tensile elasticity (Mech.)

الـ ~ الضوئيَّة — photoelasticity (Phys.)

الـ ~ المُتخَلِّفة — residual elasticity (Mech.)

مَرُونيَّة، قابليَّة الانثِناء، مَرانة — flexibility (n.)

مُرونيَّة: رَجُوعيَّة — resilience (Phys.)

مَرؤوس — subordinate

مَرْوِيّ: منسوبٌ إلى المَرْو — quartzose (Geol.)

~: مَسقيّ (خِلافُ البَعْل من الزَّرع) — irrigated (Agric.)

مِرّي: خاصٌّ بالمِرَّة — biliary (Med.)

مَريء: المَريء — esophagus (or oesophagus) (Zool.)

مِرْياح: مِقياسُ سُرعةِ الرِّيح — wind gauge, anemometer (Meteor., Phys.)

~ الأرياشِ الدوّارة — vane anemometer

~ دَوّار — rotary anemometer (Meteor.)

~ قدَحيّ — cup anemometer (Meteor.)

مُريب: مَشكوكٌ فيه — dubious, questionable, suspicious

مُريح — convenient, comfortable, cosy, snug (adj.)

المِرِّيخ — Mars (Astron.)

مُرَيَّش — pennate (or pennated)

مَريض، عَليل: به عِلَّة أو مَرَض — sick, ill

~ (قَيْدَ المُعالجة) — patient (n.)

مُرَيْكِز، كُرَيَّة مَركَزيَّة — centriole (Biol.)

مِرْيَلة، مَرْيول — apron

مَريميَّة، ناعِمة — sage (Salvia) (Agric.)

مَرْئي — visible

مز: الرمز الكيماوي لفلِزِّ الأُزميوم — Os (osmium) (Chem.)

مُزّ: حامضٌ قليلًا — subacid, acidulous

مَزَّ، اِمتَزَّ — adsorb (Chem.)

مِزاج، طَبْع — temperament, temper

~، طَبْع (من حيث الصلادة واللدونة) — temper (Eng., Met.)

~ (فولاذِ) القوالِب — die temper (Met.)

مُزاح — displaced (Phys.)

مُزاحِم، مُنافِس — competitor, rival

مَزاد، ~ عَلَنيّ — auction

~، بَيْعٌ بالمزاد — auction sale, vendue

مُزارِع — farmer

مُزارِع (تابع)

~، مُخابِر: مُزارِع مُؤاكِر — métayer, sharecropper

مُزارَعة، مُخابَرة، مُؤاكَرة — métayage system, sharecropping (Agric.)

مُزازة: المادَّة المُمتَزَّة — adsorbate (Chem.)

مُزالُ التندُّف، غيرُ مُلَبَّد — deflocculated *(adj.)* (Chem.)

مُزامَرة: تشاكُل التركيب الكيماوي — isomerism (Chem.)

مُزامِل، زَميل — associate

مُزامِن: مُتَواقِت مع — synchronous

~، مُعاصِر — contemporary

~: مُواقِت ضبط انتقال المعلومات بين نبيطتين — synchronizer (Comp.)

~، مِكشافُ التزامُن: بين تَرَدُّدَي مصدَرَيْن للتيار المُتناوِب — synchronizer = synchroscope (Elec. Eng.)

~ أوتوماتي — automatic synchronizer (Elec. Eng.)

~ التشَكُّل — syntectonic (Geol.)

~ تِلقائي — automatic synchronizer

~ صَوتي — acoustic synchronizer (Acous.)

~ مِيكانيكي — mechanical synchronizer (Elec. Eng.)

مُزامَنة، تَزامُن — sync = synchronization

~ خَطِّيَّة — line synchronization (Teleph.)

~ شَفَوِيَّة (بين الصَّوت والصورة) — lip sync (Cinema)

~ لاحِقَة (بين الصوت والصورة) — post-synchronization (Cinema)

~ نَبْض — genlock (Elec. Eng.)

مُزاوَجَة، قَرْن — coupling, mating (Biol.)

~، تَهْجين — cross *(n.)* (Biol.)

~ (الخطّ) — looping (the line) (Elec. Eng.)

~ خارجية — out-breeding (Biol.)

مُزاوَلة، مُمارَسة — practice

مُزايِد (في مُناقَصة) — bidder

مُزبِد — foamy, frothy (Chem.)

مَزْبَلة — dunghill; middens (Agric.)

مَزَجَ، خَلَط، اِمتزَجَ، اِختَلَطَ — mix, admix, mingle, blend

~ أو اِمتزج بالصَّهر — fuse *(v.)*

مَزْج، خَلْط — mixing, blending, admixture

~ الألوان بالطَّرح — subtractive colour mixing (Phys.)

الـ ~ داخِلَ الأنابيب — in-line blending (Pet. Eng.)

~ السَّبائك — alloyage (Met.)

مُزَجَّج: مَطليٌّ بطبقةٍ كالزُّجاج — glazed

مُزَحْزِحُ السَّير، ناقِلُ أو مُحَرِّكُ السَّير — belt shifter = belt shipper (Eng.)

~ الطَّور — phase shifter (Elec. Eng.)

مُزَخْرِف، مُزَيِّن — decorator *(n., adj.)*

مُزَخْرَف — ornate, decorated, ornamented

مُزدَحِم، مُكْتَظّ — congested, crowded

مُزْدَرَع، مُسْتَغَلّ — farm (Agric.)

مُزدَوِج، ثُنائي — binary, dual *(adj.)*

~: مُرتَّبٌ أزواجًا — paired

~، مُضاعَفٌ مرَّتين — double, doubled, twofold, duplicate, bi-, diplo-

~ (لِوَرق النبات) — bifarious (of leaves)

~ الاتِّجاه — duplex *(adj.)* (Elec. Comm.)

~ الإرسال (أو الاستِقبال) البَرقيّ — diplex (Teleg.)

~ الانحناء — double-cambered *(adj.)*

~ الانكسار — birefringent (Phys.)

~ التأثير — double-acting (Eng.)

~ التحَدُّب (بالنسبة للعدسات) — biconvex (Phys.)

~ التسنين (لِوَرق النبات) — biserrate (Bot.)

~ التقَعُّر (بالنسبة للعدسات) — biconcave (Phys.)

~ الثَّمر أو الإثمار — amphicarpic (Bot.)

~ الشَّفَة — double-flanged *(adj.)*

~ طَيْفيّ — spectral doublet (Phys.)

~ العَزْل — double-insulated (Elec. Eng.)

~ الفِعل — double-acting (Eng.)

~ القِشْدَة — double-cream (Food Sc.)

~ القَيْد (في مَسك الدفاتر) — double entry

~ كامِل: مُزدَوِجُ اتِّجاهِ البَثِّ في الوَقت نَفسِه — full-duplex (Elec. Comm.)

~ المَدْخَل — double entry

~ المَسْلَك — double-track *(adj.)*

مُزدَوِجاتُ التنفس، ذَواتُ التنفُّسَيْن — Dipnoi (Zool.)

مُزدَوِجة، اِزدِواج — couple *(n.)* (Mech.)

~ احتِكاكيَّة — tribocouple (Phys.)

~ الأسْدِية — diplostemonous (Bot.)

~ «بِلْتِييه» الحَرارِيةُ المُتَصالِبة — Peltier's cross thermocouple (Elec. Eng.)

~ بِلَّورِيَّة كهروإجهاديَّة — bimorph (Elec. Eng.)

~ حَرارِيَّة — thermocouple, thermopair (Phys.)

~ لاإستاتيَّة: لا تتأثَّر بِمَجال الأرض المِغنطيسي — astatic couple (Magn.)

مِزر، جِعَة — beer (Agric.)

مِزْراب، مِيزاب — gutter (Build., Civ. Eng.)

مَزْرَد — gullet, throat (Zool.)

مَزْرَعة، مُستَنْبَت — farm; plantation (Agric.)

~ أسماك — fishery

~ ألبان — dairy (farm)

~ بُن — fazenda (Agric.)

~ لِتَربية المَواشي — ranch

~ تَعاوُنِيَّة — cooperative farm (Agric.)

~ جماعيَّة — collective farm (Agric.)

~ (أو زُرَيعة) نَسيجيَّة — tissue culture (Med.)

~ وما يتبَعُها من مَبانٍ — farmstead, grange

مُزْرَقّ: ضاربٌ إلى الزُّرقة — bluish

مُزَعْزَع — cranky, shaky

مُزَعْنَف: ذو زعانِف — finned (Zool., Eng.)

مُزَفَّت — asphalted

مَزَق، مَزَع — tear, rend

مَزَّقَ — shred, tear up

~، فَسَّخَ — lacerate

مِزْقَة، نُتْفَة، شَظِيَّة — shred *(n.)*

مِزلاج، رِتاج، مِغْلاق — bolt *(n.)*

~ ذو سَقّاطة — catch-bolt (Build.)

مِزْلاق، قِدَّةٌ مُخَدَّدة — cullis = coulisse (Carp.)

مِزلَجَة، مِزلَج — sled, sledge, skate

~ دُروج — roller skate

~ ثلوج — ski

~ جَليد — skate

مَزْلَق — chute, slide

~ الخَبَث — cinder chute

~ الفَحْم — coal chute

مُزَلِّق: زيتُ أو شَحْمُ التزليق — lubricant

~، مُزَيِّت: آلةُ تزليق — lubricator (Eng.)

~ آلِيّ — mechanical lubricator (Eng.)

~ التُّروس، شَحْمُ المُسَنَّنات — gear lubricant (Eng.)

~ بالتغذية المُتَقَطِّرة — drip-feed lubricator (Eng.)

~ ضَغْطِيّ — pressure lubricator (Eng.)

مُزَلِّق (تابع)
~ القالَب — die lubricant (Eng.)
~ لِيقيّ: ذو لَيْنة أو لِيقة تَزْليق — pad lubricator (Eng.)
~ مَثْعَبيّ — siphon lubricator (Eng.)
~ مَعْجونيُّ القَوام — pasty lubricant
مُزَلِّقاتٌ اصطِناعيَّة — synthetic lubricants (Chem.)
~ غرافيتية — graphitic lubricants
مِزْلَقة، مِزْلَجة — skate, skid, slide
~ التَّغذية — feed slide (Eng.)
مَزْلَقة، رَصيفُ إنشاءٍ مُنْحَدِر — slipway (Naut.)
مِزْمار — oboe, flute, pipe (Acous.)
~ (الحَنْجَرة)، زَرْدَمة — glottis (Zool.)
~ (ناعِمُ النَّغَم) — recorder *(n.)* (Acous.)
لِسانُ الـ ~، الفَلْكة — epiglottis (Zool.)
مُزْمِن — chronic *(adj.)* (Med.)
مُزْن: سَحابٌ مَطير — nimbus, rain cloud
~ رُكاميّ — cumulo-nimbus (Meteor.)
~ طَبَقيّ — nimbo-stratus (Meteor.)
مُزَنْجَر: يسيرُ على زَناجير — tracked, track-laying *(adj.)*
مُزَنْجَرة: حَصيرةُ جَرّ — caterpillar (Eng.)
~: مَركبةٌ مُزَنجرة — tracked vehicle
مَزْنَق: مُخْتَنَق — bottleneck
مُزَنَّم: ذو زَنَمات — stipulate (Bot.)
مُزْهِر — florescent, flowering (Bot.)
مِزْواة، تِيُودوليت — theodolite (Surv.)
~ بوصليَّة — transit compass (Surv.)
~ زَواليَّة — transit (theodolite) (Surv.)
~ ضَوئيَّة — phototheodolite (Surv.)
~ المَسَّاح، ثيودُوليت — surveyor transit
مِزْوال: مِزواة زواليَّة — transit (Astron.)
مَزوج، خَلُوط: قابِلٌ للامتِزاج أو الخَلْط — miscible (Chem.)
مَزوجيَّة — miscibility (Geol.)
مُزَوِّد، مُمَوِّن — supplier, purveyor
~، مُعَزِّز — enricher
~ الدَّفع — thrust augmenter (Eng.)
مِزْوَد، مذود، مِعْلَف — crib; manger
مِزْوَدة: حقيبةُ ظَهْر — haversack, knapsack
مُزَوَّر، مُزَيَّف — counterfeit, forged, false, fake
مُزَوِّر — forger
مُزَوَّق — embellished, ornamented
مُزَوِّق: تجميليّ — cosmetic
مِزْوَلَة (شَمسيَّة) — sundial (Phys.)
شاخِصُ الـ ~ — gnomon (Surv.)
صَفحةُ الـ ~ — dial
مَزِيَّة، أفضَليَّة — advantage *(n.)*
مُزَيِّت مُزَلِّق — lubricator (Eng.)
~ إبريّ — needle lubricator (Eng.)
~ إزاحيّ — displacement lubricator (Eng.)
~ فَتيليّ — wick lubricator (or oiler) (Eng.)
مِزْيَتة — oiler, oilcan, lubricating can (Eng.)
~، قدَحُ الزيت — oil cup (Eng.)
~ بِصِمَام إبريّ — needle valve lubricator
~ نَجّاجة — squirt can (Eng.)
~ قَطْر، مُزَيِّت بالتَّساقُط — drop oiler (Eng.)
مَزيج، خَليط — mixture, mix, blend, admixture (Chem.)
~ أمثَلُ — optimum mixture (Chem.)
~ التزجيج — frit (Chem.)
~ ثابتُ درجةِ الغَلَيان — constant boiling mixture = azeotropic mixture = azeotrope (Chem.)
~ ثُنائيّ — two-component mixture (Chem.)
~ حَرِجُ التصلُّد — eutectic mixture (Chem.)
~ فَقير، ~ مُفتقِر (قليل الإسمنت) — weak mixture = lean mixture (Chem.)
~ قُصْويُّ الانصِهار: ذو نُقطةِ انصهارٍ قُصوى — dystetic mixture (Chem.)
~ مُستَوفِر — rich mixture (Chem.)
~ مُفْتَقِر: من الوقود والهواء — lean mixture (Chem.)
~ مُفرِطُ الغِنَى — over-rich mixture (Eng.)
~ مُنَظِّم: مَحلولٌ ثابِتُ الأُسِّ الهِدْروجيني — regulator mixture = buffer solution (Chem.)
~ الهَواء والوَقود — air-fuel mixture (Eng.)
مُزيحُ الطَّور: بين إشارات الدَّخْل والخَرْج — phaser, phase shifter (Elec. Eng.)
مَزيد، مُزَيَّد — increased, augmented
مُزيدُ الشِّدَّة، مُقَوٍّ، مُعَزِّز — intensifier
مُزَيَّف، مُزَوَّر — forged, counterfeit
مُزَيِّف — forger
مُزَيَّق: فُسيفِسائي — mosaic (Build.)
مُزيل، نازِع — remover, eliminator
~ الاستِقطاب — depolarizer (Phys.)
~ الأوساخ، مُنَظِّف — cleaner, detergent
~ البيوتان — debutanizer (Chem.)
~ التخثُّر، ~ التجَلُّط — decoagulant (Chem.)
~ التضَبُّب — demister (Autos.)
~ التَّضمين — demodulator (Elec. Comm.)
~ التلوُّث (الإشعاعي أو الجرثومي) — decontaminant *(n.)* (Nuc. Eng., Med.)
~ الجَليد — de-icer = anticer (Aero.)
~ الجَمَد — defroster
~ الدِّهان — paint remover (Build.)
~ الرائحة — deodorant = deodorizer (Chem. Eng.)
~ الرُّطوبة — dehumidifier
~ الشَّحم — degreaser (Chem.)
~ الشَّواش — static eliminator (Radio)
~ الصَّدَأ — rust remover (Chem.)
~ الغاز — degasifier
~ القُشور — disincrustant, scalant, descaler (Eng.)
~ الكربون المُتَرسِّب — decarbonizer (Eng.)
~ (أو مُطْفِئ) اللَّمعة — delustrant (Chem.)
~ (أو قاصِرُ) اللون — decolo(u)rant *(n., adj.)* (Chem.)
~ الهواء — de-aerator (Eng.)
مَسَّ، لَمَسَ — touch *(v.)*
~ مَسًّا رفيقًا (عابِرًا) — graze, sweep, brush against
لم يُمَسّ (بِأذًى)، سَليم — intact
مَسٌّ، هَوَس، جُنون — mania *(n.)* (Med.)
مُسابَقة، مُباراة — contest, competition, tournament
مَسَّاح — surveyor, land surveyor (Surv.)
~ طوبوغرافي — topographical surveyor
مِساحاتٌ مَبْنيَّة — built-up areas (Build.)
مِساحة: مِساحةُ سَطحٍ أو أرض — area
الـ ~، مَسْحُ الأراضي — survey, surveying
~ تفصيليَّة (للأراضي وحُدودِها) — cadastral survey
الـ ~ الجانِبيَّة — lateral area (Geom.)
الـ ~ الجَوِّيَّة — aerial surveying (Surv.)
~ الخِطَّة أو القِطعة — plottage *(n.)*
~ السَّطح — surface area
الـ ~ بالفَدادين — acreage *(n.)*
الـ ~ الفوتوغرافيَّة (أو التصويريَّة) — photographic surveying, photogrammetry (Surv.)

مِساحة (تابع)

الـ ~ الكُلِّية — total area
الـ ~ المُجتازَة — swept area (Surv.)
الـ ~ المُسَطَّحة (أو المُستوِيَة): دونَ اعتبارٍ لِتَقَوُّس الأرض — plane surveying (Surv.)
الـ ~ المُسقَطة — projected area (Maths.)
~ مَسْقيَّة — irrigable area (Agric.)
~ المَقْطَع — sectional area
~ ~ العَرْضيّ — cross-sectional area
الـ ~ المَمْسوحة — scanned area (Telev.)

مَسّاحة: فِرجونُ مَسح — wiper *(n.)* (Elec. Eng.)
~ حاجِبِ الريح — windscreen wiper (Autos.)

مِساحيّ — areal; cadastral (Surv.)

مَساحيج (أنظر: مِسْحاج)
~ تَحْديب — rounds (Carp.)

مَسار — path, track, course
~، مَجْرَى — course
~، مَسيرُ المَقْذوف — trajectory (Phys.)
~ الإبحار — sailing course (Naut.)
الـ ~ الأقصَرُ زَمَنًا — brachistochrone (Mech.)
~ الانحِدار (لِلحَطّ) — glide path (Aero.)
~ بالِسْتيّ — ballistic trajectory (Phys.)
الـ ~ البَصَريّ: المكافئُ لِلمسار في الهواء (أو الفراغ) — optical path = optical distance (Phys.)
~ بُوصَليّ — compass course (Naut.)
~ بيانات — bus, data bus (Comp.)
~ التابع الاصطِناعيّ — perigeum (Astrophys.)
~ التوزيع — distribution route (Elec. Eng.)
~ جانِبيّ — sidetrack (Acous.)
~ الجُسَيم المُؤيِّن — track of ionizing particle (Phys.)
~ جُسَيميّ — particle track (Phys.)
~ حُرّ — free path (Chem.)
الـ ~ الحقيقيّ — true course
~ حلَزونيّ — helical path, spiral path
~ الخَطِّ المُتَزاوي: مع خطوط الطول — rhumb-line track (Naut., Aero.)
~ دُوَيريّ فوقيّ — epicycloid (Maths.)
~ الرُّجوعِ الرأسيّ (أثناء المَسْح) — vertical retrace (Telev.)
~ رئيسيّ — trunk (Elec. Eng.)
الـ ~ الرَّئيسيّ (في بَرنامَج الحاسُوبِ بِغَضِّ النظَرِ عن البَرامِج الفَرعيَّة) — main path (Comp.)
~ زائديّ — hyperbolic trajectory (Space)
~ الصاروخ (أو القذيفة) — trajectory (Space, Phys.)
~ الكُرور: مَسارُ العَودة إلى جَوِّ الأرض — re-entry trajectory (Astronautics)
~ مُترَجِّح — swinging course
~ مُتعَرِّج — zigzag course
~ مِغنَطيسيّ — magnetic course (Aero.)
الـ ~ المِغنَطيسيّ (على فيلم أو شريط تسجيل) — magnetic track (Acous.)
~ ناقِصيّ — elliptic trajectory

مَساراتٌ ضَبابيَّة — fog tracks (Phys.)

مُسارَبة، مُواصَلةٌ تَسَرُّبيَّة — leakance = leakage conductance (Elec. Eng.)

مُسارِع، مُعجِّل — accelerator (Phys.)
~ إلكتروناتٍ (خَطّيّ) بالمَوجات المُرتَحِلة — travelling wave accelerator (Phys.)
~ پروتونات، سِنكرُوترون پروتونيّ — proton synchrotron (Phys.)
~ الاشتِعال — ignition accelerator (Autos.)
~ جُسَيمات — particle accelerator (Phys.)
~ بالرَّنين المِغنَطيسيّ — magnetic resonance accelerator, cyclotron (Phys.)
~ مَداريّ — orbital accelerator (Phys.)

مَسارِيقا: غِشاءٌ يربِطُ الأمعاءَ بجدارِ البَطْن — mesentery (Zool.)

مَساعٍ حَميدة — good offices

مُساعِد، مُعاوِن — assistant, helper, aide; adjutant
~، إضافيّ — accessory, auxiliary
~، مُعِينة — aid *(n.)*
~ تَرشيح — filter aid (Chem.)
~ الرُّبان — first mate (Naut.)
~ رئيسِ العُمّال — charge hand
~ طَيّار، طَيّارٌ مُعاوِن — co-pilot (Aero.)
~ عامِلِ المِرفاع — banksman
~ فَنّيّ — technical assistant
~ مَسّاح — lineman, chainman, staff-holder = staffman (Surv.)

مُساعَدة، مَعُونة — assistance, help, aid

مَسافة، بُعْد — distance
~، مَدَى — range, space
~ ارتِداد: بضغط زرٍّ في الآلة الكاتبة — backspace
~ الإقلاع — takeoff distance, takeoff run (Aero.)
~ الامتداد، مدى الامتداد — span (Aero., Civ. Eng.)
الـ ~ بالأميال — mileage (Surv.)
~ بيانيَّة نِسبيَّة — scale distance
~ بَيْنيَّة — interval, spacing (distance)
~ (أو مَدى) التراكُب — overlap span (Elec. Eng.)
~ التفويت — skip distance (Phys.)
~ التوهين — attenuation length (Phys.)
~ الحَطّ — landing run (Aero.)
~ دَرجةِ النغَم — pitch interval (Acous.)
~ زاويَّة، بُعد زاويّ — angular distance (Phys., Astron.)
~ عَمودية — normal distance (Mech.)
الـ ~ (الفاصِلةُ) بين نَبْضَتَين — pulse separation (Elec. Comm.)
~ فَوق بُؤريَّة: تكونُ الأجسامُ بَعْدَها مُبَأّرة — hyperfocal distance (Opt.)
~ القَفْز (في التفريغ الشراري) — striking distance (Elec. Eng.)
~ قُطْبيَّة — polar distance (Maths.)
~ كِفافيَّة — contour interval (Surv.)
الـ ~ المُجتازة جَنوبًا — southing (Surv.)
الـ ~ المَحْصُورة — subtense, subtend (Maths.)
الـ ~ المقطوعة — covered distance
الـ ~ (~) غَرْبًا — westing *(n.)* (Naut., Surv.)

مُسافِر — passenger, travcl(l)cr

مَساق — course
~ التدريب — training course

مُساقاة، شَرِكةُ المُساقاة: في زراعة الكُروم بخاصةٍ — share-tenancy (Agric.)

مَسّاكة، مِمْسَك — holder, grip; handle (Eng.)
~ أنابيبِ الاختبار — test-tube holder (Chem.)

مَسال، قناةُ تصريف — conduit, ditch, drain
~ (مَحْمول)، قنطرةُ القَناة — aqueduct *(n.)* (Civ. Eng.)

مُسال، مُسَيَّل — liquefied (Phys.)

مَسألة، سُؤال (استفساري) — question, query
~ (في الرياضيّات) — problem (Maths.)
~، أَمْر، شَأْن — matter, affair, issue
~، فَرْضيَّة — thesis *(n.)*
مَسالِك (أنظر: مَسلك) — ducts, passages
~ الإنزلاق الأرضيَّة (لإنزال السفينة إلى البحر) — standing ways, groundways (Naut.)
~ التسويق — marketing channels (Agric.)
~ التَّهوِيَة — ventilation ducts, ventilating flues (Eng.)
~ الكُبول — cable ducts (Elec. Eng.)
مَسامّ: ثُقوبٌ دَقيقة (أُنظُر: سَمّ) — pores
مُسامَت — collimated, aligned (Phys.)
~ بَدْءِ الأسطُر يمينًا — right-justified *(adj.)* (Print.)
~ يَساريًّا — left-justified *(adj.)* (Print.)
مُسامَتة — collimation, alignment (Phys.)
مُسامَحَة: صَفح — forgiveness, pardon
~: سَماح — tolerance (Eng.)
~: السَّماحيَّة بمرور التيّار — admittance (Elec. Eng.), perveance (Electron.)
الـ ~ الانتِقاليَّة — transfer admittance (Elec. Eng.)
الـ ~ التبادُليَّة — transadmittance, mutual admittance (Elec. Eng.)
~ ثُنائية الطَّرَف — two-terminal admittance (Elec. Eng.)
~ الخرج الفعّالة — effective output admittance (Elec. Eng.)
~ الدخل الفعّالة — effective input admittance (Elec. Eng.)
~ الصُّورة: معكوس مُعاوَقة الصورة — image admittance (Elec. Comm.)
~ مُجَمَّعَة — joint admittance (Elec. Eng.)
الـ ~ المُمَيِّزة — characteristic admittance (Elec. Eng.)
مَساميّ: ذو مَسام — porous (Phys.)
لامَساميّ — nonporous
~، إسفَنْجي — mushy *(adj.)*
مَساميَّة — porosity *(n.)* (Geol., Phys.)
~ التُّربة — soil porosity (Agric.)
~ دَقيقة، ~ مِجْهريَّة، ~ دِقِّيَّة — pinpoint porosity, microporosity (Eng.)
~ المَسْحوق — powder porosity (Eng.)
~ الوِطاء — matrix porosity (Geol.)
مَسامير (أُنظر: مِسمار)
~ (استِواء) لوح القاعِدة — plate screws (Eng.)
~ ذِراع التوصيل — connecting-rod bolts
~ ضَبْطَ الاستواء — levelling screws
~ قارِنة — coupling bolts (Eng.)
~ القاعِدة — foot screws (Surv.)
~ مُتخالِفة المركز — eccentric bolts (Eng.)
مَسانِد (أُنظر: مِسند) — supports
~ الإنزال: إلى البحر — ways (Naut.)
~ إنزال السفينةِ (إلى البَحْر) — shipways
~ الإنْزِلاق — groundways, standing ways (Naut.)
مُسانَدة، دَعْمٌ — backing (up), support
مُسانَهة: سَنَويًّا — per annum, annually
مُساهِم، حامِلُ السَّهْم أو السَّنَد — shareholder *(n.)*
مُساهَمة، إسهام — partaking, sharing
~، مُشارَكة (في العَون) — contribution, participation
مُساوٍ، مُعادِل — equal, equivalent
مُساواة — equality (Maths.)
مِسْبار، مِجَسّ — probe, sound (Med., Phys.)
~ اختِبار — test prod (Elec. Eng.)
~ أعماق: بالأمواج الصوتية أو الراديوية — sounder, depth sounder
~ «لُوكَس»: بالكَبْل والثِّقَل — Lucas sounder (Ocean.)
~ إلكترونيّ — electron probe (Electron.)
~ بُعادي (في ساتِل أو بالون) — sonde (Meteor.)
~ التُّربة — soil auger (Agric.)
~ راداريّ — radar-sonde (Radar)
~ رَصْد، ~ راديُويّ — sonde *(n.)* (Meteor.)
~ ~ جَوِّيّ (لاسِلكيّ) — weather sonde
~ ~ لاسِلكي — radiosonde (Radio, Meteor.)
~ سِلكيّ: يُرسِلُ المعلومات عَبْرَ كبلٍ سِلكيّ — wiresonde (Meteor.)
~ صَدَوي، ~ بالصَّدى — echo sounder
~ قَرْن — coupling probe (Electron.)
~ قياسِ الزَّيت — oil ga(u)ge dipstick (Pet. Eng.)
~ الكاشِف — detector probe (Radio)
~ كهربائيّ — electric probe (Elec. Eng.)
~ لاسِلكي — radiosonde
~ مِغْنَطيسيّ — magnetic probe (Elec. Eng.)
مُسَبِّب، سَبَبِيّ — causative, causing
~، باعِث، مُفْضٍ إلى — conducive *(adj.)*
~ لِلدُّوار — giddy *(adj.)*
مُسْبِت، هاجِع، مُسْتكِنّ — dormant (Biol.)
~ شِتاءً — hibernating (Zool.)
مُسَبَّح: مُخرَّز بحلًى مُحدَّبة — beaded (Build.)
مِسْبَر، مِسْبار — probe *(n.)*
مُسَبَّع: شَكلٌ سُباعيُّ الأضلاع — heptagon, septagon *(n.)* (Geom.)
مُسْبَقُ الانكِماش — pre-shrunk *(adj.)*
~ الصُّنْع (ومُعَدٌّ لِلتركيب) — prefab(ricated) (Build.)
~ الضَّبْط — preset (Elec. Eng.)
مُسبقًا — in advance, beforehand
مَسْبَك، مَصْهَر — foundry, forge, smeltery, smelter (Eng.)
~ حَديد — iron foundry, ironworks
~ حُروف الطِّباعة — typefoundry (Typog.)
~ قصدير — tinworks (Med.)
~ نُحاس — copper foundry, copper works (Met.)
مَسبوت: في غيبوبة سُباتيَّة — comatose (Med.)
مَسْبوك — cast (Met.)
مُستأجِر — tenant, lessee, leaseholder
~ من الباطِن — subtenant, undertenant
مُستأجَر — rented, leased; hired
مُستأصَل، مُجتَثّ — uprooted, eradicated
~، مُزالٌ (بالحَرارة أو الجِراحة) — removed, ablated (Med.)
مُستأصِل، مُستأصِلَة: مُزيلَةٌ بَقايا الغاز من الصِّمامات — getter (Electron.)
~ الغاز — degasser (Electron.)
مُستَبان: يُمكن تبيُّنُه — detectable (Phys.)
مُستَبين — resolver (Comp.)
مُستَتِر، مُختَفٍ — hiding, hidden, concealed
~، خَفيّ — occult, esoteric
مُستَثار، مُثار — excited, stirred; stimulated
~، مُهتاج — aroused, enraged
مُستثمِر — investor

مُستَثمَر، مُثمَّر (كالمال في مَشروع) invested
~، مُستغَلّ (كالخام في مَنجَم) exploited
مُستَثنى excluded (Maths.)
مُستَجِدّ newcomer, novice
مُستَجمَع (أمطار)، مِنطقةُ تجميع، حوضُ الصَّرف catchment area or basin (Civ. Eng.)
مُستَجوِب، مُستجوِبة مُجيبة = interrogator interrogator responser (Elec. Comm.)
مُستَجيب: سَريعُ الاستِجابة responsive *(adj.)*
~، مِطواع compliant (Eng.)
مُستحاثاتٌ دقيقة أو مجهريَّة nanofossils, microfossils (Geol.)
~ كَبيرةُ الحجم macrofossils (Geol.)
مُستحاثة، حَفْريَّة، أُحفورة fossil (Geol.)
مُستَحالة: وَصفُ الأرضِ المتروكة حَولًا بلا زَرْع fallow (Agric.)
مُستحَثّ: مُنتَجٌ بالحَثّ induced (Phys.)
تيّارات مُستحَثَّة faradic currents (Elec. Eng.)
~ ذاتيًّا self-induced *(adj.)* (Elec. Eng.)
مستحضَر preparation *(n.)* (Chem.)
~ تجميل cosmetic *(n.)* (Chem.)
~ صَيدليّ pharmaceutical *(n.)*
مُستَحِقّ، مُستأهِل deserving
~ (الأداء) mature *(adj.)*
مُستَحْلِب، عامِلُ استِحلاب emulsifier *(n.)* (Chem.)
مُستَحْلَب emulsified *(adj.)*, emulsion *(n.)*
~ تَصْوير photographic emulsion
~ زَيتيّ oil emulsion (Chem.)
~ مُستقِرّ stable emulsion (Chem.)
~ نَوَويّ: تَظهَرُ عليه آثارُ الجُسَيماتِ النَوَويَّة nuclear emulsion (Phys.)
مُستحلَبانيّ، شِبْهُ مُستَحلَب emulsoid (Chem.)
مُستَحية، حَسّاسة humble plant (Mimosa) (Agric.)
مُستَخدَم، مُستعمَل used, employed
~، مُوظَّف، أجير employee *(n.)*
~، مُطَبَّق applied *(adj.)*
مُستخدِم، مَخدوم، ربُّ العَمَل employer
~، مُستَعْمِل user, utilizer
مُستَخرِج، مُستَخلِص extractor, extractant

مُستَخرَجات الألبان dairy products (Agric.)
مُستَخرِجة العُدَد السائبة: في عمليات الحَفر tool extractor (Eng.)
~ عَيِّنات الحَفرِ الجانبيَّة side-wall sampler (Civ. Eng.)
~ المَثاقِب drill extractor (Eng.)
مُستَخلَص، خُلاصة extract *(n.)* (Chem.)
~، مُستَرَدّ بالاِستِصلاح reclaimed *(adj.)* (Agric.)
الـ ~ الرَّاجع backwash (Chem. Eng.)
مُستَخلِص، عامِلُ استِخلاص extractor, extractant (Chem.)
~ الأتربة، مصيدة الغُبار dust catcher
~ استِشرابيّ eluant (or eluent) (Chem.)
~ تَزامُنيّ synchronous demodulator (Telev.)
~ التضمين، ~ (الذبذبة) المُضَمَّنة demodulator, detector (Elec. Comm.)
مُستَدِقّ، رَفيع thin, fine
~ التجويف taper-bored *(adj.)* (Eng.)
~ الطَّرَف acuminate *(adj.)* (Bot.), lancet(ed) (Arch.), taper(ing), tapered, pointed
~ الفُرن العالي: بين قُطرَيه الأكبر والأصغر bosh (Met.)
مُستَدير، مُدَوَّر round
~، دائري circular
~ الوَرَق rotundifoliate (Bot.)
مُستَديرة: جَزيرةٌ عِندَ مُفْتَرَقِ الطُّرُق roundabout island (Civ. Eng.)
مُستَرجِع: منظومةٌ تَسمَحُ بالاستِفادة مِن حَرارة غازات الفُرْنِ المُنصرِفة recuperator (Eng.)
مُستَرخٍ، راخٍ loose, slack, lax
مُستَرطِب: بامتصاص الرطوبة من الهواء hygroscopic (Chem.)
مُستَشار consultant, adviser (or advisor)
~ فَنّي technical adviser
مُستَشْرٍ، مُتَفاقِم aggravating, increasing in gravity
مُستَشْعِر، مِحساس sensor
~ اللهب flame detector (Phys.)
مُستَشفى hospital
~ مَيدان field hospital
مُستَشير consultant *(n.)*

مُستصلَح reclaimed *(adj.)* (Agric.)
مُستَطاب، مُستَساغ، طَيِّبُ المَذاق palatable (Food Sc.)
مُستَطاع، مُمكِنٌ عَمَليًّا feasible, practicable
مُستَطيل rectangle (Maths.), oblong *(n.)*, rectangular *(adj.)*
مُستَعاد، مُستَرَدّ recovered (Comp., Eng.)
مُستَعار، مُقْتَرَض borrowed
~ حسابي: مُرَحَّل حسابي سالِب arithmetic borrow (Maths.)
اسمٌ ~ alias
مُستعجَل urgent
مُستَعِدّ، مُتَهَيِّئ ready, prepared
مُستَعِر live *(adj.)* (Chem.)
~، مُتَوَهِّج، مُلتَهِب ablaze, aflame
مُستَعرِض، عَرْضيّ transversal, transverse, cross
مُستَعْصٍ، عُضال irremediable, incurable (Med.)
~ (تماسُكًا) tough, tenacious (Phys.)
مُستَعْلَق suspension *(n.)* (Chem.)
مُستَعْمَرة، مُستَوطَنة colony *(n.)* (Bot., Zool.)
مُستَعْمَل used, second-hand *(adj.)*
~ (فَيُبتَذَل أو تُعاد معالجتُه) spent
مُستَغرَق (في) engrossed (in), absorbed (in)
مُستَغِلّ: استغلاليُّ النَّزعة profiteer
مُستَغَلّ، مُستَثمَر exploited
مُستَفيد، مُنتَفِع beneficiary *(n.)*
مُستَقبِل receiver (Elec. Comm.)
~، مُتَقبِّل receptor, recipient (Biol.)
~ إجهاديّ (كهرضغطيّ) piezoreceiver (Phys.)
~ أُحاديُّ اللون: تِلفزيون غيرُ مُلَوَّن (أسود وأبيض) monochrome receiver (Telev.)
~ إشاراتِ الاستِجابة responser (Radar)
~ بإعادة التوليد regenerative receiver (Radio)
~ اعتِراضيّ intercept receiver (Radio)
~ الأمواجِ فوق السمعية ultrasonic receiver (Acous.)
~ بانوراميّ: واسِعُ مَدى المُوالفة panoramic receiver (Radio)

مُستقبِل (تابع)

~ بلّوريّ الصمامات (عالي الانتقائيّة) — crystal-gate receiver (Elec. Comm.)
~ تِلفزيونيّ — television receiver (Telev.)
~ تليفونيّ — telephone receiver (Acous.)
~ تنوّعيّ — diversity receiver (Radio)
~ توافُقيّ — harmonic receiver (Elec. Eng.)
~ خطّيّ لوغاريتميّ — lin-log receiver (Radio)
~ ذو دارتَيْن — two-circuit receiver (Radio)
~ ذو مِلَفٍّ مُتحرِّك — moving-coil receiver (Teleph.)
~ ذو هَوائيٍّ إطاريّ — loop receiver (Radio)
~ راداريّ — radar receiver (Radar)
~ رَقابيّ — monitoring receiver (Elec. Eng.)
~ الزَّيت — oil receiver (Eng.)
~ سائليّ كهربائيّ — electroliquid receiver (Elec. Comm.)
~ صَوتيّ — acoustic receiver (Elec. Eng.)
~ ضغطيّ — baroceptor (Electron.)
~ ضَوئيّ — photoreceptor (Biol.)
~ عامّ: يعملُ بالتيّار المُستمِر والمُتناوِب — universal receiver (Radio)
~ (عَصبيّ) — receptor (Zool.)
~ فوق هِترودايِنيّ، ~ مُغايِرٌ فَوقيّ — superheterodyne receiver (Radio)
~ كهروإجهاديّ — piezoelectric receiver (Elec. Eng.)
~ لاسِلكيّ — radio receiver (Radio)
~ مُتتبِّع — track receiver (Acous.)
~ مُتعدِّد المَدى — multi-range receiver
~ مُضمَّن التردُّد — FM receiver = frequency-modulated receiver (Radio)
~ مُغايرٌ فَوقيّ — superheterodyne receiver (Phys.)
~ مُوالَفُ التردُّد اللاسِلكي — tuned-radiofrequency receiver (Radio)
~ ناسُوخيّ: للصور الثابتة — facsimile receiver (Elec. Comm.)
~ هِترودايِنيّ فائق — superheterodyne receiver (Elec. Eng.)
~ ~ (بالفعلِ المُتغايِر) فوقَ السمعي — supersonic heterodyne receiver (Radio)
~ يعملُ بالبطارية — battery receiver (Radio)
مُستقبِلة — receiver (Eng.)

~ ضَغطيّة — baro(re)ceptor (Electron.)
مُستقِرّ، ثابِت — stable, stabile (Phys., Chem.)
~، مُطّرِد — steady
~: غيرُ تنقُّليّ — sedentary, immobile (Zool.)
شِبْهُ ~ — metastable (Chem.), quasi-stable (Phys.)
~، وَطيد — settled, established
~ عندَ التسخين: صامِدٌ للحرارة — thermostabile, thermostable (Chem.)
~ كُلّيًّا — totally stable (Maths.)
مُستقصٍ، مُتقصٍّ — investigator; explorer
مُستقطَب: تقَعُ أمواجُه الكهرمغنيطيَّة في مُستوٍ واحد — polarized (Phys.)
مُستقطِب — polarizer *(n.)* (Phys.)
~ كهربائيّ (دائم) — electret (Phys.)
~ نَبْضيّ — pulse polarizer (Eng.)
مُستقطَر، مُقطَّر — distilled (Chem., Phys.)
~، قُطارة — distillate (Chem.)
مُستقطِر — distiller (Chem.)
المُستقطَرات الأولى: في التقطير التجزيئي — first runnings (Chem.)
مُستقعِد: أليفُ القواعد — basophil(e) (Chem.)
مُستقِلّ: لا يَعتمدُ على سِواه — independent *(adj.)* (Maths.)
~: ذاتيُّ الحُكم — independent, self-governed, autonomous
~: مُكتفٍ ذاتيًّا — self-contained
~ وَظيفيًّا — autonomous = autonomic *(adj.)* (Biol.)
مُستقيم — straight, rectilinear, ortho- (Maths.)
الـ ~: المِعَى المُستقيم — rectum (Zool.)
~ الأضلاع أو الخُطوط — rectilinear
~ الألياف — straight-grained *(adj.)*
~ مُتوسِّط — median *(n.)* (Maths.)
الـ ~ المُقابِل — subtense (Maths.)
~ ناظِميّ — normal line (Maths.)
مُستقيماتُ الأجنِحة (رُتبةُ حَشَرات) — Orthoptera (Zool.)
~ مُتّحِدةُ المُستوي — coplanar lines (Maths.)
~ مُتخالِفة: لامُتوازية ولامُتقاطِعة — skew lines (Maths.)
~ مُتغايِرةُ المُستوي — non-coplanar lines
مُستقيمان مُتوازيان تخالُفيًّا — antiparallel lines (Maths.)
مُستكشِف — explorer *(n.)*

مُستكِنّ، هاجِع — dormant (Biol.)
مُستكمَل، مُكتمِل — completed, consummate
مُستكمِلُ الشروط أو المواصَفات — perfect, fulfilling all requirements
مُستلزَم: كشَرطٍ لازِم — prerequisite, requisite
مُستلزَمات، لَوازِم — requisites, requirements
مُستلقٍ — lying, recumbent *(adj.)*
~: ممتدٌّ على الأرض — decumbent (Bot.)
~ على ظَهره — supine
~ ~ وجهه — prone
مُستلِم، مُتسلِّم — receiver, recipient
مُستمِرّ، مُتوالٍ — continuous, continued, continual, incessant (Maths.)
~، دائم — perpetual, permanent, lasting
~ (للتيّار) — direct (Elec. Eng.)
~ الإزهار — everblooming (Agric.)
~ بانتِظام — constant, regular, uniformly continuous (Maths.)
~ الحَمْل — everbearing (Agric.)
~ ذاتيًّا — self-sustained (Phys.)
مُستمِع، مُصْغٍ — listener
~ (لِطالِبٍ في جامعة) — auditor *(n.)*
مُستمِعون — listeners, audience
مُستنبَت: وَسَطُ اَستنبات — culture medium (Med., Agric.)
~، مَشْتَل — nursery (Agric.)
~ زُجاجيّ — greenhouse (Agric.)
مُستنبَط، مُبتكَر — invented, devised, contrived
~، مُستخرَج — derived, extracted, educed
مُستنَد، مَرجِع — reference
~، إيصال، قسيمة — voucher *(n.)*
~ رَسْميّ، وَثيقة رسميَّة — document, instrument, deed
~ صَرْف — issue voucher
~ مُبْرَز — exhibit *(n.)*
مُستنَدات، وَثائقُ إثبات — supporting documents
مُستنسَخ — duplicate *(adj.)*
مُستنشِق — inhaler *(n.)*
مُستنفِد، مُستهلِك — consumer *(n.)* (Ecol.)
~، مُنهِك — exhaustive *(n.)*

مُستَنفَد، مُستَنزَف exhausted, depleted
~ القُوَّة (أو الفاعلية) spent *(adj.)*
مُستَنقَع swamp, quagmire, marsh (Agric.)
~، سَبْخَة bog, moor, morass (Geol.), slough *(n.)*
~ (استُصلِحَ للزِّراعة) fen *(n.)* (Ecol., Agric.)
~ صَغير slew, slue
مُستَنقَعِيّ swampy, boggy, paludal (Agric.)
مُستَهدَف (لِـ)، عُرضَةٌ (لِـ) exposed (to), susceptible (to), vulnerable (to)
مُستَهَلّ، بِداية beginning, onset
مُستَهلِك consumer *(n.)* (Agric.)
مُستَهلَك، مُسقَطٌ مِنَ الحِساب written-off
الـ ~ النَوَويّ burr (Nuc. Eng.)
مُستَوٍ، سَواء even *(adj.)*
~، مُنبَسِط level, plane, plain *(adj.)*
~، المُستَوِي plane *(n.)* (Maths.)
~ أُفُقِيّ horizontal plane
~ بُؤرِيّ focal plane (Light)
~ دلالِيّ key level (Geol.)
~ رأسِيّ أو عَموديّ vertical plane
~ عُقَدِيّ nodal plane (Phys.)
~ عُقَدِيّ complex plane (Maths.)
~ قاعِدِيّ basal plane (Phys.)
~ مائل inclined plane (Phys.)
~ مُتَخاصِص isotropic plane (Maths.)
~ مَدارِيّ orbital plane (Phys.)
~ مَرجِعِيّ، مستوي إسناد reference plane (Surv.), datum plane (Geol.)
~ مُستَعرِض (يُكَوِّنُ زاويةً قائمةً مَعَ المِحوَر) transverse plane
~ مُقَوِّم rectifying plane (Maths.)
~ مُماس tangent plane (Maths.)
مُستَوى، مَنسُوب level *(n.)* (Maths., Eng.)
~ الإحساس sensation level (Acous.)
~ الأسعار price level (Agric.)
~ الإسناد level of reference, reference level (Surv.)
~ بِنيَوِيّ structural level (Geol.)
~ بيزومتري: المنسوب المُمَيِّز للطبقة الحامِلة piezometric level (Geol.)
~ تَحتِيّ sublevel (Mining)
~ الجَهارة loudness level (Acous.)
الـ ~ الحَضِيضِيّ ground state (Phys.)
~ دَلالي، ~ عَلّام key level (Geol.)

~ رنينِيّ resonance level (Phys.)
~ سَطحِ الأرض ground-level (Surv.)
~ ~ البَحر sea level (Surv., Geog.)
~ السَّطحِ البَينِيّ interface level
~ الضجيج noise level (Acous.)
~ الضَّغط pressure level (Phys.)
~ طاقةٍ مُنفصِل discrete energy level (Phys.)
~ الطَيَرانِ المُطَّرِد cruising level (Aero.)
~ عِيارِيّ، مِعيار norm, standard
الـ ~ الغِذائِيّ: الوَضعُ في السِّلسِلة الغذائيَّة trophic level (Ecol.)
~ فَرْطِ الحِمل overload level (Elec. Eng.)
~ قاعِدِيّ، ~ القاعِدة base level
~ القُدرة power level (Elec. Eng.)
~ ~ الصِّفرِيّ zero power level (Elec. Comm.)
الـ ~ القياسي لِشِدَّة الإضاءة standard of illumination (Illum.)
~ الماء water level
~ المَعيشة standard of living (Agric.)
~ مُقَيَّد bound level (Phys.)
~ المياه الجَوفِيَّة ground-water table, water table (Geol., Agric.)
~ نِسبِيّ relative level
مُستَوجِبُ إقامةَ دَعوى actionable *(adj.)*
~ مُعالجةٍ عاجِلة exigent, urgent
مُستَودَع depository, warehouse
~، مَخزَن depot, store(house), dump
~، عَنبَر hold *(n.)* (Naut.)
~، خَزّان reservoir *(n.)*
~ (أو مَصنَعُ) أسلِحة armoury = armory (Mil.)
~ تخزين الفحم coal bunker
~ التموين الرئيسيّ main supply depot
~ الحَصيد grange (Agric.)
~ الخام ore bunker (Mining)
~ الذخيرة ammunition dump or depot
~ غاز gasholder
~ فَرعِيّ subdepot *(n.)*
~ ماءٍ أرضِيّ، مَكمَنٌ مائيّ: طَبَقةٌ مُختَزِنة للماء aquifer = aquafer (Geol.)
~ ~ (تحت الأرض) water lodge (Geol.)
مَستُورات البُزور angiosperms (Agric.)
~ الزَّهر، لازَهرِيّات cryptogams (Agric.)

مُستَوصَف، صَيدلِيَّةُ مُستشفى dispensary
مُستَوطِن، مُقيم settler, resident
~، مُتَوَطِّن (للمرض) endemic (Med.)
مُستَوطَنة settlement, colony (Biol., Zool.)
مُستَوعِب comprehensive *(adj.)*
مُستَوعِبة، حاوِيَة container
مُستَوفِر rich
مستوي (أُنظر: مُستَوٍ) plane (Maths.)
~ الاستقطاب plane of polarization (Phys.)
~ الإسقاط projection plane, plane of projection (Maths.)
~ الإسناد datum plane (Surv.)
~ افتراقِ الطبقات parting plane (Geol.)
~ الانشِقاق cleavage plane (Geol.)
~ الانعِكاس plane of reflection (Phys.)
~ الانفِصال jointing plane (Geol.)
~ الانفِصام cleavage plane (Geol.)
~ الانكِسار fracture plane (Geol.)
~ التشَبُّع: المُستوى الطبيعيّ للمياه الجَوفيَّة plane of saturation (Civ. Eng.)
~ التعادُل neutral plane (Elec. Eng.)
~ التماثُل plane of symmetry (Maths.)
~ خَطِّ الماء: عَبْرَ بدن السفينة water plane (Naut.)
~ الدَّسْر thrust plane (Eng.)
~ الدَّوَران plane of rotation
~ الزَّوال (الرأسيّ) meridian plane (Phys.)
~ السُّقوط plane of incidence (Phys.)
~ الصورة image plane (Phys.)
~ الطِّباقِيَّة bedding plane (Geol.)
~ العَمَل working plane (Eng.)
~ القَصّ plane of shear (Eng.)
~ اللَّف المُرَكَّب (لاستِقرار الفُلْطيَّةِ بتغيُّر الحِمْل) level-compounded *(adj.)* (Elec. Eng.)
~ مَدارِ الشمس، فلك البُروج plane of the ecliptic (Astron.)
~ النَّظَر plane of sight (Phys.)
مُستَوِياتٌ مُتَرافِقة conjugate planes (Maths.)
~ مُتَعامِدة perpendicular planes (Maths.)
مِسَجَّة، مِلعَقة البَنّاء jointer (Eng., Build.)
~، مالَج trowel (Build.)
~ تَمليس التعاريج (للسطوح المُحدَّبة أو المُقعَّرة) bead-sleeker (Build.)

مِسَجَّة (تابع)

~ سِباكة — sleeker = slicker (Foundry)
مُسَجَّل — registered, recorded
~ (ببَراءَةِ امتياز) — patent(ed)
~ على أسطوانات — canned *(adj.)* (Acous.)
مُسَجِّل، مُسَجِّلة — recorder (Elec. Eng.)
~، أمينُ السِّجِلّات — registrar *(n.)*
~ (الإصابات أو الأهداف) — scorer
~ إزاحة — shift register (Comp.)
~ تِلفزيونيّ بالحافِظات الشريطيَّة — videocassette recorder (Elec. Comm.)
~ جَوِّيّ — aerograph (Meteor.)
~ الحرارة — thermograph (Meteor., Phys.)
~ الحركة — kinetograph (Phys.)
~ حركةِ المُرور — traffic recorder
~ خصائصِ الرِّيح — anemograph (Meteor.)
~ درجاتِ الحرارة — temperature recorder (Phys.)
~ الدَّورات — cycle recorder (Elec. Eng.)
~ الذبذبة — oscillograph (Electron.)
~ الرطوبة النسبية — hygrograph (Phys.)
~ الزلازل — seismograph (Phys.)
~ الزَّمن — chronograph
~ سُرعةٍ ميكانيكيّ — patent log (Naut.)
~ الضغط التناضُحيّ — osmograph (Phys.)
~ ضِياءِ الشمس، مِسْطاع — sunshine (or sunlight) recorder (Meteor.)
~ مِرقَميّ — pen recorder (Elec. Eng.)
~ مِغْنَطيسيّ — magnetophone (Acous.)
~ مَناسيبِ الماء — water-stage recorder (Hyd. Eng.)
~ الوقت — time-recorder, timekeeper
مُسَجِّلة (أُنظُر: مُسَجِّل) — recorder
~ الارتفاع — altigraph (Aero., Phys.)
~ شَريطيَّة — tape recorder (Acous.)
~ الضَّغْط — barograph, recording barometer (Meteor.)
~ مِغْنَطيسيَّة — magnetic recorder (Acous.)
~ المَنسوب — level recorder (Hyd.)
~ ناسُوخيَّة — fascimile recorder (Elec. Comm.)
مَسَحَ، نَظَّفَ ونَشَّفَ — swab, wipe off
مَسْح (تنظيفيّ) — mopping, wiping
~ (تَفريسيّ) — scan, scanning (Electron.)
~ (الأراضي) — survey, land surveying (Maths., Agric.)
~ ثابتُ الإبرة — fast-(or fixed-) needle surveying
~ اجتيازيّ — traverse (Surv.)
~ ~ مَفتوح — open traverse (Surv.)
~ أرضيّ — ground survey (Surv.)
~ اِستِطلاعيّ — pilot survey, reconnaissance survey (Agric.)
~ اِستِكشافيّ — exploratory survey
~ إشعاعيّ — radiological survey (Phys.)
~ أُفقيّ — horizontal scanning (Radar), horizontal sweep (Phys.)
~ إلكترونيّ — electronic scanning (Telev.)
~ باطِنيّ (أو جَوفيّ) — underground survey (Geol.)
~ بَحْريّ — marine surveying (Naut.)
~ بالبُوصَلة — compass survey (Surv.)
~ بالتثليث — trigonometric survey (Surv.)
~ ~ الراديُويّ — trilateration (Surv.)
~ تَدْريجيّ — progressive scanning (Telev.)
~ تذَبذُبيّ — oscillatory scanning (Telev.)
~ التسجيل (عن شَريط تسجيل) — wash-out *(n.)* (Acous.)
~ تَصْويريّ — photographic (or photogrammetric) surveying (Surv.)
~ تَعاقُبيّ — sequential scanning (Telev.)
~ تقريبيّ — coarse scanning (Radar)
الـ ~ التلفزيونيّ — television scanning
~ بالتّماس: فحصٌ بالموجات فوق الصوتية — contact scanning (Eng.)
~ ثِقاليّ — gravimetric survey, gravity survey (Phys.)
~ جُغرافيّ مائيّ — hydrographic survey
الـ ~ الجَوِّيّ — air surveying = aerial surveying (Surv.)
الـ ~ ~ المِغْنطيسيّ — aeromagnetic survey (Geophys.)
~ جيوفيزيائيّ — geophysic(al) survey(ing) (Geophys.)
الـ ~ الجيُولوجيّ — geologic(al) survey(ing) (Geol.)
~ حَلَزونيّ — spiral scanning (Telev.)
~ خَطِّيّ — linear scan(ning) (Radio), linear sweep (Electron.), line scanning (Telev.)
~ راداريّ — radar surveying (Surv.), radar scan (Radar)
~ (~) قِطاعيّ: في قِطاعٍ مُحَدَّد — sector scan(ning) (Radio)
~ رأسيّ — vertical sweep, vertical scanning (Telev.)
~ زائدٌ — overscanning (Telev.)
~ السَّلْبيَّة — negative scanning (Telev.)
~ سِلْسِليّ — chain survey (Surv.)
~ شُعاعيّ (حُزميّ) — beam scanning (Telev.)
~ صِحِّيّ — sanitary survey (San. Eng.)
~ الطُّرُق — route survey(ing) (Civ. Eng.)
~ طُوبُوغرافيّ — topographical survey
~ كهربائيّ — electric scanning (Radio)
الـ ~ الكَهْرُمِغْنيطيّ — electromagnetic surveying (Elec. Eng.)
الـ ~ باللوحةِ المُستَوِيَة — plane-table survey (Surv.)
~ لَوْلبيّ — spiral scanning (Telev.)
~ مُباشِر — direct scanning (Telev.)
~ مُتَشابِك — interlacet scanning (Telev.)
~ مُتَعامِد — rectangular scan (Electron.), orthogonal scanning (Telev.)
الـ ~ المُتكَرِّر — multiple scanning (Telev.)
~ مُثلثي — trigonometrical survey(ing)
~ مَخروطيّ — conical scanning (Electron.)
~ مِزْواتيّ — transit survey (Surv.)
~ مُستَقيم — rectilinear scanning (Telev.)
~ مِغْنَطيسيّ — magnetic survey (Geophys.)
~ المَوقِع — site survey (Surv.)
~ مَيْدانيّ — field survey (Surv.)
~ ميكانيكيّ — mechanical scanning (Telev.)
~ هيدروغرافيّ — hydrographic survey
مِسْحاة: مِجْرَفة — shovel, spade
~ تَسْوِية — level(l)er (Civ. Eng.)
مِسْحاج — plane (Carp.)
~ افتراز — rabbet(ting) plane, rebate plane (Carp.)
~ ~ قائمُ النَّصْل — square rabbet plane
~ تَجويف — hollowing plane (Carp.)
~ تَحْديب — capping plane (Carp.)
~ تَحْزيز — grooving plane (Carp.)
~ تَخديد — fillister (plane), fluting plane, plough (plane), router (plane)
~ تَخْشين، رابُوخ — jack plane (Carp.)

مِسْحاج (تابع)

~ تدوير (أو تَحديب) rounding plane

~ تسنيم spokeshave (Carp.)

~ تَسوية shooting plane, jointing plane (Carp., Build.)

~ تقعيرٍ (أو تحديبٍ) ذو مِقْبَضَين spokeshave (Carp.)

~ تَلْسِين tonguing plane (Carp.)

~ تَمْليس smoothing plane (Carp.)

~ حَزّ bead(ing) plane

~ الحِلَى والأفاريز moulding plane

~ دَوَراني circular plane (Carp.)

~ للسُّطوح المُقَعَّرة concave plane

~ بِسِلاحَين double-iron plane (Carp.)

~ شَطْب chamfer plane (Carp.)

~ عامُّ الأغراض universal plane

~ كَشْط scraper plane

~ مجاري الأُطُر sash fillister (Carp.)

~ مُحَدَّب round plane (Carp.)

~ مُستَدِقُّ الحَدِّ feather-edge

~ مَسْحٍ سَوِيّ، ~ تسوية jointer plane, jointing plane (Carp.)

~ ~ وَتَسْوِية try(ing) plane (Carp.)

~ مُسَطَّحات bench plane (Carp.)

~ مُنْحَنيات (للسُّطوح المُقعَّرة أو المُحدَّبة) compass plane = circular plane (Carp.)

~ مواءَمة matching plane (Carp.)

مِسْحَبة drawer

~ أسلاك wire drawer (Eng.)

~ دَعائِم sylvester, prop drawer (Civ. Eng.)

~ السِّدادات الفِلِّينيَّة cork drawer

~ كُلّابِيَّة pincers (Eng.)

مَسْحَة، لَطْخَة smear, swab (Med.)

~ زُجاجِيَّة glaze (Build.)

مِسْحَج (أنظر: مِسحاج) plane (Carp.)

~ أخاديد، ~ تخديد dado plane (Carp.)

~ افتراز حافيّ border plane (Carp.)

~ تَسْنيم spokeshave

مِسْحَجَة، مِسْحاج block plane (Carp.)

~ كَشْط drawshave

مِسْحَق، مِسْحَقة، مِسْحَنة pulverizer, pulverizor, muller

مِسْحَل reamer (Eng.)

~ أجوَف (لتوسيع الثقوب) shell reamer (Eng.)

~ ~ مُخَدَّد fluted-shell reamer

~ انضباطي adjustable reamer (Eng.)

~ تَخديد fluting reamer (Carp.)

~ تنعيم (لإزالة الرائش) burring reamer (Eng.)

~ مُخَدَّد bur = burr

~ مُستَدِق (مُتدرِّج القُطر) taper tap (Eng.)

مِسْحَنة، مِدَقَّة سَحْنٍ muller (Mining)

مَسْحُوب drawn

~، مقطور، مجرور tugged, dragged, pulled, towed

~ إلى الداخل retracted

~ على الساخِن hot-drawn (Met.)

الـ ~ عَليه drawee

مَسْحوق، سَحِيق، ذَرُور powder

~، مَسْحون pulverized, powdered, triturate, comminuted *(adj.)*

الـ ~ الأخضر: كربونات النُّحاس القاعدية verdigris (Chem., Agric.)

~ البارُود، بارُود gunpowder (Mil.)

~ (أو مُستحضر) تجميل cosmetic

~ تَخْمير baking powder

~ تَصْوير toner

~ تَعفير dusting powder

~ تَقصير (أو تَبييض) bleaching powder

~ تِلقائيُّ الالتهاب pyrophoric powder

~ الخبيز baking powder (Food Sc.)

~ سَحج abrasive powder (Eng.)

~ السمنتة cementation powder (Eng.)

~ سَنْفَرة emery powder (Eng.)

~ صَقْل burnishing powder, polishing powder (Eng.)

~ الطَّلْق talcum powder, French chalk

~ الظِّهارة: يُغطِّي سطحَ المصبوب أو يُبَطِّنُ قالبَ الصبِّ face dust

~ القَصْر bleaching powder, chloride of lime (Chem.)

~ قَوْلَبة moulding powder (Chem.)

~ لِحام (مُساعِد) brazing powder, welding powder (Eng.)

~ مَعْدَنة (للورق أو الجلد) bronze powder

مَسْخ: تحريفُ الصفات الطبيعية لِجَعْل الكُحول غيرَ صالِحٍ لِلتناول denaturation (Chem.)

~: تَشْويه disfiguration, distortion

مِسْخ monster (Med.)

مِسْخَفة، مِسْلَفة scarifier (Agric.)

مُسَخَّن heated

مُسَخِّن، سَخَّان: جهازُ تسخين heater (Phys.)

~، مُدَفِّئ calefacient

~ بَينيّ interheater (Eng.)

~ للتخزين الحراري thermal storage heater (Elec. Eng.)

~ تَغذيةِ المُستَرجِع regenerator feed heater (Eng.)

~ حَثِّي induction heater (Phys.)

~ ~ تَوصيلي induction-conduction heater (Elec. Eng.)

~ بالحَمْل (الحراري): بتسخين الهواء المار فوقه convector (Eng.)

~ الزيت oil heater

~ غازي: سَخّانٌ على الغاز gas heater

~ غاطِس immersion heater (Elec. Eng., Phys.)

~ بالفَقْد التخلُّفي hysteresis heater

~ كهربائيّ electric heater (Elec. Eng.)

~ ماء (أو مياه) التغذية feedwater heater (Eng.)

~ مائيّ، ~ مياه water heater, geyser

~ مُتقدِّم، ~ قَبْليّ preheater (Eng.)

~ بِمِلفّات إحماء (لخزّاناتِ المياه) calorifier (Eng.)

~ (أو مُسَخِّنة) الهواء؛ ~ بالهواء المُسَخَّن air-heater (Eng.)

~ الهواء المتقَدِّم air-preheater (Eng.)

~ وَحديّ، وحدةُ تسخين (أو تدفئة) unit heater (Eng.)

مَسَّدَ stroke *(v.)*

مُسِدّ، سادّ occlusive (Med.)

مُسَدَّد: مُصَوَّب aimed

~، مَدفوع settled, paid

مُسَدِّدة، مِيزاء collimator (Phys.)

~ ذاتيّة، ميزاءٌ ذاتيّ autocollimator

~ المِقراب telescope sight (Opt.)

مُسَدَّس gun, pistol

مُسَدَّس (تابع)
~: سُداسيّ الأضلاع أو الزوايا — hexagon (Maths.)
~: سُداسيّ السُّطوح — hexahedron
~ إشارة — flare pistol, signal gun (or pistol)
~ أوتوماتي — automatic pistol
~ تَسْمير (في الخَرَسانة) — stud gun
~ تَشْحيم — grease gun (Eng.)
~ رَشّ — spray gun (Civ. Eng., Paint.)
~ الشكل — hexagonal *(adj.)*
~ ضَغْط — pressure gun
~ «ڤيري»: لإطلاق الإشارات — Very pistol
~ لِحام — solder(ing) gun (or pistol)
~ هَواء — air gun
مَسْدود، مُغلَق — shut, closed
~: مُنْسَدٌّ بعائق — plugged, obstructed, blocked, clogged
~ بإحكام — hermetically sealed
~ بالرمل — sanded up
مَسدوس — hexamer (Chem.)
مَسْرَأ السمك — spawning ground (Ecol.)
مَسْرى، إلِكْترود، قُطْب — electrode (Elec. Eng.)
~: مَجْرى، مَدْرَجة حَلقيّة — race (Eng.)
~ أرضيّ — ground electrode (Elec. Eng.)
~ التحكُّم، إلِكترود تَحَكُّميّ — control electrode (Electron.)
~ ثُنائيُّ القُطبيّة — bipolar electrode
~ داخليّ — inner race (Eng.)
~ غرافيتيّ — graphite electrode (Elec. Eng.)
~ كَربونيّ، قُطب (إلِكترود) كربونيّ — carbon electrode (Elec. Eng.)
~ مُتشَعِّب — forked channel (Elec. Eng.)
~ مُقارَنة — reference electrode (Elec. Eng.)
~ مُقَوٍّ — intensifier electrode (Electron.)
~ هِدْروجينيّ — hydrogen electrode
مِسْراع: مِقياسُ التسارُع — accelerometer
~ مُسَجِّل — recording accelerometer (Eng.)
مِسراق (ج: مَساريق) — mesentery (Zool.)
مَسْرَب — offtake (Mining)
~: مَجرى تصريف — duct, drain, race
~ التجاوُز — overtaking lane (Civ. Eng.)
~ تَوَقُّف: على جانِب الطريق — parking lane
~ دخان — fume duct
~ سُفليّ — trail-race (Build.)
~ (أو مُسَرِّبٌ) شبكي — grid leak (Phys.)
~ مَدّي — tide race
~ مَوجيّ — wave duct (Elec. Eng.)
مُسَرِّب — leaky *(adj.)*, leak *(n.)* (Elec. Eng.)
مَسْرَح — stage, theatre
مُسَرَّح (للغزْل)، مَمشوط — carded
~ (للجيش) — disbanded (Mil.)
مِسْرَحة، مِسْرَحةُ مَبارِد — card, file-card
مَسْرَد: مُعجَمٌ بالألفاظ الصَّعبة — glossary
مُسَرْطِن، مُوَلِّدُ السرَطان — carcinogenic (Med.)
مِسْرَع، بَنْدول إيقاع — metronome (Phys.)
مُسَرِّع، مُعَجِّل — accelerant (Chem. Eng.), accelerator (Phys.)
~ إلِكترونات — electron accelerator (Phys.)
~ البروتونات — proton accelerator (Phys.)
~ البلازما — plasma accelerator (Phys.)
~ الجُسَيْمات — particle accelerator (Phys.)
~ حَلْقيّ — cyclotron (Phys.)
~ خَطِّيّ، ~ (جُسَيْماتٍ) خَطّي — linear accelerator (Phys.)
~ خَطّيّ للأيونات الثقيلة — hilac (heavy-ion linear accelerator) (Phys.)
~ كَهروسُكونيّ — electrostatic accelerator (Phys.)
~ المجال الثابت — fixed-field accelerator (Phys.)
مُسَرِّعةُ الأيونات — ion accelerator (Phys.)
مِسْطاح: مِكشافُ خُشونَةِ السطوح — surfoscope (Eng.)
~ أو سُطَيحةُ دَعم — berm, bench (Civ. Eng.)
مِسطار: قَلَم تَسطير — ruling pen, scriber
~، مالَج — trowel (Build.)
~ زَوايا — bevel (Carp.)
~ ~ مُنزَلِق — sliding bevel (Eng.)
~ ~ بِمِنقلة — protractor bevel (Eng.)
مِسطاع: مِنوارٌ شَديدُ السُّطوع — brute *(n.)* (Cinema)
~: مُسَجِّلُ سُطوع الشمس — sunshine recorder (Meteor.)
مُسطَّح، مُستوٍ — flat, level
~، صُفَيْحيّ — tabular *(adj.)* (Bot.)
~، مُفَلْطَح — oblate (Geol.)
~ الجَوانِب — slab-sided
~ بالدَّلْفَنة — roll-flattened *(adj.)*
~ قارّيّ — continental shelf (Geol.)
~ القَعْر — flat-bottomed *(adj.)*
~ نَضَديّ — bench terrace (Geol.)
مُسَطِّحة بِرشام، مُسَطِّحة رأسِ البرشام — riveting set, rivet header (Eng.)
~ رُؤوس المسامير — bolt header (Eng.)
~ ساحِبَة (لِطَرَف البرشامة) — draw set
مُسَطَّر — ruled (Maths.)
مَسْطَرة: عَيِّنَة — sample, specimen
مِسْطَرة: أداةُ تَسطير أو قياس — ruler, rule
~ امتِداديّة — extension rule
~ انعِراجيّة (مُتعرِّجة) — zigzag rule
~ انكِماش، ~ التقَلُّص: تزيدُ وِحدُها بنسبة ٨ بالألف لِتَلافي تأثيرِ التقَلُّص (أو الانكماش) — shrink(age) rule, contraction rule (Foundry)
~ تائيّة (بشكل T) — tee square (Eng.)
~ تَقسيم — dividing ruler
~ التقَلُّص (أُنظر: مِسطرة انكماش)
~ الخُطوطِ المُتَوازية — parallel rule(r)
~ الدهّان — maulstick, mahlstick (Build.)
~ زوايا مُنزَلِقة — sliding bevel (Build.)
~ شَريطيّة — tape rule
~ ضَبْط المَيْل — battening rule (Build.)
~ عَدْلة (لِاختبار الاستقامة) — straightedge (Eng.)
~ فولاذيّة — steel rule
~ قَدَميّة: طُولُها قَدَمٌ — foot-rule *(n.)*
~ ~ التدريج — reglette (Surv.)
~ قياس — measuring rule
~ مِتريّة — meter rule
~ مُدَرَّجة — graduated rule
~ مُنزَلِقة (حاسِبة) — slipstick = slide rule
~ المُهندِسين: مُثَلَّثةُ المَقطع عادةً بتدريجاتٍ مختلفة — engineer's scale (or rule)
مُسْطَرين، مالَج، مِسَجّة — trowel, float
~ زاويّ — angle float (Build.)
~ طويلٌ مُسَطَّح — darby = derby float
مَسْعًى: مُحاوَلة جاهِدة — attempt, endeavour; effort
مساعٍ حميدة — good offices

مِسْعَر، كالوريمتر — calorimeter (Phys.)
~ بُخاريّ — steam calorimeter (Eng.)
~ بَنْزِن الثلجيّ — Bunsen ice calorimeter
~ تَفاضُليّ — differential calorimeter
~ تَفجيريّ — bomb calorimeter (Phys.)
~ جَليديّ — ice calorimeter (Phys.)
~ وَقود — fuel calorimeter (Phys.)
مُسِفّ، سافّ: مُقارِبًا أو يكاد يَمَسُّ السطح — grazing
سُقوطٌ (أو وُرودٌ) ~ — grazing incidence (Phys.)
مِسْفَرة — brush (Phys.)
~ تجميع — collecting brush (Elec. Eng.)
مُسَفْلَت، مُزَفَّت — asphalted *(adj.)* (Civ. Eng.)
مَسْفَن: حَوضُ السفن — dockyard (Naut.)
~، تَرَسانةُ بناءِ السفُن — shipyard *(n.)*
مِسْقاط، جهازُ إسقاط، مِسْلاط — projector *(n.)* (Phys.)
~ أضواءٍ غامِرة — flood light projector (Elec. Eng.)
~ تَكْبير — enlarging projector (Photog.)
~ شَرائح — slide projector (Opt.)
~ مِجهري: للصُّور الدقيقة — microprojector (Opt.)
مَسْقَط، مَسقطُ الخَريطة — projection (Geog.)
~ الأبعادِ المُتساويةِ السَّمْتي — azimuthal equidistant projection (Surv.)
~ الاتجاهات الصحيحة — true bearings projection (Surv.)
~ أُسطوانيّ — cylindrical projection (Surv.)
~ (أو إسقاطٌ) أُفُقي — horizontal projection (Surv.)
~ أنقاض — debris fall (Geol.)
~ جانِبيّ — side elevation (Surv., Eng.)
~ جَليديّ — ice-fall (or-cascade) (Geol.)
~ الخَرَسانة — concrete chute (Civ. Eng.)
~ (رسم) الخَريطة — map projection (Geog.)
~ ذو قِطاعٍ نِصفي — half-sectional view (Surv., Eng.)
~ رأسيّ — elevation *(n.)* (Surv., Build.)
~ ~ أماميّ (لِلرَّسْم) — front elevation (Surv., Eng.)
~ ~ قِطاعيّ — sectional elevation (Surv.)
الـ ~ السَّمْتي: مَسقطُ الاتجاهات الصحيحة — zenital projection (Surv.)

~ الشكل الصحيح — orthomorphic projection = right shape projection, conformal projection (Surv.)
~ طرفي — end elevation (Eng.)
~ طولاني — longitudinal elevation (Surv.)
~ قُطبيّ — polar projection (Geog.)
~ كُرَويّ — globular projection (Geog.)
~ ماء: شَلّال — waterfall (Hyd.)
~ مُتعَدِّد المخاريط (في رسم الخرائط) — polyconic (map) projection (Geog.)
~ مُجَسَّم — stereographic projection
~ مَخروطيّ — conic projection (Surv.)
~ «مِركاتور» — Mercator projection (Geol.)
~ مِزْوَليّ: يُمَثِّل فيه سَطحُ الأرض مُسْقَطًا من مركز الكُرة — gnomonic projection
~ المِساحاتِ المُتَساوية — equal-area projection (Geog.)
~ ~ ~ السَّمْتي — azimuthal equal area projection (Surv.)
~ مُنحرِف — oblique projection (Surv.)
~ مِياه السَّدّ — overfall (Hyd.)
مُسْقِط: بالطَّرح — subtractive *(adj.)*
~، مُرَشِّحٌ مُسْقِط — subtractor (Photog.)
المَسْقَويّ، زَرْعٌ سِقْي (بخِلاف البَعْل) — irrigated farming (Agric.)
مَسْقِيّ، يُمكِنُ سَقْيُه أو إرواؤه — irrigable
مِسْك: طيبٌ غِزْلاني المصدر — musk (Zool.)
مَسَكَ، أمسَكَ بِـ — grip, hold, grasp
مَسْك — holding, grasping
~ الدفاتِر — bookkeeping
مَسْكَبة: قِمعٌ أو طَسْتُ سَكْب — tundish (Foundry)
~: مَشْتَلُ الفُسول والبادِرات — nursery, bed (Agric.)
~ الألياف الاصطناعية — spinneret *(n.)* (Chem. Eng.)
مَسْكَة، قَبْضة — grip, grasp
~، مَقبِض — handle, grip
مَسْكَن، مَأوى، مَثْوى — home, residence, abode, habitat
أُحاديُّ الـ ~ — monoecious (Bot.)
ثُنائيُّ الـ ~ — dioecious (Bot.)
مُسَكِّن، مُزيلُ الألم، عَقّار مُسَكِّن — sedative, anodyne, analgesic (Med.)

~، مُهَدِّئ — tranquilizer, calmative, soothing
مَسْكوب، مَصبوب — poured
مَسكوكات — stampings *(n.)*
مَسْكون — inhabited
مَسكونيّة: صلاحيةٌ للسُّكنَى — habitability
مَسكوفِيت: الميكا البيضاء — muscovite (Geol., Min.)
مِسَلّة: إبرة كبيرة — packing needle
~: عَمودٌ مُستَدِقٌ رُباعيُّ السُّطوح ينتهي بِهَرَمٍ صغير — obelisk (Arch.)
~ بَحْرِيَّة — stack *(n.)* (Geol.)
مُسَلَّح — armed *(adj.)*
~: مُقَوًّى — reinforced (Civ. Eng.)
خَرَسانة مُسَلَّحة — reinforced concrete
مُسَلْسَل — serial, sequential
~ الاستدعاء — calling sequence (Comp.)
مُسَلْسَلة: كَمِّيَّةٌ مُتَّصِلة — continuum *(n.)* (Maths., Phys.)
~ مُسَنَّنات — gear train (Eng.)
مُسَلْسِلة: ضابِطة التعاقُب — sequencer (Comp.)
مُسَلَّط — applied
مِسْلَفة — cultivator (Agric.)
~: مِشْطٌ لِتَمهيد التُّربة، مِسْحَفة — rake, scarifier, harrow (Agric.)
~ (لِتَسوية الأرض) — levelling machine
~ دَوّارة — revolving harrow (Agric.)
~ قُرصيَّة — disc harrow (Agric.)
مَسْلَك، مَسْلَكٌ أُخدوديّ — chase *(n.)* (Build.)
~، مَشْرَب، قَناة — duct, tract (Eng.)
~، مِضمار — track, course
~، قَناة — channel, conduit (Eng.)
~، سُلوك — behaviour, demeanor, conduct
~ بَديل — alternative path (or route)
~ تَصريف — discharge duct (Eng.)
~ تَهْوِيَة — airway, windway, ventilating duct, ventiduct (Civ. Eng.)
~ ~ تحتي — undercast (Mining)
~ غيرُ نافِذ — impasse, dead end, cul-de-sac (Eng.)
~ مِضماريّ — race-track (Nuc. Eng.)
~ مَفتوح (سياقُ العمل المُتَّبَع) — course of action
الـ ~ الهَضْميّ — digestive tract (Zool.)

مِسْلَكة: مِكَبُّ الخُيوط أو الشريط — spool, reel (Elec. Eng.)
مُسَلَّمة، بَديهيَّة — axiom, postulate (Maths.)
مُسِمّ، سامّ — toxic, poisonous
مَسَمّ — pore
مِسمار — nail (Eng.)
~، دبّوس — pin (Eng.)
~، إبرة — wire nail (Eng.)
~: تقرُّنٌ كَنبيّ (في الأباخِس عادةً) — corn (Med.)
ـُ احتجاز الشَّفة — flange retention bolt
ـُ ~ المروحة — propeller retention bolt
~ إدخال لَولَبيّ — male screw (Eng.)
ـُ أساس مُثَلَّم السّاق — jag-bolt (Eng.)
ـُ استِناد — rest pin (Eng.)
ـُ أشوَك (لِلتَّثبيت) — rag-bolt (Eng.)
ـُ أُطُر — casing nail (Carp.)
ـُ أمْسَحُ الرأس — flush bolt (Carp.)
ـُ برشام — rivet (Eng.)
ـُ بَريمي، ـُ بَرْم (للخشب) — wood screw (Carp.)
ـُ بلا رأس (أو صغير الرأس) — brad = sprig (Build.)
ـُ تَثبيت، بُرغي تثبيت — anchor bolt, securing bolt (Eng.)
~ ~ أو دَعْم — stay-pin, stay-bolt (Eng.)
~ ~ مُحَزَّز — indented bolt (Civ. Eng.)
~ ~ مُلَولَب — set screw, fastening screw, fixing screw (Eng.)
ـُ تجميع — assembling bolt (Eng.)
ـُ تَراوُح — swivel pin = king-pin (Autos.)
ـُ التُّرس — gear pin (Eng.)
ـُ تَسْقيف — roofing nail (Carp.)
ـُ تَعليم (دليلي) — index pin (Eng.)
ـُ (أو زِرُّ) التماسّ — stud (Eng.)
ـُ تماسّ، ـُ تَلامُس — contact screw (Elec. Eng.)
ـُ تَمدُّدي — expansion bolt (Eng.)
ـُ تَنجيد — tack (*n.*) (Build.)
ـُ ثُلاثيُّ اللَّولَبة — three-threaded screw (Eng.)
ـُ بِحَلْقة — ringbolt (Eng., Carp.)
ـُ خابوريّ: مسمارٌ بخابور — key bolt, cotter bolt (Eng.)
ـُ خرائط — thumbtack

ـُ خَرْز، ـُ مُؤَقَّت — pilot nail (Carp.)
ـُ خُطّافيّ، مِحزاق مَعْقوف — hook bolt (Build.)
ـُ دَسْر — drive bolt (Eng.), drift bolt
ـُ دَعْم الجُمْلون — queen bolt (Carp.)
ـُ دَليليّ — index pin, guide pin (Eng.)
ـُ الذَّنَبة الخَلفيَّة (للمِخْرَطة) — tail pin
ـُ ذو صمولة — bolt (Eng.)
~ ~ ~ مِخلَبيَّة — fang bolt (Eng.)
~ ~ عُروَة، ـُ عُرْويّ — eye-bolt (Eng.)
~ ~ ~ رأسيَّة — eye-headed bolt (Eng.)
ـُ رَبْط أو قَمْط — packing bolt, clamp bolt (Eng.)
~ ~، إسارُ تثبيت — holdfast (Carp.)
~ ~ ذاتيُّ اللولبة — self-tapping screw (Eng.)
~ ~ الوُصلات التراكُبيَّة — fish bolt (Eng.)
ـُ رَزَّة بَريمي — screw eye (Eng.)
ـُ الرُّسْغ: بينَ الكَبّاس وطرَفِ ذراعِ التوصيل — wrist pin = gudgeon pin (Eng.)
ـُ رَفيع — pin (*n.*) (Eng.)
الـ ـُ الرئيسيّ (كَدِعامةٍ فولاذيَّةٍ للسقف المُسَنَّم) — king-bolt (Eng.)
الـ ـُ ~ (لِمحور دَوَرانِ العَجَلة) — king-pin, centre or swivel pin
ـُ زِجاجة — glazing brad = glazing sprig (Build.)
ـُ زَنْق — check bolt (Eng.)
~ ~ مُلَولَب — forcing screw, wring bolt
ـُ سَحْب الصُّبة — draw-nail (Foundry)
ـُ سِقالة (ذو رأسَين) — staging nail
ـُ سِلكيّ، ـُ إبْرة — wire nail (Eng.)
ـُ صَغير — tingle (Eng.)
~ ~ الرأس — brad, sprig (Build.)
ـُ بِصمولة — bolt (Eng.)
ـُ ضَبْط — adjusting bolt (Eng.)
~ ~ خَرَزة الخانِق — bean screw (Eng.)
~ ~ المُستَوى — level screw (Surv.)
ـُ العازِل — insulator pin (Elec. Eng.)
ـُ عَديمُ الرأس (أو دَقيقُه) — sprig (Build.)
~ عُرْوة — toggle (bolt) (Eng.)
ـُ الغِطاء المُلَولَب — cap bolt (Eng.)
ـُ غُفْل: بِدون لَوْلَبة — blank bolt (Eng.)
ـُ قارِن — coupling pin (Eng.)
ـُ قَصّ: ينفَصِمُ عند زِيادة الحِمْل — shear pin (Eng.)

ـُ قَلاووظ — screw (Eng.)
ـُ الكَبّاس — piston pin (Eng.)
ـُ كَبير — spike (Build.)
~ ~ الرأس — doornail, stud (Eng.)
ـُ كَلّابي: مسمارٌ كبير مَعطوفُ الرأس — dog-nail (Carp.)
ـُ لَولَبي — screw (Eng.)
~ ~ مُجَنَّح — wing bolt (Eng.)
ـُ مُباعِد — distance bolt, spacing bolt (Eng.)
ـُ مُتَساطِح: مُبَيَّتٌ في السطح — mortise bolt (Eng.)
~ ~ الرأس — flush bolt (Eng.)
ـُ مُحَدَّبُ الرأس — mushroom-head bolt
ـُ المِحوَر — pin, pivot bolt (Eng.)
ـُ مُخَرَّشُ الرأس — milled screw (Eng.)
ـُ مِخلَبيّ — bay-bolt (Eng.), claw bolt (Build.)
ـُ مُدَوَّرُ الرأس — round head bolt (Eng.)
ـُ مُرَبَّعُ المَقطَع — square bolt (Eng.)
ـُ المِرفَق — crank pin (Eng.)
~ ~ الرئيسيّ — main crank-pin (Eng.)
ـُ مُزدوج السِّن — staple
ـُ مُسَطَّح الرأس — clout nail (Build.)
ـُ مَشطوبُ الرأس — garnish bolt (Build.)
ـُ مُصافَّة — alignment pin (Eng.)
ـُ المُفَصَّلة — gudgeon, hinge bolt (Eng.)
ـُ مَفْصِليّ — joint pin, knucle pin = wrist pin (Eng.)
ـُ مُفَلْطَح الرأس — flat-head bolt, clout nail
ـُ مُلَولَب — screw (Eng.)
~ ~، مِحزاق، بُرغي — bolt (*n.*) (Eng.)
~ ~ إبهامي — thumbscrew (Eng.)
~ ~ لِلتَّعلية — elevating screw (Eng.,)
~ ~ ذو رأسٍ أُسطوانيّ مُحَدَّد — cheese-head screw (Eng.)
~ ~ ذو رَقَبة — collar-headed screw (Eng.)
~ ~ ذو صمولة — tap bolt (Eng.)
~ ~ ذو عُروة — eared bolt (Eng.)
~ ~ لِضَبْط الاستِواء — levelling screw (Eng., Surv.)
~ ~ الطرَفَين — double-ended bolt (Eng.)
~ ~ مُحَدَّبُ الرأس — raised-head screw
~ ~ نافِذ — through bolt (Eng.)
~ ~ هامِيّ — cap-screw (Eng.)
ـُ مُوالَفةٍ مُلَولَب — tuning screw (Electron.)

مِسمار (تابع)

~ نَشّابيّ — clasp nail (Build.)

~ نِصفُ كُرَويّ الرأس — cup-head bolt

~ (أو بُرغي) نِضْوِي — U-bolt (Autos.)

~ نعْلٍ (قصير غليظ الرأس) — hob, hobnail (Eng.)

~ نَغَفيّ: عَديمُ الرأس — grub screw (Eng.)

~ وَصْل — joint bolt, coupling pin (Eng.)

~ يَساريُّ اللولَبة — left-hand screw (Eng.)

~ يَمينيُّ اللولَبة — right-hand screw (Eng.)

مِسْماع: جهازٌ كهربائيّ لقياسِ حِدَّة السمع — acoumeter = acoutometer, audiometer (Acous.)

~: سَمّاعة طِبيَّة — stethoscope (Med.)

~ كَبّاسِيّ (للقياسات الصوتية) — pistonphone (Acous.)

~ مائيّ — hydrophone (Elec. Eng., Phys.)

مِسْماكٌ (إلكترونيّ) إختِراقيّ — penetron

~ مِصْغَريّ — micrometer callipers (Eng.)

مُسَمِّر، مُسمِّرة: دقاقة مسامير — nailer

~ هوائيّ — air nailer (Eng.)

مُسقِطُ الشَّعر — depilatory (Med.)

مَسْمَكة — fishery, fish pond (Agric.)

مُسَمْنَت: مُقَسّى السطح بالكَرْبنة — cemented (adj.) (Met.)

مَسْموح — allowable, permissible

~ الانحناء — bend allowance (Eng.)

مَسْمُوع، مُمكِنٌ سَماعُه — audible (adj.)

مَسْمُوعية، إمكانيَّة السّمع — audibility (Phys.)

مِسَنّ، جَلّاخة — grinder (Eng.)

~، مِشْحَذة — sharpener

~، حَجَرُ الشَّحْذ — hone, whetstone, honestone (n.) (Geol.)

~ صغير بالزيت — oilslip (Carp.)

~ العُدَد — tool sharpener (Eng.)

~ المِظفار — gouge slip (Carp.)

مُسَنّاة: رصيفٌ مُرتَفِع — dike (or dyke) (n.) (Build.)

~، سَدٌّ أو حاجزٌ (لِمَنْع الفَيَضان) — barrage, levee, jetty, groyne (Geol.)

مِسْنَد، سِناد — bolster, rest (Carp., Eng.)

~، رَكيزة — support, prop (Build., Min.)

~ الأدوات — tool rack (Eng.)

~ الجَلّاخة — grinder rest (Eng.)

~ الرسّام — easel

~ للقَدَمَين — foot-rest (n.) (Eng.)

~ المِجذاف — thole (Naut.)

~ المِدفَع — trail (n.) (Mil.)

~ المِرفَق (في مَقْعَد) — elbow rest (Eng.)

~ مُرَكَّب — compound rest (Eng.)

~ مَفاتيح رَقميّ — numeric keypad (Comp.)

مُسَنَّد شَبَكيّ — trellis, espalier (Agric.)

مُسَنْفَر، مُصَنْفَر — frosted (adj.)

مُسَنفِرة (رَمليَّة) بالسَّير — belt sander (Eng.)

~ نَضَدية — bench sander

~ نَفْحيَّة — pneumatic sander (Eng.)

مُسَنَّم: حادُّ القِمَّةِ والمُنحدرات — hog(s)backed

~، جُمْلُون، كَتيفة مُسَنَّمة — truss (Build.)

~ (دَعْمِ) الجَناح — wing truss (Aero.)

~ السَّطح — cambered, saddle-backed

مُسَنَّن — cogged, geared (adj.) (Eng.)

~: مُستَدِقُّ الطرَف — pointed

~، مُحَزَّز — crenate, dentate (Agric.)

~، مُسَنَّنة، تُرْس — gear, gear wheel, cogwheel (Eng.)

~ الحافة، مُشَرْشَر (كالمِنشار) (أنظر أيضًا مُسَنَّنة) — serrate

مُسَنَّنات تفاضُليَّة — differential gears, differential gearing (Eng.)

~ خَفْضِ السُّرعة — speed reducers (Eng.)

~ مُزامَنة (أو مُتَزامِنة) — synchronized gears (Eng.)

~ ~ السُّرعة — synchromesh gears (Eng.)

مُدارٌ بالـ ~ — gear-driven (Eng.)

مُسَنَّنة، تُرْس — gear (n.) (Eng.)

~ إدارة — drive wheel, driving pinion

~ ~ مَخروطيَّة — bevel-drive pinion (Eng.)

~ تخفيض السُّرعة — reducing-wheel (Eng.)

~ التزامُن — synchronizer pinion (Eng.)

~ التعشيق الثابت — constant mesh gear

~ تَغيير السُّرعة — change-speed gear (Eng.)

~ حَلَزونيَّة، تُرسٌ حَلَزونيّ — spiral gear, volute gear, helical gear (Eng.)

~ حَلَقيَّة، تُرسٌ حَلَقيّ — ring gear, annular gear (Eng.)

~ داخليَّةُ التَّسْنين — internal gear (Eng.)

~ دُوديَّة — worm (gear) (Eng.)

~ ~ مُتَعَدِّدة اللولبة — multi-start worm

~ دوَيْرية — epicyclic gear (Eng.)

~ السَّير العَكسيّ — reverse gear (Eng.)

الـ ~ الصُّغرى — stud gear (Eng.)

~ صَغيرة — pinion (Eng.)

~ طَليقة — idle gear (Eng.)

~ عَكْسِ الحركة — reversing gear (Eng.)

~ عمود الكامات — camshaft gear (Eng.)

~ فَرْعيَّة — pinion (Eng.)

~ الفَصْل — disconnecting gear (Eng.)

~ قَفَصيَّة — lantern pinion (or wheel)

~ مُتَوسِّطة — intermediate gear (Eng.)

~ مخروطية — bevel gear (Eng.)

~ والِجة — tumbler gear (Eng.)

مَسْنُود، مَدْعُوم — supported, backed

مَسْنون، مَشحوذ — sharpened; honed, whetted

مُسْهَب — detailed; elaborate

مُسهد، مُؤرِّق — insomniac (Med.)

مِسْهَك، مُفَتِّت، ساحِق — comminutor (Min.)

مَسْهَك، مَسْلَكٌ هَوائي — air duct (Eng.)

~ تَبريد — cooling duct (Elec. Eng.)

مُسْهِل — cathartic, purgative, laxative (Med.)

~، (شَرْبة) — purge (n.) (Med.)

مُسْهِم، مُشارِك، مُكتَتِب — contributor; participant

مُسَوٍّ: مُوازِن — equalizer (Maths.)

~: مُسَوِّي المُستَوى أو المنسوب — leveller (Civ. Eng.)

مُسَوًّى، مُسَدَّد — settled

~، مُمَهَّد — levelled (Civ. Eng.)

~ بالمكنات — machined, machine-finished (Eng.)

~ بالدَّلْفَنة، مُدَلْفَن — rolled (Eng.)

مُسَوَّى السَّطح — faced, surfaced

مِسْواة: لِتَسْوية الألواح والمَواسير — dresser, dressing tool (Eng.)

~: ميزانُ استواء — level tube (Surv.)

~: مِسواةُ سَحْجٍ أو قَشْط — planer (Carp.)

~: لِتَسْوية سُطوحِ المَصبوبات — strickle (n.) (Foundry)

~ إطاريَّة — frame level (Build.)

~ (تِلِسكوبيَّة) أُفقيَّة الحركة فقط — dumpy level (Sruv.)

~ البَنّائين: ميزانُ تَسوية رأسيّ — mason's level (Build.)

~ الحُدور — batter level (Surv.)

مِسْواة (تابع)
~ عَجَلةِ التَّجْليخ — grinding wheel dresser (or truer) (Eng.)
~ بفُقّاعة، ~ فُقاعيَّة — bubble level (Surv.)
~ كُحولية: ميزانُ تَسوية كُحولي — spirit level (Surv.)
~ (أو ميزانُ) المَسّاح — surveyor's level, level = level tube (Surv., Eng.)
~ مَسْحٍ دائريَّة — circular level (Surv.)
~ المُهَندِسين — engineer's level (Surv.)
~ هَوائيَّة — air-level (Surv.)
مِسْواط، مِسْواطُ تقليب — rabble, spatula
مَسْوَة، مِنْفَحة — rennet (Food Sc.)
مَسُود: مُسَيْطَرٌ عليه — dominated
مُسَوَّدة، نُسْخَةٌ مُسَوَّدة — draught = draft, rough copy, sketch
~، مِلَفُّ تَسْويد — scratch file (Comp.)
~ تَقرير، تقريرٌ أوَّليّ — draft report
~ مُعَدَّلة — amended draft
مُسَوَّر: مُحاطٌ بسُورٍ أو جِدار — walled
مُسَوِّر، مُكَمِّم — quantifier (Maths.)
~ شامِل — universal quantifier (Maths.)
مَسُوس، أَخْضَم: ضارِبٌ إلى المُلوحة — brackish (Ecol.)
مُسَوَّس: نَخَرَهُ السُّوس (لِلسِّن) — carious, decayed (Med.)
~: ~ ~ (لِلحُبوب) — weevilled, weevilly, weevil-infested, wormy (Agric.)
مُسَوَّغ، مُبَرَّر — justified
مُسَوَّق: ذو ساق — caulescent (Bot.)
~: ذو سُوَيقات — pediculate, pedicellate (Bot.)
~: جَرى (أو يجري) عَرْضُه للبيع — marketed
مَسؤولية — responsibility
~، تَبِعَة — responsibleness, liability
~ جماعيَّة — collective responsibility
~ قانونيَّة — liability, legal responsibility
~ مشتركة — common responsibility
~ مدنيّة — civil responsibility
مُسَوِّي الحَوافّ — edger (n.) (Carp.)
~ الطَّور — phase equalizer (Elec. Comm.)
مُسَوِّيةُ النَّبْض — pulse equalizer (Elec. Comm.)
مُسِيء — offender (n.)
~، مُهين — offending, insulting (adj.)

مُسَيَّج — fenced
مُسَيَّح: مُذَوَّب بالصَّهر — thawed (Chem.)
مَسِيخ، مِسْخ — monster (n.) (Med.)
~، مَمسوخ — distorted, disfigured (adj.)
مَسِير، مَسْلَك، طَريق — route, path, course
~ الشُّعاع، مَسارُ الشُّعاع — ray path (Phys.)
~ المَقذوف — trajectory (Mech.)
مُسَيْطِر، سائد — dominant (Biol.)
مُسَيطَرٌ عليه، مَسُود — dominated
مَسِيك، صامِدٌ للماء — sta(u)nch, watertight, waterproof
~: مصابٌ بالإمساك — constipated (Med.)
~، مُقاوِمٌ لِلتَسَرُّب — leak-proof, impermeable
~ لِلضَّغْط — pressure proof (Eng.)
~ للغاز، صامِدٌ للغاز — gas-proof (adj.)
~ للهَواء، سَدودٌ لِلهَواء — air-proof, air-tight (adj.)
مَسِيل: مَجرى مياهٍ — flume (n.) (Eng.), gill, ghyll, ravine, linn (Geol.)
~، خَنْدَق — rill (Agric.)
~، قناة — duct (Med.)
~ تَصْريف — tail-sluice (Civ. Eng.)
~ المَعدن السائل — flow-off (Foundry)
مِسْيَل: مِقياسُ الثقل النوعي للسَّوائل — hydrometer (Phys.)
~ تِرمومتريّ — thermohydrometer (Phys.)
مُسَيِّل — liquefacient = liquefactive (adj.)
~ الدَّمْع، ~ للدُّموع — lacrimator = lachrymator (Chem.)
غازٌ ~ للدموع — tear gas (Chem.)
~ شَلْشَليّ أو تعاقُبيّ — cascade liquifier (Phys.)
~ لِلُّعاب — sialagogue, ptyalagogue (Med.)
مُسَيَّل: مُحَوَّلٌ إلى سائل — liquefied
مَشابِكُ نِعال تَسَلُّقِ الأعمِدة — pole climbers
مُشابَهَة، تَشابُه — resemblance, similarity, similitude, analogy (n.)
مُشاة: جَمْعُ ماشٍ — pedestrians
الـ ~ (في الجيش) — infantry (Mil.)
مَشارة، مَزرعة — farm, glebe (Agric.)
مُشارِك — participant, sharing, associate
~، شَريك — partner
مُشارَكَة زَمَنيَّة — time sharing (Comp.)
الـ ~ في الأرباح — profit sharing

مُشاشة: رأسُ العَظم اللَيِّنُ — epiphysis (Med.)
مُشاطِئ: على مَبْعَدةٍ من الشاطِئ — offshore (adj.)
مُشاطة، نُفايةُ المَشْط — combings, comb waste
مُشاع: مِلكٌ مُشاع — common property, joint estate
مُشاقة — flock, combings, bast
~ جَلْفَطة — oakum (Naut.)
~ الحرير — floss (n.)
~ الكَتّان — tow
مُشاكَلة، تَشاكُل — similarity, isomorphism
~ تَقابُليَّة ذاتيَّة — automorphism (Maths.)
~ فَراغيَّة — stereoisomerism (Chem.)
مُشاكَهة: مُحاكاةٌ تمويهيَّة شَكليَّة — mimicry (Biol.)
~: مُحاكاةُ الشَّكل — simulation (n.)
مُشاهِد — viewer, looker, spectator
مُشاهَدة، إبصار — seeing, sighting, viewing
خَطأُ الـ ~ — observation error
مُشاوَرة — consultation
مَشْبَر: قَناةُ إصدار — emissary (n.)
مُشبَع، مُشَبَّع — saturated (Chem., Phys.)
مِشْبَك، إبْزيم — clasp, buckle, fastener
~، قامِطة، لاقِطة — clamp, cramp, clip
~، دَبُّوسُ وَصْل — joining pin
~ تعليق الكُبول — cable clamp (or clip) (Elec. Eng.)
~ تَلامُس — contact clip (Elec. Eng.)
~ تَوْصيل — connection clip (Eng.)
~ السَّير، إبزيمُ السير — belt fastener
~ الغال، ~ القُفل — shackle
~ المِصْهَر — fuse clip (Elec. Eng.)
~ نابِضيّ — spring clip
~ وعُروَة — hook and eye
مَشْبَك، تَشابُكٌ عَصَبيّ — synapse (Zool.)
مُشَبَّك، شبكة — grid (n.)
~، مُتَشابِك — interlaced, latticed (adj.)
مَشْبُوه، مُشْتَبَهٌ به — suspect
~: مَشكوكٌ في أمره — dubious, questionable
مُشتاع، مالِك مُشترِك — joint owner, coparcener (Agric.)
مُشَتِّت، عامِل تَشْتيت — dispersant, disperser = dispersing agent (Chem.)

مُشَتِّت (تابع)
~ الطاقة — energy disperser (Eng.)
مُشَتَّت — scattered, dispersed
مُشْتَرٍ: الشاري — buyer, purchaser
مُشْتَرِك، مُشارِك، مُسْهِم — participant *(n.)*
~: مُكتَتِب — subscriber *(n.)*
الـ ~ المُنادَى — called subscriber (Elec. Comm.)
مُشْتَرَكٌ (تِليفونيّ) جُزئيّ — partial common (Teleph.)
المُشتَرِي: الكوكبُ الخامِس — Jupiter (Astron.)
مُشتَرَيات — purchases
مُشتَعِل، مُلْتَهِب — burning, ablaze, aflame, conflagrant
مُشتَغِل، شَغّال — working, running, in operation
~ بالمَعادِن (حَدّاد أو سَمكري) — smith
مُشْتَقّ، مُشتَقّة — derived; derivative (Maths.)
الـ ~ الأوّل — first derivative (Maths.)
~ جُزئيّ — partial derivative (Maths.)
مُشتَقّات — derivatives (Maths., Chem.)
~ أَسِيتيلِيَّة — acetyl derivatives, acetates
~ أَلْكِيلِيَّة — alkyl derivatives (Chem.)
مَشْتَل — nursery (Agric.)
~ اختباري — arboretum (Bot.)
مُشتَمَل، مُتَضَمَّن — inclusion (Min.)
مَشَجَ، خَلَطَ — mix *(v.)*
~: لَوَّنَ خفيفًا — tint *(v.)*
مَشْجٌ حَراريّ — heat tinting (Met.)
مُشَجَّر: كثير الشَّجر — arboreous, wooded
~: مُتَفَرِّع كالشجرة — arborescent, dendritic
مِشْحَذ — hone, honestone, whetstone; sharpener
~ (أو مِسَنُّ) المَثاقِب — drill sharpener
مِشْحَط: خابورُ تَقويم — drift plug (Plumb.)
مُشَحِّم — greaser
مِشْحَمة — greaser, grease injector; lubricator (Eng.)
~ تِلقائيّة — self-acting (or automatic) lubricator (Eng.)
~ ~ التغذية — self-feeding lubricator
~ دَفعيّة، مِدفعةُ تَشحيم — grease gun (Eng.)
مُشَحَّن، مُزَيَّدُ الشحن — supercharged *(adj.)*
مَشْحُوذ — whetted, sharpened, honed

مَشْحُون — charged, loaded
~ بالكهرباء — live, (electrically) charged (Elec. Eng.)
مُشَخِّصُ الأخطاء ومُعالِجُها (في الحاسوب) — debugger (Comp.)
مِشَدّ، لَوْلَبُ شَدّ، شَدّادة — turnbuckle (Eng.)
~ تَمديد (أو تَوتير) — stretcher
مُشَدَّد، شديد — intensive
مَشدود، مُوَتَّر — taut, tight(ened); strained, tense
مُشَذَّب — trimmed, clipped
~، مُقَلَّم — pruned (Agric.)
~ في المَحْجَر — quarry-faced *(adj.)* (Build.)
مِشراب: جهاز تحليل استشرابي — chromatograph (Chem.)
مِشْراح: مِقطعُ شَرائح — slicer *(n.)*
~: ~ دَقيقة — microtome (Biol.)
~ فائقُ الدِّقة — ultramicrotome (Biol.)
مُشْرَبٌ، مُشَرَّب — impregnated
مُشَرَّب (بالنَّقع) — soaked
مَشْرَبِيَّة، نافِذةٌ ناتِئة (ترتكزُ على كَتائف) — oriel, bay window (Build.)
مَشْرَة، مَشَرَة، ثالُوس — thallus (Bot.)
مُشَرَّح — dissected
مُشَرْشَر، مُضَرَّسُ الحَدّ — saw-edged, serrate *(adj.)* (Bot.)
مِشْرَط، مِبْضَع — scalpel, lancet, fleam
مَشْرِف: عَتَبة — threshold (Phys.)
~ السَّمع — threshold of audibility (Acous.)
~ الفارِق: يكادُ لا يُكْشَفُ ما دُونَه — difference threshold = difference limen
~ كَهرضَوئي — photoelectric threshold
مُشَرَّف: ذو شُرّافات كَسُورِ الحِصن — crenellated *(adj.)* (Build.)
مُشْرِف، مُراقِب — supervisor, overseer, controller *(n.)*
~، مُنيف، بارِز — eminent *(adj.)*
~ (على ما حوله) — commanding, over-looking *(adj.)*
مَشْرَف (ج. مَشارِف)، مَطَلّ — vantage point, look-out
مُشْرِق، ساطِع — shining, radiant
~، زاهٍ — bright, vivid, colorful
مَشْروط، شَرْطيّ — conditional, conditioned (Maths.)

~: مُتَوَقِّفٌ (على) — contingent *(adj.)*
مَشروع، اِلتِزام — enterprise, undertaking
~، خُطَّة التصميم — project, plan, scheme
~، شَرعيّ، قانونيّ — legitimate, legal, lawful
~ اتفاق — draft agreement
~ تَجْريبيّ — pilot project (Eng.)
~ قَرار — draft resolution
مَشروعِيَّة — legitimacy, validity
المَشَرِيّات، الثالُوسِيّات — Thallophyta (Bot.)
مَشَطَ، مَشَّطَ — comb; rake
~ (الصوفَ أو القُطن) — card
~ (لِلتنفيش) — tease, backcomb
~ سِنَّ اللولب — chase *(v.)* (Eng.)
مُشْط — comb
~، مَخْزَنُ الذَّخيرة — clip, magazine clip *(n.)* (Mil.)
~ ذَخيرة — loading strip (Mil.)
~ زِراعيّ — harrow (Agric.)
~ القَدَم — metatarsus (Zool.)
~ لَوْلَبة (لِضَبْط أسنانِ اللولب) — chaser, screw chaser (Eng.)
~ ~ خارجيّة — external chaser (Eng.)
~ ~ داخليّة — inside chaser, internal chaser (Eng.)
~ اليَد — metacarpus (Zool.)
مَشْطُ الصُّوف — wool carding
مَشطوب، مَشطوبُ الجانب — bevel(l)ed, splayed, chamfered *(adj.)* (Eng.)
~: مُلغًى بالشَّطب — struck off, crossed out, cancelled
مَشْطور — split
مَشْطُورة، دياتوم: طُحلبٌ مِجهريٌّ أُحاديُّ الخَلِيَّة جُدرانُه مُشبعةٌ بالسِّليكا — diatom (Biol.)
مِشْطَوِيّ: مُشطيُّ التَفَصُّص — pectinate (Biol.)
مُشِعّ، مُتَوَهِّج — radiant, irradiant *(adj.)*
~: مُنبَعِث إشعاعاتٍ نَفّاذة — radioactive (Phys.)
~، مِشعاع — radiator (Eng., Phys.)
~ بأنابيبَ خَيشوميّة — gilled-tube radiator (Eng.)
~ أنابيبيّ — tubular radiator (Eng.)
~ تامّ — complete radiator = full radiator (Phys.)

مُشِعّ (تابع)
~ حراري heat radiator (Eng.)
~ صَوتيّ acoustic radiator (Acous.)
~ غازيّ (عَديمُ المَدْخَن) gas radiator
~ كُرَويّ spherical radiator (Phys.)
~ مُتَعَدِّدُ الأنابيب multi-tubular radiator
~ مُتَناحٍ: هوائيٌّ مُتَساوي البثّ في كافَّةِ الاتِّجاهات (وهو مَفهومٌ افتراضيّ) isotropic radiator (Elec. Comm.)
~ مَحصور constrained radiator
~ مُضَلَّع ribbed radiator (Eng.)
~ مُقَسَّمٌ (بحَواجِز) partitioned radiator
~ مُلْتَفّ coiled radiator (Eng.)
~ نُخروبيّ honeycomb radiator
مُشِعّاتٌ خَلَوِيَّة cellular radiators
مِشْعاع: مِشعاعُ تدفئة (أنظر: مُشِعّ)
~: مِقياسُ إشعاع radiometer (Phys.)
~ صُغْريّ radiomicrometer (Phys.)
مَشْعَب، مَشْعَبُ أنابيب manifold, pipe manifold (Plumb.)
~ الأنابيب الداخِلة والخارِجة inlet-outlet manifold (Eng.)
~ التَّصريف drain manifold (Eng.)
~ التَّغذية feeding manifold (Eng.)
~ توزيع distributing manifold (Eng.)
~ السَّحْب induction manifold, intake manifold (Eng.)
~ العادِم exhaust manifold (Eng.)
~ المَصّ suction manifold (Eng.)
~ الهواء المضغوط compressed-air manifold (Eng.)
مُشَعَّب، مُتشَعِّب forked, branched
مُشَعِّث، مُفَرِّق، مُزيلُ التَّنَدُّف deflocculant (Chem.)
مُشعِر، دليل، كاشِف indicator
مُشَعِّر (أو **مِشْعَرٌ**) **لَونيّ**: يقيسُ الرقمَ الهِدروجينيّ بمقارنة اللون في أنابيبَ شَعْرِيَّة capillator (Chem.)
مُشَعَّع: مُعالج بالإشعاع irradiated (Phys., Food Sc.)
مُشْعِل، جهازُ إشعال igniter, ignitor (Phys.); lighter
~ احتِكاكيّ friction igniter
~ كهربائيّ electric igniter (Elec. Eng.)
مِشْعَل torch, flambeau
~ الأسيتيلين acetylene torch (Eng.)
~ إشارة، سَهْمُ إشارةٍ وَهْجيّ signal flare
~ ~ طَرَف الجَناح wing-tip flare (Aero.)
~ الأُكسِجين والأسيتيلين oxyacetylene torch (Eng.)
~ بلازما plasma torch (Phys.)
~ بنزينيّ gasoline torch
~ سَمْكَرة، حِملاج blowlamp = blowtorch
~ غازي (للِّحام) gas torch (Eng.)
~ قَطْعٍ بالأُكسِجين وغازِ لَهُوب oxy-gas cutting torch (Eng.)
~ لِحام welding torch (Eng.)
~ نَفْخ، حِملاج blowtorch = blowlamp
~ الهُبوط (في المطار) landing flare (Aero.)
مَشْعَلٌ مِظَلِّيّ، مَشْعَلٌ بِمِظَلَّة parachute flare, parachute light
مُشَغِّل، عامِلُ التشغيل actuator, operator (Elec. Eng.)
~: خادِمُ تَشغيل المجموعة server (Comp.)
~: مُعالِج processor (Comp.)
~ اتصالات communication processor (Comp.)
~ بُعاديّ teleoperator (Elec. Eng.)
~ ذِراعِ الدَّفْع push-rod actuator (Eng.)
~ العَرْض display processor (Comp.)
~ كَهْروستاتيّ: لتعيير الميكروفونات electrostatic actuator (Acous.)
~ المُحَرِّك engine starter (Eng.)
مَشْغَل، وَرْشَة workshop, shop
~ حِدادة smithery, smithy (n.)
~ لِحام، وَرْشةُ لِحام welding shop
~ مَفتوح (يُسمح بالعمل فيه لِغَيْر النَّقابيِّين) open shop
~ مُغلَق: يعمل فيه المنتمون إلى نقابةٍ فقط closed shop
~ يعمَلُ حَسَبَ الطَّلَب job shop
مُشَغَّل بالغاز gas-operated (adj.)
مُشَغِّلة (أنظر: مُشَغِّل) processor
~ اتصالات: وَحدة إلكترونية تُشَغِّلُ مجموعةً من خطوط الاتصالات وأجهزتها communication processor (Electron.)
مَشْغُول، مُنْشَغِل: لَديه ما يُشغِلُه busy, occupied (adj.)
~: به مَن يَشْغَلُه occupied
~، مَتْعوبٌ عَلَيه laboured (adj.)
~، مَصنوع worked
~، مُطَرَّق wrought (Eng.)
~ على البارِد cold-worked (adj.) (Eng.)
~ بجَهدٍ ومشَقَّة laboured
~ بالمكنات machined (Eng.)
~ باليد hand-made, hand-wrought
مَشغُولاتٌ حِداديَّة forge work
~ الحَديد ironwork (Build.)
~ مُشَكَّلة بالحِدادة forgings (n.)
مُشِفّ، شَفّاف transparent (Phys.)
مَشْفَى infirmary; hospital
مُشَفِّر coder (Comp.)
~ فَكّاك codec = coder decoder (Comp.)
~ لَونيّ: مُوَلِّفةُ إشارات الصورة اللونية colour coder (Telev.)
مَشَقَ: مَدَّ stretch, extend
~ (الشكل): جعله انسيابيًّا streamline
مَشْق، مَشْقُ الشَّكْل: تَصميمٌ بشكلٍ انسِيابي streamlining, fairing
مَشَق، شَقْب rima, cleft, slit
مُشَقَّب، مَشْقوب، مَشقوق slotted, slit
مُشَقَّق، مَشقوق cracked, split
مِشَكّ pin, pricker
مِشْكاة: كُوَّة غيرُ نافِذة يوضَع فيها المصباح niche, recess (Build.)
~، فانوس lantern
~ سَقفيَّة، مَنْوَرٌ سَقْفيّ lantern light
مِشْكال: مِنظارُ النماذِج المُتغيِّرة kaleidoscope (Phys.)
مُشْكِل، مُشكِلة problem
~، مُعضِل problematic
~، مُلتَبِس ambiguous, equivocal
مُشَكَّل، مَشغول بالتشكيل formed, shaped, wrought
~ بالتطريق hammered
~ بالحِدادة forged (adj.)
~ (أو مَشغولٌ) باليَد hand-wrought
مُشَكِّل، أداةُ تَشكيل former
~ التردُّد phasitron (Phys.)
~ النَّبَضات pulse shaper (Electron.)

مَشكوك فيه dubious, doubtful, uncertain, fishy
مَشلُول paralyzed
مِشماسة، مُبرقة شَمسيَّة: تُرسِل وَمضاتٍ طويلةً وقصيرة heliograph (Surv.)
مُشَمَّس، مُعالَجٌ بالتشميس sun-cured
مُشَمَّع: مُعالَجٌ بالشَّمع waxed
~: قُماش صامِد للماء oilcloth
~، مِمطَر: معطفٌ واقٍ من المطَر raincoat
مِشمَلة muff (n.)
~ تَسْخين heating muff (Eng., Aero.)
مِشَنّ، (دُوش) shower, douche
مَشْهَد، مَنْظَر sight, view, scene, spectacle
مِشْواة، مُصَبَّعةُ الشَّيّ gridiron, grill
مَشُوب، مَخْلوط mixed, blended
~، مَخلوط بما يعيبُه adulterated, debased, tainted
مُشَوِّر: عامِلُ إشارة signalman (Railways)
~ بالرَّايات flagman (Mil.)
مَشُورة، نَصِيحة advice, counsel
~ فَنِّيَة technical advice
مُشَوَّش، مُخْتَلّ chaotic, disarranged, out of order, fuzzy (Maths.)
مُشَوِّش: جِهازُ تَشْويش jammer (Electron.)
مُشَوَّه، مُلْتَوٍ، مُعْوَجّ distorted, contorted
~، مَمْسُوخ deformed, disfigured
مِشْيَة: طريقةُ أو سُرعةُ السَّير مَشْيًا gait, step, pace
مَشِيج: خليَّةُ تَوالُد ذكَريَّةٍ أو أُنثيَّة gamete (Biol.)
~ صُغْرِيّ (الذَّكَرِيُّ عادةً) microgamete
مَشيجة فُطْرِيَّة mycelium (Bot.)
مُشَيَّد built, constructed, built-up
مُشِير: رُتبةٌ عسكريَّة marshal, field marshal (Mil.)
مُشيرة وَمّاضة flasher (Elec. Eng.)
مَشِيق: طويل دقيق slender, slim
~: مَمشوق، انسيابيّ الشكل streamlined, faired (Eng.)
مَشِيماء: غِشاء يغلِّف الجَنين chorion (Zool.)
مَشِيمة (في الحيوان والنبات)، سُخْد (في الحيوان) placenta (n.) (Biol.)
مَشِيميَّة: طبقةُ العَين الوِعائية choroid (Zool.)

مَصّ، اِمتَصّ suck (up), absorb
مَصّ، امتِصاص absorption, sucking, suction, sorption (Phys.)
مُصاب، مُصيبة misfortune, calamity
~: شخصٌ مُصاب في حادث casualty
~، مُبتَلًى (بالطفيليات) infected, infested
~ (بِ)، يُعاني (من) affected with, suffering from
مُصادَّة: صَدٌّ دارِئ buffering (Eng.)
مُصادَرة، حَجْز requisition, confiscation
~: مُصادرةُ الممتلكاتِ لِلمصلحة العامَّة expropriation, condemnation, impressment
~، مُسَلَّمة postulate (Maths.)
مُصادَفَة coincidence
~، اِتفاقًا، عَرَضًا by accident, accidentally, by chance
مُصادَقة، تَصديق attestation, certification, approval
مُصادَمة، اِصطِدام collision, clash
مَصّاص، ماصّ absorber, absorptive
مَصَّاصة aspirator, sucker (Chem.)
~ مِخبَرية pipet(te) (Chem.)
مُصاصة: المادَّةُ المُمْتَصَّة absorbate (Chem.)
مَصَّاصيَّة، قُدرة المَصّ absorbing power, absorptivity (Phys.)
مُصافَّة alignment (Civ. Eng.)
~ المُحَوِّلات banking of transformers (Elec. Eng.)
~ المكثِّفات banking of condensers (Elec. Eng.)
مُصافَحة: مراسِمُ بدء الاتصال handshaking (Comp.)
مُصالة، مَصْل (اللبن) whey (Food Sc.)
مَصالِحُ مُشتركة mutual interests
مُصالَحة reconciliation
مُصَّان، قصب السكَّر sugar-cane (Agric.)
مَصَبّ (النهر) mouth, estuary (Geol.)
~ (السَّبْك) gate, git, runner, sprue (Foundry)
~ جانِبيّ side runner (Foundry)
~ خَليجي: مَصَبُّ النَّهر estuary, firth, frith (Geol.)
~ (أو مَجرًى) رئيسي main runner (Foundry)

~ مَجارٍ outfall, drain (Build.)
مِصباح، قِنديل lamp (n.) (Elec. Eng.)
~، مِضْرَم burner (Chem.)
~ أرضيَّة: على قائم أرضيّ floor lamp
~ إسقاط projection lamp, projector (Phys.)
~ ~ نِطاقيّ zone lamp
~ إشارة signal lamp
~ الأشِعَّة فَوق البَنَفْسَجيَّة ultraviolet lamp (Phys.)
~ أشِعَّةِ الكاثود cathode-ray lamp (Phys.)
~ اِصطِرابي (رعّاش) strobe light (Electron.)
~ إضاءةٍ نَهاريَّة daylight lamp (Illum.)
~ إعصاري hurricane lamp or lantern
~ أمامي، ضَوءُ المُقَدِّمة head-lamp, headlight (Autos.)
~ أمان safety lamp (Mining)
~ بُخار الزئبق mercury vapour lamp (Electron.)
~ ~ الصوديوم sodium vapo(u)r lamp
~ بلاتينيُّ الفتيلة platinum lamp (Illum.)
~ بَيانيّ (دَليليّ) pilot lamp (Elec. Eng.)
~ تصويرٍ غامِر photoflood lamp (Illum.)
~ ~ وَمْضيّ photoflash lamp
~ تفريغ: يُنيرُ بالتفريغ الغازيِّ بينَ مَسْرَبَيْن discharge lamp (Elec. Eng.)
~ ~ ذو مهبِط ساخِن hot-cathode discharge lamp (Phys.)
~ ~ زِئبقي mercury discharge lamp
~ ~ كهربائي gas-discharge lamp, electric discharge lamp (Phys.)
~ تَوهُّجيّ incandescent lamp (Illum.)
~ جَيْبٍ كهربائي electric torch, flashlight
~ خَلْفيّ (أحمر) tail lamp = tail-light
~ دَليليّ indicator lamp, indicating lamp, pilot lamp (Elec. Eng.)
~ ~ (أو بَيانيّ) telltale lamp (Elec. Eng.)
~ دونَ الأحمر infrared lamp (Elec. Eng.)
~ «ديفي»: مِصباحُ أمانٍ في المَناجِم Davy lamp (Mining)
~ ذو فَتيلة كربونية carbon filament lamp (Illum.)
~ ذو فَتيلَتَين double-filament lamp

مِصباح (تابع)
~ ذو قوسٍ مَكْشوف — open arc lamp
~ رَعّاش — stroboscope (Phys.)
~ شمسيُّ الإضاءة — sunlight lamp
~ ضَوءِ النهار — daylight lamp (Phys.)
~ عياريّ — standard lamp (Phys.)
~ غازيّ — gaslight (Illum.)
~ غامِرُ الضوء — photoflood lamp
~ غيرُ مُسَنْفَر — clear lamp (Elec. Eng.)
~ فَتيليّ — filament lamp (Illum.)
~ فَحْص خَلايا المِرْكَم — cell inspection lamp
~ فَلوَريّ — fluorescent lamp (Elec. Eng.)
~ قَوس الكَربون — carbon arc lamp (Elec. Eng.)
~ قوسيّ — arc lamp = arc light
~ ~ خَوائيّ — vacuum arc lamp
~ ~ مُتوهِّج — flame-arc lamp
~ ~ مَنكُوسُ الكربون — inverted arc lamp (Illum.)
~ كُحوليّ — spirit lamp
~ كوارتزيّ — quartz lamp (Phys.)
~ لَوحة القيادة — panel light, dash(board) light
~ متعدد الفَتائل — multi-filament lamp
~ متوهج — glow lamp (Electron.)
~ مُدَلّى — droplight (Illum.)
~ مُسَنْفَرُ البُصَيلة — frosted lamp, pearl lamp (Elec. Eng.)
~ مَعدنيُّ الفَتيلة — metal-filament lamp
~ مُقارَنة — comparison lamp (Illum.)
~ مُومِضٌ أو رَفّاف — blinker light
~ نَظيريّ — isotope lamp (Phys.)
~ نَقّاليّ — portable lamp
~ نَهاريُّ الإضاءة: يضِيءُ كَضَوء النهار — daylight lamp (Illum.)
~ نِيُون (تَوَهُّجي) — neon (glow) lamp
~ ~ حَثّيّ — neon induction lamp
~ وَمْض — flash-lamp (Illum.)
~ يَدَوي (للمعاينة أو التفتيش) — hand lamp (Illum., Electron.)
مُصَبَّع: ذو أصابع أو ما يُشبهها — digitate (Biol.)
مُصَبَّعَة: هَيكلٌ مُصَبَّعي (يحمل الفحم أو خشب الوقود) — grate
~: شُبَيْكةٌ وِقائيَّةٌ أو زُخرُفيَّةٌ قائمةٌ عادةً — grille (Build.)
~ اهتزازية — shaking grate (Eng.)
~ بِلَّوريَّة — crystal grating (Phys.)
~ تَصنيفِ الحِجارة أو كُتَل الخام — grizzly (Mining)
~ هَزّازة — rocking grate (Mining)
مَصْبَنة — soap-works (Chem.)
مَصْبوب — cast (Eng.)
~، صَبيب — flow
~ في المَوقِع — cast-in-situ (Civ. Eng.)
مَصْبُوبة — cast *(n.)* (Eng.)
~ أُعيد سَبْكُها — recast
~ أُلْمنيوم — aluminium casting
~ تالِفَة — waster *(n.)*
~ جَوفاء — hollow casting (Foundry)
~ حَديديَّة — iron casting
~ خَشِنَة — rough casting (Foundry)
~ ذاتُ فَجَوات — blown casting (Foundry)
~ صَمّاء أو مُصْمَتة — solid casting
~ طَروق — malleable casting
~ غيرُ مُلَدَّنة — unannealed casting (Met.)
~ فولاذية — steel casting
~ مجوَّفة — cored casting (Foundry)
~ مَطلية بالميناء — enamelled casting
~ نُخْروبيَّة — honeycomb casting
مَصْبوغ — dyed
~ خفيفًا — tinted, tinged
~ قبل الحياكة — ingrain
مَصَحّ — sanitarium
مُصَحَّح — corrected, mended
~، مُقوَّم — rectified (Elec. Eng.)
مُصَحِّح — corrector
~، مُقوِّم — corrective *(adj.)*
~ (تشَوُّه) الطَّور — phase corrector (Elec. Comm.)
~ الفُلطيَّة — voltage corrector (Elec. Eng.)
مِصَدّ، مُخَمِّد — dolphin, snubber (Eng.)
~، مُخَمِّد الصَّدْمة — buffer, shock-absorber (Eng.), bumper, fender (Autos.); pad
~: مُوقِف — stop (block), dog, anvil (Eng., Phys.)
~ إرتِدادي — recoil buffer (Eng.), recoil pad (Eng.)
~ إضافيّ — auxiliary stop
~ أماميّ — front fender (Autos.)
~ التيّار — current-fender (Hyd. Eng.)
~ خَلفيّ — back stop (Teleg.), rear fender (Autos.)
~ الرِّيح، حاجِزُ الرِّيح — windbreak *(n.)*
~ سائلي — hydraulic buffer (Eng.)
~ السيّارة — car fender (Autos.)
~ لِسان القُفْل — nab (Carp.)
~ اللَّهَب — flame guard
~ نابِضيّ — spring buffer (Eng.)
مَصَدّاتُ الدَّهْم: مَصَدّاتُ الاصطِدام بالعامِلِ الحَفّاز — impingement baffles (Chem. Eng.)
مُصْدِر: ناقِلٌ (من) — efferent (Zool.)
مُصَدِّر — exporter
مَصْدَر، مَنْشَأ — source, origin (Elec. Eng.)
~ إشعاع — radiation source (Phys.)
~ حرارة — heat source (Phys.)
~ خطَرٍ مُحتمَل — potential source of danger
~ ضَجيج — noise source (Acous.)
~ ضَوئيّ، ~ ضِيائيّ — light source, luminous source (Phys.)
~ طاقة — energy source (Phys.)
~ قُدرة — power source (Phys.)
~ مُواءَم — matched source
~ نُقْطيّ — point source (Phys.)
~ نيوترونيّ — neutron source (Nuc. Eng.)
شَهادةُ ~ — certificate of origin
مُصَدَّق، مُعْتَمَد — approved, certified *(adj.)*
مِصْدَمٌ، واقية الصَّدمات — bumper (Eng.)
الـ ~ الخَلفيّ (في سيّارةٍ أو قاطِرة) — back bumper (Eng.)
~ قُرْنيّ (يَقي زاويةَ المَبنَى من العَرَباتِ المارَّة) — hurter (Build.)
مَصْدوقة: مَقولةُ الشيءِ نفسِه بكلماتٍ أُخرى — tautology (Maths.)
مِصْرَى: دَفيئَة حارَّة — hothouse (Agric.)
مِصْراع: دَرْفَةُ بابٍ أو نافذة — shutter, leaf (Build.)
~: سِدْلَة قَلّابة — flap (Eng.)
~، صِمام — valve (Eng.)
مُصْران (ج. مَصير)، **أمعاء** — intestines, guts, bowels (Zool.)
مِصَرَّة: عَضَلةٌ عاصِرة — sphincter (Zool.)

مُصَرَّح : مَسموحٌ به — permitted, allowed
مَصْرِف، بَنْك — bank
~، مَسالُ تصريف — drain
~ بِئْرِيّ — well drain (Civ. Eng.)
~ خَنْدقيّ — trench drain (Civ. Eng.)
~ الدم، بَنْك الدم — blood bank (Med.)
~ الغاز — gas drain (Mining)
~ الفائِض — overflow drain (Civ. Eng.)
~ (تَفْريغ) الفائض — effluent drain
~ فَرَنسيّ : خَندقُ تصريفٍ مَحْشوٌّ بالحِجارة أو الدَّبْش — French drain (Civ. Eng.)
~ قاذورات — soil drain (San. Eng.)
~ مائيّ (في أسفلِ سَطحٍ مُنْحَدِر) — sough (n.) (Civ. Eng.)
~ هَواء، ~ هَوائي — air-drain, air flue
~ لِلهواء المُلَوَّث — foul air flue (Build.)
مُصَرِّف حَراريّ — heat sink (Elec. Eng.)
~ الغاز — gas exhauster (Eng.)
المَصْرِفيّة البُعاديّة : مِن مِطرافٍ بعيد — telebanking
مَصروف، نَفَقات — expense(s), expenditure
~ (مِن الخِدمة) — discharged, dismissed
مِصْطَبة، مِنَصَّة، دَكَّة — bench, platform, terrace (Geol.)
~ دَوّارة — revolving platform (Eng.)
~ السائق والوَقّاد — foot-board, foot-plate (Railways)
~ مُدَرَّجة : مِن صُخورٍ ناريَّة — trap (rock) (Geol.)
مُصْطَرِبة، ستروبُوسكوب — stroboscope (Phys., Electron.)
مُصْطَكاء، راتينجُ المُصْطَكى — mastic (n.)
مُصْطَلى، مَوقِدُ التدفئة — fireplace, hearth
مُصْطَلَح : تعبير مُصطلَحيّ — term
~، إشارة اِصطِلاحيَّة — conventional sign
~ الإشارات — sign convention, convention of signs (Phys.)
~ رَمْزيّ — code (n.)
~ ~ رَقْميّ — figure code (Elec. Comm.)
~ عامّ — general term
مُصْطَلَحات الخَريطة، رُموزُ الخَريطة — legend, map code
~ فَنِّيَة — technical terms
~ مَوضوعيَّة، ~ تَسْمَويَّة — nomenclature
مُصْطَلَحيّ — idiomatic

مُصْطَنَع، صُنْعيّ — artificial, factitious, synthetic
~، زائِف — artificial, false, unreal
مَصْعَد : قُطْبٌ مُوجِب في عملية التحليل أو الطلاء الكهربائي — anode (Elec. Eng.)
~ : حُدورٌ صاعِد — acclivity (Geol.)
~ استمرارٍ مُساعِد — holding anode (Electron.)
~ (أو مُنْحَدَر) الجِسْر — bridge ramp (Civ. Eng.)
مِصْعَد — elevator, lift (Eng.)
~ نَفْحِيّ : يَعملُ بالهَواءِ المَضْغُوط عبر أنابيب — air lift, pneumatic lift (Eng.)
~ هوائي، ~ هَيدرولي — jigger, hydraulic lift (Eng.)
مُصَعَّدة، مادةٌ مُصَعَّدة، صُعادة — sublimate (Chem.)
مَصْعَدِيّ، أنودي — anodal (or anodic) *(adj.)* (Elec. Eng.)
مِصْغَر : آلة قياسٍ دِقِّي — micrometer (Eng.)
~ وَرْنِيّ : ذو وَرْنِيَّة — vernier micrometer
مُصَغَّر — reduced, diminished, miniatured
~، مُنَمْنَم — miniature
~ العِيار — subcaliber, miniature
مُصَغِّرة : وُصلة أُنبوبية مُصَغِّرة — reducer (Plumb.)
مُصَغَّرة فِلميَّة، فيلمٌ دقيق — microfilm *(n.)* (Photog.)
مُصَفٍّ، مُنَقٍّ — clarifier
مُصَفًّى، مُنَقًّى — clarified, cleared
~ (الأعمال أو الموجودات) — liquidated
مِصْفاة، وِعاءٌ مُثَقَّب للتَّصفية — sieve, strainer, colander *(n.)* (Chem. Eng.)
~ : معملُ تكرير — refinery (Eng.)
~ (أو مَعملُ تكرير) البِترول — petroleum refinery (Chem. Eng.)
~ تَرشيح — filter sieve
~ راكِبة : على مَمصّ المِضَخَّة — strum
~ الزيت، مِنْطَبُ الزيت — oil strainer, oil screen (or sieve) (Eng.)
~ سِلْكيَّة — wire screen (or wire sieve)
~ قضيبيَّة — bar screen, grizzly (Mining)
~ الكُثافات — condensate strainer (Chem.)
~ المِصْوَل — launder screen (Met.)
~ مِضَخَّة الزيت — oil pump screen (Autos.)

~ مِغْنَطيسيَّة — magnetic strainer (Phys.)
~ هَواء — air strainer
مُصَفِّح — plater (Eng.)
مُصَفَّح، مَطْلي — plated (Eng.)
~، مُدَرَّع — armoured, armo(u)r-clad
~ : مُدَلْفَنٌ صفائحَ — rolled (Eng.)
~ على السَّاخِن — hot-rolled (Met.)
~ (بالقصدير) على السَّاخن — hot-tinned
مُصَفَّحة : مَركبةٌ مُصَفَّحة — armoured vehicle (Mil.)
مُصْفَرّ — yellowish
~ (لِنُقصان اليَخضور) — flavescent (Bot.)
مَصْفَق، بُورصة، سوقٌ مالية — bourse
مِصْفَق : إناءٌ لِصَفق الشَّراب — decanter
مُصَفِّق — clapper
مَصفوفات تبادُليَّة — reciprocal matrices (Maths.)
مَصْفُوفَة — matrix *(n.)* (Maths.)
~ تحويل — transformation matrix (Maths.)
~ جامدة — idempotent matrix (Maths.)
~ صِفْرِيَّةُ الحُدود — null matrix (Maths.)
~ مُتناظِرة — symmetric matrix (Maths.)
~ ~ تَخالُفيًّا — skew-symmetric matrix
~ مُثَلَّثية — triangular matrix (Maths.)
~ مُهَجَّنة — hybrid matrix (Phys.)
مَصْقَل : سَطْحٌ صَخْريٌّ صَقيل — slickenside *(n.)* (Geol.)
مِصْقَل، مِمْلَسَة — slick, smoothing implement
~ تَخضِينيّ — lap (Eng.)
مِصْقَلَة : أداةُ صَقْلٍ فولاذية — burnisher, polisher (Eng.)
~ زاوِيَّة — angle polisher (Eng.)
~ العُدَد — tool dresser (Eng.)
مَصْقول — polished, burnished, glossed
مَصْل — serum *(n.)*
~ الدم — blood serum, plasma (Med.)
مُصَلَّب، مُتَصالِب — criss-cross *(adj.)*
~، مُقَسًّى — hardened, indurated (Chem.)
مُصَلَّبة : تركيبة ذات أذرع شُعاعيَّة — spider *(n.)* (Eng.)
~ : كَتيفة تَصالُبيَّة — cross-bracing, counter-bracing (Eng.)
~ عُلْويَّة — overhead crossing (Elec. Eng.)
مُصَلِّح — mender, repairman, fixer

مُصَلِّح (تابع)
~ أو مُرَكِّبُ أنابيبِ الغاز — gas fitter
~ بَنادِق، (قَرْدَخْجي) — gunsmith (Mil.)
~ الخُطُوط — lineman (Elec. Eng.)
مُصَلَّح — repaired, mended; reformed
~ بكامِله — over-hauled (Eng.)
مَصْلَحة، دائرةُ أعمال، دائِرة — department, service *(n.)*
~، نَفْعٌ (ذاتي) — benefit, interest
~ المِساحة (والخَرائط) — ordnance survey (Surv.)
~ مُشتَرَكَة — joint interset
مُصَلَّد، مُقَسًّى — indurate(d), hardened *(adj.)*
مَصْليّ: مَنصوبٌ في وَضع الاستِقداح — cocked (Mil.)
مُصِمٌّ: يَصُمُّ الآذان — deafening
مِصْماد، قَوِيُّ الاحتِمال — heavy-duty; knockabout
مُصْمَت: لا جَوْفَ له — solid, massive, imperforate
مُصَمَّد — proofed (Eng.)
مُصَمِّد السُّطوح للماء — surface waterproofer (Chem.)
مُصَمِّم، رَسّامُ التصاميم — designer, styler
~، مُخَطِّط — planner *(n.)*
مُصَنْدَق: موضوع في صناديق — boxed *(adj.)*
مَصْنَع، مَعْمَل — factory, mill, plant, works
~ أسلاك — wire-works
~ ثَلْج، مَعمَلُ ثَلْج — ice plant
~ حَديد، مَسْبَك حَديد — iron works (Eng.)
~ حَلِّ شرانِقِ الحَرير — filature *(n.)*
~ فولاذ — steel mill, steel plant (Eng.)
~ كيماوي — chemical plant (Chem.)
~ مِلْح، مَلّاحة — salt-works
مُصَنَّع: ذو صِناعةٍ ومصانع كالبُلدان المُصَنَّعة — industrialized
~: مَصْنوع — manufactured, made
~ (أو مَصنوع) سَلَفًا — prefabricated (Eng.)
مُصَنَّف، مَوسُومٌ بما يُميِّزه — label(l)ed *(adj.)*
~، مَفروزٌ إلى أصْناف — assorted, sorted, classified
~: نوعيًّا إلى درجات — graded
مُصَنِّف، فَرّاز — sorter, classifier (Maths.)
~، مُؤَلِّف — composer, compiler, writer
~ اِهتِزازي — vibro-classifier (Mining)
~ التِّيلَة (حسب أطوال أليافها) — stapler
~ سائِليّ — hydraulic classifier (Mining)
~ مَخروطي — cone classifier (Mining)
~ هَوائيّ — air classifier (Mining)
مُصَنْفَر: كالزُّجاج المُصَنفَر ليغدو مُشِفًّا لا شَفّافًا — frosted
مَصْنُوع — manufactured, made, fabricated
~ حَسَبَ الطلَب — custom-built, custommade *(adj.)*
~ مِن قَبل — prefabricated (Build., Eng.)
~ باليَد — handmade
مَصْنوعاتٌ خشبية — timberwork
~ سِلْكيَّة — wire-works
مَصنوعةٌ يَدَويَّةٌ أثَريَّة — artefact = artifact
مَصْهَر، مَسْبَك — smelter, smeltery, smelting plant (Met., Eng)
مِصْهَر، صَهيرة، فاصِمة مُنْصَهِرة — fusee, fusible cut-out, fuze = fuse (Elec. Eng.)
~ أُنبوبيّ — tube fuse (Elec. Eng.)
~ ثُنائيُّ المعدن — bimetallic fuse
~ جُهديّ (لِحماية دارة الجُهد في جهاز القِياس) — potential fuse (Elec. Eng.)
~ خرطوشيّ، ~ أُنبوبيّ — cartridge fuse (Elec. Eng.)
~ سِداديّ أو قابِسيّ — plug fuse (Elec. Eng.)
~ فَصْل — trip(ping) fuse (Elec. Eng.)
~ قَرنيّ: يُسَرِّعُ انطفاءَ القوس — horn-break fuse (Elec. Eng.)
~ قنطريّ — bridge fuse (Elec. Eng.)
~ لاقَوسيّ — non-arcing fuse (Elec. Eng.)
~ مَكْشوف — open fuse (Elec. Eng.)
~ يُبَرَّدُ بالزيت — oil-quenched fuse (Elec. Eng.)
مَصْهور — molten, fused
~: بِمُساعدة مُسَيِّل صَهْر — fluxed (Met.)
مِصْوات: جهازٌ مُصَوِّت أو دَقّاق — sounder (Teleg.)
مُصَوِّبة، مِهْداف — sight *(n.)* (Surv.)
~، مُعَيِّنُ المَنْظَر — finder, viewfinder (Photog.)
~ عاكِسة (في آلة التصوير) — reflecting viewfinder (Photog.)
مُصَوِّت، دَقّاق — sounder
~، رَنّان — sounding, sonorous (Acous.)
مُصوح: اِخضِرارٌ غيرُ طبيعيّ — virescence *(n.)* (Bot.)
مُصَوَّر: مُوَضَّح بالصُّور والرسوم — illustrated, pictorial
~ تَوضيحيّ — pictogram (Maths.)
مُصَوِّر — photographer
~ سينَمائي — camera-man (Cinema)
مُصَوَّرة، بلازْما — plasma (Biol.)
مُصَوِّرة، كاميرا، آلةُ تصوير — camera
~ إلكترونيَّة — electron camera (Telev.)
~ بانوراميَّة — panoramic camera (Photog.)
~ تحت مائيَّة — underwater camera
~ تلفزيونية مُسَجِّلة — camcorder (Telev.)
~ سينَمائية — motion-picture camera
~ سينيَّة — X-ray camera
~ عاكِسة — reflex camera (Photog.)
~ (كاميرا) مِجسامية — stereo(scopic) camera
~ مِجْهَريَّة — photomicrographic camera
مَصُوص: قابِلٌ للامتِصاص أو التشَرُّب، يُمْتَصّ — absorbable *(adj.)*
مَصُوصيَّة: مُمتَصيَّة — absorbability (Chem.)
مَصُوغ، مُشَكَّل — formed, fashioned, shaped, molded, made
مِصْوَل، راووق — elutriator (Chem.)
~ خاماتٍ مائل — strake, tye (Mining)
مَصْوَلة: حُفرةُ تَصويل الخامات الفلزيَّة — buddle (Mining)
مَصُون — protected, safe-guarded
~ ببَراءة امتياز — patented
مُصيبة، بَلاء — misfortune, calamity
مَصْيَدُ سَمَك — fishery, fishing ground *(n.)*
مِصْيَدَة، مِحْبَس — trap
~، شَرَك — gin, snare
~ أتربة، مُجَمِّع أتربة — dust trap, dirt trap
~ إشعاع — radiation trap (Nuc. Eng.)
~ الأمواج — wave trap (Phys.)
~ أيُونات — ion trap (Electron.)
~ البُخار — vapour trap (Eng., Phys.)
~ (رُطوبةِ) البُخار — steam trap (Eng.)
~ الرُّسابة — sediment trap
~ الرِّمال (في مَجرًى مائيّ) — sand trap
~ الزيت — oil catcher (or trap)
~ السَّقائط — mouse trap
~ الشَّحْم — grease trap (San. Eng.)

مِصْيَدَة (تابع)
~ الطِّين، حُجرةُ تَرْسيب الطِّين mud trap
~ الغاز gas trap
~ الغُبار dust catcher, dust trap (Eng.)
~ فِئران mouse trap
~ قَلّابِيَّة flap-trap (San. Eng.)
~ الكاشِطة pig trap (Pet. Eng.)
~ لَهَب flame trap (Eng.)
~ الماء (مِنَ البُخار) water trap (Eng.)
~ مَثْعَبِيَّة siphon trap, running trap (San. Eng.)
~ مُعترِضة intercepting trap
~ مَوجات wave trap (Radio, Hyd. Eng.)
~ هواء المجاري drain-trap, air-trap, stench trap (San. Eng.)
مَصْيَدةٌ نفطيَّة، مَكْمَنٌ نفطيّ petroleum trap (Geol.)
مَضاء، حِدَّة sharpness, acuity
مُضاء lit, illuminated, lighted
مُضاءَل damped; lessened
مُضاءَلة: تَخميد damping (Phys., Elec. Eng.)
~: تَقْليل lessening, diminution, reduction
~ الإصداء reverberation damping (Acous.)
~ جِهاز القِياس instrument damping (Eng.)
~ حَرِجة critical damping (Elec. Eng.)
~ دَورِيَّة periodic damping (Phys.)
~ (الاهتِزاز) بالزيت oil damping (Eng.)
الـ ~ بالسائِل liquid damping (Phys.)
~ كَهْرُمِغنطيسيَّة electromagnetic damping (Elec. Eng.)
~ لادَوريَّة aperiodic damping (Phys.)
~ مُعدَّلِ الاحتِراق: في الفُرن العالي damping down (Eng.)
الـ ~ المِغْنَطيسيَّة magnetic damping (Phys., Elec. Eng.)
~ (أو تَخميدٌ) ناقِص underdamping (Phys., Elec. Comm.)
الـ ~ النَّوعِيَّة specific damping (Elec. Eng.)
~ (أو إخمادٌ) بالهَواء air damping (Eng.)
مَضابِط (أنظر: مِضْبَط)
~ تَشغيل المحرِّك engine controls (Eng.)
~ التعزيز boosting controls (Eng.)
~ مُؤازرة بِقُدرةٍ آلِيَّة power-assisted controls (Aero.)
مُضادّ، ضِدِّي contrary, opposite, counter-, anti-, adverse
~ أو مُعاكِس تمامًا diametrically opposite
~ لِلانزلاق skidproof, antislipping *(adj.)*
~ البَهَر، مانِعُ الوَهَج anti-glare *(adj.)*
~ التأكسُد antioxidant (Food Sc.)
~ التأكُّل anti-corrosion, corrosion-resistant (Chem.)
~ التخَثُّر anti-coagulant *(n.)* (Med.)
~ التَرَغّي، مانِعُ التزبُّد anti-foam (Chem.)
~ التشنُّج antispasmodic (Med.)
~ التشويش noise suppressor (Acous.)
~ ~ الصَّدوي anti-clutter (Radar)
~ التضَبُّب antifogging (Phys.)
~ التعتيق anti-ageing *(n., adj.)*
~ لِلتغضُّن، مانِعُ التثَنِّي anti-crease *(adj.)*
~ الجاذِبيَّة antigravity (Phys.)
~ الجَراثيم antibacterial (Med.)
~ الجَمَد anti-icer (Aero.)
~ الحَفّاز: حافِزٌ ضِدِّي anti-catalyst (Chem.)
~ الحُمَّى antipyretic (Med.)
~ الحُموضة antacid *(n., adj.)* (Chem.)
~ حَيَوِيّ antibiotic *(adj.)* (Med.)
~ للدبّابات anti-tank *(adj.)* (Mil.)
~ الذِّيفان antivenom, antitoxin (Med.)
~ الرَّغوة، مانِعُ التَّزبُّد anti-froth (Chem.)
~ لِلسُّمّ، تِرياقي antitoxic *(adj.)* (Med.)
~ للطائرات anti-aircraft (Mil.)
~ الطُّفَيْليّات antiparasitic *(adj.)* (Med.)
~ للغوّاصات anti-submarine *(adj.)* (Mil.)
~ الفِعل counteractive (Chem.)
~ الكلور: مُزيلُ الكلور الفائض antichlor (Chem.)
~ المادَّة، ضَديدُ المادَّة anti-matter (Phys.)
~ للوَمْض، مُقاوِمُ الوَمْض anti-flash
مُضادَّة، تَضادّ contradiction, opposition, counteraction
~ مَجالِيَّة bucking (Elec. Eng.)
مُضارَبة (في البورصة أو التجارة) speculation
مُضاعَف double, twofold, doubled; duplicate
~، مُتعَدِّد multiple
~ (أو مَنسوخٌ) أربعَ مَرّات quadruplicate
~ التربيع biquadratic (Maths.)
~ ثُمانِيّ octuple
~ خَمْسَ مَرّات quintuplicate *(adj.)*
~ سَبْعَ مَرّات septuple *(adj.)*
~ سِتَّ مَرّات sextuple *(adj.)*
~ كامِل full multiple (Maths.)
~ مُشترَك common multiple (Maths.)
الـ ~ الـ ~ الأصغَر (أو البسيط) lowest (or least) common multiple (Maths.)
مُضاعِف multiplier (Maths.)
~ إلِكترونات electron multiplier
~ التردُّد، ~ الذبذبة frequency multiplier
~ ثُلاثِيّ (للتردُّد)، ~ ثلاثيّ (لِلفُلطيَّة المُقوَّمة) tripler (Elec. Eng.)
~ ~ لِلتردُّد frequency tripler (Elec. Eng.)
~ الذبذبة frequency multiplier (Electron.)
~ ~ (مَرَّتين) frequency doubler (Elec. Comm.)
~ رُباعيّ: لِلفُلطية أو التردُّد quadrupler
~ الضَّغْط pressure multiplier (Phys.)
~ ضَوئيّ photomultiplier (Electron.)
~ الفُلْطِيَّة voltage multiplier (Elec., Eng.)
~ كَهرضوئي photoelectric multiplier, photomultiplier (Electron.)
~ مُحَلِّل dissector multiplier (Telev.)
مُضاعَفات، تعقيدات (إجرائيَّة أو مَرَضيَّة) complications
~، نتائجُ تِلويَّة (سَلْبيَّة غالبًا) repercussions
مُضاعَفة: تكاثُر multiplication
~، تَضاعُف duplication, doubling
~ (مَرَضِيَّة) complication (Med.)
~ التردُّد frequency doubling (Acous.)
مُضاف: ضُمَّ أو أُضِيفَ لاحِقًا added, appended, annexed
~: مادَّةُ إضافة additive (Chem., Food Sc.)
~: كمِيَّة مُضافة addend (Maths.)
~ إلَيْه (في عمليَّة الجَمع) augend (Maths.)
مُضافَة، مُنْضاف: مادَّةُ إضافة additive *(n.)* (Food Sc.)

مُضاهٍ، مُناظِر، مُشابِه، مُماثِل analogous, similar *(adj.)*

مُضاهاة، مُحاكاةٌ مُضارِعة emulation *(n.)*

~، مُشابَهة similarity, likeness, similitude, analogy

~ الألوان colour matching (Phys.)

~ الطبقات correlation of strata (Geol.)

مُضائِل damper, dampener (Eng.)

~ احتِكاكي frictional damper (Eng.)

~ الانعِراج yaw damper (Aero.)

~ الاهتِزاز vibration damper (Eng.)

~ بَندولي pendulum damper (Aero.)

~ ديناميٌّ dynamic damper (Eng.)

~ الصدمات shock dampener (Eng.)

~ العرامة surge damper (Hyd. Eng.)

~ اللَّهَب flame damper (Aero., Mil.)

~ النَّبَضان pulsation dampener (Eng.)

~ الوَمض flash damper (Elec. Eng.)

مُضِبّ، ضَبابيّ misty, foggy, hazy

مُضَبِّط، عامِلُ ضَبْط adjuster *(n.)* (Mech.)

مِضْبَط control, controller; adjuster (Eng.)

~ اتِّساع (الصورة) width control (Telev.)

~ الاطِّراد cruise control (Autos.)

~ (أو مِحكامُ) التبايُن contrast photometer (Phys.)

~ تَثبيتِ السُّرعة constant-speed control (Eng.)

~ التدَفُّق flow control (Eng.)

~ التردُّد frequency control (Electron.)

~ التفويت slip regulator (Elec. Eng.)

~ التمركُز centring control (Telev.)

~ الجَهارة volume control, loudness control (Acous.)

~ جَهارةٍ مُعادَل compensated volume control (Radio)

~ خَطِّيّ تَزامُني line hold (Telev.)

الـ ~ الرئيسيّ master control (Elec. Eng.)

~ سائِد (يتحكَّمُ يدَويًّا في المِضْبَط الآليّ) override *(n.)* (Eng.)

~ سُرعةِ المُحَرِّك motor speed control (Elec. Eng.)

~ السُّطوع brilliance control (Telev.)

~ شِبهُ مِغنَطيسيّ semimagnetic controller (Elec. Eng.)

~ الصِّفْر zero adjuster (Eng.)

~ العَرْض display control(ler) (Comp.)

~ عُلُوِّ الصُّورة height control (Telev.)

~ الكَسْب gain control (Radio)

~ ~ الصَّوتي التشغيل vogad = voice-operated gain adjusting device (Elec. Comm.)

~ اللون، مِحكامُ اللوْن tint control

~ المَرْكَزة الأُفُقيَّة horizontal centring control (Telev.)

~ المَيْل tilt control (Telev.)

~ النُّصوع brightness control (Telev.)

~ النقاوة purity control (Electron.)

~ النُّقْبة hue control (Telev.)

مَضْبُوط، صَحيح true, correct

~، دَقيق precise, accurate, exact

~، مُعَدَّل adjusted, tuned, regulated

~: مَحجوزٌ أو مُصادَر seized, sequestered, confiscated

~ مُقَدَّمًا preset

مُضْجِر boring, tedious

مَضْحَل، مَخاضَة shoal, shallow

مِضَخَّة pump (Phys., Eng.)

~ الآبار العميقة deep-well pump (Eng.)

~ آليَّة (تُدارُ بِمُحَرِّك) power pump (Eng.)

~ أُحاديَّةُ الأُسطوانة single-cylinder pump

~ إزاحيَّة displacement pump (Eng.)

~ ~ دَوّارة rotary displacement pump

~ استِخراج extraction pump (Eng.)

~ إطفاء الحرائق fire pump

~ أعماق، ~ الآبار العميقة deep-well pump

~ انتِشار diffusion pump (Phys.)

~ بُخاريَّة steam pump (Eng.)

~ بنزين petrol pump, gasoline pump

~ بَواليع sump pump (Civ. Eng.)

~ تحت مائيَّة subaqueous pump

~ تَحضير، ~ حَقْن priming pump, injection pump (Eng.)

~ تُدارُ بمُحرِّك motor(-driven) pump

~ تَراوُحيَّة swash-plate pump, wobble pump (Eng.)

~ تُربينيَّة turbo-pump (Aero.), turbine pump (Eng.)

~ تَرَدُّدية reciprocating pump (Eng.)

~ تَرْشيح filter pump

~ تَزْييت oil pump (Eng.)

~ تصريف delivery pump (Eng.)

~ تعزيز الضغط booster pump (Eng.)

~ التغذية feed pump (Eng.)

~ تَغذية دَوَرانيَّة rotary feed pump

~ ~ بالزَّيت oil-feed pump (Eng.)

~ ~ المِرجل boiler feed pump (Eng.)

~ تفريغ (أو تَخْوية) exhaust pump, vacuum pump (Eng.)

~ ~ (أو نَزْح) طينِ الحفر shell pump, sand pump, sludger (Civ. Eng.)

~ ثُلاثيَّة الأُسطوانات triple-barrel pump (Eng.)

~ جابِذة centripetal pump (Eng.)

~ الجَمَّة bilge pump (Naut.)

~ الحاكِم governor pump (Eng.)

~ حَرارة، ~ حَراريَّة heat pump (Eng.)

~ الحَفْر bore pump (Pet. Eng.), sinking pump (Mining)

~ حَقْن injection pump, priming pump

~ الحَمْأة sludger = sludge pump

~ خادِمة: تُستخدَمُ لأغراضٍ شَتّى على ظهر السفينة donkey pump (Naut.)

~ خَرَسانة concrete pump (Civ. Eng.)

~ دَفْقٍ قَسْريّ force pump (Eng.)

~ دَوّارة (لاصِماميَّة) rotary pump (Eng.)

~ ذاتُ أرياش vane pump (Eng.)

~ ذاتيَّةُ التحضير self-priming pump

~ بذراعٍ مُتَرجِّح beam pump (Eng.)

~ رافِعة lift pump (Phys.)

~ رَحَويَّة rotary pump (Eng.)

~ رَفْع، ~ رافعة lift(ing) pump (Phys.)

~ ~ عالٍ high-lift pump (Eng.)

~ رِقِّيَّة diaphragm pump (Eng.)

~ رِكابيَّة: تُشَغَّلُ بإحدى القدَمين stirrup pump

~ زَوجيَّةُ المُسَنَّنات: لِمَنظومات التَّزييت وسِواها gear pump (Eng.)

~ ضَغْط، ~ دافِعة pressure pump

~ طَرْدٍ مَركزيّ، ~ نابِذة centrifugal pump (Eng.)

~ عَدّادة، ~ مُعايِرة metering pump

~ غاطِسة: للتشغيل المغمور submerged pump (Eng.)

مِضَخَّة (تابع)

~ «غيسْلَر»: مِضَخَّةُ تفريغ زُجاجية تعملُ بضغط موردِ الماء — Geissler pump (Chem.)
~ بكباسٍ غاطِس — plunger pump (Eng.)
~ كَبَّاسِيَّة — piston pump (Eng.)
~ كَسْح — scavenge pump (Autos.)
~ لاصِمامِيَّة — valveless pump (Eng.)
~ ماصَّة — suction pump, sucking pump
~ مباشرة الفعل: ~ تَرَدُّدِيّة مِكْبَسا الماء والبُخار فيها على طرفي الذِّراع نفسِه — direct-acting pump (Eng.)
~ المُبَرِّد: مِضَخَّةُ مَحلولِ التبريد — coolant pump (Eng.)
~ مِحوريَّة: تتألف من عددٍ مُتَعاقِب من مِضخّات الطرد المركزي — axial pump
~ مُداوِلَة — circulating pump (Eng.)
~ المُرَشِّح: تُسَرِّع عمله — filter pump
~ مِروَحِيَّة — propeller pump (Eng.)
~ مُزدوجة: ذات أسطوانتين جَنبًا لِجَنْب — duplex pump (Eng.)
~ مُزدوجةُ الفِعل — double-acting pump
~ مُساعِدة، ~ خادِمة — donkey pump
~ مُسانِدة — backing pump (Eng.)
~ مُعَلَّبة: للعمل تحتَ الماء — canned pump
~ مُفرَدةُ الفِعل — single-action pump (Eng.)
~ مِياه التغذية — feed-water pump (Eng.)
~ نابِذة، ~ طارِديَّة — centrifugal pump
~ نابِضة — pulsator
~ ناشِرة: مِضَخَّةُ التفريغ الانتِشاري — diffusion pump (Eng.)
~ ناعوريَّة — windmill pump
~ نافوريَّة، ~ نَفّاثة — jet pump (Mech.)
~ نَبْضِيَّة — pulsometer pump (Eng.)
~ نَخْعِيَّة — jerk-pump (I.C. Engs.)
~ نَفْخِيَّة: تعمَلُ بالهواء المضغوط — pneumatic pump (Phys., Eng.)
~ نَقّالة — drake, barrow pump (Hyd.)
~ ~ للدَّفْق القَسْريّ — jig pump (Eng.)
~ نَقُول (أو نقّالَيّة) — portable pump
~ هَواء — air pump (Eng.)
~ هَيدروليَّة — hydraulic pump (Eng.)
~ الوَقود — fuel pump (Eng.)
~ يَدَوِيَّة — hand pump

مُضَخَّم، مُكَبَّر — enlarged, magnified

مُضَخِّم: نَبيطةُ التقوية أو التضخيم — amplifier (Elec. Eng.)
~ استِرجاعي — regenerative amplifier
~ پارامِتْريّ، ~ وَسيطيّ: مُتَغَيِّرُ المُفاعَلة والقُلطيَّة — parametric amplifier (Elec. Comm.)
~ ترانزِسْتوري — transistor amplifier
~ تَرْحيل، مُعَزِّزُ تَرحيل — relay amplifier = relay booster (Elec. Eng.)
~ التردُّد السَّمعيّ — audio-frequency amplifier (Elec. Comm.)
~ ترَدُّدات لاسِلكية — radio-frequency amplifier (Radio)
~ التردُّدات الوُسطى — intermediate frequency amplifier (Radio)
~ تَعاقُبيّ — cascade amplifier (Radio)
~ بالتغذية المُرتَدَّة — feedback amplifier (Elec. Eng.)
~ تَفاضُليّ — differential amplifier
~ تلفِزيوني — television amplifier
~ تِلفوني — telephone amplifier
~ تَوافُقِيّات — harmonic amplifier (Phys.)
~ تَوْزيع — distribution amplifier
~ التيّار المُستمرّ — direct-current amplifier (Elec. Eng.)
~ ثابِتُ الجَهارة — constant-volume amplifier = vogad (Elec. Comm.)
~ (إلكتروني) بجِدارٍ مُقاوِم — resistive-wall amplifier (Electron.)
~ الحامِلة — carrier amplifier (Elec. Eng.)
~ حَرَكيّ — metadyne (Elec. Eng.)
~ (~) دَوّار — amplidyne (Elec. Eng.)
~ خَطِّيّ — line amplifier, linear amplifier (Elec. Comm.)
~ دارِئ، ~ صادّ (للتغذية المُرتَدَّة) — buffer amplifier (Elec. Comm.)
~ دَفعيٌّ جَذْبيّ — push-pull amplifier
~ ~ ~ ساكِن — quiescent push-pull amplifier (Elec. Comm.)
~ دَفْقيّ — burst amplifier (Telev.)
~ دَوّار — rotating or rotary amplifier (Elec. Eng.)
~ ذو سِكَّتَيْن — two-way amplifier
~ (ذو مَجالٍ) رُباعيُّ الأقطاب — quadrupole amplifier (Electron.)
~ رَنين — resonance amplifier (Radio)
~ رئيسي — head amplifier (Cinema)
~ زَمَنيُّ المُشارَكة — time-shared amplifier (Elec. Comm.)
~ سَمْعيّ — audioamplifier (Elec. Eng.)
~ شَبَكيُّ التَّحْييد — grid-neutralized amplifier (Elec. Comm.)
~ صادّ — buffer amplifier (Elec. Eng.)
~ بصمامٍ ثُلاثيّ — triode amplifier
~ صِماميّ — valve amplifier, tube amplifier (Radio)
~ ~ خَوائيّ — vacuum-tube amplifier
~ صَوتيّ — acoustic amplifier (Elec. Eng.)
~ ضَوئيّ — light amplifier (Electron.)
~ ضَيِّقُ النِّطاق — narrowband amplifier (Elec. Eng.)
~ عاكس: يزحزحُ الطور ١٨٠° بين الدخل والخرج — inverting amplifier (Elec. Eng.)
~ عاكِسٌ لِلطَّور — paraphase amplifier
~ عالي الأداء — high-fidelity amplifier (Acous.)
~ ~ الإنفاذية المغنطيسيَّة — ferromagnetic amplifier (Elec. Eng.)
~ عَريضُ النِّطاق — broad-band amplifier (Elec. Comm.)
~ القُلطِيَّة — voltage amplifier (Elec. Eng.)
~ قَبْليّ — preamplifier (Phys.)
~ القُدرة — power amplifier (Elec. Eng.)
~ قَطّاع — chopper(-stabilized) amplifier (Elec. Eng.)
~ قَنْطريّ، ~ مُراقَبة — bridging amplifier = monitoring amplifier (Elec. Comm.)
~ كَهْروحَراكي — dynamo-electric amplifier (Elec. Eng.)
~ لاخَطِّيّ — non-linear amplifier
~ لوغاريتمي: يرتَبِطُ الخَرْجُ والدَّخْلُ فيه بدالَّةٍ لوغاريتميَّة — logarithmic amplifier
~ مائِعيّ — hydraulic amplifier (Eng.)
~ مُتَقَدِّم، ~ قَبْليّ — preamplifier (Electron., Phys.)
~ المُرَكَّبة الأُفُقيَّة — X-amplifier (Electron.)
~ ~ العَمُوديَّة — Y-amplifier (Electron.)

مُضَخِّم (تابع)
~ مُزدَوجُ الحُزَمِ الإلكترونية — double-stream amplifier (Elec. Eng.)
~ مُستَقِرٌّ بالتغذية المُرتَدَّة — stabilized feedback amplifier (Radio)
~ مُضَمَّن — modulated amplifier
~ مِغنَطيسيّ — magnetic amplifier (Acous.)
~ مَقرونٌ بِمُحَوِّل — transformer-coupled amplifier (Elec. Eng.)
~ بِمُقاوَمة — resistance-coupled amplifier (Radio)
~ مِكروفوني — microphone amplifier
~ مُؤازِر — servo-amplifier (Electron.)
~ مُوالِف — tuned amplifier (Radio)
~ مُؤرَّضُ الأنود (المَصعد) — grounded-anode amplifier (Electron.)
~ ~ الشَّبَكة — grounded-grid amplifier
~ ~ الكاثود (المَهبِط) — grounded-cathode amplifier (Electron.)
~ ميزَريّ — maser amplifier (Electron.)
~ نَبَضات — pulse amplifier (Radio, Phys.)
~ الهوائي — antenna amplifier
~ هَيدروليّ — hydraulic intensifier (Eng.)
~ واسِعُ النِّطاق — wide-band amplifier (Elec. Comm.)
مَضِر: حامِض، حَذيق — sour
مُضِرٌّ — harmful, injurious
مِضراب، مِخلاطُ تقليب — beater
مِضرَب — racket; bat
مَضرِبُ أو اتجاه الطبقة — strike (Geol.)
~ الصدع — strike of fault (Geol.)
مُضرِبٌ (عن العمل) — striker *(n.)*
مُضَرَّسة، دولابٌ مُسَنَّن — sprocket wheel (Eng.)
مِضرَم: مِقياسُ درجاتِ الحرارة المُرتفِعة — pyrometer (Phys.)
المَضْروب — multiplicand, faciend (Maths.)
مَضروبٌ سِلْسِليّ، عامِليّ — factorial (Maths.)
~ العَدِّيّة الوضعيّة — factorial notation
الـ ~ فيه — multiplier, multiplicator (Maths.)
مُضطَجِع، مُتَّكِئ — recumbent *(adj.)*
مُضطرِب — rough, turbulent *(adj.)*
~، قَلِق — upset, restless
~، مُرتبِك — confused, disarrayed
مُضطَرِم، مُشتعِل — ablaze, burning

مُضعِف، موهِن — weakening, debilitant
المَضْغ — mastication (Zool.)
مِضغاط، ضاغِط — compressor (Eng.)
مُضْغَة، جَنين — embryo *(n.)* (Biol.)
مِضغط: مقياس الضغط الجوّي — barometer (Meteor.)
مِضْغَطة، مِضْغَط — compressor, squeezer
~ بِرشام — rivet squeezer (Eng.)
~ تِمساحيَّة — saurian squeezer (Eng.)
~ عاصِرة — squeezer (Eng.)
مَضغوط — compressed, pressed
مُضَفَّر — braided, interlaced, intertwined
مُضَلَّع، مُتَعَدِّد الأضلاع — polygon (Maths.)
~: ذو ضُلوعٍ حَيْدِيَّة ناتِئة مُستَطيلة — ribbed (Eng.)
~ اثنا عَشْري — dodecagon (Geom.)
~ من الخارِج — externally-ribbed (Eng.)
~ غيرُ مُنتَظَم — irregular polygon (Maths.)
~ القُوَى — polygon of forces (Mech., Phys.)
~ مُحَدَّب — convex polygon (Maths.)
~ مَحوط (بشكلٍ آخر) — inscribed polygon (Maths.)
~ مُحيط (بشكلٍ آخر) — circumscribed polygon (Maths.)
~ مُقَعَّر: إحدى زواياه أكثر من ١٨٠° — concave polygon (Maths.)
~ مُنتَظَم — regular polygon (Geom.)
~ نَجميّ — stellar polygon (Maths.)
مُضَلَّعة فُسَيفسائيَّة — tessera, tessella (Arch.)
مُضَلِّل — misleading, delusive
مِضمار، مَيْدان — racecourse, -drome
~ دَرّاجات — velodrome
~ سِباق السيّارات — autodrome (Civ. Eng.)
مُضَمِّد — dresser (Eng.)
مُضَمَّد — bandaged, dressed (Med.)
مُضمَحِلّ، مُتَلاشٍ — vanishing, degenerate
مُضَمَّن — modulated (Elec. Comm.)
~ بالطنين — tone-modulated *(adj.)*
مُضَمِّن، مُضَمِّنة — modulator (Radio)
~ التردُّد — frequency modulator (Radio)
~ تَقويم — rectifier modulator (Radio)
~ حَلْقيّ — ring modulator (Electron.)
~ صِماميّ — vacuum (or valve tube) modulator (Elec. Eng.)

~ ضَوئيّ: يحوِّل الطاقة الصَّوتية إلى ضوئيّة (لتسجيلها على الفيلم) — light modulator
~ الطَّور — phase modulator (Elec. Eng.)
~ فَرعيّ — submodulator (Radio)
~ فَكّاك، ~ كاشِف — modem = modulator-demodulator (Elec. Comm.)
~ مِغنَطيسيّ: عنصُر التضمين فيه دارةٌ مغنطيسيَّة — magnetic modulator (Elec. Eng.)
~ مُفاعِليّ — reactance modulator (Elec. Eng.)
~ مُوازَن: عُنصُر التضمين فيه مُفاعلة مُتَغيِّرة — balanced modulator (Elec. Eng.)
مَضمون، مُحتوى، فَحْوَى — content; import *(n.)*
~، مَكفول — guaranteed *(adj.)*
~، مُؤَمَّن — insured *(adj.)*
~، مُسَجَّل — registered *(adj.)*
مُضْنٍ — exhaustive *(adj.)*
مِضواء: مِقياس الشدَّة الضيائيَّة بالمُقارَنة — photometer (Phys.)
~ ارتِعاشيّ — flicker photometer (Illum.)
~ البُقْعةِ الشَّحْميَّة — grease-spot photometer (Phys.)
~ تَبايُنيّ — contrast photometer (Illum.)
~ كَهْرضَوئيّ — photoelectric photometer
~ مُكامِل: يقيسُ مُجمل الإشعاع الضوئي المُبتعَث في كلِّ الاتجاهات — integrating photometer (Phys.)
المِضْوائيَّة: قياسُ الشِّدة الضوئية — photometry (Phys.)
~ البُعاديَّة: قياسُ الشِّدة الضيائيَّة عن بُعد — telephotometry (Phys.)
~ التصويريَّة — photographic photometry
مُضُور، احمضاض — souring (Food Sc.)
مُضيء، مُنير — illuminant, luminous
مُضيف، عائل، ثَويّ، حاضِن — host (Biol.)
~ (في سفينة أو طائرة) — steward
مُضيفة (في سفينة أو طائرة) — hostess, stewardess
مَضيق، مَمَرٌّ مائيّ ضَيِّق بين أرضَين — strait *(n.)* (Geog.)
مُضَيَّق — constricted, narrowed
مُضَيِّقُ الأوعية — vasoconstrictor (Med.)
مَطَّ، مَطَّطَ، مَدَّ — distend, stretch

مُطابِق، مُتَوافِق زمنيًّا coincident *(adj.)*
~، مُتَطابِق، مُتَوافِق أجزائيًّا ومساحيًّا congruous *(adj.)* (Maths.)
~، ~ أو مُماثِلٌ تمامًا identical *(adj.)*
مُطابَقة، انسِجام، تَوافُق accordance, concordance, conformity
~، تَطابُق، انطباق congruence, coincidence (Maths., Phys.)
~: لتبيان التماثُل matching
~ مِثليَّة identity
مَطار airdrome, aerodrome = airport
~، مَيدانُ طَيَران airfield
~ بَحريّ seadrome (Aero.)
~ طَوّافات heliport (Aero.)
مُطارِد chaser, pursuer *(n.)*
مُطارَدة، تَعَقُّب chase, pursuit
مَطّاط، كَوتشُوك rubber *(n.)* (Chem.)
جَنْبَة الـ ~ guayule (Bot.)
~، مَطُوط، مَرِن elastic, stretchy
~ إسفَنْجِيّ sponge rubber
~ اصطِناعيّ artificial rubber, synthetic rubber (Chem.)
~ پارا: مطّاطٌ مُمتازُ العَزْل Para rubber (Chem.)
~ البيُوتيل butyl rubber (Chem.)
~ رُغاويّ لَثْبِيّ latex-foam rubber
~ رَغَويّ foam rubber (Chem.)
~ صَلْد (بالفَلْكَنة) hard rubber, ebonite
~ طَبيعيّ natural rubber
~ (لُقَم) المِكبح brake-rubber (Eng.)
~ مُستَعاد reclaimed rubber (Chem.)
~ مَعدنيّ mineral caoutchouc, elaterite (Min.)
~ مُفَلْكَن: مَطّاطٌ مُصَلَّدٌ بالفَلْكَنة vulcanized rubber (Chem.)
~ مُهَلْجَن halogenated rubber (Chem.)
~ نِتريليّ: مُقاوِمٌ لِلمُذيبات nitrile rubber (Chem.)
مَطّاطيَّة، مَرونَيَّة elasticity (Phys.)
مَطافِئ (الحريق) fire extinguishers
مَطالِمُ (أو دَلافينُ) تَشكيل forming rolls (Eng.)
مُطاوِر phaser, phasor (Elec. Eng.)
~ أُحاديُّ الطَّور single phasor
~ ثُنائيّ diphaser (Elec. Eng.)

مُطاوَرة، ضَبْطُ الطَّور phasing *(n.)* (Phys.)
مُطاوِع، سَهْلُ الانقياد compliant *(adj.)*
مُطاوَعة: مَعكوسُ الجَساءَة compliance (Eng.)
~ صَوتيَّة: مَعكوسُ الكَزازة (أو الجُسوءَة) الصَّوتيَّة acoustic compliance (Acous.)
مَطَبّ: مُرتفِعٌ في الطريق لِمَنع السُّرعة bump, road bump
~ هَوائيّ، جَيبٌ هوائيّ air pocket (Aero.)
مِطبخ: وعاءُ الطبخ cooker
مَطبخ kitchen
~ السَّفينة (أو الطائرة) galley *(n.)*
مُطَبَّع: مُعَدَّلُ المِزاج (لُدونةً أو قَساوة) tempered (Met.)
مُطَبَّعات: رَقائقُ الدارة المِغْنَطيسيَّة في مُحَوِّل أو آلةٍ كهربائية stampings, laminations, core plates (Elec. Eng.)
مَطْبَعة printery *(n.)*
مِطْبَعة، آلةٌ طابِعة press, printing press, printing machine
~ دَوّارة، طابِعةٌ دَوّارة rotary press
مُطبَق: لا يَتَشَقَّقُ عندَ النُّضوج indehiscent (Bot.)
مُطَبَّق، تَطبيقيّ applied
~: متراصِفُ الطبقات stratified (Geol.)
مَطبوعات printed matter
مَطْبُوعة: نِتاجٌ مَطبوعٌ مِن الحاسُوب print-out (Comp.)
~، نَشْرَة publication *(n.)*
مِطْحَنة grinding machine, grinder, mill
~ أُنبوبيَّة tube mill (Mining)
~ بَهارات quern
~ قَضيبيَّة rod mill (Eng.)
~ بالكُرَيّات ball grinder, ball mill (Eng.)
مُطْر، عَرْنُوس cob *(n.)* (Bot.)
مُطَرٍّ، مُلَيِّن softening *(adj.)*
~، ~، مُلَطِّف emollient *(n., adj.)* (Med.)
مَطَر rain (Meteor.)
~ اصطِناعي artificial rain (Meteor.)
~ إعصاري cyclonic rain (Meteor.)
~ حامِضي acid rain (Ecol.)
~ رَذِّي mizzle, misle (Meteor.)
~ السماء الصّافية serein (Meteor.)
~ غامِر deluge *(n.)*

مِطراح: نِياطُ القَوارِب (أو المِرساة) davit (Naut.)
مِطْراف: نُبيطةُ اتصال بالحاسوب مِن مَوقع بعيد terminal (Comp.)
~ بَعيد remote terminal (Comp.)
~ ذَكِيّ: يَضُمُّ حاسُوبًا صَغيرًا intelligent terminal (Comp.)
~ فَرْعيّ branch terminal (Comp.)
~ ناطِق talking terminal (Comp.)
~ نُقطةِ البَيْع point of sale terminal
مَطَرة، قارُورة ماء water bottle, canteen
مَطْرَح dump *(n.)*
~ الذاكِرة: يُمكِنُ منه قراءةُ بعض محتوياتها سالِفًا memory dump (Comp.)
~ نُفايات waste dump, tip, waste tip
مُطَّرِد: مُتتابِعٌ أو مُتَواصِلٌ بانتظام steady, uniform, regular, invariable
مُطَرَّز embroidered
مِطْرَق، مِطرقة hammer, striker (Eng.)
مَطْرِق، القالَبُ الأُمّ matrix *(n.)*
مُطَرَّق، مُشَكَّلٌ بالتَّطريق hammered, wrought, swaged *(adj.)*
~ على البارِد cold-swaged (Eng.)
~ على السّاخِن forged, hot-swaged
~ باليَد hand wrought, hand forged
مِطْرَقة، مِهَدَّة beetle (Eng.)
~، شاكُوش hammer *(n.)*
~: العَظْمُ المِطْرَقيّ (في الأُذُن) malleus (Zool.)
~ آليَّة power hammer (Eng.)
~ إزالةِ القُشور scaling hammer (Eng.)
~ ألواح board hammer (Eng.)
~ الباب knocker, rapper (Build.)
~ بُخاريَّة steam hammer (Eng.)
~ بَرْشَمَة riveting hammer (Eng.)
~ ~ نَفْحيَّة: تَعملُ بالهواء المضغوط pneumatic riveting hammer (Eng.)
~ البَلّاط tile-setter's hammer
~ تَسْطيح planisher, set hammer (Eng.)
~ التَّشكيل بالحِدادة forging hammer
~ تقويم الأنابيب الرصاصيَّة dummy *(n.)* (Build.)
~ تكسير الخامات cobbing hammer
~ تهذيب المصبوبات fettling hammer
~ ثَقْب bully, hammer drill (Eng.)

مِطْرَقة (تابع)
~ ثَقيلة، مِرْزَبَّة، مِهَدَّة — sledge (hammer), maul or mall, slam
~ جَلْفَطة — caulking hammer (Eng.)
~ الحَجّار: لِتَشْذيب الحِجارة — gavel
~ حِدادة — forging hammer (Eng.)
~ الحَفْر — drill hammer (Eng.)
~ خَشَبيَّة، مِيْتَدَة — (wooden) mallet, wooden hammer
~ ~ ثَقيلة — maul (or mall), beetle
~ خَفيفة — tack hammer
~ دَقْدَقة — bumping hammer, rapping mallet (Eng.)
~ دَكّ — pummel, punner (Build.)
~ ذاتُ وَجْهَين — double-faced hammer
~ برأسٍ جِلديّ — rawhide hammer
~ ساقِطة، ~ سَقّاطة — drop hammer, tup (*n.*): tilt(ing) hammer, helve hammer, trip hammer (Eng.)
~ سائليَّة — hydraulic hammer (Eng.)
~ ضَخْمةٌ حَديديَّةُ الرأس — marcus (Build.)
~ قَصيرةُ اليَد — club hammer (Build.)
~ كهربائيَّة — electric hammer (Elec. Eng.)
~ لَدائنيَّة — plastic hammer
~ لَيِّنة — soft hammer (Eng.)
~ مِخلبيَّة — claw-hammer (Carp.)
~ مُفَلْطَحةُ الطَّرَف — face-hammer (Eng.)
~ بِناريجِ عَدْل — straight-pane (pean or peen) hammer (Eng.)
~ ~ (وَجْهٍ) كُرَويّ — ball-pane (pein, pean or peen) hammer (Eng.)
~ ~ مُستَعرِض — cross-pane hammer
~ نَفْخيَّة — pneumatic hammer (Eng.)
~ النَّقّاش — kevel (Build.)
~ نَقْر — pick(ing) hammer
~ هَوائيَّة، ثَقّابة هَوائيَّة يَدَويَّة — jackhammer, air hammer (Eng.)
~ هَيدروليَّة — hydraulic hammer (Eng.)
المَطروح — subtrahend (Maths.)
~ مِنه — minuend (Maths.)
مَطْرُوحات: حُطامٌ مَقذوف — jetsam (Naut.)
مَطْرود — dismissed, expelled, discharged
مَطَرِيّ — pluvial (*adj.*)
مُطَرِّيات، مُستَحضراتُ تجميل — cosmetics
مُطَعَّم، مُبَيَّت، مُرَصَّع — inlaid (*adj.*)
مَطعوم، طُعْم — graft
مُطْفَأ — extinct, extinguished
~ اللَّمْعة، كامِد — matt (or matte), flat, dull
مِطْفَأة، مُطفِئة — extinguisher (*n.*)
~ حَريق — fire extinguisher
~ رَغويَّة — foam extinguisher
~ سائليَّة — liquid extinguisher
مُطْفِئ اللَّمْعة — flatting agent (Paint.)
مُطفِئةُ حرائق (مُتنقِّلة غالبًا) — fire engine
مُطَفِّر: مُسَبِّبُ الطَّفْر الوِراثيّ — mutagen (Gen.)
مَطَلَ، مَطَّ — extend, stretch, draw out
~ (بالتطريق) — forge, hammer (*v.*)
مَطْلٌ على البارد — cold stretch (Eng.)
مَطَلّ: مَوقِعٌ مُشْرِف — vantage, coign of vantage, lookout
~ بَحْريّ أو مائيّ — waterfront (*n.*)
مَطْلَب: شيءٌ مَطلوب — requirement, quest (*n.*)
~: طَلَب — request, demand, claim
مَطْلَع، صُعود — ascension (*n.*) (Astron.)
~، بِداية — start, beginning, onset
~ الفَجْر — break of day
~ مُسْتَقيم — right ascension (Astron.)
مُطْلَق — absolute; unconditional, unlimited; arbitrary
~، حُرّ — free
مُطْلِق، مُفَرِّغ، مُصَرِّف — discharger (Eng.)
~ للطاقة — exergonic (Biol., Chem.)
مُطْلِقة: أداةُ إعتاقٍ أو فصْل — tripper (Eng.)
~ صَواريخ — rocket launcher (Mil.)
مِطْلَم، مِطْلَمة — roll, roller
مِطْلَمة، مُدَلْفِنة — roller mill, rolling mill, planisher (Eng.)
~ ألواح — slabbing mill (Eng.)
~ انعكاسيَّةُ الحركة — reversing mill
~ تَسْطيح — flatting mill (Eng.)
~ قُضبان — rod mill (Eng.)
مَطْليٌّ كهربائيًّا — electroplated (Elec. Eng.)
~ بالمِيناء — enamelled
~ بالنحاس — copper-plated (*adj.*)
مِطمار، فادِن — plumb line (Surv.)
مَطمورة: لِتخزين العَلَف الأخضر — silo
مُطَهِّر، مُبيدٌ للجراثيم — antiseptic, disinfectant (Med.)
~، مُنظِّف — detergent (Chem.)
مُطَهَّر — disinfected, decontaminated
~، مُعَقَّم — sterilized
مُطَوًّى — folded, complicate, plicate
مِطْواة، سِكِّين جَيب — penknife, clasp knife, pocket knife
مِطْوار: مُتَّجهٌ دوراني يُمثِّل الطور — phasor (Elec. Eng.)
مِطْواع — yielding, compliant
مُطَوَّر — developed
مَطوط: قابلٌ للمَطّ — stretchy, tensile
مَطوطيَّة — tensility
مُطَوَّق، مُحاصَر — besieged
~، مُحاط — surrounded, encircled, ringed
مُطَوِّق، مُحيط — surrounding, encircling
مُطَوَّل — elongated, lengthened, extended
~، مُسْهَب — lengthy, detailed
مَطُول: قابلٌ للمَطْل — ductile (Met., Eng.)
مَطْويّ — folded, plicate
~ إلى الداخِل — involute (Bot., Maths.)
مِطْياف، مِكشافُ الطيف — spectroscope (Phys.)
~ بَصَريّ: لدراسة الأطياف البصريَّة — optical spectrometer (Phys.)
~ بُعاديّ — telespectroscope (Phys.)
~ الرؤية المباشرة (المُستقيمة) — direct-vision spectroscope (Phys.)
~ فوتومتري — spectrophotometer (Phys.)
~ (مِنظارُ طَيف) كُتْليّ — mass spectroscope (Phys.)
~ مِجْساميّ — stereospectroscope (Phys.)
~ مِجْهَريّ — micro-spectroscope
~ مُضَبَّعيّ — grating spectroscope (Phys.)
~ مُصَوِّر: يُصَوِّرُ الأطيافَ فوتوغرافيًّا — spectrograph (Phys.)
~ مِغْنَطيسيّ — magnetic spectrometer
مِطيافيُّ النقاوة: فائقُ النقاوة — specpure (Chem.)
المِطيافيَّة، الدراساتُ الطيفية — spectroscopy (Phys.)
مَطْيَر(ة): مَكانٌ لتربيةِ الطيور — aviary
مَطير، غزيرُ المَطَر — rainy, pluvial, wet (Meteor.)
مِطْيَف: مِقياسُ الطيف — spectrometer (Phys.)

مِطْيَف (تابع)
~ الأشِعَّة السِّينيَّة X-ray spectrometer (Phys.)
~ (مِقياسُ طَيْف) أشِعَّة غاما gamma-ray spectrometer (Phys.)
~ التردُّدات اللاسِلكيَّة radio-frequency spectrometer (Nuc. Eng.)
مَطِيل، مَطُول: قابِلٌ للسَّحْب والمَطْل tractile, ductile (Met.)
مَطِيلِيَّة ductility (Eng.)
مُطَيِّنة: لَوحةُ المُطَيِّن يحملُ عليها الطِّين أو المِلاط hawk (Build.)
مِظْفار: إزميل مُقَعَّر gouge (Carp., Build.)
~ تَجويفٍ مَحْنيُّ الرأس bent gouge
~ حادُّ التقعير quick gouge (Carp.)
~ خارجيُّ الشُّطْبة outside bevel gouge
~ طَرَفيّ: خارجيُّ الشَّطب firmer gouge (Carp.)
~ مُجَلَّخُ الدّاخِل inside gouge
~ وَسَطيُّ التقعير middle gouge (Carp.)
مِظَلَّة، شَمسيَّة umbrella, parasol
~، ~ هُبوط parachute (Aero.)
~ حَطّ drag parachute (Aero.)
~ شَرائطيَّة ribbon parachute (Aero.)
~ كابِحة، ~ كَبْح parabrake, brake parachute (Aero.)
~ مُسَطَّحة: لإسقاط الإمدادات من الجو parasheet (Aero.)
~ هُبوطٍ مِروَحيَّة rotachute (Aero.)
مُظَلَّل shaded
مُظلِم، مُعتِم dark, gloomy, dim
مِظَلِّيّ: جُندي مِظَلّات paratrooper, parachutist (Mil.)
مَظْهَر appearance, aspect
~، مَلامِح complexion, features
~ إبانيّ: يُبيِّن أو يَدُلُّ على manifestation
~ خارجيّ face
~ مَعْلَميّ feature
مُظْهِر: مَحلولُ تظهير developer (Photog.)
~، مُظهِرُ الشيك أو السَّنَد endorser
مُظْهَر: مُجَيَّرٌ إلى مُستفيدٍ آخر endorsed
مِعًى، مِعاء gut, intestine (Zool.)
الـ ~ الإثنا عَشَري، العَفَج duodenum (Zool.)
الـ ~ الأعور، مِمْرَغة c(a)ecum (Zool.)
الـ ~ الصائم jejunum (Zool.)
الـ ~ الغليظ large intestine (Zool.)
الـ ~ اللفائفي ileum (Zool.)
مُعاد: مرضٌ مَعِديّ gastrosis (Med.)
~، مُكَرَّر repeated, replicated (Maths.)
~، مُرجَع restored
~ التشغيل، ~ التشكُّل reworked *(adj.)*
مُعادٍ، عِدائيّ hostile, antagonistic
مُعادِل، مُكافِئ compensator, equalizer, equivalent (Phys.)
~ التعوُّق delay equalizer (Elec. Eng.)
~ التغيُّر في درجة الحرارة temperature compensator (Elec. Eng.)
~ التيّار current equalizer (Elec. Eng.)
~ الخَطّ: يُعوِّضُ التوهين وَ/أو التعوُّق الطوريّ في الخَطّ line equalizer (Elec. Comm.)
~ الطَّور phase equalizer, phase compensator (Elec. Comm.)
~ الفُلْطيَّة voltage equalizer (Elec. Eng.)
~ مُحايِد neutralator = neutral compensator = earth reactor (Elec. Eng.)
مُعادَلات (أنظُر: مُعادَلة) equations (Maths., Chem.), formulae
الـ ~ الآنيَّة simultaneous equations (Maths.)
~ بارامتريّة، ~ وَسيطيَّة parametric equations (Maths.)
~ الحركة equations of motion (Phys.)
الـ ~ الخَطِّيَّة linear equations (Maths.)
~ من الدرجة الثانية second degree equations (Maths.)
~ مُتَجانِسة homogenous equations
~ مُتَكافِئة equivalent equations (Maths.)
~ وَسِيطيَّة parametric equations (Maths.)
مُعادَلة equation (Chem.)
~، مُوازَنة، تَسْوية equalization, balancing
~، تعديل compensation, offsetting
~، صِيغة formula (Chem., Maths.)
~، مُحايَدة neutralization (Chem.)
~ الاحتِكاك friction compensation (Phys.)
~ أُسِّيَّة indicial equation, exponential equation (Maths.)
~ بَسيطة simple equation (Maths.)
~ تَجريبيَّة (أو وَضْعيَّة) empirical equation (Chem.)
~ تَربيعيَّة quadratic equation (Maths.)
~ تفاضُليَّة differential equation (Maths.)
~ تكامُليَّة integral equation (Maths.)
~ تكعيبيَّة cubic equation (Maths.)
~ توافُقيَّة harmonic equation (Maths.)
~ ثُلاثيَّة الحُدود trinomial equation
~ ثُنائية ناقِصة incomplete quadratic
~ جَبْريَّة algebraic equation (Maths.)
~ جُزَيْئيَّة molecular equation (Chem.)
~ خَطِّيَّة linear equation (Maths.)
~ خُماسيَّة: من الدرجة الخامِسة quintic equation (Maths.)
~ من الدرجة الأولى first degree equation (Maths.)
~ ~ ~ الثانية quadratic
~ ~ ~ الرابعة quartic equation
~ ذاتُ حَدَّين binomial equation (Maths.)
~ رُباعيَّة biquadratic (Maths.)
~ رياضيَّة mathematical equation
الـ ~ شِبهُ الوضعيَّة للكُتلة semi-empirical mass formula (Chem.)
الـ ~ الشخصية: خَطأُ العامِلِ الشخصي (الناتج عن خصائص الشخص الفرديَّة) personal equation
~ الطَّور phase equalization, phase compensation (Elec. Eng.)
~ عَدَديَّة: عدديَّةُ المُعامِلات numerical equation (Maths.)
~ الغاز gas equation (Phys.)
~ الكُتلة والطاقة، مُعادَلةُ «آينشْتَين» mass-energy equation (Phys.)
~ كَسْريَّة fractional equation (Maths.)
~ كيماويَّة chemical equation (Chem.)
~ لاخَطِّيَّة (ليست من الدرجة الأولى) non-linear equation (Maths.)
~ مُتعَدِّدةُ الحُدود polynomial equation
~ مُثَلَّثيَّة trigonometric equation (Maths.)
~ مُحَدَّدة: أجزاؤها بعدَدِ مَجاهيلِها determinate equation (Maths.)
~ مُختَلَّة defective equation
~ مُخَفَّضة depressed equation (Maths.)
الـ ~ المَوجيَّة wave equation (Phys.)
~ مَوقعيَّة pedal equation (Maths.)

مُعادَلة (تابع)
~ نَوَوِيَّة: تُبَيِّن التغيُّرات النووية في الذرَّات — nuclear equation (Chem.)
مَعادِن (أُنظر: مَعْدِن) — minerals
~ أساسيَّة: تُقَرِّرُ اسمَ الصَّخر وتصنيفَهُ — essential minerals (Geol.)
~ ثانَوِيَّة — secondary minerals (Mining)
~ السِّليكا — silica minerals (Min.)
~ سِلِيكُوألومينيَّة — salic minerals (Geol.)
~ الطَّفْل — clay minerals (Geol.)
~ مُتآصِرة — related minerals (Min.)
~ مُكَوِّنة لِلصُّخور — rock-forming minerals (Geol.)
~ هالُوجينيَّة — halogen minerals (Min.)
مُعارِض، مُخالِف — adversary, opponent
~، مُعاكِس — contradictory, anti-, back
مُعارَضة — opposition; objection
مَعاش، راتِب — salary, pay
~، مَعاشُ التقاعُد — pension
مُعاصِر، مُتَزامِن — contemporaneous *(adj.)*
~، مُزامِن؛ تِرْب — contemporary *(adj., n.)*
~ لحركةِ نُشوء الجبال — synorogenic *(adj.)* (Geol.)
مُعاق، مُعَوَّق — delayed, impeded, retarded (Phys.)
~ (بعائق أو عَوائق) — obstructed, hindered, hampered
~ (بعاهة جسَديَّة) — handicapped, disabled (Med.)
~ بِرَداءةِ الأحوال الجوِّية — weather-bound
~ بسَبب الضَّباب — fog-bound *(adj.)*
~ بفعل الريح — windbound
مُعاكِس، مُضادّ — adverse, counter, anti-, converse, opposite, contrary, inverse
~، نَقيض: أحد المُتقابِلين قُطريًّا — antipode
مُعالَج — treated (Chem., Med.)
~ (بطريقة صناعية خاصة) — processed
~ بالحامِض — acid-treated *(adj.)*
~ ضِدّ الصدأ — inhibited *(adj.)* (Chem., Elec. Eng.)
مُعالِج، مُداوٍ — therapist (Med.)
~، مُعالِجُ البَيانات — processor (Comp.)
~ أماميّ — front-end processor (Comp.)
~ تابع — satellite processor (Comp.)
~ صُغريّ — microprocessor (Electron.)
~ كَلِمات — word processor (Comp.)
~ مَركزي — central processor (Comp.)
~ مُزدَوج — dual processor
مُعالَجة، مُداوَلة، مُعامَلة، مُناوَلة — handling *(n.)*
~، مُداواة — therapy, treatment (Med.)
~ (بطريقة خاصة) — processing (Eng., Chem., Comp.)
~ (باليد أو بوسائل ميكانيكية) — manipulation
~ أسفلتية لِمَنع الانزلاق — asphaltic non-skid treatment (Eng.)
الـ ~ بالأشعة السِّينيَّة — X-ray therapy (Med.)
الـ ~ الإلكترونيَّة للمُعطَيات — electronic data processing (Comp.)
~ أمراضِ القَدَم — chiropody (Med.)
~ بالأوزون — ozonation (Chem.)
الـ ~ بالبَرْد، إرباع — vernalization (Agric.)
الـ ~ البُعاديَّة — teleprocessing (Comp.)
~ البَيانات — data processing (Comp.)
~ تبريدية (أو بالتبريد) — cold treatment
~ تحضيرية (مُسْبَقة) — pretreatment, preliminary treatment
~ ثانَويَّة — secondary treatment
~ (أو مُعامَلة) ثانية — retreatment *(n.)*
~ حَراريَّة — heat treatment, thermal treatment (Eng.)
~ (الخَشَب) بالكريوسوت — creosoting
~ دُفعيَّة — batch processing (Comp.)
~ الزيت الخام — crude oil processing
~ شُعاعية، ~ بالأشعة — radiotherapy (Med.), irradiation (Phys.)
~ ضِدَّ الصدأ (أو ضِدّ تَفاعُلٍ غير مرغوب فيه) — inhibition (Chem.)
الـ ~ الطبيعيَّة — physiotherapy (Med.)
~ بالطين أو بالطَّفْل — clay treatment
~ غَرَوِيَّة — sizing *(n.)* (Chem.)
~ بغَسول قِلْويّ — lye treating (Chem.)
~ فيزيائية — physiotherapy (Med.)
~ قِلْويَّة — alkali treatment (Chem.)
~ كروميَّة: لتغيير الخواص السطحية للفِلِز — chromate treatment (Eng.)
~ كهروكيماويَّة — electrochemical treatment (Chem., Phys.)
~ كيماوية — chemical treatment (Chem.)
الـ ~ الكيميائية — chemotherapy (Med.)
~ لاحِقة — after-treatment
~ بالماء — hydrotherapy (Med.)
~ مُتعَدِّدة — multiprocessing (Comp.)
~ مُتوازية — parallel processing (Comp.)
الـ ~ المِثليَّة — hom(e)opathy (Med.)
~ مَشرِفيَّة — threshold treatment (Chem.)
~ مُعادَة (للوقود المُستعمل) — reprocessing *(n.)* (Nuc. Eng.)
~ المَعْلومات — information processing (Comp.)
~ مُفرِطة — over-treatment (Chem.)
~ لِمَنع الانزلاق — anti-skid treatment
~ لِمَنع النَّش — damp-proofing (Build.)
~ مُنفَصِلة: بِنَبائطَ لا تخضعُ لِتحكُّم المعالج المركزي — off-line processing
~ مُؤجَّلة — deferred processing (Comp.)
~ ناقِصة — undertreatment (Chem.)
~ النُّصوص — text processing (Comp.)
الـ ~ النَّفسيَّة — psychotherapy (Med.)
~ (أو تَكْريرُ) النِّفْط — petroleum processing
مَعالِم (أُنظر: مَعْلَم) — features, landmarks
~ السطح، تَضاريس — surface features (Geol., Geog.)
~ طوبوغرافية — topographical landmarks (Geog.)
~ العَوائق — obstruction markers (Aero.)
مُعامِد، عَموديّ — perpendicular (Maths.)
~، مُتَعامِد — orthogonal (Maths.)
مُعامَدة — orthogonalization (Maths.)
مُعامَل، مُحتَسَب: ما تُجرى عليه أو به عمليةٌ رياضيَّة — operand (Maths., Comp.)
مُعامِل، عامِل — factor (Maths.)
~، عامِلٌ نِسبيّ — coefficient (Maths., Phys.)
~ (عِياريّ) — modulus (Eng.)
~ الإجهاد: نِسبةُ الإجهاد إلى الانفعال — stress modulus (Mech.)
~ الاحتِكاك — coefficient of friction (Phys.)
~ ~ الاستاتي: ~ الحدِّي قبل بدء الانزلاق — static friction (Phys.)

مُعامِل (تابع)

~ ~ الانزلاقيّ coefficient of sliding friction (Mech.)

~ ~ الحَرَكيّ: بعد بدءِ الانزلاق coefficient of kinetic (or dynamic) friction (Phys.)

~ الأداء coefficient of performance (Eng.)

~ الارتِباط correlation coefficient (Maths.)

~ الارتِداد، ~ الانكِفاء coefficient of regression (Maths.)

~ ~ (بعدَ التصادُم) coefficient of restitution (Mech.)

~ الاستِثمار investment coefficient

~ الاضمحلال decay coefficient, decay factor (Phys.)

~ الالتِواء modulus of torsion, torsion coefficient (Mech.)

~ الأمان factor of safety (Eng.)

~ الامتِداد extension coefficient (Mech.)

~ الامتِصاص coefficient of absorption (Phys., Illum.)

~ ~ الكُلّي total absorption coefficient (Phys.)

~ الإمراق، نسبة الانفاذية transmittance (Phys.)

~ الانتِشار diffusion coefficient (Phys., Chem.), propagation coefficient (Light)

~ الانتِفاع coefficient of utility (or utilization) (Illum.)

~ الانتِقائيّة selectance (Radio)

~ الانحِلال (أو الاضمحلال) decay coefficient (Phys.)

~ الإندِثار extinction coefficient (Chem.)

~ الانضِغاط، ~ الانضغاطية modulus of compression, compressibility factor (Phys.)

~ الانعِكاس reflection coefficient, reflectance (Phys., Illum.)

~ الإنفاذ، إمراقيّة: احتمالُ إنفاذية النواة لجسم يصدمُها transmission coefficient, transmissivity (Phys.)

~ الإنفاذيّة (الغِشائية) permeability coefficient (Phys., Chem.)

~ الانفِعال coefficient of strain (Mech.)

~ الانكِسار refractive index = index of refraction (Phys.)

~ الانكِماش coefficient of contraction, shrink(age) factor (Phys.)

~ التأيُّن ionization coefficient (Chem.)

~ التحويل conversion factor (Maths.)

~ التَّخفيض reduction coefficient (Eng.)

~ التخَلُّف (المغنطيسي) hysteresis coefficient, Steinmetz coefficient (Phys.)

~ التَّدريج grading coefficient

~ الترابُط correlation coefficient (Maths.)

~ التسَرُّب leakage coefficient or factor (Elec. Eng.)

~ التشَبُّع saturation coefficient

~ التشَتُّت: عامل التسَرُّب في موتور حَثّي dispersion coefficient (Elec. Eng.)

~ التشَوُّه اللاخَطّي klirrfaktor, non-linear distortion coefficient (Elec. Comm.)

~ التصريف discharge coefficient (Hyd., Phys.)

~ التضاؤل، عامِلُ المُضاءَلة damping coefficient (or factor) (Phys.)

~ التَّضخيم amplification coefficient

~ التغايُر coefficient of variation (Maths.)

~ تغيُّر الحجم bulk modulus (Eng.)

~ ~ الطَّور phase change coefficient (Phys.)

~ تَفاضُلي: دالَّة مُشتَقَّة differential coefficient (Maths.)

~ التفريق partition coefficient (Chem.)

~ التقارُن coupling coefficient (Radio)

~ التقَبُّض أو الانقباض coefficient of constriction, shrinking coefficient

~ التقَلُّص contraction coefficient (Phys.)

~ التمَدُّد coefficient of expansion (Phys.)

~ ~ الحراري thermal expansion coefficient (Phys.)

~ ~ الحجمي coefficient of cubical expansion (Phys.)

~ ~ الطولي coefficient of linear expansion = linear expansivity (Phys.)

~ ~ الظاهري apparent coefficient of expansion (Phys.)

~ التمَزُّق coefficient of rupture (Eng.)

~ التمييز discrimination index (Phys.)

~ التوتُّر السطحي coefficient of surface tension (Phys.)

~ التوصيل الحراري coefficient of thermal conductivity (Phys.)

~ التوهين attenuation coefficient (Phys.)

~ ~ الترافُقي conjugate attenuation coefficient

~ الجُسوءة modulus of rigidity (Eng.), coefficient of rigidity (Mech.)

~ الحَثّ coefficient of inductance (Elec. Eng.)

~ ~ التبادُلي coefficient of mutual induction (Elec. Eng.)

~ ~ الذاتيّ coefficient of self-induction (Elec. Eng.)

~ حجميّ cubic coefficient

~ حَراريّ thermal coefficient (Phys.)

~ ~ مُوجِب positive temperature coefficient (Phys.)

~ حَرْفيّ literal coefficient (Maths.)

~ الحَمْل convection coefficient (Phys.)

~ الحُمولة load factor (Aero., Eng.)

~ الخَرْج output coefficient (Elec. Eng.)

~ الخُشونة roughness coefficient

~ الخطأ error coefficient

~ دَرجة الحرارة السالب negative temperature coefficient (Elec.)

~ الرَّجوعيَّة: ~ الارتداد إلى وضع سابق coefficient of restitution (Phys.)

الـ ~ السطحي surface coefficient (Phys.)

~ طُوليّ linear coefficient (Phys., Maths.)

~ عَدَديّ numerical coefficient

~ عَودة الاتحاد (أو الالتئام) recombination coefficient (Chem.)

~ الفاعلية activity coefficient

~ الفِعل المُتَبادَل interaction factor

~ الفَقْد loss coefficient (Eng.)

~ الفلطية voltage coefficient (Elec. Eng.)

~ قُدرة power factor (Phys.)

~ القَصّ shear modulus, modulus of shear (Eng.)

مُعامِل (تابع)

~ الكِفاية coefficient of efficiency (Eng.)

~ اللاانضِغاطيَّة incompressibility modulus (Mech.)

~ اللُّزوجة viscosity coefficient (Phys.)

~ اللّي coefficient of torsion (Mech.)

~ المُرونة elastic modulus, coefficient of elasticity (Mech.)

~ ~ الحَجميَّة bulk modulus of elasticity, volumetric modulus (Mech.)

~ ~ القَصِّيَّة coefficient of shear elasticity (Phys.)

~ المَطّ stretch modulus (Mech.)

~ مُطلَق absolute coefficient (Maths.)

~ المُقاوَمة resistance coefficient

~ ~ الحراري temperature coefficient of resistance (Phys.)

~ مُقاوَمة الهواء drag coefficient (Aero.)

~ المَقْطَع section modulus (Eng.)

~ المُوَصِّليَّة coefficient of conductivity (Phys.)

~ نِسبيّ relative coefficient (Phys.)

~ النَّفاذية permeability coefficient

~ الوَزْن: نِسبةُ وزنِ المكَنة الكهربائية إلى قُدرتها weight coefficient (Elec. Eng.)

~ «يَنْغ»: نِسبةُ الإجهاد إلى الانفعال المُرونيّ Young's modulus (Mech.)

مُعامِلات مُنفَصِلة detached coefficients (Maths.)

مُعامَلة، مُعالَجة treatment *(n.)*

~: صَفقة بَيع أو شِراء transaction

~ أنوديَّة anodic treatment, anodizing (Chem.)

~ تَفْضيلية preferential treatment

~ (أو مُعالَجة) حاسوبيَّة processing

~ حراريَّة heat (or thermal) treatment

~ خَشِنة أو سَيِّئة maltreatment *(n.)*

الـ ~ بالمِثل reciprocity

مُعانٌ بالحاسوب: مُنجزٌ بمُعاونة الحاسوب computer-aided (or assisted) *(adj.)*

مُعاناة، مُكابدَة undergoing, suffering, experiencing

مُعاهَدة treaty

مُعاوِد، راجِع recurrent, recursive (Zool.); relapsing (Med.)

~ الإزهار (كالورد المستمر الإزهار) remontant (Bot.)

مُعاوَدة، تكَرُّر دَوريّ recurrence, recursion *(n.)* (Phys.)

مُعاوضة، تعويض compensation

مُعاوِق: جُزءُ الدارةِ المُشتمِلُ على مُعاوَقة impedor (Elec. Eng.)

مُعاوَقة: مُجمَلُ مُقاوَمةِ الدارة أو الجهازِ لِسَرَيان التيّار المُتَناوِب impedance (Elec. Eng.)

~ أُحاديةُ الاتجاه: تُنفِذُ القُدْرةَ في اتجاهٍ واحدٍ فقط (كالصمام الثرميوني) unilateral impedance (Phys.)

~ أرضيَّة earth impedance (Elec. Comm.)

~ الإشعاع radiation impedance (Phys.)

~ إطاريَّة loop impedance (Elec. Eng.)

الـ ~ الانتقالية transfer impedance

~ تَبادُليَّة mutual impedance (Elec. Eng.)

~ تحكُّميَّة: خاصيَّةُ ضَبطِ القُدرة في اتجاهٍ واحدٍ فقط control impedance (Phys.)

~ تَزامُنيَّة synchronous impedance (Elec. Eng.)

~ تكراريَّة iterative impedance (Phys.)

~ تمَوُّريَّة surge impedance (Elec. Comm.)

~ ثُنائيَّةُ الاتجاه: تُنفِذُ القُدرةَ في كِلا الاتجاهَين bilateral impedance (Elec. Eng.)

~ ~ الطَّرَف two-terminal impedance (Elec. Comm.)

~ حُرَّة free impedance (Phys.)

~ الحركةِ الحُرَّة free motional impedance (Phys.)

~ حَرَكيَّة motional impedance

~ الحِمْل load impedance (Elec. Eng.)

~ الخَرْج output impedance (Elec. Eng.)

~ الخَطّ line impedance (Elec. Comm.)

~ داخِليَّة internal impedance (Electron.)

~ دارة الشبكة grid-circuit impedance (Elec. Eng.)

~ ~ القِصَر short-circuit impedance

~ الدارةِ المَفتوحة: مُعاوَقةُ الدَّخْلِ عند فَتْحِ الدارة open-circuit impedance (Elec. Eng.)

~ الدَّخْل input impedance (Elec. Eng.)

~ الدليل المَوجيّ waveguide impedance (Phys.)

~ ذاتيَّة self-impedance, intrinsic impedance (Elec. Eng.)

~ الشبَكة grid impedance (Electron.)

الـ ~ الصَّوتيَّة acoustic impedance

~ الصُّورة image impedance (Phys.)

~ طَرَفيَّة terminal impedance (Elec. Eng.)

الـ ~ عندَ نُقطةِ الحَفْز driving point impedance (Elec. Eng.)

~ اللَّوح plate impedance (Elec. Eng.)

~ مُجَمَّعة lumped impedance (Electron.)

~ المَسْرَى electrode impedance

~ المَصْدَر source impedance (Elec. Eng.)

~ مُضاءَلة damped impedance

~ مُقَيَّدة blocked impedance (Phys.)

~ مُمَيِّزة characteristic impedance (Elec. Comm.)

~ مُواءَمة matched impedance

~ مُوازِنة balancing impedance

~ مُوائِمة matching impedance

الـ ~ المَوجيَّة wave impedance (Elec. Eng.)

~ ميكانيكية mechanical impedance

~ وَحدةِ المِساحة unit area impedance

مُعاوَقتان مُترافِقتان: مُتَساوِيَتا المقاوَمة ومُتَضادَّتا المُفاعَلة المتساوية conjugate impedance (Phys.)

مُعاوِن، مُساعِد assistant, auxiliary, helper, aid, ancillary *(adj., n.)*

مُعايَر، مُدَرَّج calibrated

~، عِياريّ، مُوَحَّدُ القياس standardized

~: مُحَدَّدُ القياس gauged *(adj.)*

~: مُضَبَّط المِعيار proved *(adj.)*

مُعايِر، قَيّاس، مُقَدِّر gauger *(n.)*

~، مُدَرِّج calibrator

~ (أو مِعيار) تحويلِ الوحَدات modulus (Eng.)

~ التسديد (أو التصويب) sight gauge

~ الحَجْم bulk modulus (Mech.)

~ الدِّقَّة fineness modulus (Civ. Eng.)

~ صِماميّ valve gauge (Eng.)

~ العَدّادات meter prover (Eng.)

~ فاعِليَّة المكَنة modulus of machine

~ بِمحبَسٍ كُرَويّ ball-cock gauge (Eng.)

مُعايِرَة gauge (Eng.)
~ الثَّقْب drill(ing) jig (Eng.)
~ الزوايا angle gauge (Build.)
~ زوايا الميل clinometer (Surv.)
مُعايَرة، تَدْريج، تَعْيير calibration (Phys., Elec. Eng.)
~: تحديدُ العيار proving; assaying
~: ضَبْط adjusting
~، تقييس standardization
~ (بالتحليل الحَجْميّ) titration (Chem.)
الـ ~ التفاضليَّة differential titration
~ التوقيت، ضَبْطُ الوقت time-setting
~ حَدِّيَّة: لِظُروف التشغيل rating (Eng.)
~ الخام (النفطي) crude assay (Pet. Eng.)
~ الضغط pressure adjustment (Eng.)
~ بالكُرَيّات ball sizing (Eng.)
الـ ~ المِحراريَّة thermometric titrimetry (Chem.)
~ مِفْرقيَّه، ~ بقياس الجُهد potentiometric titration (Chem.)
~ ناقِصة undertitration (Chem.)
مُعايِش، ~ تبادُلي المنفعة symbiont (Biol.)
~، ~ لاإضراري commensal (Biol.)
معايَشة، تَعايُش coexistence
~، تَعايُشٌ لاإضراري (يفيد أحد المُتعايشين) commensalism (Biol.)
~ تكافلية: لفائدة المُتَعايشين كليهما symbiosis, mutualism (Biol.)
مُعايِن، ناظِر viewer, onlooker
~، مُستَطلِع surveyor
مُعاينة inspection, surveying, examination
مَعايير standards, criteria, norms (أُنظر: مِعيار)
~ القَبُول acceptance criteria
مُعَبَّأ filled, packed
~، مَحْشُوّ loaded, charged
~ في رِزَم أو طُرود packaged
~ في قوارير (أو أُسطوانات) bottled
مِعْبار، مِزواةُ العُبور transit theodolite (Astron.)
مُعَبَّد، مَرصوفٌ بالحصباء paved, macadamized (Civ. Eng.)
مَعْبَر: مَكان مُهَيَّأ للعُبور crossing, crossing point, crossover

~، طريقٌ (مُرتفِعة عَبْرَ سَبْخةٍ أو مَضْحَل) causeway (Civ. Eng.)
~ أرضيّ (قديم) land bridge (Geol.)
~ تَلامٌ سِكَكيّ gauntlet (Railways)
~ خَشَبيّ مُدَرَّجٌ بالألواح gangway (Build.)
~ خُطوطٍ حَديديَّة railway crossing (Railways)
~ ضَحْل، مَخاضة ford
~ عُلْويّ لِلمُشاة pedestrian overpass
~ فوقيّ، مَمَرٌّ عُلْويّ fly-over, overpass (Civ. Eng.)
~ مُدَرَّج: معبرٌ لوحيٌّ مؤقت gang board(ing), gangway (Build.)
~ مُشاة pedestrian crossing (Civ. Eng.)
~ المَواشي: تحتَ جِسْرٍ أو سِكَّة stock pass
مِعْبَرة، مُعَدِّية ferry, ferryboat
~ السفينة، (قَزَق) boat slip (Naut.)
مُعْبِل، مُعْبِلة: نَباتٌ تَسقُط أوراقُه مَوسِميًّا deciduous, caducous (Bot.)
مُعَبِّئة filler
~ العُبوّات batcher
~ القَوارير bottler
مُعتاد habitual, usual
مُعتاش بالهواء، حَيَهوائي aerobic (Biol.)
المِعْتام، مُخْفِتُ الأنوار dimmer (Cinema)
مُعتبَر considerable, significant
مُعتدٍ aggressor, aggressive
مُعتَدِل moderate, temperate (Geog.)
مُعتَرِش، عارِشة scandent, climbing, climber (Bot.)
مُعترِض، مُمانِع objector
~، مُعترِضة intercepter = interceptor (Aero.)
~، عَرْضيّ: يتحرَّك جانبيًّا أو عَرْضًا traverse (Eng.)
مُعتَرِضة: عارِضة traverse, cross-piece, cross-member (Eng.)
~ جِسْريَّة bridge traverse (Eng.)
~ الهواء، عارضةُ (احتجاز) الهواء air baffle (Eng.)
مُعتَرَفٌ (أو مُقَرٌّ) به confessed
~ به: مَقبولٌ أو مُسَلَّمٌ بِصِحَّتِه أو مُصَدَّقٌ عليه accepted, approved, acknowledged

مُعْتَصَمُ المُشاة (وَسَطَ الشارع) refuge, safety island (Civ. Eng.)
مُعْتِق release, tripper (Photog., Elec. Eng.)
~ الدارة عندَ تجاوزِ الحِمْل overload release = overload trip (Elec. Eng.)
~ ~ ~ ~ القُلْطيَّة overvoltage release (Elec. Eng.)
~ الرِّتاج bolt release (Eng.)
~ زِناديّ trigger release (Photog.)
~ الغَلَق shutter release (Photog.)
~ كَبْليّ: لالتِقاط الصُّوَر بالضغط عن بُعد cable release (Photog.)
مُعَتَّق aged
مُعتِقة، أداةُ إعتاق أو فَصْل tripper (Eng.)
مُعْتَلّ، مَريض sick, ill, ailing
~، به عِلَّةٌ أو خَلَل imperfect, unsound, defective
مُعْتِم، قاتِم dusky, murky, caliginous
~: غيرُ مُنفِذ، كامِدٌ opaque (Phys.)
~، مُظلِم dark, tenebrous
مُعْتَمَد، مَوثوقٌ أو مُعترَفٌ به accredited, certified, approved
~، مُتَّبَع adopted, customarily used (or employed)
مُعتَمِدٌ (على) dependent (on), reliant (on), counting (on)
مَعتوه mad, idiot
مُعَثْكَلة pancreas (Zool.)
مِعجال، بَكور early, precocious (Biol.)
مُعْجِزة miracle
مُعَجِّل، مُسَرِّع، مُسارِع accelerator (Mech.)
~ الاشتِعال ignition accelerator (Eng.)
~ التَّصليد، مُصَلِّد hardener (Chem.)
~ التفاعُل catalyst, catalytic agent (Chem.)
~ بالحَثّ، مُسارِعٌ تحريضي، بيتاترون induction accelerator = betatron (Phys.)
~ خَطِّي linear accelerator (Phys.)
~ مُتصالِبُ المجالات crossed-field accelerator (Phys.)
مُعْجَم، قاموس dictionary, lexicon
~ البيانات: فهرسُ المُحتويات في قاعدة البيانات data dictionary (Comp.)
مِعْجَن kneading trough
مَعْجون، مَعْجونة paste, putty (Build.)
~ أسفلتي asphalt putty (Build.)

~ زيتي — oil putty (Build.)
~ سَنفرة، ~ سَحج — grinding paste, emery paste (Eng.)
~ لاصِق — adhesive paste
مَعجونةُ الخَزف، مَعجونة — pâte
مُعَدّ، جاهِز — prepared, ready
~، مُدَبَّر، مُتعَمَّد — deliberate
مُعْدٍ — infectious = infective, contagious (Med.)
مِعَدّ، عَدّاد — counter, meter (Eng.)
مُعَدّات، تجهيزات — equipment, outfit, gear (Mech.), hardware (Electron.)
~ تنظيم الجداوِل — tab equipment
~ الحَفْر — rig (Civ. Eng.)
~ ~ الدوراني — rotary (drilling) rig (Pet. Eng.)
~ ~ الزاويّ — angular drilling equipment (Mining)
الـ ~ الدَّارِجة — rolling stock (Railways)
~ الرَّفع (مِن حِبال وبَكَرات) — lifting tackle, lifting gear (Eng.)
~ سَطْحيَّة — surface equipment
~ الضَّخ — pumping equipment (Eng.)
~ عُلْويَّة — overhead gear (Eng.)
~ كهربائيَّة — electrical equipment
~ مُخْتَبَريَّة — laboratory equipment
~ مِدْفَعيَّة، ~ حَربيَّة، عَتاد — ordnance (Mil.)
~ مُكافَحة الحَريق — fire-fighting equipment
~ نَزُوعة — detachable equipment (Eng.)
مِعْداد — abacus (Maths.)
~، عَدّاد — scaler (Phys.)
~ ضِعْفيّ — binary scaler (Phys.)
~ ياباني — soroban (Maths.)
مَعِدة — stomach (Zool.)
مُعَدِّل، مُعادِل، مُعَوِّض — compensator (Phys., Photog.)
~، مُغَيِّر، مُحَوِّر — modifier
~، مُضَبِّط — adjuster, regulator (Electron.)
~، مُلَطِّف — moderant (Nuc. Eng.)
~، مُكَثِّف ضَبْطٍ سَعَويّ — paddler (Elec. Eng.)
~ تَرَدُّد المُرسِل — keyer (Elec. Comm.)
~ الجُهد — voltage compensator
~ الطور — phase modifier (Elec. Eng.)
~ طورٍ تزامُني — synchronous phase modifier (Elec. Eng.)
~ المِكْبَح — brake adjuster (Eng.)
مُعَدَّل، مُتَوسِّط — average, mean (Stat.)
~: مَنْسوب مِعياريّ — norm (*n.*) (Stat.)
~: مُستَوًى نِسبيّ — rate
~: مُحَوَّر لِيُصبح أكثر ملاءَمةً — modified, adjusted, amended (*adj.*)
~ الاحتراق — burning rate, combustion rate (Eng.)
~ الإرسال — transmission rate (Comp.)
~ الاستِنفاد — rate of exhaustion
~ استِهلاك الوَقود — rate of fuel consumption (Eng.)
~ الاستيعاب — uptake rate (Phys.)
~ الإشعاع — radiation rate (Phys.)
~ الإلتفاف، ~ الانفِتال — slew rate
~ الإنتاج — production rate, ouptut rate, throughput (Eng.)
~ ~ اليَومي — daily average production
~ الانحراف — average deviation (Phys.)
~ الانحلال — decay rate (Phys.)
~ الانسياب — flow rate
~ الانعِراج — rate of yaw (Aero.)
~ الأيض الأساسيّ — basal metabolic rate (Med.)
~ تَبَدُّد الطاقة الصوتيَّة — acoustic energy dissipation rate (Acous.)
~ التبريد الحرج: للفولاذ بعد المعالجة الحرارية — critical cooling rate (Eng.)
~ التَّحميل — rate of loading (Eng.)
~ التَّرَسُّب — rate of deposition (Elec. Eng.)
~ التشغيل، ~ الإنتاجيَّة — throughput
~ التَّضمين — modulation rate (Elec. Comm.)
~ التغيُّر — rate of change (Phys., Maths.)
~ تغَيُّر التَّسارُع — jerk (*n.*)
~ التفريغ (للبطارية مثلًا) — discharge rate (Elec. Eng.)
~ التفكُّك — disintegration rate (Chem., Phys.)
~ التكرار — repetition rate (Teleph.)
~ التناقُص الأدياباتي (في درجة حرارة الهواء الصاعِد) — adiabatic lapse rate (Meteor.)
~ الحركة — speed (Phys.)
~ الخَرْج، ~ الإنتاج — average output (Eng.)
~ الخطأ — average error, mean error
~ الدَّخل السنويّ — average annual income
~ الدَّفْق (أو التدَفُّق أو السرَيان) — rate of flow, flow rate (Hyd.)
~ الدَّفق الحَجميّ — volume flow rate (Hyd.)
~ ~ الداخِل — rate of inflow
الـ ~ الزَّمَنيّ — time-rate
الـ ~ السّاعيّ — hourly average
~ السَّحْب — withdrawal rate
~ السرعة — average velocity, average speed (Phys.)
الـ ~ السَّنويّ — rate per annum
الـ ~ السَّوِيّ — normal (*n.*) (Chem.)
~ الشَّحن — charging rate (Elec. Eng.)
~ الصَّرْف أو التصريف — discharge rate (Eng.)
~ الضَّغط — average pressure (Phys.)
~ الطَّلب — demand rate (Elec. Eng.)
الـ ~ العامّ، المتوَسِّطُ العام — general average
~ العُطْل: المعدّل المئوي للتعطل في ١٠٠٠ ساعة من مُتاحية العمل كمقياس لِلْعِوَل — fault rate, reliability (Eng.)
~ العُطوف — rate of roll (Aero.)
~ الفائِدة — interest rate
~ المواليد — birth rate = natality (Ecol.)
~ المَيْل (عن الوضع العمودي) — average hade (Geol.)
الـ ~ المِئَويّ — rate percent
~ النُّمو — growth rate
~ الهُبوطِ الأدياباتيّ الجافّ — dry adiabatic lapse rate (Meteor.)
~ هُبوطِ درجةِ الحَرارة (بالارتفاع عن سطح الأرض) — temperature lapse rate (Meteor.)
~ وَسَطيّ — average rate
~ (نِسبةِ) الوَفَيات — death rate = mortality (Ecol.)
مُعَدِّلةُ المجال، رِيوستات المَجال: مُقاوَمةٌ مُتغَيِّرة لتنظيم المَجال — field rheostat = field regulator (Elec. Eng.)

مَعْدَنَ، فَلْزَنَ: طَلَى أو أشْرَبَ بمعدنٍ فِلِزّيّ — metallize (*v.*) (Chem.)
~، تمَعْدَنَ — mineralize (Geol.)
مَعْدِن: مادّة طَبيعيّة مُحدَّدة التركيب الكيماويّ (صُلبة أو سائلة أو غازيّة) — mineral (*n.*) (Min.)
الـ ~ الأبيض: سَبيكةٌ مُضادّة للاحتكاك أساسُها القصدير — white metal (Met.)
الـ ~ الأُمّ: المُرادُ لِحامُه — parent metal
~ «بابت»: أشابةُ المَحامِل — Babbitt's metal (Eng.)
~ ثانَويّ — minor mineral (Mining)
~ حُروفِ الطباعة — type metal (Met.)
~ خام، رِكاز — ore (Chem.)
~ خَفِيّ التَبلُّور — cryptocrystalline mineral (Min.)
~ دَليلي — guide mineral (Mining)
~ فِلِزّي، فِلِزّ — metal (Chem.)
~ ~ خام: غيرُ مُهذَّب — crude metal
~ ~ مُرَسَّب — deposited metal (Met.)
~ كِبْريتيديّ لَمّاع — glance (Min.)
~ لأْم، ~ لِحام — brazing metal (Eng.)
~ لِيفيّ — fibrous mineral (Min.)
~ مُتدرِّك: مُنْهارُ البِنيةِ البِلّوريّة بتعرُّضه للإشعاع الطبيعيّ — metamict (mineral) (Min.)
~ مُرَسَّب — deposited metal (Met.)
~ مُستَخفٍ (يظهَرُ بالتّحليلِ الكيماويّ فقط) — occult mineral (Geol.)
~ مُغَلَّف: بصفائح رقيقة لإكسابه خصائص معيّنة — clad metal (Eng.)
~ مُقاوِمٌ للاحتِكاك، المعدنُ الأبيض — antifriction metal, white metal (Eng.)
~ «مُونِل»: أشابةٌ نيكليّةُ القاعِدة — Monel metal (Met.)
مُعَدِّن — miner (Mining)
مُعَدَّن — mined (Mining)
مَعْدَنة، تمعدُن: حُلول المعادِن في النسيج الصخريّ أو العُضويّ — mineralization (Geol., Bot.)
~ فِلِزّية: طَلْيٌ أو إشرابٌ بالمعدن، تمَعْدُن — metallization (Chem.)
الـ ~ الكهربائية — electrometallization
مَعْدِنيّ — mineral (Min.)
~ فِلِزّيّ — metallic (Chem.)

مَعدنيّات، عِلم المعادن — mineralogy
مَعْدود، مَحْسوب — counted, calculated, reckoned
مَعدوداتٌ كاذِبة: سَبَبُها التسرُّب وقُصور داراتِ الإخماد الخارجيّة — spurious counts (Nuc. Eng.)
مَعْدوك: مُغَلَّظٌ ومُزَغَّبٌ كاللباد — felted, fulled, milled
مَعدوم، غيرُ مَوجود — non-existent, lacking
مَعِديّ — gastric, stomachic (Zool.)
المَعِديّات: بطنيات الأقدام — Gastropoda (Zool.)
مُعَدِّية — ferry, ferryboat
مُعَرًّى، عارٍ — naked, bare, nude
~، مُجَرَّد — denuded, stripped, bared
~ بِحَتِّ الرِّياح — wind-worn (Geol.)
مُعَرِّشة، عارشة — climber (Bot.)
مَعْرِض — exposition, show, exhibit(ion)
مُعَرَّض، مَكشوف — exposed
مُعَرِّف: رَمْزٌ أو رُموز مُعَرِّفة — identifier (Comp.)
مَعْرِفة — learning, knowledge, know-how
~، تعَرُّف — recognition, cognition
~ عمليّة — working knowledge, expertise, know-how
مُعَرَّق، مُجَزَّع — veined, marbled
مُعَرِّق: مُسَبِّبُ العرَق — sudorific, diaphoretic (Med.)
مُعَرْقِل — hindering, impeding, hampering
مَعركة — battle (Mil.)
مُعَرِّيةُ الأسلاك (المَعزولة) — stripper, wire stripper (Elec. Eng.)
مُعَزَّز — boosted, augmented, enhanced, reinforced
مُعَزِّز، مُقَوٍّ — booster, augmenter; intensifier (Eng.)
~ البطارية — battery booster (Elec. Eng.)
~ التَرَغّي — suds booster (Chem. Eng.)
~ تَزامُني — synchronous booster (Elec. Eng.)
~ التلاصُق — adhesion promotor (Chem.)
~ سَلْبيّ — negative booster (Elec. Eng.)
~ (ضَغطِ) الغاز — gas booster (Eng.)
~ الفَراغ — vacuum augmenter, vacuum booster (Eng.)
~ الوَسيط، ~ الحافِز — promoter (Chem.)

مِعْزَقة، مِعْوَل، مِنكاش، فأس — hoe, hack
~ لاستِئصال الجُذور — grub axe (Agric.)
مَعْزول — insulated (Eng.)
~ بالأسبَسْتُوس — asbestos-insulated
~ بالزيت — oil-insulated (Elec. Eng.)
~ بكامِلِه — all-insulated (Elec. Eng.)
مُعْسِر: عاجزٌ عن الدفع — insolvent
مُعَسْكَر — camp, encampment
مَعْشَبة: مجموعة نَموذجية من الأعشاب المُجَفَّفة أو مكانُ حِفْظِها — herbarium (Bot.)
مُعَشَّر الزوايا (أو الأضلاع) — decagon
~ السُّطوح — decahedron (Maths.)
مُعَشَّق، مُتَشابِك — interlocked, meshed (Eng.)
~ التروس — geared, in gear (Eng.)
~ غِنْفاريًّا — dovetailed (Carp.)
مَعَص، تشنُّجُ العَضَل — cramp (Med.)
مِعْصَرة — press, wringer; squeezer (Eng.)
~ (بالضغط بينَ أُسطوانتَيْن دوّارتين) — mangle
~ الزيت، مِكبَسٌ زيتيّ — oil press
مَعْصَرة — press; oil press, oil-works
مُعْصِرة: سَحابةٌ ماطِرة — nimbus (Meteor.)
مِعْصَم، رُسْغُ اليد — wrist, carpus (Zool.)
مَعصوبُ العَينَيْن — blindfolded
مُعضِلة، مُشكِلة — problem, dilemma
مُعطٍ، مانح — donor, granter
مُعْطًى، بَيانَة، معلُومة — datum (pl. data) (Maths.)
~ (كمَعلومة) — given (Maths.)
مِعْطَف — coat
~ كَتيم، مِمْطَر — raincoat, trench coat
مُعَطِّل: مُخَمِّدُ الأداء المَقصود — killer (Phys.)
~ المادّة الحَفّازة — catalytic poison (Chem.)
مُعَطَّل، مُتعطِّل — out of order, out of action, out of gear (Eng.)
مَعطوب، رَضيخ — impaired, battered, damaged
~: بِهِ خَلَلٌ أو عَيب — defective
مُعطي الدم، واهِبُ الدم — blood donor (Med.)
مُعطياتٌ أساسيّة — basic data
~ أوّليّة: لمّا تُعالَج — raw data (Comp.)
الـ ~ الخاطِئة نَتائجُها خاطِئة — GIGO = garbage in garbage out (Comp.)
الـ ~ المَرصودة أو المُلاحَظة — observed data

مُعطياتٌ (تابع)
~ مُصَحَّحة corrected data
مُعْفى exempt
~ من الرُّسوم duty-free
~ من الضرائب tax-exempt, tax-free
مُعَفَّر (بمسحوقٍ عِلاجيّ) dusted, powdered, sprayed (Agric.)
مُعَفِّرة آليَّة power duster, powder sprinkler or sprayer (Agric.)
مِعقادٌ تَبْخيريّ (لِمَحاليل السُّكَّر) concretor (Eng.)
مِعقامٌ، مِحَمٌّ موصَد autoclave (Food Sc.)
مُعَقِّب، مُعَلِّق commentator
مِعْقَد: بَنْكرياس، مُعَثْكَلة pancreas (Zool.)
مُعَقَّد: كثيرُ العُقَد knotty, knotted
~، مُتَشابِك complicate(d), (en)tangled
~ التركيب complex (Chem.)
مُعَقَّم، مُطَهَّر aseptic, sterile(d) (Med.), pasteurized
مُعَقِّمة، وِعاءُ تعقيم أو تَطهير sterilizer
مَعْقوف، مُعَوَّج، مُنْعَرِج crooked
~ (مِنجليُّ الشكل) falcate, falciform, uncate, uncinate, unciform
مَعقول، مَنطِقيّ reasonable, rational, logical
~ البَطْن constipated (Med.)
مِعكاسُ الكلام speech inverter (Elec. Comm.)
مَعكَرونة spaghetti, macaroni (Food Sc.)
مَعْكوس، مَقلوب inverted, reversed, inverse, reciprocal
~، مُنعَكِس reflected (Phys.)
مَعكوسيَّة reversibility (Phys.)
~، تَضادٌّ مَنطقي contraposition
مُعِلّ، مُمرض pathogen(ic) (Med.)
مُعَلّى، مَرفوع elevated, raised
مُعَلاّة: خَطٌّ في أعلى التعبير الجَبري له مَدلول القَوس bar, vinculum (Maths.)
مِعْلاق، أداةُ تَعْليق hanger (Eng.)
~، سُوَيقة، عُنَيْقُ الوَرَقة petiole (Bot.)
~ (الذبيحة): القلبُ والكبد والرئتان مُعلَّقة بالرُّغامى pluck (Food Sc.)
~ حَمْلٍ أو تَثْبيت sling (Eng., Med.)
مُعَلَّب، مَحفوظٌ في عُلَب canned, tinned (Food Sc.)
~، مُصَنْدَق boxed, cased

مَعْلَف، مِذْوَد stall, manger
مُعَلَّق، مُتَدَلٍّ hanging, suspended, pendant = pendent
~: لم يُسَدَّد بعد outstanding *(adj.)*
~: مَحلولٌ مُعَلَّقُ الجُسَيمات لِلُزوجته أو لِصَدم جُزَيئاته suspension (Chem.)
~ غَرَواني colloidal suspension, suspensoid (Chem.)
مُعَلِّق، مُعَقِّب commentator
~، شارحٌ بتعليقاتٍ هامشيَّة annotator
~: تعليقي، داعم suspensory (Zool.)
مُعَلَّل: مُبَيَّنُ الأسبابِ أو العِلَل explained, accounted for
مَعْلَم، سِمَة مُمَيِّزة feature, mark, landmark (Geol.)
~، صُوَّة: على جانب الطريق guidepost, road sign, curbstone (Civ. Eng.)
~: وَسيطٌ بارامتريّ parameter (Phys., Maths.)
~ حُدود boundary post (Surv.)
~ راداريّ: مُرشِدٌ راداريّ لااتجاهيّ ramark (Aero., Naut.)
~ رئيسيّ main feature (Geol.)
~ ميليّ، صُوَّةٌ ميليَّة milepost (Civ. Eng.)
مُعَلِّم، مُدَرِّب، مُدَرِّس instructor, teacher, tutor, master
مُعَلَّم، مَرقوم، مَوسوم marked, tagged
مُعْلِن announcer
مُعلِنة annunciator (Elec. Eng.)
مَعْلومات information
~، بَيانات، مُعطَيات data
الـ ~ المَرئيَّة viewdata (Comp.)
المعلوماتيَّة، عِلمُ المعلومات، العِلْمياء informatics, information science (Comp.)
مَعلوماتيّون: إخصائيو الحوسَبة والبَرمجة liveware (Comp.)
مَعلومة datum, fact, information
مِعمار: مُهندسُ بِناء architect
مِعماريّ: خاصٌّ بفنّ العمارة architectural (Civ. Eng.)
مِعماق: مقياسُ أعماق bathometer, bathymeter (Geol.), depth sounder, depth gauge (Eng.)
~ فوق صَوتيّ ultrasonic depth finder
مُعَمَّد: ذو أعمدة pillared (Arch.)

مُعَمَّر (للبشَر) long-lived *(adj.)*
~ (للنبات) perennial (Bot.)
مُعَمَّق: عميقٌ وشامِل profound, thorough, deep
مَعمل، مَصنع factory, works, plant
~، مَشغل workshop, atelier
~، مُختبر laboratory
~ إسمَنْت cement plant (Civ. Eng.)
~ بِكْر grass-roots plant (Eng.)
~ تجليد الكتب bindery
~ تقطير distillation plant (Pet. Eng.), still-house
~ تكرير، مِصفاة refining-works = refinery (Eng.)
~ ~ الزيت، مِصفاةُ نَفْط oil refinery (Pet. Eng.)
~ دَلْفَنَة rolling mill (Eng., Met.)
~ ~ الأنابيب pipe rolling mill (Met.)
~ ~ (القُضبان) rail mill (Eng.)
~ رَضِّ الخام stamping mill (Mining)
~ صَفائح (مَعدِنيَّة) sheet mill (Eng.)
~ فولاذ المَجمرة المَكشوفة (سيمنز و مارتِن) open-hearth steel plant (Eng.)
~ قِرميد، ~ بَلاط tilery
~ قَوالِب السِّباكة pattern shop
~ كيماوي chemical plant (Eng.)
~ للمُستحضَرات البِتروكيماويَّة petrochemical plant (Chem.)
مَعنًى، فَحوى meaning, sense, import
~ ضِمْنيّ implication, import
مُعَنْوَن addressed
~ ببطاقة labelled
مُعَنوِنة: مَكَنةٌ لطِباعة العَناوين addressograph
مَعْنويَّة، مَعنويّات morale
مَعنيّ: مَقصود meant, intended
~ أو مُهتمٌّ بِـ concerned, interested
مَعْهَد institute, institution
مُعَوَّج cranky, crooked, warped, distorted
مُعَوَّجَة، إنبيق retort (Chem.)
مُعْوِز destitute, needy
~ الأُكسجين anoxic (Biol.)
مُعَوِّض، تعويضيّ compensatory, compensating, indemnifying
مُعَوَّق، مُؤَخَّر delayed, hindered

مُعوَّق (تابع)
~، مُعاق (لِعلَّةٍ عقلية أو جسدية) handicapped, retarded
مُعَوِّق، مُثَبِّط، مُؤَخِّر retardant, retarder (Eng., Chem.)
~ سَطْحيّ surface retardant (Build.)
مُعَوِّقات impediments, obstacles
~ التَبَخُّر evaporation retardants (Phys.)
مِعْوَل، مِنكاش mattock, hoe
~ تَخْليط larry (Build.)
~ تعدين (قصير النصل) bede (Mining)
~ مُستدِقّ الطرفَيْن pick (Build.)
~ ~ أحدِ الطرفَيْن pickaxe (Build.)
~ مِطْرَقيّ hammer pick (Mining)
مُعَوِّل (على) relying (or depending) on
مُعَوَّلِيَّة reliability (Phys.)
مُعَوِّم: مُعَزِّز التعويم أو الطفو buoyant (Phys.)
مَعونة help, aid, assistance
~ فنِّيَّة (أو تقنيَّة) technical aid
مِعَويّ enteric (Med.), intestinal (Zool.)
مِعيار، عِيارٌ يُقاسُ عليه standard, norm
~، مِحَكُّ الاختبار criterion
~، مِقياس gauge, gage (Eng.)
~ أساسيّ basic standard, primary standard (Eng.)
~ الانكِسار refractive modulus (Meteor.)
~ التردُّد frequency standard (Elec. Comm.)
~ تشفير البيانات data encryption standard (Comp.)
~ الثِّخَن thickness gauge (Eng.)
~ الجُودة quality standard
~ خَطِّي: مِقياسٌ عياريٌّ لِلطُّول line standard (Eng.)
~ ضَبْط setting gauge (Eng.)
~ العُمق depth gauge (Eng.)
~ عَمَليّ: للاستخدام العاديّ working standard (Elec. Eng.)
~ اللولبة screw pitch gauge (Eng.)
~ مُقاوَمة resistance standard (Elec. Eng.)
~ النشاط الإشعاعيّ radioactive standard (Phys.)
~ النَّغَم: الشوكةُ الرنَّانة diapason
مِعياريّ، قياسي standard; normative
~، نَسَقيّ: مِعياريُّ المقاييس modular

مَعيب، مُختَلّ defective, faulty, imperfect
مُعِيد، مُرجِع restorative
~، مُكَرِّر repeater
~ التضمين remodulator (Elec. Comm.)
~ تِلغرافيّ telegraph repeater (Teleg.)
~ التوليد، مُجَدِّد regenerator (Eng.)
~ توليدٍ بالتغذية المُرتَدَّة feedback regenerator (Elec. Eng.)
~ مُزدوجُ الاتِّجاه duplex repeater (Elec. Eng.)
~ نَبَضات impulse repeater (Teleph.)
مُعيدة: نبيطةُ إعادةٍ وتَقوية تُعيدُ بَثَّ الإشارات repeater (Elec. Comm., Comp.)
مُعَيْدَة: حُوَيصِلة فُوَهيَّة gastrula (Biol.)
مِعْيَر، معيار gauge, criterion
مُعَيَّر standardized, normalized
مُعَيِّرة، نَموذَجُ مُعايرة template = templet (Eng.)
~ الثَّقْب، دَليلُ تَثْقيب drill jig (Eng.)
مُعيق، كابح restrainer
~ الاحتراق fire retardant (Build.)
مُعين، مُساعِد helper, aid, assistant
مُعَيَّن، شَكْل مُعَيَّني rhomb = rhombus (Geom.), diamond
~، مُحَدَّد definite, specified, fixed, set
~ (في منصب أو وظيفة) appointed
~: مُخَصَّص (لِغَرَضٍ مُعَيَّن) designated, ear-marked
~ الشَّكْل diamond-shaped
~ مُنحرِف trapezium (Geom.)
مُعَيِّن indicator, finder (Elec. Eng.)
~، مُحَدِّد، مُعَيِّنة determinant, designative (Maths.)
~ اتِّجاه direction-finder (Radio)
~ ~ إطاريّ loop direction finder (Radio)
~ ~ لاسلكي radio compass (Aero.), radio direction finder (Elec. Comm.)
~ ~ مُتباعِدُ الإطارَيْن spaced-loop direction finder (Elec. Comm.)
~ الارتِفاع altitude finder, height finder (Aero.)
~ الخطِّ المُنادي line finder (Teleph.)
~ المَدى rangefinder (Surv.)
~ مَصْدَرِ الصَّوت sound locator (Acous.)
~ المَنْظَر viewfinder (Photog.)

~ مَنظر فيديُويّ video-viewfinder (Telev.)
~ النِّداء call finder (Teleph.)
~ الهُوِيَّة: كما يُعنونه المُبرمِج identifier (Comp.)
مُعِينات بَصَرِيَّة visual aids (Opt.)
~ راديويَّة، ~ لاسِلكيَّة radio aids (Radio)
~ سَمعيَّة بصَريَّة audio-visual aids (Acous.)
~ مِلاحيَّة navigational aids (Naut.)
مُعِينةُ السَّمْع: وَسيلةٌ لتَقوِيَة السَّمْع hearing-aid, deaf aid (Acous.)
~ يَد: وُصلةُ الفِرشاة إلى الأماكِنِ العَسِرة man help (Build.)
مُعَيَّنة (أنظر: مُعَيَّن)
مُعَيَّنيّ الأوجه (البلورية) rhombohedron
~ الشَّكل rhombic, diamond (Maths.)
~ مُستَقيم: ثلاثي المحاور المتعامدة المُتباينة الطول orthorhombic (Min.)
مغ: الرمز الكيماوي لفِلِزِّ المغنِسيوم Mg (magnesium) (Chem.)
مَغاديفُ تجنيب feathering paddles (Aero.)
مَغارة grotto, cave (Geol.)
مَغاطِسُ تَبريد cooling baths (Eng.)
مُغالاة، مُبالَغة exaggeration
مُغالَطة، خَطأ، بُطلان fallacy
~: قِياسٌ فاسِد paralogism
مَغالِقُ مُبَرِّد الزيت oil-cooler shutters (Eng.)
مُغامِر adventurer, daring, venturesome
مُغامَرة venture, adventure, risk
مُغايَر، خَفقيُّ التردُّد heterodyne (Elec. Comm.)
مُغايِر، مُختلِف different, hetero-, heterogeneous, dissimilar
~: نَوعٌ مُغايِر variant (Biol.)
~ لِلمُواصَفات off specifications
مُغايَرة، تَبايُن، اِختِلاف variance, variation
مُغْبَرّ، مُضِبّ hazy, cloudy, foggy, turbid
~، مُعَفَّر dusty
مَغْبِن، أُرْبيَّة، حَقْو groin (Zool.)
مُغْتَرِب، دَخيل allochthonous (Geol.)
مُغْتَسَل: مكان الاغتِسال bathroom
مُغْثٍ: مُسَبِّب الغَثَيان nauseous, nauseating
مِغْثَر: إفرازٌ حُلو نباتيّ أو حَشَريّ honeydew (Zool.), nectar (Bot.)

مِغْثِرِيَّة nectary (Bot.)
مِغداف، مِغْدَف. ريشةٌ مِغدافية paddle
مُغَذٍّ: مُلْقِم feeder, charger (Eng.)
~، مُقيت nutrient, nutritive (Food Sc.)
~ بُوقيّ (لِهَوائيّ الرادار) horn feed
~ رئيسيّ main feeder, trunk feeder (Eng.)
~ سالِب، ~ عائِد negative feeder, return feeder (Elec. Eng.)
~ سُفليّ underfeed stoker (Eng.)
~ بالسَّير، مُغَذِّيةٌ قِشاطيَّة belt feeder (Eng.)
~ شُعاعيّ (التفرُّع) radial feeder (Eng.)
~ عائِد return feeder (Elec. Eng.)
~ مُترَجِّح rocking feeder (Eng.)
~ مُتعَدِّدُ الكُبُول multiple feeder (Elec. Eng.)
~ مُزدَوِج twin feeder (Elec. Eng.)
~ مُستَقِلّ independant feeder (Elec. Eng.)
~ مُوجِب: مُتَّصِل بطريق البطارية المُوجِب positive feeder (Elec. Eng.)
مَغْذَى، مَغْذاة feeder (Phys.)
~ قُدرة power supply (Phys.)
مُغَذًّى بمِضَخَّة: مِضخيُّ التغذية pump-fed (Eng.)
مُغَذِّي الخام stock feeder (Met.)
~ دارةِ اللوح plate supply (Elec. Eng.)
~ رَبْطٍ مُشْتَرَك interconnector = interconnecting feeder (Elec. Eng.)
~ الوارِد incoming feeder (Elec. Eng.)
المُغَذِّياتُ الصُّغريَّة: العَناصِرُ اللازِمةُ للجِسْم بكميّاتٍ ضَئيلة جدًّا كالبورون والزِّنك micronutrients (Food Sc.)
مُغَذِّياتٌ كُبْرِيَّة: تحتاجُها الكائناتُ الحَيّة بكميّاتٍ كَبيرة كالحديد والكالسيوم macronutrients (Ecol., Food Sc.)
مُغَذِّية feeder
~ الإستِمارات form feed (Comp.)
~ المِثقَب، مُلقِمةُ المِثقاب drill feed (Eng.)
~ مَداليَّة: ذاتُ قُرصٍ دوّار dial feed (Eng.)
مُغَرًّى glued
مِغْراة، غَرّاءَة glue pot
مِغراف، مِغرَفة scoop
مُغرِب، أحسَب، أمهقُ albino (Zool.)

مُغْرَة، جأب ochre = ocher (Min.)
~ الحديد، ~ حَمراء ruddle, red ochre, iron ochre (Min.), reddle (Eng.)
~ صَفْراء yellow ochre, yellow earth
مَغْرَز: نقطة الغَرْز أو الإغماد أو الإيلاج insertion
مِغْرَس dibble, planting peg (Agric.)
مَغرِس plantation, grove
مِغْرَفة ladle (Eng.)
~ (أو قادوسُ) الرافِعة elevator bucket (or scoop) (Eng.)
~ جَرْف، مِغراف scoop
~ الصَّبّ casting ladle (Met.)
~ فَصْل الكُدارة drossing spoon (Met.)
~ (لِنَقْل المَعدِن) المُنصَهِر shank, ladle
~ (سِباكة) يدويَّة hand ladle (Foundry)
مَغْزًى moral
مِغْزال spinneret (Zool.)
مِغْزَل: مِحوَرُ دَورانٍ صغير spindle (Eng.)
~، مَكِنَةُ غَزْل spinning-jenny
~ النَّواة nuclear spindle (Biol.)
مِغزَليُّ الشَّكْل fusiform
مَغْسَل، مَغْسَلة washery, laundry
~ انسِيابيّ rheolaveur (Mining)
مِغسَلٌ آليّ powerwash (Build.)
مِغسَلة، غَسّالة washer, washing machine
مَغْسَلَة، (مَصْبَغة) laundry
مُغَشًّى: مُغَطًّى covered
~: مَطْليّ plated, coated
~: مُضِبّ misty, hazy, foggy
مَغشوش، مَخدوع deceived, cheated, bluffed
~، مَذِيق adulterated
مَغْص colic (Med.) (Paint.)
مُغَضَّن، مُجَعَّد corrugated, wrinkled, creased
مُغَطًّى covered, shrouded, clad
~ بتَرَسُّباتٍ كِلسيَّة furred (Chem.)
~ بالفولاذ steel-clad (Eng.)
مَغْطِس bath, bathtub
~ إزالةِ التَّفْضيض unsilvering bath (Elec. Eng.)
~ إيقاف (التطهير) stop bath (Photog.)
~ (أو حَمّامُ) بُخاريّ vapour bath
~ تَثبيت (في التصوير) fixing bath

~ تَجميد freezing bath (Chem.)
~ تَرسيب depositing bath (Elec. Eng.)
~ تَسْقية quench(ing) bath (Met., Eng.)
~ تَصْفيحٍ أو طِلاء plating bath (Elec. Eng.)
~ تَصليد hardening bath (Met., Eng.)
~ تَطبيع tempering bath (Met., Eng.)
~ تَلْدين annealing bath (Met., Eng.)
~ تَلْوين وتَثْبيت toning and fixing bath (Photog.)
~ تَنْحيس copper bath (Elec. Eng.)
~ حامِضيّ pickle (Eng.)
~ حَلٍّ كهربائي electrolytic bath
~ مِن الرَّصاص الذائب lead bath (Met.)
~ رَمليّ sand bath (Chem.)
~ زَيتي oil bath (Eng.)
~ طِلاءٍ بَدْئيّ striking bath (Elec. Eng.)
~ الطِّلاء الكهربائي electroplating bath (Elec. Eng.)
~ ~ بالفِضَّة silver bath (Elec. Eng.)
~ ~ بالنِّيكل nickel bath (Elec. Eng.)
~ غَلْفَنة galvanizing bath (Met.)
~ الغَلْفَنة بالزِّنك zinc bath, spelter bath (Met., Elec. Eng.)
~ قِلويّ alkaline bath (Chem.)
~ كاوٍ caustic dip (Chem. Eng.)
~ كُرومي chrome pickle (Chem. Eng.)
~ كهربائي electrobath (Elec. Eng.)
~ كَهْرليّ electrolytic bath (Elec. Eng.)
مُغِلّ، مُجْزٍ remunerative, paying, profitable
مِغلاق: مؤخَّرة البندقية حيث تُلْقَم الطلقات breech (Mil.)
~، غِطاءٌ مُتحرِّك ينسَدُّ آليًّا بعد التعريض shutter (Photog.)
~، قُفْل padlock, lock (Build.)
~ الطَّوارِئ: يُستخدم في مخارج الحريق panic bolt (Build.)
مُغَلِّظ، مُكَثِّف القَوام thickener (Chem.)
مُغَلَّف enveloped, wrapped, encased
~، ظَرْف envelope
مُغَلْفَن galvanized (Eng.)
~ على السّاخِن hot-galvanized (Eng.)
مِغْلَق، مِغلاق الكاميرا shutter (Photog.)
مُغْلَق locked, closed

مُغْلَق (تابع)

~ مُهَوًّى: صفةٌ لجهازٍ كهربائيّ — enclosed-ventilated (Elec. Eng.)

مَغلوط، خاطئ — wrong, fallacious, erroneous

مَغْليّ، مُغلًى — boiled

مِغماسٌ مُدَرَّج — dip-stick (Eng.)

مُغْمَد — sheathed, invaginate

مُغْمَداتُ الأجنحة: رُتْبة حَشَرات — Coleoptera (Zool.)

مَغمور — immerged, submersed, immersed, submerged

~، مُغَطَّس — plunged

~ الصِّهريج: مقدار المُعَبَّأ منه — shell innings (Pet. Eng.)

مُغْنٍ: يجعلُه غَنيًّا — enriching

~: يجعله يستغني عن — sparing, saving

مِغناط، مِغنيط: مولِّد كهربائي نَبْضيّ ذو مغنطيس دائم — magneto (Elec. Eng.)

~ عالي التوتُّر — high-tension magneto

مِغناطيس (أنظر: مغنطيس) — magnet

مَغنِترون (أنظر: مَغْنِطرون) — magnetron (Electron.)

مَغْنَسَيْت: كربونات المَغنسيوم المقاوِمة للصَّهر تُبطَّنُ بها الأفران — magnesite

المَغنِسيوم: عُنصُر فِلزّي رمزه (مغ) — magnesium (Mg) (Chem.)

مَغْنَطَ — magnetize *(v.)*

مَغْنَطة، تمَغْنُط — magnetization (Phys.)

~ بالتأثير — induced magnetism, magnetization by influence (Phys.)

~ مُستَعرِضة — transverse magnetization

~ مُعاكِسة — cross magnetization (Phys.)

~ مِلَفِّيَّة: لَوَلَبيَّة التوزُّع — sinusoidal (or circuital) magnetization (Phys.)

مَغنِطرون: صِمامُ تحكُّم بتدفُّق الإلكترونات — magnetron (Electron.)

مَغْنِطوضَغْطي: مغنطيسي إجهادي — piezomagnetic (Phys.)

المغنطوضغطيّة: تولُّد مجالٍ مغنطيسيّ بالإجهاد أو العكس — piezomagnetism (Phys.)

مِغْنَطيس، مِغناطيس — magnet (Phys.)

~ اصطناعي — artificial magnet

~ التقاطِ السواقِط (من أدوات الحفر) — fishing magnet (Civ. Eng.)

~ تحكُّم — control magnet (Elec. Eng.)

~ بالتيار المُتناوِب — ac magnet (Elec. Eng.)

~ حارِف — deflecting magnet (Phys.)

~ دائم — permanent magnet (Phys.)

~ ذو مَجالَين — double-field magnet (Elec. Eng.)

~ رَقائقيّ — laminated magnet (Elec. Eng.)

~ طَبيعي — natural magnet = lodestone or loadstone (Min., Phys.)

~ كهربائي — electromagnet (Elec. Eng.)

~ المَجال — field magnet (Elec. Eng.)

~ مُدَثَّر — jacketed magnet (Elec. Eng.)

~ مُركَّب: متعَدِّدُ الرقائق — compound magnet (Elec. Eng.)

~ مُضائل — damping magnet (Elec. Eng.)

~ مُعادِل أو مُعَوِّض — compensating magnet (Elec. Eng.)

~ مُؤقَّت — temporary magnet (Phys.)

~ نِضْويّ — horseshoe magnet, shoe magnet (Phys.)

~ وِعائيّ: يحتضِنُ مِلَفًّا — pot magnet (Elec. Eng.)

~ وِقاية: يَلتقِطُ قِطَع الحديد من الخامات قبلَ دخولها إلى المِجْرَشة — guard magnet (Min.)

المِغْنَطيسيّات: عِلمُ المغناطيس — magnetics (Phys.)

~ الحَديديَّة — ferromagnetics (Phys.)

~ المائعية: سُلوكُ البلازما في مَجالٍ مِغنطيسيّ — hydromagnetics (Elec. Eng.)

المِغْنَطيسيَّة، المِغْنيطيَّة — magnetism (Phys.)

~ الأرضيَّة، مِغنَطيسيَّةُ الأرض — earth magnetism, geomagnetism, terrestrial magnetism (Geol., Phys.)

~ الحَثِّيَّة (المُستَحَثَّة) — induced magnetism (Phys.)

~ الحديديَّة، فِرّومِغنيطيَّة — ferromagnetism (Phys.)

~ السُّكونيَّة — magnetostatics (Phys.)

~ القديمة — palaeomagnetism (Geol.)

~ المُتبَقِّية، ~ المُتخَلِّفة — remanence, remanent magnetization, residual magnetism (Phys.)

~ المُجانِبة — diamagnetism (Phys.)

~ المُسامِتة — paramagnetism (Phys.)

مَغْنون: كَمُّ طاقةٍ مِغنطيسيّ — magnon (Phys.)

مَغنيسيا: أُكسيد المَغْنِسيوم، مانيزيا — magnesia (Chem.)

مِغْنيط: مُوَلِّدُ فُلْطيَّةٍ دَفْعيَّة ذو مِغنَطيسٍ دائم، مِغناط — magneto (Elec. Eng.)

~ إشعال — ignition magneto (Elec. Eng.)

~ بَدْءِ الحركة — starter magneto (Elec. Eng.)

~ التحكُّم — control magnet (Elec. Eng.)

مَغْنيطومتر — magnetometer (Elec. Eng.)

~ الانحِراف — deflection magnetometer

الـ ~ الطائر: المَحمول جَوًّا — bird = air-borne magnetometer (Geophys.)

مَغْنيطون: وحدةُ العَزْمِ المِغنَطيسي — magneton, Bohr magneton (Phys.)

مِغوار، جُنْدي مِغوار — commando (Mil.)

مِغْواز: مقياسُ الغاز، عَدّادُ الغاز — gas meter (Eng.)

~ تحليليّ، إيديُومِتْر: مقياسُ التحليل الحجميّ للغازات — eudiometer (Chem.)

مِغْيار: مِقياسُ التغَيُّر في المُحاثة الإجماليَّة — variometer (Elec. Eng.)

مُغَيِّر، مُحَوِّل — converter, changer (Comp., Elec. Eng.)

~: اتجاه التيّار، عاكِسُ التيّار — commutator (Elec. Eng.)

~ التردُّد — frequency converter, frequency changer (Elec. Eng.)

~ تَزامُنيّ — synchronous converter

~ دَوّار — rotary converter (Phys.)

~ الطَّور — phase convertor, dephaser, phase changer (Elec. Eng.)

~ قَوسيّ — arc converter (Radio)

مَغيض، مَنْقَع — bog, mire (Geol.)

مَفاتيح (أُنظر: مفتاح) — keys; switches

~ جماعيَّة — gang switches (Elec. Eng.)

مُفاجِئ — sudden, abrupt

مُفارَقة: تناقُضٌ ظاهر — paradox (Maths.)

~، افتِراق — separation, parting

مُفاضلة، تَفاضُل — differentiation (Maths.)

مُفاعِل: فَعّال كيماويًّا — reactive (Chem.)

~: أَحَدُ المواد الداخِلة في تفاعل كيماوي — reactant (Chem.)

~: أحدُ عناصر دارة كهربائية خازنٌ للطاقة — reactor (Elec. Eng.)
~: مُفاعِلٌ نَوويّ — reactor (Nuc. Eng.)
~ الأنابيب الضغطيَّة — pressure-tube reactor (Nuc. Eng.)
~ اندماجيّ — fusion reactor (Nuc. Eng.)
~ الانشِطار السَّريع — fast-fission reactor (Nuc. Eng.)
~ انشِطاريّ — fission reactor (Nuc. Eng.)
~ بُحوث — research reactor (Phys.)
~ البلوتُونيوم — plutonium reactor (Phys.)
~ تأريض — earthing reactor (Elec. Eng.)
~ حَراريّ — heat reactor (Phys.)
~ ~ وَلود: تتولّدُ فيه نيوتروناتٌ حراريّة — thermal breeder reactor (Nuc. Eng.)
~ حَرِج — critical reactor (Phys.)
~ حَوضيّ: ~ حَوضِ السِّباحة: مُبَرِّدُه ومُهَدِّئُه حوضٌ مائيّ — pool reactor = swimming-pool reactor (Phys.)
~ دونَ الحَرِج: لا تستمِرُّ فيه التفاعُلاتُ تِلقائيًّا — subcritical reactor (Nuc. Eng.)
~ ذَرِّيّ — atomic reactor (Phys.)
~ سَريع: لا يحوي مُهَدِّئًا ويستمر التفاعُل فيه بالانشطار السريع — fast reactor (Nuc. Eng.)
~ (أو مَحلول) «شفَايتزر»: يُذيب السليولوز — Schweitzer's reagent (or solution) (Chem.)
~ صِفريُّ القُدرة، ~ صِفريُّ الطاقة — zero-energy reactor, zero-power reactor (Nuc. Eng.)
~ صِهْريجيّ — tank reactor (Nuc. Eng.)
~ غازيُّ التبريد — gas-cooled reactor (Phys.)
~ «غرينيارد» — Grignard reagent (Chem.)
~ فوقَ الحَرِج: تستمرُّ فيه التفاعُلاتُ تلقائيًّا — supercritical reactor (Nuc. Eng.)
~ قُدرة — power reactor (Elec. Eng.)
~ ~ مُوَلِّد — power breeder (Nuc. Eng.)
~ كَشف — reagent (Chem.)
~ الماء الثَّقيل — heavy-water reactor (Nuc. Eng.)
~ ~ المضغوط — pressurized water reactor (Nuc. Eng.)
~ ~ المُغْلَى: تُدارُ التُّربيناتُ بِبُخاره مباشرةً — boiling-water reactor (Nuc. Eng.)
~ مائيّ: مُبرِّدُهُ (أو مُهَدِّئُه) الماء — water reactor (Nuc. Eng.)
~ مُباشر التحويل: يُحَوِّل الطاقة الحراريَّة مباشرةً إلى كهرباء — direct-conversion reactor (Elec. Eng.)
~ مُتَوسِّط: يَعملُ بالنيوترونات المتوسِّطةِ الطاقة — intermediate reactor (Nuc. Eng.)
~ مُحَوِّل — converter reactor (Nuc. Eng.)
~ المِرجَل المائي — water boiler reactor (Nuc. Eng.)
~ مُهَدَّأ — moderated reactor (Nuc. Eng.)
~ (مُهَدِّئُهُ) الغرافيت — graphite reactor (Nuc. Eng.)
~ مُوَلِّد: يُوَلِّد مادةً شَطورة أكثر مِما يَسْتَهلك — breeder reactor (Nuc. Eng.)
~ نَوَويّ — nuclear reactor = atomic pile (Phys., Nuc. Eng.)
~ (~) حراريّ: ينتشرُ تفاعُله الانشطاري المتسلسل بالنيوترونات الحرارية — thermal reactor (Phys., Nuc. Eng.)
~ (~) فُوَيق حراريّ: مُفاعِلٌ مُتوسِّط — epithermal reactor, intermediate reactor (Nuc. Eng.)
~ الوُقُد الحصَوية — pebbel-bed reactor (Nuc. Eng.)
~ يُبَرَّد بالصوديوم (السائل) — sodium-cooled reactor (Nuc. Eng.)
~ اليورانيوم — uranium reactor (Nuc. Eng.)

مُفاعَلَة: الجُزء التخَيُّلي من المُعاوَقة – وحدتُها الأوم — reactance (Phys.)
~ تزامُنيَّة — synchronous reactance (Elec. Eng.)
الـ ~ التسَرُّبيَّة — leakage reactance
الـ ~ التعامُديَّة — quadrature reactance (Elec. Eng.)
~ حَثِّيَّة — inductive reactance (Elec. Eng.)
~ دونَ العابِرة — subtransient reactance (Elec. Eng.)
~ سَعَويَّة — capacitive reactance
~ عابِرة — transient reactance (Elec. Eng.)
~ كُتْلِيَّة — mass reactance (Phys.)
~ المُتحَرِّض — armature reactance (Elec. Eng.)

مُفاعِلِيَّة، تفاعُلِيَّة — reactivity (Nuc. Eng.)

مُفاغمة: ضمُّ فوهَتي الماسورتين استعدادًا لِلِّحام — stalking (Civ. Eng.)
~، مُفاوَهة، مُفاغرة: وَصْل أو اتصال وعاءَين طبيعيًّا أو جراحيًّا — anastomosis (Med.)

مُفاوَضة، تَفاوُض — negotiation

مُفاوَهة، تفَمُّم — osculation (Maths.)

مِفتاح، مِقلاد — key; switch; wrench
~ أُحاديُّ التحويل — single-throw switch (Elec. Eng.)
~ ~ القُطْب — one-pole switch (Elec. Eng.)
~ الإدخال — insertion switch (Elec. Eng.)
~ إرسال — sending key (Elec. Eng.)
~ ~ تِلغرافي أوتوماتي — electronic bug (Key) (Teleg.)
~ ~ واستقبال — send-receive switch (Elec. Comm.), transmit-receive switch (Electron., Radar)
~ الإشعال — ignition key (Eng.)
~ إعتاق — trip(ping) switch (Elec. Eng.)
~ إقفال (يُشَغَّلُ باليد) — locking key (Teleph.)
~ أمان، مِقلادُ طوارئ — safety switch, emergency switch (Elec. Eng.)
~ أنابيب — pipe wrench, cylinder wrench (Eng., Build.)
~ إنذارٍ ضَغْطيّ — pressure warning switch (Elec. Eng.)
~ إنصات: يَصِلُ عامِلَ السنترال بالمُشتَرِك — listening key (Teleph.)
~ (بغطاءٍ) انغِلاقي، مِقلادٌ إرتاجي — locking switch (Elec. Comm.)
~ إنكليزي — spanner, monkey wrench (Eng.)
~ البطارية — battery switch (Elec. Eng.)
~ بُعاديّ: يعملُ عن بُعد — remote control switch (Eng., Elec. Eng.)
~ بَوّابيّ — gate switch (Elec. Eng.)
~ تأريض — earthing (or grounding) switch (Elec. Eng.)
~ تَتابُعيّ — sequence switch (Teleph.)
~ تَجزِئة المَجال، مِقلادُ شَطْر المَجال — field-splitting switch (Elec. Eng.)
~ تحَكُّم — controller (Elec. Eng.)

مفتـــاح (تابع)

~ ~ بُعاديّ: يعملُ عن بُعد — remote-control switch
~ ~ رَئيسيّ — pilot controller, master controller (Elec. Eng.)
~ تحويل — break-in key, change-over switch, transfer switch (Elec. Eng.)
~ (أو مِقلادُ) تَحْويل الحِمْل — load transfer switch (Elec. Eng.)
~ تَحْويلة — stub-switch (Railways)
~ تَشْغيل — operating switch, starter switch (Elec. Eng.)
~ ~ جَماعي — group operation switch (Elec. Eng.)
~ ~ تعَوُّق مَوقوت — time-delay switch (Elec. Eng.)
~ ~ تغيير الأقطاب — pole-changing switch (Elec. Eng.)
~ ~ المُحاثَّة — inductance switch
~ تَفْريع — branch switch, tap switch (Elec. Eng.)
~ ~ تفريغ المَجال — field-discharge switch, field-breaking switch (Elec. Eng.)
~ تلامُس — contactor (Elec. Eng.)
~ تِلِغراف — telegraph key (Teleg.)
~ تنبيه — alarm switch
~ تَوحيد — commutation switch (Elec. Comm.)
~ توزيع — distributing switch (Elec. Eng.)
~ ثُلاثيُّ المَسالِك — three-way switch (Elec. Eng.)
~ جنزيري: ~ مَواسير بسِلسلة — chain tongs (Eng.)
~ حامِل السمّاعة — cradle switch (Teleph.)
~ الحَلّ — clue, clew
~ الخَطّ — line switch (Teleph.)
~ خَطّ التغذية، مِقلادُ المُغَذّي — feeder switch (Elec. Eng.)
~ (أو مِقلادُ) الدليل المَوجي: يسمَحُ باقتِرانه مع دَليلٍ آخَر — wave guide switch (Elec. Eng.)
~ دَوَرانيّ — rotary switch (Elec. Eng.)
~ ذِراعي — lever key (Teleph.)
~ (أو مقلاد) ذو تحويلتين — double-throw switch = two-way switch (Elec. Eng.)
~ ذو حَدَبة، مِقلادٌ حَدَبي — cam switch (Elec. Eng.)
~ ذو سِكّينَتَين — two-way switch (Elec. Eng.)
~ ذو قُطْبَين — double-pole switch
~ ذو قَوائم (لِتفادي الرطوبة) — feet switch, tropical switch (Elec. Eng.)
~ رُباعيُّ المَسالِك — four-way switch (Elec. Eng.)
~ رَبْط، ~ صَمولة — spanner (Eng.)
~ ~ الأُطُر — tire wrench (Autos.)
~ ~ أعقَف — hook spanner (or wrench)
~ ~ الأنابيب — pipe wrench, cylinder wrench, tube wrench (Eng.)
~ ~ انضباطي — adjustable wrench (or spanner) (Eng.)
~ ~ تِمساحي — alligator wrench (Eng.)
~ ~ حَلْقي (أو صُنْدوقيّ) — ring spanner = box spanner (Eng., Build.)
~ ~ ذو سَقّاطة — ratchet wrench (Eng.)
~ ~ ذو سِلسلة — chain wrench (Eng.)
~ ~ شَريطيّ — strap wrench (Eng.)
~ ~ صُندوقيّ — box spanner, socket wrench (Eng.)
~ ~ ~ مُتعَدِّد الرؤوس — spider wrench or spanner (Eng.)
~ ~ الصَّواميل — nut wrench (Eng.)
~ ~ ضَبُوط — adjustable spanner, adjustable wrench (Eng.)
~ ~ عام — universal spanner (Eng.)
~ ~ قَبْضيّ — grip wrench (Eng.)
~ ~ القُضبان الملولبة — stud wrench (Eng.)
~ ~ بِلسان أُسطوانيّ — pin spanner (Eng.)
~ ~ لَوْلَبيُّ الضبط — screw wrench (Eng.)
~ ~ مُتَراوِح — swivel wrench (Eng.)
~ ~ مُتغيِّر القَدّ — shifting spanner (Eng.)
~ ~ مِرفقي — elbow wrench (Eng.)
~ ~ مُزدوجُ الفَكّ — two-jaw spanner, double-head wrench (Eng.)
~ ~ مُسَنَّن الفكَّين — toothed-jaw wrench
~ ~ مَفتوحُ الطرَف — open-end spanner (or wrench) (Eng.)
~ ~ ~ الفَكّ — open wrench (Eng.)
~ ~ مُقفَل الفَكّ — closed wrench (Eng.)
~ ~ بِمقياس التواء — torsion wrench (Eng.)
~ ~ مُنزَلِقُ الفَكّ — monkey wrench (Eng.)
~ ~ مَواسير الغاز — gas-pipe tongs (Eng.)
~ ~ مُؤتلِف: مَفتوح من طرف ومُجَوَّف من الآخَر — combination wrench (Eng.)
~ ~ يُحَدِّدُ عَزْمَ اللَّيّ — torque spanner (Eng.)
~ الرُّموز — key, code key, cipher key (Teleg., Teleph.)
~ رئيسي — master switch (Elec. Eng.)
~ بِزِرّ انضِغاطيّ — pushbutton switch
~ زيادة الحِمل التلقائي: يعملُ تلقائيًا عند زيادة الحِمل — automatic overload switch (Elec. Eng.)
~ «ستِلْسُون»: للأنابيب والصواميل الأسطوانية — Stillson (pipe) wrench (Eng.)
~ سَريعُ القَطْع — quick-break switch (Elec. Eng.)
~ ~ ~ والوَصْل — snap switch, quick make and break switch (Elec. Eng.)
~ ~ الوَصْل — quick-make switch
~ سِكّينيّ — knife-switch (Elec. Eng.)
~ ~ تَرادُفي — tandem knife switch
~ شَمعات الإشعال — spark-plug switch
~ صَمولةٍ ذو طرَفين — double-ended spanner (Eng.)
~ صُغريّ — microswitch (Elec. Eng.)
~ عاكِس — reversing switch (Elec. Eng.)
~ عَزْل — isolating switch (Elec. Eng.)
~ عمومي، ~ رئيس — master key
~ (مِقلادٌ) بِعَوّامة: لتشغيل مُحَرِّك المِضخَّة عادةً — float switch (Elec. Eng.)
~ غَمّاز: يُشَغَّلُ آليًا بحركة الآلة التي يتحكَّمُ بإدارتها — tapped switch
~ فَرعي — branch switch (Elec. Eng.)
~ فَصْل — disconnecting switch, tripping switch (Elec. Eng.)
~ (مِقلادُ) فَصْل الطَّرَف الهامِد — dead-end switch (Radio)
~ القُدرة الرئيسيّ — main power switch (Elec. Eng.)
~ (مِقلادٌ) قَدَميّ: يُشَغَّل بالقدم — foot switch (Elec. Eng.)
~ قُرصيّ مُدَرَّج — dial switch (Elec. Eng.)
~ قَطع — cut-out switch (Elec. Eng.)
~ (قطع التيار عند) الطوارئ — emergency switch (Elec. Eng.)

مِفتـــاح (تابع)

~ قَطْعٍ في الزيت — oil-break switch (Elec. Eng.)
~ ~ مُزدَوج — double-break switch
~ قَلّاب — tumbler switch (Elec. Eng.)
~ كَبْسٍ للكلام: ~ إكبِسْ وتكلَّم — press-to-talk switch, push-to-talk switch (Electron.)
~ كهربائي، مِقلاد (أنظر أيضًا: مِقلاد) — switch (Elec. Eng.)
~ ~ حَدِّيّ، مِقلادٌ حَدِّيّ — limit-switch (Elec. Eng.)
~ ~ بذراع — key switch (Elec. Eng.)
~ ~ ~ ينفصل — detachable key switch; loose key switch (Elec. Eng.)
~ ~ زَمَنيّ: يفتحُ الدارة أو يُغلقُها في وقتٍ مُحدَّد — time switch (Elec. Eng.)
~ (~) بقابِس: يعملُ برَفْعِ الدِّسام أو إنزاله — plug switch (Elec. Eng.)
~ ~ مُتدَلٍّ، مِقلادٌ مُدَلًّى — pressel-switch; pendant switch (Elec. Eng.)
~ ~ مُزامَنُ التردُّد الرَّنيني — electrosyntonic switch (Elec. Eng.)
~ مُتعَدِّدُ الأوضاع — multi-position switch (Elec. Eng.)
~ ~ المَسالِك — multi-way switch
~ مُتوَسِّط: وَسيطٌ في دارةٍ فيها أكثر من وَضْعَي تحكّم — intermediate switch (Elec. Eng.)
~ مُراقبة — monitoring key (Elec. Comm.)
~ مُرتَجُ الغِطاء — locked-cover switch (Elec. Eng.)
~ مُرتَدّ (عند رفع اليد أو انقطاع التيّار) — non-locking key (Elec. Comm.)
~ (أو مِقلادٌ) مُزدَوجُ القَطْع — double-break switch (Elec. Eng.)
~ مُساعِد: للنبائط الملحَقة — auxiliary switch, auxiliary contact (Elec. Eng.)
~ مُشتَرَك، ~ عُمومي — passkey, master key (Build.)
~ المُصطَلَحات (في خريطة أو رسم بياني) — legend (n.)
~ مِفصَليّ — toggle switch (Elec. Eng.)
~ مُنتَقٍ — selector switch (Elec. Eng.)
~ مَواسيرَ ذو سِلْسِلة — chain tongs (Plumb.)
~ المَوجة الحامِلة — carrier switch (Radio)
~ مُؤرَّض — earthed switch (Elec. Eng.)
~ النبض — pulsing key (Teleph.)
~ نَقْرٍ أو دَقّ — tapping key (Teleg.)
~ النور — lamp switch, light switch
~ الهَوائيّ — aerial switch (Radio)
~ هَيكليّ: يفتَحُ مجموعةً من الغالات — skeleton key (Build.)
~ وَحيد الاتجاه — one-way switch
~ وَصْلٍ وقَطْع — on-off switch
~ وَظيفيّ — function key (Comp.)
~ يُشَغَّل بعَوّامة — float switch (Elec. Eng.)
~ ~ بمُحَرِّك كهربائي — motor-operated switch (Elec. Eng.)
~ يعملُ بالهواء المضغوط — pneumatically-operated switch (Elec. Eng.)
~ ~ عن بُعد، ~ تحكُّم بُعاديّ — remote-control switch (Elec. Eng.)

مُفَتِّت، مِسْحَنة: جِهازُ السَّحْق أو السَّحْن — disintegrator=disintegrating mill, crusher (Eng.)
~ المَدَر — clod crusher (Agric.)
مُفَتَّت — fragmented, crushed, comminuted
مُفتَّتات الحفر — drill cuttings (Civ. Eng.)
مُفترِس، ضارٍ — predator, ferocious (Zool.)
مُفْتَرَش — substratum (Geol.)
مُفْتَرِش: ~ سطح الأرض — procumbent (Bot.)
مُفترِشة — reptant (Bot.)
مُفتَرَض — presumed, assumed
مُفْتَرَقُ طُرق — crossroads (Civ. Eng.)
مُفَتِّش — inspector
~ صِيانةِ الوَحدة — plant inspector
~ عامّ — inspector general
مُفْتَعَل، مُصطَنَع — fabricated, factitious
مُفتقِرٌ إلى — lacking, in need of
مَفتوح: غيرُ مُغلَق. غير مُغلق الدارة — open; unclosed, unbolted
~ : ~ ~ السِّلسِلة — open (Chem.)
مَفتول، لَولَبي — turbinal, turbinate
مِفَجُّ جَدائلِ الحَبْل — fid (n.)
مُفَجَّى — vacuolated
مُفَجِّر، نبيطةُ تفجير — detonator, exploder
مُفَحِّم، مُكَرْبِن (أنظُر: مُكَرْبِن) — carburettor (Eng.)
مَفْحَمة، مَنْجَمُ فَحم — colliery (n.) (Min.)
~: مَعمل فحم — charcoal kiln (Chem.)
مِفراس — scanner (Comp.)
~ دَوّار، جهازُ مَسْحٍ دَوّار — rotating scanner (Radar)
مِفراض، مِنشارُ معادن — hack-saw (Eng.)
مَفْرَج: بين سَقْفَين مائِلَين — valley (n.)
مَفْرَخ: مكانُ التفريخ، حاضِنة — hatchery
مُفردُ الفِعل — single-acting
مُفْرَدة: نَبتة طِبيَّة — medicinal herb, simple (Bot.)
~: مادَّة، بَنْد — item
مُفَرَّز، مُخَرَّش — milled (Eng.)
مُفرِز — secretor, secretory (Zool.)
مُفْرَز — secreted
~: مادة مُفرزة — exudate, secretion (Biol.)
~: مَفروزٌ لِغَرَضٍ مُعَيَّن — detached
مُفْرَزات، مُفْرَغات — excreta (Zool.)
مُفْرَزة — detachment, squad (Mil.)
مُفَرَّض، مُثَلَّم — notched, jagged
~، مُحَزَّز — grooved, fluted, crenate
مُفْرِط، فائق — super
~، زائِد — excessive, hyper-
~ الاستِثارة — over-excited (Elec. Eng.)
~ التبريد، فائقُ التبريد: مُبَرَّدٌ دونَ درجةِ التجَمُّد — supercooled (adj.) (Chem.)
~ التوتُّر: عالي الضغط الانتشاري — hypertonic, hyperosmotic (Biol.)
~ الحساسية — hypersensitive (Med.)
~ الضَّغْط — hyperbaric (adj.) (Space)
~ الفَعّاليَّة، زائدُ النشاط — hyperactive
~ الوَفرة — profuse, overabundant
مُفَرَّع — tapped, branched (adj.)
~، مُوَصَّلٌ على التوازي — shunted (Elec. Eng.)
مُفَرِّع: ~ التيّار، مُفَرِّعة — shunt (Elec. Eng.)
~ الأمِّيتر — ammeter shunt (Elec. Eng.)
~ (تيّار) جهاز القياس — instrument shunt
~ حَراريّ — heat shunt (Eng.)
~ الغَلْفانومتر، مُجَزِّئ تيّار الغَلفانومتر — galvanometer shunt (Elec. Eng.)
مُفْرَغ، مُفَرَّغ — vacated, emptied
~ الجَوف — hollowed, cored
مُفرِغ، مُفَرِّغ — evacuator, evacuant

مُفْرِّغ: جهازُ تفريغٍ كهربائي — discharger (Elec. Eng.)
~ (شِحناتٍ) دَوّار — rotary discharger
~ قُرصيّ: ثُغرةُ شَرَرٍ بقُرصٍ دَوّار — disc discharger (Elec. Eng.)
مُفْرَغات — excreta (Zool.)
مُفْرِّغة: عَرَبَةٌ قَلّابة — dumper (Civ. Eng.)
مِفْرَق، مِقياسُ فَرْقِ الجُهْد — potentiometer (Elec. Eng.)
مَفْرِق — crossroads, bifurcation (Civ. Eng.)
~ خُطوطٍ حديدية — frog (Railways)
~ طُرُق — road junction, crossroads
مُفَرِّق: فاصِل — separative, separator
~: مُمَيِّز — differentiating
~، مُباعِد — divergent (Opt.)
~، فالِق — splitter *(n.)*
~، مُبَعثِر — scatterer, disperser
~ التردُّد — frequency separator (Telev.)
مُفَرقِعاتٌ استِعراضيَّة — fireworks
مُفَرقِعة، إصبَعٌ مُتفجِّر — squib, petard
مَفروضة، فَرَضيَّة بديهيَّة — postulate (Maths.)
مُفْسِد — spoiler, corruptive
مُفَسِّر — interpreter, expounder, explicator
~ (تعليماتٍ) آليّ: في وَحدة المعالجة المركزية — instrument decoder (Comp.)
~ الشِّفرة — decoder (Comp.)
مُفَسَّر — explained, expounded; interpreted
مُفَسْفَر — phosphorated (Chem.)
مِفَصَّة: مِنزَعة الحَبّ من قِشْره — sheller
~ البِسِلّى — viner, vining machine
مُفَصَّص، ذُو فُصوص (أو فِلقات) — lobed, lobate *(adj.)* (Biol.)
مُفَصَّل: مُسْهَبُ التفصيل — detailed
~: وفقًا للمُواصفات — custom-made, tailored
مَفصِل، تَمفْصُل — articulation (Zool., Eng.)
~، مُوصِل — joint (Eng.)
~ التشغيل — actuating linkage (Eng.)
~ جاسِئ — rigid joint (Eng.)
~ ذو جُلَب (أو أطواق) — collar joint (Eng.)
~ حابِك، وُصلَةٌ حَبْك — hooked joint
~ حافيّ — edge joint (Carp.)
~ حُقّي كُرَويّ — cup-and-ball joint, ball and socket joint (Eng.)
~ خُطّافي — clevis joint (Eng.)

~ الذُّروة: وُصْلَةٌ (أعلى) الجُمْلون — peak joint (Carp.)
~ صَخريّ — slyne (Geol.)
~ طِباقيّ: بين طبقات الصَّدْع — bed joint
~ «كردان»، ~ مُتَحوِّل: عامُّ الحركة — Cardan joint (Eng.)
~ مَرِن، وُصْلَة طَيِّعة — flexible joint (Eng.)
~ المُفَصِّلة — hinge barrel, hinge knuckle
~ الوَرِك — hip joint (Zool.)
مُفَصِّلة — hinge *(n.)* (Carp., Build.)
~ (بجُلبةٍ) صاعِدة — rising(-butt) hinge
~ بجَناحٍ واحِد — cross garnet, joint hinge = strap joint (Build.)
~ بصَفَقٍ طويل — strap hinge (Carp., Build.)
~ بمِسمار — pin hinge (Carp., Build.)
~ تناكُبيَّة: يتراكَبُ جناحاها بين المصراعَين — butt hinge (Carp., Build.)
~ ~ بنابِض: لإقفال الباب تلقائيًا — spring butt
~ ذَكَر وأُنثى — lift-off butt
~ قِرماصيَّة (أو غِنفارية): يتَّسِعُ صَفْقاها بعيدًا عن مِحورها — dovetail hinge (Carp.)
~ القَلّابة — flap hinge
~ لِسانيَّة مُتَداخِلةُ الصَّفْقَين — hurlinge (Build.)
~ مُبَيَّتة — recessed hinge (Carp.)
~ بمَحمِل كُرِيّات — ball-bearing hinge
~ مِرفاعيَّة: أُحاديَّةُ الجَناح — garnet hinge (Build.)
~ مُستَمِرَّة (بِطُول الصَّفْق) — piano hinge
مَفصِليّ — articular, articulate
~ الأرجُل — arthropod (Zool.)
المَفصِليّات: شُعبةٌ من الحيوانات — Arthropoda (Zool.)
مَفصول، مَحلول، مَنْزوع — disjunct, disjointed, detached
~: عن الخطّ أو الشَّبَكة — off-line
~ من الخدمة — discharged
مُفَضَّل — preferred
مُفَعِّل، مُنَشِّط — activator (Chem.)
مُفْعَم — overfull, filled to capacity (or overflowing)
مَفعول، فِعل — action
~، أثر — effect

~ الاضطراب: تغيُّر الخَواصِّ الكيماويَّة أو الفيزيائيَّة بفعل الصَّدْم النَّوَويّ — discomposition effect = Wigner effect (Phys.)
~ رَجْعيّ — retroactive effect
~ كَهْرَسَمْعيّ — electrophonic effect (Acous.)
~ المَجال (الكهربائي) — field effect (Elec.)
مَفقود، ضائع — lost, missing
~، ناقِص — wanting
مفقودات الاحتراق — combustion losses (Eng.)
~ الانضغاط — compression losses (Eng.)
~ التبَخُّر — evaporation losses (Eng.)
~ التسَرُّب — leakage losses (Nuc. Eng.)
~ التكثيف — condensation losses (Eng.)
~ التوزيع — distribution losses (Eng.)
~ قَلْبيَّة — core losses (Elec. Eng.)
~ المُتحَرِّض — armature losses (Elec. Eng.)
مِفَكّ: مِفَكُّ مَساميرَ مُلَوْلَبة — screw-driver
~ بِسَقّاطة — ratchet screw-driver (Eng.)
~ صَليبيُّ الرأس — cross-point screwdriver (Eng.)
~ «فيليبس»: مِفَكُّ بَراغي مُصَلَّبُ الرأس — Phillips screwdriver (Eng.)
~ مُجَنَّب — offset screwdriver (Eng.)
مُفَكِّرة، مُذَكِّرة — agenda, aide-mémoire, memobook, notebook
مُفَكَّك — disassembled, unassembled, disjointed
مُفَكِّك، حالّ — resolvent (Chem., Maths.)
~ المُستَحْلَب — demulsifier (Chem.)
مَفكوك — disengaged, disjointed
~ التعبير — expansion of an expression (Maths.)
مِفلاك، قُبّة فَلَكيَّة اصطناعيَّة: نَموذجٌ يُمثِّل النظامَ الشمسيّ — planetarium (Astron.)
مَفْلَت، مَهْرَب — escape *(n.)*
مُفْلِتة، مِضْبَطُ الانفلات — escapement (Eng.)
مُفَلَّج — cleft, flared
مُفَلِّجةُ مَناشير — saw-set = saw swage (Eng.)
مُفْلِس — bankrupt
~ تمامًا — stone-broke
مُفَلْطَح، مُنبعِجٌ عند القُطبَين — oblate *(adj.)*
~: مُبَسَّط مُسَطَّح — flattened, flat, splay
مُفَلْطِح: مُسَطِّحٌ مُبَسِّط — flattener
مُفَلْطِحة، مِطرقةُ تسطيح — flatter (Eng.)

cracked, cleft, split **مُفَلَّع، مَشْقوق**
annihilator (Maths., Phys.) **مُفْنٍ**
indexed **مُفَهْرَس**
understood **مَفهوم**: جَرى فَهمُه واستيعابُه
concept ~: فِكرة أو تصَوُّر مُعَيَّن
misconception ~ خاطِئ، فِكرةٌ خاطِئة
implicit ~ ضِمْنًا
common knowledge ~ عامّ
intelligibility **مَفْهوميَّة**
authorized, empowered **مُفَوَّض، مُخَوَّل**
commissary, commissioner ~ شُرطة
useful, beneficial **مُفيد، نافِع**
مَفيض، قناةُ تَصْريف الفائض (من مياه
spillway = bye-channel (Civ. Eng.) السد)
~ حِسابيّ: لا يستطيع الحاسوب خَزْنَه
overflow (Comp.)
siphon spillway (Civ. Eng.) ~ مَثْعَبيّ
opposite, facing **مُقابِل، مُواجه**
opposite, contrary ~، مُضاد
corresponding, analogous ~ (مُماثِلَة)
inverse sine, arc-sine (Maths.) ~ الجَيْب
arc-cosine, anticosine (Maths.) ~ جيب التمام
inverse tangent = arc-tangent (Maths.) ~ الظِّل
arc-cotangent, anticotangent (Maths.) ~ ظِلّ التمام
inverse secant = arc-secant ~ القاطِع
arc-cosecant, anticosecant (Maths.) ~ قاطع التمام
anti-logarithm (Maths.) ~ اللوغاريتم
antiparallels (Maths.) **مقابِلا المُتَوازِيَيْن**
abeam **مُقابِلًا لِمُنتصَف جانب السفينة**
interview; encounter **مُقابَلَة، مُواجَهَة**
comparison, analogy, matching ~، مُقارَنة
one-to-one correspondence (Maths.) ~ واحد لواحد
anti-, opposite **مُقابِلة**
fighter (aeroplane), combat plane (Mil.) **مُقاتِلة**: طائرةُ قِتال
converging **مُقارِب، مُتَقارِب، مُتَلامّ**
asymptote (Maths.) ~، خَطٌّ مُقارِب
juxtaposition **مُقارَبَة، تَجاوُر، تَجانُب**
approach ~، مَأتى

comparative *(adj.)* **مُقارَن، نِسْبيّ**
comparator (Phys.) **مُقارِن**
optical comparator, visual comparator (Acous.) ~ بَصَريّ
thermal comparator (Phys.) ~ حَراريّ
dial comparator (Eng.) ~ ذو ميناء، ~ مَدالي
stereocomparator (Phys.) ~ مِجْساميّ
analog comparator (Phys.) ~ نَظيريّ
comparison, analogy **مُقارَنة**
size, caliber *(n.)* **مَقاس**
tire size, tyre size (Autos.) ~ الإطار
girth *(n.)* (Bot.) ~ الخَصْر
clearing *(n.)* **مُقاصَّة** (مصرفية)
retardance, retardation **مُقاصَرة**: تقاصُرٌ إعاقي حَركي
inertance ~، المُحاثَّة الصوتيَّة
boycott *(n.)* **مُقاطعة** (اقتصادية)
province, district, county (Geog.) ~، إقليم
interrupt (Comp.), interruption ~: تدَخُّلٌ قاطِع
article, essay **مَقالة**
switches (Elec. Eng.) **مَقاليد**: (أنظُر: مِقلاد)
~ (أو مفاتيحُ) مُتَواصِلة (أو مُتَقارِنة)
linked (or coupled) switches (Elec. Eng.)
~ مَقرونة، مفاتيح (كهربائية) متقارِنة
coupled switches
denominator (Maths.) **مَقام**: مَخْرجُ الكَسْر
common denominator (Maths.) ~ (أو مخرجٌ) مُشترك
least common denominator (Maths.) الـ ~ (المَخرجُ) المُشتَرَكُ الأصغر
~ النَّغَم: النغم الأساسي، القرار
keynote (Acous.)
contractor *(n.)* **مُقاوِل، مُلْتَزِم، مُتَعَهِّد**
building contractor (Build.) ~ أو مُتَعَهِّدُ بِناء
subcontractor *(n.)* ~ (أو مُلْتَزِم) فَرعيّ
co-contractor ~ مُتَضامِن، مُتَعَهِّدٌ شَريك
resistant, resistive *(adj.)* (Phys.) **مُقاوِم**
resistor *(n.)* (Elec. Eng.) ~: ~ كهربائي
bias resistor (Electron.) ~ انحِيازي
fusible resistor (Elec. Eng.) ~ انصِهاري
adjustable resistor ~ انضِباطي

earthing resistor (Elec. Eng.) ~ تأريض
anti-corrosion (Chem.) ~ التأكُّل
anti-freeze *(n., adj.)* (Eng.) ~ التجَمُّد
~ تسخين: يُوَلِّدُ الحرارة في المُسَخِّن
heating resistor (Elec. Eng.)
surge resistor (Elec. Eng.) ~ التمَوُّر
fixed resistor ~ ثابتُ (المُقاوَمة)
inductive resistor (Elec. Eng.) ~ حَثّي
thermal resistor, thermistor (Elec. Eng.) ~ حَراريّ، ثِرْمِستور
carbon refractory (Elec. Eng.) ~ ~ كَربونيّ
antacid; acid resisting (Chem.) ~ الحَمْض، ~ الحوامِض
dropping resistor (Elec. Eng.) ~ خافِضٌ (للقلطية)
~ رُطوبيّ: حَسّاسٌ للرطوبة المُكتَنِفة
hygristor (Elec. Eng.)
silicon resistor = silistor (Elec. Eng.) ~ سِليكوني
~ «شاپرون»: ~ سِلكيّ خفيض المُفاعَلة
Chaperon resistor (Elec. Eng.) المُتخَلِّفة
الـ ~ الشَّبَكي: لإخماد أو تَوهين
grid stopper (Radio) الاهتزازات
film resistor (Elec. Eng.) ~ شَريطي غِشائيّ
shockproof (Eng.) ~ الصدمات
anti-frost (Eng.) ~ الصقيع
fusible resistor (Elec. Eng.) ~ صَهُور
standard resistor (Elec. Eng.) ~ عِياريّ
metal-film resistor (Elec. Eng.) ~ فِلزِّيُّ الغِشاء
ballast resistor, barretter, ballast tube (Elec. Eng.) ~ كابح
~ كربوني: تزداد مُقاومتُه بانخفاض
carbon resistor (Elec. Eng.) الحرارة
non-inductive resistor (Elec. Eng.) ~ لاحَثّي: عديم الحثِّية تقريبًا
anti-friction *(adj.)* (Eng.) ~ للاحتِكاك
decay resistant (Phys.) ~ للانحِلال، مُضادٌّ للتعَفُّن
anti-spin *(adj.)* (Aero.) ~ للتّدويم
field resistor, field regulator (Elec. Eng.) ~ لتنظيم المَجال
thermoresistant *(adj.)* (Phys.) ~ للحرارة
acid-resistant *(adj.)* (Chem.) ~ لِلحَوامض
moisture resistant (Phys.) ~ للرطوبة

مُقاوِم (تابع)

~ للزيت — oil-resistant *(adj.)*

~ للصَّقيع، مُضادُّ الجمَد — anti-frost *(adj.)* (Eng.)

~ للماء، صامِدٌ للماء — water resistant, waterproof *(adj.)*

~ للنّار — fire resisting, fireproof

~ مُتَغَيِّر: تتغيَّر قيمتُه عكسيًّا مع هبوط الفُلطيَّة — variable resistor = varistor (Elec. Eng.)

~ ~ ذو مُكَثِّف — condenser rheostat

~ ~ ضَوئي — photovaristor (Phys.)

~ مُحَدِّد للتيّار — current-limiting resistor (Elec. Eng.)

~ مُزدوِج السلك: خفيضُ المُفاعلة المُتخالفة — Chaperon resistor (Elec. Eng.)

~ مِغنطيسي: يُتَحكَّمُ في مقاومته بمجالٍ مغنطيسيّ — magnetoresistor (Elec. Eng.)

~ مَهبطي — cathode-resistor (Electron.)

~ نازِف — bleeder resistor (Elec. Eng.)

مُقاوَمة — resistance (Phys., Elec. Eng.)

~: شِدَّةُ أو قُوَّةُ التحمُّل — strength *(n.)* (Eng., Mech.)

~ إبداليَّة: تُستَخدَمُ مُؤقَّتًا (لِتقَصّي الأعطال) — substitutional resistance (Elec. Eng.)

~ إجهاد الضغط — compressive strength (Eng.)

~ الاحتكاك السَّطحي — surface friction drag (Aero.)

~ احتكاكية — frictional resistance

~ الأرض — ground resistance, earth resistance (Elec. Comm.)

~ الإشعاع — radiation resistance, (Elec. Comm.) radioresistance (Radiology)

الـ ~ الإطارية — loop resistance (Elec. Comm.)

~ الالتِواء — torsional strength (Eng.)

~ الانثناء — flexural strength (Eng.)

~ الانحِناء — bending strength (Eng.)

~ الانحِياز — bias resistance (Electron.)

~ انحيازِ الشبَكة — grid-bias resistance (Electron.)

~ انزلاقيَّة — slide resistance, slide rheostat (Elec. Eng.)

~ الانسِحاج — abrasion resistance (Eng.)

~ الانسِحاق — crushing strength (Eng.)

~ الانضِغاط — compressive strength (Eng.), retroactive tenacity (Eng.)

~ الانفِجار — bursting strength (Eng.)

~ الانكِماش (الاقتصادي) — reflation

~ أوميَّة — ohmic resistance (Elec. Eng.)

الـ ~ بالأُوم — ohmage (Elec. Eng.)

~ البِلَى — wear resistance (Eng.)

~ التأكُّل — corrosion resistance (Chem. Eng.)

~ التحديب — buckling strength (Eng.)

الـ ~ التداخليَّة — interference drag (Aero.)

~ التحميل — bearing strength (Eng.)

~ التردُّد العالي: المُقاومةُ على التردُّد العالي — high-frequency resistance (Radio)

~ تزايُديَّة — incremental resistance (Electron.)

~ التزَحُّف — creep resistance (Eng.)

~ التسَرُّبيَّة، ~ التسَرُّب — leakage resistance (Elec. Eng.)

~ التصدُّع — disruptive strength (Eng.)

~ التعتيق — anti-ageing *(n., adj.)* (Met.)

~ تفاضُليَّة — differential resistance (Elec. Eng.)

~ تفريعيَّة — shunt resistance (Elec. Eng.)

~ تفريغ المَجال — field-breaking resistance, field-discharge resistance (Elec. Eng.)

~ تماسيَّة: بين المقوِّمات المُتماسَّة — contact resistance (Elec. Eng.)

~ التمَزُّق — disruptive strength (Elec. Eng.), tear(ing) strength (Eng.)

~ توازٍ، ~ على التوازي — parallel resistance, shunt resistance

~ تَوالٍ، ~ على التوالي — series resistance (Elec. Eng.)

~ الثَّنْي — bending (or flexural) strength

~ ~ القُصوى — ultimate bending strength (Eng.)

الـ ~ الجانبيَّة — lateral resistance (Aero.)

~ الجانبيَّة — profile drag (Aero.)

~ الجَرّ — traction resistance (Eng.)

~ حراريَّة — thermal resistance (Elec. Eng.)

الـ ~ الحَرِجة — critical resistance (Elec. Eng.)

~ الحِناية — bending strength (Eng.)

~ خارِجيَّة — external resistance

~ خافضة لشِدَّة الإضاءة — dimming resistance (Elec. Eng.)

~ الخَرْج — output resistance (Elec. Eng.)

~ الخُضوع — yield strength (Eng.)

~ خَطِّية — linear resistance (Elec. Eng.)

~ الخَلَل — fault resistance (Elec. Eng.)

~ داخليَّة — internal resistance (Elec. Eng.)

~ الدُّروج — rolling resistance (Mech.)

الـ ~ الديناميَّة — dynamic strength (Eng.)

الـ ~ ~ (أثناءَ التشغيل) — dynamic resistance (Eng.)

~ الرُّطوبة — wet strength (Eng.)

~ الركيزةِ لِلدَّقّ — refusal *(n.)* (Civ. Eng.)

~ الرِّيح — wind resistance (Meteor.)

~ سالِبة — negative resistance (Electron.)

~ سائليَّة — liquid resistance (Elec. Eng.)

~ السَّحْب — drag *(n.)* (Aero.)

~ سَطْحية — peripheral resistance

~ شَبَكية: للتيّارات العالية — grid resistance (Elec. Eng.)

~ الشدّ — tensile strength (Eng., Met.)

~ الصَّدْم — impact strength (Eng.)

~ الصَّهْر (أو الانصِهار) — refractoriness

~ صَوتيَّة، مُعاوَقة صَوتية: وحدتُها الأوم الصوتي — acoustic resistance (Acous.)

~ ضَغطية — pressure drag (Aero.)

~ الظُّلْمة: مقاومةُ خليَّة كهرضوئية في الظلمة — dark resistance (Elec. Eng.)

~ العازِل — dielectric resistance (Elec. Eng.)

~ العَتَبة: قُوَّةُ احتمالِها — beam strength (Civ. Eng.)

~ عَرَضيَّة: بفعل المُحاثَّة للتيار المُتناوِب — spurious resistance (Elec. Eng.)

~ العَزْل (أو العازِل) — insulation resistance, insulance (Elec. Eng.)

~ عِياريَّة — standard resistance (Elec. Eng.)

~ غامِرة — swamping resistance (Elec.)

~ الغِشاء — skin drag (Aero.)

~ غيرُ فعّالة — passive resistance

~ الفَتيلة — filament resistance (Elec. Eng.)

~ الفَرمليّة — brake resistance (Eng.)

مُقاوَمة (تابع)

الـ ~ الفَعّالة — effective resistance

~ فَوق العالية: تُساوي أو تزيدُ على ١٠٠ ميغاأوم — ultrahigh resistance (Elec. Eng.)

~ قابلة للتعديل، ~ ضَبُوط — adjustable resistance (Elec. Eng.)

~ قارِنة — coupling resistance (Elec. Eng.)

~ القَصّ — shear strength, shear resistance (Mech.)

الـ ~ القُصوى — ultimate strength (Eng.)

~ القَطْع — breaking strength (Eng.)

~ القوس الكهربائي — arc resistance (Elec. Eng.)

~ كَبْح: بينَ خَطَّي السكَّة عبرَ الأرضية — ballast resistance (Elec. Comm.)

الـ ~ الكَبْحِيَّة — brake resistance (Eng.)

~ الكسرِ أو القَطْع — breaking strength

~ الكَلال — fatigue strength, fatigue resistance (Eng.)

الـ ~ الكُلِّية — total drag (Aero.)

~ كهربائية — electrical resistance

~ كهروستاتية — electrostatic resistance

~ لاخَطِّيَّة — non-linear resistance (Phys.)

الـ ~ اللُّزوجيَّة — viscous drag, viscous resistance, viscosity drag (Phys.)

~ مانِعة (للذبذبة المُشَوِّشة) — stopper *(n.)* (Electron.)

~ مائيَّة مُتغَيِّرة — water rheostat (Elec. Eng.)

الـ ~ المُتبقِّية أو المُتخلِّفة — residual resistance (Phys.)

~ مُتغَيِّرة: لتعديل شِدَّة التيّار — variable resistance = rheostat (Elec. Eng.)

~ (~) اِنزِلاقيَّة — slide resistance (Teleg.)

~ ~ لِضَبْط السرعة (في مُحرِّك) — speed-adjusting rheostat (Elec. Eng.)

~ مَرِنة (لمادةٍ تحت الضغط) — elastoresistance (Elec. Eng.)

الـ ~ المُستَحَثَّة — induced drag (Aero.)

~ مِصباحيَّة — lamp resistance (Elec. Eng.)

~ المصدر — source resistance (Elec. Eng.)

~ مُضائلة — damping resistance

الـ ~ المُطلَقة — absolute strength (Eng.)

الـ ~ المِغنَطيسيَّة — magnetic resistance, magnetoresistance (Elec. Eng.)

~ مُفَرَّعة — tapped resistor (Elec. Eng.)

~ مُقِرَّة — steadying resistance (Elec. Eng.)

~ مُكافِئة — equivalent resistance

~ المنجَم (لتيّارِ التهوية) — mine resistance (Civ. Eng.)

~ المَوادّ — strength of materials (Eng.)

~ موازِنة — balanced resistance (Elec.)

~ الموائع، ~ مائِعيَّة — fluid resistance (Elec. Eng.)

~ مَوجيَّة — wave drag (Phys.)

~ ميكانيكية — mechanical resistance (Phys.)

الـ ~ النوعيَّة، المُقاوِميَّة — specific resistance = resistivity (Elec. Eng.)

~ الهَصْر — crushing strength (Eng.)

~ الهواء، ~ هَوائية — air drag (Mech.)

~ الهَوائي — aerial resistance (Radio)

~ وِقائيَّة — preventive resistance

مُقاوَميَّة: إمكانيَّةُ المُقاوَمة — resistibility *(n.)* (Elec. Eng.)

المُقاوِميَّة، المُقاوَمة النوعيَّة — resistivity (Elec. Eng.)

~ الحَجْميَّة — volume resistivity (Elec. Eng.)

~ السطحيَّة — surface resistivity (Elec. Eng.)

~ الكُتليَّة — mass resistivity (Elec. Eng.)

مُقايَسُ الاتِّحاديَّة — stoichiometric (Chem.)

مُقايَسة: فَحصُ المُعايَرة — assay *(n.)* (Chem.)

~: مُقارَنة — comparison (Phys., Maths.)

~ حيوية — bio-assay (Biol., Med.)

مُقايَضة، مُبادَلة — barter, exchange

مَقاييس تِرمومتريَّة (عِياريَّة) — thermometer scales (Phys.)

مُقَبًّى: على شكل قوس — arched (Arch.)

~: ذو طَوقٍ أو قَبَّة، مُقَبّاة — collared

مُقَبَّب — cupped, domed, dome-shaped (Arch.)

مَقْبِس، مأخَذُ التيّار — socket, plug receptacle, jack (Elec. Eng.)

~ الإجابة (لِوَصْلِ خَطِّ المُشتَرِك) — answering jack (Teleph.)

~ اختبار — test jack (Elec. Comm.)

~ أَسَليّ — tip jack (Elec. Eng.)

~ تَحويل — break jack (Teleph.)

~ تَغذية، مأخَذُ التيّار — outlet (Elec. Eng.)

~ (التيّار) — jack (Elec. Eng.)

~ جِداريّ — wall socket (Elec. Eng.)

~ الخَطّ — line jack (Elec. Eng.)

~ «سْوَان»: دَواةُ (مِصباحٍ) سِنانيَّة — Swan socket (Elec. Eng.)

~ الصِّمام — tube socket, valve socket, valve holder (Electron.)

~ مِسماريّ — pin jack (Elec. Eng.)

~ بِمِسمارَين — bayonet socket (Elec. Eng.)

~ المُشتَرِك — subscriber's jack (Teleph.)

~ مَوزيّ — banana jack (Elec. Eng.)

~ نابِضيّ — spring jack (Elec. Eng.)

~ النِّداء — calling jack (Teleph.)

~ وَسيط — jack (Elec. Eng.)

~ وَصْل — coupling socket (Eng.)

مَقْبِض، مِقْبَض — grip, handle, haft, hand

~ إدارةِ المِثقاب — bit-stock (Eng.)

~ أماميّ — foregrip *(n.)*

~ الباب — door knob (Carp.)

~ (أو زِرُّ) تَحَكُّم — control knob (Eng.)

~ التشغيل — operating handle (Eng.)

~ الرِّتاج، كُعْبُرَةُ المِزلاج — bolt knob

~ زَنْق — caging knob, locking knob (Eng.)

~ السَّيف أو الخِنْجر — hilt

~ العَتَلة — lever handle (Mech.)

~ الفأس أو البَلْطة — helve (Build.)

~ قَمْط — clamping handle (Eng.)

~ مُستعرِض — crutch handle

~ المِسْحاج — plane handle (Carp.)

~ المِقْطَع — cutter holder (Eng.)

~ المِنشار — saw handle (Eng.)

~ يدَوي، قَبضة يدَويَّة — hand grip (Eng.)

مُقبِّض، مُضَيِّق — constrictor, constrictive

مُقبِل، آتٍ مُستقبلًا — forthcoming

المَقبوضاتُ والنفقات — receipts and expenditures

مَقبول، مُرْضٍ — acceptable, agreeable

~، مَسموحٌ به — admissible, allowable

~، مُعترَفٌ به — accepted, acknowledged

مَقبوليَّة، تَقَبُّليَّة — acceptability, admissibility

مُقْتات — feeder, eater (Ecol.)

~ بالأعشاب، عاشِب — herbivore; herbivorous (Zool.)

~ بالحشرات — insectivore; insectivorous (Zool.)

~ باللحوم، لاحِم — carnivore; carnivorous (Zool.)

مُقَتَّب — humped, hog-backed

مُقترَب، مأتًى approach
مُقترِب approaching
مُقترَح proposed, suggested
مُقترِض borrower
مُقترِع voter
مُقترِن: مُتَّصِل linked, connected, adjoined, conjoint
~، مُتَقارِن، مُقارِن associated, conjunct, concomitant
مُقتصِد، مُوَفِّر economizer, economical, thrifty, saving
~ (في استهلاك) البنزين gasoline economizer (or economiser)
مُقتصِدةُ الوقود fuel economizer (Eng.)
مُقتَصِر (أو مقصور) **على فئة مُعَيَّنة** exclusive, restricted
مُقتَضًى، مُتطَلَّب required, needed
مُقتَضَب، مُختَصَر brief, abridged, concise
مُقتَضِبُ الذُّروة peak clipper (Elec. Comm.)
مُقتطَع cut *(n.)*
~ بترولِيّ petroleum cut (Pet. Eng.)
مُقتطَعاتٌ من الراتب (للضريبة والتأمين) stoppages
مُقتَفٍ، قَفّاء tracer (Phys.)
~ غازِيّ gas tracer (Mining)
~ مُشِعّ، قائفٌ إشعاعِيّ radioactive tracer, radio-tracer (Med., Eng.)
~ نظائرِيّ، ~ نَظيرِيّ isotopic tracer, tag (Med., Eng.)
مُقتَلَع extracted, pulled out, plucked out
مُقتَلِع، مُستَخرِج extractor *(n.)*
مُقحَم intercalate(d), inserted
مِقداح، زَنْدُ القَدْح trigger (Mil.)
مِقدار، كَمِّيَّة amount, quantity, deal *(n.)*
~، ~ الجُرعة، جُرعة dose (Med.)
~، قَدْر magnitude (Phys.)
~ أُحاديُّ الحَدّ monomial (Maths.)
~ أدنى minimum
~ أقصى maximum
~ التَّقلُّص shrink(age), contraction (Eng., Phys.)
~ التمَدُّد expansion *(n.)* (Phys.)
~ جَبْرِيّ algebraic expression (Maths.)
~ الخَطأ، مَحِيد error *(n.)*
الـ ~ الزاوِيّ angular magnitude (Maths.)
~ الزيادة increment (Phys.)
~ ضَئيل trace
~ الغاطِس sinkage *(n.)*
~ كافٍ sufficiency *(n.)*
~ مُتعَدِّدُ الحُدود multinomial expression (Maths.)
الـ ~ (مَقِيسًا) باليارْدات طُولًا أو بالياردات المُكعَّبة حَجمًا yardage *(n.)* (Civ. Eng.)
الـ ~ النسبِيّ relative magnitude (Maths.)
~ النقص decrement (Phys.)
مِقدارِيّ، كَمِّيّ quantitative
مُقَدَّر، مُقوَّم، مُخمَّن rated, estimated
~ (كَمَصيرٍ محتوم)، قضاءً وقَدرًا destined, fated
~ (أو مُقرَّر) سَلَفًا predetermined, presupposed *(adj.)*
~ ضِمنًا implicit, tacit, implied
~ على أساس التشغيل المُستمِرّ continuously rated *(adj.)* (Elec. Eng.)
مُقَدِّر، مُخمِّن estimator, assessor
~ الكَمِّيّات: ومُتابعُ الأعمال المُنجزة quantity surveyor (Civ. Eng., Build.)
~ المَدى rangefinder (Surv.)
مَقدِرة، استِطاعة، أهليَّة capability, ability, capacity
~ عَقليَّة، نَباهة mind, mental ability, intelligence
مُقدَّم، مُتَقدِّم advance(d)
~، حَدُّ النسبةِ الأوّلُ أو المُقَدَّم antecedent *(n.)* (Maths.)
~: رُتبة عَسكريَّة lieutenant-colonel (Mil.)
~ السفينة bow, cutwater, stem, prow
~ الطائرة nose, bow (Aero.)
~ المَجْمَرة forehearth (Eng.)
مُقدِّم: من يُقَدِّم offerer, presenter
~ الطلَب applicant
~ الطَّوْر phase advancer (Elec. Eng.)
~ العَرْض أو العَطاء bidder
~ العَطاء tenderer
مُقدِّمة، مُقدِّم header
~ الشريط tape header (Comp.)
مُقدِّمة preface, foreword
~ (مَنطقيَّة)، مُسَلَّمة premise *(n.)*
مِقذافيَّة: ديناميّاتُ مَسار المَقذوف ballistics (Phys.)
مَقذوف projectile, missile (Phys.)
~ تَطوافِيّ cruise missile (Aero.)
مَقذوفات بركانية (volcanic) ejecta, ejectamenta (Geol.)
مُقَرٌّ بالضغط pressure-stabilized *(adj.)*
مُقِرّ، مُثبِّت stabilizer *(n.)*, stabilizing *(adj.)*
~ التردُّد frequency stabilizer (Radio)
~ جَيروسكوبِيّ gyroscopic stabilizer, gyrostabilizer (Aero.)
~ الفُلطيَّة voltage stabilizer, stabilivolt
~ كهروإجهادي piezoelectric stabilizer
~ ميكانيكي mechanical stabilizer (Phys.)
مَقَرّ، مركز، موضِع seat, location, site
~ البطّارية battery receptacle (Eng.)
~ الشِّحنة seat of charge (Phys.)
~ الصِّمام valve seat(ing) (Electron.)
~ القيادة، مَركزُ الرئاسة headquarters
~ المُحرِّك motor housing (Eng.)
مِقراب telescope (Astron.)
~ الأشِعَّة السينيَّة X-ray telescope (Astron.)
~ إلكتروني electron telescope
~ تعَقُّب tracking telescope (Astron., Space)
~ سَمْتِيّ ارتفاعِيّ: لقياس الزوايا الفلكية altazimuth (telescope) (Surv.)
~ عاكِس reflecting telescope (Astron.)
~ العُبور transit instrument (Astron.)
~ فَلكي astronomical telescope (Astron.)
~ كاسِر، تِلِسكوب انكِساري refracting telescope (Astron.)
~ ليليّ: يُحَسِّنُ الرؤية في العَتمة scotoscope (Phys.)
~ (تِلِسكوب) مَيْدان field telescope (Opt.)
~ «نيوتُن» العاكِس، ~ نيوتُوني Newtonian reflector; Newtonian telescope (Astron.)
مِقرأة، قارِئة آليَّة reader (Comp.)
~ البطاقات (في الحواسيب الأولى) card reader (Comp.)
~ الشريط tape reader (Acous.)
مِقرار، مُقِرّ (أُنظر: مُقِرّ) stabilizer (Phys., Chem.)
مِقراض clipper, shears, snips *(n.)* (Eng.)
~ آلي power shears (Eng.)
~ أسلاك، مِقَصُّ أسلاك wire cutter(s), wire nippers, wire shears

مِقْراض (تابع)
~ تَقليم — secateur (Agric.)
~ صَفيح، مِقَصُّ صَفيح — tin snips (Eng.)
مِقرانٌ اتِّجاهي — directional coupler (Elec. Comm.)
مُقَرِّبة، عَضلةٌ مُقَرِّبة — adductor, adductor muscle (Zool.)
مُقَرَّر: تَمَّ إقرارُه وتحديدُه — set, settled, determined
~ أو مساق دِراسيّ — course of study
~ سَلَفًا — predetermined
مُقَرَّرات، قرارات — decisions, resolutions
مُقَرَّصة: كتلةُ الزجاج قبل النفخ — parison (n.)
مِقْرَضة، قَرّاضة (للألواح المعدنية) — nibbling machine (Eng.)
مِقْرَعة، ~ الباب — knocker, clapper
~ الجرَس — bell clapper (Eng.)
مَقْرَن، مَلْحَم — jugum (Zool., Geol.)
~، مُلْتَقى — commissure (Zool.)
~ رَوافِد — confluence, conflux (Geol.)
مُقْرَن، مَقْرون، مُتَقارِن — coupled
مِقْرَن، نير — yoke (n.)
~ الانحِراف — deflection yoke (Electron.)
~ تَثْبيت — fixing yoke, mounting yoke
~ حارِف (حول صمام الأشعة الكاثودية في التِّلفاز) — deflecting yoke (Telev.)
~ الصِّمام — valve yoke (Eng., Electron.)
~ الفِرجَون — brush yoke (Elec. Eng.)
~ قَمْط — clamp yoke (Eng.)
~ المَسْح — scanning yoke (Electron.)
~ المِغنَطيس — magnet yoke (Elec. Eng.)
مِقْرَنة، قارِنة، جُلْبةُ وَصْل — coupler; sleeve (n.) (Elec. Eng.)
~ الدليل المَوجيّ — waveguide connector (Elec. Eng.)
~ الكَبْل — cable coupler (Eng.)
~ هَوائيّات — antenna coupler (Elec. Comm.)
مَقروء، سَهْلُ القِراءة، واضِح — legible (adj.)
غيرُ ~ — illegible, indecipherable
مَقْرون — coupled, linked, yoked
~ مُباشَرةً — direct-coupled (adj.)
مُقَسٍّ، مُقَسِّية؛ مُقوٍّ — stiffener (Eng., Chem.)
مُقَسّى، مُصَلَّب، مُجَسّأ — hardened, stiffened

مُقَسَّط — in installments
مُقَسِّط الزّيت — oil dispenser (Eng.)
مُقَسَّم، مقسوم — divided, partitioned
مُقَسِّم، مُجَزِّئ — divider
~، مُوَزِّع — divider, distributor (Elec. Eng.)
~ الجُهْد (أو الفُلطيَّة) — potential divider (Elec. Eng.)
~ سَعَويّ — capacitive divider (Elec. Eng.)
~ الفُلطيَّة — volt box = voltage divider (Elec. Eng.)
مَقسِم (تلفوني) — switchboard, exchange (Teleph.)
~ آليّ خاصّ: بَدّالٌ هاتِفيّ أوتوماتيٌّ خاص — private automatic exchange
~ خاصّ — private exchange (Teleph.)
~ رَئيسيّ — trunk exchange (Elec. Comm.)
~ فَرعي — branch exchange (Teleph.)
~ (مركزُ تبادُلٍ) فَرعيّ — subexchange (Teleph.)
~ نَضَديّ، لوحةُ مَقاليد مِنضَديَّة — desk switchboard (Elec. Eng.)
~ الهاتف، لوحة مفاتيح التوزيع التلفوني — telephone switchboard (Teleph.)
~ ~ المَحَلّي — local exchange (Teleph.)
~ هاتفيٌّ تابع — satellite exchange (Elec. Comm.)
~ يدويُّ التشغيل — manual switchboard (Teleph.)
مَقْسَمُ الماء — water-shed (Geog.)
المَقسوم — dividend (n.) (Maths.)
~ عليه — divisor (Maths.)
مِقْشَدة — skimmer (Food Sc.)
مَقْشَدة — creamery
مِقْشَرة، قَشّارة — peeler, shucker (n.)
~ لِحاء — bark spud
مِقْشَط، مِقشطة — draw knife (Carp.)
مِقْشَطة، مِسْحاجٌ آليّ — planing machine (Eng.)
~، مِكشطة — scraper (Eng.)
~ تُروس — gear shaper (Eng.)
~ حافَيّة، ~ حوافِّ الألواح — edge planing machine, plate edge planer
~ سَحْج — planer, shaper, shaping machine

~ ~ مزدوجة القطعية — double-cut planer
~ عامَّة — universal shaper (Eng.)
~ قُشورِ المَراجِل — boiler scarfer (Eng.)
مَقشود — skimmed, creamed off (Food Sc.)
مِقَصّ، مِقراض — scissors, shears
~ ألواح — plate shears (Eng.)
~ تَخْريم (الحافات) — pinking shears
~ تقليم — secateur(s) pruning shears (Agric.)
~ تِمساحيّ — crocodile shears (Eng.)
~ ذِراعيّ — lever shears (Eng.)
~ شَطْبٍ زاويّ — bevel shears (Eng.)
~ الكُتَلِ المعدنية — billet shears (Met.)
~ مِقْصَليّ — guillotine shears (Eng.)
~ يَدَويّ — hand shears (Eng.)
مَقْصَد: مكانٌ مَقصود — destination
~: شيءٌ مقصود — intention
مُقَصْدَر: مَطليٌّ بالقصدير — tinned (adj.)
مُقَصْدَرات: صفائحُ مُقَصدرة تُحَضَّر في فُرن الكوك — cokes
مُقَصِّر — delinquent (adj.)
~، مُبَيِّض، قَصّار — bleacher, fuller
~ الدارةِ الأُوتوماتي — automatic short circuiter (Elec. Eng.)
مُقَصَّر، مُخْتَصَر — shortened, abridged
~: مُقَصَّرُ الدارة (الكهربائيّة) — shorted = short-circuited (Elec. Eng.)
مِقْصَلة: لِقَطْع كُدْسات الورق — guillotine
مَقْصود — intended
~، مُتَعَمَّد — intentional, deliberate, designed
مَقْصورة، حُجَيرة — booth
~: حُجرة (في سفينة أو طائرة) — cabin, compartment
~ الإسقاط — projection booth (Cinema)
~ الرُّكّاب — passenger compartment
~ الضغط — pressure cabin (Aero.)
~ القيادة — command module (Space)
~ المَصْعَد — car (Build.)
~ مُكَيَّفةُ الضغط — pressurized cabin (Aero.)
مِقْضَب، مِقضاب: مِقَصُّ تقليم — billhook
مِقطاب: مِقياسُ الاستِقطابية في سائل — polarimeter (Chem.)
مِقطابيّة — polarimetry (Chem.)
مِقطاع، مِقْطَعة، مِقطَع — cutter

مِقطاع (تابع)
~ دَقيق — microtome (Biol.)
مُقَطِّر: عامِلُ تقطير — distiller
مِقطَر، جهازُ تقطير — distiller, still (Chem.)
~ أُنبوبيّ — pipe still (Pet. Eng.)
~ بالبُخار — steam-still (Chem.)
~ تكسير — cracking still (Pet. Eng.)
~ دُفْعيّ — batch still (Chem.)
~ مِرجَليّ — pot still (Pet. Eng.)
مِقطراتٌ مُتعاقِبة — alternating stills (Chem.)
مَقْطَرة: معملُ التقطير — distillery (Chem.)
مِقْطَرة، مِقطَر — still, distiller (Chem.)
~ أُنبوبية — tube still (Pet. Eng.)
~ بُرجيَّة — tower still (Pet. Eng.)
~ الخام — crude still (Pet. Eng.)
~ خَوائيَّة — vacuum still (Pet. Eng.)
~ شَمْسيَّة — solar still
~ ضَغْطيَّة — pressure still (Chem.)
مُقَطْرَن: مُعالَجٌ أو مَطليٌّ بالقطران — tarred
مِقطَع، قَطّاعة — cutter (Eng.)
~، عُدَّةُ قَطْع أو فَصْل — parting tool (Eng.)
~ تَجويف — boring cutter (Eng.)
~ تحفيف — edge trimmer
~ تَدْوير — rounding cutter (Eng.)
~ تُروس — wheel cutter (Eng.)
~ تَسْطيح مُفْرَد الحَدّ — fly cutter (Eng.)
~ تَشكيل — forming cutter, moulding cutter (Eng.)
~ تَفْريز — mill, milling cutter *(n.)* (Eng.)
~ ~ أجوَف — hollow mill, shell mill (Eng.)
~ ~ جانبيّ — side-mill(ing cutter) (Eng.)
~ ~ زاويّ — angular milling cutter (Eng.)
~ ~ طرفيّ — end mill
~ ~ ~ نِصفيّ — half-side mill (Eng.)
~ ~ مُتوازٍ — parallel cutter (Eng.)
~ ~ مُحَدَّب — convex milling cutter (Eng.)
~ ~ مَخروطيّ — coned milling cutter
~ ~ مَوشوري — prismy cutter (Eng.)
~ ~ واجِهيّ — facing cutter (Eng.)
~ (~ وَجْهيّ) عريض القَطع — slabbing cutter (Eng.)
~ حِلْية، ~ مُحَدَّبات — bead-tool (Build.)
~ دَوّار — rotary cutter (Eng.)
~ زاويّ — angle cutter, angular cutter
~ زُجاج، قَطّاعةُ الزُّجاج — glass-cutter
~ شَطْبٍ زاويّ — angle planer (Eng.)
~ شَقّ — slitting mill (Eng.)
~ على البارِد — cold sett (or set or sate)
~ مَجرى الخابور — keyway tool (or cutter)
~ المِحراث — share *(n.)*
~ مُخَدَّدٌ دُوديّ — worm hob (Eng.)
~ مسامير — nail cutter
~ مُستَديرُ الطرَف — ball cutter (Eng.)
~ مُسَنَّنات — gear cutter (Eng.)
~ ~ مُخَدَّد: للتروس الحلزونية — hobbing cutter, hob (Eng.)
~ مُسَوَّق: له ساقٌ بين رأسِهِ ومِقْبَضِه — shank cutter (Eng.)
مَقْطَع: قِطْع، قطاع — section *(n.)*
~ أُفُقي، قِطاعٌ أفقي — horizontal section
~ تَوافُقي — harmonic section (Maths.)
~ جانبي — lateral section, profile
~ رأسيّ، ~ شاقوليّ — vertical section
~ زاويّ — angle section
~ طُولي، قِطاعٌ طولانيّ — longitudinal section (Eng.)
~ عَرضيّ — cross-section, transverse section (Eng.)
الـ ~ العُلْوي (للمبرد) — upcut (of a file)
~ عَمُوديّ، ~ قائم — right section, normal section
~ قَنَويّ: على شَكْل قناة — channel section (Eng.)
~ كَلِمة — syllable
~ مُتجانِس — homogenous section
~ مِحوريّ — axial section
~ مَخروطيّ — conic section (Maths.)
~ مُستَتِر — phantom section (Eng.)
~ مُستعرِض — cross-section, transverse section
~ ناظِميّ — normal section (Maths.)
مُقَطِّع — interruptor, intermitter (Elec. Eng.)
~ اهتزازيّ (للتيّار) — vibrator
~ التيّار — current interruptor (Elec. Eng.)
مِقطَعة، مِقطَع، قَطّاعة — cutter (Eng.)
~ أنابيبَ مِحوَريَّة — axial pipe cutter (Eng.)
~ الحَدّاد — hardy, hardie (Eng.)
مِقطَعيّ، قِطاعيّ — sectional
مِقطَلة — clipper, cropper
~ الحَواف — edger *(n.)*
~ مَسامير — bolt cropper (or clipper)
مَقْطور — towed, tugged, trailed
مَقطورة — trailer *(n.)*
~ سَفَرٍ سَكَنيَّة — travel trailer
~ صِهريجيَّة — tank trailer, trailmobile (Pet. Eng.)
~ الماء والوقود — tender (Railways)
~ (أو شاحِنة) مُغلَقة — box car (Railways)
مَقْطوع — broken (up), cut (off)
~، أقْطَع — truncated (Geom.)
~ النَّفَس، لاهِث — out of breath (Med.)
مِقْعار، ذَكَرُ لَولَبَة — plug tap (Eng.)
مَقْعَد — seat, bench
~، نَضَد، دَكَّة — bank *(n.)*
~ الصِّمام — valve seat (Eng.)
~ قَذْفيّ — ejection seat (Aero.)
~ المُجَذِّف — thwart (Naut.)
~ ينطوي (في سَيّارة) — jump seat
مُقْعَد، عاجِز — invalid *(adj.)*
مَقْعَدة: مُرتكز العمود — journal (Eng.)
~ عَمود ارتكازية — pivot journal (Eng.)
~ العَمود المِرفَقي (أو مُرتكزُه) — crankshaft journal, crank journal (Eng.)
~ المَحمِل — bearing journal (Eng.)
~ المِحور — axle journal (Eng.)
مُقَعَّر — concave, dished
~، قَعيري — synclinal (Geol.)
~ جيولوجي، قَعيرة — syncline (Geol.)
~ مُحَدَّب — concavo-convex *(adj.)* (Phys.)
~ مُستَوٍ — plano-concave *(adj.)* (Phys.)
~ الوَجْهَين — biconcave (Phys.)
مُقْفَل، مُغْلَق — locked, closed, shut
~ بالمِزلاج — bolted
مِقلاد، مِفتاحٌ كهربائي — switch *(n.)* (Elec. Eng.)
~ اتجاهي: يُعيِّنُ اتجاهَ السير — direction switch (Elec. Eng.)
~ أحاديُّ القُطب — single-pole switch
~ ~ القَطْع — single-break switch (Elec. Eng.)
~ إخفات — muting switch (Elec. Eng.)
~ إشعال، مِفتاحُ إشعال — ignition switch (Elec. Eng.)
~ إقلاع — starter switch (Eng.)
~ إلكترونيّ ترانزستوريّ — thyristor
~ أمان — safety switch

مِقْلاد (تابع)

~ (مِفتاحُ) أمانٍ ضغطيّ pressure safety switch (Elec. Eng.)

~ٌ انتقائي selector switch (Elec. Eng.)

~ٌ انزلاقيّ sliding switch (Elec. Eng.)

~ٌ أوتوماتي، مِفتاح أوتوماتي automatic switch (Elec. Eng.)

~ٌ بابيّ: مفتاح كهربائيّ يعملُ بحركة الباب door switch (Elec. Eng.)

~ٌ بَدْءِ الحرَكة start(ing) switch

~ٌ بِزرّ button switch (Elec. Eng.)

~ٌ بعَتَلةٍ مَفصِليَّة toggle switch (Elec. Eng.)

~ٌ بَيان: مِفتاحٌ يُبَيِّن إنْ كانت الدارةُ مُقفَلَةً أم لا indicating switch (Elec. Eng.)

~ٌ (مِفتاحُ) تأريض earthing switch (Radio), ground switch (Elec. Eng.)

~ تأريض الهوائي antenna earthing switch (Elec. Comm.)

~ٌ تَبديلي transwitch

~ٌ تجاوزِ الحِمْل الأوتوماتي: مِفتاحٌ يعملُ تِلقائيًّا عند تَجاوز الحِمل automatic overload switch (Elec. Eng.)

~ٌ تحويل change-over switch (Elec. Eng.)

~ٌ (أو مفتاحُ) تحويل أوتوماتي automatic change-over switch

~ٌ تَزامُنيّ synchronous switch (Elec. Eng.)

~ٌ تشغيل operating switch (Elec. Eng.)

~ٌ تَفريع tap switch (Elec. Eng.)

~ٌ تقارُبيّ: يعمل عند اقتراب جسم معيّنٍ منه proximity switch (Elec. Eng.)

~ٌ توازٍ وتوالٍ series-parallel switch

~ٌ تَواشُجيّ: يفتحُ الدارةَ عندَ فَتْح بابٍ أو غِطاءٍ مثلًا interlock switch (Elec. Eng.)

~ٌ ثِقاليّ، حامِلُ السمّاعة gravity switch, switch hook (Teleph.)

~ٌ ثُلاثيُّ الأقطاب triple-pole switch

~ٌ ثُلاثيُّ المَسالِك three-way switch

~ٌ (مِفتاحٌ) ثُلاثيُّ نُقَطِ التلامُس three-point switch (Elec. Eng.)

~ٌ ثُنائيُّ القُطب two-pole switch

~ٌ جِداريّ wall switch (Elec. Eng.)

~ٌ جَماعي ثُلاثيّ three-gang switch (Elec. Eng.)

~ ~ مُزدَوج two-gang switch (Elec. Eng.)

~ٌ حَدِّيّ أقصى ultimate limit switch (Elec. Eng.)

~ٌ حراريّ، ثِرمُوستات thermal switch thermoswitch (Elec. Eng.)

~ٌ خابوريّ key switch (Elec. Eng.)

~ٌ (مِفتاحٌ) خَفِيّ secret switch (Elec. Eng.)

~ٌ خَوائي vacuum switch (Elec. Eng.)

~ٌ (أو قاطِعُ دارة) بدَفْعِ الهَواء air-blast switch (Elec. Eng.)

~ٌ دَوّار rotary switch (Elec. Eng.)

~ٌ ذِراعيّ (لِلقَطْع والوَصْل) lever switch (Elec. Eng.)

~ٌ ذو سِكّتَين two-way switch (Elec. Eng.)

~ٌ راكِب، مِفتاحٌ ذو قوائم tropical switch = feet switch (Elec. Eng.)

~ٌ (مِفتاحٌ) رُباعيُّ الأوضاع four-position switch

~ٌ زِئبقيّ mercury switch (Elec. Eng.)

~ٌ زِناديّ trigger switch (Elec. Eng.)

~ٌ سَريعُ الفِعْل snap(-action) switch (Elec. Eng.)

~ٌ سَريعُ القَطْع quick-break switch

~ٌ سَقْفيّ: يُحَركه حبلٌ مُدَلًّى ceiling switch = pull switch (Elec. Eng.)

~ٌ (سِكّينيٌّ) بَطيءُ القَطْع slow-break switch (Elec. Eng.)

~ (~) ذو تَحويلتَين throw-over switch

~ (~) ذو مِصْهَر fuse-switch (Elec. Eng.)

~ٌ شَدٍّ، مِفتاحٌ سَقْفيّ pull switch

~ٌ شَمْسيّ: كَهرضَوئيّ يعملُ بطاقةِ الشمس sun switch (Electron.)

~ٌ صُغريّ، مِفتاحٌ دَقيق microswitch (Elec. Eng.)

~ٌ (صِماميّ) إلكترونيّ electronic switch

~ٌ طارِديّ: مِفتاحُ قَطْعٍ أو وَصْلٍ بالطَّرْد المركَزي centrifugal switch (Elec. Eng.)

~ٌ طَبْليّ drum switch (Elec. Eng.)

~ٌ الطوارِئ emergency switch

~ٌ عاكِس، مِفتاحُ توصيلٍ عاكِس reversing switch (or key) (Elec. Eng.)

~ٌ عَطالي inertia switch (Elec. Eng.)

~ٌ العُطْل: يفتحُ الدارةَ عند انهيار العَزْل breakdown switch (Elec. Eng.)

~ٌ فَرْعي branch switch (Elec. Eng.)

~ٌ فَصْلٍ (أو إعتاق) أوتوماتيّ trip(ping) switch (Elec. Eng.)

~ٌ فَصْل التعشيق disengaging switch

~ (~) المُحَوِّل: يفصِلُه عن المَنْبَع transformer switch (Elec. Eng.)

~ٌ (مِفتاح) فَصْلِ المُرسِل عن المُستقبِل antitransmit-receive switch (Electron.)

~ٌ فَوق صَوتي ultrasonic switch (Elec. Comm.)

~ٌ قِطاعيّ: يَصِلُ قِطاعَي مُوَصِّل رئيسيّ أو يقطَعُ بينَهما، مِفتاحُ قِطاعات section switch (Elec. Eng.)

~ٌ قَطْع break switch, stop switch

~ ~ التيّار cut-out switch (Elec. Eng.)

~ ~ ووَصْل on-off switch (Elec. Eng.)

~ٌ قَلّاب tumbler switch (Elec. Eng.)

~ٌ كَهرلي، مفتاحُ دارةٍ كهرلي electrolytic switch (Electron.)

~ٌ كَهرمغنيطيّ، مِفتاحٌ كهرمغنيطي electromagnetic switch (Elec. Eng.)

~ٌ لامُواسَعيّ: مِفتاحٌ ضَئيلُ السَّعة (وهو مفتوح) anticapacitance switch (Radio)

~ٌ مُؤَرَّض earthed switch (Elec. Eng.)

~ٌ مُبَدِّل commutator switch (Elec. Eng.)

~ٌ (مِفتاحٌ كهربائي) مُتَساطِح: غائرٌ في نُقرة recessed switch = flush switch

~ٌ مُتعَدِّدُ القَطْع: مِفتاحٌ يقطَعُ الدارةَ في عِدَّة نِقاطٍ multi-break switch (or circuit-breaker) (Elec. Eng.)

~ٌ المُحَرِّك، مِفتاحُ دارةِ المُحَرِّك motor switch (Elec. Eng.)

~ٌ مُحَرِّكيُّ التشغيل، مِفتاحٌ يُشَغَّلُ بمُحَرِّك motor-operated switch (or circuit-breaker) (Elec. Eng.)

~ٌ مَداليّ: مِفتاحٌ قُرصِي مُتعَدِّد المُلامِسات dial switch (Elec. Eng.)

~ٌ مُساعِد، مِفتاحٌ إضافي auxiliary switch (Elec. Eng.)

~ٌ مصهريّ switch-fuse (Elec. Eng.)

~ٌ (مَعزولٌ) حائلٌ للصَّدَمات الكَهربائية shockproof switch (Elec. Eng.)

~ٌ المِغْنيط magneto switch (Elec. Eng.)

~ٌ مُفرَدُ السِّكّة (وَحيدُ التحويل) single-throw switch (Elec. Eng.)

مِقلاد (تابع)
~ (مفتاح) مِقرَني عمومي bus-coupler switch (Elec. Eng.)
~ مَوقوت time switch (Elec. Eng.)
~ مَيّاد tilt switch (Elec. Eng.)
~ النِّطاقِ الترَدُّديّ band switch (Radio)
~ نَفحيٌّ زَيتيّ: يَعملُ بالهواء المَضغُوط والزيت pneumo-oil switch (Elec. Eng.)
~ هَوائيّ: مِفتاحٌ مُلامِساتُه في الهواء air-break switch (Elec. Eng.)
مِقلاع sling *(n.)*
مِقلَب: فَراشُ المِحراث mouldboard
مَقلَب: مكبُّ النُّفايات dump
مُقَلِّب، مِحْراك agitator, stirring rod
~ حَلَزونيّ (لِمُجانَسة المَزيج) spiral agitator
مُقلة: كُرة العَين eyeball (Zool.)
الـ ~: العَينُ كُلُّها eye (Zool.)
مُقَلَّد: زائف counterfeit, forged, fake
~: مُحاكًى imitated, imitation
مُقَلِّد: مُحاكٍ imitator
~: مُزَوِّر forger
مُقَلِّع، مُبْدِئُ الانطلاق starter (Eng.)
~ ذاتيّ self-starter (Autos.)
مَقلَع: مَقْلَع حِجارة عادية (أو غرانيتيّة) quarry, pit
مِقلَع: مِجَثّ grubber, uprooter (Agric.)
مُقلِق: مُسَبِّبُ الاضطراب perturbing, worrying, disturbing
مُقَلْقَل unstable, unsteady, labile
مُقَلِّل reducer
مُقَلَّم: مُخَطَّط striped, striated
~: مُشَذَّب trimmed, pruned
مَقلُوب، مَعكوس، عَكس inverse *(n., adj.)*
~: عَكْس inverse, reciprocal (Maths.)
~: مُنكَّس inverted, overturned
~ عامِلِ التضخيم inverted amplification factor (Electron.)
مُقَلْوَظة tap *(n.)* (Eng.)
مَقموط: مَشدودٌ أو مَربوط بقامِطة clamped
مُقَنطَر: ذو قناطِرَ أو مُتقوِّسٌ كالقَنْطرة arched, vaulted, arcaded
مُقَنَّع masked
مُقَنَّن: مُنَظَّم أو مُدَوَّن في قوانين coded, codified
~: مُوزَّع بِقَدْرٍ مُحَدَّد rationed
~: مُحَدَّدٌ بمقدارٍ مُعَيَّن rated (Eng.)
مُقَنَّنات غِذائيّة dietary allowances (Food Sc.)
مُقَوٍّ: مُعزِّز القُوة أو المتانة strengthening (Eng.)
~: مُنَشِّط invigorating, tonic (Med.)
مِقوَى: مِقياسُ القوة dynamometer, force meter (Eng.)
~ عَزمِ اللي torque dynamometer (Eng.)
مُقَوًّى، مُعَزَّز reinforced, strengthened
~، مُحَصَّن fortified
~ بشَريحةٍ أو طَوق shrouded (Eng.)
مِقوام: مِقياسُ القَوام consistency gauge, plastometer (Phys.)
مِقوَد، ذِراعُ التَّوجيه (في الدرّاجة) handle bar
~: رَسَن halter
~: آليَّةُ التحريك drive (Eng.)
~: آليَّةُ تحكُّمٍ أو ضَبْط control (Eng.)
~: لِجام bridle
~: عَجَلَةُ القيادة steering (wheel), driving wheel (Autos.)
~ مُؤازَرٌ آليًّا power steering (Eng.)
مُقَوَّر: مُجَوَّف bored, hollowed
مُقَوِّرة، مُخَلِّقُ ثُقوب broach (Eng.)
~، مُوَسِّعُ ثُقوب reamer = rimer (Eng.)
~ ثُقوبٍ اتِّساعيّة expanding reamer
~ نَجميَّة: مِسْحَلٌ برأسٍ نَجميّ rose reamer (Eng.)
مُقَوَّس arched (Arch.), curved, arcuate
مَقولَب، مُنَمْذَج modelled
~ النَّمَط stereotype
مُقَوَّم rectified *(adj.)*
مُقَوِّم، مُقَوِّمُ التيار: يحوِّلُ التيّارَ المُتناوِب إلى مُستَمِر rectifier (Elec. Eng.)
~: مُكَوِّن، أحدُ المكوِّنات component, constituent; ingredient (Chem.)
~ أُكسيد النُّحاس copper-oxide rectifier (Radio)
~ إلكتروليتي electrolytic rectifier
~ انحيازيّ bias rectifier (Electron.)
~ بِبُخار الزئبق mercury-vapour rectifier (Elec. Eng.)
~ بِلَّوريّ crystal rectifier (Radio)
~ ~ سالِبيُّ النَّمَط: من النمط س n-type crystal rectifier (Radio)
~ تَراخٍ عَكسيّ: يُحوِّل التيار المُستمِر إلى مُتناوِب relaxation inverter (Elec. Eng.)
~ تَلامُسيّ contact rectifier (Elec. Eng.)
~ تَنتالُمي (كهرلي) tantalum rectifier (Elec. Eng.)
~ التنغسْتِنِ والأرغون tungar rectifier (Electron.)
~ ثِرميُونيّ thermionic rectifier (Radio)
~ ثُلاثيُّ الطور three-phase rectifier (Elec. Eng.)
~ جِسريّ: قوامهُ ٤ مُقوِّمات تؤلِّفُ جسرًا bridge rectifier
~ خوائي vacuum rectifier (Elec. Eng.)
~ (ذو صمامٍ) ثُنائيّ diode rectifier (Radio)
~ ذو قَصَبةٍ مهتزَّة vibrating-reed rectifier (Elec. Eng.)
~ ذو كاثود بارِد cold-cathode rectifier (Electron.)
~ ذو لوحٍ جافّ dry-plate rectifier (Elec. Eng.)
~ ذو مَهبطٍ ساخِن hot-cathode rectifier (Electron.)
~ سِليكونيُّ التحَكُّم silicon-controlled rectifier (Electron.)
~ شَبَكيُّ التحَكُّم grid-controlled rectifier (Electron.)
~ شِبْهُ مُوَصِّل semi-conductor rectifier (Elec. Eng.)
~ صِماميّ tube rectifier, valve rectifier (Electron.)
~ (~) خَوائي vacuum(-tube) rectifier
~ عَكسيّ invertor, inverter, inverted rectifier (Elec. Eng.)
~ غَروانيّ colloid rectifier (Elec. Eng.)
~ غيرُ عُضويّ inorganic constituent (Chem.)
~ فِلِزِّي metal rectifier (Elec. Eng.)
~ الفُلْطيَّة voltage rectifier (Elec. Eng.)
~ قُدرة power rectifier (Elec. Eng.)
~ قَنطَريّ bridge rectifier (Elec. Eng.)
~ قوسيّ arc rectifier (Elec. Eng.)
~ ~ زئبقيّ mercury-arc rectifier

مُقَوِّم (تابع)

~ كِبريتيدي sulphide rectifier (Elec. Eng.)
~ كَهْرَليّ electrolytic rectifier (Elec. Eng.)
~ لَوحيّ plate rectifier (Elec. Eng.)
~ ~ نُقطيّ point-plate rectifier (Elec. Eng.)
~ مُبَدِّل commutator rectifier (Elec. Eng.)
~ مِغْنَطيسيّ magnetic rectifier
~ مِغْنيطروني magnetron rectifier (Electron.)
~ المَوجات، ~ مَوجيّ wave rectifier (Elec. Eng.)
~ مَوجاتٍ نافوريّ jet-wave rectifier
~ المَوجةِ الكامِلة full-wave rectifier (Elec. Eng.)
~ ميكانيكي mechanical rectifier
~ نَجميُّ التوصيل Y-rectifier, wye rectifier (Elec. Eng.)
~ نِصفُ مَوجيّ، ~ نِصفِ المَوجة half-wave rectifier (Radio)
~ ~ مُوَصِّل semi-conductor rectifier
~ وَحيدُ الطور single-phase rectifier
~ وَصْليّ junction rectifier (Elec. Eng.)

مُقَيِّئ emetic, vomitive, vomitory (Med.)

مِقياس، مُحدِّد قياس gage = gauge, meter (Eng.)
~، مِكيال measure
~، ثابتُ أو مُعامِلُ قياس modulus (Eng.)
~ أبعادِ الخَرائط chartometer (Surv.)
~ (اتساع) المَنْظَر view meter (Photog.)
~ الاحتكاك tribometer (Phys.)
~ الاختِراقيَّة penetrameter, penetrometer (Phys.)
~ الاختِمار fermentation gauge, zymometer (Chem.)
~ الأدهان oleometer (Chem.)
~ الارتفاع، مِعْلاء: مقياسُ العُلُوّ altimeter; hypsometer (Phys., Aero.)
~ ارتفاع راداريّ radar altimeter (Aero.)
~ الارتفاع الضَّغْطيّ pressure altimeter (Aero.)
~ ارتفاع مُسَجِّل recording altimeter
~ بأرياشٍ دَوّارة rotary-vane meter
~ الإزاحة displacement meter
~ الأُسِّ الهِدْروجينيّ pH-meter (Chem.)
~ إستِدلاليّ inferential meter

~ الاستطالة، ~ الامتداد extensometer, extensimeter
~ الاستِقطاب polarimeter (Chem.)
~ ~ الطيفيّ spectropolarimeter (Chem., Phys.)
~ الإشعاع radiometer, actinometer
~ ~ السَّماويّ pyranometer (Phys.)
~ إشعاعٍ شامِل panradiometer (Phys.)
~ ~ كهربائي electro-radiometer (Phys.)
~ الإشعاع المُؤَيِّن count ratemeter (Nuc. Eng.)
~ الإشعاعيَّة الطيفيَّة (بخاصةٍ في نطاق ما دون الأحمر) spectroradiometer (Phys.)
~ الإضاءة بالقَدَم شَمْعة foot-candle meter (Illum.)
~ أعماق، ~ العُمْق fathometer (Acous.)
~ الإغبراريَّة hazemeter (Meteor.)
~ الالتِصاقيَّة adherometer (Phys.)
~ الالتِواء torsion meter, torsiometer (Eng.)
~ الأمبير ampere-meter, ammeter (Elec. Eng.)
~ ~ ساعة ampere-hour meter
~ الامتصاص، مِمْصاص absorptiometer (Phys.)
~ الانتِشار effusiometer (Eng.)
~ الانحِراف deflectometer (Eng.)
~ الانزِلاق skiddometer (Eng.)
~ الانسياب flowmeter (Phys.)
~ الانسياق (أو الانحِراف) driftmeter (Aero.)
~ الانصهار الضغطيّ: يقيسُ أثَرَ الضغط في نُقطة الانصِهار manocryometer
~ الانضِغاط compressometer (Eng.)
~ الانعِراج yaw meter (Aero.)
~ الانعِكاس reflectometer (Phys.)
~ الإنفاذيَّة permeameter (Phys.)
~ إنفاذيةِ الجَوّ transmissometer (Meteor.)
~ ~ مِقْرَنيّ yoke permeameter (Elec. Eng.)
~ الانفِعال strainometer, strain gauge (Eng.)
~ انفِعالٍ مُقاوِميّ (ذو مُقاومةٍ تتبدَّلُ بالانفعال) resistance strain gauge (Elec. Eng.)
~ الانكِسار refractometer (Phys.)

~ الاهتِزاز vibrometer (Eng.)
~ «براون» و«شارْپ» لِقُطْر الأسلاك Brown and Sharpe Wire Gauge (Eng.)
~ بُعاديّ: يقيسُ من بُعد telemeter (Elec. Eng.)
~ البُعْد: ~ مسافات telemeter (Surv.)
~ ~ البُؤْري focometer (Phys.)
~ «بوردون»: لِضغط المَوائع Bourdon gauge, pressure gauge (Eng.)
~ «بوفورت»: لسرعة الريح Beaufort scale (Meteor.)
~ «بوميه»: لِكَثافةِ السوائل Baumé scale (Phys.)
~ بَيانيّ graphic(al) scale (Elec. Eng.)
~ البَينونات: مُحَدِّدُ الفَترةِ البَيْنيَّة intervalometer
~ التأيُّن ionization gauge (Chem.)
~ التَبَخُّر، مِبْخار atmometer (Phys.)
~ ~ الطبيعيّ، ~ التطايُريَّة vaporimeter, evaporimeter (Meteor.)
~ التجويف boring gauge (Civ. Eng.)
~ التَحَرُّكِ النِّسبيّ: بينَ جُزأي مَكِنة بتأكُّل المحامل bridge gauge (Eng.)
~ تَحَسُّسيّ (لِلثَّخانة) feeler gauge (Eng.)
~ التَحَمُّليَّة durometer (Eng.)
~ تخطيطي graphic instrument
~ التداخُل interferometer (Phys.)
~ التدفُّق flowmeter (Phys.)
~ ~ الغازيّ: لِمُقارنة الكُتَلِ الجُزَيئيَّة النسبيَّةِ للغازات effusiometer (Chem.)
~ ~ الفوّهيّ orifice meter (Hyd.)
~ ~ المِغنطيسيّ fluxmeter (Elec. Eng.)
~ تَدَفُّق الوقود fuel flowmeter (Eng.)
~ التذَبْذُب oscillometer (Phys.)
~ التردُّد frequency meter (Elec. Eng.)
~ تردُّدٍ هِترودايني heterodyne-frequency meter (Radio)
~ التسارُع accelerometer (Mech.)
~ التشَوُّه deformeter (Eng.)
~ التصريف discharge gauge (Hyd.), delivery meter (Eng.)
~ التعَرُّض الزمَنيّ time-exposure meter (Photog.)
~ تعَوُّق الاشتعال ignition lag meter, ignition delay meter (Eng., Autos.)

مِقياس (تابع)

ـ التغيُّر في ضغطِ البُخار (للكشف عن نقطة التحوُّل) tensimeter (Chem.)
ـ التفجُّريَّة explosiometer (Eng.)
ـ التفريغ، ـ الخَواء vacuum gauge (Phys.)
ـ التَّفويت slip meter (Elec. Eng.)
ـ التقوُّس curvometer (Eng.)
ـ التكوُّر spherometer (Eng., Opt.)
ـ التلوُّث contamination meter (Ecol.)
ـ التماسُك، ـ القَوام، مِقوام consistometer (Chem., Phys.)
ـ تمَدُّد extensometer, dilatometer (Phys., Chem.)
ـ التناضُح osmometer (Chem.)
ـ التناقُص decremeter (Radio)
ـ التنَفُّس breathometer, spirometer (Med.)
ـ التهايُؤ adaptometer (Med.)
~ التوتُّر tensometer, tensiometer (Phys.)
~ ~ (داخِلَ العَين مثلًا) tonometer (Med.)
~ ~ السطحيّ stalagmometer *(n.)* (Phys.)
ـ التيّار current meter, ammeter (Elec. Eng.)
ـ تيّارٍ ترانزستوريٍّ transistor current meter (Elec. Eng.)
ـ تيّارِ اللوح plate meter (Electron.)
ـ ثخانةِ الألواح المعدنية sheet-metal gauge (Eng.)
ـ ثخانةٍ فَوق صوتيّ ultrasonic thickness gauge (Phys.)
ـ الثَّقالة، ـ الجاذِبيَّة gravitymeter (Phys., Geol.)
ـ الثِّقَل النَّوعي gravimeter (Phys.)
ـ الثَّلج snow-gauge (Meteor.)
ـ ثُنائيّ binary scale (Maths.)
ـ الجاذِبيَّة، مِثقال: مِقياس الثَّقالة gravimeter (Phys.)
ـ جاذِبيَّةٍ اهتزازي vibration gravimeter (Phys.)
ـ الجُرعات (الإشعاعيَّة) dosemeter = dosimeter (Phys.)
ـ الجرَيان، ~ التدفُّق flowmeter (Phys.)

ـ جَمْل التردُّد integrating frequency meter, master frequency meter (Elec. Eng.)
~ ~ الحَجْم volume totaliser
~ ~ القِراءات (بالنسبة للزمن) integrating meter (Elec. Eng.)
ـ الجَهارة (بالفُون) phon-meter (Acous.)
~ ~ (بالديسيبل) decibel meter (Acous.)
ـ الجُهد الكهربائي voltmeter (Elec. Eng.)
ـ الجِير (في التُّربة) calcimeter (Chem.)
ـ جَيروسكُوبيّ gyrometer (Aero.)
ـ حَثّي induction meter (Elec. Eng.)
ـ الحَجْم (بإزاحةِ السائل) volumeter (Phys.)
ـ حَجْميّ cubic measure
ـ حِدَّة السَّمْع audiometer (Acous.)
~ ~ الشَّمّ osmometer (Med.)
ـ الحُدور (المِغنطيسيّ) declinometer (Elec. Eng.)
ـ حرارة، مِحرار thermometer (Phys.)
ـ الحرارة المِئويّ centigrade thermometer, Celsius thermometer
ـ حرارةٍ كهرضوئي photoelectric pyrometer (Elec. Eng.)
~ ~ مُسَجِّل recording thermometer
ـ حَراريّ thermometric scale (Phys.)
ـ الحَرَكيَّة: مِقياسُ قَوامِ اللدائنيّات mobilometer (Chem.)
ـ الحسّاسيَّة sensitometer (Photog.)
ـ الحَفْر، ـ الثَّقب boring gauge (Eng.)
ـ الحُيود diffractometer (Phys.)
ـ حُيود الأشِعَّة السِّينيَّة X-ray diffractometer (Phys.)
ـ خَرائط، ـ الخطوط المُنْحَنِيَة map measurer = opisometer (Geog., Surv.)
ـ (خَطَأ) الانكسار (في العَين) refractionmeter (Opt., Med.)
ـ الخطوطِ الحديدية rail gauge (Railways)
ـ خَطِّيّ (أو طُوليّ) linear scale (Eng.)
ـ الخُلوص clearance gauge (Eng.)
ـ الخواء، ـ التفريغ vacuum gauge (Phys.)
ـ درجات الحرارة temperature scale
~ ~ ~ المطلقة absolute temperature scale (Phys.)

ـ (درجة) التضمين modulometer (Radio.)
~ ~ الغَلَيان ebulliometer (Phys.)
ـ (~) المُرونة elastometer (Eng.)
ـ الدَّفق flow gauge (Hyd.)
ـ دَقيقُ التدريج fine scale (Eng.)
ـ دقيقٌ لِمُعايرة اللولَبة optimeter, omtimeter (Eng.)
ـ دَوّار rotameter (Phys.)
الـ ـ الديناميُّ الحراري (بالدرجات المُطلَقة) thermodynamic temperature scale (Phys.)
~ «رانكين»: مِقياسٌ للدرجاتِ المُطلَقةِ بِدَرجات الفرنهيت Rankine scale (Phys.)
ـ الرائحة: شِدَّةٌ ودَواميَّة odorimeter, olfactometer (Chem.)
ـ الرَّسْم drawing scale (Eng.)
ـ (رَسْم) الخريطة map scale (Surv.)
~ ~ خَطّيّ (أو تخطيطيّ) graphic scale
~ ~ طبيعيّ: تُمثَّلُ فيه الأجزاءُ العَموديَّة والأُفقيَّةُ بالمقياس ذاتِه natural scale (Surv.)
ـ الرُّطوبة، مِرطاب hygrometer (Phys.)
ـ رُطوبة الجَوّ (ذو البَصَلتَين المُخَضَّلة والجافة) psychrometer = wet-and-dry-bulb hygrometer (Meteor.)
~ ~ مُقاوميّ hygristor (Elec. Eng.)
ـ الرَّقم الهِدْروجينيّ pH scale, pH-meter (Chem.)
ـ رَقميّ: يُعطي الكميَّةَ المَقيسة عَدديًّا digital gauge, digital meter (Elec. Eng.)
ـ الريح wind gauge, anemometer (Meteor.)
ـ «رِيختَر»: مقياس لِشِدَّةِ الزَّلازل (مَداهُ من ١ إلى ٩) Richter scale (Geol.)
ـ «ريومر»: درجةُ تجمُّدِ الماء النقي به صِفر ودرجةُ الغَلَيان ٨٠ Reaumur scale (Phys.)
ـ الزوايا goniometer (Eng.)
ـ الزيت oleometer (Eng.)
ـ السَّحْب draft gauge (Eng.)
ـ السُّرعة velocimeter (Phys.), speedometer (Autos.)
~ ~، مِرسَمةُ السُّرعة velocity log
~ ~ بالنسبة للأرض ground-speed meter (Aero.)

مِقياس (تابع)

ـہ سُرعة التيار current meter (Hyd.)
~ ~ الدَّوران tachometer (Surv.)
~ ~ الرِّيح anemometer (Meteor.)
~ ~ كَوثَليّ taffrail log (Naut.)
~ ~ الهواء air velocity meter, velometer (Meteor.)
ـہ سَرَيان الماء water-flow meter
~ ~ الموائع في الأنابيب flowmeter
ـہ السُّطوح، ـہ المُسَطَّحات planimeter (Surv.)
ـہ السُّكَّر (الاستِقطابي أو الكثافي) saccharimeter, saccharometer (Chem.)
ـہ «سِلْسِيُوس»: المقياسُ المِئويّ لدرجاتِ الحرارة Celsius scale (Phys.)
ـہ السَّمْع audiometer, sonometer (Acous.)
ـہ الشَّامسيَّة: مِقياسُ الإشعاعِ الشَّمْسيّ solarimeter (Phys.)
ـہ الشدّ tensometer (Eng.)
ـہ الشِّدَّة intensitometer (Photog.)
ـہ (شِدَّة) الإضاءة، مِضْواء illuminometer, light meter, photometer (Phys.)
ـہ الشِّدَّةِ الإضائيَّة للإشعاعات dynactinometer (Phys.)
ـہ شِدَّةِ الروائح واستِدامَتِها odorimeter, olfactometer (Chem.)
~ ~ (الزلازل) intensity scale (Geol.)
ـہ الشِّدةِ اللونيَّة colorimeter (Photog.)
ـہ شِدَّةِ المَجال field strength meter (Elec. Eng.)
ـہ الشَّعّ الحراريّ، بولومتر bolometer (Phys.)
ـہ شَعْريّ، إريُومتر: مقياسُ الأقطار الدقيقة لِلجُسَيمات والألياف بالانعراج (الحُيود) الضوئي eriometer (Opt.)
ـہ الصَّدى echo meter (Acous.)
ـہ الصَّلادة hardness scale (Met.)
~ ~ النسبيَّة sclerometer (Eng.)
ـہ الضَّبْط البؤري focimeter (Photog.)
ـہ الضجَّةِ الشيئي objective noise-meter
ـہ الضجيج noise meter (Acous.), psophometer (Elec. Comm.)
ـہ الضغط pressure gauge, manometer (Phys.), pressure meter (Eng.)
ـہ ضَغْط البُخار isoteniscope (Chem.), steam gauge (Eng.), tonometer, steam pressure gauge (Phys.)
~ ~ ~ وكَثافَتِه densi-tensimeter (Chem.)
ـہ الضغط الجَوِّي barometer (Phys., Meteor.)
ـہ ضَغْطِ الدم sphygmomanometer (Med.)
~ ~ الزيت oil pressure gauge (Eng.)
~ ~ الغاز gas manometer (Phys.)
ـہ الضغطِ الفَرْقي (التفاضُلي) differential pressure gauge (Eng.)
ـہ ضَغْط نُونِيّ U-tube manometer (Phys.)
~ ~ الهواء air-(pressure) gauge (Eng.)
~ ~ الوَقود fuel pressure gauge
ـہ الطَّاقةِ الكهربائيَّة، عَدّادُ كهرباء electricity meter (Elec. Eng.)
~ ~ المُشِعَّة: بخاصةٍ من الشمس actinometer (Astrophys.)
ـہ الطَّلَب demand meter (Elec. Eng.)
ـہ الطور phase meter (Elec. Eng.)
ـہ الطُّول المَوجيّ wavemeter (Radio)
ـہ طُوليّ: لِقياس الأطوال linear measure (Eng.)
ـہ الطيف، مِطْيَف spectrometer (Phys.)
ـہ طَيف بِرَنين الدُّرور الإلكتروني electron spin resonance spectrometer (Phys.)
ـہ الطيفِ البِلَّوريُّ crystal spectrometer
~ ~ الراديوي radio spectrometer (Phys.)
ـہ ظِلّيّ (تتناسَبُ قِراءتُه مع ظِلِّ الزاوية) tangent scale (Eng.)
ـہ (أو مُبَيِّنُ) عامِلِ القدرة power-factor meter (or indicator) (Elec. Eng.)
ـہ العدَدِ الماخيّ machmeter (Aero.)
ـہ عَدَديّ، ـہ عَدَديُّ التدريج numerical scale, number scale (Phys., Eng.)
ـہ عَزْمِ اللَّي torque gauge, torque meter (Eng.)
ـہ عَشريّ decimal scale, denary scale (Maths.)
ـہ العُمق depth gauge, depthometer (Build., Eng.)
ـہ (عُمْق) الحَفْر drillometer (Eng.)
~ ~ صَوتيّ fathometer (Acous.)
ـہ غاوْس: لِكَثافةِ الفَيض المِغنطيسيّ gaussmeter (Elec. Eng.)
ـہ الغُبار: في هَواء المَناجِم أو المَصانِع konimeter = konometer (Mining)
ـہ الفاصِلُ الزمنيّ time-interval meter (Elec. Eng.)
ـہ فترةِ المُفاعِل period meter (Nuc. Eng.)
ـہ فَرْق الجهد، مِفْرَق potentiometer (Elec. Eng.)
ـہ فقّاعي bubble gauge (Phys.)
ـہ فكيّ ذو عاتِق beam caliper (Eng.)
ـہ فُلطي أومي voltohmmeter (Elec. Eng.)
ـہ (فُلطيَّة) الخَرْج output meter
ـہ الفُلطيَّة والتيّار: يعملُ كفُلْطمتر أو كأميتر volt-ammeter (Elec. Eng.)
ـہ الفَلْوريَّة: مقياسُ شِدَّة الإشعاع الفَلْوَري fluorimeter = fluorometer
ـہ الفَيْض الضِّيائي lumen meter (Phys.)
~ ~ المِغنطيسي fluxmeter (Elec. Eng.)
ـہ قَدّ، مُحَدِّدُ قياس gauge (or gage) (Eng.)
ـہ (قُدرة) التَّبريد coolometer (Eng.)
ـہ القِلويَّة alkalimeter (Chem.)
ـہ القَهْريَّة المِغنطيسيَّة coercimeter (Magn.)
ـہ القُوَّة، مِقْوَى dynamometer (Eng.)
ـہ الكُبُوّ fadeometer (Chem.)
ـہ الكَثافة density meter, densimeter
~ ~ البصَريَّة densitometer (Phys.)
ـہ كثافةِ السوائل hydrometer (Phys.)
الـ ~ النسبيَّة pycnometer, pyknometer
ـہ الكُحوليَّة alcoholometer (Chem.)
ـہ الكُدورة turbidimeter (Chem.)
ـہ الكلور chlorometer (Chem.)
ـہ الكميّات quantometer (Electron.)
ـہ (كميَّةِ) المَطَر rain gauge (or gage) (Meteor.)
ـہ كهربائيّ بُعاديّ electric telemeter
ـہ كَهْرَليّ electrolytic meter (Elec. Eng.)
ـہ لاسائلي aneroid gauge (Eng.)
ـہ اللَّبَن galactometer (Food Sc.)
~ ~: يقيسُ ثِقْلَهُ النَّوعيّ lactometer (Food Sc.)
ـہ اللدانة أو اللدونة plastometer (Phys.)
ـہ اللزوجة visco(si)meter (Phys.)
ـہ لزوجةٍ ضَغْطيّ pressure viscosimeter
ـہ اللصَف glossmeter (Paint.)
ـہ لَفّاتِ العَجَلات (والمَسافة المَقطوعة) cyclometer (Eng.)

مِقياس (تابع)

~ لِلفَحْص أو المُعايَنة — inspection gauge (Eng.)
~ لُوغاريتمي — logarithmic scale (Maths.)
~ اللون (في المحاليل بالمُقارَنة) — tintometer (Chem., Opt.)
الـ ~ اللونيّ لِدَرجات الحرارة — temperature colour scale (Phys.)
~ اللَّونيَّة — chromatometer (Light), colorimeter (Phys.)
~ مُتعَدِّدُ الأغراض — multi-purposemeter (Eng.)
~ ~ (لِلتيّار والمُقاومة والفُلْطيَّة) — multimeter (Elec. Eng.)
~ مَجالِ البَصَر — perimeter *(n.)* (Med.)
~ المُحاثَّة — inductometer (Elec. Eng.)
~ مُحتَوى الزيت — oil contents gauge
~ مُحتَوى الصِّهريج — tank gauge (Eng.)
~ المَدِّ والجَزْر — tide gauge (Civ. Eng.)
~ (مَدَى) الرؤية — visibility meter (Meteor.)
~ (مُدَّة) التَّعريض — exposure meter (Photog.)
~ مُدَرَّج — graduated scale (Phys.)
~ (~) نِسْبيّ — proportional scale
~ المَرانة (قابلية التَّثَنِّي) — flexometer (Eng., Phys.)
~ المُرونة (استعادة الشكل بعد التشوُّه) — elastometer (Eng.)
~ «مِركالّي»: لِتَصنيفِ شِدَّةِ الزلازِل (من ١ إلى ١٢ درجة) — Mercalli scale (Geol.)
~ مِساحيّ — square measure (Surv.)
~ المَسافات، مُعَيِّن المَدى — distance meter = range-finder (Photog.)
~ مَسافاتٍ راداريّ — tellurometer (Surv.)
~ المَسافات الكَبيرة — macrometer (Surv.)
~ المسامية — porosimeter (Phys., Geol.)
~ المَساميَّة الورقية (بأنشِطة الثُّغَيرات) — porometer *(n.)* (Bot.)
~ (مُستَوى) التضمين — modulation meter (Elec. Comm.)
~ ~ السائِل — liquid-level gauge (Eng.)
~ ~ الماء — water gauge (Eng.)
~ (~) الوَقود — fuel gauge (Eng.)
~ مُسَجِّل — recording meter, recording gauge (Eng.)
~ ~ لِسُرعة التيّار — recording current meter (Ocean.)
~ المَسْح الإشعاعي (لِتقديرِ كميَّة الإشعاع) — radiation survey meter (Phys.)
~ المُسَطَّحات — planimeter (Surv.)
~ المَصّ — suction gauge (Eng.)
~ مُصَغَّر — reduced scale (Eng.)
~ المَطَر — pluviometer = rain gauge, udometer, ombrometer, hyetometer (Meteor.)
~ مَطَرٍ مُسَجِّل — pluviograph (Meteor.)
~ ~ وَزْنيّ — weighing rain gauge (Meteor.)
~ مُطلَق: جهازُ قياسٍ بالوَحَدات المُطلَقة — absolute instrument (Eng.)
الـ ~ المُطلَق لِدرَجات الحَرارة، ~ «كَلْفِن» — absolute scale = Kelvin scale (Phys.)
~ المَطيليَّة — ductilimeter (Met.)
~ (مُعامِل) الاحتكاك — tribometer (Mech.)
~ (~) الانكِسار — refractometer (Phys.)
~ المُعاوَقة — impedometer, Z-meter (Elec. Eng.)
~ مُعايَرة (كهربائي) — titremeter (Chem.)
~ مُعتَمَد — yardstick
~ مِعياريّ — standard
~ مُقارِن — comparator gauge (Eng.)
~ مُقاوَمة قنطريّ — bridge-megger (Elec. Eng.)
~ مُقاوميَّة الحَفر — laterolog (Civ. Eng.)
~ مُكامِل — integrating meter (Elec. Eng.)
~ مَكبوتُ الصِّفْر — suppressed zero instrument (Elec. Eng.)
~ المُلوحة — sali(no)meter (Chem., Phys.)
~ مَنْسوبِ الصوت — sound level meter
~ ~ النَّهْر — river gauge, stream gauge
~ مَوجيّ — cymometer, wavemeter (Elec. Comm.)
~ ~ امتِصاصيّ — absorption wave-meter (Radio)
~ المُوَصِّليَّة — conductimeter (Elec. Eng.)
~ «مُوهز» للصَّلادة — Mohs' scale of hardness (Min.)
~ المَيْل — dipmeter (Geol., Phys.)
~ مَيْلِ الحَفر — poteclinometer (Civ. Eng.)
~ مَيَلانٍ شَبَكيّ — grid dipmeter (Electron.)
الـ ~ المئوي لدرجة الحرارة — centigrade temperature scale (Phys.)
~ النَّبض، مِنبَض — pulsimeter, pulsometer *(n.)* (Med.)
~ النَّدى المُتكَثِّف — drosometer (Meteor.)
~ نِسْبيّ — ratio meter (Phys.)
~ ~، سُلَّم — scale *(n.)* (Phys.)
~ النَّغَم، ~ النغمات (يَقيسُ ترَدُّدَها بالشوكات الرنّانة) — tonometer (Acous.)
~ النَّفاذيَّة، ~ الاختراقيَّة — penetrometer, penetrameter (Eng.)
~ ~ المِغنطيسيَّة — permeameter (Elec. Eng.)
~ نَفْخِ الإطارات — tyre gauge, tire gauge
~ الواط — wattmeter (Elec. Eng.)
~ ~ ساعة — watt-hour meter (Elec. Eng.)
~ وَزْنيّ — vernier scale (Eng.)
~ وُعُورةِ سَطح الطريق — profilometer (Civ. Eng.)

مِقياسيّ، مِعياريّ — standard, normative

مُقَيَّد، مَربوط — bound, tied *(adj.)*
~، مَقْصورٌ (على فِئةٍ مُعَيَّنة) — restricted, limited, confined *(adj.)*
~، مُلْزَم — bound, obligated
~، مُدَوَّن — recorded, registered
~ بحركةٍ مُحَدَّدة — constrained (Eng.)

مُقَيَّر، مُعالَجٌ بالقار — tarred, bituminized
~ الرَّصْف — tarviated (Civ. Eng.)

مُقَيَّس: مُوَحَّدُ المَعايير — standardized *(adj.)*

مُقيم — resident

مُقَيِّم — assessor, evaluator

مُقَيِّئ — emetic, vomitive (Med.)

مُكاثَفة، مُواسَعة — capacitance (Elec.)

مُكافَأة، جائزة — reward; bounty
~، تعويض — compensation, recompense
~، عَطيَّة، مِنْحَة — gratuity

مُكافَحة — control *(n.)*
~ الأعشابِ الضارَّة — weed control (Agric.)
الـ ~ البيُولوجيَّة — biological control (Ecol.)
~ التلَوُّث — pollution control (Ecol.)
~ حَتِّ التُّربة — soil erosion control (Agric.)
~ الحَريق — fire-fighting
~ الحَشَرات — insect control (Agric.)

مُكافِل: مُعايِشٌ تكافُلي — symbiont (Biol.)

مكافِئ، مُعادِل — equivalent, equal

مكافِئ (تابع)

~، تَعْويضيّ — remunerative, compensatory

الـ ~ الإتحاديّ — combining equivalent (Chem.)

~ الجُرْعة — dose equivalent (Med., Phys.)

~ «جُول»: الكالوري مكافِئٌ لِـ ٤،١٨ جول — Joule's equivalent (Phys.)

~ حَراريّ — heat equivalent (Phys.)

~ عَكسيّ: لِقَضيَّةٍ رياضيَّة أو منطقيَّة — contrapositive (Maths.)

~ غراميّ — gram-equivalent (Chem.)

~ كهربائي — electrical equivalent (Elec. Eng.)

الـ ~ الكهروكيماوي — electrochemical equivalent (Chem.)

~ كيميائي — chemical equivalent (Chem.)

الـ ~ المائيّ (الحَراريّ) — water equivalent (Phys.)

الـ ~ الميكانيكي لِلحَرارة: ٤،١٨ جول للكالوري — mechanical equivalent of heat (Phys.)

الـ ~ ~ لِلضَوء: ٠،٠٠١٥ واط لِلُومن — mechanical equivalent of light (Phys.)

الـ ~ الهِدْروجيني — hydrogen equivalent (Chem.)

الـ ~ الهَوائيّ — air equivalent (Phys.)

مُكافِئيّ — parabolic (Maths.)

مُكالَمة — call (Teleph.)

~ بَعيدةُ المَدى — trunk call (Teleph.)

~ تَحَرٍّ: لمعرفة ماإذا كان المُشتركُ المطلوب موجودًا للاتصال به — report call (Elec. Comm.)

~ (دوليَّة) عابِرة — transit call (Teleph.)

~ مَحَلِّية — local call (Teleph.)

مُكامَل: مَوضوعُ التكامُل — integrand (Maths.)

مُكامِل، جِهازُ جَمْل — integrator (Electron.)

مُكامَلة، تكامُل — integration (Maths.)

مكامِنُ الزيت — oil deposits (Pet. Eng.)

مَكان، مَوضِع — place, site, locale

~، حَيِّز — space, room

~ تخزين الصورة — image storage space (Comp.)

~ حِفْظِ المِلَفّات — files

مَكانة، مَنزِلة — position, status, rank

مَكانيُّ النشأة: مُتكَوِّنٌ في مَوقِعِه — authigenous = authigenic *(adj.)* (Geol.)

مَكَبّ، مَقْلَب: مكانُ تفريغ الشاحِنات القَلّابة — tipple, dump *(n.)*

مِكَبّ، مِسْلَكَة، بكَرَةُ المِلَفّ — spool, reel, bobbin (Elec. Eng.)

~ أسلاك — wire pool (Elec. Eng.)

~ أو بَكَرةُ الكَبْل — cable reel (Elec. Eng.)

مِكْباس، مِدَكّ — ram (Eng.)

مُكَبَّب، مُتكَوِّر — glomerate, conglomerate

مِكْبَح، كابِح، كابِحة، فَرْمَلة — brake (Eng.)

~ آليّ — power brake (Eng.)

~ احتِكاكيّ — friction brake (Eng.)

~ أُسطوانيُّ اللُّقَم — drum brake (Eng.)

~ اضطِراري (للطوارئ) — emergency brake (Eng.)

~ أماميّ — front brake (Eng.)

~ انزِلاقيّ — slipper brake (Eng.)

~ الإيقاف — parking brake (Autos.)

~ تفاضُليّ — differential brake (Eng.)

~ تَمَدُّدي — expanding brake (Eng.)

~ بالتيّارات الدوّاميَّة — eddy-current brake (Elec. Eng.)

~ حَبْليّ — rope brake (Eng.)

~ خارجيّ — external brake (Eng.)

~ خَلْفيّ، فَرْمَلة خَلفيَّة — rear brake (Eng.)

~ خَوائيّ — vacuum brake (Eng.)

~ داخِليُّ التَمَدُّد — internal-expanding brake (Fng.)

~ ذراعيّ — lever brake (Eng.)

~ رُكبيّ (مفصليّ) — toggle brake (Eng.)

~ سائِليّ — hydraulic brake (Eng.)

~ شَريطيّ، كابِحة طَوقيَّة — band brake (Eng.)

~ بالضغطِ الجَوّيّ — atmospheric brake (Eng.)

~ بالطَّرْد المركزيّ — centrifugal brake

~ العَرَبةِ المَقطورة — overrun brake (Eng.)

~ القابِض، ~ عَطالي — clutch brake, inertia brake, clutch stop (Autos.)

~ قُبّيّ — hub brake (Eng.)

~ قَدَميّ — foot brake (Autos.)

~ قُرصيّ، كابحة قُرصيَّة — disc brake (Eng.)

~ ~ احتِكاكي — friction disc brake (Eng.)

~ كَهْرمغْنيطي — electromagnetic brake (Elec. Eng.)

~ كَهْرَنَفْحيّ (يعملُ بضغط الهواء على كُلِّ عَربات القِطار آنيًّا) — electropneumatic brake (Elec. Eng.)

~ كهروميكانيكي — electromechanical brake (Elec. Eng.)

~ لُقميّ: مِكبحُ مركباتٍ لُقمتُه كتلةٌ من حديد الصب — block brake (Eng.)

~ مُؤازِر — servo-brake (Eng.)

~ مُتَّصِل: منظومة مكابح إعمالُ واحِدها يُعمِلُ الكُلّ (كما في عربات القطار) — continuous brake (Eng.)

~ مُتَعَدِّدُ الأقراص — multi-disk brake (Eng.)

~ مِرْوَحيّ — fan brake (Eng.)

~ مِغنطيسيّ — magnet(ic) brake (Elec. Eng.)

~ مَفْصِليّ (أو رُكْبيّ) — toggle brake (Eng.)

~ نَفْحيّ، ~ بالهَواء المضغوط — pneumatic brake, compressed-air brake (Eng.)

~ هَوائيّ، كابحٌ هَوائي — air brake (Eng.)

~ هَيدروليّ — hydromatic brake (Eng.)

~ وَشيعيّ: يُشَغَّلُ بمِلَفٍّ لَولَبيّ — solenoid(-operated) brake (Elec. Eng.)

مُكَبِّر، مُعَظِّم، مُضَخِّم — magnifier, magnifying (Phys.)

~ الصوت — loudspeaker (Acous.)

مُكَبَّر — enlarged, magnified (Phys.)

~، مُضَخَّم — amplified (Elec. Eng.)

مُكَبْرَت — sulfurated, sulfuret(t)ed (Chem.)

مِكْبَس، كَبّاس — piston (Eng.)

~، مِضغط — press, compressor (Eng.)

~، مِدَكّ — ram *(n.)* (Eng.)

~ بُرْجُميُّ الوَصْلَة — knuckle-joint press

~ تَخريم — punch press (Eng.)

~ ~ دَوّار — fly-press (Eng.)

~ تَشْفيه — flanging press (Eng.)

~ تَشكيل، ~ صَوْغ — moulding press (Eng.)

~ ~ بالحِدادة — forging press (Eng.)

~ بالثِّقْل الساقِط — drop press (Eng.)

~ حَزْم الإبّالات — baling-press (Eng.)

~ الحِناية أو الثني — bending press (Eng.)

~ دَرْز — seaming press (Met.)

~ دَلْفَنة — rolling press (Eng.)

~ ذِراعيّ — lever press (Eng.)

مِكْبَس (تابع)

~ سائليّ — hydraulic press (Eng.)

~ بالسَّحْب — drawing press (Eng.)

~ سَحْبِ الأنابيب — tube-drawing press (Eng.)

~ شياقيّ — arbor press (Eng.)

~ قَدَميّ: يُشَغَّل بالقدم — foot press (Eng.)

~ قُطْن — compress *(n.)*

~ لَوْلَبيّ — screw press (Eng.)

~ (مائيّ) هيدروستاتي — hydrostatic press (Eng.)

~ مِرفَقيّ — crank press (Eng.)

~ مُزدوجُ الفِعْل: يقومُ بتشكيل الأغفال أو المَطْل — double-action press (Eng.)

~ نَضَديّ — bench press (Eng.)

~ يَدَويّ — hand press (Print.)

مَكْبوت — inhibited *(adj.)*

~، مُخْمَد — suppressed, subdued (Acous.)

مَكبوس، مَضغوط — compressed (Eng.)

~، مُدَمَّج، مُرتَصّ — compact (Met., Eng.)

~ (للتخليل) — pickled (Food Sc.)

مَكْتَب، مَكْتَبُ إدارةِ أعمال — bureau, office

~، نَضَدٌ مَكتبيّ — desk

~ الأرصاد الجَوِّيَة — weather bureau

~ استِعلامات — information desk

~ إقليميّ — regional office

~ بَريد — post

~ تحصيل الرُّسوم — toll office

~ (تسجيل) الاختِراعات — inventions board

~ تلفون عُموميّ — public call office

~ تَوظيف — employment office

~ الحَجْز — booking office

~ رئيسيّ — head office

~ العمل الدولي — International Labour Office

الـ ~ القوميّ للمقاييس العياريَّة — National Bureau of Standards

~ مركزيّ — central office

مَكْتَبة: دارٌ (أو مجموعةُ) كُتُب — library

~: لِبَيْع الكُتب — bookshop

~ برامج — program library (Comp.)

مُكْتَتِب — subscriber

مُكْتَسَب — acquired, earned

مُكتَسَح — swept, scavenged

مُكْتَشَف — discovered, found out

مُكْتَشِف — discoverer

مُكْتَظّ — congested, crammed, overcrowded

مُكْتَف: مُقَوّى ومُثَبَّتٌ بِشُكُل — braced (Eng.)

مُكْتَفٍ ذاتيًا — self-sufficient *(adj.)*

~ ~، قائمٌ بِذاتِه — self-contained *(adj.)*

مُكَتَّل، مُتكَتِّل: من تجمُّعات فتاتيَّة — agglomerate *(adj.)* (Geol.)

~: مُجمَّع من كُتَلٍ مَركومة دونَ نظام أو ترتيب — lumped, massed

مُكْتَمِل، كامِل، تامّ، مُتَمَّم — complete *(adj.)*

مُكْتَنِز — turgid (Bot.)

~، كثيفُ التراصّ — dense, compacted

مُكْتَنِف — surrounding, ambient

مُكْتَنَف — enclosed, surrounded

~ بالصَّخْر — rock-bound *(adj.)*

مُكتنفاتٌ معدِنيَّة — mineral inclusions (Geol.)

مَكْتوم، سِرّي — secret, confidential

~، مُخْمَد — muffled, deadened

مِكْثاف، مِقياسُ الكَثافة — densimeter (Phys.)

~ الزُّيوت — acrometer (Eng.)

~ السوائِل، مِسْيَل: مقياسُ الثقل النوعي للسوائِل — hydrometer, areometer (Phys.)

~ الكُتلة النوعيَّة — pycnometer (or pyknometer) (Phys.)

مُكَثَّف: مُسَيَّلٌ من بُخاره — condensed (Chem.)

~، كُثافة: السائلُ المُكَثَّف — condensate

مُكَثِّف، مُكَثِّفة — condenser (Chem., Phys.)

~: ~ سَعَويّ — capacitor (Elec. Eng.)

~، ~ اتصالات — concentrator (Comp.)

~ ابتِدائيّ — primary condenser (Elec. Eng.)

~ احتياطيّ — reservoir capacitor (Elec. Eng.)

~ إستاتيّ — static condenser (Elec. Eng.)

~ انضِباطيّ — adjustable capacitor

~ انْضِغاطيّ — compression condenser (Phys.)

~ بالمَيْكا المُفَضَّضة — silver-mica capacitor (Elec. Eng.)

~ البُخار — steam condenser (Eng.)

~ بَيْنيّ — intercondenser (Eng.)

~ تَجْزئيّ: لإزالةِ الشَّوائِب المائعةِ الثقيلة — dephlegmator (Pet. Eng.)

~ تَحْميل — load capacitor (Elec. Eng.)

~ تَزامُنيّ — synchronous capacitor (or condenser) (Elec. Eng.)

~ تَفاضُليّ — differential capacitor (Radio)

~ تقصير — shortening capacitor (Radio)

~ تَماسّ — contact condenser (Eng.)

~ تَوازٍ — shunt capacitor (Elec. Eng.)

~ ثابتُ السَّعة — fixed capacitor (Elec. Eng.)

~ جُزْئيّ — partial condenser (Phys.)

~ جماعيّ — gang(ed) capacitor (Elec. Eng.)

~ جَوّيّ — atmospheric condenser (Phys.)

~ حابِس — blocking condenser (Teleg.)

~ حاجز (للتيّار المُستَمِرّ) — insulating condenser (Elec. Eng.)

~ خَزَفيّ — ceramic capacitor (Electron.)

~ خَطّيُّ التناسُب — straight-line capacitor (Elec. Eng.)

~ خَوائيّ — vacuum capacitor (Elec. Eng.)

~ دارةِ اللوح — plate condenser (Electron.)

~ رَدِّ فِعْل — reaction condenser (Radio)

~ رَقيقُ الغِشاءَين — thin-film capacitor (Elec. Eng.)

~ سَطْحيّ — surface condenser (Eng.)

~ سَعَويّ وَرَقيُّ العازِل — paper capacitor (Elec. Eng.)

~ سِلْكيّ: يتألَّفُ من أسلاكٍ مَعزولةٍ مَبرومة — gimmick *(n.)* (Elec. Eng.)

~ الشَّبَكة — grid capacitor, grid condenser (Radio)

~ (شِدَّة) الصُّورة — image intensifier

~ ضَبْط: مُكَثِّفُ تهذيبٍ مُتغيِّر — trimmer or trimming capacitor (Radio)

~ ~ سَعَويّ: لِنَظْم التردُّد — padding capacitor (Elec. Eng.)

~ عُلْويّ — top condenser (Pet. Eng.)

~ قارِن — coupling condenser (Radio)

~ قَذْفيّ — ejector condenser (Eng.)

~ قُرْصيّ — disc capacitor (Elec. Eng.)

~ قَرْن — coupling capacitor (Elec. Eng.)

~ القَوام — thickener (Chem.)

~ كَهْرَبائي — electrical condenser (Phys., Elec. Eng.)

~ كَهْرَليّ للتيّار المُستمر — direct-current electrolytic condenser (Elec. Eng.)

~ ~ رَطْب: قُطبُهُ السالِب مَحلولٌ مِلْحيّ — wet electrolytic capacitor (Elec. Eng.)

~ لاحَثّيّ — non-inductive capacitor (Elec. Eng.)

مُكَثِّف (تابع)
~ «لَيبيج» Liebig condenser (Chem.)
~ مانِع stopping condenser (Elec. Eng.)
~ مُتَذَبْذِب vibrating (or oscillating) capacitor (Elec. Eng.)
~ مُتَّصِلٌ على التوالي series capacitor (Elec. Eng.)
~ مُتَغَيِّر السَّعة variable capacitor (or condenser) (Elec. Eng.)
~ مُتَقَدِّم precondenser (Elec. Eng.)
~ مُحَوِّد: مُكَثِّفُ إمرارٍ جُزئيّ by-pass condenser (Radio)
~ المُرجِعات reflux condenser (Chem.)
~ مُرَشِّح filter condenser, condensifilter (Elec. Comm.)
~ مُستَقْطَب polarized capacitor (Elec. Eng.)
~ مُصادَّة buffer capacitor (Elec. Eng.)
~ مُعادَل compensated condenser (Elec. Eng.)
~ مُمَعْدَنُ الوَرَق metallized-paper capacitor (Elec. Eng.)
~ المُنتَجاتِ العُلوية overhead condenser (Pet. Eng.)
~ مُوازَنة balancing capacitor (Elec. Eng.)
~ مُوالَفة tuning capacitor (Radio)
~ الموزِّع distributor condenser
~ نافوريّ التبريد jet condenser (Eng.)
~ هَوائيّ: مُكَثِّفٌ عازِلُه الهَواءُ المَضغوط air capacitor, air condenser (Elec. Eng.)
~ هَوائيُّ التَّبريد air-cooled condenser (Eng.)
~ وَرنيّ: مُكَثِّفٌ ضئيلُ المُواسَعة يوصَل على التوازي بآخَرَ كبيرٍ ثابت لدِقَّة ضبطِ مُجمل المُواسَعة vernier capacitor (Elec. Eng.)
مَكْثور، بُوليمَر polymer *(n.)* (Chem.)
~ (أو مُبَلْمَر) إسهاميّ copolymer (Chem.)
~ مُنتظِم الترتيب tactic polymer (Chem.)
مِكْحَتَة، مِكْشَطةُ تَجْريف curet(te) (Med.)
مِكَدَّة، مِحَزَّة groover, grooving instrument (Eng.)
~ دَرْزٍ يَدويّ seam set, hand groover (Eng.)
مَكْدَس pileup = stack (Elec. Comm.)

~ تَقْويم: كُدْسَةٌ من عَناصِر التقويم موصولةٌ على التوالي rectifier stack (Electron.)
مُكَدِّس، مِكْدَسة stacker *(n.)*
مُكَدَّس، مُكوَّم stacked, piled up
مَكْدَمة macadamization, macadamizing (Civ. Eng.)
~ أسفَلتيَّة: رَصْفٌ بالحَصى والزِّفت asphalt macadam (Civ. Eng.)
مُكَرْبِن: مادَّةٌ كَرْبَنَة carburant *(n.)* (Chem.)
~: جهازُ مَزْج الوقودِ الكربونيّ بالهواء carburator = carburet(t)or (Eng.)
~ أوتوماتيّ automatic carburettor (Eng.)
~ حاقِن injection carburettor (Eng.)
~ رَذّاذ (أو رَشّاش) spray carburettor
~ سَطْحيّ surface carburettor (Eng.)
~ فَتيليّ (أو ذُباليّ) wick carburettor
~ مُزدَوِج duplex carburettor (Eng.)
مُكَرَّر، مُنَقًّى refined, purified
~، مُعاد repeated, reiterated
~ بالبُخار steam refined *(adj.)* (Pet. Eng.)
~ بالتقطير rectified *(adj.)* (Chem.)
مُكَرِّر، مُكَرِّرة rectifier (Chem.)
~، مُعيد repeater (Elec. Comm.)
مُكرَه، مُجْبَر obliged, compelled, coerced
مُكرِه، إجباريّ compulsive
مِكروب، جُرثوم، حُيَيٌّ مِجْهَري microbe (Biol.)
مِكروسكوب (أنظر مِجْهَر) microscope (Phys.)
مِكْروفون: مِحوالٌ صَوتيّ كهربائيّ microphone (Acous.)
~ شَريطيّ ribbon microphone (Acous.)
~ ضَغْطيّ pressure microphone (Acous.)
~ عُرْويّ: يُشَدُّ إلى عُروة السُّترة button microphone (Acous.)
مِكْرون: مكرومتر = ١٠$^{-٦}$ متر micron, micrometre
مَكْس، رَسْمٌ ضَريبيّ أو جُمركيّ tax, (customs) duty
مَكْسَب، رِبْح gain, profit
مُكْسِب remunerative, profitable
مَكْسِر: مَوضِعُ الكَسْر أو التشَقُّق fracture (Min.)
~ الأمواج breakwater (Civ. Eng.)

~ (المَعْدِن) fracture *(n.)*
مَكْسُوّ coated, clad
~ بالحَديد، مُغَلَّف (أو مُحاطٌ) بالحديد، مُدَرَّع (بالحديد) ironclad *(adj.)*
~ بالفولاذ steel-clad *(adj.)*
مَكْسُور، مُتَصَدِّع broken, fractured
~، مُهَشَّم smashed, shattered
~، مَهزوم، مَغلوب defeated
مَكْسويل: وَحدةُ الفَيض المِغنطيسيّ = ١٠$^{-٨}$ وِيبَر maxwell (Elec. Eng.)
مِكشاف: نَبيطةُ كَشْف detector, -scope (Phys., Elec. Eng.)
~ الاستِقطاب polariscope (Phys.)
~ الأَشِعَّةِ دونَ الحَمراء infra-red detector (Phys.)
~ إلكترونيّ electronic detector
~ الانحِراف deviascope
~ انحيازيّ bias detector (Electron.)
~ الاهتزازات vibration detector
~ أوَّل أُكسيد الكَربون carbon monoxide detector (Chem.)
~ بالانحياز الشبَكيّ grid-bias detector (Electron.)
~ بالتسَرُّب الشبَكيّ grid-leak detector
~ بالتمَوُّجات فوقَ السمعيَّة ultrasonic detector (Elec. Eng.)
~ بالغاز المُؤَيَّن ionized gas detector (Electron.)
~ بِصمام ثُلاثيّ triode detector
~ (~) ثنائي: يُزيلُ تَضمينَ الإشارات diode detector (Electron.)
~ بلّوريّ crystal detector (Electron.)
~ بِمَجالٍ مُثَبِّط retarding-field detector
~ التأرُّض، ~ التأريض earth-detector, ground detector, ground indicator (Elec. Eng.)
~ تَحويليّ conversion detector (Radio)
~ تَذَبْذُبيّ oscillating detector (Radio)
~ التردُّداتِ العالية ondoscope (Elec. Comm., Electron.)
~ التسَرُّب leak(age) detector (Eng.)
~ الحَرارة (الترموستاتي) heat detector (Eng.)
~ حَراريّ: للتيارات العالية الترَدُّد thermal detector (Elec. Eng.)

مِكشاف (تابع)

~ ~: يكشفُ التغيُّر في درجة الحرارة — thermoscope (Phys.)

~ ~ بُعاديّ — telethermoscope (Phys.)

~ الحَريق، كاشِفُ الحَريق — fire detector

~ حَريقٍ إشعاعيّ — radiation fire detector

~ حَسّاسٌ لِلطَّور — phase-sensitive detector (Electron.)

~ الدخان — smoke detector

~ دَرَجَةِ الغَلَيان (لِلسوائل) — ebullioscope (Chem.)

~ ذَبْذَبات — oscilloscope, scope (Electron.)

~ الذبذبة (كاشِفُ اهتزازات) بالأشِعَّة المهبطية — cathode-ray oscilloscope

~ الرُّطوبة — hygroscope (Meteor.)

~ الروائح — odoroscope (Chem.)

~ الرِّيح — anemoscope (Meteor.)

~ السُّحُب — nephoscope (Meteor.)

~ الشُّقوق الكَهرمغنيطيّ — crack detector (Elec. Eng.)

~ ~ المِغنَطيسيّ — magnetic crack detector, magnetic particle test (Eng.)

~ صِماميّ — valve detector, tube detector (Elec. Eng.)

~ ~ خَوائيّ — vacuum-tube detector

~ الصَّوت — phonoscope (Acous.)

~ صَوتيّ — sonic detector (Phys.)

~ (لِلطاقة الإشعاعيَّة) ذو مُوَصِّليَّةٍ ضَوئيَّة — photoconductive detector (Phys.)

~ طَوريّ، كاشِفُ الطَّور — phase detector

~ العَواصِف والمُشَوِّشات الجَوِّيَة (الطبيعية) — sferics (Elec. Comm.)

~ الغاز — gas detector

~ غازِ المَناجم — fire-damp detector, damposcope (Mining)

~ الفاعليَّة الإشعاعيَّة — radioscope (Phys.)

~ الفَلْوَريَّة — fluoroscope (Phys.)

~ كهربائيّ، إلِكتروسكوب — electroscope (Elec. Eng.)

~ ~ ذَهَبيُّ الوَرَقتَين — gold-leaf electroscope (Elec. Eng.)

~ كَهْرضغطيّ — piezoelectric detector

~ كهرمغنيطيّ لِلتصدُّع — electromagnetic crack detector (Elec. Eng.)

~ الماء: بِغُصْن استِنباء — dowser

~ مِغْنَطيسيّ — magnetic detector (Radio)

~ المِغنطيسيَّة — magnetoscope (Phys.)

~ مُقَوِّم — rectifying detector (Elec. Eng.)

~ مَوجيّ — wave detector (Elec. Eng.)

~ مَوقع الأنابيب — pipe locator (Elec. Eng.)

~ النُّحاتة الفولاذية: في منظومة التزليق — chip detector (Eng., Aero.)

~ نِسْبيّ — ratio detector (Elec. Eng.)

~ نُقطةِ الخُمود، مُبَيِّنٌ صِفريّ — null detector = null indicator (Elec. Eng.)

مِكشط، مِقشطة — scraper (Eng.)

~ سَحْب (ذو مقبضَين) — drawshave (Carp.)

مِكْشَطة، مِكْحَتة، مِقْحَفة — curet(te) (Med.)

~، ~ الفائض — doctor (Print.)

~، مِقشدة — skimmer (Food Sc.)

~، كاشِطةُ قُشور — scraper, scaler (Eng.)

~ أُسطوانيَّة — pig, go-devil (Pet. Eng.)

~ أنابيب: لتنظيفها من الداخل — pipe scraper (Pet. Eng.)

~ سَحْج — shaping (or planing) machine (Carp., Eng.)

~ مَحامِل — bearing scraper (Eng.)

~ مُحيطيَّة: لِخَطِّ الأنابيب — pan scraper

~ مِعْزَقيَّة — hoe scraper (Civ. Eng.)

~ نِجارة — cabinet scraper (Carp.)

مَكشوف — bare, uncovered, open

حِسابٌ ~ — overdrawn account

مَكظوم — suppressed

~ الحرارة — adiabatic (Phys.)

مُكَعَّب — cube *(n.)* (Maths.)

~، تكعيبيُّ الشَّكل أو القيمة — cubic *(adj.)*

~ اختبارِ الخَرَسانة — test cube (Civ. Eng.)

مُكَعَّبانيّ — cuboid *(n.)*

مُكَفَّف، ~ الأسابع — webbed (Zool.)

مُكْفَهِرّ — overcast, overclouded (Meteor.)

مُكَلّا، ميناء صَغير — jetty, roadstead

مُكَلَّس، مُتَكَلِّس — calcined, calcified (Chem.)

مُكَلَّف (بـ) — charged (with), in charge (of)

مُكَلْوَر — chlorinated (Chem.)

مُكَمَّى: مَوجودٌ بشكلِ مُضاعَفاتٍ لِكَمٍّ ثابت — quantized *(adj.)* (Phys.)

مِكمال، مُكامِل — integrator (Comp.)

مُكَمِّد: مُعَطِّلُ الشفافية — opacifier (Phys.)

مُكَمِّل، مُكامِل — integrant *(adj., n.)* (Maths.)

~، مُتَمِّم — complementary, supplementary

مُكَمِّم، مُسَوِّر، سُور — quantifier (Maths.)

مَكْمَن — reservoir, deposit (Geol.)

~ زَيْت، ~ نِفطيّ — oil reservoir, oil deposit (Pet. Eng.)

~ ماءٍ أرضيّ — aquafer = aquifer (Geol.)

~ نَفْطيّ، تجمُّع الزيت — oil accumulation (Pet. Eng.)

مَكَنات، مُعَدّاتٌ آليَّة — machinery *(n.)*

الـ ~ البَسيطة — simple machines (Mech.)

~ تشكيلِ الزجاج نَفْخًا ومَصًّا — blow-and-blow machines (Eng.)

الـ ~ الضروريَّة — requisite machinery

مَكَنة، مَكِنة، ماكينة، آلة — machine *(n.)*

~ إجابة، مُجيبةٌ آليَّة — answering machine (Teleph.)

~ اختبارِ الشَّد — tensile testing machine (Eng.)

~ ~ الكلال — fatigue-testing machine

~ أستِنساخ — duplicating machine (Print.)

~ إضافيَّة (مُساعِدة) — donkey (Eng.)

~ افتِراز — rebating (or rabbeting) machine (Carp.)

~ (اندماج) مرآويَّة: تَحتبِسُ البلازما بمرآةٍ مغنطيسيَّة — mirror machine (Nuc. Eng.)

~ بَرْدٍ شريطي — band-filing machine (Eng.)

~ بَرْشَمة — riveting machine (Eng.)

~ ~ قاعِديَّة — pedestal riveter (Eng.)

~ ~ هَيدروليَّة — hydraulic riveter (Eng.)

~ بَسْط الألواح — plate-flattening machine (Eng.)

~ بَيْع — vending machine

~ تَجليخ — grinding machine

~ ~ بالتحضين — lapping machine (Eng.)

~ ~ التُّروس — gear-grinding machine

~ ~ السُّطوح — surface grinding machine, surface grinder (Eng.)

~ تَجويف، قَوّارة — boring machine (Eng.)

~ تَحديد المَركَز — centring machine (Eng.)

~ تَحفيف — edging machine

~ تَخريم، خَرّامة — punching machine (Eng.)

~ تُربينيَّة — turbo-machine (Eng.)

~ تَرقيم، مُرَقِّمة — numbering machine

مَكَنة (تابع)

ـُ تَرويس (البرشامات أو المسامير) — heading machine
ـُ تَزْوِيَة — angle bevelling machine (Eng.)
ـُ تَسجيل — register
~ المَبيعات (النَّقْدِيَّة) — sales register
ـُ تَسْفين — wedge driving machine
~ تَسنينِ الأنابيب — pipe threader (Eng.)
ـُ تَسْوِيَةِ الخَشَب — wood trimmer (Carp.)
ـُ تَشْفِيه، ـُ صُنعِ الشَّفَهات — flanging machine (Eng.)
ـُ تَشْقيب — slotting machine (Eng.)
ـُ تشكيل — shaper, shaping (or forming) machine (Eng.)
~ بالدَّلْفَنَة — roll-forming machine (Eng.)
~ القَوالِب — mould(ing) machine (Eng.)
~ المُسَنَّنات — gear generator (or planer) (Eng.)
ـُ تَعْبِئة أو تَوضيب — packaging machine
~ القوارير — bottling machine
ـُ تَعْدين مُتَواصِل — continuous miner (Mining)
ـُ تغضين — crimping machine
ـُ تَغليف — wrapping machine
ـُ تفريز — milling machine (Eng.)
~ اللَّولب — thread milling machine
~ مُزدوجةُ العمود — double-spindle milling machine (Eng.)
~ مَقْعَدِ الخابور — key-seating machine (Eng.)
ـُ تقدير العَددِ الأوكتانيّ: لتقدير (منع) الخبط — knock-rating engine (Pet. Eng.)
ـُ تَقسيمٍ عياريّ — dividing engine (Eng.)
ـُ تَقوير الأسطوانات — cylinder boring machine (Eng.)
ـُ تَقويم الأعِمدة — shaft straightener, shaft straightening machine (Eng.)
ـُ تَنعيم المَصبوبات — frazing machine
ـُ تهذيب (بالقَطْع) — trimming machine
~ (وتركيز) الخامات — vanning machine, frue vanner (Mining)
ـُ توحيد: ذات مُبدِّل لتوحيد التيّار — commutating machine (Elec. Eng.)
ـُ ثَني أو حَني — bending machine (Eng.)
ـُ جَدْوَلة — tabulating machine (Comp.)

ـُ حاسِبة — computing machine (Comp.)
~ ~، حاسوب — computer
~ ~، حَسَّابة — calculator
ـُ حَزٍّ وتَلْسِين — grooving-and-tonguing machine (Carp.)
ـُ حَزْم، رازِمة — bundling machine (Eng.)
~ البالات — baling machine
ـُ حَفْر الأنفاق — tunnelling machine *(n.)* (Civ. Eng.)
~ الخَنادِق لِخطِّ الأنابيب — pipeline ditching machine (Pet. Eng.)
ـُ حَلْب — milking machine
~ حِناية (أو ثَنْي) — bending machine (Eng.)
ـُ ~ الألواح — plate-bending machine
ـُ خِياطة — sewing machine
ـُ الدِّراس — threshing machine, thresher
ـُ دَرْز: تَثني أطرافَ الألواحِ وتَدرزُها — seaming machine (Eng.)
ـُ دَقِّ الخَوازيق — gin (Civ. Eng.)
ـُ دَكٍّ بالرَّجّ — jolt-ramming machine
ـُ دَلْفَنة الألواح — sheet rolling mill (Eng.)
ـُ ذاتيَّةُ التزامُن (مع التيّار المُتَناوِب) — self-synchronizing machine (Elec. Eng.)
ـُ رَجْرَجة، غِربالٌ آليّ — jolting machine
ـُ رَحْو — spinning machine
ـُ رَدْم — back-filling machine (Eng.)
ـُ رَشّ — spraying machine
ـُ رَفْع — hoisting machine
ـُ سَحْج — planing machine (Eng.)
~ ~ وتَفْريز — planomilling machine (Eng.)
ـُ سَنْفَرة (أو صَنْفَرة) — sandpapering machine
ـُ شَحْذِ المَناشير — saw grinder, saw filing machine (Eng.)
ـُ شَريطيَّةُ التحكُّم — tape-controlled machine
ـُ شَقْب — slotting machine (Eng.)
ـُ شَقْبيَّة: تَعملُ بإسقاطِ قِطعةِ نَقْدٍ في شَقْبٍ فيها — slot machine (Eng.)
ـُ صَبِّ القَوالِب — diecasting machine
ـُ صَقْل — honing machine (Eng.)
~ ~ الأسطوانات — cylinder honing machine (Eng.)
~ ~ الوَرَق — coating machine (Eng.)
~ ~ ~ (أو القُماش) — calender *(n.)*

~ صُنْعِ الثَّلْج — ice machine
~ ~ القَوارير — bottle-making machine
~ ~ المَسامير المُلَولَبة — bolt-making machine (Eng.)
ـُ صَنْفَرة — sandpapering machine
ـُ طَيّ (الصفائح) — folding machine (Eng.)
ـُ ظَرفيَّةُ القَبْض — chucking machine (Eng.)
ـُ عَصْر، عَصّارة — squeezing machine
ـُ غَرْبَلة — screening machine (Mining)
ـُ غَزْل — spinning machine
ـُ غَسيل — washing machine
ـُ فَرْزِ الصوف (قبلَ تَمشيطِه) — burring machine
ـُ قَشْرِ الخَشَب — wood-peeling machine, veneering machine
ـُ قَشْطٍ وتَفْريز — planomilling machine (Eng.)
ـُ قَصِّ الألواح — plate shearing machine (Eng.)
ـُ قَطْعِ التُّروس الدوديَّة — worm-wheel hobbing machine (Eng.)
~ ~ المُسَنَّناتِ (الدُّوديَّة) بِمِقْطَعٍ مُخَدَّد — gear hobber = gear hobbing machine (Eng.)
~ ~ وتَحميل — cutter loader (Mining)
ـُ كَبْس بالرَّجْرجة — jolt-squeeze machine (Eng.)
ـُ لِحام — welding machine, welder (Eng.)
~ ~ بالكهرَباء — electric welding machine (Elec. Eng.)
~ ~ دَرْزيّ — seam-welding machine (Eng.)
~ ~ الصُّرَر — bossing machine (Eng.)
~ ~ بالمُقاوَمة — resistance welding machine (Elec. Eng.)
~ لَفِّ عُضو الإنتاج — armature banding machine (Elec. Eng.)
~ ~ الوَشائع — shuttle winder (Eng.)
ـُ لَوْلَبة — screwing machine (Eng.)
~ ~ الأنابيب — pipe-threader (Eng.)
~ ~ داخِليَّة — tapping machine (Eng.)
~ ~ الصَّواميل — nut tapping machine
ـُ لَيِّ القُضبان — bar bender (Eng.)
ـُ مُتزامِنة (مع تَردُّدية المصدر) — synchronous machine (Elec. Eng.)

مَكَنة (تابع)

~ مُحَمَّلة: تدورُ تحتَ حِمْل — loaded machine (Eng.)
~ مَشْط — combing machine
~ نَسْخ — reproduction (or multiplying) machine, duplicator machine
~ نَشْرٍ مائل — bevel-sawing machine (Carp.)
~ نَقْر — mortising machine (Carp.)
~ «وِمْزهرست»: مُوَلِّدة إلِكتروستاتيَّة — Wimshurst machine (Elec. Eng.)
مُكْنَة، قُدرة، استِطاعة — capability, ability
مِكْنَسة، مِقَشَّة — broom
مَكْنَنَ: جَعَلَ ميكانيكيًّا أو آليًّا — mechanize
مَكْنَنَة — mechanization *(n.)*
~ المَكاتِب — office automation
مُكَهْرَب — live, hot, electrified (Elec. Eng.)
غيرُ ~ — dead
~ دائم، كَهْريت — electret (Elec.)
مَكْو، جُحر — burrow, hole, hutch
مِكْواة — iron, flatiron
~، مِيْسَم — cautery
~ بالبُخار — steam iron
~ كهرباوية — electrocautery (Med.)
مُكُوث — stay(ing) *(n.)*
مُكَوِّد، مُشَفِّر — encoder (Comp.)
~ صَوتيّ — vocoder (Elec. Eng.)
مُكَوَّر، مُتكَبِّب — conglomerate, agglomerate, globular *(adj.)*
~ (بكتيريٌّ) عُنقوديّ — staphylococcus (Biol.)
المُكَوَّراتُ البُنِّيَّة (مُسَبِّبةُ السَّيَلان) — gonococcus (Med.)
مُكَوَّرة: مِكروبٌ كُرَويّ — coccus (pl. cocci) (Biol.)
~ عِقْديَّة، مُكَوَّرٌ (بكتيريٌّ) عِقْديّ أو سُبحيّ — streptococcus (pl. streptococci) (Biol.)
مُكَوِّرة حُبَيْبيَّة — pelletizer *(n.)*
مَكْوس: خاضِعٌ لِلضريبة — taxable *(adj.)*
مَكُّوك، وَشِيعَة — shuttle *(n.)*
~ تَشْعيع — rabbit, shuttle (Nuc. Eng.)
~ الفَضاء — space shuttle (Astronautics)
مُكَوَّم — piled, stacked
مُكَوِّن، مُرَكِّبة: مكوِّنٌ أساسي — component *(n.)* (Phys., Maths.)

~، مُشَكِّل، تكويني — formative *(adj.)*
~، مُقَوِّم — component, constituent *(adj., n.)* (Chem.)
~، أحَدُ المكوِّنات — ingredient *(n.)* (Chem.)
مُكَوِّنات — components, constituents
~ طَيَّارة — volatile constituents (Pet. Eng.)
الـ ~ المادية: عتاد الحاسوب — hardware (Comp.)
~ مُتَطابِقة — identical components
~ مُشِعَّة — radioactive constituents (Geol.)
مُكَوِّنات، تكوينات — formations (Geol.)
~ فَحْمِيَّة — coal-measures (Geol.)
~ مُتَشاكِلة — isoforms (Chem. Eng.)
مِكْيال — measure
~ جافّ: لِلحُبوب (وغيرِها) — dry measure
~ دُفعات: لِخَلط الخَرسانة — batcher (Civ. Eng.)
~ سَوائل — liquid measure
مَكِيث: راسِبٌ سَطْحيّ غِرْيَنيّ — placer (Geol.)
مُكَيَّف، مُلاءَم، مُعَدَّل — adapted, adjusted
~ (الجوّ) — conditioned (Eng.)
~ الهَواء — air-conditioned *(adj.)*
مُكَيِّف — adapter (or adaptor), adjuster, conditioner
~ هَواء — air conditioner (Eng.)
مَكِين، مَتين — strong, robust, staunch *(adj.)*
مِل: وَحدةُ دَرجةِ النغَم — mel (Acous.)
~: جُزءٌ من ألفٍ من البُوصة — thou = mil (Eng.)
~ دائريّ: مساحةُ دائرةٍ قُطرُها جُزءٌ من ألف من البوصة — circular mil (Eng.)
~ زاويّ: جُزءٌ من ١٨ من الدرجة — mil (Maths., Eng.)
مَلْء، تعبِئَة — filling (up), topping
~ الأصفار — zero fill (Comp.)
مِلْء، ما يملأ — fill
~ مِلْعَقة — spoonful
مَلأَ، عَبَّأَ — fill (up), stow
~ ثانيةً — refill, replenish
~ بالهواء — inflate
مَلاءَة: قُدرة على الوَفاء — solvency
مُلاءَة — sheet *(n.)*
مُلاءَم — matched
مُلاءَمة، تعديل — adjustment *(n.)*

~، تَوافُق، اِنْسِجام — agreement, fitness, compatibility, harmony
~، يُسْر — convenience *(n.)*
~، تَلاؤم — match, aptness, suitability
~، تَوفيق — matching, harmonization
~ عَمَليَّة — feasibility, fitness
الـ ~ الهندسيَّة — engineering feasibility
مَلابِس — clothing
~ داخلية — underwear
~ كَتّانية — linen *(n.)*
~ واقية — protective clothing
مَلّاح — navigator, mariner
~، بَحّار — sailor, seaman
~ جَوِّي — airman, pilot
~ فَضائي، رائدُ فَضاء — astronaut, spaceman (Space)
مَلّاحَة، مَعْمَلُ مِلْح — saltern, saltworks
~: مَوضِعُ استخراجِ المِلح — salt pan, salina (Geol.)
مِلاحة (بَحْريَّة أو جَوِّيَّة) — navigation *(n.)*
~ جَوِّية — navigation = air navigation
الـ ~ بالرادار القصير المَدى، شُوران — short range navigation (Radio)
الـ ~ الفضائية — astronautics
الـ ~ الفَلَكيَّة — astronavigation, celestial navigation (Aero.)
الـ ~ اللاسلكية — radio navigation
مُلاحِظ، مُراقِب — observer
~ عُمّال، خَوْلي — foreman *(n.)*
مُلاحَظة — note, notice, remark
~، مُراقَبة — observation, supervision
~، رؤية — perception, seeing
مَلّاحون: طاقمُ المَلّاحين في سفينة أو طائرة — crew *(n.)*
مِلاحيّ — maritime *(adj.)*
مَلاذ، مَلْجأ — refuge, resort, shelter, haven
المَلاريا، البُرَداء — malaria (Med.)
مُلازِم، مُرافِق، مُصاحِب — concomitant, accompanying
~: ~ متأصِّل — inherent
~: ~ لا يُفارِق — inseparable
~ أول — lieutenant (Mil.)
مَلاسة — smoothness
مُلاصِق، مُتاخِم — contiguous, adjoining, touching

مُلاصِق (تابع)

~ لِثاميًّا — osculating (Maths.)

مُلاصَقة، تفمُّم — osculation (Maths.)

مِلاط، إسمنت — cement (Build.)

~، مُونة — mortar (Build.)

الـ ~ الأسود: مِلاطُ تكحيل غَنيٌّ بالرَّماد — black mortar (Build.)

~ أصَمّ (صامِدٌ لِلماء) — puddle (Civ. Eng.)

الـ ~ البَيْنيّ — abreuvoir (Build.)

~ التكحيل — fat (Build.)

~ جيريّ، ~ كِلْسيّ — lime mortar (Build.)

~ رِخْو — larry, grout (Civ. Eng.)

~ لِسَدِّ الثقوب — badigeon, lute (Build.)

~ القَوالِب — mould dressing (Met.)

~ كِبريتي — sulphur cement (Build.)

~ «كِيني»: السَّريعُ التَصَلُّب — Keene's cement (Build.)

~ لَدْن — plastic cement (Build.)

~ لَصْقٍ مَطّاطيّ — rubber cement (Chem.)

~ لِيفيّ — fibro-cement

~ مُعايَر: مِلاطٌ من الإسمَنْت والكِلْس والرَّمل بنسبة ١ : ١ : ٥ — gauged mortar (Build.)

~ مَعدِنيّ: به نِسبةٌ عالية من مَسْحوقِ الرَّصاص — metallic mortar

~ المغنيسيا (السَّريعُ الشَّكّ) — magnesia cement (Chem.)

~ هَيدروليّ — hydraulic mortar (Build.)

مُلاقاة، لِقاء — encounter

مِلاك: نِظامُ إدراجِ الموظفين، سِلْك — cadre

~: الموظفون في سِلك مُعيَّن — staff, personnel

مَلّاك — proprietor, owner

مُلاكَمة — boxing

مَلامِح — features

مُلامِس، مُماسّ — touching, in contact with, adjoining

~، مُجاوِرٌ قَريب — contiguous, adjacent

~: وَسيلةُ التماسّ أو التلامُس — contact, contactor (Elec. Eng.)

~ اهتزازيّ: لِتَقْطيع التيّار — vibrating contactor (Elec. Eng.)

~ بابيّ: يُصدِرُ نذيرًا عندَ فتح الباب أو قَفلِه — door contact (Elec. Eng.)

~ تَوصيل — make-contact (Elec. Eng.)

~ ثابِت — fixed contact

~ رَقائقيّ — laminated contact

~ زنبركيّ — spring contact (Eng.)

~ شَراريّ — sparking contact (Elec. Eng.)

~ القاطِع — interrupter contact (Elec. Eng.)

~ كَربونيّ — carbon contact (Elec. Eng.)

~ مُتَحرِّك — moving contact (Elec. Eng.)

~ مَسْح، ~ ماسِح — wiper, wiping contact (n.) (Elec. Comm.)

~ مِصْراعيّ: يرنُّ أو يَعملُ عندَ فَتْح النافذة — window contact (Elec. Eng.)

~ مُنزَلِق — slide contact

~ وَصْلٍ قبلَ القَطْع — make-before-break contact (Elec. Eng.)

مُلامِسات رَئيسيَّة — main contacts (Elec. Eng.)

~ الفَصْل — break contacts (Elec. Eng.)

~ مُساعِدة — auxiliary contacts (Elec. Eng.)

مُلامَسة، تَماسّ — contact (Elec. Eng.), contingence (Maths.)

مِلانين، قَتامين: صِبْغٌ سافِع — melanin (Chem.)

مُلائم، مُؤاتٍ، مُناسِب — suitable, timely, appropriate, opportune

~، مُوافِق، مؤتلِف — compatible (Med., Eng.)

مِلْباب: مِقطَعُ عَيِّناتٍ لُبِّيَّة — corer (Ocean.)

مُلَبَّد، مُدَمَّج، مُتَراصّ — compact

~ بالحرارة — sintered (Chem., Eng.)

~ بالغُيوم — overcast, overclouded (Meteor.)

مَلْبَنة: مَعْمَل لِمُسْتَخرجات الألبان — dairy, creamery

مَلْتاز: أنزيمُ سُكَّر الشَّعير — maltase (Chem.)

مُلْتَبِس، غامِض — ambiguous, vague, equivocal

مُلْتَبِك — jumbled, disarranged, mixed up

مُلتَحِم، مُلتَصِق — sticking, adherent

~، مَلْحوم — welded, soldered (Eng.)

المُلتَحِمة (في العَين) — conjunctiva (Med.)

مُلْتَزّ، مُتَراصّ — compact, tightly (or closely) packed

مُلتَزِم، مُتعَهِّدُ مقاولات — contractor

مُلتَزِم (بِ) — committed (to), complying (with)

مُلْتَفّ، مَلفوف، مُحَوّى — coiled

~، مُلَوَّى — convolute, twisted, volute

~ (بِ) — wrapped (in)

~ إلى أدنى (أو إلى الوراء) — revolute

~ لَولَبيًّا، مُتَلَفِّف، مُلَولَبٌ إلى الداخل — involute (Maths., Biol.)

مُلْتَقى — meeting place

~ الارتفاعات (في المُثَلَّث) — orthocentre (Maths.)

~ خُطوطٍ حديدية — railway junction

~ طُرق دائريّ — round about, rotary intersection, traffic circle (Civ. Eng.)

~ (نهرَين)، مَقْرَن — confluence = conflux

مُلْتَمِس — petitioner, applicant, solicitor

مُلْتَهِب، مُشْتَعِل — blazing, flaming, conflagrant (adj.)

~: مُصابٌ بالتهاب — inflamed (Med.)

~: لَهُوب — flammable (Chem.)

مُلْتَهِبًا، مُشْتَعِلًا — aflame (adv.)

مُلْتَهِمُ الجَراثيم — bacteriophage (Zool.)

مُلْتَوٍ، مَفتول، مُعَوَّج — twisted, warped, wry

مَلْتوز: سُكَّر الشَّعير — maltose = malt sugar (Chem.)

مَلْجأ، مَلاذ — refuge, shelter, abri, asylum, haven

مَلَّح — salify, salt (v.)

~: أعَدَّ لِلحفظ بالتمليح — cure (v.)

مُلِحّ — pressing, urgent; exigent

مِلْح — salt (Chem.)

~ البارود — gunpowder (Chem.)

~ ~ الأسود — black powder (Mining)

~ ~ الخام — raw salt (or saltpeter)

~ حامِضيّ — acid salt (Chem.)

~ سَويّ — normal salt (Chem.)

~ الصُّخور — rock salt = halite (Min.)

~ الطعام — table salt, common salt

~ ~ الصَّخريّ — halite (Chem.)

~ عُضْويّ — organic salt (Chem.)

~ قاعِديّ — basic salt (Chem.)

~ قِلْويّ — alkaline salt (Chem.)

~ كِبريتيّ — thiosalt (Chem.)

~ مُتَعادِل (لاحامِضيّ ولاقاعِديّ) — neutral salt (Chem.)

~ مُركَّب — complex salt (Chem.)

~ مُزدَوج، ~ مُضاعَف: يتألف من مِلحَين مُتبلِّرين معًا — double salt (Chem.)

~ المَلّاحات — bay-salt

مِلح (تابع)
ـ مُيوَّد — iodized salt (Food Sc.)
ـ النُّشادِر — sal-ammoniac (Chem.)
ـ الهَيپو: ثيُوكِبريتات الصوديوم — hypo, sodium thiosulphate (Chem.)
مُلحَق، مُساعِد، إضافي — auxiliary, accessory, ancillary, adjunct *(n., adj.)*
~، لَحق — annex, appendix
~، تابع، مُرتَفق — appurtenant, rider; addendum, appendage
~، تكْمِلة — supplement
~ (في سَفارة) — attaché
مُلحَقات، لَواحِق — auxiliaries, appendages
~ إضافية — accessories
مُلَحَّم، مَلْحوم — welded, soldered (Eng.)
مَلْحوم من الناحيَتَين — double-welded *(adj.)*
مِلْحِيّ، حاوٍ المِلح — saliferous, saline (Geol.)
مُلَخَّص، اِختِصار، مُوجَز — summary, résumé, condensation, abstract *(n.)*
مِلْدان، مِقياسُ اللَّدانة — plastometer (Eng.)
مُلَدِّن: حافظُ اللُّدونة — plasticizer *(n.)*
مُلَدَّن (بالتطبيع) — tempered (Met.)
مِلْزاج، مِلزَج: مِقياسُ اللُّزوجة — visco(si)meter (Phys.)
ـ «رِدْوُد» — Redwood viscosimeter (Eng.)
ـ «سِيبُولْت» — Saybolt viscosimeter (Phys.)
مُلْزِم — binding, obligatory
مُلْزَم — obligated, committed, bound
مَلْزَمة: من كتاب — fascicule, signature (Print.)
مِلْزَمة، مِنْجَلة — vice = vise (Eng.)
ـ أنابيب — tube-vice, pipe vise (Eng.)
ـ ثابتة، مِنْجَلة نَضَدِيَّة — standing vice (Eng.)
ـ سريعةُ القَبْض — sudden grip vise (Eng.)
ـ قَبْض فوريّ — instantaneous grip vice
ـ قَدَمِيَّة — leg vise (Eng.)
ـ لَوَلَبِيَّة — screw vise (Eng.)
ـ نَضَدِيَّة — bench screw, table vice (Eng., Carp.)
ـ يدوية — hand vice (or vise) (Eng.)
مُلْزِن، مُلْصِق — agglutinant (Chem.)
مَلَّس: نَعَّم — smoothen, sleek, slick
~، صَقَلَ (الوَرق أو القُماش أو اللدائن) — calender
مُلَسَّن، مَوصولٌ بلُسَيِّن — splined
مَلِص: زَلَّ وأفلَت — slip *(v.)*

مُلْصَق (بلِصاق) — stuck, affixed, pasted
~، مُلْصَقة (إعلانية) — poster
مُلْصِق، لَصُوق — adhesive, glue, cement
مُلْصَقة، لَصيقة: ورقة مُصَمَّغة إلصاقيَّة — sticker
مُلَصَّقة: نَموذجٌ فَنّي مُلَصَّق — collage *(n.)*
مَلَّطَ: طَيَّنَ بالملاط — mortar, plaster, slush
~ (لِمَنْع التسرُّب) — pug (Build.)
مِلْطاس: شاقوفُ تَشذيب — dresser, knapping hammer
مُلَطِّف، مُسَكِّن — palliative, soothing, demulcent *(n., adj.)* (Med.)
~: مُرَطِّب لِلبشرة — emollient (Med.)
مَلْطِم: يَحِدُّ من اندفاع الأمواج — bulwark, breakwater, mole (Civ. Eng.)
~ الجِسْر — starling (Civ., Eng.)
مَلْعَب — playground
ـ مُدَرَّج — stadium *(n.)*
مُلْعِب: مُسِيِّل اللُّعاب — sialagogue, sialogogue (Med.)
مِلْعَقة — spoon
ـ إحراق — deflagrating spoon (Chem.)
ـ البَنّاء، مِسَجَّة — jointer (Build.)
مُلْغَى — cancelled, annulled, nullified
مِلْغام: آلةُ المَلْغَمة — amalgamator (Chem.)
مُلْغَم، سَبيكةُ زِئْبَق — amalgam (Chem.)
مَلْغَمَ، تمَلْغَمَ — amalgamate *(v.)* (Chem.)
مَلْغَمة — amalgamation (Chem., Mining)
مِلَفّ، لَفِيفة — coil, winding, solenoid (Elec. Eng.)
~، إضبارة — file, dossier, folder
~، مِكَبّ، بكَرة — spool, reel, bobbin
ـ أبٌ — father file (Comp.)
ـ ابتدائيّ: مجالُه في الدارةِ يُنتِجُ الحركة — primary, primary coil (Elec. Eng.)
ـ إثارة، ـ تحريض — exciting coil (Elec. Eng.)
ـ احتياطي — backup file (Comp.)
ـ إدخال — input file (Comp.)
ـ أرضيّ، مِحَثٌّ أرضيّ — earth coil, earth inductor, ground coil (Elec. Eng.)
ـ إزالةِ المَغْنَطة (المُتخَلِّفة) — demagnetizing coil, degaussing coil (Phys.)
ـ استِقبال — reception coil (Elec. Eng.)

ـ استِكشاف، وَشِيعةُ سَبْر — exploring coil, search coil (Elec. Eng.)
ـ أسلاك — wire spool
~ ~ ثَخينة — wire drum
ـ إشعال — ignition coil (Elec. Eng.)
~ ~ (بالشَّرَر) — spark coil (Elec. Eng.)
ـ إطفاءِ القَوس — magnetic blow-out (Elec. Eng.)
ـ إعتاق — trip coil (Elec. Eng.)
ـ إقحاميّ — drop-in winding (Elec. Eng.)
ـ أنابيبِ المُبَخِّر — evaporator coil
ـ أُنبوبيّ — pipe coil (Eng.)
ـ أوَّليّ — primary (coil) (Elec. Eng.)
ـ باحِث — search coil (Elec. Eng.)
ـ بيانات — data file (Comp.)
ـ «بيترسِن»: مِلَفٌّ كابِتٌ لِلقَوس (الأرضيّ) — Petersen coil (Elec. Eng.)
ـ «بيوپِن»، ـ تَحْميل — Pupin coil = loading coil (Elec. Eng.)
ـ تَبْئير — focusing coil (Elec. Eng.)
ـ تَبْريد — cooling coil (Eng.)
ـ تتابُعيّ (السجلّات) — sequential file (Comp.)
ـ تجميع، ـ تَبْئير (لِلأشعة الإلكترونيَّة) — focusing coil (Electron.)
ـ تَحْريض — exciting coil (Elec. Eng.)
~ ~ (إحراريّ): لِتَسخين قطعةِ الشُّغل — work coil, heating inductor (Elec. Eng.)
ـ التحَكُّم — control coil (Elec. Eng.)
ـ تَحميل — load(ing) coil (Elec. Comm.)
ـ تركيز — concentrating coil (Elec. Eng.)
ـ تَسْخين — heating coil (Elec. Eng.)
ـ تَسَلْسُلي — chained file (Comp.)
ـ تشابُكيّ — lattice coil (Elec. Comm.)
ـ تَشْغيل: مطلوبٌ في العملية ذاتها — work file (Comp.)
ـ تعزيز — booster coil (Elec. Eng.)
ـ تَعْويق (عالي المُحاثَّة) — retardation coil (Elec. Eng.)
ـ التيار — current coil (Elec. Eng.)
ـ ثانَويّ، لَفيفةٌ ثانويَّة: لَفيفةُ الخَرْج في المُحَوِّل — secondary coil, secondary winding (Elec. Eng.)
ـ جَدّ — grandfather file (Comp.)

مِلَفّ (تابع)

~ حاثّ — inducing coil, induction coil (Elec. Eng.)

~ حارِف (حولَ عُنق صمام الأشعة الكاثوديَّة) — deflecting coil, deflection coil, deflector coil (Electron.)

~ حِتاريّ: مِلَفٌّ مُعادَلةِ المَجال — rim coil (Elec. Eng.)

~ حَثّ — induction coil, Ruhmkorff coil (Elec. Eng.)

~ ~ تَبادُليّ — mutual inductor (Elec. Eng.)

~ حَجْب — shading coil (Elec. Eng.)

~ حَديديُّ القَلْب — iron-core coil (Elec. Eng.)

~ (حَلزونيّ) حَلْقيّ مُقفَل المجال — toroidal coil (Elec. Eng.)

~ ~ مُسَطَّح — pancake coil (Elec. Eng.)

~ حَلقيّ — toroidal coil (Elec. Eng.)

~ خانِق — choke or, choking coil (Elec. Eng.)

~ ~ ثابِتُ المُحاثَّة — constant inductance choke (Elec. Eng.)

~ ~ مُوازِن — stabilizing choke (Illum.)

~ خَنْقِ الخَطِّ الكهربائي (يَقيه من التموُّرات المُفاجِئة) — line choking coil (Elec. Eng.)

~ (أو وَشيعةُ) خُيوط — hank

~ دُمْيَة — dummy coil (Elec. Eng.)

~ «رومكورف»، ~ حَثّ — Ruhmkorff coil (Elec. Eng.)

~ ذو قَلْبٍ هوائي — air-core coil (Elec. Eng.)

~ رَدِّ فِعْل، ~ ارتِكاس — reaction coil (Elec. Eng.)

~ الرَّصْد: لِتَسْجيل ما تَمَّ من مُعامَلات في أيِّ برنامج أو نِظام — journal file (Comp.)

~ رئيسي: في العملية أو الشُّغلة — master file (Comp.)

~ سِجِلّي: لتفاصيل أعمال الفترة — log file (Comp.)

~ سَرْجيّ، ~ راكِب — saddle coil (Electron.)

~ شُغْلة (قصيرُ الأَمَد عادةً) — job file, work file (Comp.)

~ صَرْف: مِلَفٌّ مُؤَرَّض يمنع تجمُّعَ الشِّحناتِ الكهربائيَّة الساكِنة على المُوَصِّلات — drainage coil (Elec. Comm.)

~ صَوْتيّ: يوصل بمخروط المِجهار — voice coil (Acous.)

~ قارِن — coupling coil (Radio)

~ قصيرُ الباع — short-pitch coil (Elec. Eng.)

~ قَفْز: مِلَفُّ قَفْزِ شرارةِ الإشعال — dash coil (Elec. Eng.)

~ كَبْت الطَّنين — (hum-)bucking coil (Elec. Eng.)

~ كَبْح التيار — ballast coil (Elec. Eng.)

~ لَولبيّ — solenoid (Elec. Eng.)

~ مُتَعَدِّدُ الطبقات — multilayer coil, multilayer winding (Elec. Eng.)

~ المَجال (المِغنَطيسيّ)، ~ تَحريض — field coil (Elec. Eng.)

~ مُحاثَّة — inductor, inductance coil (Elec. Eng.)

~ (~) أرضيّ (لقياس مِغنَطيسيَّة الأرض) — earth coil = earth inductor (Elec. Eng.)

~ ~ ذاتيَّة — self inductor (Elec. Eng.)

~ ~ قارِن — coupling inductor (Elec. Eng.)

~ ~ معادِل مُؤَرَّض — ground equalizer inductor (Elec. Eng.)

~ ~ مُوالِف — tuning inductance (coil)

~ مَحفوظات — archive file (Comp.)

~ مُخَمِّد — damping coil (Elec. Eng.)

~ مُرشِد — tag file (Comp.)

~ مُسَطَّح — flat file (Eng.)

~ مُضائل، لفيفةٌ مُخَمِّدة — damping coil (Elec. Eng.)

~ مُعادَلة المَجال — field neutralizing coil (Elec. Eng.)

~ مُعاوِقة — impedance coil (Elec. Eng.)

~ المَغْنَطة — magnet coil (Elec. Eng.)

~ المِغنيط — magneto coil (Elec. Eng.)

~ مُفاعِل — reactive coil (Elec. Eng.)

~ مُفاعَلة: ذو تأثيرٍ خانِق في ظُروفٍ خاصَّة — reactance coil (Elec. Eng.)

~ مُفَهْرَس — indexed file (Comp.)

~ مُقاوَمة — resistance coil (Elec. Eng.)

~ مُلَفَّف: مِن سِلكٍ حَلَزونيّ — coiled-coil (Elec. Eng.)

~ مُمَغْنِط، وَشيعةُ مَغْنَطة — magnetizing coil (Elec. Eng.)

~ مُناوِئ — bucking coil (Elec. Eng.)

~ مَوَات، ~ دُمْيَة — dead coil (Elec. Eng.)

~ مُوالَفة (بالمُحاثَّة) — tuning coil (Radio)

~ نَغّاز، ~ وَخْزيّ — tickler coil (Radio)

~ هَجينيّ — hybrid coil, bridge (or hybrid) transformer (Elec. Comm.)

~ اليومية — journal file (Comp.)

مِلَفّات — files (Comp.), coils (Elec. Eng.)

~ التكثيف — condensing coils (Eng.)

~ العُضْو الساكِن — stator coils (Elec. Eng.)

~ مُتَّحِدةُ المركز — concentric coils (Elec. Eng.)

~ مُعادَلة — compensating coils (Elec. Eng.)

مِلْفاف، مِثقاب — brace (Carp., Eng.)

~ ثَقْب — bit-stock, brace (Eng.)

~ ~ بِسَقّاطة — ratchet brace (Eng.)

~ رَفْع — winch (Eng.)

~ ~ (بدولابٍ وجُزْع) — wheel and axle, windlass *(n.)* (Eng.)

~ ~ حَبْليّ — rope winch (Eng.)

~ بِلُقَم — bit-brace (Eng.)

~ مِرفقيّ: ذو مِرفق يُدارُ به — crank brace (Build.)

مُلَفَّف، مُلتفّ — convoluted

مَلفوف، مُلَفَّف — coiled, wound

~: مُلْتفّ أُسطوانيًّا — rolled *(adj.)*

المَلْفوف: جنسُ الملفوف، كُرُنب — Brassica, cabbage (Bot.)

مِلْقاط — tweezers, tongs

~، قامِطة — clamp

~ حِجارة — nippers, stone tongs (Build.)

مُلَقَّح، مُطَعَّم — vaccinated, inoculated (Med.)

~، مُخصَب — fertilized (Biol.)

~، مُؤبَّر — pollinated (Bot.)

مُلَقِّح — vaccinator (Med.)

مِلْقَط، جَفْت — forceps (Med.)

~، مِلْقاط — tweezers, tongs

~ أنابيب، لاقِطةُ أنابيب — pipe tongs, tube tongs

~ الشبكة، قامِطُ الشبكة — grid-clip

~ غَسيل — peg, clothespeg, clothespin

~ القِطَع المنكسرة (في حفر الآبار) — beche (Civ. Eng.)

~ مَصاهِر — fuse tongs (Elec. Eng.)

مِلْقَطيُّ الشَّكل — forcipate

مُلْقِم، مُلْقِمة، جهازُ إلقام — charger, feeder *(n.)* (Eng.)

~ البِطاقات — card feed (Comp.)

~ جَرّار — tractor feed (Comp.)

مُلقِمة — feeder (Eng.)
~ شادوفيّة — chop-type feeder (Eng.)
مُلَقِّنة تلفازيّة: من نَصٍّ مُكَبَّر مكتوب — teleprompter; autocue (Telev.)
مِلْك، مِلكيَّة — possession, property
~ ثابت، ~ عَقاري — real estate
~ عامّ، أملاكٌ عامَّة — public domain
~ مُؤَجَّر — rental
مَلَكة، مَوهِبة — faculty, talent
مِلكيَّة، تمَلُّك — ownership, proprietorship
~ جَماعيَّة — collectivism
~ خاصَّة — private property
~ عَقاريَّة مُطْلَقة — freehold *(n.)*
~ مُشاعَة — co-ownership
مَلَكيت: كربوناتُ النُّحاس القاعديَّة — malachite (Min.)
مَلَل، سأم — tedium, ennui, boredom
مُلِمٌّ (بِ)، مُطَّلِع (على) — familiar (with), acquainted (with)
مِلْماس، مِفتاحُ تَلامُس — contactor *(n.)* (Elec. Eng.)
مَلْمَح — feature
مَلْمَس: نَوعية الحِسّ — feel, touch
~: في لوحة المَلامس للطابعة أو الحاسوب — key *(n.)*
~ مَدالي (في مِبدال الهاتف ذي الأزرار) — dial(ing) key (Elec. Comm.)
مِلْمَس: مِجَسُّ الحشَرة — feeler, tentacle, palp(us) (Zool.)
مُلَمِّع: مادةُ تلميع — polish, brightener
~: عامِلُ تلميع — polisher, brightener
مُلَمَّع — polished
مُلَمْلَم — compact *(adj.)*
مَلْمُوس، يُلْمَس — tactile, palpable
~، حَقيقي، مادّي — tangible, concrete, real
مِلْوى: عاصِبة باللَّي — tourniquet (Med.)
~: مِفتاحُ رَبْط — wrench, spanner (Eng.)
مِلْوان: مِقياسُ اللون — colorimeter
~ كهربائيّ — electrocolorimeter (Phys.)
مُلَوِّث، مادةٌ مُلَوِّثة — pollutant, contaminant (Ecol.)
مُلَوَّث، مَشُوب — contaminated, polluted
~ بالشَّحْم — greasy *(adj.)*
مُلَوِّح، مُلَوِّحة، سيمافُور — semaphore

مُلَوِّحة كَهربائية — electro-semaphore
مُلُوحَة — salinity *(n.)*
أزالَ الـ ~ — desalinate (Chem.)
مِلْوَق: سِكينُ بَسْط المَعجون — spatula *(n.)*
~ (لِمَدِّ الدِّهان) — slice *(n.)*
~ مَعجونة — putty knife (Build.)
مُلَوْلَب — screwed, threaded *(adj.)* (Eng.)
~ في اتجاهٍ مُعاكِس — oppositely threaded (Eng.)
~ من الداخِل — tapped *(adj.)* (Eng.)
مُلَوْلِب، مُلَوْلِبة — screwing die, die-stock, screw stock (Eng.)
~ مُخَدَّد — hob = hobbing cutter (Eng.)
مُلَوِّن — colorant, coloring
مُلَوَّن — colo(u)red
مُلَوِّناتٌ خَفيفة — tinters = stainers
مَلْوِيّ، مَثْنِيّ — twisted, bent
مِلِي: بادِئة بمعنَى جُزْء من ألف — milli-
~ أمبير — milli-ampere (Elec. Eng.)
~ أميتر: جهازُ قياسِ التيارات بالملي أمبير — milliammeter (Phys.)
~ بار: ألفُ داين على السم^{2} — millibar (Meteor.)
~ رُونتجِن: وَحدةُ إشعاع — milliroentgen (Phys.)
~ عِياريّ: تركيزهُ جُزءٌ من ألف من العِياريّ — millinormal *(adj.)* (Chem.)
~ فاراد: وَحدةُ سعَةٍ — millifarad (Elec. Eng.)
~ فُلْط: جُزء من ألف من الفُلط — millivolt (Phys., Elec. Eng.)
~ واط: جُزء من ألفٍ من الواط — milliwatt (Phys.)
مَلِيء، مَلآن — full
~: قادِرٌ على إيفاء ديونه — solvent, solid
مِلْيار: ألف مِليون — milliard
مِليغال: ٠٫٠١ ملم/ث^{2} (وَحدة تسارُع) — milligal (Phys.)
مليغرام: جُزء من ألف من الغرام — milligram
مِلِيلِتر: سنتيمتر مُكَعَّب — millilitre
مِليمتر: ٠٫٠٠١ مِتر — millimetre
مليمَيكروثانية — millimicrosecond
مُلَيِّن، مُسْهِل — laxative, aperient, purgative (Med.)
~، حافِظ الرخاوة — softener, softening agent

~ الأسفَلْت — asphalt flux (Eng.)
مِلْيون (١٠^{٦}) — million, mega-
ألف ~ (١٠^{٩}) — giga-
جُزءٌ مِن ~ ~ (١٠$^{-٩}$) — nano-
مليون مليون (١٠^{١٢}) — tera-
~ إلِكترون فُلْط — million-electron-volt(s)
~ أمر في الثانية — millions of instructions per second = mips (Comp.)
مم: الرمزُ الكيماويُّ لِفلزِّ النيوديميوم — Nd (neodymium) (Chem.)
مُماثِل، مُشابِه — similar, like, homologous
~: مُناظِر — corresponding, analogous
~: طَبيق — identical
~ في التركيب البِلَّوريّ (لا الكيماويّ) — allomeric (Chem.)
~ الشكل، مُشاكِل — isomorphic, isomorphous (Chem.)
~ كيماويّ: في التركيب والتفاعُلات — tautomer (Chem.)
مُماثَلة — similarity, resemblance, homology
~ صوريَّة (بينَ النظائر) — isomorphism (Chem.)
مُمارِس — practitioner
مُمارَسة، مُزاوَلة — practice
~، خِبْرة — experience
مُماسّ — tangent *(n.)* (Maths.)
~ مُزدَوِج — bitangent (Maths.)
~ مُشترَك — common tangent (Maths.)
مُماسَّة، تَماسّ — tangency (Maths.), contact (Elec. Eng.), contiguity
مُماطَلة، تَسْويف — procrastination
مُماكِب، زَمِير — iso- (Chem.)
مَمال، دَرَجةُ المَيْل، مَدْروج — gradient (Maths., Phys.)
~ حادّ — steep gradient (Civ. Eng.)
الـ ~ الحَدِّيّ: المَسْموحُ به في مَدِّ الطُّرُق أو السِّكك الحَديديَّة — limiting gradient (Civ. Eng.)
~ خَفيض، مَدْروجٌ خَفيض — low gradient
~ صاعِد، مَدروج صاعِد — upward gradient
~ الطّاقة، مَدروج الطاقة — energy gradient (Phys.)
~ كِفافيّ — contour gradient (Surv.)

مَمال (تابع)

~ المَجرى، مَدروج المَجرى — stream gradient

~ المُلوحة، مدروجُ المُلوحة — halocline (Ocean.)

مُمانَعة، مُعارَضة — opposition, objection

~ (مِغنَطيسيَّة)، التراخي (مَعكوس المُنافَذة المِغنَطيسيَّة) — reluctance (Elec. Eng.)

المُمانِعيَّة (المِغنَطيسيَّة) — reluctivity

مَماهة، مَرْبًى مائيّ — aquarium (Biol.)

مُمايِز — discriminant (Maths.)

مُمايَزةُ المرشِّح — filter discrimination (Radio)

مُمتاز — excellent, super *(adj.)*

مُمتَحِن — examiner, tester

مُمتَحَن — examinee

~، مُجرَّب — tested

مُمتَدّ، مَمْدود، مَمْغوط — extended, stretched

كَمِّية مُمتَدَّة — tensor (Maths.)

مُمتَزّ — adsorbed *(adj.)*

الـ ~: المادة المُمتَزَّة، مُزازة — adsorbate (Chem.)

الـ ~: المادة المازَّة — adsorbent (Chem.)

مُمتَصّ، مَصّاص، امتِصاصيّ — absorptive, absorbent *(adj.)*

الـ ~: المادة المُمتصَّة، مُصاصة — absorbate (Chem.)

~ الاهتِزازات — vibration absorber (Eng.)

~ (أو مُخَمِّدُ) الصَّدَمات — shock absorber (Eng.)

~ التموُّرات — surge absorber (Elec. Eng.)

~ تَوافُقيّات — harmonic absorber (Phys.)

~ صَدَماتٍ تِلِسكوبي: مُتَداخِل الأجزاء — telescopic shock absorber (Eng.)

~ ~ زَيتيٌّ هوائي — oleo-pneumatic shock absorber (Aero.)

~ ~ نَفْحِيّ: يَعْملُ بالهَواء المَضْغُوط — pneumatic shock absorber (Eng.)

المُمتَصِّيَّة، قابليَّةُ الامتِصاص — absorptive power = absorptivity *(n.)* (Phys.)

مُمتقِع، شاحِب — pallid, pale

مُمتلَكات — possessions, property

مُمتلِئ، مَملوء — full, filled

~ لِحافَّته، طافِح — chock-full, chuck-full, brimming

مُمتنِع (عن) — refraining or abstaining (from)

~، مَنيع — strong, impenetrable, indomitable

~ المُقايَسة (لانعدامِ التجانُس) — incommensurable *(adj.)*

مُمَثِّل، نائب — representative, deputy

مُمَثْيَل — methylated (Chem.)

مِمْحاة — rubber, eraser

مِمْخَضة — churn, creamery (Food Sc.)

مُمَدَّد، مُمْتَدّ — extended

~: كالخَرسانة مُفجّاةً لِتَخفيف الوزن — expanded (Civ. Eng.)

مُمَدِّد — expander (Elec. Eng.)

~، باسِطة: عضَلة باسطة — extensor (Zool.)

~ النَّبْض — pulse stretcher (Elec. Comm.)

مُمَدِّدةُ اتساعٍ أوتوماتيّة: لِتَوسيع مَدى الإشارةِ المُرسلَة تلقائيًّا — automatic volume expander (Elec. Comm.)

مَمْدود، مَمْطول — stretched, elongated *(adj.)*

مَمْدوديَّة: قابِليَّةُ الامتِداد — extensibility

مَمْذوق: مَغْشوشٌ بالمَزْج — adulterated (Chem.)

مَمَرّ — passage, pass, path, lane

~، مَمْشى — aisle *(n.)*

~، مَنْفَذ، فُتحةُ دُخُول — manway, manhead (Civ. Eng.)

~ بَديل — alternative path

~ تغذية — feed chute (Eng.)

~ جانِبيّ — bypass

~ جَبَليّ، شِعْب — defile

~ جَوّي — airway, airlane

~ حُرّ — free path

~ سُفليّ — under-path (Civ. Eng.)

~ (أو مَسْرَب) السَّيْر — traffic lane (Civ. Eng.)

~ ضَيِّق (على جانب سفينةٍ أو صِهريج) — catwalk

~ قَنْطَريّ (مَسْقوف) — arcade (Arch.)

~ كُبول — cable duct (Elec. Eng.)

~ مائِل — slade (Build.)

~ مُرتفِع — gangway

~ مَسْقوف — covered way (Arch.)

~ المُشاة — footway = sidewalk (Civ. Eng.)

مُمَرْسَر: مُعالَجٌ بمحلول الصودا الكاوية لِلصَّقل والتَّقْوية (بالنسبة لِخُيوط القُطن) — mercerized (Chem.)

مُمْرِض، كائِنٌ مُمْرِض — pathogen (Med.)

مُمَرِّض — male nurse, medical orderly

مُمْرِط، سامِط — depilatory (Chem.)

مِمْرَغة، المِعى الأعوَر — c(a)ecum (Zool.)

مُمَرْكَز — centralized

مُمَرْكِز — centralizer

مُمَزَّق، مُتَفَسِّخ — lacerate(d)

مَمْزوج — mixed, mingled, blended

~ على البارِد — cold mixed *(adj.)*

مِمْساح: مِقياسُ مساحةِ المُسَطَّحات — planimeter (Eng.)

مِمْساك، سَقّاطة، مِزْلاجٌ بِسَقّاطة — catch *(n.)* (Build.)

~ (أُنظُر: مِمْسَك) — handle, holder, catch

~ أمان — safety catch

~ ذَكَر اللولبة — tap holder (Eng.)

مِمْسَحة — mop, wiper

~، قَطيلة — swab (Med.)

مِمْسَك — handle, holder, catch

~ ذِراع التدوير — crank handle (Eng.)

~ الشُّغلة، شِياق — mandrel (Eng.)

~ الصِّمام — valve holder (Electron.)

~ عُدَّة — tool holder

~ ~ دَوّار — revolving tool holder; turret (Eng.)

~ القَلَم (في الفِرجار) — pencil clamp

~ المَسْرى — electrode-holder (Elec. Eng.)

مُمْسِك، قابِض: مُهَيَّأٌ لِلقَبْض — prehensile *(adj.)* (Zool.)

~، قابِضٌ (على) — grasping, holding

مَمْسُوخ، مُحَرَّف: مُحَوَّلُ الصِّفات (كالكحول لجعلِه غير صالحٍ للتناوُل) — denatured (Chem.)

~، مُشَوَّه — deformed, disfigured

المَمْسُودات، الديدانُ المُدَوَّرة — Nematoda, roundworms (Zool.)

مَمْشًى، مَمَرّ — passage(way), path, alley

~ جانِبيّ — sidewalk (Civ. Eng.)

~ سِقالِيّ — catwalk

مِمْشَط، مُشْط — comb

~ أسنانِ اللولب — thread chaser (Eng.)

مِمْشَط (تابع)
~ (أو مِمْشطةٌ) غَزْل، مَكَنةُ مَشْط — card(ing machine), combing machine
~ لَوْلَبَة — chaser, screw chaser (Eng.)
مِمْشَقة: مُشْط (لِلقُطْن أو الكَتّان) — hackling machine, hackle, scutcher
~ صُوف: مكَنة تَشريحِ الصوف — scribbler (n.)
~ الغَزْل — card, carding engine (Eng.)
مَمْشُوط (في وَصف النسيج المَحوك) — worsted
مَمْشُوق، مُمَشَّط — carded, combed
مَمَصّ — siphon, syphon (Civ. Eng.)
~ دَوريُّ التدَفُّق — intermittent siphon (Civ. Eng.)
مِمَصّ: ماصة مُدرَّجة — pipet(te) (Chem.)
مِمْصاص — absorptiometer (Chem.)
مِمْطار: مِقياسُ المَطَر — rain gauge, pluviometer (Meteor.)
مِمْطَر — raincoat
مَمْطُولٌ مُقَدَّمًا (قبلَ التركيب) — prestretched (adj.) (Civ. Eng.)
مَمْطُوليَّة — ductility (Phys.)
مُمَغْنَط — magnetized (adj.)
مُمَفْصَل: ذو مَفاصِل — jointed
~: ذو مُفَصِّلات — hinged
مُمْكِن، مُستَطاع — feasible, possible (adj.)
~، مُحتَمَل — possible, probable
~ استِخدامُه — practicable (adj.)
~ تَكامُلُه أو مُكامَلتُه — integrable (Maths.)
~ عَمَلُه — practicable (adj.)
~ الوُصولُ إليه — accessible
مُمَكْنَن — mechanized
مُمِلّ — boring, uninteresting, tedious
مِمْلاة — dictaphone
مِمْلاح، مِقياسُ المِلْحيَّة — brine gauge (Chem.)
مُمَلَّح — salted
مُمَلَّط، مُلْصَق (بالإسمَنْت) — cemented (adj.)
~ الوُصْلات (بين الطُّوب) — slushed-up (adj.) (Build.)
مُمَلْغِم — amalgamator
مُمَلْغَم — amalgamated (Chem.)
مَمْلَكة — kingdom
الـ ~ الحَيوانيَّة — animal kingdom
الـ ~ النباتيَّة — Plantae (Bot.)
مَمْلُوء، مَشْحُون — full, filled
مَمْنُوع — forbidden, prohibited
مُمَهِّد، مُسَوٍّ — level(l)er (Civ. Eng.)
مُمَهَّد، مُسَوًّى — levelled, smoothed
~، مُهَيَّأٌ مُوَطَّأ — made ready & easy, facilitated
مِمْهَدَة، مِسْلَفَةُ تَمهيد، مُمَهِّدَة — level(l)er, grader (Civ. Eng.)
~ رافِعة — elevating grader (Civ. Eng.)
~ الطُّرُق — road grader (Civ. Eng.)
مِمْواج: مُسَجِّل التموُّجات الفسيولوجية العضلية في الجسم — kymograph (Med.)
مُمَوَّج — wavy, undulatory
~، مُغَضَّن — corrugated
مُمَوِّن، مُتَعَهِّدُ التموين — supplier, purveyor, caterer
مُمَوِّنة: سَفينةُ أو مَقطورةُ تموين — tender
مُمَوَّه — camouflaged
~، مُحَرَّف — distorted, misrepresented
مُمَيًّأ، مُمَيَّهٌ — hydrated, hydrous (adj.) (Chem.)
مِمْياد: جهازُ تَسجيلِ المَيْد الأرضي (تغيُّرات المَيل) — tiltmeter (Geophys.)
مِمْيازُ ارتفاعِ النَّبْض — pulse-height discriminator (Radio)
مِمْيال: مِقياسُ زاويةِ المَيْل — clinometer (Surv.)
~: مِقياسُ تَدَرُّجِ المَيْل — grading instrument = gradiometer (Surv.)
~: مِقياسُ المَيْل المِغنَطيسيّ — inclinometer, dip needle (Surv., Phys.)
مُمِيت، مُهْلِك، قاتِل — deadly, lethal, fatal
مُمَيِّز، خاصّ — characteristic (adj.)
~، فارِقٌ — distinguishing, differentiating
~، مائِز — discriminating, discriminant
~، مُدْرِك — discriminating, perceptive
~ الاضمِحلال — decay characteristic (Phys.)
~ (الدّالّة) — discriminant (Maths.)
~ الطَّور: يُحَوِّل الموجة الحاملة إلى شكل مُضمَّن السَّعة — phase discriminator (Electron.)
مُمَيَّز، مُتَمَيِّز — distinguished, special
مُمَيِّزة: خاصّة ~ — characteristic (n.)
~ إنتِقاليَّة — transfer characteristic (Telev.)
مُمَيِّع، مُسَيِّل — liquefacient (Phys.)
المَنُّ، الأَرَق: حَشَراتٌ من نِصفيّاتِ الأجنِحة — aphids, plant lice (Zool.)
مَناجِد (أُنظر: خُلْد) — moles
مُناخ، طَقسٌ مُمَيَّز — climate (n.) (Meteor.)
~ إستِوائيّ — equatorial climate (Meteor.)
~ إقليميّ (يشمَلُ منطقةً جغرافيّةً واسِعة) — macroclimate (Meteor.)
~ جافّ — arid climate, dry climate
~ جَزيريّ (أو جُزُريّ) — insular climate
~ رَطْب: غزيرُ المَطَر — wet climate, humid climate (Meteor.)
~ شِبْه رَطْب — subhumid climate (Meteor.)
~ صُغْرِيّ، ~ مَوقِعيّ — microclimate (Ecol.)
~ قارّيّ — continental climate (Geog.)
~ مَداريّ — tropical climate (Meteor.)
~ وَسَطيّ: بينَ السَّوقِعيّ والإقليميّ — mesoclimate (Geog.)
مُناداة — calling, paging (n.) (Elec. Comm.)
مَنارة — lighthouse (Civ. Eng.)
~ إرشاد، فَنار — beacon (Naut., Aero.)
~ ~ لاسِلكيّ — range beacon, radio-range beacon (Aero.)
~ ~ ~ مُتساوي الإشارة (في قِطاعٍ مُعَيَّن) — equi-signal radio-range beacon
~ استِجابة — responder (beacon) (Radio)
~ تَحديد المَوقِع — locator beacon, localizer beacon (Aero.)
~ تَوْجيه العودة — homing beacon (Aero.)
~ ~ لِلمَمَرِّ الجَوِّي — airway beacon (Aero.)
~ جَوِّيَّة — aerophare (Elec. Comm.)
~ دَوّارة — rotating beacon (Aero.)
~ راداريَّة — racon (radar beacon) (Radio)
~ راديوية، ~ لاسِلكيَّة — radiophare, radio beacon (Radio)
~ رامِزة — code beacon (Aero.)
~ ضَوئيَّة — light beacon
~ عائِمة: سَفينةُ مَنار — lightship (Naut.)
~ مُحَدِّدة — marker beacon (Naut., Aero.)
~ مَعْلَميَّة — landmark beacon
مُنازِع — disputant, contender
مُنازَعة، تنافُس، تنازُع — contention (n.)
~، مُحاجَّة — disputation (n.)

مُناسِب، لائقٌ، خاصٌّ (بـ)، مُخْتَصّ — suitable, adequate, fit, appropriate *(adj.)*
~، ذو صِلَةٍ وَثيقة (بـ) — relevant, germane *(adj.)*
مُناسَبة: مُلاءَمة — suitability, adequacy
~: فُرصة — opportunity, occasion
مَناسِل: (ج مَنْسَل) — gonads (Zool.)
مَناسيب (أنظر: مَنسوب) — levels
~ الطاقة — energy levels (Phys., Chem.)
مَناطُ الإسناد — frame of reference
مَناطِق (أنظر: مِنطَقة) — zones
~ التَّوقيت — time zones (Geog.)
~ سَكَنيَّة — living quarters (Civ. Eng.)
~ مَبْنِيَّة — built-up areas
~ مُتجانِسَةُ المُناخ — homoclimes (Meteor.)
مُناظِر، مُتَناظِر — corresponding *(adj.)*
~: مُشابِه — analogous
~: مُقابِل — corresponding
~: مُراقِب — proctor, supervisor
مُناظَرة: جَعْلُ الشيء مُتَناظِرًا — symmetrization
~، إشراف — supervision
~، مناقشة — debate, discussion
~، تناظُر — correspondence
مَناعة، حَصانة — immunity (Med.)
~ طبيعية — natural immunity (Med.)
~ العِرْق — racial immunity (Med.)
~ فَرْدِيَّة — individual immunity (Med.)
~ مُكتَسَبة — acquired immunity (Med.)
المَناعيّات، عِلْمُ المَناعة — immunology
مُناغَم — tuned *(adj.)*
مُناغِم، مُدَوْزِن — tuner
مُناغَمة — tuning
~، مُوالَفةُ تَوافُق وانسِجام — harmonization
مُنافٍ لِـ — contradictory to, inconsistent with
مُنافَذة (معكوسُ المُمانَعة) (reluctance) — permeance (Elec. Eng.)
~ مِغنَطيسيَّة — magnetic permeance
مُنافِر، غير مؤتلِف — incompatible
مُنافِس — rival, competitor
مُنافَعة: تعايشٌ مُتَبادَلُ المَنْفَعة — mutualism (Biol.)
مُنافَسة — competition, rivalry
~ حُرَّة — free competition

مُناقَشة — discussion
~ نَدْوِيَّة — panel discussion
مُناقَصة — invitation to bid, bidding
مُناقَلة: تَبديلُ الوَضْع — transposition *(n.)*
~ (مِن أو إلى الذاكِرة) — swap *(n.)* (Comp.)
~ (مِن سَفينةٍ إلى أُخرى) — transshipment
~ مُنَسَّقة — co-ordinated transposition
مَنال، نَيْل — attainment
سَهْلُ الـ ~ — at hand, within reach, accessible
بَعيدُ الـ ~ — out of reach, inaccessible
مُناوِب — alternate, alternant
مُناوَبة، تَناوُب — alternation, (working in) alternate shifts
مُناوَرة: خُطَّة بارِعة — manoeuvre, gambit
المُناوَرِيَّة، سُهولةُ المُناوَرة — maneuverability
مُناوَشة — skirmish
مُناوِع: خاصٌّ بالنوع — specific
مُناوِل، عامِلُ مُناوَلة — handler *(n.)*
~ بُعاديّ: جهازُ مُناوَلة (لِلمواد المُشِعَّة بخاصةٍ) — manipulator (Nuc. Eng.)
مُناوَلةُ المَوادّ — materials handling (Eng.)
مُناوِئ — adverse
مَنْبِت، مَشْتَل — bed, nursery
~، مَنْشَأ — source, origin
مُنْبَثِق، مُنْبَجِس — effluent, spouting, spurting
المادة المُنْبَثِقة — extrudate (Geol.)
مُنْبَثِقاتٌ إشعاعيَّة — radioactive emanations (Phys.)
مِنْبَذة، نابِذة، فَرّازةٌ طارديَّة: تعملُ بالطرد المركزي — centrifuge *(n.)* (Eng.)
مِنْبَر — rostrum, pulpit
مُنْبَسِط: مُسَطَّح — flat
مُنْبَسِط: مُسْتَوٍ — plane, plain
~، مُمتَدّ — stretching, extending
مُنَبِّض، نَبّاض — pulser (Radio)
مِنْبَضة: مِخطاطُ النَّبْض — sphygmograph (Med.)
~: مقياس النبض (شدّةً وسُرعة) — pulsimeter, pulsometer (Med.)
مُنْبَطِح، مُنكَبّ — prone *(adj.)*
مَنْبَع — source, head
~ التيّار المُستمِرّ — direct-current supply

~ قُدرة — power supply (Elec. Eng.)
~ ~ خارجيّ — external power supply
~ ~ لِلطَّوارِئ — emergency power supply
~ النهر — riverhead (Geol.)
مُنْبَعِث، مُنْبَثِق — effluent *(adj.)*
مُنْبَعَثٌ إشعاعيّ — radioactive emanation (Chem., Phys.)
~ راديوميّ: رادُون — radium emanation, radon (Chem.)
مُنْبَعِج — indented, dented
~ عندَ القُطبَين — oblate (Geol.)
مُنَبِّه، حافِز، حاثّ — stimulus (pl. stimuli), stimulant
~: زمارةُ تنبيه — howler
~: مُحَذِّر — warning, cautioning
~: ساعةُ تنبيه — alarm clock
~ الدَّارة — circuit alarm (Elec. Eng.)
~ مَشْرِفيّ — threshold stimulus (Med.)
مِنْتاح، مِقياسُ النَّتْح — potometer (Bot.)
مُنْتَبِذ: مُنزاحٌ عن موقعه الطبيعي — ectopic (Med.)
مُنْتَشِر — disseminated, scattered, dispersed
مُنْتِج، مُغِلّ — producer, productive
~: إنتاجيّ — producing, productive
~ حَدِّيّ — marginal producer
~ (أو ناتِجٌ عن) حَرارة شديدة — pyrogenic
مُنْتَج، نِتاج — product, yield
~، مَحصول — produce
~ بتروليّ — petroleum product
~ تامُّ الصُّنْع — finished product
~ جانِبيّ — byproduct (Chem., Phys.)
~ زَيْتيّ — oil product (Chem. Eng.)
~ مُنَقًّى بالتكرير — refined product (Chem.)
~ مُهَذَّب أو مُحَسَّن — reformate (Chem.)
مُنْتَجاتُ التفاعُل — reaction products (Chem.)
~ التقطير الأوَّليَّة — heads (Pet. Eng.)
~ ~ المُباشِر (أو البَسيط) — straight-run products (Pet. Eng.)
~ ~ ~ (اللاتَكْسِيريّ) — virgin stock (Pet. Eng.)
~ تَلوفة: ~ سريعة التلف — perishable goods
~ جانِبيَّة أو ثانويَّة — byproducts (Chem.)
~ عُلْويَّة — overhead products (Pet. Eng.)
~ مُخَفَّفة — cutback products (Pet. Eng.)

مُنْتَجَع resort
مَنْتَح، ثُغَيرةُ نَتْح hydathode (Bot.)
مُنْتَخِب selector
~، ناخِب elector, voter
~ إعادة repeating selector (Teleph.)
~ مُتقدِّم: مُضخِّم مُتقدِّم بينَ الهَوائيّ والمُستقبِل pre-selector (Radio)
مُنْتَدَب deputed, delegated
المُنَتْرِتات: بَكْتيريا النَّتْرتة nitrifiers = nitrifying bacteria (Bot.)
مُنَتْرَج nitrogenated *(adj.)* (Chem.)
مُنْتَشِر spread; diffused
~، مُتَداوَل circulating *(adj.)*
المُنْتَشِر: المادَّة المُنتَشِرة diffusate (Chem.)
المُنتَشِريَّة: قابليَّةُ الانتِشار diffusibility (Chem.)
مُنْتَصَف middle, mid-
~ الباع midspan (Civ. Eng.)
~ المَدى midrange (Maths.)
مُنْتَظِم، نِظاميّ regular, orderly, systematic
~، مُطَّرِد steady
~ الحُبَيْبات even-grained *(adj.)*
~ الشَّكل، مُتَّسِق uniform
~ المَداميك regular-coursed (Build.)
مُنْتَفِخ، مَنْفوخ inflated, blown
~، مُتوَرِّم swollen
~، مُكْتَنِز turgid *(adj.)*
مُنْتَفِش (رقيقُ القَوام رِخْو الجَوف) fluffy
مُنْتَفِع، مُستخدِم user *(n.)*
~، مُستَفيد beneficiary, usufructuary
مُنْتَقٍ، مُنْتَخِب selector *(n.)*
~ اختِباريّ test selector (Teleph.)
~ بلّوريّ crystal selector (Radio)
~ نِطاقيّ band selector (Elec. Eng.)
~ هيدروليّ hydraulic selector
مُنْتَقًى، مُختار selected, chosen
~ بعِناية، مُمتاز النوعية choice, select
مُنْتَقِد، انتِقادي critical
~، ناقِد critic
مُنْتَقي الفُلطيَّة voltage selector (Elec. Eng.)
~ مَوجات wave selector (Elec. Eng.)
~ نَبَضات pulse selector (Electron.)
المُنْتَقي النِّهائيّ final selector (Teleph.)
مُنْتِن، نتِن: كريه الرائحة fetid
مُنْتَهٍ finished

~، مَحدودُ النهاية finite (Maths.)
~، مُنْقَضٍ terminating
مُنْتَهى، نِهاية end
~، غاية، أقصى utmost, extreme
مَنْتوج (أنظر: مُنْتَج) product
مَنتوجاتُ الخِراطة turnery (Eng.)
~ وَسيطة (نِصفُ جاهِزة) intermediate products (Chem.)
مَنْتول: كُحولٌ نَعْنَعيّ menthol (Chem.)
مُنْجِد helper, saver
مُنَجِّد upholsterer
مُنْجَرِف drifted, washed away, swept away
مُنْجَرِفاتٌ مَثْلَجيَّة glacial drift (Geol.)
مُنْجَز، مُتَمَّم finished, accomplished, completed
~ بكلتا اليدين bimanual
~ بالمكنات machine-finished, mill-finished
مِنْجَل sickle, scythe
مِنْجَلة أو مِلْزَمة نَضَديَّة bench vise (or vice), standing vise (Eng.)
مِنْجَليُّ الشَّكل falcate = falciform
مَنْجَم mine *(n.)*
~ بِئريّ: يُستَثمَرُ بمَهواةٍ أو أكثر shaft mine
~ بَحْريّ submarine mine
~ فَحم حَجَريّ coal-mine (Mining)
~ مِلحٍ salt mine (Mining)
مِنْجَنيق، عَرّادة catapult, mangonel
مَنْجور: المَشغولاتُ الخَشَبيَّة في المَبنى woodwork, joinery
مَنَحَ give, grant, award, confer (upon)
~ بَراءةً أو إجازة charter *(v.)*
مَنْحًى، اتِّجاه trend, direction, course, sense
مِنْحات: إزميلٌ عَريض لتهذيب الحجارة drove, boaster, boasting chisel (Build.)
مُنْحاز biased (or biassed), partial *(adj.)*
مُنْحَبِس incarcerated
مِنْحة grant, donation
~، مُكافأة award *(n.)*
~ دِراسيَّة scholarship
~ ماليَّة، عِلاوة premium, bonus
مِنْحَت (أنظر: مِنحات) broaster

مُنْحَدَر slope, batter, talus, slant, ramp (Civ. Eng.)
~ حادّ steep slope
~ حَراريّ thermocline (Ecol.)
~ صاعِد rising slope
~ صَخريّ، جُرْف escarpment, scarp, cuesta (Geol.)
~ النَّهر (الضَّحْل) riffle (Geol.)
~ نَهريّ، جَنْدَل rapid (n.) (Geol.)
مُنْحَدِر sloping, inclined, slant
~ صُعودًا acclivous
مُنحرِف، مائِل deflected, oblique, skew, aslant
~، مَوروب awry
~، شاذّ aberrant, perverse
~، جانِح delinquent
~ عن الاتجاه الصحيح off-course *(adj.)*
المُنْحَرِف: الشَّكلُ المُنحرِف trapezium (Maths.)
شِبْهُ ~ trapezoid (Maths.)
مُنْحَسِر، مُتَنَحٍّ recessive *(adj.)* (Gen.)
مُنْحَلّ، مَحلول: غير مَربوط untied
~، مُفَكَّك بالانحلال decomposed (Chem.)
~، مُنْحَطّ degenerate *(adj.)*
~ بالكهرباء electrolyte (Chem.)
مَنْحَلة: مجموعةُ نَحائتِ النحل apiary
مُنْحَنٍ، مُنْحَنًى، مُنعطَف curve, bend, turn
~، مُقَوَّس، مُقَبَّب embowed *(adj.)*
~ أُحاديُّ الاتجاه unicourse curve (Maths.)
~ أُسِّيّ exponential curve (Maths.)
~ اِلتِفافيّ involute (Maths.)
~ لِلأمام accumbent *(adj.)*
~ اِنتقاليّ (مُتدَرِّج) easement curve = transition curve (Surv.)
~ بَيانيّ curve *(n.)*
~ تَجريبيّ empirical curve (Maths.)
~ تَخالُفيّ skew curve (Maths.)
~ تكعيبيّ cubic curve (Maths.)
~ ثُنائيُّ الدرجة quadric curve (Maths.)
~ جَرَسيّ، ~ قياسيّ أو غاوسيّ normal (or Gaussian) curve (Maths.)
~ جَيْبيّ، مُنْحني الجيب sinusoid = sine curve (Maths.)
~ حادّ sharp curve, quick curve

مُنْحَنٍ (تابع)

~ حَلَزونيّ — spiral curve

~ دَوريّ — cyclic curve

~ دُوَيريّ تَحْتيّ — hypocycloid curve (Maths.)

~ ذو خُطوطٍ مُنْحَنية، اِنحِنائيّ — curvilinear = curvilineal *(adj.)*

~ ذو عُرْوَتَين — lemniscate *(n.)* (Maths.)

~ زائديّ المَقْطَع — hyperbolic curve (Maths.)

~ سَلِسٌ أو بَسِيط — smooth curve (Maths.)

~ سِلْسِليّ — catenary (Maths.)

~ سَهْميّ مُسْتَوٍ — cissoid (Maths.)

~ عَجَليّ — trochoid curve (Maths.)

~ غاوسيّ — Gaussian curve, normal curve (Maths.)

~ غلافيّ — envelope *(n.)* (Maths.)

~ قَلْبيُّ الشَّكل — cardioid (Maths.)

~ لِثاميّ، مُنْحَنى اللثام — osculating curve (Maths.)

~ لُوغاريتميّ — logarithmic curve (Maths.)

~ مُتَساوي المُماسّات — tractrix (Maths.)

~ مُتَّصِل — continuous curve (Maths.)

~ مُتَعاكِس (بشكل الحرف S) — ogee *(n.)*

~ مُتمَعِّج — tortuous curve (Maths.)

~ مَحدودُ الطُّول: قابلٌ للقياس — rectifiable curve (Maths.)

~ مُقفَل أو مُغْلَق — closed curve (Maths.)

~ مُكافِئ — parabolic curve (Maths.)

~ مُماسّ — tangent curve (Maths.)

~ مُميِّز — characteristic curvc (Maths.)

مُنْحَني الإجهاد والانفِعال — stress-strain curve (Eng.)

~ الاحتِماليَّة — probability curve (Maths.)

~ إحداثيّات قُطبيَّة — polar curve (Maths.)

~ الإحراق (حولَ البُؤرة) — caustic curve (Phys., Maths.)

~ الاضمحلال — decay curve (Phys.)

~ انتِقال — transition curve (Surv.)

~ الانكِفاء — regression curve (Maths.)

~ بَيانِ الإجهاد — stress diagram (Eng.)

~ ~ دَقائقِ الخَطِّ الطَّيْفيّ — line profile (Phys.)

~ التدَرُّج — grading curve (Geol.)

~ التشتُّت — dispersion curve (Phys.)

~ التَّصريف — discharge curve (Hyd.)

~ (أو نِقاط) التصلُّد — solidus (Chem.)

~ التضاؤل — die-away curve (Eng.)

~ جيب التمام — cosine curve (Maths.)

~ الحُدور — decline curve (Mining)

~ الخَواص بين الشبكة والصَّفيحة — grid-plate characteristic (Radio)

~ خَواصِّ الشَّبَكة — grid characteristic (Elec. Eng.)

~ السِّلْسِلة، مُنْحَنٍ سلسليّ — catenary

~ الكِفاية — efficiency curve (Eng.)

~ اللون الواحِد — isochromatic curve (Phys.)

~ المَسارِ الأمثَل — synergic curve (Astrophys.)

~ المُطارَدة — curve of pursuit (Aero.)

~ المَواقِع — pedal curve (Maths.)

~ الهُبُوط (في كميَّة الإنتاج) — decline curve (Eng.)

~ الوَفْرة — abundance curve (Phys.)

مُنْحَنيان مُتَرافِقان — conjugate curves (Maths.)

~ مُتعامِدان — orthogonal curves (Maths.)

مَنْحوت — carved, sculptured

~ٌ ناتِئ: ضَئيلُ البُروز — anaglyph

مُنَحِّي أيونات: يحجزها بالاتحاد معها في مُركَّباتٍ ذوَّابة — sequestering agent (Chem.)

مِنْخاس، مِنْخَس — prod, spur, goad

مَنْخِر، مِنْخَر — nostril, naris (pl. nares)

المِنْخَران، فُتْحَتا الأنف — nostrils (Zool.)

مُنَخْرَب، تِمرادي — pigeon-holed (Build.)

~، نُخروبيّ — honeycombed, alveolate

المُنَخْرَبات: رُتبة من الأَوالي — Foraminifera (Zool.)

مِنْخَس (أنظر: مِنْخاس) — spur

مُنْخَفِض — depressed, low (Meteor.)

مُنْخَفَض، مِنطَقة مُنخَفِضة، (مُستَنْقعيَّة غالبًا) — swale (Geol.)

~ (جَوِّيّ): مِنطَقَةُ ضَغْطٍ مُنخَفِض — depression = low (Meteor.)

~ حَوضيّ — trough (Meteor.)

~ (ضَغْطيّ) بارِد — cold low (Meteor.)

~ ~ عُلويّ — upper low (Meteor.)

~ نَبْضيّ: بين ذُرْوَتَي نَبْضَتين — pulse valley (Phys.)

مُنْخُل، مِصفاة — screen, strainer

~، غِربال — sieve *(n.)*

~ٌ آليّ — bolter *(n.)*

~ جُزَيْئيّ — molecular sieve (Phys.)

~ دَنّان: يُهَزُّ مِغنَطيسيًّا — hummer screen (Mining)

~ٌ الرَّمْل — sand screen

~ٌ هَزّاز — shaking screen, swinging screen (Eng.)

~ واسِعُ الثُّقوب، كربال — riddle

مَنْخُول، مُغَرْبَل — screened

مِنْداف (للصُّوف أو القُطن) — willow(er), teasing bow

مُنْدَثِر، مُنْقَرِض — extinct

مُنَدِّف: مُلَبِّد نُدَفًا — flocculant

مِنْدَف (أُنظر: مِنداف) — willow(er)

مُنْدَفِع — rushing, dashing, darting

مُندَفِق — gushing, bursting forth, surging

المَنْدَلِفيُوم: عُنصرٌ فِلزِّيّ إشعاعيّ رَمْزُه (مد) — mendelevium (Md) (Chem.)

مُنْدَمِج، مُنْضَمّ — merged, coalesced *(adj.)*

~، مُتَّحِد (في جمعيَّةٍ تعاونيَّة) — incorporated *(adj.)*

~ٌ ونامٍ مع — adnate *(adj.)* (Biol.)

مَنْدوب — delegate, envoy

~ أو مُفَوَّض حُكوميّ — commissioner

مَنْدوف: مُرَقَّقُ النَّسْجةِ بالطَّرْق — teased, willowed

مِنديل، فُوطة — napkin

مُنْذِر: جهازُ إنذار — alarm, warning device

~، نَذير — premonitory

مِنْزَحة، أُنبوب (أو دَلْو) **نَزْح** — bail, bailer (Mining, Pet. Eng.)

~ خَوائيَّة — vacuum bailer

~ سَفْط، ~ ماصَّة — suction bailer (Eng.)

مِنْزَعَة — stripper

~ٌ أنابيب — tube extractor (Eng.)

~ٌ الخَوازيق — pile drawer or extractor

~ٌ دَبابيس — pin extractor (Eng.)

~ ~ٌ الرَّسْم — tack claw

~ٌ ذكَرِ اللولَبة — tap extractor (Eng.)

~ٌ مَسامير — pry = pry-bar *(n.)*

~ٌ النَّوى — stoning machine

مِنْزَف: وَسيلةُ نَزْف — bleed (Eng.)

~، مِنزَفة — bleeder (Eng.)

~: مُقاوِمٌ نازِف — bleeder (resistor) (Elec. Eng.)

~ٌ الضاغِط — compressor bleed (Eng.)

~ الهَواء — air bleed *(n.)* (Eng.)

مَنْزِلة عَشرِيَّة — decimal place (Maths.)
مُنْزِلق، قِطعةٌ مُنزَلِقة، حامِلٌ مُنزَلِق — slider
مُنْزَلَق — slide (Eng.)
~ُ أرضيّ — landslide, landslip (Geol.)
~ُ المِثقالِ الراكِب (في الميزان الحَسّاس) — rider slide
~ُ مُقاوَمة — resistance slide (Elec. Eng.)
مُنْزَلَقا سِنادةِ المِخرطة — lathe shears (or ways) (Eng.)
~ القاعِدة — bed-ways (Eng.)
مُنْزَلِقة: جُزءٌ مُنزَلِقٌ في آلةِ القياس — cursor (*n.*) (Eng.)
~ مُستَعرِضة — cross slide (Eng.)
مَنْزِل — house, domicile, dwelling
مَنْزِليّ — domestic (*adj.*)
التدبير الـ ~ — home economics
مَنْزوح، مُستَنْزَف — exhausted
مَنْزوع — removed, pulled out, taken off
~ُ الماء، مَنْكوز، جَفيف — dehydrated
~ُ الملح — salt-free
مُنْساب — flowing, moving or running smoothly
مِنْساج، نَوْل — loom
مِنساخ — pantograph (Eng.)
~ُ تكبير أو تصغير — eidograph (Surv.)
مُنْساق، مُنْساقٌ مع التيّار — adrift, drifting
مَنْسَب، ~ دَليليّ — index
مُنَسَّج، مُخَطَّطٌ دَرَجيّ — histogram (Stat.)
مُنْسَجِم — coherent, consistent, harmonious, compatible
~، إيقاعيّ — eur(h)ythmic
مُنْسَحب القالب — drawback (*n.*)
المُنْسَطِح: شكلٌ بِلَّوريّ مُنْسَطِح — pinacoid = pinakoid (*n.*)
مُنَسَّق — coordinated, systematic, arranged, trim
مُنَسِّق — co-ordinator (*n.*)
مُنَسِّقة، وَحدةُ نَسْق — collator (Comp.)
مَنْسَل — gonad, sex gland (Zool.)
مَنْسُوب، مُستوى — level
~ُ الإسناد — reference level, gauge datum (Surv.)
~ُ الإشارة — signal level (Radio)
~ُ الإغبِرار — haze level = haze line (Meteor.)

~ُ (أو مَعْزُوٌّ) إلى — ascribed (or attributed) to
~ُ البَحْر: مُستَوى سطح البحر — sea level
~ُ البَياض — white level (Telev.)
~ُ تَقديريّ — virtual level (Phys.)
~ُ التيّار — current level (Elec. Eng.)
~ُ الجَهارة — loudness level (Acous.)
~ُ الحِسّ (السَّمعيّ بخاصَّة) — sensation level (Phys.)
~ُ الرَّنين — resonance level (Phys.)
~ُ السُّكون، ~ُ الشَّواش — static level (Radio)
~ُ الصِّفْر — zero level (Phys.)
~ُ الصَّوت — speech level (Acous.)
~ُ الطاقةِ الصِّفريَّة — zero-energy level (Phys.)
~ُ الفُلطيَّة — voltage level (Elec. Eng.)
~ُ القَدْح — trigger level (Elec. Comm.)
~ُ القُدرة — power level (Elec. Comm.)
~ُ قُدرةٍ إسناديّ — zero level (Elec. Comm.)
~ُ القُدرةِ الصِّفريّ: ملي واط بمقاومة ٦٠٠ أوم — zero-power level (Elec. Eng.)
~ُ الماء — water-level (Hyd.)
~ُ مُخَفَّض — reduced level (Surv.)
~ُ المَدِّ الأعلى، ذُروةُ المَدّ — high water (Astron.)
~ُ المُزامَنة — synchronizing level (Telev.)
الـ ~ُ المُطلق — absolute level
~ُ المُعاوَقة — impedance level (Elec. Eng.)
~ُ المياه الأدنى — minimum water level (Hyd.)
~ُ النَّقل — transmission level (Elec. Eng.)
~ُ (النَّهر) — stage (*n.*) (Hyd. Eng.)
مَنْسُوج — woven
مَنسوجات — soft goods, textiles
مَنْسوخ، مُلْغًى — abrogated, cancel(l)ed, annulled
~، مَنقول — copied, transcribed
مَنْشَأ، مَصْدَر — origin, source
شَهادةُ الـ ~ — certificate of origin
مُنْشَأ، مُؤَسَّس — founded, established
~، تركيب — structure
~ُ بِعَوارِضَ أُفُقيَّة — trabeated (*adj.*) (Build.)
مُنَشّى — starched
مُنْشَآت — installations, plants
~ التدفِئة — heating installations (Eng.)
~ُ سَطْحيَّة — surface installations

~ُ المَنْبَع — headworks (Eng.)
مُنْشَأة — installation, plant
~، مُؤَسَّسة — establishment, foundation
~ُ الانتِشار الحَراريّ (لِفَصْل النظائر) — thermal diffusion plant (Nuc. Eng.)
~ُ توليد الكهرباء — electric power plant (Elec. Eng.)
~ُ كهرومائية — hydroelectric power plant
مِنْشار — saw
~ُ آليّ — power saw, machine saw
~ُ أركَت: لِقَطع النماذِج — jigsaw
~ُ إسفينيُّ الأسنان — chisel-tooth saw
~ُ بأسنانٍ مُفَوَّتة تَناوُبيًّا — skip-tooth saw
~ُ إطاريّ — span saw = frame saw (Carp.)
~ُ أُطُرٍ يَدَويّ — panel saw (Carp.)
~ُ أُطُريٌّ دقيق الأسنان — fine panel saw
~ُ تثقيبٍ مُستَدير — hole saw (Carp.)
~ُ تَحزيز — grooving saw (Eng.)
~ُ تَلْسين — mitre saw = tenon saw (Carp.)
~ُ الثُّقُوب والمُنحَنَيات — keyhole saw (Carp.)
~ُ الحُفرة: مِنشارُ جُذوع يستخدمُه شَخصان أحدُهما أخفضُ من الآخَر — pitsaw
~ُ حلقيّ — annular saw (Carp.)
~ُ دائريّ — circular saw (Eng.)
~ُ ~ أزّاز — buzz saw
~ُ ~ مُتَراوِح — wobble saw
~ُ دَوّار (مُتَغيِّرُ زاويةِ القَطْع) — swing saw (Eng.)
~ُ ذو مَقْبِضَين — two-handed saw
~ زَخارِف، ~ُ زَخْرَفة — bracket saw = fret saw (Carp.)
~ُ زَخرَفةٍ رَفيع (للقَطع اللَّولَبيّ) — scroll saw
~ُ سِلْسِليّ (آليُّ التدوير) — chain saw
~ُ سَوطيّ — whipsaw (*n.*)
~ُ شَريطيّ — bandsaw, ribbon saw (Eng.)
~ُ ~ مُتَّصِل — endless saw (Carp.)
~ُ شُعاعيُّ الذراع — radial-arm saw (Eng.)
~ُ شَقّ — rift saw, ripsaw = ripping saw, split saw (Carp.)
~ُ ~ ذو مِقْبَضَين — cleaving-saw
~ُ ~ يَدَويٌّ صغيرُ الأسنان — half-rip saw
~ُ صُخور — stone saw
~ُ صَغيرٌ دقيقُ التَّسنين — gent saw (Carp.)

مِنْشار (تابع)

~ ظَهْر: مُقَوّى الحافةِ العُليا back saw (Carp.)

~ غَنْفَرة foxtail saw, dovetail saw (Carp.)

~ قُرصيّ disc saw (Eng.)

~ قَطْع الرُّخام (يدويًّا) grub saw

~ ~ على الساخن hot saw

~ ~ القُشور veneer(ing) saw (Carp.)

~ ~ النماذج، ~ أركَت jigger saw, jigsaw

~ قَطْل الشجر felling saw, lambering saw

~ ~ مُحَدَّب (على شكل D) coping saw (Carp.)

~ قَوسيّ إطاريّ bow-saw

~ مُثَغَّرُ الأسنان gullet saw (Carp.)

~ مُزدوج القَطعيّة double-cut saw (Eng.)

~ مَعادِن، مِقْراض hack-saw (Eng.)

~ مُنْحَنيات sweep saw = turning saw

~ ~، ~ زَخْرَفة fret-saw

~ ~ صَغير compass saw (Carp.)

~ نجارة cabinet saw (Carp.)

~ واسِعُ الأسنان rack saw (Eng.)

~ يَدَويّ hand-saw, bucksaw (Carp.)

~ ~ مُستَدِق pad saw (Carp.)

~ ~ واسِعُ الإطار buhl saw

مِنْشاريّ: مُشَرشَر كالمنشار serrate(d)

مِنْشاق: جِهازُ الاستِنشاق inhaler *(n.)*

~، مِنفاسُ الغَوْص s(ch)norkel

~، سنُوركِل snorkel

مَنْشَب: مَوصِلُ سِلْكٍ كهربائيّ hub *(n.)* (Elec. Eng.)

~ القابِس، مَقْبِس receptacle (Elec. Eng.)

مُنَشْدَر: مَمزوجٌ بالأمونيا ammoniated *(adj.)*

مَنْشَر drier (or drying) rack

مِنْشَرة، مَنْشَرة sawmill

~ بِسَيْر شَريطيّ band mill (Carp.)

مُنَشِّط: مُثيرٌ أو حافِزُ النشاط stimulating, stimulant, invigorating

~: عامِلٌ مُنَشِّط activator *(n.)* (Chem.)

~ الحساسية الضوئية photosensitizer

~ السَّطْح: خافِضٌ للتوتُّرِ السَّطحي surfactant *(n.)* (Chem.)

مُنَشَّطٌ بالضَّوء light-activated *(adj.)*

مُنْشَعِب forked, furcate, pronged

مُنْشَغِل، مَشْغول busy

مِنشفة، فُوطة towel

مَنْشور: مَقطوع بالمِنشار sawn

~: جرى نشره في صحيفةٍ أو كتاب published

~: مَوشور prism (Phys.)

~ استِقطاب، ~ مُستقطِب polarization prism, polarizing prism (Phys.)

~ أَقْطَع truncated prism

~ ثابِتُ الانحِراف constant deviation prism (Phys.)

~ ثُنائيّ، ~ مُزدَوج biprism (Phys.)

~ الشَّيئيّة objective prism (Astron.)

~ عاكِس reversing prism (Opt.)

مُنْشِئ، مُؤَسِّس founder

~ المُنْحَني evolute (Maths.)

مِنصاع: مقياسُ النُّصوع (لِمَصادر الضَّوء الصغيرة) nitometer (Phys.)

مَنْصِب، وَظيفة office, post

مِنْصَب rack

~، مِسْنَدُ الحطَب (في مَوقِد) andiron, firedog

~ تجفيف drying rack (Photog.)

~ ثُلاثيُّ القَوائم tripod

~ ذو أَرْجُل horse

~ مُوازَنة، حامِلُ مُوازَنة balancing stand

مُنْصَبّ، شَديدُ الانحِدار steep *(adj.)*

مِنَصّة pad, platform, stage

~ أشغالٍ عُلْويَّة aerial work platform

~ إطلاق launch(ing) pad (Eng.)

~ إنزال landing stage

~ بِناءِ السَّفينة stocks *(n.)*

~ تَحْميل loading ramp, charging platform (Eng.)

~ التسجيل والاستعادة tape deck (Comp.)

~ تَعْليق racking platform

~ حَفْر drilling platform (Civ. Eng.)

~ (~) عائمة floating platform (Eng.)

~ الصّاري cross-tree (Naut.)

~ طَوّافات helipad (Aero.)

~ عامَّةُ الحرَكة: تسمَحُ بإدارة العَيِّنة في كافة الاتجاهات universal stage (Opt.)

~ المِجْهَر microscope stage

~ المُحَرِّك engine platform

~ مُدَعَّمة stull *(n.)* (Mining)

~ نَقّالة pallet, dolly

مُنصَرِف: مُصَرَّف بعدَ استِنفاد قُوّته spent *(adj.)* (Eng.)

~: راحِل outgoing

مُنْصَرَفُ الرِّيح: اتجاهُ هُبوبه leeward

مُنَصِّع، مُلَمِّع brightener (Elec. Eng.)

مُنْصِف، عادِل fair, just

~، ذو ضميرٍ حَيّ conscientious *(adj.)*

مُنَصِّف bisector (Maths.)

~ الزاويةِ الخارجيَّة exterior bisector

~ مِحْوَريّ bisectrix (Opt.)

مُنَصَّل، ذو نَصْل bladed *(adj.)*

مُنَصِّل: مُزيلُ اللون أو الصبغ stripper, stripping agent, decolorizer (Chem.)

مُنْصَهِر، مَصْهور fused

مَنْصوب، مُقام erected, set up

مِنْضَحة، مِرَشَّة sprinkler, sprayer

~، رَذّاذة atomizer

مُنْضَبِط disciplined

مُنَضَّد، مُرَتَّب، مُنَسَّق put in order, well-arranged

مُنَضِّد: مُنَضِّدُ حُروفِ الطِّباعة compositor, typesetter

مِنْضَد، لَوحُ حُروفِ الطباعة galley (Typog.)

مِنْضَدة، طاوِلة table *(n.)*

~ (اختباراتٍ) بَصَريَّة optical bench (Phys.)

~ تَقْسيم index table (Eng.)

~ الحَفْر (أو الثَّقْب) drilling table (Eng.)

~ دَوّارة turntable (Eng.)

~ رَجّاجة shaking table (Mining)

~ (أو نَضَدُ) العَمَل، (بَنْك) workbench

~ المكَنة: مِنضدة الشُّغْل على مكَنة platen *(n.)* (Eng.)

~ النجّار joiner's bench

مُنْضَغِط، مَضْغوط compressed

مُنطاد، مَركبةٌ أَخَفُّ من الهواء aerostat (Aero.)

~، بالُون balloon (Aero.)

~ رَصْدٍ مُقَيَّد kite balloon (Aero.), kytoon (Meteor.)

~ سَبْر sounding balloon (Meteor.)

~ غيرُ جاسِئ blimp, non-rigid airship (Aero.)

~ مُراقَبة observation balloon

مُنطاد (تابع)

~ مُوَجَّه، سَفينة هَوائيَّة — dirigible (Aero.)

مَنْطِق — logic *(n.)*

الـ ~ الرمزي (أو الرِّياضيّ) — symbolic logic, mathematical logic

مُنْطَق، جَذْرِيّ — rational *(adj.)* (Maths.)

مُنَطَّق، مُقَسَّمٌ إلى مَناطِق — zoned *(adj.)*

مِنْطَقة — region, district

~، ناحية، نِطاق — precinct, area, zone

~، مَجال — sphere, field, domain

~ اجتُثَّتْ أشجارُها (إعدادًا للفِلاحة) — assart

الـ ~ الاستوائية — Tropics (Geog.)

~ إشعاعات — radiation area (Nuc. Eng.)

~ الامتياز — concession zone

~ بِتروليَّة — oildom, petroliferous area or region (Pet. Eng.)

~ البُروج — Zodiac (Astron.)

~ التباعُد — pull-apart zone (Geol.)

~ تحتَ الحَمراء — infra-red region (Phys.)

~ تحت شاطِئيَّة (تَمتدُّ في البحر إلى عُمْق حوالى ١٨٠ مترًا) — neritic zone (Ocean.)

~ تَحَوُّل — transition zone

~ تَساوي الجهد — equipotential region (Phys.)

~ التشَتُّت — dispersion zone (Phys.)

~ التعادُل — neutral zone (Phys.)

~ التفويت: مِنطقةُ الصَّمْت (لا تَصِلُها أيُّ إشارة) — skip zone (Radio, Acous.)

~ التَّماسّ، نِطاقُ التَّماسّ — zone of contact

~ ~ (المُتَحوِّلة) — contact zone (Geol.)

الـ ~ الحارَّة (بينَ المَدارَين) — Torrid Zone, Tropics (Geog.)

~ حافِّيَّة: لا يُضْمَنُ فيها حُسْنُ الاستِقبال — fringe area (Radio, Telev.)

~ حَرام — no-man's-land (Mil.)

~ حُرَّة (في مَرفأ أو مَطار) — free zone

~ حَرِجة — critical zone

~ الحَطّ (أو الإقلاع) — landing area (Aero.)

~ الحيواناتِ القُطبيَّة الشماليَّة — Holarctic region (Zool.)

~ حَيَوانيَّة: ذاتُ وَحيشٍ مُعَيَّن — faunal region (Zool.)

~ الخِدمة: المَجالُ الذي تُغَطِّيهِ محطةُ الإرسال — service area (Radio, Telev.)

~ ~ (أو التَّغْطية) الرئيسية — primary service area

~ الخَطَر — danger area (or space or zone)

~ الرُّكود — tropopause (Meteor.)

~ زَمَنيَّة — time zone (Astron.)

~ ساحِليَّة، نِطاقٌ شاطِئيّ — littoral zone (Geol.)

~ شِبهُ مَداريَّة — subtropical region (Geog.)

~ صامِتة — silent zone, zone of silence (Radio)

~ الصَّمْت أو التَّفويت — blind zone (Radar)

~ ضَغْطٍ مُنْخَفِض — low, low-pressure area (Meteor.)

~ الظِّل: حيثُ يسوءُ الاستقبال أو ينعدم — shadow region (Radio, Telev.)

~ غَوريَّة — abyssal area (Ocean.)

~ فَرعيَّة، قِطاع — subarea, subregion

~ قاحِلة: شَحيحةُ المَطَر — arid region, arid zone (Ecol.)

~ قُطبيَّة — polar region (Geog.)

الـ ~ الـ ~ الجنوبية — Antarctic Circle or Zone (Geog.)

الـ ~ الـ ~ الشمالية — Arctic Circle or Zone

~ لازِلْزاليَّة — aseismic district (Geophys.)

الـ ~ اللُّجِّية، ~ الأعماق: بينَ ٢٠٠ و ٤٠٠٠ متر — bathyal zone (Ocean.)

~ مُتَخلِّفة — backward area, back-water

~ مُتَطوِّرة (حَضاريًّا) — developed area (Civ. Eng.)

~ مُجَرَّدة مِن السلاح — demilitarized zone (Mil.)

~ مُحايِدة — neutral zone

~ مَحُوطة — enclave *(n.)* (Geog.)

~ المَدّ (والجَزْر) — intertidal region, tidal zone (Geol.)

~ المُراقَبة — control area

~ مُستثمَرة — developed area (Pet. Eng.)

~ مُستَجْمَع الصَّرْف — drainage area = catchment area (Civ. Eng.)

الـ ~ المَشمولة بالخِدمة، ~ الخِدمة — service coverage (Radio, Telev.)

~ مُعتَدِلة — temperate zone or area (Geog.)

الـ ~ المُعتَدِلة الشَّماليَّة — north temperate zone (Geog.)

~ مُغِلَّة أو مُجزِيَة — pay zone (Mining)

~ المَقْسِم — exchange area (Teleph.)

~ مُواتية — favo(u)rable locality (Geol.)

~ نَفْطيَّة، نِطاقٌ نفطيّ — oil belt (Pet. Eng.)

~ نُفوذ — domain, sphere of influence

~ الهُبوط: في مَطار — landing area (Aero.)

~ ~: في القِشرة الأرضيَّة — subsidence zone (Geol.)

~ الهُدوء المَداريَّة، عُروضُ الخَيل — horse latitudes (Meteor.)

مَنْطِقيّ — logical, rational

مِنْطَقيّ — zonal, regional

المِنْطَقيّات: الديدانُ الشريطيَّة — Cestoda (Zool.)

مُنْطَلَق: نُقطةُ الانطلاق — starting point

مُنْطَلِق: سائِر، مُنْدَفِع — moving, dashing

~، طَليق، حُرّ — free

مُنْطَوٍ، مَطْويّ — folded

~ (نَفْسانيًّا) — introvert

مِنظار: نَظّارة — galsses

~: نَظّارة مُقَرِّبة — spyglass

~ (لِرُؤية الصُّوَر الساكِنة) — viewer *(n.)*

~ أليافيّ — fibroscope (Opt.)

~ الأُذُن — auriscope, otoscope (Med.)

~ بالأشِعَّة تحتَ الحَمْراء — snooperscope

~ الأنابيب — tuboscope (Eng.)

~ الأوبرا: نَظّارة مُعَظِّمة — opera glass(es)

~ تَجاويف، ~ جَوفي — speculum, endoscope (Med.)

~ ذو عَيْنَيَّتين — binoculars (Opt.)

~ الطَّيْف، مِطياف — spectroscope

~ العَين — ophthalmoscope (Med.)

~ مُجَسِّم — stereoscope (Photog.)

~ مَوشوريّ — prism glasses (Opt.)

~ ~ ثُنائيُّ العَينيَّة — prism(atic) binoculars (Opt.)

~ مَيْدان — field-glasses, binoculars

~ النَّماذِج المُتَغَيِّرة، مشكال — kaleidoscope

~ الوَمْض — spinthariscope (Phys.)

مِنظاريّ — specular *(adj.)*

مَنْظَر، وُجْهَة نَظَر — outlook, view

مَنْظَر (تابع)
~، مَشْهَد — spectacle, sight, scene, view, vision
~ أماميّ — front view
~ بَحْريّ — seascape *(n.)*
~ جانِبيّ — side view, profile
~ ~ مائل — slant profile
~ خُطّويّ، ~ عُلْويّ لِقِطاعٍ أُفُقيّ — plan view
~ سُفْليّ (من الأسفل) — bottom view
~ شامِل أو شُموليّ — panorama
~ طبيعيّ أرضيّ — landscape
~ عُلْويّ (أو فَوقيّ) — top view
~ قِطاعيّ — sectional view
~ مَجاليّ (عبرَ مجالٍ مُعَيَّن) — vista *(n.)*
~ مُمَدَّد (أو مُفَصَّل أو مُفَصَّص) — exploded view
~ مِن عَلٍ، ~ عامّ — bird's-eye view

مُنَظِّف — detergent
~، آلةٌ أو مادَّة مُنَظِّفة — cleaner *(n.)*
~ بالضغط — pressure purger (Eng.)

مُنَظِّفات — detergents, cleaners
الـ ~ الاصطناعيّة — synthetic detergents (Chem.)
~ لامُتَأيِّنة — non-ionic detergents

مُنَظِّفَةٌ (بالدَّلْك) — scrubber *(n.)*
~ الأنابيب — tube cleaner, go devil (Eng.)
~ خَوائيَّة، مِكْنَسة كهربائيَّة — vacuum cleaner

مُنَظَّم — organized, regulated, put or set in order, well-arranged
~، مَنْظوميّ — systematic

مُنَظِّم، حاكِم — governor (Eng.)
~، مُرَتِّب — organizer *(n.)*
~، مُضَبِّط، مُعَدِّل — regulator (Eng.)
~ الإرسال — transmission regulator
~ إستاتي — static regulator (Elec. Eng.)
~ التتابع — sequenser (Comp.)
~ التدفق — flow regulator (Hyd. Eng.)
~ التَّغذية — feed regulator (Eng.)
~ تَفْريعيّ: مُنَظِّمٌ مُوَصَّلٌ على التوازي، دارةُ تَوازٍ مُنَظِّمة — shunt regulator (Elec. Eng.)
~ التيّار — current regulator (Elec. Eng.)
~ (تيّار) السَّحْب — draft control (Eng.)
~ (~) اللِّحام — welding regulator
~ جَداوِل — tabulator *(n.)*
~ الجُهد — potential regulator (Elec. Eng.)
~ حَثّي — induction regulator (Elec. Eng.)
~ الحَرارة — thermoregulator, heat regulator (Eng.)
~ الحِمْل — load regulator (Eng.)
~ خانِقٌ (لتيّار السحب في الغَلّايات) — damper (regulator) (Eng.)
~ (درجاتِ) الحرارة — temperature regulator, thermostat
~ ذاتيّ — autoregulator (Eng.)
~ الرُّطوبة — humidistat = hygrostat
~ السُّرعة — speed regulator, governor (Eng.)
~ بِسِلْكٍ دَليليّ: في دارات الإرسال — pilot-wire regulator (Elec. Comm.)
~ الضَّغط — pressure regulator, manostat (Eng.)
~ (ضَغْط) الغاز — gas regulator (Eng.)
~ ~ المَشْعَب — manifold pressure regulator (Eng., Aero.)
~ ~ الهَواء — air-pressure regulator (Eng.)
~ العَينيَّة (في المِجهر) — eyepiece adapter (Phys.)
~ الغاز، حاكم الغاز — gas governor (Eng.)
~ فُلطيَّة المُوَلِّد — generator voltage regulator (Elec. Eng.)
~ الـ ~ التلقائي (الأوتوماتي) — automatic voltage regulator (Elec. Eng.)
~ الماء (أو الرُّطوبة) — hydrostat (Eng.)
~ مُتَوالٍ: موصولٌ على التوالي — series regulator (Elec. Eng.)

مُنَظَّمة، هَيئَة — organization
~ إقليميَّة — regional organization
الـ ~ الدَّوليةُ لِتَوحيد المَقاييس — International Standards Organization (ISO)
~ مِهنيَّة — professional organization

مَنْظور؛ مَنْظورٌ شُموليّ — perspective, view
~، مُتَوَقَّع — prospective, foreseeable
~، مَرئي — visible
~ خارِجيّ — external perspective (Civ. Eng.)
~ خَطّيّ (أو طُوليّ) — linear perspective
~ زاويّ — angular perspective

مَنْظوريّ (المَظْهَر) — perspective *(adj.)*

مَنْظومات — systems
~ أُحاديَّةُ التغَيُّر — univariant systems (Chem.)
~ مُتَساويةُ العُزوم — equimomental systems (Eng.)

مَنْظومة — system *(n.)*
~، تَرتيبة، نَسَق — array
~ اتِّصالٍ داخِليّ (أو بَيْنيّ) — intercommunication system (Elec. Comm.)
~ أُحاديَّةُ المُقَوِّمات — unicomponent system
~ إرسال، نِظامُ نَقْل — transmission system
~ استِعادة صوتيَّة — reproducer (Acous.)
~ الإشعال — ignition system (Eng.)
~ (إنذارٍ) كَهْرَضَوئيَّة — photoelectric system (Electron.)
~ انكِساريَّةُ المُقَوِّمات — dioptric system (Phys.)
~ أوتوماتيَّة، نِظامٌ أوتوماتيّ — automatic system (Eng.)
~ بَصَريَّة — optical system (Phys.)
~ تحكُّم — control system (Eng.)
~ ~ بُعاديّ — telecontrol system (Elec. Eng.)
~ ~ تِلقائيّ — automatic cut-out (Elec. Eng.)
~ ~ رَدّ فِعليّ — reaction control system (Space)
~ (~) مُؤازِرة — servo-system (Elec. Eng.)
~ تَرحيل (لاسِلكيّ) — (radio) relay system (Radio)
~ تصوير بُعاديّ (بعتادها وبرامجها) — imaging system (Astrophys.)
~ التَّضْمين — modulation system (Elec. Comm.)
~ تَعْزيز — booster system, augmentation system (Eng.)
~ تكبير الصوت (في مكانٍ عامّ) — public-address system (Acous.)
~ التهوية — venting system (Civ. Eng.)
~ تَوجيه — director system (Elec. Comm.)
~ توزيعٍ مَعزولة (غيرُ مُؤَرَّضة) — insulated system (Elec. Eng.)
~ خَطِّيَّة: ~ هوائيات متصلة طرفًا بطرف — linear (or collinear) array (Elec. Comm.)

مَنْظُومة (تابع)

~ ذات تَردُّدين	two-frequency system (Elec. Eng.)
~ رَقْميَّة	digital system (Comp.)
~ الزيت	oil system (Eng.)
~ السَّيْر البَطِيء	idling arrangement (Eng.)
~ ضَغْطيَّة	pressure system (Eng.)
~ عَدَسات	lens system (Opt.)
~ ~ مُتَطابِقة المَحاوِر الرئيسيَّة	centered lens system (Opt.)
~ عَكْسِ الحَرَكة	reversing arrangement (Eng.)
~ غيرُ مُتَوازِنة	unbalanced system (Elec. Eng.)
~ غيرُ مُؤرَّضة	unearthed system
~ فَرْعيَّة	subsystem (Eng.)
~ القُدرة اللامُنْقَطِعة	uninterruptible power system (UPS) (Elec. Eng.)
~ القَوس الكهربائيّ	arc system (Radio)
~ كهربائيَّة	electric(al) system (Elec. Eng.)
~ لاتَغَيُّريَّة	non-variant system
~ المَجارير	sewage system (Civ. Eng.)
~ مُشَوِّهة : مُختلِفةُ نِطاقاتِ التكبير	anamorphic system (Opt.)
~ مَفتوحة	open system (Elec. Comm.)
~ منطقية قابلة للبرمجة	programmable logic array (Comp.)
~ مُؤرَّضة	earthed system (Elec. Eng.)
~ وِقائيَّة تَفاضُليَّة	differential protecting system (Elec. Eng.)
مَنَعَ، حَرَمَ	debar, preclude
~، حالَ دون	prevent, block
~، حَرَّمَ	prohibit, forbid
~، كَبَتَ	inhibit, restrain
~ التغَشّي (بِبُخار الماء خاصةً)	anti-dim
مَنْع	prevention, prohibition, inhibition
~ الاستِقطاب الكَهْرَليّ	electrolytic depolarization (Chem.)
~ التأكسُد	anti-oxidation *(adj.)* (Eng.)
~ التآكُل الكيماويّ	inhibition of corrosion (Eng.)
~ التجلُّد : ~ تكون الجليد	anti-icing (Aero.)
~ التجَوُّل	curfew
~ الترسُّبِ (الكَهْرَليّ على سَطح موصل) بالعَزْل	stopping off (Elec. Eng.)
~ التضَبُّب	antifogging
~ الحَرائق	fire prevention
~ الحَمْل	contraception (Med.)
~ المُحاكَمة	dismissal of charge
مِنعاش	resuscitator (Med.)
مُنْعَرِج، حائد (عند الحوافِّ المقوَّسة)	diffracted (Phys.)
مُنْعَزِل، مَعْزول	isolated, solitary
~، مُنفَصِل	separated
مُنْعِش	refreshing, refresher
~، إنعاشيّ	resuscitating
مُنْعَطَف، عَطْفة	turn, bend, curve, detour
~ (شاطِئيّ)	bight *(n.)* (Naut.)
~ (نَهريّ)	meander (Geol.)
~ حادّ	sharp curve
~ لَطِيف	sweet bend
~ مَحجوب	blind corner (Civ. Eng.)
مُنْعَطِف، مُنْحَنٍ	circumflex *(adj.)*
~ إلى الداخِل	inflexed
~ إلى الوَراء	reflexed
مُنْعَقِد، مُتَغَلِّظ	congealed
~، مُجتَمِع، مُلْتَئِم	convened, in session
مُنْعَكِس، مَعكوس	reflected, reflexed
~، مَقلوب	reversed, inverted
مُنْعَكَس: رَدُّ فِعْلٍ لاإراديّ	reflex (Med.)
~ شَرطِيّ	conditioned reflex (Zool.)
مُنْغَلِق، مُغْلَق	closed
مُنَغِّم	tuner
مَنْغَنات، مَنْجَنات	manganate (Chem.)
المَنْغَنيز: عُنصرٌ فلزِّيٌّ رَمْزُه (من)	manganese (Mn) (Chem.)
مِنفاخ، كِير	bellows (Chem.)
~ إطارات	tyre pump
~ ذَرّ	insufflator (Med.)
~ سافِط	negative blower (Eng.)
مِنْفاذ: مِقياسُ النَّفاذيَّة	permeameter (Phys.)
مِنْفاس: جِهازُ تَنَفُّسٍ اصطِناعيّ	respirator *(n.)*
مِنْفَث	jet, nozzle
~ إبريّ (لِلمُعايَرة)	needle jet or nozzle (Eng.)
~ التباطؤ (في وَضْع انعدام الحِمْل)	idling jet
~ التسارُع	accelerator jet (Eng.)
~ الحَقْن	injection nozzle (Eng.)
~ رَدِّ فِعليّ	reaction jet
~ رَشّ	spray tip
~ رَمْلٍ لِلسَّفْع	sand jet (Eng.)
~ ضَبُوط : قابِلٌ لِلتحَكُّم	controllable jet (Eng.)
~ ~ الحَلْق	throatable nozzle (Eng.)
~ عَدّاد، ~ مُعايَرة	metering nozzle (or jet)
~ المِحْقَن	injector nozzle (Eng.)
~ المُكَرْبِن، نَضّاحةُ المُكَرْبِن	carburettor jet (Eng.)
~ الوَقود	fuel nozzle (Eng.)
مِنْفَثةُ تَسْليك (بالهواء المَضغوط)	air lance (Eng.)
مِنْفَحة، إنْفَحة	rennet = abomasum (Zool.)
مَنْفَذ، فُتْحَة	orifice, aperture, opening, vent
~، مَدْخَل	access, inlet, gateway, entrance, port
~، مَخْرَج	outlet, egress, exit
~ إدخال وإخراج	input-output port (Comp.)
~ تصريف	discharge port (Eng.)
~ ~ (مياه السطح العلويّ)	freeing port (Naut.)
~ تَهْوية	airway, air vent (Eng.)
~ ~ عموديّ	air-shaft (Civ. Eng.)
~ السَّحْب	induction port (Eng.)
~ العادِم	exhaust port (Eng.)
~ غاز	blow-hole (Geol.)
~ (لِتَصريف) الهواء	air gate (Foundry)
~ هَواء	blow-hole (Geol.), air vent (Eng.)
مُنْفِذ	pervious, permeable, transmitter
نِصْفُ ~	semi-permeable (Chem.)
غيرُ ~ لِلإشعاع	radiopaque (Phys.)
~ ~ للحرارة	adiathermic (Phys.)
~ ~ للضوء	opaque (Phys.)
~ أو شَفّافٌ لِلحرارة	transcalent *(adj.)*
~ ~ ~ لِلضوء	transparent (Phys.)
~ حَراريّ، شَفّاف للأشِعَّة تحتَ الحَمراء	diathermic (or diathermanous) (Phys.)
~ لِلإشعاع	radioconductor, radioparent (Phys.)

مُنْفِذ (تابع)
~ للأَشِعَّة الأكْتينِيَّة — diactinic *(adj.)* (Phys.)
~ لِلضَّوء، ~ الضَّوء — light-permeable
مُنَفَّذ — executed, carried out, implemented, performed
مُنَفِّذ — executor, executant
مُنْفِذِيَّة — permeability
مُنَفِّر، صادّ، طارِدٌ — repellent, repellant (Phys., Chem.)
~ لِلرُّطوبة — moisture repellent
مُنْفَرِج — divergent, diverging; obtuse
مُنْفَرِد — solitary, alone, single
مَنْفَس — vent *(n.)*
~ بُركانيّ — volcanic vent (Geol.)
~ تَفْريج الضغط — pressure relief vent (Eng.)
~ شَمْعيّ (لِلمصبوبات) — wax vent (Foundry)
مَنْفِسُ هَواء، مَنْفَذُ هواء — air vent
مُنْفَصِل، مَفصول — separate(d), detached, disjoined, disjunct
~، مُتَفَرِّد — discrete *(adj.)*
~ الجِنْس — dioecious *(adj.)* (Biol.)
مُنْفَصِم، مَشْقوق — split
مُنْفَضّ — adjourned
مِنْفَضة، نفّاضة غُبار — duster *(n.)*
مُنَفَّط — vesicular, blistered, vesiculate (Eng., Geol., Med.)
مُنَفِّط، طَفَحيّ — eruptive *(adj.)* (Geol., Med.)
~، نَفّاط — vesicant, blistering (Med.)
مَنْفَعة — use, utility, benefit
~، فائدة — advantage
~ حَدِّيَّة — marginal utility
~ عامَّة — public utility
مُنْفَعِل، مُهتاج — excited, emotionally upset
~: مُؤَثَّرٌ فيه — passive *(adj.)*
مُنْفَلِق، مُتَفَلِّق — dehiscent (Bot.)
~، مَفْلوق — split, cleft
مُنَقٍّ، مُكَرِّر — purifier, refiner
~، مُنْتَخِب — selector
مُنَقًّى، مُكَرَّر — refined, purified
مِنْقاة — selector (Elec. Eng.)
مِنْقار، مِنقاد — beak, bill, rostrum (Zool.)
مِنقاريُّ الشكل — r(h)amphoid, coronoid *(adj.)*

مِنْقاش، إزميل — burin, graver (Eng.), pitching tool (Build.), chisel
~ (فِرشاةُ) دِهان — paintbrush
مِنْقاط: صِمامٌ إبريّ — needle valve (Eng.)
~ المُعايَرة — metering pin, regulating needle (Eng.)
مِنْقَب، مِثْقَب — drill, perforator, auger
مُنَقِّب، مُستكشِف — explorer
~، رائدُ تَنْقيب — prospector, fossicker
~ بِعَصا الاستِنباء — dowser
مُنْقَبِض، مُتَقَبِّض — contracted, shrunk(en)
مُنَقِّح، مُحرِّر — editor
مُنَقَّر، مُنَخْرَب — cavernous, pitted, honeycombed
مُنْقَرِض، بائد، مُنْدَثِر — extinct
مُنَقَّص، مَنقوص — decreased, diminished
~، مُخَفَّض — reduced, lowered
مُنَقَّط، أَرْقَط — punctate, spotted, speckled, dappled
مُنْقَطِع، غيرُ مُستَمِرّ — discontinuous *(adj.)*
مَنْقَع، سَبْخَة — bog, fen, morass
~ تعطين — rettery, retting pit
مِنْقَل: مِقياسُ زوايا — goniometer (Eng.)
~ بلوريّ — crystal goniometer
~ لاسلكيّ — radio goniometer (Radio)
مُنْقَلَب: مَيلٌ طَرَفيّ — vergence *(n.)*
مِنْقَلة: آلةُ قياس الزوايا — protractor (Geom.), angle gauge (Build.)
~ دائريَّة ثُلاثيَّةُ الأَذْرُع (لحلِّ مُشكلة النقاط الثلاث عمليًّا) — station pointer (Surv.)
~ مِحوَرِيَّة، زاوية متحرِّكة — bevel protractor (Eng.)
مَنْقوص، ناقِص — deficient, incomplete
مَنْقوع — soaked, infused, steeped
~ (أو مُشْبَعٌ) بالزَّيت — oil-soaked *(adj.)*
مَنْقول: جَرى نقلُه — transported, transmitted, carried, transferred, transposed
~: يُمكِنُ نَقلُه، نَقول — movable, mobile
~، مَحمول — portable
~ بَحرًا — sea-borne *(adj.)*
~ جَوًّا — air-borne, air-transported
~ بالماء (بالسُّفن خاصةً)؛ مُنتقِلٌ بالماء (كالعَدوى أو المُمْرِضات) — water-borne *(adj.)*
مَنقولات، أموالٌ مَنقولة — movables, effects

مَنقوليَّة: إمكانية النقل أو الانتقال — transmissibility (Phys.)
مُنَقِّي الغاز، مُنَقٍّ لِلغاز — gas purifier (Eng.)
~ هَواء بالطَّرْد المَركزيّ — centrifugal air cleaner
مِنْكاز: مِنزَعُ الماء، مُزيلُ الماء — dehydrator (Chem.)
مِنكاش: مِعْوَل — hoe, mattock
~ صَخر: مِعولٌ مُستَدِقُّ أحَدِ الطَّرَفين أو كليهما — pick-ax(e), pick
مَنْكِب، كَتِف — shoulder (Zool.)
~ الجَوزاء — Betelgeuse (Astron.)
مُنْكَرِس: مُنكَبٌّ بالرأس أوَّلًا — headlong
مُنَكَّس، مَقلوب — inverted, upside-down
~ (لِلعَلَم) — put at half mast
مُنْكَسِر، مكسور — broken
~، مَهزوم — defeated
~: مَحروفٌ عن خط الاستقامة — refracted (Phys.)
~ التحَدُّر — knickpoint (Geol.)
مُنْكَشَفُ الصَّخر — outcrop *(n.)* (Geol.)
مُنْكَفِئ، مائلٌ إلى جانِب — lopsided, lobsided *(adj.)*
~، مُتَراجِع — regressing, retreating
مُنكَمِش — shrunk(en), contracted
مَنكوس، مقلوب — inverted; reversed
مُنَمٍّ — growth promoter
مُنَمْذَج — modelled
مُنَمَّق — embellished, ornate
مُنَمْنَم — minutely ornamented
مُنَمْنَمةٌ زُخرفيَّة — miniature (Build.)
مُنْهٍ — terminator *(n.)*
مِنهاج، مَنْهَج — program(me)
~: مُخطَّط لِمُقرَّرٍ دراسيّ — syllabus *(n.)*
مُنْهار — collapsed, fallen
مِنْهَج، أُسلوب — method, mode, way
~، خُطّة — scheme
~، نِظام — system
~ دِراسيّ — curriculum
مِنْهَجيّ، نِظاميّ، مُنْتَظَم — methodic(al), systematic
مِنْهَجيَّة — methodology
مُنْهَمِر — pouring, falling heavily (Meteor.)
مُنْهَمِك — engrossed *(adj.)*
مَنْهوك — exhausted *(adj.)*

مُنَوًّى: ذو نوًى — nucleate(d) (Biol.)
مِنْوَأة، مِرصَدة — meteorograph (Meteor.)
مِنوار: نورٌ كشّاف — searchlight
~ (المَسْرَح)، ضوءٌ كشّاف — spotlight
~ غامِر — floodlight
مِنوال، نَمَط — mode, pattern
مُنَوِّب: مُوَلِّد للتيارِ المتناوِب، مُنَوِّبة — alternator (Elec. Eng.)
~ أُحاديُّ الطَّور — single-phase alternator (Elec. Eng.)
~ (أو مُوَلِّدٌ) ثُلاثيُّ الأطوار — three-phase alternator (Elec. Eng.)
~ ثُنائيُّ الطَّور — two-phase alternator
~ ذو عُضوِ إنتاجٍ دَوّار — revolving-armature alternator (Elec. Eng.)
~ ذو مَجالٍ دَوّار — revolving field alternator (Elec. Eng.)
~ عالي التردُّد — high-frequency alternator
~ مُتعَدِّد الأطوار — multiphase alternator = multiphaser (Elec. Eng.)
~ مُحاثّي — inductor alternator (Elec. Eng.)
مُنَوِّبة (أُنظر: مُنَوِّب)
~ عَنَفِيَّة — turbo-alternator (Elec. Eng.)
~ مُعادَلة — compensated alternator
مَنوَر، فُتحةُ إنارة (أو تَهْوية) — skylight, roof light (Build.)
~ (في ظهر السفينة أو جانبها) — deadlight (Naut.)
~ أُفُقيّ (في السَّقْف) — lay light (Build.)
~ بئريّ — light well = air shaft (Build.)
~ زُجَيجاتٍ رَصاصيَّةِ الأُطُر — leaded light(s)
~ سَقفيّ بارز — lantern *(n.)* (Arch.)
~ عِلّيّ أو قَبْويّ — sollar (Build.)
مُنَوِّر، مُزْهِر — florescent, flowering (Bot.)
مُنَوِّم — soporific, hypnotic
~، مُخَدِّر — narcotic (Med.)
مَنَويّ — seminal, spermatic (Zool.)
مَنِيّ — semen, sperm(atic fluid) *(n.)* (Zool.)
مَنيع، حَصين: جيِّد التحصينات فلا يُستطاعُ اقتحامُه — impregnable, invulnerable, well-fortified (Mil.)
~: ذو حَصانةٍ ضِدّ المَرَض — immune (Med.)
~، عَصِيّ (على) — resistant, proof

~ على التسَرُّب — leak-proof
~ على الرصاص — bulletproof
~ على الماء — waterproof
~ على النار: لا يحترق — fire-proof
مُنيف، شاهِق — high, eminent *(adj.)*
مِنْيوم: أُكسيدُ الرَّصاص الأحمر — minium (Chem.)
المَها: البِلّور، مَروٌ لا لونيّ شفّاف — rock crystal
مَهًى، مَيَّة — hydrate (Chem.)
مَهاة — addax (Zool.)
مُهاجِر، رَحّال — migratory
المِهاد — thalamus (Zool.)
مَهارة، بَراعة — skill, dexterity, proficiency, workmanship
~ في المِلاحة الجَوِّيَّة — airmanship (Aero.)
مُهاوَنة، مَرانة: مَعكوسُ المُواسَعة (وحدتُها الداراف) — elastance (Elec. Eng.)
مُهايَأ، مُكَيَّف — adapted (Eng.)
مُهايِئ — adaptor = adapter (Elec. Eng.)
~ بانوراميّ — pan adapter (Electron.)
~ داتافونيّ: يَسمحُ بتشغيلِ الحاسوب من طَرَفٍ هاتِفيّ بَعيد — Dataphone adaptor (Comp.)
~ الصِّمام — valve adaptor, tube adaptor (Radio)
~ عامّ — universal adapter (Elec. Eng.)
~ القابِس — plug adapter (Elec. Eng.)
~ القالَب — die adapter (Eng.)
~ مَقبِسيّ — socket adapter (Elec. Eng.)
مُهايَأة، تَكْييف — adaptation (Biol., Phys.)
مَهَبُّ الرِّيح — windward, weather side (Meteor.)
مَهْبِط، كاثود — cathode (Electron.)
~، مَحَطّ — landing ground, landing ramp (Aero.)
~ الحَوضِ الزئبقيّ — mercury-pool cathode (Electron.)
~ حَوضيّ (سائليُّ المُوَصِّل) — pool cathode (Electron.)
~ ساخِن، كاثودٌ حارّ: تُوَلَّدُ فيه الإلكترونات حراريًّا — hot cathode
~ طائرات: شِعْبُ هُبوطٍ وإقلاع — airstrip (Aero.)

~ غيرُ مُباشِرِ التَّسْخين — indirectly-heated cathode (Electron.)
~ فاتِرُ الابتعاث، كاثود ضَعيفُ التوَهُّج — dull-emitting cathode (Electron.)
~ مُزَوِّد — dispenser cathode (Electron.)
~ مُضادّ — anti-cathode (Phys.)
~ مَكْسُوّ — coated cathode (Electron.)
~ مُنَشَّط — activated cathode (Electron.)
مِهْبَطة، باراشوت — parachute (Aero.)
المَهْبِل — vagina (Zool.)
مُهْتَرِئ، مُتَهَرِّئ — worn out, frayed
مُهْتَزّ — vibrant, vibrating; shaking (Phys.)
المُهْتَزّات: طائفةٌ من الديدانِ المُفَلْطَحة تكسوها أهدابٌ مُهتَزّة — Tubellaria (Zool.)
مَهْتَف: مقصورةُ التلفون — telephone booth
مُهَجَّن، هَجين: مُختَلِطُ النَّسْل — hybrid, cross, crossbred *(adj.)* (Biol.)
مَهْجور، عَتيق، بَطَلَ استِعمالُه — obsolete
~، مَتروك — abandoned, deserted
مَهْد، مَنْشَأ — cradle *(n.)*
~: سريرُ الطفل — bed, cradle, crib
مَهَّدَ، سَوّى — level (off), smooth
~ بجَرّافة آليَّة — bulldoze (Civ. Eng.)
مُهَدِّئ، مُهَدِّئُ النيوترونات — moderator (Nuc. Eng.)
~، مُسَكِّن — tranquilizer, palliative, sedative *(n.)* (Med.)
~ غرافيتيّ — graphite moderator (Phys.)
مِهْداف — sight (Surv.)
~، مُسَدِّدةُ تَدْقيق — peep sight
~ الانسِياق — drift sight (Naut.)
~ بَصَريّ، نَظّارةُ التَّسْديد — optical sight
~ تحديد الارتفاع — elevation sight (Surv.)
~ التَّسديد الخَلْفيّ — hind sight
~ (أو قَمْحةُ) التَّصويب — fore-sight (Mil.)
~ تِلِسكوبيّ — telescopic sight (Opt.)
~ تَوجيهيّ — directional sight (Mil.)
~ جَيروسكوبيّ — gyroscopic sight
~ بِحَدَقةٍ وقَمْحة — ring-and-bead sight
~ خَلفيّ: لِضَبْط التسديد — rear sight (Mil.)
~ رأسيّ، ~ قائم — vertical sight
~ الفُوَّهة — muzzle sight (Mil.)
~ المِدْفَع (أو البُنْدقيَّة) — gunsight (Mil.)
~ المِغْلاق — breech sight (Mil.)
مُهَدَّب: ذو أهداب — ciliated (Biol.)

مُهذَّب (تابع)

~ الحواشي — hemmed, fringed, fimbriate(d) *(adj.)*

مِهَدَّة: مِطرقة ثقيلة — sledge-hammer (Build.)

مُهَدِّد — threatening

مُهَدْرَج: مُعالَجٌ بالهدروجين — hydrogenated (Chem.)

مُهَدَّم، مُدَمَّر — demolished, destroyed

مَهدور — wasted, squandered

مُهَذَّب، مُنَقًّى، مُكَرَّر — refined *(adj.)* (Eng.)

مَهْرَب — escape, flight

مُهَرَّب — smuggled, contraband

مَهْروس — mashed, crushed, squashed

مَهَق، حُسْبَة، إغراب — albinism (Zool.)

مُهْلَة: فترةُ سَماح (للوَفاء بِ) — grace period

~ الإنجاز، ~ التَّلْبِية — lead time

مُهَلْجَن: مُعالَجٌ بالهالوجينات — halogenated (Chem.)

مُهْلِك، مُميت — fatal, lethal, deadly

مُهَلْهَل، واهٍ — flimsy

مُهِمّات، مُعَدّات — gear, harness *(n.)* (Eng.)

الـ ~ الأرضية — ground gear (Eng.)

مِهْماز — goad, spur, prod

مُهِمَّة: عمَلٌ أو شُغْلة تُسنَدُ إلى شخصٍ أو جماعة — task, mission, commission, charge

~ مُحَدَّدة — assignment

مُهَمِّد، مُخَمِّد — damper, killer, deadening agent

مَهَنَ: درَّبَ على مِهنة — apprentice

مِهْنَة، حِرفة، مَهارة — craft *(n.)*

~، ~، وَظيفة — profession, occupation, vocation, job, trade, craft

مُهَنْدِس — engineer *(n.)*

~ اتِّصالات — communications engineer

~ استِشاريّ — consulting engineer

~ إضاءَة — gaffer (Cinema), illuminating engineer

~ إنشاءات — construction engineer, structural engineer

~ تَخطيط — planning engineer (Civ. Eng.)

~ (تصميم) المَشاريع — project engineer

~ تَعْدين — mining engineer

~ تَوزيع الطّاقة — load despatcher (Elec. Eng.)

~ الصوت — acoustician

~ صِيانة — maintenance engineer

~ طَيَران — aircraft engineer

~ كهربائيّ — electrical engineer

~ كيماويّ — chemical engineer

~ مَدَنيّ — civil engineer

~ مُساعِد — assistant engineer

~ مِعماريّ — architect *(n.)*

~ مَناجِم — mine engineer (Mining)

~ المَوقِع — site engineer

~ ميكانيكيّ — mechanical engineer

~ نُظُم — systems engineer (Eng.)

مِهْنيّ، وَظيفيّ — vocational, occupational

~: حِرفيّ خَبير — professional

مَهْوى، مَهْواة — shaft (Civ. Eng.)

~ الصَّدْع: زاوية مَيْل الصَّدْع عن الخَطِّ العَمُوديّ — hade of fault (Geol.)

~ (أو مطبٌّ) هَوائيّ — (air) bump, air pocket (Aero.)

مِهْواء، مِقياسُ كَثافة الهواء (والغازات) — aerometer (Meteor.)

مَهْواة، بِئرُ التَّهوية — ventilating shaft (Civ. Eng.)

~ صاعِدة — up-shaft, upcast, upthrow, rising shaft (Civ. Eng.)

~ المَنْجَم — mine shaft

مَهْووس — obsessed, mani(a)c

مُهَوِّيَة، جِهازُ التهوية — aerator, ventilator

مُهَيَّأ، مُعَدّ — ready, prepared

~، مُكَيَّف — adjusted, adapted, accommodated

مُهَيِّج، مُحَرِّض — agitator *(n.)*

~، مُسْتَثير (انفعالًا) — exciting

~، مُثيرٌ (مُضايقةً أو التهابًا) — irritant

مُهَيْمِن، مُسَيْطِر — dominant, prevailing

مُهين — insulting, degrading

مو: الرمزُ الكيماويُّ لِفِلِزّ الموليبدنوم — Mo (molybdenum) (Chem.)

مَوْء (معكوسُ الأوم): سِيمِنْز: الوَحدةُ العملية لِلمُواصَلة — mho = reciprocal ohm (Elec. Eng.)

~ مِتْر: مِقياسُ المُواصَلة — mhometer (Elec. Eng.)

~ مُطلَق: ألف مِليون مَوء، أبسيمِنْز — abmho (Elec. Eng.)

مُواءَم، مُهايَأ، مُكَيَّف، مُلاءَم — adapted, suited *(adj.)*

مُواءَمة، تَوافُق، لِياقة، تَساوُق — matching, fitness, compatibility

~ الألوان — colour match (Photog.)

~ الحِمْل — load matching (Elec. Eng.)

~ النَّمَط — pattern matching

مَوات: دونَ حَياة — dead, lifeless (Biol.)

~: مُفرَغةُ الشِّحنة تَمامًا — totally discharged (Elec. Eng.)

أرضٌ ~ — wasteland, barren land

مُؤاتٍ، مُلائِم — favourable, opportune

مُواجِه، مُقابِل — opposite, facing *(adj.)*

مُواجَهة، مُجابَهة — confrontation *(n.)*

~، مُقابَلة — meeting, interview, encounter

مَوادّ (أُنظُر: مادَّة) — materials

~ أَوَّليَّة، ~ خام — raw materials, raw stocks

~ البِناء — construction materials (Civ. Eng.)

~ التسقيف — roofing *(n.)* (Build.)

~ التنجيد — upholstery *(n.)*

~ لِلحَشْو — wadding *(n.)*

~ حَشْوٍ دَعْميّ: كالرمل مثلًا لإبقاء الصدوع مفتوحةً في طبقةٍ حاوية للنفط — proppants (Pet. Eng.)

~ رَصْفِ الأرضيَّة — flooring (Build.)

~ الصَّقْل (أو الإنجاز) — finishing materials

~ طَيّارة — volatile materials (Chem.)

~ عازِلة لِلصَّوت (تُفرشُ تحتَ الأرضيَّة) — dead sounding = pagging (Build.)

~ غِذائيَّة — foodstuffs, victuals (Food Sc.)

~ مُتَنوِّعة، أشياء مُتَنوِّعة — sundries *(n.)*

~ مُضافة — additives (Food Sc.)

الـ ~ المِغْنَطيسيَّة — magnetic materials

~ مُقاوِمةٌ لِلصَّهر — refractories (Eng.)

~ مُلَوِّثة — slop(s)

~ مُنجَرِفة — driftage *(n.)*

مَوارِد — resources *(n.)*

الـ ~ الطبيعية — natural resources

~ غيرُ مُستثمَرة — untapped resources

~ مَعدِنيَّة — mineral resources (Min.)

مُوازٍ، مُتوازٍ — parallel (Maths.)

~، ~ (في المَوقِع أو الترتيب أو الأهمّيَّة) — collateral *(adj.)*

مُوازٍ (تابع)
~ مُضادّ antiparallel *(adj.)* (Geom.)
مُوازاة parallelism (Maths.)
مُؤازِر، حافِزٌ مُعاوِن synergist (Chem.)
~، مُساعِد helper, aid
مُؤازَرة، مُساعَدة help, assistance
~ (على) التوالي series aiding (Elec. Eng.)
مُوازِن: آليَّةٌ مُوازِنَة stabilizer, balancer (Elec. Eng.), equilibrator
~: ثِقلٌ مُوازِن counterpoise
~ إستاتيّ static balancer (Elec. Eng.)
~ التيّار المُستمر direct-current balancer, dc balancer (Elec. Eng.)
~ صِماميّ valve stabilizer (Elec. Eng.)
~ كيماويّ: بخاصة للتركيز الأيوني الهدروجيني buffer (Chem.)
مُوازَن balanced
~: مُعادَلٌ بوزنٍ (أو بتأثيرٍ) مُقابِل counterpoised, counterbalanced
~ بالتدويم spin-stabilized (Space)
مُوازِنة، قُوَّةٌ مُوازِنة equilibrant *(n.)* (Mech.)
مُوازَنة، تَوازُن، اِتِّزان equilibrium, equilibration, balance, poise (Phys.)
~، إقرار، اِستِقرار stabilization *(n.)*
~، وَزانة trim (Aero.)
~: مُقارَنة comparison
~، مِيزانيَّة budget
~ حَرارية heat balance (Eng.)
~ القِراءات: بإعطائها معاملاتٍ دِقَّةٍ مُتَفاوِتة weighting observations (Surv.)
~ كُتليَّة mass balancing (Aero.)
~ اللون colour balance (Phys.)
مُواسِع: مُكَثِّفٌ سَعَويّ capacitor (formerly condenser) (Elec. Eng.)
مُواسَعة، سَعَةُ المُكَثِّف capacitance *(n.)* (Elec. Eng.)
الـ ~ الأرضيَّة ground capacitance, earth capacitance (Phys.)
~ الاِنتِشار diffusion capacitance (Phys.)
~ الخَرْج output capacitance (Elec. Eng.)
~ شارِدة stray capacitance (Radio)
~ الشَبَكة grid capacitance (Radio)
~ صَوتيَّة acoustic capacitance (Acous.)
~ فَعّالة effective capacitance (Elec. Eng.)
~ اللَّوح plate capacitance (Electron.)

الـ ~ اللَّوح – شَبَكيَّة: السَّعةُ بين اللوح والشَبَكة plate-grid capacitance (Electron.)
الـ ~ اللَّوح – مَهْبِطيَّة: السَّعةُ بينَ اللوح والكاثود plate-cathode capacitance (Electron.)
~ مُباشِرة direct capacitance (Elec. Eng.)
~ المُجَمِّع collector capacitance (Electron.)
مَواسير (أُنظر: ماسورة) pipes, piping
~ الضَّغط العالي high-pressure piping (Eng.)
~ مُتَقارِنة أو مُقْرَنة coupled pipes (Eng.)
مُواصَفات: تَوصيفُ المَواد specifications (Eng.)
~: صِفاتٌ مُمَيِّزة specific characters (Biol.)
~ الأداء performance specifications (Eng.)
~ تقديريَّة (لظروف العمل) ratings (Elec. Eng.)
~ الحَدِّ الأدنى minimum specifications
~ قياسيَّة standard specifications
~ المَوادّ material specifications (Eng.)
~ وظيفية functional specifications (Comp.)
مُواصَفة specification
~ قِياسيَّة بريطانيَّة British standard specification (Eng.)
مُواصَلات communications
~ داخليَّة intercommunications
~ سِلكيَّة cable communications (Elec. Comm.)
~ لاسِلْكيَّة wireless communications (Radio)
مُواصَلة، مُتابَعة continuation, continuance, carrying on
~، مُناقَلَة، إيصاليَّة: قُدرةٌ على تَوصيل التيّارِ الكهربائيّ conductance (Elec. Eng.)
~ الإلِكْترود electrode conductance (Electron.)
~ تَبادُليَّة mutual conductance, trans-conductance (Electron.)
الـ ~ الـ ~ بينَ الشَّبَكةِ والصَّفيحة grid-plate transconductance (Electron.)

~ تَحويليَّة conversion conductance
~ التَسَرُّب، مُسارَبة leakage conductance (Elec. Eng.)
الـ ~ الحَراريَّة thermal conductance, heat conductance (Phys.)
~ سالِبة: مُواصلة النبائط ذات المقاومة السالبة negative conductance (Elec. Comm.)
~ الشبَكة grid conductance (Electron.)
~ (أو إيصاليَّةُ) العازِل: مَعْكوسُ مُقاوَمتِه dielectric conductance (Elec. Eng.)
الـ ~ الكهربائية electric conductance (Elec. Eng.)
~ اللوح plate conductance (Electron.)
الـ ~ المِغْنَطيسيَّة magnetic conductance = permeance (Phys.)
~ مُكافِئة equivalent conductance (Chem.)
الـ ~ المُوليَّة، ~ الجُزيئيَّة الـغُـجْسية molar conductance (Chem.)
الـ ~ النَّوعيَّة specific conductance, conductivity (Phys.)
مُوافِق، راضٍ agreeing, accepting, approving
~، مُناسِب favorable, suitable, convenient, fit, compatible
~ التغَيُّر covariant (Maths.)
مُوافَقة acceptance, assent, approval, consent
مُواقَتة، مُزامَنة، تَزامُن synchronization, synchronism (Elec. Comm.)
مَواقِع (أُنظر: مَوْقِع) locations
~ الاستِقبال: الأماكِنُ التي يبلُغها الإرسال receiving localities (Radio)
مُواكَبة، مُرافَقة accompaniment
مُوالَف tuned *(adj.)* (Elec. Comm.)
~، مَمزوج blended, mixed, mingled
مُوالِف tuner *(n.)* (Elec. Comm.)
~ بُرجيّ turret tuner (Telev.)
مُوالَفة: تَوليف، مَزْج blending (Build.)
~: تنغيم، وِلاف tuning (Elec. Comm.)
~ إلِكترونيَّة electronic tuning (Electron.)
~ الأنغام (لمنع تَداخُلِها) note-tuning (Elec. Comm.)
~ أوتوماتيَّة automatic tuning (Radio)

مُوالَفة (تابع)

الـ ~ (بتغيير) الإنفاذيَّة، تَوليفٌ بالنفاذيَّة — permeability tuning (Radio)

~ تَزامُنيَّة — synchronous tuning (Radio)

~ حَثِّيَّة — inductive tuning (Radio)

~ حَراريَّة — thermal tuning (Electron.)

~ خِلافيَّة — staggered tuning (Radio)

~ راديُويَّة — radiotuning (Radio)

~ عَريضة — broad tuning (Radio)

~ قَنَويَّة شامِلة — all-channel tuning (Telev.)

~ الهَوائيّ — antenna tuning (Radio)

مُوالَفيَّة — tunance (Elec. Eng.)

مُؤامَرة — plot, conspiracy

مُوائِم، مُهايِئ — adapter (Elec. Eng.)

مُوَبَّر، زَغِب — fuzzy, downy

مَوبُوء — infested, infected

مَوت — death; demise

مُوَتَّر — taut, tight(ened)

مُوَتِّر — tensor (Maths.)

مُوَتِّرة، شَدَّادة — tightener, stretcher

مُؤتَلِف، مُتآلِف، مُنسَجِم — harmonious

~، ملائم — compatible

~، مُتَّحِد — combined, united, corporate

مُؤتَمَر — conference, convention

موتور، مُحَرِّك — motor (Eng.)

~ بدء الحركة — starting motor (Eng.)

~ تَزامُنيٌّ لاتَزامُنيّ — synchronous-asynchronous motor (Elec. Eng.)

~ تَوازٍ — shunt motor (Elec. Eng.)

~ تَوالٍ — series motor (Elec. Eng.)

~ حَثٌّ تَزامُنيّ — synchronous induction motor (Elec. Eng.)

~ حَثِّيٌّ أُحاديُّ الطَّور — single-phase induction motor (Elec. Eng.)

~ (~) ذو حَلَقاتِ انزلاق — slip ring (induction) motor (Elec. Eng.)

~ شِبْهُ مُغْلَق: في صُندوقٍ يَسمَحُ بالتهوية — semi-enclosed motor (Elec. Eng.)

~ مُتَزامِن (مع تردُّدِ المنبَع) — synchronous motor (Elec. Eng.)

~ مُتَغَيِّرُ الأقطاب (ذو سُرعتَين مُتَبايِنتَين) — change-pole motor (Elec. Eng.)

~ مُجَزَّأُ الطَّور — split-phase motor

المُوثة، غُدَّة البروستات — prostate (gland) (Zool.)

مُؤَثَّث — furnished

مُؤَثِّر، فَعّال — effective

~: ذو تأثيرٍ فاعِل — operative

~: ذو تأثيرٍ حَثِّي — stimulus

مُوَثَّق، مُصَدَّقٌ عليه — authentic(ated), attested, certified

مَوثوق: يُعتمد عليه — trustworthy, reliable

مَوَّج، ماجَ — undulate, wave

~، غَضَّنَ — corrugate

مَوجات (أنظُر: مَوجة) — waves

~ تحت سَمعيَّة — infrasonic waves

~ صُغْريَّة، أمواجٌ مَيْكرويَّة دقيقة (أطوالُها من ١ ملم إلى ٣٠ سم) — microwaves

~ قَصيرة — short waves (Radio)

~ مُخَمَّدة — damped waves (Phys.)

~ مُستَعرِضة — transverse (or transversal) waves (Phys.)

مُوجِب: خِلافُ السّالِب — positive, plus (Maths., Phys.)

~: إيجابيّ — positive, affirmative *(adj.)*

~، مُلْزِم — obliging, binding *(adj.)*

~، داعٍ — cause, reason; need *(n.)*

~ ضَوئيّ: مُوجبُ المُوَصِّليَّة الضَّوئيَّة — photopositive (Phys.)

مَوْجَة — wave, undulation *(n.)* (Phys.)

~ ارتداديَّة — backward wave (Phys.)

~ أُسطوانيَّة — cylindrical wave (Phys.)

~ إشارة — signal wave (Radio)

~ أَشْريَّة — sawtooth wave (Phys.)

~ أماميَّة — forward wave (Elec. Eng.)

~ بَرْد، ~ بارِدة — cold wave (Meteor.)

~ بَيْنيَّة (مُباعِدة) — spacing wave (Radio)

~ تَضاغُطيَّة — compressional wave (Phys.)

~ التَّضْمين — modulating wave (Radio)

~ تَقَدُّميَّة: مُطَّرِدةُ الحَرَكة — progressive wave (Phys.)

~ ثانويَّة — secondary wave (Phys.)

~ جانِبيَّة — side wave (Radio)

~ جَيبيَّة — sine (or sinusoidal) wave (Maths., Phys.)

~ ~ تَوافُقيَّة: جانبيَّتُها مُنحَنٍ جَيْبيّ — sinusoidal wave, harmonic wave (Phys.)

~ ~ مُكافِئة: لها التردُّد نفسُه وَقيمة جذر متوسط المربعات لموجةٍ أُخرى غير جَيبيَّة — equivalent sine wave (Elec. Eng.)

~ جيه: موجةٌ قَصِّيَّة عبرَ لُبِّ الأرض الداخلي الجامِد — J wave (Geophys.)

~ حامِلة، حامِلَة — carrier (wave) (Radio)

~ ~ دَليليَّة — pilot carrier (Radio)

(~) ~ فَرعيَّة — subcarrier (Radio)

~ ~ لِلصَّوت — sound carrier (Telev.)

~ ~ مُضَمَّنة — modulated carrier (Elec. Comm.)

~ حَرّ، ~ حَراريَّة — heat wave (Meteor.)

~ دَليليَّة — pilot wave (Elec. Eng.)

~ دَوريَّة — periodic wave (Elec. Eng.)

~ زَلْزَليَّة — earth wave (Geol.)

~ سَطحيَّة — surface wave (Phys.)

~ السَّفْع: عند تحوُّل سُرعة انسِياب الهواء من دون الصوتية إلى فوق الصوتية — blast wave = shock wave (Aero., Phys.)

~ سَماويَّة: فَضائيَّةُ الانتشار — space wave = sky wave (Elec. Comm.)

~ سَناميَّة — tsunami (Meteor.)

~ شِبهُ مُنحَرِفة — trapezoidal wave (Phys.)

الـ ~ الشيئيَّة: المُنعَكِسةُ عن شيءٍ — object wave (Phys.)

~ صَدْميَّة: مَوجةٌ صَوتيَّة تنطَلِقُ بِسُرعةٍ فوق صَوتيَّة — shock-wave (Aero., Phys.)

~ صَوتيَّة — acoustic wave, sound wave

~ ~ سَطحيَّة — surface acoustic wave (Radar, Elec. Comm.)

~ ضَغطيَّة، ~ ضَغط — pressure wave

~ طَويلة: موجةٌ راديوية خَفيضةُ الذبذبة (دون ٣٠٠ كيلوهرتز) طولُها يزيدُ على ١٠٠٠ متر — long wave (Elec. Comm.)

~ عابِرة — transient wave (Elec. Comm.)

~ عارِمة، تمَوُّر — surge, billow

~ العصف (انظر: موجة السَّفع) — blast wave

~ فَوق سَمعيَّة، ~ فَوق صوتيَّة — ultrasonic wave (Phys., Acous.)

~ قَذْفيَّة — ballistic wave (Mech.)

~ قصيرة: طولُها من ١٠ إلى ٢٠٠ متر — short wave (Elec. Comm.)

~ قَنَويَّة — channel wave (Acous.)

~ كهرمغنطيسيَّة: سُرعتُها تُعادِلُ سُرعةَ الضوء ومَدى أطوالِها من $١٠^{-١٥}$ م إلى $١٠^{٣}$ متر — electromagnetic wave (Phys.)

~ لاجَيْبيَّة — non-sinusoidal wave (Phys.)

مَوْجَة (تابع)
~ مُباشِرة: لم تنعكِس على الأيونوسفير — direct wave (Elec. Comm.)
~ مُتقَدِّمة طَليقة — free progressive wave (Phys.)
~ مُتوسِّطة: طولُها بين القصيرة والطويلة — middle wave (Elec. Comm.)
~ مُحايِدة — neutral wave (Phys.)
~ المَدِّ، تَيْهُور — eagre, tidal wave *(n.)*
~ مربَّعة: ~ نَبْضية سريعة تتابع الحدَّين — square wave (Electron.)
~ مُرتَحِلة — travelling wave (Elec. Eng.)
~ مُرَكَّبة — complex wave (Elec.)
~ مُستَقِرَّة، ~ ساكِنة أو مَوقوفة — stationary wave = standing wave (Phys.)
~ مُستَقْطَبة إستِوائيًّا — plane-polarized wave (Phys.)
~ مُستَوية — plane wave (Phys.)
~ مُسَطَّحةُ القِمَّة — flat-topped wave (Elec. Eng.)
~ مَشْطُورة: ترتفعُ قُلطيَّتُها إلى حَدِّها الأقصى ثم تهبِطُ إلى الصِّفْر — chopped wave (Elec. Eng.)
~ مُشَوِّشة — disturbing wave (Elec. Eng.)
~ مُشَوَّهة — distorted wave (Elec. Eng.)
~ مُضَمَّنة — modulated wave (Radio)
~ مُنعَكِسة — reflected wave (Phys.)
~ مُنفَرِدة — solitary wave = soliton (Phys.)
~ مُنكَسِرة — refracted wave (Phys.)
~ مُوَجَّهة — guided wave (Radio)
~ نابِضة — pulse, pulse wave (Med.)
~ (نَبْضيَّة) مُرَبَّعة (المَقْطَع) — square wave (Electron.)
مُؤَجَّر — rented, leased, hired
مُؤَجِّر — lessor
مُوجَز، مُختَصَر — abridged, summarized, concise, laconic, brief
~، مُقْتَضَب — outline, summary
مُؤَجَّل — postponed, deferred
مُوَجِّه، تَوجيهيّ — directive, directional
~: جهازُ (أو نظامُ) تَوجيه — homer (Radio)
~ التصويب، مِهْداف — sight (Surv.)
~ التغذية — feed guide (Eng.)
~ الحَفْر — hole director (Mining)

~ الدَّفَّة (السُّكان)، سُكانيّ — cox(swain), steersman
~ عُدَّةِ القَطع — jig (Eng.)
~ الفَيْض — flux guide (Elec. Eng.)
مُوَجَّه — directed, guided
~ (لِيَتَواءَمَ مع الظروفِ أو الأوضاع) — oriented
~: كَمِّيَّة مُوَجَّهة — vector (Mech.)
~ إيجابًا أو سَلْبًا — positively (or negatively) oriented (Maths.)
المُوَجِّهيَّة، التوَجُّهيَّة — directivity (Radio)
مَوجود، حاضِر — present
~، كائِن — existent, being
~ في كُلِّ مَكان — ubiquitous *(adj.)* (Chem.)
مَوجودات، أُصول (تجاريَّة) — assets
~ ثابِتة (كمكنات المَصْنَع وأثاثه) — fixed assets
~ سَريعة (السُّيولة) — quick assets
مَوجيّ — wavy, wave-like
مُوَحَّد، مُتَّحِد — combined, unified, united
~ الخَواص: في جميع الاتجاهات، مُتَناحٍ — isotropic (Phys.)
مُوَحِّد اللونيَّة (بامتصاصٍ أو عَكْسٍ المُقَوِّمات الأخرى) — monochromator (Phys.)
مُوحِل — muddy
مُوْحُود: أُحاديُّ الوَحدة البِنائيَّة — monomer (Chem.)
مُؤَخَّر، مُؤَخَّرة — rear, back, hind part, posterior
~، مُتأخِر — delayed
~، مُؤَجَّل — postponed, deferred, put off
مُؤَخِّر، مُعِيق (بخاصةٍ مُعيق شَكّ الاسمنت) — retardant, retarder (Civ. Eng.)
مُؤَخَّرة السَّفينة — poop, stern (Naut.)
مُودِع: مَن يودِعُ مالًا — depositor
المُودِق — estrogen, oestrogen (Med.)
مُودِم، مُضَمِّنٌ كاشِف — modem = modulator demodulator (Elec. Comm., Comp.)
موديل، نَموذج — model
مُؤْذٍ، ضارّ — harmful, nocuous, injurious
~ (صِحِّيًّا)، وَبيل — noxious
مُوَرِّثة، جينة — gene (Gen.)

~ مُضادَّة: جِينةٌ مُضادَّةُ الصِّفات، أليل — allele = allelomorph (Gen.)
مُؤَرِّج — allergenic (Med.)
مَورِد، مَصدر — resource (usually pl.), source
~، دَخْل، مَدخول — income
مُوَرِّد، مُمَوِّن — supplier
~: ناقِلٌ نحوَ المَركَز — afferent (Zool.)
مُؤَرَّض، غيرُ مُكَهْرَب — dead (Elec. Eng.)
~: مَوصولٌ بالأرض — earthed, grounded (Elec. Eng.)
~ مُباشرةً — directly grounded (Elec. Eng.)
مُورِق — foliate *(adj.)* (Bot.)
موزاييك: فُسَيفسائيّ — mosaic (Build.)
مُوَزِّع — distributer = distributor (Autos., Elec. Eng.)
~ أدوِيَة — dispenser
~ إشعال — ignition distributor (Eng.)
الـ ~ الرئيسيّ، خَطُّ التوزيع الرئيسيّ، يَنْبوعُ توزيع — distributing main, distributor (Elec. Eng.)
مُوَزِّعة: نَبيطةُ توزيع أو صَرْف — dispenser
مُوسَى: موسى حلاقة — razor
مُؤَسِّس — founder
مُؤَسَّسة — establishment, foundation, institution
~ تعليمية — institution
~ تجارية — firm
~ ~ أو صناعية — business, enterprise
~ ضَمان — underwriters
مُوَسَّع — expanded, dilated *(adj.)* (Civ. Eng.)
مُوَسِّع — dila(ta)tor (Zool.)
~ ثقوب، سِنْحَل — rimer = reamer (Eng.)
~ (~) المَراكِز — centre reamer (Eng.)
~ قاعيّ — under-reamer (Eng.)
مُوَسِّعةُ أنابيب — tube expander (Eng.)
مُؤَسَّل: أَسَليُّ الطَّرَف — arrow - headed
مُوسْلين: نَسيجٌ قُطْنيٌّ رَقيق — muslin *(n.)*
مَوسِم، فَصْل — season
~ المَطَر، ~ ماطِر — wet season
مَوسِميّ — seasonal
ريحٌ مَوسِمِيَّة — monsoon (Meteor.)
مَوسوعة — encyclopedia
مَوسوق، مُعَبَّأ، مَشْحون — laden, loaded

مَوْسوم، مَرْقوم، مُعَلَّم — marked, tagged, labelled
مُوَشَّح — interwoven
مُؤَشَّر: ذو أُشَر، مُشَرشَر (كأسنان المِنشار) — serrate
مُؤَشِّر — indicator, pointer, index
~ مُنزَلِق — cursor (Eng.)
مَوْشُور، مَنْشُور — prism (Maths., Phys.)
~ ثابِتُ الانحِراف — constant-deviation prism (Phys.)
~ ثُنائيّ، مَنشورٌ ثُنائيّ — biprism (Photog.)
~ خُماسيّ — pentaprism (Photog.)
~ صُغْرِيّ — microprism (Phys.)
~ «فرينِل» الثُّنائيّ — Fresnel's bi-prism (Phys.)
~ قائِم — rectangular prism, right prism
~ (مَنْشورٌ) مائل — oblique prism (Maths.)
~ مُثَلَّثيٌّ قائم — triangular right prism
~ مُقَوِّم، ~ عادِل — erecting prism (Phys.)
~ «نيكُول» — Nicol prism (Phys.)
مَوشورانيّ: شِبهُ مَوشوريّ — prismoid *(adj.)*
مَوشوريّ — prismatic
مُوَصّى به — recommended
مُوصَدة: مَحمٌ مُوصَد — autoclave (Chem.)
مَوْصِل: نُقطةُ وَصْلٍ أو اتِّصال — junction, connection
~ س س: مُلْتَقى شِبْه مُوَصِّلَين سالِبَي النَّمَط — n-n junction (Electron.)
~ اللِّحام — toe (of weld) (Eng.)
~ م س: مُلْتَقى شِبْه مُوَصِّلَين مُوجِب وسالِب النَّمَط — p-n junction (Electron.)
~ هَجينيّ — rat-race = hybrid junction (Elec. Eng.)
مُوَصِّل، تَوصيليّ، ناقِل — conductive *(adj.)*
~، مُوْصِل، ناقِل — conductor (Phys., Elec. Eng.)
~، رَابِط، ضَامّ — connective *(adj.)*
~ أرضيّ — earth conductor (Elec. Eng.)
~ أُنثيّ — female connector (Eng.)
~ أَوسَط (أو مُحايِد) — middle conductor, neutral conductor, (Elec. Eng.)
~ تامّ (فائِقُ الموصليّة) — perfect conductor (Phys.)
~ التعادُل: في منظومة ثلاثية الأسلاك للتيار المُستمر — neutral conductor (Elec. Eng.)
~ حَراريّ — thermal conductor (Phys.)
~ حُزميّ — bundle conductor (Elec. Eng.)
~ خارجيٌّ (أرضيّ) — external conductor, outer conductor (Elec. Eng.)
~ خالٍ من الوُصَل — jointless conductor
~ ذو قَلْبٍ فولاذيّ — steel-cored conductor (Elec. Eng.)
~ (أو ناقِلٌ) سَريع — bus *(n.)* (Elec. Eng., Comp.)
~ شَريطيّ — ribbon conductor (Elec. Eng.)
~ صَفائحيّ — laminated conductor
~ ضَوئيّ: تزدادُ مُوَصِّليتُه بالضوء — photoconductor (Phys.)
~ عُلْويّ — overhead conductor (Elec. Eng.)
~ عُموميّ — omnibus-bar = bus-bar (Elec. Eng.)
~ ~ نُحاسيّ — copper bus (Elec. Eng.)
~ غيرُ مُكَهْرَب — dead conductor
~ فائق — superconductor *(n.)* (Elec. Eng.)
~ فولاذيّ مُغَلَّف بالنُّحاس — copper-clad steel conductor (Elec. Eng.)
~ كَهْرَبائيّ — electric conductor (Phys.)
~ لاتَناظُريّ: تختلفُ توصيليتُه حسبَ اتجاهِ التيّار — asymmetric conductor (Elec. Eng.)
~ مُحايد — neutral conductor (Elec. Eng.)
~ (إلكتروليتيٌّ إلكترونيٌّ) مُخْتَلَط — mixed conductor (Chem., Phys.)
~ مَرُون — flexible lead (Elec. Eng.)
~ المَسْرى — electrode lead (Elec. Eng.)
~ (ناقِلٌ) مَعزول — insulated conductor
~ مُؤَلَّف — composite conductor
~ نُحاسيّ — copper lead (Elec. Eng.)
~ وَسيطيّ — transducer (Elec. Eng.)
غيرُ ~ — non-conductor (Phys.)
مُوَصَّل، مَوصُول — connected, joined, linked
~ على التوازي — shunted, connected in parallel (Elec. Eng.)
~ ~ التوالي — connected in series (Elec. Eng.)
~ بالقَبس — plugged *(adj.)*
مُوَصِّلات (أنظر: مُوَصِّل) — bus-bars, conductors
~ التغذية العُموميَّة — feeder bus-bars
~ تيّارِ الإشعال — ignition leads
~ الحِمْل (الكَهْرَبائي) — load leads (Elec. Eng.)
الـ ~ الرئيسيَّة: مصدر القُدرة الكهربائية — mains (Elec. Eng.)
~ عُموميَّة لِلطَّوارئ (في مَحطَّة توليد القُدرة) — hospital bus-bars (Elec. Eng.)
~ المُوَلِّد العامَّة — generator bus-bars (Elec. Eng.)
مُوَصِّلانِ مُترافِقان — conjugate conductors (Phys.)
مُوَصِّليَّة، ناقِليَّة — conductivity (Phys.)
~ الأرْض — ground conductivity (Phys.)
الـ ~ الجُزَيْئيَّة — molecular conductivity (Chem.)
الـ ~ الحَدِّيَّة: في حال التأيُّن الكامل — limiting conductivity (Chem.)
الـ ~ الحَراريَّة — heat conductivity, thermal conductivity (Phys.)
الـ ~ ~ (الكهربائية): مُوَصِّليَّةٌ كهربائيَّة على درجات الحرارة العالية — pyro-conductivity (Phys.)
الـ ~ ~ (لِلمادَّة) — K-value (Eng.)
الـ ~ السَّطْحية — surface conductivity (Phys.)
الـ ~ الضوئية: ازديادُ الموصليَّة الكهربائيَّة بالضوء — photoconductivity (Phys.)
~ فائقة — superconductivity (Phys.)
الـ ~ الكهربائية — electrical conductivity
الـ ~ المغنطيسيَّة — magnetic conductivity (Phys.)
~ مُكافِئة — equivalent conductivity (Phys.)
الـ ~ النوعيَّة: مَعكوسُ المقاوميَّة — specific conductivity (Phys., Elec. Eng.)
مُوضَة، طِراز — vogue *(n.)*
مُوَضِّح — clarifier
~ الصورة — image intensifier (Phys.)
مَوْضِع، مَكان — place, locality, spot
~، مَوقِع — site, position *(n.)*
~ اللّاانسِياق — no-drift position (Aero.)
~ مُهِمٌّ أو استراتيجي — key position (Mil.)
مُوَضَّع — localized

مَوضِعيّ: خاصٌّ بالوضع أو الموضع نفسه — positional, spot
~، مَحلّي — local, topical
مَوضوع — subject, topic
~ (أو مَمدودٌ) على الساخِن — hot-laid (Eng.)
مَوضوعة — axiom (Maths.)
مَوضوعاتي — axiomatic
مَوضوعيّ، هادِف، واقِعيّ — objective *(adj.)*
مُؤَطَّر: ذو إطار — rimmed, framed
مُؤَطَّرة — panel
~ إشعاعٍ حَراريّ — radiant heat panel (Phys.)
مَوطِن، مَنْزِل — domicile, residence, home
~ أحيائيّ — biotope (Ecol.)
~ بيئيّ، مَثْوَى — habitat (Biol., Ecol.)
مَوطِئ: مداسُ الإطار — tread (Eng.)
~ قَدَم — footing, foothold
~ المِكْبَح — brake step (Eng.)
مُوَظَّف — officer, official
~، مُستَخْدَم — employee, functionary
مُوَظَّفون أرضِيُّون — ground staff (Aero.)
مَوعِد — appointment, date, rendezvous
الـ ~ المحَدَّدُ الأقصى — target date
~ نِهائي (لإنجاز عملٍ ما) — deadline
مُوغِل: فوقَ (أو يتجاوز) المحدود — transfinite (Maths.)
مُوَفِّرٌ لِلعَمَل (أو الجُهد) — labour-saving
مُوَفِّرة: ترفع كفايةَ المِرجَل بالإفادة من غازات المدخنة — economizer (Eng.)
المُوق: موقُ العَيْن — canthus (Zool.)
مُؤَقَّت — temporary, provisional, tentative
~ الاستِقرار — metastable (Phys.)
مُؤَقِّت: جهاز توقيت — timer *(n.)* (Elec. Eng.)
~ الإشعال — ignition timer (I.C. Engs.)
~ إلكترونيّ — electronic timer
~ أوتوماتي — automatic timer (Photog.)
~ الدَّورات — cycle timer (Elec. Eng.)
~ فَتَرات — interval timer
مؤقَّتًا — temporarily, for the time being, tentatively
مُؤَقِّتة كَهربائيَّة دَقيقة — electrochronograph
مَوقِد، مُصْطَلَى — stove, fire
~، وقَّادة: في سفينةٍ أو قاطرة — stoker
~ (طَبْخ) — range *(n.)*
~ بَنْزِن، حاروق بَنْزِن — Bunsen burner (Chem.)
~ تَسخين الهَبوب — hot-blast stove (Met.)
~ غاز، ~ غازيّ: مَوقِد (طَبْخ) على الغاز — gas ring, gas range
~ لِحام نَقّال — devil (Plumb.)
مَوقِع، مَكان — site, location, ubiety
~ إسنادي — fix (Aero., Surv.)
~ البِناء — building site (Build.)
~ تَنْقيب — prospect (Mining)
~ الحَفْر — drilling site (Civ. Eng.)
~ مُتَوَسِّط: مُحَرَّرٌ من تأثيراتِ المُبادَرة والزَّيغ والحَرَكة والتَرَنُّح — mean place (Astron.)
~ مُناسِب أو مُوافِق — convenient location
مُوَقَّع — signed
مُوَقِّعٌ (على) — signatory (to)
مَوقِعيَّة: مَوقِع، تواجُدٌ في مَوقِع — ubiety (Phys.)
مُوقِف، كامِح، كابِح — stop, arrester = arrestor
~ تِلْقائي (أوتوماتي) — automatic stop (Eng.)
~ التموُّر، كابِح التموُّر — surge arrester (Phys.)
~ القابِض — clutch stop (Eng.)
~ المُسَنَّنات — gear stop (Eng.)
~ النَّزف، رَقوء — haemostatic (Med.)
مَوْقِف — position, stand
~، وُجْهَةُ نَظَر — attitude, standpoint
~: محطةُ توقُّف (في مَسار الباص أو الترام) — station, stop
~: باحةُ وقوف (للسيّارات) — parking lot
~ جانبيٌّ لِلسيّارات — lay-by (Civ. Eng.)
مُوقَف — stopped, suspended
~ عن الطيران — grounded *(adj.)* (Aero.)
مَوقوت — timed
مُؤَكَّد، أكيد — definite, sure, certain, established
~، مُثْبَت — confirmed, asserted, corroborated
مُؤَكسَج — oxygenated (Chem., Zool.)
مُؤَكسِد — oxidizer, oxidizing, oxidant (Chem.)
مُؤَكسَد — oxidized (Chem.)
مُوَكِّل — client
~، مُنتدِب، مُفَوِّض — mandator
مَوَّلَ: دَبَّر المواردَ المالية لِـ — finance *(v.)*
~: قَدَّمَ عَونًا ماليًّا إلى — subsidize *(v.)*
مُول: جُزَيْءٌ غراميّ — mole (Chem.)
مُولاريَّة: التركيزُ الجُزَيئيّ الحَجْميّ (بالمول في لِتر من المحلول) — molarity (Chem.)
مُولاليّ، جُزَيئيّ وَزْنيّ — molal (Chem.)
مُولاليَّة: التركيزُ الجُزَيئي الوَزْني (بالمول في كيلوغرام من المُذيب) — molality (Chem.)
مُوَلَّد — generated (Eng.)
~: هَجين — hybrid, half-breed (Biol.)
مُوَلِّد — generator, -genic, -genous (Eng., Chem., Maths.)
~، تَوليديّ، مُنَشِّئ — generative (Biol.)
~، طَبيبُ تَوليد — accoucheur, obstetrician (Med.)
~، مُرَبٍّ — breeder *(n.)*
~ إشارات (إختِباريّ) — signal generator (Elec. Comm.)
~ ~ دَليليَّة — marker generator (Aero.)
~ ~ مُتَراوِحَةِ التردُّد — wobbler = wobbulator (Radio)
~ ~ المَسْح — sweeper (Electron.)
~ إلِكتروستاتيّ — static machine (Elec. Eng.)
~ (~) ترادُفيّ — tandem generator (Elec. Eng.)
~ إلكترونات: بتسليط الضوء عليه — electrogen (Phys.)
~ الأوزون — ozonator = ozonizer (Chem.)
~ بُخار، مِرجَلٌ بُخاريّ — steam generator (Eng.)
~ بَرامِج — program generator (Comp.)
~ پروتونات: على شكل أيونات هدروجين — protogenic (Chem.)
~ بَيانات — report generator (Comp.)
~ تَرادُفيّ — tandem generator (Phys.)
~ تُربينيّ — turbo-generator (Elec. Eng.)
~ التردُّد الخَطِّي (لِبُقعَةِ المَسْح) — line-frequency generator (Elec. Comm.)
~ تَردُّداتٍ تَوافُقيَّة — harmonic generator (Phys.)
~ ~ لاسِلكية — radio-frequency generator (Radio)
~ تَزامُنيّ، مُنَوِّب — synchronous generator, alternator (Elec. Eng.)

مُوَلِّد (تابع)

~ تَعاقُبيّ: لتوليد الفلطية العالية — cascade generator (Electron.)

~ُ تموجاتٍ فوق سمعية — ultrasonic generator (Acous.)

~ التمَوُّر، ~ُ تَموُّريّ — surge generator (Elec. Eng.)

~ تَوافُقيّات — harmonic generator (Radio)

~ تَوالٍ — series dynamo (Eng.)

~ التيّار — current generator (Elec. Eng.)

~ُ تيّار ثابتِ الشِّدَّة — constant current generator (Elec. Eng.)

~ ~ الصفيحة — anode generator (Electron.)

~ التيّار المُتَناوِب، مُنَوِّب أو مُنَوِّبة — ac generator, alternating-current generator (Elec. Eng.)

~ ~ المُستَمِرّ — direct-current generator, dc generator, continuous-current dynamo (Elec. Eng.)

~ُ ثابتُ الفُلْطيَّة — constant-voltage generator (Elec. Eng.)

~ ~ القُدرة — constant-power generator (Elec. Eng.)

~ُ ثُلاثيُّ الأطوار — three-phase generator (Elec. Eng.)

~ُ حَثّيّ — induction generator (Elec. Eng.)

~ُ الدارة الموقِّتة — time-base generator (Electron.)

~ُ دوالّيّ — function generator (Comp.)

~ُ ذاتيُّ الاستِثارة — self-exciting dynamo (Elec. Eng.)

~ ~ التزامُن — selsyn (self-synchronizing) generator (Elec. Eng.)

~ ذو فُرجةِ شَرَر: لِلتَّسخينِ الحَثّي بالتردُّدات العالية — spark-gap generator

~ رُباعيُّ الأقطاب — four-pole generator

~ُ شاحِن — charging generator (Elec. Eng.)

~ُ شَوارِد، ~ُ أيُونات — ionogenic (Chem.)

~ (طاقةٍ) شَمْسيّ — solar generator (Phys.)

~ُ صَوتي: يُوَلِّد من الطاقة الميكانيكية أو الكهربائية أصواتًا — acoustic generator (Acous.)

~ُ ~ كلامي: يُولِّد أصواتًا كلامية — voder (Electron.)

~ُ ضَجيج، ~ُ ضَوضاء — noise generator

~ُ الغاز — gas generator (Chem.)

~ «ڤان دي غراف»: للكهربائية الساكِنة — Van de(r) Graaff generator (Phys.)

~ قُدرة عالية الترَدُّد — high-frequency power generator (Elec. Eng.)

~ قَوس قُزَحي: مُوَلِّدُ إشاراتٍ كامِلة الطَّيْف كقَوس قُزَح — rainbow generator (Electron.)

~ُ قَوسيّ — arc generator (Radio)

~ كَهربائي — electric generator, dynamo (Elec. Eng.)

~ ~ مركَّبُ اللفائف — compound dynamo (Elec. Eng.)

~ ~ نَقّال — jenny (Elec. Eng.)

~ُ كهرمغنيطيّ — electromagnetic generator (Elec. Eng.)

~ كهروحَراري — thermionic generator (Electron.)

~ُ كَهْروستاتيّ — electrostatic generator (Elec. Eng.)

~ُ الليفين — fibrinogen (Biol.)

~ُ مُتجانِسُ الأقطاب — homopolar generator (Elec. Eng.)

~ مُتعدِّدُ الأقطاب المُتوالية — series multipolar dynamo (Elec. Eng.)

~ ~ الترَدُّدات — multi-frequency generator (Teleg.)

~ مُتغيِّر الفُلطيَّة — variable-voltage generator (Elec. Eng.)

~ مُتَوالٍ: مُتَوالي لَفائفِ المَجال وعُضوِ الإنتاج — series(-wound) generator (Elec. Eng.)

~ُ مُحاثّيّ — inductor generator (Elec. Eng.)

~ مُحرِّك — motor generator, dynamotor (Elec. Eng.)

~ مُرَكَّبُ اللف — compound(-wound) generator (Elec. Eng.)

~ ~ (اللفائف) تَزايُديّ (الفُلطيَّة) — over-compounded generator (Elec. Eng.)

~ُ مُزدَوجُ التيّار: يولِّدُ تيّارًا مُستمِرًّا أو مُتَناوِبًا — double-current generator (Elec. Eng.)

~ُ المُضادّ — antigen (Med.)

~ُ مِغْنيط — magneto generator (Elec. Eng.)

~ُ مَوجات أُشْرِيَّة — sawtooth generator (Electron.)

~ نبَضات — pulse generator (Elec. Comm.), impulse generator (Elec. Eng.)

~ (~) قَضيبيّ — bar generator (Telev.)

~ُ نُقْطيّ — dot generator (Teleg., Telev.)

~ُ نَماذِج — pattern generator (Comp.)

~ُ نَوَويّ — nuclear breeder (Nuc. Eng.)

~ يُدارُ بالرِّياح — wind-driven generator (Elec. Eng.)

مُوَلِّد(ة): راسم أو راسمةُ خطٍّ أو سطحٍ أو مُجَسَّم — generatrix, generator (Maths.)

مُؤَلِّف — author, compiler; composer

مُؤَلَّف (تَصْنيفًا أو وَضعًا) — compiled, written

~ (مُكَوَّنٌ أو مُرَكَّب) — composite, combined

~ُ مِن — consisting of, composed of, made of

مُؤَلِّفة (أنغام) — synthesizer (Electron.)

مُوليّ: جُزَيئيّ حَجْميّ — molar (Chem.)

موليبدات: أملاحُ حامض الموليبديك — molybdates (Chem.)

المُوليبدِنوم: عُنْصُر فلزيّ رَمزه «مو» — molybdenum (Mo) (Chem.)

مُومِض — flasher (Elec. Eng.)

مُؤَمَّن — insured

مومياء: جُثَّة مُحَنَّطة — mummy (Chem.)

مَوَّنَ — provide, supply, provision

~ (بـ)، زَوَّدَ بالطعام — cater (v.)

مُونتاج، تَوليف: تنظيمُ المَشاهِدِ واللَّقَطاتِ المُصَوَّرة — montage (Cinema)

~ُ طِباعيّ (للكتاب) — layout (Print.)

مؤنَّف: مُستدقُّ الطَّرَف — pointed, acuminate

مونُوترون، صِمامٌ رَقابيّ — monotron (Telev.)

مُونُوتَيْب، صَفّافةٌ حَرفيَّة — monotype (Print.)

مَوَّهَ، عَمَّى — camouflage, disguise

مَوَه، استسقاء — dropsy, oedema (Med.)

مُؤَهَّب، مُستعِد — ready, prepared

~: لديه قابليَّة أو استعداد لِـ — predisposed (Med.)

مَوهِبة — talent

مُؤَهَّل، كُفْؤ — qualified, competent

مُؤَهَّل (تابع)

~: جَرى تأهيله — habilitated, rehabilitated

مُؤَهِّل (ج. مؤهِّلات) — qualification

مُوهِن — attenuator (Elec. Eng.)

~ التداخُل — interference attenuator (Elec. Comm.)

~ توافُقيّات — harmonic attenuator (Phys.)

~ جُهدِيّ — potential attenuator (Elec. Eng.)

~ الدليل المَوجيّ — waveguide attenuator (Elec. Eng.)

~ سِدْليّ — flap attenuator (Elec. Comm.)

~ كَبّاسيّ — piston attenuator (Elec. Eng.)

~ مُتغَيِّر — variable attenuator (Elec. Eng.)

مُوهَن، مُخَفَّف، مُرَقَّق — attenuated, diluted (Phys., Chem.)

مُوهِنة: مُكَثِّف توهينٍ لنَظم الذبذبة — pad(er) *(n.)* (Elec. Eng.)

~ خطِّ الإرسال — line pad (Radio)

مَوهوم، وَهْميّ — imaginary, illusory

مَؤونة — provision(s), supply, stock(s)

مُوَيْجَة، مَوجَةٌ صغيرة — wavelet (Phys.)

مُؤَيَّد — supported, corroborated, endorsed

~ بالبُرهان — proved, confirmed

~ بالتثنية — seconded

مَوئل، مَلجأ — refuge, resort

مُؤَيَّن — ionized (Chem.)

مُؤَيِّن — ionizer, ionizing (Chem.)

مَيَّأ، مَيَّه — hydrate (Chem.)

مُيامِن: أيمَنُ الدَّوَران — dextrorotatory (Phys.)

مِياه — water(s)

~ ارتشاحيَّة — vadose water (Geol.)

الـ ~ الإقليميَّة — national waters, territorial waters

~ بِكْر — juvenile water (Geol.)

~ تَحْت سَطْحيَّة — subsurface water (Geol.)

~ جَوفيَّة، ماءٌ أرضيّ (باطِنيّ) — ground-water, subterranean water, underground water (Geol.)

~ ~ (حُرَّة) — phreatic water (Geol.)

~ حَديديَّة: غنيَّة بمركَّبات الحديد — chalybeate water, ferruginous water (Geol.)

~ راكِدة (أو شِبْه راكدة) — slack-water, still water

~ سَطحيَّة — surface water (Geol.)

~ غازيَّة — aerated water (Food Sc.)

~ المَجارير وأقذارُها — sewage (San. Eng.)

الـ ~ المُرتَدَّة (بعائق في جدولٍ أو خزّان) — back-water

مُياوِم — day worker, day labourer

مُياوَمة، يَوميًّا — per diem

مِئْبَر: جُزءُ السَّداة الذي يحوي غُبار الطلع — anther (Bot.)

مِئبَريَّة: عُضو التذكير في اللازَهريّات — antheridium (Bot.)

مِئَة — one hundred

في الـ ~ — percent (Maths.)

مَيْت — dead *(adj.)*

مِيتا: ما وراء، ما بَعْدَ — meta-

الميتالُورجية الحَراريَّة — pyrometallurgy

ميتالورجية المَساحيق — powder metallurgy (Eng.)

مِيتَدة: مِطرقة خشبيَّة أو جِلدية أو مطاطية الرأس — mallet *(n.)*

مِيتأة، مِرْزَبَّة، مِهَدَّة — sledge-hammer (Build.)

مِيثاق، بَراءَةٌ رَسْميَّة — charter *(n.)*

~، عَهْد — convention, pact

المِيثان: غازُ المُستنقَعات — methane, carburetted hydrogen (Chem.)

مِيثانول، كُحولُ الخشب — colonial spirit, methanol (Chem.)

مِيثين، مِيثيلين — methene = methylene (– CH_2 –) (Chem.)

مِيجا، ميغا: بادئة بمعنى مِليون (أُنظُر: ميغا) — mega-

~ طُن: مِليون طُن — megaton

مِيجَر: جهازٌ لِقياس المُقاوَمات الكهربائية العالية — megger = megohmmeter

مِيحاد: جبل مُفْرَدٌ حادُّ الانحدار — inselberg (Geol.)

~، ~ ~ مُتخَلِّف — monadnock (Geol.)

مِئخار: مُتأخِّر الإزهار أو الإثمار — serotinous (Bot.)

مَيْد، مِيلان، تمايُل — tilt, sway

~ المَوْجة — wave tilt (Elec. Eng.)

مَيدان، ساحة — field, arena, square

~، مَجال — domain, field

~ سِباق السّيارات — motordrome

مِيدَع، مِئْزَر — coverall, overall

مِيرة، حِصَّة (تَموينيَّة)، جِرايَة — ration *(n.)*

مَيَّزَ، مازَ (عازِلًا أو فارِزًا) عن — discriminate

~: أدرَكَ — discern

~ ما بين — differentiate, distinguish

مَيْز: فَرْزٌ بالانتشار الغِشائي، دَيلَزة — dialysis (Chem.)

~، اِستبانة — resolution (Phys.)

~ راداريّ — radar resolution (Radar)

مِيزا، نَجْد، مَعْزاء — mesa (Geol.)

مِيزاء، مُسَدِّدة — collimator (Phys.)

مِيزاب، مَسِيلُ تَصْريف — gutter, (water-) spout (Build.)

~: بالوعة (السفينة) — scupper (Naut.)

~ إفريزيّ — r(h)one, eaves gutter (Build.)

~ غاطِس — sunk gutter (Build.)

~ المَطَر — rain leader

~ مُنْفَرِج — valley gutter (Build.)

~ ناتِئ — gargoyle (Build.)

مِيزان — balance, scales

~، مِعيار — criterion

الـ ~: بُرج الميزان — Libra, The Balance (Astron.)

~ آليّ للخام العابِر — weightometer (Mining)

~ اختِبارِ (الحِساب) — trial balance

~ اْستِواء، مِسواة — level gauge (Eng.)

~ ~ السُّطوح — planometer (Eng., Carp.)

~ ~ عاكِس — reflecting level (Surv.)

~ ~ مائيّ — water-level (Surv.)

~ التِوائيّ — torsion(al) balance (Phys.)

~ أمبيري — ampere-balance (Elec. Eng.)

~ بالِغُ الدقة — precision balance

الـ ~ التجاريّ — balance of trade

~ التحاليل: ميزان دقيقٌ للتحاليل — analytical balance (Chem.)

~ تَسْوية — spirit level, level tube (Surv.)

~ ~ ذو مَشْعَبَين (بشكل Y): لِحَمْلِ المِقراب — Y-(or wye) level (Surv.)

~ ~ راكِب — striding level (Surv.)

~ ~ شاقوليّ — plumb level (Civ. Eng.)

~ ~ مُتعامِدَة: مع خَطِّ البصر — cross-level (Surv.)

~ ~ يدَوي — hand level (Surv.)

~ حَرارة — thermometer (Phys.)

~ حَسّاس — sensitive balance

ميزان (تابع)
~ دِقّي (لما دُونَ المليغرام) — microbalance (Chem.)
~ٌ ذِراعي — lever scales, lever balance (Phys.)
~ ذو عاتِق — beam balance (Chem.)
~ٌ «روبرفال»: ذو الكِفَّتَيْن — Roberval balance
~ٌ زُنبركيّ (أو نابِضيّ) — spring balance (Chem.)
~ٌ الطاقة — energy balance
~ٌ غيرُ مَضبوط — unjust balance
~ قَبّانيّ — steelyard = Roman balance, weighbeam
~ٌ (قِياس) التيّار — current balance (Elec. Eng.)
~ المَدفوعات — balance of payments
~ٌ مُسَجِّل — recording balance (Eng.)
~ٌ مُضاءَل (الاهتِزاز): بنبيطةِ توهين — damped balance (Chem.)
~ نابِضيّ، ~ زُنْبُرُكيّ — spring balance
ميزانيَّة — budget *(n.)*
~، كَشْفُ الميزانية — balance sheet
ميزة، مَيِّزة، خاصَّة — property, characteristic
~، أفضليَّة — merit, advantage
~، تَميُّز — peculiarity
~، صِفة — character, trait
مِئزر (مَريول)، **إزار** — apron
مِيزَر: جِهازُ تَحْويل الطاقةِ الداخليَّة لِلجُزيئات إلى طاقةٍ صُغْريَّة الأمواج — maser (Phys.)
~ٌ بَصَريّ، لِيْزر — optical maser = laser (Phys.)
~ ثُلاثيُّ المَناسيب — three-level maser (Phys.)
مِيزُون: جُسَيمٌ إلكترونيّ — meson (Phys.)
مَيَسان، ~ٌ القَمَر — libration (Astron.)
مُيَسَّر، مُبَسَّط — simplified
مُيَسِّرُ الماء — softening agent (Chem.)
المَيْسَرة — port *(n.)*
مِيسم، سِمَة — stigma (Bot.)
~: مِكْوَى وَسْم — branding iron, cautery
ميطدة، مِدَكّ — rammer, punner (Civ. Eng.)
مِئطرة: مِسطرةُ رسم الانحناءات — French curve (Eng.)

مَيَّع، أسال، سَيَّل — liquefy, fluidize (Chem. Eng.)
ميغا: بادِئة بمعنى مِلْيون — mega-
~ إلكترون قُلْط — mega-electron-volt (Phys.)
~ أوم: مِليون أوم — megohm (Elec. Eng.)
~ بتّ: مِليون بتّ — megabit (Comp.)
~ طُن: مِليون طُنّ — megaton(ne)
~ قُلْط: مِليون قُلط — megavolt (Elec. Eng.)
~ فُون: مُضَخِّمٌ صَوتيّ، بُوق — megaphone (Acous.)
~ هِرْتز: مِليون دَور في الثانية — megacycle per second = megahertz (Radio)
~ واط: مِليون واط — mega-watt (Elec. Eng.)
ميغاترون: صِمامٌ قُرْصِيُّ الإلكترودات — megatron (Electron.)
مِئفاق، بريسْكوب — periscope (Phys.)
~ مَوشوري — prism periscope (Phys.)
ميقاتي، مُرَتَّب زَمَنيًّا — chronological *(adj.)*
المِيقاتيَّة: عِلمُ (تحديد) الأزمنة — chronology *(n.)*
مِيقَت، ساعةُ أو جهازُ تَوقيت — timer *(n.)*
مِيقَف — stop, stopper
~ٌ أمان: يَعملُ عندَ تَعَطُّل الحاكِم — safety stop (Eng.)
مَيْكا، بَلَق — mica (Min.)
~ حَمْراء، بَلَقٌ ياقوتي — ruby mica (Min.)
ميكانيكا: عِلْم الميكانيكا — mechanics (Phys.)
الـ ~ الإحصائيَّة — statistical mechanics (Phys.)
~ التُربة — soil mechanics (Civ. Eng.)
الـ ~ السَّماويَّة — celestial mechanics (Astron.)
~ الكَمّ: ميكانيكا الجُسَيمات الدقيقة — quantum mechanics (Phys.)
~ الموائع: من حيثُ خواصُّها كَسَوائلَ وغازات — fluid mechanics (Eng.)
~ ~: من حيثُ توازُنُها وحركَتُها وحركةُ الأجسام الصلبة المغمورة فيها — hydromechanics (Phys.)
الـ ~ المَوجيَّة — wave mechanics (Phys.)
~ نيُوتُنيَّة — Newtonian mechanics (Phys.)
ميكانيكيّ — mechanic
~ آلات — millwright (Eng.)
~ تجميع، بَرّاد — fitter (Eng.)
~ جَوِّي — air mechanic

~ حراريّ — thermomechanical *(adj.)* (Phys.)
~ سُفُن — shipfitter (Eng.)
~ طائرات — aircraft mechanic
~ طَيَران — aeromechanic *(n.)*
~ لاسِلكي — radio mechanic (Elec. Eng.)
~ مُحَرِّكات — engine fitter, engine mechanic, motor mechanic (Eng.)
الميكانيكيّات الكَهربائيَّة — electromechanics (Elec. Eng.)
~ المِغْنَطيسيَّة — magnetomechanics (Phys.)
مَيكرو: جُزء من مِلْيون — micro- (Phys., Maths.)
~ أمِّيتر — microammeter (Elec. Eng.)
~ أوم: ٠,٠٠٠٠٠١ أوم — microhm, Ω ohm (Elec. Eng.)
~ بار: وَحدةُ ضَغطٍ تساوي داين للسم^{2}، باري — microbar = barye (Phys.)
~ ثانية: ٠,٠٠٠ ٠٠١ ثانية — microsecond
~ غرام: ٠,٠٠٠ ٠٠١ غرام — microgram(me)
~ فاراد: وَحدةُ سَعَة — microfarad (Elec. Eng.)
~ قُلْط: ٠,٠٠٠ ٠٠١ قُلْط — microvolt (Elec. Eng.)
~ لِتْر: مِليمتر مُكَعَّب — microlitre
~ لَكْس: ٠,٠٠٠ ٠٠١ مِتر شمعة — microlux (Illum.)
~ مَيكرو: جُزءٌ من مِليون مِلْيون — micromicro-
~ وَاط: ٠,٠٠٠ ٠٠١ واط — microwatt (Elec. Eng.)
ميكروب، جُرثومة، حُيَيّ مجهري — microbe *(n.)*
ميكروسكوب، مِجْهَر — microscope (Phys.)
~ إلكترونيّ — electron microscope (Phys., Biol.)
~ أيُوني — ion microscope (Phys.)
ميكروفون، مكروفون — microphone (Acous.)
~ اتّجاهي — directional microphone (Acous.)
~ إجهادي (كهرضغطي) — piezo microphone (Acous.)
~ بِلَّوري — crystal microphone, piezoelectric microphone (Acous.)
~ حَراريّ — thermal microphone, hot-wire microphone (Acous.)

ميكروفون (تابع)

~ حَلْقيّ — throat microphone (Acous.)

~ صُدْريّ (أو عُرويّ) — lapel microphone (Acous.)

~ بالقُدرة الصَّوتيَّة — voice power microphone (Acous.)

~ كَربوني (في المُرسِل التلفونيّ) — carbon microphone (Acous.)

~ لاتجاهي: استجابته لا تعتمد أساسًا على مصدر الصوت — non-directional (or omnidirectional) microphone (Acous.)

~ مِجْسَامي — stereomicrophone (Acous.)

~ مِغْنَطيسي — magnetic microphone

ميكرومِتْر، مِصْغَر: مِقْياسٌ صُغْريّ — micrometer (Eng.)

~: جُزءٌ من مِليون من المتر (سالفًا: ميكرون) — micrometer, micrometre

~ شُعَيْري — filar micrometer (Opt.)

~ فكِّيّ — micrometer cal(l)ipers (Eng.)

~ ~ داخِليّ — inside micrometer cal(l)ipers (Eng.)

مَيْكرون، مِيكرومتر: ٠,٠٠٠ ٠٠١ متر — micron = micrometer (Phys.)

مَيْل، انحِدار — cant, slope, slant, rake

~، حُدور، مَيَلان — dip, inclination, declivity, declination, tilt, pitch

~، نُزُوع، نَزْعَة — tendency, inclination, disposition, trend, propensity

~، إنحراف — deviation, deflection, obliquity, divergence

~ُ أسنانِ المِنشار — pitch of saw

~ُ الأُفق — horizon dip (Aero.)

~ُ تَقارُبٍ أو تباعُد — vergence *(n.)*

~ُ جانِبيّ — flank dip (Eng.)

~ ~ (في الطائرات) — bank(ing) (Aero.)

~ حادّ — high dip

~ُ دائِرة البُروج (حوالى ٢٣,٥° درجة) — obliquity of the ecliptic (Astron.)

~ُ السَّفينةِ إلى جانبٍ — heel (Naut.)

~ُ السَّقف — pitch of roof (Civ. Eng.)

~ُ مُزدَوِج — double bevel (Eng.)

الـ ~ُ المِغنَطيسي — magnetic dip = dip, magnetic inclination (Phys.)

~ المُنعطفات — cant (Civ. Eng.)

مِيل: ١٧٦٠ ياردة (يُعادِل ١٦٠٩,٣٥ مترًا) — mile

~ أُوم: وَحدةُ مُقاوَمة — mile ohm (Elec. Eng.)

~ُ بَحْري: ثُبِّتَ مُؤخَّرًا على ١٨٥٢ مِترًا — nautical mile

~ُ تَشريعيّ: ٥٢٨٠ قدمًا (١,٦١ كيلومتر) — statute mile

~ُ جُغرافي: ٦٠٨٧ قدمًا (١,٨٥٥ كيلومتر) — geographical mile

مَيَّلَ، أمالَ — tilt, incline, slope

مَيَلان، مَيْل — inclination, dip, declination

~، جُنُوح — heeling, list (Naut.)

~ُ لُقمةِ المِثقَب — drill rake (Eng.)

مَيْمَنَة (السفينةِ أو الطائرة) — starboard *(n.)*

مِينا، ميناء — enamel (Min.)

~: قُرصٌ مَداليّ — dial (Elec. Comm.)

~ السِّن — tooth enamel (Zool.)

~ مُرَقَّطة — mottled enamel

~ مُضيئة — luminous dial

ميناء، مَرْفَأ، ثَغْر، مُكَلّأ — harbo(u)r, port

~ُ التَّسْليم — port of delivery

~ التفريغ — port of discharge

~ٌ حُرّ — free port

~ٌ خارجيّ، ~ٌ أماميّ — outport (Naut.)

~ُ المَوطِن — home port

مِنيوم: أكسيد الرصاص الأحمر — minium, red lead (Chem.)

مَيَّه، مَيَّأ — hydrate *(v.)* (Chem.)

مَيُوع، مُتَمَيِّع — deliquescent *(adj.)* (Chem.)

مُيُوعة، سُيُوبَة (مَعكوسُ اللُّزوجة) — fluidity, liquidity (Phys.)

مُيُوعيَّة، تمَيُّع — deliquescence (Chem.)

ميُوميزون، ميُون: جُسَيم نَوويّ لَحْظيّ البقاء — mu-meson = muon (Phys.)

مُيُونيُوم: ذَرَّة مِيزونيَّة — muonium (Phys.)

مِئَوِيّ: خاصٌّ بالذِّكرى المِئَوِيَّة أو بِمِئَة عام — centenary, centennial

مِئينيّ: مِئَوِيُّ التوزيعِ الترتيبيّ — percentile (Stat.)

ن

ن: الرمز الكيماوي للنتروجين — N (nitrogen) (Chem.)
ناءٍ، بَعيد — far, distant, remote
نابَ عن: قامَ مَقام، مَثَّل — substitute for, represent
نابٌ، سِنٌّ مُدَبَّبَةُ الرأس — canine, cuspid (Zool.)
~ُ (الأفعى) — fang (Zool.)
~ (الفيل) — tusk (Zool.)
نابالْم: هُلامٌ بتروليٌّ لِلقنابِل المُحرِقة — napalm (Chem.)
نابتٌ بوغيّ — sporophyte (Bot.)
~ مَشيجيّ — gametophyte (Bot.)
نابِذ: طارِدٌ من المركز، مُبعِد عن المركز — centrifugal (Phys.)
نابِذة: فَرّازة بالطرد المركزي — centrifuge
~ فائقةُ السرعة — ultracentrifuge (Eng.)
~ قُرصيَّة، طارِدة قُرصيَّة — disc centrifuge
نابِض: زُنْبُرك — spring (Eng.)
~، نَبّاض: مولِّدُ نبضات — pulser (Elec. Comm.)
~، خافِق — throbbing, pulsating, beating (Med.)
~ احتجاز — retainer spring (Eng.)
~ ارتداد — recoil spring, rebound spring (Eng.)
~ُ إرجاع — return spring (Eng.)
~ُ أُسطوانيّ — cylindrical spring (Eng.)
~ُ اِلتِوائيّ — torsion spring (Mech.)
~ُ اِنضِغاطيّ — compression spring (Eng.)
~ إهليلَجيّ — elliptic spring
~ ~ رُبْعيّ — quarter elliptic spring
~ُ تَعْليق — suspension spring (Eng.)
~ُ التَّماس — contact spring (Elec. Comm.)
~ُ حَلَزوني — spiral spring, helical spring (Eng.)
~ رَقائقيّ — laminated spring, leaf spring (Eng.)
~ ~ مُتَصالِب: بشكل X — X-spring (Eng.)
~ سائِلي — liquid spring (Eng.)
~ُ السقّاطة — pawl spring (Eng.)
~ الشدّ — tension spring (Eng.)
~ شَعْريّ، زُنْبَرك شَعريّ — hairspring
~ُ طَوقيّ — garter spring (Eng.)
~ُ (أو زُنْبرك) القابِض — clutch spring (Eng.)
~ القَدْح — percussion spring
~ُ قُرصيّ — disk spring (Eng.)
~ كُرسيّ التحميل — bearing spring (Eng.)
~ُ لَولَبيّ، زُنْبرك لولبيّ — helical spring
~ُ المُبيِّن — indicator spring
~ المُرَحِّل — relay spring (Elec. Eng.)
~ المِصَدّ — buffer spring (Eng.)
~ الميزان — balance spring
نابِضةٌ مُزامِنة: دارةٌ إلكترونية تولِّد نبضاتٍ بمُعدّلٍ ثابت — (master) clock (Comp.)
نابِضِيَّة، رَجُوعيَّة — springiness (Phys.)
ناتِج — outcome, result, issue
~، نِتاج — product, yield, output
~، حَصيلة — resultant (Phys.)
~ُ الإضافة، ~ُ ضَمّ — adduct (Chem.)
~ الاِضمِحلال أو الانحلال، النِّتاج الوَليد — decay product = daughter product (Chem.)
~ُ اِنشِطاريّ مُشِعّ — radioactive fission product (Nuc. Eng.)
~ (أو مُستَحْضَرٌ) أَوَّليّ — primary product (Chem.)
~ُ التَشَظّي — spallation product (Nuc. Eng.)
~ ثانَويّ، مُنتَجٌ ثانَويّ — by-product (Chem.)
~ حدِّي: يكاد يُساوي نفقةَ إنتاجه — marginal product
~ُ القِسمة — quotient (Maths.)
الـ ~ُ النفطيّ (في فترةٍ مُعيَّنة) — oil run (Pet. Eng.)
~ُ نهائي، الـ ~ُ الأخير — end-product (Chem., Phys.)
ناتِئ، بارِز — projecting, protruding, protuberant, bulging
~، نافِر — bossed, embossed, in relief (Civ. Eng.)
ناتِئة، زائدة — process (Bot., Zool.)
ناثِر، مُبَعثِر — scatterer, disperser
ناجِذ، ضِرس — grinder, molar (Zool.)
ناجِمَة، عُسْلُجٌ للتطعيم — cion = scion (Bot.)
ناحية، منطقة — region, district (Geog.)
~: جانِب — side
نادٍ، مُنتَدًى — club *(n.)*
نادَى، اِستَدْعى — call *(v.)*
نادِر — rare, scarce, infrequent
النادي الذَّري: الدُّول التي توصَّلت إلى تِقنيَّة التفجيرات النوويَّة — Nuclear Club
نار، لَهَب، حَريق — fire *(n.)*
~ُ القِدِّيس «إلْمو» — Saint Elmo's fire (Phys.)
~ مكشوفة — open fire
نارَجيل — coconut palm (Bot.)
جوزة الـ ~ — coconut
نارِيّ، بُركانيّ — igneous *(adj.)* (Geol.)
نارِيَّة المَنشأ — pyrogenous (Geol.)
ناريج، حَدُّ المِطرقة — peen = pane (or pein) *(n.)*
~ُ المِطرَقة: طرَفُها المُقابِلُ لِلوَجهِ المُسَطَّح — hammer pane (or peen)
نازِح (الماء)؛ **مِنزحة** (الرَّمل وطين الحفر) — bailer (Civ. Eng.)
~ (عن مَوطنه قَهرًا) — displaced person
نازَعَ، ناضَل (تحدِّيًا أو مُنافسةً) — contend *(v.)*
نازِع، نازِعة — extractor
~ُ الإطار الخارجي — bead breaker (Eng.)
~ القُشور — scaler *(n.)*
~ الهواء (من ماء المَراجِل) — de-aerator (Eng.)
نازِعةُ الصُّبَب (مِنَ القَوالِب) — ingot stripper (Foundry)
نازِل، هابِط — descending
ناسَ، ترجَّح، تذَبذب — oscillate, vibrate
ناسَبَ، لاءَم — suit, fit, match, be compatible with
ناسِخ، نسَّاخ — scribe
~: مُبطِلٌ أو مُلْغٍ ما قبله — abrogating, nullifying, annulling
ناسِخَة، آلَةٌ ناسِخَة — mimeograph, copying machine, photocopier (Photog.)

ناسِخَة (تابع)
~ أشرطة — tape reproducer (Comp.)
~ البطاقات — card reproducer (Comp.)
~ حاسوبيَّة — reproducer, transcriber (Comp.)
ناسُوخ، فاكْس: مُبْرِقَة مصوِّرة — fax = facsimile (Elec. Comm.)
~ بُعاديّ: يُرسِلُ (أو يستَقبِل) صُوَرًا طِبْقَ الأصل — telefacsimile = telefax (Elec. Comm.)
ناسُوخيّ، طِبْقُ الأصل — facsimile *(adj.)*
ناسُور، ناصُور — Fistula (Med.)
ناشِب: نامٍ نحو الداخل — ingrowing
ناشِر — publisher
الـ ~: نوع من الثعابين — asp (Zool.)
~ نَضَدي: برامجيّات النشر في المكتب — desk-top publisher (Comp.)
ناشِرة — spreader, distributer (Eng.)
~، ناثِرة — diffuser (Acous., Eng., Photog.)
ناشِزة — protuberance (Med.)
ناشِط، فعّال — active
ناشِف، جافّ — dry
ناصِع، زاهٍ — bright
ناصِف: في (أو عَبْرَ) الوسط — median
ناصِل: زالَ لونُه — discoloured
ناضِب، نافِد — exhausted, used up
ناضِج، تامُّ النُّمو — mature, ripe *(adj.)*
ناطِحَة سَحَاب — skyscraper (Build.)
ناظَرَ، راقَبَ — monitor, supervise, proctor
~، ماثَلَ (بالتقابُل) — correspond *(v.)*
ناظِر، مُشاهِد — onlooker, viewer
~، مدير — director, manager
~ (عُمّال)، مُراقِب — overseer, supervisor
~ الرَّصيف — wharfinger = wharfmaster
~ محطَّة — stationmaster
ناظِم، منظِّم — regulator (Eng., Electron.)
~، خطٌّ عَمُوديّ — normal (Maths.)
~، مؤلِّف — composer
ناظِمة الارتفاع — altitude (or height) setter (Aero.)
~ التيار — rheostat (Elec. Eng.)
~ الحرارة — thermostat (Phys.)
~ النَّبض — pacemaker *(n.)* (Med.)
ناعِظ — erectile (Med.)
ناعِم — soft, smooth, fine

ناعور(ية)، نُزافيَّة — hemophilia (Med.)
ناعُورة، سانية — noria, water-wheel (Hyd.)
~ هَوائيَّة — windmill
ناغَمَ — tune, attune, harmonize
نافٍ، بوابَةُ لا — negater = negator, NOT gate (Comp.)
نافَى، ناقضَ — contradict
نافار: رادارٌ مِلاحيّ يراقبُ حركةَ الطيَران — navar (navigation and ranging) (Aero.)
نافِثة نَبضيَّة — pulse jet (Eng.)
~ هَواء، نافورةُ هَواء — air jet
نافِخ، نَفّاخ — blower, inflator (Eng.), insufflator (Med.)
~ الزُّجاج — glass blower
نافِد، مُستَنْفَد — exhausted, used up, consumed
نافِذ، خارِق، مُخترِق — penetrating, piercing
~، مُتخَلِّل — permeating
~ (أو ساري المفعول) — valid, effective, in force
نافِذَة، شُبّاك — window, fenestra *(n.)* (Arch.)
~ أُحادية التعليق — single-hung window (Build.)
~ إطارية — casement (Carp.)
~ أُقْحُوانيَّة، ~ وَرْديَّة — marigold window, rose window, wheel window (Arch.)
~ ثُلاثيَّة المناوِر — three-light window (Build.)
~ حدقيَّة — bull's-eye window (Arch.)
~ خارجيَّة — fenestra (Arch.)
~ درّابيَّة: بإطارَين منزلِقَين — sash window (Build.)
~ رَصيفيَه — pavement light (Civ. Eng.)
~ سَقْفٍ عَموديَّة — luthern (Arch.)
~ العَواصِف: نافذةٌ بمِصراعَيْن مُزدَوجَيْن لِعَزْلِ الصَّوت والحَرارة — storm window (Build.)
~ فَجْويَّة: طَويلةٌ وضَيِّقة — gap window (Arch.)
~ قادوسيَّة — hopper window (Build.)
~ مُزدَوجة الإطار — double window (Build.)
~ ~ المَشْرَبيّات — gem(m)el window (Arch.)
~ مُشَبَّكة — lattice window (Arch.)

~ مُشْرِفَة، (مَشْرَبيَّة) — bay window, jut window (Arch.)
~ وَرْديَّة، ~ دولابيَّة — rose window, wheel window (Arch.)
نافِر، ناتِئ — embossed, in relief
~، بارِز — bulging, protruding, jutting out
نافَسَ — contend, compete, rival
نافِع، مفيد — useful, beneficial
~ (كعِبرةٍ) — salutary
نافُورة، فَسْقيَّة — fountain *(n.)*
~، مِنْفَث — jet
~ حَقن — injection nozzle (Eng.)
~ ماءٍ حار — gusher = geyser (Geol.)
~ ~ دوّارة — girandole
نافِية: خرجُها عكسُ دَخلِها — negator (Comp.)
ناقِد — critic
ناقَش — discuss, debate
ناقِص — deficient, defective, incomplete
~، مَفقود — lacking, wanting
~، عَلامة ~ (−) — minus (Maths.)
~ الأوجُهِ البِلَّوريَّة — subhedral, hypidiomorphic *(adj.)*
~ التبَلْوُر — hypocrystalline (Geol.)
~ التطَوُّر، مُتَخلِّف النُّموّ — underdeveloped
~ التظهير — underdeveloped (Photog.)
~ التفريغ — soft *(adj.)* (Electron.)
~ التوَتُّر: ذو ضَغطٍ انتِشاريٍّ أقَلّ — hypotonic = hypo-osmotic (Chem.)
~ الشَّحن — underloaded, undercharged
~ الوَزن — underweight
ناقَضَ، نافَى — contradict *(v.)*
ناقِل، ناقِلة — conveyer = conveyor, carrier, transporter (Eng.)
~، مُوصِل — transmitter; conductor, transducer
~، ~ جراثيم — vector, carrier (Med.)
~، حامِل: وسيلةُ نَقْلٍ أو حمل — carrier
~، مُترجِم — translator
~ اهتزازيّ — vibrating conveyor (Eng.)
~ بَيانات، سِكَّةُ البَيانات — data bus (Comp.)
~ جُمْليّ — mass bus (Electron.)
~ بِسِلسِلة دوّارة — drag conveyor (Eng.)
~ لِلضَّوء — luminiferous *(adj.)* (Phys.)
~ عامّ — common carrier

ناقِل (تابع)
~ العَدوى (وليسَ مَريضًا) carrier (Med.)
~ لِلعَدوى، مُعْدٍ contagious (Med.)
~ قادوسي bucket conveyor (Eng.)
~ كَبْلي، (تلِيفريك) cable-way (Elec. Eng.)
~ لُغويّ: برنامجُ نَقل إلى لُغَةٍ أُخرى translator (Comp.)
~ مَشحون: يحملُ تيّارًا live conductor (Elec. Eng.)
ناقِلة، ناقِل conveyer = conveyor, carrier, transporter (Eng.)
~ إزاريَّة apron conveyor (Eng.)
~ الاستِقطاب transpolarizer (Elec. Eng.)
~ بأُسطُواناتٍ دَوّارة roller conveyor (Eng.)
~ بالسَّيْر band (or belt) conveyor (Eng.)
~ بتُرسٍ دُوديّ worm conveyor (Eng.)
~ بسِلْسِلةِ جَرّ dragline conveyor (Eng.)
~ بقَواديس pan or bucket conveyor (Eng.)
~ تَجْميع assembly conveyor (Eng.)
~ ثَقاليَّة: تتحَرَّكُ بفعل الجاذبيَّة gravity conveyor (Eng.)
~ حَبْليَّة rope conveyor (Eng.)
~ حَلَزونيَّة spiral conveyor (Eng.)
~ ذاتُ ألواحٍ مُتَّصِلَة slat conveyor
~ ذاتيَّةُ التعبِئَة self-loading conveyor
~ زَيت، ~ نفط oil tanker (Pet. Eng.)
~ سائليَّة hydraulic conveyor (Eng.)
~ سِلْسِليَّة chain conveyor (Eng.)
~ الشريط tape transport (Comp.)
~ طَوقيَّة belt conveyor (Eng.)
~ العَدوى: حُمَةٌ أو جرثومة contagium (Med.)
~ قادوسيَّة bucket conveyor (Eng.)
~ كبليَّة cable conveyor (Eng.)
~ لَولَبيَّة screw conveyor, helical conveyor (Eng.)
~ مَكُّوكيَّة shuttle conveyor (Eng.)
~ نَفْخيَّة: بالهواء المضغوط pneumatic conveyor (Eng.)
~ نَفْط (oil) tanker, oiler (Pet. Eng.)
~ ~ عِملاقة، صِهْريجيَّة ضَخمة supertanker
~ هَزّازة oscillating conveyor (Eng.)

~ هوائية، ~ نَفْخيَّة pneumatic conveyor (Eng.)
ناقليَّة، موصليَّة conductivity (Phys.)
ناقِه: مُتماثِل لِلشفاء recuperating, convalescent
ناقوس، جَرس bell
~ زجاجيّ bell jar (Chem.)
~ طَرَفيّ: غِطاء طَرَفيّ مَخروطيّ end bell (Eng.)
~ الغَوص: للعَمل تحت الماء diving-bell (Civ. Eng.)
ناكِب: تاخم كَمُتَّكأ أو مُرتكز abut (Civ. Eng.)
نالَ، حصَل على get, obtain
نامٍ growing, developing (Biol.)
الدُّوَل النامية (المُتخلِّفة حاليًا) underdeveloped countries
~إلى (أو نحو) الداخل، ناشِب ingrowing
~ فَوق سَطحي: فوق سطح الأرض epigeal (Biol.)
ناموس، بَعوض mosquito(s) (Zool.)
نامِيَة، زائدة عُجريَّة outgrowth, excrescence (Med.)
~، شَكير، شَطء sucker, offset, shoot (Bot.)
~ جَذرية: تنبتُ من الجَذر ratoon (Bot.)
~ ساقيَّة: تتجذَّر من ساقٍ زاحِفة stolon
نانو: بادِئة بمعنى جُزء من بِليون (10^{-9}) nano-
~ ثانِيَة: جُزء من بِليون من الثانية nanosecond
~ غرام: جُزء من بِليون من الغرام (1×10^{-9} غم) nanogram
~ متر، نانون (يساوي ١٠ أنغستروم) nanometre = nanon
ناوَب، تناوبَ alternate
ناهٍ، مانِع prohibitive
ناوَرَ maneuver = manoeuvre
نائِب deputy, vice-
~ رئيس vice-president
~ عامّ attorney general
نائبة، مصيبة catastrophe, misfortune, calamity
نائجة، عَصفة نَوئيَّة squall (Meteor.)

نايس: صَخْرٌ غرانيتيّ مُتحَوِّل gneiss (Geol.)
~ صَفائحيّ leaf gneiss (Geol.)
~ طينيّ pelitic gneiss (Geol.)
نايْل: وَحدةُ التغيُّر (بنسبة ٠,٠١) في النشاط الإشعاعيّ nile (Nuc. Eng.)
نايْهارْد: سبيكةٌ من حديدِ الزَّهر والكوبَلْت Ni-hard (Met.)
نب: الرمز الكيماوي لفلزِّ النيوبيوم Nb (niobium) (Chem.)
نبأ، نتأ، بَرَز protrude, jut out, project
نَبا: زلِجَ مُتَنطِّطًا عن ricochet
نبأ، خَبَر، أخبار news, tidings
نَبات، نَبْتة plant, -phyte (n.)
(~) أُحاديُّ الفِلْقَة monocot = monocotyledon (Bot.)
~ الأَقَنْثوس acanthus (n.)
~ أوَّليّ protophyte (Bot.)
~ بِزريّ: يتكاثر بالبزور seed plant, phanerogam (Bot.)
~ بَصلي bulbous plant (Bot.)
~ ثُنائيّ الحول، ~ مُحوِل biennial plant (Bot.)
~ جَفافيّ (صَحْراوي) xerophyte (Bot.)
~ حَوليّ annual plant (Bot.)
~ ~ (بِزريُّ الإشتاء) therophyte (Bot.)
~ ذو فِلقَتَين dicotyledon (Bot.)
~ الرُّطوبةِ المُعتدِلة mesophyte (Bot.)
~ زَهْريّ أو بِزْريّ flowering plant, phanerogam (Bot.)
~ شمْسيّ heliophyte (Bot.)
~ ظِلِّي: يَنمو في الظِّلّ sciophyte (Bot.)
~ عُشبي herb (Bot.)
~ مائيّ hygrophyte, hydrophyte (Bot.)
~ مُتسَلِّق أو مُعْتَرِش creeper, climber, climbing plant (Bot.)
~ مُتعدِّد الخلايا metaphyte (Bot.)
~ مُستَنقَعيّ helophyte (Bot.)
~ مُعَلَّق (هوائي) aerophyte, epiphyte (Bot.)
~ مُعَمَّر perennial (plant) (Bot.)
~ مِلْحِي: يَنمو في التُّربة المِلحيَّة halophyte (Bot.)
~ وَحيد الفِلقة monocotyledon (Bot.)
نباتات (أُنظر: نبات) plants
~ الإقليم، نبيت vegetation, flora (Bot.)

نباتات (تابع)
الـ ~ البِزْرِيَّة Spermatophyta, spermatophytes (Bot.)
~ الصخور lithophytes, saxicole plants
~ طِبِيَّة medicinal plants (Med.)
الـ ~ العِطْرِيَّة aromatic plants, aromatics
الـ ~ المُزْهِرة flowering plants, phanerogams (Bot.)
نَباتيّ، خاصّ بالنبات vegetable, vegetative, botanical
~: عالِمُ نَبات botanist
~: شخص يقتصر طعامُه على الأغذية النباتية vegetarian
~ الاغتِذاء، عاشِب phytophagous = phytophilous, herbivore (Zool.)
~ التغذِيَة: يغتذي كما النباتات (بالتخليق الضوئي) holophytic (Biol.)
نَبّاذة: طارِدةٌ مركزيَّة فائقةُ السرعة ultracentrifuge (Eng., Biol.)
نَبّاض، مُوَلِّدُ نبَضات pulser (Radio)
~ غَرْبَلِة pulsator (Mining)
نَبَّبَ: أوصلَ عبر أُنبوب intubate (Med.)
نَبْت، نَبيت: كِساء خُضَريّ مِنْطَقيّ vegetation
نِبْتُون: كَوكَبٌ سَيّار Neptune (Astron.)
النِّبْتونيوم: عُنصر صُنعِيٌّ مُشِعّ رمزه «نو» neptunium (Np) (Chem.)
نَبذَ، رمى، طَرَح discard, eliminate
نَبْذ: فَصلٌ بالنّبّاذة (بالطَّرد المركزي) centrifugation
~: تَخْمير fermenting (Chem., Biol.)
~ الصُّور المُتَداخِلة image rejection (Elec. Comm.)
نَبَرَ stress (v.)
نَبْرٌ accentuation, stress
نِبْر: حشرة من ذَوات الجناحَين botfly (Zool.)
نغفة النِّبر bot
نَبْرة stress, accent (n.)
نَبَشَ، أخرجَ شيئًا دَفينًا unearth (v.)
نَبَضَ pulse, pulsate; beat
نَبْض، نبضان pulse, pulsation
~ مُتعامِد rectangular pulse (Elec. Eng.)
~ مَثْنوي: يحصُل زوجيًا bigeminal pulse (Med.)
~ المَجموعة group pulse (Elec. Eng.)
~ مُزامِن synchronizing pulse (Radio)
~ مُشَوِّش راكِب pulse spike (Radio)
نَبَضاتٌ دَليليَّة marker pulses (Elec. Comm.)
~ عَشْوائيَّة random pulses
نَبَضان pulsation
نَبْضَة impulse, pulse (Elec. Eng.)
~ pulse, beat (Zool.)
~ إطلاقٍ أو قَدْح trigger pulse (Electron.)
~ إعتاق tripping pulse (Eng.)
~ تَثْبيط inhibit pulse (Comp.)
~ تَحَكُّم control pulse (Electron.)
~ تَزامُن sync pulse (Electron.)
~ تشكيل (راداريَّة) framing pulse (Elec. Comm.)
~ حَجْب blanking pulse (Electron.)
~ راداريَّة radar pulse (Radar)
~ الفَصْل break impulse (Elec. Eng.)
~ قَصيرة spike (Elec. Eng.)
~ مُخَوِّلة enabling pulse (Elec. Comm.)
~ مُشَرْشَرة serrated pulse (Electron.)
~ مُعادِلة equalizing pulse (Elec. Comm.)
~ مَوجيَّة wave pulse (Phys.)
~ الوَصْل make-impulse (Elec. Comm.)
النَّبضيَّة، النَّبضانيَّة، الترَدُّد الزّاويّ (أو النَّقّيّ) pulsatance = angular (or radian) frequency (Phys.)
نَبْع، مَصْدر source
~، يَنْبوع spring (Geol.)
~ ثابتُ الدَّفْق constant spring (Geol.)
~ دائِم perennial spring (Geol.)
نَبْكَة، رابِيَة mound (Geol.)
نَبْل، سَهْم (ج. سِهام) arrow
~: وصلة بين أُنبوبين nipple (Eng.)
نَبْلا: مُؤَثِّرُ المُتَّجِه nabla (Maths.)
نَبَّه: حذَّر caution, warn
~: إستَثار excite, stimulate
~: أيقظ awaken, waken
نُبُوٌّ: زُلُوج ساقّ لِمَقذوف ricochet
نبوءَة forecast
نُبُوت (من نابيت الشبكية في العين) rod (Zool.)
نَبُوذ، يُطَّرَح: يُمكِنُ التخلُّصُ مِنه بسُهولة disposable
نُبَيْب، أُنبوبٌ صَغير tubule (Biol.)
نَبيت: نباتاتُ إقليمٍ (أو زَمَنٍ) مُعَيَّن flora, vegetation (Bot.)
نُبَيطَة، تركيبة، جِهاز device, contraption (Eng.)
~ آلِيَّة mechanical device
~ إخراج: للقراءة أو إعادة المعالجة output device (Comp.)
~ (أو أداة) إدخال input device (Comp.)
~ إدراج break-in device (Elec. Comm.)
~ إشعال ignition device (Eng.)
~ إعتاق tripping device, tripper (Elec. Eng.)
~ ~ مُستَقِلَّة (في دارةٍ مُستَقِلَّة عن الدّارة الرئيسيَّة) independent trip (Elec. Eng.)
~ إقفال locking device (Eng.)
~ أمان safety device (Eng.)
~ إنذار warning device (Eng.)
~ ~ أو تَنْبيه alarm device (Eng.)
~ تَتَبُّع tracking device (Space)
~ تحكُّم control device (Eng.)
~ تَحَيُّل، حيلة artifice (n.)
~ تَسجيل recording device (Acous.)
~ تعريفٍ شخصيَّة personal identification device (Comp.)
~ تعشيق engaging device (Eng.)
~ تقصير الدارة short-circuiting device (Elec. Eng.)
~ تَوقيت timing device (Eng.)
~ تَوهين dash pot (Eng.), attenuator (Elec. Comm.)
~ حاسِبة computing device
~ ضَبْط adjusting device (Eng.)
~ ~ أو تنظيم regulating device (Eng.)
~ قُلطيَّةُ التشغيل (كالصِّمام الخَوائي مثلًا) voltage-actuated device (Elec. Eng.)
~ قابِضة gripping device (Eng.)
~ قَطْع cut-off device (Eng.)
(~) ~ الوَقود fuel cut-off (Eng.)
~ لَوْلَبَة الأنابيب pipe threading device (Eng.)
~ مُضاءَلة damping device, dash pot (Eng.)
~ مِغنَطيسيَّة magnetic device
~ مُوازاة paralleling device

نَبيطَة (تابع)

~ وَصْلِ تَراكُبيّ — splicer (Photog.)

~ وِقاية — protective device = protector (Eng.)

نِتْ: وَحدةُ نُصوع تساوي كَنْديلا على المِتْر المُرَبَّع — nit (Illum.)

نت: الرمزُ الكيماوي لعنصر الأنتيمون — Sb (antimony) (Chem.)

نَتَأَ، بَرَزَ — butt, protrude, project, jut out, bulge

~ فوقَ سَطح الأرض — outcrop (Geol.)

نِتاج، ثَمَر — fruit (Bot.)

~، مَرْدود — output, outturn (Eng.)

~، مُنتَج — product *(n.)*

~، غَلَّة، مَحصول — yield, produce

~ الانشِطار — fission product (Phys.)

~ التكثيف، كُثافة — condensation product (Chem.)

~ التَّهْجين — intercross (Biol.)

~ ثانَوي — by-product (Chem.)

~ مُشِعّ — radioactive product (Phys.)

~ المَنْجَم: خامٌ مُعَدَّنٌ دونَ تَنْقِية — mine run (Mining)

~ مُنَقًّى، مُنتَجٌ مُكرَّر — refined product (Chem.)

~ نِصفُ مَشغول — semi-finished product

~ وَسيط — intermediary product (Chem.)

نُتافَة: فُتاتةُ التخريم — chad (Comp.)

نَتانَة: خبثُ الرائحة — stench, malodor

نتائج — results

~ الاحتراق — combustion products

~ الانشِطار — fission products (Phys.)

~ البَحث (أو التحقيق) — findings *(n.)*

نَتَجَ — result *(v.)*

نَتْح، اِرتِشاح — transpiration (Bot.)

النِّتر: نِترات البوتاسيوم — niter (or nitre)

نِترات: مِلْحُ حامِضِ النِّيتريك — nitrate (Chem.)

~، أزوتات — nitrates (Chem.)

~ الأمونيوم — ammonium nitrate

~ البوتاسيوم — nitre, saltpetre = saltpeter (Min.)

~ التولَوين — nitrotoluene (Chem.)

~ الرَّصاص — lead nitrate (Chem.)

~ السِّليولوز، قُطْن البارود — nitrocotton

~ الصّوديوم، نَطرون شِيلي — sodium nitrate, Chile saltpetre, soda nitre (Chem., Min.)

~ الفِضّة — silver nitrate (Chem.)

~ ~ (كَكاوٍ رَقوء) — lunar caustic (Med.)

~ النُّشادر — ammonium nitrate (Chem.)

نَتْرَتَة، تَنَتْرُت: تحوُّلٌ أو تحويلٌ إلى نِترات — nitrification (Chem.)

نَتْرَجَ: عالَجَ ليتَّحِدَ بالنتروجين أو بمُركَّباته — nitrogenize, azotize *(v.)*

نَتْرَجة: تحَوُّل النِّتريتاتِ إلى نِترات — nitration (Chem.)

النَّتْرَدة: تصليدُ سَطح الفولاذِ بمُعالجته حراريًّا بالأمونيا — nitridation, nitriding = nitrogen case-hardening (Met., Eng.)

نَتْرَزَة: تحَوّل أملاح الأمونيوم إلى نتريتات بفِعل البكتريا — nitrozation = nitrosation (Chem., Bot.)

نِتروبنزين: نِتريت البنزين — nitrobenzene, oil of mirbane (Chem.)

نِتروجيلاتين: سائلٌ مُتفَجِّر — nitrogelatin(e) (Chem.)

النِّتروجين، الأزوت: عُنصرٌ غازيّ رمزهُ الكيماوي «ن» — nitrogen (N) (Chem.)

نِتروجيني، أزوتي — nitrogenous *(adj.)* (Chem.)

نِتروغليسرين: زيتٌ شديد التفجُّر — nitroglycerin(e) (Chem.)

نِترومتر: مقياسُ النِّتروجين — nitrometer

نِترون: كاشِف النترات بالترسُّب — nitron

نِترونيُوم: شارِدة نِتريتيَّة — nitronium (Chem.)

نِتريت، أزوتيت: مِلحُ حامِضِ النيتروز — nitrite (Chem.)

~ الأمونيوم — ammonium nitrite (Chem.)

نِتريد، أزوتيد — nitride (Chem.)

نَتَشَ، اختطف — snatch

نَتْش، قَلْع — avulsion (Med.)

نَتْف، قَلْع — pluck

نُتْفَة — fragment, shred

نَتْق: هَضْبَة اندفاعيَّة، ضَهْر — horst (Geol.)

نَتِن — putrid, fetid

نُتوء، ناتِئ، شاخِصة — apophysis (pl. apophyses), process (Zool.)

~، بُروز — projection, jutting out, outshoot (Build.)

~، بُروز — prominence, protrusion, spur (Geol.)

~، ناشِزة، حَدَبة — protuberance

~، حَيد — ridge *(n.)*

~ أرضيٌّ كُتليّ — upheaval (Geol.)

~ إطْنافي — overhang (Geol.)

~ حادّ، ناتِئة سِنِّية، سِنّ — jag, snag

~ الحَدَبة — cam lobe (Eng.)

~ صَخريّ — outcrop (Geol.)

~ صَغير، ~ ثُؤلولي — wart *(n.)* (Med.)

~ مُسَنَّن (في حِتار الورقة) — dentation (Bot.)

نَتوج: يُنتِجُ مادة أُخرى بالانحلال الإشعاعي — parent (Phys.)

نَتيجة، عاقِبة — consequence, result

~، اِستِنتاج — inference, conclusion

~ مُقَرَّبة — contracted result, approximate(d) result

نُثارة — scattered fragments

~ نَقْشِ الحِجارة — knockings (Build.)

نَثَر — broadcast, scatter, swatter; disseminate

~ في ما بَيْن — intersperse *(v.)*

نَثْرِيّات — sundries

نَجَّى — save, rescue, deliver *(v.)*

نَجاة — deliverance, escape, rescue

نِجاترون: صِمامٌ ثرميونيّ رُباعيُّ الإلِكترود — negatron (Electron.)

نجاح — success

~، اِزدِهار (اقتصاديّ) — prosperity

نَجّاد، مُنَجِّد — upholsterer

نَجّار — carpenter

~: نَجّارُ (أبواب وشبابيك) المباني — joiner

~ سُفن — shipwright

~ موبيليا — cabinet maker (Carp.)

نِجارة، حِرْفَة النجارة — carpentry

~ الأثاث — cabinet-work (Carp.)

~ المَنجور — woodwork, joinery (Build.)

نُجارة — whittlings, chips, shavings

نَجَب، فِلِّين — cork (Bot.)

نجَحَ، أفلَحَ — succeed *(v.)*

~، اِزدهر — thrive, prosper, flourish

نَجْد، هَضبة — plateau, tableland (Geol.)

نَجَّد — uphloster *(v.)*

نَجْدة — help, aid, relief

نَجَرَ — hew, chop, whittle
نَجَفة، ثُرَيّا — chandelier
نَجْم، نَجْمة — star (Astron.)
~ البحر، قِنديلُ البحر — starfish (Zool.)
~ ثُنائي — binary (star), optical binary (Astron.)
(~) ~ بَصَرِيّ — visual binary (Astron.)
~ خُماسي — pentagram (Maths.)
~ القُطْب، الجُدَيّ — Pole Star, North Star, Polaris (Astron.)
~ قُطْبِيّ — polar star (Astron.)
~ مُتَجَدِّدُ التألُّق — nova = new star (Astron.)
~ مُتَعَدِّد: مجموعةُ نُجوم متلازّة — multiple star (Astron.)
(~) مُذَنَّب — comet (Astron.)
~ مُسْتَعِر: مُتَجَدِّد التألُّق — nova (Astron.)
~ نَبّاض، پُلْسار — pulsating star = pulsar (Astron.)
~ نيوترونيّ — neutron star (Astron.)
نَجْماني، نَجْميُّ الشَّكل — asteroid
نَجمة (طباعيَّة) — asterisk (Print.)
نَجْمِيّ، نجميُّ الشَّكل — astral, stellar *(adj.)*
~، فَلَكِيّ: بالنسبة للنجوم الثابتة البعيدة وليس للشمس — sidereal (Astron.)
نَجْو، غائط — f(a)eces (Zool.)
~ مُتَحَجِّر — coprolite (Geol.)
نَجَّى — deliver, save, rescue *(v.)*
نَجيل — couch grass (Bot.)
النَّجيليّات، الفَصيلةُ النَّجيليَّة — Gramineae (Bot.)
نُجَيمات: كُوَيكباتٌ سيّارةٌ صَغيرة بين مدارَي المرّيخ والمُشتري — asteroids (Astron.)
نح: الرمزُ الكيماوي لفلز النُّحاس — Cu (copper) (Chem.)
نَحا، نَزَعَ أو مالَ (إلى) — trend
نَحّى: وضَع جانبًا — lay (or put) aside
نَحّات — sculptor *(n.)*
نُحاتة، كُشاطَة — chippings, shavings
~، خُراطة (مَعدِنيَّة) — swarf (Eng.)
نُحاس: عُنصرٌ فِلزّي رَمزُه (نح) — copper (Cu) (Chem.)
~ أحمر — red brass (Met.)
الـ ~ الأصفر، الصُّفْر — brass (Met.)
~ البحريَّة الأصفَر — Admiralty brass, Toblin bronze, naval brass (Met.)
~ زائدُ الصُّعُد — over-poled copper (Met.)
~ زمُرُّدي: سليكاتُ النُّحاس المُميَّأة الخَضراءُ السَّمنتة — cement(ation) copper (Eng.)
~ صَفحيّ — sheet copper
~ عالي الموصِّلية — high-conductivity copper (Eng.)
~ كَهْرَليّ (مُنَقًّى ٩٩,٩٪ بالتحليل الكهربائي) — electrolytic copper (Met.)
~ مُقَصْدَر: مَطليٌّ بالقصدير — tinned copper
نَحّاس، صَفّار — coppersmith
نُحاسُوز: حاوٍ نُحاسًا أُحاديَّ التكافؤ — cuprous (Chem.)
نُحاسِيّ، نُحاسِيك: حاوٍ نُحاسًا ثُنائيّ التكافؤ — cupric (Chem.)
نُحاسِيّات — brasswork (Eng.)
نِحالَة، تربيةُ النحل — apiculture, beekeeping
نَحَتَ، قَطَعَ، نَقَشَ — carve, incise, cut in (Arch.)
نَحْت، فَنُّ النحت — sculpture, carving
~ خَشِن (لأحجار البناء) — scappling, scabbling (Build.)
~ نافِر، نَقْشٌ (أو نَحْتٌ) بارِز — high relief
نَحَّس: كَسا بالنُّحاس — copper *(v.)*
نَحلةُ العَسَل — honeybee (Zool.)
نَحْليّ: خاصٌّ بالنَّحل — apian
نَحْو، قواعِدُ لُغَوِيَّة — syntax *(n.)*
~: باتجاه — toward(s)
~ البحر — seaward
~ البر — landward(s)
~ الجانب الأيسر من السفينة (جهة الدفَّة بخاصة) — aport *(adv.)*
~ الدّاخل — inward
~ الشاطِئ — inshore
~ المُؤخَّرة (في سَفينة) — astern, sternward(s)
نُحول، هُزال — emaciation (Med.)
نَحْوِيّ — syntactic(al)
نَحيتة، كُوّارة: خليَّةُ نَحل — beehive
نَحيزة، أُهْبَة — diathesis, predisposition (Med.)
نَحيف، أهيَف — slim, slender, gracile
نَحيل، رَفيع — slender, thin, tenuous
نَخاريبُ النَّحل — comb, honeycomb
نِخاس، جُلبة: كُمُّ وَصل أو تضييقٍ أو تثبيت — bush (Eng.)
نُخاع، لُبّ — pith (Bot.)
الـ ~ الشَّوكيّ — spinal cord (Zool.)
~ العَظم، نِقْيُ العِظام — bone marrow, medulla (Zool.)
الـ ~ المُسْتَطيل، البَصَلة — medulla oblongata (Zool.)
نُخاعيّ، لُبِّيّ — medullary (Biol.)
نُخالَة — bran, shorts
نُخامَة، قُشاعة — phlegm, sputum, expectoration (Med.)
النُّخاميّة: الغُدّة النُّخامية — pituitary gland (Zool.)
نُخبَة — choice, selection, elite
نَخَر، تَسَوُّس — caries (Med.)
~: موتُ الخَلايا أو الأنسِجة — necrosis (Zool.)
~، عُفونة — rot (Bot.)
~ الحِنطة — bunt, low smut (Bot.)
نَخِر، نَخَري — necrotic; carious; rotten
نُخروب، سِنْخ — alveolus (Zool.)
نُخروبيّ: أشبه بنَخاريب النَّحل — honeycomb, favous, faveolate *(adj.)*
~، سِنْخيّ — alveolate *(adj.)* (Bot., Zool.)
نَخَزَ، وَكَزَ، نَخَسَ — poke, prick(le), prod, goad
نَخْز: حِسٌّ وَخْزيّ — tingling (Med.)
~ إبري، وَخزٌ إبْريّ — acupuncture (Med.)
نُخْط: ماء الجنين — amniotic fluid (Zool.)
نَخْعَة — jerk, hitch *(n.)*
نَخَلَ، غَرْبَلَ، نَخَّلَ — bolt = boult, sift, sieve out
نَخْل، نَخيل: فصيلة النَّخليّات — Palmae (Bot.)
نَخْل، غَرْبَلَة — bolting = boulting, sieving
~ رَطْب: لِتَنْقية الخَرسانة من الحَصى الكِبار — wet screening = wet sieving (Build.)
نَخْلَة — palm *(n.)* (Bot.)
ند: الرمز الكيماوي لفلِز الإنديوم — In (indium) (Chem.)
نِدّ، نَظير، صِنْو — match, equal; peer
نَدى — dew (Meteor.)

نَدى (تابع)

~ فِضِّي hoarfrost (Meteor.)

نَدَّى: بَلَّل moisten

نِداء call *(n.)*

~ استعطاف appeal *(n.)*

~ استغاثةٍ شَفوي: بالراديو أو التلفون (عن الفرنسية: ساعدوني) mayday, m'aidez (Fr.) (Elec. Comm.)

~ التفقُّد: لِمَعرفة المُتَغَيِّبين roll call

~ (هاتفيٌّ) وارِد incoming call (Teleph.)

نَدّاف (القطن) (cotton) carder, teaser

نَداوة moistness, humidity (Meteor.)

نَدَبٌ، نَدَبة: أَثَرُ جُرحٍ مُندَمِل scar, cicatrix (Biol.)

نُدْرَة، قِلَّةُ حُدوث infrequency, rarity

~، قِلَّةُ تَواجُد scarcity

ندَف comb, card, tease

نُدْفَة، كِسفَةٌ رقيقة، قُشَيْرة flake, flock

~: ما نُدِفَ من صوفٍ أو سواه noil, floccule

نَدْوة: حَلْقة نقاش panel, forum

~: حَلْقة دِراسيَّة symposium

نَدِيّ moist, humid

نِدِّيَّة، تكافُئيَّة نوعيَّة parity (Maths.)

~ ذاتيَّة intrinsic parity (Phys.)

~ مَدارية orbital parity (Phys.)

نَذير، اشارةُ خطر، جهاز إنذار alarm

~، طليعة precursor (Med.)

~ انخفاضِ الماء (في المِرجَل أو الخَزّان) low-water alarm (Eng.)

~ ~ المُستوى low-level alarm (Eng.)

~ انقِطاع الِاستقبال off-air alarm (Elec. Comm.)

~ (تغيُّر) مَنسوب السائل: مُنبِّهٌ (كهربائي) ذو عوّامة liquid-level alarm (Elec. Eng.)

~ حَراريّ thermal alarm (Phys.)

~ الحريق fire alarm

~ السَّطْو burglar alarm (Elec. Eng.)

~ المِرجَل boiler alarm (Eng.)

~ المُستوى العالي high-level alarm (Eng.)

نَربيج، خُرطوم (مياه) hose

~ مُقَوًّى بالأسلاك wire-bound hose

النرجسيَّة: عِشقُ الذات narcissism

نَرْدة: مُكعَّبة مَعدنية صغيرة die (pl. dice) (Electron.)

نز: الرمز الكيماوي لِعنصر الزِّنون Xe (xenon) (Chem.)

نَزَّ، تحلَّبَ، رَشَحَ ooze, seep, exude

نَزٌّ، تَسَرُّب، نَشْع seepage, oozing *(n.)*

نَزارة، قِلّة scantiness

نِزاع disputation, dispute, conflict, contestation

~ عُمّالي labour dispute

نُزاف، ناعور h(a)emophilia (Med.)

نَزاهة، اِستِقامة integrity

نَزَحَ، هاجَر emigrate, migrate

~، صرَّف، أفرغ drain, empty, bail, scoop out

~ بالكامِل bail out *(v.)*

نَزْح، تصريف drain

~ كُلّي أو جزئي depletion

نَزَعَ، أزالَ remove, take off, strip; de-, dis-, un-

~ (أو مالَ) إلى tend (or be inclined) to

~ السِّدادة (أو ما يَسُدّ) unstop(per)

~ الشَّعِيلَة، أزالَ صِمامَةَ التفجير unprime *(v.)*

~ الصاعِقَ disarm

~ الصِّمام أو الفَتيل defuse

~ النِّتروجين، أزالَ النترتة denitrify (Chem.)

نَزْع، فَصْل، انفِصال avulsion (Med.)

~، إزالة removal, stripping

~ الأسفَلْت de-asphalting (Pet. Eng.)

~ الأُكسِجين، إزالةُ الأكْسَدة deoxidation, deoxygenation (Chem.)

~ الألغام demining

~ البرُوم debromination (Chem.)

~ التأيُّن deionization (Phys.)

~ التكلُّس، ~ الكالسيوم ومُركّباتِهِ decalcification (Med., Chem.)

~ الجير deliming (Chem. Eng.)

~ الخِضاب أو الصِّباغ depigmentation

~ الزِّنك dezincification (Chem.)

~ السِّلاح disarmament

~ الشمع: لخفض نقطة انصباب الزيت dewaxing (Pet. Eng.)

~ الصِّفة العَسكريَّة demilitarization

~ الغاز outgassing, degassing (Electron.)

~ (أو فَصْلُ) الغِرْيَن (بالترسيب) desilting

~ الفُسْفات dephosphorylation (Chem.)

~ الفسفور dephosphorization (Chem.)

~ الفِضة desilverization (Met., Eng.)

~ القابِس unplugging (Elec. Eng.)

~ الكِبريت desulphurization (Chem. Eng.)

~ الكلور dechlorination (Chem.)

~ الماء dehydration (Chem.)

~ المجموعة الأَميديَّة deamidation

~ ~ الأمينيَّة deamination (Chem.)

~ المِغنطيسية demagnetization, degaussing (Phys.)

~ المِلكيَّة، مُصادَرةُ المُمتلَكات (لِمَنفعةٍ عامّة) expropriation

~ ~ (تعَسُّفًا) dispossession

~ النَّترَتة denitration (Chem.)

~ النَّوى (من الثِّمار النووية) stoning

~ الهِدروجين dehydrogenation (Chem.)

نَزْعة tendency, trend, inclination

~ التجمُّع gregariousness

نَزَفَ، سالَ bleed

~، نزَحَ (بالكامِل) drain, bail out

~ الهَواء air bleed *(v.)* (Eng.)

نَزْف bleeding

~، دَمَوي hemorrhage, haemorrhage (Med.)

~، اِستِنزاف exhaustion, depletion

~ الشَّحم للزيت grease bleeding (Pet. Eng.)

~ الهَواء air bleed *(n.)* (Eng.)

نَزَلَ، هبَط، انحدر descend

~، سقَط (كالمطر) fall

~ (بالمكان) stay at, reside or dwell in

~ (أو تَرَجَّل) من الطائرة deplane

نُزُل: فُندق boarding house, hostel

نَزْلة: التهاب الغشاء المخاطي وسيلانُه، زُكام catarrh, cold (Med.)

~ شُعَبيَّة bronchitis (Med.)

الـ ~ الوافِدَة، إنفلُوَنْزا grippe (Med.)

نَزْلة: مُنْحَدَر declivity, descent

الـ ~ الأَحَدُّ steepest descent

نَزْوة: هوًى مُتقَلِّب caprice, vagary, whims(e)y

نُزوح، هِجرة migration, emigration

نُزوع، مَيْل tendency, propensity, trend

نَزوع: يُنْزَع detachable, removable

نُزول، هُبوط — descent, going down
~، سُقوط — fall
الـ ~ إلى البَرّ — debarkation
~ المطر — rainfall
نَزيف — bleeding, h(a)emorrhage (Med.)
~ أنفي — nosebleed (Med.)
نَزيه — righteous, impartial, upright
النَّسا، عِرقُ النَّسا — sciatica (Med.)
نَسّافة، زورقُ طوربيد — torpedo boat (Mil.)
~: غِربالٌ هوائي — winnower (Agric.)
نُسافَة، عُصافة — chaff
نُسالة — fibrous waste
~ الخُيوط أو الغَزْل — thrums, ravel(l)ings
~ مُعقَّمة لِلتَّضْميد — lint (Med.)
نَساوة: فقد الذاكرة — amnesia (Med.)
نِسائيات — gynecology (Med.)
نَسَبَ (أو عَزا) إلى — attribute to, ascribe to
نَسَبٌ، أصْلٌ بيُولوجي — pedigree, genealogy (Bot., Zool.)
نِسَب (أنظر: نِسْبة) — ratios, proportions
~ عَكسِيَّة (أو مُتبادَلة) — reciprocal proportions (Maths.)
~ مُتَكافِئَة — equivalent proportions (Chem.)
الـ ~ المُثَلَّثِيَّة — trigonometric ratios (Maths.)
الـ ~ ~ الطبيعيَّة — natural trigonometric ratios (Maths.)
الـ ~ ~ العَكْسِيَّة — inverse trigonometrical ratios (Maths.)
~ مُحَدَّدة — definite proportions (Maths.)
~ مُكافئة — equivalent proportions (Chem.)
(~) الوَفْرة الأرضيَّة — terrestrial abundance (Chem.)
نِسْبَة — ratio (Maths.)
~، تَناسُب — proportion *(n.)*
~ الاحتمالية — likelihood ratio (Stat.)
~ الاحديداب — camber (ratio) (Eng.)
~ الارتباط — correlation ratio (Maths.)
~ الاستِخلاص — recovery ratio (Pet. Eng.)
~ الاستِدقاق — taper (ratio) (Eng.)
~ الإشارة إلى الضجيج — signal-to-noise ratio (Acous.)
الـ ~ الاقتصادية (للحَديد في الخَرَسانة المُسَلَّحة) — economic ratio (Civ. Eng.)
~ الامتصاص التفاضُلي — differential absorption ratio (Phys.)
~ الانضِغاط — compression ratio (Eng.)
~ الانعكاس — reflection ratio (Phys.)
~ الإنفاذ: في جسم شفّاف (مَعكوسُ الكُمدة «opacity») — transmission ratio (Phys.)
~ الانكِماش — shrinkage ratio (Eng.)
الـ ~ الباعيَّة: نِسبةُ الطول إلى العرض أو نسبة العَرض إلى الارتفاع أو نسبة القُطر الكبير إلى القطر الصغير — aspect ratio
~ البنزين إلى الهواء — gas-air ratio (Autos.)
~ تَبادُليَّة — cross-ratio (Maths.)
~ التبايُن — diversity ratio, ratio of inequality (Maths.)
~ ~ اللونيّ: بين الأبيض والأسود في النقل الناسوخي — setup (Elec. Comm.)
~ التحويل: عدد الذرّات الشطورة المُنتجة من كل ذرّة شطورة — conversion ratio (Nuc. Eng.)
~ ~ (نِسْبَةُ اللفات في المُحَوِّل) — transformation ratio (Elec. Eng.)
~ تَرْبيعيَّة — duplicate ratio (Maths.)
~ التَّركيز — concentration ratio (Chem.)
~ التشابُه — ratio of similitude (Maths.)
~ التشبُّع — saturation ratio (Phys.)
~ التصغير أو التخفيض — reduction ratio (Eng.)
~ التغذية المُرتَدَّة (إلى مُدخَل المُضخِّم) — feedback ratio (Elec. Eng.)
الـ ~ التقريبية «ط»: النسبة بين محيط الدائرة وقطرها — pi (π) (Maths.)
~ التكبير — magnification ratio (Maths., Phys.)
~ تكعيبيَّة — triplicate ratio (Maths.)
~ توافقية — harmonic ratio (Maths.)
~ التوالُد — breeding ratio (Nuc. Eng.)
~ الجَفاف (لِلبُخار) — dryness fraction (Eng.)
~ حدّية — limit ratio
~ الخَلْط — mixing ratio (Chem.)
~ الدَّفْع إلى الوزْن (عندَ الإقلاع) — thrust-to-weight ratio (Aero.)
~ الرَّجيع: نِسبةُ المُرجَعات إلى كَمِّيَّة القُطارة — reflux ratio (Chem. Eng.)
~ الرَّهافة، ~ القَضافة: نسبة طول العمود إلى أقصر قُطر فيه — slenderness ratio (Arch.)
~ (سرعة) التُّروس: نِسبةُ تسنين المُسَنَّنات فيها — gear ratio (Eng.)
الـ ~ السُّرعية — velocity ratio, speed ratio (Eng., Phys.)
~ الشَّوطِ إلى القُطرِ الداخليّ (للأُسطُوانة) — stroke-bore ratio (Eng.)
~ الضجيج — noise ratio (Radio)
~ عَكسِيَّة، ~ مَعكوسة — reciprocal ratio, inverse ratio (Maths.)
~ الغاز في الزيت — gas-oil ratio (Pet. Eng.)
~ الفَصل إلى الوَصل — break-to-make ratio (Elec. Eng.)
~ الفَقْد — loss ratio (Eng.)
~ الفُلْطيَّة (في المُحوِّل) — voltage ratio (Elec. Eng.)
الـ ~ الكُتليَّة: النسبة بين كتلة الصاروخ عند الانطلاق وعند انتهاء الوقود الدافع — mass ratio (Aero., Space)
~ لاتوافُقية — anharmonic ratio (Maths.)
~ اللَّفّات — turns ratio (Elec. Eng.)
~ مُتَصالِبة — cross ratio (Maths.)
~ المُحتَوى البرافينيّ — paraffinicity (Pet. Eng.)
~ المُحَوِّل: نِسبةُ لَفّات أحد مِلَفّاتِه إلى لَفّات الآخر — ratio of transformer (Elec. Eng.)
~ مُرَكَّبة — compound ratio (Maths.)
~ المَسافة، الـ ~ السُّرعيَّة — distance ratio = velocity ratio (Mech.)
~ مُضاعفيَّة — multiplicate ratio (Maths.)
الـ ~ المِعياريَّة (لِخَرَسانةٍ مُسَلَّحة) — modular ratio (Build.)
~ المُقاومة إلى الوَزن — drag-weight ratio (Aero.)
~ (مُقَوِّمات) الخَليط — mixture ratio
~ المَواليد — birth rate, natality (rate)
الـ ~ المِئَويَّة — percentage (Maths.)
الـ ~ ~ لِلإتمام — percent completion (Eng.)
الـ ~ ~ لِلاستِطالة — percentage elongation (Eng.)

نِسْبَة (تابع)

الـ ~ المِئَوِيَّة للتَشَبُّع — percentage saturation (Phys.)

الـ ~ ~ للتضمين — percentage modulation, depth of modulation (Elec. Comm.)

الـ ~ ~ لِلرُّطوبة النِّسبية — percent relative humidity (Meteor.)

الـ ~ ~ لِلرَّماد — percentage of ash (Chem.)

الـ ~ ~ للسَّمْع — percent hearing (Acous.)

الـ ~ ~ لِلمُوَصِّلِيَّة — percentage conductivity (Elec. Eng.)

الـ ~ ~ لِوُضوح الألفاظ المُستَقْبَلة — percentage articulation (Elec. Comm.)

~ النَّظائر — isotopic ratio (Phys.)

~ النَّقاوة في الألف — thousands fine (Chem.)

~ الهواء إلى الوَقود — air-fuel ratio (Eng.)

~ الوزنِ إلى القُدْرَة — weight-power ratio (Aero.)

~ الوَفْرة — abundance ratio (Chem.)

~ الوَفيات — mortality, death rate (Ecol.)

~ الوَقود إلى الهَواء — fuel-air ratio (Eng.)

نِسْبَوِيّ: ذُو عَلاقةٍ بالنظريَّة النِّسبيَّة — relativistic *(adj.)* (Phys.)

نِسْبِيّ — relative

~، تناسُبِيّ — proportional, relative

النِّسبيَّة — relativity (Phys.)

نَسَجَ، حاكَ، حَبَكَ — weave

نَسْج، نَسْجَة — texture

~، نسيج (أنظر: نسيج) — tissue

نَسْجَة، نَسْج — texture

~: نسَق النسج — weave

خَشِنُ الـ ~ — coarse-grained

~ حُبيبيَّة — granular texture (Geol.)

~ (أو بنية) حَصوية — psephitic texture (Geol.)

~ السَّطح — surface texture

~ صَلْصالية — argillaceous texture (Geol.)

~ نَقْشيَّة — graphic texture (Geol.)

نَسْجيّ، نَسْجَوِيّ — textural *(adj.)*

النُّسُجِيَّات، عِلْمُ الأنسِجة — histology (Biol.)

نَسَخَ، ألْغى — abrogate, rescind, nullify

~، نقَلَ نسخةً عن — copy, reproduce, transcribe

~، دَوَّنَ — transcribe *(v.)*

~ آليًّا — photocopy, mimeograph *(v.)*

نَسْخ — transcription, copying, duplication, reproduction

نُسخة — copy, duplicate, transcript

~ (أو طَبعةٌ) زرقاء — blueprint, cyanotype (Photog., Eng.)

~ طِبقُ الأصل — true copy, facsimile, replica

~ عابِرة: بَصريَّة أو سَمعيَّة — soft copy (Comp.)

~ فوتوغرافية أو ضَوئيَّة — photocopy *(n.)*

~ كربونيَّة — carbon copy

~ مُبَيَّضة — fair copy

~ مسوَّدة — rough copy

~ مُصَدَّقة — attested copy, certified copy

~ مُعدَّلة (أو من وُجهَة نظر أُخرى) — version

~ مُطابِقة، ~ طِبقُ الأصل — replica, duplicate *(n.)*

~ مَطبوعة — print, transcript

~ ~: نُسخةٌ ورقيَّة من مُستخرَجات الحاسوب — hard copy (Comp.)

~ مُنَقَّحة — revised version

نَسْر: طيرٌ مِن الجَوارِح — vulture (Zool.)

الـ ~، ~ الحافر — frog (of hoof) (Zool.)

الـ ~ الطائر: ألمَعُ نجوم كوكبة العُقاب — Altair, Alpha Aquilae (Astron.)

الـ ~ الواقِع: نجمٌ متميِّز في كوكبة القيثارة — Vega, Alpha Lyrae (Astron.)

نُسْغ، طَلّ — sap (Bot.)

نَسَفَ — blast, blow up

نَسْف، تذرية — winnowing (Agric.)

~، تفْجير — blasting

~ سائِليّ، بالضغط الهيدرولي — hydraulic blasting (Mining)

نَسَفة، لابَة مُنَخْرَبة — pumice (Geol.)

نَسَّقَ، رَتَّبَ، مَنْهَجَ — co-ordinate, arrange, organize, methodize

نَسَق، مِنْوال، نَمَط، شَكْل — mode, format, pattern

~، ترتيب — arrangement, order

~ الإرسال — transmission mode (Radio)

~ الاشتِعال (في أُسطوانات المحرِّك) — firing order (Eng.)

~ الأعمدة — order (Arch.)

~ التردُّد الأساسي — fundamental mode (Elec. Comm.)

~ دَرَجيّ، ترتيبٌ مُتدَرِّج — echelon *(n.)*

~ عاديّ، ~ ذبذبةٍ طَبيعيّ — normal mode, natural mode (Phys.)

نَسَلَ، إنتسل — unravel, fray

~، أنجَب — breed, beget

نَسْل، إنسال — breeding

~، نِتاج — breed, offspring, descendents

~، سُلالة، ذُرِّيَّة — progeny *(n.)*

تَحديدُ الـ ~ — birth control

تَحسينُ الـ ~ — eugenics (Biol.)

نَسَل: مُفرزٌ لَبَنيٌّ لزِج — latex (Bot.)

نَسْمة، نسيم — breeze (Meteor.)

~، رَبْو — asthma (Med.)

نِسيانٌ عاهيّ، نَساوة: فقدُ الذاكرة — amnesia (Med.)

نَسيج، قُماش — fabric, cloth, textile

~، نَسْج، نَسْجة — texture, fabric, fiber (or fibre), contexture

~، نَسيجٌ عُضويّ — tissue (Biol.)

~، نَسْجة: نَسَقُ النَّسْج — weave

الـ ~ الأوسَط (في وَرَقةِ النَّبات) — mesophyll (Bot.)

~ جَنينيٌّ إنشائي — meristem (Bot.)

~ حَشْوِيّ، مَتْن، لُحْمَة — parenchyma (Zool., Bot.)

~ الخَشَب، خَشَب — xylem (Bot.)

~ رِخْو — loose tissue (Biol.)

~ سِلكيّ: لِصُنع طلحيات الورق — wire cloth

~ ~، شَبكَة سِلْكيَّة — wire gauze

~ ~، مُشَبَّكٌ سِلكيّ — wirework

~ شبَكيّ، شَبَكة — web *(n.)*

~ شحمي — adipose tissue (Zool.)

~ ضامّ — connective tissue (Biol.)

~ ظِهاري — epithelial tissue (Biol.)

~ العنكبوت، شُعّ — (spider) web (Zool.)

~ غَرَوي — collenchyma (Biol.)

~ فَجويّ — vesicular tissue (Geol.)

~ قاسٍ (أو صُلْب) — sclerenchyma (Bot., Zool.)

~ قُطنيّ — cotton fabric

~ مُبَرقَش — poikilitic texture (Geol.)

نَسيج (تابع)
~ مُتَجانِس، نَسْجَة مُتجانِسة — homogenous texture (Geol.)
~ مُتوَسِّط — mesenchyme (Zool.)
~ مَسامِيّ — porous texture (Geol.)
~ (أو قُماش) مُضَلَّع — twill(s) *(n.)*
~ نُخروبيّ — honeycomb texture (Geol.)
~ وِعائيّ — vascular tissue (Biol.)
~ يَخْضُوري — chlorenchyma (Bot.)
نَسِيخَة: نُسخَةٌ طِبقُ الأصل — facsimile, fax (Elec. Comm.)
~ لاسلكية: صُورة لاسلكيةٌ طِبْقُ الأصل — radiofacsimile (Radio)
نَسِيلة: نِتاجٌ لاشِقّي، نِتاجٌ مُستَنْسَخ — clone (Biol.)
نَسيمُ البحر — sea breeze (Meteor.)
~ البَرّ — land breeze (Meteor.)
نَشَأَ — stem, arise, originate
~ (عَن)، نَتجَ (عن)، تَرتّب (على) — ensue *(v.)*
نشا، نَشاء — starch, farina (Food Sc.)
الـ ~ الحيواني — glycogen (Zool.)
نَشْء، ناشِئون — youngsters, youth(s)
نَشْأة، نُشوء — genesis, development
~ الأرض — geogony (Geol.)
~ الصخور — petrogenesis (Geol.)
~ مُجدَّدة — neogenesis, regeneration
نُشادِر، غاز النشادر، أمونيا — ammonia (Chem.)
الـ ~، رُوحُ النُّشادر، ماءُ النشادر — spirit(s) of hartshorn, ammonia water
نُشادِريّ — ammoniac(al) *(adj.)*
نُشارة — sawdust
نَشاز: نابٍ وغير مؤتَلِف — dissonant, discordant *(adj.)*
~: تنافُر — dissonance, discord *(n.)* (Acous.)
نَشاط: عملٌ يُمارَس لِغرضٍ ما — activity
~، حَيَويَّة — vitality, activeness, vivacity
~ إشعاعيّ — radioactivity (Phys.)
~ ~ اصطِناعي، الفاعليَّةُ الإشعاعيَّة الاصطِناعيَّة — artificial radioactivity (Phys.)
~ ~ مُستَحَثّ — induced radioactivity
~ اقتِصادي — economic activity
نَشّافة: ورقةُ نَشّاف أو نَبيطةُ تنشيف — blotter

نَشّاقة، مِنشقَة — breather (Eng.)
نَشْدَر: مَزَجَ أو أشبَعَ بالنُّشادِر — ammonify
نَشَرَ، وزَّع — deploy, distribute
~: كتابًا أو مادة طباعيَّة — publish *(v.)*
~، انتشرَ — spread, deploy, diffuse, propagate
~: بسَط شيئًا مَطويًّا — unroll, unfold, spread
~ (بالمِنشار) — saw
نَشْر، بَسْط، مَدّ — spreading, expansion
~، إذاعة — diffusion, publication
~ (بالمِنشار) — sawing
~ تَصالُبي — cross spread (Geophys.)
~ رُبعيّ — quarter sawing (Carp.)
~ طُوليّ (باتجاهِ التجَزُّع) — rip (Carp.)
~ كامِل (لِلإشعاع الساقِط) — perfect diffusion (Phys.)
~ متعامد مع الألياف اللِّبِّية — slash-sawing
نَشْرة، بَيان — bulletin
~ الأحوال الجوِّية — weather forecast (Meteor.)
~ أخبار — news bulletin
~ الأسعار — price bulletin
~ إعلانيَّة صغيرة: توزَّع على نطاقٍ واسع — flier, leaflet
~ تلفزيونيَّة — videocast
~ جَوِّيَّة — weather report (Meteor.)
~ دَورية — circular, periodical
~ مَطْبوعة — leaflet, pamphlet
نَشَز: نُتوء صَخريّ مَخروطي — tor (Geol.)
~، نَشاز — discord, dissonance
نَشَّط، فَعَّل، زادَ الفاعِليَّة — activate (Chem.)
~، قَوّى — energize, invigorate
نَشَعَ، سَرِب — leak, seep *(v.)*
نَشْع — leakage, seepage
نَشِف، نَشَف، جَفَّ — dry, become dry
نَشَفٌ، نَسَفة — pumice (Geol.)
نَشَّفَ — dry up, desiccate
~ الحِبر — blot *(v.)*
نَشَقَ، تَنَشَّقَ (مُسْتَروِحًا) — sniff *(v.)*
نَشْقَة — draft, sniff
نُشوء، تطوُّر، تَنَشُّؤ — evolution, development
~، تَكَوُّن — genesis
~ إحتكاكيّ تَشَوُّهي — paragenesis (Geol.)

~ الأرض — geogony, geogeny
~ الأنسال — phylogeny (Bot., Zool.)
~ الأنواع — speciation (Biol.)
~ الجِبال — orogenesis = orogeny (Geol.)
~ الجَبْهة — frontogenesis (Meteor.)
~ الجِنْس — phylogeny, phylogenesis (Biol.)
الـ ~ الحيَوي، الـ ~ الأحيائي — biogenesis (Biol.)
الـ ~ الذّاتي، التولُّد التلقائي اللاحيَوي: مَفهومٌ دحَضه باستور — abiogenesis, spontaneous generation (Biol.)
~ القارّات — epeirogenesis = ep(e)irogeny (Geol.)
~ الكائن، ~ الفَرد — ontogeny, ontogenesis (Biol.)
~ مُجَدَّد — neogenesis, regeneration
نَشَوانيّ: شبيهٌ بالنشا — amyloid (Chem.)
نُشُوب، شُبُوب — outbreak *(n.)*
نُشوز، تنافُر، نَشاز — discord, dissonance
نُشوق: ما يُنْشَق — inhalant (Med.)
~: سَعوط — snuff
نَشَويّ — amylaceous, farinaceous, starchy
نَشِيش، هَسيس (في المكروفون مثلًا) — hiss(ing), frying (Elec. Comm.)
نَشيط — energetic, smart
~، فَعّال — active
~ بَصريًّا: في تدوير مُستوى الاستقطاب — optically active (Chem.)
نَصَّ — prescribe, state
نَصٌّ — text *(n.)*
~ صَريح: ليس بالشَّفرة — plain text (Comp.)
نِصاب، مِقْبَض، يَدُ الآلة، مَقْبِض — helve, haft, (tool) handle (Build.)
الـ ~ (القانونيّ) — quorum *(n.)*
~ المِبْرَد، مَقْبِض المِبرد — file handle
نَصَبَ، أقامَ — erect, pitch, set up
~ جِسرًا على — to throw a bridge across
~ خيمةً — to pitch a tent
~ كَمينًا — to lay an ambush
نَصْب، إقامة — erecting, setting up
~ السِّقالات — scaffolding (Build.)
نُصْبٌ إنشائيَّة مُؤَقَّتة — falsework (Civ. Eng.)
نُصْبَة: حاجِزٌ لإعاقةِ المِلاحة — boom *(n.)* (Naut.)

نُصْبَة (تابع)

~، صُوَّة: مَعْلَمٌ في الدَّرب — signpost, road sign (Civ. Eng.)
نَصْبَة، غريسة — sapling (Agric.)
نَصَح — advise, counsel, give advice
نَصَّف — bisect, halve
نِصْف — half, semi-, hemi-, demi-
~، شَطْر، شِقّ — half *(n.)*
~، مُنتصَف — middle, mid
عُمر الـ ~ — half-life (Phys.)
~ الإتِّساع — half width (Phys.)
~ بَدر: القمر في الرُّبع الأول أو الأخير من الشهر القمري — half-moon (Astron.)
~ جَواب — subharmonic, suboctave *(n.)* (Acous.)
~ الحَجم الاعتيادي — half size
~ خَشَبي — half-timbered (Build.)
~ خَلِيَّة: إلكترودُ الخَلِيَّة والسائلُ المُحيطُ به — half cell (Elec. Eng.)
~ دائرة — semi-circle
~ دَورة — hemicycle
~ ~ عُطُوفِيَّة — half roll (Aero.)
الـ ~ السفليُّ لِقالَب الصَّبِّ — nowel = drag (Eng., Foundry)
~ سَنَوِيّ — semi-annual, biannual *(adj.)*
~ شفّاف، شبهُ أكْمَد — translucent, semi-opaque *(adj.)*
~ العَرْض — half-width (Maths.)
الـ ~ العُلوي (مِن القالَب) — top box, cope (Foundry)
~ غَرَواني — hemicolloid (Chem.)
~ قالَب السَّبْك (الصَّبّ) — half pattern (Foundry)
~ القُطر، شُعاع — radius (Maths., Eng.)
~ قُطر الإنحناء، ~ ~ التقوُّس — radius of curvature (Maths., Phys.)
~ ~ الحركةِ التدويمية — radius of gyration (Phys.)
~ ~ الدائرة الخارجية (الماسَّةِ رؤوس المُضَلَّع) — exradius (Maths.)
~ ~ ~ الداخِليَّة (المحوطة) — in-radius (Maths.)
~ ~ الدوران — radius of turn
~ ~ الرؤية — radius of visibility (Phys.)
~ قُطري — radial (Maths.)

~ كُرة — hemisphere (Maths.)
~ الـ ~ الأرضيَّة — Hemisphere (Geog.)
~ الـ ~ ~ الجَنوبي — Southern Hemisphere (Geog.)
~ الـ ~ ~ الشمالي — Northern Hemisphere (Geog.)
~ الـ ~ ~ الغَربي — Western Hemisphere (Geog.)
~ كَلِمة — half word (Comp.)
~ مُتَمِّم جَيْب التَّمام: نِصفُ فَرقِ جَيْبِ التَّمام عن الواحِد — haversine (Maths.)
~ مُتَنَقِّل، شِبْه نَقول — semi-mobile
~ المدى — half range
~ مزدوج، أُحاديُّ الاتجاه الآني — half duplex (Elec. Comm.)
~ مُزَنْجَر، ~ مُسَرَّفة — half track
~ مُطْفأ اللَّمعة، ~ لَمّاع — semi-mat(t) (Paint.)
~ مَوْجة. ~ مَوْجي — half-wave (Phys.)
~ نَغْمة، ~ خَطْوة — half-step = semi-tone (Acous.)
~ الوَقت — half-time
~ يَومي: يحدثُ مرَّتين يوميًّا — semi-diurnal
نِصْفي: نصفُ الحجم الاعتيادي — half size
~ الدِّخْلَة: لا فاتِح ولا قاتِم — half-tone (Comp., Print.)
نِصْفيَّةُ الأجنِحَة: رُتبة حَشَرات — Hemiptera (Zool.)
نَصَل: زالَ لونُه — discolour, fade
نَصَّلَ، أزالَ اللون — bleach, decolourize
نَصْل، نَصْلَة: نَصْلُ الآلة أو المِقلاد السِّكيني — blade (Elec. Eng.)
~، صَفحةُ الورقة — blade, lamina, limb (Bot.)
~ المِبرَد — file blade (Eng.)
~ المِثقاب — drill bit, boring bit (Eng.)
~ مِحْجَنيّ — bill *(n.)* (Zool.)
~ المِحراث — ploughshare (Agric.)
~ المِسحاج — plane blade (Carp.)
~ مفتاح التحويلة، ~ المِقلاد السِّكِّيني — switch blade (Civ. Eng., Elec. Eng.)
~ المِنشار — saw blade (Eng.)
نَصْلَة، لُقمة (في المِثقَب أو المِسحاج) — bit (Eng.)

نُصُوع — luminance, brightness (Phys.)
الـ ~ المُطلق للنجم (على مسافة ٣٢,٦ سنة ضوئية) — absolute magnitude (Astron.)
نُصُول اللون أو اضمحلاله — discoloration, fading (Chem.)
نَصِيب، حِصَّة — share, lot
~، حَظ — chance, luck
نَصيحة — advice, counsel
نَصير، مُناصِر، راعٍ — patron, sponsor, champion
~، مُوالٍ — partisan, supporter, fan
نَضَّ: سالَ قليلًا قليلًا — trickle
~: استخرج بالغسل أو الإذابة — leach (Chem.)
نَضٌّ، فَصْلٌ بالغَسْل، إستِنْضاض: إستِخلاصٌ بالإذابةِ والترشيح — lixiviation, leaching (Met., Chem.)
~ ضَغطِيّ — pressure leaching (Chem. Eng.)
نَضَّاحة: مِنْفَثُ نَضْح — nozzle, jet
~، مِرَشَّة — sprayer, sprinkler
~ مُعايِرة — metering jet or nozzle (Eng.)
~ المُكَربِن — carburettor jet (Eng.)
نُضاحة، مادةٌ مُتَنَضِّحة — exudate
نَضارة، نَضرة — bloom, freshness
نُضاضة، غُسالةُ التُّربة — leachate (Agric.)
~، وَشَل: سَيلٌ أو مجرًى هَزيل — trickle
نِضال — struggle
نَضَبَ، نَفِدَ — run out, be exhausted
لا يَنْضُبُ — inexhaustible
نَضِج — mature, ripen
نُضْج، اكتِمالُ النُّمُوّ — maturation, maturity
~ الثَّمر — ripening, ripeness (of fruit)
نَضَحَ، ارتشَح، تحَلَّب — exude, ooze, bleed
~، رَشَّ — spray, sprinkle, sparge
نَضْحٌ، إدماعٌ أو قطرٌ نباتيّ — guttation (Bot.)
~، تَحَلُّب، ارتشاح — exudation (Med.)
~، رَشّ — spraying, sprinkling
~ خارجيّ، تَناضُحٌ خارجيّ — exosmosis (Chem.)
~ عَكسِيّ: تَنْقِيَةُ الماء بالضَّغط عبْرَ غِشاءٍ غير مُنفِذٍ للشوائب — reverse osmosis
~ المادةِ المُمْتَصَّة أو المُمْتَزَّة، مَجٌّ — desorption (Chem.)
~ المِداد — ink bleed (Print.)
نَضَّدَ، رَصَّ — stow, stevedore, stack

نَضَدَ (تابع)

~ حروف الطباعة — type set (Print.)
نَضَد، مِنْضَدَةُ العمل — bench (Carp.), desk
~ اختبار، مِنضَدةُ اختِبار — test bench (Eng.)
~ البَنّاء أو النحّات — siege, banker (Build.)
~ البَيْع — counter
~ التحكُّم — console (Elec. Eng.)
~ السَّحب — draw bench (Eng.)
~ السَّحج — planing bench (Carp.)
~ العمل — workbench
~ مائل (لتركيز الخام) — rag(ging) frame, rack, reck (Mining)
~ مَفاتيح التحَكُّم — switch desk (Elec. Eng.)
~ الميكانيكي أو البَرّاد — fitter's bench (Eng.)
نُضوب، إنضاب — exhaustion, depletion
نِضْوة، حَدوة — horseshoe
نُضوج — maturity; ripeness
نَضيض — trickle, small quantity or amount
~، صُفاوة: رُشاحةُ الغَسْل — lixivium (Chem.)
نُطّار، فَزّاعة — scarecrow
نطّاط — flip-flop (Comp.)
نِطاق: من الذبذبات أو التَّموُّجات — band (Radio)
~، حِصار — cordon
~، مِنْطَقة — zone
~، حِزام — girdle, belt
~، مَدى، مجال — range, scope, domain, extent
~ إرسال — transmission band (Elec. Comm.)
~ ~ المُرشِّح، نِطاقُ إمرارٍ ترشيحي — filter transmission band (Radio)
~ الأعماق: بين ٢٠٠٠ وَ ٦٠٠٠ مِتر تحت سَطح البَحر — abyssal zone (Ocean.)
~ ~ البُحَيريّ — profundal zone (Ecol.)
~ (إلكتروناتِ) التكافُؤ: مدى مستويات الطاقة التي تربط ذرات البلورة معًا — valence band (Chem.)
~ الإمرار لِلمُرَشِّح — filter pass band (Radio)
~ الأمواج الراداريّة: بين ٣٦ و٤٦ ألف ميغاهِرتز — Q-band (Radio)
~ الانزلاق (البلّوري الفلزّي) — slip band (or line) (Eng.)
~ الانسياب: في ما يلي القِشرة الأرضيَّة، الغِلافُ المائع — asthenosphere (Geophys.)
~ تحت ساحلي: يمتد من شاطئ بحيرة حتى عمق ٣٠٠ متر فيها — sublittoral zone (Ecol.)
~ تحوُّل — metamorphic aureole (Geol.)
~ تدرُّج ضغطي — barocline (Meteor.)
~ تُربيّ: يفصل بين طبقتين مختلفتي اللون أو الصلابة أو المُتضَمَّنات — horizon (Geol.)
~ (تردُّدٍ) جانبيّ: على جانِبَي تردُّد الحاملة — sideband (Radio)
~ التردُّد الجانبيّ العُلْويّ — upper side band (Elec. Comm.)
~ تردُّد عالٍ (من ١٤٤ إلى ١٧٠ ميغاهرتز) — high band (Telev.)
~ ~ مَكبوت — suppressed frequency band (Radio)
~ (تردُّدات) الخِدمةِ اللاسِلكية — service band (Elec. Comm.)
~ الترددات السمعية — audio-frequency range (Acous.)
~ ~ السينية: بين ٨ وَ ١٢ جِيجاهرتز — X-band (Elec. Comm.)
~ ~ المُتراكبة — overlapping frequency band (Radio)
~ تَساوي الإشارة — equi-signal zone (Radio)
~ تَمْرير — pass band (Elec. Comm.)
~ التَّوهين للمُرَشِّح — filter attenuation band (Elec. Comm.)
الـ ~ الجانبيّ الأدنى — lower side band (Elec. Comm.)
~ جانبيٌّ مَعكوس — inverted side band (Elec. Comm.)
~ جَبْهي — frontal zone (Meteor.)
~ الجيشان — surf zone (Ocean.)
~ دُون الشاطِئيّ — sublittoral zone (Ecol.)
~ الرَّفْض: نطاق الترددات المرفوضة — rejection band (Elec. Comm.)
~ الرَّهْو الاستِوائيّ — doldrums (Meteor.)
~ شريطي — belt (Eng.)
~ صَحْراوي — desert belt (Geol.)
~ الصَّمْت — zone of silence (Acous.)
~ ضِمْن شاطِئيّ: نحو أو قريبٌ من الشاطئ — inshore zone (Geol.)
~ طاقيّ، ~ الطّاقة — energy band (Phys.)
~ غَوري، ~ الأعماق — bathysmal zone, abyssal zone (Ecol., Geol.)
الـ ~ (المائيّ) الضَّوئيّ — photic zone (Ecol.)
~ المُرونة — elastic range (Phys.)
~ المَسمُوعيَّة — zone of audibility (Acous.)
الـ ~ المُضاء — euphotic zone (Ecol.)
الـ ~ المُظلِم: أعماقُ البحر دون ١٥٠٠ متر — aphotic zone (Ecol.)
~ مِغْنَطِيسيّ — magnetic domain (Phys.)
~ نَفْطيّ — oil belt (Pet. Eng.)
~ هامِد — dead band (Phys.)
~ واسِع — large scale
~ وِقاية: يُترَكُ لمنع التداخُل مع النطاق المُرسَل — guard band (Elec. Comm.)
نِطاقا الزَّلازِل — seismic belts (Geophys.)
نِطاقيّ — zonal *(adj.)*
نَطْرون: كربونات الصوديوم الطبيعيَّة — natron, Chile nitre (Chem.)
~: نِترات البوتاسيوم — nitre, saltpetre
النَّطريُوم، الصُّوديوم — natrium = sodium
نُطْفَة، حُيَيٌّ مَنَويّ — sperm *(n.)* (Zool.)
نُطْقٌ: إصدارُ الصَّوت — phonation (Zool.)
~، كلام — speech
نَطَّقَ، جَعَلَ مَنْطِقيًّا — rationalize *(v.)*
نَطَقَ بِوُضوح — articulate *(v.)*
نَطُولٌ — embrocation, liniment (Med.)
نُطَيْق، مِنطقةٌ صَغيرة، نِطاقٌ صغير — zonule *(n.)* (Zool.)
نَظّارات — glasses, spectacles
~ شَمْس — sunglasses
~ (عامِلِ) اللِّحام — welding goggles
~ واقِيَة (مِن البَهْر) — goggles, antiglare goggles
نَظّاراتيّ — optician
نَظّارة، نَظّارات، (عُوَيْنات) — spectacles
الـ ~: الناظِرون، المتفرِّجون — onlookers, spectators
~ ميدان — field glasses
~ واقِيَة — protective goggles
نِظارة، مُراقبة، إشراف — supervision, control
نَظافة — cleanliness
نِظام، نَسَق — arrangement
~، اِنتظام، اِنضباط — discipline

نظام (تابع)

~، تنظيم، ترتيب — order, organization
~، مَنظومة (أنظر: مَنظومة) — system
~ اتّصال — communication system (Elec. Comm.)
~ ~ بَيْنيّ — intercommunication system (Elec. Comm.)
~ ~ مُزدَوج أو اِزدِواجيّ: يعملُ في الاتّجاهَيْن — duplex (Elec. Comm.)
~ ~ مُفرَد الإرسال: في اتجاه واحدٍ فقط — simplex (Elec. Comm.)
~ أُحاديُّ المُرَكَّبة أو المُقَوِّم — unary system (Chem.)
~ ~ المُصطَلح — uniterm system (Comp.)
~ احتِفاظيّ: حيث يبقى شكلُ دورة العمليات دون تغيير فيكون الشغل المبذول صِفرًا — conservative system (Phys.)
~ الإرسال بالتردُّد الحامِلِ التزامُنيّ — synchronous carrier system (Radio)
~ (إرسال) مُتعَدِّدُ الأقنية — multi-channel system (Telev.)
~ إرشادٍ لاسِلكي — radio range (Elec. Comm.)
~ اِزدواجيّ — duplex system (Elec. Comm.)
~ أزهِرار — inflorescence (Bot.)
~ استِرجاع المَعلومات — information retrieval system (Comp.)
~ الأُسطوانَتَين — two-drum system
~ الإشارات — signalling code (or system) (Elec. Comm.)
~ (أو منظومة) إشعال — ignition system (Eng.)
~ الإشعال — firing order (Eng.)
~ إطاقيُّ الخَلل: يعملُ بشكلٍ مُرضٍ رُغم خَللٍ طارئ — fault tolerant system (Elec. Eng.)
~ إعتاقٍ جَماعيّ — block-release system (Civ. Eng.)
~ الأعداد — number system (Maths.)
~ إقتصادي — economic system, economy
~ اندماج عطالي: بطاقة الليزر أو الحُزَم الأيونيَّة — inertial fusion system (Nuc. Eng.)

~ الإنذار بالحريق — fire-warning system
~ أوزانٍ تروي — troy weight (Phys.)
~ «أوميغا» المِلاحي (يعمل من ٨ مُرسلات ويغطّي كامل الكرة الأرضية) — Omega (Aero.)
~ پال لِلتَّلْفَزة المُلَوَّنة — PAL (phase-alternation line) colour system (Telev.)
~ (أو منظومةٌ) بصريَّة — optical system (Phys.)
~ بلّوريٌّ، ~ تَبَلْوُر — crystal system (Chem.)
~ ~ أُحاديُّ المَيْل — monoclinic system (Chem.)
~ ~ ثُلاثيُّ المَيْل — triclinic system (Chem.)
~ (~) مُعَيَّني — rhombic system (Min.)
~ بَيع بالتقسيط — tally system, instal(l)ment sale
~ بيئيّ — ecosystem (Ecol.)
~ ~ أحيائيّ — biosystem (Ecol.)
~ التابع والمَتبوع: بسيطرة الحاسوب المتبوع — master-slave system (Comp.)
~ تأريض — earthing system (Elec. Eng.)
~ تَبريد — cooling system (Eng.)
~ (تَبَلْوُر) تكعيبيّ — tesseral system (Chem.)
~ (~) ثُلاثيُّ التماثُل — trigonal system (Chem.)
~ (~) رُباعيّ — di(a)metric system, quadratic system, tetragonal system, pyramidal system (Chem.)
~ (~) سُداسيّ — hexagonal system (Chem.)
~ تحكُّم، مَنْظومةُ توجيه — control system (Eng.)
~ ~ أوتوماتي — automatic control system (Eng.)
~ ~ بالتغذية المُرتَدَّة — feedback control system (Elec. Eng.)
~ ~ تواؤمي — adaptive control system (Comp.)
~ ~ مُؤازِر — servocontrol, servosystem (Eng.)
~ ~ نَفَحيّ: نظامُ تحَكُّم بالهَواء المَضغُوط — pneumatic control system
~ تَدْفئة — heating system
~ تَرحيل: لإعادة الإرسال الإذاعي — relay system (Radio)

~ تزليق — lubrication system (Eng.)
~ تَزْييت — oiling system (Eng.)
~ تَسْخينٍ استِرجاعيّ — recirculating heating system (Eng.)
~ التَّسمية الثُّنائيَّة — binomial system (Biol.)
~ تشغيل — operating system (Eng.)
~ التَّشغيل بالأقراص (دوس) — disc operating system (DOS) (Comp.)
~ ~ الفوري — on-line processing system (Comp.)
~ تَصريفٍ شُعاعيّ: نَجْميّ التشَعُّب — radial drainage pattern (Civ. Eng.)
~ ~ (الفَضَلاتِ) بالمياه — water-carriage system (San. Eng.)
~ ~ مِياه المَجاري — sewage water disposal system (San. Eng.)
~ ~ النُّفايات المُشعّة — radioactive waste disposal system (Nuc. Eng.)
~ تَصنيع مَرون — flexible manufacturing system (Eng.)
~ تَصنيف المِلَفّات — filing system
~ تَعزيز — booster system (Eng.)
~ تغذية بالوقود — fuel feed system (Eng.)
~ التقويم الغريغوري — New Style (Astron.)
~ تكعيبي بلّوري — cubic system, isomeric system
~ التلامُس العُلْوي (للحافِلات الكَهربائية) — overhead-contact system (Elec. Eng.)
~ تِلفون نصفُ أوتوماتي — semi-automatic telephone system (Teleph.)
~ التمديداتِ المُزدوجُ السِّلك — double-wire system (Elec. Eng.)
~ تَناوُل البَيانات — data handling system
~ تنفيس — venting system (Eng.)
~ تَوْجيه، ~ إرشاد — guidance system
~ توزيع — distribution system
~ ~ بمُوَصِّلَين — two-wire system (Elec. Eng.)
~ ~ (~) ثُلاثيّ الأسلاك — three-wire (distributing) system (Elec. Eng.)
~ ~ رئيسي حَلْقي — ring main distribution system (Elec. Eng.)
~ ~ شُعاعيّ — radial system (Elec. Eng.)
الـ ~ الثِّقالي لِتَغذية الوَقُود — gravity-fuel system (Aero., Autos.)

نِظام (تابع)

الـ ~ الثُّلاثي: نظام (تبلورٍ) ثُلاثيُّ التماثُل trigonal system (Min.)

~ ثُلاثيُّ الأطوار three-phase system (Phys.)

~ ~ الطَّور رُباعيُّ الأسلاك three-phase four-wire system (Elec. Eng.)

~ ~ ~ سُداسيُّ الأسلاك three-phase six-wire system (Elec. Eng.)

~ ثُنائي، ~ العَدِّ الثُّنائيّ binary system (Maths.)

~ ~ الطور ثُلاثي الأسلاك two-phase three-wire system (Elec. Eng.)

~ ~ ~ رُباعيُّ الأسلاك two-phase four-wire system (Elec. Eng.)

~ الجَرِّ جَيْئَةً وذَهابًا main and tail (Mining)

~ الحَطِّ بأجهزَةِ القِياس instrument landing system (Aero.)

~ خَبير: بَرامجيّاتٌ مصممة للعمل كمُستشارٍ اختصاصي expert system (Comp.)

~ الخِدمة الذاتيّة help-yourself system

الـ ~ الدّالِيُّ الثُّلاثي الطَّور delta three-phase system (Elec. Eng.)

~ الدَّفْع بالتَّقْسيط instal(l)ment plan

~ دَوريّ، ترتيبٌ دَوريّ cyclic order

الـ ~ الدَّوليُّ للوَحَدات (الأساسية) International System of Units, Système International d'Unités (SI)

~ رُباعيّ (بِلَّوريّ) (أُنظر: نظام «تبلور» رُباعي) diametric system (Min.)

~ (رُبْعيّ) ثُنائيُّ الطَّور quarter-phase system (Elec. Eng.)

~ رقميّ digital system (Comp.)

~ رُموزٍ تِلِغرافيّة telegraph(ic) code

~ رَيّ irrigation system (Agric.)

~ الرَّيّ بالأحواض والسُّدود check system (Agric.)

الـ ~ السِّتَّ عَشْري: في العد أو التدوين hexadecimal system (Maths.)

الـ ~ السِّتونيّ (لقياس الزوايا) sexagesimal system (Maths.)

~ السرِّيَّة (على خُطوط التلِفون) privacy (or secrecy) system (Teleph.)

~ السِّلك المُفرد: حيثُ تُتِمُّ الأرضُ دارةَ العَودَة single-wire system (Elec. Eng.)

~ سِيكَام للتلْفَزة المُلَوَّنة SECAM colour system (Telev.)

~ (أو قانون) الشركة الأساسيّ articles of association

~ شَفْريّ code system (Comp.)

~ ~ إشاريّ signal code (Elec. Comm.)

الـ ~ الشَّمسيّ، المنظومة الشمسيَّة Solar System (Astron.)

~ الصَّرْف drainage system (Civ. Eng.)

~ صَهرٍ شَقْلي: بالتعويم في مجالٍ حَلقي مِغنطيسي دائم levitron (Nuc. Eng.)

~ العَدِّ الإثنا عَشْري duodecimal system (Maths.)

~ ~ الثلاثي: تُستخدم فيه الأرقامُ صفر، واحد واثنين فقط ternary number system (Maths.)

~ ~ الثُّنائي، ~ ترقيم ثُنائي binary number system, binary notation (Maths.)

الـ ~ العَشري decimal system (Maths.)

~ عَودةٍ بمُوَصِّل مَعْزول insulated-return system (Elec. Eng.)

~ غَرَواني colloidal system (Chem.)

~ غير مُتجانس heterogeneous system (Phys.)

~ فَرْعيّ subsystem (Eng.)

~ الفلطية الثابتة: النظام العادي لنقل القدرة الكهربائية constant voltage system (Elec. Eng.)

~ القضيب الثالث: في نِظام الجَرِّ الكهربائي third-rail system (Elec. Eng.)

~ لاإستاتي (لااتجاهي) astatic system (Phys.)

~ لاتغيُّري: عديمُ التغيُّر non-variant system

~ المِتركيلوغرام ثانية meter-kilogram-second system

الـ ~ المتري: النظام العَشْري في الأوزان والمقاييس metric system (Phys., Eng.)

الـ ~ المُتَساوي الأبعاد، الـ ~ التكعيبي (في البلّورات) isometric system = cubic system (Min., Chem.)

~ مُتعَدِّد القنوات: ينقل طيفَ تردّد الإشارة مُقسَّمًا ويجَمِّعُه لاحقًا multichannel system (Elec. Comm.)

~ المَحاور الثلاثية المتعامِدة (للبلّورات) trimetric system (Chem., Min.)

~ مُراقبة إما مُقفَلٌ أو مفتوح on-off control (Elec. Comm.)

~ مُستَمِرّ continuous control (Elec. Comm.)

~ مُستقِرّ stable system (Phys., Chem.)

~ المُعَيَّن المُستَقيم، ~ التبلورِ المعيَّنيّ المُستقيم orthorhombic system

~ مَفتوح: يتبادل الحرارةَ أو المادةَ مع الوَسَط المحيط open system (Phys.)

~ مُقفل: مَعزول حراريًّا عمّا حوله closed system (Phys.)

الـ ~ المُكعَّب: نَسَقٌ (بِلّوريٌّ) تكعيبيٌّ مُنتظَم regular (or cubic) system (Chem., Min.)

~ (المَوجَةِ) الحامِلة المكبوتة suppressed-carrier system (Radio)

~ (أو رُموز) «مُورس» الدّوليَّة International Morse Code (Teleg.)

~ مُؤرَّض earthed system (Elec. Eng.)

الـ ~ المِئَويّ لقياس الزوايا centesimal system of measuring angles (Maths.)

~ ناجِز: تُقَدَّم فيه احتياجاتُ الزبون مُستكمَلةً وجاهزةً للاستعمال turnkey system (Comp., Eng.)

~ نُقطيّ: لإنتاج الداراتِ الإلكترونية الصُّغريَّة dot system (Electron.)

~ نَقْل transmission system (Eng., Elec. Comm.)

~ النقل (الكهربائي) بالعَربات المُعَلَّقة، (تِلْفريك) telpherage (Elec. Eng.)

~ هاتفيٌّ مَداليٌّ: يعملُ بإدالةِ الأرقامِ المَطلوبة dial telephone system

الـ ~ الواقي التفاضُليّ differential protective system (Elec. Eng.)

~ الوَحَدات الكَهربائيَّة الدّوليّ international electrical system of units (Elec. Eng.)

~ وحَداتِ المتركيلوغرام ثانية أمبير metre-kilogram-second ampere (MKSA) system of units (Phys., Eng.)

نِظام (تابع)

~ الوحَداتِ المُطلَقة — absolute system of units (Phys.)
~ وِقائي بِقياسِ المُعاوَقة — impedance protective system (Elec. Eng.)
~ ~ عندَ تَجاوز الحِمْل — overload protective system (Elec. Eng.)
~ ~ مُتضادُّ الفُلطِيَّتين — opposed voltage protective system (Elec. Eng.)
~ الوقتِ الفِعْليّ: نِظامُ حَوسَبةٍ آنيُّ الاستِجابة — real-time system (Comp.)

نَظّامة، حاسُوب، رَتّابة — computer

نِظاميّ، مُنْتَظِم — regular, orderly
~، مِنْهَجيّ، مُنَسَّق — systematic, methodical

نَظائر — isotopes (Phys., Chem.)
نِسبةُ الـ ~ — isotopic ratio (Chem.)
~ مُشِعَّة — radioactive isotopes (Phys.)
(أُنظر: نَظير)

نَظَّر: وَضعَ نظريَّةً في تفسير أمرٍ أو تعليله — theorize

نَظْرة — look, glance
~، وُجهةُ نَظر — point of view

نَظَريّ: يعتمد على الفِكر لا على التجارب — theoretical *(adj.)*

نَظَريَّة — theory *(n.)*
~، مُبَرْهَنة رياضيَّة — theorem *(n.)* (Maths.)
~ الأعداد — number theory (Maths.)
الـ ~ الإلكترونية للتكافؤ — electronic theory of valency (Chem.)
الـ ~ الأيونيَّة — ionic theory (Chem.)
~ التَّجاذُب بينَ الأيُونات — interionic attraction theory (Phys.)
~ التطَوُّر، ~ النشوء والارتقاء — theory of evolution
(~) ~ المُوَجَّه — orthogenesis (Biol.)
~ التَمَوُّج: في الجيولوجية البنائية — undation (or undulation) theory (Geol.)
الـ ~ الجُزَيْئيَّة — molecular theory (Chem.)
الـ ~ الجُسَيميَّة (لِلضوء) — corpuscular theory (of light) (Phys.)
الـ ~ الحَراكيَّة (لِلغازات) — kinetic theory (of gases) (Phys.)
الـ ~ الخَلَويَّة — cell theory (Biol.)
~ ذرِّية — atomic theory (Chem., Phys.)
~ الطابور: الداخلُ أوَّلًا يُصَرَّفُ أوَّلًا — queuing theory (Comp.)
~ الطبيعةِ المِيكانيكية لِلحَرارة — mechanical theory of heat (Phys.)
~ الكَمّ: مَبدأُ ذَرِّيَّةِ الطّاقة — quantum theory (Phys.)
(~) الكَوْن المَفْتوح — open universe (Astron.)
~ اللّاهوب — phlogiston theory (Chem.)
~ المَجال — field theory (Phys.)
~ ~ الكَمِّي: النظرية الإجمالية للجُسَيمات الأساسية وتفاعلاتها — quantum field theory (Phys.)
~ ~ المُوَحَّد — unified field theory (Phys.)
الـ ~ المَوجيَّة (لِلضوء) — wave theory (of light) (Phys.)
~ النِّسبيَّة لِـ «أينشْتَين» — relativity theory (Phys.)
~ ~ الخاصَّة — special theory of relativity (Phys.)
~ ~ العامَّة — general theory of relativity (Phys.)
~ النطاقات: حول تكون المواد الفِرُّومغنطيسيَّة من نطاقات صغيرة ممغنطة لدرجة التشبُّع — domain theory (Phys.)

نَظَّفَ، نَقّى — clean (up), cleanse *(v.)*
~، كَنَسَ، قَمَّ — scavenge *(v.)*
~ بالغَسل — wash
~ بالفَرك أو الدَّلك — scrub *(v.)*
~ بدفق الماء — flush *(v.)*
~ بالماء الغالي — scald *(v.)*
~ بالمِحَسَّة أو الفِرْجَون — groom, brush
~ بالمَسح أو بالممسحة — wipe, mop
~ بمغطس حامضيّ — pickle *(v.)*
~ بالمنظفة الخوائيَّة (أي بمِكنسة كهربائية) — vacuum-clean
~ على الناشف — dry-clean

نَظَمَ: ألَّف — compose
~ في خَيط أو سِلك — thread, string *(v.)*

نَظَّمَ، رَتَّبَ — organize, arrange
~، ضَبَط، عَدَّلَ، سَوّى — regulate *(v.)*
~ (أو صاغَ) على شكلٍ جديد — remodel

نُظُم (أُنظر: نِظام) — systems
~ الرَّيّ — irrigation systems (Civ. Eng.)

نَظْم، تنظيم — regulation
~، تأليف — composition
~، نَسَق — rhythm
~ إضافي — parasystole (Med.)
~ الدقَّتين — beats' rhythm (Med.)
~ الضَّغْط التناضُحيّ — osmoregulation (Biol.)

نَظير، شَبيه — para-, -oid
~، مُتَماكِن: أحدُ نظائر العُنْصُر — isotope (Phys., Chem.)
~، مُناظِر، صِنْو — analog = analogue
~، مُكافِئ — equal, match, equivalent; counterpart
لا ~ له — unique, unparalleled
~ التيفوئيد — paratyphoid (Med.)
~ شَطُور — fissionable isotope (Phys.)
~ مُستَقِر — stable isotope (Chem.)
~ مُشِعٌّ — radioisotope, radioactive isotope (Phys., Chem.)

نَظير: مُقابِلَ . . . أو لِقاءَ . . . أو مُقايَضةً بِـ . . . — in exchange for
الـ ~، نَظيرُ السَّمت — nadir (Astron.)

نَظيرةُ التوالي: عُوَيلِمُ لافقريّات يَضُمُّ المُثَقَّبات (الإسفَنْجيّات) — Parazoa (Zool.)

نَظيف، نَقيّ — clean *(adj.)*
~ الاحتِراق — clean-burning *(adj.)*
~ مُهَندم — neat, tidy

نَظيم: مُنْتَظِمُ (أو مُنسَجم) الترابُط — syntactic(al)

نَعّارة (كَهربائيَّة) — growler (Elec. Eng.)

نُعاس — drowsiness, sleepiness, somnolence

نَعْل، حِذاء — shoe, footwear
~ الإطار — tire tread (Eng.)
~ أُنبوب التَّغليف — casing shoe (Civ. Eng.)
~ إيقاف، إسفينٌ لِمَنْعِ الانزلاق — scotch *(n.)*
~ تَثبيت — set shoe (Eng.)
~ الحذاء — sole
~ الخازوق: يحمي أسفلَ الخازوق — pile shoe (Civ. Eng.)
~ دَليلي — guide shoe (Eng.)
~ الزلّاجة — runner
~ (ضبطِ حركةِ) التفريز — milling shoe (Eng.)
~ الفَرس، نِضْوَة، حَذْوَة — horseshoe

نَعْل (تابع)
~ القُطب (الكهربائيّ) — pole shoe (Elec. Eng.)
~ الكَبْح، ~ السَّحْب — drag shoe
~ المِكبَح — brake shoe (Eng.)
نَعَّم، ملَّس — smooth(en)
~: سحَن ناعمًا — pulverize
نَعْنَع، نعناع — mint *(n.)*
~ فُلْفُليّ — peppermint (Bot.)
نُعوظ، انتصاب — erection (Zool.)
نُعومة، مَلاسة — smoothness
~، لِين — softness, tenderness
نَغَشان، الحركة البراونيَّة — pedesis, Brownian movement (Phys.)
نَغَفَة، يَرَقانة دُودية — grub *(n.)* (Zool.)
~، ~ قَطْعاء (كيَرقانات ذوات الجَناحين) — maggot (Zool.)
~ خادِرة — chrysalis (Zool.)
نَغْل، هَجين — hybrid (Bot., Zool.)
~، غيرُ نَقيّ، مَغشوش — bastard *(adj.)*
نَغَّم — tune *(v.)*
نَغَم، لَحْنٌ مُتناغِم — tune *(n.)* (Acous.)
~، نَغْمة: صوت النغمة أو إشارتها على السُّلم الموسيقي — note (Acous.)
~ الإدالة، إشارةُ اللّاانشِغال — dial tone (Teleph.)
نَغَماتٌ مُتوافِقة — harmonics (Phys.)
نَغْمَة، نغَم — tone, note (Acous.)
~: طنين ذو طبقة صوتيّة مُعينة — tone (Acous.)
~ أساسيَّة — fundamental, fundamental note (Acous.)
~ أليفَة جُزئية — partial *(adj.)* (Acous.)
~ توافُقِيَّة — harmonic (tone) (Acous.)
~ جانبيَّة — sidetone (Acous.)
~ جَمْعيَّة (أنظر: نغمة مؤتلفة) — summation tone (Acous.)
~ خَفيضة — undertone *(n.)* (Acous.)
~ دونَ السائدة — subdominant (Acous.)
~ سَمْعيَّة — audio-note
~ ضَرَبات — beat note (Radio)
~ الطَّلَب — order tone (Elec. Comm.)
~ عالية — high pitch, high tone (Acous.)
~ الفَرْق — difference tone (Acous.)

~ متآلِفة: تردُّدها فوق التردد الأساسي — overtone (Acous.)
~ مُتأرجِحَة: لأغراض الاختبار — warble tone (Acous.)
~ مُفرَدَة رَتيبة — monotone (Acous.)
~ مُؤتَلِفة: تضُمُّ جَمْعَ أو فَرْقَ تردُّد نَغَمين أو أكثر — combination tone (Acous.)
~ نَقِيَّة: خاليةٌ من التوافُقيّات — tone, pure tone (Acous.)
نَغْميّ — tonal *(adj.)*
نَغُوم: يُمكن تَنْغيمُه أو مُوالفتُه — tunable *(adj.)*
نَفَى، أنكَر، دَحضَ — deny, refute
~: طردَ إلى بلدٍ آخر — banish, expatriate
نُفاء، نُفاة، نُفايَة — garbage, refuse, scrap, rubbish
نَفّاث: مِنْفَث — jet *(n.)*
~: مُحَرِّك نفّاث — jet engine (Eng.)
~: مُسيَّر بالدفع النفّاث — jet-propelled *(adj.)*
~ عَنَفيّ أو تُربينيّ — turbojet (Aero.)
~ مِروَحيّ — fanjet (Eng.)
نَفّاثة، طائرة نفّاثة — jet, jet plane (Aero.)
نُفاثة، رَشْرَشة — sputter
~، نُخامة، قُشاعة — expectoration (Med.)
نَفّاخ — blower
~ تُربينيّ — turbo-blower (Eng.)
~ دَوَرانيّ، ~ رَحَويّ — rotary blower (Eng.)
~ ضَغطيّ — pressure blower (Eng.)
~ بالطَّرْد المَركَزي — centrifugal blower (Eng.)
~ كَبّاسيّ — piston blower (Eng.)
~ هَواء، مِنفاخ — air blower
نُفاخ — emphysema (Med.)
نُفّاخة، فُقّاعة — bubble
~، بالُون — balloon
~، نَفْطَة — bleb (Med.)
نَفاد، نُضوب — exhaustion, depletion *(n.)*
نَفاذ، تَخَلُّل — permeation (Phys.)
~، إختراق — penetration, piercing (Phys.)
الـ ~ المِغنَطيسي — magnetic permeation (Phys.)
نَفّاذ: يَنْفُذ عَبْرَ — piercing, penetrating, pervasive
نَفاذي، مُنفِذ: يُنفَذُ منه، **نَفيذ** — permeable *(adj.)*

نَفاذية، إنفاذيَّة، نَفيذية، مُنفِذية (في الموائع) — permeability, perviousness (Phys.)
~، ~ (في الإشعاع) — transmittance, transmissivity (Phys.)
~ عاديَّة — normal permeability (Phys.)
الـ ~ المغنطيسيَّة — magnetic permeability (Phys.)
الـ ~ النسبية — relative permeability (Geol.)
نَفّاط — vesicant (Med.)
نَفّاطة، فُقّاعة — bubble
نُفاطة — blister (Med., Eng.)
نُفاوة، نُفاية (أنظر: نُفاية) — waste, refuse
نُفايات (أنظر: نُفاية) — garbage, wastes
~ (مُتراكمة)، أنقاض — debris
~، بَقايا، مُخَلَّفات — tailings *(n.)* (Chem.)
~ الحَتّ أو التحلُّل — detritus (Geol., Biol.)
~ حَديديَّة — iron scrap
~ حَصينة التغليف — synroc (Nuc. Eng.)
نُفاية، فَضَلات — garbage, rubbish, refuse, wastage, waste
~: بيانات مُختَزَنةٌ انتهتْ أهميتُها — garbage (Comp.)
~، قُراضة — scrap *(n.)*
~، شيءٌ تافِهُ القيمة — trash
~ الحَفْر، فائض الحفر — spoil, waste (Civ. Eng.)
~ الخام المُعَدَّن — gangue, tailings, dirt, muck (Mining)
~ خفيضة مستوى الإشعاع: تُعالَجُ أو تُنْقَل دُون تَوَقٍّ — low-level waste (Nuc. Eng.)
~ الصوف: تُستخدم لأغراض التنجيد — flock
~ عالية المَنسوب: مُستمِرَّةُ الانحلال الإشعاعي فتحتاج إلى تبريد مُستمِرّ — high-level waste (Nuc. Eng.)
~ غُثائيَّة (من أكاسيد الفِلزّات) — dross (Met.)
~ الغَربَلة — screenings *(n.)* (Civ. Eng.)
~ مُشِعَّة — radioactive waste (Nuc. Eng.)
~ المنجَم — mine refuse (Mining)
نَفْتا، نَفْطَة: مَزيجٌ بِتروليّ — naphtha (Pet. Eng.)
~ الدهّانين — painter's naphtha
~ مُذيبة — solvent naphtha (Pet. Eng.)

نَفْتالين — tar-camphor = naphthalene (Chem.)
نَفَثَ، نَفَخَ — puff, sputter
نَفْث، دَفْق نَفْثِيّ — jetting (n.)
~: من المسالك الهوائية — expectoration (Med.)
~، نَفْثة — jet
نَفْثالين — naphthalene (Chem.)
نَفْثول — naphthol (Chem.)
النَّفْثينات: هدروكربونات أليفاتية (دُهنية) حلقية — naphthenes (Chem.)
النَّفْخيّات: عِلْمُ خَصائص الغازات الميكانيكيَّة — pneumatics (Phys.)
نَفَخَ، هَبَّ — blow (v.)
~: مَلأَ (وِعاءً) بالهواءِ أو بالغاز — inflate (v.)
نَفْخ — blowing, inflation
~ (في تجويفٍ جُسماني) — insufflation (Med.)
نَفْخَة، هَبَّة — blow, puff, whiff
نَفِدَ، نَضَب — run out, be exhausted
لا ينفَد — inexhaustible
نَفَّدَ: فَصَّل في نَفَدات — itemize, execute
نَفْدَة، بَنْد، مُفردة — item
نَفَذَ (عَبْرَ)، تَخَلَّلَ — permeate (v.)
~ في، اِخترق — penetrate, transpierce
نَفَّذ — carry out, execute, implement
نَفَّرَ — repel; alienate
نَفْرة، نُفور — aversion, disaffection
نَفَسٌ — breath (n.)
نَفْس، ذات — self
نَفْساني — psychical
نَفْسي — psychological
نَفَشَ (القطنَ أو الصوف)، نَفَّش — tease, card
~ (الطائرُ ريشه) — ruffle
نَفْضَة — twitch, jerk (Med.)
نَفْضيّ: مُعبِلٌ يُسقِط أوراقَه موسميًّا — deciduous (Bot.)
نِفْط — (mineral) oil, crude petroleum
خط أنابيب الـ ~ — oil pipe-line
مصفاة ~ — oil refinery
~ُ ثَقيل — heavy oil
~ خام، بترولٌ خام — petroleum crude
~ ~ أسفَلْتيّ القاعِدة — asphalt base crude
~ ~ مُتعدِّدُ القاعِدة — poly-base crude
~ُ لاكبريتي — sweet oil (Pet. Eng.)
نَفْط، نَفْتا (أنظر: نَفْتا) — naphtha
~ُ الخَشَب — wood naphtha (Chem.)
نَفْطة، بَثْرة — blister, pustule (Med.)
~، فُقّاعة — blob, bubble
~، ثَقْبٌ فُقّاعي — blow-hole (Met., Eng.)
~، مَجْلَة — vesicle, bleb (Med.)
نَفْع — utility, use, benefit
نَفْعي: انتِهازيٌّ يعملُ لمصالحه الخاصة — opportunist, self-seeker
نَفَق — tunnel, tube (Civ. Eng.)
~، طريق تحتيّ — subway (n.)
~ُ صاعِد: في مَنجم — raise, rise(r)
~ هوائي (ديناميكيّ) — wind tunnel (Aero.)
نَفَقات (أنظر: نفقة) — expenses
~ُ إداريَّة — administrative expenses
~ إضافيَّة — loading (n.)
~ُ التخزين — warehousing expenses
~ السَّفَر — travel allowance
~ الشحن البحري — shipping charges
~ الصيانة — maintenance costs
~ُ عامَّة (غير مُباشِرة) — establishment charges = on-costs, overhead, overhead costs (or expenses) (Build., Eng.)
نَفَقة، كُلْفَة، مَصروف — expense, cost, outlay
نَفوذ: يُنفِذُ. يَنْفُذ — permeable (adj.)
نَفوذية: مُنفِذية. نفاذيَّة — permeability (Phys.)
نُفوذِيَّة: قُدرة النُّفوذ (أو النَّفاذ) — penetrating power (Phys.)
~ الأشِعَّة — hardness of rays, penetrating power of rays (Phys.)
~ المُوَرِّثة: نسبةُ وجودها في نمطٍ جينيٍّ مُعيَّن — penetrance (Gen.)
نَفور، هَيّاب — shy, scary
~، مُنافِر، لا مُتوافِق — incompatible
نِفوغراف: مِرسَمةُ السُّحُب — nephograph (Meteor.)
نَفْي، إنكار — denial
الـ ~: ضد الإيجاب — negation
نَفيذ (لِ)، مُنْفِذ، يُنْفَذُ منه — pervious = permeable (adj.)
نَفيذيَّة: قابليَّة الإنفاذ — permeability, perviousness (Phys.)
نَفير، بُوق — trumpet, bugle, horn
~، تعبئة عَسكريَّة — mobilization (Mil.)
الـ ~، البوق — salpinx (Zool.)
نَفيس، ثَمين — precious, valuable
نَقّى — purify, clear, refine, clarify
~، روَّق، صَوَّل — elutriate (Chem.)
نَقاء، نَقاوة — purity, pureness
~، طُهر — asepsis (Med.)
نِقاب — veil
نِقابة — union, syndicate
~، ~ حِرَفيَّة — guild
~ُ عُمّال — trade(s) union
نَقّارة، طَبْلَة — tambour
نِقاش — discussion, debate
نَقّاش — engraver, carver
نِقاط (أنظر: نُقْطة) — dots, points
~ إسناد، ~ مَرجِعيَّة — reference points (Surv.)
الـ ~ُ الأصلية: لِلجهات أُفقيًّا — cardinal points (Astron.)
~ دَلالة السُّمك: في التمليط أو الرَّصف — dots (Build.)
الـ ~ الرُّبعيَّة (على البوصَلة): شَمال شَرْق وشَمال غَرْب وجَنوب شَرق وجَنوب غَرب — quadrantal points (Astron.)
الـ ~ُ الرئيسيَّة: للعدسة أو منظومة عدسات — cardinal points (Phys.)
نُقاعة، نَقيع — infusion (Chem.)
نُقاعيّات: شعبة حيوانات دُنيا من السَّوطيّات والهُدبيّات — Infusoria (Zool.)
نَقّالة، حَمّالة، حَرَج — stretcher, brancard
نَقّاليّ، نَقُول — portable, portative
نَقاهة، نَقَه — convalescence (n.)
نَقاوة — fineness, purity
نُقاوة: نتاجٌ مُنَقّى بالإذابة أو التصفية — raffinate (Chem.)
نَقَبَ، ثقَب — bore, drill, perforate
نَقْب — digging, drilling, sapping (Mining)
نَقَّبَ، استكشفَ — prospect, explore
~ أو استكشفَ بالاستِنباء — scry (v.)
~ بعصا الاستنباء — dowse (v.)
نُقْبَة، تدرُّج اللَّون — hue (n.) (Phys.)
نَقَّحَ — emend, revise
نَقْد، اِنتِقاد — criticism (n.)
~ُ بَنّاء — constructive criticism

نَقْد، عُملة money, cash, tender
~ قانوني legal tender
~ مُتداوَل currency
نَقْدًا cash, in cash
نَقْديّ monetary *(adj.)*
نَقَرَ، ثقَب drill, pierce
~، جوّف bore, hollow out
~، حفَر dig, excavate
~، قرَع rap, tap, beat
نَقْر، قَرْع percussion, tapping
~: إعدادًا للتمليط picking, stugging *(n.)* (Build.)
~ أبتَر (غيرُ نافِذٍ) blind mortise, stub mortise, stopped mortise (Carp., Build.)
~ شَقْبيّ (طَرَفيّ) slot mortise
~ مَفتوح، شَقْبٌ open mortise
نُقْرة، سِنْخ alveolus (pl. alveoli), crypt (Zool.)
~، حُفَيرة fovea (Zool.)
~، ثُلْمة، فُرضة notch, gain, recess
~ تَلْسين mortise (Carp.)
~ دائرية pothole, kettle (Geol.)
~ (إلِكترود) القَوس arc crater (Elec. Eng.)
~ فُوهيَّة crater (Geol.)
نَقْرة tap, tip, chuck
~ خاطِفة flip, tip, flick
النِّقْرِس: داءُ تَيبُّس المَفاصِل gout (Med.)
نَقَش carve, engrave, daub
~ بإزميل chisel *(v.)* (Build.)
~ (الحَجَرَ) بمطرقة مستدقة الرأس nidge *(v.)* (Build.)
~ (الحَجَرَ المَنْحوت) مُجَدَّدًا regrate
~ نَقْشًا بارزًا emboss, carve (or raise) in relief
نَقْش، حَفْر engraving, carving
~ بارِز relief *(n.)*
~ تَصويري photogravure (Print.)
~ شَبَكيّ (يُفَرَّغُ بِمِنشار مُنحنَيات) fret *(n.)*
~ عربيُّ الطراز arabesque (Arch.)
~ غائِر intaglio *(n.)*
~ قَليل البُروز bas-relief (Arch.)
~ كِتابيّ inscription
~ بمنحاتٍ مُسَنَّن bush-hammering (Civ. Eng.)
~ مُنَقَّر dabbing = daubing (Build.)

نَقَّشَ، رَقَّش dapple, variegate
نَقشةُ مداس الإطار tread design (Eng.)
نَقَصَ، قَلَّ diminish, decrease, lessen
~، انحسَرَ recede
نَقْصٌ، عَجْزٌ، قُصور deficiency, deficit, hypo-, -penia
~، عَدَمُ الكَمال imperfection
~، اِفتِقار lack, shortage
مُرَكَّبُ الـ ~ inferiority complex
~ الأُكسِجين: في خلايا الأنسجة anoxia *(n.)* (Biol.)
~ الإنتاج underproduction
~ الحَمْضيَّة: في العصير المعدي بخاصةٍ hypoacidity (Med.)
~ الصِّبغيّات hypoploidy (Gen.)
الـ ~ عن حَدِّ الامتِلاء wantage, ullage
~ الفَيض: حينما يكون الرقمُ المُراد اختزانُه أقلَّ من أصغر عدد تُمثِّله «الكلمة» underflow (Comp.)
~ القيمة: نتيجة البِلَى أو الاستعمال depreciation
~ مُعادَلة الطَّور undercompensation (Elec. Eng.)
~ المُعَدَّات المَكَنِيَّة underplanting (Eng.)
~ المَلاءَة: فراغٌ قِمِّي في خَزانٍ أو بِرميل ullage
نُقصان، تَناقُص: مِقدارُ النَّقص decrement, diminution (Maths.)
~ كُتليّ: بينَ كُتلةِ النَّظير والعدد الكُتليّ mass defect, mass decrement, packing loss (Chem., Phys.)
نَقَضَ، أبطَل revoke, rescind, repeal, annul, reverse
~، رفَض veto
~، دحَض refute, invalidate
~، هَدم demolish
لا يُنْقَض irrefutable, infrangible
نَقْض، إبطال annulment, rescission, reversal, repeal, cassation
~، دَحْض refutation, invalidation, confutation
نِقْض (ج. أنقاض) rubble, debris, ruins
نَقَطَ، نَقَّط: الكلمات أو الحروف dot, point
نَقَط، قطَر drop, drip

نُقَطٌ (أُنظر: نُقطة) points
~ تلامس القاطع breaker contact points (Elec. Eng.)
~ قَطعِ الاتصال breaker points (Elec. Eng.)
~ مُتَتالية consecutive points (Maths.)
~ مُتَحاوِطة (تَقعُ على مُحيط الدائرة نَفْسِها) concyclic points (Maths.)
~ مُتَسامِتة collinear points (Geom.)
~ مُتَقابلة قُطريًّا antipodal points (Maths.)
~ مُتناظِرة symmetric points (Maths.)
نُقْطَة، علامةُ نَقْط dot, point
~، قَطْرة drop *(n.)*
~، أمر، مسألة، قضِيَّة point, issue, matter, subject
~ اختبار check point (Comp.)
~ ارتكاز، مُرتكَز fulcrum, point of support (Phys.)
~ أساسية، فاصِلةٌ أساسيَّة radix point (Maths.)
~ إسناد، ~ مَرْجِعيَّة datum point, point of reference (Surv.)
~ ~ (مُدَرَّجة على مقياس) fiducial point (Elec. Eng.)
~ ~ سَماويَّة celestial fix (Astron.)
~ ~ لاسِلكيّ radio fix (Aero., Naut.)
~ الاشتِعال ignition point, fire point (Chem.)
~ الأصل origin, point of origin (Maths.)
الـ ~ الأصْهَريَّة eutectic point (Met.)
~ إعادةِ التنفيذ rerun point (Comp.)
~ الاقتِراب pericenter (Phys.)
~ اقتِران السَّيّار syzygy (Astron.)
~ الإمداد supply point (Elec. Eng.)
~ الانتقال transition point (Aero.)
~ انتِهاء، ~ المُنتهى (في عملية مُعايرة بالتحليل الحجمي) terminal point, end point (Chem.)
~ الانصِباب pour point (Chem.)
~ الانصِهار fusion point, melting point (Chem., Phys.)
~ الانعِطاف point of inflexion (Maths.)
~ الانعِقاد congealing point (Chem.)
~ الانعكاس point of reflection
~ الانقطاع discontinuity point (Maths.)
~ الانقِلاب inflexion point (Maths.)

نُقْطَة (تابع)

~ الانهيار breaking-down point (Eng.)
~ الأوج apogee (Astron.)
~ الإيقاف arrest point (Eng.)
~ُ البُخار (عِياريًّا درجة ١٠٠°س) steam point
~ البَصَر (في الرسم) point of sight
الـ ~ البَعيدة، ~ المَدَى far point = punctum remotum (Opt., Med.)
~ البُؤرة focal point (Phys.)
~ التأريض earthing point (Elec. Eng.)
~ التجمُّد freezing-point (Phys.)
~ التحميل bearing point (Eng.)
~ تحَوُّل: في مَسار turning point
~ التحوُّل: في الطور البلّوري transition point (Chem., Phys.)
~ُ تَساوي الجُهْد الكهربائي isoelectric point (Phys.)
~ التسليط point of application (Phys.)
~ التسليم delivery point (Eng.)
~ُ التسَيُّل flow point (Chem.)
~ التشبُّع saturation point (Chem., Phys.)
~ التصعيد، ~ التسامي sublimation point (Chem.)
~ التصَلُّب، ~ التجمُّد solidification point, solidifying point (Phys.)
~ ~ (أو ٱلعَقْد) set point, setting point (Chem.)
~ التعادُل: نُقطةُ النهاية في عملية مُعايَرة end-point (Chem.)
~ ~، ~ مُحايِدة neutral, neutral point (Elec. Eng.)
~ تعادُلٍ مُؤرَّضةَ earthed neutral (Elec. Eng.)
~ التعادُل النهائية dead stop end point (Chem.)
~ التعَكُّر turbidity point (Chem.)
~ التغَيُّم cloud point (Chem.)
~ُ تفَرُّع branch point, tap, tap(ing) point (Eng.)
~ التفرُّع النجمي star point, Y-point (Elec. Eng.)
~ التفقُّع bubble point (Chem.)
~ التقابُل أو التلاقي meeting point

~ التقاطُع crossing point, point of intersection
~ التقَصُّف brittle point (Met.)
~ُ تِقْنِيَّة أو فنِّيَّة technicality *(n.)*
~ُ التقَهْقُر: حيثُ ينقَلِبُ المُنْحَني point of retrocession (Maths.)
~ (أو دَرَجةُ) التكاثُف condensation point (Phys.)
~ التَّكافؤ equivalence point
~ُ (تكَوُّن) الصَّقيع frost-point (Meteor.)
~ التلاشي: مُلتقى المتوازيات في رسم مُجَسَّم vanish(ing) point
~ التَّلامّ، ~ التقارُب convergence point
~ تلامُس، ~ تماس: يتم عندها وصل الدارة الكهربائية contact point (Elec. Eng.)
~ التليُّن softening point (Chem.)
~ التَّماسّ: عند بداية أو نهاية منعطف في طريق أو سكة حديد tangent point
~ التمَوُّر surge point (Elec. Eng.)
~ التهَلُّم gelling point (Chem.)
~ التوازُن أو التعادُل equilibrium point
~ (توزيع) التَّغْذِية feeding-point (Eng.)
~ توقُّف: توقُّف مُؤقَّت يُتيح للمُبَرمِج مراجعةَ المحتويات وصِحّة مواقِعها breakpoint (Comp.)
~ التوَهُّج flare point
الـ ~ُ الثلاثية: حيثُ تتعادَلُ أطوارُ المادة الثلاثة triple point (Phys.)
~ُ ثُنائية، ~ُ ازدِواج double point (Maths.)
~ُ الجَليد (دَرَجةُ الصِّفر المِئَوِيَّة) ice point (Phys.)
~ُ (حَرارِيَّة) ثابِتة fixed point (Phys.)
~ حَرِجَة critical point (Phys.)
~ حَيَوِيَّة، ~ أساسِيَّة key point
~ُ الخُضُوع yield point (Mech.)
~ ~ الدُّنيا lower yield point (Mech.)
الـ ~ُ الخماسية: في مخطط تركيز حراري ضغطي quintuple point (Chem.)
~ الخُمود null point (Maths.)
~ُ الدَّخَن أو الإدخان: ارتفاع اللهب الأقصى لاشتعال الكيروسين بلا دخان smoke point (Chem.)
~ دُخول entry point, entry (Comp.)

الـ ~ الدنيا (للرؤية الواضحة) near point (Light)
~ الذُّكُوّ الحراري recalescence point (Eng.)
~ الذَّنَب: أبعد نُقطة في فَلَك السيّارِ عن الشمس aphelion *(n.)* (pl. aphelia) (Astron.)
~ الرأس، الحَضيضُ الشمسيّ: بالنسبة لِسَيّارٍ أو مُذَنَّبٍ أو مَركبة فضائية perihelion (Astron., Space)
الـ ~ الرُّباعية: حيث تتواجد منظومة ثنائية المقوِّمات في أربعة أطوار quadruple point (Chem.)
~ُ رَبْط أو تَوْصيل tie point (Elec. Eng.)
~ الرُّكود stagnation point (Aero.)
الـ ~ الساكِنَة، ~ التعَطُّل Q-point = quiescent point (Electron.)
~ السُّقوط، ~ الوُرود point of incidence (Phys.)
~ السُّكون rest point (Mech.)
~ ضَبْط control point
~ العُبور crossing point
~ُ عُقْدِيَّة nodal point (Radio)
~ُ (أو درَجة) الغلَيان boiling-point (Phys.)
~ غَلَيان الأُكسِجين: دَرَجة -١٨٢,٩٦° سِلسيوس oxygen point (Phys.)
~ الغَلَيان المُطلَقة (بدَرجات كلْفِن) absolute boiling point (Phys.)
~ قبوية، ~ الرأس أو الذَّنَب apse = apsis (Astron.)
~ُ القَدْح: مُستَوى الفُلطيَّة الذي يُعمِلُ آليَّةَ البَدْء triggering point (Electron.)
الـ ~ القَريبة near point = punctum proximum (Med., Opt.)
~ القَطْع: في البرنامج لتقَصّي المحتويات breakpoint (Comp.)
~ الكُدورة، ~ التعَكُّر turbidity point
~ الكَسْر breaking point (Eng.)
~ كُوري Curie point (Phys.)
~ اللّارجوع أو اللاإياب point of no return
~ اللِّثام tacnode, point of osculation (Maths.)
~ُ مُحايِدة، ~ُ تَعادُل neutral position (Elec. Eng., Phys.)

نُقْطَة (تابع)
~ مُحَدَّدة، ~ إسناد — fix *(n.)* (Surv.)
~ المَدْخَل — entry point (Comp.)
~ مُراقَبة — control point
~ ~ المُرور — traffic control point
~ مَرْجِع، مَرْجِعُ إسناد — reference datum (Surv.)
~ مُنْعَزِلة — acnode, isolated point (Maths.)
الـ ~ المَيْتة — dead-centre (Mech., Eng.)
الـ ~ ~ الخارِجية — outer dead-centre (Eng.)
الـ ~ ~ الخَلفية — back dead-centre (Eng.)
الـ ~ ~ الدَّاخِلِيَّة — inner dead-centre (Eng.)
الـ ~ ~ السُّفلى — bottom (or lower) dead-centre (Eng.)
الـ ~ ~ العُليا، أعلى الشَّوط — top (or upper) dead-center (Eng.)
~ النَّدَى، ~ التكاثُف — dew-point (Phys.)
~ نِصف القُدرة — half-power point (Elec. Comm.)
~ النِّهاية — end-point (Chem.)
~ الوسَط — centre *(n.)*
~ الوَصْل — junction point (Eng.)
~ الوُلوج — access point
~ الوَميض — flash point (Chem.)
نُقْطَتا العدسة الرئيسيَّتان — Gaussian points, principal points of a lens (Opt., Phys.)
النقطتان العقديتان (للعدسة) — nodal points (of a lens) (Phys.)
نُقطتان لازيغِيَّتان — aplanatic points (Phys.)
~ مُترافِقتان — conjugate points (Maths.)
نُقْطِيّ، نُقْطِيّ التمركُز — stigmatic *(adj.)* (Opt., Phys.)
لا ~ التمركُز — astigmatic (Med., Phys.)
نَقَعَ، شَرَّبَ — soak, infuse, steep
نَقْع — infusion, soak(ing)
إنحِلالٌ بالـ ~ — maceration (Chem.)
~ (الجُلود) قبلَ الدِّباغة — puering (Chem.)
~ في ماءِ الجير — liming *(n.)* (Chem.)
نَقَف — flick, flip
نَقَلَ، حَمَلَ — carry, convey
~، اِتَّصَلَ (ب) — communicate *(v.)*
~، أوصَلَ — transmit, conduct, deliver
~، أزاحَ — shift, translate (Mech.)
~، اِنتقَلَ، تحوَّل — transfer, shift
~، نَسَخَ — copy, transcribe
~ (من لغَةٍ إلى أُخرى) — translate
~، أزْفَى، غَيَّرَ المَوضِع — translocate *(v.)*
~، حَمَلَ (إلى) — transport
~ (أو رَحَّلَ) إلى مَكانٍ جَديد — relocate *(v.)*
~ غَرْسَةً (أو نَسيجًا حيًّا) — transplant (Agric., Med.)
~ من سَفينةٍ إلى أُخرى، (سافَنَ) — trans(s)hip *(v.)*
نَقْل، حَمْل — transport(ation), portage, carriage *(n.)*
~، إرسال — transmission (Eng., Elec. Comm.)
~ (على ناقِلة أو وسيلة نقل) — conveying, conveyance
~، تَحويل، انتقال — transfer
~، تَوصيل — conduction (Phys.)
~، حركةُ النَّقل — traffic *(n.)*
~، اِنتقال، تَحويل، تَحَوُّل — transference
~، إصفاق — transfusion *(n.)* (Med.)
~، توصيل (الحرارة أو الكهرباء) — conduction, transmission (Phys.)
~، نَسْخ — copying, transcription
~ آليّ أو ميكانيكيّ — mechanical transport
~ أُوتوماتيٌّ للحركة: يُبقي سرعة المُحرِّك في الوضع الأمثل — automatic transmission (Eng.)
~ بالأنابيب — pipage *(n.)*
~ بالجَرّ — haulage *(n.)* (Civ. Eng.)
~ بالشاحِنات — truckage
~ بالقاطِرات — locomotive haulage
الـ ~ بالمُسَنَّنات — geared transmission (Eng.)
~ بَرِّي، الـ ~ بَرًّا — land carriage
~ تتابُعيّ — progressive transmission
~ ثِقاليّ — gravity haulage (Mining)
الـ ~ الجَوِّي — air transport, air lift
~ الحركةِ بالسلاسِل — chain transmission (Eng.)
~ ~ بالسُّيور — belt gearing (Eng.)
~ ~ بالمُسَنَّنات — gearing (Eng.)
~ الدم — blood transfusion (Med.)
~ الصُّورة: استخدامُ المناطق غير المُعَرَّضة من المُستَحلب لتكوين صورة على طبقةٍ أُخرى — image transfer (Photog.)
~ الضغط — pressure transmission (Phys.)
~ (أو انتقال) الطّاقة — energy transfer (Eng.), transmission of energy (Phys.)
~ عُبوريّ — transit
~ القُدرة الكهربائية — electric power transmission (Elec. Eng.)
~ لاعَكُوس — irreversible transmission
~ لامُتَزامِن للبيانات: نهاية إرسال الرمز تبدأ إرسال التالي — asynchronous data transmission (Comp.)
~ مُتوازٍ: ~ آنيّ — parallel transfer (Comp.)
~ مَرحَليّ: على مَراحِل — relay haulage
~ (أو انتقال) المَوقِع، زَفْي — translocation (Biol.)
~ ناسوخيّ: نَوْسَخةُ الصُّوَر الثابتة بالناسوخ (الفاكس) — fascimile transmission (Elec. Comm.)
~ هَيْدروليّ — hydraulic transmission (Eng.)
نَقِهَ، نَقُهَ (من مرضه) — convalesce
نَقَه، نُقوه، نَقاهة — convalescence
نَقُول: قابلٌ لِلحَمْل أو النقل، نَقّاليّ — portable, transportable
~: قابلٌ لِلنَّقل أو التحويل — transferable
نَقُوليَّة: قُدرة على التَّنقُّل — mobility *(n.)*
نِقْوِيَّة: خَليَّة نِقْيِيَّة أو نُخاعِيَّة — myelocyte (Zool.)
نَقِيّ — pure, clean, refined
~، صِرْف: غيرُ مَمْزوج — pure, neat *(adj.)*
نِقْي، نُخاع — pith (Bot., Zool.)
~، نُخاعُ العَظْم — marrow (Zool.)
نِقْيَة: زاوية نِقْيَّة (نِصف قُطريَّة) — radian (Maths.)
~ مُجَسَّمة — steradian, sterad (Maths.)
نَقير، أُنْقور: سُرَّةُ البِزْرة — hilum (Bot.)
~، نُوَيْهَة: فُتحة دَقيقة — micropyle (Biol.)
نَقيصة — drawback, defect, imperfection, demerit
نَقيض، ضِدّ، عَكْس — contrary, converse, opposite, reverse
نَقيضان: مُتَقابلان قُطريًّا — antipodes (Geol.)
~ بَصَريّان: كيماويّان أحدهما صورة مرآوية للآخَر — optical antipodes (Chem.)

نَقيع، نُقاعة infusion (Chem.)
~ المَلْت، ~ الشَّعير wort (Food Sc.)
نَقيل: مُمكنٌ نَقْلُه أو إيصالُه communicable (adj.)
نِقْييّ medullary (Biol.)
نُكاف، (أبو كُعَيْب) mumps, parotitis (Med.)
نَكْبة، بَلِيَّة، كارِثة (طبيعية) catastrophe, calamity
نَكَث، أخَلَّ بِ violate, breach
نَكَّر، مَوَّه للتعمية camouflage, mask, disguise
نُكْران denial
نَكَزَ، نَقَف، نَقَر flip
~، نَخَسَ prick, prod (v.)
نَكْزٌ، تَجْفاف dehydration (Chem.)
نُكْس: ١٠^-٣ لَكْس nox (Illum.)
نَكَّسَ: قلَبَ رأسًا على عَقب invert, turn upside-down
نَكْسة، اِنتِكاس relapse (Med.)
~، تَراجُع، اِرتِداد setback (n.)
نَكَصَ، تراجَع retreat, fall back, withdraw, regress
نَكَفيّ: خاصّ بالغُدّة النَكَفيّة parotid
نُكلِيدة، نَويدَة nuclide = nucleide (Phys.)
نُكليون، نُوَيّة nucleon (Phys.)
نَكْهَة flavo(u)r, aroma (Food Sc.)
~ كواركيّة: أحد أنواع ستة من الكواركات flavo(u)r (Phys.)
~ حادَّة tang (n.)
نم: الرمز الكيماوي لفلِز الرِّنْيُوم Re (rhenium) (Chem.)
نَمَّ عن indicate, show, be a sign of
نَما grow
~ وازدهر flourish
نَمَّى grow, cultivate, develop
نَماء، نُموّ growth, development
~ طُحْلُبيّ مَناقِعيّ muskeg (Bot.)
~ فَوقيّ، نُموّ فَوقيّ (بلوريّ) epitaxy (Chem.)
نَمّامة، مُبَيِّنةُ المُستَوى telltale (n.) (Eng.)
نَمائي. غِذائي trophic (Bot., Zool.)
نَمِش. نَمْشة freckle (Med.)
نَمَش: حفَر بالنَّمش etch (v.) (Chem.)

نَمَشٌ: بُقَعٌ مُغايرة للون الجلد freckles (Med.)
نَمْشٌ etching (Chem.)
الـ ~ الأنودي anodic etching (Elec. Eng.)
~ بالحامض acid etching (Chem.)
الـ ~ بالكهرباء electrical etching, electro-etching (Elec. Eng.)
الـ ~ (الفوتوغرافي) العَميق deep etching (Chem.)
نَمْشَة، قُشَيرة fleck (n.)
~، بَرْشَة freckle (n.)
نَمَط، نَسَق، نَموذج pattern, type
~، طِراز mode, fashion
~، طريقة manner, way
~، مَرحلة stage (Geol.)
~ الإشعاع radiation pattern (Phys.)
~ الاهتِزاز vibration mode (Phys.)
~ بِلَّوريّ crystal pattern (Chem.)
الـ ~ البَياني: المُعتمد صراحةً أو تلميحًا data type (Comp.)
~ البيانات المُصورة graphics mode (Comp.)
~ التدَفُّق، ~ الانسياب flow pattern (Eng.)
~ تُربيّ soil type (Geol.)
~ التسنين tooth pattern (Eng.)
~ تَصْفيح المَلْزَمة imposition (Print.)
~ تفاعُلي: يتبادل فيه الحاسوبُ ومُستخدمُه البياناتِ مباشرةً أثناء التشغيل interactive mode (Comp.)
~ جينيّ genotype (Gen.)
~ الحَرْفِ الطِّباعي typeface (Print.)
~ (أو شَبكة) خُطوط المَسْح raster (Telev.)
~ رَنينيّ resonant mode (Phys.)
~ ظاهِريّ phenotype (Gen.)
~ النَّبْض pulse mode (Radio)
~ وِراثيّ، ~ جينيّ genotype (Gen.)
نَمَطيّ typical
نَمطيّة stereotypy
نَمَّق elaborate
~، زَيَّن decorate, embellish
نَمِلَ، خَدِرَ crawl, creep, numb (Zool.)
نَمْلَة ant (Zool.)
~، أكزيما eczema (Med.)
~ بَيضاء termite, white ant (Zool.)
نَمْنَم، زَخرف، نَقش decorate

~، رسمَ أو زَخرف بنماذِج صُغريَّة miniaturize
نُمُوّ، نَماء growth (n.) (Biol., Eng.)
~ اقتصادي economic growth
~ بَيْنيّ، تَنام بَيْنيّ intergrowth
الـ ~ الحُبَيبيّ grain growth (Met.)
~ فَوقيّ (بِلَّوريّ) epitaxy (Chem.)
نَموذَج، مِثال، مِنْوال، طِراز model, pattern
~، عَيِّنة specimen, sample
~، نَمط type, form
~ اختبار: يُبَثُّ لأغراض اختبار الإرسال التلفزيوني test pattern (Telev.)
~ أوَّلي، طِرازٌ بِدائي prototype (n.)
~ بصَريّ optical model (Phys.)
~ ذَرِّي atomic model (Chem.)
~ رائد: على نِطاق صغير عادةً pilot model (Eng.)
~ شَكليّ (تَوْجيهيّ) dummy (n.) (Eng.)
~ شَمْعيّ wax pattern (Eng.)
~ طَلَب application form
~ عَمَليّ working model (Eng.)
~ غُفْل blank (n.)
~ قِشريّ للنواة shell model (Chem.)
~ مُحاكٍ: مُصطنَعٌ بالحجم الطبيعي mock-up (n.)
~ مُصَغَّر: نَموذَجٌ بَيانيّ نِسْبيّ scale model
~ ~ جِدًّا miniature
نَموذجيّ typical
~، مِثاليّ model, exemplary, standard
نن: الرمز الكيماوي لِغاز النِّيون Ne (neon) (Chem.)
نَهَى (عن) forbid, proscribe
نَهاريّ، يَوميّ diurnal, daily (Astron.)
نِهاية، خِتام، خاتِمة end, conclusion, close, termination, omega
~، إنجاز finish, completion
~، حَدٌّ (أقصى أو أدنى) limit, extremity (Maths., Eng.)
~ خَط السكةِ الحديدية railhead (Railways)
~ الخط الفَرعيّ branch terminal, terminus
~ دُنيا limit inferior (Maths.)
~ الشَّريط trailer (n.) (Cinema)
~ (الشَّريط أو الفِيلم) lead-out (Acous.)

نِهاية (تابع)

~ صُغرى — minimum (Maths., Phys.)

الـ ~ الصُّغرى للانحراف — minimum angle of deviation (Phys.)

~ طَرَفيَّة، مِطراف — terminal (Comp.)

~ عُظمى، حَدٌّ أعلى أو أقصى — maximum *(n.)* (Maths., Phys.)

~ عُليا — limit superior (Maths.)

نِهائيّ، قاطِع، باتّ — conclusive *(adj.)*

~، حاسِم — definitive *(adj.)*

~، أخير، مُطْلَق — ultimate, final

نهبَ، سلَب — ransack, loot

نهَجَ، سلَك — follow (a certain course or procedure)

نَهجَ، لهَث — pant, gasp

نَهْجٌ، لُهاث — panting, gasping

نَهْج، طريقة — method, scheme, procedure, routine

~ تشخيصيّ — diagnostic routine (Comp.)

نَهر — river

الـ ~: كوكبة جنوبية — Eradinus (The River) (Astron.)

~ جليدي، مَثْلَجة، مجْلَدة — glacier (Geol.)

~ مُتجدِّد أو مُتَصابٍ — rejuvenated (or revived) river (Geol.)

نَهريّ — fluvial, riverine, fluviatile

~ (العَيْش أو البِيئة) — potamic, potamous *(adj.)* (Ecol.)

نَهَشَ، عضَّ — bite

نَهضة، اِنبعاث — renascence = renaissance, revival

نَهَك، أبلى — wear out, fray

~، استنفَدَ — consume, exhaust

~، أرهَقَ — exhaut, fatigue

نُهوض — rise

~ (الطائرة) — takeoff (Aero.)

~ مُعاضَد — assisted takeoff (Aero.)

نُهَيْر، جدْوَل — rivulet, brook

~ جَليديّ، مَثْلَجة صَغيرة — glacieret (Geol.)

~ مُتَفَرِّع — effluent stream (Geog.)

نو: الرمز الكيماوي لعنصر النوبليوم — No (nobelium) (Chem.)

نَوْءٌ، رِيحٌ عاصِفةٌ — gale, tempest (Meteor.)

نَوابِض (أنظر: نابض) — springs (Eng.)

~ (رَقائقيَّةٌ) مُستَعرِضَة — transverse springs (Eng.)

~ مُتَّحدة المِحور — co-axial springs (Eng.)

نَواة — karyon = nucleus (Biol.)

~ (الثمرة)، عَجَمَة — kernel, stone (Bot.)

~ جزيء البنزين — benzene nucleus (Chem.)

~ (الخليَّة أو الذرَّة) — nucleus (Biol., Phys.)

~ زَوْجيَّة زوجيَّة: زوجية عدد البروتونات والنيوترونات ومستِقرَّة عادةً — even-even nucleus (Phys.)

~ فَرْديَّةٌ زَوجيَّة: فَرْديَّة البروتونات زَوجيَّة النيوترونات — odd-even nuclei (Phys.)

~ كَبيرة — macronucleus (Biol.)

~ النواة، نُوَيَّة — nucleolus (Biol.)

نَواتِئ، حجارةٌ ناتئة — tusses = tusks (Build.)

نَوازِل، هَوابِط — stalactites (Geol.)

نَوَّاس، بَنْدول، رَقّاص، نُواس — pendulum *(n.)* (Phys.)

~ شُولَريُّ المُوالَفة: لا يتأثَّر بدَوَران الأرض — Schuler-tuned pendulum (Phys.)

~ مِغْنَيطيّ — magnetic pendulum (Elec. Eng.)

نُواسِيّ، بندولي، رَقّاص — pendular *(adj.)*

نوافذ: بَيْنِيَّةٌ تواصُل مع الحاسوب وبرامجه باختيار الأيقونات لا بإصدار الأوامر — windows (Comp.)

نَواقِص — shorts, lacking items

نُوام: مَرضُ النوم — African lethargy, sleeping sickness (Med.)

~: وسَن (عقلي أو وظيفي) — lethargy (Med.)

نَوْبَة، سَبَّة (من الحَرّ أو البَرد) — spell *(n.)* (Meteor.)

~ (مَرَضيَّة) — attack, fit, seizure (Med.)

~ جَفاف — dry spell (Meteor.)

~ شِبه صَرْعية — epileptiform attack (Med.)

~ عَمَل — shift, tour

~ ~ صَباحيَّة — morning shift (or tour)

~ ~ لَيليّ — night shift, lobster shift, graveyard shift

~ قَلبيَّة — heart attack (Med.)

~ لَيليَّة — dog shift, dying shift (Mining)

~ مَطر: تستمِرُّ عدةَ أيَّام — rain spell, wet spell (Meteor.)

~ نَهارية — day-shift, day tour

~ هِستيرية — hysterical fit (Med.)

النُّوبِليُوم: عُنصرٌ صُنْعي إشعاعيّ رمزه «نو» — nobelium (No) (Chem.)

نُوتي — seaman, sailor, deck hand (Naut.)

نَوَدانُ القَمَر — libration (Astron.)

نُور، ضَوء — light, illumination (Phys.)

~ الأرض — earthshine = earthlight (Astron.)

~ إشارة السَّيْر (في جانبي السيارة) — trafficator (Auto.)

~ تَحذير — telltale light (Aero.)

~ دَليليّ — pilot light (Elec. Eng.)

~ عُلْويّ (في سقف سيارةٍ مثلًا) — dome light

~ كشّاف — searchlight, spotlight

~ الكِلْس: السَّاطِعُ بياضًا — limelight (Eng.)

~ مُتَلألئ — twinkling light

~ الهُبوط — landing light (Aero.)

~ (أو ضَوءُ) المغنسيوم — magnesium light

~ وَمّاض — flashing light, blinker light

نَوَّر، أزهَر: أطلع الزَّهر — blossom, bloom, effloresce (Bot.)

~، أنار — light, illuminate

~ (بالمعرفة) — enlighten

نَوْرَة: كُتلةُ حديدٍ في دَور التشكيل — bloom *(n.)* (Met.)

~، زهرة — blossom, flower (Bot.)

~، إزهرار — inflorescence (Bot.)

~ سنميَّة — cymose inflorescence (Bot.)

~ عُنقودية، عُثْكُول — panicle (Bot.)

نَوْرَج — disc-wheel thresher (Agric.)

نَوْرَس: طائرٌ بَحْريّ — gull *(n.)* (Zool.)

نَوَسان، اِهتزاز — oscillation, vibration (Phys.)

نَوْسَخَ: اِستنسَخ صورةً طِبقَ الأصل — facsimile, fax *(v.)*

نَوْسَخة: إرسالُ الصُّور بالناسوخ (الفاكْس) — facsimile, fax *(n.)* (Elec. Comm.)

~ أو ناسوخٌ لاسِلكيّ — radiofacsimile

نوشادر، أمونيا — ammonia (Chem.)

نَوَّع — assort, diversify

نَوْع — species (Biol.), sort, kind, type, variety

أَصْل الأنواع — origin of species

~ البيانات — data type (Comp.)

~ دَليليّ — indicator of species (Ecol.)

~ مُمتاز (للحجارة الكريمة بخاصَّة) — first water (Min.)

نَوْع (تابع)
~ مُهَدَّدٌ بالِانقِراض endangered species (Biol.)
نَوعيّ qualitative
نَوعيَّة (من حيثُ الجودة) quality (n.)
~ (من حيثُ الخصوصية) specificity
نَوْف، سُمُوّ eminence
نُوفا: نَجم مُستَعِرٌ (متجدِّدُ التألُّق) nova (Astron.)
نَوْل، مِنْسَج loom (n.)
~، نَوْلون: أُجرةُ شَحْنٍ بَحْريّ naulage, freight
~ (الحِياكة) knitting frame (or loom)
~ يَدوي hand-loom
نَوم sleep, hypno-, somni-
نَوَّم، خَدَّر anesthetize (Med.)
~ مغنطيسيًّا hypnotize
نوماج: سبيكة لامغْنطيسيَّة Nomag (Met.)
نَوَويّ nuclear (Phys., Chem., Biol.)
~ حراري thermonuclear (Phys.)
~ ضوئي photonuclear (Phys.)
النَوَوِيّات nucleonics (Phys.)
نَوويد nucleotide (Biol.)
نُوي: وَحدةُ قياسِ الضَّجيج المَلْحوظ noy (Acous.)
نُوَيَّة، نَواةُ النَّواة nucleolus (Biol.)
نَويدة، نُكليدة nuclide (Phys.)
~ شَطور: قابلة للانشطار fissile (or fissionable) nuclide (Phys.)
~ مِرآويَّة mirror nuclide (Chem., Phys.)
~ مُشِعَّة: مِن نَظِير إشعاعيّ radionuclide (Phys.)
نُوَيرة دَلْفنة billet (n.) (Met.)
نُوَيع subspecies (Biol.)
ني: الرمز الكيماوي لفلِزّ النيكل Ni (nickel) (Chem.)
نِيْء: غير مطبوخ raw, uncooked (Food Sc.)

نِيابة، تَمثيل representation
بالـ ~ عن on behalf of, acting for
نياسين، الحامضُ النيكوتيني niacin (Chem.)
نِياطُ القَوارِب davit (Naut.)
نيپر: وَحْدةُ تَوْهين neper (Elec. Comm.)
نيتروجين nitrogen (Chem.)
(أنظر: نتروجين)
نَيِّر، وَضّاء luminiferous, luminous, effulgent
نِير: جزءٌ حديدي في دارةٍ مغنطيسيَّة yoke (Phys.)
~ مَرابِطَ مِركَميّ terminal yoke (Elec. Eng.)
نِيرَةُ النَول (لرفع السَّداة وخفضِها) heald
نِيريَّة، قرْبينُوس: شَجَرة حَرَجيَّة hornbeam (Bot.)
نَيْزَك، شِهاب falling star, meteor(ite), shooting star (Astron.)
نَيْس (أنظر: نايْس) gneiss (Geol.)
نيسان: الشهر الرابع في التقويم الغريغوري April
نِيص، شيهم porcupine (Zool.)
نيكروم: سَبيكةُ النيكل والكروم عاليةُ المقاومية وصامدةٌ للحرارة Nichrome
النِّيكل: عُنْصُر فِلِزِّيٌّ رمزه «ني» nickel (Ni) (Chem.)
نيكل «راني»: نِيكلٌ إسفَنْجيُّ القَوام يُستعمَل كمادةٍ حَفّازة Raney nickel (Chem.)
نيكلات: أملاحُ أُكسيد النيكل nickelates
نِيكْلاد: صَفائحُ من النيكل والفولاذ Niclad (Eng.)
نيكوتين، تِبْغين: قِلواني سامٌّ من سلسلة البِريدين nicotine (Chem.)
نَيْل، حُصولٌ على acquisition, earning, getting
نِيلَج، النِّيلة: صِبْغُ النِّيلَة indigo (Chem.)
نِيلْزبُوريوم: العُنْصُر ١٠٥ (أسماهُ الأمريكيُّون هَهْنِيُوم) nielsbohrium (Chem.)

نَيْلِكس، نَيْلُون nilex = nylon (Chem.)
نِيم ripple marks (Geol.)
~ الرِّمال sand ripple (Geol.)
~ الريح wind marks (Geol.)
~ المَوج، علاماتُ المَوج wave marks
نيُوپرين: أول نوع تجاري من المطاط الاصطناعي Neoprene (Chem.)
النَيوبيُوم: عُنصر فلِزّي رمزه «نب» niobium (Nb) (or columbium) (Chem.)
نيُوتْرِتّو: مِيزونٌ عديمُ الشِّحنة neutretto (Phys.)
نيوتروپوز: الحَدُّ بين الغِلافِ الجَوِّي المُتَأَيِّن واللّامُتَأيِّن neutropause (Meteor.)
نيوتروسفير: الغِلافُ الجَوِّي اللّامُتَأَيِّن neutrosphere (Meteor.)
نيوتْرون: جُسَيم نَووي مُتَعادل neutron (Phys.)
~ حَراري thermal neutron, thermoneutron (Phys.)
~ ضوئي: نيوترون ينتج من تفاعُل فوتون ونواة photoneutron (Phys.)
نيوتروناتُ الِانشِطار fission neutrons
~ سَريعة fast neutrons (Phys.)
~ مُعَوَّقة: تنتُجُ بالانشِطار ولا تُنْبَعَثُ آنيًّا delayed neutrons (Phys.)
نيوتْرينو: جُسَيم لِپتوني شِحنتُه صِفرٌ وكُتلتُه صِفر neutrino (Phys., Chem.)
ضَديدُ الـ ~ antineutrino (Phys.)
نيُوتُن: وَحدة قُوَّة تُساوي ١٠٠ ألف داين newton (Phys.)
~ مِتر، جُول newtonmeter (Phys.)
النِّيُوديميُوم: عُنْصر فِلِزّي نادر رمزه «مم» neodymium (Nd) (Chem.)
النِّيومايْسين: عَقّارٌ مُرْدٍ للجراثيم neomycin (Med.)
النِّيُون: عُنصرٌ غازيّ خامِل رمزه «نن» neon (Ne) (Chem.)

هـ، ه

ه: الرمزُ الكيماوي لغاز الهدروجين، كان سالِفًا «يد» H (hydrogen) (Chem.)
هابِط descending (adj.)
هابِطَة: عمودٌ من ترسُّبات الكلسَيْت مُدَلًّى من سقفِ مغارة stalactite (n.) (Geol.)
~، كاتيون: أيونٌ موجِب الشِّحنة cation (Phys.)
هاتِ bring, get (Comp.)
هاتِف، تِلفون telephone (Elec. Comm.)
~ بِمُلامِسات: مَدالتُه لَوحةُ أزرار بدلًا من القُرص المُدرَّج Touch-Tone telephone
~ بينيٌّ (سِلكي أو لاسلكي): يُستَخْدَم في موقع العمل intercom (Elec. Comm.)
الـ ~ التِّلفازي Picturephone (Electron.)
~ جِداريّ: مُثبتٌ في جِدار wall telephone
~ داخِليّ interphone (Teleph.)
~ دَفع: ذو شُقْبَةٍ للنُّقود pay phone
~ الدَّفع (النَّقدي): تِلفونٌ ذو عُلبة للنقود coin-box telephone = pay phone (Teleph.)
~ يدويّ: لامَدالي manual telephone
الهاتِفية اللاسلكية radiotelephony
هاجَر migrate, emigrate
هاجِع، راقِد، هامِد dormant, inactive (Biol., Chem., Geol.)
~، ساكِن resting, quiescent
هاجَمَ، هَجَمَ attack (v.)
هادٍ، مُرشِد guide, guiding
هادِر، هَدّار roaring, thunderous, boisterous (Meteor.)
هادِرة: بئر غازٍ ثائرة roarer (Pet. Eng.)
هادِئ، ساكِن calm, quiet, cool
~ الطبع cool, composed, tranquil
هارْتْلي: وَحدةُ مَعلوماتٍ من ٣,٣٢ بِتًّا ينقُلُها عُنْصُر راموزٍ عَشْريّ واحد hartley (Comp.)
هاضُوم، هاضِم eupeptic, digestive (Med.)
هال، هِيل، قاقُلَّة cardamon, cardamum (Bot.)
هالَة، نِطاق هاليّ: خِلالٌ بين الأنسِجة. لَعْوَةٌ حول الحَلْمة (في الثديّيات) areola, halo (Bot., Zool.)
~، طُفاوة: دارةُ الشمس أو القمر corona (Astron.)
~، تهَلُّل: اِنتِشارٌ هاليٌّ halo, halation (Electron.)
~ تَلامُس: حولَ صخور مُتحوِّلة contact aureole (Geol.)
~ الشمس، إكليلُ الشمس solar corona (Astron.)
هالُوجين: مُوَلِّدُ المِلح (كالفلُور والكلور والبروم واليُود) halogen (Chem.)
هالوك، جَعْفيل: نباتٌ طُفَيلي broomrape (Bot.)
~، كَشوت: نبات طُفَيلي عديم الجذور والكلوروفيل dodder (Bot.)
هاليَّة، تَغَبُّش هاليّ halation (Photog.)
هاليد، مِلحٌ هالوجينيّ: مركب هالوجيني ثُنائيّ halide (n.) (Chem.)
~ ضوئيّ: ملح هالوجيني حسّاسٌ للضوء photohalide (Chem.)
هاليدات أَلْكيليَّة alkyl halides (Chem.)
~ الفُسْفور phosphorus halides (Chem.)
هامَ wander, roam
هامّ، مُهِمّ important, significant
هامُ الميزوسفير mesopause (Meteor.)
هامِد: غير مُكَهرب dead (adj.) (Elec. Eng.)
~، ساكِن quiescent (adj.)
~، خامِل inert (Chem.)
~، هاجِع dormant (Geol.)
هامِش، حاشِيَة، حافَّة، حَدّ margin (n.)
~ الأمان margin of safety (Eng.)
هامِشيّ، حافّيّ marginal (adj.)
هاوٍ، غيرُ مُحتَرِف amateur (n.)
~ لاسِلكيّ ham (Radio)
هاوَن ومِدقَّة mortar and pestle (Chem.)
هاوي مُداخلاتٍ حاسوبيَّة (غير مَشروعة) hacker (Comp.)
هايَأ، كيَّفَ adapt, accommodate
هائج، ثائر agitated, aroused, excited
~، مُضطرِب raging, surging, rough
هائل، ضَخم immense, gigantic, enormous
~، مُخيف horrifying, terrifying
هَبَّ blow, huff
~ مُتقَطِّعًا whiffle
هَباء، غُبارٌ دقيق fine dust
هَباب، سِناج lampblack, smoke black (Chem.)
هِبَة، مِنْحَة donation, endowment
هَبَّة، نَفْخَة blow, puff, whiff
~ بُخار (أو هَواء) huff
~ ريح gust, flurry
~ نَوتيَّة، نائجَة، عَصْفة flaw, squall (n.) (Meteor.)
~ ~ بارِدة williwaw (Meteor.)
هِبْتوز: سُكَّر سُباعي heptose (Chem.)
هِبْرِيَة: قِشرةُ الرأس scurf, dandruff (Med.)
هِبْسُوغراف: مُخطَّط الارتفاعات النسبية لِتضاريس الأرض hypsograph (Surv.)
هِبْسومِتْر، مِقياسُ الارتفاع (بقياس درجة غليان الماء) hypsometer (Phys.)
هَبْط: بادئة بمعنى نَقْص، دونَ السَّوي hypo-
هَبَطَ، اِنهارَ cave in, collapse
~، انخفض subside, decline, fall, drop
~، نَزَلَ، اِنحدَر descent, go down
~، حَطَّ land; alight
هَبِل: وحدة فلكيَّة = ١٠^{٩} سَنة ضَوئيَّة hubble (Astron.)
هُبُوط، اِنخفاض decline, drop, depreciation
~، اِنحطاط depression, slump
~، نُزول، اِنحدار descent
~، تَدَلّ (بالارتخاء) sag, sagging
~، غُؤور، تغَوُّر sinking (n.)
~، اِنخِساف الجدار أو المبنى subsidence, settlement (Build., Civ. Eng.)
~، انهيار collapse
~، حَطّ landing, touchdown (Aero.)
~: فَقْدٌ لَحظيّ للإشارة dropout (Elec. Comm.)
~ ارتِطاميّ crash-landing (Aero.)

هُبوط (تابع)
~ الأرض، اِنخِسافُ الأرض — land subsidence (Geol.)
~ اِضطراري — emergency landing, forced landing (Aero.)
الـ ~ الاضطراري على الماء — ditching (n.) (Aero.)
الـ ~ الأُوميّ (في الجُهد الكَهربائي) — ohmic drop (Elec. Eng.)
~ بلا رؤية — blind landing (Aero.)
~ بَطْني: على البطنِيَّة بلا عجلات — belly landing (Aero.)
~ بالأجهزة — instrument landing (Aero.)
~ التوتُّر: نَقْصُ ضَغْطِ الدَّم — hypotension (Med.)
~ الجُهد الأنودي (في أُنبوب تفريغ غازي) — anode drop (or fall) (Electron.)
~ ~ الكهربائي — potential drop, fall-of-potential (Elec. Eng.)
~ الحَرارة — heat drop (Eng.), hypothermia (Med.)
~ خَطِّيّ: هُبوطُ الجُهْد في الخَطّ — line drop (Elec. Comm.)
~ دَرجةِ الحرارة — temperature drop (Phys.)
~ الضغط — pressure drop (Phys., Meteor.)
~ على سطح القمر — lunar landing (Space)
~ القُلطيَّة — voltage drop (Elec. Eng.)
~ (~) بالمُحاثَّة — inductive drop (Elec. Eng.)
~ ~ بالمُعاوَقة — impedance drop (Elec. Eng.)
~ ~ بالمُفاعَلة — reactance drop (Elec. Eng.)
~ ~ بالمُقاوَمة — resistance drop (Elec. Eng.)
~ القيمة — depreciation
~ مُتَفاوِت (في قاعِدة البِناء) — differential settlement (Civ. Eng.)
~ مَسْرَوِيّ — electrode drop (Elec. Eng.)
~ مُفاعِليّ: هُبوط القُلطيَّة بالمُفاعَلة — reactance (or reactive) drop (Elec. Eng.)
~ هَيِّن، حَطٌّ رَفيق — soft landing (Aero.)
هِترودَاينِيَّة، خَفْقٌ تَرَدُّدي — heterodyning (Elec. Comm.)
هِتْفاز: هاتِفٌ تِلفزيونيّ — videophone, video-telephone (Elec. Comm.)
هِجائيّ رَقمي: مؤلَّف من الحروف والأرقام فقط — alpha(nu)meric (Comp.)

هَجْر، ترك — desertion, abandonment
هَجَرَ، ترَكَ، تخَلَّى (عن) — desert, abandon, relinquish
هِجْرَة، اِرتحال، اِنتِقال — migration
~ (إلى) — immigration
~ (من) — emigration
~ الأدمِغة — brain drain
~ الأيونات، ~ الشوارِد — ion migration, migration of ions (Chem.)
هَجَم — charge, attack
هَجَّنَ، تَهاجَنَ — intercross, interbreed, cross(breed), hybridize (v.) (Biol.)
هُجُوع، سُكُون — resting, quiescence, repose
~، خُمود — dormancy, slumber
هُجُوم — assault, attack, charge, offensive
~ مُضاد — counterattack (Mil.)
هَجين، مُوَلَّد: مُختلِطُ الأصل — hybrid, half-breed, cross-bred (Biol.)
هُدّابة، كُفَّة، هُدبة حافِّيَة — fringe (n.)
هَدابة، هُدْبة زَغَبيّة — cilium (Biol.)
هَدْأة، سُكون — quietude, stillness
~، فُتور (حِدَّة المرض) — remission, abatement (Med.)
هَدّار، سَدّ: لِرَفع مستوى ماء النهر أو تغيير مجراه — weir (Civ. Eng.)
~، هادِر — thunderous; roaring
~ عريضُ الغارِب — broad-crested weir (Civ. Eng.)
~ الماءِ الفائض — waste weir (Civ. Eng.)
~ مُثَلَّثِيّ الفُتْحة — V-notch weir (Civ. Eng.)
~ مَغْمور — submerged weir (Civ. Eng.)
~ مُكافِئي المَقطعين — parabolic weir (Civ. Eng.)
هَدّام، إتلافي — destructive (adj.)
هُدام، دُوار البَحر — seasickness
هُدُب (ج. هُدبة) — fringes
~ التداخُل — interference fringes (Phys.)
~ حيودية — diffraction fringes (Phys.)
~ العين — eyelashes (Zool.)
~ مُتَمَوِّجة: مُتَداخِلة ومتراكِبة — moiré fringes (Phys.)
هُدْبة، كُفَّة، هُدّابة — fringe
~: زائدة شَعرية — cilium (pl. cilia) (Biol.)
هُدْبِيّ — ciliary (Zool.)
هَدَّدَ، عَرَّضَ لِلخَطَر — menace, threaten

هَدَرَ، دوّى — boom, rumble, roar
~، ضيَّع — waste, squander
هَدْر — waste, wastage, squandering
~ الفعاليَّة: تَكَثُّر تَناقُل البَرامِج أو الاستِصفاح — thrashing (Comp.)
هِدْرات، ماءات — hydrate (n.) (Chem.)
هَدْرَجَ: عالَجَ أو مَزَجَ بالهِدْروجين — hydrogenate, hydrogenize (Chem.)
هَدْرَجةُ الفحم — coal hydrogenation (Chem.)
~ مُحَفَّزة — catalytic hydrogenation (Chem.)
~ مُفْرِطة — perhydrogenation (Chem.)
هِدْرو، هَيْدرو (لِمداخلَ أُخرى، أُنظر أيضًا: هَيدرو) — hydro- (Chem.)
هِدْروجين، هَيْدروجين: عُنْصُر غازيّ رَمْزه (هـ) وكان سابقًا (يد) — hydrogen (H) (Chem.)
~ ثَقيل، ديُوتريوم — heavy hydrogen (Chem.)
~ ذَرِّي (فعّال) — atomic hydrogen, active hydrogen (Chem.)
~ سائِل — liquid hydrogen (Phys., Chem.)
~ مُكَبْرَت: كبريتيد الهدروجين — sulphuretted hydrogen (Chem.)
هِدْروكَربون، هَيْدروكربون — hydrocarbon (Chem.)
الهِدْرُوكربونات الحَلْقيّة — cyclic hydrocarbons, ring hydrocarbons (Chem.)
هِدْروكَرْبُونات سِلْسِليَّة — chain hydrocarbons (Chem.)
~ غيرُ مُشْبَعة — unsaturated hydrocarbons (Chem.)
~ مُتفرِّعةُ السِّلسِلة — branched chain hydrocarbons (Chem.)
~ مُستقيمةُ السِّلْسِلَة — straight-chain hydrocarbons (Chem.)
~ مَفتوحةُ السلْسِلة (أو لاحَلْقيَّة) — open-chain hydrocarbons (Chem.)
هِدْروكسيد — hydroxide (Chem.)
~ البوتاسيوم — potassium hydroxide
~ الصوديوم — sodium hydroxide (Chem.)
~ الكالسيوم — calcium hydroxide (Chem.)
هِدْرومتر (أُنظر: هَيدرومتر) — hydrometer
هَدْرون: جُسَيْمٌ أَوَّليّ (الهدرونات تشمل الباريونات والميزونات) — hadron (Phys.)
هِدْريد، هَيْدريد: مركَّبٌ من الهدروجين وعنصر آخر — hydride (Chem.)

هِدْريد (تابع)
~ الأنتيمُون، الإستِبِين stibine (Chem.)
هَدَفَ؛ صَوَّبَ aim
هَدَفٌ، غَرَض، قَصْد aim, objective, purpose, goal
~، دَرِيئة target *(n.)*
هَدَمَ، دَمَّر demolish, destroy
هَدْم، تَقْوِيض، تَخريب، تَدمير demolition, destruction
~: أيضٌ هَدْمي catabolism (Biol.)
هُدْنة armistice *(n.)*
هُدوء: فَتْرةُ هُدوء lull *(n.)* (Meteor.)
~ الرِّيح wind lull (Meteor.)
هَدير، قَصْف roar, rumble
~ المروحة propeller hum (Acous.)
هَذَّبَ trim, rear, edulcorate, polish, refine
~ (الكتاب أو النّصّ) expurgate
هَذَرَ، هذرمَ prattle, babble, prate
هذَيان delirium (Med.)
هِرّ، قِطّ: حيوانٌ من السِّنوريات cat (Zool.)
هَرّاس، مِدحَلةُ طُرُق road roller (Civ. Eng.)
هَرّاسة masher, squasher
هَرّامة، قَطّاعة chopper
هِراوة، مِضراب club, bludgeon
هُرْب، صِفاق peritoneum (Zool.)
هَرَبَ flee, escape, run away
هَرَّبَ (البَضائعَ) smuggle
هِرْتز: وَحدةُ التردُّد (دورة واحِدةٌ في الثّانية) hertz (Phys.)
هَرَسَ، سحَقَ mash, squash
هَرْسُ (الخام) crushing, stamping (Mining)
هَرَع، هُراع hysteria (Med.)
هِرَقْل، الجاثي: كَوكَبة شَمالية Hercules (Astron.)
هَرَمَ، فَرَمَ mince, hash *(v.)*
هَرَمٌ: شَيخوخة old age
~: شيخوخة التعرية (وانعدام التضاريس) old age (Geol.)
~ (ج. أهرام) pyramid (Maths.)
~ أقطع: مقطوعٌ بمستوٍ مائل عن القاعدة truncated pyramid (Maths.)
~ رُباعيٌّ مُزدوج ditetragonal pyramid
~ مُثَلّثي tetrahedron, triangular pyramid (Maths.)
~ ناقِص: مَقطوعٌ بمُستوٍ مُوازٍ للقاعدة frustum of a pyramid (Maths.)
هُرمون، حاثّة hormone (Biol.)
~ مُنَمٍّ auxin (Biol.)
هَرَميّ pyramidal
~ التسلسُل hierarchical
~ مَقلوب obpyramidal *(adj.)*
هُرْي، مَخزنُ حُبوب barn, crib, garner, granary
~، صَومَعة حُبوب silo (Agric.)
هُرَيْرة: نِظامُ ازهرار سُنْبُلي catkin (Bot.)
هَريس mash, squash, purée (Food Sc.)
هَزَّ، اِهتزَّ vibrate, oscillate (Phys.)
~، ~، رجَّ، اِرتجَّ shake, jog, jig, joggle
هَزّاز oscillator, vibrator, rocker (Eng.)
~، غِربالٌ آليّ jig, jigger (Mining)
~، مُتَرجِّح rocking
~ (بِلّوريّ) تَوافُقيّ harmonic oscillator (Elec. Comm.)
~ الفِرجَون brush-rocker (Elec. Eng.)
~ مُتعدِّدُ التّوافُقيّات multivibrator (Electron.)
~ ~ وَحيدُ الاستِقرار one-shot (or monostable) multivibrator (Elec. Comm.)
هَزّازة cradle, rocker *(n.)* (Mining)
~، هَزّاز vibrator, oscillator
~ ثنائية الاستقرار flip-flop, bistable multivibrator (Comp.)
~ سَطْحيّة surface vibrator (Civ. Eng.)
~ غَمْر immersion vibrator (Civ. Eng.)
~ وَحيدةُ الاستقرار univibrator (Elec. Comm.)
هُزال، نُحول emaciation, wasting, macies (Med.)
~ لِسُوء التغذية inanition (Med.)
هَزّة jerk, shake, shock, quake
~ أرضيّة earthquake (Geol.)
~ ~ خفيفة microseism (Geol.)
~ ~ رادِفة، رَجْفة تِلْويّة after-shock (Geol.)
هَزَمَ، قَهَر defeat
~: أحدثَ نُقرةً dimple
~ هزيمةً مُنكَرة rout *(v.)*
الهَزْم، التَّخويشُ بالضغط dimpling (Eng.)
هَزْمَة، ثَلْم، فُرْضة indentation, dimple *(n.)* (Eng.)
~، نُقرة، فَحْصَة fossa (Zool.)
هَزْهَزَ rock
~ أو خَلْخَلَ (بالدَّق) rap *(v.)* (Eng.)
هَزْهَزةُ الخَرَسانة داخليًّا (لِتَدْميجها) pervibration (Civ. Eng.)
هَزيز: صوت الرِّيح aeolian sound (Acous.)
هَزيل lean, frail, slim *(adj.)*
هَزيم: صوت الرعد thunderclap, rolling (of thunder), rumbling (Meteor.)
هـس: الأُسُّ (أو الرقمُ) الهدروجينيّ pH (or pH value) (Chem.)
هِسْتيريا، هَرَع، هَوَس hysteria (Med.)
هَسِيسُ الصِّمام valve hiss (Electron.)
هَشّ، سَهْلُ الانكِسار fragile *(adj.)*
هَشاشة fragility
هَشَّمَ، تَهَشَّم crush, crumble
~، رَضَّ (الخام) smash, stamp *(v.)*
هَشيرُ الحِراج underbrush (Bot.)
هَشيم صخري ركامي scree, talus (Geol.)
هَصَرَ، اِنْهَصَر crush *(v.)*
هَضْبة، نَجْد plateau, tableland (Geol.)
~ صخريّة، مَعزاء mesa (Geol.)
~ صغيرة مُدَوَّرة، تلٌّ مُسطَّح butte, knoll (Geol.)
هَضْم digestion (Biol., Chem.)
جهازُ الـ ~ digestive system (Zool.)
هَضْمين: أنزيمٌ معديّ پروتينيّ pepsin (Biol.)
هَضُوم: قابِلُ الانهضام digestible
هَطَلَ: اِنهمرَ (المَطر) pour, rain heavily
هُطول المَطر rainfall (Meteor.)
الهفنيوم: عُنْصُر فِلِزيٌّ نادِر رمزه «هف» hafnium (Hf) (Chem.)
هَفْوَة: زَلَّة error, slip, fault
هَفيف، حَفيف، هَزيز swish *(n.)*
هِكْتار: ١٠٠٠٠ مِتر مُرَبَّع hectare
هِكتو: بادئة بمعنى مِئَة hecto-
هكتوغرام: ١٠٠ غرام hectogram(me)
هكتولتر: مِئَةُ لتر hectolitre
هكتومتر: مئةُ متر hectometre
هكتوواط: مئة واط hectowatt
هِكْسان: بَرافين هِدْروكربونيّ hexane (Chem.)
هِكْسُوجين: مادّةٌ مُتفجِّرة hexogen (Chem.)
هِكْسوز، سُكَّرٌ سُداسِيّ hexose (Chem.)

هل: الرمز الكيماوي لعنصر الهُلميوم
Ho (holmium) (Chem.)
هَلاك، دَمار ruin, destruction
هِلال new moon, crescent (Astron.)
~، شُقَّة هِلاليَّة lune (Maths.)
~، حاصِرَة parenthesis (pl. parentheses)
هِلالة، سَطْحٌ هِلاليّ meniscus (Phys.)
هِلاليّ lunar *(adj.)*
~ (الشكل) semi-lunar *(adj.)*
~ ~ lunate = lunulate or lunular
هُلام، جيلاتين gelatin(e) (Chem.)
~، هُلامة، جِل jelly, gel
~ البترول، ڤازلين petroleum butter, petroleum jelly, petrolatum (Chem.)
~ برافيني، ڤازلين paraffin jelly (Chem.)
~ جَمْعيّ: من مَحلولَين غَروانيين أو أكثر plural gel (Chem.)
~ مَعْدِنيّ، ڤازلين mineral jelly (Min.)
هُلاميّ jelly-like, gelatinous
~ القَوام، مُهَلَّم jellied *(adj.)*
هُلْبٌ: شَعرٌ خَشِن (كشَعْر الخِنْزير) bristle *(n.)*
هِلْب، مرساة anchor (Naut.)
هُلْبَة، زائدة هُلْبيَّة seta (Biol.)
هُلْبيّ، أَزَبّ: خَشِنُ الشَّعْر hirsute *(adj.)* (Bot., Zool.)
هَلْجَنَ: عالَجَ أو مَزَجَ بالهالوجين
halogenate *(v.)* (Chem.)
هَلْجَنَة: مُعالجةٌ أو اتحادٌ بالهالوجينات
halogenation (Chem.)
هَلَع، خَوف fright, fear
الهُلميوم: عُنْصُر فِلِزِّيٌّ نادِر رمزه «هل»
holmium (Ho) Chem.)
هَلُوك، نَفُود: قابِلٌ لِلنَّفاد expendable *(adj.)*
هليكُوبتر، طائرة عَمُوديَّة، طَوّافة
helicopter (Aero.)
هِلْيُوستات، مُتتَبِّعة شَمْسيَّة heliostat (Surv.)
هِلْيُوسكوپ، مِرْقَبُ الشَّمْس helioscope (Astron.)
هِلْيُوغراف، مُبْرِقَة شَمسيَّة heliograph (Surv.)
الهِلْيُوم: عُنْصُر غازيٌّ رَمزُه «هي» helium (He) (Chem.)
هِلْيُومِتْر، مِشْماس heliometer (Astron.)
هَلْيون asparagus (Bot.)

هِلْيون: نواة ذرَّة الهليوم helion (Chem.)
هِمَّة spirit, mettle, vivacity, stamina
همَد، خمَد subside, abate
هَمَّد، أخمَد، أخفَتَ deaden, stifle
هَمَرَ: صبّ، انصبّ pour, downpour
هَمْرٌ شلّاليّ cascade shower (Phys.)
هَمْهَمَةُ الشَّبَكة grid hum (Radio)
هُمود، خُمود subsidence, abatement, inactivity
~، سُكون quiescence
هِندباء endive, chicory (Bot.)
هَنْدرِدْويت: ١٠٠ رَطْل في أمريكا وَ ١١٢ رطلًا في بريطانيا hundredweight
هَنْدَسَ engineer *(v.)*
هَنْدَسَة، عِلْم الهندسة geometry (Maths.)
~: حِرفة المهندسِين engineering
الـ ~ الإحداثيَّة co-ordinate geometry
~ الإدارة management engineering
الـ ~ الإسقاطيَّة projective geometry
~ إقليدس Euclidean geometry
الـ ~ الإلكترونيَّة electronic engineering
~ الإنتاج production engineering
~ البترول petroleum engineering
الـ ~ البَحريَّة marine engineering
~ البرامِجيّات software engineering (Comp.)
الـ ~ البَلديَّة municipal engineering
~ بناءِ السفن naval architecture
الـ ~ التآلُفيَّة affine geometry (Maths.)
الـ ~ التحليلية analytic(al) geometry
الـ ~ التركيبيَّة synthetic geometry
الـ ~ التفاضُليَّة differential geometry
الـ ~ الحَيويَّة bioengineering, bionics (Med.)
~ الراديو radio engineering
الـ ~ الزائديَّة hyperbolic geometry
~ السُّبُل والوَسائل methods engineering
الـ ~ الصِّحِّيَّة sanitary engineering
الـ ~ الصِّناعيَّة industrial engineering
~ الطُّرُق العامَّة highway engineering
~ الطيران aeronautical engineering
~ العِمارة، فنّ العِمارة architecture
الـ ~ الفَراغيَّة solid geometry (Maths.)

~ القيمة: تحقيقُ الأداء المَطلوب والعِوَل والنَّوعيَّة بالتكلِفة الدُّنيا value engineering
الـ ~ الكُرَويَّة spherical geometry
الـ ~ الكهربائيَّة electrical engineering
الـ ~ الكيميائيَّة chemical engineering
~ لاإقليديَّة non-Euclidean geometry
~ اللاسِلكي radio engineering
الـ ~ المَدَنيَّة civil engineering
~ (مَرافِق) حَرَكةِ المُرور traffic engineering (Civ. Eng.)
الـ ~ المُستَوية plane geometry (Maths.)
الـ ~ المِعماريَّة المَدنيَّة civil architecture
~ المِلاحة الفضائية astronautical engineering (Space)
الـ ~ الميكانيكية mechanical engineering
الـ ~ النوويّة nuclear engineering
الـ ~ الهيدروليَّة (سُبُلُ ووَسائلُ تَسْخيرِ الطّاقة المائيَّة) hydraulic engineering
الـ ~ الوِراثيَّة genetic engineering (Biol.)
الـ ~ الوَصْفيَّة descriptive geometry
هَنْدَسيّ geometric(al)
العُلوم الهَندسيَّة engineering sciences
هَنْدَمَ: رتَّب ونظَّم وحَسَّن tidy, trim, groom, set in order
~ الحجارةَ: سَوّاها knap (Build.)
هِنري: وَحدةُ المُحاثَّةِ الكهربائية henry (Phys.)
هُنَيهة moment, short while
الهَهْنِيُوم (وهو العُنْصُر ١٠٥) hahnium (Chem.)
هَوى، سقَط fall, tumble
هَوَّى aerate, ventilate, air, aerify
هَواء air *(n.)*
يُدارُ بالـ ~ air-operated, air-driven
الـ ~ الأصفر، الكوليرا cholera (Med.)
الـ ~ الدّاخِل intake air, incoming air
~ سائِل liquid air (Chem.)
~ ساكِن still air
~ طَلْق open air
الـ ~ المُتَبَقِّي (حوالى ١٥٠٠سم^3 بعدَ الزَّفير الأقصى) residual air (Med.)
~ مُحتَبَس dead air (Phys.)
~ مُخَلْخَل: قَليلُ الضَّغط thin air (Phys.)

هَواء (تابع)
~ مُزَوَّدُ الأُكسِجين — oxygen-enriched air
~ مُشبَع (بالرطوبة) — saturated air (Meteor.)
الـ ~ المُكتنِف — ambient air (Ecol.)

هِواية — hobby

هَوائيّ، جَوِّيّ — aerial, atmospheric *(adj.)*
~، نَفْحيّ: يعملُ بضغط الهواء — pneumatic *(adj.)* (Phys.)
~ سائليّ، هَيْدرونفحيّ: يعملُ بضغطِ الماءِ والهواء — hydropneumatic (Eng.)
~ العَيْش — aerobiotic *(adj.)* (Biol.)

هَوائيّ: سِلكُ الهَوائيّ — antenna, aerial *(n.)* (Elec. Comm.)
~ أبتَر: رُبع مَوجيّ — stub antenna (Elec. Comm.)
~ إتّجاهيّ، ~ مُوَجَّه — directional aerial (or antenna) (Elec. Comm., Space)
~ ~ مُساقُ العَناصِر — driven element directive antenna (Radio)
~ ~ مُستَعرِض — broadside directional antenna (Elec. Comm.)
~ أُحاديُّ الاتجاه — unidirectional antenna (Elec. Comm.)
~ إحتياطي — emergency aerial (Elec. Comm.)
~ الإرسال — sending aerial, transmitting aerial (Elec. Comm.)
~ استِقبال — receiving aerial (or antenna) (Elec. Comm.)
~ ~ تنَوُّعيّ — diversity antenna (Elec. Comm.)
~ إطاري، ~ طوقيّ — loop aerial (or antenna) = frame antenna (Elec. Comm.)
~ ~ لاسِلكي — radio loop (Aero.)
~ أُفُقيُّ القِمَّة — flat roof antenna (Elec. Comm.)
~ بُوقيّ — hoghorn (Radar), horn antenna (Elec. Eng.)
~ تائيّ: على شكل T للأمواج الطويلة — T-antenna (Elec. Comm.)
~ تَحت مائيّ (في الغَوّاصة) — underwater antenna (Elec. Comm.)
~ تقديري — image antenna (Elec. Comm.)
~ تِلِسكوبي: مُتَداخِلُ القَصَبات أو الأجزاء — telescopic aerial (Elec. Comm.)
~ تَوافُقيّ (طولُه مُضاعَفٌ صَحيح لِطُولِ رُبعِ المَوْجة) — harmonic antenna (Elec. Comm.)
~ تَوْجيه — homing antenna (Elec. Comm.)
~ ثُنائيّ — doublet antenna (Elec. Comm.)
~ جُلبي ثنائي القُطب — sleeve (or skirt) dipole antenna (Elec. Comm.)
~ جَيْبيّ (للطائرات) — pocket antenna
~ حُزميّ: مُوَجَّهُ الأشِعَّة — beam antenna or aerial, pencil-beam antenna (Elec. Comm.)
~ ~ مَخروطيّ — vee beam antenna (Elec. Comm.)
~ حَلَزونيّ — helical antenna (Elec. Comm.)
~ حَلقيّ — loop antenna (Elec. Comm.)
~ خارِجيّ — outdoor antenna (or aerial)
~ خَلْفيّ (في الطائرة) — trailing aerial (Elec. Comm.)
~ داخِليّ — inside antenna (Elec. Comm.)
~ دُمْيَة، ~ مُصطنَع — dummy aerial = artificial antenna (Elec. Comm.)
~ ~، ~ ساكِن — dump antenna, quiescent antenna (Elec. Comm.)
~ دَوّار — turnstile antenna, rotary antenna, spinner (Elec. Comm.)
~ ~ مُتعَدِّدُ الوَحَدات — multiple-unit steerable antenna = MUSA (Elec. Comm.)
~ ذو جانِبَيْن — bilateral antenna (Elec. Comm.)
~ ذو سَطحِ تَأريض — ground-plane antenna (Elec. Eng.)
~ الرادار — radar aerial (Radar)
~ رُباعيّ — quad antenna (Elec. Comm.)
~ رُبْعُ مَوجيّ — quarter-wave antenna, stub antenna (Elec. Comm.)
~ زائديُّ المَقْطَع — hyperbolic antenna (Elec. Comm.)
~ سَبْعيّ الشكل: بشكل V — V-antenna, vee antenna (Elec. Comm.)
~ سُجُقيّ — sausage antenna (Elec. Comm.)
~ شَبَكيّ — grid aerial (Elec. Comm.)
~ شَرِيطيّ — ribbon antenna (Elec. Comm.)
~ شَقْبيّ: ذو شَقّ نِصف مَوجيّ في صفيحةٍ أو شَبَكةٍ مَعْدِنيَّة — slot antenna (Elec. Comm.)
~ صاريّ — mast antenna (Elec. Comm.)
~ صُندوقيّ — box aerial (Elec. Comm.)
~ طُفَيليّ — parasitic antenna (Elec. Comm.)
~ عازِليّ (المُشِعّ) — dielectric antenna (Elec. Comm.)
~ عَدَسيّ: ذو عَدَسةِ تَوْجيهٍ من مَنظومةِ شرائحَ مَعْدِنيَّةٍ عازِلة — lens antenna (Elec. Comm.)
~ عريضُ النِّطاق — wide-band antenna, broad-band antenna (Elec. Comm.)
~ عَظْم السَّمكة، ~ سُنْبُليّ — fish-bone antenna (Elec. Comm.)
~ عَموديُّ القِطاعات — sectionalized vertical antenna (Elec. Comm.)
~ فَراشيّ — butterfly antenna, bow-tie antenna (Elec. Comm.)
~ فِرِّيتيُّ القَضيب — ferrite-rod antenna, loopstick antenna (Elec. Comm.)
~ قَؤود: قابِلٌ لِلتَّوجيهِ ميكانيكيًّا أو إلكترونيًّا — steerable antenna (Elec. Comm.)
~ قُرصيّ مَخْروطيّ — discone antenna
~ قَفَصيُّ الشكل — cage antenna (Elec. Comm.)
~ كُمِّيٌّ ثُنائيُّ القُطْب — sleeve dipole (antenna) (Elec. Comm.)
~ لِجَميع الاتجاهات (الأُفُقيَّة) — omnidirectional antenna (Elec. Comm.)
~ «ماركوني» (المؤرَّض) — Marconi (grounded) antenna (Elec. Comm.)
~ مانِعٌ لِلشَّواش — anti-static antenna
~ مُتَعَدِّدُ المُوالفَة — multiple-tuned antenna (Elec. Comm.)
~ مُتعَرِّج (ذو اتجاهيَّة أُفقيَّة خَطِّيَّة) — staggered aerial (Elec. Comm.)
~ مُحاثِّي — inductance antenna
~ مُحَمَّل: مُضافٌ إليه محاثة على التوالي لزيادة طوله الموجي — loaded antenna
~ مَخروطيّ — conical antenna (Elec. Comm.)
~ مِرْوَحيّ — fan antenna (Elec. Comm.)
~ المَسْح (الراداري) — scanning antenna
~ مُشَرْشَر — serrate antenna (Elec. Comm.)

هَوائيّ (تابع)
~ مُشَكَّلُ الطَّور shaped-beam antenna, phase-shaped antenna
~ مُصطَنَع mock antenna, artificial antenna (Elec. Comm.)
~ مُضادٌّ لِلتَّشْويش noise antenna
~ مَطويٌّ ثُنائيُّ القُطب folded dipole antenna (Elec. Comm.)
~ مِظَلِّيُّ الشكل umbrella antenna (or aerial), parasol-type antenna
~ مُعَيَّني rhombic antenna (or aerial), diamond antenna (Elec. Comm.)
~ مَفتوح: مَفتوحُ الطرَفَين للتمَوُّجات المُستَقِرَّة open aerial (or antenna)
~ مَقرون coupled antenna (Elec. Eng.)
~ مُكافِئيّ parabolic antenna
~ مُكَعَّبيّ cubical antenna (Radio)
~ مِلَفِّيّ (صغير ونقّالي عادةً) coil antenna = loop antenna (Radio)
~ مُنفَعِل passive aerial (Elec. Eng.)
~ مُوازِن balancing antenna (Elec. Comm.)
~ مُوالِف tuned antenna (Elec. Comm.)
~ مَوجيّ wave aerial, wave antenna (Elec. Comm.)
~ مُؤَرَّض grounded antenna (Elec. Eng.)
~ نِصفُ مَوجيّ half-wave antenna
~ وَهْمِيّ phantom antenna (Elec. Comm.)
هَوائيّاتٌ مُتَباعِدة spaced antennae
هَوائيةُ الإلقاح anemophilcs (Bot.)
هُوَّة pit, gap, chasm
~ جليديَّة randkluft (Geol.)
~ سَحيقة abyss (Geol.)
هَوجاء (لِلعَواصِف) severe *(adj.)*
هُودوسكوب: مِكشافُ مَسار الجسيمات في مجال مغنطيسي hodoscope (Nuc. Eng.)
هودُوغراف: مُخَطَّط المَسار التسارعي للجسيمات hodograph (Phys.)
هَوْر: مَنْقَعٌ مُعشَوشِب fen *(n.)* (Ecol.)
~: بُحيرة شاطئيَّة ضَحلة laguna = lagoon (Geol.)
~، مُستَنْقَع سَبخ slash (Ecol.)
هَوَّر: توقُّفٌ وهَوى stall (Aero.)
هورمون، هُرمون، حاثَّة hormone (Biol.)
هورنبلِند: خامٌ من سليكات الكالسيوم والمغنسيوم والحديد hornblende (Min.)

هَوَس mania (Med.)
~ السَّرِقة kleptomania (Med.)
هَوَّل: بالَغ وغالَى exaggerate
~: أفزَعَ horrify, terrify
الهولميوم (أُنظر: الهُلْميوم) holmium
هُومُوديني: مُتَجانِسُ التَّقارُن أو الفِعل homodyne (Elec. Comm.)
هَوَيانٌ stall *(n.)* (Aero.)
هُوِيَّة: بطاقة هُوية identity card
~ ذاتيَّة identity
هَوِيس: سَدٌّ يتحكَّم بارتفاع ماءِ القَناة (canal) lock (Hyd. Eng.)
~ الدُّخول (إلى الحوض) entrance lock (Hyd. Eng.)
~ المَدّ tide lock (Hyd. Eng.)
~ الوَزْن weighlock (Naut.)
هي: الرمز الكيماوي للهليوم He (helium) (Chem.)
هَيَّأ، أعدّ prepare, make ready, set, dress
~، أتاح facilitate, make available
هِياج، اهتياجٌ اضطرابي agitation, commotion, turmoil
هَيار، هيارٌ أيوني avalanche (Phys.)
~ أرضيّ، اِنزِلاقٌ أرضيّ landslide = landslip (Geol.)
~ ثَلْجي avalanche (Geol.)
~ (جَليديٌّ) أرضيّ ground avalanche (Geol.)
~ رَمليّ sand avalanche (Geol.)
~ طِينيّ، لاهَار lahar (Geol.)
هَيپرونات: جُسَيماتٌ نَوَوِيَّة أثقَلُ من النيوترون وأخَفُّ من الديوترون hyperons (Phys.)
هَيپو: ثيوكبريتات الصوديوم hypo, sodium thiosulphate (Chem.)
هَيپُوسلفيت: مِلحُ حامِض الهَيپوكِبريتوز hyposulfite = hyposulphite (Chem.)
هَيْپوفُسْفات: تَحت فُوسْفات hypophosphate (Chem.)
هَيَّج، أثار excite, agitate, rouse
~ (الجِلدَ) chafe, irritate, inflame (Med.)
هَيْج، اِصْفِرار etiolation *(n.)* (Bot.)
هَيَجان excitement, agitation, commotion
هَيجروسكوب: مِكشاف الرطوبة hygroscope (Meteor.)

هَيجرومتر: مِرطاب، مقياس الرطوبة hygrometer (Meteor.)
هَيدروجين (أُنظر: هِدْروجين) hydrogen
هَيدروديناميّ، حَراكيّ مائعيّ: خاصٌّ بِحَراكِيَّة المَوائع hydrodynamic (Eng.)
هَيدروديناميّات: عِلم الموائع (غير القابلة للانضغاط)، حَراكيّات الموائع hydrodynamics (Eng.)
هَيْدروستاتي، سُكُوني سائليّ: خاصٌّ بتَوازُنِ السوائِل أو ضَغْطِها hydrostatic(al) *(adj.)* (Phys.)
الهَيْدْروستاتيكا، سُكونيّاتُ السَّوائِل، عِلمُ تَوازُنِ السَّوائل وضَغطِها hydrostatics (Phys.)
هَيْدْرُوسكُوب: مِنْظارُ الأعماق hydroscope (Ocean.)
هَيْدْرُوغرافية: عِلم تَوصيف المياه (بحارًا وبحيراتٍ وأنهارًا) hydrography (Geol.)
هَيدروفون: مِسْماعٌ مائيّ hydrophone (Acous.)
هَيْدروكربون (أُنظر: هِدروكربون) hydrocarbon (Chem.)
هيدروكسيد (أُنظر: هِدروكسيد) hydroxide (Chem.)
الهَيْدرولُوجية: عِلْمُ المِياه، المِياهِيّات hydrology
هَيدرولي، هِدْرولي hydraulic (Eng.)
الهَيدروليّات: عِلْمُ (حَرَكَة) السوائِل hydraulics (Phys.)
هَيْدروليَّة: التصَلُّب تحتَ الماء hydraulicity (Chem.)
هَيدرومِتْر، مِكثافُ السَّوائِل، مِسْيَل hydrometer (Phys.)
هَيدريد (أُنظر: هِدريد) hydride (Chem.)
هِيرُوين: قِلوانيٌّ مُخَدِّرٌ سامّ heroin(e)
هَيْصَم: جبسٌ رُخاميّ alabaster (Min.)
هَيضة، كوليرا cholera (Med.)
هَيْكَل body, frame, framework, hull, skeleton, chassis (Eng.)
~ إطاري رئيسي main frame (Civ. Eng.)
~ ~ مُتَوسِّط intermediate frame (Civ. Eng.)
~ إقتصادي economic structure
~ إنشاءات carcass = carcase (Build.)

هَيْكَل (تابع)

ـُ (إنشائي) مُتعَدِّدُ الطوابِق (أكثرَ من خَمْسة عادةً) multistory frame (Build.)
ـُ أو بَدَنُ السفينة hull (Naut.)
~ ~ الطائرة fuselage (Aero.)
ـُ البيانات data structure (Comp.)
ـُ جاسِئ rigid frame (Civ. Eng.)
ـُ خارجيّ، قِشْرَة exoskeleton (Zool.)
~ داخلي endoskeleton (Zool.)
~ دائم permanent frame (Civ. Eng.)
~ سُفْليّ underframe (Eng.)
~ ~ (أو قاعِديّ) subframe (Civ. Eng.)
ـُ السيّارة car body (Autos.)
ـُ عَظْميّ skeleton, skeletal system (Zool.)
~ ~ باطِنيّ endoskeleton (Zool.)
~ فولاذيّ steel frame (Civ. Eng.)
ـُ القاعِدة (لِلمَكَنة) base frame (of a machine) (Eng.)
ـُ قاعِديّ chassis (Eng.)

ـُ المُتَحَرِّض armature frame (Elec. Eng.)
~ المُحَرِّك engine frame (Eng.)
ـُ مُعَمَّد entablature (Arch., Eng.)
هَيْكَلَة، تَشكيلٌ هيكَلي framing *(n.)* (Build.)
هِيل، هال، قاقُلَّة cardamon, cardamom, cardamum (Bot.)
هيماتيت، حَجَر الدم، أُكْسيدُ الحَديديك الأحمر h(a)ematite (Min.)
هَيْمَنَ، سادَ على dominate
هَيْمَنة، سَيطرة domination, hegemony, dominance
هيمُوغلوبين، يَحْمُور h(a)emoglobin (Zool.)
هيمُوفيليا، ناعور: استعدادية للنزف h(a)emophilia (Med.)
هَيِّن easy, facile *(adj.)*
هَيُوجيَّة، تَهَيُّجيَّة irritability
هَيُولى matter, primordial elements (Phys.)
~ الخَليّة: خارج النواة cytoplasm (Biol.)
هَيْئَة، شَكْل form, shape, configuration

~: جماعة مكلَّفة بمُهِمّة body, group, organization, panel, corps
~: حال state, condition
~: كيفية manner, fashion
~: سَحْنة، سِيماء facies, appearance, aspect
ـُ الإدارة staff, governing body
ـُ إعتباريَّة corporate body
ـُ البلورة habit of a crystal (Min.)
ـُ التَّدريس faculty *(n.)*
~ تنسيق co-ordinating body
~ الحاسوب: تَرتيبةُ أو تركيبَةُ مَنظومتِه computer configuration (Comp.)
الـ ـُ الطبية، الجِسمُ الطبِّي medical corps (Med.)
ـُ مُحَلّفين jury
~ الوَضْع، وِضْعَة setup

و

واءَمَ، تَواءَمَ acclimatize, accommodate
~، هايأَ adapt, adjust
~، لاءَمَ match, suit, fit, harmonize (with)
وابِل، شُؤْبوب shower, cloud-burst, heavy rain (Meteor.)
~، صَلْيَة volley *(n.)*
~ُ أشِعَّةٍ كونيَّة cosmic ray shower (Astron.)
~ُ شُهُب meteoric shower (Astron.)
وابِلة: رأسٌ كُعْبُريّ capitulum (Bot., Zool.)
واتَى، وافَق to be favourable, to be propitious, suit
واجِب، مُهِمَّة duty, assignment, task, job
واجَهَ، صادَفَ encounter, face, come across
واجِهَة: وَجْهُ البناء façade, face, frontage (Arch.)
~ُ عَرْض show window
~ (المَبنى) front elevation, frontispiece (Build.)
واحَة oasis (pl. oases) (Geog.)
واحِد unity, one
واحِدي monic
واخِزَة prodder
وادٍ valley, vale, wadi, dale (Geol.)
~ ضَيِّق شَديد الانحِدار ravine, glen
~ عَكْسِيّ anaclinal valley (Geol.)
~ مُعَلَّق (لِرافِدٍ مُرتَفِع المَجْرى) hanging valley (Geol.)
وادي الخَسْف rift valley, ramp valley
وارِد incident, incoming
~، مُستَورَد imported
~: وارِدٌ إلى (نقيض efferent) afferent
وارِداتٌ غيرُ مَنْظُورة invisible imports

وازَى parallel, be parallel to
~، كافأ، ساوى match, be equivalent to (or equal)
وازَنَ، عادَلَ counterbalance, counterpoise, balance, equalize *(v.)*
~: قارَنَ (بَين) compare, contrast
~ (بتوزيعِ الحُمولة) trim, stabilize
واسِطة، وَساطة agency
~، وَسِيط go-between, intermediary
~، وَسَط medium (Phys.)
واسِع، فَسيح wide, spacious
~ُ الشُّبيكات coarse-meshed *(adj.)*
~ُ الطيف: فَعّال ضِدَّ مدًى واسِعٍ من العُضَيّات المجهريّة wide-spectrum *(adj.)* (Med.)
~ُ النِّطاق full scale, large-scale
واسِم marker
واسِمَة: علامةٌ أو رموز مُمَيِّزة label (Comp.)
وَاشِجة interlock
واصَفَ: حَدَّد المُواصَفات specify
واصِف: كلمة أو رَمزٌ دليلي أو دَلالي descriptor
~ المِلَف: المعلومات عنه في مقدمته file descriptor (Comp.)
واصَلَ، تابَعَ continue *(v.)*
واصِل، رابِط connector
~: واصِلٌ قابِض (أنظر: قابِض) clutch (Eng.)
~ُ التَّلامُس contact maker (Elec. Eng.)
واصِلة (للأشرِطة) بالتراكُب joiner, splicer
~ بالقَبْس plug connector (Elec. Eng.)
واضِح، جَلِيّ، مُتَميِّز distinct, evident, apparent, marked, pronounced
~، ~، صَريح express *(adj.)*
~، مَرئيّ visible
~ُ المَعالِم well-defined
واضِع، مُؤَلِّف author, maker
~ُ اليَد occupant, holder
~ ~ بِلا حَقّ squatter
واطّ: وَحدَةُ القُدرة الكهربائية (= جول في الثانية) watt (Elec. Eng.)
~ تزامُني synchronous watt (Elec. Eng.)
~ ثانية، جُول watt-second (Phys.)
~ ساعة: وحدةُ طاقةٍ كهربائية = ٣٦٠٠ جول watt-hour (Phys.)

واطْمِتْر wattmeter (Elec. Eng.)
~ حَثِّي induction wattmeter (Elec. Eng.)
~ ذو أرياش vane wattmeter (Elec. Eng.)
~ مدرَّجٌ بالميكروواط microwattmeter
~ مُعادَل compensated wattmeter
~ مُكامِل integrating wattmeter
واط مُطلَق: جُزء من عشرة ملايين من الواط (١ × $١٠^{-٧}$ واط) abwatt (Elec. Eng.)
واطِئ، وَطيء، خفيض low
واظَبَ persevere, persist (in)
واعٍ، شاعِرٌ (بِـ) conscious, aware (of)
واعِد: يُتوقَّع له (أو منه) ما يُرتَجَى promising
وافٍ، كافٍ sufficient, adequate
~ بالغَرَض، لائق، مُناسِب adequate
وافِر، غَزير، وَفير abundant, ample, profuse, plentiful, copious
وافَقَ، اِتَّفَقَ agree *(v.)*
~، طابَقَ conform, tally
~، لاءَمَ fit, suit, befit
~ أو صَدَّقَ (على) assent, approve, ratify
واقٍ، اِتقائي prophylactic, preventive (Med.)
~، حافِظٌ preservative, protective
~، حامٍ protector
~ حَبْليّ (حولَ المَمَرّاتِ الخَطِرة) rope guard (Civ. Eng.)
~ صَهور fusible protector (Elec. Eng.)
واقِع، حادِث happening, occurring
~، حقيقة reality, fact
أمرٌ ~ fait accompli, accomplished fact
~ٌ ضِمْنَ الخَلايا intracellular *(adj.)* (Biol.)
~ قبلَ الأخير penultimate
~ كلَّ سنتين biennial *(adj.)*
واقِعيّ actual, real
الواقعيّة realism
واقِف، مُتوقِّف halting, stopping
~ مُنْتَصِبًا standing upright
واقية، وِقاء guard (Build., Eng.)
~ُ أسنان اللَّولب thread protector (Eng.)
~ُ الأصابع finger guard (Eng.)
~ البَصَر eyeshield
~ (لتدفئة) الأُذُن ear-muff (Acous.)

واقية (تابع)
~ الدُّولاب — wheel-guard
~ رأس الأنبوب — casing head (Civ. Eng.)
~ من الريح، حاجب الرِّيح — windshield
~ الشمس — sun shield
~ ~ (في القبعة) — visor
~ صَواعِق — lightning arrester (arrestor), lightning rod (Elec. Eng.)
~ المُحرِّك الجانبيَّة — engine side shield
~ الوَحْل — mudguard, fender (Autos.)
واقِيتا الساقَيْن (في الدرّاجة النارية) — legshields
واكَبَ، رافَقَ — accompany, escort
والَى، أيَّد، ناصَر — support, back (up)
~، تابَعَ — continue
والِد: أبٌ أو أُمّ — parent *(n.)*
والَفَ — tune *(v.)* (Acous.)
وامِض، وَمّاض — scintillator, blinker, flasher (Elec. Eng.)
~ إلكتروني (للكاميرا) — electronic flash (Electron.)
~ مُتَزامِن — synchroflash (Photog.)
واهٍ، ضَعيف، واهِن، رَكيك — flimsy, feeble, frail
واهِب، مانِح — donor
~ الدم — blood donor (Med.)
واهِنُ القوى: ضعيفٌ جسَدِيًّا — asthenic, debilitated (Med.)
وءوم، مُوائِم، مُنْسَجِم، مُتَساوِق — compatible *(adj.)*
وءومِيَّة، تهايُئِيَّة، هَيُوئيَّة، تكيُّفية: قابلية التكيُّف — adaptability *(n.)*
وَباء، وافِد، جائِحَة — epidemic, plague, pandemic (Med.)
~: حشرة أو نَبْتة مُؤذية — pest *(n.)* (Agric.)
وَبَّخَ، أنَّب — rebuke, reprimand
وَبَر، زغَب — pile, nap, fuz
~: شَعر الجِمال أو الأرانب إلخ — hair (of camels, rabbits, etc.) (Zool.)
وَبيل — morbid, pernicious *(adj.)*
وَتِد — peg, stake, trenail (Build.)
~، خابور — cotter, pin, key (Build.)
~، إسفين — wedge, brob
~، دِسار — dowel (Build.)
~، خازوق — picket, stake (Surv.)
~ إسناد — reference peg (Civ. Eng.)
~ المَسّاح — surveyor's stake
~ مُستعرِض — trenail, trunnel (Build.)
وتَدِيّ، إسفيني — cuneate = cun(e)iform, sphenoid *(adj.)*
وَتَّرَ — tauten, strain, tension
وَتَرٌ — tendon *(n.)* (Zool.)
~، حَبْلٌ رفيع — chord *(n.)*
~: خطٌّ بين نُقطتين في مُنْحَنٍ — chord (Maths.)
~، وَتَرُ المُثَلَّثِ القائم الزّاوية — hypotenuse (Maths.)
~: خَيْطٌ من أمعاء الحيوانات — gut
~ آلةٍ موسيقية — chord, string, gut
الـ ~ البُؤْرِيُّ العموديّ (لِقَطع ناقِص أو لِسَطحٍ مُكافِئ) — latus rectum (Maths.)
~ العُرقوب — Achilles' tendon (Zool.)
وَتَران مُتَكامِلان — supplemental chords
وَتَرة: غِشاء الأصابع في الفقاريات المائية — web (Zool.)
~: الصفحة العمودية بين شفتَي الجائز الفولاذي — web (Eng.)
وَتَرِيّ — chordal
وَتْريّ: غير شَفْعيّ — odd, uneven (Maths.)
وَتيريّ، رَتيب — routine
الوَتين: الأبهَر — aorta (Zool.)
وَثْء: اِلتِواءُ المَفْصِل (دون خَلْعِه) — sprain (Med.)
وِثاق، رِباط — bond *(n.)*
~، كتيفة، شِكال — brace (Eng.)
وَثائق، مُستَنَدات — documents, documentation
~ إثبات — supporting documents
~ (أو أوراقُ) الاعتماد — credentials
~ السَّفينة — ship's papers
وَثْبة، قَفْزة — jump, bound, leap
~ مُفاجئة، ارتداد (الكرة) — bounce *(n.)*
وَثَّقَ، أثبتَ أصالةَ الشيء — authenticate *(v.)*
وَثِقَ — trust
وُثوقيّ، إسناديّ: يُعتمد عليه ويُوثق بصِحَّته — fiducial
وُثوقيَّة، مِصْداقيَّة — reliability *(n.)*
وَثيق، مُحكَم — close *(adj.)*
~ التوافُق — close-fitting *(adj.)*
~ العَلاقة (بِـ) — pertinent *(adj.)*
وَثيقة، مُستَنَد — deed, document, instrument
~ تأمين ضِدَّ الحريق — fire policy
~ تخَلٍّ أو تنازُل — waiver *(n.)*
~ ~ (عن امتيازاتِ التعدين) — quitclaim (Mining)
~ تسجيل — registration *(n.)*
~ رَجوعيَّة — turnaround document (Comp.)
~ الشحن، قائمة التحميل — bill of lading
وَثيقيّ، مُستَنَديّ، وَثائقي — documentary
وِجار — burrow, hole
وَجْبَة: وَقعَةُ طعام — meal *(n.)*
~ خفيفة — snack
وَجَدَ، اِكتَشَفَ — find
وِجدان، ضمير — conscience
وجَع — ache, pain, - algia, algo- (Med.)
وَجْنة، خَد — cheek (Zool.)
~: جانِبُ النّقرة أو اللسان — cheek (Build.)
وَجْنيّ، خَدِّيّ — jugal, malar *(adj.)* (Zool.)
وَجَّهَ — orient, orientate, direct
~ (راداريًّا) أثناء الهبوط — talk-down (Radar)
وَجْه، واجِهة — face, façade (Arch., Build.)
~، طريقة — mode, manner, way
~، طبقة (خارجية) — coat, coating
~ (من أوجه القمر) — phase (Astron.)
~، مَظْهَر، سَحْنة — phase, facies
~ (أو سَطْحُ) البلّورة — crystal face (Chem.)
~ (أو مقدّمة) الحِذاء — vamp
~ الدَّسر: الوجهُ الدافع في المروحة — thrust face (Aero.)
~ رِوايَة — version *(n.)*
~ شَبَه — point of resemblance
~ الطبقة الصخرية — outcrop (Geol.)
~ القُطب — pole face (Elec. Eng.)
~ مُقابِل — obverse
وُجهَةُ السفينة — tack *(n.)* (Naut.)
~ السَّيْر — heading *(n.)*
~ نَظَر — viewpoint
وَجْهيّ — facial
وُجود، بَقاء — existence, being
~، توفُّر — availability
~، حُدوث — occurrence *(n.)*
وُجودي — existential
وُجودية — existentialism
وَجيب، خَفَقان مُضطرب — palpitation (Med.)

وَجيز، مُختصر — brief, short
وُجَيْه، سُطَيح — facet *(n.)*
وَحَّدَ — combine, unite, consolidate
~ (اتجاهَ التيّار) — commute *(v.)* (Elec. Eng.)
وَحَدات (أُنظر: وَحدة) — units
~ة أساسيَّة — fundamental units (Phys.)
~ة القياس الدّوليَّة — SI units = International System of Units
~ة كَهروستاتيَّة — electrostatic units
~ م ك ث: وَحَداتُ المتر كيلوغرام ثانية أمبير — MKSA (metre-kilogram-second - ampere) units
الـ ~ة المُشْتَقَّة — derived units (Elec. Eng.)
وَحْدانيَّة، تفَرُّد — uniqueness, oneness
وَحْدة: مِن وحدات القياس — unit
~، مجموعة مُتَكامِلة — unit (Eng.)
~، اتِّحاد — union, unity
~، واحِديَّة — unity (Maths.)
~، تطابُق، تماثُل — oneness, identity, sameness
~ة اتصالٍ مُتَعدِّد — multiplexer = multiplexor (Comp.)
~ الإجهاد: أشهرُها البِسكال (= نيوتُن على المتر المربع) — stress unit (Eng.)
~ة احتمالية — probit = probability unit (Maths.)
~ احتياطية — stand-by unit (Eng.)
~ة الإحساس: الاِسم الأصلي لِلديسيبل — sensation unit (Acous.)
~ة إخراج — output unit (Comp.)
~ إدخال — input unit (Comp.)
~ إزالةِ المُلوحة (من ماء البَحر لجعلِهِ عَذْبًا صالحًا لِلشُّرب) — desalination plant (Chem. Eng.)
~ة أساسيَّة: من وحدات القياس الدولية السَّبع (المتر، الكيلوغرام، الثانية، الأمبير، الكلفن، القنديلة والمُول) — base unit (Phys.)
~ة استجابة سمعية — audio-response unit (Comp.)
~ اَستخلاص اَلمنتَجات — product recovery unit (Pet. Eng.)
~ اَستِعادة البُخار — vapour recovery unit (Eng.)
~ ~ الحامِض — acid restoring plant (Chem. Eng.)
~ ~ المُذيب — solvent recovery plant (Chem. Eng.)
~ة استِعلام — inquiry unit (Comp.)
~ إعادة التقطير — rectifier unit (Chem. Eng.)
~ة اقتصادية — economic union
~ة إمامية — standard unit
~ امتصاصِ الصوت، سابِن — absorption unit, sabin (Acous.)
~ إنتاج صناعيّ — industrial plant (Eng.)
~ ~ الغاز — gas works
~ انتِشار: وَحدةُ فَصْلِ النَّظائرِ بالانتِشار التفاضُليّ — diffusion plant (Nuc. Eng.)
~ة تابعة أو مُساعِدة — ancillary unit
~ة تَبْريد — cooling plant, cooling unit, refrigerating unit (Eng.)
~ ~، مُبَرِّدٌ وَحْدِيّ — unit cooler (Eng.)
~ ~ بالأمونيا — ammonia refrigerating plant (Eng.)
~ ~ صِناعيَّة — refrigeration plant (Eng.)
~ة تثبيتِ السُّرعة — constant-speed unit (Eng.)
~ التجفيف — drying unit (Eng.)
~ تجميع — assembling plant (Eng.)
~ تحكُّم — control unit (Comp.)
~ ~ ومُراقبة — console (Comp.)
~ (~) مُؤازرةٌ — servo-(control) unit (Eng.)
~ تخزين — storage, store (Comp.)
~ (تَدْريج) المِقياس — scale unit (Phys.)
~ تَرشيح — filter plant (Chem. Eng.)
~ة تَرْكيز — concentrator (Eng.)
~ ~ الخام النُّحاسيّ — copper mill (Mining)
~ ~ (خاماتِ المَعادِن) — concentration plant = concentrator (Met.)
~ة تَسخين — heating unit, heating plant, unit heater (Eng.)
~ تشغيل الأقراص — disc unit, disc drive (Comp.)
~ ~ مركَزيّة — central processing unit, central processor (Comp.)
~ تَصْليد — hardening plant (Met.)
~ تَصْنيع — plant (Eng.)
~ ~ الغاز — gas processing unit (Pet. Eng.)
~ة تَعبِئة، ~ة تعليب (المُنتَجات) — packing plant, canning plant (Food Sc.)
~ تقطير (البِترول) الخام — crude distillation unit (Pet. Eng.)
~ ~ مُتواصِل — continuous still (Chem.)
~ تَقويم — rectifier unit (Elec. Eng.)
~ تكرير، معملُ تكرير — refining plant (Chem. Eng.)
~ ~ البترول — petroleum refining plant
~ تكسير (البِترول) — cracking plant (Pet. Eng.)
~ تكويك — coking plant (Eng.)
~ تكييف الهَواء — air-conditioning unit (Eng.)
~ توصُّل عَشوائي — random access unit (Comp.)
~ تَوليد — generating plant (Elec. Eng.)
~ ~ الغاز — gas generating plant (Chem. Eng.)
~ ~ القُدرة — power-generation plant, power plant (Elec. Eng.)
~ ~ ~ بالطاقةِ النوَويَّة — nuclear energy plant (Phys., Eng.)
~ ~ مُتنَقِّلة — mobile generating unit (Elec. Eng.)
~ة تَوهين — pad, attenuator (Elec. Comm.)
~ جَهارة — volume unit (Acous.)
~ حجم — volume unit (Phys.)
~ة حرارية — heat unit; thermal unit (Phys.)
الـ ~ الحرارية البريطانية: تُساوي ٢٥٢ كالُوري — BTU or Btu (British Thermal Unit) (Phys.)
~ة حسابٍ وَمَنْطق — Arithmetic and Logic Unit (ALU) (Comp.)
~ة الحَفْر — drilling unit (Pet. Eng., Mining)
~ الدَّخْل — input unit (Comp.)
~ة دوليَّة: إحدى الوَحدات الأساسية السَّبع أو مُشتقاتُها — international unit = SI unit
~ة ذاكرة — memory unit (Comp.)
~ الشِّحنةِ الكهربائية — unit (electric) charge (Phys.)
~ة صِناعية — plant *(n.)* (Eng.)
~ (~) تَجْريبيَّة — pilot plant (Chem. Eng.)
~ (~) مُتنَقِّلة — mobile plant (Eng.)
~ة الصِّيانة — maintenance unit (Eng.)

وَحْدة (تابع)

~ ضَخّ — pumping plant or unit (Eng.)
~ ~ مُساعِدة — auxiliary pumping unit
~ُ طرفيَّة (كوحدة إدخال أو وحدة إخراج) — peripheral (Comp.)
~ لِلطِّلاء الكهربائيّ — electroplating plant (Elec. Eng.)
~ُ العَرْض المرئيّ — visual display unit (Comp.)
~ (أو عُنصر) فَصْل: في معمل فَصْل النظائر — separative element (Nuc. Eng.)
~ (فَصْل) البِنزين الطبيعي (من الغاز) — natural gasoline plant (Pet. Eng.)
~ ~ الغاز — gas separation plant (Pet. Eng.)
~ُ فَلَكيَّة: مُعَدَّلُ بُعد الأرض عن الشمس (١,٤٩٦ × ١٠^{٨} كلم) — astronomical unit (Astron.)
~ُ الفيض المِغنطيسي، ماكسويل (خَطّ قُوَّةٍ واحِد) — unit magnetic flux (Elec. Eng.)
~ُ قابِسَة: جهازٌ مُلحَق (أو لَوحة) قابِسيُّ الوَصْل — plug-in unit (Comp.)
~ُ قُدرة — power unit (Phys.)
~ القُطْب (المغنطيسي) — unit pole (Phys.)
~ُ قياسيَّة، ~ عياريَّة — standard unit
~ُ الكُتلَة الذرِّية (١,٦٦ × ١٠$^{-٢٤}$ غم) — atomic mass unit = amu (Phys.)
~ (قُدرة) كَهرَمائيَّة — hydro-electric plant (Elec. Eng.)
~ لِحام مُتعَدِّدة الأقواس الكهربائية — multiple operator welding unit (Elec. Eng.)
~ مَجلس التجارة: مِقدارُها ١ كيلوواط ساعة — Board of Trade Unit (BTU) (Elec. Eng.)
~ُ المُحَاثَّة، هِنْري — inductance unit (Phys.)
~ُ مُساعِدة إضافيَّة — auxiliary plant (Eng.)
~ مُطلَقة — absolute unit (Phys.)
الـ ~ المُطلَقة للتيّار = ١٠ أمبير = أبأمبير — absolute unit of current (Elec. Eng.)
~ُ مُعالَجة — processing unit (Comp.)
~ ~ (كيماويَّة أو حراريَّة) — treating plant (Chem.)
~ المُعالَجة المركزيَّة — central processing unit (Comp.)
~ مُعامِلات: مَجموعة مُعاملات مُترابطة تُعالَج في عمليةٍ واحدة — transaction (Comp.)
~ مِعيارية — standard unit
~ُ مفتاحية شريطية: تدخل المعلومات من لوحة المفاتيح إلى الشريط — key-to-tape unit (Comp.)
~ ~ قُرصيَّة — key-to-disc unit (Comp.)
~ُ مُقاوِم ومُكَثِّف — rescap = resistor - capacitor unit (Elec. Eng.)
~ُ مُمَيَّزة أو مَوصوفة — denominate unit (Maths., Phys.)
~ مُؤازِرة — servo-unit (Eng.)
~ مُؤتلِفة — combination unit (Eng.)
الـ ~ُ المِئوية لِلحرارة، باوند كالوري (= ١٩٠٠,٤٤ جول) — centigrade heat unit (CHU) (Eng.)
~ النَّبض: نُقطة في الثانية، بُود — unit pulse, baud (Comp., Elec. Comm.)
~ نِداء ذاتيّ — ACU, automatic call unit (Comp.)
الـ ~ النيوترينوية الشمسيَّة — solar neutrino unit (Astron.)
~ هَدْرَجة — hydrogenation plant (Chem.)
~ وَزْن — weight unit (Phys.)
~ وظيفيَّة — functional unit (Comp.)

وَحديّ، وَحْدَوي — unitary
وَحشيّ، بَرِّيّ — wild
~، خارجي: ما أقبل على الخارج (عكس إنسيّ medial) — lateral, external (Zool.)
وَحْل، حَمْأة — mire, mud, slop
وَحْمَة، شامة — birthmark, n(a)evus (Med.)
وَحْي — inspiration
وَحيد — solitary, single, solo
~، فريد — unique, matchless
~ُ الاتجاه — one-way, unidirectional
~ الإثمار — monocarpic (Bot.)
~ الجانِب، أُحاديُّ الاتجاه — one-sided, unilateral *(adj.)*
~ الخلية، أُحادي الخلية — unicellular (Biol.)
~ الصُّورة (البِلَّوريَّة) — monotropic (Chem.)
~ العائل: من الطفيليات — autoecious (Bot.)
~ العَيْن. أُحاديُّ العينيَّة — monocular *(adj.)* (Zool., Phys.)
~ الفِلْقَة — monocotyledonous *(adj.)* (Bot.)
~ القَرْن: كوكبة جنوبيَّة — Monocerous, The Unicorn (Astron.)
~ القُطْب — unipole *(n.)* (Radio)
~ُ المِحوَر — uniaxial (Bot., Min.)
~ المَسكن: الأزهار الذكرية والأنثوية على النبتة ذاتها — monoecious (Bot.)
~ المَسلَك، ~ السِّكَّة — one-track *(adj.)*
~ المَقْعَد — single seater *(adj.)*
~ الوَتَر — monochord *(n.)* (Acous.)
~ الوَجْه: من أشكالِ التَبلوُر — pedion (Min.)

وَحيش: حيواناتُ الإقليم أو الزمن — fauna *(n.)* (Zool.)
وَخَز — prick, prickle, prod
وَخْز — pricking, pang, puncture
الـ ~ُ الإبري — acupuncture (Med.)
~ُ خَفيف، دَغْدَغة — tickle
وَخيم — bad, unhealthy, unwholesome
وداجيّ — jugular *(adj.)* (Zool.)
وِداق: فَترةُ الشَّبَق (في الحيوان) — (o)estrus, rut, heat (Zool.)
وَدَقة، جُدْجُد، شَحّاذُ العَين — sty(e) (Med.)
وَدَك، دَسَم — fat (Chem., Zool.)
وَدْن، نَقْع، تَعْطين: اِنحِلال بالنَّقْع — maceration (Chem.)
وُدّي، حُبِّي — friendly, amicable, cordial
~: خاصّ بالجملة العَصبية الوُدِّية — sympathetic (Zool.)
وَديد الأوزون: لا يُضِرُّ بطبقة الأُوزون في الستراتوسفير — ozone-friendly (Ecol.)
وَديعة — deposit *(n.)*
وَذمة، أُوذيما: اِستِسقاء — (o)edema, (Med.)
وِراب، تراتبُ خِلافيّ — stagger
وِراثَة — heredity, inheritance (Biol.)
~ راجِعة — atavism (Biol.)
وِراثيّ، مَوروث — hereditary
~: خاصّ بعلم الوراثيات — genetic (Biol.)
الوراثيات، علم الوراثة — genetics (Biol.)
~ الخلويَّة — cytogenetics (Biol.)
وَرْدَة — rose (Bot., Arch.)
~ُ الرِّياح — wind rose (Meteor.)
الوَرْديّات: الفَصيلةُ الوَرْديَّة مِنها مُعظَمُ أشجارِ الفواكه — Rosaceae (Bot.)
وَرْديَّة: شَكْلٌ وَرْديّ، حلية وردية — rosette (Arch.)

وَرْشة workshop, atelier, shop
~ تجميع assembly shop (Eng.)
~ تركيب fitting shop, erecting shop (Eng.)
~ حِدادة forge *(n.)* (Eng.)
~ خِراطة turnery (Eng.)
~ السَّبْك moulding shop (Foundry)
~ مُغْلَقة: أمامَ غيرِ النِّقابيين closed shop
~ مكنات، مَشْغَلٌ صِناعيّ machine shop (Eng.)
وَرْطَة، مأزِق fix, tangle, critical situation, difficulty
وَرَق paper
~ اختبار، ~ كاشِف test paper (Chem.)
~ استِشفاف tracing paper
~ استِنساخ duplicating paper
~ ~ لاكربونيّ NCR (No Carbon Required)
~ أسودِ الكربون carbon paper
~ البَرْديّ papyrus
~ برُوميد bromide paper (Photog.)
~ بَصَليّ: ورقٌ رَقيق شَفّاف onionskin (paper)
~ تخطيطٍ (مُربَّع) plotting paper
~ تَرشيح filter paper (Chem.)
~ تَعْيين القُطْبيَّة pole-finding paper (Elec. Eng.)
~ تَنْظيف العَدَسات lens tissue (Opt.)
~ حسّاس sensitive paper (Photog.)
~ دقيق المربعات quadrille paper
~ ذو مربَّعات: للرُّسوم البَيانية graph paper
~ رَسْم drafting paper, drawing paper
~ الرُّسوم الِانطباعيَّة transfer paper
~ الرَّق، ~ رَقِّي parchment
~ زُجاج (لِلسَّنْفرة) glasspaper (Eng.)
~ سَحْج، ~ سَنْفَرة (صَنْفَرة) garnet paper, abrasive paper, emery paper (Eng.)
~ شَفّ (لنَقْل دَقائق الرسم) detail paper
~ صامِدٌ للشَّحم greaseproof paper
~ الصُّحُف newsprint *(n.)*
~ صَقيل glazed paper
~ صَنفرةٍ (أو سَنْفرة) emery paper, sandpaper
~ طَبْع الصُّوَر photoprinting paper
~ ظِرّانيّ صَقيل (للتغليف) flint paper
~ عَبّادِ الشمسِ الأحمَرُ red litmus paper (Chem.)
~ ~ ~ الأزرق blue litmus paper (Chem.)
~ فائقُ الصقل supercalendered paper
~ الكُرْكُم: كاشِفٌ كيماوي turmeric paper (Chem.)
~ لُبادي felt paper (Build.)
~ لَفّ الخَراطيش cartridge paper
~ لَمّاعٌ (صَقيلُ السَّطح) enamelled paper
~ مُخْمَليّ (مُوبَّر) velour paper, flock paper
~ مُربَّعات sectional paper, squared paper
~ مُرَمَّل، صَنْفَرة، وَرَقُ الزجاج sandpaper (Eng.)
~ مُزَجَّج صَقيل شَفّاف glassine
~ مُزَيَّت: صامِدٌ للماء oiled paper
~ مُسَوَّدات drafting paper
~ مُشَمَّع wax(ed) paper, oiled paper
~ مَصقول coated paper, glazed paper
~ مُعَجَّن papier-maché
~ مُغَرّى (أو مُنَشّى) sized paper
~ مُغَضَّن crepe paper
~ مُقَوّى: مِن طَبَقاتٍ مُلْصَقة pasteboard
~ مُقَيَّر tar paper
~ نِسبيُّ التسطير ratio paper
وَرَقة leaf, folium
~ أقَنْثوس مُسَنَّنة acanthus *(n.)* (Arch.)
~ ألومنيوم aluminium foil, aluminium leaf
~ إهْليلَجيَّة: بَيْضيَّة الشَّكْل ovate leaf (Bot.)
~ بوغيَّة sporophyl(l) (Bot.)
~ تُوَيجيَّة (في الزهرة) petal (Bot.)
~ دَرقيَّة peltate leaf (Bot.)
~ راحيَّة palmate leaf (Bot.)
~ سَرْخَسيَّة، سَعَفة frond (Bot.)
~ ضخمة macrophyll, megaphyll (Bot.)
~ كأسيَّة (في الزهرة) sepal (Bot.)
~ لاطِئة sessile leaf (Bot.)
~ لوغاريتميَّة arithlog paper (Maths.)
~ مُرَكَّبة compound leaf (Bot.)
~ مُسَنَّنة dentate leaf (Bot.)
~ مَصرِفيَّة، ~ نَقديَّة bank-note
~ مُعبِلة deciduous leaf (Bot.)
~ مُعَنَّقة petiolate leaf (Bot.)
~ نبات leaf (Bot.)
~ نقدية bill *(n.)*
وَرَقتان مُتَقابِلَتان: في ورقةٍ ريشيَّة jugum (Bot.)
وَرَقيُّ الشكل (أو البِنْيَة) foliaceous, foliate
وَرِك haunch, hip, ischium (Zool.)
وَرَل monitor, varan (Zool.)
وَرَمٌ tumo(u)r, neoplasm, -oma (Med.)
~ خَبيث malignant tumo(u)r (Med.)
~ حميد benign tumo(u)r (Med.)
~ شحميّ lipoma (Med.)
~ ليفيّ fibroma (Med.)
وَرَميّ neoplastic, onco- (Med.)
وَرْنيّ: مُجَهَّزٌ بِوَرْنيَّة vernier *(adj.)* (Eng.)
وَرْنيَّة vernier *(n.)* (Eng.)
وَرْنيش، بَرْنيق varnish (Build.)
~ أسودُ صَقيل، ~ الكُوبال japan, black japan (Build.)
~ خَفيضُ الزَّيتيَّة short-oil (varnish)
~ عالي الزَّيتيَّة long-oil (varnish)
وُرود، وُصول، مَجيء arrival, advent, coming
~، سُقوط (الأشِعَّة) incidence (Phys.)
وَريث heir, successor
وَريد vein, vena (Zool.)
الـ ~ الأجوَف vena cava (Zool.)
الـ ~ البابي portal vein (Zool.)
~ صغير، وُرَيِّد venula, venule (Zool.)
الـ ~ الوِداجي jugular vein (Zool.)
وُرَيدة rosette *(n.)*
وَريديّ venous *(adj.)* (Zool.)
وُرَيقة leaflet, foliole *(n.)*
وَزارة ministry
~ الأشغال العامة ministry of public works
~ التخطيط ministry of planning
~ العمل ministry of labo(u)r
~ الموارد الكهرمائية ministry of hydroelectric resources
~ المواصلات ministry of communications

وَزاريّ ministerial
وَزانة: وِزان trim (Aero.)
~ أفقيّة horizontal trim (Aero.)
~ طوليّة longitudinal trim (Aero.)
وَزَّع distribute, dispense, apportion
وَزَغة، سامُّ أَبْرَص gecko (Zool.)
وَزْمَة: مقدار الأخذة الواحدة dose, draft
وَزَنَ weigh *(v.)*
وَزْن، ثِقْل weight *(n.)* (Phys.)
الـ ~: نجمٌ في كوكبة قنطورُس Beta Centauri (Astron.)
الـ ~ الإجمالي gross weight, overall weight
الـ ~ ~ (للطائرة) all-up weight (Aero.)
الـ ~ ~ (للسفينة) dead weight (Naut.)
~ الإقلاع الأقصى max take-off weight (Aero.)
الـ ~ بدون وَقود: بعد استِهلاك الوقود zero-fuel weight (Aero.)
الـ ~ التَّصميميّ design weight (Eng.)
الـ ~ الجُزَيْئيّ molecular weight (Chem.)
~ جُزيئي غرامي gram-molecular weight (Chem.)
الـ ~ الذرّي atomic weight (Chem., Phys.)
~ ذَرّيٌّ غرامي gram-atomic weight (Chem.)
~ زائد overweight
الـ ~ الصافي net weight
~ صَيْدليّ apothecaries' weight (Chem.)
الـ ~ الصِّيغي formula weight (Chem.)
~ صِيغيّ غراميّ gram-formula weight (Chem.)
~ الطائرة قبلَ الإقلاع (في موقفها في المطار) ramp weight (Aero.)
~ ظاهري: لِجسم مَغمور في مائع apparent weight (Phys.)
الـ ~ عندَ الإقلاع takeoff weight (Aero.)
~ غرام gram-weight
الـ ~ الفارغ: الثِّقْلُ بلا حُمولة bare weight, empty weight
الـ ~ ~ (للشاحنة أو الوِعاء)، الطَّريحة tare weight = tare (Civ. Eng.)
~ القَطْرة (الساقِطة): كمقياس للتوتر السَّطحي للسائل drop weight (Phys.)
الـ ~ المُطلَق (في الفَراغ) absolute weight (Phys.)
الـ ~ المُكافِئ combining weight = equivalent weight (Chem.)
~ مكافِئ عام equivalent weight
الـ ~ المُمكِنُ تفريغُه dischargeable weight
الـ ~ النّافِع أو المُستَفاد live weight (Eng.)
~ الناقِلة فارِغةً dead load (Naut.)
~ نِسْبيّ relative weight (Phys.)
الـ ~ النوعي، الكثافةُ النِّسبيَّة specific gravity, specific weight (Phys.)
وَزُون: يُمكِنُ وزنُه weighable *(adj.)*
وَزيم، مِدَقَّة: مأنثُ الزهرة gynaeceum = gynoecium, pistil (Bot.)
وِسادة، نُمْرُقة، مِخَدَّة cushion *(n.)*
~ بُخار steam cushion (Eng.)
~ تَخْميدِ الارتِطام crash cushion (Eng.)
~ دَبابيس pincushion *(n.)*
~ دَعم reinforcing pad (Eng.)
~ رأسِ الخازوق pile cap (Civ. Eng.)
~ رَمْليَّة sand cushion
~ زَيتيَّة (لِتَلْطيف الصَّدَمات) oil cushion (Eng.)
~ مائيَّة water cushion (Eng.)
~ هوائية air cushion (Phys.)
وَساطَة، توَسُّط (للتوفيق) mediation *(n.)*
~ كيماويَّة catalysis (Chem.)
وَساعة، اتساع spaciousness, wideness
وِسام medal, decoration
وَسائِل، وَسِيلة means
~ الاتصال means of communication
~ ~ الجماهيريّ mass media
~ ~ العامَّة mass communication
~ الإيضاح السمعية والبصرية audio-visual aids
~ الراحة accommodations
~ النقل means of transport
وَسَّخَ، لَوَّثَ dirty, foul, soil, grime *(v.)*
وَسِخ، مُوَسَّخ dirty, filthy, soiled, grimy, fouled
وَسَخ، قَذارة filth, dirt, squalor
~ لَصيق grime
وَسَّدَ: لَطَّفَ الصَّدمة بالوِسادات cushion (Eng.)
وَسَط، مُتوسِّط mean, medium
~، مُنتَصف mid, middle, center
~، بِيئَة medium, milieu, environment
~ تَبريد cooling medium (Eng.)
~ التشتيت dispersion medium (Chem.)
~ تَوافُقي harmonic mean (Maths.)
الـ ~ الحِسابي average, arithmetic(al) mean (Maths.)
~ شَفّاف transparent medium (Opt.)
~ العَيِّنة sample mean (Stats.)
~ كاسِر refractive medium (Phys.)
~ كثيف dense medium (Phys.)
~ مُتباينُ الخواص: في الاتجاهات المُختلفة anisotropic medium (Phys.)
الـ ~ المُتَدخِّل intervening medium
~ مُتَناحٍ: مُتجانِسُ الخَواصّ في جميع الاتِّجاهات isotropic medium (Phys.)
~ مُخَلْخَل: قَليلُ الكثافة rare medium (Phys.)
~ مُشَتِّت dispersive medium (Chem.)
~ مُوصِّل conducting medium (Phys.)
~ هَندَسي geometrical mean (Maths.)
وَسَطا التناسُب means (Maths.)
وُسَطاءُ مُتقايِسَة isometric parameters (Maths.)
وَسَطيّ، إنْسِيّ medial (Med.)
~، مُتَوَسِّط median, medium *(adj.)*
~ التَّشَكُّل: بين المُتَبَلِّر واللابلَّوري mesomorphous *(adj.)* (Chem.)
وَسَّع widen, enlarge
~، مَدَّد، اِتَّسع، تمَدَّد dilate, expand, extend
~ الثَّقب، قَوَّرَ ream (Eng.)
~ (أو باعد) ما بين space
~ الطَّرَف، فَلَّج flare *(v.)*
وُسْع، سَعة capacity (Phys.)
وَسَق، حَمَّل load, stow
وَسْق، تحميل loading, lading, freightage
~، حِمْل، شَحْنة load, freight, cargo, shipment
وَسَمَ، وضعَ علامة، دَمَغَ brand, label, mark, stamp
وَسْم: تَعليم (بعَلامة) marking, labelling
~، دَمْغ branding

وَسْمَة: علامة دليلية (على جذع شجرةٍ مثلًا) — blaze (Surv.)

~: تُميِّز ما تمّت مُعايَنته في هيكل البيانات — tag (Comp.)

~ مُرَمَّزة — tag, sentinel, marker, flag (Comp.)

وَسَن، نُعاس — drowsiness, sleepiness, somnolence

وَسْواس، وَسْوَسة، هاجِس — obsession *(n.)*

وَسيط — intermediary, mediator, agent

~، سِمْسار — middleman, broker

~، مَعْلَم — parameter (Maths.)

~ إدخالٍ برامجيّ — argument (Comp.)

~ (أو حافِزٍ) بلاتينيّ — platinum catalyst (Chem.)

~ تخزين: مركزُ تخزينٍ مؤقّت بين نَبيطتين طرفيّتين — buffer (Comp.)

~ تَشْتيت — dispersing agent (Chem.)

~ تهدئة — moderator (Nuc. Eng.)

~ الشحن — forwarding agent

~ مُستَحلِب — emulsifying agent (Chem.)

~ (أو مَعْلَمٌ) مَوجيّ — wave parameter (Phys.)

وَسيطيّ — parametric

وَسيلة، نَبيطة — device

~، ذَريعة — means, expedient

~، أداة — tool, implement

~ اتِّصال — means of communication *(n.)*

(~) الإدارة الرئيسية — main drive (Mech.)

~ إعتاق — tripping device (Eng.)

~ أمانٍ الكترونية — electronic safeguard (Electron.)

~ تَسْخين، أداةُ تَسْخين — heating appliance (Elec. Eng.)

~ تَنَصُّت — wiretap (Teleph.)

~ نَقْل — conveyance, (means of) transport

وَشَّجَ، شَبَّكَ، تشابَكَ، تَلافَّ — interwine

وُشَّق: صَمْغٌ طِبِّيّ — gum (or Persian) ammoniac

الوَشَق: كوكبة شمالية — Lynx (The Lynx) (Astron.)

وَشَل: سالَ قليلًا قليلًا — trickle *(v.)*

وَشيظَة، خابور، سَفين، وُتَيْد — cotter *(n.)*

وَشيعة، مِلَفّ — solenoid, coil (Elec. Eng.)

~، بكرة — spool, reel, bobbin

~، مِغزَل — spindle

~، مَكُّوك — shuttle

~ إشعال — ignition coil (Elec. Eng.)

~ تحريض — induction coil (Elec. Eng.)

~ تحميل الهوائي — antenna loading coil (Elec. Comm.)

وَشيك، قَريبُ الحُدوث — imminent, impending

وِصاد: غِطاءٌ سِدْليٌّ واقٍ — operculum (Biol.)

وِصايَة: الوِلاية على القاصر — trusteeship, guardianship, wardship

وَصَفَ — describe *(v.)*

~ (عِلاجًا) — prescribe *(v.)*

وَصْفٌ — description

~ الشُّغْلة، مُواصَفةُ العَمَل — job description

وَصَّفَ، واصَفَ: حدَّد المواصفات — specify, state specifications

وَصْفَة — recipe *(n.)*

~ دوائيَّة — prescription *(n.)*

وَصْفيّ — descriptive

وَصَلَ، ضَمَّ — conjoin, unite

~، اِتَّصَلَ، رَبَطَ — connect, join, link, attach

~، بَلَغ — reach

~ أو اِتَّصَلَ (بِـ) (كأطراف الأوعية أو الأنابيب) — anastomose, inosculate *(v.)*

~ ~ بإحكام (كألواح السفينة) — fay *(v.)*

~ ~ بمفاصِل — articulate *(v.)*

~ البئر (بشبكة الإنتاج) — buck on (a well) (Pet. Eng.)

~ بحَلَمةٍ أو نَبْل — nipple (Eng.)

وَصَّلَ، أَوْصَلَ (الحرارة أو التيّار) — conduct *(v.)* (Phys.)

~، رَبَطَ — joint, connect

~ بأسلاك (أو رُقَعٍ) مؤقتة أو على عجَل — patch

~ بالتناكُب، ناكَبَ — butt *(v.)*

~ على التعاقُب، شَلْشَلَ — cascade *(v.)*

~ مفصليًّا — toggle (Eng.)

وَصْل، إيصال — receipt

~، رَبْط، تَوصيل — connection = connexion, linking

~، وُصْلَة، اِتِّصال تَفَرُّع — juncture, junction

~ إطاريّ — frame connection (Eng.)

~ (أو قَفْلُ) الدارة — switching on (or off) (Elec. Eng.)

~ بالتراكُب — splicing

~ بالقَمط — clamp connection (Eng.)

~ بمِقْلادَيْن — two-switch connection (Elec. Eng.)

~ بَيْنيّ — interconnection (Elec. Comm.)

~ تَعاقُبي — cascade connection (Elec. Eng.)

~ تَقارُني، قَرْن — coupling *(n.)* (Eng.)

~ على التوازي — parallel connection (Elec. Eng.)

~ ~ التوالي — series connection, line-up *(n.)* (Elec. Eng.)

~ قَنْطَريّ — bridging (Elec. Eng.)

~ مُثَلَّثيّ مَفتوح — V-(or vee) connection (Elec. Eng.)

~ مُحكَمٌ — tight coupling (Eng.)

~ مُعَوَّق — delayed make (Elec. Eng.)

~ مؤقَّت — lash-up (Elec. Eng.)

~ نَجميّ مُثَلَّثيّ — star-delta connection (Elec. Eng.)

وُصلاتُ (تَطْويل) **ساقِ الضَّخّ** — pony rods (Eng.)

وَصْلَة: الرابِطة بين ذرّتين في جُزَيء — bond (Chem.)

~ أيونيَّة، ~ شارِديَّة — ionic bond (Chem.)

~ ثُنائيَّة، ترابُط مُزدوج — double bond (Chem.)

وُصْلَة، مَوْصِل — junction, joint, join *(n.)*

~، رابِط، حَلَقةُ رَبْط — link

~ أُحاديَّة: تقوم بالاتصالات في الاتجاهين لكن ليس في الوقت نفسه — half duplex (Elec. Comm.)

~ ارتِكاز دَوَرانيّ — pivot joint (Eng.)

~ افتِراز — rabbet(ted) joint (Carp.)

~ التِئام — seam, welt *(n.)* (Build.)

~ امتِداد مُستقيمة — straight-through joint (Build.)

~ امتداديَّة التراكُب — scarf (Build.)

~ أنابيب، جُلْبَة مَواسير — pipe union, pipe bushing (Plumb.)

~ ~ تَمَدُّديَّة — pipe expansion joint (Eng.)

~ (~) مُشَفَّهة — lip union (Plumb.)

~ ~ (مُلولَبةُ الطرفَين) — union *(n.)* (Build.)

وُصْلَة (تابع)

~ٌ أنبوبية متصالبة: رُباعية التفرُّع cross (n.) (Build.)
~ ~ مُصَغِّرة pipe reducer (Build.)
~ٌ انْثِناء flexion joint (Eng.)
~ٌ انكماشيَّةٌ shrinkage joint (Civ. Eng.)
~ٌ أو عُنقُ تعبئة الخَزّان tank filler
الـ ~ٌ البارِدة: في مُزدوجة حراريَّة cold junction (Phys.)
~ٌ بجُلْبَة، قارِنَة كُمِّيَّة socket joint (Eng.)
~ٌ بخَابُور keyed joint (Eng.)
~ بخابورَين gib-and-cotter joint (Eng.)
~ بَديلة alternative connection (Elec. Comm.)
~ بَوّابيَّة gateway (Eng., Comp.)
~ٌ بيانات data link (Comp.)
~ٌ بَيْنيَّة: بين نبيطتين interface (Comp.)
~ٌ تائيَّةٌ غيرُ قائمة sweep tee (Plumb.)
~ٌ تَجْسير bridging connection (Eng.)
~ تَخَطٍّ jump-over, jumping connection (Eng.)
~ٌ تَراكُب، ~ٌ تَراكُبيَّة spliced joint, lap joint
~ ~ (بألواح جانبية) fish(ed) joint
~ ~ حَدِّيّ تَصالُبيّ edge-cross lap joint
~ ~ طَرَفيَّة، ~ ~ رُكنيَّة: مُنَصَّفةُ ثَخانةِ طَرَفَي التراكُب end-lap joint (Carp.)
~ٌ تَصالُبيَّة cross connection (Eng.)
~ٌ تَطْويل extension, lengthening joint (Eng.)
~ تَعْشيق joggle joint (Build.)
~ (تغطية) شريطية tape joint (Build.)
~ تفرُّع، ~ تَفريع branch joint, shunt connection (Elec. Eng.)
~ تقارُن: بين طرفَي مُوَصِّلين coupling joint (Eng.)
~ تماسّ، ~ تناكُب butt joint (Elec. Eng.)
~ تَمَدُّد expansion joint (Eng.)
~ تَناكُب jump joint, butt joint (Carp., Eng.)
~ ~ مُبرشمة riveted butt joint (Eng.)
~ ~ مُشَفَّهة flange butt joint (Eng.)
~ٌ تَنْصيفيَّة halved joint (Carp.)
~ ثُلاثيَّة التفرُّع (بشكل T) tee joint (Elec. Eng.)
~ ~ ~ (بشكل Y) Y-joint (Elec. Eng.)

~ جافَّة dry joint (Elec. Eng.)
~ٌ جَدْلٍ splice
~ٌ جُلْبيَّة sleeve joint (Elec. Eng.)
~ حافِّيَّة، ~ طرفيَّة edge-joint
~ حراريَّة، مَوْصِلٌ حراريّ thermojunction (Elec. Eng.)
~ٌ حَزٍّ ولِسان tongue-and-groove joint (Carp.)
~ حَشْوٍ تَمَدُّديَّة gland joint (Eng.)
~ٌ حُقِّيَّة socket joint
~ خُرطوميَّة hose joint (Eng.)
~ خُطّافيَّة hook joint (Build.)
~ٌ دَسْر dowel joint (Eng.)
~ٌ دَوّارة rotating joint (Elec. Comm.)
~ ذاتُ خابور cotter joint
~ ~ شُعْبَتَيْن wye (or tee) connection = star connection
~ٌ ذَكَرٍ وأُنثى spigot end (Eng.)
~ رأسٍ وذَيل spigot-and-socket joint, bell-and-spigot joint (Eng.)
~ٌ رَصاصيَّة lead joint (Plumb.)
~ٌ رِيشيَّة: وُصلةُ حَزٍّ ولِسان feather joint (Carp.)
~ زالِقة أو مُنْزَلِقَة slip joint, sliding joint (Eng.)
~ زاويَّة angle-joint, corner joint
~ ~ غِنْفاريَّة lap dovetail, drawer front dovetail (Carp.)
~ زائفة dummy coupling
~ سَبيكيَّة alloy junction, fused junction (Elec. Eng.)
~ٌ سَحْب drag link (Eng.)
~ٌ سَدُودة للهواء air-tight joint
~ سَرْجيَّة (طارِدة للماء) water joint = saddle joint (Build.)
~ سِلْكيَّة wire link (Elec. Eng.)
~ٌ سَنام الجَمالُون hip joint
~ٌ سِنانيَّة bayonet joint (Eng.)
~ شِبْهُ مُوَصِّلة: مِنطَقةُ اتصالِ شِبْهِ المُوصِّلَين semi-conductor junction (Electron.)
~ شَدّادة turnbuckle joint (Eng.)
~ٌ شَطْبٍ قائمة square mitre (Carp.)
~ٌ صَهُور(ة) fusible link (Elec. Eng.)
~ طَرَفية، ~ حافِّيَّة edge-joint (Carp.)

~ ~ تراكُبيَّة (لطرفي الفيلم أو الشريط) splice
~ طولانية longitudinal joint (Carp.)
~ عازِلة isolating link (Elec. Eng.)
~ عامَّةُ (أو جامِعةُ) الحركة universal joint (Eng.)
~ٌ عُبور، ~ٌ تَخَطٍّ jumper (Elec. Eng.)
~ٌ عَصَبيَّة commissure (Zool.)
~ غائرة: بين حجارة البناء المُتَتاخِمة rustic joint (Build.)
~ٌ غِنفاريَّة dovetail joint (Eng.)
~ ~ خَفيَّة secret dovetail (Carp.)
~ قارِنة coupling joint (Eng.)
~ قائمة square junction (Plumb.)
~ ~ ثلاثية T-connector (Eng.)
~ٌ قَبْس (بينَ قابِسٍ ومَقبِس) plug-and-socket connection (Elec. Eng.)
~ٌ «كَردان»، ~ٌ عامَّةُ الحركة Cardan joint (Eng.)
~ٌ كُروية ball joint (Mech.), spherical joint (Eng.)
~ لابرنثيَّة: ذاتُ مَحْوًى تِيهيّ labyrinth joint (Eng.)
~ لا تحتمِلُ الشَّد non-tension joint (Elec. Eng.)
~ لالِحاميَّة solderless connection (Eng.)
~ لِحام ارتِشاحي sweated joint (Eng.)
~ ~ امتداديَّةُ التراكُب scarf weld(ing) (Elec. Eng.)
~ ~ تراكُبيّ lap-welded joint (Plumb.)
~ٌ لَفّ wrap joint (Elec. Eng.)
~ٌ مائِلة oblique joint (Carp., Eng.)
~ مُبَرْشَمة riveted joint (Eng.)
~ مُبَيَّتة housed joint (Carp.)
~ مُتَحرِّكة moving joint (Eng.)
~ مُتَخالِفة: لا تتسامَتُ فيها وُصلات الطوب أو القَرميد في المداميك المُتجاورة break(ing) joint (Build.)
~ مُتَداخِلة telescope(d) joint (Eng.)
~ٌ مُتَشَعِّبة fork-joint, Y-joint (Elec. Eng.)
~ مُتَغايرة: بين شبه موصلين مختلفين heterojunction (Electron.)
~ مُتناكِبة abutting joint (Eng.)
~ مَجْدولة: بين جَدائل الكَبْلَين spliced joint (Elec. Eng.)

وُصْلَة (تابع)

~ مُجَلْفَطة caulked joint (Eng.)
~ مُحيطيَّة circumferential joint (Eng.)
~ مُخَدَّدة، ~ بِلُسَيِّن splined joint (Eng.)
~ مَخروطيَّة cone joint (Eng.)
~ مَخصوفة: في حافة المَنْسوج welted joint
~ مَخْفِيَّة concealed joint (Carp.)
~ُ مَداميك coursing joint (Build.)
~ُ مُدَسَّرة الحَوافّ edge-doweled joint (Build., Eng.)
~ مِرفَقيَّة elbow-joint (Eng.)
~ مِروَحيَّة fan connector (Elec. Eng.)
~ مَرونة: قابلة للانثناء flexible joint
~ مُستعرِضة transverse joint (Build.)
~ مِسمارية (ذَكَر وأُنثى) pin joint (Eng.)
~ مُسَنَّنة threaded joint (Eng.)
~ ~: لِوَصل جهاز كهربائي hickey (Elec. Eng.)
~ مَسيكة (أو كَتيمة) tight joint, leak-proof joint (Eng.)
~ مَشطوبة mitre, mitre joint (Eng.)
~ مَشقوبة slot link (Eng.)
~ (أو وَصيلة) مُصَغِّرة reducing coupling, reducing socket (Eng.)
~ مُصَغِّرة أنثيَّة ذَكَريَّة pin-to-box sub (Eng.)
~ ~ ذَكَريَّةُ الطرَفَين pin-to-pin sub (Eng.)
~ُ مُعاوَقة impedance bond (Elec. Eng.)
~ُ مُغَضَّنة bellows joint (Eng.)
~ مِغْنَطيسية magnetic link (Elec. Eng.)
~ مَفْصِلِيَّة hinged joint, knee joint, toggle joint (Eng.)
~ ~ دَوّارة (الأجزاء) swing joint (Eng.)
~ مُقْحَمة inserted joint (Eng.)
~ مُلَحَّمة welded joint (Eng.)
~ ~ (بأشابة صلدة) braze (n.) (Eng.)
~ مَلحومة بالصَّب cast-welded joint (Eng.)
~ مَمْسوحَة (بين أنبوبَي رَصاص مُتداخِلَين) wipe(d) joint (Plumb.)
~ مُنزَلِقةٌ (أو زالِقة): تسمحُ بالتمدُّد slip joint (Eng.)
~ مُنَمّاة: بتغيير أنواع الشوائب المُتقبِّلة والمانِحة خلالَ إنماء البلورة شبه الموصلة grown junction (Electron.)
~ُ مُهايِئَة adapter (or adaptor) (n.) (Elec. Eng.)
~ ~ لِلمِصباح lamp adapter (Elec. Eng.)
~ُ مُواءَمة، ~ُ مُطابِقة matched joint (Build.)
~ مَواسير pipe union (Eng.)
~ُ مُؤَقَّتة patch (n.) (Elec. Comm.)
~ُ نُحاسية copper joint (Eng.)
~ نِصفُ راكِبة half-lap joint (Carp.)
~ُ نَقْرٍ ولِسانٍ نِصفيَّة blind mortise-and-tenon joint (Carp.)
~ نُقْرَةٍ ولِسان tenon joint, mortise-and-tenon joint, mortise joint (Carp.)
~ ~ ~ إسفينيَّة wedged mortise-and-tenon joint (Carp.)
~ «هُوك» العامَّةُ الحَرَكة Hooke's joint (Eng.)
~ُ وَصِيلة union joint (Plumb.)

وَصْليّ، رَبْطيّ، قارِن syndetic
وُصْليَّة، وُصْليَّةُ الفَيض linkage, flux linkage (Elec. Eng.)
وَصْمَة blemish, blot, smirch
وَصْواص، ثَقْبُ المِفتاح keyhole, peephole
وَصُول: يُمكن الوصول إليه reachable, accessible
وُصُول، وُرود arrival (n.)
~، بُلوغ reach
~ُ مُباشِر (أو فَوريّ) direct access, immediate access (Comp.)
وُصوليّ، اِنتِهازي opportunist, self-seeker
وَصوليَّة: مُتاحيَّةُ الوصول reachability
وَصيّ guardian, trustee
وَصِيَّة، نَصيحة recommendation, advice
~، أمر commandment, order
~: ما يُوصي به المُوَرِّث will, testament
وَصِيف، خادِم orderly, servant
وَصِيلة (أُنظر: وُصلة) link, union, connector, coupling
~ مُصَغِّرة reducer, reducing socket, reducing pipe joint (Eng.)
~ ~ للمَجْرى conduit reducer (Build.)
وَضّاء، نَيِّر luminiferous (Phys.)
وَضَّحَ، شَرَحَ وفَسَّر explicate, explain, clarify
~ بالأمثِلة illustrate

وَضَعَ lay (v.)
~ عَلامةً check, mark (v.)
~ في زُجاجات، عبَّأ في قوارير bottle (v.)

وَضْع، توضيع placement, positioning (n.)
~، مَدّ laying (n.)
~، وَضْعَة position, lie, setting, lay
~، وَضعيَّة attitude (Aero.)
~، تَبْييت lodgement = lodgment
~، حالة condition, state, status, situation
~، وِلادة parturition, labo(u)r (Zool.)
~ُ الابتداء zero position
~ الاتصال (لِلمفتاح) on-position (of a switch) (Elec. Eng.)
~ الاستِقداح cocked position (Mil.)
~ الاستِقرار position of rest (Mech.)
~ انعدام الحِمْل idling (Eng.)
~ ألبَدْء (أو الانطلاق) starting position
~ُ التعادُل neutral position (Phys.)
~ الخَرائط mapping (Surv.)
~ ~ المُجَسَّمة stereocartography (Surv.)
~ الدَّوَران البَطيء idling position (Eng.)
~ُ رأسِيّ vertical position
الـ ~ُ الراهِن status quo
~ الصِّفْر، ~ الابتداء zero position (Phys.)
~ عَلاماتِ التشغيل marking-off (Eng.)
~ ~ الحُدود (أو المستويات) marking-out (Build., Surv.)
الـ ~ القانوني status (n.)
~ُ القُدرة الكامِلة full gear (Eng.)
~ القَطْع (لِلمفتاح أو المِقلاد) off-position (of a switch) (Elec. Eng.)
~ القَفْل closed position
~ُ مُباشِر direct laying
~ مُتَماثِل (أو مُتناظِر) symmetrical position
~ مُنحَرِف deflected position
~ نِسبيّ relative position (Naut., Aero.)
الـ ~ُ النِّهائي ultimate set (Mech.)
~ُ اليَد (عَنْوَةً أو مُصادرةً) seizure

وِضْعَة، وَضْع، وَضْعَة pose, posture, state
وَضعِيَّة situation, setting
وُضوح، صَفاء clarity, clearness

وُضوح (تابع)

~، جلاء، إستبانة — definition, clearness, distinctness
~، مَفهومية — intelligibility, lucidity
~ الرؤية — visibility
~ النطق — articulation
وَضيع، حقير — mean, menial
وَطِئ، داسَ — tread
الوِطاء: الكُتلةُ السُفليَّة ذاتُ البِلَّوراتِ الأدَقّ من الصَّخر الناري تنغرز فيها البلورات البارزة — groundmass (Geol.)
~: تَحْت السَّرير البَصَريّ — hypothalamus (Zool.)
وِطاء: نَسيجٌ بَيْنيّ — matrix *(n.)* (Bot., Zool.)
وَطْأة، شِدَّة — stress, brunt
وَطِيء، خَفيض — low
الـوَطِّيَّة: القُدرة (بالواط) — wattage (Elec. Eng.)
وَطيد، راسِخ — firm, steadfast; well-(or firmly) established
وَطِيدَة: قِطعةُ القاعِدة — plinth, solepiece (Civ. Eng., Build.)
وَظائفي، فِسْيولوجي — physiological
وَظِيف — shank, cannon bone (Zool.)
وَظيفة، عَمَل — post, function, job, work, office, employment
~، مِهْنة — profession, vocation
~ حيوية — vital function (Biol.)
~ شاغِرة — vacancy, vacant post or position
وَظيفيّ، مُؤَدٍّ وَظيفةً — functional *(adj.)*
وِعاء، إناء — container, receptacle, vessel
~ أسطواني — bottle, drum
~ بَيْضيُّ الشَّكْل — egg *(n.)*
~ تجفيف — desiccator (Chem.)
~ تخميد التَمَوُّر — surge drum (Eng.)
~ تَوهين (أو مضاءَلة) — dash-pot (Eng.)
~ دَمَويّ — blood vessel (Zool.)
~ دَوّار (للإسمَنْت) — rotovoy (Civ. Eng.)
~ الرَّماد — ash pan
~ الرمل — sand bin (Foundry)
~ شَعْريّ — capillary (Zool.)
~ صَهْر — melting pot (Foundry)
~ ضَغطيّ (صامِدٌ للضغط) — pressure vessel (Eng.)
~ الغاز: وِعاءُ تَجميع الغاز — gas jar (Chem.)

~ «لَيْدِن»: لتكثيفِ الشُحنات الكَهربائيَّة الساكِنة — Leyden jar (Elec. Eng.)
~ مُدَرَّج — graduate, graduated vessel (Chem.)
وِعائي — vascular (Bot., Zool.)
وِعائيّاتُ البزور: طائفة كاسيات البزور — angiosperms (Bot.)
وَعْث: رَمْلٌ سريعُ الانهيار، وَعْسَة — quicksand, running sand (Geol.)
وَعْر — rough, rugged
وَعكَة — ailment, malaise (Med.)
وَعْيٌ، إدراك، شُعُور — consciousness, awareness
اللاوَعْي — unconsciousness
وَفى (سَدَّد) — pay up, settle
~ (بالغَرَض) — fulfil(l), satisfy, meet
وَفاء، أمانةُ الأداء — fidelity (Elec. Comm.)
وَفاة، مَوت — death
وِفاق، اِنسِجام — concord(ance), harmony
~، اِتفاق — agreement, accord
وَفْد، ~ مُفَوَّض — delegation
وَفَّرَ، اِقتصد — save, economize
~، أتاحَ — make, available
~، زَوَّد — provide
وَفْرة — abundance
الـ ~ الكَونيَّة — cosmic abundance (Chem.)
~ مُفرِطة — overabundance *(n.)*
الـ ~ النسبية — relative abundance (Phys.)
~ النَّظائر — isotopic abundance (Phys.)
وَفَّق، نَسَّقَ، تَوافَقَ، اِنسَجَم — harmonize *(v.)*
~ ما بين — conciliate, reconcile
وَفْقًا لِـ — according to, in conformity with
وَفيّ، مُخلِص — faithful, loyal
وَفَيات، مُعَدَّلُ الوَفيات — mortality *(n.)* (Ecol.)
وَفير، مُتَوفِّر بِغَزارة — abundant, plenty, copious, plentiful
وِقاء، واقية — guard, shield, fender (Eng.)
~، ذَرا — shelter
~ الإشعاع — apron (Nuc. Eng.)
~ التُّرس (في المِخرطة) — apron conveyor (Eng.)
~ الصِّمام — valve guard (Eng.)
~ المِرْوَحة، قَفَصُ المِروَحة — fan guard
وَقّاد (القاطِرة أو الفُرن) — stoker, fireman
~ سُفليُّ التغذِية — underfeed stoker (Eng.)

~ ميكانيكي — mechanical stoker (Eng.)
وِقاية — protection, preventive treatment
الـ ~ الأرضيَّة: قاطِعُ دارةٍ يعمل عند تأرُّض الدارة خطأً — ground protection (Elec. Eng.)
~ افتِدائيَّة، ~ بالأنود الذوّاب (أو المُنْحَلّ) — sacrificial protection (Eng.)
~ عِنْدَ تجاوُز السُّرعة (أو جهاز هذه الوِقاية) — overspeed protection (Elec. Eng.)
الـ ~ عندَ تجاوُزِ القُدرة — overpower protection (Eng.)
~ كَهرَليَّة (بالأنود الذوّاب) — electrolytic protection (Eng.)
~ مَسافيَّة: نظامٌ وقائي بقياس المعاوقة — distance protection = impedance protective system (Elec. Eng.)
~ المِلَفّات — file protection (Comp.)
الـ ~ من أخطار اللِّيزر — laser protection
وِقائي — protective, preventive, precautionary
وَقْب، تجويف — socket, cavity
~ (أو فُجَّةُ) المِنشار: بين سِنَّين — gullet, saw gullet (Build.)
وَقْبَة، حُفرةٌ قِدريَّة — pothole, kettle (Geol.)
~، نُتوءٌ مُستدير (على كامةٍ غالِبًا) — lobe (Eng.)
~ العَيْن — orbit, eye socket (Zool.)
~ المِثقب — drill socket (Eng.)
~ مُرَكَّبة، قُعيرةٌ ضَخمة — downwarp, synclinorium (Geol.)
وَقَّت — time *(v.)*
وَقْت، زَمَن — time *(n.)*
~ إضافي — overtime
~ الإنجاز المُقَدَّر — estimated time of completion
~ التوقُّف — downtime (Comp.)
~ العمل، الـ ~ المُجدي — uptime (Comp.)
الـ ~ الفِعليّ، الـ ~ الآني: وَقتُ حُدوث الشيءِ مُباشرةً — real time (Comp.)
الـ ~ القياسيّ — standard time (Astron.)
وَقْتي، مُؤَقَّت — temporary, tentative
وَقْد، اِشتِعال — burning, combustion (Chem.)
~ مُوَجَّه: يَضبِطُ به محركُ الصاروخ المسارَ — burn (Space)
وَقَع، سقط — fall, drop

وَقَع (تابع)

~، حدَث occur, happen, take place

وَقَّع sign

~ بالأحرف الأولى initial

~ تعهُّدًا بالضمان (أو التأمين) underwrite

وَقْع، تأثير effect

~، نَسَق tempo *(n.)*

وَقَفَ، أوقَفَ، توقَّفَ stop, halt

~: قامَ من قُعود stand

وَقْف، توقُّف stopping, stoppage

~، إيقاف (لِخَلَلٍ طارئ) abort (Space)

~ العَمَل (أو العمال في مصنع) layoff

~ النَّزف h(a)emostasis (Med.)

وَقود fuel *(n.)* (Chem.)

~ أحفوري fossil fuel (Geol.)

~ اصطِناعي synthetic fuel (Chem.)

~ بَديل substitute fuel (Chem.)

~ بشكلِ قَوالِبَ briquet fuel

~ تِلْقائيُّ الاشتِعال (يتألَّفُ مِن وَقودٍ ومؤكسِد) hypergolic fuel (Chem.)

~ داسِر، ~ دَفعيّ propellant or propellent, propellent fuel (Space)

~ الدِّيزل diesel fuel (Pet. Eng.)

~ رَزغ slurry fuel (Nuc. Eng.)

~ السُّفن bunker fuel

~ صُلْب solid fuel

~ صَواريخ rocket fuel (Chem.)

~ طائرات aviation spirit (or fuel) (Aero.)

~ عالي المَرتَبة high-grade fuel (Eng.)

~ غازيّ gaseous fuel

~ فائض surplus fuel

~ كُحولي alcohol fuel (Autos.)

~ لادُخانيّ smokeless fuel

~ مانعٌ للخَبْط anti-knock fuel (Pet. Eng.)

~ مُتطاير volatile fuel

~ مُثْرًى أو مُزَوَّد enriched fuel (Chem. Eng., Phys.)

~ مُحَرِّكات engine fuel, motor fuel

~ المُحَرِّكات التّربينية turbo-fuel

~ مُدَمَّم: مُعالَجٌ بإضافةٍ مُحَسِّنة doped fuel (Chem.)

~ مُذَرًّى atomized fuel

~ مَرجِعيّ (لِلمُعايَرة) reference fuel (Pet. Eng.)

~ مُركَّب أو مُؤلَّف: يتألَّفُ مِن وَقود ومُؤكسِدٍ معًا composite fuel (Chem.)

~ مُعالَجٌ بالرَّصاص (بِشَكْل رابع إثيل الرَّصاص) leaded fuel (Pet. Eng.)

~ المُفاعِل reactor fuel (Nuc. Eng.)

~ مُنخَفِضُ المَرتَبة low-grade fuel (Eng.)

~ مُولَّف blended fuel (Chem.)

~ النفّاثات jet fuel (Aero.)

~ نَوَوِي nuclear fuel (Phys.)

~ هَيْدروكربوني hydrocarbon fuel (Chem.)

وُقوع، حُدوث incidence, occurrence

~، سُقوط fall(ing)

وُقوف، توَقُّف stoppage, halting

وَقيَّة، أوقية ounce

وَكالة، توكيل power of attorney, proxy

~: مؤسسة أعمال agency

الـ ~ الدَّوليَّة للطّاقةِ النوَويَّة International Atomic Energy Agency (Nuc. Eng.)

~ رَسميَّة warrant of attorney

~ سفريَّات travel agency

~ شَحْنٍ بَحْريّ shipping agency

وَكَلَ (إلى) entrust *(v.)*

وَكَّلَ depute, appoint as proxy

وَكيل (تجاري) agent *(n.)*

~ (ينوب عن مُوكِّله أو يُمثِّله) deputy, representative

~ بالعُمولة commission agent

~ تخليص (جُمْرُكي) clearing agent

~ الرُّبّان mate (Naut.)

~ عَريف lance corporal (Mil.)

~ مُخَوَّل authorized agent

~ مُعتَمَد accredited agent

~ النَّقل، وَسيطُ الشَّحْن forwarding agent

وَلاء، إخلاص loyalty

وِلادة parturition, birth, delivery (Zool.)

وَلّاعة (لإشعال الغاز) gas-lighter

وِلاية، وِصاية guardianship

~: فترة الحُكم أو الحُكم ذاته rule, reign

~، إقليم state, province

ولَج، دَخَلَ enter

وَلَّجَ، كلَّفَ بِـ أو فوَّضَ إلى entrust, charge with

وَلَّدَ، اِستولَدَ breed, raise

~، كَوَّنَ، أحدَثَ، أنتج generate, produce

وَلَّفَ: خَلَط (للمُوالَفة) mingle, blend, mix

~، آلَفَ، والَفَ tune (Acous.)

الوُلْفَرام، التَّنْجِستِن wolfram = tungsten (Chem.)

وُلوج، دُخول access, entry *(n.)* (Comp.)

~ بُعادي remote access (Comp.)

~ تتابُعيّ sequential access (Comp.)

~ عَشْوائي random access (Comp.)

الـ ~ المُباشِر إلى الذاكرة direct memory access (Comp.)

وَلود: يُنجِبُ أحياءً viviparous (Zool.)

وَلوف: قَابِلٌ لِلمُوالَفة، نَغُوم tun(e)able *(adj.)* (Acous.)

وَليجَة insert

~ وَصْل insertion joint (Eng.)

وَليد، حديث التولُّد nascent (Chem.)

وَليدة، نِتاجٌ وَليد daughter (Phys.)

وَمّاض، وَمّاضة flasher, scintillator *(n.)* (Elec. Eng.)

~، مُومِض flashing, scintillating (Phys.)

~ إشاريّ sign flasher (Elec. Eng.)

وَمَد، رُطوبة humidity (Meteor.)

وَمَضَ blink, glint, glance, flash *(v.)*

وَمْض، وَمَضان، وَمْضَة scintillation, blinking *(n.)* (Phys.)

وَمْضَة blink, flash, glance, gleam, glint

الـ ~ الخضراء: آخر ومضة من نور الشمس قبل غُروبها green flash (Astron.)

~ راداريَّة pip = blip (Radar)

~ (~) قَويَّة bloomer (Radio)

وَميض، وَمْضَة flash *(n.)* (Phys.)

~، تألُّق shimmering *(n.)* (Phys.)

~ الانطلاق discharge flash

~ جليدي iceblink (Meteor.)

~ خَلْفيّ back flash

~ فُسفوري، تفَسْفُر phosphorescence (Chem.)

~ الفوهة muzzle flash (Mil.)

~ واهِن، بَصيص glimmer

وِنْش، مِرفاع (تُرسِيّ) winch *(n.)* (Eng.)

~ ذو مُحَرِّك motor winch (Eng.)

~ الرَّفع hoisting winch, hoist, crane

وَهّاج glowing, candescent, blazing, candent (Phys.)
وَهْج، وَهَج blaze, glow, glare
~ٌ لَيليّ night glow (Astron.)
وَهْدَة، حُفرة crater (Geol.)
~، وادٍ صغير dell = den, glen (Geol.)
~ٌ شلّالية: بالماء الساقط plunge (Geol.)
وَهَق: حَبلٌ ذُو أُنشوطة، أُحبُولة lariat, lasso *(n.)*
وَهم delusion, fantasy, illusion, fancy

وَهْميّ، خَياليّ fictitious, imaginary *(adj.)*
~، زَائِف، كاذِب phantom, unreal
وَهَن، خَوَرُ القُوَّة (العَضليّة) asthenia (Med.)
~، إنهاك exhaustion, fatigue
~، تَوهين attenuation (Phys., Elec. Comm.)
~ُ التَّرشيح filter attenuation (Elec. Comm.)
~ العَظْم osteoclasty (Med.)
~ المَوجات wave attenuation (Elec. Comm.)

وهو المطلوب إثباتُه QED (quod erat demonstrandum) (Maths.)
~ ~ عملُه QEF (quod erat fasciendum) (Maths.)
وَهيج: شوظٌ طُفاوي يُرافق البقعَ الشمسيَّة flare (Astron.)
وَؤوم (أُنظر: وَءوم) compatible
وِيبَر: الوحدة العملية لِلْفَيض المغنطيسي (١٠^٨ ماكسويل) weber (Elec. Eng.)
وَيْج: عريشُ العربة أو المركبة till, beam

ي

ي: الرمز الكيماوي لعنصر اليود — I (iodine) (Chem.)
يابس — stiff, rigid
اليابِسَة: البَرُّ (ما لا تغمره مياه البحر من الأرض) — land, terra firma (Geog.)
يارْدَة — yard *(n.)*
يافِع — adolescent, pubescent, teenager
يافِعة: حشرة مكتملة — adult insect, imago (Zool.)
يافوخ — fontanel(le) (Zool.)
ياقة، قَبَّة — collar
ياقُوت — corundum (Min.)
~ أحمر — ruby (Min.)
~ أصفَرُ — oriental topaz (Min.)
~ أكْهَب، زَرْقون — jacinth = hyacinth (Min.)
ياقوتيّ — ruby (Min.)
يانَسون، أنيسون — anise (Bot.)
ياوَم: عامَل أو عمِل مُياومةً — hire or work on daily basis
ياي، نابِض — spring, spiral spring
يب: الرمز الكيماوي لفلِزّ اليُوروبيوم — Eu (europium) (Chem.)
يَبيس: ثُفْلُ قصَب السُّكر (بعدَ عَصرِه) — bagasse
يت: الرمز الكيماوي لفلِز الإتْرِيُوم — Y (yttrium) (Chem.)
يتجاوز، يتخطّى — overtake, over-reach, go beyond
~: يَنْتَأ عمّا دونه — sail-over (Build.)
يتمغْنَطُ، قابِلٌ للمَغْنَطة — magnetizable *(adj.)* (Phys.)
يُجَدَّد، يُمكِنُ تجديدُه — renewable *(adj.)*
يَحمور — hemoglobin (Zool.)
~ أُكسِجينيّ — oxyhemoglobin (Zool.)
يَخْت — yacht
يَخضُور، كلوروفيل — chlorophyll (Bot.)
يد: الرمز الكيماوي لفلِز الإريديوم — Ir (iridium) (Chem.)
يَد — manus (Zool.), hand
~ الآلَة — helve, handle (Build.)
~ التدوير — crank (Eng.)
~ عامِلة، قُدرة بشَرِيَّة — manpower
~ الهاون — pestle (Chem.)
يُدار آليًّا — power-operated *(adj.)* (Eng.)
~ بالرِّياح: رياحيُّ القُدرة — wind-driven *(adj.)*
~ بالهواء، مُدارٌ بالهواء — air-driven *(adj.)*
يدس: الرمزُ السابق للرقم الهدروجيني – حلَّ محلَّه الرمز هـس — pH (or pH value) (Chem.)
يُدَوِّرُ بعَتَلة — bar *(v.)*
يَدَوِيّ، يُشَغَّلُ باليد — manual *(adj.)*
~ آليّ — automanual *(adj.)*
~ التحكُّم — hand-controlled, manually-controlled *(adj.)*
~ التَّشْغيل — manually-operated *(adj.)*
ير: الرمز الكيماويّ لفلِز الإربيوم — Er (erbium) (Chem.)
يَراعة — firefly (Zool.)
يَذوب — soluble (Chem.)
~ في الماء — water-soluble (Chem.)
يَرَقان، صُفار — icterus = jaundice (Med.)
~ نباتي: صُفار نباتي — chlorosis (Bot.)
يَرَقانة، يَرَقة، دُعموص — larva, grub (Zool.)
يُركَنُ إليه، يُعتمد عليه — reliable
اليُروبيوم: عُنْصُرٌ فِلِزّيّ نادِرٌ رَمْزُه «يب» — europium (Eu) (Chem.)
يَسار، أيسَر، شمال — left
~، مَلاءَة: قُدرةٌ على الوَفاء — solvency *(n.)*
~ السفينة — port side (Naut.)
يَساريّ، أيسَر — left-handed *(adj.)*
~ الدَّوَران — laevo-rotatory = levo-rotatory, l(a)evogyrate (Phys.)
يُستَبْدَل — replaceable
يُستعاد، يُمكِنُ استردادُه — retrievable *(adj.)*
يَسَّرَ: سَهَّل وعجَّل — expedite *(v.)*
يَسِر: في وَصف الماء غير العَسِر — soft *(adj.)* (Chem.)
~ القِطاعات — soft-sectored *(adj.)* (Comp.)
يُسر، سُهولة مُريحة — convenience, ease
يُسروع — caterpillar (Zool.)
يُسَيِّل، يُسَيِّح — eliquate, liquefy, liquate (Phys.)
يُسَيَّل، يُسَيَّح — liquefiable (Chem.)
يَشْب: مَرْوٌ أحمَرُ أو بُنِّي — jasper (Min.)
يُشْرَب، صالِحٌ لِلشُّرب، شَروب — potable *(adj.)*
يُشغَّلُ آليًّا — power-operated *(adj.)* (Eng.)
~ أوتوماتيًّا — automatically-operated *(adj.)* (Eng.)
~ بالبُخار — steam-operated *(adj.)* (Eng.)
~ بالدوّاسات — pedal-operated *(adj.)*
~ بمُحَرِّك — motor-driven (Eng.)
~ بالهواء — air-operated *(adj.)*
~ باليد (يَدويًّا) — manually-operated
~ مِنَ الخارج — externally-operable (Eng.)
~ هَيدروليًّا — hydraulically-operated (Eng.)
يَشْم: حَجَر كريمٌ — jade (Geol., Min.)
يَصْفور: صِبْغٌ نباتيّ أصفَر — xanthophyll (Bot.)
يُصْهَر، يَنْصَهِر، صَهور — fusible (Eng.)
يُطَرَّق: قابلٌ للتطريق، طَروق — malleable (Eng.)
يَعبوب — swift stream
يَعسوب — dragonfly (Zool.)
يُعَوَّلُ عليه، مَوثوق — reliable *(adj.)*
يَفاعٌ، مُراهَقة — adolescence *(n.)*
يَقْطين، دُبّاء — gourd (Bot.)
يَقِظ، مُتنبِّه — alert
يَقين — certainty, surety *(n.)*
يم: الرمز الكيماوي لفلِز الروديوم — Rh (rhodium) (Chem.)
يُمْطَل: قابلٌ للمَطْل، مَطول — ductile (Eng.)
يُمكِنُ تشغيلُه — operable *(adj.)*
يَمينيّ — dextral = dextrorse, right, right-hand (or right-handed)
~ الدوران — dextrorotatory (Phys.)
ين: الرمز الكيماويّ للأينشتينوم — Es (or E) (einsteinium) (Chem.)
يَنابيعُ مَعدِنيَّة — mineral springs (Geol.)
يَنْبُوع — spring, fountain *(n.)*
~، نَبْع، مَصدر — source, mains
~ الإمداد، مصدر الإمداد — supply mains
~ حار — thermal spring (Geol.)

يَنَع، يُنوع، نُضج ripeness
يَنَع: عقيق أحمر cornelian (Min.)
يُنفَذُ مِنه، نَفيذ permeable (Phys.)
يوتِكْتيّ، أَصْهَري eutectic (Chem.)
اليُود: عُنْصُر لافِلزيٌّ رَمْزُه «ي» iodine (I) (Chem.)
يودٌ مُشِع radioactive iodine (Phys.)
يَوَّدَ: عالَجَ أو مَزَجَ باليُود iodize *(v.)*
يُودَات: مِلْحُ الحامِض اليُودي iodate (Chem.)
يُودِيد، يودُور iodide (Chem.)

~ الهِدْروجين hydrogen iodide (Chem.)
يوراتوم: وَكالةُ الطاقة الذَّرية الأوروبيَّة Euratom (Nuc. Eng.)
يورانيّ: يورانيومي uranic *(adj.)* (Chem.)
يورانيوم: عُنْصر فلزّي مُشِعّ رمزه «يو» uranium (U) (Chem.)
~ مُزَوَّد enriched uranium (Phys.)
يورِكا: نِظامٌ راداريّ للطائرات eureka (Radar)
يُورْيَا، بَوْلَة، بَوْلينا urea (Chem.)
~ كرباميلية، بيُوريت biuret (Chem.)

يُؤكَل edible
يَوم، نَهار day *(n.)*
~ جَرَيانٍ كاملٌ stream day (Pet. Eng.)
~ جَليديّ ice day = frost day (Meteor.)
~ شَمسيّ solar day (Astron.)
~ عَمَل workday *(n.)*
~ نَجْميّ (أو فَلَكيّ): ٢٣ ساعة و٥٦ دقيقة و٤ ثوان sidereal day (Astron.)
يَوميّ quotidian, daily
~ الفَتْرَة circadian *(adj.)* (Biol.)

SCIENTIFIC COLOURED PLATES اللوحات العلِميّة الملوّنة

APPENDIXES الملاحق

GREEK ALPHABET — الأبجدية اليونانية

Designations	Name		Letter Capital	Letter Small
زوايا angles، عوامل coefficients، ثابت التوهين attenuation constant، عامل الامتصاص absorption factor، مساحة area.	Alpha	ألفا	A	α
زوايا angles، عوامل coefficients، ثابت الطور phase constant.	Beta	بيتا	B	β
الكمّية النوعية specific quantity، الزوايا angles، المُوَصِّليّة الكهربائيّة electrical conductivity، ثابت الانتشار propagation constant، ثابت الانتشار المُرَكّب complex propagation constant (cap).	Gamma	غاما	Γ	γ
كثافة density، زوايا angles، تناقُص أو تَزايُد increment or decrement (cap or small)، مُحَدِّد determinant (cap)، سَماحِيَّة (العازِل) permittivity (cap).	Delta	دلتا	Δ	δ
ثابت العازل dielectric constant، سَماحيَّة العازل permittivity، أساس اللوغاريتمات النّابيرية أو الطبيعية base of natural (Napierian) logarithms، شِدّة المجال الكهربائي electric intensity.	Epsilon	إبسيلون	E	ϵ
إحداثي (إحداثيات) co-ordinate، عوامل coefficients.	Zeta	زيتا	Z	ζ
معاوقة ذاتيّة intrinsic impedance، فَعّاليّة efficiency، كثافة الشِّحنة السطحيّة surface charge density، التّخلُّف hysteresis، إحداثيات coordinates.	Eta	إيتا	H	η
انزياح الطّور الزّواويّ angular phase displacement، ثابت الوقت time constant، ممانعة مغنطيسيّة reluctance، زوايا angles.	Theta	ثيتا	Θ	θ
وَحْدَة مُتّجِه unit vector.	Iota	يوتا	I	ι
المُتأثِّريّة susceptibility، مُعامِل التّقارُن coupling coefficient.	Kappa	كابا	K	κ
الطول الموجيّ wavelength، ثابت التوهين attenuation constant، منافذة permeance (cap).	Lambda	لَمْدا	Λ	λ
صُغري (بادئة) prefix micro-، انفاذيّة permeability، عامل التضخيم amplification factor.	Mu	ميو	M	μ
المُمانِعيَّة (المغنطيسيّة) reluctivity، التردُّد (ذبذبة) frequency.	Nu	نيو	N	ν
إحداثيات co-ordinates.	Xi	خي، كساي	Ξ	ξ
——	Omicron	أومكرون	O	o
ناتج قسمة محيط الدائرة على قطرها(circumference divided by diameter) 3.1416 = النّسبة التقريبيّة.	Pi	پاي	Π	π
المقاوميّة resistivity، كثافة الشحنة الحجميّة volume charge density، ثابت الانتشار المُرَكّب co-ordinates.	Rho	رو	P	ρ
كثافة الشحنة السطحيّة surface charge density، ثابت الانتشار المُرَكّب complex propagation constant، المُوَصِّليّة الكهربائيّة electrical conductivity، معامِل التّسَرُّب leakage coefficient، علامة الجمع sign of summation (cap).	Sigma	سيغما	Σ	σ
ثابت الوقت time constant، مُقاوميّة حجميّة volume resistivity، إزاحة وقتيّة – طوريّة time-phase displacement، عامل النّفاذ transmission factor، كثافة density.	Tau	تاو	T	τ
——	Upsilon	أُبسيلون	Υ	υ
فيض مغنطيسي magnetic flux، زوايا angles، طاقة سُلّميّة scalar potential (cap).	Phi	فاي	Φ	ϕ
المتأثِّريّة الكهربائيّة electric susceptibility، زوايا angles.	Chi	كاي	X	χ
فيض العازل dielectric flux، فَرق الطّوْر phase difference، إحداثيات co-ordinates، زوايا angles.	Psi	پْسي، پساي، ساي	Ψ	ψ
السرعة الزاويّة angular velocity (2πf)، المقاومة (بالأوم) resistance in ohms (cap)، زوايا مجسّمة solid angles (cap).	Omega	أوميغا	Ω	ω

PREFIXES OF THE METRIC SYSTEM (MULTIPLICATION FACTORS) — سَوابق النظام المتري (في المقاييس)

Factor	Prefix	Symbol	Factor	Prefix	Symbol
1 000 000 000 000 000 000 000 000 = 10^{24}	yotta يوتا	Y	0.1 = 10^{-1}	deci ديسي	d
1 000 000 000 000 000 000 000 = 10^{21}	zetta زيتا	Z	0.01 = 10^{-2}	centi سنتي	c
1 000 000 000 000 000 000 = 10^{18}	exa إكسا	E	0.001 = 10^{-3}	milli مِلي	m
1 000 000 000 000 000 = 10^{15}	peta بيتا	P	0.000 001 = 10^{-6}	micro ميكرو	μ
1 000 000 000 000 = 10^{12}	tera تيرا	T	0.000 000 001 = 10^{-9}	nano نانو	n
1 000 000 000 = 10^{9}	giga جَيْجا	G	0.000 000 000 001 = 10^{-12}	pico پيكو	p
1 000 000 = 10^{6}	mega ميغا	M	0.000 000 000 000 001 = 10^{-15}	femto فمتو	f
1 000 = 10^{3}	kilo كيلو	k	0.000 000 000 000 000 001 = 10^{-18}	atto آتو	a
100 = 10^{2}	hecto هكتو	h	0.000 000 000 000 000 000 001 = 10^{-21}	zepto زپتو	z
10 = 10^{1}	deca ديكا	da	0.000 000 000 000 000 000 000 001 = 10^{-24}	yocto يوكتو	y

GEOLOGICAL TIMESCALE سُلَّم الزمان الجيولوجي

Era حُقب	Period عصر	Epoch حِقبة	Time began زَمَنُ البداية
Cenozoic حُقبُ الحياة الحديثة	Quaternary الحقب الرابع	Holocene الهولوسين	0.01
		Pleistocene البلستوسين	1.6
	Tertiary الحقب الثالث	Pliocene البليُوسين	5.3
		Miocene الميُوسين	23
		Oligocene الأوليجوسين	34
		Eocene الأيُوسين	53
		Palaeocene البالْيُوسين	65
Mesozoic حُقبُ الحياة الوسطى	Cretaceous الطباشيري		135
	Jurassic الجُوراسي		205
	Triassic الثلاثي		250
Palaeozoic حُقبُ الحياة القديمة	Permian البرمي		300
	Carboniferous الكربوني		355
	Devonian الدِّيفوني		410
	Silurian السِّيلوري		435
	Ordovician الأردوڤيسي		510
	Cambrian الكَمبري		570
Precambrian حُقبُ الحياة العتيقة			4600

Time began: millions of years ago زمن البداية بملايين السنين قبل العصر الحاضر

الجذور اليونانية واللاتينيّة المُستعملة في المصطلحات العلميّة والفَنّيّة

GREEK AND LATIN ROOTS COMMONLY USED IN THE CONSTRUCTION OF SCIENTIFIC AND TECHNICAL TERMS

Root الجذر	*Meaning* المعنى	*Examples* مِثال
ball-	throw	ballistics
bar(o)-	weight	barograph, isobar
batho- (bathy-)	depth	batholith, bathyscaphe
bi-	two, having two	binocular, biprism
bil(i)-	bile	biliary
bio-	life	biochemist, biosphere
blast-	bud(ding)	blastoderm
brachi-	arm	brachial
brachy-	short	brachymetropic
brady-	slow	bradycardia
bronch(o)-	windpipe	bronchitis
cac(o)-	bad, incorrect	cacophony
caino-, (kaino-)	recent	cainozoic
calc-	lime, of lime	calcareous, calciferous
calor(i)-	heat	calorific, calorimeter
carcin(o)-	cancerous	carcinogenic
cardi(o)-	heart	cardiograph, cardioid
carta- (carto-)	map	cartography, chart
cata- (kata-)	down, away	catabolism, cataclastic
-cele	swelling	cystocele
ceno-, caino-, kaino-	new	cenozoic
cent(i)-	hundred	centipede, centimetre
centr(o)-	point, centre	centripetal
cephal(o)-	head	cephalic, cephalothorax
cer(o)-	wax	cerecloth
cervic-	neck	cervicitis
chlor(o)-	green	chloroplast
chol(e)-	bile	cholangitis
chondr(i)-	cartilage	chondroma
chrom- (chromo-)	colour	chromatic, chromoplast
chrono-	time	chronology, chronometer
-cide	cut down, kill	deciduous, germicide
circum-	around, roundabout	circumference, circumpolar
-cision	cut	incision
clast-, -clast	break	clastic, pyroclast
-cline (-clinal)	sloping	syncline, isoclinal
clino-	sloping	clinograph, clinometer
co- (con-)	together	coordination, consolidate
-coccus	spherical cell	streptococcus
coel-	hollow	Coelenterata
cole(o)-	sheath	Coleoptera
com-, con-	with, together	commingle, contraction
contra-	against, opposite	contraceptive, contradiction
cortico-	outer part	cortical
cost(o)-	rib	costal, costoscapular
cosmo-	the world	cosmic, cosmography

Root الجذر	*Meaning* المعنى	*Examples* مِثال
a- (an-)	without, not	amorphous, anaerobic
ab-	off, away	ablation, abrade
ac-	to	accretion
acanth(o)-	thorn, spine	acanthoid
aceto-	vinegar	acetometer
acou-	hear	acoumeter
acro-	extremity	acromegaly
actin-	ray	actinometer
ad-, -ad	to, near, toward	advection, ventrad
aden(o)-	gland	adenitis
adip(o)-	fat	adipocere
-(a)emia	blood	an(a)emia
aer- (aero-)	air	aeration, aerostat
aesthes-	feel	anaesthesia
af-	to	afferent
ag-	to	aggradation
agri- (agro-)	field	agrarian
al(a)-	wing	alate
alg(e)	pain	analgesia
allo-	other	allochthonous, allotropic
alti- (alto-)	high	altimeter, altitude
alve(ol)-	cavity	alveolar
ambi-	both	ambidextrous
amphi-, ampho-	both	amphibia, amphoteric
ampli-	large, wide	amplifier, amplitude
amyl(o)-	starch	amyloid
an-	without	analgesia
ana-	up, back, anew, again	anabatic, anabolism
andro-	male	androgen
anemo-	wind	anemometer
angi(o)-	vessel	angiogram
anhydr(o)-	lacking water	anhydride, anhydrous
aniso-	unequal, uneven	anisotropy
ante-	before	antenatal
anth(o)-	flower	anthocyanin
anthropo-	man	anthropology
anti-	opposite, against	anticline, antipode
apo-	off, from, away	apogee, apophysis
aqua-	water	aquafer or aquifer, aqueous
arachn(o)-	spider	arachnoid
arch-	chief	architrave, archipelago
archaeo-	ancient	archaean, archaeology
arena-	sand	arenaceous
argill(a)-	clay	argillaceous
arter(io)-	artery	arteriosclerosis
arthr(o)-	joint	arthropod, arthritis
-ase	(denoting an enzyme)	zymase, invertase
astro- (aster-)	star	astrodome, asteroid
audio-	hear	audiometer, auditory
aur-	ear	auricular
auto-	self, independently	auto-feed, automatic

Root الجذر	Meaning المعنى	Examples مِثال
ferri- (ferro-)	iron	ferricyanide, ferruginous
fibr(o)-	fibre	fibroid
fil-	thread	filiform
fiss-	split	fissile, fissure
-flect, flex-	bend	deflect, flexible
fluo- (flux-)	flow	affluent, fluxion
fluvi-	of a river	fluvial
for-	from, away	forbear, forfeit
fore-	before	foretell, foreground
-fract	to break	refraction, diffraction
-fug(e)	flee, avoid	centrifugal, vermifuge
galact(o)-	milk	galactose
gam(o)-	marriage, united	gametocyte, gamosepalous
gastro-	stomach	gastric
ge- (geo-)	the earth	geography, geocentric
gel-	frost, congeal	regelation
-gen	producer	hydrogen, pathogen
glac-	ice	glacial, glacier
glob-	ball	global, globular
glomer-	to collect	glomerulus, conglomerate
gluc-, glyc(o)-	sweet	glucose, glycogen
-gno-	know, discern	diagnosis
-gon	angle	polygon, agonic
gonia-	angle	goniometer
grad-	step	gradient, aggradation
-gram	written, recording	diagram, radiogram
gran-	seed	granite, granular
-graph	recorded, written record	barograph, seismograph
grav-	heavy	gravimeter, gravity
gyn(eco)-	woman	gynecology
gyro-	turn	gyroscope, gyrostat
haema- (haemato-)	blood	haematite, haemoglobin
hal- (halo-)	salt	halogen, isohaline
haplo-	single, simple	haploid
hecto-	hundred	hectometre
helio-	the sun	heliocentric, isohel
hemi-	half	hemisphere
hemo- (haemo-)	blood	hemorrhage, hemoglobin
hepta-	seven	heptagon, heptavalent
hetero-	another, different	heteroclinal, heterosphere
hexa-	six	hexangular, hexode
hist(o)-	web, tissue	histology
hod-	path	hodograph
hol- (holo-)	whole, entire	holoblastic, holohedral
homo-	same, similar	homologue, homothetic
horti-	garden	horticulture
hyal(o)-	glass	hyaline
hydra- (hydro-)	water	hydraulic, hydrometer
hyet-	rain	hyetograph, isohyet
hygro-	wet	hygrometer
hyp- (hypo-)	under, within	hypoacidity, hypabyssal
hyper-	above, beyond	hyperbola, hypersonic
hypn(o)-	sleep	hypnosis
hypo-	below	hypothermal
hypso-	high	hypsometer
icosa-	twenty	icosahedron
idi(o)-	peculiar	idioblast

Root الجذر	Meaning المعنى	Examples مِثال
counter-	against	counteraction, countergear
crani(o)-	skull	craniography
creta-	chalk	cretaceous
crib(ri)-	sieve	cribriform
cyan(o)-	blue	cyanosis
cryo-	freezing, ice-cold	cryogenic, cryoscopy
crypt(o)-	hidden, secret	cryptocrystalline, cryptogram
cut-	skin	cutaneous, cuticle
cyclo-	circle	cyclic, cyclotron
cyst-	bladder	cystectomy
cyt(o)-, -cyte	cell	leucocyte, cytolysis
de-	down, to undo	decant, dehydrate
deca-	ten	decagon, decalitre
deci-	tenth	decinormal
demi-	half	demilunar
dendro-	tree	dendriform
dent(a)-, dent(i)-	tooth	dental, dentine
derm(ato)-, -derm	skin	dermatology, ectoderm
deutero-	second	deuterium
dextra-, dextro-	right	dextral, dextrin
di-	two	dibasic, dichromatism
dia-	through, across	diagnose, diathermic
digit-	finger, toe	digitation
dipl(o)-	double	diplex, diploid
dis-	undo, apart, the opposite of	disorganize, discriminate, disconformity
dodeca-	twelve	dodecagon, dodecahedron
dors(o)-	back	dorsal, dorsolumbar
-drome	course	aerodrome
duct-	lead, tube	conduct, oviduct
dura- (duro-, dur-)	lasting, hard	durable, durometer
dynam(o)-	power, force	dynamic, dynamometer
dys-	bad	dyspepsia
e-	out of	eject, effuse
ec-	out	eccentric
eco-	house	ecology, economics
ecto-	outside	ectoderm, ectoplasm
-ectomy	cutting	phlebectomy
ef-	out of	efferent
electr(o)-	amber	electrostatic
em-	in	embed
-emia	blood	anemia
en-	in, on	encephalitis, enwrap, envelop
end(o)-	inside, within	endoscopy, endogenous
enter(o)-	intestine	enteroscope, enteron
eo-	dawn	eocene, eozoic
epi-	on, upon	epicarp, epicyclic
equi-	equal	equilateral, equinox
erg(o)-, -ergy	work	ergometer, energy
-escent	becoming	obsolescent
ethmo-	sieve	ethmoid
eu-	well, good, easy	eugenics, eupeptic
ex-	out of	exhale
ex- (exo-)	out of, away from	exogenous, extract
extra-	beyond	extraordinary
-facient	making	liquefacient
-fact	done or made	artifact, petrifaction
-fer (-ferous)	bearing, producing	aquifer, petroliferous
-ferent	bear, carry	afferent

Root الجذر	Meaning المعنى	Examples مثال
mult- (multi-)	many	multinomial
my(a)-, myo-	muscle	myocyte
-myces, myco-	fungus	mycology, Phycomycetes
myzo-	sucker	myzostome
nan(n)o-	dwarf	nan(n)oplankton
nano-	10^{-9}	nanosecond
narco(t)-	numb	narcotize
nem(a)-	thread	nematoid
neo-	new	neogene
nepho-	cloud	nephoscope
nephro-	kidney	nephritis
neuro-	nerve	neuron
neutr(o)-	neutral	neutrosphere
nod-	knot	nodal, nodulose
non-	not	non-magnetic
non(a)-	nine	nonagon
norm(o)-	usual	normal
nyct(i)-	night	nyctalopia
ob-	against, toward	object, obtuse
oct- (octa-, octo-)	eight	octamerous, octode
ocul(o)-	eye	oculist
odont(o)-	tooth	odontograph
-oid	resembling	alkaloid
ol(e)-	oil	cholesterol
olig(o)-	small, few	oligoclase, Oligocene
-oma	swelling	adenoma
omni-	all	omnirange
onc(o)-	tumor	oncology
oo-	egg	oolitic
-opia	vision	myopia, hyperopia
-opsy	examination	autopsy, biopsy
ophthalm(o)-	eye	ophthalmoscope
opt(o)-	vision	optic, optometer
or-	mouth	oral
orb-	circle	orbicular, orbital
oro-	mountain	orogenesis, orograph
orth(o)-	straight, regular, upright	orthochromatic, Orthoptera
-ose	(denoting a sugar)	sucrose, fructose
oss-	bone	ossification
ot(o)-	ear	otoscope, otitis
ov-	egg	ovoid
palaeo- (paleo-)	old, ancient	palaeobiology
pan-	complete	panchromatic
para-	along the side of	paramagnetic
path(o)-, -path	sickness	pathology, psychopath
ped-	(1) foot	pediment
	(2) child	pediatrics
-penia	lack of, poverty	erythropenia
pent(a)-	five	pentatron
per-	through, intensified	permeate, peroxide
peri-	around, about, near	perimeter, periphery
petra- (petri-, petro-)	rock, stone	petrifaction, petrology
phac(o)-	lentil, lens	phacolith
phag(o)-	eat	phagocyte
phaner(o)-	show, visible	phanerocrystalline
-phasia	speech	aphasia
phen(o)-	show(ing)	phenotype
-phil(e)	loving, fond of	hydrophile
phleb-	vein	phlebitis
-phobe	fear	hydrophobe
phon- (phono-)	sound	phonograph, telephone
-phore	bearer	semaphore

Root الجذر	Meaning المعنى	Examples مثال
igne- (igni-)	fire	igneous, ignition
il-, im-, in-, irr-	into, upon	illuminate, imbed, insert, irradiate
il-, in-, im-, irr-	not	illicit, inconvenient, immature, irregular
infra-	within, below	infrared, infrasonic
insula-	island	insular, insulate
inter-	between, among	intercept, internode
intra-	within, inside	intracellular
inver-	to turn in	inversion
ipso-	same	ipsolateral
ir-	in, not	irradiate, irregular
irid(o)-	rainbow	iridescent
iso-	equal	isotope, isothermal
-itis	inflammation, disease	tonsilitis
-ject	throw	injection, projection
junct-	yoke, to join	junction
juxta-	near	juxtaposition
kaino-	(see caino-)	
karyo-	nucleus	karyolysis
kata-	(see cata-)	
kilo-	one thousand	kilogram
kine(to)-	motion, moving	kinematic, kinetic
lac-	lake	lacustrine
lacco-	hole, reservoir	laccolith
lact(o-)	milk	lactase
lent(i)-	lentil shaped	lentiform
leuc(o)-, leuko-	white	leucocyte, leukemia
limn-	marsh	limnology
lip(o)-	fat	lipase
-lith (-lite)	stone	laccolith, coprolite
litho-	stone	lithograph, lithosphere
litor- (littor-)	of the shore	littoral
loc- (loco-)	place	location, locus
-logist	specialist in	biologist, geologist
-logy	study of	biology, geology
lumen- (lumin-)	light	luminosity
-lysis	loosening, setting free	dialysis, electrolysis
macro-	great, large	macromolecule
magni-	large	magnifier
mal-	bad	maladjusted, malnutrition
man- (manu-)	hand	manual, manufacture
mani-	mental disorder	narcomania
medi-	middle	mediocre, medium
meg(a)-	great, one million	megaphone, megohm
m(e)io-	diminution	meiosis
-mer	part	monomer, polymer
meso-	middle	mesosphere
meta-	beyond, after, change	metaphysics, metamorphism
-meter	measure	ammeter
mi-, mio-	less	miconcave, miocene
micro-	small, one millionth	microfilm, microfarad
mil- (milli-)	one thousandth	milligram
mis-	wrong	misfit, mistuning
miss-, -mittent	send	intermissive, intermittent
mne-	memory	mnemonic, amnesia
mono- (mon-)	single, one	monochromatic
morph(o)-	form, shape	morphology
mot(o)-	move, motion	motivate, vasomotor
muco-, myxo-	mucous	mucoid, Myxomycetes

Root الجذر	Meaning المعنى	Examples مِثال
spher-	ball	spheroidal
squam-	scale	squamate, desquamation
stat-, -stat	standing, stationary,	stator, isostatic, rheostat
steno-	narrow	stenohaline
stereo-	three dimensional, solid	stereoisomerism, stereoscope
stom-	mouth	stomata
strati- (strato-)	layer	stratigraphy
strict-	draw tight	striction, constriction
-stroph-	twist	geostrophic
sub-	under, below	sublease, subsoil
super-, supra-	above, beyond	superscript, supertension, suprasonics
sym-	with, together	symmetry, symposium
syn-	with, together	synchronous, synthesis
tach-, tachy-	speed, swift	tachometer, tachycardia
tact-	touch	tactile, contact
tauto-	the same	tautomerism
tax(o)-	arrangement	taxonomy
-taxis	bias	geotaxis
techne-	art, skill, craft	technician, technology
tect-, -teg-	cover	protective, integument
tele-	far off, distant	television, telescope
tens(o)-	stretch	tensimeter, extensor
terra-	land	terrestrial
tetra-	four	tetrahedron, tetrode
-therapy	treatment	hydrotherapy
therm-, -therm	heat	thermometer, isotherm
thi(o)-	sulphur	thiosalt
thorac(o)-	chest	thoracic
thrombo-	clot	thrombosis
-tome	cut	microtome
ton(o)-	tension	tonometer
top(o)-	place	topography, isotope
tract-	draw	traction, contraction
trans-	across, beyond	transmission, transoceanic
troph(o)-	nutrition, nurture, growth	trophic, atrophy
tropi-, tropo-	turning, affinity	tropism, troposphere
tri-	three	triclinic, trinomial
ultra-	more than, beyond	ultrabasic, ultrasonic
un-	not	unconformity
undula-	small wave	undulatory
uni-	one	univalent
vas(o)-	vessel	vasoconstrictor
vect-	carry	vector, convection
vent-	wind	ventilation
-vent	to come	advent
ventr(i)-	abdomen	ventral
vermi-	worm	vermiform
vers-	turn	inversion
-vert	turn	divert
vesic-	bladder	vesicular
vita-	life	vitalize
vitri-	glass	vitreous
xanth(o)-	yellow	xanthophyll
xeno-	foreign	xenolith
xero-	dry	xerography
zo-, zoo-	animal, life	zoology, cenozoic
zyg(o)-, -zygy	yoke, union	syzygy
zym-	ferment	zymosis, enzyme

Root الجذر	Meaning المعنى	Examples مِثال
phot- (photo-)	light	photometer
phyco-	algae, fungi	phycology
phyll(o)-, phyll-	leaf	phyllomorph, chlorophyll
-phyte	plant	halophyte
-piesia, piezo-	pressure	piezoelectric
plan-, plano-	flat	planometer, planing
-plasm	growth material	protoplasm
plat-, platy-	flat, broad	platform, plate
-plegi(a)	stroke	hemiplegia
plen-	full	plenary
pleo-	more	pleochroism
pluv-	rain	pluvial, pluviometer
pneuma-	(1) air	pneumatic
	(2) lung	pneumonia
-pod	foot	pseudopodium
poikil(o)-	(1) varied	poikilothermic
	(2) mottled	poikilitic
poly-	many, much	polygon, polytropic
post-	after, behind	post-glacial, postwar
pre-	before	preorbital, prefix
prima-	first	primary, primordial
pro-	before	propose, prognosis
proto-	first	Protozoa, prototype
psamm(o)-	sand	psammitic
pseudo-	false	pseudocrystalline
-ptera	wing	Diptera
puls-, -puls-	drive	pulsimeter, propulsion
punct-	point, dot	punctate
pycno-, pykno-	thick	pycnometer
pyro-	fire	pyrogenic
quadr-	four	quadrilateral
quasi-	resembling, approximately	quasiconductor
quinque-	five	quinquevalent
radi(o)-	ray, radiation	radioactive
re-	back, again	rebound, rejuvenation
rect(i)-	straight	rectangle, rectum
ren-	kidney	renal
retro-	back, backward	retrograde, retro-rocket
rhe(o)-, -rrhea	flow	rheometer, diarrhia
sal-	salt	saliferous, saline
sapr(o)-	putrid	saprophyte
sarc(o)-	flesh	sarcocarp, sarcoma
scler(o)-	hard	sclerotic
-scope	examine, see	microscope, spectroscope
-scribe	write	inscribe
sect-	cut	sector, bisect
seismo-	earthquake	seismograph
semi-	half, partly	semiconductor
sep(t)-	decay	sepsis, septic
sept-	(1) wall	septal
	(2) seven	septavalent
sider(o)-	iron	siderite
sit(o)-	food	sitology, parasite
skia-	shadow	skiagraph
sol-	sun	solar, insolation
somat(o)-, -some	body	somatic, chromosome
spectr(o)-	appearance	spectrum
-spers-	scatter	dispersion
sphen(o)-	wedge	sphenoid

مختصرات كثيرة الاستعمال في المجالات العلمية والتقنية

ABBREVIATIONS FREQUENTLY MET IN SCIENTIFIC & TECHNICAL LITERATURE

A

A *(Geom.)* area, surface; *(Phys.)* Absolute temperature
A or a *(Elec. Eng.)* ampere
AAA American Automobile Association
a, Acc *(Mech.)* acceleration
Å, Åu *(Phys.)* Ångström or Ångström unit
AAAS American Association for the Advancement of Science
AAC automatic aperture control
AAM air-to-air missile
AAPG American Association of Petroleum Geologists
AAR, aar against all risks
ABC *(Image Tech.)* automatic beam control
ABL *(Meteor.)* atmospheric boundary layer
ABS *(Plastics)* acrylonitrile - butadiene - styrene; *(Auto.)* Anti-lock Braking System
Ac *(Chem.)* actinium; *(Meteor.)* altocumulus
AC *(Meteor.)* altocumulus
AC, ac *(Elec. Eng.)* alternating current
a/c current account; air-conditionning; *(Aero.)* aircraft
ACA *(Electron.)* automatic circuit analyzer
ACAS airborne collision-avoidance system
ac/dc *(Elec. Eng.)* alternating current/direct current
ACE Inhibitors *(Med.)* angiotensin converting enzyme inhibitors
ACM *(Comp.)* Association for computing Machinery
ACR *(Aero.)* approach control radar
ACS American Chemical Society; *(Aero.)* active control system
ACT *(Aero.)* active control technology
ACTH *(Med.)* Adrenocorticotrophic hormone, corticotrophin
ACV *(Aero.)* air cushion vehicle
A/D analog/digital
ADC *(Comp.)* analogue-to-digital converter
ADF *(Radio)* automatic direction finder
ADI altitude direction indicator; *(Food sc.)* acceptable daily intake
ADP *(Chem.)* adenosine diphosphate; *(Comp.)* automatic data processing
ADPE *(Comp.)* automatic data-processing equipment

AE *(Image Tech.)* automatic exposure
AEC Atomic Energy Commission
AF *(Image Tech.)* automatic focusing
AF, af *(Radio)* audio frequency
AFCS *(Aero.)* automatic-flight control system
AFM *(Image Tech.)* audio-frequency modulation
Ag *(Chem.)* silver (argentum)
AGC *(Radio)* Automatic Gain Control
agg *(Bot.)* aggregate species
AGO *(Genrl.)* automotive gas oil
AGP *(Comp.)* Accelerated Graphics Port
AGR *(Nuc. Eng.)* advanced gas-cooled reactor
ah, AH *(Elec. Eng.)* ampere-hour
ahm *(Elec. Eng.)* ampere-hour meter
AI *(Chem.)* aluminium; aluminum; *(Comp.)* artificial intelligence
AIDS *(Med.)* Acquired Immuno-Deficiency Syndrome
AIEE American Institute of Electrical Engineers
AILS advanced integrated landing systems
AIP American Institute of Physics
AISI American Iron and Steel Institute
ALARA *(Nuc. Eng.)* as low as reasonably achievable
ALGOL *(Comp.)* algorithmic language 1968
allele *(Biol.)* allelomorph
ALU *(Comp.)* arithmetic and logic unit
Am *(Chem.)* americium
am *(Radio)* amplitude modulation
AM *(Radio)* amplitude-modulated
AM, am ante meridiem; *(Electron.)* amplitude modulation
A/m *(Elec. Eng.)* ampere per meter
AMM antimissile missile
AMNL *(Electron.)* amplitude modulation noise level
AMP *(Chem.)* adenosime monophosphate
amphr *(Elec. Eng.)* ampere-hour
AMPS *(Telecomm.)* advanced mobile phone system
AMRAAM advanced medium-range air-to-air missile
AMSA advanced manned strategic aircraft
AMU, amu *(Chem.)* atomic mass unit
An *(Chem.)* actinon
ANCA *(Immun.)* antineutrophil cytoplasmic antibody
anl *(Electron.)* automatic noise limiter

ANS *(Zool.)* autonomic nervous system
ANSI American National Standards Institute
ANSI American National Standards Institute
antilog *(Maths.)* antilogarithm
AOD argon-oxygen decarburization
AOV *(Eng.)* automatically operated valve
AP *(Maths.)* arithmetical progression
apc *(Electron.)* automatic picture (or phase) control
API American Petroleum Institute; *(Aero.)* air position indicator; *(Comp.)* Application Program Interface.
APL *(Comp.)* a programming language
APU *(Aero.)* auxiliary power unit
aql *(Acous.)* acceptable quality level
Ar *(Chem.)* argon
AR *(Chem.)* analytical reagent
AR *(Image Tech.)* aspect ratio
ARAMCO Arab American Oil Co
ARB Air Registration Board
ARP *(Comp.)* Address Resolution Protocol
ARPA Advanced Research Project Agency
ARSR air route surveillance radar
As *(Chem.)* arsenic; *(Meteor.)* alto-stratus
ASA American Standards Association
ASCII *(Comp.)* The American Standard Code for Information Interchange
ASDL *(Comp.)* Asymmetric Digital subscriber line
ASI American Standards Institute; *(Aero.)* airspeed indicator
ASL above sea level
ASR *(Aero.)* airborne (or airport) surveillance radar; *(Elec. Comm.)* automatic send/receive
ASTM American Society for Testing Materials
at no *(Chem.)* atomic number
AT *(Chem.)* acid treatment; *(Elec. Eng.)* ampere turns
At *(Chem.)* astatine
At-Wt, atwt *(Chem.)* atomic weight
ATC *(Aero.)* air - traffic control
ATM *(Comp.)* automated teller machine; Asynchronous Transfer Mode
atm *(Phys.)* atmosphere; atmospheric
ATO *(Aero.)* assisted take-off

ca centare
CA chartered accountant; current account
Ca *(Chem.)* calcium
CAA *(Aero.)* Civil Aviation Authority
CAD *(Comp.)* computer-aided design
CADF commutated-antenna direction finder
CAE *(Eng.)* computer-aided engineering
CAF, CF cost and freight
CAI *(Comp.)* Computer-assisted instruction
CAL *(Comp.)* computer-assisted learning
cal *(Phys.)* calorie
CAM *(Comp.)* computer-aided manufacturing; content-adressable memory
CAP *(Food Sci.)* controlled atmosphere packing
CAS *(Aero.)* calibrated airspeed
CAS collision-avoidance system
CAT Scanner *(Radiol.)* computer - aided tomography scanner
CATV *(Telecomm.)* community antenna television
CAV *(Electron.)* cooled-anode transmitting valve
CAVU *(Aero.)* ceiling and visibility unlimited
Cb (or Nb) *(Chem.)* columbium; niobium
Cb *(Meteor.)* cumulonimbus
CBT computer-based terminal
cc cubic centimetre; cotton-covered
CC *(Elec. Eng.)* continuous current
Cc *(Meteor.)* cirrocumulus
CC filter *(Image Tehc.)* colour correction
CCA *(Elec. Eng.)* current-controlled amplifier
CCD *(Comp., Electron.)* charge coupled device
CCP *(Eng.)* critical compression pressure
CCR *(Eng.)* critical compression ratio
CCTV *(Image Tech.)* closed circuit television
ccw counterclockwise
Cd *(Chem.)* cadmium
CD *(Elec. Eng.)* current density
(Electron.) compact disc
cd *(Phys.)* candela
CD-V *(Comp.)* CD-Video
CDI *(Elec. Eng.)* capacitor-discharge-ignition
cDNA *(Biol.)* complementary deoxyribonucleic acid (DNA)
CDTS centralized digital telecommunications system
CE compass error; Civil Engineer
Ce *(Chem.)* cerium

system
BIPM International Bureau of Weights & Measures
BIPS billion instructions per second
BK *(Chem.)* berkelium
bl bale
BL bill of lading
BM board measure
BM *(Surv.)* bench mark
BMEP *(Eng.)* brake mean effective pressure
BMEWS ballistic missile early warning system
BO branch office
b/o brought over
BOD *(Chem.)* biological oxygen demand
Bopd *(Pet. Eng.)* barrels of oil per day
Boph *(Pet. Eng.)* barrels of oil per hour
BORAM block-oriented random-access memory
bot *(Comp.)* beginning of tape
BOT *(Eng.)* Board of Trade
bp *(Chem.)* boiling point
BP *(Eng.)* blue print
bp, BP boiling point; back pressure; bandpass
BPD, b/d barrels per day
BPH barrel per hour
bps *(Comp.)* bits per second
bpsd *(Pet. Eng.)* barrels per stream day
Br *(Chem.)* bromine
BR *(Chem.)* butadiene rubber
brl barrel
BS *(Surv.)* backsight
(Pet. Eng.) bottom settlings; bottom sediments
BS & W *(Pet. Eng.)* basic sediments and water
BSG *(Eng.)* British Standard Gauge
BSI *(Eng.)* British Standards Institution
BSL below sea level
BSWG *(Eng.)* British standard Wire Gauge
BThU, Btu *(Eng.)* British thermal unit
BTU *(Elec. Eng.)* Board of Trade Unit
Btu *(Eng.)* British thermal unit
BV *(Elect. Eng.)* breakdown voltage
BVE butyl vinyl ether
bw bandwidth; black-and-white
BWG *(Eng.)* Birmingham Wire-Gauge
BWPD Barrels of water per day
BWPH barrels of water per hour
BWR *(Nuc. Eng.)* boiling water reactor

C

C *(Chem.)* carbon
(Elec. Eng.) current
(Phys.) centigrade; Celsius
C (or c) *(Elec. Eng.)* capacity; capacitance; coulomb

ATP *(Chem.)* adenosine triphosphate
ATS *(Comp.)* administrative terminal system
Au *(Chem.)* gold (aurum)
ÅU *(Phys.)* Ångström unit
Au, au *(Astron.)* astronomical unit
AUI *(Comp.)* attachment unit interface
AUM air-to-underwater missile
AUW *(Aero.)* all-up weight
av (or avdp) avoirdupois
Av eff *(Eng.)* average efficiency
a/v audio-visual
av average
aV *(Elec. Eng.)* attovolt $=1\times10^{-18}$v
(Radio) Automatic volume control
AVC *(Telecomm.)* automatic volume control
aW *(Elec. Egn.)* attowatt $=1\times10^{-18}$w
aw, AW *(Chem.)* atomic weight; actual weight
AWACS *(Aero.)* airborne warning and control system
AWG *(Eng.)* American Wire Gauge
AWU *(Chem.)* atomic weight unit

B

B *(Chem.)* boron
B, Bé Baumé
Ba *(Chem.)* barium
BABS *(Aero.)* blind approach beacon system
B & S *(Eng.)* Brown & Sharpe
B & SWG *(Eng.)* Brown and Sharpe Wire Gauge
B & W *(Photog.)* black and white
BASIC *(Comp.)* beginners' all-purpose symbolic instruction code
BAU *(Elec. Eng.)* British Association Unit
bbl barrel
BBM *(Elec. Eng.)* break before make
BBS *(Comp.)* Bulletin Board System
BC *(Elec. Eng.)* bayonet cap
BCD *(Comp.)* binary coded decimal
b/d brought down
BDC *(Eng.)* bottom dead centre
(Comp.) binary decimal counter
BDV *(Elec. Eng.)* breakdown voltage
Be *(Chem.)* beryllium; (glucinum)
(Phys.) Baumé
B/E, b/e bill of exchange
bev, BEV *(Phys.)* billion electron volts
Bf Bunsen flame
b/f brought forward
BG *(Eng.)* Birmingham gauge
BHN *(Eng.)* Brinell Hardness Number
BHP *(Pet. Eng.)* bottom hole pressure
BHP, bhp *(Eng.)* brake-horse-power
Bi *(Chem.)* bismuth
BIOS *(Comp.)*basic input - output

CRT, crt *(Electron.)* cathode ray tube
CS Civil Service; cast steel; complementary symmetry
Cs *(Chem.)* cesium; caesium *(Meteor.)* cirrostratus
csc *(Maths.)* cosecant
CSM command and service module
CSMA *(Comp.)* carrier sense multiple access
ct carat
CT computed tomography
ctn *(Maths.)* cotangent
c to c *(Eng.)* center to center
© copyrighted
c cubic
c *(Phys.)* speed of light in vacuum; cycle; candle; concentration; curie
CTR *(Nuc. Eng)* controlled thermonuclear reactor
CTR controlled thermonuclear reactor
CTU *(Eng.)* Centigrade Thermal Unit
cu (or cub) cubic; cubical
Cu *(Chem.)* copper (cuprum); cumulus
CV *(Eng.)* cheval - vapeur
cw clockwise; continuous wave
CW *(Phys.)* continous wave
CW radar *(Radar)* continuous wave radar
CWO cash with order
cwt hundredweight
Cx *(Elec. Eng.)* unknown capacitance
cy/sec cycle per second
c/s cycle per second

D

D *(Chem.)* deuterium
d (or diam) diameter
d pence; discount *(Chem.)* deuteron *(Maths.)* differential
d- *(Chem.)* dextrorotatory
da *(Maths.)* deca-, deka-
DA data available
D/A deposit account; documents against acceptance *(Comp.)* digital-to-analog
DAC *(Comp.)* digital-to-analogue converter
DAL data-access line
DAM *(Comp.)* data-addressed memory
dam *(Maths.)* decametre
DASD direct-access storage device
DAT *(Electron.)* diffused-alloy transistor *(Acous.)* digital audio tape
DAVC *(Radio)* delayed automatic volume control
DB, db *(Acous.)* decibel
DBC data base computer
DBD *(Electron.)* double-base diode
DBM *(Comp.)* data base management metal-oxide semi-conductor
cm per sec centimetre per second
cm per sec^2 *(Mech.)* centimetre per second per second
CN co-ordination number
C/N, c/n credit note
CNR carrier-to-noise ratio
CNS *(Zool.)* central nervous system
Co *(Chem.)* cobalt
Co; co company, cutt-off
C/o care of
COD cash on delivery
COD chemical oxygen demand
CODAN *(Telecomm.)* carrier operated device anti - noise.
C of A *(Aero.)* Certificate of Air-Worthiness
C of M *(Aero.)* Certificate of Maintenance
COM *(Comp.)* computer output on microfilm
Conc concentrated; concentration
contd continued
COP *(Eng.)* coefficients of perfomance
CORBA *(Comp.)* Common Object Request Broker Architecture
cos (or cosin) *(Maths.)* cosine
COS cash on shipment
cosec *(Maths.)* cosecant
cosh *(Maths.)* hyperbolic cosine
cot *(Maths.)* cotangent
coth *(Maths.)* hyperbolic cotangent
coul *(Elec. Eng.)* coulomb
covers *(Maths.)* coversine
cp candle-power
Cp casting pressure; candle power; chemically pure; centre of pressure; controllable pitch; change point
Cp *(Chem.)* cassiopeium = lutetium
cP *(Phys.)* centipoise
CPA certified public accountant
CPH characters per hour
Cpk *(Electron.)* plate-cathode capacitance
CPL *(Aero.)* Commercial pilot's licence
CPM cycles per minute
CPM *(Eng.)* critical path method
CPS *(Comp.)* characters per second
cps, CPS, c/s cycles per second
CPU *(Comp.)* central processing unit
CPVC *(Chem.)* chlorinated polyvinyl chloride
Cr *(Chem.)* Chromium, chrome
CR cathode ray; compression ratio *(Chem.)* chloroprene rubber *(Comp.)* carriage return
CRO cosmic ray observatory *(Electron.)* cathode-ray oscilloscope
CRS *(Met.)* cold-rolled steel
C emf *(Elec.)* counter elcctromotive force
Cent (or Centig) Centigrade
CEP circular error of probability
CERN Conseil Européen pour la Recherche Nucléaire; Commission Européenne pour la Recherche Nucléaire
cf compare with
Cf *(Chem.)* californium
CF *(Phys.)* centrifugal force
c/f, CF carried forward
cf & i cost, freight and insurance
CFC *(Chem.)* chlorofluorocarbons
CFE chlorotrifluoroethylene
CFGPD cubic foot of gas per day
CFM cubic foot per minute
CFM chlorofluromethane
CFR commercial fast breeder reactor
CFRP *(Eng.)* carbon-fibre reinforced plastic
cfs, CFS cubic foot per second
cg, CG centre of gravity
cg, cgm centigram
CGA *(Comp.)* colour graphics adapter
CGI *(Comp.)* Common Gateway Interface
CGIC compressed-gas-insulated cable
Cgk *(Electron.)* grid-cathode capacitance
Cgp *(Electron.)* grid-plate capacitance
CGS, cgs centimetre-gramme-second
CGS Unit *(Phys.)* centimetre-Gram-Second unit
ch chain
CHF critical heat flux
CHU *(Phys.)* centigrade heat unit
CI engine *(Eng.)* compression-ignition engine
Ci *(Electron.)* input capacitance
CI, ci color index; cast iron; correlation index
CIF, cif cost, insurance & freight
CIIR *(Chem.)* chlorinated isoprene - isobutene rubber
CIR carrier-to-interference ratio
CISC *(Comp.)* complex instruction set computer
c/kg *(Phys.)* coulombs per kilogram
cl centilitre
Cl *(Chem.)* chlorine
CLI *(Comp.)* command line interpreter
CLIMAP climate long-range investigation mapping and prediction
CLV *(Image Tech.)* constant linear velocity
cm centimetre
Cm *(Chem.)* curium
Cmax *(Elec. Eng.)* maximum capacitance
cmmf *(Phys.)* counter magnetomotive force
CMOS *(Electron.)* complementary

EBW (*Aero., Eng.*) electron beam welding
ec (*Elec. Eng.*) enamel-covered
ECC (*Elec. Eng.*) earth continuity conductor
ECC emergency core coolant
ECCM electronic counter-countermeasures
ECCS emergency core cooling system
ECD electron capture detector
ECG (*Med.*) electrocardiogram
ECM electronic countermeasures
ECRH (*Nuc. Eng.*) electron cyclotron resonance heating
EDD (*Elec. Comm.*) envelope-delay distortion
EDM (*Eng.*) electrical discharge machining
EDO DRAM (*Comp.*) Extended Data Output Dynamic Random Access Memory
EDPM (*Comp.*) electronic data processing machine
EDS exchangeable disk storage
EDTA ethylene-diamine-tetra-acetic-acid
EDU electronic display unit
EE errors excepted; electrical engineer
Eeff (*Elec. Eng.*) effective voltage
EEG (*Med.*) electroencephalograph
EEROM (*Comp.*) electrically erasable read-only memory
eff (*Eng.*) efficiency
eg exempli gratia = for example
EGA (*Comp.*) enhanced graphics adapter
EGT (*Aero.*) exhaust gas temperature
EHD electrohydrodynamic(s)
ehf (*Elec. Eng.*) extremely high frequency
ehp, EHP (*Eng.*) effective horse power; total equivalent brake - horsepower (tehp)
(*Elec. Eng.*) electric horse power
ehv (*Elec. Eng.*) extra-high voltage
Ei (*Elec. Eng.*) input voltage
EI (*Image Tech.*) exposure index
EIDE (*Comp.*) Enhanced IDE
Ek (*Elec.*) cathode voltage
(*Phys.*) kinetic energy
EKG (*Med.*) electrocardiogram
ELFO (*Min. Ext*) extra light fuel oil
ELINT (elint) (*Telecomm.*) electronic intelligence
ELSIE (*Elec. Eng.*) electronic letter-sorting & indicator equipment
EM electromagnet; electron microscope; exposure meter
Em maximum voltage
EMC electromagnetic compatibility
emf, EMF (*Elec. Eng.*) electromotive force
EMI (*Comp.*) electromagnetic interference

DOS (*Comp.*) disk operating system
doz dozen
DP (*Comp.*) data processing
dp (*Elec. Eng.*) double pole
DPCM differential pulse-code modulation
DPF dual polarized frequency
dpm (*Phys.*) disintegration per minute
dps (*Phys.*) disintegration per second
dr dram
DR (*Naut.*) dead reckoning
DRAM (*Comp.*) Dynamic Random Access Memory
DRO (*Comp.*) digital readout
dsc (*Elec. Eng.*) double-silk-covered wire
DSC direct satellite communications
DSDP (*Geophys.*) Deep-Sea Drilling Project
DSP double silver plated
(*Comp.*) Digital Signal Processing
DST day-light saving time
DT (*Comp.*) data transmission
DTA (*Chem.*) differential thermal analysis
DTL (*Comp.*) diode-transistor logic
DTP (*Comp.*) desktop publishing
DTR data terminal reader
DU (*Elec. Eng.*) duty cycle
DV double vibration
DVB (*Image Tech.*) Digital Video Broadcasting
DVD (*Comp.*) Digital Versatile Disk; Digital Video Disk
dw dead-weight
DWT dead weight tonnage
dwt pennyweight
DX (*Electron.*) duplex
(*Elec. Comm.*) distance (usually appreciable)
Dy (*Chem.*) dysprosium
dy, dyn (*Phys.*) dyne
dz dozen

E

E (*Light*) illumination
e (or ε) (*Maths.*) the base of hyperbolic or natural logarithms
E (or e) (*Elec. Eng.*) electromotive force
(*Mech.*) modulus of elasticity; coefficient of elasticity; stretch modulus; Young's modulus
e (*Phys.*) erg
$e, e^-, {}_{-1}e^0$ (*Chem.*) electron
$e^+, {}_1e^0$ (*Chem.*) positron
EAM Electronic accounting machine
E & OE errors and omissions excepted
EAS (*Aero.*) equivalent air speed
Eb (*Chem.*) erbium
EBCDIC (*Comp.*) The Extended Binary Coded Decimal Interchange Code

DBMS (*Comp.*) database management system
DBMS data base management system
DBS (*Image Tech., Telecomm.*) direct broadcast satellite
DC, dc (*Elec. Eng.*) direct current; direct coupled
dcc, DCC (*Elec. Eng.*) double-cotton covered (wire)
DCM (*Elec. Eng.*) digital capacitance meter
DCS digital computer system
DDA (*Elec. Eng.*) digital differential analyzer
DDD (*Elec. Comm.*) direct distance dialing
DDE (*Comp.*) direct data entry
DDL (*Comp.*) data description language
DDPS digital data-processing system
DDS dataphone digital service
DDT (*Chem.*) dichloro-diphenyl-tri-chloro-ethane
deg degree
deg/sec degrees per second
DF/df (*Radio*) direction finder (or finding)
(*Pet. Eng.*) diesel fuel
DFC data flow control
DFS (*Comp.*) Disk Filing System
DFS (*Eng.*) drop-forged steel
dg decigramme, decigram
DHCP (*Comp.*) Dynamic Host Configuration Protocol
diam diameter
Dil, dil dilute
DIP (*Elec. Eng.*) dual-inline package
Dist distilled
dkg decagram
dkl decalitre
dkm decametre
dl decilitre
DLCF data link control field
DLL (*Comp.*) Dynamic Link Library
dm decimetre
DM dry matter
DMA (*Comp.*) Direct Memory Access
DME (*Elec. Eng.*) distant-measuring equipment
DML (*Comp.*) data manipulation language
DMLS Doppler microwave landing system
DMM digital multimeter
DMP (*Comp.*) dot - matrix printer
D/N debit note
DNA (*Chem.*) deoxyribonucleic acid
DNS (*Comp.*) Domain Name System (or Service)
DO dissolved oxygen
D/O delivery order
DOM dissolved organic matter

	array
f-s	foot-second
FSH	*(Med.)* follicle - stimulating hormone
FSK	*(Elec. Comm., Telecomm.)* frequency-shift keying
FSM	*(Elec. Eng.)* field-strength meter
ft	foot; feet
ft-lb	foot-pound
ft/min	feet per minute
ft per sec	foot (feet) per second
ft per sec^2	foot (feet) per second per second
FTAM	*(Comp.)* file transfer and access method
FTP	*(Comp.)* File Transfer Protocol

G

G	*(Mech.)* moment of a couple
	(Phys.) constant of gravitation
	(Elec. Eng.) generator; grid
G (or g)	*(Elec. Eng.)* conductance (in mhos); Gauss
g	*(Phys.)* acceleration of gravity; gravitation constant; gravity
g, gm, gr	gramme, gram
γ	*(Elec. Eng.)* conductivity; specific conductivity; conductance
γ, Γ	*(Elec. Eng.)* gamma (10^{-5} oersted)
Ga	*(Chem.)* gallium
G/A	ground-to-air
gal	gallon
GCA	*(Aero.)* ground-controlled approach
g cal	gramme-calorie
GCD	*(Maths.)* greatest common divisor
GCF	*(Maths.)* greatest common factor
GCFR	gas-cooled fast reactor
GCI	*(Aero., Radar)* ground-controlled interception
GCM	gyrocompass module
GCT	Greenwich civil time
Gd	*(Chem.)* gadolinium
Ge	*(Chem.)* germanium
GeV	gigaelectron volt
GFRP	*(Plastics)* glass-fibre reinforced plastic
G/G	ground to ground
GI	galvanized iron
GL	*(Surv.)* ground level
gm	gramme, gram
GM	guided missile
G/M	Geiger-Mueller
GMAT	Greenwich Mean Astronomical Time
GMD	geometrical mean distance
GMT	*(Astron.)* Greenwich mean time
GMV	*(Chem.)* gram-molecular volume
GOR	gas-oil ratio
GOSP	gas-oil separation plant
GP	*(Maths.)* geometric progression

	(Magn.) magnetomotive force
F (or f)	*(Mech.)* force
	(Elec. Eng.) farad, faraday
f	*(Elec. Eng.)* frequency
	(Phys.) focal length
	(Maths.) function
f (or fath)	fathom
F, Fah (or Fahr)	Fahrenheit
FAI	fresh-air inlet
FAO	Food and Agricultural Organization
FAQ	*(Comp.)* Frequently Asked (or Answered) Questions
FAS	free alongside ship
FAT	*(Comp.)* file allocation table
FAX	facsimile
FBP	final boiling point
fc	foot-candle
FCB	*(Comp.)* file control block
fd	farad
FDX	full-duplex transmission
FE	ferroelectric
Fe	*(Chem.)* iron (ferrum)
FEB	*(Electron.)* functional electronic block
FET	field-effect transistor
FF	*(Comp.)* form feed
FHP	*(Eng.)* friction horse-power
FI	*(Min.)* felsic index
FIFO	*(Comp.)* first in, first out
FINGAL	*(Nuc. Eng.)* fixation in glass of active liquid
fl oz	fluid ounce
Fl	*(Chem.)* fluorine
FLOPS	*(Comp.)* floating point operations per second
Fm	*(Chem.)* fermium
FM	*(Radio)* frequency modulation
fm	*(Radio)* modulation frequency
FMS	*(Eng.)* flexible manufacturing system
FOB, fob	free on board
FOC	free of charge
FOC	fiber optics communications
FOT	*(Comp.)* fibre - optic transceiver
4GL	*(Comp.)* fourth generation language
FP	flowing pressure
Fp	*(Eng.)* power-loss factor
FP	*(Ships)* forward perpendicular
fp, FP	*(Phys.)* fission product; foot pound; freezing point
FPI	*(Eng.)* fuel-pressure indicator
FPM; fpm	feet per minute
FPS; fps	*(Phys.)* feet, pounds and seconds
FPS; fps	feet per second
fr pt	freezing point
Fr	*(Chem.)* francium
FRP	fiber-reinforced plastic
FRUSA	*(Aero.)* flexible rolled-up solar

emu	*(Elec. Eng.)* electromagnetic unit
Eo	output voltage
EOA	end of address
EOF	*(Comp.)* end of file
EOM	end of message
EOR	enhanced oil recovery
EOS	electro-optical system
EOT	end of text; end of transmission
	(Comp.) end of tape
EP	end point; extreme pressure
Ep	*(Electron.)* plate voltage
	(Phys.) potential energy
EPI	elevation-position indicator
EPMR	Electron Paramagnetic Resonance
EPNS	*(Chem.)* electroplated nickel silver
EPROM	*(Comp.)* erasable programmable read-only memory
EPU	electronic power unit; emergency power unit
ER	echo ranging
Er	*(Chem.)* erbium
ERC	*(Photog.)* ever-ready case
ERG	electroretinogram
ERM	electron rest mass
EROS	Earth Resources Observation Satellite
ERT	effective radiated power
ERTS	Earth Resource Technology Satellite
Es	*(Chem.)* einsteinium
ESA	European Space Agency
ESCA	Electron Spectroscopy for Chemical Analysis
ESD	energy storage device
ESR	*(Chem.)* Electron Spin Resonance
ESS	electronic switching system
esu, ESU	*(Elec.)* electrostatic unit
ETA	*(Aero.)* estimated time of arrival
ETC	electronic temperature control
ETD	*(Aero.)* estimated time of departure
Eu	*(Chem.)* europium
Euratom	*(Nuc. Eng.)* European Atomic Energy Community
ev, eV	*(Elec. Eng.)* electron volt
EVA	*(Chem.)* ethylene - vinylacetate copolymer
EVA	*(Space)* extravehicular activity
EVF	*(Image Tech.)* electronic viewfinder
EWR	early-warning radar
Ex	example; exception; export; examined
Exp	express, export
exp	*(Maths.)* exponential
ext	*(Teleph.)* extension

F

F	*(Chem.)* fluorine
	(Phys.) Fahrenheit
	(Light) luminous flux

IAT	International Atomic Time
IATA	International Air Transport Association
IAU	International Astronomical Union
IAVC	instantaneous automatic volume control
IB	incendiary bomb
IBP	initial boiling point
IC	*(Eng.)* ignition control; integrated circuit; internal combustion
ICAO	International Civil Aviation Organization
ICBM	inter-continental ballistic missile
ICE	*(Eng.)* internal-combustion engine
ICMP	*(Comp.)* Internet Control Message Protocol
ICW	*(Radio)* interrupted continuous waves
ID	*(Eng.)* internal (inside) diameter
IDDD	international direct distance dialing
IDF	*(Teleph.)* intermediate distribution frame
IDT	interdigital transducer
ie	id est (that is)
IEA	International Energy Agency
IEEE	*(Comp.)* Institute of Electrical and Electronic Engineers
I/F	insufficient funds
IF	interferon
IF, If, if	*(Radio)* intermediate frequency
Iff	*(Maths.)* if and only if
IFR	*(Aero.)* instrument flight rules
IGMP	*(Comp.)* Internet Group Management Protocol
IGU	International Geographical Union
IGY	International Geophysical Year
IHP, ihp	*(Eng.)* indicated horse power
IKE	ion kinetic energy
ILF	infralow frequency
ILO	International Labor Organization
ILS	*(Aero.)* instrument landing system
IM	*(Elec. Eng.)* intermodulation
Im	*(Elec. Eng.)* maximum current
IMEP	*(Eng.)* indicated mean effective pressure
in	inch; input
In	*(Chem.)* indium
in-lb	inch pound
InterNIC	*(Comp.)* Internet Network Information Center
Io	*(Chem.)* ionium
I/O	*(Comp.)* input/output
IP	initial pressure
IP	*(Comp.)* Internet Protocol
ip	*(Mech.)* intermediate pressure
IPL	initial program load
ipm	inches per minute
ips	inches per second
Ir	*(Chem.)* iridium
HLL	*(Comp.)* high-level language
hm	hectometre
HM	*(Maths.)* harmonic mean
HO	head office
Ho	*(Chem.)* holmium
HOT	horizontal output transformer (or tube)
HOTOL	*(Space)* Horizontal take-off and landing
h.p.	*(Eng.)* horsepower
HP, hp	*(Eng., Phys.)* high pressure; horse power
HPF	highest probable frequency
hp hr	*(Eng.)* horse-power hour
HPI	*(Aero.)* height-position indicator
HQ	*(Image Tech.)* high quality
HQ, hq	headquarters
hr	hour
	(Elec. Eng.) high resistance
HRS	high-resolution spectrometer
HSI	horizontal situation indicator
HSLA	high-strengh low-alloy steels
HSS	*(Met.)* high-speed steel
ht	height
HT, ht	*(Elec. Eng.)* high tension
HTML	*(Comp.)* Hypertext Markup Language
HTR	*(Nuc. Eng)* high - temperature reactor
HTTP	*(Comp.)* Hypertext Transfer Protocol
hv, HV	*(Elec. Eng.)* high voltage
	(Phys.) high velocity
HVDCT	high-voltage direct-current transmission
HVEM	*(Biol.)* high-voltage electron microscope
HVI	high viscosity index
HVR	high-vacuum rectifier
hw	hectowatt
HW	high water
HWM	high-water mark
hy	henry
Hz	hertz

I

I	*(Chem.)* iodine
	(Mech.) moment of inertia
	(Light) intensity of light; luminous intensity
I (or $\mathcal{I}$)	*(Magn.)* intensity of magnetization
I (or i)	*(Elec. Eng.)* intensity of current; strength of current; current
IÅ	international Ångström
Ia	*(Electron.)* anode current
IAEA	International Atomic Energy Agency
IAGC	instantaneous automatic gain control
IAS	*(Aero.)* indicated air speed
GP/DC	general-purpose digital computer
gpd	gallons per day
GPH	gallons per hour
GPI	*(Aero.)* ground position indicator
GPM	gallons per minute
GPS	gallons per second
gr	gram; grade; grain; gross
GRAO	gamma-ray astronomy observatory
GRAS	generally recognized as safe
GRC	*(Civ. Eng.)* glass fibre reinforced concrete
GRIN glass	*(Image Tech.)* gradient refractive index glass
GS	*(Aero.)* ground speed
GSA	Geological Society of America
GSE	*(Aero.)* ground support equipment
gsm	*(Print.)* grams per square metre
GSO	geosynchronous orbit
GST	Greenwich Sidereal Time
GT	gross ton
Gy	gigayear = (10^9 years)

H

H	*(Chem.)* hydrogen
	(Phys.) enthalpy
	(Min.) hardness
H (or $\mathcal{H}$)	*(Magn.)* magnetic field intensity; magnetic field strenght; magnetizing force
H (or h)	*(Elec. Eng.)* henry
h	hour; height; high
	(Maths.) hecto-
	(Phys.) Planck's constant
	(Astron.) celestial altitude
ha	hectare
HAC	*(Build.)* high alumina cement
hav	*(Maths.)* haversine
Hb	*(Zool.)* haemoglobin
HCD	*(Maths.)* highest common divisor
HCF	*(Maths.)* highest common factor
HD	heavy duty
HDF	high-frequency direction finder
HDTV	*(Image Tech.)* high definition television
HE	high explosive
He	*(Chem.)* helium
HEL	high-energy laser
HEM	*(Phys.)* hybrid electromagnetic wave; hybrid electromagnetic
HF	*(Aero.)* high frequency
Hf	*(Chem.)* hafnium
hf, HF	*(Elec. Eng.)* high frequency
HFU	heat flow unit
hg	hectogramme
Hg	*(Chem.)* mercury (hydrargyrum)
HI	*(Surv.)* height of instrument
HIC	hybrid integrated circuit
HIV	*(Med.)* human immunodeficiency virus
hl	hectolitre

switch

laser *(Phys.)* light amplification by stimulated emission of radiation

lat latitude

LAT *(Astron.)* local apparent time

lb per ft pound per square foot

Lb lambert

lb libra = pound

LB *(Teleph.)* local battery

lbf pound force

LBP *(Surv.)* length between perpendiculars

LC liquid crystal; inductance-capacitance

lc *(Typog.)* lowercase

lc, L/C letter of credit

LCD *(Electron.)* Liquid Crystal Display; Liquid Crystal Device
(Maths.) least common denominator
(Maths.) lowest common divisor

LCF *(Maths.)* least common factor

LCM *(Maths.)* least common multiple

LCR inductance-capacitance-resistance

LDAP *(Comp.)* Lightweight Directory Access Protocol

ld f *(Elec. Eng., Aero.)* load factor

LDC *(Eng.)* lower dead centre

LDF low-frequency direction finder

LDR *(Electron.)* light-dependent diode

LED *(Elecrton.)* light-emitting diode

LEF light-emitting film

LEO *(Space)* Low - Earth Orbit

LET linear energy transfer

lf *(Elec. Eng.)* low frequency

LF line feed

LH *(Med.)* luteinizing hormone

Li *(Chem.)* lithium

lidar *(Meteor.)* light detection and ranging

LIFO *(Comp.)* last-in, first-out

LIPS *(Comp.)* logical inferences per second

LIRTS large infrared telescope

LISP *(Comp.)* list processing

LIX liquid crystal

LLC liquid-liquid chromatography

lm lumen

LMFBR liquid-metal fast breeder reactor

LMR *(Nuc. Eng.)* liquid-metal reactor

LMWHC low-molecular-weight hydrocarbon

ln *(Maths.)* logarithm (natural)

LNG *(Pet. Eng.)* liquid natural gas

LO liaison officer; local oscillator

LOA length, over-all

LOCA loss-of-coolant accident

log *(Maths.)* logarithm (common)

LOX liquid oxygen

LP linear programming

LP, lp low pressure; low power; long-playing

(Phys.) kinetic energy

K (or k) *(Magn.)* susceptibility
(Phys.) Boltzmann's constant; entropy constant

k *(Elec. Eng.)* dielectric constant; capacity; specific inductive capacity; permittivity

k, K kilo; karat; knot

k-cal kilocalorie

KB Kilobit; keyboard

kb *(Phys.)* kilobar

kc kilocurie; kilocycle

kc/s kilocycles per second

kCi kilocurie

kcs *(Comp.)* thousand charachters per second

keV *(Phys.)* kilo-electron-volts

kg, kgm kilogram, kilogramme

kg/cm^2 kilogramme per square centimetre

kg/m^3 kilogrammes per cubic meter

kgC kilogram-calorie

kgm (or kg-m) kilogram-metre

KHz kilohertz

kJ kilojoule

kl kilolitre

klm kilolumen

km kilometre

kmps kilometers per second

kn knot

kOe kilo-oersted

kr kiloroentgen

Kr *(Chem.)* krypton

krd kilorutherford

KSR *(Comp.)* keyboard send-receive unit

kV *(Elec. Eng.)* kilovolt

kVa, KVA *(Elec. Eng.)* kilovolt-ampere

kVAR *(Elec. Eng.)* reactive kilovolt-ampere

KVAr *(Elec. Eng.)* kilovar

kW *(Eng., Elec. Eng.)* kilowatt

kW-hr, kwh *(Eng.)* kilowatt-hour

L

L *(Illum.)* lambert
(Aero.) lift
(Light) luminance
(Chem.) latent heat per mole

L (or l) *(Elec. Eng.)* inductance
(Phys.) length

l latitude; length
(Phys.) litre; latent heat per gram

λ *(Phys.)* wavelength, decay constant

La *(Chem.)* lanthanum

LADAR laser doppler radar

LAN *(Comp., Telecomm.)* local area network

LASCR light-activated silicon-controlled rectifier

LASCS light-activated silicon-controlled

IR infra-red; insulation resistance; insoluble residue; infra-red radiation
(Chem.) isoprene rubber
(Comp.) information retrieval

ir, IR insoluble residue; india-rubber

IRBM intermediate range ballistic missile

IRC *(Comp.)* Internet Relay Chat

ISA *(Aero.)* International Standards Atmosphere

ISCAN *(Elec. Comm.)* inertialess steerable communications antenna

ISDN *(Comp.)* Integrated Services Digital Network

ISI International Standards Institute

ISO *(Genrl.)* International Standards Organization; International Organization for Standardization

ISO7 *(Comp.)* The International Organization for Standardization seven bit code

ISP *(Comp.)* Internet Service Provider

ISTM International Society for Testing Materials

ISWG *(Eng.)* Imperial Standard Wire-Gauge

IT intelligent terminal

ITU *(Telecomm.)* International Telecommunications Union

IU international unit

IUGG International Union of Geology & Geophysics

IUGS International Union of Geological Sciences

IUPAC International Union of Pure & Applied Chemistry

IUPAP International Union of Pure & Applied Physics

IVF *(Biol.)* in vitro fertilization

IW *(Phys.)* isotopic weight

IX *(Chem., Min. Ext.)* ion exchange

J

J *(Phys.)* mechanical equivalent of heat

J, j *(Elec. Eng.)* joule; Joule's equivalent; electric current density

ja, J/A joint account

jato *(Aero.)* jet-assisted take-off

JCL *(Comp.)* job control language

JFET *(Electron.)* junction field-effect transistor

JIT *(Eng.)* just in time

J/K *(Phys.)* joule(s) per kelvin

J/s *(Phys.)* joules per second

K

K *(Chem.)* potassium (kalium); chemical equilibrium constant of the reaction; Kelvin (Scale)

MGD million gallons per day
mh *(Elec. Eng.)* millihenry
MHD magnetohydrodynamics
mhp millihorsepower
MHW *(Ocean.)* mean high water
MHz megahertz
mi mile
MIC microwave integrated circuit
MICR *(Comp.)* magnetic ink character recognition
MIDI *(Comp.)* musical instrument
MIG *(Eng.)* metal inert gas welding
MIME *(Comp.)* Multipurpose Internet Mail Extensions
min minute; minimum
MIPS *(Comp.)* millions of instructions per second
MIR *(Comp.)* memory-information register
MIT *(Comp.)* master instruction tape
MKS metre-kilogram-second
MKSA metre-kilogram-second-ampere
MKSΩ metre-kilogram-second-ohm
ml millilitre
mL *(Illum.)* millilambert
MLD *(Radiol.)* mean lethal dose
MLS *(Aero.)* microwave landing system
MLS multilayered structure
MLW *(Ocean.)* mean low water
mm millimetre
mmA millimilliampere
mmf *(Elec. Eng.)* magnetomotive force
mmfd *(Elec. Eng.)* micromicrofarad
mmHg millimetres of mercury
MMR *(Chem., Phys.)* nuclear magnetic resonance
MMU *(Space)* manned manoeuvring unit
MMX *(Comp.)* Multimedia Instructions
MN magnetic north
Mn *(Chem.)* manganese
mn *(Chem., Phys.)* neutron rest mass
MO money order
(Elec. Eng.) master oscillator
Mo *(Chem.)* molybdenum
mogas *(Aero.)* motor gasoline
mol *(Chem.)* mole
MOL manned orbiting laboratory
mol wt *(Chem.)* molecular weight
MOS *(Electron.)* metal-oxide semiconductor; metal-oxide silicon
MOST *(Electron.)* metal-oxide-silicon transistor
MOV *(Electron.)* metal-oxide varistor
(Eng.) mechanically-operated valve
MP, mp *(Chem.)* melting point; melting-pot
(Chem., Phys.) proton rest mass
Mpc *(Astron.)* megaparsec (10^6 parsec)
MPC maximum permissible concentration
MPD *(Radiol.)* maximum permissible

(Elec. Eng.) magnetic amplifier; mega-ampere
ma, mA *(Elec. Eng.)* milliampere
mach *(Eng.)* machinery; machine
MADT microalloy diffused tansistor
MAG maximum available gain
magamp *(Acous.)* magnetic amplifier
MAGLEV magnetic levitation
mamu *(Phys.)* millimass unit
MAP memory allocation and protection
MAR minimum angle of resolution
(Chem.) microanalytical reagent
(Comp.) memory address register
MATV *(Image Tech.)* master antenna television
Mb megabar
mb *(Meteor.)* millibar
MBB *(Elec. Eng.)* make-before-break
MBM *(Comp.)* magnetic bubble memory
MBO *(Electron.)* monostable blocking oscillator
MBR *(Comp.)* Memory Buffer Register; Master Boot Record
MBS magnetron beam switching
MC memory controller
MC, mc *(Phys.)* megacycle; millicurie
MCF million cubic feet
MCPS, mcps megacycles per second
MCS master of computer science; missile control system
MCU microprogram control unit
MCW *(Radio)* modulated continuous wave
md millidarcy
Md *(Chem.)* mendelevium
MDF *(Elec. Comm.)* main distribution frame
MDI magnetic direction indicator
MDS minimum discernible signal
ME mechanical engineer
Me *(Chem.)* methyl radical
m_e electron rest mass
Mech mechanics; mechanical
meg *(Elec. Eng.)* megohm
MEK *(Chem.)* methyl ethyl ketone
MEP *(Eng.)* mean effective pressure
MeV *(Phys.)* mega (million) electron volts
MEW microwave early warning
MF *(Aero.)* medium Frequency
MF *(Elec. Eng.)* microforad
(Eng.) machine finished
mf *(Radio)* medium frequency
MF microfiche
mf, MF *(Elec. Eng.)* microfarad; millifarad
Mfd manufactured
MFSK multiple frequency-shift keying
Mg *(Chem.)* magnesium
mg, Mg *(Phys.)* milligramme; milligram
mgal milligal

LPB lighted pushbutton
LPG *(Pet. Eng.)* liquefied petroleum gas
LPM lines per minute
LPT *(Comp.)* line printer
Lr *(Chem.)* lawrencium
LRBM long range ballistic missile
LREE light rare-earth element
LRPDS long-range position-determining system
LRR long-range radar
LSB lower sideband; least significant bit
LSC least significant character
LSD least significant digit
(Chem.) lysergic acid diethylamide
LSI *(Comp., Electron.)* large - scale integration
LST *(Astron.)* local sidereal time
LT local time
LT, lt long ton
(Elec. Eng.) low tension
ltd limited
LTM long-term memory
LTROM linear-transformer read-only memory
lt-yr light year
Lu *(Chem.)* lutetium, lutecium
lu *(Illum.)* lumen
LUT local user terminal
LV low voltage
LVDT linear variable differential transformer
LW low water
LWL *(Naut.)* loaded water line
LWR *(Nuc. Eng.)* light-water reactor
lx *(Phys.)* lux
ly *(Phys.)* langley; light year

M

M (or $\mathfrak{M}$) *(Magn.)* magnetic moment
(Phys.) mass; moment of a force
(Aero.) Mach number
m (or mi) mile
m (or mn) minute
μ *(Magn.)* permeability
(Chem.) ionic strength
(Mech.) coefficient of friction; friction-factor
(Phys.) refractive index; micron (= 0.001 mm); magneton
(Electron.) amplification factor
m metre; mile; minute; meridian; molality; micrometre
m millimicron (= 0.000001 mm)
m, M *(Magn.)* strength of pole; pole strength
(Chem.) molarity; molecular weight
MA mega-annus (= 10^6 y)
Ma *(Chem.)* masurium = technetium
MA *(Eng.)* mechanical advantage

	(Phys.) neper
np	*(Mech.)* normal pitch
NPL	*(Genrl.)* National physical laboratory
NPR	noise-power ratio
NR	*(Genrl.)* natural rubber
NR	nitrile rubber
NRM	*(Phys.)* natural remanent magnetization
ns or nsec	nanosecond
Ns	*(Meteor.)* nimbostratus
	(Elec. Eng.) number of turns
N/S	not sufficient funds
nt	nit
nt wt, nwt	net weight
NTC	*(Phys.)* negative temperature coefficient
NTP, ntp	*(Chem., Phys.)* normal temperature and pressure
NTS	not to scale
nV	*(Elec. Eng.)* nanovolt
NVM	*(Chem.)* non-volatile matter
NW	northwest
NW	*(Build.)* narrow width
nW	*(Elec. Eng.)* nanowatt
N-waves	*(Asouc.)* supersonic boom
NWP	*(Meteor.)* numerical weather prediction
n wt	net weight

O

O	*(Chem.)* oxygen
o-	*(Chem.)* ortho-
O & G	*(Pet. Eng.)* oil and gas
O & SW	*(Pet. Eng.)* oil and salt water
Ω	*(Elec. Eng.)* ohm
	(Geom.) solid angle
ω	*(Elec. Eng.)* pulsation
	(Mech.) angular velocity; angular frequency
°	degree
° ′ ″ ‴	*(Maths., Astron.)* degree, minute, second, third
o/a	on account
OAO	*(Astron.)* orbiting astronomical observatory
OAT	operating ambient temperature
OAT, oat	outside-air temperature
OB	*(Elec. Comm.)* outside broadcast
OBM	*(Surv.)* ordnance bench mark
o/c	*(Elec. Eng.)* open circuit
OCR	*(Comp.)* optical character recognition or reader
OCTL	*(Elec. Comm.)* open-circuited transmission line
OD	outside diameter; ordnance datum
o/d, O/D	on demand
ODBC	*(Comp.)* Open Data Base Connectivity
Oe, oer	*(Elec. Eng.)* œrsted

	units; nano
NA	not available; not applicable
NA	*(Chem.)* Avogadro number
	(Civ. Eng.) neutral axis
Na	*(Chem.)* sodium (natrium)
nA	*(Elec. Eng.)* nanoampere
NAPU	*(Nuc. Eng.)* nuclear auxiliary power unit
NASA	National Aeronautics and Space Administration
Navaid	*(Aero.)* navigational aid
Nb	*(Chem.)* niobium (columbium)
NB, nb	nota bene (mark well)
NBFM	*(Elec. Comm.)* narrowband frequency modulation
NBR	*(Chem.)* nitrile-butadiene rubber
NBS	*(Eng.)* National Bureau of Standards
nc	*(Elec. Eng.)* no connection
NC	*(Electron.)* numerical control
NCMT	*(Eng.)* numerically controlled machine tool
NCP	network control program
NcR	*(Paper)* No Carbon Required
ncv	no commercial value
ND	no date
Nd	*(Chem.)* neodymium
NDB	*(Aero.)* non-directional beacon
NDT	*(Eng.)* nondestructive testing
NE	northeast
Ne	*(Chem.)* neon
NEA	negative electron affinity
NEC	nuclear energy center
NEP	*(Acous.)* noise equivalent power
new	*(Phys.)* newton
nF	*(Elec. Eng.)* nanofarad
N/F, NF	no funds
NFM	*(Elec. Comm.)* narrowband frequency modulation
NFQ	*(Elec. Comm.)* night frequency
ng	nanogram
NG	negative glow; no good
nH	*(Elec. Eng.)* nanohenry
nhp	*(Eng.)* nominal horse-power
Ni	*(Chem.)* nickel
NIF	*(Acous.)* noise improvement factor
NL	night letter
NLR	*(Elec. Eng.)* non-linear resistance
NLS	*(Eng.)* no-load speed
NM	nautical mile
Nm	*(Phys.)* newtons per square metre
NMR	*(Phys.)* nuclear magnetic resonance
NNTP	*(Comp.)* Network News Transfer Protocol
No	numero (number)
No	*(Chem.)* nobelium
N/O	no orders
no-ops	*(Comp.)* see non-operable instruction
Np	*(Chem.)* neptunium

	dose
MPEG	*(Comp.)* Moving Picture Experts Group
m per sec^2	metre per second per second
MPG, mpg	miles per gallon
mph, MPH	metres per hour; miles per hour
mphps	miles per hour per second
MPO	*(Eng.)* maximum power output
mps	metres per second; miles per second
MPU	microprocessor unit
MR	*(Comp.)* memory register
mr	*(Phys.)* milliroentgen
MRBM	medium-range ballistic missile
MRI	*(Radiol.)* magnetic resonance imaging
mRNA	*(Biol.)* messenger RNA
ms	*(Met.)* mild steel
MS	*(Phys.)* mass spectrometer
MSB	*(Comp.)* most significant bit
MSC	*(Elec. Comm.)* mile of standard cable
msec	millisecond
MSI	*(Comp.)* medium scale integration
MSL	*(Ocean.)* mean sea level
MSY	maximum sustained yield
MT	metric ton; mount; mountain; measured time
MTI	moving target indicator
MTL	*(Ocean.)* mean tide level
MTP	*(Comp.)* Mail Transfer Protocol
MTR	*(Electron.)* magnetic tape recorder
MUF	*(Elec. Comm.)* maximum usable frequency
MUX	multiplexer
mv	*(Elec. Eng.)* medium voltage
mV	*(Elec. Eng.)* millivolt
MVA	megavolt-ampere
MVI	medium viscosity index
MW	*(Elec. Eng.)* megawatt
mW	*(Elec. Eng.)* milliwatt
MWE	megawatts of electricity
MWE, MWe	*(Nuc. Eng.)* megawatt electric
MWH	*(Elec. Eng.)* megawatt-hour
MWL	mean water level
Mx	*(Elec. Eng.)* Maxwell
my	million years
myg	myriagram
mym	myriameter

N

N	*(Chem.)* nitrogen; Avogadro's number; normal (concentration)
	(Phys.) newton
	(Chem.) neutron number
	(Eng.) factor of safety
N	*(Magn.)* North Pole
$_0n^0$	*(Phys.)* neutrino
$_0n^1$	*(Phys.)* neutron
n	*(Phys.)* refractive index; number of

∅	*(Magn.)* magnetic flux
	(Phys.) entropy
ph	*(Phys.)* phase
pI	penetration index
PID	*(Comp.)* personal identification device
PIF	*(Comp.)* program information file
PIM	*(Elec. Eng.)* pulse-interval modulation
PIN	*(Comp., Telecomm.)* personal identification number
PING	*(Comp.)* Packet Internet Groper
PIO	*(Elec. Eng.)* parallel input/output
PIV	*(Elec. Eng.)* peak inverse voltage
PIXE	*(Chem.)* particle-induced x-ray emission
pkg	package
pl	partial loss; plural
P/L	profit and loss
PLA	*(Comp.)* programmable logic array
PLC	*(Elec. Comm.)* power-line communication
PLL	*(Elec. Comm.)* phase-locked loop
PLM	*(Elec. Eng.)* pulse length modulation
PLO	*(Elec. Comm.)* phase-locked oscillator
	(Pet. Eng.) pipe-line oil
pm	post meridiem
PM	purpose-made; permanent magnetization; pulse modulation; phase modulation
PM	*(Build.)* purpose - made
Pm	*(Chem.)* promethium
PMX	packet multiplexer
PN	*(Pet. Eng.)* performance number
Po	*(Chem.)* polonium
POB	post office box
POD	pay on delivery
POGO	polar orbiting geo-physical observatory
POP	*(Comp.)* Post Office Protocol
	(Image Tech.) picture outside picture
POR	pay on return; payable on receipt
POS Terminal	*(Comp.)* point-of-sale terminal
PP	*(Comp.)* peripheral processor
PPI	*(Radio)* plan-position indicator
ppm	parts per million; pulses per minute
PPm	*(Chem.)* parts per million
	(Comp.) pages per minute
PPM	*(Elec. Eng.)* pulse-position modulation
PPP	*(Comp.)* Point-to-Point Protocol
pps	pulses per second
PPS	plant protection system
ppt	parts per thousand; precipitate
PPTP	*(Comp.)* Point-to-Point Tunneling Protocol

PACM	*(Elec. Comm.)* pulse-amplitude code modulation
PAGEOS	passive geodetic satellite
PAL	*(Image Tech.)* phase alternation line
PAM	*(Elec. Comm.)* pulse-amplitude modulation
PAR	*(Aero.)* precision approach radar
pat	patent
PAX	*(Elec. Comm.)* private automatic exchange
Pb	*(Chem.)* lead (plumbum)
PBX	plastic bonded explosive
PC, pc	*(Astron.)* parsec
PC	*(Civ. Eng.)* portland cement
	(Elec. Eng.) printed circuit
	(Comp.) program counter; punched card; personal computer
pc, PC, p/c	per cent
PCA	perchloric acid
PCI	*(Comp.)* Peripheral Component Interconnect
PCM	*(Elec. Eng.)* pulse-code modulation; punched-card machine
PCMCIA	*(Comp.)* Personal Computer Memory Card International Association
PD	potential difference; per diem (by the day); plate dissipation; pulse duration; proximity detector
Pd	*(Chem.)* palladium
Pd	*(Phys.)* potential difference
pd, PD	*(Elec. Eng.)* potential difference
PDE	position-determining equipment
pdl	poundal
PDM	*(Elec. Eng.)* pulse duration modulation
PDN	*(Comp.)* public data network
PDR	processing data rate
	(Ocean.) Precision Depth Recorder
PDS	*(Eng.)* product design specification
PE	probable error; potential energy
	(Chem.) polyethylene
PEC	*(Electron.)* photoelectric cell
PEG	polyethylene glycol
Pel	*(Comp., Image Tech.)* picture element
perp	perpendicular
pF	*(Elec. Eng.)* pico-farad
PF	*(Eng.)* press fit
pf, Pf	power-factor
PFM	*(Elec. Eng.)* pulse-frequency modulation
Pg	petagram
PG	power gain
PGS	power generation satellite
pH	*(Chem.)* p(otential of) H(ydrogen) = hydrogen ion concentration

OEM	*(Comp.)* original equipment manufacturer
OF	*(Chem.)* oxidizing flame
OFHC	*(Eng.)* oxygen-free high-conductivity
OG	*(Build.)* ogee
OGL	outgoing line
OGO	*(Geophys.)* orbiting geophysical observatory
OHP	*(Image Tech.)* overhead projector
OK	*(Aero.)* odourless kerosene
OLAP	*(Comp.)* Online Analytical Processing
OLE	*(Comp.)* Object Linking and Embedding
OLRT	*(Comp.)* online real time
OM	*(Chem.)* organic matter
	(Opt.) optical microscope
OMR	*(Comp.)* optical mask reader
ON	*(Pet. Eng.)* octane number
%	per cent
‰	per thousand
OOP	*(Comp.)* object oriented programming
OPD	outpatient department
OPEC	Organization of Petroleum Exporting Countries
OR	*(Aero.)* operational requirement; operations research
ORB	*(Aero.)* omnidirectional radio beacon
ORS	*(Elec. Comm.)* omnidirectional range station
Os	*(Chem.)* osmium
OS	operating system
o/s	out of stock
osc	*(Phys.)* oscillator
OSDR	oil slick detection radar
OSO	*(Phys.)* orbiting space observatory; orbiting solar observatory
OTPP	ocean thermal power plant
②	*(Build.)* two coats in oil
oz	ounce

P

P	*(Chem.)* phosphorus
	(Elec. Eng.) electric power
	(Mech.) power
	(Magn.) strength of magnetic pole
P (or p)	*(Mech.)* pressure, poise
***p*-**	*(Chem.)* para-
π	*(Maths.)* pi = 3.14159265
pa (or p.a.)	per annum: anually
PA	*(Acous.)* public-address system
Pa	*(Chem.)* prot(o)actinium
	(Phys.) pascal
PA	*(Elec. Comm.)* power amplifier; pulse amplifier
pA	*(Elec. Eng.)* picoampere
P/A	private account

and evaluation
Re *(Chem.)* rhenium
REE *(Chem.)* rare earth elements
Reff *(Elec. Eng.)* effective resistance
REM *(Med.)* rapid eye movement
rem *(Phys.)* roentgen-equivalent-man
rev/min (or rpm) revolutions per minute
RF, rf *(Chem.)* reducing flame
(Radio) radio frequency
(Eng.) running fit
RFC *(Comp.)* Request for Comments
(Elec. Eng.) radio-frequency choke
rfo *(Elec. Eng.)* radio-frequency oscillator
RG *(Electron.)* grid resistance
RGB *(Phys.)* red-green-blue
Rh *(Chem.)* rhodium
(Med.) Rhesus factor
RH, rh *(Meteor.)* relative humidity
RHI *(Radar)* range-height-indicator
RI *(Phys.)* refractive index
(Radio) radio interference
RIP *(Print.)* resin-in-pulp
RJE *(Comp.)* remote job entry
RMS, rms *(Elec. Eng.)* root mean square
Rn *(Chem.)* radon
RNA *(Chem.)* ribonucleic acid
ROD refused on delivery
ROM run-of-mine
(Comp.) read-only memory
ROP *(Eng.)* record of production
ROW right of way
RP *(Teleg.)* reply paid
RPM, rpm *(Eng.)* revolutions per minute
RPN *(Comp.)* reverse Polish notation
RPQ request for price quotation
RPS *(Eng.)* revolutions per second
RPV *(Aero.)* recoverable pilotless aircraft (vehicle)
RSJ *(Build.)* rolled steel joist
rt right
RT *(Phys.)* room temperature
(Elec. Comm.) radiotelephone
RT real time
R/T *(Radio)* radiotelephony
Ru *(Chem.)* ruthenium
RV *(Eng.)* relief valve
RW *(Mil.)* radiological warfare
RWP *(Build.)* rain-water pipe

S

Σ *(Maths.)* summation
σ *(Elec. Eng.)* electrical conductivity
(Phys.) standard deviation; Poisson ratio; Stefan-Boltzmann constant
S *(Chem.)* sulphur
(Phys.) entropy; strangeness number
(Geom.) surface; area
(Magn.) south pole

QM *(Elec. Eng.)* quadrature modulation
QMQB *(Elec. Eng.)* quick make, quick break
qr quarter
QSO quasi-stellar object
qt quart
qv quod vide – Latin for "which you should see"

R

R *(Phys.)* Reaumer; Rankine
(Elec. Eng.) reluctance
R (or r) *(Elec. Eng.)* resistance
ℜ *(Magn.)* reluctance
(Chem., Phys.) gas constant per mole; Rydberg constant
® registered trademark
r *(Phys.)* racemic; roentgen; rod
(Maths.) radius
(Chem.) specific refraction
ρ (Rho) *(Elec. Eng.)* resistivity; specific resistance; volume resistivity
R∞ *(Phys.)* Rydberg constant
RA *(Astron.)* right ascension
(Comp.) random access
Ra *(Chem.)* radium
RAC *(Elec. Eng.)* rectified alternating current
RAD random-access device
RAM *(Aero.)* radar absorbing material
ram *(Chem.)* relative atomic mass
RAM *(Comp.)* random-access memory
RARP *(Comp.)* Reverse Address Resolution Protocol
RAS *(Aero.)* rectified air speed
RAS *(Comp.)* Remote-Access System; Remote Access Services
RAT *(Aero.)* ram-air turbine
RATOG *(Aero.)* rocket assisted take-off gear
Rb *(Chem.)* rubidium
RBC red blood corpuscles
RC *(Build.)* rough cutting
(Civ. Eng.) reinforced concrete
(Elec. Eng.) resistance-capacitance; radio-controlled; remote control
(Aero.) radio compass
RCM *(Mil.)* radar countermeasures
RCRC Reinforced Concrete Research Council
RCS *(Space)* reaction control system
RD refer to drawer
rd *(Phys.)* rutherford; rod
RDA *(Food Sci.)* recommended daily allowance; recommended dietary allowance
RDF *(Radio)* radio direction finder
RDNA *(Biol.)* ribosomal DNA
RDT&E *(Aero.)* research, development, test

Pr *(Chem.)* praseodymium
PROLOG *(Comp.)* programming in logic
PROM *(Comp.)* programmable read-only memory
PRS power relay satellite
PRV *(Elec. Eng.)* peak reverse voltage
PS *(Eng.)* power supply
(Plastics) polystyrene
PSD *(Elec. Eng.)* phase-sensitive detector
psf pounds per square foot
PSI (or psi) *(Genrl.)* pounds per square inch
PSK *(Elec. Eng., Telecomm.)* phase shift keying
PSS public services satellite
psvm *(Elec. Eng.)* phase-sensitive voltmeter
Pt *(Chem.)* platinum
PTC *(Elec. Eng.)* positive temperature coefficient
Ptd.A *(Build.)* pointed arch
PTFE *(Plastics)* polytetrafluoroethylene
PTM *(Elec. Comm.)* pulse-time modulation
PTO *(Elec. Eng.)* permeability-tuned oscillator
PTP *(Comp.)* paper tape punch
Pu *(Chem.)* plutonium
PU *(Elec. Eng.)* pickup
(Food Sci.) pasteurization unit
pV *(Elec. Eng.)* picovolt
PVAC *(Plastics)* polyvinyl acetate
PVAL *(Plastics)* polyvinyl alcohol
PVC *(Chem.)* polyvinyl chloride
PVT *(Chem., Phys.)* pressure, volume, temperature
PWM, pwm *(Radio)* pulse-width modulation
(Comp.) plated-wire memory
PWR *(Nuc. Eng.)* pressurized water reactor
pwt pennyweight
PX *(Telecomm.)* private exchange

Q

Q *(Electron.)* quality factor, Q-factor
(Radio) magnification factor
(Elec. Eng.) quantity of electricity
(Chem. Eng.) throughput
(Phys.) quantity of heat
(Mech.) torque
q quart; quintal
QAVC *(Electron.)* quiet automatic volume control
QC *(Eng.)* quality control
QED *(Phys.)* quantum electrodynamics
(Maths.) quod erat demonstratum–Latin for "which was to be demonstrated"
QFM *(Elec.)* quantized frequency modulation

SOS (*Electron.*) silicon on sapphire
SOT (*Comp.*) Screen-Oriented Terminal
sp (*Biol.*) species (sing)
SP space character
(*Elec. Eng.*) single-pole
(*Bot.*) suction pressure
SPG (*Image Tech.*) sync pulse generator
Sp Gr, sp gr (*Phys.*) specific gravity
Sp ht (*Phys.*) specific heat
SPM solar power module
SPOT satellite position and tracking
spp (*Biol.*) species (pl.)
SPR strategic petroleum reserve
SPS solar power satellite; super proton synchrotron
Sp vol (*Phys.*) specific volume
sq square
SQC (*Eng.*) statistical quality control
SQD signal quality detector
SQL (*Comp.*) structured query language
SR sedimentation rate; silicon rectifier; silicone rubber; shift register
Sr (*Chem.*) strontium
sr (*Maths.*) steredian
S/R (*Elec. Comm.*) send-receive
SRAM (*Comp.*) Static Random-Access memory
SRBM (*Mil.*) short-range ballistic missile
SRF (*Elec. Eng.*) self-resonant frequency
SRG standard railway gauge
SRR short-range radar
SRV space rescue vehicle
ss sensu stricto – Latin for "in the strict sense"
SS solid-state; stainless steel
ssb (*Radio*) single sideband
SSI (*Comp.*) Small-Scale-Integration
SST (*Aero.*) supersonic transport aircraft
st short ton; surface tension; stone
St (*Meteor.*) stratus
(*Phys.*) stoke
stat C (*Phys.*) statcoulomb
STD (*Telecomm.*) subscriber trunk dialing
STEM (*Biol., Phys.*) scanning-transmission electron microscope
STM short-term memory
STOL (*Aero.*) short takeoff and landing
STP (*Chem.*) standard temperature and pressure
STX start of text
SU signalling unit
SUM (*Mil.*) surface-to-underwater missile
SVP saturated vapour pressure
SW southwest

SGHWR (*Nuc. Eng.*) steam generating heavy water reactor
SGM (*Elec. Eng.*) spark-gap modulator
SGO (*Elec. Eng.*) spark-gap oscillator
sh & L (*Geol.*) shale and lime
SHF (*Radio*) super high frequency
SHM (*Phys.*) simple harmonic motion
Shoran (*Radar*) short-range navigation
SHP, shp (*Eng.*) shaft horse-power
SI Système International (d'Unités)
Si (*Chem.*) silicon; silicium
SIC (*Elec. Eng.*) specific inductive capacity
SIDS (*Med.*) sudden infant death syndrome
SIMM (*Comp.*) single in-line memory module
SIMS (*Phys.*) secondary ion mass spectrometry
sin (*Maths.*) sine
sinh (*Maths.*) hyperbolic sine
SIP (*Pet. Eng.*) shut in pressure
SIT (*Eng.*) spontaneous ignition temperature
SJ (*Build.*) soldered joint
SL sea level
sl sensu lato – Latin for "in the broader sense"
SLAR side-looking airborne radar
SLC (*Elec. Eng.*) straight-line capacitance
SLF (*Elec. Eng.*) straight-line frequency
SLIP (*Comp.*) Serial Line Internet Protocol
SLM (*Mil.*) ship-launched missile
SLW (*Elec. Eng.*) straight-line wave-length
Sm (*Chem.*) samarium
SMC (*Aero.*) standard mean chord
SMOW (*Ocean.*) Standard Mean Ocean Water
SMTP (*Comp.*) Simple Mail Transfer Protocol
SN semiconductor network
Sn (*Chem.*) tin (stannum)
S/N (*Elec. Comm.*) signal-to-noise ratio
SNF (*Eng.*) snug fit
SNR, S/N signal-to-noise ratio
SNU (*Phys.*) solar neutrino unit
SO (*Pet. Eng.*) show of oil
SOG & W (*Pet. Eng.*) show of oil, gas and water
SOI (*Electron.*) silicon on insulator
Sol soluble
Soln (*Chem.*) solution
SOM start of message
Sonar (*Acous.*) sound navigation and ranging
SOP (*Eng.*) standard operating procedure

s second; stere; shilling
(*Chem.*) solubility
(*Elec. Eng.*) siemens
SA subject to approval
SAE (*Aero.*) Society of Automotive Engineers
SAM (*Mil.*) surface-to-air missile
SAM scanning acoustic microscope
SARAH (*Radar*) search and rescue homing
Sat saturated, saturation
SAW (*Radar, Telecomm.*) surface acoustic wave device
Sb (*Chem.*) antimony (stibium)
sb (*Phys.*) stilb
SBA (*Aero.*) standard beam approach
SBC (*Elec. Eng.*) small bayonet cap
SBR (*Plastics*) styrene-butadiene-rubber
Sc (*Chem.*) scandium
SC (*Elec. Eng.*) suppressed carrier; short circuit
SCAMS scanning microwave spectrometer
scc (*Elec. Eng.*) single cotton-covered (wire)
SCID (*Immun.*) severe combined immunodeficiency syndrome
SCP (*Illum.*) spherical candle power
SCR (*Electron.*) silicon-controlled rectifier
SCS (*Electron.*) silicon-controlled switch
SCSI (*Comp.*) small computer system interface
SD standard deviation
SDD (*Telecomm.*) subscriber direct dialling
SDF static direction finder
SDI (*Image Tech.*) serial digital interface
SDLC synchronous data link communications; synchronous data link control
SDRAM (*Comp.*) Synchronous DRAM (*or* synchronous Dynamic Random Access Memory)
Se (*Chem.*) selenium
sec secondary; sector; second; secant; section
SEG (*Image Tech.*) special effects generator
SEM (*Electron.*) scanning electron microscope
SETI (*Space.*) the search for extra-terrestrial intelligence
SF (*Eng.*) slip fit; safety factor; standard frequency; structural foam
SFR (*Elec. Comm.*) single-frequency receiver
SG (*Pet. Eng.*) show of gas
SG, sg (*Phys.*) specific gravity

	(Phys.) internal energy
u	*(Mech.)* linear velocity
	(Chem.) unified atomic mass unit
uA	*(Elec. Eng.)* microampere
UAM	*(Mil.)* underwater-to-air missile
UART	universal asynchronous receiver-transmitter
UCS	unconditioned stimulus
UCT	universal coordinated time
UDC	*(Eng.)* upper dead centre
UDOP	ultrahigh-frequency doppler system
UFO	unidentified flying object
UG	underground
UHF, uhf	*(Radio)* ultra-high frequency
uhr	ultrahigh resistance
UHV	ultra-high vacuum
UKAEA	United Kingdom Atomic Energy Authority
ulf	ultralow frequency
ULSI	*(Electron.)* ultra large scale integration
UMW	ultramicrowave
UNEP	United Nations Environment Program
UNESCO	United Nations Educational Scientific and Cultural Organization
UNIPOL	*(Comp.)* universal problem-oriented language
UNIVAC	*(Comp.)* universal automatic computer
UOC	*(Eng.)* ultimate operational capability
UPO	undistorted power output
UPS	uninterruptible power system
USGS	United States Geological Society
USGW	underwater-to-surface guided weapon
USM	*(Mil.)* underwater-to-surface missile
UT	*(Astron.)* universal time
uV	*(Elec. Eng.)* microvolt
UV	*(Phys.)* ultraviolet

V

V	*(Chem.)* vanadium
	(Geom., Phys.) volume
V (or v)	*(Elec. Eng.)* volt; voltage
	(Phys.) velocity
v	*(Elec. Eng.)* voltage gradient; vector
VA, va	*(Elec. Eng.)* volt-ampere
VAR	*(Elec. Eng.)* volt-ampere reactive
VASI	*(Aero.)* visual approach slope indicator
VATE	*(Eng.)* versatile automatic test equipment
VCA	*(Elec. Eng.)* voltage-controlled amplifier

TFTR	*(Nuc. Eng.)* Tokamak fusion test reactor
TGA	*(Chem.)* thermal gravimetric analysis
Th	*(Chem.)* thorium
THF	*(Chem.)* tetrahydrofuran
thp	*(Eng.)* thrust horsepower
Ti	*(Chem.)* titanium
TIF	*(Telecomm.)* telephone interference (or influence)
TIG	*(Eng.)* tungsten inert gas welding
TIROS	television and infrared observation satellite
TKA	thermokinetic analysis
TL	total loss; truckload
	(Phys.) thermoluminescence
	(Acous.) transmission loss
Tl	*(Chem.)* thallium
TLC	*(Chem.)* thin-layer chromatography
Tm	*(Chem.)* thulium
TM-wave	*(Telecomm.)* transverse magnetic wave
TMT	thermomechanical treatment
TMU	transmission message unit
tn	ton; train
TNB	trinitrobenzene
TNT	*(Chem.)* trinitrotoluene
TO	turn over
TOC	*(Image Tech.)* table of contents
TP (or tp)	*(Surv.)* turning-point
TPI	*(Eng.)* teeth per inch; threads per inch
TR	*(Elec. Comm.)* transmit-receive
TRF, trf	*(Radio)* tuned radio frequency
TRM	*(Phys.)* thermoremanent magnetization
tRNA	*(Biol.)* transfer RNA
ts, TS	*(Phys.)* tensile strength
TSP	trisodium phosphate
TSR program	*(Comp.)* terminate & stay resident program (*See also* memory resident program)
TSS	*(Food Sci.)* total soluble solids
TTY	teletypewriter
	(Chem.) test solution
TU	Universal Time
	(Telecomm.) traffic unit, transmission unit
TV	television; terminal velocity
TVI	television interference
tvm	*(Elec. Eng.)* transistor voltmeter
tvo	*(Elec. Eng.)* transistor volt ohmmeter
TWA	travelling wave amplifier
TWT	travelling wave tube

U

U	*(Chem.)* uranium

	(Radio) short wave
SWG	*(Eng.)* standard wire gauge
SWL	*(Eng.)* safe working load
SWR, swr	standing wave ratio

T

T	*(Elec. Eng.)* period; cycle
	(Heat) absolute temperature
	(Phys.) surface-tension; mean life; tesla
	(Mech.) torque; moment of couple
	(Chem.) transport number; tritium
τ	hour angle
	(Phys.) mean life; shear stress
t	ton; troy
t (or θ)	*(Heat)* temperature
T or t	*(Phys.)* time
t1/2	*(Phys.)* half life
TA	telegraphic address
Ta	*(Chem.)* tantalum
TACS	*(Telecomm.)* total access communications system
TAI	Temps Atomique International
tan	*(Maths.)* tangent
tanh	*(Maths.)* hyperbolic tangent
TAPLINE	Trans-Arabian Pipe-Line
TAS	*(Aero.)* true air speed
Tb	*(Chem.)* terbium
TB	*(Med.)* tubercle bacillus,
TB, tb	tuberculosis
TBO, tbo	*(Aero.)* time between overhauls
TBP	true boiling point
Tc	*(Chem.)* technetium
TC	terminal controller
TCA Cycle	*(Biol., Chem.)* tricarboxylic acid cycle
TCCO	*(Electron.)* temperature-controlled crystal oscillator
TCM	*(Elec. Eng.)* thermocouple meter
TCP	*(Comp.)* Transmission Control Protocol
TCP/IP	*(Comp.)*transmission control protocol/ internet protocol
TCU	transmission control unit
TD	theoretical density
TDC	*(Eng.)* top dead centre
TDM	*(Comp.)* time-division multiplex
TDMA	*(Telecomm.)* time-division multiple access
TE	*(Aero.)* trailing edge
Te	*(Chem.)* tellurium
TE-wave	*(Telecomm.)* transverse electric wave
Teff	*(Phys.)* effective temperature
tehp	*(Aero.)* total equivalent brake horsepower
TEL, tel	*(Pet. Eng.)* tetraethyl lead
TEM	*(Biol., Phys.)* transmission electron microscope
TES	thermal energy storage

	(Teleg.) wireless telegraphy
WWW	*(Comp.)* World Wide Web
wx	*(Meteor.)* weather
WXD	*(Meteor.)* meteorological radar station
WXR	*(Meteor.)* radiosonde station
WYSIWYG	*(Comp.)* what you see is what you get

X

X	reactance; unknown quantity; ordinate; experimental
X (or x)	*(Elec. Eng.)* reactance
XB	crossbar
Xc	*(Elec. Eng.)* capacitive reactance
Xe	*(Chem.)* xenon
$\mathcal{X}$e	*(Phys.)* electric susceptibility
XHV	extreme high vacuum
XL	extra large
XL	*(Elec. Eng.)* inductive reactance
$\mathcal{X}_m$	*(Elec. Eng.)* magnetic susceptibility
XPS	X-ray Photoelectron Spectroscopy
XR	*(Comp.)* index register
Xs	*(Radio)* atmospherics

Y

Y	*(Elec. Eng.)* admittance
	(Chem.) yttrium
	(Phys.) Young's modulus
y	yard; year
Yb	*(Chem.)* ytterbium
YBP	years before present
yd	yard, yards
YIG	*(Electron.)* yttrium-iron-garnet
YP	*(Mech.)* yield point

Z

Z	zenith; zero; zone
	(Chem.) mass number; proton number; atomic number, valence
Z (or z)	*(Elec. Eng.)* impedance
Z, ZULU	*(Astron.)* Greenwich Mean Time
ZD	zero defects
Zeta	*(Phys.)* zero energy thermonuclear assembly
Zf	*(Elec. Eng.)* zero frequency
ZIP	zinc-impurity photodetector
ZIP	Zone Improvement Plan
Zn	*(Chem.)* zinc
ZPI	zone-position indicator
Zr	*(Chem.)* zirconium

VR	*(Elec. Eng.)* voltage-regulator
VRM	*(Phys.)* viscous remanent magnetization
VS	*(Chem.)* volumetric solution
VSI	*(Aero.)* vertical speed indicator
V/STOL	vertical and short takeoff and landing
VT	*(Electron.)* vacuum tube
VTAM	*(Comp.)* vertical terminal access method
VTOL	*(Aero.)* vertical takeoff and landing
VTR	*(Electron.)* video tape recorder
VTVM	*(Electron.)* vacuum-tube voltmeter
VU	*(Acous.)* volume unit

W

W	*(Chem.)* tungsten = wolfram
	(Mech., Elec. Eng.) energy; work
	(Phys.) specific weight
	(Civ. Eng.) total load
W (or w)	*(Elec. Eng.)* watt; electrical energy
WAN	*(Comp.)* wide area network
WAXS	*(Phys.)* wide-angle x-ray scattering
WB	*(Meteor.)* weather bureau
Wb	*(Phys.)* weber
WBC	white blood cells
WC	water cushion; water-cooled
wc	without charge
WF	*(Eng.)* working fit
WG	*(Eng.)* wire gauge
wh, whr	*(Elec. Eng.)* watt-hour
WHO	World Health Organization
WHP	*(Eng.)* water horsepower
wi, WI	*(Met.)* wrought iron
WIMP	*(Astron.)* weakly interacting massive particle
wl, WL	*(Phys.)* wavelength; waterline
WM, wm	wattmeter
W.m^2	*(Phys.)* watt square meter
WMO	World Meteorological Organization
w/o	water in oil; without
WOC	*(Civ. Eng.)* waiting on cement
WOR	water-oil ratio
WP	working pressure
Wpc	*(Illum.)* watt per candle
wpm	words per minute
WRSIC	Water Resources Scientific Information Center
WSMO	Weather Service Meteorological Offices
wt	weight
WT, W/T	water-tight

VCD	*(Elec. Eng.)* variable-capacitance diode
VCG	*(Elec. Eng.)* voltage-controlled generator
VCO	*(Electron.)* voltage-controlled oscillator
VCR	*(Image Tech.)* video cassette recorder
VCR	variable compression ratio
VD	*(Phys.)* vapour density; voltage drop
	(Med.) venereal disease
VDR	*(Image Tech.)* video disk recorder
VDT	video display terminal
VDU	*(Electron.)* visual display unit
ve	*(Elec. Eng.)* volt-coulomb
vers	*(Maths.)* versine
VF, vf	*(Telev.)* video frequency
VFR	*(Aero.)* visual flight rules
VGA	*(Comp.)* video graphics array
VGP	virtual geomagnetic pole
VHF, vhf	*(Phys.)* very-high frequency
vhr	*(Phys.)* very high resistance
vhrvm	*(Elec. Eng.)* very high resistance voltmeter
VHS	*(Image Tech.)* video home system
Vi	*(Elec. Eng.)* input voltage
VI	*(Elec. Comm., Acous.)* volume indicator
	(Phys.) viscosity index
vib	*(Phys.)* vibration
VIR	visible and infrared radiometer
VL	vapour-liquid ratio
vlf	*(Phys.)* very-low frequency; very-low resistance
VLR	very-long range
VLS mechanism	*(Chem.)* vapour - liquid - solid mechanism
VLSI	*(Comp., Electron.)* very large-scale integration
vm	*(Radio)* velocity modulation
V/M	*(Phys.)* volts per metre
VM	virtual memory
VMC	*(Aero.)* visual meteorological conditions
Vo	*(Elec. Eng.)* output voltage
vom	*(Elec. Eng.)* voltohm-milliammeter
VOR	*(Aero.)* Very-High-Frequency Omnidirectional Radio Range
VP	vapour pressure
	(San. Eng.) vent pipe
VPI	*(Chem.)* vapour phase inhibitor
VPN	*(Eng.)* Vickers pyramid number

جدول تحويل الوحدات المُختلفة المستخدمة في المجالات العلمية والهندسية والصناعية

CONVERSION TABLE OF THE VARIOUS UNITS USED IN SCIENCE, ENGINEERING AND INDUSTRY

To obtain لتحصل على	*By* بِـ	*Multiply* إضرب
square metres متر مربَّع	100	are آر
square yards يارِدة مُربَّعَة	119.6	are آر
grains قمحة	437.5	ounces (avoirdupois) آونس
ounces (Troy) تروي آونس	0.9115	ounces (avoirdupois) آونس
grams غرام	28.3495	ounces (avoirdupois) آونس
drams دِرْهَم	8	ounces (U.S. fluid) آونس (سائلي)
cubic centimetres سنتيمتر مُكَعَّب	29.5735	ounces (U.S. fluid) آونس (سائلي)
fluidrams (U.S.) درهم سائلي (أميركي)	8	fluid ounces (U.S. liquid measure) آونس سائلي (أميركي)
cubic centimetres سم٣	29.573	fluid ounces (U.S. liquid measure) آونس سائلي (أميركي)
fluidrams (British) درهم سائلي (انجليزي)	8	fluid ounces (imperial) آونس سائلي (امبراطوري)
cubic centimetres سم٣	28.413	fluid ounces (imperial) آونس سائلي (امبراطوري)
farads فاراد	10^{9}	abfarad أبفاراد، فاراد مُطْلَق
microfarads ميكروفاراد	10^{15}	abfarad أبفاراد، فاراد مُطْلَق
henry هِنْري	10^{-9}	abhenry أبهنري، هنري مُطْلَق
joules جول	10^{-7}	ergs إرج
megaelectron volts (MeV) مليون إلكترون ڤلط	6.241506×10^{-5}	ergs إرج
calories كالوري	2.38846×10^{-8}	ergs إرج
watts واط	10^{-7}	ergs per second إرج في الثانية
grams غرام	1.66054×10^{-24}	avogram أڤوغرام
joules جول	1.602177×10^{-19}	electron volts (eV) إلِكْترون ڤَلْط
abamperes أمبير مُطْلَق	0.1	ampere(s) أمبير
coulomb كولوم	3600	ampere-hour أمبير ساعة
farady فارادي	0.037 311 7	ampere-hour أمبير ساعة
gilberts (magnetomotive force) چلبرت (وحدة القوّة الدافعة المغنطيسيّة)	1.2566	ampere turn(s) أمبير لَفَّة
amperes أمبير	10	abampere(s) أمبير مطلق
centimetres سنتيمتر	10^{-8}	angstrom(s) أنجستروم
microns ميكرون	0.0001	angstrom(s) أنجستروم
metres متر	10^{-10}	angstrom(s) أنجستروم
centimetres سنتيمتر	2.54	inches إنش (بوصة)
mils مِل	1000	inches إنش (بوصة)
feet قدم	0.08333	inches إنش (بوصة)
inches of water إنش ماء	13.5951	inches of mercury إنش زئبق
kilograms per square centimetre كيلوغرام على السنتيمتر المربّع	0.03453	inches of mercury إنش زئبق
millibars مليبار	33.8639	inches of mercury إنش زئبق
pounds per square inch رطل على الإنش المُرَبَّع	0.491157	inches of mercury إنش زئبق
atmospheres ضغط جوّي	0.033421	inches of mercury إنش زئبق
atmospheres ضغط جوّي	0.00246	inches of water إنش ماء
inches of mercury إنش زئبق	0.073556	inches of water إنش ماء
pounds per square inch رطل على الإنش المُرَبَّع	0.0361275	inches of water إنش ماء
centimetres of mercury سنتيمتر زئبق	0.1868324	inches of water إنش ماء

Multiply إضرب	By بِـ	To obtain لتحصل على
square inches إنش مُربّع	0.0069	square feet قدم مُربَّعة
square inches إنش مُربّع	6.451626	square centimetres سنتيمتر مُرَبّع
oersted أورْستِد	1	gilbert per centimetre جِلبرت في السنتيمتر
oersted أورْستِد	1	electromagnetic units وحدة كهرومغنطيسيّة
oersted أورْستِد	79.57747	ampere per metre أمپير في المتر
oersted أورْستِد	2.997925	electrostatic units وحدة إلكتروستاتِيَّة
ohm أوم	10^9	abohm أوم مُطْلَق
ohm أوم	1.11265×10^{-12}	statohm ستات أوم
abohm أوم مُطْلَق	10^{-9}	ohm أوم
bar(s) بار	10^6	barye باري
bar(s) بار	10^5	pascals (newtons per square metre) باسكال (نيوتن على السنتيمتر المربَّع)
bar(s) بار	1.01972	kilograms per square centimetre كيلوغرام على السنتيمتر المربَّع
bar(s) بار	0.986923	atmospheres وحدة ضغط جَوّي
barye (ميكروبار) باري	1	dyne per square centimetre دايْن على السنتيمتر المربَّع
barye (ميكروبار) باري	10^{-6}	bar بار
pascals باسكال	10	baryes (dynes per square centimetre) باري (داين على السنتيمتر المُرَبّع)
pascals باسكال	10^{-5}	bars بار
pounds پاوند	7000	grains قَمْحَة
pounds (avoirdupois) پاوند	256	drams (avoirdupois) درهم
pounds (avoirdupois) پاوند	1.215	pounds troy پاوند تروي
pounds (avoirdupois) پاوند	0.03108	slug سْلَج
pounds (avoirdupois) پاوند	0.45359	kilograms كيلوغرام
pounds (or pounds avoirdupois) پاوند	16	ounces آونس
pounds per cubic foot پاوند (رطل) في القدم المُكعّبة	0.1337	pounds per U.S. gallon پاوند في الغالون الأميركي
pounds per cubic foot پاوند (رطل) في القدم المُكعّبة	0.01602	grams per cubic centimetre غرام في السنتيمتر المُكَعَّب
pounds per cubic foot پاوند (رطل) في القدم المُكعّبة	16.01837	kilograms per cubic metre كيلوغرام في المتر المُكَعَّب
pounds per cubic inch پاوند (رطل) في القدم المُكعّبة	27.68	grams per cubic centimetre غرام على السنتيمتر المُكَعَّب
pounds per square inch پاوند على الإنش المُرَبَّع	2.309	feet of water at 16°C قدم ماء بدرجة ١٦ مئوية
pounds per square inch پاوند على الإنش المُرَبَّع	70.307	grams per square centimetre غرام على السنتيمتر المُرَبَّع
pounds per square inch پاوند على الإنش المُرَبَّع	0.06805	atmospheres ضغط جَوّيّ
pounds per square inch پاوند على الإنش المُرَبَّع	6894.757	pascals باسكال
pounds per square inch (psi) پاوند على الإنش المُرَبَّع	2.036	inches of mercury إنش زئبق
foot-pounds پاوند قدم	1.35582	newton metres نيوتن متر (جول)
foot-pounds پاوند قدم	0.138255	metre-kilograms كيلوغرام - متر
foot-pounds (ft lb) پاوند قدم	1.3554	joules (watt-seconds) جول (واط/ساعة)
foot-pounds per second پاوند قدم في الثانية	0.00182	horsepower قدرة حصانية
foot-pounds per second پاوند قدم في الثانية	0.00136	kilowatts كيلو واط
poundals پاونْدَل	1	pound feet per sec. per sec. پاوند قدم في الثانية في الثانية
poundals پاونْدَل	0.13825	newtons نيوتُن
pints (U.S. dry measure) پاينت أميركي (جاف)	0.55	litres لتر
pints (U.S. liquid measure) پاينت أميركي (للسوائل)	16	ounces (U.S. fluid) آونس (سائليّ)
pints (U.S. liquid measure) پاينت أميركي (للسوائل)	0.5	quart (U.S. fluid) كوارت أميركي (سائليّ)
pints (U.S. liquid measure) پاينت أميركي (للسوائل)	0.47317	litres لتر
pints (imperial) باينت امبراطوري	0.5683	litres لتر

إضرب *Multiply*	بِـ *By*	لتحصل على *To obtain*
برميل barrel	42	غالون أميركي U.S. gallons
برميل barrel	34.97	غالون انجليزي imperial gallons
برميل barrel	5.6146	قدم مُكَعَّبَة cubic feet
برميل barrel	158.987	لتر litres
برميل (زيت)/ يوم barrels per day (oil)	50	طُن في السنة (حسب كثافة الزيت) tons per year (depending on the density of the oil)
برميل/ ساعة barrels per hour	0.1589	متر مكعّب في الساعة cubic metres per hour
بك pecks	2	غالون امبراطوري imperial gallons = ٤,٥ لتر
بل bel	10	ديسيبل decibel
بليون aeon	10^9	سنة year
بني ويت pennyweights	1.555	غرام grams
بواز (بويز) poise	1	غرام - سنتيمتر في الثانية gram centimetre per second
بواز (بويز) poise	0.1	باسكال - ثانية pascal-second
بوشل (مكيال) bushels (Imperial) (=36.3687 litres)	4	بك pecks
بوشل أميركي bushels (U.S. dry measure) (=35.2391 litres)	0.0352391	متر مكعّب cubic metres
بوشل امبراطوري bushels (Imperial)	0.0363687	متر مكعّب cubic metres
بوصة مُكَعَّبَة cubic inches	16.387064	سنتيمتر مُكعّب cubic centimetres
بوصة مُكَعَّبَة cubic inches	0.0163876	لِتر litres
تروي آونس (صيدلي) ounces (troy, apothecary)	20	بني وِيت pennyweight
تروي آونس (صيدلي) ounces (troy, apothecary)	24	شكروپل scruples
تروي آونس (صيدلي) ounces (troy, apothecary)	1.097143	آونس (أڤوار ديبوا) ounces (avoirdupois)
تروي آونس (صيدلي) ounces (troy, apothecary)	31.10347	غرام grams
تروي پاوند pounds troy	240	بني ويت pennyweights
تروي پاوند pounds troy	5760	قمحة grains
تروي پاوند pounds troy	0.3732	كيلوغرام kilograms
تِسْلا tesla	1	ويبر في المتر المُرَبَّع weber per square metre
تِسْلا tesla	10^4	غاوس gauss
تِسْلا tesla	10^4	أورستِد oersted
ثابت أڤوچادرو Avogadro constant	6.026×10^{23}	جزيء غرامي gram-mol
ثِيْرْم therms	10^5	وحدة حرارة بريطانية British thermal units
ثِيْرْم therms	105.506	ميغا جول megajoules
ثيرمي thermies	10^6	كالوري calories
ثيرمي thermies	4.1855	ميغا جول megajoules
ثيرمي thermies	3967.09	وحدة حرارة بريطانية British thermal units
جِل (مقياس أميركي للسوائل) gills (U.S. liquid measure)	4	آونس سائلي fluidounces
جِل (مقياس أميركي للسوائل) gills (U.S. liquid measure)	118.3	سم٣ cubic centimetres
جِل (مقياس انجليزي للسوائل) gills (imperial)	5	آونس سائلي fluidounces
جِل (مقياس انجليزي للسوائل) gills (imperial)	142.1	سم٣ cubic centimetres
چلبرت gilbert	1	وحدة كهرمغنطيسيّة electromagnetic unit
چلبرت gilbert	$0.795774(=\frac{10}{4\pi})$	أمپير لَفَّة ampere – turns
چلبرت gilbert	2.99793×10^{10}	وحدة إلكتروستاتية electrostatic unit
چلبرت في السنتيمتر gilbert per centimetre	1	أورستد oersted
جول joules	10^7	إرغ ergs
جول joules	0.7376	پاوند قدم foot pounds
جول joules	0.23892	غرام - كالوري gram-calories
جول joules	6.241506×10^{18}	إلكترون ڤلط electron volts (eV)
جول joules	6.241506×10^{12}	ميغا (مليون) إلكترون ڤلط megaelectron volt (MeV)

إضرب ***Multiply***	بِـ ***By***	لتحصل على ***To obtain***
جول joules	2.77778×10^{-7}	كيلو واط - ساعة kilowatt-hour
جول (واط - ساعة) joules (watt-seconds)	0.2388	كالوري calories
حصان بُخاري horsepower	550	پاوند قدم في الثانية foot-pounds per second
حصان بُخاري horsepower	33000	پاوند قَدَم في الدقيقة foot-pounds per minute
حصان بُخاري horsepower	745.7	واط watts
حصان بُخاري horsepower	0.1781	كيلو كالوري (ألف كالوري) في الثانية kilocalories per second
حصان بُخاري horsepower	0.7457	كيلو واط kilowatts
حصان بُخاري horsepower	0.7068	وحدة حرارة بريطانية في الثانية British thermal units per second
حصان بُخاري horsepower	2545.06	وحدة حرارة بريطانية في الساعة British thermal units (Btu) per hour
حصان بُخاري horsepower	1.013872	قُوّة حِصانيّة مِتريَّة metric horsepower
حصان بُخاري متري horsepower (metric)	75	كيلوغرام متر في الثانية kilogram metres per second
حصان بُخاري متري horsepower (metric)	735.499	واط watts
حَلْقَة links	7.92	إنش inches
حَلْقَة links	0.22	ياردة yards
حَلْقَة links	20.1168	سنتيمتر centimetres
حَلْقَة مُرَبَّعة square links	62.726	إنش مُرَبَّع square inches
خط في السنتيمتر المُرَبّع lines per square centimetre	1	غاوْس gauss
داين dynes	10^{-5}	نيوتُن newtons
داين dyne(s)	2.247×10^{-6}	پاوند pounds
داين/سم dyne-centimetres	1	إرج ergs
داين/سم٢ dynes per square cenitmetre	1	باري barye(s)
داين/سم٢ dynes per square cenitmetre	0.1	نيوتُن/م٢ (باسكال) newton per square metre (pascal)
داين/سم٢ dynes per square cenitmetre	10^{-6}	بار bars
داين/سم٢ dynes per square cenitmetre	9.86923×10^{-7}	ضغط جوّي atmospheres
درجة (قوس) degrees arc	1.1111	درجة زاويّة مئويَّة grades
درجة (قوس) degrees arc	0.01745329	راديان radians
دِرْخم drachm	3.88793	غرام grams
درهم dram(s)	1.771	غرام grams
دِرهم dram(s)	27.343	قمحة grains
درهم سائلي (أميركي) fluidrams (U.S. liquid measure)	60	قطرة (أميركية) minims (U.S.)
درهم سائلي (أميركي) fluidrams (U.S. liquid measure)	3.696	سم٣ cubic centimetres
درهم سائلي (انجليزي) fluidrams (imperial)	60	قطرة (انجليزية) minims (British)
درهم سائلي (انجليزي) fluidrams (imperial)	3.5516	سم٣ cubic centimetres
دورة revolutions	6.283185	زاوية نقّيَّة، راديان radians
دورة في الدقيقة revolutions per minute	0.10472	راديان (زاوية نِقّيَّة) في الثانية radians per second
ديسبِل decibels	0.1151293	نيپر nepers
ديسيغرام decigrams	0.1	غرام grams
ديسيغرام decigrams	1.543	قمحة grains
ديسيلِتر decilitres	0.1	لِتر litres
ديسيمتر decimetres	0.1	مِتر metres
ديسيمتر decimetres	3.94	بوصة inches
ديسيمتر مُكَعَّب cubic decimetres	1	لِتر litres
ديكاغرام decagrams	10	غرام grams
ديكاغرام decagrams	0.353	أونصة ounces
ديكالِتر decalitres	10	لِتر litres

To obtain لتحصل على	By بـِ	Multiply إضرب
U.S. gallons غالون أميركي	2.64	decalitres ديكالِتر
cubic feet قدم مُكَعَّبَة	0.35	decalitres ديكالِتر
metres متر	10	dekametre, decametres ديكامِتر
feet قدم	32.81	decametres ديكامِتر
degrees arc درجة (قوسيَّة)	57.29578	radians راديان (زاوية نقيّة)
revolutions per minute دورة في الدقيقة	9.8493	radians per second راديان في الثانية
revolutions per second دورة في الثانية	0.159155	radians per second راديان في الثانية
yards ياردة	5.5	rods رُد (قصبَة)
metres مِتر	5.0292	rods رُد (قصبَة)
coulombs per kilogram كولوم في الكيلوغرام	2.58×10^{-4}	roentgens رونتجن
square rods رُد مُرَبَّع	40	roods روود
minutes دقيقة	60	hour (mean solar) ساعة (شمسية)
seconds ثانية	3600	hour (mean solar) ساعة (شمسية)
day (mean solar) يوم (شمسي)	$0.041666(=\frac{1}{24})$	hour (mean solar) ساعة (شمسية)
hour (sidereal) ساعة (نجميّة)	1.002738	hour (mean solar) ساعة (شمسية)
amperes أمبير	3.33564×10^{-10}	statampere ستات أمبير
ohm أوم	8.987552×10^{11}	statohm ستات أوم
tesla تِسْلا	2.997925×10^{6}	stattesla ستات تِسْلا
farad فاراد	1.112650×10^{-12}	statfarad ستات فاراد
volt ڤلط	2.997925×10^{2}	statvolt ستات ڤلط
electron charge شِحْنَةُ إلكترون	2.08194×10^{9}	statcoulomb ستات كولوم
coulomb كولوم	3.33564×10^{-10}	statcoulomb ستات كولوم
henry هنري	8.987552×10^{11}	stathenry ستات هنري
weber ويبر	2.997925×10^{-2}	statweber ستات ويبر
square centimetre per second سنتيمتر مُرَبَّع في الثانية	1	stoke ستوك (وَحدَة لَزوجَة)
square metre per second مِتر مُرَبَّع في الثانية	10^{-4}	stoke ستوك (وَحدَة لَزوجَة)
pounds باوند (رطل)	14	stones ستون
kilograms كيلوغرام	6.348	stones ستون
cubic metres مِتر مُكَعَّب	1	steres ستير
cubic yards ياردة مُكَعَّبَة	1.31	steres ستير
candela per square metre شمعة (قنديلة) على السنتيمتر المُرَبَّع	1	stilb ستيلب (وَحْدَة نُصوع)
grams غرام	1.295	scurples سكروپل
pounds (avoirdupois) باوند (انكليزي)	32.174	slugs شْلَج
kilograms كيلوغرام	14.5939	slugs شْلَج
metres متر	20.1168	chains سلسلة
rods قَصَبَة	4	chains (Gunther) سلسلة
feet قدم	66	chains (Gunther) سلسلة
feet قدم	100	chains (engineer's) سلسلة (هندسيَّة)
Fahrenheit degree فَرَنْهَيت (درجة)	1.8	Celsius (centigrade) degree سلسيوس، سنتيغراد (درجة/مئويّة)
parsecs فَرْسَخ فَلَكيّ	0.306595	light year(s) سنة ضوئية
astronomical units وحدة فَلَكِيَّة	63239.727	light year(s) سنة ضوئية
metres متر	9.460528×10^{15}	light year(s) سنة ضوئية
year (tropical-1900) سنة مَدارية	1.0000388	year (sidereal-1900) سنة فلكيّة (نجميّة)
day (mean solar) يوم شمسي	365.25636	year (sidereal-1900) سنة فلكيّة (نجميّة)
year (sidereal) سنة فَلَكِيَّة	0.9999612	year (tropical-1900) سنة مَداريّة (عاديّة)
square metres متر مربّع	1	centare(s) سنتار

إضرب *Multiply*	بِـ *By*	لتحصل على *To obtain*
سنتار centare(s)	10.76	قدم مربَّعة square feet
سنتيلتر centilitres	0.01	لتر litres
سنتيمتر centimetres	10	مليمتر millimetres
سنتيمتر centimetres	10^8	أنجستروم angstroms
سنتيمتر centimetres	0.3937	إنش inches
سنتيمتر centimetres	0.01094	ياردة yards
سنتيمتر centimetres	0.0328083	قدم feet
سنتيمتر زئبق centimetres of mercury	135.951	كيلوغرام على المتر المربَّع kilograms per square metre
سنتيمتر زئبق centimetres of mercury	0.193368	باوند على الإنش المُربَّع pounds per square inch
سنتيمتر زئبق centimetres of mercury	27.84507	باوند على القدم المُرَبَّعة pounds per square foot
سنتيمتر زئبق centimetres of mercury	5.352391	بوصة من الماء inches of water
سنتيمتر في الثانية centimetres per second	0.036	كيلومتر في الساعة kilometres per hour
سنتيمتر في الثانية centimetres per second	1.9685	قدم في الدقيقة feet per minute
سنتيمتر في الثانية centimetres per second	0.02237	ميل في الساعة miles per hour
سنتيمتر مُربَّع square centimetres	0.155	إنش مُرَبَّع square inches
سنتيمتر مُربَّع square centimetres	0.0001	متر مُرَبّع square metres
سنتيمتر مُربَّع square centimetres	0.001076	قَدَم مُرَبَّعة square feet
سنتيمتر مُكَعَّب cubic centimetres	0.001	لِتر litres
سنتيمتر مُكَعَّب cubic centimetres	0.000264	غالون gallons
سنتيمتر مُكَعَّب cubic centimetres	0.06102338	إنش مُكَعَّب cubic inches
سنتيمتر مُكَعَّب cubic centimetres	0.00003532	قدم مكعَّبَة cubic feet
شحنة الإلكترون electron charge	4.803242×10^{-10}	ستات كولوم statcoulombs
شحنة الإلكترون electron charge	1.602177×10^{-19}	كولوم coulombs
شمعة على السنتيمتر المُرَبَّع candela per square centimetre	$\pi(= 3.1416)$	لامبرت lamberts
شهر (قمري، مَداريّ) month (lunar, synodic)	29.5306	يوم (شمسي) day (mean solar)
الضغط الجوي كوحدة atmosphere(s)	76	سنتيمتر زئبق centimetres of mercury
الضغط الجوي كوحدة atmosphere(s)	760	طُر (مِليمتر زئبق) torrs (mms of mercury)
الضغط الجوي كوحدة atmosphere(s)	29.921	إنش زئبق inches of mercury
الضغط الجوي كوحدة atmosphere(s)	14.696	باوند (رطل) على البوصة المُربّعة pounds per square inch
الضغط الجوي كوحدة atmosphere(s)	33.8985	قدم من الماء feet of water
الضغط الجوي كوحدة atmosphere(s)	101.325	كيلو نيوتُن على المتر المُرَبَّع kilonewton per square metre
الضغط الجوي كوحدة atmosphere(s)	1.013250	بار bars
الضغط الجوي كوحدة atmosphere(s)	1.033227	كيلوغرام على السنتيمتر المربّع kilograms per square centimetres
طُرّ torrs	1	مِليمتر من الزئبق millimetres of mercury
طُرّ torrs	1333.22	داين على السنتيمتر المُرَبَّع dynes per square centimetre
طُن tons	20	هندردويت hundredweights
طُن أميركي tons (short)	2000	باوند (رطل انجليزي) pounds (avoirdupois)
طُن أميركي tons (short)	0.9072	طُن مِتري tonne
طُن انجليزي tons (long)	2240	باوند pounds (avoirdupois)
طُن انجليزي tons (long)	1.01605	طُن متري metric tons (tonne)
طُن تبريد tons (of refrigeration)	72574.8	كيلو كالوري في اليوم kilocalories per day
طُن مِتري tons (metric)	10^6	غرام grams
طُن مِتري tons (metric)	1.102	طُن (أميركي) short tons
طُن مِتري tons (metric)	1000	كيلوغرام kilograms
طُن مِتري tons (metric)	0.9842	طُن (انجليزي) long tons
طول كبلي (أميركي) cable lengths (U.S.)	720	قدم feet

To obtain لتحصل على	*By* بِ	*Multiply* إضرب
feet قدم	608	cable lengths (British) طول كبلي (انجليزي)
inches إنش	2.25	nails ظُفر
nautical miles per hour ميل بحري في الساعة	1	knots عقدة
kilometres per hour كيلومتر في السّاعة	1.852	knots عقدة
feet per second قدم في الثانية	1.68781	knots عقدة
metres per second مِتر في الثانية	0.51444	knots عقدة
miles per hour ميل في الساعة	1.15155	knots عقدة
centimetres per second per second سم/ ثانية/ ثانية	1	gals غال
cubic feet قدم مكعَّبَة	0.13368	gallons (U.S.) غالون (أميركي)
imperial gallons غالون انجليزي	0.83268	gallons (U.S. gallons) غالون (أميركي)
litres per kilometre لِتر/ كيلومِتر	2.8247	gallons (U.S.) per mile غالون (أميركي)/ ميل
cubic feet قدم مكعَّبَة	0.1605	gallons (imperial) غالون (امبراطوري)
quarts كوارت (ربع غالون)	4	gallons (U.S.) غالون أميركي
barrels برميل	0.023809	gallons (U.S.) غالون أميركي
litres لِتر	3.785411	gallons (U.S.) غالون أميركي
barrels برميل	0.0285	gallons (imperial) غالون امبراطوري
litres لِتر	4.5461	gallons (imperial) غالون امبراطوري
tesla تِسلا	10^{-9}	gamma غاما
gauss غاوس	10^{-5}	gamma غاما
maxwells per square centimetre (oersted) ماكسويل في السم٢ (أورستد)	1	gauss غاوس
tesla تِسلا	10^{-4}	gauss غاوس
weber per square centimetre ويبر في السم٢	10^{-8}	gauss غاوس
carats قيراط	5	grams غرام
tons (metric) طن متري	10^{-6}	grams غرام
kilograms كيلوغرام	0.001	grams غرام
milligrams مِليغرام	1000	grams غرام
dynes داين	980.665	grams غرام
ounces آونس	0.035274	grams غرام
grains قَمْحَة	15.43236	grams غرام
pounds رطل	0.00224623	grams غرام
avograms أڤوغرام	6.022×10^{23}	grams غرام
slugs سْلَج	6.85×10^{-5}	grams غرام
kilogram per square metre كيلوغرام على المتر المُربَّع	10	grams per square centimetre غرام على السم٢
millimetres of mercury مليمتر زئبق	0.73556	grams per square centimetre غرام على السم٢
bar بار	0.000981	grams per square centimetre غرام على السم٢
pounds per square inch رطل على الإنش المُرَبَّع	0.0142233	grams per square centimetre غرام على السم٢
atmospheres وحدة ضغط جوّيّ	0.00096784	grams per square centimetre غرام على السم٢
pounds per (U.S.) gallon رطل في الغالون الأميركي	8.345	grams per cubic centimetre غرام في السم٣
pounds per square inch (psi) رطل في الإنش المُكَعَّب	0.0361	grams per cubic centimetre غرام في السم٣
pounds per cubic foot رطل في القدم المُكَعَّبَة	62.42833	grams per cubic centimetre غرام في السم٣
electrostatic units of capacitance وحدات المُواسعة الإلكتروستاتية (الكهروسكونية)	9×10^{11}	farads (coulombs/volt) فاراد (كولوم/ ڤلط)
coulombs كولوم	96485.31	faradays فارادي
lumen per square centimetre لومِن على السنتيمتر المُرَبَّع	1	phot فُت (وَحْدَة دفقٍ ضوئيّ)
square yards ياردة مُربّعة	4840	acres فدّان
square feet قدم مربَّعَة	43560	acres فدّان

Multiply إضرب	By بِـ	To obtain لتحصل على
acres فدّان	4046.85	square metres متر مُربّع
acre feet فدّان قَدَم	7758.4	barrels برميل
acre feet فدّان قَدَم	43560	cubic feet قدم مكعّبة
leagues (statute) فَرْسَخ (تشريعي)	3	miles (statute) ميل (تشريعيّ)
leagues (statute) فَرْسَخ (تشريعي)	4.828	kilometres كيلومتر
parsecs فَرْسَخ فلكيّ	3.261633	light years سنة ضوئيّة
parsecs فَرْسَخ فلكيّ	206264.8	astronomical units وَحْدة فَلَكيّة
fermis فرمي	10^{-13}	centimetres سنتيمتر
volts فُلط	10^{8}	abvolts فُلط مُطْلَق، أبفُلط
volts فُلط	0.0033356	statvolts ستات فُلط
volt (joule/coulomb) فُلط (جول/كولوم)	0.00333	electrostatic units of potential وَحْدَةُ جُهْدٍ كهروستاتيّة
abvolt فُلط مُطْلَق	10^{-8}	volt فُلط
femtometres فمتومتر	1	fermi(s) فِرمي
femtometres فمتومتر	10^{-13}	centimetres سنتيمتر
femtometres فمتومتر	10^{-15}	metres متر
furlongs (= 220 yards) فيرلونج	660	feet قدم
furlongs فيرلونج	10	chains سلسلة (٦٦ قدمًا)
furlongs فيرلونج	0.125	mile (statute) ميل
furlongs فيرلونج	201.168	metres متر
fathoms قامة (قياس بحري للأعماق)	6	feet قدم
fathoms قامة (قياس بحري للأعماق)	1.8288	metres أمتار
feet (= 30.48 centimetres) قدم	0.3048	metres متر
feet قدم	12	inches إنش (بوصة)
feet قدم	0.3333	yards ياردة
feet قدم	30.48006	centimetres سنتيمتر
foot-poundals قدم باوندَل	0.04213	joules جول
feet per second قدم في الثانية	1.09728	kilometres per hour كيلومتر في الساعة
feet per second قدم في الثانية	0.681818	miles per hour ميل بحري في الساعة
feet per second قدم في الثانية	0.5920858	knots عقدة (ميل بحري)
feet per minute قدم في الدقيقة	0.508	centimetres per second سنتيمتر في الثانية
feet per minute قدم في الدقيقة	0.0113636	miles per hour ميل في الساعة
board foot (timber) القدم اللوحيَّة	0.0023597	cubic metres متر مُكعَّب
feet of water قدم ماء	0.88	inches of mercury بوصة زئبق
feet of water قدم ماء	0.295	atmospheres ضغط جوي
feet of water قدم ماء	0.43353	pounds per square inch باوند على البوصة المربَّعَة
square feet قدم مُربَّعة	144	square inches إنش مُرَبّع
square feet قدم مُربَّعة	929	square centimetres سنتيمتر مُرَبّع
square feet قدم مُربَّعة	0.111	square yards ياردة مُرَبَّعَة
square feet قدم مُربَّعة	0.092903	square metres متر مُرَبّع
cubic feet قدم مُكَعَّبَة	1728	cubic inches بوصة (إنش) مُكَعَّبَة
cubic feet قدم مُكَعَّبَة	6.288	Imperial gallons غالون انجليزي
cubic feet قدم مُكَعَّبَة	7.480519	U.S. gallons غالون أميركي
cubic feet قدم مُكَعَّبَة	28.316846	litres لِتر
cubic feet قدم مُكَعَّبَة	28316.8466	cubic centimetres سنتيمتر مُكَعَّب
cubic feet per minute قدم مُكَعَّبَة في الثانية	0.1247	U.S. gallons per second غالون أميركي في الثانية
cubic feet per minute قدم مُكَعَّبَة في الثانية	0.471704	litres per second لتر في الثانية
cubic feet of water قدم مُكَعَّبَة من الماء	62.42833	pounds باوند

إضرب *Multiply*	*By* بِ	*To obtain* لتحصل على
قَطْرَة (مكيال انجليزي) minims (imperial)	0.0592	سنتيمتر مُكعّب cubic centimetres
قَطْرَة (مِكيال سوائل أميركي) minims (U.S. liquid measure)	0.0616	سنتيمتر مُكعّب cubic centimetres
قَمْحَة (حبَّة) grains	0.0648	غرام grams
قَمْحَة (حبَّة) grains	0.00209	آونس (تروي) ounces (Troy)
قَمْحَة (حبَّة) grains	64.7989	مِليغرام milligrams
قَمْحَة (حبَّة) grains	0.002285	آونس (آفوار ديپوا) ounces (avoirdupois)
قمحة في الغالون الأميركي grains per U.S. gallon	0.01712	غرام في اللتر grams per litre
قمحة في القدم المُكعَّبة grains per cubic foot	0.0299	غرام في المتر المُكعَّب grams per cubic metre
قيراط carat(s)	200	مليغرام milligrams
قيراط carat(s)	3.0865	قمحة (حبَّة) grains
قيراط ($\frac{1}{٢٤}$ ذهب) karat ($\frac{1}{24}$ gold)	41.667	مليغرام في الغرام milligrams per gram
كالوري، سُعر، حُرَيْرَة calories	4.186	جول joules
كالوري غرامي gram calories	4.1855	جول joules
كالوري غرامي gram calories	0.003968	وِحْدَة حَراريّة بريطانيّة British thermal units
كالوري كبير (كيلوكالوري)	1000	كالوري غرامي (أو كالوري سُعريّ)
كِنتال quintals	100	كيلوغرام kilograms
كوارت (انجليزي) quarts (British or imperial)	1.36	لتر litres
كوارت (ربع غالون) quarts	2	باينت pints
كوارت (مقياس أميركي جاف) quarts (U.S. dry measure)	1.101	لتر litres
كوارت (مقياس أميركي للسوائل) quarts (U.S. liquid measure)	32	آونس (أميركي للسوائل) ounces (U.S. liquid)
كوارت (مقياس أميركي للسوائل) quarts (U.S. liquid measure)	256	درهم (أميركي للسوائل) drams (U.S. liquid)
كوارت (مقياس أميركي للسوائل) quarts (U.S. liquid measure)	0.25	غالون (أميركي للسوائل) gallons (U.S. liquid)
كوارت (مقياس أميركي للسوائل) quarts (U.S. liquid measure)	0.946	لتر litres
كورد cord (timber)	3.62456	متر مكعّب cubic metres (قياسٌ للخشب أو الحَطَب)
كوري (وحدات النشاط الإشعاعي) curies	3.7×10^{10}	تَفَكُّك في الثانية disintegrations per second (dps)
كولوم coulombs	0.1	كولوم مُطلَق abcoulombs
كولوم coulombs	6.24151×10^{18}	شحنة إلكترونيّة electron charges
كولوم coulombs	3×10^{9}	سْتات كولوم statcoulombs
كولوم مُطلَق abcoulomb(s)	10	كولوم coulombs
كولوم مُطلَق abcoulomb(s)	0.002 7778	أمپير/ساعة ampere-hours
كيلو طن (ألف طن) طاقة kiloton (of energy)	4.1868×10^{12}	جول joules
كيلو كالوري (سُعر كبير) kilocalories	3.96707	وحدة حرارة بريطانية British thermal units
كيلو كالوري للمول kilocalorie per mole	4.3393	إلكترون ڤلط electron volts
كيلو لتر kilolitres	1.31	ذراع مُكعَّب cubic yards
كيلو لتر kilolitres	1000	لتر litres
كيلو واط kilowatts	737.6	پاوند - قدم في الثانية foot-pounds per second
كيلو واط kilowatts	1.341	قدرة حصانية horsepower
كيلو واط kilowatts	0.9478	وحدة حرارة بريطانية في الثانية British thermal units per second
كيلو واط kilowatts	3412.1418	وحدة حرارة بريطانية في الساعة British thermal units per hour
كيلو واط kilowatts	8.59845×10^{5}	كالوري في الساعة calories per hour
كيلو واط ساعة kilowatt hour	3412.1418	وحدة حرارة بريطانية British thermal units
كيلو واط ساعة kilowatt hour	3.6×10^{6}	جول joules
كيلوجول في المول kilojoule per mole	1.03642×10^{-2}	إلكترون ڤلط electron volts
كيلوغرام kilograms	10^{-3}	طن (متري) tons (metric)
كيلوغرام kilograms	2.679	رطل تروي pounds (troy)

Multiply إضرب	By بـِ	To obtain لتحصل على
kilograms كيلوغرام	1000	grams غرام
kilograms كيلوغرام	70.931	poundals پاوندَل
kilograms كيلوغرام	35.27396	ounces (avoirdupois) آونس (أفوار ديبوا)
kilograms كيلوغرام	2.204622	pounds (avoirdupois) رطل (أفوار ديبوا)
kilograms كيلوغرام	15432.361	grains قمحة
kilograms per square centimetre كيلوغرام على السنتيمتر المُربَّع	28.958	inches of mercury إنش زئبق
kilograms per square centimetre كيلوغرام على السنتيمتر المُربَّع	73.556	centimetres of mercury (standard) سنتيمتر زئبق (عياريّ)
kilograms per square centimetre كيلوغرام على السنتيمتر المُربَّع	0.98066	bar بار
kilograms per square centimetre كيلوغرام على السنتيمتر المُربَّع	14.2234	pounds per square inch (psi) رطل على الإنش المُربَّع
kilograms per square centimetre كيلوغرام على السنتيمتر المُربَّع	0.96784	atmospheres ضغط جوّي
kilogram of force كيلوغرام قوّة	9.8066	newtons نيوتن
kilogram-metres per second كيلوغرام متر في الثانية	9.8066	watts واط
kilogram-metres كيلوغرام/ متر	7.233	foot-pounds پاوند قدم
kilogram-metres كيلوغرام/ متر	9.8066×10^7	ergs إرغ
kilometre كيلومتر	0.6213712	statute mile ميل تشريعيّ
kilometres كيلومتر	10^5	centimetres سنتيمتر
kilometres كيلومتر	0.62137	miles ميل
kilometres كيلومتر	0.53956	nautical miles ميل بحري
kilometres per hour كيلومتر في الساعة	0.539	knots عقدة (ميل بحري)
kilometres per hour كيلومتر في الساعة	54.68	feet per minute قدم في الدقيقة
kilometres per hour كيلومتر في السّاعة	27.7777	centimetres per second سنتيمتر في الثانية
kilometres per hour كيلومتر في السّاعة	0.9113426	feet per second قدم في الثانية
square kilometres كيلومتر مُربَّع	10^6	square metres متر مُربَّع
square kilometres كيلومتر مُربَّع	247.1	acres فدّان
square kilometres كيلومتر مُربَّع	0.3861	square miles ميل مُربَّع
cubic kilometre كيلومتر مُكعّب	10^9	cubic metres مِتر مُكَعَّب
lambert لامبرت (وحدة نُصوع)	1	lumen per square centimetre لُومِن على السنتيمتر المُربَّع
lambert لامبرت (وحدة نُصوع)	$0.31831(=\frac{1}{\pi})$	candela per square centimetre شمعة على السنتيمتر المُربَّع
lux لَكْس	1	lumen per square metre لومِن على المِتر المُربَّع
lumen لومِن	$0.07957(=\frac{1}{4\pi})$	candela شمعة
lumen per square centimetre لومِن على السنتيمتر المُربَّع	1	phot فُت (وَحْدة دفق ضوئيّ)
lumen per square centimetre لومِن على السنتيمتر المُربَّع	1	lambert لامبرت
litres لتر	1000	cubic centimetres سنتيمتر مُكَعَّب
litres لتر	0.908	quarts (dry measure) كوارت (ربع غالون) (مكيال جاف)
litres لتر	1.137	quarts (liquid measure- U.K.) كوارت (مكيال سوائل - انجليزي)
litres لتر	61.023	cubic inches إنش مُكَعَّب
litres لتر	0.2642	U.S. gallons غالون أميركي
litres لتر	0.2199	imperial gallons غالون امبراطوري
litres لتر	0.0351	cubic feet قَدَم مُكَعَّبَة
litres لتر	1.0567	quarts (liquid measure- U.S.) كوارت (مكيال سوائل - أميركي)
litres لتر	0.006289	barrels برميل
litres per second لتر في الثانية	2.11888	cubic feet per minute قدم مُكَعَّبَة في الدقيقة
maxwell ماكسويل	1	gauss per square centimetre غاوس في السنتيمر المُربَّع

Multiply إضرب	By بِـ	To obtain لتحصل على
ماكسويل maxwell	10^{-8}	volt-seconds ڤلط - ثانية
ماكسويل maxwell	10^{-8}	weber ويبر
ماكسويل في السنتيمتر المُرَبَّع maxwell per square centimetre	1	gauss غاوْس
متر metres	4.97	links حَلْقَة
متر metres	100	centimetres سنتيمتر
مِتر metres	39.37	inches إنش
متر metres	10^{10}	angstroms أنغستروم
متر metres	0.199	rods رُد (قَصَبَة)
متر metres	1000	millimetres ملّيمتر
متر metres	0.5468	fathoms قامَة
متر metres	3.28084	feet قَدَم
متر metres	1.093611	yards ياردة
متر في الثانية metres per second	3.6	kilometres per hour كيلومتر في السّاعة
متر في الثانية metres per second	2.237	miles per hour ميل في السّاعة
متر في الثانية metres per second	196.85	feet per minute قدم في الدقيقة
متر في الثانية metres per second	1.94384	knots عقدة
متر مُرَبّع square metres	1550	square inches إنش مُرَبَّع
متر مُرَبّع square metres	10.76	square feet قدم مُرَبَّعة
متر مُرَبّع square metres	1.195985	square yards ياردة مُرَبَّعَة
مِتر مُكعَّب cubic metre	10^{6}	cubic centimetres سنتيمتر مُكَعَّب
مِتر مُكعَّب cubic metres	1.308	cubic yards ياردة مُكَعَّبَة
مِتر مُكعَّب cubic metres	6.2989	barrels (bbl) برميل
مِتر مُكعَّب cubic metres	264.17	U.S. gallons غالون أميركي
مِتر مُكعَّب cubic metres	219.97	imperial gallons غالون امبراطوري
مِتر مُكعَّب cubic metres	999.98	litres لِتر
مِتر مُكعَّب cubic metres	35.314455	cubic feet قدم مُكعّبة
مِتر مُكعَّب cubic metres (steres)	61023.3753	cubic inches بوصة (إنش) مُكعَّبة
متر مُكَعَّب في الساعة cubic metres per hour	151	barrels per day برميل في اليوم
مِل mils	0.001	inches إنش
مِل مُربَّع square mils	1×10^{-6}	square inches إنش مُرَبَّع
مِلّي بار millibar	10^{-3}	bar بار
مِلّي بار millibar	1000	barye باري = ميكروبار
مليغرام milligram	10^{-3}	grams غرام
مليغرام milligram	0.005	carats قيراط
مليغرام milligram	0.01543	grains قمحة
مليلتر millilitres	1	cubic centimetres سنتميتر مُكعَّب
مليمتر millimetres	0.04	inches إنش
مليمتر millimetres	0.001	metres مِتر
مليمتر millimetres	1000	microns ميكرون
مليمتر millimetres	0.03937	inches إنش
مليمتر زئبق millimetres of mercury	1	torr تور (طور)
مليمتر زئبق millimetres of mercury	1333.22	dyne per square centimetre داين على السنتيمتر المُرَبَّع
مليمتر زئبق millimetres of mercury	0.0013332	bar بار
مليمتر زئبق millimetres of mercury	0.00131579	atmosphere ضغط جوّي
مليون إلكترون ڤلط million electron volt	1.60219×10^{-13}	joules جول
مُوء مُطلق abmho	10^{9}	mho موء
ميريا غرام myriagram	10^{4}	gram غرام

إضرب Multiply	بـ By	لتحصل على To obtain
ميريامتر myriametres	6.2	ميل miles
ميريامتر myriametres	10000	متر metres
ميغاطُن (طاقة) megaton (of energy)	4.1868×10^{15}	جول joules
ميكروغرام microgram	10^{-6}	غرام grams
ميكرومتر micrometre	10^{4}	أنغستروم angstroms
ميكرومتر micrometre	10^{-4}	سنتيمتر centimetres
ميكرون microns	10^{-6}	متر metres
ميكرون microns	10000	أنغستروم angstroms
ميل (تشريعيّ) miles (statute)	8	فيرلونج furlongs
ميل (تشريعيّ) miles (statute)	5280	قَدَم feet
ميل (تشريعيّ) miles (statute)	1760	ياردة yards
ميل (تشريعيّ) miles (statute)	1.609344	كيلومتر kilometres
ميل (تشريعيّ) miles (statute)	0.8683925	ميل بحري nautical miles
ميل (جغرافي) miles (geographic)	1.852	كيلومتر kilometres
ميل (جغرافي) miles (geographic)	6076.115	قَدَم feet
ميل بحري (بريطاني) miles (nautical-U.K.)	1.85318	كيلومتر kilometres
ميل بحري (دولي) miles (nautical-international)	1.852	كيلومتر kilometres
ميل في الساعة miles per hour	88	قدم في الدقيقة feet per minute
ميل في الساعة miles per hour	0.447	متر في الثانية metres per second
ميل في الساعة miles per hour	1.4667	قدم في الثانية feet per second
ميل في الساعة miles per hour	26.8224	مِتر في الدقيقة metres per minute
ميل في الساعة miles per hour	0.868976	عقدة (ميل بحري في الساعة knots (nautical miles per hour)
ميل مُرَبّع square miles	640	فَدّان acres
ميل مُرَبّع square miles	258.9	هِكتار hectares
ميل مُرَبّع square miles	2.5899	كيلومتر مُرَبّع square kilometres
نانومتر nanometre	10	أنغستروم angstrom
نانومتر nanometre	10^{-9}	مِتر metres
نِت nit	1	شمعة على المتر المُرَبَّع candela per square metre
نيپر neper	8.6859	ديسيبل decibels
نيوتن newton	7.233	پاوندَل poundal
نيوتن newton	0.22481	رطل (قُوّة)، پاوند (قوّة) pound (force)
نيوتن newtons	10^{5}	داين dynes
نيوتن - متر newton-metres	1	جول joules
نيوتن - متر newton-metres	10^{7}	داين - سنتيمتر (إرج) dyne-centimetres (ergs)
نيوتن - متر newton-metres	0.737562	پاوند - قَدَم foot-pounds
هكتار hectares	100	آر = ١٠٤ متر مربَّع ares = 10^{4} square metres
هكتار hectares	2.471	فدّان acres
هكتوغرام hectograms	100	غرام grams
هكتوغرام hectograms	3.527	آونْس ounces
هكتولتر hectolitres	2.84	بوشل (جاف) bushels (dry)
هكتولتر hectolitres	3.53	قدم مكعّبة cubic feet
هكتولتر hectolitres	100	لتر litres
هكتومتر hectometres	100	متر metres
هكتومتر hectometres	109.36	ياردة yards
هندردويت (أميركي) hundredweights (short)	100	رطل pounds
هندردويت (أميركي) hundredweights (short)	45.3592	كيلوغرام kilograms

Multiply إضرب	By بـ	To obtain لتحصل على
hundredweights (long) هندردويت (بريطاني)	112	pounds رطل
hundredweights (long) هندردويت (بريطاني)	50.8023	kilograms كيلوغرام
henry (volt-sec/amp.) هِنري (ڤلط - ثانية/ أمبير)	10^9	electromagnetic units وحدة المحاثّة الكهربائية (أبهنري) (abhenry)
watts واط	3.41214	British thermal units per hour وَحْدَة حرارة بريطانية في الساعة
watts واط	0.001341	horsepower حصان بُخاري
watts واط	860.1123	gram-calories per hour غرام - كالوري في الساعة
watts (joules per second) واط (جول في الثانية)	10^7	ergs per second إرج في الثانية
watt-seconds واط ثانية	1	joules جول
watt-seconds واط ثانية	10^7	ergs إرج
electrostatic units of potential وحدات الجهد الكهروستاتيّة	300	volts ڤلط
British thermal units وحدات حراريّة بريطانيّة	0.252	kilocalories كيلو كالوري (ألف كالوري)
British thermal units per pound وحدات حرارية بريطانية للپاوند (الرطل)	2.326	joules per gram جول للغرام
British thermal units per second وحدات حرارية بريطانية في الثانية	1.416	horsepower قدرة حصانيَّة
British thermal unit (Btu) وحدة الحرارة البريطانية	778.2	foot-pounds قدم پاوند
British thermal unit (Btu) وحدة الحرارة البريطانية	0.000293	kilowatt-hours (Kwh) كيلو واط ساعة
British thermal unit (Btu) وحدة الحرارة البريطانية	1055.05585	joules جول
astronomical unit وحدة فلكيّة	$1.581\ 284 \times 10^{-5}$	light-years سنة ضوئيّة
astronomical unit وحدة فلكيّة	1.496×10^{8}	kilometres كيلومتر
atomic mass unit (amu) وحدة الكتلة الذرية	931.494	mev (million electron volts) مليون إلكترون ڤلط
atomic mass unit (amu) وحدة الكتلة الذرية	1.49×10^{-3}	ergs إرج
atomic mass unit (amu) وحدة الكتلة الذرية	1.66×10^{-24}	grams غرام
atomic mass unit (amu) وحدة الكتلة الذرية	1	دالتون
weber ويبر	10^8	maxwells (of magnetic flux) ماكسويل (فيض مغنطيسي)
webers ويبر	1	volts per second ڤلط في الثانية
abweber ويبر مُطلق	1	maxwell ماكسويل
weber per square centimetre ويبر للسنتيمتر المُرَبَّع	10^8	oersted أورستد
weber per square centimetre ويبر للسنتيمتر المُرَبَّع	10^8	gauss غاوْس
yards يارد	3	feet قدم
yards يارد	0.5	fathoms قامة
yard(s) يارد	0.9144	metres مِتر
square yards ياردة مُرَبَّعة	0.836	square metres مِتر مُرَبَّع
cubic yards ياردة مُكَعَّبَة	27	cubic feet قدم مُكَعَّبَة
cubic yards ياردة مُكَعَّبَة	0.7646	cubic metres مِتر مُكَعَّب
hands يد	4	inches إنش
day (mean solar) يوم (شمسي)	1.002738	day (sidereal) يوم (نجمي)

A: *Fahrenheit to Celsius (Centigrade)* — أ : فرنهيت إلى سلسيوس (مئوية)

	−0°F.	−10°F.	−20°F.	−30°F.	−40°F.	−50°F.	−60°F.	−70°F.	−80°F.	−90°F.
−400°F.	−240.0°C.	−245.6°C.	−251.1°C.	−256.7°C.	−262.2°C.	−267.8°C.	..	..	..	..
−300°F.	−184.4	−190.0	−195.6	−201.1	−206.7	−212.2	−217.8	−223.3	−228.9	−234.4
−200°F.	−128.9	−134.4	−140.0	−145.6	−151.1	−156.7	−162.2	−167.8	−173.3	−178.9
−100°F.	−73.33	−78.89	−84.44	−90.00	−95.56	−101.1	−106.7	−112.2	−117.8	−123.3
0°F.	−17.78	−23.33	−28.89	−34.44	−40.00	−45.56	−51.11	−56.67	−62.22	−67.78
	0°F.	**10°F.**	**20°F.**	**30°F.**	**40°F.**	**50°F.**	**60°F.**	**70°F.**	**80°F.**	**90°F.**
0°F.	−17.78°C.	−12.22°C.	−6.67°C.	−1.11°C.	4.44°C.	10.00°C.	15.56°C.	21.11°C.	26.67°C.	32.22°C.
100°F.	37.78	43.33	48.89	54.44	60.00	65.56	71.11	76.67	82.22	87.78
200°F.	93.33	98.89	104.4	110.0	115.6	121.1	126.7	132.2	137.8	143.3
300°F.	148.9	154.4	160.0	165.6	171.7	176.7	182.2	187.8	193.3	198.9
400°F.	204.4	210.0	215.6	221.1	226.7	232.2	237.8	243.3	248.9	254.4
500°F.	260.0	265.6	271.1	276.7	282.2	287.8	293.3	298.9	304.4	310.0
600°F.	315.6	321.1	326.7	332.2	337.8	343.3	348.9	354.4	360.0	365.6
700°F.	371.1	376.7	382.2	387.8	393.3	398.9	404.4	410.0	415.6	421.1
800°F.	426.7	432.2	437.8	443.3	448.9	454.4	460.0	465.6	471.1	476.7
900°F.	482.2	487.8	493.3	498.9	504.4	510.0	515.6	521.1	526.7	532.2
1000°F.	537.8	543.3	548.9	554.4	560.0	565.6	571.1	576.7	582.2	587.8
1100°F.	593.3	598.9	604.4	610.0	615.6	621.1	626.7	632.2	637.8	643.3
1200°F.	648.9	654.4	660.0	665.6	671.1	676.7	682.2	687.8	693.3	698.9
1300°F.	704.4	710.0	715.6	721.1	726.7	732.2	737.8	743.3	748.9	754.4
1400°F.	760.0	765.6	771.1	776.7	782.2	787.8	793.3	798.9	804.4	810.0
1500°F.	815.6	821.1	826.7	832.2	837.8	843.3	848.9	854.4	860.0	865.6
1600°F.	871.1	876.7	882.2	887.8	893.3	898.9	904.4	910.0	915.6	921.1
1700°F.	926.7	932.2	937.8	943.3	948.9	954.4	960.0	965.6	971.1	976.7
1800°F.	982.2	987.8	993.3	998.9	1004.4	1010.0	1015.6	1021.1	1026.7	1032.2
1900°F.	1037.8	1043.3	1048.9	1054.4	1060.0	1065.6	1071.1	1076.7	1082.2	1087.8
	0°F.	**100°F.**	**200°F.**	**300°F.**	**400°F.**	**500°F.**	**600°F.**	**700°F.**	**800°F.**	**900°F.**
2000°F.	1093.3°C.	1148.9°C.	1204.4°C.	1260.0°C.	1315.6°C.	1371.1°C.	1426.7°C.	1482.2°C.	1537.8°C.	1593.3°C.
3000°F.	1648.9	1704.4	1760.0	1815.6	1871.1	1926.7	1982.2	2037.8	2093.3	2148.9
4000°F.	2204.4	2260.0	2315.6	2371.1	2426.7	2482.2	2537.8	2593.3	2648.9	2704.4
5000°F.	2760.0	2815.6	2871.1	2926.7	2982.2	3037.8	3093.3	3148.9	3204.4	3260.0
6000°F.	3315.6	3371.1	3426.7	3482.2	3537.8	3593.3	3648.9	3704.4	3760.0	3815.6

Differences

1°F.	0.56°C.
2°F.	1.11°C.
3°F.	1.67°C.
4°F.	2.22°C.
5°F.	2.78°C.
6°F.	3.33°C.
7°F.	3.89°C.
8°F.	4.44°C.
9°F.	5.00°C.

For differences of 10°, 20°, 30°F., etc., multiply the given values by 10.

Examples. —

−126°F. = −120° − 6°F.
= −84.44° − 3.33°C. = −87.8°C.
452°F. = 450° + 2°F.
= 232.2° + 1.11°C. = 233.3°C.
2870°F. = 2800° + 70°F.
= 1537.8° + 38.9°C. = 1576.7°C.

B: *Celsius (Centigrade) to Fahrenheit* — ب : سلسيوس (مئوية) الى فرنهيت

	−0°C.	−10°C.	−20°C.	−30°C.	−40°C.	−50°C.	−60°C.	−70°C.	−80°C.	−90°C.
−200°C.	−328°F.	−346°F.	−364°F.	−382°F.	−400°F.	−418°F.	−436°F.	−454°F.	..	..
−100°C.	−148	−166	−184	−202	−220	−238	−256	−274	−292	−310
0°C.	+32	+14	−4	−22	−40	−58	−76	−94	−112	−130
	0°C.	**10°C.**	**20°C.**	**30°C.**	**40°C.**	**50°C.**	**60°C.**	**70°C.**	**80°C.**	**90°C.**
0°C.	32°F.	50°F.	68°F.	86°F.	104°F.	122°F.	140°F.	158°F.	176°F.	194°F.
100°C.	212	230	248	266	284	302	320	338	356	374
200°C.	392	410	428	446	464	482	500	518	536	554
300°C.	572	590	608	626	644	662	680	698	716	734
400°C.	752	770	788	806	824	842	860	878	896	914
500°C.	932	950	968	986	1004	1022	1040	1058	1076	1094
600°C.	1112	1130	1148	1166	1184	1202	1220	1238	1256	1274
700°C.	1292	1310	1328	1346	1364	1382	1400	1418	1436	1454
800°C.	1472	1490	1508	1526	1544	1562	1580	1598	1616	1634
900°C.	1652	1670	1688	1706	1724	1742	1760	1778	1769	1814
	0°C.	**100°C.**	**200°C.**	**300°C.**	**400°C.**	**500°C.**	**600°C.**	**700°C.**	**800°C.**	**900°C.**
1000°C.	1832°F.	2012°F.	2192°F.	2372°F.	2552°F.	2732°F.	2912°F.	3092°F.	3272°F.	3452°F.
2000°C.	3632	3812	3992	4172	4352	4532	4712	4892	5072	5252
3000°C.	5432	5612	5792	5972	6152	6332	6512	6692	6872	7052

Differences

1°C.	1.8°F.
2°C.	3.6°F.
3°C.	5.4°F.
4°C.	7.2°F.
5°C.	9.0°F.
6°C.	10.8°F.
7°C.	12.6°F.
8°C.	14.4°F.
9°C.	16.2°F.

For differences of 10°, 20°, 30°C., etc., multiply the given values by 10.

Examples. —

−156°C. = −150° − 6°C.
= −238° − 10.8°F. = −248.8°F.
784°C. = 780° + 4°C.
= 1436° + 7.2°F. = 1443.2°F.
1650°C. = 1600° + 50°C.
= 2912° + 90°F. = 3002°F.

DENSITIES الكثافات

Relative Density and Volume of Water (at temperatures from –10°C to 150°C) كثافة الماء وحجمه في درجات الحرارة المختلفة

The mass of one cm³ *of water at* 4°C *is taken as unity.*
The values given are numerically equal to the absolute density in g/ml.

T (°C) الدرجة	D (g/cm³) الكثافة	V (cm³/g) الحجم	T (°C) الدرجة	D (g/cm³) الكثافة	V (cm³/g) الحجم
−10	0.99815	1.00186	45	0.99025	1.00985
−5	0.99930	1.00070	50	0.98807	1.01207
0	0.99987	1.00013	55	0.98573	1.01448
+1	0.99993	1.00007	60	0.98324	1.01705
2	0.99997	1.00003	65	0.98059	1.01979
3	0.99999	1.00001	70	0.97781	1.02270
4	1.00000	1.00000	75	0.97489	1.02576
5	0.99999	1.00001	80	0.97183	1.02899
+10	0.99973	1.00027	85	0.96865	1.03237
15	0.99913	1.00087	90	0.96534	1.03590
20	0.99823	1.00177	95	0.96192	1.03959
25	0.99707	1.00294	100	0.95838	1.04343
30	0.99567	1.00435	110	0.9510	1.0515
35	0.99406	1.00598	120	0.9434	1.0601
40	0.99224	1.00782	150	0.9173	1.0902

Density and Specific Gravity of Gases الكثافة والثقل النوعي للغازات

(T = 0°C; p = 760 mm Hg) (Air standard for specific gravity)

Gas		*Density (g/l)*	*Sp. Gr.*
Acetylene	C_2H_2	1.17910	0.91202
Air, dry, CO_2 free		1.29284	1.00000
Ammonia	NH_3	0.77126	0.5965
Argon	Ar	1.78364	1.3796
Chlorine	Cl_2	3.214	2.486
Carbon dioxide	CO_2	1.9769	1.529
Carbon monoxide	CO	1.25004	0.9669
Ethane	C_2H_6	1.3562	1.0490
Helium	He	0.17846	0.138
Hydrogen	H_2	0.08988	0.06952
Hydrogen chloride	HCl	1.6392	1.268
Methane	CH_4	0.7168	0.5544
Neon	Ne	0.89990	0.6960
Nitrogen	N_2	1.25036	0.9671
Oxygen	O_2	1.42896	1.1053
Sulfur dioxide	SO_2	2.9262	2.263

Density of Non-Metallic Solids (g/cm³) كثافة الجوامد اللافلِزّيّة

Amber	1.1
Bone	1.8 – 2.0
Celluloid	0.22 – 0.26
Ebonite	1.8
Ebony	1.1 – 1.3
Emery	4.0
Fats: butter, lard	0.92 – 0.94
Glass	2.2 – 4.5
(crown	1.4 – 2.6)
Ice	0.916
Indiarubber (pure)	0.91 – 0.93
Porcelain	2.2 – 2.4
Quartz (crys.)	2.66
Silica (fused)	2.1 – 2.2
Waxes – paraffin	0.87 – 0.93
beeswax	0.95 – 0.96
sealing	1.8

Density of Liquids (g/cm³) كثافة السوائل

Ether (ethyl ether)	0.7135 (20°)
Ethyl alcohol	0.7936 (15°)
	0.7919 (17°)
Glycerine	1.26 (20°)
Methyl alcohol	0.7958 (15°)
Methylene iodide	3.325 (20°)
Oils–	
castor	0.97
olive	0.91 – 0.93
paraffin	0.8
Sea-water	1.01 – 1.05
Turpentine	0.87

Density of Alloys (g/cm³) كثافة السبائك

Brass (ordinary) (c. 66 Cu, 34 Zn)	8.4–8.7
Constantan (60 Cu, 40 Ni)	8.88
Duralumin	2.79
Manganin (84 Cu, 12 Mn, 4 Ni)	8.5
Steel	7.7–7.9

Density of Crystalline Salts (g/cm³) كثافة الأملاح البلّورية

Calcium chloride $CaCl_2, 6H_2O$ (anhydr. 2.3)	1.65
Calcium carbonate $CaCO_3$, calcite	2.711
Copper sulphate $CuSO_4, 5H_2O$ (anhydr. 3.6)	2.284
Ferrous sulphate, $FeSO_4, 7H_2O$	1.899
Iron oxide, Fe_3O_4 (magnetite)	5.18
Lead sulphate, $PbSO_4$	6.23
Potassium chloride, KCl	1.99
Silver chloride, AgCl	5.561
Silver nitrate, $AgNO_3$	4.35
Sodium chloride, NaCl	2.17

HEAT OF VAPORIZATION OF SATURATED STEAM حرارة التَّبخُّر للبُخار المُشْبَع

الحرارة Temp. (°C)	الضغط Pressure (mm Hg)	حرارة التبخّر Heat of Vaporization (cal/g)
95	634.0	541.9
96	657.7	541.2
97	682.1	540.6
98	707.3	539.9
99	733.3	539.3
100	760.0	538.7
101	787.5	538.1
102	815.9	537.4
103	845.1	536.8
104	875.1	536.2
105	906.1	535.6

COEFFICIENT OF VOLUME EXPANSION مُعامِل التَّمدُّد الحجميّ

(Increase in Unit Volume per Celsius Degree at 20°C)

Liquid السائل	*Coefficient* المُعامِل
Acetone	14.87×10^{-4}
Alcohol, ethyl	11.2×10^{-4}
Benzene	12.37×10^{-4}
Carbon disulfide	12.18×10^{-4}
Carbon tetrachloride	12.36×10^{-4}
Chloroform	12.73×10^{-4}
Ether	16.56×10^{-4}
Glycerol	5.05×10^{-4}
Mercury	1.82×10^{-4}
Petroleum	9.55×10^{-4}
Turpentine	9.73×10^{-4}
Water	2.07×10^{-4}

EQUILIBRIUM VAPOUR PRESSURE OF WATER ضغط البخار المتعادِل للماء

الحرارة Temp. (°C)	الضغط Pressure (mm Hg)	الحرارة Temp. (°C)	الضغط Pressure (mm Hg)	الحرارة Temp. (°C)	الضغط Pressure (mm Hg)
0	4.6	25	23.8	90	525.8
5	6.5	26	25.2	95	633.9
10	9.2	27	26.7	96	657.6
15	12.8	28	28.3	97	682.1
16	13.6	29	30.0	98	707.3
17	14.5	30	31.8	99	733.2
18	15.5	35	42.2	100	760.0
19	16.5	40	55.3	101	787.5
20	17.5	50	92.5	103	845.1
21	18.7	60	149.4	105	906.1
22	19.8	70	233.7	110	1074.6
23	21.1	80	355.1	120	1489.1
24	22.4	85	433.6	150	3570.5

SURFACE TENSION OF VARIOUS LIQUIDS التَّوتُّر السطحي لبعض السوائل

Liquid السائل	*In contact with* بالتماسّ مع	*Temp.* (°C) الحرارة	*Surface Tension (n/m)* التوتُّر السطحي
Carbon disulfide	vapour	20	3.233×10^{-2}
Carbon tetrachloride	vapour	20	2.695×10^{-2}
Ethyl alcohol	air	0	2.405×10^{-2}
Ethyl alcohol	vapour	30	2.189×10^{-2}

INDEX OF REFRACTION مُعامِل الإنكسار

($\lambda = 5893$ Å; *Temperature = 20°C except as noted)*

Material المادّة	*Refractive Index* معامل الانكسار
Air, dry (S.T.P.)	1.00029
Alcohol, ethyl	1.360
Benzene	1.501
Canada balsam	1.530
Carbon dioxide (S.T.P.)	1.00045
Carbon disulfide	1.625
Carbon tetrachloride	1.459
Diamond	2.417
Glass, crown	1.517
flint	1.575
Glycerol	1.475
Lucite	1.50
Quartz, fused	1.45845
Water, distilled	1.333
Water vapour (S.T.P.)	1.00025

COEFFICIENT OF LINEAR EXPANSION مُعامِل التَّمَدُّد الطوليّ

(Increase in length per unit per Celsius degree)

Material المادّة	*Coefficient* ($\Delta 1/1C°$) مُعامِل التمدُّد	*Temperature* (°C) الحرارة
Aluminium	23.8×10^{-6}	20 – 100
Brass	19.30×10^{-6}	0 – 100
Copper	16.8×10^{-6}	25 – 100
Glass, tube	8.33×10^{-6}	0 – 100
crown	8.97×10^{-6}	0 – 100
pyrex	3.3×10^{-6}	20 – 300
Gold	14.3×10^{-6}	16 – 100
Iron, soft	12.10×10^{-6}	40
steel	10.5×10^{-6}	0 – 100
Invar (nickel steel)	0.9×10^{-6}	20
Lead	29.40×10^{-6}	18 – 100
Magnesium	26.08×10^{-6}	18 – 100
Platinum	8.99×10^{-6}	40
Quartz, fused	0.546×10^{-6}	0 – 800
Silver	18.8×10^{-6}	20
Tin	26.92×10^{-6}	18 – 100
Zinc	26.28×10^{-6}	10 – 100

The coefficient of superficial expansion may be taken as twice the coefficient of linear expansion.
'The coefficient of cubical expansion may be taken as threee times the linear coefficient

RESISTIVITY المُقاوِمِيَّة

***(Temperature** = 20°C)*

Material المادّة	*Resistivity* (Ω *cm*) المُقاوِميَّة	*Melting Point* (°C) درجة الإنصهار
Advance	48×10^{-6}	1190
Aluminum	2.828×10^{-6}	660
Brass	7.00×10^{-6}	900
Climax	87×10^{-6}	1250
Constantan (Cu 60, Ni 40)	44.1×10^{-6}	1190
Copper	1.724×10^{-6}	1083
German silver (Cu 55, Zn 25, Ni 20)	33×10^{-6}	1100
Gold	2.44×10^{-6}	1063
Iron	10×10^{-6}	1535
Magnesium	4.6×10^{-6}	651
Manganin (Cu 84, Mn 12, Ni 4)	44×10^{-6}	910
Mercury	95.78×10^{-6}	–39
Monel metal	42×10^{-6}	1300
Nichrome	150×10^{-6}	1500
Nickel	7.8×10^{-6}	1452
Nickel silver (Cu 57, Ni 43)	49×10^{-6}	1190
Platinum	10×10^{-6}	1769
Silver	1.629×10^{-6}	961
Tungsten	5.51×10^{-6}	3410

TENSILE STRENGTH OF METALS مُقاوِمَة الشّدّ للمعادِن

(The values given are median values, not absolute values)

Metal المعدن	*Tensile Strength* (**n/m²**) مُقاومة الشدّ	*Metal* المعدن	*Tensile Strength* (**n/m²**) مُقاومة الشدّ
Aluminum wire	2.4×10^{8}	Platinum wire	3.5×10^{8}
Copper wire, hard drawn	4.8×10^{8}	Silver wire	2.9×10^{8}
Iron wire, annealed	3.8×10^{8}	Steel (minimum)	2.8×10^{8}
Iron wire, hard drawn	6.9×10^{8}	Steel wire (maximum)	32×10^{8}
Lead, cast or drawn	2.1×10^{8}		

THE ELEMENTS AND THEIR PHYSICAL PROPERTIES

العناصِر وخَواصُّها الطَّبيعيَّة

تاريخ الاكتشاف Date of Discovery	المكتشف Discoverer	عدد النَّظائر Number of isotopes	التكافؤ Valency	درجة الغليان (سِلْسيوس) Boiling point °C	درجة الذوبان (سِلْسيوس) Melting point °C	الكثافة غم/سم ^{٣} Denisty*** gm/cc	الكتلة الذَّرِّيَّة (ك١٢ كمعيار) Atomic mass** (C_{12} standard)	العنصر ورمزه Element and Symbol*	العدد الذَّرِّي Atomic number
(1794)	J. Gadolin	12	3	3338	1522	4.6	88.905	Yttrium (Y) الإِتْريوم (يت)	39
(1843)	C. Mosander	10	3	2863	1525	4.8	167.26	Erbium (Er) الأربيوم (ير)	68
(1894)	J. Rayleigh & W. Ramsay	7	0	-185.8	-188	1.41(-188° C)	39.948	Argon (Ar) الأرجون (غو)	18
(1803)	S. Tennant	10	2&4	4350	2375	22.4	192.2	Iridium (Ir) الإريديوم (يد)	77
(1803)	S. Tennant	13	2&8	5290	3045	22.48	190.2	Osmium (Os) الأزميوم (مز)	76
(1940)	Corson, Mackenzie & others	7	1,3,5&7	370	300	–	(210)	Astatine (At) الإستاتين (سبت)	85
(1899)	A. Debierne	7	3	3200	1050	–	227	Actinium (Ac) الأكتنيوم (كت)	89
(1774)	J. Priestley & K. Scheele	6	2&4	-182.97	-227	1.13(-184° C)	15.9994	Oxygen (O) الأكسجين (أ)	8
(1825)	F. Wöhler	7	3	2467	660	2.58	26.98	Aluminium (Al) الألومنيوم (لم)	13
(1944)	G. Seaborg, James & others	8	2,3,4,5&6	2607	994	11.7	(243)	Americium (Am) الأمريشيوم (مر)	95
(1450)	Valentine	18	3&5	1380	629	6.62	121.75	Antimony (Sb) الأنتيمون (نت)	51
(1863)	F. Reich & T. Richter	19	1&3	2100	155	7.4	114.82	Indium (In) الإنديوم (ند)	49
(1970)	–	–	–	–	–	–	262	«Hahnium» Unnilpentium (Unp) أُنْلِبِنتيوم	105
(1976)	–	–	–	–	–	–	262	Unnilseptium (Uns), Bohrium أُنْلِسِبْتيوم	107
(1984)	–	–	–	–	–	–	265	Unniloctium (Uno) أُنْلِكْتيُوم	108
(1964,1969)	–	–	–	–	–	–	260	Unnilquadium (Unq), Dobnium أُنْلِكْواديوم	104
(1974)	–	–	–	–	–	–	263	«Rutherfordium» Unnilhexium (Unh) أُنْلِهكسيوم	106
(1982)	–	–	–	–	–	–	266	Unnilennium (Une) أُنْلينيوم	109
(1878)	C. Marignac	11	2&3	1194	816	7	173.04	Ytterbium (Yb) الإيتيربيُوم (تر)	70
(1952)	A. Ghiorso & others	10	2&3	996	860	–	(254)	Einsteinium (Es) الأينشتينيوم (ين)	99
(1808)	H. Davy	16	2	1640	850	3.75	137.34	Barium (Ba) الباريوم (با)	56
(1885)	C. Welsbach	8	3	3000	940	6.48	140.907	Praseodymium (Pr) البراسوديميوم (بس)	59
(1949)	S. Thompson & others	6	2,3&4	710	1050	–	(249)	Berkelium (Bk) البركليوم (بك)	97
(1913)	F. Soddy & J. Cranston	9	4&5	4027	1597	–	231	Protactinium (Pa) البروتكتِنيوم (بكت)	91
(1917)	O. Hahn & L. Meitner								
(1826)	A. Balard	18	1,3,5&7	58.80	-7.3	3.19	79.902	Bromine (Br) البروم (بر)	35
(1940)	J. Marinsky & others	7	3	2700	1168	–	(145)	Promethium (Pm) البروميثيوم (بم)	61
(1828)	F. Wöhler	4	2	3000	1281	1.93	9.0122	Beryllium (Be) البريليوم (بي)	4
(1450)	Valentine	12	3&5	1560	268	9.8	208.98	Bismuth (Bi) البزموث (بز)	83
(1741)	Wood	11	2&4	4000	1755	21.5	195.09	Platinum (Pt) البلاتين (بت)	78
(1804)	W. Wollaston	17	2&4	3560	1549	11.4	106.4	Palladium (Pd) البلاديوم (لد)	46
(1940)	G. Seaborg & others	11	2-6	3235	635	16	(244)	Plutonium (Pu) البلوتونيوم (بل)	94
(1807)	H. Davy	8	1	760	63.2	0.87	39.102	Potassium (K) البوتاسيوم (بو)	19
(1808)	H. Davy	4	3	2550	2300	2.5	10.811	Boron (B) البورون (ب)	5
(1898)	P.&M. Curie	12	2,3&4	962	254	–	209	Polonium (Po) البولونيوم (بن)	84

* الرموز العربية مُعدَّلة حسب قرار اتحاد المجامع العربية بخصوص رموز العناصر الكيماوية (١٩٨٨).

** Atomic masses in parantheses indicate most stable isotopes.

الكُتل الذَّرِّيَّة الموجودة بين قوسين تشير إلى النظائر الأكثر ثباتًا.

*** Densities are expressed in gm/cc (g/ml), at 20°C, unless otherwise stated.

الكثافات مُعَبَّر عنها بـ غم/سم^{٣} (غم/مل)، على درجة ٢٠ سِلْسيوس إلا إذا حُدِّدت بطريقة أخرى.

تاريخ الاكتشاف Date of Discovery	المكتشف Discoverer	عدد النظائر Number of isotopes	التكافؤ Valency	درجة الغليان (سِلْسيوس) Boiling point °C	درجة الذوبان (سِلْسيوس) Melting point °C	الكثافة غم/سم³ Denisty*** gm/cc	الكتلة الذَّرِّيّة (ك ١٢ كمعيار) Atomic mass** (C_{12} standard)	العنصر ورمزه Element and Symbol*	العدد الذَّرِّيّ Atomic number
(1843)	C. Mosander	8	3	3123	1356	–	158.925	Terbium (Tb) (تب) التربيوم	65
(1937)	C. Perrier & E. Segré	14	2,3,4,6&7	4877	2172	–	(98)	Technetium (Tc) (تك) التكنشيوم	43
(1782)	M. Von Reichenstein	22	2,4&6	990	446	6	130	Tellurium (Te) (تل) التلوريوم	52
(1802)	A. Eckeberg	11	3&5	5427	2996	16.6	180.975	Tantalum (Ta) (تا) التنتالم	73
(1781)	J. & F. D'Elhujar	10	4&6	5660	3410	19.1	183.85	Tungsten (W) (تن) التنجستن	74
(1789)	W. Gregor	[illegible]	3&4	3200	1668	4.54	47.90	Titanium (Ti) (ت) التيتانيوم	22
(1862)	W. Crookes	16	1&3	1460	303	11.85	204.37	Thallium (Tl) (ثل) الثاليوم	81
(1828)	J. Berzelius	9	4	4787	1750	11.5	232.038	Thorium (Th) (ث) الثوريوم	90
(1879)	P. Cleve	7	2&3	1947	1545	9.3	168.934	Thulium (Tm) (ثم) الثوليوم	69
(1880)	J.C. De Marignac	14	3	3266	1320	–	157.25	Gadolinium (Gd) (جد) الجادولينيوم	64
(1875)	L. De Boisbaudran	10	2&3	2403	30	5.95	69.72	Gallium (Ga) (جا) الجاليوم	31
(1886)	C. Winkler	13	4	(volat. 2700)	958	5.47	72.59	Germanium (Ge) (جر) الجرمانيوم	32
	Medieval	13	2	910	419.5	7.12	65.37	Zinc (Zn) (خ) الخارصين (الزنك)	30
								الدُّبنِيُوم: أنظر أُنلْكُواديوم	104
(1886)	L. De Boisbaudran	12	3	2562	1500	8.5	162.50	Dysprosium (Dy) (سب) الديسبروسيوم	66
	Prehistoric	14	1&3	2660	1062	19.3	196.967	Gold (Au) (ذ) الذهب	79
(1899) (1901)	{E. Rutherford (*thoron isotope*) E. Dorn (*radon isotope*)	6	0	-61.8	-150	4.4	222	Radon (Rn) (ر) الرادون	86
(1898)	O. & M. Curie	8	2	1140	700	6	226.03	Radium (Ra) (د) الراديوم	88
	Prehistoric	24	2&4	1755	327.3	11.37	207.19	Lead (Pb) (صا) الرصاص	82
(1925)	W. Noddack & I. Tacke	7	2,3,4,6&7	5530	3000	21	186.2	Rhenium (Re) (نم) الرنيوم	75
(1861)	R. Bunsen & G. Kirchhoff	16	1	680	38.8	1.52	85.47	Rubidium (Rb) (بيد) الروبيديوم	37
(1845)	K. Clauss	13	3,4&8	4100	2400	12.26	101.07	Ruthenium (Ru) (ثن) الروثنيوم	44
(1804)	W. Wollaston	13	2&3	4000	1950	12.1	102.905	Rhodium (Rh) (يم) الروديوم	45
(1969)	Lawrence Radiation Laboratory, University of California	–	–	–	–	–	–	الروذَرفورديوم «أنظر: انّلهكسيوم «Unnilhexium Rutherfordium	106
(1789)	M. Klaproth	12	4	4377	1850	6.5	91.22	Zirconium (Zr) (كز) الزركونيوم	40
(1649)	Schröder	11	3&5	610	Volat. 450	5.7	74.92	Arsenic (As) (ز) الزرنيخ	33
(1898)	W. Ramsay & M. Travers	22	0	-108.0	-112	3.5(-109°C)	131.30	Xenon (Xe) (نز) الزنون	54
	Prehistoric	16	1&2	356.58	-38.87	13.596	200.59	Mercury (Hg) (بق) الزئبق	80
(1879)	L. De Boisbaudran	14	2&3	1791	1077	7.7	150.4	Samarium (Sm) (سم) الساماريوم	62
(1808)	H. Davy	13	2	1360	800	2.54	87.62	Strontium (Sr) (سر) السترنشيوم	38
(1879)	L. Nilson	11	3	2831	1541	3	44.956	Scandium (Sc) (سك) السكانديوم	21
(1817)	J. Berzelius	16	2,4&6	684.8	217	4.8	78.69	Selenium (Se) (سل) السلنيوم	34
(1823)	J. Berzelius	6	4	2400	1370	2-2.4	28.086	Silicon (Si) (س) السليكون	14
(1803) (1803)	{J. Berzelius & W. d'Hisinger M. Klaproth (independently)	13	3&4	3426	799	6.68	140.12	Cerium (Ce) (سي) السيريوم	58
(1860)	Bunsen	15	1	690	26	1.88	132.905	Caesium (Cs) (= Cesium) (سز) السيزيوم	55
	Prehistoric	16	1	2190	960.8	0.978	22.9898	Sodium (Na) (ص) الصوديوم	11

تاريخ الاكتشاف Date of Discovery	المكتشف Discoverer	عدد النَّظائر Number of isotopes	التكافؤ Valency	درجة الغليان (سِلْسيوس) Boiling point °C	درجة الذوبان (سِلْسيوس) Melting point °C	الكثافة غم/سم٣ Denisty*** gm/cc	الكتلة الذَّرِّيَّة (ك١٢ كمعيار) Atomic mass** (C_{12} standard)	العنصر ورمزه Element and Symbol*	العدد الذَّرِّي Atomic number
(1830)	N. Sefström	7	2,3,4&5	3380	1890	5.5	50.942	Vanadium (V) (فن) الفاناديوم	23
(1939)	M. Perey	5	1	677	30	–	(223)	Francium (Fr) (فر) الفرانسيوم	87
(1952)	A. Ghiorso & others	7	2&3	–	–	–	(253)	Fermium (Fm) (فم) الفرميوم	100
(1669)	H. Brandt	7	3&5	280	44.2	1.8-2.3	30.9738	Phosphorus (P) (فو) الفسفور	15
	Prehistoric	16	1	2190	960.8	10.5	107.87	Silver (Ag) (ف) الفضة	47
(1771)	K. Cheele	4	1	-187	-220	1.1(-200°C)	18.9984	Fluorine (F) (فل) الفلور	9
	Prehistoric	21	2&4	2270	231.9	7.3	118.69	Tin (Sn) (ق) القصدير	50
(1817)	F. Stromeyer	18	1&2	767	320	8.64	112.40	Cadmium (Cd) (كد) الكادميوم	48
(1808)	H. Davy	11	2	1440	851	1.58	40.08	Calcium (Ca) (كا) الكالسيوم	20
(1950)	S. Thompson & others	7	2,3&4	1470	900	–	(251)	Californium (Cf) (كف) الكاليفورنيوم	98
	Prehistoric	7	2,4&6	444.60	115-119	2.07	32.066	Sulphur (S) (كب) الكبريت	16
(1898)	W. Ramsay & M. Travers	19	0	-152.9	-169	2.16(-146°C)	83.8	Krypton (Kr) (كن) الكريبتون	36
	Prehistoric	6	4	4350	3500	2.25-3.52	12.011	Carbon (C) (ك) الكربون	6
(1797)	N. Vauquelin	8	2,3&6	2300	1510	6.5	51.996	Chromium (Cr) (كر) الكروم	24
(1774)	K.Scheele	10	1,3,5&7	-34.1	-102	1.6(-34.1°C)	35.453	Chlorine (Cl) (كل) الكلور	17
(1739)	G. Brandt	10	2&3	2887	1490	8.6	58.933	Cobalt (Co) (كو) الكوبلت	27
(1944)	G. Seaborg, James & others	7	2,3&4	3190	1340	–	(247)	Curium (Cm) (كم) الكوريوم	96
								Columbium (Nb) «Niobium الكولمبيوم «أنظر النيوبيوم	41
(1839)	C. Mosander	8	3	3457	920	6.1	138.905	Lanthanum (La) (لن) اللنثانوم	57
(1907)	C. Welsbach & G. Urbain	5	3	3395	1700	9.7	174.970	Lutetium (Lu) (لو) اللوتشيوم	71
(1961)	A. Ghiorso & others	–	3	–	–	–	(260)	Lawrencium (Lr) (لر) اللورنسيوم	103
(1817)	A. Arfvedson	4	1	1380	186	0.58	6.9	Lithium (Li) (لث) الليثيوم	3
								Masurium (Tc) «Technetium : الماسُوريُوم «أنظر	43
(1829)	Bussy	6	2	1105	651	1.74	24.305	Magnesium (Mg) (مغ) المغنسيوم	12
(1955)	A. Ghiorso & others	1	2&3	–	–	–	(258)	Mendelevium (Md) (مد) المندلفيوم	101
(1774)	Gahn	9	2,3,4,6&7	2150	1220	7.39	54.938	Manganese (Mn) (من) المنغنيز	25
(1782)	Hjelm	15	2-6	4800	2500	10.2	95.94	Molybdenum (Mo) (مو) الموليبدنوم	42
(1940)	E. McMillan & P. Abelson	8	2-6	4090	640	20.5	(237)	Neptunium (Np) (نو) النبتونيوم	93
(1772)	D. Rutherford	6	3&5	-195.808	-211	0.81(-196°C)	14.0067	Nitrogen (N) (ن) النتروجين	7
	Prehistoric	10	1&2	2580	1083	8.96	63.546	Copper (Cu) (نح) النحاس	29
(1957)	{P. Fields & others	1	2&3	–	–	–	(255)	Nobelium (No) (نو) النوبليوم	102
(1958)	A. Ghiorso & others								
(1751)	A. Cronstedt	11	2&3	2800	1452	8.9	58.71	Nickel (Ni) (ني) النيكل	28
(1801)	C. Hatchett	15	3&5	3300	1950	8.4	92.906	Niobium (Nb) (نب) النيوبيوم	41
(1885)	C. Welsbach	13	3&4	3068	840	6.96	144.24	Neodymium (Nd) (نم) النيوديميوم	60
(1898)	W. Ramsay & M. Travers	7	0	-246.09	-248.6	1.2(-246°C)	20.18	Neon (Ne) (نن) النيون	10
(1766)	H. Cavendish	3	1	-252.7	-258	0.07(-253°C)	1.008	Hydrogen (H) (هـ) الهدروجين	1
(1923)	D. Coster & G. Hevesy	11	4	4602	2500	12.1	178.49	Hafnium (Hf) (هف) الهفنيوم	72
(1895)	W. Ramsay	3	0	-268.94	-272	0.12(4.22°K)	4.0026	Helium (He) (هي) الهليوم	2

تاريخ الاكتشاف Date of Discovery	المكتشف Discoverer	عدد النّظائر Number of isotopes	التكافؤ Valency	درجة الغليان (سِلْسيوس) Boiling point °C	درجة الذوبان (سِلْسيوس) Melting point °C	الكثافة غم/سم٣ Denisty*** gm/cc	الكتلة الذَّرِّيّة (ك١٢ كمعيار) Atomic mass** (C_{12} standard)	العنصر ورمزه Element and Symbol*	العدد الذَّرّيّ Atomic number
	Lawrence Radiation Laboratory, University of California	–	–	–	–	–	–	Hahmium «Unnilpentium الهَهْنِيُوم «أنظر : أَنَّلِبِنتيوم	105
(1878) (1879)	{S. Soret P. Cleve (independently)	6	3	2695	1500	8.8	154.930	Holmium (Ho) الهولميوم (هل)	67
								Wolfram (W) «Tungsten الوُلْفرام «أنظر : التنجستن	74
(1896)	E. Demarcay	12	2&3	1597	822	5.1	151.96	Europium (Eu) اليُروبيوم (يب)	63
(1811)	B. Courtois	7	1,3,5&7	184.35	114	–	126.9045	Iodine (I) اليود (ي)	53
(1789)	M. Klaproth	12	3,4,5&6	3818	1133	18.7	238.03	Uranium (U) اليورانيوم (يو)	92

MOHS' SCALE OF MINERAL HARDNESS مقياس «موهز» لِلصَّلادة

استنبط عالم المعادِن الألماني «فريدريك موهز» جدولًا من عشرة معادن كمعايير للصلادة. المعيار الأكبر للمعدنِ الأكثر صلادة. كل معدن يستطيع خدش المعدن الذي يسبقه بالمعيار. كما أنه يتعرّض للخدش من المعدن الذي يفوقه بمعيار الصلادة.

Friedrich Mohs, a German mineralogist, devised a table of ten minerals as standards of hardness. The higher the number, the harder the mineral. Each mineral can scratch those of a lower number, and in turn is scratched by those of a higher hardness number.

1 Talc ١ تالك

2 Gypsum ٢ جِصّ

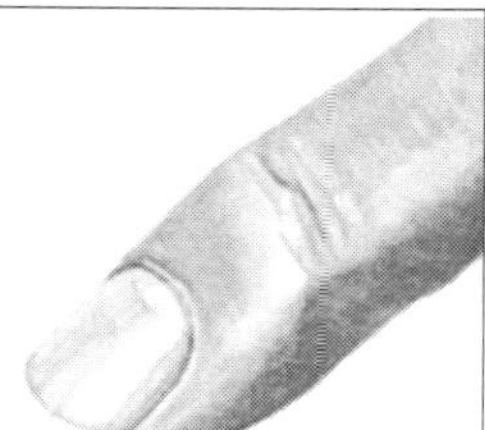

صلادة ظفر الإصبع حوالى ٢٫٥

A finger nail has a hardness of about 2.5.

3 Calcite ٣ كالسيت

4 Fluorite ٤ فلوريت

5 Apatite ٥ أباتيت

6 Orthoclase ٦ أورتوكلاز

7 Quartz ٧ مَرْو، كوارتز

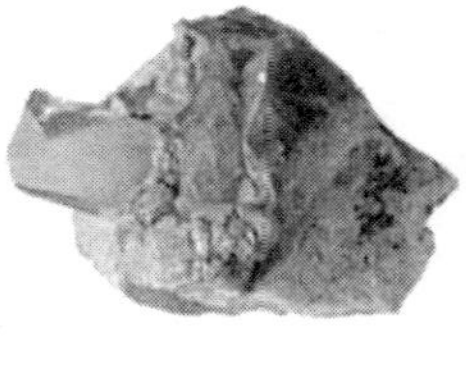

8 Topaz ٨ توباز

9 Corundum ٩ كورَنْدُم

10 Diamond ١٠ ماس

صلادة قطعة نقد نحاسيّة ٥٫٥

A copper coin has a hardness of 5.5.

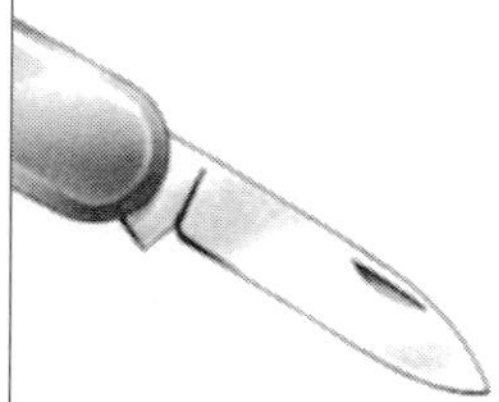

صلادة معدن شفرة المطواة ٥٫٥ فتستطيع خدش الأباتيت وليس الأورتوكلاز

A penknife has a hardness of 5.5 and can scratch apatite but not orthoclase.

Quantity الكمّيّة	*Symbol* الرمز	*Value* القيمة
absolute zero of temperature درجة الصفر المُطْلَق	0°K	−273.16°C
acceleration due to gravity, standard قياس التسارع بفِعل الجاذبيّة (sea level, at equator) (مستوى سطح البحر، عند خط الإستواء)	g	9.80665 m/sec/sec or 32.174/ft/sec/sec
acceleration of free fall on the Moon التسارع (التقريبي) في السقوط (approx.) الحرّ على سطح القمر		1.619 m/sec/sec
acceleration of gravity at Greenwich تسارع الجاذبيّة في منطقة غرينويتش		9.81883 m/sec/sec
atmospheric pressure, standard الضغط الجوّي (القياسي)	1 atm	1.01325×10^5 newtons/sq. metre or 1013250 dynes/cm^2
atomic mass unit = dalton وحدة الكُتلة الذَّرِّيَّة (دالتون)	u (amu)	1.660432×10^{-27}kg
Avogadro constant = Avogadro's number ثابت «أفوچادرو»	N_A	6.022045×10^{23}atoms per mole (Chemical scale: atoms in 16 of natural oxygen)
Bohr radius نصف قطر مدار الإلكترون حول ذرة الهدروجين في نموذج «بور»	a_0	5.291672×10^{-11}m
Bohr magneton مغنيطون «بور»	μ_B	9.2732×10^{-24} J/tesla
Boltzmann's constant ثابت «بولْتسمان»	k	1.38054×10^{-23} joule per degree (kelvin) or 8.6167×10^{-5} electron volts per degree
Compton wavelength of electron طول موجة «كُمْپتن» للإلكترون	λ_{ce}	2.426212×10^{-12}m
Compton wavelength of proton طول موجة «كُمْپتن» للپروتون	λ_{cp}	1.321398×10^{-15}m
1 coulomb of electricity ١ كولوم كهرباء		6×10^{18} electrons
Earth, mass of كُتلة الأرض		5.975×10^{27}gm
Earth, mean density of متوسّط كثافة الأرض		5517 kg/m^{-3}
Earth, mean radius of متوسّط نصف قطر الأرض		6.371×10^8cm
Earth, quadrant of meridian of رُبعيّة دائرة خَطّ الزّوال للأرض		10002.288 km
Earth, quadrant of equator of رُبعيّة دائرة خَطّ الإستواء للأرض		10019.148 km
Earth, volume of حجم الأرض		1.083×10^{27}cm^3
Earth, land area مساحة اليابسة من الأرض		1.49×10^8km^2 (29.2% pf Earth's surface)
Earth, ocean area مساحة المحيطات في الأرض		3.61×10^8km^2
Earth, ocean volume حجم المُحيطات في الأرض		1.37×10^9km^3
Earth, mass of atmosphere of كتلة الغلاف الجوّي للأرض		5.27×10^{21}gm
Earth magnetic flux density, horizontal component, UK كثافة الفيض المغنطيسي للأرض، مُركّبة أُفُقِيَّة (المملكة المتحدة)		1.8×10^{-5} tesla
Earth, mean distance to Sun (astronomical unit) مُتَوَسِّط بُعد الأرض عن الشمس (وِحدة فَلَكِيَّة)		1.49×10^8km or 9.29×10^7 miles
Earth, mean distance to Moon مُتَوَسِّط بُعد القَمَر عن الأرض		3.844×10^5km (60 earth radii)
eccentricity of earth's orbit لا تمركُزيّة مدار الأرض		0.0167
electron, charge of (elementary charge) شُحْنَة الإلكترون (شحنة أوّليّة)	e	$1.6021892 \times 10^{-19}$ coulomb or 4.803242×10^{-10} electrostatic units
electron, charge-to-mass ratio نسبة الشحنة الإلكترونيّة إلى الكُتْلة	$\frac{e}{m_e}$	1.7588×10^{11} coulomb/kg
electron radius نصف قطر الإلكترون	r_e	2.817774×10^{-15}m
electron rest mass كُتلة السُّكون للإلكترون	m_e	9.109×10^{-31}kg or 5.48597×10^{-4}u (amu)
electron volt إلكترون فُلْط	ev	$1.602\times^{-19}$ joule

Quantity الكمّيّة	*Symbol* الرمز	*Value* القيمة
electrostatic constant ثابت كهروستاتي	ϵ_0	8.987×10^9 newton m^2/coulomb^2
Faraday constant «ثابت «فارادي	F	96487 coulombs per mole
fine-structure constant ثابت البنية الدقيقة (في الفيزياء الذرّيّة والديناميّات الهوائية الكمّية)	α	7.29720×10^{-3}
inverse fine-structure constant عاكس ثابت البنية الدقيقة	α^{-1}	137.0388
gas constant, universal (chemical scale) ثابت الغاز العامّ (مقياس كيميائي)	R_0	8.31434 joules per degree-mole or 8.2057×10^{-2} lit. atm. per degree-mole or 1.99 cal/degree-mole
gravitational acceleration, standard تسارُع الجاذبيّة العِياري	g	$9.80665 m/sec^2$
gravitational constant, universal ثابت الجاذبيّة العامّ	G	6.672×10^{-11} newton m^2/kg^2 or 6.672×10^{-8} dyne cm^2/gm^2
kilowatt-hour كيلو واط - ساعة	kwh	2.247×10^{25}ev
Loschmidt's constant (molecules in $1cm^3$ of ideal gas at S.T.P.) ثابت «لوشميدت» (جُزَيْئات في ١سم٣ من الغاز المثالي في الظروف القياسية)	n, $\frac{N_o}{V_o}$	2.68724×10^{19}
Mechanical equivalent of heat المُكافئ الميكانيكي للحرارة	J	4.184 joules per calorie
muon mass to electron mass ratio سبة كُتله الميُون لكتلة الإلكترون	$\frac{m_\mu}{m_e}$	206.76865
muon rest mass كُتلة السُّكون للميُون		0.1134292 u or 1.883566×10^{-28}kg
molar volume الحجم الجُزَيْئي (المولي)	V_o	22.415 litres
Moon, diameter of قطر القمر		2162 miles
Moon, mass of كتلة القمر		7.335×10^{25}gm (0.0123×mass of the Earth)
neutron rest mass كُتلة السُّكون للنيوترون	m_n	1.67482×10^{-27}kg or 1.0086654 u (amu)
Permittivity of free space E_0 (electric constant) سماحيّة الفراغ (الثابت الكهربائي)	E_0	8.854188×10^{-12} farad per metre
Planck constant «ثابت «بلانك	h	$6.6255916 \times 10^{-34}$ joule sec
positron, mass of «كتلة «البوزترون		9.109×10^{-28}gm (equals mass of electron)
proton rest mass كتلة السُّكون للبروتون	m_p	1.67252×10^{-27}kg or 1.00727663 u (amu)
proton/electron mass ratio نسبة كتلة البروتون لكتلة الإلكترون	$\frac{m_p}{m_e}$	1836.15
radiation constants: ثوابت الإشعاع		
first radiation constant ثابت الإشعاع الأوّل	c_1	3.7415×10^{-16} watt m^2
second radiation constant ثابت الإشعاع الثاني	c_2	1.4388×10^{-2} meter degree (kelvin)
Rydberg constant «ثابت «رايْدبِرْغ	R_∞	1.0973731×10^7 per metre
Specific heat capacity of water at 15°C السَّعَة الحراريّة النوعية للماء بدرجة ١٥ مئوية		$4.1855 \times 10^3 J\,kg^{-1}\,k^{-1}$
Stefan-Boltzman constant ثابت ستيفان وبولتزمان	α	5.6697×10^{-8} watts m^{-2} K^{-4}
Sun, diameter of قطر الشمس		1.39×10^6km or 8.64×10^5 miles
Sun, mass of كتلة الشمس		1.99×10^{30} kgm (333000×mass of the earth)
triple point of water النقطة الثُّلاثية للماء		273.16 K
velocity of light in vacuum سُرعة الضوء في الفراغ	c	2.997925×10^8 m/sec
velocity of sound in air at S.T.P. سُرعة الصوت في الهواء في الظروف القياسيّة	v	33144 cm/sec
volume of ideal gas at 0°C and 1 atm (Chemical scale) حجم الغاز المثالي بدرجة صفر مئوية وضغط جوي (مقياس كيميائي)	V_o	2.24136×10^{-2} m^3/mole = 22.4136 litres per mole
Young's modulus for steel مُعامِل «يَنْغ» للفولاذ		$2.1 \times 10^{11} Nm^{-2}$
Young's modulus for copper مُعامِل «يَنْغ» للنّحاس		$1.3 \times 10^{11} Nm^{-2}$

Symbol	Meaning
$\sum\limits_{1}^{\infty}$, Σ_1^{∞}	Summation; sum of infinitely many terms of a type indicated.
$\Sigma_{i=1}^{i=n}$, Σ_1^n, $\sum\limits_{i=1}^{n}$	Sum of n terms: *e.g.* $\Sigma_1^n x_i^2 = x_1^2 + x_2^2 + \cdots + x_n^2$.
$n!$, $\underline{\lfloor n}$	Factorial n, or the product of all integers from 1 to n, inclusive.
$P(n,r)$, ${}_nP_r$	Number of permutations of n objects taken r at a time.
$C(n,r)$, ${}_nC_r$, $\binom{n}{r}$	Number of combinations of n objects taken r at a time; coefficient of the product $x^{n-r}y^r$ in the expansion of $(x+y)^n$.
$f(x)$, $F(x)$, $\phi(x)$, etc.	Function of x.
$f(x,y)$	Function of x and y.

Elementary and Analytic Geometry

Symbol	Meaning
$\angle$, $\measuredangle$	Angle, angles: $\angle ABC$, $\angle D$, $\measuredangle$ G and H.
∟	Right angle.
$\triangle$, $\triangle\!\!\triangle$	Triangle, triangles: $\triangle ABC$ $\triangle\!\!\triangle$ ABC and DEF.
rt. $\triangle$	Right triangle.
▱	Parallelogram.
⊙, Ⓢ	Circle, circles.
$\perp$	Perpendicular; is perpendicular to.
$\parallel$	Parallel; is parallel to.
$\cong$, $\equiv$	Congruent; is congruent to.
$\sim$	Similar; is similar to.
⌒	Arc: $\widehat{AB}$ means arc AB.
$\therefore$	Therefore.
$\because$	Since; because.
$^\circ$	Degrees of arc or angle; of temperature.
$'$	Minutes of arc or angle; feet.
$''$	Seconds of arc or angle; inches.
π	Pi, the ratio of the circumference of a circle to its diameter = 3.14159. In angular measure π radians is equal to 180°.
(x,y)	Rectangular, or Cartesian, coordinates of a point in a plane.
$P(x,y)$	Point P whose plane coordinates are x and y.
(r,θ), (ρ,θ)	Polar coordinates of a point in a plane.
(x,y,z)	Cartesian coordinates of a point in space.

Trigonometric (circular) and Hyperbolic Functions

Symbol	Meaning
sin A	Sine of A, where A is an angle; sine of the numerical variable A.
cos A	Cosine of A.
tan A	Tangent of A.
cot A, ctn A	Cotangent of A.
sec A	Secant of A.
csc A	Cosecant of A.
vers A	Versed sine, or versine, of A $(=1-\cos A)$.
hav A	Haversine of A $(=\frac{1}{2}\text{ vers } A)$.
covers A	Coversed sine, or coversine, of A $(=1-\sin A)$.
exsec A	Exsecant of A $(=\sec A - 1)$.

Arithmetic and Algebra

Symbol	Meaning
$+$	Plus; positive number or direction (Lat. +8°); also the operation of addition.
$-$	Minus; negative number or direction (−6° F); also the operation of subtraction.
$\times$ or $\cdot$	The operation of multiplication.
$\div$	The operation of division.
$\pm$	Plus or minus.
$\mp$	Minus or plus.
$=$	Is equal to.
$\equiv$	Is identically equal to: $(a+b)^2 \equiv a^2 + 2ab + b^2$.
$\neq$	Is not equal to.
$>$	Is greater than.
$<$	Is less than.
$\geqq$, $\geq$	Is greater than or equal to.
$\leqq$, $\leq$	Is less than or equal to.
$\rightarrow$, $\doteq$	Approaches: $x \rightarrow a$, x approaches a.
$\cdots$	And so on: $1 + 3 + 5 + \cdots$
ab, $a \cdot b$, $a \times b$	a times b.
$a(b+c)$	a times the sum of b and c.
a/b, $\frac{a}{b}$, $a \div b$, $a{:}b$	Ratio of a to b; a divided by b.
$\frac{a}{b} = \frac{c}{d}$, $a{:}b{::}c{:}d$	Proportion: a is to b as c is to d.
$\propto$	Varies as; is proportional to.
∞	Infinity.
$\lvert x \rvert$	Absolute value of x.
$\cup$	Union of sets.
$\cap$	Intersection of sets.
$\subset$	Is included in as a subset of.
$\in$	Is an element of or contained in.
a^n	The nth power of a: $a \cdot a \cdot a \cdots$ to n factors.
$\surd$, $\sqrt{\ }$	Radical sign; square root.
$a^{1/n}$, $\sqrt[n]{a}$	The nth root of a.
a^{-n}	The reciprocal of a^n, *i.e.* $1/a^n$.
exp x	Exponential x, or e^x, where e is the base of natural logarithms, 2.71828 approx.
( ), [ ], { }, $\overline{\quad}$	Parenthesis, brackets, brace, and vinculum, respectively; signs of aggregation that enclose quantities to be taken together.
L.C.M., lcm	Least common multiple.
G.C.D., gcd	Greatest common divisor.
log a	Logarithm of a.
$\log_{10} a$	Briggs' or common logarithm of a; logarithm of a to the base 10.
$ln\ a$, $\log_e a$	Logarithm of a to the base e; natural or Napierian logarithm of a.
antilog	Antilogarithm: antilog c is the number whose logarithm is c.
colog	Cologarithm: colog $a = \log(1/a) = -\log a$.
e	Base of natural system of logarithms, $\lim_{n\to\infty}(1 + 1/n)^n = 2.71828\ldots$; charge on an electron; eccentricity of a conic section.
i	Imaginary unit; $\sqrt{-1}$; in physics, a symbol for electric current; a running, or general, subscript or superscript.

$\frac{dy}{dx}, \frac{df(x)}{dx}, Dy, Df(x), D_xy, y', f'(x)$ Forms for expressing "the derivative of y with respect to x," if y is a function of x.

$\frac{d^2y}{dx^2}, \frac{d^2f(x)}{dx^2}, D^2y, D^2f(x), D_x^2y, y'', f''(x)$ Forms for expressing "the second derivative of y with respect to x," if $y = f(x)$.

$\frac{d^ny}{dx^n}$, etc. The nth derivative of y with respect to x.

$\frac{\partial u}{\partial x}, u_x, f_x(x,y), D_xu$. The partial derivative of u with respect to x, if $u = f(x,y)$.

$\frac{\partial^2 u}{\partial x^2}, u_{xx}, f_{xx}(x,y), D_{xx}u$. The second partial derivative of y with respect to x, if $u = f(x,y)$.

$\frac{\partial^2 u}{\partial x \partial y}, u_{xy}, f_{xy}(x,y), D_{xy}u$. The second partial derivative of u with respect to y and x, if $u = f(x,y)$.

$\dot{x}$ Derivative of x with respect to time.

$\ddot{x}$ Second derivative of x with respect to time. If s = distance, $\dot{s} = v$ = velocity, and $\ddot{s} = \dot{v}$ = acceleration.

$\int$ Integral sign; $\int f(x)\,dx$ is the indefinite integral or antiderivative of $f(x)$ with respect to x.

$\int_a^b$ Definite integral sign; $\int_a^b f(x)\,dx$ is the definite integral of $f(x)$ between the limits $x = a$ and $x = b$.

$\oint$ Curvilinear integral around a closed path; also written $\int_c$.

$\iint$ Double integral $= \iint f(x,y)\,dx\,dy$.

$F(x)\Big]_a^b$ $F(b) - F(a)$. Notation used within definite integrals: *e.g.* $\int_2^3 (2x+1)dx = (x^2+x)]_2^3 = (3^2+3) - (2^2+2)$.

Π_1^∞ Product of an infinite number of factors of the type indicated.

$\Pi_{i=n}^{i=n}, \Pi_1^n, \prod_{i=1}^{n}$ Product of n factors of the type given.

$\lim_{x\to a} f(x)$ Limit of $f(x)$ as x approaches a.

List of integrals

$F'(x)=f(x)$	$F(x) = \int f(x)dx$	$F'(x)=f(x)$	$F(x) = \int f(x)dx$
x^a	$\frac{x^{a+1}}{a+1}$ $a \neq -1$	$\frac{1}{a^2+x^2}$	$\frac{1}{a}\tan^{-1}\frac{x}{a}$
$\frac{1}{x}$	$\log \lvert x \rvert$	$\frac{1}{x\sqrt{x^2-a^2}}$	$\frac{1}{a}\sec^{-1}\frac{x}{a}$
e^x	e^x	$\frac{1}{(a^2-x^2)}$	$\frac{1}{a}\tanh^{-1}\frac{x}{a}$
a^x	$\frac{a^x}{\log a}$		$= \frac{1}{2a}\log\left(\frac{a+x}{a-x}\right)$
$\frac{1}{\sqrt{a^2-x^2}}$	$\sin^{-1}\frac{x}{a}$ or $-\cos^{-1}\frac{x}{a}$	$\tan x$	$\log \lvert\sec x\rvert$
$\frac{1}{\sqrt{x^2+a^2}}$	$\sinh^{-1}\frac{x}{a}$	$\sec x$	$\log\lvert\sec x+\tan x\rvert = \log\left\lvert\tan\left(\frac{x}{2}+\frac{\pi}{4}\right)\right\rvert$
	$=\log\left(\frac{x}{a}+\sqrt{\frac{x^2}{a^2}+1}\right)$	$\operatorname{cosec} x$	$\log\left\lvert\tan\frac{x}{2}\right\rvert$
$\pm\frac{1}{\sqrt{x^2-a^2}}$	$\cosh^{-1}\frac{x}{a}$	$e^{ax}\sin(bx+c)$	$\frac{e^{ax}}{a^2+b^2}\Big[a\sin(bx+c)$
	$=\log\left(\frac{x}{a}\pm\sqrt{\frac{x^2}{a^2}-1}\right)$		$-b\cos(bx+c)\Big]$

$\sin^{-1}a$, arc sin a Inverse sine of a; arc sine of a; the angle whose sine is a.

$\cos^{-1}a$, arc cos a Inverse cosine of a, arc cosine of a; the angle whose cosine is a.

$\tan^{-1}a$, arc tan a Inverse tangent of a; arc tangent of a; the angle whose tangent is a.

$\sinh x$ Hyperbolic sine of x.

$\cosh x$ Hyperbolic cosine of x.

$\tanh x$, $\coth x$, sech x, csch x Hyperbolic tangent, cotangent, secant and cosecant of x, respectively.

$\sinh^{-1}z$, ar sinh z Inverse hyperbolic sine of z.

$\cosh^{-1}z$, ar cosh z Inverse hyperbolic cosine of z.

$\sin(\theta \pm \varphi) = \sin\theta\cos\varphi \pm \cos\theta\sin\varphi$

$\cos(\theta \pm \varphi) = \cos\theta\cos\varphi \mp \sin\theta\sin\varphi$

$\tan(\theta \pm \varphi) = \frac{\tan\theta \pm \tan\varphi}{1 \mp \tan\theta\tan\varphi}$

$\sin 2\theta = 2\sin\theta\cos\theta$

$\cos 2\theta = \cos^2\theta - \sin^2\theta = 2\cos^2\theta - 1 = 1 - 2\sin^2\theta$

$\sin 3\theta = 3\sin\theta - 4\sin^3\theta$, $\cos 3\theta = 4\cos^3\theta - 3\cos\theta$

$\sin A + \sin B = 2\sin\frac{1}{2}(A+B)\cos\frac{1}{2}(A-B)$

$\sin A - \sin B = 2\cos\frac{1}{2}(A+B)\sin\frac{1}{2}(A-B)$

$\cos A + \cos B = 2\cos\frac{1}{2}(A+B)\cos\frac{1}{2}(A-B)$

$\cos A - \cos B = -2\sin\frac{1}{2}(A+B)\sin\frac{1}{2}(A-B)$

If $\tan\frac{1}{2}x = t$, $\sin x = \frac{2t}{1+t^2}$ $\cos x = \frac{1-t^2}{1+t^2}$

$\tan x = \frac{2t}{1-t^2}$ $dx = \frac{2}{1+t^2}dt$

In any triangle: $\frac{a}{\sin A} = \frac{b}{\sin B} = \frac{c}{\sin C} = 2R$ (sine rule)

$a^2 = b^2 + c^2 - 2bc\cos A$ (cosine rule)

$\sin\frac{A}{2} = \sqrt{\frac{(s-b)(s-c)}{bc}}$ $\cos\frac{A}{2} = \sqrt{\frac{s(s-a)}{bc}}$

Radius of circumcircle, $R = abc/4\Delta$ (where Δ = area of triangle)

Radius of inscribed circle, $r = \frac{\Delta}{s}$

Mensuration

Area of triangle, (sides a, b, c): $\Delta = \frac{1}{2}bc\sin A$
or $\sqrt{s(s-a)(s-b)(s-c)}$ where $2s = a+b+c$

Circle (radius r): Perimeter $= 2\pi r$ Area $= \pi r^2$

Ellipse (axes $2a$, $2b$): Perimeter $\approx 2\pi\sqrt{\frac{a^2+b^2}{2}}$ Area $= \pi ab$

Cylinder (radius r, ht h): Area $= 2\pi r(h+r)$, Volume $= \pi r^2 h$

Area of curved surface of cone $= \pi rl$, where l = slant height

Volume of cone or pyramid $= \frac{1}{3}Ah$, where A = base area, h = height

Sphere (radius r): Area $4\pi r^2$, Volume $(\frac{4}{3})\pi r^3$

Area cut off on sphere by parallel planes h apart $= 2\pi rh$

Calculus

Δx, δx An increment of x, as in the form $x + \Delta x$, $\delta y/\delta x$, or $\Sigma f(x)\,\Delta x$; a difference between successive values of x in a table.

WIRE GAUGES — مقاييس قُطر الأسلاك

A: British Standard Wire Gauge — مُحَدِّد قياس الأسلاك العياري البريطاني

Descriptive Number	Equivalent in		Descriptive Number	Equivalent in		Descriptive Number	Equivalent in		Descriptive Number	Equivalent in	
	Parts of an Inch	Milli-metres		Parts of an Inch	Milli-metres		Parts of an Inch	Milli-metres		Parts of an Inch	Milli-metres
7/0	.500	12.700	9	.144	3.658	24	.022	.559	39	.0052	.1321
6/0	.464	11.785	10	.128	3.251	25	.020	.508	40	.0048	.1219
5/0	.432	10.973	11	.116	2.946	26	.018	.427	41	.0044	.1118
4/0	.400	10.160	12	.104	2.642	27	.0164	.4166	42	.0040	.1016
3/0	.372	9.449	13	.092	2.337	28	.0148	.3759	43	.0036	.0914
2/0	.348	8.839	14	.080	2.032	29	.0136	.3454	44	.0032	.0813
0	.324	8.229	15	.072	1.829	30	.0124	.3150	45	.0028	.0711
1	.300	7.620	16	.064	1.626	31	.0116	.2946	46	.0024	.0610
2	.276	7.010	17	.056	1.422	32	.0108	.2743	47	.0020	.0508
3	.252	6.401	18	.048	1.219	33	.0100	.2540	48	.0016	.0406
4	.232	5.893	19	.040	1.016	34	.0092	.2337	49	.0012	.0305
5	.212	5.385	20	.036	.914	35	.0084	.2134	50	.0010	.0254
6	.192	4.877	21	.032	.813	36	.0076	.1930			
7	.176	4.470	22	.028	.711	37	.0068	.1727			
8	.160	4.064	23	.024	.610	38	.0060	.1524			

B: Brimingham Wire Gauge — مُحَدِّد قياس الأسلاك البرمنجهامي

Mark or No.	Size. Inch	Mark or No.	Size. Inch	Mark or No.	Size. Inch	Mark or No.	Size. Inch
4/0	.454	7	.18	17	.058	27	.016
3/0	.425	8	.165	18	.049	28	.014
2/0	.38	9	.148	19	.042	29	.013
0	.34	10	.134	20	.035	30	.012
1	.3	11	.12	21	.032	31	.01
2	.284	12	.109	22	.028	32	.009
3	.259	13	.095	23	.025	33	.008
4	.238	14	.083	24	.022	34	.007
5	.22	15	.072	25	.02	35	.005
6	.203	16	.065	26	.018	36	.004

[**Inches** × **25.4** = **millimetres**]

C: American Standard Wire Gauge (Brown and Sharpe) — مقياس «براون وشارب» الأميركي لقُطر الأسلاك

Mark or No.	Size. Inch	Mark or No.	Size. Inch	Mark or No.	Size. Inch	Mark or No.	Size. Inch
4/0	.46	8	.12849	19	.03589	30	.010025
3/0	.40964	9	.11443	20	.031961	31	.008928
2/0	.3648	10	.10189	21	.028462	32	.00795
0	.32486	11	.090742	22	.025347	33	.00708
1	.2893	12	.080808	23	.022571	34	.006304
2	.25763	13	.071961	24	.0201	35	.005614
3	.22942	14	.064084	25	.0179	36	.005
4	.20431	15	.057068	26	.01594	37	.004453
5	.18194	16	.05082	27	.014195	38	.003965
6	.16202	17	.045257	28	.012641	39	.003531
7	.14428	18	.040303	29	.011257	40	.003144

[**Inches** × **25.4** = **millimetres**]

ANCIENT MEASURES مقاييس قديمة

Length الطول

Egyptian مصري	
cubit	52.4 cm
Greek **يوناني**	
cubit	52.67 cm
digit = 3/4 inch	1.86 cm
foot = 3/5 of cubit	31.6 cm
stadion = 600 ft	189.60 m
Roman **روماني**	
digit	1.84 cm
palm = 4 digits	7.37 cm
foot = 4 palms	29.49 cm
step = 5 feet	1.475m
stadium = 125 steps	184.31 m
mile = 1000 steps	1475.0 m

Capacity السعة

Egyptian مصري	
ro	59.6 cm^3
hen = 8 ro	477 cm^3
hennu = 4 hen	1.908 liter
apt = 10 hennu	19.08 liter
tama = 4 apt	76.32 liter
sa = 25 tama	1.908 m^3
Greek **يوناني**	
kyathos	47.5 cm^3
kotyle = 6 kyathoi	285 cm^3
khous = 12 kotylai	3.420 liter
metretes = 12 khoes	41.04 liter
Roman **روماني**	
quartarius	145.25 cm^3
sextarius = 4 quatarii	581 cm^3
conglus = 6 sextarii	3.486 liter
urna = 4 conglii	13.944 liter
amphora = 2 urnae	27.888 liter

Weight الوزن

Egyptian مصري	
shekel	8.40 g
Greek **يوناني**	
khalkous	0.09 g
obelos = 8 khalkoi	0.72 g
drachma = 6 obeloi	4.34 g
mina = 100 drachmai	434 g
talanton = 60 minai	26.040 kg
Roman **روماني**	
siliqua	0.19 g
scripulum = 6 siliquae	1.13 g
sextula = 4 scripula	4.54 g
uncia = 6 sextulae	27.27 g
libra = 12 unciae	327.24 g

ELECTRICAL AND ELECTRONIC SYMBOLS الرموز الكهربائيّة والإلكترونيّة

Commonly used symbols for some components found in electrical and electronic circuits are shown below. Alternative symbols are sometimes used for many components, in various countries.

الرموز الأكثر شيوعًا المستخدمة في رسم الدارات الكهربائية والإلكترونية.

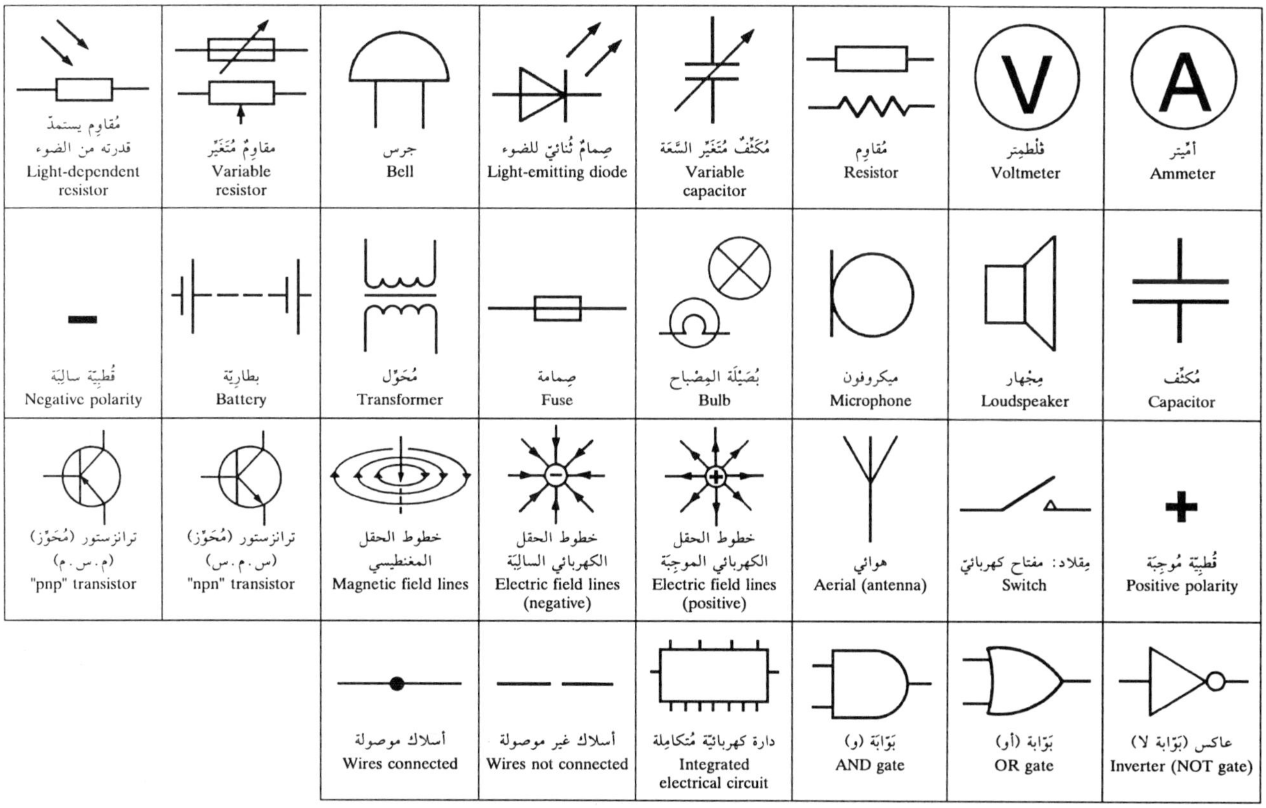

THE SOLAR SYSTEM النظام الشمسي

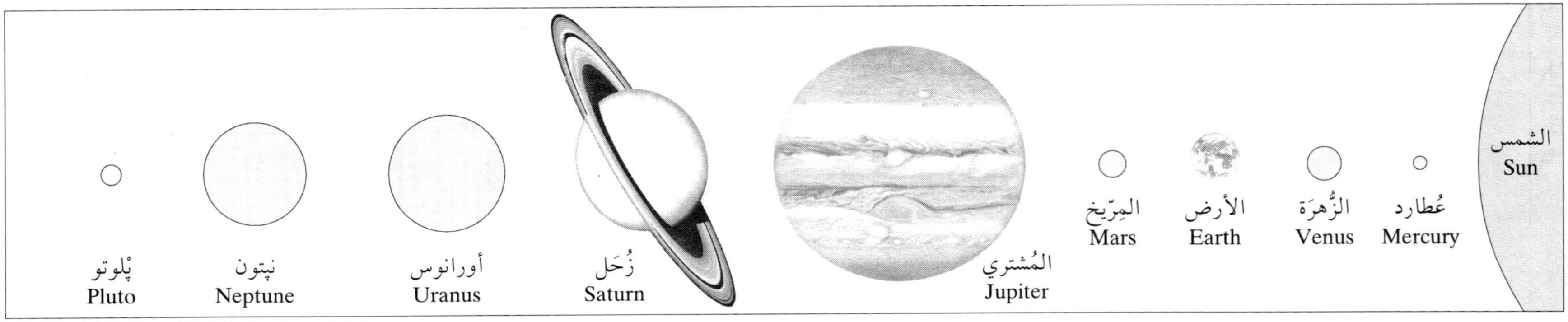

THE PLANETS الكواكب

هنالك تسعة كواكب في النظام الشمسي - أربع منها صخرية هي الأقرب إلى الشمس. الكواكب الأبعد غازية عملاقة عَدا پلوتو أصغرها، وهو صخري ثلجي.

There are nine planets in the Solar System. Closest to the Sun are the four rocky planets: Mercury, Venus, Earth, and Mars. Farther from the Sun are the four gas giants: Jupiter, Saturn, Uranus, and Neptune. Pluto is the odd one out - it is the smallest and is made of rock and ice.

پلوتو Pluto	نبتون Neptune	أورانوس Uranus	زُحَل Saturn	المشتري Jupiter	المريخ Mars	الأرض Earth	الزهرة Venus	عُطارد Mercury	الكوكب Planet
5,913	4,497	2,870	1,427	778.3	227.9	149.6	108.2	57.9	**Distance from Sun** millions of km البعد عن الشمس ملايين الكيلومترات
2,284	49,528	51,118	120,536	142,984	6,786	12,756	12,104	4,879	**Diameter at equator** (km) القطر عند خط الإستواء
0.002	17	14.5	95	318	0.107	1	0.82	0.056	**Mass** (Earth=1) الكتلة - بالنسبة الى الأرض
0.01	57	67	744	1,319	0.15	1	0.86	0.056	**Volume** (Earth=1) الحجم - بالنسبة الى الأرض
–230	–220	–214	–180	–150	–120 to +25	–70 to +55	+480	–180 to +430	**Surface temperature** °C الحرارة على السطح
0.05	1.12	0.79	0.925	2.64	0.38	1	0.9	0.38	**Surface gravity** (Earth=1) الجاذبية عند السطح
248.5 years	164.8 years	84.01 years	29.46 years	11.86 years	686.98 days	365.26 days	224.7 days	87.97 days	**Time to orbit Sun** («year») مدة الدّوران حول الشمس (سنة)
6 days 9 h	16 h 7m	17 h 14 m	10 h 39 m	9 h 55 m 30 s	24 h 37 m 23 s	23 h 56 m 4 s	243.01 days	58.65 days	**Time to turn 360°** («day») مدة الدوران حول نفسه (يوم)
4.7	5.4	6.8	9.6	13.1	24.1	29.8	35	47.9	**Orbital velocity** (km/s) السُّرعة المَداريَّة
1	8	17	18	16	2	1	0	0	**Number of moons** عدد الأقمار

ELEMENTS – ABUNDANCES IN THE SOLAR SYSTEM
العناصر - توافرها في النظام الشمسي

Abundances are given as number of atoms per 10^6 atoms of Si (Silicon). الوَفْرَة مُبيَّنة كَعَدَد الذَّرّات بالمُقارَنة مع ١٠^٦ ذَرّات من السِّليكون.

Asterisks identify elements with no isotope sufficiently stable to exist in any appreciable amount. النّجمات تُبيِّن العناصر التي لا نظائر مستقرة كافية لها بنسبة تستحق الذِّكر.

Element	العنصر	*Abundance* توافره
1 H (Hydrogen)	هـ (هِدْروجين)	27,200,000,000
2 He (Helium)	هي (هِليوم)	2,180,000,000
3 Li (Lithium)	لث (ليثيوم)	59.7
4 Be (Beryllium)	بي (البريليوم)	0.78
5 B (Boron)	ب (بورون)	24
6 C (Carbon)	ك (كربون)	12,100,000
7 N (Nitrogen)	ن (نتروجين : آزوت)	2,480,000
8 O (Oxygen)	أ (أكسيجين)	20,100,000
9 F (Fluorine)	فل (فلور)	843
10 Ne (Neon)	نن (نيُون)	3,760,000
11 Na (Sodium, Natrium)	ص (صوديوم)	57,000
12 Mg (Magnesium)	مغ (مَغنِسيُوم)	1,075,000
13 Al (Aluminium)	لم (ألومنيوم)	84,900
14 Si (Silicon)	س (سليكون)	1,000,000
15 P (Phosphorus)	فو (فُسْفور)	10,400
16 S (Sulphur)	كب (كِبريت)	515,000
17 Cl (Chlorine)	كل (كلور)	5,240
18 Ar (Argon)	غو (أرغون)	104,000
19 K (Potassium)	بو (پوتاسيوم)	3,770
20 Ca (Calcium)	كا (كالسيوم)	61,100
21 Sc (Scandium)	سك (سكانْديُوم)	33.8
22 Ti (Titanium)	ت (تيتانيُوم)	2,400
23 V (Vanadium)	فن (ڤاناديوم)	295
24 Cr (Chromium)	كر (كروم)	13,400
25 Mn (Manganese)	من (مَنْغَنيز)	9,510
26 Fe (Iron)	ح (حديد)	900,000
27 Co (Cobalt)	كو (كوبَلْت)	2,250
28 Ni (Nickel)	ني (نيكل)	49,300
29 Cu (Copper)	نح (نحاس)	514
30 Zn (Zinc)	خ (زنك، خارصين)	1,260
31 Ga (Gallium)	جا (جاليوم)	37.8
31 Ge (Germanium)	جر (جرمانيوم)	118
33 As (Arsenic)	ز (زرنيخ)	6.79
34 Se (Selenium)	سل (سِلِنيوم)	62.1
35 Br (Bromine)	بر (بروم)	11.8
36 Kr (Krypton)	كن (كريپتون)	45.3
37 Rb (Rubidium)	بيد (روبيديوم)	7.09
38 Sr (Strontium)	سر (ستْرُنْشيُوم)	23.8
39 Y (Yitrium)	يت (إتريُوم)	4.64
40 Zr (Zirconium)	كز (زِركونيُوم)	10.7
41 Nb (Niobium)	نب (نيُوبيوم)	0.71
42 Mo (Molybdenum)	مو (موليبْدِنوم)	2.52
43 Tc (Technetium)	تك (تِكْنِشيُوم)	*
44 Ru (Ruthenium)	ثن (روثِنيُوم)	1.86
45 Rh (Rhodium)	يم (روديُوم)	0.344
46 Pd (Palladium)	لد (پلاديوم)	1.39
47 Ag (Silver)	ف (فضّة)	0.529
48 Cd (Cadmium)	كد (كادميوم)	1.69
49 In (Indium)	ند (إندريوم)	0.184
50 Sn (Tin)	ق (قصْدير)	3.82
51 Sb (Antimony)	نت (انتيمون)	0.352
52 Te (Tellurium)	تل (تِلّوريُوم)	4.91
53 I (Iodine)	ي (يود)	0.90
54 Xe (Xenon)	نز (زِنون)	4.35
55 Cs (Cesium)	سز (سيزيوم)	0.372
56 Ba (Barium)	با (باريوم)	4.36
57 La (Lanthanum)	لن (لنثانُوم)	0.448
58 Ce (Cerium)	سي (سيريوم)	1.16
59 Pr (Praseodymium)	بس (پراسيوديميوم)	0.174
60 Nd (Neodymium)	مم (نيوديميوم)	0.836
61 Pm (Promethium)	بم (پرومِثْيوم)	*
62 Sm (Samarium)	سم (ساماريوم)	0.261
63 Eu (Europium)	يب (يُورُوپيوم)	0.0972
64 Gd (Gadolinium)	جد (جادولينيوم)	0.331
65 Tb (Terbium)	تب (تِرْبيُوم)	0.0589
66 Dy (Dysprosium)	سب (ديسبروسيوم)	0.398
67 Ho (Holmium)	هل (هُلْميوم)	0.0875
68 Er (Erbium)	ير (إربيوم)	0.253
69 Tm (Thulium)	ثم (ثوليُوم)	0.0386
70 Yb (Ytterbium)	تر (إيتيربيوم)	0.243
71 Lu (Lutecium)	لو (لوتشيوم)	0.0369
72 Hf (Hafnium)	هف (هَفْنيوم)	0.176
73 Ta (Tantalum)	تا (تنتالُم)	0.0226
74 W (Wolfram, Tungsten)	تنجستِن (وُلْفرام)	0.137
75 Re (Rhenium)	نم (رِنيُوم)	0.0507
76 Os (Osmium)	مز (أزميوم)	0.717
77 Ir (Iridium)	يد (إيريديوم)	0.660
78 Pt (Platinum)	بت (بْلاتين)	1.37
79 Au (Aurum = Gold)	ذ (ذهب)	0.186
80 Hg (Mercury)	بق (زئبق)	0.52
81 Tl (Thallium)	ثل (ثاليُوم)	0.184
82 Pb (Lead)	صا (رَصاص)	3.15
83 Bi (Bismuth)	بز (بِزموث)	0.144
84 Po (Polnium)	بن (پولونيوم)	*
85 At (Astatine)	ست (استاتين)	*
86 Rn (Radon)	ر (رادون)	*
87 Fr (Francium)	فر (فرَنْسيوم)	*
88 Ra (Radium)	د (راديوم)	*
89 Ac (Actinium)	كت (اكتينيُوم)	*
90 Th (Thorium)	ث (ثوريُوم)	0.0335
91 Pa (Prot(o)actinium)	كت (بروتكتِنيُوم)	*
92 U (Uranium)	يو (يورانيُوم)	0.0090

EARTH – ASTRONOMICAL AND GEOPHYSICAL DATA الأرض - معطيات فلكية وجيوفيزيائية

a = equatorial radius; c = polar radius; G = gravitational constant;
h = altitude in m; M_E = Earth's mass; T = centuries from A.D. 1900.0; ϕ = latitude in degrees.

Quantity	Value
age العمر	$= 4.6 \times 10^9$ y
age of earliest fossils عُمر أولى الأحافير	$= 3.4 \times 10^9$ y
age of oldest rocks عُمر أقدم الصخور	$= 3.8 \times 10^9$ y
angular momentum زَخم الدَّوَران	$= 5.861 \times 10^{33}\,\mathrm{m^2\,kg\,s^{-1}}$
angular rotational velocity سُرعة الدَّوَران الزّاوِيّة	$= 7.2921157 \times 10^{-5}\,\mathrm{rad\,s^{-1}}$
anomalistic year سنة لاقياسيّة	= 31,558,433.237 seconds (1986)
aphelion distance بُعد نُقطة الذَّنَب	= 1.01675104 AU
artificial satellites أقمار اصطناعِيّة	
velocity to attain circular orbit (minimum for orbiting) سُرعة بلوغ المدار الدائريّ (الأدنى للدَّوران)	$= 7.91\,\mathrm{km\,s^{-1}}$
velocity to attain parabolic orbit (minimum for escape) سُرعة بلوغ المدار المكافئ (الأدنى للإفلات)	$= 11.18\,\mathrm{km\,s^{-1}}$
astronomical unit (AU) وَحدة فلكيّة	= 149,597,870.7 km
	= 8.31675 light minutes
	= 499.004784 light seconds
atmosphere الغلاف الجوّي	
mass الكُتلة	$= 5.136 \times 10^{18}$ kg
mean molecular mass مُتَوسِّط الكُتْلَة الجُزَيْئِيَّة	= 28.964 u
barycenter of Earth-Moon system (mean) المركز الكُتلي لمنظومة الأرض وقمرها	= 4640 km from Earth's center
	= 1731 km below Earth's surface
biosphere الغلاف الحيويّ	
mass (dry) الكتلة الجافّة	$= 1.1 \times 10^{15}$ kg
yearly production (dry) الإنتاج السنوي (الجاف)	$= 4.9 \times 10^{13}$ kg
Calendar year سنة شمسيّة	= Gregorian year
Centripetal acceleration at equator التسارُع الجابذي عند خط الإستواء	$= 0.033915\,\mathrm{m\,s^{-2}}$
degree of latitude طول الدّرَجة عند خطوط العرض	
length (ϑ = latitude) الطول حسب زاوية الطّوْر	$= 111.1334 - 0.5594 \cos 2\phi + 0.012 \cos 4\phi$ km
length at equator الطول عند خط الإستواء	= 110.5752 km
length at 45° lat الطول عند زاوية ٤٥° من خطوط العرض	= 111.1322 km
	= 60.0066 nautical miles
density الكثافة	
core اللُّب (القلب)	
inner الداخلي	$= 12.7$ to $13.0\,\mathrm{g\,cm^{-3}}$
outer الخارجي	$= 9.9$ to $12.7\,\mathrm{g\,cm^{-3}}$
crust القشرة	
continental القارّيّة	
lower العُليا	$= 2.92\,\mathrm{g\,cm^{-3}}$
upper السُّفلى	$= 2.72\,\mathrm{g\,cm^{-3}}$
mean الوُسطى	$= 2.85\,\mathrm{g\,cm^{-3}}$
oceanic المحيطيّة	
igneous بُركانيّة	$= 2.89\,\mathrm{g\,cm^{-3}}$
igneous + sediments بُركانيّة + رواسِب	$= 2.85\,\mathrm{g\,cm^{-3}}$
mantle الدِّثار	$= 3.3$ to $5.5\,\mathrm{g\,cm^{-3}}$
mean مُتوسِّط الكثافة	$= 5.518 \pm 0.004\,\mathrm{g\,cm^{-3}}$
eccentricity of orbit اللاتمركزية: اختلاف مركزية المدار	= 0.01675104
eccentricity period فترة اللاتمركزيَّة	
highest amplitude السَّعة الأوحية	= 413,000 y
second highest ثاني أعلى سعة	= 95,000 y
eccentricity range مدى اللاتمركزية	$= \sim 0.01$ to ~ 0.07
energy الطاقة	
rotational الطاقة الدّورانية	$= 2.137 \times 10^{29}$ J
orbital الطاقة المَداريّة	$= 2.651 \times 10^{33}$ J
energy of accumulation (work required to dissipate Earth matter against its own gravitational field) طاقة التجميع (الشغل المطلوب لتبديد المادّة الأرضيّة ضِد مجال جاذبيتها)	$= 2.49 \times 10^{32}$ J
ephemeris day (d_E) يوم تقويمي فلكي	= 86,400 sec
ephemeris second (s_E) ثانية تقويميّة فلكيّة	= 1/31,556,925.9747 of tropical year 1900
equator خط الإستواء	

Quantity	Value
length الطول	= 40075.24km
radius (mean) نصف القُطر (متوسّط)	a = 6378.139 ± 0.003 km
equatorial ellipticity $(a_{max}-a_{min})/a$ إهليلَجيّة خط الإستواء	= 1.5×10^{-5}
	= 102 m
equatorial rotational velocity سرعة الدَّوران عند خط الإستواء	= 465.10 $m\,s^{-1}$
escape velocity سُرعة الإفلات (من جاذبيّة الأرض)	= 11.18 $km\,s^{-1}$
flattening *(a-c)/a* التسطحيّة (الفلطحة)	= 0.00335282
	= 1/298.256
geothermal flux تَدَفُّق الحرارة (الأرضية) الجوفيّة	
mean متوسط التدفّق	= 6.1420×10^{-2} $W\,m^{-2}$
total المجموع	= 1.467×10^{-6} $cal\,cm^{-2}\,s^{-1}$
	= 3.13273×10^{13} W
gravity الجاذبيّة	
at equator على خط الإستواء	= 9.7803185 $m\,s^{-2}$
at 30° lat على خط عرض ٣٠°	= 9.7932402 $m\,s^{-2}$
at 45° lat على خط عرض ٤٥°	= 9.8061907 $m\,s^{-2}$
at 60° lat على خط عرض ٦٠°	= 9.8191698 $m\,s^{-2}$
at 90° على خط عرض ٩٠°	= 9.8321776 $m\,s^{-2}$
mean المتوسّط (المُعَدّل)	= 9.8062222 $m\,s^{-2}$
gravity standard (g_o) المِعيار الثّقاليّ	= 9.860665 $m\,s^{-2}$
gravity variation with altitude *h* h تَغَيُّر الجاذبية بارتفاع	= 0.0003086h $m\,s^{-2}$
Gregorian year سنة تقويمية	= 365.2425 d
	= 31,556,952 s
hydrosphere الغلاف المائي	
atmospheric water ماء المطر	= 1.3×10^{16} kg
freshwater in lakes and rivers مياه البحيرات والأنهر العذبة	= 3×10^{16} kg
ice الثلوج	= 0.02×10^{21} kg
mass (total) الكتلة (مجموع)	= 1.72×10^{21} kg
ocean المحيطي (في المحيطات)	= 1.37×10^{21} kg
pore water in rocks and sediments المياه الجوفيّة المسامية في الصخور والترسّبات	= 0.33×10^{21} kg
inclination of axis from normal to plane of orbit (= obliquity of ecliptic) مَيْلُ دائرة البُروج	= 23° 26′ 28.0″ (1986)
inclination angle range نِطاق زاوية الميل	=~ 21° 39′ to ~ 24° 36′
inclination angle period (mean) متوسّط مُدَّة استمرار زاوية الميل	= 41,200 y
land الأرض	
area المساحة	= 148.017×10^{6} km^2
mean elevation معدّل الارتفاع	= 840 m
magnetic dipole moment عزم ثنائي القطب المغنطيسي	= 7.90×10^{22} A m^2 (1985)
	= 7.90×10^{25} gauss cm^3 (1985)
magnetic field (mean) المجال المغنطيسي (متوسّط)	= 0.5 gauss
mass الكتلة	
atmosphere الغلاف الجوّي	= 5.1×10^{18} kg
core (total) اللُّب (المجموع)	= 1.900×10^{24} kg
crust القشرة	= 2.4×10^{22} kg
inner core اللُّبّ الداخلي	= 1.2×10^{23} kg
inner-outer core transition اللُّب المتَحوِّل	= 1.2×10^{22} kg
mantle الدّثار (غلاف اللّب)	= 4.052×10^{24} kg
ocean المحيطات	= 1.4×10^{21} kg
outer core اللُّب الخارجي	= 1.768×10^{24} kg
total المجموع	M_E = $(5.9737 \pm 0.0004) \times 10^{24}$ kg
mass × gravitational constant الكتلة × ثابت الجاذبية	GM_E = 3.986005×10^{14} $m^3\,s^{-2}$
mean density مُتوسّط الكثافة	= 5.518 ± 0.004 $g\,cm^{-3}$
mean equatorial ellipticity $(a_{max}-a_{min})/a$ مُتَوَسّط إهليلَجيّة خط الإستواء	= 1.5×10^{-5}
	= 102 m
mean solar day مُتَوَسّط اليوم الشمسي	= 86, 400 + 0.0015T s_E
	= 86,400.00129 (1986)
meridional quadrant رُبعيّة زواليّة	= 10,002.02 km
minute of latitude length at 45° طول دقيقة عرض عند درجة ٤٥°	= 1852.20 m
	=~ 1 nautical mile
moment of inertia عزم الحركة	
about equatorial axis حول المحور الإستوائي	= 0.3295 $M_E\,a^2$
	= 8.010×10^{37} kg m^2

about polar axis حول المِحْوَر القُطبي ... = $0.33078\ M_E\ a^2$
= 8.0415×10^{37} kg m^2

obliquity of the ecliptic ميل دائرة البُرُوج ... = $23° 27' 8.26'' - 46.845'' T - 0.0059'' T^2 + 0.00181'' T^3$
= 23° 26′ 28.0″(1986)

obliquity period (mean) مُدّة الميل (مُتوسّط) ... = 40,600 y

obliquity range مَدى الميل ... =~ 21° 39′ to ~ 24° 36′

oceans المُحيطات
- area المساحة ... = 362.033×10^6 km^2
- mean depth متوسّط العمق ... = 3729 m
- volume الحجم ... = 1349.929×10^6 km^3

orbital radius (mean) مُتوسّط نِصف قُطر المدار ... = 149,597,870.7 km
= 1 AU

orbital velocity (mean) مُعدَّل السُّرعة المداريّة ... = 29.784 km s^{-1}

perihelion advance سبْقُ نقطة الرّأس ... = 0.1085″ y^{-1}

perihelion distance بُعد نقطة الرّأس ... = 0.98324896 AU

polar radius نصف القطر القطبي ... c = 6356.779 km

Potsdam gravity standard (g_0) معيار بوتسدام للجاذبيّة ... = 9.81260 m s^{-2}

precession الحركة البِداريّة
- general عامة ... = 50.2858″ y^{-1} (1986)
- lunisolar قمريّة شمسيّة ... = 50.4043″ y^{-1} (1986)
- planetary كوكبيّة ... = 0.1085″ y^{-1} (1986)
- relativistic (geodetic) نسبيّة (جيوديسيّة) ... = 0.0192″ y^{-1}

precessional angle زاوية الحركة البِداريّة ... = 46° 52′ 56″ (1986)

precessional angle periodicity فترة الدّوريّة لزاوية الحركة البداريّة ... = 40,625 *y*

precessional angle secular range = obliquity range مدى الميلان ... =~ 21° 39′ to ~ 24° 36′

precessional period فترة الحركة البداريّة
- climatic precession فترة الحركة البِداريّة المناخيّة ... = 21,000 *y*
- general precession فترة الحركة البداريّة العامّة ... = 25,800 *y*

radius نصف القطر
- equatorial (mean) متوسّط نصف القطر عند خط الإستواء ... a = 6378.139 ± 0.003 km
- mean المتوسّط ... $(a^2c)^{1/3}$ = 6371.03 km
- polar القطبي ... c = 6356.779
- sphere of equivalent volume متوسّط نصف القطر في الكرة ذات الحجم المكافئ ... = 6370.8 km
  = 0.02125 light seconds

rotational velocity سُرعة الدّوران
- angular الزاويّة ... = 7.2921157 rad s^{-1}
  = 15.041066″ s^{-1}
- linear at equator الخَطيّة عند خط الإستواء ... = 465.10 m s^{-1}

semimajor axis of orbit نصف محور المدار الأكبر ... = 149,597,870.7 km
= 1 AU

semiminor axis of orbit نصف محور المدار الأصغر ... = 149,578,480 km
= 0.999870 AU

sidereal day يوم نجميّ ... = 86, 164.09055 + 0.0015T s_E
= 23h 56m 4.091 s of mean solar time

sidereal year سنة نجميّة (فلكيّة) ... = 365.25636565 d_E (1986)
= 31, 558, 149.993 s_E (1986)

surface السطح
- area المساحة
  - land اليابسة ... = 148.017×10^6 km^2
  - ocean المحيطات ... = 362.033×10^6 km^2
  - total المجموع ... = 510.0501×10^6 km^2
- mean elevation معدّل الإرتفاع ... = -- 2430 m

temperature (mean, surface) متوسّط الحرارة على السطح ... = 288 *K*
= 15°C

tidal energy dissipated طاقة المدّ والجَزْر المُبَدّدة
- mean tide مدّ (مدٌّ وجَزْرٌ) مُتوسّط ... = 1.4×10^{12} J s^{-1}
- spring tide مدّ (مدٌّ وجَزْرٌ) تامّ ... = 2.6×10^{12} J s^{-1}

tropical year سنة مداريّة ... = 365.14119348 d_E (1986)
= 31,556,925.5189 s_E (1986)

volume الحَجْم ... = 1.0831×10^{21} m^3
= 1.0831×10^{12} km^3

Physical properties. *Xl* system = crystal system بلّوريّ (C = cubic مُكعّب ; H = hexagonal سُداسي الشكل; M = monoclinic أُحاديّ المَيْل ; O = orthorhombic مُعيّنيّ مستقيم ; T = trigonal مُثلّثي (ثُلاثي التماثُل) ; Tc = triclinic ثلاثيّ الميل ; Tt = tetragonal رُباعيّ الزّوايا (أو الأضلاع) ; A = amorphous (لابلّوريّ) . *G* = density الكثافة (relative to water at 3.98°*C*). *H* = hardness الصلادة . *n* = refractive index موشّر الصلادة .

Name الاسم	*Composition* التركيب	*Xl System* بلّوري	*G* الكثافة	*H* الصلادة	*n* مؤشّر الصلادة	*Remarks* ملاحظات
Acanthite	Ag_2S	M,C	7.3	2 – 2½	–	–
Acmite	$NaFe^{3+}(SiO_3)_2$	M	3.5	6 – 6½	1.82	–
Actinolite	$Ca_2(Mg, Fe)_5Si_8O_{22}(OH)_2$	M	3.1–3.3	5–6	1.65	–
Adularia	$KAlSi_3O_8$	M	–	–	–	Translucent
Aegirine	–	–	–	–	–	Acmite
Agate	–	–	–	–	–	Concentrically layered chalcedony
Alabaster	–	–	–	–	–	Cryptocrystalline gypsum
Albite	$NaAlSi_3O_8$	Tc	2.62	6	1.53	Na end-member of plagioclase series
Alexandrite	–	–	–	–	–	Gem chrysoberyl
Alkali feldspar	–	–	–	–	–	Na or K feldpar
Allanite	$(Ce, Ca)_3(Fe^{2+}, Fe^{3+})Al_2O.(SiO_4)(Si_2O_7)(OH)$	M	3.5–4.2	5½ – 6	1.70–1.81	–
Almandine	$Fe_3Al_2Si_3O_{12}$	C	4.32	7	1.83	A garnet
Almandite	–	–	–	–	–	Alamandine
Alunite	$KAl_3(SO_4)_2(OH)_6$	T	2.6–2.8	4	1.57	–
Amalgam	–	–	–	–	–	An alloy of Hg with Ag of Au
Amblygonite	$LiAlFPO_4$	Tc	3.0–3.1	6	1.60	–
Amethyst	SiO_2	–	–	–	–	Purple quartz
Amphiboles	$Q_{2-3}R_5(Si, Al)_8O_{22}(OH)_2$	–	–	–	–	A group of minerals where Q=Mg, Fe^{2+} Ca, Na R=Mg, Fe^{2+} Fe^{3+}, Al
Analcime	$NaAlSi_2O_6.H_2O$	C	2.27	5 – 5½	1.48–1.49	–
Anatase	TiO_2	Tt	3.9	5½ – 6	2.6	–
Andalusite	Al_2SiO_5	O	3.14–3.20	7½	1.64	–
Andesine	$Ab_{70}An_{30} – Ab_{50} – An_{50}$	Tc	2.69	6	1.55	A plagioclase
Andradite	$Ca_3Fe_2Si_3O_{12}$	C	3.86	7	1.89	A garnet
Anglesite	$PbSO_4$	O	6.2–6.4	3	1.88	–
Anhydrite	$CaSO_4$	O	2.89–2.98	3 – 3½	1.58	–
Ankerite	$CaFe(CO_3)_2$	T	2.95–3	3½	1.70–175	–
Anorthite	$CaAl_2Si_2O_8$	Tc	2.76	6	1.58	Ca end-member of the plagioclase series
Anorthoclase	$(K, Na)AlSi_3O_8 – NaAlSi_3O_8$	Tc	2.58	6	1.53	An alkali feldspar
Anthophyllite	$(Mg, Fe)_7Si_8O_{22}(OH)_2$	O	2.85–3.2	5½ – 6	1.61–1.71	An amphibole
Antigorite	$Mg_3Si_2O_5(OH)_4$	M	2.5–2.6	4	1.55	Platy serpentine
Antimony	Sb	R	6.7	3	–	–
Antlerite	$Cu_3SO_4(OH)_4$	O	3.9	3½ – 4	1.74	–
Apatite	$Ca_5(PO_4)_3(F, Cl, OH)$	H	3.15–3.20	5	1.63	–
Apophyllite	$KCa_4(Si_4O_{10})_2F.8H_2O$	Tt	2.3–2.4	4½ – 5	1.54	–
Aquamarine	–	–	–	–	–	Gem beryl
Aragonite	$CaCO_3$	O	2.93	3½ – 4	1.68	–
Argentite	–	–	–	–	–	Acanthite
Arsenic	As	T	5.7	3½	–	–
Arsenopyrite	FeAsS	M	6.07	5½ – 6	–	–

Name الاسم	*Composition* التركيب	*Xl System* بلّوري	*G* الكثافة	*H* الصلادة	*n* مؤشّر الصلادة	*Remarks* ملاحظات
Asbestos	–	–	–	–	–	Commercial name for a group of fibrous silicates (see chrysotile, crocidolite)
Atacamite	$Cu_2Cl(OH)_3$	O	3.75-377	$3 - 3\frac{1}{2}$	1.86	–
Attapulgite	–	–	–	–	–	Palygorskite
Augite	$(Ca, Na)(Mg, Fe, Al)[(Si, Al)O_3]_2$	M	3.2–3.5	5 – 6	1.67–1.73	A pyroxene
Autumite	$Ca(UO_2)(PO4)_2.10 - 12H_2O$	Tt	3.1-3.2	$2 - 2\frac{1}{2}$	1.58	–
Azurite	$Cu_3(CO_3)_2(OH)_2$	M	3.77	$3\frac{1}{2} - 4$	1.76	–
Baddeleyite	ZrO_2	M	5.4–6.0	6.5	2.13–2.20	–
Barite	$BaSO_4$	O	4.5	$3 - 3\frac{1}{2}$	1.64	–
Bauxite	–	–	–	–	–	A mixture of Al oxides and hydroxides
Beidellite	$(Ca, Na)_{0.3}Al_2(OH)_2$ $(Al, Si)_4O_{10}.(H_2O)_4$	M	2–3	1–2	–	Member of the montmorillonite group
Bentonite	–	–	–	–	–	Montmorillonite and colloidal silica produced by devitrification of volcanic ash
Beryl	$Be_3Al_2(Si_6O_{18})$	H	2.64–2.8	$7\frac{1}{2} - 8$	1.57–1.61	–
Biotite	$K(Mg, Fe)_3(AlSi_3O_{10})(OH)_2$	M	2.8–3.2	$2\frac{1}{2} - 3$	1.61–1.70	The black mica
Bismuth	Bi	T	9.8	$2 - 2\frac{1}{2}$	–	–
Bismuthinite	Bi_2S_3	O	6.78	2	–	–
Bloodstone	–	–	–	–	–	Heliotrope
Boehmite	$\gamma AlO(OH)$	O	3.1–3.6	$3\frac{1}{2} - 4$	1.65	γ-phase of diaspore
Bog iron ore	–	–	–	–	–	Iron hydroxides, mainly limonite
Boracite	$Mg_3ClB_7O_13$	O	2.9–3.0	7	1.66	–
Borax	$Na_2B_4O_5(OH)_4.H_2O$	M	1.7	$2 - 2\frac{1}{2}$	1.47	–
Bornite	Cu_5FeS_4	Tt,C	5.06–5.08	3	–	–
Brochantite	$Cu_4SO_4(OH)_6$	M	3.9	$3\frac{1}{2} - 4$	1.78	–
Bronzite	$Mg, Fe)SiO_3$	O	3.3	$5\frac{1}{2}$	1.68	An orthopyroxene
Brucite	$Mg(OH)_2$	T	2.39	$2\frac{1}{2}$	1.57	–
Bytownite	$Ab_{30}An_{70} - Ab_{10}An_{90}$	Tc	2.74	6	1.57	A plagioclase
Calcite	$CaCO_3$	T	2.71	3	1.66	–
Cancrinite	$Na_6Ca(CO_3)(AlSiO_4)_6.2H_2O$	H	2.45	5–6	1.52	A feldspathoid
Carnallite	$KMgCl_3.6H_2O$	O	1.6	1	1.48	–
Carnelian	–	–	–	–	–	Improper spelling for Cornelian
Carnotite	$K_2(UO_2)_2(VO_4)_2.3H_2O$	M	4.7–5	–	1.93	Powdery incrustations
Cassiterite	SnO_2	Tt	6.8–7.1	6–7	2.00	–
Cat's eye	–	–	–	–	–	Gem variety of chrysoberyl
Celestite	$SrSO_4$	O	3.95–3.97	$3 - 3\frac{1}{2}$	1.62	–
Cerargyrite	AgCl	C	5.5	2 – 3	2.07	–
Cerussite	$PbCO_3$	O	6.55	$3 - 3\frac{1}{2}$	2.08	–
Chabazite	$Ca_2Al_2Si_4O_{12}.6H_2O$	T	2.05–2.15	4 – 5	1.48	–
Chalcanthite	$CuSO_4.5H_2O$	Tc	2.12–2.30	$2\frac{1}{2}$	1.54	–
Chalcedony	–	–	–	–	–	Semitranslucent microcrystalline quartz
Chalcocite	CU_2S	O,H	5.5–5.8	$2\frac{1}{2} - 3$	–	–
Chalcopyrite	$CuFeS_2$	Tt	4.1–4.3	$3\frac{1}{2} - 4$	–	–
Chalcosiderite	$CuFe_6(PO_4)_4(OH)_8.4H_2O$	Tc	3.22	$4\frac{1}{2}$	1.84	–
Chalk	–	–	–	–	–	An aggregate of small calcitic particles

Name الاسم	*Composition* التركيب	*Xl System* بلّوري	*G* الكثافة	*H* الصلادة	*n* مؤشّر الصلادة	*Remarks* ملاحظات
Chert	SiO_2	–	2.65	7	1.54	Opaque, compact, microcrystalline quartz
Chiastolite	–	–	–	–	–	A variety of andulasite with carbonaceous impurities
Chlorapatite	$Ca_5(PO_4)_3Cl$	–	–	–	–	A Cl-rich apatite
Chlorargyrite	AgCl	C	5.5	2–3	2.07	–
Chlorite	$(Mg, Fe)_3(Si, AL)_4O_{10}.(OH)_2(Mg, Fe)_3(OH)_6$	M,Tc	2.6–3.3	$2 - 2\frac{1}{2}$	1.57–1.67	–
Chloritoid	$(Fe, Mg)Al_4O_2(SiO_4)_2(OH)_4$	M,Tc	3.5–3.8	$6\frac{1}{2}$	1.72–1.73	–
Chondrodite	$Mg_5(SiO_4)_2(F, OH)_2$	M	3.1–3.2	$6 - 6\frac{1}{2}$	1.60–1.63	–
Chromite	$FeCr_2O_4$	C	4.6	$5\frac{1}{2}$	2.16	–
Chrysoberyl	$BeAl_2O_4$	O	3.65–3.8	$8\frac{1}{2}$	1.75	–
Chrysocolla	$CU_2H_2(Si_2O_5)(OH)_4$	–	2.0–2.4	2–4	1.4	Cryptocrystalline or amorphous
Chrysolite	–	–	–	–	–	A variety of olivine with 10 – 30 mol percent of Fe_2SiO_4
Chrysotile	$Mg_3Si_2O_5(OII)_4$	M	2.5–2.6	4	1.55	Fibrous serpentine (an asbestos)
Cinnabar	H_2S	T	8.10	$2\frac{1}{2}$	2.81	–
Citrine	SiO_2	–	–	–	–	Yellow quartz
Clinoenstatite	$MgSiO_3$	M	3.19	6	1.66	A clinopyroxene
Clinohypersthene	$(Mg, Fe)SiO_3$	M	3.4–3.5	5–6	1.68–1.72	A clinopyroxene
Clinozoisite	$Ca_2Al_3O(SiO_4)Si_2O_7(OH)$	M	3.25–3.37	$6 - 6\frac{1}{2}$	1.67–1.72	–
Cobaltite	(Co,Fe)AsS	O	6.33	$5\frac{1}{2}$	–	–
Coesite	SiO_2	M	2.915	7	1.49	High-pressure phase of silica
Colemanite	$CaB_3O_4(OH)_3.H_2O$	M	2.42	$4 - 4\frac{1}{2}$	1.59	–
Collophane	–	–	–	–	–	Cryptocrystalline apatite
Columbite	$(Fe, Mn)Nb_2O_6$	O	5.2–7.3	6	–	–
Copper	Cu	C	8.9	$2\frac{1}{2} - 3$	–	–
Cordierite	$(Mg, Fe)_2Al_4Si_5O_{18}.nH_2O$	O	2.60–2.66	$7 - 7\frac{1}{2}$	1.53–1.57	–
Cornelian	–	–	–	–	–	Red chalcedony
Corundum	Al_2O_3	T	3.99	9	1.77	–
Coulsonite	FeV_2O_4	C	–	$5\frac{1}{2} - 6\frac{1}{2}$	–	A spinel
Covellite	CuS	H	4.60–4.76	$1\frac{1}{2} - 2$	–	–
Cristobalite	SiO_2	Tt,C	2.32	$6\frac{1}{2}$	1.48	High-temperature phase of silica
Crocidolite	$Na(Mg, Fe^{2+})_3Fe_2^{3+}Si_8O_{22}(OH)_2$	M	3.2–3.3	4	1.70	Blue amphibole asbestos
Crocoite	$PbCrO_4$	M	5.9–6.1	$2\frac{1}{2} - 3$	2.36	–
Cryolite	Na_3AlF_6	M	2.95–3.0	$2\frac{1}{2}$	1.34	–
Cummingtonite	$(Mg, Fe)_7Si_8O_{22}(OH)_2$	M	3.1–3.3	$5\frac{1}{2} - 6$	1.66–1.68	–
Cuprite	Cu_2O	C	6.1	$3\frac{1}{2} - 4$	–	–
Dahllite	$Ca_5(PO_4, CO_3)_3(OH)$	H	3.2–3.3	5	–	Carbonate-hydroxylapatite; cf. francolite
Datolite	$CaB(SiO_4)(OH)$	M	2.8–3.0	$5 - 5\frac{1}{2}$	1.65	–
Diallage	–	–	–	–	–	A lamellar variety of augite or diopside
Diamod	C	C	3.51	10	2.42	High-pressure phase of graphite
Diaspore	$\alpha AlO(OH)$	O	3.35–3.45	$6\frac{1}{2} - 7$	1.72	cf. Boehmite
Diatomaceous earth	–	–	–	–	–	Diatomite
Diatomite	–	–	–	–	–	An aggregated of diatom frustules

Name الاسم	*Composition* التركيب	*Xl System* بلّوري	*G* الكثافة	*H* الصلادة	*n* مؤشّر الصلادة	*Remarks* ملاحظات
Diopside	$CaMg(SiO_3)_2$	M	3.3	5–6	1.67	A clinopyroxene
Dioptase	$Cu_6(Si_6O_{18}).6H_2O$	H	3.3	5	1.65	–
Dolomite	$CaMg(CO_3)_2$	T	2.87	$3^1/_2 - 4$	1.68	–
Electron	–	–	–	–	–	See Electrum
Electrum	–	–	–	–	–	A natural alloy of Au (80%) and Ag (20%)
Emerald	–	–	–	–	–	Gem beryl
Emery	–	–	–	–	–	Corundum with Fe oxides
Enargite	Cu_3AsS_4	O	4.45	3	–	–
Enstatite	$MgSiO_3$	O	3.2	$5^1/_2$	1.65	–
Epidote	$Ca_2(Al, Fe)Al_2O(SiO_4).(Si_2O_7)(OH)$	M	3.25–3.50	6-7	1.72–1.78	–
Epsomite	$MgSO_4.7H_2O$	O	1.75	$2 - 2^1/_2$	1.46	–
Epsom salt	–	–	–	–	–	See Epsomite
Euclase	$BeAl(SiO_4)(OH)$	M	3.1	$7^1/_2$	1.66	–
Fayalite	Fe_2SiO_4	O	4.39	$6^1/_2$	1.86	Fe end-member of the olivine group
Feldspars	$QAl(Al, Si)Si_2O_8$	–	–	–	–	A group of minerals where Q = K,Na,Ca,Ba
Feldspathoids	–	–	–	–	–	A group of low-silica Na,K,Ca, Al-silicates, the most common being leucite, nepheline, cancrinite, sodalite
Fergusonite	$(REE, Fe)NbO_4$	Tt	5.8	$5^1/_2 - 6$	2.07	–
Flint	SiO_2	–	–	–	–	Homogeneous microcrystalline quartz
Fluorapatite	$Ca_5(PO_4)_3F$	–	–	–	–	A F-rich apatite
Fluorite	CaF_2	C	3.18	4	1.43	–
Forsterite	Mg_2SiO_4	O	3.2	$6^1/_2$	1.63	Mg end-member of the olivine group
Francolite	$Ca_5(PO_4, CO_3)_3F$	H	3.1–3.2	5	–	Carbonate-fluorapa-tite; cf. dahllite
Franklinite	$(Zn, Fe, Mn)(Fe, Mn)_2O_4$	C	5.15	6	–	–
Gadolinite	$YFeBe_2(SiO_4)_2O_2$	M	4–4.5	$6^1/_2 - 7$	1.79	–
Gahnite	$ZnAl_2O_4$	C	4.55	$7^1/_2 - 8$	1.80	–
Galena	PbS	C	7.6	$2^1/_2$	–	–
Garnet	$Q_3R_2(SiO_4)_3$	C	3.5-4.3	$6^1/_2 - 7^1/_2$	1.71–188	A group of minerals where $Q = Ca, Mg, Fe^{2+}, Mn^{2+}$ $R = Al, Fe^{3+}, Mn^{3+}, V^{3+}, Cr, Ti, Zr$
Garnierite	$(Ni, Mg)_3Si_2O_5(OH)_4$	M	2.2–2.8	2–3	1.59	–
Gaylussite	$Na_2Ca(CO_3)_2.5H_2O$	M	1.99	2–3	1.52	–
Geyserite	–	–	–	–	–	Opaline silica incrustations in hot springs
Gibbsite	$Al(OH)_3$	M	2.3–2.4	$2^1/_2 - 3^1/_2$	1.57	–
Glauconite	$(K, Na)(Al, Fe, Mg)_2(Al, Si)_4.O_{10}(OH)_2$	M	2.4	2	1.62	–
Glaucophane	$Na_2(Mg, Fe)_3Al_2Si_8O_{22}(OH)_2$	M	3.1–3.3	$6 - 6^1/_2$	1.62–1.67	An amphibole
Goethite	$\alpha FeO(OH)$	O	4.37	$5 - 5^1/_2$	2.39	–
Gold	Au	C	19.32	$2^1/_2 - 3$	–	–
Goldmanite	$Ca_3V_2Si_3O_{12}$	C	–	–	–	A garnet

Name الاسم	*Composition* التركيب	*Xl System* بلّوري	*G* الكثافة	*H* الصلادة	*n* مؤشر الصلادة	*Remarks* ملاحظات
Graphite	C	H	2.27	1–2	–	–
Greenalite	$(Fe, Mg)_3Si_2O_5(OH)_4$	M	3.2	–	1.67	–
Greenockite	CdS	H	4.9	3 – 3½	–	–
Grossularite	$Ca_3Al_2Si_3O_{12}$	C	3.59	6½	1.73	A garnet
Grünerite	$Fe_7Si_8O_{22}(OH)_2$	M	3.6	6	1.71	–
Gypsum	$CaSO_4.2H_2O$	M	2.32	2	1.52	–
Halite	NaCl	C	2.16	2½	1.54	–
Halloysite	$Al_2Si_2O_5(OH)_4$ and $Al_2Si_2O_5(OH)_4.2H_2O$	M	2.0–2.2	1.2	1.54	A clay mineral
Harmotome	$Ba(Al_2Si_6O_{16}).6H_2O$	M	2.45	4½	1.51	A zeolite
Hausmannite	Mn_3O_4	Tt	4.84	5½ – 6	2.15–2.46	–
Haüynite	$(Na, Ca)_{4-8}(AlSiO_4)_6(SO_4)_{1-2}$	C	2.4–2.5	5½ – 6	1.5	A feldspathoid
Hedenbergite	$CaFe(SiO_3)_2$	M	3.55	5–6	1.73	Ca end-member of the clinopyroxene group
Heliotrope	–	–	–	–	–	Red and green chalcedony
Hematite	αFe_2O_3	R	5.27	5½ – 6½	–	–
Hemimorphite	$Zn_4(Si_2O_7)(OH)_2.H_2O$	O	3.4–3.5	4½ – 5	1.62	–
Hercynite	$FeAl_2O_4$	C	4.39	7½ – 8	1.80	Fe spinel
Hessite	Ag_2Te	C,M	8.4	2½ – 3	–	–
Heulandite	$(Na, Ca)_{2-3}Al_3(Al, Si)_2.Si_{13}O_{36}.12H_2O$	M	2.18–2.20	3½ – 4	1.48	–
Hornblende	$(Ca, Na)_{2-3}(Mg, Fe, Al)_5(Si, Al)_8.O_{22}(OH)_2$	M	3.0	5–6	1.62–1.72	The commonest amphibole
Hyacinth	–	–	–	–	–	Gem zircon
Hyalite	–	–	–	–	–	Colorless opal
Hydroxylapatite	$Ca_5(PO_4)_3(OH)$	–	–	–	–	–
Hypersthene	$(Mg, Fe)SiO_3$	O	3.4–3.5	5–6	1.68–1.73	An orthopyroxene
Iceland spar	–	–	–	–	–	Pure and transparent calcite
Idocrase	–	–	–	–	–	See vesuvianite
Illite	$(K, H_3O)(Al, Mg, Fe).(Si, Al)_4O_{10}[(OH)_2, H_2O]$	M	2.6–2.9	1-2	1.54-1.63	Predominant clay mineral in midlatitudes
Ilmenite	$FeTiO_3$	T	4.8	5½ – 6	–	–
Indicolite	–	–	–	–	–	A blue, gem variety of tourmaline
Iridium	Ir	C	22.65	6-7	–	A platinum-group metal
Iron	Fe	C	7.3–7.9	4½	–	–
Jacinth	–	–	–	–	–	Improper spelling of Hyacinth
Jade	–	–	–	–	–	Microcrystalline jadeite or nephrite
Jadeite	$NaAl(SiO_3)_2$	M	3.3	6½ – 7	–	Microcystalline clinopyroxene
Jasper	–	–	–	–	–	Microcrystalline red quartz
Kainite	$MgSO_4.KCl.3H_2O$	M	2.1	3	1.51	–
Kamacite	$\alpha Fe, Ni$	C	7.3–7.9	4	–	Fe(92–95%) – Ni(5–7%) alloy occurring in meteorites
Kaolin	–	–	–	–	–	A mixture of kaolinite and other clay minerals
Kaolinite	$Al_4Si_4O_{10}(OH)_8$	Tc	2.6	2	1.55–1.57	A clay mineral dominant in the tropics
Kermesite	Sb_2S_2O	M	4.5–4.6	1–1.5	–	–
Kernite	$Na_2B_4O_6(OH)_2.3H_2O$	M	1.95	3	1.47	–

Name الاسم	*Composition* التركيب	*Xl System* بلّوري	*G* الكثافة	*H* الصلادة	*n* مؤشّر الصلادة	*Remarks* ملاحظات
K-feldspars	–	–	–	–	–	Orthoclase, microcline, or sanidine
Kieserite	$MgSO_4.H_2O$	M	2.57	$3^1/_2$	1.53	–
Kyanite	Al_2SiO_5	Tc	3.67	5–7	1.72	–
Labradorite	$Ab_{50}An_{50} - Ab_{30}An_{70}$	Tc	2.71	6	1.56	A plagioclase
Lapis lazuli	–	–	–	–	–	A blue rock consisting mainly of lazurite
Laumontite	$Ca(Al_2Si_4O_{12}).4H_2O$	M	2.28	4	1.52	A zeolite
Lawsonite	$CaAl_2(Si_2O_7)(OH)_2.H_2O$	O	3.09	8	1.67	–
Lazulite	$(Mg, Fe)Al_2(PO_4)_2(OH)_2$	M	3.0–3.1	$5 - 5^1/_2$	1.64	–
Lazurite	$(Na, Ca)_8(AlSiO_4)_6(SO_4, S, Cl)_2$	C	2.40–2.45	$5 - 5^1/_2$	1.5	–
Lechatelierite	SiO_2	A	2.2	6–7	1.46	Fused, glassy silica
Lepidocrocite	$\gamma FeO(OH)$	O	4.09	5	2.2	–
Lepidolite	$(K, Rb)(Li, Al)_3 (Si, Al)_4O_{10}(OH, F)_2$	M	2.8–2.9	$2^1/_2 - 4$	1.55–1.59	A mica
Leucite	$KAlSi_2O_6$	Tt,C	2.47	$5^1/_2 - 6$	1.51	A feldspathoid
Limonite	$FeO(OH).nH_2O$	A	3.6–4.0	$5 - 5^1/_2$	–	–
Litharge	PbO	Tt	9.14	2	2.66	–
Lithiophilite	$Li(Mn, Fe)PO_4$	O	3.5	5	1.67	–
Lodestone	–	–	–	–	–	Naturally magnetized magnetite
Maghemite	γFe_2O_3	C	4.88	5	2.52–2.74	–
Magnesite	$MgCO_3$	T	3.0–3.2	$3^1/_2 - 5$	1.70	–
Magnetite	Fe_3O_4	C	5.20	6	–	–
Malachite	$Cu_2CO_3(OH)_2$	M	3.90–4.03	$3^1/_2 - 4$	1.88	–
Manganite	$MnO(OH)$	M	4.3	4	–	–
Marcasite	FeS_2	O	4.89	$6 - 6^1/_2$	–	–
Meerschaum	–	–	–	–	–	Massive sepiolite
Melilite	$Ca_2(Mg, Al)(Al, Si)_2O_7$	Tt	2.9–3.0	5–6	1.65	–
Mercury	Hg	–	13.6	0	–	–
Micas	$K, Na, Ca)(Mg, Fe, Li, Al)_{2-3}. (AlSi)_4O_{10}(OH, F)_2$	M	–	–	–	A group of phyllosilicates
Microcline	$KAlSi_3O_8$	Tc	2.54–2.57	6	1.53	Low-temperature K-feldspar
Microlite	$Ca_2Ta_2O_6(O, OH, F)$	C	5.48–5.56	$5^1/_2$	1.92–1.99	–
Microperthite	–	–	–	–	–	A perthite with thin (5 – 100μm) lamellae
Minium	Pb_3O_4	–	8.9–9.2	$2^1/_2$	2.42	–
Molybdenite	MoS_2	H	4.62–4.73	$1 - 1^1/_2$	–	–
Monazite	$(REE, Th)PO_4$	M	4.6–5.4	$5 - 5^1/_2$	1.79	–
Monticellite	$CaMgSiO_4$	O	3.2	5	1.65	–
Montmorillonite	$(Na, Ca)(Al, Mg)_6 (Si_4O_{10})_3(OH)_6.nH_2O$	M	2.5	$1 - 1^1/_2$	1.50–1.64	A clay mineral
Moonstone	–	–	–	–	–	Translucent adularia
Mother of pearl	$CaCO_3$, (aragonite)	O	2.95	$3^1/_2 - 4$	1.68	Microcrystalline, lamellar aragonite
Mullite	$Al_6Si_2O_{13}$	O	3.23	6–7	1.67	–
Muscovite	$KAl_2(AlSi_3O_{10})(OH)_2$	M	2.76–2.88	$2 - 2^1/_2$	1.60	A mica
Nacrite	$Al_2Si_2O_5(OH)_4$	M	2.6	$2 - 2^1/_2$	1.56	–
Natrolite	$Na_2Al_2Si_3O_{10}.2H_2O$	O	2.25	$5 - 5^1/_2$	1.48	–
Natron	$Na_2CO_3.10H_2O$	M	–	–	–	–
Nepheline	$(Na, K)AlSiO_4$	H	2.60–2.65	$5^1/_2 - 6$	1.54	–
Nephrite	–	–	–	–	–	Microcrystalline tremolite or actinolite
Niccolite	NiAs	H	7.78	$5 - 5^1/_2$	–	–
Nickeline	–	–	–	–	–	Niccolite
Niter	KNO_3	O	2.09-2.14	2	1.50	–

Name الاسم	*Composition* التركيب	*Xl System* بلّوري	*G* الكثافة	*H* الصلادة	*n* مؤشّر الصلادة	*Remarks* ملاحظات
Nontronite	$Na_{0.33}Fe_2^{3+}(Al_{0.33}Si_{3.67})O_{10}(OH)_2.nH_2O$	M	2.5	1 – 1½	1.60	A clay mineral
Oligoclase	$Ab_{90}An_{10} - Ab_{70}An_{30}$	Tc	2.65	6	1.54	A plagioclase
Olivine	$(Mg, Fe)_2SiO_4$	O	3.27–4.37	6½ – 7	1.69	–
Omphacite	$(Ca, Na)(Mg, Fe, Al)(SiO_3)_2$	M	3.2–3.4	5–6	1.67–1.70	A clinopyroxene
Onyx	–	–	–	–	–	Banded chalcedony
Opal	$SiO_2.nH_2O$	A	2.0–2.25	5–6	1.44	–
Orpiment	As_2S_3	M	3.49	1½ – 2	2.8	–
Orthite	–	–	–	–	–	Allanite in slender crystals
Orthoclase	$KAlSi_3O_8$	M	2.55	6	1.52	An alkali feldspar
Orthoferrosilite	$FeSiO_3$	O	3.9	6	1.79	Fe end-member of orthopyroxenes
Palladium	Pd	C	11.9	4½ – 5	–	A platinum-group metal
Palygorskite	$Mg_2(Al, Fe)_2(Si_2O_5)_4(OH)_2.4H_2O$	–	–	–	–	A fibrous clay mineral
Paragonite	$NaASl_2(AlSi_3O_{10})(OH)_2$	M	2.85	2	1.60	A mica
Patronite	VS_4	M	–	–	–	–
Pearl	$CaCO_3$ (aragonite)	–	–	–	–	Microcrystalline, lamellar aragonite
Pectolite	$NaCa_2Si_3O_8(OH)$	Tc	2.8	5	1.60	–
Pentlandite	$(Fe, Ni)_9S_8$	C	4.6–5.0	3½ – 4	–	–
Periclase	MgO	C	3.58	5½	1.73	–
Peridot	–	–	–	–	–	Gem olivine
Perovskite	$CaTiO_3$	O	4.03	5½	2.38	–
Perthite	–	–	–	–	–	Lamellar interspacing of microcline and albite
Petalite	$Li(AlSi_4O_{10})$	M	2.4	6 – 6½	1.51	–
Phenacite	Be_2SiO_4	R	2.97–3.0	7½ – 8	1.65	–
Phillipsite	$(K_2Na_2Ca)Al_2Si_4O_{12}.4 - 5H_2O$	M	2.2	4½ – 5	1.50	A zeolite
Phlogopite	$KMg_3(AlSi_3O_{10})(OH)_2$	M	2.86	2½ – 3	1.56–1.64	–
Phosphorite	–	–	–	–	–	A sedimentary rock consisting mainly of phosphatic and calcitic minerals and bioclasts
Pigeonite	$(Ca, Mg, Fe^{2+})(Mg, Fe^{2+})(SiO_3)_2$	M	3.30–3.46	6	1.64–1.72	A clinopyroxene
Pitchblende	–	–	–	–	–	Massive uraninite
Plagioclase	$Ab_{100}An_0 - Ab_0An_{100}$	Tc	2.62–2.76	6	1.53–1.59	Complete solid solution from albite ($NaAlSi_3O_8$) to anorthite ($CaAl_2Si_2O_8$)
Platinum	Pt	C	21.45	4 – 4½	–	–
Pollucite	$CsAlSi_2O_6.H_2O$	C	2.9	6½	1.52	–
Prehnite	$Ca_2Al_2Si_3O_{10}(OH)_2$	O	2.8-2.95	6 – 6½	1.63	–
Proustite	Ag_3AsS_3	T	5.57	2 – 2½	3.09	–
Pseudowollastonite	$CaSiO_3$	Tc	–	–	–	High-temperature phase of wollastonite
Psilomelane	$BaMn^{2+}Mn_8^{4+}O_{16}(OH)_4$	O	3.7–4.7	5–6	–	–
Pyrargyrite	Ag_3SbS_2	T	5.85	2 – 2½	3.08	–
Pyrite	FeS_2	C	5.02	6 – 6½	–	–
Pyrochlore	$(CaNa)_2(Nb, Ta)_2O_6(O, OH, F)$	C	4.3	5	–	–
Pyrolusite	MnO_2	Tt	4.75	1–2	–	–
Pyromorphite	$Pb_5(PO_4)_3Cl$	H	7.04	3½ – 4	2.06	–
Pyrope	$Mg_3Al_2Si_3O_{12}$	C	3.58	7	1.71	A garnet
Pyrophyllite	$AlSi_4O_{10}(OH)_2$	M	2.8	1–2	1.59	–

Name الاسم	*Composition* التركيب	*Xl System* بلّوري	*G* الكثافة	*H* الصلادة	*n* مؤشّر الصلادة	*Remarks* ملاحظات
Pyroxenes	$QRSi_2O_6(Q = Ca, Na, Mg, Fe^{2+})$ $(R = MgFe^{2+}Fe^{3+}, Fe, Cr, Mn, Al)$	–	–	–	–	A group of Ca,Na,Mg, Fe-silicates
Pyrrhotite	$F_{0.8-1}S$	M,H	4.58–4.65	4	–	–
Quartz	SiO_2	T,H	2.65	7	1.54	–
Realgar	AsS	M	3.48	$1^1/_2 - 2$	2.60	–
Rhodochrosite	$MnCO_3$	T	3.5–3.7	$3^1/_2 - 4$	1.82	–
Rhodonite	$MnSiO_3$	Tc	3.4–3.7	$5^1/_2 - 6$	1.73–1.75	–
Riebeckite	$Na_2(Mg, Fe^{2+})_3Fe_2^{3+}$ $Si_8O_{22}(OH)_2$	M	3.4	5	1.66–1.71	
Rock crystal	–	–	–	–	–	Megacrystalline quartz
Rock salt	–	–	–	–	–	Halite
Rubellite	–	–	–	–	–	Red to pink tourmaline
Ruby	–	–	–	–	–	Red gem corundum
Ruby spinel	–	–	–	–	–	Red gem spinel
Rutile	TiO_2	Tt	4.25	$6 - 6^1/_2$	2.61	–
Saltpeter	–	–	–	–	–	Niter
Sanidine	$KAlSi_3O_8$	M	2.56–2.62	6	1.53	High temperature K-feldspar
Saponite	$(0.5Ca, Na)_{0.33}(Mg, Fe)_3$ $(Si_{3.67}Al_{0.33})O_{10}(OH)_2.4(H_2O)$	M	2.5	$1 - 1^1/_2$	1.52	A montmorillonitic clay
Sapphire	–	–	–	–	–	Blue gem corundum
Scapolite	$3NaAlSi_3O_8.NaCl$ to $3CaAl_2Si_2O_8.CaCO_3$	Tt	2.55–2.74	5–6	1.55–1.60	–
Scheelite	$CaWO_4$	Tt	5.9–6.1	$4^1/_2 - 5$	1.92	–
Scolecite	$CaAl_2Si_3O_{10}.3H_2O$	M	2.2	$5 - 5^1/_2$	1.52	A zeolite
Selenite	–	–	–	–	–	Megacrystalline gypsum
Sepiolite	$Mg_4(Si_2O_5)_3(OH).4H_2O$	O	2.0	$2 - 2^1/_2$	1.52	A fibrous clay mineral
Sericite	–	–	–	–	–	Fine-grained mica
Serpentine	$(Mg, Fe)_3Si_2O_5(OH)_4$	M,O	2.5-2.6	3-5	1.55	–
Siderite	$FeCO_3$	T	3.94	$3^1/_2 - 4$	1.88	–
Sillimanite	Al_2SiO_5	O	3.25	6–7	1.66	–
Silver	Ag	C	10.5	$2^1/_2 - 3$	–	–
Smithsonite	$ZnCO_3$	T	4.30–4.45	$4 - 4^1/_2$	1.85	–
Smoky quartz	–	–	–	–	–	Brown gem quartz
Soapstone	–	–	–	–	–	Steatite
Sodalite	$Na_8(AlSiO_4)_6Cl_2$	C	2.15–2.30	$5^1/_2 - 6$	1.48	–
Sperrylite	$PtAs_2$	C	10.50	6–7	–	–
Spessartine	$Mn_3Al_2Si_3O_{12}$	C	4.19	7	1.80	A garnet
Sphalerite	ZnS	C	3.9–4.1	$3^1/_2 - 4$	2.37	–
Sphene	$CaTiO(SiO_4)$	M	3.40–3.55	$5 - 5^1/_2$	1.91	–
Spinel	$MgAl_2O_4$	C	3.5–4.1	8	1.72	–
Spinel group	QR_2O_4	C	–	–	–	A group of mineral where $Q = Mg, Fe^{2+}, Fe^{3+}, Mn, Zn$ $R = Al, Fe^{2+}, Fe^{3+}, Ti^{4+}, Cr, V$
Spodumene	$LiAl(SiO_3)_2$	M	3.15–3.20	$6^1/_2 - 7$	1.67	–
Stannite	Cu_2FeSnS_4	Tt	4.3–4.5	4	–	–
Staurolite	$(Mg, Fe)_2Al_9Si_4O_{22}(O, OH)_2$	M	3.65–3.75	$7 - 7^1/_2$	1.75	–
Steatite	–	–	–	–	–	Massive, compact talc
Stibnite	Sb_2S_3	O	4.52–4.62	2.0	–	–
Stilbite	$CaAl_2Si_7O_{18}.7H_2O$	M	2.1–2.2	$3^1/_2 - 4$	1.50	–
Stishovite	SiO_2	Tt	4.28	7	1.80	High-pressure phase of silica
Strontianite	$SrCO_3$	O	3.7	$3^1/_2 - 4$	1.67	–

Name الاسم	*Composition* التركيب	*Xl System* بلّوري	*G* الكثافة	*H* الصلادة	*n* مؤشّر الصلادة	*Remarks* ملاحظات
Sulfur	S	O	2.07	$1\frac{1}{2} - 2\frac{1}{2}$	2.04	–
Sylvanite	$(Au, Ag)Te_2$	M	8.0–8.2	$1\frac{1}{2} - 2$	–	–
Sylvite	KCl	C	1.99	2	1.49	–
Taenite	$\gamma Fe, Ni$	C	7.8–8.2	5	–	Fe(35-70%)-Ni(30-65%) alloy occurring in meteorites
Talc	$Mg_3Si_4O_{10}(OH)_2$	M	2.7–2.8	1	1.59	–
Tantalite	$(Fe, Mn)(Ta, Nb)_2O_6$	O	6.5	6	–	–
Tanzanite	–	–	–	–	–	Blue gem zoisite
Tennantite	$Cu_{12}As_4S_{13}$	C	4.6–5.1	$3 - 4\frac{1}{2}$	–	–
Tenorite	CuO	Tc	6.5	3–4	–	–
Tetrahedrite	$Cu_{12}Sb_4S_{13}$	C	4.6–5.1	$3 - 4\frac{1}{2}$	–	–
Thorianite	ThO_2	C	9.7	$6\frac{1}{2}$	–	–
Thorite	$ThSiO_4$	Tt	5.3	5	1.8	–
Tiger eye	–	–	–	–	–	A gem variety of quartz
Tin	Sn	Tt	7.3	2	–	–
Titanaugite	$Ca(Mg, Fe, Ti)(Si, Al)_2O_6$	M	3.3	6	1.7	Cf. augite
Titanite	–	–	–	–	–	Sphene
Topaz	$Al_2SiO_4(OH, F)_2$	O	3.4–3.6	8	1.61–1.63	–
Tourmaline	$(Na, Ca)(Li, Mg, Al).(Al, Fe, Mn)_6, (BO_3)_3Si_6O_{18}(OH)_4$	T	3.0–3.25	$7 - 7\frac{1}{2}$	1.64–1.68	–
Travertine	–	–	–	–	–	Hardened fresh-water limestone
Tremolite	$Ca_2Mg_5Si_8O_{22}(OH)_2$	M	3.0–3.2	5–6	1.61	–
Tridymite	SiO_2	M,O	2.26	7	1.47	High-temperature polymorph of quartz
Troilite	FeS	H	4.83	4	–	–
Trona	$Na_2Co_3.NaHCO_3.2H_2O$	M	2.13	3	1.49	–
Tufa	–	–	–	–	–	Soft fresh-water limestone
Turquoise	$CuAl_6(PO_4)_4(OH)_8.4H_2O$	Tc	2.6–2.8	6	1.62	–
Ulexite	$NaCaB_5O_6(OH)_6.5H_2O$	Tc	1.96	$1 - 2\frac{1}{2}$	1.50	–
Ulvöspinel	Fe_2TiO_4	C	4.78	$7\frac{1}{2} - 8$	–	–
Uraminite	UO_2	C	7.5–9.7	$5\frac{1}{2}$	–	–
Uvarovite	$Ca_3Cr_2Si_3O_{12}$	C	3.90	$7\frac{1}{2}$	1.87	A garnet
Vanadinite	$Pb_5(VO_4)_3Cl$	H	6.9	3	2.25–2.42	–
Vermiculite	$(Mg, Fe, Al)_3(Al, Si)_4 O_{10}(OH)_2.4H_2O$	M	2.4	$1\frac{1}{2}$	1.55–1.58	–
Vesuvianite	$Ca_{10}Mg_2Al_4(SiO_4)_5 (Si_2O_7)_2(OH)_4$	Tt	3.35–3.45	$6\frac{1}{2}$	1.70–1.75	–
Wavellite	$Al_3(PO_4)_2(OH)_3.5H_2O$	O	2.36	$3\frac{1}{2} - 4$	1.54	–
Wernerite	–	–	–	–	–	Scapolite
Willemite	Zn_2SiO_4	T	3.9–4.2	$5\frac{1}{2}$	1.69	–
Witherite	$BaCO_3$	O	4.3	$3\frac{1}{2}$	1.68	–
Wolframite	$(Fe, Mn)WO_4$	M	7.0–7.5	$4 - 4\frac{1}{2}$	–	–
Wollastonite	$CaSiO_3$	Tc	2.8–2.9	$5 - 5\frac{1}{2}$	1.63	–
Wulfenite	$PbMoO_4$	Tt	6.8	3	2.40	–
Wurtzite	ZnS	H	3.98	4	2.35	–
Wüstite	FeO	–	–	–	–	–
Xanthophyllite	$Ca(Mg, Al)_3(Al_2Si_2O_{10})(OH)_2$	M	3–3.1	$3\frac{1}{2}$	1.65	–
Xenotime	YPO_4	Tt	4.3–4.7	4–5	1.72–1.83	–
Zeolites	–	–	–	–	–	Hydrous Na,K,Ca aluminosilicates
Zincite	ZnO	H	5.68	4	2.01	–
Zircon	$ZrSiO_4$	Tt	4.68	$7\frac{1}{2}$	1.92–1.96	–
Zoisite	$Ca_2Al_3Si_3O_{12}(OH)$	O	3.35	6	1.69	–

		الكتلة Mass				الإضمحلال Decay	
اسم الجُسيم Particle Name	الرمز Symbol	مليون إلكترون فلط MeV	وحدة الكتلة الذرّية u	إلكترون electron = 1	متوسّط العمر بالثواني Mean life (seconds)	الأنماط الرئيسيّة Principal mode(s)	النسبة المئوية percent
Classons							
graviton	–	0	0	0	infinite	–	–
photon	γ	0	0	0	infinite	–	–
Gauge Bosons							
–	$W^{\pm}$	80800	86.7	158,120	–	e^+e^-	–
– –	Z^0	92900	99.7	181,800	–	$\mu^+\mu^-$	–
Leptons							
electron	e^-	0.5110034	0.0005485803	1	infinite	–	–
positron	e^+	0.5110034	0.0005485803	1	infinite	–	–
e neutrino	ν_e	0	0	0	intinite	–	–
e antineutrino	$\overline{\nu}_e$	0	0	0	infinite	–	–
muon	$\mu^{\pm}$	105.65932	0.11342892	206.76833	$2.19709.10^{-6}$	$e^{\pm}\nu\overline{\nu}$	–
μ neutrino	ν_{μ}	0	0	0	infinite	–	–
μ antineutrino	$\overline{\nu}_{\mu}$	0	0	0	infinite	–	–
tauon	$\tau^{\pm}$	1784.2	1.91540	3491.5619	3.4×10^{-13}	$\mu^{\pm}\nu\overline{\nu}$	18.5
						$e^{\pm}\nu\overline{\nu}$	16.2
						ect.	
τ neutrino		0	0	0	infinite	–	–
τantineutrino		0	0	0	infinite	–	–
Nonstrange Mesons							
pion	$\pi^{\pm}$	139.5673	0.1498304	273.12401	2.6030×10^{-8}	$\mu^{\pm}\nu$	100
	π^0	134.9630	0.1448876	264.1137	0.83×10^{-16}	$\gamma\gamma$	98.802
						$e^+e^-\gamma$	1.198
eta	η	548.8	0.589156	1074	0.75×10^{-18}	$\gamma\gamma$	39.0
						$\pi^0\pi^0\pi^0$	31.8
						$\pi^+\pi^-\pi^0$	23.7
						$\pi^+\pi^-\gamma$	4.9
Strange Mesons							
kaon	$K^{\pm}$	493.667	0.529969	966.0738	1.2371×10^{-8}	$\mu^{\pm}\nu$	63.51
						$\pi^{\pm}\pi^0$	21.17
						etc.	
	K^0, K^0	497.67	0.534266	973.9074	consists of $50\%K_s^o + 50\%K_L^0$		
	K_s^0	497.67	0.534266	973.9074	0.8923×10^{-10}	$\pi^+\pi^-$	68.61
						$\pi^0\pi^0$	31.39
						etc.	
	K_L^0	497.67	0.534266	973.9074	5.183×10^{-8}	$e^{\pm}\pi^{\pm}\nu$	38.7
						$\pi^{\pm}\mu^{\pm}\nu$	27.1
						$\pi^0\pi^0\pi^0$	21.5
						$\pi^+\pi^-\pi^0$	12.4
						etc.	

		الكتلة Mass				الإضمحلال Decay	
اسم الجُسيم Particle Name	الرمز Symbol	مليون إلكترون فلط MeV	وحدة الكتلة الذرّية u	إلكترون electron = 1	متوسّط العمر بالثواني Mean life (seconds)	الأنماط الرئيسيّة Principal mode(s)	النسبة المئوية percent
Charmed Nonstrange Mesons							
–	$D^{\pm}$	1869.4	2.006867	3658.29	0.92×10^{-12}	K^0K^0...	48
						$e^{\pm}$...	19
						K^-...	16
						K^+...	6
						etc.	
–	D^0, D^0	1864.7	2.001821	3649.09	4.4×10^{-13}	K^-...	44
						K^0K^0...	33
						K^+...	8
						etc.	
Charmed Strange Mesons							
–	$F^{\pm}$	1971	2.11594	3857	1.9×10^{-13}	$\eta\pi^{\pm}$	?
						etc.	
Bottom Mesons							
–	$B^{\pm}$	5270.8	5.6584	10314.6		$D^0\pi^{\pm}$	4.2
					1.4×10^{-12}	etc.	
–	B^0	5274.2	5.6620	10321.3		D^0...	80
						etc.	
Nonstrange Baryons							
proton	$p^{\pm}$	938.2796	1.00727647	1836.1515	infinite(?)	–	–
neutron	n^0	939.5731	1.00866490	1838.6827	914 ± 6	$pe^-\bar{\nu}$	100
Strangeness-1 Baryons							
lambda	Λ	1115.60	1.197636	2183.1557	2.632×10^{-10}	$p\pi^-$	64.2
						$n\pi^0$	35.8
sigma	Σ^+	1189.36	1.276820	2327.4992	0.800×10^{-10}	$p\pi^0$	51.64
						$n\pi^+$	48.36
	Σ^0	1192.46	1.280148	2333.5657	5.8×10^{-20}	$\Lambda\gamma$	100
	Σ^-	1197.34	1.285387	2343.1155	1.482×10^{-10}	$n\pi^-$	100
Strangeness-2 Baryons							
Xi	Ξ^0	1314.9	1.411592	2573.1727	2.90×10^{-10}	$\Lambda\pi^0$	100
	Ξ^-	1321.32	1.418484	2585.7362	1.641×10^{-10}	$\Lambda\pi^-$	100
Strangeness-3 Baryons							
omega	Ω^-	1672.45	1.795434	3272.8745	0.819×10^{-10}	ΛK^-	68.6
						$\Xi^0\pi^-$	23.4
						$\Xi^-\pi^0$	8.0
						etc.	
Nonstrange Charmed Baryons							
–	Λ_c^+	2282.0	2.4498	4465.7	2.3×10^{-13}	e^+...	4.5
						$pK^-\pi^+$	2.2
						etc.	

Beaufort Wind Scale مقياس بوفورت لِسُرْعة الرِّياح					
Description الوصف		المصطلح البحري Marine term	الرّمز Symbol	السرعة (عقدة) Velocity (knots)	مقياس بوفورت Beaufort scale
Land اليابِسَة	Sea البحر				
الدخان يتصاعد عموديًّا smoke rises vertically	ساكِن sea like mirror	ساكن calm		<1	0
الدخان يتصاعد بانحراف قليل smoke drifts slowly	مُوَيجات خفيفة (ارتفاع أقل من ٣٠سم) gentle ripples (<30 cm high)	هواء خفيف light air		1-	1
حفيف ناعم لأوراق الشجر gentle leaf rustling	موجات خفيفة (أقل من متر) small waves (<1 m)	نسيم لطيف light breeze		4-	2
الأوراق والغُصينات تتحرَّك leaves and twigs in motion	موجات بين ١ و١,٥ متر 1–1.5 m waves	نسيم عَليل gentle breeze		7-	3
الأغصان الصغيرة تتحرّك small branches moving	موجات بِعُلُوّ متر ونصف 1.5 m waves	نسيم مُعتدِل moderate breeze		11-	4
الشُّجَيْرات تتمايل small trees waving	موجات بِعُلُوّ مترين 2 m waves	نسيم قويّ نوعًا fresh breeze		17-	5
الأغصان الكبيرة تتحرّك large branches in motion	مَوجات بِعُلُوّ مترين، الزَّبَد على رؤوس الموجات 2.5 m waves, whitecaps everywhere	نسيم قويّ strong breeze		22-	6
الأشجار تتمايل whole trees swaying	أمواج بِعُلُوّ ٣ أمتار 3 m waves	نوء مُعتدل moderate gale		28-	7
غُصَينات الأشجار تتكَسَّر twigs broken off trees	أمواج بِعُلُوّ ٣,٥ متر، الزَّبد أتلامٌ مُنْشَعِبة 3.5 m waves; foam in streaks	نوء قويّ نوعًا fresh gale		34-	8
أغصان الأشجار تتكَسَّر branches broken off trees	أمواج بين ٥ و٦ أمتار، أتلامُ الزَّبَد تتضاعف 5–6 m waves; strong foam streaks	نوء قوي strong gale		41-	9
تُقتلع الأشجار الصغيرة من جذورها smaller trees uprooted	أمواج بين ٦ و١٢ متر، رذاذ الماء يتطاير 6–12 m waves; spray	نوء عاصف whole gale		48-	10
تُقتلع الأشجار الكبيرة من جذورها large trees uprooted	أمواج بين ١٢ و١٥ متر، رذاذ قويّ يتطاير 12–15 m waves; strong spray	عاصفة storm		56-	11
أضرار بِنيويّة جسيمة heavy structural damage	أمواج أعلى من ١٥ متر؛ رذاذ قويّ جدًّا waves >15 m; very strong spray	إعصار hurricane		>64	12–17

Cloud coverage **التغطية الغيميّة**

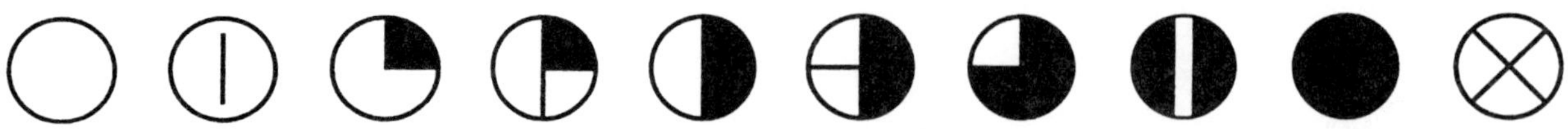

سماء صافية No clouds	1/8	2/8	3/8	4/8	5/8	6/8	7/8	مُلَبَّدَة بالغُيوم Overcast	سماء طامِسَة Sky obscured

Cloud Types — أنماط السُّحُب

خفيضة المُستوى LOW LEVEL	مُتوسِّطَةُ المُسْتَوى MEDIUM LEVEL	عالية المُستوى HIGH LEVEL
رُكامِيّة عارِمَة Towering cumulus	رُكامِيّةٌ عالِيَةٌ رقيقة Thin altocumulus	سِمحاقِيّة Cirrus
رُكامِيّةٌ طَبَقِيّة لَيْسَتْ نتيجة انتشار الرُكامِيّة Stratocumulus not formed by spreading out of cumulus	رُكامِيّةٌ عالِيَة كثيفة Thick altocumulus	سمحاقِيّة كثيفة Dense cirrus
طَبَقِيّة Stratus	رُكامِيّةٌ عالِية Altocumulus	سمحاقِيّة كثيفة سنْدانِيّة الشّكل Dense, anvil-shaped cirrus
طَبَقِيّة مُكَسَّرة Broken stratus	رُكامِيّةٌ عالِيَة رقيقة رُقْعِيّة Thin altocumulus in patches	سِمْحاقِيّة خُطّافِيّة الشّكل مُنْتَشِرة في كامل أنحاء السماء Cirrus, hook-shaped, spreading over the whole sky
رُكامِيّةٌ ورُكامِيّةٌ طَبَقِيّة Cumulus and stratocumulus	رُكامِيّةٌ عالِيَة في حُزَم Thin altocumulus in bands	سِمْحاقِيّة مُتَقارِبةُ الحُزَم Cirrus in converging bands
مُزْنِيّةٌ رُكامِيّةٌ ذاتُ قِمّةٍ سِنْدانِيّة Cumulonimbus with anvil top	رُكامِيّةٌ عالِيَة تَنْجَم من انتشار الرُّكامِيّة Altocumulus caused by the spreading out of cumulus	سِمْحاقِيّةٌ مُتَقارِبةٌ تزداد ثَخانَة Converging cirrus growing thicker
	رُكامِيّةٌ عالِيَة مُزْدَوِجَةُ الطَّبَقات Double-layered altocumulus	سِمْحاقِيّةٌ رَقيقةٌ تُغَطّي السماء بكاملها Veil of cirrus covering whole sky
	رُكامِيّةٌ عالِيَة مُبَرَّجَة Turreted altocumulus	سِمْحاقِيّةٌ تُغَطّي السَّماء في مرحلةِ تَثَخُّن Cirrus over whole sky and getting thicker
	رُكامِيّة - طقسٌ يميلُ إلى الصَّحْو Fair-weather cumulus	

Weather Map Symbols — رُموز خرائط الطَّقْس

رذاذ Drizzle	ضباب Fog	غمامة، ضباب خفيف Mist
مطر وثلج Rain and snow	مُطر ورَذاذ Rain and drizzle	مطر Rain
وابِلُ ثلج ومَطر Rain and snow shower	وابِلُ مَطر Rain shower	ثلج Snow
عاصفة رَعْدِيّة Thunder-storm	وابِلُ بَرَد Hail shower	وابِلُ ثَلْج Snow shower
جَبْهَة مُرْتَجّة Occluded front	جبهة دافئة Warm front	جبهة باردة Cold front

DEW-POINT TEMPERATURE نُقْطةُ النَّدَى

درجةُ الحرارة الحاليَّة *Current Temperature*	Wet-bulb depression انْخِفاضُ البُصَيْلةِ المُخَضَّلة 1.0°C (2.0°F)	2.0°C (3.6°F)	3.0°C (5.4°F)	4.0°C (7.2°F)	5.0°C (9.0°F)
−10.0°C (14°F)	−14.5°C (5.9°F)	−21.3°C (−6.3°F)	−36.3°C (−33.3°F)		
−7.5°C (18.5°F)	−11.4°C (11.4°F)	−16.7°C (1.9°F)	−25.5°C (−13.9°F)		
−5.0°C (23°F)	−8.4°C (16.8°F)	−12.8°C (8.9°F)	−19.0°C (−2.2°F)	−31.3°C (−23.9°F)	
−2.5°C (27.5°F)	−5.5°C (22.1°F)	−9.2°C (15.4°F)	−14.1°C (6.6°F)	−21.5°C (−6.7°F)	−41.3°C (−42.3°F)
0.0°C (32°F)	−2.7°C (27.1°F)	−5.9°C (21.3°F)	−9.8°C (14.3°F)	−15.2°C (4.6°F)	−23.9°C (−11.0°F)
2.5°C (36.5°F)	0.1°C (32.1°F)	−2.7°C (27.1°F)	−6.1°C (21°F)	−10.3°C (13.4°F)	−16.1°C (3.2°F)
5.0°C (41°F)	2.8°C (37°F)	0.3°C (32.5°F)	−2.6°C (27.3°F)	−6.1°C (21°F)	−10.4°C (13.2°F)
7.5°C (45.5°F)	5.5°C (41.9°F)	3.2°C (37.7°F)	0.7°C (33.2°F)	−2.3°C (27.8°F)	−5.8°C (21.5°F)
10.0°C (50°F)	8.1°C (46.5°F)	6.0°C (42.8°F)	3.8°C (38.8°F)	1.2°C (34.1°F)	−1.8°C (28.7°F)
12.5°C (54.5°F)	10.7°C (51.2°F)	8.8°C (47.8°F)	6.7°C (44°F)	4.5°C (40.1°F)	1.9°C (35.4°F)
15.0°C (59°F)	13.3°C (55.9°F)	11.6°C (52.8°F)	9.6°C (49.2°F)	7.6°C (45.6°F)	5.3°C (41.5°F)
17.5°C (63.5°F)	15.9°C (60.6°F)	14.3°C (57.7°F)	12.5°C (54.5°F)	10.6°C (51.1°F)	8.5°C (47.3°F)
20.0°C (68°F)	18.5°C (65.3°F)	16.9°C (62.4°F)	15.3°C (59.5°F)	13.5°C (56.3°F)	11.6°C (52.8°F)
22.5°C (72.5°F)	21.1°C (69.9°F)	19.6°C (67.2°F)	18.0°C (64.4°F)	16.3°C (61.3°F)	14.6°C (58.2°F)
25.0°C (77°F)	24.3°C (75.7°F)	22.2°C (71.9°F)	20.7°C (69.2°F)	19.1°C (66.3°F)	17.5°C (63.5°F)
27.5°C (81.5°F)	26.2°C (79.1°F)	24.8°C (76.6°F)	23.3°C (73.9°F)	21.9°C (71.4°F)	20.3°C (68.5°F)
30.0°C (86°F)	28.7°C (83.6°F)	27.4°C (81.3°F)	26.0°C (78.8°F)	24.6°C (76.2°F)	23.1°C (73.5°F)
32.5°C (90.5°F)	31.2°C (88.1°F)	29.9°C (85.8°F)	28.6°C (83.4°F)	27.2°C (80.9°F)	25.8°C (78.4°F)
35.0°C (95°F)	33.8°C (92.8°F)	32.5°C (90.5°F)	31.2°C (88.1°F)	29.9°C (85.8°F)	28.5°C (83.3°F)
37.5°C (99.5°F)	36.3°C (97.3°F)	35.1°C (95.1°F)	33.8°C (92.8°F)	32.5°C (90.5°F)	31.2°C (88.1°F)
40.0°C (104°F)	38.8°C (101.8°F)	37.6°C (99.6°F)	36.4°C (97.5°F)	35.1°C (95.1°F)	33.9°C (93.0°F)

RELATIVE HUMIDITY (%) الرُّطوبةُ النِّسْبيَّة (٪)

درجةُ الحرارة الحاليَّة *Current Temperature*	Wet-bulb depression انْخِفاضُ البُصَيْلةِ المُخَضَّلة 1°C (2.0°F)	2°C (3.6°F)	3°C (5.4°F)	4°C (7.2°F)	5°C (9.0°F)
−10.0°C (14°F)	69%	39%	10%		
−7.5°C (18.5°F)	73%	48%	22%		
−5.0°C (23°F)	77%	54%	32%	11%	
−2.5°C (27.5°F)	80%	60%	41%	22%	3%
0.0°C (32°F)	82%	65%	47%	31%	15%
2.5°C (36.5°F)	84%	68%	53%	38%	24%
5.0°C (41°F)	86%	71%	58%	45%	32%
7.5°C (45.5°F)	87%	74%	62%	50%	38%
10.0°C (50°F)	88%	76%	65%	54%	44%
12.5°C (54.5°F)	89%	78%	68%	58%	48%
15.0°C (59°F)	90%	80%	70%	61%	52%
17.5°C (63.5°F)	90%	81%	72%	64%	55%
20.0°C (68°F)	91%	82%	74%	66%	58%
22.5°C (72.5°F)	92%	83%	76%	68%	61%
25.0°C (77°F)	92%	84%	77%	70%	63%
27.5°C (81.5°F)	92%	85%	78%	71%	65%
30.0°C (86°F)	93%	86%	79%	73%	67%
32.5°C (90.5°F)	93%	86%	80%	74%	68%
35.0°C (95°F)	93%	87%	81%	75%	69%
37.5°C (99.5°F)	94%	87%	82%	76%	70%
40.0°C (104°F)	94%	88%	82%	77%	72%

إيجادُ نُقطة النَّدَى

لِمَعْرفةِ نُقْطةِ النَّدى، جِدْ درجةَ الحرارة الحاليَّة ثُمَّ جِد الفرقَ بينَ هٰذه الدرجةِ وبين درجةِ حرارة بُصَيْلةِ المِرْطاب المُخَضَّلة. هٰذا الفَرْقُ هو ٱنخِفاضُ البُصَيْلة المُخَضَّلة. جِدْ مُلْتَقى هٰذَيْن العددَيْن في الجَدْول أعلاه في الصَّف المُقابِلِ لدرجةِ الحرارة الحاليَّة وفي العمود تحت ٱنخِفاضِ البُصيلة المُخَضَّلة. مثلًا، إذا كانت درجةُ الحرارة ١٥°س وانخِفاضُ البُصيلةِ المُخَضَّلة ٢°س، فتكونُ نُقْطةُ النَّدَى ١١,٦°س.

How to find out the dewpoint temperature

To know the dewpoint temperature, find out the current temperature and the wet-bulb temperature on a hygrometer. The difference between the two is the wet-bulb depression. Find these numbers in the row containing the current temperature and the column under the wet-bulb depression. For example, if the temperature is 15°C (59°F) *and the wet-bulb depression is* 2°C (3.6°F), *the dewpoint temperature is* 11.6° (52.8°F).

إيجادُ الرُّطوبةِ النِّسْبيَّة

لِمَعْرفةِ الرُّطوبةِ النِّسْبيَّة، جِدْ درجةَ الحرارةِ الحاليَّة وٱنخِفاضَ البُصَيْلَةِ المُخَضَّلة. الرُّطوبةُ النِّسبيَّةُ هي ملتَقى العَدد في الصَّفِّ قُبالَة درجةِ الحرارة السَّائدة والعددِ في العَمود تحت ٱنخِفاضِ البُصَيْلةِ المُخَضَّلة في الجَدْول المُقابل. مثلًا، إذا كانت درجةُ الحرارة السَّائدة ١٥°س وٱنخِفاضُ البُصَيْلةِ المُخَضَّلة ٢°س، تكونُ الرُّطوبةُ النسبيَّةُ ٨٠٪.

How to find the relative humidity

To know the relative humidity, find out the current temperature and the wet-bulb depression. The relative humidity is the number found in the row containing the current temperature and the column under the wet-bulb depression. For example, if the current temperature is 15°C *and the wet-bulb depression is* 2.0°, *then the relative humidity is 80 per cent.*

حولَ وَضْعِ المُصطلحاتِ العِلميّةِ وتطوّرِ اللّغةِ

لقد أخذَ العالَمُ العربيُّ يستعيدُ ثِقتَهُ بلُغَتِهِ في مَجال المصطلحات العِلميَّة والتقنيَّة والحَضاريَّة، واجتازتِ اللغةُ العربيةُ بنجاحٍ فترةَ مَخاضٍ عَسيرةً كان لا بُدَّ منها؛ فقد شَهِدنا بارتياحٍ نجاحَ تعريبِ التعليم الثانوي في مُعظم الأقطار العربية، بِمُصطلحات مُوَحَّدة في مُعظمها أشرفَت على تنسيقها وإصدارِها في معاجِمَ خاصَّةٍ بكُلِّ عِلم المُنظمةُ العربيةُ لِلتربية والثقافة والعُلوم. وها نحنُ نَرقُبُ بالأمَلِ الفاعِلِ المُحاولاتِ الجادَّةَ، رُغمَ مُختلِف العوائق، في كثيرٍ من هذه الأقطار لتعريبِ التعليم الجامعي - دونَ أن يَعني ذلك التقليلَ من أهميَّةِ اللغاتِ الأجنبية.

إنَّ مُستقبلَ المُصطلحاتِ العِلمية العربية ومُستقبلَنا العِلمي إلى حَدٍّ بعيد مُرتبطانِ بقضيَّة تعريبِ التعليم لا في المدارِسِ الثانويَّة فقط بل وفي الجامعاتِ أيضًا. فلا يُعقلُ أن نخوضَ مجالاتِ العلم الحديث ونَنْعَم بمُنْجَزاتِه، وتبقى لُغتُنا غَريبةً عن أجواء العِلم وتِقاناتِهِ وديناميكيَّتِه وإبداعِه. لقد آنَ أن تُصْبِحَ اللغةُ العِلمية العربية جُزءًا من حياتنا اليومية في المدرسةِ والبيت والمَصنع، وأن تغدو مُصطلحاتُ العلمِ والحضارةِ باللغة العربيَّة قِسمًا حيَوِيًّا من ثقافةِ الصانعِ والطّالب والمُعلِّم والصِّحافي والأديب وصاحِبِ الاختصاص الفني، وهذا لا يتأتّى إلا حينَ تُصبحُ العربيَّةُ لُغةَ المُتعلِّمِ والعالِمِ وإلّا باستِنبات العِلم بيئيًّا في الوطن العربي لتصبحَ العربيَّةُ لا لُغةَ التعليم في كافَّة مراحلِه فقط، بل أيضًا لُغةَ البحثِ العِلمي والتأليفِ العِلمي والإبداع العلمي.

والذي يحتَجُّون لإعاقةِ حركةِ تعريب التعليم الشامِلِ بانتظارِ أن تَتوافَر لها وله المُصطلحاتُ وتتكامَلَ، إنَّما يضَعونَ العرَبَةَ أمامَ الحصان، كما يقولون. إنَّ الإصرارَ على تعليم العلومِ والتِّقنيّاتِ باللغاتِ الأجنبيَّة هو حِصارٌ على العربية يُعيقُها عن (إن لَم يمنَعْها من) التطوُّرِ والنموِّ في هذا الميدان. فالتعريب ووَضعُ المُصطلحاتِ، بَل والترجمةُ (ترجمةُ المَراجعِ والمَناهجِ وأُمَّهاتِ الكُتب) والتأليفُ تَسيرُ مَعًا. هكذا كانَتْ في مدارس محمد علي في الهَندسةِ والزراعة والطبِّ، وهكذا كانت الحالُ في الكلية السورية الإنجيليَّة (الجامعة الأمريكيَّة فيما بعد)، وهكذا كانت الحالُ (ولا تزال) في المعهد الطبي في دمشق منذ العام ١٩١٩. وليسَ يلزمُنا إلى تحقيقِ ذلك إلّا العَزْمُ الصادقُ على جَعْل العربية لُغةَ التدريس في كلِّ المَعاهد في كُلِّ المُستَويات، مَدعومًا بتأهيلِ الجهاز البَشري المؤهَّلِ للقيام بما يتطَلّبُهُ ذلكَ من مُهِمّات.

إنّ ما توافَر لنا من المُصطلحاتِ العِلميَّة منذُ بداياتِ عصرِ النهضة الحديثةِ يشهدُ بالدورِ العظيم الذي أدّاهُ الرُّوّادُ ومن تلاهُم - علماءُ وكُتّابٌ ومُترجمون وصحافيّون ومَجمعيُّون في مَجال وضعِ المصطلحات، ولا ننسَى طبعًا الدورَ الكبير الذي أدّته وما زالت تؤديه المجامعُ والاتحادات والمؤتمرات العلمية في هذا المجال. لكنّ واقِعَنا المُتغيِّرَ طَفْرًا أمامَ غزوِ مُنجَزات الحضارةِ الحديثة ومُسَمَّياتِها وطُغيانِ وسائل الإعلامِ المسموعة والمرئيَّةِ زادَ بالضرورة من عدد المُساهمينَ في وضع المُصطلحات، وجعلَ التركيزَ على «مِنهجيَّةِ وطرائقِ وضع المصطلحات» ووَضْعِها في مُتناول

المُشارِكين والمسؤولين عن إعدادهم مَطْلَبًا مُلِحًّا. وهكذا جاءتِ القراراتُ والتوصياتُ التي أقرَّتها مجامعُ اللغةِ العربية وبخاصّةٍ شيخُها مجمع اللغة العربية في القاهرة[١]، إضافةً إلى مقرَّراتِ «ندوةِ توحيدِ مِنهجيّات وَضعْ المُصطلحات العِلمية الجديدة» في الرباط، تحقّق هذا المطلب. فالوسائلُ اللغوية الفائقةُ المتَاحةُ في اللغة العربية لتوليدِ المصطلحات، والتي استخدمَها قدماءُ التراجمةِ والمؤلِّفينَ العرب في نَقلِ عُلوم اليونان والفُرس وغيرِهم، جلَبت للعربيةِ حضارةً ورِفعةً وعِزَّة جعلَتْ من العربية لُغةَ العِلم والحَضارة العالَمية طوالَ القُرون الوُسطى. وتتلخَّصُ هذه الوسائل اليومَ في ما يلي:

١ - تحَرِّي لَفظٍ عربيٍّ تُراثيٍّ يؤدِّي مفهومَ اللفظِ الأجنبيّ، كأن نقول «عِلم الفلك» في astronomy، أو «كَثافة» مُقابل density، أو «صِفاق» مُقابل peritoneum. ويَرى الكثيرونَ أنَّ ما هو واردٌ في العامِّيات، التي تستعمِلُها الشعوبُ العربية في مُختلف أقطارِها، هو جزءٌ من التُّراث، رُغمَ إهمالِه من قِبَلِ أصحابِ المُعْجَمات؛ وحَرِيٌّ بنا أن نستعيدَه إلى حظيرةِ الفُصْحى - فنقول مَثلًا: **خابور** مُقابل cotter **وشَتلة** مُقابل sapling **ومَكوك** مقابل shuttle **ودَبْش** مُقابل rubble، إلخ.

٢ - إذا لم يكُن لِلَّفظِ الأعجَميِّ مُقابِلٌ في العربية، وكان قابلًا لِلترجمة تُرْجِمَ بِمَعْناه - مثل **مَناعة** مُقابل immunity **وانعكاس** مقابل reflection؛ أو أُختيرَ له لَفظٌ عربيٌّ، مَجازًا، لِيَحْمِلَ مفهومَه، شَرْطَ وُجودِ قَرينَةٍ مُباشِرة أو غَيْر مُباشِرة تدلُّ على ذلك، مثل **بَريد** مُقابل post، **وعَدَسة** مقابل lens، أو **طيّارة** مقابل airplane؛ أو اشتُقَّ له المُقابِل بوسائلِ الاشتِقاق، التي يتوافرُ للعربية منها ما لا تكادُ تُجاريها فيه أيُّ لُغَةٍ أُخرى، حتى إنَّ عددَ الألفاظ التي يُمكن اشتِقاقُها من كلِّ فِعل[٢] لا يَقِلُّ عن مِئتين، وقد يزيدُ على الثلثمائة[٣] لا نستخدِمُ منها بشكلٍ فاعِلٍ أكثرَ من ثَلاثين. فمثلًا، حين نُوقِشَ مَوضُوعُ ترجمةِ الكلمات المُنتهية بِ«able-» أو أحد شكلَيها الآخَرين «ible-» و«ble-» أقرَّ المَجمعُ ترجمتَها بالفِعل المُضارع المَبني للمجهول، وترجمةَ الاسمِ منها بالمصدرِ الصِّناعي، لِيُقالَ مثلًا في soluble **يُذابُ** وفي solubility **مُذابيَّة**، وفي fusible **يُصْهَرُ** وفي fusibility **مَصهوريَّة**، وفي malleable **يُطْرَقُ** والاسمُ منها malleability **مَطروقيَّة**[٤].

لكنَّ بعضَ الأعضاءِ اقترحوا استخدامَ صِيغةِ «فَعول» أو «فَعيل» لذلك. وأراني أميلُ إلى صِيغة «فَعول» في هذا المَقام كصيغةٍ تؤدِّي غالبيَّةَ أو كُلَّ مدلولاتِ الكاسِعة «able-»، فنقولُ **ذَؤوبُ وَذَؤوبيَّة**، **وصَهور وصَهوريَّة**، **وطَروق وطَروقيَّة** (في الصفات والأسماء الواردة أعلاه).

كما نقولُ **خَلوط ومَزوج** في miscible **وصَبُوغ** في stainable **ولَهُوب** في flammable **وصَبُون** في saponifiable، **و«نَقُول»**[٥] في movable وَ transmissible وَ transportable.

---

(١) أنظر الملحق «مُوجَز بأهمّ القرارات التي اتّخذها مجمعُ اللغةِ العربية في القاهرة» ص ٦٧٧ في هذا المُعجَم.

(٢) في الإحصاء الذي أجريناه في دائرة المعاجم، مكتبة لبنان، على موادّ «محيط المحيط» لبطرس البستاني بلَغ عدد هذه الجُذور ٧٣٦٠ فِعلًا، منها ٥٧٠٣ أفعال ثُلاثيّة.

(٣) حسن حسين فهمي - المَرجع في تعريب المُصطلحات العِلميَّة والفنيَّة والهندسيَّة - مكتبة النهضة المصرية، القاهرة ١٩٥٨.

(٤) مجموعة القرارات العلمية في خمسين عامًا، القاهرة. أنظر أيضًا الملحق المشار إليه في البند (١) من هذه الحاشية.

(٥) أحصيتُ من هذه الصفات ما يقاربُ المئتين قُدِّمتْ في مذكِّرة إلى مجمع اللغة العربية في مؤتمره الثامن والخمسين بعنوان «حولَ=

وفي الأسماءِ منها نَقولُ **مَزوجيَّة وصَبوغيَّة ولَهوبيَّة**. . . إلخ.

ولعلَّ في استخدام تلكَ الوفْرةِ من صِيَغِ العربية المُستخدَمة وربطِها بمعانٍ مُحدَّدةٍ إفادةً في وَضْعِ مُصطلحات عربيَّةٍ سائغةٍ ومُحدَّدةِ المفهوم.

٣ - النحتُ أيضًا من وسائل توليد المصطلحات (ولو على نِطاقٍ ضَيِّق)[١]، فيُخْتَصَرُ مِن كلِمتين أو أكثَرَ كلمةٌ واحدة:

فنقولُ مثلًا: **برمائي** في بَرِّي مائي مُقابِل amphibian، **وكهرضوئي** في كهربائي ضوئي مقابل photoelectric، **وجيُوفيزيائي** في جيولوجي فيزيائي مقابل geophysical أو **تشاكُل** في تشابُه الشكل مُقابل isomorphism، **وحَلْمأة** في التحلل بالماء مقابل hydrolysis.

وقد نَعتَبِرُ التركيبَ المَزجيَّ بالإلصاقات المُنْفَصِلة، مثل **لاسلكي ولاأدْريَّة ولاشُعوري** ضَرْبًا من النحت.

٤ - أما إذا تَعذَّر وَضْعُ لَفْظٍ عربيٍّ بالوسائل المذكورة، فيُعْمَدُ إلى التعريب بنَقْلِ المُصطلح بلفظِهِ الأجنبيِّ مُلَيَّنًا قَدرَ المُستطاع بصيغَةٍ عربيَّة، مِثْل نيُوتْرون وتِلفزيون وَراديو وَلِيْزَر وإلكترود ومِكروفون وَمانومِتر. . . إلخ.

لقد أدّى مجمعُ اللغةِ العربية في القاهرة خِدمةً جُلّى لِلّغة العربية حينَ حطَّمَ الأسطورة القائلة بأنَّ إدخالَ المُعرَّبِ من الألفاظ في مَتن اللغةِ يُحِطُّ من قَدْرها. وفي المعاجمِ المُتخصِّصة والعامَّة التي أصدَرها المجمعُ المذكُور دليلٌ واضِحٌ على الدَّور الإثرائي المُهمِّ الذي يؤدِّيه التعريبُ الاقتراضيُّ في لُغةِ العِلم الحديث[٢]. ومن توصياتِ مجمعِ اللغة العربية في هذا السِّياق اعتبارُ المُصطَلحِ المُعرَّبِ لَفْظًا من اللُّغةِ العربية وإخضاعُه لِقواعدها وإجازةُ الاشتقاق والنَّحت منه، فتقول: أكسَدَ وتأكسَدَ وأكسَدة وأُكسيد، أيَّنَ وتأيَّنَ وتأيُّن وتأيين، كما تقول: تَلْفنَ وتَلْفزَ وبَسْتَرَ وكَرْبَنَ وهَدْرَجَ[٣] إلخ.

إنَّ أسلافَنا الأماجِدَ في تراثِهم الحَضاري الخالِد لم يكتفوا بتعريبِ الألفاظِ التي جاءَتهم مع الحَضاراتِ الزاحفةِ من أمثال استَبْرق وقِسطاس ومِسك وكافور وزَرْقون ودُلفين وبَطلينوس ومَنْجنيق ومُصْطكى وقَرنيَّة وأورطي وقُولون وبَريطون وبَنْقراس وهَيُولى ومَساريقى ومِئاتٍ غيرها، بل عَمَدُوا أحيانًا إلى تعريبِ أسماء كثيرة كانت تُعْرَفُ لها أسماءٌ عربيةٌ - فعَرَّبوا:

الإبريق وعندَهم التامور	والهاون وعندهم المِهراس
والرصاص وعندهم الصِّرفان	والشَّلْجَم وعندهم اللِّفْت

=صياغة فَعول من الفِعل «نَقَلَ» لِما يُمكن نقله أو انتقالُه». وموضوع المُذكَّرة واردٌ في العدد ٣٧ من مجلة اللسان العربي.

(١) في إحصاءٍ شمل ثلاثةَ معاجم صادرة عن مكتب تنسيق التعريب في الفيزياء (٥١٢٦ مُصطلح) والنفط (٣٨٠٢ مصطلح) والطبّ (٢٣٠٥ مصطلحات) لم يجد الدكتور وجيه عبدالرحمن «كما يرد في مجلة اللسان العربي - العدد ١٩» سوى ثلاثة عشر مُصطلحًا صِيغت بالنحت.

(٢) نجدُ في المُعجم الوَسيط، لِمجمع اللغة العربية، المِئات من هذه الألفاظ المعرَّبة، مِثل: اسمنت وبندول وتلسكوب وترمومتر وترموستات وتِرمُس وتلفون وتلفزيون وميكروسكوب (وحتّى ميركيرُكروم) وسِواها. وفي مُعجم الفيزيقا الحديثة، مجمع اللغة العربية، القاهرة ١٩٨٦، أضعافُ ذلك.

(٣) تَوصياتٌ أقرَّها مجلس المجمع ومؤتمرُه في القاهرة في دورته الخامسة والأربعين.

والباذنجان وعندهم الأنَب   والحَيْصَل والياسَمين وعندهم السَّمْسَق

والمُغْرَة وعندهم الجأب.

وحَرِيٌّ بنا أمامَ الفَيضِ الهائل من الأسماءِ العِلمية الكيميائية والنباتية والحيوانية والإلكترونية التي تجابِهُنا أن نَحْذُوَ حَذْوهم[١] - فنُعَرِّبَ بالترجمةِ ما هو أصيلٌ في اللغة المَنقولة[٢]، أما الألفاظُ العالَميةُ التسميةِ والمُشتقَّةُ من اليونانية أو اللاتينية (مثل إنْزيم وأيُون وأكسِيد وتِلفون وتلفزيون) أو الموضوعةُ تخليدًا لِذكرى عالِمٍ أو مُخترِعٍ (مثل فُلْط وأوم وكُوري وواط وأمبير) أو المُرَكَّبةُ من أحرفٍ مُتَعارفٍ عليها دَوليًا (مثل رادار ولِيزر وكوبُول ونابالم) فتُعَرَّبُ كما هي[٣]. فالعِلمُ، على حدِّ قوله الدكتور إبراهيم مدكور رئيسِ مجمع اللغة العربية في القاهرة «هو تُراثُ الإنسانيَّةِ جَمعاء، ويجبُ أن يُفسَحَ المَجالُ فيه بتبادلِ الألفاظِ كما نَتبادَلُ الأفكارَ والمعاني»[٤].

التعريبُ الاقتراضيُّ في مجالِ العُلوم المتخصِّصةِ هو السبيلُ العمليُّ لِمُواكبتنا مَسارَ تقدُّمها ومتابعةِ إنجازاتها وأبحاثها. وبِمثلِ هذا التعريبِ نُثْري لُغَتنا بِمُصطلحاتٍ علميَّةٍ تكادُ تكونُ مشتركةً بين العلماءِ والباحثين في كلِّ لُغاتِ العالَم. ونُطمئنُ المُتَزمِّتينَ والصَّفاويين إلى أنَّ التعريبَ في مجال العُلوم المتخصِّصة لنْ يَضيرَ العربيةَ بشيءٍ لأنَّه سيَبْقى في قاموسِ المُتخصِّصين وأبحاثِ المُتعمِّقين في مجالاتِ هذه العُلوم، ولن يتسَرَّبَ منه إلى صُلْبِ اللغة - وبخاصةٍ لُغَةَ الأدبِ والبَيْت والمَجالِس، إلّا القليلُ القليلُ مِمّا يُرشِّحهُ شيوعُ استِخْدامِه في الحياة اليومية، ويُطَوِّعُه ذَوقُ المُستَخْدِمين وسليقَتُهم - تمامًا كما حصلَ فيما سبقَ وعَرَّبَه السَّلَفُ اقتراضًا فصارَ بعضُه من تراثِ اللغة يُثْرِيها ولا يَضيرُها.

إنَّ قضيَّةَ الاقتِصارِ على مُصْطلَح واحد لِمُسَمًّى واحدٍ هي قضيَّةٌ مُتَّفَقٌ عليها نظَرِيًّا أو قُل مَبدئيًّا، لكن الاتفاقَ على تحديد المُصطلحِ هو أمرٌ لن يَخلُوَ من الأخذِ والردّ. وما دامَ بابُ الترجمةِ مَفتوحًا فمَجالُ الاختلاف (ضِمنَ حُدودِ المُتوقَّع طبعًا) واردٌ، وليسَ لأيِّ فردٍ أو جماعةٍ مهما كانت سُلطتُهم اللغويَّة أن يشطبوا مُصطلحًا لِيُحِلُّوا آخرَ مكانه نهائيًّا، فالمُستقبَلُ هو الحكَم، والاستعمالُ هو الغِربالُ، وقد يثْبُتُ أكثَرُ من مُصطَلحٍ أمامَ هذه الغَربلةِ التي لا تتِمُّ في سنَةٍ أو اثنتَيْن بل تحتاجُ إلى عَشَراتِ السنين وتَتِمُّ عادةً بصورةٍ عَفْوِيَّة.

إنَّ سياسةَ دَعْمِ المُصطلح، بخاصَّةٍ الذي لَمّا يستقِرَّ، بمُرادِفٍ شائعٍ أو مُرادِفٍ يَشْرَحُه، لَها في كثيرٍ من الأحيان مُبرِّراتُها. إنَّ رَدْفَ مُصْطلحٍ مثل **مُبَدِّل** مُقابل commutator بمرادِفٍ مِثل **عاكس تيّار** أو **عُضو توحيد**، أو مِثل دَعْمِ المُصطلح **مُتحَرِّض** مُقابل armature بمرادِفٌ مِثل **عُضو إنتاج** في مَجال الهندسة الكهربائية كفيلٌ بتقريب مَدلول المصطلح إلى مفهومِ المُراجِع حتّى يأتي وقتٌ يعودُ فيه ذاكَ المُصطلح بغير حاجةٍ إلى دَعم. ولعَلِّي مَيّال إلى ضَرورة

---

(١) تُقَدَّر نسبة المصطلحات المُعرَّبة في كتب المُفردات، مثل الجامعِ لابن البيطار، بحوالي الخمسين في المئة، وقد تصِلُ إلى نِسَبٍ أعلى في مثل كتاب الأدوية المفردة لأبي جعفر أحمد بن محمد الغافقي.

(٢) فنقولُ في immunity مثلًا مَناعة، وفي impedance مُعاوَقة وفي saturation تشبُّع وفي viscosity لزُوجة... إلخ.

(٣) أُنظر البند ٣٨ من مُوجَز قرارات مَجمع اللغة العربية في القاهرة ص 996 في مَلاحق المعجم.

(٤) إبراهيم مدكور، «مَدى حَقِّ العُلماء في التصرُّف باللغة» - مجلة مجمع اللغة العربية، القاهرة العدد ١١ ص ١٤٨. وانظر أيضًا لِسيادته في هذا السّياق بحثًا في مجلة المجمع العدد ١٨ ص ٧ و١٠.

أنْ يُلِمَّ الاختصاصيُّ في موضوعٍ بالمرادفات المُتعارَفة الشائعة في حقل اختصاصه، فيعرفُ الطبيبُ مثلًا: أنَّ العمود الفقري vertebral column هو الصُّلْب spine أيضًا، وأنَّ المِرَّة gall هي الصفراء bile أيضًا، وأنَّ القَيْح puss هو المِدَّة أو الصديد matter، وأنَّ النِّقيَ هو النُّخاع، والشَّغافُ هو التأمور... إلخ. كما يعرفُ السَّمكري أنَّ السَّنباذج emery هو الصَّنفرة، ويعرفُ الأحيائي أنَّ الحَريش هي أمّ أربعٍ وأربعين، ويعرِفُ الكيماوي أنَّ الآزوت هو النتروجين، ويعرفُ الفيزيائي أنَّ التعجيل هو التسارُع... إلخ. فهذه ألفاظٌ سيتعامَلُ بها صاحبُ الشأن في مجالاتِ عمله مع زُملائه وزَبائنه وطُلّابه وبيئته، تمامًا كما يتعامَلُ جُمهورُ الناس بالغيمة والسَّحابة، والخُراج والدُّمل، والغُرفة والحُجرة، والمَخلوط والمَزيج، والرصّ والدكّ، والسِّمة والعَلامة، وغيرُها كثير.

لكِنْ لا يَغْرِبنّ عن بالِنا في الوقت نفسِه أن قيمَةَ المصطلح العلميِّ تتحَقّقُ لا بدقَّتِه وحُسنِ دَلالته على مُسَمّاه فقط، بَل أيضًا باعتِرافِ العُلماءِ والباحِثين المُختصّين به والإجماعِ عليه. لأنَّه إن اختلفَ المُصطلحُ من عالِمٍ إلى عالِم أو باحِثٍ إلى باحِثٍ أو قُطرٍ إلى قُطر فإنَّه يفقِدُ صفة المُصطلحيَّة تعريفًا ومنهَجيَّة، بخاصةٍ في حالِ المُصطلحِ ذي المفهومِ المحدَّد الذي يتجاوزُ معاني اللفظِ المعجميَّة واللغويَّة.

وهكذا يَبدو لي أن واقِعَنا اللغويَّ والعلميَّ حاليًّا يفترِضُ وضعَ المصطلحات إجمالًا في مُستويَين:

أولًا، المُستوى المُفرداتي اللغوي الشائع الذي يحتمِلُ الترادُف - فيُلجأُ إلى المصطلح و/أو مرادِفه تفاديًا لِلتكرار اللفظي أو انحيازًا لِذَوق الكاتِب أو المُترجِم.

وثانيًا، المُستوى المُصطلحي **المُميَّز** الذي لا يَصِحُّ فيه الترادف، حيثُ يعني المُصطلحُ شيئًا مُحدَّدًا يتجاوزُ معاني اللفظِ المعجميَّة أو الشائعة.

فمثلًا، إن احتملَ السِّياقُ ترادُفَ المُصطلحَين إضاءَة وإنارة مُقابل lighting وَilluminatio‌n، فإنَّ مصطلَح **الضِّياء** مُقابل luminosity بمعنى «شدَّة الإضاءَة أو زُهُوّها (بفعلِ الفَيْض الضوئي المُشَعِّ منها) في اتجاهٍ مُعَيَّن بالنسبة لِلنّاظِر»، ومُصطلَحَ **الضيائيَّة** مُقابل luminescence لِمَفهوم «ابتعاث الضوء دون عاملٍ حراريّ - كضيائيَّة اليَراعة أو ضِيائيَّة التَفَسْفُر أو ضيائيَّة الحَكِّ والدَّلْك»، ومُصطلحَ **الاستِضْواء** مُقابل luminance بمعنى «شِدَّة الإضاءَة المُنبعثة من وَحدة المِساحة للسطح المُضيء (مَقيسةً بالقَنْديلة للمِتر المربَّع)»، مُصْطلَحاتٌ مُتميِّزة لا تَقْبَلُ الترادفَ ولا البَديل. مثلُ هذه المصطلحاتِ يتوجَّبُ توحيدُها مُقابِلَ المفهومِ العلميِّ المحدَّد، وإلّا اختلفَ المفهومُ وٱلْتَبَسَ المعنى.

فلا يجوزُ أنْ يُقال مُقابل admittance مثلًا مُسامَحة ومُسايَرة وقَبوليَّة وسَماحيَّة ومُطاوَعة وغيرها - وكُلُّها لُغَويًّا لها وَجْهٌ في مُقابِل المَفهوم المحدَّد لخاصيَّة «تيسير مُرورِ التيّار المُتناوِب عبرَ دارةٍ أو جِهاز (أي مَعكوس المُعاوَقة)»، بل ينبغي الاتّفاق على مصطلحٍ واحدٍ فقط لأداءِ هذا المَفهوم. كما لا يجوز أن يُقال مُقابِل transducer مِحوال ومُغَيِّر ومُحوِّل طاقة ومُحوِّر طاقة ومُتحسِّس وتِرْجام وسِواها، ولا أنْ يُقال مُقابل isomerism مُجازأة ومُصاوَغة وتَزامُر والمعرَّب لَفظيًّا أيسومرية، ولا مُقابل electrode قُطب ومَسْرى ولاحِب والمعرَّب إلكترود، بل يجب الاتفاق على مصطلحٍ عربيٍّ واحدٍ مُوَحَّد لِلمفهوم العِلمي الواحِد المُتميِّز.

كذلك لا يَصِحُّ أن نُعبِّرَ عن مُصْطلحاتٍ أجنبيّةٍ مُتَعَدِّدةٍ بِمُصْطَلَحٍ عَربيٍّ واحد - كأن نقول:

وَسيط مُقابِل الأجنبيّات parameter, mean, median, intermediary... etc

أو استِبدال مُقابِل replacement, substitution, commutation... etc

أو مُنفصِل مُقابِل discrete, separate, disjunct... etc

أو تناظُر مُقابِل correspondence, parallelism, homology, analogy... etc

ولا أن نستخدم مُصطلحاتٍ عربية مُتَرادِفةً عَشوائيًا في مُقابل مُصطلحاتٍ أجنبية مُتقارِبة المعنى، لكن ذات مفاهيمَ مُحَدَّدَةٍ مُختلِفة - كأن نقول: تركيب مُقابِل synthesis وstructure وcomposition ولَدينا من العَربيّات: بِنْية وتخليق وتأليف وتوليف وبناء... إلخ[1].

أو نقول انحلال مُقابِل dissociation, solution, dissolution, analysis ولَدينا من العَربيّات: حَلّ وتحليل، تفكيك، تفكُّك، تفارُق وتحلُّل[2].

أو نقول حِقبة في الجيولوجيّات مُقابل era, eon, age, chron, period, epoch... etc ولدينا مُقابِلَها من المُتقاربات في العربية: حُقْب وحِين ودَهْر وزَمَن وعَصْر وفَترة وأوان... إلخ[3].

ويُفْتَرضُ أن تُعالَجَ مثل هذه المُصطلحاتِ الأجنبيَّة المُتقارِبةِ المدلول - كما بالضرورة كُلُّ عمليّاتِ التوحيدِ المُصطلحي، من قِبَل لِجان مُتَخصِّصة على المُستوى العربي القَومي كمجموعةٍ أمامَ المُصطلحاتِ العربية المُقابِلة لكُلٍّ منها، فتُمَحَّصُ العربيّاتُ مُقابِل الأجنبيّات لِتُثَبَّتَ أو يُعادَ توزيعُها بالشكلِ الأنسَب واحِدًا لِواحد.

لقد عرفَتِ العربيَّة مُصطلَحيِّين ومُعجَميِّين أفذاذًا أهَّلَتهم إمكاناتُهم وجهودُهم الشخصيَّةُ وخصائصُهم الذاتيَّة المُكتسَبة عِلمًا ومِنهجيَّة وقابليَّة، فأثروا اللغةَ بأعمالِهم. ونحنُ اليومَ بحاجةٍ لا إلى أفرادٍ من مثلِ هؤلاء فقط، بل إلى كَتائبَ مِنهم فاعِلَةٍ في كلِّ مَيدان، ونتطلَّعُ بالطبع إلى جامعاتِنا في الوطنِ العربي لإعداد أجيالٍ مُستمرَّةٍ مِنهم.

وكنتُ، يومَ أعددتُ نظيرَ هذا البحثِ لِطبعاتِ المُعجم السابِقة، تمنَّيتُ على جامِعاتِنا في الوطَنِ العربي استِحداثَ برامجَ دراسيَّةٍ مكثَّفةٍ لإعداد اختِصاصيين في الترجمة ووضْعِ المصطلحاتِ، يكونُ مِن شروطِ الانتسابِ إليها شهادةٌ جامعيَّة في العلوم أو الآداب، ويُرَتَّبُ لِلمُنتسِبين فيها برنامجٌ دراسيٌّ لِمدَّة سَنتَين يتلَقَّون فيه دراسةً مُعَمَّقة في أُصول اللُّغتَين - لُغة الأصل (المنقول عنها) ولُغة الهدف (المنقول إليها) - وآدابهما وقواعدِ القياس والاشتقاق فيهما، ويطَّلِعون على الترجماتِ الممتازةِ للروائع التي نُقِلت من إحداهُما إلى الأُخرى، ويدرسونَ دراسةً مُقارَنة المرادفاتِ والمصطلحاتِ التي وضعتها المجامعُ العربية وأصحابُ المعاجم وروّادُ الترجمةِ في عصرِ النهضة قديمًا وحديثًا، بالإضافة إلى ما يَراهُ المُشرِفون على هذا البرنامج مِن مُستَلْزَمات الكفاءَة لهذا الاختصاص. وبالفِعل، هنالك اليومَ بِضْعُ جامعاتٍ عربيَّة تُقَدِّمُ مثلَ هذه البرامج بشَكلٍ أو بآخر.

---

(١) خُصِّص المُصطلح تركيب مُقابل composition وبِنْية مُقابِل structure وتخليق مُقابل synthesis.

(٢) هنالك شِبه إجماع على حَلّ ومحلول في مُقابِل solution وتفكُّك وتفارُق مُقابل dissociation وانحلال مُقابل dissolution وتحليل مُقابل analysis.

(٣) مجمع اللغة العربية، القاهرة أقَرَّ حُقْب ودَهر مُقابل era وحين مقابل age وأوان مقابل chron وفَترة وحِقْبَة مقابل epoch وأبد مُقابل eon وعصر ودَور مقابل period.

والجديدُ في هذا السِّياق ما طبَّقته بعضُ الجامعاتِ في الشرق والغرب من استِحداثِ مَساقاتٍ طويلةِ المَدى، تَخرُّجيَّةٍ وبَعد تخرجيَّة، تَدْمُج اختصاصَ الدارِس في مُختلفِ الاختصاصات مع تدريبه على العملِ في الوقتِ ذاتِه كمُتَرجم ومُصْطَلحيٍّ ومُعْجميٍّ في حقلِ تخَصُّصه. ومُؤَخَّرًا عرضَ أحدُ رُوّادِ «حركة التعريب الآن»[١] مشروعَ جامعةٍ عربيَّة للمصطلحات، يَؤُمُّها حامِلو الدِّبلوماتِ العرَب من مختلفِ أنحاء الوطنِ العربي في شَتّى الاختِصاصات وفيها يتثَقّفون بالاطِّلاع والمُمارسةِ في عِلمِ المُصطلَح ومنهَجيَّة وَضْعِه ومجال المصطلحات عمومًا، ثُمَّ كُلُّ فريقٍ في مُتَطَلَّباتِ وتُراثِ اختِصاصه - ويكونُ من مُهِمّات هذه الجامعة، إضافةً إلى تَهيئة الجِهازِ البشَريّ الذي تتطلَّبُه عمليّاتُ التعريب وتوحيدِ المُصطلحات العِلمية العربية وتَلافي ما بها من قُصور، الرَّصدُ المُتواصلُ لِلمصطلحاتِ الجديدة في مصادِرها من الدوريّاتِ والمَنشورات والكُتب في مختلفِ الحُقول من لُغات العالَم المتقدِّم، ورُبَّما لاحِقًا الإسهامُ مع جامعاتِ العالَم العربي الأُخرى في ترجمةِ أُمَّهاتِ الكُتب العلمية والثقافية العالَمية وتوفيرُ سبُل وصولِها إلى المَعْنيين. وهذا يقتضي تزويدَ الجامعةِ هذه بمكتبةٍ ضَخمةٍ تشمَلُ مُختلِفَ المراجعِ والوثائق والمَعاجم والأعمال المُصْطلحيَّة التي تمَّ إنجازُها مُنَسَّقةً حاسُوبيًّا، إن أمكنَ، ورَفْدَها دومًا بكُلِّ جديدٍ قومي أو عالَمي في مختلف الاختصاصات.

إنَّ الأعباءَ المادِّيَّة والجُهود الفنِّيَّة والتِّقانيَّة اللازِمةَ لإنشاء هذه الجامِعة لا تُقارَنُ، على جسامتِها، بالمَردودِ العِلمي والحَضاري الذي ستَعودُ به جامعةُ المصطلحاتِ على العالَم العربي، والذي يتطلَّعُ إليه كُلُّ مُخْلِص.

جامِعةُ المُصطلحات، لَعَلَّ فيها الأملَ الفاعِلَ في تحقيقِ الأماني بحَلِّ مَشاكِلنا المُصطلحيَّة وتعريبِ التعليم بكافَّةِ فُروعِه ومُستَوياته وإنهاءِ غُرْبَةِ العربيّة عن استيعابِ علومِ العصر ومُواكَبةِ تِقاناته؛ وإلى مِثل هذا فَليَعمَلِ العامِلون، واللهُ المُوَفِّق.

أحمد شفيق الخطيب

دائرة المعاجم، مكتبة لُبنان

---

(١) الدكتور عبدالكريم خليفة، رئيس مجمع اللغة العربية الأردني وعضو مجمع اللغة العربية ونائب رئيس اتحاد المجامع العربية في القاهرة.

مُوجَزٌ بأهمّ القرارات

التي اتخذها مجمع اللغة العربية في القاهرة

تسهيلاً لعمل المترجمين وواضعي المصطلحات العِلميّة والفنيّة والهندسيّة - مع أمثلة وتعليقات

١ - يؤخَذُ بمبدإِ «القياس» في اللغة.

٢ - يجوز «النحتُ» عندما تُلجئُ إليه الضَّرورةُ العلميَّة:

فنقولُ في كهربائي مغنطيس كَهرَمغنطيسي أو كهرمغنيطي،

وفي كهربائي ضوئي كهرضَوئي، وفي شِبه غَرَوي شِبْغَرَوي.

٣ - المَصْدرُ الصناعي: إذا أُريدَ صُنْعُ مصدرٍ من كلمة يُزادُ عليها «ياء النسبة والتاء». مِن الأمثلة الحديثة على هذه المصادر قِلْوِيَّة، حَمْضِيَّة، قاعِديَّة، مَفهوميَّة وحسّاسيَّة.

٤ - يُصاغُ لِلدَّلالة على الحِرْفة أو شِبهِها من أيِّ بابٍ من أبواب الثلاثي مَصدَرٌ على وزن «فِعالة»، مثل نِجارة، حِدادة، سِباكة، خِراطة، زِهارة، طِبابة، مِساحة ونِحالة.

٥ - يُقاسُ المَصدرُ على وزن «فَعَلان» لِفَعَلَ اللازم مفتوح العَيْن إذا دَلَّ على تَقلُّبٍ واضطراب: جَيَشان، غَلَيان، نَوَسان، نَبَضان، ثَوَران.

٦ - يُقاسُ مِن «فَعَلَ» اللازم المَفتوح العَين مَصْدرٌ على وزن «فُعال» لِلدّلالة على المَرض: صُداع، كُساح، سُعال، نُكاف.

٧ - يُجازُ اشتِقاقُ «فُعال» و«فَعَل» لِلدّلالة على الدّاءِ سَواءٌ أَوَرَدَ له فِعلٌ أم لم يَرِد: «مُعاد» و«دُوار» و«خُناق» و«عُصاب»، «سَدَر» و«رَمَد» و«خَصَر» و«شَلَل».

٨ - إن لم يَرِدْ في اللغة مَصدرٌ لِـ«فَعَلَ» اللازم مفتوح العين الدالّ على صوت، يَجُوزُ أن يُصاغَ له قياسًا مصدرٌ على وَزن «فُعال» أو «فَعيل»، مثل: «ثُغاء» و«صُراخ» و«شُواش» و«حَفيف» و«هَدير» و«صَفير».

٩ - يصِحُّ أخذُ المصدرِ الذي على وَزن «تَفْعال» من الفعل لِلدَّلالة على الكَثرة والمُبالَغة: كما في تَهْطال وتَبْيان؛ وكذلك تصِحُّ صياغةُ هذا الوزن مِمّا لم يَرِدْ فيه فِعل.

١٠ - تُتَّخَذُ صيغةُ «التفاعُل» لِلدّلالة على الاشتراك مع المُساواة أو التماثُل: كالترابُط والتقارُن والتوافُق.

١١ - يُصاغُ قِياسًا مِن الفِعل الثلاثي «مِفْعَل» و«مِفْعَلَة» و«مِفعال» لِلدّلالة على الآلة التي يُعالَجُ بها الشيء: مِبْرَد ومِثْقَب، مِخْرَطَة ومِلْزَمَة، مِثقاب ومِطياف،

ويُضافُ إلى صِيَغِ آسم الآلة أيضًا الأوزان «فاعِلة»: «رافِعة» و«سانِيَة»، و«فاعُول»: «حاسُوب» و«ساطور»

و«فِعال»: «إثار» و«بِزال». كذلك فإنَّ استعمالَ صِيغة «فَعّالة» اسمًا لِلآلة هو استعمالٌ عربي صحيح: «ثَقّابة»، «بَرّادة»، «فَتّاحة».

١٢ - يُصاغُ «فَعّال» قِياسًا لِلدّلالة على الاحتِراف أو مُلازمة الشيء: زَجّاج، حَدّاد، سَبّاك، دَهّان.

١٣ - يُصاغُ «فَعّال» لِلمُبالغة من مَصدر الفِعل الثُّلاثي اللازِم والمُتعدّي: ذَوّاب أكّال، دَوّار.

١٤ - يُصاغُ وِزان «فُعالة» لِلدّلالة على فُضالة الشيء أو ما تَحاتَّ منه أو ما بَقيَ منه بعدَ الفِعْل، مِثل: نُشارة وبُرادة ورُشاحة وقُطارة وعُصارة وكُثافة.

١٥ - يُصاغُ وِزان «مَفْعَلة» قِياسًا من أسماءِ الأعيان الثلاثيةِ الأُصول للمكان الذي تكثُر فيه هذه الأعيان سَواءٌ أكانت من الحيوان أم من النبات أم من الجَماد، معَ إجازةِ التصحيح أو الإعلال في ما وسَطُه حرف عِلّة، فيُقال مثلًا: مَلْبَنَة ومَطْيَنَة ومَقْطَنة ومَصْبَنة ومَزْرَعة ومَقصبة ومَفْرَسَة.

١٦ - الاشتقاقُ من الجامِد أُجيزَ لِلضرورة في لُغة العلوم، كما في: مُهدْرَج، مُكَرْبَن، مُيَوَّد، مُبَسْتَر - كَصِفاتٍ للموادِّ المُعالَجة بالهدروجين والكربون واليُود أو بالبَسْترة.

١٧ - «فَعَّلَ» المُضَعَّف مَقِيسٌ للتكثير والمُبالغة: كسَّرَ، خَضَّرَ، لَمَّعَ.

١٨ - كُلُّ فِعلٍ ثلاثيٍّ مُتعَدٍّ دالٍّ على مُعالجةٍ حِسِّيَّة فمُطاوِعُه القياسيّ «اِنفعل»: اِنكسَر، اِنحنى، اِنفَصَل. أما إذا كانت فاءُ الفِعل واوًا أو لامًا أو نُونًا أو ميمًا أو راءً، فالقياسُ فيه «اِفْتَعَلَ»: اِمتدَّ، اِلْتَفَّ، اِرتَدَّ.

١٩ - قِياسُ المطاوَعة لِـ«فَعَّلَ» مُضَعَّف العين هو «تَفَعَّل»: تَكَسَّر، تعدَّل، تصَعَّد.

٢٠ - قياسُ المُطاوَعَة لِـ «فاعَلَ» الذي أُريدَ به وَصفُ مَفعوله بأصلِ مَصدره يكونُ «تَفاعَل»: تباعَدَ، توازَنَ.

٢١ - قياسُ المُطاوعة من «فَعْلَل» وما أُلْحِقَ به «تفعْلَل»: تَفَلْطَح، تَدَحْرَج.

٢٢ - صِيغةُ «اسْتَفْعَل» قياسيَّة لإفادة الطَّلَب أو الصَّيرورة: اِستَمْهَلَ، واستَنْجد، اِستَحْجَر واستَطال.

٢٣ - يُنسَبُ إلى لَفَظِ الجَمْعِ عندَ الحاجة، كإرادةِ التمييز أو نحوَ ذلك: صُوَريّ، جُزُريّ، وَثائقيّ، عُمّاليّ، جماهيريّ.

كما يجوز النِّسبةُ إلى المُثَنّى في المُصطلحات العلمية، كما في: إثناني وبُطَيناني وأُذَيناني.

٢٤ - إظهارُ الكَون «الوُجود» العامّ، كما في قولِك: «هذا حَمْضٌ يُوجَد (أو مَوجودٌ) في عَسَل الشَّمْع» جائزٌ وصَحيح.

٢٥ - يجوزُ جَمعُ المَصدر عندما تختلفُ أنواعُه، كما في: توصيلات، إرسابات، تمديدات، إشعاعات.

٢٦ - تَعديةُ الفِعل الثلاثي اللازِم بالهمزة قِياسيَّة: أبدأَ، ألانَ، أدارَ.

٢٧ - يجوزُ صَوغُ المُركَّب المَزْجي في المصطلحات العِلمية عندَ الضرورة، كأن تقول: تَحت تُربة (تَحْتُربة)، فَوق بَنَفسجيّ، لا شُعوريّ وماورائيّ - على أن لا يُقْبَل منه (في اللغة) إلّا ما يُقِرُّه المجمع.

٢٨ - في ترجمةِ الصَّدْر a أو an الذي يدُلُّ على معنى النفي تقرَّرَ وَضْعُ لا النافية مركَّبة مع الكلمة المطلوبة فيُقالُ مثلًا: لاتَماثُلي، لانُقطي، لاسِلكي، شَرْطَ أن يوافِقَ هذا الاستعمالُ الذوق ولا يَنْفِرَ منه السَّمعُ.

٢٩- يجوزُ دُخول «أل» على حرفِ النَّفي المُتَّصِل بالاسمِ واستِعمالُه في لُغة العِلم: أللّاسِلكيّ، اللّاهَوائِيّ، اللّاتَماثُلِيّ.

٣٠- تُفَضَّلُ الكَلِمةُ الواحِدةُ على كَلِمَتَيْن فأكثَر عندَ وَضْعِ اصطِلاحٍ جديد إذا أمكنَ ذلك، فتَقول: زَوَّم بدلًا مِن غَيَّر البُعدَ البؤري، وبرِيشَة لا كُسارة صَخريَّة مُلتحِمة، وتِرمومتر بدلًا من مِقياس درجة الحرارة.

٣١- في تَرجمة صِيَغ الكَشْفِ والقياس والرَّسْم تُوضَعُ صيغةُ «مِفعال» لِما يُرادُ به الكَشْف (ويَنْتهي بِـscope-) مِثل مِطياف spectroscope، وصِيغة «مِفعَل» لِما يُرادُ به القياسُ (وينتهي بِـmeter-) مثل مِطْيَف spectrometer، وصِيغة «مِفْعَلة» لِما يُرادُ به الرسْمُ (وينتهي بِـgraph-) مثل مِطيفة spectrograph. وإذا حالَت صُعوباتٌ دونَ اشتِقاقِ اسم الآلة من المعنى، يُوضَعُ لها اسمُ «مِكشاف» أو «مِقياس» أو «مِرْسَمة» مُضافًا إلى عملِها - فتقولُ في الآلاتِ الوارِدة أعلاه، على التوالي، «مِكشاف الطيف»، «مقياس الطيف»، و«مِرْسمة الطيف». كما تقول مِكشاف كهربائي في electroscope ومِقياس مِغنَطيسي في magnetometer ومِرسَمة الزلازل في seismograph.

٣٢- تقرَّرَ ترجمةُ الكاسِعة «gen-» بكلمة مُوَلِّد(ة)، فيُقال في antigen مثلًا: مُوَلِّد الضِّد أو مُوَلِّدة المُضادّ.

٣٣- تقرَّرَ أن يُترَجم الصَّدرُ hyper- بكلمة «فَرْط» والصَّدْر hypo- بكلمة «هَبْط».

٣٤- تُتَرْجَمُ الكلماتُ المُنتهية بِـ able-«بالفِعل المُضارع المَبني للمجهول» كما في:

يُذاب soluble (ولا يُذاب insoluble)، يُباع salable، يُبَلّ أو يَبْتل wettable، يُنْقَل أو يُحْمَل portable، يُطْرَق malleable.

ويُتَرجمُ الاسمُ منها بالمَصدَرَ الصِّناعي فيُقال: مَذوبيَّة، مَنْقوليَّة، مَطروقيَّة ومَبيعيَّة[١].

٣٥- تُتَرْجَمُ الكاسِعةُ oid- بكلمة «شِبْه» فيُقال: شِبْهُ فِلِزّ في metalloid وَشِبْهُ غَرَوي في colloid؛ وقد يَصِحُّ ترجمةُ هذه الكاسِعةِ في الاصطلاحات العلمية بالنِّسَب مع الألف والنون - فتقولُ فِلِزّاني في metalloid، وغَرَواني في colloid؛

كذلك تُستعملُ صيغةُ النسبة مع الألف والنون في ترجمة المصطلحات الإفرنجيّة التي تنتهي بِـform- أو like-، ما لَم يَتنافَ ذلك مع الذوق العربي.

٣٦- عِند تعريب أسماءِ العناصرِ الكيماويَّة التي تنتهي بالمَقطع ium- يُعَرَّب هذا المَقْطَعُ بِـ«يُوم» (ما لم يكُنْ لاسم العُنصر تعريبٌ أو ترجمة شائعة) كما في: ألومنيوم، بوتاسيُوم، كالسيوم.

٣٧- تُتَّخَذُ الحُروفُ العربية أساسًا لترجمة رُموزِ العناصر الكيميائيَّة على أن يُترك لِلمختصّين اختيارُ الحُروف التي تَرمُزُ لِكُلِّ عُنصر.

٣٨- يُجيزُ المَجمعُ أن يُستعملَ بعضُ الألفاظ الأعجميَّة - عند الضرورة - على طريقة العرب في تعريبهم، وبخاصةٍ

(١) استَخدمنا صِيغَةَ «فَعُول» بِتَوسُّع في هذا المُعجم لِترجمةِ الكلمات المُنْتَهية بهذه الكاسِعة أو أحدِ شكلَيها الآخرَين ble- وَible-، فقُلنا في الوارِدة أعلاه على التوالي: ذَؤوب (ولا ذَؤوب) وبَيُوع وبَلُول ونَقُول وطَروق. وتُصاغُ منها الأسماءُ بصيغة «فَعُوليَّة»: ذَؤوبيَّة، بَيوعيَّة، بَلُوليَّة... إلخ. أُنظر المُلحق: «حولَ وَضعْ المُصطلحاتِ العِلميَّة وتطوّر اللغة» ص ٦٦٩.

حين ينصَبُّ المُصطلحُ على اسمِ عَلَمٍ، أو كان من أصلٍ يونانيٍّ أو لاتينيّ شاعَ استعمالُه دوليًا. وفي هذه الحال يَحْتَفِظُ المُصطلحُ بصورته الأجنبيَّةِ مع المُلاءمةِ بينها وبين الصِّيغِ العربيَّة، فنقولُ قُلْط وأُوم وجيولوجية وديناميكا وإِنْزيم ومَيْكا ونيُوترون ومِيزون ولِيْزَر... إلخ.

٣٩- يُعتبرُ المُصْطَلَحُ المُعَرَّبُ عربيًا ويخضعُ بالتالي لِقواعِدِ العربيَّة، مع جَواز الاشتقاق والنَّحْت منه واستخدام أدواتِ البدءِ والإلحاق قياسًا على اللسان العربيّ. مثالُ ذلك المُصطلح أيون - مُثنّاه أيونان وجمعُه أيونات - نشتقُّ مِنه الفِعل (أيَّنَ أو تأيَّن) والمَصدر (تأييِن أو تأيُّن) والصِّفة (مُؤيِّن أو مُؤيَّن)؛ ومِثله أكسَدة وبَسْتَرة وكَرْبَنة وسِواها

٤٠- يُفضَّلُ اللفظُ العربيّ على المُعَرَّب القديم إلّا إذا اشتُهر المُعَرَّب. وهكذا قُلنا: الهَندسة لا جيومَطرى، وعِلم الفَلَك لا أسترونُومْيا، والأبْهَر (أو الوَتين) لا الأورْطي، والصِّفاق لا بَريطون - بينما احتفَظْنا بأمثال كَيْلُوس وقُولون وباذِنجان وهَيولى وغيرها.

٤١- تُفَضَّلُ الاصطلاحاتُ العربية القديمة على الجديدة إلّا إذا شاعت.

٤٢- يُرَجَّحُ أسهَلُ نُطقٍ في رَسْم الألفاظِ المُعَرَّبة عندَ اختلافِ نُطقِها في اللغات الأجنبيّة - فنقولُ فِبْرين لا فَيْبرين وأسبَسْت لا أسبَسْتُوس.

٤٣- يُرسَمُ حرف G(g) في الكلمات المُعَرَّبة جِيمًا (قاهِريَّة) أو غَيْنًا: أنغستروم أو أنجستروم. ولِضَبط لَفظ حرف الجيم (في هذه الحال) يُفضَّلُ رَسمُه بنِقاطٍ ثلاث، ويجوزُ كتابتُه بالرمز الفارسي، أي بكافٍ عَربية لها خطّان مُتوازيان «گ».

٤٤- يُكتبُ الحرفُ J كما يَنْطِقُ به أهلُ كُلِّ لُغة: «ج» في الإنكليزيَّة والفرنسيَّة ويُلفَظُ جيمًا مُعَطَّشة (قُرشيَّة)، و«ي» في الألمانيَّة (كما في يينا Jena) و«خ» في الإسبانيَّة.

٤٥- يُراعى مُسايرةُ النَّهج العِلمي العالَمي في اختيار المُصطلحاتِ العِلمية ومُراعاةُ التقريب بين المُصطلحات العربية لتسهيلِ المُقابلة للمُشتغلين بالعِلم ولِلدّارسين.

٤٦- عِند وَضع مُصطلحٍ عربي لِمُقابِلِه المُصطلح الأجنبي يُسترشَدُ بالأصل اللاتيني أو الإغريقي إنْ وُجِد، ويُراعى أن يتَّفِقَ المُصطلحُ العربي مع المَدلول العِلمي للمُصطلح الأجنبي دونَ تقيُّدٍ بالدّلالة اللفظيَّة، مِثالُ ذلك أنْ نقول:

غُرفةٌ كاتِمة لا غُرفةٌ مَيتة مُقابل dead room،

وجَزْر لا مَدّ خفيض مُقابل low tide.

٤٧- تُفضَّلُ الألفاظ غير الشائعة لأداءِ مُصطلحاتٍ علمية ذات دلالةٍ دقيقة مُحدَّدة مِثالُ ذلك أن نقول:

كَمّ لا كمِّيَّة مُقابِل quantum، واستِطارة لا تبَعْثُر مُقابل scattering.

وتَجْوِية لا تأثُّر بالعوامِلِ الجويَّة مُقابل weathering[1].

(١) ومن هذا المُنطَلَق فَضَّلنا مُصطلح «مِقْلاد» على «مِفتاح»، ونعملُ على تَرويجِه مُقابل switch لأنّ «مِفتاح»، شائعة لِعدَّة مَفاهيمَ أُخرَى.

٤٨ - عِندَ وجودِ ألفاظٍ مُترادِفة أو مُتَقارِبة في مَدلولها ينبغي تحديدُ الدلالةِ العِلمية الدقيقة لِكُلٍّ منها، وانتقاءُ اللفظ العلمي الذي يُقابله، مثال ذلك:

مُقاوَمة مُقابِل resistance، ومُعاوَقة مُقابل impedance،

ومُمانَعة مُقابل reluctance، ومُقاصَرة مُقابل inertance.

ويحسُنُ عندَ انتقاءِ مُصطلحاتٍ من هذا النوع أن تُجمعَ كُلُّ الألفاظ ذاتِ المعاني القريبة أو المُتشابهةِ الدلالة وتُعالَجَ كُلُّها كمجموعةٍ واحِدة.

٤٩ - الكلماتُ العربية التي نُقِلت إلى اللغات الأجنبية وحُرِّفَتْ تَعودُ إلى أصلها العربي إذا ما نُقِلَت إلى العربية مَرّةً أُخرى، فيُقال في Alhambra «الحمراء» لا «ألْهَمبرا»، وفي Arsenal «دارُ الصناعة لا «تَرسانة»»[(١)].

٥٠ - تُرَجَّح كِتابةُ الكلمات الأجنبيّة المُعَرَّبة المُنتهية بِـlogy- الدالَّةِ على العِلم بِـ«تاء» (مَربوطة) في آخرها. فيُقال: جيُولوجية، بيُولوجية، سوسيولوجية.

٥١ - الكلماتُ التي شاعت بصيغةٍ خاصَّة تَبقَى كما اشتُهِرَت نُطقًا وكِتابةً.

٥٢ - قَبِلَ المَجمعُ إدخالَ حَرف «پ» ليُقابلَ الحرف P، كما قبِلَ أن يُكتب الحرف V فاءٌ بثلاثِ نُقَط (ڤ).

٥٣ - وافقَ المجمعُ على كتابة الرقم «٢» مستقيم الرأس أُفُقِيًّا (٢) نَفيًا للاشتباه بينه وبين الرقم ٣.

٥٤ - يجوز حَذفُ تاء التأنيث من المؤنَّث المجازي في المُصطلح العلمي عند تَصغيره إذا أدّى ظهورُ التاء الى الالِتباس[(٢)].

(١) تَرسانة تعريبُ عن التركيَّة، والتُّركيَّة عن الفرنسيَّة D'arsenal. واللفظةُ في الفرنسيَّة (وسِواها من اللغات اللاتينيَّة) مأخوذة عن العربيَّة الأندلسيَّة.

(٢) فنقول مثلًا أذَين مقابل atrium لا أُذَيْنَة التي تُقابِل auricle.

صُخور طَفحيّة (بركانيّة)
Eruptive rocks

شَقّ فاغِر في سفح بركاني
open fissure in a volcanic flank

نَبْع ماء كبريتي يَغلي
spring of sulphur boiling water

نَبع ماء حرارته ٨٢ْ س ؛ هو الأسخَن في أوروبا
an 82° C spring; the warmest in Europe (Cantal)

قنبلة بركانيّة تبدو مثل قشرة رَغيف
volcanic bomb looks like a crust

حَتّ الصَّرف السَّطحيّ
Runoff Erosion

تكوين الأعمدة الترابيّة
formation of earth pillars

حَتُّ المياه الجارية
Running water Erosion

formation of a ravine stream تكوين مجرًى إفجيجيّ

تحاتّ المَرْل بِفِعل الصَّرف السَّطحي
marls erosion by the runoff

التحات بفِعل مياه الارتشاح: نهر جوفي
Erosion by the Infiltration water: an underground river

إعادة الانبِعاث: ظُهور نهر جوفي مجدَّدًا إلى النور
resurgence: reappearance of an underground river to light

رواسب طينيّة نَتجت بفِعل انحِلال الحجر الجيري
clay deposits resulting from limestone dissolution

لابيِاز: تحاتّ سطح الأحجار الجيرية بفِعل مياه الارتشاح
lapiaz: erosion of limestones surface by the infiltration water

هَوابط
stalactites

ترسُّبات الأحجار الجيريّة المُذابة بالمياه
Precipitation deposits of limestones dissolved in water

صَواعد
stalagmites

تحجُّر
petrification

تطبُّق أفقيّ في الصخور السَّرئيّة
horizontal bedding in oolite

تطبُّق مُتصالب من الحِقبة الباجوسيانيّة
cross stratification from the Bajocian

طبقات عَموديّة: صخور جيرية من العصر الطباشيري الأعلى
vertical strata: limestones from Upper Cretaceous

صَدْع مكشوف في سَهل بازَلتي
open fault in a basaltic plain

صَدْع من الحِقبة الألبيّة السينومانيّة (الجوراسي الوسيط)
fault from the Albian-Cenomanian epoch

التخالُف
Discordance

طبَقات أُفقيّة
horizontal strata

طبَقات مائلة: صخور جيرية من العصر الطباشيري الأدنى
dipping strata: limestones from Lower Cretaceous

طَيّة مقعَّرة مُضطجعة
recumbent syncline

طَيّة قَبويّة
anticlinal

طبقات مُتنوِّعة مروَحيّة التشكُّل
various fan-shaped strata

تعرية جَليديّة
Glacial Erosion

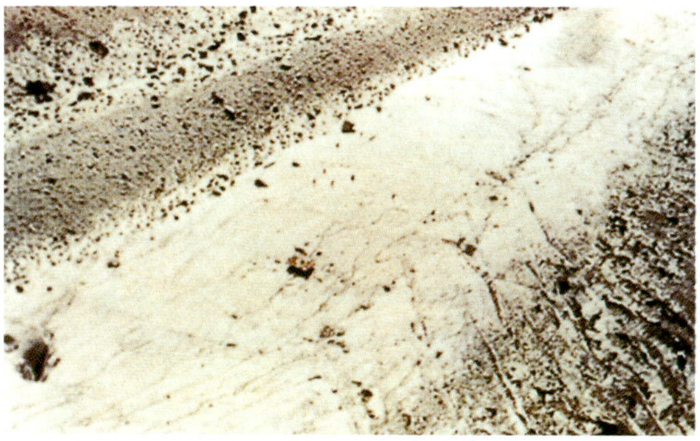

مَظهر المَثلَجة : ذَوب مائي ، رُكام وصُدوع جليديّة
appearance of a glacier: meltwater, moraine and crevasses

صُخور غَنَميّة وصخور محزَّزة
roches moutonnées and striated rocks

حُزوز جَليديّة
glacial striations

جبال المون بلان ، وادي بحر الجليد
Mont Blanc Mountains, Ice sea valley

حَتٌّ صَقيعيّ
Frost Erosion

تأثير الصَّقيع على قمم الجبال
frost action on mountain tops

حَتٌّ بَحريّ
Marine Erosion

هَيار أرضي جُرفيّ
cliff landslip

تَحاتّ في الصخور غير المتجانِسة
erosion in heterogeneous rocks

حَزٌّ داخِل تحاتّ بحري يُظهر مستوى سطح البحر القديم
notch in marine erosion showing the old sea level

حَتُّ الرِّياح في الصُّخور الرَّمليّة
Wind Erosion in sandstones

تحاتٌّ جُرفيّ
cliff erosion

قُطافة المنتوجات المتطايرة
Topping

gas fractionation تجزئة الغاز

تقطير البترول الخام
crude distillation

cracking plant مَعمل تكسير - للحصول على قطارات خفيفة من النفط

تَهذيب كيماوي
reforming

نَزْع الكبريت من زيت الديزل بالهدروجين
gasoil hydrodesulfurization
(قُطارات الزيت الوسطى)
(middle oil distillates)

تحميل ناقِلات النفط
oil tankers loading

هَدرَجة البنزين
gasoline hydrogenation

مُعالَجة الزَّيت
oil treatment

تَحميل الشاحِنات الصهريجيّة
road tankers loading

تقطير خوائيّ
vacuum distillation

متخلفات التقطير
distillation residue

bitumen blowing تصليد القار – بالأكسدة على درجات حرارة عالية

مقطورة صِهريجيّة
TANK TRAILER

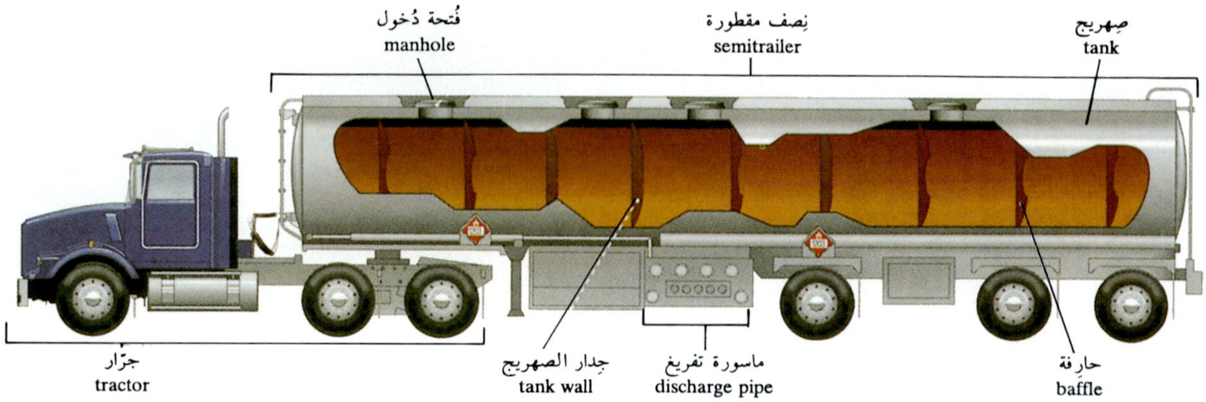

خزّان ذو سَقفٍ ثابِت
FIXED-ROOF TANK

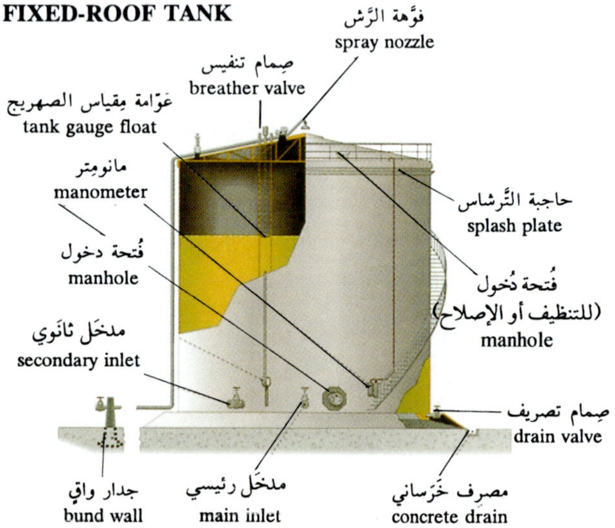

خَزّان ذو سقفٍ عائم
FLOATING-ROOF TANK

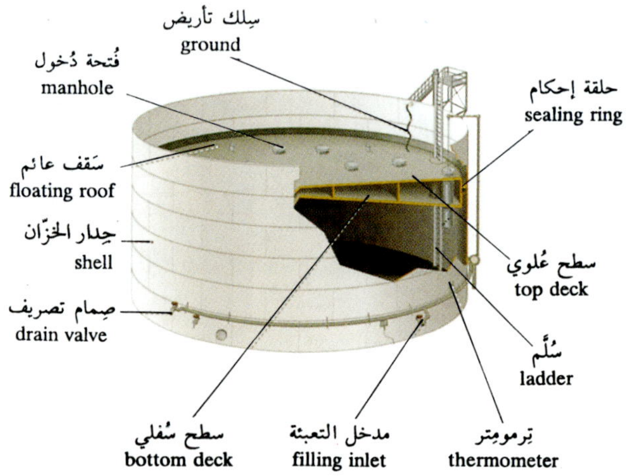

ناقِلة نَفط
TANKER

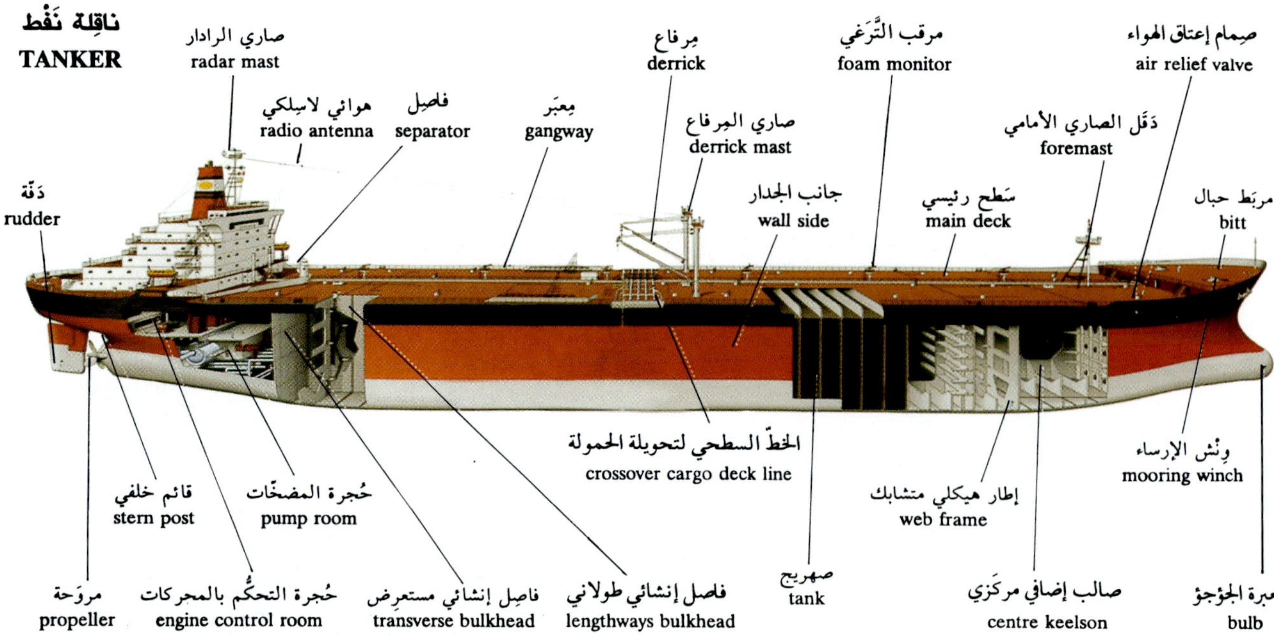

خَطّ أنابيب الزيت الخام
CRUDE-OIL PIPELINE

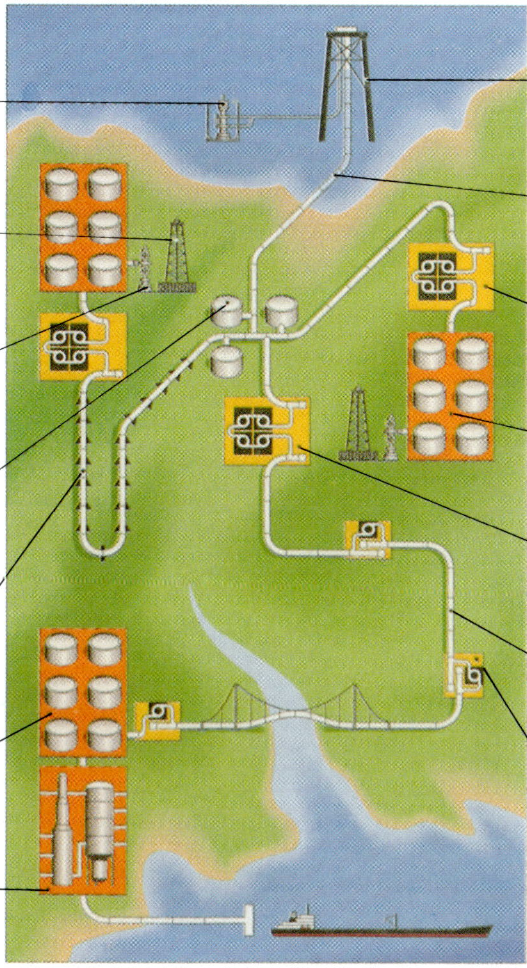

شَجَرة الصِّمامات
CHRISTMAS TREE

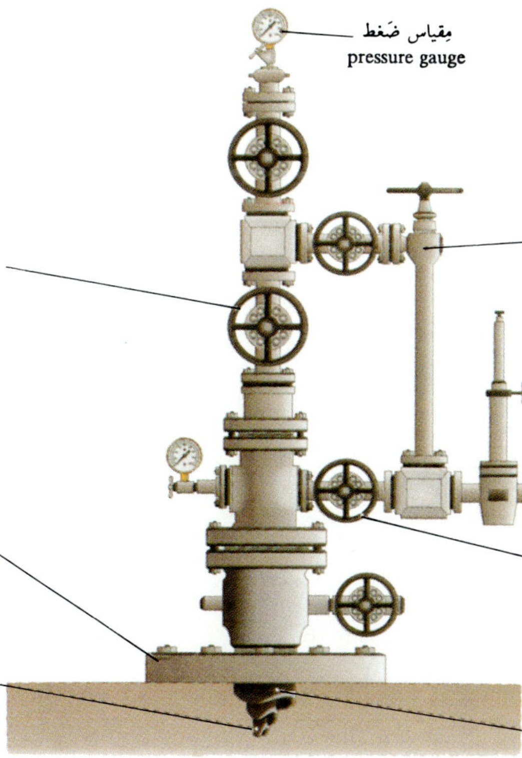

بِطرَقة نَفحيّة
PNEUMATIC HAMMER

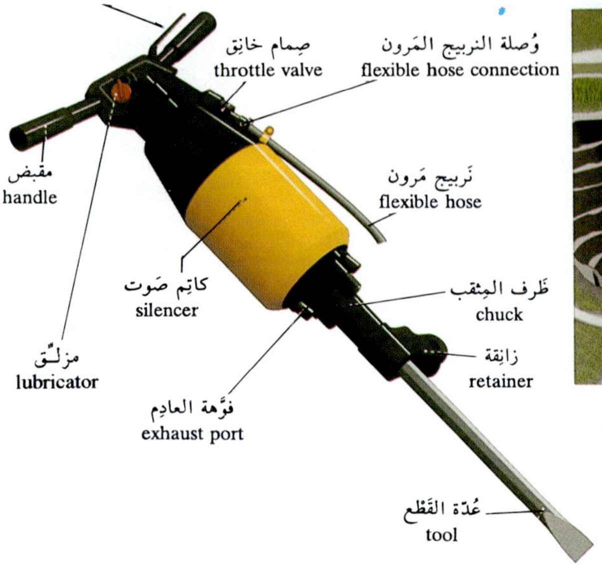

مَنجَم سَطحي مكشوف
OPEN-PIT MINE

مَنجَم تعدين بالتعرية السطحيّة
STRIP MINE

منجم تعدين تحت أرضي
UNDERGROUND MINE

مِطرَقة ثَقْب نفحيّة
JACKLEG DRILL

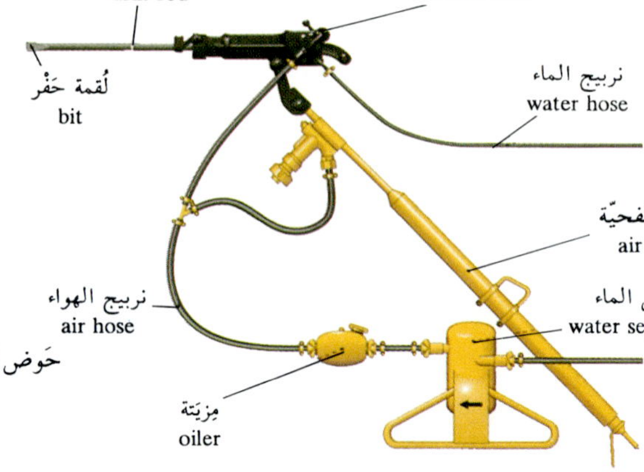

إنتاج الكهرباء من الطّاقة الشمسيّة
Production of Electricity from Solar Energy

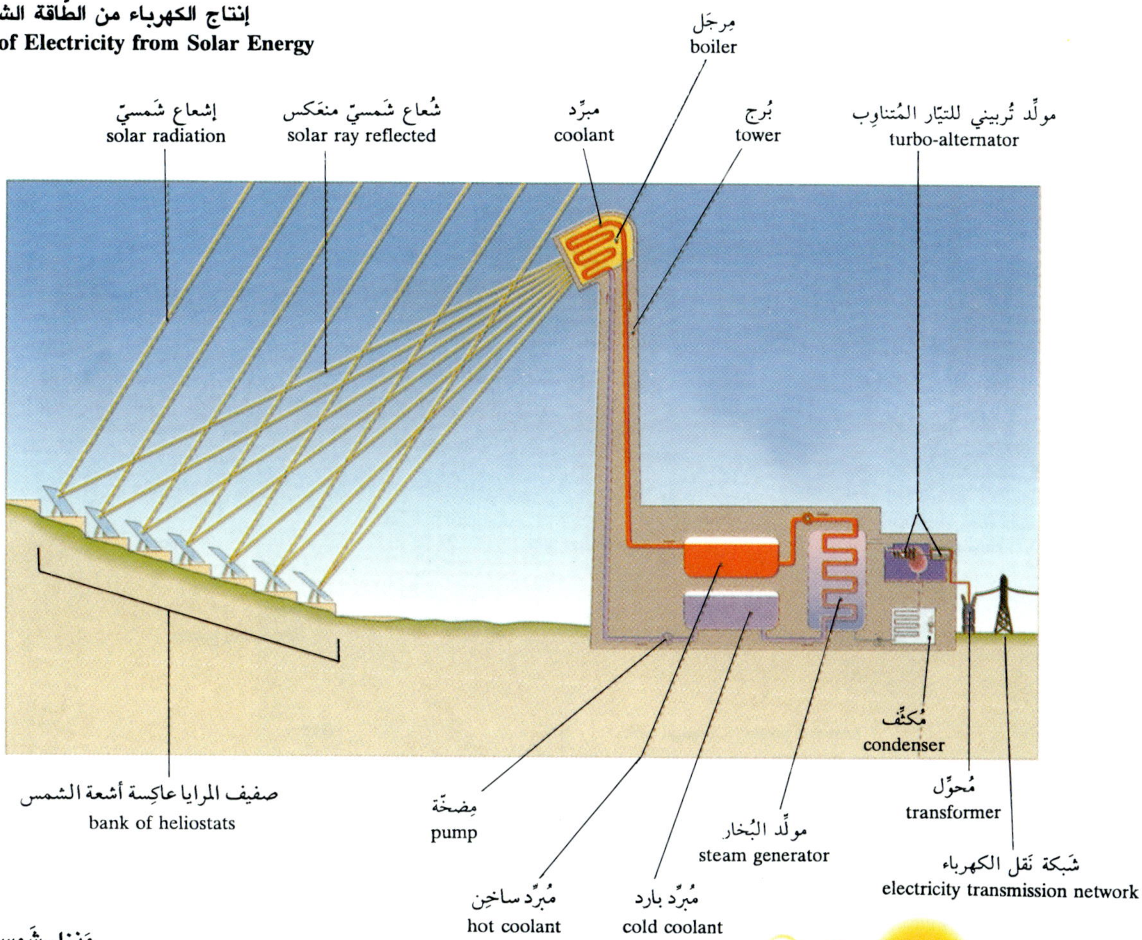

مَنزِل شَمسيّ (الطاقة)
Solar House

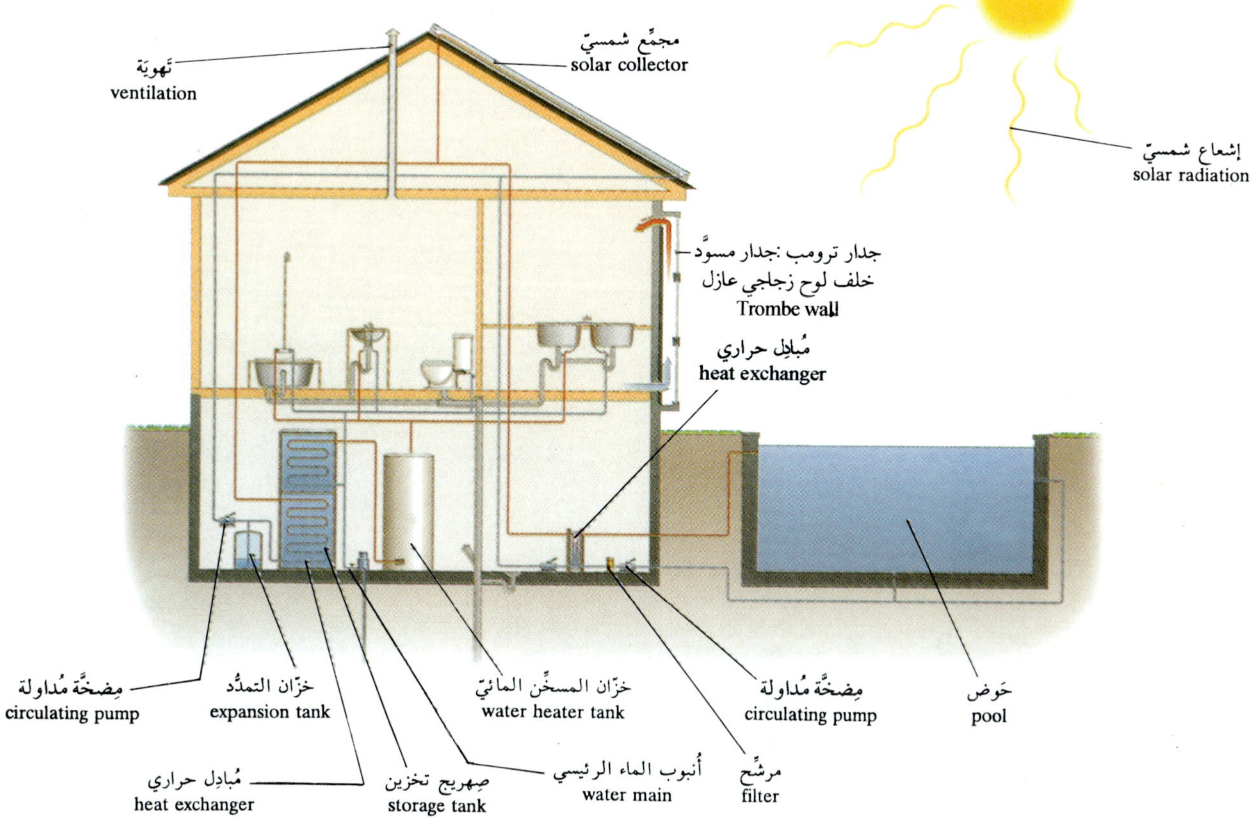

مَراحِل إنتاج الكهرباء
STEPS IN PRODUCTION OF ELECTRICITY

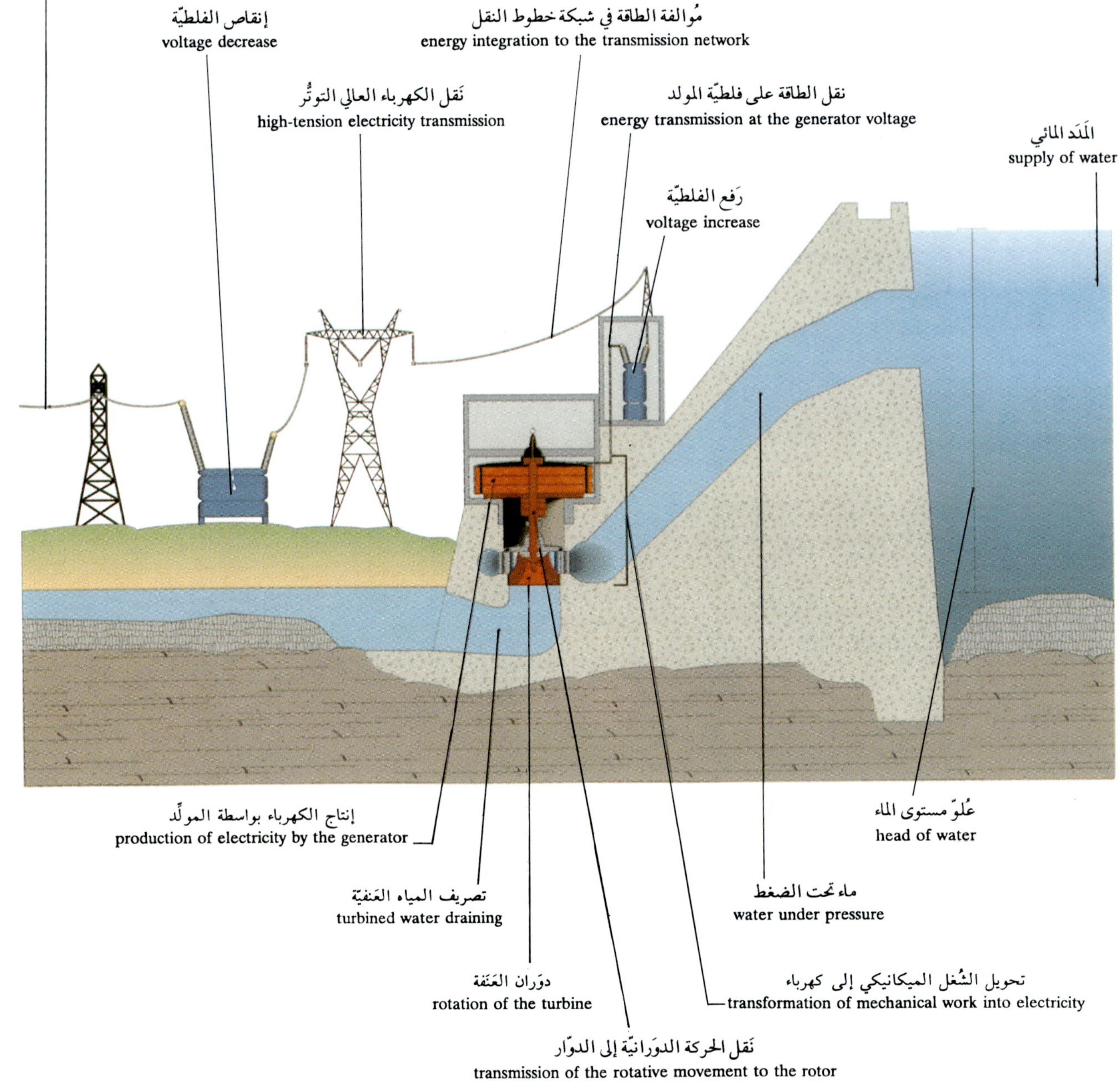

عَنَفة «كاپلان»
KAPLAN TURBINE

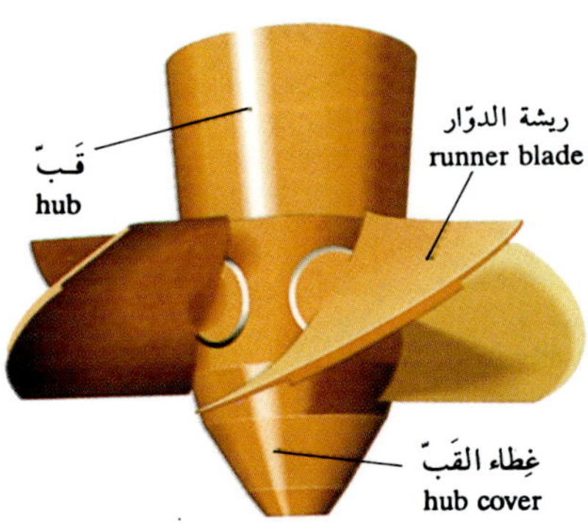

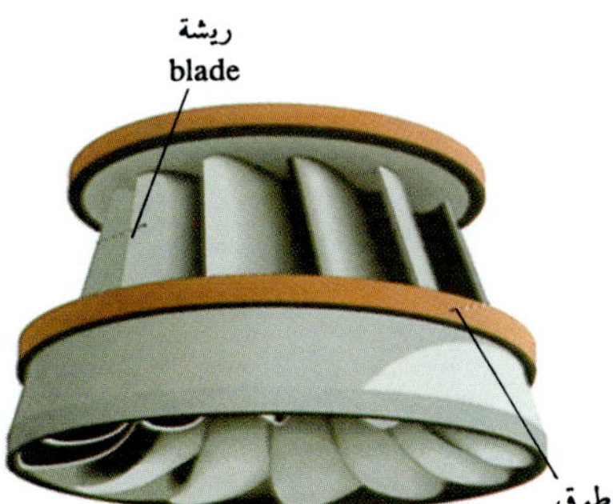

عنَفة «فرَنسيس»
FRANCIS TURBINE

عنَفة «پلتون»
PELTON TURBINE

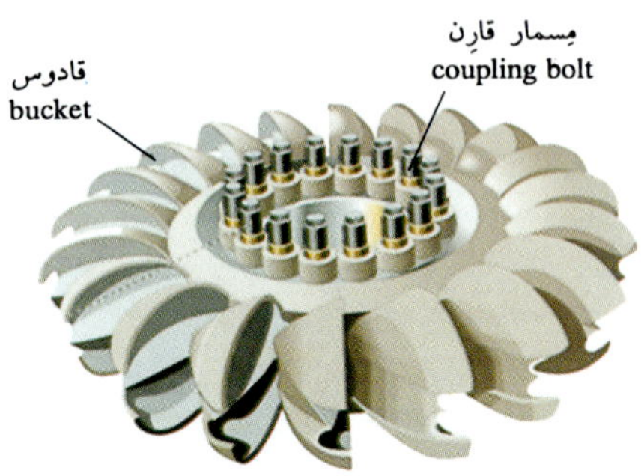

وَحدة توليد بالطاقة النوويّة
NUCLEAR GENERATING STATION

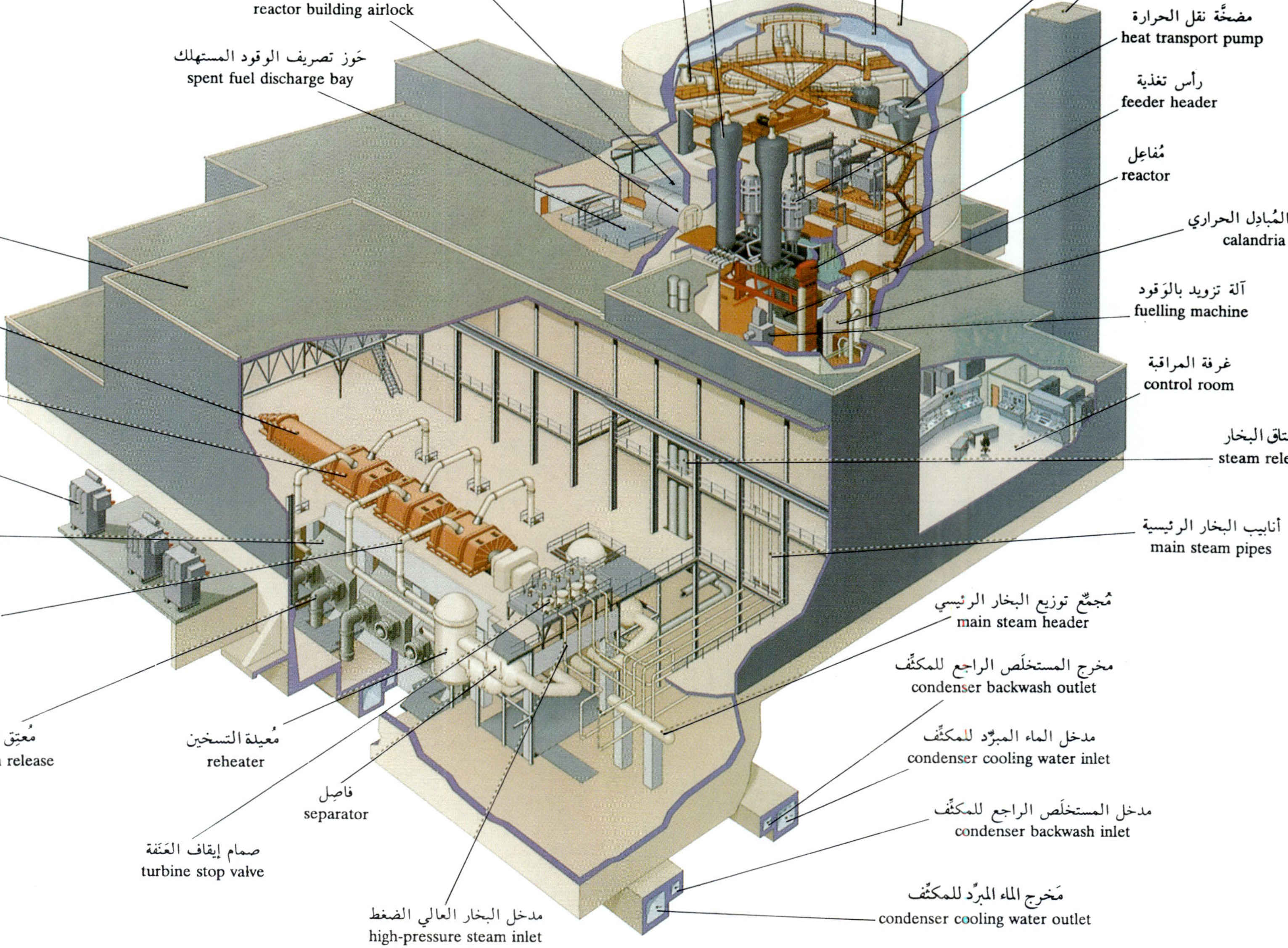

مُفاعِل نَوَويّ
NUCLEAR REACTOR

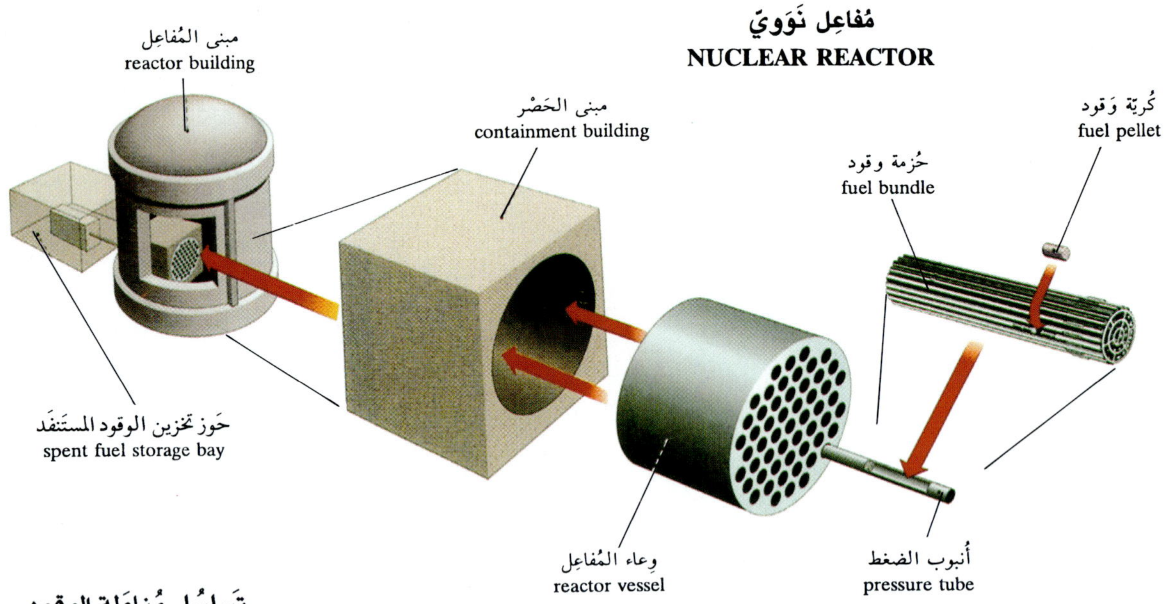

تَسلسُل مُناوَلة الوقود
FUEL HANDLING SEQUENCE

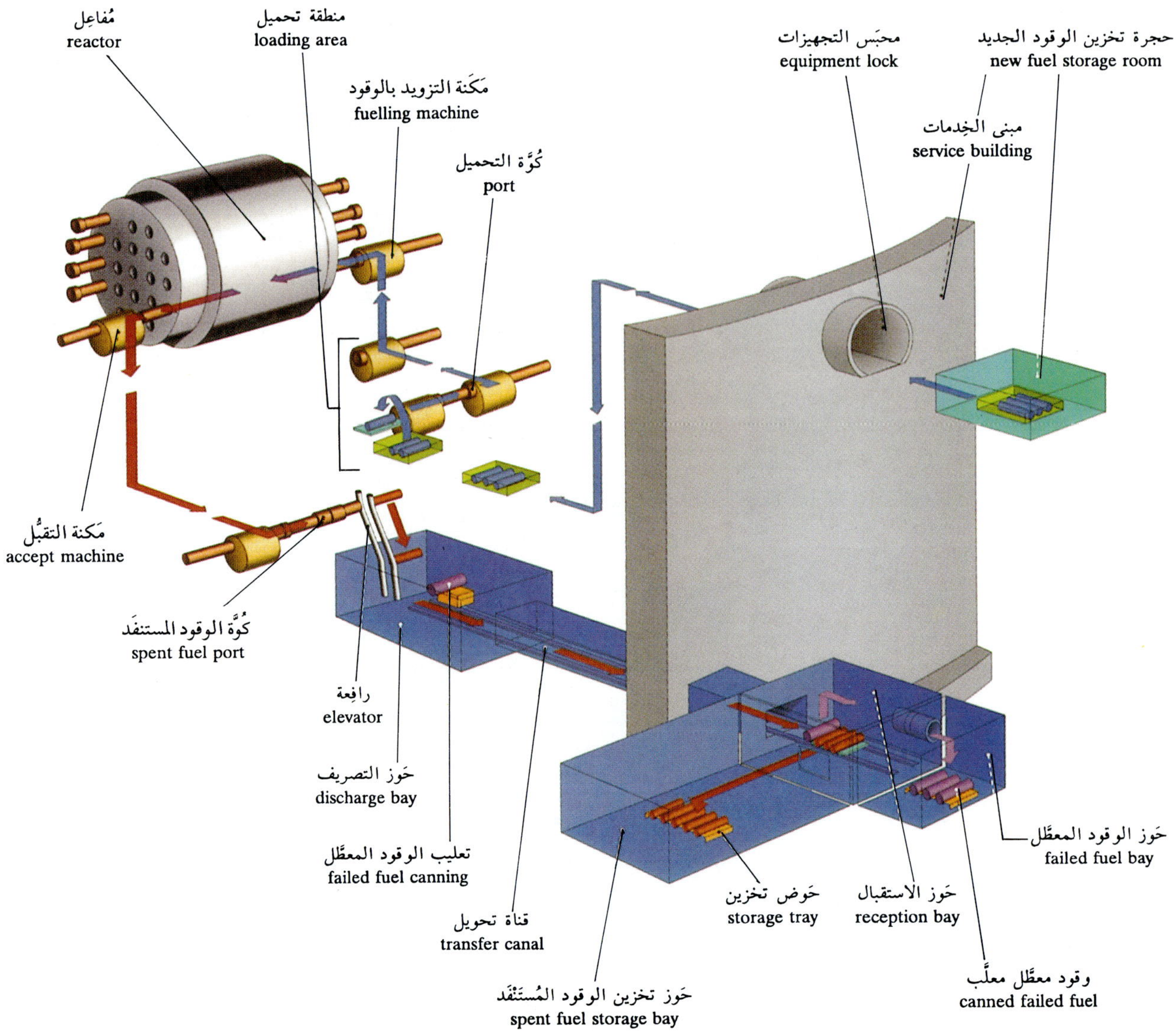

إنتاج الكهرباء بالطاقة النوَويّة
PRODUCTION OF ELECTRICITY FROM NUCLEAR ENERGY

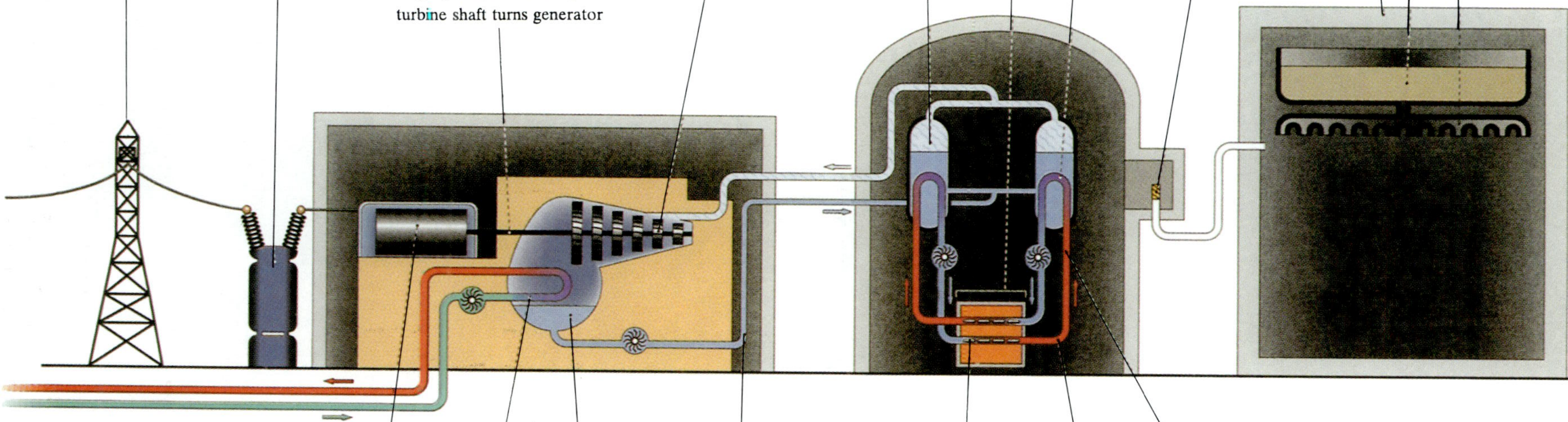

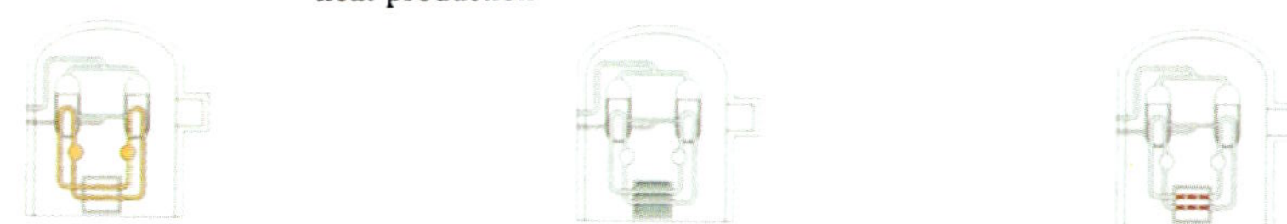

مَوقِد
FIREPLACE

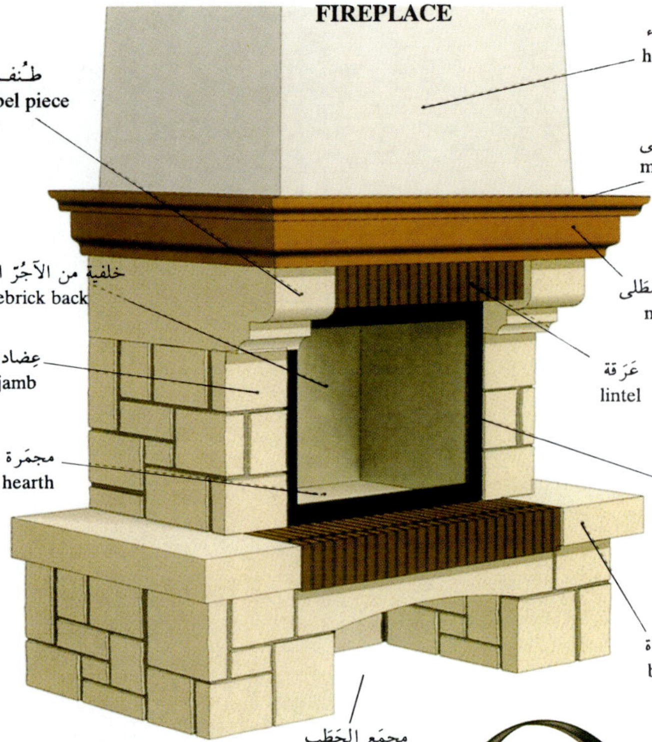

مَدخَنة
CHIMNEY

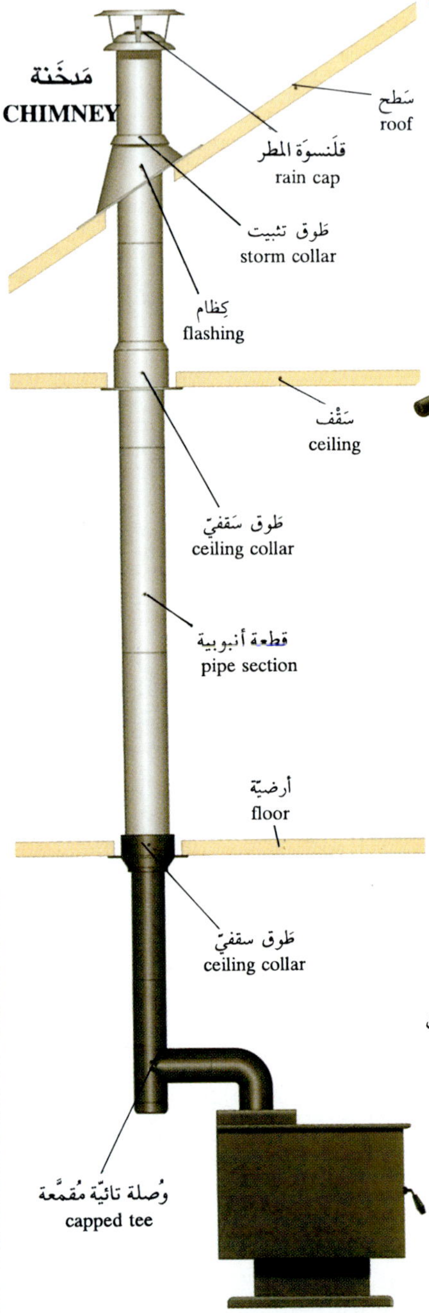

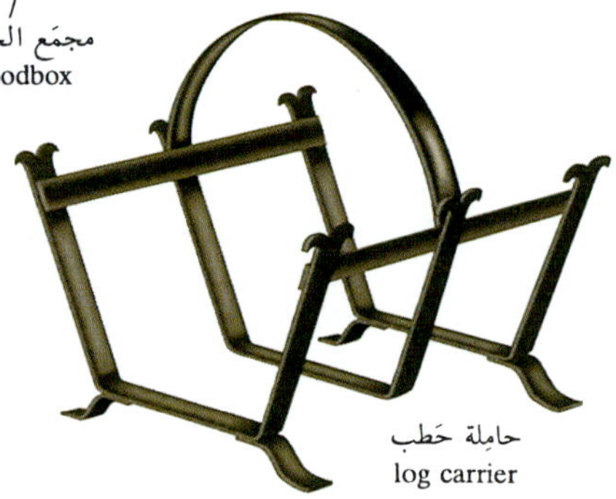

مَوقِد بطيء الاحتراق
SLOW-BURNING STOVE

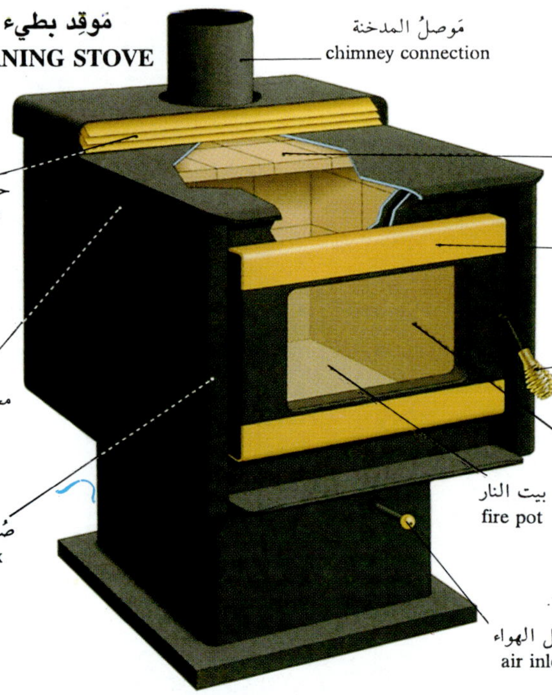

مِدفأة معبَّأة بالزيت
oil-filled heater

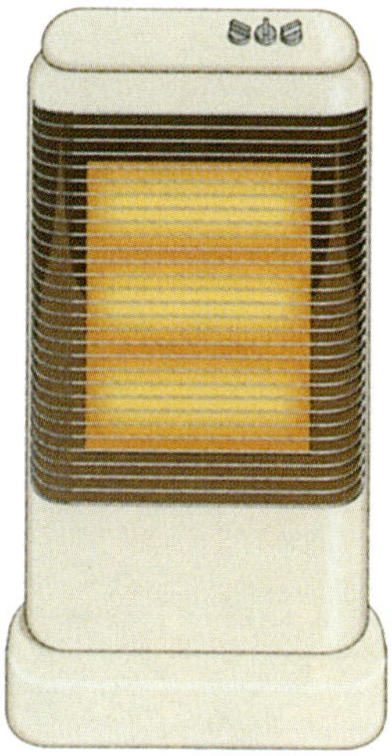

مِدفئة شعٍّ توَهُّجي
radiant heater

مسخِّن بالحَمل الحراريّ
CONVECTOR

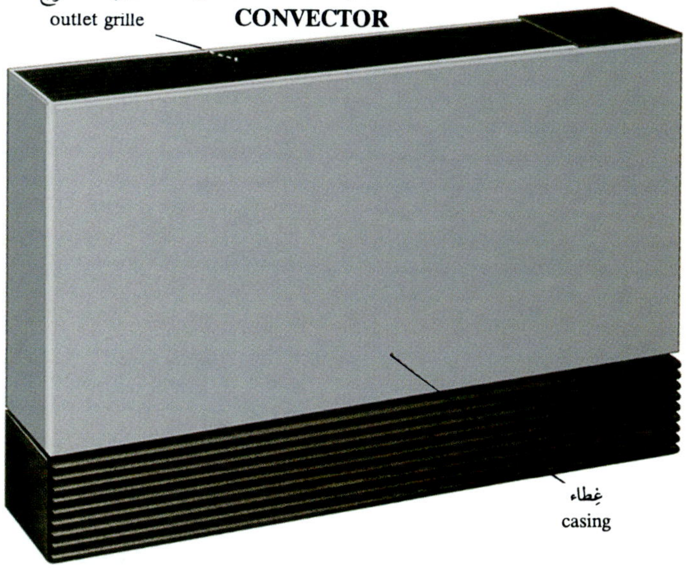

مُسخِّن إزاري كهربائيّ بالحمل الحراريّ
ELECTRIC SKIRTING CONVECTOR

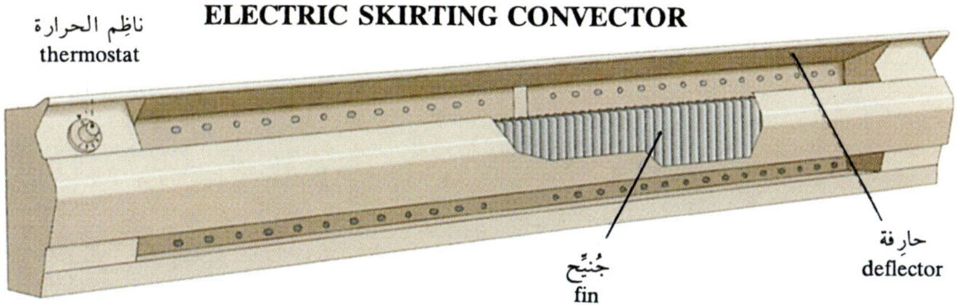

مدفأة مروَحيّة
fan heater

مرطِّب (مِضبط الرطوبة)
HUMIDIFIER

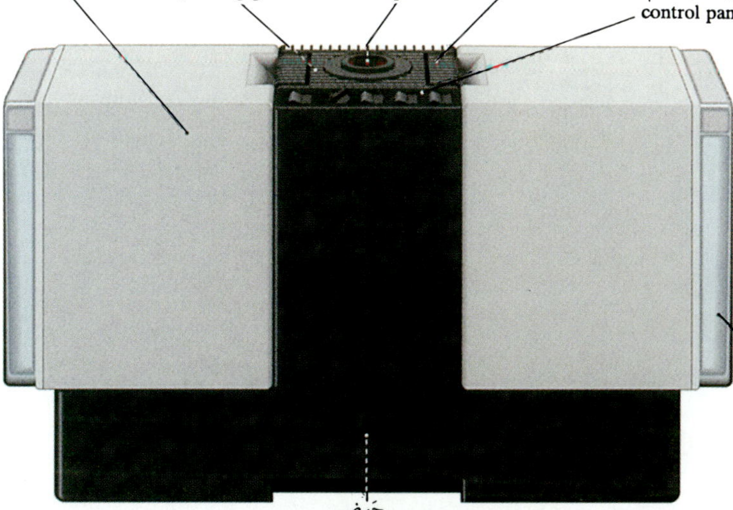

مُنقّي الهواء
air purifier

مِرطاب
HYGROMETER

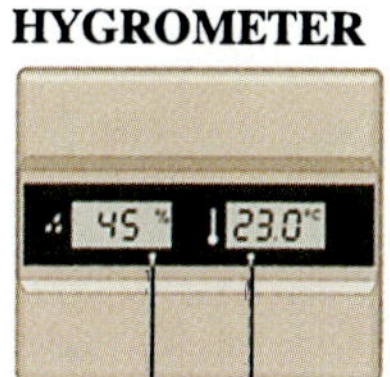

مِصباح موفِّر للطاقة
ENERGY SAVING BULB

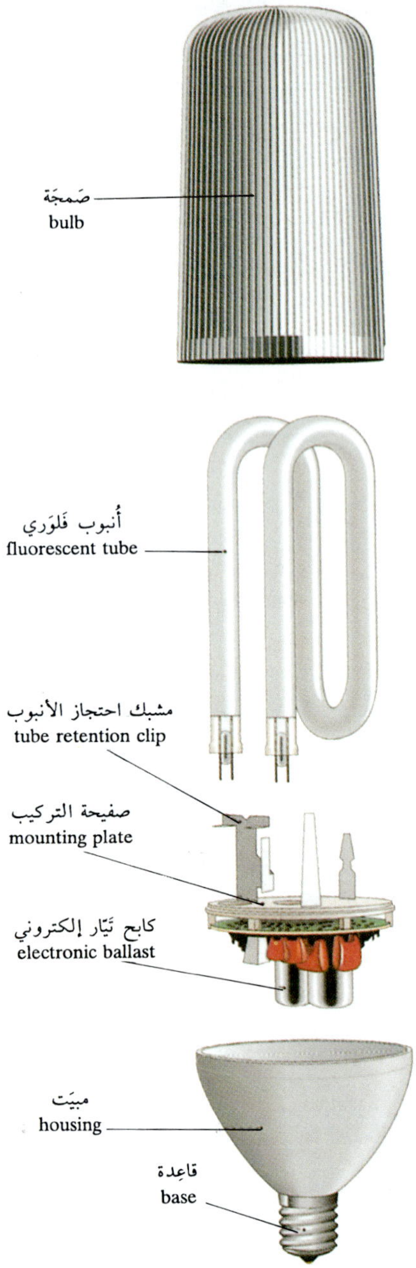

مِصباح توهُّجي
INCANDESCENT LAMP

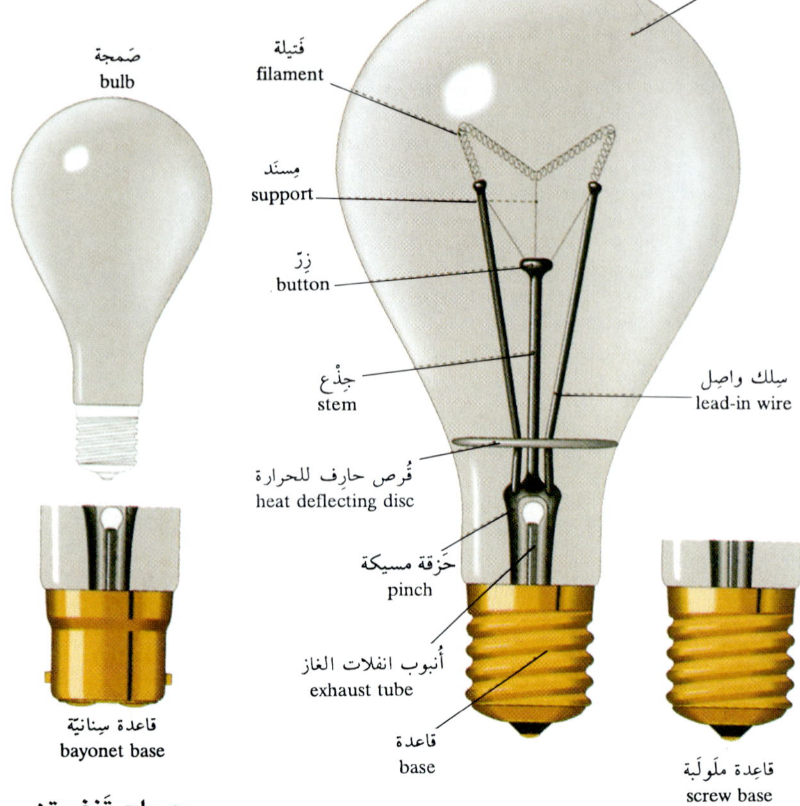

مصباح تَنغستِن
TUNGSTEN LAMP

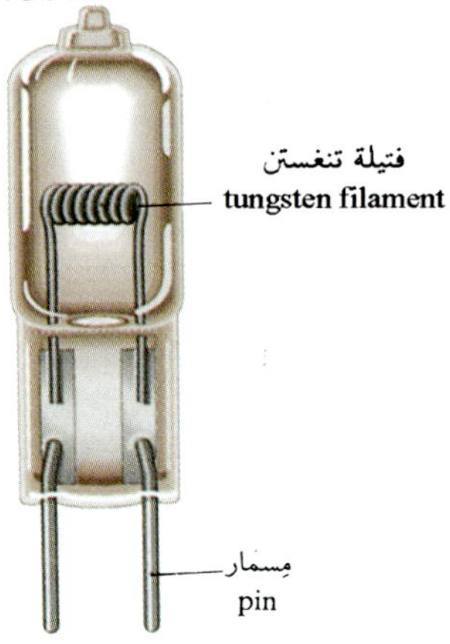

مِصباح تنغستن هالوجيني
TUNGSTEN-HALLOGEN LAMP

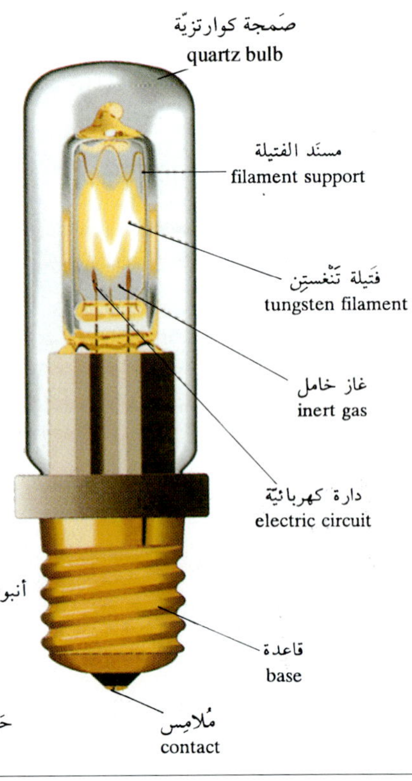

أُنبوب فَلوَريّ
FLUORESCENT TUBE

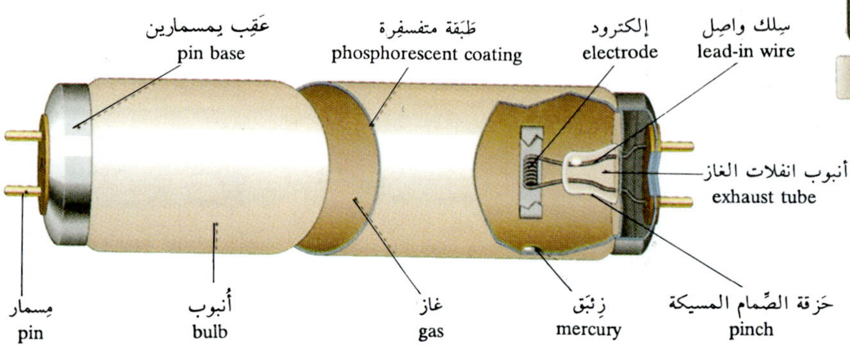

نِصفا الكُرة
Hemispheres

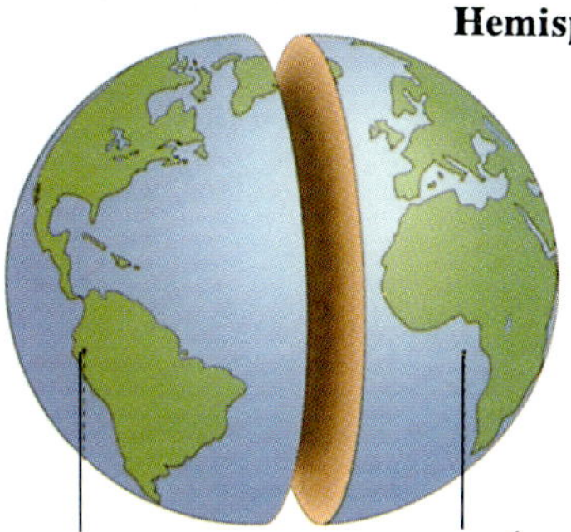

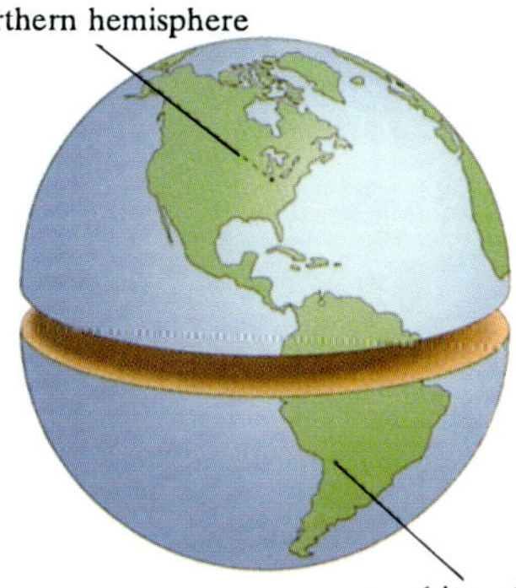

مساقط الخرائط
Map projections

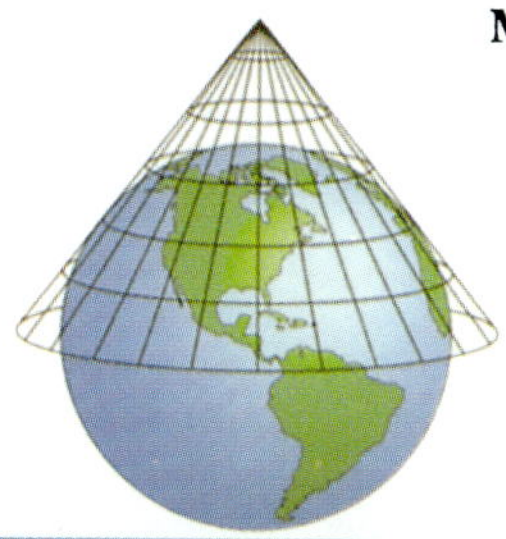

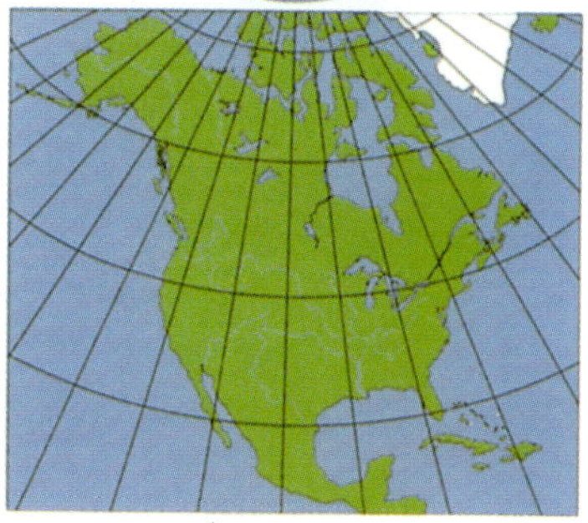

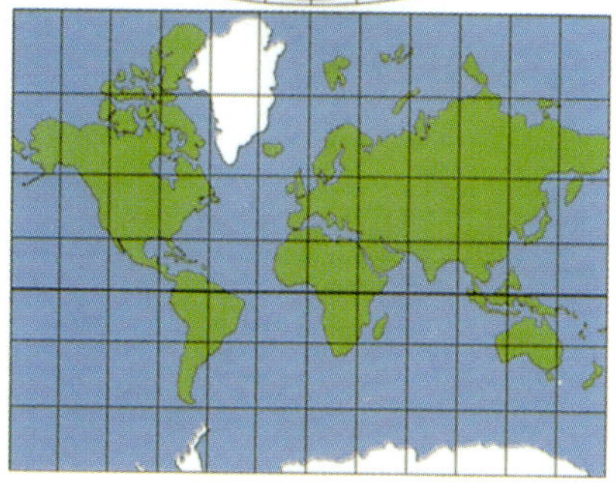

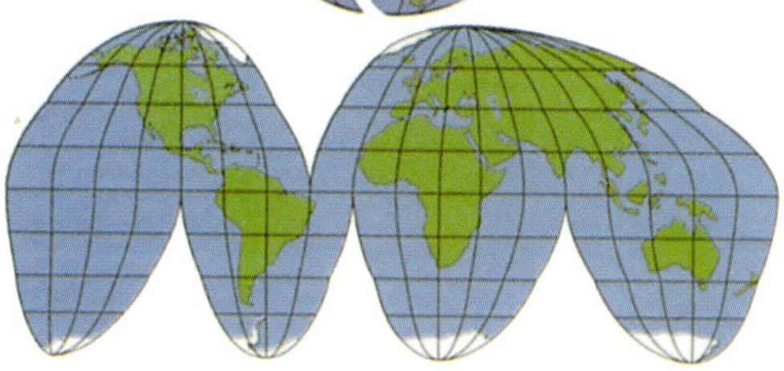

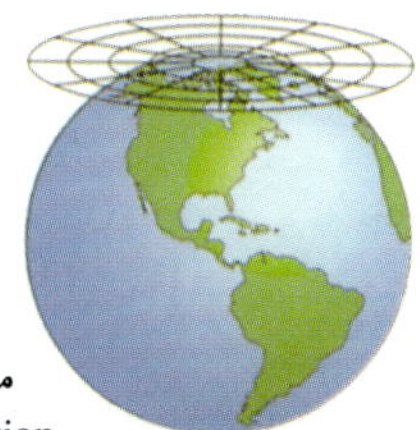

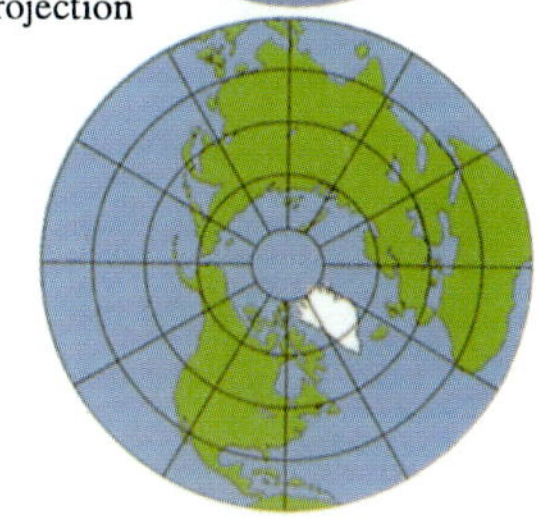

نِظام الشبكة الإحداثية
Grid system

خطوط العَرض
lines of latitude

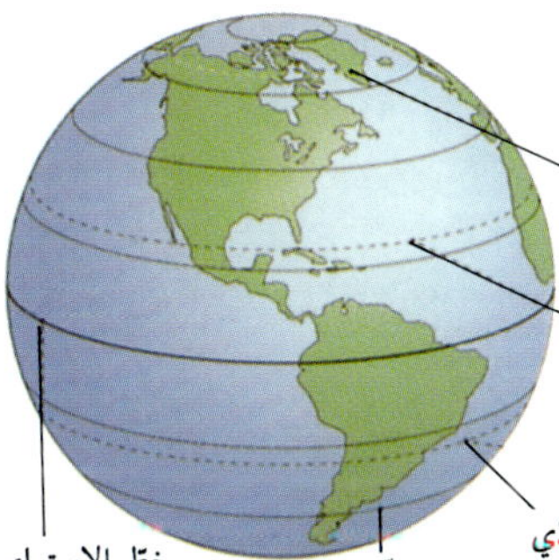

خطوط الطول
lines of longitude

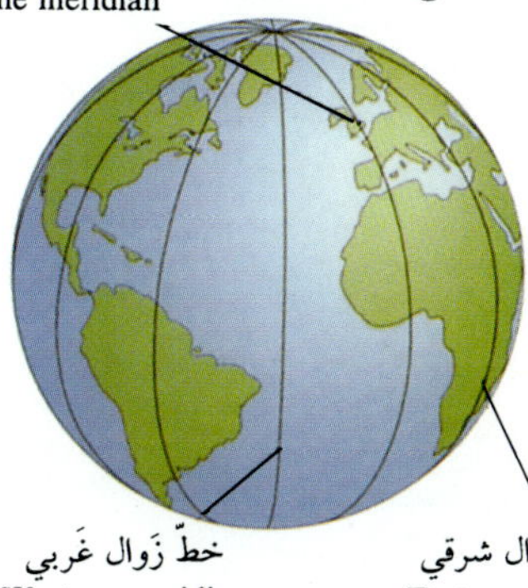

خريطة مُدُنيّة
Urban map

إكتشاف المَوجات الزِّلزالية
DETECTION OF SEISMIC WAVES

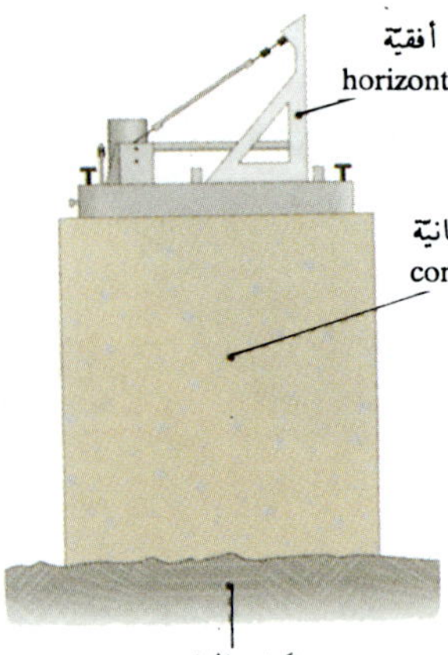

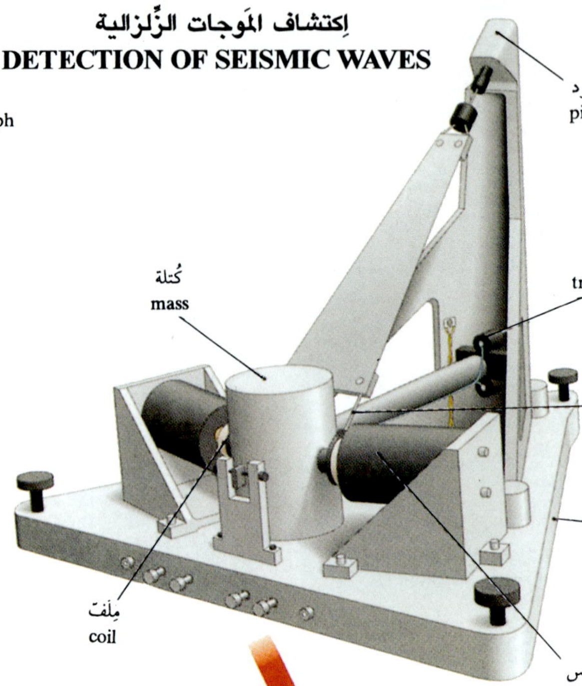

هَزّة أرضيّة
EARTHQUAKE

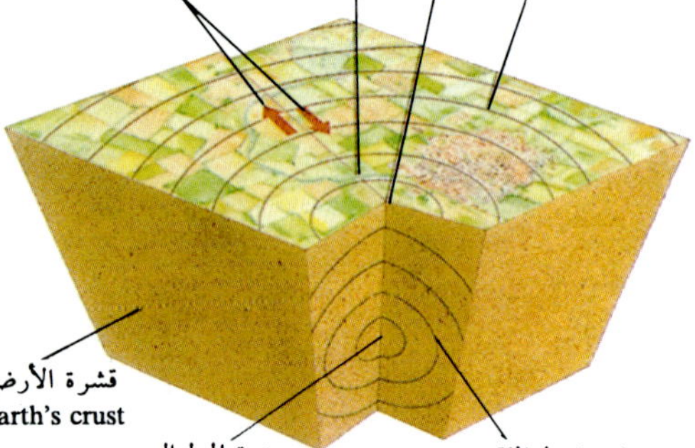

تضخيم الموجات الزلزالية
AMPLIFICATION OF SEISMIC WAVES

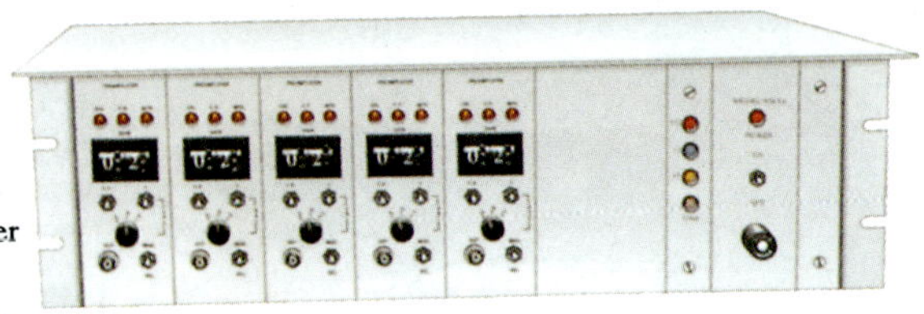

تسجيل الموجات الزلزاليّة
TRANSCRIPTION OF SEISMIC WAVES

أُسطوانة دوّارة
rotating drum

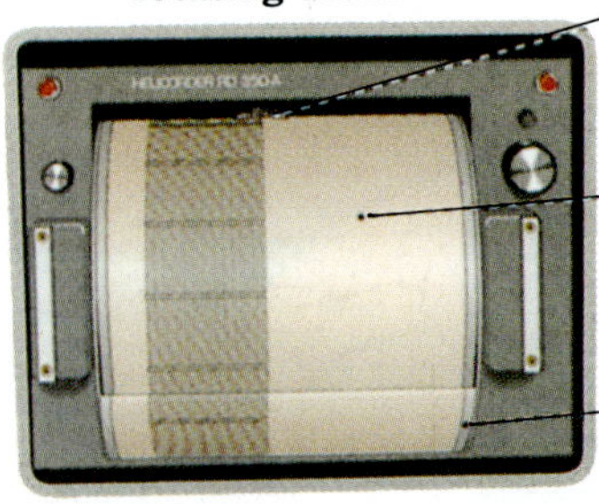

ترسيم الموجات الزِّلزاليّة
Visualization of seismic waves

قياس كميّة المطَر
measure of rainfall

مِمطار مباشر القراءة
direct-reading raingauge

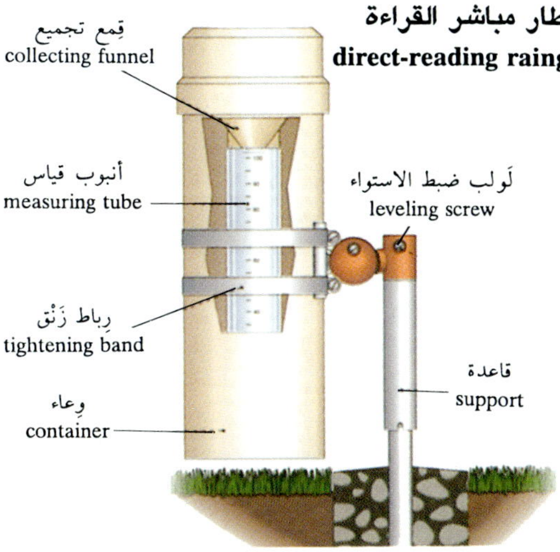

قِياس شَعٍّ الشَّمس
Measure of sunshine

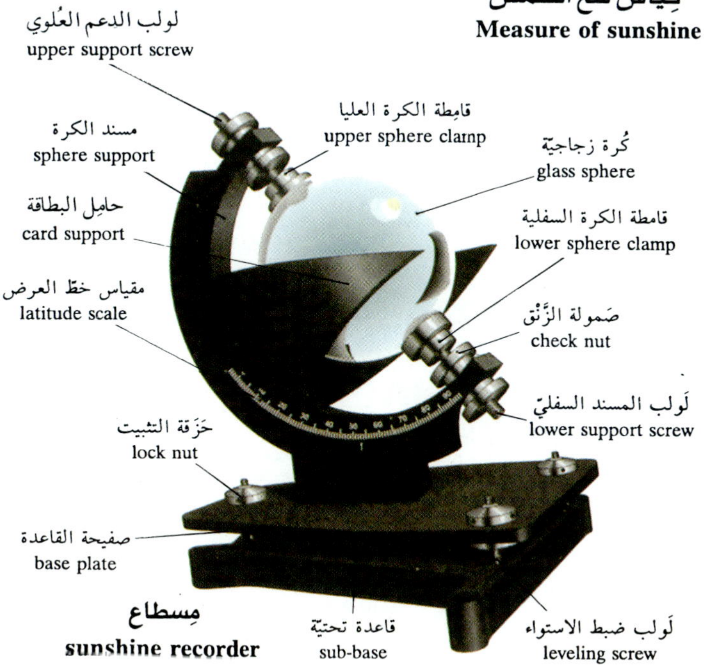

مِسطاع
sunshine recorder

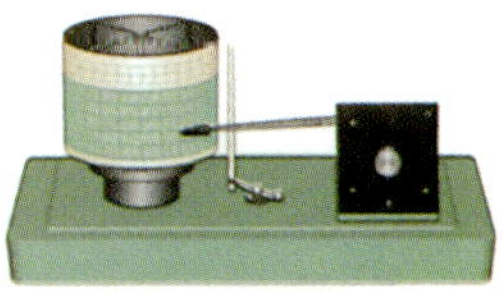
وحدة تسجيل
recording unit

وعاء تجميع
collecting vessel

مِمطار مسجِّل
raingauge recorder

مِقياس التساقط الثَّلجي
Measure of snowfall

مِقياس الثلج
snowgauge

مقياس سَقف السُّحب
Measure of cloud ceiling

مِزواة
theodolite

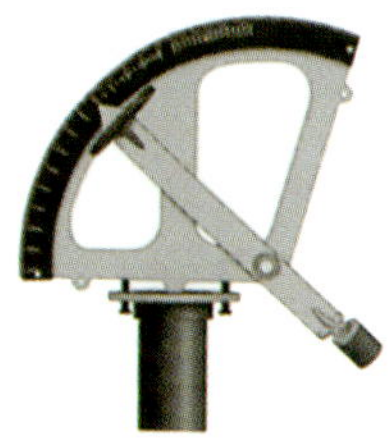
عِضادة
alidade

مِسقاط سَقفيّ
ceiling projector

واقي المُعدّات
Instrument shelter

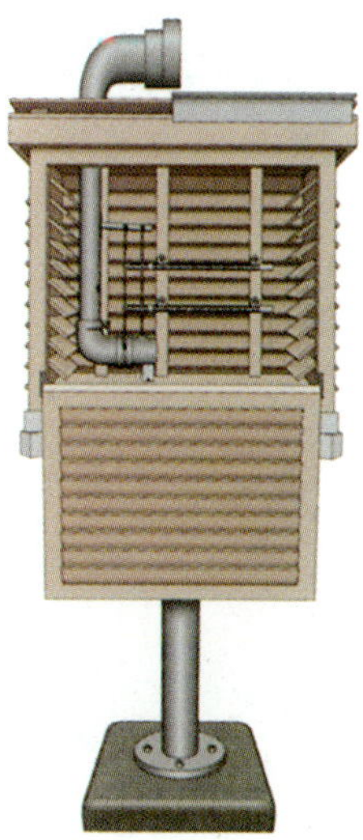

مقياس ضغط الهواء
Measure of air pressure

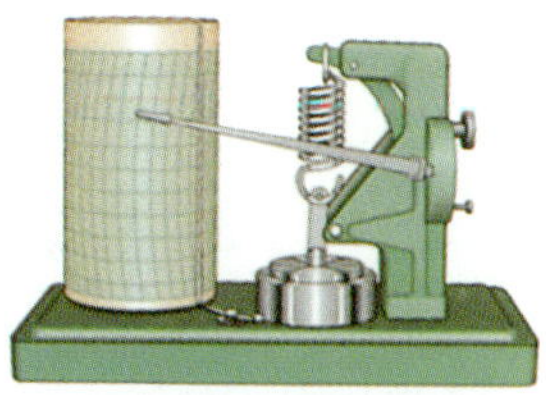
مرسَمة الضغط الجوّي
barograph

بارومتر زئبقيّ
mercury barometer

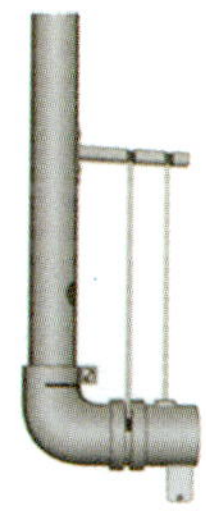
مقياس رطوبة الجو
psychrometer

مقياس اتجاه الريح
Measure of wind direction

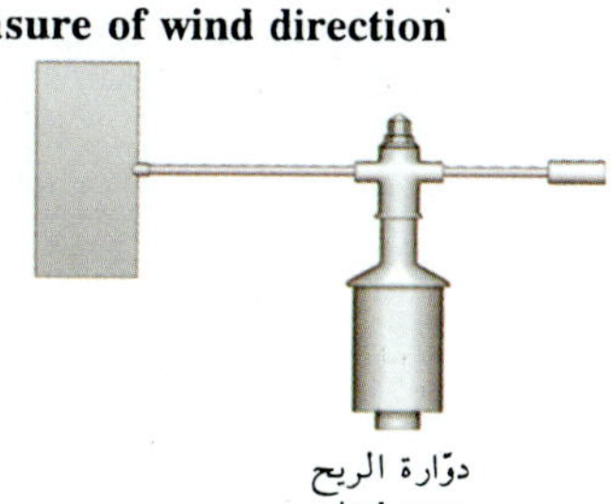
دوّارة الريح
wind vane

مِقياس شِدّة الرِّيح
Measure of wind strength

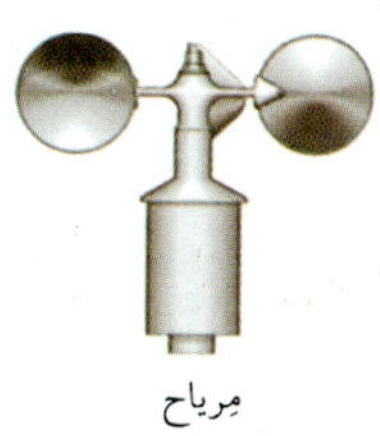
مِرياح
anemometer

مقياس الرُّطوبة
Measure of humidity

مِخطاط الرطوبة
hygrograph

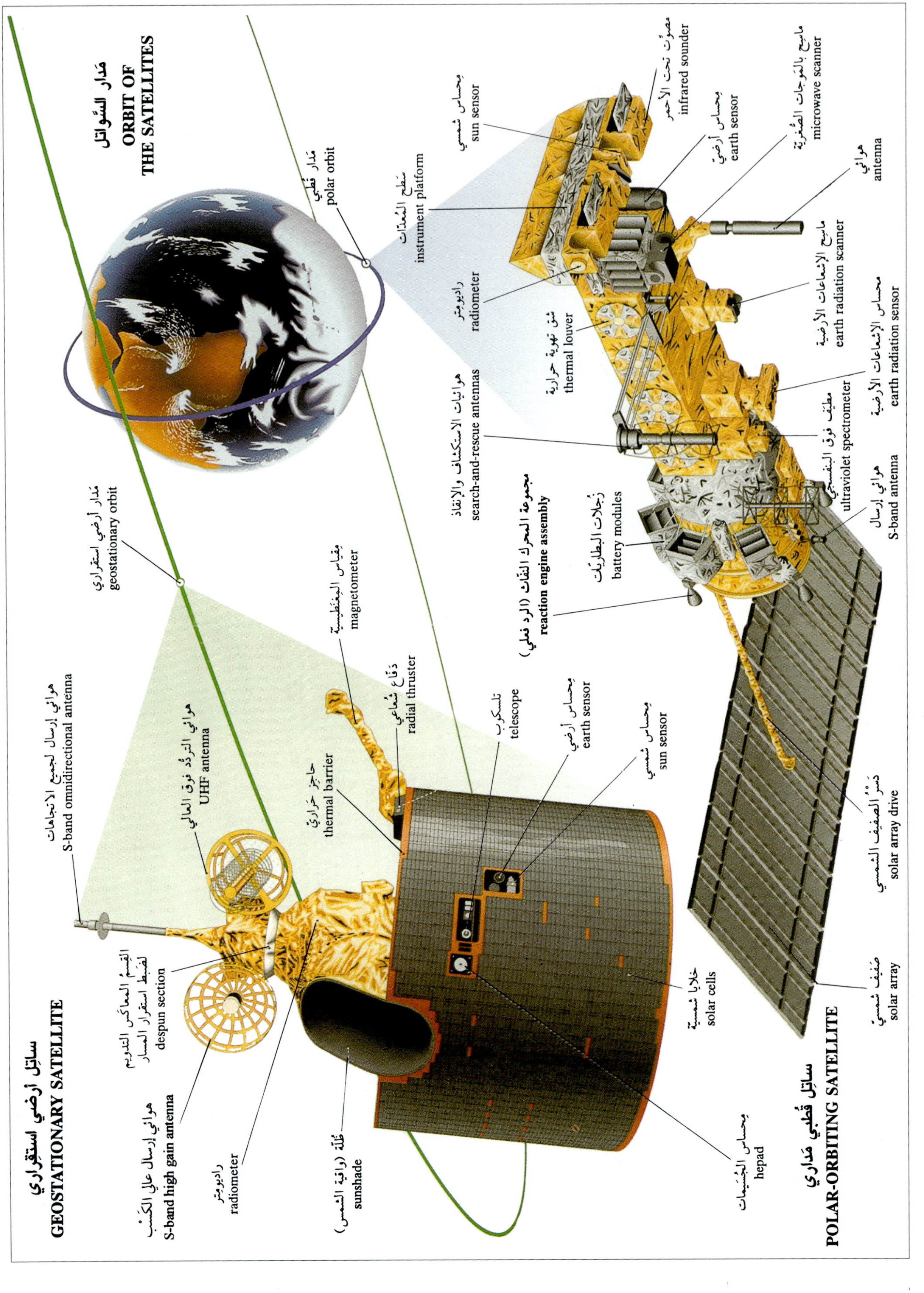
مَدار السَّواتِل
ORBIT OF THE SATELLITES
مَدار قُطبي
polar orbit
مَدار أرضي استقراري
geostationary orbit
ساتِل أرضي استقراري
GEOSTATIONARY SATELLITE
هوائي إرسال لجميع الاتجاهات
S-band omnidirectional antenna
هوائي التردُّد فوق العالي
UHF antenna
القسم المعاكس التدويم لضبط استقرار المسار
despun section
هوائي إرسال عالي الكَسْب
S-band high gain antenna
راديومتر
radiometer
ظُلَّة (واقية الشمس)
sunshade
حاجِز حراري
thermal barrier
مِقياس المِغنطيسيّة
magnetometer
دَفّاع شُعاعي
radial thruster
تلسكوب
telescope
مِحساس أرضي
earth sensor
مِحساس شمسي
sun sensor
خلايا شمسيَّة
solar cells
مِحساس الجُسَيْمات
hepad
ساتِل قُطبي مَداري
POLAR-ORBITING SATELLITE
سَطْح المُعِدّات
instrument platform
مِحساس شمسي
sun sensor
مُصوِّت تحت الأحمر
infrared sounder
مِحساس أرضي
earth sensor
ماسِح بالموجات الصُّغْرِيَّة
microwave scanner
هوائي
antenna
ماسِح الإشعاعات الأرضية
earth radiation scanner
مِحساس الإشعاعات الأرضية
earth radiation sensor
مِطْياف فوق البنفسجي
ultraviolet spectrometer
هوائي إرسال
S-band antenna
راديومتر
radiometer
شق تهوية حرارية
thermal louver
هوائيات الاستكشاف والإنقاذ
search-and-rescue antennas
مجموعة المحرك النفّاث (الرد فعلي)
reaction engine assembly
زُجَلات البطاريات
battery modules
دَسْر الصفيف الشمسي
solar array drive
صفيف شمسي
solar array

مقطَع عَرضيّ لشارِع
CROSS SECTION OF A STREET

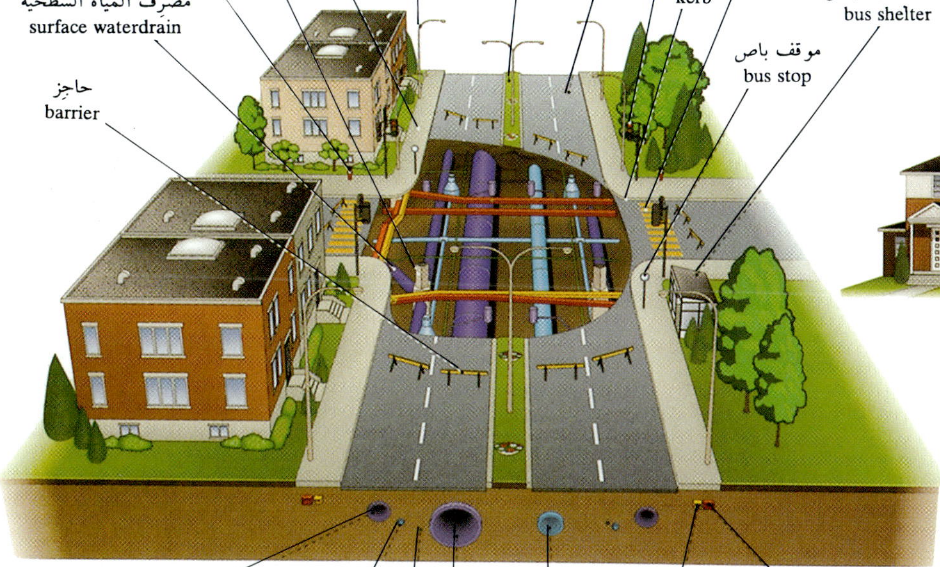

أبنيَة المُدُن
CITY HOUSES

دارة
villa

بَيتان نصف منفَصلين
semi-detached cottage

منزل مستقلّ
single-family home

بيوت مَدينيّة متلاصقة
town houses

صَرْح عالٍ متعدّد الطبقات
high-rise building

مبنى شُقق سكنيّة
apartment building

جسر عتبي
Beam Bridge

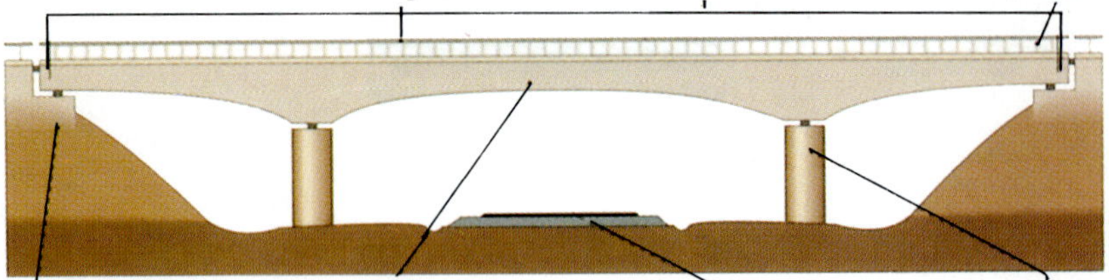

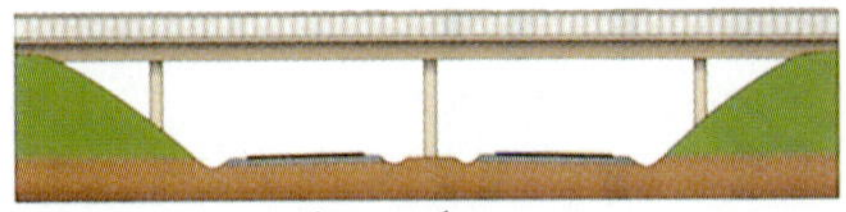
جسر عتّبي بسيط
simple-span beam bridge

جسر عتبي مزدَوج
multiple-span beam bridge

جسر قَنطَري
portal bridge

cantilever bridge قنطَرة كابوليّة

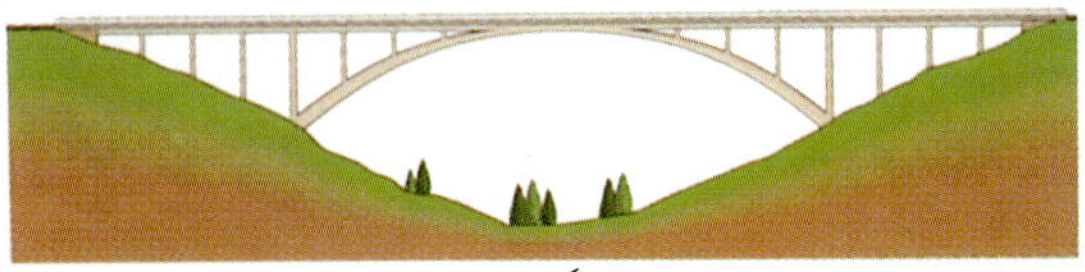
جسر قَوسيّ السطح
deck arch bridge

جسر قَوسي
Arch Bridge

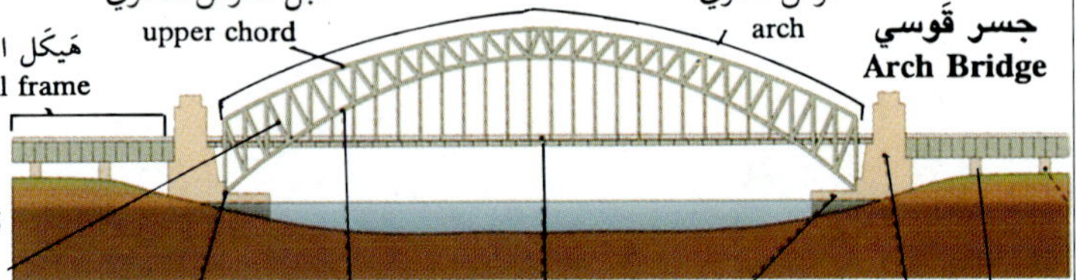

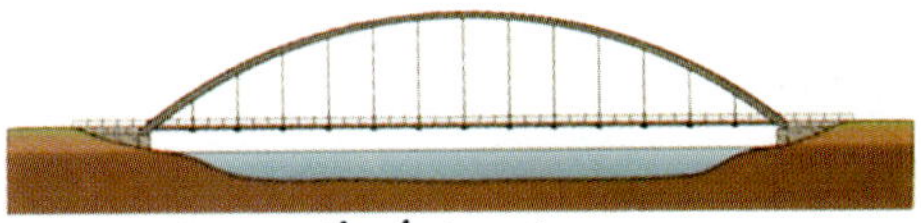
جسر قوسي عَبري (باعُه عبْرَ الدعائم)
through arch bridge

جسر معلّق
Suspension Bridge

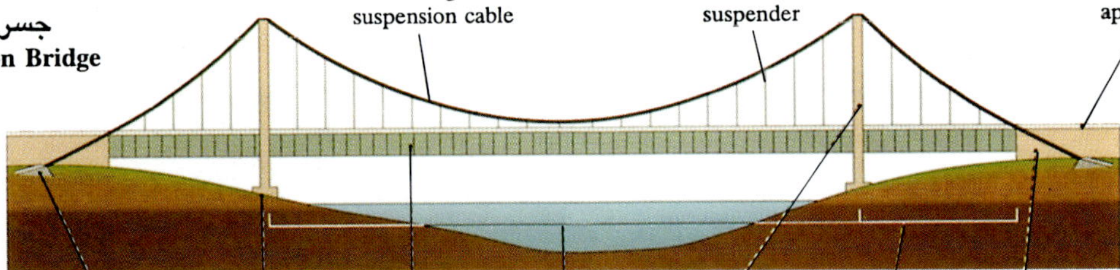

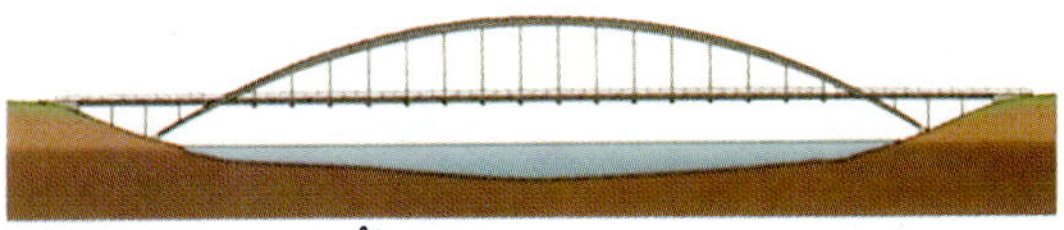
جسر قوسي نِصف عَبْري
half-through arch bridge

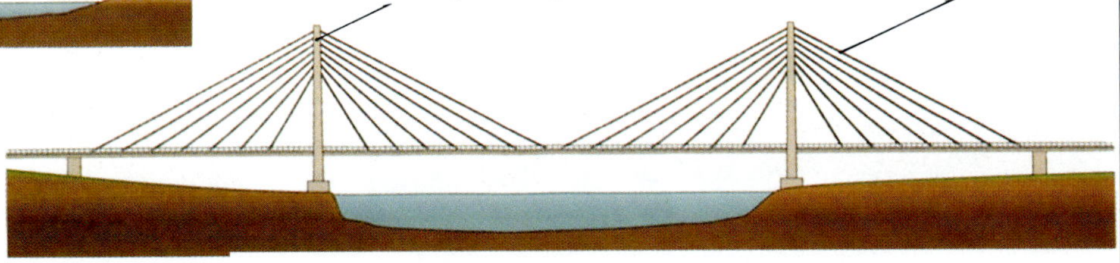

جِسر معلّق كبليّ التثبيت
Cable Stayed Bridge

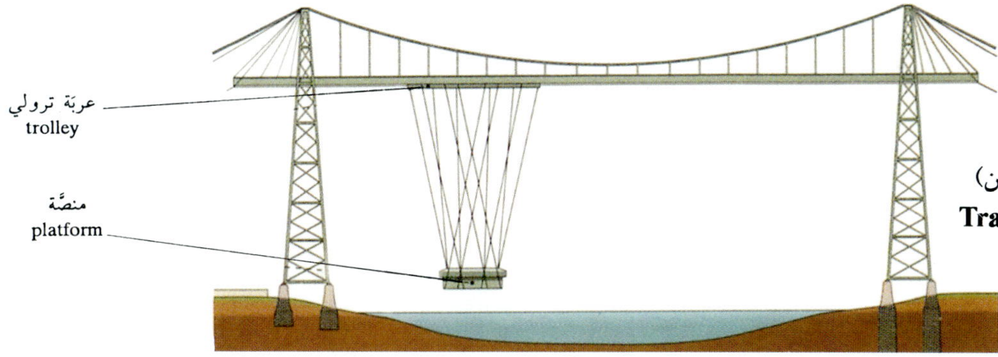

جسر نقْل (بين ضِفَّتين)
Transporter Bridge

جِسر دَوّار
Swing Bridge

جسر عائم
Floating Bridge

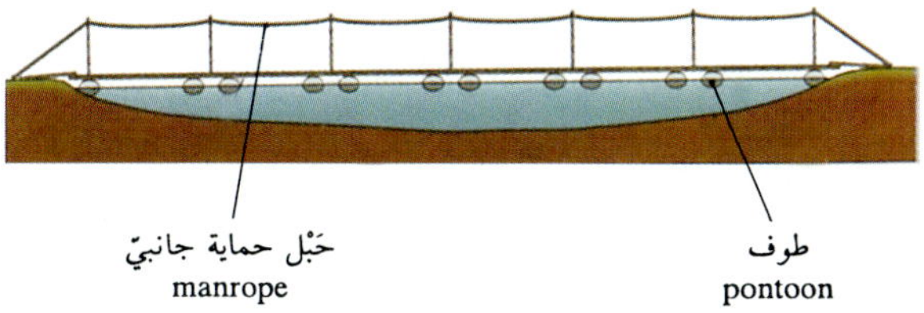

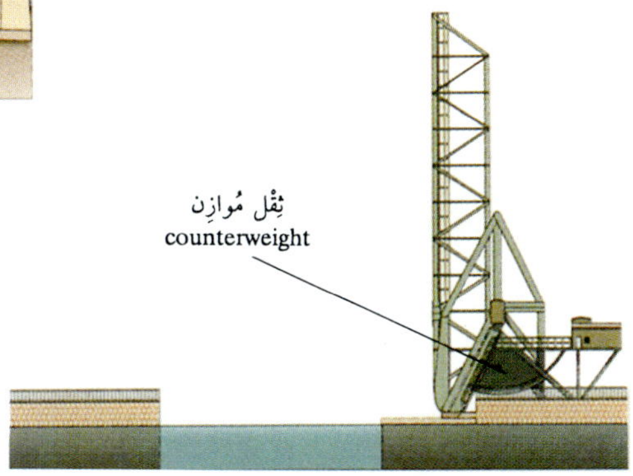

جسر قلّاب أُحادي المِصراع
Single-leaf Bascule Bridge

جِسر بيلي (جسر مؤقت من قِطع جاهزة)
Bailey Bridge

جسر قَلّاب بمِصراعَين
Double-leaf Bascule Bridge

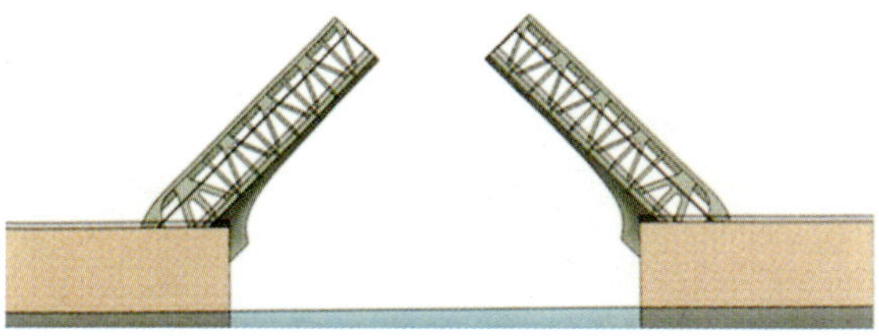

جسر رَفعيّ
Lift Bridge

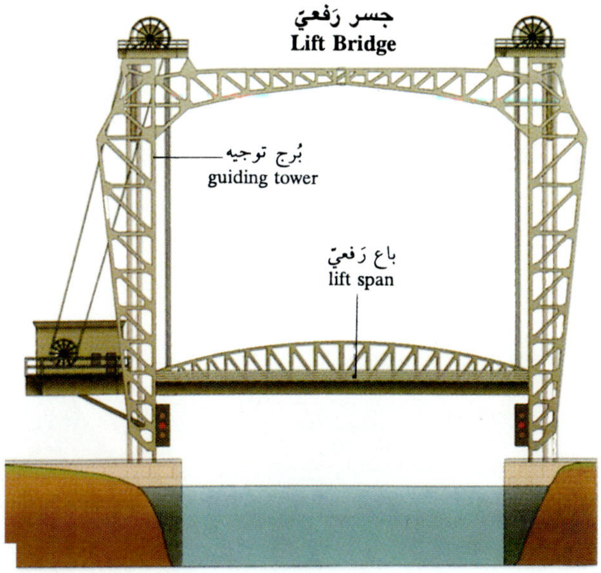

سقف منحدِر
pitched roof

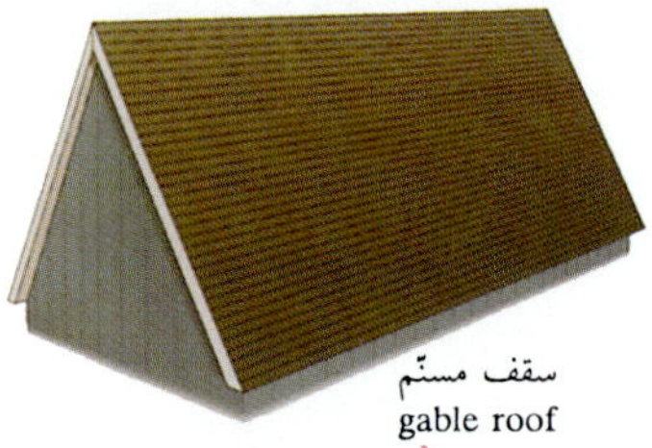
سقف مسنَّم
gable roof

سَقف جَرسيّ
bell roof

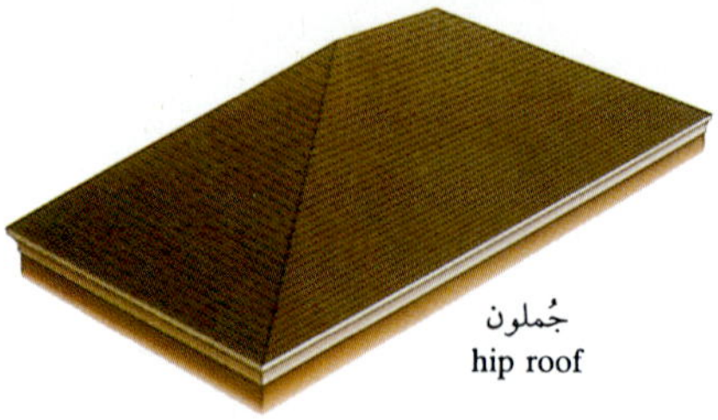
جُملون
hip roof

سقف أُحادي المَيل
lean-to roof

بُرَيج حُدوري
sloped turret

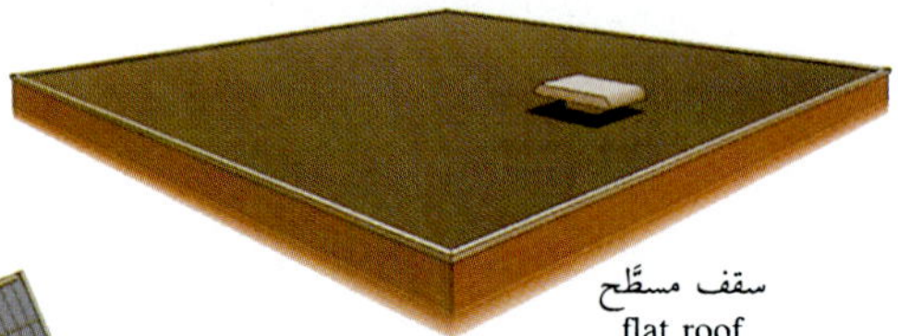
سقف مسطَّح
flat roof

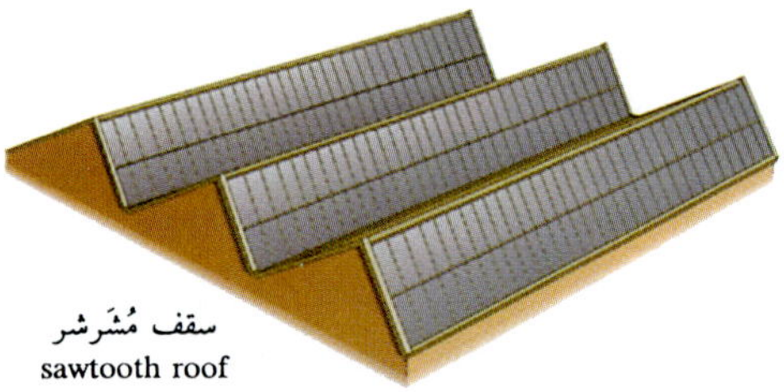
سقف مُشَرشر
sawtooth roof

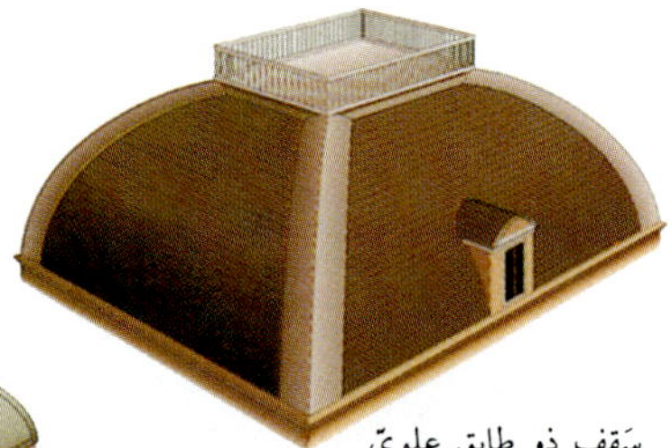
سَقف ذو طابق علويّ
imperial roof

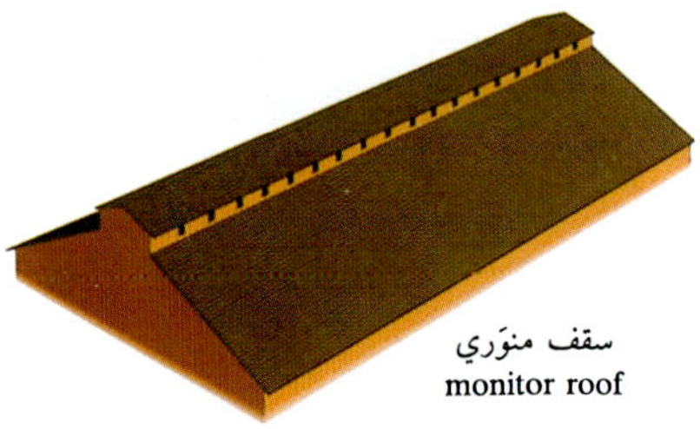
سقف منوَري
monitor roof

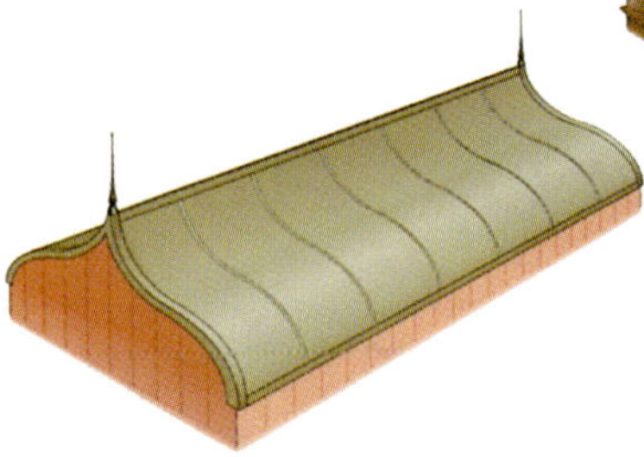
سقف متعاكسُ التحَنّي
ogee roof

سقف محدَّد
mansard roof

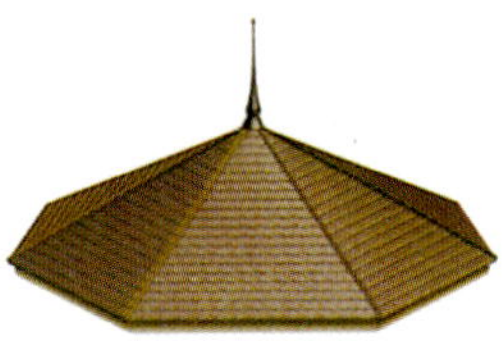
سقف فُسطاطي سُداسي
rotunda roof

سقف فسطاطي رباعي
pavilion roof

سقف مسنَّم مُفرَّج
hip-and-valley roof

سقف مقوَّر مخروطي
conical broach roof

سقف قُبّي
dome roof

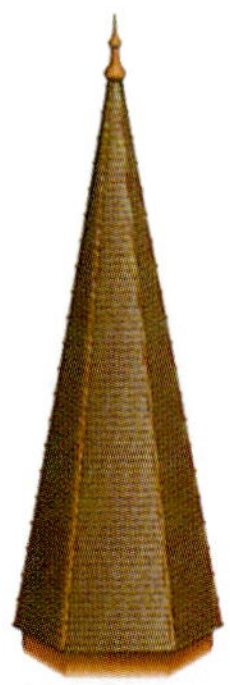
سقف سَهميّ
helm roof

سُلَّم مستقيم
straight ladder
سُلَّم طَوَويّ
foldaway ladder
سُلَّم امتداديّ
EXTENSION LADDER
درجة
rung
درابزين أمان
safety rail
رَفّ
shelf
دِعامة جانبيّة
side rail
دَرَجة
step
هَيكَل
frame
سُلَّم بمِنصّة
PLATFORM LADDER
بكرة
pulley
سُلَّم خطافي
hook ladder
كرسي درجيّ
step stool
نَبيطة قَفْل
locking device
سُلَّم قَطْف الفاكهة
fruit-picking ladder
حَبْل الرَّفع
hoisting rope
نَعْل مانع للانزلاق
anti-slip shoe
سُلَّم متعدِّد الأغراض
multi-purpose ladder
رَفّ العُدّة
tool shelf
قِمّة
top
دَرَجة
step
سُلَّم دَروجي
rolling ladder
سِيبة
STEPLADDER
شِكال
brace
إسقالة سُلَّميّة
ladder scaffold
سُلَّم حَبليّ
rope ladder

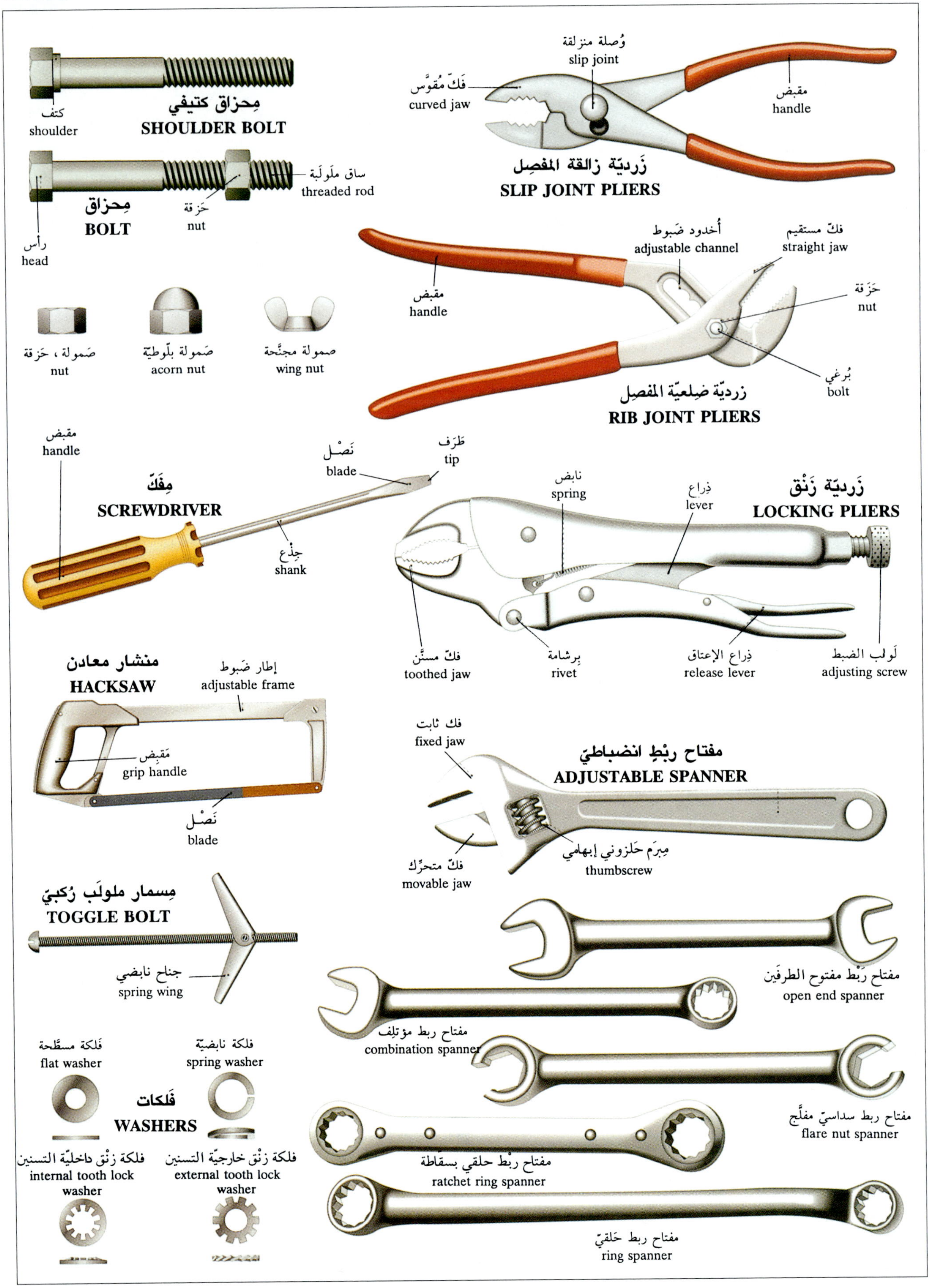
مِحزاق كتيفي
SHOULDER BOLT
كتف
shoulder
مِحزاق
BOLT
رأس
head
حَزقة
nut
ساق ملَولَبة
threaded rod
صَمولة ، حَزقة
nut
صَمولة بلّوطيّة
acorn nut
صمولة مجنّحة
wing nut
زَرديّة زالقة المفصِل
SLIP JOINT PLIERS
وُصلة منزلقة
slip joint
فَكّ مُقوّس
curved jaw
مقبض
handle
زرديّة ضِلعيّة المفصِل
RIB JOINT PLIERS
أُخدود ضَبوط
adjustable channel
فكّ مستقيم
straight jaw
حَزقة
nut
مقبض
handle
بُرغي
bolt
مِفَكّ
SCREWDRIVER
مقبض
handle
نَصْل
blade
طَرَف
tip
جِذع
shank
زَرديّة زَنْق
LOCKING PLIERS
نابض
spring
ذِراع
lever
فكّ مسنّن
toothed jaw
برشامة
rivet
ذِراع الإعتاق
release lever
لَولب الضبط
adjusting screw
منشار معادن
HACKSAW
إطار ضَبوط
adjustable frame
مَقبِض
grip handle
نَصْل
blade
مفتاح ربْطٍ انضباطيّ
ADJUSTABLE SPANNER
فك ثابت
fixed jaw
فكّ متحرِّك
movable jaw
مِبرَم حَلزوني إبهامي
thumbscrew
مِسمار ملولَب رُكبيّ
TOGGLE BOLT
جناح نابضي
spring wing
فَلكات
WASHERS
فَلكة مسطّحة
flat washer
فلكة نابضيّة
spring washer
فلكة زنْق داخليّة التسنين
internal tooth lock washer
فلكة زنْق خارجيّة التسنين
external tooth lock washer
مفتاح رَبْط مفتوح الطرفَين
open end spanner
مفتاح ربط مؤتلِف
combination spanner
مفتاح ربط سداسيّ مفلّج
flare nut spanner
مفتاح ربْط حلقي بسقّاطة
ratchet ring spanner
مفتاح ربط حَلقيّ
ring spanner

فاحِص التواصُل
continuity tester
مِصباح اختبار
test-lamp
مِكشاف الفُلطيّة
VOLTAGE TESTER
نَصْل معزول
insulated blade
مقبض معزول
insulated handle
مِصباح نيون
neon lamp
فاحِص الفُلطيّة العالية
high-voltage tester
مقياس متعدِّد
MULTIMETER
عَرْض رَقميّ
digital display
مبيّت إطاريّ
housing
مِسبار
probe
مستودع المعطيات
data hold
كَبْل مَرِن
flex
مدًى اوتوماتيّ-يدويّ
auto/manual range
مفتاح انتقاء
selector switch
مَربط الدَّخل
input terminal
زَرَديّة متعدِّدة الأغراض
MULTIPURPOSE TOOL
محوَر
pivot
قطاعة أسلاك
wire cutter
معرِّية الأسلاك
wire stripper
مقبض معزول
insulated handle
زرديّة طويلة الفكّين
long-nose pliers
دولاب المعايَرة
adjustment wheel
معرِّية الأسلاك
wire stripper
زَرَديّة مؤتلفة
COMBINATION PLIERS
فك
jaw
مِقراض أسلاك
wire cutter
محوَر
pivot
مقبض معزول
insulated handle
قطّاعة
cutter
مُحلِّل مقابِس
receptacle analyzer
مِصباح تعليق
DROP LIGHT
كلّاب
hook
عاكِس
reflector
بُصيلة
bulb
وقاء
guard
مَخرَج يُسْر
convenience outlet
مقبض
handle
كبْل مرِن
flex
صمولة سِلكيّة
wire nut
مِطرَقة
hammer
كلّابة مصاهر
fuse puller
مِنزَعة الكبول
cable ripper
سِلك سحْب (لإمرار الأسلاك عبر مسالكها في المبنى)
fish wire

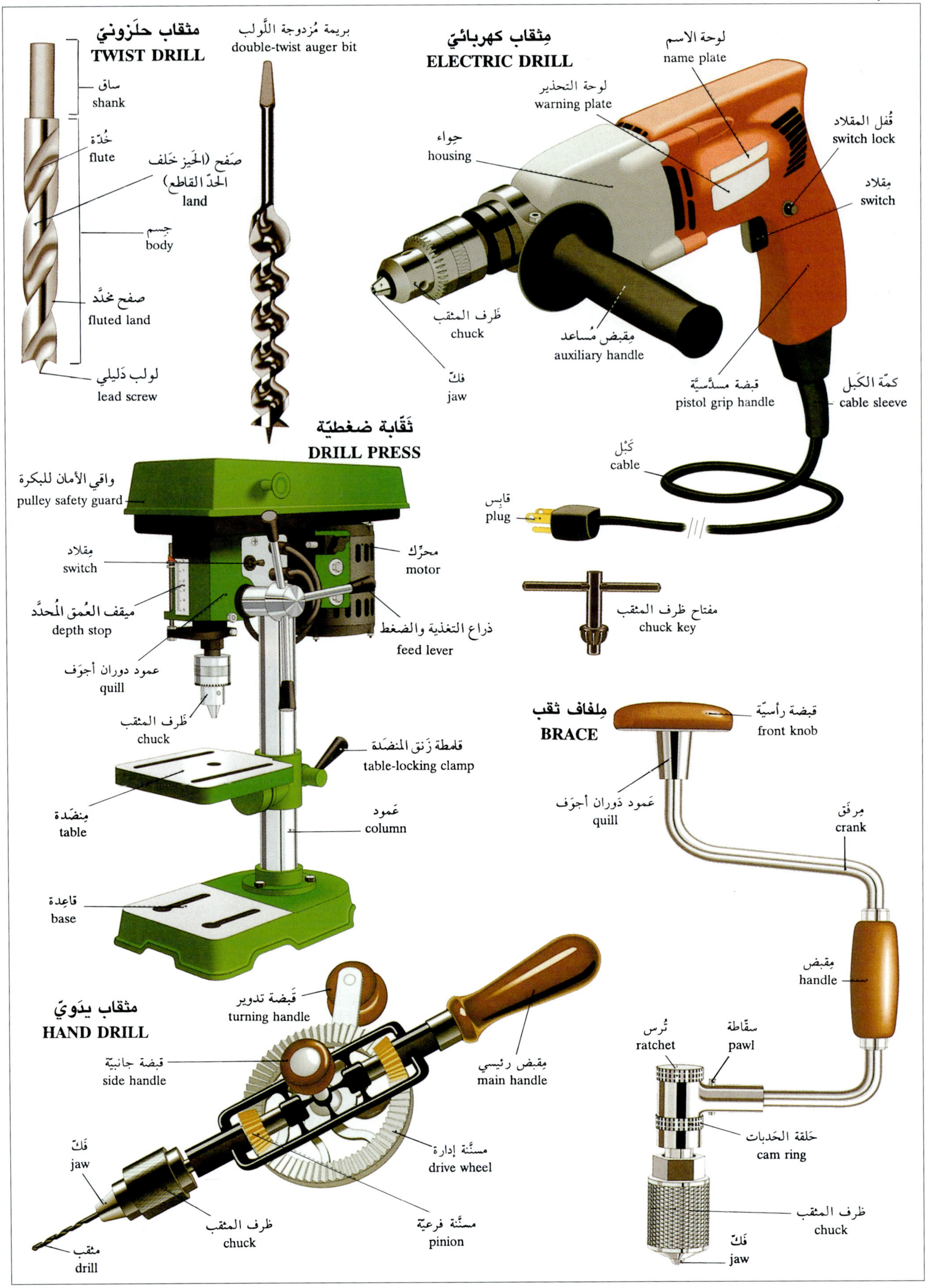
مثقاب حلَزونيّ
TWIST DRILL
ساق
shank
خُدّة
flute
صَفح (الحَيز خَلف الحدّ القاطع)
land
جِسم
body
صفح مُخدَّد
fluted land
لولب دَليلي
lead screw
بريمة مُزدوجة اللَّولب
double-twist auger bit
مِثقاب كهربائيّ
ELECTRIC DRILL
لوحة الاسم
name plate
لوحة التحذير
warning plate
حِواء
housing
قُفل المقلاد
switch lock
مِقلاد
switch
ظَرف المثقب
chuck
مِقبض مُساعد
auxiliary handle
فكّ
jaw
قبضة مسدَّسيَّة
pistol grip handle
كمّة الكَبل
cable sleeve
كَبْل
cable
قابِس
plug
ثَقّابة ضغطيّة
DRILL PRESS
واقي الأمان للبكرة
pulley safety guard
مِقلاد
switch
محرِّك
motor
ميقف العُمق المُحدَّد
depth stop
ذراع التغذية والضغط
feed lever
عمود دوران أجوَف
quill
ظَرف المثقب
chuck
قامطة زَنق المنضَدة
table-locking clamp
مِنضَدة
table
عَمود
column
قاعِدة
base
مفتاح ظرف المثقب
chuck key
مِلفاف ثقب
BRACE
قبضة رأسيّة
front knob
عَمود دَوران أجوَف
quill
مِرفَق
crank
مِقبض
handle
تُرس
ratchet
سقّاطة
pawl
حَلقة الحَدبات
cam ring
ظرف المثقب
chuck
فَكّ
jaw
مثقاب يدَويّ
HAND DRILL
قَبضة تدوير
turning handle
قبضة جانبيّة
side handle
مِقبض رئيسي
main handle
فَكّ
jaw
مسنَّنة إدارة
drive wheel
ظرف المثقب
chuck
مسنَّنة فرعيّة
pinion
مثقب
drill

رافِعة مِنصّات تحميل هيدروليّة
HYDRAULIC PALLET TRUCK

عَرَبة بمِرفاع شَوكيّ
FORKLIFT TRUCK

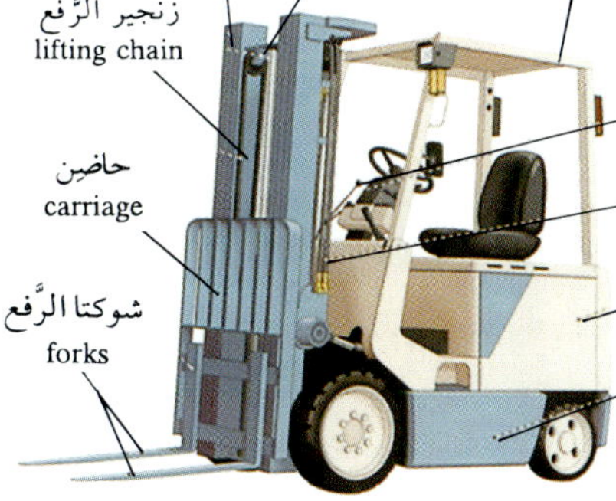

مِرفاع قَنطري متحرِّك
GANTRY CRANE

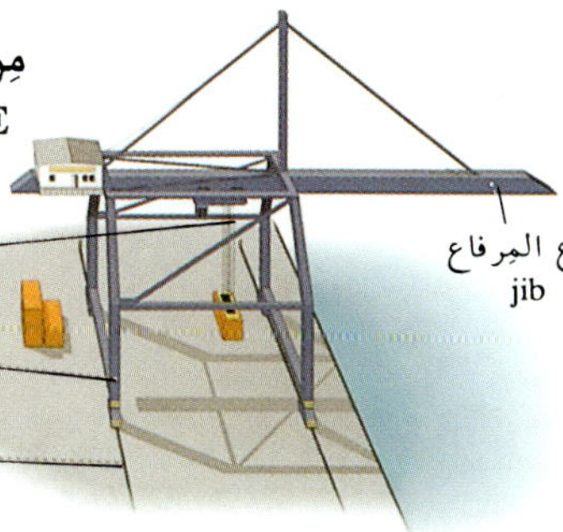

مِرفاع بُرجي
TOWER CRANE

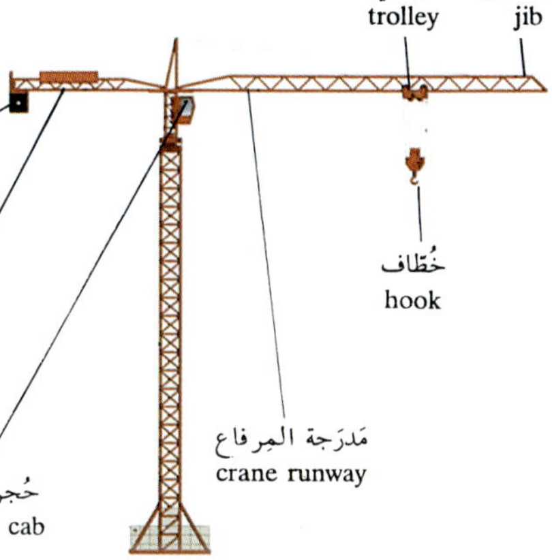

شاحِنة مرفاعيّة
TRUCK CRANE

مِنصّة تحميل مجنَّحة
WING PALLET

لِحام بالأكسجين والأسيتلين
OXYACETYLENE WELDING

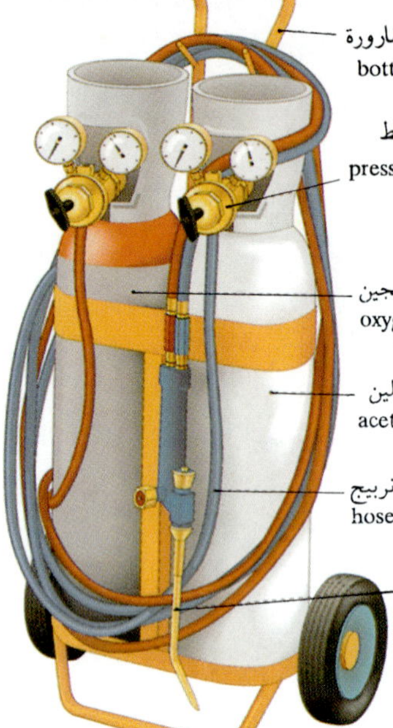

جِملاج قطع
CUTTING TORCH

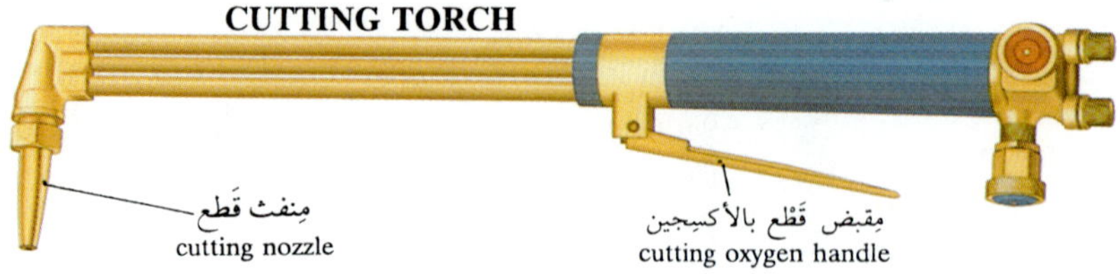

مِشعل لِحام
WELDING TORCH

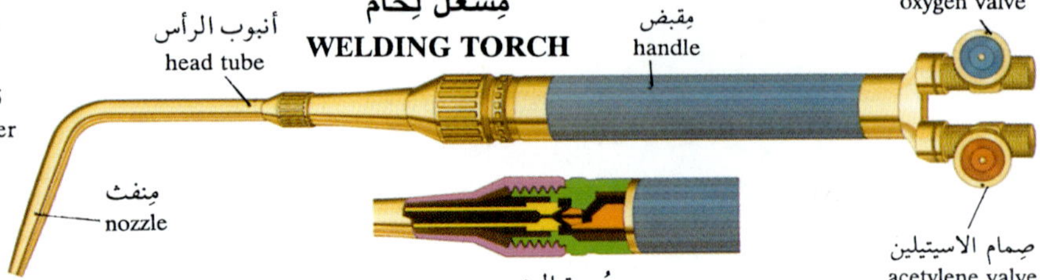

مشعل لحام
BLOWLAMP

لِحام تناكُبي
BUTT WELDING

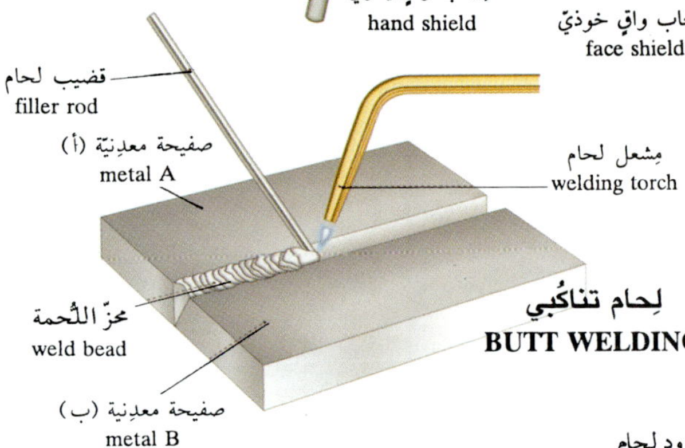

ناظِم الضَّغْط
PRESSURE REGULATOR

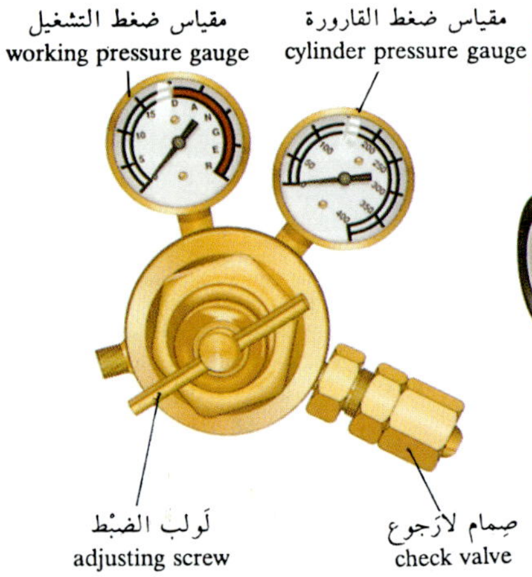

لِحام قَوسيّ
ARC WELDING

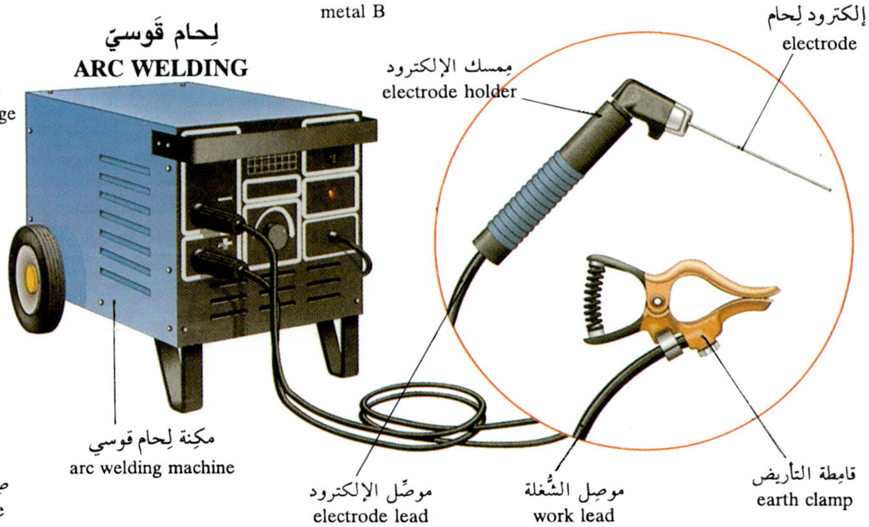

مواد البناء الأساسيّة
BASIC BUILDING MATERIALS

آجُرّ
brick

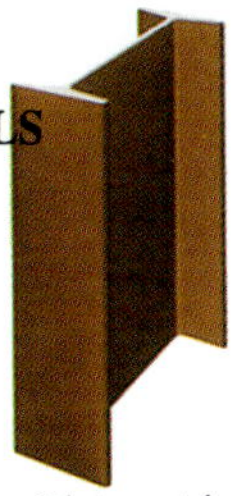
صُلب ، فولاذ
steel

أحجار
stone

خرَسانة سابقة الإجهاد
prestressed concrete

خرَسانة مسلَّحة
reinforced concrete

قالَب خرَسانيّ
concrete block

مَوادّ عازِلة
INSULATING MATERIALS

عَزل رَغاويّ
foam insulation

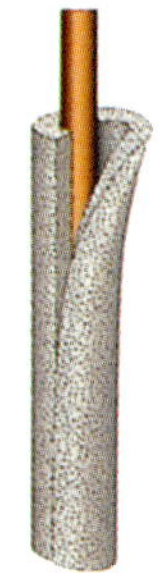
عَزل مُقولَب
moulded insulation

عَزل بمَطّاط رَغاويّ
foam-rubber insulation

لوح خَشَب
Board

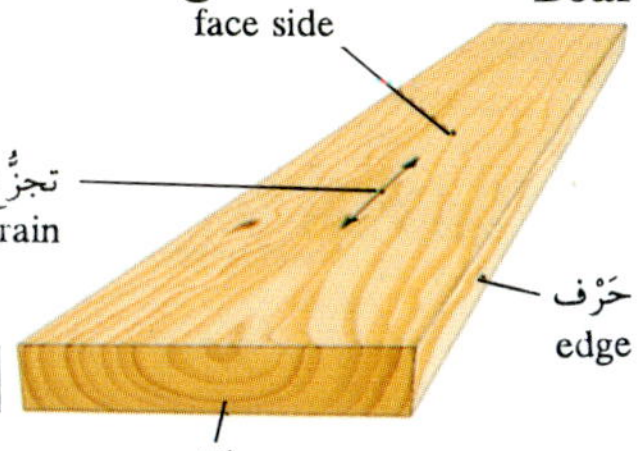

عَزل بالألواح
board insulation

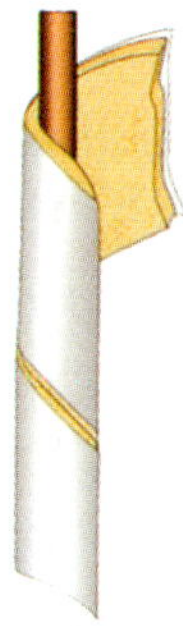
عَزل للَفّ الأنابيب
pipe-wrapping insulation

موادّ خَشبيّة الأساس
WOOD-BASED MATERIALS

لوح لِزازي (مِن عوارض عموديّة معزَّزة برقائق تصالبيّة)
blockboard

خشب رَقائقي متعدِّد الطبقات
multi-ply plywood

عَزل فِلزي نابضي
spring-metal insulation

عَزل دِثاري
blanket insulation

لوح لُزُز رقائقيّ من شرائح الخشب الطري بين رقائق الخشب المتين)
laminboard

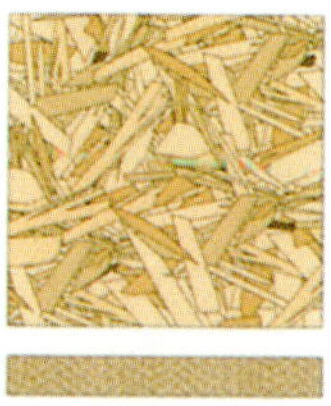
لوح رُقاقيّ
waferboard

موادّ تغطيّة
COVERING MATERIALS

شبك فِلزّي مُعيني التشابُك
diamond mesh metal lath

قِرميدة
tile

ورق مُقيَّر
tar paper

لوح تسقيف
shingle

لوح تكسية قِشريّة
peeled veneer

بلاطة جصّيّة
gypsum tile

لاطة جصّيّة بسيطة
plain gypsum lath

بَلاط أرضيّة
floor tile

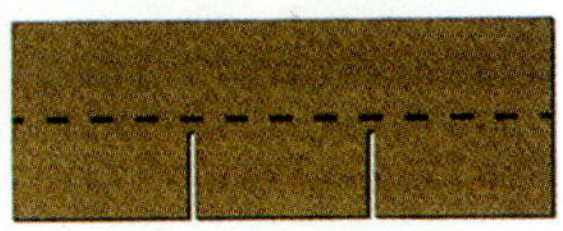
لوح تسقيف أسفلتي
asphalt shingle

حاسوب شخصي (منظَر من عَل)
PERSONAL COMPUTER (view from above)

سَوّاقة القرص الصُّلب
HARD DISC DRIVE

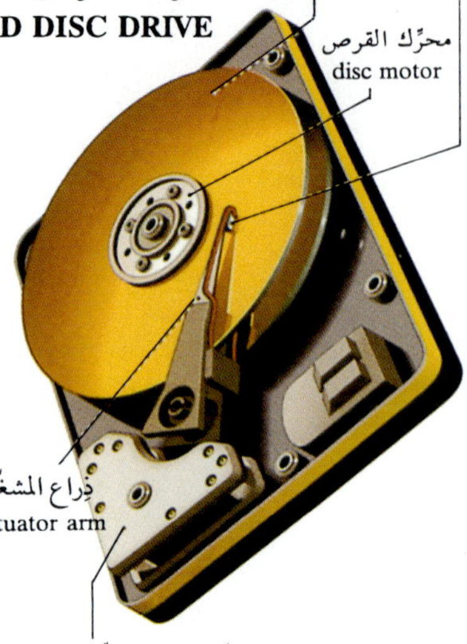

قُرص مَرِن
FLOPPY DISC

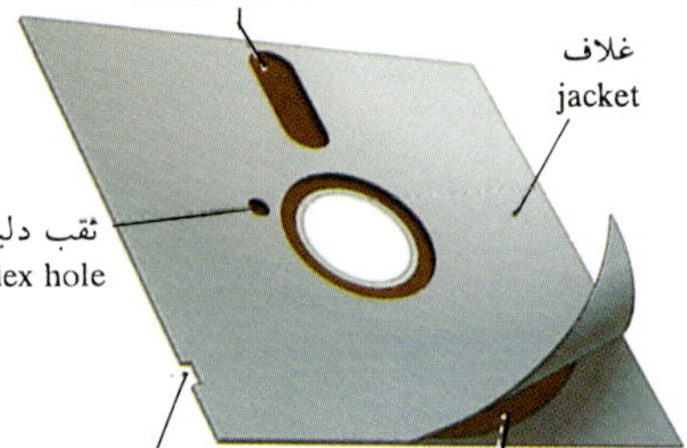

قرص مَرن صغير
MINI-FLOPPY DISC

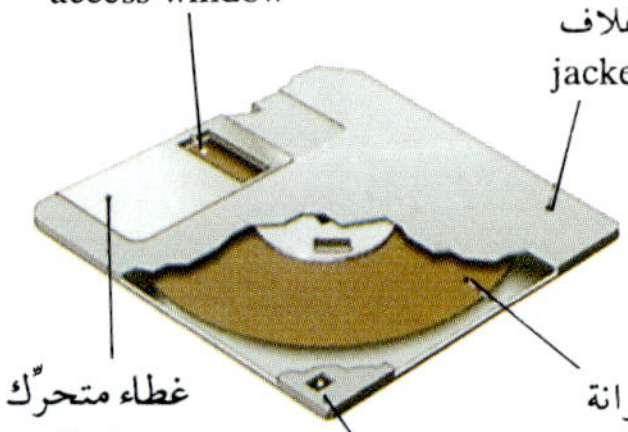

مِرقَب ڤيديوي
VIDEO MONITOR

قياس المَسافات
MEASURE OF DISTANCE

عَدّاد الخُطى
Pedometer

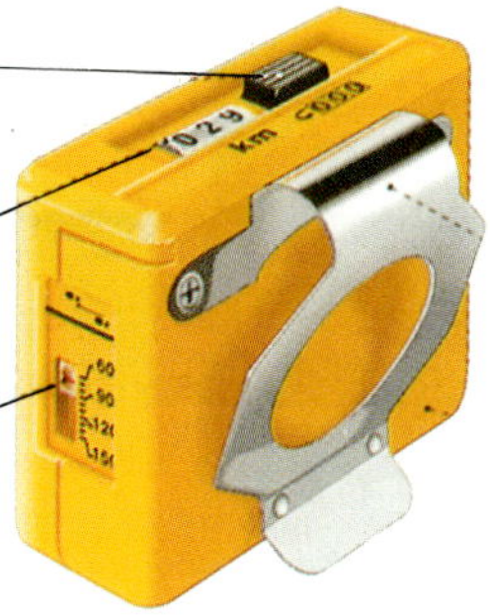

قِياس الضَّغْط الجَوِّي
MEASURE OF PRESSURE

بارومِتر/تِرمومِتر
Barometer/Thermometer

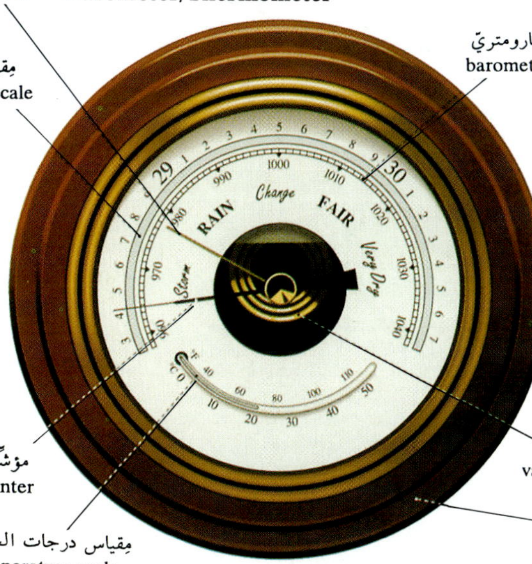

قياس الطول
MEASURE OF LENGTH

شريط قياس
Tape measure

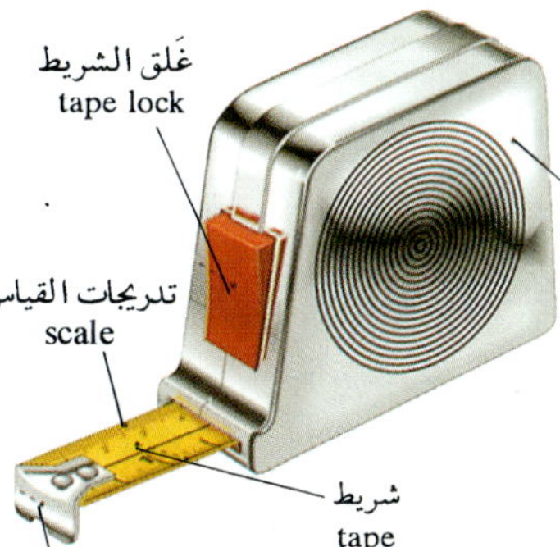

مِقياس التوتُّر السَّطحيّ
Tensiometer

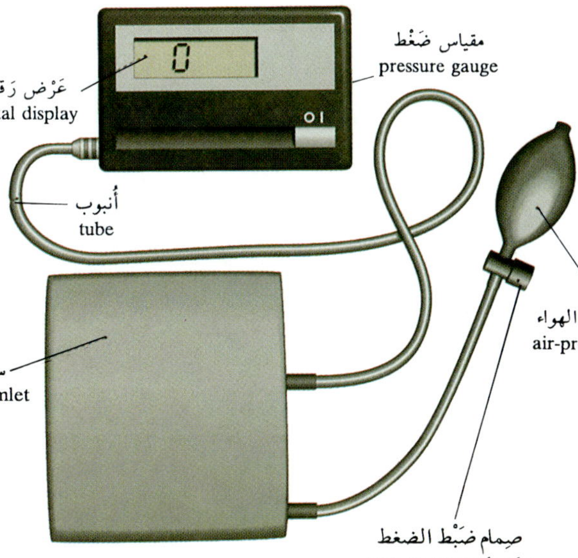

قياس الثَّخانة
MEASURE OF THICKNESS

ميكرومتر فَكّي
Micrometer caliper

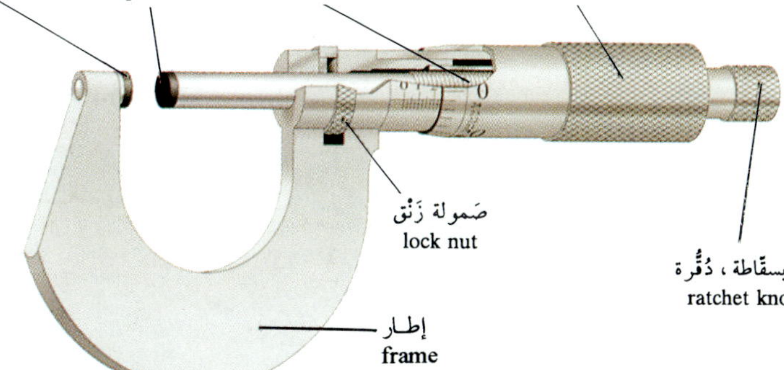

ميزان ذو عاتِق
BEAM BALANCE

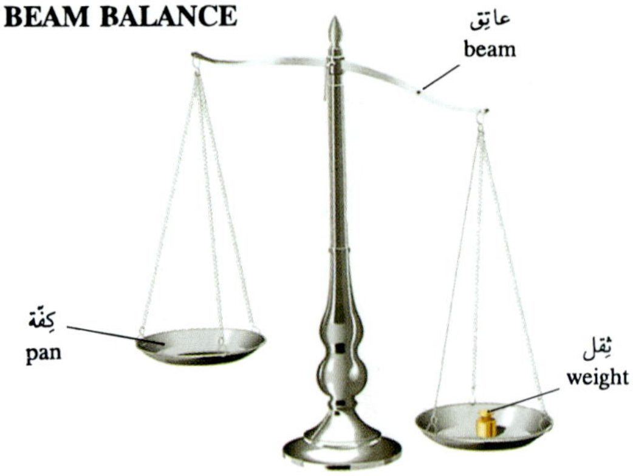

ميزان روبرڤال
ROBERVAL'S BALANCE

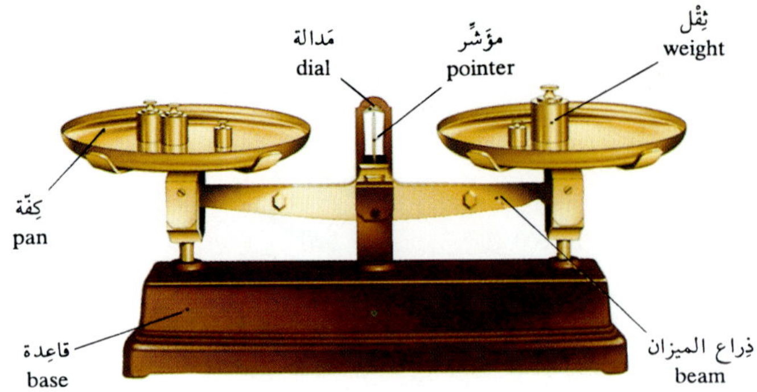

ميزان الحمّام
BATHROOM SCALE

ميزان إلكتروني
ELECTRONIC SCALE

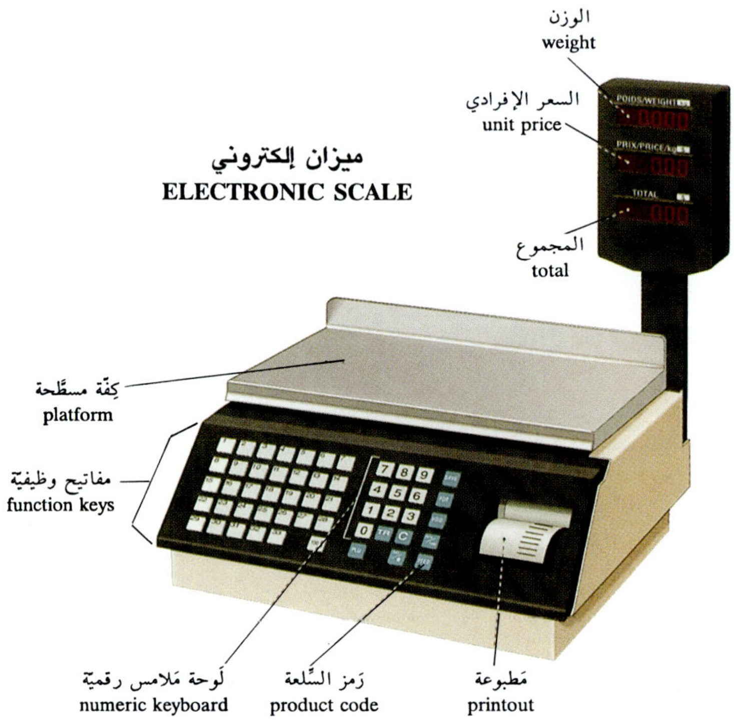

ميزان نابِضيّ
SPRING BALANCE

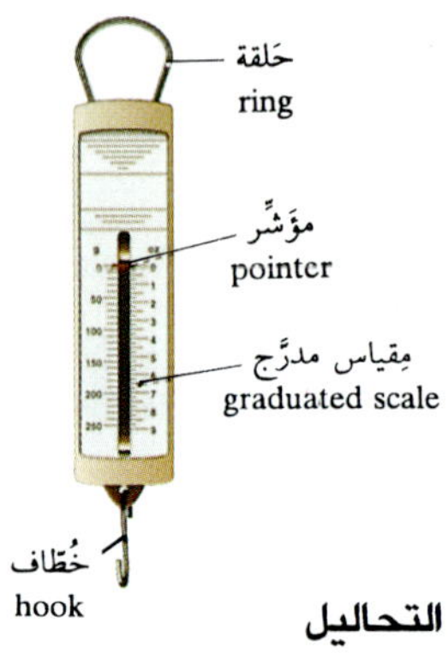

ميزان التحاليل
ANALYTICAL BALANCE

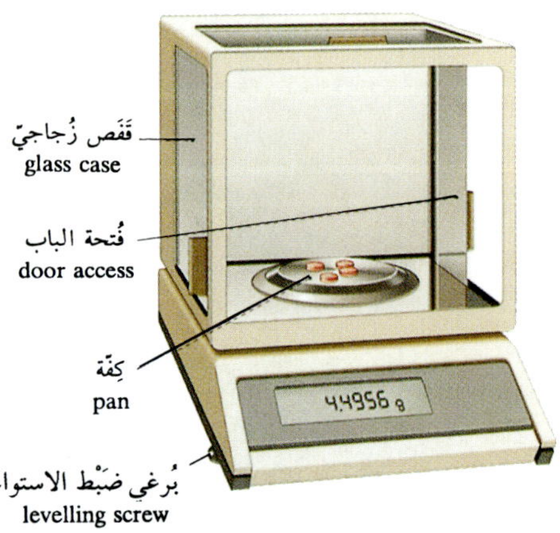

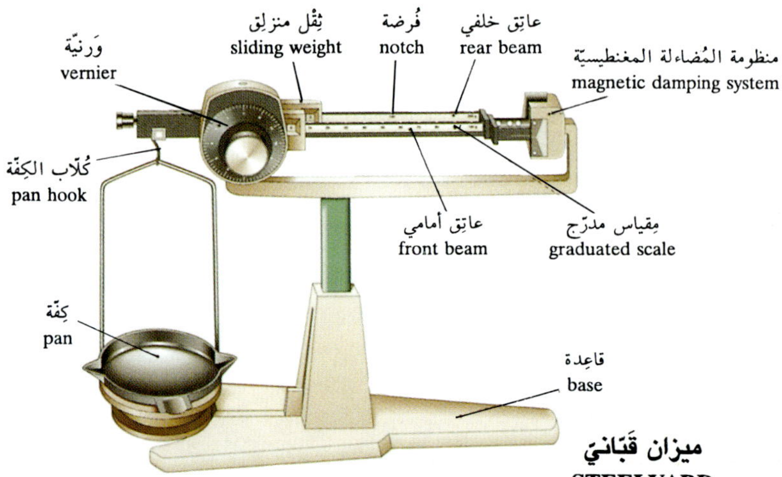

ميزان قَبّانيّ
STEELYARD

مقطع مستعرض لكاميرا عاكسة
CROSS SECTION OF A REFLEX CAMERA

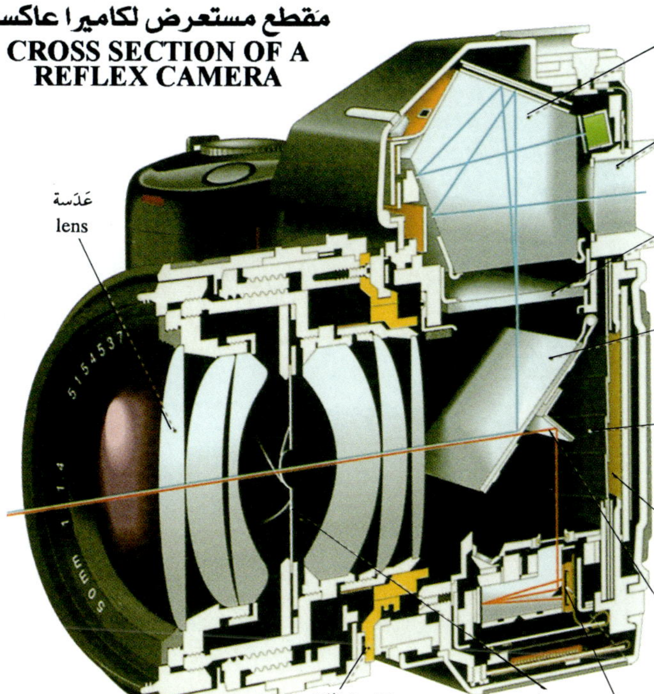

عَدَسات
LENSES

عَدَسة متَّسعة الزاوية
wide-angle lens

عدسة تزويم
zoom lens

عدسة ربع دائريّة الاتِّساع
semi-fisheye lens

عدسة التصوير البُعاديّ
telephoto lens

عدسة نصف دائريّة الاتساع
fisheye lens

قَفا الكاميرا
CAMERA BACK

كاميرات الصُّوَر السَّاكِنة
STILL CAMERAS

كاميرا مِجساميّة
stereo camera

كاميرا فيديويّة ساكِنة
still video camera

كاميرا إطراحيّة
disposable camera

كاميرا مِنظاريّة
view camera

كاميرا تحت مائيّة
underwater camera

كاميرا (پولارويد) لانْد
Polaroid® Land camera

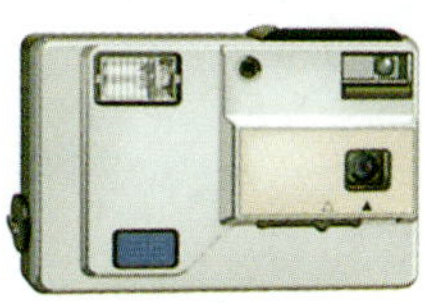

كاميرا قُرصيّة
disc camera

عناصر المجهر الإلكتروني
ELECTRON MICROSCOPE ELEMENTS

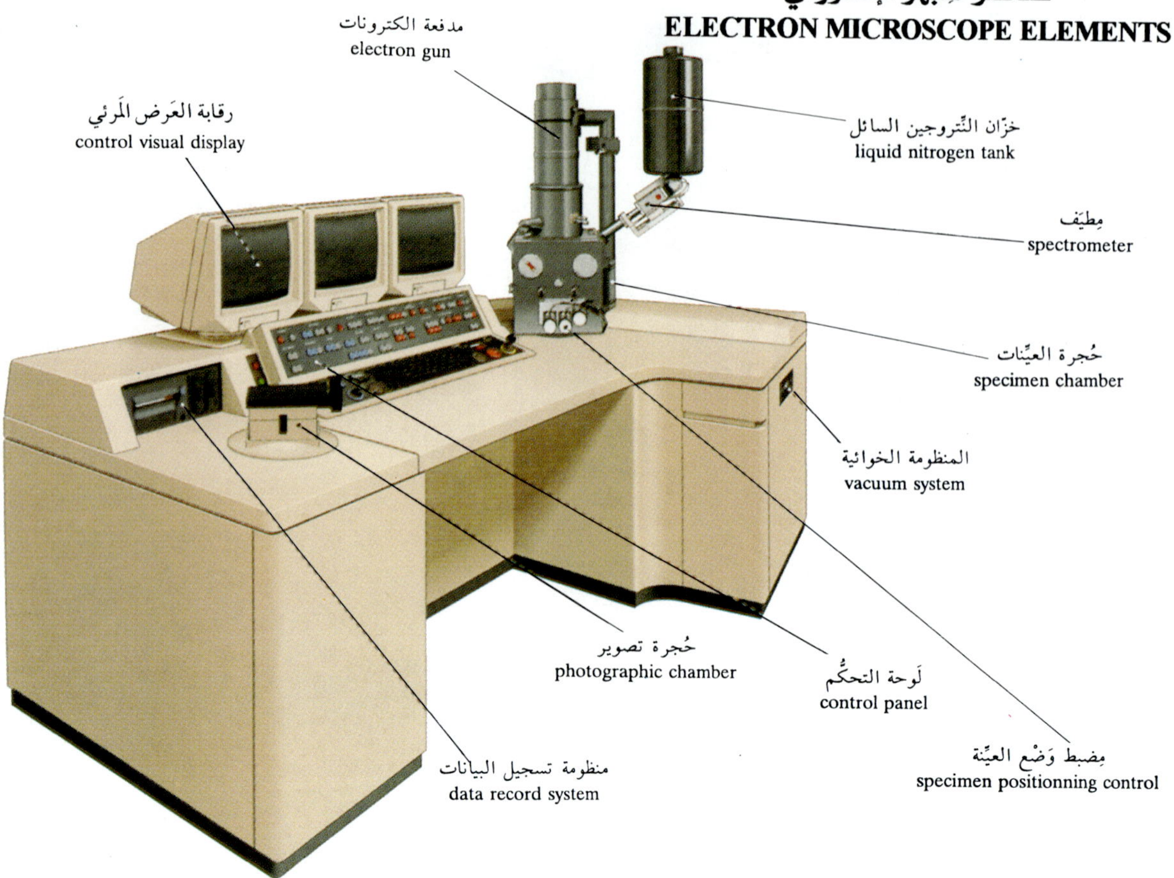

مكروسكوب ثُنائي العينيّة
BINOCULAR MICROSCOPE

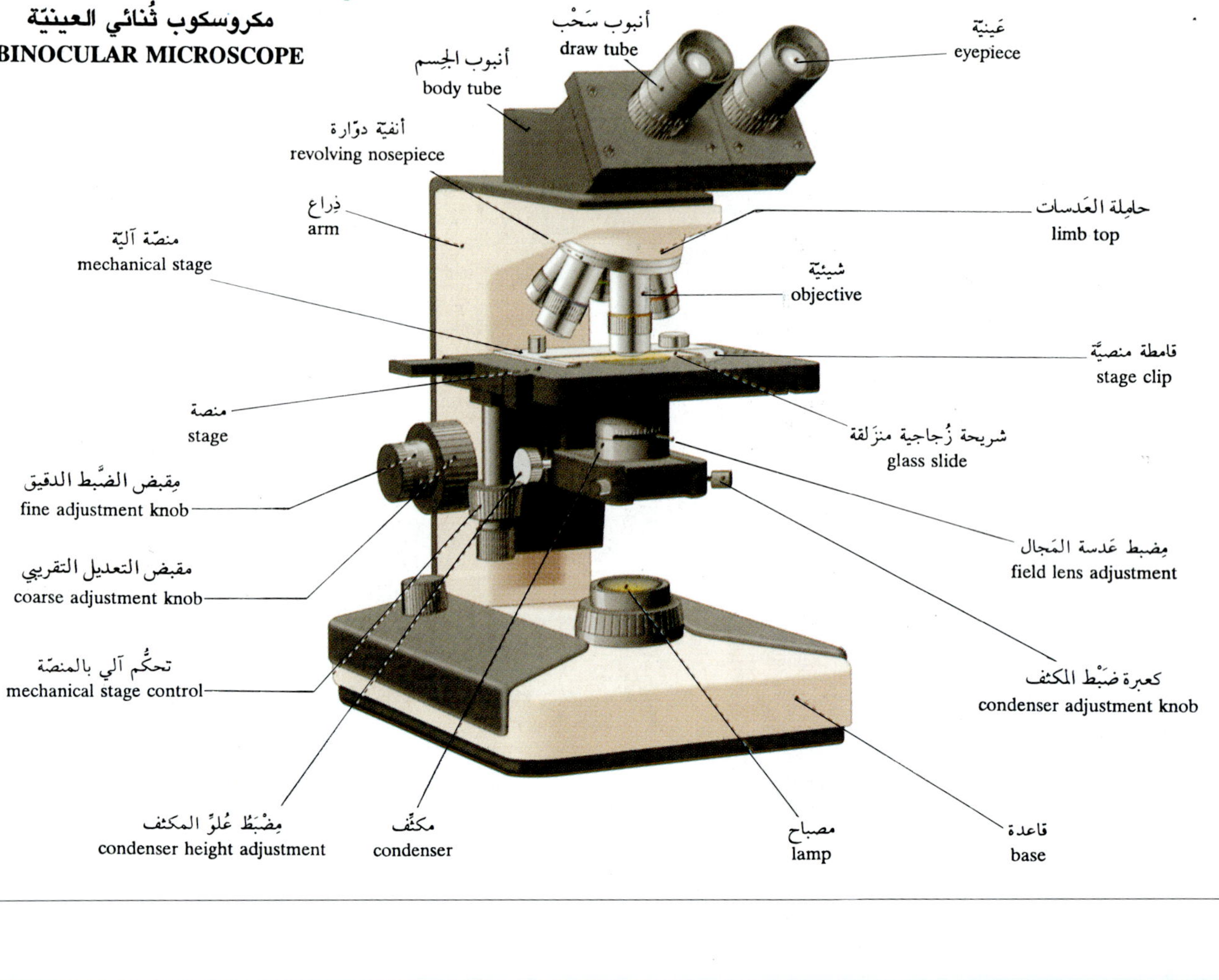

تلسكوب عاكِس
REFLECTING TELESCOPE

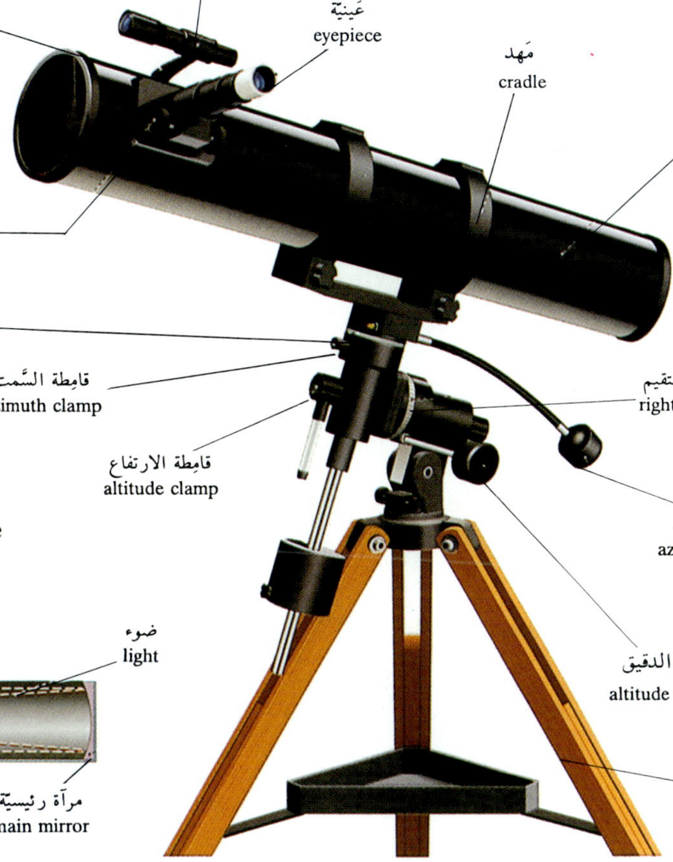

مقطع مستعرِض لتلسكوب عاكِس
Cross section of a reflecting telescope

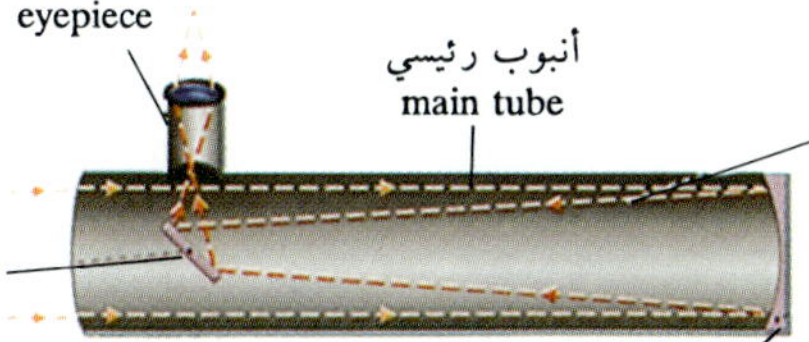

تِلسكوب اِنكساريّ
REFRACTING TELESCOPE

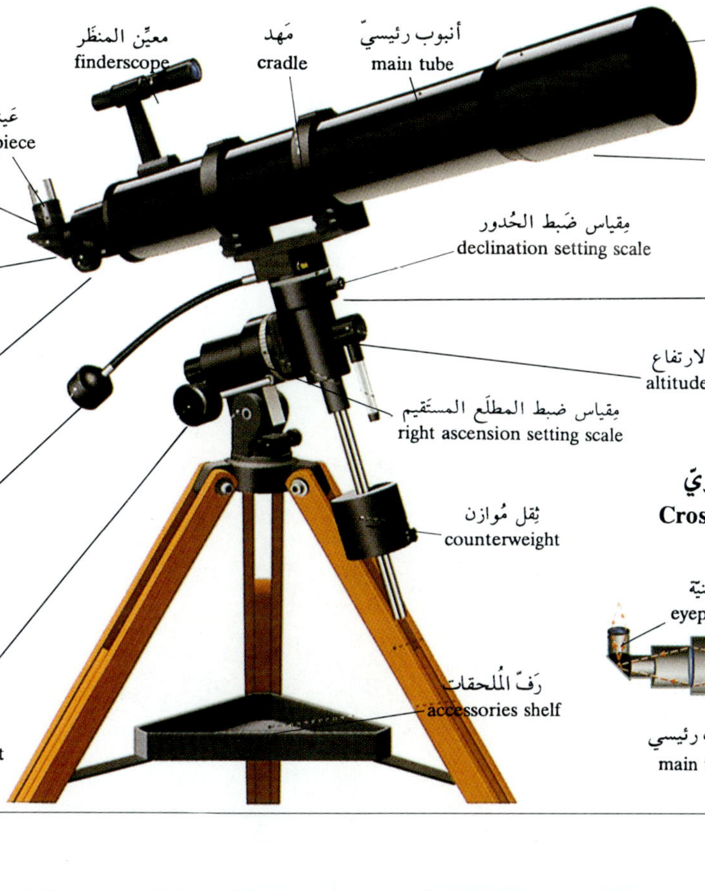

مقطع مستعرض لتلسكوب انكساريّ
Cross section of a refracting telescope

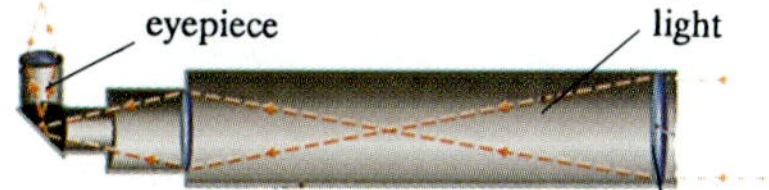

مَرصَد
OBSERVATORY

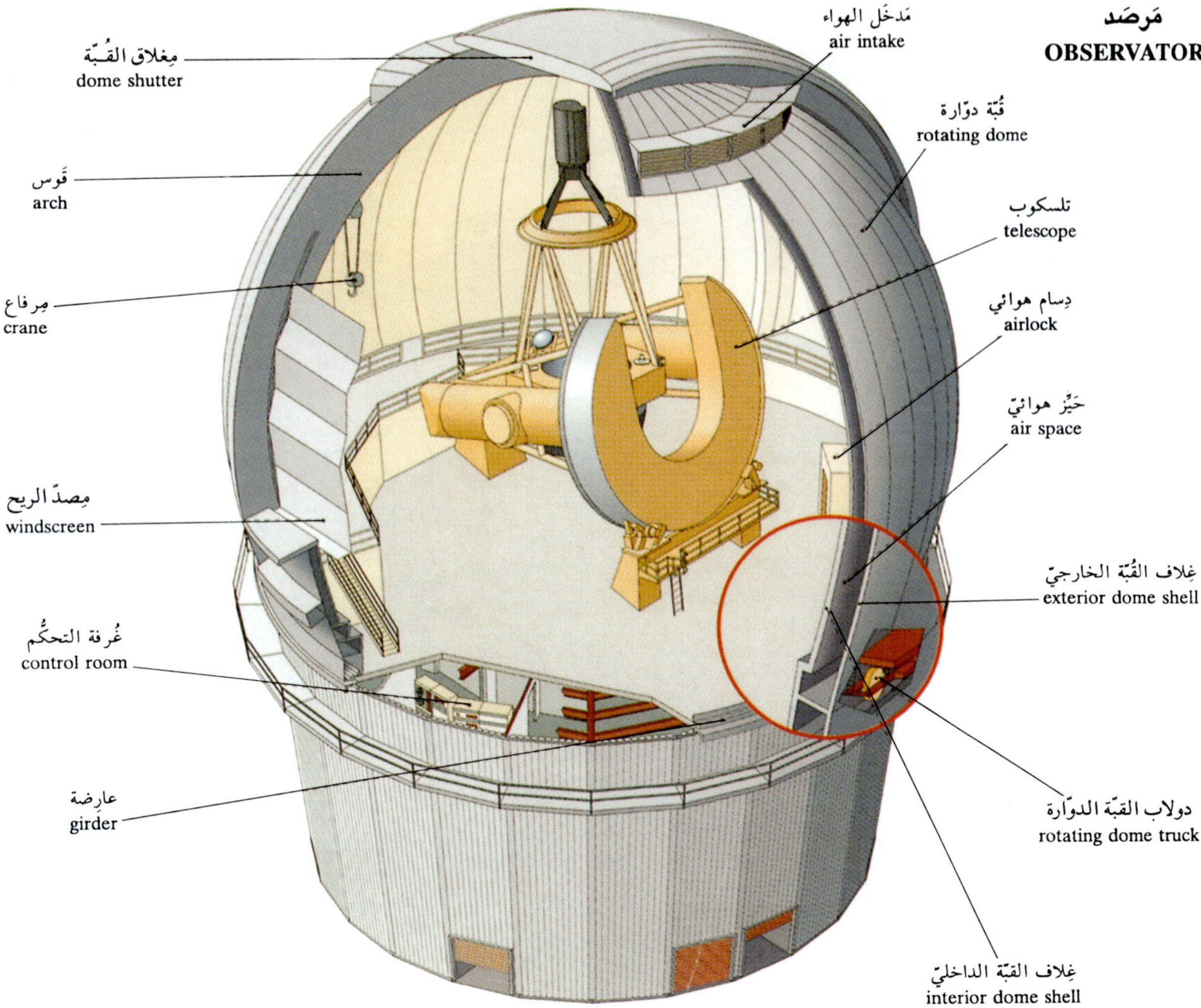

تِلسكوب
TELESCOPE

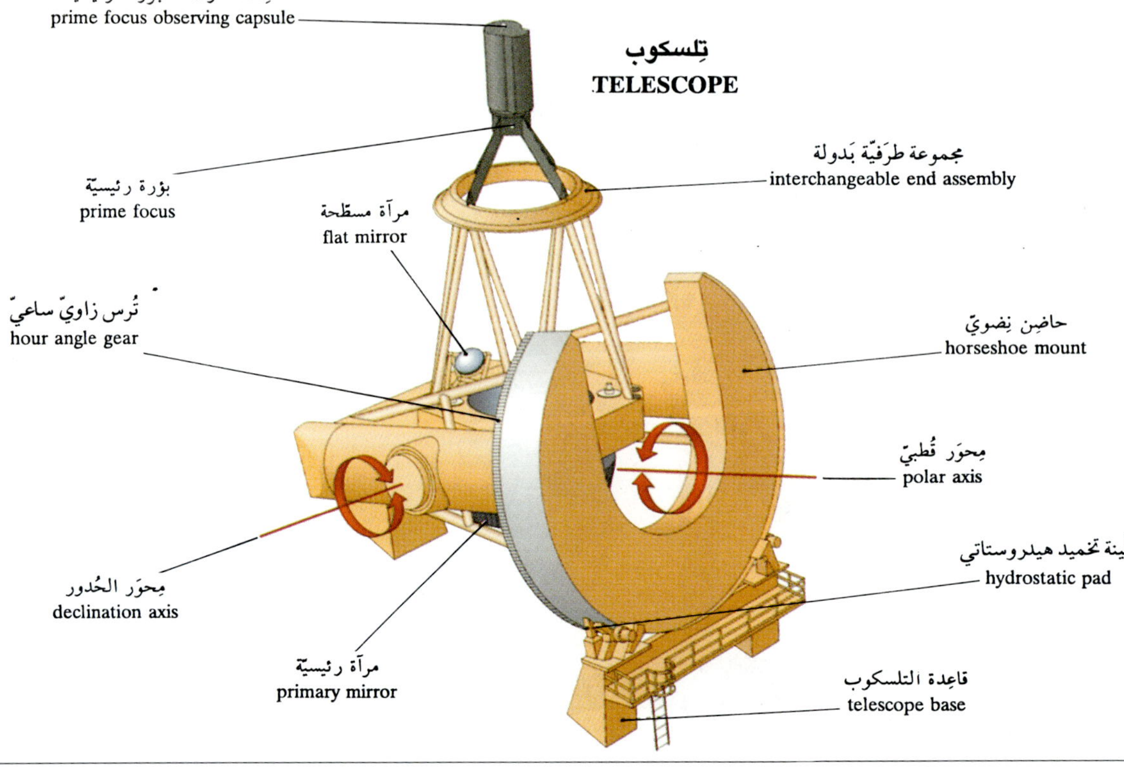

مِفلاك
PLANETARIUM

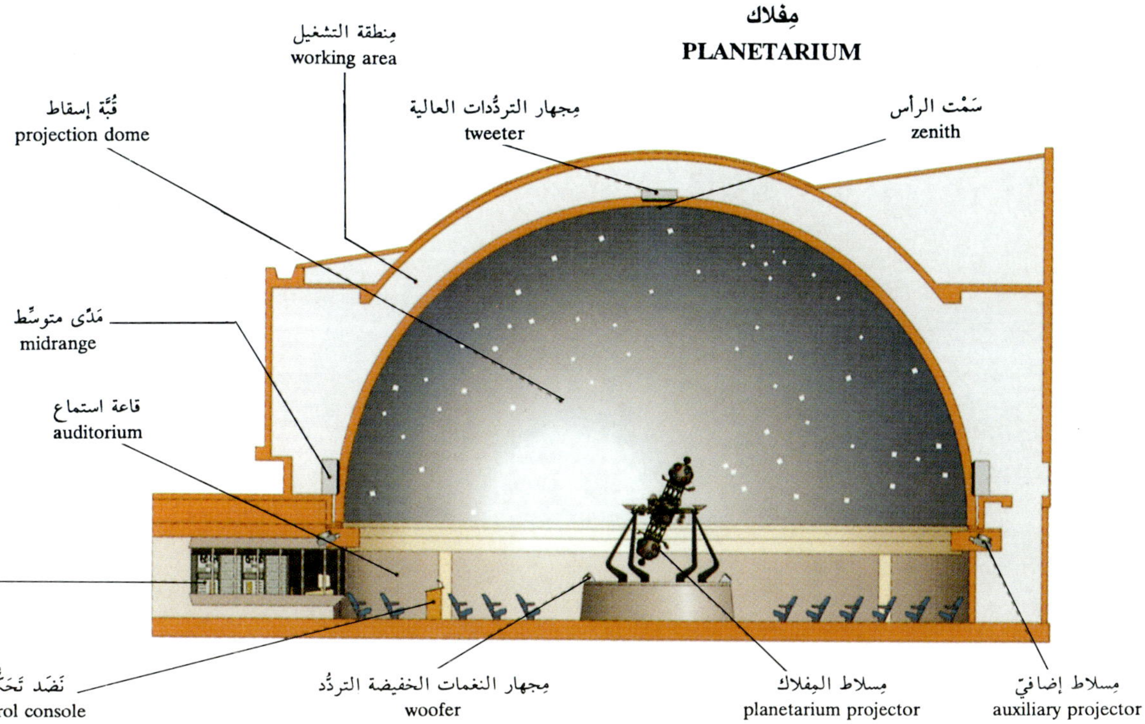

تلِسكوب هَبِل الفَضائيّ
HUBBLE SPACE TELESCOPE

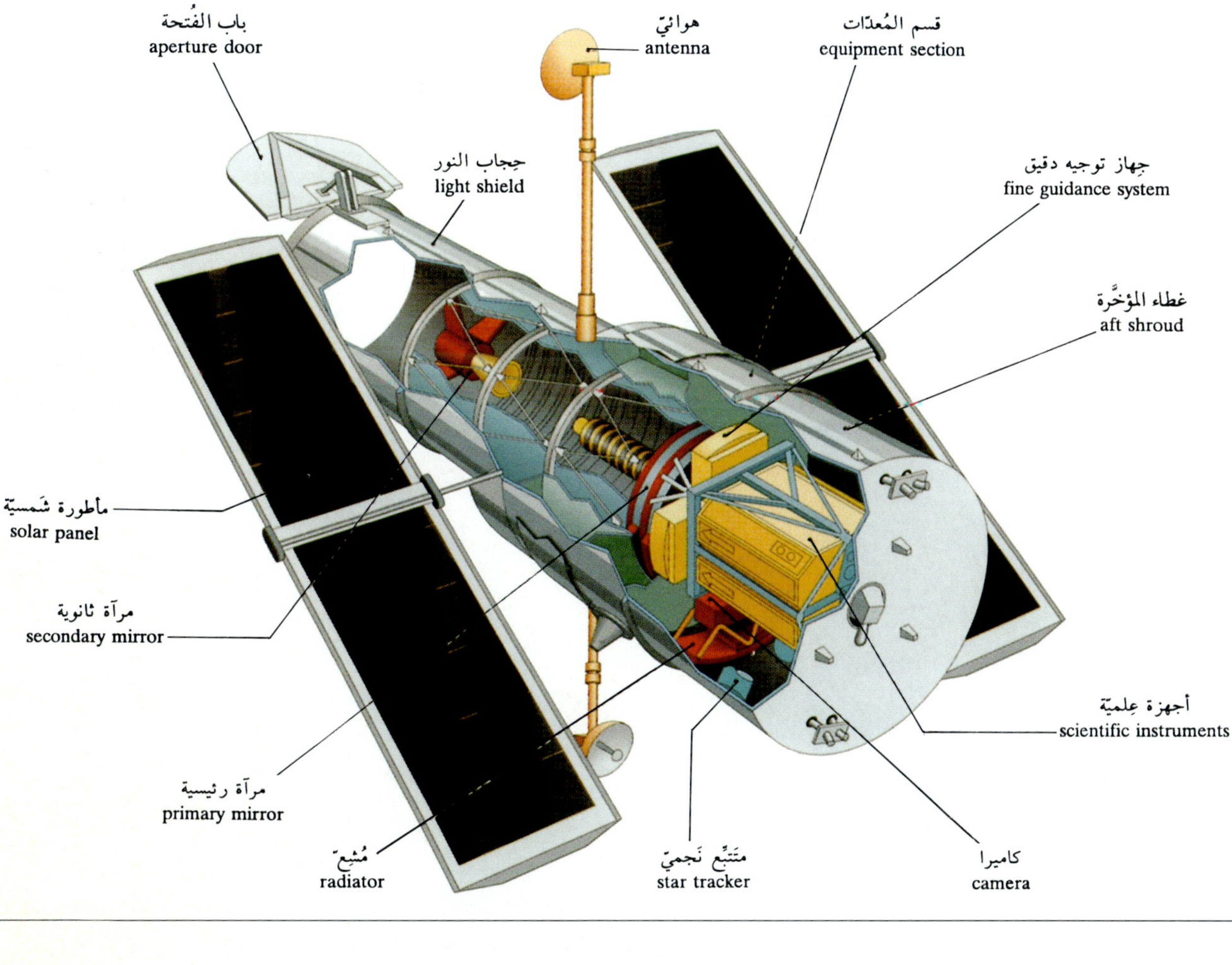

LAUNCHING INTO ORBIT إطلاق إلى المدار

نماذِج الأقمار الصِّناعية EXAMPLES OF SATELLITES

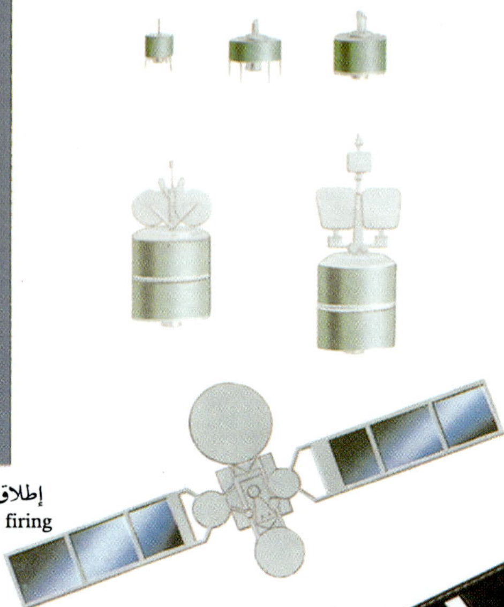

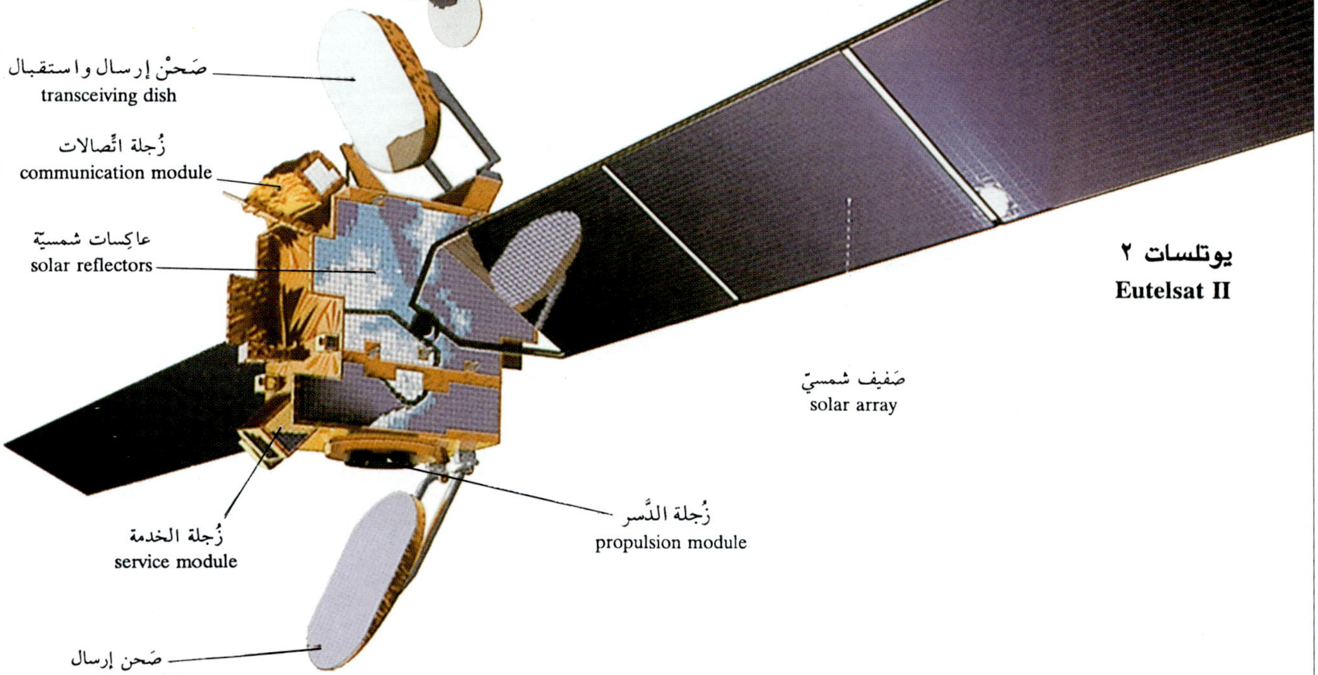

ساعة ميكانيكيّة
MECHANICAL WATCH

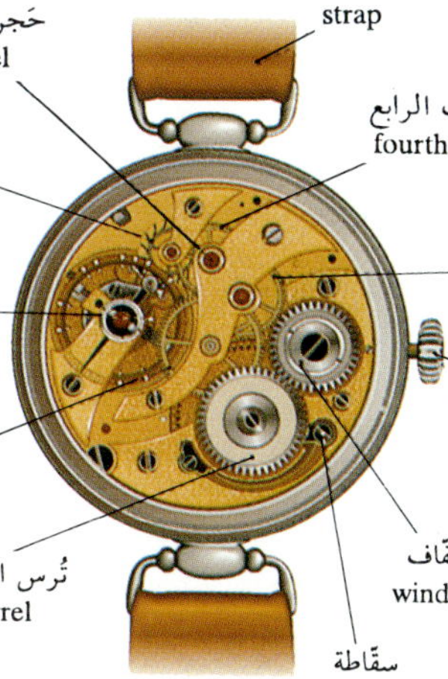

ساعة صالون خِزانيّة
GRANDFATHER CLOCK

مِزوَلة شَمسيّة
SUNDIAL

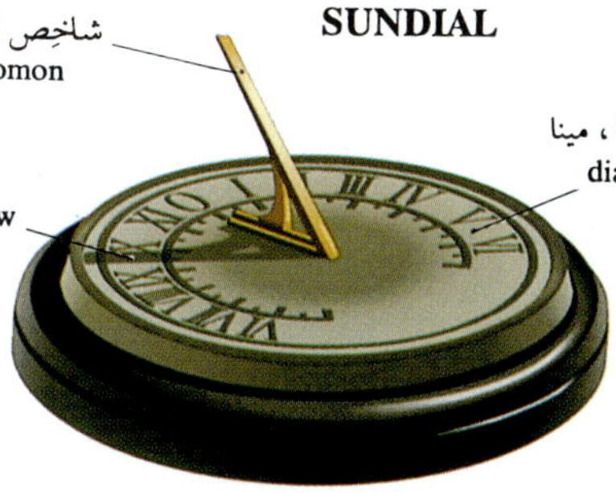

ساعة وَقْف
STOPWATCH

ساعة نظيرية
ANALOGUE WATCH

آليّة ساعة تُدار بثِقْل
WEIGHT-DRIVEN CLOCK MECHANISM

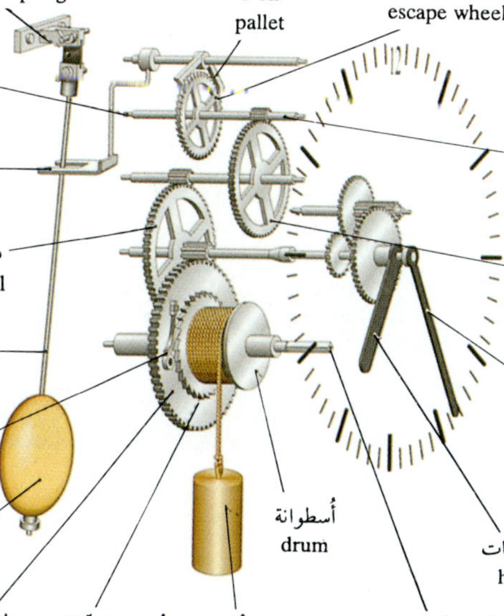

ساعة رقميّة
DIGITAL WATCH

لَوحة أجهزة القيادة
DASHBOARD

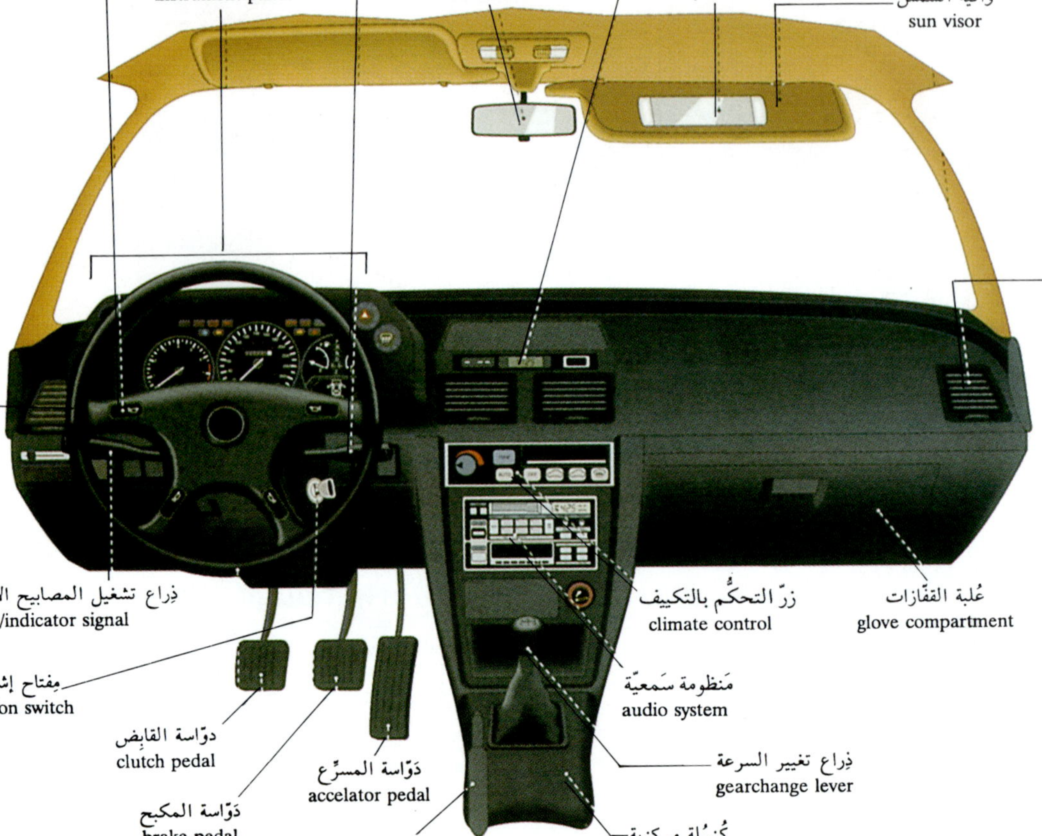

لَوحة أجهزة القياس
INSTRUMENT PANEL

مجرَفة تحميل دواليبيّة
WHEEL LOADER

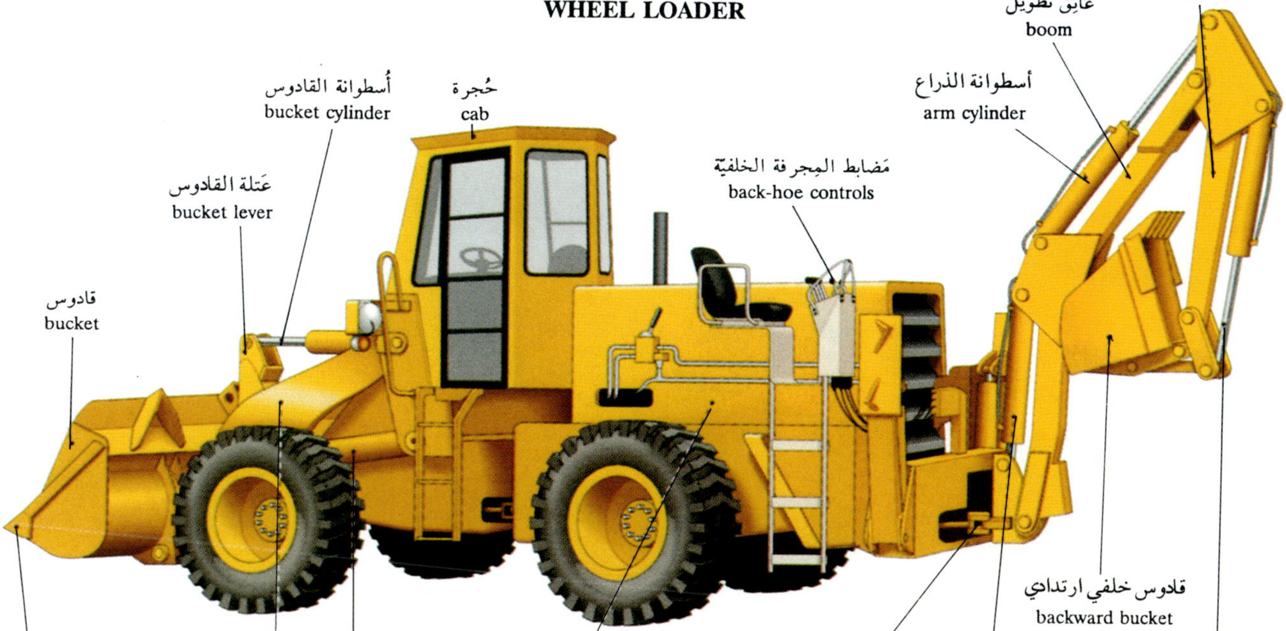

جَرّافة تَسويَة
BULLDOZER

شاحِنة قَلّابة
DUMP TRUCK

وَحدة جَرّارة
TRACTOR UNIT

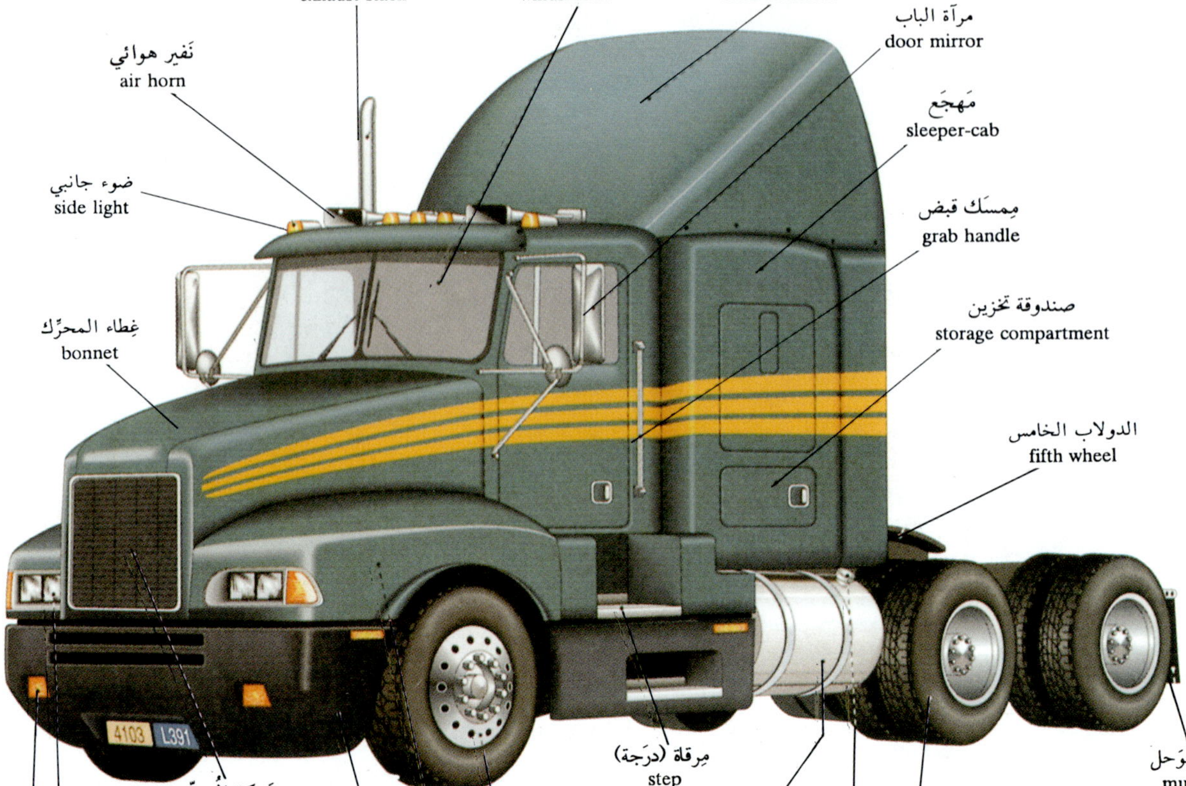

مَقطورة مسطَّحة
FLATBED

نِصف مقطورة
SEMITRAILER

شاحِنة ترادُفيّة
TANDEM TRACTOR TRAILER

قِطار عالي السرعة
HIGH-SPEED TRAIN

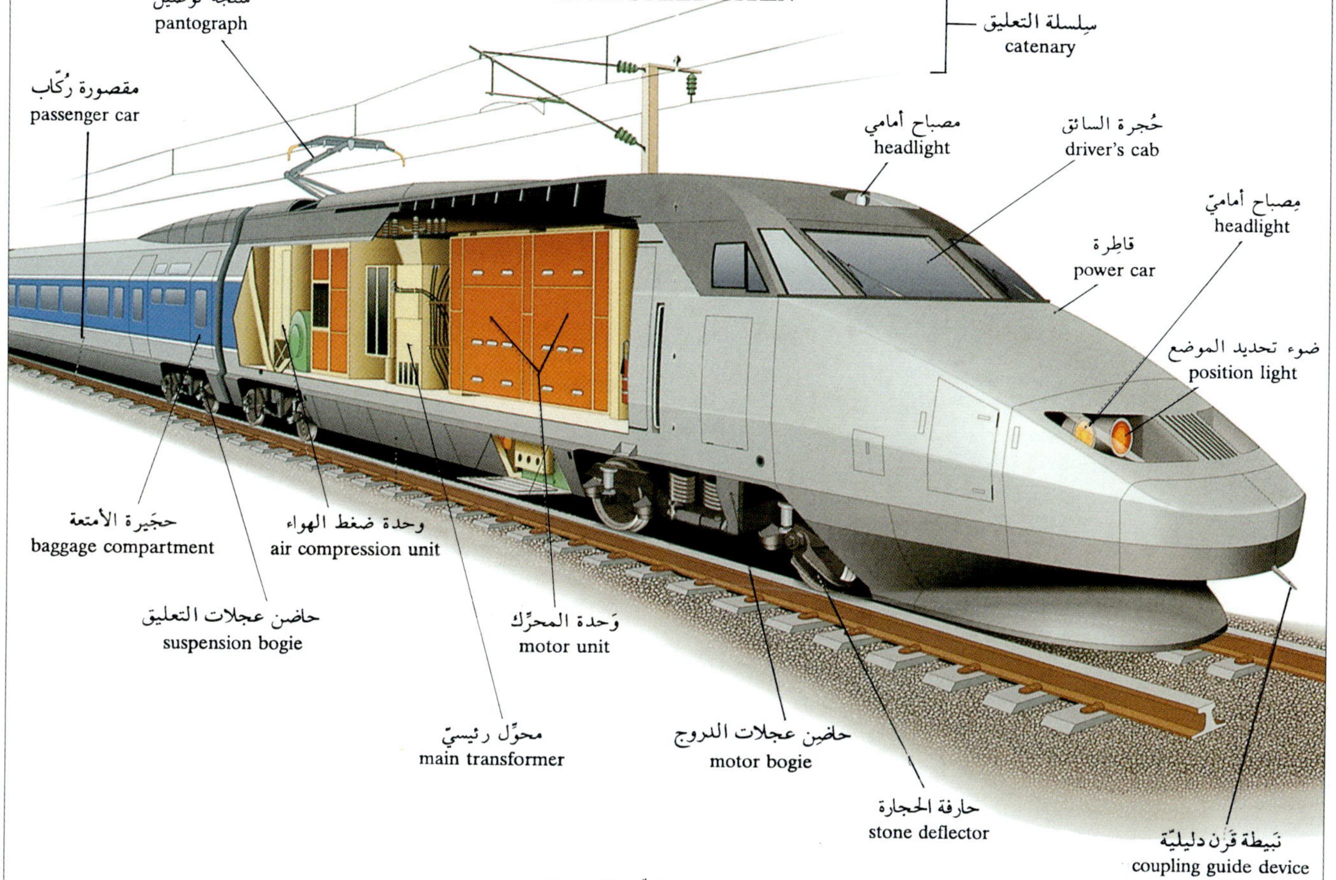

قاطِرة ديزيليّة الكهرباء
DIESEL-ELECTRIC LOCOMOTIVE

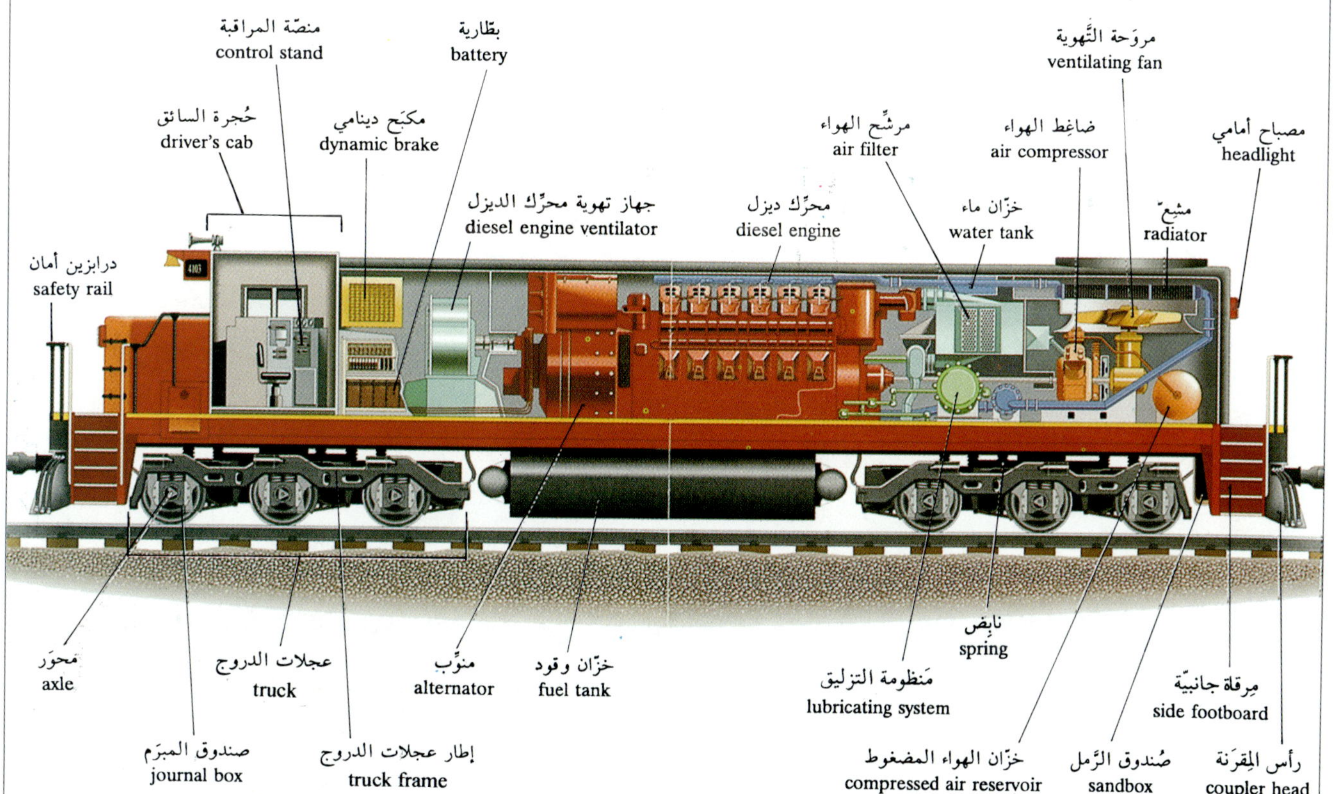

مُعدِّية
FERRY

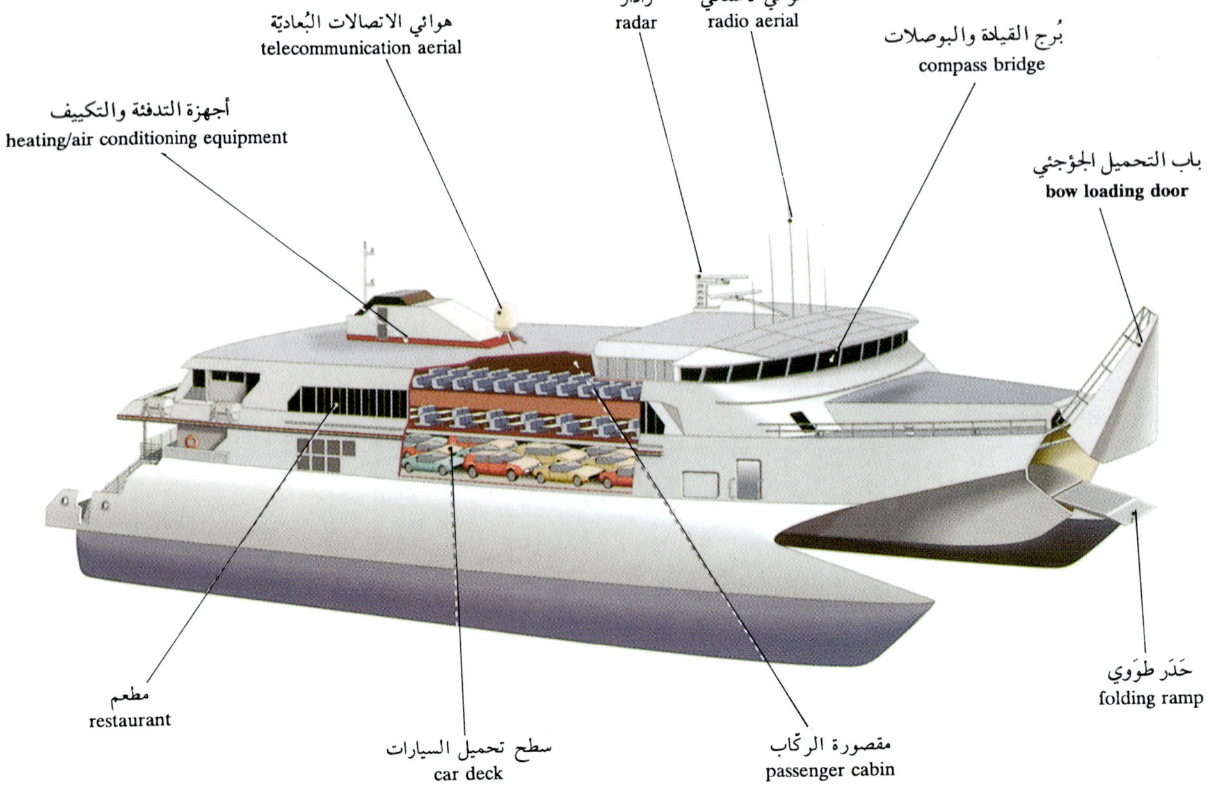

زَورَق زَلاّق
HYDROFOIL BOAT

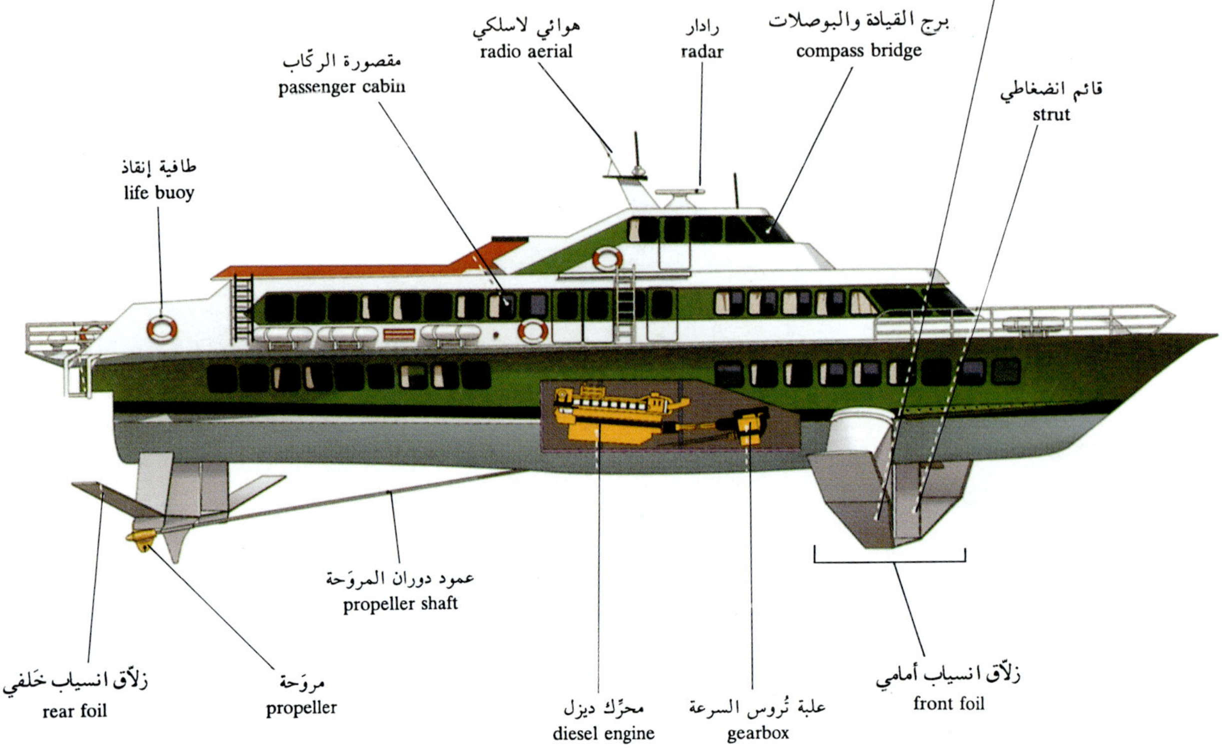

HOVERCRAFT حوّامة

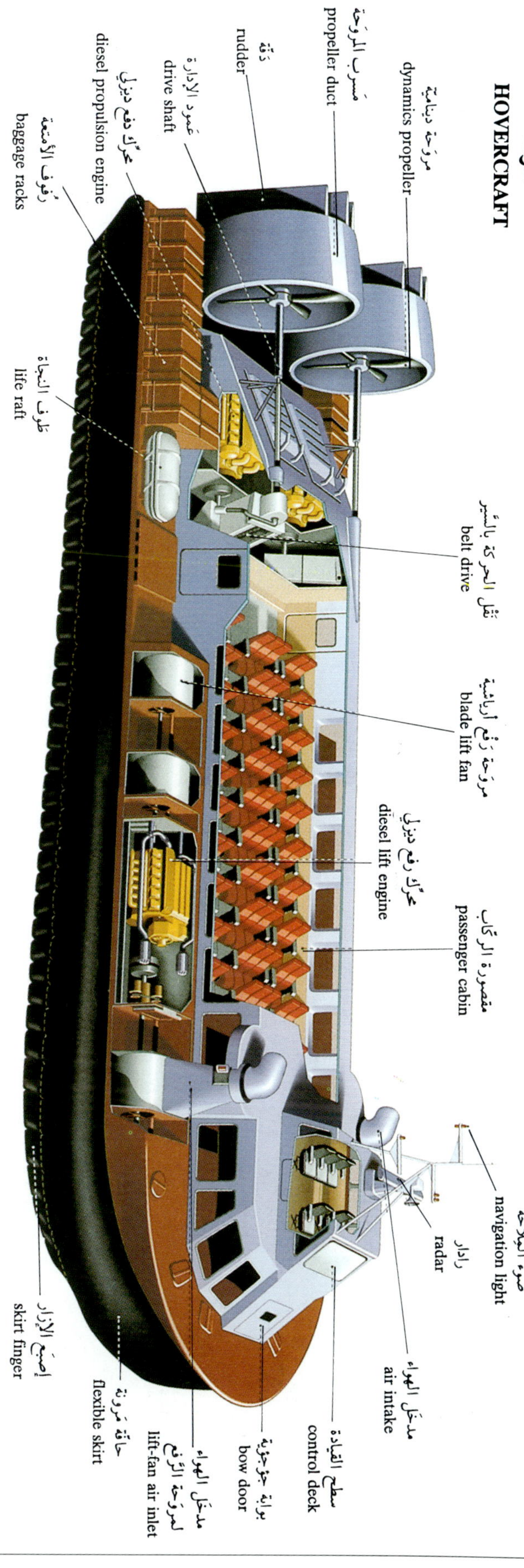

CONTAINER SHIP سفينة حاويات

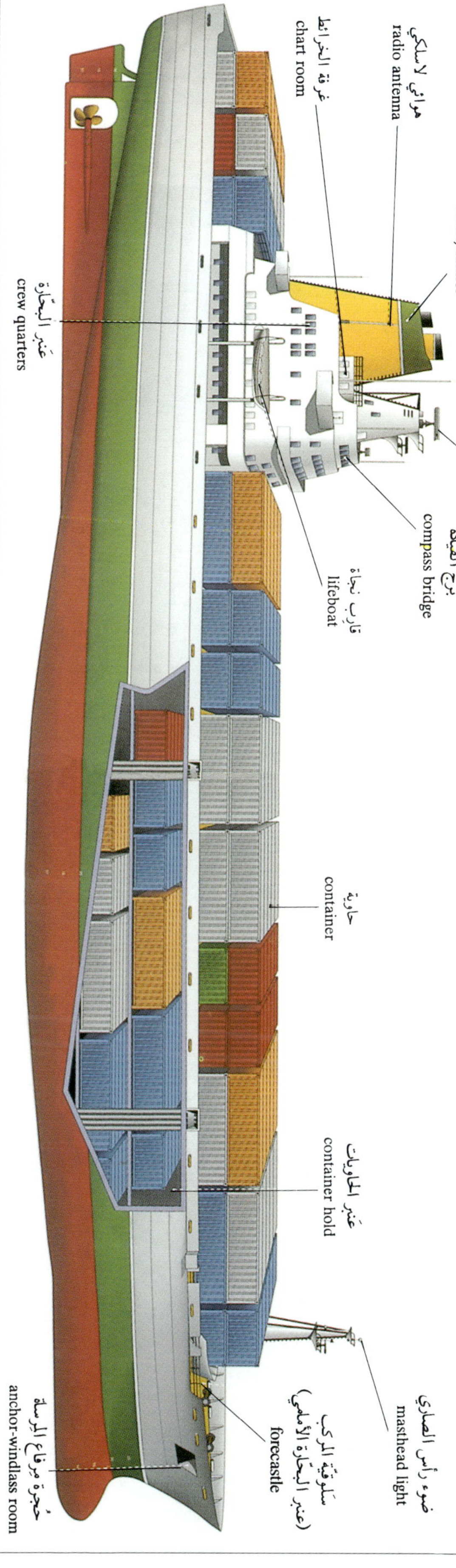

سُدْسِيّة
SEXTANT

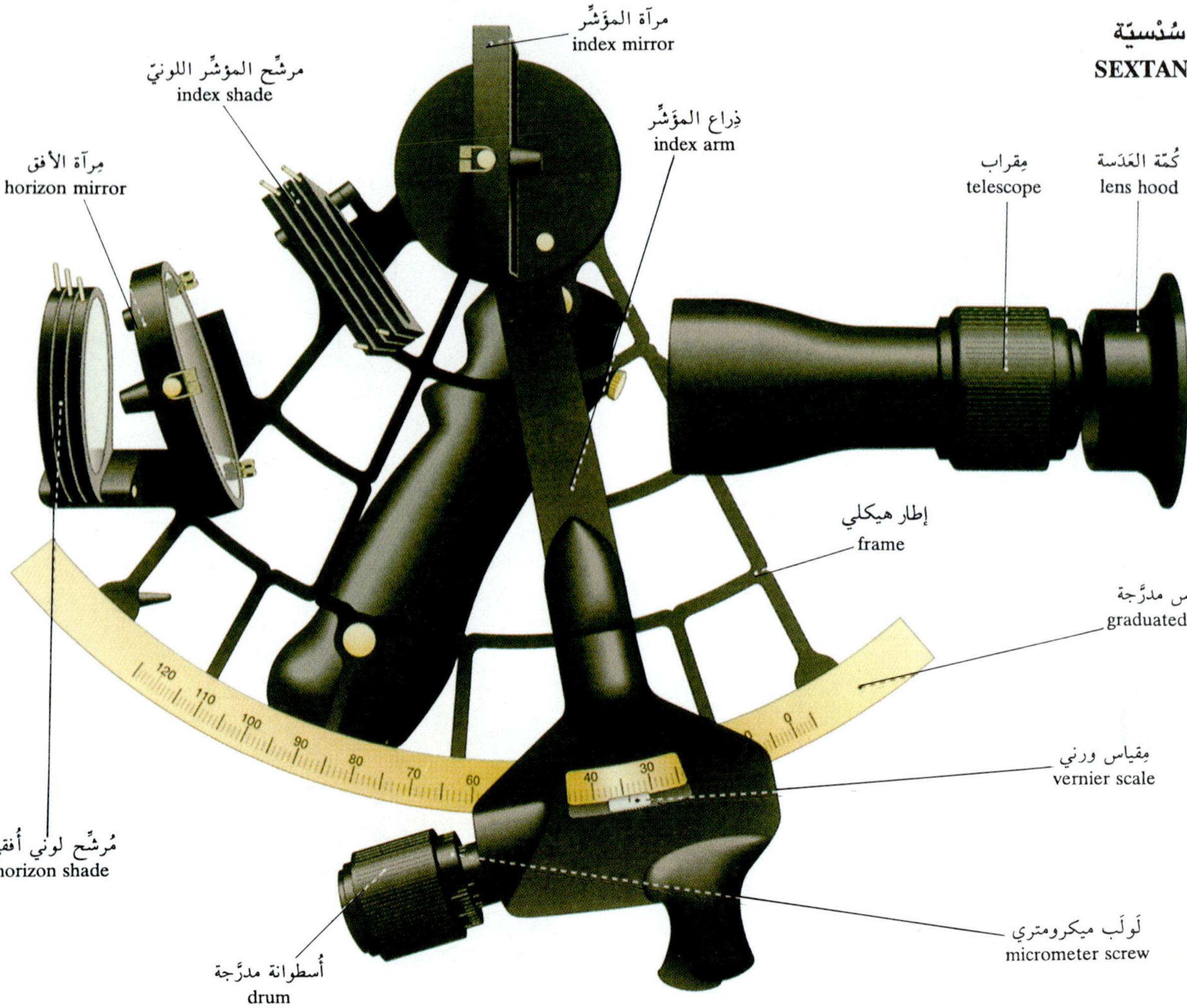

مِسبار صَدَويّ
ECHO SOUNDER

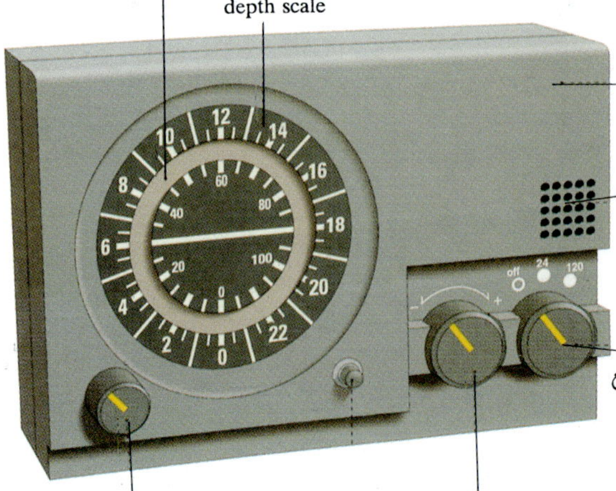

بوصَلة سائليّة
LIQUID COMPASS

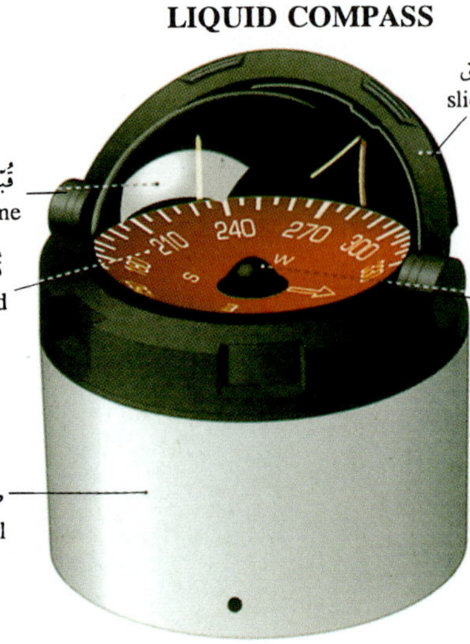

ARTIFICIAL ELEMENTS العناصرُ الاصطناعيّة

اليُورانيوم، عَددُه الذرّيُّ ٩٢، أثقَلُ العناصِرِ المُتواجدةِ فِعلًا على الأرض. أمّا العناصِرُ الأثقلُ، فهي غيرُ مُستقِرَّةٍ بطبيعتِها، لأنَّ نوى ذرّاتها أضخمُ من أن تتماسكَ معًا. عناصِرُ ما بَعد اليورانيوم هٰذه تتراوَحُ أعدادُها الذرّيّة بين ٩٣ و ١٠٩، وهي تُنتَجُ اصطناعيًّا فقطْ في المُخْتَبرات.

NOBLE GASES الغازاتُ النّبيلة

المجموعةُ ١٨، إلى يَسارِ الجَدْولِ الدَّوْريِّ، تحوي العناصِرَ ذات الغِلافاتِ الإلكترونيَّةِ الخارجيَّةِ المُكْتمِلة. وهٰذا يَعْني أنَّها عناصِرُ خامِلةٌ لا تَتفاعَلُ مع سِواها إلّا تحت ظُروفٍ خاصَّةٍ قُصْوى لِتُنتِجَ قِلَّةً قليلةً من **المُرَكَّبات**.

مَجْموعة ١٨ Group 18	مَجْموعة ١٧ Group 17	مَجْموعة ١٦ Group 16	مَجْموعة ١٥ Group 15	مَجْموعة ١٤ Group 14	مَجْموعة ١٣ Group 13	مَجْموعة ١٢ Group 12	مَجْموعة ١١ Group 11	مَجْموعة ١٠ Group 10
٢ هي «He» الهِلْيوم ٤,٠								
١٠ نن «Ne» النيون ٢٠,٢	٩ فل «F» الفلور ١٩,٠	٨ أ «O» الأكسجين ١٦,٠	٧ ن «N» النتروجين ١٤,٠	٦ ك «C» الكربون ١٢,٠	٥ ب «B» البورون ١٠,٨			
١٨ غو «Ar» الأرجون ٤٠,٠	١٧ كل «Cl» الكلور ٣٥,٥	١٦ كب «S» الكِبْريت ٣٢,١	١٥ فو «P» الفُسْفور ٣١,٠	١٤ س «Si» السِّليكون ٢٨,١	١٣ لم «Al» الألومنيوم ٢٧,٠			
٣٦ كن «Kr» الكربتون ٨٣,٨	٣٥ بر «Br» البروم ٧٩,٩	٣٤ سل «Se» السلنيوم ٧٩,٠	٣٣ ز «As» الزرنيخ ٧٤,٩	٣٢ جر «Ge» الجرمانيوم ٧٢,٦	٣١ جا «Ga» الجاليوم ٦٩,٧	٣٠ خ «Zn» الخارصين ٦٥,٤	٢٩ نح «Cu» النُّحاس ٦٣,٥	٢٨ ني «Ni» النّيكل ٥٨,٧
٥٤ نز «Xe» الزّنون ١٣١,٣	٥٣ ي «I» اليُود ١٢٦,٩	٥٢ تل «Te» التلّوريوم ١٢٧,٦	٥١ نت «Sb» الأنتيمون ١٢١,٨	٥٠ ق «Sn» القصدير ١١٨,٧	٤٩ ند «In» الإنديوم ١١٤,٨	٤٨ كد «Cd» الكادميوم ١١٢,٤	٤٧ ف «Ag» الفِضَّة ١٠٧,٩	٤٦ لد «Pd» البلاديوم ١٠٦,٤
٨٦ ر «Rn» الرادون ٢٢٢,٠	٨٥ ست «At» الأستاتين (٢١١)	٨٤ بن «Po» البولونيوم ٢١٠,٠	٨٣ بز «Bi» البزموث ٢٠٩,٠	٨٢ صا «Pb» الرصاص ٢٠٧,٢	٨١ ثل «Tl» الثاليوم ٢٠٤,٤	٨٠ بق «Hg» الزئبق ٢٠٠,٦	٧٩ ذ «Au» الذهب ١٩٧,٠	٧٨ بت «Pt» البلاتين ١٩٥,١

- Atomic number العددُ الذرّي
- Chemical symbol الرَّمْزُ الكيماوي
- Name of element اسمُ العُنْصر
- Relative atomic mass الكتلة الذرّيّة النسبيّة

p-block الجميعة پ

d-block الجميعة د

الجميعاتُ المُختلِفة من الجدول الدوري تحوي ذرّاتٍ عناصرُها ذاتُ مَداريّاتٍ مُختلِفةٍ في أغلِفتِها الإلكترونيّة الخارجيّة
Different blocks of the periodic table contain elements whose atoms have different orbitals in their outer electron shells

يَزْدادُ العَددُ الذريُّ واحدًا (١) بالانتِقال إلى العُنْصرِ المُجاور على امتِدادِ الدَّورة
Moving to the adjacent element along a period, atomic number increases by one

وُضِعت اللَّنْثانيدات والأكتَينيدات مُنْفصِلةً عن بَقيَّةِ عناصِرِ الدَّورتين السادِسة والسابعة
Lanthanides and actinides placed separately from rest of periods six and seven

٧١ لو «Lu» اللوتِشْيوم ١٧٥,٠	٧٠ تر «Yb» الإيتيرْبيُوم ١٧٣,٠	٦٩ ثم «Tm» الثوليوم ١٦٨,٩	٦٨ ير «Er» الإربيوم ١٦٧,٣	٦٧ هل «Ho» الهولميوم ١٦٤,٩	٦٦ سب «Dy» الديسبروسيوم ١٦٢,٥	٦٥ تب «Tb» التربيوم ١٥٨,٩	٦٤ جد «Gd» الجادولينيوم ١٥٧,٣	٦٣ يب «Eu» اليوروبيوم ١٥٢,٠
١٠٣ لر «Lr» اللورنسيوم (٢٥٧)	١٠٢ نو «No» النوبليوم (٢٥٤)	١٠١ مد «Md» المَندلفيوم (٢٥٦)	١٠٠ فم «Fm» الفِرميوم (٢٥٣)	٩٩ ين «Es» الأينشتَيْنيوم (٢٥٤)	٩٨ كف «Cf» الكاليفورنيوم (٢٥١)	٩٧ بك «Bk» البَرْكِلْيوم (٢٤٧)	٩٦ كم «Cm» الكوريوم (٢٤٧)	٩٥ مر «Am» الأمريشْيُوم (٢٤٣)

f-block الجميعة ف